DICIONÁRIO DE ESPIRITUALIDADE

VOL. I

ERMANNO ANCILLI E
PONTIFÍCIO INSTITUTO DE
ESPIRITUALIDADE TERESIANUM
(ORGS.)

DICIONÁRIO DE
ESPIRITUALIDADE

VOL. I

TRADUÇÃO
José Raimundo Pinto de Melo
Silva Debetto C. Reis
Silvana Cobucci Leite

Título original:
Dizionario Enciclopedico di Spiritualità I
© Città Nuova Editrice, 1990
Via degli Scipioni, 265 – 00192 – Roma
ISBN 88-311-9222-1

Dados Internacionais de Catalogação na Publicação (CIP)
(Câmara Brasileira do Livro, SP, Brasil)

Dicionário de espiritualidade, vol. I / Ermanno Ancilli, Pontifício Instituto de Espiritualidade Teresianum (orgs.) ; tradução José Raimundo Pinto de Melo, Silva Debetto C. Reis, Silvana Cobucci Leite. -- São Paulo : Edições Loyola : Paulinas, 2012.

Título original: Dizionario enciclopedico di spiritualita I
Bibliografia
ISBN 978-85-15-03910-4 (Edições Loyola)
ISBN 978-85-356-3174-6 (Paulinas)

1. Espiritualidade - Dicionários   2. Teologia - Dicionários   I. Ancilli, Ermanno.   II. Pontifício Instituto de Espiritualidade Teresianum.

12-04943   CDD-248.403

Índices para catálogo sistemático:
   1. Espiritualidade : Dicionários   248.403

Preparação: Carlos Alberto Bárbaro
Capa: Walter Nabas
Diagramação: So Wai Tam
Revisão: Renato da Rocha

Paulinas
Rua Dona Inácia Uchoa, 62
04110-020 São Paulo, SP
T 55 11 2125-3500
Telemarketing 0800-7010081
editora@paulinas.com.br
www.paulinas.org.br

Edições Loyola Jesuítas
Rua 1822, 341 – Ipiranga
04216-000 São Paulo, SP
T 55 11 3385 8500
F 55 11 2063 4275
editorial@loyola.com.br
vendas@loyola.com.br
www.loyola.com.br

Todos os direitos reservados. Nenhuma parte desta obra pode ser reproduzida ou transmitida por qualquer forma e/ou quaisquer meios (eletrônico ou mecânico, incluindo fotocópia e gravação) ou arquivada em qualquer sistema ou banco de dados sem permissão escrita da Editora.

ISBN 978-85-15-03910-4
© EDIÇÕES LOYOLA, São Paulo, Brasil, 2012

ISBN 978-85-356-3174-6
© PAULINAS, São Paulo, Brasil, 2012

SUMÁRIO

7   Introdução

13   Colaboradores

17   Siglas e abreviações

19   Normas práticas para a consulta

21   Verbetes do dicionário – letras A a D

817 Índice de verbetes deste volume (I)

INTRODUÇÃO

O crescente interesse pela realidade do espírito parece caracterizar a pesquisa dos cristãos e dos homens de boa vontade neste último resto do século XX. A tensão em direção a uma autêntica espiritualidade, capaz de iluminar e permear toda a existência pessoal e social, é chamada a aumentar ainda num próximo futuro, como o fazem prenunciar algumas tendências a Leste e Oeste no nosso planeta. Já se afirmou que o homem e o cristão dos anos 2000 será um místico, um "espiritual", ou então não será. Tal diagnóstico parece querer equilibrar o vertiginoso processo científico e tecnológico, juntamente à sempre mais vasta socialização, com uma obrigatória atenção aos valores imperecíveis do espírito, vividos em nível pessoal, comunitário, social e cósmico, segundo a inspiração mais genuína da espiritualidade cristã.

É nesse contexto de pesquisa e de síntese que se coloca o Dicionário de espiritualidade.

A espiritualidade no centro do interesse da teologia

Não é um lugar comum e não é uma expressão enfática afirmar que a teologia espiritual e a espiritualidade cristã estão hoje no centro da atenção da teologia e da vida da Igreja.

Nos últimos decênios a posição da teologia espiritual, como reflexão e orientação sobre a experiência cristã, especificou-se e enriqueceu-se no âmbito das ciências teológicas. De uma parte, a teologia espiritual consolidou a sua natureza específica de ciência teológica que reflete sobre a experiência cristã; uma experiência que nasce da mesma natureza da revelação que é a autocomunicação de Deus em Cristo, e postula a resposta integral do homem para entrar na comunhão filial com Deus e realizar no mundo o seu desígnio universal de salvação. De outra parte, a teologia espiritual integrou na sua síntese sapiencial as riquezas da experiência cristã que o Concílio Vaticano II devolveu à Igreja, com a volta às fontes e a abertura ao mundo moderno.

A espiritualidade da Igreja, de fato, objeto da teologia espiritual em suas funções e dimensões, integra de maneira original as riquezas da espiritualidade bíblica e litúrgica, a inspiração primitiva dos Padres da Igreja, o grande filão da experiência histórica do cristianismo ao longo de todas as sucessivas épocas da vida da Igreja, até nossos dias, com a escuta dos testemunhos mais qualificados. A atenção à pessoa humana se traduz hoje na teologia espiritual no estudo da psicologia, na valorização das circunstâncias históricas nas quais opera o cristão no hoje da Igreja e do mundo, quais novos âmbitos de uma genuína experiência do divino no humano. E não falta hoje na espiritualidade o respeitoso e vigilante conhecimento e valorização das variadas experiências religiosas que, também fora do cristianismo, testemunham altíssimos estados de procura de Deus, como aqueles que se encontram nas grandes religiões históricas às quais aderem tantos homens e mulheres de boa vontade.

A tal abertura da teologia espiritual pertence hoje, em dimensão de profundidade, o interesse pela oração e pela mística; e, em dimensão de universalidade e de síntese, a atenção aos valores da existência no hoje da sociedade onde o cristão colhe a presença e a vontade salvífica de Deus. Esta é fruto maduro da síntese teológica e pastoral do Vaticano II e do magistério pós-conciliar, especialmente na delicadeza espiritual de Paulo VI e na convicta reimpostação de espiritualidade universal de João Paulo II. Mas é igualmente o resultado de uma sempre crescente presença de correntes e movimentos de espiritualidade que, a partir dos anos 1930, fecundaram a vida da Igreja e continuam a fecundá-la, especialmente no âmbito do laicato.

Do capítulo V da Lumen gentium, *sobre a vocação universal à santidade, até a exortação pós-sinodal* Christifideles laici, *de 1988, a atenção da Igreja aos valores espirituais do cristão que vive a sua vocação nas situações ordinárias da vida social repropôs em todos os níveis o estudo da espiritualidade. Todavia, não mais sob uma clássica denominação de teologia ascética e mística que parecia delimitar os conteúdos e podia torná-la arcaica ou elitista, mas na aberta perspectiva de teologia espiritual ou espiritualidade. Esta, de fato, sugere os múltiplos conteúdos da experiência pessoal* e social, guiados pela parte mais nobre do homem e, mais precisamente, segundo a inspiração puramente cristã, abertos à ação, profunda e ao mesmo tempo universal, do Espírito de Cristo, o Espírito Santo e santificador, ao qual, em última análise, faz referência a palavra "espiritualidade".

O *Dicionário de espiritualidade*

Neste contexto de nova síntese da espiritualidade cristã quis colocar-se o Dicionário de espiritualidade. Ele responde a uma ideia maturada e levada a termo depois do Concílio Vaticano II, no momento de um verdadeiro retorno ao estudo e à difusão da espiritualidade cristã.

Com tal obra se procurou oferecer uma síntese ampla e articulada, respeitável e acessível, dos grandes temas e autores da espiritualidade, destinada aos estudiosos da matéria, aos diretores espirituais, aos formadores, a todos aqueles que sob diversos perfis possam estar interessados no conhecimento dos temas e dos autores da espiritualidade cristã e não cristã.

Com tal síntese se quis ir além dos limites de um manual de teologia espiritual, que resultaria excessivamente restrito e imaturo para uma respeitável síntese. Procurou-se ao invés seguir, em formato obviamente reduzido, o projeto do célebre e imprescindível Dictionnaire de Spiritualité ascétique et mystique, *iniciado em 1937 e ainda em vias de publicação, com os seus verbetes monográficos doutrinais e históricos.*

Em tal árdua empresa de projetação e de realização trabalharam, desde 1965, Pe. Ermanno Ancilli, conhecidíssimo estudioso de espiritualidade e incansável animador de publicações e coleções no âmbito da teologia espiritual e da história da espiritualidade. A ele se deve a primeira edição desta obra, que veio à luz em 1975, nas Edições Studium de Roma.

As características da obra, os critérios seguidos na sua composição foram pontualmente descritos por Pe. Ancilli na Introdução à primeira edição, da qual parece obrigatório retomar algumas indicações fundamentais.

De fato, escrevia ele:

O Dicionário Enciclopédico de Espiritualidade (DES) constitui a primeira tentativa completa de um orgânico trabalho que tem por objeto principal a espiritualidade cristã nos seus conteúdos doutrinais e no seu riquíssimo desenvolvimento histórico.

Sua finalidade é informar e formar a respeito dos problemas da doutrina e da vida espiritual (também não cristã), seguindo uma linha de séria divulgação e de atualizada documentação.

Tem um caráter principalmente doutrinal, mas também histórico, psicológico e pastoral.

Os critérios *que presidiram sua redação são os seguintes:*

1) *Os verbetes doutrinais* são desenvolvidos segundo o magistério da Igreja na sua segurança bíblica e certeza dogmática, levando em conta as instâncias modernas pós-conciliares e não omitindo a tentativa de uma transcrição dos conteúdos tradicionais numa linguagem mais correspondente ao homem de hoje.

2) *Nos verbetes históricos,* enquanto são em geral breves as informações biográficas, trabalho mais cuidadoso reserva-se aos conteúdos doutrinais. [...] A redação dos verbetes históricos se articula geralmente nos seguintes pontos: nota bibliográfica — escritos — doutrina — bibliografia.

3) *Os verbetes psicológicos* têm uma notável extensão, dada a índole particular da teologia espiritual, a qual considera a evolução da vida sobrenatural da graça nas determinações psicológicas que estas revestem no sujeito humano que tende à perfeição. Para compreender, porém, o significado e a importância destes verbetes, é necessário que eles sejam lidos e vistos globalmente, um em conexão com o outro. Seguindo tal critério, eles podem fornecer um quadro completo da estrutura e dos dinamismos do agir humano.

4) *Tendo o Dicionário* também um caráter pastoral, quando o caso o exige são propostas normas de comportamento e sugeridos conselhos concernentes à vida espiritual sem, porém, descer a detalhes de casuística. E, em conformidade com a índole pastoral da obra, preferimos, no lugar de um estilo frio e desencarnado, uma livre (mas sempre contida) elegância literária.

5) *Na bibliografia* tivemos dúplice cuidado: a) de citar sobretudo os estudos monográficos, recorrendo às obras de índole geral somente quando, sobre o tema em questão, apresentam desenvolvimento notável, superior ao ordinário; b) de indicar bibliografias mais amplas para suprir as de cada verbete que, por necessidade de espaço, são em geral breves. Para uma atualização enviamos à Bibliographia Internationalis Spiritualitatis,

editada anualmente pelo Pontifício Instituto de Espiritualidade do Teresianum de Roma.

O DE encontrou uma lisonjeira acolhida, esgotando cedo sua primeira edição, enquanto em 1983 saía a versão em língua espanhola, realizada pela editora Herder, de Barcelona, também esta acolhida favoravelmente pela crítica.

Pode-se dizer que o DE abriu a estrada a outros dicionários de espiritualidade, dentre os quais é justo mencionar o Dicionário de espiritualidade (São Paulo, Paulinas, 1992), o Dicionário de espiritualidade dos leigos (Milão, O.R., 1981), dirigido pelo mesmo E. Ancilli, e, mais recentemente, em outras áreas linguísticas: A Dictionary of Christian Spirituality (London, SCM Press Ltd, 1983) e Praktisches Lexikon der Spiritualität (Herder, 1988). Todas essas obras testemunham o renovado interesse pela espiritualidade no nosso tempo.

Uma nova edição completamente atualizada e ampliada

Respondendo a urgentes pedidos de uma nova edição do DE, Pe. Ancilli pôs-se à obra desde 1985, ampliando a lista dos verbetes, organizando a revisão e a atualização dos verbetes anteriores e alargando o círculo de colaboradores. A morte surpreendeu-o em 16 de maio de 1988, quando a obra de revisão do Dicionário encontrava-se em fase muito avançada.

Sua obra é agora assumida pelo Pontifício Instituto de Espiritualidade do Teresianum, onde o Pe. Ancilli havia exercido por tantos anos o seu magistério. Uma Comissão, composta de alguns professores do citado Instituto, constatando que o trabalho encontrava-se enfim bastante avançado, assumiu o encargo de concluir a revisão completa dessa prestigiosa obra.

A nova edição não é uma simples reimpressão da primeira. Embora a Comissão tenha achado oportuno conservar quase todos os verbetes da precedente, sob certos aspectos esta edição é verdadeiramente nova. Eis algumas características desta edição atualizada e ampliada:

1) Os cerca de 700 verbetes que compunham a primeira edição foram atualizados; os verbetes completamente novos e altamente significativos, por sua vez, são quase 100. Os colaboradores, dos 120 que eram na primeira edição, passaram a 146.

2) Todos os verbetes foram revistos, ou por seus autores ou por outros estudiosos; a bibliografia foi atualizada. Muitíssimos verbetes, embora figurando sob o mesmo lema, foram completamente refeitos. O total dos verbetes subiu agora a 789, dos quais cerca de noventa sobre problemas e reivindicações atuais da espiritualidade cristã.

3) A escolha de novos verbetes e a revisão atenta de alguns de caráter doutrinal foram feitas com o intuito de colher reivindicações modernas particularmente sentidas nos últimos decênios.

Uma breve resenha de alguns setores da espiritualidade, notavelmente enriquecidos e atualizados, pode dar, de maneira imediata, ideia do trabalho realizado e dos grandes setores nos quais se articula a estrutura interna do DE.

a) No campo da espiritualidade bíblica vieram enriquecer as sínteses já existentes verbetes como Palavra de Deus *e* Leituras místicas da Bíblia, *enquanto outros verbetes, como* Aliança, Bem-aventuranças evangélicas *e* Pai-Nosso, *são verdadeiros trabalhos monográficos.*

b) Alguns verbetes teológicos, como Igreja, Direção espiritual, Experiência cristã, Espírito Santo, Teologia espiritual, *foram completamente renovados.*

c) Particularmente cuidada foi a revisão de todos os verbetes referentes aos sacramentos e à espiritualidade litúrgica, com particular atenção aos diversos momentos do Ano litúrgico que constituem a espiritualidade da Igreja.

d) Na parte histórica, além de completar alguns nomes de mestres e testemunhas da experiência cristã no Ocidente, foi notavelmente enriquecida a apresentação dos autores orientais, de Simeão, o Novo Teólogo, Cabasilas e Palamas *do Medievo bizantino, a autores mais recentes da tradição russa como* Serafim de Sarov *(Serafim Sarovskij) e* Silvano do Monte Athos, *a temas centrais da espiritualidade oriental como a* Filocália, os Loucos em Cristo, *os* Ícones, *o* Staretz.

e) Encontraram uma obrigatória apresentação alguns teólogos e mestres da espiritualidade recentemente desaparecidos, que se unem a outros estudiosos contemporâneos. Entre os nomes mais prestigiosos recordamos: T. Merton, K. Rahner, H. U. von Balthasar.

f) A nova edição do DES procurou prestar uma particular atenção a temas e instâncias da espiritualidade atual, seja na revisão de verbetes sobre os quais recentemente o magistério se pronunciou, como no caso de Mulher, Leigos, Ministérios, *seja em verbetes novos como* Arte e vida espiritual,

Cultura e espiritualidade, Ecologia, Ecumenismo, Libertação, Movimentos eclesiais, Solidariedade, Tempo livre, Voluntariado cristão.

g) Finalmente, é justo notar a particular gentileza com a qual foram revistos e atualizados verbetes relacionados à psicologia e à experiência profunda do cristianismo, como: Crescimento psicológico e crescimento espiritual, Cura, Integração afetiva, Amadurecimento espiritual, Meditação cristã e práticas meditativas asiáticas, Oração profunda, Psicologia e vida espiritual, Psicopatologia e vida espiritual, Sono e sonho...

Esta breve resenha, não exaustiva, mas exemplificativa, das novidades do DES confirma o empenho empregado na revisão dos verbetes e a consciência de encontrarmo-nos ante uma edição completamente atualizada e ampliada.

Um dicionário para um vasto público de leitores

O DE constitui "um válido instrumento de informação e de orientação sobre problemas que tocam o próprio coração do homem e sobre grandes Mistérios que dão sentido à sua vida, iluminando o seu destino e marcando o seu fatigoso caminho". Assim o definia Pe. Ancilli na Introdução à primeira edição. Exatamente por esta abertura ao mistério do homem, ao mistério de Deus e à experiência espiritual cristã e não cristã, ao longo das veredas da história, o DE, com linguagem clara e segura, se dirige a todos aqueles que se interessam pela espiritualidade no nobre sentido que esta palavra tem na cultura contemporânea.

Em particular ele se propõe como imprescindível instrumento de consulta e de estudo para um aprofundado conhecimento dos vastos setores da Teologia espiritual. De modo especial ele pode e deve constituir um ponto de referência para o estudo científico da mesma Teologia espiritual, tanto para os professores como para os alunos. Uma rápida consulta de um verbete histórico ou doutrinal permite logo ter uma síntese segura e respeitável sobre o argumento. A proposta de leitura sistemática de todo o Dicionário, colocada no fim do terceiro volume, pode agilizar a consulta e a colocação estrutural de cada verbete no interior de uma síntese da Teologia, da História e da Pastoral da espiritualidade.

Imprescindível se apresenta o DE no campo da formação espiritual dos leigos, dos sacerdotes e seminaristas, dos religiosos e das religiosas. Muitos verbetes constituem autênticas monografias sintéticas sobre grandes temas da vida cristã. Em tal sentido, o DE permanece um instrumento precioso e imprescindível para a pastoral da espiritualidade, hoje tão importante para levar os cristãos à plenitude da sua vocação que se desenvolve por meio dos exercícios espirituais, dos retiros periódicos, das instruções espirituais para diversas categorias de pessoas, das paróquias ao vasto mundo dos movimentos eclesiais, dos grupos de cristãos comprometidos aos jovens que se abrem com entusiasmo para as riquezas da experiência espiritual.

Finalmente, no campo da direção e da orientação espiritual, hoje tão importante para levar as pessoas a uma crescente fidelidade à própria vocação em direção à maturidade em Cristo e no serviço aos irmãos na Igreja e no mundo, o DE fornece critérios válidos e propostas seguras. Isso vale particularmente para aquele complexo e fascinante setor da mística, cristã e não cristã, com válidos critérios de discernimento e de pedagogia espiritual, para distinguir as realidades das ilusões, a verdadeira experiência do mistério das impressões subjetivas, no bem e no mal, para vir ao encontro de possíveis mistificações e aberrações, hoje ainda presentes no fluido terreno da religiosidade.

O Pontifício Instituto de Espiritualidade do Teresianum, enfim comprometido por diversos decênios no estudo, na investigação, no ensino científico e na transmissão da espiritualidade na Igreja, oferece esta contribuição a todos aqueles que estão interessados no aprofundamento da vida espiritual. E o faz seguindo os passos dos grandes mestres e patronos, Teresa de Jesus e João da Cruz, com a esperança de contribuir para iluminar e orientar os caminhos espirituais dos homens do nosso tempo. Um tempo particularmente sedento dos valores do espírito, desejoso de encontrar na espiritualidade cristã uma síntese dinâmica em meio à grande tradição da espiritualidade — verdadeiro fio de ouro da história da Igreja — e às exigências particulares do momento presente. Uma espiritualidade que se dirige a todos por meio de uma presença universal do Evangelho e de uma ação do Espírito, que possa impregnar todas as dimensões da humanidade e do cosmos.

Todavia, o Pontifício Instituto de Espiritualidade não pode deixar de dirigir um duplo e obrigatório agradecimento. O primeiro a todos os colaboradores que, além do círculo dos Professores do

Teresianum, ofereceram sua válida contribuição de estudiosos da espiritualidade, sem os quais não seria possível levar a termo a redação e a revisão desta obra. O segundo agradecimento se dirige à Editora Città Nuova, a qual, seguindo uma válida colaboração com Pe. Ancilli em outras prestigiosas obras de espiritualidade — A mística e A oração —, assumiu o ônus da revisão redacional e da edição do DE.

Roma, 25 de março de 1990,
na Anunciação do Senhor.

COLABORADORES

ABBRESCIA, DOMENICO
Estudioso de história dominicana.

ALVAREZ, TOMMASO
Professor na Pontifícia Faculdade Teológica do Teresianum.

ANCILLI, ERMANNO
Diretor da *Rivista di Vita Spirituale* e Professor na Pontifícia Universidade Urbaniana.

ANDREU, FRANCESCO
Redator da revista *Regnum Dei*.

ANTOLÍN RODRÍGUEZ, FORTUNATO
Professor na Pontifícia Faculdade Teológica do Teresianum.

BACCETTI, ENRICO
Estudioso de espiritualidade medieval.

BALDASSARRE, WALTER
Professor na Pontifícia Universidade Urbaniana.

BALDUCCI, CORRADO
Doutor em teologia e in *utroque iure*, perito em psiquiatria e parapsicologia.

BARBAGLI, PIETRO
Professor na Pontifícia Faculdade Teológica do Teresianum.

BARSOTTI, DIVO
Escritor e estudioso de espiritualidade e de história da espiritualidade.

BECATTINI, CAMILLO
Professor no Pontifício Instituto de Espiritualidade do Teresianum.

BELDA, MANUEL
Professor no Centro Acadêmico Romano da Santa Cruz.

BELLANTONIO, ALFREDO
Estudioso da espiritualidade dos Menores.

BESSERO, BELTI REMO
Diretor do Centro de Estudos Rosminiani de Stresa.

BISIGNANO, SANTE
Professor no Pontifício Instituto de Espiritualidade do Teresianum.

BLASUCCI, ANTONIO
Professor na Pontifícia Faculdade Teológica do Seraphicum.

BOAGA, EMANUELE
Diretor em história eclesiástica.

BORDONI, MARCELLO
Professor na Pontifícia Universidade Lateranense.

BORTONE, EMILIO
Professor no Pontifício Seminário Regional de Anagni.

BOYCE, FILIPPO
Professor no Pontifício Instituto de Espiritualidade do Teresianum.

CACCIAMANI, GIUSEPPE
Estudioso de espiritualidade medieval.

CALATI, BENEDETTO
Professor de história monástica no Pontifício Ateneo Anselmiano.

CAMBÓN, ENRIQUE
Doutor em teologia.

CAPPELLETTI, AGOSTINO
Doutor em teologia.

CAPRIOLI MARIO
Professor no Pontifício Instituto de Espiritualidade do Teresianum.

CARLI, RENZO
Professor na Universidade Católica do Sacro Cuore.

CASTELLANO, JESÚS
Professor no Pontifício Instituto de Espiritualidade do Teresianum.

CAVALLETTI, SOFIA
Especialista em cultura e espiritualidade hebraica.

CHARVAULT, GUIDO
Responsável do Vicariato de Roma para a pastoral social e do trabalho.

CHIOCCHETTA, PIETRO
Professor na Pontifícia Universidade Urbaniana.

CODA, PIERO
Professor na Pontifícia Universidade Lateranense.

COMBES, ANDREA
Professor na Pontifícia Universidade Lateranense.

CUMER, DARIO
Professor no Pontifício Instituto de Espiritualidade do Teresianum.

DAGNINO, AMATO
Professor no Colégio dos Saverianos de Parma.

D'AMATO, ALFONSO
Membro do Instituto Histórico Dominicano.

DATTRINO, LORENZO
Professor na Pontifícia Universidade Lateranense.

DELLA TORRE, LUIGI
Estudioso de pastoral litúrgica.

DE PABLO MAROTO, DANIEL
Professor na Pontifícia Universidade de Salamanca.

DE SUTTER, AMATO
Professor na Pontifícia Faculdade Teológica do Teresianum.

DI AGRESTI, GUGLIELMO
Estudioso de história dominicana.

DI GERONIMO, ANTONIO
Doutor em teologia e filosofia.

DUMEIGE, GERVASIO
Professor no Instituto de Espiritualidade da Pontifícia Universidade regoriana.

EDWARDS, BEDA
Do Instituto Histórico OCD de Roma.

ESQUERDA BIFET, JUAN
Professor na Pontifícia Universidade Urbaniana.

COLABORADORES

FABRO, CORNELIO
: Professor na Universidade de Perugia.

FAVALE, AGOSTINO
: Professor na Pontifícia Universidade Salesiana.

FERRUA, ANGELICO
: Estudioso de liturgia e espiritualidade.

FORESTI, FABRIZIO
: Professor no Pontifício Instituto Bíblico.

FORNERO, GIOVANNI
: Assistente internacional da Coordenação da GIOC.

FRANCIA, ENNIO
: Acadêmico de San Luca.

FRUTAZ, PIETRO
: Da Sagrada Congregação para a Causa dos Santos.

GARZANITI, MARCELLO
: Doutor em teologia.

GAITO, STANISLAO
: Professor no Pontifício Instituto de Espiritualidade do Teresianum.

GENNARO, CAMILLO
: Doutor em teologia.

GENTILI, ANTONIO
: Doutor em filosofia e perito em espiritualidade oriental.

GIORDANI, BRUNO
: Professor no Pontifício Ateneo Antonianum.

GIOVANNA DELLA CROCE
: Doutor em filosofia.

GOFFI, TULLO
: Professor na Faculdade Teológica Inter-regional de Milão e no Seminário episcopal de Brescia.

GORI, SEVERINO
: Estudioso de espiritualidade franciscana.

GOYA, BENITO
: Professor na Pontifícia Faculdade Teológica do Teresianum.

GRION, ALVARO
: Doutor em teologia.

GROSSI, PIO
: Estudioso de espiritualidade medieval.

GUERRA, AUGUSTO
: Professor na Pontifícia Universidade de Salamanca.

GUTIÉRREZ VEJA, LUCAS
: Professor no Pontifício Instituto de Vida Religiosa Claretianum.

HELEWA, GIOVANNI
: Professor na Pontifícia Faculdade Teológica de Teresianum.

HONINGS, BONIFACIO
: Professor na Pontifícia Universidade Lateranense.

HUERGA, ÁLVARO
: Professor na Pontifícia Universidade de San Tommaso em Roma.

ILLANES, JOSÉ LUÍS
: Professor na Faculdade Teológica da Universidade de Navarra.

IPARRAGUIRRE, IGNAZIO
: Professor na Pontifícia Universidade Gregoriana.

JANSSEN, CANISIO
: Doutor em teologia.

JIMÉNEZ, GIULIO
: Doutor em teologia.

JOSEPH DE SAINTE MARIE
: Professor na Faculdade Teologica do Teresianum.

KOROSAK, BRUNO
: Professor na Pontifícia Universidade Urbaniana.

LAMBIASI, FRANCESCO
: Professor na Pontifícia Universidade Gregoriana.

LAUDAZI, CARLO
: Professor na Pontifícia Faculdade Teologica do Teresianum.

LIPARI, ANSELMO
: Professor na Faculdade Teológica de Palermo.

LIUJMA, ANTONIO
: Professor na Pontifícia Universidade Gregoriana.

LLAMAS, ENRICO
: Professor na Pontifícia Universidade de Salamanca.

MACCA, VALENTINO
: Arquivista geral OCD e professor no Pontifício Instituto de Espiritualidade do Teresianum.

MACHEJEK, MICHELE
: Da Postulação Geral OCD.

MANNONI, MICHELE
: Professor de teologia moral.

MARCHETTI, ALBINO
: Professor de teologia espiritual.

MARCHETTI-SALVATORI, BENEDETTO
: Professor de teologia espiritual.

MARRANZINI, ALFREDO
: Professor na Pontifícia Faculdade Teológica da Itália meridional (Nápolis).

MAS, BARTOLOMEO
: Colaborador da revista *Regnum Dei*.

MATANIC, ATANASIO
: Professor no Pontifício Ateneo Antonianum.

MAZZARELLO, SECONDO
: Estudioso de liturgia.

MELCHIORRE DI SANTA MARIA
: Professor no Pontificio Instituto de Espiritualidade do Teresianum.

MERCATALI, ANDREA
: Professor no Pontifício Ateneo Antonianum.

METODIO DA NEMBRO
: Professor na Pontifícia Universidade Urbaniana.

MILELLA, DOMENICO
: Professor de teologia moral.

MOIOLI, GIOVANNI
: Professor na Pontifícia Faculdade Teológica de Venegono.

MOLINARI, PAOLO
: Postulador geral SJ e professor na Pontifícia Universidade Gregoriana.

MONDRONE, DOMENICO
: Escritor de *La Civiltà Cattolica*.

MORETTI, ROBERTO
: Professor na Pontifícia Faculdade Teológica do Teresianum e na Pontifícia Universidade Lateranense.

NEUNHEUSER, BURKHARD
: Professor no Pontifício Ateneo Anselmiano.

NEWELL, CARLO
: Licenciado em teologia.

NICOLAU, MICHELE
: Professor na Pontifícia Universidade de Salamanca.

COLABORADORES

PACHO, EULOGIO
: Professor no Pontifício Instituto de Espiritualidade do Teresianum e na Faculdade Teológica de Burgos.

PAPALI, CIRILLO BERNARDO
: Professor na Pontifícia Universidade Urbaniana.

PASQUETTO, VIRGILIO
: Professor na Pontifícia Faculdade Teológica do Teresianum.

PEDRINI, ARNALDO
: Doutor em teologia espiritual e perito em espiritualidade salesiana.

PENCO, GREGORIO
: Estudioso de história monástica.

PERRAULT, AIMONE MARIA
: Professor de psicologia.

PESENTI, GIUSEPPE GRAZIANO
: Professor de filosofia e de teologia moral.

PHILIPPE DE LA TRINITÉ
: Professor na Pontifícia Faculdade Teológica do Teresianum.

PIANAZZI, GIOVANNI
: Professor na Pontifícia Universidade Salesiana.

PICASSO, GIORGIO
: Professor na Universidade Católica de Milão.

PIGNA, ARNALDO
: Professor no Pontifício Instituto de Espiritualidade do Teresianum.

PROFILI, LODOVICO
: Assistente da *Opera della Regalità*.

QUARELLO, ERALDO
: Professor na Pontifícia Universidade Salesiana.

REGAZZONI, MAURO
: Mestre em teologia espiritual.

RICCI, VINCENZO
: Estudioso da espiritualidade afonsiana.

RIVA, SILVIO
: Professor na Pontifícia Universidade Lateranense.

RIZZARDI, GIOVANNI
: Professor na Faculdade Teológica Inter-regional de Milão.

ROCCHETA, CARLO
: Professor no Studio Teologico Fiorentino.

ROCCO, UGO
: Professor no Pontifício Seminário Regional da Sardenha.

RODRÍGUEZ, ISAÍAS
: Professor de teologia espiritual.

ROGGERO, ANASTASIO
: Doutor em história eclesiástica.

ROMANO, ANTONIO
: Doutor em teologia espiritual.

RUDASSO, FRANCO
: Doutor em teologia.

RUIZ, FEDERICO
: Professor no Pontifício Instituto de Espiritualidade do Teresianum.

SALMONA, BRUNO
: Professor na Universidade de Gênova.

SCABINI, PINO
: Professor na Pontifícia Universidade Lateranense e Diretor do Instituto de Ciência religiosa *Ecclesia Mater*.

SCIADINI, PATRIZIO
: Escritor de espiritualidade.

SESÉ, JAVIER
: Professor na Faculdade Teológica da Universidade de Navarra.

SICARI, ANTONIO
: Doutor em teologia e diretor da *Communio* (ed. italiana).

SIEDL, SUITBERTO
: Professor na Universidade de Salisburgo.

SIMEONE DELLA SACRA FAMIGLIA
: Professor na Escola de arquivística ao Arquivo Vaticano e no Pontifício Instituto de Espiritualidade do Teresianum.

SORSOLI, CIRILLO
: Doutor em teologia e estudioso de espiritualidade patrística.

SPIAZZI, RAIMONDO
: Professor na Pontifícia Universidade de San Tommaso em Roma.

SPIDLÍK, TOMMASO
: Professor no Pontifício Instituto Oriental.

STRINA, GIOVANNI
: Professor no Seminário arquidiocesano de Gênova.

STRUS, JOSEPH
: Professor na Pontifícia Universidade Salesiana.

TAGGI, MASSIMO
: Do Movimento *Mondo Migliore*.

TAMBURRINO, PIO
: Doutor em teologia.

TESSAROLO, ANDREA
: Doutor em teologia.

TRAPE, AGOSTINO
: Professor no Instituto Patrístico de Roma.

TURBESSI, GIUSEPPE
: Abade do mosteiro da Basílica de São Paulo.

VAN HAAREN, FRANCESCO
: Estudioso de história trapista.

VELOCCI, GIOVANNI
: Professor na Pontifícia Universidade Lateranense.

VIRGULIN, STEFANO
: Professor na Pontifícia Universidade Urbaniana.

ZOFFOLI, ENRICO
: Estudioso da espiritualidade da Paixão.

ZOMPARELLI, BRUNO
: Professor na Pontifícia Faculdade Teológica do Teresianum.

ZOVATTO, PIETRO
: Professor no Seminário episcopal de Trieste.

ZUBIETA, PIETRO
: Professor na Pontifícia Faculdade Teológica do Teresianum.

SIGLAS E ABREVIAÇÕES

COLEÇÕES E GRANDES OBRAS

AAS	Acta Apostolicae Sedis
ASS	Acta Sanctae Sedis
CCS	Corpus Christianorum Latinorum
CCSL	Corpus Christianorum. Series Latina.
CIC	Codex Iuris Canonici
CSEL	Corpus Scriptorum Ecclesiasticorum Latinorum
CPG	Clavis Patrum Graecorum
CPL	Clavis Patrum Latinorum
CSCO	Corpus Scriptorum Christianorum Orientalium
Denz.	H. Denzinger – J. B. Umberg – K. Rahner, *Enchiridion symbolorum*, definitionum et declarationum de rebus fidei et morum
MGH	Monumenta Germaniae Historica
PG	Patrologia Graeca
PL	Patrologia Latina
STh.	Santo Tomás de Aquino, *Summa Theologiae*
C. Gent.	Santo Tomás de Aquino, *Summa contra Gentiles*

DOCUMENTOS CONCILIARES E DO MAGISTÉRIO

AA	Apostolicam actuositatem
AG	Ad gentes
CD	Christus Dominus
CfL	Christifideles laici
CT	Catechesi tradendae
DeV	Dominum et vivificantem
DH	Dignitatis humanae
DM	Dives in misericórdia
DV	Dei Verbum
EM	Evangelii nuntiandi
FC	Familiaris consortio
GE	Gravissimum educationis
GS	Gaudium et spes
HV	Humanae vitae
IM	Inter mirifica
LG	Lumen gentium
MC	Marialis cultus
MD	Mulieris dignitatem
NA	Nostra aetate
OA	Octogesima adveniens
OE	Orientalium Ecclesiarum
OT	Optatam totius
PC	Perfectae caritatis
PO	Presbyterorum ordinis
PP	Populorum progressio
RG	Redemptor hominis
RM	Redemptoris Mater
SC	Sacrosanctum Concilium
SRS	Sollicitudo rei socialis
UR	Unitatis redintegratio

NORMAS PRÁTICAS PARA A CONSULTA

1) Para as Siglas bíblicas se remete à *Bíblia de Jerusalém* e para a edição da Conferência Episcopal Italiana aqui adotada.

2) Os verbetes do *Dicionário* estão dispostos em rigorosa ordem alfabética. No uso dos nomes se seguiu o critério mais usual, isto é: Os *santos* foram elencados por nome de batismo ou de religião, quando se trata de religiosos.

3) Ao longo de cada verbete, uma flecha colocada ao lado de um termo em letra minúscula remete à consulta desse verbete, estabelecendo todas as conexões oportunas de ordem histórica, científica e teológica entre os vários verbetes. Tem-se assim uma visão mais orgânica e funcional do *Dicionário*, que se revela instrumento indispensável de consulta e de pesquisa.

4) O índice sistemático, posto no final do terceiro volume do *Dicionário*, é subdividido em três partes: I. Teologia espiritual (doutrina e experiência); II. História da espiritualidade (autores, textos, experiências); III. Pastoral da espiritualidade (orientações e meios). Em cada uma destas são recolhidos grupos de verbetes, em ordem alfabética, no interior de cada seção. Resulta daí um conjunto ordenado que fornece, de um lado, a arquitetura de toda a obra e, do outro, o tipo de análise realizada para a inserção de cada verbete.

5) Um elenco de verbetes e dos relativos Autores, subdividido por volume, com indicação de página ao lado dos verbetes, facilita a rápida pesquisa, sobretudo do Autor desejado, ou permite saber se o objeto específico daquela pesquisa entra num dos 789 verbetes do *Dicionário*.

A

ABADE. É o título que designa, já no monaquismo antigo, o pai e o mestre da vida espiritual. Tal título, proveniente do aramaico ("pai"), é relacionado à paternidade misericordiosa de Cristo, a quem é frequentemente referido o texto de Rm 8,15 (*Abbá, Pater*), paternidade da qual deriva a do mestre de vida ascética. Trata-se, antes de tudo, de um → CARISMA, que a tradição monástica se compraz em relacionar à do *doctor* na Igreja primitiva e que se manifesta por isso no oferecimento de uma palavra e no → DISCERNIMENTO DOS ESPÍRITOS (*discretio*). Pouco a pouco essa autoridade, antes toda ela espiritual, se configura em autoridade jurídica, seguindo o desenvolvimento do ascetismo cristão na passagem de movimento de tipo individual e solitário a instituição reconhecida e enquadrada na autoridade eclesiástica. De tal forma se torna o abade o superior de uma comunidade monástica, segundo o conceito definitivamente instituído pela Regra de São Bento, que essa mesma Regra dedica à figura e ao ofício do abade dois dos seus mais importantes capítulos (2 e 64). Toda a Regra e a tradição monástica apoiam-se sobre ele que, de sua parte, deve valer-se do conselho dos anciãos e, nas questões de maior relevo, do concurso de toda a comunidade. É função do abade guiar os monges no caminho da perfeição, sobretudo com o exemplo, corrigindo os negligentes mas sabendo adaptar-se à índole de todos. Ele preside a celebração litúrgica (embora o seu ofício não exija necessariamente o sacerdócio) e imprime no cenóbio sua fisionomia particular. A tradição espiritual considera o abade como pastor do rebanho, médico da alma, mestre e artífice da arte ascética, sábio dispensador dos mistérios de Deus, anjo da comunidade. A partir da Alta Idade Média foram a ele atribuídas as insígnias pontificais e, mais ainda, seu ofício foi considerado perpétuo.

BIBLIOGRAFIA. LECLERCQ, J. Lettre d'un moine à son abbé. *Studi Medievali* (1960) 687-700; fundamental e revelador pelas referências à tradição bíblica e ao ascetismo oriental, DE VOGUE, A. *La communauté et l'abbé dans la Règle de saint Benoit*, Bruges, 1961; prevalentemente jurídico, HEGGLIN, B. *Der benediktinische Abt in Rechtsgeschichtlicher Entwicklung und geltendem Kirchenrecht*. St. Ottilien, 1961; para a tradição medieval, SALMON, P. *L'abbé dans la tradition monastique*. Paris, 1962; PENCO, G. La figura dell'abate nella tradizione spirituale del monachesimo. *Benedictina* 17 (1970) 1-12; *Figura e funzione dell'autorità nella comunità religiosa*. Alba, 1978.

G. PENCO

ABANDONO. 1. NATUREZA DO ABANDONO. Na vida espiritual esta palavra se entende geralmente em sentido ativo, como ato ou estado de quem deixa a Deus a cura da própria pessoa e do próprio destino. Pode-se definir "a substituição da vontade divina à vontade humana no determinar os motivos e os fins do próprio agir". De fato, no abandono não há só uma atitude passiva pela qual nós nos submetemos de boa vontade às disposições divinas na aceitação incondicional da iniciativa de Deus, mas há ali um ato explícito da → VONTADE que renuncia à própria deliberação para deixar que Deus determine, diretamente ou indiretamente, os motivos do agir. O abandono é dom de si, renúncia à própria vontade e, por isso, ato supremo de amor, governado pela mais pura → CARIDADE, enquanto sugerido pela → FÉ e corroborado pela → ESPERANÇA. O abandono é fruto da fé enquanto constatação da impotência basilar própria na ordem da → GRAÇA; é corroborado pela esperança enquanto é entrega de cada coisa à onipotência auxiliadora de Deus, mas é ato de caridade, como forma suprema de doação de si. O ato do abandono pode encontrar-se facilmente na alma em graça, enquanto o "estado" de abandono supõe a perfeição habitual, isto é, a transformação da vontade na vontade de Deus.

Como forma suprema de amor, o abandono funda-se no conhecimento da ordem da graça e da providência que Deus quis para as suas criaturas; sobretudo pressupõe o conhecimento daquilo que o amor de Deus cumpriu para o homem e as iniciativas divinas que concorrem no tempo à sua santificação. É por isso uma atitude que se encontra na alma já avançada na vida espiritual. O abandono, além do amor, supõe a humildade, porque é prático reconhecimento do próprio nada e da própria incapacidade a qualquer iniciativa da graça.

O fundamento evangélico dessa atitude espiritual encontra-se, além de na vida prática de Nosso Senhor, também no seu ensinamento explícito (cf. Jo 8,28-29). Também para as coisas materiais, Jesus pregou o abandono à → PROVIDÊNCIA. Esta é o fundamento do abandono enquanto vontade divina ordenadora de todas as coisas ao bem dos eleitos.

Como toda expressão de vida, o abandono é uma atitude composta para a qual concorrem diversos elementos que se fundam entre eles. Antes de tudo, para abandonar-se a Deus a alma deve estimá-lo e amá-lo mais que a si própria, de modo que possa retirar unicamente da graça de Deus os motivos do agir. A estima e o amor de Deus supõem um conhecimento de fé que vai além da normal informação cultural. Trata-se de confiar a Deus a própria vida com todos os seus meios de subsistências e sobretudo com as possíveis consequências, nem sempre agradáveis, implicadas na perfeição evangélica.

Quem se abandona em Deus deve, pois, fielmente acolher todos os reflexos da ação divina que, se é sempre amorosa e justa, nem sempre é agradável. O amor que guia e comanda o abandono deve superar aquela natural tendência ao amor de si que é inata em qualquer criatura e, em última análise, comanda toda ação. Também, se praticamente é impossível para o homem o "puro amor", a vontade humana deve saber tirar da vontade divina a força para agir e sobretudo os "motivos" do agir. Eis por que outra componente fundamental do abandono é a renúncia à própria vontade, como princípio motor do agir. Essa renúncia pode ser determinada por muitas constatações (limitação própria, capacidade de errar, eficácia determinante da vontade divina), porém é necessária a fim de que o elemento tirado da vontade de Deus possa substituir-se àquele humano e criado. Onde não degenere em QUIETISMO, ocorre que essa renúncia seja acompanhada das disposições da alma, pronta a coadjuvar positivamente e eficazmente o amor de Deus. O abandono, enquanto conduz a alma à perfeição do amor, é também um meio eficaz para exprimi-lo. É só por amor, isto é, por desejo de unir-se totalmente a Deus tanto que qualquer desejo próprio desapareça, que a alma se abandona a ele. A renúncia a toda iniciativa, a todo querer, é cumprida para que Deus possa agir na alma com a máxima liberdade, segundo os seus planos divinos. A alma quer fazê-los seus desde a raiz, e põe à disposição do Senhor todos os seus recursos.

São → JOÃO DA CRUZ entende o abandono não só como expressão do amor, mas como meio para chegar a Deus plenamente e totalmente. Eis as suas afirmações: "Para provar tudo, não ter gosto em nenhuma coisa. Para possuir tudo, não possuir nada de nada. Para saber tudo, não querer saber nada de nada. Para chegar àquilo que não gozes, deves passar por onde não te agrada. Para aprender aquilo que não sabes, caminhas por aquilo que ignoras. Para obter aquilo que não possuís, é necessário que passes por aquilo que não tens. Para tornar-se aquilo que não és, deves andar por onde não sabes" (*Subida* 1, 3).

O completo abandono é, para o Doutor Místico, elemento necessário de perfeição; de fato: "Quando paras em qualquer coisa, deixa-te de lançar-te ao tudo. Porque para alcançar inteiramente o tudo tens de possuí-lo sem querer nada. Porque, se desejas ter qualquer coisa no tudo, não tens puramente em Deus o teu tesouro" (*Ibid.*).

2. OBJETO DO ABANDONO. Por primeira coisa a alma deve abandonar em Deus toda iniciativa própria. A regra das ações não é mais, para uma alma abandonada completamente, a própria livre eleição, mesmo entre as coisas compatíveis com a graça, mas só a vontade divina segundo as circunstâncias de tempo e de lugar que demonstram-na e postulam-na a atuar. Como consequência, a alma abandona em Deus a si mesma completamente, aceitando as situações que se podem praticamente determinar, com a segurança de que qualquer efeito prático que venha acontecer é querido ou, pelo menos, permitido por Deus em ordem à própria santificação.

A alma abandona a Deus assim a própria vida, com tudo aquilo que esta apresenta, deixando às circunstâncias queridas pela providência a realização das energias que Deus concede. A alma abandona qualquer alegria espiritual e gosto sobrenatural, pronta a seguir o Senhor pelo caminho apertado e estreito que conduz à santidade. Pode-se dizer que o abandono exige a renúncia de tudo o que não é Deus, para levar a alma à posse de Deus só, suma verdade e sumo bem. O autêntico abandono faz que a alma não se preocupe mais nem dos próprios defeitos, ocupada só em procurar a glória de Deus. Santa → TERESINHA DO MENINO JESUS assim expressou seu infantil abandono: "Que importa, ó meu Jesus, se caio a cada instante? Vejo com isto a minha fraqueza e é para mim um grande ganho. Vós vedes com isto aquilo que posso fazer, e então sereis com maior intensidade tentado a conduzir-me sobre vossos braços" (*Carta 89* a Celina, de 26 abr. 1889).

3. FRUTOS DO ABANDONO. A alma que se abandona totalmente em Deus adquire a suprema liberdade de servir só a Deus, porque se livra do querer escolher e da consequente responsabilidade dos próprios atos.

Infelizmente muitos, mesmo no campo espiritual, não compreendem como a santificação seja obra sobretudo de Deus (se bem que não exclusivamente) e consista não no procurar Deus em meio a tantas pequenas devoções, mas na adesão plena e generosa à sua vontade. O abandono nos coloca nas mãos de Deus e nos livra das consequências que poderiam derivar das nossas decisões, e os nossos atos, conforme a divina vontade, têm aquela força santificante que Deus entende.

O abandono, libertando-nos do → ORGULHO, nos livra de considerar a opinião dos homens e nos põe numa santa indiferença em relação a eles. Para a alma abandonada, tudo assume um aspecto relativo: o passado, o presente, o futuro; as vicissitudes do mundo e do tempo adquirem um valor apenas como permissão divina que nos manifesta o comportamento a assumir. Comportamento de colaboração com a concreta expressão da vontade divina. Tem-se assim a paz do coração, fruto do único endereço divino que a alma possui. Quando todos os desejos, todas as aspirações da alma são direcionados unicamente a favorecer a divina vontade, não há mais conflitos, divisões, nem dispersão de forças. A alma procede na vida com aquela segurança que lhe vem do saber de possuir Deus não só como verdade que se revela, mas como bondade que se doa, como vida que assimila e transforma em si. A → PRESENÇA DE DEUS, que de dentro move a alma, é, pois, fonte de alegria.

A doutrina católica sempre ladeou ao abandono a devida colaboração positiva à graça. É demasiado evidente o perigo ao qual se vai ao encontro, entendendo o abandono em sentido absoluto, e a Igreja sempre sublinhou, na sua doutrina espiritual, a parte devida à criatura na própria santificação. Os → SANTOS sempre entenderam o abandono como uma oferta a Deus de todo o seu ser, até a confissão mais oculta, até o martírio mais íntimo do coração.

4. FALSO ABANDONO. Infelizmente, porém, o abandono nem sempre foi vivido e considerado no seu lado positivo. A partir do século XIII nota-se na Igreja uma corrente de fundo quietista entre os begardos e os "frades do livre espírito" (→ ILUMINISMO MÍSTICO). Estes afirmavam que se pode chegar à impecabilidade, e quando se está nesse estado não ocorre fazer mais penitência nem orar; não só, mas, dado que enfim os sentidos são sujeitos ao espírito, pode-se a eles conceder qualquer coisa (DENZ. 471-472). Para estas almas, conduzidas diretamente por Deus, não há mais obrigação de obedecer à Igreja, nem de exercitar a virtude, coisa a ser deixada às almas imperfeitas. Nessas correntes, nota-se logo a desarmonia e o desviamento, já que desvinculam a alma do autêntico cristianismo e desaguam grosseiramente no erro mais patente. Um outro expoente do → QUIETISMO é Meister → ECKHART, sobre cuja doutrina permanecem ainda controvérsias. Teria ensinado a máxima indiferença a tudo, mesmo a respeito da santidade e do → PARAÍSO, ainda mais a não obrigatoriedade da oração dos atos externos de virtude (DENZ. 508.509.516).

O erro reaparece sob outra forma e com maior força com João Valdés e Miguel → MOLINOS. Para eles, no abandono a atividade de Deus substitui-se fisicamente à atividade humana, já que na vida espiritual as faculdades da alma se aniquilam. Cai-se num aberto → PANTEÍSMO. Para esses autores, no abandono a alma é divinizada de tal modo que se faz uma só coisa com a essência divina; torna-se ausente de paixões, porque completamente purificada, e incapaz de pecar venialmente. Enquanto os autores ortodoxos, que sugerem o abandono como elemento de perfeição, sublinham com força o dever de colaborar positivamente à graça com todas as energias possíveis, os quietistas ressaltam a inutilidade do qualquer ato realizado pela alma, porque, partindo da própria vontade, não há mais nenhum valor no campo da graça. Assim, para esses, torna-se inútil qualquer oração e atividade externa no campo do bem: a alma deve contentar-se em permanecer diante de Deus sem produzir nenhum ato específico.

A última expressão um tanto original do → QUIETISMO, depois de La Combe (1643-1715) que praticamente suprime a distância essencial entre permissão e querer de Deus, tem-se com Madame → GUYON (1648-1717). Para ela, a conversão da alma é um processo involutivo que, partindo desde fora da alma, a conduz na própria interioridade em direção a Deus presente em nós. O Senhor, no centro da alma, atrai com força todas as coisas a si; a alma nada tem a fazer senão um fraco esforço para recolher-se na própria interioridade. Quando este passo se cumpre, Deus faz o resto. A purificação necessária para a união mística não leva consigo as terríveis provas, que especialmente São → JOÃO DA CRUZ descreve com tanta vividez, mas acontece automaticamente, pela atração de Deus. A alma deve apenas deixar-se fazer (cf. os dois pequenos tratados: *Meio breve e fácil para fazer oração* e *As torrentes espirituais*).

Estamos diante de uma doutrina mais elevada que a precedente, porque imune de erros morais, todavia igualmente errada sob o plano teológico. A santidade não pode ser concebida como uma simples e fácil ajuda à ação de Deus; em todos os santos, a perfeição aparece como uma dura conquista e uma áspera luta para domar a natureza e sobretudo a própria vontade. O abandono autêntico é fruto dessa luta, não fácil nem breve, e quem o alcança, com a graça de Deus, tem sempre que vigiar para manter o domínio daquela natureza que quer sempre reivindicar as próprias posições.

BIBLIOGRAFIA. Abandon. In: *Dictionnaire de Spiritualité* I, 2-49; CAMILLO DEL SACRO CUORE. *Dio e santità nel pensiero di Santa Teresa di Lisieux*. Genova, 1962; CAUSSADE, P. *L'abbandono alla divina Provvidenza*. Paoline, Roma, 1962; DAGNINO, A. *La vita interiore*. Paoline, Roma, 1960; EULOGIO DELLA VERGINE DEL CARMELO. El quietismo frente al magistério sanjuanista sobre la contemplación. *Ephemerides Carmeliticae* 13 (1962) 253-426; FRANCESCO DE SALES. *Trattenimenti*. Paoline, Roma, 1941; ID. *Teotimo*. Roma, 1958; GIOVANNI DELLA CROCE. *Salita*. Roma, 1963; JEAN-BAPTISTE. *L'abbandono filiale*. Paoline, Roma, 1963; LEHODEY, V. *Il santo abbandono*. Firenze, 1945; PERRIN, J.-M. *Nel segreto del Padre*. Roma, 1961; PINY, A. *Il piú perfetto*. Torino, 1923; GRÄF, T. *Sí, Padre*. Brescia, 1938; TERESA DI GESÙ. *Cammino*. Roma, 1970; *Dicionário de Espiritualidade*. Paoline, Roma, 1979, 489.807.909.

G. GENNARO

ABBÁ. O fato de atribuir a Deus o apelativo de "Pai" não é, estritamente falando, de origem cristã. Isso era largamente difundido também nas religiões do antigo Oriente e tinha, em particular, uma dúplice função: garantir às diversas famílias uma árvore genealógica que remontasse a um nobre antepassado divino e dar à mesma religião um caráter mais humano, mais íntimo. Não é pois raro encontrar deuses extremamente benévolos e inclinados a uma ternura quase materna.

1. ANTIGO TESTAMENTO. No Antigo Testamento o termo é raramente encontrado. Aparece de fato somente quinze vezes, e se refere no máximo a dois conceitos bastante contrapostos: de uma parte, indica a soberana autoridade de Deus (Dt 32,6; Ml 2,10); de outra, a sua misericórdia.

Significativo, quanto a este último propósito, é aquilo que se lê no Salmo 103: "Bendize ao Senhor, ó minha alma, e não esqueças nenhum dos seus benefícios. É ele quem perdoa tua culpa toda e cura todos os teus males. É ele quem redime tua vida da cova e te coroa de amor e compaixão. Como o céu que se alteia sobre a terra, é forte seu amor por aqueles que o temem. Como um pai é compassivo com seus filhos, assim o Senhor é compassivo para com aqueles que o temem" (vv. 3-4.11.13; cf. Sl 68,6).

No âmbito da paternidade de Deus, Israel ocupa um lugar privilegiado. Ele é o filho predileto, o filho do coração, e Jeremias o coloca em clara evidência quando escreve: "Partiram no pranto, e eu os trarei entre consolações! Vou conduzi-los a correntes de água, por um caminho reto, em que não tropeçarão. Porque eu sou um pai para Israel, e Efraim é o meu primogênito" (Jr 31,9; cf. Dt 14,1-2; Ex 4,22).

Contrariamente ao que se verifica entre as religiões pagãs, a primogenitura de Israel se funda não tanto sobre o mito, mas sobre uma experiência histórica bem definida que, iniciada com → ABRAÃO, se desata sucessivamente, no quadro do Êxodo, em direção ao futuro messiânico. Essa experiência histórica não é porém suficiente para qualificar, em todo o seu alcance religioso, a primogenitura de Israel. Esta exige, da parte do povo, um comportamento adequado. Por isso os autores sagrados frequentemente censurarão as nações judaicas por serem infiéis em relação à paternidade divina e não hesitarão em repetir com o Deuteronômio: "É isso que devolveis ao Senhor? Povo idiota e sem sabedoria. [...] Não é ele teu pai, teu criador? Ele próprio te fez e te firmou!" (Dt 32,6; cf. Jr 3,4-5.19.20).

Outro elemento que caracteriza as relações entre o povo e a paternidade de Deus é determinado pelo apelo à misericórdia e pelo consequente perdão. É, pois, legítima a oração de Isaías: "Olha desde o céu e vê, desde a tua morada santa e gloriosa. Onde estão o teu zelo e o teu valor? O frêmito das tuas entranhas e a tua compaixão para comigo se recolheram? Com efeito, tu és o nosso pai. Ainda que Abraão não nos conhecesse e Israel não tomasse conhecimento de nós, tu, Senhor, és nosso pai, nosso redentor: tal é o teu nome desde a Antiguidade" (Is 63,15-16; cf. Is 64,7-8; Os 11,3-8; Jr 31,9.20).

2. ANTIGO JUDAÍSMO PALESTINENSE. Nos livros deuterocanônicos de proveniência palestinense acentua-se a paternidade de Deus apenas quatro vezes. Raros são também os testemunhos dos apócrifos. No que se refere aos textos de → QUMRÂN, temos um único exemplo (1QM 9, 35). Numerosos são, ao invés, os acenos da literatura rabínica em geral e daquela contemporânea aos → SINÓTICOS em particular. A expressão que aparece mais frequentemente nesses últimos escritos judaicos é: "Pai celeste". Este, porém, tende a desaparecer e a dar o lugar a outros apelativos que põem melhor em evidência a potência e a santidade de Deus.

Para o que se refere mais diretamente ao conteúdo, nota-se no antigo judaísmo palestinense certa tendência legalista: é filho de Deus quem obedece à sua lei. A fidelidade à → LEI é, pois, tão radical que dela não se pode desviar nem mesmo diante da morte. Só quem está disposto a sofrer o martírio tem direito de entrar no âmbito da paternidade divina. Nem todos os autores, porém, concordam quanto a essa impostação de fundo moralizante. Há na verdade alguns que sustentam certa continuidade na filiação divina, não obstante a desobediência e a infidelidade.

Os outros dados característicos da literatura judaica antiga sobre a paternidade de Deus se reduzem, praticamente, aos seguintes: a) Deus intervém sempre na hora da necessidade (cf. 1QM 9, 35-36); b) Ele está disposto a perdoar mais que um pai terrestre; consequentemente, também os homens devem ser benévolos entre si; c) não obstante a presença de uma paternidade divina que diz respeito ao povo em geral e a cada um, é vivo o sentido da distância: Deus é Pai, mas um pai singular, a quem se deve sobretudo respeito; d) à diferença do que ocorre no Antigo Testamento, o termo "Pai" é usado também nas invocações feitas a Deus. Nos primeiros dois séculos da era cristã há apenas pouquíssimos exemplos disso. Completamente ausente, ao contrário, é a expressão de oração "meu Pai".

3. EVANGELHOS. O termo "Pai" é posto pelos evangelistas na boca de Jesus 170 vezes. Precisamente: 4 vezes por Marcos, 15 por Lucas, 42 por Mateus, 109 por João.

Tendo presentes tais constatações, pode-se deduzir que, originariamente, o costume de chamar Deus com o nome de "Pai" é muito raro, e que isso se difunde com a expansão progressiva do cristianismo. Em Marcos, o mais antigo dos → SINÓTICOS, o vocábulo é quase inexistente; em João, porém, o último dos evangelistas na ordem do tempo, torna-se sinônimo de "Deus".

Outra característica de João é a tendência a eliminar toda expressão demasiado particularizada em comparação aos termos e a sublinhar, ao contrário, o aspecto absoluto. A afirmação "meu Pai" aparece assim 25 vezes, enquanto a de "Pai" ocorre bem 73 vezes. A mesma palavra, despojada de qualquer outra determinação, reaparece outras 15 vezes nas cartas joaninas e goza da preferência dos → PADRES APOSTÓLICOS.

Para o que se refere em particular aos motivos que determinaram uma tal evolução é provável que devamos procurá-la no âmbito do culto litúrgico tão fortemente acentuado pelos escritos paulinos, e mesmo na memória da grande oração de Jesus.

4. DEUS-PAI NOS "LOGHIA" DE JESUS. Ao chamar Deus com o apelativo de "Pai", Jesus usa uma tríplice fórmula: a) o Pai, b) vosso Pai, c) meu Pai. A primeira, como já se observou, é mais tardia e assinala a conclusão de uma práxis de caráter prevalentemente litúrgico. A segunda, utilizada 12 vezes por Mateus contra as 2 vezes de João, é reservada por Jesus ao estrito grupo dos discípulos e procura esclarecer como Deus é Pai enquanto perdoa suas culpas, acompanha-os com a sua misericórdia, conforta-os com a sua providência e lhes propõe a salvação. A terceira fórmula, que aparece 3 vezes em Lucas, 13 em Mateus e 25 em João, é, sob certos aspectos, a mais rica de significado religioso. Indica, de fato, como sugere Mt 11,27, a função reveladora de Cristo em ordem a Deus e aos homens: "Tudo me foi dado pelo meu Pai", lê-se no versículo citado, "ninguém conhece o Filho se não o Pai, e ninguém conhece o Pai senão o Filho e aquele a quem o Filho o quiser revelar".

Só Jesus conhece os mistérios divinos, e é, portanto, somente nele que nos pode ser comunicado esse tipo de conhecimento. Jesus é o único depositário e o único mediador da Palavra do Senhor.

5. DEUS-PAI NA ORAÇÃO DE JESUS. Dirigindo-se a Deus por meio da oração, Jesus usou certamente o termo aramaico "Abbá" (Pai-meu Pai), termo que não tem paralelos literários nos escritos veterotestamentários ou judaicos anteriores. Trata-se, pois, de um tipo absolutamente novo de oração.

Antes de Jesus, nenhum hebreu jamais ousou invocar Deus servindo-se do termo "Abbá", enquanto este originariamente se referia ao modo de chamar o pai da parte da criança. Teria sido por isso indecoroso transferi-lo ao campo do relacionamento com o Senhor. Opondo-se a tal uso, Jesus faz dele o apelativo qualificante de sua própria oração e, através de seu exemplo, da oração de toda a comunidade cristã. Assim ele insere aí uma nota de total confiança. De agora para a frente, quem se aproxima de Deus é obrigado a assumir a posição que toma um menino em relação ao próprio pai, abrindo o seu coração sem temores inúteis, e criar um clima de doce intimidade e de completa submissão.

Outra observação a fazer. Quando Jesus ora, jamais diz "Pai nosso". A sua relação com Deus tem o caráter da singularidade. É uma relação toda sua e de mais ninguém. Não é, porém, o caso de insistir excessivamente sobre esta diferença. Ensinando a grande oração do "Pai" (→ PAI-NOSSO), Jesus quer tornar seus discípulos participantes de toda a riqueza interior que se esconde nele como Filho de Deus, transferir a eles a consciência de ser filhos no Filho e suscitar a mesma intensidade de afetos que caracteriza a sua oração.

Plenamente consciente dessa nova realidade que se estabelece entre os homens com a oração de Cristo, a Igreja primitiva sente, quase por instinto, o dever de aprofundar também os conteúdos expressos pelo "Pai", e São Paulo pode assim afirmar: "Todos os que são conduzidos pelo Espírito de Deus são filhos de Deus. Com efeito, não recebestes um espírito de escravos, para recair no temor, mas recebestes um espírito de filhos adotivos, pelo qual clamamos: 'Abbá! Pai!'" (Rm 8,14-15); "E, porque sois filhos, enviou Deus aos nossos corações o Espírito do seu Filho, que clama: 'Abbá, Pai!'. De modo que já não és escravo, mas filho. E se és filho és também herdeiro, graças a Deus" (Gl 4,6; cf. 2Cor 6,18).

6. ORAÇÃO COTIDIANA DE JESUS E DA IGREJA PRIMITIVA. Nos tempos de Jesus a oração é solidamente radicada na piedade religiosa do povo hebraico e é, quase sempre, sujeita a normas bem definidas. O homem é educado para rezar desde sua primeira juventude e é obrigado a dirigir-se a Deus três vezes ao dia: pela manhã, ao meio-dia e à tarde.

No que concerne à oração de Jesus, as informações são muito vagas, mesmo se não faltam referências à oração particular (cf. Mt 11,25-26; Mc 14,36; Jo 11,41-42; 12,27-28; c. 17). Os evangelistas preferem, de outra parte, chamar a atenção dos leitores mais sobre o clima espiritual no qual se recolhia Jesus, do que sobre as fórmulas por ele usadas. Sabemos assim que lhe agrada dirigir-se ao Pai em lugares desertos, solitários (cf. Mc 1,35; 6,46; Mt 14,13; Lc 3,21; 5,16; 9,18.28-29) e, possivelmente, durante o silêncio da noite. Sob tal luz é significativo quanto escrevem Marcos e Lucas: "Pela manhã se levantou quando era ainda escuro, e, saindo de casa, se retirou para um lugar deserto, e lá orava" (Mc 1,35); "Naqueles dias Jesus foi sobre a montanha para orar e passou a noite em oração" (Lc 6,12).

Outro elemento importante a levar em conta na oração de Jesus é a língua usada por ele para se dirigir ao Pai. Como já foi notado, ele se serviu certamente do aramaico; isto é, da língua comum, própria do povo. E isto com a finalidade de inserir a oração do "Pai" na esfera da vida cotidiana e criar a consciência que as relações com Deus devem inspirar-se em sentimentos verdadeiramente filiais, em um contexto direto e imediato.

Sobre o exemplo de Jesus, também a Igreja apostólica se habitua muito cedo a orar a Deus com a recitação do "*Pater*" e, provavelmente, pelo menos três vezes ao dia (*Didachè* 8,3). É porém justo pensar que, para além de toda oficialidade, os cristãos do primeiro século recitavam o "*Pater*" muito frequentemente, obedecendo assim ao convite de Paulo: "Sejais alegres na esperança, fortes na tribulação, perseverantes na oração" (Rm 12,12); "Perseverai na oração e vigiai nela, dando graças" (Cl 4,2). Oração portanto incessante é aquela de Jesus e da comunidade primitiva. Mas trata-se sobretudo de uma oração nova. E a novidade se centraliza sobre uma só palavra: "Abbá, Pai!".

BIBLIOGRAFIA. "Amores" de Jesús. *Bíblia y Fe* 22 (1982) 3-87; ADINOLFI, M. Il "Padre Nostro" (Mt 6,9-12) culmine della preghiera vetero- e neotestamentaria. In: *La preghiera nella Bibbia*. Napoli, 1983, 281-291; CARMIGNAC, J. *Recherches sur le "Notre Père"*. Paris, 1969; CIPRIANI, S. *La preghiera nel N. Testamento*. Milano, ³1978; CULLMANN, O. *La fede e il culto della Chiesa primitiva*. Roma, 1974;

DE LA POTTERIE, I. La preghiera di Gesú nei vangeli. In: *La preghiera nella Bibbia*. Napoli, 1983, 41-63; DELAYE, A. La paternité de Dieu dans l'Ancien Testament. *Le Carmel* 9 (1972) 7-35; DRAGO, A. *Gesú uomo di preghiera nel vangelo di Luca*. Padova, 1975; DUPONT, J. Le Dieu de Jésus. *Nouvelle Revue Théologique* 109 (1987) 321-344; ID. *Teologia delta Chiesa negli Atti degli Apostoli*. Bologna, 1984; FRETE, B. Motivazioni e contenuti della preghiera di Gesú nel vangelo di Luca. In: *La preghiera nella Bibbia*. Napoli, 1983, 293-331; GAROFALO, S. *Il vangelo deI Padre nostro*. Milano, 1979; GATZWEILER, K. La prière du Seigneur. *Foi et Temps* 15 (1985) 10-28; HELEWA, G. La preghiera di Gesú: "Abbà, Padre!". *Rivista di Vita Spirituale* 425 (1971) 387-408; ID. *La preghiera del cristiano: "Abbà, Padre"!*. Rivista di Vita Spirituale 425 (1971) 573-593; HOFIUS, O. Abbà-Padre. In: *Dizionario dei Concetti Biblici del Nuovo Testamento*. Bologna, 1976, 1134-1140; JENNI, E. 'āb-padre. In: *Dizionario Teologico dell'Antico Testamento*. Torino, 1978, 2-15, I; JEREMIAS, J. *"Abbà"*. Brescia, 1968; KASPER, W. *The God of Jesus Christ*. New York, 1986; *La spiritualità del N. Testamento*. Bologna, 1988, 63-97; MAGGIONI, B. *La vita delle prime comunità cristiane*. Roma, 1983; MARCHEL, W. *Abbà, Père! La prière du Christ et des chrétiens*. Rome, 1963: MONLOUBOU, L. *La preghiera secondo Luca*. Bologna, 1979; *Nuovo Dizionario di Teologia Biblica*. Cinisello Balsamo (Milano), 1988, 54-64; RADERMAKERS, J. La prière de Jésus dans les évangiles synoptiques. *Lumen Vitae* 24 (1969) 393-410; SABUGAL, S. *El Padre nuestro en la enterpretación catequética antigua y moderna*. Salamanea, 1982; ID. *"Abbà…". La oración del Senor* (BAC 467). Madrid, 1985 (com ampla bibliografia); SCHÜRMANN, H. *Il "Padre Nostro" alla luce della predicazione di Gesú*. Roma, 1967; SOBRINO, J. A. DE. *Así fue la Iglesia primitiva* (BAC 484). Madrid, 1986.

V. PASQUETTO

ABRAÃO. O ciclo da história de Abraão no Livro do Gênesis está entre os mais belos de toda a Sagrada Escritura. Sempre foi uma das partes mais meditadas e mais saboreadas desde a Antiguidade. Ocupa a parte central do livro (12–25,10) e o domina. Nos livros do Antigo Testamento, porém, a lembrança de Abraão não é frequente: a história de → MOISÉS e a história de Davi parecem ter tido, pelo menos aparentemente, maior ressonância nos séculos que se seguiram, até a vinda de Cristo. Isto não quer dizer que Abraão fosse esquecido. A sua vocação, o rito da circuncisão que é ligado à sua história e o sacrifício de Isaac são sempre supostos como fundamento primeiro de toda a história religiosa de Israel.

Com o fim da epopeia nacional, quando Israel foi deportado para a Babilônia e também depois, quando foi reconstruída Jerusalém, a memória do antigo patriarca refloresceu viva como a do nobre antepassado da nação; mais viva talvez que a figura mesma de Moisés e de Davi. Disto dão prova o Dêutero-Isaías (51,2), o Eclesiástico (44,19-21), os Salmos (105), o Livro I dos Macabeus (2,52).

Para além dos livros inspirados no tempo do judaísmo, a figura de Abraão se impõe à meditação do povo de Deus não só nos decênios imediatamente precedentes à era cristã, mas também depois e até hoje. Neste clima de renovado amor, de uma profunda veneração pelo antigo patriarca, ressoou a boa-nova. O Novo Testamento, muito mais que os livros do Antigo, está cheio de referências explícitas e implícitas à figura soberana do antigo patriarca. É São → JOÃO BATISTA, é Jesus mesmo, é São Paulo, é São Tiago, é o autor da Carta aos Hebreus que se referem a ele, ao seu exemplo, à sua fé, à sua paternidade. Toda a tradição cristã, naturalmente, não podia não estar cheia de lembranças de Abraão: tanto os Padres orientais (Clemente Romano, Justino, Ireneu, → ORÍGENES, → GREGÓRIO DE NISSA) como os ocidentais (→ AMBRÓSIO, → JERÔNIMO, → AGOSTINHO), e quase todos os autores monásticos da Idade Média, mas sobretudo Ruperto de Deutz, tanto os teólogos quanto os doutores da espiritualidade, retornam continuamente a meditar sua história, a propor seu exemplo. Também hoje não se pode dizer que exista um homem mais vivo na consciência religiosa da humanidade. Ele é verdadeiramente o pai do monoteísmo judaico, islâmico e cristão, porque dele reconhecem proceder historicamente, nele se inspiram todos os que creem num Deus único.

No cristianismo a figura de Abraão, naturalmente, é vista nos livros do Novo Testamento. Nestes, antes de tudo, considera-se a sua paternidade. "Deus pode suscitar filhos a Abraão mesmo das pedras", diz João Batista à multidão que ia a ele para ser batizada (Lc 3,8), e Jesus no Evangelho de São João parece identificar a paternidade de Abraão com a paternidade mesma de Deus (Jo 8,38 ss.). A paternidade de Abraão é menos uma paternidade de sangue que uma paternidade de fé, ensinará depois São Paulo (Rm 9,7). A → LEI da qual se gloriava Israel é ab-rogada, é abolida também a circuncisão que Deus havia pedido a Abraão como sinal da → ALIANÇA que

Deus havia concluído com ele, mas permanece a fé; mais que ser nas suas costas, os filhos de Abraão estão todos contidos na sua fé. A fé justificou Abraão antes de qualquer obra que ele tenha realizado em obediência a Deus, a fé justifica também hoje o cristão: é esta a tese de São Paulo na Carta aos Romanos e na Carta aos Gálatas. A fé dos cristãos parece, mais que uma imitação, uma participação real naquela dos primeiros patriarcas: por isso ele é mesmo realmente o pai de todos os que creem.

Contra uma interpretação capciosa da tese de São Paulo, São Tiago se referirá ao exemplo de Abraão: a sua fé era viva na caridade, era uma fé operante. A esta fé se referirá também o autor da Carta aos Hebreus como exemplo perfeito de um absoluto abandono à vontade divina.

É estranha à meditação do cristianismo qualquer curiosidade sobre quanto precede em Abrão a sua vocação. Serão ao invés os acontecimentos que precedem a sua vocação aqueles que distinguem no Alcorão a figura religiosa do grande patriarca: a descoberta do Deus único e a ruptura com a idolatria do seu povo e da sua família, a prova do fogo da qual Deus mesmo o livra (*Sura* 21, 37).

Os acontecimentos que mais nutrem a piedade cristã na sua meditação e lhe determinam os comportamentos mais profundos são particularmente três: a sua vocação, a intercessão pela cidade maldita, o sacrifício que Deus lhe pede do filho único, Isaac. São os acontecimentos que estão no centro da vida do patriarca e são normativos também de qualquer vida religiosa que tenha na fé o seu fundamento. Assim, a vocação de Abraão é normativa a toda → VOCAÇÃO religiosa: toda chamada divina impõe um destaque, é como uma ruptura e um início, impõe um caminho em direção a uma terra desconhecida, e o homem deve obedecer não tendo outro guia que a palavra mesma de Deus que o chama. Uma página entre as mais ricas de São Gregório de Nissa comentará essa partida de Abraão para o desconhecido como sinal característico que garante a sua obediência incompreensível, que não pode estar à mercê do homem mas, ao contrário, tem o homem mesmo em seu pleno poder.

A intercessão de Abraão é normativa para a oração: Abraão é o amigo de Deus a quem não fica escondido nada dos desígnios divinos e que tudo pode obter dele. Deus constitui o eleito como mediador entre si e o mundo: a sua função será pois a sua mesma oração. Como Abraão ele não orará por si, mas a sua oração terá todo poder sobre Deus; será uma oração humilde mas também audaz, será uma oração insistente e confiante. É sobretudo com a → ORAÇÃO que o homem torna-se colaborador de Deus: na oração o homem coopera com Deus para a redenção do mundo.

O sacrifício de Isaac é a norma última de uma vida perfeita. Não só o cristianismo, mas também o judaísmo e o islamismo veem nesse sacrifício o exemplo típico de uma perfeita caridade. Belíssimas páginas a esse propósito escreveu um famoso místico do judaísmo medieval, Bahja Ibn Paquda. A fé do patriarca devia exigir esse supremo sacrifício para ser perfeita, assim a sua esperança que não devia ter mais nenhum apoio terreno para não conhecer outro apoio que a → PALAVRA DE DEUS. Mas sobretudo nesse sacrifício Abraão dá prova da sua caridade numa dedicação total, que não pede compensações. Não existe página em todo o Antigo Testamento mais alta que essa, nem mais desconcertante; na sua luz o homem entrevê aquilo que Deus pode pedir e aprende como a Deus se responde.

A riqueza e a profundidade dessa página não poderia ser plenamente compreendida senão à luz do Novo Testamento. Mesmo se o → ISLAMISMO e a Sinagoga veem no sacrifício de Abraão quase o fundamento que rege o edifício da aliança entre os homens e Deus, não se pode dizer que temos compreendido a admirável lição dessa página. A vida espiritual no judaísmo e no Islã não se consuma em imitar aquela de Abraão no sacrifício. No cristianismo, porém, a vida espiritual encontrará a sua perfeição só no sacrifício que será a imitação do de Abraão, porque participação ao sacrifício de Jesus, do qual o sacrifício de Abraão é figura e anúncio.

Na → LITURGIA e na tradição cristã Abraão é chamado patriarca da nossa fé e pai dos que creem. A fé da qual ele é pai é inseparável da caridade: Abraão é o tipo do justo, ele é por excelência o amigo de Deus, como o proclamará solenemente o Alcorão (*al-Khalil*). Aquilo porém que diferencia a figura de Abraão como a contempla o cristianismo de como a vê o judaísmo e sobretudo o islã é o fato que a fé em Abraão não é só o reconhecimento da unicidade de Deus contra qualquer idolatria, mas é o início de uma história porque fundamento de uma esperança. No Islã, Abraão é o primeiro dos mulçumanos. Maomé se reverá nele como profeta do Deus único; no cristianismo, Abraão é o pai dos que creem, e Jesus diz dele: "Abraão viu o meu dia e se encheu de alegria" (Jo 8,56).

Entre as duas concepções está toda a diferença que existe entre cristianismo e islamismo.

O Deus do Islã não cria uma história, enquanto o Deus que chamou Abraão lhe revelou a si mesmo só para estreitar com ele uma aliança e iniciar com ele um caminho histórico que teria tido término em Cristo. Se Maomé repete simplesmente a figura de Abraão, o Cristo não a repete mais: ele é o filho (Gl 3,16), é o filho da promessa em que Deus teria abençoado todos os povos. Exatamente por isto o sacrifício de Isaac é apenas figura, o filho da promessa será sacrificado realmente para que também a promessa de Deus pudesse ter com o seu sacrifício realização perfeita.

A liturgia cristã no Ocidente não consagrou nenhuma festa ao patriarca, mas o martirológio faz sua memória o dia 9 de outubro e os textos litúrgicos o recordam em diversos momentos. Não se pode dizer, contudo, que a sua presença seja como exigiria o reconhecimento de sua dignidade e de sua missão na economia da salvação.

BIBLIOGRAFIA. BARSOTTI, D. Abramo l'amico di Dio (Gen 11,26–23,20). In: *Letture Bibliche*. Brescia, 1987, 7-109; ID. *Il Dio di Abramo*. Firenze, 1952; BOGAERT, P. M. *Abraham dans la Bible et dans la Tradition juive*. Bruxelles, 1982; CERFAUX, L. Abraham "père em circoncision" des Gentils. In: *Mélanges E. Podecsbard*. Lyon, 1945; CLEMENTS, R. *Abraham and David. Gen 15 and its Meaning for Israelite Tradition*. London, 1967; CORTESE, E. *La fede di Abramo. Parole di Vita* 16 (1971) 164-175; GONZALEZ, A. *Abrahán, padre de los creyentes*. Madrid, 1963; HELEWA, G. Abramo, uomo di fede. *Rivista di Vita Spirituale* 20 (1966) 51-64; LÉCUGER, J. *Abraham notre père*. Paris, 1955; LYONNET, S. La fede del NT alla luce della fede di Abramo (Rm 4). In: *Il NT alla luce dell'Antico*. Brescia, 1972, 29-50; MARITAIN, R. *Histoire d'Abraham*. Paris, 1947; MARTIN-ACHARD, R. *Actualité d'Abraham*. Neuchâtel, 1969; MOUBARAC, Y. *Abraham dans le Coran*. Paris, 1958; *Nuovo Dizionario di Teologia Biblica*. Cinisello Balsamo (Milano). 1988, 3-10; PIKAZA, X. *Para leer la historia del pueblo de Dios*. Estella, 1988, 70-76; SETERS, J. VAN. *Abraham in History and Tradition*. New Haven/London, 1975; TOSIANI TOR, L. *La figura di Abramo nella Lettera ai Galati*. Roma, 1984; VESCO, J. L. Abraham. Actualisation et relectures. *Revue de Sciences Philosophiques et Théologiques* 55 (1971) 33-80; VIRGULIN, S. La sequela di Abramo. *Parola, Spirito e Vita* 2 (1980) 7-24.

D. BARSOTTI

AÇÃO. Digamos inicialmente que o sentido original de ação está bem longe daquele que lhe é atribuído habitualmente, de uma realidade que parece opor-se ao processo contemplativo, pois para os antigos Padres ela se situa no interior desse processo sendo dele não a expressão antagônica, mas de fato a fase preliminar e a condição indispensável.

Basta ler uma página de → HUGO DE SÃO VÍTOR († 1141), que sintetiza o itinerário espiritual segundo os momentos da → LECTIO DIVINA ou abordagem orante às Escrituras, e integra o texto tradicional com uma glosa de extremo interesse para o nosso assunto. Escreve: A *lectio divina* abraça "a leitura, que oferece matéria para conhecer a verdade, a meditação que a adapta, a oração que a eleva, a ação — essa é a glosa — que a aplica", visa à vida, e "a contemplação que nela se manifesta" (*La meditazione*, 2, 1: PL 176, 993).

Ugo di San Vittore não é voz isolada, mas sem dúvida se refere a uma antiquíssima tradição que remonta a → ORÍGENES, o célebre mestre da leitura sapiencial da Bíblia, morto na metade do século III.

Para Orígenes, "a ascese prepara, acompanha e sustenta a mística" (H. DE LUBAC, *Storia e spirito*, p. 211). Para ele, vida ativa e → VIDA contemplativa são inseparáveis. A primeira é uma *práxis* definitiva ou *praktikos bios*; a segunda, *theôria* ou *theôrikos bios*. Quando o ser humano se dedica à primeira, é definido como *praktikos*; quando se dedica à segunda, é *theôrêtikos*.

O escopo da primeira é a "catarse" (*katharotês*) que culmina na imperturbabilidade e na paz mística (a → APATIA/APATHEIA, que não conduz à indiferença, mas é condição e impulso para o amor, visto que se identifica com a liberdade de coração). O objetivo da segunda é o *agapê*, a caridade.

Ambas são vistas como expressão do "combate espiritual" que, no cristão, lança as suas raízes no dinamismo suscitado e corroborado pela graça batismal.

Depois de Orígenes, um seu grande discípulo, → EVÁGRIO PÔNTICO (segunda metade do século IV), retoma o ensinamento definindo a *práxis* como "o método espiritual que purifica [...] a alma" e a dispõe para a *theôria* e a *theologia*, visando com esses dois termos àquela que, simplificando o discurso, podemos chamar de contemplação filosófica e contemplação teológica (cf. *Trattato pratico*, c. 78).

De uma geração posterior a Evagrio Pôntico é João → CASSIANO, que constitui como que uma ponte entre a mística cristã grega e latina. Oferece páginas esclarecedoras sobre a relação que liga a *práxis* e a *theôria*, ou seja, a ação e a contemplação.

Cassiano (*Coll.* XIV. 1-4 e 9: *PL* 49, p. 953-959 e 965-969) escreve: "A profissão religiosa abarca duas ciências: a primeira ciência é chamada, em grego, *praktikê*, isto é, ativa, e consiste no esforço para reformar os próprios costumes e para extirpar os vícios; a segunda é chamada *theôretikê*, ou seja, contemplativa, e consiste na contemplação das coisas celestes e na penetração dos sentidos mais profundos da Sagrada Escritura" (*Ibid.*, XIV, 1).

"Se alguém quer chegar à ciência contemplativa, primeiro precisa empenhar todo o seu estudo e toda a energia para adquirir a ciência prática [...] visto que não se pode obter a ciência teórica sem a ciência prática. As duas ciências são como dois degraus distintos e ordenados entre si, pelos quais a nossa fraqueza pode subir até às alturas. Se os dois degraus se sucedem na ordem descrita, podem-se atingir os cumes da vida espiritual; porém, se o primeiro degrau for tirado, não será possível voar para os cimos. Inutilmente pensa chegar à contemplação de Deus quem primeiro não evita o contágio com os vícios" (*Ibid.*, XIV, 2).

"A perfeição ativa possui dois aspectos: *práxis* negativa (vícios) e positiva (virtudes). O primeiro consiste em conhecer a natureza dos vícios e o método para curá-los. O segundo consiste em discernir a ordem das virtudes e em conformar a alma à perfeição delas, de tal modo que ela cesse de servir as virtudes como uma escrava, como se suportasse uma violência ou estivesse sujeita a um domínio tirânico, e comece, em vez disso, a comprazer-se nas virtudes, a alimentar-se delas como de um bem conatural, a achar gosto em progredir em seu escarpado caminho para o alto.

Como poderá alcançar o segundo estágio da vida ativa, e mais ainda: como poderá penetrar os segredos das coisas espirituais e celestes — nas quais consiste o grau supremo da *theôria* — a pessoa que não conseguiu conhecer a natureza dos seus vícios e não esteja se esforçando para extirpá-los? A resposta é óbvia. Quem não soube vencer as dificuldades menores não pode pretender vencer as mais graves; quem não entende o que traz por dentro, muito menos conseguirá compreender o que há fora de si. Lembremos bem, portanto: para expelir os vícios será preciso um esforço em dobro daquele exigido para adquirir a virtude" (*Ibid.*, XIV, 2-3).

"Este é o primeiro passo na ciência prática ou ativa: captar com espírito atento todos os conselhos e decisões dos anciãos, e sempre de boca fechada. Em seguida, é necessário colocar diligentemente esses ensinamentos no coração e esforçar-se mais para observá-los do que ensiná-los aos outros" (*Ibid.*, XIV, 9).

Quanto aos estágios da vida ativa, Cassiano assim os apresenta: "A vida ativa [...] possui duas formas, porém subdivide-se em múltiplas profissões e modos de viver. Alguns endereçam todos os seus desejos ao segredo do deserto. [...] Muitos dedicam a sua solicitude e o seu zelo a instruir os irmãos e a cuidar com grande atenção de algum mosteiro. [...] Outros se comprazem em assistir aos peregrinos nos hospitais. [...] Alguns assumem o cuidado com os enfermos, outros tomam a defesa dos pobres e oprimidos; estes se dedicam ao ensino, aqueles a distribuir esmolas aos pobres. Todos se distinguem dos maiores seres humanos por causa de seu afeto e da sua caridade" (*Ibid.*, XIV, 4).

BIBLIOGRAFIA. BERTRAND, D. Pratique. In *Dictionnaire de Spiritualité*. Paris, 1986, 2.042-52, XII/2; CASSIANO, C. *Conferenze spirituali*, Roma, 1966, 3 vls.; EVÁGRIO PÔNTICO. *Traité pratique ou le moine*, Paris, Sources Chrétiennes, 1971, 170-171, 2 vls.; LUBAC, H. DE. *Storia e spirito*, Milano, 1984; *Spiritualità dell'azione*, Roma, 1977.

A. GENTILI

AÇÃO CATÓLICA. 1. PREMISSAS. a) sob o nome de Ação Católica (AC) confluem pelo menos duas realidades. Antes de tudo, "ação católica" (*actio catholica*) designa o conjunto de "várias formas de atividade e de associações que, mantendo uma mais estreita ligação com a hierarquia, perseguiram e perseguem fins propriamente apostólicos. [...] Merecidamente recomendadas e promovidas pelos sumos pontífices e por muitos bispos, embora seguissem modos diferentes de operar, com muita frequência foram especificadas como colaboração dos leigos ao apostolado hierárquico" (*AA* 20; em nota às referências aos principais documentos que avaliam a definição).

Há, pois, um nome determinado, Ação Católica Italiana (ACI), que se refere à forma histórica da *ação católica* elaborada e experimentada na Itália no decurso dos anos que se iniciam no século XIX (de 1868 até hoje).

Ainda que referindo-nos particularmente à ACI, levar-se-á em conta, neste verbete, o significado geral de *ação católica*, no qual, de resto, a ACI se insere. Parece de importância essa escolha, quer para ter sempre presente a não secundária distinção entre *ação católica* e *ação sociopolítica*, visto que pertencem ambas aos direitos e deveres do povo de Deus, quer para discernir melhor entre a experiência própria da ACI e a do Movimento Católico Italiano, às vezes confundidas entre si na reflexão historiográfica (cf. TRANIELLO, F. — CAMPANINI, G. [eds.]. *Dizionario storico del movimento cattolico in Italia*. Torino, 1981-1984, 3 vls.

b) A dimensão espiritual é elemento constitutivo da AC, cuja história parecerá deformada se for privada da atenção a esse sinal qualificante. A formação cristã da consciência dos associados à AC, com efeito, situa-se como prioritária e concomitante com a ação apostólica, traz consigo o anseio de realizar a vocação à santidade e nunca prescinde da vida no Espírito, caracterizada por intensidade e qualidade.

Não parece fácil, ao contrário, a pesquisa de uma específica espiritualidade da AC se observarmos o fato de que a AC sempre oscilou entre dois impulsos interiores: o de assumir pessoalmente a espiritualidade eclesial, comum ao povo de Deus, com acentos somente na vertente de vivenciá-la em profundidade e completude, e o de conferir-se uma forma espiritual específica, que tivesse um seu lugar no concerto das várias formas espirituais. Pode-se dizer, em geral, que a segunda tendência resultou minoritária, embora com não poucos frutos e contribuições.

c) Considerando-se o exposto, depois de apresentar a identidade da AC (momento necessário para compreender a sua espiritualidade), apresentaremos a sua contribuição à espiritualidade cristã, destacando alguns traços originais de sua experiência espiritual. Como dizer, espiritualidade *na* e *da* AC.

2. A AÇÃO CATÓLICA. CONTINUIDADE E NOVIDADE.

A AC sempre teve viva consciência de ser uma forma histórica, nascida e situada em concretas circunstâncias históricas. Isto lhe permitiu nunca presumir identificar-se com a comunidade cristã a ponto de a substituir ou propor-se como uma via paralela a ela; ao mesmo tempo, introduziu em sua luta um elemento precioso de método, isto é, a atenção aos sinais dos tempos que, embora brotando da única fonte, a obediência à Palavra, leva a não anular a necessária distinção entre fé e história, entre revelação e razão, entre Igreja e mundo, entre eterno e temporal, entre absoluto e contingente.

Resulta absolutamente lógica, consequentemente, a contínua preocupação da AC de justificar a sua substância em confronto com as mudadas condições socioculturais e mesmo eclesiais. Embora sem diminuir um patrimônio de identidade que a acompanha desde as origens até nossos dias, o que a AC afirma de si própria, hoje, contém não poucos elementos de novidade e de descontinuidade não somente formais. A prova mais evidente está na sucessão dos estatutos e regulamentos que a AC se deu.

Hoje, a AC entende a si própria como "singular forma de ministerialidade laica, direcionada para a *plantatio ecclesiae* e para o desenvolvimento da comunidade cristã em estreita união com os ministérios ordenados" (PAULO VI, 24 mar. 1977; a definição é retomada em *Evangelização e ministérios*, n. 79 e em *Comunhão e comunidade missionária*, n. 21, e assumida por JOÃO PAULO II em 25 abr. 1986). Nessa definição, passível de diferentes formulações, a AC assume as indicações do Vaticano II (em particular *AA* 20 e *AG* 15) e conduz a uma nova síntese elementos diversificados de seu perfil histórico e espiritual. O que parece realmente inovador, coerente com a referência exata ao Vaticano II, pode-se dizer que consiste justamente na busca da síntese, entendida como meta de chegada e ao mesmo tempo de partida, abertura para novas aquisições e experiências, impulso incessante para um melhor cumprimento em assumir a sua identidade e sua missão, na linha de uma maturidade sempre progressiva e nunca definitiva. A AC procura tornar sempre melhor aquilo que é. Em outras palavras, enquanto "singular forma de ministerialidade leiga", a AC dá uma mais completa e equilibrada síntese aos dois elementos originais de sua existência.

Elementos originais da AC. a) A AC sente, antes de tudo, que precisa dar continuidade à admirável experiência "daqueles homens e mulheres que ajudavam o apóstolo Paulo na evangelização, esforçando-se muito pelo Senhor" (*LG* 33, que evoca Rm 16,3 s.). É esta a sua raiz teológico-pastoral, que encontra ampla confirmação no pensamento conciliar, no ponto em que se afirma que "a vocação cristã é, por sua natureza, também vocação para o apostolado" (*AA* 2).

Cada *christifidelis*, por causa do → BATISMO e enquanto pertencente ao povo de Deus, é chamado a realizar, segundo a condição própria de cada um, a missão da Igreja que se condensa no trinômio: evangelização-santificação-testemunho operante na caridade, unido inseparavelmente à promoção humana, porém dela distinto.

Pacífica no plano teórico, essa afirmação é importante no plano histórico, enquanto permitiu arrancar de certa marginalidade e passividade sobretudo os cristãos leigos. A AC possui o mérito, não secundário, de ter atuado concretamente e até ter suscitado a teorização da "promoção" do laicato na Igreja.

Sendo a Igreja, por sua original e divina constituição, uma comunhão hierárquica, não é impróprio — à parte a dificuldade de extrair formulações convincentes — falar de um apostolado (= "atividade do Corpo místico, ordenada com a finalidade de tornar participantes todos os seres humanos da redenção salvífica": *AA* 2) *ordenado e hierárquico*, próprio e peculiar dos ministros ordenados, e de um apostolado *leigo*, confiado àqueles entre os *christifideles*, que por vocação são chamados a dar concretude, mediante modalidades peculiares (índole ou caráter *secular*, *LG* 31), à missão comum de "animar cristãmente a ordem temporal" (*LG* 31; *AA* 2). A índole secular, por outro lado, não confina os cristãos leigos em uma área temporal, como se esta fosse um recinto fechado, contíguo a uma presumível área sacra. Na realidade, os cristãos leigos são sempre membros ativos da comunidade eclesial, cuja implantação e desenvolvimento também depende deles. Parece legítimo, portanto, que sejam chamados a tornar mais orgânica a ligação com o apostolado ordenado, a colaborar mais imediatamente com ele, a encarregar-se também, na própria medida, da evangelização e da santificação, além da animação cristã das realidades temporais, dentro da única missão eclesial (cf. *LG* 31-33; *AA* 2-3; *AG* 15,17; 19-21). Trata-se, em suma, de realizar, no plano dos fatos e em circunstâncias concretas, a singular relação de correlação existente entre sacerdócio comum ou batismal e sacerdócio ordenado (cf. *LG* 10), de levar a efeito um familiar intercâmbio entre cristãos e pastores (cf. *LG* 37), e concretizar uma profunda ligação entre evangelização e construção da cidade do ser humano. É vocação e missão de todos, mas não com as mesmas modalidades; é vocação e missão de todos, mas a ser realizada aqui e agora, com fórmulas originais, por alguns mediante uma ligação associativa; é vocação e missão comum, mas não sem diversidade e variedade, não de fins mas de deveres e de objetivos imediatos.

b) A AC assume a missão *histórica* — eis o segundo elemento original — de dar uma resposta à necessidade definida de cristãos leigos desejosos de acolher os desafios de seu tempo, sem nunca deixar sozinhos os pastores e assumindo o encargo da própria responsabilidade, vivenciando-a como um fato de corresponsabilidade. Daí a necessidade de inserção, de forma estável e associada, no dinamismo apostólico da Igreja, à guisa de um corpo orgânico com o ministério ordenado. Os desafios do tempo mudam, e assumem traços definidos; também a AC muda os seus objetivos imediatos; permanecem permanentes os membros da AC, o esforço de não agir como isolados, nem como profanos, mas como Igreja e na Igreja, sob a insígnia de um trinômio (oração-ação-sacrifício) que indica vontade de comunhão e, ao mesmo tempo, uma contribuição original e bem específica.

Temas abertos. A síntese aqui descrita exclui motivos de contestação e de dúvidas, mesmo teóricos, sobre a validade e a identidade da AC, variadamente expressos. Compreende-se porém como essa seja, e deva ser, aberta a novas aquisições, ou melhor, à necessidade de alguns aprofundamentos, mais necessários que em outros tempos.

— A *ministerialidade leiga*, antes de tudo. Segundo as indicações de *EN* 70, um dos modos tipicamente laicais de participar da única e global missão da Igreja está ligado "à vocação específica dos leigos, colocados no meio do mundo e na direção das mais variadas missões temporais. [...] O seu dever *prioritário* não é a instituição e o desenvolvimento da comunidade eclesial — *específico* dos pastores —, e sim a prática de todas as possibilidades cristãs e evangélicas escondidas, mas já presentes nas realidades do mundo".

É sabido como semelhante indicação não agrada a alguns estudiosos contemporâneos. Para eles, com essa enunciação acaba-se por baixar uma divisão de áreas de interesse ou de campos de trabalho que, além das intenções, de fato tiraria dos leigos a ação eclesial propriamente dita, e privaria os ministérios ordenados de toda legitimação na ação "política". Consideramos infundado um tal temor; parece, talvez, que se superficializa a importância das acentuações e distinções incluídas na enunciação: tarefa primária, tarefa específica. Repetidamente se afirma que a ministerialidade da AC é dirigida à *plantatio* (ou instituição) e ao desenvolvimento da comunidade cristã, sem que, por isso, ninguém conteste a qualidade laical da AC. Observe-se, por outro lado, que se fala, em relação à AC, de *singular* (ou não ordinária) forma de ministerialidade laical, exercida em estreita união com os ministérios ordenados. Embora com essas definições, permanece no fundo uma dúvida de não pouca importância, que compreende em si aspectos mais gerais e remete à questão da missão do ministério ordenado. Em outras palavras, dever-se-ia distinguir entre a *implantatio evangelii*, confiada globalmente ao povo de Deus e especificamente aos cristãos leigos, e a *implantatio ecclesiae*, também ela obra comum do povo de Deus e especificamente obra dos pastores? Talvez seja excessivo levar a distinção a esse término; permanece, porém, uma distinção — não só de grau (cf. *LG* 10) — entre ministério ordenado e outros ministérios acessíveis aos cristãos leigos, que também vai desembocar nas missões ligadas à ministerialidade.

O resultado é que se a AC recupera a dimensão específica dos cristãos de construir a Igreja, e não só de permear o mundo de força evangélica, a própria AC deverá guardar-se de restringir a sua ministerialidade ao âmbito exclusivamente eclesial ou eclesiástico, e abrir-se cada vez mais para os ministérios de animação cristã da ordem temporal e da promoção humana que, como tais, fazem parte da missão da Igreja (cf. *Evangelizzazione e ministeri*, n. 72). E isto com uma modalidade orgânica do ministério ordenado e — somos obrigados a observar — com uma valência espiritual totalmente direcionada para desenvolver inteiramente a capacidade cristã, geralmente mantida escondida e sufocada nos leigos (cf. *EN* 70). Esse recurso, superabundante na vida no Espírito, está de resto incluído na ministerialidade, que, como se sabe, está estreitamente ligada à carismaticidade.

— Parece igualmente interessante a investigação, a ser ainda aprofundada, não tanto sobre as diversas áreas que pastores e cristãos leigos de algum modo devem repartir entre si — o que parece infundado e divergente —, quanto sobre os diferentes *critérios de ação*, para os quais são direcionados os cristãos no exercício de sua tarefa missionária. Tais critérios estão diretamente ligados aos carismas/ministérios ordenados e laicais, de sorte que poderiam chamar-se *sacramental*, o mais próprio dos pastores, e *secular*, o mais específico dos leigos. É lícito observar que, "se a Igreja é o evento da comunhão que brota da comunicação recíproca da experiência de Cristo, todos os crentes são pessoas portadoras desse anúncio, e se esse anúncio possui uma valência política todos são responsáveis. Dentro dessa premissa global da ação eclesial, o Espírito, dando carismas diferentes, suscita funções diferentes. Não parece, todavia, que essa diversidade possa ser marcada por um limite entre o evangélico e o político, como se aos leigos coubesse uma tarefa política completamente mundana e aos ministros ordenados uma pregação evangélica absolutamente espiritual. A distinção entre carismas laicais e carismas do ministério ordenado corre, em vez disso, em outra linha: o modo próprio de comunicar o Cristo com o carisma da ordem corresponde mais à preocupação da *objetividade*, da *fidelidade apostólica*, da *tradição*, da *unidade*, enquanto a comunicação de Cristo, própria dos leigos, na multiplicidade e variabilidade de seus carismas, corresponde mais àquele *aspecto mais pessoal, provisório e variável*, fonte de *pluralidade na unidade*, característico da experiência pessoal de um Cristo acreditado e vivenciado por esse ou aquele cristão, nessa ou naquela diferente situação histórica.

Podemos pensar, então, que o aspecto político do Evangelho, proclamado e vivenciado pela Igreja, encontra nos leigos sobretudo a riqueza das suas variantes, das suas infinitas possibilidades de concretização, da pluralidade das propostas, da adequação às situações, da livre e crítica adesão a diversos sistemas ideológicos; em vez disso, a carga política do anúncio evangélico no ministério ordenado deveria manifestar-se mais como perene e incansável contestação profética ao mundo, em nome do único e universal Senhor Jesus Cristo. Se uma maior discrição política é imposta aos sacerdotes, aos bispos, ao papa, não é porque cabe mais a eles a pregação do Evangelho (como se se tratasse de uma tarefa politicamente menos carregada que aquela própria dos leigos), e sim porque a eles cabe mais uma pregação do Evangelho *sine glosa*, menos personalizada, menos mediada pela experiência pessoal, mais concentrada na proclamação do Senhor Jesus, que representa o princípio político mais vigoroso, e também menos contingente, menos pluralista de todos os variados componentes de qualquer experiência pessoal de Cristo" (DIANICH, S. *Teologia del ministero ordinato*. Roma, Paoline, 1984, 167-168. Grifo nosso).

A distinção, portanto, supõe e evoca a unidade dos dois critérios, e a AC tenta realizar, na própria experiência, uma forte convergência para a unidade orgânica deles, embora sempre a partir da distinção, mas sem cristalizá-la com o risco de transformá-la em separação.

— Também por isto, a AC apresenta-se como uma forma *singular* de ministério. Um ponto posterior de reflexão e esclarecimento é exatamente a *singularidade ministerial* que a AC manifesta, e que a situa com uma sua face própria no concerto das associações e movimentos laicais. Não se trata de evocar privilégios que não existem, e sim de não achatar a AC em uma forma genérica associativa e de reconhecer a sua fecundidade e a obrigatoriedade de sustento a ela da parte da comunidade eclesial e de seus pastores.

— Finalmente, resta uma interrogação que exige respostas mais maduras, das quais até hoje não se obteve nenhuma: a espiritualidade da AC é simplesmente uma *espiritualidade laical*, vivida de até modo associativo? Em uma outra ótica, a pergunta poderia ser posta assim: é suficiente para a AC uma espiritualidade laical ordinária e comum? Também aqui não é o caso de procurar diversidades que não existem; em vez disso, parece-nos que se deva privilegiar a qualidade, a intensidade e a integralidade. Porque *laical* não significa ausência de radicalismo evangélico e de totalidade cristã. Não há dúvida que a espiritualidade da AC seja e deva ser laical; uma tal qualificação, porém, parece insuficiente se não é integrada por uma precisa opção escatológica, de modo que a *ação apostólica* — que aparece distinta da AC, coerentemente com o seu nome — recupere a unidade orgânica pela contemplação, pela dimensão escatológica, a ponto de experimentar a verdade profunda de ser "contemplativos a caminho". Trata-se, em suma, de uma disponibilidade particular para o advento do Reino de Deus, de sorte que a AC privilegia ou, melhor, acentua a característica "real" de sua identidade e vocação.

3. A AC PARA A ESPIRITUALIDADE CRISTÃ. O caminho da AC, lido em relação à identidade anteriormente citada, se define sempre mais como um assumir integralmente aquilo que é comum, em particular o que se destina à dimensão secular na Igreja, e ao mesmo tempo um perspectivar caminhos originais de atuação e de experimentação na concreta realidade sociocultural e eclesial. "A AC não gosta de percorrer vias excepcionais ou exclusivas, incompreensivelmente marcadas por uma sua originalidade, [...] mas não se pode negar que na AC as vias normais da Igreja alcançaram uma tal luminosidade de acentuação, de experiência vivida e de frutos amadurecidos, que elas se tornaram não excepcionais em sua essência, mas singulares em sua experimentação" (RABITTI, P. *L'AC e il suo impegno...*, Segno-Sette 43 [1986] 10).

Um tal critério de leitura ilumina a colocação da AC no movimento do povo de Deus com relação sobretudo aos seus fins apostólicos. Parece, por outro lado, particularmente apropriado para situar exatamente a relação entre a AC e a espiritualidade cristã, assim como foi vivida e evoluiu no século passado.

Dessa espiritualidade são conhecidos o desenvolvimento, as aquisições e os problemas. O Vaticano II deu uma contribuição fundamental declarando a vocação universal para a santidade de todos os *christifideles*, e propondo particulares indicações para a espiritualidade conveniente aos cristãos leigos (cf. *LG* 39-42, particularmente o n. 41; *AA* 4 e 29). O tema foi amplamente retomado no sínodo dos bispos de 1987, sobre "A vocação e a missão dos leigos", como a documentar que das gerais indicações comuns brotam múltiplas modalidades de experiência, e que novos problemas, juntamente com novas aquisições, se colocam continuamente sob o influxo do Espírito de Deus que a tudo renova.

Podemos nos perguntar, em primeira instância, que contribuição deu a AC à espiritualidade cristã, em particular àquela vivida no âmbito comum do povo de Deus, na dependência do fato de que a AC se reconhece "popular". Só em um segundo momento se poderá enfrentar a questão — mais teórica — se existe ou não uma espiritualidade da AC.

Renunciando a uma descrição exata que coloque em destaque a sucessão cronológica e detalhada das contribuições da AC, preferimos reagrupar em algumas linhas tendenciais o conjunto das contribuições que brotam da experiência da AC. Tais linhas parecem ser: a consciência, o sentido de Igreja, a via da catequese e da liturgia como fonte do pensar e viver cristão para uma formação permanente, o mútuo intercâmbio (ou diálogo) entre Igreja e mundo, necessário para a instauração do Reino de Deus, a comunhão de vida e de ação entre pastores e leigos, a profecia de santos leigos.

a) *O sentido de Igreja*. Paulo VI afirma que a AC está "inserida no plano constitucional da Igreja" (14 fev. 1968; 8 dez. 1968). Se a vida espiritual de todo cristão é convidada a transcender o solipsismo interior, abrindo-se em amplitude eclesial (cf. *LG* 43-44), para a AC essa abertura torna-se determinante e qualificante. A AC aspira ser "uma alta e corroborante pedagogia que acende e educa para o sentido da Igreja" (Paulo VI, 7 dez. 1963).

Ao menos duas observações sobre a espiritualidade eclesial vivida na AC merecem uma referência. Antes de tudo, a Igreja é a primeira proposta feita ao cristão que inicia a experiência associativa, quer no sentido que encontra de imediato o mistério, a realidade e a vida da Igreja em suas várias dimensões (universal, local e familiar), quer no sentido de que é ajudado a fazer uma direta experiência da Igreja. É uma experiência que se desenvolve em progressão, segundo as indicações descritas na *Ecclesiam Suam* de Paulo VI (1964): "A consciência do mistério da Igreja [deve ser vista] como fato de fé amadurecida e vivida. Produz nas almas aquele "sentido de Igreja" que invade o cristão que cresceu na escola da palavra divina, alimentado pela graça dos → SACRAMENTOS e pelas inefáveis inspirações do Paráclito, adestrado na prática das virtudes da comunidade eclesiástica e profundamente gratificado de sentir-se revestido daquele sacerdócio real próprio do povo de Deus. O mistério da Igreja não é um simples fato de conhecimento teológico, deve ser um fato vivido, do qual, antes mesmo de uma noção clara, a alma fiel tenha uma quase congênita experiência" (*parte I*).

Resulta que, preferencialmente, as opções dos grandes meios de salvação do sócio da AC são as mesmas da Igreja, geralmente com as mesmas modalidades: escuta e meditação da Palavra, vida sacramental, oração litúrgica, serviço operante na comunidade e em nome da comunidade eclesial, mediante um alto senso de corresponsabilidade pastoral.

Convém observar ainda uma particular acentuação da espiritualidade eclesial da AC: a acolhida da economia *sacramental* da salvação. Evitando tentações sempre iminentes de uma aproximação imediata com Cristo, a ótica citada acolhe o plano crístico sobre a Igreja não somente como *habitat* natural, em que a vida no Espírito se pode desenvolver, mas como corpo e sacramento de Cristo, no qual o Senhor realiza a sua missão. A Igreja é, portanto, uma mediação necessária: na Igreja, com e pela Igreja se "permanece em Cristo", no Espírito Santo, indo para o Pai. Além das aparências, o acento não é colocado sobre a comunidade, e sim na comunhão, na Igreja-mistério que se revela ícone sacerdotal e, em sua medida, mãe do Cristo integral.

Desse modo, evita-se dividir entre si — e também enfatizar indevidamente — o polo cristão, o pneumatológico e o eclesial, conduzindo-os a uma fecunda síntese. A experiência confirma que por meio do caminho espiritual-eclesial muitos sócios da AC amadureceram a sua escolha vocacional e missionária, a sua "medida" de santidade.

b) *A formação permanente*. Aquilo que a AC propõe a todos com maior evidência, mediante sua experiência espiritual, é a ideia-força do caminho contínuo, permanente e progressivo. Vive-se como *peregrinos*, com um alforje no qual há poucas coisas, mas aquilo que conta. Vive-se dando mais importância à progressão contínua e exaustiva do que aos momentos ocasionais, episódicos e exaltantes.

Dentre as coisas que contam, a AC sempre privilegiou a via da → LITURGIA como a maior *didascalia* da Igreja, oferecendo a todos uma elementar compreensão da mistagogia em dimensão pastoral a serviço da evangelização. A inserção vital no → ANO LITÚRGICO, a iniciação à missa, a intenção "prática" sacramental, o uso cotidiano da "liturgia das horas" representam uma constante da espiritualidade cristã vivenciada na AC.

Uma liturgia nunca separada ou privada da escuta da Palavra, que dela é parte constitutiva. A catequese — não somente uma primeira escuta, mas um aprofundamento personalizante da Palavra — torna-se, então, elemento coessencial de uma plena vida litúrgica e a acompanha, a integra e a ilumina. Também a catequese se torna um *itinerário de fé* (é claro intuito da AC ora tornada patrimônio comum da comunidade eclesial), voltado a interpretar a vida cotidiana como "lugar" salvífico, assim como a liturgia a transforma em sacrifício agradável a Deus.

c) *Igreja e mundo em mútuo intercâmbio*. A opção "religiosa" da AC — nem sempre entendida e às vezes mal interpretada — é também uma orientação espiritual preciosa. Sob este nome inclui-se a renovação realizada na ACI com os estatutos de 1969, na qual é eminente a "primazia do espiritual". Sirvam, para uma exata compreensão dela e para ter um termo de confronto, as seguintes palavras do prof. V. Bachelet, presidente da ACI: "Diante deste mundo que muda, diante da crise de valores, na mudança do quadro social e cultural, talvez com uma intuição antecipadora, embora com uma nova consciência, a AC se pergunta em que se fixar. Valeria a pena correr atrás de cada um dos problemas, importantes e consequenciais, ou, em vez disso, fixar-se nas raízes? No momento em que o arado da história escava a fundo, revolvendo profundamente as porções de terra da realidade social italiana, o que haverá de importante? É importante lançar sementes boas, válidas. A opção religiosa — boa ou má que seja a expressão — é isto: redescobrir a importância do anúncio de Cristo, o anúncio da fé, da qual todo o resto adquire significado. Quando refleti sobre essas coisas e tentei exprimi-las, fiz referência a São Bento, que em um outro momento de passagem cultural encontrou na centralidade da liturgia, da oração e da cultura a semente para mudar o mundo ou — para dizer melhor — para conservar aquilo que havia de válido na antiga civilização e plantar, como uma semente de esperança, na nova. Esta é a opção religiosa". Ela veicula a clara compreensão de uma relação entre Igreja e mundo, que nunca se fundamenta em uma identificação recíproca, nem em uma separação. A Igreja não é o → MUNDO, e este não é a Igreja; no entanto se evocam mutuamente, em um intercâmbio dialógico e dialético compartilhado.

A proposta da AC, variadamente expressa, conflui para o considerar-se *leigos* na Igreja mas *cristãos* no mundo, segundo o espírito das → BEM-AVENTURANÇA. O resultado é uma dimensão secular (ou laical) da espiritualidade cristã, que é tal somente quando é profundamente "espiritual", autêntica e integralmente evangélica. Trata-se de acolher a dimensão religiosa do cotidiano com uma espiritualidade sem solidões, responsável, em busca, praticada mediante as grandes experiências do → DIÁLOGO e da comunhão. É uma via espiritual que consolida a *catolicidade* da fé e da Igreja, e resgata o *laicismo* de um significado sociológico e, em suma, bastante banal, dando-lhe o seu significado amplamente teológico.

Os cristãos leigos, segundo a AC, amadurecem no Espírito a sua vocação e a capacidade de ser a *ponte* que une criação e redenção, fé e história, Igreja e mundo. A expressão é usada por Paulo VI em um discurso para o Movimento dos diplomandos da AC, em 3 jan. 1964: "Os nossos leigos católicos são investidos dessa função, tornada extraordinariamente importante e, em certo sentido, indispensável: servem de ponte. E isto não para garantir à Igreja uma penetração, um domínio no campo das realidades temporais e nas estruturas dos negócios deste mundo, mas para não deixar o nosso mundo terreno privo da mensagem da salvação cristã". Mons. F. Tagliaferri, assistente da ACI, comenta: "Essa referência à ponte não é uma definição. É uma imagem, uma intuição. Pode até parecer redutiva, se pensamos na ponte que está no meio: nem tudo aqui, nem tudo ali. Será feliz se for pensada como realidade que pertence às duas terras que ela liga. Na aliança de Deus, a Igreja e o mundo não são países estranhos. São seus, e Deus os entrega a nós para que se cumpra o seu plano. É essa a nossa vocação".

Corolário não secundário dessa visão é a valorização do compromisso cotidiano e do apostolado como coeficientes de santidade. Segue-se o Cristo humilde, pobre e servo, não apesar de, mas mediante, *dentro* do serviço cotidiano e ministerial. Santos, portanto, profundamente encarnados e sem distinções particulares: *cristãos todos os dias*.

d) *Comunhão de vida e de ação entre pastores e leigos*. Contextualmente às dimensões eclesial, litúrgica e secular, a AC experimenta uma intensa comunhão de vida e de ação entre leigos e pastores ou, mais em geral, sacerdotes.

Além da sintonia (foi chamada "obediência de pé") com o papa, com o bispo e o pároco, há a presença do *assistente* na AC, uma presença não limitada em um papel associativo nem tolhida às finalidades da associação. É a presença de um *ordenado* como "guia das consciências, educador para a fé e para o sentido da Igreja" (João Paulo II, 25 abr. 1986); é o sinal da presença do presbitério e de toda a Igreja local; é o "mandado" do bispo para que os cristãos cresçam na mais alta taxa possível de eclesialidade. Resulta uma necessária comunhão de vida e de ação que se revela como um intercâmbio precioso de carismas e como um "caminhar juntos" nos caminhos do Espírito, fiéis à própria vocação e também fiéis à vocação fundamental do ser humano e do cristão, que é precisamente a comunhão. O intercâmbio dá vida e concretude à → DIREÇÃO ESPIRITUAL que, por causa da familiaridade de relações, evita o risco de ser autoritária e hegemônica, e torna-se um acompanhamento paciente, amoroso, sereno, forte e prolongado conforme a aquisição de uma amadurecida personalidade cristã.

A ação pastoral se enriquece de complementaridade, copresença e corresponsabilidade (cf. *Comunhão e comunidade*, n. 65), passando da teoria para uma práxis às vezes exaustiva, no entanto sempre benéfica. É sabido que sem uma forte interiorização não há correta e construtiva corresponsabilidade e que esta cresce e se aperfeiçoa através do exercício das virtudes teologais e cardeais; isto vale para sacerdotes e leigos que, na experiência da AC, ajudam-se mútua e continuamente.

e) *A profecia de santos leigos*. Não sendo uma última contribuição da AC à espiritualidade do povo de Deus, é reconhecidamente importante a maravilhosa florescência de *santos leigos*. Trata-se da presença constante na AC, do começo até hoje, de cristãos integrais e perfeitos na caridade que, justificadamente, podem ser chamados de santos. Santos em família, na profissão, no compromisso social e político, no apostolado eclesial: é uma autêntica profecia que permite ao mundo perceber a consistência da misteriosa atividade do Espírito, e a imprevisível multiformidade dos caminhos para a santidade.

Alguns já são reconhecidos pela igreja como santos, outros são considerados tais pela *vox populi*. Sem a pretensão de uma complementação, citamos alguns nomes: Giuseppe Toniolo, Contardo Ferrini, Giuseppe Moscati, Pier Giorgio Frassati, Giovanni Negri, Itala Mela, Pierina Morosini, Antonia Mesina, Terezio Olivelli, Roberto Marvelli. Também devem à AC alguma coisa Giorgio La Pira e Igino Giordani. Além desses, há uma multidão de homens e mulheres que seguiram e seguem a Cristo com enorme dedicação de fé, esperança e caridade. Uma característica eminente dessa santidade é a *gratuidade no cotidiano*.

"Não se trata só de fazer bem o próprio trabalho, de desempenhar bem o seu papel, sem reduzir em nada o dever de seu estado ou o que se lhe é solicitado como participante da sociedade, mas de fazer isto de uma maneira tão rica, sob o aspecto da disponibilidade pessoal, do comprometimento da própria pessoa, de oferecer não somente uma quantidade de serviços e de funções, mas alguma coisa que é incomensurável: o amor, o comprometimento de sua pessoa. Não há nada de mais precioso para o ser humano, em sua vida comum, que o próprio íntimo, que sua pessoa: eis, é tudo que se deve dar por intermédio da condição comum" (MONTICONE, A. *Nella storia degli uomini*. Roma, 1984, 47-48).

Esses santos *comuns* oferecem à Igreja a possibilidade de abrir novos caminhos não somente para enriquecer a lista dos seus santos, mas também para subtraí-los da impressão de fuga do mundo, que certa mentalidade ainda cultiva.

4. A ESPIRITUALIDADE DA AÇÃO CATÓLICA. "Oração, ação, sacrifício" é a conhecida mensagem da AC (à qual recentemente acrescentou-se "estudo"), que se torna, também, a sua regra de vida. Nos elementos do trinômio e em sua contínua correlação se baseia a vida espiritual da associação com uma contribuição à espiritualidade cristã, significativa e uniforme, conforme se disse. Também se falou sobre a permanente preocupação da AC de não percorrer caminhos excepcionais e exclusivos, mas de ficar bem próxima, *dentro* da mais normal, costumeira e universal situação do cristão, membro *comum* da comunidade da Igreja; isto a induz a propor linhas de espiritualidade "as mais simples, as mais legíveis e atingíveis por todos, e as mais próximas da vida eclesiástica de quem não vivencia outra agregação senão a da sua paróquia, da diocese e, assim, da Igreja universal" (RABITTI, *L'AC e il suo impegno...*, 10).

Vale a pena, então, perguntar se no conjunto da vida espiritual vivida na AC podem ser reconhecidos elementos de originalidade, de modo que se possa falar, em alguma medida, de uma espiritualidade própria *da AC*.

Não temos dúvida em responder afirmativamente no plano histórico. Aconteceu, com efeito, que a AC propôs uma vida espiritual característica a muitas pessoas — homens e mulheres, jovens e adultos — que por causa dela amadureceram a sua vocação e missão de cristãos empenhados ou "militantes". Foi uma espiritualidade do compromisso e do serviço apostólico, com pontos claros de força na "meditação", na → EUCARISTIA, na comunhão com o papa e os bispos, no dom de si sem medida, na dedicação à Igreja local, mesmo quando não se falava dela. Acrescente-se um contínuo empenho catequista, excepcional e, talvez, solitário, em muitos tempos da vida ordinária da Igreja, que sempre permitiu aos sócios da AC unir à ação o "conhecimento" do mistério de Cristo e da Igreja.

Como confirmação podem ser citadas iniciativas particulares e inúmeros subsídios, alguns dos quais tipicamente espirituais e largamente acessíveis a cristãos, ainda desconhecidos e, de fato, excluídos de algumas escolas de → ESPIRITUALIDADE. Podemos lembrar o *Messalino* de L. Andrianopoli na década de 1960, as edições das horas litúrgicas *matinas* e *completas* nos anos anteriores ao Vaticano II; a rica experiência dos exercícios e retiros espirituais; as experiências de adoração eucarística no glorioso Movimento de Aspirantes da AC; a prática do → EXAME DE CONSCIÊNCIA e o método da → REVISÃO DE VIDA; os "cenáculos", ou seja, verdadeiras experiências de intensa vida espiritual etc.

No plano teórico, é menos fácil responder, até porque falta a documentação adequada. Consideramos, porém, que possam ser focalizados alguns elementos originais de espiritualidade da AC. Faremos uma rápida alusão, sem particulares aprofundamentos.

a) *Espiritualidade apostólica e católica*. A voluntária simbiose AC-Igreja, vivida e experimentada antes mesmo de ser teorizada, deu à AC uma viva consciência da Igreja enquanto *apostólica* e *católica*. Trata-se, obviamente, de características conhecidas da Igreja, como são professadas no símbolo de fé.

A espiritualidade é identificada tão profundamente que o cristão da AC se sente "apóstolo" em sua própria medida e ligado ao "apóstolo" como condição de seu caminhar em Cristo, no Espírito. O horizonte de sua vida se alarga à universalidade do Cristo Senhor e de seu Evangelho, também impelido pela extensão do Evangelho mas em particular pela sua penetração nas consciências humanas. O cristão da AC é missionário por constituição, isto é, em todo o seu ser, nunca fechado em uma experiência particular, mas aberto a cada dia para acolher os sinais da presença de Cristo, onde quer que estejam. A sua, juntamente aos irmãos de associação, é a opção de "ser católico".

Apostolicidade e catolicidade ajudam a espiritualidade da AC a defender-se de toda inconsequente expressão de novidade, de particularismos estéreis e de todo tipo de cruzada; é preciso, por outro lado, reconhecer que, se vividas sem dinamismo, podem dar lugar a formas obsoletas de culto da tradição, de lentidão na renovação e de um vago espiritualismo, muito observados pelos críticos da AC.

b) *Espiritualidade diocesana*. A AC sempre reafirmou a opção prioritária de serviço às Igrejas particulares. "A 'diocesanidade', de um lado, como profundo enraizamento da Igreja local, e a 'paroquialidade', de outro, como ligação para a concretude da realidade histórica, geográfica e cultural do território, parecem dimensões irrenunciáveis da associação" (*Ata da VI Assembleia Geral da ACI*, Roma, 1986, 214).

Tais dimensões também possuem um valor espiritual. A *diocesanidade* torna-se indicação de um particular estilo de vida, que conduz não só ao compromisso mas estimula a procurar na Igreja local inspiração, modelos, instrumentos e formas concretas de viver no Senhor. Por uma não frágil analogia, aquilo que outros buscam no carisma do fundador pode-se dizer que a AC busca na Igreja local, com a convicção de que a Igreja é mãe fecunda e com disponibilidade para assumir pessoalmente a ministerialidade eclesial e para servir às exigências globais da Igreja local.

c) *Espiritualidade da dupla cidadania*. O singular intuito da AC de tornar os cidadãos leigos membros plenamente efetivos da Igreja e de sua missão, sempre levou a associação a escolher um caminho específico de espiritualidade acessível àqueles que, enquanto leigos, sabem que possuem dupla cidadania, eclesial e civil, transcendente e temporal. O elemento comum às duas "cidades" pareceu ser o *cotidiano*, o *ferial*, no qual se consuma a aliança entre o humano e o divino, entre a história humana e a história salvífica.

Nasceu uma espiritualidade do cotidiano em que os destaques característicos são os do amor (pelas pessoas, pelas coisas, pelas instituições), da competência, da gratuidade e do serviço desinteressado. Concretamente, a espiritualidade de ser peregrinos, em êxodo como os discípulos de Emaús, felizes como apóstolos que semeiam mesmo em lágrimas, ousados, corajosos e ingênuos como profetas. O texto da *Epístola a Diogneto* torna-se um contínuo espelho de referência, de insuspeitada modernidade.

Em suma, como provisória conclusão de um caminho ainda aberto, pode-se dizer que a Ação Católica é, para os seus adeptos e para todos os que na Igreja e no país compartilham a sua experiência, uma escola de oração e de espiritualidade. "A ACI empenha-se para promover uma espiritualidade laical estreitamente ligada à concretude das realidades cotidianas próprias dos leigos (trabalho, família, educação, compromisso civil…) e das idades e condições de vida de cada um; com propostas e itinerários capazes de inserir as pessoas no ordinário caminho espiritual, litúrgico e sacramental da Igreja local, no esforço de acompanhar seus tempos e estimular seus ritmos, ajuda a fazer crescer na "vida eclesial para a santidade", superando os individualismos pastorais e valorizando as diferentes experiências e sensibilidades. As associações de ACI animam a vida espiritual na paróquia e nos ambientes de vida" (*Ata da Assembleia ACI*, 1986).

Consciente da primazia da vida espiritual apontada como "resposta de amor para dar a Deus" e como "sinal mais eficaz para dar à comunidade dos seres humanos", a associação ajuda o crescimento da → VIDA INTERIOR dos cristãos leigos e se coloca como lugar permanente de agradecimento, invocação e bênção.

BIBLIOGRAFIA. *Documentos*: AÇÃO CATÓLICA ITALIANA. *Atti delle Assemblee Nazionali*. Roma, AVE, 1970-1973-1980-1983-1986; AÇÃO CATÓLICA ITALIANA. *Statuto 1969* (com Regulamentos de atuação 1979-1983). Roma, 1969; *Magistério Pontifício*, de Pio X, Pio XI, Pio XII, João XXIII, Paulo VI e João Paulo II. In: *AAS*, *Insegnamenti* e publicações afins (cf. JOÃO PAULO II, *Aos Leigos*, n. 31 [1987], de *Les laïcs aujourd'hui*, ed. it. Città del Vaticano).
Estudos: a) *Perfil histórico*: CASELLA, M. *L'Azione Cattolica alla caduta del Fascismo*. Roma, Studium, 1984; CASELLA, M. *L'Azione Cattolica all'inizio del pontificato di Pio XII*. Roma, AVE, 1985; AGNES, M. *L'Azione Cattolica in Italia (storia-identità-missione)*. Cassino, San Germano, 1985; CIVARDI, L. *Cenni storici dell'Azione Cattolica Italiana (1861-1931)*. Pavia, Artigianelli, 1933; CIVARDI, L. *Compendio di storia dell'Azione Cattolica Italiana*. Roma, Coletti, 1956; MORO, R. Azione Cattolica Italiana (ACI). In: *Dizionario storico del movimento cattolico in Italia*. Torino, Marietti, 1981, 180-191 (com bibl.), I/II; DE ANTONELLIS, G. *Storia dell'Azione Cattolica*. Milano, Rizzoli, 1987 (com bibl., 399-405). DE ROSA, G. *Storia Politica dell'Azione Cattolica in Italia*. Bari, Laterza, 1954; FERRARI, L. *L'Azione Cattolica in Italia dalle origini al pontificato di Paolo VI*. Brescia, Queriniana, 1982; FORMIGONI, G. *Azione Cattolica e nascita del laicato. Appunti per uma storia*. Milano, In dialogo, 1985; MAGRI, F. *L'Azione Cattolica in Italia*. Milano, La Fiaccola, 1933, 2 vls.; OLGIATI, F. *La storia dell'Azione Cattolica in Italia (1865-1904)*. Milano, Vita e Pensiero, 1920; VENERUSO, D. *L'Azione Cattolica Italiana durante i pontificati di Pio X e Benedetto XV*. Roma, AVE, 1983.
b) *Perfil espiritual*: É indispensável a leitura atenta dos programas da ACI; contribuições importantes podem ser encontradas em *L'Assistente Ecclesiastico* e em *Presenza Pastorale*, revista do colégio de assistentes da ACI, bem como em revistas próprias dos setores da ACI.
Para uma visão mais larga, assinalamos:
Laïcs et vie chrétienne parfaite. Roma, Herder, 1963; *Sainteté et vie dans le siècle*. Roma, Herder, 1965; *Spiritualità dei laici*. Roma, Sales, 1966; *Spiritualità e azione del laicato cattolici italiani (1868-1968)*, Padova, Antenore, 1969, 2 vls.; CIVARDI, L. *Manuale di Azione Cattolica*. Roma, Coletti, 1961; CONGAR, Y.-J. *Sacerdozio e laicato*. Brescia (trad. it.), Morcelliana, 1966. Em particular, *Abbozzo di uma teologia dell'azione cattolica*, 275-300; ID. *Per una teologia del laicato*. Brescia, (trad. it.) Morcelliana, 1966; DE LA POTTERIE, I. – LYONNET, S. *La vie selon l'Esprit, condition du chrétien*. Paris, Cerf, 1965 (trad. it.: AVE, Roma); GOFFI, T. *L'esperienza spirituale, oggi*. Brescia, Queriniana, 1984 (cf. 34 e 172-174); LAZZATI, G. *Azione Cattolica e azione politica*. Vicenza, La Locusta, 1962; PONTIFICIO CONSIGLIO PER I LAICI. *La formazione dei laici*. Documento 1978, *Spiritualità del laico. Forme attuali*, n. 7 de *Servizio di Documentazione*, 1981; REGAMEY, P. R. *Portrait spirituel du chrétien*. Paris, Cerf, 1963.
c) *Os protagonistas*: Escolhemos algumas *vozes* particularmente interessantes do caminho espiritual da Ação Católica:
1. Armida Barelli: *L'opera di Armida Barelli nella Chiesa e nella società del suo tempo*. Roma, AVE, 1983; STICCO, M. *Una donna fra due secoli. Armida Barelli*. Milano, Vita e Pensiero, 1967.
2. Mons. Emilio Guano: *Emilio Guano, uomo della Parola*. Roma, Studium, 1977.
3. Mons. Franco Costa: BOZZINI, I. *Don Costa. Una sapienza amica*. Roma, AVE, 1983; COSTA, F. *Insieme sulla via della libertà*. Roma, Studium, 1983; COSTA, F. *La vita cristiana come comunione*. Roma, AVE, 1986.
4. *Vittorio Bachelet, uomo della riconciliazione*. Roma, AVE, 1986; *Vittorio Bachelet, un cristiano per il mondo*, Roma, AVE, 1982; CASELLA, M. (org.). *V. Bachelet. Discorsi (1964-1973)*. Roma, AVE, 1980; MARTINA, G. – MONTICONE, A. *Vittorio Bachelet. Servire*. Roma, Studium, 1981.
5. OBERTI, A. (org.). *Giuseppe Lazzati: vivere da laico*. Roma, AVE, 1986, com amplas referências bibliográficas a que remetemos para a relação de obras de Lazzati. Por sua importância, também citamos: *La consecratio mundi e i laici*. Roma, 1960; *Maturità del laicato*. Brescia, 1962; *Laicità e impegno cristiano nelle realtà temporali*. Roma, AVE, 1985; *La preghiera del cristiano*. Roma, AVE, 1986; *Consacrazione e secolarità*. Roma, AVE, 1987; *I quaderni di San Salvatore*. Roma, AVE (apareceram seis).
6. *Outros*: Coleção *Testimoni e Proposte*, Roma, AVE; *Vivere il Vangelo, oggi*. Roma, AVE, 1979; ANTONIETTI, N. *La FUCI di Montini e Righetti*. Roma, AVE, 1979.

N.B. – Sobre Giuseppe Toniolo, Contardo Ferrini, P. Giorgio Frassati, Itala Mela e muitos outros remetemos às respectivas vozes in *Dizionario storico del movimento cattolico in Italia*, II (*Os protagonistas*), III/1 e 2 (*As figuras representativas*); e também SORRENTINO, D. *Giuseppe Toniolo, una chiesa nella storia*. Roma, Paoline, 1987.

P. SCABINI

ACÉDIA. 1. SEMÂNTICA. A acédia designa um traço negativo no caminho espiritual da Igreja; traduz tradicionalmente um estado de aquiescência, o mais das vezes responsável, em ordem ao dinamismo da vida em Cristo; manifesta um verdadeiro e particular "desgosto" por Deus com a consequente renúncia à sujeição do Espírito que guia e conduz a comunidade cristã; acolhe em forma muito redutiva a exigência evangélica e lhe impõe os compromissos assumidos com o → BATISMO. Descrita com uma diversidade de vocábulos — negligência, incúria, → TÉDIO, desgosto de Deus, desgosto do "mundo espiritual", náusea, → PREGUIÇA, esquecimento, descontentamento, desconfiança, abandono do projeto de fé, → TRISTEZA —, revela o significado do grego *akêdia* (= menosprezo), do correspondente latino *acedia*, e evidencia o desleixo em acolher o convite à comunhão com Deus — e, em consequência, em assumir o compromisso a fazer o bem — e indica o tédio do coração em ordem à vida do espírito.

A reflexão sobre o dado revelado, enriquecida constantemente pelo vivido hagiográfico e confrontada com a prática ascética e com a grande experiência amadurecida em âmbito eclesial, considera a acédia como *paixão*, isto é, como "manifestação de tristeza e de desconforto diante do esforço que é necessário sustentar em qualquer gênero de atividade" (I. TAROCCHI, Accidia, in *Enciclopédia Cattolica*, I, 194) e especialmente em ordem à gestão da vocação cristã.

Trata-se de uma paixão "dura e pesadíssima" sendo a acédia "princípio, rainha, senhora" e pois capaz de "apertar e enfraquecer totalmente" a pessoa batizada (*La Filocalia*, III, Torino, 1985, 557). Ela é vista como *pecado ou culpa* enquanto manifesta a escolha de um programa negativo e um fechamento ao contínuo apelo da parte da graça e do favor divino, da realidade litúrgica que repropõe dinamicamente e no hoje o mistério da salvação, da múltipla exigência dos irmãos e da história, do grito da humanidade. A acédia configura-se, sob este aspecto, como um *encurvamento* egoístico e uma opção de fundo negativa.

→ TOMÁS DE AQUINO vê na acédia um desgosto do bem espiritual (*STh*. II-II, q. 35, a. 1) e sublinha, em modo particular, a *tristeza* que deriva desse estado, tanto que a identifica com ela. Seguindo a tradição elaborada em ambiente monástico, Aquino aproxima a acédia ao *vício* enquanto impede de *tomar a sério* e de maneira responsável o dom da vocação cristã e não procura encarnar o preceito da caridade da qual dependem toda a → LEI e os → PROFETAS.

Tédio e torpor — derivados da acédia — juntos comprometem, frequentemente de forma irreparável, o próprio edifício espiritual assinalado respectivamente pela mística e pela ascética (GREGÓRIO SINAITA, Utilissimi capitoli in acrostico, in *La Filocalia*, III, cit., 557) e não conduzem a comunidade cristã à estatura de Cristo.

2. GÊNESE E CAUSA. O estado daqueles que não exprimem, em termos vitais, a *alegria* de ser salvos e redimidos por Cristo ressuscitado, nem amadurecem projetos de viva esperança nele, toma forma e se consolida a partir do desmemoriamento, do descuido, da negligência e da dissipação. Abandonado o imperativo da *memória de Deus*, esquecido o plano salvífico projetado desde a criação e realizado na pessoa do Verbo e agora reproposto principalmente com a dinâmica sacramental e a celebração litúrgica, os acediosos se colocam fora da extensão de onda do Senhor. Desta maneira tornam vã a fé que receberam pelo → BATISMO e o projeto que nela se inspira.

Estes assim *não recordam* as *mirabilia Dei* que selaram as etapas importantes da história da → SALVAÇÃO e, portanto, de sua história. Como consequência, não são mais *transpassados no coração* pela palavra do Evangelho, manifestando, ao contrário, dureza e insensibilidade; não acolhem plenamente o projeto de evangelização e de interiorização; não prestam atenção aos ensinamentos da *Ekklêsia* nem à *Santa Paradosis* (= tradição); não dirigem a mente aos modelos hagiográficos nem são impelidos a imitá-los na prática.

A tudo isto concorre negativamente hoje toda uma série de fenômenos que, de fato, se tornam determinantes, porque detêm o desenvolvimento e o progresso da vida espiritual. Pensemos na *urbanização* que torna frequentemente estranha a pessoa e o núcleo familiar e não garante condições de vida à altura do homem; e pensemos no processo de *massificação*, dentro do qual se encontra o homem moderno incapaz de tentar uma objetiva e pessoal leitura da realidade que o circunda e de fazer uma justa avaliação tendo em conta uma autêntica hierarquia de valores. Não só, mas também os mesmos *meios de comunicação*, que estão entre as coisas maravilhosas do nosso tempo, mas nem sempre conseguem servir ao crescimento e à promoção humana e cristã da pessoa e da comunidade. A imagem apresentada e apontada induz a assumir comportamentos não em conformidade com o essencial, o durável, o fundamental para a vida e para satisfazer as verdadeiras exigências do homem, mas antes a perseguir os objetivos do consumismo, da moda, do cômodo, do bem-estar. A comunidade cristã põe-se, pois, sobre um plano, em termos existenciais, que não poderá ser conjugado com o ensinamento evangélico. Em todo este discurso assume um papel negativo o *carente sentido da Igreja* e a *deficitária participação* à vida da comunidade cristã. Então os batizados batem as trilhas do isolamento, do anonimato, da solidão na qual encontram a → INDIFERENÇA (cf. A. FALLICO, *Missione Chiesa-mondo*, in *Comunione e comunità missionária*, Palermo, 1987, 119), a alienação, para chegar mesmo ao → DESESPERO.

Todos esses fatores geram a apatia, a insensibilidade, a frieza ou — como se costuma dizer — a *tibieza* e, em consequência, um *status* de renúncia à resposta exigida de Deus, da Igreja, do Evangelho.

3. CONSEQUÊNCIAS. Sustado o processo de cristificação e de deificação, a acédia gera "obtusidade do espírito", impotência da vontade e desgosto dos mesmos dons de Deus. A vida da comunidade passa a ser mortificada e o seu dinamismo, sustado e bloqueado; a pessoa é enfraquecida, torna-se anêmica e não consegue exprimir-se com todas as suas possibilidades e sob o estímulo imperioso da caridade de Cristo e da doutrina das bem-aventuranças (cf. Glossário, in *La Filocalia*, I, Torino, 1982, 34).

A acédia provoca a desobediência a Deus e conjuntamente o abandono da vida de virtude. A tal propósito, São → BENTO DE NÚRSIA, recolhendo o patrimônio conservado em âmbito monástico, exorta os que assumem a vida do claustro a "voltar pelo labor da obediência àquele de quem te afastastes pela desídia da desobediência" (*Regra de São Bento*, Prólogo, 2). Mesmo o são discernimento é comprometido: o batizado não tem em justa conta o significado e a importância de cumprir a vontade de Deus e a necessidade e obrigatoriedade de progredir no caminho da perfeição. A comunidade com acédia vive sem → ENTUSIASMO, sem → FERVOR e denodo; abandona ainda a reflexão e o aprofundamento da verdade e fé e sobretudo a realização do contato amoroso e esponsal com o Cristo.

Daqui a real dificuldade de exercitar-se na vida da *êsychia* (cf. Glossário, in *La Filocalia*, III, cit., 42), isto é, de esperar realmente e com todas as forças a Deus, de contemplar o seu rosto e de buscá-lo com a oração e a vida cotidiana. Consumidos os talentos que Deus, doador de todo bem, abundantemente distribui aos seus servos, e refutado o convite de seguir o Cristo pela via estreita e apertada, a pessoa inevitavelmente favorecerá as inclinações e as sugestões do mal, viverá segundo a → CARNE (cf. Rm 8,5) e, enfim — abandonado o caminho da vida —, será presa da → TRISTEZA.

Tal conduta não edifica a comunidade, antes propicia ocasião de escândalo aos irmãos, determinado pela *omissão* do programa evangélico entregue a todos aqueles que fazem profissão de fé. O exemplo negativo oferecido arrastará a longo tempo outros nesta mesma experiência: o acedioso se torna então inútil a si mesmo e danoso aos irmãos (Regra de São Bento, c. 48).

A acédia — considerada evidentemente a ampla gama das suas expressões — configura-se como substancial ingratidão a Deus que em Cristo convida à plenitude da vida com ele, à comunhão, e deseja habitar no coração do homem. Determina então a *paralisia* global da pessoa batizada enquanto condiciona ao negativo da vitalidade da inteligência, da vontade, todo o mundo afetivo. O intelecto então não compreende mais as coisas que se referem ao espírito e, embora debilitado, não se encontra em grau de reagir contra as atrações do mundo e as depravadas inclinações da natureza. Insensível diante do amor de Deus, a comunidade acediosa abandona a oração (SIMEONE IL NUOVO TEÓLOGO, *Capitoli pratici e teologici*, in *La Filocalia*, III, cit., 358) e encontra-se entre os ladrões durante o seu caminho que a reduzem a um estado lastimoso; não acolhe a Palavra (MACÁRIO L'EGIZIANO, *Parafrasi di Simeone Metafrasto*, in *La Filocalia*, III, cit., 292); é esquecida e se deleita no prazer (TALASSIO LIBICO, *A Paolo presbitero*, in *La Filocalia*, II, Torino, 1983, 331); não exprime senso de gratidão a Deus.

Toda a Igreja, curvando-se sobre as feridas dos homens — e a acédia pode ser considerada uma ferida na vida espiritual do cristão —, põe-se para todos como levedura e fermento porque todos os fiéis, superadas as dificuldades nas quais vertem por motivo da acédia, possam percorrer um caminho assinalado pela novidade do Espírito. A acédia é superada "pelo suportar, pela constância e pelo oferta de graças a Deus" (João Damasceno, Discurso utile all'anima e mirabile, in *La Filocalia*, II, cit., 349).

BIBLIOGRAFIA. Benigar, A. *Compendium theologiae spiritualis* II. Alba, ³1979; Bernard, Ch. A. *Teologia spirituale*. Roma, 1982; Colosio, I. Come nasce l'accidia. *Rivista di Ascetica e Mística* (1957) 266-287; Id. I sofismi dell'accidia. *Rivista di Ascetica e Mística* (1957) 495-511; Forte, B. *La teologia come memória e profezia*. Cinisello Balsamo, 1987.

A. Lipari

ACEMETAS. Este nome, que significa "aquele que vela", foi dado aos monges do mosteiro de Irenaion, sobre a costa asiática do Bósforo, pela gente do entorno, porque os sentia cantar, dia e noite, os louvores do Senhor. O mosteiro foi fundado por santo Alexandre (o Acemeta) pelos fins do século IV: ele impôs aos seus seguidores a prática mais absoluta da pobreza voluntária, a confiança ilimitada na providência divina, o louvor perene. Este último era de início uma obrigação pessoal de cada monge, porém, mais tarde tornou-se uma obrigação comunitária. Essa comunidade monástica é conhecida, por outro lado, pela oração litúrgica contínua.

BIBLIOGRAFIA. Dagron, G. La vie ancienne de saint Marcel l'Acémète. *Analecta Bollandiana* 86 (1968) 271-286; *Dictionnaire de Spiritualité* I, 169-175; Grumel, V. Um mot sur les Acémètes. *Echos d'Orient* 2 (1899) 304-308.365-372; Janin, R. *La géographie ecclèsiastique de l'empire byzantin*. III. *Les Églises et les monastères*. Paris, ²1969, 16-17.

Melchiorre di Santa Maria – L. Dattrino

ADÃO. A importância que teve o Antigo Testamento para a elaboração de uma doutrina ascética e mística do cristianismo não se manifesta apenas na exegese espiritual dos antigos livros inspirados e nos tempos que esta exegese sugere à meditação do cristão. Antes ainda de uma exegese que iluminasse os temas doutrinais da espiritualidade cristã, foram as grandes personalidades religiosas que o Antigo Testamento apresenta à meditação cristã como causa exemplar e tipo de santidade que inspiraram os mestres da doutrina espiritual.

Antes de qualquer outra, a figura de Adão. Para a espiritualidade antiga, que considerava o caminho do homem como retorno ao paraíso de Deus, Adão, antes da queda, necessariamente devia aparecer como o tipo mesmo do santo que vive na intimidade de Deus, o vê, a Ele fala. A teoria mesma da → contemplação evoca, para os antigos Padres, a vida de Adão. Antes do pecado parece a santo Atanásio que a única ocupação do homem tenha sido a contemplação divina. Desta, nenhuma coisa, nenhum acontecimento o distrai, e é a esta contemplação incessante da divindade que o homem deve voltar através do caminho da ascese. O homem alcançará sua meta quando viver de novo na intimidade com o Senhor, quando puder contemplar novamente Deus como Adão no paraíso terrestre. Segundo → Mager, o modo de conhecimento que Santo Tomás, mesmo na *Summa Theologica*, atribui a Adão não é outro que a contemplação mística (*Mystik als Lehre und Leben*, Innstrubck, Wien, München 1934, 233). O caminho para a contemplação aparece verdadeiramente como um retorno do homem ao paraíso perdido, as criaturas não são mais obstáculo à visão e à comunhão com Deus, e por meio de cada coisa o homem vive a sua união com ele, o vê, lhe fala, goza da sua intimidade.

→ Stolz reconhece que o tema fundamental da espiritualidade antiga é precisamente o retorno ao paraíso perdido, mas como a um lugar determinado mesmo se secreto e escondido depois do pecado. Na realidade, o → paraíso não é um lugar físico determinado e diferente do lugar onde cada homem vive. O caminho para o Senhor não se faz com os pés, mas com o afeto, nos ensina Santo → Agostinho. A expulsão do paraíso terrestre não é uma queda do homem de um plano do ser a outro plano inferior, não é o seu afastamento de um lugar determinado no espaço. E todo o mundo retorna ao paraíso se o olho do homem retorna puro, se a alma readquire a inocência perdida. Portanto, a respeito do retorno a espiritualidade cristã, especialmente com os Padres gregos, insistirá sobre a *puritas cordis* e, por meio de → Cassiano, esta mesma doutrina tornar-se-á tradicional também no Ocidente latino.

Adão é o homem que por meio de cada coisa contempla o Senhor e o adora numa pura simplicidade de vida, numa maravilhosa harmonia. O esforço da ascese está superado. Deus, agora, como ao primeiro homem, doa à alma todas as coisas, coloca-a em posse do mundo. Com a → APATIA/*APATHEIA* o homem reconquista de qualquer modo a integridade natural e é restabelecido em sua realeza. Hoje, a obediência ao mandamento divino de sujeitar as coisas ao seu império compromete o homem ao trabalho; segundo a espiritualidade antiga, no retorno à primitiva inocência é que o homem naturalmente volta a dominar as criaturas, a ser rei do mundo. Ao santo obedecem também os animais selvagens; o frio, o calor, a fome parecem não ter mais poder sobre ele.

O tema desse retorno ao paraíso terrestre, dessa volta do homem à condição de Adão antes do pecado, quer inspirar-se na palavra de Paulo na Segunda Carta aos Coríntios (12,2-4): "Conheço um homem em Cristo que, há quatorze anos, foi arrebatado ao terceiro céu — se em seu corpo, não sei: se fora do corpo, não sei; Deus o sabe! E sei que esse homem — se no corpo ou fora do corpo não sei; Deus o sabe — foi arrebatado até o paraíso e ouviu palavras inefáveis, que não é lícito ao homem repetir". Mas a lembrança do paraíso de São Paulo nos parece excessivamente fugaz para ser esse texto da fonte mais verdadeira que inspirou a antiga doutrina. Na realidade, provavelmente no fundo de tudo há também uma inconsciente inspiração neoplatônica.

É verdade que Cristo é o novo Adão, mas com ele o homem não retornou à inocência do primeiro, antes se elevou até a soleira do mistério de Deus. Todavia, o tema de um retorno à condição de Adão inocente no paraíso é verdadeiramente fundamental na espiritualidade antiga. Tem certamente uma sua pré-história no Antigo Testamento, particularmente no profeta Isaías, e no Novo Testamento, em São Paulo, mas torna-se explícito e transforma-se no tema central só na patrística grega. Comanda todas as ações mais profundas e instintivas do homem espiritual, guia as aspirações e inspira os ideais da → VIDA RELIGIOSA, dirige praticamente o caminho da alma que procura Deus, tanto no Oriente como depois no Ocidente. A espiritualidade monástica o supõe sempre também quando explicitamente não o recorda. Evágrio já o supõe, e apelam a esse tema a *Storia Lausiaca* e o *Prato spirituale*, de Mosco. Mas não é estranho mesmo aos grandes Doutores orientais. Entre os outros, São João → CRISÓSTOMO nos deixará páginas ardentes nas quais esse tema é reconhecido central na vida cristã. No Ocidente, o primeiro grande Doutor que o faz seu parece ser santo Ambrósio, não é estranho a Santo Agostinho, brota no prólogo da Regra de São Bento, mas é sobretudo São Gregório Magno que o transmite a toda a Idade Média latina (*La preghiera*, 538-559). No final do Medievo esse tema é ainda vivo e inspira a concepção de santidade. O mais belo elogio que se fez a São Boaventura não foi que nele parecia que Adão não tivesse pecado? Um tema tão central não podia ser completamente esquecido; mais ou menos inconscientemente para boa parte dos tratados de espiritualidade compostos mesmo após o Medievo, Adão permanece o tipo do santo, sobretudo da alma contemplativa. Newman, ainda no século XIX, vê na infância uma continuação do estado de Adão e por isso a infância espiritual é para ele o retorno do homem à condição adâmica (VELOCCI, *Newman místico*, Roma, 1964, 154-155.280-281). Com a renovação do monaquismo, esse tema tradicional aflora aqui e ali em artigos e em tratados espirituais (A. STOLZ, *Teologia della mistica*; J. LECLERCQ, *Paradisus claustri*; D. BARSOTTI, *La via del ritorno*).

Também na espiritualidade oriental continua e vive o tema de uma vida paradisíaca, de uma condição adâmica do santo.

Para acenar apenas a textos fundamentais da espiritualidade russa basta recordar os *Racconti de in pellegrino* (Firenze, 1949/Milano, 1955). Ao homem que retornou à → UNIÃO COM DEUS "tudo aquilo que o circundava parece estupendo e milagroso: as árvores, as ervas, os pássaros, a terra, o ar, a luz parecem dizer-*lhe* que tudo era criado para o homem, que tudo suplicava a Deus e tudo lhe apresentava louvor e adoração. Foi então que compreendeu o significado das palavras da Filocália: a compreensão da linguagem de todas as criaturas, e ele viu que agora podia falar com todas as criaturas e fazer-se compreender por elas". Pouco depois um velho mestre explicará ao peregrino: "Tu conheces do catecismo a história do Antigo e do Novo Testamento. Lembrarás como, quando o nosso pai Adão era inocente e santo, todos os animais eram-lhe obedientes, estavam-lhe docilmente vizinhos enquanto ele os chamava pelo nome. [...] O que quer dizer ser santo? Para nós pecadores, quer dizer voltar ao estado primitivo de inocência: quando a alma é santa também o corpo é santo. [...] Ainda hoje os animais selvagens são sensíveis à força do santo".

Serafim de Sarov (→ SERAFIM SAROVSKIJ), como Francisco e como os antigos Padres do Deserto, vive não só em comunhão fraterna com os animais selvagens, mas também ensina que o homem, alcançando a pureza do coração, pode conversar com os pássaros, viver em comunhão com toda a natureza que se lhe fez amiga.

Libertado do pecado, o homem está em paz consigo mesmo e com Deus, e com todas as criaturas que não mais lhe fazem mal.

Adão é o homem no qual resplende a imagem e a semelhança com seu criador. É o homem que não conhece então o bem e o mal, o homem livre e inocente. Ele é o rei da criação, a quem tudo é submetido. É o homem da gnose perfeita que chama todas as criaturas pelo seu nome. É o andrógino, o homem indiviso e uno. Conversa com Deus, é seu íntimo e vive no paraíso, mata a sua sede nos seus rios e se alimenta com seus frutos: estes são os traços que a espiritualidade cristã tem prazer em sublinhar contemplando em Adão o tipo do homem perfeito. Alguns desses traços serão perigosamente desenvolvidos pela mística gnóstica e teosófica, como em → BÖHME, mas todos pertencem à tradição espiritual cristã.

Todavia, a doutrina que vê em Adão o tipo do santo pode permanecer equívoca para um cristão que sabe ser um pecador redimido. A via adâmica torna-se para muitos a ocasião de um ensinamento heterodoxo. O homem pode viver para além do bem e do mal como Adão antes que, no pecado, tivesse conhecido uma tal distinção. A inocência assim não está na obediência, mas na ignorância, e a espontaneidade pura do santo torna-se liberdade de toda lei.

Mas Adão, na espiritualidade cristã, não é só o tipo do santo que não conhece mais dissensão consigo mesmo e com a natureza, é também o homem pecador que procura o que perdeu e, obedecendo à voz de Deus, reconquista na sua dor e no cansaço, dia após dia, o seu pão. A vida não é mais fácil, tudo lhe é hostil, e o homem sente-se, como Adão, expulso do seu mundo, da sua casa, para viver só e estranho aqui embaixo → SILVANO DO MONTE ATHOS, numa página famosa, com um tom de compaixão, repete o lamento de Adão como o lamento de todo homem e da sua alma exilada e só num mundo inimigo. Assim, com maior verdade, Adão é modelo de todo homem que inicia o seu caminho em direção a Deus consciente de seu pecado, na experiência de sua solidão, no terror da morte que o ameaça.

Fora do cristianismo a figura de Adão domina a mística hebraica e a mística islâmica. A mística hebraica, contudo, mais que inspirar-se na Bíblia, parece inspirar-se nos mitos do → GNOSTICISMO. O homem primordial não é mais um homem real, mas um símbolo, uma figura mítica de Deus.

No → ISLAMISMO, ao contrário, a mística que contempla em Adão o tipo do homem perfeito, tem no Alcorão mesmo a fonte da sua inspiração. Deus faz do homem e não dos → ANJOS o seu vigário sobre a Terra; ensina a Adão, e não aos anjos, os nomes de todas as coisas (*Sura* 2,28-31). Deus quer que os próprios anjos, depois que ele tenha soprado no homem feito de argila o seu espírito, prostrem-se diante dele; o pecado dos anjos é exatamente a sua recusa (*Sura* 15,28-31). Desde que o Alcorão ensina a propósito deste primeiro homem querido como vigário de Deus sobre toda a criação, pode-se bem compreender como a figura de Adão sobressai na mística islâmica e tende àquela doutrina do homem perfeito na qual terá sua realização a especulação dos seguidores do sufismo.

BIBLIOGRAFIA. BARSOTTI, D. *Il Dio di Abramo*. Firenze, 1952; ID. *La via del ritorno*. Firenze, 1957; DUBARLE, A. M. *Il peccato originale nella Scrittura*. Roma, 1968; ERRANDONEA, J. *Éden y paraíso*. Madrid, 1966; FANULI, A. L'uomo e il suo "habitat" secondo Gen. 1. In: *L'antropologia biblica*. Napoli, 1981, 71-100; FEUILLET, A. Le règne de la morte et de la vie (Rm 5,12-21). *Revue Biblique* 77 (1970) 481-520; FRAINE, J. DE *Adamo e la sua discendenza*. Roma, 1968; GRELOT, P. *Réflexions sur le problème du péché originel*. Tournai, 1968; HELEWA, G. Aspetti di antropologia paolina. In: *Temi di antropologia teológica*. Roma, 1981, 165-239; KIERKEGAARD, S. *Il concetto dell'angoscia*. Firenze, 1942; *La preghiera*. Paoline, Roma, 1964; LOSS, N. La dottrina antropológica di Gen. 1–11. In: *L'antropologia biblica*. Napoli, 1981, 141-206; LYONNET, S. *L'antropologia di san Paolo*. In: *L'antropologia biblica*. Napoli, 1981, 753-787; MONTAGNINI, F. *Rom. 5,12-14 alla luce del dialogo rabbinico*. Brescia, 1971; *Nuovo Dizionario di Teologia Bíblica*. Cinisello Balsamo (Milano), 1988, 1122-1140.1590-1609; SOGGIN, A. Testi chiave per l'antropologia dell'AT. In: *L'antropologia biblica*. Napoli, 1981, 45-70; STOLZ, A. *Teologia della mística*. Brescia, 1940.

D. BARSOTTI

ADAPTAÇÃO. Muitas são as definições propostas para este conceito, que parece fundamental na maturação da pessoa.

Na psicologia se entende por adaptação o conjunto dos comportamentos estruturados de um indivíduo para satisfazer as próprias necessidades. O processo de adaptação pode ser também examinado sob o perfil sociológico, como fenômeno de adequação das pessoas às estruturas sociais. A necessidade de dever adaptar-se e o esforço de querer se adaptar marcam fortemente a consciência do homem na sociedade atual. O homem possui predisposição e interesses específicos que permitem e condicionam sempre novas adaptações, como também certa resistência consciente à novidade e uma voluntária rejeição a se adaptar.

Adaptação não é necessariamente conformismo; desadaptação não equivale a anticonformismo. Isto porque no conceito de conformismo está implícita uma valorização objetiva, de tipo sociológico, um confronto (Krech e Cristchfield) com parâmetros que exilam do universo psicológico do indivíduo e que, portanto, nada tem a ver com uma análise estritamente psicológica.

A adaptação não é passiva recepção das normas, dos valores que a sociedade põe de modo incoercível ao indivíduo, reduzindo a sua experiência existencial a um fato alienante. No máximo, este pode ser um dos possíveis tipos de adaptação e não o único possível. A predisposição à adaptação ajuda o indivíduo a inserir-se na sociedade, leva à abolição das diferenças de classe, permite admitir sem atritos a presença de grupos estranhos, favorece a dinâmica social; mas contém também o perigo de apagar e aplainar os princípios religiosos e morais, leva ao desaparecimento do caráter particular de um povo, de um grupo ético, de uma pessoa. A adaptação é o contrário do enrijecimento sobre a tradição, todavia é necessário distingui-la de um verdadeiro progresso, causado não pela adaptação, mas por novos juízos e conhecimentos e da evolução dos indivíduos. O conceito de adaptação contém não a passiva adequação, mas a orientação ativa e consciente numa nova situação.

Para poder chegar a uma definição de adaptação como processo psíquico é necessário referir-se à estrutura psíquica assim como esta se apresenta na sua interação com o ambiente. O homem está sujeito a dois tipos de excitação: um provocado por estímulos externos, conscientemente percebidos, que agem em modo descontínuo; outro provocado por estímulos internos, não perceptíveis, agentes em modo contínuo. Estímulos que a teoria psicanalítica chama instintos, definindo-lhes como uma representação mental de uma necessidade física: se o estômago está vazio e se contrai, no sangue diminui a concentração do açúcar, derivando aí a sensação de fome como necessidade. Os estímulos internos não são de *per se* → INSTINTO, mas tornam-se instintos no nível das suas representações mentais, depois psíquicas. Essa dupla realidade, de estimulação externa e de impulsionamento instintual, cria um desequilíbrio energético e, em consequência, das necessidades de tipo psíquico que tendem a ser descarregados para tornar a trazer o organismo ao equilíbrio. No desenvolvimento de maturação do indivíduo são possíveis outros níveis de integração. Além dos estímulos de tipo instintual, existem os de tipo ambiental, como, por exemplo, a valorização de motivos e de valores sociais, tais como a conveniência no vestir, o sucesso nos negócios, o prestígio, as normas formalisticamente recebidas etc. Existem, enfim, motivações ao agir de tipo individual que perseguem valores e ideais colocados à pessoa de forma autônoma.

Delineiam-se, pois, três ordens de motivações que o indivíduo pode integrar à base do seu comportamento: 1) motivações de ordem biológico-instintual; 2) motivações de ordem social; 3) motivações de ordem pessoal. A integração desses fatores motivacionais e os resultantes de tais processos, isto é, o → COMPORTAMENTO do indivíduo, constituem a adaptação do mesmo indivíduo.

A unidade de análise é, pois, o comportamento do indivíduo, mas não examinado sob uma perspectiva de tipo behaviorística-comportamental, na qual cada ação é analisada segundo modelos de tipo descritivo. Tal perspectiva deve completar-se com aquela dinâmica na qual o comportamento é analisado no seu processo motivacional de formação, que pode explicar não só "como" o homem se comporta, mas também "por que" o homem estrutura certo comportamento. A resposta a tal porquê, isto é, a escolha daquele particular comportamento e não de um outro, diante de uma dada situação ambiental, constitui pois o processo de adaptação autônomo e pessoal do indivíduo.

BIBLIOGRAFIA. BONINO, S. – SAGLIONE, G. *Aggressività e addatamento*. Boringhieri, Torino, 1978; CIAN, L. *Cammino verso la maturità e l'armonia*. LDC, Torino, 1982; FALORNI, M. L. *Aspetti psicologici della personalità nell'età evolutiva*. Giunti, Firenze, 1968; HILGARD, K. R. *Psicologia*. Firenze, 1971, 576-602.

G. G. PRESENTI

ADIVINHAÇÃO. Também tem o nome de precognição, preestesia, premonição, criptestesia premonitória etc. Em sentido amplo é cognição de acontecimentos futuros. Em sentido restrito, é cognição de acontecimentos futuros livres ou contingentes.

1. AS DIFERENTES FORMAS. Pressentimento ou autopremonição: cognição de um acontecimento futuro referente à própria pessoa — quando os acontecimentos são estranhos à pessoa chama-se previsão. Sonho premonitório: se a cognição ocorre durante o sono. Visão premonitória: é a cognição em estado desperto. Também são variadas as formas que se valem de objetos ou de determinadas condições das coisas com o objetivo de adivinhar o futuro; tem-se, assim, a astrologia judiciária, quando são estudados a posição e o movimento dos astros; o augúrio, quando se consideram o voo e as vozes das aves; chama-se quiromancia o estudo das linhas das mãos e cartomancia a leitura das cartas de baralho etc. Para evitar que essas formas entrem no campo da superstição é necessário não considerá-las capazes de manifestar, por si, o evento futuro, mas somente como simples elementos de apoio e de estímulo; ou, se alguns casos forem considerados como sinais, que sejam sinais de eventos naturais e não de atos livres ou acontecimentos que deles dependam.

2. PODE EXISTIR A ADIVINHAÇÃO NATURAL? O ser humano não possui a capacidade de conhecer, por meios naturais, o futuro, livre ou contingente: não o pode conhecer nem em si, nem em suas causas. E nem o demônio pode conhecê-lo. Podem ambos prever o futuro incerto com base em indícios presentes que convergem para uma determinada direção. O demônio pode, por outro lado, prever acontecimentos que são obscuros para o ser humano, visto que conhece as suas causas necessárias, desconhecidas ao homem; o demônio, finalmente, pode prever com maior probabilidade de sucesso porque pode induzir e ajudar a realização dos fatos preditos por ele.

Há também as causas naturais necessárias que, desconhecidas em geral, poderiam ser conhecidas por meio da adivinhação ou da radioestesia, a autoscopia ou qualquer outra forma paranormal; poder-se-ia, então, prever a sua realização, que, apesar das aparências, em substância seria necessária e não contingente.

Por outro lado, aparecem ao ser humano fenômenos que parecem adivinhatórios mas não o são. Quando a própria pessoa para a qual se prediz o futuro incerto o provoca consciente ou inconscientemente, quer por sugestão, quer por qualquer outro fator, ou quando aquele que prediz determina, por hipnose, o dito acontecimento; é possível também a autoprovocação no autor da adivinhação por meio de sugestão hipnótica; ou, em certos casos possíveis, uma força natural poderia ser usada para provocar o acontecimento, livre na aparência, mas não em realidade, por ser fruto de coação. Às vezes, pode ser fruto de pura coincidência, por exemplo a morte do filho na guerra, prevista pela mãe, previsão muitas vezes desmentida por ser efeito de uma autossugestão alucinatória mais ou menos intensa.

O ser humano pode prever o futuro contingente de modo sobrenatural, visto que Deus o conhece e pode revelá-lo. O conhecimento desse futuro é um sinal da divindade: aqueles que o conhecem são divinos. Para o bem de sua Igreja e das almas, Deus pode conceder esse conhecimento.

Na prática, é preciso acautelar-se com qualquer desejo de conhecer o futuro, e, muito mais ainda, deve-se temer o desejo mórbido que pode chegar a provocar esse conhecimento, sobretudo quando se trata de um acontecimento de luto.

A confiança na bondade de Deus e em sua providência e a humilde e filial submissão à sua vontade valem muito mais que o conhecimento do futuro.

BIBLIOGRAFIA. POODT, T. *Los fenómenos misteriosos del psiquismo*. Barcelona, 1930, 76-97; MERKELBACH, B. H. *Summa theologiae moarlis*. 777-784, t. II; LINERA, A. ALVAREZ DE. Adivinación y psicología. *Revista Española de Teología* 9 (1949) 489-525; BALDUCCI, C. *Gli indemoniati*. Roma, 1959, 356-363; QUEVEDO, O. G. *El rostro oculto de la mente*. Santander, 1971, 169-322.

I. RODRÍGUEZ

ADOÇÃO DIVINA. O termo pode ser entendido em dois sentidos: em sentido ativo indica a causalidade de Deus enquanto transforma e eleva o homem com a comunicação da sua própria vida; em sentido passivo significa a relação especial que o homem tem com o Pai em seguida àquela comunicação. Sob este aspecto a adoção coincide com a filiação divina, quando se trata de uma pessoa humana (e não da pessoa divina de Cristo). Falamos aqui mais diretamente da adoção no sentido passivo, mesmo se este sentido conota necessariamente o ativo. A adoção, revelada no Novo Testamento, teve sua preparação no Antigo e foi depois ulteriormente analisada pela reflexão teológica.

1. NA SAGRADA ESCRITURA. a) *O Antigo Testamento.* Partindo-se do fato de que São Paulo usa a mesma palavra *huiothesia* para exprimir seja a adoção do povo hebraico como filho de Deus (Rm 9,4), seja a do povo cristão (Rm 8,15.23; Gl 4,5; Ef 1,5), pode-se concluir pela existência de uma característica comum que justifique tal uso. Essa característica encontra-se sobretudo na completa gratuidade da eleição divina, inspirada somente no seu amor e na consequente relação especial do povo ou do indivíduo com Deus. Quando Deus está formando o seu povo, chama-o explicitamente de filho seu. E, porque faraó não quer deixar este partir livremente, ele mesmo será punido, e com ele todo o seu povo, com a morte do primogênito de cada família (Ex 4,22-23). Todos os israelitas, enquanto membros do povo eleito, são filhos de Deus (Dt 14,11) e, portanto, objetos de sua especial proteção. Esse predileto amor, porém, não transformou interiormente a alma individual: o israelita permanece com dura cerviz (Ex 32,9; 33,3-5). Embora aproveitando da proteção divina e invocando o seu amor para ser libertado dos inimigos, o povo não realiza os compromissos assumidos. Nota-se um dúplice desenvolvimento da ideia de adoção.

— Embora de início o amor de Deus tenha se orientado a todo o povo enquanto tal e aos indivíduos enquanto membros do povo, na medida em que cresce a infidelidade deste, o amor divino se restringe a um grupo escolhido que corresponderá às suas exigências. É o "resto" de Israel que na humildade e na docilidade espera o advento do Messias. Dele farão parte todos os que se manterão "pobres", não confiantes em si mesmos mas cheios de confiança em Deus (Sf 3,11-13). O expoente mais eminente que fechará esta série será a Santíssima Virgem (Lc 1,48).

— Deus promete uma ação mais eficaz enquanto transformará o homem internamente e lhe dará uma força superabundante para aceitar as suas exigências (Ez 36,26-28). O amor divino não exauriu pois todos os seus recursos no Antigo Testamento. O povo eleito não recebeu o último efeito do amor divino. Mas o que lhe foi dado foi suficiente para torná-lo culpado na sua apostasia e para ser com razão punido por Deus. Ao mesmo tempo a sua recusa será ocasião para formar um povo novo, na linha dos "pobres". Este povo é de um tipo especial, mais interior, mesmo se necessariamente comporta um aspecto externo. Não é mais fundado sobre a descendência carnal de um pai comum, mas é composto de homens pertencentes a cada nação e chamados com vocação pessoal. O termo "filho" não indicará mais o povo novo, mas cada um dos membros enquanto são colocados em consonância interna com Deus; tomará, pois, um significado mais total e mais comprometedor. Também mais rico.

b) *O Novo Testamento.* No Antigo Testamento não estava revelado que a única natureza divina existe em três Pessoas distintas, uma das quais é o Pai. No Novo Testamento a palavra "Pai", e o seu correspondente "Filho", reveste um significado mais pessoal: indica uma relação íntima com esse nome (2Cor 1,2-3; Ef 1,2-3). Na medida em que participamos da filiação de Cristo (Rm 8,29) é que podemos invocar o Pai com a mesma palavra familiar, na qual se exprime todo o abandono filial, inspirado pelo Espírito de Cristo presente. São Paulo não deixa de indicar logo uma ulterior consequência da nossa filiação: seremos herdeiros, junto com Cristo, da mesma glória (Rm 8,17; Gl 4,7; Tt 3,7).

Em João encontramos, em outras palavras, o mesmo pensamento de São Paulo, que é também o mesmo de Cristo. O evangelista não usa o termo *huiothesia*, mas a realidade do seu significado encontra-se completa. Enquanto somos gerados por Deus (Jo 1,13) trazemos em nós o seu gérmen (Jo 3,9), somos filhos seus (1Jo 3,1). A nossa relação com o Pai é porém muito diversa da do Verbo. Este permanece o Unigênito (Jo 1,14.18), é Deus (Jo 1,1). Nós seremos filhos de Deus enquanto estivermos unidos com o Verbo encarnado (Jo 1,12). Portanto, como Cristo é distinto do Pai (Jo 8,16.54; 15,24 etc.) e ao mesmo tempo estreitamente unido com ele (Jo 10,30.38; 16,32), assim também nós participamos dessa relação sob o seu duplo aspecto.

2. NA REFLEXÃO TEOLÓGICA. A teologia quis conservar o termo "adoção", com o qual a Vulgata traduziu justamente a primeira das três Pessoas. A nossa filiação, causada por um princípio interno, a graça, nos faz capazes de orar usando a palavra: *Abbá*, Pai (Gl 4,6). São Paulo conserva a palavra hebraica como a manteve o evangelista Marcos (14,36), tal qual jorrou do coração angustiado do próprio Jesus. Nesta vibra um acento de íntima familiaridade que só um filho

pode permitir-se em relação a seu pai. É verdade que também no Antigo Testamento poucas vezes o israelita devoto ousou, como indivíduo, dirigir-se a Deus com o nome de Pai (Sb 14,3; Sr 23,2.4); a forma *Abbá*, porém, permanece completamente ausente em toda a literatura religiosa hebraica. Foi Cristo o primeiro a usá-la; só ele teve o pleno direito, sendo Filho do Pai, por geração verdadeira e própria, e vivendo com ele em uma intimidade incomparável. Também os cristãos, os quais receberam o Espírito de Cristo e comungam com a mesma vida divina, podem dizer como Cristo, se bem que não com igual direito: *Abbá*. Estes, de fato, quando ensinaram aos seus discípulos como deviam rezar, provavelmente fizeram começar a sua oração com a invocação → ABBÁ, palavra da qual a versão grega não revela todo o conteúdo afetivo (Mt 6,9; Lc 11,2). Nos textos acima citados, São Paulo não parece fazer outra coisa que se referir a esta invocação inicial da oração eminentemente cristã: o → PAI-NOSSO. Só a união com Cristo nos dá a audácia de chamar Deus com o termo grego de São Paulo.

A adoção divina deve, porém, ser bem distinta da humana. Esta não tem nenhum influxo real sobre a pessoa adotada como filho, se bem que seja expressão do amor benévolo do adotante, o qual quer introduzi-lo na própria família e até deixar-lhe em herança uma parte dos seus bens. Mas a adoção jamais poderá fazer que a pessoa adotada não seja de origem estranha, nem chegará a transformá-la internamente. A adoção divina é bem diferente: não consiste apenas em relações sociais e jurídicas, as únicas possíveis na adoção humana, mas se funda sobre uma participação real à natureza mesma de Deus, o qual transforma radicalmente o sujeito humano; transformação que pode ser chamada nova geração, portanto intimamente tocar a pessoa. O termo deve pois suportar esta primeira correção, quando utilizado no nosso caso. Devemos, porém, lançar o exame mais adiante, na direção indicada pela Sagrada Escritura, referindo-nos à filiação divina de Cristo.

Pela sua geração eterna, o Verbo recebeu a idêntica natureza divina sem divisão e sem diminuição. O Pai comunicou ao Filho toda a natureza em toda a sua imensidade; é Pai no significado perfeitíssimo da palavra. Enquanto o homem comunica a seu filho uma natureza imperfeita, e isso de forma limitada, o Pai comunica de perfeitíssimamente uma natureza perfeitíssima. Embora distinto do seu Filho, permanece um com ele como nenhum pai humano pode ser com o seu filho. Ora, a nossa filiação divina é participação na filiação eterna do Verbo; são muito diferentes, mas conservam também uma profunda semelhança. A maior diferença está no fato que a natureza divina nos é comunicada de modo limitado: dela temos apenas uma participação. É esta a razão pela qual a nossa filiação é "adotiva", não natural: permanecemos criaturas, com uma natureza humana própria; esta é elevada, não suprimida. A sua divinização é inserida na sua humanidade. A semelhança com o Filho procede do fato de que a natureza divina nos foi realmente comunicada segundo o que há de mais íntimo: somos feitos capazes de amar o Pai com um amor de filhos. Cristo mesmo parece ter querido fazer-nos entender quanto nós somos vizinhos a ele e, ao mesmo tempo, quanto somos distintos. Falando aos apóstolos diz: o vosso Pai (Mt 5,45; 6,4; 23,9), o meu Pai e o vosso Pai (Jo 20,17). Jamais, porém, se põe no mesmo plano deles para dizer, junto com eles: Pai Nosso. Um abismo separa sempre a filiação natural de Cristo da nossa filiação adotiva.

No entanto, a nossa filiação divina é, sob certos aspectos, muito superior a uma filiação humana. É verdade que não recebemos a natureza divina, tal como ela existe no Pai. De outra parte, porém, somos referidos continuamente ao Pai: momento por momento recebemos dele o dom da sua participação. Um homem é filho porque recebeu a vida do pai no início de sua existência. Em seguida, porém, exerce a própria vida independente dele. Nós, filhos de Deus, permanecemos completamente dependentes do Pai, tanto durante toda a nossa vida espiritual como no seu primeiro início. Essa dependência, que, se existisse entre dois seres humanos, seria uma imperfeição e um impedimento de desenvolvimento, é, ao invés, condição da nossa perfeita vida sobrenatural: exatamente porque é essencialmente uma participação divina, é impossível que se desenvolva de modo independente. Ao contrário, no aumento da participação como tal, e pois da dependência, é que chegamos sobrenaturalmente à maturidade: quanto mais somos admitidos na vida trinitária, tanto mais participamos das relações íntimas que nela acontecem. Como o Filho divino é Filho em tudo quanto é, enquanto tudo recebe eternamente do Pai, assim também nós, em tudo quanto somos na ordem sobrenatural, recebemos tudo de Deus e, na medida em que recebemos, podemos dizer-nos seus filhos. O Filho recebe sem depender; nós, criaturas, encontramos nessa dependência a nossa perfeição.

De quanto se disse aparece qual seja a relação entre a nossa filiação e a graça santificante: do fato mesmo que o Pai nos transforma na imagem do seu Filho por meio da → GRAÇA somos também os seus filhos. Alguns teólogos pensaram, erroneamente, segundo o nosso parecer, que a adoção depende de uma especial complacência que poderia ser negada mesmo àqueles que já receberam a graça santificante. Nós julgamos absolutamente impossível uma semelhante separação: comunicando a alguém a sua própria natureza, o Pai não pode não considerá-lo como seu filho. Antes, essa filiação é precisamente o fim que o amor paterno se propõe quando nos introduz na sua vida.

Pode-se enfim perguntar se a nossa filiação não seria tão perfeita a ponto de tornar-nos capazes de participar, com o Filho, da inspiração ativa do Espírito Santo, como parece afirmar São João da Cruz (*Cântico* 39,3-4). De fato, alguns teólogos eminentes defenderam essa tese (E. Mersch, F. M. Catherinet). A interpretação de São → JOÃO DA CRUZ permanece difícil; não parece porém ter valor de experiência direta, mas apenas de uma interpretação teológica. Nós não dividimos a opinião dos teólogos acima referidos porque isto nos parece contrário à doutrina do Novo Testamento, segundo o qual todo o bem desce do Pai pelo Filho no Espírito Santo. O movimento ascendente segue em sentido oposto: é o Espírito Santo que nos faz semelhantes ao Filho e nos leva ao Pai. Portanto, recebemos a filiação para ir ao Pai: participamos do movimento ascendente e não daquele descendente para o Espírito Santo. Deste último movimento somos o termo no qual conflui todo o amor que foi comunicado ao Espírito, amor que sob o seu impulso levamos ao Pai, junto com o Filho. Aqui está toda a sublimidade da nossa adoção.

BIBLIOGRAFIA. BAUMGARTNER, CH. Grâce. I. – Sens du mot; II. – Mystère de la filiation divine. In: *Dictionnaire de Spiritualité* VI, 701-726; BLINZLER, J. Figliolanza. *Dizionario di Teologia Biblica*. Brescia, 1965, 538-551; BOURASSA, F. Adoptive Sonships. Our Union with the divine Persons. *Theological Studies* 13 (1952) 309-335; BRITTEMIEUX, J. Utram unio cum Spiritu Sancto sit causa formalis filiationis adoptivae justi. *Ephemerides Theologicae Lovanienses* 10 (1933) 427-440; BYRNE, B. *Sons of God – Seeds of Abraham*. Roma, 1978, 9-78; DE LA CALLE, F. La "huiothesian" de Rom 8,23. *Estudios Bíblicos* 30 (1971) 77-98; DIEZ, M. A. "Reentrega" de amor así en la tierra como en el cielo. Influjo de un opúsculo pseudotomista en san Juan de la Cruz. *Ephemerides Carmeliticae* 13 (1962) 299-352; DOCKX, S. Fils de Dieu par grâce. Paris, 1948; DUPREZ, A. Le rôle de l'Esprit Saint dans la filiation. *Recherches de Science Religieuse* 52 (1964) 421-431; FEDELE DEL BUON PASTORE. Noi piccoli figli di Dio. Rivista di Vita Spirituale 16 (1962) 41-64; GARCIA SUAREZ, A. La primera persona trinitaria y La filiación adoptiva. In: *XVIIIª Semana española de teologia*. Madrid, 1961, 69-114; GELIN, A. *Les pauvres de Yahvé*. Paris, 1956; GENNARI, G. Figli di Dio. In: *Nuovo Dizionario di Spiritualità*. Roma, 1978, 655-674 (com bibliografia); GRELOT, P. Figlio. In: *Dizionario di Teologia Biblica*. Torino, 1965, 350-354; JESÚS MARÍA, JUAN DE. "Le amará tanto como es amada". Estudio positivo sobre "la igualdad de amor" del alma con Dios, en las obras de san Juan de la Cruz. *Ephemerides Carmeliticae* 6 (1955) 3-103; LEBLOND, G. Fils de lumière. Abbaye de la Pierre-Qui-Vire, 1962; LUIS VIZCAINO, P. DE "Videte iura adoptionis" (*Sermo* 51, 16, 26). Notas sobre la adopción en san Agustín. *Estudios Trinitarios* 17 (1982) 349-388; LYONS, H. P. C. The Grace of Sonships. *Ephemerides Theologicae Lovanienses* 27 (1951) 438-466; MARCHEL, W. *Abbà, Père. La prière du Christ et des chrétiens*. Roma, 1963; MERSCH, E. Filii in Filio: Théologie. *Nouvelle Revue Théologique* 65 (1938) 681-702; MÜHLEN, H. *Uma mystica persona*. Roma, 1968; OGER, H. M. Théologie de l'adoption. *Nouvelle Revue Théologique* 84 (1962) 495-516; ORTIGOSA, J. J. Dios como Padre en el A. Testamento. *Revue Biblique* 30 (1968) 83-91; POELMAN, R. La prière de Jésus. Lumen Vitae 18 (1963) 625-656; ROYO MARIN, A. *Somos hijos de Dios*. Madrid, 1977; RUIZ AYÚCAR, M. *Dios es Padre*. Madrid, 1968; SCHONBERG, M. W. *The Notion of Huiothesia in the Pauline Writings*. Roma 1958; Huiothesia: the Adoptive Sonship of the Israelites. *The American Ecclesiastical Review* 143 (1960) 261-273; TERNANT, P. Padri, Padre. In: *Dizionario di Teologia Biblica*. Torino, 1965, 728-738; VAN IMSCHOOT, P. Figlio di Dio. Figliolanza divina. In: *Dizionario Biblico*. Torino, 1960, 367-369; VELLANICKAAL; M. *The Divine Sonship of Christians in the Johannine Writings*. Roma, 1977.

A. DE SUTTER – M. CAPRIOLI

ADOLESCÊNCIA/ADOLESCENTE. 1. O CONDICIONAMENTO PSICOFÍSICO NA VIDA ESPIRITUAL. Pode a idade possuir qualquer significado para a experiência espiritual? A salvação eterna não é condicionada a uma determinada idade. Ela é dom que o Espírito de Deus sabe comunicar a qualquer ser, mesmo só concebido, fazendo-o participar do mistério pascal de Cristo (*GS* 22). À criança do ambiente cristão o dom da graça salvífica é oferecido normalmente mediante o → BATISMO. A educação espiritual, ao invés, se desenrola sobre o princípio de que o Espírito de Cristo costuma comunicar-se no respeito da evolução pessoal; costuma oferecer-se sintetizado no momento pessoal, de modo que apareça harmonizado sobre o progressivo desembocar biopsíquico pessoal. Quem quer inculcar conceitos e ações em tempo precoce é comparável, no dizer de Liev Tolstói, a uma "tosca mão humana que, desejando ajudar uma flor a desabrochar, começa a estender as pétalas fazendo-as murchar todas". Em particular, certa idade é exigida, mesmo se não de modo idêntico e fixo para todos, para obter-se uma consciente vivência espiritual.

Possui cada uma das etapas de evolução pessoal um significado espiritual próprio? A vida biopsíquica humana é feita de períodos, uns de evolução lenta, outros de rápidas transformações psicológicas denominadas "crises": um equilíbrio se desfaz, um estado pessoal morre, mas ao mesmo tempo uma nova estruturação se opera; inaugura uma nova etapa do ser pessoal. O passado não é rejeitado: é somente ultrapassado e ulteriormente integrado.

Ora, o → ESPÍRITO SANTO introduz o ânimo humano na participação ao mistério pascal de Cristo em trechos sucessivos, tendo presente também o estágio biopsíquico alcançado. Por essa convicção a tradição cristã inicia o cristão nos sacramentos da crisma e da → EUCARISTIA só em uma determinada idade da adolescência, isto é, quando presume que saiba ser não menos autodidata que teodidata (S. → KIERKEGAARD); que possa propor-se compromissos no perene dar-se nascimentos espirituais.

A educação cristã se dirige ao adolescente quando ele está já favorecido pela multiforme graça sacramental. Por tal motivo não costuma impor-se a ele, como se fosse intimamente desviado. Prefere estimular os seus possíveis fermentos criativos interiores. O estado de adolescente tem uma inata e específica mensagem espiritual a comunicar. Tal é importante não só porque pode comprometer a vida cristã sucessiva, mas porque tem em si mesmo um valor singular que não se poderá mais testemunhar em seguida.

No adolescente a graça sacramental não se exprime necessariamente numa consciente experiência espiritual. De fato, a graça sobrenatural oferece a possibilidade e se traduz em vivido consciente somente se atuada por uma práxis sucessiva. Pode acontecer, concretamente, que ocorra uma disparidade entre o desenvolvimento pessoal humano e a vida interior criativa. Um adolescente pode estar já na clareza espiritual contemplativa, como um adulto humanamente maduro pode permanecer enredado entre as dificultosas reflexões sobrenaturais de uma incipiente espiritualidade. Não há correspondência mecânica entre maturidade humana e maturidade sobrenatural, nem independência, mas paralelismo ideal.

2. O INÍCIO DA VIDA ESPIRITUAL SOBRENATURAL. Quando a criança, mesmo não batizada, chega à autoconsciência, deve ordenar sua vida ao fim transcendente, sobre o qual faz base toda a vida espiritual; ou seja, deve escolher, não só por veleidade, mas eficazmente, seu orientar-se a Deus. Assim fazendo, ele inaugura em si mesmo, em forma correspondente, a vida sobrenatural espiritual. É fundamental que uma existência se introduza numa responsável peregrinação para Deus, que para aí se oriente com toda a sua riqueza humana.

Concretamente, como uma criança pode inaugurar a vida espiritual? É necessário que ela exprima um ato formal de caridade? No passado isto era considerado necessário se a criança não fosse batizada. Sem um tal ato de caridade faltava a mesma capacidade de vida sobrenatural. Em virtude de tal ato a criança teria recebido, com a graça, a remissão do pecado original, ou seja, apareceria justificada pelo batismo de desejo implícito no ato caritativo (*STh*. I-II, q. 89, a. 6). Atualmente se considera que nenhum adolescente seja abandonado pelo Espírito de Cristo de modo que permaneça num estado puramente natural. "Devemos acreditar que o Espírito Santo dá a todos a possibilidade de se associarem a este mistério pascal por um modo só de Deus conhecido" (*GS* 22).

Em geral, pode-se pressupor que o hábito de caridade, presente no ânimo, permeia a vontade de cada criança. Mas será que basta a caridade como hábito? Ou então ela deve ser ativamente operante de modo que irrigue de fato, orientando, a atividade volitiva? Costuma-se considerar que o hábito caritativo não possa subsistir sem uma real irradiação na atividade da pessoa. Caso contrário, dever-se-ia considerar que a vida sobrenatural seja um mero exteriorismo superficial da existência humana. Na prática, convida-se a criança a iniciar um exercício de caridade em direção a Deus. Deus não é um objeto que se olha, talvez também na maravilha e na alegria: é uma pessoa que se acolhe e a quem nós nos damos. Falar de Deus sem — ao mesmo tempo — ajudar a criança a orientar-se para ele, num primeiro ato de liberdade, é fazer conhecer mal a Deus. Pelo que introduzir a criança na prática da → CARIDADE permanece uma preocupação educativa fundamental.

3. A IDADE EVOLUTIVA ESPIRITUAL. A vida espiritual é colocada num devir seja para o progredir do elemento humano pessoal seja para o seu correspondente pneumatizar-se em sentido pascal. O ponto de partida é a possessão da virtualidade pessoal natural e sobrenatural: uma natureza humana, regenerada com o → BATISMO ("renascida pela água e pelo Espírito Santo": Jo 3,5).

No início a vitalidade da criança manifesta-se "informada" por pura sensibilidade. Num modo lento e progressivo vai emergindo a esfera afetiva, que vai metodicamente sempre permeando mais a crescente vitalidade inferior, de modo que a domine, dirija e aperfeiçoe. É a idade na qual se adquirem bons e agradáveis hábitos, que servirão também na idade adulta a dominar com facilidade e prontidão o próprio ser. Graças ao desenvolvimento racional, a criança e o adolescente são progressivamente ajudados a transformar a vitalidade sensitiva e afetiva dos primeiros anos numa nova vitalidade de valor racional. Forma-se o homem, a pessoa humana, o ser racional. Não porque no início não fosse pessoa racional, mas porque tal virtualidade ainda não informava em modo atual, consciente e livre as manifestações da vida.

Em modo análogo isso acontece também na vida sobrenatural. A alma batizada possui os princípios ativos da graça, os germes de uma possível vida cristiforme. Mas é virtualidade que não sabe ainda se vitalizar numa atuação consciente. Isto se consegue quando os princípios de vitalidade sobrenatural são ulteriormente desenvolvidos mediante os sacramentos da crisma e da → EUCARISTIA. A responsabilidade pessoal e o recebido Espírito de Cristo devem tornar-se os animadores atuais de cada pensamento, sentimento, vontade, ação material e espiritual, individual e social. Para tal inspiração interior e força compenetrativa, Cristo lentamente torna-se a forma suprema de toda a vida (Cl 3,4). Já no cristão ainda não desenvolvido sobrenaturalmente o Cristo está presente, mas quase "informe", já que não atuam aí as suas virtualidades de perfeição ou porque aí prevalecem outras formas não conformes, ou talvez contrastantes, com o Espírito de Cristo.

Para poder ter uma vida espiritual que se desenvolva em modo correspondente ao abrir-se da personalidade do adolescente (2Cor 4,11) é necessária, além do dom principal do Espírito, a presença de uma obra educativa cristã que se dirija contemporaneamente à mente, ao coração e à atividade do jovem. Graças à dedicação apostólica da comunidade familiar e eclesial, os adolescentes percebem que nos seus sentimentos, juízos e vontades vai florescendo sempre mais um profundo sentido cristão de fé e caridade. "Meus filhos, por quem sofro de novo as dores do parto, até que Cristo seja formado em vós!" (Gl 4,19). Em tal modo, o adolescente cresce "até que alcancemos todos nós a unidade da fé e do pleno conhecimento do Filho de Deus, o estado de Homem Perfeito, a medida da estatura da plena maturidade de Cristo" (Ef 4,13).

Por motivo da graça comunicada pelo Espírito e do exercício pessoal ascético correspondente se verifica que o vivido espiritual vai profundamente modificando-se com o desenvolver da idade. De fato, a criança não se sente capaz de discernir de si mesma o contorno das coisas e a natureza dos seres; tem necessidade de que os educadores façam por ela a escolha da verdade, a quem se submete de bom grado. Esse fundo psíquico induz a criança a acolher alegremente a sua situação de criatura submetida aos mandamentos de Deus e aos ensinamentos religiosos e voltada às ações de culto. Com a puberdade, o adolescente toma consciência do dever de existir por si mesmo. Percebe-se em uma nova exigência: fugir do controle de toda autoridade exterior. O influxo dominante do próprio ambiente, antes buscado como uma exigente necessidade integrativa, aparece-lhe como um obstáculo que ele deve superar para desenvolver as suas forças em modo autônomo. Ele passa assim da heteronomia moral de criança à emancipação espiritual do adolescente. Quanto mais ele percebe que a vida espiritual é imposta por uma autoridade, tanto mais ele a sente como perigosa e ameaçadora à sua livre personalidade. É uma reação providencial. É um sentir a necessidade de viver em sentido espiritual não sob a imposição dos outros, mas num contato sempre mais íntimo com o Espírito. A educação espiritual deve favorecer essa exigência.

As mesmas realidades espirituais podem na prática ser rejeitadas ou desejadas pelo adolescente, segundo as sinta como favoráveis ou sufocantes à sua autonomia espiritual. Os mesmos mandamentos, os mesmos → SACRAMENTOS, o próprio mistério da Igreja podem afastá-lo ou atraí-lo, parecer-lhe insuportáveis ou amáveis, conforme ele os descubra ou não como trilhos para o desenvolvimento da sua personalidade livre.

Não obstante a exigência de independência, que o adolescente reivindica na vida religiosa, na prática ele não sabe viver com total autonomia. No seu íntimo permanece tributário dos outros. Sofre de profunda insegurança, imita os que lhe impressionam pela sua virilidade (verdadeira ou falsa), se introduz em grupos de companheiros ou de amigos dos quais aceita proteção e direção. É necessário mostrar ao adolescente, com amável cortesia, como a sua pretendida independência possa ser sinal evidente de dever abrir-se sempre mais à vida caritativa comunitária, mas com espírito novo. Deve aprender a estar em dependência da autoridade, mas na autonomia espiritual interior.

Desses comportamentos aparentemente contraditórios parece cheia a vida do adolescente. Mesmo quando se degrada em reivindicações agressivas, espera inconscientemente um Redentor que virá a resgatá-lo. Parece revirado em seu pequeno mundo interior e é aberto ao grande dom de si para com o Senhor. O desenvolvimento da sua inteligência o impele a aderir à fé por critérios intrínsecos, enquanto o nascente erotismo parece estimulá-lo para uma sensibilidade profana. Em certos momentos abandona crenças essenciais, por ele julgadas vazias de toda realidade, enquanto depois, com intuição altamente evangélica, não admite que exista uma margem entre ideal e realidade: não pode suportar que as testemunhas de um Deus santo sejam homens medíocres.

É certo que a evolução religiosa na idade evolutiva se mostra diferente conforme se trate de fervorosos, instáveis ou indecisos, acostumados a uma conduta tradicional, indiferentes ou a-religiosos.

4. SANTIDADE NA IDADE EVOLUTIVA. A criança tem a capacidade de chegar a uma verdadeira santidade? Não é questão supérflua, uma vez que, se é capaz de santidade, os educadores espirituais têm o dever de favorecê-la nele. Em relação à criança a solução permanece em grande parte controvertida. Segundo alguns, o exercício heroico da virtude é possível antes dos sete anos; segundo outros, isto não é concebível fora de uma intervenção divina extraordinária, já que sem a posse expedita do uso da razão não se admite um exercício preferivelmente prolongado e árduo da virtude heroica. Os fatos que se alegam em contrário são explicados por estes com a adaptação ao ambiente, com a repetição de palavras ouvidas e com coisas semelhantes. Entretanto, parece que não se deva confundir a controvérsia da possível virtude heroica nas crianças com a questão do início do uso da razão. De fato, antes da idade da razão, as crianças aparecem com frequência sob a ação do → ESPÍRITO SANTO. Estas, mesmo se lhes falta a suficiente liberdade de juízo e possibilidade de apreciar o valor objetivo de cada ação, receberam todavia no → BATISMO o Espírito Santo que lhes dirige na vida divina. Acontece que quando essas crianças alcançam o uso da razão têm necessidade de praticar uma ascese fadigosa e diuturna para conquistar uma vida íntima com Deus, enquanto como crianças tinham já mostrado uma espontânea familiaridade e docilidade aos → DONS DO ESPÍRITO SANTO. A infância é a idade privilegiada para viver a intimidade com o Senhor, especialmente por meio da oração; intimidade que sofrerá crises na idade escolar, quando a criança deverá exprimir a sua espiritualidade em meio à realidade mundana.

De fato, publicam-se numerosas biografias que asseguram que entre os quatro e cinco anos se realizou às vezes uma total consagração de si ao Senhor. Assim, Santa Teresa de Lisieux encontra-se já completamente dócil ao Senhor aos três anos; Ana de Greigné se converte aos quatro anos; aos cinco anos Santa Gertrudes se consagra a Deus; Jesus faz-se conhecer a Santa Catarina aos seis anos. Na mesma idade Pedro Favre percebe os dons da graça e o Senhor se manifesta a ele "como o esposo da sua alma".

De modo concorde, ao invés, deduz-se que a adolescência tenha já alcançado a capacidade de santificar-se e, portanto, o dever de tender a tal. Certamente não é uma capacidade de santificar-se identificável à do adulto. De fato, os hábitos sobrenaturais do adolescente existem numa situação particularmente precária, pois se inserem e se exercem em faculdades naturais que ainda se encontram em fase inicial de evolução. A santidade do adolescente é mais frágil também porque está constantemente impregnada de necessárias conquistas ulteriores. Todo o ulterior estender-se potencial das faculdades em formação exige uma sucessiva permeação de espírito caritativo "na medida da maturidade que Cristo põe em nós", pela qual uma caridade perfeita de adulto é certamente mais profundamente radicada e mais estensivamente rica que a de um adolescente. A santidade do adolescente tem maior preponderância de aspectos espontâneos: muitos comportamentos espirituais que num adulto exprimiriam uma fadigosa ascese diuturna já realizada são, na adolescência, antes a expressão do instintivo entusiasmo do novato.

5. COMPORTAMENTO RELIGIOSO DO ADOLESCENTE.

A formação religiosa na primeira infância é essencialmente uma educação à oração no seu significado amplo. No psiquismo infantil, oração e vida religiosa perfazem uma só coisa. As ideias religiosas da criança são determinadas, de um lado, pela experiência que ela tem em relação aos seus pais e, de outro, pelo intuitivo material religioso que encontra na família. Assim, quando se fala à criança de Deus grande, forte, bom e misericordioso, ela refere tais traços a Deus tirando-os em empréstimo dos pais, nos quais antes os conheceu. Se lhes falta essa experiência, ou se seu pai e sua mãe não correspondem às condições indicadas, o conjunto do crescimento religioso se ressentirá de tal. A formação religiosa não pode subestimar a importância do exemplo vivido junto aos pais, o controle e as correções exercidas pessoalmente por estes, o ambiente familiar espiritualmente cristão. De modo particular, o tempo da primeira comunhão é grandemente indicado para a devoção eucarística e para a fé na presença do Senhor na santa missa.

Sucessivamente, o adolescente deve ser auxiliado a praticar a oração como expressão da amizade com Jesus, a exercitar o dar-se a uma oração que seja na sua maioria teocêntrica. A adoração, o louvor, a ação de graças e a reparação inspirarão a oração igualmente ao pedido. Sobretudo deve aprender que Deus atende à oração, mesmo quando o pedido direto não é satisfeito, sendo a oração destinada a elevar os próprios desejos a ponto de harmonizá-los com a vontade divina. Isto é facilitado quando o adolescente passa a saborear a realidade da presença da Santíssima → TRINDADE na alma.

Nessa idade o recolhimento favorece a → VIDA INTERIOR e a → MEDITAÇÃO, mas pode ao mesmo tempo expor a um narcisismo espiritual, em que se confunde a vida efervescente da própria consciência psicológica com a inspiração divina. Por meio da participação numa vida comunitária espiritual o adolescente saberá passar progressivamente ao estádio oblativo caritativo. O crescimento da personalidade espiritual exige (mesmo da parte psicológica) uma socialização mediante a vida em grupo em dimensões limitadas, que permite descobrir o Espírito Santo, princípio de vida interior, que opera na comunidade dos fiéis.

É necessário utilizar as celebrações litúrgicas para educar o adolescente à → PIEDADE. A → LITURGIA tem a função de consentir ao adolescente a passagem da pessoa de Cristo ao mistério de Cristo, do conhecer ao Senhor em si mesmo a redescobrir seu Espírito operante no próprio ânimo. Esta é uma passagem essencial, na qual o adolescente deve saber chegar a uma fé adulta. A liturgia permite, além da possibilidade de oferecer o culto comunitário a Deus mediante o Cristo integral, sobretudo perceber que é Deus que comunica no Espírito de Cristo o dom da salvação e da santificação.

6. A FÉ NA ADOLESCÊNCIA.

Educar o adolescente na fé significa levá-lo a alimentar os pensamentos em Cristo, a julgar tudo e sempre no espírito do Senhor. Não se trata propriamente do aprendizado mnemônico ou prático de pensamentos e juízos que permanecem como exteriores à personalidade, mas de dar vida a uma voz que ressoa desde o interior, de tomar consciência de um princípio interior que exige tomar forma e transformar-se em vida de fé operante.

Na prática se exige que o adolescente se aproxime habitualmente do Evangelho; deixe-se permear pela palavra do Senhor e creia na força santificante da Escritura. O adolescente deve consentir que a Palavra permeie e transforme todos os seus sentimentos e pensamentos; que gere no ânimo uma visão sistemática e unitária da realidade; que se torne ponto de orientação para a própria cultura e critério universal de avaliação dos valores.

Na criança existe uma unificação espontânea e concreta: entende o cristianismo como um todo atual e real para si mesmo e para todos. Uma ação que pareça discordante com a verdade religiosa (incoerência no agir) é sentida por ele como pecado e gera conflito vivo com a consciência. A concepção integral, própria da criança, vai sucessivamente se dissipando. O adolescente, em geral, vai adquirindo variadas convicções, as quais objetivamente estão em contraposição com as convicções religiosas conquistadas anteriormente. Ele põe umas ao lado de outras, sem pretensão que venham a destruir-se entre si. Cultura religiosa e cultura profana se colocarão assim lado a lado, estranhas entre elas, sem possibilidade de coordenação. Por algum tempo as ideias religiosas serão retidas à força, como um êmbolo, dentro de um contexto moral e em estridente contraste com elas. Depois acabarão por cair, sem deixar traço, como se jamais tivessem estado presentes. A falta de fé adulta (que compenetra toda a mentalidade do adolescente) tem influxo prejudical sobre sua vida cristã: pelo fato de possuir o ânimo fossilizado em noções religiosas pueris, numa mentalidade enfim profanamente desenvolvida e erudita, sente-se espontaneamente levado a abandonar a práxis religiosa, não mais pessoalmente saboreada. O adolescente exige ser iniciado em uma fé concebida como dom do Espírito dentro de um contexto comunitário que respeite sua autonomia pessoal; uma fé que lhe ofereça uma visão unitária de toda a realidade cultural.

A sua fé sofre necessariamente uma profunda evolução. Tal se observa em relação ao próprio conhecimento de Deus. Ele passa de um Deus conhecido por intermédio do ensinamento escolar a um Deus conhecido de modo mais pessoal e por meio da experiência. O adolescente tem uma profunda necessidade de Deus, como luz e como força, exatamente porque está se abrindo à plena racionalidade e experimentando, ainda fraco, as novas forças com as quais amadurece.

A noção de Deus é acolhida de forma diferente no adolescente e na adolescente. O adolescente vê Deus como o grande amigo que o sustentará ao tornar-se homem. Já a adolescente vê mais de bom grado o Deus que se inclina sobre ela, o Deus que se interessa pela sua personalidade. Antes de ser o confidente que a conforta, Deus é para ela o Pai que protege e sustenta. Tudo na sua psicologia se reduz fundamentalmente em uma relação afetiva com um outro. Ser compreendida e amada é o subjacente clima indispensável para saber expandir-se e doar-se. Ela parece mais disposta (ao contrário do rapaz) a compreender que o compromisso cristão é uma resposta ao amor que provém de Deus. O adolescente é tentado a servir-se de Deus como de qualquer um que o ajudará a construir o seu eu, a realizar a imagem ideal que ele se faz da sua própria personalidade. No extremo, Deus se confunde aqui com a própria imagem ideal de si. A sua compreensão de Deus aparece, portanto, dinâmica mas utilitária, enquanto a adolescente é inclinada a procurar em Deus uma presença necessária à sua expansão afetiva: daí uma visão de Deus mais extática que a do adolescente, mas não menos egocêntrica e utilitária. A adolescente, da mesma maneira que o adolescente, projeta no absoluto as suas profundas necessidades subjetivas.

A dúvida religiosa que surge no adolescente não é necessariamente expressão de negativismo voluntário ou de agressividade: é uma crise que habitualmente abre a uma maturidade religiosa superior. Nos adolescentes se podem manifestar crises mais profundas e dolorosas, as quais são com frequência de natureza mais afetivo-emotiva do que reacional. Dado o caráter sobrenatural da fé, compreendida como encontro com Deus, não se tem fé divina sem um dom íntimo de iluminação da inteligência, sem uma revelação sobrenatural, sem uma certa comunicação feita por Deus do conhecimento que ele tem de si mesmo. Isso supõe que o testemunho exterior da verdade, feito pela Igreja por intermédio do catequista, deve se acompanhar do testemunho interior de Deus no espírito do adolescente, colocado à escuta da verdade. É necessário que a fé seja apresentada ao adolescente como uma relação pessoal com Deus; como a revelação que Deus faz de si mesmo no Cristo; como o encontro amável e confiante com o Senhor, o vivente de hoje e o amor do Pai; como o comprometer-se numa vida cristã e eclesial mediante o socorro dos → SACRAMENTOS, que inserem vitalmente no Corpo místico (→ IGREJA, COMUNHÃO DOS SANTOS).

7. A CARIDADE NOS ADOLESCENTES. A pessoa se abre gradativamente à capacidade afetiva. A atitude inicial da criança é egocêntrica: ama aos outros não por si mesmos, mas pelos sentimentos que estes provocam nela; não vive a não ser para si mesma. Sucessivamente imagina um ideal em volta ao qual orientar sonhos e desejos: não ama o ideal fantasiado, mas as satisfações afetivas que ocorrem. O adolescente tem mais desejo de amor do que de amar uma pessoa. Lentamente descobre que pode interessar-se pelos outros por eles mesmos: sente-se feliz se consegue ser ocasião de felicidade para um outro. A maturidade afetiva

predispõe, portanto, a amar em modo oblativo, ou seja, exprime a possibilidade do dom de si, dom total e definitivo, e induz a dar-se ao outro, compreendido na sua personalidade física, moral e sobrenatural.

Quem olha com espírito de fé os desígnios de Deus descobre pouco a pouco este apelo misterioso à realização da própria capacidade de amar, que é toda a vocação humana. Aparece verdadeiramente maravilhoso o fato de que a capacidade de amar esteja num contínuo formar-se. Quando alguém crê ter chegado, vê que deve recomeçar. Caso se acredite estabelecido numa ordem definiva, vê que tudo é recolocado em questão. Deus procede por fases sucessivas. É um desígnio providencial, que prevê uma série de rupturas aparentes; mas, para quem sabe ver o desígnio divino subjacente, vai tecendo uma continuidade maravilhosa. A ação divina do Espírito na alma é renovação na vida que persevera. Ele inventa incessantemente o novo ao perseguir o mesmo objetivo. É necessário deixar incessantemente aquilo que se tem, destacar-se das riquezas adquiridas, das ordens estabelecidas, dos hábitos conquistados para deixar nascer ulteriormente o ser espiritual que exige viver. É necessário admitir essa perpétua busca, na falta da qual se está em desacordo com a vida.

Essa perpétua evolução providencial não se manifesta sobretudo no amor caritativo. Pelo pecado original tem-se no coração humano, como ponto de partida, o "velho homem", segundo a expressão paulina. Seu movente é a → CONCUPISCÊNCIA, a qual se difunde na própria afetividade religiosa e faz que o cristão se perscrute até nas suas relações com Deus. Em tudo oposta a esta é a espiritualidade do "homem novo" que o Espírito oferece a eles. A caridade para Cristo é um potente fermento. De etapa em etapa conduz à santidade, caso encontre correspondência no ânimo. Inicialmente a caridade vai sugerindo ao adolescente que não infrinja a lei de Cristo; sucessivamente induz a não amar nada mais do que Cristo. "Aquele que ama pai ou mãe mais do que a mim não é digno de mim" (Mt 10,37). Enfim, esta convence a deixar-se conduzir em tudo pelo amor de Cristo, tornado o amigo predileto.

De início um batizado se move em Deus, assim como um filho adotivo que ainda não adquiriu todos os hábitos da sua nova família; não possui a não ser imperfeitamente esta vida essencialmente deiforme e não sabe ainda como conduzir-se para viver à maneira de Deus. É necessário que as Pessoas divinas lhe ensinem a viver no seio da família trinitária como Deus mesmo, e mais especialmente "do modo do Verbo", porque a conformidade com o Filho assinala o cume supremo da nossa predestinação em Cristo. A passagem deste nível humano das virtudes cristãs ao nível divino constitui propriamente o objeto da atividade dos → DONS DO ESPÍRITO SANTO. Na medida em que o batizado procede na vida divina e se desenvolve nele a graça do seu batismo, deve fazer-se sempre mais consciente do mistério da sua filiação divina, que o torna estranho a tudo aquilo que não é Deus.

Para amadurecer e se desenvolver, essa caridade tem necessidade de traduzir-se num compromisso apostólico. De início (doze-quinze anos) o comportamento apostólico é dominado pelo sentido de adesão e de sujeição ao apóstolo adulto; sucessivamente é caracterizado pela generosidade natural e pelo desejo de vivê-lo no grupo dos amigos, sustentado pela imaginação de heroísmo e de grandeza. A perfeição da caridade é vivida pelo adolescente não como realização fiel de pequenos deveres cotidianos, mas como uma sucessão de feitos clamorosos. Os grupos missionários têm aí forte sucesso, já que nutrem os fervores da fantasia. Esta caridade apostólica, no seu aspecto sobrenatural, encontra a sua fonte e sustentamento junto ao adolescente na recepção do sacramento da confirmação.

BIBLIOGRAFIA. ANGIONI, A. *La direzione spirituale nell'età evolutiva. Per gli educatori e pastori d'anime.* Bologna, 1958; BARBEY, L. *L'orientation religieuse des adolescents.* Paris, 1962; BOVET, P. *Le sentiment religieux et la psychologie de l'enfant.* Neuchâtel, 1951; BURGARDSMEIER, A. *L'educazione religiosa alla luce della psicologia.* Roma, 1956; CASTILLO, G. *L'adolescente e i suoi problemi.* Firenze, 1981; COLEMAN, J. C. *La natura dell'adolescenza.* Bologna 1983; *Come suscitare e sviluppare il senso di Dio.* Brescia, 1960; CRUCHON, G. *Psychologia paedagogica pueri et adolescentis.* Romae, 1961; DELGADO, H. *La formación espiritual del individuo.* Barcelona, 1958; DI MARIA, L. *L'educazione religiosa del bambino.* Brescia, 1953; *Enciclopedia dell'adolescente.* Brescia, 1968; GARELLI, F. *La generazione della vita quotidiana.* Bologna, 1984; GARRIGOU-LAGRANGE, R. *Le virtú eroiche nei bambini.* Firenze, 1936; GATHELIER, G. *L'éducation religieuse des adolescents.* Lyon, 1957; GESEL, A. – ILG, F. L. – AMES, L. B. *Adolescenza.* Firenze, 1969; GRASSO, P. G. *Psicologia religiosa.* In: *Educatore.* Roma, 1960, 123-183, vl. II; GUERRINI, A. *L'adolescente.* Savona, 1980; GUITTARD, L.

L'evoluzione religiosa degli adolescenti. Roma, 1961; *Iniziazione sacramentale*, Brescia, 1963; Josselyn, J. M. *L'adolescente.* Roma, 1983; Kriekemans, A. *Princípi di educazione religiosa, morale e sociale.* Milano, 1955; *L'adolescente davanti a Dio.* Roma, 1966; Lai, G. *Gruppi d'apprendimento.* Torino, 1976; Meucci, G. P. *Ragazzi non cresciuti.* Brescia, 1980; Pastorale de l'adolescente. *Congrès national Angers (1958).* Paris, 1958; *Per un'educazione cristiana dei preadolescenti.* Torino, 1972; Piaget, J. *Le jugement moral chez l'enfant.* Paris, 1932; Ranwez, P. *Aspects contemporains de la pastorale de l'enfance.* Paris, 1951; Sdino, C. *L'adolescente come relazione.* Roma, 1984; *Vita sessuale nell'adolescenza.* Roma, 1973.

T. Goffi

ADORAÇÃO. 1. NOÇÕES GERAIS. A adoração, do grego προσκυνεῖν, προσκύνησις, parece indicar originalmente o avizinhar-se e o prostrar-se diante de uma pessoa, levando a mão sobre os lábios e voltando-a em seguida para, em sinal de reverência e homenagem, beijar os pés ou a orla de sua veste. Pode também indicar simplesmente obséquio polido ou manifestação de deferência, mas quase sempre adquire um sentido profundo de honra e de submissão: é por isso sobretudo prestada à divindade e, secundariamente, a pessoas e coisas consideradas em relação com elas, como reis, sacerdotes, profetas, objetos sagrados. Os monumentos da Antiguidade e da Idade Média chegados até nós nos permitem distinguir os vários gestos que acompanham a adoração: ajoelhar-se parcial ou totalmente, prostração completa sobre a terra com beijo do chão, inclinação do corpo em sinal de reverência. Podia-se também adorar simplesmente pondo-se de pé na atitude de um servo à espera da ordem, com os braços pendentes ou cruzados sobre o peito, ou ainda com os dois braços levantados e postos adiante. O ato da adoração, praticado até então também como obséquio polido no mundo oriental, existe como ato sagrado em todas as religiões porque é provocado por um sentimento íntimo de temor e de respeito para com a divindade. A adoração se exterioriza ou com atos de culto individual, dependentes da livre manifestação de cada um, ou com atos, também estes variadamente regulados, de todo o grupo (danças orgíacas, orações, cantos modulados etc.). No cristianismo a adoração possui um sentido puramente religioso, referido com culto direto a Deus e a Cristo nos seus vários mistérios, com culto relativo a objetos (cruzes, imagens) que a eles se referem.

2. ELEMENTOS BÍBLICOS. No Antigo Testamento não falta a acepção meramente civil da adoração, concebida sempre como prostração do corpo e sinal de reverência. Esta é tributada a soberanos, como Davi (2Sm 9,6-8; 14,22-23), ou a homens que são objetos de um reconhecimento especial: os três visitantes desconhecidos acolhidos por Abraão (Gn 18,2); o sogro Jetro, acolhido por Moisés (Ex 18,7); Jônatas, três vezes reverenciado por Davi (1Sm 20,41); Esaú, sete vezes reverenciado pelo irmão Jacó (Gn 33,3), etc.

Todavia, tal acepção pode ser considerada irrelevante em relação à religiosa, da qual podemos assinalar alguns aspectos. Ela constitui ato religioso necessário, reservado exclusivamente a Deus (cf. Gn 22,5; Ex 4,31; Dt 26,10; Sl 5,8 etc.). A fidelidade exclusiva caracteriza o verdadeiro israelita que refuta um tal culto a qualquer criatura ou autoridade (cf. Dn 3,18; Esd 3,2) e considera este dever como lei fundamental da sua vida religiosa (Ex 20,5; Dt 4,19); como, ao contrário, a adoração prestada aos ídolos, aos astros ou a outras criaturas é reprovada como abominação, fonte dos castigos de YHWH (Ex 20,5; Dt 4,19; 1Rs 22,54; 2Rs 5,18; Is 2,8.20; 44,20), infração fundamental contra a → ALIANÇA e, portanto, motivo principal do repúdio de Israel por parte de Deus. Especialmente nos → SALMOS são destacados os valores da adoração como vértice da expressão religiosa. Fonte de tal ímpeto é a alta ideia que esses cantos nos dão de Deus, da sua transcendência, santidade, potência criadora, sabedoria, bondade, misericórdia, da maravilhosa presença e ação divina no mundo e na história. Por esses motivos são exaltados os nobres aspectos da adoração: a espontaneidade, a intensidade interna e externa do sentimento e da homenagem, a correspondência na vida vivida em total dependência do querer e da lei de Deus. Tudo isso adquire maior relevo da beleza e esplendor das descrições teofânicas e da amplitude na qual o adorador abraça e leva no seu movimento todas as criaturas: → ANJOS, homens, coisas. "Grande Deus é o Senhor", canta o salmista, "ele tem nas mãos as profundezas da terra, e dele são os cumes das montanhas; é dele o mar, pois foi ele quem o fez, e a terra firme, que plasmaram suas mãos"; por isso "entrai, prostrai-vos e inclinai-vos, de joelhos, diante do Senhor que nos fez" (Sl 95,3-6). Em face da majestade de Deus que vem, e que se revela nos grandes fenômenos da natureza, na nuvem do Templo, nas obras da história da → SALVAÇÃO, céus, terra, mar, campos, selvas, sobretudo os homens que povoam o mundo são absorvidos no vórtice de glorificação que se alça, por exemplo, dos Salmos 93–99.

No Novo Testamento, o verbo "adorar" (προσκυνεῖν) não se destaca da concepção veterotestamentária nem quanto ao conteúdo. Só Deus deve ser adorado (Mt 4,10; Lc 4,8; cf. 1Cor 14,24; Hb 11,21; Ap 4,10 etc.). É pretendida injustamente pelos ídolos, pelos demônios, por satanás (Mt 4,9; Lc 4,7; Ap 13,4.8.12.15); Pedro recusa-a diante do centurião Cornélio (At 10,26), bem como o anjo do Apocalipse diante de João (Ap 19,10; 22,9). Ademais, a adoração cabe somente ao Deus pessoal e presente, portanto o "adorar" é frequentemente ligado ao "cair por terra" (Mt 2,11; 4,9; At 10,25; 1Cor 14,25; Ap 4,10; 5,14). Mas o Novo Testamento se separa da concepção do Antigo pelo fato de que reconhece a adoração, em sentido latrêutico, mesmo a Cristo exaltado à direita de Deus. Certamente, nem sempre no Evangelho a adoração adquire um claro conteúdo sobrenatural teológico, embora se faça sempre presente a expressão religiosa. O leproso prostra-se para externar sua veneração a Jesus taumaturgo (Mt 8,2); Jairo para implorar a cura da filha moribunda (Mt 9,18); os apóstolos, na barca, prostram-se aterrorizados pela tempestade acalmada (Mt 14,13); a mãe de Tiago e João, para alcançar um especial reconhecimento para os dois filhos na glória de um reino terreno (Mt 20,20). Mas a atitude do cego de nascença (Jo 9,38) já adquire outro relevo pela profissão de fé que a acompanha. Ainda mais a adoração das mulheres piedosas diante de Jesus ressuscitado (Mt 28,9), a dos apóstolos na Galileia (Mt 28,17) e depois da ascensão (Lc 24,52). Adoração plena, como ao Pai, é reconhecida e tributada a Jesus nos Atos e nas cartas de São Paulo (por exemplo, Fl 2,5-11, em que se diz que toda criatura deve dobrar o joelho reconhecendo que Jesus é o Senhor).

Outro aspecto da novidade do Novo Testamento é a "espiritualidade" da adoração que deve caracterizar o culto da hora escatológica já desfechado com a vinda de Jesus, com a plena revelação da verdade trazida com a sua palavra e presença, com a economia do Espírito. Estes elementos estão contidos no diálogo de Jesus com a samaritana (Jo 4,21-24): "Chegou o momento em que nem sobre este monte nem em Jerusalém adorareis o Pai". Jesus não deseja desencarnar a adoração tirando-lhe todo contato com o rito, com o lugar, com o gesto sensível: ele quer afirmar o valor secundário e contingente desses elementos, em relação ao valor constitutivo e primário que está na adoração "em espírito e verdade". Jesus, pois, desvela a íntima natureza e a verdadeira dimensão da adoração — e de todo o culto — a partir da plena revelação, por ele iniciada, do Pai que é espírito. A adoração digna da nova economia, no seu termo, nas disposições e no conteúdo não pode ser enunciada a não ser pela afirmação de Jesus: "Mas é chegado o momento, e é este, no qual os verdadeiros adoradores adorarão o Pai em espírito e verdade; porque o Pai procura tais adoradores. Deus é espírito, e aqueles que o adoram devem adorá-lo em espírito e verdade" (Jo 4,23 s.).

No Apocalipse a adoração com a característica neotestamentária cristológica (o Cordeiro) retoma o esplendor dos salmos e dos profetas, mas na amplitude própria da condição escatológica; o vocábulo προσκυνεῖν aparece frequentemente na descrição da liturgia celeste, sempre unido expressamente ao gesto de prostrar-se diante de Deus e do Cordeiro, unido ao hino de louvor e também à oferta das coroas dos santos, em sinal da máxima veneração. Que baste o texto: "Depois disso eis que vi uma grande multidão, que ninguém podia contar, de todas as nações, tribos, povos e línguas. Estavam de pé diante do trono e diante do Cordeiro, trajados com vestes brancas e com palmas na mão. Em alta voz proclamavam: 'A salvação pertence ao nosso Deus, que está sentado no trono, e ao Cordeiro!'. E todos os Anjos que estavam ao redor do trono, dos Anciãos e dos quatro Seres vivos se prostraram diante do trono para adorar a Deus. E diziam: 'Amém! O louvor, a glória, a sabedoria, a ação de graças, a honra, o poder e a força pertencem ao nosso Deus pelos séculos dos séculos. Amém!'" (Ap 7,9-12). Note-se que essa adoração se presta a Deus, "o Vivente", o eterno, e ao Cordeiro imolado e glorioso, e provém dos anjos, dos homens, de toda a criação (cf. Ap 5,13-14), e que a sua celebração caracteriza a atividade religiosa incessante da cidade celeste, resplandecente pela glória divina (cf. Ap 22,1-5), e que por meio desta se exprime a celebração de toda a admirável obra da salvação até seu cumprimento definitivo. Essas circunstâncias revelam a riqueza de conteúdo cultual e salvífico que a adoração conquistou com João (cf. Ap 4,8-11; 5,8-14; 7,9-12; 11,15-

17; 19,1-4), por intermédio do qual podemos facilmente encontrar o testemunho da Igreja terrestre adorante.

3. ASPECTOS TEOLÓGICO-ESPIRITUAIS. Da adoração ocupam-se sob diversos aspectos o conhecimento dogmático (natureza, termo, conteúdo, motivação etc.), o conhecimento moral (dever, atos, função na estrutura religiosa do homem etc.), a liturgia (gestos, circunstâncias de pessoas, de lugar etc.); a → TEOLOGIA ESPIRITUAL considera nela sobretudo a excelência e os desenvolvimentos no conjunto dos movimentos da alma em direção à → UNIÃO COM DEUS e no aprofundamento da sua vida religiosa.

A excelência da adoração pode ser considerada no quadro da virtude de religião da qual constitui um ato particular, examinado por Santo Tomás depois da devoção e da oração (*STh*. II-II, q. 84), enquanto a considera relacionada a um ato externo e sensível, sobretudo a prostração, segundo a acepção tradicional. Todavia a adoração não deve ser avaliada pelo elemento externo, mas essencialmente como culto latrêutico reservado a Deus. Mesmo que por força da etimologia, e por causa da controvérsia entre Oriente e Ocidente, que deu ocasião a várias acepções na Bíblia, tenha assumido significados diversos, hoje, na prática, a adoração deve se identificar com o aspecto latrêutico do culto e da religião. Daqui deriva sua excelência "religiosa", porque entre os vários fins e valores da virtude de religião (impetração, agradecimento, expiação) a adoração sobressai precisamente porque exprime de modo mais eminente e fundamental o motivo formal do culto a Deus, isto é, o reconhecimento da transcendência e da infinita santidade de Deus, exclusiva dele enquanto "é o primeiro princípio da criação e do governo das coisas" (*STh*. II-II, q. 81, a. 1), e "enquanto transcende infinitamente qualquer outro ser, segundo toda possibilidade possível" (*Ibid.*, a. 4). Mas para avaliar melhor o valor da adoração na vida espiritual é necessário aplicar por analogia aquilo que se afirma mais universalmente da virtude de religião, isto é, que no conceito cristão esta deve ser enquadrada e invadida pelo caráter essencialmente teologal constitutivo do cristianismo. Tal consideração é levada até as fontes do conhecimento da grandeza de Deus e do seu mistério pela revelação natural e pela fé, e se difunde necessariamente em todas as dimensões e direções dos nossos relacionamentos com Deus, os quais se centralizam sobre a presença trinitária na alma, sobre nossa íntima união e assimilação com Cristo, sobre a elevação e transformação operada pela graça santificante deiforme e realizada pela caridade como vida de sobrenatural amizade entre a alma e Deus. Tal situação, radicalmente nova e diversa, é rica em consequências, especialmente para a vida espiritual. Os conceitos de "dever" e de "débito", exigidos pela justiça, não são eliminados nem empobrecidos, pelo contrário, enriquecem-se no seu valor causal e de dom, uma vez que a ação divina cria no homem um "ser" sobrenatural deífico (cf. *STh*. I-II, q. 110, a. 3) e no campo do fim Deus-Trindade torna-se a imediata beatitude da alma para a visão e o amor beatífico.

De igual modo, o mesmo elemento sensível, corpóreo, externo da adoração é, ao mesmo tempo, elevado a uma significação e mediação mais nobre, especialmente se se considera sua realização comunitária e eclesial; e, todavia, em sentido absoluto, ele vem a ocupar um relevo proporcionalmente secundário e acessório, precisamente para a afirmação do preponderante valor teologal do mistério e das realidades divinas. Em particular, engrandecem-se as dimensões interiores da adoração com a consciência de contatos íntimos, vitais, interpessoais com Deus: a adoração torna-se realmente, e sempre mais, uma adoração em espírito e verdade, segundo a plena significação dos termos. A presença vivificante da caridade, que é amor de recíproca doação, na devoção, que é prontidão para dedicar-se ao serviço e ao culto de Deus (cf. *STh*. II-II, q. 82, a. 2, ad 2; a. 3, ad 1 et 2), faz-se sentir necessariamente mesmo na adoração, de modo que, na medida em que esta se interioriza, vai-se iluminando e revestindo do mistério da caridade infinita de Deus, na qual percebe e experimenta não só a doação de Deus, mas também o manar da sua existência, das suas ações, de toda a história da → SALVAÇÃO, antes, da inteira criação. Também a adoração é então toda permeada de amor e se pode justamente chamar de o êxtase do amor. Segundo São → JOÃO DA CRUZ (cf. *Chama*, 2, 36), a alma já purificada das noites místicas, "interna e externamente é como estivesse sempre em festa, e emite dos seus lábios uma ressonante voz de júbilo divino, como um cântico sempre novo, permeado de alegria e de amor". E porque a vida teologal, intensificando-se e interiorizando-se, torna-se mais simples, contínua e atual, a alma vai transformando oração e ação em ação pura e incessante.

Enfim, entre os aspectos da excelência e do desenvolvimento da adoração, necessário é não esquecer o profundo conteúdo cristológico: não só enquanto a nossa adoração é exercida sob a ação e em harmonia com a do Salvador, adorante em nós, mas também porque esta tende com particular força e delicadeza à glorificação do Verbo encarnado. Esse aspecto foi colocado em primeiro plano, com igual piedade e profundidade teológica, pela escola francesa, tendo à frente → BÉRULLE, juntamente à complexa temática do Cristo sacerdote. A adoração tem atribuído sempre especial importância ao mistério do Cristo: → ENCARNAÇÃO, paixão, e morte redentora, glorificação, Sagrado Coração e, sobretudo, a → EUCARISTIA que conheceu nestes últimos séculos um esplendor incomparável. No reflorir da santa liturgia, hoje mais que nunca em ato pelo impulso do Concílio Vaticano II, o mistério eucarístico vai assumindo uma importância crescente como vértice do culto, como fonte da santidade e primeira escola da espiritualidade cristã, antes como fim de toda a atividade da Igreja (cf. SC 10). Sobre os fundamentos e excelência da adoração eucarística vimos nestes últimos anos alguns importantes documentos do magistério. Recordemos de Pio XII a encíclica *Mediator Dei*, de 1947 (*AAS* 39 [1947] 566-577); a alocução ao Congresso de liturgia pastoral de Assis, 23 de setembro de 1956 (*AAS* 48 [1956] 718-723); o discurso aos sacerdotes adoradores noturnos, 31 de maio de 1953 (*AAS* 45 [1953] 416-418).

De Paulo VI devemos recordar especialmente a encíclica *Mysterium fidei*, 3 de setembro de 1965 (*AAS* 57 [1965] 769-774). Outro importante documento é a *Instructio de cultu mysterii eucharistici* emanada da Congregação dos Ritos em 25 de maio de 1967 (*AAS* 59 [1967] 566-573, nn. 49-67). No quadro da oração litúrgica o assunto é tratado na *Institutio generalis de liturgia horarum* da Congregação para o Culto Divino, 11 de abril de 1971, especialmente às notas 1-18. Deve-se recordar a instrução *Inmensae caritatis*, de 29 de janeiro de 1973 (*AAS* 65 [19-73] 264-271). No amplo quadro do culto eucarístico fala-nos longamente João Paulo II na carta apostólica *Dominicae coenae*, de 24 de fevereiro de 1980 (*AAS* 72 [1980] 113-148). Frequentemente ele tem retornado ao assunto nas cartas que desde alguns anos costuma endereçar aos sacerdotes na quinta-feira santa. Recordemos também a instrução *Inaestimabile donum*, da Congregação para os Sacramentos e o Culto Divino, de 3 de abril de 1980 (*AAS* 72 [1980] 331-343). Nas recentes intervenções do magistério, embora seja patente a intenção de rebater algumas opiniões equívocas e alguns comportamentos problemáticos manifestados cá e lá na Igreja, maior relevo dá-se à exposição positiva dos grandes benefícios derivantes do culto eucarístico, mesmo fora da missa. Por meio dele a Igreja exprime a fé, a confiança, o reconhecimento, o desejo de intimidade com o Salvador (*Mediator Dei*, n. 109); entende tornar perene o seu louvor a Cristo e a Deus, em união com os bem-aventurados (n. 111); aguçar na comunidade eclesial o sentido vivo da presença contínua de Cristo e da união da família de Deus (nn. 114-115) e da riqueza salvífica da ação perene de Jesus (*Mysterium fidei*, n. 35); de modo particular sente-se aí a atrativa eficácia de uma oração contemplativa, íntima, que introduz na profundidade do mistério de Cristo fonte de alta experiência e de consolação, mas sobretudo escola de caridade divina e eclesial (*Ibid.*, Pio XII, Allocuzione ai sacerdoti adoratori). "Todos os que dedicam particular devoção ao augusto Sacramento eucarístico e se esforçam por corresponder com prontidão e generosidade ao amor infinito de Cristo por nós, todos esses experimentam e se alegram de compreender quanto é útil e preciosa a vida oculta com Cristo em Deus e quanto importa que o homem se demore a falar com Cristo. Nada há mais suave na terra, nada mais eficaz para nos conduzir pelos caminhos da santidade" (*Mysterium fidei*, n. 69).

BIBLIOGRAFIA. Aquino, Tomás de. *STh.* II-II, q. 84; Suarez, F. *De virtute et statu religionis*, tr. I, livro I, cc. 1-2; Beurlier, E. Adoration. In: *Dictionnaire de Théologie Catholique* I, 271-303; Bremond, H. *Histoire littéraire du sentiment religieux.* T. III. – *L'École française*/T. VIII. – *L'introduction à la philosophie de la prière.* Paris, 1921/1929; Dupuy, M. *Bérulle. Une spiritualité de l'adoration.* Tournai, 1964; Gautier, J. Le parfait adorateur. *La Vie Spirituelle,* 51 (1937) 5-23; Guérard des Lauriers, M.-L. Tu adoreras le Seigneur ton Dieu. *La Vie Spirituelle* 83 (1950) 417-445; Guilloré, F. L'adoration. Progrès de la vie spirituelle. *La Vie Spirituelle* 38 (1934) 76-79.187-191.292-297; 39, 67-71; Hausherr, I. *Adorer le Père en esprit en verité.* Paris, 1967; Auvray, D. P. *L'adoration.* Paris, 1973; Jambois, L. Adoration et prière. *La Vie Spirituelle* 88 (1953) 13; 4-140; Lemonnyer, A. L'adoration. *La Vie Spirituelle* 49 (1936) 480-485; Lottin, O. *L'âme du cult, la vertu de religion d'après saint Thomas d'Aquin.* Louvain, 1920; MARTIMORT, A. G. *La Chiesa in preghiera.* Roma, 1963; PICHERRY, E. L'adoration en esprit et en verité. *La Vie Spirituelle* 9 (1924) 529-542; UMBERG, J. B. De religioso cultu relativo. *Periodica de Re Morali, Canonica, Liturgica* 30 (1941) 161-192; VAN DEN LEEUW, G. *Einfürhung in die phänomenologie der Religion.* Tübingen, 1933.

R. MORETTI

ADVENTO. Entre os tempos litúrgicos do ano, o Advento, com a sua característica de ser momento de preparação para o → NATAL, quase em simetria com a → QUARESMA, preparação para a → PÁSCOA, é um momento forte de vida da comunidade cristã. Destaca-se, nele, ao mesmo tempo, a lembrança dos fatos que precederam a história salvífica, que atinge, com o nascimento de Cristo, a plenitude dos tempos; respira-se na celebração litúrgica do tempo de Advento a espera escatológica da segunda vinda de Cristo.

É um tempo de rica vitalidade litúrgica e de particular empenho espiritual. Tratamos em linhas gerais esse tempo, colocando em destaque a história, a liturgia e a espiritualidade.

1. ORIGEM E DESENVOLVIMENTO. Notícias históricas espalhadas em diversas Igrejas, especialmente do Ocidente, nos permitem perceber o surgimento de um tempo de preparação para o Natal já em torno do século IV, chegando a uma caracterização na Igreja de Roma no século VI, ao menos após → LEÃO MAGNO, que ignora a existência desse tempo.

a) *Na Espanha.* Um cânone do Concílio de Saragoça (380-381) convida os fiéis a frequentar a assembleia durante as três semanas que precedem a festa da → EPIFANIA, a partir, portanto, de 17 de dezembro. Os cristãos são chamados a evitar a dispersão das festas pagãs daqueles dias, a reunir-se em assembleia, a evitar penitências extravagantes (caminhar descalço, fugir para os montes…). Parece que se trata de um período de preparação para o → BATISMO, ministrado, segundo o costume oriental, na festa da Epifania, que também celebrava o Batismo do Senhor. Teria sido, pois, no início, uma preparação batismal para a Epifania, iniciada em 17 de dezembro.

b) *Na França.* Segundo um texto tardio do século XI, atribuído a santo Hilário de Poitiers († 367), propõem-se aos fiéis três semanas de penitência, com práticas ascéticas e penitenciais, como reação às festas pagãs do final do mês de dezembro. No século V encontramos porém uma espécie de "Quaresma", ou tempo de preparação para o Natal de 25 de dezembro, que começa seis semanas antes. Em um sermão de São Máximo de Torino encontramos já refletido esse sentido de preparação para o Natal: "Em preparação para o Natal do Senhor, purifiquemos a nossa consciência de toda mancha; cumulemos os seus tesouros com a abundância de muitos dons".

c) *Em Ravena.* Nessa cidade imperial de belíssimas basílicas, e em sua área cultural, parece que a preparação para o Natal tinha um caráter mais acentuadamente mistérico, com orações que se referem ao nascimento do Senhor e à sua preparação no Antigo Testamento. Nos Sermões de São Pedro Crisólogo e nas orações do *Rotolo di Ravena* — publicado juntamente com o Sacramentário Veronês —, essa preparação para o Natal é mais contemplativa do mistério que ascética, mais teológica que penitencial. Nesses textos, talvez por influxo do Oriente, fala-se mais do mistério do Verbo encarnado, da colaboração de Maria, da espera de Isabel e Zacarias, pelo influxo de uma particular leitura de episódios bíblicos que se referem ao nascimento do Salvador. Alguns textos dessa tradição foram recuperados na atual liturgia no Advento, com orações inspiradas no *Rotolo di Ravena.*

d) *Em Roma.* Um tempo efetivo de Advento só é conhecido no século VI, ou pouco antes, se é válida a hipótese de sua introdução pelo papa Sirício. Das seis semanas iniciais, como ainda existem no ritual ambrosiano, passa-se definitivamente a quatro, com São → GREGÓRIO MAGNO. O caráter escatológico desse tempo parece derivar da influência de São → COLUMBANO e seus monges, e encontra ressonância em um famoso sermão de Gregório Magno sobre Lc 21,25-33, por ocasião de um terremoto. Assim, o tema do Juízo Final marcou definitivamente o sentido do primeiro domingo do Advento, até hoje.

A própria palavra *adventus*, aplicada primitivamente à vinda de um personagem, do imperador, foi assumida pela → LITURGIA como espera pela vinda gloriosa e solene de Cristo, que não pode deixar de ser a sua aparição definitiva no mundo no final dos tempos.

Em todo caso, o paralelismo das duas vindas de Cristo, que assim marca fortemente a liturgia do Advento hoje, é antigo. A 15ª catequese de Cirilo, que a Igreja propõe no ofício de leituras do primeiro domingo do Advento, é um testemunho respeitável.

No sucessivo desenvolvimento do Advento durante a Idade Média foram introduzidos elementos tipicamente ligados ao mistério do Natal, como o canto *Rorate coeli desuper* e as antífonas que começam com a palavra *Ó*, síntese de alguns títulos cristológicos e da oração dos justos do Antigo Testamento. As letras iniciais dessas antífonas, em uma leitura ao contrário, compõem um curioso acróstico que seria este: ERO CRAS (estarei amanhã).

O calendário romano renovado apresenta assim o caráter próprio do Advento: "O tempo do Advento possui uma dupla característica: é tempo de preparação para a solenidade do Natal, no qual se recorda a primeira vinda do Filho de Deus entre os homens e, ao mesmo tempo, é o tempo em que, por meio dessa lembrança, o espírito é guiado à espera da segunda vinda de Cristo".

No plano da orientação e do conteúdo não é mais considerado somente como um tempo de penitência, e sim de alegre espera. O tom um tanto pessimista das orações anteriores foi repolido.

A nova liturgia faz a atenção deslizar rapidamente para o aspecto primordial: o da preparação da vinda do Senhor em carne pela celebração da sua espera messiânica. Isto especialmente na imediata preparação que começa com a data de 17 de dezembro, tempo mariano por excelência da liturgia, preparação imediata para a festa do Natal do Senhor.

Permanece, contudo, certo dualismo que, a nosso ver, não contribui para o enfoque litúrgico e pastoral. O verdadeiro e único sentido do Advento parece ser o da celebração da espera messiânica, e da preparação para reviver no Natal essa presença de Deus no meio de nós.

2. A LITURGIA DO ADVENTO. A teologia e a espiritualidade do Advento são marcadas pelas expressões litúrgicas da Igreja na escolha das leituras e nos conceitos propostos nas orações.

Esse tempo possui dois períodos liturgicamente distintos: o primeiro vai do primeiro domingo do Advento até o dia 17 de dezembro; o segundo estende-se de 17 de dezembro até a vigília do Natal. A variedade desses dois momentos exprime-se claramente pela escolha das leituras.

No primeiro período, no lecionário ferial leem-se passagens do profeta Isaías, grande protagonista do Advento, e são propostos episódios evangélicos que confirmam o cumprimento das Escrituras na vinda messiânica de Jesus, em seus prodígios, na dimensão escatológica e universal do Reino messiânico. A partir da quinta-feira da segunda semana são proclamados os textos evangélicos referentes à pessoa e à pregação de → JOÃO BATISTA, o Precursor, também ele protagonista desse tempo de Advento. Nos três primeiros domingos do Advento, que sempre correspondem a esse período, junto aos textos proféticos situam-se em destaque temas como a última vinda do Senhor (1º domingo), a figura e a pregação de João Batista (2º e 3º domingos).

Nas férias de A, que vão de 17 a 24 de dezembro, são lidos diversos oráculos proféticos referentes ao nascimento do Messias, e trechos evangélicos dos primeiros capítulos de *Mateus* e *Lucas* relativos a fatos que precederam o nascimento de Jesus (genealogias, anúncio a José, anúncio a Zacarias, Anunciação a Maria, a visitação a Isabel, o nascimento de João Batista). Na missa, como canto do Evangelho, e nas vésperas, como antífona do *Magnificat*, têm-se as *antiphonae maiores*, que começam com a admiração Ó e um título messiânico. O quarto domingo do Advento, que historicamente é um domingo mariano pré-natalício e sempre cai nesse período de preparação para o Natal, no anúncio do Evangelho sublinha o anúncio a José (ano A), o anúncio a Maria (ano B) e a visitação a Isabel (ano C).

Os dois prefácios do Advento são notáveis por seu conteúdo eucológico de teologia e espiritualidade: o I fala da dupla vinda; o II da espera messiânica, que tem como protagonista João, o Precursor, e a Virgem Mãe, que esperou o Messias e o trouxe no seio com amor inefável.

Na liturgia das horas (→ OFÍCIO DIVINO) ressoa nas antífonas e nas leituras a grande espera messiânica dos justos no Antigo Testamento, e a invocação cristã dos primeiros discípulos: Vem, Senhor! Venha a nós o teu Reino!

O sentido escatológico do Advento é, assim, endereçado para o nascimento do Salvador; a antiga tradição penitencial desse tempo foi suavemente mudada em espiritualidade contemplativa do mistério da → ENCARNAÇÃO, segundo a orientação da qual é testemunha a liturgia de Ravena, e as orações de seu *Rotolo*, oportunamente introduzidas na atual liturgia do Advento.

Convém também observar, como se verá adiante, que o Advento reconquistou um profundo sentido mariano e tornou-se, assim, um tempo propício para comemorar as primícias da presença de Maria no mistério de Cristo e da Igreja.

3. TEOLOGIA E ESPIRITUALIDADE DO ADVENTO.

À luz da liturgia da Igreja e de seus conteúdos, podemos sintetizar algumas linhas do pensamento teológico e da vivência existencial desse tempo de graça.

A teologia litúrgica do Advento move-se nas duas linhas enunciadas pelo calendário romano: a espera da parúsia, revivida pelos textos messiânicos escatológicos do Antigo Testamento, e a perspectiva do Natal que renova a memória de algumas dessas promessas já cumpridas, ainda que não definitivamente.

O tema da espera é vivido na Igreja com a mesma oração que ressoava nas assembleias cristãs primitivas: o *Marana tha* (Vem, Senhor) e o *Maran athà* (o Senhor vem) dos textos de Paulo (1Cor 16,22) e do → APOCALIPSE (Ap 22,20), também encontrado na *Didaqué* e hoje em uma das aclamações da oração eucarística. O Advento inteiro ressoa como um "*Marana tha*" nas diversas modulações que essa oração adquire nas preces da Igreja.

A palavra do antigo Testamento convida a repetir na vida a espera dos justos pelo Messias; a certeza da vinda de Cristo em carne impele a renovar a espera da última aparição gloriosa na qual as promessas messiânicas terão total cumprimento, visto que, até hoje, só foram cumpridas parcialmente. O primeiro prefácio do Advento canta esplendidamente essa complexa, porém verdadeira, realidade da vida cristã.

O tema da espera do Messias e a comemoração da preparação desse evento salvífico logo assume a primazia nas férias que precedem o Natal. A Igreja sente-se imersa na leitura profética dos nossos pais na fé, patriarcas e profetas, escuta Isaías, relembra o pequeno núcleo dos *anawim* de YHWH, que estão ali à espera: Zacarias, Isabel, João, José e Maria.

Assim, o Advento resulta em uma intensa e concentrada celebração da longa espera da história da → SALVAÇÃO, como a descoberta do mistério de Cristo presente em cada página do Antigo Testamento, do Gênesis até os últimos livros sapienciais. É viver a história passada como dirigida e orientada para Cristo, escondido no Antigo Testamento, que sugere a leitura de nossa história como uma presença e uma espera do Cristo que vem.

No hoje da Igreja, Advento é como uma redescoberta da centralidade de Cristo na história da salvação. São lembrados os seus títulos messiânicos por intermédio das leituras bíblicas e das antífonas: Messias, Libertador, Salvador, Esperado das nações, Anunciado pelos profetas... Em seus títulos e funções, Cristo, revelado pelo Pai, torna-se o personagem central, a chave-mestra de uma história: a história da salvação.

Advento é tempo do Espírito Santo. O verdadeiro, porém escondido, *Prodromos*, o Precursor de Cristo em sua primeira vinda, é o → ESPÍRITO SANTO; ele já é o Precursor da segunda vinda: falou por meio dos profetas, inspirou os oráculos messiânicos, antecipou com as suas primícias de alegria a vinda de Cristo em protagonistas como Zacarias, Isabel, João, Maria; o Evangelho de Lucas demonstra isso em seu primeiro capítulo, quando tudo parece um antecipado → PENTECOSTES para os últimos do Antigo Testamento, na profecia e no louvor do *Benedictus* e do *Magnificat*. É no Espírito Santo que a Igreja pronuncia o seu "Vem, Senhor" como esposa, guiada pelo Espírito Santo (Ap 22,20).

O protagonismo do Espírito é transmitido aos seus órgãos vivos: as mulheres e os homens carismáticos do Antigo Testamento, que unem a antiga com a nova aliança.

É nessa luz que se deve recordar os "precursores" do Messias, sem esquecer o "Precursor" que é o Espírito Santo do Advento.

É o tempo mariano por excelência do → ANO LITÚRGICO. Foi reverentemente expresso por Paulo VI na *Marialis cultus*, n. 3-4.

Historicamente, a memória de Maria na liturgia nasceu com a leitura, antes do Natal, do Evangelho da Anunciação, naquele que, justificadamente, foi chamado o *domingo mariano pré-natalício*.

Hoje, o Advento recuperou plenamente esse sentido, com uma série de elementos marianos da liturgia que podem ser assim sintetizados:

— Desde os primeiros dias do Advento, há elementos que lembram a espera e a acolhida do mistério de Cristo pela Virgem de Nazaré;

— A solenidade da Imaculada Conceição situa-se como "radical preparação para a vinda do Salvador e feliz exórdio da Igreja sem mancha e sem ruga" (*MC* 3).

— Nas férias de 17 a 24 de dezembro, o protagonismo litúrgico da Virgem é bem característico nas leituras bíblicas e no segundo prefácio de Advento, que, em algumas orações, lembra a espera da Mãe, como a de 20 de dezembro, que traz um único texto do *Rotolo di Ravena*, ou na oração sobre as oferendas do IV domingo, uma epiclese significativa que une o mistério eucarístico ao do Natal, em um paralelismo entre Maria e a Igreja na obra do único Espírito.

Numa bela síntese de títulos, I. Calabuig apresenta nessas pinceladas a figura da Virgem do Advento:

— É a "cheia de graça", a "bendita entre as mulheres", a "virgem", a "esposa de José", a "serva do Senhor".

— É a nova mulher, a nova Eva que restabelece e recapitula no plano de Deus, pela obediência na fé, o mistério da salvação.

— É a Filha de Sião, aquela que representa o antigo e o novo Israel.

— É a Virgem do *Fiat*, a Virgem fecunda. É a Virgem da escuta e da acolhida.

Em sua exemplaridade com a Igreja, Maria é plenamente a Virgem do Advento na dupla dimensão que na liturgia sempre tem a sua memória: presença e exemplaridade. Presença litúrgica na palavra e na oração, por uma memória grata daquela que transformou a espera em presença, a promessa em dom. Memória de exemplaridade de uma Igreja que quer viver, como Maria, a nova presença de Cristo, com o Advento e o Natal no mundo de hoje.

Na feliz submissão de Maria a Cristo, e na necessária união com o mistério da Igreja, o Advento é tempo da Filha de Sião, a Virgem da espera que antecipou o *Marana tha* da esposa e acolheu solicitamente a presença do Messias; como Mãe do Verbo encarnado, a humanidade cúmplice de Deus tornou possível o ingresso definitivo do Filho, no mundo e na história do ser humano.

A liturgia, com o seu realismo e os seus conteúdos, coloca a Igreja em um tempo de características expressões espirituais: a espera, a esperança, a oração pela salvação universal.

Corre-se o risco de perceber o Advento como um tempo um tanto fictício. A tentação e a superação são assim propostas por A. Nocent: "Preparando-nos para a festa do Natal, pensemos nos justos do Antigo Testamento que esperaram a primeira vinda do Messias. Leiamos os oráculos dos seus profetas, cantemos os seus salmos e rezemos as suas orações. Não façamos isto, porém, colocando-nos em seu lugar e agindo como se o Messias ainda não tivesse vindo, para melhor avaliar o dom da salvação que ele nos trouxe. Não, o Advento para nós é um tempo real. Podemos rezar em toda a verdade a oração dos justos do Antigo Testamento e esperar pelo cumprimento das profecias, porque elas ainda não se realizaram plenamente; serão realizadas com a segunda vinda do Senhor. Precisamos esperar e preparar essa segunda vinda".

No realismo do Advento podem-se perceber algumas atualizações que proporcionam realismo à oração litúrgica e à participação da comunidade:

— A Igreja reza por um Advento pleno e definitivo, por uma vinda de Cristo para todos os povos da terra que ainda não conhecem o Messias, ou que não o reconhecem mais como o único Salvador.

— A Igreja recupera, no Advento, a sua missão de anúncio do Messias a todas as gentes, e a consciência de ser "reserva de esperança" para a humanidade inteira, com a afirmação de que a salvação definitiva do mundo tem de vir de Cristo, pela sua definitiva presença escatológica.

— Em um mundo marcado por guerras e contrastes, as experiências do povo de Israel e as expectativas messiânicas, as imagens utópicas da paz e da concórdia tornam-se reais na história da Igreja de hoje, que possui a atual "profecia" do Messias libertador.

— Na renovada consciência de que Deus não desdiz as suas promessas — mas que o Natal confirma! —, a Igreja, via Advento, renova sua missão escatológica para o mundo, exercita sua esperança, projeta todos os seres humanos para um futuro messiânico do qual o Natal é primícia e preciosa confirmação.

À luz do mistério de Maria, a Virgem do Advento, a Igreja vive nesse tempo litúrgico a experiência de ser "como uma Maria histórica", que possui e dá aos seres humanos a presença e a graça do Salvador.

A espiritualidade do Advento resulta, assim, uma espiritualidade empenhativa, um esforço feito pela comunidade para recuperar a consciência de ser Igreja *para o mundo*, reserva de esperança e de alegria, além de também ser Igreja *para Cristo*, esposa vigilante na oração e exultante no louvor ao Senhor que vem.

BIBLIOGRAFIA. *Tempo di Avvento*. Brescia, 1975; Daniélou, J. *Il mistero dell'Avvento*. Brescia, 1958; Nocent, A. *Celebrare Gesù Cristo. L'anno liturgico*, I. *Avvento*. Assis, 1976; Pedico, M. M. *La Domenica mariana prenatalizia*. Rovigo, 1979; Rosso, S. *Avvento*. In: *Nuovo Dizionario di Mariologia*. Roma, 1986, 185-214.

J. Castellano

ADVERSIDADE. 1. NOÇÃO. O termo "adversidade", genérico e complexo, inclui, em sua acepção mais ampla, todo gênero de provações que tecem e atormentam a vida do ser humano, quer física, quer moralmente: perseguições, oposições, calúnias, contrariedades, sorte avessa, enfermidades, lutos, angústias morais etc.

2. ADVERSIDADE NA VIDA ESPIRITUAL. As adversidades, causa de sofrimento, geralmente agudo, até ao → DESESPERO, fazem parte do desconcertante problema do mal, que não pode ser resolvido no plano estritamente filosófico, à luz da revelação e da fé. O fatalismo, o estoicismo, o → PESSIMISMO, o → EXISTENCIALISMO materialista e o → HEDONISMO deixam intacto o problema, em sua crua realidade: são tentativas de evasão estéreis e contraproducentes. Só a teologia do pecado centraliza o problema em sua causa, e a teologia da redenção o soluciona em sentido positivo. As adversidades, vistas em perspectiva teológica, se inserem na realidade da vida, quais meios de expiação e libertação do pecado, forças dinâmicas na formação do ser humano perfeito, componentes determinantes de santidade forte e heroica, coeficientes insubstituíveis para a união de vida e caridade com o Cristo, vítima e redentor.

Adversidade e vida cristã: a) A condicionam: "Ainda não é cristão — afirma Santo Agostinho — quem pensa não ter tribulações" (*Enarr. in Ps.* 56,4), porque se é cristão sob a condição de subir o morro do Calvário, com a própria cruz, nas pegadas do Mestre para a imolação sacrifical. Quem a rejeita não é discípulo de Jesus (Lc 12,27), não é digno dele (Mt 10,38). b) A caracterizam: a paixão de Jesus é realidade de sangue não só no plano redentor, mas também no plano exemplar: "Cristo padeceu por vós deixando-vos um exemplo, para que sigais seus passos" (1Pd 2,21). As adversidades são a herança do Mestre aos discípulos, para a verdadeira união de seus destinos com o dele (Jo 15,20), com viva participação em seu martírio (2Tm 3,4), bebendo em seu cálice de sofrimento (Mt 20,22-23), expremidos na mesma prensa da paixão (cf. AGOSTINHO, *Enarr. in Ps.* 55,4). É lei: "Todos aqueles que querem viver piamente em Cristo, serão perseguidos" (2Tm 3,12).

Adversidade no Cristo vítima. A *scientia crucis*, mais que aprofundamento teológico da paixão e morte de Cristo em suas causas, intensidade e consequências, é experiência vivida com ele, na mesma cruz, em oferta litúrgica sacrifical. Imolação dos membros com a cabeça em união de: a) conformidade, antes, uniformidade — dando ao termo o seu verdadeiro significado etimológico — dos fiéis com o Cristo. Conformidade postulada pela realidade batismal que os incorporou a Cristo (Rm 6,3) com a consequência de ser em vida "conformes à imagem do Filho de Deus, primogênito entre os irmãos" (Rm 8,29). Essa exigência fundamental se realiza quando reproduzimos em nós os sofrimentos de Cristo (2Cor 4,10), vivendo com ele a crucifixão cotidiana (Rm 8,17), estreitados com ele em um abraço de sangue (Gl 2,19). "Se não se tem a vontade firme de morrer com ele, uniformizando-se, por sua graça, à sua paixão" (INÁCIO DE ANTIOQUIA, *Magn.* 5), não se participa da vida de Jesus, porque "o sacrifício do Senhor não se cumpre nem se realiza em nós se à sua paixão não corresponde o sacrifício e a oferta de nossa vida (CIPRIANO DE CARTAGO, *Lett.* 63,6); b) Compensação: sangue por sangue. O sacrifício de Jesus é a afirmação mais alta, concreta e demonstrativa da caridade divina pelo ser humano: "Deus demonstra o seu amor por nós pelo fato de que Cristo morreu por nós" (Rm 5,8); cf. Gl 2,20; Ef 5,2.25). A resposta do ser humano deve estar na mesma linha sacrifical; as adversidades possuem essa função: tornar-nos "hóstias" (INÁCIO DE ANTIOQUIA, *Rom.* 4) para Deus, imprimindo na carne e no espírito os "estigmas de Cristo" (cf. Gl 6,17; 1Pd 4,12-13). É por essa razão que o sofrer por Cristo é: graça (Fl 1,19), alegria de espírito (2Cor 7,4), glória suprema (Gl 6,14), aspiração de quem foi fascinado por Cristo (Fl 3,10), canto dos enamorados pelo Crucificado (cf. INÁCIO DE ANTIOQUIA, *Rom.* 4-6); c) solidariedade soteriológica: a união de sacrifício com Jesus vítima, realizada pelas adversidades, leva, como lógica consequência, não só a viver os seus mesmos sentimentos (Fl 3,5), mas também a colaborar com ele no plano redentor para a conquista das almas e do mundo para Deus. A afirmação de Paulo — "completo em mim o que falta nas tribulações de Cristo, em proveito de seu corpo, que é a Igreja" — não pode restringir-se à ação apostólica, mas deve estender-se à atividade de cada cristão. As adversidades são o húmus fecundo do qual brotam energias sempre novas e potenciais de oferta a Deus, no sulco da redenção. Também nesse setor a união dos membros com a cabeça, e dependentes dela, é operante e suscitadora de autênticos heroísmos, geralmente só conhecidos por Deus.

As adversidades, inseridas no martírio de Jesus e potencializadas por ele, são o preço que Deus nos pede para a salvação dos irmãos.

Adversidade e santidade. Outra função das adversidades é facilitar a → UNIÃO COM DEUS na caridade, valorizando ao máximo os elementos positivos que a ela conduzem e retirando os negativos que a obstaculizam. As adversidades são: a) expiação-reparação das culpas cometidas. É na ação expiadora que a alma se fortalece no bem, domina as paixões, controla as reações da natureza, rejeita com maior firmeza as insinuações, até sutis, do demônio. As adversidades constituem o nosso purgatório na terra, rico de graças e méritos; b) purificação da alma do conjunto de imperfeições e apegos terrenos, das incrustações do mal deixadas pelas faltas cometidas. Deus é o médico; as adversidades, os remédios; o sofrimento, o tratamento para uma terapia enérgica, apta a restabelecer, renovar e potencializar o organismo espiritual no caminho para Deus (cf. Teresa de Ávila, *Castelo*, 6, 1 ss.; Agostinho, *Enarr. in Ps.* 21). Está escrito: "É no fogo que se prova o ouro; e o ser humano, no cadinho do sofrimento" (Sr 2,4-5). É a pedagogia de Deus que prova aqueles que ama (cf. Ap 3,19; Pr 3,11); pelas adversidades, "ele nos corrige para nosso proveito, e para nos comunicar sua santidade… para um fruto de paz e de justiça" (Hb 12,10-11); c) desapego do ser humano de si mesmo e das criaturas, para que reflita sobre a limitação, a fragilidade, a instabilidade e a vanidade do que é terreno e humano. Redimensionam tudo: seres humanos e coisas no apelo urgente da necessidade de Deus, do absoluto, do imutável, da pátria (cf. Sr 1,2; *STh.* I, q. 21, a. 4, ad 3); d) coragem no exercício das virtudes que imprimem os caracteres de virilidade e maturidade. "A virtude se aperfeiçoa na fraqueza e se purifica no exercício do padecimento: o ferro não pode transformar-se segundo a ideia do artífice a não ser pela força de fogo e martelo" (*Chama*, 2, 21-22). Em particular, as virtudes teologais se aperfeiçoam na adversidade: "que o valor comprovado de vossa fé obtenha louvor, glória e honra por ocasião da revelação de Jesus Cristo" (1Pd 2,6); a esperança, fruto da paciência robustecida nas adversidades, não é decepcionada (Rm 5,1 ss.); a caridade torna-se afirmação autêntica da fidelidade a Deus (cf. Rm 8,35-39); e) fonte de graças de iluminação e de atração por Deus, porque "o mais puro padecer… traz consigo um mais íntimo e puro entender e, consequentemente, um mais puro e sublime gozo, como é o de um mais íntimo saber" (*Cântico*, 36,11); cf. também Teresa de Ávila, *Caminho*, 32,7-12).

Adversidade e a glória. Não existe proporção entre o leve e momentâneo peso de nossas tribulações […] e o peso da glória infinitamente maior que elas nos trazem (2Cor 4,17), visto que os padecimentos de hoje "não podem ser comparados com a glória futura que deverá manifestar-se em nós" (Rm 8,18), mas há uma relação direta entre sofrimento e glória, dada pela nossa união com Cristo. Se as adversidades são a herança de Cristo no tempo, a glória é a herança garantida na eternidade (cf. Rm 8,17). Também para nós, a exemplo de Jesus (Lc 24,26), é necessário entrar no Reino de Deus mediante muitas tribulações (At 14,21). A glória celeste nasce da adversidade como o fruto da flor (cf. 2Tm 4,8); Tomás de Aquino, *Comentário sobre os Romanos*, 8, l.3; Sb 3,4-8).

3. ACEITAÇÃO DAS ADVERSIDADES. Os múltiplos bens das adversidades somente são reais para as almas sob a condição de que sejam aceitas com autêntico espírito cristão. As condições são: a) abandono e confiança em Deus. Ele é sempre o Pai que permite a provação, assiste na provação e coroa após a provação. A certeza de que Deus nos ama e de que faz convergir tudo para o bem daqueles que o amam (cf. Rm 8,29) é motivo de segurança e conforto. Também o pensamento de que Jesus, nosso sumo sacerdote, "sabe compartilhar da nossa enfermidade" (Hb 2,17-18; 4,15) porque passou pela experiência do sofrimento, é serenidade e paz em toda adversidade; b) fortaleza de espírito: é preciso permanecer parado como a bigorna sob os golpes do martelo, porque é próprio do atleta sofrer sem fraquejar e sem covardia (cf. Inácio de Antioquia, *Carta a Policarpo*). As provações são o presente que o tempo nos oferece e devem ser vividas "com a coragem da nossa esperança e a firmeza da fé. A nossa alma, mesmo entre as ruínas do mundo, está de pé: a nossa virtude é inabalável; não diminui nela a paciência e a segurança de seu Deus" (Cipriano de Cartago, *Ad Demetrianum*, 20); c) constância: somente quem verdadeiramente lutou — as adversidades são os campos de batalha — será coroado (cf. 2Tm 2,5; Tg 1,1-3; 1Pd 1,8-9). Coragem para dar caráter sacrifical a todas as provações, sem excluir a morte, é a oração filial a Deus, que é a nossa força (cf. Tg 5,13;

2Cor 3,5). Breve é o caminho a ser percorrido: no final, encontra-se a Deus (→ DOENÇA, PURIFICAÇÃO, SOFRIMENTO).

BIBLIOGRAFIA. GIARDINI, F. Il dolore mistero d'amore. *Rivista di Ascetica e Mistica* (1964) 7-22; ROUVIER, F. *Saper soffrire*. Torino, 1929; LUMBRERAS, P. El dolor em s. Tomás y em los clásicos. *Angelicum* 29 (1952) 341-370; ZACCHI, A. *Il problema del dolore dinanzi all'intelligenza e al cuore*. Roma, 1944.

C. SORSOLI

Il significato cristiano della sofferenza. Brescia, 1982; GALOT, J. *Pourquoi la souffrance?* Louvain, 1984; JOÃO PAULO II. Carta Apostólica *Salvifici doloris*. AAS 76 (1984) 201-250; MONTICELLI, I. *La sofferenza nella riflessione teologica italiana dopo il Concilio Vaticano II*. Roma, 1984; *Servitium* 18 (1984) 129-137: *La sofferenza*. VARNAISON, J. *La présence déserte*. Paris, 1978; *Mal*. In: *Dictionnaire de Spiritualité*, X, 122-135; VILAR, J. El dolor: condicionamento y valorización em la persona. *Sacra Theologia* 9 (1977) 129-197.

M. CAPRIOLI

AFABILIDADE. 1. NOÇÃO. Consiste em falar e em agir de modo que se consiga ser agradável ao próximo. Na prática, coincide com a benevolência. A afabilidade é parte integrante da → JUSTIÇA. Participa da sua natureza enquanto importa um dever em direção a outros; mas diferencia-se dela enquanto não obriga estritamente em termos de lei, nem a título de gratidão. É antes uma benévola disposição para com o próximo, particularmente para com os inferiores, ditada pelas leis que regulam a convivência humana (cf. *STh*. II-II, q. 114, a. 2c.). Responde ela a uma necessidade elementar do coração do homem: ser tratado com amor. No fundo outra coisa não é que a fiel atuação da evangélica "regra de ouro": a síntese das relações que segundo o espírito cristão devem existir entre os homens: "Tudo aquilo que quereis que os homens vos façam, fazei-o vós a eles" (Mt 7,12).

A afabilidade se demonstra também com a escuta paciente de quem está diante de nós, mesmo se as coisas que escutamos são para nós de pouco interesse ou francamente embaraçosas. "A escuta benevolente é frequentemente um ato da mais delicada mortificação interna, e é de grande ajuda ao falar benigno. Quem governa outros deve cuidar para escutar de bom grado; do contrário cairá cedo em secretos pecados e ofenderá a Deus" (F. W. FABER, *Conferenze spirituali*, 37). A afetividade deixa de ser uma virtude quando nas suas manifestações ultrapassa os limites da convivência; mais ainda, quando se presta a servir a fins aduladores. A afetividade é virtude que deve ser exercida para com cada um e em todas as ocasiões. Deve, porém, ser temperada com uma conveniente reserva quando se põe em meio aos direitos da verdade e da justiça o bem geral do indivíduo e o da comunidade.

2. NECESSIDADE. Dada a sua natureza, a afetividade é virtude de ordem prevalentemente social. É muito difícil conviver com indivíduos de caráter rude, caprichoso ou simplesmente pouco acessível, mesmo se não obstante fundamentalmente bons. Ao contrário, com afetividade os contatos humanos são facilitados, torna-se possível a recíproca compreensão, é aplainada a via em direção ao pacífico entendimento. Nada de mais irritante que uma pessoa grosseira; nada de mais conciliador que um sorriso benévolo, que um gesto cordial.

O ser afável é, portanto, um dever a que todos estão obrigados, mas de modo particular os que fazem aberta profissão de vida cristã. Todavia, mais que todos os outros, é o sacerdote que deve dar exemplo constante de afabilidade, por sua vocação e pelo ministério que deve desenvolver. Para convencer-nos do enorme peso que a conduta do sacerdote tem diante do olhar dos fiéis, bastará recordar que, enquanto as palavras e os modos benévolos acabam tradicionalmente por conquistar mesmo os espíritos mais rebeldes, o comportamento autoritário e as refutações sustentadas sem docilidade acabam por afastar de Deus mesmo as almas mais dispostas. Para a maior parte dos fiéis toda a religião, com anexos e conexos, se encontra e se exemplifica naqueles sacerdotes que são encontrados no caminho da vida.

3. COMO CONQUISTÁ-LA. A afabilidade supõe o → DOMÍNIO DE SI. Não se pode ser sinceramente e constantemente afável a não ser debelando o egoísmo nas suas raízes mais profundas; em especial não combatendo os vícios que mais que outros se opõem ao seu exercício, como a → SOBERBA e a → IRA, mediante o exercício da mansuetude.

O outro defeito que ordinariamente nos impede de ser afáveis é o sentir elevado que temos de nós mesmos. Daí a falta de cuidado com os outros, a pouca conta que fazemos das suas palavras, de suas necessidades, e talvez das suas aflições. Para ratificar a falsa ideia que temos da nossa pessoa é necessário o exercício da humildade. Ninguém que esteja persuadido da própria miséria será inclinado a antepor-se aos outros, a tratar-lhes com ostentação e arrogância; por isso, quanto mais formos humildes, tanto mais seremos benévolos no falar e no agir. Como todas as outras virtudes, a afabilidade se conquista com a repetição dos atos. Necessitará portanto em todas as ocasiões esforçar-se por tratar a todos com amor. Disposições naturais poderão facilitar a prática, mas, ordinariamente, se exige para todos um tirocínio mais ou menos longo, sendo a nossa natureza mais bem inclinada aos vícios contrários. Para alguém talvez dotado de autênticas virtudes, a aquisição da afabilidade comportará ásperos combates. Ajudará muito para isso, além da oração, a certeza de que todas as outras virtudes, sem a afabilidade, arriscam perder sua eficácia para a difusão do Reino de Deus.

BIBLIOGRAFIA. AQUINO, Tomás de. *STh*. II-II, q. 114, aa. 1 e 2; CIAN, L. *Educhiamo i giovani d'oggi come don Bosco*. Torino, 1988; CURTOIS, G. Le bon accueil. In: *Fauce au Seigneur*. Paris, 1951, 119-139; FABER, F. W. *Conferenze spirituali*. Torino, 1933, 1-40; FRANCISCO DE SALES. *Trattenimenti spirituali*. Milano, 1939, t. 4.

E. BORTONE

AFETIVIDADE. Ao termo "afetividade" é comumente reconhecido o significado de atitude ou capacidade de sentir e promover os afetos. E afeto exprime o sentir intenso do ânimo comovido para um objeto que favoreça um bem ou o obstaculize. O afeto é reconhecido no toque delicado e íntimo que uma recordação, uma representação, uma visão determinam no ânimo ou — como se diz na linguagem familiar — no coração. O termo "afeto" designa um ato, um comportamento de prazer, de benevolência, de devoção, de adesão, de gratidão, de altruísmo etc. Não se excluem no âmbito de seu significado os sentimentos de → ÓDIO, de ira, de desdém, de → ANTIPATIA, de resignação, de dor moral etc., quando o objeto do afeto é um mal a ser repelido de si ou dos outros.

O afeto oferece, pois, uma natureza particular, que não obstante o genérico emprego da palavra consente em diferenciar o conceito do termo "afetividade" do → INSTINTO, da → TENDÊNCIA, do sentimento objetivo ou elementar, da → EMOÇÃO, da paixão. A afetividade certamente tem, com todos esses componentes psíquicos, e com outros ainda, estreitos contatos; contudo, pode bem se distinguir deles.

A afetividade, por vezes, é trocada menos propriamente com o amorosidade, com a afetuosidade ou riqueza de sentimentos, com a emocionalidade ou emotividade, com a suscetibilidade, com a afetividade e com a afeição: são palavras que no uso linguístico podem ser consideradas sinônimos de afetividade, mas que devem ser distintas dela caso se queira conservar em cada uma as notas individuantes que legitimam seu emprego na ciência. Nem se identificam com a afetividade o estado afetivo, a condição e situação afetiva, a vida afetiva etc. Segundo a terminologia aristotélica a afetividade, de que se trata, não coincide exatamente nem com o *appetitus naturalis*, nem com o *appetitus rationalis* (cf. *STh*. I-II, q. 30, a. 3).

1. QUADRO DOS FATORES CONCORRENTES NA AFETIVIDADE. O ponto de partida da afetividade é um estado de consciência conoscitiva que pode ser de conteúdo objetivo (uma notícia, um conhecimento visual, uma recordação, uma representação) ou de conteúdo subjetivo (variações de humor, sentimentos da própria vida, percepção da própria fraqueza ou potência). Ao estado de consciência interessa um instinto humano ou tendência, que é um núcleo biológico que responde às necessidades vitais mais genéricas e tendo por substrato o delicadíssimo tramado dos sistemas neurovegetativos, nervoso central, endócrino. Determina-se então uma sensação orgânica, simples, que se faz acompanhar de um movimento de atração ou prazer, ou então de repulsão ou desgosto, em confronto com o conteúdo do estado de consciência. Dá-se origem assim a uma sensação afetiva ou sentimento objetivo: deste pode derivar um sentimento superior ou subjetivo, mais complexo, que é chamado simplesmente afeto. Este, se bem possa ser provocado pela sensação afetiva, se determina e se confirma de outros conteúdos da consciência, por meio dos quais adquire uma sua entidade, muito mais rica que a da sensação afetiva. Enfim, dos estados afetivos e, em particular do afeto, brotam as reações externas que são a verdadeira expressão.

É preciso notar que entre as duas séries dos estados afetivos há distinção: à primeira pertencem os sentimentos objetivos, também ditos inferiores, profundos, primitivos, elementares, sensíveis, da própria vida, os quais são o prazer físico e a dor nas suas múltiplas especificações, o sentimento da fome e todos os outros devidos à sensibilidade; à segunda pertencem os sentimentos subjetivos, chamados também superiores, complexos, intelectuais, de objetos específicos, de situações, de pessoas, os quais são, por exemplo, o amor, o ódio, a alegria, a solidariedade, a compaixão, a responsabilidade, o egoísmo etc., que por convenção chamamos simplesmente afetos e que formam o objeto da atual análise.

É sabido que o mecanismo do vivente é de tal forma complexo que nenhum procedimento psíquico falta ao interesse da afetividade. Os planos do psíquico se distinguem em endotímico, afetivo, intelectivo e volitivo, e aquele do eu superior, mas as interferências são indefiníveis. Pelo mais, se a eles se juntam os fatores orgânicos que condicionam em parte ou acompanham os fatores psíquicos, especialmente os afetivos, se intui quanto a matéria da afetividade seja fluida e delicada.

Para os fins da presente descrição não interessam os problemas sobre o método de pesquisa dos afetos, a sua gênese e os seus centros; nem ultrapassam os limites também as questões do seu desenvolvimento nas diversas idades do homem e da sua diversidade segundo a → CULTURA e segundo o sexo. A propósito deste último se pode dizer de passagem que a masculinidade e a feminilidade não se estendem para diferenciar a psique e o eu superior de maneira que se distingam duas séries indispensavelmente complementares, e sim para exigir uma integração de uma com a outra para que exista uma perfeita eficiência e → EQUILÍBRIO da pessoa. Na pessoa chegada à maturidade, a → INTEGRAÇÃO AFETIVA e psíquica em geral pode se dar entre afetividades complementares masculinas, como demonstram as amizades e as fraternidades espirituais entre homens. Interessa saber que os afetos têm sua dinâmica misteriosa, em cujas ações e reações se sucedem, se opõem, se neutralizam, se favorecem, se sobrepõem, e todas essas alternativas estão à procura de um equilíbrio espiritual que consinta à pessoa uma normalidade de comportamento para si mesma ou para os outros e lhe permita operar em sentido positivo no âmbito da sociedade.

Na afetividade é de fácil experiência a passagem de um afeto a outro de modo gradual e lento; uma pessoa pode permanecer longamente num afeto (tristeza, depressão etc.) especialmente se se trata de um sujeito emotivo, ou então outra pessoa pode denunciar instabilidade afetiva com frequentes oscilações não justificadas por uma causa adequada.

Na constituição da afetividade concorre também o fator social, ambiental: indubitavelmente as relações pessoais podem estimular ou inibir os afetos, caracterizando a pessoa extrovertida, ativa, companheira, e aquela introvertida, sonhadora, isolada.

A vida interindividual manifesta claramente se uma pessoa possui o equilíbrio da afetividade, sendo esta a reguladora das relações do indivíduo com os outros. As relações interindividuais impõem à afetividade certo condicionamento ao qual a pessoa se deve adaptar, porque estes são inevitáveis. A adaptação será tão mais feliz quanto mais rica de conteúdos será a sua afetividade, que permitirá extrair do próprio tesouro aquelas compensações que são exigidas pelos vazios deixados pelo → AMBIENTE nas necessidades das pessoas. Resulta óbvio que quanto melhor é o ambiente social tanto mais fáceis são as composições e a manutenção do equilíbrio afetivo. Ao contrário será difícil, especialmente para pessoas imaturas, o equilíbrio num ambiente social hostil ou inadequado.

Da confluência dos fatores internos e externos, sejam de natureza psíquica ou física, a afetividade suporta oscilações contínuas e, às vezes, profundas. Por isso, se a vida afetiva não tem seu pleno desenvolvimento, no sentido de que a todas as tendências vitais não correspondem sentimentos superiores adequados para o conteúdo, desenvolvidos e harmonicamente presentes, a vida individual e interindividual está seriamente comprometida.

A normalidade da afetividade é oferecida pela simultânea presença de diversos conteúdos de consciência que conseguem conter a ação de um sentimento que tenta prevalecer e guiar em uma direção as outras energias psíquicas, rompendo assim o costumeiro equilíbrio. Para a normalidade é indispensável um jogo de ações e de reações desprendidas dos vários sentimentos e capazes de regular o impulso predominante. A temporária permanência na crista de um afeto e o alternar-se de vários sentimentos servem à serenidade da vida e portanto à naturalidade do comportamento pessoal. Pode acontecer que, mesmo numa pessoa afetivamente tranquila, um afeto dê o tom à vida psíquica. Em geral, porém, o grau afetivo é o resultado da fusão de diversos sentimentos superiores. À regularidade afetiva servem, além disso, o bem-estar físico geral, o exercício do controle e domínio dos afetos, seja utilizando-os para a vida, seja propondo-lhes tempestivamente o objeto honesto e adaptado.

2. A AFETIVIDADE NA ESPIRITUALIDADE. A afetividade tem certamente a sua ressonância na religiosidade e, consequentemente, na espiritualidade cristã.

Sem aderir às posições filosóficas que vão de → PASCAL a Kant, e que fazem do sentimento uma fonte autônoma do prazer e da dor com conteúdo nocional e com certeza idêntica à conseguida no raciocínio; sem aceitar as aplicações do romanticismo que descobre no sentimento superior a manifestação de Deus mesmo no íntimo do homem, como se o sentimento fosse, além de órgão de arte, também único instrumento de filosofia e de religião (Schleiermacher), é certo que a afetividade alcança e colhe o valor de um estado emotivo, ou melhor, de um sentimento inferior; tem sua natureza intencional, possui uma carga nocional. Essas características consentem desenvolver uma função supletiva de primária importância na via espiritual, especialmente nas pessoas nas quais a atividade doutrinária do intelecto, por falta de meios ou de exercício, seja reduzida, ou a superabundância da afetividade fizesse retroceder a função intelectiva e raciocinadora: o resultado conseguido pela afetividade, que não é propriamente nem atividade intelectiva nem volitiva, tem um valor de bondade e de verdade.

O constituir-se de sentimentos superiores favoráveis ao objeto da religião determina um comportamento religioso específico. À parte o limitado condicionamento que pode vir das tendências, da situação individual e do ambiente, o precoce estabelecer-se de estados afetivos em torno a conteúdos religiosos concretos e a sua presença contínua na consciência facilitam o comportamento religioso, o qual exige um culto externo à divindade, mas necessita com maior intensidade do culto interno que se exprime num modo mais complexo que o tradicional reconhecimento de Deus, princípio e fim do homem, e da sua volição enquanto tal. A afetividade constitui a verdadeira intimidade com Deus, que não é soma de conceitos teóricos e de atos volitivos a ele consequentes.

Dado que a religião impregna todo o homem, tendo uma resposta para todas as suas exigências vitais, é indispensável que os conteúdos religiosos constituam uma afetividade religiosamente normal, equilibrada. No cristianismo, em razão de sua dramaticidade, o conteúdo religioso interessa muito à capacidade afetiva, de modo que uma afetividade normal pode ser ativada abundantemente e pode consentir exprimir facilmente uma religiosidade cristã consumada. Também aqui, prescindindo da maior ou menor atitude sentimental, é importante exercitar cedo e em continuidade o poder afetivo acerca da realidade religiosa cristã em chave de simpatia. É também verdade que as pessoas mais dotadas de afetividade são as mais disponíveis para a religião cristã: importa, porém, que a afetividade sirva a religião, não que a domine. Se isso não acontecesse, determinaria uma religião fictícia, composta de sensualidade e fervor religioso, ou então desvirilizada em comportamento feminino e inquieto; nem se exclui que possam surgir formas piores.

Na linha da religiosidade cristã põe-se a da santidade ou perfeição. A afetividade auxilia no início e na manutenção do ritmo heroico que induz a vontade à procura do ideal de perfeição. A multidão de santos cristãos, dos quais se conhecem detalhadamente as fases do seu aperfeiçoamento, confirmam essa afirmação. Pense-se apenas em São → PAULO apóstolo, Santo → AGOSTINHO, São → BERNARDO, São → FRANCISCO DE ASSIS, Santo → INÁCIO DE LOYOLA, Santa Teresa d'Ávila, São → JOÃO BOSCO; todos encontraram na riqueza da sua afetividade a ajuda para a ação santificadora de si mesmos e dos outros, e para a realização de obras grandiosas. E se pode dizer que ajudou muitíssimo a afetividade aos grandes gênios do cristianismo como Santo Agostinho, Santo → TOMÁS DE AQUINO, Santa → CATARINA DE SENA e Santa Teresa d'Ávila, mesmo nas suas mais sublimes especulações místicas e nas mais impenetráveis decisões da vida ao serviço de Cristo.

A afetividade apresenta a vantagem de não exigir muitos conhecimentos das verdades religiosas, nem multíplices atos volitivos acerca deles para favorecer a perfeição religiosa cristã; é suficiente a sua atenção ao Cristo evangélico para que se torne amplo, vivaz, penetrante e leve a alma às descobertas mais impensadas do mundo sobrenatural no qual a perfeição cristã se realiza.

Um particular estudo merece o problema da integração afetiva.

BIBLIOGRAFIA. → INTEGRAÇÃO AFETIVA.

G. G. PESENTI

AFLIÇÃO. 1. NATUREZA. Do latim *affligere*: bater, derrubar. Estado de ânimo doloroso de quem sofra ou tenha sofrido injúrias, suportado injustiças, padecido desventuras. Este é o sentido de *affliggere* (e derivados) usado na linguagem bíblica. Era a sua rival quem ocasionava tristezas à futura mãe de Samuel, que "costumava afligi-la amargamente" por causa da sua esterilidade (1Sm 1–6; Gn 16,1; 31,42; Sr 2,4; Is 58,10; Mt 5,4 etc.). Deve-se notar, porém, que o *affligere* da Vulgata latina nem sempre se pode traduzir no sentido ora atribuído à palavra. Frequentemente, tem outros significados, como por exemplo vexar, oprimir, perseguir: "*Vidi afflictionem populi mei in Aegypto*" (Ex 3,7; cf. Sl 2,6 etc.). Em português, o verbete "aflição", quando a determiná-la seja o espírito cristão, conserva o mesmo valor da linguagem bíblica: um estado de ânimo doloroso e tendente a desfazer-se em lágrimas, mas aberto às esperanças imortais. Aqueles que sofrem em tal modo são chamados no Evangelho de "bem-aventurados" (Mt 5,4). O mais sublime exemplo de um tal estado de ânimo é o oferecido pela Mãe de Deus, especialmente durante a paixão do Filho: "*O quam tristis et afflicta fuit illa benedicta Mater Unigeniti!*" (*Stabat Mater*)".

2. CAUSA. Das aflições ninguém está isento. São herança de todo mundo, e para preservar-se disso nem ajuda o esforço de viver em íntima → UNIÃO COM DEUS: "Filho, se te dedicares a servir ao Senhor, prepara-te para a prova [...] e nas vicissitudes de tua pobre condição sê paciente" (Sr 2,1.4). A aflição não provém apenas de causas racionais, como a malícia humana. Mas também de causas irracionais, como as doenças, as calamidades públicas etc. Nem sempre a aflição nos provém do externo. Encontramos fontes de aflição em nós mesmos: a desordem interior, o sentido do pecado, a possibilidade de pecar, o pecado em ação, são todos causa de pena interior. Especialmente quando se tem ânimo muito sensível aos valores morais e espirituais. Também satanás é causa de aflição: desencaminhamentos, tristezas, desolações frequentemente provêm da sua nefasta influência. Deus mesmo, além de permiti-la, pode às vezes querer a aflição. Mas então esta toma caráter de "prova": Deus que prova a nossa fé (cf. Tb 12,13; 2Mc 6,12-17).

3. FINALIDADE. Os propósitos pelos quais Deus permite, que Deus quer, a aflição coincidem com os do sofrimento em geral. As aflições, provenientes de qualquer parte, se aceitas com espírito sobrenatural se transformam em meio de redenção.

Para o cristão, as aflições são: a) Prova de sua fé. Ver na aflição sempre um sinal da benevolência divina é possível só quando se tenha uma fé viva e iluminada: "Nisso deveis alegrar-vos, ainda que agora, se necessário, sejais contristados por um pouco de tempo, em virtude de várias provações, a fim de que a autenticidade comprovada da vossa fé [...] alcance louvor" (1Pd 1,6-8; cf. Tg 1,3). b) Por seu meio completemos na nossa carne "aquilo que falta aos sofrimentos de Cristo" (Cl 1,24). À paixão de Cristo, objetivamente, nada faltou para que se pudesse considerar perfeita. Aquilo que agora lhe falta (e lhe faltará enquanto houver sobre a terra uma alma a redimir) é a nossa contribuição pessoal para que ela, de fato, se torne operante para aqueles que ainda não creem. Cada pena sofrida por Cristo e com Cristo torna-se causa de salvação para os irmãos. Disso vem a parte de responsabilidade dos cristãos com respeito à salvação do mundo. c) São satisfações oferecidas à divina justiça pelas penas merecidas pelas culpas pessoais. d) Nos desenganamos quanto ao valor dos bens temporais; nos destacamos deles; dirigem o coração aos bens supremos: "Para mim é bom ser afligido para aprender teus estatutos" (Sl 118,71; cf. v. 67). "Ter alguma vez tribulações e contrariedades é nosso bem; porque frequentemente fazem o homem retornar a si mesmo, pensar como ele esteja num exílio. E como não deva pôr a sua esperança em coisa deste mundo" (*A imitação de Cristo*, livro I, c. 12).

Particularmente a aflição causada pela → DOENÇA tem um poder catártico como talvez nenhum outro sofrimento. Esta põe a nu todo o nosso ser, nos faz tocar os limites, a fragilidade; nos revela o egoísmo, os pensamentos secretos, o fundo lodoso. Mas as aflições, junto aos lados faltosos do nosso ser, nos fazem descobrir também os aspectos positivos: por eles reencontramos a nossa melhor parte, tomamos consciência das boas qualidades adormecidas, talvez francamente ignoradas; encontramos a coragem de cumprir até o fim o nosso dever. São esses enfim que nos dão o sentido da vida e nos fazem entrever o rosto de Cristo. Àqueles que choram sob os golpes da desventura, Deus assegura que nenhum dos seus sofrimentos se perderá: "Os que semeiam entre lágrimas, recolhem a cantar" (Sl 125,5; cf. Jr 31,9; Jo 16,20; Gl 6,9; Tg 5,7). No entanto, desde esta vida eles participam da alegria prometida para a eternidade: "Bem-aventurados os aflitos, porque serão consolados" (Mt 5,4). A consolação não é a supressão da aflição, é uma graça particular para que esta seja suportada com alegria, considerada sinal de predestinação, manifestação de particular benevolência da parte de Deus, que nos quer sofredores com Cristo para que possamos gozar do prêmio de Cristo: "Porque os que de antemão ele conheceu, esses também predestinou a serem conformes à imagem do seu Filho" (Rm 8,29; cf. v. 17).

4. DEVERES PARA COM OS AFLITOS. O preceito da caridade urge para com todos, mas em particular obriga para com os sofredores. A Igreja pôs entre as obras de → MISERICÓRDIA também a de "consolar os aflitos". Não se cumpriria, porém, o preceito, se ao realizá-lo nos limitássemos a uma intervenção meramente verbal. Necessitará, pois, que às prudentes e delicadas palavras de encorajamento se acrescentem, por quanto nos será possível, as obras. Jesus, que chamou felizes os que choram, se ocupou também em enxugar a fonte de suas lágrimas. Se não curou todos os enfermos com os quais se encontrou, se não deu sempre de comer aos famintos, foi porque, entre outras coisas, não veio implantar um novo paraíso terrestre: "Para vencer o sofrimento, consequência do pecado, Jesus não o fez desaparecer de forma mágica, mas tomou sobre si para transfigurá-lo. Não invocou a sua "condição divina" (Fl 2,6), mas tornou-se humildemente um de nós, aceitando a condição humana na sua realidade, "para que permanecesse em nós o exemplo de poder seguir as suas pegadas" (1Pd 2,21)" (Cardeal E. SUHARD, *Il prete e la società*, Venegono Inferiore, 1946, 46). Aquilo que sempre devemos fazer é imitar o Salvador, participando intimamente dos sofrimentos dos aflitos, fazendo-os, de qualquer forma, nossos, como exorta São Paulo: "Alegrai-vos com os que se alegram, chorai com os que choram" (Rm 12,15; cf. 1Cor 12,26).

À participação aos sofrimentos dos outros Deus anexa um prêmio particular: uma profunda e radical renovação se realizará na alma do homem misericordioso: "Se tu te privares para o faminto, e se tu saciares o oprimido, a tua luz brilhará nas trevas, a escuridão será para ti como a claridade do meio-dia. O Senhor será o teu guia continuamente e te assegurará a fartura, mesmo em terra árida; ele revigorará os teus ossos, e tu serás como um jardim regado, como uma fonte borbulhante cujas águas nunca faltam" (Is 58,10-11). Jesus, por sua vez, para nos fazer entender quanto lhe são fundamentais as obras de misericórdia para com os aflitos, não duvidou identificar-se com eles. Todas as vezes que tivermos curado uma chaga, que tivermos enxugado uma lágrima, teremos curado e consolado a ele mesmo (cf. Mt 25,35-40).

BIBLIOGRAFIA. CARRÉ, A. M. *L'homme des beatitudes*. II. *Devant la souffrance du monde*. Paris, 1962; CORDOVANI, M. *Itinerário della rinascita spirituale*. Roma, 1946, 252-262; DAVANZO, G. *Etica sanitaria*. Milano 1987; GUZZETTI, G. B. – MANCINI, C. – COLOMBO, C. *Il dolore nella morale, nella filosofia, nella teologia*. Roma, 1961; JOÃO PAULO II. *Salvifici doloris*. Roma, 1984; LYONNET, P. *Preghiera del tempo della malattia*. Vicenza, 1956; PASTORELLI, F. *Servitú e grandezza della malattia*. Roma, 1964; *Il mistero della sofferenza*. Milano, 1982; ZACCHI, A. *Il problema del dolore*. Roma, 1944.

E. BORTONE

AFONSO MARIA DE LIGÓRIO (Santo).

1. NOTA BIOGRÁFICA. Nascido em Marianella, próximo de Nápoles, em 27 de setembro de 1696, morreu em Pagani em 1º de agosto de 1787. Recebeu na família uma ótima educação humanística. Talento vivaz e extraordinariamente versátil, além das letras e da filosofia, estudou arquitetura, pintura e música com ótimos resultados. Doutorou-se na universidade de Nápoles *in utroque*, em 1713. Completou a formação jurídica com os célebres jurisconsultos Perrone e Jovene e frequentando os círculos de Domingos Caravita, onde se reuniam históricos e filósofos do direito. Em 1715 se agregou à Pia união dos doutores, dirigida pelos oratorianos, cuja espiritualidade assimilou desde a infância por meio de padre Tomás Pagano, seu primeiro padre espiritual. No mesmo ano iniciou a atividade forense obtendo contínuos sucessos. Em seguida a uma violenta crise, abraçou o estado eclesiástico. Estudou por três anos teologia com Torni, frequentando contemporaneamente as discussões dogmático-morais e litúrgicas em Propaganda e com os padres lazaristas. Em 1724 se associou à Congregação diocesana das Missões Apostólicas, chamada de Propaganda, e em 21 de dezembro de 1726 foi ordenado sacerdote. Seu primeiro campo de apostolado foram as ruas de Nápoles, apostolado que se concretizou na organização das "Capelas noturnas" para a recuperação moral e religiosa dos "delinquentes". Nesta obra, com espírito antecipador, associou a si outros sacerdotes e leigos, entre os quais alguns recuperados, com funções específicas. Ao mesmo tempo, como membro de Propaganda, ia pelos campos meridionais a pregar missões populares às almas abandonadas. Desejoso de apostolado entre os infiéis, em 1729 tornou-se interno no Colégio dos chineses, em Ripa, para a educação do clero nativo. Acontecimento importantíssimo: conhece padre Tomás Falcoia, dos Piedosos Operários, todo permeado de espiritualidade salesiana, que se torna seu diretor espiritual até a morte (1743). Em Scala, por motivo de saúde, conheceu e ajudou a venerável Celeste Crostarosa, que em 1731 fundou a Ordem das monjas do Santíssimo Redentor. O ano seguinte levou a efeito um projeto que surgiu no seu coração em contato com as pessoas abandonadas daqueles campos, fundando, em 9 de novembro, a Congregação do Santíssimo Salvador, tornada em seguida do Santíssimo Redentor. A aprovação pontifícia é de 1749; já a do rei é um dos capítulos mais penosos e dolorosos da vida do santo. Por trinta anos esperou a condução, formação e difusão do seu Instituto, sem jamais abandonar as missões, os exercícios e o apostolado da pena. Em 1762 foi eleito bispo de Santa Ágata dos Goti (Benevento). Foi canonizado por Gregório XVI em 1839, proclamado Doutor da Igreja por Pio IX em 1871 e patrono celeste dos confessores e moralistas por Pio XII em 1950.

2. OBRA. A produção literária de Afonso é vastíssima, contando mais de 111 escritos. Recordemos só os mais conhecidos ou os que interessam mais à vida espiritual. *O amor das almas; Reflexões sobre a Paixão de Jesus Cristo* (o trabalho mais importante sobre esse mistério); *Prática de amar Jesus Cristo* (é a obra mais original); *Novena do Espírito Santo; Do amor divino e dos meios para adquiri-lo; Uniformidade à vontade de Deus; Modo de conversar contínua e familiarmente com Deus; Afetos devotos a Jesus Cristo de uma alma que quer ser toda sua; Breve tratado da necessidade da oração, da sua eficácia e das condições com as quais deve ser feita* (outra obra fundamental); *As glórias de Maria; Admoestações que dizem respeito à vida religiosa; Considerações para aqueles que são chamados ao estado religioso; Conforto aos noviços; A verdadeira esposa de Jesus Cristo* (ampla exposição sobre a santidade religiosa); *Reflexões devotas sobre diversos pontos de espírito a favor das almas que desejam avançar no divino amor; Prática do confessor para bem exercitar o seu ministério; Instrução e prática para um confessor; Instrução para a oração mental.*

3. DOUTRINA ESPIRITUAL. Para bem entender a linear, e apesar disso complexa, figura de Afonso, e sobretudo o significado e o alcance da sua obra moral, dogmática e ascética, é necessário um estudo sobre a teologia, a piedade, os movimentos espirituais e a literatura religiosa popular e culta dos séculos XVII-XVIII, e não somente de Nápoles, mas de toda a Europa. Urge ter presente o → JANSENISMO no seu rigorismo ético e intelectualismo devocional, e sobretudo nas suas expressões de devoção popular. Discurso análogo deve ser feito para o → QUIETISMO. Não se devem esquecer o laxismo e os movimentos filosóficos da época, especialmente na sua configuração italiana. Nenhum outro período, em especial a primeira parte dos anos 1700, foi talvez tão cheio de polêmicas religiosas: o debate sobre a graça, sobre a lei moral, sobre a Igreja, sobre a oração, sobre as festas, sobre as relações entre Igreja e Estado, sobre as missões: todo um nó de problemas. E todo esse período espera ainda ser devida e organicamente estudado. É necessário, depois, ter sempre presentes as finalidades e os métodos das obras afonsianas, especialmente as ascéticas e as dogmáticas. Afonso começou a escrever bem tarde, por impulso missionário e dirigindo-se não aos doutos, mas sobretudo aos humildes, aos simples. Não tendo em conta essas premissas, é fácil lançar, como foi feito, acusações de falta de sentido crítico e científico, de doutrina espiritual pessoal, de aceitação daquilo que se encontra pelo caminho nos mais diversos livros.

a) Fontes. O estudo sobre os modos e as fontes de documentação esclareceu que Afonso não se afasta dos sistemas de seu tempo (cf. os ensaios de Cacciatore e de Xapone no vl. de *Introdução geral*, e a introdução de O. Gregório ao *Aparelho à morte*).

Fontes gerais, das quais extrai a sua documentação positiva, são constituídas de escritores de ascética erudita e dependentes, por sua vez, das *Bibliothecae Patrum* ou, mais frequentemente, das *Catenae*. Fontes diretas são as bibliotecas predicáveis e os Prontuários. Para a doutrina espiritual é necessário ter presentes, especialmente: → RODRÍGUEZ (*Exercício de perfeição*), → SCARAMELLI (só o *Diretório ascético*), Saint-Jure (*Erário da vida cristã e religiosa*), São → JOÃO DA CRUZ e sobretudo Santa Teresa e São → FRANCISCO DE SALES (cf. CACCIATORE, 1944, 182).

b) Caráter da santidade. *Universalidade.* "Deus ama todas as coisas que criou. [...] O amor não pode permanecer ocioso. [...] Por isso é que o amor acarreta necessariamente a benevolência, de modo que o Amante não pode deixar de fazer o bem à pessoa amada, sempre que pode. [...] Se, pois, Deus ama todos os homens, como consequência quer que todos alcancem a salvação eterna, que é o sumo e o único bem do homem, enquanto este é o único fim para o qual os criou" (*Gran mezzo*, E.R. [Edição Romana, citaremos sempre assim a edição crítica dos redentoristas], II, c. I, 27). Deus revela a sua vontade salvífica ao longo de toda a história da → SALVAÇÃO, mas especialmente em Jesus Cristo, como oferta de amor ao homem. Estes realizam a própria salvação e santificação correspondendo a esse amor, retribuindo-o e pondo em Deus toda a sua confiança.

Centralidade do amor como uniformidade à vontade de Deus. A essência da vida cristã é o amor trocado entre Deus e o homem. A santidade consiste, pois, no amor e alcança o seu cume na Terra na absoluta distância de todas as coisas e na plena uniformidade à vontade de Deus; no céu, na visão facial. "Toda a nossa perfeição consiste em amar o nosso amabilíssimo Deus. [...] Mas, além disso, toda a perfeição do amor a Deus consiste em unir a nossa à sua santíssima vontade" (*Uniformidade*, início). Este ensinamento é constante.

Dinâmica do amor: confiança em Deus. A → CONVERSÃO é conversão ao amor. Inicialmente se manifesta como movimento de confiança em Deus, suscitado pela consideração de quanto ele fez por nós, sobretudo na encarnação, paixão e morte de Jesus. "Meu Jesus, excessiva injustiça eu faria à vossa misericórdia e ao vosso amor se depois que me houvésseis dado tantos sinais do afeto que me trazeis e da vontade que tendes de salvar-me, eu duvidasse da vossa piedade e do vosso amor" (*Meditazione per il giorno d'avvento*, E.R. IV, 159).

Conversão total como retribuição de amor. "Agradeço-vos, ó eterno Pai, de ter-me dado o vosso Filho; e já que o tendes dado todo a mim, eu miserável dou-me todo a vós" (*Meditazioni per la novena di Natale*, E.R. IV, 182). "Fazei que este dia seja o dia da minha total conversão, assim que eu comece a amar-vos para não cessar jamais de amar a vós, sumo bem" (*Novena del Sacro Cuore*, Ibid., 522).

Totalidade do amor. Encaminhados no amor, este se torna a única norma do agir humano. "Ama a Deus e faz aquilo que queres; porque a uma alma que ama Deus, o mesmo amor ensina a jamais fazer aquilo que lhe desagrada, e a fazer tudo aquilo que lhe agrada" (*Pratica di amare*, E.R., c. I, 1). Totalidade do amor que leva a alma a um desejo ardente de santidade. "Jesus, meu amor, eu resolutamente quero amar-vos o quanto posso, e por isso quero fazer-me santo, para dar-vos gosto e amar-vos bastante nesta e na outra vida" (*Ibid.*, c. VIII, 105).

A perfeição do amor: afastamento total e uniformidade à vontade de Deus. Alcançar a perfeição do amor significa agir segundo as suas leis em todo o seu rigor, isto é: jamais fazer uma coisa que desagrade a Deus. Implica separar-se de si mesmo e de todo o criado: "Uma alma ferida [pelo amor divino] se despoja de todos os desejos de amor próprio" (*Dell'amore divino*, E.R. I, 269). "O que impede a verdadeira união com Deus é o apego às nossas desordenadas inclinações; razão pela qual o Senhor, quando quer conduzir uma alma a seu perfeito amor, procura afastá-la de todos os afetos dos bens criados" (*Pratica di amare*, c. XVII, 221). Perfeição significa ainda "fazer tudo aquilo que lhe agrada, isto é, procurar o gosto de Deus que consiste em adequar-se em tudo à sua vontade. [...] Nisso certamente consiste toda a perfeição do amor divino" (*Pratica del confessore*, c. IX, n. 129).

Cristocentrismo. Jesus é o modelo dessa santidade, por isso a vida do cristão nada mais é que *a prática de amar Jesus Cristo*. No centro de todos os pensamentos, de todos os afetos, de todas as resoluções está Jesus. Portanto, o objeto das meditações serão os mistérios do nascimento, vida, paixão e morte de Jesus. Estes mesmos novíssimos, excitando no pecador o salutar temor dos castigos divinos, o levam a interrogar-se aos pés de Jesus crucificado: "Que farei eu por ele, que tanto fez por mim?". Meditação que convida a alma a seguir Cristo na perfeita conformidade à divina vontade. O seu ser, o seu ensinamento, o seu exemplo dizem que a vontade do Pai foi tudo na sua vida. Isto será também o cume da configuração a ele: "Não vivo mais eu em mim, mas vive Jesus Cristo, porque eu não quero outra coisa senão aquilo que ele quer" (*Vera sposa*, E.R., c. XIV, par. 2, 77).

c) Meios. *A oração.* A prática de amar Jesus Cristo, e portanto a santidade, é impossível sem a ajuda divina. Mas essa ajuda é dada a todos com a graça de orar; a oração torna-se assim o grande meio da santidade. "Para amar bastante Jesus Cristo, é necessário rezar a ele bastante. Amar a Jesus Cristo é a obra maior que podemos fazer nesta terra, e é uma obra, um dom que não podemos ter por nós mesmos; dele deve vir-nos, e ele está pronto a dá-lo a quem o pede; de modo que, se falta, falta para nós e para a nossa transparência. Por isso os santos se empenharam sempre a orar, e esta foi a sua maior atenção" (*Lettera circ.*, 29 julho 1774: *Lettere*, II, 286). E, de forma mais teológica no *Gran mezzo* (II, c. IV: E.R., 145): "Admitindo-se pois que Deus quer todos salvos, e que quanto a si a todos dá as graças necessárias para conseguir a salvação, digamos que a todos é dada a graça de poder atualmente orar (sem necessidade de outra nova graça e, com o orar, o obter em seguida todas as outras ajudas para observar os preceitos e salvar-se. Mas seja advertido que, dizendo-se *sem a necessidade de outra nova graça*, não se entenda que a graça comum dá a cada um o poder orar sem a ajuda da graça adjutriz, porque ao exercitar qualquer ato de piedade, além da graça excitante, sem dúvida exige-se também a graça adjutriz, ou seja cooperante; mas se entende que a graça comum dá a cada um o poder orar atualmente, sem nova graça precedente que física ou moralmente determine a vontade do homem a pôr em ato a oração". Não orar quer dizer, portanto, quebrar a cadeia das graças, quer dizer perder a confiança no Senhor, não corresponder ao amor. "A graça da salvação não é uma graça só, mas uma cadeia de graças que depois se unem todas com a graça da perseverança final; a essa cadeia de graças deve corresponder agora uma outra cadeia (por assim dizer) das nossas orações; esquecendo-nos de orar quebramos a cadeia das nossas orações, se quebrará ainda a cadeia das graças, que nos hão de obter a salvação" (*Ibid.*, I, c. III, 67). "Se queremos em conclusão que Deus não nos deixe, não devemos deixar de sempre rogar a ele para que não nos abandone. Fazendo assim é certo que ele sempre nos assistirá e jamais permitirá que o percamos e nos separemos de seu amor" (*Ibid.*, 73).

A meditação. "Desta absoluta necessidade que temos de orar, nasce pois *a necessidade moral da oração mental*" (*Vera sposa*, c. XV, 90). Meditando os *magnalia Dei*, a alma conhece o próprio nada e a necessidade de pedir a Deus as graças, separa-se do pecado e se inflama de amor num crescimento e fusão admirável de oração e amor até o contínuo e familiar conversar com Deus, expresso nos *afetos e orações*, considerados pelo santo a finalidade e o fulcro de toda meditação e por isso abundante e intencionalmente disseminados em todas as suas obras. "Oração mental e pecado não podem estar juntos", sendo esta "aquela bem-aventurada fornalha, na qual se acendem as almas no divino amor". De fato, "no horizonte mental, aquele que fala à alma é o mesmo Deus" (*Ibid.*, 192 *passim*). "O paraíso de Deus, por assim dizer, é o coração do homem. Deus vos ama? Amai-o. As suas delícias são estar convosco e as vossas são estar com ele, e passar todo o tempo da vossa vida com quem vós esperais passar a bem-aventurada eternidade, em amável companhia. Tomai o costume de orar pessoalmente a ele, familiarmente, e com confiança e amor, como a um vosso amigo, o mais querido que tendes e que mais vos ama" (*Modo di conversare*, nn. 5.6: E.R. I, 316). "É um engano pensar que tratar com Deus com grande confiança e familiaridade seja faltar com o respeito à sua majestade divina" (*Ibid.*, 313).

A meditação de Maria. Tudo quanto foi dito não acontece senão pela mediação de Maria Virgem: tudo passa pelas suas mãos. "Quanto nós temos de bem do Senhor, tudo o recebemos por meio da intercessão de Maria. E por que isso? Porque (responde o mesmo São Bernardo) assim quer Deus: '*Sic est voluntas eius, qui totum nos habere voluit per Mariam*'. Mas a razão mais especial [...] é que, assim como Maria cooperou com a sua caridade ao nascimento espiritual dos fiéis, assim também quer Deus que ela coopere com a sua intercessão a fazer-lhes conseguir a vida da graça neste mundo, e a vida da glória no outro. [...] E conclui [São Bernardo] dizendo que todas as graças que desejamos devemos pedi-las por meio de Maria, porque ela obtém o que procura e as suas orações não podem ter repulsa" (*Gran mezzo*, I, c. I, 28-30 e mais amplamente em *Le glorie di Maria*, I, c. V).

Outros meios: os → SACRAMENTOS, especialmente a → EUCARISTIA: visita, missa e comunhão frequente, mesmo cotidiana, da qual o santo foi defensor polêmico no seu tempo; exame particular, → EXERCÍCIOS ESPIRITUAIS.

4. O PROBLEMA MÍSTICO. A vocação universal à santidade proposta por Alfonso comporta a vocação universal à mística ou esta não está no caminho ordinário da santidade? As posições dos mais

qualificados estudiosos de espiritualidade afonsiana são duas: negativa e afirmativa. Segundo Cacciatore, a afonsiana "é uma concepção ascética que rejeita os estados místicos como constitutivos da santidade. [...] A contemplação mística é graça, dom que Deus concede a quem quer e quando quer; pelo contrário da santidade que ele impõe a todos como um dever irrevogável" (*Introduzione generale*, 208-209). Keusch admite as graças passivas transitórias ou contemplação passiva inicial. Segundo Liévin e → GARRIGOU-LAGRANGE, a santidade proposta por Alfonso fora do tratado teórico postula necessariamente a mística. Garrigou-Lagrange interpreta e organiza a doutrina afonsiana segundo o esquema tomista, encontrando para ela a justificação no ensinamento prático de Alfonso, do qual examina especialmente as *Riflessioni divote*. Liévin chega à postulação da mística examinando o conceito afonsiano de abandono, ato de religião, ou melhor, de devoção, desenvolvendo-se em amor de amigo, que encontra a sua consumação no pleno acordo da nossa vontade com a vontade divina. Abandono do amor em consequência da atividade do dom do → TEMOR. Uma vez entendido no vocabulário afonsiano a respeito da natureza das graças místicas e do seu agir, é necessário concluir que "a perfeição da caridade e do abandono é de ordem mística" (L'abandon, *Spicilegium Historicum C.SS.R.* 1 [1953] 198-211). As duas posições são justificadas: uma pelo ensinamento teórico explícito, a outra pela substância e pela dinâmica interior da doutrina afonsiana. Como justamente se faz observar pelos defensores das duas sentenças, para julgar a mente de Alfonso ocorre ter presente o ensinamento que dele ressoa, as finalidades e os modos do seu escrever: não tratados científicos, não para os doutos, mas para o mais vasto povo; o comportamento polêmico e concreto do santo para com os dois extremismos teológicos da época: o → JANSENISMO, que acentuava quanto à incapacidade do homem para o bem, e o → QUIETISMO, que com a sua doutrina do nada, da não ação, do pôr-se em estado de absoluta passividade, deixando a Deus a faculdade de agir, porque ele só tem o ser, propugnava uma mística renunciadora e anticristã. Isso leva o santo a valorizar as capacidades humanas, contra os jansenistas, e a preferir à doutrina da passividade a *união ativa*, na qual o homem, operando com a ajuda da graça ordinária, eleva-se asceticamente até a perfeita uniformidade à vontade de Deus, isto é, até a verdadeira união da alma com Deus. É necessário considerar, além disso, a desconfiança geral da época para com a mística e as consequentes perseguições e inquisições a que estavam sujeitas as almas místicas, todas estas coisas bem conhecidas à prática pastoral do santo (cf. *Lettere di direzione spirituale*). A todos esses motivos une-se o psicológico, isto é, a particular predileção do santo, fruto da experiência mística pessoal, para a aridez espiritual, na qual refulge a separação e o gosto de Deus.

Os ensinamentos de Alfonso quanto à mística postulam pelo menos o conhecimento desses lugares: *Gran mezzo*, I, c. III, par. 1, 53-55; *Pratica del confessore*, c. IX (opp. In *Istruzione e pratica*); *Pratica di amare*, c. XIII, n. 5, 154; n. 13, 161; *Vera sposa*, c. XIV, par. 2, 76; *Uniformità*, 310-311; CACCIATORE, Due scritti inediti di sant'Alfonso intorno al quietismo, *Spicilegium Historicum C.SS.R.* 1 (1953) 169-197.

O ensinamento de Alfonso de que a perfeição não consiste na união passiva, graça extraordinária e gratuita, mas na união ativa, é constante e explícito, sendo formulado assim na *Pratica del confessore*: "Toda a finalidade de uma alma tem de ser a união com Deus; mas não é necessário à alma para fazer-se santa chegar à união *passiva*, basta alcançar a união *ativa*. [...] A atividade e a perfeita uniformidade à vontade de Deus" (n. 129). Os graus da santidade não se medem com base nas graças místicas da união passiva, mas na separação de tudo, também destas, também do grau de graça, de glória e de amor que, dito em forma positiva, significa progresso na conformidade à vontade de Deus até a perfeita assimilação a Cristo. O instrumento do qual Deus se serve é a *aridez espiritual*: "Deus com a aridez une a si as almas mais queridas" (*Pratica di amare*, c. XVII, par. 2, n. 17). "Contradição da Irmã e da Abadessa, enfermidade, escrúpulos, aridez e todos os tormentos internos e externos, com tais cinzéis Deus faz as estátuas para o Paraíso e, especialmente, com as tribulações internas, que angustiam bastante mais que as externas" (*Lettere*, II, 250). Tal doutrina da aridez, que Alfonso prefere (cf. em particular *Pratica di amare*, c. XVII, par. 2; *Vera Sposa*, c. XIII, par. 2; c. XIV, par. 2; *Uniformità*, 303-307; *Pratica del confessore*, c. IX; *Lettere di direzione*) é a nosso juízo a chave de solução do problema místico. Esta lhe permite superar os obstáculos da linguagem mística, então bastante suspeita, e afirmar — sem parecer, como é de seu costume — aquilo que com linguagem atual chamamos vocação universal à santidade, da qual a mística é componente normal e ordinária.

BIBLIOGRAFIA. 1) Biografias: BERTHE, A. *St. Alphonse de' Liguori.* Paris, 1896, 2 vls.; GREGORIO, O. – CAPONE, D. – FREDA, A. – TOGLIA, V. *S. Alfonso: contributi bio-bibliografici.* Brescia, 1940; REY-MERMET, TH. *Le saint du siècle des lumières. Alfonso de Liguori (1696-1787).* Nouvelle Cité, Paris, 1982; TANNOIA, A. M. *Della vita ed Istituto del ven. Servo di Dio A.M. de' Liguori.* Napoli, 1798-1802, 3 vls. (Nova edizione anastatica com Prefazione di REY-MERMET e índices, PP. Redentoristas, Nápolis 1982); TELLERIA, R. *S. Alfonso M. de' Liguori.* Madrid, 1950-1951, 2 vls.;

2) Ensaios e estudos: BAZIELICH, A. *La spiritualità di S. Alfonso Maria de Liguori: Studio storico-teologico. Spiciliegium Historicum C.SS.R.* 31 (1983): uma resenha completa; CACCIATORE, G. *Sant'Alfonso e il giansenismo.* Firenze, 1944; ID. *La spiritualità di sant'Alfonso.* In: *Le scuole cattoliche di spiritualità.* Milano, 1944; COLIN, L. *Alphonse de Liguori. Doctrine spirituelle.* Mulhouse, 1971, 2 vls.; COLON LEÓN, J. R. *La oración de petición em la doctrina de San Alfonso Maria de Ligorio. Estudio Histórico-teológico.* Roma 1986; DE LUCA, G. *Sant'Alfonso mio maestro di vita cristiana,* Alba, 1963; DECHAMP, V. A. *St. Alphonse considere dans as vie, ses vertus et sa doctrine spirituelle.* Malines, 1840; DILLENSCHNEIDER, C. *La mariologie de St. Alphonse.* Fribourg, 1931-1933, 2 vls.; GARRIGOU-LAGRANGE, R. *La testimonianza di saint'Alfonso paragonata a quelle di san Tommaso e di san Giovanni della Croce,* in *L'amore di Dio e la croce di Gesù,* II, Torino 1936, 191-223; GREGORIO, O. – CACCIATORE, G. – CAPONE, D. *S. Alfonso. Opere Ascetiche. Introduzione generale.* Roma, 1960; HIDALGO, J. F. *Doctrina alfonsiana acerca de la acción de la gracia eficaz y suficiente.* Torino, 1955; KEUSC, C. – GARRIGOU-LAGRANGE, R. *La spiritualité de St. Alphonse de Liguori. La Vie Spirituelle. Supplément* (giugno, 1927); KEUSC, C. *Die Aszetik des hl. A. M. v. Liguori.* Paderborn, 1926 [Trad. it.: *La spirituale di Sant'Alfonso.* Milano, 1931]; LIÉVIN, G. *La route vers Dieu, Jalon d'une spiritualité alphonsienne.* Fribourg-Paris, 1963; MANDERS, H. *Die liedfe in de spiritualiteit van St. Alfonsus.* Bruxelles, 1947; RAPONI, S. *S. Alfonso de Liguori Maestro di vita cristiana.* In: ANCILLI, E. *Le grandi scuole di spiritualità cristiana.* Roma 1986.

3) Bibliografias: FERRERO, F. *El primer centenário de la muerte de San Alfonso Maria De Ligorio (1787-1887) em la Congregación del Santisimo Redentor. Spicilegium Historicum C.SS.R* 33 (1984); MEULEMEESTER, M. de. *Bibliographie générale des écrivains Rédemptoristes* [até 1939]. La Haye-Louvain, 1933-1939, 3 vls.; SAMPERS, A. *Bibliographia alphonsiana 1938-1953. Spicilegium Historicum C.SS.R* 1 (1953); *Bio-bibliographia C.SS.R. 1938-1956. Spicilegium Historicum C.SS.R* 5 (1957); *Bibliographia scriptorum de systemate morali S. Alfonsi et de probabilismo, 1787-1922. Spicilegium Historicum C.SS.R* 8 (1960); *Bibliographia alfonsiana 1953-1971. Spicilegium Historicum C.SS.R* 19 (1971); *Bibliographia alfonsiana 1971-1972. Spicilegium Historicum C.SS.R* 20 (1972); *Bibliographia alfonsiana 1972-1974. Spicilegium Historicum C.SS.R* 22 (1974); *Bibliographia alfonsiana 1974-1978. Spicilegium Historicum C.SS.R* 26 (1978). Outro instrumento de informação bibliográfica é *Analecta Congregationis SS. Redemptoris* (1922-1967).

4) A edição crítica das obras ascéticas, realizadas pelos redentoristas, começou em Roma no ano de 1933: foram publicados sete volumes que serão reeditados na nova série em dezoito volumes pelas Edizioni di Storia e Letteratura di Roma. Dessa série, preciosa também pelas introduções críticas dos editores, foram publicadas em todo o ano de 1986, além da *Introduzione generale*: CACCIATORE. *Del gran mezzo della preghiera e opuscoli affini*; GREGORIO. *Apparecchio alla morte e opuscoli affini*; GREGORIO. *Via della salute e opuscoli affini*.

V. RICCI

AFRAATE (Santo). Chamado o "Servo persa", foi monge e talvez bispo na primeira metade do século IV. Com toda probabilidade foi superior ou pai espiritual para não poucos ascetas ("filhos da aliança", ou "filhos da paz") que permaneciam no mundo conservando a castidade perfeita. A sua obra, intitulada *Demonstrações* (uma coleção de 23 *Tratados, Cartas* ou *Homilias*), tiradas da caridade (2) em que consiste a perfeição e que leva consigo à inabitação total do Espírito na alma; do → JEJUM que nada vale se não é acompanhado pela pureza de coração (3); da oração (4): a oração pura é aquela que a pureza de coração acompanha, as obras de caridade dispensam momentaneamente da oração sem tirar a obrigação de suprir em outros tempos da vida monástica: os monges são os verdadeiros ascetas (6); da → HUMILDADE (9) que é fonte de intimidade com Deus, de paz com os irmãos (frequentemente Afraate chama os cristãos "filhos da paz"), de alegria íntima e radiante; da → VIRGINDADE (18) que é a nota característica dos ascetas e uma condição para a obtenção da caridade perfeita. Afraate insiste muito na pureza de coração e também no amor do próximo.

BIBLIOGRAFIA. *Patrologia syriaca,* 2-3; RICCIOTTI, G. *Sant'Afraate Siro... Le piú belle pagine tradotte dal siriaco.* Milano, 1926; HAUSHERR, I. In: *Dictionnaire de Spiritualité* I, 746-752 (único estudo da sua doutrina spiritual); GUILLAUMONT, A. Un midrash d'Exode 4,24-26 chez Aphraate et Ephrem de Nisibe. In: *A tribute to A. Vööbus.* Chicago, 1977, 89-95.

MELCHIORRE DI SANTA MARIA – L. DATTRINO

AGILIDADE. 1. Pode-se entender com dois diversos significados: a) Como dote do corpo glorificado — por meio da qual, libertado do peso que agora o oprime, o corpo pode movimentar-se com rapidez e sem fadiga alguma de um lugar a um outro segundo o querer da alma. Esta faz parte dos dotes que contribuem para a espiritualização do corpo segundo o que ensina São Paulo (1Cor 15,42-44) tornando mais completa a bem-aventurança. b) Como fenômeno extraordinário da vida espiritual. Trata-se então da translação, instantânea ou quase, da pessoa de um lugar a um outro, às vezes longínquo; não é necessariamente acompanhada pela → BILOCAÇÃO. É deste último significado que tratamos aqui.

Episódios de agilidade são encontrados na Sagrada Escritura (At 8,39-40) e na vida de alguns santos, por exemplo na vida de São Filipe Néri e de Santo → ANTÔNIO DE PÁDUA.

2. a) Pode-se explicar naturalmente o fenômeno? Até agora não foi encontrado nenhum meio natural ou artificial pelo qual o homem possa trasladar-se corporalmente e velozmente de um lugar a um outro, voluntariamente e sem auxílio de meios externos. b) É claro que o fato poderia acontecer de modo preternatural, porque não excede o poder dos → ANJOS e dos demônios que em tal modo possam transferir-se para junto do corpo humano para protegê-lo. Nos casos concretos, em acordo à regra de discrição dos espíritos e do preternatural, ocorre determinar quando o fenômeno é devido à ação diabólica. c) Pode depender de uma ação especial de Deus (segundo alguns autores seria milagrosa, segundo outros não), por meio do qual é comunicada ao corpo daquele que recebe a graça uma antecipação da agilidade dos corpos glorificados. Parece-nos que esta seja a explicação mais adequada. Essa participação seria o elemento mais característico do fenômeno e confere ao fato a marca de verdadeiro fenômeno místico. Contrariamente ao que afirma Reigada, não parece que se possa exaustivamente explicar com a total divinização da alma mística. É certo que o estado de transformação mística é, no pensamento de São → JOÃO DA CRUZ, um certo retorno ao estado de justiça original; todavia cremos que seja fora da ordem da atual providência de Deus o participar dos dotes gloriosos em modo conatural. E não cremos tampouco que essa participação seja uma qualidade comunicada de modo permanente. A mencionada participação suporia uma ação especial extraordinária de Deus, comunicada de modo passageiro. Isto em se tratando de almas verdadeiramente místicas. Mas, como a agilidade, em sentido geral, não é de *per se* santificante, deveremos admitir que ela se realiza até em almas em pecado mortal. É, por isso, mais lógico explicá-la como ação extrínseca extraordinária de Deus.

BIBLIOGRAFIA. MENENDEZ-REIGADA, I. G. *Los dones del Espíritu Santo.* Madrid, 1948, 383-385; RIBET, H. *La mystique divine.* Paris, 1985, 638-649 (parte 2ª, c. 32), t. II; ROYO, A. *Teologia della perfezione cristiana* (7. ed. anastatica). Cinisello Balsamo (Milano), 1987, 640-642.

I. RODRÍGUEZ

AGOSTINHO (Santo). 1. NOTA BIOGRÁFICA. Nascido em Tagaste (atual Souk-Ahras) em 13 de novembro de 354, de Patrício, decurião da cidade, e de Mônica, e morto em 28 de agosto de 430, em Hipona, Agostinho vive num dos períodos mais tormentosos da história da Igreja e do Império. Escrutador e cantor de Deus e do seu mistério, indagador da alma e seu mais genial revelador, teólogo e filósofo, polemista e controversista entre os mais sutis e lógicos, orador fecundo e muito vivaz, escritor enciclopédico, de mente lucidíssima, é sobretudo pastor de almas de imenso coração. Antes de conquistar os vértices incontaminados da contemplação mística de Deus, viveu o seu drama de homem, perquiridor de luz, médico do amor.

Em *A cidade de Deus* evoca, talvez inconscientemente, o aspecto próprio da sua vida: dois amores construíram as duas cidades — a terrena e a celeste —: "o amor de si leva até ao desprezo de Deus, e o amor de Deus leva até ao desprezo de si" (*A cidade de Deus*, XIV, 28). É pontualizada nessas palavras a vida de Agostinho antes e depois da conversão. Do pai, Patrício, tem o fogo passional nas veias; da mãe, Mônica, a sensibilidade e a inteligência: duas características que levam o jovem adolescente a desvios intelectuais e a aberrações morais, antes em Madaura, depois em Cartago. Mas há em Agostinho uma sinceridade de busca — quer a verdade —, ao mesmo tempo que uma inata necessidade de amizade

— o amor que aplaque as profundas exigências do coração —; e, não obstante caia enredado nas malhas do racionalismo, materialismo, maniqueísmo, agnosticismo e no abismo da sensualidade, conserva uma dignidade pessoal que o consuma e o leva às portas do → DESESPERO, pela verdade que lhe foge, pelo amor nobre que não consegue encontrar.

Sobre esse peregrino entregue à tempestade, que o pressiona, vigia Deus, e o fulminará com a luz da graça e o dardo da caridade, como tinha feito com Paulo de Tarso na estrada de Damasco. Após a fuga de Cartago e a breve estadia em Roma, Agostinho se encontra em Milão, titular da cátedra de retórica. Na capital lombarda vive as primeiras vibrações da graça: escuta a palavra de Ambrósio, que flui suave e forte do coração enquanto realiza os seus sermões (*Conf.* V, 13), tem conversas com Ponticiano, o qual revela ao compatriota a maravilhosa vida de Antão, a conversão do reitor Vitorino, a vocação de dois jovens oficiais. O lampejo acontece de forma imprevista, no jardim da mansão de Verecondo, em Cassiciaco (atual Cassago in Brianza, a cerca de trinta quilômetros de Milão): o misterioso *tolle et lege* (toma e lê) desce na alma de Agostinho com violência que o agita. A leitura de uma página de São Paulo (Rm 13,13-14) o perturba no fundo da alma. O pranto que irrompe do coração — o sangue da alma — sela a obra da graça: é agarrado por Deus. Está decidido pelo novo caminho: na noite entre 24 e 25 de abril de 387, com o filho Adeodato e o amigo Alípio, recebe de Ambrósio o batismo. A nova vida, dominada e encharcada da mesma sede de verdade e fome de amor — sede e fome que em Deus encontrarão a satisfação total —, consagra o caminho de Agostinho para a realização da missão que a providência assinalou ao convertido.

Retoma com a mãe Mônica, o filho Adeodato e alguns amigos o caminho para a África.

Morta a mãe em Óstia, Agostinho retarda o retorno à pátria por alguns meses. Livre filho de Deus, chega à África em 388, onde inicia em Tagaste uma vida de estilo monástico com os fiéis amigos. Chamado imprevistamente a Hipona ao sacerdócio, em 391, funda nas vizinhanças da cidade um segundo mosteiro e desenvolve intensa atividade ao lado do bispo Valério. Consagrado bispo em 395, sucede no ano seguinte a Valério na cátedra de Hipona. Bispo no sentido mais autêntico e religioso do termo, será por 35 anos o mestre da África, o farol da Igreja. A sua vida é consagração a Deus e às almas: todas as riquezas de sua mente e de seu coração estão à disposição da Igreja e dos homens, primeiro entre todos os seus fiéis e os seus monges. A sua vida em primeira linha; baluarte da verdade, contra donatistas, maniqueus, pelagianos; bastião da moral, em toda a gama dos seus valores e postulados.

Constrói no amor de Deus até o desprezo de si a cidade de Deus na África.

2. OS ESCRITOS. Limitamo-nos às obras que têm relação mais direta com a vida espiritual.

a) *Obras fundamentais*: as *Confissões*, poema de glorificação a Deus misericordioso, exprimem e cantam, na linguagem do coração, a ação de Deus na alma de Agostinho, tirada do abismo do mal e levada à incandescente luz da verdade. Escritas por volta do ano 400 de nossa era, dividem-se em treze livros, que "louvam a Deus justo e bom pelos meus males, pelos meus bens e para ele motivam a mente e o coração dos homens. Naquilo que me toca, este portanto é o efeito que produzem no meu ânimo quando aguardava escrevê-los e produzem ainda hoje quando os leio" (*Retratações*, II, 6, 1).

A *Cidade de Deus*, em 22 livros — obra composta entre 413 e 420, na plena maturidade intelectual e espiritual de Agostinho —, é uma verdadeira obra-prima de filosofia e teologia da história. Nas milenares vicissitudes dos homens, a presença de Deus é sempre vigilante: as suas intervenções assinalam as viradas para novas diretrizes no caminho da humanidade, determinam as escolhas, mesmo se não são percebidas pelos homens; tornam-se forças coordenadoras para as metas e destinos queridos, com antecedência, pelo próprio Deus. Agostinho procura desvelar o misterioso entrelaçamento daquele tecido admirável que se chama história, em cuja formação entram como componentes a liberdade do homem e a ação de Deus. Se o amor de si, até o desprezo de Deus, cria a cidade terrestre, com todas as lutas, injustiças, ódios, guerras e tiranias que dilaceram e tumultuam a ordem, a paz e a concórdia, o amor de Deus, até o desprezo de si, cria a nova cidade celeste, a qual, em perene oposição à cidade dos homens, gera, estabelece, conserva e leva ao último triunfo a unidade. O olhar de Agostinho alcança todos os problemas que atormentam o espírito do homem, sonda-os e resolve-os na visão de Deus-providência. A *Cidade de Deus* não é só a maior apologia da

Antiguidade, mas é sobretudo teologia vivente no quadro histórico da humanidade, como as *Confissões* são a teologia na vida de uma alma e a história de Deus manifestada no indivíduo.

Sobre a Trindade em 15 livros, é sua obra-prima teológica. Iniciada em 400 e terminada em 416, compreende a demonstração do dogma trinitário com os textos escriturísticos e patrísticos (livros 1-7) e a pesquisa das analogias no homem com a vida íntima de Deus, para colher motivos que deem uma certa inteligência do máximo mistério cristão (livros 8-15). Encontramo-nos diante da mais alta especulação teológica da idade patrística e na maior tentativa de aproximar a inteligência do homem da inefável e incompreensível realidade divina. De particular relevo é a doutrina agostiniana do reflexo, da ação e comunicação da vida do Deus Uno-Trino na alma. A especulação teológica se transforma em contemplação mística, em elevação da alma e sua imersão no mistério, para viver nele a inexaurível riqueza de vida e graça. A oração que fecha o amplo tratado é um grito de amor, de adoração da alma contemplante e vivente do mistério trinitário.

b) *Obras filosóficas*: compreendem oito diálogos, quatro dos quais escritos no retiro de Cassiciaco, os outros em datas posteriores. Para Agostinho, a filosofia verdadeira é o caminho da inteligência na procura de Deus: o itinerário para Deus. Nota-se nesses escritos uma diferença bastante notável com as *Confissões*: aqui Agostinho escreve chegado já a uma maturidade espiritual e ao encontro com Deus, e aí canta a paz e a profunda serenidade da alma, aplacada nas suas aspirações pelo possesso de Deus. Nos diálogos, ao invés, percebe-se a tensão do espírito que aspira ao conhecimento de Deus e ao seu possesso, que é o termo do caminho. As discussões permeadas pelo influxo do neoplatonismo, tidas com os amigos na mansão de Verecondo, são o tema dos diálogos *Contra os acadêmicos, Sobre a vida feliz* e *Sobre a ordem*. São representativas do ano 386, quando Agostinho era simples catecúmeno: o ponto comum enfocado nos três escritos é o *conhecimento de Deus*: Deus é verdade que não só pode ser conhecida, mas deve ser conhecida; a probabilidade não aplaca a inteligência, a qual quer a certeza (*Contra os acadêmicos*). A verdade, na qual consiste o verdadeiro bem — Deus verdade e bem absoluto —, e que se alcança parcialmente na terra e perfeitamente no céu, postula a eliminação do orgulho, o qual impede a aceitação da revelação (*Sobre a vida feliz*). A verdade que ilumina a ordem admirável de Deus no mundo, no qual a providência divina permite também o mal, mas sabe também dirigir tudo para um bem maior (*Sobre a ordem*). Tem-se a visão cristã, mesmo se ainda não perfeitamente teológica, da vida, como caminho para Deus, para ter no seu encontro luz e segurança, as quais, porém, não são fruto da simples razão humana, mas derivam sobretudo da intervenção de Deus que guia o homem para o seu destino, isto é, para a posse plena da verdade e do bem.

Os *Solilóquios*, em dois livros, são um diálogo entre Agostinho e a sua razão: o tema visado é o conhecimento de Deus e da alma, com as virtudes exigidas para tal conhecimento. É a indagação de um espírito que ainda não atingiu a plena conquista do conhecimento dos problemas que a sua inteligência lhe propunha. Colhe-se nos *Solilóquios* a aflição de uma alma voltada com todas as forças para Deus, para conhecê-lo e para ter de tal conhecimento a tranquila segurança do possesso.

Os outros diálogos posteriores aos quatro primeiros desenvolvem conceitos e problemas precedentemente acenados.

c) *Obras pastorais e morais*: são tratados, ditados pelo zelo pastoral de Agostinho, sobre variados argumentos que fazem referência ou atinência à vida espiritual, compreendida em toda a sua extensão. Neles se encontram, expostos com riqueza doutrinal, com intuições sempre geniais e com a profundidade de pensamento, características comum aos escritos agostinianos, argumentos de índole geral como *Sobre o combate cristão* (*De agone christiano*), de 396, *Sobre o modo de dar o catecismo aos ignorantes* (*De catechizandis rudibus*), de 400, *Sobre a verdadeira religião*, de 390, e escritos referentes a particulares estados de vida: a *Regra aos servos de Deus* (*Regula ad servos Dei*), que, composta provavelmente entre 397-400, é uma obra-prima de sabedoria, de moderação, de conhecimento da vida espiritual e da psicologia humana; *O trabalho dos monges* (*De opere monachorum*), escrito em torno de 401, para eliminar a falsa concepção de alguns monges preguiçosos; *Sobre a santa virgindade* (*De sancta virginitate*), tratado composto pouco depois do precedente, com o intento de exaltar a excelência deste estado de vida e a necessidade da humildade para responder à vocação virginal; *Sobre o bem do matrimônio* (*De bono coniugali*), de 401, o mais perfeito tratado do período patrístico sobre o dever dos esposos; *Sobre o bem da viuvez* (*De bono viduitatis*), de 414, no qual se exaltam os valores, as virtudes e os méritos da verdadeira viuvez e são dados conselhos para evitar perigos e desvios. A estes se podem juntar outros opúsculos, tais como: *Sobre a continência, Sobre a paciência, Sobre a utilidade do jejum* etc. Cada tratado mereceria uma exposição à parte, tão abundante é a riqueza espiritual de Agostinho no desenvolvimento dos vários temas e nos conselhos assim inteligentemente dados. É nessas páginas que ele se revela mestre de espírito, experimentado e, como nunca, sábio e humano.

d) *Tratados escriturísticos*: deixando aqueles de caráter estritamente exegéticos, limitamo-nos a assinalar os de índole mais propriamente moral e espiritual. Dentre estes destacam-se os comentários: ao *Discurso do monte*, em 2 livros; à primeira *Carta de João*, em 10 tratados; ao *Evangelho de São João*, em 124 tratados; e por fim aos *Salmos* e 200 homilias. São exposições doutrinais, realizadas em geral a viva voz, para o povo, para revelar o inexaurível manancial de motivos e de ideias para a meditação e reflexão dos textos sagrados. Há nessas páginas a alma de Agostinho, do pastor e do padre, que se comunica com a palavra sempre harmonizada às necessidades de um auditório heterogêneo (marinheiros, pescadores, crianças etc.).

3. DOUTRINA ESPIRITUAL. O otimismo sobrenatural que anima a doutrina agostiniana da graça anima e alimenta a doutrina espiritual que é daquela a natural consequência. Se o bispo de Hipona exercitou sobre a piedade cristã ocidental um influxo que encontra comparação em pouquíssimos outros, isto se deve ao fato de haver compreendido profundamente, e ter expressado estupendamente, os temas fundamentais da moral cristã: ele foi um grande teólogo e um grande místico, além de um extraordinário escritor.

a) *A caridade*. Seu primeiro compromisso foi demonstrar que a caridade é o centro vital do cristianismo: nela ele vê o fim da teologia e o conteúdo da → MORAL, da → PEDAGOGIA, da catequética e da vida cristã, como também da filosofia e da política. Recorde-se a célebre expressão agostiniana: *Dilige, et quod vis fac* (*In Io. ep. tr. 7*, 8) e a outra, que a explica: *Dilige, non potest fieri nisi bene facias* (*Ibid.*, 10, 7); recorde-se em seguida aquele passo da *Epistola 127*, 17: "No duplo preceito da caridade aí está a física, porque as causas de todas as coisas criadas estão em Deus criador; aí está a ética, porque a vida boa e honesta não nasce senão do amor com o qual se ama aquilo que deve ser amado e como deve ser amado; [...] aí está a *lógica*, porque a verdade e a luz da alma racional não são senão Deus; e aí está a *salvação de toda louvável República*, porque não se funda e não se guarda, como se convém, uma cidade senão sobre o fundamento e com o vínculo da fé e da concórdia estável; mas a fé e a concórdia não se tem senão quando se ama o bem comum, que é Deus, sumo e verdadeiro, e os homens se amem sinceramente uns aos outros em Deus; e não poderão amar-se sinceramente senão quando se amem por aquele ao qual não possam ocultar com qual sentimento se amam".

A caridade é a essência e a medida da perfeição cristã (*De natura et gratia*, 70, 84); a virtude da qual temos necessidade em todo caso, a única pela qual, possuindo-a, não se pode ser perverso (*In Io. ep. tr.* 7, 6), a única por meio da qual se possuem todos os bens: *Ipsam habeto et cuncta habebis* (*In Io. ep. tr.* 32, 8; 83, 3). O que é, de fato, a virtude senão "a caridade com a qual se ama aquilo que deve ser amado?" (*Ep. 167*, 15); e em outro lugar Agostinho diz: "Eleger este bem é prudência, não se deixar afastar dele por alguma perturbação é fortaleza, por alguma adulação é temperança, por alguma soberba é justiça" (*Ep. 155*, 13).

As virtudes, pois, nada mais são que uma modulação da caridade (*De moribus eccl. cath.* I, 15, 25), como as paixões são uma modulação do amor (*De civ. Dei*, XIV, 16).

Para o desenvolvimento e o domínio da caridade na alma Agostinho insiste sobre três aspectos ou prerrogativas, que se opõem diretamente a três possíveis e frequentes deformações da piedade: o exteriorismo, o naturalismo, o individualismo.

O primeiro aspecto é a "interioridade", um chamado contínuo e insistente a retornar a si mesmo, a reentrar no mundo interior do espírito; onde está presente Deus (*De vera religione*, 39, 72) está, segundo a definição de Agostinho, a "memória de si e de Deus". A interioridade, não como princípio metafísico, mas como princípio psicológico e espiritual, tem o escopo de induzir o homem a conhecer si e Deus (*Deus sempre idem, noverim me, noverim te*: *Solilóquios*, II, 1, 1), e a descobrir aquela corrente de amor que o leva inconscientemente para o seu Criador. De fato, o desejo de ser, de conhecer, de amar que domina a vida humana, outra coisa não é que um amor inconsciente de Deus: querer existir é amar a eternidade, querer conhecer é amar a verdade, querer amar é amar o amor (*De libero arbitrio*, III, 9, 21; *De Trin.* IV, 1, 2; VIII, 1, 17). Dessa descoberta nascem algumas importantes conclusões: antes de tudo o homem tem o dever de amar a Deus, mas também a necessidade de amá-lo, uma necessidade que torna fácil e alegre a realização do dever e que, se é satisfeita, procura para a alma a liberdade, aquela grande liberdade cristã da qual fala São Paulo (Gl 5,13 e 18; cf. *De spiritu et littera*, IX, 15). Outra consequência é que o amor de si e o amor de Deus, que sobre o plano psicológico estão em perfeita antítese entre si, sendo o fundamento das duas opostas cidades, da cidade de Deus e da cidade do mundo (*De civ. Dei*, XIV, 28), encontram-se sobre o plano ontológico; de fato, só amando a Deus amamos nós mesmos. Desvela-se assim aquela misteriosa realidade pela qual não nos amando amamo-nos e amando-nos não nos amamos (*In Io. ep. tr.* 123, 5; *Ep.* 155, 4, 15), e se conciliam assim tantas afirmações de Agostinho, que à primeira vista pareceriam contraditórias. Além disso, a regra da virtude espiritual é uma só: fazer coincidir a superfície com o fundo da alma, a vontade livre com a vontade necessária, nós com nós mesmos; a lei divina é a interpretação dessa regra fundamental. Enfim, a imagem de Deus em nós, que a interioridade nos revela, é a raiz e o fio condutor da piedade cristã: descobri-la, restaurá-la, aperfeiçoá-la é o verdadeiro escopo da vida. Mas a semelhança dessa imagem com o seu exemplar não será perfeita senão na visão imediata de Deus (*In hac imagine tunc perfecta erit Dei similitudo, quando Dei perfecta erit visio: De Trin.* XIV, 17, 23). Em direção a essa meta está endereçado o nosso caminho.

A segunda prerrogativa essencial da caridade é a "sobrenaturalidade". No célebre passo *De vera religione* (39, 72), ao imperativo *teipsum redi* segue-se outro imperativo: *transcende et te ipsum*. Deus está presente no homem, mas é também ausente porque é infinitamente superior a quanto existe de superior nele (*intimior intimo meo te superior summo meo: Conf.* III, 6, 11). Ele é o *internum aeternum* (*Conf.* IX, 4, 9), presente e transcendente. Mas o homem não pode transcender a si mesmo, porque o oprimem dois males, a mortalidade e a culpa: um o torna presa do tempo, que é já por si só uma lenta e inexorável morte; o outro, na impossibilidade de libertar-se do tempo, junta a *mutabilitas aetatis*, que vai na direção da morte eterna. Jesus se moveu por piedade de nossa condição: ele tinha dois bens, a imortalidade e a justiça, enquanto nós tínhamos dois males, a mortalidade e a culpa: tomando um dos nossos males, o mal da pena, libertou-nos de ambos os males, da pena e da culpa (*Serm. 171*, 3), a fim de que tomando o nosso ser de pecadores e de mortais nos tornássemos nele imortais e justos (*De civ. Dei*, XXI, 15). Não há portanto outra salvação para nós que estreitar-nos a Cristo; e Agostinho exprime poeticamente essa nossa necessidade: "O rio das coisas temporais te arrasta; mas na margem desse rio nasceu uma árvore. [...] Sente-te raptar em direção ao precipício? Segura-te forte na árvore. Arrebata-te o amor do mundo? Segura-te forte em Cristo. Por ti ele se fez temporal, a fim de que tu te tornasses eterno" (*In Io. ep. tr.* 2, 10). Reaparece aqui a doutrina da justificação e da graça; a → FÉ, a → ESPERANÇA, a → CARIDADE, com a qual nos estreitamos a Jesus Cristo, são dons de Deus. Assim Agostinho reafirma a fonte da qual deriva a caridade: *Unde est in hominibus caritas Dei et proximi, nisi ex ipso Deo? Nam si non ex Deo, sed ex hominibus, vicerunt Pelagiani; si autem ex Deo, vicimus Pelagianos* (*De gratia et libero arbitrio*, 18, 37).

À sobrenaturalidade se deve juntar uma terceira prerrogativa inseparável da caridade, a "socialidade". A antítese entre a caridade e a → SOBERBA resolve-se para Agostinho naquela entre amor "social" e amor "privado", e sobre essas antíteses se fundam as duas cidades que dividem o gênero humano: "*Duo amores, quorum... alter socialis alter privatus... distinxerunt conditas in genere humano civitates duas*" (*De gen. ad. litt.* XI, 15, 20). O amor "privado" é o amor das próprias coisas, isto é, daquelas coisas que se possuem ou se querem possuir com exclusão dos outros: compreende o amor perverso de si (*quaerit quae sua sunt*) e gera o → EGOÍSMO, a → CONCUPISCÊNCIA, a soberba, e portanto as divisões e os contrastes. Pelo contrário, o amor "social" é o amor do bem, que por sua natureza pode ser simultaneamente todo de todos; é pois o amor do bem comum em sentido pleno e absoluto. Este bem é Deus, Jesus Cristo, a Igreja, que são inseparáveis: "Quando amas os membros de Cristo, amas Cristo; quando amas Cristo, amas o Filho de Deus; quando amas o Filho de Deus, amas o Pai. Não se pode separar o amor" (*In Io. ep. tr.* 10, 3).

Nessa prerrogativa da caridade (que se poderia também definir trinitária, cristológica, eclesiológica) se resume toda a doutrina espiritual de Agostinho: em particular a condição da caridade, que é a purificação, o alimento da caridade, que é a oração, os graus da caridade e a meta da caridade, que consiste na → CONTEMPLAÇÃO.

b) *A purificação*. Com respeito à necessidade de purificação, rejeita o pressuposto metafísico do platonismo: é necessário fugir como de um mal não da matéria ou do corpo em si mesmo, mas do corpo corruptível, que sobrecarrega o vazio da alma, ou, como diz a Escritura, a "carne". Da conhecida passagem da Sabedoria (9,15), Agostinho tira a indicação para realizar essa distinção: "*Non corpus aggravat animam [...] sed corpus quod corrumpitur. Ergo carcerem facit non corpus, sed corruptio*"; e ainda: "*Caro tibi carcer est non corpus*" (*In Ps. 141*, 18-19). Nas *Retratações*, Agostinho se preocupa que uma sua expressão dos *Solilóquios* não seja compreendida segundo a doutrina de Porfírio (*Retract.* I, 4, 3). A propósito, depois, da ressurreição dos corpos, Agostinho traz por primeiro os argumentos contrários dos filósofos e em seguida comenta: "*Sunt ista, fratres mei, magna magnorum deliramenta doctorum*" (*Serm. 241*, 6).

A necessidade da → PURIFICAÇÃO não nasce do mal da matéria, que não é por si mesma um mal, mas do *bellum civile* que o pecado originou no homem. A desordem investe todas as suas faculdades, a sensibilidade, a inteligência, a → VONTADE; e três, de fato, são os vícios principais que obstaculizam o reino da caridade: a → CONCUPISCÊNCIA, a curiosidade, a soberba (*De vera religione, 38*, 70; *In Io ep. tr.* 2, 11-14). Remédio para esses males são a mortificação, o → RECOLHIMENTO, a → HUMILDADE: a mortificação nos consente de nos separarmos das coisas exteriores, o recolhimento nos permite ser habitualmente presentes a nós mesmos e a Deus, a humildade nos faz sentir criaturas defronte ao Criador. É necessário, pois, restabelecer a ordem: a alma deve sujeitar-se a Deus, para que as paixões sejam subordinadas a ela: "Reconhece a verdadeira ordem, procura a paz: tu a Deus, a carne a ti. O que há de mais justo, o que há de mais belo? Tu ao maior, o menor a ti. Serve tu àquele que te fez e servirá a ti aquilo que foi feito para ti. [...] Se não obedeceres ao patrão serás atormentado pelo servo (*In Ps. 143*,

6). Agostinho insiste sobre o conceito de que é necessário estabelecer a ordem e não mortificar o amor: "Ninguém vos diz: não ameis. Jamais seja assim! Seríeis preguiçosos, mortos, detestáveis, míseros se não amásseis. Amai, mas estai atentos ao que amais" (*In Ps. 31*, Serm. 2, 5).

A obra da purificação é fatigante e longa, e parece quase reassumir toda a nossa vida: "*Tota opera nostra in hac vita est sanare oculum cordis, unde videatur Deus*" (*Serm. 88*, 5). Agostinho, pondo o acento sobre este conceito, coloca em relação a purificação com a contemplação; mas recorda também, e insistentemente, a suavidade do amor que torna tudo fácil, também as coisas mais duras: "As fadigas dos amantes não pesam, antes, são motivo de deleite. Só interessa, pois, ver aquilo que se ama, porque quando se ama ou não se sente o peso ou se o ama sentir" (*De bono viduitatis*, 21, 26).

Assim, o ascetismo cristão é reconduzido ao problema do amor e este à interioridade: "*Te vince et mundus est victus*" (*Serm. 57*, 9). Todas as coisas que Deus fez são boas: o mal pode ser só no amor, porque este é bom se ordenado mas é mau se desordenado: "A avareza não é um vício do ouro, mas um vício do homem, que ama o ouro de modo perverso, isto é, esquecendo a justiça. [...] Nem a luxúria é um vício dos corpos [...] mas um vício da alma, que ama as volúpias corporais esquecendo a temperança. [...] Quem pois ama desordenadamente uma coisa, mesmo se a obtém, *ipse fit in bono malus, et miser meliore privatus*" (*De civ. Dei*, XII, 8).

c) *A oração*. Agostinho espalhou tanta luz que é lá nas suas obras sobre a oração que ao título de Doutor da graça a ele atribuído se poderia juntar o de Doutor da oração. A sua doutrina se conecta às três prerrogativas da caridade: à interioridade, à sobrenaturalidade e à socialidade.

O princípio da interioridade serve para esclarecer as questões conectadas com o dever e a natureza da → ORAÇÃO. Orar é falar a Deus (*In Ps.* 85, 7), mas um falar que se faz com o coração, não com os lábios (*affectibus orare debemus: In Ps.* 119, 2). A oração, de fato, comporta a conversão, a purificação e o desejo do coração que se volta a Deus e se esforça de fixar-se nele: "*Fit in oratione conversio cordis [...] et in ipsa conversio purgatio interioris oculi [...] ut acies cordis [...] ferre possit simplicem [...] nec solum ferre, sed etiam manere in illa; non tantum sine molestia, sed etiam cum ineffabili gáudio*" (*De sermone Domini in monte*,

II, 3, 14). No desejo, a oração encontra a raiz, a motivação e a medida da sua intensidade, de tal modo que Agostinho a identifica com o próprio desejo ("*Ipsum desiderium tuum, oratio tua est: et continuum desiderium, continua oratio*": *In Ps. 37*, 13). Posta essa identidade, é fácil responder a todas as questões sobre a oração: porque devemos orar se Deus sabe aquilo de que temos necessidade, como se pode obedecer ao preceito divino de orar sempre, que devemos pedir orando, por que se deve orar também com os lábios, por quanto tempo se deve prolongar a oração vocal etc. Deus quer que oremos porque orando tomamos consciência das nossas necessidades e com o desejo nos preparamos para receber aquilo que ele se dispõe a nos dar: "*Exerceri (vult) in orationibus desiderium nostrum, quo possimus capere quod praeparat dare*" (*Ep. 130*, 17). Deus não dá a não ser a quem ora para não dar a quem não sabe (*non dat nisi petenti, ne det non capienti*: *In Ps. 102*, 10). E o desejo, quanto mais é profundo e vivo, tanto mais dilata a capacidade da alma e a torna disposta a receber em maior profusão os dons de Deus ("*sumemus capacius quanto id et fidelius credimus et speramus firmius, et desideramus ardentius*": *Ep. 130*, 17). Mas o que podemos pedir a Deus na oração? Tudo aquilo que podemos honestamente desejar, e na ordem em que podemos e devemos desejá-lo. A oração do *Pater noster* (→ PAI-NOSSO) é por este aspecto a nossa guia: jamais pediremos qualquer coisa a Deus que não esteja contida nela, "*si recte et congruenter oramus*" (*Ibid.*, 22). Enfim, a oração vocal liga-se ao desejo enquanto ou não é o resultado ou serve para esclarecer a nós mesmos os nossos desejos e para torná-los mais pungentes; pelo qual orar muito não é falar muito, mas desejar muito ("*aliud est sermo multus, aliud diuturnus affectus*": *Ibid.*, 19).

Outro princípio em que se inspira a doutrina agostiniana da oração é a sobrenaturalidade: a oração é ao mesmo tempo efeito e meio indispensável da graça, e Agostinho defendeu tenazmente uma e outra dessas verdades contra os pelagianos e os semipelagianos. Os pelagianos, inimigos da graça, eram também inimigos da oração, pelo menos da oração imprecatória com a qual imploramos para não cair em tentação. Os semipelagianos, com a sua posição doutrinal, diziam que a oração com a qual pedimos a Deus a graça da fé não é um dom de Deus, e, negando a perseverança final, negavam que se deva orar para obtê-la. O bispo de Hipona, teólogo e defensor da graça, torna-se assim teólogo e defensor da oração.

O princípio que melhor exprime os dois aspectos da oração em relação à graça está contido nestas palavras do *De dono perseverantiae* (16, 39): "*const(at) alia Deum danda etiam non orantibus, sicut initium fidei; alia nonnisi orantibus praeparasse, sicut usque in finem perseverantiam*". Existem dons divinos que Deus dá a quem não ora, como o início da fé e a graça da oração (*De diversis quaestionibus ad Simplicianum*, I, q. 2, 21; *Serm. 168*, 5); mas todos os outros dons dependem da oração. A oração, pois, nos é tanto necessária quanto a graça que nos faz obter; é necessária para observar a lei divina, para vencer as tentações, para perseverar até o fim. A insistência de Agostinho sobre a necessidade da graça não é outra que não a insistência sobre a necessidade da oração. Na luta entre o espírito e a carne, Deus quis que combatêssemos antes com a oração do que com as nossas forças ("*in hoc agone magis nos Deus voluit orationibus certare quam viribus*": *Opus imperf. contra Iul.* VI, 5). Quem pois não se sente atraído por Cristo, ore para que venha atraído ("*Nondum traheris? Ora ut traharis*": *In Io. ep. tr.* 26, 2). É necessário orar sobretudo para haver o dom da perseverança, que nós não podemos merecer, mas podemos e devemos obter com a oração assídua ("*simppliciter potest emereri*": *De dono perseverantiae*, 6, 10). E daqui a exortação final da carta a Proba sobre a oração: "Combate com a oração para vencer este mundo, ora com esperança; ora com fé e amor, ora com constância e paciência, ora como uma viúva de Cristo" (*Ep. 130*, 19).

No que se refere ao aspecto social da oração, sobre a qual Agostinho elaborou uma ampla e profunda doutrina, recorde-se somente a nossa obrigatória cooperação à salvação do próximo e a união na oração com Jesus, cabeça do Corpo místico. A predestinação divina, como não exclui, mas exige a oração por nós mesmos, assim também não exclui, mas exige a oração pelos outros: "Oremos por aqueles que não foram ainda chamados, para que o sejam": "*fortassis enim sic praedestinati sunt ut nostris orationibus concedantur, et accipiant eamdem gratiam qua velint atque efficiantur electi*" (*De dono perseverantiae*, 22, 60).

Mas, para que seja eficaz, a nossa oração deve ser unida a Jesus Cristo e deve tornar-se assim a oração de toda a Igreja. Deus nos deu o seu Filho "a fim de que rezasse por nós e rezasse em nós e fosse por nós rezado. Jesus, de fato, reza por nós como nosso sacerdote, reza em nós como nossa cabeça, é rezado por nós como nosso Deus. Devemos reconhecer nossa voz nele e a sua voz em nós. [...] Não diga nada sem ele, e ele não dirá nada sem ti" (*In Ps. 85*, 1).

d) *Graus da vida espiritual*. O bispo de Hipona falou frequentemente do progresso da caridade, que não nasce perfeita, mas se torna tal gradativamente com o progredir da purificação e da oração. Agostinho costuma distinguir a caridade como incipiente, progressiva, grande, perfeita ("*caritas inchoata [...] provecta [...] magna [...] perfecta*": *De natura et gratia*, 70, 84); essas distinções, em outro lugar, respondem à caridade nata, alimentada, corroborada, perfeita ("*cum fuerit nata nutritur; cum fuerit nutrita corroboratur; cum fuerit roborata, perficitur*": *In Io. ep. tr.* 5, 4).

Mais particularmente, Agostinho estuda os graus da vida espiritual no *De quantitate animae* e no *De sermone Domini in monte*. Na primeira obra examina os sete graus da atividade da alma. Os primeiros três graus pertencem tanto ao homem como aos animais; com o quarto começa a vida do espírito, *ex quo bonitas incipit*. Esses quatro graus são: a *virtus*, a *tranquillitas*, o *ingressio*, a *contemplatio* ou *mansio* (em luz): a *virtus* importa o esforço da purificação, que arranca a alma do domínio dos sentidos (*mundare oculum animae*); a *tranquillitas* significa a saúde espiritual e o sossego da alma pacificada em si mesma (*ipsam culstodire atque firmare sanitatem*); a *ingressio* indica o momento em que a alma se volta à contemplação (*serenum atque rectum aspectum in id quod videndum est dirigere*); enfim, a *contemplatio* é como uma permanência prolongada, própria das almas perfeitas, no esplendor da sabedoria ("*in ipsa visione atque contemplatione veritatis [...] neque iam gradus, sed quaedam mansio, quo illis gradibus pervenitur*": *De quantitate animae*, 33, 73-76).

No *De sermone Domini in monte*, Agostinho explica as bem-aventuranças em relação com os → DONS DO ESPÍRITO SANTO, de quem são frutos (I, 1,3–4,12), e com as petições do *Pater noster*, que constituem dela a oração apropriada (II, 5,17–11,39): o santo nos oferece assim um programa que vai da pobreza de espírito, ou, como ele entende, da humildade, à qual responde o dom do → TEMOR, fundamento da vida espiritual, à bem-aventurança da paz, que é fruto do dom da sabedoria, que é a perfeição da vida espiritual. Agostinho retoma o discurso em outro lugar (*De doctrina christiana*, II, 7, 9-11; *De sancta virginitate*, 28; *Sermo 347*) e o reassume nas *Confissões* com estas palavras: "*Vocatis nos ut simus pauperes spiritu, et mites, et lugentes, et esurientes ac sitientes iustitiam, et misericordes, et mundicorde, et pacifici*" (XI, 1, 1).

Este vasto programa doutrinal, retomado e ampliado por Santo Tomás com a consideração das virtudes em relação aos dons, tornou-se patrimônio comum da ascética e da mística cristã.

e) *Contemplação*. Com a penetração do psicólogo e com o ardor do místico, Agostinho falou da contemplação, que foi a aspiração mais profunda da sua vida. A → CONTEMPLAÇÃO está ligada à bem-aventurança da paz e ao dom da sabedoria; esta supõe, de fato, uma pacificação do homem por intermédio da purificação, assim que a alma, segregada interiormente do tumulto do mundo, seja sujeita totalmente a Deus e as paixões sejam sujeitas à alma. Da casa de Deus, onde há festa sempiterna, ressoa "*nescio quid canorum et dulce auribus cordis sed si non perstrepat mundus*" (*In Ps.* 41, 9). Portanto, é necessário sobretudo o → SILÊNCIO, aquele silêncio interior que nasce da pacificação dos apetites: "*Solitudo quaedam necessaria est menti nostrae: quaedam solitudine intentionis videtur Deus. Turba strepitum habet: visio ista secretum desiderat*" (*in Io. ep. tr.* 17, 11). Essa pacificação do ânimo é própria do homem sábio ("*consummati perfectique sapientis*": *De sermone Domini in monte*, I, 2, 9), é fruto do dom mais alto do Espírito Santo: "*Postremo est septima ipsa sapientia, id est contemplatio veritatis, pacificans totum hominem et suscipiens similitudinem Dei*" (*Ibid.*, I, 3, 10).

A contemplação é o prêmio "altíssimo e secretíssimo" da dura fadiga da purificação (*De quantitate animae*, 33, 74). A este prêmio, segundo a descrição agostiniana, importa um elemento especulativo e um elemento afetivo. O elemento especulativo consiste numa certa visão de Deus, que significa intuir a luz eterna da Sabedoria, ver as coisas invisíveis, *intelligere divina*. Porque esta visão é fundada sobre a fé, a → VIDA contemplativa é vivida aqui na terra por meio da fé e só por pouquíssimos "*per speculum in enigmate, et ex parte in aliqua visione incommutabilis veritatis*" (*De consensu evangelistarum*, I, 5, 8). Deve-se pois concluir que não só o ontologismo filosófico é estranho ao pensamento agostiniano, mas também a afirmação de que a visão imediata de Deus seja, segundo Agostinho, o termo normal da contemplação; nem emerge das suas obras a conclusão de que ele mesmo tenha usufruído alguma vez desse altíssimo privilégio (*Epp. 92*, 3; *147*, 31; *De gen. ad litt.* XII, 26, 53 — 28, 56). O elemento afetivo da contemplação é constituído de amor, de alegria, de doçura inefável, do sossego do qual nasce aquela experiência do divino, que é ao mesmo tempo "descoberta" e "contato". E *tangere, contingere, adtingere, pervenire* são de fato as expressões mais frequentes dessa sublime experiência, que dá à alma tremor de amor e de terror (*Conf.* VII, 10, 16; XI, 9, 11), e frequentemente a comove até as lágrimas (*De civ. Dei*, XX, 17; *In Ps. 127*, 10). A contemplação importa uma subida em direção a Deus e uma descida. A subida compreende três momentos: a consideração da beleza corpórea, o retorno à riqueza interior, o impulso em direção à sabedoria incriada: "E ainda ascendíamos interiormente [...] admirando as tuas obras; e chegamos aos nossos espíritos e os transcendemos, para atingir a região da faculdade inexaurível onde [...] a vida é sabedoria [...] e tendemos com ávido desejo a ela" (*Conf.* IX, 10, 24). Mas se a subida é longa, a contemplação na sua forma mais alta é como um relâmpago, uma batida do coração (*in ictu trepidantis adspectus*: *Ibid.*, VII, 17, 23; *adtigimus eam modice toto ictu cordis*: *Ibid.*, IX, 10, 24; *Perstrictim et raptim*: *In Ps. 41*, 10). A esses instantes de trepidantes intuições, assaz preciosos na vida do espírito, segue a "queda" em direção às coisas costumeiras, o "retorno" ao tumulto da palavra ("*et recido ad haec* [...] *et reassorbeor solitis*": *Conf.* X, 40, 65; *et remeavimus ad strepitum oris nostri*: *Ibid.*, 10, 24). Enfim, a contemplação na forma mais alta é um dom extraordinário de Deus, quase um chamado ao alto. A alma, "seguindo uma certa doçura, uma não sei qual interior e oculta volúpia, como se da casa de Deus soasse suavemente um órgão [...] se abstrai de todo tumulto da carne e do sangue e chega até aquela casa" (*In Ps. 41*, 9). É Deus que introduz a alma naquela doçura (*Conf.* X, 40, 65); é o melodioso e eloquente silêncio da verdade que cai na alma ("*mentibus nostris sine ullo strepitu, ut ita dicam, canorum et facundum quoddam silentium veritatis illabitur*": *De libero arbitrio*, II, 13, 35).

f) *Contemplação e ação*. Agostinho, que falou tão frequentemente e com tanta profundidade da contemplação, nos deu também uma consideração precisa e ampla das relações entre a contemplação e a ação.

Fala dessa relação a propósito de Marta e Maria, das quais uma simboliza a vida ativa, e a outra a vida contemplativa, que por isso não lhe será jamais tirada: ela será aumentada aqui na terra, aperfeiçoada nos céus, mas não tirada, enquanto a vida ativa será tirada porque ela cessará por ser substituída com a outra melhor (*Serm. 103*; *104*; *179*, 4, 5). Agostinho trata ainda dessas relações a propósito de Lia e de Raquel: a primeira é amada por Jó em vista da segunda, assim como a ação é suportada em vista da contemplação. Mas o passo mais completo e mais sintético em torno desse argumento se encontra no *De civitate Dei* (XIX, 19): "Na vida contemplativa não deve atrair-nos o sossego inerte, mas a procura ou a descoberta da verdade [...] como na vida ativa não devemos amar a honra nesta terra ou a potência [...] mas a fadiga. [...] Por isso, o amor da verdade procura a contemplação [*otium sanctum*], a necessidade da caridade aceita a ação (*negotium iustum*). Se ninguém nos impõe o peso da ação, devemos aguardar a busca e a aquisição da verdade; mas, se nos é imposto, devemos aceitá-lo pelo dever da caridade. Contudo, ninguém neste caso necessita abandonar o prazer da verdade, para que não aconteça que, subtraída de nós esta doçura, se permaneça oprimido por aquela necessidade".

Nesta passagem extraordinariamente densa de conteúdo, além da admoestação sobre os perigos da contemplação e da ação (que a → VIDA contemplativa deve guardar-se da → PREGUIÇA e a vida ativa da → SOBERBA) estão expressos os três princípios que regem neles as mútuas relações: o primado da contemplação sobre a ação; o dever de aceitar a ação, quando nos seja exigido, por amor da caridade; a necessidade de conservar também na ação o gosto da contemplação.

g) *O ideal monástico*. O ideal monástico agostiniano se insere na doutrina espiritual e constitui dela a flor e o fruto. Sabemos já que o bispo de Hipona foi propagador, defensor e organizador do → MONASTICISMO na África; e conhecemos o seu ideal principalmente nas *Regula ad servos Dei*, nos *Sermoni 355* e *356*, nos *De opere monachorum*, no *De sancta virginitate*.

O ideal monástico de Agostinho se inspira na lembrança da primeira comunidade cristã (AT 2, 44; 4, 34) e na espera da "vida social" dos santos do céu. Daquela lembrança lhe deriva uma veia perene de frescura, daquela espera uma nota profunda de humanidade e de sobrenaturalidade. O caminho monástico aqui na terra realiza a vida "social" (*Serm. 356*, 14), e representa e testemunha a unidade da Igreja (*In Ps. 132*, 1-6). Ele é fundado sobre a pobreza individual absoluta, que Agostinho concebe já como verdadeiro voto (*Serm. 355*, 6), como renúncia total à propriedade (*Ep. 83*) e como vida comum perfeita. Essa comunhão se articula no duplo preceito: *Sint vobis omnia communia e Distribuatur unicuique... sicut cuique opus fuerit* (*Regula*, 1; *Serm. 356*, 1-2; Possidio, *Vita*, 5, 1). Agostinho era tão severo em exigir a observância do primeiro preceito quanto era largo e compreensivo e paterno em aplicar o segundo.

A vida do mosteiro é regulada por uma efusiva caridade que é, ao mesmo tempo, branda e forte: branda no ascetismo exterior, forte, antes inexorável, no ascetismo interior, que é precisamente o ascetismo da caridade; além disso, é dedicada ao trabalho manual e à contemplação (*De opere monachorum*, 29, 37). O bispo de Hipona foi o defensor e o teólogo do trabalho manual, constrangido a tal por um dissídio surgido no mosteiro de Cartago, onde alguns monges sustentavam dever se dedicar somente às "*orationibus et psalmis et lectioni et verbo Dei*" (*De opere monachorum*, 17, 20). Agostinho inculca o dever do trabalho manual e indica as suas exceções, tais como a enfermidade corporal, as ocupações eclesiásticas e a *eruditio doctrinae salutaris* (*Ibid.*, 16, 19). Entre essas exceções aparecem, como outras atividades além do trabalho manual e da contemplação, o estudo e o sacerdócio, também confiados por Agostinho aos monges.

Com relação ao estudo basta recordar o cuidado com o qual recomendava guardar os livros da biblioteca (Possidio, *Vita*, 31, 6) e a prescrição da Regra: "*Codices certa hora singulis diebus petantur*" (c. 9). Depois, no tocante ao sacerdócio, citaremos as palavras programáticas escritas ao abade da ilha de Capraia: "Se vossa mãe, a Igreja, desejasse a vossa obra, não a aceitai por soberba, nem desprezai-a por preguiça, mas obedecei com humilde coração a Deus. [...] *Nec vestrum otium necessitaribus Ecclesiae praeponatis*" (*Ep.* 48, 2). Uma síntese do ideal monástico do bispo de Hipona e da sua doutrina espiritual pode-se encontrar no último capítulo da Regra: "Conceda-vos o Senhor observar todas as coisas prescritas com amor, como apaixonados pela espiritual beleza e como exalando de vossa boa conduta o bom odor de Cristo Jesus, não como servos sob a lei, mas como livres sob a graça" (c. 12).

BIBLIOGRAFIA. Ed. *PL* 32-47; *CSEL* 1887 ss. Vers. it. em fase de publicação junto à ed. Città Nuova; BRAMBILLA, F. *Necessità della preghiera: la dottrina cattolica alla luce Del pensiero di sant'Agostino*. Roma, 1943; BUTLER, C. *Western Mysticism*. London, 1927; CAYRÉ, F. *La contemplation augustinienne. Principes de spiritualité et de théologie*. Paris, 1954; ID. *La mystique augustinienne*. In: *Augustinus Magister*. Paris, 1954, 103-68, vl. III; ID. *Sanctus Augustinus vitae spiritualis magister*. Roma, 1956, 2 vls.; CILLERUELO, LOPE. *El monacato de s. Agustín y su Regla*. Valladolid, 1947; COMBES, G. *La charité d'après St. Augustin*. Paris, 1932; MERLIN, I. *Saint Augustin et la vie monastique*. Albi, 1933; CUPETIOLI, A. *Theologia moralis et contemplativa sancti Augustini*. Venezia, 1737-1741, 3 vls.; DATTRINO, L. *Una fede, una chiesa in Agostino*. Padova, 1985; GROSSI, V. *L'antropologia cristiana negli scritti di Agostino. Studi Storico Religiosi* 4 (1980) 89-113; HENDRIKX, E. *Augustins Verhältnis zur Mystik*. Würzburg, 1936; HULTGREM, G. *Le commandement d'amour chez Augustin... d'après les écrits de la periode 386-400*. Paris, 1939; MANRIQUE, A. *La vita monástica en s. Agustín*. In: *Enchiridion histórico-doctrinal*, El Escorial, 1959; MARA, M. G. *Agostino d'Ippona: "massa peccatorum, mass sanctorum". Studi Storico Religiosi* 4 (1980) 77-87; MORICCA, U. *Spunti polemici di sant'Agostino contro i nemici e i falsi interpreti Del suo ideale monástico*. In: *Miscellanea agostiniana* II. Roma, 1931, 933-975; NICOLOSI, S. *La filosofia dell'amore in sant'Agostino. Orpheus* 4 (1983) 42-66; NYGREN, A. *Eros et Agapé. La notion chrétienne de l'amour et ses transformations*. Paris, 1952, 5-130, III; RICCIARDI, D. *La virginità nella vita religiosa secondo la dottrina di sant'Agostino*. Torino, 1961; THONNARD, F. J. *Traité de la vie spirituelle à l'école de St. Augustin*. Paris, 1959; TONNA-BARTHET, A. *De vita christiana*. Roma, 1927, livro VII; TRAPÈ, A. *Agostino Aurélio*. In: *Bibliotheca Sanctorum* I. 428-600 (trata-se de estudo fundamental); ID. *Sant'Agostino*. In: *Patrologia* III. 325-434, (com ampla bibliografia e indicações das edições críticas, das traduções e dos estudos sobre cada uma das obras); ZUMKELLER, ADOLAR. *Das Mönchtum dês hl. Augustinus*. Würzburg, 1950.

A. TRAPÈ – C. SORSOLI – L. DATTRINO

AGOSTINIANOS. Na Ordem agostiniana se distinguem três famílias; eremitas de Santo Agostinho, recoletos, romitanos.

Eremitas de Santo Agostinho — surgiram no século XIII, quando diversos grupos de eremitas (jambonitas, guilhermitas, bretinos etc.), difusos por toda a Itália, foram reunidos numa "confederação" que assumiu como base a Regra de Santo → AGOSTINHO, conservando o nome originário de eremitanos. Muito fragmentárias são as informações relativas à história dessa fusão. Inocêncio IV, com a bula *Incumbit nobis*, de 16 de novembro de 1243, reunia numa só entidade, sob a Regra de Santo Agostinho, os mosteiros dos eremitas toscanos. Mas uma verdadeira e própria fusão desses grupos eremitas numa única Ordem se deu na realidade com Alexandre IV, que em 15 de julho de 1256, com a bula *Cum quaedam salubris*, convidava a apresentar-se em Roma dois representantes de cada grupo eremítico para que examinassem juntos a possibilidade de uma tal fusão. De fato, foi na igreja de Santa Maria do Povo, em Roma, que os expoentes dos eremitas toscanos, dos guilhermitas, dos jambonitas e dos bretinos constituíram uma única Ordem, que tomou o nome de irmãos eremitas de Santo Agostinho. Seu primeiro geral foi Lanfranco Settolo, homem prudente e de grande experiência, já superior dos jambonitas. É provável que às várias comunidades fosse enviado um esboço das futuras constituições, como é certo que foram mandados nos vários países da Europa religiosos da nova Ordem com o escopo de pôr em prática as decisões tomadas em Santa Maria do Povo. Entre os diversos grupos originários, o dos guilhermitas se retirou, num segundo tempo, da confederação para retornar à observância da Regra beneditina.

Os eremitanos de Santo Agostinho, relacionados entre as Ordens mendicantes, tiveram um desenvolvimento rápido e excepcional, tanto que no fim do mesmo século XIII contavam dezessete províncias. As epidemias dos séculos XIV e XV enfraqueceram o espírito e a disciplina da Ordem, e para restaurar o primitivo fervor foram realizadas atualizações um tanto radicais, que introduziram na vida puramente contemplativa a atividade: sobre este plano, os eremitanos se distinguiram pelo zelo na ação missionária e na luta contra o analfabetismo. Em 1285, o estúdio de Paris já estava incorporado à universidade, e em Oxford tornar-se-ão célebres os dotes de especulação filosófica dos representantes da Ordem.

Recoletos de Santo Agostinho. Representam uma reforma, surgida no seio da Ordem dos eremitanos segundo aquele vasto movimento de retorno da vida religiosa a um espírito mais austero que caracterizou a segunda metade do século XVI, especialmente na Espanha. Originários da província de Toledo (1588), os recoletos tiveram como primeiro legislador Fr. Luiz de Leão (1537-1591) e como primeiro convento o de Talavera de la Reina. A extensão da reforma induziu o papa Gregório XV (1621) a constituir uma Congregação de recoletos no seio dos eremitanos de Santo Agostinho.

Os recoletos se dedicaram com empenho à evangelização: encontramo-los na Colômbia, nas Filipinas (1605), no Japão (1623), onde alguns deles encontraram o martírio. O desejo de vida contemplativa levará os recoletos espanhóis a fundar o "Deserto da Viciosa", mas em 1835 a Congregação, exatamente na Espanha, será suprimida; o mesmo acontecerá pouco depois na Colômbia. Tendo guardado a unidade jurídica com os eremitanos de Santo Agostinho até 1911, os recoletos obtiveram de São Pio X a plena autonomia sob um próprio prior geral. Estes atualmente desenvolvem atividade didática na Colômbia, Venezuela, Brasil e nas Filipinas.

Romitanos descalços de Santo Agostinho. Em plena Reforma católica, no fim do século XVI, outra tensão de renovação se manifesta na Ordem agostiniana: na origem desta esteve o decreto do Capítulo geral de 1592. Os que a ele aderiram foram chamados "agostinianos descalços" e tiveram em → TOMÁS DE JESUS, Luis de Leão e André Dias a tríade mais representativa. A nova reforma teve o apoio dos sumos pontífices, especialmente Clemente VII, e, embora com não poucas dificuldades, conseguiu bem cedo estender-se na Itália e em outros países.

Os romitanos gozam de autonomia, sob um prior geral próprio. Têm Constituições próprias que não excluem da sua vida nenhuma atividade apostólica.

BIBLIOGRAFIA. Agostiniani. In: *Dizionario degli Istituti di Perfezione* I. Roma, 1974, 278-415 (com ampla bibliografia).

A. Trapè

ALBERTO MAGNO (Santo). 1. NOTA BIOGRÁFICA. Nascido em Lawingen, Alemanha, em 1193. Jovem, estuda na universidade de Pádua, onde a palavra irresistível do seu compatriota Jordão de Saxônia, discípulo e sucessor de São Domingos como mestre geral dos dominicanos, o atrai à vida religiosa. Dedica, pois, toda a sua existência aos problemas culturais e ao ensino, que inicia em 1228. Ensina, de fato, em Hildesheim, em Friburgo (1235), em Colônia, onde tem como discípulo, entre todos caríssimo, Santo → TOMÁS DE AQUINO; em Ratisbona, em Estrasburgo (1236-1244?), em Paris (1245-1248), em Anagni junto à cúria papal (1256). Eleito bispo de Ratisbona (1260), mais tarde se demite para dedicar-se novamente à atividade intelectual. Participa do II Concílio de Lião (1274) e graças à sua palavra convincente consegue fazer reconhecer Rodolfo de Asburgo imperador da Alemanha. Antes de morrer (1277), embora velho, se dirige a Paris para defender a doutrina do seu amado discípulo Tomás de Aquino. Morre em Colônia em 1280.

2. **OBRAS.** Alberto, chamado "Magno" em razão do prodígio de sua cultura e de sua produção, se ocupa dignamente de cada campo do saber humano de seu tempo: de filosofia, teologia, mística, Sagrada Escritura, astronomia, geografia, climatologia, física, mecânica, química, alquimia, mineralogia, antropologia, zoologia, botânica, medicina. A sua *Opera omnia* (Paris, 1890-1899) compreende 38 grossos volumes, e isso explica a elevação de Alberto, já canonizado por Pio XI (1931), a patrono dos cultores de ciências naturais. As suas obras principais são: *Summa theologicae, Summa de creaturis, De praedicabilibus, Metaphysica, Ethica, Politica* etc. Atualmente está em curso uma nova edição crítica das obras de santo Alberto Magno (cf. *Bibliografhia Internationalis Spiritualitatis*, Roma, desde 1969, um volume ao ano; verbete: *Albertus Magnus*).

Como filósofo, intuindo o valor sistemático e doutrinal do aristotelismo, dedica-se a difundir sua obra, tornando-o acessível e parafraseando-o, "provocando assim o maior acontecimento da escolástica medieval" (Grabmann). Ele pode ser considerado o grande criador daquela filosofia cristã que se chama "perene".

Como teólogo, além dos seus numerosos escritos, seu maior mérito é ter formado o mais universal teólogo de todos os tempos, Santo Tomás de Aquino.

Como exegeta, Alberto comenta toda a Bíblia.

Como cientista merece um posto à parte na história das ciências medievais. A autonomia das religiões, de fato, de toda humana autoridade — e a experiência são as características de sua pesquisa. "Se a evolução da ciência tivesse continuado na estrada percorrida por Alberto, ter-se-ia economizado um giro de três séculos" (Stadler).

À ciência Alberto une harmonicamente uma vida santa. Místico teórico e prático, é definido por seus contemporâneos "verdadeiro imitador de São Domingos", e de fato análogas são as formas e as atitudes também externas.

Entre os santos dominicanos é o mais complexo: especulativo em grau eminente, como o seu discípulo Tomás de Aquino, é também de tendência muito prática e positiva, mas orienta a sua potência de penetração especulativa e prática para a procura de → DEUS. Ele não concebe o → ESTUDO sem a oração, que se atraem, se integram, se implicam reciprocamente. Mesmo quando observa a natureza e os seus mistérios, ele insere aí o conhecimento num ciclo de ciências que culminam em Deus e que o levam ao limiar do céu, onde o estudioso se transfigura em contemplativo e místico. Assim a oração torna-se nele o princípio e o vértice de toda ciência.

Os escritos testemunham isso: o místico-cientista, de fato, parafraseia em orações as sentenças e os Evangelhos, e compõe para cada santo orações pessoais e, particularmente, não sabe frear a própria emoção quando fala de Maria.

A ciência, pois, a serviço da espiritualidade; a cultura em função da mística — esta, em outros termos, é a missão histórico-espiritual de Alberto.

3. **DOUTRINA ESPIRITUAL.** À parte a tendência espiritualística da cultura, Alberto abordou amplamente a ascética e a → MÍSTICA.

A sua doutrina espiritual é disseminada em todas as suas obras, nos comentários à Sagrada Escritura, nos discursos, nos escritos teológicos, sobretudo nos comentários aos escritos do Areopagita (do qual é o único comentador integral). Está ainda para ser composta uma completa bibliografia espiritual albertina. Por longo tempo o belíssimo tratado *De adhaerendo Deo*, que parece deva atribuir-se a João Von Kastl (Grabmann), foi considerado de Alberto; o mesmo se diga do *Liber de perfectione vitae spiritualis* e do *Paradisus animae*.

Na vida espiritual o primado cabe à → CARIDADE, na qual consiste a perfeição (*In Matth.* 11, 28). Existe, pois, na base da vida de cada um a obrigação de tender à perfeição mediante a caridade.

Alberto chama a perfeição geral, exigida por cada um, *perfectio sufficientiae*, que consiste na observância da lei e dos mandamentos. Obviamente ele admite que a cada estado está ligada uma perfeição relativa (*In III Sent.* d. 29, a. 8).

À base da santidade, e como norma espiritual, Alberto, como todos os escritores espirituais, põe a conformidade com a vontade de Deus, que ele distingue em três espécies: a *conformitas imperfectionis*, a *conformitas sufficientiae*, a *conformitas perfectionis*.

A *conformitas imperfectionis*, própria dos imperfeitos, é uma adesão só material à causa divina.

A *conformitas sufficientiae*, própria dos que se aperfeiçoam, é a adesão à causa divina eficiente.

A *conformitas perfectionis*, própria dos perfeitos, é a adesão total à vontade de Deus em toda a sua extensão: consiste em "querer aquilo que Deus quer que eu queira" (causa eficiente); em "querer aquilo que eu sei que Deus quer" (causa material); em "querer aquilo que eu quero com a mesma caridade com a qual Deus quer aquilo que ele quer" (causa formal); em "querer tudo aquilo que eu quero para a glória de Deus, como Deus quer para a sua glória tudo aquilo que ele quer" (causa final).

A atmosfera na qual a caridade se deve expandir e atuar é a oração. Esta é "um colóquio com o Senhor" (*De oratione dominica*, ed. WIMMER, 48), que exige uma ativa comunhão com o Senhor e é o resultado de um processo ascético que deságua na *contritio cordis* e na *compunctio cordis*. Alberto não concebe a oração sem as lágrimas (*Comentário aos Salmos 39, 78, 141*), e por isso indica como momento mais adaptado à oração a noite e o crepúsculo. Porque a noite reclama o → SILÊNCIO, o → RECOLHIMENTO, a → SOLIDÃO, o intimismo. Nessa exigência de intimismo Alberto preludia a mística da introversão, da qual o Meister → ECKHART (1327), seu representante maior, foi provavelmente discípulo seu em Colônia.

Graças a esta exigência a oração torna-se *meditação* (*De muliere forti*, XVII, 1), que "favorece o conhecimento de si, esta a compunção, a compunção gera a devoção, a devoção enfim aperfeiçoa a oração" (*De oratione dominica*, 58). A → MEDITAÇÃO garante a oração afetiva e a oração efetiva.

"Cristo é o mediador da oração, enquanto exerce uma mediação exemplar (ele nos ensinou a orar) e uma meditação efetiva (ele é a causa meritória com o seu sangue salvífico): Jesus toma a oração nas suas mãos, abençoa-a e a oferece ao Pai, mostrando-lhe continuamente a sua humanidade assumida para a redenção dos homens" (*Comentário ao Apocalipse*, VIII).

Na doutrina sobre a contemplação Alberto, embora estando no período de transição, preludia certas posições de Tomás de Aquino.

Provavelmente ele é o primeiro a analisar como os dois dons do → INTELECTO e da → SABEDORIA aperfeiçoam a fé (*In III Sent.* d. 34, a. 2, ad 2); talvez também o primeiro a indicar nos dois dons os meios para uma intervenção de Deus na contemplação.

Além disso, Alberto sustenta o caráter mediato da contemplação mística: não podemos de fato ver Deus diretamente, porque submetidos ao corpo estamos constritos a conhecer por meio de espécies abstratas, pela qual a contemplação mística se desenvolve sempre *sub quadam confusione*.

Para o que se refere à sabedoria, *lumen calefaciens*, sabedoria infusa, esta é um conhecimento afetivo que aumenta a caridade; mediante a caridade se efetua a → UNIÃO COM DEUS, e a teologia, é sabedoria adquirida, é um meio excelente, prático e especulativo, para conhecer os maravilhosos caminhos da caridade. De resto a mesma fé, princípio da teologia como a sabedoria infusa, tem por objeto a *veritas affectiva*. Evidentemente, a afetividade à qual acena Alberto não é decerto a de São Boaventura, mas sua doutrina representa uma boa perspectiva para as pesquisas teológicas sucessivas.

Nas relações entre oração e ação, entre ação e contemplação, Alberto é categórico: "a ação é reavivada pela contemplação" (*Comentário a Lucas*, IX, 37), embora admitindo que a vida contemplativa se adquire e se intensifica também mediante a vida ativa, da qual ela é como a recompensa. Em outros termos, a ação e a oração submetem-se à lei de reversibilidade e de reciprocidade.

4. O INFLUXO. Embora seja ainda um campo só parcialmente explorado, estamos a ponto de determinar alguns aspectos notáveis.

O seu primeiro mérito é o de ter formado e plasmado a mente e o coração do Doutor Angélico, Santo Tomás. Não menos importante é o fato de ter lançado as bases indiretas à mística da introversão, a mística alemã, tanto por meio do ensinamento direto dado a Meister → ECKHART († 1327) quanto por meio do indireto, mediante o *Comentário ao Areopagita* frequentemente consultado por G. → TAULERO († 1361) e por H. Seuse († 1366).

Alberto sem dúvida exerceu influência também no mosteiro de Helfta, o grande centro místico beneditino, e sobretudo com os escritos eucarísticos, sobre → DEVOTIO MODERNA, do qual talvez tenha surgido aquela joia espiritual que é *A imitação de Cristo*.

BIBLIOGRAFIA. *Alberto Magno (1280-1980)*. *Sacra Doctrina* 25 (1980-1994) 293-377; Eszer, A. S. Alberto M. e i cristiani d'Oriente. *Nicolaus* 9 (1981) 283-299; Ferraro, G. L'esegesi dei testi pneumatologici nelle "Enarrationes in Ioannem" di sant'Alberto M. *Angelicum* 60 (1983) 40-79; 61 (1984) 316-346; Garcia Miralles, M. Mt 1-2 y Lc 1-2 em San Alberto Magno. *Estudios Josefinos* 32 (1978) 147-164; Grabmann, M. Der Einfluss Alberts des Grossen auf das mittelalterliche Geistesleben. In: *Mittelalterliche Geistesleben*, I-II, München, 1926-1936; Lamy de la Chapelle, M. "Fils jusque dans la chair". Le mystère de l'incarnation dans la pensée de saint Albert le Grand, Alexandre d'Hales, saint Bonaventure et saint Thomas d'Aquin. *Doctor Communis* 33 (1980) 131-168; Meersseman, G. *Geschichte des Albertismus*. Paris-Roma, 1933-1935; Pontifícia Università di San Tommaso [Roma] (ed.). *Sant'Alberto Magno, l'uomo e il pensatore*. Milano, 1982; Puccetti, A. *S. Alberto M.* Siena, 1937; Ribes Montane, P. *Razón humana y conocimiento de Dios em san Alberto Magno*. *Espíritu* 30 (1981) 121-144; Scheeben, H. D. *Albert der Grosse*. Bonn, 1932; *Atti della settimana albertina*. Roma, 1932; *Studi albertini*. *Sacra Doctrina* 26 (1981-1995) 5-122; Walz, A. Alberto M. In: *Bibliotheca Sanctorum* I, 700-717 (com seleta bibliográfica); Wilms, H. *Alberto M.* Bologna, 1931.

D. Abbrescia

ALEGRIA. Todos os mistérios da vida cristã, na medida em que são valores absolutos e nos põem em contato especial com Deus, são veículos especiais de alegria. Vamos examinar alguns motivos que têm uma relação mais particular e mais direta com a alegria.

1. AS RELAÇÕES COM A TRINDADE. O primeiro motivo de que devemos falar é enunciado em São João no célebre prólogo de sua Primeira Carta: "pois a vida se manifestou e nós vimos e damos testemunho e vos anunciamos a vida eterna que estava voltada para o Pai e se manifestou a nós. [...] E nossa comunhão é comunhão com o Pai e com seu Filho Jesus Cristo. E isto vos escrevemos para que nossa alegria seja completa" (1Jo 1,2-4).

A vida cristã é, portanto, alegria, antes de tudo porque implica novas relações íntimas e comunhão de vida com a família trinitária, princípio fundamental de toda alegria e bem-aventurança (cf. *STh*. II-II, q. 26, a. 3). Agora o cristão, renascido espiritualmente do Pai (cf. Jo 1,12-13), em Cristo (cf. Rm 6,3-11), por obra do Espírito Santo (cf. Tt 3,5-6), considera necessariamente nova a relação com as três Pessoas divinas; por isso a saudação-voto inerente à nova maneira de ser do batizado será a de Paulo: "A graça do Senhor Jesus Cristo, o amor de Deus e a comunhão do Espírito Santo estejam com todos vós" (2Cor 13,13); de fato, João diria: "Se em vós permanecer a mensagem que ouvistes desde o princípio [= adesão, pela fé, à palavra de Cristo], também vós permanecereis no Filho e no Pai" (1Jo 2,24). Parece, portanto, bem identificado o motivo fundamental da alegria: o batizado é absorvido no círculo íntimo da própria vida das três Pessoas divinas. Pela consagração batismal, passa a fazer parte daquela nova assembleia definida pelo Concílio Vaticano II, que reproduz a citação de Cipriano: "Povo de Deus, reunido na unidade do Pai, do Filho e do Espírito Santo" (*LG* 4).

a) Toda a → TRINDADE está empenhada em trabalhar pela alegria do homem: o Pai, que envia o Filho para que, com o Espírito Santo e no Espírito Santo, todos os homens dispersos (cf. Jo 11,52) sejam reconduzidos ao Pai (cf. Ef 2,18; 4,6), termo final da obra de redenção (cf. Ef 1,6.12.14). Os batizados, portanto, não são "estrangeiros nem migrantes, mas [...] concidadãos dos santos [...] da família de Deus" (Ef 2,19). O Pai, de fato, nos ama (Jo 16,27) e, depois do → BATISMO, tornou-se, por um novo título, "o Deus do amor e da paz" (2Cor 13,11); ao qual devemos pedir, filialmente, que a nossa alegria seja plena (Jo 16,24; 15,11; 17,13), porque se os homens são bons muito melhor será o nosso → PAI CELESTE (cf. Mt 7,7-11), sabendo fazer "além, infinitamente além do que nós podemos pedir e conceber" (Ef 3,20). O batizado, portanto, deve adormecer, sem preocupações (Mt 6,25-28.31-32.34), nos braços de seu Pai: ele toma conta de nós (1Pd 5,7; Fl 4,6).

b) O Filho deu sua vida por nós (Rm 5,6-9). Ele é a nossa paz (cf. Ef 2,14) e nos diz: "Eu vos deixo a paz, eu vos dou a minha paz" (Jo 14,27); e aos seus apóstolos: "em mim tenhais a paz" (Jo 16,33); faz-se consolador dos atribulados (cf. Mt 11,28), porque quem for até ele "não terá mais fome" (Jo 6,35) e quem nele crê "não terá mais sede" (*Ibid.*).

c) Mas o motivo de alegria mais íntimo e mais formal, aquele que, como diria Paulo, "ultrapassa toda compreensão" (Fl 4,7), é o → ESPÍRITO SANTO. O batizado é habitado pelo Espírito Santo, que se doa a ele precisamente para ser princípio e objeto ao mesmo tempo, de fruição e de amor (cf. 1Jo 1,5): aliás, o cristão é partícipe do Espírito Santo (Hb 6,4) que Cristo derramou sobre ele abundantemente (Tt 3,6; Rm 5,5), como uma "unção" (cf. 1Jo 2,27) saborosa (cf. Hb 6,5), cheia de alegria (cf. Lc 10,21) e que mata a sede (cf. 1Cor 12,13): como "selo-marca" do amor (cf. Ef 1,13; 4,20; 2Cor 1,22; 3,3). Cristo, como esclareceu muito bem o Concílio Vaticano II, é a alegria de todo coração (GS 45). Mas a alegria mais formal e mais parecida com a da Trindade é aquele gemido filial que "o Espírito de Cristo" (Rm 8,9) faz subir ao coração do filho de Deus: *Abbá*, Pai! Um gemido que constitui a alegria mais perfeita e mais consumada de que possa desfrutar uma criatura na terra.

As aplicações mais concretas desta doutrina revelada na vida cristã são duas:

I. Uma das características singulares e incomunicáveis da vida cristã deverá ser a de se tornar inacessível a tudo aquilo que tem sabor de melancolia, de desconfiança ou de desânimo. De fato, o cristão e o Espírito Santo são uma só coisa, mas o Espírito e a alegria são uma só coisa na medida em que ele é a alegria substancial que procede do Pai e do Filho, que o faz ser chamado: "*oculum suavissimus et secretissimum Patris et Filii*", "abraço", "beijo", "suspiro" do Pai e do Filho. Portanto, o cristão e a alegria são uma só coisa. A alegria se tornará logicamente o elemento-medida da perfeição cristã. O reino de Deus, conclui magnificamente Paulo, é justiça, paz e alegria no Espírito Santo; de fato, "o fruto do Espírito é amor, alegria, paz" (Gl 5,22).

Tomás, comparando a lei antiga com a nova, diz claramente: "se o reino de Deus é a justiça interior, a paz e a alegria espiritual, é necessário que todos os atos exteriores que repugnam à justiça, à paz e à alegria espiritual repugnem ao reino de Deus; e assim devem ser proibidos no evangelho do reino" (*STh*. I-II, q. 108, a. 1, ad 2).

Nada é mais anticristão que a tristeza, assim como nada é mais autenticamente cristão que a alegria: o cristão é apóstolo e difusor de alegria. Algumas expressões paulinas são absolutamente características; como esta: "Reine em vossos corações a paz do Cristo, à qual fostes todos chamados. [...] Instruí-vos e adverti-vos uns aos outros com plena sabedoria; cantai a Deus, em vossos corações, a vossa gratidão, com salmos, hinos e cânticos inspirados pelo Espírito" (Cl 3,15-16).

II. Uma segunda aplicação se refere à liberdade-espontaneidade-impulso, que deveria caracterizar a ação cristã. Já que ele é um "ungido", um "marcado" pelo Espírito de amor (cf. 2Cor 1,21-22), o qual infundiu e gravou nas mais secretas profundezas do coração a lei evangélica (cf. 2Cor 3,2-3), "com poder e com [...] profunda convicção" (1Ts 1,5), logicamente tudo deverá ser impregnado de amor: nada de "forçado", nada de "imposto a partir de fora", mas tudo brotando, "*faciliter et delectabiliter*", desta nova lei, viva e suave, que, por assim dizer, age em nós sem nós (cf. Ez 36,25-28; Jr 31,33-34). Assim percebemos quanto são verdadeiras as palavras de Jesus: "o meu jugo é fácil de carregar, e o meu fardo é leve" (Mt 11,30); e porque São João diz: "e seus mandamentos não são um peso" (1Jo 5,3).

Tomás, estudando a natureza íntima da lei evangélica, diz: "A graça do Espírito Santo é como um hábito interior infuso, que nos inclina a agir bem: leva-nos a fazer, com perfeição, o que convém à graça e a evitar aquilo que lhe repugna. Por esse motivo, a nova lei se chama lei de liberdade, [...] porque nos faz observar livremente os preceitos do Senhor enquanto, por um instinto interior da graça, cumprimos os preceitos divinos" (*STh*. I-II, q. 108, a. 1, ad 2; q. 106, a. 1, ad 2; *In Jo*, 1, 10, 3; *In II Cor*. 3, 2; *In Rom*. 8, 1); "a nova lei é primeiro infundida e depois escrita", e "o que na nova lei é mais importante e que constitui toda a sua força é a graça do Espírito Santo" (*STh*. I-II, q. 108, a. 1; q. 107, a. 1, ad 3; q. 106, a. 1).

2. A VIDA CONCEBIDA COMO VÉSPERA DA ETERNIDADE. "A vida se manifestou", diz João na passagem que nos serviu de ponto de partida, "e nós vimos e damos testemunho e vos anunciamos a vida eterna que estava voltada para o Pai e se manifestou a nós. [...] E isto vos escrevemos para que nossa alegria seja completa" (1Jo 1,2.4). É essa a grande "boa-nova" de Jesus (cf. 1Jo 2,25): a promessa de uma vida inefável, que ninguém nunca experimentou porque "é o que o olho não viu, o ouvido não ouviu, nem subiu ao coração do homem: tudo o que Deus preparou para os que o amam" (1Cor 2,9; cf. Is 64,3); Pedro a chama de "alegria inefável e gloriosa".

O batizado, com a virtude infusa da esperança, recebe uma tendência dinâmica infusa para a outra vida: recebe uma profunda modificação interior (*metanoia*; cf. Mt 3,2; At 2,37-38; Rm 2,2; Fl 1,9-10) em relação com a valorização do tempo e das coisas: o "verdadeiro" tempo é aquele que se perpetua na eternidade; a vida presente torna-se a véspera de uma grande festa e, portanto, alegre e impaciente expectativa.

O cristão é alguém que "espera" e que "vigia", "aguarda" (cf. Lc 21,36; 1Ts 5,6; 2Pd 3,17; 1Pd 5,8), com a lâmpada acesa, a vinda do esposo (cf. Lc 12,35): é alguém que espera "com amor" (2Tm 4,8) e "com perseverança" (cf. Hb 6,12; Rm 8,25) que "clareie o dia" (2Pd 1,19) da "bem-aventurada esperança" (Tt 2,13); o dia que "se aproxima" (Hb 10,25) ou "dia do Senhor" (1Cor 1,8; Fl 1,6; 9; 1Ts 5,11).

Mas o cristão não só espera e vigia, ele corre ao encontro (2Pd 3,12) da "coroa imperecível" (1Cor 9,25), como um corredor em busca do prêmio (cf. 1Cor 9,24-27), porque prefere "deixar a morada deste corpo para ir morar junto do Senhor" (2Cor 5,8). A sinfonia revelada fornece-nos outros detalhes de elevado odor místico: o cristão, habitando neste corpo "em exílio distante do Senhor" (2Cor 5,6), vai caminhando, como se estivesse sobrecarregado e em dores de parto, e anseia que a tenda de seu corpo se rasgue para reviver e consumar-se na glória (cf. 2Cor 5,1-5; Fl 1,23; Rm 8,23; 2Pd 1,14); de fato, a morte para ele "é um ganho" (Fl 1,21) e "algo muito preferível" (Fl 1,23).

Esse misterioso "gemido", o mais íntimo, o mais alegre, o batizado o recebe passivamente o Espírito Santo, que foi enviado pelo amor do Pai como "garantia" de certeza e, sobretudo, como "primícia" (Rm 8,23) e "adiantamento da nossa herança" (Ef 1,14; 2Cor 1,22).

Também por este segundo motivo devemos portanto dizer: o cristão e a alegria são uma coisa só porque o cristão e a esperança são uma só coisa.

Ele não é atormentado pela dúvida também porque a sua esperança é solidificada por motivos de absoluta certeza: é toda a Trindade, de fato, que milita por ele: o Pai, que envia o Filho, dando-nos, com ele, "tudo" (cf. Rm 8,32; Jo 3,16-17); o Filho, que morre por nós (cf. Rm 8,34-35); o Espírito Santo, que nos protege e nos infunde no coração essa suavíssima certeza (cf. Ef 1,14; Rm 8,23).

O cristão é portanto um "alegre na esperança" (Rm 12,12), que caminha serenamente, com passo firme e expedito, rumo "à estrela da manhã" (2Pd 1,19) que, como miragem, exerce sobre ele uma poderosa força de atração. Transportado por sua alegria delirante, exclama: "Alegremos e exultemos [...] porque chegaram as núpcias do Cordeiro. [...] Felizes os convidados ao banquete das núpcias do Cordeiro!" (Ap 19,7.9).

Não haverá, portanto, nada de mais anticristão que a desconfiança, o desânimo e o cansaço. A exortação, que exprime bem o sentido cristão da vida, será esta: "Que o Deus da esperança vos cumule de alegria e de paz na fé, a fim de que transbordeis de esperança pelo poder do Espírito Santo" (Rm 15,13; cf. 1Ts 4,13.18).

Essa alegria é tão profunda e resistente que é capaz de vencer e de superar até o sofrimento: não o sofrimento suportado, mas superado e abraçado alegremente. É a dialética dos "bens do Reino" que exige logicamente esse paradoxo, o qual atinge suas manifestações e exigências mais altas e sublimes na sinfonia das bem-aventuranças.

O cristão sabe, por fé, que lá onde há mais sofrimento e provação nesta vida, haverá mais glória na outra. O cristão, portanto, considera o sofrimento uma "graça", um "bem escatológico", porque, além de outros efeitos, tem o de fazer-nos apreciar, pensar e desejar mais intensamente os bens eternos.

O cristão torna-se aquele autêntico super-homem autônomo e independente que, inserido na realidade terrestre, caminha com passo altivo, pois está convencido de que nenhuma criatura do mundo pode tirar-lhe ou acrescentar-lhe nada; como diria Jesus: "Não temais aqueles que matam o corpo, [...] temais aquele que, depois de fazer morrer, tem o poder de lançar na geena. Sim, eu vos digo, é a este que deveis temer" (Lc 12,4-5). É por essa atividade "vitoriosa" típica da esperança que a Escritura a qualifica com expressões tão breves quanto eficazes: "esperança viva" (1Pd 1,3), "esperança de que nos orgulhamos" (Hb 3,6), "âncora... fixada com muita firmeza" (Hb 6,19).

Toda tentativa de resolver o problema do sofrimento fora da atmosfera da vida eterna está destinada ao fracasso. Ao contrário, nada de mais lógico para o cristão que o orgulhar-se "também nas tribulações" (Rm 5,3). Sabemos que "os sofrimentos do momento presente não têm proporção com a glória que deve ser revelada em nós" (Rm 8,18). Assim, Pedro, incitando a superar a estultícia e a loucura da lógica cristã (cf. 1Cor 2,14; 1,23; 3,18-19), conclui: "Na medida em que partilhais dos sofrimentos de Cristo, alegrai-vos, a fim que, por ocasião da revelação da sua glória, também vos encháis de alegria e exultação" (1Pd 4,13).

Um terceiro motivo da vida cristã é a tese sobre a → PROVIDÊNCIA ou → CONFORMIDADE À VONTADE DE DEUS.

BIBLIOGRAFIA. ALESSANDRO DI SAN GIOVANNI DELLA CROCE. *La gioia dei figli di Dio. Rivista di Vita Spirituale* 11 (1957) 137-159; BARRA, G. *La nostra gioia è qualcuno*. Paoline, Roma, 1965; CABODEVILLA, J. M. *È ancora possibile l'alegria?* Roma, Paoline, 1962; CAVAGNA, A. M. *Squilli di gioia nelle pagine del Vangelo*. Rovigo, 1955; CAVALLA, V. *La gioia perfetta*. Asti, 1955; HORATCZUCK, M. *Qui ride l'asceta*. Roma, Paoline, 1959; JAEGHER, P. DE. *Dio è la mia gioia*. Roma, Paoline, 1961; La gioia. *Rivista di Ascetica e Mistica* 2 (1957) 317-460 (com bibliografia); MONTIER, E. *Le gioie della vita*. Torino, 1943; PASQUALINO, F. *Le vie della gioia*. Roma, Paoline, 1957; PAULO VI. *Gaudete in Domino*. Exortação apostólica de 9 de maio de 1975; PERRIN, J. M. *Il messaggio della gioia*. Roma, Paoline, 1955; PLUS, R. *Seminare la gioia*. Torino, 1948; SANTUCCI, L. *L'imperfetta letizia*. Firenze, 1954.

A. DAGNINO

ALIANÇA. Tema riquíssimo que unifica os dois Testamentos e divide as etapas fundamentais da história da → SALVAÇÃO, o tema bíblico da aliança divina é também particularmente fecundo do ponto de vista da espiritualidade. E é unicamente sob este aspecto que entendemos apresentá-lo. Isso significa que muitos elementos não diretamente envolvidos no discurso estritamente "espiritual" serão deixados. Insistiremos ao invés sobre aquelas dimensões do tema que evidenciam o surgir e o desenvolver-se de um contato Deus-homem capaz de definir uma religiosidade conscientemente vivida.

"Agradou a Deus na sua bondade e sabedoria revelar a si mesmo e manifestar o mistério da sua vontade (cf. Ef 1,9). [...] Com essa revelação, o Deus invisível (cf. Cl 1,15; 1Tm 1,17), no seu grande amor, fala aos homens como a amigos (cf. Ex 33,11; Jo 15,14-15) e se entretém com eles (cf. Bar 3,38), para convidar-lhes e admitir-lhes à comunhão com si" (*Dei Verbum*, I,2). É essa "comunhão com Deus", finalidade salvante de uma revelação-iniciativa progressivamente realizada por Deus com grande sabedoria e amor, a realidade sobre a qual nos deteremos na leitura do tema bíblico da aliança.

É exigência inerente ao tema, assim como será aqui prospectado, distinguir três momentos sucessivos: a aliança divina firmada com Israel no Sinai; a aliança nova predita pelos profetas; a perfeita aliança instaurada por Deus em Cristo Jesus. Apreciaremos assim, em chave espiritual e com aderência ao dado bíblico, o alcance das conhecidas antíteses "lei-graça" (Rm 6,14; Jo 1,17) e "carta-Espírito" (2Cor 3,6; Rm 7,6), como também aquela dos binômios "ser-agir" e "caridade-liberdade".

1. A ALIANÇA DO SINAI: UM REGIME DE LEI. A tradição bíblica (cf. sobretudo Ex 19-24.32-34 e também o inteiro livro do Deuteronômio) refere que no deserto e com a mediação de → MOISÉS o Senhor revelou aos filhos de Israel a sua lei, e sobre a base da mesma lei firmou com eles sua aliança. Uma expressão normativa do modo pelo qual Israel compreendeu esse momento sinaítico, a encontramos cuidadosamente redigida no seguinte oráculo divino que, como se diz, foi dirigido a Moisés no monte: "assim deverás falar à casa de Jacó, assim anunciarás aos filhos de Israel: 'Vistes o que fiz aos Egípcios e como vos levei sobre asas de águia e vos trouxe a mim. Agora, se realmente ouvirdes minha voz e guardardes a minha aliança, sereis para mim a porção escolhida entre todos os povos — na realidade é minha toda a terra —, sereis para mim um reino de sacerdotes e uma nação santa" (Ex 19,3-6). Com concisão de ditado e robusteza de conceitos é articulada a aliança do Sinai nos seus elementos essenciais. Antes de tudo, a iniciativa divina é situada no dinamismo de uma história de salvação já há tempo operante: a "casa de Jacó" e os "filhos de Israel" (v. 3) são a descendência prometida e dada a → ABRAÃO; o Senhor que no Sinai fala a Moisés é "o Deus de Abraão, de Isaac e de Jacó", o Deus fiel (cf. Ex 3,6.15; 6,3.8); o momento sinaítico prolonga a história patriarcal, imprimindo ao mistério de Israel uma dimensão nova. Não só. O Deus dos pais que se está revelando como o Deus da aliança é o Deus redentor do Êxodo, aquele mesmo que feriu os egípcios e tirou Israel da casa da escravidão (v. 4; cf. Ex 20,2). Como se vê, a aliança do Sinai é compreendida como uma ulterior iniciativa do Senhor que era revelado aos pais e libertou sua descendência da escravidão do Egito: uma relação existe já entre o Senhor e os filhos de Israel, e ela assume agora uma dimensão nova e uma fisionomia mais articulada.

Qual? Dizem-no com louvável clareza os versículos 5-6. Aos filhos de Israel é prometido que serão para o Senhor uma "propriedade particular", um "reino de sacerdotes" e uma "nação santa". É a relação da aliança definida como uma dignidade até agora inédita na história, a dignidade de um povo eleito entre todos e que constituiu a sede privilegiada do culto e da complacência do Senhor. Tal privilégio, todavia, expressão do mesmo amor que assinalou o momento patriarcal e a redenção do Êxodo (cf. Dt 7,6.7-8), é prometido de modo condicional: "Se ouvirdes a minha voz e guardardes a minha aliança" (v. 5)! E, à luz de toda a seção sinaítica (Ex 19–24), sabemos que a dita condição consiste na prática fiel da lei que exatamente no Sinai é revelada. "Esta foi a ordem que lhes dei: Escutai a minha voz! Então eu serei o vosso Deus e vós sereis o meu povo; e andai sempre pelos caminhos que vos ordenei" (Jr 7,23). Do Sinai em diante, a existência de Israel como "povo de Deus" é marcada pela → LEI, porque na própria lei deve caminhar Israel se quer que se realize efetivamente a sua relação de aliança com o Senhor e torne-se realidade viva a promessa dos privilégios divinos supramencionados.

À lei, pois, é reconhecido um primado decisivo: é a condição da aliança, a "cláusula" segundo a qual o Senhor quis firmar com Israel uma relação particular (cf. Ex 24,8). Em outras palavras, o regime do Sinai interpela a consciência de Israel como um "regime de lei": o contato da aliança está ligado a uma condição; e a condição é a observância fiel da lei. Segundo Paulo, o momento sinaítico foi aquele no qual apareceu a lei (Rm 5,20; Gl 3,17.19); e segundo João "a lei foi dada por meio de Moisés" (Jo 1,17). Essa equivalência Sinai-lei e Moisés-lei merece ser explorada, porque entra no próprio dinamismo da história da → SALVAÇÃO e consentirá compreender o motivo pelo qual nascerá em Israel mesmo a espera de uma aliança nova e libertadora.

A lei, condição da aliança. A aliança do Sinai é regime de lei não porque nela se prevê que Israel observe a lei de Deus, mas porque a prática da lei divina, imperativo irrenunciável, aí se encontra promovida à *condição* da aliança mesma. "Hoje o Senhor teu Deus te ordena pôr em prática estas leis e decretos; guarda-os e observa-os com todo o teu coração e com toda a tua alma" (Dt 26,16). Até aqui nada de particularmente significativo. Mas o texto continua: "Tu ouviste hoje o Senhor declarar que ele será o teu Deus, mas só se tu caminhares pelos seus caminhos e observares as suas leis. [...] O Senhor também te fez hoje declarar que tu serás para ele um povo particular, como ele te disse, mas só se observares todos os seus mandamentos". (Dt 26,17-18).

"Mas só se...": a linguagem é acentuadamente condicional. O Senhor se compromete em ser o "Deus de Israel" na condição de que Israel se comprometa na prática fiel da sua lei. É sempre uma iniciativa de eleição e de amor da parte do Senhor; mas o Deus dos pais e do Êxodo revela agora a sua lei e põe uma condição para que se realize a sua aliança com Israel e prospere a sua relação com a casa de Jacó: Israel deve escutar a voz imperativa do Senhor e caminhar fielmente no caminho dos seus preceitos. Por vontade de Deus a aliança é como que confiada à escolha dos filhos de Israel (cf. Dt 30,15-20). A escolha é contínua, deve renovar-se cada dia, tal como empenho a observar uma lei sempre decisiva. Isso significa, que para *ser* povo de Deus, Israel deve *comportar-se* como povo de Deus, dando a Deus o testemunho de querer a aliança oferecida a ele pelo próprio Senhor.

Tal impostação é confirmada pela assim chamada "bênção" e "maldição" divinas, verdadeira sanção relativa à prática ou não da lei da aliança (cf. Dt 11,26-29; 27,11-13; Js 8,33-34; também Dt 28 e Lv 26). "Vê, eu hoje pus diante de ti a *vida* e o *bem*, a *morte* e o *mal*. Se obedeceres aos mandamentos do Senhor teu Deus [...] então tu viverás e te abençoará o Senhor teu Deus. Mas *se* o teu coração se desviar e não deres atenção [...] vos declaro hoje que certamente perecereis. [...] A *vida* e a *morte* hoje pus diante de ti, a *bênção* e a *maldição*. Escolhe, pois, a vida a fim de que possas viver tu e a tua descendência" (Dt 30,15-20). A mensagem é clara, implacável na alternativa que propõe. O povo da aliança é colocado diante de uma escolha radical, da qual dependerá o seu próprio destino: "vida" ou "morte", "bênção" ou "maldição". E a alternativa é condicional, ligada à prática ou não da lei divina. Todavia, para além dos "bens" prometidos e dos "males" ameaçados, a alternativa tem em vista fundamentalmente a confirmação ou a revogação da parte do Senhor da sua relação de aliança com os filhos de Israel (cf. Lv 26,9-13 e 14-17).

Assim como aparece à luz deste elemento, a aliança do Sinai é revogável da parte do Senhor, porque é violável da parte de Israel. As tradições sinaíticas não permitem alguma dúvida sobre isso. Certo, o Senhor é fiel; mas o seu compromisso na aliança está condicionado à prática da lei da parte do povo. E o povo, da sua parte, pode transgredir a lei do seu Senhor, trair a própria vocação e romper a aliança. Que isso tenha acontecido, declaram-no as repetidas afirmações bíblicas a respeito da infidelidade de Israel (Ex 32–34; Jz 2,20; Os 1,2-9; 2-4; 8,1; Jr 11,10; Ez 16,59 etc.). Algumas testemunhas induzem até mesmo a pensar que o fenômeno tenha sido quase constante (Jr 7,24-27; Os 11,2; Sl 78). "Não observaram a aliança de Deus, refutando de seguir a sua lei" (Sl 78,10): segundo a lógica estritamente retributiva do sistema, tal infidelidade desencadeava a "maldição" divina, e esta, por sua vez, que a aliança fora revogada pelo Senhor e os privilégios de Israel deixavam de ser atuantes. O nome simbólico "Não-povo-meu" que Oseias deverá dar a um seu filho significa exatamente isto: "Vós não sois meu povo, e eu não existo para vós" (Os 1,9).

Insuficiência e fragilidade do sistema sinaítico. Por si, a revelação da lei foi um fato eminentemente positivo. De uma parte, a lei dava a Israel uma boa informação ético-religiosa, educando o povo de geração em geração na arte do bem e da justiça, orientando a existência israelita nos caminhos do Senhor. "Do céu te fez ouvir a sua voz para educar-te" (Dt 4,36). "Que grande nação tem leis e normas justas como estas que eu hoje te exponho?" (Dt 4,8). "Assim não fez com nenhum outro povo, não manifestou a outros os seus preceitos" (Sl 147,20). De outra parte, Israel via nas leis de Deus um meio misericordiosamente a ele concedido para conformar a própria existência às exigências da aliança. Observando de fato esta norma que o interpelava qual vontade imperativa do Senhor, Israel podia julgar cumprir, por quanto lhe dizia respeito, a aliança com seu Deus, isto é, realizar na prática a própria vocação de "povo de Deus" e de "nação santa" agradável ao Senhor. Em outras palavras, a prática da lei se encontrava elevada à dignidade especificamente religiosa de uma edificação dinâmica da aliança, de uma colaboração efetiva do homem ao desígnio de Deus na história.

Permanece, todavia, o fato de que a lei divina, em si santa, justa e boa, como dirá Paulo (Rm 7,12), condicionava o sistema sinaítico a ponto de imprimir nele a fisionomia de um "regime de lei" radicalmente ligado à prestação da parte humana envolvida na aliança. Israel devia observar a lei para que pudesse cumprir a aliança e prosperar a sua relação privilegiada com o Senhor; de outro modo, a aliança mesma é revogada pelo Senhor e, ao invés da "bênção" prevista, é a "maldição" que se encontra a golpear um povo enfim "eleito" por Deus a ser sede dos seus desígnios (cf. Am 3,1-2; 5,18-20; 9,7-10). A eventualidade entra na estrutura de um "regime de lei" como aquele do Sinai, isto é, em uma aliança em que a lei funciona como cláusula condicionada da relação do homem com Deus. E exatamente essa eventualidade demonstra que o do Sinai era um sistema de preferência frágil, demonstrando nesse meio-tempo que o elemento "lei" não é em si suficiente para dar solidez à religião concretamente vivida e assegurar que se realizem os desígnios de Deus.

Israel, dizíamos, podia transgredir a lei de Deus e violar a aliança com o Senhor; e vimos a tradição bíblica referir que isto realmente aconteceu com desconcertante regularidade (cf. acima). O fato não deve surpreender, se se consideram as coisas unicamente do ponto de vista humano. Mas envolvido na aliança como parte ativa e principal é Deus mesmo, o Senhor fiel que escolheu para si a descendência de Abraão, o Santo que quis que Israel fosse a sede epifânica da sua glória (cf. Is 40,5; 43,7; 44,23; 46,13; 48,11; 55,13; 58,8; 60,1; também Ez 36,20-23; 39,21-29; Sl 115,1-3). Pode um tal Deus permitir que se chegue a um falimento semelhante àquele calculado na conhecida alternativa: "vida" ou "morte", "bênção" ou "maldição" (cf. Dt 30,15-20)? É possível que o projeto do Deus santo seja frustrado por culpa do homem? A resposta é obviamente negativa — como de resto foi advertido pelo próprio pensamento bíblico (cf. Is 55,10-11). De fato, paralelo ao fenômeno das traições recorrentes de Israel (cf. acima), a Bíblia refere um outro: após ter punido, o Senhor sempre perdoou (cf. Sl 78; 106). Por si, a lei, com a lógica retributiva que a caracteriza, podia explicar a punição com a qual era golpeado um Israel infiel. Mas para explicar o perdão infalivelmente oferecido e concedido era preciso que o pensamento superasse a categoria "lei" e interrogasse na história da salvação uma revelação ainda mais decisiva: a de um amor que é misericórdia, de uma misericórdia que é fidelidade de Deus a si mesmo. "Não darei vazão ao ardor da minha ira [...] porque sou Deus e não homem, sou o Santo em meio a ti" (Os 11,9). A intuição é eminentemente teologal e de tal modo a unificar a história da salvação no sinal desta verdade: para além das sanções, insiste num regime de lei como o do Sinai: o Senhor sempre agiu no modo que condiz com ele, conforme a norma suprema de sua santidade, "por atenção ao seu nome" (Ez 20). É piedade e compaixão a iniciativa divina do perdão (Is 49,13-15; 54,7-8; Os 11,8); e é a piedade e compaixão de um Deus fiel que não pode deixar falir o seu projeto, porque é "zeloso do seu nome" (Ez 39,25) e não poderia deixar profanar o seu nome (Is 48,11; Ez 36,20-23).

Não só se pode advertir que a categoria "lei" não bastava para explicar o perdurar do relacionamento entre o Senhor e Israel, mas a experiência religiosa vivida num regime de lei, como foi o do Sinai, devia cedo ou tarde levar à convicção de que o Senhor teria intervindo para imprimir à história da salvação começo novo, relançando uma obra sua na qual ele mesmo sempre empenhou o próprio nome. Fez-se uma constatação: não obstante a dialética condicional do sistema sinaítico, a fidelidade do Senhor sempre prevaleceu sobre a infidelidade de Israel — e vimos com que profundidade teologal Israel conseguiu explicar o fato. Essa constatação, porém, deveria por força chamar outra: as coisas retornavam sempre ao ponto de partida. Perdoado Israel e retomada a relação da aliança, voltava-se a transgredir a lei e se encontrava golpeado pela "maldição" do Senhor, sendo necessário que o Senhor confirmasse ainda uma vez a sua fidelidade e perdoasse ao povo a sua renovada traição — indo-se avante assim, de ciclo em ciclo... A monotonia que se registra, por exemplo, nos afrescos históricos precedentemente citados (Sl 78 e 106; Ez 20) ilustra distintamente o fenômeno. É digna do Senhor essa monotonia? Israel se pôs essa pergunta e respondeu a si mesmo: a série combinada da infidelidade humana e do perdão divino não podia proceder indefinidamente; essa espécie de imobilismo circular devia ser quebrada antes ou depois, se é verdade que a história de Israel é uma história divina de salvação, isto é, uma obra em que o Senhor entende manifestar a própria santidade. Em outras palavras, a experiência vivida no regime sinaítico suscitou um repensamento profundo e uma avaliação crítica; e se chegou à conclusão de que era necessário que o mistério de Israel entrasse numa *fase ulterior*, que viesse instaurada uma *aliança nova*. Partidários prestigiosos de tão grande reflexão foram os → PROFETAS.

2. UMA ALIANÇA NOVA NA EXPECTATIVA PROFÉTICA. O passo novo, tido como necessário por motivos eminentemente teologais, os profetas predisseram com segurança de intuito e profundidade de conceitos. São muitas as passagens que podemos citar a propósito: Os 2,16-25; Jr 24,5-6; 31; 31-34; Ez 11,14-21; 16,59-63; 36,22-36; 37,21-28; 39,21-29; Is 54,9-10; 55,3-5; 59,21; 61,8; Bar 2,29-35; Zc 8,7-8; 13,9; também Dt 30,6-10. Esses textos apresentam constantes inconfundíveis. A sua leitura introduz a uma situação ideal, a de uma futura "restauração" nacional. Israel conhecerá, pela fiel misericórdia do seu Senhor, uma era de prosperidade e de paz na terra doada aos pais, tão rica da bênção divina a ponto de resultar definitiva. Contudo, mais importante, promete-se uma decisiva renovação "espiritual", também essa obra de Deus: intervindo com a sua potência no íntimo dos israelitas, o Senhor os libertará de toda sua impureza, os fará dóceis à sua voz, capazes de observar a sua lei e permanecer para sempre fiéis no seu serviço. Improvisamente, a lei revelada no Sinai, embora permanecendo válida e imperativa, aparecerá na sua verdadeira dimensão no interior do mistério: longe de ser uma condição da aliança confiada à fragilidade da parte humana, resultará harmoniosamente aglomerada nas estruturas de uma religião na qual tudo é atribuível primariamente ao dom de Deus. Improvisamente ainda, ao mistério da aliança divina, finalmente libertado da condicionalidade da ordenação sinaítica, se encontrará caracterizado por perfeição e perenidade.

Dessa grande temática profética, as suas expressões mais incisivas e consumadas são Jr 31,31-34 e Ez 36,25-28.

A lei nos corações: Jr 31,31-34. A tradição não apresenta dificuldade particular, e as poucas expressões duvidosas não interessam à mensagem fundamental do oráculo. "Eis que virão dias [...] nos quais farei com a casa de Israel [...] uma aliança nova. Não será como a aliança que fiz com seus pais quando pela mão os peguei para tirá-os da terra do Egito. Essa aliança, eles a violaram. [...] Esta, ao contrário, será a aliança que eu concluirei com a casa de Israel a partir daqueles dias: [...] colocarei a minha lei no seu íntimo e no seu coração a gravarei. Serei então o Deus deles, e eles, o meu povo. Não deverão mais ensinar uns aos outros dizendo: 'Procura conhecer o Senhor!'. Do menor ao maior [...] porque eu perdoarei a sua iniquidade e não me recordarei mais de seu pecado". Dos oráculos da "nova aliança", é certamente o mais importante e o que terá mais sucesso no Novo Testamento. A ele aludirá a fórmula eucarística do cálice (1Cor 11,25; Lc 22,10); a Carta aos Hebreus o referirá integralmente uma primeira vez (8,8-12) e parcialmente uma segunda (10,16-17); Paulo recorrerá a ela para delinear a novidade da aliança instaurada em Cristo (cf. 2Cor 3,3.6).

a) *"Uma aliança nova" (vv. 31-32)*. Ao dizer "nova" o profeta entende dizer "outra". O esclarecimento é relativo a uma aliança já existente. E, por isso, o que é predito assinalará uma etapa ulterior na história da salvação. Indiretamente se anuncia um tempo no qual a aliança presente deverá ser considerada em qualquer modo então superada, "envelhecida" (cf. Hb 8,13). Somente uma reconsideração crítica a respeito de estruturas tidas como imperfeitas, uma espécie de indiferença para com um estado de coisas reveladas precárias, pode ter levado o profeta a predizer com segurança o advento de "uma aliança nova". Será de fato "nova" a aliança predita, não no sentido esmaecido de um restabelecimento de estruturas desgastadas, mas no sentido de que os contatos entre YHWH e Israel terão uma estrutura inédita, diferente daquelas até então conhecidas. Jeremias entende pôr em realce tal "novidade": "não como a aliança" do Sinai, esclarece ele ainda (v. 32a).

De fato, a do Sinai os israelitas "violaram" (v. 32b). A afirmação é preciosa, porque indica a promessa que sustenta o oráculo: "violada" pelo pecado, a aliança do Sinai se demonstrou violável, isto é, frágil, imperfeita. É necessário pois que se instaure um novo regime, de modo que não sofra o êxito negativo do primeiro. Logicamente, pensa-se numa aliança que, por sua perfeição, decorrerá sempre válida, intrinsecamente sólida e perene. Jeremias mesmo esclarece esta sua ideia: "Farei com eles uma aliança duradoura: jamais me separarei deles e os beneficiarei; porei nos seus corações o meu temor, para que não se afastem mais de mim" (32,40). A aliança nova será "duradoura" pela razão de que os israelitas não se afastarão mais do seu Deus; e este serviço fiel é, por sua vez, explicado: o Senhor mesmo colocará o seu temor nos seus corações.

b) *A lei divina escrita nos corações do homem (v. 33)*. Após ter predito o advento de uma nova aliança (v. 31) e ter feito notar a diversidade em relação ao regime sinaítico (v. 32), o profeta explica agora positivamente o seu conteúdo: "Porei minha lei no seu íntimo e no seu coração a escreverei" (v. 33). Esse versículo assinala um vértice no Livro de Jeremias e em todo o Antigo Testamento e demonstra uma compreensão muito lúcida do mistério da aliança divina e do fato religioso globalmente tomado.

— *Referência aos fatos do Sinai*. O profeta está aludindo, por oposição, ao modo no qual a lei divina foi dada a Israel no contexto sinaítico; e a sua intenção é precisar o motivo central pelo qual será verdadeiramente "nova" a aliança que deverá ser instaurada.

Escrevendo que o Senhor "colocará sua lei no íntimo" dos israelitas, Jeremias pensa no modo marcadamente externo no qual acontece no deserto a revelação da lei: no contexto de uma teofania sensível, em que o povo foi "expectador" e "ouvinte". Os israelitas, de fato, "viram" a glória do Senhor no meio do fogo (Ex 19,16 ss.) e "ouviram" a voz do Senhor que lhes falava "face a face" (Dt 5,5). E foi em tal modo que eles receberam as "dez palavras" da aliança (Dt 5,4-22). Não será assim na aliança futura: a voz imperativa do Senhor não interpelará o homem na forma de um som percebido com o ouvido, mas ressoará distintamente revelando-se no íntimo de cada um. YHWH não proporá sua lei ao homem, mas a colocará dentro do homem. Dada no Sinai em modo de preceitos pronunciados verbalmente, a lei, ao invés, será pronunciada no profundo do ser, isto é, em virtude de uma ação divina interior e eficaz.

Dizendo a seguir "no seu coração a gravarei", Jeremias alude certamente à tradição que fala do → DECÁLOGO divino escrito em "tábuas de pedra" (Ex 24,12; 32,15-19; Dt 5,22; 10,1-5). É provável também que se pense na tradição paralela que se refere a um chamado "livro da aliança" ou "livro da lei" (Ex 24,7; Dt 31,9.24.26; Js 24,26; 2Rs 22,8; 23,1-3). Na aliança nova, pelo contrário, a lei será escrita, incisa, esculpida nos "corações" dos israelitas. Não serão mais as "tábuas de pedra" ou qualquer "livro" material a levarem diante da consciência do homem as exigências da vontade divina, mas sim o coração mesmo do homem. A aliança futura terá também ela um documento, um "testemunho" (cf. Ex 25,16;

31,18; 32,15; 34,29). Mas o documento-testemunho ao qual deverá referir-se o povo de Deus não será mais uma simples realidade material que se poderia conservar numa "arca" de madeira (cf. Dt 10,1-5; Ex 25,16); será algo de consistência íntima e vital: a realidade de um "coração" transformado em testemunho vivo da lei divina. É como se Jeremias quisesse dizer: será o homem mesmo a ser a "arca da aliança", porque na sua própria pessoa será conservada a lei de Deus.

— *"No seu íntimo... e no seu coração"*. No contexto, *qereb* e *leb* são sinônimos e exprimem juntos esta ideia geral: a ação do Senhor interessará àquilo que podemos chamar o "homem interior", ou então àquela parte do ser humano que se opõe à corporeidade física e transcende os limites dos sentidos, e que constitui por assim dizer o santuário escondido da → CONSCIÊNCIA e a sede profunda da personalidade individual. De resto, sabe-se que na linguagem bíblica o uso figurativo do termo "coração" é veículo assaz comprometedor de doutrina antropológica: indica aquilo que no homem está aberto somente ao olhar de Deus e em que Deus intui a verdade genuína de uma pessoa (cf. 1Sm 16,7; 1Rs 8,39; Pr 15,11; Jr 11,20; Sl 44,22; Sb 1,6; At 1,24; 15,8; Lc 16,15; Rm 8,27; também Sl 139,11 ss.). Trata-se pois da parte mais interior e nobre do homem, aquele centro do qual jorram pensamentos e decisões, conselhos e desejos e em que se elaboram a reflexão e o discernimento responsável. De forma geral e em chave ético-religiosa, o "coração" é a sede na qual uma pessoa é agradecida ou não a Deus (cf. Is 29,13; Gl 2,13; Sl 24,4).

Apreciamos portanto o alcance da intuição jeremiana. Prediz-se uma aliança na qual a prática da lei divina virá a ser de qualquer modo conatural ao homem, e isto não porque a lei mesma será mudada, mas porque o "coração" do homem teria sido feito pelo Senhor conforme e dócil à indicação normativa da sua Lei. Podemos ainda precisar: assim como emergia na ordenação sinaítica, isto é, escrita em "tábuas de pedra", a Lei interpelava as consciências simplesmente como norma imperativa. Na nova aliança, pelo contrário, a norma mesma da Lei, escrita como será "no coração" do homem, coincidirá com a força de um dinamismo vital conforme à vontade do Senhor. Em conclusão, aos israelitas será dado querer aquilo que Deus quer e realizar docilmente aquilo que a lei revela e prescreve. É isto, de fato, o núcleo da proposição jeremiana: uma relação nova será instituída entre YHWH e Israel, a qual consistirá num estado de harmonia entre "coração humano" e "lei divina".

A instituição é profunda e interessa a uma articulação essencial do fato religioso. Podemos ulteriormente esclarecê-la à luz do que o profeta mesmo refere do próprio mistério e da experiência coletiva vivida no interior da ordenação sinaítica.

— *Um profeta ciente da experiência.* Várias vezes Jeremias denuncia esta desordem: YHWH jamais cessou de dirigir a Israel, mediante os profetas, sua palavra exortadora e admoestadora; e o povo, com igual persistência, sempre ignorou essa palavra e sempre transgrediu a lei do seu Senhor (7,21-28; 25,4; 26,5; 29,19; 44,4). Ineficaz a → PALAVRA DE DEUS? Inútil o ministério profético? Impraticável a lei do Senhor? "Tu lhe dirás todas estas coisas, mas eles não te escutarão; chamar-lhes-ás, mas não te responderão" (7,27). A *infidelidade* enrijecida de Israel exige pelo menos uma explicação; e Jeremias a vê gravada no coração do homem: "Esta foi a ordem que lhes dei: Escutai a minha voz [...] e caminhai sempre na estrada que lhes prescrevo. [...] Mas eles não escutaram a minha voz e não deram atenção; na teimosia de sua mente perversa, preferiram seguir com seus projetos" (7,23-24). E ainda: "Abandonaram a lei que eu tinha posto diante deles, não escutaram a minha voz e não a seguiram, mas preferiram a inclinação do seu coração" (9,12; Zc 7,4-14). Choque de duas realidades reciprocamente hostis: de uma parte, YHWH propõe uma "norma" a ser observada, um "caminho" a seguir; de outra, os israelitas estão atentos unicamente à solicitação de um coração que os inclina na direção contrária. Resultado: em vez de "caminhar na estrada prescrita pelo Senhor", eles "caminham segundo a inclinação do seu coração malvado". Contraste entre "lei divina" e "coração humano"; e em tal situação o coração prevalece sempre.

Jeremias compreendeu que, até que os israelitas não tivessem sido libertados do seu "coração malvado", a lei divina permaneceria inobservada e a aliança com o Senhor obstaculizada. Urge antes de tudo uma transformação interior do homem, pelo qual o contraste entre "lei" e "coração" se transforma em relação harmoniosa e dinamismo unitário. É exigida, na palavra do profeta, uma "circuncisão do coração" (4,4), uma "purificação do coração" (4,14). Será porém vão esperar que tal conversão possa ser induzida pela pura escuta de uma exortação ou de uma admoestação (cf. 7,27). Se recairia, de fato, na esterilidade daquela situação que se queria exatamente superar: o "coração perverso" está ali para frustrar a voz dos ministros de Deus. A experiência ensinou a Jeremias que os apelos vocais à → CONVERSÃO, por si, obterão o mesmo êxito negativo que a lei divina obtém desde o Sinai. É como se se pedisse aos israelitas que mudassem, com as próprias energias, a sede de toda a sua energia, ou seja, aquele "coração" que os empurra a desobedecer. "Acaso pode o negro mudar a sua pele, ou o leopardo, as suas pintas? Do mesmo modo, podeis talvez fazer o bem, vós que sois habituados a fazer o mal?" (13,23). Poderá talvez se corrigir e voltar ao Senhor um povo endurecido na infidelidade (7,28), e que perdeu a vontade de levantar-se e de procurar a boa estrada (8,4-7)? Mesmo se não o exprime com termos explícitos, Jeremias demonstra conhecer o conceito do mal tornado segunda natureza, da rebelião que acaba por tornar-se escravidão (cf. Rm 1,24-31). A conversão deve vir do coração, e o coração dos israelitas está endurecido no mal.

A situação lhe teria parecido em tudo desesperada se Jeremias não tivesse pensado o problema também à luz da história da → SALVAÇÃO. Impensável que os desígnios de Deus possam errar a sua finalidade e que a lei revelada possa permanecer para sempre inobservada. Aquilo que o preceito gravado sobre "tábuas de pedra" e a exortação verbal não podem garantir, o assegurará uma ação eficaz do Senhor no íntimo dos corações. "Porei nos seus corações o meu temor" (32,40). "Colocarei a minha lei no seu íntimo, vou gravá-la em seu coração" (31,33). O Senhor ele mesmo mudará o coração do povo, libertando-o do mal que o faz escravo e tornando-o dócil aos preceitos da sua lei.

A experiência ensinou a Jeremias que não é suficiente que a lei divina seja proposta ao povo da aliança e validada por sanções precisas; é necessário sobretudo que o próprio Israel esteja em íntimo acordo com as exigências da lei que lhe foi revelada. E a intuição repousa na solidariedade de uma premissa antropológica de fundo: cada um age segundo aquilo que é. *Agere sequitur esse*. A fim de que o homem realize o bem proposto pela lei divina, ocorre em primeiro lugar que ele mesmo seja bom segundo o sentido da mesma lei. Podemos citar a respeito a palavra evangélica: "Acaso se colhem uvas de espinheiros, ou figos de urtigas? Assim, toda árvore boa produz frutos bons, e toda árvore má produz frutos maus" (Mt 7,16-18); e esta outra: "Quem é bom faz sair coisas boas de seu tesouro, que é bom. Mas quem é mau faz sair coisas más de seu tesouro, que é mau" (12,35). Para tornar-se porém bons e capazes do bem, no sentido deste nosso discurso, há um meio — que não provém do próprio homem —: uma doação divina realizada no coração. Jeremias teria podido fazer sua a conhecida palavra agostiniana: "*Da quod jubes, et jube quod vis*" (*Conf.* X, 29, 40).

— "*Lei dos preceitos*" e "*lei nos corações*". Um dúplice esclarecimento se impõe a este ponto para compreender adequadamente a mensagem do profeta.

Em primeiro lugar, é necessário precisar que a "lei escrita nos corações" não assinalará de fato o fim da "lei escrita nas tábuas de pedra". Esta foi revelada uma vez por todas e permanecerá sempre válida como voz normativa e preceptiva do Senhor. Será "nova" a aliança futura não porque será uma espécie de regime anômico, mas porque nela se inserirá um ulterior elemento, exatamente a "lei escrita nos corações", como dinamismo vital que teria dado ao homem conformar-se à vontade imperativa do Senhor. Além disso, a "lei" mesma dos "preceitos", sempre válida e sempre imperativa, interpelará as consciências de um modo novo: não terá mais o primado condicionante e decisivo que a ela pelo contrário competia no ordenamento sinaítico, dado que a fidelidade do povo à aliança divina será garantida pelo Senhor mesmo da aliança. E essa "novidade" mesmo diz que a "lei dos preceitos", longe de dever ser superada, conhecerá uma revalorização significativa e será mais válida do que nunca, porque o Senhor mesmo fará que ela seja observada.

O segundo esclarecimento é igualmente importante. A nova aliança, em relação à do Sinai, terá um caráter de maior interioridade. É óbvio. Mas isso não significa que a lógica sinaítica exigisse somente uma observação externa da lei. A lei é escrita então sobre "tábuas de pedras", certo, e falou à mente e ao coração dos israelitas em modo de voz imperativa proveniente do externo; mas é necessário admitir que a sua prática exigia uma sincera religião do coração. É esta uma verdade acolhida sem discussão por Jeremias como por todos os outros profetas. Bastaria referir-se àquilo que foi um filão característico da pregação profética: a luta contra o estéril formalismo religioso e apelo aos ditames fundamentais da lei, tais como o amor, a humildade, a justiça, a confiança em YHWH, a sinceridade do coração (cf. Am 5,21-24; Is 1,10-16; 29,13-14; 58,1-8; Os 6,6; Mq 6,5-8; Jr 6,19-21). Israel era obrigado a uma religião também interior, pelo simples fato de que a lei divina o requeria. Exatamente porque tal sempre foi a exigência da lei, Jeremias podia intuir o contraste que se percebia entre "coração" e "lei", e chegar à ideia de ser indispensável um passo novo na história da salvação. De fato, se por absurdo a religião sinaítica tivesse sido simples juridicismo e a "lei escrita" não tivesse proposto imperativos de verdadeira piedade, então todo contraste do tipo percebido por Jeremias teria sido impensável: teria sido possível contentar-se em "honrar a Deus com os lábios" (Is 29,13) sem pôr-se o problema do binômio "coração-lei". Mas a situação era diversa: de uma humanidade que Jeremias via movida por um "coração" endurecido no mal se exigia, com o imperativo da lei, aquilo que não podia dar, isto é, servir o Senhor com coração puro e plenamente de acordo com a sua vontade.

c) "*Todos me conhecerão...*" *(v. 34a)*. A difusão do "conhecimento de Deus" exprime a eficácia transformante e a consequência prática da "lei escrita nos corações". Tendo o coração mudado e feito conforme e dócil aos imperativos da lei, o israelita teria sido capaz de "conhecer" o Senhor. Em outro lugar, o profeta da nova aliança prega expressamente: "Dar-lhes-ei um coração capaz de conhecer-me" (Jr 24,7).

Em geral, a dimensão intelectiva do "conhecimento de Deus", sempre pressuposta como é obvio, não é considerada sempre um fim em si, mas um meio para um fim ulterior; e isto é eminentemente prático: o acordo da vontade do homem com a vontade de Deus, conforme precisamente a inteligência que do mistério divino se pode ter. Tal orientação para a prática religiosa é congênita à noção: pode-se dizer que "conheça" verdadeiramente Deus apenas o israelita que penetra o sentido da vontade divina e, ao mesmo tempo, que a ela conforma o seu agir (cf. Jr 4,22; 9,2; 22,15-16). Um saber que permaneça somente tal é riqueza ilusória e orgulho injustificável: é necessário o "conhecimento de Deus" para ser a Deus agradecido (9,22-23; cf. 1Cor 8,1-2). Dada esta orientação prática, não surpreende ver a noção definir junto aos profetas uma soma da ética religiosa que deve prosperar em Israel (Os 6,6; 4,1-2; Is 1,2-3) ou que será assegurada ao povo da aliança no futuro messiânico (Is 11,9) e na era prometida do noivado perene com o Senhor (Os 2,21-22).

Ao longo dessa linha tradicional se situa a predição de Jeremias: "Todos me conhecerão...". Inserindo a sua lei nas pessoas e escrevendo-a nos corações, o Senhor compreendeu infundir nesta sede interior e vital um novo princípio, o qual será luz e energia: *luz* porque cada um receberá uma inteligência de Deus e da sua vontade; *energia* porque cada um, iluminado como será, poderá conformar o seu agir com as exigências da lei divina, conduzir uma vida agradável ao Senhor.

O profeta, porém, tinha iniciado o v. 34 dizendo: "Ninguém mais precisará ensinar seu irmão, dizendo-lhe: 'Procura conhecer o Senhor!'". Seria errôneo deduzir desta palavra a conclusão de que será abolida, porque supérflua, toda forma de magistério doutrinal, de pregação exortativa, de chamamento à autenticidade ética e religiosa. Não é este o intento de Jeremias, como não era seu intento, no versículo precedente, ensinar a superação da categoria "lei" em sentido estrito. O peso da sua intuição repousa diretamente sobre a proposição afirmativa: "todos me conhecerão"; quanto à formulação negativa, ela tem a função de esclarecer a origem e a natureza de tal "conhecimento de Deus": é um dom de Deus, não um fruto adquirido de qualquer operosidade humana; é também um "conhecer" espontâneo, diremos instintivo, nascido num coração atingido pela ação eficaz do Senhor.

d) "*Porque perdoarei a sua iniquidade...*" (v. 34b). O profeta fecha o oráculo reconduzindo a esperada novidade à sua premissa dialogal: será uma obra divina de graça e de misericórdia. O Senhor, de fato, tomará a iniciativa de reconstituir a sua relação de aliança com Israel, não porque Israel teria merecido, mas porque Deus terá "perdoado ao povo a sua iniquidade e não recordará mais os seus pecados". É profunda a explicação. Jeremias sabe que o Senhor, "piedoso" como é, "não conservará a ira para sempre" (3,12). Mas ele sabe também que o povo é endurecido no pecado (13,23) e perdeu o instinto do "retorno" e da "conversão" (8,4-7). Por isso, se o Senhor previu perdoar a iniquidade dos filhos de Israel de tal maneira a firmar com eles uma aliança nova, é porque terá também lhes dado a possibilidade de se converterem a ele. "Faz-nos retornar a ti, Senhor, e nós retornaremos" (Lm 5,21). À tradicional exortação: "Convertei-vos!" (cf. Jr 3,6-13), vemos substituir-se a esperança que YHWH fará por Israel aquilo que Israel se demonstra incapaz de fazer por si mesmo.

A intenção primária, porém, é evidenciar a gratuidade misericordiosa da iniciativa divina. O Senhor, de fato, "não se recordará mais dos pecados" dos filhos de Israel. Em outras palavras, seguindo unicamente a norma da própria perfeição (cf. Os 11,9), YHWH renunciará a "recompensar a Israel segundo as suas culpas" (Sl 103,10) e o reconciliará consigo para além de toda possível lógica de retribuição (cf. 2Cor 5,19). É preciosa esta explicação conclusiva do oráculo, porque explica o advento da nova aliança no único modo possível: tudo referindo na raiz à certeza de que o Senhor, o qual não pode não querer levar a cumprimento a obra por ele iniciada, saberá um dia prevalecer uma vez por todas sobre a infidelidade endurecida do seu povo. Por isso, ele falará ao coração de Israel (cf. Os 2,16) e, não recordando-se mais dos seus pecados, o atrairá definitivamente a si. Além dessa graça e misericórdia, o amor de Deus é fiel (cf. Jr 31,9.20; Is 49,14-15; 54,5-10).

A criação de um novo Israel (Ez 36,25-28). No quadro de um longo oráculo (vv. 16-36) no qual é explicado o motivo do exílio em Babilônia e prometida uma esplêndida restauração nacional na terra dos pais, Ezequiel prega também o bem incomensurável de uma renovação espiritual que o Senhor mesmo realizará no coração dos israelitas: "Derramarei sobre vós água pura e sereis purificados. Eu vos purificarei de todas as impurezas e de todos os ídolos. Eu vos darei um coração novo e porei em vós um espírito novo. Removerei de vosso corpo o coração de pedra e vos darei um coração de carne. Porei em vós o meu espírito e farei com que andeis segundo minhas leis e cuideis de observar os meus preceitos. Habitareis na terra que dei a vossos pais. Sereis o meu povo e eu serei o vosso Deus" (vv. 25-28). É tradicional na exegese bíblica juntar à mensagem de Jr 31,31-34 a de Ez 36,25-28. Os dois profetas, de fato, pregam substancialmente uma mesma novidade, embora com termos diversos: a intervenção acabada de Deus na história da salvação, em virtude da qual o povo da aliança terá o coração transformado segundo a lei do seu Senhor e será feito finalmente capaz de fielmente observá-la.

a) *Uma purificação interior (v. 25).* YHWH derramará sobre os filhos de Israel "águas puras" e os "purificará" de toda "imundície", libertando-os do mal que guia o seu agir e que lhe valeu a tremenda punição do exílio (cf. vv. 16-19). Em particular, o povo será purificado dos seus "ídolos" (cf. v. 18b): a ação divina tenderá a pôr fim à insistente transgressão do primeiro e do segundo mandamentos do → DECÁLOGO, que são a expressão fundamental da lei divina. O profeta fala expressamente de "purificação": a iniciativa de Deus removerá o obstáculo que impede Israel de ser aquela "nação santa" e aquele "reino de sacerdotes" (cf. Ex 19,5-6) que o Senhor quer para si. Purificado interiormente, o povo da aliança será "santo" como é "santo" o seu Deus (cf. Lv 11,44-45; 19,2; 20,7.26; 21,8; 22,32-33), capaz de prestar ao seu Senhor um culto bem recebido. O coração do povo, de "impuro" como é, deve tornar-se "puro", separado da profanidade do pecado e totalmente dedicado ao serviço de Deus. E toda essa transformação será realizada pelo próprio Senhor com a sua força. Da mesma forma como em Jeremias, vemos emergir em Ezequiel uma consciência teologica nova: é indispensável uma ação divina no íntimo das consciências. O grito profético tradicional: "Purificai-vos! Convertei-vos!" (cf. Is 1,16; Jr 4,14; Ez 18,30-32), cede lugar à promessa: YHWH fará por vós aquilo que sempre quis de vós.

É uma autêntica revolução no pensamento religioso de Israel; e não podemos explicar a sua origem se não a julgamos nascida no sofrimento de uma experiência histórica que solicitou as energias de inteligências eleitas. Pressupõe, de fato, conquistada com profundidade de intuito, uma dúplice certeza: de uma parte, Israel jamais poderá se converter e se purificar sozinho e terá necessidade para tal fim de uma intervenção íntima e eficaz do Senhor; de outra parte, o Senhor se fará seguramente presente em tal sentido, porque deve isso a si mesmo. A primeira certeza pode, sem dúvida, ser referida em Ezequiel como uma experiência não diferente daquela vivida por Jeremias no quadro do seu ministério profético (cf. acima). Quanto à segunda certeza, ela encontrou em Ezequiel um vigoroso e original defensor. Mesmo no oráculo que estamos lendo, o profeta tinha explicado o exílio dos filhos de Israel na Babilônia neste modo: o Senhor "lhes julgou segundo a sua conduta e as suas ações" (36,19). Mas como explicar a restauração que foi prometida e, em particular, a "purificação" que o Senhor realizará nos corações dos israelitas? Responde-se: YHWH não tem nenhum débito com Israel; o débito, se existe, YHWH o tem para consigo mesmo. Lê-se, de fato: "Não é por causa de vós que eu ajo, casa de Israel, mas por causa de meu santo nome que vós profanastes entre as nações para onde fostes" (v. 22). A visão é teologal e a ideia que se quer exprimir é que a obra divina iniciada em Israel é, por si, irreversível. YHWH empenhou a própria honra nessa sua obra, e os destinos de Israel se refletem sobre seu nome; ele não pode permitir que as nações, vendo humilhado o povo ao qual quer ligar-se, continuem a pensar que o projeto do Senhor tenha falido. Disperso, de fato, entre os povos, Israel levou consigo o título de "povo de YHWH"; e o nome de YHWH não pôde não se ressentir de tal: "foi profanado" (v. 20). Arrisca-se, caso a situação se prolongue, a ver-se ridicularizada a "santidade" mesma do Senhor! Portanto, não obstante a culpa de Israel e a ausência de todo seu mérito ou direito, YHWH deve a si mesmo a iniciativa de uma "purificação" que faça de Israel um povo a ele agradável: "Santificarei o meu nome, profanado entre os povos, profanado por vós no meio deles. E as nações saberão que eu sou o Senhor... quando manifestarei a minha santidade em vós, diante de seus olhos" (v. 23).

Esta iniciativa, graça em tudo imerecida e expressão da atenção que o Senhor tem pelo seu nome santo, o profeta explica ulteriormente nos vv. 26-27.

b) *O dom de um "coração novo" (v. 26)*. Notemos logo as expressões: "coração novo", "espírito novo", "coração de pedra", "coração de carne". A linguagem é vigorosa (cf. também Ez 11,19) e ilustra com quanto realismo antropológico o profeta conceba a renovação espiritual e qual radical eficácia ele reconheça na ação de YHWH. À primeira vista o texto parece prometer novas disposições interiores. No lugar do coração endurecido no mal, refratário aos ditames da lei divina e aos apelos das exortações proféticas (cf. 2,3-7), sucederá um coração um coração dócil, aberto à sugestão do bem. E sob este aspecto o oráculo promete qual dom de Deus aquela mesma novidade de pensamento e de conduta que o profeta acostumava nas suas exortações (cf. 18,31). Seria, porém, redutivo apoiar-se a este nível de leitura.

Ezequiel está pensando numa mudança radical: o dom prometido é um coração "novo" e um espírito "novo", ou seja, um "outro" coração e um "outro" espírito. A sede mesma das energias vitais será renovada com uma ação transformante cuja eficácia é digna de Deus. O autor, de fato, é Deus; e o profeta o vê agir no modo que a Ele condiz. Isto é confirmado pela oração ao fim do Salmo 51: "Cria em mim um coração puro, ó Deus; renova no meu íntimo um espírito reto" (v. 12). A mesma realidade que o profeta prediz como novidade institucional em aperfeiçoamento da história da salvação, o salmista traduz em termos de súplica pessoal. Os conceitos são de fato idênticos: "coração", "espírito", "pureza", "renovação". Somente que o salmista, em vez de dizer simplesmente: "dá-me um coração puro", usa a expressão forte: "*cria* para mim...". Pede-se a Deus uma intervenção que toque a raiz do agir humano ("coração" e "espírito") e, por isso, não se hesita em usar o verbo *barâ*, um vocábulo reservado a Deus, o vocábulo teologal por excelência, porque indica o ato mediante o qual o Onipotente põe na existência coisas novas e maravilhosas, coisas das quais só ele é capaz (cf. Gn 1,1; Dt 4,32; Am 4,13; Sl 89,13.48; 148,5; também: Jr 31,22; Ez 28,13.15; Is 45,7.8; 48,7; 54,16; 65,17.18; Ecl 12,1; Sl 104,30). Esta perspectiva teologal não é estranha a Ezequiel. A purificação interior e a doação de um "coração novo" e de um "espírito novo" são esperadas como obras especificamente divinas, análogas pela sua eficácia ao ato criador. O dom de um coração puro e dócil equivale à criação, por parte de Deus, de uma humanidade nova, de um novo Israel.

c) *"Porei no vosso íntimo o meu espírito..."* (v. 27). É a parte central e mais original da profecia. Ezequiel explica aí a causa próxima da transformação-criação prometida no versículo precedente: é o dom de um novo princípio vital, de origem estritamente divina. O "espírito do Senhor" revestirá desde o interior os israelitas, possibilitando-lhes viver segundo Deus. Doutrinalmente, este elemento é paralelo à predição jeremiana: "Colocarei a minha lei no seu íntimo e no seu coração a gravarei" (Jr 31,33).

Energia misteriosa com a qual o Deus santo da revelação põe o seu ato criador, suscita acontecimentos, dirige o curso da história, anima a operosidade humana, intervém no destino do povo eleito, dá a sabedoria, a palavra e a força a seus ministros, o assim chamado "espírito do

Senhor" intervirá com intensidade particular no tempo futuro da perfeição messiânica. O "broto de Jessé" (Is 11,1-2), o "servo de YHWH"(Is 42, 1) e o "profeta-messias da Boa-nova" (Is 61,1) cumprirão a sua missão divina no modo mais perfeito porque terão presente e operante nas suas pessoas uma plenitude do "espírito do Senhor". Os tempos esperados verão de fato uma abundante efusão coletiva do mesmo dom divino (Gl 3,1-2; Zc 6,8; 12,10; Is 32,15; 44,3). Também Ezequiel conhece esta temática (37,1-14; 39,29); o vértice do seu pensamento, a propósito, é precisamente o texto que estamos lendo: "Porei em vós o meu espírito e farei com que andeis segundo minhas leis, guardeis os meus decretos e os coloqueis em prática" (36,27).

É prometida uma energia divina destinada a animar desde o interior a religiosidade dos filhos de Israel, imprimindo nela uma coerência digna do privilégio que o faz conhecer como povo eleito do Senhor e sede viva dos seus desígnios. O conceito está presente nos salmos: "Ensina-me a cumprir tua vontade. [...] Teu espírito bom me guie por uma estrada plana" (143,10). "Um coração puro cria para mim, ó Deus. [...] E não me prives do teu santo espírito" (51,12.13). Guia interior à piedade e princípio vital dela, o dom divino que os salmistas invocam a título individual, Ezequiel o profetiza em chave comunitária, qual novidade de estrutura no interior do mistério da aliança.

A criação de um novo Israel (cf. acima) recebe agora a sua explicação teológica: feitos participantes do "espírito do Senhor", os filhos de Israel participarão da energia do mesmo Deus. É como uma ressurreição prometida a um povo morto: "Farei entrar em vós o meu espírito e revivereis" (37,14). Feitos reviver por Deus segundo Deus mesmo, os israelitas serão efetivamente aquilo que Deus sempre quis que fossem para si: uma nação santa que pratica um culto a ele agradável (20,40-41), a sede da sua glória e a manifestação de sua santidade (36,21-23; 39,27-29), o instrumento dócil dos seus desígnios. De fato, o profeta faz questão de precisar que o Senhor porá o seu "espírito" no íntimo dos israelitas para que esses finalmente "sigam as suas leis" e as "ponham em prática" (36,27). Tendo recebido de Deus, mediante o dom interior do seu "espírito", um "coração novo" e um "espírito novo", os israelitas se encontrarão de tal modo ricos de Deus a ponto de pensar, sentir e agir segundo Deus. Causa e efeito: a causa é o "espírito" divino vitalmente participado, tornado princípio de uma existência renovada e guia interior para a piedade; o efeito é a perfeição de um Israel tornado fiel à sua vocação, obediente à lei da aliança.

É, além disso, confirmado um ponto importante revelado na leitura do oráculo jeremiano: a lei revelada no Sinai e escrita em tábuas de pedras, aquelas mesmas que Israel ignorou ou transgrediu obstinadamente, não perderá a sua validade imperativa na existência do novo Israel. O povo da aliança, prevê Ezequiel, seguirá e porá em prática as "leis" do seu Senhor. Longe de dever desaparecer, o elemento "lei" será mais válido do que nunca: o dom vital do "espírito do Senhor" assegurará junto do povo a sua perfeita realização.

Conclusão. É exegeticamente necessário ler junto Jr 31,31-34 e Ez 36,25-28. Os dois oráculos pregam uma perfeição futura substancialmente idêntica, na qual a restauração nacional será marcada por uma iniciativa divina no próprio coração dos filhos de Israel, a iniciativa de um "dom de graça" misericordiosamente concedido e mediante o qual as pessoas se encontrarão interiormente purificadas, renovadas e transformadas segundo Deus. Espera-se, de fato, o advento de uma "aliança nova", diferente daquela do Sinai e mais perfeita, na qual o Senhor, não contente de prescrever, fará ele mesmo capazes os israelitas de querer aquilo que ele quer e de observar fielmente a sua lei. Concordes no essencial, os dois oráculos são também complementares.

Jeremias indica mais claramente a perfeição da aliança nova em relação à do Sinai: a lei escrita em "tábuas de pedra" será finalmente realizada, porque YHWH escreverá esta mesma lei nos "corações" dos israelitas. De uma parte, é reconhecida a insuficiência do preceito sinaítico, centrado unilateralmente sobre a dialética lei-obras; de outra parte, afirma-se a necessidade de um elemento ulterior, exatamente aquele que definirá a novidade da aliança vindoura: uma operação divina que remova o contraste existente entre "coração humano" e "lei de Deus" e estabeleça um estado de harmonia efetiva entre estes dois fatores do viver religioso. *Ezequiel*, por sua parte, esclarece que será dado um "coração novo", um "espírito novo" aos israelitas: uma renovação interior tão eficaz e radical a ponto de assemelhar-se a um ato criador. É também indicada a causa próxima de tal mudança: o Senhor porá o seu próprio "espírito" dentro do homem.

Dom ressuscitador de uma energia divina, o "espírito do Senhor" revitalizará o coração dos israelitas no sentido desejado por Deus, permitindo ao povo da aliança conduzir finalmente, na coerência da confiança, uma existência agradável ao seu Senhor.

Emerge assim na história da → SALVAÇÃO uma consciência nova: a fidelidade do povo eleito será garantida pelo próprio YHWH, o qual agirá exatamente em tal sentido no coração dos israelitas. Lógica vital e criadora, antes que legal, essa nova aliança está prevista como a superação necessária da condicionalidade que confiava tal relação à fragilidade da parte humana num grau revelado intolerável.

A perfeição esperada, além disso, é concebida segundo os preceitos da perenidade. Trata-se, de fato, do acabamento ao qual não pode não tender a obra divina iniciada com a eleição e as promessas e prosseguida com a revelação da lei. É comprometido na espera um valor eminentemente teologal: a fidelidade de YHWH a si mesmo. Ele é o Santo que escolheu Israel para sede e manifestação de sua glória, e não pode tolerar que o seu nome seja profanado com a falência de uma obra na qual quis empenhar a sua palavra e a potência do seu amor.

3. A NOVA ALIANÇA INSTAURADA EM CRISTO JESUS.

A revelação do Novo Testamento indica efetivamente concluído na pessoa e mediante a obra de Jesus Cristo o momento perfectivo previsto pelos profetas de Israel como nova aliança: "Deus, que já havia falado nos tempos antigos muitas vezes e de muitos modos aos nossos pais, pelos profetas, nestes dias, que são os últimos, falou-nos por meio do Filho, a quem constituiu herdeiro de todas as coisas" (Hb 1,1-2). "Todas as promessas de Deus têm nele o seu *sim* garantido" (2Cor 1,20). "De sua plenitude todos nós recebemos, graça por graça" (Jo 1,16). A multiforme riqueza germinal da revelação antiga alcançou no Cristo-Filho a verdade da plenitude. É global o discurso: o conjunto do mistério salvífico é agora prospectado como a instauração, na plenitude dos tempos, de uma aliança perfeita e definitiva de Deus. Impõe-se, portanto, uma seleção na massa do material disponível. Orientando a nossa leitura na direção já iniciada, seguiremos esta tríplice linha temática: Cristo mediador da aliança perfeita, segundo a Carta aos Hebreus; da "letra" ao "Espírito", segundo Paulo apóstolo; a lei nova da caridade, efeito do Espírito doado aos corações.

Cristo mediador da aliança perfeita (Hb). "Ele [Cristo] recebeu um ministério superior. Ele é o mediador de uma aliança bem melhor. [...] Se a primeira aliança fosse sem defeito, não se procuraria substituí-la por uma outra" (Hb 8,6-7; também 9,15). O autor da Carta aos Hebreus, preocupado, por motivos pastorais (cf. 3,1; 4,14; 10,23; 12,28...), para demonstrar e ilustrar a superioridade do presente cristão sobre o passado mosaico, privilegia o tema da aliança e se refere continuamente a uma profunda intuição teológica: para a remissão dos pecados e a salvação eterna, a aliança vale tanto quanto a mediação sacerdotal sobre a qual está fundamentada. Órgão essencial da aliança divina, tanto nova quanto antiga, o sacerdócio é definido por sua vez pelo tipo de sacrifício do qual dispõe e no qual se realiza. Aliança, sacerdócio, sacrifício: tríplice noção coordenada na qual é lícito ver a originalidade mais fecunda da mensagem global da carta.

a) *Imperfeição do preceito antigo*. A aliança do Sinai era por natureza regime transitório (cf. 8,13): não podia assegurar a Israel aquela perfeição religiosa à qual tende por si a história da salvação. "Tem-se pois a ab-rogação do preceito anterior, por ser fraco e inútil — pois a lei não levou nada à perfeição" (7,18-19). E essa global "fraqueza" e "inutilidade" o autor a vê exemplificada no tipo de sacerdócio que era próprio do regime sinaítico: "Se fosse possível a perfeição por meio do sacerdócio levítico [...] que necessidade havia de surgir outro sacerdote?" (7,11). Como se vê, é questão de "perfeição". O passado mosaico é julgado segundo este critério e é considerado faltoso. Neste, de fato, os instrumentos mesmos do culto divino — pessoas e ritos — eram onerados por radical insuficiência: "não tendo o poder de tornar perfeitos... aqueles que se aproximam de Deus" (10,1; cf. 9,9), ou seja, não podiam levar os "adoradores" àquela *teleiôsis*, àquela perfeição religiosa que por si pertence à essência mesma de um culto agradável a Deus: uma efetiva purificação das consciências com vistas a uma transparente comunhão com o Senhor. E nisto estava precisamente a "fraqueza" e "inutilidade" do regime sinaítico.

De fato, o sacerdócio levítico se encarnava em homens fracos e mortais, pecadores quanto o povo que serviam, mediadores privados do necessário crédito junto a Deus (7,27; 5,1-3): o sacerdócio é por si "mediação" entre os homens e o Senhor, um ministério instituído com a finalidade precisa de "oferecer dons e sacrifícios pelos pecados" e, obtida a remissão dos pecados, de assegurar aos homens a pureza interior que permita a eles aproximar-se de Deus em comunhão de vida; e respeito a esta finalidade por assim dizer institucional, a "mediação" da qual era capaz o sacerdócio levítico resultava em tudo inadequada. De resto, os mesmos "dons e sacrifícios" nos quais se exercitava aquele sacerdócio eram realidades excessivamente modestas: enorme era a desproporção entre os meios empregados e os resultados perseguidos! "É impossível eliminar os pecados com o sangue de touros e de bodes" (10,4). Insiste o autor: eram oferecidos "dons e sacrifícios que não podiam tornar perfeita a consciência daquele que os oferecia. Baseados em alimentos, bebidas e diferentes tipos de purificação com água, não passam de prescrições humanas, válidas até o momento de serem substituídas por algo melhor" (9,9-10). Tais "dons e sacrifícios" eram oferecidos "pelos pecados" (5,1); mas como pretender que remédios tão modestos tenham em si mesmos a virtude de curar uma doença como aquela do pecado, uma enfermidade que no fim das contas pertence a uma outra ordem? Não se pode dar aquilo que não se tem; e o sangue dos animais como também as ofertas materiais não têm o poder de dar aquilo que a sua mesma natureza se encontra a negar: um remédio que cure os corações, purifique as consciências e concilie os homens no seu íntimo ao mistério do Deus vivente. Por isto, precisa ainda o autor, longe de permitir ao povo da aliança alcançar a "perfeição", o preceito antigo o estabelecia numa condição de imperfeição, recordando-lhe continuamente, com a sua liturgia imóvel e recorrente, a permanência do seu pecado e a impureza da sua consciência, obstáculo não superado que lhe impedia de aproximar-se vitalmente ao Senhor (10,1-3.11; cf. 9,8).

b) *A mediação perfeita de Cristo sacerdote e vítima.* "Deus tinha em vista algo melhor para nós" (11,40). Lá onde a primeira aliança se havia demonstrado "fraca" e "inútil" (7,18), a aliança nova se demonstra cheia de eficácia salvante. Constituída sobre a perfeitíssima mediação de Cristo, ela leva o povo de Deus à perfeição querida por Deus. Mediador de uma aliança melhor (8,6; 9,15; 12,24), Jesus Cristo o é especialmente por motivo da perfeição do seu sacerdócio. Três vezes se repete que Jesus foi por Deus "constituído perfeito" (2,10; 5,9; 7,28); e o significado é este: ele é o sacerdote ideal que oferece o sacrifício ideal, isto é, aquele que realiza todas as exigências e possui todas as virtudes da mediação sacerdotal de modo eminente. Cristo, de fato, é o mediador perfeito por esta sua superioridade global: é o Filho constituído sumo sacerdote para sempre (3,1-6; 7,27-28); é o sumo sacerdote misericordioso e fiel semelhante em tudo aos seus irmãos (2,17-18; 4,15; 5,8); e é também a vítima mais santa e agradável a Deus, perfeitamente obediente e livre (5,7-9; 7,26-27; 9,14). Por esta sua "perfeição" global, Cristo realiza de modo superabundante as intenções de Deus: "expiar os pecados do povo" (2,17), "tornar-se princípio de salvação eterna" (5,9), "salvar definitivamente aqueles que por meio dele se aproximam de Deus" (7,25). O discurso é articulado.

Cristo, sumo sacerdote, é *moralmente perfeito* como mediador. De uma parte, ele é santo, inocente, sem nenhuma mancha (7,26), condição que lhe assegura um crédito absoluto junto de Deus. De outra parte, é plenamente capaz de partilhar as enfermidades dos seus irmãos, "pois ele mesmo foi provado em tudo, à nossa semelhança, exceto no pecado" (4,15). Se o sacerdote é constituído "para o bem dos homens nas suas relações com Deus" ele deve ser solidário com as suas vidas e suas misérias e deve poder se apresentar como autêntico representante deles diante de Deus (5,1-2). Enfim, e na mesma linha, as provas da vida terrena de Jesus e, especialmente, a obediência demonstrada por ele na paixão deram à sua mediação sacerdotal uma eficácia salvante única e muito eminente (5,8-9; também 2,17-18; 4,14-16). Cristo, sumo sacerdote, é também *objetivamente perfeito* como mediador. Filho de Deus e irmão dos homens, ele é admiravelmente preparado para fazer a união entre o céu e a terra, entre o divino e o humano (2,11.14). A sua → ENCARNAÇÃO, unida à sua piedade pessoal, o torna fisicamente e religiosamente capaz de oferecer o único sacrifício agradável a Deus (cf. 10,5-10). De fato, com a oblação de si mesmo, com a oferta do seu próprio "corpo", ele "tornou perfeitos para sempre aqueles que santifica" (10,14), introduzindo-lhes vitalmente na esfera do celeste (12,23-24). É o sumo sacerdote "que nos convinha" (7,26).

O sacerdócio exprime a própria virtude e realiza a própria mediação sobretudo no ato culminante do culto, que é o sacrifício. E a perfeição de Jesus sacerdote e mediador se representa na perfeição de Jesus oferente e oferta. De fato, o de Jesus foi um sacrifício no qual o sacerdote e a vítima, o oferente e a oferta eram a mesma pessoa, o Filho de Deus (7,27; 9,12.14.25; 10,10). À diferença dos sacerdotes levitas, os quais ofereciam vítimas animais e se apresentavam diante de Deus "com sangue de outrem" (9,25), Jesus ofereceu a si mesmo a Deus e foi sacerdote e vítima do próprio sacrifício. E que santidade na vítima e no sacerdote (4,15; 7,26-28; 9,14)! Nenhuma vítima jamais teve tanta perfeição aos olhos de Deus e nenhuma oblação podia ser feita com maior correspondência à vontade de Deus. Enfim, se o sangue dos animais pertencia à esfera da "carne", o sangue de Cristo, ao invés, pertence à esfera do "espírito", isto é, à esfera do divino e possui um valor e uma virtude transcendente (9, 13-14). O seu foi "um sangue purificador mais eloquente do que o de Abel" (12,24), instrumento suficientíssimo de uma "redenção eterna" (9,12).

c) *Aliança perfeita e definitiva.* A nova é aliança perfeita, fundada na perfeita mediação de Cristo sacerdote e vítima: nela, o *telos* ao qual tudo se dirige na história da salvação, se encontra enfim plenamente atingido. E, enquanto tal, ela é também a aliança definitiva. Seria contraditório esperar uma outra que possa de qualquer forma "aperfeiçoá-la". Esta doutrina, que põe a aliança cristã no vértice dinâmico da história da salvação, é muitas vezes afirmada e de vários modos ensinada na Carta aos Hebreus.

À diferença dos sacrifícios levíticos, repetidos continuamente por motivo de sua fraqueza e inutilidade (cf. 10,1-4), o sacrifício de Cristo é *único.* E o é não somente porque se morre uma só vez (9,27), mas também e especialmente porque é "perfeito" de modo absoluto. Pertence à sua natureza o ser oferecido *uma vez para sempre* e o inaugurar com a sua virtude a era escatológica (cf. 7,27; 9,12.26.28; 10,10.12.14). É o sacrifício da "plenitude dos tempos" (9,26); quem o ofereceu foi "o Filho tornado perfeito em eterno" (7,28); o seu fruto é uma "salvação concluída para sempre" (7,25), uma "redenção eterna" (9,12). Certamente, o povo da nova aliança espera ainda uma manifestação ulterior de Cristo. "Após ter-se oferecido uma vez por todas para tirar os pecados da multidão, aparecerá uma segunda vez, não mais em relação ao pecado, mas para salvar aqueles que o esperam" (9,28). Cristo deve voltar, porém não mais como vítima de expiação, mas sim como consumador glorioso da → REDENÇÃO por ele concluída. O seu sacrifício foi suficiente; não deverá mais renová-lo. Ele, sim, dará a salvação àqueles que a terão esperado; mas estes lhe terão esperado ricos de bens salvíficos alcançados com a sua mediação sacerdotal e a elevadíssima virtude de seu sacrifício, isto é, como redimidos purificados, tornados capazes de aproximar-se vitalmente de Deus (10,22), como um povo de santificados (10,14) diante do qual se abre livre o ingresso ao santuário celeste (10,19) e o acesso ao "trono da graça" (4,16), um povo feito partícipe do Espírito Santo (6,4-5) e da essência dos "bens futuros" (10,1; também 9,11). Se esse povo novo espera ainda Cristo, espera-o com a salvação de uma fé e o alegre orgulho de uma esperança (3,6; 4,14; 10,19-23.32-39) que são como um testemunho vivido e uma celebração convicta do sacrifício oferecido uma vez por todas e da redenção realizada para sempre.

Fomos verdadeiramente introduzidos na "plenitude dos tempos" (9,26), na perfeição dos dias que são os últimos (cf. 1,1-2). O "véu" divisório foi abatido (9,1 ss.); também 10,20), Deus se fez acessível (12,22-24), o caminho que introduz no santuário celeste fez-se enfim viável (10,19-20; também 6,19-20; 9,8.12.24), o povo da aliança é harmonizado no íntimo ao mundo futuro das realidades eternas (6,4-5; 10,1). A esperança tornou-se um dinamismo vital endereçado a conseguir, na glória, "promessas melhores" e celestes (8,6; 11,8-16; 12,22-23; 13,14), promessas objetivamente garantidas porque substancialmente antecipadas naqueles que são constituídos, desde esta vida, adoradores perfeitos de Deus. Tudo isto significa que a aliança nova é perfeita e definitiva. Embora se encontre ainda no tempo e devendo ainda fazer prova de perseverança (10,13; 10,32-39; 12,1-29), o povo de Deus é realmente introduzido na eternidade. É pouco dizer que o novo Israel alcançou agora a última etapa do seu caminho em direção à "terra prometida"; ele pôs já aí o pé e lhe falta somente poder ver o seu esplendor. Viver no tempo experimentando no íntimo "as maravilhas do mundo futuro" (6, 5): tal é o privilégio assegurado no Cristo Jesus ao povo da nova aliança.

A nova aliança, regime do Espírito (2Cor 3,1-11). A nova aliança que foi predita pelos profetas (cf. acima) e que vimos o autor da Carta aos Hebreus propor e descrever como inaugurada no Cristo sacerdote-vítima como plenitude agora alcançada da história da salvação, na catequese de Paulo apóstolo emerge e é definitiva sobretudo como o surgir em Cristo Jesus de *uma humanidade nova vitalizada interiormente pelo dom divino do Espírito*. Tal dimensão não é ignorada na Carta aos Hebreus, em que se ensina precisamente que ao novo Israel é concedido desde agora experimentar o "dom celeste" e as "maravilhas do mundo futuro", sendo feito "partícipe do Espírito Santo" (6,4-5), do "Espírito da graça" (10,29). Coube, porém, ao apóstolo Paulo a função de revelar o seu primado na teologia da nova aliança. Com efeito, a temática paulina da nova aliança compreendida como o "regime do Espírito" é riquíssima e envolve doutrinalmente toda a soteriologia do Apóstolo. Lê-la-emos, porém, diretamente naquela grande página de teologia da história da salvação que é 2Cor 3,1-11. Polemizando, mas com mente lúcida e pensamento rigoroso, Paulo opõe a economia cristã, da qual ele é por graça de Deus "ministro idôneo", à economia antiga, da qual Moisés foi ministro e mediador. São postas em relevo as notas distintivas de uma e de outra ordem e, com isso, é ilustrada a superioridade indiscutível e incomensurável do presente em relação ao passado. A passagem é também preciosa pelo fato de que o confronto se encontra conduzido com referência direta a algumas categorias por nós precedentemente encontradas: a mesma empregada por Jeremias (31,31-34) e por Ezequiel (36,25-28) quando predisseram o advento libertador e perfeccionístico da nova aliança.

Uma síntese de toda a proporção se pode ler no versículo 6: "[Deus] nos tornou capazes de exercer o ministério da aliança nova, não da letra, mas do Espírito. A letra mata, o Espírito, ao invés, dá vida". A acontecida perfeição da "nova aliança" indica que foi impresso na história da salvação este progresso dinâmico: passou-se da "letra" ao "espírito". E de tal progresso é indicado o motivo: "porque a letra mata, mas o Espírito dá vida".

a) *Da "letra" ao "Espírito" (v. 6a)*. Constituído por Deus como "ministro idôneo" de uma "nova aliança", Paulo recebeu a graça de ser um ministro do "Espírito" e não da "letra" (v. 6a). A oposição é entre "letra" e "Espírito"; e, como o segundo termo qualifica aquela que Paulo chama uma "nova aliança", o primeiro termo não pode referir-se senão à aliança da qual Moisés foi o ministro (cf. v. 7). Eis a história da salvação globalmente articulada segundo uma dúplice antítese paralela: "aliança antiga" e "aliança nova", de uma parte; "letra" e "Espírito" de outra.

Precisemos. O termo *letra* é a tradução do vocábulo grego *gramma* e indica pois um "sinal gráfico" e, ulteriormente, um "documento escrito". No contexto, a "letra-*gramma*" do v. 6 é relativa às "tábuas de pedra" do v. 3, como o demonstra também a expressão usada no v. 7: "gravado em pedras com letras", Paulo está pensando no contexto sinaítico e, mais diretamente, na lei então revelada aos filhos de Israel. Ao chamá-la porém "letra", ele demonstra considerar a lei segundo aquele aspecto que na polêmica importa evidenciar: não no seu conteúdo ético religioso, mas ao invés no *modo* no qual foi revelada e devia funcionar na estrutura da aliança antiga. Qual? Exatamente a modo de "letra", de "documento escrito", como uma norma de vida que exprimia a vontade imperativa do Senhor, que dava uma irrenunciável informação moral, mas somente do externo e sem tocar o santuário íntimo dos corações ou influir decisivamente nas disposições vitais da humanidade que a devia observar.

Se o passado hebraico é assinalado pela "letra", a novidade cristã encontra-se pelo contrário qualificada pelo "Espírito". E, no contexto, "Espírito" é paralelo a "tábuas de carne, os corações" (v. 3); e como tal, este define a nova aliança segundo aquele aspecto que, a juízo de Paulo, mais incisivamente a distingue da aliança do Sinai: uma divina iniciativa de graça realizada no coração mesmo do homem e mediante a qual é dado ao homem servir-se de um novo dinamismo vital que, sendo de Deus, orienta a existência segundo Deus. Pelo menos sob o aspecto prático, trata-se desta mesma realidade intuída a seu tempo por Jeremias: "Colocarei a minha lei no seu íntimo e no seu coração a gravarei" (31,33). Mais explicitamente é uma referência à profecia de Ezequiel: "Porei em vós o meu espírito…" (36,27). Ulteriormente é precisado que "a lei escrita nos corações" (Jr) coincide objetivamente com o dom interior do Espírito divino (Ez).

Da "letra" ao "Espírito": eis como Paulo representa o progresso acontecido na história da salvação do passado sinaítico à novidade cristã. A antítese retorna ainda na catequese paulina em Rm 2,29 e especialmente em Rm 7,6, em que se diz que em Cristo Jesus se é feito capaz de servir a Deus "no regime novo do Espírito e não mais no regime velho da letra". E devemos referir também a fórmula paralela: "não estás mais sob a lei, mas sob a graça" (Rm 6,14; cf. Jo 1,17).

b) *"A letra mata, o Espírito dá vida" (v. 6b)*. Explica-se agora o motivo (*gar*) pelo qual a aliança do Sinai foi substituída por uma aliança nova, o regime da "letra" do regime do "Espírito": "a letra mata, o Espírito Santo ao invés dá vida". Um regime tão carente a ponto de levar na sua estrutura um germe de morte só podia ser transitório, isto é, destinado a desaparecer com o advento libertador de um regime em que no seu interior agisse uma potência divina de vida.

— *"A letra mata"*. A afirmação não é casual ou fruto de fervor polêmico. Ela será retomada nos versículos 7 e 9, em que aquele mosaico da "letra" será antes caracterizado como um "ministério da morte" e um "ministério da condenação". Pressupõe, além disso, toda uma teologia da lei e da miséria ético-religiosa do homem não ainda vivificado pela graça de Cristo.

O ministério de Moisés no Sinai foi ministério da "morte" (v. 7) e da "condenação" (v. 9) pelo fato de que se é esgotado na transmissão de uma lei-letra, revelação não vital da vontade imperativa de Deus. Escrita em "tábuas de pedra" (v. 3) e "gravada em pedras com letras" (v. 7), a lei assegurava um conhecimento diferente da vontade divina, sem poder influir eficazmente na vontade daqueles que a deviam observar. E tal ministério, assim unilateralmente legal, se encontrou no concreto a agir para a "condenação" e, consequentemente, para a "morte", porque nele era exacerbado o contraste então existente entre o "coração" do homem e a "lei" de Deus.

A doutrina pressupõe uma visão teológica na qual a história é dividida em "etapas" sucessivas e em que a cada etapa é julgado corresponder um "tipo de homem" religiosamente discernível. Em 2Cor 3,6 Paulo está pensando naquele momento do passado no qual interveio a lei e levantou na história o "tipo de homem" que lhe encarnava a estrutura: é o chamado "homem sinaítico", representante típico de uma humanidade ainda "carnal" e não redimida, embora interpelada distintamente do imperativo da lei revelada. Pressuposto ulterior e qualificante: a realidade universal do pecado e a amplitude universal da redenção de Cristo. Os filhos de Adão em geral e os filhos de Israel em particular, expostos como são no contexto pré-evangélico da "cólera de Deus" (Rm 1,18–3,20), são considerados como estando todos "sob o pecado" (Rm 3,9), injustos e rebeldes a Deus (cf. Rm 5,12 ss.; Ef 2,1-3). "Deus fechou todos na desobediência" (Rm 11,32; Gl 3,22). "Não há distinção: todos pecaram e estão privados da glória de Deus" (Rm 3,22.23; cf. 1Cor 15,21-22). Em tal passado de pecado e de desobediência, de pobreza e de morte, a lei divina interveio escrita em tábuas de pedras, norma imperativa que indicava o caminho do bem sem poder tornar bons os corações. Proposta de tal modo e em tal momento histórico, isto é, como simples "letra" normativa a uma humanidade de coração ainda hostil a Deus, a própria lei de Deus se encontrou a "matar" (2Cor 3,6b), a dar força ao pecado e juntar poder à morte (cf. 1Cor 15,56): não só, de fato, era desobedecida, mas devia agir de qualquer modo como fator de transgressões mais frequentes com culpa mais grave (cf. Gl 3,19; Rm 3,20; 4,15; 5,20; 7,5.7-12.14-24…).

Obviamente, Paulo não pôde ensinar que a lei divina, a qual é santa, justa e boa (Rm 7,12), fosse em si mesma causa e princípio de pecado e de morte; nem podia pensar que Deus quisesse positivamente o mal moral que ele diz seja resultado historicamente da sua revelação. O mal, quando existe, reside no coração do homem. E é o próprio homem, "carnal e vendido ao pecado como escravo" (Rm 7,14), o autor consciente da transgressão. A lei do Sinai, é verdade, não era ausente da tal dinâmica de pecado; mas esta se inseria em tal contexto somente como "ocasião" de pecado e de morte (Rm 7,7.13). A sua finalidade intrínseca era o bem; o homem sinaítico, todavia, "sob o pecado" e guiado como era por um coração alheio a Deus, se servia desta para o mal: "Quando vivíamos no nível da carne, as paixões pecaminosas, ativadas pela lei, agiam em nossos membros, a fim de que frutificássemos para a morte" (Rm 7,5).

Mas não basta. Ao ensinar que "a letra mata", Paulo prospecta um dinamismo finalizado querido por Deus e implícito na realidade sinaítica, o qual orientava aquilo que chamamos "o homem sinaítico" para a redenção de Cristo e a graça libertadora da nova aliança. Expressões como esta: "a lei foi acrescentada em vista das transgressões" (Gl 3,19) e como esta outra: "a lei interveio a fim de que se multiplicasse a culpa" (Rm 5,20), lidas nos seus respectivos contextos, revelam um pensamento voltado a descobrir na experiência sinaítica uma finalidade querida por

Deus e que devia levar, para além dos pecados multiplicados e da culpa agravada, a um bem sumamente positivo, precisamente o da abundante graça de Cristo. Paulo se explica a propósito no célebre desenvolvimento de Rm 7,14-25, em que descreve a experiência típica do homem posto no regime da "letra". Ainda "carnal e vendido escravo do pecado", mas confrontado com o imperativo justo e bom da lei (v. 14), esse tipo de homem experimenta em si, com lucidez e intensidade particulares, uma dramática divisão íntima: de uma parte, ele compreende e aprecia a intrínseca bondade da lei; de outra, ele transgride os seus ditames, movido como é pelo próprio coração endurecido. Conhecendo o bem e experimentando o mal, torna-se crítico perspicaz da própria condição. Descobre de fato ser um pecador endurecido na culpa, escravo de inclinações e paixões pecaminosas a tal ponto dominantes, que encontra na própria lei ocasião de desenfrear-se. Situação fechada? Tal seria o caso, se esse tipo de homem devesse contar com a própria virtude. Mas a sua própria esperança revela à sua mente quanto seria absurdo semelhante comportamento. Ei-lo pois a dirigir alhures o olhar e do profundo de uma pobreza vivida com lucidez prorromper no grito: "Infeliz de mim! Quem me libertará deste corpo de morte?" (v. 24). É o grito no qual, a juízo de Paulo, deveria desaguar a experiência sinaítica e, portanto, realizar-se a finalidade positiva da "letra" que "mata". Anela-se a um bem que alcança e cura o → CORAÇÃO. Esse bem é invocado como uma "libertação", porque o anseia um "escravo" que se encontra nas cadeias do mal, ciente dessa sua miséria pelo testemunho mesmo da lei por ele persistentemente transgredida. É óbvio, além disso, que tal "libertação" não terá o caráter ascético de uma luta empreendida pelo próprio homem "carnal" contra o mal que age na sua pessoa, luta que de resto seria um contassenso, dado que o grito do v. 24 é originado da constatação de um estado de escravidão humanamente insuperável. No contexto, o grito invoca a "libertação" da misericórdia fiel e da potência soberana de Deus, na consciência de que só Deus pode dar a liberdade a um tal escravo, isto é, dar novamente a vida a um "morto" e fazer que o homem "carnal" torne-se igual no íntimo à exigência "espiritual" da sua lei (de novo v. 14; cf. também Rm 4, 17b). A "letra mata", certo; mas o teólogo Paulo adverte esta finalidade: levar a humanidade pré-evangélica àquele realismo espiritual que é a fé, e que consiste em recorrer à potência libertadora de Deus com anseio de vida, em procurar a redenção somente da "graça" do Deus misericordioso — "graça" que o mesmo Paulo vê presentemente oferecida em Cristo Jesus como expressão e riqueza de uma aliança nova (cf. Rm 7,25a).

— "*O Espírito porém dá vida*". Dom salvífico por excelência, o Espírito está logicamente referido à "vida", se é verdade que o candidato à salvação divina, o pecador, se encontra numa condição de "morte". Esta verdade é patrimônio comum do Novo Testamento e seria supérfluo sublinhá-la. Digamos somente que ela nos adverte que no pensamento de Paulo a → REDENÇÃO realizada por Deus em Cristo Jesus e a instauração da "nova aliança" coincidem soteriologicamente.

Da "letra que mata" ao "Espírito que dá vida": o progresso que levou a história da salvação da imperfeição mortífera da "letra" à atual perfeição vivificante do "Espírito", Paulo o está compreendendo como uma passagem soteriológica de uma condição de "morte" a uma condição de "vida". Verdadeiramente, a lei "escrita nos corações" (2Cor 3,3; Jr 31,33), escrita misteriosamente com o Espírito do Deus vivo (2Cor 3,3; Ez 36,27), operação divina que é precisamente a graça da "nova aliança" (2Cor 3,6; Jr 31,31), encontra-se concebida como a riquíssima e muito eficaz graça de uma ressurreição salvífica. Pelo próprio fato de que elimina o contraste antigo entre "coração humano" e "lei divina", liberta o homem da escravidão do pecado e o torna capaz de caminhar segundo Deus, essa graça leva o mesmo homem da morte à vida. E tal fruto incorpora a riqueza dos bens concedidos por Deus no mistério de Cristo e referidos alhures por Paulo à instrumentalidade transformante do Espírito. "Fostes lavados, fostes santificados, fostes justificados pelo nome do Senhor Jesus Cristo e pelo Espírito de nosso Deus" (1Cor 6, 11). "A graça do Senhor Jesus Cristo, o amor de Deus e a comunhão do Espírito Santo" (2Cor 13, 13): é esta a doação que caracteriza a "nova aliança".

Em última análise, a definição da "nova aliança" como o regime vivificante do Espírito em oposição ao regime mortífero da "letra", põe sob luz uma intuição por nós encontrada implícita junto a Jeremias e Ezequiel (cf. acima): a criação de um novo Israel, de uma humanidade nova e de um novo povo de Deus. De fato, a passagem institucional da "letra" ao "Espírito", do "velho" ao "novo" (cf. Rm 7,6), se concretiza antropologicamente numa passagem soteriológica de um "homem carnal" a um "homem espiritual", de um homem privado da glória de Deus (cf. Rm 3,23) a um homem investido do divino e harmonizado vitalmente à realidade celeste. É o surgir de uma humanidade que vive e age não mais "segundo a carne" mas "segundo o Espírito" (Rm 8,4b.5-13; Gl 5,16-25) — uma "novidade de vida" (Rm 6,4) que é a expressão, em nível de religiosidade prática e consciente, de um "ser novo" criado por Deus no Cristo Jesus e mediante o dom celeste do Espírito (Rm 8,14-16.29; Gl 3,26-29; 4,4-6; 2Cor 3,17-18; 5,17; Ef 2,10…).

A "lei do Espírito" e a lei da caridade (Rm 8,1-4). A antítese "letra"–"Espírito" que lemos em 2Cor 3,6, se manifesta em Rm 7,6 assim articulada: o "regime velho da letra" e o "regime novo do Espírito". É interessante notar a seguir que essa mesma antítese é desenvolvida sucessivamente na forma de um díptico cuidadosamente construído: o "regime velho da letra" se encontra explicado em 7,7-25; quanto ao "regime novo do Espírito", ele é ilustrado em 8,1-13. Ponto focal da catequese resulta ser o grito que sentimos emitir o homem sinaítico: "Infeliz de mim! Quem me libertará deste corpo de morte?" (7, 24). Exatamente essa "libertação", que coincide com o dom vivificante do Espírito e, portanto, com a graça constitutiva da nova aliança, é agora explicada em 8,1-13 como novidade cristã enfim instaurada.

Não é o caso de apresentar, seja mesmo em síntese, a inteira catequese de Rm 8,1-13. Atenhamo-nos somente àquela parte que mais diretamente se envolve na temática específica da nova aliança: "Agora, portanto, não há nenhuma condenação para os que estão no Cristo Jesus. Pois a lei do Espírito, que dá a vida no Cristo Jesus, te libertou da lei do pecado e da morte. Com efeito, aquilo que era impossível para a Lei, em razão das fraquezas da → CARNE, Deus o realizou enviando seu próprio Filho em carne semelhante à do pecado, e por causa do pecado. Assim, Deus condenou o pecado na carne, a fim de que a justiça exigida pela Lei seja cumprida em nós, que não procedemos segundo a carne, mas segundo o Espírito" (Rm 8,1-4). No presente (*nûn*), isto é, na novidade da graça de Cristo, foi realizada a libertação invocada da humanidade antiga (cf. 7,24). É uma libertação da "lei do pecado e da morte". Seu instrumento é o dom característico da nova aliança, que Paulo assim define: "a lei do Espírito que dá vida". Finalidade e conteúdo deste dom é uma novidade de vida assinalada no profundo da "justiça" mesma que prescreve a lei: "a fim de que a justiça da lei fosse cumprida em nós". Toda uma temática, em parte já encontrada e em parte nova, se apresenta agora à nossa consideração — uma temática que leva à certeza de que na nova aliança surge uma humanidade vitalizada pelo dinamismo libertador da caridade.

a) *Libertados da "lei do pecado e da morte" (Rm 8,2b).* O que é esta "lei", dita "do pecado e da morte" e da qual foi libertado o homem que está "em Cristo Jesus"? É certamente a lei do Sinai, aquela "letra" da qual Paulo tinha explicado no capítulo 7 a relação ao pecado e à morte, a mesma da qual tinha também dito em 2Cor 3,6 que "mata". "Não sois mais sob a lei, mas sob a graça" (Rm 6,14). Essa "lei-letra" é divina e contém os imperativos justos da vontade do Senhor. A graça da nova aliança tem, pois, libertado o homem de dever se submeter à lei de Deus? É claro que não pode ser este o intento de Paulo. É necessário reportar-se ao que foi dito precedentemente. Trata-se da lei divina, certamente, mas exposta no momento histórico em que foi revelada e no modo em que vem a interpelar a consciência do homem no contexto sinaítico: como uma "letra" proposta a uma humanidade ainda "carnal", uma norma pois que informava mas não sanava e, em consequência, vinha instrumentalizada para o mal.

E eis a finalidade daquela "libertação": nas relações do homem alcançado vitalmente pela graça de Cristo, a lei não é mais "ocasião" de → PECADO e de → MORTE, não é mais uma "letra que mata". Em outras palavras, a partir do momento em que não se é mais "escravo do pecado" (cf. Rm 6,6; 7,14), o pecado não reina mais nas pessoas (cf. 6,12-14) e, portanto, já não está em grau de instrumentalizar a lei para reforçar o seu domínio sobre o homem (cf. 7,7-13). Radicalmente, é uma libertação daquela condição de escravidão na qual o pecado imperava incontestado nos membros do homem, a ponto de colher a ocasião da mesma lei para liberar-se em frutos de morte (7,5). A lei-letra, de fato, mata somente quem já está morto, escravo vendido ao poder do pecado, porque se encontra então a ser ocasião de transgressão multiplicada e de culpa agravada. Para tal pessoa, ela é praticamente uma "lei do pecado e da morte". Rompido, ao invés, o domínio da morte pela graça de Cristo redentor, encontra-se libertado da inevitabilidade da transgressão e a lei não é mais a "força do pecado" (1Cor 15,56).

b) *"A lei do Espírito que dá vida" (Rm 8,2a)*. Causa imediata da supracitada libertação é o dom do Espírito que dá vida. Particularmente importante, esse dom é assim definido: "a lei do Espírito". O genitivo é explicativo: o Espírito mesmo é doado ao homem como "lei". Trata-se obviamente de uma "lei" de natureza particular, não escrita como "letra" imperativa, mas impressa por Deus no → CORAÇÃO do homem, isto é, na sede mesma onde é doado e age o Espírito divino (cf. Rm 5,5; Gl 4,6; 2Cor 1,22; Rm 8,26-27). É certa a referência à "lei nos corações" de Jeremias (31,34) e ao "espírito de Deus colocado no íntimo" de Ezequiel (36,27). E vemos emergir no pensamento neotestamentário o conceito fecundo de uma "lei interior", vital e vitalizante, a qual coincide objetivamente com o dom libertador do Espírito Santo. Quando pensamos a seguir nas riquezas soteriológicas que são reconhecidas ao dom do Espírito na teologia paulina, nos damos conta de que a "lei interior" da nova aliança envolve todo o fruto do mistério pascal.

Na perspectiva, porém, de Rm 8,1-4, a "lei do Espírito", categoria característica do tema da aliança, se encontra a definir diretamente um aspecto particular da riqueza de Cristo: ao homem é finalmente dado aquilo que a lei-letra era em tudo incapaz de assegurar, isto é, a "graça" de poder "caminhar segundo o Espírito" (v. 4b). E tal novidade de graça significa, por sua vez, que o homem não é mais "carnal", hostil no íntimo à lei de Deus, mas é tornado "espiritual", harmonizado no coração à vontade divina (cf. 7,14). Ulteriormente isto significa que é doada a cada um a energia de "caminhar em novidade de vida" (cf. 6,4), isto é, de conduzir uma existência agradável a Deus porque marcada pela novidade de um pensar, sentir, desejar e querer eficazmente comandado pelo Espírito mesmo de Deus (Rm 8,5-13; Gl 5,16-25).

c) *A "justiça da lei" cumprida nos corações (Rm 8,4a)*. A lei divina comanda a justiça; a sua finalidade é indicar o caminho justo, aquele que deve percorrer o homem para ser justo diante de Deus e a ele agradecido. Mas a lei não podia tornar justo o homem. A "carne" não redimida e o pecado voltavam a lei à impotência (v. 3a).

Agora, porém, tendo reduzido por sua vez o pecado à impotência ("condenou o pecado") em virtude da redenção realizada no seu Cristo-Filho, Deus eliminou o obstáculo que impedia à lei efetivar-se no homem num viver justo e agradável a ele (v. 3b). A libertação de um mal, realizada por Deus na novidade de Cristo e mediante a "lei do Espírito", é também libertação para um bem. Paulo, de fato, precisa: "a fim de que a justiça da lei fosse cumprida em nós" (v. 4a).

A justiça que comandava e comanda sempre a lei, por sua intrínseca finalidade, é um bem agora conseguível e conseguido por aqueles que, tendo recebido nos corações o dom novo do Espírito, "não caminham mais segundo a carne, mas segundo o Espírito" (v. 4b), não estão mais sob o domínio das "paixões pecaminosas" (cf. 7,5; Gl 5,24), mas foram feitos capazes de conduzir uma existência guiada pelo Espírito que age nas suas pessoas (cf. Rm 8,9.12-13; Gl 5,25). Para melhor compreender esta doutrina, ocorre notar que em Rm 8,1-4 a "lei do Espírito" (v. 2) e a "justiça da lei" (v. 4) são duas realidades estreitamente paralelas. Ter a primeira é ter a segunda. E tal paralelismo leva a seguinte mensagem: o dom do Espírito é graça de vida mediante a qual Deus "escreve a sua lei nos corações", isto é, cria um homem "justo" que possui no coração, como vitalidade nova, o bem ordenado pela lei. A lei é aquela que é: uma norma revelada que ordena a justiça; e enquanto tal ela é valor permanente. Somente que a "justiça" ordenada permanece não realizada até que o homem que a deve praticar não é tornado ele mesmo "justo" no íntimo do coração. Em outras palavras, caminha efetivamente nas estradas justas ordenadas por Deus somente aquele ao qual é dado levar a "justiça da lei" no próprio coração, como bem de vida e dinamismo interior. E esta riqueza pessoal, dom de graça que caracteriza a perfeição da nova aliança, Deus realiza nos corações por meio daquele princípio de vida nova que foi chamada "a lei do Espírito".

d) *Liberdade na caridade*. Vale também na temática da aliança divina aquilo que Paulo escreve na sua catequese sobre a justificação mediante a fé: "Então, pela fé anulamos a lei? De modo algum. Pelo contrário, a confirmamos" (Rm 3,31). O comentário de Santo → AGOSTINHO: "... a lei não é esvaziada, mas é consolidada mediante a fé, porque a fé implora a graça que permite à lei realizar-se" (*De spiritu et littera*, XXX, 52: *PL* 44, 233). Longe, pois, de tornar supérflua a lei divina dos preceitos, a lei interior do Espírito permite, em realidade, a sua efetiva realização. Libertado daquela escravidão pecaminosa pela qual a lei mesma de Deus o interpelava como uma "letra que mata", o povo da nova aliança não está por isso liberado da obrigação de obedecer a Deus e de observar os seus mandamentos. "Libertados do pecado, feitos servos de Deus..." (Rm 6,22); e também: "Libertados do pecado, fostes colocados a serviço da justiça" (v. 18). A graça da nova aliança, graça de liberdade e de vitalidade interior, significa que se passou de uma condição de obediência ao pecado a outra condição de obediência a Deus. Libertados da... e libertados para... É necessário, porém, acrescentar um outro aspecto: libertando-o *do* pecado *para* torná-lo servo de Deus e da justiça, a lei interior do Espírito dá ao homem também o poder de obedecer a Deus e de praticar a sua lei *livremente*. E tão grande doação envolve a *caridade*.

— *Espontaneidade do amor*. Conduzir uma existência agradável a Deus, caminhar nas estradas do Senhor, praticar a lei de Deus, servir e obedecer, toda essa "justiça" pode dizer-se expressão de liberdade por um só motivo: o homem realiza este dever ético-religioso *por inclinação própria*. E tal capacidade pessoal é exatamente um fruto da "lei do Espírito" doada nos corações como graça de Cristo. Ao praticar a lei de Deus, o homem alcançado por esse dom realiza um bem que já possui como valor de vida; ao "servir a justiça" (Rm 6,18), ele concretiza em ação uma "justiça" criada no seu coração como instinto de bem. É isto que Paulo tinha em mente quando escreveu que a "justiça da lei" é realizada em nós, "que não caminhamos segundo a carne, mas segundo o Espírito" (Rm 8,4), isto é, que seguimos o impulso gerado em nós pelo Espírito. De fato, explica logo depois: "Os que vivem segundo a carne desejam as coisas da carne; os que vivem segundo o Espírito (desejam) as coisas do Espírito" (v. 5). E no contexto as "coisas do Espírito" coincidem com a "justiça" ordenada pela lei divina, assim como as "coisas da carne" coincidem com a "injustiça" proibida pela lei divina (cf. Gl 5,16-17.19-22). Diz-se "desejam" no sentido forte de *phroneîn*: não só não refutam, não só desejam, mas positivamente querem o bem prescrito pela lei como um valor que satisfaz uma aspiração vital sua, compreendem e procuram a "justiça" como uma perfeição na qual sabem que podem se autorrealizar.

Obediência na → LIBERDADE, portanto, pelo fato de que a prática da lei prorrompe da energia de um coração renovado por Deus segundo Deus, de uma vontade harmonizada à vontade de Deus. E essa harmonização que é graça divina e o efeito nos corações da "lei do Espírito", a espiritualidade sempre a chamou de *caridade*. Liberdade na caridade: tal é a dignidade do homem típico da nova aliança, isto é, do homem que leva no coração a lei de Deus e é movido interiormente pelo Espírito de Deus a querer as coisas de Deus e observar a lei divina em coerência vital.

Comentando o ditado Paulino: "Onde há o Espírito do Senhor há liberdade" (2Cor 3,17), e referindo-o exatamente à temática lei-liberdade, escreve São → TOMÁS DE AQUINO: "O homem livre é aquele que é capaz de autodeterminar-se; o escravo, ao contrário, está submetido ao domínio de um patrão. Portanto, qualquer um que age espontaneamente [*ex seipso*], age livremente; mas quem atua por impulso dos outros [*ex alio motus*] não atua livremente. Quem, pois, evita o mal não porque é um mal, mas por motivo de um preceito do Senhor, não pode dizer-se livre; quem, ao invés, evita o mal porque é um mal deve dizer-se livre. E isto o faz o Espírito Santo, que aperfeiçoa interiormente o espírito do homem, imprimindo nas suas faculdades uma habitual disposição ao bem [*bonum hatibum*] e dando-lhe assim de abster-se do mal por amor, como se a lei divina lhe determinasse; e em tal modo ele é tido como livre, não que não esteja sujeito à lei divina, mas porque é inclinado por habitual disposição a fazer aquilo que prescreve da lei divina" (*II ad Cor.* c. 3, lect. 3, ed. R. Cai, n. 112). Livre e escravo: ambos estão sujeitos à lei de Deus. Diferente, todavia, é o seu agir. O primeiro realiza o bem e se abstém do mal movido por si mesmo; o segundo, pelo contrário, se abstém do mal forçado por uma ordem a ele estranha. A diferença é a seguir restituída à sua origem: a presença ou a ausência do → AMOR, caracterizado como uma disposição habitual ao bem, como um dinamismo vital criado no íntimo pelo Espírito Santo e de tal modo a inclinar as faculdades do homem para o bem prescrito pela lei divina. E notemos a precisão dos conceitos. Aquela inclinação do amor, fruto do Espírito nos corações, permite que o "livre" evite o mal "porque é um mal", isto é, por conatural repugnância; a sua ausência, pelo contrário, faz do "escravo" aquilo que é, isto é, alguém que observa a lei materialmente e se abstém do mal "não porque é um mal", mas por simples coerção externa do preceito. Em outras palavras, o conteúdo ético-religioso do preceito (aquilo que Paulo chamaria a "justiça da lei") é estranho ao "escravo", porque a sua mente não é tornada hostil ao mal nem se encontra harmonizada ao bem, como ao invés é o caso daquele que, tendo conseguido no íntimo o dom divino do Espírito, possui o instinto vital da → CARIDADE.

A doutrina é perfeitamente paulina, e Santo Tomás aí retorna quando comenta Gl 5,18: "Se vos deixais guiar pelo Espírito…". Escreve, de fato: "O instinto do Espírito Santo, que está presente nos [justos] […] é o seu próprio instinto, porque a caridade inclina ao bem mesmo que a lei prescreva. Tendo, pois, uma lei interior, os justos cumprem espontaneamente aquilo que a lei prescreve" (*Ad Gal.* c. 5, lect. 5, n. 318). O texto é comentado por si só. O → INSTINTO que o Espírito cria nos justos é pessoal a ponto de ser o seu próprio instinto. É um instinto de "justiça", uma inclinação às coisas justas, uma riqueza interior que indica exatamente em quem a possui um homem "justo", isto é, um homem afinado no íntimo à "justiça da lei". Conduzidos neste modo do Espírito, os justos observam *espontaneamente* os preceitos divinos, movidos como estão a fazer o bem por uma inclinação a eles congenial; e tal inclinação é a da caridade, "lei interior" e fruto do dom do Espírito.

Notemos a expressão "lei interior". O conceito retorna na temática bíblica da aliança desde o tempo em que Jeremias soube distinguir estes dois valores: "lei escrita em tábuas de pedra" e "lei escrita nos corações" (31,33). E sabemos que tal conceito está envolvido na expressão paulina: "a lei do Espírito" (Rm 8,2), a qual significa exatamente que o Espírito é doado nos corações como lei vital. Santo Tomás prolonga agora a intuição do Apóstolo, aplicando o conceito de "lei interior" à caridade, compreendida como o efeito próprio em nós do Espírito Santo que nos foi dado (Rm 15,30). E é como tal que a caridade é tida como a raiz daquela espontaneidade ao realizar os mandamentos da lei que caracteriza a humanidade introduzida na nova aliança.

Prosseguindo na mesma linha, podemos dizer que não existe verdadeira obediência a Deus que não seja livre no sentido até agora exposto, se é geralmente aceito que somente uma religião informada pela caridade é homenagem agradável a Deus. A doutrina é tradicional: "O preceito [da lei], se é realizado por temor da pena e não por amor da justiça, é feito por escravos e não por homens livres e, por isso, nem mesmo se cumpre. De fato, não existe fruto bom que não nasça da raiz da caridade. Além disso, se existe 'a fé que age por meio da caridade' (Gl 5,6), começamos a nos contentar com a lei de Deus segundo o homem interior; e isto é dom do Espírito e não da letra" (SANTO AGOSTINHO, *De spiritu et littera*, XIV, 26: *PL* 44, 217). De resto, obedecer a Deus é oferecer a própria pessoa a Deus (cf. Rm 6,13; 12,1); e este ato religioso por excelência é, ao mesmo tempo, constitucionalmente livre e testemunho de amor vivo (cf. Ef 5,1-2).

Obviamente essa doutrina não deve destacar-se de uma perspectiva de progresso e de maturação. A liberdade em obedecer a Deus, radicalmente assegurada pelo dom espiritual da caridade, reveste diversos graus ascensionais, à medida do progresso vital deste dom na pessoa. Mais a caridade se apossa das suas faculdades (cf. Fl 1,9), menos terá o homem necessidade do impulso de fatores estranhos a ele para oferecer a Deus a homenagem da sua obediência, dado que cresceu nele a capacidade de realizar o bem "por amor da justiça" (Santo Agostinho), isto é, livremente, por espontânea inclinação do próprio bem.

— *A caridade, plena realização da lei*. Esta eminência da caridade nas estruturas da nova aliança, pela qual cria-se na história a novidade de uma humanidade de tal modo rica de Deus a ponto de caminhar nas estradas da justiça com a liberdade-espontaneidade do amor, devemos referi-la ainda à doutrina de Paulo segundo a qual "a lei do Espírito" foi impressa nos nossos corações "a fim de que a justiça da lei *seja cumprida em nós*" (Rm 8,2a.4a). Aos Gálatas Paulo tinha escrito: "Toda a lei se resume neste único mandamento: Amarás o teu próximo como a ti mesmo" (5,14). Volta sobre o mesmo argumento em Rm 13,8.10: "Quem ama o próximo *cumpre* a lei. […] A caridade é o *cumprimento perfeito* da lei". Dois testemunhos que mostram a caridade presente na mente de Paulo quando ele afirma que a graça da nova aliança faz que "a justiça da lei *seja cumprida em nós*" (Rm 8,4a). De fato, se a lei é toda sintetizada e cumprida no preceito do amor, este preceito define toda a "justiça" ordenada pela lei. Somente que, enquanto em Gl 5,14 e Rm 13,8-10 a perspectiva é ascética e se fala de "cumprir a lei" com o empenho do amor, em Rm 8,4a, ao invés, a perspectiva é teológica e se evidencia no fato de que *a lei é cumprida* nas pessoas a quem é dada a graça divina da caridade.

Precisemos. Paulo não fala da lei "observada" ou do preceito "praticado"; fala ao invés da lei "cumprida", usando o verbo *plêroûn*, que indica "plenitude". *Plêrôma* é também o substantivo usado para definir a caridade como "pleno cumprimento da lei" (Rm 13,10). Mesma terminologia em Mt 5,17: "Não penseis que vim abolir a lei e os profetas. Não vim para abolir, mas para cumprir (*plêrôsai*)". A analogia é instrutiva: usa-se em toda a parte em que o vocabulário da "plenitude", isto é, o que na Escritura exprime de costume o "cumprir-se" da → PALAVRA DE DEUS, com o intuito de significar que no momento da perfeição, na "plenitude dos tempos", as promessas e as profecias são realizadas bem além do seu teor imediato e da sua indicação literária. Neste sentido se diz agora que "a justiça da lei é cumprida em nós" como caridade reservada nos nossos corações por efeito do Espírito que nos foi dado. A caridade "cumpre" a lei com "plenitude", de modo eminente, ou seja, num modo que supera por si o tenor ético dos diversos preceitos — uma "plenitude" que a lei, enquanto "letra" e norma "escrita em tábuas de pedra", não pode nem mesmo prever. Por qual motivo? Porque se trata de um "cumprimento" vital, fruto do Espírito nos corações, tão rico de graça divina a ponto de pressupor operante na pessoa a riqueza mesma do mistério pascal. A este nível é necessário levar o discurso, se queremos apreciar na sua justa consistência soteriológica a obediência na liberdade e a liberdade na caridade, que vimos definir a nova dignidade humana que surge no "regime do Espírito" que é a nova aliança.

A confirmação do que foi dito, Paulo evita dizer: "a fim de que nós pudéssemos cumprir a justiça da lei". Usa ao invés o verbo *plêroûn* em forma passiva: "a fim de que a justiça da lei *fosse cumprida* em nós". E isto reflete a orientação doutrinal de Rm 8,14: o cumprimento da lei é prospectado como fruto característico da nova aliança. É primariamente obra de Deus, tendo a sua raiz no dom vitalizante do Espírito; é também obra do homem, mas enquanto o homem está investido da vitalidade divina e celeste do Espírito e, podendo agora "caminhar segundo o Espírito", exprime em obras de amor e de justiça o dinamismo da caridade criada na sua pessoa.

De novo Santo Agostinho: "Que são pois as leis de Deus escritas por Deus mesmo nos corações? Não são outra coisa senão a presença [em nós] do Espírito Santo, chamado precisamente dedo de Deus, e mediante o qual a caridade é difundida nos nossos corações, caridade que é plenitude da lei e termo ao qual tende todo preceito" (*De spiritu et littera*, XXI, 36).

e) *A caridade, "lei nova" e "lei da nova aliança"*. É legítimo definir a caridade como a "lei nova" do povo de Deus. Definição tradicional, mas não sempre adotada na justa perspectiva. Ela é inseparável do tema bíblico da nova aliança e deve ser compreendida como expressão característica de tal mistério. A nota de fato distintiva da nova aliança é a sua interioridade vital. E esta, em oposição à exterioridade típica de um "regime de letra" como a aliança do Sinai, consiste precisamente na novidade soteriológica da "lei do Espírito" (Paulo), da "lei escrita nos corações" (Jeremias) do "espírito de Deus posto no íntimo" (Ezequiel), da "justiça da lei cumprida em nós" (Paulo) e, somando tudo, da caridade vital difusa nos nossos corações. Por isso, não se pode falar de "lei nova" a propósito da caridade, sem precisar que se trata, em primeiro lugar, da caridade criada nos corações pela graça do Espírito e, em segundo lugar somente, do preceito de amar a Deus e o próximo.

Perfeitamente afinado com esta temática bíblica o comentário de Santo → TOMÁS DE AQUINO à fórmula paulina: "a lei do Espírito" (Rm 8,2a). Ele nota que esta "lei do Espírito" é precisamente "aquilo que se chama a lei nova". Precisa a seguir que a mesma "lei nova" pode designar tanto o dom do Espírito nos corações como o efeito em nós de tal dom divino, que são a → FÉ e a → CARIDADE intimamente unidas. Esta segunda anuência o leva enfim a destacar o ponto em que a "nova lei" se diferencia da assim chamada "velha lei": esta vinha somente *dada* pelo Espírito Santo (isto é, revelada do exterior como "letra" gravada "sobre tábuas de pedra"); a outra, ao invés, é *feita* nos nossos corações pelo Espírito Santo, isto é, impressa por Deus nas faculdades vitais como graça interior (*Ad Rom*. c. 8, lect. 1, nn. 601-603). E a "velha lei" e a "nova lei" se resolvem em última análise na justiça global e primária do "amor". A diferença pois entre o "velho" e o "novo" neste âmbito preciso não pode depender principalmente do conteúdo normativo da vontade divina, mesmo se agora a norma do amor é elevada à dignidade de uma → IMITAÇÃO DE CRISTO. A "novidade", ao invés, está essencialmente no modo propriamente soteriológico no qual a justiça interpela agora o povo de Deus: não mais simplesmente na forma de uma "letra" preceptiva, mas como uma energia espiritual reservada por Deus nos corações e mediante a qual o próprio preceito do amor torna-se finalmente realizável.

Na mesma linha de pensamento é colocado o "mandamento novo" de amar-nos uns aos outros como Jesus nos amou (Jo 13,34; cf. 15,12.17). Não mereceria ser chamado plenamente "novo" este mandamento se viesse separado da lógica característica da nova aliança. Seria de fato um simples preceito *dado* pelo Senhor, ou seja, uma "letra" imperativa como aquela dirigida ao homem sinaítico, sem lhe impor um mais exigente conteúdo do preceito. Antes, seria uma "letra" mortífera, mais mortífera ainda do que aquela sinaítica (cf. 2Cor 3,6), porque imporia uma exigência mais elevada a uma humanidade menos capaz de segui-la! Mas a realidade é que o mandamento "novo" de Jesus, pela sua implícita exigência religiosa, é inseparável de todo o mistério da salvação cristã e é dirigido a um novo tipo de homem, aquele precisamente que encontramos indicado na imagem joanina da "videira" e dos "ramos" (15,4-11). Este implica, portanto, a graça de uma vida nova que é a vida mesma de Cristo nos discípulos. "Eu sou a videira, vós os ramos... sem mim nada podeis fazer" (v. 5). "Ramos", de fato, da "videira" que é Cristo, os discípulos observam o "mandamento novo" como pessoas interiormente renovadas, isto é, pessoas que participam vitalmente do amor do Pai e do Filho (cf. 17,23.26; 1Jo 4,7-8.11-16; 3,23-24). Objetivamente, é a condição daqueles que em Cristo receberam no coração o que Paulo chama "a lei do Espírito" e levam cumprida nas suas pessoas aquilo que o mesmo Paulo chama "a justiça da lei", uma e outra, graça típica da nova aliança.

A caridade é, pois, "nova lei" principalmente enquanto "lei interior", lei escrita "nos corações" (cf. de novo Santo TOMÁS DE AQUINO, *STh.* I-II, q. 106, espec. a. 1), vitalidade divina concedida ao povo de Deus a fim de que possa realizar, autorrealizando-se, a exigência primária e global do amor. Assim compreendida, a caridade é aquele dom de Deus nos corações, aquela operação do Espírito Santo nas almas, que sintetiza em nível de religião prática a inteira riqueza do mistério antigamente predito pelos → PROFETAS e realizado agora em Cristo Jesus como "aliança nova" de Deus.

f) *A caridade, "lei da perfeição".* "A nova lei é lei da perfeição, porque é lei da caridade" (*STh.* I-II, q. 107, a. 1c.). O vocabulário da "perfeição" se dedica a tal contexto. Expressão homogênea do dom divino e celeste do Espírito, a caridade introduz vitalmente o homem renovado no tempo final e na espera definitiva das realidades celestes. "A caridade não terá mais fim"; e com isso Paulo demonstra compreendê-la como um dinamismo vital que orienta a existência para a perfeição da visão gloriosa (1Cor 13,8-12). E do seu lado Santo Tomás ensina que a "perfeição" obrigatoriamente atribuída à lei divina não consiste no fato de que esta prescreve somente ou proíbe, como exatamente quando se fala da "letra" sianítica, mas especificamente no fato de que ela "torna o homem totalmente idôneo a ser participante da felicidade eterna". E explica: "E isso não se concretiza exatamente senão mediante a graça do Espírito Santo, por meio da qual se difunde a caridade nos nossos corações, caridade que é precisamente o pleno cumprimento da lei. [...] E tal graça, a velha lei não a podia conferir; era reservada a Cristo" (*STh.* I-II, q. 98, a. 1c.).

Alcançamos assim, por um caminho paralelo, um ensinamento por nós já encontrado (cf. acima, a catequese sobre a aliança "perfeita" na Carta aos Hebreus): a nova aliança é a etapa perfectiva e última ao longo do progresso dinâmico da história da → SALVAÇÃO. Etapa "final" e "definitiva" porque momento da "perfeição" (cf. 2Cor 3,11), a nova aliança merece ser assim apreciada especialmente em motivo daquilo que Paulo chama a "novidade do Espírito" (Rm 7,6): na sua estrutura está presente o dom de uma vitalidade celeste apta a conduzir o homem, por crescimento e maturação homogênea, à posse dos bens futuros na glória (cf. Rm 8,11; 2Cor 3,18). Estes bens não são ainda perceptíveis por experiência imediata (cf. 2Cor 5,7; Rm 8,24; 1Cor 13,12); mas nem mesmo são simples "sombra" do mundo celeste: são "a realidade mesma das coisas" (Hb 10,1) e investem agora a existência dos que creem (Hb 6,4-5). São já conseguidos como "herança" de filhos de Deus, herança muito real enquanto é garantida por um "penhor", que é a graça divina do Espírito nos corações (cf. Rm 8,17.23; 2Cor 1,22; 5,5; Ef 1,13-14).

A esta dimensão da aliança "perfeita", regime novo do Espírito, estamos agora em grau de acrescentar uma outra, inseparável e complementar: a caridade como "lei interior" impressa nos corações por meio do mesmo dom do Espírito. "Penhor do Espírito", de uma parte, e "caridade do Espírito", de outra. A primeira aponta uma humanidade nova radicada agora no mundo futuro dos bens celestes; a segunda indica que tanta riqueza e dignidade celeste é vivida e expressa com coerente dinamismo: é aquele acordo vital com a vontade de Deus que permite ao novo povo de Deus caminhar de maneira digna da sua vocação gloriosa (cf. Ef 4,1), "em maneira digna do Deus que vos está chamando para o seu reino e à sua glória" (1Ts 2,12). Tendo no coração a "caridade do Espírito" como "lei interior" e vitalidade própria, o povo da nova aliança é de fato estabelecido numa condição de "perfeição": possui tudo o que lhe ocorre para conseguir, em glória celeste, a plena liberdade dos filhos de Deus (cf. Rm 8,21). Do dom de Deus no coração ao possesso de Deus na glória: tal é a condição do novo Israel, em cujo íntimo o Espírito está presente como herança gloriosa e como vitalidade de amor adaptada à obtenção de tanto bem.

4. CONCLUSÃO. O povo messiânico da nova aliança, lemos na *Lumen gentium*, "tem por condição a dignidade e a liberdade dos filhos de Deus, no coração dos quais mora o Espírito Santo como num templo. Tem por lei o novo preceito de amar como Cristo mesmo nos amou" (II, 9). E na *Gaudium et spes* é precisado: "O cristão, feito conforme a imagem do Filho que é o primogênito entre muitos irmãos, recebe as primazias do Espírito (Rm 8,23), pelo qual torna-se capaz de realizar a lei nova do amor" (I, 22). É a nova aliança proposta em chave de antropologia sobrenatural e segundo o aspecto mesmo que quisemos sublinhar nesta apresentação "espiritual" do tema.

Seguimos o tema ao longo de uma linha progressiva e este congenial: do "velho" ao "novo", do passado ao presente, da imperfeição sinaítica à perfeição cristã. Tal progressão a seguir, a formulamos de vários modos: do sacerdócio levítico ao sacerdócio de Cristo (Hb); da "lei" à "graça" (Rm 6,14; 1Jo 1,17); da "lei escrita em tábuas de pedras" à "lei escrita nos corações" (Jr 31,31-34); da "letra" ao "Espírito" (2Cor 3,6; Rm 7,6). Os termos são institucionais, mas a dinâmica interessa à condição humana em relação a Deus: da realidade de uma humanidade colocada sob o império do pecado e da morte, em contraste com a lei de Deus e incapaz de cumprir a norma justa, à constituição em Cristo de uma humanidade investida da energia transformante do Espírito, libertada da escravidão do pecado e da morte, capaz de querer a justiça ordenada pela lei divina e de cumpri-la em coerência de vida.

É história divina da salvação a que exprime o tema bíblico da aliança, a história de uma obra de misericórdia e de potência na qual Deus entende manifestar a própria santidade. Condiz com tal obra que a imperfeição de uma primeira ordenação seja a introdução reveladora de uma ordenação ulterior que teria levado o desígnio de Deus a uma perfeição digna de Deus mesmo. Lá onde o Deus santo empenhou a honra de seu nome, a falência está excluída na partida: à fragilidade da parte humana responde a solidez de Deus, do Deus fiel a si mesmo, fiel aos próprios propósitos. Em tal luz delicadamente espiritual, a experiência da ordenação sinaítica deveria por força aparecer como um momento aberto a um perfeccionismo futuro. Interpelado pela voz normativa da lei divina e chamado a cumpri-la como condição da aliança a ele ofertada, Israel teve a chance de experimentar a própria inata fragilidade. Não é possível conseguir os privilégios da aliança sem uma íntima adesão à lei do Senhor. E tal adesão é concebida para aparecer para além da capacidade de uma humanidade que de geração em geração se demonstrava onerada por um coração propenso ao mal e endurecido na infidelidade. Mas Deus não pode deixar profanar o seu nome. Ele não revelou sua lei porque fosse continuamente ofendida, nem prometeu sua bênção para que se encontrasse impedida por aqueles mesmos que deveriam ser seus beneficiários. Portanto, aquilo que Israel não pode fazer por si mesmo, o Senhor fará de própria iniciativa, levando a cumprimento a obra por ele iniciada, como a ele se destina. Prestigiosos testemunhos de semelhante pedagogia foram os → PROFETAS. Conduzidos a um profundo repensamento da existência mesma de uma situação problemática que se ia perpetuando em detrimento do nome santo do Senhor, aqueles predisseram o advento seguro de uma *aliança nova* em que Israel receberá do próprio Senhor o bem que até agora lhe havia fugido: a capacidade de querer e de cumprir a justiça ordenada pela lei, na solidez de uma adesão fiel e perene. Escrita em tábuas de pedra no Sinai, a lei divina será escrita, além disso, nos corações mesmos dos israelitas, operação que estabelecerá uma relação de harmonia entre o coração do homem e o preceito do Senhor e consentirá finalmente ao mistério da promessa e da eleição uma plenitude digna de tanta iniciativa (Jr 31,31-34). É a espera de um momento perfectivo no qual o Senhor purificará Israel dos seus pecados e derramará no íntimo de cada um a energia vitalizante do seu espírito, criando-se assim um Israel novo agradável a ele porque a ele perenemente fiel (Ez 36,25-28).

"Foi Cristo quem instituiu esta nova aliança, isto é, o novo testamento em seu sangue (cf. 1Cor 11,25), chamando de entre judeus e gentios um povo, que junto crescesse para a unidade, não segundo a carne, mas no Espírito, e fosse o novo povo de Deus" (*Lumen gentium*, II, 9). A realidade do presente superou as promessas do passado. A esperada aliança nova é agora realizada; e esta coincide com a riqueza de Cristo-Filho.

Como a primeira (cf. Ex 24,8), assim também a segunda aliança está fundada no sangue do sacrifício (Mc 14,24 e Mt 26,28, de uma parte; 1Cor 11,25 e Lc 22,20, de outra). Mas quanta diferença! Não mais o sangue de touros e cabritos, mas o sangue preciosíssimo de Cristo Filho (Hb)! Perfeito mediador e redentor perfeito, o Filho de Deus e o irmão dos homens, pela virtude expiadora de um sacrifício suficientíssimo no qual ele mesmo foi o sacerdote e a vítima, o oferente e a oferta, obteve uma vez por todas e com abundância definitiva os bens que a instituição antiga, por motivo da enfermidade do seu sacerdócio e da materialidade dos seus sacrifícios, se revelou incapaz de assegurar: a remissão dos pecados, a purificação das consciências, o acesso a Deus em comunhão de vida, a introdução do povo de Deus na esfera das realidades celestes e na era definitiva das coisas cumpridas. "Tal era precisamente o sumo sacerdote que nos convinha" (Hb 7,26).

Nota definitiva dessa nova e perfeita aliança é a riqueza e potência do "Espírito que dá vida" (2Cor 3,6). É o dom que realiza no homem o conteúdo soteriológico do mistério pascal e, próprio como tal, faz surgir na história a universal → IGREJA de Deus, povo novo dos redimidos e convocados de todos os povos para formar uma família única de Deus, filhos todos do único Pai e irmãos do único Cristo (Gl 4,4-7; Rm 8,14-17.29). Habitando neles como num templo santo de Deus (1Cor 6,19-20), o mesmo Espírito conduz os filhos de Deus para a herança gloriosa a eles prometida (cf. Rm 8,14 ss.), dando a cada um caminhar de maneira digna desta sua chamada celeste (cf. Ef 4,1; 1Ts 2,12), isto é, de viver segundo Deus e no modo que agrada a Deus. Ensina de fato Paulo que o Espírito de vida, dom por excelência da salvação cristã, está presente e age nos nossos corações como uma "lei interior" e um princípio vital de bem e de justiça, pelo qual somos feitos capazes de querer as coisas jutas e boas ordenadas por Deus e de realizá-las fielmente, assim como se destina a uma humanidade criada de novo em Cristo Jesus (Rm 8,1-4).

É antes de tudo uma graça de "libertação" esta "lei do Espírito" (8,2). Posto sob o domínio do pecado (Rm 3,9; Ef 2,1-3) e escravo de uma vontade hostil à de Deus (Rm 7,14 ss.), o homem não redimido, "carnal" como era e intimamente rebelde a Deus, não somente não observava a lei de Deus, mas encontrava nesta uma ocasião de transgressão multiplicada e de culpa agravada (Gl 3,19; Rm 5,20; 7,7-13). Renovado agora e vitalizado pelo Espírito, feito também capaz de "caminhar segundo o Espírito" (Rm 8,4b-13), o homem é "libertado" das paixões pecaminosas que imperavam nos seus membros (cf. Rm 7,5; Gl 5,24); consequentemente, a lei não é mais para ele uma "letra que mata" (2Cor 3,6), um preceito transgredido que lhe provoca a "condenação" (Rm 8,1). Libertados de tal modo da "lei do pecado e da morte" (Rm 8,2), os que creem não estão "sob a lei, mas sob a graça" (6,14). Mas isto não significa que não estão mais sujeitos à lei de Deus. A lei dos preceitos, a norma imperativa escrita em tábuas de pedra, não é de fato superada pelo advento da "lei interior e vital" do Espírito; somente foi mudada a relação do homem com ela. O Espírito, de fato, é fonte de uma "vida nova" e, ao mesmo tempo, de um "agir novo", energia derramada do alto nos corações e extensão dinâmica ao próprio bem que é sempre ordenado pela lei divina. Por isso, longe de ser superada ou invalidada, a lei é pelo contrário confirmada e reavaliada na novidade cristã. O seu conteúdo ético-religioso é sempre a "justiça" que cada homem deve realizar para ser agradável a Deus. E o homem finalmente poderá cumpri-la na obediência consciente e no serviço fiel, porque esta mesma está realizada dentro do homem como inclinação vital (Rm 8,4a). Primado do ser, porque é novidade de criação, a aliança nova instaurada em Cristo Jesus por meio do Espírito que dá vida. *Da quod jubes et jube quod vis* (Santo → AGOSTINHO). A fim de que o homem pudesse empenhar-se nos caminhos da justiça por ele ordenados, Deus se é dignado misericordiosamente criar uma humanidade que fosse "justa" no íntimo, libertando o homem da escravidão do mal e doando-lhe um coração conforme a sua vontade.

A "libertação" concedida ao povo da nova aliança nem é amoral, pois, nem antilegal, mas ao contrário assinala uma passagem de uma obediência à outra: da obediência servil ao pecado à obediência filial a Deus em novidade de vida (cf. Rm 6). Desembaraçado, de fato, da antiga escravidão e não mais inerme diante das "paixões pecaminosas", o homem renovado em Cristo Jesus é chamado a oferecer-se a si mesmo a Deus como "servo de Deus" e "servo da justiça" (vv. 12-13.18.22). E esse servir-obedecer, conjuntamente dom e empenho, o tema da aliança o refere diretamente à riqueza liberante e vitalizante da agora conhecida "lei do Espírito".

Serviço e obediência no sinal novo da liberdade. Liberdade do mal, certo, mas liberdade também no serviço e na obediência. O fato é que a "lei do Espírito", ao tirar aquilo que já Ezequiel chamava o "coração de pedra" (36,26), cria no indivíduo um "coração novo" harmonizado com as coisas de Deus, dinamicamente orientado para a "justiça", rico de uma vitalidade filial e operosa que tem por nome "caridade". Participação no *ágape* mesmo de Deus, este fruto do Espírito, o qual coincide objetivamente com a "justiça da lei cumprida nos corações" (Rm 8,2a.4a), dá ao homem renovado e libertado o poder de querer por amor aquilo que Deus quer e de realizar por amor aquilo que Deus ordena. "Por amor": a obediência dos filhos de Deus é obediência não coagida e imposta por forças externas, mas feita por inclinação interior, com a espontaneidade de quem realiza o bem autorrealizando-se. Querer aquilo que Deus quer: é a caridade compreendida como um instinto filial que concede ao homem "amar a justiça" querida por Deus. Cumprir aquilo que Deus ordena: é a mesma caridade que se exprime em operosidade coerente e obediência espontânea. E sob ambos os aspectos a caridade é referida, segundo a lógica da nova aliança, ao dom interior do Espírito Santo como à sua causa imediata e proporcionada. Trata-se de fato da dignidade de um homem que "caminha segundo o Espírito" pelo fato de que "vive segundo o Espírito" (Rm 8,4b.5), de um redimido que se "deixa guiar" pelo Espírito que o está vivificando e conduzindo nos caminhos da justiça (Gl 5,16.18.25), de um filho de Deus que realiza o bem movido pelo próprio instinto filial.

Sendo dinamismo vital, a "caridade do Espírito" é destinada a crescer no íntimo (cf. Fl 1,9); e o seu crescimento, que é um consolidar-se e um fortificar-se da inclinação boa e justa, faz que o compromisso ético-religioso seja sempre menos obstaculizado pela fragilidade pessoal e dependente do impulso de fatores exteriores e, ao invés, irrompa sempre mais diretamente e suavemente do impulso instintivo do coração. Permanece, porém, firme o princípio de que não existe obra agradável a Deus nem autêntica obediência a Deus que não nasça da raiz da caridade, qualquer que seja o grau de perfeição conseguido por esta no indivíduo. "Se não tivesse caridade, eu nada seria" (1Cor 13,2). Isso significa que o homem religioso caminha segundo Deus e cumpre a lei do seu Senhor na medida em que a "justiça da lei" é cumprida na sua pessoa, ou então, o que é o mesmo, na medida em que lhe é dado autodeterminar-se no bem, praticar livremente o bem.

A lei de Deus comanda o amor: é esta a sua "justiça" global (cf. Gl 5,14; Rm 13,8-10). Mas na nova aliança o amor ordenado pela lei é também derramado nos corações por meio do Espírito Santo. E, como o Espírito presente nos coração é chamado "Lei" (a "Lei do Espírito", Rm 8,2a), assim também a "caridade do Espírito" merece ser chamada uma "lei interior", entendendo nos dois casos uma "lei interior" feita na alma por graça divina. É "lei" a caridade porque é plenitude de todo bem ordenado pela lei, *plêrôma* daquela que Paulo chama "a justiça da lei"; é "lei interior" a caridade enquanto dinamismo vital concorde com o teor normativo da lei divina.

Chega-se assim à definição tradicional da caridade como a *nova lei* do povo de Deus. Esta definição, porém, tem significado somente se reflete uma ordem de prioridade estabelecida na nova aliança. Primariamente, então, se pensa no amor derramado nos corações por meio do Espírito Santo doado em Cristo Jesus; secundariamente, pensa-se no preceito divino do amor. Se, de fato, o novo povo de Deus tem por lei o novo preceito de amar como Cristo mesmo nos amou (Jo 13,34; 15,12), tal preceito pressupõe por sua vez a realidade nova e viva de um discípulo que participa do amor do Pai e do Filho como riqueza pessoal sua (cf. Jo 15,4 ss.; 1Jo 4,7 ss.). Primeiro o ser e depois o agir, primeiro o dom e depois as obras: é esta, em chave soteriológica, a lógica característica da nova aliança.

Enfim, sendo "lei do Espírito" e "lei interior da caridade", a graça constitutiva da nova aliança é conhecida também como a "lei da perfeição". É a "lei" que compreende e define a perfeição de uma ordenação tão salvífica a ponto de projetar na existência um homem feito "totalmente idôneo a ser partícipe da felicidade eterna" (Santo → TOMÁS DE AQUINO). É a "lei" que se consagra à aliança perfeita e definitiva: não mais a sombra dos bens futuros, mas a substância das realidades celestes, é conferida ao povo de Deus enquanto percorre ainda as trilhas do êxodo terrestre. A riqueza de fato da "lei interior" do Espírito e da caridade é destinada a realizar-se plenamente, com o dinamismo de uma maturação homogênea, no processo da liberdade gloriosa dos filhos de Deus.

BIBLIOGRAFIA. AGOSTINHO. *De spiritu et littera*. PL 44, 199-246; CSEL 60, 153-230; BONORA, A. Alleanza. In: *Nuovo Dizionario di Teologia Biblica*. Torino, 1988, 21-35; BONSIRVEN, J. Le sacerdoce et le sacrifice de Jésus-Christ d'après l'épître aux Hébreux. *Nouvelle Revue Théologique* 66 (1939) 641-660.769-786; BOUWMEESTER, W. *L'alleanza nella Bibbia*. Paris, 1972; BUIS, P. La nouvelle alliance. *Vetus Testamentum* 18 (1968) 1-15; COPPENS, J. La nouvelle alliance en Jer. 31, 31-34. *The Catholic Biblical Quarterly* 25 (1963) 12-21; DE LA POTTERIE I. – LYONNET, S. *La vie selon l'Esprit, condition du chrétien*. Paris, 1965; DEVESCOVI, U. Annotazioni sulla dottrina di Geremia, circa la nuova alleanza. *Rivista Biblica Italiana* 8 (1960) 108-128; DI MONDA, A. M. *La legge nuova della libertà secondo s. Tommaso*. Napoli, 1954; DIEZ MACHO, A. Cesará la "Tora" en la Edad Mesianica? *Estudios Bíblicos* 12 (1953) 115-158; 13 (1954) 5-51; GARCÍA DE LA FUENTE, O. El cumplimiento de la Ley en la nueva alianza según los profetas. *Estudios Bíblicos* 28 (1969) 293-311; GONZALES NUÑEZ, A. El rito de la alianza. *Estudios Bíblicos* 24 (1963) 217-238; HELEWA, J. Alleanza. In: *Dizionario di Spiritualità dei Laici*. Milano, 1981, 1-16, vl. I; ID. Alliance mosaïque et liberté d'Israel. *Ephemerides Carmeliticae* 16 (1965) 3-40; ID. L'alleanza di Dio con Abramo. *Rivista di Vita Spirituale* 27 (1973) 5-21; ID. L'alleanza del Sinai. *Rivista di Vita Spirituale* 27 (1973) 112-126.221-237; ID. Una "nuova alleanza" nella predicazione profetica. *Rivista di Vita Spirituale* 28 (1974) 133-148.268-281; ID. La "legge vecchia" e la "legge nuova" secondo s. Tommaso d'Aquino. *Ephemerides Carmeliticae* 25 (1974) 28-139; ID. Alleanza nuova nel Cristo Gesù. *Rivista di Vita Spirituale* 29 (1975) 121-137.265-282; 30 (1976) 5-31; ID. Legge divina positiva e teologia morale. Valori cristiani della legge mosaica alla luce dell'alleanza del Sinai. *Ephemerides Carmeliticae* 18 (1967) 226-261; JAUBERT, J. *La notion d'alliance dans la judaïsme aux abords de l'ère chrétienne*. Paris, 1963; L'HOUR, J. *La morale de l'alliance*. Paris, 1966; LECUYER, J. *Le sacrifice de la nouvelle alliance*, Le Puy-Lyon, 1962; LYONNET, S. Le Nouveau Testament à la lumière de l'Ancien. À propos de Rom 8, 2-4. *Nouvelle Revue Théologique* 87 (1965) 561-587; ID. Liberté chrétienne et loi de l'Esprit selon saint Paul. *Christus* 4 (1954) 6-27; MALATESTA, E. *Interiority and Covenant*. Roma, 1978; SALET, G. La loi dans nos coeurs. *Nouvelle Revue Théologique* 89 (1957) 449-472.561-578; SPICQ, C. La théologie des deux alliances dans l'épître aux Hébreux. *Revue de Sciences Philosophiques et Théologiques* 33 (1949) 15-30; ID. *La perfection chrétienne d'après l'épître aux Hébreux*. In: *Mémorial J. Chaine*. Lyon, 1950, 337-352; TOMÁS DE AQUINO. STh. I-II, q. 98: *De lege veteri*, q. 106: *De lege evangelica, quae dicitur lex nova, secundum se*, q. 107: *De comparatione legis novae ad veterem*; VAN IMSCHOOT, P. L'alliance dans l'Ancien Testament. *Nouvelle Revue Théologique* 74 (1952) 785-805.

G. HELEWA

ALMA. 1. DOUTRINA TEOLÓGICA. A doutrina da Igreja sobre a alma (do grego ἄνεμος = vento, turbilhão, paixão) tem seu fundamento na Bíblia Sagrada. No Antigo Testamento consta que "Deus formou o homem do pó (*āfār*) da terra e soprou no rosto (nas narinas) um hálito (*nō šemath*) de vida e o homem tornou-se uma alma (*nefeš* = alma, vida, pessoa) viva" (Gn 2,7). Nada mais é dito sobre a natureza da alma, de sua imortalidade, da multiplicação nos indivíduos, da superioridade sobre o corpo. Estamos no século XIII a.C. Mais tarde surge a crença na morada tenebrosa (*she'ōl*) dos mortos, situada nos subterrâneos da terra, onde vagam os que deixaram a vida (*repha'īm*) como sombras, agitados ainda por paixões e passíveis de serem evocados por necromantes (1Sm 28,8 ss.). No Livro de Jó (VI a.C.) discute-se o problema da recompensa do justo perseguido durante a vida terrena, que sugere a ressurreição dos mortos do *she'ōl*. O judaísmo palestino, diferentemente do platônico de Alexandria, que considerava a imortalidade da alma após a saída do cárcere do corpo (Sb 9,15; o livro é do século I a.C.), afirma a ressurreição dos seres humanos, alma e corpo, nos escritos proféticos do século VIII (Is 26,19), do século VI (Dn 12,2) e do século II (2Mc 12,43). No tempo de Jesus, a fé na sobrevivência das almas e na ressurreição dos mortos é geral no judaísmo, exceto na seita dos saduceus. Jesus Cristo é explícito sobre a imortalidade da alma e a ressurreição dos mortos (Mc 12,18-27), pelas quais todo ser humano entra na vida eterna ou é lançado no → INFERNO. Jesus só rejeita um tipo de ressurreição, aquela segundo a qual depois dela haveria para os seres humanos condições terrenas: mas a alma e o corpo, ou seja, o ser humano inteiro, entrarão em uma nova existência mais espiritualizada.

São Paulo não se distancia nem da mentalidade mais comum do tardio judaísmo, nem daquela do Evangelho. Ele aceita o destino do homem inteiro, crente em Jesus Cristo, para a vida eterna, mais precisamente a ressurreição do corpo incorruptível e a glorificação integral na imortalidade celeste do Cristo. Em 1Cor (2,14-16; 3,1-3; cf. também Rm 7,21-25) distingue um tríplice ser humano: a) o homem carnal (σάρκινος = σαρκικός), isto é, aquele que não se deixa guiar pela razão, a qual dita normas segundo a lei de Deus, e sim pelas paixões, que ditam uma conduta conforme a lei do pecado; b) o homem animado ou psíquico (ψυχικός), que é guiado pela luz da mente reta ou razão (νοῦς) natural; c) o homem espiritual ou pneumático (πνευματικός), que possui, além da reta razão, a luz que provém do Espírito de Deus, ou seja, o pensamento (νοῦς) do Senhor. Os termos *carne, alma, espírito e mente* não são um quarteto de realidades distintas e presentes no ser humano considerado metafisicamente, e sim aspectos morais ou de fé religiosa que se sobrepõem e modificam o homem em relação à salvação eterna operada por Cristo. As posições doutrinárias sobre a alma do Antigo e do Novo Testamentos, por força de uma lenta elaboração, foram compendiadas nos símbolos e desenvolvidas nos decretos conciliares, nas condenações dos erros e em muitos outros documentos pontifícios. O seu conteúdo é essencial e imutável, as fórmulas são breves, dificilmente substituíveis, porque foram fixadas há séculos em significados precisos. A doutrina da alma é apresentada em afirmações positivas e negativas, em relação à situação natural ou sobrenatural na qual a alma pode encontrar-se.

Positivamente, na situação natural a alma é uma realidade "criada do nada", conforme se exprimem o Símbolo de fé de Leão IX (1049-1054) e o Concílio Lateranense IV (1212-1217), que confirmam documentos mais antigos. Ela é uma substância espiritual enquanto se opõe ao corpo que é material. Juntamente com o corpo a alma constitui o ser humano (Concílio Toletano de 688). Está unida ao corpo como forma dele, por si mesma e de modo essencial (Concílio Vienense, 1311-1312). É única para cada ser humano; é raciocinativa e intelectiva (IV Concílio Constantinopolitano, 869-870). Afirma-se, com insistência, que a alma é provida de liberdade. Inocêncio XI (1676-1689) afirma que a alma é "infusa" no corpo antes do parto. Separa-se do corpo pela → MORTE, após a qual não se anula, mas permanece imortal (V Concílio Lateranense, 1512-1517). *Negativamente*, as afirmações anteriores são reforçadas pela condenação dos erros. Visto que o ser humano não é um ser divino, e sim um manufato de Deus, resulta composto de duas partes substanciais: alma e corpo. A alma humana, pois, não é uma substância divina, nem é parte dela, conforme afirmavam maniqueus e priscilianos, condenados pelos Concílios Toletano (400) e de Braga (561). Também não é algo de incriado e incriável, nem é preexistente à concepção do feto humano; consequentemente, não possui um período de preexistência feliz na contemplação de Deus, nem decai desse feliz estado por alguma falta sendo, então, em consequência, condenada à prisão temporal no corpo (era o pensamento de → ORÍGENES, sintetizado pelos priscilianistas); foram condenados o primeiro pelo papa Virgílio (540-555), e os segundos pelo papa João III (561-574). A alma não é produzida pelos pais através do processo generativo, como acontece com o corpo, e menos ainda é um extremo produto da evolução da alma vegetativo-sensitiva, nem se une ao corpo através de faculdades sensitivas ou vegetativas (sentença de padre G. Olivi, condenado no Concílio Vienense), ou quando tem consciência das próprias operações (opinião de A. Rosmini, reprovada pelo papa Leão XIII [1887]). A alma não é um princípio universal e único para todos os seres humanos, conforme pretendiam alguns filósofos neoaristotélicos do século XVI. Sob o aspecto moral, a alma não é nem boa nem má, mas pode ser artífice de bem e de mal, conforme o uso reto ou não de sua liberdade.

Na *situação preternatural* as declarações eclesiásticas sobre a alma são geralmente afirmativas, porque derivam mais diretamente da revelação. Nos primórdios da humanidade, Deus destinou o ser humano a uma condição de vida superior às suas exigências naturais, isto é, elevou-o à ordem sobrenatural, a qual inclui especiais valores de santidade, de inteligência, de vontade etc., e a condições singulares de vida eterna: a visão beatífica e o gozo de Deus. O ser humano tornou-se sujeito de vida sobrenatural, é esta a maravilhosa realidade que a revelação cristã sintetiza em diferentes dimensões.

Por sugestão diabólica o ser humano pecou, perdeu os valores especiais e a possibilidade de acessar a vida beatífica; além disso, piorou (*in deterius commutatus*) a condição natural, tanto do corpo quanto da alma (Concílio de Orange contra os semipelagianos, 529).

Pela mediação de Jesus Cristo, Verbo encarnado, o ser humano foi novamente destinado à bem-aventurança eterna com Deus e parcialmente reinserido na ordem sobrenatural, recebendo, como princípio de justificação (regeneração, santificação) e como penhor de herança celeste, a → GRAÇA, que é uma qualidade infusa e inerente à alma. Assim, na nova economia cristã, a alma é a parte do ser humano feita sujeito radical do princípio de vida sobrenatural (Concílio Tridentino, 1545-1563 e São Pio V contra Michele du Bay, 1567). Nesta ordem sobrenatural, diz-se que a alma *vive* pela graça e *morre* por causa do → PECADO. Observe-se que em grande parte dos documentos dos Concílios Vienense e Tridentino o sujeito da graça é o → HOMEM; porém, quando se desce a uma determinação, fala-se da parte mais interessada dele, da alma. Todavia, durante a vida terrena do cristão, promiscuamente atribuem-se à pessoa ou à alma as operações sobrenaturais da vida da graça: o ser humano, ou a alma, nasce sobrenaturalmente através da graça do → BATISMO; é sujeito do desenvolvimento orgânico das virtudes teologais e cardeais, cresce por meio da vida sacramental; aperfeiçoa-se com graças atuais etc.

Após a morte, a alma permanece o único titular da vida espiritual e sobrenatural, ao menos até a ressurreição dos corpos (exceto Jesus e Maria). Com efeito, o primeiro ato no qual a alma comparece é o → JUÍZO PARTICULAR, após o qual poderá ser admitida no → PARAÍSO, se for considerada isenta de todo débito de culpa ou de pena contra Deus, ou pode ser obrigada a ir para o → PURGATÓRIO, caso não esteja completamente purificada das culpas veniais ou dos débitos das penas devidos aos pecados perdoados, ou pode ser condenada ao → INFERNO, se for reconhecida pela justiça de Deus em estado de pecado mortal (Concílio Lugdunense II, 1274). No paraíso, a alma é sujeito único da → BEM-AVENTURANÇA celeste, ou seja, possui a visão de Deus, imediata, intuitiva, facial e usufrui o gozo de Deus. Deve, porém, ser potencializada com a "luz da glória" para ser capaz de tamanha bem-aventurança.

No purgatório, porém, para satisfazer a justiça divina, a alma sofre as penas do fogo, ainda que tenha certeza de sua salvação; ela não merece, mas pode ser aliviada das penas por meio dos sufrágios dos vivos (Concílio Lugdunense II, 1274).

No inferno, a alma é punida eternamente com a pena do castigo, ou seja, a ausência da presença de Deus e o desespero de tentar obtê-la, além da pena do sentido, do fogo. As almas das crianças que morrem sem o batismo e sem culpas atuais não vão para o inferno, mas para um lugar diferente onde não sofrerão a pena do fogo, e poderão realizar operações naturais condizentes com seu estado. (Foi condenada a opinião de → ROSMINI, que negava à alma do falecido, posta em estado natural, a capacidade de refletir e de ter consciência do próprio estado).

Alguns teólogos, após o Concílio Vaticano II, admitem que a pessoa inocente (sem pecado atual), não batizada, em virtude da → REDENÇÃO universal de Cristo, alcance a vida eterna imediatamente.

Nos documentos eclesiásticos (referentes ao pecado original, à humanidade de Cristo, à graça, à fé e ao pecado atual) atribuem-se à alma duas potências: o *intelecto* e a *vontade*. São afirmadas como faculdades distintas da alma, da qual exprimem duas atividades específicas: cognoscitiva e volitiva. A potência intelectiva é voltada a conhecer, isto é, a aprender, demonstrar e defender a verdade natural. Embora ela tenha sido enfraquecida e obscurecida pela falta original, ainda conserva um vigor tal que lhe permite o conhecimento da ciência histórica, física, matemática e especialmente da existência de Deus, de sua natureza e atributos, e do fato da revelação que Deus fez aos judeus por meio de → MOISÉS, e aos cristãos por meio de Jesus. Mediante esses conhecimentos, a alma se dispõe a uma posterior e mais reta aceitação de todas as verdades de ordem humana propostas pela fé teologal.

Por outro lado, o intelecto pode, em argumentação lógica, com princípios racionais, dispor-se de modo a aderir mais intimamente aos domínios propostos unicamente pela fé cristã (Pio IX, contra os erros de Giacomo Frohschammer, 1862). O intelecto, à luz da graça iluminante e inspiradora, é também o artífice do ato de fé, enquanto este dá o respaldo aos dogmas revelados — embora alguns sejam racionalmente cognoscíveis — por um motivo extrínseco, ou seja, pela autoridade do Deus revelador da ordem sobrenatural.

O intelecto é envolvido na ação pecaminosa porque esta pressupõe, no ser humano pecador, o conhecimento da lei, a relação entre a lei e a ação, e a diferença entre esta e aquela.

A vontade, qual distinta potência da alma, é afirmada na natureza humana de Cristo, enquanto difere da vontade da natureza divina do Verbo, segundo a definição de fé do Concílio Vaticano I (1869-1870). Com efeito, convalidada pela graça de Deus, a vontade ordena a adesão do intelecto à verdade revelada, especialmente quando há motivos de evidência intrínseca que confirmem a sua aceitação. A vontade concorre formalmente para todos os atos bons e maus sob o aspecto ético, porque os guia livremente, discernindo a sua conformidade ou discordância com as regras morais. Um dos principais dotes da vontade é o livre-arbítrio, ou seja, a capacidade de comandar sem nenhuma imposição interna ou externa. Ainda que no Éden a vontade do ser humano tenha perdido o poder de um operar sobrenatural, conservou, em medida reduzida graças à presença de novos incentivos para o mal, a liberdade de praticar o bem natural. Permaneceu na vontade essa força ativa que lhe permite escolher os meios conhecidos, observando a fim de juntar-se a eles. A liberdade ou livre-arbítrio da vontade deve ser entendida em sentido mais extenso, isto é, que cada fato que necessite do interno ou do externo deve ser excluído, caso se queira falar de mérito ou de demérito nos atos morais.

2. DOUTRINA TEOLÓGICO-ESCOLÁSTICA. A doutrina dos filósofos-teólogos-escolásticos serve de amplo pano de fundo para os conceitos dos documentos eclesiásticos, desde Santo → AGOSTINHO até o Concílio de Trento e, em particular, de São → TOMÁS DE AQUINO. Ela não é diretamente objeto de fé, em muitos pontos exige aceitação para o nexo lógico com as verdades eclesiásticas; em outros, é discutível, embora sempre orgânica.

A alma é a *única forma* substancial racional do ser humano; recebe de Deus esta existência unicamente no corpo, e isto subsiste pelo ser que lhe é comunicado pela alma quando se une a ele. Todavia, na dissociação da morte a alma conserva o próprio ser e persevera qual subsistente incompleto (com efeito, não é ser humano nem é pessoa), e o corpo se decompõe em matéria inorgânica. A alma se une ao corpo imediatamente como princípio motor, e está inteira no corpo e inteira em cada parte sua, no sentido de que ela aperfeiçoa, com o seu ser, todo o corpo e cada membro dele, embora não possa desenvolver toda a sua potencialidade ativa, igualmente em cada parte, sendo, com o corpo, um complexo de órgãos bastante diferenciados que condicionam as expressões do poder da alma. Ela também é chamada "ato primeiro" do corpo orgânico, princípio incorpóreo incorruptível e subsistente por si mesmo, ainda que (como quer Santo Tomás) resulte composto pelos princípios metafísicos da essência e da existência. Desenvolve, no corpo humano, por intermédio das funções orgânicas, as atividades bioquímicas da vida vegetativa e sensitiva. Todavia, a alma não é operativa por si mesma, porque do contrário estaria sempre em atividade, mas, por suas potências ou faculdades, as quais, múltiplas e diferenciadas, lhe permitem viver no corpo a plenitude das relações com a variadíssima realidade. A alma, com efeito, se une ao corpo *ad melius esse* (*STh.* I, q. 89, a. 1c.) segundo a própria natureza.

As potências se diferenciam realmente da essência da alma, embora derivem dela como emanação natural, espontânea, e são consideradas faculdades acessórias. Distinguem-se em potências não orgânicas e potências orgânicas, porque as primeiras possuem a sua sede ou fonte na alma e são imateriais, como revelam as suas operações que têm objeto imaterial (o universal) e se refletem sobre si mesmas; as segundas, porém, têm a sede no composto humano. Ao primeiro grupo pertencem a *vontade*, o *intelecto* e a *memória*; no segundo grupo enumeram-se o *apetite concupiscente*, o *apetite irascível*, os quatro *sentidos internos* (sentido comum, imaginação ou fantasia, estima e memória sensitiva), os *sentidos externos*, as potências *motório-vegetativas, bioquímicas*. As potências acham coligação e unidade na essência da alma, e concorrem, segundo as suas atitudes, na atividade principalmente intensa da alma. Por essa riqueza de potências, que colocam o ser humano em contato com o universo visível e invisível, diz-se que a alma se torna, em certo sentido, todas as coisas, aprendendo-as, conhecendo-as e desejando-as (*anima hominis fit quodammodo omnia*: STh. I, q. 80, a. 1). Após a morte, a alma se *fixa* imovelmente na situação, seja ética, seja de graça, na qual vem a encontrar-se no primeiro instante em que se decompõe a pessoa à qual ela pertencia. A alma conserva um direcionamento e uma propensão natural pelo próprio corpo ao qual tende para reconstituir o composto humano; em razão dessa tendência é desnatural para ela a animação em outros corpos, logo, também o seu deslocamento local. Somente por uma extraordinária intervenção de Deus a alma poderia aparecer de modo sensível a uma outra pessoa, deixando temporariamente o lugar de bem-aventurança, de purgação e de condenação, conservando, porém, as condições de seu estado. Objeto constante de sua atividade espiritual é a própria realidade e Deus, bem possuído e esperado, ou perdido. A alma pode conhecer perfeitamente as almas que estão na mesma condição que ela; as outras realidades (os → ANJOS, as almas dos outros estados, os fatos humanos) lhe são conhecidas apenas de modo imperfeito, esporádico e parcial, salvo especial intervenção de Deus. A alma conserva eficientemente as potências inorgânicas, e as orgânicas radicalmente. Consequentemente, as faculdades superiores podem ser ativadas pelas espécies (ideias, formas e imagens) conservadas na memória ou infusas por Deus.

3. DOUTRINA TEOLÓGICO-MÍSTICA. Ao lado da clara doutrina teológico-escolástica da alma, a literatura dos escritores místicos, principalmente por sugestão do pensamento de Santo → AGOSTINHO e por experiência pessoal deles, anota particulares intuições sobre a essência da alma humana, considerada como o íntimo recesso no qual o toque da divindade é mais certamente percebido.

Como expressões incisivas os místicos designam o ponto mais dinâmico e mais espiritual que se situa na raiz, no centro ou no vértice da alma (sempre como ponto coordenador de toda outra atividade intelectiva e volitiva), que permite a ela experimentar a → PRESENÇA DE DEUS de modo pleno e de forma delicada.

As imagens de "centelha" (São Bernardo), de "centelha da sindérese" (Tomás de Vercelli), de "ponta do espírito" (→ ECKHART), de "ápice do espírito" (→ HUGO DE BALMA) visam ilustrar a realidade mais preciosa e íntima da alma, capaz de acolher a divindade. São confirmadas pelas imagens de "luz", "refúgio" e "penhor" (Eckhart), em que Deus entra enquanto pura bondade e verdade. → TAULERO, além do termo "cume" (*Tolden*), também usa "fundo" (*boden*) e "espírito" (*Gemüt*) para designar a essência da alma, onde acontece a união mística com Deus. Outras expressões, como "supremo ápice da mente" e "ponta da mente", com análogas avaliações são repetidas por Gersone → (GERSON), → DIONÍSIO, O CARTUXO, Harphius (→ HERP) etc. Santa → TERESA DE JESUS imagina a alma como "um castelo", em cujo "centro" se celebra o casamento espiritual. Igualmente São → JOÃO DA CRUZ fala de "um centro", de "um fundo", de "uma substância" da alma, nos quais o ato unitivo, ou estado de união com Deus, se realiza experimentalmente. No que concerne às potências da alma, os místicos dão maior relevo às funções da vontade.

BIBLIOGRAFIA. ALLPORT, G. W. *Personality and social encounter*. Boston, 1960; BAUDOUIN, C. *Esiste una scienza dell'anima?* Paoline, Roma, 1957; CESA-BIANCHI, M. *Gli aspetti teorici della personalità*. Brescia, 1962; FABRO, C. *L'anima. Introduzione al problema dell'uomo*. Roma, 1955; GUILFORD, J. P. *Personality*. New York, 1959; HALL, G. S. – LINZDEY, G. *Teorie della personalità*. Torino, 1966; LANDUCCI, P. C. *Il mistero dell'anima umana*. Assisi, 1973; LUDENDORFF, M. *Die Seele. Ursprung und Wesen*. München, 1935; MAZZANTINI, C. Anima. In *Enciclopedia Filosofica*. Venezia, 1957, 222-239, vl. 1 (com anotações dos principais tratados de caráter histórico sobre o pensamento antigo, patrístico, escolástico, moderno, contemporâneo); *Pattern and growth in personality*. New York, 1961; REYPENS, L. Ame (Structure d'après les mystiques). In *Dictionnaire de Spiritualité* I, 433-469; SCIACCA, M. F. et al. *L'anima*. Brescia, 1954; SCIACCA, M. F. *Morte e immortalità*. Milano, 1959; SEAMON, J. G. *Memory and cognition*. Oxford University Press, New York, 1980; STRASSER, S. *Le problème de l'âme*. Louvain, 1953; TULOUP, F. *L'âme et sa survivance, depuis la préhistoire jusqu'à nos jours*. Paris, 1948; YUILLE, J. C. *Imagery, memory and cognition*. Hildale, New Jersey, 1983; ZURCHER, J. *L'homme, sa nature et sa destinée. Essai sur le problème de l'union de l'âme et du corps*. Neuchâtel-Paris, 1953.

G. G. PESENTI

ALONSO DE MADRID. São quase inexistentes as notícias biográficas deste grande mestre de espiritualidade. Sabe-se somente que nasceu em Madrid entre 1480 e 1485; que passou a maior parte da sua vida religiosa na província franciscana da Nova Castilha e morreu entre 1530 e 1535.

Deixou muitos escritos, todos de espiritualidade. Embora não difundidos, entre esses são citados: *Memorial de la vita di Cristo*; *Siete meditaciones de la Semana Santa* e *Tratado de la doctrina cristiana*. As duas obras que lhe deram fama e foram impressas em numerosas edições são *Arte para servir a Dios* (Sevilha, 1521) e *Espejo de ilustres personas* (Burgos, 1524). Pode-se considerar a segunda como complemento ou apêndice da primeira, porque nela não faz outra coisa que aplicar ao setor das "pessoas ilustres" os princípios de ascética que expõe na primeira. Quer demonstrar "a obrigação singular que as pessoas de alta nobreza ou muito ricas têm, mais que todos, de *servir* a Deus, porque o coração generoso e a magnanimidade que elas possuem em medida maior de todos os outros se lhes impõe" (*Espejo*, Prólogo).

A *Arte* é uma das primeiras obras da espiritualidade moderna que expõem ordenada e sistematicamente as normas da luta ascética para a conquista da perfeição. É escrita com notável intento pedagógico e com particular profundidade psicológica. Assim se explica o extraordinário influxo exercido nos manuais posteriores de semelhantes orientações. A sua peculiar estrutura pode compendiar-se em duas afirmações: que é uma verdadeira metodologia para chegar a extirpar os vícios e a conquistar as virtudes, isto é, um "exercício" ou "uma luta" espiritual; que é uma exposição singular da luta ascética baseada sobre a doutrina de puro amor de Deus.

Materialmente a obra se divide em três partes, que se sucedem assim: primeiro se propõem as advertências, os meios e os princípios gerais que devem dirigir o serviço de Deus, cuja meta é a perfeição; depois se trata dos exercícios e das virtudes com as quais conseguir a meta; enfim, sobre o amor de Deus, do próximo e de si mesmo, que constitui o motivo e o término de toda a luta espiritual.

O autor desenha em grandes linhas esta luta espiritual da seguinte maneira: antes de tudo o ordenamento ao fim, e este não pode ser senão a "verdadeira santidade", que "consiste num único ponto: ser uma só coisa com o espírito e com o querer de Deus". A tal fim são aconselhados os meios oportunos, *negativos* alguns, como, por exemplo, reconhecer a própria miséria e evitar o pecado, *positivos* os outros, como o reto exercício do poder — inteligência e vontade sobretudo — com a prática das virtudes. Alonso de Madrid é decisivamente voluntarista, de marcado teor psicológico, com certo sabor estoico. Concede, porém, notável relevo à necessidade da → GRAÇA e à eficácia da → ORAÇÃO.

Pressuposto o necessário e imprescindível exercício das virtudes, insiste no motivo fundamental (para ele quase único) do nosso realizar. Este não pode ser outro senão o puro amor de Deus. A alma fervorosa, mediante prolongados exercícios, conquista o hábito de agir sempre por amor de Deus e por sua glória, sem o mínimo interesse próprio nem algum desejo egoístico. Em tal argumento ele é um dos pioneiros mais avançados da teoria do puro amor.

A sua influência posterior foi realmente extraordinária. Dão testemunho disso, em primeiro lugar, as 73 edições conhecidas e descritas da obra, em língua espanhola, latina, italiana, francesa, inglesa flamenga e portuguesa. Numerosos são os mestres espirituais a quem a obra atingiu de uma forma ou de outra; do caso incerto de santo Inácio até Santa Teresa, Louis de Blois, Paulo de Mol, Bonifácio Maes, que citam a obra com encômio, e, acima de todos, Lorenzo → SCUPOLI que a imita e a copia amplamente.

BIBLIOGRAFIA. A edição moderna mais fidedigna é de GOMIS, G. B. *Místicos franciscanos españoles*, Madrid, 1948, 83-213, t. I, n. 38. Os estudos modernos mais notáveis são: CHRISTIANES, J. Alonso de Madrid; contribution à sa bibliographie et à l'histoire de ses écrits. *Les Lettres Romaines* 9 (1955) 251-268. 439-462; DE ROS, F. Alonso de Madrid et Melquiades. *Revue d'Ascétique et de Mystique* 30 (1954) 29-37; ID. Aux sources du "Combat spirituel": Alonso de Madrid et Laurent Scupoli. *Revue d'Ascétique et de Mystique* 30 (1954) 117-139; ID. Fray Alonso de Madrid, educador de la voluntad y doctor del puro amor. In: *Corrientes espirituales em la Espana del siglo XVI*. Barcelona, 1963, 283-296; GUILLAUME, P. L' "Arte para servir a Dios" e son influence sur Ste. Thérèse. Louvain, 1924; ID. Um précurseur de la Reforme catholique, Alonso de Madrid: l' "Arte para servir a Dios". *Revue d'Histoire Ecclésiastique* 25 (1929) 260-462; MESEGUER, P. Fray Alonso de Madrid y san Ignácio de Loyola. Discusión de uma possível influencia. *Manresa* 25 (1953) 159-183.

E. PACHO

ALUCINAÇÃO. 1. A alucinação é uma percepção sem objeto. Ela faz o sujeito experimentar as mesmas características como se tivesse a real percepção do objeto sobre o qual versa a alucinação. O objeto, porém, não está presente; sua presença é uma invenção do alucinado. Embora a percepção anteceda a excitação de um objeto interior ou exterior que produz a alucinação, essa excitação não oferece o conteúdo da alucinação.

Ela se diferencia da ilusão naquilo em que esta é percepção de um objeto real ao qual se unem representações puramente subjetivas com o caráter de realidade objetiva. A alucinação pode se manifestar em todos os campos da atividade sensorial. O argumento inclui também alucinações psíquicas e apercitivas (o sujeito crê receber de fora um pensamento ou um sentimento). Esta pode ser individual ou coletiva, segundo se manifeste a um indivíduo ou a uma coletividade. Impõe-se irresistivelmente ao sujeito, e isso é necessário ter presente no discernimento dos → FENÔMENOS EXTRAORDINÁRIOS.

2. Várias são as condições que favorecem a gênese da alucinação: hipersensibilidade de qualquer aparato sensorial, predisposição patológica, domínio do sentimento, atenção em espera — pelo menos em circunstâncias especiais —, domínio de uma emoção violenta, desejo ou temor vivíssimo etc. Pode também ser provocada por meio de drogas ou de determinadas substâncias, ou ser o efeito de outros fatores, como fadiga excessiva e jejuns prolongados. O conteúdo da alucinação varia conforme a mentalidade daquele que a experimenta, conforme as suas opiniões e as suas crenças, conforme as influências às quais está sujeito e, em geral, conforme a sua vida psíquica.

3. ALUCINAÇÃO E TEOLOGIA ESPIRITUAL. A alucinação tem um interesse especial pelos fenômenos extraordinários, principalmente pelas visões, as locuções, as revelações e a ação do → DIABO. Santa Teresa fala (*Castello*, 6, 3) de pessoas de imaginação fraca ou de notável melancolia; a essas não é necessário dar fé mesmo se afirmam ver e ouvir coisas sobrenaturais, porque é fruto de sua imaginação. Prescindimos aqui do pesquisar se o mecanismo psicológico de certos fenômenos extraordinários é idêntico ao mecanismo da alucinação. Recordaremos ao invés alguns fenômenos alucinatórios com repercussão no campo religioso. Ilusão de um companheiro: o sujeito se crê acompanhado por uma outra pessoa ou por um animal, por força de uma alucinação ótica, acústica ou de outro tipo. Palavras pronunciadas: trata-se de alucinações que imitam a locução natural e são com frequência acompanhadas de aparições. Palavras silenciosas: trata-se de alucinações que simulam uma linguagem articulada e não pronunciada. Palavras inefáveis: fenômenos subjetivos de audição nos quais o sujeito crê perceber uma comunicação inspirada numa linguagem não articulada, mas perfeitamente inteligível. Linguagem cinestésica: o sujeito experimenta movimentos da língua, da laringe, da garganta e dos pulmões idênticos aos que fariam se falasse em voz alta. Essas percepções cinestésicas lhe sugerem as ideias correspondentes como se fossem palavras ouvidas ou lidas. Em consequência, crê entrar em comunicação com um ser misterioso. Alucinações olfativas: o sujeito percebe perfumes deliciosos ou, ao contrário, odores nauseantes, até crê que se trata de fedores infernais. Alucinações motrizes: o sujeito sente que o seu corpo balança pelo ar ou que realiza outros movimentos. Alucinações de ordem genital: mulheres ou mocinhas sentem como se fossem usadas com elas violência nas formas mais estranhas e inverossímeis por qualquer demônio luxurioso ou por um homem seu instrumento. Estas alucinações podem dar a impressão ao sujeito que as sofre de submeter-se a uma relação sexual. Alucinações imperativas: visões ou aparições nas quais os seres aparecidos dão ordens ao visionário, o qual por vezes chega mesmo a realizá-las, também se se trata de mutilar o próprio corpo.

BIBLIOGRAFIA. BOGANELLI, E. *Corpo e spirito*. Roma, 1951; FARGES, A. *Les phénomèns mistiques*. Paris, 1923, 42-107, t. II; JASPERS, K. *Allegemeine Psychopathologie*. Berlin, 1959; LHERMITTE, J. Origine et mécanisme des hallucinations. *Études Carmélitaines Mystiques et Missionnaires* (apr. 1933) 109-132; QUERCY, P. *L'hallucination. Philosophes et mystiques*. Paris, 1930; STAEHLIN, C. M. Sobre algunas illusiones místicas. In: *Estado actual de los estúdios de Teologia espiritual*. Barcelona, 1957, 209-225; SUTTER, J. M. Allucinazioni. In: POROT, A. *Dizionario di Psichiatria*. Roma, 1962, 49-52; TONQUEDEC, J. *Les maladies nerveuses ou mentales et les manifestations diaboliques*. Paris, 1938, 5-6.

I. RODRÍGUEZ

ALUMBRADOS. 1. O NOME E A REALIDADE. Como muitos outros na história da espiritualidade — por exemplo, → AMERICANISMO —, é um nome de significado confuso, equívoco e, por isso, às vezes, parcialmente inexato. Historicamente indica um desvio perigoso da espiritualidade na Espanha do século XVI. Até tempos relativamente recentes, é considerado um movimento espiritual com as seguintes principais características: doutrina dogmaticamente errada e em parte herética; vida inequivocavelmente imoral; corrupção da genuína espiritualidade; propagação estendida e substancialmente uniforme em toda a península. Em consequência, foi um movimento doentio na sua origem, mais ou menos idêntico na sua evolução e totalmente adverso à genuína piedade cristã.

A moderna historiografia mudou notavelmente tal visão. Os alumbramentos são fruto e expressão da efervescência religiosa e reformista que irrompe na Espanha durante a primeira parte do século XVI. Trata-se de um movimento religioso muito complexo que abraça tendências espirituais várias e diversas entre elas. Em geral, tais tendências ou tais orientações pias procuram sinceramente a interiorização da piedade, de um ponto de partida individual ou pessoal. Em algumas dessas vieram a se infiltrar elementos perigosos, que terminaram por semear confusões e verdadeiros e próprios desvios. Pela necessidade da interferência da Inquisição em tais casos, que foi obrigada a recorrer a acusações e processos, o nome de alumbramento se converteu em qualificação negativa para quaisquer erros ou perigos espirituais. Até o momento em que tal significado se impôs, *alumbrado* não era somente quem se dizia particularmente "iluminado" por aquilo que se referia à oração e à santidade, mas até mesmo por tudo o que estava em comunicação com círculos e correntes que promoviam métodos e formas mais ou menos novas de espiritualidade. A condenação de alguns tornou todos suspeitos. *Alumbrado* — em qualquer de suas manifestações — terminou por tomar o significado de "perigoso" ou "transviado" espiritualmente.

Quando a moderna pesquisa pôs a claro a inexatidão da equivalência, revelou-se o equívoco da terminologia. O vocábulo alumbramento pode ter pelo menos três acepções: uma, muito genérica, que compreende diversas correntes espirituais, prescindindo do seu caráter predominantemente ortodoxo ou heterodoxo; outra que o aplica unicamente às tendências perigosas ou errôneas de tais correntes; enfim, aquela que o restringe a uma só e específica manifestação no fenômeno geral. No primeiro sentido forma com o "rasmismo" a substância do "evangelismo" espanhol. No segundo, não é mais do que uma forma de → QUIETISMO.

Tendo em conta estes esclarecimentos, podemos descrever o fenômeno dos alumbramentos, no seu sentido mais genérico, como um conjunto de manifestações espirituais que teve origem no século XVI espanhol do humanismo e da "devoção moderna" e que, concentrando-se na prática da oração mental metodizada, procura a renovação religiosa por meio da interiorização. A diferença de técnica ou de métodos de aprofundamento espiritual está na base das divergências dos grupos e dos círculos. Houve frequentemente casos de delinquência e também de erros que, codificados pela Inquisição, formaram o substrato doutrinal atribuído genericamente a todo o movimento. Na realidade, trata-se de correntes vitais e práticas e não de movimentos doutrinais.

Ocorre abandonar definitivamente as velhas definições unilateralmente rígidas que falam de "pseudomisticismo enervante e doentio", de "gente idiota e iletrada" (M. y Pelayo), de simples protestantismo espanhol (tese de Böhmer e Lea), de iludidos cheios de êxtase, de visões e de fenômenos sobrenaturais (tese de Llorca), ou de exaltação mística dos séculos XVI-XVII, acompanhada de aberrações morais. Tais apreciações dão valor somente ao lado negativo e ao aspecto perigoso do movimento; aquele que prevaleceu como significado antonomástico e epocal dos alumbramentos. Para nós, neste sentido, não é nem mais nem menos do que uma das mil manifestações do quietismo.

Nem em tal sentido nem no seu significado mais amplo pode-se pesquisar a origem do movimento numa única causa: albigenses, begardos e beguinos; influência do misticismo renano (M. e Pelayo); penetração de germes protestantes (Maldonado, Lea, Böhmer); fermento hebraico espalhado pelos *conversos*, mouros e morescos (Bataillon, Américo Castro, la Pinta Llorente); sufismo muçulmano (Asín Palácios). Mas estes motivos, como o erasmismo ou o franciscanismo, não explicam nada isoladamente. São motivos que convergem no ambiente mesmo no qual nasce o movimento *alumbrado* e influenciam enquanto promovem a inquietação religiosa que caracteriza os inícios da Reforma na Espanha. Em certos casos concretos é possível avaliar o predomínio de um ou de outro elemento, mas em geral já foi demonstrado, nos inícios, que o movimento surge "com desejo de fé ardente e de devoção" entre pessoas que anseiam à perfeição e procuram afanosamente caminhos breves e seguros para alcançá-lo. O movimento, em geral, é produto do ambiente reformista espanhol; o transviado e o heterodoxo são algo de reduzido e ocasional (Colunga, Asensio, Domingo, Román). Em tal modo se explica também como os primeiros sinais apareçam entre gente espiritual levada pela corrente reformista dos reis católicos e de → CISNEROS.

2. GRUPOS, TENDÊNCIAS E DESENVOLVIMENTO HISTÓRICO. O movimento nasce nas primeiras décadas do século XVI e se estende por todo o reino de Castilha. Num segundo tempo, a partir de 1565, aparecem focos também em Estremadura e em Andaluzia. É muito difícil determinar a relação que existe entre os diversos grupos e as diversas tendências. Não existe nem uma ordem cronológica rigorosa entre eles. Referindo-se aos inícios ou ao momento de maior relevo, pode-se aceitar este desenvolvimento histórico-geográfico.

a) *Reformismo visionário e profético*. Nos anos 1507-1512 a inquietação religiosa e a ânsia de perfeição de algumas pessoas se contagia com os ideais de reforma. A típica liberdade que existe então em denunciar os males e em propor remédios leva facilmente à diatribe contra pessoas e contra a hierarquia. Frequentemente cerca-se aí a autenticidade e a eficácia na vida sumamente austera, acompanhada de manifestações extraordinárias: → ÊXTASES, visões e, sobretudo, profecias. Na falta de critérios seguros para provar a vida dos indivíduos e as suas comunicações divinas, e pela excessiva credulidade para com os profetismos e mimetismos místicos, criou-se progressivamente um ambiente perigoso pela audácia das críticas e das empresas reformatórias das quais foram vítimas aqueles aos quais foi atribuído o título de "bem-aventurado" ou de pessoa desejosa de renovação. A tais excessos chegaram até mesmo pessoas que, todavia, eram muito austeras na sua vida. Entre os promotores do movimento emergem "a bem-aventurada de Piedrahita", irmã Maria de São Domingos, os "apóstolos errantes" Carlos de Bovelle, frei Melchiorre e alguns *recogidos* como João de Olmillos e Francisco de Ocaña.

b) *Recogidos*. Boa parte do reformismo profético passou a esta corrente espiritual nascida durante o fervor franciscano da reforma cisneriana, orientada para uma piedade interior e contemplativa, cujo centro obtinha origem da contemplação entre Deus e a alma por meio da oração contemplativa ou afetiva. A vida espiritual se organiza em torno àquela técnica, por nada formulista, do "→ RECOLHIMENTO", que implica esquecimento do mundo exterior, silêncio dos sentidos e concentração em si. *Recogidos* são aqueles que praticam e pregam esse gênero de oração, que leva à atitude contemplativa do "não pensar nada". Centros de formação e de irradiação dessa espiritualidade são os conventos franciscanos de Castilha — Salcedo, Pastrana, Escalona, Rioseco etc. —, e o momento da sua aparição remonta aos anos 1520-1525. Ao lado de Cristóbal de Tendilla e de Francisco Ortiz aparece o grande mestre do método, Francisco de → OSUNA, que o transmite aos seus irmãos de hábito e aos grandes mestres da espiritualidade → JOÃO DE ÁVILA e Santa Teresa, em primeiro lugar.

Dado o inquieto ambiente religioso daqueles anos, não tardou a aparecer no movimento mesmo a tendência exagerada que o falsificou. O recolhimento se converteu, para alguns, num simples ócio espiritual, levando para fins errados a interpretação da fórmula "não pensar nada"; para outros, tomando a pretexto falso graças místicas, os desmaios, os êxtases e as visões tornaram-se coisa de ordinária administração. No ambiente franciscano nos parecem mais ou menos fora da estrada Francisco Ortiz, Gil López, João de Olmillos, Francisco de Ocaña e a "bem-aventurada" Francesca Hernández. Os últimos três cederam também à tentação do profetismo reformador.

c) *Deixados ou abandonados*. Tal tendência desenvolve-se nos mesmos tempos e nos mesmos lugares da precedente com a qual revela uma íntima relação. Idêntica ânsia para conseguir um método de vida e um sistema de orações para poder entrar em íntima comunicação com Deus, mas oposição absoluta e luta externa entre os afilhados a ambas as correntes com relação ao modo para consegui-las. Os "deixados" ou "abandonados" (*dejados*) são aqueles que praticam e ensinam a "passividade" e um desprezo mais ou menos acentuado das obras e dos ritos exteriores. A facção mais extremista ensina que o homem deve "deixar-se" totalmente nas mãos de Deus para que o admoeste naquilo que deve fazer, sem preocupar-se com coisas exteriores que são laços. Por quanto a passividade se apresente antes de tudo como → MÉTODO DE ORAÇÃO, estende-se depois a toda a vida, como comportamento. As principais cabeças foram: Isabel da Cruz, terceira franciscana, e Pedro Ruiz de Alcaraz. Parece que os sequazes fossem na maioria "pessoas idiotas e iletradas", mesmo se não faltaram frades — sobretudo franciscanos — e gente culta, como João Valdés. As primeiras intervenções solenes da Inquisição nos negócios dos alumbrados examinavam e condenavam precisamente um grupo de doutrinas tomadas substancialmente dos processos contra os *dejados*, em particular contra Ruiz de Alcaraz. No célebre edito de 1525 se formularam 48 proposições dos assim chamados alumbrados, "deixados ou perfeitos", que intentam codificar os ensinamentos dos diversos movimentos mas não respondem totalmente a nenhum. Avizinham-se, sem dúvida, ao credo dos "deixados". Põem-se, além disso, as bases para perseguir como alumbrados a todos os que oferecem novidades perigosas em matéria de moral e de espiritualidade.

d) *Cristianismo interior*. As primeiras manifestações dessa tendência, muito pouco definida, são simultaneamente aquelas dos precedentes movimentos, com os quais é aparentada historicamente e doutrinariamente. O seu epicentro está na província de Guadalajara e os seus promotores todos têm o nome dos Cazalla. Em substância, trata-se de uma orientação peculiar do cristianismo interior difuso em toda parte em tal época. Insiste perigosamente na renovação interior da Igreja e da piedade pessoal, que é contraposta com excessiva vantagem ao formulismo exterior e tradicional. Trata-se de um movimento oculto, com aspirações afins ao erasmismo, com o qual faz causa comum a partir de 1525. A sua tendência mais extremista toma parte no foco luterano de Valladolid em torno a 1550.

e) *Quietismo de Extremadura e de Andaluzia*. Enquanto o fenômeno dos alumbrados da primeira parte do século XVI não ultrapassa os confins de Castilha e, no conjunto, representa um movimento são e positivo da renovação espiritual, o outro, que se desenvolve na segunda metade do século e na primeira parte do século seguinte, se localiza em Estremadura e em Andaluzia. Este não tende à renovação, mas sim à degradação da espiritualidade. Porque tinha sido estudado e conhecido desde os tempos antigos, torna-se o denominador comum de todos os alumbrados e, em consequência, deu motivo à equivalência entre alumbrados e desvios perniciosos da espiritualidade espanhola. Ocorre modificar a visão histórica e considerar este segundo período como secundário e menos original. A sua valorização histórica parte dos seguintes dados fundamentais. A sua derivação direta e global não parte do movimento castelhano. Surge quando a situação religiosa é bem definida e quando os grandes mestres da espiritualidade nacional já afirmaram o próprio magistério. Os centros aparecem exatamente à sombra das grandes figuras e pretendem continuar na trilha da sua estrela luminosa. À sua doutrina, aos seus escritos e aos seus exemplos recorrem quase sempre os promotores dos focos duvidosos com a finalidade de proteger-se de eventuais perseguições possíveis. Não existe nada de original nos novos centros de alumbramento. Trata-se de círculos nos quais se pratica e se ensina pura e simplesmente o eterno quietismo degradante. Portanto, aí se conduz uma vida moralmente corrupta e sob protesto de altíssimas comunicações divinas justificadas *a posteriori* com os conhecidos princípios de cada tendência quietista: longa e elevada oração, carregada de prazeres e de visitas sensíveis de Deus; desprezo da oração oral e das imagens; fingidas penitências, grandes apreciações da alta direção espiritual; frequência aos sacramentos e irresistível domonismo etc. Os focos nos quais, não obstante o nível espiritual elevado — talvez exatamente por isso —, aconteceram manifestações claramente quietistas foram: Llerena (o centro do quietismo de Estremadura), Córdoba e Jaén (talvez também Baeza e Ubeda) entre 1565 e 1590. Cronologicamente o último é o de Sevilha, onde também em 1620 foi descoberto um foco protestante. A enérgica intervenção da Inquisição, com estilo muito semelhante ao que depois teria sido usado em Roma, no tempo de → MOLINOS, conseguiu eliminar semelhante lampejo espiritual. Não cremos numa dependência direta e imediata do quietismo da época (a partir da metade do século seguinte) dessas manifestações precedentes. Há sem dúvida um paralelismo, mas não uma dependência.

BIBLIOGRAFIA. BATAILLON, M. *Erasmo y Espana*. México, 1950; CARRETE PARRONDO, J. M. *Movimiento alumgrado y renacimento español. Proceso inquisitorial contra Luis de Beteta*. Madrid, 1980; DOMINGO DE SANTA TERESA. *Juan de Valdés. Su pensamiento religioso y las corrientes espirituales de su tiempo*.

Roma, 1957; HUERGA TERUELO, A. *Historia de los Alumbrados*. Madrid 1978 ss., 3 vls.; LLORCA, B. *La Inquisición española y los Alombrados (1509-1667) según las actas originales de Madrid y otros archivos*. Salamanca, 1980; MÁRQUEZ, A. Entre literatura e Inquisición. El proceso de Maria de Cazalla. *Cuadernos Hispano-Americanos* 371 (1981) 413-418; ID. Orígen y naturaleza del Iluminismo em Castilla. Salmanticensis 17 (1970) 339-362; ID. Juan de Valdés teologo de los Alumbrados. *La Ciudad de Dios* 184 (1971) 214-229; ID. *Los Alumbrados. Orígenes y filosofia*. Madrid 1972; NIETO, C. *Juan de Valdés y los Orígenes de la Reforma em Espana e Italia*. Madrid 1979; ROMÁN DE LA IMMACULADA. El fenômeno de los alumbrados y su interpretación. *Ephemerides Carmeliticae* 9 (1959) 49-80; SALA BALUST, L. *Entorno al grupo de alumbrados de Llerena, in Corrientes espirituales en la Espana del siglo XVI*. Barcelona, 1963, 509-523 (com bibliografia); SELKE, A. Algunos datos nuevos sobre los primeros alumbrados. *Bulletin Hispanique* 54 (1952) 125-152; 58 (1956) 395-420; ID. *El santo Oficio de la Inquisición. Proceso de fray Francisco Ortiz*. Madrid, 1968.

E. PACHO

ALVAREZ DE PAZ, DIEGO. Nasceu em Toledo em 1560. Entrou na Companhia de Jesus em Alcalá, depois de ter estudado na universidade, em 24 de fevereiro de 1578. Em 1580 partiu para o Peru. Ensinou filosofia e teologia, foi reitor das principais casas: Quito, Cuzco, Lima. Morreu como provincial, enquanto fazia a visita ao colégio de Potosí, em 17 de janeiro de 1620.

É o primeiro jesuíta que fez uma sistematização da → TEOLOGIA ESPIRITUAL. As suas obras foram uma trilogia, embora fosse melhor dizer que sob uma tríplice rubrica compôs uma enciclopédia espiritual.

Na primeira obra: *De vita spirituali eiusque perfectione* (Lugduni, 1608), explica a natureza da vida espiritual e da perfeição. Na segunda: *De exterminatione mali et promotione boni* (Lugduni, 1613), considera tudo aquilo que impede a perfeição, os meios para vencer as desordens e aqueles para obter a perfeição, principalmente as virtudes. Na terceira obra: *De inquisitione pacis, sive studio orationis* (Lugduni 1617), trata da oração e explica particularmente a oração dos profetas. Divide a → CONTEMPLAÇÃO em 15 graus, da simples intuição até a contemplação mais elevada.

Pouco original e pessoal, mas muito profundo, amplo, difuso, erudito, soube reassumir a tradição espiritual, da qual cita frequentemente os autores mais representativos, principalmente → RUUSBROEC, → GERSON, HARPHIUS (→ HERP).

BIBLIOGRAFIA. GONZALEZ, G. Diego Alvarez de Paz, S.I. (1560-1620). *Rivista di Pedagogia e Scienze Religiose* 6 (1968) 56-72; HERNANDEZ, E. Alvarez de Paz. In: *Dizionario di Spiritualità* I, 407-409 (com bibliografia); LOPEZ AZPITARTE, E. Influencia de Santa Teresa em las obras de D. Alvarez de Paz. *Manresa* 54 (1981) 25-43.

I. IPARRAGUIRRE

AMADURECIMENTO ESPIRITUAL. Também no plano da graça sobrenatural pode-se observar um desenvolvimento da vida cristã, um processo de amadurecimento espiritual. Esse amadurecimento tem seus princípios, meios e fins. A *dinâmica* do crescimento sempre foi e continua a ser um dos traços mais relevantes e característicos da espiritualidade.

Os resultados das ciências psicológicas e biológicas trazem elementos importantes: fatores, processos, leis evolutivas, anomalias e uma visão global do amadurecimento humano, integrada em forma de síntese. Os processos espirituais se realizam nas mesmas potências dos processos psíquicos e se influenciam reciprocamente.

A relação entre amadurecimento humano e amadurecimento espiritual admite quatro enfoques possíveis: *Paralelismo*: que afirma a equivalência substancial dos dois processos, fazendo com que o espiritual dependa em grande parte do humano. *Autonomia*: em que cada um dos dois processos segue suas próprias leis e seu próprio desenvolvimento com os seus elementos em independência quase total. *Contraste*: que acentua não só a diferença, mas também a divergência de um processo do outro e quer que o processo espiritual se desenvolva com base em psiquismos humildes e pouco favorecidos, nos quais resplandece melhor a grandeza e a misericórdia de Deus. *Coexistência*: que implica uma colaboração parcial entre os dois processos com uma acentuada influência recíproca, respeitando a independência de um e do outro, que operam com materiais e ritmos próprios.

Esses quatro modelos são acentuações de posições que na realidade se encontram mais esfumadas, mas que pelo menos existem como tendências, se não como tomadas de posição. A última é a que respeita melhor a natureza das coisas e os dados da experiência e da ciência.

O *amadurecimento* espiritual como projeto ideal e como experiência realizada é tratado sob o tema "santidade" ou "perfeição". Aqui precisamos desenvolver o aspecto dinâmico, o caminho ou itinerário, o processo, a maturidade *in fieri*, ou seja, o *amadurecimento*.

1. EXPERIÊNCIA E DOUTRINA DE SÃO PAULO. Entre os autores do Novo Testamento, São Paulo é indubitavelmente o mais fornido e perspícuo quanto a experiência, doutrina e terminologia em matéria de crescimento e amadurecimento espiritual. Apresenta praticamente todos os elementos que a teologia espiritual depois fará próprios e desenvolverá nos detalhes.

Isso lhe provém de uma experiência pessoal e comunitária intensa e variada. Por duas vezes ele mesmo teve de percorrer o caminho para a perfeição. A primeira vez como judeu, até ser irrepreensível e zeloso. A segunda, recomeçando do zero, como cristão, configurando de novo as suas convicções, o seu amor, a inserção comunitária, o programa e o estilo do seu apostolado. Ao mesmo tempo, pôde observar de perto, aprovando ou desaprovando, o ritmo das várias comunidades cristãs que fundou: progressos, estagnações, retrocessos.

Surgiu um grande mestre, que desenvolve e sugere todos os elementos essenciais do amadurecimento espiritual cristão:

a) A graça cristã é um puro dom de Deus em Cristo. Traz todos os componentes da vida nova: filhos de Deus em Cristo por obra do Espírito Santo; redimidos da indignidade humana e do pecado; incorporados à Igreja, novo povo de Deus, com carisma de santidade e serviço; já ressuscitados e tornados herdeiros da glória de Cristo.

b) A graça recebida é germinal e comporta desenvolvimento pessoal e coerente nos mesmos elementos que apresentamos como puro dom: viver como filho de Deus, configurar-se a Cristo morto e ressuscitado, morrer para o pecado, tratar os outros como irmãos. É um amadurecimento progressivo que a graça opera no tempo.

c) O crescimento se concretiza na docilidade e no esforço para atingir a plena maturidade cristã, em se fazer "adultos em Cristo" (Ef 4,13). Nesse mesmo contexto, São Paulo especifica os conteúdos: maturidade no conhecimento e no amor de Cristo; caridade e perseverança fiel no cumprimento do próprio carisma na Igreja; pureza de vida e morte do homem velho.

d) Essa tarefa implica docilidade à obra do Espírito. Ao mesmo tempo, exige esforço de fidelidade crescente, luta contra os desvios que vêm de fora e os impulsos viciosos que vêm de dentro. Possui um ritmo de desenvolvimento observável na conduta. Há *anomalia* ou *anormalidade* quando o cristão, aquele que é cristão há muitos anos, encontra-se nas mesmas condições de maturidade que possuía quando recebeu o batismo (1Cor 1,1-3; Hb 5,12 ss.).

e) Esse fato estabelece uma espécie de graduação, que se define por contraste: crianças-adultos, imperfeitos-perfeitos, ignorantes-mestres, carnais-espirituais. O contraste se insere não só entre pessoas de diferente qualidade espiritual, mas em uma mesma pessoa, segundo o grau de maturidade em que se encontra.

2. CAMINHOS E PROCESSOS. A espiritualidade foi pouco a pouco definindo suas modalidades e os conteúdos do amadurecimento espiritual já formulado no Novo Testamento. Em forma de imagens, símbolos, ideias, concretiza a ação do Espírito Santo e os novos horizontes que se abrem para a liberdade redimida.

Entre as figuras mais frequentemente usadas e mais expressivas, encontramos as seguintes: *Caminho*: via, peregrinação, com sentido de movimento, duração, passagem através de várias circunstâncias, chegada a uma meta. *Subida*: escada ou escadaria, ascensão, que indica a teofania de Deus sobre os ápices, a superação dos horizontes da vida cotidiana, o esforço por uma ação de qualidade. *Processo*: com referência às transformações biológicas, que atingem intimamente o ser e o viver do sujeito. São imagens que se completam reciprocamente, pondo em destaque os vários aspectos de uma mesma e única realidade.

Se passamos das imagens às denominações mais precisamente teológicas e espirituais, percebemos que o desenvolvimento propriamente espiritual se concretiza em três dimensões principais: teologal, moral, eclesial.

Teologal. A dimensão primordial da maturidade e do amadurecimento cristão é indubitavelmente a teologal: comunhão com Deus em Cristo, na fé, no amor, na liberdade. O cristão se sente e se sabe eleito, amado, salvo, chamado por Deus. E sabe que a sua resposta é antes de tudo fé, amor, confiança, dirigidos a Deus em Cristo. Os deveres religiosos e morais são mediações dessa relação primordial.

Moral. Como expressão e prolongamento coerente da vida divina recebida no batismo, o amadurecimento cristão produz e exige o desenvolvimento da fidelidade moral. As virtudes morais são guiadas, na sua consolidação e no seu exercício, pelas virtudes teologais: vida moral criativa, fiel aos princípios, aderente à história dos homens, com novas luzes, mas também exigências às vezes duras.

Eclesial. Esta dimensão também é muito acentuada no batismo e no programa de crescimento indicado por São Paulo (Ef 4). Na medida em que o cristão amadurece na sua relação com Deus e na sua coerência de vida pessoal, eleva-se a qualidade da sua comunhão e solidariedade com a comunidade crente e com cada um de seus membros. Esta se manifesta como comunhão, solidariedade, formas de participação, capacidade de serviço e de sacrifício.

Reduzindo essas três dimensões, em forma simplificada, a atitudes e atividades espirituais concretas, podemos dizer que o amadurecimento espiritual se resume em três formas: oração e piedade filial, caridade fraterna e serviço, coerência de vida e fortaleza na experiência da cruz.

3. ETAPAS E FASES. Como o amadurecimento é um acontecimento gradual no tempo, é possível distinguir nele alguns graus de realização: inicial, intermediário e final. Foi isso que fez a espiritualidade, recorrendo a múltiplos esquemas: vias ou caminhos, suas etapas, fases do processo.

Essas determinações concretas têm função diferente. Predominou o motivo da programação pedagógica do esforço espiritual, com a sugestão de exercícios e meios proporcionados em cada nível de amadurecimento espiritual. Quanto à classificação em etapas e graus, ela teve um efeito de *qualificação* moral e espiritual mais ou menos positiva. Esse efeito pode apresentar-se como abusivo e inexato, quando se considera que a fidelidade da resposta pode ser total em cada uma das fases do desenvolvimento que a pessoa espiritual vai sucessivamente vivendo.

Os esquemas que tiveram maior acolhida no decorrer da história da espiritualidade foram dois. O mais antigo é a qualificação da *caridade* em três momentos de amadurecimento progressivo: incipiente, proficiente, perfeita; adjetivos que em seguida se substantivaram, com referência a toda a pessoa: o principiante... Introduzido por Santo Agostinho, esse esquema recebeu amplificações na Idade Média. O segundo esquema assinala momentos ou funções no desenvolvimento da *contemplação*, também com três divisões: purificação, iluminação, união.

Recentemente foram propostos novos esquemas, mais aderentes à vida da graça e ao desenvolvimento da pessoa. Apresento aqui brevemente um esquema mais amplo e concreto, que inclui o desenvolvimento da graça e a sua inserção nas fases do amadurecimento pessoal, em seis momentos:

Iniciação cristã: o princípio e a fonte da energia da vida espiritual se encontram nos sacramentos da iniciação cristã: → BATISMO, confirmação, → EUCARISTIA; e nas promessas que com eles se fazem. Se a iniciação tem lugar na infância, a tomada de consciência tenderá a vir em seguida.

Personalização da vida teologal: entrando na idade adulta e assumindo responsabilidades pessoais, sociais, familiares, vocacionais, o cristão é chamado a realizar um processo de personalização das suas crenças, opções, renúncias, sem que possa mais se contentar com a herança, com o costume ou com o grupo que pôde apoiá-lo anteriormente.

Iluminação: em um segundo tempo, no desenvolvimento da vida espiritual se produz a descoberta da interioridade, da gratuidade e do espírito e valor do sacrifício, da oração.

Crise: é uma experiência que pode verificar-se em qualquer momento do amadurecimento espiritual. De forma sistemática e profunda, costuma aparecer quando a pessoa atingiu uma vocação consolidada, mas deve renovar a fundo as suas opções e motivações, com Deus como centro.

Maturidade cristã: é a fase que normalmente chamamos de santidade ou perfeição. É plenitude relativa, dinâmica, em via de crescimento. Produzem-se unidade de vida, concentração de energia, irradiação.

Morte e glorificação: elas completam o ciclo do amadurecimento cristão, em continuidade lógica com o batismo, que é conformação à morte e à ressurreição de Cristo.

4. PROJETO PESSOAL. Enfim, depois de todos esses esquemas, é necessário lembrar que o amadurecimento de todo cristão continua uma trajetória própria, traçada pelo Espírito, pelas circunstâncias da vida, pela livre fidelidade pessoal.

A trajetória não pode ser conhecida de antemão no seu desenvolvimento particularizado. O fiel deve viver em permanente escuta e observação, para encontrar o seu caminho. Além disso, assim que a encontrou, deve tomar consciência de que ela não continua de maneira linear e clara, mas por voltas, com altos e baixos, através de aparentes desvios.

Há contudo três pontos de referência gerais que oferecem ajuda prática para orientar-se e traçar certos esquemas de fidelidade pessoal:

Docilidade ao Espírito, que é o principal agente e guia em qualquer processo espiritual. Ele conduz cada um com luzes particulares, sugestões, mediações ao longo do caminho vocacional que lhe cabe, rumo à maturidade em Cristo.

Sensibilidade à história. Na vida dos santos, observamos que muitas das experiências decisivas de sua vida e vocação vieram da história, que os impulsiona ou impede-lhes o caminho, que impõe a eles situações ineludíveis e imprevistas. Tudo isso exige fidelidade e discernimento.

Projeto pessoal. Todo cristão deve ter uma consciência viva da sua vocação, da sua graça pessoal, das suas capacidades e dos seus limites internos. Não basta pertencer à Igreja e ser vocacionalmente incorporado a um carisma coletivo de grupo. É necessário, dentro desse quadro, elaborar um projeto realmente pessoal, que determine a graça própria e as tarefas concretas exigidas pela resposta fiel e criativa de cada dia.

Como eu dizia no início, para tudo o que diz respeito à maturidade buscada e realizada, vejam-se os verbetes → SANTIDADE CRISTÃ, → PERFEIÇÃO (graus de).

BIBLIOGRAFIA. FIORES, S. DE. Itinerario spirituale. In *Nuovo Dizionario di Spiritualità*. Roma, 1979; RAHNER, K. I gradi della perfezione. In *Saggi di Spiritualità*. Roma, 1965; RUIZ, F. Diventare personalmente adulti in Cristo. In *Problemi e prospettive di spiritualità*. Brescia, 1983, 277-301; ID. Verso la pienezza della conoscenza e dell'amore. In *Il messaggio spirituale di Pietro e Paolo*. Roma, 1967, 267-287; ID. Le età della vita spirituale. In *Tempo e vita spirituale*. Roma, 1971, 83-110; ZAVALLONI, R. Maturità spirituale. In *Nuovo Dizionario di Spiritualità*. Roma, 1979.

F. RUIZ

AMBIÇÃO. 1. NATUREZA. Do latim *ambire*: andar ao redor, girar em torno, empenhar-se por um encargo etc. O verbete é ambivalente. Às vezes se fala de "nobres ambições". Mas segundo a acepção comum da palavra, e mais ainda segundo a moral católica, é → VÍCIO. A ambição consiste num desordenado apetite de honra (cf. *STh*. II-II, q. 131, a 1c.). Difere portanto da vanglória, enquanto esta última comporta um desordenado desejo de manifestar a própria excelência (cf. *STh* II-II, q. 132, a. 1c.). Os dois vícios, tradicionalmente, estão unidos: o ambicioso é, por princípio, um vanglorioso. A ambição se manifesta com uma tríplice desordem: a) Quando se desejam honras desproporcionadas aos próprios méritos. b) Quando a honra da qual se é objeto não é referida a Deus. c) Quando a honra cobiçada torna-se fim em si mesma, sem que a outros venha algum bem (cf. *STh*. II-II, q. 131, a. 1c).

A ambição, mais que um vício, deve ser considerada resultante de muitos vícios. Filha primogênita e forma mais odiosa da soberba (cf. TOMÁS DE AQUINO, *In 1 ad Cor.*, c. 113, 1.2), provoca em quem é por ela atingido uma avidez insaciável de dignidade e de honras: quanto mais a tem, mais a quer, mesmo se está intimamente convencido de não possuir os requisitos necessários para revestir os ofícios aos quais aspira. O ambicioso é portanto injusto: subtrai a outros mais merecedores os encargos, os ofícios por ele indevidamente ocupados; e torna-se responsável para com a sociedade dos eventuais danos que a esta possam derivar, por ser ele pouco capaz ou mesmo inapto para o exercício dos encargos que para si buscou. "Esta paixão por ser estimado mais do que merecemos, de comandar os outros mesmo quando não somos capazes nem de obedecer ao Senhor, de pôr-nos no primeiro lugar não obstante a admoestação explícita do Evangelho, é como uma sensualidade do espírito, tanto mais grave e perigosa quanto menos atenuantes podem avançar da parte da sensibilidade física" (M. CORDOVANI, *Itinerário della rinascita spirituale*, Roma, 1946, 206).

O ambicioso, mal tolerando que os outros sejam mais honrados do que ele, mesmo se mais merecedores, cai facilmente no pecado da inveja (cf. A. VERMEERSCH, *Theologia moralis*, Romae, 1922, 474).

A ambição é vício que não poupa ninguém, nem aqueles que fazem profissão de vida espiritual. Antes, com frequência são estes mesmos a ser atingidos com maior intensidade. Uma espécie de compensação que a natureza — vencida na → AVAREZA, na → GULA, na → LUXÚRIA etc. — consegue tomar-se: "A ambição é o mais perigoso dos vícios, porque docemente te convida e suavemente te seduz à dignidade. Assim, com frequência acontece que aqueles que não contaminou a luxúria, ou não derrubou a avareza, ou não foram abatidos por outro vício, no fim, feitos escravos da ambição, tornaram-se culpados diante de Deus" (Santo Ambrósio, *In Luc.* IV, c. 4: *PL* 15, 1621).

2. MORALIDADE. A ambição, segundo a moral católica, é sempre pecado (cf. *STh.* II-II, q. 131, a. 1). Enquanto deriva da soberba, a ambição opõe-se à virtude da → TEMPERANÇA. Enquanto é falsificação da → MAGNANIMIDADE, opõe-se à virtude da → FORTALEZA: "Enquanto a magnanimidade aspira às belas ações, às grandes virtudes, a quem cabem as honras... as quais não são a justa recompensa, a ambição, ao contrário, ostenta nobres sentimentos e nobres propósitos só para conseguir as honras" (M. A. Janvier, *Virtú della fortezza*, Torino, 1938, 178). A ambição é, em sua natureza, pecado venial; mas pode tornar-se mortal, ou pela entidade dos ofícios cobiçados, ou pelos meios empregados para obtê-los, ou então pelos eventuais danos que o ambicioso pode causar a outros (cf. A. Ballerini, *Opus theologiae moralis*, I, Prati 1898, 702).

3. COMO COMBATÊ-LA. A ambição se combate antes de tudo com o uso dos vários meios que a ascética cristã aconselha para despojar-se dos hábitos viciosos; entre outros, o recurso à → ORAÇÃO e à contínua correção das intenções. Mas, sendo a ambição um produto direto da soberba, mais eficazmente se combate com o fomento da → HUMILDADE, que nos leva a inclinar-nos profundamente diante da grandeza de Deus e diante a quanto pertence a Deus em cada criatura, e nos inclina outrossim a conter as nossas aspirações nos justos limites (cf. *STh.* II-II, q. 161, aa. 1 e 3). Aceitar encargos que comportam dignidades, honras, quando se faz pela glória de → DEUS e para a vantagem do próximo, não só é lícito, mas é também obrigatório, até o ponto de solicitar os próprios encargos; particularmente quando a eventual refutação de levar pesos e assumir responsabilidades acaba por favorecer os menos dignos ou mesmo os indignos. Isso não seria mais virtude, mas vício. Seria manchar-se de → PUSILANIMIDADE e tornar-se, mesmo indiretamente, responsável pelos danos que eventualmente poderiam derivar a outros, por não termos assumido uma clara indicação da → CONSCIÊNCIA; e talvez também à sugestão de quem, por autoridade, por prudência, estava no direito de ser escutado.

BIBLIOGRAFIA. Caprara, G. V. *Personalità e aggressività*. Roma, 1981; Cruchon, G. *Conflitti, angosce e atteggiamenti*. Brescia, 1971; Janvier, M. A. *Esposizione della morale cattolica*. Torino, 1938, 177 ss.; Prummer, D. M. *Manuale theologiae moralis*. Barcelona, 1946, 413, vl. I; Sanford, R. N. *La personalità autoritaria*, Milano, 1973; Scaramelli, G. B. *Direttorio ascetico*. Roma, 1943, 8, vl. II; *STh.* II-II, q. 131, aa. 1 e 2: Tanquerey, A. *Compendio di teologia ascetica e mistica*, Roma, 1928, 828.

E. Bortone

AMBIENTE. O termo *ambiente* (do latim *ambire*, andar ao redor) é usado hoje em sentido translato e indica antes de tudo o lugar (ambiente material) no qual acontece a vida de uma pessoa: a casa, a função, os locais de trabalho.

Serve também para indicar os hábitos e a mentalidade do ponto de vista moral e social: fala-se assim de ambiente moral e de ambiente social.

O ambiente moral abraça um complexo de fatores que, direta ou indiretamente, podem influir sobre a pessoa humana: convicções morais-religiosas, maneira de viver ou comportamento que prescinde de quaisquer normas de ordem ética, costumes de uma forma ou de outra ligados a uma sã e equilibrada concepção da vida etc.

O ambiente social indica, ao invés, o grau de vida social, ou seja, a categoria à qual se pertence ou da qual se provém (classes economicamente abastadas, classes médias, classes pobres ou mesmo necessitadas), o grau de cultura, de desenvolvimento econômico, de teor de vida etc.

Não é que não veja a importância da avaliação do ambiente quando, por exemplo, devem realizar-se determinadas escolhas, como a localização de uma casa religiosa e especialmente de uma casa de formação. Trata-se também de um elemento de não pouca importância psicológica quando convém amadurecer decisões em referência a questões nas quais o comportamento humano, como hábito de vida, joga um papel de primeiro plano.

O ambiente, de fato, é uma síntese de fatores materiais e espirituais que agem potentemente sobre a formação do homem, particularmente da juventude. E este é o motivo pelo qual ele é atualmente objeto de grande atenção por parte de pedagogos, psicólogos, cultivadores de ciências religiosas e sociais.

À ação do ambiente não se subtraem nem mesmo homens que aparentemente pareceriam longe de qualquer influxo ambiental, como os → SANTOS e os criminosos.

A vida de cada santo é sempre ligada ao ambiente do qual provém ou no qual vive, mesmo se sua ação visa quase sempre melhorar.

Da mesma forma não se pode negar que o criminoso sinta muito fortemente o influxo do ambiente no qual vive e age, especialmente daquele moral e social.

BIBLIOGRAFIA. Ambiente. In: *Dizionario di Sociologia*. Cinisello Balsamo. 1976, 59-63; Ambiente. In: *Enciclopedia delle Scienze e della Tecnica*. Milano, 1972, vl. I; Ambiente. In: *Grande Dizionario Enciclopédico UTET*. Torino, 1967, vl. I; CLAUSSE, A. *Teoria dello studio d'ambiente. Riflessioni critiche sulla pedagogia contemporanea*. Firenze, 1964; COEN, R. *Ambiente e educazione*. Firenze, 1965; COTTONE, C. *L'ambiente*. Roma, 1951; Ecologia y espiritualidad. *Revista de Espiritualidad* 46 (1987/n. 18) 1-133; Ecologia. In: *Dizionario Enciclopedico di Teologia Morale*. Cinisello Balsamo, [7]1987, 309-327; FLORES D'ARCAIS, G. *L'ambiente*. Brescia, 1962; JADOT, R. *Milieu et éducation*. Liège, 1936; JOÃO PAULO II. Ai giovani di Firenze il 19 ottobre 1986: *Umanizzate la terra*. In: *Insegnamenti di Giovanni Paolo II, IX/2*, 1112-1123; LEJEUNE, C. Ecologie et foi chrétienne. Quelques repères. *Foi et Temps* 18 (1988) 46-62; NICHOLSON, M. *La rivoluzione ambientale*, Torino, 1971; OTTAWAY, A. K. *Educazione e società*. Roma, 1959; SPRANGER, C. *Ambiente e cultura*. Roma 1959; ZANGHERI, P. *L'ambiente naturale e l'uomo*. Bologna, 1970; CALOIA, A. Osservazioni in tema di rapporti tra crescita economica e ambiente naturale. *Vita e Pensiero* 12 (1971) 14-21.

P. SCIADINI

AMBRÓSIO (Santo). 1. NOTA BIOGRÁFICA. Ambrósio, da nobre família da *Gens Aurélia*, aparentada, com toda probabilidade, com os Simmachi, nasceu em torno a 339-340, em Treveris, onde seu pai Ambrósio era prefeito do pretório para a Gália. Morto o pai, Ambrósio, com a mãe, o irmão Sátiro e a irmã Marcelina, retorna a Roma. Conclui os estudos de gramática, retórica e direito para dedicar-se à carreira forense. Terminados os estudos é eleito em 370 ou 373 *consularis Liguriae et Aemiliae* (governador) com sede em Milão. Segundo a afirmação do biógrafo de Ambrósio, Paulino, o prefeito do pretório Sesto Petrônio Probo teria dito ao neoeleito: "Vá não como juiz, mas como bispo" (*Vita*, 5). Morto em 374 o bispo ariano Aussenzio, Ambrósio se encontra na Igreja para evitar desordens na eleição do sucessor. Conforme a voz do povo, é Ambrósio mesmo o escolhido a subir à cátedra milanesa. Deve aceitar: recebe o batismo em 30 de novembro e em 7 de dezembro a consagração episcopal.

Escolha providencial, num período histórico repleto de incógnitas na vida da Igreja e para o futuro do Império. Em 23 anos de intensa atividade, Ambrósio demonstra estar à altura da missão a si confiada e da própria situação: forma-se uma cultura religiosa de primeira ordem, com incansável estudo dos escritos dos Padres gregos, capadócios e alexandrinos e dos escritores latinos, Cipriano em particular. A sua vida é a de um asceta, a sua residência episcopal é a casa de todos, e ele está à disposição de todos, especialmente dos mais abandonados e necessitados. Homem de Igreja, ergue-se com toda a sua estatura de bispo contra os últimos surtos do arianismo em Milão, sustentado pela imperatriz-mãe Justina. Para a total derrota da heresia e a paz da Igreja realiza viagens a Roma, Sirmio, Aquileia, Bologna, Vercelli, Pavia. No Ocidente, Ambrósio é o homem que encarna, de modo estupendo, o cristianismo e a romanidade.

Morre em 4 de abril de 397, mas a sua memória sobrevive, como exemplo de firmeza, de atividade fecunda, de fidelidade total à Igreja e às almas.

2. ESCRITOS. A obra literária de Ambrósio é ligada estreitamente à sua atividade pastoral: os seus escritos são, na maior parte, discursos realizados a viva voz diante da assembleia dos fiéis. Ambrósio não possui o gênio especulativo de Agostinho: a ação para os multíplices cuidados pastorais, o seu temperamento eminentemente prático, autenticamente romano caracterizam a sua produção teológica. Fez-se discípulo dos mestres do passado, mas discípulo inteligente: os seus escritos ressentem-se dos modelos aos quais A. alcança, revelando na impostação e na exposição o caráter personalíssimo do autor: o estilo sempre vivo, frequentemente imbuído de sopro poético e de lirismo oratório, é inimitável.

A obra de Ambrósio é de índole essencialmente moral e ascética: os mesmos tratados dogmáticos não fogem a essa tendência inata do autor. Podemos distinguir escritos:

a) *Exegéticos*: abordam, exceção feita ao comentário ao Evangelho de Lucas, argumentos do Antigo Testamento: Ambrósio não faz exegese em sentido estrito, mas, de preferência, prefere colher motivos e inspirações, com frequência felicíssimos, do sagrado texto, por considerações alegóricas e morais. Seus mestres neste campo são Fílon e → ORÍGENES, e, em parte, São → BASÍLIO. Ambrósio se preocupa em formar cristãos, a tal fim lhe servindo otimamente as interpretações típicas e alegóricas dos textos escriturísticos. Dos livros veterotestamentários Ambrósio examina o Gênesis e trata da obra dos seis dias (o *Hesaemeron*), seguindo as homilias de São Basílio do mesmo título. Sob o aspecto literário é uma obra-prima, pelas estupendas descrições que o seu gênio poético sugere; é também de apreciável valor pelas considerações e ensinamentos morais que Ambrósio sabe tirar do texto. A obra é dividida em seis livros e reproduz quase literalmente nove discursos realizados em seis dias consecutivos. Além do *Hexaemeron*, Ambrósio dedica aos primeiros capítulos do Gênesis outros escritos: *De Paradiso, De Cain et Abel, De Noe* (373-377). Ao período patriarcal reserva os tratados: *De Abraham* (2 livros), *De Isaac et anima* e *Deo bono mortis, De fuga saeculi, De Jacob et vita beata* (2 livros), *De Joseph patriarcha, De benedictionibus patriarcharum*. Para o período pós-patriarcal, os personagens bíblicos estudados são: → ELIAS (*De Elia et jejunio*), Nabor (*De Nabuthe Israelita*), Tobias (*De Tobia*), Jó e Davi (*De interpellatione Job et David* e *Apologia prophetae David*). Discursos ou exposições sobre os Salmos: 22 *sermones* sobre o Salmo 118 e 12 sobre os Salmos 1.35-40.43.45.47-48.61. Particular relevo têm as exposições do Salmo 118 pela inexaurível riqueza de conteúdo do próprio salmo e pela inteligente e genial interpretação, sempre em chave espiritual, do comentador. Ambrósio examina cada estrofe do salmo, extrai dele princípios para alcançar a perfeição cristã e transfunde em páginas luminosas a sua alma mística e a sua eloquência empolgante. Para o Novo Testamento se tem a *Expositio Evangelii sec. Lucam*, em 10 livros, dos quais os primeiros dois seguem Orígenes. Os 25 sermões, dos quais se compõem os 10 livros de comentário, mantêm a marcante preocupação moral do santo.

b) *Ascéticos*: *De officiis ministrorum* (em torno ao ofício dos ministros), modelado sobre o homônimo tratado de Cícero, do qual mantém também o plano de desenvolvimento. A diferença entre os dois escritos e a superioridade daquele ambrosiano são evidentes pela própria natureza do argumento desenvolvido e dos princípios que o estruturam: Ambrósio imprime aí a visão cristã com a sua → MORAL, seja quanto à noção de fim último, seja quanto ao conceito de vida futura, do desprezo dos bens terrenos e dos exemplos aduzidos como prova do assunto, exemplos tirados dos livros sagrados. Ambrósio não se move no rastro da filosofia estoica, mas na luz da revelação, e cria uma obra eminentemente moral, adaptada tanto aos clérigos quanto a todos os fiéis. O escrito divide-se em três livros: no primeiro livro Ambrósio trata do *honesto*, no sentido de que o capítulo dessa virtude compreende as normas próprias da → PRUDÊNCIA, da → JUSTIÇA, da → FORTALEZA e da → TEMPERANÇA. O segundo livro fala do útil: é útil tudo aquilo que está acompanhado pela virtude do amor, da mansuetude, da beneficência e da generosidade. O terceiro livro tende a provar a inseparabilidade do honesto e do útil. Quando, porém, não seja possível conciliá-los, é necessário que o cristão prefira o honesto ao útil, mesmo a custo da vida, como demonstraram fazer tantos heroicos cristãos.

c) *Escritos sobre a virgindade*: são vários tratados compostos entre 377 e 393, que têm o escopo de destacar a grandeza e as obrigações dos consagrados a Deus na virgindade: *De virginibus*, em três livros (377), dedicado à irmã Marcelina; *De virginitate* (378), resposta às objeções levantadas conta o precedente escrito; *De institutione virginis et sanctae Mariae virginitate perpetua* (392), ditado para a cerimônia de velação de Ambrósia, parente de Eusébio, bispo de Bologna; *Exhortatio virginitatis* (393), escrito por ocasião da dedicação de uma igreja erigida pela generosidade de Juliano, que tinha também consagrado a Deus toda a sua família. Nesses tratados vibra a alma de Ambrósio, dito, com pleno direito, o "Doutor da virgindade". As páginas manuscritas, sob o ímpeto de paternidade espiritual para as consagradas, são canto — o mais eloquente e potente — de toda a literatura cristã à virgindade, modelo incomparável para todas as esposas de Cristo Virgem. *De viduis* (377) no qual apresenta o tríplice exemplo de castidade matrimonial (Susana), de viúva (Ana), virginal (Maria). Ambrósio não proíbe as segundas núpcias, mas tampouco as aconselha: "não proibimos as secundas núpcias, só não as aconselhamos" (*Ibid.*, 11, 68).

d) *Dogmáticos*: *De fide* (378) ao imperador Graciano, ao qual é também dedicado (381) o *De Spiritu Sancto*, modelado sobre o escrito homônimo de Dídimo Alexandrino (→ DÍDIMO,

O CEGO); *De mysteriis* (*c.* 384) imitando as catequeses mistagógicas de → CIRILO DE JERUSALÉM; *De poenitentia* (384).

e) *Vários: Dicursos e cartas*. Entre as cartas, digna de particular menção é a *Ep. 63*, endereçada à Igreja de Vercelli. Nessa carta Ambrósio manifesta a própria estima para a vida ascética, de estilo monástico, que constitui a alma do fecundo apostolado do bispo Eusébio e dos presbíteros do cenóbio de Vercelli.

3. DOUTRINA. Ambrósio não é teórico abstrato: é concreto, se cala na realidade de cada dia, sente a urgência pastoral de formar autênticos cristãos. A sua doutrina é centrada em Cristo. Desce na realidade de cada dia, sente a urgência pastoral de formar autênticos cristãos. A sua doutrina está centrada em Cristo. Falando tanto aos ministros do altar ou às virgens consagradas, às viúvas ou à massa dos fiéis, o motivo dominante, insistente é a conformação a Cristo na fidelidade do amor. A → ASCESE, como a vida sacramental, tem em Cristo o ponto de irradiação e de convergência. A adesão a Cristo pede maior urgência, empenho mais zeloso, dedicação mais acentuada, consagração mais consciente, segundo os vários estados de vida, mas o motivo base é idêntico para todos: o amor de Cristo, sacrificado por todos e oferto a todos. Doutrina, pois, eminentemente cristocêntrica.

Cristo vida do mundo "é princípio e fim de todas as coisas". Por isso "Cristo em carne é tudo para a nossa vida" (*Exp. Sal.* 36, 36). A sua divindade, a sua eternidade, a sua carne, a sua paixão, a sua morte, as suas feridas, o seu sangue, a sua sepultura, a sua ressurreição, todo o seu mistério de Deus-homem são vida para os homens. Dessa fonte irrompem, com a violência do amor, os dons da vida para cada alma: *a adoração de filho* "para a geração do Filho" (*Da fé*, 5, 7, 50); o *Reino do Pai* "em Cristo e sob Cristo" (*Ibid.*, 5, 12, 150); *a paz e a reconciliação*, "Cristo é nossa paz… tirou a inimizade e infundiu paz" (*Com. in Lc.* 3, 6); *a consagração na caridade* expressa no "dom nupcial que é o sangue de Cristo e a sua paixão" (*Da alma*, 5, 45); o *fogo que consome* para o qual "refulgiu a fé, se acendeu a devoção, se iluminou a caridade e resplandeceu a graça" (*Ibid.*, 8, 76). As mais altas realizações da vida de Cristo comunicada a nós, as temos no → BATISMO, que imprime "em nós a imagem de Cristo" » (*ivi*, 8, 74 e *Da fuga do século*, 9, 57), e na → EUCARISTIA na qual se revive "o pão de vida eterna que vivifica a substância da alma, […] fármaco da salvação, medicina para a nossa condição de pecadores" (*Dos sacramentos*, 5, 16). Cristo é *tudo* para nós: médico que cura as feridas, fonte que refrigera a alma no ardor da febre, justiça misericordiosa que perdoa, potência que sustém, vida que triunfa da morte, caminho para a pátria, luz nas trevas, nutrimento na fraqueza (cf. *Da virgindade*, 11, 99).

O encontro com Cristo. Dessa impostação doutrinal Ambrósio tira as conclusões para uma vida espiritual intensa e eficaz. A alma, que quer verdadeiramente participar da realidade de graça e de vida em Cristo, deve orientar-se com esforço constante em direção a ele. Ambrósio assinala as etapas desse itinerário espiritual: a → CONVERSÃO: esta importa uma radical mudança de vida, porque "é na consciência pura de toda mancha de pecado a causa do bem viver" (*Jacó e a vida beata* 1, 7, 28); a eficácia de tal penitência-conversão é tanta a ponto de "parecer que Deus mude a sua sentença de condenação" (*Da penitência*, 2, 6, 48). O → JEJUM que é "mestre de continência, regra da pudicícia, humildade da mente, freio da carne, norma de virtude, purificação da alma, preservação da juventude, […] graça da velhice" (*Elias e o jejum*). A → ORAÇÃO nos seus componentes e dotes: oração *recolhida*, dita no íntimo secreto da alma, do qual Deus só é árbitro (*Caim e Abel*, 1, 9, 18) e no qual Deus acolhe o respiro da alma; *íntima*, expressa com o espírito todo tendido em direção a Cristo, do qual a alma do justo é esposa: "deseja-se, quer-se, ora-se, reza-se em contínuo, ora-se sem distração, toda a oração voltada ao Verbo, e logo lhe parecerá ouvir a voz daquele que não vês" (*Exp. Sal.* 118, 3, 8); *intensa e perseverante*, repetida "com todo o coração" possuindo no coração Cristo, ininterrupto colóquio, sem deixar-se apanhar pelo sono e pelo tédio; oração que se deve prorrogar também de noite para manter vigilante o espírito contra as tentações e para interceder pelos pecadores e reparar as culpas dos outros (cf. *Comm. in Lc.* 7, 87; *Ex. Sal.* 118, 19, 12); *sobrenatural*, preocupada somente em pedir "coisas grandes, isto é, eternas e não caducas" (*Ibid.*, 19, 11), porque a alma que tende à perfeição "deseja só aquele bem da divindade, nem se preocupa com outra coisa porque possui aquilo que é sumo bem" (*Isaac e da alma*, 4, 11). A → MEDITAÇÃO das verdades sobrenaturais é fonte de caridade e de dinamismo espiritual "para realizar os divinos preceitos, os quais não podem ser realizados senão por aqueles que amam e amam muito" (*Exp. Sal.* 118, 6, 35); a → LEITURA ESPIRITUAL cotidiana para excitar-nos a imitar o que se leu (cf. *Ibid.*, 12, 33); *espírito de sacrifício* para suportar as provas da vida, as tentações, para dar a Cristo, vítima de sangue, uma resposta de amor e de sangue e para não tornarnos indignos do preço pago para a nossa salvação (cf. *Da virgindade*, 19, 126; *Do Paraíso*, 2, 9); a *procura de Cristo*, generosa, assídua, contínua sem afundamento nas tentações do demônio e nas seduções do → MUNDO: "procura-o sem cansar-te e não teme as penas porque Cristo se encontra mais facilmente entre os suplícios do corpo e as mãos dos perseguidores" (*Ibid.*, 13, 77); a *aproximação a Cristo*, motivado pelo vivo desejo de receber no contato divino a graça "de ser toda do Senhor como ele é tudo por nós" (*Ibid.*).

A *vida em Cristo*. A alma que encontrou Cristo luz-vida, para possuí-lo e viver na sua intimidade sagrada deve: *deixar tudo por ele*, deve afastar-se de tudo, compreendendo a si mesmo, para "unir-se sempre àquele sumo bem, àquele sumo bem que é divino... isto é, o Verbo de Deus" (*Carta* 29,16); *fixar com os olhos purificados* a fonte da vida eterna que influi e inunda todos (*Ibid.*, 29, 17). Recebe-se assim de "Cristo o fulgor da sabedoria para a iluminação da mente no conhecimento de Deus e da nossa vocação" (*Ibid.*, 29, 16); *imprime em nós*, no corpo e na alma, o mistério de Cristo crucificado: na fonte para testemunhar a fé, no coração para amar, no braço para realizar o bem; a imagem do Crucifixo impressa em nós deve resplandecer na afirmação de fé e de obras, para que Cristo seja realmente o nosso chefe que vivifica, o olho que nos faz ver o Pai, a voz com a qual se fala ao Pai, a direita com a qual oferecemos o sacrifício ao Pai (cf. *Da alma*, 8, 75); *submergir-se* no sangue de Cristo para a integral renovação, para a radical purificação, que torna aptos a compreender o mistério do amor sacrificado de Cristo (*Com. in Lc.* 5, 106); *beber Cristo*, para estar inebriados dele e viver a transfiguração em pura caridade; é nessa embriaguez divina que se tem a alegria do espírito, porque Cristo é fonte de vida, rio que alegra a cidade de Deus, luz que dissipa as trevas da morte; deve-se beber Cristo "como se se bebesse o sangue da nossa redenção" (*Com. in Sal.* 1, 13); *viver a plenitude do amor*: é a resultante lógica da união de vida com Cristo. Do contato com ele se acende, como flama viva, o desejo impaciente de possuí-lo em totalidade, para aplacar a fome e a sede de Deus que consomem a alma: "beijada, de fato, a alma não compreende ainda o Verbo de Deus, nem se aplaca. Deseja acima de toda outra beleza o Verbo de Deus, ama-o acima de todo outro desejo e júbilo, dileta-se (nele), acima de todo outro perfume; deseja vê-lo frequentemente, conhecê-lo, ser atraída para poder segui-lo, [...] apressa-se mesmo para ver os mistérios internos, o repouso do Verbo, a mesma suma estabilidade daquele sumo bem, a sua luz, a sua caridade. Apressa-se para sentir, escondida no seu seio, no paterno recesso, os seus discursos e, ouvindo-os, lhes acata com suma suavidade" (*Carta* 29, 10-11). Está-se no profundo da vida espiritual, na misteriosa união de vida com o Verbo de Deus. É em tal vivacidade de amor que a alma estreita a si Cristo porque só com os vínculos e a potência do amor se possui Deus. Vive-se em serenidade a intimidade com Cristo na própria alma na qual o → ESPÍRITO SANTO opera a santificação e torna sempre mais vibrantes de caridade as doações da alma ao esposo divino (cf. *Da virgindade*, 13, 77-78).

Ambrósio, seguindo a doutrina de São → BASÍLIO e de Dídimo de Alexandria, põe em relevo esta ação em profundidade do Espírito Santo enquanto santificador e unificador da alma com Cristo e com o Pai. De fato, a regeneração espiritual e a adoção de filhos de Deus têm-se no Espírito Santo porque ele "é o autor deste novo homem, criado segundo a imagem de Deus" (*Do Espírito Santo*, 2, 7, 64-66) e na consagração batismal "imprime em nós o modelo da imagem celeste (de Cristo)" (cf. *Ibid.*, 2, 6, 72). É a inundação dos → DONS DO ESPÍRITO SANTO que passa sobre a alma purificando-a toda, renovando-a em graça, transformando-a em santidade, sendo o divino Paráclito "a mesma bondade" e "o grande rio, sempre cheio e transbordante, sempre presente em cada um dos fiéis (cf. *Ibid.*, 1, 15, 15-16) qual fogo que queima toda imperfeição e alimenta a pura caridade (cf. *Ibid.*, 10, 14, 140).

BIBLIOGRAFIA. CERINI, G. La spiritualità di sant'Ambrogio. In: *Sant'Ambrogio nel XVI centenario della sua nascita*. Milano, 1940; GORDINI, G. D. – PAREDI, A. *Sant'Ambrogio e la sua età*. Milano, 1961; MADEO, A. *La dottina spirituale di sant'Ambrogio*. Roma, 1941; PARODI, B. Ambrogio di Milano. In: *Bibliotheca Sanctorum*. 985-989, vl. I; PASQUETTO, S. *La morte in Adamo e la novità di vita in Cristo nella dottrina di sant'Ambrogio*. Venezia, 1967; SEIBEL, W. *Fleisch und Geist beim Hl. Ambrosius*.

München, 1948; STUDER, B. Il sacerdozio dei fedeli in sant'Ambrogio di Milano. *Vetera Christianorum* 7 (1970) 325-340.

Para uma atualização veja o verbete *Ambrogio*, editado por MARA, M. G., in DI BERNARDINO, A. (ed.). *Patrologia* III. I Padri latini (secc. IV-V). Torino, 1978, 135-169 (com bibliografia); *Cento anni di bibliografia ambrosiana* (1874-1974). Milano, 1981.

C. SORSOLI – L. DATTRINO

AMERICANISMO. 1. NOÇÃO GERAL. O termo historicamente está apenas em relação direta ao centro geográfico no qual se iniciou e se propagou esse movimento radicalmente espiritual e religioso. No seu conteúdo real, ele abraça um conjunto de aspirações, postulados, opiniões, ideias e práticas religioso-pastorais de clara inspiração liberal e naturalista. Não se trata tanto de um sistema doutrinal quanto de um modo de explicar e de viver o cristianismo e a sua penetração na sociedade. Quando, no fim do século passado, esta concepção da vida cristã conquistou consistência, nada mais fez que iluminar uma mentalidade que está na base de todos os desvios espirituais dos tempos modernos e chega até os nossos dias.

Como todo movimento de ação, o americanismo não pôde viver muito tempo sem sair do terreno prático. Os postulados que guiavam sua atividade foram se concretizando em programas que, por sua vez, se cristalizaram em princípios doutrinais. Sobre esta base, pode-se delinear ulteriormente a síntese teórica do movimento. Surgido com propósitos pastorais e apologéticos de incontestada boa e sincera intenção, provocou a dupla condição de qualquer inovação: a dos incondicionados admiradores e dos irredutíveis opositores. Com os seus modos e os seus sistemas de apostolado, os promotores puseram as introduções; os debates entre amigos e inimigos dos novos métodos (que na nossa linguagem moderna diremos ecumênicos) chegaram às consequências doutrinais que permitiram elaborar a síntese final, que no seu aspecto negativo e perigoso permanece codificada na carta de Leão XIII, *Testem benevolentiae* (22 de janeiro de 1899).

Considere-se sua codificação doutrinal ou sua evolução histórica, convém distinguir com atenção o aspecto pastoral e o religioso espiritual. No seu processo evolutivo podemos constatar três momentos: nascimento e expansão nos Estados Unidos; sua difusão e discussão na Europa; sobrevivência como substrato de uma mentalidade que não se destrói com a condenação pontifícia. Para melhor compreender os capítulos estritamente espirituais do movimento — os únicos que aqui interessam — é necessária uma relação sumária da sua história, implicada por força também nos outros aspectos.

2. ORIGEM E EVOLUÇÃO. O americanismo nasceu de uma preocupação pastoral e apologética, ambientada nos singulares progressos realizados pelo catolicismo norte-americano no fim do século XIX. Nas encorajantes perspectivas do momento, os sacerdotes e os bispos da vanguarda missionária e ativista procuraram corajosamente todos os meios possíveis para intensificar o impulso das conversões à Igreja católica. Procuraram eliminar todos os obstáculos que podiam ser impedimento ao homem moderno para abraçar a fé. Portanto, era preciso minimizar até o limite do possível tudo aquilo que no catolicismo se apresentava como incompatível com as exigências e as aspirações do homem moderno e livremente responsável; e não somente naquilo que era a organização externa e a disciplina, mas também na doutrina.

Do minimismo apologético brotou o grande princípio programático do movimento: "a acomodação ou adaptação". Não seria possível um florescimento do catolicismo sem sua renovação profunda, realizada exatamente por meio de uma → ADAPTAÇÃO às exigências contingentes de lugar e de tempo. Quando essas tendências começaram a ser postas em prática de uma parte e a ser organizadas teoricamente de outra, teve-se o salto perigoso que pôs tantas bem-intencionadas atividades quase à margem da Igreja.

Não obstante a expressa declaração contrária de Leão XIII na sua encíclica *Longinqua Oceani* (6 de janeiro de 1895) sobre a influência positiva no progresso do catolicismo americano da parte da grande liberdade constitucional do país, difundiu-se sempre mais a opinião de que desta dependesse não somente o extraordinário progresso material, mas também o religioso. Como consequência, fez-se da liberdade o segredo e o ponto de apoio da preconizada adaptação à Igreja. Criou-se assim o equívoco de piores consequências, aplicando à ordem sobrenatural um discutível sistema de vida social e político. O *ubi spiritus ibi libertas* de São → PAULO converteu-se em lema de pregação, mas foi interpretado não no sentido "libertador" do Apóstolo, mas como comportamento diante da vida, da doutrina e da hierarquia da Igreja católica.

Daqui nasceu o segundo grande erro. Tal liberdade de pensar e de agir diante do magistério supremo da Igreja devia degenerar numa independência perigosa, independência que se manifestou em primeiro lugar em formas veladas mas inequívocas, e que se procurou frear apelando-se a um princípio de clara origem protestante: a inspiração interior e pessoal. As efusões do Espírito Santo são manifestações mais abundantes — dizia-se — naquela época do que nos séculos passados e, sob a sua condução direta ou imediata, o cristão alcança a sua maturidade espiritual sem a necessidade do magistério externo que se lhe torna supérfluo ou menos útil. Deste postulado derivam as aplicações no campo da espiritualidade e da → VIDA RELIGIOSA em particular.

Muitas dessas ideias não eram novidade na Europa, especialmente na França, mas não foram aceitas tão universalmente como nos Estados Unidos, nem se eram aplicadas de modo assim intenso, nem, sobretudo, se eram encarnadas como teor de vida nas pessoas. Mantinham-se mais num clima de aguda discussão teórica. A luta entre a corrente favorável e a adversária a semelhantes doutrinas e tendências se agudizou por causa da versão francesa da biografia do padre Isac Thomas Hecker, realizada pelo sacerdote Klein e publicada em Paris em 1897. O êxito e a celeuma da tradução francesa superaram em grande parte o texto original de W. Elliott editado em 1894. Na França houve cinco edições da obra em poucos meses. A introdução é uma canonização da vida heroica do padre Hecker, enquanto suprema realização das novas tendências apostólicas do catolicismo americano que devem ser difundidas em todas as partes. É difícil determinar até que ponto a biografia reproduz com fidelidade as ideias e os programas do famoso ex-redentorista, fundador e superior, até sua morte (1888), do Instituto dos Missionários de São Paulo, apoiado e protegido pelo cardeal J. Gibbons. A aprovação do superior geral da Congregação, Ewit, e a introdução de monsenhor J. Ireland parecem garantir a exatidão do retrato biográfico. Não se pode negar certa acomodação na versão francesa, mas não assim ampla a ponto de justificar a acusação de uma falsificação, movida por quantos se ofenderam de modo nacionalístico pela denominação de americanismo derivada da obra em questão.

O rumor produzido pela versão francesa, sobretudo pelos ataques de Isoard e Charles Maignen, causou o recurso à suprema autoridade da Igreja, e Leão XIII, para pôr fim à controvérsia, enviou ao cardeal Gibbons a famosa carta *Testem benevolentiae*, na qual resume as doutrinas difundidas sobre a vida de padre Hecker que devem ser rejeitadas. Não condena nem o autor nem a sua obra; limita-se a contestar simplesmente o conjunto, ou melhor, a "soma das opiniões que alguns chamam americanismo".

3. **ESPIRITUALIDADE.** Os pontos capitais da ideia espiritual do americanismo são compendiados pelo documento pontifício, e a sua correspondência substancial pode ser identificada com certas afirmações da biografia de Hecker. São os seguintes: a) Propunha como supérflua e contraproducente toda direção exterior para as almas que desejam alcançar a perfeição cristã. O Espírito Santo dispensaria hoje, de modo mais abundante, os seus dons entre os fiéis e lhes guiaria, sem a necessidade de intermediários externos, por uma espécie de instinto secreto. b) Contra aquilo que logicamente se poderia esperar de tal princípio, o americanismo começou a exagerar *praeter modum* as virtudes naturais em contraposição às sobrenaturais. Enquanto estas eram mais próprias e mais oportunas em outras épocas menos dinâmicas e responsáveis, aquelas responderiam de modo melhor às necessidades dos tempos modernos e às novas exigências, porque mais fecundas e eficazes tanto no plano individual como no social. Era como se a natureza pudesse mais por si só do que ajudada e elevada pela → GRAÇA. Defronte a essas consequências, não podendo repelir de propósito as virtudes mais tipicamente cristãs, os promotores do movimento deram outro passo no plano da justificação. c) Introduziram uma fictícia e falsa distinção entre as virtudes cristãs, sustentando que as chamadas passivas (como a → HUMILDADE, a → OBEDIÊNCIA, a mortificação etc.) foram muito úteis nos tempos passados, quando o homem se submetia aos sistemas autocráticos; mas não o eram mais na nova época da liberdade democrática, quando são exigidas personalidades fortes, ativas e enérgicas. As virtudes passivas, propícias a criar mentalidades fracas, recolhidas e pouco audazes, deviam deixar o passo às virtudes ativas que, como por ex. a → LEALDADE, a honestidade econômica, a fidelidade à lei etc., reforçavam melhor os empreendimentos apostólicos.

d) Porque a vida religiosa tradicional era estruturada exatamente sobre as assim chamadas virtudes passivas, essas caíram na desestima e até mesmo no desprezo entre todos os renovadores.

A seu parecer, as exigências dos votos não concordam com o gênio da época enquanto restringem os fins da verdadeira liberdade e criam almas doentias. Por consequência, a vida religiosa concorre para a permanência da Igreja na sua estrutura envelhecida e não lhe oferece nenhuma vantagem. Tais asserções, como sentenciou Leão XIII, além de falsas, são ofensivas à religião e contrárias ao unânime magistério da Igreja.

Tão logo chegou ao destino a carta do papa, o cardeal Gibbons e todos os que eram ligados mais diretamente por sua relação ao movimento americano afirmaram a própria incondicionada adesão e submissão a Leão XIII. Foi assim liquidado o programa doutrinal do americanismo, mas está fora de toda dúvida que não desapareceu a mentalidade, que continuou a manter sob fórmulas distintas o substrato liberal e naturalista do movimento, como insinuava expressamente São Pio X na encíclica *Pascendi* (Denz., 2.104). E no modernismo o pensamento que está à base do americanismo prolongou a sua existência.

BIBLIOGRAFIA. Confessore, O. *L'Americanismo cattolico in Italia*. Roma, 1984; Curran, R. E. Prelude to "Americanismus": The New York Academia and Clerical Radicalism in the Late Nineteenth Century. *Church History* 47 (1978) 48-65; Ellis, J. *The Life of James Cardinal Gibbons, Archbishop of Baltimore, 1834-1921*. Milwaukee, 1954, 2 vls.; Fogarty, G. P. *The Vatican and the Americanist Crisis. Denis O'Connel, American Agent in Rome*. Roma, 1974; Hocedez, E. *Histoire de la théologie au XIXe siècle*. Bruxelles, 1947, 190-194, t. III; Houtin, A. *L'americanisme*, Paris, 1909; McAvoy, T. *The Great Crisis in American Catholic History, 1895-1900*. New York, 1957; Id. L'Americanisme: mythe et realité. *Concilium* 27 (1967) 103-114.

E. Pacho

AMIZADE. A amizade é uma forma de amor humano: estado de amor, simultâneo e recíproco, entre duas pessoas. Enquanto tal, é fator primário de espiritualidade: encetar uma amizade não é só dar e receber afeto, mas sim abrir a uma pessoa o espírito e os bens de uma outra pessoa, comunicar-lhes; criar, em resumo, uma esfera de comunhão espiritual humana.

A amizade humana não foi um tema caro à espiritualidade cristã. Para estudar sua presença no cristianismo é necessário distinguir de um lado a literatura espiritual (doutrina), de outro a história da espiritualidade (testemunhos). O testemunho dos grandes espirituais abertos à amizade humana prevalece sobre a modesta produção literária. Esta não alcançou ainda a altura inicial traçada no Evangelho pela figura de Jesus e pelo novo espírito da economia neotestamentária. Jesus, de fato, pôs as relações do homem com Deus sob o sinal do amor e fundou as relações dos homens entre si sobre o preceito do amor: ambos os amores com manifesto significado interpessoal de amizade, seja no diálogo com Deus, seja na fraternidade com os outros. A revelação precedente não tinha negligenciado o tema: apresentou modelos de amizade por vezes comoventes (Davi e Jônatas: 1Sm 18–20), e fez o elogio da amizade e do seu valor espiritual e humano nos livros sapienciais: "Um amigo fiel é poderosa proteção; quem o encontra, encontra um tesouro. O amigo fiel não tem preço, não há peso para o seu valor. Um amigo fiel é um bálsamo de vida" (Ecl 6,14-16; cf. 22,19; 37,1.6; Pr 18,24). Com tudo isso, no Antigo Testamento, especialmente nos → salmos e nos livros sapienciais, prevalece a atenção para com os falsos amigos e muito mais para os inimigos.

Cristo realizou uma clara mudança de perspectiva e de temática, tanto com a sua pessoa quanto com a sua mensagem. Entra na cena da história como um profeta amigo (Lc 5,32; Mt 18,11), leva uma mensagem de bondade (Mc 1,15), reúne o primeiro núcleo de prosélitos numa escola organizada não segundo o estilo e o espírito do rabinato, mas em comunidade de afeto: os discípulos são amigos do mestre (Lc 12,4; Jo 15,9.14); revela a eles os segredos mais íntimos (Jo 15,15) e convive com eles como o esposo com os amigos nos dias das núpcias (Mt 9,15), solicitando e apreciando o seu amor (Jo 16,27; 15,9.16). Revela a eles um Deus de amor: "O próprio Pai vos ama" (Jo 16,27); "Deus é amor" (1Jo 4,8.16). Ele mesmo supera o prontuário uniforme do amor universal no grupo dos discípulos, para encetar uma amizade direta e distinta segundo os diversos caracteres: com Lázaro "nosso amigo" (Jo 11,11), com Judas até o momento mesmo da traição (Mt 26,50), com João e Pedro (Jo 13,23; 19,26), com um grupo de mulheres, entre estas Marta e Maria (Jo 11,5), mantendo este estilo nas aparições após a ressurreição (com Maria: Jo 20,14-17; com os dois discípulos de

Emaús: Lc 24,32; com os Doze: Lc 24,40-43; com Pedro e João: Jo 21,15-17.22). Para eles resume o seu magistério na entrega final: "Amai-vos uns aos outros como eu vos amei…" (Jo 15,12-13.17; 13,34-35), termos que intencionalmente acentuam os elementos determinantes da amizade humana: amor interpessoal, recíproco, espiritual, aberto à transcendência: como o amor de Cristo, até a morte pelos amigos.

Elementos de incomensurável valor: Cristo não só nos revela a amizade de Deus com os homens como uma situação religiosa radicalmente nova, mas também sobre o plano humano a nova vida (economia sobrenatural) se apresenta internamente estruturada como uma amizade a base de amor interpessoal, seja na relação com Cristo e com Deus, seja nas relações com os homens e com a → IGREJA. É a maior sublimação possível do valor espiritual humano da amizade. E a lição de Cristo marcou fortemente a vida da Igreja primitiva (At 4,32) e a pregação apostólica (1Jo 4,10).

Abria-se assim um horizonte teológico, religioso e espiritual que ultrapassava o plano sociológico e puramente antropológico sobre o qual se colocava a *filia* de Aristóteles e a *amicitia* de Cícero.

1. **AMIZADE – CARIDADE**. É particularmente relevante a elaboração teológica de Santo → TOMÁS DE AQUINO. Intuindo a originalidade do dado evangélico, definiu a caridade como "uma amizade do homem por Deus" (*STh*. II-II, q. 23, a. 1, ad 3); e, ao mesmo tempo, discípulo de Aristóteles, fez uma sutil análise dessa "amizade sobrenatural" com base no quadro ideológico do filósofo grego, em termos ainda hoje válidos tanto sobre o plano psicológico como — sobretudo — sobre o metafísico.

A amizade é uma forma de amor (*amor amicitiae*); a mais delicada e sublime expressão do amor humano. Baseia-se na benevolência (*amor benevolentiae*), pela qual se ama o bem em si, em contraposição com a concupiscência (*amor concupiscentiae*) com a qual amamos os objetos (coisas ou pessoas) não em si, mas para nós, em sentido egocêntrico. A benevolência é um movimento afetivo direto para o outro e nos abre a ele com um dinamismo altruístico e estático. A benevolência funda a amizade quando consegue provocar no outro um dinamismo símile: a *redamatio*. *Amicus est amico amicus, amicus amat amari*. É assim alcançado o equilíbrio afetivo entre o altruísmo estático da benevolência e o egocentrismo da concupiscência (amor-desejo).

Embora a amizade seja um fato social, é mais radicalmente um fato interior, consumado no afeto. Determina-o, no plano ontológico-espiritual (não em forma mecânica fatal, mas misteriosa e incontrolável) uma *koinônia* (*communicatio*, comunhão) feita de afinidade espiritual e secreta, que orienta até o encontro os dois futuros amantes-amigos. Com a passagem da ordem ontológica à afetiva, essa *koinônia* se converte em "união afetiva" dos dois amantes no mais profundo da vontade (*unio affectiva*; e esta segunda união tem em si uma tal força dinâmica que tende constantemente à "união real" do dois amigos: presença, trato, comunhão de vida e de ideal (*conviventia*, *conversatio*) (*STh*. I-II, q. 18, a. 1, ad 2).

Essa visão da amizade revela-se esplêndida na sua aplicação à vida teologal cristã. Santo Tomás deixa Aristóteles, que negava a possibilidade de uma amizade entre Deus e os homens. A → GRAÇA é o fator ontológico que determina a *koinônia* de base entre Deus e nós (*unio fundamentalis*) ao comunicar-nos a vida divina. Desta brota a caridade, que é o amor novo "sobrenatural", realizada na mais delicada fibra do afeto: *dilectio*, amor espiritual do homem por Deus, que "responde" e corresponde ao amor de Deus por nós. Caridade de Deus e caridade do homem são os dois momentos do movimento recíproco que cria a "união afetiva": encontro e conformidade de vontade, humana e divina; o seu desenvolvimento determinará o processo de santificação.

Tal união de afeto exigirá constantemente "a união real": presença mútua dos amigos, trato, convivência, que só terão pleno desenvolvimento na "possessão" beatífica do Amigo divino: definitiva *unio realis* desta amizade (*STh*. II-II, qq. 23-26; I-II, q. 99, a. 2).

Esta interpretação teológica da caridade não é uma simples versão teórica do mistério da graça interior. Funda e orienta uma forma de vida espiritual: possibilidade de referir-se ao Tu divino com atos marcadamente pessoais, de dentro da amizade, porém sobre um plano religioso que, respeitando a transcendência ontológica do ser divino, avizinha-o e condiciona numa espécie de intimidade e nivelamento afetivo. A amizade não só cria por si mesma a própria esfera para subordinar e destinar ao outro todo o resto, mas assume e transfigura todos os outros modos de entreter-se com o Amigo: a oração "trato de amizade", a → LITURGIA "ação com ele e para ele", a → VOCAÇÃO e os deveres profissionais "diálogo de chamada e resposta". Atitude fundamental oposta à mais radical tentação religiosa que atormenta o homem: solidão defronte a Deus, dúvida sobre a existência de Deus, morte de Deus.

Esse esquema é aplicado da teologia clássica à amizade inerente à caridade fraterna. Tal alargamento sofre, porém, de graves carências. Apresenta uma amizade universal e global para todos, que agrava as dificuldades inerentes à *polifilia* aristotélica e a todo o conjunto de amizades múltiplas; uma amizade que se dilui no anonimato de amigos desconhecidos; uma amizade que vá simultaneamente a amigos e inimigos. Santo Tomás procurou responder sistematicamente a tais dificuldades (*STh.* II-II, qq. 25-26). O verdadeiro problema porém permanece: pode o cristão escolher, entre os muitos, alguns amigos a quem doar uma verdadeira amizade? (cf. SANTO TOMÁS, *Q. disp. de caritate*, a. 8). Qual é a condição para uma amizade "espiritual"?

2. AMIZADES ESPIRITUAIS. Na sua forma típica e estritamente diferenciada, a amizade se distingue de toda outra forma de amor, seja pela origem, seja pelo conteúdo e pela forma expressiva. A amizade é um amor interpessoal que nasce de uma escolha livre e mútua e se consuma plenamente no recíproco afeto. A amizade brota, portanto, livre da paixão das forças instintivas, livre das ligações naturais (seja no ponto de partida, ao contrário do amor filial e fraterno ligado ao sangue; seja no ponto de chegada, diversamente do amor conjugal). Jorra misteriosa na base de afinidades espirituais nem sempre homogêneas, dirigidas para o mútuo encontro das pessoas, não por movimento instintivo, mas por afinidade espiritual. Essa afinidade leva a dar e a aceitar, em forma nitidamente espiritual, a afeição e, com a afeição, a pessoa.

Daí deriva que o conteúdo específico da amizade não é nem erótico, nem sensual, mas puramente afetivo em nível espiritual. Mesmo se será difícil que se realize quimicamente pura, sem contaminações de ordem interior, a amizade permanece um fato espiritual: graças à possibilidade de abertura de um espírito a outro, e à comunicação de pessoa a pessoa. A realização plena se tem quando a abertura e a comunicação são simultâneas por ambas as partes.

Para eximir-se, a amizade cria uma própria esfera na qual transfigura e impregna de afetividade as coisas e os acontecimentos. Necessidade de interioridade, intimidade e sinceridade. Não impõe a uniformidade, mas a comunhão de ideais e razões de vida, colocados para além da profissão, da cultura e do nível social dos dois amigos. Distingue-se, por isso, claramente dos fenômenos sociais, mais externos e superficiais: camaradagem, fraternidade, comunidade, "grupo de amigos" etc. Enfim, a amizade não se fecha necessariamente sobre "dois" amigos; todavia, bem dificilmente se alcança verdadeira amizade para além dos "dois" que determinaram a polaridade afetiva.

O valor espiritual da amizade é evidente. A possibilidade de abertura espiritual, não só às riquezas interiores do outro, mas à sua pessoa, é uma superação do limite que necessariamente condiciona cada espírito criado. É, por isso, uma forma autêntica de superação de defeitos fundamentais: isolamento, narcisismo, egocentrismo, autonomia, orgulho, misantropia, rivalidade, antagonismo. É remédio à experiência profunda de solidão que pesa sobre cada homem, especialmente no sentir-se "agregado" à sociedade ou desta descartado. A possibilidade de comunicação que a amizade instaura é um novo plano de vida no qual a interioridade converge com o instinto social. Abre a colaboração para os problemas mais graves da pessoa. Torna possível o conhecimento de si na imagem reflexa do amigo e favorece a maturação pessoal.

A verdadeira amizade é difícil. Embora tendo conta de que, realizando-se em níveis diversos (infância, juventude, idade madura; diversidade de cultura, de ambiente, de visão da vida), reveste formas e características diferentes, uma amizade espiritual verdadeira é praticamente muito rara. Na história da espiritualidade, e fora dessa entre as grandes figuras da humanidade, existem casos bem documentados e realmente existidos, porém pouco numerosos. Do ponto de vista prático podem servir de orientação as três conclusões seguintes:

a) "A amizade é um tesouro"; em si mesma é um bem de grande valor espiritual; é apta a assumir e canalizar outros valores sobrenaturais. A amizade humana em si não é incompatível com o mais alto grau de intimidade com o Amigo divino: o amigo humano não diminui necessariamente as relações plenas com Deus nem cancela ou frustra a intimidade interpessoal com ele.

b) A amizade não é um valor absoluto. Existem pessoas às quais o *sensus amandi*, em nível humano, falta, para as quais a experiência da solidão não se resolve com a presença de uma outra pessoa e com a confidência recíproca. Sobretudo, existem pessoas chamadas à transcendência, estimuladas do mais profundo da sua religiosidade e da sua afetividade a reservar-se pela intimidade a Deus só — *soli Deo* —, e só nele encontrar a saída para a própria solidão. É o caso espiritual codificado na estrofe 35 do Cântico espiritual de São → JOÃO DA CRUZ: "No deserto vivia, / e no deserto fez já o seu ninho, / no deserto a guia / sozinho o seu Dileto, / no deserto também ele, Dileto, de amor ferido".

c) É evidente, enfim, que em determinados momentos da vida espiritual, ou em situações e ambientes particulares, uma amizade — nascente ou desenvolvida — poderia ser nociva ou inconveniente. Falemos de algumas dessas coisas.

3. **AMIZADES PARTICULARES**. Também a amizade tem seu aspecto negativo. Como toda afetividade humana, também esta está sujeita a deformações. Não podemos tratar aqui dessa possível patologia da amizade. Tocaremos somente algumas formas problemáticas, que interessam à vida espiritual. Falo das "amizades particulares", frequentemente chamadas assim em sentido pejorativo, com flagrante abuso dos dois termos (cada amizade é "particular"; uma "amizade" de tipo pejorativo não é verdadeira amizade). Os três casos ou as formas principais são: a) Amizade entre pessoas de sexo diferente. b) Amizade particular no âmbito da comunidade religiosa. c) Amizade particular entre jovens consagrados, nas casas de formação.

a) *Amizade entre pessoas de sexo diferente*. Pontualizamos novamente: trata-se de amizade verdadeira, não da substituição de aliança ruim. É esta possível? Até que ponto será favorável ou nociva à vida espiritual? Em linha geral, para que entre pessoas de sexo diferente se realize uma verdadeira amizade espiritual, que alcance a profundidade da pessoa e se realize no afeto sem desordená-lo, não é necessário que os interessados sejam psiquicamente ou espiritualmente irregulares, ou que tenham alcançado a santidade. O sexo não condiciona fatalmente o afeto, desviando-o para o componente erótico ou sensual ou, mais especificamente, ao lado sexual. Também quando de fato cada um ama "como é", e sendo também impossível desligar a afetividade humana das outras componentes que a acompanham em cada sujeito (emotividade, sentimento ou instinto em geral), é certamente possível o primado do afeto e a instauração de uma amizade por este sustentada. Na prática, se a amizade ideal-espiritual é difícil, a dificuldade evidentemente se agrava em casos deste gênero. Até tornar-se "normalmente impossível" entre pessoas que não tenham alcançado a maturidade afetiva. Recordemos em concreto os três casos mais típicos: amizade extramatrimonial de um dos cônjuges; amizade entre confessor e penitente (diretor e dirigido); fraternidade espiritual. É possível que o amor e a doação total dos esposos deixe a um desses espaço afetivo para cultivar fora do matrimônio uma amizade verdadeiramente espiritual com pessoas de outro sexo; porém, em concreto, as exigências de intimidade, compenetração e comunhão espiritual impostas pela amizade são tais que, ou tornarão essa amizade incompatível com a espiritualidade conjugal, ou imporão uma ascese refinada, que demonstrará a "excepcionalidade" do caso. Esta estreita margem de solução vale para os outros dois casos, agravados pela particular e muito delicada situação de cada pessoa consagrada a Deus com voto de castidade. Os exemplos dos santos (são clássicos na matéria os casos de São → JERÔNIMO e santa Eustóquia, São → FRANCISCO DE ASSIS e Santa Clara, Santa Teresa e o padre Graciano, São → FRANCISCO DE SALES e Santa → JOANA DE CHANTAL...) demonstram a possibilidade de uma amizade; porém, ao mesmo tempo, colocam aí a realização a uma altura que tem mais de excepcional do que de paradigmático. Santa Teresa de Lesieux é um caso "especial" de fraternidade, cultivada sob um plano altamente espiritual com os irmãos missionários (cf. o *Epistolário*). Todavia, ela mesma tem consciência e adverte os leitores sobre a singularidade do caso, ao menos para pessoas consagradas a um tipo de → VIDA contemplativa.

b) *Nas comunidades*. A tradição monástica e religiosa adota duas posições contrapostas. Prevalece, diante do fenômeno das "amizades particulares" no âmbito das comunidades religiosas, o hábito negativo, representado pelos grandes mestres do monaquismo e da espiritualidade claustral:

SÃO BASÍLIO, *Constitutiones asceticae*, c. 29 (*PG* 31, 1417-1420) e *Sermo asceticus* (*PG* 31, 870-880.885-886);

CASSIANO, *Collatio 16 de amicitia* (*PL* 49, 1042);

SÃO BERNARDO, *Sermo 24 super Cantica* (*PL* 183, 895: *inimicissimas amicitias*);

A imitação de Cristo (livro II, c. 8);
São Francisco de Sales, *Entretien sur l'amitié* (*Oeuvres*, t. III, 318-321), e *Introdução à vida devota*, III, c. 19;
São Francisco de Paula, *Conferenze alle Suore* (ed. Coste, t. X, 494-501);
Santa Teresa de Jesus, *Caminho de perfeição*, cc. 4-7: para ela é sem dúvida possível e desejável a amizade do amor puro, em nível altamente apostólico e espiritual.

As "amizades particulares" são condenadas e definidas como "sedição", "injúria à caridade" (São Basílio), "parcialidade" (São Francisco de Sales), "inimizades" (São Bernardo), "facção e peste" (Santa Teresa)...

Destaca-se, em troca, entre os mestres do monaquismo medieval, vigorosa e simpática a figura do abade Aelredo de Rievaulx (1110-1167), que preconiza sem rodeios a necessidade e o alto valor da amizade no âmbito do mosteiro (*De spirituali amicitia*: PL 195; e *Speculum caritatis*, c. 34: PL 195, 539).

É necessário também aqui recordar os princípios gerais: — preconizar como solução o "amor igual" por todos equivale a negar a possibilidade de uma amizade verdadeira na vida religiosa (não seria mais inconveniente permiti-la com um estranho?); — praticamente, no âmbito do amor fraterno, real e sincero, a desigualdade afetiva entre os membros da comunidade é inevitável e espiritualmente normal; — dentro dessa desigualdade é possível que aflore uma amizade espiritual; — enquanto verdadeira, não poderá ser nem romantismo, nem namoro, nem exclusivismo afetivo; — exigirá antes uma ascese sofrida, inspirada na caridade e na obediência, de modo que a amizade se realize a serviço da comunidade; — sobretudo, tratando-se de pessoas consagradas, deverá ser orientada em sentido vertical, para o Cristo-Amigo: só nele será possível o desabrochar e o florescer da amizade para o irmão. É evidente que na vida religiosa os valores primários (→ OBEDIÊNCIA, CARIDADE, CONTEMPLAÇÃO, APOSTOLADO) condicionam e relativizam o desenvolvimento de qualquer amizade entre os indivíduos.

c) *Nas casas de formação*. Diversa a problemática das amizades particulares entre os jovens nas casas de formação, especialmente nos seminários e nas casas religiosas. Nos é possível enunciar apenas o problema e a solução de base. Antes de tudo, um justo senso de equilíbrio quer que se recordem os dois extremos: a amizade é um tesouro (Eclesiástico); a amizade verdadeira em clima espiritual é uma flor rara: exige qualidade de espírito, clima adequado, renúncia.

Isso, especialmente, para aqueles que se encaminham para a maturidade afetiva. Uma vez conseguida ou admitida, a amizade é não só um elemento de formação dificilmente substituível, mas também um sinal positivo para a formação da personalidade, para a maturação afetiva e a inserção na vida social. Na difícil tarefa discriminatória entre amizades e pseudoamizades entre os jovens, o ideal será dirigir a atenção sobre as primeiras, para conceder a elas a honra de serem encorajadas.

BIBLIOGRAFIA. Alvarez, T. Carità amicizia con Dio. In: *La carità dinamismo di comunione nella Chiesa*. Roma, 1971, 71-88; Babin, P. *Amicizia*. Torino, 1968; Baudouin de la Trinità. *Nature de l'amitié selon saint Thomas d'Aquin*. Roma, 1960; Bouett-Dufeil, E. L'amitié dans l'Évangile. *La Vie Spirituelle* 50 (1968) 642-660; Id. *L'amicizia questa sconosciuta*. Assisi, 1971; Foresi, P. *L'agape in san Paolo e la carità in san Tommaso*. Roma, 1964; Fromm, E. *L'arte di amare*. Milano, 1974; Hageman, W. *Amicizia con Cristo. Itinerario evangelico per i giovani*. Città Nuova, Roma, ²1985; Jean Nesmy, C. Les amitiés du Christ. *La Vie Spirituelle* 46 (1964) 673-686; Keller, I. – Lavaud, B. La charité comme amitié d'après saint Thomas. *Revue Tomiste* 12 (1929) 445-475; Keller, I. De virtute caritatis ut amicitia divina. *Xenia Thomistica* (1925/II) 233-276; Lain Entralgo, P. *Sobre la amistad*. Madrid, 1972; Lavaud, B. L'amitié des saints au ciel. *La Vie Spirituelle* 31 (1932) 5-17; Lepp, J. *Natura e valore dell'amicizia*. Roma, 1967; Maritain, J. *Amore e amicizia*. Brescia, 1965; Merlini, A. – Santucci, L. *Il libro dell'amicizia*. Milano, 1960; Noble, H. J. *L'amitié avec Dieu*. Paris, 1932; Nygren, A. *Eros e agape. La nozione cristiana dell'amore e le sue trasformazioni*. Bologna, 1971; Oddone, A. *L'amicizia: studio psicologico e morale*. Milano, 1936; Perotto, A. Amore e amicizia. *Sapienza* 6 (1954) 339-342; Philippe, M. A. Le rôle de l'amitié dans la vie chrétienne, selon s. Thomas d'Aquin. Roma, 1938; Id. La nature de l'amitié selon Aristote. *Nova et Vetera* 22 (1947) 338-365; Id. *Le mystère de l'amitié divine*. Paris, 1949; Riva, A. *Amicizia. Integrazione dell'esperienza umana*. Milano, 1975; STM. I cristiani sono esseri amanti. *Rivista di Vita Spirituale* 35 (1981) 5-50; Turoldo, D. M. *Amare*. Roma, 1982.

T. Alvarez

AMOR. 1. NATUREZA DO AMOR. Deus, criando-nos como seres viventes e inteligentes, nos colocou em condições de exercer aquelas potências e faculdades que constituem as características da vida; crescemos, nos aperfeiçoamos porque em nós existem virtualidades que podem ser realizadas enquanto se enxertam em seres imperfeitos. É exatamente essa imperfeição, associada a uma capacidade de desenvolvimento, que permite o progresso. O homem, porque destinado à perfeição de si no campo da atividade volitiva e intelectiva (aspectos supremos nos quais se realiza a vitalidade possível para a criatura humana), tem uma tendência inata à finalização de si. Quando tal finalização se lhe apresenta diante, ele não pode retroceder: seria um renegar a si mesmo, renegar o impulso da vida, a sua dinamicidade. Então o homem, solicitado por aquilo que pode fazê-lo completo e melhor, deixa-se atrair e vai ao encontro, com um impulso determinado ao mesmo tempo por um bem externo e pela própria vontade, daquilo que o tornará mais perfeito e completo. Este duplo movimento de atração e de tendência é chamado "amor". Ele está presente em todo ser vivente e no homem, porque associado a uma capacidade de livre escolha e, mais propriamente dizendo, de "dileção".

Segundo Santo Tomás, existem três espécies de amor em relação às três diversas categorias dos seres: amor natural, pelas coisas dotadas somente de existência; amor sensitivo, pelos seres dotados de uma cognição sensitiva; amor intelectivo, pelas criaturas racionais (*STh*. I-II, q. 26, a. 1). A primeira e mais elementar expressão do amor é o amor natural, condicionado de uma parte pela faculdade ativa do sujeito que tende ao bem como próprio aperfeiçoamento e de outra pela presença de um bem proporcionado à faculdade e portanto capaz de aperfeiçoá-la. Quando se chega a combinar-se nessa mútua relação de tendência a um bem proporcionado, nasce o amor. O bem externo atua a capacidade de aperfeiçoamento do sujeito imprimindo aí a própria bondade como uma inicial fecundação que causa o movimento para o objeto amado. Assim, a faculdade sai do próprio estado de potencialidade e acontece uma "mutação", isto é, origina-se uma tendência que antes não existia.

Como consequência desse movimento tem-se uma "satisfação", já que toda potência, passando ao ato proporcionado e conveniente, provoca um deleite, que não se deve confundir, contudo, com o gozo do próprio bem, terceira fase do processo amoroso. A satisfação da qual se fala acima é uma concomitante do dinamismo do amor, não podendo por isso prescindir da destinação a um ulterior gozo, produto da possessão do objeto amado. Justamente por este motivo é impossível no homem o amor puro, o amar por amar sendo portanto um absurdo metafísico, já que, se o amor é uma relação, não pode nessa relação suprimir o seu termo fundamental, o sujeito a caminho de aperfeiçoamento. No amor, pois, dado que existe uma "tendência" e uma "satisfação", não se pode suprimir a sua origem e quem ama tende necessariamente a gozar do objeto amado, relacionando-o a si. Tanto mais que o amor, ordenado ao gozo do bem, tem como termo inequívoco a união, e nessa o sujeito é enriquecido pelas perfeições que o bem amado possui. É exatamente por isto que o amor que se tem por si torna-se a medida de todo outro amor, e amar os outros como a si próprio não é só um preceito moral, mas uma exigência metafísica.

Segundo Santo Tomás, o amor é uma lei universal, no sentido de que o amor exercita nas ações uma causalidade absoluta: "A ação de toda coisa é causada pelo amor" (*De divinis nominibus*, c. 4, lição 9). Compreende-se pois como, para o homem, o amor natural possa servir de base para o amor sensível e para o intelectivo. Na criatura racional esses três estágios não são algo de sucessivo, mas a vontade e a faculdade sensitiva se estruturam em perfeita harmonia, assim que o amor espiritual assume em si toda a força e a riqueza daquilo que é sensível para transformá-lo em "dileção". Nesta está a cognição do bem e a livre eleição, isto é, o impulso para o bem é contido e anulado ou então coadjuvado livremente pelo sujeito que faz seu aquilo que naturalmente é efeito atraente da bondade objetiva contida no mesmo bem. A este ponto podemos sublinhar todas as deformidades do amor, devidas às fáceis ilusões que a nossa faculdade intelectiva pode providenciar-se.

Do ponto de vista filosófico, o amor pode definir-se como a sedução exercida por um bem sobre a faculdade apelativa humana, com a qual a faculdade é adaptada e inclinada para o mesmo bem. No amor se distinguem assim dois aspectos correlativos: uma atração exercida por um bem externo e a moção livre da vontade (faculdade humana apetitiva) que segue esta atração. Quando o amor alcança o possesso do bem desejado, tem-se o regozijo.

Os elementos constitutivos do ato amoroso são, segundo Santo Tomás (*STh*. I-II, q. 27, a. 2c;

q. 30, a. 2c.), a concupiscência e a benevolência. A primeira designa fundamentalmente a atração para um bem ausente e é também a seguir efeito do amor enquanto é originada da atração de um bem proporcionado e conveniente que atualmente falta. O seu termo imediato é o bem desejado. A benevolência é, ao invés, inicialmente um ato da vontade com o qual desejamos um bem a alguém, pelo qual o objeto imediato da nossa vontade não é o bem em si, mas a pessoa capaz de possuí-lo. Torna-se, pois, efeito do amor enquanto essa pessoa amada se nos apresenta como uma projeção de nós mesmos, e para esta desejamos aquele bem que inicialmente desejaríamos para nós. Os dois elementos constitutivos do amor — concupiscência e benevolência — determinam a sua divisão, coisa admitida por todos os autores, seguindo a doutrina de Santo Tomás.

2. EFEITOS DO AMOR. A análise do amor nos permitiu estabelecer a natureza, e o amor que cada um tem por si naturalmente (e que se manifesta potentemente no instinto de conservação) é a medida do amor que temos pelos outros. Se no próximo devemos ver uma projeção de Deus, o primeiro e máximo mandamento permanece, contudo, o amor a esse Deus que nada tem economizado para dar-nos o seu amor onipotente. Na alma, o amor por Deus faz nascer o → ZELO. Mediante o amor, aqueles que se amam são uma coisa só porque o afeto une as suas vontades e os torna semelhantes nos gostos, nas visões e nas decisões. Quando se ama, tem-se assim um só princípio de ação. Sobre esta base se estreita a união, pela qual a pessoa amada torna-se uma projeção da nossa mesma personalidade, o seu bem ou o seu mal são considerados como coisa nossa. Porque psicologicamente identificados com o objeto do nosso amor, tomamos cuidado com o seu bem, nos empenhamos para aumentá-lo e fazemos de tal forma que todo obstáculo na obtenção da felicidade seja superado. O impulso que anima o nosso amor na procura incondicionada da felicidade da pessoa amada chama-se "zelo" que, como nota o aquinate, nasce sempre da intensidade do amor (*STh*. I-II, q. 28, a. 4).

Transportando esse processo psicológico ao campo sobrenatural, devemos dizer que o amor é a fonte primordial do zelo, que, especialmente nas últimas etapas da vida espiritual, devora completamente as almas. O amor por Deus impele a criatura a uma ardente paixão pela sua glória e o amor pelo próximo (→ CARIDADE), que floresce logicamente do de Deus, nos anima a procurar em cada coisa o bem do próximo. É evidente, porém, que se zele em modo diferente o bem de Deus e o do próximo.

No primeiro caso, tratando-se de um ser essencialmente perfeitíssimo, ao qual não falta nenhuma nota, não se pode falar em zelo pelo seu bem essencial. Trata-se antes de zelar pela glória externa dele, enquanto, sendo esta sua perfeição acidental e extrínseca, pode — pela maldade e fragilidade humana — vir a faltar ou ser diminuída. Sendo, porém, a glória externa de Deus um bem, embora acidental, esta pode comprometer a força da alma, movida pelo amor que deseja a Deus todo bem possível.

No segundo caso, tratando-se do próximo que sentimos fechado no círculo de amizade e de amor que nos liga a Deus, enquanto participa da sua bondade e destinado a gozar o bem divino na visão beatífica, pode-se falar de verdadeiro zelo, na medida em que, providenciando-lhe com as nossas obras meritórias a graça ou o seu progresso, nos empenhamos para a obtenção do seu bem essencial. São → JOÃO DA CRUZ deixou escrito: "Um pouco de puro amor é mais precioso diante do Senhor e para a alma mesma, e causa maior utilidade à Igreja que não as outras obras conjuntamente agrupadas" (*Cântico*, 29, 2). Isto explica como o amor de uma alma, quando alcança a pureza da santidade, não permanece fechado nela, mas assume um aspecto eclesial. É o zelo levado à sua máxima eficiência. O amor, de fato, não somente santifica quem o possui, mas se expande potentemente em todos os membros do Corpo místico que passam a se beneficiar de uma força que Deus concede aos seus eleitos para que a vida da graça pulse com maior energia na Igreja.

3. O PROBLEMA DO AMOR PURO. Desde o início da religião cristã, as almas apaixonadas por Deus têm sentido a necessidade de prescindir na sua dileção, considerando o sumo bem que Deus é, de qualquer prêmio que o amor divino possa trazer consigo. O testemunho dessa necessidade de amar a Deus excluindo diretamente toda nossa humana satisfação o encontramos em todos os místicos, com tonalidades diversas, mas com acento quase idêntico. A raiz primeira desse testemunho pode-se talvez buscar no versículo evangélico: "Procurai primeiro o Reino de Deus e a sua justiça, e todas estas coisas vos serão

dadas em acréscimo" (Mt 6,33). São Bernardo, recalcando o pensamento de Santo Agostinho (*In Ep. Joannis ad Parthos, Enchiridion Asceticum,* 686), exclama: "O amor de Deus não permanece sem prêmio, mesmo se nós devemos amar sem intuito de prêmio" (*De diligendo Deo,* c. 7: *PL* 182, 984). Na história da → ESPIRITUALIDADE CRISTÃ é célebre a controvérsia entre → BOSSUET e FÉNELON sobre a existência do amor puro. Na *Explication des maximes des saints,* Fénelon defende a própria doutrina das acusações movidas por Bossuet na *Instruction sur les états d'oraison.* Infelizmente, a vicissitude doutrinal dos dois autores franceses termina com a condenação de Fénelon, que nas suas expressões ressente-se muito de um dissimulado → QUIETISMO: "Pode-se amar a Deus com um amor que é caridade pura e sem nenhuma mistura de motivos de interesse próprio. [...] Nem o temor dos castigos, nem o desejo das recompensas têm mais parte em tal amor. [...] Amamos a Deus, soberano e infalível beatitude; o amamos como nosso bem pessoal. [...] Mas não o amamos mais apenas por causa do nosso bem-estar e da nossa própria recompensa" (*Explication des maximes des saints,* 10). A questão, debatida em campo místico, é resolvida, porém, em campo filosófico.

A este ponto, de fato, devemos perguntar-nos: é possível um amor que exclua o desejo de possuir o bem e de gozá-lo como coisa própria? Segundo a doutrina de Santo Tomás, exposta mais acima, deve-se excluir que o homem possa amar sem desejar gozar e possuir o bem amado. Às razões expostas mais acima, podemos juntar que, sendo a união o termo do amor, nela objetivamente o bem aperfeiçoa a faculdade apetitiva com a sua presença, aperfeiçoamento de que brota o regozijo. A vontade, porque livre, pode não desejar diretamente esse aperfeiçoamento subjetivo, mas não pode excluí-lo, porque faz parte essencial do processo ontológico e psicológico do amor. Santo Tomás proclama-o altamente: *Bonum habet rationem finis* (*STh.* I-II, q. 25, a. 2c.). Dado que Deus como sumo bem é fim do homem, seria contraditório que a faculdade volitiva, possuindo-o em relação à própria capacidade criada, não tivesse aquele regozijo que a "presença" do bem produz no sujeito. No nosso caso, a presença do sumo bem produz na faculdade um duplo regozijo: antes de tudo em constatar as sumas perfeições divinas, isto é, em ver que Deus possui todo bem, e secundariamente em ser aperfeiçoado por Deus como bem sumo. A alma pode desejar esse sumo regozijo e alegrar-se por causa dele, sem prejuízo da perfeição, pois tudo isso é dom de Deus, recebido gratuitamente pela alma, desprovido portanto de toda formalidade egoística. De outra parte, como assevera o Doutor Angélico (*STh.* I, q. 60, a. 5c.), toda natureza criada é inclinada a amar a Deus seu autor mais que a si mesma. Daí deriva que o amor para a nossa pessoal felicidade é inicialmente subordinado ao amor de Deus. Já que o pecado original e os nossos pecados pessoais atenuam em muito essa natural inclinação para Deus, ocorre somente que a nossa vontade seja purificada de um ulterior ato de amor sobrenatural que deseje a Deus somente pela sua glória. Tanto mais que ele tem sido tão grande a ponto de fazer coincidir a manifestação da sua glória com a nossa felicidade; não podemos prescindir desta ordem. Se depois Deus quer ser o nosso regozijo, porque refutar um dom eterno que não compromete nenhuma virtude e perfeição, mas é somente a manifestação da infinita e gratuita bondade de Deus? Somente no caso em que existisse uma vontade pura, isto é, desligada de toda potência apreensiva e sensitiva que se relacionasse ao bem como tal, poderia existir um amor puro. Mas no homem, pela contínua e necessária implicância entre potências cognoscitivas e sensitivas, tal amor é impossível.

BIBLIOGRAFIA. ADAM, C. *La fede e l'amore.* Torino, 1963; BALTHASAR, H. URS VON. *Solo l'amore è credibile.* Torino 1965; BARRA, G. *Dolore e amore.* Paoline, Roma, 1963; BARSOTTI, D. *La rivelazione dell'amore.* Firenze, 1955; BOSSUET, B. *Instruction sur les états d'oraison,* Paris, 1897; BREMOND, H. *Histoire littéraire du sentiment réligieux em France.* Paris 1933; CAMILLO DEL SACRO CUORE. *Dio e santità nel pensiero di s. Teresa di Lisieux.* Genova, 1962; CASATI, I. *La controversia dell'amore puro. Vita e Pensiero* 31 (1940) 113-118; DAGNINO, A. *La vita interiore.* Paoline, Roma, 1960; FÉNELON, F. *Explication des maxims des saints.* Paris, 1911; FILIPPO DELLA TRINITÀ. *Dio è amore. Rivista di Vita Spirituale* 13 (1959) 256-268; GARRIGOU-LAGRANDE, R. *La perfection et le precepte de l'amour de Dieu. La Vie Spirituelle* 6 (1922) 337-349; ID. R. *L'amour de Dieu et la croix de Jésus.* Juvisy, 1929; ID. *Le problème de l'amour pur et la solution de s. Thomas. Angelicum* 6 (1929) 83-124; GEIGER, L. *Le problème de l'amour chez s. Thomas d'Aquin.* Paris, 1952; GENNARO, C. *Virtú teologali e santità.* Roma, 1963; GENTILI, E. M. Amore e amicizia. In: *Dizionario Enciclopedico di Teologia Morale.* Roma, 1973, 28-

42; GILLON, L. *Génèse de la théorie thomiste de l'amour*. Revue Thomiste 46 (1946) 53-61; GUITTON, J. *Saggio sull'amore umano*. Brescia, 1954; HÄRING, B. *Testimonianza cristiana in un mondo nuovo*. Paoline, Roma, 1963; JAEGHER, P. DE. *La virtú dell'amore*. Paoline, Roma, 1958; LAVAUD, B. *Atribution d'amour et egalité*. La Vie Spirituelle 6 (1927) 105-133; LECLEF, E. *Les quatre degrés de l'amour ardent*. Paris, 1926; LEFEBVRE, G. *Amar Dio*. Sorrento 1962; MARITAIN, J. *Amore e amicizia*. Morcelliana, Brescia, 1964; FORESI, P. *L'agape in san Paolo e la carità in san Tommaso*. Roma, 1965; MARTELET, A. *L'esistenza umana e l'amore*. Assisi, 1970; MORALDI, L. *Dio è amore*. Roma, 1954; NICOLAS, J. H. *Amour de soi, amour de Dieu, amour des autres*. Revue Thomiste 56 (1956) 5-42; ID. *Dio è amore*. Brescia, 1953; *Novo Dizionario di Spiritualità*, 140 ss.; NYGREN, A. *Eros e agape*. Bologna, 1971; PERRIN, J. M. *Il mistero della carità*. Roma, 1965; ROSMINI, A. *Dio è carità*. Fossano, 1969; ROYO-MARIN. *Teologia della carità*. Roma, Paoline, 1965; *Schede bibliche pastorali*, I, EDB, Bologna 1982, 133 ss.; SCHIAVONE, M. *Il problema dell'amore nel mondo greco*. Milano 1965; SERTILLANGES, A. D. *L'amore*. Brescia, 1955; SIMONIN, H. D. *Autour de la solution thomiste du problème de l'amour*. Archives d'Histoire Doctrinale et Littéraire du Moyen-âge 6 (1931) 174-276; ID. *La primauté de l'amour dans la doctrine de s. Thomas*. La Vie Spirituelle. Supplément (1937) 129-143; SPICQ, C. *Carità e libertà nel N.T*. Roma, 1962; TOMÁS DE LA CRUZ. *El amor y su fundamento ontológico según Santo Tomás*. Roma, 1953; VEUTHEY, L. *Théologie de l'amour*. Miscellanea Francescana 50 (1950) 3-34; VOLTA, G. *Per un'indagine razionale sull'amore*. In: *Matrimonio e verginità*. Venegono, 1963.

C. GENNARO

AMOR (feridas de). 1. NOÇÃO. A esposa, no → CÂNTICO DOS CÂNTICOS, segundo os LXX, diz (c. 2,5): "Estou ferida de amor". Comentando essa frase, desde os tempos antigos, os autores cristãos falaram de feridas de amor: → ORÍGENES, Santo → AGOSTINHO, São → GREGÓRIO MAGNO, → RICARDO DE SÃO VÍTOR. Descreveram essas feridas de modo eminente Santa → TERESA DE JESUS e São → JOÃO DA CRUZ. As feridas de amor são infusões rápidas e intensas de amor místico que para acelerar o progresso na perfeição causam na alma um desejo veemente de Deus, com gozo ou com dor, conforme o objeto dos seus desejos é conseguido ou não. São, pois, → TOQUES DIVINOS de amor. A causa inicial intrínseca é uma ação especial de Deus, um momento de vida amorosa, uma tendência momentânea, um reflexo afetivo correspondente de tonalidade diferente conforme a tendência é ou não é satisfeita. Não existe um período fixo na qual ele se verifica na vida espiritual. A alma, por mais que lhe procure, não lhe pode obter nem pode evitá-la quando Deus lhe concede, mesmo se, por hipótese, não a quisesse. A sua frequência depende da vontade de Deus, e a sua aparição é instantânea. Não há nem anúncios nem preparações imediatas. Alguns autores põem como característica da ferida de amor a impressão simultânea de gozo e de dor e a segurança que permanece na alma. Mas pode acontecer que este fato seja válido só em alguns casos. Outros autores lhe uniram a um grau de oração.

2. DIVERSAS ESPÉCIES. As feridas variam segundo a rapidez e a intensidade, e conforme os efeitos e as circunstâncias. Algumas são breves e agudas e passam rapidamente; outras são intensas, porém mais prolongadas. Algumas produzem dor, outras dão um gozo misturado à dor, como uma flecha que penetra o coração; são penas deliciosas, agradáveis; outras, enfim, dão deleite sem dor, são o suave cautério, a ferida suave. São João da Cruz fala principalmente das primeiras, na *Noite* (2, 11); das segundas ele trata no *Cântico* e Santa Teresa também delas fala (*Vida*; *Castelo*, 6); das terceiras o santo fala em *Chama* e Santa Teresa no *Castelo* (7, 2, 7-8; 3, 8-9).

A dor é espiritual; às vezes pode ser acompanhada de dor corporal, quando a ferida não é puramente espiritual; pode também ser dor apenas corporal e dileto gozo na alma. A repercussão no corpo pode ser difusa ou localizada numa chaga externa (estigma), ou pode irromper na vida sensitiva e destruir a alegria da alma pela morte do amor. Excetuando este último caso, a ferida puramente espiritual pode ser mais intensa e eficaz. Às vezes as feridas são acompanhadas por uma visão que exprime simbolicamente a ação interior (SANTA TERESA, *Vida*, 29, 13; SÃO JOÃO DA CRUZ, *Chama A*, 2, 8; *Chama B*, 2, 9).

3. EFEITOS. Na alma: substancialmente vale o que foi dito acima. A coisa fundamental é o progresso na perfeição: purificação da alma e acréscimo do amor divino. Os efeitos variam conforme o tipo de ferida e o período espiritual atravessado pela alma. Em primeiro lugar, tendem a purificar a alma as que se verificam na noite passiva do espírito e antes de passar ao → MATRIMÔNIO ESPIRITUAL, tanto levando a inflamação do amor e a → ARIDEZ, como levando dor e gozo simultâneos; os

que acontecem durante o matrimônio espiritual tendem a incrementar o amor. São labaredas de amor da alma transformada.

As feridas de amor acrescentam na alma a separação de todas as coisas que se vai fazendo sempre mais radical e universal, dando o desejo de sofrer e afastando o temor das tribulações. Diz São João da Cruz: "Quando quis compreender a tua presença (Amado) não te encontrei, e permaneci vazia e confusa de tudo por ti e sem ligar-me a ti, penando suspensa no respiro do amor sem proteção nem tua nem minha" (*Cântico A*, 1, 12; cf. *Cântico B*, 1, 21).

No corpo, além disso, se têm suspiros, lamentos, estremecimentos, imobilidade dos braços e dos pés etc. Esses efeitos não aparecem sempre, e quando aparecem não se verificam necessariamente todos.

Àqueles a quem Deus concede feridas de amor com pena agradável, Santa Teresa aconselha: "Não é necessário temer que sejam um engano: tema muito se deve ser ingrato a tão grande graça, procure esforçar-se por servir e melhorar em tudo a própria vida e aja como melhor pode e mais ainda" (*Castelo* 6, 2, 5). Para chegar às chamas que pagam todos os débitos, convém passar por muitas tribulações e muitas fadigas (*Chama A* 2, 21; *Chama B*, 2, 24).

BIBLIOGRAFIA. DANIÉLOU, J. *Platonisme et theologie mystique*. Paris, 1953, 284-290; EDUARDO DE SANTA TERESA. Las heridas de amor em la doctrina de san Juan de la Cruz. *Revista de Espiritualidad* 5 (1946) 546-550; FRANCESCO DE SALES. *Trattato dell'amore divino*. Livro VI, cc. 13-15; GABRIEL DE SAINTE MARIE-MADELEINE. L'École thérèsienne et les blessures d'amour. *Études Carmélitaines Mystiques et Missionnaires* (out. 1936) 208-242; GIOVANNI DELLA CROCE. *Cantico*, 1, v. 4; *Cantico A*, 7, 4; 9, 1-2; *Cantico B*, 7, 2; 9, 2-3; *Notte*, 2; *Fiamma*, 1-2; MAUMIGNY, R. *La pratica della orazione mentale*. Tr. 2, parte II, c. 8; MORETTI, R. La transverberazione di Padre Pio. *Atti del convegno di studio sulle stimmate del servo di Dio P. Pio da Pietrelcina* (San Giovanni Rotondo, 16-20 settembre 1987). San Giovanni Rotondo, 1988, 299-318; RUUSBROEC, J. *L'ornement des noces spirituelles*. Livro II, c. 22. In: *Oeuvres*. Bruxelles, 1928, 107-108, t. III; TERESA DI GESÙ. *Vita*, 29, 10-14.

I. RODRÍGUEZ

AMOR (incêndio de). 1. a) A imagem do fogo é aplicada à caridade pela Sagrada Escritura (Mt 24,12), pela liturgia (cf. *Veni, Sancte Spiritus... et tui amoris in eis ignem accende* etc.) e pelos autores espirituais. Trata-se de um fogo espiritual que incendeia, arde, ilumina; um fogo que ora aparece arredio e tormentoso, ora suave e cheio de deleite, um fogo que consome e transforma em si. Nesse sentido o incêndio de amor nada mais é do que um amor intenso e violento com características especiais (cf. *Dictionnaire de Spiritualité*, V, 259-267). b) Num outro sentido, o incêndio de amor é um fenômeno no qual a violência do amor divino se manifesta de modo exterior, até queimar materialmente. Naturalmente, em sentido estrito, não se tem incêndio de amor, mas se trata simplesmente de calor interior, muito embora extraordinário, no coração, do qual passa a todo o organismo; e nem mesmo quando o ardor é tão intenso que, para suportar, seja necessário recorrer a remédios. Esses casos, sobretudo o primeiro, podem ser explicados perfeitamente pelo amor, porque os ardores emocionantes do tipo mais intenso frequentemente são acompanhados de um aumento da temperatura do corpo. A vida afetiva repercute sobre o corpo. Tal repercussão aumenta, aumentando a vida afetiva, e dá origem à aceleração do sangue no órgão e, em consequência, no corpo inteiro. Este movimento incrementa o calor.

O incêndio de amor propriamente dito traz consigo a queimadura material.

2. No estado atual da ciência não se pode explicar naturalmente este fenômeno, em particular quando se verificam algumas circunstâncias. Por exemplo, se a incandescência foi causada sem nenhum sintoma de febre e sem aceleração anormal do sangue. De outra parte, tanto no incêndio de amor como às vezes nos ardores intensos, a temperatura supera em muitos graus aquela que normalmente o homem pode suportar sem morrer. A verdadeira causa do verdadeiro fenômeno do incêndio de amor nada mais pode ser que a ação divina. Quando se verifica este caso, ocorre determiná-lo com base nos sinais do discernimento. A respeito da natureza desta ação divina, alguns creem que seja um ato milagroso. Reigada, ao que parece, não admite a exigência do milagre: o fato seria um efeito acidental de certos estados místicos nos quais o amor sobrenatural, enquanto repercute no corpo produzindo o calor que queima, lhe dá o conforto "para que possa resistir acima de sua natureza" (p. 377). Qualquer que seja a última explicação sobrenatural que venha dada ao incêndio de amor, aquilo que deve interessar em particular

à alma é o amor divino e não manifestações exteriores. Estas, para todos os outros, podem ser sinais da presença de Deus que assim se comunica e assim envolve as almas. Não se pode, porém, estabelecer uma correlação necessária entre essas manifestações e a intensidade do amor divino, porque, sendo sobrenatural, ele pode permanecer no campo puramente espiritual.

BIBLIOGRAFIA. GEORGES DE LA VIERGE. *Le signe du feu dans la Bible. Le Carmel* (1960) 161-173; REIGADA, I. G. M. *Los dones del Espíritu Santo y la perfección cristiana.* Madrid, 1948, 375-377; RIBET, H. *La mystique divine* (Parte II, c. 22, t. II, Paris, 1885, 464-477); ROYO, A. *Teologia della perfezione cristiana.* 618-620; THRUSTON, H. *Fenomeni fisici del misticismo.* Alba, 1956, 259-273.

I. RODRÍGUEZ

ANDREASI, OSANNA (Beata). 1. NOTA BIOGRÁFICA. Nasceu em Mântua em 17 de janeiro de 1449. Com cinco anos teve o primeiro arrebatamento extático. Tendo aprendido prodigiosamente a ler e a escrever, mergulhou na leitura da Bíblia e de obras espirituais. Aos 14 anos, curada de uma grave doença, tomou o hábito de terceira dominicana (a profissão, porém, será por ela emitida só em 1501). De 1466 a 1486 foi dirigida espiritualmente pelo dominicano frei Domenico de Crema; a seguir teve outros diretores, entre os quais o célebre tomista frei Francisco Silvestre de Ferrara, seu primeiro biógrafo. Os fenômenos extáticos, experimentados desde a infância, se intensificaram depois do ingresso na Ordem Terceira domenicana; fez-se partícipe das dores da paixão: fisgadas lancinantes na cabeça, no coração, nas mãos e nos pés; teve a mudança do → CORAÇÃO e o anel do matrimônio místico; pode aproximar os lábios das feridas do lado de Jesus; foi arrebatada à contemplação da → TRINDADE. Escreveu muitas cartas, na maioria para interceder a favor dos necessitados. Nos últimos anos, a visão do estado da Igreja e o pressentimento dos males que dominavam a "pobre Itália" levaram-na a oferecer-se vítima de expiação. Morreu em Mântua dia 18 de junho de 1505.

2. OBRA E PENSAMENTO. Restaram-nos algumas "memórias" autobiográficas, inseridas pelo olivetano frei Jerônimo Scolari (o "Mantovano") no seu *Libretto de la vita et transito de la Beata Osanna da Mantua,* e 90 *Cartas* (43 ao mesmo Scolari, 2 ao marquês Federico Gonzaga, 39 ao marquês Francisco G. e 6 à marquesa Isabela d'Este), publicadas pelos padres Bagolini e Ferretti em apêndice à biografia de Andreasi.

As *Cartas* (notáveis as endereçadas a Scolari, "caríssimo filho *in sanguine Christi* concebido") se revelam as leituras preferidas de Andreasi: as Epístolas de São Paulo ("Ó Paulo de caridade ardente! Ó inflamado de vida eterna! Ó inebriado do doce vinho do Paraíso!", *Carta* 16), as obras do "divino Dionísio" (o pseudo-Dionigi) e as de Santa → CATARINA DE SENA. A piedade de Andreasi (não é o caso de falar de doutrina espiritual) é claramente cristocêntrica: temas de meditação prediletos: a infância e, sobretudo, a paixão de Jesus. O seu desejo mais vivo é entrar e viver nas "habitações e cavernas do aberto e suave lado do imaculado cordeiro Cristo Jesus" (*Carta* 43). Ela se sente "inebriar" do sangue de Cristo e cada vez que escuta nomeá-lo ou a ele pensa é toda um frêmito de amor (*Carta* 2); "sente-se liquefazer como a cera ao fogo" (*Carta* 41); quem "é embriagado se esquece de si mesmo" (*Carta* 33) e em cada lugar vê Cristo crucificado "todo avermelhado pelo seu sangue precioso" (*Carta* 36). Por longos períodos vive como "submersa em Cristo" (*Carta* 43). Branda é a sua devoção a Nossa Senhora que, como Santa Catarina, chama "doce Maria". Às vezes tenta descrever os fenômenos místicos que experimenta. No → ÊXTASE, a alma "sai de si mesma, não se recorda das coisas deste mundo, sente alguma vez um deleite na carne e um ímpeto inusitado de espírito" (*Carta* 32). Vê, no êxtase mais sublime, "uma grande claridade, não do sol, nem de luz natural" (*Carta* 2) e nessa "claridade imensa" está Deus. Descrevê-lo é impossível. A alma, vendo-o, goza e não quereria "mais retornar ao corpo": "quanto é amargo o descer e separar-se de tanta beleza, união e sumo bem!" (*Carta* 11). Com frases incandescentes Andreasi fala do desejo da eterna → UNIÃO COM DEUS, deixado na alma por estes arrebatamentos: "Com sumo desejo esperamos, para saciar-se no mar profundo da Trindade eterna. Ó mar pacífico! Quando será que a minha alma *ad plenum* será saciada?" (*Carta* 41). A experiência mística de Andreasi concorreu para manter viva, especialmente em Mântua e no ambiente dominicano, a devoção às chagas de Jesus (em particular a do lado ou do coração) e ao preciosíssimo sangue da nossa redenção.

BIBLIOGRAFIA. BAGOLINI, G. – FERRETTI, L. *La Beata Osanna Andreasi.* Firenze, 1905; HIERONIMO [SCOLARI] MONTEOLIVETANO. *Libretto de la vita et transito de la Beata Osanna da Mantua*. Bologna, 1524, In: *Acta Sanctorum* (1743), 18 de junho, III, 724 ss.; MAGNAGUTI, A. *La Beata Osanna degli Andreasi*. Padova, 1949; PECORARI, G. Richiami storici su una grande mistica mantovana. *Memorie Domenicane* 79 (1963) 240 ss.; *Processus*, mss. no Arquivo geral dos dominicanos, X, 2.490-2.492; REDIGONDA, A. Andreasi Osanna. In: *Dizionario Biografico degli Italiani*. Roma, 1961, 131-132, t. III; SILVESTER FERRARIENSIS, F. Beatae Osannae Mantuanae de tertio habitu Ord. Fratrum Praed. vita, Mediolani, 1505. In: *Acta Sanctorum* (1743), 18 de junho, III, 667 ss.

I. PIO GROSSI

ÂNGELA DE FOLIGNO (Beata). 1. NOTA BIOGRÁFICA. Nasceu em Foligno em 1248. Pouco se conhece da sua vida exterior antes da sua conversão, acontecida em 1285. Casada com um pequeno senhor de Foligno, teve filhos, que amou com grande afeto.

A quase totalidade da vida de Ângela de Foligno é extraída sobretudo de sua *Autobiografia*. Para demovê-la decididamente de sua vida desviada e mundana interveio o exemplo de um nobre de Foligno, chamado Pedro Crisci, de apelido Petruccio (morto com perfume de santidade em 1325 e agraciado com o título de beato), que naqueles dias se despojou de tudo para viver como terceiro franciscano em perfeita pobreza. Ângela de Foligno permaneceu profundamente impressionada pela serenidade daquele santo homem e sentiu-se atraída a imitá-lo.

Rogou a São → FRANCISCO DE ASSIS que lhe obtivesse a graça de encontrar um bom confessor, a quem se abrisse sem reticências. O santo lhe apareceu de noite assegurando-a que aquilo que pedia lhe era concedido. Pôde assim confessar-se no dia seguinte com um frade de São Francisco, capelão do bispo da cidade, dela bem conhecido, frei Arnaldo, seu parente e futuro diretor de sua alma. A história daquele momento de graça é resumida nesta expressão de Ângela da Foligno: "E lhe fez uma longa confissão" (M. FALOCI PULIGNANI [org.], *L'Autobiografia e gli scritti della B. Angela da Foligno*, texto latino do códice de Subiaco, vers. it. de M. CASTIGLIONE HUMANI, Città di Castello, 1932, 1, n. 5; L. THIER — A. CALUFETTI [orgs.], *Il Libro della Beata Angela da Foligno*, ed. crítica do texto latino, em base a todos os códigos conhecidos e descobertos, Grottaferrata-Roma, 1985, 134. NB. Em seguida citarei somente a partir da primeira edição em versão italiana, com a abreviação *Aut.*, não sendo aí relevantes as variantes com o texto crítico da edição recente).

Naquele momento iniciou para Ângela de Foligno uma subida ininterrupta de aproximação a Deus, que alcançará o cume mais alto da → MÍSTICA.

O Senhor a privou em breve tempo dos seus entes queridos. Ângela de Foligno saboreou tal "a fim de poder ser toda de Deus" (*Aut.* 13, n. 12), mas não sem provar contemporaneamente uma grande amargura pela sua perda, como recordará mais tarde, relacionando essa dor com outra maior experimentada por ela: "E viver me era uma pena acima de toda dor pela morte da mãe e dos filhos" (*Aut.* 53, n. 36).

Ângela de Foligno amou com singular amor a → POBREZA, e realizou, para possuí-la, uma peregrinação a Roma, sob a tumba de São Pedro. Pelo mesmo motivo, já terceira franciscana, fez em 1291, na proximidade da festa de São Francisco (4 de outubro), uma outra peregrinação, em comitiva, pela cidade seráfica. Em antecedência o Senhor lhe tinha assegurado: "Apressa-te, porque logo que terás realizado estas coisas — isto é, a distribuição de todos os seus bens — toda a Trindade virá em ti" (*Aut.* 27, n. 22).

Ao longo da estrada para Assis ela se recomendava à intercessão de São Francisco, sobretudo por três coisas: poder sentir Cristo, poder observar perfeitamente a Regra franciscana, poder morrer verdadeiramente pobre. Quando a comitiva peregrinante estava nas proximidades de um trívio, para além de Spello, onde surgia uma igrejinha solitária dedicada à Santíssima Trindade, Ângela de Foligno sentiu uma forte mudança interior e se sentiu toda tomada: realizava-se nela, naquele momento, a prometida vinda da Santíssima Trindade, que a acompanhou pelo resto da viagem em suavíssimo colóquio. "Não partirei de ti — assim iniciou a voz divina — até que não virás uma segunda vez a São Francisco" (*Aut.* 45, n. 35).

A experimental presença divina, de fato, cessou após a segunda visita feita ao santuário, estando no ingresso da basílica superior. A presença do divino Hóspede ocasionou em Ângela de Foligno uma reação, que pareceu estanha aos presentes, porque ela deu então um alto grito, proferindo palavras incompreensíveis aos circunstantes: "Amor não conhecido, e por que me abandonas? E por quê? E por quê? E por quê?..." (*Aut.* 51, n. 31). Entre os espectadores do acontecimento encontrava-se o mesmo frei Arnaldo, residente naquele tempo em Assis no sagrado convento, que dirigiu a Ângela de Foligno palavras duras de reprovação, com a imposição de não mais retornar a Assis. O fenômeno permanecia, porém, enigmático para o mesmo frade, que conhecia, de outro lado, a retidão, a bondade e o equilíbrio físico e espiritual da sua piedosa parente. Retornando também ele a Foligno, após o Capítulo provincial de 1292, teve modo de interrogá-la sobre o fato sucedido em Assis e de ter de Angela, depois de formal promessa de não revelar a ninguém o que estava para narrar, a confidência das maravilhas divinas nela realizadas.

Arnaldo permaneceu profundamente espantado diante dessa narração, mas temendo que em coisas assim desconhecidas pudesse dissimular-se qualquer trama diabólica, manifestou a Ângela de Foligno a sua perplexidade, pedindo que lhe confiasse cada coisa para poder colocar tudo por escrito e depois submeter ao juízo de um mestre espiritual mais experiente. Ângela de Foligno consentiu, e assim se originou aquilo que foi chamado por seu redator, o *Memorial* de frei Arnaldo. Esta é a história interior de Ângela de Foligno, constante de trinta "passos" espirituais (na redação de Arnaldo, 26 passos, porque do vigésimo passo em diante, não sabendo ele bem discernir a diversidade, apresenta-os em sete passos, chamados suplementares), que vão do momento do seu retorno a Deus até sua mística participação na vida trinitária.

Arnaldo escreveu o que lhe foi ditado, traduzindo fielmente em latim o que Ângela de Foligno lhe dizia no dialeto de Foligno. E, quando a palavra latina não parecia ser apropriada, por escrúpulo de fidelidade ele transcrevia a palavra como saía dos lábios de Ângela de Foligno, daí a presença no texto de muitas palavras dialetais, por sua vez muito preciosas, pela imediatez dos dizeres.

A narração, a princípio sucinta e lacunosa, por ter sugerido para uma finalidade imediata de controle, tomou depois o aspecto de um verdadeiro diário interior.

O *Memorial* foi elaborado ao longo de quatro anos (1292-1296), recebendo enfim a aprovação divina ("Tudo aquilo que está escrito", assim diz o Senhor, "está segundo a minha vontade e provém de mim, isto é, de mim procede. [...] Eu o selarei", *Aut.* 205, n. 125). A aprovação humana se deu em 1296, por parte de oito teólogos da ordem dos menores e pelo cardeal Giacomo Colonna, o qual mais tarde, entre 1309-1310, dará uma nova aprovação ao Memorial apresentado junto a outros escritos da bem-aventurada (exortações, cartas, considerações etc.).

A subida espiritual de Ângela de Foligno continuou após o *Memorial*, segundo o ritmo progressivo de sua transformação divina, mas desse período, que vai de 1296 à sua morte, há apenas manifestações preferivelmente raras e fragmentárias.

Acentua-se, porém, neste segundo tempo, outra atividade de Ângela de Foligno, que a fará emergir em notoriedade benéfica, especialmente no mundo franciscano: a sua maternidade espiritual, segundo uma promessa divina: "Tu terás filhos" (*Aut.* 335, n. 208). Constituiu-se de fato em torno a Angela um cenáculo de almas, da Itália e do exterior, que a ela se dirigiam para conselho e direção, através mesmo de correspondência epistolar. Ubertino de Casale, um dos conquistados espirituais de Ângela de Foligno, recordará seu encontro com ela, por volta de 1298, na famosa obra *Arbor vitae crucifixae*.

A obra de Ângela de Foligno se revelou sabiamente moderadora e tranquilizadora num momento muito inflamado da história franciscana, quando o ideal da pobreza dividia os frades menores em duas correntes opostas: os rigoristas ou "espirituais" de uma parte, uma minoria da Ordem que queria uma rígida observância da pobreza "sem glosa"; e os "moderados" de outra, a maioria constituindo a assim chamada "Comunidade", que entendia viver a Regra franciscana mitigada pelas sábias declarações pontifícias. Amantíssima da pobreza, a ponto de ser saudada pelo próprio São Francisco, que lhe apareceu com um elogio singular — "Tu és a única nascida de mim" (*Aut.* 381, n. 241) —, Ângela de Foligno pontuou, porém, na sua intervenção, sobretudo pela humildade e caridade, sugerindo ao grupo dos seus seguidores não pregar com "contencioso sermão", mas que a sua vida fosse como uma "espada aguda aos adversários da verdade" (*Aut.* 307, n. 186).

Comportamento muito severo teve, ao contrário, Ângela de Foligno contra os chamados "frades do livre espírito" (→ ILUMINISMO MÍSTICO), pseudomísticos do tempo, contra quem se distinguiu particularmente outra mística, contemporânea de Ângela de Foligno, Santa Clara de Montefalco († 1308).

A atividade materna de Ângela de Foligno se prolongou até a sua morte, obtendo ela, ao mesmo tempo, alta estima de santidade, como a atestada por um cronista de Spello († 1348), em 1307: "Passa por Spello a beata Ângela de Foligno, terceira de grande santidade e fama, com a bem-aventurada Pasqualina, sua companheira" (*Miscellanea Francescana* 25 [1925] 115).

Os últimos anos de Ângela de Foligno carecem infelizmente de notícias históricas, mas o silêncio se rompe felizmente no seu declínio, com preciosas particularidades espirituais. Antes de tudo tem-se uma carta-testamento, a última escrita "antes que adoecesse à morte" (*Aut.* 395, n. 249), na qual estão compendiados os temas do seu magistério espiritual: a contemplação dos mistérios de Cristo para uma participação mística a eles (cristocentrismo espiritual); elevação à bondade divina; resenha de "sete dons ou benefícios especialíssimos" dados ao homem, "entre a multidão das ofertas" feitas a ele, dons de natureza e de graça, entre as quais excede o sétimo, o Amor, "dom que está sobre todo dom", porque é Deus mesmo: "Ó sumo Bem, Tu te dignaste fazer-te conhecer por nós Amor, e nos faz amar tal Amor" (*Aut.* 403, n. 251).

Colhida por enfermidade mortal, Ângela de Foligno teve o conforto da presença de muitos filhos espirituais, propositalmente vindos para o último encontro. Ainda uma vez são espiritualmente reveladoras as suas últimas palavras testamentárias (*Aut.* 407, n. 254): "E eu não faço outro testamento, apenas recomendo a vós esta mútua dileção, e vos deixo toda a minha herança, a *vida de Cristo*, que equivale à pobreza, dor, desprezo" (um trinômio que ela amava chamar "companhia de Cristo": cf. *Aut.* 231, n. 136).

Ângela de Foligno morreu em 4 de janeiro de 1309. A sua alma foi levada ao céu pelo mesmo Verbo divino, que lhe veio ao encontro segundo a promessa: "Não te confiarei aos anjos e aos santos que te conduzam, mas eu pessoalmente virei a ti e te tomarei comigo" (*Aut.* 409-411, n. 257).

Ângela de Foligno goza até agora do título de beata, reconhecido por Clemente XI (decr. de 11 de julho de 1701). Na voz do povo, porém, e na de não poucos escritores, como, entre outros, São → FRANCISCO DE SALES na sua *Filotea*, lhe é atribuído o título de santa.

2. **OS ESCRITOS**. Não escreveu nenhuma obra no sentido estrito da palavra, e aqueles que são chamados os *escritos* de Ângela de Foligno na realidade não são mais do que uma coletânea de notas autobiográficas, como se viu, de sentenças, de cartas, de exortações, de recordações, como os seus discípulos puderam aprender de sua boca ou foram ditados, nos encontros tidos com ela, ou como destinatários de missivas.

O conjunto desses escritos constitui o chamado *Livro de Ângela*, que consta de três partes. A primeira parte é o *Memorial* de frei Arnaldo, dito também *Autobiografia de Ângela*, a parte mais importante de toda a coletânea, pela sua amplidão, pelo valor espiritual de seu conteúdo, pela severidade e conscienciosidade objetiva de sua compilação, e é o documento que mais do que qualquer outro escrito nos dá a medida aproximativa da grandeza mística de sua protagonista. A segunda parte compreende as *Instruções salutíferas*, as *Cartas* e ainda confidências ou fragmentos autobiográficos posteriores ao *Memorial*. A terceira parte, enfim, consta de uma recordação autobiográfica, da narração de uma visão do Menino Jesus e dos anjos, do testamento espiritual e da narração do seu trânsito, de grande interesse para a coletânea das últimas recomendações e pensamentos de Ângela de Foligno agonizante (na edição crítica recente, a segunda e terceira partes dos escritos são intituladas de *Instruções*, ben 36).

O conjunto dos escritos, como provém da pesquisa histórica, granjeou um notável sucesso de difusão ao longo dos séculos. Tivemos, de fato, numerosas edições deles, tanto no texto original latino como na versão em muitas línguas europeias.

3. **ESPIRITUALIDADE**. Embora tendo a índole de que falamos, os escritos de A. de Foligno oferecem um corpo de experiência e de doutrina ascético-mística tão integral e profundo, a ponto de fazer enumerar a beata entre os maiores místicos de todos os tempos.

A espiritualidade de Ângela de Foligno, doutrinalmente, não demonstra derivações literárias de nenhuma escola, mas reflete obviamente o ambiente místico no qual ela renasceu e viveu no espírito, ou seja, o franciscano, do qual se revela como uma fiel encarnação. A sua experiência mística é, com efeito, a imediata fonte de sua doutrina espiritual, mesmo se nem sempre abertamente atestada.

Não existe nela a divisão clássica da vida espiritual em três graus (incipientes, proficientes, perfeitos), mas não é difícil observá-los na realidade dinâmica dos 30 "passos" do seu itinerário interior, que podem ser sintetizados na redução feita por ela do caminho espiritual em três transformações: transformação "na vontade de Deus", transformação "com Deus", transformação "em Deus e na alma" (*Aut.* 343, n. 215).

A primeira transformação corresponderia ao primeiro período da vida espiritual, em fase ascética, e, como epílogo, ao término da mesma ascética na sua passagem à fase mítica. Esta é caracterizada por outras duas transformações, das quais a inicial representa uma primeira degustação da experiência do divino, mas não a ponto de tirar a possibilidade de exprimi-lo de qualquer modo: "A segunda transformação", assim a chama Ângela de Foligno, "tem-se quando a alma se une a Deus, e possui grande sentimento e grande doçura de Deus, que podem porém exprimir-se com palavras e pensamentos (*Ibid.*). A terceira transformação, ao invés, que é a fase alta da mística, permanece inacessível à expressão humana, pela transcendência da experiência do divino: "A terceira transformação acontece quando a alma em união perfeitíssima é transformada em Deus, e Deus nela; e sente e experimenta coisas altíssimas de Deus, tais que não podem exprimir-se com palavras, nem pensamentos" (*Aut.* 343-345, n. 215).

Uma nota característica de Ângela é sem dúvida o aspecto cristocêntrico, do qual é permeado todo o seu caminho de perfeição. Esta nota já se revela abertamente na concepção da primeira transformação acima referida: ela nada mais é no fundo do que a transformação em Cristo. Ângela de Foligno tem a respeito um abundante material, seja como experiência seja como ensinamento. Ela insiste muito sobre a teologia da cruz, como visão vital de partida e como meta de união até à identidade mística com Cristo: vê o caminho da cruz como assinalado por duas etapas, uma com função purificadora (visão de purificação), a outra com finalidade transformadora (visão de transformação). A meta é a santidade, de onde provém um princípio de espiritualidade seu: "Procure-se [...] ser perfeito no caminho de Deus, não tardar em correr à cruz de Cristo" (*Aut.* 371, n. 237).

O caminho de transformação em Cristo encontra a sua expressão concreta no abraço amoroso da "companhia de Cristo", isto é, na vida de pobreza, de dor, de humildade, cujo movente fundamental, com potência assimiladora, é o amor: "O amor faz desejar a semelhança" (*Aut.* 329, n. 201). "É este na verdade o sinal do verdadeiro amor: a cruz oferecida à alma e por ela aceita" (*Aut.* 361, n. 229). E em outro lugar: "Nisso se conhece se o amor é puro, verdadeiro e reto, se o homem ama e age da mesma forma como Cristo amou e agiu. Vamos explicar melhor: a alma ama Cristo. Mas Cristo em todo o tempo em que viveu, amou e aceitou pobreza, dor e desprezo. Por isso, quem ama Cristo deve amar e aceitar pobreza, dor e desprezo" (*Aut.* 333, n. 205). Termo efetivo desta assimilação é a identidade mística com Cristo, que Ângela de Foligno traz como experiência pessoal, segundo as palavras ditas a ela pelo próprio Cristo: "Tu és eu, e eu sou tu" (*Aut.* 179, n. 107).

A transformação na humanidade de Cristo, introduz na sua divindade, porque Cristo mesmo é "o caminho que conduz a Deus e em Deus pelo amor" (*Aut.* 241, n. 141). "Digo a mais e posso dizer com firme verdade, que pela dispensadora caridade de Deus e pelo intenso amor que nutre pela criatura racional, pela alma capaz de possuí-lo, o Filho de Deus Pai Altíssimo se fez ele mesmo, e se faz ainda neste mundo o caminho; o caminho, entendo, plenamente verdadeiro, reto e breve pelo qual cada alma que quer, pode avançar com Deus, para Deus com pouco cansaço e com pequena penitência" (*Aut.* 229, n. 134).

A primeira fase da mística de transformação em Deus (segunda das três transformações) comporta contatos contemplativos com os atributos divinos, até recolher a seguir tudo na unidade invisível do ser divino, simplicíssimo e infinitamente perfeito, com consequentes reflexos espirituais na própria alma. Daqui a seguir a passagem à segunda fase ou fase alta da mística, cuja presença é precedida por um período de → PURIFICAÇÃO de extrema dureza, descrito por Ângela de Foligno com termos de fazer arrepiar, mesmo se exprimem só uma pálida ideia de uma realidade intraduzível em palavras. Poder-se-ia falar aqui de encontro com São → JOÃO DA CRUZ: as duas noites do místico Doutor da Igreja se reencontram efetivamente na mística de Foligno, como válida confirmação experimental de sua doutrina. Ângela de Foligno prospecta à sua vez como um princípio: "Em verdade, até que a inteira pessoa não seja pisada e esmagada, Deus não permite, por vezes, que a tempestade tenha fim. E em tal modo age especialmente para os seus filhos legítimos" (*Aut.* 405, n. 253).

Segue depois a segunda fase da transformação em Deus (terceira das três transformações), que na experiência de Ângela corresponderia ao sétimo passo suplementar, o último da série como foi apresentado por frei Arnaldo, que o define "de todos o mais admirável" (*Aut.* 167, n. 101). Ele comporta a introdução da alma no mistério trinitário, mediante uma experiência contemplativa em dois graus eminentes: a visão de Deus nas trevas e a visão de Deus acima das trevas.

A terminologia faz pensar no pseudo → DIONÍSIO AREOPAGITA (*De mystica theologia*) e a São Boaventura, que o reflete (cf. *In Io.*, c. I, 43; VI, 255-256), mas em Ângela de Foligno é ditada a lógica mesma da experiência, que recorre a um termo antitético para manifestar o conteúdo experimentado. A visão "nas" trevas comporta na realidade um mistério de luz e de trevas que a bem-aventurada sintetiza na expressiva frase: a alma nesta "nada vê e inteiramente tudo enxerga" (*Aut.* 175, n. 106). Vê e não vê, vê e não pode repetir, de tal forma a visão supera os confins da natureza e cada semelhança criada. "Naquela Trindade que vejo com tantas trevas me parece estar e jazer no meio" (*Aut.* 177. n. 107). Intelectualmente cega e como envolvida pelas trevas luminosas, a alma goza, porém, de uma certeza maior do que qualquer outro conhecimento: "Era mais que certo e superior a todas as coisas, quanto mais me aparecia na treva e secretíssimo" (*Aut.* 175, n. 106).

O segundo grau contemplativo, a visão "acima das trevas", encontra na bem-aventurada uma originalidade pelo menos expressiva, se não experimental. Nenhum outro escritor místico, por aquilo que sabemos, fala de tal coisa. As trevas são aqui superadas por certas "operações divinas inenarráveis", que são "dilatações da alma pelas quais ela se faz mais capaz de receber e de possuir de Deus" (*Aut.* 195, n. 121). Por Deus potenciada, para suportar a sua luz infinita, a alma é feita mais capaz de vê-lo na clareza, sobre as trevas, numa visão não muito diferente daquela intuitiva do céu, embora não ainda visão beatífica.

Ângela de Foligno confessa aqui: "Não me parece estar na terra, mas estar no céu em Deus" (*Aut.* 201, n. 122). "A alma é arrastada para fora das trevas, e brota nela maior conhecimento de Deus do que eu pudesse supor, com tão profunda clareza e certeza que não há coração que possa de qualquer maneira entender ou pensar isso" (*Aut.* 195, n. 121). "Parecia-me que estivesse em meio à Trindade mais largamente que no passado" (*Aut.* 191, n. 119). Identidade de objeto com a visão beatífica, e só diversidade de experiência: "O predito inenarrável Bem é aquele Bem que têm os santos na vida eterna. O Bem que os santos possuem na vida eterna é simplesmente o Bem de que já falamos; todavia, com diferente experiência" (*Aut.* 201, n. 123).

Um encontro ainda com os bem-aventurados do céu tem-se no que Ângela de Foligno chama "alegria de incompreensibilidade" (*Gaudium incomprehensibilitatis*): "A seguir irás à plenitude da luz", assim diz a bem-aventurada, "porque compreenderás que não podes compreender" (*Aut.* 263, n. 158). E esta é a "alegria que gozam os santos na Pátria" (*Aut.* 265, n. 160). Trata-se aqui da transcendência compreensiva da infinita conhecibilidade de Deus, não acessível a algum intelecto criado, nem mesmo na visão beatífica, em que se vê Deus face a face. Um axioma teológico esclarece: Deus será todo visto, mas não totalmente (*totus sed non totaliter*). Todavia, em compensação, a alma experimentará mais alegria por aquilo que sabe não compreender do que por aquilo que compreende (cf. *Aut.* 263-265).

Ângela de Foligno é a "mística da transcendência de Deus", mas é reconhecida, pela importância do seu patrimônio espiritual, também como a "mística da paixão", pelas suas páginas tão densas de calor e de profunda consistência em Cristo crucificado, que ela gostava de chamar o "Deus-homem apaixonado", "o livro da vida" (*Aut.* 371-373, n. 237). Semelhante importância vai também para as suas reflexões sobre a → EUCARISTIA, revelando-se ela uma mística também de tal mistério.

Sublimes, além disso, os seus acenos à Virgem Santíssima na sua parte de maternidade espiritual e de mestra de virtude, como também as considerações sobre a oração e os seus graus e, além disso, as suas páginas de experiência e de doutrina sobre o amor. É sempre atual o seu posicionamento positivo a respeito da vocação universal à mística.

No conjunto, pela riqueza e a profundidade do seu patrimônio espiritual, embora expressivamente sintético, Ângela de Foligno é materialmente reconhecida como uma excepcional mestra de espiritualidade.

BIBLIOGRAFIA. ANDREOLI, S. *Angela la poverella di Foligno*. Siena, 1984; BATTELLI, G. *La via della croce della Beata Angela da Foligno*. Firenze, 1925;

BLASUCCI, A. Cristocentrismo spirituale e vocazione alla mistica nella B. Angela da Foligno. *Rivista di Vita Spirituale* 39 (1985) 609-618; ID. *Il cristocentrismo nella vita spirituale secondo la Beata Angela da Foligno*. Roma, 1940; ID. *La Beata Angela da Foligno*. *Magistra Theologorum* 48 (1948) 171-190; ID. *Il cammino della perfezione negli scritti della Beata Angela da Foligno*. Padova, 1950; ID. *Angela da Foligno*. In: *Biblioteca Sanctorum* I. 1185-1190; ID. *In seno alla Trinità secondo la Beata Angela da Foligno*. In: *Il mistero del Dio vivente*. Roma, 1968, 295-309; ID. *La Beata Angela da Foligno*. Foligno, 1978; BOCCOLINI, G. B. B. *Angelae Fulginatis vita et opuscola*. Foligno 1714; COLOSIO, I. Beata Angela da Foligno mistica per antonomasia. *Rivista di Ascetica e Mistica* 9 (1964) 493-518; DONCOEUR, P. Angèle de Foligno, maîtresse d'oraison. *La Vie Spirituelle* 39 (1934) 34-50; ID. *Le livre de la Bienheureuse Angèle de Foligno* (texto latino). Paris, 1925 (versão francesa: Paris, 1926); FALOCI PULIGNANI, M. *L'Autobiografia e gli scritti della Beata Angela da Foligno*, testo latino da un codice sublicense, com versão italiana. Città di Castello, 1932; FERRÉ, A. M. J. *Le livre de l'esperience des vrais fidèles; texte latin publié d'après le manuscript d'Assise* (com versão francesa). Paris, 1927; ID. *La spiritualité d'Angèle de Foligno*. Paris, 1927; LECLÈVE, L. *Sainte Angèle de Foligno, sa vie, ses oeuvres*. Paris, 1936; MEDOU-GALALCAN, G. *The spiritual Amour by S. Catherina of Bologna together with the Way of the cross by B. Angela of Foligno*. Londres, 1926; PULIGNANI, M. FALOCI. Saggio bibliografico della vita e degli opuscoli della Beata Angela. Miscellanea Francescana 3 (1889) 173-187; ID. *Il libro della Beata Angela* (vers. libera it., verso la metà del sec. XV, di un ignoto scrittore umbro). Perugina 1918; THIER, L. – CALUFETTI, A. (eds.). *Il Libro della Beata Angela da Foligno*. Edição crítica do texto latino. Grottaferrata-Roma, 1985; VALUGANI, P. *L'esperienza mistica della Beata Angela da Foligno nel racconto di frate Arnaldo*. Milano, 1964; VEUTHEY, L. Ascensions spirituelles. *Miscellanea Francescana* 37 (1937) 3-19; *Vita e spiritualità della beata Angela da Foligno* (Atti del Convegno Intern., Foligno 11-14 dic. 1985). Grottaferrata-Roma, 1987.

A. BLASUCCI

ANGLICANISMO. Tendo surgido na Inglaterra, no século XVI, com o cisma de Henrique VIII e a constituição de uma Igreja nacional, o anglicanismo desenvolveu-se em relação com o → PROTESTANTISMO, sem, porém, coincidir com este. Sob o ponto de vista histórico, o anglicanismo é um fenômeno complexo, difícil de ser delineado. Todavia, podem ser apontados alguns pontos doutrinários e espirituais, nos quais firmou-se desde o princípio a *pietas anglicana*: 1) A *teologia escriturística*, fundamental mas diferentemente interpretada nas duas tendências do pensamento anglicano, a "católica" — que na catequese e na vida espiritual aceita com fé a palavra bíblica —, e a "protestante" — que se orienta para a pesquisa científica do conteúdo específico da Escritura e não se contenta apenas com a fé mas recorre também à razão. 2) A *teologia patrística*, inspirada sobretudo nos Padres Orientais, portanto menos especulativa e mais mística, em sentido joanino, ou seja, desejosa de "ver" e de "tocar" os mistérios da revelação, sem parecer anti-intelectualista. 3) A *orientação platônica, neo-hegeliana* e *existencial* da filosofia como base da espiritualidade (escolas de Cambridge, século XVIII, e de Oxford, século XIX). Estes três pontos principais da teologia explicam por que a piedade anglicana retorna, até hoje, a duas fontes: à *Bíblia anglicana* e ao *Book of Common Prayer* (Livro da oração comum, simplesmente chamado *Prayer Book*).

a) A *Bíblia anglicana* é a tradução autorizada do Antigo e do Novo Testamentos, editada em 1611. O trabalho foi feito por um grupo de humanistas dirigidos por Lancelot Andrewes, uma obra-prima do seiscentismo inglês, digna companheira da Bíblia de Lutero, capaz de satisfazer as duas tendências.

b) Também o *Prayer Book*, editado em 1549 pelo arcebispo Thomas Cranmer (1489-1556), foi compilado por uma comissão, sob a sua direção, com um rico florilégio de textos patrísticos. Pensado como livro litúrgico da Igreja anglicana, o *Prayer Book* é de máxima importância para a vida espiritual inglesa. Compõe-se de catorze capítulos que, juntamente com as orações, contêm leituras bíblicas para as festas do ano litúrgico e para a administração dos sacramentos. Das horas canônicas conservam matinas e vésperas, um ofício bipartido para ser usado por ministros e fiéis. Além disso, uma antologia de orações para a comunhão eucarística (em que aparece claramente a distância do dogma católico). O *Prayer Book* sofreu modificações na segunda edição de 1552 e foi revisado sob os Stuart. A edição definitiva é aquela regida pelo Ato de Uniformidade de 1662.

O *Prayer Book*, juntamente com a Bíblia, promoveram um tipo de espiritualidade que, sob inúmeros aspectos, ligava-se ao tipo "reformado" e, no início, à sua expressão mais radical (calvinismo), o que explica em parte o surgimento do puritanismo. Todavia, rapidamente aproximou-se do neocatolicismo luterano. O termo *anglicano*, todavia, é um produto do século XIX, quando foi sentida a necessidade de distinguir melhor a Igreja da Inglaterra do protestantismo continental e, com isto, de determinar a *pietas anglicana*, praticada na High Church (tendência católica), na Low Church (tendência protestante) e na Broad Church (tendência de inspiração humanista-cristã, tolerante), hoje representada pelos Modern Churchmen.

1. OS SÉCULOS XVI E XVII. A ideia de que a Igreja anglicana encarnasse um tipo de espiritualidade situada em *media via* entre a piedade católica e a protestante começou a desenvolver-se já em Riccardo Hooker (1553-1660). Para defender a sua posição contra o puritanismo, que considera válidos exclusivamente os princípios do calvinismo, Hooker escreveu a monumental obra *The Law of ecclesiastical polity*, da qual foi publicado o volume I em 1590. Hooker é, ao mesmo tempo, "evangélico", "católico" e "semirracionalista". Nele, a Igreja é um corpo histórico que cresce organicamente. Para esse crescimento não basta a simples fé na Escritura e na doutrina dos Padres. É necessário incluir um terceiro termo: a razão, entendida no sentido de uma análise lúcida da realidade natural e sobrenatural e, antes de tudo, daquela realidade histórica da revelação, a qual penetra de si a realidade humana concreta. Consequentemente, são integradas todas aquelas realidades que o Novo Testamento não menciona e que não se opõem ao ensinamento de Cristo. Com referência à *pietas anglicana*, ele pensa na liturgia e nos sacramentos (como elementos sensíveis e sociais), além de no mundo racional, dado que a graça não anula nem substitui a natureza, mas a eleva por inteiro. "Essa elevação, na escola dos Padres gregos, é concebida como participação da imagem" de Deus, torna-se "iluminação transfigurante", na qual certamente não falta a cruz, mas que desemboca "na serenidade pacificadora de uma ressurreição antecipada" (L. Bouyer).

Todavia, em Hooker também se encontra a atitude da simples fé na presença eucarística: "A sua [de Cristo] promessa basta. [...] Por que ter outros pensamentos senão este: 'O my God thou art true, o my soul thou art happy'". A convicção da presença real de Cristo na Eucaristia também retorna na coleção *Hymns ancient and modern*, que contém o rico patrimônio de cânticos a serem utilizados no culto divino, juntamente com o *Prayer Book*.

Hooker lançou o fundamento para uma → TEOLOGIA ESPIRITUAL anglicana. Lancelot Andrewes (1555-1626), porém, foi o primeiro a vivê-la de modo exemplar, sucessivamente, bispo de Chichester, d'Ely e de Winchester. Homem de profunda interiorização, atingiu o umbral da mística e compôs uma coleção de *Preces Privatae*, um livro devocional com os ofícios das sete horas canônicas que, após sua morte, traduzido para o inglês, foi publicado e difundiu-se rapidamente.

Essas *Preces*, compostas como poemas em prosa, bastante originais na distribuição do texto em linhas quebradas para indicar o ritmo e as pausas de uma oração contemplativa, escritas em três línguas, centralizam-se em todas as expressões de piedade bíblica: oração penitencial, oração meditativa dos mistérios da fé, oração de louvor da grandeza de Deus que se revela na criação e na obra da salvação, enfim, oração para todas as necessidades familiares. Andrewes entregou toda essa coletânea incompleta ao bispo Laud pouco antes da morte, uma obra-prima em doce harmonia com a tradição católica, que seria usado por → NEWMAN e por muitos outros que, em seu autor, veneravam o verdadeiro mestre da espiritualidade anglicana.

Andrewes é um dos 34 bispos anglicanos que compuseram hinos sacros e orações. O bispo Giovanni Cosin publicou um "Livro das horas", a *Collection of private devotions in the practise of the Ancient Church* (1627). As suas *Hours of prayer* foram muito usadas. O primeiro a introduzir o hino na liturgia, coisa que Cranmer não ousara fazer, foi o bispo Thomas Ken (1637-1711), teólogo e poeta. Compôs, para os seus estudantes, o *Manual of prayers*, com poemas sobretudo moldados nos hinos do breviário. Introduziu cânticos marianos, enfatizando, com referência a Agostinho, o paralelismo: *Per feminam mors, per feminam vita; Per Hevam interitus, per Mariam salus*, isto é, o papel de Maria na → REDENÇÃO. Sem polemizar, Ken anuncia a grandeza de Maria. Seus cânticos, todavia, também refletem a dramática situação do povo após a grande guerra civil (1638-1648) e após as guerras religiosas, movendo-se, porém, na direção escatológica. A incerteza da existência humana acendeu em todos o desejo de um mundo melhor, a Jerusalém celeste, término da longa viagem do peregrino Cristiano na obra alegórica do puritano John

Bunyan (1628-1688): *The Pilgrim's Progress from this world to that which is to come*. Este desejo, bastante acentuado na literatura inglesa profana e religiosa, está presente sobretudo no grupo dos *Metaphysical Poets*.

O mais importante é John Donne (1573-1631). Educado no catolicismo, aos dezenove anos converteu-se à Igreja anglicana porque via o catolicismo sufocado pela política curial de então e, ao mesmo tempo, grande possibilidade de reforma humanista, para a qual se abria o seu espírito, que via encarnada em Hookers e em Andrewes. Donne sentia forte o pecado em si. Eco disso são seus hinos e poemas que aparecem como o grito de uma alma consciente do pecado, mas também convicta de encontrar misericórdia nas chamas do divino amor.

Mais serena é a piedade de George Herbert (1593-1632), um pároco do interior, exemplar por sua vida espiritual. Em sua coletânea de poemas, *The Temple*, ele revela um grande amor pela natureza. Foi fácil, para ele, introduzir a imagem de Cristo bom pastor e descrever a vida cristã de todos os dias ao redor do divino Pastor, para santificar-se por meio das pequenas coisas e praticá-las *todas por* Cristo: "Teach me, my God and King,/ In all things thee to see;/ And what I do in anything/ To do it as for thee". Em sua paróquia anglicana ideal, onde todos eram convidados a vir à igreja para celebrar juntos "Matins" (matinas) e "Evensong" (vésperas), ele desenvolveu uma fecunda atividade educativa. A luminosa harmonia da religiosidade de Herbert deixou em Henry Vaughan (1621-1695), poeta e místico, o mais vivo eco. Este médico compôs dois pequenos livros intitulados *Sílex Scintillans*, nos quais a intuição mística supera as suaves imagens de seu mestre Herbert.

De perfil bem diferente é Jeremy Taylor (1613-1667), autor de *Holy living and holy dying*, que teve numerosas edições, mas, no fundo, nada mais é senão um produto medíocre, o típico anglicanismo médio, sem grandes paixões. Indubitavelmente, obtiveram melhor êxito as suas *Orações*, especialmente as eucarísticas, rapidamente difundidas em uma época na qual o governo puritano tinha proibido o uso do *Prayer Book*. Com as suas orações, muitas das quais escritas para informar os momentos marcantes da vida humana, ele aparece como modelo de → RELIGIOSIDADE POPULAR. Além disso, Taylor apreciava muito a vida consagrada em pequenas comunidades, e incentivou as tendências de sua época de reativar a vida monástica na Igreja anglicana.

Entre os *Metaphysical Poets* também se inclui John Milton (1608-1674), autor de uma representação sacra, *The Paradise Lost*, e de cantos de súbita inspiração bíblica. Pouco se conhece sobre o poeta místico Thomas Traherne (1637-1674), que nas *Centuries of meditation* e nas poesias que a acompanham imergiu no sonho de uma nova juventude, sem tempo, que Deus nos destina na eternidade. Finalmente, Richard Crashaw (1613-1649), figura típica do anglo-catolicismo, assíduo frequentador da comunidade doméstica de Little Gidding, instituída pelo leigo Nicola Ferrar (1592-1637). O seu *Carmen Deo nostro*, só publicado três anos após a sua morte, possui todas as características da lírica barroca. Terminou convertendo-se ao catolicismo.

No período que se seguiu a Andrewes e Hookers, emergiram três leigos anglicanos, verdadeiros modelos da nova *pietas anglicana* e empenhados em dar testemunho de sua fé. Nicola Ferrar, que conhecera a vida monástica em suas viagens à Itália, dedicou os últimos anos de sua vida à comunidade feminina de Little Gidding, por ele fundada, grupo de trinta jovens mulheres reunidas para viver segundo uma regra "monástica", na qual o primeiro lugar estava reservado ao louvor de Deus (récita das horas, leituras espirituais, e até vigílias noturnas). Após a morte de Ferrar, a comunidade foi fechada pelos puritanos: *The arminian nunnery* [O freirado arminianista] teria introduzido práticas católicas na Inglaterra! As tropas de Cromwell já estavam prontas para incendiar o mosteiro.

Ferrar, o "patriarca" de Little Gidding, permanece como a mais admirada figura do antigo anglicanismo. Ao seu lado se distingue Izaak Waltin (1593-1683), biógrafo dos primeiros grandes homens da Igreja da Inglaterra, e Sir Thomas Browne (1605-1682), médico e intelectual.

A Igreja anglicana do século XVII teve contínuas dificuldades nos contatos com os *puritanos*, herdeiros espirituais de Calvino, porém distintos dele pelo acentuado pessimismo em relação ao "mundo" e por um rígido ascetismo. No final da grande guerra civil (1648), o *puritanismo* celebrou, sob Oliver Cromwell, a sua vitória na Inglaterra. Isto tornou possível o nascer de uma literatura espiritual puritana fervente e apaixonada, como o já mencionado *The Pilgrim's Progress* de John Bunyan, o livro devocional mais conhecido no âmbito da língua inglesa, rapidamente traduzido para outras línguas e também imitado (como o romance de J. H. Jung-Stilling, *Heimweh*, [Saudade]), ou o tratado de Francis Rous, *Mystical marriage or experimental discourses of the heavenly marriage between a soul and her saviour*, que afirmou a união mística da alma com Cristo, tornada possível unicamente pelo fato de que Jesus Cristo é um com Deus pela união pessoal. Não menos significativos pela mística puritana inglesa são os escritos de Thomas Goodwin e a sua devoção ao Sagrado → CORAÇÃO DE JESUS, sobretudo o seu *The hearth of Christ in heaven towards sinners on Earth*. O puritanismo também teve teólogos de valor como William Perkins (1558-1602) e seu discípulo William Ames (1576-1663) (→ PIETISMO), Peter Sterry (1613-1672), e o grupo dos *Cambridge platonists* (John Smith e Henry More), Arthur Dent, Richard Baxter (1615-1691), venerado pelos contemporâneos como um "santo" que jamais perdeu a serenidade durante o tempo das perseguições. Ele distinguiu-se como compositor de cânticos religiosos, cheios de abandono e de confiança em Deus, publicados em 1681 em *Poetical fragments*.

Contemporâneo de Cromwell, porém seu adversário, distante do anglicanismo e do catolicismo, George Fox (1624-1691) foi o fundador de *The Religious Society of Friends*, denominados *quakers*. O surgimento dessa seita revelou a crise a que chegara o puritanismo, e o caos no qual mergulhara a Reforma protestante na Inglaterra. Filho de um pobre tecelão, iletrado, sonhador, mas profundamente sensível à vida interior, Fox sentia a urgência de iniciar uma obra de libertação. Em 1646 teve uma revelação, uma luz interior que o fez compreender que para os verdadeiros crentes todas as estruturas não têm a menor importância. Para experimentar Deus não são necessários ministros nem celebrações litúrgicas. Bastam a fé e a espera silenciosa da moção do Espírito. A assembleia dos "amigos" se constrói unicamente no laço da caridade.

O quaquerismo difundiu-se sobretudo com William Penn na América, nas colônias britânicas (Pennsylvania deriva de seu nome) e em outros países do mundo.

2. OS SÉCULOS XVIII E XIX. A difícil situação da Igreja na Inglaterra no final do século XVII tinha favorecido as novas tendências de construir uma religião natural. Se as correntes eclesiásticas, sobretudo o puritanismo, colocavam a sua atenção sobre o homem interior, que devia depor os seus fundamentos naturais e transformar-se em homem novo e "espiritual", já Edward Lord Herbert of Cherbury (1581-1648) esboçava um sistema de religião racional, um pouco ao estilo dos platônicos de Cambridge, porém mais simples, uma "religião natural", na qual todos poderiam reunir-se. Os princípios, listados em seu *De religione gentilium* (1645), abriram as portas para o Iluminismo setecentista com a substituição da teologia pela filosofia da religião, centralizada no ser humano natural, dotado de uma bondade original, a ser redescoberta porque estava sepultada pelas más influências da sociedade. Essas ideias, expostas por Joseph Butler (1692-1752) em seu livro *The analogy of religion to the course and constitution of nature* (1736), tendo em vista uma ampla reforma da vida, não podiam deixar de conduzir a um confronto com a tradição cristã.

Houve teólogos que rejeitaram expressamente o Iluminismo. Outros, como John Wesley, reconheceram alguns princípios como válidos. Todavia, a influência da apologia racional de Butler alcançou largo espaço nos países de língua inglesa, onde o seu primeiro livro foi adotado como habitual tratado de dogmática. Butler, juntamente com o seu contemporâneo irlandês, o bispo George Berkeley (1685-1753), também garantiam elementos de animação espiritual à Igreja anglicana, sobretudo à tradição da *High Church*, que se tornara um refúgio do conservadorismo político e religioso, com pouca vitalidade espiritual.

Eis por que no pequeno grupo da *High Church* existem figuras que, com seus escritos, tiveram considerável influência sobre a *pietas anglicana*. William Law (1686-1761), que ficou famoso por suas ardentes defesas do anglicanismo tradicional, publicou em 1729 a obra *A serious call to a devout and holy life*, que obteve grande sucesso. As suas repetidas recomendações sobre a oração diária das horas canônicas, escritas antes de tudo para religiosas, deixaram marcas profundas nos irmãos Wesley. Não lhe faltam acentos místicos quando fala da sobrenaturalidade do ser humano, chamado a imergir nas fontes do conhecimento de Deus, onde experimenta os sinais "da aura da vida eterna, esboçada aqui embaixo, que desabrocha quando cessa toda vaidade". Sob a influência de J. Böhme, Law escreveu outros tratados espirituais: *The way to divine knowledge* ou *The spirit of love* (1752), nos quais procurou aprofundar o misticismo böhmiano e as suas teorias sobre "cristianismo imparcial".

Especial atenção merece John Wesley (1703-1791), que iniciou no anglicanismo um despertar que não só cabia à Igreja estabelecida, mas se desenvolveu paralelamente a ela no movimento "metodista", sobretudo nas camadas populares. Ordenado sacerdote em 1725 e eleito *fellow* no Lincoln College (1726), dedicou-se à leitura da *Imitação de Cristo* e do *Treatise on christian perfection* de Law, publicado no mesmo ano, e, em seguida, após ter iniciado uma austera vida espiritual, leu também o seu *Serious call*. "A luz fluiu tão poderosamente em minha alma — escreveu em seu *Journal* — que cada coisa me parecia nova." A partir desse momento ele iniciou, no "Holly Club", em Oxford, uma espécie de vida monástica, juntamente com o irmão Charles e outros companheiros, entre os quais o calvinista George Whitefield (1714-1770). O seu ideal foi a reconquista do estilo de vida como vivido no cristianismo primitivo. Em 1735 fez parte de uma expedição missionária na Geórgia. A experiência feita pôs em crise a sua → VIDA INTERIOR. Quando retornou a Oxford, encontrou-se com um missionário morávio, Peter Böhler, um membro da comunidade de Herrnhut, enviado do conde Zinzendorf (→ PIETISMO) à América. Wesley alcançou aquela graça interior que chamou de sua "conversão". No dia 24 de maio de 1738, em uma reunião na qual foi lida a célebre passagem de Lutero na introdução à Carta aos Romanos, ele compreendeu que o verdadeiro cristianismo não consiste em doutrinas e no rigor das práticas, mas sim na adesão de coração a Jesus, Salvador do ser humano pecador.

Uma religiosidade individual, subjetiva, com alguma referência ao pietismo alemão, na qual, diferentemente de Lutero, a justificação pela fé jamais é dissociada da colaboração humana para atingir uma autêntica mudança de vida. Pelo desprezo da doutrina da predestinação, Wesley confronta-se violentamente com o calvinismo. Por outro lado, com a sua insistência na liberdade humana e no esforço pessoal para progredir na santidade, era suspeito de ser secretamente católico, agente partidário dos Stuart, separatista e fanático. Apesar disso, Wesley não quis desligar-se da *High Church*. Procurou manter a relação com ela mesmo quando vinha organizando o metodismo. Somente quando a *High Church* pôs barreiras à sua catequese sobre a conversão chegou ao rompimento.

Do ponto de vista literário, Wesley contribuiu bastante para a difusão do cântico religioso para acender uma piedade serena, viva, convicta, nascida da experiência salvífica pessoal. Ele queria anunciar a "Boa-Nova" da universal vontade salvífica de Deus e ajudar os fiéis a exprimir, pelo canto religioso, a experiência interior. Para a *pietas anglicana*, o movimento metodista significa, indubitavelmente, uma renovação, uma segunda Reforma que, contra o desejo de seu líder e fundador, conduziu à separação da Igreja de Estado. Significa uma superação do rigorismo calvinista para devolver aos fiéis a alegria de serem cristãos redimidos, chamados à comunhão mística com Deus, Luz da alma, Amor que desce ao coração do ser humano, graça e paz. "Rejoice, the Lord is King".

Com Wesley, a hinografia inglesa atingiu a sua expressão máxima. Ao lado de sua incansável atividade de poeta religioso deparamos com a coletânea dos *Olney Hymnes* (da paróquia de Olney), compostos por William Cowper (1731-1800) e John Newton (1725-1807), com Isaac Watts (1674-1748) e a sua filha espiritual, Miss Anne Steele (1716-1778), com Philipp Doddridge (1702-1751).

O ano de 1829, no qual pela emancipação civil dos católicos foi tirada toda limitação de liberdade religiosa, não só marcou o início de um renascimento católico, mas também o desenvolvimento de elementos de piedade afinados com o catolicismo, mais ou menos existentes no anglicanismo, e, com isso, pelo menos uma flexibilização das posições de evangelismo individualista mais ou menos liberal que caracterizava o século XVIII. Nasceu uma nova consciência da noção de Igreja e do mistério de Cristo vivo na Igreja, na qual colaborou uma renovação litúrgica e uma nova abordagem dos estudos patrísticos.

À margem do desenvolvimento do metodismo nos países de Gales, semelhante ao andamento dos modernos movimentos pentecostais, em 1830 teve início o *movimento de Oxford* com uma nova espiritualidade que, por um lado, reanimou os valores tradicionais do anglicanismo, enquanto por outro inspirou-se na tradição católica, certamente inserido no clima do romantismo inglês.

The Anglican Revival do *Oxford Movement* teve em John Keble (1792-1866) o primeiro autor, embora o seu principal expoente tenha sido John Henry Newman (1801-1890), que em 1845 converteu-se ao catolicismo. Keble manifestou a nova orientação já em 1827 com a publicação de seu *Christian year*, uma coletânea de poemas e de cânticos sacros apresentados seguindo o ano litúrgico e retomando os hinos do breviário. Com isto, deu início a um novo tipo de canto: o *Liturgical Hymn* em língua inglesa, que iria juntar-se ao *Devotional Hymn*, expressão de piedade pessoal. Juntamente com Edward Bouverie Pusey (1800-1882), grande conhecedor dos → PADRES DA IGREJA e da teologia anglicana do século XVII, Keble empenhou-se na publicação de *Tracts for the Time*, das obras-primas dos Padres, elaborando os elementos comuns católicos do anglicanismo. Em virtude dessa atividade, o *movimento de Oxford* foi denominado movimento de *Tractarianismo*. Foram fundamentais os trabalhos de → NEWMAN para transformar algumas concepções essenciais da tendência dominante dentro do anglicanismo, a ponto de colocar em dúvida a própria Reforma e os 39 artigos sobre os quais se alicerçava a Igreja anglicana. Newman deu o último passo decisivo com a conversão. O seu exemplo foi seguido por Frederick William Faber (1814-1863) e Henry Edward Manning (1808-1892), futuro cardeal da santa Igreja romana.

O *movimento de Oxford* também conduziu à renovada autoconsciência eclesiástica do anglicanismo, por causa de uma eficaz retomada da religiosidade do povo. Um clero medíocre e fechado às necessidades pastorais gerava desconfiança, a ponto de o povo não reconhecer mais no sacerdote o administrador dos bens espirituais.

Simultaneamente à publicação dos *Tracts* também saíram a *Library of the Fathers*, iniciada em 1836, e a *Library of the Anglo-Catholic Theology* de alguns anos após, para apresentar os teólogos "carolínios", assim chamados porque viveram na época dos Stuart. A insistência desses livros na vida espiritual contribuiu para o renascimento do pensamento para a vida monástica. Já Newman reunia em sua casa uma pequena comunidade (Littlemore, 1842), tendo Faber seguido o seu exemplo. Todavia, as primeiras comunidades religiosas eram femininas (Sisterhood, fundada por Pusey, Londres 1845; Ascot, 1860), empenhadas no campo social-caritativo. Somente no século XX surgiram comunidades também contemplativas. A fim de estabelecer relações regulares entre a hierarquia e as comunidades religiosas, foi preciso esperar pela criação de um *Advisory Council* (1935), reconhecido em 1968 e atualmente em fase de renovação.

No caminho para a reativação da vida religiosa teve participação decisiva John Mason Neale (1818-1866), corajoso pioneiro da espiritualidade anglo-católica, a ponto de tentar introduzir as melodias gregorianas no canto litúrgico da Igreja anglicana. Esta o privou de seu ofício de pároco durante vinte anos, tempo por ele utilizado para fundar a comunidade masculina da Misericórdia. O primeiro a fundar uma comunidade masculina anglicana foi Richard Meux Benson (1824-1915), os *Cowley Fathers*, ou *Community of Saint John the Evangelist*, título escolhido por uma especial devoção ao evangelista. Giovanni Benson escreveu "sobre os discípulos do Cordeiro" (*The Disciples of the Lamb*) um profundo estudo que revela nele o homem de oração. Em seguida, a *High Church* enriqueceu-se com outras comunidades anglicanas: *Community of the Ressurrection*, ligada aos animadores Charles Gore e Walter Howard Frere (1863-1938), bispo de Truro, um os maiores liturgistas ingleses; *Order of the Divine Compassion*, na figura de Father Andrew (Henry Ernest Hardy [1869-1946], empregado na revisão dos *Hymns Ancient and Modern*); *Society of the Sacred Mission*, conhecida por seu apostolado missionário e litúrgico-pastoral, sustentado pelos escritos de pai Gabriel Hebert, que difundia a doutrina católico-evangélico-ecumênica do fundador, pai Kelly.

No anglicanismo nasceu, já no final do século XIX, uma precoce sensibilidade para o problema da unidade cristã, explicável pela consciência de que a confissão anglicana representa a *via media* entre catolicismo e protestantismo continental. Traduziu-se em um apoio explícito e na promoção dos esforços nesse sentido já antes da conferência missionária de Edimburgo.

BIBLIOGRAFIA. BAKER, F. E. *John Wesley and the Church of England*. London, 1970; BROWNING, W. R. F. *The Anglican Synthesis*. Derby 1964; CROSS, F. L. *The Oxford Dictionary of the Christian Church*. London, 1963; DIERKES, K. M. *Anglikanische Frömmigkeit und Lehre im Kirchenlied* (Studia Anglicana, 1). Trier 1969; HARMS, H. H. *Die Kirche von England und die anglikanische Kirchengemeinschaft*. Stuttgart, 1966; HODGES, H. A. *Anglicanism and orthodoxy*. London, 1955; LIVINGSTON HUNTLEY, P. *Bishop Joseph Hall and protestant meditation in seventeenth-century England: a study of the texts*

of *"The art of divine meditation"* (1606) and *"Occasional meditations"* (1633). Binghampton (NY), 1981; Manusow, Cl. *Pelgrims en profeten. Bunyan's The Pilgrim's Progress…*, Utrecht, 1985; Schmidt, M. *John Wesley*. Zurich/Frankfurt, 1955-1966; St. Neill. *Anglicanism*. Oxford, 1958, 1977; Id. Anglikanische (Kirchen) Gemeinschaft. In *Theologische Realenzyklopädie* II (1978) 713-723; Staples, P. *The Church of England – 1961-1980*. Utrecht, 1981; Stoeffler, F. E. Tradition and renewal in the ecclesiology of John Wesley. In *Traditio-Krisis-Renovatio*. Marburg, 1976, 298-316; Stranks, C. J. *Anglican Devotion*. London, 1961; Vinay, V. Chiesa Anglicana. In *Enciclopedia delle Religioni* I. 1970, 358 s.; Id. Anglicanesimo. In *Dizionario degli Istituti di Perfezione* I (1974) 642-653 (com bibliografia); Wand, J. W. C. *La Chiesa anglicana*. Milano 1967.
Textos: *The Holy Bible. Authorized Version 1611*. Philadelphia, 1942; *Book of Common Prayer*, ed. oficial de 1662 e *Revised Prayer Book*, 1928; *Hymns Ancient and Modern*. Standard Ed., London, 1922 e Revised, London, 1950.

Giovanna Della Croce

ANGÚSTIA. 1. Noção. O termo *angústia* tem a raiz greco-latina no verbo *ango* (apertar materialmente, em particular a garganta), comum aos termos sinônimos *angusto* (lat. *angustia*: propriamente estreitamento de lugar), *ansiedade* ou *ânsia* (lat. *anxietas*: propriamente opressão de espírito).

Esses termos, sinônimos no uso comum, tiveram alguma conotação própria na linguagem científica.

A palavra *angústia* (analogamente: *ansiedade*, *ânsia* etc.) possui múltiplos sentidos transportados para a linguagem dos literatos: dolorosa sensação de sufocamento, estado penoso de espírito, dor pungente.

Na ciência médica a angústia significa o grau extremo de uma emoção dolorosa e persistente de constrição epigástrica, acompanhada de mal-estar geral, aceleração do batimento cardíaco e da respiração, tremor nos membros inferiores etc. Por outro lado, nas pessoas dominadas por ideias nefastas e obsessivas, pela melancolia (→ melancolia), instala-se a → neurose de angústia, sob a ação de traumas psíquicos e distúrbios do sistema simpático-endócrino.

Nesse estado psíquico doloroso, a angústia é caracterizada pela expectativa de um perigo indeterminado, grave e ameaçador, contra o qual o paciente encontra-se na total impossibilidade de livrar-se.

2. Interpretação psicanalítica. A psicanálise freudiana analisou a angústia evidenciando a dinâmica com a qual ela se instala em um indivíduo. Segundo essa teoria há três tipos fundamentais de angústia, que se originam de diferentes mecanismos patogênicos.

a) *Objetual*. É uma reação emotiva que surge em consequência da percepção de um perigo existente no mundo externo; uma situação pode, neste sentido, tornar-se perigosa quando for associada à lembrança de um efeito traumático sofrido no passado.

Segundo Freud, essa reação ansiosa se instaura como fenômeno de aprendizagem em uma sequência de acontecimentos frustrantes que, num primeiro momento, pegam o indivíduo completamente desprevenido, e que, em seguida, provocam no indivíduo reações cada vez mais adequadas a enfrentar o perigo existente na situação. A reação ansiosa, pois, possui o escopo de antecipar a situação de perigo, permitindo ao indivíduo dominá-lo e enfrentá-lo adequadamente, ou fugir dele.

b) *Neurótica*. É uma reação afetiva, consequente à percepção de um perigo proveniente do mundo interior; especificamente, é medo do que poderiam fazer as pulsões instintuais (sexuais e agressivas) se deixadas livres para exprimir-se. Existem três aspectos diferentes da angústia neurótica:

livre: é um estado de apreensão geral, de angústia sem objeto, difusa, superficial, derivada da sensação de um perigo iminente, grave, do qual, porém, não se conhece a causa.

fóbica: neste caso, o perigo é projetado pelo indivíduo fora de si, ancorado a lugares, pessoas e objetos que, por nenhuma razão objetiva, podem ser considerados perigosos, mas que representam simbolicamente exatamente aquelas pulsões internas que o sujeito teme. Esta projeção no exterior ocorre porque é mais fácil proteger o equilíbrio psíquico de um perigo externo do que de um interno. São típicas angústias fóbicas: agorafobia, claustrofobia, sitiofobia etc.

somatizada: trata-se ainda de angústia projetada, como no caso das fobias, mas nesta a ancoragem da projeção faz-se no soma do indivíduo, em vez de em algum ponto particular do mundo externo. Isto provoca uma série de "doenças" psicossomáticas, das quais é paradigmática a paralisia histérica. Observe-se que este tipo de angústia somatizada não é acompanhada daquela sensação de desconforto subjetivo que caracteriza as outras duas formas de angústia neurótica, tornando mais dificilmente curáveis as manifestações desta forma.

c) *Moral*. É uma reação emotiva proveniente da percepção de um perigo causado pelo sistema de normas introjetadas pelo indivíduo (superego), que se manifesta com o sentimento da vergonha e da culpa. Esses sentimentos intervêm como advertência ao indivíduo, para que seja anulada e reprimida uma intenção com o escopo de evitar uma dura condenação pelo sistema normativo interno. Esta particular situação ansiosa, pois, intervém para "advertir" o indivíduo do perigo que se lhe propõe, caso as suas realidades instintuais entrem em conflito com as normas aceitas por ele; como estas normas são de derivação ambiental, resulta que o tipo de → EDUCAÇÃO, de → CULTURA e de relação com o → AMBIENTE condiciona o surgimento da angústia moral, consequentemente o → COMPORTAMENTO do indivíduo. Convém observar que o conceito de moral que a → PSICANÁLISE propõe nessa sua classificação das formas ansiosas não corresponde ao filosófico. A moral que causa essas situações ansiosas é o "moralismo" rígido e impiedoso que oprime a consciência, que se apresenta em termos negativos e não positivos, que "proíbe" mais que impele a um melhoramento. Neste sentido, pode manifestar-se em formas claramente patológicas de culpa, de escrupulosidade, de contínua e torturante sensação de ser fracassado, caso a estrutura da personalidade tenha sofrido uma sobrecarga das instâncias normativas ambientais.

No comportamento do indivíduo a angústia se manifesta não só com inquietação, com contínua sensação de desconforto, mas também com indecisão. O ansioso entrevê perigos em cada situação e é incapaz de tomar uma decisão; quando tomar uma, o fará de modo impulsivo e malfeito. Nesse sentido, o ansioso pode considerar-se o oposto do homem de ação.

3. **ASPECTO EXISTENCIAL**. A angústia não é mais um possível ou casual estado da pessoa que sofre diante de um perigo qualquer, mas uma necessária implicação da existência humana que pode ter em seu núcleo o nada (existencialismo ateu) ou Deus (existencialismo teístico).

Contrapondo-se ao idealismo que, fazendo coincidir o ser com a ideia e identificando na ideia o indivíduo com o objeto e, sem dar espaço aos termos dentro dos quais se pode determinar a angústia, o → EXISTENCIALISMO deslocou a atenção do ser abstrato para o concreto existir humano, para captar a realidade viva da pessoa.

O problema da existência consiste exatamente em haver uma essência, ou seja, o problema do existente é aportar no ser (*existere* = vir ao ser de...). Nessa tendência do existir para o ser, inserida no ser humano, conscientemente finito e limitado, consiste formalmente a angústia existencial e existencialista, a qual, todavia, possui ontológica e espiritualmente um valor bem diferente, de acordo com a resposta que os existencialistas dão à pergunta: o que é o ser?

Heidegger, Jaspers, Abbagnano, Sartre (existencialismo ateu) respondem: é o nada. A existência é uma parábola que emerge do nada e se abisma no nada. Nesse contexto, a angústia nasce da tendência vã e inútil para a transcendência, onde reina soberano o nada; ela é a nossa experiência do nada, fonte e final de nosso existir. O ser humano é a sentinela do nada (Sartre), a sua angústia, ele próprio é uma paixão inútil (Sartre). Não surpreende que de uma existência tão sofrida e mortificante brote um sentimento imbatível de náusea; a náusea e a angústia revelam a ausência de sentido da vida. Não causa espanto que uma existência totalmente voltada para o nada, para a morte definitiva e absoluta, seja continuamente destinada ao naufrágio e votada a um perene fracasso (Jaspers). No plano ético, por outro lado, a insignificância passa necessariamente da existência à liberdade; necessariamente porque só pode haver liberdade como possibilidade de existência, como atuação do ser. A meta de uma liberdade sem significado é a escolha gratuita, o ato sem razão de ser, regenerador contínuo de angústias sem paz e de desesperos sem perspectivas de redenção.

O existencialismo que se professa teístico, à pergunta proposta responde: o ser é Deus. Embora ancorado em seu excessivo anti-intelectualismo, do qual lhe derivam todas as congestionantes antinomias internas, esse existencialismo, que poderíamos chamar de teológico, volta a inserir-se na filosofia tradicional. A existência não é puro negativismo, não é a desesperada negação do ser; existir não é "estar para o nada ou para a morte", mas "estar para o Ser": estar no tempo para o Eterno, estar na imanência limitada para a Transcendência absoluta. O ser humano não vigia um sepulcro vazio, não estende as mãos para o nada, sua voz não se perde no deserto. Sua angústia é o sentimento do tempo que anseia pela eternidade, é o sentimento do finito que busca a integração com o infinito.

O destino da existência, pois, é uma participação no Ser; há todo o campo da liberdade, no qual podem germinar boas razões de angústia. A liberdade nos é dada para que realizemos, como seres humanos, a participação no Ser; todavia, ela nos faz sentir no íntimo da consciência uma ressonância implacável da angústia ontológica, isto é, a perturbadora presença dos contrários indivisos. O ser e o não-ser operam, pela liberdade, o problema de poder ser ou não-ser. A liberdade é a possibilidade de ser, de tornar-se, de *existir*, do tornar-se uma personalidade; porém, é uma possibilidade bivalente, pelo sim e pelo não, porque se abre para o ser e o não-ser. É aqui que a liberdade se torna uma possibilidade para o pecado, e a angústia se torna, primeiro, trepidação diante do enigma da liberdade, e depois, anseio pela libertação do pecado: angústia de redenção. → KIERKEGAARD, que teve simultaneamente o mérito de uma justa reação antiidealista e de uma entonação profundamente religiosa do existencialismo, afirmou claramente o duplo momento da angústia em relação à liberdade (cf. *Il concetto dell'angoscia*, Firenze, 1942). A relação da alma com a liberdade é bem interpretada, em sentido positivo kierkegaardiano, por estas palavras de J. Lacroix: "Entre as noções de oposição, de liberdade e de angústia existe uma verdadeira harmonia preestabelecida: libertar-se sempre equivale a deixar a segurança de uma escravidão para enfrentar o risco desconhecido da liberdade. Se, pois, o livre-arbítrio é acompanhado pela angústia, isto acontece porque ele é o poder de colocar em discussão todas as coisas e, antes de tudo, a si mesmo. A angústia é característica da condição humana, e é própria do ser que ainda não é completamente perfeito, mas que deve tornar-se tal: do ser que pode criar-se ou destruir-se continuamente; do ser que não escapa de uma neurose, sempre possível, a não ser através de uma contínua libertação" (*I sentimenti e la vita morale*, 40).

4. ESPERANÇA CRISTÃ. São bem conhecidas as vozes da angústia cristã que atingem os acentos mais dramáticos e a expressão mais intensa em algumas grandes almas do cristianismo: São → PAULO, Santo → AGOSTINHO, Santa → TERESA DE JESUS.

São Paulo, antes de tudo, nos oferece as mais impressionantes formas de inquietação: gradativa, cósmica, ontológica, psicossomática, apostólica e pneumática. Eis alguns textos:

"Pois a criação, em expectativa, anseia pela revelação dos filhos de Deus. De fato, a criação foi submetida à vaidade — não por seu querer, mas por vontade daquele que a submeteu — na esperança de ela também ser libertada da escravidão da corrupção para entrar na liberdade da glória dos filhos de Deus. Pois sabemos que a criação inteira geme e sofre as dores do parto até o presente. E não somente ela, mas também nós, que temos as primícias do Espírito, gememos interiormente, suspirando pela redenção do nosso corpo" (Rm 8,19-23).

Angústia de dimensões cósmicas, mas que atinge em nós as profundezas do espírito, envolvendo até o Espírito que habita em nós: "Pois não sabemos o que pedir como convém; mas o próprio Espírito intercede por nós com gemidos inefáveis" (Rm 8,26; cf. também 2Cor 5,2-4; Rm 7,24-25; Fl 1,23).

De Santo Agostinho nos limitamos a lembrar o grito de angústia e de oração que constitui o motivo sublime das *Confissões*: "*Fecisti nos Domine ad te, et inquietum est cor nostrum donec requiescat in te*" (*Confissões*, I, I, 1).

O estribilho "Muero porque no muero", de um famoso poema de Santa Teresa de Jesus, bem como de São → JOÃO DA CRUZ, atesta a presença da angústia na mais alta vida mística e no mais perfeito amor.

As descrições existencialistas da angústia, hoje tão difundidas por uma literatura variada e vivaz, atingem a substância e o sentido da inquietação cristã?

Não faltam alguns pontos comuns. Antes de tudo, tanto a angústia quanto a inquietação são uma condição permanente do espírito humano no estado de via. A inquietação descrita por São Paulo é universal, quer abraçar o cosmos; é permanente, porque dura tanto quanto a espera da salvação plena que aparecerá na glorificação dos filhos de Deus; antes, considerando literalmente as afirmações paulinas, se estenderá até à ressurreição final, isto é, ao dia no qual de fato ocorrerá a plenitude da saúde com a glorificação da alma e do corpo. Também o grito agostiniano é universal (*cor nostrum*) e perene no tempo (*donec requiescat in te*), o que só ocorrerá perfeitamente na visão beatífica, ou seja, fora, além do tempo e acima de todos os limites.

Em segundo lugar, o sentido da angústia e da inquietação é substancialmente único se remetido à sua origem primeira: é uma tensão consciente do espírito atormentado pela limitação que penetra no próprio ser e pelo desejo de uma libertação, de uma superação. A angústia é um despertar do anseio pela liberdade, isto é, a salvação.

Não se trata de uma excentricidade em sentido essencial, como se o existente aspirasse a ser diferente de si mesmo, como em alguns existencialistas. Cada ser quer ser si mesmo; se aspira a uma dimensão mais ampla de si, com a posse de uma verdadeira liberdade interior, aspira, na verdade, a um enriquecimento de seu ser; não destrói, mas realiza e completa a si mesmo. Quando os místicos cristãos, sobretudo São João da Cruz, afirmam a necessidade de uma verdadeira morte mística, estão bem longe de teorizar uma libertação ontológica das estruturas do próprio ser.

Bem diferente, quanto às relações entre angústia e inquietação, deve ser o discurso referente a uma angústia teorizada em função do nada ou da pura gratuidade como condição de liberdade. Esta angústia está fora do quadro da vida moral e espiritual. A angústia do nada não dá nenhuma contribuição à moral do ser humano, antes, se esvai tragicamente exatamente no campo da moralidade. "Se não há Deus, então tudo é permitido" (Dostoiévski, *Os irmãos Karamázov*). Se tudo é permitido, então não existe fronteira entre o bem e o mal; não há angústia moral, porque o pecado é nada; não há angústia espiritual, porque não há Deus como termo de uma escolha, de uma orientação, de um caminho. A angústia do existencialismo ateu não é utilizável em sentido cristão, e a sua liberdade, como substitutivo da salvação, não passa de uma sombra obsessiva. Quando confrontamos as palavras de São Paulo, que condensam os frutos do Espírito na alegria e na paz (Gl 5,22), com as afirmativas dos existencialistas que, em vez disso, apresentam a náusea, o tédio, o fracasso, o naufrágio e o desespero como resultado normal de sua angústia, pode-se perceber o abismo profundo que separa as duas visões da vida espiritual e as funções que a angústia realiza nela.

5. AUTENTICIDADE. A dúvida surge justamente por causa do resultado contrastante na angústia existencialista (ateia) e na angústia cristã.

É fato que o espírito que já encontrou o objeto de sua busca não pode sentir-se angustiado sob esse aspecto, isto é, com referência ao objeto. Todavia, quando se trata de saber quem encontrou, ou crê ter encontrado, deve-se dizer que é justamente o existencialista o teórico da angústia diante do nada e da morte. Ele não tem dúvidas, não pode tê-las, porque não admite a possibilidade de escolha, nem atribui nenhum valor positivo às suas escolhas, portanto não podemos considerá-lo no caminho de uma busca.

Também o católico, o cristão, encontrou; ele conhece a verdade. Sabemos, porém, qual é o jogo incansável travado entre o encontrar e o buscar; entre o buscar e o encontrar de Santo Agostinho: "Não me procuraríeis, se já não me tivésseis encontrado!".

No plano da vida e do destino pessoal, não é somente a riqueza da verdade parcialmente possuída que deixa intacto ao cristão o drama da busca. Isto se torna mais premente por uma outra razão muito clara: o cristão, no que se refere à sua liberdade, encontra-se diante de um dilema, de uma indeterminação verdadeiramente trágica. A fé, assim como é princípio e raiz da vida cristã, é também fonte principal da angústia cristã. Ela é uma certeza que deixa intacto o drama da incerteza: ninguém pode saber se é digno de amor ou de ódio! Aqui, de fato, não há nenhuma determinação preliminar à qual se deva submeter-se fatalisticamente. Aqui situa-se inteiro e intacto o empenho para a realização da própria liberdade; o fracasso desta atuação permanece uma possibilidade que denota a mais alta medida do drama e da tragédia humana e cristã.

A angústia do existencialismo ateu é amiga do → DESESPERO; a inquietação cristã é amiga da → ESPERANÇA. É uma diferença profunda, mas que em nada diminui a autenticidade da inquietação. Porque é ligada à esperança, ela não é menos angustiante e dramática. Se a fé, certeza da incerteza, não dissipa a inquietação, nem a esperança fundamentada na fé dissolverá a angústia e o drama.

A verdade é esta: a esperança impele a inquietação rumo ao seu destino transcendente e à posse de Deus. Por isso a nossa inquietação não é a desesperada angústia da escolha inútil e demolidora que se repete infinitamente à exaustão. Tudo aquilo que é escolhido abaixo do transcendente só pode destinar ao fracasso a espera angustiada do existente, e nada mais faz senão revelar-lhe a sua desolada e infinita miséria. A angústia existencialista é paralisante; a angústia cristã é confiante, dinâmica e corajosa.

O dever da fé é "operar uma 'presença' que não inclua posteriores réplicas, que vença as dúvidas e atenue a pena do contínuo errar no labirinto do finito" (Cornélio Fabro). Mas essa presença, operada pela → FÉ com a colaboração da esperança e da → CARIDADE, nunca será de forma a atenuar aqui embaixo a inquietação, mas, antes, a excitá-la, por motivos sempre elevados e puros, até às exclamações dos místicos do Carmelo: "Muero porque no muero".

BIBLIOGRAFIA. BALTHASAR, H. U. von. *Il cristiano e l'angoscia*. Alba, 1957; BRODY, S. – AXELRAD, S. *Angoscia e formazione dell'io nell'infanzia*. Boringhieri, Torino, 1979; CAGNO, L. di – RAVETTO, F. *Le malattie croniche e mortali dell'infanzia. L'angoscia di morte*. Il Pensiero Scientifico, Milano, 1981; CASTELLI, F., *Letteratura dell'inquietudine*. Milano, 1963; COMUNIAN, A. L. *Ansia e sofferenza? I test d'angoscia di Spielberger. Analisi teoriche ed empiriche*. Coop. Nuova Vita, Padova, 1984; CONDRAU, G. *Angoscia e colpa*. Firenze, 1966; HALLAM, R. S. *Anxiety: psychological perpectives on panic and agoraphobia*. London, 1985; HAYNAL, A. *Il senso della disperazione*. Feltrinelli, Milano, 1980; HEIDEGGER, M. *Was ist Metaphisik?* Bonn, 1949; JANET, P. *De l'angoisse à l'extase*. Paris, 1926; KIERKEGAARD, S. *Diario*. Brescia. 1948-51, 3 vls.; LACROIX, J. *I sentimenti e la vita morale*. Roma, 1956; LOUSLI-USTERI, M. *Die Angst des Kindes*. Bern, 1943; MATTEUCCI, B. Indicazioni bio-bibliografiche sul concetto di angoscia. *Studium* 6 (1956) 354 ss.; MAY, R. *The meaning of anxiety*. New York, 1950; NEUMANN, M. *Ueber die Angst*. Basel, 1947; PFISTER, O. *Das Christentum und die Angst*. Zürich, 1944; ROPS, D. *Notre inquiétude*. Paris, 1953; SARABSON, S. B. et al. *Anxiety in elementary school of children*. New York, 1961.

G. G. PESENTI – S. GATTO

ANIMAÇÃO CRISTÃ DO MUNDO. Por animação cristã do mundo entende-se o efeito que o cumprimento da missão salvífica da Igreja produz nas estruturas da ordem temporal.

O mandamento de evangelizar todos os povos constitui "a graça e a vocação própria da Igreja, a sua identidade mais profunda" (cf. PAULO VI, Exortação apostólica *Evangelii nuntiandi*, n. 14). A evangelização tem como centro de seu dinamismo a clara proclamação de que, em → JESUS CRISTO, Filho de Deus feito homem, a salvação é oferecida a cada ser humano, e tem certamente o seu início nesta vida, embora seja completada na eternidade. Esta salvação, porém, não possui apenas um caráter radicalmente espiritual e religioso: na medida em que incide no mais profundo do ser humano, ela influi em todas as dimensões de seu ser. Por isso, a evangelização inclui uma mensagem explícita adequada às diferentes situações, e também nos deveres e direitos da pessoa humana, na vida familiar, na paz, na justiça, no desenvolvimento etc. (n. 29). A Igreja realiza a obra de evangelização por intermédio de todos os seus membros; todavia, cabe de modo particular aos fiéis leigos a tarefa de realizar a animação cristã das realidades temporais, conforme veremos adiante.

Nesta breve descrição, emerge a amplitude e a complexidade do assunto, cujo aprofundamento pressupõe compreender, de maneira concreta, tanto as relações entre Igreja e mundo, quanto o papel específico dos leigos dentro da Igreja.

1. A TERMINOLOGIA DOS DOCUMENTOS DO VATICANO II. A terminologia empregada nos documentos do Vaticano II para falar da missão da Igreja em relação às realidades temporais não é unitária, mas bastante diversificada. Por isso, convém enumerar algumas das principais expressões usadas para esse fim:

a) *Consecratio mundi*. A locução *Consecratio mundi* já existia no ambiente teológico anterior ao Vaticano II, e era comumente utilizada com referência à edificação da ordem temporal como parte integrante da missão da Igreja e, de modo especial, para falar da missão específica dos leigos. Pois bem, é interessante observar que esta expressão está contida somente uma vez nos documentos conciliares, quando se fala do exercício do sacerdócio comum dos fiéis leigos (cf. *Lumen gentium*, n. 34). Por outro lado, é significativo o fato de que em documentos como *Apostolicam actuositatem* e *Gaudium et spes*, nos quais se fala longamente sobre o assunto, esta expressão não tenha sido empregada uma só vez. De fato, consta que nos debates conciliares não se quis deliberadamente usá-la para evitar o risco de uma interpretação ambígua. Essa possível ambiguidade reside no modo de conceber o que sejam o "sacro" e o "profano", e, daqui, que na linguagem teológica o termo *consecratio* possa admitir diferentes significados. Esta é a razão pela qual alguns autores criticaram a expressão *consecratio mundi* como inadequada para designar a animação cristã do mundo, visto que pode ser interpretada como defensora de uma *sacralização* da ordem temporal em detrimento de sua reta autonomia. Este não é, obviamente, o significado que o termo possui nos textos conciliares: é necessário, pois, utilizar com cautela esta expressão, determinando bem o seu conteúdo e contexto em cada ocasião em que for utilizada.

b) *Instauratio mundi*. A expressão paulina *instauratio mundi* (Ef 1,10) é utilizada várias vezes para indicar a missão da Igreja (cf. *Lumen gentium*, n. 5 e 48; *Apostolicam actuositatem*, n. 5 e 7; *Ad gentes*, n. 1 e 3; *Gaudium et spes*, n. 3). Ela quer indicar que a Igreja está empenhada na reta construção da sociedade temporal sobre o único fundamento seguro, Jesus Cristo (cf. 1Cor 3,11; Ef 2,20). Expressões equivalentes são encontradas em muitos outros lugares dos documentos conciliares: *aedificatio mundi* (*Gaudium et spes*, n. 21 e 57); *exstruere* (*Ibid.*, n. 21, 34 e 57); *instituere* (*Apostolicam actuositatem*, n. 7).

c) *Reconciliatio mundi* e *recapitulatio mundi*. Estas duas expressões foram empregadas pelo Concílio de maneira equivalente. A locução *reconciliatio mundi*, também de origem paulina (cf. 2Cor 5,18-19; Cl 1,20-22), é usada duas vezes nos textos conciliares (cf. *Ad gentes*, n. 3; *Gaudium et spes*, n. 22). A *recapitulatio mundi*, porém, procede da doutrina teológica de Santo → IRENEU DE LIÃO, e é citada na *Lumen gentium*, n. 13, e na *Gaudium et spes*, n. 38, 45 e 57. Com ambas as expressões o Concílio quer sublinhar que se a Igreja pode realizar a *Instauratio mundi*; isto se deve ao fato de que o mesmo Jesus quer torná-la participante de seu domínio sobre toda a criação (cf. 1Cor 15,28).

d) *Renovatio mundi*. O Vaticano II, proclamando a concepção escriturística e patrística da obra da redenção qual nova criação, usa a expressão *renovatio mundi* para sublinhar a tarefa da Igreja na ordem temporal (cf. *Lumen gentium*, n. 48 e 56; *Ad gentes*, n. 1, 5 e 8). O ser humano cristão pode e deve levar adiante a renovação do mundo, uma vez que ele mesmo foi constituído nova criatura em Cristo (cf. Rm 6,4; Ef 6,4; Tt 3,5).

e) *Sanctificatio mundi*. Em alguns lugares dos documentos conciliares, falando do apostolado específico dos leigos, afirma-se que a sua ação apostólica bem pode ser comparada à alegoria evangélica do fermento que faz crescer a massa. Com esse escopo é utilizada a locução latina *fermenti instar*, como fermento (cf. *Lumen gentium*, n. 31; *Apostolicam actuositatem*, n. 2; *Ad gentes*, n. 15). Coloca-se, assim, em destaque a radical inserção dos leigos dentro da sociedade temporal, como consequência de sua original condição de vida, não estranha ao plano divino. Nesse aspecto insiste o n. 31 da *Lumen gentium*, no qual se acrescenta que: "aqui (no mundo) eles (os leigos) são chamados por Deus para contribuir, internamente, qual fermento, para a santificação do mundo". Esta santificação do mundo, portanto, é atribuída à Igreja inteira, ainda que para ela contribuam os leigos de modo particular, isto é, "internamente" (*velut ab intra*), exatamente como o fermento age na massa; são expressões que acentuam de que modo o espírito cristão não advém do exterior para a realidade humana, mas a eleva do interior, ou seja, não ignora a sua natureza, mas, ao contrário, a conduz à perfeição.

f) *Animação cristã do mundo*. A expressão "animação cristã do mundo", que dá título ao nosso artigo, não é conciliar, embora derive de um texto patrístico, a *Epistula ad Diognetum*, citada pelo Concílio na *Gaudium et spes*, n. 40, conforme teremos oportunidade de ver mais adiante. Apesar disso, está de acordo com aquilo que o Concílio ensina, tendo sido utilizada e difundida pela literatura teológica posterior ao Concílio para evitar qualquer mal-entendido no sentido de uma *sacralização* indevida. Por outro lado, nos textos conciliares o seu conteúdo pode ser encontrado sob a forma de expressões equivalentes, tais como "impregnar de valor moral" (*Lumen gentium*, n. 36), "aperfeiçoar com o espírito evangélico" (*Apostolicam actuositatem*, n. 2), "penetrar e aperfeiçoar com o espírito evangélico" (*Ibid.*, n. 5) etc., sempre com referência ao mundo e à ordem temporal.

2. A IGREJA, SUJEITO DA ANIMAÇÃO CRISTÃ DO MUNDO.

a) *A responsabilidade da Igreja em relação à ordem temporal*. Nos ensinamentos do último Concílio foi determinada com clareza a responsabilidade da Igreja com relação à ordem temporal. O assunto foi longamente tratado no decreto sobre o apostolado dos leigos, que afirma: "A missão da Igreja não é somente levar a mensagem de Cristo e a sua graça aos seres humanos, mas também penetrar do espírito evangélico as realidades temporais e aperfeiçoá-las", acrescentando adiante: "É tarefa de toda a Igreja trabalhar a fim de que os seres humanos sejam capacitados a bem construir toda a ordem temporal, e a orientá-la para Deus por meio de Cristo" (*Apostolicam actuositatem*, n. 5 e 7). O mesmo ensinamento pode ser encontrado na constituição pastoral *Gaudium et spes*: "A Igreja, seguindo o seu fim próprio salutar, não somente comunica ao ser humano a vida divina, mas também irradia a sua luz, de certo modo refletida sobre o mundo inteiro. [...] "A missão própria que Cristo confiou à sua Igreja por certo não é de ordem política, econômica ou social. Pois a finalidade que Cristo lhe prefixou é de ordem religiosa. Mas, na verdade, dessa mesma missão religiosa decorrem benefícios, luzes e forças que podem auxiliar a organização e o fortalecimento da comunidade humana segundo a Lei de Deus" (n. 40 e 42).

À luz dos textos citados acentue-se o fato de que o Concílio não concebe as realidades temporais, as sociedades políticas e as civilizações como meros âmbitos em cujo interior ou junto aos quais habita a Igreja, nem fala da influência da fé cristã sobre a cultura e sobre a sociedade, como se se tratasse de um puro fato sociológico carente de significado teológico, ou seja, como alguma coisa que ocorre na realidade, mas em si mesmo irrelevante em relação à missão que define e constitui a Igreja. Tanto a ênfase dada pelo Concílio sobre a centralização da pessoa humana quanto a sua profunda consciência da unidade do plano divino impedem uma tal concepção extrinsecista: a obra da redenção se refere ao coração do ser humano, logo, também ao mundo e às realidades que o homem vive, visto que o espírito evangélico se manifesta no agir e repercute nas realidades temporais.

b) *Unidade de missão, diversidade funcional*. O texto patrístico supracitado (*Epistula ad Diogneto*), no qual são descritas as qualidades morais que adornam os cristãos, e que conclui dizendo "aquilo que a alma é no corpo, o mesmo são os cristãos no mundo" (c. 6,1: Funk, I, 400), foi retomado pela *Gaudium et spes* para afirmar que "A Igreja caminha juntamente com toda a humanidade, participa da mesma sorte terrena do mundo e é como que o fermento e a alma da sociedade humana" (*GS* 40). É, pois, a Igreja inteira o sujeito pleno e integral da missão, logo, também da animação cristã do mundo, visto que todos os *christifideles*, todos os modelos cristãos, com base em sua → vocação comum são tornados participantes e solidários à missão da Igreja.

Com a mesma clareza com que afirma que a missão da Igreja cabe a todos os fiéis, o Vaticano II também ensina a diversidade funcional existente entre eles. Assim, o decreto *Apostolicam actuositatem* (*AA* 2), ao afirmar a universal participação na missão, acrescenta: "naturalmente de modos diferentes", visto que — explica — "existe na Igreja diversidade de ministério, mas unidade de missão". Todos os fiéis devem levar adiante a única missão da Igreja, porém nem todos da mesma maneira. Essa realidade possui consequências importantes com referência ao nosso assunto, isto é, à animação cristã do mundo, para qual cada cristão contribui segundo a sua função. Aos pastores cabe "enunciar com clareza os princípios sobre a finalidade da criação e o uso do mundo, dar ajuda moral e espiritual a fim de que a ordem temporal seja instaurada em Cristo" (*Ibid.*, 7; cf. *Ad gentes*, n. 21; *Gaudium et spes*, n. 43); é tarefa da hierarquia, pois, indicar, como parte de seu magistério, os princípios doutrinários que devem iluminar o desenvolvimento da animação cristã do mundo. No que se refere aos religiosos, "nem se pense que os religiosos, pela sua consagração, se tornam estranhos aos homens ou inúteis para a cidade terrena. Pois, mesmo quando não prestam uma ajuda direta aos seus contemporâneos, têm-nos sempre presentes dum modo mais profundo no amor de Cristo, e colaboram espiritualmente com eles, a fim de que a construção da cidade terrena se funde sempre no Senhor e para Ele se oriente, sem permitir que trabalhem em vão os que a estão edificando" (*Lumen gentium*, n. 46; cf. n. 31 e *Ad gentes*, n. 15 e 25). Os leigos, finalmente, por causa de sua inserção nas estruturas de ordem temporal, desenvolvem, a esse respeito, um papel primordial, e isso permite falar da "animação cristã do mundo" como atividade especificamente laical.

c) *Animação cristã do mundo e missão típica dos leigos*. João Paulo II, com efeito, falando dos leigos, afirma: "A índole secular é própria e peculiar dos leigos (*LG* 31). Com essa afirmação o Concílio esculpe o aspecto específico e distinto da personalidade eclesial dos fiéis leigos" (Alocução de 15 de março de 1987). O ensinamento é claro: mas o que é a índole secular? Qual é a doutrina precisa do Concílio com referência a esse tema? O número da *Lumen gentium* citado pelo papa assim prossegue: "Por vocação própria, compete aos leigos procurar o Reino de Deus tratando das realidades temporais e ordenando-as segundo Deus. Vivem no mundo, isto é, em toda e qualquer ocupação e atividade terrena, e nas condições ordinárias da vida familiar e social, com as quais é como que tecida a sua existência" (*LG* 31). Somos, assim, capazes de definir o que é a secularização: trata-se de uma condição de vida que possui um sentido vocacional, logo, engloba uma função, um *múnus* próprio dos fiéis leigos, posteriormente explicado no mesmo documento conciliar: "São chamados por Deus para que, aí, exercendo o seu próprio ofício, guiados pelo espírito evangélico, concorram para a santificação do mundo a partir de dentro, como o fermento, através do exercício de sua função específica e sob a orientação do espírito evangélico" (*Ibid.*).

Este estar e viver no mundo por vocação divina confere aos leigos uma particular responsabilidade no campo da animação cristã das realidades temporais, conforme destacam numerosos textos do Vaticano II: "Devem os fiéis ajudar-se uns aos outros, mesmo através das atividades propriamente temporais, a levar uma vida mais santa, para que assim o mundo seja penetrado do espírito de Cristo e, na justiça, na caridade e na paz, atinja mais eficazmente o seu fim. *Na realização plena deste dever, os leigos ocupam o lugar mais importante*" (*LG* 36; expressões equivalentes in *Apostolicam actuositatem*, n. 7; *Ad gentes*, n. 15 e 21; *Gaudium et spes*, n. 43).

Cabe aos leigos, portanto, administrar as coisas temporais e inserir nas atividades e nas estruturas temporais o espírito cristão que vem de dentro, de modo tal que se torne como que a alma da sociedade, da cultura, da vida profissional, do mundo, enfim. "O campo próprio da sua atividade evangelizadora — lembra a *Evangelii nuntiandi* — é o mesmo mundo vasto e complicado da política, da realidade social e da economia, como também o da cultura, das ciências e das artes, da vida internacional, da "mídia" e, ainda, outras realidades abertas para a evangelização, como sejam o amor, a família, a educação das crianças e dos adolescentes, o trabalho profissional e o sofrimento" (n. 70). Na tarefa de penetrar de espírito cristão todas as realidades terrenas, o trabalho profissional dos leigos possui um papel determinante. Segundo afirmava monsenhor Escrivá de Balaguer, pioneiro de uma espiritualidade secular: "Desde há muitos anos até aqui […] meditei e fiz com que fossem meditadas as palavras de Cristo transcritas por São João: *Et ego, si exaltatus fuero a terra, omnia traham ad meipsum* (Jo 12,32). Morrendo na cruz, Cristo atrai a si a criação inteira, e, em seu nome, os cristãos, trabalhando no meio do mundo, devem reconciliar todas as coisas com Deus, colocando Cristo no cume de todas as atividades humanas" (JOSEMARÍA ESCRIVÁ, *Colloqui con monsignor Escrivá*, n. 59).

4. CONSTRUIR E RENOVAR O MUNDO SEGUNDO O PLANO DIVINO. a) *O amor cristão pelo mundo*. O ser humano existe no mundo. Ao olhar ao redor de si, percebe a beleza e a bondade das coisas, aquela bondade natural que elas possuem pelo fato de terem saído das mãos de Deus: "Deus olhou e viu que tudo o que tinha feito era bom" (Gn 1,31). Essa beleza e essa bondade fazem com que o ser humano possa ascender para uma beleza e uma bondade superiores — a do próprio Deus —, mas, ao mesmo tempo, podem parar o seu coração em vez de conduzi-lo a Deus. O mundo apresenta-se, pois, como *chamado* e como *tentação*: é chamado porque tudo o que cerca o ser humano é um convite dirigido a ele para que acolha os planos divinos; mas é também tentação porque o ser humano tem a possibilidade de deter-se nas realidades criadas, como se encontrasse em sua relação com elas o seu fim último, fechando-se, assim, para a relação com os outros e com Deus.

Em vista disso, a atitude do cristão em relação ao mundo deve ser, ao mesmo tempo, de amor e de desprendimento: de amor, por sua bondade natural; de desprendimento, porque esta é a condição indispensável para realizar um verdadeiro amor, já que unicamente pelo desprendimento o ser humano será capaz de amar o mundo de modo tal que esse amor não degenere em → EGOÍSMO, fechando-se à plenitude para a qual Deus destinou a sua criação. Trata-se, em suma, de amar o mundo, antes, de amá-lo plenamente, mas de amá-lo como Deus o ama, isto é, em Deus e como Deus, fonte de todo verdadeiro amor, que significa olhar para o mundo sob uma perspectiva de eternidade. A animação cristã do mundo nada mais é senão viver esse amor, manifestá-lo nas obras, dar testemunho dele através da própria conduta e fazer com que se torne realidade não apenas individualmente, com atitude de ser humano individualista, ou de um círculo restrito de pessoas, mas de uma sociedade inteira, que viva, então, de forma digna do ser humano e de sua suprema dignidade.

b) *A atividade humana na ordem da criação*. Um primeiro aspecto da animação cristã do mundo é o de "animar" a ordem temporal, em um sentido que podemos definir como genérico, isto é, expressão daquela espiritualidade que o ser humano pode conhecer, e conhece de fato refletindo sobre a natureza. O ser humano, com efeito, percebe que pode impregnar com o seu espírito o mundo material, prolongando, assim, a obra do Criador (cf. *Gaudium et spes*, n. 34). Exatamente porque foi criado à imagem de Deus, o ser humano, com seu trabalho, pode participar da obra do Criador, "e na medida das suas possibilidades continua a desenvolvê-la e a completa, avançando cada vez mais na descoberta dos meios e dos valores encerrados na criação inteira" (João Paulo II, Enc. *Laborens exercens*, n. 25). Esse aspecto da "animação" das realidades terrenas inclui e exige consciência do valor do ser humano, atitudes éticas e também o respeito das coisas na respectiva validade, segundo a sua legítima autonomia. Nas palavras da *Gaudium et spes*: "Pois, em virtude do próprio fato da criação, todas as coisas possuem consistência, verdade, bondade e leis próprias, que o homem deve respeitar, reconhecendo os métodos peculiares de cada ciência e arte" (n. 36).

c) *A especificidade cristã na animação do mundo.* Convém sublinhar, todavia, que a animação do mundo deve ser não simplesmente humana, mas "cristã", o que inclui falar do nosso chamado para a união pessoal com Deus, e também do → PECADO, mais concretamente, da relação pecado-mundo. O mundo é uma realidade desejada por Deus não apenas para que o ser humano evolua e consiga promover uma civilização cada dia mais promissora, mas para que, abrindo o seu coração ao plano divino, se una profundamente a Deus. A relação homem-mundo se coloca, assim, no interior da relação homem-Deus, uma relação que pressupõe liberdade, seja da doação divina, seja da nossa resposta, logo, a → GRAÇA. O ser humano é chamado a responder a Deus com todas as suas forças e, então, envolvendo o mundo — a atividade natural — nesta resposta.

No entanto, a nossa liberdade é falível: o ser humano pecou, e o pecado nascido no coração do homem se reflete nas realidades terrenas. O mundo atual é o mundo manchado pelo pecado. O pecado de Adão, além de ferir a natureza humana, destruiu a harmonia estabelecida por Deus na criação. A sucessão dos pecados individuais continua a denegrir a beleza original do mundo, que se apresenta atualmente qual realidade tornada opaca pelo pecado. Surge, desse modo, o mundo como inimigo do ser humano, o mundo corrompido pelo pecado, que impele ao pecado. Todavia, o ser humano deve continuar a amar o mundo, a aspirar à sua redenção, restituindo-lhe a pureza com a qual Deus o havia dotado, antes, conduzindo-o — em virtude da graça — à pureza transfigurada dos novos céus e da nova terra, que permanecerão por toda a eternidade (cf. Ap 21,1-5). Assim, o amor cristão pelo mundo é um amor escatológico, mas que exerce a sua influência no momento presente.

A contribuição especificamente cristã está em recolocar o universo inteiro sob o poder salvífico da graça que Cristo resgatou para nós no mistério pascal. Trata-se de fazer participar a criação inteira nesse mistério: "Os cristãos professam que todas as atividades humanas, constantemente ameaçadas pela soberba e pelo amor próprio desordenado, devem ser purificadas e levadas à perfeição pela cruz e ressurreição de Cristo" (*GS*, 37). A animação cristã do mundo consiste, pois, em instaurar a ordem temporal, conforme os princípios da vida cristã. Na colaboração com a obra criadora de Deus, o discípulo de Jesus leva adiante a animação cristã do mundo colocando-se à disposição do Mestre na tarefa de atrair o universo ao Pai, aproximando-o de sua plenitude escatológica.

5. QUALIDADES PESSOAIS EXIGIDAS PARA A ANIMAÇÃO CRISTÃ DO MUNDO. a) *Perfeição natural.* A primeira condição — não em ordem de importância, mas porque se trata de um pré-requisito — é realizar com perfeição "natural" a própria atividade. Se se quer permear de divino todo o humano, é necessária uma competência, uma perfeição técnica, a serem obtidas com os meios adequados. Essa condição nasce do que vimos com referência à consideração e acolhida do valor de cada realidade temporal, uma vez que, para desenvolver todas as suas potencialidades, exige-se um "domínio", um conhecimento profundo de cada âmbito profissional, tais como a técnica, a ciência, as profissões etc.

b) *Desenvolvimento da vida espiritual.* Exatamente porque a animação do mundo é obra do espírito, o cristão empenhado no mundo deverá esforçar-se para adquirir uma profunda "vida interior", utilizando uma expressão clássica da ascética cristã. Essa tarefa é marcada como um dever também pelo Código de Direito Canônico: "todos os fiéis, segundo a própria condição, devem dedicar as suas energias a fim de conduzir uma vida santa" (cân. 210). Mais concretamente, para conduzir o mundo para Deus Pai, para ser alma do mundo, o cristão deve identificar-se com Cristo na → EUCARISTIA e na oração. Assim, e somente assim, poderá percorrer o seu caminho no mundo, trabalhando a serviço dos irmãos e construindo aquele Reino que não é deste mundo, mas que já começa e é preparado na terra e no tempo. Neste mundo o cristão que habita no meio do mundo pode levar uma vida santa afastando aquela tentação de "conduzir uma espécie de vida dupla: de um lado, a vida interior, a vida de relação com Deus; de outro, como coisa diferente e separada, a vida familiar, profissional e social, toda feita de pequenas realidades terrenas. [...] Não pode existir uma vida dupla, não podemos ser como os esquizofrênicos, se queremos ser cristãos: só há uma vida, feita de carne e espírito, e é esta que deve ser — na alma e no corpo — santa e plena de Deus: este Deus invisível o encontramos nas coisas mais visíveis e materiais" (JOSEMARÍA ESCRIVÁ, *op. cit.*, n. 114).

c) *Sentimento de justiça e de solidariedade.* — O ser humano não é um ser isolado, mas social. Cada ser humano, cada cristão precisa, para realizar a animação cristã do mundo, de um aguçado sentimento de justiça e de solidariedade. Esta última, a → SOLIDARIEDADE, é uma exigência que deriva diretamente da fraternidade humana e sobrenatural, portanto constitui um estímulo para estabelecer relações com os outros, para saber que somos participantes de um mesmo destino e chamados a uma íntima e profunda colaboração. Antes, partícipes em praticar iniciativas voltadas para uma justa distribuição dos bens, para remover situações de injustiça, promover a cultura e aquela "civilização do amor" da qual falou o papa Paulo VI (cf. PAULO VI, Audiência geral, 31 de dezembro de 1975). Quem não possui esse sentimento de justiça e de solidariedade não age de modo a tornar-se, de fato, animação do mundo.

d) *Conhecimento aprofundado da fé.* Outro requisito consiste no conhecimento aprofundado da fé. Animar o mundo, administrar as coisas temporais segundo o espírito de Cristo exige, com efeito, não apenas amor e dedicação, mas também conhecimento. A fé é, ao mesmo tempo, força, que sustenta no agir, e luz, que ajuda a escolher segundo a verdade e a justiça. A formação doutrinária — catequética, filosófica, teológica, deontológica — é condição necessária para poder enxertar a fé nas estruturas da ordem temporal, visto que, sem ela, há sempre o risco de adotar critérios e métodos incompatíveis com a fé cristã, logo, com a dignidade humana, risco de transformar a "secularidade" em "secularismo", a antítese radical da verdadeira vocação do cristão.

BIBLIOGRAFIA. CHENU, M. D. Les laïcs et la "consecratio mundi". In BARAUNA, G. (org.). *L'Église de Vatican II.* Paris, 1966, 1.035-1.053, vl. III; CONGAR, Y. Église et monde. *Esprit* (fev. 1965) 337-359; DIAZ-CANEJA, J. Bielza. *Animación cristiana de las realidades temporales según la teología actual.* Madrid, 1970; ESCRIVÁ, Josemaría. *Colloqui con monsignor Escrivá.* Milano, 1982; FERNANDEZ, A. Misión específica de los laicos. "Consecratio" o "santificatio mundi"? *Theologica* 10 (1975) 389-443; GRELOT, P.–POUSSET, E. Monde. In *Dictionnaire de Spiritualité* X. 1.620-1.646; ILLANES, J. L. *Cristianismo, historia, mundo.* Pamplona, 1973; ILLANES, J. L. Misión laical, mundo, santidad. *Anthropos* 2 (1986/1) 21-31; LAZZATI, G. *Laicità e impegno cristiano nelle realtà temporali.* Roma, 1985; PHILIPS, G. *I laici nella Chiesa.* Milano, 1964; PORTILLO, A. del. *Laici e fedeli nella Chiesa.* 1969; RODRIGUEZ, P. *Vocación, trabajo, contemplación.* Pamplona, 1986; SCABINI, P. Animazione del mondo. In ANCILLI, E. (org.). *Dizionario di Spiritualità dei Laici* I, 23-29; THILS, G. *Théologie des réalités terrestres.* Bruges, 1946.

M. BELDA PLANS

ANJOS. Considerado em sentido universal, o termo compreende tanto os anjos maus ou demônios quanto os anjos bons. Nós, conformando-nos ao uso comum, restringimos aqui o seu significado somente aos anjos bons. Nós nos deteremos sobre dois pontos que podem interessar mais diretamente à vida espiritual: 1) a função dos anjos em geral; 2) a função do anjo da guarda. Para ambas as questões encontramos um ponto de partida na Sagrada Escritura.

1. FUNÇÃO DOS ANJOS EM GERAL. Por sua natureza inteiramente espiritual, os anjos encontram-se entre Deus e os homens, entre o Infinito e os seres compostos de matéria e espírito. Isso explica como a Escritura atribua a eles duas funções: uma referente a Deus, outra referente aos homens.

a) Referente a Deus: os anjos formam a sua corte (Dn 7,10), quase o seu Exército (Sl 148,1-2; Mt 26,53; Lc 2,15). Veem a Deus (Mt 18,10), exaltam-no e cantam a sua glória (Is 6,1-4; Ap 5,11-12).

b) Mas é especialmente em relação aos homens que a função dos anjos é descrita. Já no Antigo Testamento são os embaixadores, enviados por Deus, seja para transmitir qualquer mandato seu

(2Rs 1,3; Jz 6,11-18), seja para instruir os profetas (Zc 3,4-6; Dn 2,22), seja para proteger os indivíduos (Tb 3,24-25) e o povo eleito (Dn 10,13-29; 12,1) ou punir o adversário (Ex 12,23-29).

No Novo Testamento, toda a sua missão é concentrada em Cristo e na sua obra de → REDENÇÃO. A vida de Cristo é frequentemente assinalada por intervenções angelicais: a → ENCARNAÇÃO (Lc 1,11-26), o nascimento (Lc 2,9; Mt 2,13), a infância (Mt 2,19) e o início da vida pública (Mt 4,11). Durante a vida pública os anjos não aparecem, mas Cristo fala deles afirmando que estão sempre a seu serviço (Mt 26,53), e o estarão especialmente no fim do mundo (Mt 13,29.41.49; Mc 13,27). Depois retornam no momento da sua agonia (Lc 22,43) e da sua → RESSURREIÇÃO (Mt 28,2-5; Jo 20,12). Os apóstolos e os discípulos, que devem continuar a obra de Cristo, aparecem também eles protegidos pelos anjos (At 5,19; 12,7-11; 27,23). O centurião Cornélio se dirige a Pedro por causa do conselho de um anjo (At 10,3-7), e é um anjo que manda Filipe instruir o eunuco (At 8,26-39).

Desses textos aparece claro o lugar dos anjos na economia da nossa salvação. Como no Antigo Testamento foram mandados por Deus a serviço do povo eleito e de alguns indivíduos, assim a sua função atual consiste em defender os cristãos e ajudar-lhes a completar a obra redentora de Cristo.

Esse lugar subordinado dos anjos não foi igualmente bem compreendido por todos os primeiros cristãos. Alguns, embebidos de certas doutrinas judaicas erradas, queriam pô-los acima de Cristo ou, pelo menos, no seu mesmo nível: o culto que tributavam a eles colocava na sombra aquele culto devido a Cristo, único mediador. Nesse contexto histórico é explicado o comportamento de Paulo, o qual, mais que pôr em evidência a colaboração dos anjos, sublinha quase exclusivamente o lugar subordinado que ocupam em relação a Cristo (Fl 2,9-10; Cl 1,16; 2,10). Somente Cristo nos redimiu, portanto o nosso compromisso é estar unidos a ele (Cl 2,6-20; 3,4). É evidente que o ponto de vista de São Paulo é diferente daquele dos Evangelhos: não oposto, mas complementar. A eficácia da redenção realizada por Cristo é total e a sua supremacia completa, mas ele quis livremente associar aí os anjos na qualidade de colaboradores. É normal que nos dirijamos a eles com confiança para aproveitar plenamente da redenção de Cristo.

No → APOCALIPSE nos é sugerida uma outra razão a fim de que possamos compreender por que a existência dos anjos nos foi revelada: os anjos têm parte ativa na liturgia celeste em honra do Cordeiro (Ap 5,11-14; Is 6,1-4), a mesma liturgia à qual são convidados os discípulos de Cristo; Deus quis dizer-nos em qual companhia nos encontraremos a louvá-lo por toda a → ETERNIDADE.

A reflexão teológica procurou penetrar mais a fundo na natureza e na psicologia dos anjos. Daquilo que é comumente admitido, podemos deduzir algumas aplicações espirituais. Retêm-se que todos os anjos tenham sofrido um período de prova no qual deveriam fazer uma escolha definitiva pró ou contra Deus. Enquanto os demônios se rebelaram abertamente contra Deus, e em tal rebelião continuam por toda a eternidade, os anjos bons se atiraram para ele com todo o vigor da sua vontade em total e espontânea doação de si mesmos, à qual o homem não pode chegar senão após uma diuturna purificação. Mas também os anjos, mesmo se tivessem podido doar-se a Deus na ordem natural, não o teriam podido fazer sozinhos na ordem sobrenatural na qual eram constituídos. Também eles, de fato, gratuitamente chamados à vida divina, tiveram necessidade da ajuda especial de Deus para poder a este corresponder. O seu louvor eterno consistirá, pois, também num contínuo agradecimento à prodigalidade do amor divino.

É tido como certo na teologia que os anjos não podem por si conhecer os segredos mais íntimos do homem, ou seja, aqueles pensamentos da inteligência e aquelas inclinações da vontade que permanecem exclusivamente espirituais, sem alguma repercussão na imaginação ou nas paixões. No que se refere às experiências mais sublimes, os místicos afirmam que essa exclusão de reflexo corpóreo é possível, pelo menos na ordem sobrenatural (*Subida*, 2, 26, 5; *Noite*, 2, 23, 4). É igualmente certo, porém, que o homem, se o quer, pode comunicar a eles os próprios pensamentos e desejos. Um ato de vontade é suficiente para pô-lo em contato com os anjos e para invocar a sua ajuda: estão a serviço do homem para a sua salvação.

No que se refere aos anjos, podem surgir muitas outras questões às quais não é possível dar uma resposta satisfatória. Baste-nos, portanto, quanto é possível deduzir das revelações mediante uma sã filosofia, mantendo-nos para o resto numa prudente reserva. Infelizmente, a fantasia popular e também a artística deixaram-se arrastar por curiosas interpretações e representações exuberantes, em contraste com a sobriedade escriturística, o que é causa, nos nossos tempos, de ceticismo e de desprezo pelas mesmas verdades reveladas. Melhor é confessar a ignorância de muitas coisas do que ceder a exagerações infundadas.

2. O ANJO DA GUARDA. Os anjos vêm em nossa ajuda, não apenas em circunstâncias mais ou menos extraordinárias, mas também quando nós mesmos lhes invocamos. Um anjo especial nos protege continuamente, nos guarda: é o anjo da guarda (o nome é sugerido pelo Sl 90,11). Embora não seja artigo de fé que cada homem tem o seu próprio anjo, isto é, diferente daquele dos outros homens, os teólogos são geralmente deste parecer. A opinião comum de hoje foi já convicção geral no tempo de Cristo (cf. Mt 18,10) e dos apóstolos (At 12,15). Assim pensaram também muitos Padres, embora em direta referência apenas aos batizados. Não existe razão de limitar a função do anjo da guarda apenas aos batizados, porque todos os homens estão encaminhados ao mesmo fim, a celeste → BEM-AVENTURANÇA, e todos têm, pois, necessidade da mesma ajuda. A presença dos anjos da guarda no mundo é um aspecto da divina providência. É certo que Deus não tem necessidade de ninguém para dirigir e proteger os homens, mas é uma característica sua querer comprometer também as criaturas: decidiu livremente não ser só ele causa de bondade, mas permite que também as criaturas a difundam (*STh*. I, q. 22, a. 3). Com isso se revela claramente que os anjos, embora sendo bem-aventurados na visão de Deus, se ocupam verdadeiramente dos homens para fazer-lhes entrar na sua companhia, na realização da → COMUNHÃO DOS SANTOS.

Além dessa guarda angélica individual, admite-se como provável que também as comunidades tenham o seu anjo de guarda. Isto seria necessário afirmar antes de tudo para a Igreja de Cristo: como o arcanjo Miguel foi o protetor do povo eleito (Dn 10,21; 12,1), assim lhe é agora confiado o novo povo eleito, a Igreja. A antiquíssima devoção a São Miguel, a quem numerosas igrejas foram dedicadas, encontra nisso a sua explicação.

Qual é a ajuda que este amigo potente pode dar-nos? Exclui-se que possa modificar diretamente a vontade: esta está subordinada a Deus apenas, e qualquer influxo direto da parte de uma criatura comprometeria a sua liberdade. Também um influxo direto sobre a inteligência é dificilmente explicável. Não obstante, o campo da atividade angélica permanece vasto: existem as paixões e a fantasia, por meio das quais os anjos podem exercitar o seu influxo indireto sobre o intelecto e sobre a vontade. Não devemos pensar em influxo dos quais o homem é consciente: esses serão sempre muito raros. A atividade dos anjos se insere ordinariamente na psicologia humana normal, sem fazer-se notar: será uma insistência sobre imagens e inclinações boas que retornam muitas vezes e expulsam as más, que nos atraem, nos comovem e nos induzem a ações virtuosas. Será a proteção do mal físico e moral. Influirão na imaginação do protegido e do adversário, de onde evitar tempestivamente e inadvertidamente incidentes e tentações excessivamente graves. Convém não esquecer, além disso, que o anjo da guarda reza pelo seu protegido e oferece junto com ele as suas boas obras a Deus (Tb 12,12).

A nossa atitude espiritual para com os anjos da guarda segue logicamente da doutrina exposta. Quanto ao nosso anjo da guarda, São Bernardo muito concisamente escreve: "Respeito pela presença, devoção pela benevolência, confiança pela guarda" (*PL* 183, 233). Podemos comunicar ao nosso anjo os nossos pensamentos mais íntimos; é, pois, normal que o façamos participar a toda a nossa vida espiritual, a todos os nossos ideais. Muito frequentemente se pensa nele somente para finalidades utilitárias imediatas e materiais: o anjo da guarda deve tornar-se o nosso amigo íntimo, dado a nós por Cristo para nos avizinharmos a ele. Quem pensa em poder negar o próprio anjo da guarda abandonaria a ajuda que Cristo mesmo quis dar-lhe. Quanto ao anjo da guarda dos outros, podemos valer-nos de sua ajuda a fim de que a nossa palavra seja escutada com maior simpatia e interesse, especialmente pelos infiéis e pelos pecadores; a fim de que a doutrina ou o conselho permaneçam por mais tempo na sua memória e realizem neles maior influxo. Cristo mesmo nos adverte que o diabo pode levar a boa semente, semeada pela pregação (Lc 8,12); em sentido contrário pode, pois, agir o anjo da guarda. Além disso, o que podemos pedir para nós mesmos, também podemos pedir para os outros, dirigindo-nos diretamente ao seu anjo da guarda.

BIBLIOGRAFIA. Breton, S. Faut-il parler des anges? *Revue des Sciences Philosophiques et Théologiques* 64 (1980) 225-240; Bujanda, J. *Angeles, demonios, magos… y la teología católica.* Madrid, 1953; Cavatassi, N. *Concetto biblico dell'angelo. Tabor* 31 (1962) 206-218; Cunchillos, J. L. *Cuando los ángeles eran dioses.* Salamanca, 1976; D'Azy, B. Gli angeli. / Gli angeli nel governo divino. In: *Iniziazione teologica.* Brescia, 1953, 209-237/387-402, vl. II (com bibl.); Daniélou, J. *Gli angeli e la loro missione.* Roma, 1957; Davidson, G. *A Dictionary of Angels.* New York, 1967; Giannini, G. S. S. Tommaso "De spiritualibus creaturis", art. 10, ad 8. *Divinitas* 11 (1967) 613-626; Hophan, O. *Gli angeli.* Roma, 1959; Huber, G. *Il mio angelo camminerà davanti a te.* Milano 1971; Isidoro de San José. La doctrina del ángel custodio en el dogma, en la teología, en el arte y en la espiritualidad. *Revista de Espiritualidad* 8 (1949) 265-287.438-473; 12 (1953) 331-334; Les anges et nous. *Vives Flammes* 128 (1981) 1-39; Marranzini, A. Angeli e demoni. In: *Dizionario Teologico Interdisciplinare.* Marietti, Torino 1977, 351-364, vl. I; Miller Leslie, C. *Todo acerca de los ángeles.* Tarrasa, 1978; Orbe, A. Supergrediens Angelos. *Gregorianum* 54 (1973) 5-54; Perego, A. Angeli e l'uomo moderno. *Perfice Munus* 42 (1967) 217-223; Peterson, E. *Le livre des anges.* Paris, 1954; Raurell, F. Angeología y demonología in Is. LXX. *Revista Catalana de Teologia* 2 (1977) 1-30; Regamey, P. R. *Gli angeli.* Roma, 1960; Roserber, A. *Engel und Dämonen.* München, 1967; Sansoni, C. *Gli angeli messaggeri di Dio. Tabor* 31 (1962) 219-231; Seenann, M. Il modo degli angeli e dei demoni. In: *Mysterium Salutis.* Brescia, 1970, 722-788, vl. IV; Winklhofer, A. *Die Welt der Engel.* Ettal, 1958.

A. De Sutter – M. Caprioli

ANO LITÚRGICO. O ano litúrgico não é apenas um dos inúmeros segmentos específicos da → LITURGIA da Igreja, mas o nicho no qual se inserem e são moldadas as celebrações da → EUCARISTIA, dos → SACRAMENTOS e da liturgia das horas (→ OFÍCIO DIVINO). Com efeito, "no ciclo anual a Igreja apresenta todo o mistério de Cristo, da encarnação e natividade até à ascensão, ao dia de Pentecostes e à espera da bem-aventurada esperança e da vinda do Senhor" (*SC* 102). Na estupenda variedade e riqueza dos tempos litúrgicos que representam todo o mistério de Cristo, a Igreja esposa, fazendo memória da obra salvífica de seu esposo divino, entra em contato vivo com a sua pessoa e com os seus mistérios. De fato, "Com esta recordação dos mistérios da redenção, a Igreja oferece aos fiéis a riqueza das obras e merecimentos de seu Senhor, a ponto de os tornar como que presentes em todo o tempo, para que os fiéis, em contato com eles, se encham da graça da salvação" (*Ibid.*).

O ano litúrgico, pois, é como a síntese da vida litúrgica e da espiritualidade da Igreja em contato vivo com o mistério de Cristo, na riqueza das múltiplas celebrações sacramentais e eucológicas. O ano litúrgico abraça a celebração do mistério de Cristo nos grandes tempos litúrgicos (→ ADVENTO, NATAL, QUARESMA, PÁSCOA, PENTECOSTES), com a celebração semanal da Páscoa do Senhor no domingo. No ciclo do mistério de Cristo está inserida a celebração do mistério de Maria, das suas solenidades, festas e memórias (*SC* 103), e a memória dos santos que são parte integrante do mistério de Cristo que continua no tempo (*Ibid.* 104).

1. ORIGEM E DESENVOLVIMENTO. Embora o ano litúrgico tenha as suas remotas raízes nas celebrações do ano judaico com as suas festas, convém afirmar que a formação histórica do *anni circulus*, com a complexidade que adquiriu nas diversas liturgias cristãs, foi lenta e sofreu inúmeras influências históricas, doutrinárias e culturais, até chegar à estrutura atual, renovada e determinada pela reforma pós-conciliar no rito latino.

O núcleo fundamental primitivo de uma periodização da memória do Senhor foi o domingo, com a acentuação de algum dia da semana, como a quarta-feira e a sexta-feira, considerados, desde o século II, dias de → JEJUM. Apenas no século II encontramos com clareza dados sobre a celebração anual da Páscoa do Senhor e do dia 14 do mês de Nissan, conforme se fazia no Oriente Médio, ou do domingo seguinte, segundo a tradição romana. Em torno dessa data anual forma-se o primeiro núcleo de celebrações anuais, com uma preparação cada vez mais estendida e programada que se transformará no tempo da Quaresma, com um prolongamento jubiloso de cinquenta dias ou "Pentecostes", que irá constituir o tempo pascal. As raízes dessa ordenação já são encontradas no século III e adquirem uma forma estável e determinada no século IV, seja no Oriente, seja no Ocidente.

O outro eixo do atual ciclo litúrgico que constitui o ciclo invernal de Natal e Advento possui origens mais tardias. Uma festa de Natal que celebra o nascimento de Jesus no solstício de inverno, substituindo uma festa pagã do Sol invicto em Roma, remonta ao início do século IV e se prolonga até a celebração da → EPIFANIA e a festa da Apresentação do Senhor, especialmente sob a influência da Igreja de Jerusalém. Mais tardia, todavia, é a formação do ciclo de preparação para o Natal e o tempo de Advento, praticamente desconhecido no Oriente, que entra na Igreja de Roma, definitivamente, no século IV.

A memória da Virgem Maria no ano litúrgico remonta às primeiras festas cristológicas, como a Apresentação do Senhor (2 de fevereiro) e a Anunciação do Senhor (25 de março); uma antiga memória de Maria é celebrada perto do Natal, como preparação para o nascimento do Senhor ou, em outras tradições litúrgicas, como memória jubilosa da divina maternidade. Outras festas, como a Natividade de Maria e sua Assunção, são de origem hierosolimitana e remontam aos séculos VI e VII, tendo sido introduzidas em Roma no século VII pelo papa Sérgio I.

As memórias dos santos, especialmente dos mártires, já celebradas no aniversário do *dies natalisi*, ou nascimento no céu, passaram a fazer parte da celebração anual da Igreja a partir do século V, com um núcleo inicial de festas perto do Natal do Senhor.

Essa ordenação do ano litúrgico sofreu, na época medieval, algumas progressões e involuções: perda do caráter pascal do domingo; acentuação do sentido penitencial da Quaresma, com a extensão da preparação pascal e do jejum nos domingos precedentes à Septuagésima, à Sexagésima e à Quinquagésima; prolongamento da festa de Pentecostes com uma oitava em honra do → ESPÍRITO SANTO. O calendário litúrgico foi enriquecido com as festas dos santos e com a instituição de algumas festas do Senhor, como a festa da → TRINDADE, no início do século X, e a festa de Corpus Domini, no século XIII. À Idade Média remonta a festa de Todos os Santos e a comemoração de Finados. Outras festas, como a Visitação, foram introduzidas no século XV, ao passo que a Imaculada Conceição de Maria, festa de origem oriental sem particular conteúdo dogmático, foi introduzida no Ocidente em torno do século XI, custando a firmar-se em razão de conhecidas dificuldades doutrinárias, até ser introduzida por Sixto IV, em 1476, abrindo, assim, o caminho para a sua universalização na Igreja.

Depois da reforma do calendário litúrgico realizada pelo Concílio de Trento, não faltaram enriquecimentos no ano litúrgico com a presença de novos santos e da retirada, do calendário universal, de numerosas celebrações de ambíguo fundamento histórico, além da elevação da condição e da obrigatoriedade de algumas festas de preceito.

A renovação litúrgica que antecedeu ao Vaticano II quis recuperar, nas linhas essenciais, a ordenação dos tempos fortes, com as respectivas características celebradoras e catequéticas, com a recuperação do sentido do domingo e uma diminuição das festas dos santos.

A constituição litúrgica, além de oferecer uma segura teologia do ano litúrgico, expressou algumas linhas programáticas a fim de realizar a sua reforma: a revalorização do domingo (*SC* 106); a recuperação das linhas originais da celebração do mistério pascal (*Ibid.*, 107); a prevalência da celebração do mistério do Senhor (*Ibid.*, 108); o restabelecimento do caráter batismal e pascal da Quaresma como preparação para a celebração do mistério pascal do Senhor (*Ibid.*, 109); a diminuição das celebrações particulares dos santos, deixando amplo espaço aos calendários particulares das Igrejas locais e dos Institutos religiosos (*Ibid.*, 111).

A nova ordenação do ano litúrgico foi promulgada pela carta apostólica de Paulo VI, *Mysterii paschalis*, de 14 de fevereiro de 1969. Um amplo comentário oficial do "Consilium" para a reforma litúrgica colocava em destaque as motivações e as opções do novo calendário litúrgico. Concretamente, o sentido da reforma litúrgica do calendário só pode ser amplamente percebido na execução prática do espírito de tal profunda renovação, como aparece no Missal romano, no lecionário da Missa, na ordenação geral e na eucologia da liturgia das horas (→ OFÍCIO DIVINO). Com efeito, os conteúdos teológicos, pastorais e espirituais do ano litúrgico estão expressos nesses textos litúrgicos.

2. TEOLOGIA DO ANO LITÚRGICO. O ano litúrgico é o memorial do mistério do Senhor em toda a sua complexidade e riqueza. A Igreja celebra esse mistério pascal de Cristo em sua raiz e em todo o seu amplo desenvolvimento de aspectos. A raiz, com efeito, de uma possível celebração do mistério inteiro de Cristo é o memorial de sua Páscoa, isto é, do Cristo glorioso, que, à direita do Pai, é em si mesmo a síntese de todos os seus mistérios vividos em sua carne (a expressão medieval "mysteria carnis Christi"). Todos os mistérios de Cristo são como projeção do único mistério de Cristo, aquele que era, que é e que vem (Ap 1,8);

o mesmo ontem, hoje e pelos séculos (Hb 13,8). No mistério pascal está sintetizada toda a história da → SALVAÇÃO, aquela que precede a → ENCARNAÇÃO e se segue à ascensão, até à vinda definitiva de Cristo.

Desse modo, a celebração do ano litúrgico recorda de modo ideal toda a história da salvação, das "mirabilia Dei" do Antigo Testamento, de todo o arco da vida de Cristo com os momentos culminantes de sua morte-ressurreição, do caminho histórico e escatológico da Igreja que celebra os mistérios do Senhor, mas também comemora os santos, que são o prolongamento e a realização do mistério pascal nos membros do Corpo místico (→ IGREJA, COMUNHÃO DOS SANTOS).

Todo o ano litúrgico e cada um de seus tempos são celebrações memoriais do mistério de Cristo, isto é, evocação litúrgica da imensa riqueza de seus aspectos através da Palavra proclamada, das orações, dos ritos, e também da presença mística de Cristo e de seus mistérios. Conforme afirma a *Sacrosanctum Concilium* no n. 102, os mistérios da redenção de algum modo "se tornam presentes", e os fiéis podem entrar em contato com essa plenitude de graça. Assim, por exemplo, o → ADVENTO comemora e, de certa forma, torna presente a longa espera do Messias nos séculos e a preparação da vinda do Senhor na plenitude dos tempos; o → NATAL renova o mistério da presença de Deus conosco em sua humanidade; a → QUARESMA celebra o caminho de Cristo para a sua → PÁSCOA; no → TRÍDUO PASCAL tornam-se presentes os mistérios da morte-ressurreição do Senhor; o tempo de Páscoa ou de → PENTECOSTES renova o mistério da presença do Ressuscitado junto aos seus até à ascensão e à espera do Espírito Santo. Em outros tons o tempo ordinário, na escuta da → PALAVRA DE DEUS do Novo e do Antigo Testamentos e na proclamação contínua dos Evangelhos sinóticos que narram a vida de Jesus, é memorial e presença da existência de Cristo que se insere na vida da Igreja.

A Igreja, pois, celebra em todo o tempo e em cada festa do ano litúrgico, incluídas as memórias da Virgem Maria e dos santos, o mistério de Cristo, a obra da → REDENÇÃO, eternizada no Senhor glorioso, comunicada à Igreja mediante a eficácia da Palavra proclamada e, de modo muito especial, pela celebração eucarística, momento central de cada período e festa do ano litúrgico. Temos sempre "todo o mistério de Cristo" em cada fragmento, e no conjunto ideal de todos os fragmentos que formam o *anni circulus*, temos em todo o esplendor a memória e a presença do mistério de Cristo, centro da história da → SALVAÇÃO.

Por outro lado, a celebração contínua e ordenada de todo o arco do mistério de Cristo no quadro cronológico simbólico de um ano permite distribuir, em sentido histórico, esses eventos de salvação, reunindo no final do ano litúrgico e no primeiro domingo do Advento a memória ideal da espera de sua vinda na carne (símbolo da espera no Antigo Testamento) e de sua manifestação definitiva na glória (sinal da história da Igreja a caminho para a parúsia). O ciclo anual permite à Igreja historicizar e distribuir no tempo alguns acontecimentos: Natal e episódios da infância; vida pública e caminho para a paixão; momentos do mistério pascal; permanência do Ressuscitado com os seus... Obviamente, um espaço reduzido de tempo como é a medida de um ano somente pode oferecer essa historicização do mistério do Senhor fixando-se nos dois momentos-eixos do mistério de Cristo: a sua → ENCARNAÇÃO (em torno da qual se desenvolve o tempo natalino com a sua preparação) e a sua paixão e morte com a sua → RESSURREIÇÃO (ponto focal que estrutura a preparação quaresmal e o prolongamento pascal).

A memória e a presença de todos esses mistérios têm por finalidade comunicar à Igreja, ao corpo de Cristo, toda a graça salvífica do Senhor, a fim de que não só os fiéis vivam das riquezas dessa graça, mas também possam moldar a sua existência, como indivíduos e como comunidade, segundo os mesmos sentimentos de Cristo. A própria celebração cíclica, visto que a cada ano a Igreja repercorre idealmente toda a complexidade do mistério do Senhor, permite aprofundar o conhecimento e a experiência do mistério único de Cristo, e assegura à Igreja o dom perene e essencial com o qual deve viver no caminho da história, firme no único e inesgotável mistério do Senhor, aberta a encarnar as exigências no tempo e no espaço.

Não pode faltar, pois, na vivência adequada do ano litúrgico, a normal tensão entre a acolhida de uma presença objetiva do Senhor em cada um dos seus mistérios, a assimilação subjetiva dos diferentes e variados aspectos que nos são comunicados de acordo com os tempos litúrgicos, a permanente e perseverante ação espiritual para vivenciar todas as suas virtualidades e praticá-las na vida pessoal e comunitária. Uma síntese do celebrar e do viver os mistérios de Cristo constitui, a bem dizer, a espiritualidade do ano litúrgico.

A teologia litúrgica bizantina, desejando acentuar a densidade e a completude do mistério do Senhor em cada sua projeção nos tempos litúrgicos, incluído o cotidiano e ordinário mistério de Cristo que a Igreja celebra com a → EUCARISTIA e a liturgia das horas (→ OFÍCIO DIVINO), evidencia esses seis aspectos presentes em Cristo e, portanto, na sua memória litúrgica: o momento epifânico ou de manifestação, que nos remete ao seu nascimento segundo a carne; o momento tabórico ou de transfiguração, que nos recorda a densidade da revelação do mistério e da economia da → TRINDADE através de seu corpo de glória; o sentido da paixão e da cruz, nos quais o Senhor consuma a vontade do Pai; a dimensão de ressurreição, que é o triunfo do Senhor com a sua eficácia salvífica e a sua possibilidade de tornar-se presente em toda parte; o elemento pentecostal que impregna todo mistério, enquanto realizado no Espírito, é, ao mesmo tempo, dom do Espírito Santo à Igreja e aos fiéis; o momento escatológico, visto que todo mistério do Senhor está em função de sua manifestação definitiva na glória, parcialmente antecipada na celebração de cada um dos mistérios.

De nossa parte, todavia, convém lembrar que em cada festa do Senhor, e em cada tempo litúrgico, bem como nas festas de Maria e dos santos, através dos elementos da santa liturgia será oportuno captar o sentido trinitário (a relação específica de cada mistério com o Pai, o Filho e o Espírito), a dimensão eclesial (ou seja, o aspecto dado à Igreja para que seja plasmada pela mesma graça que celebra), o caráter antropológico do mistério (como Cristo viveu os seus mistérios em sua carne e no âmbito da história, assim os mistérios de Cristo são doados para uma plena participação da humanidade).

Assim, só para ilustrar a aplicação num determinado tempo litúrgico, a Quaresma é o caminho de Cristo para o Pai, o seu êxodo definitivo que abre o caminho para todos os filhos de Deus dispersos; Cristo é impelido pelo Espírito nesse caminho para o Pai; a Igreja, revivendo o caminho quaresmal do Senhor, e atenta à escuta da Palavra e em oração, renova a memória de seus compromissos batismais; o caminho batismal, com todos os elementos rituais, renova na consciência do ser humano a necessidade de uma total → CONVERSÃO para tornar-se um homem novo, fá-lo descobrir a necessidade de converter-se a fim de acolher a novidade da antropologia cristã, para que recupere em plenitude a sua imagem e semelhança em contato com Cristo Salvador.

3. CHAVE METODOLÓGICA PARA UMA AUTÊNTICA CELEBRAÇÃO. Cada tempo litúrgico, cada festa e solenidade do Senhor, da Virgem Maria e dos santos, apresenta uma complexidade de aspectos que devem ser levados em conta para uma autêntica e fecunda celebração.

Antes de tudo, é importante conhecer a *história* de cada tempo e festa para chegar à raiz bíblica da celebração, seu aparecimento na vida da Igreja, as diferentes evoluções teológicas, psicológicas e espirituais, além das formas culturais às quais deu origem. É interessante, por exemplo, conhecer o fundamento bíblico da festa do → NATAL sem ignorar a raiz pagã da celebração romana na festa primitiva do Sol invicto e as sucessivas riquezas teológicas, espirituais e culturais que fizeram essa festa evoluir desde a Antiguidade cristã até os nossos dias, passando pelos toques originais da Idade Média (as solenes celebrações das vigílias, as representações folclóricas, a tradição do presépio).

No centro de interesse de cada tempo litúrgico deve estar a *teologia*, que procura extrair o significado profundo dos mistérios celebrados à luz dos mesmos textos da liturgia, juntando ao mesmo tempo fundamentos bíblicos, doutrina da Igreja, aprofundamentos contemplativos expressos pela liturgia. A festa do Batismo do Senhor ou a de sua Transfiguração possuem uma grande importância teológica no Oriente e no Ocidente. O fundamento bíblico é enriquecido pela reflexão teológica da Igreja e pela doutrina tradicional dos Padres, que encontra as suas explicitações nos textos litúrgicos da Missa e da Liturgia das Horas.

É fundamental a contribuição da própria *liturgia*, que para cada tempo e festa propõe leituras bíblicas que lhe dão um sentido pleno, as orações na Missa e no Ofício Divino que exprimem a riqueza doutrinal da fé. Eventuais ritos ou a própria iconografia do mistério oferecem a possibilidade de uma celebração que não seja simplesmente verbal. Como síntese e plenitude de cada momento litúrgico temos a Eucaristia, que torna presente o mistério de Cristo, e nele estão presentes todos os mistérios celebrados. Também aqui um exemplo pode ilustrar a chave metodológica. O tempo da Quaresma possui uma sugestiva ordenação de leituras bíblicas no ciclo dominical e ferial, com uma rica eucologia da Missa e na Liturgia das Horas. Na celebração da Quaresma, por outro lado, estão inseridos todos os ritos do período da purificação e da iluminação que antecede o batismo na iniciação cristã dos adultos. Todos esses elementos, além de possíveis ilustrações iconográficas dos Evangelhos, com o momento culminante da Eucaristia, devem ser cuidadosamente avaliados para uma autêntica celebração.

Por outro lado, a *pastoral* litúrgica possui um indispensável papel de animação. A ela, com efeito, cabe uma adequada catequese do ano litúrgico e de seus diferentes momentos, uma digna celebração com a participação de toda a comunidade eclesial, de maneira que a liturgia celebrada seja fonte e culminância de cada expressão do ano litúrgico; não pode faltar uma ativa tradução dos mistérios celebrados em expressões de cultura e de caridade, que marquem de modo concreto a vida da comunidade em um justo prolongamento da liturgia na vida. O tempo do → ADVENTO, por exemplo, é propício para uma catequese sobre o mistério de Cristo na expectativa do Antigo Testamento; pode ser vivenciado com momentos de oração e celebrações que atualizem a espera do Senhor em nosso tempo; particulares iniciativas de caridade podem ser a manifestação concreta para os mais necessitados da perene presença do Senhor, que vem ao encontro de cada ser humano com a caridade dos seus discípulos.

Finalmente, a *espiritualidade* é como a síntese vital e a vivência de um determinado tempo ou de uma festa. Exige, no plano pessoal e comunitário, a plena participação no mistério celebrado, a assimilação das exigências vitais e a tradução em um estilo de vida. A espiritualidade da → PÁSCOA cristã, por exemplo, nasce de uma plena participação teologal nos mistérios celebrados e gera um estilo de vida como ressuscitados, cristãos que são testemunhas da vida contra todo medo e ameaça da morte.

Nem sempre poderão ser explicitados e vivenciados os diferentes aspectos propostos nessa chave metodológica, todavia é importante considerar a importância da globalidade dos elementos que integram a celebração dos mistérios do ano litúrgico para promover uma autêntica e plena participação, já que se trata de entrar plenamente na vida e na espiritualidade da Igreja.

4. COMPLEXIDADE E RIQUEZA DO ANO LITÚRGICO. Embora em sua unidade e unicidade, enquanto celebração do mistério de Cristo, o ano litúrgico possui uma complexidade própria que vem de sua lenta e, em geral, desordenada evolução, do entrecruzamento de festas de caráter mistérico ou ideológico (as festas de uma ideia, como a festa de Cristo Rei), e da presença de repetições que respondem a critérios diferentes; assim, por exemplo, a Igreja celebra o mistério da transfiguração do Senhor no segundo domingo da Quaresma, quando é lido esse Evangelho, e também no dia 6 de agosto na festa específica; ou comemora com o Evangelho da Anunciação esse evento da salvação na semana que antecede o Natal, e também no dia 25 de março, nove meses antes do nascimento do Salvador.

É complexo o ano litúrgico no entrecruzamento de quatro categorias de celebrações: os tempos litúrgicos fundamentais, as festas do Senhor fora dos tempos litúrgicos fortes, as festas da Virgem Maria e as festas dos santos.

No que se refere aos tempos do ano litúrgico, remetemos às vozes → ADVENTO, NATAL, EPIFANIA, QUARESMA, TRÍDUO PASCAL, PENTECOSTES, DOMINGO, onde poderão ser amplamente encontrados os dados fundamentais da história, a teologia e a espiritualidade desses tempos litúrgicos. Limitamo-nos, aqui, a completar alguns dados referentes a outros aspectos do ano litúrgico.

a) *O tempo ordinário.* Os períodos do ano litúrgico fora do Advento, do tempo do Natal, da Quaresma e da Páscoa e o tempo pascal são chamados de tempo ordinário. Nele estão incluídas as 33 ou 34 semanas desse ciclo, colocadas em dois blocos: depois da festa do Batismo do Senhor até a Quarta-feira de Cinzas; depois da festa de Pentecostes até o primeiro domingo do Advento. Esse tempo ordinário é marcado na liturgia pela leitura semicontínua de alguns livros do Antigo e do Novo Testamentos no duplo ciclo do lecionário ferial, e pela leitura semicontínua dos Evangelhos sinóticos de Marcos, Mateus e Lucas, que propõem os episódios, a doutrina e os milagres de Jesus no curso de sua vida pública.

Como tempo cristológico, o tempo ordinário revive exatamente esse caminho de Jesus na terra, e a Igreja se sente ao lado do Mestre para aprender as suas palavras de vida. Como tempo da Igreja a caminho, ele lembra o longo período da espera de Cristo além do itinerário histórico da Igreja rumo à parúsia. Esse tempo, semeado pela celebração dos santos, é, portanto, a imagem do caminho do discípulo na fidelidade ao Mestre na escuta de sua palavra e na oração perseverante, da qual nasce o compromisso da caridade.

b) *As festas do Senhor*. O mistério do Senhor é celebrado pela Igreja no âmbito do ano litúrgico, especialmente nos tempos fortes com as respectivas festas como o Natal, a Epifania e Batismo do Senhor, o tríduo pascal, a Ascensão e Pentecostes. A Apresentação do Senhor, de origem hierosolimita, constitui uma ponte entre o tempo natalino e o da Quaresma, e celebra o mistério da apresentação de Jesus no Templo, chamada no Oriente de "Ipapanti" ou encontro de Deus com o seu povo. É caracterizada pela bênção das velas e pela procissão no início da celebração eucarística para ritualizar as palavras de Simeão; Cristo é a luz dos povos. A festa da Anunciação do Senhor (25 de março), colocada nove meses antes do Natal, aparece em Roma por volta da metade do século VII com atribuição cristológica, recuperada na reforma de 1969, se bem que possa ser considerada ao mesmo tempo cristológica e mariana.

São festas do Senhor de caráter universal a festa da Transfiguração (6 de agosto), que pode ter como origem a dedicação da Igreja em honra desse mistério evangélico no monte Tabor. Essa festa firmou-se no Ocidente somente na Idade Média; a festa da Exaltação da santa cruz também é de origem hierosolimita, marcada para 14 de setembro, e lembra a dedicação das basílicas constantinianas no Gólgota, sendo posteriormente enriquecida pela redescoberta da santa cruz e especialmente a partir do século VII, celebra a recuperação da relíquia pelo imperador Heráclio, em 630, após o saque de Jerusalém pelos persas.

São festas típicas do Senhor no Ocidente: a festa da Santíssima Trindade, de origem medieval, bastante difundida nos mosteiros até a fixação da data no domingo depois de Pentecostes, isto no pontificado de João XXII, em 1334. A doutrina eucológica, amplamente inspirada nas missas votivas da Trindade compostas por Alcuíno no início do século IX, exprime o mistério de Deus uno e trino; a festa do Corpo e do Sangue do Senhor, instituída por Urbano IV no ano de 1264, pela bula *Transiturus*, nasceu do fervor medieval na afirmação da presença de Cristo na → EUCARISTIA. O ofício e a Missa foram compostos por São → TOMÁS DE AQUINO. A partir do século XIII em alguns lugares impôs-se o costume da procissão com o Santíssimo Sacramento pelas ruas das cidades e dos países, para honrar a presença real de Cristo.

Finalmente, impuseram-se no Ocidente duas festas de caráter devocional: a festa do Sagrado Coração de Jesus, celebrada na primeira sexta-feira seguinte ao domingo da Santíssima Trindade, evoca o mistério do coração de Cristo segundo as revelações recebidas por São João → EUDES e Santa → MARGARIDA MARIA ALACOQUE no século XVII; a festa de Cristo, rei do universo, foi estabelecida por Pio XI para afirmar a realeza suprema do Senhor na sociedade de 1925. Fixada no calendário de 1970 no último domingo antes do Advento, coincidindo com o final do ano litúrgico, exprime muito bem o caráter escatológico do reino de Cristo para o qual tende a economia da salvação.

c) *Presença de Maria no ano litúrgico*. A presença de Maria no ciclo anual dos mistérios do Senhor tem como fundamento a sua união íntima com a obra salvífica de seu Filho (*SC* 103).

Uma primeira e fundamental presença de Maria deve, pois, ser procurada na celebração dos mistérios do Senhor ao longo do ano litúrgico, a partir do testemunho dos Evangelho que colocam em destaque esse laço indissolúvel de Maria na obra da salvação.

A atual reforma do calendário litúrgico, além da recente promulgação da "Collectio Missarum de Beata Maria Virgine" (1987), destacou plenamente a presença e a exemplaridade de Maria na → LITURGIA da Igreja, especialmente no ano litúrgico. Um momento privilegiado dessa presença é o tempo do Advento, especialmente nas férias que vão de 17 a 24 de dezembro, conforme alude Paulo VI na *Marialis cultus*, n. 3-4, e o tempo de Natal até a Epifania do Senhor, nos quais os textos litúrgicos falam da presença da Mãe junto ao Filho (MC 5). Hoje, porém, também se destaca a exemplaridade de Maria na Quaresma, como guia do povo de Deus rumo à Páscoa, modelo do discípulo na escuta da Palavra, presença fiel aos pés da cruz. Novos elementos da "Collectio" supracitada também põem em destaque a presença de Maria no mistério pascal e no tempo de Páscoa até a Ascensão do Senhor e Pentecostes, que lembra a presença de Maria à espera do Espírito.

O tempo ordinário "per annum" sublinha, pela memória de Santa Maria no Sábado, a presença da Virgem no caminho da Igreja e a sua função de guia e de preparação do mistério de Cristo, que a comunidade celebra no dia do Senhor.

Devem ser lembradas as festas cristológicas que antes tiveram um título mariano, como a Apresentação do Senhor (2 de fevereiro) e a Anunciação do Senhor (25 de março). Elas conservam até hoje um caráter ao mesmo tempo cristológico e mariano, e testemunham a união indissolúvel de Maria com o Filho, além de sua cooperação na história da → SALVAÇÃO.

Três solenidades da Igreja do Ocidente celebram os três dogmas fundamentais referentes à Virgem Maria: no dia 1º de janeiro se celebra a maternidade virginal de Maria, Mãe de Deus; assim, foi recuperada a festa mais antiga da Mãe de Deus no Ocidente, que remonta ao século VIII, intitulada "Natale Sanctae Mariae". Trata-se de uma celebração que possui ligação com outras festas marianas em torno do Natal, em todas as liturgias orientais.

No dia 15 de agosto todas as Igrejas cristãs celebram a Dormição ou Assunção da Virgem Maria. É uma festa de origem hierosolimita, surgida em torno do lugar do sepulcro de Maria no Getsêmani, por volta do século VI, estendida ao Ocidente pelo papa Sérgio I no século VII. A Igreja católica, ao contrário de outras Igrejas, celebra esse mistério da gloriosa Assunção de Maria em corpo e alma como dogma de fé, proclamado por Pio XII no dia 1º de novembro de 1950.

A festa da Imaculada Conceição, que a Igreja de Roma celebra no dia 8 de dezembro, tem uma sua raiz na festa da Conceição de Joaquim e Ana, celebrada no Oriente no dia 9 de dezembro. Essa festa, custosamente introduzida no Ocidente e só estendida à Igreja universal em 1476, finalmente recebeu o sentido teológico e os adequados textos eucológicos com a proclamação do dogma da Imaculada Conceição de Maria por Pio IX, em 1854. Alguns enriquecimentos do Ofício e da Missa na última reforma litúrgica exprimem bem o sentido teológico exemplar do mistério da Conceição Imaculada qual "feliz exórdio da Igreja sem ruga e sem mancha".

São de origem oriental a festa da Natividade de Maria (8 de setembro), tradicionalmente ligada à basílica construída em sua honra junto à piscina probática em Jerusalém, e a festa da Apresentação da Virgem Maria no templo (21 de novembro). Ambas estão ligadas às narrações dos Evangelhos apócrifos da infância, mas celebram dois momentos característicos: o nascimento de Maria, que antecede como aurora o Cristo, Sol de justiça, e o ingresso de Maria — novo templo — no Templo de Jerusalém, lugar central da história da salvação do povo de Israel.

Outras memórias são de caráter devocional ou ligadas a celebrações locais. Duas memórias litúrgicas são vinculadas a episódios evangélicos: a Visitação de Maria (31 de maio) e a de N. Sra. das Dores (15 de setembro). A memória da Virgem de Lourdes (11 de fevereiro) lembra o lugar das aparições da Imaculada, enquanto a memória da dedicação da basílica de Santa Maria Maior faz memória do templo romano dedicado pelo papa Libério (século IV), e posteriormente pelo papa Sisto III, à Mãe de Deus, como "réplica" da basílica de Belém em honra da Natividade do Senhor.

A memória da Bem-aventurada Virgem Maria do Monte Carmelo (16 de julho) celebra a devoção dos → CARMELITAS pela Virgem Maria, Mãe e Mestra de vida espiritual, protetor dos fiéis. A memória da Virgem do Rosário (7 de outubro) lembra a devoção mariana do → ROSÁRIO e a vitória sobre os turcos em Lepanto em 1573. Finalmente, duas festas marianas estão alinhadas com outras celebrações do Senhor: a memória do Coração Imaculado de Maria (sábado, após a solenidade do Sacratíssimo Coração de Jesus), devoção que remonta ao século XVII e que Pio XII acolheu com uma particular celebração em 1944; e a memória da Virgem Maria Rainha, instituída por Pio XII em 1955, antes colocada no dia 31 de maio, último dia do mês mariano, e agora fixada em 22 de agosto, para destacar a continuidade com o mistério da Assunção.

A "Collectio" das Missas de Nossa Senhora, seguindo a estrutura do ano litúrgico, quis colocar mais em relevo, conforme foi dito, a presença contínua de Maria no mistério de Cristo. Vários formulários de Missas são fixados para o tempo do Advento, Natal, da Quaresma e da Páscoa. O resto dos formulários é proposto ao longo de todo o tempo ordinário.

O sentido da presença de Maria no ano litúrgico é de grande importância para uma autêntica espiritualidade litúrgica e mariana. A Igreja, com efeito, não só lembra necessariamente a presença ativa de Maria no mistério do Filho e celebra a constante cooperação materna na vida do povo de Deus, mas olha de modo todo especial para a Virgem Maria, modelo por excelência de todos os fiéis no exercício do culto divino (*MC* 16). Tudo o que se afirma, de modo geral, sobre a exemplaridade de Maria para a Igreja, adquire um sentido próprio e concreto quando se propõe a Virgem como guia exemplar para viver com intensidade a espera do Advento, a alegria do Natal, o caminho perseverante até a cruz na Quaresma, a comunhão com Cristo na morte e ressurreição, o júbilo do tempo de Páscoa e a presença orante no Cenáculo de Pentecostes. A mesma antiga e discreta memória da Virgem Maria no sábado "per annum" estimula a fidelidade da Igreja em seu caminho, semeado pela presença exemplar de Maria em sua peregrinação de fé rumo à pátria.

d) *A celebração dos santos.* A lembrança dos → SANTOS ao longo do ano litúrgico é expressão da riqueza e da eficácia do mistério pascal que nele foi cumprido. A memória dos santos que deram testemunho da vida de Cristo e foram inseridos nas primícias da vida da Igreja testemunha a ligação com a Igreja dos Padres e dos apóstolos. Por outro lado, a presença dos santos homens e das santas mulheres de todas as épocas, nacionalidade e estado de vida dá testemunho da multiforme graça de Cristo, que refulge na face dos santos. O culto aos mártires e aos outros bem-aventurados sempre é glorificação de Deus, lembrança de seu exemplo de vida, certeza da comunhão com eles na Igreja, oração confiante para obter sua intercessão junto a Deus, esperança de alcançar com eles a herança dos santos. O calendário do ano litúrgico, embora tendo sofrido uma profunda redução no santoral, conserva as memórias mais universais, deixa às Igrejas locais e aos Institutos religiosos ampla margem para a celebração dos seus santos e bem-aventurados, mas celebra na múltipla santidade do povo de Deus o "totus Christus" que vive na Igreja e resplandece na santidade de seus filhos.

5. ESPIRITUALIDADE DO ANO LITÚRGICO. A riqueza mistérica objetiva do ano litúrgico que celebra, lembra e comunica todo o mistério do Senhor, da Virgem e dos santos é "fonte e culminância" da espiritualidade cristã. Objetivamente, tudo nos é comunicado através da liturgia e deve ser assimilado na vida, até com a possibilidade de realizá-lo "a cada ano", na repetição cíclica que não pode ser uma simples reproposta de temas e de ritos, mas sim uma sempre mais aprofundada participação nos mistérios celebrados.

Uma autêntica espiritualidade do ano litúrgico exige atenção contemplativa nos mistérios celebrados, aprofundamento na oração dos elementos eucológicos que, dia após dia, e na variedade dos tempos litúrgicos, a Igreja oferece. A espiritualidade do ano litúrgico, todavia, tem como momento culminante a "celebração", isto é, a imersão no mistério celebrado na liturgia eucarística, naquela do louvor, a fim de que possamos ser plasmados pelos mistérios celebrados pela Igreja.

Uma autêntica espiritualidade do ano litúrgico exige, segundo a própria dinâmica dos tempos celebrados, a preparação, a celebração, a continuidade vital. O dom de cada tempo litúrgico, o mistério de Cristo em seus múltiplos aspectos, tem de envolver cada um e a comunidade, numa perfeita "sintonia" com a liturgia da Igreja. A → LITURGIA, porém, exige, por sua vez, toda a riqueza existencial de uma participação viva e sensível, para que a vida do cristão seja moldada pelos mistérios celebrados, imergindo na concretude da experiência histórica. Assim, a Igreja pode ser plasmada pelo Advento como Igreja da esperança escatológica e do compromisso missionário, pode aprofundar o sentido de sua dimensão teândrica (divina e humana) no Natal; tem de redescobrir o seu caminho pascal e batismal na Quaresma, radicar-se na confissão de fé no Cristo morto e ressuscitado, na Páscoa anual, como fonte e modelo da própria experiência humana. Quanto mais se avança na vida espiritual, mais sentidas devem ser as dimensões celebrativas do mistério de Cristo que a liturgia oferece.

A espiritualidade do ano litúrgico é a espiritualidade normal, universal e mistérica de todo o povo de Deus. Assim, os → PADRES DA IGREJA entenderam propor uma espiritualidade constantemente voltada para os mistérios de Cristo, celebrados ao longo do tempo litúrgico. Basta olhar para os sermões de → AGOSTINHO e de → LEÃO MAGNO. Desse modo, certa espiritualidade medieval entendeu reviver "os mistérios da carne de Cristo", como São → BERNARDO admiravelmente exprimiu essa espiritualidade em seus sermões. Uma mística do ano litúrgico foi vivida por figuras de grande prestígio espiritual como Santa → MATILDE DE HACKEBORN e sobretudo Santa → GERTRUDES DE HELFTA, que em seus *Exercícios espirituais* nos ofereceu o testemunho de uma autêntica espiritualidade moldada na celebração dos mistérios de Cristo ao longo do ciclo litúrgico. Semelhantes experiências místicas, todavia, não faltam em Santa → TERESA DE JESUS, que recebeu do Senhor uma profunda inteligência de alguns mistérios, como a Páscoa e Pentecostes. Uma retomada do sentido espiritual do ano litúrgico como pedagogia devocional para participar da vida sacramental foi promovida pelo clássico livro de D. Próspero Guéranger, *L'anné liturgique*, 1840-1851, de grande influência em alguns santos como Teresa de Lisieux e → ISABEL DA TRINDADE. A renovação litúrgica promoveu um melhor conhecimento da teologia e da espiritualidade desse tempo. É notável, nesse campo, a influência de O. → CASEL, P. Parchas, J. A. Jungmann. Em sua encíclica *Mediator Dei*, de 1947, Pio XII acolheu as instâncias para uma renovação da piedade, também com a contribuição específica do ano litúrgico. Este, com efeito, afirma o Pontífice, "é antes o próprio Cristo, que vive sempre na sua Igreja e prossegue o caminho de imensa misericórdia por ele iniciado, piedosamente, nesta vida mortal, quando passou fazendo o bem, com o fim de colocar as almas humanas em contato com os seus mistérios e fazê-las viver por eles".

A reforma litúrgica criou as condições para uma autêntica retomada do ano litúrgico, como pedagogia espiritual da Igreja, como celebração e mistagogia perene do mistério de Cristo na vida dos fiéis, para que Cristo viva os seus mistérios em seu corpo que é a Igreja, e esta possa inserir toda a sua existência no único mistério de Cristo que a liturgia torna presente e operante na repetida experiência do ano litúrgico.

BIBLIOGRAFIA. ADAM, A. *L'anno litúrgico, celebrazione del mistero di Cristo*. Torino-Leumann, 1984; BERGAMIN, A. *Cristo, festa della Chiesa*. Roma, 1983; CASTELLANO CERVERA, J. *L'anno liturgico memoriale di Cristo, mistagogia della Chiesa com Maria Madre di Gesù*. Roma, 1987; *L'anno litúrgico: storia, teologia, celebrazione* (Anamnesis, VI). Genova, 1988; MARSILI, S. *L'anno litúrgico*. Roma, 1977; NOCENT, A. *Celebrare Gesù Cristo. L'anno litúrgico*. Assisi, 1978, 7 vls.; RIGHETTI, M. *Storia litúrgica*. II – *L'anno litúrgico*. Milano, ²1962; *Calendarium Romanum*. Roma, 1969.

J. CASTELLANO

ANO SANTO. Para compreender o significado de "ano jubilar" ou "ano santo" é necessário reportar-se não só à história da Igreja, da Idade Média aos nossos dias, mas também aos textos bíblicos em que se fala precisamente de ano jubilar.

1. O ANO DO JUBILEU NO ANTIGO TESTAMENTO. É incerta, até hoje, a etimologia da palavra *jubileu*. São duas as explicações mais comuns. A primeira deriva o termo do hebraico *yôbel*, que significa "trompa de carneiro": o anúncio do ano jubilar, com efeito, era anunciado com o som de uma trompa de carneiro. A segunda explicação, baseando-se em uma outra raiz hebraica, atribui ao termo o sentido de "presentear", "indultar", "deixar cair", pelo qual o ano jubilar seria o "ano do indulto" ou da "remissão", com particular referência às realidades socioeconômicas.

O ano jubilar judaico caía no final de sete ciclos, cada qual de sete anos, no sétimo mês do ano religioso (na prática, a cada cinquenta anos), quando soava em toda a cidade o *yôbel* — isto é, a "trompa" — para anunciar e inaugurar o ano do Jubileu. Lê-se no Levítico (25,10): "declareis santo o quinquagésimo ano e proclamareis na terra a libertação para todos os habitantes; será para vós um Jubileu; cada um de vós voltará ao seu patrimônio, e cada um de vós voltará ao seu clã". Por outro lado, visto que o ano jubilar era um tempo sagrado, em todo o país, durante o seu transcurso, era obrigatória a observância do repouso.

O ano jubilar significava para o povo judeu, juntamente com o repouso, a proclamação de liberdade da escravidão para todos os habitantes do país e a reintegração dos bens eventualmente alienados. Em suma, com a instituição do ano jubilar (ao qual se juntava, a cada sete anos, o ano sabático), queria-se remediar o desequilíbrio na divisão de terras e nas condições das classes sociais, a fim de evitar o acúmulo de riquezas fundiárias em poucas mãos, e procurar resguardar nas várias tribos o respectivo território.

2. O ANO DO JUBILEU NA VIDA DA IGREJA. Entre o ano jubilar judaico e o ano santo há certa relação, conforme observava Pio XI (constituição apostólica *Servatoris Iesu Christi*, para o ano santo de 1925), transferindo, porém, para o plano da salvação operada por Cristo o significado dos principais elementos constitutivos do Jubileu judaico. A reintegração dos bens materiais é uma prefiguração da recuperação dos bens espirituais — "méritos e dons" — perdidos pelo → PECADO, e a libertação da escravidão com o retorno ao seio da família é símbolo da emancipação interior do domínio do mal, para a reconquista daquela liberdade com a qual Cristo nos libertou (cf. Gl 5,1).

3. POR QUE SE CHAMA "ANO SANTO"?

A propósito do nome "ano santo", foi levantada esta objeção: em uma época histórica como a nossa, que sentido pode ter a reexumação de um nome já completamente ultrapassado? Para o ser humano de hoje, a partir do momento que o → TEMPO é, em si, uma realidade "profana", o que poderá dizer um "ano santo" ou "sagrado"?

Antes de tudo, observe-se que a noção de ano santo não é estranha à Bíblia. Já o tínhamos percebido nas palavras do Levítico citadas: "declarareis santo o quinquagésimo ano" (25,10). Em seguida, os profetas teriam acrescentado ao termo "santo", referente ao ano jubilar, um sentido mais acentuadamente espiritual. Assim também Isaías: "O espírito do Senhor está sobre mim, porque o Senhor [...] me enviou a proclamar o ano da misericórdia" (61,1-2). Jesus, aplicando a si mesmo essa passagem de Isaías, afirma que o tempo da pregação messiânica é como "um ano de graça do Senhor" (Lc 4,19) e recrimina Jerusalém por não ter reconhecido o tempo da visitação (cf. Lc 19,44).

A visão cristã do tempo sagrado nada tem a dividir com a concepção mítica ou sacral, comum a muitas religiões. Para o cristão, o tempo permanece aquilo que é, e enquanto tal participa de poderes e influências divinas; não existem tempos bons e tempos maus, porque em cada tempo Deus chama os seres humanos para a sua salvação e para o seu amor.

Por que, então, há na Igreja dias, períodos, anos santos (por exemplo, o → DOMINGO, a Semana Santa, o ano santo)? Porque a salvação cristã é um acontecimento que se realiza na história. Sob esse perfil, o tempo, embora conservando na raiz o seu caráter profano, torna-se sagrado: torna-se o lugar da salvação cristã. Antes, nesse mesmo fluir da história da salvação há tempos particularmente adequados ao mistério salvífico de Deus.

O ano santo deve ser colocado nessa perspectiva. É um tempo no qual o amor misericordioso de Deus quer chamar a Igreja e a humanidade inteira para uma mais ampla efusão de graça, para uma conversão universal. Juntamente com São Paulo podemos indicá-lo como o "tempo acolhido por Deus", "o dia da salvação" (cf 2Cor 6,2).

4. FATOS HISTÓRICOS.

É sabido que o primeiro Jubileu na Igreja remonta ao ano de 1300. Foi proclamado por Bonifácio VIII com a bula *Antiquorum habet* de 22 de fevereiro de 1300. Pode-se dizer, porém, que o ano santo nasceu sob a influência, quase sob o impulso, da piedade popular. Seu nascimento foi preparado, de um lado, pelas indulgências concedidas aos cruzados empenhados na libertação da Terra Santa, e, de outro e mais diretamente, pelos vários movimentos penitenciais surgidos, sobretudo na Itália, após 1260. Na noite do primeiro dia de 1300, uma enorme multidão precipitou-se para a basílica de São Pedro, com a convicção de lucrar uma indulgência extraordinária, e o fenômeno repetiu-se nos dias que se seguiram. Apelou-se, então, a uma antiga tradição, segundo a qual o ano centenário devia ser considerado ano de perdão universal" (P. PASCHINI, in *Enciclopédia Cattolica*, IV, 679).

No dia 22 de fevereiro de 1300 o papa Bonifácio VIII promulgava, da basílica de São Pedro, a célebre bula com a qual estabelecia que a cada cem anos seria celebrado um Jubileu universal, durante o qual aos fiéis "*poenitentibus et confessis*" seria concedida, em maior abundância, a libertação das culpas e das penas ligadas às culpas. As condições para obter ("lucrar", como se diz na linguagem eclesiástica) esses dons espirituais eram: trinta visitas em forma de peregrinação e oração nas basílicas de São Pedro e Paulo, para os fiéis romanos; quinze visitas às mesmas basílicas para os forasteiros.

O ato de Bonifácio VIII teve sucesso e uma ressonância extraordinária em toda a Europa. Durante o primeiro ano santo, multidões de peregrinos foram a Roma, criando não poucos problemas para a sua hospitalidade.

O ano santo passou por várias modificações em sua realização. Em 1342, em Avinhão, Clemente VI aceitou a solicitação de celebrá-lo a cada cinquenta anos; Urbano VI, em 1389, estabeleceu que seria celebrado a cada 33 anos, em lembrança dos anos do Senhor; todavia, em 1400 retornou-se à data de antes, com o assentimento de Bonifácio IX. Finalmente, em 1425, o ritmo de frequência foi fixado em 25 anos, como permanece até hoje, ainda que os acontecimentos históricos nem sempre permitissem a sua realização a cada cinco lustros (não pôde ser realizado, por exemplo, em 1800, sob Pio VI, e em 1850, sob Pio IX). De Bonifácio VIII (1300) a

Pio XII (1950) houve 24 anos santos ordinários celebrados na Igreja. O último (1975), portanto, é o 25º.

A grande adesão demonstrada pelos fiéis fez com que os pontífices proclamassem o ano santo também fora do ciclo de 25 anos. Pio XI proclamou um ano jubilar em 1933, em memória dos dezenove séculos da morte redentora do Senhor. Têm-se, portanto, na história da Igreja, duas formas de Jubileu: uma ordinária, a cada 25 anos, e outra extraordinária, para celebrar solenemente alguns fatos religiosos de particular importância.

A visita às basílicas romanas, que no início se restringiam às basílicas de São Pedro e São Paulo, rapidamente se estenderam também às basílicas Lateranense (São João) e Liberiana (Santa Maria Maior). No Jubileu de 1425 foi introduzido em São João de Latrão o rito de abertura da "porta santa", depois estendido às outras três basílicas por Alexandre VI no Jubileu de 1500. Exatamente naquela ocasião o papa publicou um cerimonial do ano santo, que chegou até nós em suas linhas essenciais. Uma vez encerrado em Roma o ano santo, os pontífices costumavam estender os principais frutos espirituais a todo o mundo cristão. Paulo VI fez o caminho inverso, abriu o Jubileu nas Igrejas particulares e o encerrou em Roma.

Além dos aspectos interessantes, embora externos, o Jubileu cristão traz em si uma mensagem e um dom profundamente religiosos. Não se entende o ano santo em sua mais genuína inspiração — que permanece substancialmente a mesma através da mudança das formas externas — senão junto ao Senhor crucificado, que "derrama o seu sangue pelos filhos da Igreja" (*Efrém o Sírio*). O Jubileu foi desejado e celebrado sempre como retorno, não só de cada cristão, mas do povo de Deus, a Cristo Salvador, que, morrendo na cruz, gera a Igreja como virgem guardiã da verdade e como mãe fecunda dos redimidos.

BIBLIOGRAFIA. BANDINI, C. *Gli Anni Santi*. Torino, 1934; BREZZI, P. *Storia degli Anni Santi*. Milano, 1949; BUCCINO, V. *Anno Santo 1975* (com a história dos Jubileus). Lugano, 1974; CASTELLI, G. *Gli Anni Santi. Il grande perdono*. Bologna, 1949; CONCETTI, G. (org.). *L'Anno Santo della Redenzione. Lineamenti teologici e pastorali*. Roma, 1983; FEDERICI, T. Il giubileo biblico. *Presenza Pastorale* 44 (1974) 13-49; ID. Il culmine della santità del popolo di Dio: i due anni santi biblici (Lv 25,1-7; 8,22). *Rivista Liturgica* 61 (1974) 882-889; FRANCESCO, R. L'Anno Santo nella storia. *Temi di Predicazione* 122 (Napoli, 1973) 42-47; MARTIRE, E. *Santi e birboni. Luci ed ombre nella storia dei Giubilei*. Milano, 1950; MEGLIO, S. di *Breve storia dell'Anno Santo*. Siena, 1973; PRINZIVALLI, V. *Gli Anni Santi*. Roma, 1925.

P. SCIADINI

ANOMALIAS PSÍQUICAS. As anomalias da psique também são chamadas alterações do espírito, ou — sob um aspecto mais patológico — doenças da mente ou psicopatias (πάθος = sofrimento, afecção; ψυχή = alma). Os vários termos se referem ao princípio formal da vida do indivíduo humano no qual o comportamento, seja em seu conjunto seja em algum particular, não corresponde ao paradigma comum da normalidade humana. A média da normalidade, na atribuição dos princípios, no desenvolvimento das funções e no teor das manifestações, dispensa uma quantidade e qualidade que oscilam dentro dos limites que permitem o harmonioso andamento de vida consciente, individual e social, no próprio ambiente. A média se refere, no entanto, àquelas modificações, disfunções, deficiências e excessos que tornam o indivíduo no qual se manifestam inadequado ao ambiente de uma sociedade livre, seja fragmentária seja continuamente.

Na apresentação das desarmonias da vida psíquica, logo se nota que nem todas possuem caráter patológico, no sentido de que denunciam a privação de um requisito humano; algumas são fenômenos periódicos até normais, que marcam um regresso provisório do nível da função vital; outras são fenômenos de funcionalidade momentaneamente alterada, frequente também em indivíduos normais; outras são fenômenos de carência que não incidem profundamente no equilíbrio psíquico do indivíduo, ainda que lhe limitem a esfera de ação; outras, ainda, são deficiências que comprometem mais ou menos gravemente a vida individual e de relação.

A psiquiatria recente atribui as desarmonias da psique a um desequilíbrio de amadurecimento neuronal. Cada deficiência de desenvolvimento, cada acentuação de um fator, cada atrofia ou lesão seria acompanhada de desarmonias psíquicas.

São múltiplas as causas das anomalias. Existem causas *endógenas*: a herança patológica, a consanguinidade, a evolução interna, o sexo, a idade e a raça. Há causas *exógenas diretas*: o ambiente (estado civil, clima, sociedade etc.), o esgotamento psíquico, as emoções fortes e prolongadas, o contágio mental, a sugestão; causas *exógenas indiretas*: as substâncias tóxicas, entre as quais o álcool — considerada a pior porque danifica as células embrionárias do feto — o ópio, o éter, o mercúrio, o chumbo etc.; as infecções, especialmente as altamente febris (encefalite epidêmica, poliomielite, meningite, tuberculose, sífilis, pneumonia, tifo etc.); alterações vasculares (arteriosclerose, trombose etc.), doenças metabólicas (diabetes, gota, artritismo, adipose etc.); traumas.

O quadro das anomalias é vasto, e a sua disposição pode ser feita com diferentes critérios. A classificação das anomalias é feita aqui seguindo o critério da descrição dos sintomas, analisados na ótica da disfunção comportamental em relação à norma. Não se trata de uma análise etiológica, mas de uma tradicional classificação nosológica. Obviamente, uma alteração atribuída a uma função ou potência ecoa em outras, e pode aí suscitar outros sintomas que correspondem a uma diferente denominação: é a razão pela qual certas vozes reaparecem em diferentes síndromes.

1. ANOMALIAS DA CONSCIÊNCIA. Visto que a consciência é psicologicamente cognição atual da própria vitalidade psicofísica, dos seus atos na continuidade do eu e na unidade do tempo, acontece que periodicamente ela é interrompida por estados que bloqueiam a alta atividade do pensamento. São eles: o → SONO, o sonho, a hipnose, os estados oníricos (entorpecimento, torpor, coma, sonambulismo, estado crepuscular, monoideísmo, desdobramento da personalidade, síndrome de Ganser).

Essas alterações da consciência incluem uma diminuição dos elementos exigidos pelo ato humano. Algumas formas, como o sonambulismo, apresentam semelhança com os estados místicos do → ÊXTASE, especialmente com o raro fenômeno da *marcha extática*; todavia, o extático mantém e intensifica a atividade espiritual, enquanto reduz a sensitiva e a motora.

2. ANOMALIAS DOS INSTINTOS. O → INSTINTO é uma tendência psíquica germinal, destinada à conservação do organismo específico. O instinto da *conservação* se divide em quatro instintos, suscetíveis de alterações: da *nutrição*, de *propriedade*, de *defesa*, e o *instinto genético*. Na normalidade, o instinto é controlado pela → VONTADE, que pode moderá-lo, inibi-lo ou deixá-lo livre; na anormalidade, o instinto prevalece e se torna antiutilitário e antissocial. Uma avaliação das alterações instintivas no campo ético é possível desde que se admita o aspecto patológico de quase todas essas anomalias, nas quais a força instintiva (por causas endógenas e exógenas) prevalece sobre a razão e a vontade, reduzindo a responsabilidade do ato humano, com a consequente diminuição da imputabilidade. No caminho ascético as anomalias do instinto da conservação constituem um obstáculo que realmente compromete a *perfeição cristã*.

3. ANOMALIAS DA ATENÇÃO. A atenção é uma aplicação mais ou menos consciente da atividade cognoscitiva convergente sobre um objeto. As alterações podem ser: *leves*, como nas fases de sonolência ou de adormecimento e nas sensações inconscientes; *graves*, como o *estupor*, no qual o paciente pode reagir aos estímulos luminosos mas não pode falar e não sabe onde se encontra; *extremas*, como a debilidade idiótica, de um lado, e a concentração do gênio em uma ideia de outro. A perda da atenção é chamada de aprosexia; a diminuição, hipoprosexia; o excesso, hiperprosexia; a paraprosexia é o esforço para remediar a diminuição da atenção. Esta se acentua em pessoas desconfiadas com mania de perseguição, em alguns paranoicos e hipocondríacos. As alterações graves e extremas da atenção comprometem radicalmente a perfeição do ato humano; as leves diminuem a entidade e, proporcionalmente, o valor ético e ascético.

4. ANOMALIAS DA PERCEPÇÃO. Quantitativamente, a percepção se refere ao estímulo: quando ela é desproporcional à intensidade do estímulo tem-se o *eretismo*, manifestado pela hiperalgesia; em caso contrário, tem-se a *obtusidade*, acompanhada pela hipalgesia. Qualitativamente, ocorre que a percepção não corresponde ao estímulo, determinando, então: *parestesia*, em que a percepção é percebida como se viesse de fora, enquanto é um fenômeno interno do paciente; a *ilusão* e a *alucinação*, das quais falaremos abaixo.

5. ANOMALIAS DAS REPRESENTAÇÕES. A imagem de um indivíduo em situação anormal ocasiona fenômenos de forte impacto; a) A *ilusão* é uma percepção errônea de estímulos reais externos, por causa de uma indevida associação de representações antecedentes e não diferenciadas do estímulo atual. As pessoas normais também estão sujeitas a ilusões em casos de medo, apreensão, → EMOÇÃO, → ÓDIO etc.; pode-se até confundir uma pessoa com outra. À ilusão assemelha-se

a *miragem* no deserto. b) A *pseudoilusão* é uma criação da → FANTASIA, facilmente reconhecível como ilusão e frequente também em pessoas normais, tais como: as criações dos românticos e dos jovens apaixonados; corresponde à *rêverie* dos franceses. c) A *alucinação* é uma misteriosa e viva representação da realidade, acreditada falsamente existente: pode ocorrer em pessoas normais e anormais por exaltação psíquica ou por sugestão. No mérito das anomalias das representações, a responsabilidade ascética tem incidência nas pseudoilusões; nas ilusões e alucinações a responsabilidade é somente reflexa, ou seja, emerge quando o fenômeno é julgado pelo indivíduo que o sofreu e é capaz de avaliar a sua falsa origem.

6. **ANOMALIAS DA MEMÓRIA.** Reduzem-se a três: a) a *amnésia* ou perda das lembranças; divide-se em amnésia da fixação, que causa o confabulismo ou substituição de lembranças inexistentes com pseudorremembranças, e em amnésia da reevocação ou de reprodução; são fenômenos frequentes nos frenastênicos, dementes senis, arterioscleróticos etc. b) a *paramnésia* é uma falsificação mnemônica, frequente nas crianças e nas mulheres, que inventam, ainda que convictos de que afirmam a verdade (as mentiras sinceras!); assemelha-se ao fenômeno do "já visto", quando, na verdade, só se ouviu falar; o outro é a *criptomnésia*, pelo qual se afirma uma coisa como sendo nova, enquanto é antiga, são fenômenos sobre o tempo, o espaço, a ordem das lembranças etc. c) e a *hipermnésia*, que é a exaltação patológica da memória. Nessas alterações da memória é clara a não imputabilidade do que é falso, visto que pessoas de experimentado ascetismo também podem cair nesses ilusórios fenômenos.

7. **ANOMALIAS DA ATIVIDADE ASSOCIADA.** A associação é aqui entendida como reagrupamento de atos psíquicos, com tendência para reproduzir-se espontaneamente na ordem na qual foram reagrupados. Destacam-se: a) a *dismimia* ou seja, a atitude e os gestos (riso, pranto, rugas etc.) em contraste com a sua habitual manifestação (amimia, hipomimia, hipermimia, paramimia); b) a *afasia* motriz, que não permite a articulação das palavras; pode ser total ou parcial; esta última é acompanhada pela *disartria* ou má articulação de algumas letras; c) a *embolofrasia* ou repetição de palavra inútil no fraseado; d) a *afasia sensorial* ou surdez das palavras, isto é, a incapacidade de entender as palavras escutadas, embora tendo ouvidos e mente normais; e) a *parafasia* ou falsa pronúncia das palavras; f) a *alexia* ou incapacidade de ler um texto; g) a *agrafia* ou incapacidade de escrever, ou de escrever bem para quem sabia fazê-lo. Além dessas alterações existem outras: a assimbolia ou ausência de sinais mnemônicos; a astereognose ou ausência de imagens geométricas; a apraxia motriz e ideativa, isto é, a perda das imagens necessárias ao movimento e das representações do mecanismo e da finalidade dos atos; a amusia ou perda das lembranças musicais; a acalculia ou distúrbio nos cálculos matemáticos etc. Sendo fenômenos patológicos, certamente indesejáveis, o seu único significado moral deve ser buscado na causa que, às vezes, pode resultar viciosa.

8. **ANOMALIAS DOS AFETOS.** As alterações da vida afetiva também são chamadas de *distimias*. Do ponto de vista tímico, a humanidade pode ser classificada em hipotímicos, hipertímicos e eutímicos; estes últimos representariam o equilíbrio nos afetos, embora seja encontrada, também neles, certa oscilação. As principais formas distímicas são: a) a *hiperemotividade* e a *apatia*, que são reações paradoxais ou contrárias (idiossincrasias) à normalidade, como rir diante de uma notícia dolorosa; b) a *hipomania* ou alegria com aumento da atividade (euforia); c) a *melancolia* ou tristeza patológica, que pode até degenerar em suicídio, ou seja, aquela crise afetiva que abala o campo da consciência, anulando todo sentimento de fé e de esperança; d) a *mania* é um exagero mórbido do tom afetivo e do temperamento hipertímico, que gera impulsividade de atos, ilogicidade de ideias e supervalorização de si mesmo. Existem várias manias: a estética (decoração, arranjos ornamentais), a dromomania (de correr), a clastomania (de destruir), a cleptomania (de roubar) etc. As alterações afetivas não privam completamente a pessoa do exercício das suas faculdades superiores; assim, pode-se atribuir aos atos maníacos um resultado ético, mas sempre permanecem contraindicações à perfeição cristã.

9. **ANOMALIAS DA INTELIGÊNCIA.** As alterações intelectuais se referem às ideias. Podem ser: a) perturbações leves: a *fuga das ideias*, ou seja, uma sua acelerada manifestação à qual corresponda a logorreia ou abundância de palavras; a *incoerência* das ideias e a sua pobreza; o *curto-circuito*

das ideias ou associação limitada. b) O *delírio*, também chamado de ideia delirante, fixa, coata, incoercível; é um juízo errado persistente, injustificado, irreformável por via demonstrativa. Há um delírio *expansivo* ou alegre, com ideias de grandeza (o paciente acredita-se um renomado personagem), com ideias eróticas (erotomania, o paciente acredita ser amado por uma pessoa ilustre), ideias religiosas (o paciente tem chamados especiais, ordens de Deus). Há um delírio *depressivo* com ideias de inferioridade (o paciente acredita que fracassou, que está morto etc.), com ideias hipocondríacas (acredita que foi atacado por doenças), com ideias de perseguição, de relatividade (o paciente se atribui tudo aquilo que lê ou escuta sobre os acontecimentos do dia). c) A *frenastenia* (deficiência psíquica) é congênita pobreza ou ausência absoluta de ideias. Pode ser: fraqueza mental, na qual a pessoa parou no desenvolvimento mental na idade de nove anos; imbecilidade com parada no desenvolvimento entre os dois e sete anos; idiotia com parada antes dos dois anos. d) A *demência* é a fraqueza mental adquirida, na qual é destruído o patrimônio ideativo conquistado. Nas perturbações leves, nos delírios e na fraqueza mental há uma diminuição de poder ideativo, portanto, racional, na qual moralidade e empenho ascético ficam parcialmente comprometidos; nas outras formas a responsabilidade direta é nula.

10. ANOMALIAS DA VONTADE. As alterações do apetite intelectivo podem ocorrer em situação normal e patológica. Em situação normal encontramos: a) a *obsessão*, fenômeno consequente das ideias fixas, com impulso irresistível e dominante no campo da vontade; a ele pertencem as representações repetidas (melodias, argumentos, fantasias e dúvidas que frequentemente vêm à mente); b) a *fobia*, uma reação de medo, insensata e desproporcional à causa; é de natureza neuropsicastênica e possui íntima relação com as obsessões; são várias as formas: topofobia ou agorafobia (medo de lugares públicos), acrofobia (medo de altura), claustrofobia (medo de lugares fechados), misofobia (medo de contágio), eritrofobia (medo de enrubescer), fobia das fobias (medo de ter medo) etc. c) A *ação coativa* é um impulso que leva a praticar o ato antes de a vontade consentir: os *tiques* nervosos, a ecolalia, a coprolalia (descarga de palavras obscenas repetidas). Em situação patológica destacam-se: a) a *hipobulia* ou fraqueza voluntária que determina indecisão, irresolução; b) a *abulia* ou paralisia voluntária; são particulares distúrbios abúlicos: o *espanto catatônico* (incapacidade voluntária de superar certas resistências), a *melancolia atônica*, os estados produzidos pela sugestão, o *maneirismo* ou afetação no comer e no vestir etc., a *estereotipia* (repetição de um mesmo ato ou atitude), o *negativismo* (rebelião absurda e sistemática a toda influência externa na própria vontade); c) a *hiperbulia*, que se manifesta na excitação afetiva e motora, agrava-se com a *parabulia*, na qual por causa de uma deficiente inibição psíquica o paciente pode cometer crimes a sangue frio.

As obsessões, as fobias, a hipobulia, a hiperbulia deixam ao indivíduo um limitado campo de liberdade, tornando-o, em parte, responsável pelos seus atos; o andamento ascético é gravemente bloqueado; as outras formas patológicas apresentam aspectos de inevitabilidade, na qual a vontade é ineficaz.

11. ANOMALIAS DA PSIQUE. O critério de distinção das anomalias da psique das anteriores é a amplitude do campo comprometido por elas e a sua complexa sintomatologia. As anomalias mais leves são chamadas *neuroses* ou neuropatias; as mais graves são denominadas *psicoses* e psicopatias. Sem levar em conta os esquemas médico-psiquiátricos, podemos apresentar uma listagem gradual das alterações da psique: a) a *neurastenia* corresponde mais ou menos a um esgotamento nervoso, pelo qual o paciente se desvia do comportamento normal de vida, com uma falsa tomada de posição ambiental; b) a *psicastenia* é outra vaga forma de neurose em que o paciente quer ser impulsivamente independente e, ao mesmo tempo, não tem força suficiente para tornar-se autônomo, permanecendo, assim, em conflito interior; assemelha-se à *escrupulosidade* religiosa; c) o *histerismo* é uma neurose de definição incerta: o histérico é impressionável, sugestionável, extravagante, mentiroso, caprichoso, simulador, medroso, egoísta, imoral, ambicioso etc.; d) a *esquizofrenia* é uma psicose característica da dissociação da personalidade com a consequente desarmonia das funções mentais (ataxia intrapsíquica); o esquizofrênico é um solitário, apático, extravagante, prepotente, impulsivo, rígido, inadaptado, bizarro, volúvel, ilógico. A síndrome esquizofrênica apresenta dissociação entre ideias e afetividade, entre representações mentais e atos, entre pensamento e as expressões verbais e mímicas. A passagem para a demência

é rápida; e) a *paranoia* é uma "psicose autônoma, constituída por um processo delirante, lúcido, sistemático e crônico". Nela prevalece uma alteração da inteligência, em particular o delírio da perseguição; o paranoico primeiro fica mudo, arredio, desconfiado, depois torna-se ameaçador, agressivo, acusador etc. Existem diferentes formas: paranoia com delírios de ciúme (assassinos domésticos!), paranoia da querulência, paranoia hipertrófica (com delírios de grandeza); f) a *idiotia* e a *imbecilidade* são psicoses deficitárias, devidas a alterações cerebrais em evolução; também são chamadas *frenastenias* (deficiências psicossociais), já citadas nas anomalias da inteligência. São conhecidas outras variedades frenastênicas de natureza neurológica disendócrina; g) a *demência senil* e *arterioesclerótica*: são psicoses deficitárias devidas a alterações cerebrais de involução, próprias da velhice; h) as *psicoses deficitárias* por disfunção endócrina: psicoses tireoideas, devidas à disfunção da tireoide etc.; i) as *psicoses tóxicas* e *tóxico-infectantes*: o alcoolismo, o morfinismo, o cocainismo, a pelagra ou carência de niacina (abuso de milho), o ergotismo (abuso de centeio), a *amência*, um estado de confusão alucinatória aguda, a *demência paralítica progressiva*, de natureza sifilítica. As neuroses habitualmente não comprometem a liberdade do neuropático, todavia oferecem atenuantes aos seus atos, pelo qual é difícil definir a sua essência positiva ou negativa. Na ascese, as formas leves de neurose não comprometem definitivamente o desenvolvimento positivo rumo à perfeição, entretanto oferecem motivo de incerteza e exigem a compensação de qualidades morais superiores. As psicoses descompromissam totalmente o paciente nas síndromes específicas, mas lhe atribuem a responsabilidade em questão; todo indivíduo atacado, consciente ou inconscientemente, por uma psicose declarada sofre uma parada em qualquer campo espiritual.

BIBLIOGRAFIA. ALEXANDER, F. – ROSS, H. *Dinamic psychiatry*. Chicago, 1952; ARIETI, S. — BEMPORAD, J. *La depressione grave e lieve*. Feltrinelli, Milano, 1981; ARONSON, J. *Histerical personality*. Ed. de M. J. HOROWITZ. New York, 1977, 1979; BARUK, H. *Psychoses et névroses*. Paris, 1954; BLESS, H. *Manuale di psichiatria pastorale*. Torino, 1949; BOREL, J. *Les psychoses passionnelles*. Paris, 1952; CANGUILHEM, G. *Le normal et le pathologique*. Vendôme, 1984; CAROLI, F. – OLIÉ, J. *Nouvelles formes de desequilibre mental*. Paris, 1978; CASTELLANI, A. Sul problema psicopatológico e clinico delle depressioni com ossessioni. *Archivio di Psicologia, Neuropsicologia, Psichiatria e Psicopatologia* 25 [IV] (1964) 235-250; DOBBELSTEIN, H. *Psichiatria pastorale*. Paoline, Roma, 1955; FENICHEL, O. *Trattato di psicanalisi delle neurosi e delle psiconevrosi*. Roma, 1951; FISCHER, S. *Principles of general psychopathology*. New York, 1950; HILGARD, E. R. *Psicologia*. Firenze, 1971, 603-636; JASPERS, K. *Allgemeinepsychopathologie*. Berlin, 1953; JUNG, C. G. *La schizofrenia*. Boringhieri, Torino, 1977; KERNBERG, O. *Sindromi marginali e narcisismo patológico*. Boringhieri, Torino, 1978; KRANZ, H. *Psychopathologie heute*. Stuttgart, 1962; LAUFER, M. *Psicopatie e depressioni nell'adolescenza*. Avio, Roma, 1981; LOMBARDO, G. P. – FIORELLI, F. *Binswanger e Freud: malattia mentale e teoria della personalità*. Boringhieri, Torino, 1984; LORENZINI, G. *Psicopatologia e educazione*. Torino, 1950; MUSATTI, C. *Trattato di psicoanalisi*. Torino, 1950; NIEDERMAEYER, A. *Compendio di medicina pastorale*. Torino, 1955; PETRILOWITSCH, N. *Abnorme persönlichkeiten*. Basel, 1960; PINELLI, P. *Sonno, sogno, ipnosi e stati patologici di inibizione cerebrale*. Pavia, 1959; PÖLL, W. *La suggestione*. Roma, 1958; REICHARDT, M. *Allgemeine und spezielle psychiatrie*. New York, 1955; RIVIÈRE, A. la. *La neurose*. Montreal, 1954, vl. III; STOCKER, A. *La cura morale dei nervosi*. Milano, 1954; ID. *Y a-t-il des hommes normaux?* Paris, 1964.

G. G. PESENTI

ANSELMO D'AOSTA (Santo). 1. NOTA BIOGRÁFICA. Nasceu em Aosta, Piemonte, em 1033 (ou início de 1034), e morreu em Canterbury em 21 de abril de 1109.

A sua formação intelectual foi confiada aos beneditinos de Aosta, que dependiam da abadia de Fruttuaria. Aos quinze anos pediu para ser admitido na vida monástica, mas o abade, acolhendo a vontade de seu pai, não o aceitou. Ao período de paz interior seguiu-se, então, um de profunda inquietação e dissipação moral; perambulava pela Borgonha, Normandia e Avranches; finalmente, atraído pela fama do prior da abadia de Bec, Lanfranco de Pavia, juntou-se à comunidade e, sob a direção de Lanfranco, alcançou rapidamente alto nível cultural. Em 1060 abraçou a vida monástica.

Quando Lanfranco foi nomeado abade de Caen, Erluino, fundador da abadia de Bec, propôs Anselmo para prior da comunidade. A eleição, porém, não foi aceita com simpatia geral: o ardente desejo de perfeição induzia Anselmo a certo rigorismo nas práticas da vida religiosa. Após a morte de Erluino (26 de agosto de 1078), todas as resistências caíram, tanto que Anselmo foi eleito → ABADE. A nomeação de Lanfranco para arcebispo de Canterbury deu a Anselmo a oportunidade de ir à Inglaterra para dar apoio ao amigo em um momento particularmente crítico.

Morto Lanfranco (1089), viram em Anselmo um possível sucessor, e, apesar da resistência dos monges de Bec, em março de 1093 ele foi eleito arcebispo de Canterbury. Naquele período, a Igreja inglesa não gozava de um desenvolvimento pacífico, visto que o poder político procurava sobrepujar o religioso. O contraste tornou-se violento quando o rei assumiu uma posição em favor de um cisma na Igreja da Inglaterra com a de Roma. Sem preocupar-se com as deserções dos confrades de episcopado, Anselmo proclamou resolutamente a independência do poder espiritual do temporal, e, fiel aos seus princípios, em 1098 viajou à Itália para reverenciar Urbano II e estabelecer, juntamente com ele, a atitude a ser tomada nos conflitos do clero inglês.

Em 1100 retornou à Inglaterra, onde a situação era mais calma. O sucessor do rei Guilherme, Henrique, tinha bem outras ideias. Anselmo, todavia, recusou-se a receber do rei a investidura de arcebispo e assumiu uma atitude de oposição em relação à delicada questão matrimonial de Henrique.

Em 1103 retomou o caminho para Roma, onde foi acolhido efusivamente pelo papa Pascoal II. Permanecendo longe da Inglaterra por três anos, voltou em 1106, em meio à alegria do povo e do clero. Morreu no dia 21 de abril de 1109, em sua sede em Canterbury.

2. OBRAS. A produção literária de Anselmo é abundante; cronologicamente, seus escritos — quase todos de caráter teológico-filosófico — situam-se segundo o seguinte esquema: *Monologion* ou, segundo o título primitivo, *Exemplum meditandi de ratione fidei* (1076); *Proslogion* ou *Fides quaerens intellectum* (1077-1078); *De Veritate*; *De libero arbitrio* (1080-1085); *De casu diaboli* (1085-1090); *Epistula de Incarnatione Verbi* (1092-1094); *Cur Deus homo* (1098); primeira obra mariana: *De conceptu virginali et de originali peccato* (1099-1100); *De processu Spiritus Sancti* (1102); *De nuptiis consanguineorum* (1107), problema enfrentado com muita clareza; *Orationes* e *Meditationes*.

3. DOUTRINA. Anselmo é considerado o primeiro pensador cristão da Idade Média. Antes dele a teologia se limitava a um aprofundamento bíblico-litúrgico privado de empenho intelectual e metafísico. Anselmo, porém, pode e deve ser considerado um "metafísico do dogma", com o qual se abre uma nova geração de teólogos, os quais, sem desconsiderar o dado bíblico, colocam a inteligência e o dado racional em total serviço da fé.

Nos escritos de Anselmo o elemento espiritual tem sempre particular destaque: ao ler e meditar as suas obras é preciso lembrar que ele é monge e formador de monges, e que a vida monástica tem, na busca de → DEUS, a sua exigência primeira e a sua plena resposta. Entre as obras que melhor revelam o pensamento doutrinário-místico de Anselmo devemos lembrar, antes de tudo, o *Monologion*, cujo título primitivo, *Exemplum meditandi de ratione fidei*, revela com mais expressividade o conteúdo. Trata-se, com efeito, de uma meditação sobre as verdades da fé em um diálogo consigo mesmo: ampla reflexão sobre a essência de Deus, que aparentemente não leva em conta as Escrituras, visando basear-se unicamente na razão, e que se entrelaça frequentemente com o magistério dos → PADRES DA IGREJA, especialmente a Santo → AGOSTINHO.

Completa o *Monologion* o *Proslogion*, de caráter mais teológico que filosófico, que é — como indica o título — um colóquio direto com Deus, uma incessante oração contemplativa. Pode ser dividido em duas partes: na primeira, à oração — "Ajudai-me, Senhor" — segue-se a busca racional da existência de Deus e das suas atribuições e, finalmente, a tentativa de uma experiência fruitiva de Deus; na segunda parte, à oração — "Ajudai-me, Senhor" — segue-se uma nova busca racional que, dessa vez, "desemboca na jubilosa e exultante contemplação de Deus" (B. Calati).

Na *Epistula de Incarnatione Verbi*, partindo do nominalismo de Roscellino, Anselmo traz uma notável contribuição à especulação sobre o mistério trinitário. É nesse escrito que ele isola os três momentos da atividade teológica: fé, experiência e conhecimento. A → FÉ consiste no exercício da virtude teologal, da qual procede a experiência de caráter sobrenatural e místico, enquanto o conhecimento é intuição contemplativa que não exclui a busca especulativa.

De maior interesse, sob o ponto de vista espiritual, são as *Orationes* e as *Meditationes*. Elas reúnem a uma discreta doutrina uma profunda afetividade. A alma devota — diz Anselmo — "leia as suas orações com serenidade, não velozmente, mas bem devagar, com atenta e calma meditação. Não deve [...] preocupar-se de lê-las até o fim, mas apenas o suficiente para estimular o afeto do coração. Assim, ainda, não será preciso recomeçá-las do início, mas de qualquer ponto que mais lhe agradar". Encontramos aqui traçado o itinerário da alma para Deus através da devoção pessoal que, partindo do dado litúrgico, é, ao mesmo tempo, impregnada de santa teologia.

Um documento importante para o conhecimento do santo é o *Epistolário*, no qual se repete com frequência o tema da → AMIZADE.

O pensamento inteiro de Anselmo é orientado para a busca teológica, com o objetivo de conduzir a alma, através da busca de Deus, a uma experiência direta por meio da oração. Aquilo que Anselmo continuamente procurou em sua vida — a união íntima com Deus — ele quis ensinar aos outros com a experiência de seu próprio caminho. Os seus escritos nunca são, pois, uma árida lucubração filosófica, mas uma serena meditação das verdades da fé.

BIBLIOGRAFIA. *Anselm Studies*. An Occasional Journal, I. London, 1983; ANSELMO D'AOSTA, *Opera omnia*. Ed. crítica de F. S. SCHMITT. Stuttgart, ²1984, 2 vls.; ID. *Il Proslogion, le orazioni e Meditazioni*. Introd. de F. S. SCHMITT, trad. de G. SANDRI. Padova, 1959; CALATI, B. *Anselmo d'Aosta*. In *Bibliotheca Sanctorum* II, 1-21 (com ampla bibliografia); EADMERO DI CANTERBURY. *Vita di sant'Anselmo*. Milano, 1986; *L'oeuvre de S. Anselme de Cantorbery*. Texto de SCHMITT com trad. francesa. Paris, 1986, 3 vls.; ROVIGHI, S. Vanni. *Introduzione a Anselmo d'Aosta*. Bari, 1987; Anselmiana. *La Scuola Cattolica* 116 (1988) 303-435.

P. SCIADINI

ANTÍOCO. Monge do mosteiro de são Saba, na Palestina, escreveu por volta de 620 uma obra intitulada *Pandette della Sacra Scrittura*. Antíoco se reporta a escritores anteriores e trata da fuga do → PECADO e da prática da → VIRTUDE; as obrigações dos monges são o trabalho, a → HOSPITALIDADE, a pobreza voluntária, o → SILÊNCIO, a salmodia, a oração etc.; é endereçado, também, aos superiores e aos sacerdotes. A obra consta de 130 capítulos.

BIBLIOGRAFIA. *PG* 89, 1415-1849.

MELCHIORRE DI SANTA MARIA

ANTIPATIA. Aversão por uma pessoa. Em geral, trata-se de um sentimento instintivo, mas também pode originar-se de fatos conscientes e desejados. Grande parte de nossas antipatias, às vezes humanamente inexplicáveis, são provenientes dos objetos sobre os quais se fixaram, pela primeira vez e de modo pouco benevolente, os nossos instintos, ao seu aparecimento. Em nossa psicologia individual, vigora a "lei da confluência", segundo a qual, se um dado objeto é capaz de suscitar em nós dois instintos contraditórios, o desenvolvimento de um trará consigo a diminuição do outro. Quando não intervém um motivo claro para originar em nós um sentimento de antipatia, é óbvio que ele está sendo determinado por condições particulares que nos fazem tender para a aversão em lugar da → SIMPATIA. Às vezes, porém, a antipatia nasce de elementos bem conhecidos e desejados. A vida, com as suas circunstâncias, cria laços por vezes muito afetivos, mas cria também antipatias que depois, não controladas e vencidas, degeneram para uma verdadeira aversão ou pior, um verdadeiro → ÓDIO. Assim, em geral nos são antipáticos aqueles que, podendo nos ajudar, não nos favorecem em nossas necessidades. Por egocentrismo e soberba, que se enraízam no instinto de conservação, nos são antipáticos também aqueles que nos demonstraram pouca estima ou simplesmente indiferença. A secreta necessidade de reivindicação, que nasce de nossa soberba frustrada, impele-nos a lançar nos outros o sentimento de desestima do qual nos sentimos objeto.

Se, pois, temos a infelicidade de topar em nosso caminho com algum concorrente — concorrente no sentido pleno e em todos os sentidos —, brota de imediato aquele sentimento de ciúme que logo se transforma em antipatia, porque constatamos, ou tememos constatar, que as suas boas qualidades obscureçam a nossa fama ou anulem os nossos resultados. Muitas vezes a antipatia pode nascer depois de um forte sentimento de amor, sentimento que, talvez, termine na vulgaridade de uma paixão ignóbil ou que tenha terminado por falta de estima recíproca. A antipatia, então, torna-se tão forte quanto antes era amor, guarda-se rancor contra aquela pessoa que nos provou das alegrias e dos prazeres do amor. Em todas essas formas de antipatia ressoa a advertência de Cristo: "Se amais somente aqueles que vos amam, que mérito tereis? Também os pecadores fazem o mesmo. Amai, porém, os vossos inimigos" (Lc 6,32.35). À primeira vista pode parecer que qualquer tipo de antipatia, principalmente a natural, seja incurável. Essa aversão, todavia, pode ser corrigida e também destruída, porque no ser humano o domínio sobre as tendências sensitivas é confiado à → VONTADE. Antes de tudo, e sobretudo, é necessário querer vencer o sentimento de antipatia que experimentamos, mesmo sem nossa culpa direta. Em seguida, é preciso usar aqueles estratagemas de caráter psicológico que conduzem à paralisação dessa tendência prejudicial, ou seja, é preciso associar à imagem da qual a antipatia se origina, outras imagens capazes de fazer surgir tendências contrárias. É clássica, a esse respeito, a atitude de Santa → TERESINHA DO MENINO JESUS em relação a uma sua coirmã: "Não desejando ceder à antipatia natural, disse a mim mesma que a caridade não devia consistir nos sentimentos e sim nas obras, então me apliquei em fazer por aquela irmã aquilo que eu teria feito para a pessoa que mais amo; toda vez que a encontrava, rezava ao Senhor por ela, oferecendo-lhe todas as suas virtudes e os seus méritos" (Ms C, 13v., 21, 14,3). Este estratagema, todavia, deve ser constante, isto é, deve tornar-se um hábito, no sentido de que a união do estímulo agradável com a reação certa deve gradativamente acontecer sem a orientação imediata da vontade. Somente quando existir o hábito de direcionar, no bom sentido, os sentimentos de uma desagradável antipatia suscitados pelo próximo é que estaremos cumprindo o mandamento do Senhor.

BIBLIOGRAFIA. LERSCH, Ph. *La struttura della persona*. Padova, 1956; SERTILLANGES, A. D. *L'amore*. Brescia, 1955.

C. GENNARO

ANTONIO ABADE (Santo). Tendo nascido por volta de 250 em Qeman (Egito), retirou-se para o deserto nas proximidades da cidade natal em torno de 270, depois do falecimento dos pais, após ter escutado na assembleia dos fiéis o convite de Cristo para a perfeição (Mt 19,21). Durante vinte anos habitou em um castelo abandonado; por volta de 315 acompanhou uma caravana de árabes e parou junto a um alto monte na Tebaida oriental, depois de três dias de caminho: aí passou o resto de seus dias e morreu em 356. Antonio abade é o pai e modelo dos eremitas e anacoretas do deserto: teve numerosos discípulos em sua segunda morada. → ATANÁSIO DE ALEXANDRIA, que o conheceu na juventude e veio juntar-se aos seus discípulos em 356, escreveu, pouco depois, a sua *Vita*, cua autenticidade é hoje indubitável, nos sendo apresentada como um tecido de prodígios e de lutas contra o → DIABO. Atanásio transcreve dois longos discursos dirigidos aos filósofos (16-43; doutrina; 74-80; apologia). São atribuídas a Antonio abade vinte *Lettere*.

Os pontos principais de sua doutrina são: a perseverança no estado livremente escolhido e, por isso, o pensamento da caducidade dos bens terrenos e da eternidade dos celestes; a desconfiança nos anos passados a serviço do Senhor e, então, a decisão de recomeçar cada dia de novo; a perfeição, que consiste no retorno ao estado primitivo, por meio da prática das virtudes: estas estão ao alcance da mão, e é útil observar o exemplo dos outros para imitá-lo; a luta contra o demônio. Este é o grande adversário dos monges, porque os tenta por meio de pensamentos, de aparições, citando as Escrituras e cantando os Salmos, procurando distraí-los e amedrontá-los etc., mas a sua ação é facilmente descoberta porque nunca deixa a tranquilidade e a alegria (daí a importância do → DISCERNIMENTO DOS ESPÍRITOS); as armas mais eficazes contra ele são a oração, as vigílias, o → JEJUM, a pureza de vida, o nome de Cristo, o sinal da cruz etc. Atanásio apresenta, além disso, Antonio abade como modelo do monge que vive no seio da Igreja e submisso à autoridade eclesiástica.

BIBLIOGRAFIA. BOUYER, L. *La spiritualità dei Padri* (3/B) [Nova ed. italiana ampliada e atualizada, org. de L. DATTRINO – P. TABURRINO. Bologna, 1986, 25 ss.]; ID. *La vie de saint Antoine*. Saint-Wandrille, 1950; DATTRINO, L. *Il primomonachesimo*. Roma, 1984, 16 ss.; DRAGUET, R. *Les Peres du désert*. Paris, 1949, 1-74 (trad. fr.); LAVAUD, M. B. *Antoine le Grand Père des moines*. Lyon, 1943; *PG* 36. *Vita* (com trad. latina feita por Evagrio de Antioquia em 388); *PG* 40. *Lettere*; *Vita di Antonio*. Milano, 1974.

MELCHIORRE DI SANTA MARIA

ANTÔNIO DE PÁDUA (Santo). 1. NOTA BIOGRÁFICA. Antônio nasceu em Lisboa, Portugal, entre 1180 e 1190 (cf. G. ABATE, S. Antonio, maestro di teologia, in *S.Antonio di Padova Dottore della Chiesa*, 267 ss.; ID., Quanti anni visse S. Antonio di Padova?, *Il Santo* 7 [1967] 3-66). No batismo, recebeu o nome de Fernando.

Segundo a cronologia de Abate, aos vinte anos Fernando entrou nos → CANÔNICOS REGULARES de Santo Agostinho no mosteiro de São Vincenzo *de fora*, próximo a Lisboa, e daqui passou, após dois anos, para o de Santa Cruz em Coimbra, onde estudou as Sagradas Escrituras e os Padres, particularmente Santo → AGOSTINHO. Foi ordenado sacerdote em Coimbra, provavelmente em 1219. Em 1220 fez opção e obteve a entrada na Ordem dos Menores. Tomou, então, o nome de Antônio; em outubro do mesmo ano viajou em missão para o Marrocos. Atacado por grave enfermidade retornou à pátria. Durante a viagem, uma violenta tempestade impeliu o navio em que estava para a Sicília (primavera de 1221), onde Antônio permaneceu por breve tempo, encontrando-se, no Pentecostes de 1221, em Assis, no famoso Capítulo "das esteiras".

Após o Capítulo, não tendo recebido nenhuma destinação, Antônio foi recebido por Frei Graziano, provincial da Emília-Romagna, e destinado ao eremitério de Montepaolo, próximo de Forlí, onde habitou durante algum tempo em vida de oração e penitência, desconhecido de todos, até que, em um discurso solicitado para uma sacra ordenação em Forlí, foi descoberto o seu excepcional talento de doutrina e oratória. A partir de então, teve início a sua célebre atividade de pregador, que se estendeu por toda a Itália do Norte, começando por Rimini, onde converteu o herege Bonillo.

Antônio combateu duramente os hereges da Itália e da França (cátaros, patarinos e albigenses), merecendo o título de "martelo dos hereges".

Entre 1223 e 1224, com a aprovação de São Francisco, que lhe escrevera a esse respeito uma carta, ("Frati Antonio episcopo meo"), inaugurou o estudo teológico de Bolonha, ensinando na qualidade de *leitor público*, cargo que também ocupou entre 1225 e 1227, na França, em Montpellier, Toulouse e Puy-en-Velay.

Foi guardião em Limoges, França (1226-1227) e ministro provincial na Itália (Emilia-Romagna, Vêneto, Lombardia) entre 1227 e 1230. Em 1228, encontrando-se em Roma para tratar de questões da Ordem junto à Cúria romana, pregou diante de Gregório IX, que, impressionado com o seu domínio da Sagrada Escritura, o chamou de "Arca do Testamento" e "Armário das Sagradas Escrituras". É provável que tenha retornado a Roma em 1230, junto com outros confrades, para solucionar algumas dúvidas referentes à interpretação da Regra franciscana (TOMMASO DA ECCLESTON, *Liber de adv. F.F. Minorum in Angliam*).

No inverno de 1230, estando em Pádua, escreveu os *Sermones* para a solenidade de Todos os Santos, em complemento dos *Sermones Dominicales* (já compostos entre 1227 e 1228, outros consideram 1229), a convite de Rainaldo de' Conti, cardeal de Óstia, depois papa, com o nome de Alexandre IV. Pregou com grande sucesso na Quaresma de 1231, e encontrou-se, em Roma, com Ezzelino da Romano, a fim de negociar a libertação do conde Rizzardo di San Bonifácio e de outros chefes guelfos. Pregou, ainda, em algumas cidades da Marca Trevigiana, retirando-se, em seguida, vinte dias antes da morte, para a paz de Camposanpiero, a dezenove quilômetros de Pádua, junto ao amigo, conde Tiso. Aqui, de uma pequena cela suspensa em uma frondosa nogueira, preparada por ele, pregava ao povo.

Sofrendo há tempos de hidropisia, viu-se obrigado, pelo agravamento da enfermidade, a retornar a Pádua, mas teve de fazer uma parada no pequeno convento de Arcela, onde encerrou a sua vida terrena com a saudação à Virgem: "Ó gloriosa Domina", e confortado por uma visão do Senhor, na noite da sexta-feira, 13 de junho de 1231.

Sua morte foi anunciada à cidade por grupos de jovens aos gritos: "Morreu o pai santo, morreu santo Antônio" (*Vita prima*, chamada *Assídua*, n. 18). Seu corpo foi transportado em triunfo de Arcela a Pádua, deposto em uma urna de pedra e sepultado na pequena igreja de Santa Maria Materdomini, segundo ele próprio tinha desejado.

Gregório IX o canonizou no dia 3 de maio de 1232, na catedral de Spoleto. Chamado por Leão XIII de "o Santo do mundo inteiro", Pio XII, com breve *Exulta Lusitânia Felix* (16 de janeiro de 1946), o declarou Doutor universal da Igreja. O título de "Doutor Evangélico" é atribuído a ele pelo verdadeiro e constante apelo ao Evangelho. Além disso, pela frequência dos prodígios operados por sua intercessão, Antônio também é conhecido como "o Santo dos milagres" por antonomásia. É famoso o antigo responsório (1235) *Si quaeris miracula*, extraído do ofício rimado por Frei Giuliano da Spira.

2. OS ESCRITOS. Os escritos garantidamente autênticos são os *Sermones Dominicales* e os *Sermones in solemnitatibus Sanctorum*, conforme resulta pela atestação dos 23 códigos dos séculos XIII-XV, entre os quais um denominado "do tesouro", porque fora conservado entre as relíquias do santo (recentemente saiu uma edição crítica desses sermões: B. COSTA — L. FRASSON — G.

Luisetto (orgs.), *Sermones Dominicales et festivi*, Padova, 1979, 3 vls.).

Sobre os outros escritos atribuídos a Antônio, alguns certamente são espúrios (*Concordantiae Morales SS. Librorum*; *Expositio mystica in S. Script.*; *Incendium Amoris*; *Sermones Quadragesimales* etc.). É duvidosa a atribuição da *Expositio in Psalmos* (278 paráfrases e disquisições sobre os 150 Salmos): alguns a consideram do santo; outros a atribuem ao contemporâneo e amigo de Antônio, o cardeal Giovanni d'Abbéville.

3. DOUTRINA ESPIRITUAL. Os escritos de Antônio, se bem que não tenham nascido como tratados, mas como um "manual ou prontuário de pregação", a serviço dos confrades, "para sugerir a eles, no exercício do ministério apostólico, temas, assuntos, pensamentos a serem desenvolvidos, segundo as mais variadas ocasiões" (G. Bellincini), contêm todavia, embora na fragmentariedade do material, uma copiosa seara de doutrina bíblica, dogmática, moral, espiritual, para justificar as eventuais reconstruções sistemáticas, segundo os vários ramos da teologia. Aqui, limitamo-nos à doutrina ascético-mística.

Pelos vários estudos realizados sobre o assunto, constata-se de modo evidente como os sermões antonianos, embora destinados à massa de fiéis, não desprezam os temas de elevada espiritualidade, como o da → CONTEMPLAÇÃO, mas enfrentam o arco da vida do cristão em um programa unitário de subida das mais ínfimas raízes, que confina com a culpa como objeto de renúncia e de luta, ao mais alto cume da perfeição, que culmina com o beijo místico de Deus na contemplação.

O santo adota a clássica divisão dos três graus da vida espiritual (incipiente, proficiente e perfeito), que se caracterizam, por sua vez, respectivamente, pela presença de uma atividade predominante: a → PURIFICAÇÃO nos incipientes; a iluminação e o revestimento das virtudes nos proficientes, e a → UNIÃO COM DEUS nos perfeitos.

A essência da perfeição é colocada, por Antônio, no cumprimento do duplo preceito do amor: "cujas duas dileções (a de Deus e a do próximo) tornam quem quer que seja perfeito" (*Dom. in Septuag.*).

O santo vai além, afirmando que a perfeição do amor desemboca na contemplação como em seu vértice conatural: "A doçura da contemplação", é o que afirma, "nasce do amor do Criador" (*In fest. S. Petri*); e ainda: "O amor de Deus se alegra com o seu extravasamento, que significa a vida contemplativa" (*Ibid.*); "O amor de Deus chama o povo do ser humano interior para o monte, para a excelência da santa contemplação" (*Ibid.*). Mesmo reconhecendo a gratuidade da contemplação, (cf. *Dom. XV pos Pent.*), o santo é propenso a considerar a vocação universal para ela (cf. *Sermones, passim*), enquanto atribui sua raridade de fato ao despreparo da alma: "São poucos, porém, aqueles que podem provar o sabor da celeste doçura" (*Dom. VII pos Pent.*).

Para Antônio, a contemplação é uma intuição (cf. *Dom. I in Quadrag.*), mas não imediata e visual: os contemplativos veem a Deus "como sob um certo velamento", "no espelho e no enigma" (*Dom. IV pos Pent.*).

O imediatismo do contato com Deus, todavia, é admitido pelo santo pela via do amor, donde assume a terminologia própria dos sentidos, transposta para o plano espiritual, em sintonia com outros autores medievais: assim, ele fala de um coração que *escuta* (*Dom. in Sexag.*), de um amor que *vê* (*Dom. XII pos Pent.*), de um amor que *toca* na elevação contemplativa (*In Pascha Dom.*), expressões plásticas que iluminam eficazmente a afinidade de relação das faculdades sensitivas e do amor com o próprio objeto, sem nenhum intermediário.

Com referência aos graus de contemplação, seguindo, em parte, → RICARDO DE SÃO VÍTOR, Antônio distingue duas etapas contemplativas, uma inicial, chamada *mentis sublevatio*, e outra, mais elevada, denominada *mentis alienatio*; a primeira possui caráter eminentemente intelectual; a segunda, com predomínio do afeto, é denominada pelo santo e por outros autores medievais de *mentis excessus*, isto é, alguma coisa a mais que o simples êxtase mental dos místicos modernos.

Nos sermões antonianos domina, sem dúvida, o caráter ascético, mas a orientação universal é mística, conforme se pode observar particularmente na expressão de três virtudes: a → POBREZA, à qual se reporta a → HUMILDADE, como uma pobreza superior, e a → OBEDIÊNCIA, como virtude ligada à humildade, a → CASTIDADE e a abstinência. Para Antônio, os contemplativos são aqueles que, por meio das penas das virtudes, se elevam para contemplar o *Re in decore suo* (*Dom. in Sexag.*).

Antônio, antes de São → JOÃO DA CRUZ, fala de uma noite da alma, "noite solitária", não buscada por ela, mas por ela suportada, como preparação para a contemplação.

Destacam-se, ainda, nos escritos de Antônio, o traço cristocêntrico de sua espiritualidade e a sua doutrina sobre a oração, particularmente sobre a perenidade da oração.

Finalmente, as características da espiritualidade antoniana refletem uma tríplice fonte formativa e inspiradora: a) está ligada sobretudo à espiritualidade ocidental, especialmente de Santo → AGOSTINHO, além de São → GREGÓRIO MAGNO, de São → BERNARDO, dos → VITORINOS; e dessa espiritualidade ele reflete a praticidade, a concretude, a afetividade e a própria terminologia; b) outra fonte é a atmosfera mística franciscana dos primórdios, não reduzida a sistema doutrinário, mas impregnada a cada momento de vida unicamente vivida e de religioso entusiasmo, rico de confiança e de simplicidade nas relações com Deus e com o mundo sobrenatural; c) a terceira fonte é a própria experiência espiritual do santo, é a sua ciência direta, adquirida à luz divina na meditação profunda e pessoal da Sagrada Escritura.

Antônio exaltou a primazia da vida contemplativa sobre a vida ativa, mas quis, ao mesmo tempo, que a ação se alimentasse de contemplação, e fosse o seu reflexo nos contatos com as almas.

BIBLIOGRAFIA. 1) Legendas: *Primeira Legenda*, chamada de *Assídua*, escrita um ano após a sua morte; entre os autores aparecem os nomes de TOMÁS DE CELANO na *Benignitas*, in KERVAL, L. *Sancti Antonii de Padua vitae duae*. Paris, 1904; in CESSI, R. *Leggende Antoniane*. Milano, 1936; sozinha nas *Additiones* in ABATE, G. La "Vita Prima" di S. Antonio (introd. do *Testo* e *Testo*; introd. às *Addizioni* e *Addizioni*). *Il Santo* 8 (1968) 126-226; *Leggenda seconda o anonima*, atribuída a Giuliano da Spira (versão it. in PELLEGRINI, G. *Vite di S. Francesco e di S. Antonio di Padova*. Firenze, 1932); *Leggenda* inserida no *Dialogus de gestis Sanctorum Fratrum Minorum* (versão it. in ROSATI, N. Studi Introduttivi... In *Classici cristiani*. Siena, 1931); *Leggenda Raimondina*, escrita em 1223 (cf. IOSA, P. *Leggenda su vita et miracula S. Antonii de Pádua*. Bologna, 1883); *Leggenda fiorentina*, a partir de códice de autor desconhecido da segunda metade do século XIII (*Studi Francescani* 4 [1932] 490-496); *Leggenda Benignitas*, dos primórdios, do início do século XIV ou final do século XIII (publicada por L. KERVAL junto com a *Assídua*, cf. acima); *Leggenda Rigoldina* ou *Rigaldina*, escrita por GIOVANNI RIGAULD entre 1293 e 1303 (in DELORME. *La vie de St. Antoine*. Bordeaux-Brive, 1899 (trad. it., Quaracchi, 1902); *Líber miraculorum*, de autor desconhecido, por volta de 1370, inserido na *Chronica XXIV Generalium* (ed. no vl. III de *Analecta Franciscana*, Quaracchi, 1897, 121-158; uma vulgarização do século V publicado in L. GUIDALDI, *I Fioretti di S. Antonio*, Padova, 1935); ABATE, G. Le primitive biografie di S. Antonio nella loro tradizione manoscritta — Testi antoniani. *Il Santo* 7 (1967) 259-300.301-338; ID. La "Vita Prima" di S. Antonio. *Il Santo* 8 (1968) 127-226; *Fonti agiografiche*. I. *Vita Prima o Assídua*, texto crítico, versão it., introd. e notas org. por V. GAMBOSO, Padova, 1981.

2) Biografias: ARNALDICH, L. *S. Antonio, Doctor Evangélico*. Barcelona, 1958; CLASEN, S. *Sant'Antonio Dottore Evangélico*. Padova, 1963; DOIMI, S. *Il santo che il mondo ama*. Padova, 1960; GAMBOSO, V. *Profilo biográfico di S. Antonio*. Padova, 1982; LEQUENNE, F. *Antoine de Padoue: sa vie, son secret*. Padova, 1966; PAVANELLO, A. F. P. *S. Antonio di Padova*. Padova, 1940; WILLIBRORD DE PARIS. *St. Antoine de Padoue, Docteur de l'Église: sa vie, son oeuvre*. Paris, 1947.

3) Estudos: BELLICINI, G. *La parola e l'anima del Santo di Padova*. Padova, 1932; BLASUCCI, A. S. Antonio di Padova, maestro di preghiera. *Il Santo* 2 (1962) 119-134; FELDER, H. *Die Antoniuswunder nach den älteren Quellen*. Paderborn, 1933; FRANCO, V. *S. Antonio, guida di vita spirituale*. Padova, 1961; FRASSON, L. – GAMBROSO, V. *La personalità di S. Antonio di Padova*. Padova, 1980; HEERINKX, I. S. Antonius Patavinus auctor mysticus. *Antonianum* 7 (1932) 39-76; ID. Vita activa et contemplativa secundum S. Antonium Patavinum. *Apostolicum* 3 (1932) 29-35; ID. Les sources de la théologie mystique de St. Antoine de Padoue. *Revue d'Ascétique et de Mystique* 225-226; ID. La mistica di S. Antonio di Padova. *Studi Francescani* 5 (1933) 39-60; HUBER, R. The spirituality of St. Anthony of Pádua. *Franc. Educ. Conf.* 29 (1948) 116-127; *I volti antichi e attuali del Santo di Padova* (Colloquio Interdisciplinare), Padova, 1980; *Le fonti e la teologia dei sermoni antoniani* (Atas do Congr. Intern. de Estudo sobre os "Sermones" de S. Antonio de Pádua). Padova, 1982; *Memoria del sacro e tradizione orale* (Colloquio interdisciplinares). Padova, 1984; MEYER, L. De contemplationis notione in sermonibus S. Antonii Patavini. *Antonianum* 6 (1931) 361-380; NOCILLI, A. G. Liturgia e spiritualità antoniana. Padova, 1980; POU Y MARTI, I. De fontibus vitae S. Antonii Patavini. *Antonianum* 6 (1931) 225-252; ROSCHINI, G. La Mariologia di S. Antonio di Padova. *Marianum* (1946) 16-67; *S. Antonio di Padova fra storia e pietà* (Colloquio interdisciplinare), Padova, 1977; *S. Antonio di Padova, Dottore Evangélico*. Padova, 1946; *S. Antonio, Dottore della Chiesa*. Città del Vaticano, 1947 (Atas das semanas antonianas realizadas em Roma e Pádua em 1946); SCARAMUZZI, D. *La dottrina teologica di S. Antonio*. Roma, 1933; ID. La figura intelettuale di S. Antonio di Padova. Roma, 1934; STANO, G. Antonio di Padova, santo. In *Bibliotheca Sanctorum II*, 156-179.

A. BLASUCCI

ANTONIO DO ESPÍRITO SANTO. 1. NOTA BIOGRÁFICA. Nasceu em Montemor o Velho (diocese de Coimbra) no dia 20 de junho de 1618. Tendo entrado entre os carmelitas descalços em Lisboa, aí professou em 29 de maio de 1636. Estudou "artes" no convento de Figueiro e teologia no de Coimbra. Amante da vida retirada, pediu para ser enviado ao eremitério, ou "deserto", carmelita de Bussaco. Entretanto, os superiores pensaram que seria mais necessário destiná-lo ao ensino e ao governo. Homem douto e de grandes qualidades didáticas, foi leitor de teologia moral durante quase vinte anos. Tendo sido nomeado bispo de Angola (África Ocidental), por proposta do rei Pedro II de Portugal, apesar de sua aversão, foi consagrado em Lisboa no dia 8 de janeiro de 1673, de onde partiu para a sua missão em 16 de julho. Tomou posse de sua sede no dia 11 de dezembro do mesmo ano. Mas as terríveis intempéries da travessia tinham minado profundamente a sua saúde e apenas um mês depois faleceu, em janeiro de 1674 (segundo alguns, no dia 12, para outros, no dia 27).

2. OBRAS E DOUTRINA ESPIRITUAL. É abundante a produção científica do padre Antonio do Espírito Santo. Suas primeiras obras foram sobretudo fruto dos seus longos anos de professor de teologia moral e de sua experiência de superior. São elas: o *Directorium regularium* (Lyon 1661, 3 partes em 1 vl. in folio), o *Directorium confessariorum* (Lyon 1668-1671: 3 partes em 2 vl. in folio), um breve tratado sobre a então discutida questão do *Primatus sive Principatus Eliae* com referência à Ordem carmelita (Lisboa, 1671, in octavo, e no mesmo ano também em Lyon, in folio), e um volume de *Commentaria varia theologica, iuridica et regularia* (Lyon 1671, in folio).

Sua última obra, todavia, é de tema estritamente espiritual. Intitula-se *Directorium Mysticum*, e deu ao padre Antonio do Espírito Santo mais fama que todas as suas obras morais e jurídicas. Começou a escrevê-la em 1670, por ocasião do Capítulo Geral realizado naquele ano em Pastrana, que pretendia dar aos colégios da Ordem manuais convenientes para explicação e estudo da teologia mística. No final de 1671 já tinha terminado o livro e, no início de 1673, findos os longos procedimentos da censura eclesiástica e estatal da época, estava pronto para ser editado. A obra finalmente surgiu em 1676, intitulada *Directorium mysticum, in quo tres difficillimae viae, scilicet purgativa, illuminativa et unitiva, undique illucidantur...* (Lugduni, 1676. Há exemplares da mesma edição com data de 1677 no frontispício). A obra póstuma do padre Antonio do Espírito Santo é uma das principais obras sistemáticas de espiritualidade da segunda metade do século XVII. Dividida em quatro tratados, esclarece, respectivamente, as questões relativas à teologia mística em geral e às três clássicas vias: purgativa, iluminativa e unitiva, correspondentes aos três graus de principiantes, proficientes e perfeitos. Com método claro, de nenhum modo carregado de tecnicismo escolástico, reduz a compêndio e funde em muitos pontos a doutrina dos grandes autores carmelitas anteriores: → JOÃO DE JESUS MARIA, TOMÁS DE JESUS, e especialmente a *Summa Theologiae Mysticae* de → FILIPE DA SANTÍSSIMA TRINDADE, de quem tomou o traçado e a estrutura de seu *Directorium*. Atinge também abundantemente as fontes teresianas e contém pontos interessantes de interpretação de São → JOÃO DA CRUZ.

BIBLIOGRAFIA. ANASTASIUS A SANCTO PAULO, *Cursus theologiae mystico-scholasticae... auctore F, Fr. Ioseph a Sp. S.* Brugis, 1924, Append., 187-288, t. I; BARTHOLOMAEUS A SANCTO ANGELO – HENRICUS MARIA A SANCTISSIMO SACRAMENTO. *Collectio scriptorum.* Savonae, 1884, 75-76, tomo I; CRISOGONO DE JESÚS SACRAMENTADO. *San Juan de la Cruz: su obra científica y su obra literária.* Madrid-Avila, 1929, 461-462, t. I; ID. *La escuela mística carmelitana.* Madrid-Avila, 1930, 188-189; GABRIEL DE SAINTE MARIE MADELEINE. Carmes Déchaussés. In *Dictionnaire de Spiritualité* II, 176-177.186; ID. L'École d'oraison carmélitaine. *Études Carmélitaines Mystiques et Missionnaires* (out. 1932) 30-31; GIOVANNA DELLA CROCE. *Der Karmel und seine mystische Schule. Jahrbuch für Mystische Theologie* 8 (1962) 82-85; SILVERIO DE SANCTA TERESA. *Historia del Carmen Descalzo.* Burgos, 1942, 665-666, t. X.

SIMEONE DELLA SACRA FAMIGLIA

APATIA/*APATHEIA*. Com esta palavra grega (igualmente com a quase sinônima, ataraxia) quer-se indicar um estado psicológico no qual o ser humano chega a ser livre de toda emoção passional (impassibilidade).

1. Será vã a procura de uma informação sobre a apatia na Bíblia, em cujas páginas não há vestígios nem dessa palavra nem de um seu conceito. E há mais: ao próprio Jesus a narração evangélica atribui, clara e repetidamente, estados de espírito que estão bem longe dos da apateia, que é o imensurável e estoico ideal da "perfeição humana".

Quantas vezes, com efeito, Jesus se comove diante da dor e da miséria humana! Comove-se até às lágrimas! (Lc 19,41; Jo 11,35), fica perturbado (Jo 11,33-38), mas também fica irado e se enraivece (Mt 11,20; 12,34; 16,23; 21,12-17; 23,13-33; Mc 3,5; 11,15; Lc 19,45-48; Jo 2,14-16; 8,44), sofre incompreensão (Mt 17,17) e sofre a mais terrível agonia, no Horto de Getsêmani (Lc 22,44).

2. É falsa, pois, a afirmação de Clemente Alexandrino que a atribui ao Salvador, isto é, que, para o cristão, a apatia se tornaria objeto de "imitação de Cristo". No Oriente, a espiritualidade cristã continua a dar certo peso ao conceito da apatia na teoria da perfeição.

Por outro lado, é preciso ver, caso por caso, o que pretendem os autores quando falam de apatia. Temos, por exemplo, uma definição como a de Isac o Sírio, que diz: "A apatia não consiste em não sentir paixões, mas sim em não deixar-se dominar por elas" (*Serm.* 81, Atene, 1895, 310).

3. No Ocidente, os autores espirituais, com raras exceções, reagiram até energicamente contra o reflorescimento desse ideal pagão no seio do cristianismo. Basta lembrar Lactâncio, que, embora exigindo moderação e controle nas paixões, afirma que o ser humano pode morrer, mas jamais tornar-se "impassível" enquanto estiver vivo (*Inst. div.* 6,15); São → JERÔNIMO, que ataca o ideal da apatia proposto por Evágrio (*Ep. 33 ad Ctesiph.*), e, finalmente, Santo → AGOSTINHO, que em sua luta contra o pelagianismo vai para o extremo oposto.

É bastante clara a posição de Santo Tomás: se as → PAIXÕES são ordenadas pela razão, fazem parte do quadro da → VIRTUDE; mas somente se alguém entende a palavra "paixão" no sentido de "paixão desordenada" se pode dizer que as virtudes perfeitas são "sem paixão", ao passo que, mantendo-se a terminologia comum (*passiones = motus appetitus sensitivi*), deve-se admitir que no ser humano as virtudes não podem existir sem paixões (cf. *STh.* II-II, q. 24, a. 2, ad 3; q. 59, a. 5c).

BIBLIOGRAFIA. HAUSHERR, I. Le traité d'oraison d'Évagre le Pontique. *Revue d'Ascétique et de Mystique* (1934) 39-94.113-171; LABRIOLLE, P. de. Apathie. In *Reallexikon für Antike und Christentum*, 484-487; LAMMA, P. Apatia. In *Enciclopédia Filosofica* I, 373-374; MANCINI, G. *L'etica stoica da Zenone a Crisippo*. Padova, 1940; POHLENZ, M. *Die stoa*. Göttingen, 1964.

S. SIEDL

APEGO HUMANO. Apego é todo afeto desordenado, sobretudo habitual. É sempre um ato de → EGOÍSMO, de busca viciosa da própria satisfação, portanto opõe-se diretamente à caridade, segundo a afirmação de Santo → AGOSTINHO: "*Augmentum caritatis, diminutio cupiditatis; augmentum cupiditatis, diminutio caritatis*".

Na linguagem de São → JOÃO DA CRUZ, os apegos, ou afetos desordenados, são chamados *apetites*, e podem ser de vários tipos: passageiros, quando se trata de atos particulares e esporádicos; habituais, quando, se repetidos com frequência, tornam-se hábitos; naturais, como os chama o santo Doutor (*Subida*, 1, 11, 2), quando são simples manifestações instintivas da natureza corrompida pelo pecado, sempre que "a vontade não participe, nem antes nem depois". Muitas vezes trata-se de apegos ou apetites que de modo claro e consciente são grave ou levemente pecaminosos. Os autores espirituais têm em mira sobretudo aqueles que, embora não constituindo uma culpa, são prejudiciais e de grande impedimento para o progresso espiritual, de modo a tornar impossível a união divina e a caridade perfeita, porque são aceitos sem justo e proporcionado motivo ou viciados por certo culpado descontrole. O Doutor Místico dá alguns exemplos: "o hábito comum de falar muito; um pequeno apego a alguma coisa que a alma nunca se decide a superar, como o afeto por uma pessoa, por uma roupa, por uma cela, por um determinado tipo de alimento, de conversa, por certas pequenas satisfações, pelo desejo de saber, de escutar e semelhantes" (*Subida*, 1, 11, 4).

Esses apegos, quando voluntários, não já puramente naturais, sempre trazem prejuízo para a alma, ainda que passageiros e esporádicos; e são ainda mais nocivos quando se tornam hábitos. Portanto, "cada uma dessas imperfeições, às quais a alma está apegada e das quais formou-se o hábito, constitui grave obstáculo para quem quer crescer e progredir na virtude e é um impedimento muito maior do que o fato de cair diariamente em inúmeras outras imperfeições e numerosos pecados veniais, que não procedem de hábitos maus. [...] Enquanto não se libertar dessas imperfeições, ainda que mínimas, a alma não poderá fazer nenhum progresso nos caminhos da perfeição. Para mim, não tem importância se é fino ou grosso o fio com que uma ave está amarrada, porque sempre continua prisioneira, tanto em um quanto em outro caso, até que o tenha cortado" (*Subida*, 1, 11, 4).

São João da Cruz estende-se em descrever, em páginas pitorescas, os diferentes efeitos e danos que os apegos produzem na alma (*Ibid.*, cc. 6-10). Embora observe expressamente que ainda "haverá muitos" (*Ibid.*, c. 2, 6), os reduz a "dois principais" (*Ibid.*, c. 6, 1): um negativo e outro positivo. O negativo consiste em privar a alma do espírito de Deus e impedir a união plena e a transformação nele; corresponde ao aspecto pior do pecado, que é a *aversio a Deo*: o afastamento de Deus (cf. *Subida*, 1, 12, 3). O dano positivo é correlato à *conversio ad creaturas*: é o voltar-se, imergir-se e perder-se nas criaturas por parte da alma pecadora (cf. *Ibid.*) e assume essas cinco mais notáveis tonalidades: cansaço, tormento, cegueira, impureza e fraqueza (*Ibid.*, 6, 5). Todo apego ou apetite produz esses danos, todavia "cada qual produz um só, do qual procedem todos os outros". Por exemplo, "se é verdade que um apetite sensual é causa de todos os males citados acima, própria e principalmente suja a alma e o corpo" (*Ibid.*, 12, 4).

O Doutor Místico não se deteve nessas profundas investigações; como bom "clínico", dedicou-se também a apontar acuradamente os *remédios* contra os apegos ou apetites desordenados. Limitando-se àqueles que dependem do esforço ativo e generoso da alma, calando portanto sobre os passivos e pressupondo que o primeiro não pode deixar de ser a fuga de todo pecado percebido e deliberado, os demais remédios são: em cada ação comportar-se como faria Jesus; não buscar a própria satisfação em coisa alguma; tender sempre, no que depender de nós, não para o mais fácil, agradável, honroso etc., mas, ao contrário, proceder nesse esforço com constância, ordem e discrição (cf. *Ibid.*, c. 13) (→ ASCESE, DEFEITOS, PURIFICAÇÃO, DESPOJAMENTO).

BIBLIOGRAFIA. CANALS, S. *Ascética meditada*. Madrid, [15]1981; *Spiritual formation and problems of addictions*. EUA, 1987, 8, n. 2, 161-287 (com bibliografia); SANDREAU, A. Attaches imparfaites. In: *Dictionnaire de Spiritualité*, 1.055-1.058, vl. I; GERERT, C. Le christianisme contre nos plaisir. In: *Lumière et Vie* 22 (1973) 65-81; *Mortification*. In: *Dictionnaire de Spiritualité*, 1980, 1.781-1.799, vl. X.

B. MARCHETTI-SALVATORI

APETITE. Fisiologicamente, o apetite é uma ânsia animal de bens externos, determinado por uma necessidade de desenvolvimento ou de uma carência de equilíbrio (por defeito ou por excesso) em uma função vital, direcionado a harmonizar a complexa atividade biofísica, com prazer dos órgãos interessados na satisfação da necessidade. Fala-se, pois, de apetite alimentar, sexual etc. Esses bens, oferecidos à necessidade animal, também trazem, além da satisfação da apetência, uma sensação agradável, mais ou menos intensa, que envolve completamente o indivíduo, de corpo e alma.

Psicologicamente o termo *apetite*, segundo fontes experimentais modernas, tem sido mais frequentemente substituído pelo termo → TENDÊNCIA. Todavia, querendo manter no termo um específico significado psicológico, podemos considerar que o apetite situa-se num lugar intermediário entre o → INSTINTO e a tendência. O primeiro indica uma inclinação congênita e inconsciente do animal para a conservação e a evolução de poucos e fundamentais valores da vida, enquanto a tendência engloba uma inclinação constante e habitual para o objeto, sem uma real necessidade, e resulta de componentes de natureza instintiva, apetitiva e afetiva. O apetite, todavia, é uma inclinação intermitente para um objeto externo, existente mais ou menos confusamente na consciência como agradável correspondente de necessidades vitais já anteriormente saciadas, das quais o indivíduo experimenta, na prática, uma carência. O apetite é a inclinação para um bem qualquer, do qual existe uma necessidade no indivíduo, como ocorre com a criança que deseja o doce do qual tem, inadvertidamente, uma real necessidade fisiológica, e que possui em si a experiência agradável já correspondente à satisfação de uma anterior carência de açúcar. A psicologia escolástica, referindo-se às noções aristotélicas (*Ética* 6,2; *De anima* 2-3), desenvolveu, com Santo Tomás, a doutrina do apetite. Este, em uma acepção geral, é a inclinação de uma coisa qualquer para uma realidade que lhe é semelhante e conveniente (*STh.* I, q. 78, a.1, ad 3). Divide-se em apetite *natural* ou inato, que é o direcionamento físico ou psicofísico rumo ao próprio completamento entitário enquanto bem final, conveniente à própria natureza (não é, porém, considerado potência distinta e pode dar lugar ao instinto), e apetite *elícito*, que é a inclinação psicológica para um bem conhecido. Visto que o conhecimento humano é dúplice, também o apetite divide-se em elícito racional e elícito sensitivo: o primeiro se identifica com a vontade, o segundo é descrito como potência orgânica (radicada na alma) que persegue o bem externo e foge daquilo que é mau segundo a apreensão dos sentidos externos (visão, audição etc.), da estimativa e da fantasia (dois sentidos internos), interessando indiretamente à vontade. Ora, o bem externo pode apresentar-se à cognição sensitiva simplesmente enquanto bem a ser conseguido, ou enquanto bem dificilmente perseguido; resulta que o apetite se subdivide em concupiscível e em irascível. O tomismo (*STh*. I, q. 81, a. 2) considera que o apetite irascível e o concupiscível sejam duas faculdades realmente distintas, contra o parecer de outros escolásticos (Scoto, Suarez). Convém lembrar que as duas atividades são reciprocamente complementares, porque o apetite concupiscível é princípio e fim do apetite irascível. Sendo duas potências distintas, possuem ações distintas, denominadas, em termos escolásticos, paixões. Dado que o apetite sensitivo interessa indiretamente à vontade, surgem relações entre apetite e vontade, e, consequentemente, entre apetite e razão, orientadora da vontade. O apetite, surgido da cognição sensitiva de um bem apto a satisfazer uma necessidade humana e gerador de prazer, pode ser controlado pela razão que percebe o processo apetitivo e o conduz ao bem-estar total, julgando-o, então, útil ou não, impondo à vontade discipliná-lo. A vontade pode impor aos apetites uma ordem prática, sem anular sua disposição orgânica; todavia, a vontade (poder que tende ao bem conhecido intelectualmente como objeto próprio) pode ser distraída de seu bem sob a intensidade da apetência do bem sensível, e estimulada por ele. Por essas relações, os apetites podem ser sedes de virtudes ou de vícios, consequentemente, resultam bons ou maus. Se, porém, forem considerados autônomos, serão moralmente indiferentes.

A teologia dogmática reconhece, na natureza humana de Cristo, a presença dos apetites sensitivos, e analisa os seus movimentos ou → PAIXÕES. Ela afirma que ambos os apetites sensitivos eram perfeitamente controlados pela razão e disciplinados pela vontade, de modo que não interfeririam no intelecto sobre o julgamento da conveniência ou não do bem externo desejado, nem o obstaculavam, e menos ainda atraíam a vontade para um mínimo bem que fosse inconveniente ao homem-Deus (*STh*. III, q. 15). Na doutrina da isenção do pecado original da Virgem Mãe de Cristo, retorna a alusão aos apetites em que se trata do fomento do pecado, ou seja, daquela tendência especial para a busca desordenada dos bens sensíveis, que se enraíza nos apetites e é estigma do pecado original.

A teologia moral se ocupa dos apetites em relação à moralidade dos atos humanos. Ela os reagrupa geralmente sob a voz de → CONCUPISCÊNCIA, de temor, de desejo. Quando os apetites desenvolvem uma atividade que antecede o ato da vontade (a concupiscência antecedente e o temor), podem diminuir a liberdade do ato voluntário e, às vezes, anulá-la, de modo que reduzem ou anulam a imputabilidade do ato bom e do mau. Se, porém, eles se reativam depois que o ato volitivo foi colocado, geralmente são sinal da intensidade do próprio ato, exceto se forem propositalmente suscitados para sustentá-lo, tornando-o, assim, muito mais imputável. A teologia moral se ocupa também dos apetites quando trata das virtudes ou dos vícios morais. Visto que os apetites participam da moralidade dos atos humanos sob a direção da razão e da vontade, é previsível que também possam adquirir qualidades permanentes, boas ou más, que facilitem ou obstaculizem o reto dever da razão e da vontade. As qualidades boas adquiríveis pelo apetite concupiscível são as virtudes da → TEMPERANÇA e derivados; as qualidades boas que podem atacar o apetite irascível são as da → FORTALEZA e derivados. Contrariamente, o apetite concupiscível pode ser sujeito dos vícios opostos da intemperança (por excesso) e da insensibilidade (por deficiência); o apetite irascível pode tornar-se sede do vício da insolência e da indolência (por defeito), da timidez e da temeridade (por excesso).

O dinamismo dos apetites virtuosos ou dos viciosos introduz na consideração ascético-pedagógica de sua contribuição o alcance da perfeição cristã. O apetite surge no ser humano com a evolução da vida e se desenvolve com energia vital positiva, ainda que facilmente alterável em sentido negativo, por deficiência, por excesso ou por desarmonia de satisfação. O apetite é uma inclinação espontânea na infância e também na → ADOLESCÊNCIA; não é controlado, ou o é apenas fracamente, pela razão ou pela vontade; estende-se, progressivamente, sobre todos os objetos que, de algum modo, causam prazer, sem discernir, sem selecionar, sem comensurar devidamente. Cabe à ação pedagógica externa guiar e nutrir os apetites do ser humano na idade evolutiva. A ascese negativa da purificação nada tem a ver, ou tem pouquíssimo, com a educação dos apetites quando surgem. Eles devem encontrar aquela justa medida de saciedade que os satisfaz de acordo com as exigências superiores do ser humano; ninguém deve reprimi-los, atrofiando a sua vitalidade, nem deve danificá-los em seu desenvolvimento gradual, nem deve enaltecê-los exagerada ou desarmonicamente, porque isso causaria um desequilíbrio físico, ao qual se somaria rapidamente um maior desequilíbrio psíquico. Na idade evolutiva do ser humano os apetites devem ser adestrados, por aqueles que conhecem a sua funcionalidade, para um exercício que torne possível, na idade consciente, o enfoque de virtudes éticas indispensáveis à felicidade humana e à perfeição cristã. Na consideração ascética do passado, os apetites se apresentavam em seu quadro negativo, ou seja, já infectados pelo → VÍCIO. Nessa apresentação, os apetites são inclinações desordenadas do ser humano pelas coisas criadas, que satisfazem as suas complexas exigências, esquecendo a ordenação moral desejada por Deus. A desordem inerente a eles deriva da vontade que se junta aos sentidos, na busca do prazer por qualquer objeto, material ou espiritual, natural ou sobrenatural. Neste caso, a vontade abdica de seu predomínio, permitindo e impelindo as potências apetitivas para o patamar da volúpia, que vincula o ser humano aos bens da terra e o afasta daqueles do céu. Os apetites desordenados causam muitos danos à alma: estados de contínua ansiedade e descontentamento, obscurecimento intelectual, impureza, enfraquecimento; mas o que mais preocupa é a impossibilidade da alma de unir-se a Deus. Daí a práxis ascética de vigiar e purificar os apetites com métodos e meios adequados. Dado que o apetite tende para a volúpia, priva-se o ser humano de todo prazer sensual, espiritual ou derivado da piedade religiosa. O sofrimento é o antídoto por excelência, principalmente quando os apetites se apresentam tenazmente rebeldes diante da vontade modificada. A penitência física é, pois, um meio eficaz de purificação: a abstinência e o → JEJUM contra o apetite da gula; retiro e solidão contra o apetite dos olhos; disciplina e cilício contra o apetite do sexo etc. A penitência espiritual deve acompanhar a penitência física na purificação dos apetites. Ela inclui controle e modificação das atividades naturais; resume-se em duas normas: nada fazer unicamente por satisfação pessoal ou por próprio prazer; não omitir uma boa ação apenas porque repugna ou pode trazer enfermidade. A estas normas se reduzem as famosas sentenças de São → JOÃO DA CRUZ (*Subida*, 1,13).

Observe-se, por outro lado, que ao termo *apetite* corresponde o de *apetência*, utilizado por alguns. Para a psicologia tomista, a apetência é o ato do apetite. Algumas vezes aparece nos manuais de teologia a expressão "apetite de ver a Deus": exprime o desejo inato na alma de conhecer a causa incriada de todas as coisas.

BIBLIOGRAFIA. ABBAGNANO, N. Appetizione. In *Dizionario di Filosofia*. Torino, 1961; CHRYSOGONUS A IESU SACRAMENTATO. *Asceticae et mysticae summa*. Torino, 1936; GEMELLI, A. – ZUNINI, G. *Introduzione alla psicologia*. Milano, 1957; HILGARD, E. R. *Psicologia*, 1971, 145-183; KRECH, D. et al., *Individuo e società*. Firenze, 1970, 615-617 e passim.

G. G. PESENTI

APLICAÇÃO DOS SENTIDOS. A aplicação dos sentidos, um dos métodos de oração indicados por santo Inácio em seus *Exercícios espirituais*, pode ser considerada uma forma de transição entre a meditação e a contemplação adquirida. Santo Inácio não desenvolveu esse método como sempre fazia quando se tratava de elementos de oração que dependiam mais do magistério do Espírito Santo que do ensinamento humano. Deixou-nos apenas algumas indicações fugazes, muito breves, que deram chance a interpretações diferentes e controvertidas sobre a natureza e sobre o papel da aplicação dos sentidos. Todavia, essas fugazes e breves indicações, vistas no conjunto da doutrina de santo Inácio sobre a oração, são suficientes para compreender a importância exata do método.

"A quinta [contemplação] será aplicação dos cinco sentidos da imaginação sobre a primeira e sobre a segunda contemplação" (*Exercícios espirituais*, 121). É claro que esse exercício já supõe um intenso trabalho na jornada: duas contemplações (meditações), as quais, se possuem três pontos — olhar (*ver*) as pessoas, escutar (*oir*) as suas palavras e observar (*mirar*) as suas ações —, não são a aplicação dos sentidos, mas procedem da atividade das faculdades superiores da alma: inteligência e vontade; e, além disso, duas repetições das duas supracitadas contemplações, sempre colocando em destaque e detendo-se nos "pontos nos quais senti uma maior consolação ou desolação, ou um maior sentimento espiritual" (62). Um potencial espiritual, portanto, bastante elevado.

Apesar da consolação e do gozo espiritual, tais contemplações permanecem mais ou menos teóricas, obra da inteligência e da vontade. No final do dia, chega o momento de "assumir" essas verdades com a participação dos sentidos, de revivê-las com intensa emoção no mais íntimo da alma, de revivê-las com todo o seu ser. Uma coisa é conhecer perfeitamente, por meio da leitura e da reflexão, a importância dos pais para os filhos e a grande perda que pode ocasionar a sua morte; incomparavelmente outra coisa é assistir à morte e sepultamento dos próprios pais. No primeiro caso, talvez se tenha mais clareza de conceitos; no segundo caso, haverá uma experiência vivida, cheia de interiorização e de intensidade, que atinge o mais profundo da alma. É isto que santo Inácio queria alcançar, como parece evidente pela oração que ele indica para a segunda preparação, a da aplicação dos sentidos sobre a matéria da meditação sobre o → INFERNO: "pedir o sentimento interior dos sofrimentos que padecem os condenados" (65). Para alcançá-lo, ele aconselha: "ver o fogo imenso e as almas como corpos incandescentes; escutar o choro, os lamentos, os gritos e as imprecações dos condenados; sentir a fumaça, o enxofre, a fossa e a putrefação; saborear as amarguras, como as lágrimas, a tristeza e o verme da consciência: tocar como o fogo toca e abraça as almas" (66-70). Tudo por meio dos cinco sentidos da imaginação.

É verdade que na aplicação dos sentidos não há atividade discursiva alguma, todavia ela não é inferior à → MEDITAÇÃO, visto que a aplicação dos sentidos não quer ser um jogo qualquer de uma imaginação vivaz, capaz de criar uma espetacular fantasmagoria, nem uma pia visão, mas antes fundamentada nas verdades não só longamente meditadas, mas também experimentadas — e, de certo modo, ainda vivas e presentes no espírito —, é o prolongamento e o aprofundamento emotivo do fervor da devoção. Trata-se, na verdade, de uma atividade superior à meditação, como um conhecimento intuitivo, certo grau de → CONTEMPLAÇÃO que reforça e aprofunda o conhecimento daquelas verdades e as faz viver intimamente. Esse "sentimento interior" nada mais é senão o conhecimento da verdade existencialmente vivida no fundo da alma, um conhecimento supraconceitual, de força e vigor inacreditáveis, que, pode-se dizer, não é mais um conhecimento, mas uma nova qualidade da substância da alma adquirida com a graça, um novo modo de ser da alma, de onde surge um novo modo de agir: manter sob controle a atividade das faculdades superiores, inteligência e vontade, inspirar e conduzir a sua atividade (em caso concreto, preservar do pecado).

Ao menos parece ser essa a interpretação exigida pelos frutos indicados na segunda preparação da aplicação dos sentidos: "a fim de que, se me esquecer do amor eterno do Senhor pelas minhas faltas, ao menos o temor das penas me ajude a não cair em pecado" (65).

A aplicação dos sentidos das três semanas seguintes reforça a mesma ideia. Santo Inácio mostra o Cristo, Verbo encarnado, faz escutar as suas palavras, faz beijar as pegadas de seus pés (125), faz que seja servido como "se eu estivesse presente, com toda a reverência e respeito possível" (114), faz sentir "dor com o Cristo sofredor, arrasamento com o Cristo arrasado, as lágrimas, o sofrimento interior pelos inúmeros sofrimentos que Cristo suportou por mim" (203), "pedir a graça de experimentar intensamente a alegria e o regozijo pela imensa glória e júbilo de Cristo Nosso Senhor" (221), finalmente, "para o olfato e o paladar, sentir e saborear a infinita suavidade e doçura da divindade, da alma e das suas virtudes" (124), o "conhecimento interior do Senhor, que por mim se fez homem para que o ame mais e o siga" (104; cf. 1Jo 1,1-3).

O *Diretório* oficial dos *Exercícios espirituais* de 1599, por prudência em relação aos principiantes, faz restrições para a aplicação dos → SENTIDOS ESPIRITUAIS e fala apenas de sentidos físicos imaginários, sem, todavia, negar o sentido metafórico e espiritual propriamente dito. Assim, o *Diretório* se religa à tradição: São → BERNARDO, Aelredo di Rievaulx, → RICARDO DE SÃO VÍTOR, São Domingos, João de Caulibus, E. Susone, G. → TAULERO, Rodolfo, o Saxão, santa Brígida, São → BERNARDINO DE SENA, G. ⤴ GERSON, ⤴ *DEVOTIO MODERNA* (Tomás de Kempis, Mauburnus), L. Barbo, → DIONÍSIO, O CARTUXO, ⤴ CISNEROS, a arte cristã, os "mistérios" da Idade Média etc. A aplicação dos sentidos, feita segundo as advertências do *Diretório*, assume, necessariamente, um caráter sempre mais contemplativo; essa orientação progressiva faz parte da natureza das coisas. A tradição (autores supracitados) repetiu inúmeras vezes que a meditação imaginativa e afetiva da santa humanidade do Verbo encarnado é a introdução à contemplação mais elevada de sua divindade; *ut dum visibiliter Deum cognoscimus, per hunc in invisibilium amorem rapiamur* (São Gregório Magno, extraído do *Prefácio do Natal*).

A tradição inaciana, dos colaboradores mais íntimos de santo Inácio até os nossos dias, conhece bem e também confirma a aplicação dos sentidos espirituais: Polanco, Nadal, o bem-aventurado P. Favre, A. Gagliardi, o venerável L. du Pont, → ALVAREZ DE PAZ, F. Suarez, L. della Palma, → SURIN, G. Nouet, Brou, Richstätter, Poeters. Assim, a aplicação dos sentidos espirituais realiza, com maior perfeição, o objetivo proposto por santo Inácio através da aplicação dos sentidos físicos, podendo-se dizer que ela estivesse implicitamente dentro de seu escopo: ensinar, àqueles que fazem os exercícios, um método relativamente fácil de orientar a meditação discursiva rumo à contemplação adquirida, a fim de torná-los cada vez mais aptos a receber, pelo beneplácito de Deus, o dom da oração infusa. A tradição inaciana continua, pois, a tradição medieval sobre os cinco sentidos espirituais, representada por Santo → AMBRÓSIO, por Santo → AGOSTINHO, por São → GREGÓRIO MAGNO, por Alchero di Clairvaux, por São Bernardo, por Guglielmo di Saint-Thierry, por → HUGO e → RICARDO DE SÃO VÍTOR, por Guigo II, por São → BOAVENTURA, pelo pseudo-Bonaventura (Rodolfo Bibrach), por São → TOMÁS DE AQUINO e outros.

Quanto a santo Inácio, ele menciona expressamente apenas os sentidos da imaginação, mas sua expressão "saborear a doçura da divindade" indica pelo menos o sentido metafórico, se não simplesmente o sentido espiritual. Não fornece regras metódicas válidas para estágios da oração, que dependem mais do magistério do Espírito Santo que do ensinamento humano, mas, depois de dar indicações elementares, ele conduz a alma à presença de Deus e a deixa tratar imediatamente com ele, orientando o diretor para "deixar o Criador agir sem intermediários com a criatura, e a criatura com o seu Criador e Senhor" (*Exercícios espirituais*, 15). A altura, para onde irá elevar-se a alma assim disposta, após um mês de → EXERCÍCIOS ESPIRITUAIS, em um encontro tão imediato com o seu Deus e Criador, só depende dos dons naturais, de sua generosidade, da abundância da graça e, sobretudo, dos misteriosos planos da → PROVIDÊNCIA.

BIBLIOGRAFIA. AGERO, I. A aplicação de sentidos nos Exercícios de S. Inácio. *Verbum* 18 (1961) 397-415; BERTRAND Y M. Á. FIORITO, FR. La aplicación de sentidos en los Ejercicios. *Boletín de Espiritualidad* 53 (1977) 27-43; BOLLEY, ALF. Das Problem der Vorstellungstätigkeit bei Ignatius von Loyola im Lichte empyrischer Befunde. *Archiv für Reliongspsychologie* 9 (1967) 65-77; ID. Zur Psychologie der Meditationsmethode "Anwendung der Sinne". *Königsteiner Studien* 17 (1971) 17-32; BROU, A. *Sant'Ignazio maestro d'orazione*. Roma, 1954, 179-202; CALVERAS, J. Las aplicaciones de sentidos en las meditaciones del P. La Puente. *Manresa* 26 (1954) 154-176; ID. Los cinco sentidos de la imaginación en los Ejercicios de san Ignacio. *Manresa* 20 (1948) 47-70; CARVAJAL, E. El quinto ejercicio de la primera semana es aplicación de sentidos? In *Estudios sobre Ejercicios*. Semana celebrada en Loyola con occasión del IV centenario de la Compañía, julio de 1941. Barcelona (Iberica), 1941, 425-444; HERNÁNDEZ, M. "Sentir" en el estilo literário de Ignácio de Loyola. *Manresa* 38 (1966) 349-370; 39 (1967) 5-18; MARECHAL, J. Aplications des sens. In *Dictionnaire de Spiritualité* I, 810-828 (com bibliografia); ID. Un essai de méditation orientée vers la contemplation. La méthode d'application des sens dans les Exercices de saint Ignacei. In *Études sur la psychologie des mystiques*. Bruxelles-Paris, 1937, 365-382, t. II; MARIN, F. Sentir a Diós. *Manresa* 36 (1964) 393-402; OLPHE-GALLIARD, M. Les sens spirituels dans l'histoire de la spiritualité. In Nos sens et Dieu, *Études Carmélitaines Mystiques et Missionnaires* 33 (1954) 179-193; PINARD DE LA BOULLAYE, H. Sentir sentiment, sentido dans le style de Saint Ignace. *Archivium Historicum Societatis Iesu* 25 (1956) 416-430; RAHNER, K. Die "Anwendung der Sinne" in der Betrachtungsmethode des hl. Ignatius von Loyola. *Zeitschrift für Katholische Theologie* 79 (1957) 434-456; ID. Le début d'une doctrine des cinq sens spirituels chez Origène. *Revue d'Ascétique et de Mystique* 13 (1932) 113-145; ID. La doctrine des "sens spirituels" au moyen-âge, en particulier chez saint Bonaventures. *Revue d'Ascétique et de Mystique* 14 (1933) 263-299; RUIZ, M. Aplicación. *Manresa* 18 (1946) 257-268; SOLIGNAC, A. L'Application des sens. *Nouvelle Revue Théologique* 80 (1958) 726-738; THURN, H. Seelegrund und Frömmigkeit. Zur Psychologie des gefühls und der Frömmigkeit. *Geist und Leben* 23 (1950) 346-361; TORFS, L. The application of the senses. *Ignatiana* 7 (1956) 137-139.

A. LIUJMA

APOCALIPSE. O Apocalipse (em grego: *apokalipsis*) é o último e o único livro profético do cânone do Novo Testamento. O verbo grego *apokaliptô*, do qual deriva o substantivo *apokalypsis*, significa tirar o véu que cobre um objeto, e assim: desvelar, manifestar, revelar. Em sentido religioso indica: a manifestação, feita no tempo por Deus, de forma direta ou por meio de um anjo, dos mistérios divinos escondidos no seio da divindade desde a eternidade, referentes ao destino do mundo e dos seres humanos, em particular aqueles relativos aos "últimos tempos".

O nome de "apocalipse", além do livro inspirado que a tradição, e grande parte dos autores modernos, excetuando alguma voz discordante que se elevou desde a Antiguidade, atribui ao apóstolo João, indica um complexo de livros apócrifos, escritos entre os séculos II a.C. e II d.C., que forma um particular gênero literário chamado "gênero apocalíptico".

São características desse "gênero": a) a *pseudonímia*: os vários autores, a fim de dar maior autoridade aos seus escritos, assinam sob o nome de algum antigo e famoso personagem (→ ADÃO, Enoch, Noé, → ELIAS, Isaías etc.); desse modo, eles apresentam os fatos do passado, até sua época, como futuros: é uma história, porém narrada em forma de profecia; b) o *esoterismo*: as presumíveis revelações do passado teriam sido conhecidas, conservadas e transmitidas somente em determinados círculos de pessoas, até o tempo de sua realização; c) *simbolismo*: os fatos, ordinariamente, não são descritos em termos próprios, mas por meio de símbolos, muitas vezes estranhos e difíceis de serem compreendidos; a polivalência de significado do símbolo e, então, a sua indeterminação servem muito bem aos autores para descrever, de modo vago e indeterminado — logo, sem perigo de serem desmentidos pelos fatos —, a iminente intervenção de Deus contra os perseguidores de Israel de sua época; d) *consolar nas dificuldades* do presente (perseguição de Antíoco Epífanes, perda da liberdade nacional sob Pompeu e Herodes o Grande, destruição de Jerusalém no ano 70, repressão da rebelião de Bar Kozeba, sob Adriano, em 135): a lembrança das intervenções misericordiosas de Deus no passado era garantia certa de libertação e triunfo sobre os inimigos de Israel em um futuro próximo.

Quanto ao gênero apocalíptico, o Apocalipse canônico lhe é concorde em alguns pontos e dele difere em outros. Difere: a) não admite a pseudonímia: desde o início do livro encontramos o nome do autor, João (1,1.4.7.9; 22,8); b) nem admite o esoterismo: é endereçado às sete Igrejas da Ásia Menor, símbolo de toda a cristandade (1,4-8); é destinado por Deus "a instruir todos os seus servos (1,1); aliás, é expressamente imposto ao vidente "para não manter em segredo (não esconder) as palavras da profecia" (22,10); c) sobretudo, o Apocalipse é uma verdadeira profecia (1,3; 11,6; 19,10; 22,7.9.18.19); João é um verdadeiro profeta (22,9).

Concorda, todavia: a) no uso do simbolismo: as cores (6,1-8: as cores dos quatro cavalos; 12,3: a cor vermelha do Dragão), os números (o número *sete*: sete selos, sete taças etc.; cf. 7,4-8; 12,6; 13,18; o nome da besta), as estrelas (8,10-12); geralmente, porém, os símbolos são tirados do Antigo Testamento e interpretados à plena luz da revelação cristã: a mulher que dá à luz e é perseguida pelo dragão (12,1-17), bem como o rio de água viva e a árvore da vida (22,1-3) lembram os primeiros capítulos do Gênesis: as pragas do Egito (Ex 7,4-10 = Ap 8,7; 16,21: granizo; Ap 8,8-9; 16,3-7 = água mudada em sangue; Ap 8,12; 16,10-11 = trevas; Ap 16,33 = rãs; Ap 9,1-10 = gafanhotos); o êxodo (o cântico de Moisés; Ex 15,2-19 = Ap 15,1-4; a arca da aliança: Ap 11,19 = Ex 9, 24; 19,16); o tema da → ALIANÇA (Ap 21-22 = Lv 26,11-12; cf. Jr 31,33; 32,38; Is 60,19-20); os dois testemunhos (Ap 17 = Zc 6); a Jerusalém celeste (Ap 21-22 = Is 60,19-20; Ez 40 ss.); o Filho do homem (Ap 1,7.13-20 = Zc 3,4; Dn 7,9; 10,5); o trono de Deus e os quatro seres misteriosos (Ap 4 = Ez 1,9-10); b) no escopo prático do livro: consolar os leitores, reerguer o seu ânimo, fortalecê-los no meio das atribulações nas quais se encontram. Estas atribulações podem ser vislumbradas nas frequentes alusões presentes nas cartas às sete Igrejas. Algumas estão no seio da comunidade cristã: diminuição do fervor (2,4; 3,15-18: a tibieza); falta de firmeza contra alguns falsos mestres que induzem os fiéis ao mal (2,14-15); conduta imoral de falsas profetizas (2,20-24); dificuldades de ordem material devidas à perseguição (2,9: a pobreza dos fiéis de Esmirna). Outras, porém, são provenientes do exterior: a perseguição dos judeus (2,9; 3,9); as nascentes heresias dos nicolaítas e cerintianos com a sua degradação moral (2,6-15); as perseguições das autoridades pagãs que já tinham feito mártires (2,13; 3,8; 6,8-11: provável alusão à perseguição de Nero; em outros textos a atribulação é prevista como iminente; 2,10; 3,10: provavelmente a de Domiciano); o Império Romano com o culto ao imperador e o sincretismo pagão, simbolizados pelas duas bestas, uma das quais vem do mar (13,4-5: Roma e o culto imperial); e a outra, da terra (13,11-18: Ásia Menor; em Pérgamo situa-se o "trono de Satanás", isto é, o templo em honra do imperador).

De que modo o vidente consola os fiéis? A resposta para a pergunta depende muito da interpretação do livro. Sobre esse ponto existem várias sentenças ou sistemas.

1. SISTEMAS DE INTERPRETAÇÃO. a) *Sistema da história contemporânea.* O Apocalipse nada mais é senão a exposição de um passado recente, narrado sob a forma de profecia; se algumas vezes o autor pretende desvelar o futuro, a exemplo de outros escritores "apocalípticos", trata-se apenas de conjecturas, mais ou menos prováveis, que ele deduziu das condições políticas e religiosas de sua época; o livro, pois, não difere de qualquer outro apocalipse; admite-se que é um documento precioso para conhecer o estado da Igreja por volta do final do século I (E. Renan, A. Loysi etc.). É natural que esse sistema, que nega a profecia e reduz tudo quanto se refira ao futuro a mera conjectura, não seja admitido pelos católicos.

b) *Sistema da história geral da Igreja.* Os que apoiam esse sistema veem anunciados e descritos no livro períodos determinados da história da Igreja, que se sucedem regularmente uns aos outros. Joaquim de Flores († 1201), iniciador do sistema, dividia a história da Igreja em sete períodos; mais detalhada, no que concerne à cronologia, é a interpretação de Niccolò di Lira. Hoje, esse sistema foi abandonado; na forma apresentada por Niccolò di Lira atingiu o auge junto aos protestantes; Wicleff via no papado o anticristo; Lutero via nas duas bestas o papa e o imperador; ainda é sustentado por algumas seitas protestantes (adventistas, testemunhas de Jeová), pelas quais, de vez em quando, é anunciado o fim do mundo.

c) *Sistema histórico-escatológico.* O Apocalipse descreve a luta do paganismo contra a Igreja, da qual, porém, anuncia-se o triunfo na predição da queda de Roma (14,8; 17,1-8; em 18,1-3 anuncia-se a queda da Babilônia; 18,4-9: descreve-se o lamento dos reis e dos mercadores com termos extraídos de Ez 26,17-18: a queda de Tiro). A luta e o triunfo, todavia, são exemplos de todas as lutas e de todos os triunfos que a Igreja deve sustentar e manter, até ao triunfo definitivo dos últimos tempos. Temos algo semelhante no Apocalipse sinótico, no qual (Mt 24; Mc 13; Lc 21,5-38) a predição da destruição de Jerusalém e do fim do mundo se sucedem imediatamente, dado que a primeira é imagem do segundo (A. Salmeron, L. de Alcazar, J. B. → BOSSUET, G. Billot).

d) *Escatologismo.* São preditos os últimos acontecimentos da Igreja antes do fim do mundo, com o seu triunfo sobre as forças do mal nos "últimos tempos". Estes, porém, são entendidos em sentido bíblico, isto é, aquele período que se inicia com a → ENCARNAÇÃO e atingirá sua perfeição plena na parúsia do Senhor; é o tempo da Igreja, durante o qual se repete, sob várias formas e de modo mais ou menos intenso, a luta entre o bem e o mal, entre Cristo e Satanás, até a conclusão definitiva no juízo universal. Esse sistema, sustentado por inúmeros Padres e escritores eclesiásticos, é hoje muito comum (E. B. Allo, J. Bonsirven, U. Holzmeister, E. Boismard). Entre os vários sistemas expostos, preferimos o histórico-escatológico: que o Senhor retornaria no fim dos tempos para premiar os justos e punir os pecadores era uma verdade bem conhecida dos fiéis contemporâneos de São João, dos outros livros santos e de toda a pregação apostólica; mas que profundo e consolador motivo de esperança era para os cristãos perseguidos saber que "Babilônia, a grande, a mãe das prostitutas, [...] ébria do sangue dos santos e dos mártires de Jesus" (17,5.6) seria derrubada em um futuro não distante. Por outro lado, é bem difícil não achar, no capítulo 18, ao menos uma alusão à queda de Roma.

2. PROCEDIMENTOS LITERÁRIOS. Para compreender bem os dois últimos sistemas de interpretação é necessário ter presentes os procedimentos literários ou de "composição" usados pelo autor, procedimentos que, comumente, salvo alguma voz contrária, são encontrados no livro.

a) A série dos septenários: sete cartas, sete selos, sete trombetas, sete taças: o número possui um valor simbólico e indica a plenitude, a perfeição.

b) A lei da "antecipação" ou da "inserção": breve descrição antecipada de uma cena sobre a qual o autor retornará com maiores detalhes em seguida; assim, 14,8 prenuncia a queda da Babilônia, amplamente descrita nos capítulos 17-19; a doxologia de 19,7-9 antecipa os capítulos 21-22 (descrição da Jerusalém celeste, esposa do Cordeiro). Esse modo de proceder (cf. também 2,11 = 20,14; 3,12 = 21,2), além de mostrar, ao contrário do que sustentam alguns, que só é um o único autor do livro, nos faz conhecer também o seguinte procedimento literário.

c) A recapitulação ou desenvolvimento em ondas concêntricas. O autor, em sua exposição, não procede de modo linear, descrevendo acontecimentos independentes entre si que se sucedem cronologicamente uns aos outros, mas apresenta os fatos de modo "cíclico": isto é, temos acontecimentos idênticos, uma mesma história, descrita, porém, sob formas ou símbolos diferentes. Convém observar, todavia, que na retomada sucessiva de uma cena, anunciada brevemente ou de forma esquemática, em uma série anterior, a descrição é mais ampla, mais exata e, então, mais clara.

d) A lei da antítese, que é a lei fundamental do livro inteiro: a luta entre Cristo e Satanás, entre a mulher e o dragão, entre os "marcados" com o "selo de Deus" e os assinalados com o sinal da besta, entre as forças do mal e as forças do bem, entre a cidade terrestre, Babilônia, e a Jerusalém celeste. Essa lei da antítese nos permite ver o tema central do Apocalipse: "Eles combaterão contra o Cordeiro, e o Cordeiro os vencerá, pois é o Senhor dos senhores e Rei dos reis, e com eles vencerão também os chamados, os eleitos e os fiéis" (17,14). Além dessas antíteses, de ordem geral, encontramos outras particulares, inseridas em lugares bem determinados no desenvolvimento das visões (geralmente no sexto momento nas três séries de septenários), que servem para enfocar aspectos especiais no âmbito da luta geral entre o bem e o mal: 6,12-17 = abertura do sexto selo, terror dos reis e dos grandes da terra perseguidores dos santos, diante do poder do Cordeiro; mas a esse terror segue-se, no capítulo 7, a descrição da felicidade e do triunfo dos eleitos; através do mesmo procedimento, no capítulo 16,12 (sexta taça), no desencadear-se das forças do mal, é oposto o anúncio da recompensa que cabe àqueles que são perseverantes no bem; no capítulo 18,1-9, o anúncio da queda da Babilônia é saudado com gritos de júbilo no céu (18,20).

3. OS ATORES. Depois de expor quais são os procedimentos literários, vejamos quais são, concretamente, os atores desse drama grandioso.

a) *Deus*. Coloca-se em destaque a sua eternidade: "Aquele que é, que era e que vem" (1,4); "Aquele que vive nos séculos dos séculos" (4,9); "o Alfa e o Ômega, o princípio e o fim" (1,8; 21,6); mas, sobretudo Ele é o onipotente, a cuja força nada pode resistir (11,17-18); tem em suas mãos os destinos dos povos e do mundo (5,1 ss.); é o Rei das nações. Essas atribuições, especialmente a lembrança da onipotência, são garantia segura de que, como justo juiz, não deixará impunes as perseguições movidas contra os eleitos (15,3-4; 16,5-7; 19,2). Todavia, mesmo quando envia ou permite os castigos, Deus sempre permanece misericordioso: nas calamidades, descritas sob vários símbolos, repete-se continuamente que os que escaparam dos vários flagelos "não se arrependeram das obras de suas mãos" (9,20 ss.); "não se converteram para dar-lhe glória, [...] não fizeram penitência das suas obras" (16,9-11); só depois do terremoto descrito no capítulo 11,13 "os sobreviventes foram tomados pelo temor e deram glória ao Deus do céu": como vemos, o objetivo principal dos vários castigos é a → CONVERSÃO dos pecadores.

b) *Jesus Cristo*. Ele é o "Verbo de Deus" (19,13), o santo, o veraz, o primeiro e o último (3,7; 2,8; 22,13); foi enviado ao mundo para a redenção dos seres humanos: "nos amou e lavou os nossos pecados em seu sangue" (5,9; 20,6; 22,5); por isso, é apresentado sob a figura do Cordeiro sacrificado, para lembrar o seu sacrifício redentor (5,9.12); sentado à direita de Deus e participante de seu trono (3,21), é o Filho do homem visto por Daniel (14,14), juiz soberano (22,12) de cuja boca "sai uma espada afiada para com ela ferir as nações" (19,15); "ele arremessou a vindima no grande lagar do furor de Deus onipotente" (14,19); seu juízo, porém, é justo (19,11): possui a plenitude do Espírito septiforme (3,1; 5,6); "perscruta os rins e o coração" (2,23); como Deus, ele é "o Alfa e o Ômega", "o Rei dos reis e o Senhor dos senhores" (17,14); no final dos tempos, intervirá diretamente para derrotar o dragão e todas as forças do mal".

c) *Satanás*. É o verdadeiro antagonista de Deus e do Cordeiro redentor: as forças do mal nada mais são senão os seus instrumentos para combater a obra de Deus. A sua luta teve início desde os primórdios da humanidade: ele é "a antiga serpente, o diabo, Satanás, o sedutor do mundo inteiro" (12,9; 20,2); a sua cor semelhante ao fogo indica o seu caráter sanguinário (12,3); procura imitar a Deus: é apresentado com sete cabeças coroadas por sete diademas (12,3), símbolo de seu poder pretendido, ou melhor, usurpado; afirma possuir particulares e misteriosas verdades que revela apenas a quem o serve: são "as profundezas de Satanás" (2,24):

evidente alusão às "profundezas de Deus", isto é, os mistérios mais profundos do cristianismo dos quais fala São Paulo em 1Cor 2,10. Promove as duas bestas a seus aliados: à primeira, símbolo do Império pagão de Roma, o dragão "entregou sua força, seu trono e grande poder" (13,2), para angariar adoradores entre os seres humanos: os grandes centros do paganismo, como Pérgamo, são chamados trono de Satanás, visto que dessas localidades ele exerce o seu poder maléfico contra a Igreja; a segunda, símbolo do sincretismo pagão e especialmente do sacerdócio venal dedicado ao culto do imperador, "faz que os habitantes da terra adorem a primeira besta e a sua imagem" (13,11 = o culto ao imperador).

Entretanto, apesar desse poder aparente, ele é uma criatura submissa à vontade de Deus: muitas vezes, ao longo do livro, repete-se a frase: "lhe foi dado = lhe foi concedido por Deus" (cf. todo o capítulo 13); ele foi trancado "durante mil anos", passados os quais "deverá ser solto por algum tempo" (20,1-3). Na luta final contra Cristo, "... Satanás será lançado no pântano de fogo e de enxofre, onde já estão a besta e o falso profeta" (19,20), "e serão atormentados dia e noite por todos os séculos".

d) *A Igreja*. Contudo, Satanás nada pode, diretamente, contra Cristo, que está sentado glorioso à direita de Deus qual Cordeiro redentor: o objeto de seu ódio implacável é a obra de Cristo, a → IGREJA, que é apresentada como a nova esposa do Cordeiro, a beleza da qual se manifestará perfeitamente no final dos tempos (19,6-9; 21,2,9).

A descrição da luta perene começa no capítulo 12, com a radiosa visão da mulher misteriosa "que está para dar à luz a um filho"; diante dela, em fremente expectativa, encontra-se um monstro assustador, o dragão, pronto a devorar o nascido da mulher. Discute-se, entre os autores, quem é a mulher misteriosa descrita por João: a Sinagoga que dá à luz ao Messias; a Mãe de Cristo, Maria (sentido mariológico exclusivo); a Igreja, apresentada, porém, sob a imagem de Maria. Parece difícil excluir da visão um sentido eclesiológico: "o dragão deu início a uma guerra contra o seu fruto (da mulher) que observa os mandamentos de Deus".

Visto que a Igreja é o novo Israel, nascido do sacrifício do Cordeiro, com o qual foi selada a nova aliança, os seus membros possuem, em grau muito mais elevado, a dignidade e as prerrogativas do antigo Israel; "e redimiste para Deus, homens de toda tribo, língua, povo e nação, e deles fizeste, para nosso Deus, um reino e sacerdotes, e reinarão sobre a terra" (5,9 = Ex 19,2). Eles são destinados, pois, a dar testemunho de Deus com uma vida santa e a cantar os seus louvores (14,1-3; 7,12; 22,3-4).

A Igreja, porém, não deve temer na luta: Deus, com efeito, a sustenta com seu poder (1,13); ele tem em seu poder todos os destinos do mundo, os quais, todavia, se realizam por meio do Cordeiro redentor que aparece como mediador entre Deus e a humanidade (5,11 ss.); os fiéis, portanto, podem estar tranquilos, o seu futuro não depende do acaso, mas da Providência de Deus, que faz convergir tudo para o seu bem (7,17; 22,1). Um perigo poderá ser a → PRESUNÇÃO, por essa razão recomenda-se a vigilância (3,2-3; 16,15); um outro é o → DESÂNIMO, e assim, as exortações à paciência (2,2.19; 13,10; 14,12) e à fidelidade até à morte (2,10): a luta, com efeito, terminará com a derrota do mal e o triunfo do bem. Fala-se, também, da oração de todos os santos que um anjo oferece sobre o altar de ouro e que se eleva como perfume diante de Deus (8,3-5). Por meio da oração se estabelece uma união íntima entre a Igreja militante e a Igreja triunfante.

Por outro lado, o tempo da atribulação é "breve"; o Senhor "logo virá" (3,11; 22,12.20); vivemos na "plenitude dos tempos", assim, o Senhor pode manifestar-se em sua glória a qualquer momento; nosso destino eterno depende, então, do estado em que a morte nos surpreenderá.

O prêmio final é descrito com várias fórmulas: o vitorioso "comerá da árvore da vida que está no paraíso de Deus" (2,7); não padecerá a segunda morte; receberá um nome conhecido somente por Deus e por quem o recebe, símbolo da intimidade beatífica entre Deus e a alma, no paraíso: um poder real (2,26-28); será reconhecido como "seu" discípulo por Jesus (3,5); habitará para sempre no templo de Deus (3,12); sentará no trono de Deus, participando da glória e da realeza do Senhor. Esses símbolos e alusões são manifestados com a máxima clareza quando é descrita a glória da Jerusalém celeste e a felicidade dos bem-aventurados. Ela é fundamentada nos 12 Apóstolos (21,14); aberta a todos os povos, encerra em seu seio uma multidão infinita de eleitos (7,9; 15,4); as pedras preciosas que ornamentam os seus muros, bem como as vestes brancas que os bem-aventurados vestem, são símbolo de sua santidade: "nela não entrará nada impuro, nem quem pratique a abominação e a mentira" (21,17). Nessa bem-aventurada visão de paz, cessarão todos os símbolos, a fim de poder saborear plenamente a doçura das realidades: não haverá templo, porque o Senhor Deus é o seu templo, junto com o Cordeiro; desse modo, a → ALIANÇA selada entre Deus e Israel no Sinai, renovada por meio do sacrifício de Cristo, do qual nasceu a Igreja, alcançará a sua perfeição plena, quando cessarão as limitações devidas ao estado de peregrinos ou aos perigos que aqui na terra ameaçam a sua eternidade. Deus, com efeito, se revelará à alma na visão beatífica de sua divindade, e o Cordeiro redentor no fulgor de sua santa humanidade: é a irradiação da "glória", o esplendor de Deus que ilumina a Jerusalém celeste: "A cidade não precisa do sol nem da lua para iluminá-la, pois a glória de Deus a ilumina e sua lâmpada é o Cordeiro" (21,23); será realizada a morada contínua e desvelada de Deus no meio de seu povo, predita pelos antigos profetas: "Eis a morada de Deus entre os homens, ele habitará com eles, eles serão o seu povo" (21,3; cf. Lv 26,11; Jr 31,33; Ez 37,27).

O efeito dessa intimidade beatífica e eterna com Deus será a ausência de toda dor (21,4); cada eleito será verdadeiramente "filho de Deus" (21,7); a sua ocupação será render-lhe culto, ou seja, glorificá-lo (22,3).

Já durante as descrições da luta que a Igreja militante tem de manter, apareceram imprevistos lampejos de glória, visões radiosas de paraíso — a liturgia celeste (4,8-11; 5,8-14; 7,11-12; 11,16-18; 15,3; 19,1-8) — para sustentar a coragem dos "marcados na fronte com o sinal de Deus" (7,3). Nessas celestes liturgias são exaltadas as atribuições divinas: a eternidade, o poder, a glória, a santidade, a justiça, a misericórdia; as mesmas atribuições são proclamadas pelo Cordeiro sacrificado, o qual, todavia, é exaltado sobretudo por seu sacrifício redentor e, então, como autor da eterna felicidade dos bem-aventurados.

É para essa visão de felicidade e de glória que o Apocalipse dirige a mente dos fiéis; o vidente nos exorta a que tudo se realize à luz da eternidade. A mensagem do livro profético é, pois, uma mensagem de otimismo, visto que a presença da Igreja no mundo, com todas as forças salvíficas que lhe foram deixadas por seu divino Fundador, é garantia de vitória contra as forças do mal, em todas as suas formas; é, também, uma mensagem de esperança porque tendemos a um final de glória, no qual os bens sobrenaturais, que aqui nos foram dados inicial e parcialmente, se tornarão nossa perfeita posse. Talvez na aspereza da luta surgirá espontânea a pergunta angustiante dos santos mártires: "Até quando, Senhor, santo e verdadeiro, tardarás a fazer justiça, vingando o nosso sangue?" (6,11) Jesus repetirá as palavras de esperança: "o tempo está próximo, [...] que o injusto continue a praticar a injustiça e que o impuro continue na impureza, mas que o justo continue a praticar a justiça e que o santo se santifique ainda mais" (22,10-11). A manifestação perfeita da glória do reino de Deus porá fim ao doloroso dualismo que aflige a esposa de Cristo, peregrinante na terra. É este triunfo que, na longa espera, a esposa invoca, professando ao mesmo tempo, ao esposo, a sua indefectível fidelidade: "Vem, Senhor Jesus!" (22,20).

BIBLIOGRAFIA. BARSOTTI, D. *Meditazioni sull'Apocalisse*, Brescia, 1966; BRÜTSCH, C. *Clarté de l'Apocalypse*. Génève, 1955; CANNIZZO, A. *Apocalisse ieri e oggi*. Napoli, 1984; COMBLIN, J. *Le Christ dans l'Apocalypse*. Paris, 1965; CORSINI, E. *Apocalisse prima e dopo*. Torino, 1980; FEUILLET, A. Les diverses méthodes d'interprétation de l'Apocalypse et les commentaires récents. *L'Ami du Clergé* 71 (1961) 257-270; ID. *L'Apocalypse*. Bruges, 1962; HARRINGTON, W. J. *The Apocalypse of St. John*. London, 1969; HOLTZ, T. *Die Christologie des Apocalypse des Johannes*. Berlin, 1962; KRAFT, H. *Die Offenbarung des Johannes*. Tübingen, 1974; *L'Apocalisse*. Brescia, 1967; LANCELLOTTI, A. *Apocalisse*. Roma, 1973; LÄPPLE, A. *L'Apocalisse*. Roma, 1980; LÄPPLE, A. *L'Apocalypse de Jean, livre de vie pour les chrétiens*. Paris, 1970; LOHMEYER, E. *Die Offenbarung des Johannes*. Tübingen, 1970; LOHSE, E. *L'Apocalisse di Giovanni*. Brescia, 1974; MAGGIONI, B. *L'Apocalisse*. Assisi, 1981; MOLLAT, D. *L'Apocalisse: una lettura per oggi*. Roma, 1985; MORICONI, B. *Lo Spirito e le Chiese. Saggio sul termine pneuma nel libro dell'Apocalisse*. Roma, 1983; POIRIER, L. *L'Église dans la Bible*. Bruges, 1962, 129-142; PRIGENT, P. *Apocalypse et liturgie*. Neuchâtel, 1964; SPEYER, A. Von. *L'Apocalisse. Meditazione sulla rivelazione nascosta*. Milano, 1988, 2 vls.; VANHOYE, A. L'utilisation du livre d'Ezéchiel dans l'Apocalypse. *Bíblica* 43 (1962) 436-476; VANNI, U. *Apocalisse*. Brescia, 1979; ID. *L'Apocalisse. Ermeneutica, esegesi, teogia*. Bologna, 1988; ID. *La struttura letteraria dell'Apocalisse*. Roma, 1971; WIKENHAUSER, A. *L'Apocalisse di Giovanni*. Milano, 1983.

A. BARBAGLI

APOSTOLADO. Do grego *apostellô* = enviar, deriva do termo *apostolos* = enviado. O apóstolo é um enviado, encarregado de cumprir uma missão em nome daquele que o enviou. Apóstolo significa tanto a missão quanto os seus deveres e a sua prática. Nenhuma referência de caráter religioso está inserida na etimologia original; do mesmo modo, nenhum conteúdo necessariamente religioso está contido no uso do termo na versão dos Setenta, por meio da qual se tornou familiar aos judeus. Somente na Escritura neotestamentária o termo adquire um significado exclusivamente religioso, para cuja compreensão é necessária uma análise teológica e histórica. O Concílio Vaticano II nos ofereceu alguns exemplos dessa análise, naqueles documentos nos quais ele se propôs enfocar sob nova luz a missão, ou seja, o apostolado da Igreja. Toda a estrutura da constituição dogmática *Lumen gentium* e do capítulo I do decreto sobre a atividade missionária (*Ad gentes*) revela a ligação íntima entre os grandes mistérios da fé, os grandes eventos da história da → SALVAÇÃO e o apostolado.

Toda a economia da salvação é a prática de um plano prefixado por Deus. O apostolado está na base dessa prática, porque ela se realiza pela missão e mediação do Verbo encarnado. Em Cristo, o apostolado extrai a sua origem do sentido da → TRINDADE, e atinge a sua realização na visão da Trindade.

Cristo é o apóstolo por excelência (cf. Hb 3,1); ele é o Verbo que procede do Pai por geração eterna e, no tempo, enviado pelo Pai para cumprir a redenção do gênero humano. Nesse acontecimento, a natureza do apostolado refulge em sua luz máxima. A finalidade da missão do Verbo é o gênero humano.

O fim é a reconciliação dos seres humanos com Deus, reconciliação que acontece por meio da restituição da graça santificante. O modo com o qual Cristo realiza a sua missão de redentor enfoca a finalidade do plano divino: unir de forma vital a humanidade redimida ao Cristo redentor na unidade do Cristo místico: "Todos os seres humanos são chamados a esta união com Cristo, que é a luz do mundo, do qual procedemos, por quem vivemos e para quem tendemos" (*LG* 3).

Em seu significado teológico o apostolado se define inteiramente nos elementos do mistério da → ENCARNAÇÃO e REDENÇÃO de Jesus Cristo. Na evolução da história da salvação o apostolado desenvolveu-se na linha de absoluta continuidade, no que concerne à origem, ao conteúdo e à finalidade, revelando-se disponível para atuações múltiplas e analógicas. Devemos acompanhar essa evolução não apenas para traçar a história do apostolado, mas também para captar a noção exata em suas várias dimensões e proporções.

Para cumprir o seu apostolado Cristo recebeu poderes do Pai, reunidos no trinômio: rei, profeta, sacerdote. Esse tríplice poder manifesta os objetivos da missão de Cristo e as grandes linhas de sua obra de redentor do mundo. A Cristo rei pertence a instituição e o governo do reino de Deus. A Cristo profeta cabe conhecer e transmitir com autoridade a verdade. A Cristo sacerdote, finalmente, convém o poder de instaurar o novo culto dos adoradores em espírito e verdade. Do sacerdócio de Cristo deriva todo o culto da religião cristã (*Suma* III, q. 63, a. 3).

A análise dos poderes messiânicos de Cristo lança uma luz sobre os fins de sua missão, com irradiação para todo o campo do apostolado. Os seus elementos são: 1) a missão (em sentido passivo); 2) o motivo geral da missão: a redenção; 3) os poderes para o cumprimento da missão: rei, profeta, sacerdote; 4) o fim específico da missão: edificar o Corpo místico, no qual se realiza a salvação dos homens e da humanidade.

Com o sacrifício do Calvário, a missão foi cumprida em seu aspecto objetivo, mas não foi igualmente cumprida a edificação do Corpo místico, que permanece em perene desenvolvimento. Enquanto no primeiro estágio Jesus quis ser o único mediador (1Tm 2,5), pelo cumprimento da redenção, em seu aspecto subjetivo, Cristo quis transmitir os seus poderes e a sua missão aos apóstolos (Mt 28,18-20).

Assim, o apostolado foi realizado nos Doze, íntegro em sua essência, mas redimensionado em suas atribuições. Íntegro em sua essência: com efeito, encontramos na missão dos apóstolos todos os elementos constitutivos do apostolado: 1) a missão: "Assim como o Pai me enviou, eu vos envio" (Jo 20, 21); 2) o fim genérico: a redenção das almas; 3) os poderes: os apóstolos receberam a participação na realeza, no sacerdócio e no magistério de Cristo; 4) o fim próximo e específico: a edificação do Corpo místico (→ IGREJA e → COMUNHÃO DOS SANTOS).

Redimensionado em suas atribuições: mesmo sendo a missão dos apóstolos substancialmente a continuação da missão de Cristo, aparece já muito distante da perfeição do protótipo. A sua ação se desenvolve toda em linha subordinada e representativa. Todavia, com a consciência da limitação, os apóstolos possuem sobretudo vivo o sentido da continuidade da presença operante de Cristo em seu apostolado, pelo qual fazem brotar o ardor no empenho da consciência da missão que os une intimamente a Cristo, a ponto de revestir-se moralmente de sua personalidade: *Pro Christo legatione fungimur* (2Cor 5,20).

A missão de Cristo e dos apóstolos continua na Igreja. Antes de ser o sujeito ativo de sua missão, a Igreja é o termo passivo da missão de Cristo e dos apóstolos. Ela é o *plêrôma*, a plenitude, o cumprimento de Cristo, é o Corpo místico de Cristo; ela sintetiza em si, portanto, todas as finalidades da redenção.

Entretanto, exatamente porque é Corpo místico de Cristo, a Igreja se torna, por sua vez, depositária e responsável de uma missão. O Corpo místico é um corpo vivo, em contínuo desenvolvimento e em progressivo aperfeiçoamento. Sustentar e alimentar esse dinamismo, pelo qual o Corpo místico cresce em intensidade e em extensão, é o dever da Igreja, e para esse dever ela recebe uma missão que não é diferente da missão de Cristo e dos apóstolos, seus poderes serão idênticos: magistério, sacerdócio e jurisdição (*AA* 2).

Como Corpo místico, a Igreja é uma sociedade hierárquica; assim, os poderes messiânicos pertencem à hierarquia, a qual é portanto, de modo preeminente, depositária da missão de Cristo e empenhada na continuação de sua obra, isto é, do apostolado (*LG* 18).

Todavia, na evolução da história e da teologia da salvação, afirma-se cada vez mais a consciência de uma participação dos poderes messiânicos, tão universal quanto o é a Igreja. Mediante sua tríplice soberania, a sagrada hierarquia forma o povo de Deus, povo real, gente santa, sacerdócio universal. Assim, juntamente com os poderes hierárquicos afloram, subordinados e coordenados, os poderes espirituais.

O conceito e o uso do termo "apostolado" refletem as fases relevantes da evolução às quais aludimos. Muito raramente usado para significar a missão única de Cristo redentor, o termo é quase exclusivamente reservado à missão dos Doze eleitos de Cristo, aos quais, depois, virá juntar-se Paulo.

Já em São Paulo não faltam exemplos de um uso mais livre do termo, com significação estendida ao campo da diversificada colaboração dos leigos na obra apostólica (cf. 1Cor 12,28; Ef 4,11; Rm 16,7). Todavia, a Antiguidade cristã manteve o uso do termo no âmbito de sua estreita significação. Os sucessores dos apóstolos recusaram a honra desse nome e chamaram-se bispos, presbíteros e diáconos, segundo a variada participação dos poderes e dos ofícios hierárquicos.

Esta práxis permanece em vigor até os tempos modernos, nos quais assistimos à explosão da consciência apostólica. O providencial retorno da reflexão cristã sobre o mistério do Corpo místico desperta, na consciência do povo de Deus, o sentido da responsabilidade apostólica, que paira solidariamente sobre todos os membros da Igreja. Com a nova consciência alastra-se o uso do termo, e apóstolos, hoje, são todos os cristãos, membros ativos do Corpo místico.

Esta concepção encontrou a sua consagração no Concílio Vaticano II, o qual ensina que o sujeito radical da missão e dos poderes messiânicos é plenamente o povo de Deus (cf. *LG* 2), e que uma participação no tríplice poder missionário faz parte da definição do cristão (cf. *LG* 31). Consequentemente, o apostolado é elemento essencial da vocação cristã: "A vocação cristã é com efeito, por sua natureza, também vocação para o apostolado" (*AA* 2).

Neste ponto extremo da evolução do conceito de apostolado, podemos dizer que apostolado é toda atividade que tende para a salvação das almas mediante o exercício dos poderes messiânicos. A cláusula "mediante o exercício dos poderes messiânicos" não é limitante. Todo apostolado deriva de uma missão sobrenatural, a qual, fundamentada ou no caráter sacramental ou em um mandato positivo, só pode derivar dos poderes messiânicos, não pode deixar de ser uma continuação desses mesmos poderes, segundo o grau da participação recebida.

Resumindo, podemos exprimir a natureza do apostolado com a definição mais simples e mais conhecida: apostolado é cooperação com Cristo na redenção das almas.

O Concílio Vaticano II deu uma definição de apostolado que confirma as conquistas da consciência cristã e da teologia mais recente. Após ter deixado claro que "é esta a finalidade da Igreja: pela difusão do reino de Cristo sobre toda a terra, para glória de Deus Pai, tornar todos os seres humanos participantes da salvação operada pela redenção, e, por meio deles, dirigir o mundo inteiro para Cristo", o Concílio afirma: "Toda a atividade do Corpo místico, direcionada para esse fim, chama-se apostolado, que a Igreja exerce mediante todos os seus membros, naturalmente de modo diferente; a vocação cristã, com efeito, é, por sua natureza, também vocação para o apostolado" (AA 2).

1. LIMITAÇÕES DO APOSTOLADO. A vocação para o apostolado inclui limitações, não subjetivas, mas objetivas, que derivam da própria natureza da salvação, objeto das atividades apostólicas.

A salvação é um fato íntimo e pessoal, um encontro entre Deus e o ser humano: "O exercício da religião, por sua própria natureza, consiste, antes de tudo, em atos internos, voluntários e livres, com os quais o ser humano se dirige imediatamente para Deus" (DH 3). A → GRAÇA que salva e santifica é uma participação de vida divina; somente Deus pode ser seu autor, e Deus "chama os seres humanos para o servirem em espírito e verdade; com isso, os homens se obrigam em consciência, mas não são forçados" (DH 11). A resposta à graça, por meio da fé, é uma livre decisão da pessoa: "O ato de fé é, por sua natureza, um ato voluntário, [...] um obséquio racional e livre. Está, pois, em plena consonância com a índole da fé que em matéria religiosa se exclua qualquer gênero de coação da parte dos homens" (DH 10). Parece excluída, pois, seja da parte de Deus, seja pelo ser humano, toda possibilidade de mediação (intervenção de terceiros) no fato da salvação.

Todavia, o cristianismo é, ao mesmo tempo, a revelação da salvação e a religião do mediador. O fato da salvação permanece um encontro entre Deus e o ser humano, que exclui qualquer intermediação.

No processo da salvação, porém, está inserida, com igual necessidade, a mediação de Cristo, sem a qual nenhuma salvação é possível na ordem concreta fixada por Deus. Toda salvação é o fruto da mediação de Jesus.

A mediação de Jesus é de tipo único e verdadeiramente irrepetível, e continua na mediação da Igreja. As atividades da Igreja são apenas atividades mediadoras, e os poderes dados à Igreja estão a serviço dessa mediação. A Igreja não entra no fato da salvação, que permanece privilégio inviolável da intimidade pessoal. Ela não pode e não deve colocar-se nem no lugar de Deus, nem no do homem.

O apostolado da Igreja, consequentemente, só pode colocar-se no âmbito do processo da salvação. Já é uma limitação. Mas no mesmo processo de salvação um outro emerge, desejado, também aqui, pela transcendência de Deus e pela liberdade do ser humano. O caminho da salvação conhece, desde os primeiros passos, dois únicos protagonistas principais: Deus e o ser humano, a graça e a liberdade. A Igreja é a mediadora da graça e da liberdade no caminho rumo ao encontro.

A salvação é realizada em uma colaboração da liberdade com a graça, e, assim, a mediação se torna uma colaboração bivalente. Aqui emerge a natureza mais íntima do apostolado: ele é a colaboração para uma colaboração. O apóstolo colabora com Deus para o seu encontro com o ser humano, e colabora com o ser humano para o seu encontro com Deus.

Nessa noção de apostolado a limitação é evidente, e torna-se ainda maior se considerarmos que a mediação da Igreja só pode ser uma colaboração ministerial, sendo Deus e o ser humano os principais atores da salvação. Não podemos atribuir às atividades da Igreja nenhuma virtude criadora no processo da salvação. A Igreja, humanidade misticamente unida, não poderá ser nada além de um instrumento do Verbo, fisicamente não ligado, mas separado; a Igreja nada mais é, e deseja ser, que "um sacramento, ou sinal, e instrumento da união íntima com Deus e da unidade de todo o gênero humano em Cristo" (LG 1).

No confronto com as legítimas e invioláveis exigências do caráter pessoal da salvação, a mediação da Igreja e, consequentemente, todo apostolado, deve reconhecer as suas limitações: "Hão de se considerar, assim, tanto os deveres para com Cristo, o Verbo vivificante que deve ser pregado, quanto os direitos da pessoa humana, como ainda a medida da graça dada por Deus através de Cristo ao homem que é convidado a receber e professar voluntariamente a fé" (DH 14). Somente assim a mediação da Igreja não aparecerá como um atentado à liberdade de Deus e do ser humano, mas se mostrará como uma ponte lançada entre o céu e a terra, através da qual graça divina e liberdade humana se encontram e se compenetram, realizando o acontecimento.

A consciência do apostolado como puro serviço da liberdade de Deus e do ser humano possui decisiva ressonância na práxis. Toda intromissão é contraproducente para as finalidades da missão da Igreja, que não pode deixar de lamentar-se pelo fato de que "de quando em quando ocorra um comportamento menos conforme e até contrário ao espírito evangélico" (*DH* 12). Todos os apóstolos deveriam considerar com muita atenção a exortação de São → JOÃO DA CRUZ: "Reflitam que o principal agente, cabeça e motor das almas não são elas, mas o Espírito Santo, que jamais deixa de cuidar delas; eles (os apóstolos) são apenas instrumentos para dirigi-las à perfeição por meio da fé e da lei divina, segundo o espírito que Deus vai dando a cada uma. Assim sendo, a única preocupação deles seja a de não conformá-las ao modo e à condição própria deles, mas, antes, considerem, se forem capazes, por qual via Deus as conduz, e se não o forem, não as perturbem, mas deixem-nas em paz. [...] Deus paira como um sol sobre as almas, para comunicar-se com elas. Aqueles que as dirigem, contentem-se em dispô-las a isso segundo a perfeição evangélica, e não queiram ir além, para edificar, pois isto cabe apenas ao Pai das luzes, do qual desce todo bem excelente e todo dom perfeito" (*Chama*, 3, 46-47).

2. ÂMBITO DO APOSTOLADO. O apostolado da Igreja é extenso como a redenção de Cristo, da qual ela é a continuação. Para a completa realização de sua obra Cristo escolheu a via da colaboração humana, à qual impôs apenas as limitações necessárias e intrínsecas ao conceito de colaboração sobrenatural para a salvação dos outros. Entretanto, quanto ao sujeito passivo e aos meios, bem se pode dizer que o apostolado é uma colaboração universal.

Cristo redimiu o ser humano, o homem inteiro, com os seus valores naturais e com as suas irradiações no mundo, e também todas as realidades terrenas que formam o espaço da irradiação humana no mundo; todos os vínculos pelos quais o mundo temporal e cósmico se torna humano, e espaço vital para a expansão da personalidade humana.

Se, pois, a salvação se estende tanto à ordem espiritual quanto à ordem temporal, o apostolado da Igreja deve atingir a dupla ordem, embora com razões diferentes: diretamente, com poderes plenos e autônomos, intervir e agir na ordem espiritual; indiretamente, estender a sua ação na ordem temporal.

O laicismo contesta como intromissão indevida da Igreja qualquer extensão de poderes espirituais no domínio do temporal. Mas a Igreja está consciente de que os poderes recebidos de Cristo lhe conferem competência de juízo e dever de ação também no campo temporal, por todos aqueles aspectos que o vinculam à ordem espiritual. É um dever, antes de ser um direito; é um serviço, não um domínio (*GS* 3).

São Paulo afirma que a criação inteira será libertada da escravidão da corrupção para a liberdade da glória dos filhos de Deus, por cuja expectativa todas as criaturas gemem e suspiram (Rm 19–23). Assim, ela espera a redenção que se realiza na adoção dos filhos de Deus. Cristo instituiu a Igreja para confiar-lhe a tarefa de dar uma resposta a esse gemido. Portanto, ela tem o dever de transformar este mundo — segundo uma célebre expressão de Pio XII — de selvagem em humano, de humano em divino. Por isso o apostolado penetra dentro das atividades do ser humano, as assume pelas finalidades da salvação oferecida a todo homem e ao seu mundo inteiro. "A Igreja não se sente estranha ao mundo" (PAULO VI, Discurso de Belém, 6 de janeiro de 1964), antes, deseja ser a alma do mundo, novamente dirigido para a glória de → DEUS. O grande documento que afirma e descreve a presença e a ação da Igreja no mundo contemporâneo, para a salvação dos valores humanos, é a constituição pastoral *Gaudium et spes*. João Paulo II lembrou que Cristo e a Igreja se dirigem ao ser humano na "singular realidade", "em toda a verdade da sua vida, com a sua consciência, com a sua contínua inclinação para o pecado e, ao mesmo tempo, com a sua contínua aspiração pela verdade e pelo bem". Por isso, a Igreja trabalha "para que tudo aquilo que compõe o homem corresponda à verdadeira dignidade do ser humano" (*Redemptoris hominis*, n. 14).

É sobretudo por emio da presença e da ação de seus leigos que a Igreja quer ser a alma e o fermento do → MUNDO.

Dentro desse âmbito tão extenso, encontram colocação as várias categorias de ação apostólica, caracterizadas pelas múltiplas atividades que se propõem a salvação de particulares valores humanos e cristãos, coordenando-os com o escopo supremo de todo apostolado: a salvação de cada ser humano. Onde quer que haja um ser humano para ser salvo, Deus inspira formas novas e originais de apostolado, que é como o grande sacramento de sua universal paternidade e da redenção universal de Cristo.

3. OBRIGAÇÃO DE APOSTOLADO. A evolução do conceito de apostolado para a sua expressão

mais essencial nos permite formular com clareza a obrigação fundamental de cada membro da Igreja na cooperação para a salvação dos outros. Esta obrigação emana de uma tríplice atribuição da Igreja, a qual é uma sociedade sobrenatural, é o Corpo místico de Cristo, é ágape = caridade. Sob esse tríplice aspecto, a incorporação à Igreja exige o apostolado de cada membro.

a) Todos os membros de uma sociedade devem cooperar para que seja atingido o fim comum. Sendo a finalidade da Igreja a salvação dos seres humanos e do mundo, é claro que cada membro dela deva cooperar para a salvação dos outros. Nesta cooperação está a essência do apostolado.

b) Nenhum outro ponto de doutrina é tão eficaz em evidenciar a obrigação universal do apostolado quanto a teologia do Corpo místico. Os cristãos estão unidos a Cristo como à sua cabeça, do qual recebem o influxo vital da graça e de cada dom sobrenatural, e estão unidos entre si como membros unidos aos membros (→ IGREJA, no sentido de Igreja como corpo de Cristo).

c) Finalmente, a antiga e bem conhecida denominação da Igreja, *ágape-caritas*, oferece o princípio para um terceiro argumento. A vida da Igreja e de cada cristão é a graça e a caridade. O apostolado é uma exigência da caridade. Viver a vida cristã e não ser apóstolo é uma contradição. O apostolado não é tanto um dever, mas uma urgência da vida divina em nós. Lembremos o Concílio: "A vocação cristã é, por sua natureza, também vocação para o apostolado" (*AA* 2).

O apostolado deriva a sua missão de Deus. Ora, ser filhos da Igreja e participantes da vida divina com a caridade difusa em nossos corações constitui um claro sinal da missão de salvação, missão recebida no ato de nossa incorporação.

4. VOCAÇÃO PARA O APOSTOLADO. Único em sua essência, universal em sua obrigação, o apostolado também admite variedade de vocações, porque é múltiplo em suas formas e em suas atividades.

Pela íntima ligação entre vida cristã e apostolado, toda forma de vida que sela com um seu particular caráter o modo de ser do cristão constitui uma vocação particular para o apostolado. Este é praticado de uma forma completamente própria e incomunicável no mistério hierárquico e sacerdotal. Quanto aos leigos, todos são chamados a contribuir com todas as suas forças para o incremento da Igreja e da → ANIMAÇÃO CRISTÃ DO MUNDO, no modo específico de seu estado, que os coloca na situação mais favorável para ser o fermento da graça na massa da natureza (→ LEIGOS e → AÇÃO CATÓLICA).

Também a vida religiosa se fundamenta sobre uma vocação específica para a santidade, e responde a uma particular vocação apostólica (*LG* 44) (→ VIDA RELIGIOSA).

5. DISTINÇÕES. Ainda que uma síntese doutrinária sobre o apostolado, inserida em uma clara e moderna visão teológica da Igreja, não tenha sido plenamente alcançada, e a relativa terminologia seja lacunosa em uniformidade e constância, apontamos, todavia, algumas distinções que podem interessar mais de perto o problema do apostolado com as suas várias implicações: vocação, formas, obrigação, relação com a → VIDA INTERIOR.

a) *Apostolado direto e apostolado indireto*. Esta distinção possui dois significados. No primeiro, o apostolado direto é atividade externa, dirigida à salvação dos outros; por apostolado indireto, porém, se entende a atividade sobrenatural da vida interior, dirigida à salvação dos outros apenas na intenção do sujeito ou pelo motivo intrínseco da caridade. A esta segunda categoria pertence o apostolado da oração, do bom exemplo, da santidade. O critério que deu origem a esta distinção, no sentido ora explicado, provavelmente é a relação com os outros, inserido na atividade apostólica no primeiro caso, e apenas na finalidade apostólica no segundo; com efeito, "quem reza pelos outros, não age dirigindo-se a eles, mas dirigindo-se a Deus" (*STh.* II-II, q. 181, a. 3, ad 3).

Consideramos também válida a distinção entre apostolado direto e apostolado indireto, como subdivisão do apostolado ativo, fundamentada na relação entre os meios e o fim, cujo significado vamos logo explicar. No apostolado direto são usados meios espirituais (→ SACRAMENTOS, pregação, catequese…) para atingir um fim espiritual; no apostolado indireto são usados meios temporais para alcançar um fim espiritual. Se no apostolado indireto o bem espiritual for entendido como fim próximo da atividade, temos o apostolado indireto espiritual; tal é o apostolado de muitos Institutos religiosos que se dedicam ao ensino e à assistência caritativa. Será o caso, todavia, de um apostolado indireto temporal quando o fim das atividades temporais (cuidar dos enfermos, instrução etc.) não for entendido meramente como sendo subordinado ao fim espiritual, mas como valor intrínseco em si e por si; as atividades profissionais, cujo exercício competente e consciencioso é altamente válido para os fins do apostolado, são dessa natureza (cf. C. PAPALI, *De apostolatu laicorum*, 53).

b) *Apostolado hierárquico e apostolado dos leigos*. Fundamentada na diferença do indivíduo, esta distinção engloba profundas diferenças no duplo apostolado. O primeiro é um exercício de atividades salvíficas, "autoritativo, oficial, de direito público e praticado em nome da Igreja" (PAPALI, op. cit., 52). A missão que lhe dá origem é institucional, enquanto a hierarquia extrai da estável instituição de Cristo a plena autoridade e os meios adequados para a prática das tarefas da Igreja.

Todas estas propriedades faltam no apostolado dos leigos, o qual, embora fundamentado no caráter permanente do → BATISMO e da → CONFIRMAÇÃO, é transformado em exercício pela moção atual, transitória e variada, do Espírito Santo. Não tendo na origem um mandamento oficial da Igreja, permanece de caráter privado quanto à iniciativa e à responsabilidade.

Outras diferenças notáveis estão ligadas à diversidade formal da missão, origem de todo apostolado. Enquanto a plenitude dos meios espirituais para a salvação cabe ao apostolado hierárquico, o dos leigos reivindica uma maior abertura e disponibilidade para as atividades apostólicas do campo temporal, diante do qual, com frequência, o apostolado hierárquico não possui meios adequados. A teologia recente cunhou uma fórmula característica para qualificar a finalidade próxima do apostolado dos leigos: a *consecratio mundi* (→ ANIMAÇÃO CRISTÃ DO MUNDO) era o campo confiado ao apostolado dos leigos. Todavia, esta expressão não obteve muito sucesso, ainda que tenha sido usada pelo Concílio (*LG* 34). O termo que teve mais sorte foi aquele usado no decreto *Apostolicam actuositatem*, n. 7, título (versão italiana): "animação cristã da ordem temporal". Com efeito, "Imbuídos do Espírito de Cristo, devem eles animar as coisas temporais, por dentro, como um fermento, e organizá-las para que se conformem cada vez mais a Cristo" (*AG* 15).

Distinção não significa oposição, sobretudo na Igreja, que é corpo compacto na unidade. O apostolado hierárquico e o apostolado dos leigos não são divergentes e nem paralelos, mas subordinados no princípio e convergentes na finalidade. O apostolado dos leigos depende do apostolado hierárquico. O apostolado hierárquico é fonte de toda atividade apostólica na Igreja, porque a plenitude da missão, dos poderes e das responsabilidades a ele pertence (*LG* 10).

O apostolado dos leigos, todavia, não é uma função puramente supletiva ou extensiva da missão da hierarquia. O texto do Concílio não autoriza essa conclusão, ao contrário. Os leigos possuem uma missão própria, recebida imediatamente de Cristo (cf. *LG* 33), imanente ao caráter cristão, que confere um direito que não pode ser oprimido, pelo qual no exercício de seu apostolado eles não operam como delegados ou como a *longa manus* da hierarquia.

A dependência do apostolado dos leigos do apostolado hierárquico admite variedade de graus, de um mínimo que consiste na obrigação de conformar-se à ortodoxia e de não opor-se às legítimas diretrizes, até a um máximo de participação ativa no apostolado hierárquico, atribuído à → AÇÃO CATÓLICA (cf. *AA* 24: relações com a hierarquia).

c) *Apostolado genérico e apostolado específico*. Distinção fundamentada sobretudo no eixo da ação apostólica. Quando esta tem a sua única fonte no impulso da caridade que tende a comunicar-se, realiza-se o apostolado em sentido genérico, isto é, no qual não é possível encontrar outro elemento além daqueles contidos na definição essencial.

Se a comunicação apostólica ocorrer por outros motivos de ordem social: encargo, delegação, ou de caráter pessoal, ela dá lugar ao apostolado específico, no qual, além do elemento genérico e analógico, é determinante um elemento específico e unívoco.

Esta distinção não interessa apenas ao setor do apostolado ativo, no qual as especificações são mais evidentes. O apostolado da → VIDA INTERIOR, se corresponder a um tipo particular de instituição ou de vocação, é apostolado específico. É o caso da variedade de Ordens contemplativas, cujo apostolado só pode ser o da vida interior, especificado pelo caráter de cada tipo de vocação.

6. APOSTOLADO E PERFEIÇÃO CRISTÃ. As relações mútuas são evidenciadas pela seguinte série de proposições:

a) O apostolado pertence à essência da perfeição cristã.

Isto deriva da natureza da → CARIDADE sobrenatural e de nossa incorporação. Sobre esses dois fundamentos está firmemente construída a afirmação do Concílio: "A vocação cristã é, por sua natureza, também vocação para o apostolado".

A caridade sobrenatural é o primeiro e essencial exercício de apostolado; quem ama a Deus, ama o autor da graça e da salvação universal, ama a vontade divina de ser salvação e bem-aventurança dos seres humanos. Este amor é, por si mesmo, eficaz.

O cristão é essencialmente membro do Corpo místico, e o vem a ser por meio do batismo. Viver o batismo é agir na qualidade de membro, tornando, antes de tudo, cada vez mais perfeita a nossa incorporação, a qual inclui uma mais íntima e eficaz união de Cristo com todo o Corpo místico. Nisto a caridade revela o seu incomparável valor social e apostólico. No Corpo místico somos uma só coisa, antes, uma só pessoa (cf. Gl 3,28) em Cristo. Quem vive na Igreja, vive em Cristo; quem vive em Cristo, vive e opera naquele que é o princípio universal de todas as graças e fonte perene de salvação para todos os seres humanos.

b) Nenhuma forma específica de apostolado é essencial para a perfeição cristã.

Com efeito, nenhum dos fundamentos do apostolado específico está essencialmente ligado à caridade: nem o caráter, nem o carisma, nem a missão canônica ou o estado de vida, nem a escolha pessoal ou a vocação particular. Tais fundamentos podem subsistir também em indivíduos privados de caridade. A caridade tem um único ato essencial e uma só intenção necessária: amar a Deus por si mesmo e ao próximo por Deus. Para que este ato e esta intenção sejam possíveis e necessários a todos, todos são chamados à santidade; mas nem todos são chamados ao apostolado específico.

c) O apostolado específico pode ser necessário para a perfeição cristã.

É o caso de sublinhar a diferença que existe entre necessário e essencial. Nos religiosos, a observância dos conselhos evangélicos é necessária para a sua perfeição, embora não sendo essencial em relação à perfeição, no sentido abstrato.

O caráter de totalidade que compete à caridade torna evidente a proposição. Se quer ser perfeito, o ser humano deve amar a Deus com a totalidade de seu ser pessoal, à qual pertence, sem dúvida, a hipotética vocação sobre a qual se fundamenta o apostolado específico. Cada vocação insere um apostolado específico na vida cristã, a qual é, então, enriquecida por um elemento pessoal, ligado ao desenvolvimento do ser humano integral, rumo às metas de sua perfeição.

d) A eficácia do apostolado depende da perfeição da caridade.

Nessa proposição levamos em conta exclusivamente a relação entre apostolado específico e caridade. Em seu ser, o apostolado específico depende de seus princípios: caráter da ordenação, vocação, estado de vida etc. Um sacerdote, um bispo, um professor religioso, uma freira enfermeira etc. são apóstolos, ainda que não possuam a graça e a caridade. A distinção entre o apostolado em si e a sua eficácia reclama a distinção entre ser e operar. Se o apostolado cresce em sua eficácia e não em seu ser, é claro que existe uma distinção. O aumento da graça não faz crescer o caráter; a graça de estado não aumenta o estado; o fervor de vida religiosa não determina acréscimos de vocação. Por causa do caráter se é sacerdote e basta.

Se o apostolado é suscetível de aumentos em sua eficácia, é preciso estabelecer o princípio desses acréscimos, que devem ser buscados na caridade, que é suscetível e portadora de acréscimos no campo de toda a vida espiritual, pelo influxo que exerce em seus princípios operativos, como rainha e forma de todas as virtudes. O grau das virtudes cristãs é diretamente proporcional ao influxo exercido nelas pela caridade, essência da perfeição cristã.

Nesse contexto, compreende-se o axioma: "a vida interior é a alma de todo apostolado". Ele só pode ter uma interpretação paralela ao princípio teológico que proclama a caridade, forma (extrínseca) de todas as virtudes. A vida interior, com efeito, compreende o complexo de todos os atos de vida espiritual voltados para o crescimento da caridade, através da santificação pessoal, atos que procedem, obviamente, da caridade, de modo direto ou indireto.

O Concílio afirma "que a fecundidade do apostolado dos leigos — a afirmação, todavia, vale para todos (N. do A.) — depende de sua união vital com Cristo. [...] Somente à luz da fé e na meditação da → PALAVRA DE DEUS é possível, sempre e em toda parte, reconhecer o Deus no qual vivemos, nos movemos e somos, buscar em cada acontecimento a sua vontade, ver o Cristo em cada ser humano, próximo ou estranho, julgar retamente o verdadeiro sentido que as coisas temporais têm em si mesmas e dirigidas para a finalidade do ser humano" (*AA* 4).

A atividade externa nada mais é senão a emanação e a irradiação de uma síntese operada na imanência essencial da vida. Fora dessa síntese, a atividade do ser humano perde automaticamente a sua qualificação moral e espiritual. A síntese acontece na inserção de todos os atos humanos na essência da perfeição, que é a caridade, ou seja, ocorre no momento em que a caridade estende efetivamente o seu domínio (*imperium*) sobre todas as virtudes.

O Concílio, em plena conformidade com a tradição espiritual, sublinhou mais de uma vez e até o próprio axioma, e a sua equivalência com a fórmula da caridade forma virtudes: "Através dos sacramentos, sobretudo com o da Eucaristia, é alimentada aquela caridade que é como a alma de todo o apostolado" (*AA* 3; *LG* 33).

e) Reciprocamente, o exercício do apostolado, como ato de caridade, concorre eficazmente para a perfeição pessoal do apóstolo.

Considerado atividade sobrenatural, o apostolado é um exercício de caridade que não pode deixar de refletir-se no aumento de caridade e de santidade. A caridade cresce por meio de seus atos e, por eles, sempre mais pelas suas tarefas essenciais: santificação pessoal e salvação das almas. O apostolado é uma práxis da caridade, e o verdadeiro apóstolo só pode progredir rumo à santidade. O Concílio adverte os bispos de que o próprio ministério, se cumprido com entusiasmo, santidade, → HUMILDADE e FORTALEZA, será para eles um excelente meio de santificação; adverte os sacerdotes de que, em vez de serem obstaculizados pelos cuidados apostólicos, ascenderão por meio deles a uma maior santidade se nutrirem e derem impulso, pela abundância da → CONTEMPLAÇÃO, às suas atividades (cf. *LG* 41 e *PO* 13).

O axioma "vida interior, alma do apostolado" não recebe, nem nesse caso, algum desmentido. É necessário lembrar àqueles que se propõem a própria santificação no apostolado e pelo apostolado ativo, que tal programa é possível sob a condição de respeitar a lei da reciprocidade em sua verdadeira e autêntica significação. Do mesmo modo que a caridade não é causa de um apostolado puramente técnico, assim também um apostolado puramente técnico não pode ser causa de caridade. O princípio radical de toda santidade é único: a caridade, a qual cumpre a si mesma no apostolado e pelo apostolado, que ela anima do interior.

O apostolado exige a caridade. Não é normal, com efeito, que Deus assuma ordinariamente ministros indignos para seus colaboradores na obra do apostolado: "Ainda que a graça de Deus possa realizar a obra da salvação por ministros indignos, todavia, por lei ordinária, prefere Deus manifestar as suas maravilhas por meio daquelas que, dóceis ao impulso e direção do Espírito Santo, pela sua íntima união com Cristo e santidade de vida, podem dizer com o Apóstolo: "se vivo, já não sou eu, é Cristo que vive em mim, (Gl 2,20)" (*PO* 12).

A doutrina até aqui exposta, sobre as relações entre perfeição e apostolado, é confirmada por um discurso de Paulo VI dirigido aos Capítulos Gerais das Ordens religiosas: "No cuidado com a renovação dos vossos Institutos, deveis ser sempre solícitos em privilegiar a vida espiritual de vossos coirmãos. Não queremos absolutamente que, nem para vós nem para todos os religiosos, os quais se dedicam por dever às obras do sacro apostolado, tenha algum valor a falsa opinião de que se deva dar a primazia às obras de apostolado exteriores, colocando em segundo lugar o cuidado com a perfeição interior, como se isto fosse exigência do espírito de nossa época e das necessidades da Igreja. A assídua atividade exterior e o cuidado com a vida espiritual, para não prejudicar uma à outra, exigem estar intimamente ligadas e sempre caminhar no mesmo passo". E o Santo Padre prossegue advertindo que a negligência com a vida interior, pretextando o favorecimento do apostolado externo, só trará consequências negativas: "Não só diminuirão o vigor e os frutos do trabalho apostólico, mas, aos poucos, também o espírito perderá o fervor, sem poder resguardar-se dos perigos que se escondem no cumprimento do sagrado ministério" (24 de maio de 1964). João Paulo II retomou este conceito desde os primeiros dias de seu pontificado: "Uma pausa de verdadeira adoração tem maior valor e fruto espiritual do que a mais intensa atividade, mesmo que seja atividade apostólica. [...] Deus é Aquele que é e deve continuar a ser o primeiro e principal interlocutor na sequência operosa dos vossos dias. [...] A alma que vive em contato habitual com Deus, e se move dentro do influxo cálido do seu amor, consegue facilmente subtrair-se à tentação de particularismos e de contraposições, que trazem o risco de molestas divisões" (24 de novembro de 1978: *Aos Superiores Gerais*).

Concluímos com uma reflexão sobre os perigos do apostolado. Ter consciência disso é necessário, a exemplo de São Paulo, que dizia de si mesmo: "Mas trato duramente o meu corpo e o mantenho submisso, a fim de que não ocorra que depois de ter proclamado a mensagem aos outros, eu mesmo venha a ser eliminado" (1Cor 9,27). Somente uma vida interior sempre renovada pode imunizar o apóstolo das ciladas ocultas no exercício de sua missão. Ele desce em um campo de luta e de combate espiritual, e os seus inimigos não pretendem desistir ao primeiro golpe, também eles são ativos e tenazes, e, em seu sentido, prudentes e sagazes (Lc 16,8).

A vida interior alimenta a pureza de intenção e o espírito sobrenatural, que nos preservam do comprometimento e do naturalismo.

O temor dos perigos iminentes deve fortalecer o vínculo que liga o apostolado à caridade. Formado para uma vida espiritual que sabe extrair o máximo vigor de sua atividade apostólica (cf. OT 9), o apóstolo não temerá os perigos porque Deus está com ele, e porque goza da promessa de Cristo: Eis que estarei convosco todos os dias, até o fim do mundo" (Mt 28,20).

BIBLIOGRAFIA. *Actas del congreso nacional de Perfección y Apostolado*. Madrid, 1956; *Apostolato e vita interiore*. Milano, 1950; Apostolato. In *Dizionario degli Istituti di Perfezione*. Roma, 1973, 719-738, vl. I; Apostolato. In *Dizionario di Spiritualità dei Laici*. Roma, 1981, 35-39, vl. I; Apostolato. In FLORES, S. de GOFFI, T. (orgs.). *Nuovo Dizionario di Spiritualità*. 1985, 35-57; ARNOLD, F. X. *Pour une théologie de l'apostolat. Principes et histoire*. Tournai, 1961; ID. *Serviteurs de la Foi*. Tournai, 1957; Azione Cattolica. In *Dizionario di Spiritualità dei Laici*. 53-57, vl. I; BERNARD, A. Expérience spirituelle et vie apostolique en S. Paul. *Gregorianum* 49 (1968) 38-57; BROCARDO, N. A. S. Summi Pont. Pii XII mens de Apostolatu Christiano. In *De Apostolatu hodierno O.C.D.* Roma, 1954, 144-158; CHAUTARD, G. B. *L'anima dell'apostolato* (obra clássica); CORTI, M. *Vivere in Cristo. Principio e fine dell'apostolato*. Roma, 1951; DUMERY, H. *Le tre tentazioni dell'apostolato moderno*. Brescia, 1950; HAMANN, A. *L'apostolato del cristiano*. Milano, 1959; *I laici nella Chiesa e nel mondo* (Fiamma viva, 28). Roma, 1987; KLOSTERMANN, F. *Das christliche Apostolat*. Innsbruck, 1962; LYONET, S. La legge fondamentale dell'apostolato formulata e vissuta da san Paolo (2Cor 2,19). In *La vita secondo lo Spirito condizione del cristiano*. Roma, 1967, 309-331; MANARANCHE, A. *Come gli apostoli*. Brescia, 1971; MESA, G. *Spiritualità apostolica* Roma, 1964; MIDALI, M. (org.). *Spiritualità dell'azione*. Roma, 1977; PERRIN, J. M. *Santità e apostolato*. Milano, 1967; SCHURR, V. *Pastorale costruttiva*. Roma, 1962; SEUMOIS, A. *Apostolat. structure théologique*. Roma, 1961; *Spiritualità della missione* (Fiamma viva, 27). Roma, 1986; VAISSIÈRE, G. de la. *L'apostolo alla scuola di S. Paolo*. Brescia, 1961; ZEDDA, S. *Preghiera e apostolato in S. Paolo*. Fossano, 1961.

S. GATTO

APOTEGMAS. Trata-se de coletâneas de sentenças (*apotegma* = dito ou resposta arguta e sentenciosa) e de pequenas estórias que, na maioria das vezes, se referem à vida eremítica no deserto. Tocam todos os aspectos fundamentais da vida espiritual, e possuem grande importância pela sua influência na organização posterior. O número das coletâneas, a sua rápida difusão a partir do século IV e o seu contínuo enriquecimento tornam toda tentativa de genealogia impossível no atual estado de pesquisas. Existem várias coletâneas, das quais algumas seguem a ordem alfabética dos nomes dos Padres, outras adotam a ordem sistemática dos temas, e outras, ainda, não possuem nenhuma ordem. São pertinentes ao gênero as *Conferências*, de João → CASSIANO, a *História Lausíaca*, de Palladio, e as *Vitae Patrum*, ou seja, uma coleção latina de histórias dos santos, em dez livros, formada no século VI.

BIBLIOGRAFIA. BOUSSET, W. *Apophtegmata. Studien zu Geschiichte des ällsten Mönchtums*. Tübingen, 1923, vl. I; BOUYER, L. *La spiritualità dei Padri* (3/B [org. de L. DATTRINO – P. TAMBURRINO]). Bologna, 1986, 24.30.36.39.43-45.105.106; DATTRINO, L. *Il primo monachesimo*. Roma, 1984, 18, 244; *Dictionnaire de Spiritualité*, 765-770; *Padri del Deserto. Detti*. Introd. trad. e notas de Luciana Mortari. Roma, ²1980; *PG* 65: *Apoftegmi* (reproduz a edição feita por COTELIER, J. B. Paris, 1677); *PL* 73-74: *Vitae Patrum* (reproduz a edição feita por ROSVEY, H. de Anversa, 1615): os livros V-VII contêm os *Verba Seniorum* (trad. lat. de uma coleção sistemática).

MELCHIORRE DI SANTA MARIA – L. DATTRINO

ARIDEZ. 1. NOÇÃO. Com referência ao estado geral no qual uma alma venha a encontrar-se, a aridez, mais que definida, é descrita por aqueles que a experimentaram. "Estou árido e vazio, [...] sem memória, com uma dificuldade imensa para coordenar as ideias, dificuldade para expressar-me, para tomar uma decisão, para iniciar um trabalho" (A. VALENSIS, *La gioia nella fede*, Milano, 1955, 250). Com referência à oração, é o estado no qual a alma experimenta a impotência, ou pelo menos tem grande dificuldade para realizar os atos próprios da oração, especialmente a mental.

A aridez não deve ser confundida com a "desolação". Enquanto a aridez pode combinar-se com o fervor espiritual sensível, a desolação, além de excluir a facilidade de rezar com atenção e devoção, inclui um estado geral de → DEPRESSÃO, de amargura, de esquecimento, de nenhum modo compatível com o fervor espiritual (cf. São Francisco de Sales, *Introdução à vida devota*, 4, c. 14). A aridez pode ser absoluta: a impotência de aplicar-se de algum modo à oração; ou relativa, quando se tem muita dificuldade para produzir os atos próprios da oração. Do mesmo modo, pode ser alternada, ou seja, quando se alterna com períodos de consolação; contínua, quando dura longo espaço de tempo (cf. J. de Guibert, *Theologia spiritualis*, 240).

2. **CAUSAS**. Algumas são de natureza físico-psíquica; outras, de natureza moral.

a) Causas de natureza físico-psíquica: saúde instável; particularmente a psicastenia e as várias formas de neurastenia. O cansaço, seja físico ou mental, particularmente o esgotamento intelectual, os ofícios pesados, as preocupações, a ansiedade etc.

b) Causas de natureza moral: uma formação imperfeita para a oração, o uso de métodos de oração inadequados às próprias necessidades, a sistemática omissão de atos preparatórios para a oração, uma intensa atividade exterior, a infidelidade no cumprimento dos deveres de estado, as paixões mal reprimidas, especialmente o → ORGULHO e a sensualidade. A estas causas soma-se o excessivo interesse pelas coisas mundanas: ver tudo, ler tudo; a vã complacência na devoção sensível: a gula espiritual. Mas, mais que qualquer outra causa, a aridez é ordinariamente produzida pela → TIBIEZA, ou seja, a mediocridade espiritual consentida, a deliberada renúncia à perfeição. Daí a privação das graças próprias da oração: as luzes, as consolações, o fervor espiritual.

c) Contudo, às vezes é o próprio Deus quem provoca a aridez. Nesse caso, ela é considerada como "provação": é Deus que prova a fidelidade da alma, o seu amor e o seu desinteresse. Subtraindo dela a devoção sensível, sem motivo de desmerecimento ou por castigo, ele a põe na condição de confiar e de repousar unicamente nele: "Deus quer, através desse meio, conduzir-nos a grande pureza de coração, à plena renúncia de qualquer outro interesse nosso no que tange ao seu serviço, e a um perfeito despojamento de nós mesmos" (São Francisco de Sales, *op. cit.*, 4,15).

d) Esta provação geralmente parece terminar na contemplação infusa. O certo é que a preparação para a contemplação infusa implica em uma outra aridez de natureza diferente daquela provocada pelas enfermidades, ou pela preparação inadequada para a oração.

Para distinguir a aridez devida a causas naturais daquela desejada por Deus, São → JOÃO DA CRUZ dá três sinais: primeiro sinal: esta aridez não só tira todo o sabor das coisas divinas, mas também das terrenas. Todavia, visto que o não saborear as coisas do céu e nem as da terra pode derivar de causas naturais, como "melancolia, mau humor", hoje diríamos neurastenia (as quais fazem com que não se encontre prazer em coisa alguma), é necessário um segundo sinal: a pena que a alma experimenta em não servir a Deus como gostaria. Parece-lhe retroceder em vez de avançar na vida espiritual. Ora, esse estado de espírito não pode vir da tibieza, da qual é próprio o esquecimento, em vez da lembrança de Deus; também não pode ser efeito de "melancolia" ou de "mau humor", porque nessa penosa condição não há na alma nenhum sinal daqueles bons desejos que acompanham a aridez purgativa. O terceiro sinal de que a aridez vem de Deus é dado pela impotência de rezar servindo-se da imaginação, como a alma orante fazia antes: Deus agora se comunica com a alma "com um simples ato de contemplação". Essa impotência se revela progressiva e contínua, ao contrário daquela análoga, experimentada na aridez que vem de causas naturais. Nem todos os que são provados com a aridez alcançam a contemplação infusa (cf. *Noite*, 1, 8 e 9).

3. **REMÉDIOS**. Devendo adequar-se às causas, é necessário um prévio e acurado → EXAME DE CONSCIÊNCIA, que não deve ser feito com inquietação e nem muito detalhado. Recorrer ao diretor espiritual evitará desgaste de energia e possíveis erros (cf. São Francisco de Sales, *op. cit.*, 4, 14).

a) Para a aridez provocada por enfermidade, é necessário, antes de tudo, cuidar do corpo. Talvez um pouco de repouso seja suficiente. Como se trata de uma aridez proveniente de cansaço excessivo, o remédio é aquele sugerido pelo bom senso: redimensionar a atividade exterior. Para a aridez causada pela negligência espiritual, pela habitual omissão na preparação da oração, pelas infidelidades à graça, pela tibieza, deverá ser suscitado na alma o firme desejo de perfeição, e o revigoramento da → ASCESE. Se a aridez, apesar dos esforços para melhorar o estado de saúde, continuar persistindo, será preciso recorrer a formas mais simples de oração mental, tais como meditar lentamente as palavras de uma passagem do Evangelho, de uma oração vocal, litúrgica etc., ou intensificar o uso de jaculatórias, as visitas ao Santíssimo e, em geral, todas aquelas práticas de piedade que servem para aumentar a → UNIÃO COM DEUS durante o dia (cf. SANTA TERESA D'ÁVILA, *Vida*, c. 9). Diga-se o mesmo quando for impossível diminuir as ocupações exteriores, ou porque foram impostas pelas circunstâncias, ou porque são ordenadas pela obediência.

b) É necessário agir com particular cautela para confirmar se a aridez provém de causas naturais ou se está sendo provocada pelo próprio Deus. Quando tiver absoluta certeza de que se trata de uma provação desejada por Deus, a alma, com atos de adesão à divina vontade, de humildade e de paciência, deverá remover tudo aquilo que se opõe à união íntima com Deus, cooperando com a divina graça para a sua purificação (cf. L'ALLEMANT, *Doctrine spirituelle*, princ. 7, c. 3, a, 4). Esta provação, embora não sendo absoluta, para o progresso na vida de oração, é, contudo, ordinária, e todos — quando existir um sério empenho na vida espiritual — devem submeter-se a ela: passar pelo deserto da oração árida para chegar à terra prometida de uma oração mais perfeita. É este o ensinamento dos mestres espirituais e da experiência dos santos. Por outro lado, tais vazios na vida da alma estão intimamente relacionados com o modo com o qual Deus costuma visitá-la (ora com a consolação, ora com a → TENTAÇÃO), e com a instabilidade do coração (cf. *A Imitação de Cristo*, livro 2, 9; 3, 3 e 33; SANTA TERESA D'ÁVILA, *op. cit.*, cc. 11 e 30).

Entre outros fins, a aridez objetiva radicar a alma na → HUMILDADE, conscientizá-la de que, sem a ajuda divina, ela nada pode. Mesmo quando a aridez parece não ser destinada a terminar na contemplação infusa, é sempre um bem para a alma. Esta, mergulhada na "noite escura dos sentidos", assume uma consciência mais clara das próprias limitações, mantém fixo o pensamento em Deus, exercita-se nas virtudes cristãs, das teologais às morais, particularmente na → PACIÊNCIA, na longanimidade, na → FORTALEZA etc. (cf. *Noite*, I, 12 e 13).

c) Em todo caso, seja lá qual for a finalidade pela qual Deus permitiu ou desejou a aridez (castigo, advertência, provação), a oração nunca deve ser abandonada: seria ceder a uma grave tentação. É preciso perseverar nela pacientemente, mesmo no prolongar-se da provação e na experiência da própria impotência em superá-la: "não há coisa mais eficiente em semelhante aridez que o desejo vivo e aceso de libertar-se dela" (SÃO FRANCISCO DE SALES, *op. cit.*, 4, 14). A exemplo do caso análogo da desolação, nada do que se planejou antes deve ser mudado, mas mudar "a si mesmo intensamente" contra a aridez, insistindo principalmente na oração, nos exames de consciência e nas práticas de penitência (cf. SANTO INÁCIO DE LOYOLA, *Exercícios Espirituais*, 319).

Também na aridez mais insistente sempre serão possíveis, à alma, as breves elevações, os humildes apelos a Deus, as reiterações de desejar ser-lhe agradável e de servi-lo. A vontade de rezar e encontrar-se, sem nenhuma culpa, na impossibilidade de fazê-lo, é, de per si, uma ótima oração (cf. SANTA TERESA D'ÁVILA, *op. cit.*, c. 11).

BIBLIOGRAFIA. ANCILLI, E. L'orazione e le sue difficoltà. In *La preghiera* II. Roma, 1988, 65-78; BOYLAN, E. *Le difficoltà nell'orazione mentale*. Roma, 1960; BROUCKER, W. de. *Quando pregate*. Roma, 1963, 118-123; FILIPPO DELLA TRINITÀ. Difficoltà e rimedi dell'orazione mentale. In *L'orazione mentale*. Roma, 1965, 124-128; GRANDMAISON, L. de. *Écrits spirituels*. Paris, 1933, 187 ss., vl. I; GUIBERT, J. de. *Theologie spirituelle*. Roma, 1952, 239-242; LALLEMANT, L. *Doctrine spirituelle*. Paris, 1936, princ. 7.

E. BORTONE

ARINTERO, JOÃO G. 1. NOTA BIOGRÁFICA. Nasceu em 24 de junho de 1860 em Lugueros (León). Estudou em Boñar (1872-1875) e em Corias (1875-1881); em Salamanca prosseguiu os estudos de ciências físico-químicas. Tendo sido ordenado sacerdote em 1886, foi para Vergara (Guipuzcoa) como professor de matemática e de ciências naturais; em 1892 retornou a Corias e mais tarde, em 1898, a Salamanca, onde ensinou apologética; em 1900 fundou em Valladolid a "Academia Santo Tomás"; em 1909 foi professor no Angelicum, em Roma; de 1911 a 1918 ensinava Sagrada Escritura em Salamanca. Morreu em odor de santidade no dia 20 de fevereiro de 1928. O processo de beatificação já foi iniciado.

2. OBRAS. Arintero foi um escritor incansável; a sua produção literária é vastíssima. Em um

primeiro momento predominam os temas apologéticos. Um segundo período é caracterizado pelo estudo da "evolução" sob um ponto de vista católico e científico, simultaneamente. A etapa final é a do escritor místico: *Cuestiones místicas* (1916), *El Cantar de los Cantares* (1919), *La verdadera mística tradicional* (1925), *Las escalas de amor y la verdadera perfección cristiana* (1926) e grande número de opúsculos.

Além das obras literárias sobre problemas místicos, Arintero dedicou-se com perseverante tenacidade à → DIREÇÃO ESPIRITUAL; participou dos mais famosos congressos de mística; foi fundador e diretor de *La Vida Sobrenatural* (1921), órgão difusor de sua campanha de "restauração mística".

O estilo pouco acurado e a naturalidade dos assuntos tratados dificultaram a difusão dessas obras em escala universal. Todavia, existem traduções em inglês e italiano.

3. O PENSAMENTO. Em sua juventude científica, Arintero se coloca o problema "ciência-fé". A sua primeira atitude é o "concordismo", atitude típica do final do século XIX. Esta perspectiva, todavia, resulta anacrônica e insuficiente. A "evolução" é o tema central, e Arintero o enfrenta em seu aspecto positivo e ortodoxo, descobrindo nele impensáveis riquezas. Do campo da ciência passa para o campo da filosofia; deste, ao da eclesiologia. Ele próprio obedece à lei da "evolução". *Desenvolvimiento y vitalidad de la Iglesia* é uma obra de descobertas vastas e dedicadas.

A "evolução mística" é a "portentosa expansão da graça, como princípio vital de uma ordem divina e das suas múltiplas manifestações na Igreja como organismo biológico-social, e em cada um dos verdadeiros fiéis como membros do Corpo místico". O volume inteiro se ocupa com o desenvolvimento dessa tese. Não resguarda apenas a ortodoxia, apesar de algumas duras críticas anteriores. Arintero mergulha na essência da vida sobrenatural e abre um novo sulco cheio de palpites eclesiológicos modernos.

A redescoberta desse "núcleo" faz com que Arintero abandone os seus estudos apologético-científicos para dedicar-se completamente aos problemas da → VIDA INTERIOR. As águas espirituais correm turvas: eis a segunda constatação. Nascem, assim, as *Cuestiones místicas*, cuja intenção é esclarecer os fundamentos doutrinários da vida espiritual: "retificar as inexatidões e opiniões errôneas", afirma ele (*Cuestiones místicas*, Madrid, 1956, 34). Os assuntos tratados são, ao todo, sete. A resposta afirmativa — chamado universal de todos os cristãos à santidade; inclusão, nela, da vida mística, unidade da vida interior, todos os santos são ascetas e místicos etc. — provocou duas reações: de uma parte, daqueles que negavam; de outra, daqueles que aderiam com entusiasmo a essas teses de base. Para Arintero, não resta dúvida: esses princípios são "verdades consoladoras" e estimulantes (*La verdadeira mística tradicional*, 5). Mas, ao vê-los negados, ele empreende uma obra tenaz orientada a provar que eles constituem a verdadeira mística tradicional diante da pseudotradição iniciada no século XVII. Tal atitude, em vez de trazer a paz, estimulou a polêmica.

Se a perfeição é a vocação comum de cada cristão, e se perfeição e vida mística se identificam, Arintero não dá repouso à pena "a fim de que a verdade objetiva apareça em todo o seu esplendor, sem nuvens ou prismas que a obscureçam ou a desfigurem" (*Las escalas*, 6). Na verdade, a estrutura construída sobre o núcleo da evolução mística era sólida e fora fortalecida pelas *Cuestiones místicas*. O remanescente de seus escritos é complementar: consolidação, ilustração, cor, polêmica... Como usufruidor das obras clássicas, ele não demonstra muita sagacidade crítica; em vez disso, ele as lê com um clarividente poder de captar os valores doutrinários.

Nos *Grados de oración* — reelaboração do argumento número sete — encontramos ecos do primeiro núcleo eclesiológico de sua doutrina; a "substância da vida mística" consiste em reproduzir "os mistérios" da vida de Cristo no cristão (*Ibid.*, Salamanca, 1935, 28); em seguida, oferece uma síntese de puro sabor teresiano: "os graus de oração vêm a ser como que um resumo de toda a vida mística; e a vida mística abraça, de certo modo, toda a vida espiritual" (*Ibid.*, 10); também na ordem analítica aceita plenamente a "classificação teresiana", que ilumina a psicologia profunda das almas (cf. *Ibid.*, 128 s.).

A coroação de fogo e de ouro da mensagem arinteriana é a sua *Exposición del Cantar de los Cantares*; "os grandes mistérios da vida espiritual" resultam aqui "compendiosa e maravilhosamente ensinados" (Salamanca, 1958, 33). A adaptação do divino poema às distintas etapas do caminho espiritual foi frequente na história da mística; a exposição de Arintero, talvez o último representante cronológico desse tradicional gênero literário, condensa toda a doutrina semeada em seus numerosos livros, e, apagados os toques polêmicos, vibra uma suave, apaixonada e doce melodia de céu.

> BIBLIOGRAFIA. AUMANN, J. Le P. J. G. Arintero. *La Vie Spirituelle* 93 (1955) 171-180; GALLEGO, J. J. *Projecto eclesiológico arinteriano*. Valencia, 1983; LAVAUD, M. B. Le P. J. G. Arintero. *La Vie Spirituelle* 18 (1928) 384-387; LLAMERA, M. La restauración mística arinteriana. *Teologia Espiritual* 4 (1960) 445-461; LOBO, A. A. *Padre Arintero*. Roma, 1975; SANTIAGO, H. *Bibliografia completa del P. Juan Gonzáles Arintero (1860-1928)*. Manuscrito, Biblioteca Apostólica Vaticana: Scuola di bibliotecomania, Città del Vaticano, 1964; SUAREZ, A. *Vida del p. M. Juan G. Arintero Dominico*. Cadiz, 1936, 2 vls.; estudos monográficos sobre a doutrina mística arinteriana, "La Vida Sobrenatural".

HUERGA

ARREBATAMENTO ESPIRITUAL. Fenômeno místico pelo qual a alma se sente seduzida pela plenitude de Deus. É próprio dos mais altos estados de perfeição nos quais o homem se sente capaz de se abrir a Deus sem opor obstáculos, e Deus, pela purificação ocorrida, pode irromper na alma com a plenitude do seu ser e da sua consolação. Santa → TERESA DE JESUS assim fala desses favores: "Falemos agora do que a alma sente dentro de si. Mas disso deve falar somente aquele que sabe, porque é uma coisa que não se pode entender e muito menos manifestar. Ao me pôr a escrever sobre esse assunto, eu me perguntava o que fazia a alma naqueles momentos. Estava então voltando da comunhão e apenas tinha deixado a oração de que falo, quando o Senhor me disse: 'A alma, ó minha filha, se destrói toda para melhor se aprofundar em mim. Agora não é mais ela que vive, mas sou eu. Não pode compreender o que percebe: é-lhe próprio não perceber, percebendo. Quem recebeu o favor dessa graça poderá entender algo dessa linguagem'. O que então se experimenta é tão sublime que não se pode mais explicar com clareza. Posso apenas dizer que a alma nesse ponto sente estar unida a Deus" (*Vida*, 18,14). Os principais arrebatamentos espirituais que a alma sente, segundo a experiência que nos descreve Santa Teresa, são: os ímpetos que a alma experimenta sob a ação divina e que impulsionam fortemente à posse do Senhor ou a seu serviço; as feridas de → AMOR, ou seja, imissões poderosas de amor divino que fazem a alma arder suavemente numa experiência dulcíssima da união divina. A grande santa de Ávila experimentou esse fenômeno em sua famosa "transverberação" mística (cf. *Castelo*, 6,2,2). E há também os arrebatamentos nos quais a alma fica com os sentidos em suspenso, absorvida unicamente em amar a Deus: "Quando começa o arrebatamento, para a respiração e, embora às vezes os outros sentidos se mantenham um pouco mais, não se pode absolutamente falar. Às vezes, ao contrário, perdem-se por um instante todos os sentidos: o corpo e as mãos ficam frios, de modo a parecer que neles não haja mais alma nem se sabe, às vezes, se ainda há respiração" (*Castelo*, 6,4,13). Outro gênero de arrebatamento é o que se chama de "voo do espírito": "Às vezes se sente de repente um movimento da alma tão impetuoso que parece termos o espírito arrebatado, e isso com tal velocidade que se sente, especialmente no início, grande temor" (*Castelo*, 6,5,1). E há, além disso, as "locuções divinas", ou seja, as palavras que Deus se digna fazer a alma ouvir para a iluminar e a confortar nas difíceis provas das últimas purificações espirituais. Santa Teresa fala também das "visões" que se podem ter, com a participação da imaginação ou sem ela, no simples no intelecto (→ COMUNICAÇÕES MÍSTICAS). Todas essas formas de graças espirituais são queridas por Deus para fazer a alma crescer rapidamente no amor e no conhecimento dos divinos mistérios. Quem se entrega generosamente ao Senhor terá como prêmio da própria fidelidade esse patrimônio de graça que não deve desejar, mas acolher com humildade e simplicidade. Deus tem seus próprios meios para fazer progredir as almas que, diante dessas manifestações de luz e de amor, progridem na experiência pessoal do divino, para o qual são chamadas como atmosfera normal de sua vida espiritual. Todavia, a conduta melhor de quem é objeto dessas graças é a santa indiferença e o desapego de tudo. Com efeito, somente o fato de as desejar denotaria certa dose de soberba, como se a alma se sentisse merecedora do que Deus, ao contrário, realiza na alma unicamente para manifestar na pobreza da criatura a sua infinita grandeza e magnificência. Por isso, ainda que Deus conceda abundantemente as suas graças místicas, como às vezes se dignou fazer, continua sendo sempre o senhor absoluto delas, tanto mais que elas não são necessárias à verdadeira santidade. Somente o amor puro é a coisa necessária e a única via que leva a Deus; o resto é acessório e serve às almas quando Deus assim julgar e na medida por ele estabelecida.

BIBLIOGRAFIA. Bonzi, U. *Santa Caterina da Genova*, Torino, 1960; *Santa Teresa maestra di orazione*, Roma, 1963; Schryvers, G., *I principi della vita spirituale*, Torino, 1940; Teresa di Gesù, *Castello interiore*, Roma, 1963.

C. Gennaro

ARTE E VIDA ESPIRITUAL. 1. É tão vasto o tema das relações entre arte e espiritualidade, e tão numerosas as digressões a esse respeito, que será conveniente reduzir as considerações sobre os princípios metafísicos pelos quais é guiado o artista em seu fazer e em sua atividade e captar os seus reflexos em relação à ação moral.

Antes de tudo, descartando o juízo excessivamente ligado ao costume e à crônica do tempo, convém perguntar-se se o plano do fazer artístico e o seu constituir-se em imagem poética está mais ou menos ligado a qualquer reflexão de ordem espiritual.

Sabemos pela crônica como foi diferente o juízo dos magistrados, críticos e espectadores sobre a avaliação moral de cada uma das obras de arte, rapidamente condenadas como obscenas e logo absolvidas da acusação e recolocadas em circulação. Sabemos também que algumas pinturas consideradas obscenas por pessoas piedosas e cultas, como a *Eva*, de Cranach, ou o *Nu rosa*, de Modigliani, não o são para estudiosos sérios e igualmente confiáveis, e como o conceito de moralidade, restrito em certos períodos quase exclusivamente à prática do sexto mandamento, varie com a variação da moda, dos hábitos e dos comportamentos.

A Santa Sé eliminou o *Índice* dos livros proibidos, no qual, ao lado de pensadores como Bergson, Croce, Bentham, Malebranche, Gentile, → Rosmini, Descartes e → Pascal, encontram-se escritores diferentes entre si, como Dumas, Sand, D'Annunzio, Stendhal, Fogazzaro, Anatole France, Gioberti, Maeterlinck, Gregorovius, Duchesne, Montaigne e por aí afora — pensadores e escritores quase exclusivamente de língua italiana e francesa.

Não existe, porém, lista análoga de pintores e escultores, embora se saiba que alguns deles, como o Veronese, foi "inquirido", mas não punido, em Veneza; é sabido que alguma reserva foi levantada para o pretoriano romano pintado por Sebastiano del Piombo, do mesmo modo que se sabe dos rumores, propiciados pelas calúnias do Aretino, levantados por causa dos nus da Sistina, das superstições narradas por Berthier e ligadas ao *Cristo* da Minerva.

Não se tem notícia, porém, de condenações, prisões, torturas ou suplícios adotados contra pintores e escultores, excetuando o escrúpulo dos "braghettoni", desenterrado há anos, para cobrir as pequenas "vergonhas" dos anjinhos berninianos, moldados ao longo das colunas de Maderno, na basílica de São Pedro.

Essa liberdade inusitada, utilizada pelos pintores e escultores, mas não de todo pelos poetas (foram condenados: G. B. Marini, mas não Pulci; Martellotti, e não Valla; Boccalini, e não Boccaccio; Loredano, e não Bembo; Menzini, e não Pontano ou o Beccadelli), indica a aproximação e a elasticidade do critério moral.

Todavia, hoje, menos obsessionados pelos rigores da conveniência, não sem hesitação admitimos em nossas igrejas afrescos como os de Veronese, esculturas como os *Nus* nos túmulos dos Médici, a *Santa Teresa*, a *Bem-aventurada Ludovica Alberoni*, de Bernini, ou os mancebos de Canova com as faces viradas do mausoléu dos Stuart.

Isto pode ser atribuído à pouca consideração com que eram então considerados seja a obra do artista, seja o próprio artista, que não tinha perdido completamente a função decorativa e clownesca do pequeno cortesão, com a tarefa de alegrar o seu senhor, de celebrar e solenizar os eventos da Igreja local ou da casa patrícia.

Os grandes ciclos pictóricos que surgiram em Roma, Florença, Mântua, Veneza, Ferrara, Nápoles e Versailles, e os grandes ciclos pictóricos de Mantegna, dos Carraci, de Pietro da Cortona, de Rafael, de Solimena, de Tiepolo, de Veronese, de Domenichino e de Reni, e por aí afora, demonstram a função encomiástica, elogiadora e laudatória, geralmente com muito pouca participação do artista.

Talvez porque, por seu caráter genial e seus humores oscilantes, era considerado de baixo peso moral e, assim, de pouca ou nenhuma responsabilidade.

Se por moralidade se entende liberdade de agir, perfeito conhecimento do objeto, plena advertência e consenso deliberado, para o qual tende o fazer do artista, poderíamos deduzir que a moralidade, enquanto exige perfeita liberdade de escolha e perfeita limpidez de conhecimento, não entra nas categorias do fazer artístico. "Os grandes engenhos — dizia Dryden (*Absalon and Achitopel*, I, 163) — certamente estão bem próximos da loucura." → NOVALIS, em *Schriften*, III, 349, afirmava: "O poeta vive literalmente fora de si; em troca, tudo acontece dentro dele. Ele é, ao pé da letra, sujeito e objeto ao mesmo tempo, alma e universo".

No *Fedro* e no *Íon*, Platão ensina que o conceito da Musa está ligado à loucura, brincadeira infantil, inconsciência. Não se cansa de louvar a mania e o entusiasmo que anula a reflexão, como o mais belo dom dos deuses aos seres mortais. Na *Apologia*, Sócrates se defende de três acusações: de ateísmo, isto é, de investigar as coisas sob a terra e as do céu (acusação reforçada por Aristófanes na comédia *As nuvens*); pedir pagamento pelas aulas e, terceira, considerar-se o mais sábio dos seres humanos, conforme o oráculo de Pítia. Ele nega as duas primeiras acusações apresentando o testemunho dos atenienses que o escutaram falar e viram agir, e cita, entre eles, o irmão de Querofonte.

Para a terceira acusação, ele realiza a investigação para descobrir a afirmação do oráculo e antecipa, sim, que é mais sábio que aqueles que, sabendo alguma coisa, não acreditam que não sabem, enquanto ele, Sócrates, está ciente de que, mesmo sabendo alguma coisa, sabe não saber. E adverte que, enquanto aqueles, entre os seres humanos, que gozavam de boa fama "pareceram a mim, que pesquisava segundo o deus, completamente desprovidos do mais necessário; os outros, no entanto, pouco estimados, eram os mais preparados para viver sabiamente".

No decorrer da investigação ele se aproxima dos poetas e descobre — aqui está o tema que nos interessa — que os poetas não compõem versos por causa da sabedoria, mas por força natural e estimulados pela energia divina, como os profetas e adivinhos; que os *quirotécnicos*, os artífices, sabiam realmente coisas que ele desconhecia, mas possuíam o mesmo defeito dos poetas, visto que pretendiam saber tudo, e com este erro obscureciam também aquilo que realmente sabiam.

Sócrates, assim, eliminava da arte, da poesia e do fazer dos quirotécnicos (pintores, escultores e arquitetos) a verdadeira sabedoria, que é consciência, logo conhecimento da realidade total — não apenas instinto, capacidade de expressão, intuito, impulso vital, ou habilidade manual para tornar visível a imagem invisível.

Basta estar um pouco a par da evolução da arte moderna para interpretar, na medida certa, as observações de Sócrates. O pensamento socrático não deve ser entendido no sentido de que os poetas falem "*divino agitante spiritu*", quase como abrir a boca e expirar, quando sobre a atividade poética foram escritos tratados inteiros de epistemologia para descrever como é lento e laborioso o aflorar da poesia, conforme o descreveu, na teoria da *con-naissance*, Claudel, um dos mais imaginativos e fecundos poetas contemporâneos.

No que se refere à quirotécnica, basta demonstrar que nem tudo procede sob a agitação de Pítia; ter presentes os complexos ensinamentos contidos nos tratados de Cennino Cennini, de Ghiberti, de G. B. Alberti; prestar atenção às observações de Bazaine, às recentes reflexões de Sciltian sobre a estética da técnica, e de Matisse, que no *Manifesto* de 1908 concluiu seu escrito afirmando que "fazer um quadro deveria ser tão lógico quanto construir uma casa". A arte autêntica, então, procede sem descontinuidade de lógica, sintaxe e gramática, sobretudo porque o artista deve conhecer tudo o que foi feito antes dele para iniciar a criação da nova obra.

2. Após ter visitado a mostra no *salon d'Automne* de 1905, Monsieur Louis Vauxcelles não soube conter sua indignação à vista daquelas pinturas e pensava desqualificar seus autores com o adjetivo de "feras". "*Donatello parmi les fauves*", comentou vendo um bronze de Marque moldado à maneira florentina. Era uma "selvageria" meditada, lógica e inevitável. "Quando os meios já estão muito batidos ("amenuisé") — explicará Matisse —, o poder de expressão se esgota, e é preciso retornar aos princípios essenciais da linguagem. Os quadros muito refinados exigem então belos azuis, vermelhos e amarelos: é este o ponto de partida: a coragem para redescobrir a pureza dos meios".

Como se vê, aqui está descrito o rigor moral do artista. Se a tarefa do artista é empenhar-se pessoalmente em busca do absoluto, intuído na categoria suprema dos atributos metafísicos do Ente, isto é, como o "belo" que totaliza a unidade, a bondade e a verdade do transcendente, qualquer dialética é impedimento e obstáculo se não coincide com a dialética do artista. Pode-se dizer, então, que é imoral a obra do artista se ela é apenas o resultado de um compromisso entre a intuição própria do carisma que ele possui e qualquer outra exigência, seja ela o gosto do público, do comitente ou do mercado.

Não parece retórica, portanto, a afirmação de Jacques Maritain quando afirma (*Intuizione creativa nell'arte*, 94) que "a beleza, da qual a arte humana nos oferece uma participação perceptível aos sentidos, é uma atribuição absoluta, divina, e é por sua própria transcendência que exige loucura da parte do poeta, o qual não se interessa pela verdade como um filósofo, pela consideração do correto e do bom como um legislador, mas apenas pelo belo".

No plano ontológico, não parece pertinente a avaliação moral do estímulo do operar artístico, logo, do objeto de arte. Aquilo que a vontade ou o apetite persegue como próprio bem — *bonum quod complacet appetitui*, o bem sob o aspecto do belo — é a plena liberdade ou disponibilidade da pura criatividade na realização do belo intuído pela fantasia do artista. Observa, ainda, Maritain (que da parte dialética e católica é o filósofo que mais aprofundou as múltiplas relações entre intuição e inteligência) que "o surgir e o dirigir-se do desejo significa que ele tende para o fim de se juntarem através das regras descobertas pelo intelecto, a primeira das quais é a intuição criativa, da qual se origina o procedimento".

A criatividade — prossegue Maritain —, ou o poder de gerar, não pertence apenas ao organismo material, mas é a marca e o privilégio da vida no plano espiritual.

"A fertilidade, ou seja, o poder de manifestar aquilo que alguém possui dentro de si mesmo", escreve Giovanni di San Tommaso, "é uma grande perfeição que pertence essencialmente à natureza intelectual. O intelecto estimula a gerar e aspira produzir não apenas a palavra interior (o conceito), mas uma obra ao mesmo tempo material e espiritual, como nós mesmos, donde emana algo de nossa alma".

Mais sinteticamente, Aristóteles, na *Ética*: "Visto que criação artística e ação são coisas diferentes, necessariamente a arte se refere à criação e não à ação".

A capacidade criativa do espírito, a superabundância de ser ou de gênio, de sensibilidade, ou de superior capacidade intuitiva (o "algo mais" além de Gestalt) é a raiz ontológica da atividade artística. Exatamente o oposto do pensamento de Th. W. Adorno, para o qual "o algo mais feito pelos seres humanos não garante o conteúdo metafísico da arte". Todavia, afirma ainda Adorno que "elas [as obras] se tornam obra de arte produzindo 'o algo mais', produzem a própria transcendência".

Não o ser humano, mas o ser humano produz "o algo mais" na obra. Atividade, pois, governada por regras ontológicas, subtraídas às mudanças do tempo e à oscilação do gosto. Leis eternas que não podem ser ancoradas no nível de regras particulares do fazer artístico, sejam elas a lei da decomposição das cores do impressionismo, ou da pureza do tom dos *Fauves*, ou da seção áurea do abstracionismo geométrico e da unicidade do ponto de vista e dos planos de fundo do cubismo, assim como não têm valor absoluto as normas ditadas por Plínio para as cores austeras e floridas, ou as outras elaboradas pelos tratadistas renascentistas e pelos românicos e neoclássicos.

À pergunta que quer especificar essas leis ontológicas se responde que elas estão radicadas na capacidade criativa do espírito, ou seja, no próprio ser do artista dotado, como dissemos, de uma superabundância carismática de ser — superabundância que o obriga a explicitar o fantasma interior da beleza e a objetivar-lhe factualmente a imagem.

Visto que existe uma diversidade infinita na tradução objectual dessa exigência interior, historiadores e filósofos explicam as imensas diversidades estilísticas por meio das quais se explicita a epifania da beleza.

3. No plano metafísico do operar artístico, não se vê como a reflexão moral possa incidir nesta ordem de considerações, a partir do momento que o termo final e transcendente do agir do artista é a beleza.

A → MORAL é a relação do agir humano com uma determinada e intangível regra, a *regula morum*, a lei natural e positivo-divina do costume. Se pensarmos que a lei natural ou lei eterna é identificada pelos moralistas na vontade de Deus, que prescreve a observação da ordem estabelecida, e que segundo Santo Tomás a lei natural é *immobilis perseverat*, e se pensarmos ainda que o objeto da lei natural é toda ação que não pode ser omitida ou cometida sem violar a lei natural, compreenderemos sua substancial diferença com a conformidade da atividade artística dirigida para a invenção da beleza nova e irrepetível.

A partir do momento que o trabalho do artista tem o fim em si mesmo, enquanto criação de um objeto totalmente singular e único, não pode haver uma regra objetiva para guiar um trabalho que nasce misteriosamente das raízes misteriosas do próprio ser. "Visto que o fim transcendente é a beleza", observa Maritain, "não já uma particular necessidade de satisfazer, mas a beleza de seduzir, um escopo tão espiritual, tão transcendente, autossuficiente e absoluto, exige que seja confiado à autenticidade, à personalidade e à subjetividade do artista".

Sobre o seu operar, o artista deve responder unicamente à própria consciência, bem como à suprema norma moral. Na *Suma* II-II, q. 47, a. 8, Santo Tomás institui a antítese entre a virtude da → PRUDÊNCIA enquanto *recta ratio agibilium*, isto é, como reto comportamento nas coisas a realizar, e a virtude da arte que é a *recta ratio factibilium*, ou seja, o reto comportamento nas coisas a serem realizadas e terminadas. Existe uma distinção profunda entre agibilidade e factualidade, entre comportamento do ser humano enquanto civil e religioso e comportamento do homem enquanto artista e inventor de beleza.

À quirotécnica de Platão corresponde a factualidade, o *factibilis* de Santo Tomás, que se constitui na matéria externa por meio do artista. Enquanto o fazer do homem que professa a prudência permanece dentro do próprio homem, o fazer do homem que professa a arte se constitui no exterior, na factualidade da obra. Duns Escoto (*Quodl.* VII, a. 4) segue a linha de Tomás e se pergunta se a prudência é uma virtude distinta da arte. É a mesma diferença, destaca o grande comentarista, que existe entre o fazer e o agir: o fazer da arte é *actus transiens in exteriorem materiam*, o agir do homem prudente é *actus permanens in ipso agente*. Enquanto o momento de decisão da virtude da prudência consiste na obediência ao *iussus*, na vontade de aderir às normas estabelecidas pela lei natural ou pela positiva, o momento crucial da arte consiste no juízo (*iudicium in inventis*), isto é, na escolha de meios expressivos entre os inúmeros oferecidos e que melhor se referem à realização da imagem interna. Melhor dizendo, lá onde a qualificação do homem prudente depende inteiramente da adesão à norma estabelecida e não admite liberdade de escolha, a qualificação, logo a moralidade do artista, está ligada à livre escolha dos meios porque supõe autonomia e plena disponibilidade.

De acordo com a citação aristotélica no livro da *Ética a Nicômaco* (c. 5), Santo Tomás, novamente acompanhado por Duns Escoto, assume a afirmação de que é preferível (*eligibilior*) o artista *volens peccans*, que infringe e suplanta a lei com a consciência de pecar. Observa, em seguida, que a virtude da prudência, enquanto *recta ratio agibilium*, se aperfeiçoa na adesão total e incondicional a tudo que foi estabelecido pela razão prática. A perfeição da arte, porém, consiste no juízo e na livre escolha dos meios expressivos. O texto tomista também tem mérito por sua concisão na transcrição: "*reputatur melior artifex qui volens peccat in arte quam qui peccat nolens. Sed in prudentia e converso*".

O ser humano comum, o homem de ação ou o político é medido no agir em conformidade com a lei, a virtude do artista consiste na consciência de transgredir a lei para superá-la. Podemos dizer que a ação prudente, *actio immanens* de Duns Escoto, é tanto mais reprovável quanto mais conscientemente praticada na violação da lei. No artista, todavia, cuja ação passa toda pelo manufato (*actio transiens* de Escoto), é preferível a violação feita em plena consciência àquela praticada inconscientemente *ex defectu judicii*, por incapacidade e deficiência de escolha. E ainda: enquanto no exercício da prudência se exige a "retidão" de desejo (*rectitudo appetitus*), no exercício da arte "*non importat rectitudinem appetitus*": "*ars non praesupponit appetitum rectum*" (I-II, q. 57, a. 4).

Resulta, ainda, que o juízo de valor em arte está todo relacionado ao manufato. É um juízo que indaga sobre a qualidade da obra e não sobre a intenção que qualifica a moralidade do agir. Em arte, diz Santo Tomás, há de considerar *quale opus fit*, a qualidade e os valores do objeto de arte, *non qua intentione fit*, e não a intenção com que ela é executada. Trata-se, pois, de uma avaliação estética, em antítese com os critérios de avaliação moral, em que conta mais a intenção de julgar a eticidade de uma ação que a própria ação. Eticidade e esteticidade são critérios claramente distintos e podem subsistir um sem o outro, um geralmente em oposição ao outro. A virtude moral que informa de si e torna moralmente bom o agir do ser humano não coincide com a virtude da obra de arte, que possui uma específica e própria bondade. Por isso os filósofos escolásticos com Santo Tomás repetem com frequência que *ars non praesupponit appetitum rectum*.

Não bastam, então, a bondade, a reta intenção e a fé para produzir uma obra de arte que possui um código todo próprio a ser observado, diferente daquele que regula as relações humanas.

Derrubando a afirmação inicial, pode-se dizer que lá onde o comportamento do ser humano prudente, o *habitudo* do ato humano, praticado *sciens volens*, é condicionado pela observância da *regula morum*, o fazer do artista, condicionado por sua intrínseca natureza à superação e à inobservância da lei, é estranho a qualquer avaliação de ordem moral.

O belo, como a unidade, a verdade e a bondade, é propriedade metafísica do Ente: *ens et pulchrum convertuntur*. Enquanto o ser humano prudente peca omitindo ou cometendo alguma coisa que viola a lei, o fazer do artista permanece vinculado à omissão e à violação da lei. Pode-se dizer, com efeito, que a arte em busca do absoluto sob o aspecto da beleza, procede analogamente à Criação, antes, a pressupõe. A operação do artista, conforme demonstra Santo Tomás na *Suma* I-II, q. 57, está vinculada à operação da natureza, e esta à Criação, que é operação dantesca da arte, predileção de Deus. A arte, com efeito, imita o modo de agir e de operar da natureza e não seu modo existencial de ser. Se a busca artística está ligada à busca do Absoluto, isto quer dizer que é subtraída à determinação do desejo, fruto essencialmente da atividade intelectual (I-II, q. 57, e I-II, q. 47).

Em nenhum ponto se vê de que modo a reflexão ou o critério moral possam regular a atividade artística e a produção dos quirotécnicos. Quem percorreu longamente as leis e chegou ao vértice da atividade artística acha que não existem mais leis e que é autêntica a observação de São Paulo, para o qual os filhos de Deus estão livres do peso e da demora das leis.

Se a obra de arte é um evento além dos eventos naturais, evento no sentido pleno do termo "original", isto é, sem precedentes, ela é subtraída das leis vinculantes que não sejam as do ser e da originalidade. "É quase impossível — escreve Arnold Hauser — afirmar alguma coisa sobre a arte da qual não se possa afirmar o contrário. […] Todavia, nenhuma atribuição possui uma validade tão geral como a da originalidade; para que uma obra de arte tenha um valor autônomo, deve apresentar uma imagem nova e característica do mundo. A novidade não é apenas a razão de ser, mas também a condição de ser de toda arte."

"A beleza", lemos em Maritain, "é um atributo absoluto, divino, e é por sua própria transcendência que exige loucura da parte do artista". Uma loucura, acrescentamos, oposta à lucidez intelectual, à plena consciência e deliberado querer, com o qual é constituído o ato humano.

Consequentemente, enquanto a arte é busca, explícita ou implícita do Absoluto, e realização inclinada à perfeição do Ser sob o aspecto da beleza, ela exclui de seu operar aquilo que não é absoluto. De tal modo que o artista e o quirotécnico que exercem as suas capacidades intelectuais e manuais fora desta área reduzem o objetivo de seu operar e, neste caso, já não se pode falar de arte, e sim de operação contra a arte. Como ocorre quando alguém, apesar de conhecer a verdade, ousa mentir operando de maneira não apenas contrária às verdades, mas contra a verdade. É a objeção que Tomás propõe no artigo 3 da I-II, q. 57. A busca do mal ou do imoral não cabe à esfera da operação artística, que é busca da perfeição transcendente: "*Ars non operatur malum*"; "*id quod de se ordinatur ad malum, non est ars*". Existe, pois, uma contradição entre arte e imoralidade. A arte jamais será imoral, e a imoralidade nunca será arte, "enquanto a arte pressupõe o alcance da perfeição da obra que tem o fim particular da arte". Se o artista escolhe como escopo o desvio do fim comum e da vida humana, é responsável apenas como homem, e como homem peca (II-II, q. 21, ad 2), porque escolhendo o desvio ele cessou de operar como artista.

Na época de Santo Tomás o problema entre arte e moral não tinha a peremptoriedade com a qual é colocado hoje. Era o tempo das grandes abadias, das grandes catedrais e dos grandes ciclos pictóricos; o tempo quando a palavra, o sinal e o gesto, todos os momentos e os episódios da vida humana assumiam um valor sacral. Vivia-se na civilização do sacro, nos valores da tradição transmitidos como suprema e totalizadora experiência do sacro. Essa transmissão oral, esse *tradere* por voz, por símbolos, por sinais, defendia e alimentava o sacro. E é por isso que a tradição é sacra.

Hoje, essa civilização do sacro é cultura, investigação, erudição; a transmissão oral foi substituída pelo culto dos textos escritos; as verdades transmitidas de geração em geração foram substituídas pela crítica e pela análise com base nas aquisições denominadas científicas que, segundo os cientistas, nunca são definitivas. A sacralidade da tradição foi substituída pelo laicismo do progresso. Operou-se a culturalização do sacro. Desmistificou-se o mundo e, obviamente, chegou-se à teologia da morte de Deus e, consequentemente, à morte da arte. A qualidade dos valores tradicionais foi substituída pela quantificação dos valores existenciais. A religião da tradição foi substituída pela religião do progresso que, segundo Bernanos, é um engano cometido em nome da esperança.

Em nome do progresso tecnológico, aos poucos foi sendo eliminada a presença do ser humano na vida do mundo, e cancelado todo vestígio de transcendência, anulando os valores da tradição.

A luta contra a tradição desencadeou-se com o → HUMANISMO, que deslocou o eixo teocêntrico sobre a visão antropocêntrica e desviou o sentido social da *communio* para o indivíduo. Não é mais a *communio* anônima que cria monumentos, catedrais, vitrais, afrescos e mosaicos, mas o ser humano-indivíduo do humanismo, com seu nome e sobrenome, o homem que repete o gesto bíblico e mitológico de tornar-se semelhante a Deus, elimina Deus e cria o racionalismo, o positivismo, o industrialismo, o capitalismo, o marxismo e o socialismo, na tentativa titânica de tornar-se mais forte, mais sábio, onipotente.

O ser humano se coloca sempre na ponta extrema da linha sobre a qual procede, no ponto extremo do tempo que não é mais ritmo, um "movimento do antes e do depois", movimento cíclico, revolucionário, do ser humano ao redor de Deus, da terra ao redor do sol, um proceder, todavia, incontrolável, um progresso sem fim e sem amanhã, um avanço para os monstros que o homem cria com as próprias mãos dessacralizadas. Esses monstros, criados pelas mãos dessacralizadas do ser humano, obrigam o homem a colocar-se a seu serviço. O ser humano dessacralizado a serviço da máquina, dos computadores, dos cérebros eletrônicos. O homem perdeu sua identidade, alienou-se, massificou-se.

O gesto do homem das artes liberais ou das artes mecânicas, como foi descrito por Duccio di Boninsegna, por Antelami, por Viligelmo, por Nicola Pisano, é um gesto hierático, transmitido de geração em geração, um gesto cosmogônico, sacro e vital, como é sacra e vital a mão que o realiza. Para fazer cada um daqueles gestos a mão era consagrada em nome de Deus. Quando a mão se movia, acontecia algo de sacro, de simbólico, uma hierofania. O gesto do semeador e o do matemático, o gesto do pecador e o do hierofante eram gestos criadores e evocativos. A divindade estava sempre presente, e o ser humano era sempre o grande protagonista.

Agora essa mão terminou a sua função: basta apertar um botão, pressionar uma alavanca, repetir infinitas vezes o mesmo gesto sem nenhuma participação humana, e aquele pensar e pressionar dá lugar a uma produção em série, própria da civilização industrial, sem mais referência a uma ordem interior.

Na Idade Média ainda existia a distinção entre arte e profissões, entre artes liberais e artes mecânicas; sempre havia uma relação com o ser humano, com as suas qualidades, os seus desejos, as suas capacidades. A máquina industrial rejeita qualidades, desejos, capacidades, e matou a arte que é capacidade, qualidade e desejo que criou o *Homem sem qualidades*, de Musil.

A arte morreu, é o que se repete nestes dias, depois de Hegel, morrendo de fato com ela a moralidade e a espiritualidade da arte.

BIBLIOGRAFIA. Além das numerosas fontes clássicas e as obras de vários autores citados na voz, destacamos as seguintes: APOSTOLOS-CAPPADONA, D. (ed.). *Art, creativity and the sacred. An anthology in religion and art*. New York, 1984; ARNHEIM, R. *Verso una psicologia dell'arte*. Torino, 1969; *Civilisation de l'Image*. Paris, 1960; CROCE, B. *Storia dell'estetica per saggi*. Bari, 1942; EVDOKIMOV, P. *La teologia della belezza*. Roma, 1971; HAUSER, A. *Le teorie dell'arte*. Torino, 1974; MARITAIN, J. *Creative intuition in art*. Meridian Books, 1961; MENNA, F. *Le figure iconi*. Torino, 1975; PENFIELD, K. S. *Visible form of invisible spirit: a religious dimension of art*. Syracuse University, 1984; SENDLER, E. *L'icona immagine dell'invisibile. Elementi di teologia, estetica e tecnica*. Roma, 1984; SIMONIN, H. O. *Connaissance et similitude*. Paris, 1931; SJÖBERG, Y. *Morte et ressurrection de l'Art Sacré*. Paris, 1957.

E. FRANCIA

ASCESE. O movimento da vida cristã em direção à perfeição se realiza por meio da dialética batismal da "morte-vida", do desprendimento ascético e da união na oração, que, pelo dinamismo das virtudes teologais, se acrescenta à experiência mística de Cristo e de Deus, prelúdio, no tempo, da glorificação e da vida eterna. A ascese é, portanto, um componente essencial da vida cristã.

1. **NATUREZA E FUNDAMENTO DA ASCESE.** Ascese, ou ascetismo, na linguagem espiritual corrente significa o esforço pessoal e desgastante que, sustentado pela graça de Deus, o cristão tem de fazer para alcançar a perfeição sobrenatural. Em sentido mais amplo, quer indicar qualquer forma de colaboração do ser humano com Deus na obra da própria santificação.

Ascese quer dizer empenho pessoal, consciente, voluntário, livre, amoroso, na caminhada rumo à perfeição da vida espiritual, com a soma das lutas, mortificações, penitências, orações, trabalho, renúncia, desprendimento e os sacrifícios que esse itinerário engloba e exige.

No Novo Testamento, código fundamental do ascetismo cristão, não se encontram as palavras "ascese" e "ascetismo", porém a ideia e a doutrina são bem claras, e como artigo de base do ascetismo permanece sempre o formulado por Jesus: "Se alguém quiser vir em meu seguimento, renuncie a si mesmo, tome a sua cruz e siga-me"(Mt 16,24; Mc 8,34; Lc 9,23). Em São Paulo estamos mais próximos da palavra "ascese", tão usada no mundo pagão, quando se falava de exercícios atléticos, pugilísticos, esportivos etc. Diz o Apóstolo: "Não sabeis, acaso, que no estádio os corredores correm todos, mas um só recebe o prêmio? Correi, pois, de modo que o leve. Todos os atletas se impõem uma ascese rigorosa; eles, por uma coroa perecível, mas nós, por uma coroa imperecível. Eu, portanto, corro assim: não vou às cegas; e o pugilismo, pratico-o assim: não dou golpes no vazio. Mas trato duramente o meu corpo e o mantenho submisso, a fim de que não ocorra que depois de ter proclamado a mensagem aos outros, eu mesmo venha a ser eliminado" (1Cor 9,24-27).

O compromisso ascético do cristão fundamenta-se em dois dogmas:

a) pelo pecado original a vontade humana perdeu o domínio das forças inferiores e entre o sentido e o espírito surgiu um conflito de tendências, geralmente agravado por hábitos viciosos: é um contraste que o ser humano traz dentro de si, pelo qual é, ao mesmo tempo, combatente e campo de batalha. Uma das tarefas da ascese é exatamente esta: refrear a parte inferior, ordená-la, reformá-la de modo que não cause dano ao espírito, porque, uma vez danificado o espírito, ela se torna pior e mais perigosa que a própria carne.

b) pelo → BATISMO o ser humano "renasce" espiritualmente, participando de modo real da natureza divina. Em consequência, tem de, constantemente, conformar os seus costumes a essa nova condição. Não poderá fazer isso sem um contínuo e sério empenho ascético, pelo qual a luta torna-se o seu estado normal até à morte. Pela luta o ser humano se realizará como pessoa e como filho de Deus.

2. OS TRÊS MOMENTOS HISTÓRICOS DA NATUREZA HUMANA

a) *Condição do ser humano em sua origem.* O estado da natureza elevada, ou seja, de justiça original, no qual, por livre decisão de Deus e por sua paternal bondade, foram criados os nossos pais, aparece provido de uma tríplice categoria de dons e de qualidades.

Dons do primeiro ser humano: *Dons naturais*, ou seja, aqueles que constituem essencialmente a natureza humana ou emanam desta para alcançar os fins pertinentes a ela. São eles: o corpo e a alma, a tríplice camada dinâmica com as suas estruturas e funções (funções puramente orgânicas, puramente espirituais, ou mistas) e todas as condições, os fins, os meios e os objetos necessários à plena e normal evolução da natureza rumo à sua perfeição natural.

Dons sobrenaturais, ou seja, os que constituem a vida sobrenatural, concedida por Deus gratuitamente ao ser humano desde o primeiro instante de sua criação. São eles: a graça santificante, as virtudes infusas, os → DONS DO ESPÍRITO SANTO e as graças atuais, isto é, todos os elementos necessários para alcançar o fim sobrenatural para o qual o ser humano é ordenado por Deus.

Dons preternaturais, aqueles que, embora naturais no que se refere à sua entidade, não podem de nenhum modo ser considerados devidos à nossa natureza, sendo esta já em si completa mesmo sem aqueles; trazem, porém, grande ajuda à natureza, tornando as suas atividades mais harmônicas e fáceis, em si mesmas e em todo o seu complexo. São eles: a imunidade ao erro, à dor (→ SOFRIMENTO), à → MORTE etc. Queremos considerar somente um desses dons, porque nos diz respeito mais diretamente: *a imunidade à concupiscência*, também chamada *dom da integridade*, que tem para nós enorme importância por seu especial influxo na estrutura concreta do ser humano "elevado", e pelas inúmeras e importantes consequências de ordem prática, quer de sua presença, quer de sua ausência.

Dom da integridade. Sabe-se que entre natureza e graça não existe uma linha e uma distância ontológica. É igualmente evidente, conforme demonstra a experiência cotidiana, que temos em nossa natureza ao menos a ocorrência — para não dizer a causa — de um antagonismo e de uma oposição de tendências, cujos insignes protagonistas são o corpo e a alma (ou seja, o instinto e a liberdade).

Visto que, todavia, um e outro — corpo e alma substancialmente unidos entre si — constituem um único sujeito de atribuição, tanto das ações quanto das paixões de ambos os elementos, vemos o ser humano inteiro tornar-se, ao mesmo tempo, campo e presa de um profundo conflito que explode no íntimo, sem que a natureza, sozinha, possa evitar a luta e alcançar a paz.

Pois bem, se ao caráter estranho da graça (estranho exatamente porque é transcendente), enquanto se refere à natureza, somamos o antagonismo de nossa estrutura dinâmica e, consequentemente, a instabilidade do equilíbrio humano, o resultado é que a graça está em nós em um estado precário e incerto; e isto constitui a base humana da dramática incerteza de nosso estado durante a nossa vida mortal.

Assim, o dote específico do dom da integridade consiste exatamente nisto: na supressão e na superação ("na supressão por superação", diremos, talvez, melhor) do antagonismo existente entre carne e espírito e entre as suas tendências opostas (em suma: entre o instinto e a liberdade), mediante a pacífica submissão da parte inferior à superior, através da total docilidade do instinto em relação à razão e à liberdade.

Quando o equilíbrio inicial entre as várias estruturas dinâmicas da nossa natureza se torna — mediante o dom da integridade — tão firme e estável, então a graça desce sobre uma natureza dinamicamente unificada e pacificamente ordenada e pode assim exercer mais facilmente as suas particulares atividades e, ao mesmo tempo, fazê-lo com mais eficácia. A natureza torna-se então um instrumento dócil da graça, fácil de ser guiado, obediente às suas exigências, preparada para alcançar a santidade. O sinergismo assim obtido entre carne e espírito, portanto, é reafirmado e revigorado pelo sinergismo superior entre natureza e graça, que se insere no primeiro válida e rigorosamente.

b) *A irrupção do pecado no mundo*. Logo que o pecado entrou na história do gênero humano, inseriu-se nela de forma tão prepotente que tornou-se, desde esse momento, a sua nota característica e constante... Com o pecado aparece também a infinita justiça de Deus, que, por uma justa punição de tão grande delito, privou o ser humano quer dos dons sobrenaturais (incompatíveis com o pecado), quer também dos preternaturais; antes, permitiu que as forças congênitas da natureza fossem tão atingidas, a ponto de perder em seguida a sua primitiva validade e seu vigor natural.

Um dos dons preternaturais era, conforme dissemos, o dom da integridade, que foi, então, tirado de nossa natureza juntamente com os outros dons. Pelo que foi explanado sobre a tarefa específica desse dom é fácil avaliar as consequências de sua perda: imediatamente apareceu o antagonismo natural entre o instinto e a liberdade, tornado mais violento pelo pecado original (e, em seguida, cada vez mais reforçado pelos pecados pessoais), dando origem, assim, à atual trágica condição do ser humano, divergente em si mesmo, e, finalmente, incapaz até de alcançar a sua felicidade que, todavia, continua igualmente a desejar ardentemente. O drama de fundo que todo ser humano sofre, até inconscientemente, consiste justamente em ser limitado em seus meios e ilimitado em seus desejos!

c) *Condição atual do ser humano*. A morte redentora de Cristo, nosso Salvador, nos restituiu a capacidade de gozar de novo a vida da graça e alcançar, por intermédio desta, o nosso fim sobrenatural. Antes, não só podemos agora obter a vida da graça, como no passado — a mesma que obtiveram os nossos primeiros pais —, mas também uma graça muito mais abundante ("para que tenham vida e a tenham em abundância", Jo 10,10), na dependência dos infinitos méritos de Cristo. Tudo isto, com referência aos dons estritamente sobrenaturais que constituem a vida da graça.

Os dons meramente naturais, contudo, degradados pelo → PECADO, não retornam mais à respectiva sanidade e ao vigor primitivo; pelo menos não totalmente, nem de imediato.

É verdade que a graça medicinal cura aos poucos as feridas de nossa natureza, especialmente por meio das purificações passivas (do mesmo modo que, como ensina São → JOÃO DA CRUZ, a graça que cura coloca as almas que alcançaram o → MATRIMÔNIO ESPIRITUAL — na verdade, pouquíssimas — em uma condição semelhante à que era própria de → ADÃO antes do pecado); com frequência, porém, pode-se até dizer normalmente, a natureza fica ferida e fraca. Consequentemente, ela opõe sempre maior ou menor resistência ao influxo da graça; assim, a natureza que se esforça para alcançar a santidade é sempre uma natureza vulnerável!

Finalmente, não nos são mais concedidos os dons preternaturais, ao menos em uma linha normal, coisa que é preciso igualmente afirmar no que se refere ao dom da integridade que, com efeito, não nos é mais restituído, senão excepcional e relativamente.

Em consequência, a graça de Cristo, porquanto seja preciosa e superabundante, não nos recoloca naquele estado primitivo de equilíbrio, naquele perfeito sinergismo entre o instinto e a liberdade, que foi um dos dons mais exímios do estado de justiça original. Retornemos, pois, àquela precária condição da graça em nós, da qual pouco antes falamos. Acontece, então, que a graça é submetida aos caprichos da nossa liberdade, já diminuída pela instabilidade interna. O → INSTINTO geralmente age tiranicamente, e somente depois de uma luta desmedida — e com a ajuda da graça! — se submete ao domínio da razão iluminada pela fé. Quem pode esquecer as expressões de São → PAULO, quando fala da luta entre a lei dos membros e a lei do espírito, entre o homem velho e o homem novo (Rm 7,23)?

Um estranho e profundo conflito lacera a vida do ser humano. Trata-se de um contraste imanente e, por assim dizer, constitutivo de sua natureza, como a conhecemos em sua realidade psicológica e histórica.

Essas são verdades que nunca devem ser esquecidas! Minimizá-las, ignorar a dramática situação do ser humano-vulnerável, do homem-em-si-mesmo dividido, do homem-que-luta-contra-si-mesmo, significa ou dissimular, ou camuflar a realidade, enfocar de forma errada qualquer que seja o programa de perfeição, tornar estéril a → DIREÇÃO ESPIRITUAL.

Disso deriva que o otimismo irrefletido, longe de justificar-se, deve, antes, ser severamente reprimido, porque não corresponde de fato à realidade da vida e é muito perigoso por suas consequências. A mesma coisa deve ser dita no que se refere à excessiva e indiscriminada confiança nos meios naturais, sobretudo naqueles que a moderna psicopedagogia se vangloria de poder oferecer em abundância aos diretores espirituais. É verdade que os meios naturais às vezes são, ou melhor, com frequência são, de grande utilidade em aplicação, e se pode — e às vezes se deve — aconselhar o seu uso prudente e moderado; sem pessimismos estéreis, mas também sem excessivo otimismo, e sempre pressupondo, em sua aplicação, habilidade técnica e competência proporcional à importância da tarefa.

Em suma: a atual condição do ser humano se caracteriza por um estado de conflito que, na ordem ontológica das causas, se tem suas raízes na mesma estrutura antagônica e ambivalente de nossa natureza e de seus "dinamismos", na ordem histórica dos fatos, todavia, está comprovado pela fé que nasce do pecado original;

— esse estado de conflito deixa nossa liberdade condicionada e, às vezes, quase desarmada diante das exigências do instinto, que, embora de nenhum modo a destrua, até certo ponto a prende, diminuindo-lhe a eficácia;

— o processo rumo à perfeição, portanto, equivale psicologicamente a um processo que liberta a vontade do domínio do instinto. Esse processo de libertação, em seu momento ativo, é obra da → ASCESE cristã, que tem por finalidade restabelecer o ser humano em seu equilíbrio primitivo. É a tentativa de reconquistar aquele estado de justiça original, no qual o corpo estava totalmente submisso à alma e o ser humano vivia com Deus, consigo e com os outros em perfeita harmonia (sobre o supracitado, cf. EDUARDO DE SANTA TERESA, *Psychologia vitae spiritualis* [*pro manuscripto*], Romae, 1962.

3. A PRÁXIS ASCÉTICA NA HISTÓRIA DA SALVAÇÃO. O exercício ascético e a práxis penitencial são fatos constantes na história das grandes religiões.

Em toda parte e em todos os tempos a penitência ocupou um lugar de destaque, sendo intimamente ligada quer com o íntimo sentimento religioso, que permeia a vida dos povos mais antigos, quer com as expressões mais elaboradas das grandes religiões, interligadas com o progresso da cultura (cf. *Nostra aetate*, n. 2-3).

a) *No Antigo Testamento.* "No Antigo Testamento se revela sempre com maior riqueza o sentido religioso da penitência. Ainda que o ser humano recorra mais a ela, sobretudo depois do pecado, para aplacar a ira divina (1Sm 7,6; 1Rs 21,20 etc.), em grandes calamidades (1Sm 31,13; 2Sm 1,12; 3,34 etc.) ou na iminência de grandes perigos, e, ainda, para obter benefícios do Senhor (1Sm 14,24; Esd 8,21 etc.), pode-se constatar de que modo a obra penitencial externa é acompanhada de uma atitude interior de "conversão", isto é, de condenação e de desligamento do pecado e inclinação para Deus (1Sm 7,3; Br 1,17-18 etc.). Privar-se de alimento e despojar-se dos bens — o jejum geralmente é acompanhado não só da oração, mas também da esmola, mesmo depois que o pecado foi perdoado — independentemente do pedido de graças; jejua-se e usa-se o cilício para "castigar a própria alma" (Lv 16,31), para "humilhar-se diante de Deus" (Dn 10,12), para "volver a face para YHWH" (Dn 9,3), para "colocar-se em oração" (Dn 9,3), para "compreender" mais intimamente as coisas divinas e preparar-se para o encontro com Deus (Zc 7,5).

A penitência é, pois — já no Antigo Testamento —, um ato religioso, pessoal, que tem por finalidade o amor e o abandono no Senhor: jejuar para Deus, não para si próprio (Is 58,4). Assim ela deve permanecer também nas diferentes celebrações penitenciais estabelecidas pela lei. Quando isto não se realiza, o Senhor se lamenta com o seu povo: "Voltai a mim de todo o vosso coração com jejuns, prantos e lamentações. Rasgai vossos corações, não vossas vestes, e voltai ao Senhor, vosso Deus" (Jl 2,12-13).

Não falta no AT o aspecto social da penitência: na antiga aliança, com efeito, as liturgias penitenciais não são somente uma tomada de consciência coletiva do pecado, mas constituem a condição de pertença ao povo de Deus (Lv 23,29).

Por outro lado, pode-se constatar de que modo a penitência é apresentada, também antes de Cristo, como meio e sinal de perfeição e de santidade: Judite, Daniel, a profetiza Ana e tantas outras almas eleitas serviam a Deus dia e noite, com jejuns e orações, com júbilo e na alegria.

Encontramos, finalmente, entre os justos do AT, quem se ofereça para satisfazer, com a penitência pessoal, pelos pecados da comunidade: assim fez Moisés nos quarenta dias em que jejuou para aplacar o Senhor pelas culpas do povo infiel (Dt 9,9 e 18; Ex 24,18); assim sobretudo apresenta-se a figura do servo de YHWH, que "revestiu-se das nossas enfermidades" e sobre o qual "o Senhor fez cair as culpas de todos nós" (Is 53,4-11)" (Constituição Apostólica *Paenitemini*).

b) *No Novo Testamento*. Em vez de atenuar, os convites para a penitência tornam-se mais solenes com a vinda do Filho de Deus na terra.

"A penitência — exigência da vida interior confirmada pela experiência religiosa da humanidade e objeto de um particular preceito da divina revelação — assume *in Christo et in Ecclesia* novas dimensões, infinitamente mais vastas e profundas.

Cristo, que em sua vida sempre praticou o que ensinou, antes de dar início ao seu ministério passou quarenta dias e quarenta noites em oração e jejum, e começou a sua missão pública com a feliz mensagem: "O Reino de Deus está próximo", à qual logo acrescentou o mandamento: "Convertei-vos e crede no Evangelho" (Mc 1,15). Essas palavras constituem, de certo modo, o compêndio de toda a vida cristã.

Ao Reino anunciado por Cristo só se pode chegar por meio da *metanoia*, isto é, por intermédio daquela íntima e total mudança e renovação do ser humano inteiro — de todo o seu sentir, julgar e dispor — que se realiza nele à luz da santidade e da caridade de Deus, "santidade e caridade que, no Filho, foram manifestadas e comunicadas a nós em plenitude" (Hb 1,2; Cl 1,19; Ef 1,23).

O convite do Filho para a *metanoia* torna-se mais indispensável na medida em que ele não somente a prega mas dá o exemplo em si mesmo. Cristo, com efeito, é o modelo supremo dos penitentes: quis sofrer a pena pelos pecados não dele, mas dos outros" (*Paenitemini*).

Seguindo o Mestre, portanto, cada cristão tem de renegar a si mesmo, tomar a sua cruz, participar dos sofrimentos de Cristo. É uma exigência do seu batismo, que o configura com a paixão, a morte e a ressurreição do Senhor (Rm 6,3-11; Cl 2,11-15; 3,1-4).

O convite do Senhor à penitência, passado para os apóstolos, é repetido constantemente pela Igreja.

c) *Na história da Igreja*. A disciplina penitencial permanece ligada ao sacramento da → PENITÊNCIA, do qual acompanha em parte as lutas e a progressão. Pecado e penitência, na pregação evangélica, são duas realidades estreitamente ligadas, e permanecem assim também na práxis penitencial da Igreja.

O sacramento da penitência, instituído por Jesus (Jo 22,22) como instrumento para remir os pecados, teve desde o início ampla aplicação, juntamente com a disciplina penitencial. A confissão das culpas, até de um único pensamento, foi obrigatória desde os primeiros tempos da Igreja. A confissão pública, todavia, estava ligada à autorização do sacerdote, que não costumava exigi-la senão para os pecados públicos. À confissão seguia-se a penitência, particularmente severa para os três pecados canônicos. As formas mais características do ascetismo cristão nos séculos são: o martírio, a → VIRGINDADE ou continência, e o → MONASTICISMO.

O "martírio" constitui o ideal heroico dos séculos II e III: o → MÁRTIR, cópia do Cristo paciente, aparece como o discípulo perfeito. Por outro lado, toda a vida cristã, em luta contra as paixões e pela firmeza na fé, é considerada uma aspiração e quase uma equivalência ao martírio.

A "virgindade", em particular, é quase equiparada ao martírio. Desde o século II as virgens e os continentes são assunto para os apologistas, e nos séculos II e IV florescia uma ampla literatura sobre os valores e a prática da virgindade, à qual somava-se a ação apostólica.

O "monaquismo", quer na forma anacorética com que surge na metade do século III, quer na forma cenobítica na qual foi evoluindo desde o século IV, conclama toda a corrente ascética, codificada pela experiência de santos, e compendiada nas regras dos Institutos religiosos. Todos os meios ascéticos são coordenados com base na santificação moral: do trabalho manual à solidão e às macerações, da oração litúrgica e contemplativa à dura vida apostólica. De fundo comum são os conselhos evangélicos abraçados com os três votos (pobreza, castidade e obediência), e a vida comum em oração e mortificação.

A Igreja inculca na massa dos fiéis a vida ascética, impondo abstinências, jejuns e oração. A plena educação ascética, todavia, se realiza individualmente, sob a direção dos confessores e diretores espirituais, por meio de práticas e métodos adaptados à índole, exigências e capacidade de cada um.

A práxis penitencial "privada" (fora do sacramento da confissão) é exercitada principalmente por meio do → JEJUM, da imersão e da disciplina (e o → CILÍCIO)

O jejum foi praticado com particular fervor, na Alta Idade Média, nas comunidades irlandesas. O uso do jejum na sexta-feira (e em alguns lugares também no sábado) é uma práxis quase universal desde os primeiros séculos da era cristã.

As imersões ascéticas são uma forma de penitência, também essa particularmente praticada entre os povos celtas. Ficaram famosos os banhos gelados de são Patrício e de santa Brígida de Kildare, que todas as noites de inverno "imergia em companhia de uma jovem companheira nas águas geladas de um ribeirão, rezando e derramando santas lágrimas". Assim também o célebre abade de Bobbio, São → COLUMBANO († 615), recitava com frequência um saltério inteiro em águas geladas. Fora do ambiente celta encontramos numerosos praticantes desse exercício ascético, o mais célebre dos quais é São → PEDRO DAMIÃO († 1072). Em tempos mais recentes, também foi praticado por Santo → INÁCIO DE LOYOLA.

Como instrumento de penitência, a disciplina era praticada habitualmente já nos tempos de São Bento, mais como penitência disciplinar que como voluntária autoflagelação. Nesse sentido, é mais recente. São Pedro Damião foi o maior promotor do uso da disciplina no século XI, com o opúsculo *De laude flagellorum*, mediante exemplo e pregação. Maria d'Oignies († 1213), que juntava a prática das genuflexões à da disciplina, tinha por hábito aplicar-se trezentos golpes por uma genuflexão. A maioria dos ascetas flagelava-se *usque ad effusionem sanguinis*.

A disciplina cotidiana não era coisa rara na Idade Média. Por volta do final desse período, o fanatismo dos que se flagelavam lançou certo descrédito sobre essa forma de penitência corporal, que, todavia, resistiu (juntamente com o uso do cilício) até nossos dias (para uma complementação histórica cf. GOUGAUD, L. *Dévotions et pratique ascétique du moyen-âge*. Maredsous, 1925).

4. ANALOGIAS. Com frequência surgiram comparações e proclamaram-se analogias entre a ascese cristã e as correntes ascéticas surgidas no seio do paganismo. Desprezando as asceses estranhas a qualquer contato com o cristianismo, daremos uma rápida olhada naquelas que a crítica histórica aproximou ou colocou em relação de causalidade com a ascese cristã.

No paganismo greco-romano não são desconhecidas práticas exteriormente ascéticas: procissões penitenciais, jejuns, abstinências, abluções, alguns exemplos de castidade (vestais), limitações sexuais com base no culto. Falta, porém, o elemento vital da ascese: o esforço para um aperfeiçoamento moral íntimo.

Nas religiões "mistéricas" nota-se um sentimentalismo místico que converge para certa união com a divindade; as práticas ascéticas são aí acentuadas, sobretudo para alcançar o grau de perfeito "iniciado"; são praticadas as abluções, os jejuns e as abstinências, e a suspensão temporária dos prazeres sexuais. Embora sem negar o sentimento religioso, envolto em símbolos geralmente grotescos, observe-se, além da origem naturalista desses cultos e da dúbia moralidade da "visão dos mistérios", a ausência, nessas práticas obscuras, de um adequado conteúdo ascético. A união com a divindade não é concebida como íntima participação e transformação nela, mas sim, em vez disto, como um salvo-conduto para aventurar-se nas assustadoras regiões do além túmulo; as provações, ou purificações ascéticas, são mera condição para que a iniciação nas coisas sagradas não desagrade a divindade.

As variadas filosofias de fundo moral e religioso oferecem algo de mais elevado: de diferentes pressupostos e por vários caminhos buscam um aperfeiçoamento interior do ser humano e chegam a um mais elevado conceito das relações entre este e a divindade.

O pitagorismo, ou melhor, o neopitagorismo, que se difundiu a partir do século I a.C., parte do pressuposto (comum ao orfismo, como a teoria da libertação e da metempsicose) de um dualismo constitucional do ser humano: dionisíaco (bom), titânico (mau), e procura a libertação do elemento bom mediante a superação de si mesmo, até que se feche o ciclo da existência. Como meios preconiza: a filosofia, esforço para a sabedoria libertadora do erro, moderadora das paixões e da parte sensitiva que submete à razão; a abstinência de vários alimentos, a resignação nas provações da vida, o → EXAME DE CONSCIÊNCIA e o → SILÊNCIO, rigidamente imposto no "noviciado", pressuposto para a aceitação na "comunidade" pitagórica.

No estoicismo, o ápice da perfeição do ser humano é viver segundo as exigências da natureza, razoável, reta, livre. A ascese estoica visa à independência pessoal; consiste sobretudo em julgar retamente as impressões produzidas pelas coisas no espírito, segundo as relações com a razão moral, e em praticar a indiferença imperturbável (→ APATIA/*APATHEIA*) a todos os bens e males extrínsecos ao ser humano livre, segundo o lema *abstine et sustine* (abstém-te e suporta). Com relação ao puro naturalismo ético, à pura "apatia" que mata o sentimento e gera o individualismo antissocial, a ascese estoica, em seu espírito, opõe-se à cristã, embora muitos de seus sábios conselhos sobre o desprezo dos bens mundanos, a repressão das paixões, a constância diante do sofrimento e da morte, a leitura meditativa e a solidão tenham sido acolhidos pelos escritores cristãos.

Um nobre ideal anima a ascese do neoplatonismo (→ PLOTINO, Porfírio), que se move no sulco do espiritualismo platônico e em conformidade com a sua física emanatista. O seu objetivo é a → UNIÃO COM DEUS (o Ser, o Uno) por meio da contemplação extática. É esforço essencialmente simplificativo: desembaraçar-se da servidão do sensível e superar o mundo racional para alcançar o cume da intuição inteligível e, assim, o desprezo pelos prazeres do corpo. Mas, além de opor-se aos pressupostos teológicos, essa ascese também se opõe à cristã pelo exclusivismo intelectualista que a leva a negligenciar a parte afetiva, e pelo caráter de irrealismo prático, ignorado pela fragilidade humana.

Em geral, nas concepções ascéticas do paganismo falta a teologia do amor, que desce de Deus para o ser humano, para elevar-se do ser humano até Deus.

Ao ascetismo judaico estão ligados os terapeutas e o interessante movimento dos essênios com vida comum, comunidade de bens, trabalho manual, oração, jejuns prolongados, estudo dos livros sagrados, celibato, silêncio austero, solidão e obediência.

5. DESVIOS ASCÉTICOS. Manifestaram-se no decorrer dos séculos, ora por excesso, ora por falta.

Nos primeiros séculos, os montanistas constituíram um movimento rigorista que a custo tolerava o matrimônio e multiplicava jejuns austeros. Gnósticos e maniqueus, professando a maldade intrínseca da matéria, rejeitavam a legitimidade do matrimônio e impunham a abstinência universal da carne e do vinho; são especialmente conhecidos os encratistas ou abstinentes. O Concílio de Gangres (340-343) condenou a falsa ascese de Eustácio, e o Concílio de Éfeso (341) o manual ascético dos messalianos. Os maniqueus formaram pequenos conventos que renunciavam à posse dos bens da terra. Na Idade Média o pseudoascetismo maniqueu reapareceu com os albigenses. Os valdenses e os "irmãos apostólicos" exigiam a pobreza absoluta; os que se flagelavam pregavam a flagelação cruenta pública.

Como inimigos da ascese destacam-se, no século IV, Elvídio, Joviniano e Vigilâncio, que preferencialmente atacavam a virgindade. Mais próximos de nós, os quietistas sacrificam a ascese à pura passividade.

Os protestantes de Lutero, com a teoria da inutilidade moral das boas obras, no início declaram-se estranhos, antes, contrários, à ascese. Mas Calvino impôs a todos uma ascese quase monástica. Gradualmente, a ascese foi se desenvolvendo em todas as "Igrejas" protestantes, pelo menos como necessidade prática, até a tentativas (a partir do século XIX) de vida religiosa em comum, mas sem votos e compromissos irrevogáveis (cf. MORETTI, R. Ascesi. In: *Enciclopedia Cattolica*, 91-94, vl. II).

6. CAUSAS DA ATUAL CRISE DA PENITÊNCIA CRISTÃ. A segunda metade do século XX lançou em plena crise toda forma de manifestação penitencial tradicional. A nossa civilização, com efeito, com o seu vertiginoso desenvolvimento técnico, torna particularmente difícil a prática da mortificação e tende a apagar, até nos bons cristãos, qualquer gosto pela penitência. A própria vida moderna, extremamente tensa e enervante, parece tornar ainda mais sedutor e prepotente o convite à fruição e à comodidade, muitas vezes favorecido por uma educação que não forma suficientemente o jovem para a privação e a luta. Em nada surpreende, portanto, que a palavra "penitência", como "renúncia voluntária", seja um verbete pouco aceito e ainda menos praticado. Inúmeras causas conduziram a essa situação:

— O "→ AMERICANISMO" que negligencia as chamadas "virtudes passivas", entre as quais a mais vistosa é a mortificação.

— O → NATURALISMO (otimismo exagerado, não realista, humanismo não cristão), que parece ignorar, ou não perceber suficientemente, a existência do pecado original no ser humano.

Alguns ambientes naturalistas, tomados pelo culto da personalidade, veem na mortificação uma espécie de insulto à sabedoria divina, porque ela impediria a realização do ideal humano e o desenvolvimento das qualidades pessoais do sujeito.

— A educação moderna, que geralmente sob a influência de um exagerado → ATIVISMO, de um ingênuo otimismo e de um falso humanismo tende à abolição, ou pelo menos a um excessivo relaxamento de todo tipo de rigor, de disciplina e de castigo.

— Uma não bem entendida teologia das realidades terrenas que, com frequência e de bom grado, se contrapõe à tensão escatológica da esperança cristã, que considera a terra e o tempo uma morada provisória do ser humano, ao qual não é permitido "acomodar-se" demais neste mundo.

— Juntamente com a diminuição do sentido escatológico da vida cristã, é evidente a diminuição ou, até mesmo, a perda do sentido do pecado.

"O pior pecado da era moderna é ter perdido a consciência do pecado" (PIO XII, Mensagem ao Congresso Catequista dos Estados Unidos da América, 26 de outubro de 1946).

7. ENCARNAÇÃO E ESCATOLOGIA. A presença e a excelência da ascese na vida cristã é um tema que entra diretamente na polêmica entre as duas principais correntes da espiritualidade contemporânea: o encarnacionismo e a escatologia.

Caracterizam-se, em geral, uma como pessimista (a escatologia), e a outra como otimista (encarnacionista).

"A pessimista, de claro fundo escatológico, sustenta que a ordem sobrenatural não teria uma continuidade com a ordem natural, especialmente a ordem física, biológica, sensível, social. Acentua a cruz, o sacrifício, a vida monástica, e geralmente insiste na ruptura com o mundo, considerado uma das principais fontes de tentações. O mundo é uma terra de exílio, um vale de lágrimas, onde a alma, prisioneira do corpo, anseia que logo possa *evadir-se* para retornar à pátria celeste.

A otimista, apoiando-se no dogma da encarnação, dá um enorme e confiante crédito a todas as realidades terrestres, como positivamente reconsagradas pela raiz, e que esperam somente a colaboração humana para tornar-se instrumento de salvação. A encarnação é como um fato cósmico, que transformou virtualmente o universo inteiro em todas as dimensões. O mundo, mais que um exílio, é uma *primeira* pátria à espera da *segunda*, a definitiva" (cf. COLOSIO, P. I. Le caratteristiche positive e negative della spiritualità odierna. *Rivista di Ascetica e Mistica* 10 [1965] 312-313).

Esse modo de caracterizar as duas tendências, por oposição sistemática — uma otimista e outra pessimista —, predomina na maioria dos autores. A origem dessa classificação rigorosamente sistemática deve ser buscada em um estudo de L. Malevez (Deux théologies catholiques de l'histoire. *Bijdragen* [1949] 225-240), que pretendendo determinar a atitude dos teólogos franceses, diante das realidades terrestres, e a sua relação com as realidades futuras do Reino de Deus, distinguia duas escolas de pensamento, denominando-as "teologia da encarnação" e "teologia escatológica".

Recentemente, colocou-se sob acusação a unilateralidade dessa interpretação, que leva a posições rígidas e impede que se vejam os valores positivos existentes quer em uma, quer na outra tendência. Contra semelhante interpretação nos alerta um estudo histórico bem documentado de D. Bernard Besret (*Incarnation et eschatologie*, Paris, 1964), que demonstra o elevado coeficiente de simplificação que se torna necessário na matéria.

Com relação à escatologia, esta aparece em primeiro lugar como uma resposta ao tormento do ser humano da última Guerra, como uma grande esperança à sua perda, sem nenhuma sombra de pessimismo e, então, de oposição ao encarnacionismo. A escatologia é uma dimensão essencial da vida cristã e dos valores espirituais. Isto não significa que se devam acentuar as realidades futuras. Ao contrário, ressalta-se o aspecto da realização imediata da escatologia e como o cristão deve contribuir para a expansão do Reino de Cristo na terra, idêntico ao Reino de Deus depois da consumação dos tempos. Embora o cristão saiba que só vai encontrar a sua plenitude na eternidade, está consciente que desde agora deve colaborar para essa plenitude futura e que, portanto, precisa empenhar-se com todas as forças na obra desta vida terrestre, prelúdio de sua vida futura. Essa dupla comunhão, confere um valor às realidades presentes: de modo absoluto às sobrenaturais, de modo relativo às profanas, à medida que se inserem na economia da graça, como instrumento de sua expansão.

É certo que a solução não virá de uma concepção antinômica, e sim da unidade das duas realidades. Não encarnação ou escatologia, imanência ou desinteresse, mas sim encarnação e escatologia. É mais fácil, porém, modificar uma conjunção que construir o sistema equilibrado no qual todos os elementos possuem a sua respectiva classificação. O trabalho dos teólogos está hoje empenhado na construção desse sistema. Colocando de lado qualquer significado otimista ou pessimista dos termos "encarnação" e "escatologia", os teólogos dirigem os seus esforços no sentido de um sadio "encarnacionismo", integrado por um humanismo escatológico, que também se esforce para compreender os valores terrenos. Encarnação e escatologia, imanência e transcendência, penitência e alívio devem encontrar-se em cada vida cristã, que é imitação do Verbo encarnado; todavia a proporção será variável segundo a vocação e o estado próprio de cada um (cf. os documentos conciliares *Gaudium et spes*, *Apostolicam actuositatem* e *Perfectae caritatis*).

Em suma: não há encarnação sem transcendência. Cada inserção no tecido do mundo pressupõe sempre, para que seja válida, a referência à transcendência. É preciso, porém, trazer o transcendente para dentro da vida cotidiana; devemos trazer a graça da sua transcendência para o interior da natureza, para dar à natureza a sua santidade e a sua justa orientação. Finalmente, é preciso sempre acentuar com particular cuidado que é uma ilusão crer que o cristão possa viver em acordo com uma certa face do mundo. A dimensão "natural" do cristão é a → CRUZ. É da cruz que nasce a Igreja, e é ainda a cruz o lugar em que Cristo e o cristão se encontram, em que o amor de Deus manifesta o seu esplendor no mundo (cf. BALTHASAR, H. URS VON. *Cordula*. Brescia, 1966; ID. *Punti fermi*. Milano, 1972).

8. NATUREZA, MOTIVOS, FUNÇÕES E NORMAS DA ASCESE. *A renúncia*: a) Renúncia e perfeição. A perfeição cristã consiste na → UNIÃO COM DEUS. "O estado de união divina, afirma São → JOÃO DA CRUZ (*Subida*, 1, 11, 2), consiste em ter a alma segundo a vontade totalmente transformada naquela de Deus, de modo que não exista nela nenhuma coisa contrária à vontade divina, e as suas ações sejam em tudo e por tudo somente vontade de Deus."

O estado de união com Deus resulta, pois, de dois elementos, um negativo e outro positivo: o primeiro consiste no fato de que na alma não haja mais nenhuma tendência voluntária oposta à vontade de Deus; o segundo, em vez, consiste nisto, que a vontade humana receba o seu impulso para agir unicamente pela vontade divina. É óbvio que a primeira condição é o pressuposto da segunda: a vontade divina não pode dominar completamente a humana, enquanto tende para outra parte fora da vontade de Deus. O elemento característico, todavia, é o positivo, pelo que se pode falar de transformação da alma em Deus, quando essa alma chegou a enamorar-se tanto da vontade divina que esta se torna o seu único motivo de ação, o seu único impulso, a sua única chama.

Quando isto acontece, pode-se dizer que, na linha do amor e da existência de cada dia, e de cada hora, não há mais duas vontades que decidem e vivem, mas uma só, visto que a vontade da alma perdeu-se verdadeiramente na vontade de Deus. "No estado de união, afirma ainda o santo Doutor (*Ibid.*, 3), duas vontades tornam-se uma só, que é a vontade de Deus e também vontade da alma." A vontade da alma "rendeu-se" totalmente à vontade divina e perdeu toda "propriedade": é uma vontade que já não busca de nenhum modo a si mesma, quer somente "a honra e a glória de Deus".

São João da Cruz demonstra de modo magistral, no primeiro livro da *Subida*, que para chegar a essa íntima união a alma deve despojar-se de todo apego às criaturas. Ser apegado a uma criatura, com efeito, quer dizer amá-la mais do que permita a vontade de Deus, que não nos proíbe de amar as criaturas, antes, o ordena, mas com "medida", com aquela "medida" que ele mesmo nos prescreve quando exige para si o primeiro lugar e não permite amar as criaturas senão depois de ter filtrado e depurado o nosso amor através da sua pureza e da sua infinita santidade.

Evidentemente, pelo mínimo que saíssemos da vontade de Deus, não poderíamos dizer que ela sozinha comanda em nós; juntamente com a vontade divina um outro amor nos envolveria, e em nossa vontade se criaria uma divisão, uma tensão e uma laceração: nos deslocaríamos em dois sentidos contrários, para Deus e para a criatura; não encontraríamos a criatura inteira em Deus, nem Deus inteiro na criatura. A alma seria movida pela vontade divina, mas também pela vontade própria; não haveria transformação da vontade da alma na vontade de Deus, porque basta para impedi-lo a mais leve divergência. A ave, ligada por um fio ou uma corda, igualmente não pode voar. Do mesmo modo, enquanto houver o mínimo apego — e nenhum apego está em conformidade com a vontade de Deus —, a vontade da alma não pode transformar-se na vontade divina. É óbvio e lógico, portanto, que para chegar à → UNIÃO COM DEUS, término de todo itinerário espiritual, é preciso passar por uma renúncia "total" e um desapego radical e absoluto, obra de um empenho ascético e ainda mais de uma abundante efusão de graças divinas.

b) *A renúncia mais eficaz.* Os apetites, ou tendências, tanto habituais quanto atuais, e aos quais se deve renunciar, são incompatíveis com o ideal de santidade e por ele não assimiláveis.

É preciso, portanto, que a alma se conscientize das tendências que existem nela — e isto se faz pela vigilância de si mesmo, e se intensifica no → EXAME DE CONSCIÊNCIA — para em seguida renunciar a elas efetivamente por meio de um ato decidido da vontade.

Cada um intui que, para ser eficaz, uma renúncia não pode ser incerta e hesitante. Uma renúncia que permanecesse meio hesitante não extirparia uma tendência e a deixaria, até certo ponto, viva e ativa.

É preciso, portanto, procurar tornar a renúncia verdadeiramente resoluta.

Também psicologicamente se pode mostrar a importância da renúncia decidida, para diminuir e eliminar progressivamente o impulso de uma tendência obsessiva. Quando, com efeito, uma pessoa renunciou resolutamente a uma tendência porque ela é importuna em sua vida, à medida que essa decisão penetra até o fundo na alma, e então na pessoa, ocorre com relação a essa tendência a chamada lei psicológica "do efeito": "os modos (de agir) que conduzem a resultados satisfatórios são mantidos pelo ser; ao passo que aqueles que conduzem à derrota ou a resultados pouco satisfatórios são progressivamente eliminados".

Assim, em uma pessoa que renunciou decididamente a alguma tendência a satisfazer-se, julgando-a nociva, é fácil que as reaparições conscientes dessa tendência gerem, aos poucos, um desgosto que, no final, a neutraliza e praticamente a elimina.

Será útil manter, em relação a tais tendências, uma atitude que pode ser exprimida na fórmula: "Isto não é para mim".

Concretamente, a renúncia possui a sua realização na mortificação (→ DESAPEGO, PURIFICAÇÃO, DESPOJAMENTO).

A mortificação: a) *Natureza da mortificação.* A mortificação é um trabalho espiritual com o qual refreamos o nosso desejo natural de satisfação para, assim, chegar a tornar-nos plenamente senhores de todas as tendências que daí derivam, e que nos conduzirão ao pecado e à imperfeição, se não forem devidamente refreadas.

A mortificação que deve conduzir-nos à santidade obviamente não consiste na mutilação das nossas tendências profundas; antes, é a sua retificação e sublimação. Mas, visto que pela mortificação impedimos as tendências de "viver", disse que as "mortificamos", isto é, que lhes damos, de certa forma, a morte. O termo era exato na moral estoica, na qual, com efeito, se tratava de matar as próprias paixões. Passou para a tradição cristã, porém, em sentido um tanto diferente; não se trata de extirpar e de eliminar, mas de corrigir e orientar.

A mortificação consiste, portanto, na resistência voluntária ao apetite de fruir, quer abstendo-se do gozo, quer contrariando-o e, assim, impondo à natureza um desprazer, em vista de afirmações superiores.

A mortificação contém um duplo elemento: o desprazer propiciado à natureza e o ato da vontade com a qual este se impõe.

Intui-se logo que este último elemento é o mais importante sob o ponto de vista moral e espiritual, mas também o outro elemento tem sua importância, porque aquilo que mais custa exige, para ser imposto, um ato da vontade mais decidido.

b) *Motivos da mortificação*. Como a mortificação é exercitada pela vontade, e como esta se move por motivos intelectuais, convém que consideremos os vários motivos que nos impelem a querer que nos mortifiquemos.

Antes de tudo, a mortificação se mostra necessária para a própria subsistência da vida espiritual e pelo seu possível progresso.

Sabemos, com efeito, que o nosso desejo de satisfação e de gozo nos conduz a muitas coisas que, se realizadas, serão pecado e, muitas vezes, até grave. Se tais apetites desordenados não forem dominados e mortificados, a alma perderá também a graça e cairá na → TEPIDEZ. Por outro lado, não é possível a prática de uma virtude intensa sem que se imponham muitas coisas desagradáveis à natureza, que a tirem de sua bem-aventurada paz e a obriguem a trabalhar. Para progredir, portanto, também é preciso mortificar-se. Antes, a quem deseja alcançar a perfeição e a santidade é necessária a mortificação de todos os apetites incompatíveis com a vontade divina, como citamos acima.

Nesse sentido, a mortificação deve, fundamentalmente, tornar-se "total".

Um segundo motivo para praticar a mortificação consiste em ela ser um ótimo meio para demonstrar a Deus que o amamos mais que a nós mesmos. Renunciar à satisfação própria para dar satisfação a Deus é dizer-lhe, não com palavras, mas com as obras: "Eu te amo mais que a mim mesmo".

Um terceiro motivo é o valor apostólico da mortificação voluntária, que é um dos três grandes meios (com a → ORAÇÃO e o APOSTOLADO propriamente dito) de que dispomos para colaborar com Cristo na salvação das almas, segundo as palavras de São Paulo: "O que falta às tribulações de Cristo, eu o completo em minha carne, em favor do seu corpo que é a Igreja" (Cl 1,24). A mortificação possui, portanto, um aspecto apostólico: continuar no tempo o mistério inefável de Jesus Cristo, morto e ressuscitado.

c) *Funções da mortificação*. Fizemos alusão ao conflito desencadeado em nossas tendências fundamentais após o → PECADO. O ser humano tornou-se como uma planta que cresce torta e precisa ser endireitada. G. Nuttin observa que é fundamental não considerar o dinamismo psíquico do ser humano como um vetor único que marca uma direção determinada. A estrutura dinâmica da personalidade é caracterizada por conflitos e tensões internas, cujo desequilíbrio pode facilmente causar autênticos traumas psíquicos, perturbações e anomalias. Justamente para reparar o conflito íntimo que lacera a consciência, a psicologia justifica a luta contra o trabalho árduo e enganoso da tendência egoísta e o domínio funesto que ela exerce na alma humana. Trata-se de uma libertação, que permite a afirmação das faculdades superiores e torna mais fácil o caminho para a perfeição. A moderna psicologia, portanto, e a própria psiquiatria consideram a mortificação como requisito essencial para o perfeito desenvolvimento da personalidade. Toda alma sincera viu, todas as vezes que buscou os caminhos do céu, a mortificação como norma fundamental e indispensável da vida cristã.

A mortificação realiza sobretudo três funções na vida cristã: uma função educativa ou de formação, uma função catártica ou de purificação, e uma função apostólica ou de expiação. Essas três funções fundamentais nos apresentam o cristianismo em sua verdadeira face que, se é temporariamente teologia das realidades terrenas, é, porém, essencialmente tensão escatológica e espera da parúsia do Senhor Jesus.

Função educativa. A primeira função é ser um exercício da vontade com a qual se dominam as paixões. A mortificação possui um lugar de destaque na formação moral e na purificação da alma. Convém observar, todavia, que educação e catarse, formação e purificação são as faces de uma mesma medalha, são dois componentes do mesmo processo, que se unem e se identificam para atingir o mesmo fim: a realização do ser humano integral. Quando, pois, alguém pergunta o que deve fazer para construir a sua personalidade, é preciso responder-lhe: "comece por formar a sua vontade". Ora, a renúncia é o exercício por excelência para formar a vontade.

A renúncia, portanto, é parte integrante da educação humana.

A nossa vontade não submetida a uma disciplina (o que se chama disciplina no plano humano, no plano sobrenatural chama-se mortificação) fatalmente se empobrece em sua carga de resistência, de iniciativa e de inteligente agressividade, renunciando praticamente ao desenvolvimento daquelas energias espirituais das quais tem absoluta necessidade para consolidar a sua personalidade.

Não basta a livre vontade no ser humano para realizar o seu ideal moral e simplesmente humano, sem o trabalho da ascese, isto é, sem aquele período de educação e de tensão no qual o ideal tem o seu "tornar-se" antes de realizar-se no ser total do homem.

O próprio conceito de pessoa, ou seja, do *ens intelligens et liberum*, implica a autoconsciência e o autodomínio e nos leva para o terreno da liberdade, não só psicológica, mas também da liberdade moral e, consequentemente, ao terreno da luta interior para a conquista da harmonia, do equilíbrio e de um dinamismo realizador.

Certamente o ser humano possui reais necessidades: o corpo tem suas necessidades como o espírito. Mas aumentá-las em uma medida que exceda a moderação salutar significa tornar-nos dependentes delas, obrigando-nos a buscar satisfações sempre maiores de forma indefinida. A mortificação é um limite voluntário que não só não prejudica nosso bem-estar físico e intelectual, mas o torna mais efetivo e eficiente.

Não se exige que o cristão, vivo no mundo, cumpra as penitências dos eremitas do deserto, ou dos → CARTUXOS, mas somente que não siga as irracionais exigências do corpo, de modo a torná-lo mais exigente e tirânico, que não cultive as más tendências do espírito, que podem revelar-se nocivas para si e para os outros. A desordem no campo das relações humanas e sociais não deriva do prudente ascetismo e sim do desencadear das → PAIXÕES. A mortificação exercitada segundo os critérios clássicos da espiritualidade cristã visa canalizar as forças indomadas, que facilmente desembocam na irracionalidade e na violência, para uma utilização sábia e construtiva, favorecendo a afirmação da pessoa humana e das suas criações.

A mortificação serve para formar o caráter, que se fortalece à medida que os instintos vão sendo controlados, pelo que quem dá absoluto desafogo a estes automaticamente sacrifica o caráter e a dignidade.

Função purificadora. O empenho ascético exige de nós um duplo esforço: um ativo, que tem por objeto a mortificação e a renúncia voluntária; outro passivo, que consiste na aceitação daqueles sofrimentos que nos são enviados pelo Senhor ao longo do caminho da vida. Bastaria essa mortificação para tornar-nos santos, porque é exatamente fazendo assim, com essa atitude de viril abandono e serena confiança, que uniformizamos a nossa vontade com a vontade de Deus, que nos purifica, nos desapega e nos liberta. O primeiro passo para a ascese cristã é aceitar, na vida de cada dia, a cruz de Jesus Cristo.

Função expiativa. A cruz, todavia, não é só exercício para o → DOMÍNIO DE SI, purificação e adestramento nas tentações futuras; é também expiação dos pecados passados que, se negligenciados, exercem uma sugestão remanescente na alma. A ascese cristã não é somente mortificação, mas também penitência. Penitência e mortificação só diferem pelo motivo pelo qual são feitas. Jejuar para dominar-se é mortificação; jejuar para expiar é penitência.

É indubitável que a penitência ocupa um lugar muito importante na pregação evangélica. O pecado, a luta contra o pecado estão em primeiro lugar. Ora, a penitência possui uma parte ligada ao pecado; é a sua lógica consequência. Responde a uma exigência da justiça, restabelecendo a ordem danificada pelo pecado. E, como somos todos pecadores, na vida moral do cristão a penitência expiativa deve ter uma séria participação. Não se trata, aqui, de um cristão que tenha uma vocação especial; trata-se de um cristão comum. Sem a disciplina, dizia João XXIII, não há ser humano; sem penitência, não há cristão.

A renúncia em seus múltiplos aspectos: formação, catarse, expiação, apostolado, escatologia, nos assemelha progressivamente ao Cristo Senhor, que é o ser humano totalmente perfeito.

d) Diferentes tipos de mortificação. Como a mortificação tem de "matar" as tendências desordenadas da satisfação pessoal, ela se diversifica segundo os vários "contextos" dessas tendências; assim, podemos distinguir mortificação espiritual, sensitiva e corporal.

A mortificação *espiritual* é aquela que refreia as tendências más de nosso espírito: o → ORGULHO, o amor próprio.

O modo mais comum de exercitá-la consiste na prática das virtudes que tendem a dominar esses impulsos egoístas: → a HUMILDADE, a fé, a caridade fraterna etc., isto praticando os seus atos, mesmo quando exigem sacrifício da natureza.

A mortificação *da sensibilidade* se estende a todas as nossas potências sensíveis que possam nos trazer satisfações, até mesmo imoderadas: são os sentidos e o coração, ou seja, a nossa capacidade sensível de afeto, com todos os vários movimentos com os quais ela atua: as "paixões".

O objetivo dessa mortificação é tornar-nos plenamente senhores de nossa natureza sensível, de modo que a sua necessidade de satisfação não impeça mais a nossa ascendência espiritual.

São → JOÃO DA CRUZ, na *Subida do Monte Carmelo*, propõe um método muito eficaz de mortificação da sensibilidade, que resume em três pontos:

Em primeiro lugar, nutrir um grande desejo de imitar Jesus Cristo, meditando o seu comportamento para torná-lo nosso.

Em segundo lugar, usar os nossos sentidos como fazia Jesus, unicamente para a honra e a glória de → DEUS, renunciando a usá-los quando quisermos fazer isto unicamente para a satisfação pessoal.

Em terceiro lugar, dominar as nossas tendências afetivas, contrariando-as energicamente, aprendendo a abraçar não aquilo que nos agrada, mas o que desagrada etc.: tudo isto por amor a Cristo e para conformar-nos com ele.

O santo ensina a fazer isto com energia e generosidade, e também com ordem e discrição, isto é, sem impor à alma pesos que ainda não pode carregar e seguir adiante progressivamente.

Evidentemente, um método tão enérgico e generoso como o do santo pode conduzir bem depressa a um domínio de nossa sensibilidade; nisto está o seu valor. Convém observar, porém, que não é o único método possível para mortificar a sensibilidade.

Quanto à mortificação *corporal*, foi objeto de particular estudo, sobretudo nos últimos tempos, em que não faltaram vivas discussões.

Um primeiro ponto que se deve considerar adquirido é que a mortificação corporal, entendida como imposição de um freio aos nossos apetites de satisfação física, é simplesmente necessária. Enquanto houver na natureza humana a concupiscência da carne, não se poderá dispensá-la. Se houver necessidade de discutir a respeito, deverá ser somente sobre o modo de exercitá-la. É o ensinamento da *Paenitemini*.

"O caráter preminentemente interior e religioso da penitência, e os novos e admiráveis aspectos que, *in Christo et in Ecclesia*, ela assume, não excluem nem atenuam de nenhum modo a prática externa dessa virtude, antes manifestam com especial urgência a sua necessidade e impelem a Igreja — sempre atenta aos sinais dos tempos — a procurar, além da abstinência e do jejum, novas expressões, mais aptas a realizar, segundo a índole das várias épocas, a finalidade da penitência.

A verdadeira penitência, porém, não pode prescindir, em nenhum tempo, de uma ascese também física: todo o nosso ser, com efeito, alma e corpo (antes, a natureza inteira, também os animais irracionais, como lembra frequentemente a Escritura [Jn 3,7-8]), deve participar ativamente desse ato religioso com que a natureza reconhece a santidade e a majestade divina. A necessidade da mortificação do corpo aparece claramente quando se considera a fragilidade da nossa natureza, na qual, após o pecado de Adão, carne e espírito têm desejos contrários entre si. Esse exercício de mortificação do corpo — bem longe de qualquer forma de estoicismo — não implica a condenação da carne, que o Filho de Deus dignou-se assumir; antes, a mortificação visa à 'libertação' do ser humano, que frequentemente encontra-se, em razão da concupiscência, quase acorrentado pela parte sensível do próprio ser; por intermédio do 'jejum corporal' o ser humano readquire vigor, e 'a ferida infligida à dignidade de nossa natureza na intemperança é curada pelo remédio de uma abstinência salutar'.

No Novo Testamento e na história da Igreja — apesar de o dever de fazer penitência ser motivado sobretudo pela participação no sofrimento de Cristo —, a necessidade da ascese que castiga o corpo e o reduz à escravidão é afirmada com particular insistência pelo exemplo do próprio Cristo."

Como toda mortificação, também essa consiste em impor voluntariamente ao nosso corpo ou em aceitar de boa vontade uma coisa desagradável: um incômodo, um sofrimento. E também aqui o elemento que mais importa é o voluntário. Do mesmo modo, convém observar que um incômodo maior naturalmente exigirá uma maior intervenção da vontade. É compreensível, então, como é importante não se deixar levar pela rotina e fazer as mortificações corporais por simples hábito.

Afirma a *Paenitemini*: "Contra o real e sempre presente perigo do formalismo e do farisaísmo, na nova aliança, como fez o divino Mestre, assim os Apóstolos, os Padres, os sumos Pontífices condenaram abertamente toda forma de penitência puramente exterior. A relação íntima que na penitência intercorre entre ato externo, conversão interior, oração e obras de caridade é afirmada e amplamente desenvolvida nos textos litúrgicos e nos autores de todos os tempos".

Tratando-se de coisa corporal, permanecemos na ordem das coisas "limitadas", isto é, que devem ser praticadas com medida, olhando-se as condições corporais em que o ser humano se encontra. Como essas mortificações incluem certo consumo de forças corporais, e como estas em cada ser humano são limitadas e devem servir em primeiro lugar para o cumprimento dos seus deveres, deve-se cuidar para não ultrapassar os limites do "disponível", quer para não tornar-se incapaz de cumprir o seu dever, quer para conservar-se com a necessária saúde. Assim, é preciso manter viva a seguinte lei: "não fazer demais de modo que a saúde sofra, nem fazer tão pouco de forma que a rebelião da natureza se manifeste com força".

Assim, toda a tradição espiritual recomenda não praticar a mortificação corporal — sobretudo aquela dos instrumentos de penitência — sem depender do superior ou do diretor espiritual; isto particularmente para ter a certeza de permanecer na justa medida, à qual se poderia faltar não só por excesso, mas também por defeito de generosidade ou em seguida a vãos temores. Essa dependência também permite evitar, com mais segurança, os desvios aos quais podem estar expostas certas pessoas que praticam a mortificação com uma espécie de transporte, buscando aí, talvez inconscientemente, uma secreta satisfação pessoal, que tem algo de mórbido e masoquista. As pessoas que se entregam à mortificação corporal contra o parecer do diretor espiritual correm o risco de cair nesse inconveniente, já observado por São João da Cruz, que a propósito afirma: "Atraídos pelo prazer que aí experimentam, alguns se matam em fazer penitências; outros extenuam-se com jejuns, fazendo mais do que a sua fraqueza suporte, sem o conselho ou preceito de outrem, antes, subtraem-se daquele ao qual deveriam nisto obedecer; também não faltam os que se afervoram em fazer o contrário do que lhes foi prescrito. Esses são muito imperfeitos, gente sem cérebro, que pospõem a submissão e a obediência (que é a penitência da razão e da prudência, e junto a Deus é o sacrifício mais aceito e agradável que qualquer outro) à penitência corporal que, sem a obediência, nada mais é que penitência de animais, à qual como animais são impelidos pelo instinto do apetite e do gosto que aí experimentam" (*Noite*, 1, 6, 1 e 2). Certamente seria desnecessário generalizar, mas podemos razoavelmente acreditar que, se já no tempo do santo havia casos de desvios, serão mais facilmente encontrados hoje, quando numerosos temperamentos são nervosamente debilitados.

Quanto ao modo de exercitar a mortificação, é variável. Há as mortificações tradicionais do → JEJUM e da → VIGÍLIA. Existe o uso dos instrumentos de penitência. Há o trabalho corporal que se torna molesto por sua duração e pelo cansaço que gera. Nos escritores espirituais modernos observa-se uma preferência por esta última modalidade, que consiste em abraçar generosamente o incômodo do trabalho cansativo e penoso. Por outro lado, muitas pessoas são hoje pouco capazes de vigílias e jejuns, e outras tantas devem excluir o uso prolongado de instrumentos de penitência que as tornam nervosas. Penitências aflitivas, de breve duração, são mais toleráveis. Não há razão, portanto, para suprimir de forma geral os instrumentos de penitência, embora não seja o caso de insistir muito, como se costumava fazer em tempos passados. Hoje convém atender muito mais às condições pessoais. O cansaço do trabalho, além de ser uma ótima mortificação corporal, é recomendável também por causa da utilidade social do trabalho que, feito com espírito sobrenatural, compreende o exercício de inúmeras virtudes.

As afirmações acima estão plenamente conformes com o que aponta a *Paenitemini*: "A Igreja, portanto, enquanto reafirma a primazia dos valores religiosos e sobrenaturais da penitência — valores absolutamente aptos a renovar hoje ao mundo o sentido de Deus e de sua soberania sobre o ser humano e o sentido de Cristo e sua salvação —, convida a todos a acompanhar a conversão interna do espírito mediante o voluntário exercício de ações exteriores de penitência.

Insiste antes de tudo para que se exercite a virtude da penitência na fidelidade perseverante aos deveres do próprio estado, na aceitação das dificuldades provenientes do próprio trabalho e da convivência humana, na paciente suportação das provações da vida terrena e da profunda insegurança que a invade.

Aqueles membros da Igreja que foram atingidos por enfermidades, pelas doenças, pela pobreza, pela desventura, ou que são perseguidos por amor da justiça, são convidados a unir suas dores ao sofrimento de Cristo, de modo que possam não só satisfazer mais intensamente o preceito da penitência, mas também obter para os irmãos a vida da graça, e para si mesmos aquela bem-aventurança que no Evangelho é prometida aos que sofrem".

A "totalidade" na mortificação corporal pode ser entendida não só no sentido de nos impor o máximo tolerável de aflições corporais, como se entendia no passado, mas também em fazer todas as mortificações usuais com a máxima generosidade e aceitando de bom grado da mão de Deus, como indica a *Paenitemini*, todas as moléstias corporais que ocorrem na vida cotidiana.

9. CONCLUSÃO: ASCESE E PERSONALIDADE. Podemos concluir considerando de que modo a ascese conduz o ser humano à plena expansão de sua → PERSONALIDADE. O ser humano é *pessoa* na medida em que o espírito é senhor das suas atividades, possui o domínio de seu agir, que no pleno uso de sua liberdade ele refere à finalidade suprema de sua vida, segundo a escala objetiva, hierarquicamente ordenada, dos valores humanos e sobrenaturais. É a ascese que torna possível esse domínio do espírito e essa harmonia da vida, sinal de madura e vigorosa personalidade.

A ascese é um componente fundamental da religião. Já a religião, como tal, pelo menos a católica, oferecendo ao indivíduo metas bem definidas, ideais sublimes, porém alcançáveis, dá um significado à vida e torna possível um esforço organizado, com grande benefício para o equilíbrio psicológico e para o amadurecimento da personalidade. A razão disto encontra-se no fato de que a religião, acima de qualquer outra coisa, é capaz de fornecer valores, crenças e práticas que proporcionam objetivo e estabilidade à vida humana (cf. SCHNEIDERS. *L'armonia interiore dell'animo e la salute mentale*, 166-169).

Se passarmos a considerar em particular o influxo da ascese, como tal, em vantagem da personalidade, teremos de repetir, em outra perspectiva, as mesmas afirmações. Se é verdade que a tensão por um ideal de vida é garantia de saúde e de eficiência psíquica, enquanto unifica e economiza todas as energias do indivíduo, resulta que a ascese é muito útil para a formação da personalidade. A ascese, assim, é o impulso do "eu total", que leva continuamente a superar-se, a expandir-se, a desenvolver-se. Nesse poder de orientação eficaz de todo o "eu" para o mais alto ideal de elevação humana e divina juntas, situa-se o primeiro e principal mérito da vida ascética (cf. TITONE. *Ascesi e personalità*, 7 ss.)

A ascese cristã realiza, assim, uma obra dolorosa de eliminação e demolição, mas somente com o objetivo positivo de tornar possível a construção de uma vigorosa e completa personalidade humana e sobrenatural.

BIBLIOGRAFIA. *L'ascèse chrètienne et l'homme contemporain*. Paris, 1961; *La penitenza: dottrina, storia, catechesi e pastorale*. Torino, 1968 (com ampla bibliografia); LECLERCQ, I. *Ascesi cristiana*. Alba, 1955; LINDWORSKI, J. *Psicologia dell'ascesi*. Brescia, 1940; LLAMERA, M. Ascesis y humanismo. *Teología Espiritual* 7 (1963) 283-390; MARCOZZI, V. *Ascesi e psiche*. Brescia, 1963; NUTTIN, G. *Psicanalisi e personalità*. Alba, 1953; SCHNEIDERS, A. *L'armonia interiore dell'animo e la salute mentale*. Torino, 1959; STOLZ, A. *L'ascesi cristiana*. Brescia, 1944; TITONE, R. *Ascesi e personalità*. Torino, 1956; VOGEL, C. *Il pecatore e la penitenza nella Chiesa antica*. Torino, 1967; ZAVALLONI, R. *Educazione e personalità*. Milano, 1954; ZAVALLONI, R. *Le strutture umane della vita spirituale*. Brescia, 1971.

E. ANCILLI

Ascesi cristiana. Roma, 1977; BAUER, J. B. *Alle origini dell'ascetismo cristiano*. Brescia, 1983; Ascetica. In: *BIS-Bibliographia Internationalis Spiritualitatis* 15 (1980) Roma, 1983, 4.300-4.330; BERNARD, CH. A. – GOFFI, T. Ascesi. In: *Nuovo Dizionario di Spiritualità*. Roma, 1979, 65-85; GIANNI, G. La struttura ontologica della sofferenza. *Ancora nell'Unità di Salute* 7 (1985) 9-28; GRAZIANO DELLA MADRE DI DIO. Ascesi e formazione della personalità. *Rivista di Vita Spirituale* 37 (1983) 417-430; GRIBOMONT, J. Ascesi. In: *Dizionario Patristico e di Antichità Cristiane*. Casale Monferrato, 1983, 388-391, vl. I; Ascetica. In: *BIS* 16 (1981[1984]) 3.757-3.791; GUILLAUME, A. *Prière, jeûne et charité. Des perspectives chrétiennes et une spérance pour notre temps*. Paris, 1985; MORNEAU, R. F. Principles of Ascetism. *Review for Religious* 44 (1985) 410-425; Ascetica. *BIS* 18 (1983[1986]) 1986, 5.300-5.324; Ascetica. *BIS* 19 (1984[1987]) 6.408-6.449; Ascetica. *BIS* 20 (1985[1988]) 4.910-4.989; NAVARRETE, S. CANALS. *Ascética meditada*. Madrid, 1981; ROVIRA, G. Theologia y pastoral de la mortificación cristiana. *Scripta Theologica* 16 (1984) 781-811; SCHERRER, S. J. Asceticism in the Christian Life. *Review for Religious* 43 (1984) 264-274; Ascetica. *BIS* 17 (1982[1985])

4.491-4.529; SCHULTE, R. La metanoia come struttura permanente dell'esistenza cristiana. *Mysterium Salutis* X, Brescia, 1978, 231-260; WULF, F. Ascesi (Ascetica). In: *Sacramentum Mundi*, Brescia, 1974, 421-436, vl. I.

C. LAUDAZI

ASCÉTICA → Teologia Espiritual.

ASCETISMO. Foi Enrico → BREMOND (1865-1933) quem criou este neologismo, para designar uma corrente espiritual que imperava na Companhia de Jesus, e na Igreja, após a morte de santo Inácio. Os seus famosos *Exercícios* constituíam o seu código fundamental, não, porém, como foram entendidos pelo santo, mas como os interpretaram, praticaram e difundiram os filhos e os discípulos, excetuando a escola de → LALLEMANT, de tendência totalmente mística. O ascetismo, em vez disso, é antimisticismo radical, é pura ascética. Pelo modo como se exprime o jesuíta Pe. André, irmão de Bremont, "é uma doutrina que reduziria tudo a ascese, até a oração, eliminando, sem dúvida de boa-fé, mas realmente, a parte divina na vida espiritual e na oração. Numa palavra, o ascetismo é confiança exagerada na ascese ativa, impelida até à desconfiança no Espírito Santo". Assim, segundo o vocabulário caro a Bremond, de um lado o ascetismo se opõe ao pan-hedonismo de todos aqueles que — a exemplo de → PASCAL e de Nicole → BOSSUET — encontram na oração a consolação divina, e de outro lado, pelo seu antropocentrismo, estaria em perfeita antítese com o teocentrismo dos "mestres dos mestres" (São → FRANCISCO DE SALES, o cardeal de → BÉRULLE), que "proclama a primazia da oração sobre a ascese". Não se trata, todavia, de autêntica heresia, mas somente de "heresia ortodoxa", que consiste em fazer da oração um simples meio para chegar ao próprio aperfeiçoamento moral e dar impulso às atividades apostólicas. Essa "velha heresia", como afirma ainda Bremond, não é uma revolta contra a fé, mas mais tendência que doutrina.

Contestou-se em Bremond a existência dessa heresia, também "no sentido benigno da palavra"; desaprovou-se o seu neologismo, como fonte de mal-entendidos, porque, por exemplo, a língua inglesa usa somente o termo *ascetism*, correspondente ao ascetismo. Se realmente havia a intenção de criar uma palavra nova para indicar os desvios doutrinários e práticas da ascese, podia-se dizer, como em casos análogos, pan-ascetismo ou hiper-ascetismo.

À parte o significado absolutamente bremondiano de ascetismo, ligado a interpretações forçadas de doutrinas e de ambientes, à guisa de conclusão pode ser considerada válida e útil essa noção geral: o ascetismo é uma insistência excessiva da necessidade e do valor do esforço ascético até comprometer, em medida mais ou menos grande, a primazia da graça e do Espírito Santo na vida e na direção das almas.

BIBLIOGRAFIA. BLANCHE, A. *Henri Bremond*. Paris, 1975; BLANCHET, C. À la recherche de la source divine: Henri Bremond (1865-1933). *Nouvelle Revue Théologique* 108 (1986) 321-341. COLOSIO, I. Il mistero dell'Abbé Henri Bremond. *Rivista di Ascetica e Mistica* 11 (1966) 190-206; ID. *Un* accademico di Francia alle prese con la preghiera. *Rivista di Ascetica e Mistica* 14 (1969) 533-544; DAGENS, J. *Entretiens sur Henri Bremond*. Paris, 1967; DEBONGNIE, P. Bremond (Henri). In: *Dictionnaire d'Histoire et de Géographie Ecclésiastiques* I. Paris, 1938, 527-528; GOICHOT. E. Une source nouvelle pour l'histoire de la spiritualité: les "Études bremondiennes". *Revue d'Histoire de la Spiritualité* 49 (1973) 91-116; GUIBERT, J. DE. Ascèse. In: *Dictionnaire de Spiritualité*, I, 1.936; ID. Bremond (Henri), In: *Dictionnaire de Spiritualité*, I 1.928-1.938; SAVIGNANO, A. H. Bremond e il modernismo. *Rivista di Filosofia Neoscolastica* 74 (1982) 627-649; TOURON DEL PIÉ, E. H. Bremond. Un ensayo de psicologia religiosa. *Estudios* 33 (1977) 531-549.

B. MARCHETTI-SALVATORI

ASSIMILAÇÃO DIVINA. Conceito utilizado em uma das múltiplas fórmulas com as quais a tradição espiritual enunciou a natureza da santidade e da perfeição cristã. Atualmente não é muito usado, mas agradou a alguns grandes escritores antigos, especialmente orientais. Bem entendido é um conceito rico de significação teológica, subjacente à síntese teológica clássica sobre a graça e sobre o desenvolvimento da vida espiritual, sobretudo mística, e rico, além disso, de dinamismo ascético. Em substância, quer exprimir que a perfeição espiritual está na perfeita assimilação a Deus, e que, consequentemente, o desenvolvimento ascético e místico de tal vida ocorre segundo o progressivo assimilar-se ao divino. O conceito está muito próximo de outros, também eles tradicionais, hoje talvez mais atuais: deificação, divinização, a alma imagem de Deus.

O conceito de assimilação ao divino não é desconhecido para o pensamento religioso da filosofia grega. No *Timeu*, Platão afirma: "Aquele que contempla, torne-se semelhante ao objeto de sua contemplação, em conformidade com a sua natureza original; e assim, tornado semelhante a ela, alcance, no presente e no futuro, a realização perfeita da vida que os deuses propuseram aos seres humanos" (90bd; cf. Divinisation. In: *Dictionnaire de Spiritualité*, 1.373, vl. III). Epicteto escreve: "Se o ser humano conseguisse assimilar-se, como ela o merece, a verdade de que todos nós provimos, em última análise, de Deus, e que Deus é o pai de todos os seres humanos e dos deuses, eu creio que ninguém teria de si mesmo um pensamento baixo e vil" (cf. *Ibid.*, 1.374).

1. NA BÍBLIA. A TEOLOGIA ESPIRITUAL do cristianismo soube apreciar essa elevada palavra do pensamento religioso grego, inserindo-o, porém, na realidade da → ENCARNAÇÃO, da → GRAÇA e da → CARIDADE. No Antigo Testamento não emerge com destaque uma teologia da assimilação divina, visto que a nota dominante, nele, é sobretudo a transcendência divina, revestida de uma infinita santidade que, assim, destaca melhor a incomensurável distância entre Criador e criatura, especialmente na condição histórica do → PECADO. A providência universal, e o terno amor de Deus por seu povo, cantado pelos → PROFETAS nos SALMOS, no → CÂNTICO DOS CÂNTICOS etc., não desprezam a inacessibilidade de Deus pelo ser humano. É preciso lembrar, todavia, a afirmação fundamental do Gênesis (1,26 s.) sobre o ser humano criado à imagem e semelhança de Deus, que vai formar uma lei constante na antropologia e na teologia espiritual cristã.

No Novo Testamento a assimilação divina aparece em toda a sua beleza e fecundidade. As razões estão na situação nova, incomparavelmente superior, na qual o ser humano se encontra em suas relações com Deus, não para uma relação externa e superficial, mas em sua profunda estrutura. O fato primordial é a encarnação que levou Deus a habitar pessoalmente com os seres humanos em toda a verdade de sua natureza, de suas operações e das suas relações (Jo 1,14; Gl 4,4 s.; Fl 2,6-8). O Verbo encarnado revela em plenitude a paternidade de Deus, revela e comunica a filiação adotiva, a graça como participação da natureza divina (2Pd 1,4) e derivação da sua santidade (Jo 1,16 s.), colocando toda a vida do ser humano e da Igreja sob a ação do espírito Santo (Jo 14,16 s.26; 16,13 s.; Rm 8,9 ss.). Nessa situação, toda a vida cristã, em sua estrutura, em seus dinamismos sobrenaturais e em sua evolução, será otimamente expressa e compendiada na sobrenatural assimilação com o divino. Não é difícil descobrir os seus aspectos principais em São Paulo e em São João.

Com complacência, em discurso no Areópago, falando das nossas relações com a divindade, Paulo citava o verso do poeta Arato: "Pois nós somos de sua raça" (At 17,28). A teologia paulina está centralizada totalmente em Cristo, todavia a sua contemplação do mistério de Cristo "e este, crucificado" (1Cor 2,2) não desviou Paulo da doutrina da assimilação, mas conferiu a esta uma caracterização cristocêntrica, quer para estados interiores, quer para os mistérios da salvação, que se realizam na Igreja totalmente em Cristo, no qual fomos abençoados com todas as bênçãos celestes (cf. Ef 1,2 s.). A nossa predestinação tem por finalidade a conformidade à imagem do Filho de Deus (Rm 8,29): a nossa redenção é uma configuração, por meio do → BATISMO, à paixão e morte de Cristo (Rm 6,4); a nossa glorificação encontra o seu princípio poderoso e o seu exemplo no segundo Adão, que imprime em nós a sua imagem qual espírito vivificador: "E, assim como nós existimos à imagem do homem terrestre, assim também existiremos à imagem do homem celeste" (1Cor 15,49). Ao transfigurar o nosso corpo de miséria "para conformá-lo ao seu corpo glorioso", Jesus aparece como uma força suprema, capaz de submeter a si todas as coisas (Fl 3,21). Paulo também fala de uma assimilação mais profunda, quando descreve o homem interior que, na digna medida do Senhor da glória, sob a ação poderosa do Espírito, se dilata em habitação de Cristo por meio da fé, se enraíza na caridade, é conduzido aos abismos da sabedoria divina para contemplar a caridade de Cristo, que supera todo conhecimento, enchendo-se, assim, com toda a plenitude de Deus (cf. Ef 3,16-19); o homem interior, o homem novo, "que se renova, para um pleno conhecimento, à imagem do seu Criador" (Cl 3,10). Através desse superior conhecimento sapiencial, todo animado pela caridade, sob a ação do Senhor que é Espírito, os cristãos refletem a glória de → DEUS com a face descoberta e são "transformados em sua própria imagem, de glória em glória" (2Cor 3,18).

Essa condição ontológica torna-se necessariamente norma do agir cristão e explicação de sua experiência religiosa. Por isso o esforço ascético será dominado por um estudo constante da → IMITAÇÃO DE CRISTO, estendido não para uma externa ou superficial semelhança, mas para uma configuração interior. É necessário, com efeito, ter os mesmos sentimentos íntimos de Cristo (Fl 2,5); para Paulo o viver é Cristo (Fl 1,21), o seu ideal de perfeição e o seu empenho constante é agarrar Cristo que se apoderou dele, sem crer que já alcançou a meta (Fl 3,13 s.); ideal que justifica e torna jubilosa e livre a renúncia a todo privilégio e a tudo que possa impelir ao orgulho da pessoa, a fim de que a alma possa entrar na profunda realidade da ressurreição de Cristo e na participação aos seus sofrimentos em que a configuração para a glória se prepara (Fl 3,8-11). Não só o indivíduo, mas a Igreja inteira tende a assimilar-se a Cristo, a ser sua plenitude (Ef 1,23), a edificar-se e crescer em direção a ele, atraídos ao alto, para a sua excelsa grandeza de chefe (Ef 4,13). Com um conceito teológico pode-se exprimir a assimilação cristológica dizendo que Cristo é a causa exemplar, de cuja participação íntima se desenvolve e amadurece toda a vida espiritual de cada cristão e da comunidade eclesial inteira. A lapidar expressão paulina "em Cristo Jesus" exprime de modo admirável a profundidade de sua teologia da assimilação.

Em João se pode encontrar o mesmo ensinamento, proposto nas duas categorias fundamentais de sua teologia: Deus-luz-verdade e Deus-amor; ambas desembocam na mais densa: a vida. João apresenta-se como mensageiro do Verbo de vida: da vida eterna que estava junto de Deus e foi manifestada e comunicada, e que ele, juntamente com os outros apóstolos, contemplou com os olhos, escutou, tocou (1Jo 1,1 ss.). Comunicada ao ser humano, essa vida eterna gera uma íntima e misteriosa assimilação, a "comunhão" com as Pessoas divinas, isto é, a *koinônia*: assimilação vital que abraça estruturas profundas, sentimentos, interesses, participação dos bens mais caros, imanência recíproca (1Jo 1,3). O conceito de vida eterna nos conduz diretamente a um renascimento divino, a uma geração não do sangue, nem da carne, nem da vontade do ser humano, mas de espírito pelo Espírito (Jo 1,13; 3,5 s.). A assimilação é operada pela luz, que, toda mistério de vida (Jo 1,4), purifica o ser humano do erro e da culpa, comunicando-lhe a exigência mínima de uma vida na verdade e na santidade (1Jo 1,5 s.). Mais denso que a assimilação é o conceito que nos apresenta Deus como amor, "ágape"; com ele João parece juntar a íntima natureza de Deus com o fundo de sua doação à alma e o mistério da mútua comunhão e imanência: "Deus é amor, e quem permanece no amor, permanece em Deus, e Deus permanece nele" (1Jo 4,16). A luz e o amor, que nos são comunicados no dom e na ação de Cristo e do Espírito Santo (1Jo 2,23 s.; 3,24), não só causam na alma um ser novo para a regeneração assimilante que nos faz verdadeiros filhos adotivos (1Jo 3,1) e permanecem em nós como divina semente em si incorruptível (1Jo 3,9), mas nos habilitam e impulsionam para uma atividade universal deiforme, e criam as premissas para uma elevada experiência do divino. O Espírito da verdade, pelo ensinamento apostólico e eclesial e por sua ação, está em nós e penetra a nossa inteligência como um crisma ou unção, conservando-nos na verdade e fazendo que permaneçamos no Cristo e no Pai (1Jo 2,24-27). O Espírito, conduzindo-nos progressivamente, não só por sua ação, mas também pela sua presença reveladora (Jo 14,16 s.), ao conhecimento pleno da verdade, que está no Verbo encarnado (Jo 16,13-15), além de nossa permanência no Pai e no Filho, nos faz "caminhar na verdade" e na luz, como Deus está na luz, e "caminhar assim como ele (Cristo) caminhou" (1Jo 2,6); sendo espírito da verdade para a Igreja inteira, imprimindo-se em nós, nos faz estar "em uma comunhão recíproca" (1Jo 1,5-7). Deus luz e amor vai operando, nas profundezas da alma, de forma escondida e misteriosa, a epifania da glória que irá celebrar o seu triunfo só na luz luminosa do Reino de Deus: "Caríssimos, desde agora somos filhos de Deus, mas o que seremos ainda não se manifestou. Sabemos que, quando ele aparecer, seremos semelhantes a ele, já que o veremos tal como ele é" (1Jo 3,2). João nos descreve a culminância da vida divina, na visão beatífica, conhecimento intuitivo e imediato de Deus, com o conceito de assimilação, imprimindo desse modo o mais alto cunho de valor teológico a esse conceito, ao exprimir a natureza da vida espiritual. A espera da assimilação perfeita no dia da eternidade não é repouso nem inércia, mas poderoso dinamismo de esperança, que não cessa de purificar o espírito para assimilá-lo à pureza de Deus (1Jo 3,3). Na purificação assimilativa, a alma vai consumindo toda forma de → CONCUPISCÊNCIA, todo amor do mundo (1Jo 2,15 ss.), todo vestígio das obras e da influência do maligno (1Jo 2,18 ss.; 3,17 ss.; 4,1-7); ao mesmo tempo vai conformando — isto é, assimilando —, como um forte e doce peso de dentro, a vontade humana à divina, através do desejo e da jubilosa realização dos seus mandamentos, que se tornam doces e leves, porque é necessidade do amor e objeto da graça (1Jo 5,2 s.), enquanto a vontade, introduzida como em sua mais suave permanência na vontade de Deus, desta toma a força, a estabilidade, a liberdade superior (1Jo 2,17) donde lhe advém um real → DOMÍNIO DE SI, da sede de usufruir, do uso das coisas, tornando-se progressivamente a lei suprema da ação moral e das relações sociais: "Não há temor no amor, mas o perfeito amor lança fora o temor, pois o temor implica um castigo; e o que teme não é perfeito no amor" (1Jo 4,18). O conceito joanino da assimilação, que anuncia a sua culminância na visão beatífica, descobre a sua origem na geração do Espírito (Jo 3,6); na íntima essência na "comunhão" trinitária; nas forças dinâmicas, de Deus e do ser humano, na luz e na caridade; a matriz na união vital do Verbo encarnado, a suprema atuação durante a vida terrestre na meta apontada por Cristo: "que todos sejam um, como tu, Pai, estás em mim e eu em ti; que também eles estejam em nós, a fim de que o mundo creia que tu me enviaste. Quanto a mim, dei-lhes a glória que tu me deste, para que sejam um como nós somos um, eu neles como tu em mim, para que eles cheguem à unidade perfeita" (Jo 17,21-23).

2. NOS PADRES DA IGREJA. A assimilação está muito presente, como conceito que exprime o ideal da perfeição, nos Padres e nos escritores eclesiásticos, mas vem geralmente unida a outros aspectos nos quais efetivamente se encarna a semelhança: a contemplação, a gnose, a → APATIA/APATHEIA, a estrutura profunda da alma como imagem de Deus. Remetendo a cada uma dessas vozes, fazemos alusão aqui a algumas afirmações mais explícitas. Clemente Alexandrino se compraz em pintar o cristão perfeito como o "gnóstico" que se vai formando gradualmente segundo a imagem e a assimilação com Deus, na generosa imitação moral, sobretudo em tal domínio das paixões e afeições humanas que parece transferir o ser humano para uma situação de impassibilidade (*Stromata*, livro II, c. 19, n. 97,1: *Enchiridion Asceticum*, 82; livro IV, c. 9, n. 71,4: *Enchiridion Asceticum*, 88). Talvez o ideal de Clemente Alexandrino seja um tanto utópico, mas aceita de bom grado a noção platônica da bem-aventurança como assimilação divina, vendo-a também no preceito bíblico de caminhar à luz dos mandamentos divinos e na perspectiva evangélica da perfeição moldada naquela do → PAI CELESTE (*Stromata*, livro II, c. 19, n. 100, 3: *Enchiridion Asceticum*, 83). A mesma noção do sumo bem como a máxima assimilação a Deus está expressa em → ORÍGENES, que lhe acentua o caráter finalizador de toda a atividade moral (*De Principiis*, 3, 6, 1: *Enchiridium Asceticum*, 102) e a aproxima à conformação e à imagem de Cristo, cuja alma é, todavia, a perfeita imagem do Verbo (*Comm. In Romanos*, 7,7: *Enchiridion Asceticum*, 134). Basílio Ancirano a vê na virgindade (*De Verginitate*, 2: *Enchiridion Asceticum*, 291-294), e o Nazianzeno na contemplação (*Orationes*, 20: *Enchiridium Asceticum*, 307); → CIRILO DE JERUSALÉM descreve vivamente a conformação e a iluminação sacramental (cf. *Catecheses*, 20 [*mystag.* 2]: *Enchiridium Asceticum* 238-240); para o Nisseno, o cristianismo é "a imitação da natureza divina" (*De professione christiana*: *Enchiridion Asceticum*, 325): "A finalidade da vida virtuosa é assimilar-se com Deus" (*De beatitudinibus*, or.1: *Enchiridium Asceticum*, 337); ele insiste muito na força assimilativa e unitiva da contemplação; também para ele "a definição da bem-aventurança humana é a assimilação com o divino" (*In Psalmorum inscriptiones*, 1: *Enchiridium Asceticum*, 328). São Basílio a vincula à presença e à ação do Espírito na alma purificada, elevada à contemplação da beleza do supremo arquétipo que faz o ser humano espiritual e do qual, entre os outros dons, nasce "a semelhança com Deus e a coisa mais excelsa que se possa desejar: tornar-se deus" (*De Spirictu Sancto*, c. 9, n. 23: *Enchiridium Asceticum*, 286). Igualmente no Espírito Santo, no qual a alma está imersa como uma pedra nas profundezas do mar, o pseudomacário vê a radical transformação da alma perfeita, que se torna inteiramente luz, olho, espírito, gáudio, dileção, alegria, amor, bondade, clemância (*Homiliae*, 18, 7: *Enchiridium Asceticum*, 571). → EVÁGRIO PÔNTICO traça quase um caminho da assimilação para o desapego do mundo, para a purificação efetiva, para o conhecimento espiritual, para as virtudes, para a celeste e sobrenatural contemplação da → TRINDADE (*Capita practica*, 1, 71: *Enchiridion Asceticum*, 1360; *Centuriae*, 1, 86; 3, 30.42: *Enchiridion Asceticum*, 1.369.1.371). É dele a axiomática afirmação: "Quando a mente se torna digna da contemplação da Trindade santa, por graça é chamada Deus, enquanto chega à imagem de seu Criador" (*Centuriae*, 581: *Enchiridion Asceticum*, 1.374). Esse complexo de elementos e de dons, de trabalho de Deus e do ser humano nos são oferecidos pelas vivas descrições de → DIÁDOCO DE FOTICEIA, no qual, todavia, no vértice da pirâmide dos valores e das forças assimilativas aparece a caridade, derivada para a alma por uma perfeitíssima iluminação do Espírito Santo; só então o ser humano recebe com toda perfeição a divina semelhança que lhe é permitida, segundo a estrutura de seu ser à imagem de Deus (*Capita centum...*, 89: *Enchiridion Asceticum*, 981). Toda a doutrina do pseudo-Dioniso é centralizada no conceito da assimilação divina, da qual exalta a grandeza, expõe os graus, explica os princípios, sobretudo na contemplação e na arcana experiência, aponta a fonte sacramental e hierárquica. Conforme se sabe, foi grande a influência desse autor na literatura posterior, quer oriental, quer ocidental: basta recordar, entre os primeiros, São → MÁXIMO, O CONFESSOR, entre os segundos, os príncipes da teologia escolástica da Idade Média. Para → JOÃO CLÍMACO, a assimilação embora presente e praticada na → APATIA/*APATHEIA*, é conferida plenamente pela caridade que no trigésimo e último degrau da "escada" foi definida como "a mais alta semelhança de Deus possível aos mortais" (*Enchiridion Asceticum*, 1.130). Entre os Padres latinos, Agostinho insiste muito mais no conceito da assimilação. Segundo a sua doutrina, "a alma torna-se bem-aventurada pela participação de Deus" (*In Io. ev. Tr.* 23,5: *Enchiridion Asceticum*, 678). Agostinho também desenvolve a doutrina sobre a imagem nos planos moral e ascético (cf. *Sermones*, 9, c. 8, n. 9); o progresso é uma assimilação e uma crescente restauração da imagem: "Em cuja imagem a semelhança de Deus será perfeita somente quando for perfeita a visão de Deus" (*De Trin.* XIV, 17, 23). Em Cassiano, a assimilação retorna com a plenitude de todos os elementos relembrados, especialmente o desapego, a oração contínua, a suma paz do ser humano inteiro, a contemplação, a caridade; o resultado é "uma certa semelhança com aquela bem-aventurança prometida aos santos na vida futura" (*Collationes*, 10, 6; cf. *Enchiridion Asceticum*, 785.790.812.814.827).

3. EM SANTO TOMÁS. A rica veia da assimilação do ensinamento espiritual dos Padres passa conaturalmente pela síntese teológica e persevera nas doutrinas místicas. Basta fazer alusão a Santo Tomás e a São → JOÃO DA CRUZ. A assimilação é um ótimo fio condutor para acompanhar, em toda a sua majestosa beleza, a síntese do aquinate. Observando alguns textos fundamentais (*STh.* I, q. 4, a. 3; q. 44, a. 4; *C. Gent.* III, 19-21), pode ser resumida nessas linhas essenciais: da parte de Deus, a assimilação envolve, na mesma medida, a sua causalidade eficiente, exemplar e final, considerando-a sobretudo nas dimensões, imensamente superiores, do sobrenatural. O axioma válido no campo filosófico: "o amor quer, com a sua ação causal, levar o efeito a uma semelhança com a causa", adquire aqui valor no plano próprio e exclusivo das realidades sobrenaturais e divinas não só na modalidade mas também na essência. Na vertente do efeito — aqui a criatura racional submetida à causalidade divina assimilante —, sua inteira dimensão, quer ontológica, quer dinâmica, se plasma sob a poderosa luz da assimilação. Esta marca o ponto de encontro da causa e do efeito: aquilo que aquela quer dar é aquilo que o efeito, por sua vez, deseja. A criatura anseia pela assimilação em suas mais íntimas fibras; essa sede é a sua estrutura profunda que a define em sua qualidade de efeito. Observe-se a força dessa afirmação: "Todo apetite da natureza ou da vontade tende à assimilação com a bondade divina e aspiraria alcançá-la, se lhe fosse possível, como a própria perfeição essencial, que é a forma das coisas" (*In II Sent.* d. 1, q. 2, a. 2). O Angélico serve-se magistralmente das virtualidades encerradas na assimilação na análise de todos os elementos do sobrenatural: da íntima natureza da graça santificante (*STh.* I-II, q. 110, a. 2, ad 2) à → INABITAÇÃO trinitária (*In I Sent.* d. 14, q. 2, aa. 1-2), às virtudes teologais e aos → DONS DO ESPÍRITO SANTO, — especialmente a caridade e a → SABEDORIA — (*Ibid.*, d. 15, q. 4, a. 1) descendo aos poucos ao longo dos ramos das operações sobrenaturais, culminando na *lumen gloriae* e na visão beatífica (*In IV Sent.* d. 49, q. 2, aa. 6-7; *STh.* I, q. 12, a. 5). A assimilação também pode traçar a direção para o movimento ascensional no campo ascético mostrando ao ser humano a superioridade sobre a criação e a ânsia da → UNIÃO COM DEUS (*STh.* II-II, q. 7, a. 2).

4. EM SÃO JOÃO DA CRUZ. Em São João da Cruz a assimilação desempenha um papel determinante como princípio unificador de uma síntese centralizada na contemplação infusa e na ação das virtudes teologais. O ponto de partida é a "semelhança de amor", com a qual ele caracteriza a presença pela graça (*Subida*, 2, 5, 3); o vértice é caracterizado por uma limpidez tão radical e uma tão completa transformação, sobretudo na vontade, que a alma parece mais Deus que alma (*Ibid.*, n. 6 s.). O progresso espiritual exige um desapego afetivo completo, porque o amor é uma força assimilativa, e, sendo as criaturas tão desassimiladas de Deus, não pode haver meios adequados para a união com ele. O santo não se cansa de repetir confrontos e antinomias: o ser, a beleza, a graça, a bondade, a sabedoria, o domínio, a liberdade, o gosto pela vontade, a riqueza, a glória em Deus e nas criaturas (*Subida*, I, 4, 2-8). A subida da alma em direção à semelhança divina, portanto, é feita através da "noite", ou seja, da purificação da parte sensível e da esfera espiritual: sentidos, → PAIXÕES, FANTASIA, atividade intelectual e volitiva: tudo deve sofrer uma purificação profunda, quer ativa por parte da alma, quer passiva por iniciativa de Deus: por meio da mortificação e de outros exercícios ascéticos, por meio da oração sempre mais simples, da atividade intensa das virtudes teologais e, finalmente, da contemplação infusa, a fim de que a alma possa assimilar-se à pureza, à santidade e às outras perfeições de Deus. Em todos os seus livros — *Subida, Noite* e *Cântico espiritual* — descreve em páginas igualmente ricas de teologia e de psicologia o longo labor da assimilação, cuja gloriosa afirmação encontra-se delineada no *Cântico* e na *Chama viva*. Do mesmo modo que um pedaço de madeira lançado ao fogo é purgado, seco, aceso, transformado em fogo e em chama, assim também a alma sob a ação poderosa da amorosa contemplação purificadora e unitiva é misticamente transformada para que arda e se queime na Chama viva do Espírito Santo (*Noite*, 2, 10; *Cântico B*, 27, 1 ss.; 32, 4 ss.; 36, 5 ss.; *Chama*, 1, 1 ss.). O estado místico mais elevado é verdadeiramente deífico, insere na alma uma mística "igualdade de amor"; todavia, é somente uma antecipada gustação da glória, na qual a assimilação divina será perfeita (*Cântico B*, 38, 2 ss.; toda a estrofe 39; *Chama*, 2, 21 ss.; 34 ss.; 3, 5 ss.).

O conceito de assimilação divina, embora hoje não seja muito utilizado, pela realidade da graça, da filiação e da caridade que implica, pela atração que exerce na psicologia a visão da alma, reflexo do eterno, pela profundidade com que enuncia as leis fundamentais das relações da criatura com Deus, possui autêntico valor teórico e exprime ao vivo o dinamismo do progresso espiritual.

BIBLIOGRAFIA. BOVENMARS, J. *Doctrina s. Thomae de assimilatione hominis ad Deum.* Romae, 1952; MERKI, H. *Homoiosis Theo.* Friburgi (S.), 1952; CACUCCI, P. *teologia dell'immagine. Prospettive attuali.* Roma, 1971; DANIÉLOU, J. *Platonisme et théologie mystique.* Paris, 1944; FRAIKIN, P.-E. Ressemblance et Image de Dieu. In: *Dictionnaire de la Bible. Supplément*, fasc. 55, 365-414 (1981); GIARDINI, F. Similitudine e principio di assimilazione. *Angelicum* 35 (1958) 300-324; GIOVANNA DELLA CROCE. Ruusbroec. In: *La mistica*. Roma, Città Nuova, 1984, 461-493, vl. I; GROSS, J. *La divinisation du chrétien d'après les Péres grecs.* Paris, 1938; LOSSKY, V. *À l'image et à la ressemblance de Dieu.* Paris, 1967; LOT-BORODINE, M. *La déification de l'homme selon la doctrine des Pères grecs.* Paris, 1970; ID. Image et Ressemblance. In: *Dictionnaire de Spiritualité*, 812-822.1.401-1.472, vl. II (com ampla bibliografia); MONDIN, B. La dottrina della "Imago Dei" nel Commento alle Sentenze in san Tommaso e l'odierna problematica teologica. *Studi Tomistici* 2. Roma, Città Nuova, 1974, 230-247; OLPHE-GALLARD, M. – HAUSHERR, I. *La perfection du chrétien.* Paris, 1968; RAPONI, S. Il tema dell'immagine-somiglianza nell'antropologia dei Padri. In: *Temi di antropologia tgeologica.* Roma, 1981, 241-341; RÉGIS, B. *L'image de Dieu d'après saint Athanase.* Paris, 1952; SALMONA, B. *Gregorio di Nissa.* In: *La mistica*. Roma, Città Nuova, 1984, 281-313; SCHREIBER, B. *L'uomo immagine di Dio.* In: *Temi di antropologia tgeologica.* Roma, 1981, 499-549 (com ensaio bibliográfico, 533-548); SCHREIBER, B. *L'uomo immagine di Dio.* Princípi ed elementi di sintesi teologica. Roma, 1987; SIMONETTI, M. *Origene.* In: *La mistica.* Roma, Città Nuova, 1984, 257-280; TRAPÉ, A. *Agostino.* In: *La mistica.* Roma, Città Nuova, 1984, 315-360.

R. MORETTI

ASTÚCIA. A astúcia é pecado. É pecado porque abusa daquilo que pertence à virtude da → PRUDÊNCIA; usa de habilidade e esperteza para excogitar e escolher meios desonestos para chegar a um determinado objetivo.

A finalidade para a qual tende a astúcia pode ser boa ou má, mas, ainda que boa, não tira da astúcia a sua natureza de pecado; a finalidade boa não justifica os meios. Ora, os caminhos da astúcia são falsos e tortuosos; a habilidade e a esperteza funcionam para obter um único resultado: favorecer a si próprio e prejudicar os outros.

O astuto tem culpa. As maquinações, a simulação e os meios por ele excogitados estão contra a verdade. Santo Tomás cita São Paulo: "Repudiamos os subterfúgios ditados pela vergonha, e em vez de comportar-nos com astúcia e falsear a palavra de Deus, nos confiamos ao julgamento consciencioso de cada ser humano" (*STh*. II-II, q. 55).

A gravidade da astúcia deve ser julgada com base nas intenções do astuto, pela maneira de ação e pela qualidade do prejuízo causado ao próximo.

O Angélico acrescenta — vale aqui apenas citá-los — os executores da astúcia: o dolo e a fraude.

A astúcia proporciona ao dolo os meios desonestos excogitados; o dolo os assume e os transforma em palavras ou fatos. Quem quer prejudicar ao outro pela astúcia — afirma o santo Doutor — escolhe com habilidade e esperteza caminhos que não são verdadeiros, meios falsos e tortuosos e realiza o propósito pelo dolo. A fraude acompanha as ideias e os meios desonestos da astúcia com os fatos. São os fatos fraudulentos que fazem da astúcia um pecado mais ou menos grave segundo o prejuízo produzido.

BIBLIOGRAFIA. HORTELLANO, A. *Problemas actuales de moral*, Salamanca, 1982, v. II; JANVIER, E. *Esposizione della morale cattolica*, VII, Torino, 1937; LOTTIN, O. *Principes de morale*, II, Louvain, 1947; LUMBRERAS, P. *De prudentia*. Madrid, 1952; PALAZZINI, P. *Vita e virtù cristiane*. Roma, 1975.

D. MILELLA

ATANÁSIO DE ALEXANDRIA (Santo). 1. NOTA BIOGRÁFICA. Nascido em Alexandria por volta de 295, recebe formação acurada, tanto literária quanto religiosa (cf. GREGÓRIO NAZIANZENO, *Orazione 21 in lode del b. Atanasio: PG* 35, 1.117-1.120). Fala e escreve com elegância em grego e em copta. Vive a experiência da solidão entre os monges de santo Antonio Abade, de quem se gloriava de ter sido discípulo (cf. *Vita di Antonio*, Prólogo). Em 318, muito provavelmente, entra no clero alexandrino como diácono e secretário do bispo Alexandre, com quem em 325 vai ao Concílio de Niceia. Em 328 sucede ao seu bispo na cátedra de Alexandria. É o início de um longo episcopado, marcado por desgastantes lutas pela verdade, pela inflexibilidade do Patriarca de repelir os contínuos ataques desferidos pelas forças do mal. Em 330 visita as Igrejas pertencentes à sua jurisdição, encontra-se com os monges e com São → PACÔMIO; fortalece a todos na fé, na concórdia, na vigilância diante da insídia da heresia e do cisma. Em 335, no Concílio de Tiro, acusado pelos arianos e melecianos de crimes quer morais, quer religiosos e civis, é condenado. Constantino, avisado por uma delegação eusebiana sobre o resultado do Concílio, exila Atanásio na Gália, em Treviri, onde é acolhido pelo bispo Maximino. O exílio dura mais de dois anos, até a morte do imperador. Atanásio retorna à pátria no dia 23 de novembro de 337.

Em 339 deixa a cidade onde o bispo intruso Gregório, o capadócio, entra em 22 de março de 339. Constâncio apoia abertamente a heresia, Alexandria cai nas mãos dos violentos. Atanásio escreve uma carta encíclica ao episcopado denunciando a violência sofrida e se refugia em Roma, junto ao papa Júlio. Um concílio romano, reunido pelo papa em 340, reconhece Atanásio como único e legítimo bispo de Alexandria. Durante a estadia romana, como havia feito em Treviri, Atanásio desenvolve intensa propaganda monástica, levando ao conhecimento dos ocidentais a admirável vida de Antonio, de Pacômio, dos solitários da Tebaida e do modo de vida das virgens e viúvas (cf. JERÔNIMO, *Cartas*, 127: *PL* 32, 1.089-1.090). No Concílio de Sárdica (Sofia) em 343, novamente é reconhecido inocente, porém o retorno para Alexandria só acontece em 31 de outubro de 346, em meio à exaltação de uma multidão numerosa (GREGÓRIO NAZIANZENO, op. cit.), pouco mais de um ano após a morte do usurpador Gregório. Assumindo a cátedra, Atanásio organiza a Igreja, interessa-se pela evangelização na Etiópia e envia são Frumêncio, depois de consagrá-lo bispo. A paz do patriarca é perturbada pela intensificação do arianismo mais intransigente. Atanásio está praticamente sozinho: são Pacômio estava morto, Constante tinha sido assassinado em 350, e o papa Júlio se fora em 352. Os Concílios de Arles, em 354, e de Milão, em 355, declaram a condenação de Atanásio por vontade de Constâncio; os poucos bispos que se recusam a assinar a condenação são exilados: Lucífero de Cagliari, → EUSÉBIO DE VERCELLI, Dionísio de Milão, e o papa Libério. Atanásio deixa Alexandria em fevereiro de 356, e durante seis anos vaga pelo Egito, hóspede em casa de fiéis, em celas de monges, em mosteiros de cenobitas. Na solidão, Atanásio acompanha as lutas de sua Igreja, na qual o novo bispo, Giorgio, abandona-se a violências e chantagens, seguindo também os acontecimentos mais amplos dos Concílios de Rimini e de Seleucia. Em 362, sob Juliano, Atanásio retorna para o meio de seu povo, mas por pouco tempo: no dia 24 de outubro do mesmo ano está novamente a caminho do exílio, entre os monges. Em outubro de 363, Joviniano o reenvia para a sua cátedra, que, porém, deve deixar por ordem de Valente. No dia primeiro de fevereiro de 365 pode finalmente ser reintegrado em seu ofício. A vida retoma a serenidade e a intensa atividade entre os povos que sempre lhe tinham sido fiéis. Na noite entre os dias 2 e 3 de maio de 373, adormece no Senhor.

2. ESCRITOS. Ainda não se conhece com exatidão toda a produção literária de Atanásio: junto às obras originais há muitas apócrifas, especialmente discursos. O índice completo foi organizado por M. GEERARD, *Clavis Patrum Graecorum*, 12-60, vl. II. De vários escritos só restam fragmentos.

a) Apologéticos e dogmáticos: *Apologia da religião cristã*, de 318-320, dividida em dois tratados: *Contra os gregos*, em que é demonstrada a inconsistência do paganismo, e *Da encarnação do Verbo*, na qual se determina o porquê da encarnação e os seus efeitos salvíficos; *Discursos contra os arianos* (3), de grande importância dogmática para a defesa da heresia contra a divindade do Verbo; *Quatro cartas a Serapião de Tmuis* (356-362); *Exposição da fé*; *Fragmentos do comentário sobre o texto de Mateus "Tudo me foi confiado pelo Pai"*; *Carta* sobre a doutrina de Dionísio de Alexandria para demonstrar a ortodoxia de seu predecessor; *Tratados sobre os sínodos de Selêucia e Rimini* (359); *Da Encarnação contra os zrianos* (362); *Tomo aos antioquenos* (362); *Carta ao imperador Joviniano* (363); *Carta aos bispos da África* (368-369).

b) Históricos e apologéticos pessoais: *Carta encíclica* (339); *Apologia contra os arianos* (348); *Carta aos bispos do Egito e da Líbia* (356-357); *Apologia em defesa da própria fuga* (357); *Apologia ao imperador Constâncio* (357); *História dos arianos endereçada aos monges* (358); *Carta a Serapião sobre a morte de Ário* (358). Também de caráter dogmático e apologético são as *Cartas* a Epicteto, bispo de Corinto, ao bispo Adélfio e ao filósofo Máximo.

c) Pastorais e ascéticos: *Cartas festais* [*Epistolae heortasticae*], escritas e endereçadas aos seus fiéis para as solenidades pascais. Dessas conservam-se 15, de 329 a 348, de tradução siríaca (in *PG* 26, 1.360-1.435: as cartas estão transcritas em latim); *Cartas* a Orsício e monges, a Dracôncio, a Anício e a Marcelino sobre os Salmos; *Comentário dos Salmos*, de que restam longos fragmentos; *Tratado em torno da virgindade*; *Três cartas* sobre o mesmo assunto (a virgindade) que chegaram até nós, duas na versão siríaca e a terceira em copta; *Carta em torno da caridade fraterna e da temperança*; *Vita di Antonio* (*PG* 26, 837-976). Atanásio conheceu pessoalmente Antonio, considerado o pai da vida monástica. Nesse escrito não se propõe tanto a redação de uma biografia histórica e sim oferecer aos monges um documento de edificação ascética e espiritual.

3. DOUTRINA. O ensinamento espiritual de Atanásio está estreitamente ligado ao seu enfoque teológico da divindade, do Verbo e da → ENCARNAÇÃO. Esta é cristocêntrica, quer enfoque as relações de Cristo com os seus fiéis, quer exponha a doutrina do Corpo místico. O mistério da vida cristã é visto e resolvido no mistério de Cristo: todas as exigências do cristianismo autêntico encontram nisto a fonte, a justificação e o epílogo. O Pai, com efeito, confiou o "ser humano ao Filho, para que encarnando-se renovasse todas as coisas. Foi-lhe confiado como ao Médico, para que lhe curasse as feridas, [...] como à Vida, para que fosse ressuscitado, como à Razão, para que lhe fosse restituída a razão" (*Comentário ao dito "Tudo me foi confiado"*, 2).

A ação do Verbo encarnado é em profundidade, atinge o ser humano inteiro, para uma renovação radical e total: "Deus não se fez homem para salvar a si mesmo, porque é imortal, mas para libertar a nós, condenados à morte; não sofreu para si, mas por nós, tomou sobre si a nossa miséria e pobreza para nos dar as suas riquezas. A sua paixão é a nossa impassibilidade; a sua morte, a nossa imortalidade; as suas lágrimas, o nosso gáudio; o seu sepulcro, a nossa ressurreição; o seu batismo, a nossa santificação, [...] as suas feridas, a nossa cura; o seu sofrimento, a nossa paz; a sua ignomínia, a nossa glória; a sua descida, a nossa elevação" (*Sobre a encarnação*, 5). No Verbo encarnado se realiza a transformação do ser humano: a) *nele está a nova criação*: visto que na encarnação Cristo "derrubou o muro divisório [...] e, de dois povos, formou em si mesmo um só homem novo, instaurando a paz. Se os dois povos criados nele formam um só corpo, pode-se dizer, sob certo aspecto, que ele está criado (Cristo), visto que traz em si os dois. [...] Assim, afirma-se que é fraco, porque se revestiu de nossa fraqueza, [...] que se tornou pecado e maldição por nós, por ter carregado os nossos pecados e a nossa maldição [...] e assim, quando nos criou em si mesmo, ele pôde dizer: "Deus me criou" (*Contra os Arianos*, 2, 55-56); b) *a nossa santificação*: ele é o fermento transformador, o mestre da santificação: "eu nesse Espírito, a fim de que em mim — que sou a verdade — todos sejam santificados" (*Ibid.*, 1, 46). Assim, a descida do Espírito Santo sobre ele "na realidade fez-se sobre nós, porque ele trazia o nosso corpo. [...] Fomos participantes de sua unção" (*Ibid.*, 1, 47). O batismo de Cristo no Jordão torna-se a nossa purificação porque "somos nós que nele e por ele somos purificados" (*Ibid.*); c) *a nossa adoção de filhos e a nossa divinização*: é o tema preferido por Atanásio, desenvolvido amplamente, quer no tratado *Sobre a encarnação do Verbo*, quer nas *Orações contra os arianos*: "O Filho de Deus se fez homem para que os filhos dos homens, isto é, de Adão, se tornassem filhos de Deus. [...] O Senhor de todos se fez filho mortal do próprio servo, Adão, para que os filhos de Adão, que eram mortais, se tornassem filhos de Deus. Por isto o Filho de Deus experimenta a morte por causa de seu pai segundo a carne, para que os filhos do homem fossem participantes da vida de Deus, seu Pai segundo o espírito" (*Sobre a encarnação*, 8). Adoção e divinização desejadas pelo Pai: "O amor de Deus pelos homens é tamanho que o próprio Deus deseja ser Pai para a graça daqueles que são as suas criaturas" (*Contra os Arianos*, 2, 59). Tornamo-nos filhos de Deus por meio do Espírito do Filho, "pelo qual e com o qual gritamos: "Abbá, Pai", e o Pai vendo em nós o seu Filho nos diz: "Eu os gerei", e nos chama seus filhos"(*Ibid.*). Filhos por adoção, divinizados por participação no Verbo, que "é o verdadeiro Filho e único Deus de Deus verdadeiro"(*Ibid.*, 1, 39); d) *exaltação e triunfo*: exaltação e glorificação da cabeça derramadas sobre todos os membros do corpo: "Do mesmo modo que por sua morte todos morremos nele, assim nele todos fomos exaltados, ressuscitados dos mortos e introduzidos nos céus" (*Ibid.*, 1, 21). Cristo entrou na glória "como nosso precursor para apresentar-se a Deus por nós", para tornar-se "nossa justiça e para que tivéssemos a nossa exaltação nele". Cristo "é a primícia" e na "primícia [...] a massa inteira é elevada com ele e colocada no trono. [...] Por isto os seres humanos receberam a graça de ser chamados deuses e filhos de Deus" (*Ibid.* e *Sobre a encarnação*, 13); e) *a imortalidade*: epílogo da nossa inserção vital em Cristo cabeça. A encarnação do Verbo, com efeito, tem como objetivo tornar a nossa carne "impassível e imortal [...] e os seres humanos tornados incorruptíveis serão o templo do Verbo" (*Contra os Arianos*, 3, 57). Pelo nascimento de Cristo, da Virgem, "é o nosso nascimento que toma sobre si mesmo, então não somos mais terrenos, mas reunidos ao Verbo celeste, [...] pertencentes ao Verbo, participantes da vida eterna, [...] para sempre incorruptíveis e imortais. [...] Regenerados pela água e pelo Espírito, somos todos vivificados em Cristo" (*Ibid.*, 3, 35). É exatamente na união com Deus-homem que está a salvação total: "Eu sou o teu Verbo e tu estás em mim. Agora estou neles por causa do corpo; assim para ti se realiza em mim a salvação dos homens. [...] Seja como se eu os trouxesse todos em mim; que sejam um só corpo, um só espírito, um só homem perfeito" (*Ibid.*, 3, 22).

As condições para tornar eficaz e operante a ação de Cristo na alma são apontadas por Atanásio como sendo o "estudo e conhecimento das Escrituras, [...] integridade de vida, pureza de coração, virtude cristã", para que "a mente proceda [no conhecimento] e alcance o que deseja, e entenda, dentro das possibilidades da mente humana, o Verbo de Deus" (*Sobre a encarnação*, 57). Em particular, Atanásio destaca a exigência da → IMITAÇÃO DE CRISTO no desapego a tudo, na oração, na generosidade, na fortaleza de espírito: "Quem se uniu a ele [Cristo] não leve nada deste mundo consigo, não se preocupe com as coisas terrenas, mas traga consigo somente a sua cruz, [...] tenha o cuidado e a diligência de passar os dias e as noites em cânticos, hinos e louvores a ele; mantenha iluminado o olhar da mente, conheça a sua vontade e a pratique; tenha o coração simples e a mente pura. Seja misericordioso como ele é misericordioso, para poder segui-lo [...] dócil, paciente, manso, e aceite as provações e os sofrimentos como ele os aceitou e sustentou, para nos deixar um exemplo a ser imitado" (*Sobre a virgindade*, 3); se é cristão quando se possui a Cristo e se exprime isto na própria vida. Porque "não só fomos feitos à sua imagem, mas também recebemos dele a forma e o exemplo da vida celeste" (*Cartas festais*, 2, 5). Atanásio relembra numerosas situações espirituais: simples fiéis, monges, viúvas, virgens. Há compromissos que servem para todos, sem distinção de estado, e outros relativos a determinadas categorias que lhes são próprias. Nas *Cartas Festais*, a doutrina espiritual e pastoral de Atanásio abrange todos os aspectos da vida cristã, apontando alguns elementos que formam a estrutura de um cristianismo vigoroso e autêntico. Ao dom total de Cristo se deve responder com o tom total pessoal, ainda que "sejamos incapazes de retribuir plenamente" (*Cartas Festais*, 5, 3): vida no santo temor de Deus, integridade de costumes, observância da lei e dos mandamentos, oferta de nossas almas e de nossos corpos para estar em comunhão contínua com o Senhor (*Ibid.*, 5, 3-5). Vida de união e oferta integral que se praticam pela oração, quer individual, quer comunitária (*Ibid.*, 2, 7; 5, 3), pela mortificação e verdadeiro arrependimento das culpas, para morrer para si e para o mundo, para viver com Deus e em Deus (*Ibid.*, 7,1-3), com o desejo vivo de possuir a Deus e de permanecer em sua intimidade (*Ibid.*, 7,6-7) por meio da meditação dos livros sagrados, sobretudo o Evangelho, dos mistérios de Cristo (*Ibid.*, 11,6-7) e da vida de fé e intensa piedade (*Ibid.*) demonstrada na fortaleza de espírito, nas provações, nas perseguições, com o olhar fixo em Cristo redentor (*Ibid.*).

Especialmente na vida eucarística vive-se a festa contínua e perene da alma, "porque nos alimentamos verdadeiramente com o alimento da vida, e sempre deliciamos a nossa alma com o precioso sangue dele, como uma fonte" (*Ibid.*, 5,1). Alimento substancioso que aumenta na alma a fome, fonte que mata a sede, mas que aumenta ainda mais a sede, até o dia eterno da participação no banquete divino (*Ibid.*, 7,4-5.8)

Às virgens, "que a Igreja católica costuma chamar de esposas de Cristo, e que os gentios reconhecem como templo do Verbo", Atanásio dá normas equilibradas e substanciosas de verdadeira ascese: a virgem, e também a viúva, libertem-se da busca de vanidades mundanas (*Sobre a virgindade*, 2) para oferecer a "Cristo um coração limpo, um corpo incontaminado e macerado pelos jejuns" (*Ibid.*, 6), porque o jejum "é vida dos anjos, e quem jejua deve ser reconhecido como pertencente à ordem angélica" (*Ibid.*, 7). Ao → JEJUM a virgem una a oração, quer diurna, quer noturna, distribuída pelas várias horas do dia e da noite, para viver a perfeita união com o mistério da vida e morte de Cristo (*Ibid.*, 12 e 20). O pensamento da morte deve manter a virgem vigilante para o encontro com o divino esposo: "Jamais tua lâmpada fique sem óleo, para que não seja encontrada apagada quando o esposo chegar. [...]

A cada momento recorda a tua partida, a cada dia lembra-te de tua morte: lembra-te daquele a quem deves apresentar-te" (*Ibid.*, 23). Considerações análogas são dirigidas aos monges, para tornar sua solidão oração e jubilosa → IMOLAÇÃO de si mesmos (*Carta aos monges*).

BIBLIOGRAFIA. *PG* 25-28; AUBINEAU, M. *Les écrits de saint Athanase sur la verginité*. In: *Revue d'Ascétique et de Mystique*, 31 (1955) 140-173; BARDY, G. *Saint Athanase*. Paris, 1925; ID. *La vie spirituelle d'après saint Athanase*. In: *La Vie Spirituelle. Supplément*, 18 (1928) [97-113]; BERCHEM, J. B. *L'incarnation dans le plan divin d'après saint Athanase*. In: *Echos d'Orient*, 33 (1934) 316-330; ID. *Le rôle du Verbe dans l'oeuvre de la création et de la sanctification d'après saint Athanase*. In: *Angelicum*, 15 (1938); ID. *Le Christ sanctificateur d'aprés saint Athanase*. Paris, 1952; CAVALLERA, F. *Saint Athanase*. Paris, 1908; GROSS, J. *La divinisation du chrétien d'après les Péres grecs*. Paris, 1938, 201-218; KANNENGIESSER, C. *Le mystère pascal du Christ selon Athanase*. In: *Recherches de Science Religieuse*, 63 (1975) 407-442; ID. *Athanase, évêque et écrivain*. Paris, 1981 (com bibliografia escolhida e atualizada); MERENDINO, P. *Paschale Sacramentum*. Münster (Westf.) 1965.

C. SORSOLI – L. DATTRINO

ATENÇÃO. A atenção não é o ato de uma faculdade especial, mas uma modalidade da vida consciente. Possui um caráter dinâmico "e exige a colaboração do ser inteiro, do qual constitui [...] a "conduta unificada". Trata-se, portanto, de aperfeiçoar o ser [...] em sua essencial unidade, se a pessoa quiser aperfeiçoar a atenção" (*Dictionnaire de Spiritualité*, 1.077, vl. I).

As disciplinas asiáticas perseguem esse objetivo com rigor e metodologia impecáveis. Em particular, para o → BUDISMO original, a atitude da atenção consciente traduz-se no alcance da *vipássana*, ou visão penetrativa da realidade.

A exigência da consciência também destaca a tradição judeo-cristã.

Na Sagrada Escritura: no Antigo Testamento, é possível referenciar os textos de Dt 4,23: "Guardai-vos de esquecer a aliança"; Dt 8,1 a respeito dos mandamentos; Dt 6,4 sobre a oração. Em particular, a propósito da oração do *Shemà* nas *Berakhot*, ou bênçãos judaicas, recomenda-se recitá-la com *kawwanah*, ou seja, com grande concentração, prolongando a palavra *ehad* (único), até que seja reconhecido "Deus rei em cima e embaixo, e nos quatro cantos do céu" (*Talmud Babilonese*, Torino, 1968, 153).

No Novo Testamento é destacada a importância de "vigiar", à espera da vinda do Reino (Mt 25,1-13; Mc 13,33-37; Lc 21,34-36); para guardar-se da tentação (Mt 6,1; 16,6; Mc 8,14-21; Lc 12,1); para não diminuir a fé (1Cor 16,13; 1Pd 5,8-9).

Na tradição da Igreja: Os Padres ligaram estreitamente à oração a necessidade da atenção consciente, para uma comunhão de vida mais perfeita com Deus: Basílio († 379), na homilia sobre o πρόσεχε σεαυτῷ (*PG* 31, 197), afirma: "Fique atento a ti mesmo para dar atenção a Deus". A → FILOCALIA apresenta referências bastante sugestivas a respeito: "A atenção é o silêncio ininterrupto do coração a todo pensamento" (ESICHIO [XIII] *A Teodulo*, in *La Filocalia*, I, 231); "Não é preciso interromper a atenção nem por um segundo, porque os ladrões não são indolentes" (*Ibid.*, 245); "A suma atenção é própria da oração contínua" (*Ibid.*, 245; cf. NICEFORO [XIII], *Le tre forme di preghiera*, *Ibid.*, IV, 506-515; NILO † 1004], *Discorso sulla preghiera*, *Ibid.*, I, 289) e: "A atenção que busca a oração, encontra a oração; a oração, com efeito, [...] é regida pela atenção, que deve ser eficiente" (EVÁGRIO PÔNTICO [† 399], *Tratado sobre a Oração*, 149).

Atenção, todavia, também significa purificação dos pensamentos, imperturbabilidade de intelecto, fundamento da contemplação (cf. ESIQUIO, *A Teodulo*, in op. cit., I, 251; FILOTEU, *Quaranta capitoli di sobrietà*, *Ibid.*, II, 409-410; NICEFORO, *Discorso sulla sobrietà*, *Ibid.*, III, 524-525; CALIXTO TELICOUDES [† 1397], *Scelta dai santi Padri*, *Ibid.*, IV, 396).

No Ocidente, São Bento († 547) prescreve na *Regula* (4, 48): "*Actus vitae suae, omni ora custodire*".

Entre os séculos XIII e XV, o anônimo autor da *Nuvem do desconhecimento* sustenta a necessidade de procurar "ter consciência, em vez de conhecimento" (p. 384), e a *Imitação de Cristo* exorta: "Observa com diligência os impulsos da natureza e os da graça" (III, 54, 1).

Sucessivamente, no século XVI, o místico → BATISTA CARIONI DE CREMA († 1534) afirma que "a oração perfeita e verdadeira começa com grande atenção, mas termina com imenso olvido (total esquecimento de si e absorção em Deus)" (*Specchio interiore*, Venezia, 1540, 60 v.), e santo Antonio Maria Zaccaria († 1539) escreve: "O demônio não costuma vencer, excetuando aos distraídos", *Scritti*, Roma, 1975, 237 (cf. BATISTA CARIONI DE CREMA, *Detti notabili*, 7,7). São → FRANCISCO DE SALES († 1622), in *Amor di Dio*, afirma que toda definição de oração implica a atenção, mas sobretudo a oração mental é inseparável dela. A contemplação, em particular, é definida por ele como "uma amorosa, simples e constante atenção do espírito às realidades divinas" (*Ibid.*, 6, 6, 3). O nosso século não é menos rico de reflexão sobre o tema da atenção consciente em relação à oração: uma apaixonada pesquisadora, Simone Weill († 1943), afirmou a respeito que "a atenção é a essência da oração" (*Attesa di Dio*, Milano, 1972, 72).

É necessário portanto, segundo afirma → LALLEMANT († 1635), "vigiar sobre a nossa interioridade" (*Dottrina spirituale*, III princípio: A pureza de coração) para que a nossa oração brote pura de nosso coração.

Formas de atenção. Há diversas formas de atenção consciente:

— física, quando a pessoa se deixa envolver na situação, sentindo que vive nela; isto permite fortalecer a consciência do próprio corpo e dos próprios sentidos: lembrar o que Santo → INÁCIO DE LOYOLA († 1556) recomenda durante os exercícios sobre as atitudes do corpo e a disciplina dos sentidos: "a própria mente [...] seja senhora de si, tanto no modo de comer quanto na quantidade que come" (*Exercícios Espirituais*, 3ª semana, n. 216);

— psíquica. Trata-se de uma consciência interna, referente aos estados de espírito, às emoções, aos afetos, às inclinações, aos sentimentos etc.

— imaginativa. Baste para todos o ensinamento inaciano (com os precedentes que possui na tradição franciscana e os que foram retomadas na teresiana) relativo à visualização dos mistérios bíblicos que vêm sendo meditados, de modo a "compor-se em seu lugar", de ser parte ativa no cenário (*Exercícios Espirituais* 47; cf. 66 e 121);

— intelectiva. Manifesta-se como polarização dos pensamentos sobre um único objeto;

— volitiva. Exprime-se no ato de amor com o qual, em última instância, nos relacionamos com Deus (SÃO FRANCISCO DE SALES, *Amour de Dieu*, 6, 10).

Assim, a atenção consciente nos permite sentir o próximo, porque deixa perceber sua presença e o faz aproximar-se de maneira receptiva; paralelamente, a atenção consciente nos permite "sentir a Deus, em vez de pensá-lo" (VITTOZ, R. [† 1925], *Angoisse ou contrôle*. Levain, 1976, 76).

Os graus: a atenção pode passar do estado de relaxamento e dispersão (voluntária ou não) ao de → RECOLHIMENTO (se ativa), ou para o de absorção e → ÊXTASE (se passiva). Em alguns casos pode chegar a estados obsessivos e alucinatórios.

Entre esses dois extremos, a atenção passa por alguns graus intermediários:

— atenção negligente, que se compraz em deixar-se distrair;

— atenção moderada: o sujeito se ocupa com aquilo que faz com uma atenção semelhante àquela que dirige às coisas que o cercam, isto é, sem aplicar nisso todas as suas energias, de modo que pode sustentá-la por longo tempo;

— atenção com uma maior concentração, sem, porém, ainda chegar ao recolhimento.

A esses se somam outros dois tipos de atenção:

— atenção vigilante: dirigida para um objeto ausente ou à mais perfeita posse do objeto se ele estiver presente;

— atenção latente, que embora dirigindo-se a outros objetos permanece fixa no plano latente na → PRESENÇA DE DEUS. Obtém uma atenção dividida, "partida", acompanhada de um estado de sofrimento, de cansaço, em que se procura evitar ou entreter a lembrança de Deus. É necessário transformar essa atenção "partida" em atenção unida, moderando a intensidade da atenção e vendo os objetos em uma perspectiva unificadora: tudo em Deus e Deus em tudo. Neste sentido, "com a atenção consciente praticada longo tempo, que afina a nossa sensibilidade, podemos compreender que tudo é dom de Deus; porém o dom maior é reconhecer isto" (ZAMPETTI, G. *L'attenzione cosciente*, 82).

BIBLIOGRAFIA. ANÒNIMO (NICEFORO ANTONITA?), Metodo della sacra preghiera e dell'attenzione, in PAPAROZZI, M. *La spiritualità dell'orazione cristiana*. Roma, 1981, 105-115; *La filocalia*. Torino, 1983-1987, vls. 1-4 (passim); Attention. In: *Dictionnaire de Spiritualité*, I, 1.058-1.077; ZAMPETTI, G. *L'attenzione cosciente*, Perugia, 1980.

A. GENTILI – M. REGAZZONI

ATITUDE. "Atitude" é uma palavra assumida, especialmente em psicologia, para significar múltiplas e diferentes realidades individuais. Nas várias acepções da palavra, permanece um significado fundamental de disposição psicossomática, que torna um sujeito humano habilitado a assumir uma tarefa.

Visto que o termo "atitude" pertence ao grupo de palavras que indicam uma capacidade dinâmica, sem levar em consideração a sua ativação, será melhor não defini-lo com o termo genérico de disposição, de inclinação, ou de traço.

A atitude pode ser definida como a disponibilidade inata (em um primeiro ato) do indivíduo, de energias neuropsíquicas qualificadas, energias que o tornam habilitado a desenvolver com facilidade superior ao normal uma determinada tarefa de natureza prática ou especulativa, na vida de relação. Resulta claro que a atitude não deve ser confundida com o hábito adquirido que pode compensar a falta da atitude. A vontade pode, com efeito, induzir à aquisição de habilidades para tarefas que, na natureza individual, não correspondem a uma atitude específica. Resulta, porém, da experiência que a atitude é um dado congênito que diferencia desde o início dois indivíduos operantes na mesma ordem e com a mesma cultura, e os diferenciará ainda mais na realização da tarefa. A atitude, mais que expressão de inclinações afetivas, de reações sentimentais, ou modo de reação para determinadas situações, é um dado energético especial, diferenciado, resultante, no indivíduo, antes mesmo da tomada de consciência da vida social.

A atitude se enraíza nos instintos, nos apetites, no → TEMPERAMENTO, representando-se sob a soma de elementos hereditários e ambientais dos quais escapam as determinadas contribuições. As atitudes possuem importância no campo psíquico individual, quer em relação aos sentimentos, quer às cognições. Com referência a estas, citam-se as atitudes da inteligência: a capacidade elaborativa ou de julgamento; a capacidade inventiva e produtiva; a habilidade para operar com as palavras segundo determinada ordem; o pensamento ligado à imagem; a capacidade de concentração. Limitando as variedades de especificação das atitudes às que interessam à vida social, percebe-se o valor prático que possuem na vida de relação. Fala-se de atitude para as várias artes (a música, o desenho, a pintura etc.), para as diferentes especialidades de artesanato (mecânica, cerâmica etc.), para as ciências (matemática, medicina etc.), para as atividades sociais (economia, política, pedagogia etc.), para as atividades comunitárias (de comando, de organização etc.). Não entram nas atitudes as inclinações gerais próprias dos instintos e dos apetites. Eticamente consideradas, as atitudes comportam responsabilidades para todos os que, em um primeiro tempo, são designados para a orientação da juventude na escolha da profissão. O dano psíquico que uma negligência na utilização das atitudes, ou pior, que o constrangimento de uma atividade contrária às atitudes pode causar é imprevisível; é sempre certo que uma atitude anulada ou contrariada empobrece o rendimento do indivíduo e influi negativamente sobre o equilíbrio interior inteiro, provocando complexos de inferioridade. Uma atitude valorizada, em vez, robustece todo o psiquismo individual e aumenta o seu rendimento médio. De tudo isto, fica o dever de valorizar as atitudes dos jovens, de medir, mais ou menos, o seu grau, e de praticá-las de modo ordenado e contínuo. Se a atenção às atitudes pode empenhar quem orienta (pais, professores, médicos, confessores, psicólogos), não é menos obrigatória para o indivíduo, que deve reconhecer a validade da escolha feita para ele, ou então deve ele próprio suprir a falta de aplicação das suas atitudes com uma suplementar ativação. Todo erro nesse campo espiritual significa perda de tempo, baixo rendimento e desconforto social.

Não se pode falar de atitudes para a vida de religião em geral, no sentido de que existam indivíduos com atitudes para a irreligiosidade ou para a religiosidade, porque o fato religioso é uma manifestação da psique superior. No contexto da religião, todavia, é possível destacar atitudes diferenciadoras na atividade religiosa de vida ativa ou de → VIDA contemplativa; no campo da vida religiosa pode haver uma atitude para um apostolado em vez que para outro (para o apostolado missionário, para o do magistério, da oratória, de assistência pastoral etc.). Também nesse setor da vida social os responsáveis pela formação religiosa, exatamente em vista de uma ascese espiritual harmônica, contínua e eficaz, devem pesquisar e valorizar as atitudes dos indivíduos que lhes foram confiados, a fim de torná-los, o mais possível, instrumentos do bem. Nos indivíduos nos quais não aparecem atitudes dignas de relevo, presume-se que não exista uma indiferença geral para quaisquer tarefas, porque na idade evolutiva formam-se estados afetivos que inclinam para uma atividade qualquer preferida; e ainda menos se deve suspeitar de atitudes negativas, ou seja, contraproducentes, porque seria um contrassenso. A observação atenta, sob estímulos afetivos, permitirá descobrir alguma indicação de atitudes particulares. A psicologia científica, mediante → TESTE apropriado, consegue, com frequência, analisar as atitudes, especialmente na orientação profissional. Não deveriam existir dificuldades nas instituições eclesiásticas e religiosas para aplicar oportunos métodos psicológicos a fim de pesquisar as atitudes dos candidatos à profissão altamente social do sacerdote e do religioso.

BIBLIOGRAFIA. ABBAGNANO, N. Attitudine. In: *Dizionario di Filosofia*. Torino, 1961; ASHBEIN, M. – AIZEN, I. *Belief, attitude, intention and behavior, reading*. Massachusetts, Addison-Wesley Publishing Co., 1975. METELLI DI LALLO, C. Attitudine. In: *Enciclopedia Filosofica*, Firenze, 1967, 581-582, vl. I (com nota bibliográfica); THORNDIKE, E. L. *The psichology of wants, interests and attitudes*. New York, 1935; FALORNI, M. L. *Lo studio psicologico del carattere e delle attitudini*. Firenze, 1954; ROSENBERG, M. J. et alii. *Attitude organization and change*. New Haven (Conn.), 1960, 15-64;

G. G. PESENTI

ATIVIDADE NATURAL. 1. A atividade natural pode ser assim definida, segundo o padre → GARRIGOU-LAGRANGE: "A ação da alma exercida fora do influxo da graça e com prejuízo desta" (*L'amor di dio e la Croce di Gesù*, Torino, 1934, 277, vl. I).

Para entender bem o sentido da definição e a importância das suas ramificações na vida espiritual, é necessário conhecer exatamente quais devem ser os "novos" princípios de ação que desde o dia do → BATISMO têm de regular o cristão.

Com a infusão da graça batismal inicia-se em nós um novo gênero de vida, ao qual deve corresponder, na prática, um novo modo de pensar, de julgar, de amar. Paulo exprime com eficácia essa novidade total com essas palavras: "Por isso, se alguém está em Cristo, é uma nova criatura. O mundo antigo passou, eis que aí está uma realidade nova" (2Cor 5,17). Desde o dia do Batismo, Cristo tornou-se a nossa verdadeira vida (cf. Cl 3,4), o nosso verdadeiro "eu" (cf. Gl 2,20; Fl 1,21); tornou-se a nossa lei viva, esculpida em caracteres de fogo pelo seu Espírito em nossos corações. "Com toda evidência, vós sois uma carta de Cristo confiada a nosso ministério, escrita não com tinta, mas com o Espírito do Deus vivo" (2Cor 3,3).

O batizado não se pertence mais. Paulo exprimiu com fórmula muito eficaz e fortemente enfática essa nossa pertença a Cristo: "Não sabeis que os vossos corpos são membros de Cristo [...] e que não pertenceis a vós mesmos?" (1Cor 6,15.19). Essa pertença nada mais é que a realização plena e o aperfeiçoamento daquela amizade e daquele amor que YHWH oferece à sua Jerusalém: "Passando junto a ti eu te vi [...] e estabeleci aliança contigo. Então ficaste sendo minha" (Ez 16,8). O batizado é mais profundamente de Cristo que de seus pais: eles não vão além da carne e do sangue, Cristo, em vez disso, alcança e domina os cumes de suas faculdades: "Pois é Deus quem realiza em vós o querer e o fazer segundo o seu desígnio benevolente" (Fl 2,13).

Se baixarmos em nossa vida prática esse nosso "estar em Cristo", como afirma frequentemente Paulo, teremos o correspondente axioma: "viver em Cristo", que, parafraseado e aplicado, soa assim: do Batismo em diante, nenhum pensamento, nenhum afeto, nenhuma ação tem mais o direito de ser desvinculada desse "eu" que nasceu em mim e que me está mais presente que o meu eu a mim mesmo. Daí em diante, tudo em mim deve ser movido e formado por Cristo; tudo deve ser dedicado e referido a ele.

A vida cristã, portanto, manifesta a sua natureza ligada a Cristo; é binomial: Cristo-eu. De tal sorte que o agir que daí resulta deve ser chamado divino-humano, teândrico, no sentido de que Cristo, ou melhor, o seu Espírito, torna-se o coprincípio do agir. As ações do [ser] batizado em graça de Deus são suas, mas, ainda melhor e em sentido mais pleno, do Espírito de Cristo.

Os dois grandes profetas da → VIDA INTERIOR, Paulo e João, não se cansam de repetir tais conceitos: o "permanecer em Jesus", o "caminhar com Jesus", o "revestir-se de Cristo", o "aprender de Cristo" tornam-se, para eles, constantes.

Com base nessa doutrina, a "docilidade" e a disponibilidade" tornam-se as exigências e as leis mestras da vida cristã; docilidade e disponibilidade à ação do "Espírito de Cristo" ou "Espírito do Filho", conforme é chamado na Escritura (cf. Rm 8,9; 2Cor 3,17; Gl 6,8), que em mim torna-se o "novo" princípio da "nova" vida, como foi na humanidade de Cristo (cf. At 10, 38; Lc 4,1; 10,21; Mt 4,1; Mc 1,12). Toda atividade, para ser autenticamente cristã, deve ser "precedida, acompanhada, fechada" pela ação do → ESPÍRITO SANTO.

O padre Labourdette observa argutamente que a tradição cristã, apoiando-se na Escritura, nos garante que "os progressos mais seguros e mais decisivos se fazem muito mais por iniciativa de Deus que pela nossa. A perfeição plena da nossa vida sobrenatural aparece menos como a afirmação do domínio e das liberdades pessoais do que como uma invasão do Espírito de Deus; [...] a nossa posição, diante dele, caracteriza-se por certa passividade e atitude de vigilante recepção" (Dons du Saint Esprit, in *Dictionnaire de Spiritualité*, 1.614-1.615, vl. III). Paulo parece confirmar esse endereço quando, querendo dar-nos a lei mais clássica e mais perfeita da vida cristã, assim a formula: "De fato, todos os que são guiados pelo Espírito de Deus, esses são filhos de Deus" (Rm 8,14), que Tomás comenta: "*Homo spiritualis iam non ex motu propriae voluntatis principaliter, sed ex instinctu Spiritus Sancti inclinatur ad aliquid agendum*".

2. Se essa é a natureza íntima da vida cristã, pode-se entender claramente a importância da eliminação da atividade natural: isto é, daquela ação, daquele pensamento, daquele afeto que se opõem ao influxo do Espírito de Cristo, porque não são "informados", "realizados" e "animados" por ele. Todo o trabalho espiritual deve resumir-se em alcançar essa meta, porque nele consiste a verdadeira grandeza e o verdadeiro valor do agir cristão; só então, com efeito, a nossa personalidade será real e plenamente desenvolvida, quando a ação do Espírito, sem encontrar a mínima resistência, se tornar o princípio de nossa operação, transformando-a e sublimando-a de modo que, embora permanecendo toda nossa, seja, ainda melhor, toda sua.

Esse trabalho de eliminação-substituição é especificado, mais concretamente, pela atenção e pelo cuidado cioso na conservação daquele recolhimento e daquela guarda de coração, que são as premissas e as condições mais elementares e fundamentais para que a voz e a ação "espiritual" do Espírito Santo se façam sentir, segundo o clássico axioma: "*Quidquid recipitur, ad modum recipientis recipitur*". Tudo isto irá constituir um trabalho "longo, árduo, assíduo, incansável e contínuo" (cf. Pio XII, *Menti nostrae*, 1950), que empenha a alma a fundo na correção da pressa, do orgasmo, da precipitação, da prevalência do instinto e do imediato, da busca de si mesma em cada ação, da sensibilidade excessiva à alegria e à dor, e de outros defeitos semelhantes, que antecipam e mortificam a atividade do Espírito Santo.

Nunca será suficientemente lembrado que na luta pela nossa santificação, bem como pela apostólica, se o rendimento está em queda e é inferior às nossas expectativas, é porque somos, com muita frequência, "solitários". Admitimos, sim, teoricamente, a necessidade da graça e da ação do Espírito Santo, mas na prática agimos como se estivéssemos "sozinhos". As nossas ações são muito pouco carregadas de energia divina, não são teândricas, e, consequentemente, só podem ter uma fraquíssima incidência sobre as almas.

BIBLIOGRAFIA. → HUMANISMO.

A. Dagnino

ATIVISMO. Esse termo adquiriu na → TEOLOGIA ESPIRITUAL um significado pejorativo; serve para indicar a tendência de supervalorizar indevidamente a atividade exterior em detrimento da → VIDA INTERIOR, quer no campo da santificação pessoal, quer no campo do → APOSTOLADO.

Essa tendência manifesta-se, preferencialmente, mais na práxis que na teoria. Representada no plano teórico, coincide facilmente com aquele movimento de ideias e de princípios, de métodos espirituais e pastorais designados pelo nome de → AMERICANISMO.

Se esse movimento enfraqueceu, igualmente não se pode dizer daquela forma de ativismo, mais universal porque mais pragmático, mais escondido porque menos solidário com presunções teóricas, mais insidioso porque revestido de → ZELO e garantido por boas intenções, que é a práxis da ação exterior, dissociada dos seus princípios interiores e sobrenaturais: graça e caridade, conscientemente vividas em sua superior e essencial missão de → UNIÃO COM DEUS; práxis da ação exterior sem espírito de docilidade ao Espírito Santo, de fidelidade na colaboração com Deus, autor principal da santificação e da salvação.

Chamamos ativismo o sistema habitual, ou pelo menos o tipo predominante de vida, observando, porém, que o sistema dificilmente permanecerá pura práxis, mas tenderá e chegará a integrar-se, se não em uma teoria elaborada, ao menos em uma mentalidade adaptada, em um complexo fragmentário de princípios vangloriosos.

O cristianismo implica um ativismo; é o Reino de Deus continuamente *in fieri* nas almas. O cristão tem de realizar em si e no mundo o Reino de Deus. A religião do amor é força operativa e fecunda. A vida ativa, portanto, não é desprezada, antes, é valorizada sobrenaturalmente; se a → VIDA contemplativa é preferida àquela, é porque nela se descobre um tipo de atividade mais alta e conforme à natureza do cristianismo; a vida contemplativa se autotranscende, quando faz brotar a ação apostólica da superabundância da caridade interior. As duas formas de vida, ativa e contemplativa, não se anulam, nem se opõem; são intimamente entrelaçadas, subordinadas e harmonizadas em sua única raiz, a caridade sobrenatural e, em seu fim único, o Reino de Deus em nós e nos outros. Não se pode acusar o cristianismo de inércia e de passividade; continua a obra de seu Deus e salvador: criar o homem novo em justiça e santidade, e o mundo novo nas dimensões espirituais dos livres filhos de Deus. Concretamente, o cristianismo é a Igreja; a Igreja é o corpo de Cristo, no qual cada membro deve ser ativo para a conservação e para a difusão do corpo inteiro. Por esse vigoroso acento com que é proclamada a primazia do amor ativo em uma ordem sobrenatural, o cristianismo também reavalia a pessoa como princípio metafísico da possibilidade e do empenho de realizar-se em liberdade.

O cristianismo não só implica um ativismo, mas significa toda atividade humana cuja finalidade é o Reino de Deus. A nossa religião não é o refúgio das almas cansadas e aviltadas, não paralisa as forças e as energias vitais do ser humano. "Afastam-se da verdade os que, sabendo que não temos aqui cidade permanente, mas buscamos a futura, julgam, por conseguinte, poder negligenciar os seus deveres terrestres, sem perceber que são mais obrigados a cumpri-los, por causa da própria fé, de acordo com a vocação à qual cada um foi chamado" (*GS* 43).

A atividade não suscita, em primeira instância, o problema de medida e de discrição na atividade exterior, mas o problema mais profundo da síntese interior, isto é, da natureza e do conteúdo da atividade cristã. Que não se trate principalmente de medida pode ser visto por esse texto do Concílio: "Os leigos, quem quer que sejam, são todos chamados a empregar todas as forças recebidas por bondade do Criador e graça do Redentor, como membros vivos, para o incremento e perene santificação da Igreja" (*LG* 33). Esse empenho, com efeito nada indulgente para qualquer tipo de inércia, é válido, como é óbvio, para todas as categorias do Corpo místico.

A questão do ativismo nos leva a considerar e a solucionar o problema da síntese e do conteúdo cristão das nossas atividades. A constituição pastoral *Gaudium et spes* adverte: "Não erram menos aqueles que, ao contrário, pensam que podem entregar-se de tal maneira às atividades terrestres, como se elas fossem absolutamente alheias à vida religiosa, julgando que esta consiste somente nos atos do culto e no cumprimento de alguns deveres morais. Esse divórcio entre a fé professada e a vida cotidiana de muitos devem ser enumerados entre os erros mais graves de nosso tempo" (*GS* 43). Para fugir desse erro fatal, ou seja, a forma extrema do ativismo, os cristãos são exortados a unificar "os esforços humanos, domésticos, profissionais, científicos ou técnicos, em síntese vital com valores religiosos, sob cuja soberana direção todas as coisas são coordenadas para a glória de Deus" (*Ibid.*).

Essa exigência de síntese vital não se impõe somente quando se trata de unificar, na vida do cristão, as atividades temporais com os princípios de sua vida teologal, mas também no caso de harmonizar as atividades ministeriais e apostólicas com a práxis da → VIDA INTERIOR, lugar clássico do ativismo. "Os presbíteros, implicados e divididos em um sem número de obrigações de ofício, talvez perguntem, ansiosos, como poderão harmonizar, numa unidade, a sua vida interior com o ritmo da ação externa". A resposta remete a Cristo, fonte de unidade da vida cristã: "A unidade de vida pode ser alcançada pelos presbíteros seguindo, no desenvolvimento do seu ministério, o exemplo de Cristo Senhor", o que, obviamente, não pode ocorrer de maneira mecânica e estereotipada, mas empenhando na própria vida todos os meios da graça e da oração: "Cristo permanece sempre o princípio e a fonte de sua unidade de vida. Os presbíteros, portanto, alcançarão essa unidade de vida unindo-se a Cristo no conhecimento e na vontade do Pai, na doação de si mesmos em favor do rebanho que lhes foi confiado. [...] Não se pode alcançá-lo, porém, a não ser que os sacerdotes penetrem mais intimamente no mistério de Cristo por meio do recolhimento e da oração" (*PO* 14). Do mesmo modo, os religiosos são advertidos para que "unam entre si a contemplação, pela qual aderem a Deus com o espírito e o coração, ao amor apostólico, pelo qual se esforçarão para associar-se à obra da Redenção e para dilatar o Reino de Deus" (*PC* 5).

Em todas as suas razões essenciais, o cristianismo rejeita o ativismo entendido em sentido pejorativo. Se o cristianismo pode ser considerado globalmente como uma potência ativa, possui uma sua própria e específica ação, porque a potência é especificada pelo seu ato. Representada em seus princípios, em seu *fieri* e em seus fins, a ação típica do cristianismo é uma colaboração com Deus, livre, interior e sobrenatural, direcionada para a salvação. Ora, a práxis da ação do ativismo não reproduz os traços essenciais da ação cristã; não se reconhece, nele, o verdadeiro cristianismo, que, consequentemente, rejeita o ativismo como uma falsificação ultrajante de seu autêntico e original dinamismo.

No ativismo, com efeito, encontramos uma solidariedade implícita com o naturalismo pelagiano, que exalta as virtudes congênitas da natureza objetivando a edificação do Reino sobrenatural de Deus; com o humanismo pagão, que ignora ou despreza o valor das virtudes arbitrariamente denominadas passivas; com uma tendência para a anarquia espiritual em contraste com a constituição hierárquica da Igreja; com um laicismo profano e obtuso, que desconhece o valor espiritual da consagração a Deus e, por seu próprio conceito, antes que aos seres humanos com atividades exteriores, conduz a alma total e indissoluvelmente a Deus pela prática da vida interior.

Por meio da evidente dissociação da ação externa dos seus princípios interiores e sobrenaturais, o ativismo não só falsifica a fisionomia do cristianismo, mas vai ao encontro de seu inevitável fracasso, quer no campo da santificação pessoal, quer no do apostolado social. Do mesmo modo que o ativismo cristão atesta a consoladora afirmação de Jesus: "Quem permanece em mim e eu nele, este dará muito fruto" (Jo 15,5), assim também o ativismo pejorativo comprova a igualmente clara afirmação: "Sem mim, nada podereis fazer" (*Ibid.*).

Nessas palavras de Jesus, o ativismo encontra a sua mais respeitável condenação, que será constantemente renovada pela boca dos apóstolos, dos Padres, dos místicos e de toda a Igreja. São Paulo defende a autenticidade de seu apostolado de toda possível acusação de ativismo, quando proclama, orgulhosa e humildemente: "Trabalhei mais que todos eles, não eu, porém, mas a graça de Deus que está comigo" (1Cor 15,10).

Permanece sempre atual o severo apelo de Pio XII, quando afirmava "que devem ser chamados a uma atitude mais reta todos aqueles que presumem que se pode salvar o mundo por aquela que foi justamente chamada *a heresia da ação*; isto é, por aquela ação que não tem os seus fundamentos no auxílio da graça, e não se serve constantemente dos meios necessários para alcançar a santidade, que nos foi dada por Cristo" (Exortação Apostólica *Menti nostrae*).

BIBLIOGRAFIA. CHAUTARD, J. B. *L'âme de tout apostolat*. Paris, nova ed., 1979, espec. parte III; CONCILIO VATICANO II, *PO* 12-13, *AA* 3-4, *AG* 24-25; DAGNINO, A. *La vita interiore*. Milano, 1959, 1.088-1.104; DOHERTY, C. DE HUECK. *Viaggio interiore*. Milano, 1988. MIDALI, M. (org.), *Spiritualità dell'azione*, 1977; PIO XII, Carta Apostólica *Cum proxime exeat* no centenário do Apostolado da Oração. *AAS* 36 (1944) 238-243; ID., Exortação Apostólica *Menti nostrae* ao clero. *AAS* 42 (1950) 677.

S. GATTO – M. CAPRIOLI

ATUALIZAÇÃO *(Aggiornamento)*. 1. CONCEPÇÃO CRISTÃ DA ATUALIZAÇÃO. "Aplicada ao campo eclesiástico é palavra que indica a relação entre os valores eternos da verdade cristã e suas inserções na realidade dinâmica, hoje extraordinariamente mutável, da vida humana, tal qual na história presente, inquieta, turbada e fecunda, vem continuamente e diversamente modelando-se. É a palavra que indica o aspecto relativo e experimental do ministério da salvação, ao qual nada é mais íntimo quanto o conseguir êxito eficaz, e que adverte quanto sua eficácia seja condicionada pelo estado cultural, moral e social das almas às quais se dirige, e quanto a observação das experiências dos outros e as próprias de cada um servem para o conhecimento, e especialmente para o progresso, do apostolado. [...] É a palavra que mostra o temor dos costumes superados, dos cansaços retardatários, das formas incompreensíveis, das distâncias neutralizantes, das ignorâncias presunçosas e inconscientes acerca dos novos fenômenos humanos, como também da escassa confiança na perene atualidade e fecundidade do Evangelho" (PAULO VI, Discurso de 6 de setembro de 1963).

É próprio desta vida terrestre estar continuamente agitado pelo dever de atualizar-se. As reformas pertencem ao transitório, se não francamente ao efêmero; fazem parte do temporal e do contingente, em uma palavra, da história. Elas são benéficas e oportunas, até que não se revelem inadequadas e insuficientes, necessitadas por sua vez de serem reconfirmadas.

A reforma mais urgente é certamente a da própria pessoa: sem o renovar-se interior, pouco valem as reformas exteriores. "Se existem estruturas políticas, econômicas, sociais ou familiares alienantes, há no coração do homem uma fonte mais profunda de alienação sem a qual não existiriam estruturas alienantes. Esta fonte é o pecado, a idolatria do possuir, do prestígio ou do poder. Só Cristo liberta desse pecado com a ação do Espírito Santo. É sempre necessário converter-se" (Documento do EPISCOPADO FRANCÊS, 14 de novembro de 1973).

Caso seja obrigatória a atualização, ela deve ser vivida e considerada dentro da visão do devir salvífico. Não é bem que o fiel seja vacilante a respeito do futuro, quase temesse o desastre da comunidade eclesial, se esta não se revelasse modernizada. O cristão não deve viver na → ANGÚSTIA, mas na confiante serenidade.

O cristão sabe para onde vai a história: a Deus, à reconciliação de todos os homens e de todas as classes e de todos os povos em Jesus Cristo. E isto está escrito no próprio passado que preparou nossa história presente, no tempo em que o Filho do homem partilhou nossa existência histórica, mediante sua morte e ressurreição.

Mas o cristão, que sabe para onde se orienta a história, não se sente liberado de toda responsabilidade pessoal em relação à concreta orientação que a história assumirá. Ele deve imprimir na sociedade o sentido inovador do Cristo, sem ter a pretensão de querer determinar a quais metas providenciais Deus conduz. As vias do Senhor são frequentemente incompreensíveis ao olhar humano. Deve-se ter fé em que cada progresso se inscreve nessa relação que, de modo contínuo, se desembaraça do homem para Deus. Se o homem respeita esse sentido e vive em conformidade com essa relação, ele se reencontra capaz de uma compreensão da história e insere a si próprio na participação ativa de quanto Deus opera no universo.

Assumir a responsabilidade das inovações pressupõe coragem, exige ter a virtude da → FORTALEZA. Acontece que muitos não desejam parecer responsáveis. Protegem-se atrás daquilo que os outros fazem — os usos, as tradições, o costumeiro agir comum —, e isto não tanto para retomar o que de bom os predecessores deixaram, mas para acomodar-se num tradicionalismo que faz das tradições um pretexto para evitar o esforço e assim declinar toda responsabilidade. Fazer ou dizer quanto os outros já fizeram ou disseram resulta fácil e mais seguro: explorar ou iniciar o novo exige afrontar o risco. Sendo postos num universo onde tudo está em caminho, ocorre assumir os valores tradicionais enriquecendo-os com novas contribuições.

Em conclusão, atualizar-se significa crer que o Espírito Santo age na história; significa estar consciente de que o Espírito chama a cooperar em renovada novidade de vida. Ao mesmo tempo, ensina o obséquio respeitoso pelo que foi realizado no passado e a não ter a pretensão de conhecer os secretos desígnios divinos sobre a história em realização, de tal forma a confundir o próprio fantasiar com a obra do Espírito Santo.

2. ATUALIZAÇÃO DOUTRINAL. É necessário distinguir na Igreja um duplo desenvolvimento, amiúde intimamente entrelaçado: o das instituições e o das fórmulas doutrinais. O primeiro jamais levantou sérias dificuldades; parece evidente que nenhuma sociedade saberia estender-se ao mundo inteiro, a partir de um pequeno grupo, sem que a sua organização sofra qualquer evolução.

A atualização doutrinal, ao contrário, não foi sempre bem valorizada. Sobretudo após a controvérsia protestante, na qual se censurava a Igreja católica por ter-se afastado da Igreja primitiva, conservou-se longamente certa desconfiança em direção a cada ideia de um verdadeiro desenvolvimento dogmático ou mesmo doutrinal em sentido geral. Ao passo que a sociedade continuamente exigiu beneficiar-se de um progresso doutrinal harmonizado às novas exigências, especialmente da vida social. É sabido que a constante mutação do ambiente sociocultural e das problemáticas nas quais se desenvolve a vida social torna obrigatória uma perene atualização dos princípios ético-espirituais que dirigem a conduta humana.

O fato de que a Igreja goza de indefectibilidade e infalibilidade em conservar a verdadeira doutrina do Cristo não impede que esta responda mais ou menos com prontidão ou com atraso às exigências doutrinais de um dado momento histórico. Por tal motivo é necessário determinar qual possa ser a melhor dinâmica social da Igreja em desenvolver a sua função de magistério junto aos homens. Essa dinâmica exige a aceitação da colaboração de todo o corpo eclesial na elaboração da doutrina da Igreja: doutrina que jamais pode considerar-se completamente definitiva, dada a íntima tendência da história humana por desenvolver-se. O aporte doutrinal não deve ser entendido como exclusivo da → AUTORIDADE. A comunidade é princípio ativo de vida, e não só sujeito receptivo das disposições autoritárias. A autoridade sanciona, define, formula, dá mandato, mas não cria nem elabora com exclusividade a doutrina que ela autoritariamente ensina. A doutrina deve ser elaborada e vivida experimentalmente em toda a Igreja. Com isso não se nega a necessidade de uma missão canônica para um ensinamento oficial da Igreja, nem se desconhece a função vital que realiza o magistério eclesiástico.

De modo concreto, como se vai explicando essa função eclesial de atualização doutrinal? Antes de tudo, o apresentar teorias novas, não capazes de exprimir toda a verdade, induz a Igreja a aprofundar a própria doutrina, a tomar sobre si uma visão mais clara, a acolher nas novas teorias a alma verdadeira presente nelas, descartando o erro.

Em segundo lugar, a mesma doutrina católica é uma verdade vivente, que se vai exprimindo ardorosamente em aspectos novos e mais profundos. Nos documentos pontifícios, além da continuidade, é necessário notar uma explicitação progressiva da doutrina. Qualquer verdade adquirida, se não é desenvolvida, endurece e seca. Até mesmo o que é definido jamais acaba. Pode-se sempre fazer um esforço para melhor saber; a uma definição pode-se juntar outra definição, para completá-la e para esclarecê-la. É possível tornar explícitas riquezas latentes. Pode-se encontrar ainda no interior daquilo que já se possui. "A história dos dogmas fez aparecer claramente como numerosas fórmulas teológicas, que são a expressão de verdades imutáveis, foram condicionadas na sua redação por concepções ideológicas da época em que nasceram; é necessário compreendê-las e julgá-las sob esse aspecto. Essas fórmulas talvez possam não exprimir apenas um aspecto da verdade eterna. Elas não desenvolvem toda a riqueza e profundidade da verdade que transmitem" (Cardeal A. BEA, *La Documentation Catholique* 44 [1962] 116). Com a recusa de aprofundar, arrisca-se, pois, a impedir o encontro ecumênico com os irmãos das outras confissões cristãs.

Enfim, a Igreja não tem somente a função de conservar íntegro o depósito da fé e de desenvolvê-lo; ela deve também traduzi-lo de modo que ressoe festivo e convincente à alma moderna. A linguagem é um magnífico dom do Criador, que oferece a possibilidade de abrir a própria alma aos outros, que consente de comunicar de forma recíproca os bens espirituais, o conhecimento e o amor. Mas ela é também imperfeita e mutável: pode suscitar inúmeros mal-entendidos na mesma vida espiritual. É necessário impregnar-se e elaborar uma forma que permita o colóquio com todas as civilizações existentes; uma linguagem que exprima a mentalidade e as várias culturas do homem de hoje e ao mesmo tempo facilite um ensinamento sobretudo de tipo pastoral. A palavra divina é uma semente, lançada pela revelação, que cai nos sulcos, não para permanecer numa entidade morta, mas para germinar, para crescer, para frutificar. A palavra foi, antes de tudo, confiada aos apóstolos, depois aos discípulos, aos primeiros fiéis sob o impulso do Espírito Santo. Estes já a desenvolveram bem, como se vê no exemplo de São Paulo. Uma vez fechada a era da revelação, cada geração deve continuar esse trabalho de explicitação, de clarificação, de adaptação e de elucidação. "Nosso dever não é somente o de guardar esse tesouro precioso, como se nos preocupássemos unicamente com a Antiguidade, mas de dedicar-nos com laboriosa vontade e sem temor àquela obra que a nossa época exige, perseguindo assim o caminho que a Igreja realiza desde vinte séculos" (JOÃO XXIII, Discurso de 11 de outubro de 1962).

Cada atualização deve ser solidamente enxertada sobre o dado revelado, isto é, sobre o acontecimento salvífico de Cristo mediante o Espírito em direção ao reino do Pai. Este é o depósito espiritual confiado pelo Senhor à Igreja. Esta deve retraduzir esta mensagem evangélica na linguagem sociocultural e eclesial hodierna, em harmonia com a problemática atual, purificando-a das incrustações culturais superadas. E por linguagem se entende não só o vocabulário, mas a mentalidade hodierna, o gênio cultural atualmente difundido, o valor filosófico ora inculcado, as tradições vividas socialmente, o estilo de vida corrente. Se a Igreja cessasse de ser presença vivente de Deus no mundo, e presença vivente do mundo para Deus, ela cessaria de ser, na verdade, a Igreja do Mediador. É o que afirmava → TEILHARD DE CHARDIN: "Encontro-me sempre mais estranhado por um acúmulo de coisas, de crenças literárias, de preocupações e métodos que constituem as aparências externas da Igreja. Não obstante isto, note-se bem, reconheço que as instituições, as fórmulas e as práticas às quais faço alusão tiveram e têm ainda para muitos a sua vital utilidade. Ocorre que, para mim, [...] elas não têm mais sentido ou não mais exprimem verdade".

Exige-se também uma atualização sobre o modo de comunicar a verdade cristã aos fiéis.

A verdade cristã era tradicionalmente ensinada como um tesouro, que se devia guardar e preservar de contaminações. Tinha a solicitude de preservar os cristãos, especialmente os jovens, do contato com ideias errôneas. A verdade era transmitida de geração em geração sem que fosse posta em discussão. As almas viviam tranquilamente na fé, sem crises angustiantes. Todavia, tal segregação havia engendrado defeitos de encarnação para a mensagem cristã e sua separação do modelo moderno.

O método preventivo, através do controle preliminar, certamente mais adaptado e eficaz há algum tempo, hoje já não é realizável. Os meios de preservação sociológica não servem mais. Os responsáveis pela educação favoreceram, então, os meios de preservação psicológica, qualificando de desprezáveis os homens e de odiosas as doutrinas que não se enquadravam no contexto doutrinal tradicional católico. "Julgava-se impossível reconhecer qualquer coisa de bom na fé daqueles que não possuíam a plenitude da verdade da fé. Assim, pecava-se contra a verdade, a justiça e a caridade em nome de um amor mal compreendido no que se referia à verdade e a Cristo" (Cardeal A. BEA, op. cit., 684). Mas na sociedade atual nem mesmo semelhantes barreiras psicológicas manifestaram força ou eficácia preventiva: apenas fizeram aparecer os íntimos aspectos negativos da oposição e do conflito contra o outro, só porque ele não pertence ao nosso grupo.

A vida social atual induziu a acolher as pessoas mais pelos seus dotes ou virtudes pessoais do que pela doutrina à qual se entregam: prevalecem as relações pessoais sobre os esquemas doutrinais. Por isso já se constatou que, na atual situação sociológica, a melhor defesa da verdade se consegue suscitando o sentido crítico dos cristãos mais do que não exigindo uma sujeição mental. Mediante a discussão sobre as crenças diferentes das próprias, o fiel toma clara consciência da natureza exata e do valor de verdade dos próprios princípios: aprende a confrontar entre as posições pessoais e as dos outros, reconhecendo nelas aquilo que é valioso, mas conservando fiel adesão à própria fé. A pesquisa apaixonada da verdade substitui a procura do erro. "A Igreja sempre se opôs a estes erros: frequentemente lhes condenou com a máxima severidade. Ela julga vir ao encontro das necessidades de hoje mostrando a validez de sua doutrina, antes que renovando condenações (JOÃO XXIII, Discurso de 11 de outubro de 1962).

3. ATUALIZAÇÃO ESPIRITUAL. Também a → TEOLOGIA ESPIRITUAL se sujeita à lei geral da necessária atualização. Mas o que exige semelhante compromisso?

Antes de tudo não é suficiente elaborar uma teologia espiritual na escola, procurando depois exprimir os frutos de tal reflexão em termos modernos: é preciso meditar e viver a mensagem evangélica com o mundo de hoje, em relação às suas exigências, segundo as suas orientações intelectuais e espirituais. É necessário não somente delinear as linhas espirituais oportunas para o laicato e para a juventude. Essa perspectiva não é unicamente pedagógica, mas sim lei necessária para uma fecunda pesquisa teológica. De fato, a teologia espiritual exige uma atualização não só por ser doutrina colocada num devir, mas porque a experiência espiritual da comunidade cristã, assistida pelo Espírito Santo, é essa mesma fonte de progressivo enriquecimento. A palavra do Espírito Santo deve ser menos procurada nas visões de videntes e mais nas práticas virtuosas da comunidade das almas santas, que vivem em contato imediato com o Espírito. Almas santas que frequentemente são constituídas dos últimos, daqueles que a comunidade abandona às margens das assembleias, daqueles a que ninguém presta atenção e ninguém escuta, cujo sussurro sofredor é somente acolhido pelo Espírito.

Uma teologia espiritual hodierna exige que a vida espiritual seja pensada fundamentalmente como um encontro pessoal com Deus e com Cristo. O ensinamento tradicional era com frequência observado prevalentemente ao descrever as virtudes a serem praticadas, os defeitos a serem superados, as regras e os métodos de ascese a serem seguidos, os exercícios cotidianos a serem postos. Enquanto sua tarefa não é transmitir conhecimentos espirituais, mas introduzir os cristãos às Pessoas divinas, com quem devem conservar um contato pessoal para toda a vida, num modo sempre mais íntimo. A ascese é em vista de alguém, não de qualquer coisa. A vida cristã é mais um Deus que toma posse de toda a pessoa e de suas manifestações do que um submeter-se sempre mais às normas.

Esse encontro íntimo com Cristo favorece a liberdade interior da pessoa e abre sua consciência ao sentido de autonomia adulta. De fato, a alma torna-se atenta às exigências que promanam da vida de graça, sente-se sob a direção suave, mas segura da nova lei interior. Essa orientação satisfaz as determinações segundo as quais se exige poder agir como pessoa adulta, não mais sustentado por apoios jurídicos e normas exteriores. Da mesma maneira corresponde a tendência difusa de saber e poder distinguir as exigências espirituais (afetiva, intelectual, religiosa, ascética etc.) das suas estruturas exteriores, na qual de fato elas se concretizam. Certamente, isso pressupõe que a alma tenha penetrado totalmente o mistério da sua união com Cristo, de forma que intua daí as exigências sobrenaturais: surge como totalmente insuficiente uma formação pietística na qual o aspecto ritual desaba em legalismo e a fragmentariedade dos atos de culto impede um empenho iluminado e consciente no desígnio divino global da salvação.

Não se creia, contudo, que a intimidade com Cristo traga a espiritualidade a uma visão individualística. Verdade teológica essencial e fundamental à ascese permanece o Corpo místico (→ IGREJA, COMUNHÃO DOS SANTOS). É esta verdade que consente ao ânimo unir-se intimamente a Cristo, sobretudo mediante o uso dos → SACRAMENTOS, e junto a isso de perceber o espírito altamente missionário da fé cristã. Assim se supera definitivamente certo espírito de gueto e se nutrem as almas nas motivações abertamente sociais e comunitárias.

Exatamente porque a atualização da espiritualidade se propõe como exigência vivida na comunidade eclesial, o Concílio Vaticano II fez o dever de realizar uma periódica atualização na liturgia (*SC* 21.43), na pastoral (*OT* 22; *PC* 20), na atividade apostólica missionária (*AG* 25), nos seminários (*OT* 3). Com cuidadosa precisão estabeleceu para os institutos religiosos: "A atualização da vida religiosa compreende não só o contínuo regresso às fontes de toda a vida cristã e à genuína inspiração dos Institutos, mas também sua adaptação às novas condições dos tempos" (*PC* 2).

A proposta de atualização espiritual costuma suscitar em alguns hostilidade, em outros entusiasmo. P. Freire convidava a distinguir na possível atualização o comportamento integrativo ("possibilidade de entrar em acordo com a realidade e, no mesmo tempo, de transformá-la") da → ADAPTAÇÃO (na qual a pessoa "não sendo mais capaz de transformar a realidade, transforma a si mesma para adaptar-se"). Ele aprovava o primeiro comportamento e desaprovava o segundo. No comportamento de integração devem recolher-se todos os membros, de forma que sejam conservados evangelicamente autônomos da presente sociedade e ao mesmo tempo ser nela inseridos para renová-la no Espírito de Cristo. "Vivendo segundo a verdade, procuremos crescer em tudo na direção daquele que é a Cabeça, Cristo" (Ef 4,15).

BIBLIOGRAFIA. COLOMBO, C. *Lo sviluppo dei dogmi*. Alba, 1958; Concile et reforme dan l'Église. *Lumière et Vie* 11 (1962) n. 59; CONGAR, M.-J. *Vraie et fausse réforme dans l'Église*. Paris, 1950; DANIÈLOU, J. *Le chrétien et le monde moderne*. Tournai, 1959; JOUVENROUX, J. *Témoignages sur la spiritualité moderne*. Paris, 1946; *L'aggiornamento psicológico degli educatori*. Milano, 1984; *L'ascèse chrétienne et l'homme contemporain*, Paris, 1951; MATANIC, A. *Spiritualità cattolica contemporanea*. Brescia, 1965; ROPS, D. – MARTIN, V. – BAYET, J. – PIRENNE ET AL., J. *Tradition et innovation*. Neuchâtel. 1956; SADOLETO, J. – CALVINO, G. *Aggiornamento o riforma della Chiesa*. Torino, 1976; STURZO, L. *Problemi spirituali del nostro tempo*. Bologna, 1961; THURIAN, M. *L'uomo moderno e la vita spirituale*. Brescia, 1962; LERCARO, G. *L'apostolato di tempi nuovi*. Roma, 1964; VEREMUNDO, P. *Renovación de la mística de la acción y de la caridad*. Madrid, 1961.

T. GOFFI

AUDÁCIA/AUDACIOSO. **1. NOÇÃO.** O bem é proposto entre dificuldades a serem superadas, sendo assim qualificado como árduo. Uma situação que torna o bem unido a aspectos de um possível mal. O espírito, diante do bem árduo, pode cair em um estado depressivo de temor e afastar-se dele; ou, então, não se curar do mal iminente, mas, antes, mostrar mais empenho em aderir a ele. Nesta segunda hipótese fala-se de pessoa audaciosa. A atitude geralmente é chamada de impulsiva e arriscada, amante de novidades clamorosas e revolucionárias.

Vários são os motivos que podem induzir à ação audaciosa. A título de exemplo, cita-se de que modo o amor de um bem muito desejado torna a pessoa audaciosa. "Os seres humanos não se apaixonam para ser audaciosos; mas, muitas vezes, por estarem feridos pelo amor, tornam-se muito audaciosos diante de qualquer perigo pelo objeto de seu amor" (Marsilio Ficino). Não falta quem considere honroso viver perigosamente, quem rompa com um viver pacífico, ou quem ataque a opinião pública calcada em determinada prática pacifista. Nesses casos, é o único caminho viável para adquirir um bem considerado irrenunciável. "Onde a necessidade aperta, a audácia é considerada prudência" (Nicolau Maquiavel). Santo Tomás considerava que alguém torna-se audacioso "pelo fato de considerar superável um terrível mal iminente" (*STh*. I-II, q. 45, a. 2). O princípio clássico sentenciava: *Spes mater audaciae*.

A → ASCESE tradicional considerava que o comportamento audacioso era fundamentalmente uma expressão do componente biopsíquico ou passional do ser humano. É uma riqueza ou potencialidade necessária para exprimir-se com dignidade e bem-estar humanos. Por sua natureza, só quer enriquecer-se e integrar-se com as outras potencialidades difusas na pessoa. De acordo se procura harmonizar-se com todas as riquezas do ser humano, ou, em vez, prevarica, isolando-se como força exclusiva e sensual. O audacioso é considerado virtuoso ou indisciplinado.

A avaliação sobre o audacioso não se refere à natureza da atitude audaciosa, ou seja, se é uma passionalidade sensível ou uma decisão prudente, mas se se exprime como testemunho de todas as múltiplas potencialidades das quais a pessoa goza, até em favor dos outros. A esse respeito, costuma-se dizer que seja pecaminosamente audacioso o presunçoso que aspira fazer coisas para as quais lhe falta competência e capacidade; aquele que ostenta uma atitude gravemente ofensiva ao pudor, ou publica escritos luxuriosamente provocantes.

A teologia ascética escolástica avaliou a bondade e a depravação do comportamento audacioso com base em seu inserir-se retamente ou não na virtude da → FORTALEZA (*STh*. II, q. 127, a. 2). Implicitamente, considerava que a paixão audaciosa seria, de per si, desorientada e desorientadora. Seria aceita diminuída e regulada dentro da virtude da fortaleza, como uma providencial tendência agressiva para superar os males que impedem que se alcance determinado bem (cf. Mc 15,43). Quando alguém pratica essa tendência de modo espontâneo e instintivo, não regulado pela fortaleza exigida em consonância com as circunstâncias, é considerado pecaminosamente audacioso.

2. COMO TORNAR-SE AUDACIOSO. A teologia ascética escolástica traçou a virtude da fortaleza empenhada em dominar (não suprimir) os temores que surgem diante dos males e dificuldades recorrendo ao impulso audacioso, que, todavia, precisa ser moderado, não sendo virtuoso por si mesmo. A fortaleza é uma virtude que faz muito mais uso da força audaciosa em vez de reprimi-la. O ser humano virtuoso não era caracterizado como necessariamente audacioso, uma vez que a qualidade virtuosa era posta no ser forte mesmo que fosse necessário apoiar-se em passionalidades audaciosas.

A ascese contemporânea tende a considerar que o ser humano espiritual se caracteriza necessariamente como audacioso. Em cada comportamento audacioso, com efeito, exige-se um correspondente empenho na superação de dificuldades. À medida que a pessoa aparece adulta na práxis virtuosa, pode acontecer que sinta menos dificultoso o comportamento virtuoso. Isto significa que a qualificação de audacioso não se refere tanto ao árduo, mas ao saber enfrentar-se para um bem elevado, que se sabe proporcional à própria personalidade em ascensão espiritual.

Em particular, uma pessoa é qualificada como não virtuosamente audaciosa, e sim temerária, se expõe a vida imprudentemente durante operações bélicas, em eventos revolucionários, em duelos, em determinadas atividades competitivas e esportivas, e ao experimentar em si mesma medicamentos e drogas. A ação arriscada não exprime no indivíduo uma tendência para a manifestação virtuosa, mas quer somente experimentar a sensação do calafrio de perder-se ou de apostar audaciosamente. O objetivo do risco é buscado em si mesmo, não é um amadurecimento próprio num aperfeiçoamento superior. O imprudente se caracteriza como pecador não tanto porque ali empenha a força audaciosa (que é qualidade inerente a todo agir humano), mas por uma particular qualificação desordenada de sua personalidade. Assim, concretamente, podemos citar como atitudes pecaminosas, embora audaciosas: despreocupado vigor juvenil; insensibilidade natural de espírito; orgulho; imprudência, especialmente sob a forma de desconsideração e de precipitação; subestimação de determinados bens perseguidos a qualquer custo (por exemplo, amor sexual e honra).

3. **HOMEM ESPIRITUAL AUDACIOSO.** Quando alguém se qualifica como audacioso em sentido espiritual, então o critério próximo de avaliação não se situa mais na própria personalidade em vias de amadurecimento, como na ascese. Audacioso espiritual é o ser humano virtuoso enquanto nele se manifestam os dons do Paráclito, uma vez que vê o plano divino salvífico à luz do Espírito, visto que se oferece em atividades crísticas segundo a graça caritativa que o Espírito infunde. Não é um ardor heroico humano, mas ardor que reflete o do Espírito do Senhor. O ser humano é tanto mais espiritual quanto o Espírito é o autor da sua audácia.

BIBLIOGRAFIA. CASTELLI, P. Audacia, in *Dictionarium morale et canonicum*. Romae, 1962, 287-391, vl. I; CORVEZ, M. *Saint Thomas d'Aquin, Somme Théologique. Les passions de l'âme*. Paris, 1952, t. 3; GOFFI, T. – PIANA, G. (orgs.). *Diakonia*. Brescia, 1983, 28-39; GOFFI, T. *L'esperienza spirituale oggi*. Brescia. 1984, 46-49; JANVIER, E. *Esposizione della morale cattolica*. Torino, 1938, 145-155, vl. X; LE SENNE, R. *Traité des vertus*. Paris, 1949, 181-236; MOUNIER, E. *L'espérance des désespérés*. Paris, 1953; SCHNEIDERS, A. *L'anarchia dei sentimenti*. Assisi, 1973; THIBON, G. Le risque au service de la prudence. *Études Carmélitaines Mystiques et Missionnaires* 24 (1939/n. 1) 47-62; VECCHI, L. *L'audace*, Roma, 1982.

T. GOFFI

AUTORIDADE. Em geral pode-se definir como sendo o poder que o superior possui de comandar e dirigir os seus súditos em uma sociedade constituída. A autoridade supõe a sociedade e só é exercida nela. As sociedades são constituídas para um fim comum, que interessa a todos os membros e é alcançado pela convergência das vontades e das ações de todos. Ao bem comum assim alcançado todos têm direito de participar ordenadamente. A autoridade é o poder coordenador da vontade e das ações organizadas visando especificamente a sociedade, e a garantia do direito de participação proporcional ao bem comum. Sem autoridade, nenhuma sociedade é concebível.

A Igreja, enquanto sociedade, é uma instituição fundamentada na autoridade. Precisamente, sobre uma autoridade de ordem hierárquica, cuja natureza e deveres resultam bem definidos.

1. **PRESENÇA DA AUTORIDADE NA IGREJA.** A doutrina católica sobre a presença da autoridade hierárquica na Igreja pode ser sintetizada nos seguintes pontos:

a) Depois de ter rezado ao Pai, Jesus Cristo chamou a si aqueles que quis, e constituiu doze, para que ficassem com ele e fossem pregar o Reino de Deus;

b) Os Doze foram reunidos como um colégio ou classe estável, tendo como chefe São Pedro, e enviados primeiro aos filhos de Israel, e, assim, a todos os povos, para que, participantes de seu poder, os tornassem seus discípulos, os santificassem e governassem até o fim do mundo. Por isso, a autoridade da Igreja tem origem em Cristo, nos apóstolos e em Pedro.

c) Os sucessores dos apóstolos são os bispos; o sucessor de Pedro é o Romano Pontífice;

d) O papa, e os bispos em comunhão com ele, formam o colégio episcopal, ao qual compete a autoridade sobre a Igreja inteira. A mesma autoridade universal cabe ao papa, tomado singularmente, enquanto vigário de Cristo, sucessor de Pedro, princípio e fundamento da unidade da fé e da comunhão;

e) O poder supremo do colégio episcopal é exercido de modo solene nos concílios ecumênicos e de forma menos solene quando os bispos, embora espalhados pelo mundo, agem colegiadamente com a aprovação e a livre aceitação do Romano Pontífice;

f) Cada um dos bispos, designados para as igrejas particulares, possuem direito de governo somente sobre a porção do povo de Deus que lhes foi confiada, ainda que, como membros do colégio episcopal, devam mostrar-se solícitos para com toda a comunidade cristã;

g) Os presbíteros, embora sem possuir a plenitude do sacerdócio, estão intimamente unidos aos bispos no exercício de seu ministério, e são consagrados para pregar o Evangelho, para apascentar e santificar os fiéis;

h) a autoridade dos superiores religiosos é também ligada ao poder hierárquico, mas para ser autêntica precisa do reconhecimento do papa e dos bispos.

Os protestantes são particularmente contrários a essa concepção católica da autoridade. Consideram, com efeito, o elemento hierárquico como inimigo número um de sua doutrina eclesiológica e do diálogo ecumênico com a sede de Roma. Não faltam, além disso, teólogos qualificados que parecem enfraquecer ainda hoje o fundamento da autoridade. A respeito, basta citar Barth e Brünner.

Para Barth, a Igreja é uma congregação viva de Cristo, que se forma como um *evento* toda vez que dois ou três se reúnem em seu nome. Só Cristo e sua palavra unificam, vivificam e governam a comunidade. Por isso, nenhum ser humano tem poder sobre os outros, enquanto o ministério é exercido segundo as exigências particulares e os carismas do Espírito.

Para Brünner, a Igreja é comunhão com Cristo, e comunhão de caridade fraterna com os membros do Corpo místico. Essa comunhão, cujo governo cabe unicamente a Cristo, deve exprimir-se no serviço mútuo e se explica, no que se refere ao ministério, pela designação carismática do Espírito Santo.

2. **AUTORIDADE DE SERVIÇO.** No ambiente sociopolítico a autoridade é sinônimo de domínio. Quem detém o poder é um chefe; os outros são súditos. No campo especificamente religioso, as partes se invertem. Quem está em cima se coloca em atitude de serviço. Governar é acolher, assim, a vontade de um outro, colocar-se à disposição de Deus e dos seres humanos para realizar no tempo o mistério da salvação.

a) *A serviço de Deus.* A autoridade hierárquica apresenta-se antes de tudo como serviço de Deus. E isto por vários motivos.

Em primeiro lugar, pela própria ideia de salvação. Dizer salvação é afirmar a precedência da iniciativa divina na obra humana; é acolher um dado objetivo que tem origem não de baixo, mas do alto. Precisamente pela livre deliberação do Pai, pela atividade pascal do Filho, pela assistência vivificadora do Espírito.

Uma segunda razão é ofertada pelo caráter claramente cristocêntrico da economia redentora. Com base nesse caráter, o encontro entre os seres humanos e Deus não se realiza por intermédio da hierarquia, e sim por meio de Jesus Cristo, presente na hierarquia, segundo a afirmação de Pedro: "Não há nenhuma salvação, a não ser nele; pois não há sob o céu nenhum outro nome oferecido aos homens, que seja necessário à nossa salvação" (At 4,12).

Um terceiro motivo situa-se na estrutura íntima da Igreja concebida como Corpo místico, do qual somente Cristo é a cabeça, o sustentador, a vida.

Estando em estreita relação de dependência de Deus, a hierarquia tem como missão específica mostrar-se fiel à sua palavra e adequar-se ao princípio orientador formulado pelo Concílio Vaticano II no n. 10 da *Dei Verbum*: "O magistério não é superior à palavra de Deus. Mas serve a esta, ensinando somente aquilo que foi transmitido, enquanto, por divino mandato e com a assistência do Espírito, escuta piamente, guarda santamente e expõe fielmente essa palavra".

Como os outros membros da Igreja, os detentores do poder sacro também são condicionados, no cumprimento de seu ministério, pelas exigências e pelas instâncias da palavra divina. Não podem, portanto, reivindicar para si autoridade alguma que não esteja em íntima relação com o dado revelado. Caso contrário, a sua ação hierárquica se transformará, apesar das aparências, em abuso de poder, em uma tomada de posição ilegítima que pode não só irritar os ânimos, mas também justificar determinadas reações da parte de quem, professando-se católico, não aceita a intromissão da Igreja em campos a ela estranhos.

É a → PALAVRA DE DEUS, e somente a palavra de Deus, que garante, numa visão de autenticidade, a missão espiritual de quem preside a comunidade cristã. Palavra, todavia, que deve ser meditada, aprofundada e, sobretudo, atualizada.

Desde a abertura do Concílio Vaticano II até hoje, assistimos a toda uma literatura inflacionária sobre o termo → ATUALIZAÇÃO [*Aggiornamento*]. Em meio a tanta confusão, uma coisa, porém, permanece indiscutível: a Igreja, para ser ela própria, tem de atualizar-se e adaptar-se aos novos tempos.

O que se afirma sobre a atualização em geral, também vale para a palavra divina em particular. Convém observar, antes, que o seu caráter original o exige, enquanto a palavra de Deus não é uma palavra morta, mas viva. Palavra essencialmente divina, mas também humana; palavra dirigida a seres humanos vivos, concretos, em um diálogo de pessoa a pessoa historicamente situada.

Por isso, a ideia de fidelidade não exclui nem o progresso interpretativo, nem a adequação realista a situações que variam com as mudanças dos tempos. Ao contrário, postula-os. É próprio da hierarquia reconhecer essa necessidade, promovê-la e favorecê-la.

Pode-se sem dúvida considerar que o ser humano está a serviço da palavra de Deus. Mas também é verdade o contrário: essa palavra é condicionada pelo ser humano. Cabe à hierarquia a tarefa de sincronizar, numa atitude de abertura e de responsabilidade, os dois elementos, e de contribuir, assim, para tornar cada vez mais fecundo aquele dinamismo vital que Deus imprimiu à sua palavra, entregando-a à história.

b) *A serviço do ser humano*. Instituída para colocar-se à disposição de Deus, a autoridade da Igreja é direcionada para o serviço do ser humano, segundo a declaração programática de Cristo: "O Filho do homem não veio para ser servido, mas para servir" (Mt 20,28).

O que significa colocar-se a serviço do ser humano? Com base nas afirmações que lemos na *Gaudium et spes* (n. 3), o termo engloba antes de tudo uma tomada de consciência, por meio da qual os órgãos diretores aceitam agir entre os seres humanos sem privilégios de casta e, assim, se deixam guiar por um sentimento de profundo respeito a todos.

A essa tomada de consciência soma-se o diálogo entendido em sua acepção mais pura e imediata, enquanto dialogar significa "querer comunicar, esclarecer reciprocamente as próprias posições, caminhar junto até onde for possível". Assim, do diálogo passa-se espontaneamente à abolição de toda forma paternalista, à busca comum da verdade, à troca de ideias e de atitudes, à estima recíproca no que se refere aos autênticos valores, à discussão aberta das coisas opináveis e ao aprofundamento daquelas consideradas já substancialmente adquiridas. Passa-se, também, à escuta construtiva dos súditos, na qual a autoridade reconhece os seus valores efetivos, os avalia e assume, se forem considerados oportunos, como norma de vida e expressão da graça multiforme do Espírito.

Adequando-se a semelhante atitude, longe de querer impor continuamente as suas ideias, quem foi posto no comando favorece e acolhe com alegria as iniciativas alheias. Reconhece, por outro lado, a exigência profunda de cada súdito para exprimir livremente as suas opiniões, de modo que a obediência não seja fruto de constrangimento e sim de aceitação espontânea e deliberada.

Uma terceira nota fundamental é a concretude. Servir é adequar-se não tanto às ideias mas às realidades: à realidade histórica e existencial dos seres humanos como são e não como deveriam ser, em suas misérias, contradições, dramas, alegrias e esperanças. Nasce portanto a necessidade de colaborar para a solução de todos aqueles graves problemas que enchem o mundo moderno e que na exposição da *Gaudium et spes* se reduzem, fundamentalmente, a uma tríplice categoria: sociais, culturais e religiosos.

O espírito de concretude não deve, contudo, identificar-se com uma humanização de má qualidade. Ainda que estejam convencidos do dado humano da Igreja, os que detêm a autoridade não podem aceitar sua redução a simples valor terreno. A Igreja pode e deve abaixar-se, pode e deve dialogar, mas para um fim superior: para elevar, espiritualizar, sobrenaturalizar. Servir é pegar os seres humanos como estão para conduzi-los àquilo que deveriam ser, à luz da mensagem evangélica. Por outro lado, para realizar essa sua missão, a Igreja deverá confiar mais em seu exemplo que nas palavras.

A palavra e o comando são suficientes. O que realmente torna eficaz a intervenção da autoridade é o testemunho. Testemunho pleno, leal, sem compromissos. Testemunho que é sinônimo de fidelidade, de sinceridade, de generosidade, de semelhança com Cristo e, por isso mesmo, superação daquela incerteza injustificada entre ideias e comportamento da qual todos os cristãos se sentem mais ou menos culpados.

BIBLIOGRAFIA. *Autorità e obbedienza nella vita religiosa*. Milano, 1978; *Authority in the Church*. Lovanio, 1983; *Cristianesimo e potere*. Bologna, 1986; *La libertà evangelica*. Roma, 1967; *Nuovo stile di obbedienza*. Milano, 1969; BERTRAMS, W. De constitutione Ecclesiae simul charismatica et institutionali. *Periodica de Re Morali, Canonica, Liturgica* 57 (1968) 281-330; BEYER, J. Strutture di governo ed esigenze di partecipazione. *Vita Consacrata* 8 (1972) 257-285; BOXHO, M. Accepter le dialogue. *Vie consacrée* 41 (1969) 214-226; BURKE, G. *Autoridad y libertad en la Iglesia*. Madrid, 1988; CIANI, C. *Tutta la Chiesa in stato di servizio*. Roma, 1976; CITRINI, T. *Inviati per servire, non per essere serviti*. Roma, 1977; DE BOVIS, A. Obéissance et liberté. In: *Nouvelle Revue Théologique* 77 (1955) 282-298; DEMMER, K. Kirchlicher Gehorsam zwischen Autorität und Gewissen. In: *Theologie und Glaube* 6 (1969) 403-421; DIANICH, S. *Teologia del mistero ordinato. Una interpretazione ecclesiologica*. Roma, 1984; DUBARLE, D. Un nouveau type d'obéissance. *La Vie Spirituelle. Supplément* (1968) 5-21; GARRONE, G. M. L'obéissance et la formation à l'obéissance. *Seminarium* 20 (1968) 553-569; GOFFI, T. *Di fronte all'autorità. Vangelo ed esperienza cristiana*. Brescia, 1974; ID. Obbedienza e autorità nella vita religiosa. *Rivista di Vita Spirituale* 30 (1976) 486-501; ID. *Obbedienza e autonomia personale*. Milano, 1965; GUTIERREZ VEGA, L. Renovación doctrinal y práctica de la obediencia religiosa. *Claret* 11 (1971) 139-209; JACQUEMONT, P. Autorité et obéissance selon l'Écriture. *La Vie Spirituelle. Supplément* (1968) 340-350; LHOIR, J. Autorité et obéissance. *Collectanea Mechlinesia* 49 (1964) 544-563; CROUZEL, H. Autorité et obéissance: un problème pratique. *Nouvelle Revue Théologique* 86 (1964) 176-184; LYONNET, S. Liberté chrétienne et Loi de l'Esprit. *Christus* 4 (1954); MAGRINI, E. L'obbedienza nell'insegnamento del Concilio Vaticano II. *Studi Francescani* 72 (1975) 83-119; MARCHETTI, A. Obbedienza postconciliare. *Rivista di Vita Spirituale* 22 (1968) 223-229; MCKENZIE, J. L. *L'autorità nella Chiesa*. Torino, 1969; MURA, E. L'esercizio dell'autorità. *Vita Religiosa* 6 (1970) 139-148; POZSAGAY, L. Obedience of the judgement in modern context. *Review of Religious* 27 (1968) 822-837; RONDET, H. *L'obbedienza: problema di vita, mistero di fede*. Brescia, 1969; TÜRK, H. J. *L'autorità*. Bologna, 1977; VACA, C. Los sentimientos de dependência. *Revista Agustiniana de Espiritualidad* 3 (1962) 341-354.

V. PASQUETTO

AVAREZA/AVARENTO. 1. EM SENTIDO ASCÉTICO. O avarento é apegado morbidamente às coisas; anseia possuí-las; está agarrado nelas idolatrando-as; não se serve delas, mas escraviza-se a elas. "Se observares o avarento, sempre acha que não tem o bastante" (são Bernardino de Sena). Caracterizando-se pelo anseio profundo de uma posse cada vez maior das coisas, o avarento se diferencia do interessado (que por amor ao lucro nada faz gratuitamente), do parcimonioso (que gosta de poupar e abstém-se do que custa caro) e do economista (que sabe gastar no momento oportuno e geralmente poupa para poder dar mais).

A Sagrada Escritura condena o avarento como um excluído do Reino (cf. 1Cor 6,10), uma vez que tem o coração escravizado pelas coisas (cf. Mt 6,21) e possui enraizada no coração "a raiz de todos os males" (1Tm 6,10). Pelo fato de ser avarento, geralmente é inclinado à dureza com o próximo, à vontade de domínio, à fraude, à injustiça e à insensibilidade em relação aos bens espirituais. O avarento se afasta de qualquer empenho ascético, não pela conduta dissipada e de usufruto — antes, leva uma vida heroicamente sacrificada —, mas pela escravização de si mesmo a um bem material. Pelo lado subjetivo, todavia, o avarento pode ter atenuantes, como quando é fortemente vergado pela própria insegurança econômica, ou quando exprime uma forma compensatória por uma frustração íntima e dolorosa.

Santo → AGOSTINHO assim rezava: "Senhor, distingui as minhas tribulações das que também sofrem os avarentos. Distingui as minhas provações daquelas que padecem os avarentos. Distingui os meus jejuns daqueles que, para adquirir ouro, também fazem os avarentos. Por vosso amor, estou aqui nas fauces da morte: sim, os avarentos, por amor ao ouro; eu, por vosso amor, Senhor. A provação é semelhante, mas é bem diferente a causa, e essa distinção da causa é para mim garantia de vitória".

2. EM SENTIDO ESPIRITUAL. A avareza é um → VÍCIO que possui uma configuração, além de ascética, também espiritual. Como vício espiritual, opõe-se não tanto a uma virtude mas a quanto não condiz com o Espírito Santo, para poder estar presente e influir na alma. A vida espiritual se caracteriza não tanto com base nas virtudes praticadas — isso caracteriza a → ASCESE — mas em relação a estar disponível à graça-luz do Espírito.

O avarento espiritual está agarrado ao seu eu virtuoso; deseja a perfeição e as graças extraordinárias por causa de um anseio de propriedade; é apegado aos dons de Deus para gozar de sua suavidade; acumula práticas religiosas que oferecem segurança salvífica, computa minuciosamente os seus atos virtuosos meritórios e, com isto, impede que Deus faça nele morada. A união com Deus implica a renúncia e o desapego de todo bem, também ascético; exige abandono de todo bem pessoal para que tudo seja ofertado ao Senhor (cf. Jo 12,25; Mc 8,35; Lc 17,33). Só o desapego às coisas transforma a pessoa em um espelho no qual somente Deus se reflete. Semelhante condição é irrenunciável para que a alma possa buscar e amar a Deus como o seu único bem.

Os loucos por Deus praticaram a pobreza separando a prudência das próprias manifestações virtuosas. O próprio Jesus, na cruz, mostrou-se fraco e suplicante ao desejar somente o Pai: "Deus, Meu Deus, por que me abandonaste?" (Mt 27,46). Santa Madalena de Canossa comenta nas *Regole di vita*: "O poder salvífico da caridade de Cristo operou misteriosamente na fraqueza radical da cruz e na extrema pobreza da morte" (a. 11).

Meister → ECKHART, no tratado *Del distacco*, afirma: "Quando o espírito livre se encontra em um justo desapego, obriga Deus a vir em seu ser; se pudesse ficar sem forma e sem nenhuma imagem, assumiria em si o próprio ser de Deus". O ser humano espiritual, com efeito, assim que conquista um autêntico desapego, "fica tão arrebatado pela eternidade que nada passageiro pode comovê-lo, a nada corpóreo é tão sensível, afirma que está morto para o mundo, visto que não acha mais gosto no que é terreno. É o que pensa São Paulo quando afirma: "Eu vivo, mas já não vivo: é Cristo que vive em mim".

Podemos, assim, traçar o sentido espiritual de oposição entre avareza e desapego. Avareza é viver na preocupação do próprio ser ou vida pessoal; ao passo que o desapego pressupõe possuir um espírito insensível a todos os aspectos do amor e da dor, da honra, das tribulações e do desprezo porque só interessa perder-se em Deus. São → PAULO traduzia o desapego espiritual com esta exortação: "Tenham em vós os mesmos sentimentos que teve em si Cristo Jesus" (Fl 2,5).

A avareza espiritual não é superada toda de uma só vez. Parece eliminada, inicialmente, pela noite dos sentidos e, sucessivamente, pela noite passiva do espírito. É um caminho pascal em Cristo, que o Espírito realiza no ser humano espiritual. Isto significa que vestígios de avareza permanecem sempre na alma que peregrina na Terra, ainda que esta já tenha saboreado a experiência mística. Só não conhece a avareza espiritual o espírito que se tornou completamente espírito a tal ponto de não obstaculizar em nada a comunicação interior do Espírito.

Consequentemente, dentro das boas obras geralmente há vestígios de avareza espiritual. Meister → ECKHART traz o exemplo de uma oração fervorosa: "Qual é a oração do coração desapegado? Respondo dizendo que a pureza do desapego não pode rezar, visto aquele que reza deseja que Deus lhe dê alguma coisa, ou que Deus lhe tire alguma coisa. Ora, o coração desapegado não deseja nada, e não possui nada do qual gostaria de ser libertado. Assim, ele é livre de qualquer oração, e a sua oração nada mais é que estar em conformidade com Deus".

Meister Eckhart não incita a abandonar a oração. Lembra somente que na oração não se deve pretender dobrar Deus aos nossos desejos, mas praticá-la de tal sorte que seja um caminho para ir a Deus. O ser humano espiritual mostra estar em vias de curar-se da avareza se, rezando, demonstra "entregar a Deus todas as coisas, assim como ele as tinha quando ainda não existíamos". Os espiritualistas costumam dizer que o meio propício para curar-se da avareza é o sofrimento vivido com Cristo e em Cristo; é o caminho pascal que torna pneumatizados, isto é, purificados do apego a si mesmo para a disponibilidade à graça-luz do Espírito.

BIBLIOGRAFIA. ANTONIUS A SPIRITU SANCTO, *Directorium mysticum*, t. II, d. 1, n. 35. Paris, 1904, 54;

BROUILLARD, R. Avarice. In: *Dictionnaire de Sociologie*, 1.297-1.306, t. II; JOSEPH A SPIRITU SANCTO, *Cursus theologiae mystico-scholasticae*. Bruges, 1924, 36, t. I; MADALENA DE CANOSSA, STA. *Regole di vita*. Figlie della Carità Canossiane. Roma, 1982, 11 ss; MAESTRO ECKHART. *Trattati e sermoni*. Edição de A. FAGGIN. Milano, 1982, 175 ss. MANDELLI, G. Avarizia. In: *Dizionario di Teologia Morale*. Roma, 1968, 166-167; ROGUES DE FURSAC, J. *L'avarice, essai de psychologie morbide*. Paris, 1911.

T. GOFFI

B

BAKER, DAVID AGOSTINHO. 1. NOTA BIOGRÁFICA. David Agostinho Baker nasceu em Abergavenny no dia 9 de dezembro de 1575, de pais não católicos, enquanto na Inglaterra se desencadeava a perseguição. Estudou em Londres e Oxford, diplomou-se em direito, permaneceu celibatário e foi tabelião na cidade natal. Tendo escapado de um acidente na estrada, teve uma crise religiosa que terminou com a adesão à Igreja católica. Em 1603 conheceu dois beneditinos ingleses, professos da Congregação de Cassino. Foi com um deles para Mântua, onde recebeu o hábito monástico. Logo retornou à Inglaterra e parece ter sido o primeiro professo da Congregação inglesa, reconstituída com sede no exterior em virtude da perseguição. Foi ordenado sacerdote em Reims, em 1619. Viveu na Inglaterra com vários encargos, dedicando-se particularmente a pesquisas sobre a história monástica inglesa. Foi sempre muito dedicado à oração, na qual passava a maior parte do dia. De 1624 a 1633 foi enviado como instrutor e confessor adjunto ao novo mosteiro das beneditinas inglesas de Cambrai. Para essas monjas compôs a maior parte de suas obras espirituais. Nos cinco anos sucessivos viveu entre os monges de Douay; em 1638 foi mandado como missionário à Inglaterra, onde morreu de doença no dia 9 de agosto de 1641.

2. OBRAS E DOUTRINA. Para as monjas fez extratos de autores místicos e traduziu alguns escritos de → TAULERO. As suas obras originais são em torno de quarenta, quase todas sobre a vida espiritual e sobre a oração; escreveu também uma biografia de Gertrude More, sobrinha neta de Thomas More, monja em Cambrai, que antes lhe tinha sido hostil mas depois tornou-se a mais insigne das suas discípulas. São poucas as obras impressas, de quase todas restam cópias manuscritas.

Após sua morte, utilizando excertos dessas obras, Sereno Cressy compilou uma antologia sistemática sobre a oração contemplativa, lançada em Douay em 1657, com o título latino *Sancta Sophia*, que, em edições recentes, foi substituído pelo equivalente inglês *Holy Wisdom*. A obra foi reimpressa mais vezes, também em 1950. Em 1907, D. B. Weld-Blundell organizou um compêndio com uma linguagem mais atualizada sob o título *Contemplative Prayer*.

O *Sancta Sophia* possui o seguinte esquema: → VIDA INTERIOR em geral, com particular relevo para as santas inspirações e respectivo discernimento; atitude para a → CONTEMPLAÇÃO; mortificação; escrúpulos; oração em geral, → MEDITAÇÃO, atos da vontade, contemplação, união passiva, grande desolação, estado de perfeição. No apêndice do livro, modelos de oração afetiva, tomados, em sua maioria, de Gertrude More.

Convém observar que tanto os manuscritos de Baker quanto a edição do *Sancta Sophia* precedem a condenação do → QUIETISMO. Baker certamente não era quietista, porém cita alguns autores como Antonio de Rojas, que mais tarde foram condenados.

Baker insiste contra a restrita mentalidade de certos superiores e diretores que obrigam as almas à meditação discursiva, quando são completamente inaptos ou quando essa se torna supérflua. Baker aprecia a oração discursiva metódica e a considera necessária para principiantes que têm atitude. A experiência, todavia, lhe havia ensinado que, especialmente as mulheres, podem achá-la difícil; nesse caso, aconselha a oração afetiva ou, mais exatamente, aquela em que há profusão de atos da vontade, ao contrário da discursiva, em que predomina a atividade do intelecto. Em particular, Baker deplora (por experiência feita em Cambrai) a obstinação em aterrorizar as almas contemplativas com um tipo de pregação oportuno para comover pecadores endurecidos.

Foi-lhe recriminado o dar excessiva importância às → INSPIRAÇÕES DIVINAS em detrimento da docilidade devida aos superiores e aos diretores. Quem, porém, leu com atenção o que afirma a respeito sabe que a acusação é absolutamente infundada, a menos que se queira excluir a ação do Espírito na vida interior ou que se confundam as "inspirações" com iluminações paramísticas. Nisso Baker é fiel à doutrina de São → JOÃO DA CRUZ.

Notável também é o seu pensamento sobre a mortificação voluntária e necessária; desconfia da primeira e reforça a segunda; sobre a mortificação das paixões, insiste na oração e no amor. Profunda é a sua análise da humildade beneditina, que distingue em adquirida e infusa, isto é, gerada pela experiência contemplativa. Em suma, é um autor informado, rico de experiência pessoal, de conhecimento das almas, claro, simples e discreto.

BIBLIOGRAFIA. SITWELL, G. Baker David Augustine. In: *New Catholic Encyclopedia*, 21-22, t. II; STEAD, J. Augustine Baker on the Holy Spirit. *Word and Spirit* 3 (1981) 71-77. TESTORE, C. Baker Davide Agostino. In: *Enciclopedia Cattolica*, 710-711, t. II.

D. CUMER

BARBO, LUDOVICO. 1. NOTA BIOGRÁFICA. Nasce em Veneza por volta de 1382 e na mesma cidade, e em seguida em Bolonha, dedica-se aos estudos. Em 1403 converte-se, conforme ele próprio narra na carta *De initiis*, do ambiente cultural do humanismo a uma vida de oração e de recolhimento. Em San Giorgio in Alga (Veneza), antigo convento agostiniano do qual era prior comendatário desde 1397, reuniu um grupo de clérigos já seriamente empenhados na vida ascética em comum (entre os quais Gabriele Condulmer, depois Eugênio IV e São → LOURENÇO JUSTINIANO, que a seguir denominaram-se canônicos seculares de San Giorgio in Alga. Embora não fosse membro da Congregação, viveu com eles até 1408, quando Gregório XII o nomeou abade de Santa Justina de Pádua, mosteiro em plena decadência, onde soube instaurar, por uma obra de reforma tenaz e prudente, o movimento monástico da Congregação beneditina, que antes era *de Unitate* ou de Santa Justina de Pádua e depois (desde 1504), pela anexação a Montecassino, chamou-se cassinense. É difícil destacar os méritos dessa reforma que salvou os destinos do → MONASTICIISMO na Itália (aquilo que Barbo chama de *ordo monachorum nigrorum*) e teve influência decisiva também em outros países. A Congregação, aprovada por Martinho V, em 1419, reformou os antigos mosteiros que sucessivamente foram anexados, não sem superar graves dificuldades. Eixos da reforma foram: a observância da Regra exigida a todos os membros; os superiores *ad tempus*; a autoridade suprema do capítulo geral, cujas disposições eram delegadas a quatro visitadores para a execução, compondo, assim, uma síntese equilibrada dos vários elementos e das várias experiências de reforma praticadas em outros movimentos monásticos, particularmente no dos olivetanos. Em 1437 foi nomeado por Eugênio IV bispo de Treviso e, anteriormente, de 1433-1434 tinha sido legado do mesmo papa no concílio de Basileia. Morreu em Veneza em 19 de setembro de 1443.

2. OBRAS E DOUTRINA. Temos uma longa carta que, como bispo de Treviso, dirigiu aos seus monges em 30 de junho de 1440, para lembrar o início e o desenvolvimento da Congregação, denominada justamente *De initiis*. Particularmente significativa para a história da espiritualidade é a *Forma orationis et meditationis*, exemplo daquela meditação privada difundida pela → DEVOTIO MODERNA, que não era totalmente ignorada pelo monaquismo medieval, e que tanta parte teve no movimento de Santa Justina. Também chegaram até nós algumas cartas suas que interessam aos assuntos da Congregação.

Barbo pretendia recuperar o ambiente monástico para a observância da Regra pela difusão entre os monges do espírito "devoto", o qual requeria o acompanhamento da récita do ofício divino, "récita devota", sobretudo com a prática da oração mental ou → MEDITAÇÃO, que não é um exercício característico da tradição monástica, mas que, no século XV, mostrou-se capaz de reconduzir os monges à observância da Regra. Na *Forma orationis et meditationis*, escrita em seguida a uma disposição do capítulo geral do ano de 1440, com a qual tornava-se obrigatória meia hora de meditação no coro, cada manhã, Barbo expõe um exemplo desse exercício durante uma semana; para cada dia fixa um assunto: no domingo está marcado o tema da criação, na segunda-feira o do pecado original. Nos outros dias, a atenção do monge "devoto" é dirigida para os mistérios da vida de Cristo, começando pela Natividade para terminar nos últimos três dias com os mistérios da Paixão e Ressurreição. Particularmente acurada é a meditação da sexta-feira, um testemunho eloquente dos sentimentos do piedoso abade e bispo para com a Paixão do Senhor. Embora cada meditação não seja rigorosamente enquadrada em um esquema, é fácil acompanhar o seu desenvolvimento em três momentos: uma apresentação figurativa do mistério, a imediata aplicação à própria vida individual e a canalização para cálidos afetos.

A influência exercida por Barbo foi grande, não somente no ambiente italiano, mas também nos autores de espiritualidade de outros países (como → CISNEROS). Debateu-se o problema das fontes dessa doutrina: pensou-se nos irmãos da vida comum e nos canônicos de Windesheim, depois na escola franciscana, mas já entre os estudiosos vai ficando cada vez mais firme a convicção de que o espírito de Barbo tenha sido orientado para essa forma de vida espiritual especialmente pela experiência de San Giorgio in Alga, em plena correspondência com as exigências espirituais já largamente difundidas em toda a Europa. Um sinal desse fervor de devoção no ambiente monástico de Barbo também foi a difusão, entre os monges, da → IMITAÇÃO DE CRISTO.

BIBLIOGRAFIA. BARBO, L. Forma orationis et meditationis. In: WATRIGANT, H. *Quelques promoteurs de la méditation méthodique au XV siècle*. Enghien, 1919, 15-28; CRACCO, G. La fondazione dei canonici secolari di San Giorgio in Alga. *Rivista di Storia della Chiesa in Italia* 13 (1959) 70-88; MELLINATO, G. La riforma monastica di Ludovico Barbo. *La Civiltà Cattolica* 134 (1983/II) 369-373; PANTONI, A. Barbo Ludovico. In: *Dizionario degli Istituti di Perfezione*. Roma, 1974, 1.044-1.047, t. I; PESCE, L. L. Barbo, vescovo di Treviso (1437-1443). *Cura pastorale, riforma della Chiesa, spiritualità*. Padova, 1969, 2 vls.; PICASSO, G. Gli studi nella riforma di L. Barbo. In: *Los monjes y los estudios*. Poblet, 1963, 295-324; ID. La preghiera nel movimento spirituale di Santa Giustina. In: *La preghiera nella Bibbia e nella tradizione patristica e monastica*. Roma, 1964, 735-769; PRATESI, A. Barbo L. In: *Dizionario Biografico degli Italiani*. Roma, 1964, 244-249, vl. VI (com ampla bibliografia); SAMBIN, P. Sulla riforma dell'Ordine benedettino promossa da Santa Giustina di Padova. In: *Ricerche di storia monastica medioevale*. Padova, 1959, 57-112; TASSI, I. *Ludovico Barbo*. Roma, 1952; TROLESE, G. B. *Ludovico Barbo e Santa Giustina. Contributo bibliografico. Problemi attinenti alla riforma monastica del Quattrocento*. Roma, 1983; ID. (org.). *Riforma della Chiesa, cultura e spiritualità del Quattrocento*. Ata da Convenção do IV Centenário do nascimento de Ludovico Barbo (1382-1443), Pádua-Veneza-Treviso, 19-24 setembro de 1982. Cesena, 1984.

PICASSO, G.

BARNABITAS. Entre as Ordens religiosas que primeiro (não só cronológica, mas também espiritualmente) iniciaram aquele movimento de reforma no clero que organiza a atividade sacerdotal segundo as normas e as práticas da vida regular, está a dos barnabitas (Clérigos Regulares de São Paulo), fundada (com as angélicas e os leigos de São Paulo) pelo cremonense santo Antonio Maria Zaccaria em 1530 e aprovada por Clemente VII pelo breve de 18 de fevereiro de 1533. Zaccaria não escreveu muito. Os traços de sua espiritualidade podem ser encontrados não tanto em um tratado mas em suas *Cartas, Sermões* e *Constituições*, que permanecem como os mais vivos e claros testemunhos de um espírito contemplativo e ativo a um só tempo. Os barnabitas encontraram nesses escritos a fonte da sua espiritualidade: uma espiritualidade dinâmica, que move o ser humano do "exterior" para o "interior" e do "interior" para o "exterior".

a) *Do "exterior" para o "interior"*: podemos definir assim o itinerário do ser humano para Deus, que se desenvolve nos três momentos clássicos: *deixar o exterior*, isto é, superar a esfera da experiência humana, imersa na materialidade e na sensibilidade; *entrar em seu interior*, isto é, recolher-se em si mesmo; e *ir para o conhecimento de Deus* para viver em intimidade com ele (*Serm.* II). Em outras palavras: a vida espiritual, caracterizada pela oração, pela → ASCESE, pela uniformidade à vontade de Deus e pelo sentido de sua providência, além da prática da justiça e do amor, supõe um alto grau de interiorização, ou seja, a capacidade de recolher-se, meditar, perceber a silenciosa linguagem da consciência e do Espírito, e de interessar-se pelos grandes temas da espiritualidade: a salvação própria e a do mundo, o aperfeiçoamento moral e a busca do bem. Isto, porém, só é possível pela disciplina da vivacidade de nossa sensibilidade, para impedir que trabalho, divertimento, relações sociais e cuidado pessoal nos ocupem a ponto de sufocar todo vivo desejo de vida espiritual. É um caminho para a santidade: "Eu os quero todos santos, e não pequenos santos" (*Cartas* XI) afirma o fundador, e para alcançar isto é necessário um verdadeiro amor à perfeição.

O modelo é Cristo, considerado sobretudo em sua realidade de *Crucificado* (subtraído, portanto, a toda idealização abstrata). Ao mesmo tempo, porém, o Crucificado é uma pessoa viva com a qual nos podemos comunicar intimamente, é a referência que motiva: a consagração àquele que nos amou e se deu a si mesmo por nós; a *kenosis*, ou esvaziamento pessoal, como único modo de viver o seguimento e de gastar-se pelos outros; o dom apostólico aos irmãos, porque nenhum deles deve perecer, visto que foram resgatados ao preço do sangue de Cristo. Para o fundador, "aqueles que querem viver em Cristo, padecem tribulações e males, segundo a verdadeira luz, Cristo, mostrou com palavras e obras" (*Serm.* IV), e, assim, somente "carregando e alimentando-se continuamente de cruzes" realizarão os seus frutos (*Cartas*, VII) e poderão vencer a → TIBIEZA, "maior inimiga do Crucifixo" (*Cartas* VI). Além disso, revivendo no interior "a doce paixão do Senhor (*Const.* IX) e encarnando-a na própria vida, experimentarão uma surpreendente mudança: não mais instrumento de humilhação e de morte, mas fonte de alegria, consolação, paz suprema, por causa da vitória sobre si mesmos: "é o Crucifixo que nos consola" (*Cartas* IX).

Por outro lado, se "a vida religiosa é uma cruz contínua e aos poucos" (*Serm.* IV), como cruz é a obediência (*Serm.* I), não menos que a pobreza (*Const.* IV), também é verdade que quem abraça esse estado sabe que exprime o mais intenso ato de amor. De resto, nesse amor ao Crucifixo e à cruz, os barnabitas (assim como as angélicas e os casados) seguem os ensinamentos de seu "doce Pai" (*Cartas* VII), o "sapientíssimo Doutor dos gentios" (*Serm.* VII), São Paulo, visto como "exemplo vivo do Cristo Padecente" (*Cartas* IX). E mais: o Crucificado torna-se o interlocutor íntimo da oração (*Cartas* III) e, nesse sentido, os discípulos de Zaccaria "dialogam com o Crucificado" (*Cartas* III) e exprimem o seu amor na adoração da cruz toda sexta-feira às três horas (a hora da morte, também lembrada pelo toque dos sinos).

Ligada ao Crucifixo está a *Eucaristia*, que tem como objetivo reproduzir a vida de Cristo em quem dela se alimenta. Ela é o "Crucifixo vivo", no estado de alma imolada, e o sacrifício da missa é o ponto de inserção da devoção ao Crucificado, na devoção à → EUCARISTIA, que tem o seu fruto na prática da *adoração eucarística*, também sob a forma das *Quarenta horas públicas* (das quais Zaccaria foi o idealizador).

O convite para "exercitar [...] o Espírito" passa, portanto, por uma vida litúrgica intensa, acompanhada pelas frequentes "refeições", pela → LECTIO DIVINA (com uma atenção particular às cartas paulinas) e, sobretudo, pela *oração mental*, coração da meditação, que deve conduzir a viver em estado de oração. O mesmo espírito "paulino" que levou Zaccaria e seus discípulos a operar para a *renovação do fervor cristão* na constante referência à "oprobriosa cruz" (*Cartas* V) os conduz a dar um passo aparentemente (mas, na verdade, coerentemente) audacioso: planejar a autorreforma do Instituto com a constituição da comunidade renovada, caso penetrasse a tibieza no → FERVOR (*Const.* XVII-XVIII).

Uma espiritualidade, portanto, eminentemente cristocêntrica e paulina, que todavia não exclui a referência a Maria, cuja devoção entre os barnabitas assumiu vários matizes ao longo dos séculos: em 1500 é a Virgem das Dores, da qual o fundador recomendava que se meditassem os sofrimentos; a partir de 1732, reafirma-se a devoção a *Maria Mãe da Divina Providência*, a ponto de tornar-se a Virgem dos barnabitas (cuja efígie é venerada na igreja de São Carlos e São Brás ai Catinari, em Roma.

b) *Do "interior" para o "exterior"*: se é verdade que viver espiritualmente leva a ter Deus no coração, também é verdade que leva a colocar a própria vida a serviço do próximo (*Serm.* IV), que se torna, assim, meio para ir a Deus (*Serm.* IV): aqui, portanto, possuem as suas raízes o → APOSTOLADO como "ganho e perfeição consumada do próximo" (*Cartas* II) e a própria santificação, evidenciando uma estreita correlação entre perfeição pessoal e perfeição do próximo.

Assim: contemplação e ação!

A ação apostólica dos barnabitas, além disso, é expressa e se exprime na linha do carisma zaccariano: a "renovação do fervor cristão" (*Cartas* VII), através do ministério e da formação religiosa e cultural, em particular da juventude, estendendo-se também à atividade missionária.

Por outro lado, como já no século XIV, hoje a ação é desenvolvida também no campo litúrgico, promovendo a frequência aos → SACRAMENTOS, a participação viva dos fiéis nos atos de culto, e cuidando da santificação das almas pela direção e retiros espirituais, segundo a exortação do fundador de "elevar cada dia os olhos da mente [...] a Deus, como alguém faria com um amigo" (*Cartas* III), sobretudo quando estiver mergulhado em atividades: é um convite explícito para fundir vida ativa e → VIDA contemplativa, empenhando-se em conhecer e vencer a si mesmo, para alcançar a "perpetuidade de oração" (*Cartas* III). O contemplativo de → VIDA mista ganha portanto tanto na ação quanto na contemplação, pela qual "a vida mista é mais preciosa que um tesouro". Neste sentido, os barnabitas (em cuja espiritualidade também exerceu influência São → FRANCISCO DE SALES) procuram realizar a perfeita fusão entre vida ativa e vida com templativa, fazendo a sua vida girar em torno de dois polos: o mosteiro (no qual a firmeza para a perfeição é mantida através dos capítulos, da oração e da → ASCESE) e o apostolado da missão.

BIBLIOGRAFIA. ANTONIO MARIA ZACCARIA, SANTO. *Gli scritti*. Roma, 1975; BOFFITO, G. *Scrittori barnabiti*. Firenze, 1933-1934; CHASTEL, G. *Saint Antoine-Marie Zaccaria barnabite*. Paris, 1930; ERBA, A. M. Chierici Regolari di San Paolo. In: *Dizionario degli Istituti di Perfezione*. Roma, 1973, 945-974, vl. II; PREMOLI, O. *Storia dei barnabiti*. Roma, 1913-1925, 3 vls.; TESTI, M. Barnabites. In: *Dictionnaire de Spiritualité*. Paris, 1937, 1.247-1.252, vl. I; GENTILI, A. M. *I barnabiti*. Roma, 1967.

Entre os escritores barnabitas de ascética, citam-se: CANALE, B. *Diario spirituale*. 1670; PALMA, B. *Atti virtuosi interni dell'anima cristiana* (Palma spiritualis), 1616; QUADRUPANI, C. G. *Documenti per istruzione e tranqüillità delle anime*. Torino, 1795; TEPPA, A. *Gesù al cuore del divoto di Maria*. Bologna, 1836; SEMERIA, G. *Pagine religiose*. Genova, 1982. (Para posteriores referências, cf. BOFFITO, G., *Scrittoti barnabiti...*, 530, vl. IV, nas vozes *ascetica* e *mistica*).

M. REGAZZONI

BASÍLIO MAGNO (Santo). 1. NOTA BIOGRÁFICA. Basílio nasceu em Neocesareia do Ponto entre 329 e 330. O ambiente em família é bastante propício a uma formação cristã sólida e vigorosa: o avô paterno tinha sido mártir; a avó Macrina, o pai e a mãe Emélia, os irmãos Gregório e Pedro, a irmã mais velha, Macrina, são santos. Frequenta as primeiras escolas em Neocesareia sob a direção do pai e prossegue em Cesareia da Capadócia, em Constantinopla e Atenas, onde permanece cerca de cinco anos e estreita fraterna amizade com Gregório, futuro bispo de Nazianzo. De volta a Cesareia, em torno de 356, recebe o batismo e se orienta para uma vida de solidão, atraído pela organização monástica de Eustáquio de Sebaste. Para adquirir um conhecimento direto da "filosofia" dos monges, realiza uma longa viagem pela Síria, Palestina, Egito e Mesopotâmia: visita mosteiros e cenóbios, estuda as suas leis, a organização, a disciplina e todo o seu complexo de vida. Ao retornar à Capadócia, retira-se para as margens do Íris, defronte a Anesi, perto de Neocesareia, onde é alcançado pouco depois pelo amigo Gregório. A vida solitária é interrompida pela ordem do metropolita de Cesareia, Eusébio, que quer Basílio junto a si como colaborador e conselheiro. Ordena-o sacerdote.

Em virtude de equívocos, todavia, causados talvez por ciúme do bispo, Basílio retoma o caminho do Ponto para viver em plena → UNIÃO COM DEUS, no silêncio contemplativo e na atividade de formação de discípulos. Eusébio torna a chamá-lo, em 365, a Cesareia, reconhece os grandes serviços e a vasta cultura de seu colaborador e lhe dá ampla liberdade de ação. Basílio não esquece ninguém: os monges, os pecadores, os abandonados, para os quais cria a cidade do sofrimento, chamada Basilíades. Em 370 sucede a Eusébio. É um momento histórico importante: assiste-se à volta do ardor do arianismo, sob a direção aeciana e eunomiana, ao nascer do macedonianismo, a regurgitos de neossabelianismo. Basílio fica no centro de fogos concêntricos e convergentes de antigas e novas heresias, da oposição violenta de Valente e, em geral, do poder público: com frequência é isolado, incompreendido no turbilhão da perseguição, de calúnias, de traições e de insídias, mas não se dobra nem abandona o campo; está sempre na linha de frente: fala, escreve, ataca o erro onde quer que se apresente, com fortaleza de espírito de apóstolo e de mártir. Não esquece dramas que laceram a Igreja de Antioquia: escreve a Alexandria, a Roma e a outras Igrejas, quer do Oriente quer do Ocidente, para restabelecer a paz e a unidade da Igreja mãe; também não esquece os seus monges, pelos quais sente tanto mais profunda paternidade quanto mais viva é a nostalgia da solidão: para esses filhos de predileção, a preocupação se exprime em renovados conselhos, em normas espirituais, tão prudentes quanto correspondentes a uma intensa vida de união com Deus.

Morre em 379, na vigília do triunfo da ortodoxia, do seu triunfo. O título de "Grande" que lhe foi atribuído sintetiza a posição e o prestígio excepcionais de Basílio naquele período histórico, e se pode afirmar dele o mesmo que foi declarado sobre Policarpo de Esmirna: "Foi o mestre da Ásia".

2. ESCRITOS. A vasta e profunda cultura de Basílio, quer sacra, quer profana, é comprovada pelos escritos, ditados nas situações críticas em que se desenvolveu a sua atividade de mestre e pastor. Não é um especulador puro, como seu irmão, → GREGÓRIO DE NISSA: é prático, concreto, essencial, claro, profundo, de uma lógica firme e rigorosa. Quer defenda o dogma ou redija normas de vida espiritual, quer fale ao seu povo ou escreva a bispos e a Igrejas, tem sempre diante de si o bem das almas, cala-se sempre diante do concreto e exalta os múltiplos aspectos espirituais e a todos oferece o remédio adequado.

Entre os escritos "autênticos" podemos distinguir:

a) Teológico-polêmicos: *Refutação do Apologético de Eunômio* (3 livros); *Sobre o Espírito Santo*; *Homilias, Deus não é autor do mal* (9); *Sobre a fé* (15); *Sobre o Verbo Encarnado* (16); *Contra Sabélio, os arianos e os eunomianos anomeus* (24).

b) Exegéticos: 9 *Homilias sobre o Hexaemeron*, 15 *sobre vários Salmos*, 1 *sobre o início dos Provérbios*. Observe-se, além da pesquisa do sentido exato do texto sagrado, a tendência a considerações morais e espirituais da máxima importância para a formação cristã dos ouvintes, com apelos às supremas exigências da santidade.

c) Morais: vários *Discursos* ou *Homilias*: sobre o conhecimento de si (3), sobre a ação de graças (4), contra os abusos de adiar o batismo (13), sobre a humildade (20), sobre o estudo dos clássicos (22). Basta observar o assunto dos vários discursos para constatar a vasta gama de temas morais enfrentados por Basílio com fina introspecção e análise psicológica.

d) Ascéticos: as *Regras morais*, de 360, para os ascetas que ainda viviam na comunidade cristã. São 80 regras subdivididas em capítulos, contendo preceitos e exortações válidos não só para os monges mas para todos os fiéis; o *Pequeno Asceticon*, escrito por volta de 370, está conservado nas versões latina e siríaca; o *Grande Asceticon*, subdividido em *Grandes Regras* (55) e *Regras Breves* (313). Não se trata de normas jurídicas, mas de esclarecimentos, de respostas a determinados problemas e situações particulares da vida religiosa, a casos específicos de consciência em relação à perfeição ascética, de aplicações concretas aos grandes e basilares princípios da → ASCESE. Nas *Grandes Regras* prevalecem os enfoques de princípio; nas *Regras Breves*, as aplicações práticas. Essas *Regras* são um desenvolvimento dos conceitos expressos na carta de Basílio ao amigo Gregório.

e) Epistolares: 366 *Cartas* — nem todas autênticas — constituem o grande repertório da correspondência do bispo de Cesareia: cartas escritas por Basílio — a maior parte — e escritos endereçados a ele por vários remetentes. Essa vasta correspondência é um documento de primeira linha, quer pela história eclesiástica, quer pela espiritualidade monástica capadócia e pôntica.

3. DOUTRINA. Basílio é um verdadeiro forjador de almas, um mestre muito qualificado pela cultura e experiência, um pai espiritual para os monges e para todos os fiéis. Embora prefira a vida dos monges à dos casados e a vida cenobítica à eremítica (*Cartas* 160; *Mor.* 51-52), a riqueza doutrinária, moral e ascética também é válida, no plano espiritual, para todos. Se as exigências da vida de retiro e solidão são próprias da vocação específica de asceta, essas mesmas exigências encontram sua plena justificação na realidade batismal, para a realização da santidade que, observa Basílio, é exigida de todos indistintamente. Os deveres particulares entram nessa mais ampla perspectiva e, em última análise, se fundamentam em uma visão sobrenatural da vida cristã: a bem-aventurança com a posse de Deus. "O fim ao qual tende a nossa ação e para o qual caminhamos é a vida bem-aventurada do tempo futuro" (*Hom. sobre o Salmo 48*, 1). Deus é o sumo e único bem porque é perenemente bem-aventurado e sempre idêntico, "para o qual tudo é orientado e ao redor do qual tudo gravita" (*Hom. sobre o Salmo 1*, 5-6). Realidade essa comprovada pela experiência de quem encontrou a Deus na contemplação, nas iluminações sobrenaturais, nas comunicações da graça, nas quais a alma vibra de amor por Deus e vê as realidades terrenas como efêmeras e sem valor, diante da imensidão e infinitude de Deus (cf. *Hom. sobre o Salmo 29*, 6). Deus é a medida do bem e da felicidade do ser humano, e, quanto maior é a participação de Deus em conhecimento e amor, tanto maiores são o bem e a felicidade que irrompem na alma. Mas a participação de Deus é condicionada pela atitude do ser humano: dois, com efeito, são os caminhos abertos diante do homem, com os seus contrastes característicos de → VIRTUDE e de → VÍCIO, de oração e de dissipação, de serenidade e de agitação, de virgindade e de fornicação (cf. *Hom. sobre o Salmo 1*, 10). E dois são os guias: o demônio e o anjo, cada um dos quais procura atrair para si o viajante.

O ser humano aproxima-se de Deus pela dupla ascese: negativa e positiva. "A fuga do vício é início do bem" (*Ibid.*, 4). Exatamente esse *aspecto negativo* — ascese da separação —, que é desvinculação da culpa, das paixões, do efêmero, do terreno, é condição primordial e prejudicial para o encontro com Deus (*Ibid.*, 10-14). É o pressuposto, a imposição que brota da realidade batismal, sem distinção de estado ou de condição de vida: pelo → BATISMO se está morto para o pecado e inserido no Cristo vida (cf. *Hom*. 6-8 e 21). A vida é um caminho que se deve percorrer até a última meta, é uma escada que conduz para o céu, é um campo que deve frutificar para a → ETERNIDADE: a obrigação de aplainar o caminho e dar os passos, de extirpar as ervas daninhas do terreno e cultivá-lo, de desapegar-se da terra e subir os degraus, é bastante evidente. É o "renega a ti mesmo" do Evangelho (cf. *Ibid*. e *Hom. sobre o Salmo 29*, 6).

A *ascese positiva* está centralizada no exercício da virtude e na → IMITAÇÃO DE CRISTO. Basílio se reporta às três fases da vida espiritual, embora de passagem e sem aprofundamentos: vida purgativa, iluminativa e unitiva. Compara, com efeito, aos três livros sapienciais (Provérbios, Eclesiastes e Cântico) os três estados da alma: retificação, desvelamento e intimidade com Deus, assinalando a cada um dos estados exercícios particulares de virtude e métodos de vida (cf. *Hom. sobre o Salmo 1*, 1-5; cf. também *Sobre o Espírito Santo*, 9 e 23, em que se revela o progresso gradual das almas: "Aqueles que são purificados de toda mancha [o Espírito os] ilumina e, pela união consigo, os torna espirituais"). O progresso na vida do espírito é uma necessidade, e isto é demonstrado pela analogia com a vida física, na qual à infância segue-se a juventude e a esta a idade madura (cf. *Hom*. 12, 1.14). Dois princípios regulam o movimento ascético para Deus: a visão realista dos valores ou realidades: "Não aderir às coisas passageiras como se fossem eternas, nem desprezar as eternas como se fossem transitórias" (*Hom*. 3,3); operar em presença de Deus: "Deve-se operar cada coisa como convém que sejam feitas aquelas coisas que estão sob os olhos do Senhor, e deve-se pensar cada coisa como convém que sejam pensadas aquelas coisas que são vistas por ele" (*Reg*. 5,5).

Os exercícios espirituais, que marcam o progresso espiritual e o alimentam, podem reduzir-se a estes: o recolhimento do espírito, que mantém a alma em uma repousante tranquilidade, em uma serenidade que facilita o colóquio com Deus e a contemplação: "É necessário estar livre de todo tumulto externo e criar a mais completa paz no íntimo recesso do próprio coração: só então poderá entregar-se à meditação da verdade" (*Hom. sobre o Salmo 39*, 3); a oração, que não deve ser limitada às palavras, mas expressa na fortaleza do espírito e em boas obras, que se prolongam pela vida inteira, e não somente a determinadas horas do dia, antes e após as refeições, à noite e no meio da noite etc., nem à leitura dos livros sagrados, nem unicamente à contemplação das maravilhas da criação para aí ler os traços da sabedoria e do poder de Deus: o apelo à → PRESENÇA DE DEUS deve constituir uma perene e ininterrupta comunicação de vida sobrenatural, para imprimir a toda atividade humana o caráter de glorificação e de adoração a Deus: "O pensamento de Deus, uma vez impresso como selo na parte mais nobre da alma, pode ser chamado de louvor de Deus, que em todo tempo vive na alma. [...] O homem justo consegue fazer tudo pela glória de Deus, de modo que toda ação, toda palavra, todo pensamento seu tenham valor de louvor" (*Hom. sobre o Salmo 39*, 3). Essa atitude da alma conduz rapidamente à perfeição porque é de per si dinâmica em operar virtuosamente, sem desvios e comprometimentos (*Hom. sobre o Salmo 44*, 21). O temor de Deus: move-se na esfera da prudência, circunspecto na ação, sensível em perceber os perigos, pronto para fugir das ocasiões de pecado, impele ao bem não só pelos castigos reservados aos pecadores, mas sobretudo para não desagradar a Deus. Esse → TEMOR perfeito desprende a alma das inclinações para o mal, evita os desvios morais, arranca o afeto pelo pecado, insere no sulco da virtude, guardião da inocência, é força do bem (cf. *Hom. sobre o Salmo 39*, 13).

Na vida virtuosa, que engloba decisão e firmeza no bem, Basílio distingue as virtudes teóricas das práticas: o cristão deve conhecer umas e praticar as outras. Em particular: a → CARIDADE em toda a vastíssima esfera na qual se articula: da beneficência e esmola à delicadeza de trato e fineza de sentimentos, da palavra às atitudes e fatos, do suportar o próximo ao amor aos inimigos; caridade que em Deus tem sua fonte e final (cf. *Hom. sobre o Salmo 14*, 1-4; sobre o *Hexaémeron* 7,5; *Reg*. 3,2; *Reg. breve* 26-27); a → HUMILDADE reconduzindo o ser humano ao estado de inocência, do qual foi afastado pela → SOBERBA, condicionando assim o desenvolvimento da vida espiritual, faz reviver em nós o exemplo de Cristo humilde (cf. *Hom*. 20 sobre os *Salmos* 3,12; 61,1; *Mor*. 45,1); o → JEJUM, pelos numerosos benefícios dos quais é causa e fonte para cada indivíduo, para cada estado e condição de vida, para a sociedade, na qual opera a paz, a concórdia, a caridade e a segurança (cf. *Hom*.

2,5); a → FORTALEZA nas provações, porque elas são forças que desenraízam os descontrolados afetos pelas coisas terrenas, pelas vaidades, por nós mesmos, são meios de renovação plena em relação ao enfoque da vida e à valorização das realidades terrestres: "Na verdade, para quem está dignamente preparado, as tribulações são alimento e exercício de luta e elevam o atleta à glória eterna" (*Hom. sobre o Salmo 39*, 2). As provações predispõem a alma a escutar a voz de Deus, "que não desce em almas fracas e fragilizadas, mas naquelas que operam o bem, com força e firmeza" (*Hom. sobre o Salmo 28*, 3-15). A leitura dos livros sagrados: a → LECTIO DIVINA não é somente um excelente exercício da presença de Deus "que está presente em todos e em cada um, e a todos e a cada um oferece ajuda para alcançar a salvação" (*Hom. sobre o Hexaémeron* 7,5), mas é também alimento substancioso do espírito e fermento transformador em santidade (cf. *Coment. de Is* 1,31). Basílio fala por experiência e sabe quanto bem a alma pode extrair da meditação da palavra divina, entregue na Sagrada Escritura. Deveria ser sempre motivo de meditação e de elevação a Deus (cf. *Hom. sobre os Salmos* 32,2; 33,6; 59,8; *Cartas* 2,3; 42,3; 46,5). "O Salmo", escreve, "é tranquilidade para a alma, árbitro da paz, afasta o tumulto e o ondular dos pensamentos, reprime a ira do espírito, corrige e modera o descontrole, [...] concilia a amizade, pacifica aqueles que estão separados, afugenta os demônios, invoca o auxílio dos anjos, [...] é segurança para as crianças, ornamento dos jovens, consolo para os idosos. É a base para quem dá os primeiros passos na perfeição, incremento para quem progride nesse caminho, sustento para quem alcança a meta" (*Hom. sobre o Salmo* 1,2). Os livros inspirados, tanto do Antigo quanto do Novo Testamento, ainda que às vezes se apresentem obscuros e difíceis, pela profundidade dos mistérios que encerram, sempre estimulam à reflexão, transmitem luz à mente, são remédios para os nossos males, estímulo para a imitação dos santos, dão o gosto por Deus, renovam a alma, abrem para a amplitude do mundo sobrenatural, revelam o nosso destino eterno (cf. *Cartas* 2,3; 42,3; 46,5; 283; 296; *Hom. sobre os Salmos* 32,2; 33,6; sobre o *Hexaémeron* 2,3; *Coment. de Is* pról. 6; *Sobre o Espírito Santo* 27,66).

Todo o complexo dos exercícios ascéticos de mortificação, de oração e de vida virtuosa cria na alma a paz interior — a *hésychia* —, fruto do domínio e controle das paixões, isto é, da → APATIA/*APATHEIA*, tomada não em sentido estoico, mas claramente cristão (cf. *Hom. sobre os Salmos* 28,8; 29,5; 33,9-10; 61,2; *Cartas* 2,2; *Coment. de Is* 2,76; *Reg.* 15,2).

A vida em Deus. A ascese, em suas várias e múltiplas expressões, tende à perfeição da caridade, ou seja, à união de amor da alma com Deus. O ser inteiro, orientado firmemente para Deus, vibra com essa tensão e só se aplaca na posse do bem que fascina: o próprio corpo já não é visto como cárcere da alma, mas transforma-se em exultante glorificação de Deus (cf. *Hom. sobre o Salmo* 28,3-15). Tem-se então, concretamente, o revestimento de Cristo, logo, a perfeição. "Cristo, com efeito, é a própria sabedoria: dizemos que é sábio quem, pela participação em Cristo, enquanto é sabedoria, é, por isso mesmo, perfeito" (*Coment. de Is* 5, 176). O fluxo de vida que é Cristo, nosso irmão e redentor, escorre em todo o nosso organismo espiritual (cf. *Hom. sobre o Salmo* 48,4). Em Cristo e por meio dele canta-se a glória do Pai (cf. *Sobre o Espírito Santo* 7,13) porque é nosso pastor, rei, médico, esposo, pão, caminho, luz, ressurreição (cf. *Ibid.*, 8,17-18), modelo de vida, porque cada ação sua, discurso, sua vida inteira são a regra suprema de nosso agir. Daí a necessidade de seguir a Cristo, de reproduzir em nós a perfeição do exemplar divino, não só em mansidão, humildade, sabedoria, mas também, como afirma Paulo, em sua morte: "tornado conforme ele na morte, me seja concedido de alcançar a ressurreição entre os mortos" (*Ibid.*, 15,35). A conformação com Cristo na totalidade de amor tem-se na ação do Espírito Santo, que renova continuamente na alma o milagre da graça realizado, na economia da salvação, no mistério da vida de Cristo e da Igreja (cf. *Ibid.*, 16,39 e 29,49). "A renovação se realiza em nós por meio do Espírito Santo", como também a passagem da vida terrestre, sujeita a numerosas e turbulentas vissicitudes, para a "celeste conversação" (*Ibid.*). Ação penetrante nas profundezas da alma, revelação do mistério de Deus, comunicação da verdade divina, transformação radical na nova criatura, deificação: "A nossa mente, iluminada pelo Espírito Santo, fixa-se no Filho e, no Filho, como em Imagem viva, vê o Pai" (*Ibid.*, 24,57). "Pela iluminação do Espírito Santo, em sentido próprio e verdadeiro, contemplamos o esplendor e a glória de Deus; pela caridade somos conduzidos àquele do qual é caráter e selo" (*Ibid.*, 26, 64; cf.

também *Ibid.*, 15,36; 9,22). Entra-se no círculo de vida trinitário, na participação de todos os dons paternos, das efusões do sangue de Cristo, na caridade vivificante (cf. *Ibid.*, 16,37). Pela ação do Espírito santificador, "o gáudio perene, a perseverança no bem, a semelhança com Deus" (*Ibid.*, 9,22). Naturalmente, as riquezas de iluminação e de transformação são condicionadas pelas disposições da alma, "porque o Espírito Santo está presente em todos, mas comunica uma virtude particular àqueles que vivem em pureza de afetos" (*Coment. de Is*, proêmio 3).

A vida monástica. As regras ditadas por Basílio aos monges não são um código de leis, mas um manual de preceitos ordenados para a perfeição dos consagrados a Deus na vida cenobítica. As normas de Basílio geralmente valem para todos os cristãos: para ele, os monges são cristãos não distintos dos outros, excetuando por um mais acentuado espírito de desapego, de sacrifício e de doação a Deus. Existem normas e disposições referentes aos reclusos e separados enquanto membros de uma comunidade, consagrados à austeridade própria do cenóbio: insiste no valor da → OBEDIÊNCIA, do sacrifício da vontade, que possui o mesmo mérito do martírio, da prudência na aceitação dos candidatos, na vida de oração, na necessidade da → DIREÇÃO ESPIRITUAL, em caridade fraterna, na fidelidade ao ideal etc. Normas particulares que, no pensamento de Basílio, não devem amarrar o espírito na minuciosa casuística, mas, ao contrário, devem facilitar-lhe ao máximo a liberdade para os grandes voos rumo à mais alta perfeição. Por essa razão, Basílio atualizou com frequência o seu ensinamento, para torná-lo sempre mais correspondente às necessidades e às mais profundas exigências da vida de consagrados (cf. *Grande Regra*, 9.10.14.37-40; *Cartas* 160,4; 199, 18-19; *Mor.* 51-52; *Cartas* 207,3 etc.).

O conteúdo altamente espiritual e concreto das Regras basilianas, com o sentido da medida e do equilíbrio, da liberdade de espírito e da dependência, das relações humanas e sobrenaturais entre os monges, foi e ainda é guia para muitas almas que, do doutor capadócio, copiam o nome e o exemplo de vida. A influência doutrinária ascética de Basílio foi enorme, quer no Oriente, quer no Ocidente, na formulação de regras monásticas e no enfoque da → VIDA RELIGIOSA.

BIBLIOGRAFIA. Obras: *L'ascetica di san Basilio il Grande* (texto grego e trad. it. de E. LEGGIO [org.]. Torino, 1934); *Epistolario o Omelie*. Roma, Paoline, 1965-1966; *Opere ascetiche*. NERI, U. (org.), trad. it. M. B. ARTIOLI (*Classici delle Religioni*, UTET). Torino, 1980; *Le Lettere*, Introdução, texto criticamente revisto, tradução e comentário de M. FORLIN PATRUCCO. Torino, 1983, vl. I (*Corona Patrum* 11); CAVALCANTI, E. *L'esperienza di Dio nei Padri greci. Il trattato "Sullo Spirito Santo" di Basilio di Cesarea*. Roma, 1984.
Estudos: AMAND, S. *L'ascèse monastique de saint Basile. Essai historique*. Maredsous, 1949 (com a lista das obras ascéticas autênticas); ANGELI, P. *Basilio di Cesarea*. Milano, 1967; COSSU, G. M. *L'amore naturale verso Dio e verso il prossimo in san Basilio Magno. Bollettino della Badia greca di Grottaferrata*, 14 (1960) 87-107; ID. *Il motivo formale della carità in san Basilio Magno. Bollettino…* 14 (1960) 3-30; GIET, S. *Le rigorisme de saint Basile. Revue de Sciences Religieuses* 39 (1949) 333-342; GRIBOMONT, J. *Évangile et Église. Mélanges*. Bégrolles em Mauges, Éd. de l'Abbaye de Bellefontaine, 1983, 2 vls. (essa miscelânea reúne a maior parte dos estudos de J. GRIBOMONT sobre São Basílio); ID. *Les régles épistolaires de saint Basile: Lettres 173 et 22, Antonianum* 54 (1979) 255-287; ID. *Saint Basile et le monaquisme enthousiaste. Irenikon* 53 (1980) 123-144; ID. *Obéissance et Évangile selon saint Basile le Grand. La Vie Spirituelle. Supplément* 5 (1952) 192-315; ID. *Le renoncement au monde dans l'ideal ascetique de saint Basile. Irenikon* 31 (1958) 282-307.460-475; HUMBERT CLAUDE, H. *La doctrine ascétique de saint Basile de Césarée*. Paris, 1932; LUIS-LAMPE, P. *Spiritus vivificans. Grundz ge einer Theologie des Heiligen Geistes nach Basilius von Cesarea*. M nster, 1981; PETRA, B. *Provvidenza e vita morale nel pensiero di Basilio il Grande*. Roma, 1983; RENDINA, S. *La contemplazione negli scritti di san Basilio Magno. Studia Monastica* 4 (1962) 237-339; SORSOLI, C. *La dottrina trinitaria in san Basilio Magno*. In: *Il Mistero del Dio Vivente*. Roma, 1968, 144-162; Destacam-se as *Atas* [*Atti*] de um recente simpósio basiliano: *Basil of Cesarea. Christian. Humanist. Ascetic. A Sixteen-Hundredth Anniversary Symposium*, editadas em 2 vls. por P. J. FEDWICK, Leiden, E. J. Brill, 1981 (vl. I: Vida, obras, doutrina; vl. II: a Tradição dos escritos).

C. SORSOLI — L. DATTRINO

BATISMO. O batismo cristão, juntamente com a crisma ou → CONFIRMAÇÃO e a → EUCARISTIA, deve ser considerado dentro do conjunto de iniciação cristã preparada pelos rituais do catecumenato, segundo a antiga práxis da Igreja e do atual *Ritual de iniciação cristã dos adultos*. Para uma visão completa do batismo, de sua teologia e de sua espiritualidade, é necessário remeter às outras vozes sobre os sacramentos da iniciação cristã.

Hoje temos uma clara consciência de que na base da espiritualidade cristã se encontra a graça do sacramento do batismo e que, na mais pura tradição bíblica e patrística, espiritualidade cristã significa espiritualidade batismal, consciência e compromisso de viver as realidades do batismo ou de viver segundo o batismo recebido. As cateqeses mistagógicas dos Padres, mas antes ainda a experiência e a doutrina de Paulo e as homilias batismais antigas pregadas na noite da Páscoa colocam em destaque essa totalidade da espiritualidade cristã como espiritualidade da iniciação cristã, que empenha a levar a graça recebida até ao esplendor da perfeição, quer no heroísmo do martírio, quer na caridade perfeita, quer no âmbito da contemplação dos mistérios.

A renovação litúrgica e teológica, a doutrina do Vaticano II sobre o povo de Deus e sobre a centralidade do batismo na vida cristã (cf. *LG* 7, 10.11), abriram novas perspectivas para a plena recuperação de uma "teologia sacramental" da espiritualidade cristã, da ascese e da mística, para que reencontrem suas raízes objetivas, místéricas e sacramentais, evitando, assim, uma visão subjetiva da → ESPIRITUALIDADE. É evidente, por outro lado, que essa recuperação da espiritualidade do batismo, que podemos chamar "genérica", porém tão rica que contém em si em raiz todas as outras espiritualidades específicas, obriga a todos — sacerdotes, religiosos e leigos — a recuperar plenamente a consciência batismal com todas as graças e todos os compromissos que brotam para a autêntica perfeição cristã, marcada pelo caráter cristológico e pneumatológico, pela inserção na Igreja, comunidade de batizados, e orientada para a realização escatológica de tudo que recebemos como "semente de glória".

A riqueza do batismo se exprime através de diferentes nomes e efeitos; reflete-se nas figuras do Antigo Testamento e na doutrina do Novo Testamento; é participada pela rica simbologia dos rituais batismais.

Para poder dizer uma palavra clara sobre esse sacramento é preciso retornar ao seu fundamento bíblico, à práxis litúrgica da Igreja de ontem e de hoje, à esplêndida doutrina dos Padres que elaboraram uma magnífica teologia batismal, às questões abertas no campo teológico e pastoral, à perspectiva espiritual e apostólica que hoje assume a consciência batismal dos cristãos na Igreja.

Estes serão os momentos progressivos desta exposição.

1. A TEOLOGIA BÍBLICA DO BATISMO. Pode-se bem afirmar que o batismo é um dos temas centrais da revelação do Novo Testamento. A riqueza de alusões a esse assunto não tem comparação com outros sacramentos, nem com a Eucaristia. Os textos sobre o batismo são porém muito variados, referem-se aos diferentes aspectos do mistério e colocam-se em uma progressividade. Para clareza, apresentamos em linha progressiva a doutrina dos Sinóticos, de João, a práxis da Igreja nos Atos dos Apóstolos, a reflexão experiencial de Paulo, as outras referências nos escritos apostólicos posteriores.

a) *A doutrina dos Sinóticos: do batismo de Jesus ao mandato de batizar.* Os três Evangelhos sinóticos narram o fato do batismo de Jesus por → JOÃO BATISTA. O gesto de humildade e de solidariedade de Cristo com seu povo situa-se no contexto da pregação de João, que proclama uma conversão com o sinal sagrado de um batismo de penitência. O sinal do batismo — imersão na água — é bastante conhecido no mundo religioso em âmbito universal; como sinal e desejo de purificação era também utilizado pelas seitas judaicas contemporâneas: essênios e os habitantes de → QUMRÂN.

O batismo de Jesus é importante pela série de detalhes conexos, conforme se percebe pela narração de Lucas: "Ora, ao ser batizado todo o povo, Jesus, batizado também ele, rezava; então o céu se abriu; o Espírito Santo desceu sobre ele sob uma aparência corporal, como uma pomba, e uma voz veio do céu: 'Tu és o meu filho, eu, hoje, te gerei'" (Lc 3,21-22).

Esse fato é importante na pregação apostólica. Jesus se torna solidário com os seres humanos, mas no momento em que é batizado é revelado como Filho e entronizado como Messias. É batizado no Espírito Santo que o consagra. A referência ao batismo de Jesus será essencial para compreender o batismo dos cristãos.

Dois textos evangélicos, um de Lc 12,50 e outro de Mc 10,38-39, apresentam o batismo como uma figura da futura morte na qual o Senhor será "submerso" no sofrimento: "É um batismo que eu tenho de receber, e quanto me pesa até que seja consumado" (Lc 12,50). A morte de Jesus, com efeito, é o seu batismo, do mesmo modo que o batismo será na teologia paulina uma configuração e participação na paixão de Jesus.

Mc e Mt colocam no final dos respectivos Evangelhos o comando explícito de Jesus de ir pelo mundo pregar a boa-nova e batizar. O texto de Mc 16,16 afirma a necessidade da → FÉ e do batismo para a salvação: "Quem crer e for batizado será salvo". Mt 28,19-20 explicita o mandato: "Ide, pois; de todas as nações fazei discípulos, batizando-as em nome do Pai e do Filho e do Espírito Santo, ensinando-as a guardar tudo o que vos ordenei". A missão é universal; trata-se de fazer discípulos iniciando-os mediante o ritual do batismo em nome da → TRINDADE; a fórmula trinitária talvez seja tardia — porém já é encontrada na *Didaqué* — e exprime que toda a obra da salvação "procede do amor do Pai e se realiza na efusão do Espírito".

b) *O mistério do novo nascimento da água e do Espírito na teologia joanina*. João, como os → SINÓTICOS, testemunha indiretamente o batismo de Jesus no Jordão (Jo 1,29-34), colocando na boca do Batista a confissão do que aconteceu. Jesus é mostrado como o Cordeiro-servo de Deus que tira-toma sobre si os pecados; mas João Batista fala dele como aquele que recebeu o Espírito e "batiza no Espírito Santo". Desde esses primeiros aspectos, o Evangelho de João, que é o Evangelho dos sinais, com uma particular predileção pelo simbolismo da água, coloca em destaque o sinal e a realidade do batismo de Jesus: *água e Espírito*.

Na conversa com Nicodemos (Jo 3,1-21), em um longo colóquio estão sintetizados muitos temas característicos da catequese joanina: a vida, a verdade, a fé, o novo nascimento; Jesus fala precisamente desse novo nascimento da água e do Espírito: "Ninguém, a não ser que nasça da água e do Espírito, pode entrar no Reino de Deus" (Jo 3,5). Como quer que tenha sido redigido o texto original — parece que falta a palavra *água* nos manuscritos que atestariam diferentes redações dessa passagem —, é evidente que o centro da revelação é o novo nascimento do alto, o nascer de novo, que na práxis litúrgica e no simbolismo joanino se explica pelo nascimento "da água" do ritual batismal da Igreja. Assim, tem-se uma temática muito bela sobre o batismo: é a nova vida, que vem do novo nascimento; é a geração da semente de Deus, conforme João dirá mais tarde em suas epístolas (1Jo 2,29; 3,9…).

Em ligação com a graça do batismo deve-se também lembrar a linguagem simbólico-eficaz de João em dois textos fundamentais. O primeiro é a promessa feita por Jesus: "Se alguém tem sede, venha a mim e beba aquele que crê em mim. Como disse a Escritura: 'Do seu seio jorrarão rios de água viva'. Ele designava assim o Espírito que deviam receber os que creriam nele" (Jo 7,37-39). No texto sintético encontramos alusões às promessas bíblicas da água e do Espírito da nova aliança, à nova vida que jorra de Cristo para todos aqueles que o acolhem com fé. Cristo é a fonte do Espírito. Na cruz, o evangelista contempla o lado traspassado do Cordeiro, do qual fluem sangue e água. Na acumulação de significados simbólicos, próprios de João, o sangue evoca o sacrifício, o dom da vida que tem seu centro no sangue, segundo a antropologia semítica; a água é sinal do Espírito, logo, do batismo, conforme é interpretado em seguida pelos → PADRES DA IGREJA (cf. Jo 19,34).

c) *O batismo na práxis da comunidade apostólica*. Os Atos dos Apóstolos, mais que uma teologia do batismo, oferecem um testemunho sobre a práxis batismal da comunidade primitiva e, indiretamente, sobre os efeitos dessa iniciação e agregação à comunidade eclesial.

Desde as primeiras linhas do livro dos Atos, aparecem as novidades e o cumprimento da promessa, repetida pelo Ressuscitado no momento de sua ascensão; Jesus, com efeito, lembra a promessa "que ouvistes de mim: João batizava com água, mas vós, é no Espírito Santo que sereis batizados daqui a poucos dias" (At 1,5). O → PENTECOSTES será para os apóstolos "o batismo no Espírito Santo", naquele fogo ao qual se referia a pregação de João Batista: "Ele vos batizará em Espírito Santo e fogo" (Mt 3,11).

No dia de Pentecostes, com efeito, depois que os discípulos são atingidos pela força do Espírito, pregam o mistério de Jesus salvador. À pregação segue-se a resposta daqueles que escutam: "O que devemos fazer, irmãos?". Pedro responde articulando o chamado com a conversão ("arrependei-vos"), exigindo de cada um o batismo com a água ("cada um de vós se deixe batizar"), em nome e na pessoa do Senhor Jesus Cristo; o efeito será "a remissão dos pecados"; por outro lado, o Espírito é prometido: "recebereis o dom do Espírito Santo" (cf. At 2,37-38).

A partir desse momento, "aqueles que acolheram a palavra de Pedro foram batizados" (At 2,41). Palavra, conversão, batismo, remissão dos pecados, dom do Espírito e agregação à

Igreja estão sempre ligados, ainda que com particularidades diferentes, no livro dos Atos.

A fórmula do batismo é a de Pentecostes: em nome de Jesus Cristo, ou em nome do Senhor Jesus, ou ainda "invocando o seu nome", como no caso do batismo de Paulo (At 19,5; 22,16).

Embora não com absoluta clareza, o batismo cristão não é somente da economia do Espírito, mas com ele é doado o próprio Espírito de Jesus, com modalidades e significados diferentes, mediante um gesto característico: a imposição das mãos, sinal da transmissão de um poder e de uma graça (cf. At 8,14-17; 19,1-6).

d) *A doutrina do batismo em São Paulo: experiência, teologia, compromisso de vida.* Todo o universo doutrinário de Paulo está ligado à doutrina e à experiência do batismo cristão: a conversão mediante a fé, a adesão a Cristo, a inserção em seu mistério, a graça da justificação e o dom do Espírito, a comunhão e incorporação na Igreja, a novidade da vida, a espera escatológica. Na raiz de tudo está a sua experiência de conversão e a sua iniciação batismal, narrada várias vezes.

Mesmo quando não fala explicitamente do batismo, mas enumera os seus efeitos da graça, estamos em um contexto batismal. Na vasta messe de textos e de temas paulinos, escolhemos algumas linhas essenciais.

— *Batizados na morte e na ressurreição de Cristo.* O texto essencial é Rm 6,1-11. "Ou ignorais que nós todos, batizados em Jesus Cristo, é na sua morte que fomos batizados? Pois pelo batismo nós fomos sepultados com ele em sua morte, a fim de que, assim como Cristo ressuscitou dos mortos pela glória do Pai, também nós levemos uma vida nova" (Rm 6,3-4).

No amplo contexto dessas palavras Paulo lembra o ritual e a experiência de seu batismo. É uma comunhão com Cristo, o Crucificado ressuscitado, logo, com o seu corpo posto à morte e ressuscitado, sinal da nova realidade na qual é preciso viver mortos para o → PECADO, ressuscitados e vivos para Deus. Dessa configuração-comunhão em Cristo e seu mistério fluem todos os efeitos salutares: filiação divina, dom no Espírito, vida em Cristo e amor por ele, nova condição da existência já libertada do peso da → LEI e da ameaça do pecado e da morte.

Dessa iniciação batismal brotam os compromissos da nova vida na imposição paulina: sejam aquilo que são! (cf. Cl 3,1-4).

— *Batizados no Espírito Santo.* São numerosos os textos que aludem ao → ESPÍRITO SANTO no contexto do batismo. Muito bela e rica essa definição de batismo: "ele nos salvou, não por causa de quaisquer obras que nós mesmos tivéssemos praticado na justiça, mas em virtude da sua misericórdia, pelo banho do novo nascimento e da renovação que o Espírito Santo produz. Este Espírito, ele o difundiu sobre nós com profusão por Jesus Cristo nosso Salvador" (Tt 3,5-7). Em outros textos se alude ao dom do Espírito como selo, unção, garantia, agente e dom do batismo cristão (cf. 2Cor 1,21-22; Ef 1,13-14; 4,30).

— *Inseridos no único corpo mediante o único batismo.* O batismo possui uma característica conotação eclesial: é o banho de purificação e santificação da Igreja esposa (Ef 5,26); é o sacramento que nos une em um só corpo: "Todos fomos batizados em um só Espírito para formar um só corpo" (1Cor 12,13); é o princípio que Paulo coloca na base de uma série de afirmações fundamentais sobre a unidade do Corpo místico de Cristo. Além disso, naquela profunda unidade constituída por tantas causas unificadoras, o batismo é a realidade inicial e permanente que garante esse complexo eclesial: "Um só corpo, um só espírito... um só Senhor, uma só fé, um só batismo" (Ef 4,4-5). No único batismo, todos os cristãos sentem-se unidos no único corpo eclesial.

Em outros textos complementares, Paulo relaciona ainda as inesgotáveis riquezas desse mistério: "Fostes lavados, santificados e justificados em nome do Senhor Jesus Cristo e no Espírito de nosso Deus" (1Cor 6,11). O batismo é a luz com a qual o cristão é iluminado por Cristo na ressurreição espiritual que ele comporta: "Desperta, ó tu que dormes, levanta-te dentre os mortos e sobre ti o Cristo resplandecerá" (Ef 5,14).

Esses traços essenciais da doutrina paulina permitem navegar na rica teologia da vida cristã que reevoca o batismo como o momento inicial, mas permanente, da comunhão com Cristo, e da participação na vida do Espírito, na condição de filiação divina e na comunhão no mesmo corpo eclesial.

Os compromissos da nova vida têm sempre no batismo a sua causa inicial — viver segundo o batismo! — e a sua exemplaridade permanente — viver segundo a lógica do batismo, isto é, da morte para a vida plena! — que se abre para a plenitude da vida eterna.

e) *Aspectos complementares nos outros escritos apostólicos*. Na Epístola aos Hebreus fala-se explicitamente do batismo em dois contextos que evocam o seu ritual e os efeitos: o batismo é banho de água pura e iluminação (Hb 10,22.32). Relembra-se aos cristãos a jubilosa experiência da iniciação cristã: "aqueles que foram iluminados, que saborearam o dom celeste, tornaram-se participantes do Espírito Santo e provaram a boa palavra de Deus e as maravilhas do mundo futuro" (Hb 6,4).

A Primeira Epístola de Pedro é considerada um escrito claramente batismal. Se não se pode afirmar que é uma homilia batismal, ou até o esquema de uma liturgia batismal, não resta dúvida de que o mistério litúrgico do batismo cristão serve de base para uma grande exortação que o Apóstolo dirige aos cristãos; exige fidelidade à sua dignidade, fundamentada na memória do batismo. Nessa luz se podem reconduzir à graça batismal as riquezas da vocação cristã, que é um novo nascimento da semente incorruptível de Deus (1Pd 1,3; 1,23); os cristãos são como crianças recém-nascidas que entram na terra prometida e provam o leite (2,2-3); são o novo Israel de Deus, pelo qual é, justificadamente, proclamada em Cristo a lei da santidade (1,16). São o novo povo de Deus, real e sacerdotal, nova estirpe, novo templo espiritual, chamado das trevas para a luz, e agora chamado a oferecer sacrifícios agradáveis a Deus por Jesus Cristo (2,4-10). Sua conduta, portanto, deve ser digna de cristãos fiéis ao Cristo, que amam sem tê-lo conhecido (1,8). No meio das perseguições, na esperança cristã, os discípulos de Cristo são chamados a dar testemunho até ao dom de si, em amor recíproco e com fortaleza diante dos inimigos.

f) *As tipologias do batismo e os seus efeitos*. À luz da revelação, todas as grandes etapas da história da → SALVAÇÃO tornam-se tipologias da graça batismal. Algumas tipologias já são utilizadas nos escritos apostólicos e se reportam ao Evangelho. Assim, por exemplo, o dilúvio era figura do batismo (1Pd 3,18-22), como também a circuncisão (Cl 2,11-15), e as maravilhas do → ÊXODO (1Cor 10,1 ss.). Nas catequeses patrísticas, as tipologias tornam-se mais numerosas: as primeiras águas da Criação, sobre as quais pairava o Espírito; a água milagrosa do rio Jordão e aquela água que jorra do santuário na qual Deus purificará o seu povo, segundo as profecias de Ezequiel.

Os episódios do Novo Testamento tornam-se sinais que antecipam a riqueza do batismo, especialmente no Evangelho "aquático" de João: a água mudada em vinho nas núpcias de Caná; a água viva prometida à samaritana; os milagres do cego de nascença e do paralítico de Betesda, curados por Jesus com o sinal da água; o lava-pés dos discípulos; os rios de água viva prometidos por Cristo, que fluem misticamente de seu lado no Calvário, de seu corpo que é o novo santuário.

Sintetizando ao máximo as riquezas bíblicas do batismo, recordamos que ele é sacramento da fé, comunhão vital com Cristo morto e ressuscitado, logo, dom da filiação, do Espírito, da herança do Reino. Pelo batismo nos tornamos discípulos que creem em Cristo e se empenham em viver com ele, como ele. É o sacramento da libertação, mistério de luz, selo do Espírito. É o início da nova vida para a vida eterna. Pelo batismo se entra definitivamente para fazer parte do corpo de Cristo.

2. A PRÁXIS LITÚRGICA DA IGREJA ONTEM E HOJE. Juntamente com a doutrina bíblica sobre o batismo é preciso assinalar a práxis litúrgica da Igreja. Nela, com efeito, encontramos explicitada a grande riqueza do batismo cristão, concentrada nos rituais, nas tipologias, nos efeitos e nos compromissos que os → PADRES DA IGREJA explicam em suas catequeses mistagógicas, durante a preparação para o batismo. Assim formou-se a grande tradição patrístico-litúrgica sobre o batismo cristão, à qual se deve retornar continuamente para perceber o significado original da iniciação cristã nos primeiros séculos do cristianismo.

Também hoje a Igreja concentrou com grande riqueza de símbolos e doutrina a teologia do batismo na práxis litúrgica, quer no renovado *Ritual do batismo das crianças*, quer especialmente no *Ritual de iniciação cristã dos adultos*, que retomou com profusão de detalhes as linhas mais seguras da antiga tradição.

a) *Os primeiros testemunhos*. O livro da *Didaqué* já contém uma determinada práxis batismal com a preparação inicial e jejum, a exigência da água corrente e a fórmula trinitária (*Didaqué*, 7,1-4).

Em sua *Antologia* ao imperador de Roma, Justino explica alguns nomes e rituais do batismo cristão, fornecendo uma primeira teologia batismal. Após a aceitação da doutrina, escreve Justino, "são conduzidos por nós para a água e regenerados do mesmo modo que também nós fomos regenerados: então se banham na água, em nome de Deus, Pai e Senhor do universo, de Jesus Cristo nosso Salvador e do Espírito Santo". Mais adiante acrescenta: "Este banho chama-se "iluminação", visto que aqueles que compreendem essas coisas são iluminados na mente". O batismo é um banho de consagração e de regeneração, é uma iluminação, conferida em nome da Trindade, que agrega os novos batizados como "irmãos" à comunidade da Igreja, na qual participam também da → EUCARISTIA (*Apologia I*, 61-65).

Após esses testemunhos do século II, temos no século seguinte diversos textos mais desenvolvidos. O primeiro tratado sistemático sobre o batismo é o de → TERTULIANO. A primeira descrição minuciosa de um catecumenato e da liturgia batismal completa é a da *Tradição apostólica*, de Hipólito. Esses textos, especialmente o último, apresentam o caminho da iniciação cristã como uma escolha empenhadora que se realiza na Igreja, com uma preparação de três anos, sob a direção de um catequista que ajuda o novo catecúmeno com as instruções e as orações; esse catecúmeno já é da Igreja; se, porém, vier a ser morto pela fé antes de receber o batismo, "será justificado, visto que recebeu o batismo em seu próprio sangue". Hipólito descreve com riqueza de detalhes a grande celebração noturna do batismo cristão, na qual participam crianças e adultos; relembra a renúncia a satanás, o → EXORCISMO, a tríplice profissão de fé com a tríplice imersão na água, a unção com o óleo santo, a primeira oração em comum e a comunhão eucarística, na qual também se aproximam para beber de um cálice que contém leite e mel.

No século IV já temos as grandes catequeses mistagógicas que explicam o significado do batismo. As mais célebres são as de Jerusalém, atribuídas a Cirilo e João, e as de → CRISÓSTOMO. Nas duas catequeses mistagógicas sobre o batismo que o bispo de Jerusalém faz na semana da Páscoa, depois que os neófitos receberam a iniciação, relembra o que aconteceu. Cada ritual possui um sentido misterioso e simbólico: a renúncia a satanás, a adesão a Cristo, a unção com o óleo do exorcismo como um atleta de Cristo que vai lutar. São bastante expressivas as palavras com as quais descreve o ritual da imersão batismal:

"Depois disto fostes conduzidos pela mão à santa piscina do divino batismo. […] A cada qual foi perguntado se cria no nome do Pai e do Filho e do Espírito Santo. Fizestes a profissão salutar, fostes imersos três vezes na água e em seguida emergistes, significando também com isto, simbolicamente, o sepultamento de três dias do Cristo. […] No mesmo momento morrestes e nascestes. Esta água salutar tanto foi vosso sepulcro como vossa mãe (o vosso seio materno). […] Um só tempo produziu ambos os efeitos: o vosso nascimento coincide com vossa morte" (*Catequese mistagógica*, II, 4).

A bela teologia das catequeses de Jerusalém desenvolve a doutrina de Paulo sobre a comunhão com a morte e ressurreição de Cristo, que no batizado se realiza por imitação simbólica mas alcança uma eficácia real.

As catequeses batismais de João Crisóstomo são mais doutrinais; desenvolvem alguns temas característicos, entre os quais a bela ideia do batismo como aliança esponsal com Deus, tema que possui profundas raízes na teologia paulina (cf. Ef 5,25-27).

A grande tradição oriental encontra uma estupenda continuidade nos Padres capadócios, em Teodósio de Mopsuéstia, em Simeão de Tessalônica e Nicolau → CABASILAS.

Na Igreja do Ocidente, a doutrina do batismo encontra, além dos citados Tertuliano e → HIPÓLITO DE ROMA, as exposições polêmicas de → CIPRIANO DE CARTAGO na controvérsia sobre o batismo dos hereges, a doutrina de → AGOSTINHO, os tratados de → AMBRÓSIO, de Zenão de Verona, Cromácio de Aquileia, Paciano de Barcelona, → LEÃO MAGNO, até ao opúsculo sobre o batismo de Ildefonso de Toledo.

A liturgia batismal com toda a preparação do catecumenato será fixada em Roma, com esplêndidas propostas pastorais e eucológicas já contidas no *Sacramentário Gelasiano*, e em parte recuperadas pelo atual *Ritual de iniciação cristã dos adultos*.

b) *O estilo e o conteúdo da teologia patrística*. Na Antiguidade cristã a teologia do batismo é expressa mediante uma rica simbologia que as catequeses mistagógicas colocam em destaque. Quatro são as vias fundamentais da doutrina patrística e litúrgica por meio das quais se desenvolve a riqueza evocativa e eficaz do batismo cristão: as tipologias bíblicas, o simbolismo dos rituais, o significado dos nomes e os conteúdos mistéricos.

Ocupa o primeiro lugar a *via bíblica* das tipologias batismais que os Padres procuram e encontram nas páginas do Antigo e do Novo Testamentos. Assim, por exemplo, encontram-se as tipologias batismais da água nos primeiros momentos da Criação quando o Espírito pairava sobre as águas; no dilúvio, sinal de morte e de vida; na passagem milagrosa pelo Mar Vermelho e nas águas do rochedo em Massa e Meriba; relembra-se a passagem do Jordão primeiro com Josué para entrar na terra prometida, depois com → ELIAS e Eliseu e a eficácia das suas águas nas quais Naaman, o sírio, foi curado da lepra. Fala-se das águas que escorrem do Templo de Jerusalém. Chega-se, assim, ao Novo Testamento, no qual a água ocupa lugar de destaque no Evangelho de João e é utilizada como tipologia batismal a partir do batismo de Jesus no Jordão, ao milagre de Caná da Galileia, à cura do paralítico de Betsaida, às águas vivas prometidas à samaritana, aos rios de água viva que escorrerão do lado de Cristo, à mística lavagem dos pés do Cenáculo, ao sangue e água que flui do coração do Crucificado sobre a Igreja. Assim, em uma progressiva leitura tipológica, até hoje realizada pela Igreja na bênção da água batismal, lê-se o plano de Deus para a salvação em Cristo e no dom do Espírito, água viva para os crentes.

Outras tipologias bíblicas são as da árvore da vida, do retorno ao paraíso, do ingresso na terra prometida onde escorrem leite e mel, da corça que suspira pelas correntes de água viva e do místico pastor que conduz os fiéis às pastagens de ervas frescas, segundo as prefigurações sacramentais do salmo 22.

Muito belos e dramáticos são *os simbolismos dos rituais* batismais do modo como são explicados pelos Padres. Assim, de maneira progressiva e num crescendo de experiências que se abrem para o neófito, na noite de seu batismo ele recebe essa iniciação, conjunto doutrinário e existencial: o ingresso no batistério — que em sua arquitetura e decoração é ricamente evocativo — significa o retorno ao paraíso; renuncia a satanás voltando-se para o Ocidente, lugar das trevas, e se une a Cristo olhando para o Oriente, lugar da luz; é despojado de suas vestes, para indicar a deposição do homem velho, o Adão carnal; é ungido como atleta de Cristo no corpo inteiro, para lutar contra o inimigo, lembrado como um dragão; a imersão na piscina batismal é rica de evocações; segundo as expressões das catequeses de Jerusalém, ela é como "um sepulcro e um seio materno"; a tríplice imersão e consequentes emersões significam os três dias e as três noites passados por Cristo no sepulcro, mas também a participação do neófito em sua Paixão e Ressurreição; desce à piscina para significar a sua *kenosis* com Cristo, mas sobe os degraus como um ressuscitado; recebe a unção pós-batismal com o santo *myron*, selo e perfume do Espírito, sinal da posse de Deus e da unção interior com a qual é assemelhado a Cristo, o ungido de Deus. Recebe a veste branca em sinal de ter-se revestido de Cristo interiormente, de ter que demonstrar isto com boas obras e, finalmente, de ter sido encaminhado para a glória. Em algumas liturgias orientais, também é dado ao neófito uma coroa que é posta em sua cabeça, sinal do esponsalício espiritual e antecipação da coroa da glória. É acolhido na assembleia dos irmãos como um recém-nascido, levantado como se faz com os bebês ao nascer, e troca-se com ele o ósculo da paz; leva os dons ao altar com a dignidade sacerdotal do batismo; na primeira comunhão eucarística recebe o pão da vida e o cálice do sangue do Senhor, que santificará seu corpo inteiro.

Enquanto os Padres explicam o significado dos mistérios, não deixam de inculcar as obrigações que brotam desse simbolismo de vida.

Os Padres, por outro lado, se comprazem em fazer a teologia dos *nomes* do batismo. Assim, → BASÍLIO MAGNO: "O batismo é a libertação dos prisioneiros, a remissão dos débitos, a morte ao pecado, o novo nascimento da alma, uma veste de luz, um selo inquebrável, um carro para subir ao céu, traz-nos o Reino, é o dom da adoção" (In: *S. bapt.* 5: *PG* 31, 433). Gregório Nazianzeno proclama: "Nós o chamamos dom, visto que é conferido a quem nada possui; graça, porque é concedido também aos culpados; batismo, visto que o pecado é sepultado na água; unção, porque é sagrado e real; iluminação, porque é luz resplandecente; veste, porque cobre a nossa vergonha; banho, porque lava; selo, porque nos guarda e é o sinal do domínio de Deus" (*Orat.* 40,4: *PG* 36, 361).

Finalmente, e como síntese, fazemos uma alusão aos *conteúdos fundamentais* do batismo da maneira como são expressos pelos → PADRES DA IGREJA em torno desses cinco temas fundamentais, amplamente desenvolvidos fazendo uso do recurso às tipologias e aos rituais.

— *O batismo como sacramento da fé*. A adesão de fé à doutrina revelada se realiza no longo caminho do → CATECUMENATO, com decisões determinadas e comprometidas de vida, que amadurecem a renúncia a satanás e a adesão a Cristo que se realiza com um ato de fé na → TRINDADE no momento do batismo. A fé empenha a vida em uma contínua conversão que será vivida sempre à luz da Palavra, em um constante itinerário de fidelidade ao Evangelho. Com o batismo se entra no mistério da salvação e na história sagrada, para fazer da vida uma jubilosa profissão de fé, até ao martírio, se for exigida também esta última prova de fidelidade.

— *O batismo como iluminação.* É o aspecto mistérico da fé. O cristão é iluminado na mente e no coração para penetrar no conhecimento dos mistérios que lhe são plenamente desvelados somente no momento em que se torna um batizado. É chamado, então, à sabedoria que o Espírito comunica e à contemplação das coisas divinas, à oração filial, à experiência sobrenatural dos mistérios.

— *Morte e ressurreição em Cristo.* É o aspecto da teologia paulina que a liturgia primitiva torna dramático pela tríplice imersão na água, símbolo de morte e de vida, sepulcro e seio materno. O homem velho é deixado nas águas batismais; emerge o homem novo revestido de santidade, libertado do pecado; é um filho de Deus que acabou de nascer, recebido na assembleia como um recém-nascido, que se alimenta pela primeira vez não somente com o pão e o vinho da Eucaristia, mas com leite e mel. Na profunda configuração com Cristo e pelo dom do Espírito, torna-se uma nova criatura, convidada a viver na novidade do batismo como situação existencial.

— *Banho nupcial e esponsalício com Deus.* Com base na teologia paulina de Ef 5,25-26, o batismo é visto como um banho nupcial, como o momento no qual se realizam as místicas núpcias com Deus na nova aliança, prefigurada pelos → PROFETAS, cantada no poema do → CÂNTICO DOS CÂNTICOS. É uma temática típica de → AMBRÓSIO e especialmente das catequeses batismais de João → CRISÓSTOMO, e situa-se na base de toda uma teologia mística da Igreja esposa e da alma esposa de Cristo, que será amplamente desenvolvida no Oriente e no Ocidente até os grandes místicos → TERESA DE JESUS e → JOÃO DA CRUZ.

— *A incorporação à Igreja.* No batismo cristão os Padres sublinham a maternidade fecunda da mãe Igreja, que na água do batismo se torna mãe de novos filhos, embora permanecendo virgem. A comunidade eclesial que acompanha com emoção o batismo dos adultos, ou em cuja fé são batizadas as crianças que não podem fazer o ato de fé, é a nova família na qual são agregados os novos cristãos que se chamam, como já lembrava Justino, "irmãos". Na convicta adesão à Igreja os novos batizados se tornam membros vivos e responsáveis pela vida eclesial, chamados a colaborar com o → TESTEMUNHO, o → APOSTOLADO, o serviço da caridade.

c) *Alguns problemas teológico-pastorais da Igreja antiga.* Em toda a grande e rica literatura batismal da Igreja antiga emergem com clareza dois problemas fundamentais: a validade do batismo dos hereges e a questão do batismo das crianças.

Nos séculos III e IV acendeu-se na Igreja a controvérsia sobre a validade do batismo conferido pelos hereges. No primeiro momento temos a posição contrastante de São Cipriano, que não admite a validade do batismo conferido pelos hereges cristãos que se separaram da Igreja, argumentando que fora da Igreja não há salvação. O papa de Roma, Estêvão, não admite a posição rígida de Cipriano e evoca a fórmula da tradição: "*nihil innovetur, nisi quod traditum est*" (nada seja inovado, mas se respeite tudo que foi transmitido). O desejo do papa é salvaguardar a eficácia sobrenatural do batismo que, se administrado em nome de Cristo e com a fórmula trinitária, conforme seria determinado em seguida, assegura uma eficácia que não depende simplesmente da fé do ministro. No século IV, contra os donatistas que pediam a santidade do ministro para a eficácia dos sacramentos, Ottato de Melevi e depois → AGOSTINHO, na linha da tradição, aprofundam o sentido da validade do batismo quando é administrado em nome da Trindade. Cristo, com efeito, é o ministro dos sacramentos; é ele quem marca de modo indelével o batizado com um selo (o caráter batismal) que não se pode apagar. Quando os hereges retornam à Igreja, não devem ser batizados novamente, mas simplesmente reconciliados.

Não se pode deixar de observar a importância da solução dada a esse problema na Antiguidade pelas dolorosas consequências que, em seguida, surgiram na Igreja, com as sucessivas separações das várias comunidades cristãs. Ainda hoje, a validade do batismo conferido em nome da Trindade exprime a unidade de todos, ainda que em um caminho rumo à unidade perfeita, como exigência do próprio batismo que evoca a comunhão na única Igreja.

No que se refere ao batismo das crianças, convém observar que a questão se apresenta no plano da tradição da Igreja antiga não como *problema teológico ou pastoral*, mas simplesmente como questão histórica para os nossos problemas de hoje, e como solução teológica dada naquele momento ao quesito fundamental: como vai receber o batismo uma criança que não pode fazer o ato de fé, se isso é exigido para a graça batismal? Existe, com efeito, uma questão histórica sobre a práxis e uma questão doutrinária sobre a legitimidade da práxis.

— Com referência à *questão histórica* sobre a práxis da Igreja antiga a respeito do batismo das crianças, supomos responder assim: temos provas suficientes para demonstrar que na Igreja antiga dos séculos II e III, por uma tradição que parece remontar aos apóstolos, conforme assegura → ORÍGENES, crianças e também recém-nascidos foram batizados, ainda que incapazes de professar a fé pessoalmente. Se não se pode chegar até à práxis do Novo Testamento com certeza, pelo menos temos indícios em Policarpo, Justino, Ireneu, → TERTULIANO, Cipriano e na Tradição apostólica.

— A justificação dessa práxis, normal na Igreja, é feita por Santo Agostinho, em um caso extremo, como o de uma criança apresentada para ser batizada por pais indignos. Também nesse caso Santo Agostinho é inflexível e elabora sua resposta que se reduz a esta consideração: a criança batizada é sustentada pela fé da Igreja. Quando crescer, pela sua fé pessoal fará uma adesão ao batismo recebido a fim de vivê-lo conscientemente (*Ep. Ad Bonifacium*, 98: *PL* 33, 359-364).

A práxis e a justificação da Igreja antiga nos oferecem uma direção ao propor a questão pastoral que hoje se apresenta na Igreja.

d) *A práxis litúrgica do batismo na Igreja de hoje.* Seguindo as linhas do Vaticano II na constituição litúrgica (*SC* 64-70) e no decreto sobre a atividade missionária da Igreja (*AG* 13-14), a Igreja quis fazer um retorno às origens para retomar alguns elementos característicos da Antiguidade cristã na práxis da iniciação, especialmente na restauração do caminho catecumenal e da preparação próxima ao batismo. A grande riqueza litúrgica desses textos encontra-se nos rituais do batismo das crianças e da iniciação cristã dos adultos.

No que se refere ao batismo das crianças, o novo ritual ordenou da melhor maneira todos os elementos rituais e colocou o acento sobre a responsabilidade dos pais e dos padrinhos, que pessoalmente respondem em nome do batizado e se comprometem com a sua posterior educação na fé recebida. Desse princípio brota toda uma pastoral batismal inclinada a fazer que pais e padrinhos tomem consciência da riqueza e do compromisso do próprio batismo, também na ocasião do batismo dos seus filhos.

O *Ritual da iniciação cristã dos adultos* propõe um caminho de fé que conduz ao batismo através das diferentes etapas progressivas da experiência cristã. Esses graus são:

— *A evangelização e pré-catecumenato*, com a primeira abordagem à fé cristã e aos cristãos, cujo testemunho suscitou o encontro com a fé.

— *O catecumenato*, tempo de catequese e de oração, para aprofundar a fé e vivê-la na práxis concreta, no caminho rumo ao batismo.

— *O tempo da purificação e da iluminação*, ou preparação próxima para o batismo que coincide com a → QUARESMA, quando administrado na Páscoa. É o tempo no qual se dá o nome para chegar ao batismo e a Igreja realiza os escrutínios batismais, colocando o catecúmeno diante de Cristo, com os modelos da samaritana que se converte, do cego de nascença que recebe a luz, de Lázaro que ressuscita. Nesse tempo, o catecúmeno, já "iluminando", recebe da Igreja a síntese da fé: o Credo, e a fórmula da oração: o → PAI-NOSSO; realizam-se os rituais preparatórios para o batismo: a unção com o óleo, que significa a fortaleza do atleta de Cristo; o sinal do *effetà*, que evoca a abertura dos ouvidos para escutar a → PALAVRA DE DEUS, e dos lábios para louvar ao Senhor.

— Na *celebração dos sacramentos*, são conferidos, juntos, regularmente, o batismo, a crisma e a → EUCARISTIA, realizando-se perfeitamente a iniciação cristã.

— Finalmente, o *tempo da mistagogia* — ou da experiência dos mistérios — ajuda o novo batizado a inserir-se plenamente na comunidade e a adquirir a consciência de já estar na nova vida.

Esse modelo de iniciação cristã, válido para os ambientes de missão, também espelha um itinerário ideal de aprofundamento e de experiência da vida cristã. Nele, com efeito, são recuperados alguns valores essenciais da experiência do cristão. A fé nasce da escuta da Palavra, e da experiência vivida da Palavra, acolhida na evangelização e na catequese. A vida cristã é essencialmente uma vida comunitária, de comunhão eclesial; o caminho do cristão deve ser feito com a ajuda, a oração e o empenho dos irmãos. Finalmente, o batismo, a crisma e a Eucaristia são três grandes sacramentos iniciais e iniciáticos, que contêm e oferecem o essencial da vida cristã, que deve ser vivida sempre a partir da eficácia e do simbolismo desses sacramentos.

Dessa maneira, a liturgia da Igreja recupera, em um tempo difícil de personalização da fé e de compromisso corajoso com a vida cristã, as linhas importantes da experiência da Igreja antiga, para que os cristãos saibam viver com orgulho e nobreza a graça batismal.

3. A GRAÇA DO BATISMO E SUA NECESSIDADE PARA A SALVAÇÃO. Com o nome de graça do batismo queremos aqui lembrar toda a riqueza dos efeitos da nova vida, doados com o sacramento.

Sob o ponto de vista dos *dons de Deus*, pelo batismo se recebe a *remissão do pecado original* e dos eventuais pecados pessoais que o batizado tenha cometido antes de receber o sacramento; isto é, recebe-se a graça da remissão que nos vem por Cristo "que morreu por nossos pecados e ressurgiu para a nossa justificação" (Rm 4,25). A graça do batismo obviamente não tira do cristão a fragilidade que vem do → PECADO e da → CONCUPISCÊNCIA, mas enxerta, com a graça, a possibilidade de uma vitória sobre o pecado. A *justificação*, em sentido mais positivo, porém, é a comunhão estável com Deus, pela qual o cristão se torna uma nova criatura, gerado por Deus e filho adotivo; está em comunhão com o Cristo crucificado e ressuscitado, e assim se reveste dele interiormente; já é templo do Espírito e em seu coração grita: "Abbá, Pai", que o configura com Cristo e o orienta firmemente rumo à vida plena e eterna, da qual o batismo é início e semente de glória. O selo da Trindade impresso no cristão também é comunhão com a Trindade, inabitação, nele, do Pai, que nele fixa a sua morada, de Cristo que, pela fé, habita em seu coração, do Espírito que habita nele como em um templo.

Inserido, assim, na economia da salvação, pertence com pleno direito ao povo de Deus e participa da dignidade sacerdotal, profética e real dos batizados. É membro da Igreja, que é o corpo de Cristo, chamado a colaborar com responsabilidade na evangelização e no testemunho cristão.

Sob o aspecto da *responsabilidade cristã* pelo dom recebido no sacramento do batismo, cada fiel deve sentir-se já um "convertido" que entra resolutamente na história da → SALVAÇÃO, um homem novo que deve viver segundo o batismo recebido, na novidade das obras do Espírito e dos seus frutos.

O batizado é marcado pelo *caráter* sacramental, sinal indelével de pertinência a Deus, de configuração indestrutível ontológica com Cristo, de relação inapagável com a Igreja. Da parte de Deus esse caráter indica a irrevogabilidade dos dons de Deus, ainda que em seguida o cristão seja infiel ao seu batismo. Da parte da Igreja, também significa essa pertinência indestrutível que se manifesta na participação ao culto eclesial, segundo a doutrina de Santo Tomás.

Segundo a doutrina da Igreja, baseada na Escritura, e em consonância com os textos evangélicos sobre o batismo como único meio para a salvação, convém afirmar que o batismo é absolutamente necessário para a plenitude da vida cristã aqui na terra, e para a salvação eterna.

A questão inclui alguns problemas clássicos da teologia que hoje são bastante atuais: a necessidade do batismo das crianças, o destino das crianças mortas sem batismo, a salvação dos não batizados.

O Símbolo niceno-constantinopolitano declara: "Professo um só batismo para a remissão dos pecados", e exprime a convicção da necessidade de nascer da água e do Espírito para entrar no Reino dos céus (cf. Jo 3,5; Mc 16,16). É o dogma de fé da Igreja católica, professado desde a Antiguidade e reproposto no Concílio de Trento. Esse batismo da água (*fluminis*) poderia ser suprido, em caso de impossibilidade de recebê-lo, pelo batismo de desejo (*flaminis*) ou voto de batismo e até pelo próprio martírio, considerado um batismo de sangue (*sanguinis*). É claro que essa doutrina não precisa ser considerada somente para a salvação eterna, mas também para a plenitude da vida cristã, que já supõe o início da vida eterna na vida terrena.

À luz dessas afirmações solenes, pode-se facilmente entender que a recente discussão sobre o batismo das crianças na Igreja católica somente pode ser uma questão *pastoral* sobre a oportunidade ou não de conferir o batismo, não uma questão doutrinária sobre a legitimidade ou a necessidade, que é sem dúvida, segundo a doutrina da Igreja, reafirmada recentemente por uma instrução da Congregação da Doutrina da Fé, conforme veremos ao tratar do problema pastoral.

Qual será, então, o destino das crianças que morrem sem batismo? Na Antiguidade cristã foram dadas, a respeito, numerosas respostas; algumas extremas, condenando praticamente as crianças mortas sem batismo à pena da privação de Deus, como os condenados. Na Idade Média prevaleceu a doutrina do limbo, ou lugar intermediário, onde terminariam as crianças mortas sem batismo, sem a pena da condenação, como no → INFERNO, e sem a alegria de ver a Deus, como no céu. Essa busca de um lugar intermediário é só uma invenção teológica sobre a qual a Escritura se cala, e sobre a qual o magistério da Igreja nunca empenhou a sua autoridade. Na atual situação teológica que oscila entre o → OTIMISMO e o → PESSIMISMO, temos esses dados novos e certos:

— A Igreja reforça a necessidade do batismo como único meio para a salvação.

— O citado documento declara textualmente: "Quanto às crianças mortas sem batismo, a Igreja só pode confiá-las à misericórdia de Deus, como faz no ritual das exéquias disposto para elas".

— No ritual das exéquias, com efeito, há indicações e orações para a missa a ser celebrada para a criança cujos pais gostariam de ter batizado, mas que morreu sem o batismo.

São esses os dados certos. Convém observar que Deus não nos revelou explicitamente nada sobre esse tema e que a Igreja não acolhe a doutrina sobre o limbo. Antes, na perspectiva mais larga do Concílio Vaticano II sobre a possibilidade de uma salvação fora da Igreja, também o problema das crianças mortas sem batismo possui horizontes mais amplos. Sem nenhuma certeza ingênua, porém sem nenhum pessimismo, antes, com uma grande esperança teologal, é preciso levar a sério as afirmações do n. 22 da *Gaudium et spes*, que podem ser aplicadas também às crianças mortas sem batismo:

— "Por sua encarnação, Cristo, Filho de Deus, uniu-se de certo modo a cada ser humano". Comentando esse texto, a *Redemptor hominis* determina: a participação na redenção de Cristo, para cada ser humano, tem início "*no momento em que é concebido* sob o coração da mãe" (*RH* 13).

— A universalidade do mistério pascal de Cristo também "vale para todos os seres humanos de boa vontade, em cujo coração a graça opera de modo invisível. Cristo, com efeito, *morreu por todos*, e sendo a vocação última do ser humano *efetivamente uma só, a divina*, devemos admitir que o Espírito Santo oferece a cada um a possibilidade de se associarem, de modo conhecido por Deus, a esse mistério pascal" (*GS* 22).

Uma luz de esperança, fundamentada na redenção de Cristo, ilumina o destino dos milhões de crianças que morreram sem batismo. Confiando sua sorte à misericórdia de Deus, a Igreja nada mais faz senão relembrar essa verdade: que Deus quer a salvação de todos, e que a Igreja une à oração de Cristo a própria oração, a fim de que também as crianças que morreram sem batismo vivam na glória do Pai que deseja sua salvação, de Cristo que as uniu a si desde o primeiro momento de sua existência, do Espírito que opera misteriosamente também nos corações dessas crianças para conduzi-las a uma misteriosa adesão ao mistério pascal.

Análogas considerações também podem ser feitas com relação à salvação dos não batizados, à luz da doutrina do Vaticano II, que alarga as perspectivas de uma salvação fora da Igreja, especialmente através da boa consciência e do comportamento ético exemplar em sua vida.

Também nesses casos é reforçada a necessidade absoluta de Cristo como único Salvador da humanidade e a misteriosa relação com a Igreja, que permanece sempre, em Cristo, sacramento universal de salvação.

4. ESPIRITUALIDADE BATISMAL: UNIDADE E RIQUEZA. O Vaticano II consagrou definitivamente a recuperação da espiritualidade batismal colocando em destaque a importância desse sacramento na vida da Igreja.

Mediante o batismo, com efeito, entramos no fluxo da vida de Cristo que escorre em seu Corpo místico, a → IGREJA (*LG* 7), somos agregados ao povo santo de Deus, tornados participantes da tríplice função sacerdotal, real e profética de Cristo (*LG* 9); pela regeneração e pela unção do Espírito os cristãos se tornam verdadeiros sacerdotes dedicados ao culto de Deus na vida litúrgica e nas múltiplas expressões existenciais da oração, do testemunho e do culto espiritual (*LG* 10 e 11). A mesma vocação universal para a santidade está enraizada no dom e no compromisso do batismo cristão que será vivido na Igreja segundo a diversidade das vocações (*LG* 39-41). O batismo, por outro lado, é o vínculo de comunhão com todos os irmãos cristãos; contudo, "[o batismo] *de per si* é só o início e o exórdio que tende à consecução da plenitude de vida em Cristo. Por isso, o batismo se ordena à completa profissão de fé, à íntegra incorporação no instituto da salvação tal como o próprio Cristo o quis, e à total inserção na comunhão eucarística"

(*UR* 22). Convém também observar que a Igreja coloca como fundamento da espiritualidade e do apostolado dos leigos não uma circunstância histórica qualquer, ou uma determinada forma de vida, mas a graça da iniciação cristã para dar testemunho da vida de Cristo e da Igreja à qual pertencem na vida concreta da sociedade em que vivem (cf. *LG* 31-33; *AA* 3; *AG* 21). Desse modo, coloca-se em destaque que a espiritualidade dos leigos deve ser desenvolvida plenamente como participação e testemunho concreto no mundo, da tríplice função de Cristo: sacerdotal, profética e real (*LG* 34-36).

A própria → VIDA RELIGIOSA, em suas múltiplas expressões, é reconduzida, enquanto consagração da parte de Deus e seguimento de Cristo na Igreja e ao seu serviço, à raiz do batismo, como terreno fecundo no qual podem e devem desenvolver-se os conselhos evangélicos, os diferentes carismas e as obras apostólicas (*LG* 44).

Não deve ser esquecido que também os sacerdotes e os bispos são chamados a viver em plenitude a graça batismal e o sacerdócio real, no qual se enxerta a sua configuração com Cristo e o sacerdócio ministerial.

A riqueza do batismo cristão é expressa, na esteira dos conceitos bíblicos e das grandes realidades significadas e doadas nos rituais sacramentais, em termos de uma multiforme graça de Cristo e de um seu dinamismo que tende à perfeição.

Graça multiforme e dinamismo obviamente estão na base da espiritualidade batismal, que consiste em viver as virtualidades do batismo e viver à imagem do batismo, em uma constante morte/ressurreição.

Entre os aspectos da multiforme graça batismal, nos quais se encontram os elementos mais ricos da ascética e da mística cristã, podemos citar: a) a espiritualidade da conversão, que impele o cristão a viver na lógica da renúncia a satanás e da escolha de Cristo; b) a iluminação batismal com a qual o cristão se torna habilitado ao conhecimento dos mistérios até à contemplação, ao diálogo com Deus na oração, ao exercício do profetismo na escuta e na proclamação e testemunho do Evangelho; c) o caráter nupcial da vida cristã, nova aliança com Deus por meio do Espírito, que pode ser levada até ao extremo do → MATRIMÔNIO ESPIRITUAL, como bem se exprime São → JOÃO DA CRUZ, falando do batismo como graça fundamental da vida cristã (*Cântico*, v. 23); d) a experiência de vida cristã como uma comunhão com a morte e a ressurreição de Cristo, em um dinamismo de mortes e de ressurreições contínuas — morte ao pecado e ao egoísmo, ressurreição para a nova vida do amor — até à última Páscoa da morte — momento último da experiência batismal! — para abrir-se à vida definitiva da glória; e) a comunhão com a Igreja, em cujo seio materno o cristão é regenerado para formar parte ativa e responsável no corpo de Cristo e inserir-se em sua missão de salvação, participando plenamente da vida da Igreja e tornando-se membro ativo de sua vida apostólica.

Pode-se reencontrar, assim, na graça batismal a raiz de todos os aspectos que constituem a perfeição cristã (virtudes teologais, compromissos morais, conformação com Cristo, → INABITAÇÃO trinitária, perfeição da caridade). E se descobre com admiração que na base de todas as expressões culminantes da santidade cristã (martírio, heroísmo das virtudes, contemplação, vida apostólica e missionária a serviço da Igreja) se encontra a graça do batismo com o seu dinamismo que tende à perfeição da conformação com Cristo crucificado e ressuscitado.

Não existe, portanto, um aspecto da ascética e da mística cristã, das purificações passivas dos místicos à união transformadora com Cristo, que não encontre a sua explicação e a sua raiz objetiva e sacramental no batismo, "porta da vida cristã", e também semente de glória, destinado a florescer, já nesta terra, em uma multíplice experiência de santidade cristocêntrica e eclesial.

É portanto auspicioso que uma justa impostação da → TEOLOGIA ESPIRITUAL tome como ponto de partida, como na pregação apostólica e na catequese dos Padres, como na proposta exemplar da iniciação cristã dos adultos, uma plena valorização do batismo, primeiro dos sacramentos da iniciação cristã, fonte e raiz da vida em Cristo e na Igreja.

BIBLIOGRAFIA. 1) Sobre a iniciação cristã no aspecto unitário: CASTELLANO, J. *Iniziazione cristiana*. In: *Dizionario di Spiritualità dei Laici*. Milano, 1981, 351-362; CASTELLANO, J. *La mistica dei sacramenti dell'iniziazione cristiana*. In ANCILLI, R. – PAPAROZZI, M. (orgs.). *La mistica. Fenomenologia e riflessione teologica*. Roma, 1984, 77-111, vl. II; DACQUINO, P. *Battesimo e cresima. La loro teologia e la loro catechesi alla luce della Bibbia*. Torino-Leumann, 1970; MAGRASSI, M. *Teologia del battesimo e della cresima*. Roma, 1970; NOCENT, A. *Iniziazione cristiana*. In: *Nuovo Dizionario di Liturgia*. Roma,

1984, 678-695; RUFFINI, E. *Il battesimo nello Spirito*. Torino, 1975.

2) Sobre teologia e espiritualidade do batismo: CAMELOT. TH. *Spiritualità del battesimo*. Torino-Leumann, 1966; *Il battesimo. Teologia e pastorale*. Torino-Leumann, 1970; FALSINI, R. *Battezzati per diventare cristiani*. Roma, 1984; *La nuova proposta di iniziazione alla vita cristiana. Rito dell'iniziazione cristiana degli adulti. Teologia. Liturgia. Pastorale*. Torino-Leumann, 1985; NOCENT, A. Battesimo. In: *Nuovo Dizionario di Liturgia*, 140-147; STENZEL, A. *Il battesimo*. Roma, 1962. 3) Textos litúrgicos e patrísticos: Um clássico da espiritualidade batismal no século XIV: CABASILAS, N. *La vita in Cristo*. Torino, 1971; CIRILO E JOÃO DE JERUSALÉM. *Le catechesi ai misteri*. Roma, 1977; uma boa antologia de textos in HAMMAN, A. *Baptême et confirmation. Textes des Pères de l'Église*. Paris, 1969; ID., *L'iniziazione cristiana*. Torino, 1982; *Rito del battesimo dei bambini*. Roma, 1970; *Rito dell'iniziazione cristiana degli adulti*. Roma, 1978; TERTULIANO. *Il Battesimo*. Roma, 1979.

J. CASTELLANO

BATISTA CARIONI DE CREMA. Nascido por volta de 1460 e morto em 1534, escritor ascético, dominicano, é um dos grandes reformadores do período pré-tridentino. A sua personalidade de diretor espiritual e de escritor ascético marca um evento de importância decisiva na espiritualidade italiana do período pré-tridentino. O fato de que Batista opere antes da ação dissolvente de Lutero demonstra que a sua atividade entre os fiéis, e mais ainda no clero, não foi determinada pelo → PROTESTANTISMO, e que ele é o verdadeiro precursor da reforma tridentina.

1. DIRETOR ESPIRITUAL. Como diretor espiritual, Batista é certamente um dos mais iluminados do século, por ter dirigido e assistido dois santos: Caetano Di Thiene e Antonio Maria Zaccaria.

Conheceu são Caetano (1519) logo após a fundação do Divino Amor em Roma, e impôs-lhe retornar para um mais vasto campo de ação, inspirando-lhe, provavelmente, também a fundação dos → TEATINOS. Manteve-se em contato com ele, e para ele compõe aquela joia espiritual que é a *Epistola familiare*. Por outro lado, o próprio *Combattimento spirituale*, por sua estrutura e conteúdo, denuncia a influência de Batista.

Em 1527 torna-se diretor espiritual da condessa Ludovica Torelli di Guastalla, depois fundadora das irmãs angélicas, em cuja fundação terá um papel de destaque; e, com a morte do Pe. Marcello Op, também o será de santo Antonio Maria Zaccaria (1528), que seis anos depois assistirá ao pai espiritual no leito de morte.

Detalhe significativo: os primeiros barnabitas o chamam "fundador da Ordem".

2. OBRAS E DOUTRINA. Batista é um dos autores mais lidos do período pré-tridentino, e os seus escritos, continuamente reeditados, foram traduzidos também em outras línguas europeias. Escreveu *Del modo di acquistar devotione et di conservarla* [*Sobre o modo de adquirir devoção e de conservá-la*] (1523), no qual expõe os princípios de sua doutrina; *Della cognitione et vittoria di se stesso* [*Sobre o conhecimento e a vitória de si mesmo*] (1531), 20 edições, provavelmente sua obra-prima; *La filosofia divina* (1531), 4 edições, no qual expõe sua doutrina cristológica; *Specchio interiore* [*Espelho interior*] (1540), 20 edições, no qual inculca a necessidade da vida espiritual; *Libro di aperta verità* [*Livro da verdade aberta*] (1523), 6 edições, no qual revela sua experiência de diretor espiritual.

Batista relembra espiritualmente Jerônimo → SAVONAROLA, sem as suas explosões características: a mesma preocupação pela reforma da Igreja, o mesmo desejo de reforma do clero, o mesmo ardor místico.

A base espiritual de sua espiritualidade está ligada a Santo Tomás; ardente e austero, lembra Savonarola por seu amor apaixonado à Igreja; quando se detém para analisar as etapas do conhecimento de si, parece o eco de Santa → CATARINA DE SENA; quando descreve o amor divino, parece prenunciar São → FRANCISCO DE SALES; quando analisa o estado místico da oração, supera São → JOÃO DA CRUZ.

A sua doutrina apoia-se no princípio, caro à espiritualidade italiana do século XVI, do "combate espiritual", que é o substrato dos seus escritos: "Está claro que a vida do ser humano é e deve ser uma batalha contínua".

A "batalha contínua" deve tender à superação de tudo aquilo que é contrário ao amor, e o amor consiste na transfiguração prática da → IMITAÇÃO DE CRISTO: "A Paixão de Cristo é *quodammodo* um epílogo de toda a sabedoria moral, racional, natural e divina".

A imitação de Cristo faz a alma tornar-se completamente disponível para Deus, e é então que ela se torna pronta para receber as graças da adoração contemplativa, saboreia "os excessos de amor", repousa em Deus e participa, em certo sentido, dos atributos divinos, pelos quais na oração mística adquire qualidades cognoscitivas e operativas sobrenaturais ("luz e fortaleza sobrenaturais") alcançando, assim, a "união transformadora".

O amor e a atividade pelo próximo integram, então, a oração contemplativa: a → AÇÃO é um meio de perfectibilidade da contemplação. A perfeição cristã consiste, portanto, na função e na compenetração recíproca da oração e da ação, na → VIDA "mista". Uma concepção claramente dominicana.

BIBLIOGRAFIA. BOGLIOLO, L. *La dottrina spirituale di fra Battista da Crema*. Torino, 1952; HEREDIA, BELTRAN DE. *Las corrientes de espiritualidad entre los Dominicos de Castilla durante la primera mitad del siglo XVI*. Salamanca, 1941; PEZZELLA, S. Carioni Battista (Battista da Crema). In: *Dizionario Bibliografico degli Italiani*, t. XX. Roma, 1977, 115-118; PREMOLI, O. *Fra Battista da Crema secondo documenti inediti*. Roma, 1910; ID. *S. Gaetano da Thiene e fra Battista da Crema. Rivista di Scienze Storiche*, Pavia, 1910; ID. *Storie dei Barnabiti nel Cinquecento*. Roma, 1913.

D. ABRESCIA

BATISTA DE VARANO (bem-aventurada).

1. NOTA BIOGRÁFICA. Filha dos senhores "de Varano" (lat. *Varani*), isto é, do castelo nos arredores de Camerino, nasceu nessa cidade no dia 9 de abril de 1458. Entre os oito e dez anos (1466 ou 1468), ouviu uma pregação do franciscano Domingos de Leonessa sobre a Paixão do Senhor e ficou profundamente impressionada. De 1476 a 1481 amadureceu a sua vocação monástica, não sem grandes dificuldades, quer familiares, quer pessoais e interiores, e finalmente decidiu entrar nas clarissas de Urbino, mudando o nome batismal de Camila para Batista. Em 1480 teve uma visão de Jesus e compôs um "louvor" à sua Paixão. Registrou todas as revelações tidas entre 1479 e 1481 na obra *Ricordi di Gesù*. O pai, desejando ter a filha mais próxima, construiu um mosteiro para as clarissas em Camerino, onde ela viveu desde 1484. Em 1488 escreveu a revelação dos *Dolori mentali di Gesù*, uma de suas obras principais. Em 1491 redigiu a *Vita spirituale*, sua rica autobiografia até aquele ano. Em 1501 escreveu as *Istruzioni*, provavelmente endereçadas ao padre Giovanni da Fano, OFM (que passou para os → CAPUCHINHOS). Autorizada pelo papa Júlio II, em 1505 fundou o convento das clarissas de Fermo, porém em 1507 retornou ao mosteiro de Camerino. Por volta de 1521 compôs o *Trattato della purità del cuore*. Em 1522 foi para Sanseverino, para retornar definitivamente para Camerino, onde apagou-se no dia 31 de maio de 1524. Além das obras citadas, consideradas as mais importantes, a bem-aventurada escreveu outras, em prosa e verso, e algumas cartas.

2. DOUTRINA. Quanto à orientação espiritual geral, a bem-aventurada pertence claramente à escola franciscana. Pode-se dizer que a sua espiritualidade é caracteristicamente cristocêntrica, afetiva e prática. O seu ensinamento sobre a devoção eucarística, sobre os mistérios da Paixão do Senhor e a devoção ao Sagrado Coração é muito significativo. Batista exerceu maior influência com a obra sobre os *Dolori mentali di Gesù*, várias vezes editada em italiano e em outras línguas. Sob o aspecto estilístico, os seus escritos são também bastante apreciados, dignos do patrimônio literário latino e italiano. Um ponto bastante característico de sua doutrina ascética é a exigência da "pureza de coração", como primeira condição para chegar ao dom da contemplação infusa. Este dom é normal e necessário, segundo ela, para a perfeição, antes, quanto mais uma alma é perfeita, tanto mais recebe dons de contemplação infusa.

BIBLIOGRAFIA. BEATA CAMILLA BATTISTA DA VARANO. *Le opere spirituali*, BOCCANERA, G. (Org.). Iesi, 1958; BOCCANERA, G. *Biografia e scritti della B. Camilla Battista da Varano. (Studio introdutivo)*. Roma, 1957; HEERINCKX, I. Devoti Sacratissimi Cordis in scriptis B. Baptistae Varani. *Antonianum* 10 (1935) 37-58.149-164; NAPOLI, G. La spiritualità della B. Battista da Varano. *Miscelanea Francescana* 64 (1964) 38-102; PAPÀSOGLI, G. *Beata Camilla-Battista da Varano principessa e clarissa di Camerino*. Assisi, 1959.

A. MATANIC

BEATRIZ DE THENIS (Beatrijs van Tienen ou de Nazaré).

1. NOTA BIOGRÁFICA. A *Vita Beatricis* assume as seguintes datas sobre a vida de Beatriz: nasceu em 1200 (1205?). Filha de Bartolomeu, *civis Thenensis*, recebeu, desde a primeira infância, uma educação cristã exemplar. Com a morte da mãe, foi entregue às beguinas de Zout-Leeuw, até que pôde entrar como oblata no mosteiro cisterciense de Bloemendael (Florival), fundado por seu pai. Aos 15 anos, pediu para ser admitida na comunidade. Superadas algumas dificuldades devidas à pouca idade, emitiu a primeira profissão e foi enviada para a abadia de Ramée para aprender a escrever livros litúrgicos. Aí encontrou a bem-aventurada Ida de Nijvel (Nivelles), que se tornou uma verdadeira amiga espiritual, sendo mais tarde também sua confidente. Após um ano retornou a Bloemendael, onde se deteve por breve período, não bem definido, até sua transferência para Maagdendaal (Vallis Virginum), que provavelmente foi sua morada durante 14 anos. Entrementes, o pai havia fundado o mosteiro cisterciense de Nossa Senhora de Nazaré. Em maio de 1236, juntamente com as irmãs Cristina e Sibila, além de algumas monjas, Beatriz partiu para a nova fundação, onde em setembro do mesmo ano foi nomeada *magistra*, e em junho do ano seguinte, eleita priora (não abadessa). Apagou-se no dia 29 de julho (agosto) de 1268, *et sepulta est inter ecclesiam et capitulum in claustro ambulatoris*. Beatriz não foi uma grande personalidade, nem teve os ricos dons naturais de sua contemporânea → HADEWICH. Muito sensível, de temperamento tímido e afetivo, sentia a necessidade da amizade. Justamente essa necessidade direcionou sua piedade para um encontro afetivo com Jesus, homem-Deus, na Eucaristia e no Sagrado Coração.

2. OBRA. A *Vita Beatricis* foi escrita em latim por um monge cisterciense (seu confessor?), com base no *Diário* e nas anotações dos exercícios espirituais deixados por Beatriz em flamengo antigo (*thiois*), utilizando o testemunho das coirmãs, sobretudo o de irmã Cristina. O monge trabalhava com material "*quod (non) ex libro vite sue (sed) ex difelium narratione comperi, maxime venerabilis Christine sororis sue, sibi in prioratus regimine succedentis*". A *Vita* segue, todavia, o tipo da *narratio* medieval, apresentando o ideal da espiritualidade cisterciense aplicado a uma figura concreta, historicamente vivida e admirada por sua santidade de vida religiosa. Nesse sentido, afirma H. Vekeman, poderia ser a "vida" de uma monja cisterciense qualquer que encarne o modelo de espiritualidade da Ordem cisterciense, chegando gradualmente à experiência mística.

Na *Vita* está inserido o breve tratado *Van Seuen Manieren van Heileger Minnen*, transmitido em três códices, um texto composto por Beatriz em flamengo antigo. A tradução latina *De caritate Dei et septem eius gradibus*, atribuída a Guglielmo d'Affligem (de Mechlinia), prior do mosteiro beneditino de Waver, remonta provavelmente ao mesmo monge cisterciense: *interprete anonymo, frater et conservus* das monjas cistercienses de Nazaré. O tratado não foi escrito antes de 1237, mas durante os anos de seu priorado.

3. ESPIRITUALIDADE. A espiritualidade de Beatriz reflete o otimismo e o realismo alegre de Cîteaux: é mais importante reconstruir no homem a imagem de Deus, a sua dignidade de filho do Criador, que lutar contra o homem velho. Esse empenho é levado adiante subindo pelas três vias tradicionais: *status inchoantium, status proficientium, status perfectionis*, como demonstra a *Vita*. É um compromisso de amor, um serviço de *minne*: a alma enamorada encontra Deus, que se comunica com ela chamando-a "*ad exercendum dilectionis et caritatis officium*", isto é, para a maternidade espiritual e para o intercâmbio de amor com Cristo.

Dessa troca de amor místico Beatriz fala com surpreendente segurança em *Van Seuen Manieren van Heiliger Minnen*, dividindo o caminho ascensional em sete graus: o I grau exprime o seu "desejo daquela liberdade, pureza e nobreza de espírito na qual foi criada como imagem e semelhança do Criador". Tendo reconquistado os dons naturais, no II e III graus se introduz no dinamismo interior do amor que fermenta toda a atividade: amor desinteressado, que não busca a recompensa, que imerge em seu serviço, que somente deseja satisfazer as suas exigências. No IV grau aprofunda-se nas doçuras das primeiras experiências passivas que, tornadas mais luminosas no V grau, irradiam a alma com um maravilhoso calor. É um *orewoet* (*aestus amoris*) que penetra em seu mais íntimo. No VI grau a alma entra em seu estado sublime de ininterrupta união amorosa, *in quo tota quodammodo caelestis effecta*. Deus a eleva à fruição pacífica dos gáudios celestes. No VII grau, tendo finalmente realizado o desejo *cupio dissolvi*, recolhe o inefável desejo da alma de gozar a Deus em contato imediato na bem-aventurança eterna. Desse estado, todavia, *nulla potest intelligentia comprendi*.

As exposições de Beatriz sobre a vida mística nos fornecem uma doutrina dominada pela excelência do amor, considerado sobretudo em suas estruturas sobrenaturais como amor infuso, regenerador, transformante, unitivo, e nos revelam essa monja cisterciense não só como uma mística que mede a vida espiritual sob o horizonte de experiências transbordantes, mas também como mestra experimentada nos problemas mais árduos da teologia mística. Poucos escritores místicos souberam expor os dados psicológicos das primeiras experiências de Deus com uma espontaneidade e naturalidade tal como Beatriz no IV grau de amor. É verdade que a espiritualidade de Beatriz, em particular a sua ascética e sobretudo o acento contínuo no tema nupcial, no místico esponsalício com Cristo, lembram os *Sermones in Cantica*, de São Bernardo, e é verdade também que encontramos vestígios do pensamento pseudodionisiano em suas exposições. Sendo secundários esses elementos, todavia, é preciso destacar o caráter "autóctone" de sua mística, baseada exclusivamente na própria experiência. Basta ler o VI grau de amor para constatar a que alturas vertiginosas chegou essa cisterciense que, além do mais, possui o mérito de ter compreendido, pela primeira vez na história da espiritualidade dos Países Baixos, a importância dos dons naturais e intelectuais da alma pelo desenvolvimento da → VIDA INTERIOR, preparando o caminho para a mística especulativa. A doutrina exposta em *Van Seuen Manieren van Heiliger Minnen*, escrito para ser publicado, foi conhecida já no século XIII.

> BIBLIOGRAFIA. BEATRICE OF NAZARETH. *The Seven Stepts of Love* [Introd. e trad. M. J. Carton]. *Cistercian Studies* 19 (1984) 31-42; *Beatrijs van Nazareth* (Teksten em tema's uit de mystiek, 11), Nijmegen, 1984; *De Herault* 16 [número especial], 1985; DELLA CROCE, G. *I mistici del nord*. Roma, 1981, 19 ss.; H. NIMAL. *Fleurs Cisterciennes em Belgique*. Liège-Paris, 1898, 97-142; HENRIQUEZ, G. *Quinque prudentes virgines, sive B. Beatricis de Nazareth...* Antwerpen, 1630, 1-167; JEAN D'ASSIGNIES [trad. francesa]. *Les vies et faits remarquables de plusieurs saints et vertueux Moines, Moniales et Frères Convers du s. Ordre de Cyteau etc*. Mons. 1603; LIEVENS, L. *De Limburgse Sermoenen in handschrift Amsterdam U.B. I E 28*. In *L. Reypens-Album*. Antwerpen, 1964; REYPENS, L. *Vita Beatricis* (ed. crítica). Antwerpen, 1964 (com bibliogr.); RIJK, M. *B. van Nazareth*. 257-288; VEKEMAN, H. *Vita Beatricis em Seuen Manieren van Minne*, estudo comparativo. *Nos Geestelijk Erf* 46 (1972) 3-54; ID. *Beatrijs van Nazareth, Die Mystik einer Zisterzienserin*, in *Frauenmystik*. Ostfildern, 1985, 78-98; VEKEMAN, H. W. J. – TERSTEEG, J. J. TH. M. *Beatrijs van Nazareth. Van Seuen Manieren van Heileger Minnen* (ed. do most. de Bruxelas). Zutphen s.a., 1971.
>
> GIOVANNA DELLA CROCE

BEDA, O VENERÁVEL (Santo).

NOTA BIOGRÁFICA. Tendo nascido no território do mosteiro beneditino de Jarrow (Inglaterra), em 672-673, Beda foi confiado ao abade São Bento Biscop, com a idade de sete anos, para ser educado. Recebeu o diaconato aos dezenove anos e o sacerdócio — um raro privilégio entre os monges da época — aos trinta. Passou a vida inteira, em um tempo absolutamente nada pacífico, sempre ocupado no estudo, no ensino e em escrever.

2. OBRAS E DOUTRINA. As suas obras científicas e históricas (cf. sua obra-prima *Historia ecclesiastica gentis Anglorum*) não interessam aqui; são, todavia, indicativas do caráter de Beda, que nelas demonstra um espírito crítico pouco comum para seu tempo. Equilíbrio e sobriedade, aliados a humildade e mansidão, é o que informam os seus escritos religiosos, reunidos todos em *Commentari* à Sagrada Escritura, redigidos geralmente como *Homilias*. Neles — entre os quais se notam particularmente aqueles sobre o → CÂNTICO DOS CÂNTICOS — procura constantemente, via uma interpretação fortemente alegórica, uma aplicação para a vida espiritual do indivíduo. Observe-se a sua doutrina sobre a → CONTEMPLAÇÃO, da qual fala como de um estado habitual do ser humano antes da queda, mas que atualmente é concedida a pouquíssimos, e só depois de grande trabalho de purificação. Faz largo uso dos Padres, especialmente dos quatro grandes latinos: → AGOSTINHO, JERÔNIMO, AMBRÓSIO e GREGÓRIO. Com frequência, é mais compilador que autor original; mas, coisa também incomum na época, quase sempre dá referências das suas fontes. Cita, e às vezes confronta, as duas versões latinas da Bíblia: a *Vetus Latina* e a *Vulgata*; conhece o grego, e provavelmente também um pouco de hebraico.

Por meio de Egberto, arcebispo de York, seu discípulo e mestre de Alcuíno, teve grande influência neste último e, assim, sobre a corte de Carlos Magno, penetrando, desse modo, na corrente geral da cultura europeia. Beda permaneceu durante toda a Idade Média como um dos mais lidos e citados autores do Ocidente.

Segundo uma fonte contemporânea, Beda morreu em 735 assim como viveu, trabalhando para dar a conhecer e amar a → PALAVRA DE DEUS: passa as suas últimas horas ditando uma tradução em vernáculo do Evangelho de João.

> BIBLIOGRAFIA. BERLIÈRE, U. *L'ordine monastico dalle origini al secolo XII*, Bari, 1928; BONNER, G. (ed.). *Famulus Christi: Essays in Commemoration of the Thirteenth Centenary of the Birth of the Venerable Bede*. London, 1976; CARROL, T. A. *The venerable*

Bede: His spiritual teachings. Washington, 1946; CCL 118-123; COLGRAVE, B. *The venerable Bede and his time.* Durham, 1958; HAMILTON THOMPSON, A. *Bede. His life, time and writings.* Oxford, 1935; HUNTER BLAIR, P. *The World of Bede.* London, 1970; LOZITO, V. Le tradizioni celtiche nella polemica antipelagiana di Beda. *Romano-Barbarica* 3 (1978) 71-88; *PL* 90-95; ROGER, R. What do we know about Bede's Commentaries? *Recherches de Théologie Ancienne et Médiévale* 49 (1982) 5-20; *Studia Anselmiana* 6 (1936) 1-71 [vários artigos].

B. EDWARDS

BELARMINO, ROBERTO (Santo). 1. NOTA BIOGRÁFICA. Tendo nascido em Montepulciano no dia 4 de outubro de 1542, de nobre família, entrou para a Companhia de Jesus no dia 21 de setembro de 1560. Muito jovem ainda, obteve extraordinário sucesso com a pregação no Norte da Itália, na Bélgica e na luta contra Michel Bajo. Ao retornar da Bélgica para Roma, inaugurou a cátedra *De controversiis*, fundada principalmente contra as Centúrias de Magdeburgo, que celebrizou com as *Disputationes et controversiae christianae fidei*, compostas em 13 anos de ensinamento (1575-1588) e publicadas em mais de quarenta edições totais ou parciais. No dia 21 de abril de 1602 foi nomeado arcebispo de Cápua, onde desenvolveu uma ação pastoral intensa. Retornando a Roma, participou da nova Congregação *de Auxiliis*, na qual exerceu imenso e universal trabalho. Nos últimos anos retirou-se para o noviciado de Santo André no Quirinal, onde morreu no dia 17 de setembro de 1621. Pio XI o beatificou em 13 de maio de 1923 e o canonizou em 29 de junho de 1930.

2. OBRAS E DOUTRINA. As principais obras de Roberto Belarmino são de caráter teológico, porém também no campo propriamente espiritual a sua produção foi notável. No *Répertoire de spiritualité ignatienne* são citados bem 44 escritos de caráter exclusivamente espiritual. Ainda que ninguém o tenha constituído como um importante tratado sistemático, o conjunto tem um valor não minimizável para a elevação das ideias, pelo estilo cheio de piedade e unção, pelo profundo conhecimento da Escritura e dos Padres, pelo equilíbrio e senso da realidade.

Os principais escritos ascéticos formam cinco breves tratados, fruto de suas meditações durante os retiros anuais: a) *De ascensione mentis in Deum per scalas rerum creatarum* (Roma, 1615). O livro é uma teodiceia espiritual. Para chegar a Deus precisamos de uma escada que parte do que sentimos mais próximo: as criaturas. Aponta 15 graus. b) *De aeterna felicitate sanctorum* (Roma, 1616). Um escrito com base em parábolas do Evangelho e escritos dos Padres sobre o céu e a vida dos bem-aventurados. c) *De gemitu columbae, sive de bono lacrymarum* (Roma, 1617). São indicadas as passagens da Escritura nas quais convida a derramar lágrimas de amor, de desejo e de tristeza, e, ao mesmo tempo, aponta as causas de sua origem e os frutos que daí derivam. d) *De septem verbis a Christo in cruce prolatis* (Roma, 1618). Explica primeiro o sentido literal de cada palavra, passando em seguida para as explicações ascéticas. e) *De officio principis christiani* (Roma, 1619). Deveres dos princípios e exemplos de princípios na Escritura. f) *De arte bene moriendi* (Roma, 1620). É o tratado mais importante de Belarmino, que enfrenta o tema da preparação para uma boa morte, apresentando uma síntese da vida espiritual. Fala também das práticas melhores para ter uma santa morte, com o acréscimo de várias meditações e orações.

Além dessas obras, devemos citar *In omnes Psalmos dilucida explanatio* (Roma, 1611), em que oferece matéria para meditação aos que devem recitar diariamente o → OFÍCIO DIVINO, e as *Exhortationes domesticae*, editadas no século XIX por F. van Ortroy (Bruxelas, 1890), nas quais trata numerosos temas de vida espiritual.

As conhecidas características da espiritualidade de Belarmino não resultam tanto do fundo doutrinário, já que é pouco original e acolhe a doutrina tradicional da Escritura e dos Padres, mas da forma abrangente, cheia de bondade e doçura. Qualquer que seja o tema tratado, ele o faz sempre na dimensão humana e com um estilo cheio de unção e piedade. Atinge o coração de todos, e tem como meta os problemas reais do momento. Ao mesmo tempo, projeta tudo sobre os grandes problemas da Igreja, de tal sorte que consegue inflamar cada alma de amor para as grandes causas.

O exemplo e a exemplaridade constituem um dos seus grandes recursos. Da Escritura põe em relevo, mais que textos isolados, os grandes exemplos, e apresenta como modelo as grandes figuras bíblicas. Faz o mesmo com os Padres. As suas obras são cheias de exemplos de santos. Possui uma liberdade espiritual interior que o impele a buscar em cada coisa mais o espírito que a substância. É verdade que fala muito do temor de Deus e dos exercícios de mortificação e penitência próprios dessa via, porém apresenta todos os exercícios, até os mais duros, permeados de uma luz clara e com um profundo sentimento de piedade, indicando os bens que derivam de sua prática.

Outra característica sua é o senso de responsabilidade de cada um e a exigência viva de empenhar-se até o fundo pela causa de Deus. O sentimento de amor e de confiança possui como fundo não um homem eremita e isolado do mundo, mas um apóstolo que se move no meio de uma sociedade que procura defender-se dos ataques dos hereges. O amor é a alma do zelo, do sacrifício, da dedicação. Explica-se, assim, por que em tudo que se refira à caridade é tão rigoroso. Sustenta que o ser humano, por exemplo, tem que dar de esmola tudo aquilo que sobra dos seus bens. Também fala muito da gravidade do → PECADO, da → ETERNIDADE e do → INFERNO, porém acima desses bens destaca a simplicidade da criança de ouvir Deus como pai.

BIBLIOGRAFIA. BELARMINO ROBERTUS SI, *Opera oratoria posthuma; adiunctis documentis variis ad gubernium animarum spectantium*, vls. X-XI, *ad fidem manuscriptorum edidit, introductioni generali, commentariis, multiplicis notis, illustravit* SEBASTIANUS TROMP SI, *Romae, 1968-1969*; CARTECHINI, S. Teologia della speranza in san Roberto Bellarmino. *Divinitas* 25 (1981) 43-57; FIORANI, L. Religione e Povertà. Il dibattito sul pauperismo a Roma tra Cinque e Seicento. In *Ricerche per la storia religiosa di Roma*. Roma, 1979, 54-61, vl. III; GALEOTTA, G. *R. Bellarmino* ("Klassiker der Theologie"). München, 1981, 346-362; GALLAGHER, J. *St. Robert Bellarmin*. London, 1980; JEDIN, H. Bellarmin und die Barockjahrhundert. In *Gegenreformation*. Darmstadt, 1973, 419-124; KUNZ, P. G. The hierarchical vision of St. Robert Bellarmin. In *Actus conventus neo-latini turonensis*. Paris, 1980, 959-977; MARCANTELLI, I. *I sensi della Scrittura secondo R. Bellarmino*. Pescia, 1972; MARGERIE, B. Saint Robert Bellarmin prédicateur modèle et théologien de la fonction de la prédication dans l'économie du salut. *Divinitas* 17 (1973) 74-88; MCMULLIN, E. Bellarmine. In *Dictionary of Scientific Biography*. New York, 1970, 587-590, vl. I; SCHNEIDER, B. Bellarmin Szent Robert. In *Aszent élete*. Budapest, 1984, 530-533; VALENTINI, E. Il pensiero del Bellarmino sull'autore dell' "Imitazione". *Rivista di Pedagogia e Scienze Religiose* 8 (1970) 131-144.

I. IPARRAGUIRRE

BEM-AVENTURANÇA. Entende-se por bem-aventurança a salvação de cada ser humano e de toda a humanidade, consumada na glória do céu, mas de algum modo já presente nesta terra.

O ser humano traz no mais íntimo de si mesmo a impressão de sua criação por Deus, que implica não somente a dependência absoluta no ser, mas também o selo de sua finalidade. Na realização de si mesmo, o ser humano caminha rumo à plenitude da própria existência, que chamamos bem-aventurança, cujo desejo surge espontâneo nele, como uma exigência metafísica. Ainda que se defina abstratamente essa bem-aventurança, o fato é que os seres humanos a buscam em cada sua ação, mas se esforçam em vão. Toda vez que o ser humano pensa ter encontrado uma bem-aventurança absoluta em alguma criatura, tem de confessar que errou o caminho. Só Deus é capaz de preencher aquele vazio existencial que ele próprio colocou no coração do ser humano.

A história da filosofia testemunha a busca contínua da bem-aventurança pelo ser humano; a experiência de cada dia confirma que essa felicidade absoluta não se encontra na terra, nem naquelas experiências que à primeira vista podem parecer fonte de bem-aventurança: riquezas, honras e prazeres.

1. A REVELAÇÃO DA BEM-AVENTURANÇA. Somente Cristo deu uma resposta a esse angustiante problema anunciando a "Boa-Nova" da bem-aventurança como uma realidade que se inicia nesta terra — o "Reino dos céus" —, que terá a sua consumação individual e coletiva na parúsia.

a) A revelação da bem-aventurança cristã, como algo de existencial a ser alcançado e a ser vivido já parcialmente nesta terra, acontece no discurso "programático" do Evangelho. Em uma clara oposição à mentalidade pagã e também aos próprios israelitas, Jesus proclama bem-aventurados os pobres, os mansos, os aflitos, os que têm fome de justiça, os misericordiosos, os puros de coração, os que promovem a paz, os perseguidos por seu amor (Mt 5,3-12; Lc 6,20-26). Com esse programa de felicidade cristã, Jesus confirma as promessas do Antigo Testamento, no qual o próprio Deus se havia revelado como a suprema bem-aventurança do ser humano. Agora é Cristo que afirma ser a bem-aventurança, visto que encarna em si mesmo, "manso e humilde de coração" (Mt 11,29), o ideal proclamado com as suas palavras. Esses estados de vida — pobreza, mansidão etc. —, com efeito, não comportariam *de per si* um estado de felicidade se não fossem uma manifestação da vida do Cristo em seus discípulos. Cristo, que é a bem-aventurança, enche de felicidade, já nesta terra, aqueles que seguem seus passos (cf. Mt 19,29).

b) A raiz dessa felicidade que atinge as profundezas do coração humano é a salvação de Cristo, a graça com todas as suas riquezas, o dom do Espírito Santo que traz aos homens a paz e a alegria, como dons do Cristo ressuscitado (Jo 14,27; 16,22). São esses os dons da bem-aventurança eterna já presentes e operantes neste mundo. De igual modo, os discípulos de Cristo no cumprimento de seu mandato supremo, o amor mútuo (Jo 15,12), na oração e na fração do pão experimentam essa bem-aventurança coletiva que será consumada na glória (At 2,42-47).

c) A bem-aventurança eterna do céu foi revelada de modo progressivo, geralmente em termos alegóricos que exprimem algum aspecto relevante, mas a deixam envolta em mistério, para suscitar a esperança teologal:

— a bem-aventurança é descrita por Cristo como um "festim" escatológico (cf. Mt 8,11; 22,11-14), sublinhando, com essa imagem, a alegria humana e a comunidade na vida e no amor;

— será a visão de Deus, realidade complexa que implicará a semelhança de nosso ser ao ser de Deus (*similes ei erimus*: 1Jo 3,2);

— consistirá naquela realidade expressa quase de modo inefável por Paulo como o "estar com Cristo" (1Ts 4,17; Fl 1,23), assemelhados também em nosso corpo à sua glória;

— o Apocalipse, finalmente, destaca o aspecto comunitário de louvor e de glória que os santos vivem na bem-aventurança.

2. A SANTIDADE COMO BEM-AVENTURANÇA. O ser humano criado para a bem-aventurança e desejoso de alcançá-la pode encontrá-la, ainda que parcialmente, nesta terra, na práxis da mensagem evangélica, no progresso dinâmico da própria salvação, na expansão apostólica do Reino de Deus. Os próprios acontecimentos que poderiam ser fonte de infelicidade — sofrimento, insucesso etc. — podem tornar-se fonte de alegria e de bem-aventurança. À medida que o Espírito toma posse do cristão, torna-o "bem-aventurado", enche-o de alegria e de paz interior. Com frequência, porém, o Espírito Santo, que é santificador e penhor da glória eterna, purifica e transforma a vida do cristão para torná-la ainda mais aberta à bem-aventurança do céu, e para suscitar o desejo e a esperança da glória.

Além do exercício das → BEM-AVENTURANÇAS EVANGÉLICAS, o cristão experimenta a felicidade no verdadeiro amor, à imitação de Cristo, sobretudo em doar a si mesmo, segundo o *logion* do Mestre citado por são Lucas (At 20,35).

3. TEOLOGIA DA BEM-AVENTURANÇA ETERNA. Na medida do possível e partindo dos dados da revelação, podemos aventurar-nos em uma descrição da bem-aventurança eterna com um discurso estritamente teológico.

a) A bem-aventurança é a salvação individual e coletiva da humanidade em sua plenitude. Para descrever essa realidade, podemos partir da teologia da graça, que é *semen gloriae*: a bem-aventurança é a graça em sua plenitude. Implica, portanto, uma doação perfeitíssima de Deus Trindade ao ser humano, uma relação individual com cada uma das Pessoas divinas, e ao mesmo tempo uma fusão em sua unidade, segundo a oração sacerdotal de Cristo (Jo 17,22-23), na troca recíproca de amor. Será, pois, a perfeita filiação divina, na união perfeita de natureza e de amor com o Pai, a perfeita transformação em Cristo, refletindo sua imagem, intimamente unidos a ele até formar seu corpo de glória, na plenitude do Espírito Santo; uma inserção no círculo vital da Trindade, conservando, porém, os traços e as características de nossa individualidade pessoal, assumidas e transformadas na glória (é essa a visão penetrante que São → JOÃO DA CRUZ nos oferece da glória no *Cântico*, 39).

Nessa perspectiva, podemos inserir a visão de Deus da qual nos fala a revelação e que a teologia tradicional propõe como essência da bem-aventurança. A plenitude de graça implicará, sem dúvida, aquele conhecimento intuitivo e fruitivo juntamente com a → TRINDADE. As discussões e sentenças sobre esse assunto não têm grande importância. Visão e amor de Deus constituirão um único e eterno ato de bem-aventurança. O ser humano, portanto, não só terá necessidade de um *lumen gloriae* que eleve o seu intelecto, mas também de um *amor gloriae* que torne o seu coração capaz de amar a Deus. Em todo caso, não poderá existir verdadeiro conhecimento de Deus senão por intermédio de Cristo, supremo revelador, e não poderá haver uma transformação de amor senão por meio do Espírito Santo, que na Trindade é o dom recíproco do amor.

b) Existe uma relação essencial entre a bem-aventurança e a humanidade gloriosa de Cristo, que podemos descrever como a unificação da humanidade no corpo definitivo de Cristo, em "Cristo total", em comunhão com o Deus feito — que permaneceu — homem (K. Rahner).

c) A bem-aventurança também é descrita em sentido comunitário pela revelação. Será o Reino da caridade. Também nesta vida amar e ser amado marca um dos pontos altos da felicidade, porque é essa a aspiração mais nobre do coração humano. Além do amor transbordante de Deus, a bem-aventurança será o Reino do amor mútuo entre os santos, em uma experiência eterna de amar e ser amados, no fluxo recíproco de dar e receber, de ser ricos com a riqueza de todos. Essa perspectiva satisfaz o desejo inato de sociabilidade e dá um sentido transcendente às relações de → AMIZADE nesta terra.

d) A bem-aventurança alcançará a sua plenitude na parúsia, com a ressurreição dos corpos, que reintegra o ser humano em sua perfeita unidade, com a redenção completa de toda a humanidade também em seu aspecto corporal; é a glória que já possui a humanidade gloriosa de Cristo e a de → MARIA SANTÍSSIMA, primícia da humanidade redimida.

Nessa perspectiva, parece sem dúvida lógica uma "alegria dos sentidos" para os corpos bem-aventurados e a integração da bem-aventurança em um "humanismo celeste" (Majocco).

Isto, todavia, ainda permanece como um dos pontos mais obscuros, deixados na sombra pela própria revelação, ligado em parte ao problema mais árduo e ainda insolúvel da sorte final do mundo criado.

Difícil também exprimir-se sobre a qualidade da bem-aventurança como "lugar". A expressão não agrada aos teólogos modernos, que admitem como único lugar designável o "corpo glorioso" de Cristo.

e) A eternidade da bem-aventurança exprime ao mesmo tempo plenitude e novidade de uma alegria sem início e sem fim, não sujeita a mutações, sempre nova e original, como a vida que na Trindade possui a sua fonte eterna.

4. PERSPECTIVAS ESPIRITUAIS. a) O fato da bem-aventurança, embora revelado, ainda permanece envolto em mistério. Somente a bem-aventurança terrena, com os vértices que pode alcançar na vida dos → SANTOS, pode constituir, mais que uma teoria, uma experiência limitada e parcial da bem-aventurança eterna.

b) A bem-aventurança está em estreita relação com o grau de santidade adquirido nesta terra; existe uma continuidade e uma correspondência; podemos dizer que a bem-aventurança é a meta gloriosa da santidade existente na terra, tornada ainda mais perfeita pela purificação do → PURGATÓRIO.

c) A bem-aventurança, finalmente, está em relação com o exercício da → ESPERANÇA teologal; o desejo dela caracteriza o vértice de toda vida cristã; a esperança nos torna dóceis à voz do Espírito, que no coração de cada redimido deseja a perfeita adoção dos filhos de Deus (Rm 8,23), e faz a Igreja suspirar pelo retorno de Cristo e a consumação da glória (Ap 21,17). A Igreja vive inclinada para essa bem-aventurança eterna, que já pré-saboreia especialmente na → LITURGIA, em que se realiza uma verdadeira comunhão com os santos na glória (*SC* 8; *LG* 50). O mistério pascal de Cristo é o fundamento da esperança na bem-aventurança eterna, à qual será associada toda a criação nos novos céus e na nova terra. O ser humano terá satisfeitos todos os seus desejos, e o plano de Deus estará cumprido (*GS* 38-39).

BIBLIOGRAFIA. BARBAGLI, P. "... Di gloria in gloria". *Rivista di Vita Spirituale* 21 (1967) 600-627; Beatitudine. IN: *Dizionario di Teologia Biblica*. Torino, 1965, 95-99; CASTELLANO, J. Escatologia. In: *Nuovo Dizionario di Liturgia*. Roma, 1984, 448-462; Cielo. In: *Dizionario di teologia Biblica*. Brescia, 1968, 110-112; COLZANI, G. Beatitudine. In: *Dizionario Teologico Interdisciplinare*. Torino, 1977, 491-503, vl. II; GIUDICI, A. Escatologia. In: *Nuovo Dizionario di Spiritualità*. Roma, 1979, 493-509; La storia della salvezza nel suo compimento. In: *Mysterium Salutis* V/II. Brescia, 1978, vl. X; MAJOCCO, P. L. *L'umanesimo celeste o visione nuova del Paradiso*. Chieri, 1968; MARCHESELLI-CASALLE, C. *Risorgeremo, ma come? Risurrezione dei corpi, degli spiriti o dell'uomo?* Bologna, 1988; POZO, C. *Teologia dell'aldilà*. Roma, 1970; SCHMAUS, M. *I novissimi di ogni uomo*. Alba, 1970; SIMPSON, M. *Teologia della morte e della vita eterna*. Catania, 1970.

J. CASTELLANO

BEM-AVENTURANÇAS EVANGÉLICAS. Utilizando uma fórmula de felicitações já tradicional no mundo bíblico (Sl 1,1-2; 33,12; 127,5-6; Pr 3,13; Sr 31,8...), o Novo Testamento com frequência declara "bem-aventurados" (*makarioi*) alguns indivíduos particularmente privilegiados. São os "macarismos" ocasionais, ditos em contextos particulares e portadores de ensinamentos

(Mt 11,6; 13,16; 16,17; 24,46; Lc 1,45; 11,27-28; Jo 20,29; 1Pd 4,14; Ap 1,3; 14,13 etc.). Quando se fala de "bem-aventuranças evangélicas", entendemos geralmente as duas séries de macarismos que abrem o discurso inaugural de Jesus no Evangelho de Mateus (5,3-12) e no de Lucas (6,20-23, em oposição aos "males" dos vv. 24-26). A exposição solene, a apresentação em série, a posição contextual, a amplitude do conteúdo doutrinário etc. indicam nessas bem-aventuranças aquilo que o pensamento cristão sempre compreendeu e sustentou: uma afirmação central e programática da novidade evangélica.

Uma leitura adequada exige uma atenção aberta para alguns fatores inerentes aos dois textos: o próprio fato das duas versões, as características literárias e estilísticas de uma e de outra, a visão doutrinária à qual cada uma obedece, a provável fonte comum pressuposta por Lucas e Mateus. É claro que as bem-aventuranças das quais falamos foram transmitidas de uma forma modificada em relação àquela que deviam ter quando foram proclamadas por Jesus. Também é verdade que a única testemunha direta é a do texto evangélico. A tarefa da exegese é reconstruir as etapas da evolução e chegar, com a máxima probabilidade possível, ao teor da proclamação feita historicamente pelo Mestre. Não poderemos prescindir dos resultados alcançados nesse campo se quisermos avaliar a imensa riqueza espiritual da mensagem. Palavra de vida, as bem-aventuranças foram conservadas e meditadas na Igreja apostólica como uma palavra viva, sujeitas a desenvolvimento e crescimento. Proclamadas originalmente por Jesus no âmbito de seu ministério na Galileia, em seguida foram adaptadas a novas exigências de vida e de ensinamento. O último estágio literariamente documentado é precisamente o texto que lemos em Mateus e Lucas.

O resultado é a linha traçada a seguir. Procuraremos a mensagem espiritual das bem-aventuranças em dois níveis principais: o da fonte primária, que sem dúvida é a proclamação feita por Jesus; e a sucessiva do atual texto evangélico. Este, por sua vez, oferece duas versões das bem-aventuranças que não podem ser confundidas: a de Lucas e a de Mateus. Será necessário, portanto, ler uma e outra distintamente, à luz da intenção didática dos respectivos evangelistas.

É claro que não podemos deter-nos *ex professo* no lado técnico da exegese. Numerosos e complexos são os problemas levantados pela crítica literária e importantes os resultados obtidos nesse campo. É óbvio os que levaremos em conta, mas atentos a não encher nossa apresentação com a relativa evidência material.

1. AS BEM-AVENTURANÇAS NO MINISTÉRIO DE JESUS DE NAZARÉ. A exegese preocupou-se de restituir à luz aquela que deve ter sido a proclamação feita historicamente por Jesus, fonte primária e comum das duas versões evangélicas. O método empregado consiste, essencialmente, em uma leitura comparativa de Lc 6,20-23 e Mt 5,3-12, voltada a isolar os elementos que são comuns aos dois textos e não podem referir-se diretamente a uma e à outra redação. Emerge, antes de tudo, um tipo de enunciação: em uma primeira parte é declarada a "bem-aventurança" de uma categoria de pessoas; em uma segunda parte é evidenciado o motivo. Essa forma literária certamente remonta à fonte comum. A esta se referem também os seguintes elementos estritamente paralelos: quanto às pessoas referenciadas, temos os "pobres", os "aflitos" ("os que choram"), os que têm "fome" (e sede); quanto à motivação, temos respectivamente: o "Reino de Deus" ("dos céus"), o "consolo" e a "saciedade".

A partir dessa primeira e elementar constatação, e eliminando a contribuição direta dos dois evangelistas, chega-se com aceitável grau de probabilidade ao texto dessa tríplice proclamação: "Bem-aventurados os *pobres*, porque deles é o Reino de Deus (dos céus). Bem-aventurados os *aflitos*, porque serão consolados. Bem-aventurados os que têm *fome*, porque serão saciados". É esse o teor primitivo que convém interrogar para recolocar a mensagem no contexto histórico da pregação de Jesus de Nazaré.

Outro elemento deve ser tomado em consideração, sendo comum em sua substância às duas versões: a bem-aventurança dos "perseguidos" por causa de Cristo, aos quais é prometida uma "grande recompensa nos céus" (Mt 5,11-12; Lc 6,22-23). Também esse elemento remonta certamente a uma proclamação feita por Jesus. Todavia, o seu óbvio aspecto particular não permite aproximá-lo *sic et simpliciter* do núcleo das três citadas bem-aventuranças, mas aconselha que seja estudado como um dado que entra na mensagem diretamente proposta por Mateus e Lucas.

— *A proclamação evangélica do Reino*. "Depois que João fora entregue, Jesus veio para a Galileia. Ele proclamava o Evangelho de Deus e dizia: 'Cumpriu-se o tempo, e o reinado de Deus está próximo: convertei-vos e crede no Evangelho" (Mc 1,14-15). O Reino, manifestação plena de Deus e completamento de sua obra, desde sempre fora esperado e sabia-se que o Senhor um dia viria para reinar. Jesus, porém, diz uma coisa nova, que abala: proclama que "cumpriu-se o tempo", que chegou a hora. É iminente a intervenção perfectiva de Deus: "o Reino de Deus está próximo" (também Mt 4,17; 10,7; Lc 10,9.11; 21,31). Antes, já é manifestada a realeza do Senhor na palavra, na obra e na pessoa de Jesus (Mt 8,29; 12,28; Lc 11,20; 17,21). A predição é substituída pela promulgação; e esta é um "pregar e anunciar o Evangelho de Deus" (Mc 1,14), precisamente "a Boa-Nova do Reino" (Mt 4,23).

O núcleo originário das bem-aventuranças situa-se na plenitude desse anúncio evangélico. Os macarismos, com efeito, dos *pobres-aflitos-famintos* explicam o motivo pelo qual o Reino é anunciado como "a Boa-Nova de Deus": chegou a hora de declarar "bem-aventurados" os infelizes deste mundo. É a declaração da primeira bem-aventurança: "Bem-aventurados os pobres, porque deles é o Reino de Deus". O Senhor reina em seu benefício. Os "pobres", os "aflitos", os "famintos" são aqueles aos quais é endereçada a bem-aventurança: "O Reino de Deus está próximo". É a Boa-Nova da sua "bem-aventurança" finalmente garantida (cf. Lc 4,18; 7,22). Isto entre as bem-aventuranças e a promulgação do "Evangelho do Reino" é uma relação de estrutura. Por tê-lo ignorado, não poucos intérpretes se privaram da chance de captar na mensagem uma riqueza insubstituível.

— *O vocabulário bíblico-judaico da "pobreza"*. Os "famintos" são "aflitos", e estes são os "pobres". O plano no qual estamos lendo a mensagem, que são os primórdios da pregação de Jesus, exige a compreensão desses termos, além do seu valor específico nos usos grego e moderno, à luz das ressonâncias que ecoam no mundo bíblico-judaico. Mais que um estado de privação e de indigência econômica, o vocabulário da "pobreza" indicava na linguagem tradicional de Israel, uma condição de inferioridade social. O "pobre" é antes de tudo o pequeno e humilde, que não tem peso na sociedade, um incapaz de fazer prevalecer os seus direitos e, consequentemente, um infeliz obrigado a sofrer o arbítrio dos mais fortes e a tirania daqueles que o exploram (*anâw* [humilde]*:* Is 11,4; 29,19; 61,1; Am 2,7; Sl 10,17; 76,10; Pr 14,21...; *anî* [pobre]: Is 3,14-15; 10,2; 32,7; Am 8,4; *Ez* 18,12; 22,29; Ab 3,13; Zc 7,10; Sl 9,10; 10,9.18; 12,6; 14,6; 35,10; 72,4; 74,21...; *dal* [indefeso]: Is 10,2; 11,4; Am 2,7; 4,1; Sl 72,13; 82,3-4; Jó 5,15...; *ebion* [injustiçado] Ex 23,6; Am 5,12; Jr 5,28; 22,16; Sl 72,4; 140,13; Pr 31,9...). É óbvio que, se o "pobre" não fosse tal também economicamente, saberia defender-se e não seria a vítima escolhida pelos poderosos. A indigência material, portanto, incide pesadamente sobre a sua situação e é várias vezes afirmada ou pressuposta (*anî*: Ex 22,24; Lv 19,10; 23,22; Dt 15,11; 24,12.14-15; Is 41,17; 58,7; Ez 16,49; *dal*: Ex 30,15; Pr 10,15; *ebiôn*: Dt 15,4; Jó 29,16; Sl 49,3; 112,9). Normalmente, porém, o acento é posto em outra parte: mais que do indigente em relação ao rico, o vocabulário bíblico e judaico da "pobreza" fala do fraco em relação ao forte, dos pequenos e humildes em relação aos grandes da sociedade, dos deserdados em relação aos privilegiados, dos oprimidos em relação aos que os exploram e perseguem. O denominador comum parece ser a necessidade de ajuda — que pode ser de natureza econômica, mas é sobretudo de proteção e de consolação.

Na mesma perspectiva sociológica se insere o tríplice macarismo proclamado por Jesus. Ele falou de "pobres", de "aflitos", de "famintos"; poderia ter prolongado o elenco e a lista só teria tornado explícita a soma de miséria humana implicitamente contida no primeiro macarismo: "bem-aventurados os pobres". Estes, com efeito, são aqueles que choram e que têm fome; mas são também todos os fracos que precisam de proteção e todos os infelizes cuja sorte é digna de compaixão. Que assim é a mente do Mestre é demonstrado pela matriz bíblica de sua proclamação evangélica. Quando declara que o Evangelho divino que traz se destina aos "pobres", ele se refere a Is 61,1. No oráculo, todavia, quem são aqueles "pobres" (*anawîm*)? São exatamente aqueles que têm o "coração partido", os "deportados", os "prisioneiros". Os "aflitos" e aqueles que têm o "espírito abatido" (vv. 1-3). A Bíblia grega fala de "cegos" em vez de "prisioneiros". Ao citar o texto, Lucas acrescenta os "oprimidos" que estão para ser recolocados em liberdade (4,18). Essa determinação é tomada do grande oráculo de Is 58,1-12 em que junto aos "oprimidos" (v. 6) se faz referência também aos "famintos, aos "pobres" sem teto e aos que estão "nus" (v. 7).

O próprio Jesus se adapta a esse vocabulário da "pobreza" quando envia ao Batista a resposta: "os cegos recobram a vista e os coxos andam direito, os leprosos são purificados e os surdos ouvem, os mortos ressuscitam e a Boa-Nova é anunciada aos pobres" (Mt 11,5 = Lc 7,22). Ecos exatos desse tipo de linguagem são encontrados na versão lucana da parábola dos convidados que recusam o banquete (os beneficiários do Reino são "os pobres, os coxos, os cegos e os aleijados [14,21]), como também na descrição mateana do juízo final, em que a lista dos "pequenos" dignos de compaixão fala de famintos e de sedentos, de gente sem casa (forasteiros) e sem roupas, além de doentes e encarcerados (25,35-36). A linguagem é bíblica, amplamente citada nos profetas (Is 29,18-19; 35,3-6; 49,9-10.13; Jr 31,8-9; Ez 34,4…) e na literatura sapiencial (Jó 22,6-9; 24,2-11; 29,12-13.15-17; Sr 4,1-4.8-10). Na lista da "pobreza" não devemos esquecer os "órfãos" e as "viúvas", talvez as duas categorias mais "fracas" da sociedade de então (Dt 24,19; Is 1,17; 10,2; Sl 10,14; 68,6; 82,3; Jó 22,8-9; 29,12; Sr 4,8-10; 35,13-15; e também Mc 12,40; Lc 18,1-5).

Estamos informados. Junto aos "pobres", aos "aflitos" e aos "famintos" do tríplice macarismo original, devem tomar lugar, segundo a intenção do Mestre, os indigentes que estão nus e sem teto, os infelizes que estão doentes, encarcerados e possuem o coração partido e o espírito abatido, bem como o forasteiro, a viúva e o órfão, além dos fracos que estão sem proteção e sofrem a prepotência dos grandes, e, finalmente, os carentes: cegos, surdos, coxos, leprosos etc. Todos estes são os "pobres" aos quais é endereçada a Boa-Nova do Reino. E todos entram no macarismo primário: "Bem-aventurados os pobres, porque deles é o Reino de Deus". A interpretação das bem-aventuranças proclamadas por Jesus deve poder estender-se a todas as categorias que compõem a face plangente do sofrimento humano.

— *"Bem-aventurados" enquanto "pobres" e infelizes.* Aqueles que Jesus, pregador do Evangelho divino do Reino, declara "bem-aventurados" são pessoas realmente "pobres" e infelizes. Antes, não teriam sido indicados como "bem-aventurados" se não fossem verdadeiros conhecedores da aflição humana. É esse o paradoxo eminentemente evangélico das bem-aventuranças da maneira como as proclamava Jesus, o ponto qualificante de sua mensagem a propósito.

Não é aceitável, com efeito, a interpretação inclinada a transportar do plano sociológico ao plano espiritual o significado dos termos que Jesus usou para designar os beneficiários das bem-aventuranças. Estas, se diz, não são um manifesto social, mas a proclamação de uma mensagem religiosa; em consequência, pressupõem necessariamente uma disposição de ânimo correspondente à natureza do Reino revelado e oferecido. Para acolher a revelação e receber a oferta, o ser humano precisa de algo mais que uma simples infelicidade nascida da indigência e da miséria. Acaso não exortava Jesus "a converter-se e a acreditar no Evangelho" (cf. Mc 1,15; Mt 4,17)? Ninguém contesta que o Evangelho do Reino exige do ser humano a resposta da "conversão-fé"; veremos que essa é a exigência pressuposta nos macarismos relacionados em Mt 5,3-10. Diferente, porém, era a perspectiva a que obedeciam as bem-aventuranças evangélicas na proclamação historicamente feita pelo Mestre; e a evidência da linguagem exposta no número anterior obriga a pensar em "pobres" que realmente sejam assim, e que são declarados "bem-aventurados" justamente enquanto tais.

É verdade que a noção bíblica da "pobreza" é aberta aos valores espirituais da piedade pessoal: opostos aos poderosos e prepotentes da sociedade, aos ímpios opressores e exploradores, os "pobres" da Bíblia aparecem não raro como pessoas que, pacientes, mansas e humildes, depositam a sua confiança somente em Deus (cf. Sl 25,9.18; 34,7; 37,10-11; 69,33; 147,6; Sf 2,3; 3,11-13 etc.). A transposição, portanto, do conceito para o plano das disposições espirituais seria possível, talvez até obrigatória, se Jesus tivesse dito unicamente: "Bem-aventurados os pobres". Mas ele dizia também, proclamando a mesma mensagem: "Bem-aventurados os aflitos" e "Bem-aventurados os que têm fome". Sabe-se, por outro lado, que a tríplice definição, segundo a mente do Mestre, é suscetível de ampliação até englobar outras expressões da infelicidade humana, assim como se presume pelas respectivas listas espalhadas na Bíblia e nos Evangelhos (cf. supra). "Bem-aventurados os pobres, porque deles é o Reino de Deus". Então perguntamos: acaso serão agradáveis a Deus e dignas de recompensa divina a fraqueza social da viúva e do órfão, a indigência do faminto e do sem-teto, a prostração do deportado e do prisioneiro, a humilhação do oprimido e do perseguido, a diminuição do coxo e do leproso, o sofrimento do cego e do doente? No entanto, as bem-aventuranças devem ser estendidas a tais encarnações da miséria humana. Quem chora ou quem tem fome também pode ser um justo que eleva a Deus o olhar do coração, mas não é essa sua virtude o motivo pelo qual é chamado de "bem-aventurado" por Jesus, e sim o fato de que, sendo ele um "pobre", Deus veio reinar em seu benefício.

Por outro lado, leem-se as listas de "pobres" lá onde são ensinados os mandamentos fundamentais da moral (Is 1,17; 58,6-7.9-10; Jó 29,12-13.15-17; Sr 4,1-4.8-10; Mt 25,31 ss.) e onde é condenada a injustiça cometida em prejuízo deles (Am 8,6; Is 10,1-2; 32,6-7; Ez 18,12-13; Jó 22,6-9; 24,2-11; Mc 12,40). Não está dito que esses "pobres" são dignos de compaixão e devem ser ajudados por causa de sua piedade e virtude, mas somente sua indigência e infelicidade é considerada. Assim também nos macarismos proclamados por Jesus: está claro que não devemos ler aí um manifesto de reivindicações sociais, pois é pacífica a natureza religiosa da mensagem; mas nem por isto a "bem-aventurança" reconhecida aos "pobres" depende de seus méritos e virtudes. Trata-se, em vez disso, de pessoas infelizes, apanhadas simplesmente em sua infelicidade, que são "felicitadas" porque chegou a hora em que o Senhor Deus decidiu reinar em seu benefício.

— *A Boa-Nova da justiça real de Deus*. A linguagem dos macarismos proclamados por Jesus é uma linguagem que afunda as raízes na mais pura tradição bíblica. O "Reino de Deus está próximo". "Bem-aventurados os pobres, porque deles é o Reino de Deus". A promulgação do Reino é uma "feliz notícia", porque nela se pode e se deve proclamar: "Bem-aventurados os pobres"! Com efeito, o que Jesus quer proclamar, que já está "próximo" e que Deus finalmente veio instaurar, é um Reino em benefício particularmente dos pobres, dos aflitos, daqueles que têm fome e de todos os que se assemelham a eles. O motivo? Diz respeito a Deus: é uma exigência de sua *justiça* qual Rei intencionado a reinar. O discurso tem sabor bíblico.

a) *Exigência de justiça real*. Sabe-se que os povos do antigo Oriente concebiam a proteção dos fracos e a defesa dos pobres de todo tipo como uma função real irrenunciável. Ao rei é confiada a causa soberana da justiça; na prática, a justiça real é exercida sobretudo em benefício dos deserdados privados de todo amparo, para tutela dos direitos pisados, como garantia de que o fraco e pequeno não deva ser abandonado a si mesmo e deixado como vítima dos grandes e dos fortes. Podemos falar de um autêntico privilégio dos "pobres"; não que a própria "pobreza" seja idealizada, mas porque o ideal da função real é a justiça. Também em Israel os "pobres" são privilegiados. As exigências da justiça são todas a seu favor. Deve-se ajudar o pobre, acolher o forasteiro, proteger a viúva e o órfão, defender a causa do fraco, vestir quem está nu e dar de comer a quem tem fome: é o que exige a causa suprema da justiça, que vem a coincidir, ao menos nesse exato ponto, com o mandamento primordial da misericórdia. A obrigação cabe a todos (Ex 22,20-26; Lv 19,33-34; 25,35-37; Dt 10,18-19; 15,7-8; 23,20-21; 24,10-21; Is 1,17), mas são os soberanos, os chefes da nação, os grandes e poderosos do povo, os primeiros a ter o dever de praticar desse modo a justiça (Is 1,23; 3,14-15; 10,1-2; Jr 5.28; 9,22-23; 21,12; 22,3.13-17; Ez 34,4; Am 2,6-7; 8,4; Sl 82,2-4; Pr 29,14).

O mandamento é religioso e possui traços teocráticos determinados: deriva do fato de que os pobres são por excelência os protegidos de YHWH, o Rei de Israel, cujos juízos não podem deixar de ser justos. É a sua justiça, expressão coerente de sua vontade real, a certeza que dá solidez aos direitos dos pobres e lhes garante segurança e proteção; essa justiça divina e real é a norma à qual devem ater-se os grandes, se quiserem governar do modo que agrada ao Senhor. O Deus de Israel, com efeito, é aquele que "age com misericórdia (*hesed*), com direito (*mishpat*) e com justiça (*sedaqah*) na terra" e "se compraz nessas coisas" (Jr 9,23); portanto, o soberano que "conhece o Senhor" e pretende governar em Israel segundo a vontade do Rei YHWH, é aquele que se preocupa antes de tudo em "praticar o direito e a justiça", ou seja, "tutelar a causa do pobre e do mísero" (Jr 22,15-16).

Quando o Senhor "julga", a ordem é estabelecida: os maus são atingidos, os pobres são salvos (Sl 76,8-10). O "julgamento" do Senhor é o ato de governo atinente às suas prerrogativas reais; é o ato que os maus temem e os pobres esperam (Sl 146). Porque é rei, YHWH não pode deixar de querer que reine a justiça: é aquele que "julga-governa o mundo com justiça" (Sl 9,9); consequentemente, ele é um "abrigo para o oprimido, e no tempo da angústia um refúgio seguro" (v. 10), e "não esquece o grito dos aflitos" (v. 13 e também v. 19). Justamente porque é rei e governa com justiça, o Senhor é chamado a quebrar o braço do ímpio e do violento para garantir o direito do órfão e do oprimido, do pobre e do infeliz (Sl 10,35-39). "O Senhor age com justiça e com direito com todos os oprimidos" (Sl 103,6); é sua prerrogativa gloriosa: "Quem é como ti, YHWH, que libertas o fraco do mais forte, o mísero e o pobre do perseguidor?" (35,10). É compreensível, então, que o Deus santo de Israel seja chamado "o pai dos órfãos, o juiz das viúvas" (68,6). Compreende-se, também, que o pobre, exatamente porque é tal, pode considerar-se o protegido de Deus: "Sei que o Senhor defende a causa dos indefesos, o direito dos pobres" (140,13).

Essa que caracteriza o reinar de Deus não é uma justiça retribuível que recompensaria os méritos obtidos pelos infelizes por causa de sua piedade pessoal. Se os pobres também forem piedosos, tanto melhor; mas este aspecto independe de per si do assunto. Trata-se de uma justiça divina do tipo "real": YHWH deve a si próprio ser "pai dos órfãos", "juiz das viúvas", patrono dos fracos, protetor dos pobres, isto é, o defensor de todos aqueles que são incapazes de proteger-se com os próprios meios. Fala-se uma linguagem objetiva e teologal, em que o acento é posto na fidelidade de Deus às próprias prerrogativas reais, e se quer explicar o modo como o Senhor deseja reinar sobre o seu povo. É sob esse aspecto que os pobres podem valer-se do título de "protegidos de Deus". "Bem-aventurados os pobres", costuma-se dizer, porque Deus, fiel a si mesmo, reina como seu protetor.

b) *Projeção escatológica e messiânica*. Israel, todavia, teve de reconhecer quanto era diferente a realidade: os pobres são infelizes e maltratados, os poderosos dominam imperturbáveis. "O Senhor não vê, o Deus de Jacó nada sabe?" (Sl 94,7). "Até quando os ímpios vão triunfar?" (v. 3). A verdade teológica de um Rei santo e fiel, garantia infalível da justiça, não foi posta em discussão; a sua atuação prática é projetada no futuro: virá o dia no qual o Senhor manifestará de modo decisivo e definitivo a sua realeza. Naquele dia, final perfectivo da história da → SALVAÇÃO, Deus reinará efetivamente em benefício dos pobres, restabelecendo a ordem e fazendo triunfar a justiça. A culminância evangélica dessa temática escatológica será exatamente a mensagem das bem-aventuranças.

O Reino futuro é esperado como o tempo em que o Deus justo se levantará para "julgar a terra" (Sl 96,13), como no dia em que "a justiça virá do céu", portadora de salvação e de paz (cf. Sl 85,9-14). Uma "justiça real" e misericordiosa, com a qual o Senhor "saciará de pão os pobres" (132,15) e escutará finalmente o grito dos oprimidos e o anseio dos indefesos (cf. 94,1-7). A mesma esperança vê YHWH "apascentar o seu rebanho com justiça" (Ez 34,16), "julgando ovelhas magras e gordas" (v. 20), isto é, derramando a sua ternura nos enfermos e fracos, oprimidos de seu povo, e a sua ira sobre os poderosos exploradores (vv. 4.16.21). Este tema de Ez 34 é "real" porque coincidem as figuras do "pastor" e do "rei" (cf. Jr 2,8; 10,21; 23,1-3); é, porém, um tema tradicional do pensamento teocrático em Israel (cf. Gn 48,15; 49,24; Sl 80,2; 95,7). A sua projeção escatológica é reencontrada em Mq 4,6-7: o Senhor reinará para sempre em Sião, qual pastor que privilegia as ovelhas enfermas e perdidas (também 2,12-13; Is 40,11). Lê-se em Is 14,30: "Os pobres pastarão nos meus prados, e os indefesos aí repousarão seguros" (também v. 32).

O mesmo ideal de "justiça real", emergido na consciência israelita como esperança messiânica, resplandecerá no ministério do "pastor davídico" que o Senhor, pastor por excelência, suscitará para a salvação de seu povo. "Pastor segundo o coração de Deus" (Jr 3,15), ele "exercerá o direito e a justiça sobre a terra", de tal sorte que será chamado "Senhor-nossa-justiça" (23,5-6; 33,14-16; cf. Ez 34,23-24). Dele Isaías tinha predito: "Julgará com justiça os indefesos e tomará decisões justas para os pobres da cidade", ao passo que abalará com a sua palavra o violento e o ímpio (11,4; também 9,6). Em outras palavras, Deus fará com que o seu Enviado seja um testemunho operante da sua "justiça real", exatamente segundo o ideal descrito no Salmo 72: "Ó Deus, confia os teus julgamentos ao rei, a tua justiça a este filho de rei. Que ele governe o teu povo com justiça, e os teus humildes segundo o teu direito". O rei governará, mas será Deus quem governará por meio dele; e isto em benefício dos pobres: "Que ele faça justiça aos humildes do povo,/ seja a salvação dos pobres, esmague o explorador" (v. 4). Com efeito, "em seus dias florescerá a justiça" (v. 7); e eis a consequência: "Ele livrará o pobre que clama, e os humildes provados de apoio. Ele cuidará do pobre e do fraco; salvará a vida dos pobres; ele os defenderá contra a brutalidade e a violência, precioso aos seus olhos será o seu sangue" (vv. 12-14).

Como se pode ver, a temática é tradicional. Fundamenta-se nesta dupla verdade: rei de Israel, YHWH só pode reinar sob o signo vencedor da "justiça"; os beneficiários desta sua "justiça real" são os pobres. Estes são os protegidos e os prediletos do Rei-Pastor. É compreensível, portanto, que a esperança de Israel, espera segura de uma epifania cheia e decisiva da realeza do Senhor, pudesse antecipar os tempos e contemplar o dia bem-aventurado em que um profeta-messias viria anunciar "uma Boa-Nova aos pobres" (Is 61,1-3; cf. Lc 4,17-21; Mt 11,5 = Lc 7,22).

— "*Porque deles é o Reino de Deus*". A "Boa-Nova anunciada aos pobres (Is 61,1 = Lc 4,18; Mt 11,5 = Lc 7,22) é o "Evangelho de Deus" (Mc 1,14) anunciado como "Boa-Nova do Reino" (Mt 4,23). É o ponto de chegada da temática até aqui desenvolvida. Proclamando que "o Reino de Deus está próximo" (Mc 1,15), Jesus proclama que "o tempo se cumpriu" (*Ibid.*), que chegou a plenitude esperada por Israel: a "justiça real" de Deus está a ponto de manifestar-se em benefício dos pobres (cf. Is 46,13; 51,5; 56,1). "Eis o vosso Deus!" (Is 40,9) e "Reine o teu Deus!" (52,7): cumpriu-se o tempo da espera, diz Jesus; Deus está vindo como Rei justo e salvador, e os pobres, aqueles protegidos e prediletos do Rei celeste, só podem rejubilar-se. Proclama-se, então: "Bem-aventurados os pobres". O motivo é claro: "porque deles é o Reino de Deus".

Devemos insistir na orientação teologal da mensagem. Como proclamadas por Jesus, as bem-aventuranças são principalmente uma revelação de Deus e de sua realeza, uma afirmação do modo como Deus quer reinar, já que "o tempo se cumpriu". Sendo o Reino aquilo que é, isto é, a manifestação plena e decisiva da justiça compassiva de Deus, os pobres só podem ser bem-aventurados. Congratulamo-nos com eles: a vinda do Reino é um feliz acontecimento que os aponta como privilegiados, portadores de um título de peso. Bem-aventurados são eles! A sua "bem-aventurança", todavia, não depende de per si das disposições religiosas ou morais das quais poderiam pessoalmente dar uma comprovação, mas fundamenta-se na verdade objetiva do Reino, cuja vinda é exatamente anunciada como uma notícia destinada a alegrar os infelizes deste mundo.

O aspecto é importante, a ponto de merecer uma confirmação posterior. Será encontrada em alguns contextos da tradição evangélica em que são indicadas, junto à geral dos pobres, duas outras categorias privilegiadas no Reino: a dos "pequenos" e a dos "pecadores".

a) *O privilégio dos "pequenos"*. Os textos principais são: Mc 10,13-16 = Mt 19,13-15 = Lc 18,15-17; também: Lc 9,47; Mt 18,1-4 e Mt 11,25-26 = Lc 10,21. O tema, bastante estudado, transcende por si os limites que somos obrigados a respeitar. Ater-nos-emos aos pontos essenciais.

Aquele envolvido na temática é um vocabulário da infância: *brephos, paidion, nêpios*. Entra, assim, no ensinamento, a figura da criança-jovem. Falar de um privilégio dos "pequenos" na novidade revelada do Reino significa que se tem presente um tipo de "pequenez" humana objetivamente referente à de uma criança-jovem. Será necessário perguntar-se qual ideia se tinha do estado de infância na sociedade judaica de então.

Ainda que amada e desejada como uma bênção, uma criança não era vista à luz que costumamos projetar sobre a infância. A sua psicologia, hoje até idealizada, não suscitava nenhum interesse. O estado da infância era considerado de "pequenez" no sentido de "imperfeição" e "imaturidade", não só física, mas também mental (cf. Sb 12,24-25; 15,14) e moral (cf. Gn 8,21; Jó 14,4; 15,4; 25,4). Para combater a sua malícia inata, recomendava-se uma educação particularmente repressiva da criança (Pr 13,24; 23,13-14; 29,15.17; Sr 30,1-2). A legislação de → QUMRÂN excluía das santas assembleias toda pessoa tarada ou impura, bem como a criança (1QM 7,3-6). Análoga visão negativa tem-se em Paulo: recorre-se à imagem da infância para evidenciar a imaturidade religiosa e a imperfeição "carnal" de quem custa a deixar prosperar e crescer Cristo em sua pessoa (1Cor 3,1; 13,11; 14,20; Ef 4,13-14; Hb 5,11-14; Rm 2,19-20; Gl 4,1-5). É este o pano de fundo, claramente depreciativo, contra o qual se destacam, novos e originais, o pensamento e a atitude de Jesus sobre a matéria.

Deve-se partir do episódio referido em Mc 10,13-16. Aos discípulos que escorraçavam os que as apresentavam, Jesus pede que deixem vir a ele as crianças, e declara: "porque o Reino de Deus é para aqueles que são como elas" (v. 14). E acrescenta logo em seguida: "Em verdade vos digo, quem não acolhe o Reino de Deus como uma criança, não entrará nele" (v. 15). Detenhamo-nos por ora na motivação dada no v. 14, que é fundamental (cf. Mt 19,13-15). É completamente semelhante ao macarismo dos pobres: "porque deles é o Reino de Deus". Na novidade do Reino proclamado, é reconhecido um privilégio das crianças (*paidia*) e dos que são como elas (*toioûtoi*). A sua explicação? Não se encontra nas qualidades que tantos autores modernos se comprazem de atribuir às crianças: a inocência, a simplicidade, a candura, a confidência humilde, o impulso confiante, a docilidade etc. Esse retrato, não pouco romântico e de cuja verdade até se poderia duvidar, é completamente estranho à mente dos contemporâneos de Jesus, que, em vez disto, enxergam na criança a encarnação de tudo aquilo que o adulto não queria ser. Se tivesse tido a intenção de destacar alguma exaltada qualidade intrínseca da infância, o Mestre se teria explicado explicitamente; como não o fez, demonstra adequar-se à opinião geral. E é exatamente esta a premissa de seu ensinamento: "delas é o Reino de Deus": o Reino pertence às crianças e àqueles que são como elas, por causa de sua "pequenez" e imperfeição; aquilo que leva as pessoas a minimizá-las como seres "pequenos" e sem importância, é precisamente o que atrai sobre elas a benevolência especial de Deus. A perspectiva é, novamente, acentuadamente teologal: não se fala de uma hipotética psicologia maravilhosa da infância, mas da realidade divina do Reino. Revelado o Reino, os "pequenos" não podem deixar de ser privilegiados.

Nessa mesma linha deve ser lida a outra declaração: "Em verdade vos digo: quem não acolher o Reino de Deus como uma criança, não entrará nele" (Mc 10,15; cf. Lc 18,17 e Mt 18,3). Revelação da ternura misericordiosa de Deus, o Reino pertence também aos adultos que são *como* as crianças, isto é, àqueles que são "pequenos" na estima da sociedade, que são julgados imperfeitos e sobre os quais pesa o desprezo dos outros (v. 14). Todavia, no plano da piedade vivida, o adulto tem que "acolher" a novidade salvadora do Reino se quiser "entrar" nela; e ele é convidado a fazê-lo "como uma criança". É clara a orientação parenética da declaração; deve ser igualmente claro o seu significado. Não se trata de imitar o modo como a criança acolhe o Reino: por definição, a criança não é capaz de tanto empenho; nem se trata de assumir as disposições de espírito da criança: isto está fora do contexto (cf. supra). "Acolher o Reino como uma criança" só pode ter esta importância: aderir no íntimo à verdade objetiva e divina do Reino, à sua lógica misericordiosa, considerando-se como aquele ser imperfeito, frágil e minimizável que é precisamente a criança. Pede-se um ato de humildade que faça os grandes abaixar-se até que tenham de si mesmos, diante do Deus que vem ao seu encontro, a mesma visão que eles têm das crianças (cf. Mt 18,3-4). A parênese, como se vê, está ancorada a uma verdade genética: o Reino de Deus pertence aos "pequenos". Eis o ensinamento endereçado aos adultos: para participar desse privilégio dos "pequenos" é preciso tornar-se semelhante a eles — não já imitando alguma sua pressuposta qualidade, mas encarnando-se em sua pequenez. É com efeito a "pequenez" dos pequenos, ou seja, a sua imperfeição e pobreza — e não certamente as suas boas disposições — que lhes vale o privilégio que possuem nas estruturas do Reino e de serem os prediletos de Deus. O motivo? É esta a maneira como Deus pretende reinar.

Na mesma perspectiva devemos compreender a oração de Jesus: "Eu te louvo, Pai, Senhor do céu e da terra, por teres ocultado isso aos sábios e aos inteligentes e por tê-lo revelado aos pequeninos. Sim, Pai, foi assim que dispusestes em tua benevolência" (Mt 11,25-26 = Lc 10,21). O privilégio dos que são chamados "pequenos" (*nêpioi*) é agora motivado com maior empenho teológico: porque "assim dispusestes em tua benevolência". O seu fundamento é a *eudokia* do Pai, o beneplácito do Deus que está se revelando em Cristo Jesus.

O pano de fundo, todavia, ainda é o da sociedade judaica de então. Os "sábios" e os "inteligentes" do trecho são apelativos da elite religiosa, que usufruía muito prestígio e exercia bastante influência naquela sociedade. São, por exemplo, aqueles que o Evangelho chama de "escribas" (Mc 8,31; Mt 2,4; Lc 11,53 etc.), os "legistas" (Mt 22,35; Lc 7,30; 11,45.46.52; 14,3 etc.), os "doutores da lei" (Lc 5,17; At 5,34…). Sentando-se na "cátedra de Moisés" (Mt 23,2) e segurando nas mãos a "chave da ciência" (Lc 11,52), esses personagens erigem-se como guias iluminados nas coisas de Deus (cf. Mt 15,14; 23,16.24) e impõem nos ombros das pessoas o fardo de observâncias opressivas (Mt 23,4; cf. 11,28-30). São cercados de respeito (Mc 12,38-39 (Mc 12,38-39; Lc 11,43) e chamados pelos títulos de "rabi", "mestre" e "pai" (Mt 23,6-10). Vértice social da religião da → LEI, esses "sábios" e "inteligentes" são os grandes e privilegiados por excelência. E eis, em oposição, a figura dos "pequenos" nos quais o Pai diz comprazer-se de tornar participantes dos seus segredos: são os ignorantes nas coisas da lei, a massa desprezada dos "cegos" e dos "insensatos", para os quais estão fechadas as portas da ciência (cf. Rm 2,19-20; Jo 9,34). São comparados a crianças ainda incapazes de raciocinar (exatamente *nêpioi*). A deles é uma "pequenez" pouco lisonjeira, comprovação de uma inferioridade social e religiosa considerada indiscutível. Segundo Lucas, Jesus pensava naqueles "pequenos" que eram os seus discípulos (10,23-24). Segundo Mateus, os "pequenos" seriam os "cansados e oprimidos" que não encontravam mestres aptos a soerguê-los (11,28-30). Uns e outros, todavia, entram indubitavelmente na categoria então desprezada dos "pequenos-ignorantes".

Os doutos pensavam que a sua "sabedoria" e "inteligência" os tornasse agradáveis a Deus e os predispusesse a receber eventuais revelações divinas. Jesus diz exatamente o contrário: bendiz e agradece a Deus pelas revelações que faz aos "pequenos-ignorantes" e somente a eles. São esses os privilegiados na visão do → PAI CELESTE. O paradoxo é voluntariamente acentuado. Em que consiste o seu segredo? Está todo na *eudokia* do Pai, no beneplácito soberano daquele que age unicamente segundo a norma da própria perfeição e riqueza: "Sim, Pai, foi assim que dispusestes em tua benevolência". De forma direta, fala-se de Deus e dos misteriosos critérios do coração de Deus: é aquele que se compraz em derramar a sua benevolência no pobre e no imperfeito. A "sabedoria" e a "inteligência" dos doutos, com efeito, não é uma falta de mérito, do mesmo modo que não é um mérito a ignorância dos "pequenos". Estes, de per si, não são melhores que aqueles; e em seu comunicar-se com eles Deus não pretende recompensar uma sua bondade ético-religiosa. São privilegiados, porém o seu privilégio está todo em sua objetiva "pequenez" e no modo pelo qual Deus se inclina sobre a sua indigência. O paradoxo deve ser mantido, e é especificamente divino: diante do Deus que quer dar e beneficiar, conta mais aquilo que não temos do que o que temos.

Sabíamos pelas bem-aventuranças proclamadas por Jesus que o Reino de Deus pertence aos pobres. Sabemos agora que ele pertence às crianças, àqueles que são como as crianças, como também àqueles que, por sua ignorância, são equiparados aos "pequenos" incapazes de raciocinar. Aqueles que não contam no contexto humano, são os que mais contam no contexto divino do Reino (cf. Mt 25,40.45). O motivo? Deve ser buscado na perfeição de Deus, no beneplácito soberano de Deus, no modo como Deus pretende reinar na plenitude do tempo: como um Deus justo e misericordioso, benfeitor e salvador. Doutrina homogênea e original que remonta à pregação de Jesus de Nazaré e na qual nos foi dado ler uma revelação característica daquilo que é o "Evangelho do Reino".

b) *O privilégio dos "pecadores"*. Paralelo ao já feito, o discurso se torna aqui ainda mais radical. Aquele que era chamado "o amigo dos publicanos e dos pecadores" (Mt 11,19 = Lc 7,34) teve de explicar os motivos de sua desconcertante atitude. E o que tinha a dizer a respeito esclarece com luz posterior o sentido evangélico da bem-aventurança dos "pobres" e do privilégio concedido por Deus aos "pequenos" deste mundo.

Vamos deter-nos nas propostas mais diretas e lineares, interrogando os textos nos quais Jesus explica verdades como estas: ele não veio para chamar os justos, mas os pecadores (Mc 2,15-17 ss.); a particular solicitude misericordiosa de Deus para aqueles que estão perdidos (Lc 15); o critério do agir divino na novidade do Reino é a bondade e a riqueza de Deus (Mt 20,1-15).

Deve-se começar com Mc 2,15-17. Aos "escribas da seita dos fariseus" que murmuravam "Que é isto? Ele come e bebe em companhia dos coletores de impostos e dos pecadores?" Jesus responde que "Não são os que têm saúde que precisam de médico, e sim os doentes", e acrescenta a revelação exigida pelo contexto: "Não vim para chamar os justos, mas os pecadores". Os médicos não existem porque há pessoas com saúde, e sim porque existem doentes; Jesus não veio ao mundo porque há justos, e sim porque há pecadores. Desse modo é determinada, pela imagem e pela afirmação direta, a intenção divina na missão de Jesus.

Com respeito às pessoas repreensíveis que o rodeiam, Jesus afirma encontrar-se em uma situação semelhante à do médico em relação aos seus doentes. Os doentes *precisam* de médico: é o ponto qualificante da comparação. Se o médico vai aos doentes, é porque pode ajudar, aliviar as suas dores, devolver-lhes a saúde. É esta a sua missão. É análoga a relação de Jesus com os pecadores. Antes de tudo, os pecadores são, exatamente como os doentes, indigentes que, sem energia, precisam que alguém venha soerguê-los de sua miséria. Consequentemente, eis definida a missão de Jesus: ele é o médico enviado por Deus para anunciar a esses doentes a feliz notícia de sua cura. Não se escandalizem portanto os sábios pensadores: por vontade divina, o seu lugar é junto aos pecadores.

Convém, todavia, observar: a culpa dos pecadores é pressuposta, assim como é pressuposto que eles merecem julgamento e condenação. Não se fala de convertidos que acolheram a graça de Deus, mas da graça de Deus oferecida aos culpados, os pecadores. Certamente Jesus não vai curar os pecadores sem que eles respondam ao seu chamado. Por isso lê-se em Lucas: "vim [...] para chamar os pecadores à penitência" (5,32); e por isto Jesus dirá à pecadora arrependida: "A tua fé te salvou" (Lc 7,50). Contudo, ainda não é essa resposta justa o ponto qualificante da mensagem. Jesus declara ser a presença já operante da misericórdia divina que tinha que revelar-se na novidade do Reino e na plenitude do tempo; também indica o modo pelo qual, em sua pessoa e seu comportamento, o Misericordioso vem ao encontro da massa culpada e rebelde dos pecadores: com um olhar tão cheio de benevolência e de compaixão a ponto de ver nela sobretudo uma massa de indigentes para curar e de pobres-aflitos para aliviar.

A mensagem é retomada e articulada nas conhecidíssimas três "parábolas da misericórdia" em Lc 15: a ovelha perdida (vv. 4-7), a moeda perdida (vv. 8-10), o filho perdido (vv. 11-32). A disposição redacional faz compreender que a intenção é explicar e propor a atitude benévola e acolhedora de Jesus em relação aos "publicanos" e "pecadores" como uma manifestação evangélica do coração misericordioso de Deus (vv. 1-3).

Notamos de imediato um detalhe voluntariamente acentuado: a "alegria" que explode toda vez que se encontra o objeto perdido (vv. 5-7.9-10.24.32). Essa grande "alegria" é como a medida da ansiedade e solicitude com que se puseram à procura da ovelha e da moeda perdidas e se esperava pelo retorno do filho distante. Traduzida na perspectiva evangélica, marca um momento de completude: a "feliz notícia" misericordiosamente "anunciada aos pobres" tornou-se um evento cumprido, e a iniciativa do amor divino finalmente deu o seu fruto. "O Filho do homem veio procurar e salvar o que estava perdido" (Lc 19,10). Tendo reencontrado e salvado o pobre que estava perdido, só resta à misericórdia transformar-se em amor jubiloso.

Um outro aspecto deve ser observado, também ele revelador da orientação teologal da mensagem. A ovelha perdida é mais cara ao pastor pelo simples fato de que está perdida. Se a mulher sente tanta alegria ao encontrar a moeda, é porque ela estava perdida e não porque tivesse mais valor em si que as outras nove. Quanto ao pai, o seu amor é como que aumentado pela ansiedade do filho distante, pela compaixão pelo filho perdido. O privilégio dos pecadores! Não se diz que o filho pródigo fosse melhor que o outro que tinha ficado junto ao pai; antes, coloca-se em destaque a sua culpa e degradação moral (vv. 13.18.30). Mas a psicologia paterna tem as suas leis: embora infiel e ingrato, o filho anda longe de casa e está "perdido", como "morto" (vv. 24 e 32). Assim ele é pensado pelo pai; e é o bastante para que o pai o considere ainda mais caro! É privilégio indiscutível. Não é merecido, é certo; mas aqui não se fala de mérito e sim de coração misericordioso do Pai celeste. Quer-se dizer uma revelação divina e anunciar uma notícia feliz; o Misericordioso veio para reinar, e em seu Reino considerem-se muito amados os pobres por excelência que são os pecadores.

Essa visão será, obviamente, inaceitável para quem se obstina em enxergar no fato religioso exclusivamente uma relação fundamentada no mérito e na recompensa, na reciprocidade, de algum modo mensurável, da prestação e da retribuição. É significativo, a respeito, o protesto do filho mais velho que permaneceu fiel: sente como uma injustiça cometida contra ele a generosidade do pai pelo filho indigno, e como desrespeito no mínimo surpreendente a alegria festiva que invade a casa (vv. 25-30). O ressentimento é compreensível, e serve para focalizar uma mensagem tipicamente evangélica: na "Boa-Nova do Reino", novidade misericordiosa e salvadora, Deus se faz presente com os *seus* pensamentos e os *seus* caminhos (cf. Is 55,8-9; Rm 11,33-36); por isso se atribui aos pecadores um autêntico privilégio. Vale citar a propósito a parábola dos "operários da última hora" (Mt 20,1-15). Após o pesado trabalho que prestaram, os operários da primeira hora consideram-se lesados em seus direitos diante do "pagamento" dado a quem, no fundo, não fez na verdade nenhum esforço. O protesto é semelhante ao do filho mais velho e também é compreensível. Em suma, uma preferência inegável é demonstrada para com pessoas que nada fizeram para merecê-la. "Os últimos serão os primeiros, e os primeiros serão os últimos" (v. 16). Isto agride o sentido comum da justiça. Mas é precisamente esse o ponto: o Deus do Evangelho segue outros critérios, que são os de uma perfeição exclusivamente sua — isto é, a perfeição de um amor tão rico de prevenir toda possível prestação humana, e tão misericordioso de tornar-se predileção por aqueles que menos o merecem. Qual é, com efeito, a resposta do patrão? Principalmente esta: ele é bom e quis seguir a sugestão de sua bondade (v. 15b). Não procura justificar racionalmente o seu modo de agir: quis ser generoso obedecendo a um impulso do coração.

"Eu sou bom" (Mt 20,15). "Era preciso festejar e alegrar-se" (Lc 15,32). É como se Jesus quisesse dizer: Deus é feito assim e não é preciso surpreender-se de vê-lo seguir as sugestões da própria perfeição. Os justos fazem bem em sê-lo, e a sua recompensa está garantida, mas não pretendam impor a Deus critérios humanos. A sua própria grandeza o aponta como o Misericordioso, e é seu beneplácito soberano intervir e fazer-se conhecido como o "Pai das misericórdias" (cf. 2Cor 1,3). Com efeito — e aqui reside o núcleo da mensagem —, os pecadores são sem dúvida rebeldes culpados e merecedores de condenação, mas a própria consciência os aponta como indigentes que precisam da salvação de Deus. É essa sua pobreza que os faz privilegiados no Reino divino da misericórdia.

As "crianças" e aqueles que são "como elas", os "pequenos" ignorantes e desprezados, os "pecadores" que carregam o peso da máxima indigência: face múltipla da pobreza humana, "Deles é o Reino de Deus". O Reino de Deus que está próximo, que foi iniciado, pertence a esses deserdados. E o motivo de tanto privilégio não está nas boas disposições dessa gente, mas no modo em que Deus está intervindo na plenitude do tempo. O seu reinar, com efeito, é um reinar salvífico no qual triunfa a justiça que coincide com a misericórdia. É esta, finalmente, a perspectiva acentuadamente objetiva e teologal na qual deve ser inserida e segundo a qual deve ser compreendida a proclamação evangélica: "Bem-aventurados os pobres, porque deles é o Reino de Deus". A "Boa Nova do Reino" ecoa na pregação de Jesus como uma "Boa Nova anunciada aos pobres". Chegou o tempo de convidar para a alegria os infelizes deste mundo: "reina o vosso Deus!". São os protegidos e os prediletos do Rei celeste, e podem finalmente valer-se de sua justiça compassiva e salvadora.

2. AS BEM-AVENTURANÇAS SEGUNDO LUCAS. A situação não é mais a do ministério de Jesus. As bem-aventuranças são agora dirigidas aos crentes da Igreja apostólica, e querem levar a eles a mensagem confortante da qual atualmente precisam. Por causa da fé, aqueles experimentam uma oposição que lhes causa toda espécie de privações e sofrimentos. Em sua infelicidade, considerem-se "bem-aventurados", porque a sua existência é privilegiada, premissa segura de felicidade celeste no Reino (cf. At 14,22). A reinterpretação lucana engloba ao mesmo tempo três fatores: os destinatários, o tempo da consolação prometida, o motivo da "bem-aventurança" declarada.

— *Os destinatários*. Podemos classificá-los, em seu aspecto histórico e sua infelicidade concreta, com o auxílio de uma dupla particularidade redacional: o emprego estilístico da segunda pessoa ("bem-aventurados sois vós…"); o prolongamento dos quatro macarismos (6,20-23) com a respectiva antítese de outros "problemas" (vv. 24-26).

a) *Os "discípulos crentes" da era apostólica*. "Então, levantando os olhos para os seus discípulos, Jesus disse: Bem-aventurados sois *vós*, os pobres…; bem-aventurados *vós* que agora tendes fome; bem-aventurados *vós*, que agora chorais; bem-aventurados sereis *vós*, quando os homens vos odiarem…". Diferentemente da de Mateus, a versão lucana tem *todos* os macarismos redigidos em segunda pessoa. Este dado exige um outro: o "vós" da última bem-aventurança, a dos perseguidos, apresenta-se também em Mateus (Lc 6,22-23; Mt 5,11-12). Macarismo comum, o emprego nele da segunda pessoa só pode remontar a uma tradição anterior. Quanto aos destinatários interpelados, é óbvio que Mateus e Lucas veem neles os fiéis da era apostólica: segundo a profecia de Jesus (observe-se o futuro), esses foram atingidos pela perseguição por causa de sua fé cristã. Nasce, portanto, a ideia de que estendendo o uso da segunda pessoa ("vós") às bem-aventuranças anteriores dos "pobres", daqueles que "têm fome" e dos que "choram", Lucas tenha tido a intenção de aplicar a mensagem à mesma categoria à qual se dirige tradicionalmente a bem-aventurança dos "perseguidos".

Um indício posterior é fornecido pelo modo com que Lucas introduz aquele que é o discurso inaugural de Jesus. Este tem diante de si uma "grande multidão de discípulos" e uma "grande multidão de pessoas", vindos de todas as partes "para escutá-lo e serem curados das suas enfermidades" (6,17-18). Sabe-se que Lucas, ao contrário de Marcos, por exemplo, costuma dar ao termo "discípulos" uma amplidão particular. Ele distingue "discípulos" e simples "povo" (6,17; 7,11; 12,1; 20,45); mas tende também a atenuar a distinção: afirma que durante o ingresso messiânico em Jerusalém "uma multidão de discípulos aclamava Jesus (19,37; cf. Mc 11,9 e Mt 21,9); donde, então, o protesto dos fariseus: "Mestre, repreende os teus discípulos" (19,39; Mt 21,15-16). A partir do momento em que aclama Jesus, a "multidão" transforma-se na dos "discípulos"! O mesmo título de "discípulos", já ampliado conforme citado, é aplicado por Lucas aos primeiros cristãos no Livro dos Atos (6,2; 14,21.22), no qual também se refere a uma "multidão" (4,32; 5,14; 6,5; 14,1; 15,12; 17,4) e a uma "aglomeração" (1,15; 6,7; 11,24.26; 19,26).

Tudo, portanto, leva a pensar que, no modo de ver de Lucas, a multidão dos crentes reunida na Igreja é representada por aquela que rodeava Jesus durante o seu ministério na Palestina. Abstrai-se, assim, o significado da notícia dada em Lc 16,17-18: através da "grande multidão dos discípulos" e a "multidão de povo" que tinham vindo para escutá-lo, Jesus dirigia-se, antecipando profeticamente os tempos, à "aglomeração" e à "multidão" daqueles "discípulos-crentes" que Lucas conhece e para os quais escreve o seu Evangelho.

b) *Pobreza e fome, pranto e perseguição*. Se o "vós" das bem-aventuranças interpela agora os cristãos da era apostólica, é o caso de fazer-se esta pergunta: por que o evangelista considera poder reconhecer nos "discípulos-crentes" de seu tempo, a face tão infeliz de uma gente que é "pobre", que tem "fome" e que "chora" (vv. 20-21)? A resposta é dada pela quarta bem-aventurança: "Bem-aventurados sois vós quando os homens vos odeiam, quando vos rejeitam, e quando vos insultam e proscrevem vosso nome como infame, por causa do Filho do homem" (v. 22). A previsão de Jesus está se tornando realidade e as suas palavras interpelam, então, os discípulos, atualmente submetidos aos maus-tratos de uma perseguição implacável. A "pobreza", a "fome" e o "pranto", dos vv. 20-21, são a descrição dos crentes perseguidos da Igreja apostólica. É uma verdadeira infelicidade, tão concreta quanto podem sugerir os três conceitos referidos tomados em seu sentido mais forte, e quanto é concreta e dura a perseguição que explode. Isto é confirmado pelos "ai de vós" antitéticos dirigidos a seguir aos "ricos", aos "saciados" e aos que "riem" (vv. 24-25).

Aos "pobres" do primeiro macarismo, (v. 20b) opõe-se a figura dos "ricos" do primeiro "ai de vós" (v. 24). O contraste é o de duas situações caracterizadas, respectivamente, como "indigência" e "abundância". Os pobres o são realmente, segundo o significado próprio do termo. Quando fala da "pobreza" nesse sentido, Lucas geralmente pensa em uma condição de indigência extrema, isto é, daquelas pessoas às quais falta o necessário (cf. 16,20.22), de tal sorte que esperam para obter a esmola dos outros (14,12-14; 18,22; 19,8). Quanto aos "ricos", Lucas gosta de acentuar a abundância dos bens que possuem (18,23) e os "prazeres da vida" que lhes é dado viver (8,14; 16,19).

Com o mesmo realismo e a mesma oposição extrema são compreendidas a "fome" e a "saciedade" das pessoas interpeladas, respectivamente, no segundo macarismo e no segundo "ai de vós" (Lc 6,21a.25a.). Trata-se sempre dos "pobres" e dos "ricos" encontrados acima. A pobreza lucana é a extrema indigência dos indefesos que não têm com que matar a fome (cf. 1,53). Quanto à "riqueza", é com frequência descrita como a abundância insolente das pessoas que podem permitir-se as delícias da mesa e o luxo dos banquetes frequentes. A parábola do rico opulento e do pobre Lázaro (16,19-31): do primeiro afirma-se que se vestia "de fino linho e púrpura e todos os dias se banqueteava com enorme abundância" (v. 19); o segundo, em vez disso, é apresentado como "um mendigo... que gostaria de saciar-se do que caía da mesa do rico" (vv. 21.22; cf. 7,25; 12,19; 8,14 e 21,34).

Finalmente, os que "choram" e os que "riem" (6,21b.25b): a antítese segue logicamente a dos "pobres famintos" e a dos "ricos opulentos". É normal pensar os "pobres" que têm "fome" como gente que "chora": são infelizes oprimidos pelas privações de uma existência duríssima. Não é o caso de ver nesse seu "pranto" lágrimas de arrependimento ou de humildade comovida, como não era o caso de distinguir na "fome" dos "pobres" uma disposição espiritual qualquer de busca e de compromisso (será essa a perspectiva das bem-aventuranças mateanas). Lucas pensa simplesmente na miséria concreta de gente pobre e faminta; e o realismo de sua visão lhe basta para indicar essa gente como pessoas que conhecem o "pranto" da infelicidade. O contrário daqueles que "choram" da terceira bem-aventurança (v. 21b) são aqueles que "riem" do terceiro "ai de vós" (v. 25b). Oposto ao "pranto" dos infelizes, o "riso" deveria indicar uma característica da existência privilegiada dos "ricos". Alguém, referindo-se aos textos da Bíblia grega na qual o "riso" é de escárnio e zombaria (Jr 20,7; 48,26.39; Lm 1,7; 3,14; Ez 23,32; Jó 17,6; Sl 52 [51],8; Est 4,17a; Sb 5,3...), pensa poder distinguir naqueles que "riem" a categoria dos escarnecedores que se pavoneiam cheios de si e derramam sobre o pobre o seu escárnio. Teoricamente, a hipótese poderia situar-se no contexto das bem-aventuranças e dos "ai de vós" lucanos, porém uma leitura mais atenta do texto logo demonstra que é pouco provável. Lucas, com efeito, emprega o verbo "rir" também na motivação celeste do terceiro macarismo (v. 21b); devemos, então, pensar que o significado é fundamentalmente o mesmo nos dois casos. A não ser que se suponha que o "riso" prometido no v. 21b queira indicar o riso vingador ou sarcástico de oprimidos liberados, que se põem a escarnecer, por sua vez, daqueles que os fizeram sofrer (perspectiva estranha ao contexto); deve-se adotar uma solução mais simples: antítese direta do "pranto" dos infelizes, o "riso" do terceiro "ai de vós" é compreendido como a expressão normal de um estado de felicidade festiva. Os "ricos opulentos" são pessoas que conhecem o "riso" das festas e dos banquetes, enquanto os "pobres famintos" são aqueles que vivem no "pranto" amargo da infelicidade.

Os interpelados, enfim, adquirem a sua fisionomia plena à luz da quarta bem-aventurança (vv. 22.23). Os "pobres" que têm "fome" e "choram" são os crentes que, por causa de sua fé no "Filho do homem", são atualmente submetidos aos maus-tratos pesadíssimos da perseguição. Podemos dizer que a pobreza extrema e a infelicidade trágica que sofrem são compreendidas por Lucas como a consequência da hostilidade que a sua fé vem encontrando. O evangelista certamente pensa naquela mesma humanidade que Paulo vê onerada, por causa de Cristo, pelo peso esmagador de uma existência na qual são repetições cotidianas "a tribulação", a angústia, a perseguição, a fome, a nudez, o perigo, a espada" (Rm 8,35.36).

O resultado é a determinação da importância das bem-aventuranças na redação lucana. O problema da fé concretamente vivida como um "sofrer por Cristo" (cf, Fl 1,29-30; 1Pd 4,14) situa-se aqui no centro da intenção didática do evangelista. Por causa de sua fé os destinatários das bem-aventuranças encontram-se na condição de pobreza e infelicidade extremas, e o consolo que lhes é prometido soa como uma catequese voltada a enfocar a riqueza evangélica de seu estado, para encorajá-los a não se deixar abater pelo peso que estão suportando (cf. Lc 21,12-19). Exatamente porque sofrem "por causa do Filho do homem" devem considerar-se privilegiados e particularmente agradáveis a Deus. É inegável que essa perspectiva lucana restringe a importância da proclamação feita por Jesus. As bem-aventuranças aí não aparecem mais como uma expressão central da "Boa-Nova do Reino". É preciso, todavia, saber apreciar a validade pastoral. Colocada em uma situação de crise, a comunidade cristã soube interrogar uma mensagem existente e extrair dela a verdade da qual tinha necessidade urgente. Perseguidos por causa de sua fé, marginalizados e privados do necessário, os discípulos-crentes da era apostólica de algum modo se identificaram entre os "pobres" do Evangelho de Jesus e aplicaram a si próprios as consoladoras promessas do Reino.

— *Aflitos agora, consolados mais tarde.* "O tempo cumpriu-se e o Reino de Deus está próximo" (Mc 1,15). O ministério de Jesus inaugura a última etapa da história da → SALVAÇÃO. "Bem-aventurados", portanto, são os pobres e os deserdados de toda espécie, visto que Deus está para realizar em seu benefício a riqueza e o poder da sua justiça real. É diferente a perspectiva seguida agora por Lucas. Não ignora que a missão de Jesus inaugurou o tempo da completude (Lc 4,21). Preocupa-se, porém, em determinar que é errado pensar "que o Reino de Deus deva manifestar-se de uma hora para outra" (19,11). É ilusão crer que "o tempo está próximo" (21,9.24). Antes, esse presente é um tempo no qual é necessária a → PERSEVERANÇA (21,19), dado que nele "é necessário atravessar muitas tribulações para entrar no Reino de Deus (At 14,22). O Reino de Deus foi proclamado, já é atuante, mas a salvação jubilosa que promete é preciso esperá-la com a sólida perseverança de crentes firmes na perfeição de uma esperança projetada no futuro. É esta a visão que sustenta na base a mensagem das bem-aventuranças em Lucas e confere a ela o seu específico aspecto pastoral.

a) *Aflitos no presente*. Sublinhamos a insistência de Lucas no "presente" da condição cristã. Um dos traços distintivos de sua versão é o advérbio *nûn* ("agora", "já") repetido na segunda e terceira bem-aventurança, como também nos dois "ai de vós" correspondentes. Aos "pobres" que interpela (e sabemos quem são), o evangelista diz: "Bem-aventurados vós... porque vosso é o Reino de Deus" (6, 20). No entanto, em sua perspectiva o Reino de Deus pertence àqueles "pobres" e se permite chamá-los "bem-aventurados" no sentido e pelo fato de que o seu sofrimento *presente* lhes garante uma abundância futura de consolação celeste. É preciso saber captar esse fato: a mensagem pretende ser de conforto aos crentes que *agora* sofrem e que precisam compreender-se como *tais* à luz da fé.

Surpreende, com efeito, nas bem-aventuranças lucanas a antítese cronológica entre o *agora* do sofrimento padecido e o *mais tarde* da consolação prometida. Também na pregação original de Jesus as bem-aventuranças podiam inserir uma oposição cronológica, só que o advérbio *agora* seria encontrado na segunda parte: os pobres, os famintos e os aflitos são "bem-aventurados" porque *agora* é o tempo da sua consolação. Até hoje os pobres sofreram sem que ninguém os aliviasse, mas isto está para terminar, porque "o Reino de Deus está próximo". Lucas, em vez disso, insere o advérbio *nûn* na primeira parte, e não na segunda: "Bem-aventurados vós que *agora* tendes fome, porque sereis saciados. Bem-aventurados vós que *agora* chorais, porque rireis". Assim, em sua perspectiva o presente opõe-se ao futuro: *agora* estais aflitos, mas virá o dia em que sereis consolados. O que emergia na proclamação de Jesus era um "agora-já"; ao passo que o de Lucas é um "agora-não ainda". É o tempo da tribulação que se prolonga, não tendo chegado ainda o tempo da consolação.

Para melhor compreender esse tipo de catequese confortadora, é preciso determinar que a antítese "presente-futuro" coincide aqui com a antítese "terra-céu" e "aqui embaixo-lá em cima". Os pobres que *agora* têm fome e choram são os crentes que sofrem *aqui embaixo*, que percorrem *na terra* um caminho marcado pela tribulação; enquanto a consolação *futura* prometida a eles no "Reino de Deus" é a "grande recompensa" que os espera "*nos céus*" (v. 23). Em outras palavras, não se procura consolá-los com a perspectiva de que um dia conhecerão a alegria do Reino, como se essa "recompensa" devesse ser concedida a eles de uma hora para outra ao longo de seu caminho terreno. O *agora* do pranto possui a mesma dimensão da vida terrena, enquanto a felicidade prometida é uma realidade que pertence especificamente ao mundo celeste de lá em cima. É certo que os aflitos são convidados a "alegrar-se" no presente, do mesmo modo que no presente são declarados "bem-aventurados" e considerados privilegiados, porém o seu privilégio e o motivo de sua atual bem-aventurança estão no fato de que a sua aflição terrena prepara para cada um uma "grande recompensa nos céus".

Resulta uma proposição catequética de grande relevo, na qual podemos observar uma característica concepção lucana da existência cristã. A tradição evangélica conservou a palavra do Mestre: "Se alguém quiser vir após mim, renegue a si mesmo, tome a sua cruz e siga-me" (Mc 8,34; Mt 16,24). Lucas transmite a mesma palavra, mas preocupa-se em determinar que se trata de cada qual tomar a sua cruz "cada dia" (9,23). A cruz constitui a trama cotidiana da vida cristã, o aspecto normal daquele *nûn* que coincide com o caminho terreno da fé (cf. Rm 5,3-4; 8,18.24-25). É esta a visão que emerge na afirmativa lucana de At 14,22: "é necessário [*deî*] passar por muitas tribulações para entrar no Reino de Deus". Se perguntarmos a Lucas por que isto é "necessário", ele responderá com uma outra sua palavra: "Não era necessário [*deî*] que o Cristo suportasse esses sofrimentos para entrar em sua glória?" (Lc 24,26). Não existe caminho para "entrar no Reino de Deus" senão aquele que foi percorrido por Jesus para "entrar em sua glória": é a cotidiana via-crúcis (→ CRUZ), condizente com o discípulo-seguidor de Jesus (9,23), ou seja, o discípulo-crente que vemos diretamente interpelado nas bem-aventuranças (6,20a.).

É assim determinado o motivo pelo qual os fiéis perseguidos, que *agora* choram sob o peso de sua cruz cotidiana, são convidados a alegrar-se e exultar: estão seguindo a Jesus ao longo do mesmo caminho pelo qual ele "entrou em sua glória". A sua atual via-crúcis é em si mesma promessa e premissa de glória no Reino de Deus. "Vosso é o Reino de Deus" (6,20b); "a vossa recompensa é grande nos céus" (6,23); a sua condição dolorosa envolve desde agora os crentes que sofrem "por Cristo" na dinâmica e na riqueza gloriosa do Reino de Deus; e os envolve em forte realidade confortante como candidatos seguros a uma grande recompensa nos céus. Lidas nessa ótica, as bem-aventuranças lucanas aparecem como uma exortação voltada a "reanimar" cristãos aflitos, e a afastar o perigo de que se deixem invadir pelo desconforto e caiam no escândalo da dúvida (cf. 1Ts 3,1-5), que permaneçam "firmes na fé", visto que a sua tribulação se insere no próprio caminho terreno que são chamados a percorrer em vista do Reino de Deus (novamente At 14,21-22; também 1Ts 3,7-8; 1Cor 15,58; 16,13; 1Pd 5,9; Hb 10,32.39; 12,1-4). Antes, lembrem-se de que o seu sofrimento do presente "por Cristo" é um carregar a própria cruz de Jesus, isto é, um sofrer "com Cristo" e "como Cristo" em vista de uma glorificação celeste semelhante à de Cristo (Rm 8,17-18; 2Cor 4,16-18; 1Pd 4,12-16). Considerem-se, portanto, como o núcleo privilegiado de um plano de Deus, digno do Deus de Jesus Cristo: "Bem-aventurados vós…!". Esta de Lucas quer ser uma palavra pascal, uma mensagem consoladora, porque é uma afirmação da dignidade, diante de Deus, de uma existência vivida sob o signo da cruz de Jesus.

b) *Recompensados nos céus, após a morte*. As bem-aventuranças lucanas prometem uma reviravolta de situações, segundo a qual crentes que "agora" sofrem serão recompensados "mais tarde", e esse "mais tarde" situa-se além dos limites da existência terrena. Em suma, digamos que a morte é o momento em que termina o *nûn* do pranto e começa a condição contrária. O ponto de vista é o da escatologia individual. É uma tendência característica do pensamento de Lucas.

O principal testemunho a respeito encontra-se na parábola do rico opulento (16,19-31) de que é conhecida a afinidade com a doutrina das bem-aventuranças (cf. supra). Trata-se, em particular, da declaração de Abraão: "Meu filho, lembra-te de que recebeste a tua felicidade durante a vida; e Lázaro, a infelicidade; e agora ele encontra aqui a consolação, e tu, o sofrimento (v. 25). A reviravolta das situações é aqui um fato consumado. Essa diferença, todavia, só faz destacar a identidade doutrinária. É óbvia no texto a perspectiva escatológica: a morte individual é o momento no qual se realiza a reviravolta. Nada faz pensar aqui no fim do mundo e no juízo universal; antes, é determinado que os irmãos do condenado ainda estão na vida (vv. 27-31). Outro testemunho: a narração do "bom ladrão"

(23,39-43). Enquanto os chefes judeus e os soldados romanos "escarnecem" o Crucificado, desafiando-o a provar que é o Messias salvando-se a si mesmo (vv. 35 e 36), e enquanto o outro malfeitor o "insulta" dizendo: "Não és o Cristo: Salva-te a ti mesmo e a nós!" (v. 39), o "bom ladrão" pronuncia a oração: "Jesus, lembra-te de mim quando vieres como rei" (v. 42). A oração intui a parúsia, o Reino messiânico no "final dos tempos". E eis a resposta de Jesus: "Em verdade eu te digo, hoje [*sêmeron*] estarás comigo no paraíso" (v. 43). À luz do contexto, a resposta surte um duplo efeito. De um lado, atende ao "bom ladrão" confirmando a sua esperança: não deverá esperar o final dos tempos, porque a salvação por ele invocada se realizará no momento de sua morte. De outro lado, Jesus responde ao desafio que lhe era lançado pelos outros: ei-lo Salvador e Messias; ele salva um homem, não já preservando-o da morte, mas assegurando-lhe uma morte que o introduz imediatamente na felicidade de uma outra vida.

A atenção de Lucas na escatologia individual ajuda a compreender a mensagem que ele propõe em sua versão das bem-aventuranças. Conforme dito acima, seu principal intuito é encorajar os fiéis a permanecerem "firmes na fé". Por isso, a sua mente se move ao longo de duas linhas coordenadas: alerta os seus leitores contra a ilusão de um iminente fim de mundo (21,8) e contra a tentação de pensar que os "sofrimentos do tempo presente" (cf. Rm 8,18) devam terminar como por encanto de uma hora para outra; ao mesmo tempo, lembra aos crentes que as privações de seu estado terreno são a premissa normal de uma compensação futura na alegria do além. Qual será o seu tempo? Antes do juízo universal e da parúsia gloriosa do Cristo-Rei, cada fiel conhecerá um momento decisivo em que a sua esperança se concretizará de modo irrevogável: o da sua morte e de seu passar para outra vida junto ao Senhor. Bem-aventurados aqueles que, sofrendo agora por causa de Cristo e percorrendo com perseverança a via-crúcis do exílio terreno, têm o direito de trazer a certeza de uma esperança gloriosa: no instante em que cessar a sua existência presente, o pranto cotidiano da cruz (v. 9,23) se transformará em riso de exultação, e a indigência padecida em abundância de bens celestiais.

— *Pobreza e riqueza: uma catequese lucana*. "Bem-aventurados vós, os pobres"; "Ai de vós, ricos": os que choram agora, rirão no além; e os que agora riem, chorarão no além! É preciso admitir que o evangelista parece colocar "pobreza" e "riqueza" como critérios autônomos de bondade e de malícia, aptos em si para decidir a sorte eterna das pessoas. Não será talvez esta também a impressão que suscita a declaração de Abraão: "Meu filho, lembra-te de que recebeste a tua felicidade durante a vida; e Lázaro, a infelicidade; e agora, ele encontra aqui a consolação, e tu, o sofrimento (v. 25)?

A dificuldade é de fácil solução no caso das bem-aventuranças. Sabemos, com efeito, que Lucas se dirige aos "pobres" que são tais pelo fato de se verem perseguidos por causa de sua fé em Cristo. A sua pobreza presente será transformada em felicidade celeste, é verdade, mas não independentemente dos valores de → VIDA INTERIOR que pressupõe justamente a sua dignidade de crentes e de discípulos de Cristo. Estão implícitos no contexto valores de empenho pessoal tais como a → PERSEVERANÇA e a → FIDELIDADE, de um lado (cf. 21,19), e o seguimento de Cristo, de outro (9,23; 24,26 e At 14,22). Por outro lado, Lucas quer exortar esses pobres aflitos a permanecerem "firmes na fé" (cf. At 14,21-22); e a fé não é divisível: é adesão da mente e do coração ao plano de Deus em Cristo Jesus, a adesão de uma obediência que acolhe o momento vivido assim como o projeta a luz de Cristo. Não é, portanto, a pobreza *ut sic* a condição contemplada nas bem-aventuranças lucanas, e sim a pobreza vivida concretamente por cristãos ao longo do caminho terreno da fé e da esperança. Não se pretende que a pobreza seja salvadora em si e por si; nem se quer ensinar que a "fome" e o "pranto" sejam as premissas automáticas da felicidade eterna. Lucas não é um "ebionita", um cultor superficial e fanático das provações materiais.

Menos fácil é o problema posto pelos "ai de vós". Por que razão os "ricos", que agora "riem" e são "saciados", terão a sua situação reversa no além? Uma primeira resposta pode ser esta: trata-se daqueles que rejeitam a mensagem cristã e perseguem os crentes, demonstrando, desse modo, que são filhos dos que hostilizaram os profetas de Deus (6,23c) e, em vez disto, adularam os falsos profetas (v. 26b). É preciso reconhecer, todavia, que os "ai de vós" transcendem os termos do conflito Igreja-Sinagoga e tocam de perto o conjunto do pensamento lucano sobre a riqueza e as alegrias terrenas que daí derivam. É fato conhecido que para Lucas a condição dos ricos é praticamente incompatível com a obtenção da salvação (18,24-27). Nisto, porém, ele não inova (Mc 10,23-27 = Mt 19,23-26). A sua contribuição está, em vez, na explicação dessa incompatibilidade. E situa-se justamente aqui a dificuldade. "Ai de vós, ricos, porque já tendes a vossa consolação" (6,24). "… filho, lembra-te de que recebeste a tua felicidade durante a vida…" (16,25). Nenhuma recriminação, aparentemente, é dirigida aos ricos; afirma-se simplesmente que já receberam a sua parte de felicidade, como se isto justificasse a sua exclusão da felicidade do céu. A riqueza, portanto, é má em si mesma? Dentre os evangelistas, Lucas é aquele que mais profundamente pensou no problema; a sua doutrina sobre o assunto está centralizada no *estado de espírito* que a riqueza cria no ser humano, um estado interior que faz justamente dos ricos uma categoria considerada digna de pena, um tipo de homem que, excetuando um milagre (18,27), se autoexclui do caminho da salvação. Por quê? Lucas oferece uma tríplice resposta: a riqueza aprisiona a mente e o coração dentro dos horizontes da vida terrena, impede de sentir a imposição ético-religioso da misericórdia, tende a tornar-se um senhor ao qual as pessoas se submetem e um ídolo a quem cultuam.

"Onde está o vosso tesouro, aí também estará o vosso coração" (Lc 12,34). Em seu contexto tradicional (Mt 6,19-21), a palavra quer ser uma advertência contra o perigo de "acumular tesouros na Terra": termina-se por ter o coração fixado nas coisas terrenas. Em Lucas, essa mesma advertência é ilustrada pela parábola do rico insensato (12,16-21): honestamente adquirida, a sua riqueza, todavia, o cega, desviando a sua mente dos valores que contam. É esta a sua loucura: pensou unicamente nos benefícios imediatos de sua riqueza (v. 19), sem levar em conta a morte e o encontro com Deus após a morte. "Acumulou tesouros para si" (v. 21), sem pensar em guardar "um tesouro indefectível nos céus" (v. 33). O mal se refere à sua riqueza, é verdade, mas enquanto esta suscita nele um estado de insensibilidade em relação às coisas do céu, em suma, das coisas de Deus (v. 21). "Louca" imprevidência (v. 20) de uma pessoa digna de pena, de um rico de satisfação imediata, que se deixa encerrar em horizontes que não são os do Reino de Deus.

Lucas gosta de descrever a insensibilidade religiosa dos ricos também como uma incapacidade de servir-se de forma justa do dinheiro acumulado. Por si, os ricos podem salvar-se, mas com a condição de "vender o que têm e dar como esmola" (12,33a). A exigência não é só de libertar-se do peso dos bens terrenos (o Evangelho não é estoicismo), mas de empregar a riqueza em benefício dos pobres. Vender sim, mas em vista de uma obra de misericórdia. Foi precisamente isto que fez Zaqueu, o rico publicano (19,8), que compreendeu ser um administrador infiel, mas precavido (16,1-8). Soube servir-se dos bens terrenos para granjear "amigos" prevendo o dia em que lhe seria tirada a administração (vv. 3-4). Este momento é o da morte, isto é, quando ele se verá despojado diante de Deus, reduzido à essência de sua verdade pessoal; quanto aos "amigos" que deveriam acolhê-lo em sua casa (v. 4), são os pobres beneficiados, que o acolherão precisamente "nas moradas eternas" (v. 9), segundo o seu crédito junto a Deus.

A salvação, portanto, é possível para os ricos, se estes souberem agir de tal forma que os pobres se tornem seus "amigos" junto a Deus; mas semelhante precaução é tão difícil e improvável quanto um camelo passar pelo buraco de uma agulha (18,24-27). Ao riquíssimo poderoso, com efeito, faltou coragem para dizer "amém" à exigência do Senhor: "Vende tudo o que tens, distribui aos pobres e terás um tesouro nos céus" (v. 22). A sua riqueza não só o tornou insensível ao chamado das promessas celestes, mas o impediu de ouvir com eficácia a imposição fundamental da misericórdia, que no concreto de sua situação o chamava a utilizar os bens que lhe foram dados por Deus segundo as intenções de Deus. A mesma lição pode ser extraída da parábola várias vezes citada do rico opulento e do pobre Lázaro (16,19-31). Morto, o rico vê-se em meio aos tormentos porque, explica → ABRAÃO, "recebeste os teus bens durante a vida" (v. 25). Alguma recriminação de natureza religiosa? A recriminação existe, está implícita no contraste que opõe a vida faustosa do rico à miséria extrema de Lázaro (vv. 16-21). Completamente absorvido pelos "prazeres da vida" (cf. 8,14), o rico não se dá conta do mendigo que jaz à sua porta; ou, se alguma vez percebeu sua presença, não soube vislumbrar nele um convite à misericórdia e um daqueles "amigos" que, um dia, o teriam acolhido "nas moradas eternas" (cf. v. 9). Como os seus irmãos, ainda vivos, o rico tornou-se a tal ponto insensível pela sua riqueza que de nenhum modo deu ouvidos a → MOISÉS e aos → PROFETAS (vv. 29-31) nem compreendeu o dever elementar de ajudar os necessitados.

Sempre em Lc 16, lemos a advertência mais radical contra o perigo da riqueza: "Nenhum servo pode servir a dois senhores: ou odiará um e amará o outro, ou se apegará a um e desprezará o outro. Não podeis servir a Deus e ao dinheiro [Mamona]" (v. 13; cf. Mc 6,24). O discurso torna-se especificamente religioso e envolve o culto divino. Personificado com o nome de "Mamona", o dinheiro assume a figura de um ídolo que tem o poder de atrair a homenagem dos seres humanos. O serviço de Deus, todavia, é absolutamente exclusivo, como é exclusivo também, no lado oposto, o serviço que o dinheiro-Mamona quer do ser humano. Não se pode ter dois patrões, como também não se pode ficar sem patrão. É preciso escolher. Eis a trágica sorte dos ricos: a escolha é muito difícil para quem já está absorvido pelo fascínio de Mamona. Para libertar-se do ídolo, é preciso empregar a energia de um coração que não é mais livre. A ação é realmente semelhante à de um camelo que quer passar pelo buraco de uma agulha.

"Bem-aventurados vós, os pobres." "Ai de vós, ricos." A interpretação das bem-aventuranças e dos "ai de vós" lucanos não pode ignorar a temática acima delineada. Nem a riqueza, nem a pobreza bastam por si mesmas para explicar a sorte eterna das pessoas. Interpelam-se "pobres" e "ricos", mas o pensamento não se detém no aspecto material e, por assim dizer, quantitativo, de sua riqueza ou pobreza. O fator decisivo nos dois casos é a disposição interior da pessoa em relação às coisas de Deus. "Bem-aventurados sois vós, pobres": sabemos que Lucas quer encorajar os cristãos que vivem sua fé seguindo a Jesus, cada dia, no caminho da → CRUZ. Bem aventurados são eles, porque a vida que "perdem" por causa de Cristo, a "salvam" em vista de Deus e de seu Reino (cf. 9,23-24). São privilegiados e devem reconhecer-se como tais: a sua tribulação é promessa e premissa de felicidade celeste. "Ai de vós, ricos": os interpelados são pessoas dignas de pena na visão específica do Reino. A fortuna terrena, com os prazeres da vida que os tranquilizam e os anseios que a cobiça gera neles, os torna indiferentes aos bens da vida eterna, incapazes de compreender as imposições da misericórdia e, mais trágico ainda, servos de um senhor que não é Deus. Ai deles porque já estão tendo a sua consolação (6,24): são saciados, tornaram-se adversos aos verdadeiros valores e insensíveis às coisas de Deus. Tendo encontrado no dinheiro o seu tesouro, também têm o coração no dinheiro. O que trazem no íntimo não são as determinações que permitem e garantem o ingresso no reino celeste de Deus.

3. AS BEM-AVENTURANÇAS SEGUNDO MATEUS. Das quatro proposições de Lucas, passa-se às nove de Mateus (5,3-12). Um crescimento evidente, acompanhado de uma distinta lógica de composição e de uma orientação didática precisa. Observe-se, antes de tudo, a *inclusio* obtida através da motivação do primeiro e do oitavo macarismos: "porque deles é o Reino dos céus" (vv. 3b e 10b). O procedimento constitui uma série unitária e compacta das oito primeiras bem-aventuranças (vv. 3-10), isolando-se, de algum modo, o difuso macarismo dos "perseguidos por causa de Cristo" (vv. 11-12). Observe-se, porém, uma posterior intervenção de composição: a bem-aventurança dos "perseguidos por causa da justiça" (v. 10), se de um lado conclui a série das oito primeiras (vv. 3-10), de outro lado serve como ligação temática com a dos vv. 11-12 e, através desta, com o resto do sermão da montanha (o uso da segunda pessoa, com efeito, começa no v. 11 e prossegue em geral ao longo de todo o sermão).

Esses poucos destaques materiais demonstram quão extensa foi a intervenção redacional do evangelista e ajudam-nos a avaliar outra contribuição de Mateus, particularmente importante: pensou-se em fazer das bem-aventuranças um verdadeiro exórdio lógico do sermão da montanha, uma afirmação inicial do tipo de homem que surgirá mais distintamente em seguida. Aquelas que na origem eram uma proclamação da "Boa-Nova do Reino", e que lemos em Lucas como uma palavra de conforto endereçada aos crentes atribulados, agora tornam-se uma proposição articulada e profundamente pensada das exigências que já interpelam o discípulo-crente que quer levar uma existência em conformidade com a novidade do Evangelho e agradável a Deus. Lemos, com efeito, nas bem-aventuranças de Mateus uma catequese de vida, uma página de ética evangélica, a definição inicial de um comportamento novo, exatamente aquele que será descrito ao longo do sermão da montanha. Os cultivadores efetivos da perfeição evangélica são felicitados e declarados "bem-aventurados": o seu novo comportamento e o justo empenho os apontam como portadores vivos das promessas celestes do Reino.

— *Bem-aventurados os pobres de espírito*. É a bem-aventurança mais importante e a que melhor indica o intuito didático de Mateus. É também a mais estudada, e talvez a mais difícil. A sua raiz evangélica é a proclamação feita por Jesus: Bem-aventurados os pobres, porque deles é o Reino de Deus. Mateus mantém intacta a motivação, mas transforma resolutamente a primeira parte: em lugar dos "pobres" da pregação de Jesus, temos agora os "pobres de espírito" da catequese mateana. Todo o problema reside na reta interpretação dessa expressão, de inconfundível sabor semítico e bíblico.

É óbvio a todos que o dativo de relação *tô pneumati* ("em espírito" ou "de espírito") interioriza a noção de "pobreza" para fazê-la significar uma disposição da alma. Esse tipo de locução é frequente na Bíblia (em hebraico a construção é com genitivo), e é usada justamente para transpor certas noções do plano dos valores materiais ou sociais para o dos valores espirituais e interiores (cf. Is 29,24; 57,15; Pr 14,29; 16,18; Ecl 7,8; Sl 34,19 etc.). Em todos esses textos o termo *ruah* ("espírito") serve para determinar que se quer indicar um estado de espírito, uma qualidade ou um defeito que existe no íntimo. O mesmo tipo de transposição obtém-se também nas ocasiões em que o complemento determinativo é a palavra "coração" (cf. Is 61,1; Sl 7,11; 11,2; 24,4; 32,11; 34,19; 36,11; 94,15; 95,10; 97,11; Pr 12,8; também Mt 5,8 e 11,29). Mateus podia ter escrito "pobres de coração" sem desviar do sentido que intuía. Entende-se, assim, um modo particular de ser pobre, significando com isto uma qualidade possuída e vivida na esfera íntima, em que se elabora e progride a piedade pessoal.

O que pode ser uma "pobreza" situada no "espírito", tida no coração, vivida como qualidade da alma? Teoricamente, pode-se pensar na virtude de quem abraça voluntariamente o estado de pobreza (cf. Mt 6,19-21; 19,27-29), ou se pode pensar em uma atitude de desapego interior pelas riquezas deste mundo, semelhante à ensinada em Mt 6,25-34. Convém observar, todavia, que Mateus não fala de "espírito de pobreza", mas de pessoas que são "pobres de espírito": o que tem em mente é uma "pobreza" de natureza "espiritual", um valor livre daqueles traços de quantidade e de medida que acompanham a noção em seu uso normal. A transposição é completa, não menos daquela que vislumbramos em outras duas expressões presentes nas bem-aventuranças mateanas: "puros de coração" (5,8) e "fome e sede de justiça" (v. 6). Deve-se pensar, portanto, em um modo de ser "pobre" que não implique, necessariamente, uma referência direta ou indireta a bens materiais aos quais a pessoa renuncia ou dos quais se desapega.

Esta leitura, convém admitir, permanece difícil até que nos libertemos das ressonâncias específicas do grego *ptôchoi*, usado no texto mateano. A exegese, com efeito, nos adverte não só que a expressão "pobres de espírito" é de formação semítica e bíblica, mas também que a palavra "pobres" possui aqui uma origem bíblica determinada. Recordemos a proclamação feita por Jesus: "Bem-aventurados os pobres", e a sua relação com Is 61,1-3, em que se fala da "Boa-Nova levada aos pobres". Quem são esses "pobres"? Sabemos que são os *anawîm* da Bíblia, cujo estado não é *sic et simpliciter* o dos pobres em sentido grego ou latino. São infelizes, fracos, deserdados, irmãos daqueles que o mesmo texto isaiano aponta como "escravos" e "prisioneiros", gente que possui o "coração partido", um "coração melancólico", como os "aflitos" que vestem "o traje de luto". Podem também conhecer as agruras e a indigência da pobreza material, porém a sua infelicidade está diretamente ligada à sua condição de inferioridade social. Com particular atenção à palavra *anawîm*, dizemos que se trata de indivíduos "curvados", escorraçados sob o peso de uma condição amarga e injusta. São os "cansados e oprimidos", que carregam nos ombros o "jugo" áspero e a "carga" pesada de uma infelicidade que a sociedade dos seres humanos reserva aos fracos, isto é, àqueles que, pertencendo já à classe dos humildes", são posteriormente "humilhados" e confirmados em sua pequenez.

"Bem-aventurados os *anawîm*", proclamou Jesus. "Bem-aventurados os *anawîm* de espírito", ensina agora Mateus. A transposição existe; é completa e perfeitamente compreensível. Trata-se de pessoas "curvadas" interiormente, "humildes" espiritualmente. Toda uma condição social é servida pela imagem para afirmar uma qualidade estreitamente interior, um valor de piedade evangélica que faça cada um progredir em seu coração. De resto, a expressão "*anawîm* de espírito" não foi uma encontrada por Mateus. Possui um paralelo igual na locução qumraniana *anwéy-ruah*, que se lê em 1QU 14,7. No texto, as pessoas assim designadas são opostas às que possuem o "coração endurecido", imagem bíblica (Ex 7,3; Dt 2,30; Sl 95,8; Pr 28,14) que, juntamente com a da "nuca rígida" (cf. Dt 10,16; 2Rs 17,14; Jr 7,26; 17,23; 19,15; Pr 19,1; Ne 9,16-17.29; 2Cr 30,8; 36,13; Sr 16,11), designa a obstinação soberba dos indóceis e rebeldes que recusam submissão ao Senhor e à sua Palavra. Em oposição aos homens de "coração endurecido" e de "nuca rígida", os *anawîm* de espírito aparecem facilmente como aqueles que "se curvam" interiormente diante de Deus na humilde docilidade da submissão.

Com relação à proclamação evangélica de Jesus: "Bem-aventurados os *anawîm*, porque deles é o Reino de Deus", a proposição de Mateus marca um momento catequético determinado. O Reino é dos *anawîm*, porque nisto se revela e opera a justiça misericordiosa de Deus. Eis a catequese mateana: para entrar efetivamente no Reino, é preciso aceitá-lo de modo justo; e o acolhem de modo justo aqueles que se tornam "*anawîm* de espírito". É necessário estender a mão para receber o socorro de Deus, abrir o coração para que a oferta misericordiosa se torne dom de salvação, abandonar-se com humildade à bondade divina e submeter-se com docilidade à vontade do → PAI CELESTE. "Convertei-vos porque o Reino de Deus está próximo", lê-se em Mt 4,17. "Convertei-vos e crede no Evangelho", lê-se em Mc 1,15. Os "pobres de espírito" são aqueles que respondem ao Evangelho do Reino com o "amém" da fé e a conversão da humildade. Os dois aspectos são inseparáveis. Crê-se no Evangelho quando se acolhe o Reino da maneira como ele é, na verdade da intenção divina: uma iniciativa misericordiosa em benefício e para a salvação dos pobres. Isto pressupõe um ato de conversão que consiste, para cada um, em ver-se "pobre" diante de Deus e em aceitar-se como um "pobre" interpelado pelo Misericordioso. Se os "pobres" são os prediletos de Deus no contexto do Reino, bem-aventurado, então, quem se abre para essa verdade com a alma e a disposição de um pobre.

Como se vê, ser "pobre de espírito" é responder de modo justo ao Evangelho divino do Reino. É o realismo de uma fé que acolhe a verdade; e ao ser assim, é conversão em humildade. No fundo, Mateus pensa na fé-conversão de quem acolhe o Evangelho do Reino "como uma criança" (Mt 18,3-4; cf. Mc 10,15; Lc 18,17), isto é, quem se humilha diante do Deus de Jesus Cristo até considerar-se, em relação ao dom de Deus, um "pobre" e "necessitado", exatamente como uma criança é pobre e necessitada. Bem-aventurados esses crentes-humildes: a riqueza divina do Reino é já uma realidade operante em suas existências.

— *Bem-aventurados os mansos.* É opinião geral que a conhecida figura sociorreligiosa dos *anawîm* (cf. supra) foi adaptada e interiorizada por Marcos em sentido evangélico, quer na bem-aventurança principal dos "pobres de espírito" (5,3), quer na bem-aventurança posterior dos "mansos" (5,5). São os discípulos que acolhem a verdade do Evangelho e se abrem para o dom divino da misericórdia com humildade disponível para a fé; são os crentes que, empenhando-se no caminho da justiça, trazem o hábito de uma mansidão condizente com a novidade de uma existência marcada por Cristo. Humildade e mansidão: os dois valores são inseparáveis e tendem a comparecer juntos (cf. Mt 11,29; Ef 4,2; Cl 3,12).

A raiz bíblica é indicada na enunciação de Mateus: "Bem-aventurados os mansos, porque herdarão a terra". O evangelista se refere ao *Salmo* 36,11 (LXX), no qual se lê precisamente: "Os mansos [*praeîs*] herdarão a terra", uma promessa que na Bíblia judaica soa assim: "Os pobres (*anawîm*) herdarão a terra" (Sl 37,11). Os "pobres", de um lado; os "mansos", de outro. É preciso, todavia, reconhecer que a tradução grega está certa, sendo a "mansidão" um traço característico de uma classe social: a dos pobres-fracos-humildes, que geralmente se opõe à classe dos poderosos e prepotentes, violentos e opressores. Os *anawîm*, com efeito, são os deserdados que carregam o peso de uma sorte injusta e infeliz, com a mansidão dos submissos e a humildade de uma esperança recolocada unicamente no Senhor. A esses *anawîm*, fracos e oprimidos, e ao mesmo tempo mansos e humildes, o salmo prediz que serão eles a "herdar a terra" (37,11). Fazem bem em "esperar no Senhor" (vv. 7-9): ele é o "pai dos órfãos e o defensor das viúvas" (68,6-7), o Deus que "liberta o fraco do mais forte, o indefeso e o pobre de quem os explora" (35,10; cf. 9,37-39; 72,4.12-14; 140,13; 146,7-10). E não só. A sua justiça é misericordiosa: ele despojará de sua riqueza o poder o violento e o opressor, e fará dos *anawîm*, que são sempre os seus protegidos, os "herdeiros" privilegiados da terra (cf. 1Sm 2,1-10; Lc 1,51-53). "Os mansos herdarão a terra e gozarão de imensa paz" (Sl 37,11): isto é, possuirão os bens que a injustiça dos fortes sempre lhes negou, e conhecerão na felicidade a abundância da bênção divina.

"Bem-aventurados os mansos porque herdarão a terra", escreve Mateus. O macarismo transcende já os termos sociorreligiosos da realidade israelita. "Herdar a terra" agora significa receber a recompensa celeste prometida aos que buscam com empenho a justiça evangélica. Também o conceito de "mansidão" está profundamente modificado: não é mais a simples designação de uma classe social, como seria a dos *anawîm* de Israel, mas define claramente uma qualidade interior conscientemente perseguida, uma disposição espiritual desejada e praticada como exigência de coerência cristã. Certo, os "mansos" pensados por Mateus também podem ser "pobres" curvados sob o peso de uma infelicidade semelhante à dos *anawîm* da Bíblia, e em parte o são realmente; a sua "mansidão", todavia, é especificamente evangélica, e entra em uma nova visão da existência pessoal já marcada pela novidade de Cristo. É preciso, portanto, interrogar Mateus a respeito. Assim, o adjetivo *praûs* reaparece duas vezes em seu texto: em 11,29 e 21,5. Em ambas as vezes trata-se da figura de Jesus. Sendo o único entre os evangelistas a propor expressamente a "mansidão" como uma imposição de autenticidade cristã, Mateus também é o único a atribuir explicitamente essa qualidade a Jesus de Nazaré. A coincidência não é uma casualidade.

"Vinde a mim todos vós que estais cansados sob o peso do fardo, e eu vos darei descanso. Tomai sobre vós o meu jugo e sede discípulos meus, porque eu sou manso e humilde de coração, e encontrareis descanso para as vossas almas. Sim, o meu jugo é fácil de carregar e o meu fardo é leve" (11,28-30). Jesus convida as pessoas a aproximar-se dele e a entrar em sua escola porque, "humilde de coração", ele também é um mestre "manso". Exatamente porque é um mestre assim, o seu convite é dirigido aos "cansados e oprimidos": junto dele encontram descanso. Como compreender essa "mansidão" de Jesus mestre? Ao contrário dos mestres que "amarram pesados fardos e os colocam nos ombros das pessoas" (23,4), ele ensina as coisas de Deus e aponta os caminhos de Deus com uma palavra que reanima, encoraja e conforta. É o portador de Deus de uma "Boa-Nova a ser anunciada aos pobres" (11,5) e, *como tal*, quer também ensinar: o seu magistério é atento à indigência do ser humano, ligado à *eudokia* misericordiosa do Pai, que quer que as suas coisas sejam reveladas aos "pequenos" (11,25-26). É bondoso, da mesma bondade de Deus que o enviou, cheio de compreensão pela fraqueza alheia e de compaixão pela humanidade "cansada e oprimida", que quer aliviar (cf. 9,36). Não deseja impor nenhum fardo penoso e foge da linguagem áspera e intolerante do rigor injustificado (cf. 12,1-8.9-14); e, se a lei de Deus é um "jugo" que o ser humano deve saber carregar (cf. Os 10,11; Sf 3,9; Jr 2, 20; 5,5; Lm 3,27; também Sr 6,24 ss.; 51,26), Jesus quer que ela seja um "jugo suave" e um "peso leve". A sua, portanto, não é a palavra violenta da severidade gratuita e das ordens exorbitantes, mas a de uma "mansidão" que nasce da benevolência e na qual se exprime a misericórdia divina (cf. Mt 12,7). Mestre "manso", Jesus ensina a lei divina como mensageiro de paz e de salvação, convidando as pessoas a carregarem, sim, o "jugo" da fidelidade compromissada e, ao mesmo tempo, a "provar como é bom o Senhor" (cf. Sl 34,9).

O outro texto no qual Mateus atribui expressamente a "mansidão" a Jesus pertence à narração da entrada messiânica em Jerusalém: "Dizei à filha de Sião: Eis que o teu rei vem a ti, humilde e montado numa jumenta" (Mt 21,5). No pensamento do profeta (Zc 9,9-10), o modesto aparato do Rei messiânico devia revelar o caráter humilde e pacífico de seu Reino. A visão de Mateus é mais empenhada: além de qualificar objetivamente o seu Reino, a "mansidão" de Jesus naquela ocasião evidencia uma dimensão interior de sua personalidade real, e define um comportamento voluntariamente seguido em vista de uma revelação determinada. O seu é um triunfo real, como condiz ao enviado de Deus, obtido não pelo poder das armas ou pela violência do poder, mas com a demonstração divinamente paradoxal de uma fraqueza humana carregada de poder vencedor. No dia de sua entrada em Jerusalém, Jesus se reveste de uma "mansidão" que já antecipa a sua decisão de viver a paixão sob o signo inequívoco da oferta de si, da própria imolação. "Deu-se a si mesmo", afirma e repete Paulo (Gl 1,4; 2,20; Ef 5,2.25). Não podemos deixar de pensar no Cristo-Rei da paixão que não responde à violência com violência, renuncia a defender-se e entrega a si mesmo nas mãos dos seus inimigos (Mt 26,52-54; Jo 18,11.36; 1Pd 2,22-23). É de Mateus, pois, a determinação: "E Jesus se calava" (26,63). Esse silêncio "manso" do justo diante dos seus acusadores contém, como em um raio revelador, o mistério de uma Paixão como somente o Filho obediente podia viver (cf. também 26,39.42.54.56). Tem-se certamente uma referência em Is 53,7-8, em que já emergia a figura "mansíssima" do Servo que, "como cordeiro conduzido ao matadouro" e "ovelha muda diante dos tosquiadores", deixou-se maltratar "sem abrir a sua boca". "E não abriu a sua boca" (Is 53,7.8). "Mas Jesus se calava" (Mt 26,63; cf. também 27,14; Lc 23,9; Jo 19,8-11). Quanta segurança íntima e que perfeição de serviço e de renúncia, de imolação própria, nesse vértice histórico da "mansidão"!

Mateus não diz explicitamente que os "mansos" da bem-aventurança (5,5) são os discípulos que imitam a mansidão de Jesus-Mestre (11,29) e a mansidão de Cristo-Rei (21,5). Convém lembrar, porém, que o evangelista, se de um lado refere a verdade de Jesus como uma testemunha de coisas vistas e ouvidas, de outro escreve como a testemunha de um caminho de vida já tornado experiência de vida na Igreja apostólica: o de uma perfeição que agrada a Deus na medida em que é → IMITAÇÃO DE CRISTO. De resto, vimos Mateus colocar a "mansidão" entre os sinais que mais incisivamente marcam a personalidade interior de Jesus e revelam a piedade exemplar do Filho do homem. A "mansidão" que ele descreve é a do Mestre que revela o coração de Deus, e a "mansidão do Rei messiânico que oferece a si próprio para a salvação do mundo — dois dos principais aspectos da verdade de Jesus. Por outro lado, ele sabe bem que em tanta "mansidão" estava gravada como em um documento de perfeição a novidade de uma justiça que teria definido para sempre a autenticidade religiosa. Escreve, portanto: "Bem-aventurados os mansos", querendo que os filhos da Igreja saibam ler nesse macarismo uma exortação a ser aprendida de Jesus também neste traço da nova justiça que condiz com eles.

A "mansidão" também era muito apreciada na Igreja apostólica, em que era insistentemente proposta como uma imposição de coerência batismal (Ef 4,1-2), e uma expressão característica da novidade cristã (Cl 3,12-13; cf. também Gl 6,1; 1Tm 6,11; 2Tm 2,23-25; Tt 3,2). A "mansidão" é no coração dos crentes um "fruto do Espírito" (Gl 5,22); ela talvez esteja presente nas exortações apostólicas também quando não se usa o termo específico (Ef 4,31-32; Fl 2,1-4; 1Pd 2,18-

25; 3,8-9; também Rm 12,17-21). Algumas notas emergem desses testemunhos: qualidade comunitária, a mansidão é a face delicadamente humilde, paciente e benévola da caridade fraterna (Cl 3,12-13; Ef 4,1-2; 1Tm 6,11; Tt 3,2); essa deve acompanhar a correção dos irmãos imperfeitos (Gl 6,1) e qualificar os ministros do Senhor (2Tm 2,23-25); é também "paciência nas ofensas sofridas" (2Tm 2,24), a magnanimidade de quem não paga a ninguém mal com mal (Rm 12,17) ou injúria com injúria (1Pd 3,9), a segurança de quem aceita "sofrer injustamente", sabendo que é coisa agradável a Deus e um privilégio da graça poder, desse modo, seguir os passos do Cristo mansíssimo da Paixão (1Pd 2,18-25).

— *Bem-aventurados os aflitos*. Na enunciação original das bem-aventuranças, da maneira como se pode perceber na proclamação evangélica feita por Jesus de Nazaré, os "aflitos" designavam simplesmente a massa daqueles "pobres" aos quais estava sendo anunciada a "Boa-Nova do Reino". Aos deserdados de todo tipo, Jesus dizia que era chegada a hora de sua "consolação": o Deus justo e misericordioso decidira finalmente reinar em seu benefício. "Quem semeia com lágrimas, colherá com júbilo" (Sl 126,5), cantava a esperança de Israel. Jesus fazia compreender que tanta plenitude messiânica estava se realizando para consolo de todos os aflitos" (cf. Is 61,1-3).

Não é mais essa a perspectiva do macarismo mateano: "Bem-aventurados os aflitos, porque serão consolados" (5,5). De um lado, a "consolação" se refere agora ao mundo futuro e celeste do Reino. De outro, a intenção didática do evangelista leva a compreender a "aflição" mencionada como a designação de um estado espiritual vivido sob a insígnia da coerência cristã, e não como uma condição social imposta ou sofrida. A transposição conceitual é completa. Mateus não pensa nos "aflitos" que, atingidos por uma sorte adversa, se dirigem confiantes a Deus, como que para confortá-los com a certeza da misericórdia divina; nem pensa nos crentes perseguidos que possuem o privilégio de esperar tranquilos uma consolação celeste (cf. Lc 6,21; também Ap 7,17; 21,4): a essa classe Mateus dedica um macarismo especial (Mt 5,10.11-12). O que o evangelista tem em mente nessa bem-aventurança, como em todas as outras (5,3-10), é, em vez disso, articular a nova justiça que condiz com o discípulo-crente e convidar os cultivadores fiéis dessa justiça a exultar no Deus que está lhes prometendo uma grande recompensa nos céus. Por isto, se os "aflitos" são declarados "bem-aventurados", é porque a sua aflição traz valores espirituais de piedade evangélica e os aponta como discípulos justos e agradáveis a Deus.

Em virtude dessa imposição mateana, não poucos preferiram falar da aflição interior do arrependimento. Perguntava-se, com efeito: por qual motivo um homem ímpio deve afligir-se? E se respondia: obviamente, a lembrança dos seus pecados. A interpretação, antes frequente, hoje é contestada. Nada, de fato, autoriza a limitar a proposta de Mateus exclusivamente à aflição do arrependimento.

Um outro caminho é possível, apontado pela antítese enunciada no próprio macarismo: "Bem-aventurados os *aflitos*, porque *serão consolados*". Visto que a "consolação" designa o estado do justo no mundo futuro do Reino, a "aflição" só pode caracterizar o estado do justo no mundo presente. Em que sentido? No sentido de que é apontada uma obrigatória determinação interior, caracterizada por uma consciente e resoluta estranheza pelas alegrias e consolações específicas da presente vida terrena. "Bem-aventurados os aflitos": são discípulos agradáveis a Deus, visto que a sua aflição é o sinal de seu rompimento com os valores mundanos e a comprovação da esperança que orienta todas as suas aspirações para o mundo futuro. Uma indicação interessante é fornecida pelo próprio Mateus, na outra única passagem em que ele usa o verbo *pentheîn*: "Podem os convidados às núpcias *afligir-se* [*pentheîn*] enquanto está com eles o esposo? Mas virão dias em que o esposo lhes será tirado, e então jejuarão" (9,15). Enquanto Marcos (2,19-20) e Lucas (5,34-35) falam somente de "jejum", Mateus, em vez disso, preocupa-se em determinar que se trata da atitude de discípulos que, não tendo mais o esposo entre eles, decidem vestir o traje da aflição. "Afligir-se", portanto, é um modo de exprimir-se em relação a Jesus e caracteriza a existência que os crentes acreditam ter de levar entre as duas vindas de Cristo. Interpretada à luz dessa indicação, a bem-aventurança aparece como uma exortação a não compactuar com o mundo presente, a não convencer-se de que não se pode, ao mesmo tempo, ser "amigo do mundo" e amigo de Deus (cf. Tg 4,4), a renunciar à falsa felicidade das coisas temporais, a manter o olhar fixo nas coisas eternas (cf. 2Cor 4,18) e, sobretudo, a permanecer fiel à própria dignidade de pessoas que "esperam com amor a manifestação" alegre e gloriosa do Senhor (cf. Tm 4,8).

— *Bem-aventurados os que têm fome e sede de justiça.* Juntamente com a dos "pobres de espírito", esta é a bem-aventurança em que mais claramente se percebe a redação mateana e o intuito didático do evangelista. A classe dos "pobres" que "estão com fome" tornou-se a dos discípulos crentes que "têm fome e sede de justiça". A "fome" não é mais a típica indigência física do pobre ao qual tudo falta, até o pão de cada dia; é, em vez disso, uma "fome" (e uma "sede") metaforicamente compreendida, tendo como objeto um valor ético-religioso chamado "justiça". É verdade que a linguagem é analógica e certa semelhança à autêntica "fome-sede" entra na intenção do evangelista; mas o propósito é definir uma disposição interior, um aspecto característico da nova religiosidade do Reino. É a expressão figurada de um desejo ardente e de uma busca prioritária; esse desejo-busca, vivido com o ardor e o empenho de um "faminto-sedento", é totalmente qualificado pelo objeto ao qual tende: a "justiça".

Libertemos logo o discurso do entrave das interpretações erradas não raro propostas. Pensemos particularmente no anacronismo de uma leitura que encontra na bem-aventurança uma mensagem referente ao grande problema daquela que hoje chamamos de justiça social. Esse tipo de justiça, encravada no respeito dos direitos alheios e na consciência ativa dos próprios deveres, é certamente uma imposição ética à qual o ser humano religioso deve estar, lúcida e generosamente, atento. Isto, porém, afasta-se da perspectiva de Mateus. Afasta-se, também, da sua perspectiva a vasta classe dos infelizes que, fracos e vítimas da imposição prepotente, anelam pela justiça que lhes é negada. É certo que esses podem dizer que têm "fome e sede de justiça" e são incluídos no número dos "pobres" aos quais Jesus anunciava a novidade misericordiosa e consoladora do Evangelho (cf. Mt 4,18; 7,22; 11,5). Sabe-se, todavia, que os macarismos de Mateus se situam em um plano didático posterior, no qual a "fome e sede de justiça" não pode indicar uma qualidade interior ativamente vivida e uma perfeição espiritual digna daquilo que se pode chamar de homem evangélico.

Como se vê, tudo depende da reta compreensão do termo "justiça" empregado pelo evangelista. São felicitados os discípulos que, por seu louvável empenho nos novos caminhos do Reino, merecem ser definidos como crentes que "têm fome e sede de justiça". Não se trata de um tipo qualquer de justiça, mas *daquela* justiça que Mateus quer propor no sermão da montanha (5-7). O que é? Em geral, é a bondade ou perfeição de vida tornada imposição na novidade revelada e estabelecida pelo Reino. Concretamente, é a "justiça" do discípulo chamado a ser "sal da terra" e "luz do mundo" (5.13.14), uma "justiça" superior à dos escribas e dos fariseus, e sem a qual não é possível "entrar no Reino dos céus" (5,20); é uma "justiça" nova em relação àquela transmitida pelas tradições aceitas pelo judaísmo (5,21 ss.), e agradável a Deus somente se for realizada exclusivamente com a intenção de agradar a Deus (6,1); é a "justiça" de quem não se contenta em dizer "Senhor, Senhor", mas se empenha em "fazer a vontade do Pai" celeste (7,21; cf. 5,16); finalmente, é a "justiça" que situa o discípulo na verdade do Reino e o projeta na existência como um "filho de Deus" que está imitando a perfeição do → PAI CELESTE (5,48). Permanecendo no contexto literário das bem-aventuranças mateanas (5,3-10), deve-se acrescentar: é a "justiça" de vida articulada na série, isto é, a perfeição de um discípulo que se empenha em ser um "pobre de espírito", um "manso", um "misericordioso", um "puro de coração", um "semeador de paz"... Pode-se afirmar, à luz das considerações feitas, que a "justiça" intuída por Mateus designa globalmente a norma de uma existência vivida segundo Deus e na qual se exprime a novidade do Reino. É chamada de "justiça" essa nova norma pelo fato de que nela estão indicadas as obras "justas" a serem praticadas, as determinações "justas" que cada um deve seguir em seu íntimo, os caminhos "justos" a serem percorridos em conformidade com Deus — em suma, a bondade ou perfeição de vida que Deus quer e exige na novidade do Reino e que, portanto, projeta diante do próprio Deus a face agradável de uma pessoa "justa" que acolhe e vive o Reino de modo "justo", isto é, da maneira que corresponde à vontade do Pai celeste.

"Bem-aventurados os que têm fome e sede de justiça": bem-aventurado o discípulo que ardentemente deseja e busca a "justiça" que agrada a Deus, aspirando de todo o coração e tendendo com todas as forças à perfeição de vida à qual Deus o chama em vista do Reino dos céus. "Procurai primeiro o Reino de Deus e a sua justiça", afirma Mt 6,33: o Reino é revelado e são conhecidas as suas exigências justas; somos "justos" aos olhos de Deus quando reconhecemos a prioridade absoluta dessa novidade e procuramos alcançá-la pessoalmente com o empenho prioritário de um "faminto" e de um "sedento". O Reino dos céus, com efeito, é como um "tesouro" e uma "pérola preciosa" por cuja posse é justo que se deixe tudo (Mt 13,44-46; cf. 19,21). "Onde está o teu tesouro, ali estará o teu coração" (6,21). Bem-aventurados, portanto, aqueles que têm o coração fixo nas coisas do Reino (cf. Cl 3,1-2) como em um tesouro muito valioso e amado, tão desejado a ponto de tornar irrelevante qualquer outro bem, e supérflua toda outra aspiração (cf. Mt 12,30).

A perspectiva é dinâmica e aberta a um progresso contínuo. A "justiça", da qual deve ter "fome e sede" o discípulo, não é algo que se obtém de uma vez para sempre. Trata-se de *ser* "justos" diante de Deus *vivendo* da maneira que agrada a Deus. É claro, portanto, que a "fome e sede de justiça" quer indicar não um empenho transitório ou um entusiasmo passageiro, por mais intensos que sejam, e sim uma qualidade pessoal que distingue um tipo de ser humano e unifica uma existência. Mateus, por outro lado, fala de "famintos" e "sedentos" de justiça, assim como nos outros macarismos fala de "pobres de espírito", de "mansos", de "misericordiosos", de "puros de coração", de "semeadores de paz". Preferindo a denominação pessoal ao verbo da ação, demonstra pensar na figura de um discípulo que, além de realizar um determinado número de boas ações, identifica-se com a bondade que pratica de modo a ser ele próprio definido por ela. E não só. É normal que não cesse a busca da "justiça". Não está prevista na vida presente a situação na qual o desejo e a busca de justiça podem esgotar-se porque finalmente foram satisfeitos. Ao contrário, o caminho é delineado como um procedimento de "fome em fome" e "sede em sede", cada passo realizado sendo compreendido, ao mesmo tempo, como ponto de chegada e ponto de partida na mesma linha (cf. Fl 3,12-16). Quem "tem fome e sede de justiça" já é uma pessoa "justa", um discípulo que vive de modo coerente as exigências da novidade evangélica. Mas essa sua "justiça-coerência" consiste *também* no fato de que ele não cessa de "ter fome e sede" do bem que possui, determinado que está a uma perfeição de vida que sempre deve ser perseguida, a um ideal de "justiça" que ele percorre de plenitude em plenitude, sabendo que a norma é "ser perfeito como o Pai celeste é perfeito" (Mt 5,48). Interpelado por tanta norma, o discípulo sabe que está empenhado nas vias abertas de uma "justiça" sempre crescente. Deve-se acrescentar: quanto mais se é "justo", mais se aprecia a "justiça", portanto mais se é atraído pelo seu esplendor. É como se disséssemos: quanto mais se tem gosto por uma coisa boa, mais se tem "fome e sede" dela, atraídos que somos pela promessa de uma posse ainda mais rica e prazeirosa (cf. Sr 24,19-21).

O macarismo, finalmente, é assim motivado: "porque serão saciados". Quer-se, talvez, dizer que o discípulo que perseguiu a "justiça" como um "faminto-sedento", finalmente será satisfeito de tanto bem na casa do Pai celeste? A essa leitura parece conduzir a enunciação da bem-aventurança. Tudo, porém, na mensagem do evangelista impede que ela possa ser acolhida. Mateus, com efeito, já vê expressa a "justiça" na existência de quem "tem fome e sede de justiça": este é um discípulo "justo", visto que vive de modo coerente a novidade do Reino e é agradável a Deus. Por outro lado, Mateus não ensina que a plenitude ultraterrena do Reino será a de uma "justiça" plenamente conseguida; ele propõe simplesmente a verdade de que a "justiça" é o caminho que conduz à felicidade futura do Reino e garante a recompensa celeste do Pai (cf. 6,1.4.6.18). Os "justos" é que serão "abençoados" no dia do juízo e introduzidos na "vida eterna" (25,37.46; também 13,43); mas aqueles "justos" são assim pelo modo "justo" com que souberam percorrer os caminhos terrenos do Reino. É preciso, portanto, interpretar a promessa da "saciedade" em sentido absoluto: é simples símbolo de abundância e plenitude e com isto quer-se designar a grandeza que costumamos chamar de "felicidade eterna". A imagem, por outro lado, é clássica na Bíblia e situa-se lá no ponto em que se deseja exprimir e celebrar a liberalidade de Deus e a abundância dos seus dons (Dt 6,11; Sl 37,19; 107,9; 132,15; Is 49,10; 50,19…) Há também os textos nos quais a "saciedade" designa a plenitude de uma alegria toda espiritual, que é dado aos piedosos encontrar na casa do Senhor e na certeza de serem por ele acolhidos como seus amigos (Sl 17,15; 63,6; também 23,5-6; 65,5; Is 53,11…). O passo é breve para o conceito de uma "saciedade" ultraterrena, digna da riqueza que não poderá deixar de ser derramada sobre os eleitos na casa celeste do Pai (cf. Ap 7,16-17). É essa a perspectiva da bem-aventurança mateana: aos "justos" é prometida "uma grande recompensa nos céus" (cf. Mt 5,12) — uma recompensa como somente Deus pode prometer, isto é, a de uma "saciedade" além de toda descrição, de uma plenitude além de toda medida.

— *Bem-aventurados os misericordiosos*. Justos e agradáveis a Deus, os "misericordiosos" são felicitados: no dia do juízo, quando cada um deverá prestar contas a Deus de si mesmo (cf. Rm 14,12), eles "encontrarão misericórdia" junto ao seu Senhor (Mt 5,7). Essa dos "misericordiosos" talvez seja a bem-aventurança mais previsível: no perfil do discípulo justo, delineado com tanto cuidado na série dos macarismos mateanos (5,3-10), certamente não podia faltar o traço que mais diretamente reflete a novidade evangélica encarnada na face de Jesus. A declaração, todavia, está radicada em amplas e determinadas premissas bíblicas, e desponta de convicções consolidadas na Igreja apostólica: imposição principal no caminho da coerência cristã, a misericórdia é praticada à imitação de Deus, que quis revelar-se como o Misericordioso.

a) *Misericordiosos à imitação do Deus misericordioso*. Devemos relevar a espessura teologal da bem-aventurança. Quando se fala de "misericórdia" nas Escrituras, entende-se principalmente uma perfeição própria de Deus. Assim como deu-se a conhecer na história da → SALVAÇÃO, o Senhor revelou de si mesmo esse "nome": ele é o Deus ao qual pertence e condiz a misericórdia. É teofania a história da salvação; e é qual epifania do amor misericordioso.

A Moisés que lhe pergunta: "Faze-me ver a tua glória", o Senhor promete: "Farei passar sobre ti todos os meus benefícios e proclamarei diante de ti o *nome* do Senhor" (Ex 33,18.19), e o "nome" divino, o do Deus dos pais (cf. Ex 3,15) desta vez é este: "YHWH, YHWH, Deus misericordioso e benevolente, lento para a cólera, cheio de fidelidade e lealdade, que permanece fiel a milhares de gerações, que suporta a iniquidade, a revolta e o pecado, mas que não deixa passar nada, e visita a iniquidade dos pais nos filhos e nos filhos dos filhos, até a terceira e a quarta geração" (Ex 34,6-7). "Santo é o seu nome" (Sl 111,10; cf. Is 6,3; Os 11,9); mas na revelação bíblica o "nome" do Deus santo é assim determinado: o Deus misericordioso e o Deus juiz. Segundo a autorrevelação divina citada em Ex 34,6-7, a "misericórdia" e o "juízo" são os dois traços que, juntos, tornam perceptível à fé israelita a face adorável do Deus santo, do Deus dos pais. Uma preferência, todavia, transparece na transmissão da fórmula proclamada diante de Moisés: se em Ex 20,5-6 (= Dt 5,9-10) o contexto leva a privilegiar o traço judicial, em outra parte é o traço misericordioso que principalmente aparece (Nm 14,17-19), antes, é o único a ser lembrado (Jr 3,12; Gl 2,13; Jn 4,2; Sl 86,15; 103,8; 145,8; Ne 9,17.31; 2Cr 30,9). É eloquente o testemunho dos textos: o Deus que se fez um "nome" no meio de Israel e revelou alguma coisa do seu esplendor na teofania global da história bíblica é primordialmente o Deus misericordioso e piedoso, e como tal ele é reconhecido, invocado e celebrado. "Deixou uma lembrança dos seus prodígios: piedade e ternura é o Senhor" (Sl 111,4; cf. 145,9).

Misericordioso e piedoso, o Santo de Israel demonstra essa sua perfeição principalmente quando se revela como o Deus que perdoa as culpas (cf. os últimos textos citados). Uma enunciação profundamente pensada dessa teologia é a do Salmo 103: "O Senhor é misericordioso e benevolente, lento na cólera e cheio de fidelidade. Ele não está sempre em contendas, e não guarda rancor indefinidamente. Ele não nos trata segundo os nossos pecados, não nos retribui segundo as nossas faltas" (vv. 8-10). Ele é o Deus que "largamente perdoa" (Is 55,7). "Junto de ti está o perdão, [...] junto de ti a misericórdia" (Sl 130,4.7). E, se o Senhor perdoa porque é misericordioso, ele é assim porque é fiel a si mesmo, fiel à sua santidade (cf. Os 11,9). Misericórdia que perdoa as culpas, a do Deus santo de Israel é *também* benevolência terna e compassiva para com todos os que estão na miséria e precisam de auxílio (Ex 22,26; Sl 25,16-18; 72; 86; 116...). Aquele que "largamente" perdoa (Is 55,7) é *também* aquele que "tem piedade do fraco e do pobre" (Sl 72,13), que "sustenta os que vacilam e levanta aqueles que caíram" (145,14), que "cura os corações partidos e enfaixa as suas feridas" (147,3). "Perdoa todas as tuas culpas, cura todas as tuas enfermidades, salva do abismo a tua vida, te coroa de graça e de misericórdia" (103,3-4). É natural que seja assim. O Misericordioso, com efeito, tem o olhar voltado para baixo (113,6), amorosamente atento à indigência das suas criaturas (cf. 1Sm 1,11; Lc 1,48), quer se trate de pecadores onerados pelas culpas, quer se trate dos necessitados, fracos e infelizes deste mundo (Sl 9,10; 40,18; 68,6; 140,13; 146). Finalmente, a exemplo da misericórdia que perdoa, assim também a misericórdia que socorre é atribuída ao Deus santo como uma sua perfeição irrenunciável: "Quem é como vós, Senhor, que libertais o fraco do mais forte, o indefeso e o pobre do perseguidor?" (35,10; cf. 113,5-9; 146).

"Deus seja bendito, Pai de nosso Senhor Jesus Cristo, Pai das misericórdias e Deus de toda consolação" (2Cor 1,3). Tendo "falado conosco por meio de seu Filho […] que é irradiação de sua glória" (Hb 1,2-3), Deus deu-se a conhecer como o "Pai de Jesus Cristo" (Ef 1,3; 1Pd 1,3) e também como o "Pai das misericórdias" (2Cor 1,3). Essa nova e última revelação da misericórdia é teofania cristológica. Nela, o Deus que "ninguém jamais viu" (Jo 1,8) e que "habita em uma luz inacessível" (1Tm 6,16), pronunciou o próprio "nome" com a gloriosa perfeição que convém à acontecida "plenitude do tempo" (cf. Gl 4,5; Ef 1,10; Hb 1,1-3). Centro, todavia, de tanto esplendor irradiado é a "face de Cristo" (2Cor 4,6), isto é, a verdade gloriosamente rica (cf. Cl 1,27) daquele que a fé confessa "imagem do Deus invisível" (Cl 1,15) e revelação pessoal do Pai (cf. Jo 1,18; 17,6.26). Em outras palavras, a "glória divina que resplandece na face de Cristo" (2Cor 4,6) é percebida pela fé, segundo uma dimensão essencial do mistério, como um esplendor irradiado da misericórdia do → PAI CELESTE. O Cristo-Filho é "imagem do Deus invisível" (Cl 1,15) também pelo fato de que nele torna-se visível e reconhecível, com nova riqueza e plenitude realizada, aquela perfeição própria de Deus que a Bíblia chama de "misericórdia".

"Conhecemos o amor que Deus tem por nós e nele acreditamos" (1Jo 4,16). A soteriologia do Novo Testamento faz emergir valores teologais como, por exemplo, a soberania de Deus e seu poder, a justiça de Deus e a sua fidelidade; mas, quando decide contemplar o evento salvífico em sua espontânea motivação divina, a fé apostólica instintivamente privilegia a afirmação de um "amor" que é "misericórdia", e de uma "misericórdia" que é iniciativa da "graça" plenamente digna de Deus. Mesmo onde a linguagem não é explícita, o tríplice valor (amor-misericórdia-graça) qualifica o ensinamento (cf. Jo 3,16-17; 17,23; 1Jo 4,9-10; 2Jo 3; Rm 3,23-24; 5,6-10; 5,20; 8,32.35.39; 11,32.35-36; 2Cor 5,18-18; Cl 1,13-14; Ef 1,6; 2,4-9; Tt 3,4-5; 1Pd 1,3…). "Deus rico em misericórdia" (Ef 2,4): é o Deus de Jesus Cristo, o "Pai das misericórdias" (2Cor 1,3), que, revelando-se como *ágape* (1Jo 4,7 ss.) e mostrando em sua glória "a extraordinária riqueza de sua graça" (Ef 1,5; 2,7), fez-se salvador "segundo a sua misericórdia" (Tt 3,5), "segundo a sua grande misericórdia" (1Pd 1,3).

Essa epifania divina de um *ágape* todo "graça" e "misericórdia", patrimônio basilar da fé apostólica, é a premissa que explica profundamenre a proclamação de Mateus: "Bem-aventurados os misericordiosos porque encontrarão misericórdia" (5,7). O evangelista, com efeito, compreende os "misericordiosos" como discípulos-crentes empenhados na grande e exaltante empresa de um amor semelhante ao do "Pai das misericórdias". Somos misericordiosos à imitação do Misericordioso. Paulo exorta: "Sede imitadores de Deus, como filhos caríssimos" (Ef 5,1), intuindo a necessidade primordial da misericórdia (4,32). Desde que o Misericordioso revelou em Cristo-Filho essa sua perfeição, a própria misericórdia interpela as consciências sob o signo ético-religioso da imitação do Pai celeste. É essa a visão que explica a palavra lucana: "Sede compassivos como é compassivo o vosso Pai" (Lc 6,36), além da palavra ainda mais empenhadora de Mateus: "Sede perfeitos como é perfeito o vosso Pai celeste" (Mt 5,48).

Podemos perguntar-nos: como podem os discípulos tornar-se imitadores daquele que é Deus, amar como Deus ama, e projetar em sua existência a mesma misericórdia-perfeição do Pai celeste?

Uma primeira resposta é dada na verdade soteriológica da filiação divina da maneira como já era acreditada e ensinada na Igreja apostólica. Exortando os crentes a "tornar-se imitadores de Deus", Paulo quer determinar: "como filhos caríssimos" (Ef 5,1). A imposição de ser misericordioso como é misericordioso o Pai celeste interpela os batizados que sabem ter sido "gerados por Deus" em Cristo Jesus (cf. Jo 3,3-6; 1Jo 2,29; 3,9; 4,7; 5,1.4.18; Tt 3,5; 1Pd 1.3.23; Tg 1,18), de ser "filhos de Deus" em Cristo Jesus (Gl 3,26; 4,4-6; Rm 8,14-17; 8,29; Ef 1,5; 1Jo 3,1-2); que sabem, por outro lado, que essa sua dignidade filial, puro dom da graça derramado em seus corações por meio do Espírito Santo que lhes foi dado (Gl 4,6), é como ser transformado, de semelhança em semelhança, na *eikôn* de Deus que é Jesus Cristo, o Filho unigênito enviado ao mundo para a sua salvação e desde o batismo vitalmente presente em sua pessoa (cf. 2Cor 3,18; Rm 8,29; Gl 2,20; Cl 3,3-4; 3,9-11; Jo 1,16…). Filiação-semelhança-imitação: o ser humano neotestamentário — assim é o leitor para o qual Mateus escreve — procura tornar-se imitador de Deus com a consciência humilde e grata de um crente persuadido de trazer na própria pessoa uma real e vital semelhança filial com o Pai celeste. Se o caminho desse empenho de imitação é apontado como sendo o do amor, deve-se ao fato de que o amor de Deus é participado pelos filhos de Deus como uma sua vitalidade nova e específica (2Cor 13,13; 1Jo 3,17; 4,7-8.16b). Trata-se de viver como filhos de Deus, cada qual exprimindo, com o empenho típico da coerência pessoal, a sua semelhança filial com Deus e, assim, o *ágape* divino participado no coração. "Eu porém vos digo, amai os vossos inimigos e orai pelos vossos perseguidores, porque sois filhos de vosso Pai celeste" (Mt 5,44-45; cf. Lc 6,27.35). Lidas com fé pascal, essas palavras sugerem uma nova ordem lógica: enquanto os discípulos históricos de Jesus entendiam que era preciso imitar o amor de Deus para merecer serem chamados filhos de Deus, os crentes da era apostólica sabem que se tornaram filhos de Deus e que devem exprimir essa sua semelhança filial amando como ama o seu Pai celeste.

À pergunta "Como podem os discípulos tornar-se imitadores de Deus no amor?" devemos dar esta segunda resposta, presente certamente na mente de Mateus: contemplem, os crentes, a face "evangélica", histórica e documentada, de Jesus de Nazaré, e aprendam em tamanha epifania os caminhos divinos da misericórdia. Repropõe-se, aqui, o discurso feito sobre o "Evangelho do Reino" pregado por Jesus e sobre a "Boa-Nova anunciada aos pobres", assim como foi enxertada no ministério de Jesus (cf. acima os textos citados). É ponto pacífico a exemplaridade normativa desse testemunho, documento vivo e revelador do coração misericordioso de Deus. No compromisso da *mimesis* filial está envolvido o propósito de moldar-se pelo tipo de amor que foi o de Jesus (cf. Jo 13,15; 13,34-35; 15,12-13; 1Jo 2,6…). Os leitores de Mateus sabiam que o de Jesus foi um amor que por sua dimensão misericordiosa revelava Deus e coincidia com a novidade operante de um "evangelho" divino — um "evangelho" que da parte de Deus via em cada ser humano um "pobre" a ser soerguido, um "cansado" a ser aliviado, um "oprimido" a ser confortado, um "doente" a ser curado e, mais radicalmente, um "perdido" a ser reencontrado e um "pecador" a ser recuperado e salvo. O privilégio tipicamente evangélico dos "pobres", dos "pequenos" e dos "pecadores" (cf. supra) é todo referente ao *ágape* divino, ensinado e testemunhado por Jesus de Nazaré e, a partir de então, tornado concretamente imitável.

Nessa perspectiva se insere o macarismo: "Bem-aventurados os misericordiosos". São estes os discípulos justos e coerentes que se empenham em amar como os ama o seu Pai celeste, empenhando-se no caminho do amor percorrido historicamente por Jesus de Nazaré. Certamente são aqueles que, perseguindo o novo ideal da "justiça" que agrada ao Deus de Jesus Cristo (Mt 5,20) e prontos a mostrar-se "filhos do Pai celeste" (5,45), põem-se a praticar as exigências inauditas de um amor todo gratuidade e magnanimidade, todo perdão e benevolência, todo iniciativa e doação, não condicionado por alguma consideração de retribuição ou de pura reciprocidade, movido, em vez disso, unicamente pelo dinamismo autossuficiente da própria largueza e abundância (Mt 5,38-42.43-47). Mateus soube tornar ainda mais preciso o perfil daqueles "misericordiosos": são os magnânimos que perdoam sempre (18,21-22.23-35), juntamente com os compassivos que socorrem os necessitados e confortam os aflitos (25,31-46). Essas duas perícopes são exclusivamente mateanas e, lidas com aderência à intenção didática do evangelista, oferecem o comentário mais homogêneo e, diremos, mais autêntico que se tem do macarismo dos "misericordiosos". Em última análise, os "misericordiosos" da bem-aventurança são os justos que, procurando projetar em sua existência a "perfeição" do seu Pai celeste e empenhados na empresa de amar da maneira que Deus ama (cf. Mt 5,48: Lc 6,36), vivem no meio dos seus cossemelhantes como uma encarnação extraída do Evangelho divino da misericórdia.

b) *Os misericordiosos encontrarão misericórdia*. Os "misericordiosos", isto é, os discípulos que perdoam e socorrem, são felicitados porque, por sua vez, "encontrarão misericórdia" junto ao Pai celeste ao qual quiseram assemelhar-se no exercício do amor. A motivação é significativa e exige uma atenta explicação.

À primeira vista, a perspectiva do macarismo parece contradizer a temática ilustrada anteriormente, segundo a qual os misericordiosos são os imitadores do Misericordioso. "Amamos porque ele nos amou primeiro" (1Jo 4,19). É justo colocar o problema, porque não é possível pensar que a nossa misericórdia possa preceder a de Deus a ponto de merecê-la. É verdade que Mateus cita esta palavra de Jesus: "Se perdoardes aos homens as suas faltas, vosso Pai celeste também vos perdoará; mas, se não perdoardes aos homens, também vosso Pai não vos perdoará vossas faltas", palavra que quer ser como uma confirmação do pedido no → PAI-NOSSO: "Perdoai as nossas ofensas assim como nós perdoamos a quem nos tem ofendido" (v. 12). Trata-se aqui, todavia, de um texto de oração e de um ensinamento que visa definir uma precisa determinação orante (cf. Mc 11,25): lá onde falta a acolhida perdoante do amor, a oração que pede ao Misericordioso a graça do perdão não passa de um ilusório exercício verbal (cf. Is 29,13). "Como nós perdoamos a quem nos tem ofendido": não se pretende que Deus, por sua vez, deva recompensar-nos perdoando a nós os pecados cometidos contra ele; quer-se somente lembrar que o valor de nossa oração depende de nossa pureza de coração e retidão de intenção (cf. Sr 28,2-4). Mas é preciso primeiro conduzir o discurso para o exercício orante, isto é, para aquele plano em que se elabora a verdade de cada um sob o olhar de Deus. Compreende-se, então, toda a profundidade da palavra joanina: "Amamos porque ele nos amou primeiro" (1Jo 4,19). Compreende-se, em particular, que a iniciativa do → PERDÃO está nas mãos de Deus e que o nosso amor perdoante só pode seguir o dom da misericórdia divina. Perdoar, portanto, as ofensas do irmão corresponde a amar como Deus ama, a ser perfeitos como é perfeito o Pai celeste, misericordiosos como é misericordioso o Pai celeste (Mt 5,48; Lc 6,36). Tanta "justiça" só é possível àqueles que, tendo perdoados os seus pecados, e tendo sido introduzidos em uma comunhão vital com o Pai celeste, tornaram-se, por pura graça e misericórdia divina, "árvores boas", capazes de produzir "bons frutos" (cf. Mt 7,17-18; 12,33.35). O próprio Mateus, por outro lado, sabe bem que em matéria de perdão a primazia deve ser dada à iniciativa misericordiosa de Deus. Na conclusão original da parábola do "servo impiedoso" (18,23-35), com efeito, lê-se a recriminação divina: "Servo mau, perdoei toda a tua dívida porque mo tinhas suplicado. Não devias, também tu, compadecer-te do teu companheiro, como eu mesmo me compadecera de ti?"(vv. 32-33). A parábola é construída com base nessa intuição: antes de toda obrigatória iniciativa de perdão fraterno está o fato incontestável de que o Pai celeste ofereceu e oferece misericordiosamente o dom inestimável do seu perdão. Perdoados por Deus por pura graça, os irmãos não podem eximir-se do dever de ser, por sua vez, misericordiosos, exatamente como é misericordioso o Pai celeste para com eles. Parece-nos ouvir Paulo exortar: "Sede bons uns para com os outros, sede compassivos; perdoai-vos mutuamente como Deus vos perdoou em Cristo" (Ef 4,32). "Como o Senhor vos perdoou, assim fazei também vós"(Cl 3,13).

Como, então, compreender a perspectiva reversa da bem-aventurança, segundo a qual a misericórdia divina aparece como a recompensa assegurada aos misericordiosos? A resposta está no fato de que aqui se pensa na recompensa futura e ultraterrena do dia do juízo. Podemos, porém, parafrasear: "Bem-aventurados os imitadores de Deus misericordioso, porque no último dia serão julgados com misericórdia". A doutrina é bem atestada no Novo Testamento. "O julgamento não terá misericórdia para aquele que não tiver sido misericordioso" (Tg 2,13). Dia da ira e de condenação para os maus, o dia do juízo será um dia de misericórdia para os justos (cf. 2Mc 7,29; 2Tm 1,18; Jd 21). "Por isto o amor atingiu em nós a sua perfeição, para que tenhamos plena confiança no dia do julgamento: porque, tal como ele é, [Jesus], assim também sejamos nós, neste mundo" (1Jo 4,17). Deus juiz, com efeito, dará a cada um segundo as suas obras (Mt 16,27; Rm 2,5-6; 1Pd 1,17); quem tiver amado, neste mundo, como Deus ama, será julgado por Deus com o critério do mesmo amor que praticou na terra.

É digno de nota que a bem-aventurança aponte na "misericórdia" o critério do juízo final: evidencia-se, assim, a primazia desse valor na existência cristã. A doutrina é cara ao catequista Mateus. Enquanto a conclusão original da parábola do "servo impiedoso" afirma que é preciso perdoar como Deus nos perdoou (18,32-33), a conclusão redacional, segue, em vez disso, o outro aspecto: os não misericordiosos atraem a si a indignação de seu Senhor (v. 34) e, "servos maus" que são (v. 32), vão ao encontro de um julgamento no qual toda "dívida" sua será rigorosamente contabilizada, cada falta sua severamente contada (v. 34). "O julgamento não terá misericórdia para aquele que não tiver sido misericordioso"

(Tg 2,13). "Com a mesma medida com que vos servis também sereis medidos" (Mt 7,2); Mateus insiste: somente os misericordiosos encontrarão misericórdia no dia do julgamento.

Essa orientação da catequese mateana acha a sua expressão mais solene precisamente na página que descreve o juízo final (25,31-46). É a comprovação incontestável da "justiça" observada ou não respeitada no curso da existência terrena. A "justiça", imposição global da vontade de Deus, está toda enxertada naquelas que a tradição chama as → MISERICÓRDIA (OBRAS DE): dar de comer a quem tem fome, dar de beber a quem tem sede, abrigar quem não tem casa, vestir quem está nu, cuidar dos enfermos e visitar os encarcerados (vv. 35-44). No dia do juízo, em que o "Filho do homem virá na glória do seu Pai, com os seus anjos, e dará a cada um segundo as suas ações" (16,27), acontecerá que "os justos resplandecerão como o sol no Reino de seu Pai" (13,43). À pergunta: quem são esses "justos"?, Mateus agora responde: "são principalmente os "misericordiosos", que, tendo praticado as obras que particularmente agradam a Deus, serão "abençoados" no tribunal glorioso do reino (25,34.37.46).

"Bem-aventurados os misericordiosos, porque encontrarão misericórdia" (Mt 5,7). Imitadores de Deus e discípulos coerentes do Senhor, os "misericordiosos" são os "justos" que perseguem a nova perfeição do amor revelada no Evangelho do Reino. Mateus os vê socorrer os necessitados e confortar os aflitos (25,31-46); também os vê sempre prontos a perdoar, movidos que são pelo amor que acolhe, abundante em seus corações (18,21-22.23-35). Esses "justos" por excelência são "bem-aventurados", porque trazem a marca antecipada da bem-aventurança celeste. Estes, com efeito, "encontrão misericórdia" no dia em que deverão prestar contas de si mesmos a Deus: os seus pecados serão cobertos por um olhar divino tão misericordioso que só considerará o bem que praticaram, e tão benevolente que transformará a sua pronta fidelidade em um direito filial para a grande recompensa do céu. Tendo glorificado o Pai com a perfeição de uma existência que irradiava, sob seu olhar de comprazimento, um raio da sua própria perfeição (cf. 5,48), os "misericordiosos" serão acolhidos pelo Pai em seu Reino de glória como "filhos" semelhantes a ele (cf. 5,45), isto é, os filhos pelos quais ele preparou uma "herança" digna de sua paternidade (cf. 25,34).

— *Bem-aventurados os limpos de coração.* "Senhor, quem será recebido em tua tenda, quem habitará na montanha santa?" (Sl 15,1). Pergunta-se: quem é israelita que, transpondo o recinto sagrado do → TEMPLO, aproxima-se de Deus como um hóspede agradável e um adorador aceito? Responde-se: "O homem de conduta íntegra, que pratica a justiça e cujos pensamentos são honestos. Ele não deixou à solta a sua língua, não fez mal aos outros, nem ultrajou seu próximo"(vv. 2 ss.). Vai-se ao Templo para prestar culto a Deus; e o culto agradável a Deus é somente aquele que os "justos" prestam. Uma doutrina análoga é representada no Salmo 24: "Quem subirá à montanha do Senhor? Quem se manterá no seu lugar santo?" (v. 3). A resposta desta vez soa assim: "O homem de mãos inocentes e de *coração puro*" (v. 4). A verdadeira "justiça", agradável a Deus e pela qual se é autêntico servo-adorador de Deus, é vivida ao mesmo tempo como conduta irrepreensível e como "pureza de coração". É essa a raiz bíblica do macarismo: "Bem-aventurados os puros de coração, porque verão a Deus" (Mt 5,8).

Em geral, os "puros de coração" são os "justos", isto é, as pessoas que caminham diante de Deus segundo Deus. O seu comportamento é reto e irrepreensível: possuem as "mãos inocentes" (Sl 24,4), as "mãos puras" (Sl 18,21.25), e a sua conduta não é manchada por mal algum (cf. Sl 26,6; 73,13; Jó 11,4...). É necessário, porém, determinar: a expressão "puros *de coração*" indica que se trata de uma "justiça" interiorizada, de natureza espiritual, não reduzível à simples retidão de ações realizadas ou de atitudes socialmente observáveis. Enquanto as "mãos puras" ou as "mãos inocentes" designam uma retidão ética por si perceptível pelo próprio ser humano, a "pureza de coração" indica, em vez disso, uma perfeição religiosa que prospera no íntimo mais secreto, naquele plano de interiorização pessoal em que só penetra o olhar de Deus. Ao contrário do ser humano, cujo olhar se detém na "face" e capta o que aparece no exterior, Deus é aquele que "olha o coração" (1Sm 16,7), que conhece os segredos do coração (Sl 44,22; 1Rs 8,39; Pr 15,11), que examina, perscruta e prova os corações (Jr 11,20; 2,3; 17,10; 20,12; Pr 17,3; Sl 7,10; Sb 1,6; também: At 1,24; 15,8; Lc 16,15; Rm 8,27), tendo diante de si as trevas como luz (Sl 139,12). Por isso, o servo-adorador que pode aproximar-se de Deus em seu "lugar santo" (Sl 24,3; 15,1) como um hóspede agradável, é o "justo" que *o próprio Deus* recebe e acolhe como tal; é exatamente o ser humano que tem as "mãos puras" e, *ao mesmo tempo*, é "puro de coração". As "mãos puras", a conduta irrepreensível, as obras justas, diante de Deus possuem um valor indiscutível (cf. Sl 18,21; 62,13; Jr 32,19). São, todavia, apreciadas por Deus segundo um critério de autenticidade do qual só Deus possui a chave: "Eu, o Senhor, que sondo os pensamentos, examino os sentimentos, e retribuo a cada um conforme a sua conduta, de acordo com o fruto de seus atos" (Jr 17,10). Deus escuta, sim, as palavras da boca, mas observa também, e especialmente, as disposições do coração (Sb 1,6). No juízo de Deus, portanto, é puro, inocente e justo não tanto o agir do ser humano quanto o próprio *ser humano*, da maneira como é observado e acolhido por ele. O que agrada a Deus, com efeito, é a "pureza" que resplandece aos seus olhos; aos olhos de Deus, a pessoa inteira — "face" e "coração" — vê-se contínua e perfeitamente exposta.

É essa a premissa que dá espessura a uma das linhas mais válidas da espiritualidade israelita: a busca de autenticidade religiosa no culto divino. "O Senhor gosta mais de holocaustos e de sacrifícios do que da obediência à voz do Senhor? Não! A obediência é preferível ao sacrifício, e a docilidade à gordura de carneiros" (1Sm 15,22). "Quero o amor e não o sacrifício, o conhecimento de Deus mais que os holocaustos" (Os 6,6). Não se quer eliminar do culto divino a oferta dos holocaustos e dos sacrifícios, mas simplesmente ensinar a primazia do espiritual e do interior (Mq 6,6-8) e lembrar que as ofertas são acolhidas na medida em que é agradável o ofertante. É uma visão do fato religioso informada por um vivo senso de Deus, extraída de uma amadurecida avaliação dos verdadeiros valores. O culto puramente externo e o formalismo dos falsos devotos são fustigados como absurda pretensão do ser humano e abominável caricatura da religião (cf. Am 5,21-24; Is 1,10-20; Sl 50,7-13). Àquele que é Deus, o Santo, não agrada quem "só se aproxima dele com palavras", e "quer honrá-lo com os lábios", enquanto mantém o coração distante (Is 29,13), quem diante dele "rasga as suas vestes e não o coração" (Gl 2,13), quem lhe oferece sacrifícios que não expressam a oferta da própria pessoa. O culto, porém, em que Deus é realmente "honrado", é aquele que lhe é oferecido como "sacrifício de louvor" (Sl 50,14.23). Amor, obediência, escuta dócil, justiça, bondade e humildade, arrependimento sincero (cf. 1Sm 15,22; Os 6,6; Mq 6,8; Is 1,16-17; Am 5,24; Sl 51,18-19…): com esses dons realiza-se o "sacrifício de louvor" — é o dom que fazem de si próprios ao seu Senhor os "puros de coração".

Mateus se insere simplesmente nessa temática bíblica. Ainda que a expressão "puros de coração" não se repita mais nele, o primeiro Evangelho oferece uma catequese substancial sobre o assunto. Estão envolvidos os contextos em que é ensinada a retidão da verdadeira piedade. Antes de tudo, não privilegiar a pureza exterior feita de observâncias rituais, mas abster-se do mal que se consome no "coração" e torna verdadeiramente "impuro" o ser humano para Deus (Mt 15,1-20). Em particular, denuncia-se com vigor a separação entre ato e → INTENÇÃO, entre palavra e pensamento, entre atitude e inclinação, entre "face" e "coração". Defeito de unidade e ausência de verdade, essa fratura caracteriza os "hipócritas", aqueles comediantes da religião que recitam no cenário das relações sociais e trazem a máscara de uma devoção que realmente não possuem. A dos "puros de coração", com efeito, é a bondade não dividida da "face" e do "coração", a justiça que honra a Deus e se opõe à → HIPOCRISIA dos "sepulcros caiados" (23,27-28), à duplicidade de quem "purifica somente o exterior da taça" (vv. 25-26), à falsidade de quem "paga o dízimo da hortelã, do funcho e do cominho", mas ignora as exigências fundamentais da lei: "a justiça, a misericórdia e a fidelidade" (v. 23), ao absurdo indigno de quem "filtra o mosquito e engole o camelo" (v. 24), à inconsistência de quem "diz e não faz", ensina e não pratica (v. 3), invoca o Senhor e transgride a sua vontade (7,21 ss.), e ao exibicionismo interessado daqueles que "fazem tudo para serem admirados pelos homens"(23,5; cf. Mt 12,38-40).

Conforme determinado por essa última citação, a "pureza de coração" coincide com a retidão de intenção nas coisas da religião. "Guardai-vos de praticar a vossa religião diante dos homens para atrair os seus olhares; do contrário, não haverá nenhuma recompensa para vós da parte do vosso Pai que está nos céus" (Mt 6,1). A "justiça" deve ser praticada, e as boas obras realizadas; mas o que é justo fazer, seja feito também de modo justo: não seja maculado por fins estranhos à religião, mas obedeça a uma intenção reta, isto é, em conformidade com a natureza do culto divino. Dado que o defeito denunciado é o de uma prática feita "diante dos homens", com a intenção de "ser admirado pelos homens", o modo justo de realizar as obras justas será o de querer expor-se unicamente ao olhar de Deus e buscar exclusivamente o sumo bem do comprazimento divino. "Quando deres esmola..." (vv. 2-4); "quando rezardes..." (vv. 5-6); "quando jejuardes..." (vv. 16-18): três exemplos de obras justas que devem ser praticadas de modo justo. A linguagem permanece homogênea: toda vez se alerta o discípulo contra a tentação de imitar os "hipócritas", que fazem em público esses exercícios fundamentais da religião para serem vistos e admirados pelos homens; toda vez, porém, se exorta a um ato "secreto" a ser praticado como uma busca determinada de autenticidade; e toda vez se conclui com a garantia: "e teu Pai, que vê no segredo, te retribuirá". O que conta é que agrade a Deus a nossa "justiça"; e apraz a Deus somente pelo fato de que, penetrando com olho infalível os segredos de nosso coração, nos acolhe como servos que desejam unicamente agradar-lhe e oferecer-lhe a homenagem devida ao seu serviço. "Não é aquele que recomenda a si mesmo que é aprovado, mas aquele que o Senhor recomenda" (2Cor 10,18). "Quem se gloria, glorie-se no Senhor" (1Cor 1,31; 2Cor 10,17). "Não procuremos agradar aos homens, mas a Deus que prova os nossos corações" (1Ts 2,4; cf. Gl 1,10). "Esforcemo-nos (em tudo e sempre) para sermos agradáveis a Deus" (2Cor 5,9). "Fazei tudo para a glória de Deus" (1Cor 10,31; cf. 1Pd 4,11).

Finalmente, os "puros de coração" são felicitados e declarados "bem-aventurados" por Mateus, porque a sua justiça, mais agradável a Deus no tempo presente, lhes garante uma grande recompensa nos céus: eles "verão a Deus" (5,8). A motivação não é casual: prolonga de modo homogêneo os valores religiosos contidos na expressão "puros de coração". Em particular, é confirmada a dimensão cultual do macarismo, e confirmado o seu enraizamento no terreno da piedade bíblica.

Já no Salmo 24 eram apontados nos "puros de coração" os israelitas que, por sua autenticidade religiosa, compareciam diante do Senhor em seu santuário como seus servos e hóspedes nos quais ele se comprazia (vv. 3-4). Reafirmava-se: "Eis a estirpe dos que procuram o Senhor, que buscam a tua face, ó Deus de Jacó" (v. 6). Não é exatamente a fórmula usada por Mateus. No plano, porém, dos conceitos, "procurar o Senhor", "buscar a face de Deus" e "ver a Deus" possuem a mesma raiz: o tema bíblico do culto de Deus na casa de Deus. No antigo Israel, com efeito, partia-se em peregrinação para o santuário de Deus "em busca do Senhor" (Dt 12,5; 2Sm 12,16.20; Am 5,4-5; 2Cr 1,5; cf. Ex 33,7), "procurando a face do Senhor" (2Sm 21,1; cf. Zc 8,20-23), com a intenção determinada de "ver a face" daquele que ali estabelecera a sua presença (Ex 23,15.17; 34,20.23.24; Dt 16,16; 31,11; 1Sm 1,22). Esse comparecer diante do Senhor no lugar santo de sua presença, embora ancorado ao tema original do culto de Deus na casa de Deus, estava destinado a encher-se de valores espirituais sempre mais evidentes e determinados: os israelitas que verdadeiramente "procuram o Senhor" são os retos, que vão ao templo movidos pelo desejo de servir no modo devido ao seu Deus, e pela esperança de ser agradável a ele. Em outras palavras, são os fiéis que "sobem o monte do Senhor" (Sl 24,3), levando no coração este anelo: "ver a face do Senhor" lá onde o Senhor espera os seus para comprazer-se no seu serviço e acolhê-los como seus íntimos servos (cf. Sl 42,2-3; 43,3-4; 63,2-4). É precisamente a piedade dos "puros de coração", daqueles que são chamados a "buscar a face do Senhor" (Sl 24,3-4.6) e trazem no coração este sumo desejo: "Uma coisa pedi ao Senhor, e mantenho meu pedido: morar na casa do Senhor todos os dias de minha vida, para saborear a doçura do Senhor" (Sl 27,4.8). É a piedade que permite uma certeza como esta: "Eu, como é de justiça, verei a tua face; ao despertar, saciar-me-ei com a tua imagem" (Sl 17,15), e permite uma esperança como esta: "Pois o Senhor é justo; ele ama os atos de justiça, e os homens retos verão a sua face" (Sl 11,7). O que anelam os "puros de coração" é o mesmo que foi prometido aos "justos" e "retos": "verão a face de Deus", ou seja, serão acolhidos na casa de Deus e admitidos à alegria de servi-lo como seus servos nos quais ele se compraz.

"Bem-aventurados os puros de coração, porque verão a Deus", diz agora Mateus. A promessa, dessa vez, é de uma recompensa que será concedida com o advento glorioso do Reino.

Certamente a perspectiva ultraterrena modifica o sentido dos termos; permanece, porém, o fato de que Mateus prolonga, em sentido evangélico e em chave neotestamentária, uma temática bíblica distintamente reconhecível: precisamente aquela que aponta nos "puros de coração" e nos "que procuram" sinceramente a "face de Deus" a classe dos autênticos servos-adoradores admitidos na casa de Deus porque são agradáveis ao Senhor. "Chegarei ao altar de Deus, ao Deus que me faz dançar de alegria, e eu te celebrarei com a cítara, Deus, meu Deus!" (Sl 43,4). Eis agora a recompensa prometida: "verão a Deus" na casa celeste do Pai. É importante observar: não se promete a alegria de um espetáculo celeste, como em um teatro maravilhoso, e sim a experiência beatificante de uma participação ativa em uma liturgia celeste (cf. Ap 4,8; 5,9-14; 11,15-18; 15,1-4 etc.), onde os eleitos "estarão diante do trono de Deus e o servirão dia e noite em seu santuário" (Ap 7,15) — uma celebração festiva e um culto perfeito que, cumprindo todas as premissas vitais, prolongarão o serviço divino ao qual são admitidos os "puros de coração" no mundo presente.

— *Bem-aventurados os que promovem a paz*. É a bem-aventurança comunitária por excelência. Mateus, com efeito, pensa nela como a "paz" que deve reinar entre os crentes qual expressão de comunhão no amor. Viver "em paz" uns com os outros, evitar as contendas e acolher-se reciprocamente, é uma imposição evangélica (Mc 9,50) e uma exigência insistentemente recomendada aos fiéis da Igreja apostólica (Rm 12,18; 2Cor 13,11; 1Ts 5,13; 2Tm 2,2; Hb 12,14…). Segundo Paulo, vive-se essa "paz" como um "vínculo" fraterno, na consciência amadurecida e generosa de ter de preservar e promover aquela que ele chama a "unidade do Espírito", isto é, a unidade criada pelo Espírito e pela qual os crentes são um "só corpo" em Cristo Jesus, e uma só família na qual são irmãos uns dos outros porque são filhos do mesmo Deus Pai (Ef 4,1-6). É lembrado: "todos vós sois um em Cristo Jesus" (Gl 3,28); também é ensinado: Cristo "é a nossa paz" (Ef 2,14), sendo, portanto, proposto, qual imposição de coerência batismal, o compromisso obrigatório de uma *koinônia* eclesial na qual prospere a "paz". Trata-se de deixar-se guiar pela energia da comunhão inserida no coração de cada um: a energia da caridade (cf. 2Cor 13,13), seguindo em tudo as sugestões do amor fraterno (cf. 1Cor 16,14; Rm 12,10; 1Pd 1,22; 3,8-9; também 1Cor 13,4-7), evitando tudo aquilo que afasta e divide, perseguindo tudo que aproxima e une (cf. Rm 12,9-21; 15,5-7; Fl 2,1-4; Cl 3,12-15; Ef 4,1-3; 4,31-32…).

Mateus, todavia, mesmo tendo em mente essas exigências da comunhão eclesial, pensa na figura de um discípulo-irmão particularmente sensibilizado com a imposição comunitária da "paz". O macarismo, com efeito, determina que são "bem-aventurados" os "que promovem a paz". Estes não são simplesmente os irmãos que vivem em paz com todos, não incomodam ninguém, não provocam brigas e divisões; mais dinamicamente, são aqueles que amam a paz e valorizam a comunhão fraterna a tal ponto que não temem comprometer a própria tranquilidade intervindo nos conflitos, pagando pessoalmente, tendo em vista "fazer a paz" onde este bem irrenunciável está ausente; são os crentes responsáveis e generosos que trazem a paz para os irmãos que se odeiam e estão separados.

À primeira vista, essa bem-aventurança parece isolada no primeiro Evangelho: a expressão "promotores de paz" não ocorre mais e não se fala mais, ao menos explicitamente, sobre o dever de promover a "paz" na comunidade eclesial. Convém observar, todavia, que nesse macarismo, como em todos os outros, Mateus pensa na imposição da "justiça" que deve conformar globalmente a existência dos discípulos, então articula as diversas exigências fundamentais; mais precisamente, devemos religar a exigência de "fazer obra de paz" à da "misericórdia", que define um aspecto primordial da "justiça" evangélica. Trata-se, com efeito, nos dois casos, do amor ao próximo (→ CARIDADE), daquele amor que, segundo Paulo, "edifica" a comunidade (cf. Rm 14,19; 1Cor 8,2), e é proposto pelo próprio Mateus como vértice de perfeição religiosa (Mt 22,39).

Como catequista ciente do viver comunitário (cap. 18), o evangelista insiste nas aplicações concretas do amor: amar o próximo é praticar a "misericórdia" e, mais distintamente, é perdoar as faltas alheias (18,21-22.23-35); é socorrer os necessitados e consolar os aflitos (25,31-46); é abster-se de julgar o irmão (7,1-5); é mostrar benevolência gratuita para com todos (5,38-42) e especialmente pelos inimigos (5,43-47): é reconciliar-se com o irmão antes de qualquer outra coisa (5,23-24); é procurar, com solicitude prioritária, trazer de volta ao rebanho o irmão perdido (18,12-14.15). É absolutamente normal vê-lo agora propor, no número dessas obras justas inspiradas no amor, também a obra de construir a comunidade "promovendo a paz". Aqueles, com efeito, que estão divididos por conflitos ou discórdias, que se odeiam e se julgam mutuamente, que custam a perdoar e se deixam prender por rancores e ressentimentos, no fundo são necessitados, pobres que devem ser misericordiosamente amados: é um dever estender-lhes uma mão fraterna, ajudá-los a reconciliar-se trazendo-lhes a concórdia. Não pode ser "justo" aos olhos de Deus e agradável ao Senhor o irmão que não atende à imposição de contribuir para a prosperidade daquela *koinônia* eclesial que quer que os crentes tenham "um só coração e uma só alma" (At 4,32), e sejam portanto capazes de elevar-se a Deus Pai "com um só espírito e uma só voz" (Rm 15,6; cf. Mt 18,19-20; também Cl 3,16-17; Ef 5,17-20).

Aos "promotores de paz" promete-se esta recompensa: "serão chamados filhos de Deus". Chamados por quem? Obviamente por Deus. Quando? A estrutura dos macarismos mateanos não admite nenhuma dúvida: na hora em que se realizarão as promessas feitas aos destinatários das outras bem-aventuranças, isto é, no último dia do juízo e da vinda gloriosa do Reino. No dia em que os "misericordiosos alcançarão misericórdia" (5,7) e os "puros de coração verão a Deus" (5,8), os destinatários da sétima bem-aventurança serão chamados por Deus de "filhos de Deus" (5,9). Não é coisa de pouca monta esse título filial. Da maneira como o entende Mateus, revela a medida do comprazimento divino: os "promotores de paz" são "justos" segundo o coração de Deus; essa sua "justiça" os aponta como pessoas particularmente agradáveis ao → PAI CELESTE, de tal sorte que no dia glorioso em que "lhes dará segundo os seus atos" (cf. 16,27), ele os reconhecerá como "seus filhos", e como tais os acolherá em sua casa celeste. Se é verdade que "os justos resplandecerão como o sol no Reino de seu Pai" (13,43), os "promotores de paz" exibirão o esplendor de uma relação "filial" com Deus, reconhecida e declarada pelo próprio Deus.

Essa motivação, por outro lado, confirma o que se afirmou acima sobre o enraizamento da bem-aventurança na grande catequese mateana sobre as novas exigências do amor. Com efeito, quando ensina que os discípulos devem amar como Deus ama e procurar ser "perfeitos como é perfeito o vosso Pai celeste" (5,43-48), o evangelista apressa-se em determinar: "para que sejais (ou vos torneis) filhos de vosso Pai celeste" (v. 45). Os novos caminhos do amor, se percorridos com empenho e fidelidade, tornam o ser humano semelhante a Deus como um "filho" ao seu "pai". Afirma, agora, Mateus: "Bem-aventurados os que promovem a paz, porque serão chamados filhos de Deus". O paralelismo é instrutivo: os justos que promovem a paz e se empenham na construção da *koinônia* eclesial trazem, já no presente, a dignidade de uma semelhança filial ao Pai celeste. Têm todos os motivos para considerar-se "bem-aventurados": resplandecerão como "filhos de Deus" no Reino celeste de seu Pai.

— *Bem-aventurados os perseguidos por causa da justiça*. Observamos na introdução à versão mateana (cf. supra) a dupla função redacional desse macarismo: de um lado, conclui a série compacta das bem-aventuranças relacionadas em 5,3-10 e confirma a sua homogeneidade formal e doutrinária; de outro, serve de ligação com a conhecida palavra sobre os "perseguidos por causa de Cristo" (vv. 11-12) e, por meio dessa, com o resto do sermão da montanha. Resulta claro, por sua vez, este duplo aspecto da mensagem de Mateus: a primazia que ele atribui à "justiça" na nova existência do discípulo-crente; perseguidos por causa da nova fé que professam, os discípulos-crentes devem lembrar-se de que a exigência da "justiça" é irrenunciável. A exemplo de Lucas em 6,20-23 (cf. supra), também Mateus quer confortar e confirmar em sua fé os cristãos perseguidos, segundo a preocupação apostólica citada em At 14,22. O fato, porém, que junto também fale de perseguidos "por causa de Cristo" (Mt 5,11-12) e de perseguidos "por causa da justiça" (5,10), considerando uma mesma categoria de crentes, revela de sua parte uma determinada orientação didática: quer destacar de modo explícito, e para evitar equívocos, que o "Reino dos céus" é sempre e principalmente questão de "justiça" desejada e praticada, e que a "grande recompensa nos céus", prometida aos crentes perseguidos (v. 12), permanece ligada a uma sua indispensável perseverança nos novos caminhos da retidão ético-religiosa.

No fundo, temos aqui uma afirmação antecipada e particularmente incisiva do princípio mateano: "Buscai em primeiro lugar o reino de Deus e sua justiça" (6,33), bem como uma confirmação do macarismo já lido: "Bem-aventurados aqueles que têm fome e sede de justiça" (5,6). Até a experiência nobilíssima da perseguição sofrida "por causa de Cristo" deve valer-se, para que seja vivida segundo Deus e da maneira que agrade a Deus, do beneplácito de uma piedade verdadeira, de uma adesão empenhada nas exigências práticas do Reino já revelado. Afirmada nesse contexto e desse modo, a primazia da "justiça" na realidade dinâmica do Reino nos lembra a primazia da "caridade" nas estruturas do viver cristão assim como o encontramos proposto na célebre declaração paulina: "Mesmo que distribua todos os meus bens aos famintos, mesmo que entregue o meu corpo às chamas, se me falta o amor, nada lucro com isso" (1Cor 13,3).

Essa intenção de propor a "justiça" como imposição insubstituível é confirmada pelo modo com que Mateus cita a palavra tradicional de Jesus sobre os perseguidos "por sua causa": "Bem-aventurados sois vós quando vos insultam, vos perseguem e *mentindo* dizem contra vós toda espécie de mal por minha causa. Alegrai-vos e regozijai-vos, porque grande é a vossa recompensa nos céus" (5,11-12). Grifamos o gerúndio *mentindo* (*pseudomenoi*) porque é uma declaração devida à pena de Mateus, como resulta do confronto com a versão paralela de Lucas (6,22-23); é uma determinação claramente importada, visto que transforma a citação dos vv. 11-12 em um comentário do macarismo anterior: dos "perseguidos por causa da justiça" (v. 10). Para que possam esperar com fundamentada esperança a "grande recompensa nos céus", não basta que os cristãos sejam "perseguidos" e "insultados" por causa do novo nome que ostentam: é indispensável também que o "mal" eventualmente dito contra eles não corresponda à verdade. A perseguição "por causa de Cristo, ainda que prevista pelo Mestre e pertinente ao plano de Deus, não tem valor para o Reino dos céus se os perseguidos não vivem segundo Cristo, não praticam a justiça e não se empenham nas coisas agradáveis a Deus.

Lendo esse ensinamento em seu contexto literário, somos levados a considerar que Mateus vê nos "perseguidos", por ele declarados "bem-aventurados", a face vencedora dos discípulos que, embora encontrando-se em uma situação de extrema precariedade social e atingidos por uma provação muito dolorosa, mantêm-se fiéis cultivadores da "justiça" que ele próprio articula no sermão da montanha. Mais particularmente, são os discípulos que, na perseguição que sofrem, perseveram nos caminhos da "justiça" delineada nas outras bem-aventuranças: insultados e caluniados "por causa de Cristo", eles são, na verdade, "pobres de espírito" (5,3), "mansos" (v. 5), "misericordiosos" (v. 7), "puros de coração" (v. 8), "promotores de paz" (v. 9), crentes que anseiam pelo bem prioritário de uma conduta justa e agradável a Deus (v. 6). Pressupõe-se que a perseguição "por causa de Cristo" seja uma condição prioritária para a bem-aventurança celeste do Reino; confirma-se, também, que essa condição prioritária é própria exclusivamente dos perseguidos que se mantêm "justos" em sua relação com Deus.

A sua mente pastoral leva Mateus a relevar a conduta com a qual os cristãos são chamados a dar testemunho de sua pertença a Cristo — em qualquer circunstância, também na dolorosa da perseguição. De um lado, não basta dizer "Senhor, Senhor", é necessário "fazer a vontade do Pai" (7,21); de outro, essa "justiça" efetivamente praticada é uma imposição que concerne à relação dos discípulos com o mundo em que vivem: "Assim também brilhe a vossa luz aos olhos dos homens, a fim de que, vendo as vossas boas obras, eles glorifiquem o vosso Pai que está nos céus" (5,16). Mas, se ainda assim os discípulos são perseguidos e, mentindo, falam todo tipo de mal contra eles, a culpa será somente dos outros; quanto aos discípulos, são "bem-aventurados" e devem "alegrar-se e exultar" porque a sua "justiça" lhes garante a entrada no "Reino dos céus" (v. 10) e seu sofrimento lhes valerá uma "grande recompensa nos céus" (vv. 11-12).

Essa linha pastoral, por outro lado, era consolidada na Igreja apostólica. Enquanto aos poucos ia sendo confirmado, pelo desenrolar dos acontecimentos, que o caminho da fé é um caminho sofrido e a identidade dos cristãos é uma identidade de contrastes (cf. Jo 15,18-21; 16,1-4), a catequese percebeu a exigência de determinar que a perseguição não anula a imposição da "justiça" e os crentes perseguidos não podem considerar-se isentos da prática fiel e humilde das boas obras. "Portanto, os que sofrem conforme a vontade de Deus encomendem suas almas ao Criador fiel, praticando o bem" (1Pd 4,19). Era preciso, antes de tudo, dar aos aflitos das diferentes Igrejas uma palavra de conforto e de encorajamento que iluminasse o seu sofrimento com a luz pascal e os ajudasse a permanecer "firmes na fé" (cf. supra a propósito das bem-aventuranças lucanas). Era dito aos atribulados: "Antes, na medida em que partilhais dos sofrimentos de

Cristo, alegrai-vos, a fim de que, por ocasião da revelação da sua glória, também vos enchais de alegria e exultação. Se vos ultrajarem por causa do nome de Cristo, bem-aventurados sereis vós, porque o Espírito de glória, o Espírito de Deus, repousa sobre vós" (1Pd 4,13-14). Acrescentava-se, porém, uma advertência considerada indispensável: "Nenhum dentre vós tenha que padecer como homicida, ladrão ou malfeitor" (v. 15). Não é um "participar dos sofrimentos de Cristo", e não é, portanto, uma premissa de glória celeste (cf. Rm 8,17.18) sofrer uma pena merecida, ainda que infligida por pagãos hostis! Só se pode valer-se da bem-aventurança dos perseguidos se a conduta for justa, isto é, irrepreensível, de crentes que em tudo e sempre aspiram agradar a Deus. Assim, determinava-se ainda: "E quem vos poderá fazer mal, se vos mostrais diligentes em fazer o bem? Ainda mais, caso tenhais de sofrer pela justiça, felizes de vós. Não tenhais nenhum medo deles, nem vos perturbeis; pelo contrário, santificai em vossos corações a Cristo, que é o Senhor. Estai sempre dispostos a justificar vossa esperança perante aqueles que dela vos pedem conta. Mas fazei-o com mansidão e respeito, com uma boa consciência, a fim de que naquilo mesmo em que vos caluniam, os que desabonam vossa boa conduta em Cristo sejam confundidos" (1Pd 3,13-16).

A exortação toda deve ser meditada. Além de "pelo nome de Cristo" (4,14), os fiéis podem sofrer "pela justiça" (3,14), isto é, por causa de uma conduta que, rompendo com a adesão mundana e pecaminosa da sociedade, tende a isolar de alguma forma os seguidores de Cristo e suscitar contra eles a hostilidade dos ímpios (cf. 4,4). Mas, se isto ocorrer, bem-aventurados serão eles! Antes, permaneçam orgulhosamente agarrados à "justiça" que lhes é condizente e pela qual estão sofrendo: até no momento em que deverão confrontar-se com os seus perseguidores, os irmãos mantenham uma atitude marcada pela "doçura" e pelo "respeito", e deixem-se conduzir por uma "consciência reta"! É necessário, com efeito, que apareça a falsidade das acusações lançadas contra os cristãos: "Porque a vontade de Deus é que, praticando o bem, façais calar a ignorância dos insensatos" (2,15).

Mais positivamente ainda, o da justiça é um dever específico do testemunho da glória de Deus e para o benefício dos próprios perseguidores: "Tende um procedimento exemplar no meio dos pagãos, para que precisamente naquilo em que vos caluniam como malfeitores, sejam esclarecidos por vossas boas obras e glorifiquem a Deus no dia de sua vinda" (2,12). Quanta religiosidade e que senso de dignidade cristã nessa temática apostólica da "perseguição por causa da justiça"! tem-se a impressão de escutar novamente a já citada exortação de Mateus: "A vossa luz resplandeça diante dos homens, para que vejam as vossas boas obras e rendam glória ao vosso Pai que está nos céus" (Mt 5,16). O claro paralelismo com 1Pd 2,12 sugere a interpretação da perícope inteira (Mt 5,13-16), em relação à tribulação que já estavam atravessando as Igrejas apostólicas, e referi-la diretamente à bem-aventurança dos "perseguidos por causa de Cristo" (vv. 11-12), e à dos "perseguidos por causa da justiça" (v. 10). "Sal da terra" e "luz do mundo", os discípulos devem sê-lo também e especialmente com os seus inimigos e em benefício dos seus perseguidores! A essa consciência, heroica e generosa, leva o discurso sobre a obrigatória "justiça" dos cristãos perseguidos. Não deve causar surpresa, dado que os novos caminhos da "justiça" evangélica preveem que os crentes devem "amar os seus inimigos e orar pelos seus perseguidores" (5,44).

4. CONCLUSÃO GERAL. Palavra viva e fecunda, semeada por Jesus no campo da história, as bem-aventuranças evangélicas cresceram e tornaram-se um alimento indispensável e sempre atual na vida da Igreja. Desse crescimento, as versões de Lucas (6,20-23) e de Mateus (5,3-12) são os dois principais documentos apostólicos.

A situação original é a do ministério messiânico de Jesus de Nazaré, no qual as bem-aventuranças são devolvidas ao seu aspecto espontâneo e interpelam a fé como uma expressão característica do "Evangelho de Deus". "Cumpriu-se o tempo, o Reino de Deus está próximo", anuncia Jesus na Galileia (Mc 1,14-15); e exatamente por isso proclama: "Bem-aventurados os pobres, os indigentes, os aflitos!". Os infelizes deste mundo são felicitados e convidados a considerar-se privilegiados: é iminente a intervenção do Rei celeste em seu favor. Assim, com efeito, como é proclamada por Jesus, a vinda do Reino de Deus soa como uma "Boa-Nova anunciada aos pobres" (Lc 4,18; 7,22 = Mt 11,5); chegou o tempo da plenitude e da completude, o tempo no qual deve manifestar-se e triunfar a justiça real de Deus; é a justiça na qual sempre esperaram os "pobres" de Israel (Sl 9,9-10; 35,10; 68,6; 72,1 ss; 76,8-10; 103,6 etc.). O "Evangelho do Reino" (Mt 4,23) anunciado aos pobres: "Eis o vosso Deus!" (cf. Is 40,9); "Reine o vosso Deus!" (cf. Is 52,7). "Cumpriu-se o tempo, o Reino de Deus está próximo", anuncia Jesus na Galileia (Mc 1,15): O Senhor Deus tornou-se presente, com o intuito de reinar com o verbo já cheio de sua justiça, isto é, para tornar-se protetor dos fracos, defensor dos oprimidos, médico dos feridos, consolador de todo indigente que chora. "Bem-aventurados os pobres porque deles é o Reino de Deus!".

A perspectiva é objetiva e o pensamento é teologal: a bem-aventurança evangélica dos pobres reflete a natureza do Reino e exprime o modo pelo qual Deus quer revelar e exercer a sua realeza na plenitude do tempo. Diretamente, pelo menos, não é levada em consideração a bondade religiosa dos interessados, e não se fala a linguagem da parênese ou das promessas de retribuição. É claro que é necessário "converter-se e crer no Evangelho" (Mc 1,15b; Mt 3,2; 4,17) e que se exige que o Reino seja acolhido com uma disposição justa (cf. Mc 10,15). Se, portanto, os pobres também são piedosos — e geralmente são —, tanto melhor, mas não é essa a feliz mensagem dirigida a eles. Interpela-se, em vez disso, uma humanidade infeliz, apanhada em sua infelicidade, e é declarada "bem-aventurada": é dela o Reino de Deus, chegou o dia de sua salvação! Na novidade já operante do Reino, os pobres de todo tipo, sendo os protegidos do Rei celeste e particularmente amados por Deus, gozam de um autêntico privilégio e por isso são convidados a alegrar-se. Eis o coração da mensagem: o seu privilégio está todo na verdade teologal do Reino que vem e nas disposições do Pai celeste que, fiel às promessas antigas e fiel a si mesmo, decidiu revelar plenamente sua justiça misericordiosa e salvadora e fazê-la triunfar por meio de seu enviado Jesus Cristo. O privilégio dos "pobres" e dos "pequenos" (cf. também Mc 10,15; Mt 11,25-26 = Lc 10,21): são os prediletos do Rei que vem reinar. E não só. Também envolvidos nesse "Evangelho" estão os "pecadores". Deus quer reinar como seu salvador: aos culpados é oferecido o perdão; aos "doentes", a cura (Mc 2,17); aos "perdidos" é dito que o Filho do homem veio procurá-los e salvá-los, recuperando-os para o Reino do Pai celeste (Lc 19,10). A sua culpa é pressuposta, e todo mérito deles é excluído; mas são "doentes", são filhos "perdidos", são a tal ponto pobres de serem equiparados aos "mortos" (Lc 15); exatamente essa sua indigência os torna particularmente caros ao Deus misericordioso do Evangelho: alegrem-se também eles por tamanho privilégio!

Enriquecida pela palavra que lhe foi entregue e consciente da sua verdade no mistério de Cristo, a Igreja apostólica soube espelhar-se nas bem-aventuranças evangélicas e extrair delas uma revelação atual. "Bem-aventurados os pobres", tinha proclamado Jesus; os primeiros cristãos consideraram-se interpelados pelo Mestre e Salvador, abrindo-se, assim, para uma mensagem que sabiam capaz de iluminar com luz evangélica a sua concreta existência de crentes. É a perspectiva que emerge na versão de Lucas (6,20-23). Os "pobres", os indigentes que "têm fome" e os "aflitos" que choram (vv. 20-21) são agora os cristãos perseguidos "por causa do Filho do homem", obrigados a uma existência duríssima, entre privações e sofrimentos de toda espécie (v. 22). Bem-aventurados são eles, porque têm todas as razões para alegrar-se e exultar: sofrendo como crentes, por causa de Cristo e no seguimento de Cristo, percorrem o caminho que certamente conduz à felicidade celeste do Reino. As bem-aventuranças tornaram-se, assim, um ensinamento aplicado ao presente de uma condição eclesial marcada pela tribulação, uma palavra de Jesus atualizada que soa como um estímulo para perseverar, uma exortação para permanecer "firmes na fé", um convite para compreender e viver o momento presente como ele é no plano de Deus e no mistério de Cristo: uma premissa sólida e uma promessa certa de uma "grande recompensa nos céus" (v. 23).

O ensinamento lucano era passível de uma outra enunciação, de aspecto antitético: "Ai de vós, ricos" (6,24-26). Em oposição à dos pobres indigentes que choram, a condição dos "ricos" saciados e jubilosos os aponta como gente digna de pena. Ao que recebe já no presente a sua consolação, torna-se quase impossível "entrar no Reino de Deus" e "ser salvo" (18,18-27). As fortunas terrenas tendem a cegar a mente, endurecer o coração, fechar o ser humano no imediato, tornando-o insensível ao apelo dos valores que contam: as coisas do céu (12,13-21), a obrigatoriedade da misericórdia (16,9.19-31), o serviço devido exclusivamente a Deus (16,13). Seguir esse caminho é autoexcluir-se do caminho do

Reino. A riqueza não é má em si, como a pobreza em si não é boa, mas uma e outra são vividas concretamente, e é tolo o ser humano que acumula tesouros para si e não enriquece diante de Deus (12,21).

Catequese já inserida no dinamismo do viver cristão, esse aspecto apostólico das bem-aventuranças é posteriormente confirmado na versão de Mateus (5,3-12). Os destinatários são felicitados "porque deles é o Reino dos céus" (vv. 3b.10b). O evangelista, todavia, quer lembrar aos fiéis que o "Evangelho do Reino" não é uma notícia feliz que poderiam contentar-se de escutar, mas uma regra de vida destinada a transformar o seu coração e a sua conduta para uma existência justa e agradável a Deus. Catequese enunciada sob o signo da vontade de Deus e do compromisso prático do ser humano, essa de Mateus é articulada no sermão da montanha (cc. 5–7) e já proposta de modo incisivo na série compacta dos macarismos (5,3-10). Predomina a noção ético-religiosa da "justiça", valor que engloba as exigências de uma perfeição de vida a ser desejada e perseguida como condiz a uma humanidade já interpelada pela novidade do Reino. "Cumpriu-se o tempo, o Reino de Deus está próximo: convertei-vos e crede no Evangelho" (Mc 1,15). "Convertei-vos porque o Reino dos céus está próximo" (Mt 4,17). Nos macarismos mateanos está delineado o perfil essencial do cristão que, ciente de ser chamado por Deus e iluminado pelo Evangelho, responde a tanta iniciativa divina e a tanto dom de luz com a fé-conversão de um compromisso sincero e generoso na busca e na prática da "justiça". Lucas queria estimular os cristãos perseguidos e pobres, indigentes e plangentes a permanecerem firmes na fé; Mateus aponta agora aos crentes as exigências práticas do viver evangélico. Congratula-se, com efeito, com os cultivadores da perfeição cristã e os declara "bem-aventurados" portadores de uma promessa exaltante: a "justiça" que estão praticando os aponta como servos agradáveis ao seu Senhor, e, no dia glorioso do juízo (cf. 16,27; 25,31), lhes valerá "resplandecer como o sol no Reino celeste do Pai" (13,43).

Para finalizar, um esclarecimento. As bem-aventuranças evangélicas oferecem até hoje uma mensagem global e articulada, que devemos saber ler ao mesmo tempo em três planos complementares: o da pregação de Jesus de Nazaré, o do ensinamento de Lucas e o da catequese de Mateus. Em particular, não é lícito separar as duas versões da fonte da qual nasceram: a palavra proclamada por Jesus não está superada nem tornou-se elemento de arquivo. De um lado, com efeito, Mateus e Lucas adaptaram às necessidades concretas da comunidade cristã a mensagem inicial, explicitando a sua riqueza de vida e confirmando a sua perene atualidade. De outro lado, o exemplo deles deve ser aceito como método de leitura dinâmica e aberta: as bem-aventuranças são tão vivas quanto o próprio Evangelho, do qual são uma expressão fundamental; como soube fazer a Igreja apostólica, assim deve saber fazer a Igreja de todos os tempos: extrair dessa fonte uma palavra, sempre nova e sempre a mesma, que revele aos crentes o coração de seu Pai celeste, que lhes explique o mistério e a dignidade do caminho que estão percorrendo, e lhes lembre a exigência indispensável de uma vida rica de obras justas e agradáveis a Deus.

BIBLIOGRAFIA. Obra mais completa: DUPONT, J. *Les Béatitudes*. Col. "Études Bibliques". Paris, Gabalda. [t. I: *Le problème littéraire*, ²1969; t. II: *La Bonne Nouvelle*, 1969; t. III: *Les Évangélistes*, 1973.] Trad. it.: *Le Beatitudini*. Coll. "Parola di Dio". Roma, Paoline, 1972 e 1977.
Além dos comentários patrísticos sobre os Evangelhos de Mateus e de Lucas: AGOSTINHO. *De sermone Domini in monte secundum Matthaeum libri duo*. PL 34, 1.229-1.308; *Sermo LIII, de beatitudinibus*, PL 38, 364-372; *De octo sententiis beatitudinum ex Evangelio*. In *Miscellanea Agostiniana*. Roma, 1930, 626-635, vl. I.
Estudos monográficos: DANIÉLOU, J. Bienheureux les Pauvres. *Études* 228 (1956) 321-338; DESCAMPAS, A. *Les Justes et la Justice dans les évangiles et le christianisme primitif, hormis la doctrine proprement paulinienne*. Louvain-Gembloux, 1950; DUPONT, J. Beati i puri di cuore, perchè vedranno Dio (Mt 5,8). *Parole di Vita* 15 (1970) 301-316; ID. Renoncer à tous ses biens (Luc 14,33). *Nouvelle Revue Théologique* 93 (1971) 561-582; ID. Beatitudine-Beatitudini. In *Nuovo Dizionario di Teologia Biblica*. Torino, 1988, 155-161; ID. Introduction aux Béatitudes. *Nouvelle Revue Théologique* 98 (1976) 97-108; ID. J. L'appel à imiter Dieu em Matthieu 5,48 et Luc 6,36. *Rivista Biblica Italiana* 14 (1966) 137-148; ID. L'après-mort dans l'oeuvre de Luc. *Revue Théologique de Louvain* 3 (1972) 3-21; GELIN, A. *Les Pauvres de Yahvé*. Paris, 1953; HELEWA, J. Il desiderio di "vedere il volto di Dio" nella pietà dei Salmi. *Ephemerides Carmeliticae* 27 (1976) 80-143; ID. "Beati i puri di cuore". *Rivista di Vita Spirituale* 38 (1984), 149-161; ID. "Beati i perseguitati". *Rivista di Vita Spirituale* 38 (1984) 230-247; ID. "Beati i miti". *Rivista di Vita Spirituale* 38 (1984) 502-520;

ID. *"Beati quelli che hanno fame e sete della giustizia"*, Rivista di Vita Spirituale 39 (1985) 241-256; *"Beati i misericordiosi"*. Rivista di Vita Spirituale 39 (1985) 533-346; 40 (1986) 10-29.113-126.220-239; *La pauvreté évangélique*. Paris, 1971; LÉGASSE, S. *I poveri di spirito*. Brescia, 1976; ID. *Jésus et l'enfant. "Enfants", "petits" et "simples" dans la tradition synoptique*. Paris, 1969; ID. *L'appel du riche (Marc 10,17-31 et parallèles), contribution à l'étude des fondements scripturaires de l'état religieux*. Paris, 1966; ID. *La révélation aux népioi*. Revue Biblique 67 (1960) 321-348; LIPINSKI, E. Macarismes et psaumes de congratulation. *Revue Biblique* 75 (1968) 321-367; LÓPEZ MELÚS, F. M. *Pobreza y riqueza em los evangelios. San Lucas el evangelista de la pobreza*. Madrid, 1963; PELLEGRINO, M. *La povertà*, Torino, 1971; SCHNACKENBURG, R. *Signoria e Regno di Dio. Uno studio di teologia biblica*. Bologna, 1971; TURBESSI, G. *Quaerere Deum*. Il tema della "ricerca di Dio" nella Sacra Scrittura. *Rivista Biblica Italiana* 10 (1962) 282-296; VATTIONI, F. Povertà e ricchezza nella S. Scrittura. *Studi Sociali* 3 (1963) 205-223; ID. *Beatitudini, povertà, ricchezza*. Milano, 1966.

G. HELEWA

BÊNÇÃO. Na linguagem religiosa a bênção evoca mais o gesto de abençoar uma coisa que o ato de bendizer, isto é, de glorificar a Deus por seus benefícios; lembra mais o sinal da cruz feito sobre objetos ou pessoas que a invocação da graça de Deus via oração. A recente reforma litúrgica do Livro das Bênçãos (*De Benedictionibus*, 1984) obriga a propor de modo claro o conceito e o uso das bênçãos na Igreja, de maneira que possam inspirar e acompanhar uma autêntica vida espiritual, atenta à contínua bênção e louvor do Senhor por seus benefícios e na confiante invocação de Deus, fonte de toda bênção que nos abençoou em Cristo (Ef 1,3). Falaremos, portanto, do aspecto bíblico, litúrgico e espiritual da bênção.

1. **PERSPECTIVA BÍBLICA**. A palavra "bênção", da raiz *brk* hebraica traduzida pelos LXX pelo grego *eulogein, eulogia*, está presente em diferentes contextos do Antigo e do Novo Testamentos. Para alguns, a raiz *brk* faz alusão ao lugar da vida no homem e na mulher, logo, ao seio da bênção, no qual se transmite a vida que vem de Deus. No múltiplo significado de força e benevolência, a bênção que Deus promete aos progenitores (Gn 1,28) e a → ABRAÃO (Gn 12,2-3), significa a presença e o auxílio do Senhor como → SALVAÇÃO e felicidade. Um primeiro significado da bênção, portanto, é a ligação com a história da salvação, da qual Deus é a nascente. Com frequência a bênção é dada por intermédio de um ser humano, o patriarca Jacó (Gn 27), Moisés e Arão (Nm 6,22-27), que se tornam intérpretes da bênção de Deus na mesma continuidade com a obra da salvação, com o mesmo auspício de vida e de felicidade. Em um outro sentido, que podemos chamar de ascendente, mas que emerge como resposta da bênção dada por Deus, desde o Gênesis encontramos o gênero literário da bênção a Deus com a fórmula "Bendito seja o Senhor" (cf. Gn 9,26; 14,20), que exprime o louvor e o reconhecimento daqueles que experimentaram a presença do dom de Deus na própria história. Também as coisas materiais serão abençoadas para prolongar na colheita e nos frutos da terra a consciência da transmissão dos dons de Deus, e para reconhecer os seus benefícios. No Antigo Testamento a bênção nada tem de mágico; é a humilde consciência da presença benevolente de Deus na Criação e na história, nos seres humanos e nas coisas, com o auspício feito por Deus ou de um seu mediador. Prevalece muito, todavia, a resposta bendizente a Deus até tornar-se uma forma típica da oração de Israel, o povo que, no assombro da revelação, reconhece continuamente na Criação e na própria história, em cada acontecimento, a presença e o amor de Deus. Daí vem o gênero literário da *berakáh*, em suas expressões mais amplas e também em fórmulas breves, que enchem o culto de Israel até os tempos de Cristo, nas solenes orações do templo e da sinagoga, nas fórmulas de bênção das refeições, especialmente da ceia pascal; ou belas, breves e cintilantes expressões de agradecimento a Deus, conhecidas da literatura rabínica, contemporânea de Jesus.

O NT apresenta Cristo como culminância da bênção de Deus. Com efeito, ele é o fruto bendito do seio de Maria (Lc 1,42), visto que nele culmina toda a longa série de bênçãos com as quais os seios maternos das mulheres antepassadas de Maria transmitiram o dom da vida. Nos Evangelhos não faltam alusões ao gesto bendizente de Jesus sobre as crianças (Mc 10,16), do Ressuscitado sobre os discípulos (Lc 24,50-51). Bendiz o Pai pela revelação feita aos humildes (Mt 11,25; Lc 10,21), pronuncia a grande bênção durante a instituição da → EUCARISTIA (cf. Mt 26,26-28 e paralelos), culminância de outras bênçãos pronunciadas por Jesus antes da multiplicação dos pães (Mt 14,13-21). Finalmente, é invocado como "Bendito aquele que vem em nome do Senhor" (Mt 23,39; Mc 11,9-10).

A comunidade apostólica recolhe a herança do Antigo Testamento e o dom de Cristo como síntese de toda bênção (Ef 1,3-4). A partir dele a Igreja eleva sua bênção ao Pai e canta o mistério da criação e da → REDENÇÃO como obra do amor misericordioso, e vê, em cada realidade, o sinal da bênção de Deus que se concentra e se atualiza em Cristo e no dom do Espírito. A oração de Israel, *berakáh*, torna-se oração da comunidade de Jesus, mas na ampla moldura da perspectiva trinitária, quer pela celebração da Eucaristia, quer pelos novos hinos litúrgicos inspirados, quer pelas pequenas doxologias que enchem os escritos apostólicos e desembocam nos cantos do → APOCALIPSE.

Na primitiva tradição litúrgica da Igreja já encontramos as bênçãos solenes da oração eucarística, a partir dos capítulos 9 e 10 da *Didaqué*, e especialmente na tradição apostólica, que recolhe os usos da comunidade cristã no início do século III. Esse estilo benedicional é encontrado na primitiva oração eucarística desse livro (c. 4) e na oração da noite (c. 25); Hipólito fala da bênção dos frutos da terra e das oferendas (cc. 31 e 32).

Dessas fontes da liturgia primitiva podemos traçar um percurso do gênero literário ou eucológico das bênçãos, que pode ser reencontrado nos sacramentários romanos sob várias formas rituais. O livro mais antigo das bênçãos parece ser o de Autun, que remonta ao século VII. Após o Concílio de Trento, Pio V aboliu o uso do antigo livro das bênçãos porque nele haviam entrado ideias pouco ortodoxas e referências mágicas e lendárias. Paulo V, em 1614, promulgou o Ritual romano que continha várias bênçãos. Finalmente, em 1984, foi lançado o livro atual, *De Benedictionibus*, em cumprimento das propostas da *Sacrosanctum Concilium* do Vaticano II sobre a reforma litúrgica dos sacramentais.

2. AS BÊNÇÃOS LITÚRGICAS. O âmbito das bênçãos litúrgicas é bastante amplo. Orações de caráter eucarístico estão sempre no centro da celebração dos sacramentos, especialmente da Eucaristia. Sinais de bênção, de resto, sempre acompanham numerosos rituais da Igreja. Queremos, aqui, deter-nos no gênero litúrgico da bênção, como emerge das *Promessas gerais* do novo ritual.

A bênção é considerada pela Igreja no âmbito da história da → SALVAÇÃO e na vida da Igreja. Enquanto sinal que se fundamenta na → PALAVRA DE DEUS e supõe a fé, ela objetiva ilustrar e manifestar a novidade de vida em Cristo, que nasce e cresce a partir dos sacramentos da nova aliança. As bênçãos pertencem ao âmbito dos sacramentais, instituídos com certa imitação dos sacramentos, e dependem, em sua eficácia, da impetração da Igreja.

Seguindo o sentido primitivo da bênção, a Igreja quis restabelecer a hierarquia dos valores de maneira que aquela celebre o louvor de Deus e sirva ao bem espiritual da comunidade. Toda a vida cristã, contemplada à luz da Criação e da Redenção, torna-se âmbito do contínuo louvor ao Senhor; todas as coisas e todas as circunstâncias estão abertas a esse diálogo da salvação; por intermédio da bênção, com efeito, a Igreja ensina a acolher o sentido último das circunstâncias e das realidades terrenas, convida a louvar o Criador, roga-lhe que difunda o dom de sua salvação, empenha os crentes em uma vida que seja em tudo segundo a vontade de Deus, em louvor de sua glória.

Todos esses valores, impregnados de um profundo sentimento de fé, são evidenciados pela própria ritualidade da bênção, da maneira como atualmente é proposta pela Igreja. Cada bênção possui, em sua simples estrutura, dois momentos fundamentais. No primeiro, a proclamação da palavra de Deus exprime o sentido salvífico da bênção; no segundo, a oração de louvor e de impetração da Igreja celebra o nome do Senhor, invocando com confiança o seu auxílio. Nesses dois elementos, portanto, apoia-se a estrutura da celebração que pode ser convenientemente introduzida e fechada com os rituais iniciais e finais de cada momento litúrgico. A novidade da reforma litúrgica está principalmente nesse papel da palavra de Deus, que evangeliza cada momento da bênção, e nas fórmulas de bênção nas quais não apenas se pede ao Senhor a sua graça, mas antes de tudo se reconhece a sua presença e a sua obra em todas as coisas.

Os gestos da bênção foram ampliados de maneira que não seja só e exclusivamente o sinal da cruz a significar a impetração da graça de Deus; usam-se, com efeito, os gestos das mãos erguidas em oração, a imposição das mãos, a aspersão com água benta e a incensação. Uma rica variedade de orações oferece para cada circunstância a oração de louvor e de súplica da Igreja que se inspira sempre na Revelação.

São ministros da bênção, segundo as circunstâncias: os ministros sagrados (bispos, presbíteros, diáconos), os acólitos e os leitores, além dos leigos, homens e mulheres, segundo a ocasião. Essa possibilidade da bênção litúrgica dada pelos leigos, desejada pelo Concílio, permite enfocar o → SACERDÓCIO DOS FIÉIS e a peculiar ministerialidade dos leigos em determinadas circunstâncias.

Uma simples enumeração da variedade de bênçãos oferece de imediato a novidade e a hierarquia dos valores da proposta da Igreja do novo Ritual. A primeira parte do livro refere-se às pessoas no âmbito da família, aos enfermos, aos missionários, às comunidades e aos grupos reunidos para a catequese e a oração, aos peregrinos e aos itinerantes. A segunda parte oferece uma grande variedade de fórmulas para a bênção de lugares e de coisas relativas à atividade dos fiéis: edifícios, instrumentos de trabalho, animais, campos, frutos da terra, a refeição cotidiana. Na terceira parte foram inseridas as bênçãos de lugares e objetos que pertencem à vida litúrgica: batistério, ambom, cátedra, confessionário, parte de uma igreja, sinos, órgão, cemitério; são importantes as bênçãos de objetos para a veneração dos fiéis: cruz, imagens de Cristo, de Maria e dos santos, as estações da via-sacra, a água lustral para o uso devocional dos fiéis. Na quarta parte encontram-se algumas bênçãos que se referem a coisas em uso pelos fiéis, como sinais e manifestação de sua devoção: bebidas e alimentos oferecidos em determinadas circunstâncias, medalhas e imagens, o terço, os vários escapulários. Finalmente, uma quinta parte reúne alguns formulários de bênçãos *ad diversa*: benefícios concedidos por Deus ou como invocação de sua graça em diversas circunstâncias.

Será tarefa das Conferências episcopais adaptar e enriquecer os textos propostos para torná-los cada vez mais adequados às necessidades dos fiéis, à sua mentalidade e às instâncias culturais.

A amplitude das bênçãos é ratificada pelo c. 1170; são destinadas aos fiéis, aos catecúmenos e, se não hover proibição da Igreja, até aos não católicos. As coisas que foram bentas devem ser tratadas com reverência (c. 1171).

3. ESPIRITUALIDADE DA BÊNÇÃO. Com o uso da bênção a Igreja ensina que todo o âmbito da Criação e da história do ser humano está sob a vontade salvífica de Deus; cada coisa pode ser usada bendizendo ao Senhor pelo dom ou suplicando dele a graça de um uso reto para o próprio bem e o dos irmãos.

Com a bênção todas as circunstâncias da vida são iluminadas pela palavra de Deus e evangelizadas; elas, com efeito, vêm de Deus e, segundo o seu plano, devem ser usufruídas. Pela bênção o cristão é convidado a cultivar o sentido do reconhecimento, do espanto com o qual descobre todas as coisas como dom, e confia cada momento de sua existência à graça salvífica, que faz de cada instante de vida um momento de diálogo de salvação.

O ser humano, o cristão, marcado pelo sacerdócio real, pode então fazer de sua experiência cotidiana uma liturgia contínua, antes, uma liturgia cósmica; no sentido religioso da bênção pode-se reestruturar a existência dos seres humanos, o sentido da história e a novidade das relações segundo a vontade de Deus. A palavra e o louvor permitem, a exemplo da oração do → PAI-NOSSO, que se situa na base da estrutura de toda bênção cristã, que o céu desça à terra, e que finalmente também a terra, mediante a oferta e o louvor bendizente, penetre no céu.

Em sua *Apologia I* Justino recolhia o sentido que os cristãos davam a essa sua liturgia existencial e cósmica, sempre iluminada pelo momento culminante da bênção ascendente e descendente de Deus que é a Eucaristia: "Por todos os bens que recebemos, demos graças ao Criador do universo por seu filho e pelo Espírito Santo" (*Apologia I*, 67,2). O dever, antes, a alegria de bendizer ao Senhor e de pedir-lhe o dom de sua bênção é uma típica expressão de religiosidade que, se vivida na mais autêntica vida teologal, passa da liturgia à oração pessoal e à existência cotidiana, e faz do cristão o homem da bênção, isto é, o mediador do louvor de Deus e de sua benevolência pela humanidade. É nessa dimensão ascendente e descendente de mediação que é preciso colocar a teologia da bênção e a sua práxis na Igreja.

BIBLIOGRAFIA. *De Benedictionibus*. Typis Poliglottis Vaticanis, Città del Vaticano, 1984; SODI, M. Benedizione. In *Nuovo Dizionario di Liturgia*. Roma, 1984, 157-175; Le Benedizioni. Número especial da *Rivista Liturgica*, mar.-abr. 1986.

J. CASTELLANO

BENEDITINOS. A corrente religiosa representada pelo que foi, ao longo dos séculos, e ainda hoje é, em sentido largo, a Ordem de São Bento, constitui, de maneira quase exclusiva, a experiência religiosa do monaquismo ocidental desde o século VI até o século XII. Com o surgimento, no século XIII e seguintes, das novas Ordens religiosas, também a espiritualidade beneditina pode parecer, e sob certos aspectos é efetivamente, uma corrente mais isolada e restrita; às vezes, antes, um tanto distante daqueles endereços tradicionais que refloriram com nova vitalidade nos séculos XIX e XX. Convém observar, antes de tudo, como só gradualmente o monaquismo ocidental se torna "beneditino": São Bento, longe de fundar uma "escola" qualquer de espiritualidade autônoma, imprime a própria marca no já rico patrimônio monástico tradicional, entregando-o assim, como herança perpétua, aos séculos seguintes. Esse patrimônio constitui, e é considerado, um bem comum, no qual é quase impossível introduzir divisões entre Oriente e Ocidente, entre século e século, entre movimentos e congregações particulares. Sob o aspecto literário, trata-se de um enorme complexo de obras no qual todos os gêneros são representados: alguns herdados da tradição clássica (diálogos, cartas, tratados, dramas), outros típicos da espiritualidade monástica (sentenças, colações, regras, homilias, orações e visões). Semelhante espiritualidade é principalmente condicionada por uma firme adesão aos textos sacros (Bíblia e Padres), como também, tratando-se de um período tão longo e, até o século XII, relativamente homogêneo, pelas condições gerais da vida religiosa e cultural.

1. A ESPIRITUALIDADE BENEDITINA DAS ORIGENS ATÉ O SÉCULO X. Já na Idade Média Alta a espiritualidade beneditina apresenta-se com um caráter fortemente objetivo: não é por casualidade que ela se exprime preferencialmente, também sob o aspecto quantitativo, nas *Vidas dos santos*, em vez de em tratações pessoais ou em descrições autobiográficas. É nessas *Vidas* que perpetuamente aparece realizado o eterno drama da salvação aberto à redenção, da qual o santo continua a ação até à última fase, escatológica. Visto que sob o perfil ascético trata-se de personagens extraordinários, tudo e sempre deve ser, neles, digno de superioridade: daí a hipérbole e o elogio, o exemplo e o intuito edificativo identificados com o gênero hagiográfico. Guiada e animada pelas perspectivas da Sagrada Escritura, a espiritualidade beneditina é profundamente bíblica, fiel em tudo aos tipos, às imagens e à linguagem das páginas inspiradas, consideradas ponto de partida insubstituível para todo aprofundamento da vida sobrenatural. A inspiração bíblica, com seu forte sopro poético, é algo de intrínseco e inseparável da produção espiritual originada pelo monaquismo. Por sua estreita relação com a tradição bíblica e patrística, a espiritualidade beneditina medieval teve uma evolução apenas relativa, sendo frequentemente representada por obras anônimas ou, às vezes, escritas com simples critério de compilação. Elaboradas pelos monges, que durante séculos exerceram uma espécie de monopólio na literatura espiritual, o seu maior interesse está voltado para a conservação da observância claustral, ignorando quase completamente a função dos outros estados de vida, como os leigos. Uma severa nota de concretude e de realismo em julgar os valores simplesmente humanos acentua, por outro lado, o caráter de desprezo e de fuga do mundo, a ponto de, às vezes, causar a impressão de certa angústia e limitação. Essa tendência traduz-se na "exegese monástica", destinada a intensificar-se particularmente nos séculos XI-XII, quando os temas bíblicos e os ideais cristãos, antigamente referidos a todos os crentes, tenderam a ser aplicados somente aos monges. Partindo de semelhantes pressupostos, a nota escatológica tornou-se fortíssima: sugere algumas atitudes características de desprendimento e de superação e acentua de modo especial a orientação contemplativa. De especial importância, pois, revela-se cada contribuição dos grandes Doutores, que permitirão chegar a uma autêntica "teologia da vida monástica".

É particularmente significativo o interesse dirigido aos "temas espirituais", já bem conhecidos do monaquismo antigo, que consideravam a vida religiosa uma vida angélica, profética, apostólica, martírio de amor, retorno ao paraíso, reaquisição da parrésia ou confiança nas relações com Deus e, assim, da inocência original; isto explica a tradição hagiográfica da amizade com os animais ferozes. Também as questões mais estreitamente doutrinárias, como as relações entre vida ativa e → VIDA contemplativa, se inserem nessa temática bíblica pelo recurso às figuras evangélicas de Marta e Maria, enquanto os → DONS DO ESPÍRITO SANTO, quais profecias, visões e revelações, mantém alerta a consciência carismática. As perspectivas bíblicas da *historia salutis* prolongam-se principalmente na celebração litúrgica, tida como atuação *hic et nunc* do plano providencial de Deus e fonte de elevação mística. Durante toda a época clássica da espiritualidade beneditina não se constatou, a respeito, conflito algum entre oração litúrgica e oração privada, já que esta última é um prolongamento da primeira e se nutre, pela *meditatio*, dos mesmos textos. O acento, todavia, deve ser colocado sobre a assiduidade da oração, que tende a tornar-se contínua, expressão vital de um espírito fixo em Deus. Embora as formulações sejam as mais variadas e escapem a toda sistematização, existe um itinerário tradicional da oração monástica. O ponto de partida é dado, com efeito, pela *lectio* dos livros sagrados e dos comentários patrísticos, que na fase da *meditatio* — mediante a assimilação pessoal — tornam-se substância viva da própria alma. A *oratio* representa, por sua vez, uma fase mais alta e espiritual enquanto se eleva ao mistério em si mesmo, além do invólucro das palavras e das imagens, até a última fase na qual o mistério se torna objeto da *contemplatio*. Tal processo é válido quer para a oração privada, quer para a litúrgica, e é acompanhado por todas as formas (*oratio pura, frequens, assidua, cum lacrimis*) e devoções (visita aos altares, salmos para os vivos e defuntos, culto aos santos) às quais a piedade monástica deu um enorme impulso.

Também a terminologia ascética elaborada pela espiritualidade beneditina, com as suas referências bíblicas ou clássicas, revela importantes aspectos de um mundo tão complexo e ao mesmo tempo tão simples e unitário, visto que se situa sob o signo da *simplicitas*. O monge, com efeito, como diz seu nome, realiza o ideal da solidão exterior e da perfeita unidade interior, reencontrando no *unum necessarium* aquela sabedoria celeste que faz da vida monástica a verdadeira *philosophia*. A sua vida é toda direcionada para a especulação das verdades e dos mistérios divinos (*soli Deo vivere*): portanto, para ela são necessários a *quies*, a *vacatio sabbati* e o *otium contemplationis*, que removem todo obstáculo e fazem amar o escondimento e o → SILÊNCIO. Desenvolvendo o tema do → ÊXODO, o mosteiro é concebido como um deserto, através do qual, após ter deixado o Egito do mundo, dirigem-se para a terra prometida: aí o Senhor se revela com o conforto da sua palavra e o poder dos seus prodígios. O mosteiro também é apresentado como um sepulcro no qual se morre para o mundo para antecipar a vida imperecível dada pelo Cristo. Todos os clássicos temas eclesiológicos (a arca, o templo, a casa, a cidade, a escada de Jacó, o *lectulus* e o *hortus conclusus* do Cântico) são evocados pela tradição com relação à morada dos monges, enquanto separada do mundo e prefiguração da Jerusalém celeste. Ao mesmo tempo, recebem vigoroso impulso algumas doutrinas particularmente ligadas à práxis ascética: a amizade espiritual, a compunção de coração, a devoção ao céu, a teoria dos vários significados da Sagrada Escritura, a doutrina dos → SENTIDOS ESPIRITUAIS, o ideal da profissão monástica como segundo batismo. Assim também a inclinação de vislumbrar no mundo sensível o reflexo de uma realidade superior orienta de maneira decisiva para as várias formas de simbolismo. É óbvio que grande parte desse patrimônio espiritual provém do monaquismo antigo, mas o seu aprofundamento e desenvolvimento são obra da tradição monástica medieval. De um lado assistimos, portanto, a uma integração desses temas e doutrinas na espiritualidade ocidental; de outro, ao chamado constante ao fervor das origens e o *orientale lumen*. Estilisticamente o valor dessas obras também é bastante variável, como é variável a sua importância espiritual de acordo com o gênero literário específico. Além das obras propriamente ascéticas, todavia, uma forte consciência religiosa se exprime também no gênero historiográfico — crônicas, anais, necrológios —, que consideram cada evento no quadro da luta para a instauração do Reino de Deus.

Quem domina com firmeza a espiritualidade monástica do século VI por toda a Alta Idade Média, antes até da absoluta afirmação da Regra e de São Bento, é São Gregório. Apesar das lutas políticas e religiosas tão penosas e caóticas, a tradição ocidental permaneceu fiel a esses primeiros Padres que, junto com a fé, comunicaram-lhe também o impulso para a mais alta perfeição. Aos poucos, também o mundo celta entra nessa órbita espiritual, embora desenvolvendo, na práxis e na teoria, alguns temas e tendências ligadas de modo especial à *peregrinatio*. O abandono da pátria, lembrado em quase todas as fontes hagiográficas desse período, abrindo a possibilidade de satisfazer o desejo do martírio espiritual ou cruento, é o fenômeno ascético mais difundido. No plano espiritual nenhum contraste é percebido com o ideal da *stabilitas* fixado pela Regra de São Bento; mas do encontro e da fusão de todos esses componentes ideais poderá desenvolver-se aquele apostolado missionário que representa um dos fatos mais importantes para o nascimento da Europa cristã, e que permanece monástico pelas razões ascéticas das quais extrai a origem. São mestres dos novos povos os próprios representantes da espiritualidade beneditina: Adelmo e São Beda na Inglaterra, são Bonifácio na Alemanha, Ambrósio Autperto e Paulo Diácono na Itália. Ao mesmo tempo isso torna possível aquele renascimento carolíngio que se apoia em grande parte nos mosteiros no quadro da *renovatio Imperii*. A partir dessa época foram se multiplicando as coleções de textos de orações, glosas e orações extraídas dos Salmos para facilitar a aprendizagem e a recitação. Livros penitenciais e *Codices Regularum*, florilégios e *orationes*, como aquela famosa sobre as virtudes e os vícios, exprimem bem a religiosidade monástica dessa época, já colocada sob a égide da Regra beneditina. Se São → BENTO DE ANIANE, reforçando a sua adoção e integrando a sua observância com outras normas ascéticas e litúrgicas, sela essa expansão favorita dos soberanos carolíngios, outro testemunho de semelhante sucesso é dado pela composição dos primeiros comentários da Regra, dentre os quais, no século IX, o de Smaragdo, de Ildemaro, e o do pseudo-Paulo Diácono: neles, o elemento contemplativo está sempre em primeiro lugar, sugerindo amplo desenvolvimento da vida de oração.

2. A ESPIRITUALIDADE BENEDITINA ENTRE OS SÉCULOS X E XI. Antigamente unitário e multiforme, esse filão de espiritualidade prepara o desenvolvimento de Cluny (século X), onde se exprimem os fermentos mais vitais da reforma eclesiástica que atingem o apogeu com a reforma gregoriana do século XI. Extraindo proveito de toda a experiência monástica anterior e reagindo aos inconvenientes do regime feudal, Cluny apresenta-se como um movimento fortemente centrado e disciplinado, dotado de *Consuetudines* próprias, das quais uma parte sempre mais ampla e empenhadora é feita no → OFÍCIO DIVINO. Pôde assim elaborar-se — favorecida pela genialidade dos seus primeiros abades, de santo Odão († 942) a São Pedro, o Venerável († 1156) — uma tradição cluniacense abundantemente documentada por uma rica e homogênea produção literária: vidas, tratados, poemas e cartas. Se a importância de Cluny para a vida política e eclesiástica parece hoje menor do que se considerava no passado, revela-se, em vez disto, sempre mais evidente a sua função no campo da espiritualidade. Os seus componentes principais são: a) Uma forte consciência eclesial que torna a *Ecclesia Cluniacensis* a expressão mais alta da vida religiosa da época, enquanto os laços com a Igreja Romana asseguram, por intermédio da isenção, a base-histórico jurídica. A vida monástica perpétua, na Igreja, o fervor de → PENTECOSTES e a oração pelos defuntos (cuja comemoração, em 2 de novembro, foi propagada pelo abade santo Odilão), exprimem a unidade de todo o corpo místico (→ IGREJA e → COMUNHÃO DOS SANTOS). O lógico fortalecimento da concepção cenobítica não impede, por outro lado, em Cluny como em outro lugar, a afirmação de manifestações eremíticas que proliferam, na época, em toda parte. b) Um vivíssimo senso dinâmico da *história salutis* que acentua, consequentemente, o significado da vida monástica no seio da comunidade cristã e no quadro da salvação. A esse respeito, como no caso de Orderico Vital, falou-se até de uma "concepção historiográfica cluniacense". c) A prevalência da vida de oração sobre qualquer outra atividade, no desejo de alcançar, através do prolongamento dos ofícios litúrgicos, a *oratio continua*. O mosteiro, com efeito, é concebido como uma imagem da corte celeste, a morada de espíritos bem-aventurados, um *deambulatorium angelorum*, associado, portanto, ao louvor perpétuo das criaturas angélicas. Nada, então, parece suficientemente belo e rico para exprimir, na solenidade e no esplendor do culto, o desejo de elevar-se a uma harmonia sobressensível e imperecível. Ao lado de um tão extraordinário desenvolvimento da vida litúrgica, certamente não exclusiva de Cluny, está o florescer da piedade privada e do culto mariano, o amor à → LECTIO DIVINA e a tendência escatológica.

Às invasões de elementos estranhos na vida das comunidades, a que Cluny tinha reagido com a sua forte estrutura unitária, outra corrente, a eremítica, opõe-se através do retorno à → SOLIDÃO e ao → DESERTO. O eremitismo não constitui de fato, no Ocidente, uma inovação ou uma redescoberta dos séculos X e XI, já que é documentado em todas as épocas e junto a todos os ambientes, mas a partir do século X o eremitismo conhece um novo florescimento: aos eremitas é dirigida a *Regula Solitariorum* de Grimlaico (*PL* 103, 575-663), enquanto por toda parte compõem-se elogios pela vida solitária. Esta encontra uma expressão vigorosa e original na corrente promovida por São Romualdo e acolhida pela tradição camaldulense. Embora fugindo de todo rígido esquematismo, eremitério e cenóbio eram postos sob um só superior, vivendo no eremitério, para o qual devia ser dirigido todo esforço ascético e todo interesse espiritual. A teoria da vida eremítica foi apresentada em termos entusiastas ao Ocidente por São → PEDRO DAMIÃO, excepcional figura de asceta e "homem da Igreja", biógrafo de São Romualdo e ardente polemista. As alegrias da solidão contemplativa e os louvores da *simplicitas*, a flagelação voluntária e a devoção à humanidade de Cristo encontram nele um expositor eficaz, pronto a alertar contra os perigos da ciência profana e a impulsionar clérigos e monges na busca da perfeição. Para outros discípulos diretos de São Romualdo, como São Bruno de Querfurt († 1009), autor da *Vita quinque fratrum* e mártir na Prússia, o vértice da prática ascética e solitária consiste, em vez disso, na propagação da fé entre os pagãos: trata-se daquele desejo de martírio, sempre vivo no monaquismo alemão, que, antes de São Bruno, tinha levado ao testemunho supremo santo Adalberto de Praga e outros evangelizadores dos povos da Europa Central.

Também para a tradição mais diretamente ligada aos costumes cenobíticos e à Regra beneditina, essa é a época do máximo florescimento espiritual, que se revela em uma série imponente de autores e obras. O impulso para a oração contemplativa se exprime, de forma fascinante, nos opúsculos e nas orações de João de Fécamp, natural de Ravena, cujos escritos geralmente passaram pelo nome dos mais ilustres Padres e Doutores, e cujas "aspirações" refletem, com nova sensibilidade, todas as vozes da tradição. O interesse especulativo, tonalizado por um forte tom espiritual e aberto para as alegrias da → AMIZADE e os compromissos da vida comum irrompe em Santo → ANSELMO D'AOSTA. Com menos genialidade, porém não menor equilíbrio, Pedro, o Venerável é o outro grande representante do cenobitismo tradicional, fiel à orientação espiritual de Cluny e aberto a todas as necessidades da sociedade cristã. Entre os séculos XI e XII, em todos os ambientes do antigo monaquismo, que havia saído revigorado da "crise" daqueles séculos, numerosos monges deixam inúmeros escritos sobre a vida espiritual, demonstrando, mais uma vez, uma substancial unanimidade de endereços. Entre a massa dos menores, empenhados em exaltar o valor da profissão monástica diante de novas Ordens (os canônicos regulares), emerge a figura de Ruperto de Deutz, principal representante da "teologia monástica" que refloresceu no antigo tronco beneditino, assim como São Bernardo seria no ambiente cisterciense. Ruperto delineia de modo magistral o desenvolvimento do plano salvífico na história e na vida da Igreja, unindo à penetração da inteligência o impulso do amor e da contemplação. Dessas orientações tradicionais são testemunhas, de formas diferentes, Goffredo de Admont († 1165), Arnaldo de Bonneval, Drogone e especialmente Pedro de Celle († 1183), estes últimos já influenciados pela nova corrente cisterciense. Também nos mosteiros femininos a vida espiritual é muito cultivada e produz místicas insignes: Santa → HILDEGARDA DE BINGEN e Santa → ISABEL DE SCHÖNAU, cujas obras são todas um hino à quieta *stabilitas* e à doce contemplação.

Uma consciência tão viva e amadurecida do ideal monástico, na firmeza de manter desperto o desejo do "retorno às fontes", não cessa de gerar movimentos cada vez mais empenhados em tal busca de autenticidade. Trata-se de buscar e de reencontrar a solidão e a simplicidade, rejeitando todas as ocupações apostólicas e administrativas que no decorrer dos últimos séculos juntaram-se ao serviço divino tradicional.

3. A ESPIRITUALIDADE CISTERCIENSE. Esse desejo de autenticidade exprime-se, além de na Cartuxa, em alguns movimentos rigoristas da Itália (Montevergine, Pulsano, para não falar dos centros de tradição bizantina) e da França (especialmente Grandmont, fundado por santo Estêvão de Muret († 1124), nos quais é mais insistente o chamado à "vida evangélica", da qual todas as regras monásticas e canonicais são simples aplicação, com uma prática mais ardente da oração "privada". Assim, um século antes das Ordens mendicantes, o ideal da pobreza e da simplicidade reflorescia novamente no seio do antigo monaquismo, preparando os novos tempos. Mas nenhum movimento monástico do século XII encontraria o sucesso reservado à corrente de Citeaux. A eliminação das observâncias acumuladas no decorrer dos séculos e a tendência à *rectitudo Regulae* fazem desejar o retorno ao → DESERTO, à solidão áspera e selvagem, na qual a vida monástica possa ser reconduzida aos elementos primordiais de ascese — ofício divino, *lectio*, trabalho manual — em que a Regra de São Bento a havia colocado. Uma orientação tão

clara e determinada relativa à disciplina claustral teve grandes reflexos no campo da espiritualidade, especialmente por obra de São Bernardo e dos seus discípulos. Trata-se, com efeito, de uma autêntica "escola", como os próprios cistercienses gostavam de defini-la. Com ela todo o anterior patrimônio de doutrina e de ascese recebe o máximo de aprofundamento e de interiorização, dando à "teologia monástica" os seus frutos mais copiosos e maduros. O universo espiritual é visto através de um acentuado simbolismo, enquanto o interesse psicológico traduz-se nos tratados *De anima*. É circundado e seguido por uma série imponente de escritores espirituais, revalorizados pelas pesquisas mais recentes: Aelredo de Rievaulx († 1167), Guerrico d'Igny († 1157), Isaac della Stella († 1169), Goffredo d'Auxerre, Gilberto de Hoyland, Adão e Tomás de Perseigne, e especialmente Guilherme de Saint Thierry († 1148), autor da célebre *Epistula ad fratres de Monte Dei* e teórico da mística trinitária. A "escola" cisterciense marca, portanto, a última grande etapa da espiritualidade beneditina na Idade Média, reconfirmando, nos seus pontos fundamentais, a sua solidariedade com os *claustrales* de todas as observâncias. Pode-se dizer, na melhor das hipóteses, que, quase procurando superar o sinal sensível da vida litúrgica e sacramental, esses monges centralizaram a sua piedade diretamente sobre o mistério, influenciando de maneira decisiva a espiritualidade da Baixa Idade Média. Convém observar, todavia, que de sua corrente provém Joaquim de Fiore, que se levantou, com a sua mensagem escatológica, como intérprete da renovação espiritual de toda a sociedade cristã. Nos ambientes femininos alemães são notáveis os escritos de → MATILDE DE MAGDEBURGO, MATILDE DE HACKEBORN e Gertrude, a Grande, do mosteiro de Helfta, de particular importância para a acentuada espiritualidade litúrgica, o desenvolvimento da mística nupcial e a devoção pelo → CORAÇÃO DE JESUS.

4. A CRISE DA ESPIRITUALIDADE BENEDITINA. Diante da nova teologia escolástica a tradição espiritual do monaquismo parece fechar-se em si mesma e colocar-se em posição de defesa: é a atitude da *Imitação de Cristo* se, segundo confirmação de recentíssimas investigações, o seu autor identifica-se com o abade beneditino João Gersenio di Vercelli, que viveu por volta da metade do século XIII. Os escritos espirituais, então, tendem a diminuir de número e de valor. Também

a → DEVOTIO MODERNA manifesta a sua influência nos ambientes monásticos do século XIV, especialmente com o abade Ludovico → BARBO, o alemão Giovanni Tritemio e o espanhol García de → CISNEROS († 1510), abade de Monserrat, em cujo famoso *Exercitatório* também se inspirou santo Inácio. Valores mais tradicionais, contudo, são encontrados no bem-aventurado Paulo → JUSTINIANO, reanimador da vida eremítica, enquanto nos ambientes dos Países Baixos é notável a excelente obra ascética do venerável Ludovico Blosio († 1566). A influência dos novos endereços de piedade acentua-se nos séculos XVII-XVIII, que também conhecem um abundante florescimento de místicos e místicas. É a época das mais variadas "devoções", dos diários, das autobiografias, especialmente dos piedosos exercícios destinados a unir o espírito aos sofrimentos do Salvador, como se observa não só no mundo monástico feminino, no qual se distingue a abadessa Maria Cecília Baij de Montefiascone († 1766), mas também junto a teólogos insignes, como o cisterciense cardeal Giovanni → BONA († 1674). O contato com a tradição, todavia, é mantido vivo pelas grandes pesquisas eruditas realizadas pelos beneditinos franceses da Congregação de São Mauro (maurinos), junto aos quais a espiritualidade produz obras de notável valor, como as de D. Cláudio Martin († 1696), e dá vida a toda uma literatura de instruções para os noviços. Na Inglaterra, um lugar notabilíssimo é ocupado por D. Agostinho → BAKER († 1641), autor da *Sancta Sophia*.

5. A ESPIRITUALIDADE BENEDITINA NOS SÉCULOS XIX E XX. O florescimento contemporâneo da espiritualidade beneditina está ligado principalmente ao renascimento do monaquismo na França, após a Revolução, por obra de D. Próspero Guéranger († 1875), restaurador de Solesmes. Autor do *Année liturgique* e das *Institutions liturgiques*, soube redescobrir, no fervilhante clima romântico, as antigas tradições litúrgicas e monásticas da época patrística e medieval, influenciando fortemente quer os renascentes centros monásticos, entre os quais Beuron (Alemanha) restaurado pelos irmãos Mauro e Plácido Wolter, quer, aos poucos, toda a Igreja. Vinha, assim, tomando impulso aquele movimento litúrgico que terminou por trazer frutos imponentes por volta da metade do século XX, dando uma nova face a toda a piedade católica contemporânea. Os principais centros foram as abadias beneditinas dos vários países, entre os quais especialmente a abadia renana de Maria Laach, à qual estão ligados os nomes do abade Ildefonso Herwegen († 1946) e D. Odo → CASEL († 1948). Foi notável, na Itália, a influência da obra do cardeal Ildefonso Schuster († 1954), especialmente com o livro *Liber Sacramentorum*, enquanto na Inglaterra notabilizavam-se os escritos teológicos de J. Chapman, C. Butler e A. Vonier. Uma contribuição realmente excepcional foi trazida pelas já clássicas obras de D. Columba → MARMION († 1923), abade de Maredsous: a solidez doutrinária, a perfeita fusão do ensinamento bíblico e do espírito litúrgico e a unção mística fazem da síntese deixada por D. Marmion a expressão mais feliz e equilibrada da espiritualidade beneditina na primeira metade do século XX. Se o renascimento monástico conduziu, no último século, a um despertar do interesse pela tradição católica através da obra de grandes eruditos, como G. Morin, U. Berlière, F. Cabrol, A. Wilmart e R. Molitor, a contribuição das últimas décadas exprime-se principalmente na redescoberta da "teologia monástica" elaborada pelos Padres medievais, na qual toda a experiência espiritual do monaquismo revela mais uma vez a sua vitalidade e atualidade. Enquanto, portanto, no último século, a espiritualidade beneditina pareceu de tal modo ligada ao espírito da liturgia, em consequência do movimento litúrgico promovido pelos mosteiros, a ponto de quase identificar-se com ele, a ampliação de perspectiva trazida por essas últimas orientações recoloca a liturgia em um contexto mais completo, do qual fazem parte integrante a Bíblia, os Padres, as doutrinas tradicionais sobre a oração e a contemplação, a separação do mundo e a escatologia, a inserção no mistério da Igreja vivido com impulso ecumênico. A → LECTIO DIVINA emerge cada vez mais claramente como o elemento unificador de toda a espiritualidade beneditina, muito além de toda pesquisa puramente erudita e também de uma concepção excessivamente ritualista e formal da liturgia. Também nisso operam alguns componentes substanciais da tradição monástica, dos quais a espiritualidade beneditina representa a adaptação historicamente mais feliz na vida religiosa do Ocidente.

BIBLIOGRAFIA. Para os textos ainda é insubstituível, em seu conjunto, a *Patrologia Latina*, de Migne, enquanto são numerosas as edições críticas recentes (Santo Anselmo, São Bernardo e outros menores), também na coleção *Sources chrétiennes*. Vários autores inéditos foram publicados na *Analecta Monastica* (*Studia Anselmiana*). Para os textos hagiográficos ainda é indispensável MABILLON, J. *Acta Sanctorum O.S.B.* 1668-1701, 9 vls. Para a bibliografia atual cf. os boletins anexos a: *Revue Bénédictine* (Maredsous), *COCR* (Westmalle) e *Studia Monastica* (Montserrat). Exposição cronológica de autores e obras em SCHMITZ, PH. *Histoire de l'Ordre de S. Benoît*. Maredsous, 1949, 188-326, vl. VI; mais panorâmico, WINANDY, J. La spiritualité bénédictine, in GAUTIER, J. *La spiritualité catholique*. Paris, 1953, 13-36 (trad. it.: Milano, 1956). Ilustração genial dos temas espirituais e dos gêneros literários próprios da tradição beneditina é a já clássica obra de LECLERCQ, J. *L'amour des lettres et le désir de Dieu*, Paris, 1957 (trad. it.: Firenze, 1966), enquanto para os fundamentos bíblico-patrísticos do ideal monástico cf. ID., *La vie parfaite*. Turnhout-Paris, 1948 (trad. it.: Milano, 1961). Monografias sobre cada autor até o século XII em *Théologie de la vie monastique*. Paris, 1961; sobre as relações entre espiritualidade e cultura cf. *Los Monjes y los Estudios*. Poblet, 1963; sobre a oração cf. VAGAGGINI, C. et al. *La preghiera nella Bibbia e nella tradizione patristica e monastica*. Roma, 1964. Sobre a exegese monástica fundamental LUBAC, H. *Exégèse médiévale*. Paris, 1959-1964, 4 vls.; breve, porém útil, o ensaio de CALCATI, B. Spiritualità monastica. *Vita Monastica* 13 (1959) 3-48; para a influência bíblica sobre a hagiografia, cf. LECLERCQ, J. L'Écriture sainte dans l'hagiographie monastique du haut Moyen Âge. In: *La Bibbia nell'Alto Medioevo*. Spoleto, 1963, 103-128. Para outros estudos recentes histórico-doutrinários cf. VAGAGGINI, C. et al. *Problemi e orientamenti di spiritualità monastica, biblica e liturgica*. Roma, 1961 (relatórios da I Convenção Italiana de Estudos sobre Espiritualidade Monástica). Sobre a terminologia espiritual cf. LECLERCQ, J. *Études sur le vocabulaire monastique du Moyen Âge*. Roma, 1963; PENCO, G. Gesù Cristo nella spiritualità monastica medievale. In: *Gesù Cristo: mistero e presenza*. Roma, 1972, 407-445.

Para o período medieval alto, cf. BERLIÈRE, U. *L'ascèse bénédictine dès origines à la fin du XII siècle*. Maredsous, 1927; PENCO, G. Il concetto di monaco e di vita monastica in Occidente nel secolo VI. *Studia Monastica* 1 (1959) 7-50; BALSAVICH, M. *The Witness of St. Gregory the Great to the Place of Christ in Prayer*. Roma, 1959. Textos e endereços de devoção são estudados por GOUGAUD, L. *Dévotions et pratiques ascétiques du moyen-âge*. Paris, 1925; WILMART, A. *Auteurs spirituels et textes dévots du moyen-âge latin*. Paris, 1932; LECLERCQ, J. *Aux sources de la spiritualité occidentale*. Paris, 1964 (eremitismo e *peregrinatio*); sobre a imitação do Oriente monástico, cf. PENCO, G. Il ricordo dell'ascetismo orientale nella tradizione monastica del Medio Evo europeo. *Studi Medievali* [série III] 4 (1963) 571-

587. Sobre Cluny, *La spiritualità cluniacense*. Todi, 1960; LAMMA, P. *Momenti di storiografia cluniacense*. Roma, 1961. Sobre a corrente camaldulense, cf. TABACCO, G. Privilegium amoris. Aspetti della spiritualità romualdina. *Il Saggiatore* 4 (1954); LECLERCQ, J. S. Romuald et le monachisme missionnaire. *Revue Bénédictine* 72 (1972) 307-323; ID. *S. Pierre Damien ermite et homme d'Église*. Roma, 1960. Sobre o século XII, cf. MAGRASSI, M. *Teologia e storia nel pensiero di Ruperto di Deutz*. Roma, 1960; CHENU, M.-D. *La théologie au XII siècle*. Paris, 1957; S. Bernard théologien. *Analecta Sacri Ordinis Cisterciensis* 9 (1953) fasc. 3-4; LECLERCQ, J. Les études bernardines en 1963. *Bulletin de la Societé Internationale pour l'Étude de la Philosophie Médiévale* 5 (1963) 121-138. Sobre os cistercienses cf. BOUYER, L. *La spiritualité de Citeaux*. Paris, 1955. Sobre a atribuição da *Imitação* a Gersenio, cf. BONARDI, P. – LUPO, T. *L'imitazione di Cristo e il suo autore*. Torino, 1964, 2 vls. Uma série de monografias em *La Théologie de la vie monastique d'après quelques grands moines des époques moderne et contemporaine*. Ligugé, 1961; cf. também *Les messages des moines à notre temps*. Paris, 1958. Sobre a espiritualidade litúrgica cf. VAGAGGINI, C. *Il senso teologico della liturgia*, Roma, 1958; ROUSSEAU, O. *Storia del movimento liturgico*, Roma, 1960. Sobre as orientações atuais, cf. PENCO, G. Indirizzi e tendenze delle attuali ricerche sulla tradizione monastica. *Vita Monastica* 16 (1962), 154-168; ID. Rassegna di studi sulla spiritualità monastica medievale. *Rivista di Storia e Letteratura Religiosa* 2 (1966), 93-115; ID., Dove va la storiografia monastica italiana? *Studia Monastica* 13 (1971) 405-429; ID. La teologia monastica: bilancio di un dibattito. *Benedictina* 26 (1979) 189-198; ID. Il concetto di "spiritualità benedettina" nelle riflessioni storico-dottrinali dell'epoca contemporanea. *La Scuola Cattolica* 109 (1981) 191-209; ID. Medio Evo e santità monastica: un'equazione? *Studi Medievali* [ser. III] 24 (1983) 389-401; ID. La spiritualità monastica nei rapporti con le altre principali correnti di spiritualità. *Benedictina* 32 (1985) 337-351; ID. L'influsso monastico sulla spiritualità italiana del Novecento. *Benedicina* 33 (1986) 105-116.

G. PENCO

BENTO DE ANIANE (Santo). Reformador do monaquismo carolíngio. Tendo nascido por volta de 750 de família visigótica (seu verdadeiro nome era Witiza), entrou em um mosteiro nas proximidades de Dijon. Alguns anos depois retirou-se para a vida eremita perto do rio Aniane, para onde bem depressa o seguiram numerosos discípulos. De uma observância inspirada no rigorismo oriental, passou gradativamente à *discretio* da Regra beneditina, enquanto Carlos Magno e especialmente Ludovico o Pio manifestavam-lhe a sua confiança com o encargo de reformar os mosteiros da Aquitânia. Essa obra visava sobretudo uma unificação dos diferentes usos claustrais, com base na Regra de São Bento, culminando no célebre capítulo abacial realizado em 817 em Aix-la-Chapelle. Ao mesmo tempo vinham sendo colocadas as bases das futuras *Consuetudines* monásticas, especialmente com relação a observâncias litúrgicas e rituais que a partir dessa época tendem a adquirir uma importância cada vez maior. Consequentemente, a vida claustral assumia um caráter mais contemplativo e preparava, assim, a orientação espiritual de Cluny no século seguinte. Além da elaboração de novos textos legislativos, Bento de Aniane reuniu as regras anteriores no *Codex Regularum* (primeira edição, Roma, 1661) e, em seguida, paralelamente à Regra beneditina, na *Concordia Regularum* (*PL* 103, 702-780). Dotado de boa cultura teológica, prodigalizou-se na pregação da fé e na luta contra a heresia adocionista, compondo alguns opúsculos e florilégios de textos patrísticos. Depois do patriarca de Núrsia, ninguém exerceu uma influência maior nos destinos do monaquismo ocidental, mas a sua obra concreta de reformador monástico revelou-se efêmera, porque não conduziu a uma efetiva unidade de regime, suscitando um fraco eco na Itália.

BIBLIOGRAFIA. ARDONE. Vita. In MGH, *Script.*, XV-1, 198-220 (*PL* 103, 351-390). Sobre os seus *Monumenta Fidei*, cf. LECLERCQ, J. (ed.). *Studia Anselmiana* 20 (1948) 21-74; os textos monásticos que refletem os usos anianenses e a legislação de Aquisgrana estão publicados em edição crítica no *Corpus Consuetudinum Monasticarum* I. Siegburg, 1963, 176-582. WINANDY, J. iniciou a reavaliação da importância histórico-ascética de São Bento de Aniane em L'oeuvre monastique de S. Benoît d'Aniane. In: *Mélanges bénédictins*. St. Wandrille, 1947, 235-258; cf. SCHMITZ, PH. L'influence de S. Benoît d'Aniane dans l'histoire de l'Ordre de S. Benoît. In: *Il Monachesimo nell'Alto Medioevo e la formazione della civiltà occidentale*. Spoleto, 1957, 401-415; MOLAS, C. A propósito dell'"Ordo diurnus" de S. Benito de Aniane. *Studia Monastica* 2 (1960) 205-221. Sobre a influência de Cassiano cf. ROUSSELLE, A. – ESTEVE, E. *Annales du Midi* 75 (1963) 145-160.

G. PENCO

BENTO DE CANFIELD. 1. NOTA BIOGRÁFICA. Tendo nascido em 1562 no condado de Essex

(Inglaterra), da nobre família Fitch, foi educado no protestantismo e converteu-se ao catolicismo em 1585. Vestiu o hábito capuchinho em 1587, em Paris, e estudou teologia na Itália, onde parece ter amadurecido a primeira redação de sua obra mais famosa inspirada no *Breve compendio di perfezione cristiana*, da nobre dama milanesa Isabella Cristina Lomazzi Bellinzaga, composto por esta em parceria com o padre jesuíta → GAGLIARDI e nas pegadas e ensinamento de Santa → CATARINA DE GÊNOVA (escola do amor "puro e limpo"). Foi mestre de noviços da província monástica de Paris e de 1599 até 1602 morou na Inglaterra, onde foi encarcerado por causa da fé católica. Ao retornar à França retomou a formação dos noviços em Rouen e, solicitado, assumiu a direção espiritual de conhecidas almas de Deus, como a bem-aventurada → MARIA DA ENCARNAÇÃO (Madame Acarie), Maria de Beauvilliers, reformadora do mosteiro de Montmartre, a convertida Abra de Raconis, Madalena de Sourdis e outras. Com a experiência direta de uma intensa vida interior, dedicou-se ao estudo de autores místicos como Enrico → HERP ou Harpius, São Boaventura, → ALONSO DE MADRID e outros franciscanos, além de carmelitas como São → JOÃO DA CRUZ e de outras escolas, sem excluir autores capuchinhos italianos (Giovanni da Fano, Bernardino da Balbano, Matia da Salò). Publicou as obras que o tornaram muito conhecido e fizeram dele um mestre-escola, por volta do final de sua vida; morreu em Paris no dia 21 de novembro de 1610, no convento de Saint Honoré.

2. OBRAS. A produção de Bento de Canfield é escassa, porém importante, tanto que → BREMOND lhe atribui a tendência mística que caracterizou a espiritualidade francesa no primeira parte do século XV (*Histoire littéraire du sentiment religieux en France*. Paris, 1916, 156, vl. II), ainda que outros neguem (HUYBEN, J. Aux sources de la spiritualité française. *La Vie Spirituelle* 25 [Supplément] (1930) 113. A primeira obra é: *Le Chevalier chrétien contenant un dialogue mystique entre un chrétien et un païen*, composta antes de 1603 e publicada somente em 1609 em Paris: em duas partes das quais a primeira, muito teológica, trata do pecado original e das suas nefastas consequências, e da restauração na graça mediante a → REDENÇÃO; a outra indaga vícios e virtudes, juntando doutrina e introspecção psicológica. No mesmo ano publicava *La règle de perfection contenant un abrégé de toute la vie spirituelle réduite à ce seul point de la volonté de Dieu* (Paris, 1609; uma edição em latim foi logo organizada pelo autor), a sua obra mais célebre e característica, que propriamente contém o seu sistema espiritual (dela, antes que fosse posta no *index*, houve 11 edições francesas, 9 latinas, 3 flamengas, 3 italianas, 2 espanholas, 2 inglesas e 2 alemãs). Uma excelente edição crítica dos textos originais franceses e ingleses foi publicada por ORCIBAL, J. *B. de C., La Règle de Perfection — The Rule of Perfection*. Paris, 1982.

3. DOUTRINA. Em sua intuição espiritual, Bento parte do princípio de que, "ayant bien consideré la diversité des chemins, et la multitude d'exercises pratiqués pour parvenir à la vraye perfection, j'ay désiré les abréger et réduire tous à un seul point" (ed. 1622, 1 s., passim). Ele busca um método rápido e unitário para chegar à → UNIÃO COM DEUS, um método válido tanto para a ascese quanto para a contemplação, logo, aplicável às três vias ou etapas do caminho espiritual: purgativa, iluminativa e unitiva (ativa, contemplativa e sobre-eminente). O exercício que ele expõe dura sempre, ao contrário dos outros que "mudam com o progresso na perfeição" (p. 8 s.), e é tal que "inclui todos os outros exercícios e toda forma de perfeição" (p. 14); consiste em realizar todas as nossas ações segundo a vontade de Deus: a alma deve agir "avec ceste seule intention, pour ce que Dieu le veut ainsi" (p. 33). Naturalmente, dando inicialmente um impulso ascético ao exercício, Bento acentua que "Deus não é injusto, tirano, cruel, mas, ao contrário, justo, terno e misericordioso", e que não ordena coisas "acima de nossas possibilidades" (p. 72). Como, porém, se articula essa vontade de Deus, motor de todas as coisas e princípio fundamental e unitário de todo o tratado? Ela se configura exatamente em correspondência às outras vias ou vidas, em *externa*, *interna* e *essencial*: no primeiro aspecto manifesta-se aos iniciantes sob a forma dos preceitos e do auxílio da razão; no segundo, revela-se aos proficientes mediante a iluminação da alma e o governo das suas potências na → VIDA contemplativa; no terceiro (grau sobre-eminente), é o próprio Deus quem age e pela força do amor eleva o ser humano à união inefável com ele. A alma, com efeito, atingindo a contemplação, sente-se "inflamada pelo amor de seu Deus" (p. 180) e percebe que a vontade essencial de Deus é "chose délicieuse et plaisante", que a ilumina, dilata, estende, eleva, arrebata e inebria a ponto de ela despir-se de si mesma e "de toute propre volonté, intérest ou commodité", e imerge "no abismo dessa vontade" e "s'absorbe dans sa volupté" (p. 201). Tendo, assim, chegado a essa inefável união com Deus, a alma torna-se quase "um só espírito com ele", gozando o prazer de estar com ele; sente o amoroso contato com Deus, entende as suas doces palavras, é arrebatada pelos seus "amoreux et attrayant regards, doux baisers, chastes embrassements" e experimenta "le vif attouchement de son bon plaisir" (p. 208). Descobre o amor que Deus tem por ela e o seu amor por Deus, e sente-se leve, soerguida para o alto como uma palha levada pelo vento (p. 213); fica espantada ("estonée") com o que descobriu e com esse espanto nasce nela "a exultação" comparada a "une huyle qui adocit les amertumes du coeur et chagrin d'esprit, une saulce qui rend agréable la viande mal plaidante de mortification" (p. 235). Esse estado é superior a todo esforço e meio humano; é, antes, em certo sentido, a "cessação" das operações humanas que agiliza o conseguimento, enquanto, então, realiza-se "une merveilleuse réciprocation d'amour", em que a alma e Deus "s'entrereçoivent, s'entr'embrassent et se possèdent l'un l'autre" (p. 331). A última palavra cabe, portanto, ao amor que "ravit, liquefie et fond l'âme em telle sorte" que a alma permanece "par iceluy absorbée, engloutie et liquefiée em Dieu" (p. 336).

Essa terceira parte da *La Règle de perfection*, de alta mística e destinada aos perfeitos, deve ser corretamente entendida, visto que apresenta algumas dificuldades, e o próprio autor, nas primeiras edições francesas, não a quis incluir, reservando-a somente para a edição latina (1610). Algumas expressões podem ser interpretadas erroneamente, e também se pode entender por que ela foi proibida pelo carmelita Jerónimo Gracián (*Lamentaciones del miserable estado de los Atheistas destos tiempos*, Bruxelles, 1611, p. 284) e, por outro lado, 80 anos após o seu desaparecimento, por ocasião do perigo representado pelo → QUIETISMO, incluída no índice dos livros proibidos (26 de abril de 1689); todavia, levando-se em conta a linguagem utilizada por muitos místicos, ela se explica em sentido plenamente católico, conforme foi demonstrado por vários estudos recentes (*Études Franciscaines* 42 [1930] 688-707; *Colectanea Franciscana* 10 [1940] 346 s.). É recomendada, todavia, por São → FRANCISCO DE SALES e pelo padre Giuseppe du Tremblay, de Paris, além do autor, a necessária prudência na leitura.

BIBLIOGRAFIA. BREMOND, H. *Histoire littéraire du sentiment religieux en France*. Paris, 1916, 135-168, vl. II; *Dictionnaire de Spiritualité*. 1446-1451, vl. I; EMERY, K. JR. Renaissance Dialectic and Renaissance Piety, Benet of Canfield's Rule of Perfection. A translation and study. Binghamton, 1987; GULLICK, E. Benet of Canfield. The Rule of perfection: the active and contemplative life. *Laurentianum* 13 (1972) 401-436; ID. The supereminent life and the contemplation of the Passion in the doctrine of Benet de Canfield. *Laurentianum* 15 (1974) 288-348; MOMMAERS, P. B. de C. et ses sources flamandes. *Revue d'Ascétique et de Mystique* 48 (1972) 401-432; 49 (1973) 37-66; ID. La Règle de perfection de B. de C. *Ons Geestelijk Erf* 58 (1984) 247-273; ID. *B. de C.: sa terminologie "essentielle"*. *Revue d'Ascétique et de Mystique* 47 (1971) 421-454; 48 (1972) 37-68; OPTAT DE VEGHEL [VAN ASSELDONK]. *Benoît de Canfield. Sa vie, sa doctrine et son influence*. Roma, 1951, 192 s.; ORCIBAL, J. La Règle de perfection de Benoît de Canfield a-t-elle été interpolée? *Divinitas* 11 (1967), 845-874; VAN ASSELDONK, O. Le Christ crucifié, Dieu-Homme, dans la doctrine de B. de C. Son christocentrisme contesté. *Laurentianum* 24 (1983) 328-430.

METODIO DA NEMBRO

BENTO DE NÚRSIA (Santo). 1. NOTA BIOGRÁFICA. Tendo nascido por volta de 480 no território de Núrsia, e sido enviado a Roma para fazer os estudos, bem depressa, desgostoso com o mundo, retirou-se para a vida religiosa em Affile, nos campos romanos, onde permaneceu breve período. Para fugir da popularidade angariada com um primeiro milagre, fixou morada nas proximidades de Subiaco, onde levou uma vida solitária durante três anos em uma caverna (*Sacro Speco*), visitada até por São Francisco. Ignorado por todos, a sua permanência naquela solidão foi possível graças à ajuda do monge Romano, que pertencia a uma comunidade vizinha. Aos poucos, todavia, a fama de sua santidade difundiu-se nas cercanias, atraindo discípulos para os quais Bento construiu doze mosteiros, cada um formado por doze monges: em um décimo terceiro reuniu outros candidatos sob seus cuidados diretos. Uma tal estrutura monástica, fundada sobre cenóbios de limitada autonomia e colocados sob a dependência de um só superior central, evidentemente reflete uma concepção cenobítica ainda muito fiel ao ideal pacomiano, mas não encontra nenhuma correspondência com a concepção depois acolhida e codificada pela Regra. Sob o aspecto ascético, já estão presentes todos os fatores que a tradição e a Regra consideram fundamentais na vida monástica: ao mesmo período sublacense se referem alguns dos episódios mais sugestivos da vida do santo, como os que tiveram como protagonistas São Mauro e São Plácido.

O fervor daquelas primeiras fundações e da vida espiritual nelas conduzida, somando-se ao prestígio de Bento, provocou a indigna perseguição de um sacerdote das redondezas; apesar do desaparecimento deste, Bento não considerou mais oportuno continuar a viver naqueles lugares. Isto demonstra que em seu espírito vinha amadurecendo uma concepção mais completa do ideal cenobítico, ou seja, de uma comunidade autônoma e única, sem nenhuma limitação, nem no número dos componentes, nem na autoridade do abade. Deixando, assim, o vale do Aniene, estabeleceu-se na acrópole de Cassino (era, talvez, 529), fundando ali o célebre mosteiro que constitui a expressão perfeita e definitiva de seu ideal monástico. Ali, muito provavelmente, compôs a Regra e dedicou-se à evangelização das populações ainda pagãs. Uma nova fundação foi a do mosteiro de Terracina; outras permanecem dúbias. Ali, ainda, Bento viu a seus pés o rei Totila, e aparece em contato com eminentes pastores de almas e homens de Deus; uma vez por ano encontrava-se com a irmã, Escolástica, também ela consagrada, desde a juventude, ao serviço divino. Nada de preciso sabemos, todavia, de suas relações com a Igreja romana, nem com autoridades eclesiásticas e civis, no que se supõe, com a finalidade de legitimar a tomada de posse daquele lugar e a atividade evangelizadora em relação às populações. Mais numerosas e significativas são as indicações sobre dons e carismas particulares, como a leitura das consciências, o espírito de profecia, a presença de estados místicos: entre estes, convém citar as visões de almas ascendendo ao céu (São Germano de Cápua em uma esfera de fogo e santa Escolástica sob a forma de uma pomba) e, especialmente, a contemplação de todo o universo recolhido em um único raio de sol, visto que "quem contempla o Criador, cada criatura revela-se pequena", ainda que sobre o objeto próprio dessa visão, que se tornou célebre na história da mística, existam opiniões controversas. Após ter prenunciado o dia de sua morte, recebeu a Eucaristia e expirou: era o dia 21 de março de 547, embora a identificação do ano não seja livre de incertezas. Fenômenos místicos repetiram-se por ocasião dessa morte, visto que dois discípulos puderam contemplar a subida de Bento à glória eterna ao longo de um caminho fulgurante de luzes e ornamentos preciosos.

Esses são os dados biográficos essenciais extraídos do II Livro dos *Diálogos*, de São Gregório — que escrevia a cerca de meio século de distância —, mais solícito em apresentar Bento na luz tradicional do *vir Dei*, ou seja, qual taumaturgo, profeta e, antes, o maior dos antigos ascetas itálicos, do que apresentar exatas indicações cronológicas, jurídicas e institucionais. Milagres e curas, lutas vitoriosas com o demônio e empresas dignas dos Padres do deserto são abundantes, com efeito, na narração gregoriana, redigida segundo um esquema hagiográfico já determinado e destinado, em seguida, a uma ainda maior sorte. Nela, o autor, mais que um conjunto de elementos mais ou menos abundantes e historicamente plausíveis, pretende traçar de forma concreta um itinerário de vida espiritual que vai do abandono do mundo e do retiro em si mesmo (*habitare a secum*) à superação das coisas criadas e à subida para Deus (*extra mundum fieri*). Não é difícil perceber, além da trama hagiográfica e da temática espiritual imposta pelo particular gênero literário, um caráter, ao mesmo tempo, firme e paterno, que sabe dominar os seres humanos e os eventos e realizar com fé e paciência os seus propósitos, um admirável equilíbrio de natureza e de graça, uma visão profundamente religiosa da vida, uma existência já inserida no mistério de Deus. Só aos poucos a tradição monástica do Ocidente europeu — praticamente a partir do século VIII — escolheria Bento como seu quase exclusivo mestre, vislumbrando nele, além do taumaturgo, o legislador e o pai dos monges ocidentais, digno de figurar ao lado dos grandes ascetas do Oriente. O seu ensinamento foi acolhido e desenvolvido pelo monaquismo carolíngio e por Cluny, Citeaux e pelas Congregações monásticas da Baixa Idade Média e da Idade Moderna, manifestando a sua influência também sobre as correntes eremíticas dos séculos X-XII e revelando-se precioso para as mais recentes formas de vida religiosa. Por uma tal imensa posteridade espiritual, Bento é comparado pela tradição a → ABRAÃO; pela sua figura de legislador, a → MOISÉS.

2. A REGRA MONÁSTICA.

O principal título de autoridade na história da → ESPIRITUALIDADE CRISTÃ, para Bento, é a composição da Regra monástica. Redigida no estilo habitual aos ambientes ascéticos, e documento precioso também para a evolução do latim cristão no século VI, compõe-se de um prólogo e de 73 capítulos. É endereçada aos monges, particularmente aos cenobitas, dado que as formas aberrantes dos *girovaghi* [perambuladores de cela em cela] e *sarabaiti* [caricatura de monge: gulosos, corruptos, autônomos de vida própria] são excluídas desde o princípio, enquanto os eremitas são apresentados já como superiores à disciplina comum do cenóbio (c. 1). A Regra supõe um mundo fechado, separado do resto da sociedade, no qual ordinariamente os monges não devem agir, até porque, costumeiramente, eles são e permanecem simples leigos. Nisto, Bento continua substancialmente a orientação do ascetismo antigo, cujo fim é visto no aperfeiçoamento espiritual do indivíduo e, então, da comunidade, e não em ações externas de caráter pastoral, econômico ou cultural. A comunidade na qual Bento pensa e à qual orienta a Regra não é uma comunidade de clérigos, mas de monges, cuja vida deve desenvolver-se dentro do recinto claustral (c. 4). Quanto ao próprio Bento, é pouco provável que fosse revestido da ordem sacerdotal. Só a acentuação de particulares exigências no seio da Europa barbárica e o interesse do pontificado romano tornaram possível e necessária uma intervenção dos monges também nesses setores da vida temporal.

A Regra não é redigida com base em uma rigorosa divisão de assuntos. Nota-se nela, todavia, uma seção ascética inicial (prólogo e cc. 1-7), o código litúrgico (cc. 8-20), o código penitencial (cc. 23-30), enquanto os capítulos seguintes tratam da ordenação interna do cenóbio, dos diferentes ofícios e encargos, das várias formas de recrutamento e de particulares casos de disciplina. Não faltam sinais que atestam revisões, determinações e acréscimos, como é bastante lógico em um texto de caráter legislativo, aberto à prova da experiência cotidiana. Não é necessário, porém, supor, como fez algum estudioso moderno, um específico encargo papal, uma vez que no século VI a composição de uma regra monástica é um fato bastante frequente, deixado ao arbítrio de cada → ABADE, que também pode adotar várias regras simultaneamente, segundo a práxis das denominadas *regulae mixtae*. Também sob o aspecto literário a Regra de Bento coloca-se na linha da antiga tradição monástica, visto que nela são profundas e contínuas as evocações aos clássicos da ascese cristã, Santo → AGOSTINHO, → CASSIANO, São → JERÔNIMO, São Basílio, e as *Vitae Patrum*, o melhor, em suma, de toda a anterior experiência religiosa. São muito frequentes os ecos, literários ou livres, de textos bíblicos, especialmente dos Salmos e de São Paulo. A partir de 1938, todavia, uma questão de enfoque mais geral agita-se em torno das fontes e, então, da originalidade da Regra quanto às suas relações, de prioridade ou de posteridade cronológica, com a *Regula Magistri*, uma regra anônima que apresenta grandes afinidades e estreitas coincidências literárias com a de Bento, no prólogo e nos sete primeiros capítulos. Após alternadas e debatidíssimas problemáticas, tende a tornar-se cada vez mais difundida, entre os estudiosos, a opinião que reconhece na *Regula Magistri* a fonte próxima e principal do código beneditino. Dessa regra, este último teria extraído, entre outros, também o esquema geral de composição, baseado no conceito do mosteiro como *schola* e, assim, na relação pedagógica entre *magister* e *discipulus*. Nos passos comuns, com efeito, a *Regula Magistri* revela-se mais fiel e, portanto, mais próxima de cada fonte bíblica e patrística, das quais Bento vai aos poucos se distanciando para elevar-se a uma concepção mais pessoal e espiritual. O próprio esquema literário da *schola*, nas partes próprias e exclusivas de Bento, não aparece mais, confirmando, juntamente com numerosos outros casos do gênero, a descontinuidade redacional do texto beneditino em confronto com a *Regula Magistri*. Essa constatação, introduzindo em um conhecimento bem mais profundo de tantos detalhes da Regra, tornou possível, por outro lado, o reconhecimento do enorme progresso realizado por Bento no campo das instituições e da disciplina, da ordenação comunitária e da própria espiritualidade. Em todo caso, a substancial paternidade de Bento sobre a Regra que traz o seu nome e está ligada, indissoluvelmente, à tradição religiosa do Ocidente, foi posteriormente confirmada pelo fato de que, através da tradição manuscrita, é possível remontar ao autógrafo (perdido) através de um único intermediário. Da difusão ao longo dos séculos também são testemunhos os numerosos e respeitáveis comentários (os mais antigos, do século IX), enquanto as edições impressas, ou do texto original ou das várias línguas, superam o número de mil.

O prólogo, mediante imagens extraídas da doutrina dos → SENTIDOS ESPIRITUAIS, convida o candidato a escutar a voz do Mestre e a contemplar a luz divina, além de, referindo-se ao conceito de vida ascética como *militia*, exortar a assumir as firmes armas da obediência a serviço de Cristo, verdadeiro rei. Trata-se de sacudir-se de um longo sono de inércia, de buscar a verdadeira vida, de entrar no tabernáculo de Deus, amado essencialmente como Pai. A esse propósito, parece que o atual texto do prólogo derive de uma catequese batismal que ilustra o significado da *Oratio Dominica*, o que apresentaria a vida monástica à luz da clássica doutrina relativa ao segundo batismo. O apelo à boa vontade e ao empenho ascético traduz-se em termos tão vigorosos e resolutos que evocam, em alguns pontos, a linguagem que em seguida seria chamada de "semipelagiana". Uma profunda compenetração do ideal evangélico — *per ducatum Evangelii* — faz superar a distinção entre empenho pela perfeição e exigência de salvação: o monge é aquele que acolheu, de modo incondicional, o convite do Senhor e está pronto a segui-lo em seu Reino. Tudo, portanto, deve ser abandonado e desprezado para imitar o Cristo, modelo supremo de santidade. A vocação monástica insere-se, assim, no mais vasto plano do retorno da humanidade inteira a Deus, após o afastamento produzido pelo pecado, sem hesitação e meios-termos. Uma vez fixado um ideal tão grande, o propósito de Bento pode parecer modesto: a sua Regra apresenta-se como um "esboço para principiantes" (*initium conversationis*, c. 73) e, na realidade, como não há prescrição de práticas penitenciais extraordinárias, não há hesitação para os graus mais elevados da oração e da → MÍSTICA. O interesse é dirigido para os fundamentos da → ASCESE e às virtudes eminentemente comunitárias da → OBEDIÊNCIA e da → HUMILDADE. Sob esse referencial, na Regra já está todo o essencial que consiste na firme decisão de renúncia à própria vontade, causa de todo mal, e de submissão à vontade alheia. É a via da obediência, assumida com desconfiança nas próprias forças, mas percorrida com alegria de coração pelo conforto da graça divina, na consciência de uma perfeita conformação com o exemplo do Senhor; obediência que se quer seja estendida a todos, em uma emulação recíproca. Essa docilidade de espírito constitui um bem tão grande e abre horizontes espirituais tão elevados que a atitude mais identificável com o monge deve ser a de uma profunda humildade. Através dela, como ao longo da mística escada de Jacó, o monge ascende do sentimento constante da → PRESENÇA DE DEUS ao temor da pena eterna, do desapego interior à execução das ordens até mais pesadas, do sentimento da própria indignidade a uma contenção externa marcada pela gravidade e modéstia, livre, então, do temor servil e animada unicamente pela caridade. A doutrina sobre a humildade está descrita no capítulo 7, considerado pela sucessiva tradição espiritual — até São Bernardo e Santo Tomás, que o comentam — um texto clássico da ascese monástica. Em seu contexto, todos os deveres fundamentais da vida cristã são evocados e reforçados sob a forma de "instrumentos das boas obras" (c. 4), uma série de breves sentenças dispostas segundo um esquema não raro na antiga literatura ascética.

Toda prescrição disciplinar e cada norma fundamental são porém dominadas por um sábio conhecimento do espírito humano, das suas fraquezas e enfermidades, como também das exigências próprias de cada um. A renúncia total a cada tipo de posse individual (c. 33) é logo completada pela consideração das necessidades particulares (c. 34): é a *discretio* beneditina, da qual, de modo especial, o → ABADE deve ser dispensador. Sob esse aspecto, os elevadíssimos ideais ascéticos do monaquismo oriental, com os jejuns, sono, mortificação e oração contínua, parecem inseridos em uma concepção mais realista e equilibrada, que visa, antes de tudo, à conversão do coração, ao desenraizamento dos vícios e ao fervor da caridade. Fruto disto é a paz da alma e a alegria do espírito, bens que se tornam patrimônio comum da *domus Dei*. Esta deve ser administrada por pessoas sábias e capazes, a fim de que ninguém venha a lamentar-se ou, pior, a murmurar. Nela, todos devem resguardar-se de render-se honras, identificar-se com as virtudes, considerar cada coisa e pessoa com espírito sobrenatural, visto que tudo, na casa de Deus, é digno de honra, e os próprios objetos materiais se tornam quase objetos sacros. Assim, com efeito, toda a vida monástica adquire, no pensamento de Bento, um caráter sacral, derivado principalmente da habitual participação na ação litúrgica.

A primazia na vida espiritual cabe à *opus Dei*, minuciosamente descrita e finamente moldada em todos os seus detalhes, a ponto de constituir a mais nítida e ágil codificação da oração da Antiguidade à Idade Média. Em conformidade com os endereços de piedade monástica, os Salmos formam a parte mais importante, inseridos em cada uma das oito horas canônicas com critério de genial apropriação e bom gosto. O elemento laudativo recebe, assim, particular destaque, endereçando o espírito de oração para a *confessio*, celebração humilde e reconhecedora da grandeza divina na presença dos anjos. Hinos, responsórios e versículos conferem ao *cursus* litúrgico de Bento um caráter variado e adequado a exprimir, da maneira mais elevada, a espiritualidade comunitária, toda voltada para os grandes mistérios do → ANO LITÚRGICO, principalmente para a → PÁSCOA. Especial importância possuem também as leituras bíblicas e patrísticas, também objeto de estudo privado. São poucas as indicações propriamente espirituais sobre as disposições interiores a serem cultivadas na oração: estão reunidas na conhecidíssima norma: *mens nostra concordet voci nostrae* (c. 19). O → OFÍCIO DIVINO não possui propriamente um objetivo penitencial, dado que também a salmodia noturna, embora permanecendo fiel ao número tradicional de 12 Salmos, segue-se a um repouso adequado e ininterrupto, enquanto a celebração do sacrifício eucarístico é prevista só aos domingos e dias festivos. Sóbrias, também, são as indicações sobre a oração privada, deixada à inspiração da graça divina e à iniciativa pessoal: deve desenvolver-se "não em voz alta, mas com as lágrimas e a aplicação do coração" (c. 52), enquanto o sentimento da majestade divina lhe confere o caráter de humildade e de reverência, de pureza e de brevidade.

A tradição monástica também sugere à Regra beneditina uma outra expressão de oração, a *meditatio*, ou seja, a repetição incessante e submissa dos textos sagrados, feita privadamente, até obter uma assimilação pessoal: através da *meditatio*, a → PALAVRA DE DEUS penetra plenamente no espírito que, assim, é alimentado e iluminado pela sabedoria divina. Uma via normal para chegar à *meditatio* é a *lectio*, também ela codificada pela Regra para determinadas horas, a fim de preparar ou prolongar o fruto da oração litúrgica. Não se trata, obviamente, de uma leitura científica, ainda que sustentada por todos os meios que as *artes* e as *disciplinas* da escola podiam oferecer, e sim de uma aplicação espiritual ao texto sagrado,

especialmente no tempo da → QUARESMA (c. 49). Com tal leitura aprende-se o significado literário das páginas inspiradas, para depois chegar, via *meditatio*, à contemplação dos divinos mistérios na *oratio*, no quadro da celebração litúrgica, em uma ação sacra realizada, portanto, *in medio Ecclesiae*. Naturalmente esse itinerário espiritual, bastante conhecido na tradição monástica anterior e destinado a receber novos e geniais aprofundamentos nos séculos sucessivos, até à grande época de São Bernardo, é mais suposto que descrito pela Regra de Bento. Por esta razão, recebe um vigoroso impulso aquela "teologia monástica" que representa a contribuição do monaquismo beneditino para a unificação da espiritualidade medieval, antes do surgimento da teologia escolástica. Se, portanto, os diferentes graus e elementos da vida de oração são simplesmente referenciados na Regra de Bento — que é, principalmente, um código legislativo —, tal ensinamento pressupõe uma já longa e viva tradição espiritual. A esta Bento se refere explicitamente apontando, no último capítulo da Regra, a Sagrada Escritura e as obras dos Padres como instrumentos mais eficazes para chegar ao vértice da perfeição.

A aplicação, embora tão empenhadora, à → LECTIO DIVINA e à *opus Dei* certamente não esgota a atividade do monge, ainda que lhe condicione as mais altas e espirituais expressões. A Regra, com efeito, em termos igualmente explícitos, fixa um horário também para o trabalho manual (c. 48), que, assim, encontra um lugar no quadro da vida ascética, não só pela fuga do ócio e pela sustentação da comunidade, mas como legítimo exercício das atitudes de cada monge. Visto que também nisso não se deve procurar na Regra, inteiramente direcionada ao renegamento de si, particulares propensões "humanistas", o fato é que toda energia e capacidade humana é nela assumida e nobilitada para o serviço de Deus e dos irmãos. O mosteiro, concebido como autônomo, torna-se, portanto, uma cidadela laboriosa e produtiva (c. 66). Será supérfluo destacar a importância desse conceito e práxis para o sucessivo desenvolvimento da vida social e econômica; mas para Bento o trabalho é, antes de tudo, um elemento equilibrador, que insere a obra do ser humano na mais geral colaboração na ação divina.

A regularidade de uma disciplina, o fiel exercício das diversas funções, o pontual cumprimento de cada ato nas "horas prescritas" (cc. 31, 47 e 50) tornaram-se possíveis por meio de uma firme estrutura hierárquica, típica do cenóbio beneditino. À frente desta está o abade, pai espiritual e representante do Cristo, modelo, para os monges, de solicitude, imparcialidade e prudência, e de dispor cada coisa para a salvação das almas. Coadjuvado por um *praepositus* (c. 65) e pelos *decani* (c. 21), ele está no vértice da vida de comunidade, uma vez que tudo deve desenvolver-se com a sua ordem e permissão. Fundamentada nele, a comunidade constitui uma imagem da grande realidade da Igreja em sua expressão mais alta, a caridade: a pena mais grave, portanto, consiste em estar separado dela pela excomunhão regular, reservada aos indisciplinados e obstinados. Dessa comunidade todos podem fazer parte: leigos e sacerdotes (estes últimos quase excepcionalmente), servos e livres, sem preferências ou exclusivismos, visto que "todos somos uma só coisa em Cristo" (c. 2). Daí deriva o caráter profundamente cristocêntrico da Regra, que aponta o Cristo no superior, nos irmãos, nos hóspedes e nos enfermos. Se, com efeito, o sinal distintivo da vocação monástica é, junto com a solicitude à *opus Dei* e a prontidão nas humilhações, o desejo da busca de → DEUS (c. 58), essa busca se manifesta em não antepor nada ao amor de Cristo (cc. 4, 72). A firmeza no serviço divino é sustentada por uma particular promessa: a da *stabilitas*, expressão externa de uma fidelidade interior aos próprios propósitos, enquanto o tão discutido voto da *conversatio morum* (aceite-se ou não a interpretação no sentido de "vida comum") consolida todo o esforço ascético que torna a vida monástica uma mística participação nos sofrimentos do Senhor (pról.).

BIBLIOGRAFIA. Para um primeiro contato com a vastíssima bibliografia cf. COLOMBÁS, G. – SANSEGUNDO, L. – CUNILL, O. *San Benito. Su vida y su Regla.* Madrid, 1954, com apêndices sobre o culto, as relíquias e a iconografia; e TURBESSI, G. *Ascetismo e Monachesimo in san Benedetto.* Roma, 1965 (bibliogr. de mais de setecentas outras vozes). Sobre os *Diálogos* de São Gregório, a edição criticamente melhor é a de MORICCA, U. Roma, 1924: são numerosas as versões, recentíssimas, italianas. Entre as biografias modernas, são notáveis as de SALVATORELLI, L. Bari, 1929; HERWEGEN, I. Dsseldorf, 1951; SCHUSTER, I. Viboldone, 1953. Interessa diretamente à história doutrinária o estudo de MÜLLER, J. P. *La vision de S. Benoît dans l'interprétation des théologiens scolastiques*, in *Mélanges bénédictins.* S. Wandrille, 1947, 145-201. Sobre as lutas de Montecassino, cf. LECCISOTTI, T. *Montecassino.* Badia di Montecassino, 1964. O texto crítico da Regra, org. por HANSLIK, R. está in *CSEL* 75, Vienna, 1960. Sobre as edições anteriores cf. ALBAREDA, A. *Bibliografia de la Regla benedictina.* Montserrat, 1933; entre as mais recentes, são úteis as de LENTINI, A. Montecassino, ²1980 e de SCHMITZ, PH. Maredsous, 1962, com uma introdução ling ística de MOHRMANN, CHR. Entre os comentários doutrinários, excele o de MARMION, C. *Cristo, ideale del monaco.* Praglia, 1940; entre os de índole mais geral, é notável DELATTE, P. *Commentaire sur la Règle de Saint Benoît.* Paris, 1913 (Bergamo, 1951) e HERWEGEN, I. *Sinn und Geist der Benediktinerregel.* Einsiedeln-Köln, 1944 (que destaca o seu aspecto carismático), enquanto STEIDLE, B. *Die Regel St. Benedikts.* Beuron, 1952, estuda as suas relações com o monaquismo antigo. Interessantes conclusões doutrinárias do problema das relações com a *Regula Magistri* extrai VOGÜÉ, A. DE. *La communauté et l'abbé dans la Règle de Saint Benoît.* Bruges, 1961; enquanto para os aspectos estritamente literários cf. PENCO, G. *S. Benedicti Regula.* Firenze, 1958. Sobre a influência da doutrina semipelagiana amplo enquadramento é dado por VAGAGGINI, C. *La posizione di san Benedetto nella questione semipelagiana. Studia Anselmiana* 18-19 (1947) 17-83. Muito abundante a produção monográfica, quer em miscelânea (*Benedictus der Vater des Abendlandes*, St. Ottilien, 1947; *Zeugnis des Geistes*, Beuron, 1947; *Vir Dei Benedictus*, Münster, 1947; *Studia Anselmiana* 42, Roma, 1957), quer em artigos esparsos em diversas publicações: sobre o período 1929-1959, cf. PENCO, G. *Gli studi degli ultimi trent'anni intorno alla spiritualità della Regola di san Benedetto.* In: VAGAGGINI, C. et al. *Problemi e orientamenti di spiritualità monastica, biblica e liturgica.* Roma, 1961, 201-234. Sobre os anos seguintes, cf. as indicações bibliográficas da *Révue Bénédictine.* Deve-se citar a recentíssima edição crítica da Regra (org. de VOGÜÉ, A. DE, 6 vls. [*Sources chrétiennes*, 181-186], Paris, 1971-1972, dos quais três são de comentário; PENCO, G. *San Benedetto nel ricordo del Medio Evo monastico, Benedictina* 16 (1969) 173-187; JASPERT, B. *Regula Magistri-Regula Benedict. Studia Monastica* 13 (1971) 129-171 (bibliografia de 563 números); TURBESSI, G. *La Scuola Cattolica* 101 (1973) 479-510 (resenha bibliográfica para 1960-1972); VOGÜÉ, A. DE. *Autour de Saint Benoît.* Bellefontaine, 1976; ID. *S. Benoît. Sa vie et sa Règle.* Bellefontaine, 1981; ID. *La Regola di san Benedetto. Commento dottrinale e spirituale* (trad. it.). Padova-Praglia, 1984 (original: Paris, 1977); *San Benedetto e l'Oriente cristiano.* Novalesa, 1981; fascicolo speciale di *Benedictina* 28 (1981); STEIDLE, B. *Beiträge zum altern Mönchtum und zur Benediktusregel.* Sigmaringen, 1986.

G. PENCO

BERNARDINO DE SENA (Santo). 1. NOTA BIBLIOGRÁFICA. Nasce em Massa Marittima, no dia 8 de setembro de 1380, da nobre família senense dos Albizzeschi. Ao completar os estudos de gramática, filosofia e direito em Sena, decidiu tornar-se franciscano, e em 1402 fez a vestição religiosa. Em 1404 cantou a primeira missa e proferiu o primeiro discurso. Até 1418 permaneceu quase desconhecido, porém naquele ano pregou a Quaresma em Gênova, e em seguida fez o "discurso de ocasião", no Capítulo Geral dos franciscanos em Mântua. Daí em diante percorreu, como pregador, toda a Itália do Norte e do Centro. Obteve grande sucesso por sua excepcional eloquência, pela atualidade dos assuntos tratados e pela santidade de sua vida. Ao mesmo tempo trabalhou para a reforma da própria Ordem, tornando-se o primeiro "ideólogo" do movimento "da Observância". Antes, tornou-se a sua viga mestra e educou muitos dos seus santos e bem-aventurados (os seus discípulos foram Giovanni de Capestrano, Giacomo della Marca, Alberto da Sarteano e outros). Exânime, e desejando jazer nu sobre a terra, morreu em L'Aquila, no dia 20 de maio de 1444. Foi canonizado a seis anos apenas de sua morte, na festa de Pentecostes de 1450.

2. OBRAS E ESPIRITUALIDADE. A herança literária de Bernardino, muito vasta, é toda dependente e em função de seu apostolado, e em sua maioria composta de sermões e quaresmais que até hoje constituem verdadeiros "tratados", em parte latinos e em parte italianos. Têm-se dele, por outro lado, algumas dezenas de *Cartas* (que devem ter sido bem mais numerosas) e alguns pequenos tratados de espiritualidade, entre os quais *Il trattato dell'amore di Dio*. Não faz muito tempo, havia somente algumas edições parciais, mas agora todos os *Sermones latini* estão reunidos em uma moderna edição crítica: SANCTI BERNARDINI SENENSIS OFM, *Opera omnia...* Firenze, Quaracchi, 1950-1963, 8 vls. (No último volume estão as 21 cartas do santo que conhecemos.) Os *Sermones volgari* considera-se que já foram todos publicados. Sobre as pequenas obras espirituais em vernáculo, cf. SAN BERNARDINO DA SIENA, *Operette volgari integralmente edite*, org. de PACETTI, P. D. FIRENZE, 1938.

Os *Sermones latini* de Bernardino constituem a parte maior e melhor de seus escritos. Quer em relação a eles, quer àqueles em vernáculo é preciso distinguir sempre o texto original (do que tivermos) do texto "transcrito" pelos ouvintes amanuenses — com maior ou menor fidelidade —, quase sempre de forma concisa. Parece haver sermões conservados só em transcrições e não no original. Conforme referenciado, alguns dos sermões latinos foram elaborados como verdadeiros tratados de dogmática, de moral e de ascética: sobre a Virgem Maria, os → DONS DO ESPÍRITO SANTO, as bem-aventuranças, São Francisco, a vida cristã e a caridade (temos dois distintos quaresmais: *De religione christiana* e *De charitate seu de Evangelio aeterno*), a obediência e o paraíso; dentre os mais originais estão também os famosos sobre → SÃO JOSÉ, sobre o Santíssimo Nome de Jesus, sobre o domínio universal de Cristo Rei. É comumente reconhecida, com efeito, a contribuição de Bernardino para a difusão das devoções "cristocêntricas", bem como da devoção a são José, à Virgem Maria e às almas do purgatório. Particular referência merece o tratado bernardiniano latino *De inspirationibus* (in *Opera omnia*, VI, 223-290; sobre a edição italiana cf. SAN BERNARDINO DA SIENA, *Trattato delle ispirazioni...* Milano, 1944, e outras edições). É um tratado composto de três sermões e redigido definitivamente em 1443. Trata da natureza e dos tipos de inspiração, de sua origem (distinguem-se em boas, más e indiferentes) e do seu discernimento, apresentando as relativas regras; finalmente, das iluminações que ajudam a conhecer quais inspirações são meritórias e por quê. Na parte central (sobre o discernimento) também enfrenta o problema da contemplação passiva, considerando-a "graça e virtude", especificando que não devem ser desejados os seus fenômenos acidentais (visões e êxtases). Ainda a propósito da contemplação unitiva parece que Bernardino não admite *per modum status*, mas só *per modus actus* nesta terra. É uma das razões pelas quais considera a *vita mixta* ou *apostolica* como a mais perfeita na terra.

As fontes de Bernardino são numerosas, porém as mais frequentes são os autores franciscanos: Boaventura, Olivi, Panziera e Ubertino da Casale. Recentemente foi descoberta uma sua fonte até então quase desconhecida: Mattia di Svezia (cf. *Archivum Franciscanum Historicum* 54 [1961] 273-302), confessor de santa Brígida, porém não franciscano. Bernardino, por sua vez, exerceu grande influência, sobretudo sobre autores e santos das Ordens Franciscanas. A edição de todas as suas obras latinas deu grande incremento aos estudos bernardinianos, como demonstram as numerosas monografias. Fora do ambiente franciscano exerceu grande influxo especialmente com o *Trattato delle Ispirazioni*.

Como fecundo e eficaz pregador, Bernardino sintetiza em seus sermões toda a doutrina dogmática, moral e ascético-mística cristã, vivificando-a com o seu agudo espírito de observação, experiência e equilíbrio. O seu ensinamento é todo muito prático. Ensina aos cristãos o caminho da perfeição, recomenda muito o estudo das verdades religiosas (*De christiana religione*), exige a mortificação, a abnegação e o → COMBATE ESPIRITUAL. É o pregador do amor, da paz social e da alegria; é o animador da piedade cristocêntrica; é o restaurador da "perfeição evangélica" em seu século. Recentemente foi destacada a sua doutrina sobre a primazia da caridade. Parece, efetivamente, que ele reduz todo o seu ensinamento moral e ascético a essa virtude central: "O objetivo dos mandamentos é a caridade; todos os mandamentos do Antigo e do Novo Testamentos, quer os positivos, quer os negativos, têm por fim a aquisição, a alimentação, a conservação, o acréscimo ou a prática exaustiva dela [da caridade]" (in *Opera omnia*, III, 16; cf. CENCI, C. *Doctrina spiritualis Sancti Bernardini Senensis ex eius operibus latinis deprompta*. Roma, 1961; UNANUE, J. Educación de la caridad em san Bernardino de Siena. *Verdad y Vida* 22, (1964) 331-363.

BIBLIOGRAFIA. GHINATO, A. *Saggio di bibliografia bernardiniana*. Roma, 1960. Em particular note-se: BLASUCCI, A. La spiritualità di san Bernardino da Siena, O. Min. (1380-1444). *Miscellanea Francescana* 44 (1944) 3-67; HARDICK, L. Der hl. Bonaventura und die Observanten. *Vita Seraphica* 39 (1957) 3-12; FRISON, R. *La gloria del paradiso in san Bernardino da Siena*. Roma, 1962; BREZZI, P. Le questioni sociali nella predicazione di san Bernardino da Siena. *Annali del Pontificio Istituto Superiore di Scienze e Lettere Santa Chiara dell'OFM* 13 (1963) 9-25; PACETTI, D. Le postille autografe sopra l'Apocalisse di san Bernardino da Siena... *Archivum Franciscanum Historicum* 56 (1963) 40-70; SAN BERNARDINO DA SIENA, *Ecco il segno. Antologia delle prediche*. Siena, 1974.

A. MATANIC

BERNARDO DE CLARAVAL (Santo). 1. NOTA BIOGRÁFICA. Nascido em 1090, de Aletta e de Tescellino, senhor de Fontaines, na Borgonha, distinguiu-se na infância por uma acentuada timidez e apego à mãe. De saúde instável, porém dotado de uma inteligência perspicaz, era inclinado sobretudo à reflexão.

Por ocasião da morte da mãe, em 1107, Bernardo sentiu que a sua infância havia terminado e teve de enfrentar as dificuldades que o ambiente lhe preparava. Na escolha, que se impunha, preferiu a vida monástica como a mais segura para fugir das insídias dos sentidos e do orgulho; quis, todavia, que seus parentes e amigos participassem dessa decisão, ou *conversão*. Estes, antes hostis, terminaram por segui-lo, convictos de que ele havia feito a melhor escolha. O mosteiro de Citeaux, que contava apenas quinze anos de existência e parecia destinado a em breve acabar, por sua pobreza e austeridade, atraiu o grupo. Em contato com as páginas da Bíblia, sem muitas preocupações científicas, Bernardo noviço faz uma experiência identificada com o seu caráter, enquanto o espírito voa com facilidade na luz de Deus através do texto sagrado. As austeridades e as enfermidades que lhe afligem o corpo caminham no mesmo compasso das doçuras que lhe inundam a alma: o trabalho material e a oração já se alternam em suas jornadas, sem perturbar a sua contemplação. Em 1115, já um terceiro bando de monges deixa Citeaux, e o abade, santo Stefano Harding, não teme escolher Bernardo como chefe do grupo que deve fundar o mosteiro de Clairvaux. Entre os monges da nova comunidade estão quatro irmãos de Bernardo, um tio e dois primos. O jovem abade, que tem apenas dois anos de profissão, não se assusta com as dificuldades da nova fundação, mas sente-se perturbado pela responsabilidade que parece truncar o seu propósito de escondimento e de recolhimento.

Os grandes meios dos quais se utiliza para desempenhar bem o seu ofício são a oração, que o entretém com Deus, e a estima dos monges, que faz dele seu humilde servo: se em Citeaux tinha aprendido a viver só com Deus, em Clairvaux aprende a viver em Deus com os homens. Entre outras graças, Bernardo recebe então a ordenação sacerdotal do bispo de Chalons, Guglielmo di Champeaux, com quem mantém estreita amizade, profícua e duradoura. Nasce então também a amizade com o abade Guglielmo di Saint Thierry, teólogo e místico, que se torna um dos discípulos mais íntimos de Bernardo e seu qualificado biógrafo. Cada vez mais enfermo de uma doença que as leis da medicina não sabem explicar, mais elevado na contemplação, e sempre mais envolvido por uma crescente atividade exterior, Bernardo oferece a prova de que nele o ser humano desaparece e Deus age soberanamente. Solicitado em toda parte, está convicto de que não é útil a ninguém: a sua humildade se confunde com o seu ser. Não ignora os dons recebidos de Deus; mas primeiro enxerga a sua miséria e teme. Toda vez que se recorre a ele, fiel à escolha que tinha feito de viver em solidão, hesita, espera, reflete, experimenta todo um conflito entre o propósito de esconder-se e o dever da caridade que o chama e, finalmente, submete-se às decisões da obediência. A sua timidez inata serve de corpo à sua profunda humildade: Bernardo não se move sem ser repetidamente procurado; nunca tem pressa de responder a quem o procura; cede à caridade, porque é o próprio Deus: move-se, então, com confiança, ciente de ser instrumento de Deus. Os campos mais vastos que compromissam as suas forças são a pregação e a atividade epistolar. Bernardo é abade, portanto a pregação lhe é exigida pelo seu próprio ofício de pai dos monges; muitas vezes, porém, tem de interrompê-la porque as necessidades da Igreja reclamam, em outra parte, a sua presença e a sua voz. Em 1130 precisa intervir em Étampes, diante do rei e dos prelados, para julgar sobre a legitimidade de Inocêncio II contra o antipapa Anacleto II; o seu julgamento é o de um homem espiritual, que fala sem medo dos homens. Acompanha o papa a Chartres, onde encontra o rei da Inglaterra, Henrique I; em Liège, onde é o único a confrontar-se com o imperador Lotário, obrigando-o a respeitar os direitos da Igreja; goza alguns dias a presença do papa em sua amantíssima Clairvaux, mas em seguida tem de partir com ele para o Concílio de Reims. Em 1132, por ordem do papa, faz uma viagem à Aquitânia; assim que retorna entre os seus monges, o papa, expulso de Roma, o chama a Pisa, para onde Bernardo corre, visto que a causa de Inocêncio é a causa da Igreja inteira, e a Igreja é Cristo; interpõe sua obra nas tratativas entre o imperador, as cidades da Itália e Inocêncio II, e, ao seu lado, entra em Roma em maio de 1133. O objetivo da viagem terminou e Bernardo apressa-se a retornar ao seu mosteiro, mas por poucos dias, porque uma nova missão o empenha na Aquitânia (1134). Mais alguns meses entre os seus monges, maravilhados que seu abade, tão frágil, consiga resistir a tantos esforços, e, novamente por vontade do papa, viaja para Bamberga, Pisa e Milão (1135), humilíssimo no meio de tantas autoridades, mas forte na clareza do julgamento que lhe vem da contemplação. De dezembro de 1135 até a primavera de 1137, com raros intervalos, Bernardo permanece entre os seus monges, e dá início, para eles, aos *Sermones* sobre o Cântico, que atestam claramente de que modo a ação mais intensa, nele, era feliz companheira da mais alta contemplação. Em fevereiro de 1137 o papa pede novamente a sua ajuda: Bernardo se escusa, mas em seguida parte acompanhado do irmão Gerardo. Alcança o Papa em Luca, passa com ele em Viterbo, e, visto que em Roma tomou posse o antipapa Anacleto, passa em Montecassino e chega a Salerno. Alguns confiam nas armas; Bernardo quer a paz e confia no Senhor: em nome da caridade, dobra o cardeal Pietro da Pisa, defensor do antipapa, e com o mesmo método consegue fazer abjurar o sucessor de Anacleto, Vitor IV. Somente quatro dias após a abjuração (maio de 1138), Bernardo deixa Roma. Novamente entre os seus monges, retoma os *Sermones* sobre o Cântico e tem a oportunidade de sublimar na fé as suas lágrimas pela morte do irmão Gerardo. Em 1140 encontramo-lo em Sens para defender a fé contra as posições de Abelardo; mas, como sempre, mesmo quando está em seu mosteiro, ele é interpelado de todos os lados e, através de uma correspondência cada vez mais intensa, trata de assuntos de toda espécie, preparando-se para o ofício de conselheiro de seu discípulo, Bernardo de Pisa, eleito papa com o nome de Eugênio III (1145-1153). Nesse período, Bernardo é obrigado a gastar suas últimas energias contra os cátaros no Languedoc (maio-julho de 1145), na preparação da Segunda Cruzada (1145-1150), e em refutar os erros de Gilberto Porretano no Concílio de Reims (1148); e, já extenuado de forças, em recompor a paz em Lorena (1153). Retornando a Clairvaux, enquanto a enfermidade lhe consome o corpo, sua alma realiza as últimas ascensões de amor naquela contemplação que, nele, tinha sido tão operante. Morreu no dia 20 de agosto de 1153, deixando uma marca personalíssima na Ordem monástica e na Igreja. Foi canonizado por Alexandre III no dia 18 de janeiro de 1174 e recebeu o título de Doutor, de Pio VIII, em 20 de agosto de 1830.

2. OBRAS. *As cartas* (*PL* 182, 67-654; *Obra*, VII e VIII). A crítica reconhece 459 (498) cartas de Bernardo endereçadas a pessoas de todas

as categorias; provavelmente são apenas uma parte das que ele ditou. Todas são importantes para conhecer a história daquele período, e todas, mesmo as sugeridas por assuntos de ordem estritamente material, trazem a digital da sua riquíssima espiritualidade; desde a primeira (1119-1120), para chamar o primo Roberto, que passara de Clairvaux a Cluny, até à última, ditada no leito de morte, para Arnaldo de Bonneval, na qual o seu espírito, já pronto para a visão de Deus, mostra tanta ternura pelo amigo ausente. Algumas dessas cartas assumem proporções de verdadeiros tratados; outras, são simples bilhetes de ocasião; ao tom sereno alterna-se o polêmico, que às vezes se torna pungente; mas é sempre o contemplativo que sente a responsabilidade de mostrar às pessoas a vontade do Senhor, e recorre às maneiras que crê mais eficazes para dobrá-las ao seu serviço. Não se afirma que o zelo inflamado de Bernardo tenha sempre encontrado a expressão mais adequada, ou que seu estilo possa sempre ser explicado pela realidade dos abusos que combate; também não se pode negar que, ao menos à primeira leitura, a atitude de Bernardo não desperte alguma perplexidade, especialmente quando se trata de defender a superioridade da vida cisterciense diante das outras formas de vida religiosa; todavia, também nesses casos uma análise mais atenta descobre sempre uma ardente caridade.

De gradibus humilitatis et superbiae (*PL* 812, 941-972; *Opera*, III, 13-59). Bernardo fala frequentemente aos seus monges; em sua palavra, está a luz da doutrina viva de sua experiência: por volta de 1125, o seu prior, Goffredo, insiste para que o abade faça um resumo de todo o seu ensinamento; e eis ainda um fruto da caridade e da obediência de Bernardo, que, do princípio de que Jesus é a fonte de todo bem, afirma que somente em sua escola o ser humano percebe quem é, e começa na humildade o caminho rumo à → UNIÃO COM DEUS. Esta subida é determinada pela ação das três Pessoas divinas, pelas quais o ser humano cresce em humildade, que é verdade, e na caridade, que é contemplação. Quando o ser humano não se conhece na luz de Cristo, porém, a exemplo de satanás, o primeiro soberbo, precipita-se para longe de Deus.

De diligendo Deo (*PL* 182, 973-1000; *Opera*, III, 119-154). Por volta de 1126, talvez a pedido do cardeal Aimerico, chanceler da Igreja romana, Bernardo compôs um breve tratado que desvela toda a sua ascese, visto que tudo é centralizado no conceito dominante de sua espiritualidade: o amor de Deus. Já em algumas cartas, especialmente em uma aos → CARTUXOS, Bernardo alude aos graus do amor, mas ora de modo mais explícito explica os seus motivos e a sua medida. Deus deve ser amado por si mesmo, porque é Deus, e o conhecimento que determina esse amor nada mais é que a participação na contemplação que a Igreja tem de Deus, através dos mistérios de Cristo. Quando o Verbo encarnado está presente em nossa meditação, pela sua presença se difundem em nós as doçuras de sua graça, e sob os véus da fé, enquanto se acende o desejo da visão celeste, soma-se a renúncia ao → PECADO e às coisas transitórias. Caminham, assim, no mesmo ritmo a abnegação e a alegria de um crescente arrebatamento para Deus. É uma verdadeira deificação que terá a sua plena realização somente pela ressurreição da carne. Deus é verdadeiramente amor, e Cristo veio para acender na terra esse fogo. O ser humano, que na humildade reconhece a sua miséria, lucra com essa miséria e eleva-se à intimidade com Deus.

Apologia ad Guillelmum Sancti Theodorici abbatem (*PL* 182, 893-918. *Opera*, III, 81-108). A maravilhosa expansão da reforma cisterciense, que tinha em Bernardo um sustento tão apaixonado, colocou-o na linha de frente em contraste com Cluny. Foi Guglielmo di Saint Thierry, então abade beneditino, que por volta de 1125 induziu Bernardo a intervir na questão. Bernardo não queria fazê-lo; escolheu uma vida de oração e considerava que não possuía a capacidade exigida para dissipar o escândalo da dissensão entre os monges. Em sua humildade, Bernardo começa por denunciar os defeitos dos → CISTERCIENSES, incluindo-se nas recriminações que lhes dirige; em seguida, exprime os seus sentimentos de reconhecimento pelos outros; finalmente, consola-se relevando que todos os monges estão a serviço de Cristo, e que a diversidade das observâncias é o distintivo da Igreja, una, porém não uniforme, em graça na terra e em glória no céu; se ele e os seus, em vista de sua miséria, escolheram uma observância mais austera, isto não significa que se sintam unidos em caridade a todas as Ordens, beneficiando-se com seus méritos. Assegurada desse modo a humildade, e reavivada a caridade, Bernardo acrescenta, visto que Guglielmo o exige, a palavra de correção, não para fomentar a separação, mas para unir cada vez mais os monges, ainda que de variada observância. É preciso levar em conta a vida interior de Bernardo, da maneira como é transmitida nessa *Apologia*, para entender bem o sentido de algumas cartas e a importância autêntica de determinadas atitudes polêmicas.

De moribus et officio episcoporum (*PL* 182, 809-854; *Opera*, VII, 100-131). Entre 1127-1128 Henrique, arcebispo de Sens, solicita a Bernardo um tratado sobre os deveres dos bispos. Bernardo, monge de uma observância tão austera, teme ser severo com os prelados; experimenta compaixão por eles, premidos por tanta responsabilidade; em seguida, com os olhos fixos em Cristo, conclama a todos para morrer para si mesmos, a fim de viver unicamente dele, e manifesta candidamente o seu método pastoral, enquanto denuncia as fraquezas dos clérigos de sua época.

De gratia et libero arbitrio (*PL* 182, 1001-1030; *Opera*, III, 165-203). No mesmo período, Guglielmo di Saint-Thierry suplica a Bernardo que escreva alguma coisa sobre a debatidíssima questão da graça e do livre-arbítrio. Não pôde escusar-se ao amigo, então redigiu um tratado que é a teologia de sua experiência mais íntima: Deus provê o ser humano com os seus dons, e o sustenta em seu crescimento até glorificá-lo com a sua glória; o ser humano recebe tudo de Deus, e colabora com ele num crescendo de liberdade: já no estado da natureza é livre em seu julgamento e consenso, ainda que o pecado o faça inclinar-se muito mais para o mal; mas intervém a graça, que torna mais expedito o julgamento e o consenso para o bem; finalmente, sobrevém a glória e o ser humano adere plenamente ao bem. A → CONTEMPLAÇÃO antecipa, de algum modo, esse grau supremo de liberdade.

De laude novae militiae ad Milites Templi (*PL* 182, 921-940; *Opera*, III, 213-239). A Ordem militar dos Cavaleiros do Templo tinha sido fundada havia pouco tempo, para a defesa dos cristãos nas terras conquistadas pelos cruzados. Bernardo, que tinha ditado as grandes linhas da Regra, agora faz o seu elogio, por insistência do conde de Champagne, Ugo di Payns. Descreve a alegria de viver nos lugares sagrados, reevocando com simplicidade, à altura dos leigos, os mistérios do Salvador. Assim, o elogio dos Templários torna-se ocasião propícia para falar dos mistérios da → ENCARNAÇÃO.

Tratactus de Baptismo aliisque quaestionibus ab ipso propositis (*PL* 182, 1031-1046; *Opera*, VII, 184-200). A pedido de → HUGO DE SÃO VÍTOR, Bernardo deve responder a várias questões (*Lett.* 77); entre outras, se há salvação sem o → BATISMO ou o martírio. Em sua experiência do amor de Deus, dentre as várias opiniões escolhe a mais conforme à bondade do Senhor, assim manifesta na Encarnação: a fé pode suprir o batismo para aqueles que não o podem receber. Mas o que vale notar é o espírito de Bernardo: ele quer evitar questões inúteis, sobretudo a novidade, para ater-se ao ensinamento da tradição.

De conversione ad clericos (*PL* 182, 833-856; *Opera*, IV, 69-116). Depois da Páscoa de 1140, Bernardo foi enviado para falar com os clérigos das escolas de Paris. A esses amantes do saber lembra que a ciência vale pouco, se não ensina a *viver*; portanto, convida-os a escutar com docilidade de coração, em recolhimento, a → PALAVRA DE DEUS, que, iluminando-os, os levará a conhecer-se, a arrepender-se e a purificar-se na imaginação, na vontade e também no corpo, para chegar, por intermédio dessa conversão, ao gozo daquilo que prometem as bem-aventuranças: a visão de Deus.

Tratactus ad Innocentium II pontificem contra quaedam capitula errorum Petri Abelardi (*PL* 182, 1.053-1.072; *Opera*, VIII, 17-40). Em 1140 estoura a crise nas relações com Abelardo, diferentemente julgada pelos biógrafos de Bernardo. É ainda Guglielmo di Saint Thierry que insiste para que Bernardo tome a defesa da fé (*Lett.* 326) contra os erros encontrados nos escritos de Abelardo. Após ter tomado todas as precauções para não pecar pela precipitação (*Lett.* 327) — e depois de um encontro infrutífero com Abelardo, a fim de convidá-lo à prudência, unicamente porque Cristo está em jogo e a fé ferida (*Lett.* 188) —, Bernardo, não como teólogo mas como enamorado de Deus, lança-se em campo com todo o seu ardor. A veemência da intervenção e a indignação são provocadas sobretudo pela atitude do adversário e pelo perigo no qual incorrem os seus admiradores: Bernardo teme que a sua ciência esvazie a cruz de Cristo do seu valor.

De praecepto et dispensatione (*PL* 182, 859-894; *Opera*, III, 253-294). Pouco depois, os beneditinos de São Pedro de Chartres interpelam Bernardo sobre a autoridade da Regra e sobre o poder do abade em dispensar de determinadas normas. Em vez de perder-se na casuística, Bernardo se reporta ao exemplo de Jesus e convida monges e abades a obedecer por amor, em todas as coisas, sempre; se a matéria da obediência admite algum limite, não há limites para o fervor que deve animar a obediência; quem se perde em procurar pontos nos quais pode haver uma dispensa, ainda está sob o peso da lei, não saboreou a doçura do jugo do Senhor: certos laços não pesam mais sobre quem se deixou tomar pelo amor, e em fé e esperança prova e prenuncia a realidade da vida futura.

De vita et rebus gestis Sancti Malachiae Hiberniae episcopi (*PL* 182, 1.073-1.118; *Opera*, III, 307-378). Entre 1149 e 1152, Bernardo traça o seu ideal de bispo na biografia de seu santo amigo Malaquias, bispo e legado papal na Irlanda.

De Consideratione libri quinque ad Eugenium III^{um} (*PL* 182, 893-918; *Opera*, III, 395-493). Para o discípulo eleito papa, várias vezes, de 1149 a 1153, Bernardo lançou mão desse tratado descrevendo a própria experiência pastoral. É verdade que um papa não se pertence mais, é de todos; mas também quanto prejuízo para os outros se ele, de tempos em tempos, não reencontra a si mesmo e não se recicla para a sua atividade nas fontes da contemplação. A *consideratio* é o conhecimento de si para enraizar-se na humildade, para evitar o fausto e o abuso de poder, e dispor-se, gradativamente, à contemplação, porque somente esta tornará fecunda a ação, também a de ordem temporal.

Sermones: de tempore (*PL* 183, 35-360; *Opera*, IV, 161-492 e V. 1-447); *de sanctis* (*PL* 183, 359-536; *Opera*, V, 1-447); *de diversis* (*PL* 183, 537-784; *Opera*, VI/1, 9-406); *in Cantica canticorum* (*PL* 183, 779-1.198; *Opera*, I e II); *Sententiae* (*PL* 183, 747-758 e *PL* 184, 1.135-1.156; *Opera*, VI/2, 7-255); *Parabolae* (*PL* 183, 759-772; *Opera*, VI/2, 261-303). Essas páginas, que abraçam todo o arco da vida do abade de Clairvaux, testemunham abertamente quanto e como ele alimentava as almas que lhe eram confiadas, transmitindo a elas as experiências da sua vida. É impossível sintetizar tudo que sai do coração de Bernardo para edificação dos seus filhos: o mistério de Cristo, nas várias fases de sua vida e nos membros de sua Igreja, os correspondentes deveres da ascese cristã e monástica, as crescentes comunicações de Deus à alma dócil à sua graça, as doçuras das visitas do esposo divino em meio às mais variadas circunstâncias da vida; mil temas diferentes que se reduzem a um só: Deus-Trindade que, especialmente no ministério da Encarnação, se manifesta, ilumina, cura, purifica e se comunica à alma, fazendo-a provar a suavidade de sua presença, e acende nela o desejo de comunicações sempre mais íntimas.

3. DOUTRINA. Está provado que Bernardo formou a sua cultura principalmente sobre a Bíblia, na escola da → LITURGIA, mas é também certo que as várias circunstâncias que envolveram tão a fundo as suas intervenções para defender a fé, e organizar tantas situações da sociedade cristã de seu tempo o deixaram em condições de manter contato com os mestres do passado e com as mentes mais brilhantes de sua época. Dentre os antigos, parecem ter tido particular influência nele → ORÍGENES, Santo → AGOSTINHO e São → GREGÓRIO MAGNO; dentre os contemporâneos, muito lhe foi transmitido por Guglielmo di Saint Thierry, todavia não permaneceram sem fruto as relações com Guglielmo de Champeaux, Ugo di San Vittore, Giovanni di Salisbury e Pier Lombardo. É fato, no entanto, que a ciência nunca foi a sua preocupação, ainda que, quase em contradição consigo mesmo, ele se revele homem de doutrina. A sua doutrina não é do tipo fácil de classificar segundo as distinções comuns, formando um conjunto com a sua personalidade. Percorrendo os seus escritos, porém, descobre-se a sua vida, o seu temperamento, a sua experiência, o seu empenho de asceta, de místico e de apóstolo. Também quando escreve, Bernardo é um orador, por isto a leitura de suas páginas é ainda tão viva. Bernardo nunca é o mestre que busca a exatidão da exposição, quase desligado das coisas que exprime; está dentro com todo o seu ser, sobretudo com o seu amor a Deus para acendê-lo em todos. Disto se compreende como a sua presença e a sua palavra viva tivessem tanta influência não só nos admiradores mas também nos adversários, e não faltassem ocasiões tais de fazer com que julgassem a sua intervenção, ao menos no tom, excessivamente intransigente. Levando-se em conta, então, o seu estilo e a falta de exigência de um método como o escolástico, assim podemos sintetizar a sua posição ascética e mística.

Deus-Trindade, que é amor, por amor cria o ser humano, que traz indestrutível em seu livre-arbítrio a imagem de seu Criador e, a mais, também uma especial semelhança com a graça, que de fato o ser humano perdeu quando, negando-se ao amor e à verdade, desce os degraus da → SOBERBA. Com fino conhecimento da psicologia humana, Bernardo descreve esses passos do soberbo: curiosidade, leviandade, tolice, alegria, jactância, singularidade, arrogância, presunção, defesa dos próprios pecados, confissão ostensiva, rebelião, liberdade em pecar, hábito de pecar, e confessa que também ele tem de percorrer, em direção oposta, esse precipício. Mas como fará o ser humano decaído para retornar à região onde refulgia em sua face a semelhança com Deus? Por si só não será capaz; Deus vem em seu socorro com a sua graça. O Verbo Encarnado, aproximando-se concretamente do ser humano, fá-lo conhecer a miséria na qual caiu: é a luz da verdade, é a centelha da caridade que leva o homem ao conhecimento de si e à compunção, fazendo-o subir o primeiro grau da humildade; assim, o ser humano, que também na queda manteve a faculdade do livre-arbítrio readquire a liberdade do pecado, ou seja, a liberdade da graça que o tira da escravidão do pecado. Intervém então o Espírito Santo, que suscita no coração contrito a compaixão pelas misérias do próximo e conduz às obras de → MISERICÓRDIA, fazendo subir o segundo grau da humildade. É uma luz mais abundante da verdade, é uma força mais viva da caridade, e, desse modo, é restaurada no ser humano a semelhança com Deus, pelo qual cada ato que realiza é simultaneamente obra da graça e de seu arbítrio. O contato com os exemplos e os sentimentos de Cristo, as consolações do Espírito Santo, no exercício vivo da caridade, conduzem o ser humano ao terceiro grau da humildade, onde o → PAI CELESTE estreita a si a alma, que, já purificada, é introduzida na contemplação mais plena da verdade e posta em mais íntimas comunicações com Deus. Nessa feliz condição, o ser humano, ainda que em intervalos e de passagem, experimenta a liberdade da miséria da vida atual e, fato mais semelhante a Deus, antegoza a liberdade da vida gloriosa do céu. Como se vê, para Bernardo a ascese é conhecimento de si e purificação dos próprios pecados; mas esse conhecimento e essa purificação não são concebíveis fora do mistério do Verbo Encarnado. É o Cristo, humildade-verdade, que toma posse de nós e nos enche dos dons de seu amor até à → CONTEMPLAÇÃO. Nesse plano, insere-se na subida mística de Bernardo a mediação da Virgem Maria, e só por essa razão merece ser chamado Doutor de Maria. Se a via mestra do retorno a Deus é a meditação e a imitação dos mistérios de Cristo, a Virgem Maria está de tal modo ligada a esses mistérios que não se pode dispensá-la na subida de amor que nos reconduz a Deus. Responder ao amor de Deus, que primeiro nos amou criando-nos e redimindo-nos; amá-lo sem medida, porque temos tudo dele e somente nele se realiza a plenitude de nosso ser e de nossa felicidade; amá-lo, porque ele é o Amor, a única realidade digna de ser amada: eis o objetivo supremo e único de toda a vida humana. Assim, o ser humano, que se havia fechado no amor a si mesmo (amor carnal), à luz e ao contato de Cristo, passa para o amor de Deus como bem que nos enriquece (amor servil), depois para o amor de Deus como Pai que nos ama (amor filial), e, finalmente, à amizade de Deus como Amor, quando o ser humano ama também a si próprio somente para o Senhor (amor místico). Nessas ascensões, após o Cristo com os seus mistérios e a Virgem Maria com a sua mediação, os → ANJOS intervêm para ajudar o ser humano com a sua proteção, os → SANTOS com os seus exemplos e a sua intercessão, e os irmãos de luta nas mil ocasiões de contato com eles. Desse modo, o olho não perde de vista a nós mesmos, a nossa miséria e os deveres de nosso estado, mas se eleva continuamente a algo de mais alto para fixar-se em Deus. O exercício das virtudes cardeais não pode ser ordinário e eficaz sem esse movimento ascensional que culmina na contemplação: é esse termo que conta sobre todas as outras coisas; isto dá sentido à vida inteira. Se não houvesse essa meta, nem a ascese, nem o apostolado, nem o estudo teriam um significado digno do ser humano.

Esta é a posição clara de Bernardo, reencontrada em todas as suas obras, sinal seguro que ele é, antes de tudo, um místico. Somente a mística explica a sua concepção teológica e a sua atitude ascética. Bernardo experimentou o amor de Deus; sabe, de fato, o que é a → UNIÃO COM DEUS; pode, portanto, falar com tanta clareza dessas núpcias místicas, com todas as modulações de busca apaixonada e de encontros que iluminam, inflamam e transformam. É a caridade que dá experiência e gosto de Deus e se torna fonte de conhecimento mais profundo; mas Deus é a própria caridade que previne o ser humano, o transforma e o une a si.

Altamente significativo é o fato de que as efusões dessa experiência mística se entrelaçam com a mais extenuante atividade em proveito da Igreja. Bernardo, que experimenta as doçuras das misteriosas visitas do divino esposo, se consome generosamente, tomado pelas necessidades da esposa de Cristo, em um crescendo de amor que se alimenta na contemplação e anima a atividade. O sentimento que acompanha a contemplação é a suavidade ou doçura que coloca a alma como que em um estado de arrebatamento, ao passo que o que acompanha a ação é o desejo ardente da contemplação, especialmente em seu sumo grau, na visão além do peso do corpo e as necessidades da própria caridade fraterna. Toda essa experiência mística Bernardo a comunicou aos outros, naquela urgente necessidade de derramar em seus irmãos a superabundância da qual o Senhor o sacia, para que também eles sejam saciados com o amor de Deus.

Explica-se assim facilmente a larga influência dos escritos de Bernardo na vida da Igreja, especialmente pelas características espirituais que são o → CRISTOCENTRISMO, a devoção aos mistérios do Verbo Encarnado, a piedade mariana, o apego à Igreja e a alta estima pela vida monástica.

Mais diretamente, além do ambiente cisterciense, sentiram sua influência os escritores da escola franciscana, especialmente São Boaventura e, mais tarde, o autor da *Imitação de Cristo*. Uma grande afinidade com o endereço de Bernardo é encontrada na escola francesa do século XVII.

BIBLIOGRAFIA. 1) Sobre a nota bibliográfica: *Vita prima* (*PL* 185, 225-368); *Vita secunda* (*PL* 185, 469-524); *Vita tertia* (*PL* 185, 525-530); *Vita quarta* (legendária, *PL* 185, 531-550); CALMETTE, J. – DAVID, H. *Saint Bernard*. Paris, ²1979; DAL PRÀ, L. Cronologia della vita di san Bernardo. *Rivista Cistercense* 1 (1984) 275-328; GILSON, É. – ROUILLARD, PH. *Saint Bernard. Un itinéraire de retour à Dieu*. Paris, 1964; LECLERCQ, J. *Nouveau visage de Bernard de Clairvaux. Approches psyco-historiques*. Paris, 1976; MAGAGNOTTI, P. *La vita di san Bernardo, primo abate di Chiaravalle, scritta già in latino da diversi contemporanei e accreditati autori, e da essi pure in sette libri divisa, ora nel nostro Volgare tradotta, et accresciuta...* Padova, 1744; PAFFRATH, A. *Bernhard von Clairvaux. Leben und Wirken dargestellt in den Bilderzyklen von Altenberg bis Zwettl*. Köln, 1984; PHILIPPON, O. *Bernard de Clairvaux. Bernard de tous les temps. Message actuel*. Paris, 1982; STOECKLE, B. Amor carnis – abusus amoris. Das Verhältnis, von der Konkupiszenz bei Bernhard von Clairvaux. *Studia Anselmiana* 54 (1965) 147-174; THOMAS, E. *Vie de saint Bernard*. Paris, 1984; VACANDARD, E. *Vie de S. Bernard, Abbé de Clairvaux*. Paris, 1895, 2 vls; VALLERY-RADOT, I. *S. Bernard de Fontaines*. Tournay, 1963 e 1969, 2 vls.; VAN DUINKEPKEN, A. *Bernard von Clairvaux*. Vienna, 1966.

Para a bibliografia: BOUTON, J. *Bibliographie bernardine 1891-1957*. Paris, 1958; JANAUSCHEK, L. *Bibliographia bernardina*. Wien, 1891, reeditada em Hildesheim, 1959 (bibliografia de 1464 a 1891); MANNING, E. *Bibliographie bernardine (1957-1970)*. Rochefort, 1972; ROCHAIS, H. – MANNING, E. Bibliographie general de l'Ordre Cistercien. *La Documentation Cistercienne: Bibliographie de saint Bernard*, vl. 21, fasc. 1-18, Rochefort, 1979-1982; além dos *Bollettini Bibliografici* das revistas citadas na voz CISTERCIENSE.

2) Sobre as obras: *PL* 182 e 183; SANCTI BERNARDI. *Opera*. Org. de LECLERCQ, J. – ROCHAIS, H. M. Romae, Editiones cistercienses, 1957-1977, 8 vls.; MONGES CISTERCIENSES DE ESPANHA (orgs.). *Obras completas de* SAN BERNARDO. Madrid, BAC, 1983 [vl. I: *Introducción general y Tratados* (1º), (com bibliografia)]; 1984 [vl. II: *Tratados* (2º)]; 1985 [vl. III: *Sermones litúrgicos* (1º)]. Edição prevista em 9 vls. e bilíngue; SAN BERNARDO. *Opere*. Org. de GASTALDELLI, F. In *Scriptorium Claravallense, Fondazione di studi cistercienzi*. vl. 1: *Trattati*, Milano, 1984; vl. VI/I: *Lettere*, Milano, 1986. Edição prevista em 10 vls. e bilíngue: o texto latino é o das Editiones cistercienses.

3) Sobre a doutrina: ALTERMATT, A. Christus pro nobis. Die Christologie Bernhards von Clairvaux in den "Sermones per annum". *Analecta Cisterciensia* 33 (1977) 3-176; BERTOLA, E. *San Bernardo e la teologia speculativa*. Padova, 1959; DIMIER, A. *Saint Bernard, "pécheur de Dieu"*. Paris, 1953; Saint Bernard Théologien. Actes du Congrès de Dijon 15-19 septembre 1953. *Analecta Sacri Ordinis Cisterciensis* 9 (1953) fasc. 3-4; GILSON, É. *La théologie mystique de saint Bernard*. Paris, 1934 e ³1969; LECLERCQ, J. *St. Bernard mystique*. Paris, 1948; LECLERCQ, J. S. Bernard théologien de la vie cistercienne. *Collectanea Cisterciensia* 30 (1968) 245-271; ID. S. Bernard et la communauté contemplative. *Collectanea Cisterciensia* 34 (1972) 36-84; ID. S. Bernard et la Règle de S. Benoît. *Collectanea Cisterciensia* 35 (1973) 173-185; LOBEDANZ, G. Die Engel in den Sermones des hl. Bernhard von Clairvaux. In *Heilingenkreuzer Studienreihe* 2º. Heiligenkreuz, 1982, 96-125; GILSON, É. *La teologia mistica di san Bernardo*, Milano, 1985; STOECKLE, B. Amor carnis – abusus amoris. Das Verständnis, von der Konkupiszenz bei Bernhard von Clairvaux und Aelred von Rieval. *Analecta Monastica* 7 (*Studia Anselmiana* 54). Roma, 1965, 147-174; VAN DEN BOSCH, A. *Le Christ dans notre vie selon saint Bernard*. Westmalle, 1959.

4) Estudos: BARRE, H. St. Bernard et la "Salve Regina". *Marianum* 26 (1964) 208-216; BAUER, I. Lo pseudo Origene, fonte di san Bernardo nel sermone "De aquaeductu". *Marianum* 22 (1960) 370-372; *Bernard of Clairvaux. Studies presented to Dom J.Leclercq*. Washington, 1973; BOBOLIN, A. *Bernardo di Chiaravalle. Le lettere contro Pietro Abelardo*. Padova, 1969; BODARD, C. La Bible, expression d'une espérience religieuse chez St. Bernard. *Analecta Sacri Ordinis Cisterciensis* 9 (1953) 24-46; BORGHINI,

B. Il valore di una regola religiosa in un celebre testo di san Bernardo. *Rivista di Ascética e Mística* 14 (1969) 160-166; BREDERO, A. H. Études sur la "Vita Prima" de saint Bernard. *Analecta Sacri Oridinis Cisterciensis* 17 (1961) 3-72.215-260; 18 (1962) 3-59; BRESARD, L. *Bernard et Origene commentent le Cantique des Cantiques. Collectanea Cisterciensia* 44, (1982) 11-130.183-209; CATTANI, G. St. Bernard de Clairvaux ou l'esprit du Cantique du Cantiques. *Collectanea Ordinis Cisterciensium Reformatorum* 22 (1960) 314-366; CHÂTILLON, J. L'influence de St. Bernard sur la pensée scolastique au XII siècle. *Analecta Sacri Ordinis Cisterciensis* 9 (1953) 268-288; D'ELIA ANGIOLILLO, M. L'epistolario femminile di san Bernardo. *Analecta Sacri Ordinis Cisterciensis* 15 (1959) 23-78; DE LA TORRE, J. M. Le Charisme cistercien et bernardin. *Collectanea Cisterciensia* 47 (1985) 192-212 e 281-300; 48, (1986), 131-154; DECHANET, J. M. *Les fondements et les bases de la spiritualité bernardine. Cîteaux* 4 (1953) 213-313; DELFGAAW, R. La nature et lês degrées de l'amour selon St. Bernard. *Analecta Sacri Ordinis Cistercien-sis* 9 (1953) 234-252; ID. La lumière de la charité chez St. Bernard. *Collectanea Ordinis Cisterciensium Reformatorum* 18 (1956) 42-63.306-320; DUMONT, C. Lire saint Bernard aujourd'hui. *Collectanea Cisterciensia* 46 (1984) 272-290; FUENTES, CRESPO, F. *Vida espiritual religiosa según san Bernardo de Claraval*. Madrid, 1962; HISS, W. *Die Anthropologie Bernhards Von Clairvaux*. Bruxelles, 1964; KÖPF, U. *Religiöse Erfahrung in der Theologie Bernhards von Clairvaux*. Tübingen, 1980; *La dottrina mariana di san Bernardo. Settimana di studi: 10-26 aprile 1953*. Facoltà teológica "Marianum", Roma, 1953; *Bernard de Clairvaux* (Commission d'Histoire de l'Ordre de Cîteaux), III. Paris, 1953; LAZZARI, F. Le "contemptus mundi" chez St. Bernard. *Revue d'Ascétique et de Mystique* 41 (1965) 291-304; LECLERCQ, J. Études sur saint Bernard et le texte de sés écrits. *Analecta Sacri Ordinis Cisterciensis* 9 (1953) 5-247; ID. *La femme et les femmes dans l'oeuvre de S. Bernard*. Paris, 1983; ID. Les lettres de Guillaume de St. Thierry à St. Bernard. *Revue Bénédictine* 79 (1969) 375-391; ID. *Recueil d'études sur saint Bernard et sés écrits*, Roma, 1962, 1966 e 1969, 3 vls.; ID. St. Bernard et l'éxpérience chrétienne. *La Vie Spirituelle* 117 (1967) 182-198; ID. St. Bernard on the church. *Downside Review* 85 (1967) 274-294; ID. Le cheminement biblique de la pensée de St. Bernard. *Studi Medievali* (1967) 3-38; MARTELET, B. La mission de Saint Bernard. *Cahiers de Joséphologie* 13 (1965) 53-60.109-116; ID. Saint Bernard et Notre Dame. Étude d'âme, textes authentiques et traduction. Paris, 1953; MORSON, J. Seeking God by desire. *Cistercian Studies* 3 (1967) 175-185; NUÑO, F. Dirección espiritual en san Bernardo. *Cistercium* 15 (1963) 53-60.109-116; *St. Bernard of Clairvaux. Studies commemorating the Eighth Century of his canonization*. Kalamazoo, 1977; STORM, H. G. J. *Die Begr ndung der erkenntnis nach Bernhard Von Clairvaux*. Frankfurt a.M., 1977; *Studi su san Bernardo di Chiaravalle nell'ottavo centenario della canonizzazione* (Convegno internazionale Certosa di Firenze, 6-9 novembre 1974). Roma, 1975; *The Chimaera of his Age: Studies on Bernhard of Clairvaux*. Kalamazoo, 1980; VAN DEN BOSCH, A. L'intelligence de la foi chez St. Bernard. *Cîteaux* 8 (1957) 85-108; ID. Le mystère de l'Incarnation chez St. Bernard. *Cîteaux* 10 (1959) 85-92.165-177.245-268; ID. A. Le Christ, Dieu devenu aimable d'après S. Bernard. *Collectanea Ordinis Cisterciensium Reformatorum* 23 (1961) 42-57.

E. BACCETTI

BÉRULLE. 1. NOTA BIOGRÁFICA. Nasceu no castelo de Sérilly, nas cercanias de Troyes, no dia 4 de fevereiro de 1575. Começou os estudos no colégio de Boncourt, passando, em seguida, ao de Bourgogne. Estudou filosofia no colégio dos jesuítas de Clermont. Aqui iniciou também os estudos de teologia, que prosseguiu na Sorbonne após a expulsão dos jesuítas por Henrique IV. Foi ordenado sacerdote no dia 5 de junho de 1599. Dirigido espiritualmente pelo cartuxo D. Beaucausin, manteve contato com o círculo espiritual do qual era a alma, com → BENTO DE CANFIELD, o jesuíta P. Coton, os doutores du Val e Gallemand, e sobretudo com Mme. Acarie (→ MARIA DA ENCARNAÇÃO), à qual era ligado por laços de parentesco. Teve participação importante na introdução das carmelitas descalças na França, das quais, em novembro de 1603, foi nomeado superior. Trabalhou ativamente na difusão da reforma teresiana na França, obtendo do breve de 17 de abril de 1614 o encargo de "visitador perpétuo" das carmelitas de França, título que foi transmitido aos seus sucessores na Congregação do Oratório. A sua obra no Carmelo foi variadamente julgada, sem que até hoje se tenha uma obra verdadeiramente crítica e imparcial. Interveio, por outro lado, em outras reformas monásticas e em novas fundações, porém sua obra fundamental permanece a fundação do "Oratório de Jesus". No dia 10 de novembro de 1611 foi instituída a primeira casa no "Hotel du Petit Bourbon" de Paris, e Paulo V concedeu sua aprovação à nova Congregação com a bula *Sacrosantae Romanae*, em 10 de maio de 1613. Em 1616 começam a dirigir os seminários. Em 1619 une-se a eles o Oratório de Nosso Senhor da Provença. Em 1623 é introduzido na Espanha e, mais tarde, nos Países Baixos.

Simultaneamente à atividade religiosa, precisou intervir também nos assuntos políticos. Nos Estados gerais de 1614 e no tratado de Angoûleme demonstrou a sua prudência política. Em 1624 partiu para Roma para negociar o casamento de uma princesa com o príncipe de Gales. Acompanhou a princesa à Inglaterra, na esperança de poder trabalhar pela conversão dos hereges. Sem sucesso em seu intuito, deixou a Inglaterra. Nomeado cardeal no dia 30 de agosto de 1627, pouco depois perdia a estima dos reis. Morreu no dia 2 de outubro de 1629; seu coração foi conservado nas carmelitas de Paris. Em 1648 foram iniciados os trabalhos para a sua canonização.

2. OBRAS. Paralelamente à sua atividade de fundador e de reformador, desenvolveu uma ativa obra literária, que compreende uma composição de assuntos bastante diversificada. A sua primeira obra foi o *Bref discours de l'abnégation intérieure*, Paris, 1597, lançada sem o nome do autor e que, conforme demonstraram Viller (cf. VILLER, M. Les sources italiennes de l'abrégé de la perfection. *Revue d'Ascétique et de Mystique* 15 [1934] 381-402; ID. Autor de l'abrégé de la perfection. L'influence. *Revue d'Ascétique et de Mystique* 12 [1932] 34-59 e 258-293) e Dagens (cf. DAGENS, J. Notes bérulliennes: la source du bref discours de l'abnégation intérieure. *Revue d'Histoire Ecclésiastique* 27 [1931] 318-349), é uma adaptação e, em grande parte, uma transcrição do *Breve compendio intorno alla perfezione cristiana*, de Isabella Bellinzaga, do qual existiam versões em francês já em 1596. Em 1599, publica o *Traité des énergoumènes, suivi d'un discours sur la possession de Marthe Brossier contre les calomnies d'un médicin de Paris*, com o pseudônimo de Leone d'Alexis. É um escrito polêmico, em defesa da realidade da → OBSESSÃO dos endemoninhados. De fundo filosófico-teológico, discute a possibilidade, a realidade, a essência da obsessão, os objetivos do demônio e, no caso concreto de Marthe Brossier, contra as afirmações do dr. Marescott em seu *Discours véritable sur le faict de Marthe Brossier de Romorantin, prétendue démoniaque*, Paris, 1599. Em 1609 publica o primeiro livro de controvérsias com os hereges: *Discours sur le sujet preposé en la rencontre du R.P. Gonthier et du Sieur Dumoulin, où il est traité de la mission des pasteurs en l'église sur l'article 31 de la confession de foy imprimé à Genève. Du sacrifice de la Messe célébrée en l'Église chrétienne. De la présence réelle de Jésus-Christ en la Sainte Eucharistie*, Paris. São três discursos de controvérsias nos quais a polêmica se mistura aos raciocínios teológicos e históricos, temperados aos poucos com uma fina ironia. Com a sólida erudição que contêm, explicam o medo que os hereges tinham de discutir com ele. Um breve elogio de São Carlos Borromeu foi publicado por Bérulle em sua *Lettre à la Reine Mère*, na qual fornece a tradução da vida do santo feita por Soulfour. Bérulle opõe a vida de São Carlos à dos hereges Lutero e Zwinglio. O *Discours de l'état et des grandeurs de Jésus*, Paris, 1623, constitui a obra mais elevada e mais conhecida de Bérulle, apesar de incompleta. Na primeira parte, discute "sobre as grandezas de Jesus, quer por si próprio, quer pelo mistério da encarnação". Os doze discursos que compõem a obra são de uma penetração admirável dos mistérios da divindade. No primeiro, estabelece de que modo na → ENCARNAÇÃO, obra suprema de Deus, se reflete a suprema unidade de Deus. O segundo constitui uma elevação sobre o mistério da encarnação. O terceiro e o quarto estudam a unidade de Deus na Encarnação. Os quatro seguintes tratam da comunicação de Deus através dela. O nono trata do amor de Deus na encarnação. Os últimos três falam dos três nascimentos de Jesus: no seio paterno para a vida eterna, no seio de Maria para a vida terrena, no sepulcro para a vida imortal. No mesmo volume publicou a *Narré de ce qui s'est passé sur le sujet d'un papier de dévotion dressé en l'honneur de N.S.J.C. et du mystère de l'Incarnation*, uma exposição sob o ponto de vista da história das controvérsias, emergidas a propósito de seu voto de servidão, de estilo fortemente polêmico e que talvez deva ser lido com prudente cautela. De fundo teológico é a exposição da legitimidade das fórmulas incriminadas e seu fundamento bíblico. Para a rainha da Inglaterra, Henriqueta, antes de retornar à França compôs a *Élévation à Jésus notre Seigneur sur la conduite de son esprit et de sa grâce vers sainte Madeleine, augmentée des exercices spirituels de la Sérénissime Reine d'Angleterre*, Paris, 1627. A obra foi composta em 1625, embora o prefácio seja do ano antes citado. Contém uma exposição da espiritualidade berulliana encarnada em uma vida concreta. O estudo sobre o desenvolvimento do amor em Madalena, que ele identifica com a pecadora do Evangelho, irmã de Lázaro, é o mais profundo já escrito sobre o assunto. No ano seguinte, publicou sua *Lettre à la Reine Mère*, a quem dedicou a

vida de Catarina de Jesus, escrita por Madalena de São José (Paris, 1628).

Com a *Seconde partie des discours de l'état et des grandeurs de Jésus, dans laquelle commence la vie de Jésus*, Paris, 1629, Bérulle publicava sua última obra. O estudo da vida de Jesus permaneceu incompleto, visto que abraça somente o decreto da encarnação e algumas das suas circunstâncias, sem chegar à exposição do nascimento. Nessa parte, todavia, deixou belas páginas mariológicas. Após sua morte, foram publicadas as *Lettres aux Religieuses de l'Ordre du Mont Carmel erige en France*, Paris, 1632, e o *Memorial de quelques points servant à la direction des Supérieurs en la Congrégation de l'Oratoire de Jésus*, composto antes de 1625. As duas obras abraçam as ideias sobre a vida religiosa carmelita e do Oratório, e estão impregnadas pelas peculiares teorias berullianas.

3. DOUTRINA. Em suas obras, Bérulle toca quase todos os assuntos da teologia escolástica relativos à espiritualidade, mas uma exposição sistemática das suas teorias torna-se difícil não só pelo aspecto lírico, tão frequente nele, mas também por divergências presentes até nos princípios basilares. Assim, enquanto para Bremond a base da espiritualidade berulliana é sem dúvida o teocentrismo, para outros é a encarnação. Segundo o nosso parecer, ele insiste mais no mistério da encarnação, ilustrando-o frequentemente por meio do mistério da Santíssima Trindade. Alguns contemporâneos apresentaram as suas teorias como uma renovação, na Igreja, do espírito religioso (Bourging, no prefácio das *Oeuvres completes*). Certamente Bérulle insiste muito na exposição das atribuições divinas: imensidade, eternidade, santidade, independência absoluta, felicidade, vida, poder. As criaturas têm a sua origem em Deus, foram criadas por pura bondade e precisam da ação conservadora para poder perseverar no ser (p. 743.968). O dogma da Criação atua de modo que a criatura esteja em relação de dependência essencial, de estado, em relação a Deus (p. 979). Nisto se situa o fundamento do estado de servidão natural que necessariamente a acompanha, sem que o → INFERNO e o → PECADO possam destruí-la. Essa dependência natural é fortalecida pela nova dependência no ser sobrenatural, no qual o ser humano não pode existir nem perseverar sem a influência divina. Desse modo, o ser humano, tanto no ser natural como no sobrenatural, reporta-se a Deus, e

Deus, "como se tivéssemos emanado dele", nos inspira um espírito de retorno a si, que é o nosso princípio e o nosso fim. No plano divino, o ser humano é como o Deus visível na terra, que deve render homenagem ao Deus invisível, reportando-se ele próprio e toda a criação a Deus (p. 969). A sua missão, neste mundo, é a contemplação de Deus, a adoração e o louvor das suas atribuições divinas (969-1043), isto é, louvor a Deus em si e em suas obras (p. 747). Esse louvor não se limita a Deus em sua unidade, mas a Deus também em sua Trindade pessoal.

Bérulle queria que todos os dias a → TRINDADE fosse adorada três vezes: pela manhã, como fonte de nosso ser; ao meio-dia, como perfeição deste nosso ser; e à noite, como nosso fim último (p. 1.023). Essa → ADORAÇÃO e a anulação diante da majestade divina não devem ser concebidas como coisas separadas do amor. O amor de Deus está acima de todas as obras humanas, "amar a Deus é a maior ação que o nosso espírito pode realizar" (p. 1.078), e também a mais obrigatória, mais que conhecê-lo (p. 1.078). Essa necessidade deve ser ratificada mediante a adesão pessoal do ser humano a Deus, e deve ser tão frequente a ponto de transformar-se em um estado, em uma disposição permanente.

No atual estado de natureza humana, esse amor a Deus não pode ser atingido só por meio da força humana. O pecado original infligiu na natureza humana uma ferida mais grave na faculdade de amar que na de conhecer (p. 1.005); assim sendo, é incapaz de um amor legítimo, do amor imortal de sua condição imortal, do amor divino digno da sua origem divina, do amor que a transforma em Deus, autor de sua natureza e de sua graça (p. 1.006). O ser que recebemos de → ADÃO é um ser morto; gerou-nos na morte e pela morte, e Deus nos vê assim (p. 1.009). O ser humano que em sua criação era o centro do mundo, o Deus visível, *mens universi*, com o pecado permaneceu escravo do demônio, privado de todos os seus direitos, como um criminoso culpado de lesa-majestade. A força das expressões age de tal forma que, às vezes, o pensamento de Bérulle parece tingir-se de pessimismo, todavia percebe-se que se trata de um escritor ascético, e não devem ser esquecidos os aspectos positivos que a sua doutrina nos oferece sobre a encarnação.

Bérulle desenvolve a teoria da encarnação em todos os aspectos: teológico, histórico, espiritual.

A → ENCARNAÇÃO é a grande obra de Deus, o grande mistério que ultrapassa os limites do pensamento humano e angélico, escondido por toda a eternidade no seio de Deus. Por esse mistério, Deus desce à terra abaixando a sua grandeza, coberto por nossas fraquezas, revestido de nosso estado de mortais. É um mistério de amor e de sabedoria de Deus, no qual a Igreja deve viver santamente ocupada: nele manifesta-se a majestade da essência divina, a distinção das Pessoas, a profundidade dos seus conselhos, a raridade e a singularidade dessa obra única, síntese de tudo aquilo que a fé nos ensina sobre Deus e sobre as suas obras (p. 161).

A visão da encarnação apresentada por Bérulle é uma visão dinâmica. Estabelecida a importância desse mistério na ordem sobrenatural, o cristão deve viver em função do Verbo encarnado. Do mesmo modo que a terra gira perenemente ao redor do sol, "a terra dos nossos corações deve mover-se continuamente para Jesus" (p. 172), pela meditação das suas grandezas e das suas obras.

Bérulle é penetrado de Cristo na alma, guiado por São → PAULO, interessa-se sobretudo pela anulação diante da divindade e da vida que, de sua união com a divindade, lhe deriva (p. 179). A anulação interior é perene, e a exterior se manifestará não só na manjedoura e no Calvário, mas na condição de vida submissa às misérias humanas. Essa anulação e essa vida possuem uma derivação inevitável na vida do cristão. Jesus Cristo anulado, tomando a forma de servo, coloca as bases para o voto de servidão do cristão. Do mesmo modo que a humanidade de Cristo, por ordem divina, foi privada da subsistência humana e a aceitou livremente, desde o primeiro momento, e as suas ações são próprias da pessoa do Verbo, assim o cristão, para honrar esse mistério, renuncia a todo poder, a toda autoridade e a toda liberdade de disposição pessoal para entregar-se a Jesus em uma completude total; assim como o Verbo toma posse da alma de Cristo, assim também Jesus toma posse da alma e da vida do cristão, de tal forma que este "seja uma capacidade pura e um vazio preenchido somente por Jesus" (p. 188-189).

O cristão, por outro lado, deve unir-se aos mistérios da vida de Cristo. O Verbo encarnado é o modelo sobre o qual o cristão deve imprimir toda a sua vida. Essa teoria da união a Jesus, basilar na espiritualidade cristã, se reveste em Bérulle das características peculiares através da teoria da "aderência", que se encontra formulada em vários vocábulos: *adhérer, se lier, liaison* etc. Ao cristão impõe-se um trabalho de esforço consciente para compreender Jesus. É preciso que os mistérios sejam honrados e vividos em si, e em cada uma das suas circunstâncias, visto que eles são diferentes ilustrações divinas para nosso ensinamento. O cristão tem de aderir a todos e a cada um dos estados e das ações de Cristo, isto é, aos estados ontológicos e psicológicos, porque embora os mistérios da vida de Cristo tenham acontecido em determinadas circunstâncias, e nesse sentido passaram, eles permaneceram permanentes quanto à sua virtude (p. 886). O cristão deve adorá-los, penetrá-los, aplicá-los a si mesmo, deixar-se impregnar pela sua virtude santificadora. Deve chegar, por intermédio deles, a sentir em si uma verdadeira transfusão dos sentimentos de Cristo, de sua adoração, de sua oração. Assim, Jesus será a vida do cristão, o seu caminho e o seu fim. Para chegar a esse estado de aderência, é preciso que o cristão trabalhe seriamente; é necessário que o peça na oração; é preciso que se despoje de tudo o que não é Jesus, incluídos os dons espirituais; é preciso que deixe Deus agir por meio da virtude dos mistérios. Mais simplesmente, essa aderência é o resultado da obra de abnegação, de um lado, e do aspecto divino, passivo, de outro. Bérulle insiste muito nessas ideias em seus vários escritos e nas cartas de direção como visitador das carmelitas. As festas litúrgicas oferecem motivo para colocar diante dos olhos das suas carmelitas o fundo permanente e santificador dos mistérios do → ADVENTO, da Ascensão e de → PENTECOSTES. Esses estados de Cristo podem ser honrados de um modo geral, além de cada qual em particular. Cada cristão deve procurar honrar aquele mistério que Deus quer que resplandeça em sua vida. A santificação do cristão consiste exatamente na maior ou menor perfeição do grau de aderência aos estados de Cristo. → MARIA SANTÍSSIMA e Maria Madalena são exemplos magníficos. Sobre o tema concreto das virtudes e das graças místicas, Bérulle só deixou alusões ou breves sentenças. Em suma, lembra aos cristãos a sua vocação à santidade (p. 1.019).

Um aspecto importante de sua doutrina espiritual é o que se refere à santidade e à dignidade do estado de sacerdote diocesano. Embora respeitando e honrando o estado religioso,

Bérulle reserva ao estado sacerdotal suas preferências. Com efeito, esse estado sacerdotal exige uma santidade maior que a do estado religioso, visto que não se fundamenta na santidade de uma ação feita pelo ser humano, como tornar-se religioso, mas nas ações do próprio Jesus. O sacerdote, com efeito, reveste-se da pessoa de Jesus, age em seu nome e em seu lugar, é o guia das almas às quais ele deve apontar os caminhos interiores (p. 622). A exemplo de Jesus, deve ter três olhares: para Deus, para glorificá-lo; para si mesmo, para santificar-se; para os seres humanos, para santificá-los.

O pensamento de Bérulle sem dúvida apresenta novidades; todavia, hoje não se compartilha o julgamento de → BREMOND, para quem os "seus mestres foram a oração, a Bíblia, os Padres e os cadernos da Sorbonne" (BREMOND, H. *Histoire littéraire du sentiment religieux en France*. 1925, p. 15, vl. III.). A formação de Bérulle é mais ampla e abraça muito mais, se dermos fé aos seus escritos.

4. INFLUÊNCIA. É difícil determinar com segurança a influência exercida por Bérulle no campo da espiritualidade católica. Se dermos crédito a Bremond, Bérulle foi um inovador que causou uma completa revolução no mundo espiritual, e, ao mesmo tempo, é o fundador de uma escola de espiritualidade que, "sem contradições, é a mais original, a mais rica e a mais fecunda que a idade do ouro religiosa da França viu nascer". Nela militam, de modo mais ou menos claro, os principais autores espirituais franceses até os nossos dias. Uma análise mais profunda das coisas, todavia, fez com que alguns pusessem em dúvida a existência da "escola francesa", e daí derivou a recusa de contar entre os discípulos de Bérulle São → VICENTE DE PAULO, São → JOÃO BATISTA DE LA SALLE e → BOSSUET (L. Cognet). Na verdade, não se pode negar que a linguagem espiritual viu-se enriquecida com um novo e especial vocabulário, e que ele exerceu uma influência decisiva no Oratório e nas Congregações que se relacionaram com ele, como os eudistas e sulpicianos.

BIBLIOGRAFIA. BAIRD, A. W. S. *Bérulle and man supernatural destiny*. The Downside Review 89 (1971) 274-286; BASTEL, H. *Bérulle als Spirituel der Karmel*. Jarhbuch für Mystiche Theologie 13-14 (1968) 89-124; BLANCHARD, P. *Bérulle et Malebranche. L'attention à Jésus Christ*. Revue d'Ascétique et de Mystique 29 (1951) 44-57; BOURGOING, F. *Les oeuvres de l'éminentissime et révérendissime Pierre, Cardinal de Bérulle*. Paris, 1644; BREMOND, H. *Histoire littéraire du sentiment religieux en France*. Paris, 1925, vl. III; COCHOIS, P. *Bérulle, hiérarque dionysien*. Revue d'Ascétique et de Mystique 37 (1961) 313-353; 38 (1962) 354-375; ID. *Bérulle et l'école française*. Paris, 1963; ID. *De nouveaux inédits de Bérulle* 48 (1972) 435-452; COGNET, L. *La spiritualité française au XVIIe siècle*. Paris, 1949; D'ANGERS, J. *L'exemplarisme bérullien: lês rapports du naturel et du surnaturel dans l'oeuvre du Cardinal P. de Bérulle*. Revue de Sciences Religieuses 8 (1957) 121-139; DAGENS, J. *Bérulle et les origins de la restauration catholique (1575-1611)*. Bruges, 1952; ID. *Correspondance du Cardinal de Bérulle*. Paris-Louvain, 1937-1939; ID. *La source du Discours de l'abnégation*. Revue d'Histoire Ecclésiastique 27 (1931) 318-349; DAINVILLE, P. *Note chronologique sur la Rétraite spirituelle de Bérulle*. Recherches de Science Religieuse 41 (1953) 241-249; DUPUY, M. *Bérulle et le sacerdoce. Étude historique et doctrinable, textes inédits*. Paris, 1969; ID. M. *Bérulle. Une spiritualité de l'adoration*. Paris, 1963; ID. *De nouveaux inédits de Bérulle*. Revue d'Études Augustiniennes 26 (1980) 266-285; GAUTIER, J. *L'esprit de l'école française de spiritualité*. Paris, 1937; HABERT, G. *La vie du Cardinal de Bérulle*. Paris, 1817; HARANG, J. *La spiritualité bérullienne*. 1983; HUIJBEN, J. *Aux sources de la spiritualité française du XVIIe siècle*. La Vie Spirituelle 25 [Supplément] (1930) 113-139; HUSSAYE, M. *Le Père de Bérulle et l'Oratoire de Jésus*. Paris, 1874; MOIOLI, G. *Teologia della devozione berulliana al Verbo Incarnato*. Varese, 1964; ORCIBAL, J. *Le Cardinal de Bérulle: Évolution d'une spiritualité*. Paris, 1965; ID. *Les oeuvres de piété du Cardinal de Bérulle. Essai de classement dês inédits et conjectures chronologiques*. Revue d'Histoire Ecclésiastique 57 (1962) 163-862; PIQUANT, O. *Discours de l'état et des grandeurs de Jésus*. Paris, 1866 (trad. it., Milano, 1935); PRECKLER, F. G. *Bérulle aujourd'hui. 1575-1975. Pour une spiritualité de l'humanité du Christ*. Paris, 1978; RIGUEL, M. *Les mystères de Marie, Vie de Jésus, élévation, oeuvres de piété*. Paris, 1961; TAVEAU, CL. *Le Cardinal de Bérulle, maître de vie spirituelle*. Paris, 1933; YELLE, C. *Le mystère de la sainteté du Christ*. Montreal, 1938.

F. ANTOLÍN RODRÍGUEZ

BILOCAÇÃO. É a presença simultânea de uma pessoa em dois lugares diferentes. É conhecido de todos o episódio de Santo → AFONSO M. DE LIGÓRIO que, embora estando profundamente adormecido em sua cadeira, em Arienzo, assistiu, em Roma, à morte do papa Clemente XIV. Narram-se outros episódios: de São Francisco Xavier, são Giuseppe da Copertino, santa Liduína, Santo → ANTÔNIO DE PÁDUA etc.

A bilocação é um dos fenômenos de explicação mais difícil. Alguns, na realidade, negam a verdadeira bilocação, isto é, que a pessoa bilocada esteja real e verdadeiramente, no mesmo momento, em dois lugares diferentes. Esta parece ser a versão de muitos tomistas que explicam a presença de uma pessoa em um lugar com o corpo, e, em outro, com uma representação sensível da mesma pessoa feita por Deus, por milagre. O mesmo pode-se dizer nos casos em que a representação sensível é obra do demônio. Outros teólogos católicos explicam a dupla presença real circunscritiva da pessoa com um milagre de Deus, visto que não acreditam que seja um fato metafisicamente impossível. Alguns autores modernos explicam a bilocação como simples desdobramento ou separação, embora não total, das duas partes que constituem o corpo humano: uma ponderável e outra imponderável. Em um lugar permaneceria o organismo ponderável; o imponderável, ainda que sem desprender-se completamente do ponderável, é projetado pela atividade do espírito para o outro lugar, como um feixe de ondas que aí se concentram e produzem o seu efeito. Nesse sentido, a bilocação poderia ser entendida como um fato perfeitamente natural-normal ou patológico; ou um fato milagroso, quando as condições nas quais ocorre permitem a sua suposição; ou, finalmente, um fato sobrenatural, embora não milagroso, devido ao domínio que a alma atingiu sobre o corpo no estado místico (REIGADA).

Estudiosos de metafísica de grande prestígio, todavia, consideram problemática a existência de um fluido vital que, emanado do ser humano vivo, seja capaz de manifestar-se nas várias formas de psicocinese. O mesmo pode ser dito para as materializações ou ectoplasma, que formariam o duplo e o desdobramento objetivo do corpo vivo por meio da manifestação, em outro lugar, do corpo etéreo ou do corpo astral.

É preciso confessar que, até agora, ainda não houve uma explicação satisfatória para a bilocação. Um fato tão importante, porém, não pode ser sem sentido: poderia ser um meio para permitir à pessoa bilocada o prestar socorro ou fazer o bem aos outros, além de ser uma manifestação do poder divino.

BIBLIOGRAFIA. MENENDEZ REIGADA, I. G. *Los dones del Espíritu Santo y la perfección cristiana*. Madrid, 1948, 386-392; POOLT, T. *Los fenómenos misteriosos del psiquismo*. Barcelona, 1930, 224-230; ROYO, A. *Teologia della perfezione cristian*. 643-644; WIESINGER, A. *I fenomeni occulti*. Vicenza, 1956.

I. RODRÍGUEZ

BOAVENTURA DE BAGNOREGIO (Santo).

1. NOTA BIOGRÁFICA. Boaventura nasceu em Civita (Bagnoregio) por volta de 1217 (e não, como tradicionalmente apontado, em 1221); cf. ABATE, G. Per la storia e la cronologia di San Bonaventura, O.M. (ca. 1217-1274). *Miscellanea Francescana* 49 (1949) 354-368; 50 (1950) 97-130.

Após ter concluído os primeiros estudos na cidade natal, passou para a Universidade de Paris (em torno de 1236-1238), para estudar filosofia, diplomando-se em artes em 1242-1243). Aos 25 anos abraçou a Ordem franciscana, mudando o nome de batismo, João, para o de Boaventura. Estudou teologia (1243-1248) sob Alessandro de Hales, seu *magister et pater* (*Opera*, II, 1-2, 547), e outros mestres, no convento e estúdio franciscano de Paris. Em 1253 obteve a licença e o magistério (título, porém, que foi-lhe reconhecido mais tarde, em 12 de agosto de 1257, pela atitude de oposição assumida pelos mestres parisienses contra os mendicantes).

Ensinou no mesmo estúdio parisiense na qualidade de bacharel bíblico e sentenciário (1248-1252), e em seguida como mestre regente do mesmo estúdio (1253-1257), sucedendo a Guglielmo Melitona. Em fevereiro de 1257, com apenas quarenta anos, foi eleito ministro geral da Ordem, cargo que conservaria até o ano de 1274, ano de sua morte, dando provas admiráveis de sabedoria, prudência e perspicaz equilíbrio, tão necessário em um momento difícil na regulamentação da Ordem, que mereceu, por sua obra moderadora e construtiva, com plena fidelidade ao espírito de São Francisco, o título de segundo fundador da Ordem franciscana.

Foi muito solícito em acompanhar e promover as várias atividades já existentes na Ordem no plano dos estudos, do ministério pastoral, da pregação, do apostolado missionário, pela Cruzada e pela união da Igreja grega. Por seu mérito, a Ordem, apesar dos 30 mil frades, conservou-se firmemente unida. Viajou muito pelas necessidades da Ordem e pelos encargos pontifícios, tanto na Itália quanto na França, indo também para a Inglaterra, Flandres, Alemanha e Espanha. Pregou ao povo em toda parte e, de modo especial, aos eclesiásticos, às monjas, na Universidade de Paris, diante da corte da França, aos vários papas em consistório (Orvieto, Perugia, Viterbo e Roma) e, finalmente, no Concílio de Lião, em 1274.

Nas Quaresmas de 1267 e 1268, retomando o contato com a escola, empreendeu a grande luta contra os averroístas, de que temos o ensaio nas *Collationes* sobre o → DECÁLOGO e sobre os → DONS DO ESPÍRITO SANTO, luta que continuaria em 1273 com as *Collationes in Hexaëmeron*, que permaneceram incompletas com a sua morte. As três séries das *Collationes*, conforme merecidamente acentuado, são uma "Trilogia singular de obras que colocan a su autor en la cima del pensamiento medieval" (introdução das *Collationes de decem praeceptis*, in *Obras de S. Buenaventura*. Madrid, 1948, 609, vl. V).

No dia 28 de maio de 1273, Boaventura foi nomeado cardeal e bispo de Albano, tendo já recusado, em 1265, o arcebispado de York. Desde novembro de 1273 ocupou a presidência dos trabalhos preparatórios, e, em seguida, participou da celebração do II Concílio Ecumênico Lionense (7 de maio-17 de julho de 1274), aí pregando em 26 de maio e 29 de junho. No dia 19 de maio do mesmo ano, no Capítulo geral celebrado em Lião, Boaventura demitiu-se do cargo de ministro geral da Ordem.

Trabalhou no Concílio pela união dos gregos, que, efetivamente, foi alcançada. Mas, extenuado pelos esforços feitos, adoeceu gravemente a 7 de julho de 1274, vindo a falecer no dia 15 do mesmo mês. O corpo foi sepultado na igreja de São Francisco, em Lião. Foi canonizado por Sixto IV em 1482, enquanto Sixto V, em 14 de março de 1588, o incluiu "*inter praecipuos et primarios*" Doutores da Igreja (latina), sexto ao lado de Santo → TOMÁS DE AQUINO.

2. OBRAS. Boaventura, escreve V. Breton, "é um dos autores mais fecundos que a Igreja latina tenha gerado, e um dos mais literariamente perfeitos" (*Saint Bonaventure*, Paris, 1943, p. 25). As obras autênticas, incluídas as inéditas, são entre 60 e 65, das quais 45 publicadas, de índole filosófico-teológica, exegética, ascética e oratória, distribuídas, na edição crítica realizada pelos frades de Quaracchi (1882-1902) em cinco grupos (entre parênteses indicamos os livros da edição Quaracchi):

a) Obras teológicas: *Commentarii in IV Libros sententiarum* (I-IV), de 1250-1253; *Quaestiones disputate: De scientia Christi* (VII); *De mysterio Trinitatis* (VIII); *De Perfectione evangelica* (V), de 1254-1256; *Breviloquium* (V), de 1256; *Itinerarium mentis in Deum* (V) de índole filosófica e mística, de 1259; *De reductione artium ad theologiam* (V); as três séries de *Collationes*: *De praeceptis* (V) de 1267, *De donis Spiritus Sancti* (V) de 1268, *In Hexaëmeron* (V) 23 col., "um dos escritores mais sublimes da literatura cristã" (A. DEMPF) de 1273; *Sermones selecti de rebus theologicis* (V), entre os quais *De triplici testimonio SS. Trinitatis*; *De sanctissimo corpore Christi*; *Christus unus omnium magister*.

b) Obras exegéticas: *Commentarii in librum Ecclesiastis*; *Sapientiae*; *in Evangelium Ioannis* (VI); *Collationes in Evangelium Ioannis* (VI), *Commentarii in Evangelium Lucae* (VII).

c) Obras espirituais: *De triplici via o Incendium amoris*, ou também *Itinerarium mentis in se ipsam* (VIII), uma joia e suma de teologia mística; *Soliloquium de quattuor mentalibus exercitiis* (VIII); *Lignum vitae* (VIII), verdadeira obra-prima, que teve grande influência, além de no plano espiritual, também no artístico, literário e musical; *De V festivitatibus pueri Iesu* (VIII); *Tractatus de praeparatione ad missam* (VIII); *De perfectione ad sorores* (VIII), dedicado à bem-aventurada Isabela, irmã de são Luís, rei de França; *De regimine animae* (VIII); *De sex alis seraphim* (VIII), tratado "denso de experiência e de teologia" (J. G. BOUGEROL); *Officium de passione Domini* (VIII); *Vitis mystica* (VIII), narração da vida, paixão e glória de Cristo; *Tractatus de plantatione paradisi* (V), considerado não autêntico por C. FISCHER, in *Dictionnaire de Spiritualité*, I, 1846, porém atribuído a Boaventura pelos autores espanhóis das *Obras*; *Sermones de re mystica* (V e IX); Sermões sobre as cinco chagas de Jesus: *Infer digitum tuum*, provavelmente de Boaventura, editado por A. ABATE, com uma longa introdução in *Miscellanea Melchor de Poblladura* (vl. I, Roma, 1964, 151-171). Nesse grupo das obras espirituais, são novamente mencionadas as *Collationes de septem donis Spiritus Sancti* e as *Collationes in Hexaëmeron*, visto que, além de obras teológicas, devem ser consideradas como obras de índole altamente espiritual, nas quais o Seráfico Doutor, segundo observa E. LONGPRÉ, "toca todos os problemas da vida interior, desde a hora da conversão até ao voo do êxtase, isto em plena posse de sua síntese, com toda a técnica teológica de um mestre de Paris e a experiência de um sacerdote que se encontrou com as mais elevadas almas de seu século..." (*Bonaventure*, in *Dictionnaire de Spiritualité* I, 1.772).

d) Escritos relativos à Ordem: uma quinzena de escritos franciscanos, entre os quais: três *Lettere Circolari* (VIII); as *Constitutiones* narbonenses de 1260 (VIII); a *Expositio Regulae* (VIII) de 1257 ou 1269, atribuída por alguns a Giovanni Peckam, discípulo de Boaventura; a *Apologia pauperum* (VIII) de 1270, definida por E. LONGPRÉ como "a obra mais perfeita da literatura franciscana"; *Epistola de tribus quaestionibus; Determinationes quaestionum circa Regulam; Epistola continens 25 memoralia* (VIII); *Epistola de imitatione Christi* (VIII); a *Legenda maior S. Francisci* e a *Minor*, ou coral, de 1260-1262 (VIII, mas melhor edição em *Analecta Franciscana* 10 [1926-1941] 555-678).

e) Sermões (IX): *Sermones de tempore* (336); *Sermones de sanctis* (74), *Sermones de B.V.Maria* (27); *Sermones de diversis* (3).

Após a edição de Quaracchi das obras boaventuranas, foram descobertas outras 20 obras por vários estudiosos (entre os quais F. M. Henquinet, F. M. Delorme, V. Doucet, P. Glorieux), algumas, todavia, de dúbia autenticidade (cf. L. DI FONZO. *Bonaventura da Bagnoregio*. In *Biblioteca Sanctorum* III, p. 246). De particular importância, entre elas, a *Reportatio*, mais breve que as *Collationes in Hexaëmeron*, e ainda importantes: *Quaestiones de oratione; Quaestiones disputatae de veritate et de novissimis; In coena Domini; Meditationes de passione Christi* (cf. L. AMORÓS, Introducción general, in *Obras de S. Buenaventura*, vl. I, 54-63). Numerosos, por outro lado, os *Apocrifi* boaventuranos (no vl. X da *Opera omnia* da ed. Quaracchi destacam-se 108), entre os quais figuram: as *Meditationes vitae Christi*, que se atribuem a Giovanni de Caulibus (C. Fischer crê que, em parte, devam ser atribuídas a Boaventura pela inserção das *Meditationes de Passione*, invariavelmente atribuídas a Boaventura: cf. C. FISCHER. Bonaventure [Apocryphes attribués au Saint]. In: *Dictionnaire de Spiritualité* I, 1851); *Speculum B.M.V* de Corrado di Sassonia; *Speculum disciplinae* de Bernardo da Bessa; *De septem itineribus aeternitatis* de Rodolfo di Biberach; *Stimulus amoris* de Giacomo da Milano; *Mystica theologia* de → HUGO DE BALMA, cartuxo; sobre a *Pharetra*, todavia, atribuída por certos críticos a Gilberto di Tournai, deve-se considerar a recente nova atribuição a São Boaventura, com sólida probabilidade (cf. ABATE, G. Op. cit. *Miscellanea Francescana* 50 (1950) 109 s., especialmente n. 3).

3. **ESPIRITUALIDADE**. Limitamo-nos aqui a linhas gerais, unicamente ao pensamento espiritual. Por outro lado, porém, é preciso considerar, segundo o acento de um recente estudioso boaventurano, que toda a obra teológica de Boaventura não pode ser separada de sua índole espiritual, visto que a sua "teologia espiritual" nada mais é que "a sua própria teologia, inteira, enquanto é orientada para a sabedoria" (BOUGEROL, J. G. *Introduction à létude de S. Bonaventure*, 215 s.).

Considerando, todavia, o seu pensamento mais estritamente no campo específico da espiritualidade, Boaventura apresenta-se como uma das maiores expressões doutrinárias da espiritualidade católica.

Na apresentação da doutrina espiritual de Boaventura, tenhamos sobretudo presentes os seus *Opuscoli mistici*, particularmente *De triplici via, Lignum vitae, Vitis mystica, Soliloquium*; e, entre as outras obras, o *Itinerarium mentis in Deum* e as três séries das *Collationes (De X praeceptis, De donis Spiritus Sancti, In Hexaëmeron)*.

— *Estrutura da vida espiritual*. Boaventura abre o quadro da perfeição espiritual partindo de sua infinita fonte, da qual é participação e imitação. A vida espiritual é para ele uma imediata participação da própria vida de Deus: no → TEMPO, por meio da graça; na → ETERNIDADE, por meio da glória. Ambos os estados, com efeito, refletem os elementos da felicidade divina, que em Deus se identificam na unidade de seu Ser: a *paz*, a *verdade*, a *caridade*. Esses três elementos são no tempo o término de toda subida espiritual, alcançados, respectivamente, via três graus hierárquicos: a *purificação*, a *iluminação*, a *perfeição* ou união: "A purificação — afirma Boaventura — conduz à paz; a iluminação, à verdade; a perfeição, à caridade" (*De triplici via*). São aqui delineadas as três vias da subida espiritual concebidas por Boaventura como três linhas paralelas e não sucessivas, dando, assim, um novo sentido a essa terminologia, comumente entendida por outros no sentido de vias que se sucedem umas às outras.

Para indicar o desenvolvimento progressivo das vias, Boaventura recorre à terminologia dos graus: *incipientes, proficientes* e *perfeitos*: "É pois necessário que para cada uma das coisas citadas (isto é, a paz, a verdade e a caridade) se ascenda por três graus segundo a tríplice via: a purgativa, que consiste na expulsão do pecado; a iluminativa, que consiste na imitação de Cristo;

e a unitiva, que consiste na recepção do Esposo; de modo que cada uma possui os seus graus, por meio dos quais se inicia pelo ínfimo e se tende ao sumo" (*Ibid.*, c. 3, n. 1). As três vias estão, assim, simultaneamente presentes durante todo o percurso da vida espiritual, em seus três graus progressivos, embora uma ou outra via domine nos vários graus, respectivamente: a purgativa nos incipientes; a iluminativa nos proficientes e a unitiva nos perfeitos.

Além da divisão em três graus, conforme supra, Boaventura entra em detalhes, apontando para cada uma das três vias sete graus respectivos, aos quais dá um nome apropriado:

a) os sete graus, pelos quais se chega ao "sabor da paz", são: o pudor, o temor, a dor, o clamor, o rigor, o ardor e o sopor" (*Ibid.*, c. 3, n. 2);

b) os sete graus para alcançar o "esplendor da verdade", "a que se chega pela imitação de Cristo", são: "o assentimento da razão", "o afeto da compaixão, o olhar da admiração, o excesso da devoção, o revestimento da assimilação (ter presente São Paulo aos Romanos: "revesti-vos do Senhor Jesus Cristo" [13-14] (cf. Gl 3,27), o abraço da cruz, o intuito da verdade" (*De triplici via*, c. 3, n. 3);

c) os sete graus para chegar à doçura do amor (*ad dulcorem caritatis*), por intermédio da recepção do Espírito Santo, são: "a vigilância que solicita, a confiança que conforta, o desejo que inflama, a excedência que eleva, a complacência que acalma, a alegria que deleita, a aderência que une" (*Ibid.*).

Em cada uma das vias, finalmente, Boaventura aponta três meios ou exercícios de progresso: *a oração, a meditação e a contemplação*, que, embora encontradas em todo o arco da subida espiritual, cada qual domina, respectivamente, como oração particularmente própria de cada grau: a → MEDITAÇÃO nos incipientes, a oração nos proficientes e a → CONTEMPLAÇÃO nos perfeitos. Esses três exercícios, por sua vez, possuem um objeto próprio: as obras do ser humano (pecados e vícios) para a meditação; as obras de Deus (os dons da natureza e da graça) para a oração; as obras de união (a união do ser humano com Deus) para a contemplação.

A oração, para Boaventura, é a prece propriamente dita, que nos incipientes chora os pecados; nos proficientes implora a graça; nos perfeitos adora a Deus. A meditação, vista como leitura meditada, é um exercício de reflexões, que fortalecem as energias espirituais. A contemplação, finalmente, tem por meta o desenvolvimento do amor mediante o simples olhar das verdades contempladas.

As energias espirituais, das quais fala Boaventura, são potências da alma que servem para exercitar-se na tríplice via: a consciência, a inteligência, a sabedoria, ou, como diz o santo: "*stimulus conscientiae, radius intelligentiae et igniculus sapientiae*" (*Ibid.*, c. 1).

O final do itinerário espiritual proposto por Boaventura é a → UNIÃO COM DEUS, que se encerra na contemplação pelo amor, que segundo ele precede como via, acompanha como um dos constitutivos e termina como fruto da contemplação (cf. *De triplici via*, c. 3, § 4; VIII, 14-15): aqui a alma saboreia a Deus com conhecimento experimental, também chamado conhecimento sapiencial, cujo ato é denominado *sursum actio* ou *excessus mentis*, ou *amor exstaticus*. O último estágio é o amplexo da Verdade "*per osculum et dilectionem*" (*Ibid.*, c. 3, § 7, n. 14).

— *A graça e as suas ramificações, com relação à santidade*. Boaventura jamais usa, conforme se pôde constatar, o termo "organismo" para indicar o conjunto de hábitos sobrenaturais, todavia a visão dessa unidade orgânica sobrenatural não é estranha ao seu pensamento (cf. BONNEFOY. *Le Saint Esprit et ses dons selon Saint Bonaventure*, p. 78). Nele encontra-se, porém, esta expressiva denominação: "*virtutum machina*" (*De sex alis Seraphim*, c. 2, n. 10; VIII, 135a), que conduz à ideia de organicidade.

Pode-se falar, todavia, de um dinamismo da graça e de seu cortejo em relação à santidade, com os respectivos deveres do conjunto de hábitos sobrenaturais, conforme visto por Boaventura.

A graça, elemento ontológico da santidade, realiza, juntamente com as suas ramificações, um imenso trabalho de sobrenaturalização do ser humano, que Boaventura ilustra com ampla e detalhada visão.

A obra da graça, após a queda original, é chamada pelo santo de "recriação". Trata-se da graça santificante, que Boaventura vê como um dom, pelo qual a alma se aperfeiçoa e torna-se esposa de Cristo, filha do Pai e templo do Espírito Santo (*Breviloquium*, pars V, c. 1, n. 5; ed. minor, 165). A graça é um influxo deiforme, articulado em dez atos: purifica a alma, torna a alma estável, eleva-a, ilumina-a, reforma-a e assimila-a a Deus; torna a alma perfeita, vivifica-a e une-a a

Deus: e por todas essas coisas o ser humano torna-se "agradável e aceito por Deus" (*Ibid.*, n. 6; ed. minor, 166). O seu nome vem do último ato: "*sicut a completissimo*": é chamada "graça gratificante" (santificante) porque torna grato a Deus quem a possui; essa graça, com efeito, não só é concedida gratuitamente por Deus, mas é também "segundo Deus e para Deus" (*Ibid.*).

A graça gratificante, por sua vez, ramifica-se: nos hábitos das virtudes, cuja tarefa é retificar a alma (Boaventura também fala de habilitar, regular, aliviar, revigorar); nos hábitos dos dons, cuja atividade própria é precisamente a de facilitar (*expedir*, logo, denominados *habitus expedientes*); nos hábitos das bem-aventuranças, que conduzem ao mais alto grau de atividade sobrenatural, portanto sua função é a de aperfeiçoar (*perficere*), tarefa que Santo Tomás aponta propriamente aos → DONS DO ESPÍRITO SANTO, excluindo como *habitus* distintos as bem-aventuranças (cf. *STh.* I-II, q. 69, a. 1). Além dos hábitos espirituais, Boaventura fala de frutos (gozos) e de → SENTIDOS ESPIRITUAIS (isto é, percepções mentais; ao todo cinco, chamados sentidos por analogia com os físicos), considerados por ele, porém, não como novos hábitos, mas como comportando um perfeito estado e uso dos hábitos anteriores.

As três séries dos hábitos citados correspondem, para Boaventura, a três graus respectivos na escala da perfeição. Confluem, com efeito, sempre segundo o santo, enquanto possuem um fim geral comum, para a disposição ao bem; mas se diferenciam em grau, porque cada série dos supra louvados hábitos tem por finalidade um dos três graus do bem: as virtudes e a retificação das potencialidades; os dons do Espírito Santo e a facilitação das mesmas; as bem-aventuranças e a sua perfeição. Retorna, aqui, a ação específica dos hábitos, vista em relação à sua finalidade.

Boaventura tem, porém, uma determinação a ser apresentada no que se refere à caridade, que, embora pertinente aos hábitos das virtudes, possui uma superioridade sobre os mesmos dons. O santo admite que, concepção feita pelo que se pressupõe, os dons dizem um bem menor diante da caridade (cf. *I Sent.*, d. 17, dub. 4; I, 305a), visto que a sua superioridade refere-se ao fato de que quem os utiliza tem necessariamente caridade e, com esta, todas as outras virtudes teologais e cardeais: "os dons do Espírito Santo pressupõem a caridade e acrescentam alguma coisa, como o hábito da sabedoria acrescenta a atitude e a prontidão para facilmente saborear quanto é suave o Senhor" (*III Sent.*, p. 1, q. 3; III, 742b); e em outra parte, brevemente: "os dons pressupõem em seus atos a caridade e o seu ato" (*Ibid.*, ad 5; III, 743b). Se, com efeito, as virtudes podem ser exercitadas sem que os dons entrem em ação, não é possível o contrário.

Finalmente, Boaventura distingue três etapas no caminho da perfeição, visto isto em relação aos outros hábitos, em seu dinamismo: a) a "perfeição de suficiência", que coloca a alma no estado dos principiantes, para ela bastam as virtudes; b) a "perfeição de excelência", que insere a alma no estado de progresso, para ela exige-se a atividade dos dons; c) e a "perfeição de superabundância", própria da alma no estado de perfeição, para ela é preciso a atividade das bem-aventuranças (aqui se atinge a prática, com perfeição superabundante, dos preceitos e dos → CONSELHOS, da → VIDA ativa e contemplativa).

Boaventura também se fixa na caridade e a vê em um tríplice estado, segundo o grau de perfeição. "A caridade — afirma — possui um tríplice estado: um ínfimo, reposto na observância das obrigações legais (obras de preceito necessárias à salvação); o segundo médio, que consiste no cumprimento dos conselhos espirituais (conselhos evangélicos); o terceiro supremo, que comporta o gozo das alegrias sempiternas." ("Em certo sentido a contemplação mística, antecipação e símbolo da glória do céu, pode ser concebida como prêmio"; e assim compreende-se a atualidade, no tempo, desse gozo. Cf. OMAECHEVARRIA, I. Teología mística de San Bonaventura. In: *Obras de S. Bonaventura*. Madrid, 1963, 40, vl. IV.) Assim a tríplice diferença da perfeição descrita pela Sagrada Escritura: uma em necessidade…, a segunda de superrogação (superabundância)…, a terceira de plenitude consumada "ultimada…" (*Apologia pauperum*, c. 3, n. 2; VIII, 244b).

Outra questão apresentada por Boaventura é a da relação da graça e da caridade com respeito às virtudes. "As virtudes possuem uma certa perfeição por si, diferente da graça superinfusa, e distinta da caridade introduzida… Possuem por si, com efeito, porque são virtudes, ainda que não em tanta plenitude quanta por obra da caridade" (*III Sent.*, d. 36, a. 1, q. 6, ad; III, 807b). A caridade é, com efeito, "a raiz, a forma e o fim das virtudes" (*Breviloquium* 5, c. 8; V, 262a), e "sozinha conduz à perfeição" (*De perfectione vitae ad sorores*, c. 7, n. 1; VIII, 124a), visto que ela é "a perfeição de todas as virtudes" (*II Sent.*, d. 38, dub. 2; II 895a).

Com relação às virtudes em espécie, Boaventura distingue uma forma para ser (*forma ad esse*), uma forma para estar bem (*forma ad bene esse*) e uma forma para bem operar (*forma ad bene operari*): a primeira constitui a virtude no gênero da natureza (*in genere naturae*), a segunda e a terceira a aperfeiçoam no gênero dos costumes (*in genere morum*): a forma que as virtudes recebem da caridade é diferente da forma que recebem da graça, visto que a graça informa quanto ao *bene esse*, ao passo que a caridade informa quanto ao *bene operari*, isto é, ao operar meritoriamente. As virtudes, portanto, são informadas pela caridade não na ordem do ser, *in essendo*, mas na ordem da ação, *in operando*, isto é, *in movendo*, enquanto forma motora.

— *A contemplação.* a) *Natureza.* Boaventura utiliza numerosos termos para indicar a contemplação: "conhecimento experimental", "conhecimento por experiência", "conhecimento místico", "verdadeira sabedoria", "*sursum-actio*", "suspensão", "êxtase", "excesso mental", "sopor em excesso", "excesso anagógico", "união anagógica", "conhecimento excessivo", "caligem em excesso", "alienação", "experiência da doçura divina", "embriaguez", "amplexo", "contemplação" etc. (OMAECHEVARRIA, I. Op. cit., p. 58).

Sobre a contemplação emergem nos escritos várias definições, sobretudo descritivas, que refletem o pensamento da escola de São Vítor (Hugo e Ricardo).

Mais pessoal na expressão, Boaventura insiste na experiência da graça na contemplação: "Então tem-se a contemplação, que é tanto mais elevada quanto mais o ser humano sente em si o efeito da divina graça…" (*II Sent.*, d. 23, a. 2, q. 3; II, 545a); e em outra parte: "Deus… é visto no efeito da graça e da experiência de sua suavidade pela própria união anagógica" (*III Sent.*, d. 24, dub. 4; III, 531b).

Salvo o arrebatamento, sempre ligado a ela, para Boaventura nem toda contemplação inclui uma visão direta de Deus em si mesmo (intuição imediata), mas um intuito ou olhar da presença de Deus nas obras de sua sabedoria, isto é, uma visão de Deus em suas obras, quer interiores, quer exteriores à alma, simultaneamente percebido nelas, donde o termo mais apropriado da "cointuição" (*cum intueor*), isto é, intuição imediata (cf. SCIAMANNINI, R. *La cointuizione bonaventuriana.* Firenze, 1957).

Boaventura a olha, por respeito a Deus, alcançado em seu movimento, como um *regressus* (*In Hexaëmeron*, col. 22, n. 34; V, 442b), um *reascensus* (*Ibid.*, col. 23, n. 1; 445a), como um retorno da alma a Deus, seu princípio e seu fim beatificador. Os seus elementos são condensados por Boaventura nesta significativa proposição: "*in contemplatione admiratio, dilatatio, alienatio, refectio*" (*In Hexaëmeron*, col. 3, n. 28; V, 347): uma "admiração que suspende em fixação o olhar da alma em Deus, a que segue-se uma alienação do espírito com respectiva dilatação e, como coisa mais importante, a refeição ou alimentação da alma" (cf. JEAN DE DIEU. Contemplation infuse et contemplation acquise d'après S. Bonaventure. *Études Franciscaines* 43 [1932] 416).

Sobre a faculdade humana, intelecto ou vontade, ou ambas, do ato da contemplação, Boaventura pronuncia-se pela presença de ambas as faculdades. Considera, com efeito, que a contemplação é essencialmente um ato de inteligência, mas não de pura inteligência, visto tratar-se de conhecimento experimental, que implica também a participação constitutiva da vontade: "esse — afirma ele — é um conhecimento por excelência, [...] que se tem no amor extático, e que eleva acima do conhecimento da fé segundo o estado comum" (*III Sent.*, d. 24, dub. 4; III, 53b). Mais concisamente, pela inseparabilidade de sua presença, desejada pela estrutura da própria contemplação: "Jamais tem-se na contemplação o raio que resplandece, sem que também seja inflamante" (*In Hexaëmeron*, col. 10, n. 12; V, 427). Falando sobre o dom da sabedoria, afirma explicitamente: "O ato do dom da sabedoria, em parte é intelectivo (cognoscitivo) e em parte afetivo, de modo que se inicia no conhecimento e se consuma no amor (*in affectione*), *secundum quod ipse gustus vel soporatio est experimentalis boni et dulcis cognitio*" (*III Sent.*, d. 35, a. 1, q. 1, concl.; III, 774b). E ainda: "A sabedoria é dita de um modo como *saber*, e em um outro modo como *sabor*, de tal sorte que, em um modo consiste no conhecimento, e no outro no amor (*affectione*)" (*Ibid.*, ad 5; III, 775b). O conhecimento experimental de Deus possui, por sua vez, uma influência de enriquecimento pelo próprio conhecimento especulativo: "O conhecimento experimental da suavidade divina amplia o conhecimento especulativo da verdade divina" (*III Sent.*, d. 34, p. 1, a. 2, q. 2 ad 2; III, 748b).

Boaventura preocupa-se em acentuar mais a parte da vontade, também pela função mais vasta que lhe cabe. "Só se chega a essa experiência por sumo amor: nem a [potência] cognoscitiva ou intelectiva sobrevém a ela por si, mas por máxima condescendência do alto (*In Hexaëmeron*, col. 2, n. 30; ed. org. por DELORME, F. Quaracchi, 1934, 30).

"E aí tem-se uma operação que transcende todo intelecto, secretíssima; que ninguém sabe, excetuando quem experimenta. Com efeito, na alma existem muitas potências (*virtutes*) adquiríveis: a sensitiva, a imaginativa, a estimativa, a intelectiva; mas todas essas deve-se deixar; está no vértice a união de amor (*et in vertice est unitio amoris*), que transcende a todas" (*Ibid.*, n. 29; V, 341a).

"Essa contemplação", prossegue insistindo na parte do amor, "acontece por graça, e todavia vale a aplicação. [...] Esta é suprema união por amor [...] e esse amor transcende todo intelecto e ciência" (*Ibid.*, n. 30; V, 341a).

"Quando a alma, naquela união, está ligada a Deus, de algum modo dorme e de algum modo vigia. [...] Somente a [potência] afetiva vigia e impõe silêncio a todas as outras potências; e então o ser humano é alienado dos sentidos e posto em estado de êxtase, escuta palavras inefáveis que não lícito ao ser humano proferir, visto que estão somente no afeto" (*Ibid.*; V, 341b; 2Cor 12,4).

Exaltando a atividade do amor no estado contemplativo, Boaventura sublinha; "Esse amor é sequestrativo, soporativo, superelevativo (*sursumactivus*). Sequestra, com efeito, de todo outro afeto pelo afeto único do Esposo; adormece e aquieta todas as potências, e impõe silêncio; levanta para o alto, visto que conduz a Deus" (*Ibid.*, n. 31; V, 341b).

Primazia do amor, que Boaventura, na linha com toda a escola franciscana, professa na mesma estrutura da contemplação. O amor supera a inteligência e corre mais longe que ela: "o afeto sobe mais que a razão, e a união mais que o conhecimento" (*III Sent.*, d. 35, a. 1, q. 3, ad 5; III, 779b); de modo que onde o intelecto se detém, a vontade vai além ("a memória recebe, o intelecto especula, a vontade se une": *In Hexaëmeron*, col. 21, n. 31; V, 436a), alcançando já no tempo, embora sem comportar a completude própria do céu, aquele encontro imediato com Deus, que não é dado ao intelecto aqui embaixo, em via ordinária: "O amor pode ser perfeito e imperfeito: portanto, embora tendo aqui "na via" um amor imediato de Deus, não se tem a visão ou conhecimento imediato" (*II Sent.*, d. 23, a. 2, q. 3, ad 4; II, 445b-446a). Trata-se, com efeito, de contato imediato com Deus, não pelo modo da visão (*per modum visus et intuitus*) mas pelo modo de sabor e sobretudo de amplexo e de tato (*III Sent.*, d. 14, dub. 1; III, 292a; d 27, a. 2, q. 1, ad 6; III, 604). O recurso à terminologia sensitiva, levada a indicar metaforicamente uma realidade altamente espiritual (Boaventura trata, efetivamente, de → SENTIDOS ESPIRITUAIS; cf. K. RAHNER. La doctrine des sens spirituels au moyen âge, en particulièr chez S. Bonaventure. *Revue d'Ascétique et de Mystique* 14 [1933] 263-269), é muito precioso, pelo destaque da relação imediata com o objeto, que ela exprime.

O intelecto, porém, não está aqui excluído, mas permanece como cegado pela potência da luz divina. Aliando-se ao pseudo-Dionísio, Boaventura fala de *treva mística*, que é como um *claro-escuro* para o intelecto: "É chamada *treva* porque o intelecto não entende; todavia, a alma é sumamente iluminada (*summe illustratur*) (*Ibid.*, n. 32; V, 342a).

O motivo dessa cegueira é acentuado em outra parte, respondendo a uma óbvia pergunta: "Mas o que é que esse raio [da contemplação] cega, enquanto deveria, em vez disto, iluminar?". Eis a resposta: "Essa cegueira é suma iluminação, porque está na sublimidade da mente, além da investigação do intelecto humano. Aí o intelecto se obscurece (*caligat*), porque não pode investigar, visto que transcende toda potência investigativa. Tem-se ali, portanto, uma caligem (*caligo*) inacessível, a qual, todavia, ilumina as mentes que abandonaram as investigações curiosas" (*Ibid.*, col. 20, n. 11; V, 427a). Caligem luminosa, que Boaventura, e o pseudo-Dionísio, chamam de "douta ignorância" (*II Sent.*, d.23, q. 3, ad 6; II, 546a).

A obscuridade da visão não prejudica, por outro lado, a certeza da mente, visto que, conforme afirma Boaventura, se é verdade que *secundum se* é mais conhecido um irmão [que Deus], *secundum effectum* é mais conhecido Deus. "O efeito divino, que é o amor, penetra na mesma alma, é a ela presente, e é mais conhecido que um irmão" (*I Sem.*, d. 17, dub. 2; I, 304b).

Um problema que os mestres modernos se colocam, mas que Boaventura não enfrenta de propósito, refere-se à "contemplação adquirida", fruto da cooperação humana sob a ação da graça, resultado portanto de aplicação pessoal unida à graça. Pelo exposto, parece claro de que modo, para Boaventura, a aplicação humana não pode ser princípio eficiente da contemplação aqui considerada. A gratuidade da contemplação emerge aí com clareza. Trata-se de uma "operação que transcende todo intelecto" (*In Hexaëmeron*, col. 2, n. 29; V, 341a).

Pode-se perguntar se Boaventura, de algum modo, falou de contemplação adquirida, mesmo sem tê-la assim qualificado. A nosso ver, parece que não (Jean de Dieu sustenta o contrário, até com afirmativas: cf. op. cit., 417-428). Boaventura fala de disposições para a contemplação, mas não de fator humano que o pretenda, ainda que sob a ação da graça. Atribui a contemplação a uma "graça excelente", distinguindo-a do conhecimento por fé, em que basta a "graça comum"; do conhecimento "por aparição", em que se exige uma graça especial; e da visão aberta, que é da "graça consumante" (*II Sent.*, d. 23, a. 2, q. 3; II, 545a). Referindo-se à contemplação enquanto tal, declara abertamente: "Tem-se essa contemplação (*fit*) por graça, todavia é útil o zelo" (*In Hexaëmeron*, col. 2, n. 30; V, 341a). Há portanto, no pensamento boaventurano, uma clara linha distintiva entre o fator producente (graça) e o elemento dispositivo (o zelo), de modo que somente em sentido amplo se poderia falar de contemplação adquirida em Boaventura: constitutivamente, para ele a contemplação é infusa (*fit per gratiam*), portanto deve dizer-se gratuita; dispositivamente existe uma cooperação preparativa (*iuvat industria*), e, nesse sentido, pode-se dizer adquirida.

b) *Disposição para a contemplação*. É um assunto, esse, de extremo interesse para Boaventura, que aí retorna com várias evocações.

O *iuvat industria*, conforme visto, abraça, com efeito, todo o arco do movimento espiritual para Deus, a ponto de caracterizar a própria espiritualidade boaventurana, de orientação eminentemente mística.

Uma das exigências fundamentais para a contemplação, segundo Boaventura, é o desapego do mundo: "Aquela, sobretudo", escreve, "é idônea ao intuito das coisas sublimes, e nelas sublimemente fundamentada, a qual é perfeitíssima desprezadora (*perfectissimus contemptor*) de todas as coisas" (*Quaest. disp. de perfect. Evang.*, q. 2; V, 129b). É essa uma exaltação à pobreza, sobre a qual Boaventura retorna de modo mais direto, mencionando também o grande amante da pobreza, São → FRANCISCO DE ASSIS: "Nesta vida, a esses (*talibus*): isto é, aos pobres, deve-se a contemplação; a contemplação só pode existir senão em suma simplicidade; e suma simplicidade senão em suma pobreza. [...] O esforço [*intentio*] do bem-aventurado Francisco foi estar em suma pobreza" (*In Hexaëmeron*, col. 20, n. 30; contemplação, 430b).

Pobreza entendida em sentido universal, que abraça, na medida do possível, a mesma personalidade do contemplante. É esta, com efeito, a importância íntima do *iuvat industria*, conforme é por ele relevada: "É útil o zelo, isto é, de separar-se de tudo aquilo que não é Deus, e de si mesmo, se possível for" (*In Hexaëmeron*, col. 2, n. 30; contemplação, 341).

Pela mesma finalidade, Boaventura apela para a oração *mater et origo sursumactionis* (*Itinerarium mentis in Deum*, cap. 1, n. 1; V, 297a), e ao desejo ardente de saborear a doçura divina, que se tem na contemplação; "Não há alma contemplativa", afirma, "sem um vivo desejo" (*In Hexaëmeron*, col. 22, n. 29; V, 442a). "Ninguém, com efeito, dispõe-se de algum modo às divinas contemplações que conduzem aos excessos mentais, que não seja com Daniel, homem de desejo" (*Itinerarium mentis in Deum*, Prol., n. 3; V, 296a).

Outra disposição, bastante fundamental, é a *fé* proposta pela Igreja, que se poderia chamar *disposição eclesial*: "Não pode haver" afirma Boaventura "alma contemplativa se não for sustentada sobre uma base pela Igreja" (*In Hexaëmeron*, col. 20, n. 28; V, 430b).

A *humildade*, por sua vez, possui uma grande importância para a contemplação: "Os humildes são maximamente dispostos à graça da contemplação" (*Dom. 2 p. Pascha*, sermo 4; IX, 303a).

Entre as disposições, Boaventura relaciona a busca da paz e da solidão (cf. *In Lucam*, c. 10, n. 69; VII, 273b; *Dom. 2 p. Pascha*, sermo 4; IX, 303a; col. *In Ioann.*, c. 6, col. 29; VI, 509a), a penitência, a obediência, e sobretudo o conhecimento e o amor de Cristo crucificado (cf. *Vitis mystica*, cap. 24, n. 2; VIII, 188; *Itinerarium mentis in Deum*, c. 7, n. 6; V, 313b). Aqui deve ser lembrado o pensamento boaventurano da mediação de Cristo com relação à posse da sabedoria cristã: "Cristo, com efeito, é mediador de Deus e dos seres humanos (1Tm 2,5), que media em tudo (*tenens medium in omnibus*), [...] donde é preciso começar dele se quisermos chegar à sabedoria cristã" (*In Hexaëmeron*, col. 1, n. 10; V, 330b).

Centralizando-se, assim, na santidade, Boaventura não hesita em afirmar: "A santidade é a disposição imediata para a sabedoria" (*Ibid.*, col. 2, n. 6.28; V, 337.341).

Não se detém aqui, todavia, o intuito de Boaventura de citar as disposições para a contemplação, mas vai além; e embora professando a gratuidade desta, coerente com a sua orientação mística, vê a contemplação como objeto do desejo de cada alma, o que implica, obviamente, uma vocação universal para ela: "Creio que esse modo de conhecimento [isto é, por via contemplativa] deva ser buscado por cada ser humano justo aqui embaixo" (*II Sent.*, d. 33, a. 2, q. 3; II, 546a).

Mas de que modo? Boaventura o aponta no final de seu *Itinerarium mentis in Deum*, que pode ser considerado um manual da alma contemplante: "Mas queres saber como isto acontece? Interroga a graça, não a doutrina; o desejo, não a razão [*intellectum*]; o grito da oração, não o estudo da letra; o esposo, não o mestre; Deus, não o ser humano; a caligem [treva mística], não a clareza; não a luz, mas o fogo que tudo inflama e transporta em Deus com unções excessivas e afetos ardentes" (c. 7, n. 6; V, 313b).

O convite é para todos, embora poucos o alcancem. Para conforto das almas simples, Boaventura encoraja: "Não deveis desesperar, vós, simples, quando escutais essas coisas, porque o simples não pode tê-las, mas podereis tê-las convosco. [...] É esse o repouso que devemos buscar" (*Sermo 1 in Sabb. Sancto*; IX, 269b). O *Otium vitae contemplativae* é o fim da vida ativa" (*In Dom. II Quadr.*, sermo 1; IX, 216b).

c) *Os graus da contemplação*. Depois de citar a classificação dos graus segundo os mestres que o antecederam (cf. *Sermo 1 in Sabb. Sancto*; IX, 269a), Boaventura traça a sua preferência pela nova classificação proposta pelo bem-aventurado Egídio de Assis, homem de "palavras simples" ("*simplici sermone*"), mas não de doutrina ("*scientia*"), "*quem frequentissime rapi probatum est*" (*Comm. In Lucam*, cap. 9, n. 48; VII, 231b). Referindo-se à lista desse conhecido companheiro de São Francisco, escreve: "certo irmão leigo [isto é, o bem-aventurado Egídio] [...] afirmou que os sete graus da devota contemplação são estes: o fogo, a unção, o êxtase, a contemplação, o sabor, o amplexo, o repouso; o oitavo é a glória" (cf. *Sermo 1 in Sabb. Sancto;* IX, 269b; cf. a mesma lista in *Comm. In Lucam*, c. 9, n. 48; VII, 231b, no qual porém é omitido o sexto, o amplexo, e no sétimo é citada a glória: a essa segunda lista corresponde exatamente a enumeração do bem-aventurado Egídio, incluída no c. 13 dos *Dicta Beati Aegidii Assisiensis*, Quaracchi, 1939, p. 48; cf. ainda G. Théry. Thomas Gallus et Egide d'Assisi. Le traité "De septem gradibus contemplationis". *Revue Néoscolastique de Philosophie* 36 (1934) 180-190.

Primeiro grau = fogo (ignis): consiste em um desejo ardentíssimo do amor de Deus e em um esquecimento total (em sentido psicológico) de si: "Entendo", afirma Boaventura, "que a alma contemplativa que se exercita para chegar ao repouso tenha que passar por essas vias, isto é, que primeiro queime por uma espada flamejante e versátil, o que tem como ardentíssimo desejo de amor a Deus e esquecimento de si, e desprendimento claro das coisas terrenas (*et gladio dividat se a terrenis*). Este é princípio difusivo" (*Sermo 1 in Sabb. Sancto*; IX, 269a). A este grau são atinentes dois textos boaventuranos, um do *Itinerarium mentis in Deum* (c. 7, n. 4; V, 312b), no qual ao falar do grau superior de contemplação, isto é, do "místico e secretíssimo ápice do êxtase", afirma que este "só o conhece quem o recebe, só o recebe quem o deseja, e só o deseja aquele que o fogo do Espírito Santo inflama até à medula (*medullitus inflammat*); e outro nas *Collationes in Hexaëmeron* (col. 2, n. 34; V, 342b): "Que o Espírito Santo novamente comova a este, veja em Moisés, conduzido pelo fogo, dentro do deserto (*ad interiora deserti*), onde foi iluminado (*accepit illustrationes*)".

Segundo grau = unção: "é um sentimento de consolação do Espírito Santo que penetra (*illabentis*) na alma ardente" (*Sermo 1 in Sabb. Sancto*; IX, 269a). Uma descrição deste grau, entre as outras, tem-se nesta passagem do *Soliloquium* (c. 2, n. 13; VIII, 49a): "Ó alma, o que pensas que seja aquilo tão doce e dileto, que costuma tocar as almas devotas à lembrança do amado, e tão suavemente comovê-las, que já começam a alienar-se totalmente de si? [...] O espírito exulta, o intelecto se aclara, o coração se acende, o afeto se recria. Já não sabem onde estão, nem como; com abraços de amor, estreitam alguma coisa interiormente, mas não sabem o que seja; todavia, desejam com todas as forças retê-la".

Terceiro grau = êxtase: ocorre "quando a alma se sente cheia de unção pelo Espírito Santo até o íntimo e então se aliena; a isto denomina-se êxtase: uma alienação dos sentidos e de tudo aquilo que é externo, e se volve [*convertitur*] para Deus, que está no interior; por isso se diz de Paulo, sumo contemplador, "se estamos fora dos sentidos — afirma —, é para Deus" (2Cor 5,13); então se está alienado da mente" (*Sermo 1 in Sabb. sancto*; IX, 269a).

Juntamente com I. Omaechevarria, consideramos que Boaventura "dá, geralmente, à palavra *extasis* um sentido psicológico interior, não fenomênico, como os modernos; mas neste caso se afasta, usando-o em sentido moderno. A *alienatio a sensibus* se refere à perda dos sentidos externos, visto que este é o significado normal de *sensus*, contraposto a *imaginatio*, a *aestimativa*, ou a *sensus comunis*, que são os sentidos internos" (op. cit., p. 81). Assim, "psicologicamente entendido, esse êxtase não é a *intima unio Dei et animae*, que ocupa o lugar de grau supremo, na *apex affectus*, mas uma alienação consequente à experiência do *effectus gratiae*, sensação ou percepção da refeição espiritual: "*sentit se impletam unctione* (= *consolatione* = *gratia*) *Spiritus Sancti usque ad intima*" (I. OMAECHEVARRIA, *Ibid.*).

Pode-se, aqui, falar de um "êxtase da inteligência", de grau inferior ao da vontade, que constitui o último grau da contemplação. Efetivamente, Boaventura fala de *excessivus modus cognoscendi*, de *sursum-actio mentis* (cf. *Apologia pauperum*, c. 3, n. 6; VIII, 246a), *per modum excessus mentalis* (*Itinerarium mentis in Deum*, c. 6, n. 7; V, 313a), em que não está excluída a presença dinâmica da vontade (cf. *In Hexaëmeron*, col. 10, n. 12; V, 427), mas a união da alma com Deus é aqui menor, diante daquela que se tem no êxtase da vontade, conforme se verá.

Quarto grau = *contemplação*: tem-se "quando a alma está tão inflamada (*ignita*), ungida e alienada, recolhida em si (*ad se reversa*), de, então, estar apta para a cointuição da luz eterna; tem-se a contemplação quando está alienada dos fantasmas" (*Sermo 1 in Sabb. sancto*; IX, 269a). Trata-se, aqui, não do sentido genérico da contemplação infusa, válida para todos os graus, mas de um grau específico de contemplação, caracterizado pela clareza que aí se vislumbra" (cf. I. OMAECHEVARRIA, op. cit., p. 82). É a *cointuição sobrenatural* de Deus, à qual se reporta esse texto boaventurano: essa contemplação "é tão mais elevada quanto mais o ser humano sente em si o efeito da divina graça; ou também quando sabe considerar melhor a Deus nas criaturas exteriores" (*II Sent.*, d. 23, a. 2, q. 3; II, 545a).

Como para o → ÊXTASE, assim para a voz contemplação, há em Boaventura um duplo grau distinto: um de ordem intelectual (contemplação intelectual), que ocorre por *donum intellectus*; e outro de ordem sapiencial (contemplação sapiencial), que se tem por *donum sapientiae*: "É preciso repousarmos no melhor", diz, com efeito, Boaventura, "isto quanto à inteligência da verdade [*ad intellectum veri*] e quanto ao amor ao bem [*affectum boni*]; o primeiro tem-se pelo dom do intelecto; o segundo pelo dom da sabedoria, nos quais está o repouso" (*Breviloquium* 5, c. 5; V, 258b).

A contemplação intelectual corresponde precisamente ao quarto grau, ao passo que a sapiencial ao quinto grau, que são subsequentes. Esses dois graus se subseguem, escreve Boaventura: "O espírito [*animus*] é elevado a cointuir a clareza das luzes celestes, antes que seja arrebatada pelo excesso da suavíssima refeição" (*De plant. Paradisi*, n. 3; V, 575-576). Referindo-se ao dom do intelecto, do qual depende a contemplação intelectual, Boaventura acentua ainda: "ao dom do intelecto cabe a contemplação mais clara e mais excelente do conhecimento da fé" (*cognitio fidei*) (*III Sent.*, d. 35, a.1, q. 3, ad 4; III, 779a).

Quinto grau = *sabor*: tem-se "quando [a alma] contemplou [*contuita est*] a luz eterna, [e] então *saboreia* a sua consolação" (*Sermo 'in Sabb. sancto*, IX, 269a). Aqui trata-se da contemplação sapiencial, conforme dito acima, da qual assim Boaventura define a sabedoria como ato: "um conhecimento […] não somente como um conhecimento especulativo e intelectual, mas também saboroso e experimental" (*II Sent.*, d. 23, a. 2, q. 3; II, 545a). "É chamada mais propriamente sabedoria, e assim designa o conhecimento experimental de Deus […] cujo ato consiste em saborear a divina suavidade" (*III Sent.*, d. 35, a. 1, q. 1; III, 774a). Finalmente, exaltando o valor desse conhecimento, Boaventura acrescenta: "Um modo excelente de conhecer a Deus é por meio da experiência [*per experientiam*] da doçura" (*Ibid.*, ad 5; III, 775).

Sexto grau = *amplexo*: é a união mística com Deus, correspondente ao chamado "matrimônio espiritual" de São → JOÃO DA CRUZ, de Santa Teresa e de outros místicos, como pode ser abstraído da descrição que Boaventura faz, servindo-se propositalmente do Cântico dos Cânticos: "o sexto grau é o amplexo. Depois que [a alma] viu que os seus assuntos vão bem (Pr 31,18), esforça-se por manter e abraçar [*amplecti*] dizendo: doce é o seu fruto ao meu paladar (Ct 2,3). Eu o abracei e não o deixarei mais (*Ibid.*, 3,4). Pode ainda dizer: A sua esquerda sustenta a minha cabeça, e a sua direita me abraça! (*Ibid.*, 2,6). O rei me introduziu (*Ibid.*, 1,3) em sua tenda (*Ibid.*, 2,4). Sustentai-me com bolos de uva-passa, confortai-me com maçãs, porque estou doente de amor (*Ibid.*, 2,5)" (*Sermo in Sabb. sancto*; IX, 269ab). O sentido alegórico-místico inserido nos textos transcritos do Cântico dos Cânticos está presente no intuito de Boaventura. Trata-se de união esponsal com Deus, união estável e perfeita, própria do matrimônio espiritual (*Tenui eum nec dimittam*), que Boaventura, em outra parte, chama expressamente de conúbio espiritual (*De plant. paradisi*, n. 15; V, 578b). Essa união, adverte, ocorre através da caridade, que é por si uma virtude maximamente unitiva (cf. *III Sent.*, d. 27, a. 2, q. 1, ad 6; III, 604). "Por meio do amor [*Per caritatem*] [a alma] adere a Deus em suma união [*permaxima*], a fim de que [*ut sic*], pelo amor, permaneça em Deus e Deus nela" (*III Sent.*, d. 32, a. 1, q. 3; III, 701b). Aqui se está no vértice do amor em seu dinamismo: "*In vertice est unitio amoris*" (*In Hexaëmeron*, col. 2, n. 29; V, 314a). "Então se fica arrebatado em Deus, ou seja [*sive*], no Dileto, [...] visto que já se percebe a união e se é um só espírito com Deus [...] e isto é o máximo [*maximum*] na alma" (*In Hexaëmeron*, col. 22, n. 39; V, 443). É esse o êxtase da vontade, ou *amor extático*, que transcende todas as demais experiências místicas, realizando, já no tempo, ainda que de modo incompleto, conforme foi visto, o contato imediato da vontade com Deus: "A força (*vis*) daquela união", afirma Boaventura, "é imediatamente unitiva a Deus sobre todas as coisas (*super omnia*), de modo que [a alma] de algum modo dorme e vigia" (*In Hexaëmeron*, col. 2, n. 30: Ed. Delorme, 30).

Sétimo grau = repouso: "E então", diz aqui Boaventura após a descrição do sexto grau, "é dado a ela", isto é, à alma, "o repouso (*requies*), e [ela] dorme [sono místico]. A alma deve contemplar o esposo celeste, desejá-lo ardentemente e fixar-se nele com visão penetrante [*viso acuto*]. [...] Quando a alma santa tem essas seis coisas [os graus anteriores], então está disposta a ver a glória. Este é o repouso que devemos buscar" (*Sermo I in Sabb. sancto;* IX, 269b). É o final da contemplação, que Boaventura solicita às almas; o dia do repouso [*dies requiei*], conforme dirá no *Itinerarium mentis in Deum* (c. 6, n. 7; c. 7; V, 312a), no qual, já no vértice, a "*humanae mentis perspicacitas*" repousa pelo excesso mental [*per mentis excessum*]. Aqui há "*sopor cum excessu*" (*In Hexaëmeron*, col. 23, n. 30; V, 449b).

Com o "repouso místico" termina o itinerário místico da alma, segundo a classificação adotada por Boaventura; este último grau contemplativo é a mais alta experiência da graça, como participação na vida trinitária mais alta no tempo, por via ordinária, visto que o arrebatamento, ligado àquela, é coisa excepcional, "de pouquíssimos".

O tema da Santíssima Trindade é tema de fundo e final, presente em todo o pensamento boaventurano. No campo espiritual, porém, é objeto de conhecimento amoroso e de experiência de amor. Um trecho do *Breviloquium* apresenta o quadro das misteriosas relações da alma em graça com a Santíssima Trindade:

"É necessário ao espírito racional, para que seja tornado digno da eterna bem-aventurança, que seja participante da influência deiforme. Esta influência, visto que é de Deus, segundo Deus e para Deus, torna a imagem de nossa mente conforme à beatíssima Trindade, não apenas segundo a ordem de origem, mas também segundo a retidão da eleição e segundo o repouso da fruição.

Visto que quem goza Deus possui a Deus, portanto com a graça, pois que com a sua deiformidade dispõe para o gozo de Deus, ainda é dado o dom incriado, que é o Espírito Santo, pois quem o possui, possui a Deus.

Como ninguém possui a Deus sem que seja mais particularmente [*specialius*] possuído por ele, ninguém possui e é possuído por Deus sem que seja de um modo especial [*praecipue*], e incomparavelmente ame e seja amado por ele, como a esposa pelo esposo; ninguém é amado assim, sem que seja adotado como filho na herança eterna; por isto é que a graça [*gratum faciens*] faz da alma templo de Deus, esposa de Cristo e filha do eterno Pai. E, visto que isto só pode ocorrer pela suma dignidade e condescendência de Deus, não pode ser devido a nenhum hábito naturalmente adquirido, mas somente a um dom gratuitamente infuso por Deus; cujo objeto aparece expressamente, se ponderarmos o que importa [*quantum est*] ser templo de Deus, filho de Deus e, além disso, indissolúvel e quase matrimonialmente unido a Deus por vínculo de amor e graça" (*Breviloquio*, V, c. 1, n. 3-5; V, 252b-253a).

A experiência mística desse mistério de graça comporta a intervenção da própria Santíssima Trindade, que opera tal trânsito, que transporta e transforma "o ápice do afeto" humano todo em si: "Visto que nisto a natureza nada pode, pouco pode o zelo, pouco a ser dado à busca [*inquisitioni*] e muito à unção; pouco à língua e muitíssimo à alegria interior; pouco à palavra e ao escrito e tudo ao dom de Deus, isto é, ao Espírito Santo; pouco ou nada à criatura e tudo à essência criadora, ao Pai, ao Filho e ao Espírito Santo" (*Itinerarium mentis in Deum*, c. 7, n. 5; 312a-313b).

O *arrebatamento*, para Boaventura, não é um grau de contemplação, como para os modernos, que o colocam no âmbito do êxtase como um de seus graus (êxtase simples ou excesso mental, *arrebatamento*, voo do espírito), mas como uma graça extraordinária, um privilégio de "pouquíssimos" (*In Hexaëmeron*, col. 3, n. 24; V, 347), fora do raio da contemplação. Para aqueles que o recebem, é "a última parte da vida espiritual aqui embaixo" (*In Hexaëmeron*, additam; V, 450; ed. F. Delorme, 274), que "torna a alma muito semelhante a Deus, quanto for possível no estado de via" (*Ibid.*, col. 3, n. 30; V, 348), portanto também ele uma graça perfectiva, embora não necessária ao aperfeiçoamento no caminho espiritual.

Aludindo à natureza do arrebatamento, Boaventura declara: "Não são a mesma coisa, êxtase e arrebatamento, pois, conforme dizem, não têm o *hábito da glória*, mas o *ato* [visão intuitiva *per modum actus*]; e, como ela [isto é, a *sublevatio* do arrebatamento] situa-se no limite entre via e pátria, assim ela [também] está no limite da união e da separação da alma do corpo" (*In Hexaëmeron*, col. 3, n. 30; V, 348a). É um privilégio que ultrapassa o estado dos viandantes, em que os que são favorecidos "*nec ibi aliquid agunt, sed solum aguntur*" (*II Sent.*, d. 23, a. 2, q. 3, concl.; II, 544b); pura passividade. "Deus, na presente vida, é visto [*cernitur*] pelo ser humano [...] em sua essência [...] naqueles que são arrebatados" (*Ibid.*). Visão portanto face a face, que "excede um tanto [*aliquater*] a condição de via, visto que a alma, ainda que tendo o hábito da via, possui o ato da glória" (*In Hexaëmeron*, col. 2, n. 30; V, 348a).

— *Cristo e Maria na vida espiritual*. A espiritualidade de Boaventura, a exemplo da de São Francisco, da qual se destaca como expressão teológica, além da originalidade pessoal traz acentuadamente a característica cristocêntrica e mariana.

Boaventura vê Cristo como "o esplendor, o espelho e o exemplo de toda perfeição" (*Apol. Pauperum*, c. 3, n. 8; VIII, 246a). Declara com toda concisão: "Todo bem está em Cristo, a regra da justiça é Cristo; se concordas com Cristo és justo; se discordas de Cristo não és justo" (*Sermo I de Andrea*, IX, 468a). A vida espiritual é um revestimento das virtudes de Cristo pela imitação: "de não dever [o ser humano] agir de outro modo senão como agiu Cristo, de não viver de outro modo senão como viveu Cristo, nem de sofrer de outra forma de como padeceu Cristo, nem de passar de outro modo como passou Cristo" (*Sermo II in nativ. Dom.*: IX, 107b). "O cumprimento [da vontade de Deus pela obediência] torna conforme a Cristo, com especial conformidade" (*Sermo in Quatuor temp.*; IX 212b).

O discipulado de Cristo se consuma, pois, no carregar a cruz: "Nessa cruz de Cristo está a suma humildade, [...] suma pobreza e suma austeridade. Carregar a cruz, portanto, é acolher a humildade no coração, a austeridade na carne e a pobreza na paixão" (*Comm. In Evangelium Lucae*, c. 14, n. 54-55; VII, 376). Imitação de Cristo mais alta, na forma expressiva, não de todos, é a dos conselhos evangélicos (cf. *Quaest. disp. de perf. evang.*, q. 1-4; V, 117-189). Essa perfeição é chamada super-rogatória em relação à de necessidade da vida cristã ordinária, e de ultimada plenitude (*ultimatae plenitudinis*), a da glória (cf. *Apol. Pauperum*, c. 3, n. 2; VIII, 245a).

Toda a vida sobrenatural em nós está na dependência de Cristo, segundo o plano do → PAI CELESTE: "Deus vivificou-nos em Cristo, com Cristo, por Cristo e segundo Cristo" (*III Sent.*, proem.; III, 2a). Boaventura recorre a uma imagem plástica, para relevar o influxo mediador de Cristo em toda a vida do Corpo místico: "Deve-se imaginar a Cristo como uma pedra central, em todo o corpo da Igreja, comparado à circunferência do círculo, no qual todas as linhas conduzidas fazem ângulo e se unem nela como em um ponto de indivisibilidade, no qual tem-se [*fit*] o beijo das linhas da cruz convergentes [*concurrentium*] em uma só coisa [*in unum*], no meio dela" (*Comm. in Evangelium Lucae*, c. 20, n. 23; VII, 508b). Essa centralidade de Cristo na vida espiritual, finalmente, com toda clareza, é afirmada por Boaventura nas três vias da perfeição: Cristo "está, ao mesmo tempo, próximo de Deus, irmão e senhor, rei e amigo, Verbo incriado e encarnado, nosso formador e reformador;

como alfa e ômega; sumo hierarca que purga, ilumina e aperfeiçoa a esposa, isto é, toda a Igreja, e cada alma santa" (*Itinerarium mentis in Deum*, c. 4, n. 5; V, 307b).

Em dependência e associada a Cristo, opera na mesma vida espiritual a *Virgem Maria*, "Mãe de suma misericórdia" (*Comm. in Evangelium Lucae*, c. 1, n. 81; VII, 30a), Mãe de Cristo e dos seres humanos, "de [cujo] seio [...] todo o povo cristão foi produzido. [...] Como Eva é mãe de Abel e de todos nós, assim o povo cristão tem por mãe a Virgem" (*De donis Spiritus Sancti*, col. 6, n. 20; V, 487ab). Para ela, "Deus tornou-se nosso Pai: o Filho de Deus, nosso irmão" (*De annuntiat.B.M.V.*, sermo 4; IX, 672b). A sua influência se estende a toda a subida espiritual: "Temos necessidade dessas três coisas", afirma Boaventura, "de iluminar-nos no intelecto, purificar-nos no afeto, aperfeiçoar-nos na ação, ou seja, no efeito. E isto não podemos fazer sem a intervenção da Virgem gloriosa" (*De purificatione B.M.V.*, sermo 2; IX, 640-641). Maternidade espiritual e mediação universal de Maria (cf. Fonzo, L. di. *Doctrina S. Bonaventurae de universali mediatione B. Virginis Mariae*. Romae, 1938; Simbula, G. *La Maternità spirituale di Maria in alcuni autori Francescani dei secoli XIII-XV*. Roma, 1967, passim).

A santidade, do modo como é centralizada em Cristo, mediador supremo e universal, assim, subordinadamente, evoca a presença dinâmica e incessante de Maria. "Maria afunda nos eleitos as raízes de sua santidade. Assim, aqueles que possuem raízes profundas em Maria são por ela santificados" (*De purificatione B.M.V.*, sermo 2; IX, 649). "Todas as virtudes de Maria devem ser encontradas em cada alma santa, a fim de que esta se torne perfeita" (*Ibid.*; IX, 642a). "E isto sob a guia [*manuducente*] da bem-aventurada Virgem, que foi paupérrima, humílima e incorruptível. Ela, com efeito, precede e prepara o caminho, para que conduza à terra prometida" (*De nativ. B.M.V.*, sermo 5; IX, 717b). Um convite programático de Boaventura: "Ó que Mãe pia temos! Configuremo-nos à nossa Mãe e sigamos a sua piedade" (*De donis Spiritus Sancti*, col. 6, n. 21; V, 487).

4. INFLUXO. Considerado por Pier Giovanni Olivi, franciscano, como "sumo doutor de nosso tempo e da Ordem", e pelo papa Bento XV um "*alter* [...] *cum Aquinate princeps scholasticorum*", Boaventura gozou, através dos tempos, de altíssima estima, e exerceu nos vários campos da doutrina, especialmente teológica e mística, uma vasta influência.

Um influxo particular no campo espiritual deve-se a sua obra-prima, *De triplici via*, lida tanto na Idade Média quanto na Idade Moderna, cujo método de oração, no sentido próprio do exercício, inspirou a espiritualidade da → DEVOTIO MODERNA, não só de Santo → INÁCIO DE LOYOLA, São → PEDRO DE ALCÂNTARA, são Luís de → GRANADA (cf. Pourrat, P. *La spiritualité chretienne*. Paris, 1947, 132 ss., vl. III) e, mais tarde, outros mestres, como Lourenço de Paris.

No campo artístico, deve ser lembrado o influxo do *Lignum vitae* nas representações pictóricas, e no campo literário a presença doutrinária de Boaventura na própria *Divina Comédia*, de Dante Alighieri (cf. Cicchitto, L. *Postille Bonaventuriane-Dantesche*. Roma, 1940).

BIBLIOGRAFIA. 1) Coleções bibliográficas e sínteses gerais: *Opera omnia*. Quaracchi, 1882-1902, 10 vls. (vl. X, 1-73); *Opera Theologica selecta*. Quaracchi, 1934, VII-XXV (vida, escritos, autoralidade), vl. I; Amorós, L. *Obras de S.B.* Madrid, 1955, XVII-XLVII (bibl.), 3-64 (vida e escritos); 77-150 (doutrina), vl. I; Bougerol, J. G. *Bibliografia bonaventuriana*. In: *S. Bonaventura*. Grottaferrata (Roma), 1974, vl. V; Di Fonzo, L. *Bonaventura da Bagnoregio... Santo*. In: *Bibliotheca Sanctorum*. 239-278, vl. III; Longpré, E. *Bonaventure (saint)*. In: *Dictionnaire de Spiritualité*. 1768-1843, vl. I.

2) Biografias e dados históricos: Abate, G. *Per la storia e la cronologia di S. Bonaventura, O. Min. (c. 1217-1274)*. *Miscellanea Francescana* 49 (1949) 354-368; 50 (1950) 97-130; Bougerol, J. G. *Saint Bonaventure, un maître de sagesse*. Paris, 1966 (trad. it. Vicenza, 1972); Clasen, S. *Bonaventura und das Mendikantentum*. Werl. i. Westf., 1940; Clop. E. *Saint Bonaventure*. Paris, 1922; Gilson, É. *La philosophie de S. Bonaventure*. Paris, 1953; Guardini, R. *Die Lehre des Hl. Bonaventura von der Erlösun*. Düsseldorf, 1928; Lemmens, L. *S. Bonaventura Cardinale e Dottore della Chiesa*. Milano, 1921; Martini, C. *San Bonaventura (1274-1974). Presenza e testimonianza*, Vicenza, 1973; Petrangeli Papini, F. *S. Bonaventura da Bagnoregio* (vida, história do culto e relíquias). Bagnoregio, 1962; Righi, O. *Il pensiero e l'opera di S. Bonaventura da Bagnoregio*. Firenze, 1932; Simoncioli, F. *La vita di S. Bonaventura*. Firenze, 1960; Sparacio, D. M. *Vita di S. Bonaventura*. Torino, 1922.

3) Estudos: Alszeghy, Z. *Grundformen der Liebe. Die Theorie der Gottesliebe bei dem h. Bonaventura*. Roma, 1946; Aperribay, B. *Cristología mística de S. B. Introducción general*. In: *Obras de S.B.* Madrid, 1946, 3-93, vl. II; Id. *La vida activa y contemplativa*

según san Buenaventura. *Verdad y Vida* 2 (1944) 655-689; ID. Prioridad entre la vida activa y contemplativa según S. B. *Verdad y Vida* 5 (1947) 65-97; ID. La perfección evangelica en S. B. Introducción general. In: *Obras de S. B.* Madrid, 1949, 3-47, vl. VI; BISSEN, J. M. La contemplation selon S.B. *France Franciscaine* 14 (1931) 175-192.439-464; 15 (1932) 87-105.437-454; 17 (1934) 387-404; 19 (1936) 20-29; BLASUCCI, A. Il posto di S. Bonaventura nella spiritualità del suo tempo e nei tempi. *Doctor Seraphicus* 33 (1986) 59-69; ID. Stato cherubico e stato serafico dell'Ordine Francescano secondo S. Bonaventura. *Doctor Seraphicus* 34 (1987) 67-80; ID. *La spiritualità di S. Bonaventura.* Firenze, 1974; ID. *Visione cristocentrica della spiritualità in S. Bonaventura. Cultura e Scuola* 13 (1974), 151-160; BONNEFOY, J. F. *Le Saint-Esprit et ses dons d'après saint Bonaventure.* Paris, 1929; ID. *Une somme Bonaventurienne de théologie mystique: le "De triplici via".* Paris, 1949; BOUGEROL, J. G. *Introduction à l'étude de Saint Bonaventure.* Paris-Tournai-New York-Roma, 1961; ID. *Saint B. et la sagesse chrétienne.* Paris, Seuil, 1963; ID. Saint Bonaventure et le Pseudo Denys l'Aréopagite. *Études Franciscaines* 18 (suplém. ann. 1968) 33-123; ID. Saint Bonaventure et Saint Bernard. *Antonianum* 46 (1971) 3-79; CARVALHO, L. DE *S. B. le Docteur Franciscain.* Paris, 1923; CHAMBON-FEUGEROLLES, Stanislas de. *La dévotion à l'humanité du Christ dans la spiritualité de saint Bonaventure.* Lyon, 1932; *Contributi di spiritualità bonaventuriana* (Atas do Simpósio Internac., Padova, 15-18 set. 1974). Padova, 1974-1976, 3 vls.; DOBBINS, D. *Franciscan mysticism. A critical examination of the mystical Theology of the Seraphic Doctor. With special references to the sources of his doctrines.* New York, 1927; GEMELLI, A. La dottrina ascetica di S. Bonaventura da Bagnoregio. In: *San Francesco d'Assisi e la sua "Gente Poverella".* Milano, 1945, 169-213; GRÜNEWALD, S. *Franziskanische Mystik… mit besondereger Ber sksichtigung des S.B.* München, 1932; ID. Zur Mystik des hl. B. *Zeitschrift für Aszese und Mystik* 9 (1934) 124-142.219-232; JEAN DE DIEU. À propos des trois voies dans la vie spirituelle. *Études Franciscaines* 42 (1930) 481-490; ID. Contemplation infuse et contemplation asquise d'après S. B. *Études Franciscaines* 43 (1931) 401-429; 44 (1932) 92-109; ID. L'essence de la perfection chrétienne d'après S. Bonav. et S. Thomas d'Aquin. *Études Franciscaines* 49 (1937) 129-146; ID. L'intuition sans concept et la théorie bonaventurienne de la contemplation. *Études Franciscaines* 7 (1956) 63-74.133-154; *La teologia spirituale in S. Bonaventura.* Montecalvo Irpino, 1970; LAZZARINI, A. *S. Bonaventura, filosofo e mistico del Cristianesimo.* MILANO, 1946; LONGPRÉ, E. La théologie mystique de S. B. *Archivum Franciscanum Historicum* 14 (1921) 36-108; ID. Bonaventure. In: *Dictionnaire de Spiritualité.* 1768-1843, vl. I; OMAECHEVARRIA, I. Teología mística de san Buenaventura. In: *Obras de S. B.* Madrid, 1963, 3-96, vl. IV; POMPEI, A. Amore ed esperienza di Dio nella mistica bonaventuriana. *Doctor Seraphicus* 33 (1986) 5-27; RAHNER, K. *Der Begriff der ekstasis bei Bonav. Zeitschrift für Aszese und Mystik* 9 (1934) 1-19; ID. *La doctrine des sens spirituels au Moyen-âge, en particulier chez S.B. Revue d'Ascétique et de Mystique* 14 (1963) 263-299; *S. Bonaventura, maestro di vita francescana e di sapienza cristiana* (Ata do Congresso Internac. do VII Cent., Roma, 19-26 set. 1974). Roma, 1976, 3 vls.; SCIAMANNINI, R. *Cointuizione bonaventuriana.* Firenze, 1957; SIMONELLI, N. *Doctrina christocentrica Seraphici Doctoris S. Bonaventurae.* Assisi, 1958; TEICHTWEIER, G. Die aszetischmystiche Methode im Itinerarium mentis in Deum des Bonaventuras. *Theologische Quartalschrift* 136 (1956) 436-461; Theologica. In: *S. Bonaventura.* Grottaferrata (Roma), 1974, vl. IV; URS VON BALTHASAR, H. Bonaventure. In: *La Gloire et la Croix.* Paris, 1968, 237-323, vl. II; ZOTTO, C. del. Sapienza come amore nel Dottore Serafico. *Doctor Seraphicus* 33 (1986) 29-58.

A. BLASUCCI

BOGOMILI → ILUMINISMO MÍSTICO.

BÖHME, JACOB. 1. O HOMEM E A OBRA. É o representante mais eminente da teologia luterana, de fundo teosófico, que teve notável importância na síntese projetada pelo idealismo alemão, entre o princípio transcendental da consciência e a teologia cristã. Tendo nascido de família alemã em 1575, em Altseindenberg, nas proximidades da pequena cidade de Görlitz, por volta de 1612 começou a escrever o seu primeiro livro, *Die Morgenröte im Aufgang*, em seguida chamado *Aurora*. O manuscrito (incompleto) foi copiado pelos amigos, difundiu-se rapidamente na Silésia e, em 1634, foi publicado em Dresden. Terá grande influência sobre o idealismo alemão (Hegel). Foi causa, porém, de ásperas oposições com o protestantismo oficial, sobretudo por obra do pastor luterano Gregorio Richter. Apesar da proibição deste, após um intervalo de sete anos Böheme voltou a escrever, terminando, em 1619, *De tribus principiis*, escrito teosófico para completar a primeira obra. Mais correspondentes ao seu pensamento são as obras cosmosóficas e antroposóficas, nascidas de intuições e percepções interiores: *Vom dreifachen Leben des Menschen* (*De triplici vita hominis*) e *Ein Buch von 6 Puncten* (*Sex Puncta Theosophica*), de 1620; *De* *signatura rerum*, de 1621; e especialmente *Mysterium Magnum* de 1623, e *Der Weg zu Christo* (*Christosophia*), de 1624. A isto acrescente-se o grande intercâmbio epistolar (*Theosophische Sendbriefe*), geralmente de caráter esotérico. A publicação de sua *Christosophia* (início de 1624) foi causa para novas difamações de Richter, que o desejava banido da cidade, onde morreu em 1624: os seus adversários valeram-se de sua humilde profissão de sapateiro para atacar as suas doutrinas e lançá-lo em descrédito, mas ele não cessou de rebater todas as críticas com escritos cheios de vigor e convicção.

A sua vida e obra parecem ligadas, segundo o discípulo e biógrafo Abraham von Frankenberg, a algumas experiências místicas decisivas. Brilhante, entre as outras, seria a de 1600, quando Böhme tinha 25 anos, que Frankenberg descreve com abundância de detalhes: então, "pela segunda vez foi atingido pela luz divina, e o espírito sidéreo de sua alma foi introduzido, mediante a imagem de um vaso de estanho, no fundo, ou seja, no centro mais íntimo de sua natureza oculta". Permaneceu tão penetrado que, desde então, "por meio de sinais ou de figuras, lineamentos e cores, ele podia, por assim dizer, penetrar com um olhar no próprio coração e na natureza última das coisas". A experiência se teria repetido dez anos depois, em 1610 (cf. Koyré, A. *La philosophie de J. Böhme*. 16 ss.).

Tais experiências são o fundamento e justificam a terminologia característica de Böhme, que o vincula aos teósofos anteriores (S. Frank, V. Weigel, Paracelso, Reuchlin…) e granjeou-lhe a crítica de "filosofia barbaresca" por parte de Hegel, ao qual se deve ainda, inegavelmente, uma das tentativas mais agudas de exegese do seu pensamento. Por toda parte, imagens sensíveis entrelaçadas com os dogmas do cristianismo, especialmente os da → TRINDADE e da → ENCARNAÇÃO, com ousadias linguísticas e extravagâncias de imaginação audaciosas e inesperadas, sempre dotadas, porém, de uma força própria, pela qual cada coisa que ele cita a extrai da realidade de sua experiência espiritual (Hegel. *Vorlesungen ber die Geschichte der Philosophie* [ed. Bolland]. Leiden, 1908, 827; [ed. Michelet]. Berlin, 1840, 274 s., vl. III).

2. LINEAMENTOS DOUTRINÁRIOS. Não é fácil, portanto, encontrar em Böhme um fio lógico contínuo, e Hegel confessa que os seus pensamentos não podem ser expostos (*Ibid.*). A ideia fundamental, derivada da tradição patrístico-mística, é conceber, em tudo, quer no complexo, quer nas partes, a "sagrada triplicidade" (*heilige Dreifaltigkeit*) de conhecer e explicar as coisas como manifestações da Trindade divina.

Segundo Böhme, em Deus existem duas essências juntas: a eterna luz (*das ewige Licht*) ou o bem, e a eterna treva (*die ewige Finsternis*). Entrar no íntimo desses pensamentos é compreender o gerar-se da luz, como filha de Deus, das qualidades, mediante a dialética mais interior, que é o "esclarecer-se de Deus em si mesmo", segundo o esquema trinitário, no qual — como fará o idealismo transcendental de forma mais explícita — as processões divinas e as criadas se correspondem como o interno e o externo.

Essa "processão dupla", ou sintética, por assim dizer, é exposta em termos densos e incisivos, sempre oscilantes entre as fórmulas da revelação e a especulação filosófica. Quando se diz, observa Böhme, que Deus é uno na essência e trino nas pessoas, que é Pai, Filho e Espírito Santo, trata-se de conceitos que só os iluminados podem captar. O primeiro é Deus, o Pai, o todo como a unidade ainda indistinta dos opostos: luz e treva, amor e ira, fogo e luz… de modo que nenhum dos dois agarra o outro, nenhum é o outro, e no entanto existe uma só e única essência (*ein ewiges Wesen*), porém distinta por causa do "tormento" (*Qual*) e também da vontade: não é, porém, uma essência separável. O segundo é Deus, o Filho. O Pai, que antes de tudo é a vontade do abismo (*Wille des Ungrundes*), fora de toda natureza, é o início em si da vontade do eu, a qual se agarra em um prazer pela própria autorrevelação (*eine Lust zu seiner Selbstoffenbarung*): o Filho é essa força (*Kraft*) da vontade do Pai como prazer, o primeiro eterno começo na vontade, portanto, chama-se Filho. O terceiro, o Espírito Santo, é apontado como força, calor e esplendor, difusos em toda parte. Assim, unindo-se a → ECKHART, também Böhme fala do "nascimento eterno" da Trindade no ser humano interior: como essência-potência (Pai) que irrompe como luz (Filho), poder e luz que se unificam como Espírito que tudo compreende e unifica.

Do mesmo modo que Böhme dissolve o dogma da Trindade nas atribuições fundamentais da criação, assim dilui o dogma da encarnação e da → REDENÇÃO de Cristo. Para ele, Jesus não é, como na teoria tradicional, o nome dado ao Verbo encarnado, ou seja, do Filho de Deus, enquanto assumiu no tempo a natureza humana, mas o nome do Verbo eterno enquanto da profundidade do amor eterno da divindade emergirá a salvação dos seres humanos: a divina concepção de Cristo no seio de Maria é interpretada por Böhme em sentido puramente psicológico. Assim, à alma de Cristo é atribuído um corpo paradisíaco, como teve → ADÃO antes do pecado, e um terrestre como o nosso. A morte de Cristo danificou somente o corpo terrestre, enquanto na → RESSURREIÇÃO triunfou o seu corpo celeste. O escopo, portanto, da redenção não é a salvação e a ressurreição do corpo terreno, mas do corpo celeste ou paradisíaco (Hirsch). Consequentemente, no campo eclesiológico Böhme concebe duas Igrejas que lutam uma contra a outra desde o início: a Igreja de Abel, ou a escondida dos filhos de Deus, e a de Caim, ou a da divisão dos cristãos na babel das seitas e das confissões. A origem da divisão é a sede de poder e glória mundana. É então compreensível como, na doutrina da justificação (*Rechtfertigung*), ou renascimento (*Wiedergeburt*), Böhme se afaste profundamente da doutrina luterana, visto que para ele a obra de Cristo não tem por objeto a superação do pecado, mas realiza-se sob a forma de uma atração ou processão, como foi visto, do Filho pelo Pai, no interior da alma, em um doar-se do divino amor e da divina graça no coração do ser humano. Para Böhme, como a encarnação, também a redenção gravita e se dissolve no processo de emanação trinitária: aqui parece evidente o motivo polêmico contra a justificação extrínseca ou forense luterana. Nesse sentido, poder-se-ia falar de uma identidade, ou ao menos de uma coincidência e convergência em Deus, do processo imanente com o emanante, e isto tanto para a relação de Trindade-criação como para o da criação-redenção, em um círculo eterno que abraça e absorve em si a realidade do tempo. É isto que, em substância, Böhme indica com a expressão *mysterium magnum*.

3. Toda a obra de Böhme está pontilhada de passagens, imagens e evocações de origem bíblica. A ortodoxia de sua doutrina, todavia, foi logo contestada, conforme dissemos. A objeção mais comum, como se sabe, é a do → PANTEÍSMO, que se resolve em monismo, enquanto para ele a natureza e o ser humano procedem segundo a necessidade do mistério fundamental da → TRINDADE: contra as declarações explícitas da Bíblia, Böhme pretendeu interpretar o mistério trinitário por meio da dialética em Deus da "vontade" como força e poder. Outra razão de acusação é a doutrina da encarnação, enquanto é afirmado que o ser humano pode e deve encontrar a Deus em si mesmo, e deve encontrar em si mesmo a Cristo. Não há, então, nenhuma necessidade da Igreja como intermediária, visto que Deus pode revelar Cristo ao ser humano sem nenhuma mediação externa. À acusação de panteísmo pode-se juntar a de naturalismo, visto que o Cristo, segundo Böhme, não pagou de fato pelo pecado de Adão, mas substituiu-se a Adão e levou a termo a missão que a este tinha sido designada: tendo vencido a si mesmo (vencendo a morte e a *Turba* dos seus adversários), Cristo restituiu no ser humano a ordem dos poderes e dos princípios, recolocando à disposição de Deus as forças do ser humano. Deu assim ao homem o exemplo de como a criatura pode retornar com a vontade de Deus. Pode-se reconhecer que as últimas obras acentuam sempre mais esse elemento cristológico.

É compreensível, portanto, como o pensamento de Böhme teve mais consideração e influxo na tradição filosófica idealista do que na da teologia luterana tradicional.

BIBLIOGRAFIA. 1) Obras: BÖHME, J. *Sämtliche Schriften*. Fac-símile – rest. da ed. 1730 em 11 vls. Org. de FAUST, A. – PEUCKERT, W. E. Stuttgart, 1955-1961; BUDDECKE, W. (org.). *Urschriften*. Stuttgart, Akademie der Wissenschsften zu Göttingen. 1963 (vl. I), 1966 (vl. II). Ed. de estudo: WEHR, G. (org. de texto e comentário). "*Aurora*" *oder* "*Die Morgenröte bricht an*". Freiburg, 1983; *Christosophia*, Freiburg, ³1979; *Von der Gnadenwahl*. Freiburg, 1978; *Von der Menschwerdung Christi*. Freiburg, 1978; *Theosophische Sendbriefe*. Freiburg, 1979; *Mysterium Pansophicum*. Freiburg, 1980. Bibliografia completa (textos e estudo) em WEHR, G. *Jakob Böhme, der Geisterlehrer und Seelenführer*. Freiburg, 1979 (Fermenta cognitionis, 4).
2) Principais estudos: BENZ, E. *Der vollkommene Mensch nach J. Böhme*. Stuttgart, 1937; DEUSSEN, P. *Jacob Böhme. Ueber sein Leben und seine Philosophie*. Leipzig, 1911; ELERT, W. *Die voluntaristiche mystik J. Böhme's*. Berlin, 1913; ID. *J. Böhme's deutsches Christentum*. Berlin, 1914; ID. *Der Kampf um das Christentum*. M nchen, 1925, especialmente 175 ss.; GRUNSKY, H. *Jacob Böhme*. Stuttgart, 1956, ²1984; HANKAMER, P. *J. Böhme, Gestalt und Gestaltung*. Hildesheim, ²1960; HEINZE, R. *Das Verhältnis von Mystik und Spekulation bei J.B.* (Diss.). Münster, 1972; HIRSCH, E. *Geschichte der neuern*

evangelischen Theologie. G tersloh, 1951, 208-255, vl. II; KOYRÉ, A. *La philosophie de J. Böhme*. Paris, 1927, 510-519 (com ampla bibliografia a partir de 1623); PALTZ, E. In: *Theologische Realenzyklopädie*. 748-754, vl. VI (com bibliografia); ID. Jacob Böhme. In: *Gestalten der Kirchengeschichte*. Stuttgart, 1982, vl. 7; TESCH, H. *Der Mystiker Jacob Böhme*. Leiden, 1981; WEHR, G. *Jacob Böhme in Selbstzeugnissen und Bilddokumenten*. Reinbek, 1971; ID. *Deutsche Mystik. Gestalten und Zeugnisse religiöser Erfharung von Meister Eckhart bis zur Reformationszeit*. Gütersloh, 1980.

C. FABRO

BOLANDISTAS → HAGIOGRAFIA.

BONA, GIOVANNI (venerável).

1. NOTA BIOGRÁFICA. Nasceu em Mondoví, no dia 10 de outubro de 1609. De temperamento bastante austero, inclinado à oração e ao estudo, em 1625 entrou na Congregação cisterciense dos *feuillants* da Itália, bem conhecidos pela extrema severidade de seu teor de vida. Após o noviciado em Pinerolo, Bona prosseguiu os estudos nas casas da Congregação em Asti, Turim e Roma, onde foi ordenado sacerdote em 1633. Em 1636 era professor de teologia em Mondoví. Depois de passar cinco anos na mais completa solidão, para satisfazer sua forte necessidade de penitência e de oração, foi eleito prior do mosteiro de Asti, e em seguida, abade do mosteiro de Vicoforte, próximo a Mondoví. De 1651 a 1654 foi Geral de sua Congregação; por vontade de Alexandre VII, retomou o mesmo encargo de 1657 até 1664, enquanto em Roma foi operante como consultor do Índice, dos Rituais, do Santo Ofício e da Propaganda. Clemente IX nomeou-o cardeal em 1669. Morreu no dia 28 de outubro de 1674, sendo sepultado em seu título em San Bernardo alle Terme.

2. OBRAS. Poucos autores modernos tiveram o favor editorial de todas as suas obras como Bona: um bom testemunho da utilidade e do valor dos seus escritos. Nem todas foram publicadas quando completadas, porém não permaneceram inéditas. Além das edições *Opera omnia* (Paris, 1677, 3 vls.; Anversa, 1677, 1 vl.: Anversa, 1723 e 1739, 3 vls.; Torino, 1747, 4 vls.; Venezia, 1752 e 1764, 4 vls.) e das eventuais traduções, de cada obra conhece-se somente a primeira edição.

Psallentis Ecclesiae harmoniae, Roma, 1653, completado pela *De divina psalmodia*, Paris, 1663. Esse trabalho, muito apreciado por Martène, sem longos debates históricos, dá o sentido do que foi e deve ser a salmodia no → OFÍCIO DIVINO; *Rerum liturgicam libri duo*, Roma, 1671. Obra-prima tão cara a dom Guéranger pelas ricas explicações de cada parte da missa; *Via compendii ad Deum per motus anagogicos et orationes iaculatorias*, Roma, 1657. Um breve tratado de teologia mista, já terminado em 1650, no qual destaca a importância das aspirações para alcançar a perfeição, que se realiza no amor ou união atual com Deus; *Manuductio ad coelum...*, Roma, 1658. É o tratado ascético mais conhecido. Bona o havia concluído em 1653, reunindo aí o ensinamento dos Padres e dos filósofos antigos; ainda vivo, viu a publicação de suas dezessete edições. O capítulo 1º trata do fim do ser humano; o 2º, da necessidade de um bom diretor espiritual e das suas qualidades; do 3º ao 18º, com profundo conhecimento do → PECADO e das → PAIXÕES, é descrita a via purgativa; do 19º ao 33º, por meio da descrição das virtudes e do elogio da → SOLIDÃO é apresentada a via progressiva; no 34º define-se a → UNIÃO COM DEUS. Trad. it.: Alba, 1944; *De sacrifício Missae tractatus asceticus*, Roma, 1658. De válido auxílio para a participação pessoal no santo sacrifício, *Principia et documenta vitae christianae*, Roma, 1673, em que se expõe como viver dignamente como cristão; *Horologium asceticum...*, Paris, 1676. A obra, que descreve os exercícios cotidianos das virtudes cristãs, foi extraída, após ter teito uma viva experiência dela, de um trabalho compilado para uso pessoal, quando ainda era estudante em Asti; *Testamentum sive praeparatio ad mortem*, Firenze, 1675; e *De preparatione ad mortem*, Palestrina, 1731; *De discretione spirituum...*, Bruxelles, 1671. O escrito é do período do abaciado em Vicoforte, e atesta o conhecimento que Bona tinha dos grandes mestres de espiritualidade e o sentido de sua responsabilidade como guia das almas; *Cursus vitae spiritualis*, Torino, 1683. É o tratado clássico segundo o plano das três vias. Foi publicado sob o nome de C. Morozzo. Trad. it. de A. Tisi, Roma-Alba, 1950; *Phoenix rediviva...*, Paris, 1847. É um curso de exercícios espirituais segundo o esquema de santo Inácio. Trad. fr. de Boissieu, Paris, 1922; *Hortus conclusus deliciarum*. É um florilégio editado por E. Vatasso, Roma, 1918, com uma ótima introdução sobre Bona e as suas obras.

3. DOUTRINA. Não deve surpreender a terminologia barroca de Bona, especialmente nos títulos dos seus escritos. Não podia deixar de ser filho de seu tempo. Além de algumas expressões, todavia, encontra-se o monge arraigadíssimo à espiritualidade tradicional, que conhece através do estudo dos grandes mestres, e vive com empenho antes de ensiná-la aos outros. Não se cansa de descobrir as suas preferências por São Bernardo: e nisso Bona estava alinhado com a escola de sua Ordem. Mas vê-se claramente que ele conhece, admira e segue igualmente os mais próximos de seu tempo, ainda que fora de seu ambiente, notadamente santo Inácio e São → FRANCISCO DE SALES. Em seu ensinamento, insiste muito na → ASCESE, porque está convicto de que é um desprendimento progressivo dos laços puramente naturais, e sem uma crescente purificação da vida não se pode chegar à união com Deus. Não se pode praticar as virtudes, e menos ainda viver na caridade, se as paixões não são domadas. A ascese generosa será ritmada pela aquisição da caridade e do uso frequente das jaculatórias. Estas são o sinal da crescente vida de oração. A união com Deus no amor é a perfeição: se essencialmente é um dom de Deus, é também fruto da oração e da ascese. É este o ensinamento insistente de Bona para todos os cristãos, comprovado pelo exemplo vivo de sua conduta.

BIBLIOGRAFIA. BERTOLOTTI, P. *Ioannis Bona Card. S.R.E. vita*. Astae, 1677; CEYSSENS, L. Bona Giovanni. In: *Dizionario Biográfico degli Italiani*. Roma, 1969, 442-445, vl. XI; ID. Le cardinal Jean Bona et le jansenisme; autour d'une recente étude de G. Pettinati. *Benedictina* 10 (1956) 79-120, 267-328; DENIS, P. Lettres de bénédictins français. *Revue Mabilon* 6 (1910-1911) 157-211, 280-299; DUMAINE, H. Le cardinal Bona. *Revue Liturgique et Monastique* (1911) 37-44, 147-156; FRANCESIA, G. B. *Il principe degli asceti Del secolo XVI*. Torino, 1910; GOUJET, C. P. *Vie du cardinal Bona*. Paris, 1728; IGHINA, A. *Il cardinale Giovanni Bona. Vita e opere*. Mondoví, 1874; PETTINATI, G. Il cardinale Giovanni Bonae il Giansenismo (1609-1674). In: *Nuove ricerche storiche sul giansenismo*. Roma, 1954, 85-137; RESSIA, G. B. *Il cardinale Bona, maestro di vita cristiana*. Mondoví, 1910; STELLA, P. Il "De sacrificio Missae" Del cardinal Bona – Note per uma storia Del texto. *Salesianum* 31 (1969) 626-666; TORRELLI, F. Si può sperare la canonizzazione di Giovanni Bona? *Rivista Storica Benedettina* 5 (1910) 253-268, 321-364; VATASSO, M. *Hortus coelestium deliciarum*. Romae, 1918.

E. BACCETTI

BOSSUET, JACQUES BENIGNE. **1. NOTA BIOGRÁFICA.** Nasceu em Dijon, em 1627, de rica família, e morreu em Paris, em 1704. Completou os estudos humanísticos no colégio dos jesuítas em Dijon, onde recebeu a tonsura aos oito anos; o canonicato, porém, aos treze, no Capítulo de Metz. Brilhou nos estudos de filosofia e teologia em Paris, no colégio Navarre, onde escreveu madrigais e poesias devotas, e teve por companheiro → RANCÉ, mais tarde reformador dos trapistas. Na capital também conheceu São → VICENTE DE PAULO, que aproximou o burguês do povo e simplificou o seu falar, abundantemente ornado e erudito, preparando-o para receber o sacerdócio. Ordenado sacerdote em 1652, ocupou o lugar de canônico em Metz, sem descuidar do apostolado ativo e, ao mesmo tempo, estudando com afinco os santos Padres, especialmente Santo → AGOSTINHO, São João → CRISÓSTOMO, ORÍGENES, TERTULIANO, São Bernardo, a Sagrada Escritura e teologia. Fixa morada em Paris em 1659 e dedica-se inteiramente à pregação. Dez anos depois, é nomeado bispo de Condom e preceptor do Delfim, filho de Luís XIV. Desde 1681 é bispo em Meaux, onde emprega as energias pastorais sem desprezar os assuntos públicos, uma vez que é conselheiro de Estado, interessando-se vivamente por todos os problemas de seu tempo, como o galicanismo, o → PROTESTANTISMO, o → QUIETISMO, os rituais chineses etc., sempre defendendo a tradição.

2. DOUTRINA. O seu pensamento sobre a doutrina espiritual, mais que na controvérsia quietista com as duas maiores obras, *Instruction sur les états d'oraison* (1697, cf. ed. LACHAT, XVIII, 351-703) e o segundo volume póstumo, *Principes communs de l'oraison chrétienne* (Paris, 1887, devido a M. LEVESQUE) e in *La relation sur le quietisme* (1698, cf. ed. LACHAT, XX, 85-170), deve ser buscado nas *Lettres* de direção (cf. *Correspondance*, ed. crítica de URBAIN-LEVESQUE em 15 vls., Paris, 1909-1925 e ed. LACHAT, XXVII e XXVIII); in *Méditations sur l'évangile* (1694) (ed. LACHAT, VI, 1-678); in *Élévation sur les mystères* (1694) (cf. ed. LACHAT, VII, 24-393), escrito para as visitandinas de Meaux; in *Discours sur la vie cachée em Dieu* (1692) (394-411); in *Traité de la concupiscence* (412-484), a que se seguem, sempre no mesmo volume, numerosos breves opúsculos em torno da vida espiritual, entre os quais citam-se: *Méthode pour passer la journée dans l'oraison, en esprit de foi et de simplicité devant Dieu* (504-509);

Discours sur l'acte d'abandon à Dieu (533-54); *Sur le parfait abandon* (544-545); *Préparation à la mort* (606-620). Essas obras, excetuando as polêmicas, com *Maximes et Réfléctions sur la Comédie* (ed. LACHAT, XXVII, 1-80), contra o padre Caffaro, teatino que defendia o teatro, possuem o caráter doce e suave da oração murmurada na solidão, certa de dialogar com Deus.

Bossuet não foi propriamente um escritor místico, mas um moralista (cf. CALVET, J. *La littérature religieuse de François de Sales à Fénelon*. Paris, 1956, 312-319); todavia, uma doutrina espiritual pode ser encontrada nas obras supracitadas. Embora ocupado nos mais variados ramos, "homem de todos os talentos e de todas as ciências", sempre achou espaço suficiente para dedicar-se à → DIREÇÃO ESPIRITUAL, considerada dever principal de um bispo. Sempre estava disponível para os seus dirigidos, considerando-se um ministro de Deus, ao qual era pedido que fosse além de sua pessoa para que vissem a Deus nele. Dois dotes sempre exibia inalteráveis: a paciência e a doçura. As suas respostas sempre eram calmas, claras, de um raro rigor doutrinário. Exigia obediência dos dirigidos e fazia pouco uso das determinações práticas.

A Sagrada Escritura, em particular o NT (as Epístolas de São Paulo) e os santos Padres como intérpretes daquela, são as suas fontes místicas. Entre os místicos, preferia Santa Teresa e São → JOÃO DA CRUZ a → RUUSBROEC, reconhecido "mestre de todos os outros", e a → TAULERO e a Harfiusb (→ HERP), que possuem uma linguagem obscura.

Dos modernos aprovava → SURIN (do qual, como canônico em Metz, aprovou duas das obras: *Catechismo spirituale* e *Fondamenti della vita spirituale*), São João da Cruz, Santa → CATARINA DE GÊNOVA, Santa → MARIA DA ENCARNAÇÃO, porém sem dar-lhes aquela autoridade decisiva, reservada aos Padres, especialmente a Santo Agostinho e a São Bernardo. Por outro lado, não ficou indiferente ao influxo de → BÉRULLE, visto que o considerava conforme às Sagradas Escrituras (cf. POURRAT, P. *La spiritualité chrétienne*. Paris, 1947, 313 ss., vl. IV).

A noção do desenvolvimento do dogma era estranha a Bossuet, e se o seu cristianismo não se fixou em um estático paradigma é mérito do seu bom-senso e da sua psicologia, que sabiam encontrar adaptações oportunas. Todavia, a atitude de Bossuet em relação à mística sempre foi de reserva, e assim, quando foi obrigado a estudar os místicos para a controvérsia quietista, permaneceu sempre um "sublime debutante" (BREMOND, H. – DUDON P. *Dictionnaire de Spiritualité*. 1877, vl. V). A soberania divina e a providência são as duas verdades sobre as quais se apoia toda a vida espiritual: da primeira provém uma adesão à vontade de Deus; da segunda, um abandono confiante (cf. → CAUSSADE, que irá retomar com espírito feneloniano esse segundo ponto em *Bossuet, maître d'oraison* — com este título H. Bremond apresenta o *Instructions spirituelles*, Paris, 1931, de Caussade — e nos seus escritos; cf. *Correspondance*, ed. cit., p. 348, vl. IV; p. 179, 287-288, 300, 321, vl. V).

A frequência aos sacramentos é inculcada, e ele próprio atende confissões e exorta, juntamente com São Vicente de Paulo, contra Arnauld, à comunhão frequente. Para a oração prefere, com pontos metódicos, um impulso e uma elevação a Deus, como nas *Élévations e Méditations sur l'Évangile*. A oração *admirativa* é aquela na qual a fé contempla as verdades divinas, os olhos as olham e se enternecem, seguidos pela adoração, pelo amor e por todos os outros sentimentos cristãos. Nas orações extraordinárias sempre mantém uma atitude de reserva, considerando-as nocivas; e também não as considera um momento especulativo, porque são voltadas para o amor, fruto do abandono em Deus, com o qual se doa o corpo, a alma e os pensamentos, os sentimentos e a própria saúde eterna. Esse abandono é resgatado pelas tonalidades semiquietistas, porque é mediado por Jesus Cristo, ainda que em sua resposta se insira o amor desinteressado (cf. POURRAT, P. Op. cit., 316-317). Solução que parece reconciliar Bossuet a → FÉNELON (cf. BREMOND, H. *Apologie*. Paris, 1910, 470 ss., que crê aproximar Bossuet a Fénelon reduzindo a polêmica a um equívoco em torno de um problema em cujo pressuposto de fundo, o amor puro, havia um acordo; cf. BOSSUET. In *Dictionnaire de Théologie Catholique*. 1.076, vl. II). Isso não pode ser definido como quietismo, porque o ato de abandono supõe uma rígida ascese (renúncia total) e não leva a uma ociosidade espiritual, mas impele a "pôr tudo em ação para Deus" e é legítimo com relação à vontade permissiva divina dentro dos limites das provas físicas e morais, não em relação ao pecado.

Essa convergência para o puro amor e a simplificação da vida espiritual, para o qual tendia sua alma no final da vida, deve-se também à influência de São Vicente de Paulo e ao equilíbrio de sua personalidade, pelo qual a sua doutrina é *sólida*: mais calcada nos princípios que na abordagem psicológica de cada um deles, aos quais deixava as determinações práticas; *tradicional*: inspirada no Novo Testamento, sobretudo em São Paulo, em Santo Agostinho e também em Santo Tomás, exemplo raro no século XVII, no qual quase todos "agostinianizavam" (Sainte-Beuve); *prática*: tendia à ação, ao amor a Deus e ao próximo. Se sob o ponto de vista prático o amor desinteressado encontrava direito de cidadania, quando se tratou de defini-lo especulativamente não encontrou a suficiente e justificadora tradição, e então, nos passos de Santo Agostinho, considerado norma de juízo, polemizou violentamente com Fénelon.

Bossuet opunha às teses fenelonianas sua doutrina sobre a caridade, ou puro amor, pela qual a bem-aventurança é, no ato da caridade, a razão formal de amar a Deus, e, consequentemente, um motivo que exclua a bem-aventurança é uma "ilusão manifesta". Na esteira de → HUGO DE SÃO VÍTOR e de Santo Tomás, Deus é nosso bem, e a sua bondade intrínseca constitui a essência da caridade.

A influência de Bossuet, se for medida pelas numerosas edições das suas obras espirituais (cf. CIORANESCU, A. *Bibliographie de la Littérature française du dix-septième siècle*. Paris, 1965, 405-437, vl. I), foi muito vasta, ainda que a suspeita que lançou nos místicos, unida à razão iluminista setecentista, tenha contribuído para a crise da mística; e, enquanto a Sorbonne, jansenista e galicana, fazia da glória de Bossuet "uma religião da França" (Sainte-Beuve), o seu tipo de "cristianismo eterno" permanece mais como um inimitável exemplo de resolvida humanidade sacerdotal e cristã, que não soube entender as instâncias do tempo para desenvolvê-las com a intuição cristã.

BIBLIOGRAFIA. ZERLETTI, P. (ed.). *Opere complete*. Venezia, 64 vls.; ALBRIZZI, G. B. (ed.). *Opere complete*. Venezia, 1736-1757, 10 vls; GIRAUD, V. *Bossuet. Pensées chrétiennes et morales*. Paris, 1906; BAUMANN, E. *Bossuet moraliste*. Paris, 1931; BREMOND, H. Bossuet, maître d'oraison. *La Vie Spirituelle* 25 [Supplément] (1930) 49-78; ID. *Bossuet, maître d'oraison*. Paris, 1931; BROSS, A. *Bossuet prêtre*. Paris, 1952; JANSSENS, E. *La doctrine mariale de Bossuet*. Liège, 1947; LE BRUN, J. *La spiritualité de Bossuet*. Paris, 1972; ID. Le quietisme entre la modernité et l'archaisme. *Studies in the History of christian Thought*, t. 28: Modernité et non conformisme en France à travers les âges. 1983, 86-99; ID. Quiétisme. In: *Dictionnaire de Spiritualité*. Paris, 1986, 2.756-2.842, vl. XII. LEUENBERGER, R. "Gott in der Hölle lieben", Bedeutungswandel einer Metapher im Streit Fénelons mit Bossuet um den Begriff der "pur amour". *Zeitschrift für Theologie und Kirche* 82 [2] (1985) 153-172; ORLANDI, G. Il centroquietista romano-tiburtino scoperto nel 1698. In margine alla "querelle" Bossuet-Fénelon. *Spicilegium Historicum C.SS. Redemptoris* 26 (1978) 353-462; VROYE, J. DE. *Bossuet, directeur d'âmes*. Tournai, 1937; ZOVATTO, P. *La polemica Bossuet-Fénelon. Introduzione critico-bibliografica*. Padova, 1968.

P. ZOVATTO

BREMOND, HENRI. 1. NOTA BIOGRÁFICA. Nasceu em Aix-en-Provence no dia 31 de julho de 1865. Ao completar os primeiros estudos no colégio católico de sua cidade, entrou muito jovem na companhia de Jesus; fez o noviciado na Inglaterra, onde frequentou cursos de filosofia e teologia. Em 1892 retornou à França e, após alguns anos de ensino, foi admitido na redação do "Études". Aí publicou artigos notáveis, nos quais revela aqueles que seriam os seus melhores dotes: grande fineza de análise psicológica; e um estilo especial, profundamente elegante, cheio de vibração e de humor. Nos primeiros anos do século XX deixou a Companhia de Jesus, mas conservou altas e fiéis amizades na Ordem. Amigo de G. Tyrrel e de A. Fogazzaro, sem, por isto, aderir ao movimento modernista, Bremond, movido por sincero zelo sacerdotal, em 1909 não hesita em acorrer ao leito de morte de Tyrrel, excomungado. Em 1915 publica o primeiro volume da *Histoire littéraire du sentiment religieux en France*, obra de grande erudição, que, aos poucos, foi enriquecida com outros 10 volumes. Participou das discussões literárias de seu tempo, colaborou em numerosos jornais e revistas, foi crítico mordaz mas sereno. Em 1923 foi eleito membro da Academia de França, como sucessor de Duchesne, e, em 1928, nomeado doutor *honoris causa* da universidade de Oxford. Morreu em 1932.

2. OBRAS. *L'inquiétude religieuse* (2 séries: 1901 e 1909); *L'enfant et la vie* (1902); *Newman, essai de biographie psychologique* (1906); *Apologie pour Fénelon* (1910); *Sainte Jeanne Chantal* (1912); *Histoire littéraire du sentiment religieux en France depuis la fin des guerres de religion jusqá'à nos jours*

(11 vls., 1915-1933); *Pour le romantisme* (1923); *Le charme d'Athènes* (1925); *La poésie pure* (1926); *Prière et poésie* (1926); *L'Abbé Tempête* (1929); *Divertissement devant l'arche* (1930).

3. O ESCRITOR. Bremond é sobretudo um historiador do sentimento religioso. Não exclui as afirmações doutrinárias, mas as apresenta sob o aspecto e em um quadro concreto e vivido, como um simples eco dos ensinamentos dos santos e dos mestres espirituais, como são revelados pela história. Em suas pesquisas, usa um método novo e personalíssimo: não teve o intuito de escrever uma narração completa, que conserva a correta perspectiva dos seres humanos e dos acontecimentos, mas escolheu personagens, obras e problemas que mais lhe interessavam, deixando-nos, assim, uma série de traços, de perfis e de estudos. Possuía uma capacidade singular para descobrir antigos textos, de lê-los com um senso de novidade, reavaliá-los e apresentá-los ao público de maneira elegante e atraente, ou, para usar uma expressão que lhe era cara, de "orquestrá-los". "O resultado desses estudos foi revelar aos contemporâneos as magníficas riquezas de vida contidas nesses escritos, primeiro julgados somente como cheios de pia retórica, sem alma e sem originalidade; o enorme serviço prestado por Bremond à Igreja católica foi ter obrigado todos os que se interessam pela vida das almas, ainda que incrédulos, a dar a ela um lugar honroso em seus estudos e em suas leituras" (GUIBERT, G. DE. In *Dictionnaire de Spiritualité*. 1932, vl. I). Outro aspecto relevante na obra de Bremon é o grande interesse pela psicologia; ele sempre esteve à escuta das almas vivas: em toda a sua obra de crítico e em toda a sua atividade de historiador, o seu olhar sempre esteve voltado para os espíritos, atento a tudo aquilo que, neles, havia de vida. Bremond possui o dom de fazer reviver, diante de nós, as almas das quais traça as lutas, e isso forma o encanto dos seus livros. Essa sensação, porém, é alcançada não com uma acumulação paciente de detalhes controlados e documentados, e sim pela reconstrução da vida, com alguns traços reveladores ou assim acreditados. Um método subjetivo e perigoso, que causou as mais graves reservas contra ele, que constitui o ponto vulnerável das suas investigações históricas. Este é o motivo pelo qual em seus livros tem-se um conjunto de felizes descobertas e fecundas sugestões, de visões corretas e penetrantes, bem como de verdadeiras apostas, de paradoxos históricos, de simples conjecturas, de teses originais, incapazes, porém, de resistir a uma análise severa e aprofundada. Esta é também a razão pela qual, na obra de Bremond, junto com partes sólidas e permanentes, encontram-se aspectos frágeis e obsoletos. Conforme confessa repetidamente, não é um físico ou um teólogo: quer ser simplesmente o *rapporteur* e o fiel intérprete dos seus mestres preferidos; todavia, teve algumas ideias predominantes. É típica a sua concepção de oração, que para ele é também poesia, do mesmo modo que as palavras que exprimem poesia têm a virtude de oração. É notável também a sua exaltação e defesa do amor puro e das espiritualidades teocêntricas contra as espiritualidades antropocêntricas. A obra histórica de Bremond permanece essencialmente evocadora e suscitadora de figuras, de correntes, de problemas, de abordagens e de hipóteses. Seu grande mérito é ter aberto algumas pistas fecundas e ter exercido uma influência verdadeiramente decisiva na renovação da história da espiritualidade, ou melhor, do "sentimento religioso".

BIBLIOGRAFIA. AUTIN, A. *H. Bremond*. Paris, 1946; BERNARD MAÎTRE, H. Théocentrisme et antropocentrisme chez H. Bremond. *Revue d'Ascétique et de Mystique* (1964) 314-318; BORDEAUX, H. *H. Bremond*. Paris, 1924; BREMOND, A. H. Bremond. *Études* (1933), 29-63; COLOSIO, I. Il mistero di H. Bremond. *Rivista di Ascetica e Mistica* (1966) 190-206; HAYOT, M. Bremond et Newman. *Revue Apologétique* (1938) 321-333; ID. La pensée et l'oeuvre d'Henri Bremond au début du siècle. *Revue Apologétique* (1938) 449-460; HERMANS, F. *L'Humanisme religieux de l'Abbé H. Bremond. Essai d'analyse doctrinale*. Paris, 1965; PASTORE, A. La rivelazione estética dell'abate Bremond. *Humanitas* 2 (1947).

G. VELOCCI

BRÍGIDA DA SUÉCIA (Santa). 1. NOTA BIOGRÁFICA. Nasceu, talvez, em 1303, em Finstad, próximo a Uppsala, na família aristocrática Persson. Não se tem nenhuma informação segura sobre a sua infância até a idade de 15 anos, quando, obrigada pelo pai, casou-se com Ulf Gudmarsson, *miles pulcher et strenuus*. Mãe de oito filhos, teve vida exemplar na caridade com os pobres. Após a peregrinação a Compostela (1341-1343), a sua vida espiritual assumiu o aspecto de uma resposta incondicional ao chamado de Deus para a santidade. Nessa época iniciaram-se as suas *Revelationes*. Fez voto de castidade, como também o marido, que cogitava fundar um convento para retirar-se do mundo em companhia da mulher. A morte, todavia, o impediu († ca. 1346). Brígida deixou a sua casa e fixou morada nas proximidades do convento cisterciense de Alvastra, onde morrera o marido. Aí teve uma visão, na qual era eleita *sponsa Christi*, não para saborear as doçuras do Senhor, e sim para transmitir as ordens divinas a fim de aliviar as várias misérias da vida da corte, e para "reformar" o estado religioso e a desordem da Igreja. Depois de 1346, começou a ocupar-se com a construção de Vadstena, convento misto segundo a Regra de Santo Agostinho, mas, sem poder obter a confirmação papal, decidiu partir para Roma (1349), onde distinguiu-se pela mais austera mortificação e despojamento total de si. Admirada como "autoridade espiritual", morreu em Roma no dia 23 de julho de 1373, quando retornava de uma peregrinação à Terra Santa, e depois de ter sabido de Cristo o dia de sua morte. Mais tarde seu corpo foi trasladado para Vadstena.

2. OBRAS. a) *Revelationes*, das quais os sete primeiros livros têm como título *Liber Revelationum coelestium s. Birgittae de Suecia*, enquanto o oitavo intitula-se *Liber coelestis Imperatoris ad reges revelatus divinitus b. B. de regno Sueciae*. Quase todos os autógrafos desapareceram. A edição mais antiga (Lubecca, 1492) é em latim. Parece, porém, que a santa os escreveu em sueco antigo (segundo os estudos de T. Nyberg). Ou a versão sueca seria uma retroversão do texto latino. O livro IV contém as *Revelações* de Roma e dos santuários italianos. b) *Revelationes extravagantes b. Birgittae*, uma série de mensagens, prescrições e conselhos para os religiosos de Vadstena, reunidos por Pietro di Alvastra, não incluídos na primeira coleção das *Revelationes*. c) *Regula s. Salvatoris data divinitus ab ore Jesu Christi devotae sponsae suae b. Birgittae de regno Sueciae*, escrita em latim por Pietro di Alvastra e ditada por Brígida. d) *Sermo Angelicus de excellentia B.M.V. quam ipse Angelus dictavit b. Birgittae*: contém, em 21 capítulos, sob o aspecto mariano, a história da salvação até a coroação da Virgem. O texto latino deve-se a Pietro di Skänninge. e) *Orationes aliquot s. Birgittae divinitus revelatae*, e alguns escritos menores. A originalidade da obra de Brígida, devida ao ambiente aristocrático, cultural e político da santa, não exclui alguma influência franciscana, dominicana e cisterciense, recebida através de seus diretores espirituais.

3. DOUTRINA. Sendo estreitamente ligada aos acontecimentos religiosos e políticos da Idade Média tardia, a espiritualidade de Brígida reflete o ardor de uma alma que se reconhece instrumento nas mãos de Deus, para a renovação espiritual de sua época. A sua mística, não menos mariana que cristocêntrica, amadureceu na convicção profunda de que só o sofrimento, que Deus lhe havia reservado ou significado através das lutas exteriores, poderia formar o meio de orientá-la para a → UNIÃO COM DEUS. Essa atitude a preservou de todo sentimentalismo e a ajudou a adquirir um forte sentido realista, objetivo e positivo, que determinou todo o seu dinamismo interior. As visões que recebeu em êxtase refletem igualmente a mesma marcante nota pessoal e realista, que se traduz mediante imagens naturalistas, geralmente drásticas e altamente dramáticas. Em particular, as suas visões de Cristo na cruz e da Virgem das Dores são consideradas obras-primas de literatura sueca antiga. O seu mais íntimo anelo de suas aspirações espirituais foi o projeto de Vadstena. Seguindo as divinas → INSPIRAÇÕES, prescreveu que no mesmo convento não vivessem mais de 60 monjas e 25 monges (17 sacerdotes), divididos em duas partes, porém sob a direção da mesma abadessa, na qual desejava ver refletida a maternidade de Maria. Convencida de que só a maternidade pudesse salvar o que a crueldade masculina havia destruído, multiplicou os esforços para constituir ali uma consciente vida mariana, compondo, ela própria, hinos e orações marianas para recitar diariamente no ofício canônico. Dessa orientação mariana depende a espiritualidade cristocêntrica de Brígida: Cristo, o Senhor do mundo, o Amor encarnado — e nele o próprio Deus —, elegeu Brígida como "esposa", chamada a anunciar o mistério da misericórdia divina em relação ao ser humano pecador que se converte.

São importantes três grandes visões: a visão de Cristo Juiz reinante, aos seus pés a Virgem Maria, ao redor dele anjos e santos, diante do trono o monge impaciente (livro V das *Revelationes*); a visão no castelo de Vadstena, decisiva para a funndação de sua Ordem e fonte para a *Regula Salvatoris*; a visão do *Sermo Angelicus*, da visita do anjo, fonte para textos litúrgicos concentrados na história da → SALVAÇÃO (ciclo semanal).

4. INFLUÊNCIA. A Ordem do Santíssimo Salvador, mais conhecida pelo nome de Brigidinas, fundada em 1369, teve vasta difusão nos séculos seguintes.

Foi notável a influência que as *Revelationes* de Brígida exerceram na Suécia e Itália, e até sobre Santa → CATARINA DE SENA e santa Joana D'Arc.

>BIBLIOGRAFIA. Sobre a ed. sueca das *Revelationes* (trad. do texto latino): LUNDÉN, Tryggve. *Den helige Birgitta, Himmelska uppenbarelser*. Malmö 1957-1959 [Trad. it. MANCINI, A. *Le celesti Rivelazioni*. Roma, 1960.]; STOLPE, Sven. *Die offenbarungen der heiligen Birgitta von Schweden*. Frankfurt-M., 1961; sobre a *Regula Salvatoris*: ed. S. EKLUND, Uppsala, 1975; sobre o *Sermo Angelicus*: ed. S. Eklund, 1972; sobre o texto completo latino das *Revelationes*: COLLIJN, J. *Acta et processus canonisationis B. Birgitte...* Uppsala, 1924-1931.
>2) Estudos: BERDONCES, J. – NYBERG, T. Brigida. In: *Dizionario degli Istituti di Perfezione* (1572-1578). 1973, vl. I (com bibliografia); CECHETTI, I. Brigida di Svezia. In: *Bibliotheca Sanctirum*, III, 439-530; CHIMINELLI, P. *La mistica del nord: S. Brigida di Svezia*. Roma, 1948; DAMIANI, P. *La spiritualità di S. Brigida di Svezia*. Firenze, 1964; GIOVANNA DELLA CROCE. *I mistici del Nord*. Roma, 1981, 29 ss.; JOHNSTON, F. R. The English Cult of St. Bridget of Sweden. *Analecta Bollandiana* 103 (1985) 75-93; JORGENSEN, J. *S. Brigida di Vadstena*. Brescia, 1947-1948; MAIOLI, G. Il volto della Chiesa nella visione di S. Brigida. *Ephemerides Carmeliticae* 17 (1966) 182-230; NYBERG, T. Birgitta von Schweden – Die aktive Gottesschau. In: *Frauenmystik*, Ostifilden, 1985, 275-289 (com bibliografia); ROSCHINI, G. M. *La Madonna nelle "rivelazioni di santa Brigida" nel sesto centenario della sua morte*. Roma, 1973; VAUCHEZ, A. Sainte Brigitte de Suède et sainte Catherine de Sienne. In: *Temi e problemi della mistica femminile trecentesca*. Todi, 1983, 227-248.

GIOVANNA DELLA CROCE

BUDISMO. O budismo derivou sua denominação de Buda (o iluminado), seu fundador. No princípio foi um sistema puramente ético, que no decorrer dos séculos desenvolveu-se em várias seitas religiosas e escolas filosóficas e difundiu-se em grande parte da Ásia Oriental.

1. BUDA. O nome próprio de Buda foi Sidarta, da família Gautama e da tribo Sakya, pela qual também foi chamado "Sakyamuni" (asceta de Sakya). Seu pai, Suddhodana, era príncipe de Kapilavastu, no território hoje chamado Nepal. Sidarta nasceu por volta do ano de 560 a.C. Penalizado diante da miséria dos seres humanos, aos 29 anos renunciou a tudo, retirando-se para o lugar silvestre de Gaya, onde se dedicou ao estudo de Vedanta, a fim de encontrar o caminho para libertar o mundo da miséria. A metafísica, todavia, não o ajudou muito. Deixou, portanto, esse caminho e seguiu o do ascetismo; mas, percebendo ser inútil também este, preocupou-se em encontrar a luz pela meditação. Finalmente, sob a árvore de *bodhi* (da sabedoria), acreditou ter encontrado o que procurava e, saindo de seu retiro, começou a pregar em um parque próximo a Benares. Conquistou, aí, cinco discípulos: este foi o início de seu Samgha (Ordem monástica). Buda pregou durante 45 anos, somou à sua doutrina um grande número de discípulos, entre monges e leigos, e com a idade de 80 anos morreu em Kushinagar, no território do moderno Nepal. De outros fatos e ditos de Buda pouco se pode afirmar com certeza, visto que estão quase submersos por lendas e mitos. Todavia, pode-se seguramente afirmar que foi um homem de excepcionais dotes intelectuais e morais: pouquíssimos homens deixaram uma marca tão vasta, profunda, duradoura e benéfica para o gênero humano, como ele.

2. DHARMA (A DOUTRINA). A intenção de Buda não foi fundar uma seita religiosa ou uma escola filosófica, mas apenas ensinar o caminho ético capaz de libertar o ser humano do vínculo da transmigração (*karma-samsara*), doutrina hinduísta que tanto o budismo quanto as outras seitas derivadas do → HINDUÍSMO seguem fielmente. Essa repetição interminável do nascimento, da enfermidade, da velhice e da morte é o sumo mal que é preciso suprimir. O pensamento da miséria desta vida assediava a mente de Buda: "Essa peregrinação das criaturas é *ab aeterno*. Não se conhece o início donde as criaturas, confusas pela ignorância, e ligadas pelo desejo da vida, erram e vagam. Quais vos parecem mais abundantes, ó ascetas, as águas nos quatro oceanos, ou as lágrimas que vertestes enquanto erráveis nessa peregrinação interminável, dolentes e plangentes, porque vos tocava o mal que odiastes e não o bem que amastes?" (*Samyutta Nikhaya*). Para libertar os seres humanos dessa miséria, ele propôs o seu caminho ético. Convém observar que os livros nos quais são mencionados os atos e ditos de Buda só foram escritos muito tempo após a sua morte. O nobre caminho (*aryamarga*) de Buda reduz-se a quatro verdades fundamentais e oito leis éticas, que todas as escrituras e seitas budistas consideram a essência do budismo. As quatro verdades são:

Universalidade do sofrimento (duhkha). Dizia Buda: "Esta, ó monges, é a santa verdade sobre o sofrimento: o nascimento é sofrimento, a velhice é sofrimento, a união com aquilo que desagrada é sofrimento, a separação daquilo que agrada é sofrimento, não obter o que se deseja é sofrimento; sofrimento, em uma palavra, são os cinco elementos do apego à existência".

Origem do sofrimento. "Esta, ó monges, é a santa verdade sobre a origem do sofrimento: é aquela sede que é causa de renascimento, vinculada à alegria e ao desejo, que acha prazer ora aqui, ora ali; sede de prazer, sede de existência, sede de prosperidade".

Supressão do sofrimento. "Esta, ó monges, é a santa verdade sobre a supressão do sofrimento: a supressão dessa sede: é o bani-la, reprimi-la, libertando-se dela, anulando completamente o desejo".

O caminho que conduz a essa supressão. "Esta, ó monges, é a santa verdade sobre o rumo que conduz à supressão do sofrimento: é o augusto Caminho Óctuplo…" (*Mahavagga*, 1. 6. 17-22). Os oito caminhos constituem o eixo da ética budista, são eles: a) correta fé, ou seja, plena aceitação da doutrina de Buda; b) correta aspiração, que, segundo Buda, é "ardente desejo de renúncia, propósito de viver no amor para com todos e sincera atitude de humildade" (*Suttavibhanga*); c) correto falar, isto é, abster-se da maledicência, da dureza no discurso, da confabulação leviana; d) correta ação, que não significa a observância religiosa, e sim os bons costumes; e) correto meio de vida, ou honesta ocupação para ganhar a vida; f) correto esforço, que consiste na repressão das paixões; g) correto pensamento, isto é, só aceitar ideias puras e úteis, segundo o princípio: "*cittadhino dharma, dharmadhino bodhi*" (pela mente aos costumes, pelos costumes à iluminação); h) a correta meditação, o exercício da abstração da mente e da intuição, com a qual se chega àquela plena iluminação que apaga todos os afetos da alma e a dispõe ao *Nirvana*. As práticas anteriores são todas preparatórias, enquanto o longo exercício da → IOGA é essencial para a libertação.

Buda chamou esse sistema de Caminho Médio, enquanto busca o meio-termo entre a ascese exagerada e a liberdade excessiva: "prego a ascese enquanto ensino a destruir tudo aquilo que é mau nos corações"; todo aquele que age assim é um verdadeiro asceta" (*Mahaparinibbana Sutta*); "os ascetas certamente não gostam do próprio corpo, mas, sem apegar-se a ele, cuidam do corpo para poder progredir na vida espiritual" (*Milinda Panha*).

3. SAMGHA (A ORDEM MONÁSTICA). A organização monástica é o que dá ao budismo certa corporalidade e unidade externa. Buda dividiu os seus discípulos em duas classes: *Upasaka*, ou leigos devotos que levam vida familiar no meio do mundo, e *Bhiksu* (ascetas), que professam a renúncia total ao mundo. Confrontando esses dois estados entre si, Buda afirma: "A vida dos seculares é cheia de impedimentos; é uma vida manchada pelas paixões. Livre como o ar é a vida daquele que renuncia a tudo. Como é difícil ao ser humano que vive em família levar uma vida superior em toda a sua perfeição, em toda pureza e em todo esplendor!" (*Tevijja-sutta*, 1,47).

Em um primeiro tempo os ascetas budistas seguiram o uso dos ascetas hindus, vagando sempre solitários, sem habitação e sem deter-se em um lugar mais de três dias, excetuando o período dos três meses de chuva. O próprio Buda enviou para pregar os seus primeiros sessenta discípulos com estas palavras: "Vós, ó ascetas, livres de toda ligação divina e humana, ide vagando para utilidade de muitos, para a felicidade de muitos, pela compaixão do mundo, pelo bem, para lucro e gáudio dos deuses e dos seres humanos. Não andem de dois em dois. Ensinai a lei, ó ascetas, boa no princípio, boa no meio, boa no final, no espírito e na letra, e proclamai a vida religiosa, em tudo plena e pura" (*Samyutta-nikaya*, 1, 105). Com o passar do tempo, porém, o retiro hibernal tornou-se cada vez mais longo e estável, até que a vida dos ascetas budistas tornou-se completamente cenobítica.

Os monges são obrigados a observar os 227 artigos da Regra monástica e toda a disciplina da ioga. Nesses regulamentos são minuciosamente tratados os vários aspectos da castidade e da pobreza, da vida em comum, do exercício das várias virtudes e da contemplação. Duas vezes por mês é anunciada a cerimônia chamada *Pratimoksa* (absolvição plena), na qual, com todos os monges reunidos, o presidente lê a Regra e, a cada artigo, o monge que eventualmente o transgrediu confessa sua culpa diante de todos, sendo assim absolvido. *Pratimoksa* é o vínculo da unidade e a salvaguarda da regularidade da comunidade monástica; assistir a essa cerimônia é considerado um sinal de pertinência à comunidade.

A obediência à Regra (não à pessoa do superior), à castidade e à pobreza são as bases do monaquismo budista. "Mestre, como devemos comportar-nos com as mulheres?", disse Ānanda a Buda. Buda respondeu: "Não olhe para elas, Ānanda". "Mas como fazer se for necessário olhá-las?". "Então, abstenha-se de falar". "Mas se elas nos falam, o que fazer?". "Nesse caso, esteja muito atento, Ānanda!" (*Mahaparinibbana Sutta*, 5,23). O monge nada possui como propriedade sua; pode ter três hábitos em uso, de tecido rude e velho, uma moringa para água, um colchão para dormir e remédios; mais tarde, foi incluída a navalha para barba e cabelo, e agulha para remendar o hábito. Quando surgiu a dúvida se a Ordem pudesse possuir poderes e habitações monásticas, foi assim solucionado: um leigo idôneo é o proprietário, para uso dos monges.

A obrigação dos leigos reduz-se a poucas coisas fundamentais: não matar sem necessidade; não roubar, não mentir, não entregar-se a bebidas inebriantes, guardar a castidade segundo o seu estado. Devem, por outro lado, evitar os perigos espirituais: perambular pelas ruas em horas indevidas, frequentar festas, jogos de azar e más companhias, a preguiça. Toda a vida dos leigos está intimamente ligada com a Ordem dos monges. "Sete são as causas que agem em prejuízo dos leigos: não visitar os monges, não escutar a sua doutrina, não aprender as normas da moralidade, ficar descontente com os monges, escutar a sua doutrina com mente hostil, procurando defeitos, procurar as pessoas fora da Ordem e oferecer-lhes presentes, favorecer os estranhos" (*Anguttara Nikaya*, 4, 25).

Os leigos não aspiram alcançar de imediato o *Nirvana* (libertação final). Por isto, exige-se a observância total da vida monástica e a plena iluminação, que somente se adquire pela alta contemplação. Mas ofertando esmolas à Ordem, e, em certos dias, observando de modo mais brando o jejum e as outras práticas monásticas, os leigos podem participar dos méritos da Ordem e renascer em condições mais adequadas para preparar-se para o *Nirvana*. Entrementes, as almas ainda não libertadas dirigem-se aos céus ou aos infernos temporários (como na doutrina hindu), segundo os próprios méritos ou deméritos, e, após a devida duração, retornam ao mundo para continuar a provação.

4. MITOLOGIA E METAFÍSICA. Visto que a intenção de Buda não era fundar uma nova religião ou reformar a antiga, ele aceitava as práticas religiosas do povo como inofensivas, embora inúteis; somente aos monges foi proibido indulgenciar as vãs observâncias. Essa tolerância foi uma das causas da fácil propagação do budismo, mas, ao mesmo tempo, também a sua fácil absorção pelo → HINDUÍSMO, conforme ocorreu mil anos depois. Assim, o povo unia a antiga religião com a ética de Buda. Toda a mitologia hinduísta perseverou junto aos budistas um tanto modificada; isto é, deuses e demônios estão, como os seres humanos, em transmigração, em melhor ou pior condição, segundo os seus méritos. Assim, o povo simples continuou imperturbável em seu primitivo culto dos deuses hindus, mas após a morte de Buda ele próprio teve um lugar principal na mitologia, tornando-se, aos poucos, objeto supremo de culto.

Buda proibiu as discussões metafísicas, não só como inúteis, mas também como nocivas, pela tendência excessiva de tempo perdido em sutilezas metafísicas, negligenciando as coisas necessárias em vista de seu fim último. Deliberadamente, todavia, Buda deixou irresolutas quatro questões, em torno das quais os seus discípulos não deviam discutir: se o mundo é eterno ou não; se é infinito ou finito; se o corpo é o princípio da vida; se a alma que atingiu o *Nirvana* deve considerar-se existente ou não existente, ou nem existente nem não existente. Por outro lado, visto que não havia tratado de religião, calou completamente sobre Deus. Mas, ainda que Buda não tivesse pretendido fundar nem uma religião, nem uma escola filosófica, o budismo transformou-se fatalmente em uma e outra. Somente a ética não pôde satisfazer as exigências religiosas do povo, e o temperamento daquele tempo não deixava nenhuma seita sobreviver sem o sustento da filosofia; o silêncio de Buda sobre essas questões fundamentais propiciou portanto ocasião a numerosas controvérsias e divisões.

5. O BUDISMO APÓS BUDA. Segundo a tradição dos budistas, pouco depois da morte do mestre, os discípulos reuniram-se em Rajagriha para relembrar as suas obras e palavras e para reorganizar o cânone, que foi feito em três coleções chamadas *Tripitaka* (tríplice alforje): *Vinayapitaka*, que contém as regras e as disciplinas monásticas; *Sutta-pitaka*, contendo os discursos de Buda; e *Abhidamma-pitaka*, com explicações posteriores sobre a doutrina budista. Grande parte da matéria dessas coleções, todavia, é de origem posterior, e o cânone, como é atualmente, provavelmente só foi redigido por volta do século III a.C.

Quase cem anos depois, foi convocado um outro concílio, em Vaisali, para organizar as diferenças que surgiram com a interpretação da doutrina. Os mais velhos aderiram à interpretação restrita e literal das leis, sendo chamados *Stavira* (imóveis), ao passo que muitos dentre os mais jovens declararam-se favoráveis a uma maior adaptação e larguezade interpretação. O concílio gerou o primeiro cisma no budismo, e os jovens progressistas dissidentes reuniram-se em uma outra assembleia, que chamaram de grande concílio, e a si próprios de *Mahasankhika* (aderentes ao grande concílio). Essa divisão deu origem às duas tendências que, no decorrer dos séculos, consolidaram-se em dois aspectos do budismo: *Hinayana* (veículo menor) e *Mahayana* (veículo maior).

Entrementes, os intelectuais budistas penetraram em todo o campo filosófico e cogitaram vários sistemas, do pleno idealismo (*sarvastivada*) ao idealismo (*sunya-vada*).

6. HINAYANA (TERAVADA).

Hinayana (veículo menor) é o nome dado a essa escola dos adversários. O nome que ele reivindica é *Teravada* (doutrina dos seniores). Essa forma de budismo, já nos primeiros séculos permaneceu mais ou menos fixa e imóvel. Não se pode dizer religião, porque falta a ideia de Deus; é antes um sistema ético-filosófico. Veneram-se as memórias de Buda e as suas relíquias, porém não se busca nenhuma comunhão com ele, nem se espera uma sua intervenção em auxílio dos seus devotos, porque no *Nirvana* ele cessou de ser como nós: "Aquele bem-aventurado saiu naquele caminho onde não há mais raiz na qual nasça um outro ser. O bem-aventurado cessou de existir, e não se pode dizer: eis aqui, eis ali. Encontra-se, todavia, no corpo da sua doutrina".

O problema central da *Hinayana* não é como salvar a alma, mas, antes, como interromper o eterno processo da transmigração. Essa atitude deve-se aos princípios fundamentais de sua filosofia: a) *Anatta-vada* (a doutrina do não suposto): nas coisas compostas só são reais as partes componentes; o todo como tal é uma ficção da mente, porque não existe um princípio unitivo interno. Assim, no ser humano existem vários componentes físicos e psíquicos, mas não o *atman* (a alma); b) *Sunya-vada* (a doutrina da inanidade): aqui a filosofia negativa dá um passo à frente e afirma que todas as coisas são puros fenômenos. Assim, a sua intrínseca *quidditas* (*tathata*) é a própria inanidade (*sunya*); c) *Ksanikatva-vada* (a doutrina da momentaneidade): como as coisas compostas não possuem unidade, assim a existência das coisas não tem continuidade. Cada coisa mutável é, por isto, momentânea, isto é, dura apenas um momento e, em seguida, deixa de existir; a um momento sucede-se outro semelhante: a continuidade da existência é pura ilusão, produzida por essa rápida sucessão; d) *Paticca Samuppada* (a sucessão predeterminada): como cada coisa cessa de existir completamente antes que uma outra lhe suceda, não pode haver verdadeira causalidade, e nenhuma entidade ou atividade passa do precedente ao seguinte. Todavia, diminuindo a chamada causa, esta deixa depois de si uma certa negativa disposição ou exigência, em que surge um outro semelhante por causa da lei eterna da sucessão (*dhammaniyana*); e) *Kamma-niyana* (a lei da transmigração) é o *punctum dolens* da *Hinayana*. Nada de real transmigra, contudo a transmigração acontece. É um certo complexo psíquico, consciencial, causado pela ignorância e impelido pelos desejos, que passa de corpo em corpo. Mas, em última análise, isso não transmigra verdadeiramente, porque o que cessa de existir em um corpo é uma coisa, e o que começa a existir no [corpo] sucessivo é outra. Isto, todavia, sendo efeito do primeiro, no sentido acima explicado, é herdeiro também de todos os atos do precedente. A ruptura desse processo é o *Nirvana*. Esta palavra significa "apagar-se com um sopro" (como a chama da candeia). Os autores que falam de *Nirvana* às vezes o qualificam com atribuições de paz, tranquilidade, pureza etc.; geralmente, porém, o apresentam como puramente negativo: "A libertação da mente é semelhante à extinção da chama" (*Digha Nikaya*).

O meio para a libertação é a observância das leis éticas do caminho nobre de Buda, que conduz à contemplação, que, porém, não é união com Deus, mas intuição da verdadeira natureza das coisas — da sua intrínseca "inanidade" — que despoja a mente de toda adesão às coisas efêmeras e do apego à vida. Aquele que alcança este estado é chamado *Arhat* (digno); já está libertado do vínculo do *Karma* e, após a morte, não precisa mais renascer. Isto no que se refere aos monges. O povo comum, em vez disto, adora Buda e os outros "santos" com culto religioso, e espera gozar o céu após a morte.

7. MAHAYANA.

O budismo não pôde resistir muito tempo à influência do hinduísmo. Do mesmo modo que no início a mitologia hindu buscou nele um lugar, assim aos poucos também a sua teologia invadiu o budismo. *Mahayana* é o produto dessa influência, e mantém em si as principais notas da teologia hindu: a metafísica monista e a religião *bhakti* ou culto a Deus como pessoa.

a) *Doutrina do Absoluto impessoal*. A *Hinayana* considera que o íntimo substrato (*tathata*) de todas as coisas é *sunya* (inanidade), a qual (ideia negativa) aos poucos adquiriu em *Mahāyāna* um sentido mais ou menos positivo. O grande filósofo Nagarjuna, que floresceu no século I d.C., fundou a escola chamada *Madhyamika* (média), também chamada (*Sunya-vada*, porque *sunya* (inanidade) constitui a sua ideia principal. Sua *cunya*, porém, não é algo de puramente negativo, mas um certo "ente não ente" substrato do mundo dos fenômenos, que pouco tempo depois assumiu a mesma natureza que o absoluto Brâmane do Vedanta.

No século IV ou V d.C., dois brâmanes convertidos ao budismo fundaram a escola chamada *Vijnana-vada* (doutrina idealista), segundo a qual todas as coisas são puras ideias. Por trás dessas ideias, porém, como seu substrato, está certa infinita eterna realidade que se chama *Alaya-vijnana* (tesouro da sabedoria), donde surge o mundo inteiro como ideia na qual todas as coisas retornam. Assim, *tathata*, *sunya* e *vijnana* foram identificados entre si como um Absoluto impessoal, origem, sustento e fim de todas as coisas.

b) *Trikaya (tríplice corpo) de Buda*. Este é o ponto principal do *Mahayana* e a diferença essencial entre ele e a *Hinayana*. Segundo a doutrina antiga, Buda foi um simples homem que atingiu a iluminação, ensinou o caminho da saúde e, entrando no *Nirvana*, cessou de existir. Nessa nova doutrina, em vez disto, Buda é eterno com três modos de ser. Em seu corpo espiritual (*dharma-kaya*), ele é eterno impessoal Absoluto; em seu corpo glorioso (*sambhoga-kaya*) aparece aos seus devotos no céu para beatificá-los; finalmente, quando o mundo se encontra em particular necessidade, ele assume um corpo fictício (*nirmana-kaya*) e desce ao mundo. Desse modo, Buda continua a estar em perpétua comunhão com os seus devotos.

c) *Amida e o seu paraíso puro*. Amida é derivativo de *Amtabhai* (de esplendor ilimitado) e representa Buda em seu corpo glorioso. Na mitologia, Amida é um dos numerosos Budas que em diferentes épocas pregaram ao mundo o caminho da saúde. Com a supracitada doutrina do Absoluto, todos os Budas foram identificados em um único Buda principal (*Adi Buddha*). Amida é o Senhor misericordioso e compassivo que, movido pelo amor ao gênero humano, assumiu as misérias e as lutas de inumeráveis encarnações, até conseguir criar, por seus méritos, um paraíso puro nas regiões ocidentais, onde os seus devotos pudessem facilmente alcançar a bem-aventurança eterna. Para merecer esse paraíso, basta que cada um creia em Amida com plena confiança em sua bondade, pratique o bem, o invoque com amor no momento da morte e reze para ser conduzido àquele reino da bem-aventurança. Assim, a todos, também aos leigos, abre-se o caminho da saúde.

d) *Ideal de perfeição*. Também nesse ponto existe uma grande diferença entre as duas formas de budismo. Enquanto a primeira propõe como última perfeição o estado de *Arhat*, isto é, daquele que livra a si mesmo de todo vínculo e entra no *Nirvāna*, a outra impele todos a tenderem ao estado de *Bodhisatva* (futuro Buda), que, adiando a própria salvação, empenha-se pela de todas as criaturas. Aquele que segue este ideal recusa o seu ingresso no *Nirvāna* e prefere permanecer no mundo, se necessário, por infinitos nascimentos, até que todos sejam salvos. Para esse fim, emite quatro votos, cujo teor pode ser percebido nestas expressões: "(voto 3) Todos os méritos que adquiri adorando aos Budas, recorrendo a eles, confessando os meus pecados, dou tudo pela salvação das criaturas e para adquirir a sabedoria. (voto 4) Desejo ser alimento dos famintos, bebida dos sedentos. Dou a mim mesmo, como sou e como serei, a todas as criaturas etc.". Esse amor ao próximo até à oferta de si pela saúde dos outros, e a transferência dos próprios méritos para os outros, são características do *Mahayana*.

8. PEREGRINAÇÕES DO BUDISMO. Após mil anos de vida, o budismo começou a declinar em sua terra natal e, por volta do século XI, desapareceu completamente. As causas desse desaparecimento foram: a) a sua intrínseca fraqueza, porque não é propriamente uma religião, mas pura ética, e, como tal, não pôde exercer uma força profunda sobre o povo; b) as invasões dos hunos primeiro, e dos maometanos depois, destruíram os mosteiros que foram os únicos centros de coesão do budismo. A causa principal, todavia, foi a astúcia dos brâmanes, que não só reformaram o hinduísmo explorando os excelentes elementos do budismo, mas também incluíram Buda entre

as encarnações do Vishnu. Assim, os budistas tornaram-se, na Índia, sem quase dar-se conta, novamente hinduístas.

O budismo floresce, hoje, somente nas terras da sua peregrinação. Diferentemente do hinduísmo, o budismo foi, desde o início, de índole missionária. *Teravada* encontrou a sua morada no Ceilão, na Birmânia, na Tailândia e no Camboja, enquanto *Mahāyana* emigrou para o Tibete, a China, a Coreia e o Japão.

a) *Teravada* (ou *Hinayana*). A primeira missão budista foi no Ceilão (hoje Sri Lanka), no tempo do imperador Asoka (século III a.C.), que enviou Mahendra, seu filho (ou, segundo alguns, seu irmão menor), a pregar o *dharma*. Sua irmã, Sanghamitta, o seguiu levando um ramo da árvore *bodhi* (sob a qual Buda foi iluminado), que, plantado, cresceu e tornou-se a árvore que, acredita-se, seja a mesma que ainda é venerada. O Ceilão também tem o privilégio de conservar algumas relíquias de Buda. O benefício máximo que *Teravada* obteve do Ceilão foi a redação final do cânone das escrituras, feita pouco antes da era cristã. No século V floresceu no Ceilão o grande comentador Buddhaghosa, que reduziu a sistema às doutrinas de *Teravada*. Essas circunstâncias conferiram ao Ceilão a primazia do *Teravada*, que perdura imutado até os nossos tempos. Na prática, porém, prevalecem mitos e tradições populares do hinduísmo.

Na Birmânia, o budismo é uma fusão do *Mahayana* e do *Hinayana*, o segundo dos quais constitui a religião oficial da nação. O Sião (Tailândia) é o terceiro reino que adere ao *Teravada*. Essas três nações aplicam-se, juntas, ao estudo das escrituras: o Ceilão especialmente ao estudo de *Sutta Pitaka* (discursos de Buda); a Birmânia, de *Abhidamma Pitaka* (especulações filosóficas); e a Tailândia, de *Vinaya Pitaka* (Regra monástica). A quarta nação dedicada à *Teravada* é o Camboja, onde a religião popular aproxima-se muito do hinduísmo.

b) *Mahayana*. A migração do budismo na China teve início no século I da era cristã, fortemente obstaculada pelo confucianismo e pelo taoísmo, além da mentalidade do povo, pouco favorável à especulação e à vida monástica e mendicante. Somente por volta do século V obteve uma certa divulgação e aprovação oficial, atingindo a época de ouro no tempo da dinastia T'ang. De século XVII em diante, pouco a pouco foi se ofuscando e o confucianismo confirmou novamente a sua primazia. O budismo teve na Coreia o mesmo destino chinês, do qual imediatamente dependia.

É no Japão que, hoje, *Mahayana* floresce em todo o seu vigor. Importado da China via Coreia, em 552, o budismo obteve o favor do regente Shotuku Taishi, que fundou uma grande colônia monástica e escreveu comentários de algumas escrituras budistas. Nos séculos seguintes, o frequente contato com a China introduziu várias seitas, enquanto outras novas surgiam; essas seitas budistas, mais ou menos ainda existem até hoje, tolerando-se mutuamente. Duas seitas de *Mahayana* são há longo tempo mais importantes: *Jodoshin* (*Ching-t'u* em chinês) e *Zen* (*Ch'na* em chinês). A primeira, pela fé em Amida e pela dependência de sua misericórdia, espera alcançar o paraíso puro, por isso é chamada *Tariki* (força alheia), sendo a forma mais popular no Japão. A outra propõe-se como finalidade a intuição direta da *buddha-citta* (buddha consciência), situada no fundo de cada ser, por meio da ascese e da contemplação, pela qual é chamada *Jiriki* (força própria); possui grande adesão entre os nobres, militares e intelectuais em geral. Contrariamente a *Hinayana*, *Mahayana* manifesta, sobretudo no Japão, uma grande vitalidade e está em contínua evolução.

c) *Lamaísmo (budismo no Tibete)*. Esse nome é derivado de *bla-ma* ou *la-ma* (superior, mestre), título com o qual são designados os abades budistas no Tibete e, a título de honra, também os leigos muito doutos. O *lamaísmo* é um budismo *sui generis*, razão pela qual muitos recusam-se a incluí-lo entre as seitas dessa religião. A sua base permanece a primitiva religião local denominada *Bon*, com os seus deuses, encantamentos e magia. Desde o século V o budismo inseriu-se nela. No século VII foi oficialmente introduzida uma certa forma de budismo largamente mesclada com elementos de *Tantrismo*, ou seja, daquela religião oculta na qual prevalecem os rituais mágicos e o simbolismo sexual.

Entre os séculos X e XI, novos elementos budistas vieram da Índia, onde se originou a seita reformada do budismo que tomou o nome de "barrete vermelho", da cor do barrete dos seus monges. Finalmente, no século XIV, um monge chinês, Tsongkapa, foi ao Tibete e empreendeu uma reforma radical com a organização sistemática da Ordem dos monges, dando origem a uma seita chamada *Geluka* (bons costumes), também "chapéu amarelo", que suplantou durante longo tempo todas as outras no Tibete e, aos poucos, tornou-se a religião de Estado. O seu primeiro superior foi o sobrinho do citado reformador, cujo quinto sucessor, na metade do século XVII, fundou a grande cidade monástica de Potala em Lhasa e foi o primeiro a assumir o título de *Dalai Lama* (Lama Supremo). O *Dalai Lama* é considerado a encarnação daquela forma de Buda chamada *Chenresi*, sendo o chefe, tanto político quanto religioso, da nação. Na autoridade espiritual, todavia, possui um par: o *Tishi Lama* (também chamado *Panchen Rampoche*), que se acredita ser a encarnação de Amida.

O lamaísmo supera todas as outras seitas budistas em número de monges e em organização monástica, que no Tibete possui uma autoridade plenamente centralizada. Tem especial importância pelo estudo do budismo, porque muitas escrituras *mahayana*, das quais perdeu-se o original sânscrito, conservam-se tão fielmente na versão tibetana, que frequentemente reconstroem com exatidão o original.

Sabe-se pouco da condição atual do lamaísmo após a agressão comunista e a dispersão dos monges.

9. **MOVIMENTOS MODERNOS.** Em 1891 foi fundada no Ceilão a sociedade *Maha Bodhi*, para propagar o budismo, que trabalha intensamente na Índia e faz sentir a sua influência também no Ocidente. Sob o seu influxo, em 1906, foi fundada na Inglaterra a Buddhist Society of England, sucedida, em 1924, pelo Centro budista, que em 1943 tomou o nome de Buddhist Society, London, com associações em várias partes do mundo. Em Paris, nasceu em 1929 a associação Les Amis du Bouddhisme, e, nessas últimas décadas, surgiram associações semelhantes em quase todas as nações da Europa. Os imigrantes japoneses levaram o budismo para os Estados Unidos, onde existem outras cem associações que tentam propagar a doutrina.

Um evento de primeiríssima importância para o budismo moderno foi o VI Concílio dos budistas, realizado em Rangoon, na Birmânia, de 1954 a 1956, por ocasião do 2.500º aniversário da morte de Buda. Todas as nações budistas foram adequadamente representadas e, no final do Concílio, foi constituída uma comissão de quinhentos monges birmaneses para cuidar da edição crítica de todas as escrituras; comissões semelhantes também foram criadas em outras nações, e o trabalho procede com grande empenho.

BIBLIOGRAFIA. *Sacred Books of the Buddhists*. Oxford, 1899-1952, 20 vls.; *Pali Text Society Translation Series*. London, 1909-1955, 29 vls.; *À la rencontre du Bouddhisme*. Roma, 1970, 2 vls.; Botto, O. *Buddha e il Buddhismo*. Fossano, 1974; Carelli, *Lamaismo*. Torino, 1955; Conze, E. *Buddhist texts through the Ages*. Oxford, 1955; Id. *Il Buddhismo*. Milano, 1956; De Lubac, H. *Aspects du Bouddhisme*. Paris, 1951; Id. *Amida*. Paris, 1955; Filippani Roncoroni, P. (org.). *Canone buddhista. Discorsi brevi*. Torino, 1968; Frola, E. (org.). *Canone buddhista. Discorsi lunghi*. Torino, 1967; Gnoli, R. (org.). *Testi buddhisti in sanscrito*. Torino, 1983; Houang, F. *Il Buddhismo dall'India alla Cina*. Roma, 1963; Humphreys, C. *Buddhism*. Harmondsworth, 1951; MacGovern, W. M. *An Introduction to Mahayana Buddhism*. Varanasi, 1968; March, A. C. *Buddhist Bibliography*. London, 1935; Margiatia, A. *Il Buddhismo nel Giappone*. Roma, 1970; Murti, T. R. V. *The Central Philosophy of Buddhism*. London, 1955; Nalanda Mahatera. *Buddhism in a nutshel*. Kalaniya (Ceilão), 1956; Piyadassi Thera. *The Buddha's Ancient Path*. London, 1964; Rhys Davids, C. A. F. *A manual of Buddhism*. London, 1930; Schnetzler, J. P. *La méditation bouddhique, bases théoriques et techniques*. Paris, 1979; Shantideva. *La marche à la lumière*. Paris, 1920; Shastri, A. M. *An Outline of Early Buddhism*. Varanasi, 1965; Suzuki, B. L. *Mahayana Buddhism*. London, 1938; Thera, Narada M. *The Buddha and his teachings*. Colombo, 1973; Thomas, E. J. *History of Buddhist Thought*. London, 1933; Tucci, G. *Il Buddhismo*. Foligno, 1926; Id. *Indo-Tibetica*. Roma, 1932-1941, 7 vls.; Warder, A. K. *Indian Buddhism*. Delhi, 1970; Zago, M. *Buddhismo e Cristianesimo in dialogo*. Roma, 1985; Id. *La spiritualità buddhista*. Roma, 1986.

C. B. Papali

C

CABASILAS, NICOLAU (ca. 1320-ca. 1391).
1. NOTA BIOGRÁFICA. Escritor bizantino, natural de Tessalônica. Seu pai chamava-se Chamaetos, e sua mãe pertencia à família Cabasilas. Fez os estudos sob a direção do tio Nilo Cabasilas († 1363), bispo e polemista antilatino. Foi em seguida enviado como embaixador da cidade de Tessalônica junto ao imperador Manuel Cantacuzeno, ganhando a tal ponto sua amizade e estima que este o propôs, embora leigo, para o sólio patriarcal (embora não tenha sido eleito). Parece, todavia, que no último período de sua vida abraçou o estado monástico, depois que o imperador Cantacuzeno, obrigado a abdicar em 1254, retirou-se definitivamente para um mosteiro no monte Athos. A última menção de Cabasilas vivo é uma carta endereçada a ele pelo imperador Manuel II.

2. OBRAS. Citamos particularmente duas obras que tornaram Cabasilas famoso.

I. *Perì tes Christo zoes* [A vida em Cristo]. Obra fundamental da teologia espiritual bizantina, que apresenta a vida cristã como vida de união com Cristo, que se comunica a nós por meio dos → SACRAMENTOS. A obra da salvação realiza-se no ser humano graças à vida de Cristo plantada qual semente na alma e que se desenvolve na participação aos outros sacramentos, considerados em sua relação recíproca e em sua orgânica unidade. O ser humano, naturalmente, é chamado a colaborar ativamente nessa obra da salvação pelo exercício de → VIRTUDE. Na obra, dividida em sete livros, distinguem-se duas partes: a primeira compreende os cinco primeiros livros e tem por objeto a vida em Cristo, enquanto se manifesta nos sacramentos; a segunda trata da relação entre o dom de Deus e o empenho da vontade humana.

II. *Ermeneia tes Theias leitourgias* [Explicação da divina liturgia]. Desde sempre essa obra é considerada uma das melhores interpretações do ritual bizantino da liturgia. Foi até consultada no Concílio de Trento como testemunho da doutrina católica sobre o sacrifício eucarístico.

3. DOUTRINA. Nos escritos de Cabasilas, emerge claramente a relação com o palamismo (→ PALAMAS), particularmente a propósito da experiência de Deus e do envolvimento do ser humano inteiro — corpo e alma — nessa experiência. Não se observa em Cabasilas, todavia, aquela hostilidade à cultura profana que aparece em Palamas e seus discípulos: Cabasilas traça a possibilidade de um humanismo autêntico, centralizado na vida profunda do espírito. Sua grande originalidade, porém, consiste em ter apresentado com extrema clareza a realidade na qual a experiência de Deus torna-se realmente possível: os sacramentos. Nos sacramentos realiza-se, para nós, a presença do Verbo encarnado por intermédio do qual Deus comunica ao ser humano a sua natureza divina. Na obra principal, *A vida em Cristo*, os primeiros cinco livros tratam dos sacramentos da iniciação → BATISMO, CONFIRMAÇÃO, EUCARISTIA — no aspecto da vida espiritual do cristão, em que se realiza o grande plano da salvação: a restauração, no ser humano, da imagem e semelhança divina. Por meio dos sacramentos o ser humano está estreitamente unido a Cristo em um processo de divinização que é o fim último da encarnação divina. Naturalmente, o sacramento por excelência é a Eucaristia, e todos os outros estão em função dela. A Eucaristia, com efeito, une tão profundamente o ser humano a Cristo que o torna capaz de uma ininterrupta "lembrança de Deus", da qual brota um constante estado de oração, que não é fruto dos esforços do ser humano, e sim dom da graça divina. Nesse aspecto, compreende-se a "oração de Jesus" (→ HESICASMO) que se enquadra assim no conjunto total da vida cristã.

BIBLIOGRAFIA. OBRAS: *Perì tes Christo zoes* [A vida em Cristo], ed. princeps de GASS, W. Greifswald, 1849, reeditada por HEINZE, M. Leipzig, 1899, retomada por MIGNE, *PG* 150, 493-725; trad. it. de NERI, U. Coleção *Classici delle religioni*. Torino, 1971. *Ermeneia tes Theias leitourgias* [Explicação da divina liturgia], ed. de SALAVILLE, S. – BORNET, R. – GOUILLARD, J. – PERICHON, P. In: *SCh* 4bis. Paris, 1967; ed. it.: *Commento della divina liturgia*, intr. de NOCHILLI, A. G. Padova, 1984.
Estudos: BIEDERMANN, H. M. Die Lehre Von der Eucharestie bei Nikolas Kabasilas (1371). *Ostkir-*

chliche Studien (1954) 29-41; Bobrinskoj, B. Onction chrismale et vie en Christ chez Nicolas Cabasilas. *Irenikon* 32 (1959) 6-22; Bornet, R. Les commentaires byzantins de la divine liturgie du VII au XIV siècle. *Archives de l'Orient Chrétien* 9 (Paris, 1966) 215-243; Gharib, G. Nicolas Cabasilas et l'explication symbolique de la liturgie. *Proche Orient Chretien* 10 (1960) 114-153; Horn, G. La "Vie dans le Christ" de Nicolas Cabasilas. *Revue d'Ascétique et de Mystique* 2 (1922) 20-45; Jugie, M. La doctrine mariale de Nicolas Cabasilas. *Echos d'Orient* 16 (1919) 375-388; Lot-Borodine, M. Initiation à la mystique sacramentaire de l'Orient. *Revue des Sciences Philosophiques et Theologiques* 24 (1935) 664-675; Id. Le coeur theandrique et son symbolisme dans l'oeuvre de Nicolas Cabasilas. *Irenikon* 13 (1936) 652-673; Id. La grace déifiante dês sacréments d'après Nicolas Cabasilas. *Revue des Sciences Philosophiques et Theologiques* 25 (1936) 299-330; Id. La doctrine de l'amour divine dans l'oeuvre de Nicolas Cabasilas. *Irenikon* 26 (1953) 376-389; Id. L'eucharestie chez Nicolas Cabasilas. *Dieu Vivant* 24 (1953) 123-134; Id. Le martyre comme teimognage de l'amour de Dieu d'après Nicolas Cabasilas. *Irenikon* 27 (1954) 157-167; Id. *Un maître de spiritualité byzantine au XIV siècle: Nicolas Cabasilas.* Paris, 1958; Miguel, D. P. L'expérience sacramentelle selon Nicolas Cabasilas. *Irenikon* 38 (1965) 176-182; Paparozzi, M. L'esperienza di Dio secondo Nicola Cabasilas. *Rivista di Vita Spirituale* 38 (1984) 327-342; Salaville, S. Le christocentrisme de Nicolas Cabasilas. *Echos d'Orient* 35 (1936) 129-167; 26 (1937) 693-712; Id. Vues sotheriologiques chez Nicolas Cabasilas (XIV sec.). *Études Byzantines* 1 (1943) 5-57; Tsirpaulis Kostantinos, N. *The liturgical and mystical theology of Nicolas Cabasilas.* New York, 1979; Wunderle, G. Vom Wesen des Christseins. Gedanken zum Werke des Nikolaus Kabasilas († 1371) "ber das Leben in Christus". *Geist und Leben* 21 (1948) 371-386; Id. Sakrament und Erlebnis in der liturgischen Frommigkeit… *Liturgisches Jahrbuch* 1 (1951) 122-137.

M. Garzaniti

CANÔNICOS REGULARES. Desde o século IV, em algumas dioceses da África e da França, os clérigos das Igrejas diocesanas começaram a levar uma forma de vida comum, junto com o bispo, sob uma Regra ou cânone, pelo qual foram denominados "clérigos canônicos". O primeiro a introduzir essa vida em comum no clero de sua Igreja foi Santo → eusébio de vercelli († 370). O seu exemplo foi seguido por Santo → agostinho, que permaneceu sempre, sucessivamente, como modelo de vida canonical pelas bem determinadas indicações deixadas sobre a vida comum dos clérigos nos *Sermões 355* e *356* (*PL* 39, 1.568 s.), especialmente na *Carta 211*.

Tal exemplo foi seguido por certo número de bispos em outros países. Entre eles, distingue-se São Crodegango, bispo de Metz († 742), autor de uma Regra própria. As várias Regras foram unificadas em 816 pelo Concílio de Aquisgrana, ao qual o imperador Ludovico, o Pio, havia solicitado a redação de uma Regra para os clérigos (*de vita clericorum*) e uma outra para as piedosas mulheres (*de vita nonnarum*), promulgadas sob o título de *Institutio canonicorum et Institutio sanctimonialium*. Esses dois documentos dependem não só da Regra de São Crodegango, mas também das de Santo Agostinho e de São Bento.

O melhoramento de vida dos canônicos promovido pelo zelo do imperador Ludovico, o Pio e pelo Sínodo aquisgranense não teve longa duração. Bem depressa apareceram os primeiros sinais de decadência causados pelo direito de propriedade e pela inevitável desigualdade de vida dos canônicos. Também a crescente riqueza de muitos Capítulos e as tristes condições do reino franco contribuíram bastante para o relaxamento eclesiástico. É conhecido o grau de perversão a que chegou o clero no século X pela simonia e pelo concubinato. Com o século XI tem-se uma retomada geral. Nos concílios romanos, Nicolau II e Alexandre II prescreveram aos sacerdotes, diáconos e subdiáconos o → celibato e a vida comum, mas não a comunalização de bens. Desde então, os canônicos que conservaram a pobreza e a comunalização dos bens foram chamados de canônicos regulares, enquanto os outros que não observavam a pobreza tomaram o nome de canônicos seculares.

Entre as primeiras e mais importantes Congregações de canônicos regulares, indubitavelmente situa-se a premonstratense, fundada por São Norberto, em Premontré, no Norte da França, em 1125. Observa a Regra de Santo Agostinho, com Constituições próprias, muito semelhantes às dos → cistercienses. Seu objetivo foi sobretudo assegurar o ministério paroquial, defendendo-o da dissipação espiritual frequentemente causada pelas relações com o século. Outras congregações bastante conhecidas são: a Congregação lateranense do Santíssimo Salvador, surgida na metade do século XI, que só se desenvolveu no século XV, sob a Regra de Santo Agostinho; a Congregação dos santos Nicolau e Bernardo, também esta fundada no século XI pelo arquidiácono d'Aosta, Bernardo di Mentone, para hospedar os viandantes que atravessavam o [desfiladeiro] Grande São Bernardo; a Ordem da Santa Cruz (crúzios), fundada na Bélgica pelo bem-aventurado Teodoro de Celles, no início do século XIII.

As Congregações lateranense, romana e austríaca, de São Bernardo, e a suíça, de São Maurício, formaram em 4 de maio de 1959 uma espécie de confederação, que as reúne em uma mesma constituição hierárquica, a exemplo dos beneditinos confederados. Uma constituição pontifícia determina o sentido e as dimensões dessa união e fixa as suas diferentes modalidades jurídicas.

Uma característica dessas Congregações é o fato de que na vida comum e na observância dos votos religiosos veem um ótimo meio de santificação sacerdotal para os seus membros. Enquanto os monges dedicavam-se quase exclusivamente à → VIDA contemplativa, separados do mundo, os canônicos se reuniam em uma forma de vida religiosa para guardar e santificar mais o seu sacerdócio, no cumprimento de suas funções de padres no século.

BIBLIOGRAFIA. 1) Estudos gerais recentes: DEREINE, Ch. Les Chanoines. In: *Dictionnaire d'Histoire et de Géographie Ecclésiastiques*. Paris, 1953, 353-405, vl. XII; FONSECA, C. D. *Medioevo canonicale*. Milano, 1970; GIROUD, Ch. *L'Ordre des Chanoines réguliers de Saint Augustin et ses diverses formes de regime interne*. Martigny, 1961; *La vita comune Del Clero nei secoli XI e XIII*. Ata da Semana de Estudos (Mendola, setembro, 1959). Milano, 1962; PETIT, Fr. *La reforme des prêtres au moyen-âge*. Paris, 1969; TORQUEBIAU, P. Chapitres de Chanoines. In *Dictionnaire de Droit Canonique*. Paris, 1942, 530-595, vl. III.
2) Sobre os problemas colocados pela *Regula sancti Augustini*: BOYER, Ch. Augustin (Saint): La règle. In: *Dictionnaire de Spiritualité* I, 1.126-1.130; CASAMASSA, A. Note sulla "Regula secunda" sancti Augustini. In: *Sanctus Augustinus, vitae spiritualis magister*. Roma, 1956, 357-389, vl. I; *Congrès international augustinien*. Paris, 21-24 set. 1954; VERHEIEN, M. Remarque sur le style de la "Regula secunda" de saint Augustin, son rédacteur. In: *Congrès international augustinien*, Paris, 21-24 set. 1954, 255-263.
3) Sobre santo Crodegango: MOREMBERT, T. de. Chrodegang (Saint). In: *Dictionnaire d'Histoire et de Géographie Ecclésiastiques*. Paris, 1953, 781-784, vl. III; Regula aquisgranensis. In: *Monumenta Germaniae Historica, Conc. Karol.* 308 s., vl. I; Regula sancti Chrodegangi. In: *PL* 88, 1.097 s.
4) Sobre os canônicos regulares lateranenses: *Chanoines réguliers de Latran*. Paris, 1926; WIDLOECHER, N. *La Congregazione dei canonici regolari lateranensi*. Gubbio, 1929.
5) Sobre os premonstratenses: *Analecta Praemonstratensia*. Comentários periódicos editados pela COMMISSIONIS HISTORICAE ORDINIS desde 1925 (Tongerlo-Averbode); BACKMUND, N. *Monasticon Praemonstratense*. Straubind, 1949-1956, 3 t.; ERENS, A. Prémontrés. In: *Dictionnaire de Théologie Catholique*. Paris, 1936, 2-31, vl. XIII; NYS, C. I premostratensi. In: ESCOBAR, M. *Ordini e Congregazioni religiose*. Torino, 1951, 110-130, vl. I; PETIT, Fr. *La spiritualité des prémontrés aux XIIe et XIIIe siècles*. Paris, 1947; VISSERS, H. *Vie canonicale*. Bruges, 1958; *Directorium spirituale Ordinis Praemonstratensis*. Averbodii, 1959.
6) E também: Bibliografia anual in *Revue des Études Augustiennes*, Paris, desde 1955; para 1987, *Ibid.*, 142-178; para 1988, *Ibid.*, 106-143; EGGER, C. Canonici regolari. In: *Dizionario degli Istituti di Perfezione*. Roma, 1975, 43-63, vl. II; GRÉGOIRE, R. *I canonici regolari nel Medioevo*. Roma, 1982; ID. San Norberto e la spiritualità dei canonici regolari. In: *Le grandi scuole della spiritualità cristiana*. Roma, 1984, 287-307.

E. ANCILLI

CANONIZAÇÃO. Trataremos juntamente a beatificação e a canonização, porque a beatificação continua a ser um ato prévio para a canonização, mesmo depois da reforma do procedimento de 1983. Na primeira edição, expusemos a evolução histórica da beatificação e da canonização desde os primeiros séculos da Igreja até a reforma de Paulo VI, com as cartas apostólicas *Sanctitas clarior*, de 19 de março de 1969. João Paulo II promulgou em 25 de janeiro de 1983 a constituição apostólica *Divinus perfectionis Magister* (= DPM), publicada nas *Acta Apostolicae Sedis* (*AA* 4 [1983], 349-358). A Congregação para as Causas dos Santos (= CCS) publicou em 7 de fevereiro de 1983 as *Normae servandae in inquisitionibus ab episcopis faciendis in Causis Sanctorum* (= NS) e um Regulamento da Sagrada Congregação para as Causas dos Santos (= Reg.). As reformas de Paulo VI e de João Paulo II realizaram a atualização do procedimento, desejado pelo Concílio Vaticano II, primeiro Concílio Ecumênico que se ocupou, no contexto dogmático, do assunto dos santos e da união entre a Igreja peregrinante e a Igreja celeste. No capítulo VII da *Lumen gentium* encontram-se os princípios teológicos que guiam a Santa Sé em sua atividade referente às causas de beatificação e de canonização. A práxis processual sofreu mudanças com base no princípio da perfectibilidade. Desde os primórdios da Igreja esta formou-se lentamente, respeitando as necessidades pastorais e apologéticas dos crentes, que propunha a estes a imitação dos cristãos perfeitos na doutrina, na vida e nas obras (cf. a história dos vários procedimentos no *Dizionario Enciclopédico di Spiritualità*. 1975, 284-290, vl. I). Ilustraremos, aqui, as partes mais importantes do novo e atual procedimento.

1. ATUAL PROCEDIMENTO SEGUNDO A DPM. As causas distinguem-se em *recentes* e *antigas* conforme as virtudes heroicas ou o martírio de um servo de Deus (= sdD) possam ser provados pelas deposições orais de testemunhas oculares ou por fontes escritas (NS 7). Nas *causas antigas* deve ser recolhida a documentação histórica suficiente para provar plenamente o heroísmo das virtudes ou o martírio do sdD. Se a documentação resulta suficiente, procede-se à análise do libelo sobre a recente fama de santidade ou de martírio. Nas *causas recentes* urge analisar o libelo durante um período, mas não antes de passados cinco anos da morte do sdD. A lei faculta ao bispo interrogar, em qualquer momento da investigação, uma testemunha que, prevê-se, poderá morrer (NS 16a). Por outro lado, uma testemunha pode, por iniciativa própria, redigir um relatório escrito e juramentado diante de um oficial público (tabelião, pároco, superior religioso) e entregá-lo ao bispo, em vista da causa em curso ou de uma eventual causa futura (NS 24).

— *Pessoas que participam de uma investigação diocesana*: *Ator* de uma causa é a pessoa física ou moral que a inicia e a promove, e que assume a obrigação de cobrir os seus custos; autor, portanto, pode ser cada fiel ou uma entidade moral, por exemplo uma Ordem ou Congregação religiosa, diocese, paróquia, associação de fiéis ou outra entidade, também civil, desde que aceita como autor pelo bispo a quem cabe o direito de conduzir a investigação diocesana (NS 1a). O autor só pode agir por intermédio de um *postulador*, legitimamente nomeado pelo autor e aprovado pelo bispo (NS 1b; 2a); o postulador pode ser um sacerdote ou um religioso, uma religiosa ou um leigo, desde que possua uma sólida preparação teológica, canônica e histórica (NS 3a); para esse fim, junto à Congregação para as Causas dos Santos há um *Studium* para os postuladores e outras pessoas que participam de uma investigação diocesana. Ao postulador cabe: a) analisar previamente a vida e as obras do candidato; b) avaliar a consistência da fama de santidade ou de martírio e eventuais dificuldades (NS 3b). O mesmo postulador pode conduzir a causa junto à Congregação, mas deve ser aprovado pelo dicastério e fixar residência em Roma, sendo ele a única pessoa habilitada a tratar a causa com a Congregação (NS 2b). O postulador, com a anuência do autor, pode nomear um ou mais vice-postuladores (NS 4). O postulador possui a responsabilidade de administrar os bens da causa em conformidade com as disposições da Santa Sé (NS 3c). *O bispo competente* para conduzir a investigação diocesana é o ordinário da diocese em cujo território o sdD morreu (NS 5a). *Para a investigação sobre os milagres, o bispo competente* é o ordinário do lugar em que aconteceu o fato milagroso (NS 5b). O bispo ordinário pode conduzir pessoalmente a investigação diocesana, mas poderá nomear o seu *delegado*, um sacerdote com sólida formação teológica e canônica (NS 6a). Intervém o *Promotor de Justiça*, que deve ser um sacerdote com as mesmas qualidades exigidas para o delegado do bispo (NS 6b), a quem caberá a tarefa de preparar os interrogatórios das testemunhas (NS 15a). É permitido ao bispo utilizar-se, para a redação dos interrogatórios, de outras pessoas especializadas (NS 15a), mas o promotor de justiça é obrigado a acompanhar a investigação e a pedir cada suplemento necessário (NS 27b). As deposições das testemunhas devem ser feitas por escrito por um *tabelião* nomeado pelo bispo (NS 16a). As *Normae* falam de "*periti in re histórica et archivistica*", os quais serão encarregados de reunir a documentação nas causas antigas e recentes, e os escritos inéditos do sdD, sendo, em seguida, chamados como testemunhas *ex officio* (NS 14b). Serão feitas com decreto diocesano as nomeações dos vários oficiais e peritos, os quais devem prestar o juramento *de munere fideliter adimplendo et de secreto servando* (NS 6c).

— *As etapas da investigação diocesana*. a) *Informação preliminar*. Depois de bem informado sobre o bom fundamento da causa, o postulador solicita ao bispo que inicie a investigação diocesana. Ao súplice libelo anexa: uma *biografia crítica* ou ao menos um relatório sobre a vida e a atividade do candidato; *todos os escritos editados* pelo sdD em um exemplar; em uma causa recente, *relação das pessoas* que podem testemunhar sobre a vida, as virtudes ou o martírio do sdD

(NS 10, 3º). Tendo visto esse material, o bispo consulta os bispos mais próximos e também, se considerar oportuno, a Conferência regional ou nacional, sobre a oportunidade de dar início à causa e tornar pública a petição do postulador (NS 11a.b). b) *Prosseguimento da investigação.* O bispo procede do seguinte modo: confia a dois ou mais censores teólogos a *análise dos escritos editados* do sdD; se nos escritos houver erros contra a fé ou os bons costumes, o bispo não poderá prosseguir (NS 13). Os censores devem redigir os votos por escrito, que serão enviados, juntamente com os escritos editados, a Roma, se a investigação diocesana chegar a termo. Se os votos dos censores teólogos forem favoráveis à causa, o bispo confiará a especialistas em pesquisas históricas e arquivísticas a tarefa de *reunir todos os escritos inéditos* do sdD, *e todas as fontes escritas* sobre ele (NS 14a). Os documentos recolhidos devem ser acompanhados de uma apresentação crítica e os peritos devem redigir um *relatório sobre as pesquisas realizadas*, sobre o valor da documentação e acrescentar um *julgamento sobre a personalidade moral do sdD* (NS 14c). c) Todos os documentos citados são entregues ao promotor de justiça pelo bispo, a fim de que possa preparar os *interrogatórios* (15a). Nas causas antigas os interrogatórios devem referir-se somente à fama de santidade ou do martírio ainda existentes e, se for o caso, ao culto recente (NS 15b). d) *Informação para a Santa Sé.* Quando o bispo tiver um relatório sobre as boas perspectivas da causa, enviará à Congregação para as Causas dos Santos uma informação (de duas páginas): *um olhar biográfico cronológico e um relatório sobre a importância da causa* (NS 15c; *Reg.* art. 11, § 3). e) Obtido o *nada obsta* da Santa Sé, o bispo inicia a análise dos testemunhos, na maioria oculares (podem ser acrescentados os auditivos). A análise dos testemunhos segue o procedimento feito até aqui segundo o CIC (NS 21a.b; 16c). f) Segundo as normas, antes do encerramento da investigação diocesana o *promotor de justiça* reveja o material da documentação para *eventuais suplementos* (NS 27b). Se a causa apresentar problemas que exijam estudos especiais, o bispo encarregará pessoas especializadas e o respectivo estudo deverá ser anexado à instrução. g) Antes de encerrar a investigação, o bispo e o delegado inspecionarão o túmulo do sdD, o quarto em que viveu e morreu e outros lugares, para uma conscientização da observância dos decretos de Urbano III referentes ao culto dos servos de Deus ainda não beatificados ou canonizados. O bispo fará uma declaração formal sobre a observância daqueles decretos (NS 28a.b). h) *Os autos originais* devem permanecer no arquivo diocesano, enquanto uma cópia será enviada a Roma, conforme o original ou "Transunto" (*Transumptum*), cópia em duplo exemplar (NS 31a). Se os autos forem redigidos em uma língua não admitida pela Congregação, o bispo deve providenciar a tradução dos autos em língua latina ou italiana e enviar em duas cópias com o "Transunto" a Roma (NS 31b). O bispo, ou o delegado, enviará ao cardeal prefeito um escrito no qual atesta a credibilidade dos testemunhos e a legitimidade dos autos (NS 31c).

2. A TRAMITAÇÃO DA CAUSA JUNTO À CONGREGAÇÃO. *O portador entrega* com presteza o "Transunto" *à Congregação para as Causas dos Santos.* O postulador solicita o decreto de abertura do "Transunto". Tendo recebido do postulador o decreto, o adido da Congregação procede à abertura do processo e providencia a confecção da *Cópia Pública*. O postulador pede à Congregação o *voto sobre a validade do processo*; uma vez obtido, solicita a *entrega ao relator*. Junto à Congregação, com efeito, foi instituído pela DPM o *Colégio dos relatores*. É uma instituição nova, e sua prática de cinco anos resultou em que os relatores agilizaram o curso das causas e elevaram o nível científico das Posições. No procedimento anterior, toda causa era submetida ao promotor geral da fé para fazer as *Animadversiones*. O advogado da causa preparava a *Responsio*. As *Animadversiones* algumas vezes foram artificiais, porque nem todas as causas apresentam dificuldades. No novo procedimento, o papel do promotor é desempenhado pelo relator, que conhece bem a causa porque dirige o estudo da vida e das virtudes do sdD. Sob a orientação do relator, o *colaborador externo*, apresentado pelo postulador, prepara a *Positio* com base nos documentos processuais e arquivísticos. O relator destaca eventuais lacunas ou dificuldades a fim de que o colaborador possa preenchê-las ou solucioná-las antes da publicação da *Positio super virtutibus*. Por outro lado, no procedimento anterior um encarregado controlava a *Positio* a fim de obter da Secretaria o "revise-se" para a edição. Atualmente a revisão cabe ao relator, que conhece a *Positio* melhor que qualquer outro oficial da Congregação. Além disso, intervém no Congresso particular dos

teólogos, na qualidade de especialista, sem direito a voto (DPM II, 7; *Reg.* art. 5, § 2, art. 17). Atualmente o Colégio dos relatores é composto de sete estudiosos de várias nacionalidades, presidido pelo relator geral (*Reg.* arts. 5 e 6). "A preparação das *Positiones super miracolis* será confiada a um relator particularmente competente, que intervém na Consulta médica e no relativo Congresso dos teólogos" (*Reg.*, art. 5, § 6). *A Positio passa para o promotor da fé ou prelado teólogo*, que a estuda e formula o seu *votum*, convoca em Congresso particular os consultores teólogos, dirige a discussão e faz o seu relatório, intervém na qualidade de especialista, sem direito a voto, na Congregação dos cardeais e bispos (*Reg.*, art. 7, § 1). A discussão sobre as virtudes heroicas ou sobre o martírio, no contexto de Congresso dos teólogos e de Congregação dos cardeais e dos bispos, no novo procedimento, não sofreu mudanças especiais. Uma vez promulgado o decreto sobre o heroísmo das virtudes e sobre o milagre, procede-se à beatificação.

3. A PASSAGEM PARA A CANONIZAÇÃO. Segundo a práxis tradicional, iniciada em 26 de dezembro de 1661, com a beatificação de Francisco de Sales, com o objetivo de evitar uma confusão de papéis, o ritual solene na Basílica Vaticana foi dividido em duas partes: pela manhã, a Congregação dos Rituais, de comum acordo com o Capítulo vaticano, durante a celebração da missa, procedia às leituras do breve de beatificação; o santo Padre descia à basílica no período da tarde para venerar o novo beato.

Em nossos tempos, percebendo a necessidade de simplificação, houve uma grande mudança. Para a beatificação de Maximiliano Kolbe, em 17 de outubro de 1971, Paulo VI quis participar pessoalmente, pela manhã, do ritual da beatificação; no início com uma simples assistência, depois com a celebração da missa, com todas as cerimônias pertinentes à ocasião. As consequências que nasceram dessa inovação criaram delicados problemas, sobretudo em relação ao ritual da canonização, a ponto de alimentar correntes inclinadas à supressão pura e simples da beatificação. Naturalmente, os apoiadores dessa tese não se dão conta não só da antiguidade desse instituto jurídico, a começar pelos primeiros séculos, mas também do seu papel providencial e cautelar em relação ao Sumo Pontífice, antes que este proceda ao ato supremo da canonização, referente à Igreja universal. Em palavras simples, trata-se de uma instituição de prudência: isto é, a Santa Sé, antes de envolver o Santo Padre em um ato que empenha a infalibilidade de seu magistério, quer ter a certeza da incisividade da devoção e da função pastoral do sdD, enriquecida com os atos litúrgicos derivados da beatificação. No atual procedimento, a passagem para a canonização ocorre em seguida a um milagre obtido por intercessão do sdD após a sua beatificação.

4. IMPORTÂNCIA DA BEATIFICAÇÃO E CANONIZAÇÃO PARA A TEOLOGIA ESPIRITUAL. A sentença apostólica sobre o heroísmo das virtudes "é certamente o ato mais grave que a Igreja realiza antes da beatificação e da canonização, porque implica um juízo direto da Sé Apostólica sobre a santidade do servo de Deus, premissa mais essencial da sua glorificação final" (INDELICATO, S. *Il processo apostolico di beatificazione*, p. 289). O decreto sobre o heroísmo das virtudes pelo modo judicial, portanto muito seguro, prova que o sdD alcançou a santidade heroica. E a santidade é justamente o fim da → TEOLOGIA ESPIRITUAL. Indiretamente, então, no decreto sobre o heroísmo, a Igreja canoniza a mesma doutrina da teologia espiritual que produziu tantos e tais efeitos no sdD. Na preparação dos decretos de beatificação e de canonização, os sumos pontífices insistem na universalidade da vocação à santidade e na possibilidade da santidade heroica para todos os seres humanos, de quaisquer condições de vida; promovem, portanto, de modo especial, as causas dos leigos de qualquer estado, sexo e idade, indicando que numerosas pessoas, também modernas, alcançaram a santidade em grau heroico. Por ocasião da beatificação e da canonização, os teólogos, os juristas e os próprios pontífices romanos, nas discussões e nos decretos evoluem e aperfeiçoam de forma autêntica os princípios da vida espiritual. Desse modo, asseguram também a evolução da teologia espiritual. Assim foi feito, por exemplo, sobre a evolução da noção de santidade heroica, que Bento XIV propôs constantemente em seus decretos sobre o heroísmo. Os teólogos, portanto, nos autos de beatificação e de canonização, nos relatórios dos consultores, nas observações do promotor da fé e nas respostas dos advogados, e principalmente nos decretos dos sumos pontífices, encontram fontes de grande valor e esquemas da santidade oficial, ou seja, reconhecida judicialmente pela Igreja. A canonização dos beatos é um ato de grande importância para a teologia espiritual. Antes de

tudo, porque se trata de uma sentença infalível e irrevogável da santidade do beato, que é incluído no catálogo dos santos; depois, porque essa sentença vale para a Igreja inteira e obriga em consciência. Daí nascem conclusões importantes para a teologia espiritual. No processo de canonização, com efeito, são confirmados pelo Sumo Pontífice quer o heroísmo da vida, quer a verdade dos milagres. Dos autos da canonização, portanto, a teologia espiritual extrai, para as suas conclusões, verdades sobre a natureza, a evolução e o heroísmo das virtudes. Na pessoa que deve ser canonizada, as ideias da vida espiritual e sobrenatural envolvem toda a sua atividade; por meio da canonização, portanto, a Igreja oferece aos teólogos uma diretiva sobre a escolha dos princípios da vida espiritual que, na vida do santo canonizado, surtiram um bom efeito. Antes, os próprios santos, em condições sempre variadas, na práxis da vida espiritual encontram princípios novos e experimentam a sua utilidade. A santidade refulge necessariamente nas obras externas, como a vida da árvore em seus frutos; tais obras, todavia, são apenas uma expressão, não bastam para o processo de canonização; esta deve, antes de tudo, ser → VIDA INTERIOR, espiritual e sobrenatural, que na alma redimida por Deus é infusa e alimentada por meio do princípio vital da → GRAÇA; da parte do ser humano, porém, é sustentada pela livre vontade. De todas essas coisas trata a → TEOLOGIA ESPIRITUAL. Ora, o processo de canonização, por meio das provas juridicamente aceitas, demonstra que o santo viveu realmente essa vida interior e sobrenatural em grau heroico, que a mesma santidade é possível a todos, porque a todos é dada a graça suficiente, e que a santidade depende muito da cooperação do ser humano com a graça. O *curriculum vitae* do santo mostra aos teólogos de que modo essa cooperação deva ser praticada. Pela canonização, a Igreja aprova a doutrina do santo e a propõe aos fiéis, especialmente a doutrina dos Doutores da Igreja. A santidade heroica é, com efeito, a única perfeição verdadeira e integral que merece a canonização, e, para prová-la, a Igreja exige sinais sobrenaturais, ou seja, os milagres.

Por que a Igreja exige um tal sinal sobrenatural? Salvatore Indelicato escreve: "A razão nos parece evidente. O julgamento sobre a santidade ou sobre o martírio certamente é sustentado por uma extrema prudência, mas não perde, por isto, o seu caráter humano; é sempre um julgamento crítico-histórico, quer na substância, quer na dialética. Se o considerarmos nas consequências quase dogmáticas que envolve e em seus pressupostos, como por exemplo o fato da perseverança final, dom especialíssimo de Deus, do qual se origina o outro fato da glória eterna, efetivamente alcançada, veremos que nada além do milagre o torna certo e sagrado, recebendo dele uma garantia de objetividade e verdade que nenhum outro argumento poderia dar-lhe igual" (*Il processo apostólico di beatificazione*, p. 162).

A ninguém escapa, todavia, a importância dessa afirmação para a teologia espiritual, especialmente à luz do Concílio Vaticano II, que na constituição dogmática sobre a Igreja, e em outros decretos conciliares, deu tanta importância eclesial à doutrina sobre a santidade.

Este assunto suscitou um grande interesse entre os estudiosos. A Congregação para as Causas dos Santos publicou, em 1988, um livro comemorativo intitulado *Miscellanea in occasione del IV Centenário della Congregazione per le Cause dei Santi* (= *Miscellanea*). O livro, de 450 páginas, contém uma série de estudos coletivos sobre a história e a teologia da beatificação e da canonização. Um dos autores, Luigi Bogliolo, no estudo "L'influsso della glorificazione dei servi di Dio nella spiritualità" (cf. *Miscellanea*, 237-263), afirma que essa influência "possui firmes bases cristológicas, eclesiológicas e escatológicas" (p. 238). O autor lembra o nosso artigo sobre a canonização e, de seu estudo, extrai as seguintes conclusões: a glorificação dos sdD conclama os fiéis à perene santidade na Igreja; reanima a vida espiritual; convida a repudiar o naturalismo e a mediocridade cristã; renova a fé na eficácia da redenção e da graça; estimula os cristãos a empenhar-se pela santidade da vida; enriquece a teologia espiritual; abraça todas as formas da → VIDA RELIGIOSA (cf. 251-260).

Deve-se auspiciar que os teólogos dediquem sua atenção a esse assunto tão importante para a vida cristã de hoje e de amanhã (→ SANTOS).

BIBLIOGRAFIA. *A propósito de Maria Goretti. Santità e canonizzazioni*. Città Del Vaticano, 1986; ANTONELLI, F. *De inquisitione medico-legali super miraculis in causis beatificationis et canonizationis*. Romae, 1962; BENEDICTUS XIV. *De Servorum Dei beatificatione et Beatorum canonizatione*. Prati, 1839-1842, 7 vls.; CASIERI, A. *Il miracolo nelle cause di beatificazione e canonizzazione e possibilita di aggiornamento*. Roma, 1971; CONGREGATIO PRO CAUSIS SANCTORUM, *Novae leges pro Causis Sanctorum*.

Tipografia Poliglota Vaticana, Città Del Vaticano, 1983; Constituição apostólica *Divinus perfectionis Magister*, 3-9; *Normae servandae in inquisitionibus ab episcopis faciendis in causis sanctorum*, 10-17; *Decretum generale de Servorum Dei causis, quarum iudicium in praesens apud Sacram Congregationem pendet*, 18-19; Delooz, P. *Sociologie et Canonisations*. Liège, 1969; Frutaz, P. A. *La sezione storica della Sacra Congregazione dei Riti*. Roma, 1964; Gabriele di Santa Maria Madalena. La santità di tutti. *Rivista di Vita Spirituale* 1 (1947) 145-146; Gagna, F. *De processu Canonizationis a primis Ecclesiae seculis usque ad Codicem Iuris Canonici*. Romae, 1940; Hertling, L. Materiali per la storia del processo di canonizzazione. *Gregorianum* 16 (1935) 170-195; Hoffmann, H. L. *De testibus in processibus Beatificationis et Canonizationis testimoniorumque obiectis*. Roma, 1968; Indelicato, S. *Le basi giuridiche del processo di beatificazione*. Roma, 1944; Id. *Il processo apostólico di beatificazione*. Roma, 1945; Iter Processus Beatificationis et Canonizationis iuxta Constitutionem Apostolicam "Sacra Rituum Congregatio" et "Sanctitas clarior". *Monitor Ecclesiasticus* 98 (1973/II) 244-259; Machejec, M. T. Il martirio Cristiano. *Rivista di Vita Spirituale* 1 (1987) 110-123; Misztal, H. De revisione scriptorum, quae Servi Dei publice ediderunt, in nova procedura canonizationis. *Monitor Ecclesiasticus* I-II (1987) 239-252; Mitri, A. *De figura iuridica postulatoris in causis Beatificationis et Canonizationis*. Romae, 1962; Porsi, L. Cause di canonizzazione e procedura nella Costituzione Apostólica "Divinus perfectonis Magister". Considerazioni e valutazioni. *Monitor Ecclesiasticus* 110 (1985/III) 365-400; *Regolamento della Sacra Congregazione per le Cause dei Santi*. Roma, 1983; Sarno, R. J. *Diocesan Inquiries Required by the Legislator in the New Legislation for the Causes of the Saints*. Roma, 1988; Spedalieri, F. *De Ecclesiae infallibilitate in canonizatione Sanctorum*. Romae, 1949; Veraja, F. *Commento alla nuova legislazione per le Cause dei Santi*. Roma, 1983; Id. *La beatificazione. Storia, problemi, prospettive*. Roma, 1983. Manuais práticos: Casieri, A. *Postulatorum Vademecum. Studium pro Causis Sanctorum*. Romae, ²1985; Rodrigo, R. *Manual para instruir los procesos de canonización*. Roma, 1987.

M. T. Machejec

CÂNTICO DOS CÂNTICOS. 1. O Cântico no Antigo Testamento. a) Na Bíblia judaica, o primeiro dos "cinco rolos" (Ct, Rt, Lm, Ecl, Est) é o quinto dentre os "escritos" (*hagiographia*), e nos é apresentado como uma efusão lírica que tem como tema o amor entre uma pastorinha (Sulamita) e seu amado ou noivo, que ora aparece como pastor, ora é chamado Salomão. De resto, também o título (*Cântico dos Cânticos de Salomão*) — que não significa um cântico compilado de outros cânticos (embora historicamente isto pareça verdade), mas o "cântico mais belo, mais nobre" — atribui o poema ao sapientíssimo rei, o que pode perfeitamente ser uma ficção literária, sem criar nenhum problema teológico.

b) A *forma linguística* (certas construções hebraicas, aramaísmos, persismos, grecismos, palavras "doutas" e pesquisadas) parece indicar uma redação tardia do texto atual, sem, porém, excluir a possibilidade de fontes pré-literárias e literárias que remontam à época de Salomão ou quase (6,4 fala da beleza de Tirsa, capital do reino de Israel durante o primeiro século após Salomão, em seguida caída em ruínas).

c) O *estilo* é típico do lirismo semítico: repetições de ideias em torno de determinadas palavras-chave, sucessão de temas inspirados por algum *leitmotiv*-base, falta de organização e progresso lógico no sentido "ocidental" da palavra. Não se trata portanto de um "drama", nem convém especificar demais o sentido de cada elemento do conteúdo; deve-se, em vez disto, considerar o conjunto a fim de captar o sentido desejado pelo autor.

d) À primeira vista, o *sentido* do Cântico parece ser o óbvio: o amor humano entre o homem e a mulher. O argumento contrário que diz: "O Cântico faz parte do cânone, logo é inspirado, então não pode falar do amor humano" não tem valor, seja porque é impossível estabelecer *a priori* o que o Espírito Santo inspira, seja porque em outras partes do livro inspirado na verdade encontramos coisas, fatos e conselhos meramente humanos: *a posteriori*, então, é evidente que o Espírito Santo também "pode" inspirar coisas do gênero.

Contudo, o Cântico possui as suas particularidades: nunca fala do desejo de ter filhos — desejo tão forte no povo judaico e tão natural entre noivos; religa-se claramente ao estilo profético (mais que ao sapiencial), tanto que um recente defensor da interpretação naturalista escreveu: "O Cântico celebra o amor conjugal em termos tomados da linguagem metafórica dos profetas" (Jacob, E. *Théologie de l'AT*. Neuchâtel-Paris, 1955, 144).

A metáfora em questão é a de expressar o amor de YHWH por Israel sob a imagem do amor do homem por sua (prometida) esposa.

Mas, enquanto parece estranho que para cantar o amor humano se deva recorrer a uma "metáfora profética" (o que seria, até, inverter as partes), é absolutamente natural que um poema lírico sobre o amor entre Deus e o seu povo predileto assuma e desenvolva tais imagens metafóricas dos profetas, visto que nada impede que o poeta, ao fazer isto, se sirva também de reminiscências de cantos populares sobre o amor humano.

e) A *tradição*, quer judaica, quer cristã, enquanto é quase unânime em reconhecer no Cântico um sentido metafórico referente ao amor divino — sentido esse desejado pelo autor e não uma alegorização posterior feita pelos exegetas —, não só se divide em algumas grandes correntes no que diz respeito ao modo de aplicar esse princípio basilar, mas também se ramifica tanto na interpretação dos detalhes que impede a sua apresentação sucinta e sistemática.

2. O CÂNTICO JUNTO AOS JUDEUS. a) A *exegese judaica*, que considera o Cântico um dos mais santos escritos da Bíblia, acha nele um hino ao amor de Deus por Israel e ao amor de Israel (a pastorinha) por seu Deus. Esse amor é manifestado por Deus pelo dom da → LEI e pelo agir de Deus na história de Israel, e pelo povo nas lutas espirituais e históricas do aceitar e renovar ou não esse amor divino, o que permite certa historicização do Cântico segundo o ritmo clássico da bíblica história da → SALVAÇÃO: predileção divina, apostasia, retorno, perdão, salvação.

Assim, o *Targum* (versão aramaica feita entre 500 e 700 em terra de Israel) refere Ct 1,2–3,6 ao período do exílio; 3,7–5,1 à época da construção do Templo; 5,2-7 ao fim da monarquia; 6,7-12 ao tempo do exílio; 7,10-13 ao retorno e à restauração; e o resto dos versículos à futura redenção (cf. HEINEMANN, Isaak. Altjüdische Allegoristik. In: *Bericht des Jüdisch-theologischen Seminars* [Fraenckelsche Stiftung]. Hochschule für jüdische Theologie, für das Jahr, 1935, 61-64).

b) Também na Idade Média a exegese judaica segue a mesma tradição. São notáveis três comentadores do Cântico: Saadyah (892-942); Rashi (1040-1105) e seu sobrinho Samuel ben Meir, que sob o aspecto literário e folclorista compara o Cântico às canções dos *trovadores* e a certos usos de seu tempo; Ibn Ezra (1092-1167), que também trata amplamente do sentido óbvio do Cântico, comparando-o à antiga poesia de amor dos árabes. Na escola filosófica de Maimônides (1135-1204), do seu discípulo predileto, Josef ben Jehuda ibn 'Aquin (1160-1226) e de outros até Jehuda Abravanel, também chamado Leão Judeu (séculos XV-XVI), percebe-se no Cântico uma alegoria da união entre a alma racional e o intelecto agente universal (ou seja, Deus).

c) Na *Kabbala*, o Cântico é considerado uma reunião de numerosos hinos cantados por seres angélicos nas esferas celestes: assim, já no *Zohar* (obra fundamental, século XIII) e nos comentários do Cântico escritos pelos cabalistas Eleazar ben Jehuda ben Kalonymos (1160-c. 1230, Alemanha) e Rabbi David Ibn Zimra, chamado Radbaz (nascido em 1479 na Espanha e morto em 1573, em Safed, terra de Israel): é um canto de paz e de verdade divina, cantado até pelo próprio Deus e que porta uma mensagem de → UNIÃO COM DEUS para o ser humano. Determinados detalhes de exegese mística (referentes aos unguentos, à cela, ao vinho etc.) possuem certa semelhança com passagens semelhantes no *Cântico* de São → JOÃO DA CRUZ.

3. O CÂNTICO NA EXEGESE CRISTÃ. a) Embora não se ocupando com problemas de exegese referentes ao Cântico, o Novo Testamento revela, em uma dezena de passagens, uma familiaridade com os temas que estão na base da metáfora do Cântico: utiliza a imagem da ceia nupcial com os amigos do esposo e da esposa (Mt 22,1-14; 25,1-14); a mesma imagem também é usada para os discípulos unidos ao Senhor (Mt 9,15; paral. Mc 2,19; Lc 5,34); o Batista é comparado ao paraninfo (Jo 3,29; cf. Ct 2,14; 5,2; 8,13); Maria, em Betânia, unge os pés do Senhor com o unguento de nardo (Jo 12,3; observe-se que "nardo", em toda a Bíblia, só é citado aqui e em Ct 1,12; 4,13.14); o episódio da Madalena que procura e encontra o Senhor possui um seu paralelo literário (Ct 3,1-4); é bem conhecida, além disto, a doutrina de São Paulo que, pela metáfora nupcial, designa a união entre a comunidade cristã e o Cristo (2Cor 11,2; Ef 5,25-27); a mesma imagem, mas sob um aspecto mais escatológico, é encontrada mais vezes também no Apocalipse (19,7-9; 21,2-9; 22,17, para esta última passagem cf. Ct 2,10; 7,12 e → BEDA, O VENERÁVEL. *Explanatio Apoc.* In *PL* 93, 206); deve-se mencionar também o texto de Ap 12,1 (cf. Ct 6,10), que exigirá uma abordagem mais extensa; finalmente, o convite do Apocalipse (3,20) — "Eis que estou à porta e bato. Se alguém ouvir minha voz e abrir a porta,

entrarei em sua casa e cearei com ele, e ele comigo —, que reevoca Ct 5,2 ss. (sobretudo quando se comparam os dois textos gregos).

Vemos que em todas as suas partes o Novo Testamento utiliza amplamente a metáfora nupcial característica do Cântico, e consideramos que no Novo Testamento o esposo é sempre o Cristo; a metáfora de esposa pode designar tanto a Igreja universal, escatológica ou inclinada para a escatologia (Ap 12,1; 19,7-9; 21,2-9; 22,17), quanto Igrejas locais e determinados grupos de fiéis (São Paulo) e também cada uma das almas (Jo 12,3; 20,1-10; Ap 3,20). Essa observação é importante para o posterior desenvolvimento da exegese cristã do Cântico.

b) *A época patrística*. São numerosos os Padres e os escritores desse período, tanto no Oriente quanto no Ocidente, que se ocupam com o Cântico. Todos — excetuando Teodoro de Mopsuestia († 428), cuja opinião de que se tratava de cânticos para festejar as núpcias de Salomão com a filha do faraó foi chamada de "intolerável para os ouvidos cristãos" — seguem o critério-base do significado simbólico religioso do Cântico. Ampliando as perspectivas em sentido cristão, veem na metáfora do esposo e da esposa não mais exclusivamente YHWH e o seu povo de Israel, mas Deus (com muita frequência, aliás, o Cristo) e a humanidade, a Igreja, cada alma, ou também a Virgem Maria, e sabem extrair das páginas, e às vezes também de cada versículo do Cântico, uma grande riqueza de doutrina pelas vias ascético-místicas da busca de → DEUS.

c) *A Idade Média*. Os comentadores da Sagrada Escritura, enquanto no método e nas conclusões continuam a seguir a trilha da exegese patrística sem acrescentar quase nada de novo, demonstram, a partir do século XII, um interesse prevalente pelo Cântico, que se torna o livro mais comentado de toda a Bíblia (muitos comentários do período escolástico ainda são inéditos). A exegese é a tradicional, isto é, são dados ao Cântico os três sentidos já conhecidos: o sentido eclesial (a esposa é a Igreja), o sentido ascético-místico (a esposa é a alma fiel que busca a união com Deus) e, finalmente, o sentido mariológico, ao qual, então, dá-se mais peso que nos séculos anteriores.

d) *A época moderna*. Embora não se trate de comentários no sentido técnico da palavra, são de certa importância, na história da interpretação ascético-mística do Cântico, o breve escrito de Santa Teresa d'Ávila: *Conceptos de Amor de Dios... sobra algunas palabras de los Canticos...* e o *Cântico espiritual* de São João da Cruz, comentário místico de uma poesia inspirada claramente no Cântico.

Nesse período, os comentários não tendem a diminuir e geralmente são de caráter lírico-didático, tendo quase sempre o escopo da vulgarização da teologia espiritual; prevalece claramente, todavia, a interpretação ascético-mística, às vezes acompanhada de outras interpretações, segundo as quais a esposa significa a humanidade de Cristo, a humanidade inteira, a Igreja, a Santíssima Virgem. Certos autores (Cornelius a Lapide, 1567-1637) encontram no Cântico não só o caminho da alma da conversão até a união com Deus, mas também a história da Igreja da fundação até a escatologia. Reencontramos aqui — no contexto cristão — uma das interpretações da exegese judaica do Cântico [cf. supra, 2 (a)].

No século XVIII, depois que os comentários sobre o Cântico diminuíram, talvez por causa da condenação eclesiástica pronunciada contra o livro quietista de Madame Guyon (*Il Cântico di Salomone con spiegazioni e riflessioni riguardanti la vita interiore*), no século XIX brota um florescimento de livros que tratam do Cântico interpretando-o não mais no sentido da tradição comum judeo-cristã, e sim em um sentido abertamente naturalista. A exegese católica, com raras exceções, manteve fixo até os nossos dias o critério-base de um sentido simbólico do Cântico desejado pelo autor, porém deixa certa liberdade às tentativas de alargamento de interpretação, que geralmente comandam uma ou outra das explicações tradicionais. Existe atualmente, também entre os católicos, um crescente número de exegetas que se empenham em querer demonstrar que o tema imediato do Cântico nada mais é que o amor esponsal do homem e da mulher — desejado pelo Criador, além de grande e magnífico também no plano meramente humano —, e que elevações sobre o amor espiritual e místico e sobre a busca da união com Deus (se realizadas) devem partir *dessa* realidade do amor entre o homem e a mulher, de que trata o Cântico, e não de um qualquer pressuposto (segundo esses exegetas, inexistente) sentido simbólico espiritual desejado pelo autor do Cântico.

BIBLIOGRAFIA. a) Livros: ALONSO-SCHÖCKEL, L. *El Cantar de los Cantares* (Los Libros Sagrados X/1). Madrid, 1969; CHOURAQUI, A. *Il Cantico dei Cantici e introduzione ai Salmi.* Roma, 1980; CRAGHAN, J. *The Song of Songs and the Book of Wisdom.* Collegeville, 1979; FALK, M. *Love Lyrics from the Bible. A Translation and Literary Study of the Song of Songs.* Scheffield, 1982; FEUILLET, A. *Le Cantique des Cantiques.* Paris, 1953; GORDIS, R. *The Song of Songs and Lamentationes. A Study.* New York, 1974; HEIDT, W. *The Canticles of Canticles and the Book of Wisdom.* Collegeville, 1978; KRINETZKI, G. *Kommentar zum Hohenlied. Bildsprache und teologische Botschaft.* Frankfurt am Main, 1981; LYS, D. *Le plus beau chant de la création. Commentaire du Cantique dês Cantiques.* Paris, 1968; MANNUCCI, V. *Sinfonia dell'amore sponsale (Il Cantico dei Cantici).* Torino, 1982; NOLLI, G. *Cântico dei Cantici.* Torino, 1968; PASQUETTO, V. *Mai più schiavi!* Napoli, 1988, 288-214; RAVASI, G. *Cantico dei Cantici.* Roma, 1985; TOURNAY, R. J. *Quand Dieu parle aux hommes le langage de l'amour.* Paris, 1983.

b) Artigos: ADINOLFI, M. La Coppia nel Cantico dei Cantici. *Bibbia e Oriente* 22 (1980) 3-30; BARTHÉLEMY, D. Comment le Cantique des Cantiques est-il devenue canonique? In: CAQUOT, A. (ed.). *Mélanges bibliques et orientaux en l'honneur de M. Mathias Delcor.* Butzon u. Bercker-Neukirchner Verlag, Kevelaer, 1985, 13-22; CAHILL, J. B. The Date and Setting of Gregory of Nyssa's commentary on the Song of Songs. *Journal of Theological Studies* 32 (1981) 447-459; FEUILLET, A. Les épousailles messianiques et les références au Cantique des Cantiques dans les Synoptiques. *Revue Thomiste* 84 (1984) 181-211.399-424; HAAG, H. Das heutige Verständdnis des Hohenliedes in der katholischen Exegese. In: CAQUOT, A. (ed.). *Mélanges bibliques et orientaux en l'honneur de M. Mathias Delcor.* Butzon u. Bercker-Neukirchner Verlag, Kevelaer, 1985, 209-220; LANDY, F. Beauty and the Enigma; An Inquiry into some Interrelated Episodes of the Song of Songs. *Journal for the Study of the Old Testament* 20 (1980) 55-106; LANDY, F. The Song of Songs and the Garden of Eden. *Journal of Biblical Literature* 98 (1979) 513-528; MURPHY, ROLAND E. Interpreting the Song of Songs. *Bulletin de Théologie Biblique* 9 (1979) 99-105; PERUGINI, C. Cantico dei Cantici e lirica d'amore sumerica. *Rivista Biblica* 31 (1983) 21-42; TOURNAY, J. R. The Song of Songs and its concluding section. *Immanuel* 10 (Jerusalém, 1980) 5-14; WEBSTER, E. C. Pattern in the Song of Songs. *Journal for the Study of Old Testament* 22 (1982) 73-93.

S. SIEDL

CAPÍTULO DE CULPAS. Expressão extraída do vocabulário dos mosteiros, onde certos exercícios comuns eram praticados na sala chamada "Capítulo", porque era nela que tradicionalmente se lia, todos os dias, um capítulo da Regra, e reuniam-se os membros da comunidade que, nas deliberações, votações e eleições, tinham "voz no Capítulo" e, por essa razão, eram e são chamados "capitulares". A prática do Capítulo — cujo objeto é a "culpa", isto é, a falta ou infração à Regra — foi-se estendendo a quase todos os institutos religiosos.

O Capítulo de culpas é caracterizado por dois elementos constitutivos: 1) uma forma de acusação de si, que é um ato de humildade, realizada pelo ser humano ciente de ser pecador, e um ato de penitência do cristão que, na vida consagrada a Deus, quer trabalhar continuamente para a própria conversão; 2) uma forma de correção fraterna; esta é a chance para um ato de caridade, realizado por religiosos que, vivendo em comum, sentem-se todos responsáveis pelo bem espiritual da comunidade e de cada membro dela.

Surgiu no antigo monaquismo: poder-se-ia citar, como testemunhos, São → PACÔMIO, São Basílio, as Regras de Santo → AGOSTINHO e de São Cesário, São Doroteu de Gaza, do século VII. Na Idade Média, essa prática torna-se uma "observância", além de cerimônia: os livros dos costumes ditam os detalhes, e é então que a acusação de si e a → CORREÇÃO FRATERNA começam a perder o caráter espontâneo, interior e pessoal que lhes conferia valor. Não desapareceu, todavia, todo o elemento espiritual. Assim, em algumas abadias inglesas, após a missa matinal, os monges sentavam-se em seus lugares para refletir "sobre as transgressões da Regra ou da disciplina das quais podiam ser culpados". Os responsáveis pela ordem da casa saíam do coro "para consultar-se sobre tudo aquilo que merece uma correção ou exige atrição". Assim, vai-se ao Capítulo, onde cada qual tem o direito de falar "de tudo aquilo que, a seu ver, deve ser corrigido". Após as acusações, o abade faz uma exortação e, se for o caso, consulta a comunidade sobre os assuntos referenciados.

Todavia, em vez de no fato de acusar-se e de ajudar-se reciprocamente através da correção verdadeiramente fraterna, insiste-se cada vez mais no fato de ser acusado, "proclamado", também injustamente, por um irmão, e repreendido, até sem fundamento, por um superior. Invoca-se, então, como exortação à paciência nessas circunstâncias, o exemplo do Senhor durante a sua vida. Sempre se admitiu que a correção fraterna era um ato de caridade, como dar uma esmola. Mas aos poucos alguns chegaram a perguntar-se "se a correção é um ato de caridade": o fato de ter-se colocado tal questão demonstra a decadência da instituição. É exatamente ali, onde essa prática cessava de ser uma instituição, que ela reencontra o seu caráter espontâneo.

Assim aconteceu, por exemplo, no ambiente do primeiro franciscanismo (Tomás de Celano. *Vita prima s. Francisci*, p. 30). Mais tarde, porém, os livros de costumes e as constituições listaram uma longa série de infrações: toda a matéria das acusações era prevista e, às vezes, limitada aos casos nos quais a responsabilidade pessoal de fato não interessava; as acusações, assim, corriam o risco de tornar-se estereótipos, anódinas, ainda que se observasse o silêncio sobre as culpas moralmente graves. O ritual da cerimônia era minuciosamente regulamentado; a admoestação tendia a desaparecer, as penitências a reduzir-se a uma simples formalidade qualquer. Esse estado de coisas situa-se na origem da crise que atravessa uma prática que, com as devidas correções, ainda poderia fornecer um precioso serviço à vida religiosa.

BIBLIOGRAFIA. Ghislain, G. Le chapitre des coulpes, signe de communion. *COCR* 27 (1965) 178-193; Id. Capitolo delle colpe. In *Dizionario degli Istituti di Perfezione*. 176-179, t. II; Isabell, D. Prayer and Chapters. History and Observations. *Around the Province* 29 (1956) 7-21; Leclercq, J. Le sermon de Grossolano sur le chapitre monastique. In: *Analecta Monastica*. Roma, 1955, 132-144, vl. III; Penco, G. Significato spirituale del capitolo delle colpe. *Vita Monástica* 17 (1963) 60-70; Schmitz, P. Chapitre des coulpes. In: *Dictionnaire de Spiritualité*. 483-488, vl. II; Wolter, M. *Praecipua ordinis monastici elementa*. Bruges, 1880, 361 e passim.

P. Sciadini

CAPUCHINHOS. A reforma franciscana que deu origem aos capuchinhos (primeira aprovação oral pontifícia em 1525; primeiro documento oficial: a bula *Religionis zelus*, de 3 de julho de 1528) quis ser um retorno às origens na pura e radical observância da Regra, à luz das declarações dos papas e segundo a vontade de São Francisco, expressa no *Testamento* e em sua vida. Insere-se no vasto movimento de reforma que abalou não só o franciscanismo, e em geral a vida religiosa e monástica, mas a Igreja inteira já antes do século XVI, conforme comprovam os numerosos fermentos espirituais evidenciados pela retomada praticada em várias Ordens religiosas, pelo surgimento da → devotio moderna em Flandres e dos oratórios do Amor divino na Itália, pela influência exercida pela mística germânico-flamenga e de outras nações, pela multiplicação dos "sermonários" e outros escritos que contêm notáveis elementos de piedade, pela obra de grandes almas, como → savonarola; tudo coisas que — escreve Giuseppe de Luca — "são uma demonstração viva de que a Igreja não sofreu fraturas em seu espírito naqueles anos [...] nos quais a opinião comum situa o maior obscurecimento católico" (Melchiorre da Pobladura. *La bella e santa riforma dei Frati Minori Cappuccini*. Roma, ²1963, XV).

São conhecidas as características da reforma católica contra o espírito mundano, pomposo e prazenteiro que insidiava a vida eclesiástica e monástica: chamado para o íntimo, renovada consciência cristã, contato real e profundo com Deus na oração, imitação de Cristo e prática concreta das máximas do Evangelho. Em geral, as famílias religiosas retomavam consciência do ideal do fundador e se propunham viver integralmente a sua Regra vivificando-a, eventualmente, com um retorno às fontes naturais da espiritualidade, isto é, a Sagrada Escritura e os Padres. Assim, aconteceram várias reformas franciscanas, incluindo a capuchinha que, em seu substrato espiritual especulativo e prático (piedade cristocêntrica e mariana, virtudes características franciscanas: pobreza, caridade, mortificação e alegria, fundamental dualismo da vida mista, isto é, contemplação e ação, prevalência do amor no elemento intelectivo etc.), obviamente se reconduz à essência do franciscanismo.

Se o aspecto mais evidente da reforma capuchinha resulta talvez no que um cronista chamou "a vida mais desesperada" (a frase, embora repetida por outros, é de Bernardino da Colpetrazzo. *Historia Ordinis Fratrum Minorum Capuccinorum*, in *Monumenta Histórica Ordinis Minorum Capuccinorum*. Roma, 1941, 158, vl. IV) pela austeridade e penitência, outros elementos externos também devem ser notados: a vida de oração, sobretudo em seu aspecto eremítico, a prática radical da pobreza, o ardor da pregação reconduzida à simplicidade e robustez evangélica, as múltiplas expressões de caridade, como a assistência aos incuráveis e pestilentos. Coisas que, naturalmente, encontram o centro focal na busca íntima de Deus, na união com ele.

1. NÚCLEO PRIMITIVO CODIFICADO. Síntese de espiritualidade na primeira legislação da Ordem (*Statuti* de Albacina, *Costituzioni* de 1536, *Lettere* do

Geral Bernardino da Asti), estruturam-se de forma diferente, embora reencontrando-se em sua essência; assim, Remígio de Aalst, considerando a tradição franciscana renovada pelo reformismo praticado, e por diversos fatores, como a larga influência de Enrico → HERP († 1447) e os *Statuta* de Júlio II (1508), coloca no centro a oração interior ou mental (De oratione mentali in Ordine Fratrum Minorum Capuccinorum. *Collectanea Franciscana* 3 [1933] 40-66). Mattia da Salò, em uma síntese da primeira vida capuchinha emergida dos *Statuti* de Albacina, fala de "conformação com Cristo crucificado" no exemplo de São Francisco (Historia Capuccina, in *Monumenta Histórica*…, Roma, 1946, 153-158, espec. p. 156, vl. V); Melchiorre da Poblazura, baseando-se em uma carta do Geral da Ordem, padre Bernardino da Asti (1548), reúne três elementos essenciais: oração, pobreza e amor a Deus e ao próximo, subordinando, obviamente, os dois primeiros ao terceiro (*Historia generalis Ordinis Fratrum Minorum Capuccinorum* I. Roma, 1947, 171); outros ainda, referindo-se ao aspecto talvez mais eminente dos escritores espirituais e devotos, ao menos nos primeiros tempos, reforçam o valor santificador dos mistérios de Cristo e da Virgem Mãe, especialmente dolorosos. Todas essas sínteses, na realidade, podem ser válidas, mas é preciso distinguir na hierarquia de valores o que é fim e o que é meio. Ora, o fim, claramente expresso pelas *Costituzioni* de 1536, é a → UNIÃO COM DEUS, "nosso Pai supremo": a ele cada um deve "anelar", procurando transformar-se nele e endereçando, para isto, pensamentos, desejos, intenções e esforços, unindo-se a ele "com amor atual, contínuo, intenso e puro" (*Cost.*, n. 63: o texto, organizado pelo padre Edoardo d'Alençon, está nos *Primigeniae legislationis Ordinis textus originales*, in *Liber memorialis Ordinis Fratrum Minorum Capuccinorum, quarto iam pleno saeculo ab Ordine condito*. Roma, 1928). Meios úteis e necessários para isto: falar com Deus, sobretudo com o coração, adorando-o em espírito e verdade (n. 42); o pensamento de sua presença, isto é, ter sempre "olhos abertos para Deus" (n. 66); falar e ler sobre ele ou manter silêncio (nn. 2.3.45); *Statuta* de Albacina, texto italiano in MATTIA DA SALÒ. Historia Capuccina. In: *Monumenta Histórica*… 158-172, IX-XI, vl. V); renovar a intenção de fazer cada coisa por seu amor e para a sua glória (*Stat.* n. I, VI; *Cost.*, nn. 32.68.100.141.148). Os meios essenciais para a união com Deus, segundo o legislador, devem ser buscados: na oração, "fim para o qual se tornaram religiosos" (*Stat.*, n. VIII), e no desapego de cada coisa por meio "da excelsitude da altíssima pobreza" (*Cost.*, n. 27). A oração é "a mestra espiritual dos frades" e, como acrescentam as *Costituzioni* de 1552, "mãe e nutriz de toda verdadeira virtude" (n. 41, *Liber memorialis*, 372); os religiosos, em particular, cultivem a oração interior, à qual se dediquem pelo menos duas horas por dia; e assim, pois, "o verdadeiro frade menor espiritual ore sempre" (*Cost.*, n. 41). O outro grande meio é a pobreza, que liberta de todo vínculo com as criaturas, para uma adesão total a Deus na caridade perfeita; à semelhança de Cristo, nada possuindo, nem de fato nem de direito, renegando todas as coisas terrenas e fazendo uso "parcimoniosissimamente" somente das coisas necessárias à vida, quanto for possível à fragilidade humana (*Cost.*, n. 27), o religioso vê-se pronto para tender a Deus com integral ímpeto de amor: é neste sentido que a → POBREZA se torna, na concepção franciscana, a "mãe e rainha de todas as virtudes" e o legislador tanto insiste nela, chamando para a observância pura e simples da *Regra* e do *Testamento* de São Francisco e da "sanctissima vita, doctrina et exempli" dele (*Cost.*, nn. 5-6), expondo sua prática radical no exemplo de Cristo (*Ibid.*, nn. 15.21.22.23.25.26.27.50.51.52. 58.59.67.68.86.89.97 etc.) e acrescentando que o frade menor conquista com ela toda a riqueza de graça, virtude e bens celestes, enquanto sem ela precipita-se em todos os vícios (*Ibid.*, n. 59). Entre o fim e os meios, porém, existe a via única, sublime, infalível, ou seja, Cristo, homem-Deus: ler, estudar "Christo Jesus sanctissimo" (*Ibid.*, n. 4), agir com ele, "dulcíssimo Salvatore" (*Ibid.*, nn. 118.120), "segui-lo com grande alegria e simplicidade de coração" (*Ibid.*, n. 151), colocar nele toda "meditação e imitação" porque nele estão "os nossos méritos, exemplos de vida, auxílios, favores e prêmios", e também porque nele "todas as coisas são doces, fáceis, leves, suaves, doutas, santas e perfeitas" (*Ibid.*, n. 152). Convém observar que a referência a Cristo, sobretudo sofredor e crucificado, é sempre impregnada de emoção, que, embora fugaz, é suficiente para imprimi-lo na alma de modo indelével; é apresentado como modelo de toda virtude e atividade religiosa: vida de renúncia, mortificação, pregação apostólica, exercício da caridade (*Cost.*, nn. 4.7.8.17.19.21.25.

26.27.28.29 etc.) e, em particular, pobreza, "esposa de Cristo Senhor nosso". Com referência à oração, que obviamente está implícita no "espírito de Cristo" e no "seguir a Cristo na vida mista" (*Cost.*, nn. 3.114), também não faltam alusões explícitas. Vida e doutrina de Cristo, que sempre devem estar "diante dos olhos da mente" dos religiosos (*Ibid.*, n. 1), estão encerradas no Evangelho, e um seu compêndio está na *Regra* ("a Regra de São Francisco é como um pequeno espelho no qual reluz a perfeição evangélica": *Ibid.*, n. 2): daí a insistência em recomendar a perfeita observância da Regra, que deve ser interpretada à luz do *Testamento* e da vida, da doutrina e dos exemplos do Pai seráfico (*Ibid.*, nn. 5-6).

2. CONTRIBUIÇÃO DE NOVAS EXPERIÊNCIAS. Com isto quer-se indicar a vida das primeiras gerações de religiosos, do modo como foi narrada e fixada pelos cronistas da Ordem (trata-se dos 7 primeiros volumes dos *Monumenta Histórica*: Mario da Mercato Saraceno, *Relationes de origine Ordinis Minorum Capuccinorum*, I; Bernardino da Colpetrazzo, *Historia Ordinis Fratrum Minorum Capuccinorum*, II, III, IV; Mattia Bellintani da Salò, *Historia Capuccina*, V, VI; Paolo da Foligno, *Origo et progressus Ordinis Fratrum Minorum Capuccinorum*, VII, todos editados por Melchiorre da pobladura, aos quais seguiram-se os quatro grandes volumes de *I frati cappuccini. Documenti e testimonianze Del primo secolo*, organizados por C. Cargnoni, Roma-Perugia, 1988-1989); ela confirma, e em certo sentido enriquece, a legislação espiritual da Ordem, baixando-a na realidade da vida cotidiana. É notável a influência mútua determinada entre o desprendimento das criaturas (real conceito de pobreza) e a união com Deus, e entre a união com Deus e a vida de padecimentos dos primeiros religiosos: "Não faltou o Senhor Deus em dar-lhes o seu espírito, de modo que, sendo assim tão desprendidos de toda afeição terrena, eram continuamente transformados em Deus, e estavam sempre com a mente tão suspensa na contemplação das coisas de Deus, que lhes facilitava todo padecimento, e então alegravam-se quando viam-se abandonados por todos" (II, p. 212: as citações são extraídas dos *Monumenta Histórica*). A observância integral da Regra também era um dos pilares da legislação espiritual da Ordem, e, com esse objetivo, foram redigidas as constituições ("foram organizadas como pequenas estacas da vinha do Senhor", isto é, da Regra); mas eis em que relação ela veio situar-se com o espírito de oração: "Recolhiam-se o mais que podiam, distantes de toda superfluidade, para ter tempo de dar-se em tudo e por tudo à santa contemplação. E, todavia, diziam: — Vemos que toda a Religião nos conduz para este fim da santa contemplação, que, sozinha, basta para a observância da santa Regra, e que, sem a contemplação, por melhores que sejam todas as outras coisas, não são perfeitas, visto que todas são meios para conduzir a um fim" (II, 172 s.); do mesmo modo que, inversamente, qualquer observância cairia sem a oração, e a razão é apontada na *Historia Capuccina*: "Embora seja verdade que não cessa de orar quem não cessa de fazer o bem, também é verdade que quem cessa de orar cessa de fazer o bem; porque, quem sob o pretexto de fazer outros bens deixa a oração, no final deixa também aqueles bens" (V, 287). Por isso, frei João espanhol, ao ser perguntado sobre o que necessitava, respondia: "De nada preciso, a não ser de tempo, pouco me preocupo com outra coisa que não seja contemplar o meu Senhor" (III, 294); e frei José de Corleone, que sempre costumava "conversar no céu, em oração, à qual todo se havia entregue, sem jamais perder tempo" (VI, 501). Nesse contexto, fica esclarecido tanto o efeito da pregação, que parece brotar mais do coração que da mente dos religiosos (II, 188.257; III, 64.287.379.384 ss.; IV, 192-194; V, 412; VI, 131; VII, 397), quanto o trabalho singularmente permeado de oração (um dos muitos episódios: "às vezes era impelido pelo espírito a intermediar a obra externa e retirar-se um pouco para derramar o fervor concedido pela meditação contínua, vindo ao seu coração eflúvios de amor divino, os quais, impelindo a nave da alma, já quietamente conduzida pelo plácido vento das meditações perpétuas, tomavam as mãos e todo o corpo" [VI, 571]); seja o fervor da caridade que faz prodigalizar-se em todas as necessidades, até com o perigo de vida (textos em Melchiorre da Pobladura. *La bella e santa riforma*, 389-409), como a exaltação da vida de pobreza e renúncia consideradas como um bem supremo (*Ibid.*, 150-216); seja o → silêncio, que faz permanecer imóveis como estátuas (III, p. 202), como qualquer outro aspecto da espiritualidade própria da Ordem. Essa vida das *Crônicas*, que anela a transformação em Deus, sob as grandes diretivas da oração e da pobreza, encontra o seu centro dinâmico em Cristo, sobretudo crucificado: "Saibam

— afirma Vincenzo da Foiano — que sou muito bem informado, como homem sábio e douto, que quem queira agradar a Deus deve acompanhar Jesus Cristo com a cruz, padecer por seu amor o mais que puder e até onde suportarem as forças, para conseguir chegar ao desejo de sempre padecer mais por seu amor" (III, 340). Os religiosos nos conventos devem viver "sempre se exercitando no amor divino e na caridade fraterna", e o motivo é o fato de encontrar-se "congregados em nome do doce Jesus" (*Cost.*, n. 139) ou, melhor ainda, de reunir-se "sob o governo do santo Pastor Jesus Cristo [...] abraçando de bom grado a cruz, desejando a cada dia padecer muito por seu amor e seguir os passos da sua Majestade" (*Monumenta Histórica*, II, 97). Reportando-se ao supracitado exercício da oração, Paolo da Foligno estabelece a íntima dinâmica dos vários elementos espirituais praticados: "A oração, feita com muita pureza de mente, refreamento dos sentidos e perseverança, os inflamava no amor de Deus. Os raios celestes que recebiam... faziam o incêndio maior, pelo qual se consumiam em conformar-se, à imitação de nosso Seráfico Pai, ao Cristo crucificado" (VII, 8).

3. TRADUÇÃO QUE PERDURA. Essas linhas essenciais da espiritualidade da Ordem, extraídas da legislação e, além da lei, inseridas na vida, perduraram de forma evidente; após a sua primeira sedimentação na Itália, transpuseram os Alpes, quando Gregório XIII, com o breve *Ex nostri pastoralis officii* (6 de maio de 1574), permitiu aos capuchinhos difundir-se em outras nações: atenuaram-se os aspectos externos e extremos da impressionante prática da pobreza e da penitência, mas, em compensação, a vida adquiriu regularidade e método, e trouxe uma melhor contribuição à reforma católica. Os "Anais" da Ordem (ZACHARIAS BOVERIO, *Annales Ordinis Minorum Capuccinorum*, 1525-1612, 2 vls., Lyon, 1623-1639; MARCELLINUS DE PISE, *Annales*, III, 1613-1634, Lyon, 1676) narram a excepcional vida espiritual de 887 religiosos que viveram entre 1525 e 1618; moldam-se, obviamente, nas constituições, e praticam aquele programa que o Geral da Ordem, Bernardino da Asti, recomendava na *Carta* circular de 1548, quando afirmava que o verdadeiro capuchinho se distingue "pela assiduidade na oração, pelo exercício alegre e sem distinções da caridade, pelo amor à santa pobreza", coisas que fazem dele "um legítimo filho de São Francisco, marcado radical e integralmente pelo caráter da divina caridade" (*Monumenta Histórica*, VIII, 7). Testemunhos são encontrados também fora da Ordem, como os observadores franceses Ivo Magister, que em 1569 visitava a província monástica de Bolonha, e durante cinco meses aproximou-se de numerosos religiosos, espanhóis, portugueses, alemães, franceses (Ocularia et manipulus Fratrum Minorum. Paris, 1582. In: *Analecta Ordinis Fratrum Minorum Capuccinorum* 39 [1923] 231) e Jacques Fodéré, em 1584 encarregado por seu provincial de juntar as notícias históricas da província monástica de São Boaventura (*Narration historique et topographique des couvents de S. François...* Lyon, 1619, 227). É necessário ter isto presente porque tem as suas repercussões não só nos "pregadores", mas também nos "escritores" espirituais pelo intercâmbio fecundo e integrador das duas atividades emergentes na Ordem: na realidade, com raras exceções, "os escritores são operários evangélicos" e as suas publicações constituem "um subsídio para o mais nobre trabalho, da pregação e do apostolado" (GIOVANNI CRISOSTOMO DA CITTADELLA. *Biblioteca dei Frati Minori Cappuccini della Província di Venezia*. Padova, 1945, XXIV: dito a propósito dos religiosos vênetos, mas, em geral, aplicável à Ordem inteira); por outro lado, os pregadores também escrevem visando "perpetuar o fruto de sua pregação" com livros adequados a cada categoria de pessoas, e uns e outros (segundo o caráter dos escritos) refletem não só o endereço espiritual do qual a Ordem estava informada, mas também o esforço que visava fazê-lo penetrar no povo, ao menos em seu aspecto mais vistoso, ou seja, "a prática da oração mental" (ARSENIO D'ASCOLI. *La predicazione dei cappuccini nel Cinquecento in Itália*. Loreto, 1956, 243-247): assim, se é verdade que o sucesso da reforma católica, no século XVI, deve ser atribuído à difusão e à prática regular da meditação (CRISTIANI, L. L'Église à l'époque du Concile de Trente. In FLICHE-MARTIN. *Histoire de l'Église.*, Paris, 1948, 253 s., t. XVII), também nisto os capuchinhos contribuem com sua válida colaboração. Outro porta-voz importante da tradição que perdura é Bovério, in *De sacris ritibus iuxta romanam regulam usui Fratrum Minorum S. Francisci, qui vulgo Capuccini nuncupantur accommodatis* (Napoli, 1626), livro que oferece dados concretos referentes, entre outros, à oração interior ou mental, à tendência solidamente cristocêntrica da espiritualidade

e devoção da Ordem, ao valor da vida pobre e mortificada na visão do Cristo crucificado, à reta intenção no agir e santificação de cada ação pela → PRESENÇA DE DEUS (*Ibid.*, 445), às práticas do culto animadas pelo espírito interior, às diferentes expressões e atividades da vida religiosa, à ocupação na própria cela, sobretudo à união com Deus a partir do amor a Cristo, que se desenvolve pela meditação assídua de sua vida e se torna de fato o suspiro e a própria vida da alma (*Ibid.*, 194). Notável, finalmente, o que Bovério escreve sobre os livros espirituais para serem lidos no refeitório, durante as refeições da comunidade; ele nos ajuda, com isto, a compreender em que fontes, além da Sagrada Escritura e dos Padres, os religiosos alimentavam a sua piedade e espiritualidade.

4. SANTOS E PERSONALIDADES IMPORTANTES. A santidade, conforme resulta pelas *Cronache*, está presente na Ordem, ainda que aquela canonizada, ou oficialmente reconhecida, seja somente uma parte; assim, nos primeiros cem anos distinguem-se são Felice da Cantalice (1515-1587), muito devoto da paixão de Cristo e da Virgem; São Serafino da Montegranaro (1540-1604), de excelso amor a Deus; são José de Leonissa (1556-1612), de ardente zelo apostólico, que ansiava pelo martírio; São → LOURENÇO DE BRINDISI (1559-1619), que com a sua doutrina e a sua vida personifica bem a espiritualidade capuchinha; são Fidélis de Sigmaringen (1577-1622), homem de extraordinária vida interior e fervor apostólico coroado pelo martírio; bem-aventurado Bento de Urbino (1560-1625), grande propagador da devoção à paixão, à Eucaristia, à Virgem Maria, e numerosos outros que comprovam, com traços expressivos, a formação espiritual das origens e, em geral, dos primeiros tempos da reforma (ERNEST-MARIE DE BEAULIEU. La sainteté dans l'ordre de Frères-Mineurs capucins. In: *Liber memorialis*, 231 ss.; MELCHIOR DA POBLADURA. *Historia generalis* I, 201-209; *Lexicon Capuccinum*. Roma, 1951; SILVINUS DA NADRO. *Acta et decreta causarum beatificationis et canonizationis O.F.M. Cap.* Roma-Milano, 1964). Algumas personalidades de relevo também merecem ser lembradas, visto que contribuíram para a difusão das características espirituais em outras nações da Europa, quer desenvolvendo atividades concernentes à Ordem capuchinha ou ao serviço da Santa Sé, quer com os seus escritos. No império de Habsburgo é sensível a influência exercida não só por São Lourenço de Brindisi, Mattia da Salò, Tomás de Bérgamo, Marco d'Aviano, mas também pelas obras de Alessio Segala, de Bernardino da Balvano e de autores vênetos, conforme resulta pelo estudo realizado, ao menos sob um importante aspecto, por A. Coreth (Das Eindringen der Kapuziner-Mystik in Österreich. *Jahrbuch für Mystiche Theologie* 3 [1957] 5-95). Semelhante influência foi real não somente na França, por obra de Mattia da Salò (comissário geral de 1575 a 1578, personalidade notável pela atividade apostólica e escritos espirituais) e Bernardo de Osimo (que sucedeu a Mattia como comissário e depois foi ministro provincial em Paris, autor de um *Tractatum de Passione Domini* [Venezia, 1589] e de *Sept rares méditations sur l'histoire de la passion de Nôtre Seigneur* [Lyon, 1617]), mas também na Espanha, com Arcângelo de Alarcón de Tordesilhas (iniciador da Ordem na península ibérica depois de ter-se tornado capuchinho na Itália; personalidade de relevo, dotado de sensibilidade poética e autor de uma obra mística, em verso, intitulada *Vergel de plantas divinas* [Barcelona, 1594]) e seus primeiros companheiros, e, em Flandres, com Ippolito da Scalve (Bérgamo) que, após o Capítulo geral de 1593, interveio como comissário para refrear a tendência exagerada pela chamada mística "sobre-eminente", determinada pela influência dos grandes místicos germânico-flamengos → TAULERO, RUUSBROEC, HERP (Harpius) etc., em contraste com o método espiritual vigente na Ordem (HILDEBRAND. Les premiers Capucins belges et la mystique. *Revue d'Ascétique et de Mystique* 19 (1938) 260.

BIBLIOGRAFIA. CARGNONI, C. Fonti, tendenze e sviluppi della letteratura spirituale cappuccina primitiva. *Collectanea Franciscana* 48 (1978) 311-398; *Dictionnaire de Spiritualité* V, 1.347-1.391.1.398-1.400; MELCHIOR DE POBLADURA. *Historia generalis Ordinis Fratrum Minorum Capuccinorum*. Roma, 1947-1951, 4 vls.; METODIO DA NEMBRO. *Quattrocento scrittori spirituali*. Roma, 1972; OPTATUS A VEGHEL. Scriptores ascetici et mystici Ordinis Capucinorum. *Laurentianum* 1 (1960) 98-130.213-244.

METODIO DA NEMBRO

CARÁTER. O termo grego designava o instrumento com o qual se imprimia um sinal, se fazia um entalhe, uma impressão, ou o entalhe, a própria impressão. Em sentido translato significava índole, natureza. Na terminologia eclesiástica, a palavra caráter conservou o seu significado etimológico enquanto com ela se indica aquele misterioso e vário sinal sobrenatural impresso de forma indelével na alma pelos três sacramentos: → BATISMO, crisma e → ORDEM, chamados exatamente sacramentos característicos. O termo, porém, fora da ciência teológica, há tempos possui um significado mais extenso em relação ao ser humano, do qual pretenderia sintetizar, numa unidade global, todas as atividades psíquicas na vida de relação. O emprego do termo "caráter", utilizado para indicar o modo de comportar-se habitual e constante de uma pessoa, quase como um seu distintivo e especificador, remonta aos antigos gregos: Teofrasto, pensador do século IV a.C., escreveu *I caratteri morali*, no qual traça trinta tipos psicológicos. Nas escolas teológicas, o termo foi restringido. No século XVII voltou a ser usado com o significado amplo por J. de La Bruyère, que traduziu a obra de Teofrasto com o acréscimo de *Les caracteres ou les moeurs de ce siècle*. Os tipos aí traçados são algumas centenas. Immanuel Kant usou o termo com significado diferente: na *Antropologia* fala do caráter físico do ser humano, como sinal empírico distintivo de seu ser, e do caráter moral, que é sinal do ser humano como ser livre e racional. A palavra é, assim, usada em duas acepções: uma que coloca como predicado uma formação natural e imutável da índole do ser humano, à qual ele não pode somar modificações expressivas, e outra que indica a constituição moral e modificável, derivada das livres decisões do indivíduo. A ciência do caráter, ou caracterologia, em geral deixou de lado a distinção kantiana e preocupou-se em definir de forma unitária o comportamento do ser humano entre os seus semelhantes.

Reservando ao → TEMPERAMENTO de uma pessoa a noção de resultado global do amadurecimento fisiológico, tratando do caráter, consideram-se os elementos psíquicos que na base temperamental, por meio de aceitações mais ou menos livres, constituíram-se em unidades homogêneas, de forma a oferecer externamente uma atitude constante na atividade de relação. A dificuldade de definir o caráter está na complexidade da sua natureza, para onde convergem os mais variados influxos livres ou livremente aceitos, na constante dinamicidade da perseguição de um escopo e na variedade dos tipos. A busca da noção de caráter, e das suas variantes, desenvolve-se entre aqueles valores psíquicos que presidem as relações entre o indivíduo e o ambiente largamente entendido. Psicólogos e filósofos, de um século até aqui, exprimiram opiniões que procuram fixar a natureza e a variedade do caráter. Heymans (psicólogo e filósofo holandês) fala da verdade do temperamento, todavia as propriedades fundamentais nas quais reconhece a função de componentes do temperamento são de natureza principalmente psíquica, e de uma psique superior, com precisa referência à vida de relação; assim, mais propriamente elas se referem ao caráter. Heymans classificou três qualidades típicas que se combinam com outras três opostas e, juntas, geram tipos caracteriais bem definidos. As propriedades fundamentais são: emotividade, atividade, função primária; esta última significa a influência de impressões conscientes que conduz à sociabilidade, à alegria, à unidade etc.; a essas opõem-se a não emotividade, a não atividade, a função secundária; esta se refere à série de percepções que impelem ao fechamento, ao isolamento, à desorganização de si etc. Do encontro dessas propriedades, que se completam, se modificam ou se anulam mutuamente, ele deriva oito tipos.

Reportando-se aos elementos de sua doutrina psicanalítica, Sigmund Freud acentua que o caráter individual fundamenta-se na vida instintiva, e é, necessariamente, condicionado pelas fases evolutivas da infância. Podem ser enumerados seis tipos caracteriais, conforme na psique individual predomine a atividade de um dos três componentes da psique humana: o id (inconsciente), o ego (consciente) e o superego (inconsciente). Esses três componentes determinam regiões, zonas ou esferas distintas, mas se influenciam e um pode resultar dominante no complexo e especificá-lo.

Para C. G. Jung, o caráter é o complexo das atitudes para agir e reagir em certa direção no encontro entre indivíduo e sociedade, devidas a disposições orgânicas ou ao fundamento instintivo. Jung assume três critérios para definir os diferentes caracteres: a atitude individual de aspirações e de conduta, a orientação do fluxo de energias psíquicas, o comportamento de quatro funções psíquicas principais, das quais duas são racionais (pensamento e sentimento), e duas irracionais (sensibilidade sensorial e intuição).

Na descrição do *biótipo*, depois dos aspectos genético, morfológico e humoral, N. Pende passa a descrever brevemente o aspecto ético ou face caracteriológica — que compreende os instintos, os afetos e a vontade — e o aspecto intelectivo — que abraça o intelecto, a memória e a atenção. Pende distingue o genótipo e o fenótipo: o primeiro é uma constituição moral diagnosticável com os sistemas psicanalíticos; o segundo é a personalidade moldada pela → EDUCAÇÃO e pelo → AMBIENTE e que é variável. O que mais interessa é o aspecto caracteriológico do genótipo, do qual devem ser analisados os elementos para determinar a diversidade dos tipos caracteriais.

E. Spranger (filósofo alemão) assume como critério de distinção dos caracteres a orientação de interesse pelos bens da civilização, ou seja, pelos valores culturais, visto que os indivíduos se diferenciam no caráter de acordo com o respectivo interesse por um dos seis bens da cultura humana.

F. Künkel, que frequentou a escola de A. Adler (psicólogo austríaco para o qual o caráter significava o modo no qual o indivíduo assume posição diante da realidade ambiental da natureza e da sociedade), explica a formação do caráter com a ação do ambiente e da educação; esses dois fatores determinariam no ser humano ou um comportamento objetivo, consciente, corajoso, ou um comportamento subjetivo, irresponsável, de renúncia. O primeiro resultado apresenta o ser humano normal, equilibrado, infelizmente muito raro de ser encontrado; o segundo, já bastante frequente, resolve-se em quatro diferentes tipos de caráter, de acordo com a atividade ou a passividade, da fraqueza ou da força.

A série de psicólogos e filósofos que enveredaram em busca da natureza, da constituição dos critérios distintivos do caráter poderia continuar. Basta ter destacado brevemente algumas opiniões para reconhecer quão interessante e difícil é a doutrina do caráter. Certamente ele é uma realidade complexa, que o ser humano livremente constitui em si, embora sob o condicionamento dos fatos da vida, da educação, do ambiente e do temperamento. O caráter poderia ser descrito como "a organização da vida psíquica individual pela pessoa, segundo uma finalidade considerada suprema e os meios considerados aptos a alcançá-la, que se manifesta em um comportamento constante, singular, reflexo, de ações e reações ao ambiente natural e social". O caráter é construído com base no temperamento, ou seja, no amadurecimento fisiológico do ser humano, com uma consciente aceitação ou volição de um fim e dos meios aptos a alcançá-lo, sob a direção mais ou menos válida da ação educativa, e sob a influência mais ou menos condizente do ambiente, induzido ou retardado pelos fatos da transformação social. É óbvio que o caráter não é essencialmente congênito ou herdado, como, em vez disso, são os elementos temperamentais. O caráter não é substancialmente fixo, intransmutável, porque é sempre decisão da pessoa desorganizar a própria atividade psíquica em relação a um interesse, para em seguida reorganizá-la na conquista de um outro valor escolhido como fim mais adequado. A plasticidade e a transformabilidade, a princípio, são propriedades inerentes ao caráter. Todos os fatores que condicionam a formação do caráter (instintos, tendências, afetos etc.) possuem a sua incidência; do mesmo modo, e mais, diga-se da inteligência e da vontade, segundo o seu grau e qualidade; todavia, nenhuma circunstância é tão determinante para fixar sempre o caráter de uma pessoa psiquicamente normal. Em qualquer momento da vida, com maior ou menor dificuldade, sob o influxo de novos ideais ou de insucessos finais considerados irreversíveis, o ser humano pode direcionar todas as suas atividades psíquicas para uma outra direção, com andamento bem diferente do manifestado até o instante da conversão. Em seu dinâmico transformar-se, o caráter pode sofrer múltiplas variações de andamento que, porém, não comprometem a sua estabilidade. Além do mais ou menos vivo temperamento que inclui notáveis diferenças de indivíduo para indivíduo, têm influência na manutenção do caráter e sobre a sua expressão o diferente volume de inteligência e de vontade, os sucessos e insucessos da vida, as mutáveis condições físicas por idade e por enfermidade. As deficiências do temperamento e os insucessos da vida deveriam ser preenchidas pela inteligência e pela vontade da pessoa; a escassez das faculdades superiores deveriam ser supridas pelos auxílios da educação, do ambiente e da sociedade, com o objetivo de permitir ao indivíduo a percepção de uma clara finalidade de vida à qual direcionar as próprias energias. O caráter deve sempre constituir a obra mais preciosa de cada pessoa e de todos os que concorrem para a sua formação. Infelizmente, em alguns, a organização das próprias faculdades psíquicas persegue uma finalidade que não supera o interesse instintivo egoísta. A responsabilidade ética em relação à constituição do caráter é pessoal e coletiva: cada um que possui um suficiente uso de razão considerando-se sempre as atenuantes que derivam dos princípios reguladores do ato humano torna-se diretamente responsável pelo próprio caráter. Igualmente os que, por natureza ou por sociabilidade, concorrem para a formação da pessoa humana tornam-se corresponsáveis da conformidade ou deformidade do caráter, com as normas supremas da → MORAL. Visto que a finalidade religiosa ocupa integralmente o plano de fundo das atividades humanas, deve e pode iluminar, nobilitar e solidificar cada finalidade, para cujo alcance é organizada a vida psíquica. As finalidades primárias do ser humano não são muitas; concretizam-se em valores que ele persegue com dupla atitude: ou reconhece nelas um valor somente porque são alcançáveis em proveito pessoal, ou as considera válidas por si mesmas. Esses valores podem ser reconhecidos na verdade, na beleza, na riqueza, no progresso social, no domínio, na vida temporal, no culto a Deus. Podem, assim, especificar o caráter enquanto a organização das energias psíquicas é feita em vantagem de um deles. Na constituição do caráter, em sua mortificação e, ainda mais, em sua conversão, não devem ser desprezadas as forças auxiliares da graça sobrenatural que habitualmente ou atualmente coopera em todas aquelas atividades humanas que têm relação com a vida eterna. Consequentemente, um caráter egocêntrico, com a boa vontade e o auxílio da graça divina, sempre poderá converter-se em um caráter heterocêntrico e desviar a sua corrente de uma finalidade para outra, ou perseguir o ansiado valor na suprema relação com Deus. A desarmonia da vida psíquica denuncia a precariedade do caráter de uma pessoa que, embora de posse de energias normais, não encontra uma finalidade ideal na qual possa prender-se com estabilidade.

BIBLIOGRAFIA. BERTIN, C. M. *La caratterologia*. Milano, 1951; BOURJADE, J. *Principes de caractérologie*. Neuchâtel, 1955; BURKS, J. – RUBESTEIN, M. *Temperament styles in adult interaction. Application in psychoterapy*. Brünner Mazel, New York, 1979; DEMAL, W. *Psicologia pastoral pratica*. Torino, 1956, 224-241; GEMELLI, A. – ZUNINI, G. *Introduzione alla psicologia*. Milano, 1957, 441-477, com amplas referências bibliográficas; GRIÉCER, P. *Carattere e vocazione*. Torino, 1960; KRECH, D. ET AL. *Individuo e società*. Firenze, 1970, com rica bibliografia; LE SENNE, R. *Trattato di caratterologia*. Torino, 1960; LORENZINI, G. *Lineamenti di caratterologia e tipologia applicate all'educazione*. Torino, 1953; METELLI, F. *Introduzione alla caratterologia moderna*. Padova, 1951; MOUNIER, E. *Traité du caractère*. Paris, 1947 (vers. it. Alba, 1957); MUCCHIELLI, R. *Carattere e fisionomia*. Torino, 1961; PALMADE, G. *La caractérologie*. Paria, 1955; PENDE, N. *Trattato di biotipologia umana*. Milano, 1947; ID. *La scienza della persona umana*. Milano, 1949, 328-336; REICH, W. *Analisi del carattere*. Sugarco Edizioni, Milano, 1973, [4]1982; ROLDAN, A. *Ascetica e psicologia*. Paoline, 1962; ROSEN, V. H. *Style, character and language*. Jason Aronsen, New York, 1977.

G. G. PESENTI

CARIDADE. A caridade, situada no centro da vida cristã, é um amor de uma qualidade tão nova que foi escolhido, para exprimi-lo, um vocábulo praticamente desconhecido na língua clássica: *ágape*, traduzido exatamente por *caritas*. Interliga-se com aquela espécie e forma particular de amizade expressa em grego pelo verbo *agapân*, e em latim pelo verbo *diligere*. O amor que esses verbos exprimem supõe uma ligação estreita com o juízo e importa tanto estima e apego da vontade quanto um sentimento em sentido próprio. Não se trata, porém, de sentir uma emoção por esta ou aquela pessoa, mas de manifestar apreço por suas qualidades e reconhecer as suas boas ações. É uma complacência virtuosa que busca traduzir-se em beneficência, serviço e fidelidade. O amor indica a atitude de quem ama, enquanto é levado a doar ou a doar-se pela estima que nutre pela pessoa amada, e a atitude de gratidão daquele que recebe o dom, o estima e mostra-se reconhecido. Esta forma de amor sugere diretamente mais o respeito e a estima que a → AMIZADE propriamente dita, que, por sua vez, possui uma tonalidade afetiva e emocional mais acentuada. O tipo de relações também é diferente. Enquanto para a amizade é essencial tecer relações entre semelhantes, a caridade liga seres de condições diferentes. Os inferiores acolhem com gratidão, e apreciam, a solicitude dos superiores a seu respeito. Os superiores são condescendentes em relação aos humildes, manifestam a vontade de fazer o bem e de ser úteis a eles. Vê-se de que modo a reciprocidade se prende em função dessa diferença hierárquica das pessoas: ao amor gratuito, desinteressado, generoso daquele que doa, corresponde a acolhida e o amor de gratidão daquele que recebe.

Emerge de imediato que esse é o tipo de amor que melhor corresponde àquele que Deus tem por nós, e ao que nós podemos ter por ele. Não surpreende, então, que para descrevê-lo os autores sacros tenham usado o termo *agapân* e a palavra *ágape*, traduzidos em latim por *caritas*.

Na língua greco-bíblica, devido ao uso generalizado feito em detrimento dos outros verbos (*stergein, fileîn, erân*), *agapân* e derivados não só significam estima, veneração e gratidão, mas afeição propriamente dita. O apego do coração é unido ao juízo da mente, e isto faz da *caritas* bíblica um verdadeiro amor, no qual o elemento afetivo será tão mais forte quanto é clara a luz do espírito. Isto aparece de modo particular no Novo Testamento, em que o cristão sente-se realmente filho de Deus, que pode chamar, com absoluta verdade, de "pai".

Visto que a revelação nos diz que o mistério da caridade é o mistério de Deus, parece logo claro que os nossos conceitos e as nossas experiências só nos poderão dar uma imagem muito inadequada e imperfeita dela. A caridade não é uma realidade humana que se abre para o infinito, mas um dom que nos é dado. A melhor maneira de compreendê-la é partir de Deus, que nela se revela a nós e se comunica conosco.

1. O AMOR EM DEUS. A afirmação de João: "Deus é caridade" (1Jo 4,8.16) marca a culminância da revelação e caracteriza definitivamente a concepção cristã da vida, da religião e de Deus. Deus é amor, isto é, ele comunica a si próprio. Como pura atividade amorosa, Deus é dom total de si; essa comunicação de si é a sua natureza, logo, a sua lei vital; ele não existe senão doando-se, e o dom é a sua vida. O ser divino, portanto, é uno, mas não está só. A vida divina é e deve ser uma sociedade de pessoas. Com efeito, a revelação nos diz que Deus tem um Filho a quem ama ternamente e no qual pôs toda a sua complacência; vivem em um contínuo e estreitíssimo abraço, e o amor que os une é um laço vivo, substancial e pessoal: o → ESPÍRITO SANTO. Por mais obscuro e misterioso que possa parecer tudo isso, entrevemos que a vida de Deus é verdadeiramente uma comunhão, uma contínua e perfeita troca de amor: as Pessoas divinas só subsistem pelo dom que cada uma faz de si mesma às outras. O ser absoluto somente subsistiu na eternidade pela contínua troca de amor.

Mas Deus não se doa somente na comunicação interna da vida trinitária, doa-se no mistério da → ENCARNAÇÃO, unindo-se à humanidade do Cristo, e, graças ao Filho, doa-se a nós, nos eleva à sua vida e nos torna participantes dela. O amor com o qual o Pai ama o Filho chega até nós, nos envolve e nos faz entrar em sua vida.

2. O AMOR DE DEUS POR JESUS. A primeira manifestação da caridade de Deus que aparece nos Evangelhos é por seu Filho, o objeto privilegiado do seu amor (Mt 3,17; Mc 1,11; Lc 3,22). Nos Sinóticos, a palavra *agapêtos* é usada oito vezes e sempre com referência a Cristo; ele é o "amável" por excelência, aquele que o Pai "ama". Na parábola dos vinhateiros é o próprio Jesus quem se diz o "Filho predileto" (Mc 12,6); consciente disto, ele reama o Pai com o mesmo amor e com a mesma ternura: "Abbá". Quando Jesus fala do amor de Deus em relação a ele, apresenta-o sempre como o amor de um pai por seu filho (Jo 3,35; 10,17; 15,9; 17,24), e se trata de um amor tão singular que os faz existir em mútua imanência: "Eu e o Pai somos uma só coisa" (Jo 10,30). Deus tem um Filho que ama, não por condescendência ou misericórdia (como amou Israel), mas porque esse Filho "merece" o seu amor de maneira inefável. O Filho é único na ordem do amor, porque é único na ordem da filiação: e os discípulos serão amados pelo Pai na dependência de seu amor pelo Filho (Jo 16,27).

3. O AMOR DE DEUS PELO SER HUMANO. Se Deus é amor, suas relações com os seres humanos só podem ser relações de amor. As palavras com as quais, pela boca de seu profeta, ele próprio nos descreve esse seu amor são comoventes: "Quando Israel era menino, eu o amei, e do Egito chamei o meu filho. Todavia fui eu que ensinei Efraim a andar, tomando-o pelos braços, mas eles não reconheceram que eu cuidava deles. Eu os atraía com vínculos humanos, com laços de amor; era para eles como quem levanta uma criancinha à altura do rosto; eu lhe alcançava o que comer" (Os 11,1.3-4). Deus não é um ser distante, indiferente às vicissitudes humanas, inabordável em sua perfeição. Ele se "preocupa" com os seres humanos, acompanha-os com a sua providência e quer salvá-los, ainda que sejam maus (Lc 11,13), injustos (Mt 4,45), ingratos (Lc 6,35). Já desde o princípio estabeleceu com eles uma aliança de amor (Ex 4,22; Dt 22,26), e o amor seria a razão de todas as suas intervenções em favor de seu povo (Dt 4,37; 7,8-9). A primeira revelação com a qual os cristãos são instruídos por São Paulo é que são objeto da caridade divina (1Ts 1,4; 2Ts 2,13; Rm 8,39; Ef 2,4; 5,2; Cl 3,12). O estupendo tríptico do capítulo 15 de Lucas nos apresenta de forma extremamente eloquente esse amor divino pelo ser humano. Como um pastor que vai à procura da ovelha perdida, como a mulher que, ansiosa, procura a sua moeda, como um pai que, à vista do filho pródigo, lança-se em seus braços, o abraça longamente e lhe perdoa tudo, sem recriminações nem ódio. É um pai bondoso, compassivo e misericordioso com todos (Lc 35,36), que enriquece com os seus benefícios bons e maus, justos e injustos (Mt 5,45). Com uma generosidade gratuita e sem limites, ele se preocupa com os seus filhos, vela por eles com afetuosa solicitude, para que nem um cabelo de sua cabeça se perca (Mt 10,29). Tudo isto, todavia, nos foi revelado no Antigo Testamento, no qual o amor entre Deus e os seres humanos manifestou-se em uma série de fatos semelhantes. No Novo Testamento o amor divino manifesta-se em um fato novo, único, desconcertante, inaudito; a gratuidade divina, que desde sempre existia (Dt 7,7 ss.), atinge a sua culminância em um dom que não possui medidas comuns com qualquer coisa imaginável (Rm 5,6 ss.; Tt 3,5; 1Jo 4,10-19): é o seu próprio Filho que Deus nos dá (Mt 21,37; Lc 20,13). "Deus amou tanto o mundo que deu o seu Filho unigênito" (Jo 3,16), aquele a quem ele ama e honra dentre todos (Ef 1,6; Cl 1,13): é quase impensável que Deus ame a tal ponto as criaturas, e que as criaturas o ofendam (Rm 8,10; Tt 3,3-4), as quais, portanto, não só não merecem benefícios, mas sim castigo e condenação. "Que o mundo saiba que vós me enviastes e os amastes como amastes a mim" (Jo 17,23). Assim nos foi manifestado o amor (1Jo 4,9-10). Na realidade, Deus não podia conceder aos seres humanos uma prova maior de amor, que doar-lhes o objeto supremo de seu amor: o Filho (cf. SPICQ, C. *Agape dans le Nouveau Testament*. 320, vl. III).

Assim, a caridade de Deus pelos seres humanos concretiza-se em Jesus: ele é a própria revelação do Pai, a sua presença palpável e concreta no mundo. O Filho único, amado entre todos, amado por excelência, necessariamente, infinitamente; o Pai doa esse Filho aos seres humanos. E mais, ele o sacrifica para que ninguém se perca, mas para que todos sejam salvos. O drama do amor já não se desenvolve por meio de cada fato, ainda que continuado, mas pela pessoa de Cristo, que constitui a sua personificação. "Jesus é Deus, que vem viver em plena humanidade o seu amor e fazer sentir o seu apelo ardente" (Wiéner).

4. O AMOR DE JESUS. De que modo Cristo cumpriu a sua missão de tornar presente no mundo e de comunicar aos seres humanos o ágape divino? Há em Atos uma frase lapidar, que sintetiza perfeitamente a vida inteira do Salvador: "Passou fazendo o bem" (At 10,38), de modo que, com frequência, era chamado "bom Mestre" (Mc 10,17; Lc 18,18). Tendo vindo buscar e salvar o que estava perdido (Lc 19,10), ele vive uma vida de serviço (Mt 20,28) para finalmente, verdadeiro bom pastor, dar sua vida pelas ovelhas (Jo 10,11-15). Não ama com um amor qualquer, mas "como o Pai me amou, assim também vos amei" (Jo 15,9), com o mesmo amor infinito, imutável, total e incondicional.

O seu é um amor delicado e solícito, que quer dissipar toda preocupação e todo temor do coração daqueles a quem ama (Jo 14,1), comunicando-lhes a sua paz e a sua alegria (Jo 14,27; 15,11; 16,22) e exortando-os à confiança mais absoluta (Jo 14,13). Preocupa-se com as necessidades dos seus (Mc 6,31) e os defende contra os seus adversários (Mc 2,18-20.23-28; Jo 18,8).

Frequenta, chama, perdoa os pecadores (Lc 7,36; 19,7-10; 23,43; Jo 8,7-11). A todos e a cada um oferece a sua ajuda e o seu perdão (Lc 5,32). Não só se deixa chamar amigo dos publicanos e dos pecadores (Mt 11,19), mas realmente é, porque sempre os acolhe bem (Lc 15,2). A misericórdia e a generosidade do amor de Cristo se manifesta sobretudo em relação àqueles que são mais abandonados e desprezados: os doentes, os pobres, as mulheres e as crianças. E quão misericordiosa bondade ele demonstra pelos "seus" que, apesar dos repetidos ensinamentos, permanecem obstinadamente apegados às suas concepções, prejuízos e mesquinharias. Até na última ceia discutirão sobre o primeiro lugar em "seu" reino messiânico (Lc 22,24). Com bondade incansável e paciência infinita, Jesus os forma e lhes abre o espírito para a inteligência da verdade. O seu amor, todavia, não é somente beneficência, é comunhão de vida e relação íntima e pessoal. A profunda amizade demonstrada por Marta, Maria e Lázaro (Jo 11, 3.5.11) e a predileção pelos apóstolos (Lc 12,4), sobretudo por alguns deles (Mc 5,37; Lc 8,51), nos faz ver como o amor do Salvador, embora universal e gratuito, nem por isso deixava de ser terno, humano e pessoal, de forma a tender à comunhão plena de almas. Com efeito, este é o seu desejo supremo: "Eu neles", com plena participação da mesma vida: "Eu vos chamei amigos porque tudo aquilo que ouvi do Pai vo-lo fiz conhecer" (Jo 15,14-15). O seu amor é tão terno que pode ser comparado ao amor de um pai por seus filhos; chama os seus discípulos de maneira afetuosa, "filhinhos" (Jo 13,33). Finalmente, o seu amor é o dom total. A manifestação do amor de Deus que Jesus operou durante toda a sua vida culmina no Calvário. É este o sinal mais expressivo e a prova mais decisiva de amor: "Ninguém tem um amor maior que este: dar a vida por seus amigos" (Jo 15,13). Em Cristo e por Cristo os seres humanos percebem o que é o ágape de Deus e encontram um exemplo admirável de como devem praticá-lo em si mesmos (cf. Spicq, op. cit., 316 ss.).

5. O AMOR EM JESUS. Jesus, porém, não é somente a manifestação do amor do Pai por nós, e modelo do nosso amor, mas também a fonte. Só podemos amar "dessa maneira" unindo-nos a ele. É este o principal ensinamento de São Paulo, que explica e ilustra a afirmação do Cristo: "Eu sou a videira, vós os ramos. [...] Sem mim, nada podeis fazer" (Jo 15,5). A nossa comunhão filial com o Pai fundamenta-se em nossa comunhão com o Filho; e essa relação nos torna verdadeiramente filhos no Filho, pelo qual podemos realmente, nele e por intermédio do Espírito de amor que nos comunica, reamar, por nossa vez, com amor divino, e chamar a Deus pelo doce nome de Pai (Rm 8,15). O amor de Jesus introduz o cristão na intimidade com Deus (Rm 8,39). Em sua própria pessoa o ser humano ama a Deus e é reamado. Jesus é o Tu proposto por Deus aos seres humanos para o diálogo e a comunhão de amor, e só amando e comunicando-se com Cristo o ser humano torna-se capaz de entrar na vida de amor de Deus e, por sua vez, de reamar.

O essencial da pregação de São Paulo se resume na união e incorporação em Cristo. "Cristo em vós" é o mistério desde sempre escondido e ora revelado (Cl 1,26-27). Assumindo a nossa natureza, fez-se mediador e nos possui completamente, na ordem ontológica e na ordem dinâmica (2Cor 5,14; Ef 2,22). "Não sou mais eu quem vive, mas Cristo vive em mim" (Gl 2,20). Ele nos reveste de si, e em si realiza a nossa comunhão com o Pai. O cristão só existe na medida em que está unido a Cristo, como um membro ao corpo, ou o corpo à cabeça. Ser cristão se define nessa relação e incorporação. Ora, ser incorporado a Cristo significa participar do amor de Deus (porque Cristo é a encarnação desse amor). Para expressar isto, São Paulo diz que o cristão é "revestido" de caridade (1Ts 5,8) e que "está" na caridade (Ef 3,17). Com mais frequência afirma que o cristão "possui" a caridade para indicar que se trata de algo de íntimo e pessoal (1Cor 13,1; 1,2; 2Cor 2,4; Fl 2,2). Esse modo de falar do Apóstolo corresponde exatamente àquilo com o qual designa a união do crente e do Cristo: ele está revestido de Cristo (Rm 13,14; Gl 3,27), existe em Cristo (1Cor 1,30; 2Cor 2,15) e o Cristo nele (Gl 2,20). Isto significa que ter a caridade e estar unido a Cristo são as duas fórmulas que indicam a mesma realidade. A característica do ágape é edificar o corpo de Cristo (Ef 3,17-19; cf. 1Cor 8,1) e a nossa união com ele só se realiza pela caridade (Ef 4,15-16). O ágape é o princípio operador do Corpo místico, o ambiente no qual ele cresce, a meta de chegada. Como o Pai e o Filho são "ligados" entre si pelo Espírito-amor, assim os membros do Corpo místico estão ligados às Pessoas divinas, e entre si, pela caridade e na caridade. Compreendemos, então, que estar inserido em Cristo, ou ser cristão, é ter a caridade. Consequentemente, o ágape é a presença e a imanência da ação de Deus, "no qual temos a vida, o movimento e o ser" (At 17,28). Ter caridade significa ser possuído por Deus. "Quem nos separará do amor de Cristo?" (Rm 8,35). Deus, Cristo e o Espírito Santo habitam no fiel (Jo 14,23), o inspiram e o impelem à caridade (Rm 8,14 ss.); de modo que a vida cristã, participação da trinitária, será uma vida para Deus, em Cristo, sob a moção do Espírito. Participação em nós do amor de Deus Trindade, o nosso amor nada mais fará que irradiar sobre os outros aquele amor que Deus suscita e expande em nossos corações, de tal sorte a poder verdadeiramente dizer que não só amamos a Deus e ao próximo em Deus, mas que Deus ama a si mesmo e ao próximo em nós.

6. A "NOSSA" CARIDADE. Por razões práticas, e por causa de nossa limitação, que só conhece as coisas "secionando-as", a teologia faz distinção entre os diferentes tipos de ágape, e chama caridade em sentido restrito somente aquele dom criado que a presença e a comunhão com Deus suscitam em nós, transformando-nos e tornando-nos capazes de um amor divino: é o hábito da caridade, isto é, a caridade divina enquanto é feita nossa. Esse amor, também participado, permanece sempre como algo divino que atinge o ser humano, o transforma, conduzindo-o para Deus. Visto que a caridade é Deus, a nossa caridade será Deus feito nós, ou melhor, nós feitos Deus, transformados nele e vivendo a sua vida.

O ser humano inteiro entra assim a fazer parte da família de Deus, da vida íntima trinitária, e ao mesmo tempo atualiza no tempo a infinitude do amor. A caridade, então, exprime o ser e o agir próprio do cristão. Este é amor como Deus, do qual foi gerado e de cuja natureza participa (Jo 3,6). A caridade é o ser humano possuído e transformado em Deus, que vive e opera nele, por ele e nele. O cristão torna-se realmente, como Cristo, uma nova encarnação do amor de Deus. A nossa vocação original para o amor torna-se, então, para nós, uma exigência absoluta. Não só existimos para amar, mas existimos porque amamos. O amor não é só o escopo mas a própria constituição da nossa vida de graça. Eis por que João afirma: "Quem não ama, habita na morte" (1Jo 3,14). Deus existe porque ama e se doa nas relações intratrinitárias; somos e existimos como seus filhos, porque participamos de sua vida (o filho é filho porque participa da vida do pai), isto é, porque vivemos amando e doando-nos. Isto significa ser filhos de Deus e ser cristãos.

Se a caridade é a expressão do ser e do viver cristão, o crente poderá, então, definir-se como "aquele que ama". A caridade comandará todas as suas ações e orientações. A moral, antes de ser a observância dos preceitos, será a vida do filho de Deus, o dinamismo do amor. Sem perder a sua personalidade e consistência humana, o ser humano é possuído e movido por Deus através do amor que, sendo livre e espontâneo, dá à vida inteira o sentido da mais plena autodeterminação e liberdade. A caridade é verdadeiramente o princípio daquele *motus ab intrínseco* que constitui a vida. Todo o esforço da vida moral consistirá em agir de forma que ele seja cada vez mais o único princípio vital, para adquirir aquela liberdade incondicional na qual o dinamismo puro que caracteriza o ágape possa plenamente expandir-se (cf. Spicq, op. cit., 314, vl. I).

Vemos assim como toda a vida cristã não deva ser outra coisa senão uma resposta de amor dada ao amor. A religião revelada se resume neste preceito: "Amarás ao Senhor teu Deus de todo o teu coração, de toda a tua alma e de toda a tua mente, e o próximo como a ti mesmo" (Mt 22,36.39). Esta deve ser a única preocupação constante durante a vida inteira. Isto, porém, não seria possível se a caridade não compreendesse fé, culto e vida moral. Com efeito, todas as ações do cristão podem e devem ser uma realização de caridade.

Libertado da escravidão e possuído pelo amor divino, o ser humano se doa a Deus com todo o coração e todo o resto, em uma resposta e doação tão total que comporta a consagração da vida inteira. Esta é a caridade. Permanecendo fundamentalmente → ADORAÇÃO e apego, ela é nutrida com gratidão e confiança e se exprime em aclamações da divina vontade, em amor religioso e reconhecido, em exata fidelidade e em serviço que toma a forma de culto (cf. Spicq, op. cit., 154). Mas o aspecto mais importante que vem enriquecer o ágape cristão, distinguindo-o do antigo, que era sobretudo adoração a Deus e fidelidade na obediência, é o amor pessoal.

Não somos somente objeto dos benefícios de Deus: através da graça santificante ele nos comunica a si mesmo e nos faz participantes de sua natureza divina (2Pd 2,4). Essa vida comunal exige necessariamente um desenvolvimento em uma especial relação interpessoal; é o que ocorre, exatamente, com a caridade. Esta designa então, principalmente, um amor todo particular entre Deus e o ser humano, que nascido da coparticipação no único bem, que é a própria bondade divina, doada a nós e por nós participada, manifesta-se em uma mútua benevolência e união afetiva em que os dois estão sempre presentes sem jamais separar-se. A caridade é o princípio que, realizando plenamente a potência de comunhão da graça, torna o ser humano capaz de agir em concordância com Deus, de estar em sociedade com ele, em um amor intercambiável, em operação concorde, em mútua familiaridade, de viver, em outras palavras, em amizade com ele. A teologia, com efeito, seguindo a intuição genial de Santo Tomás, define a caridade, em sua essência mais íntima, precisamente como uma "especial amizade com Deus" (*STh*. II-II, q. 23, a. 1; cf. Jo 15,14-15). A amizade com Deus é sobretudo → ORAÇÃO, colóquio, comunhão, participação recíproca de segredos e de desejos. A ação é apenas uma sua consequência, porém hipotética, isto é, no caso em que houver necessidade dela. Assim, é certo que esta, sem a relação pessoal, pode ser tudo, menos certamente um exercício de amor.

7. O AMOR AO PRÓXIMO. Percorrendo o Novo Testamento não se pode deixar de observar a insistência com a qual se inculca o amor ao próximo, a ponto de, às vezes, dar a impressão de que ele seja de fato o único preceito da nova aliança (cf. Rm 13,8-10; Jo 13,34). Com efeito, o objetivo

último da caridade só pode ser um: Deus, porém ele quer que nós lhe demonstremos isto amando o próximo. Uma vez que Deus não pode ser o beneficiário de nossa ação, a caridade, quando se transforma em obras, é praticada em favor dos irmãos. É o que afirma São João, com uma lógica muito profunda, ainda que à primeira vista um tanto surpreendente: "Caríssimos, se Deus nos amou, também nós devemos amar-nos uns aos outros" (1Jo 4,11); São Paulo não hesita em escrever: "Quem ama o seu semelhante, esse cumpriu a lei" (Rm 13,8).

Se há alguém que amou a Deus de modo perfeito, este é Cristo. Cristo amou a Deus doando-se a nós. Realizou o maior ato de culto ao Pai exatamente amando-nos e sacrificando-se por nós. "Imitai a Deus, visto que sois filhos que ele ama; vivei no amor, como Cristo nos amou e se entregou a si mesmo a Deus por nós como oblação e vítima, como perfume de agradável odor" (Ef 5,1-2). Isto nos diz que entre o amor de Deus e o do próximo não só não existe oposição, mas sim uma necessária unidade e dependência: "Quem ama a Deus, ame também a seu irmão" (1Jo 4,21).

Em teologia costuma-se explicar a unidade desse amor dizendo que a caridade tem por objeto formal a bondade de Deus que se comunica a nós de modo íntimo e pessoal. Tal bondade eu amarei quer em si mesma, quer em sua comunicação, isto é, em mim e em meu próximo. O objeto formal da caridade, portanto, se concretiza em dois objetos materiais: Deus e o ser humano a quem ele se comunica, ou com quem quer comunicar-se. Pela caridade Deus é amado como causa de vida e de bem-aventurança, e o próximo como participante. Pode-se dizer de outra maneira: a caridade de Deus é conduzida à vida bem-aventurada em sua fonte; a caridade com o próximo é conduzida à mesma para que se afirme em quem não vive de Deus, ou enquanto ela se manifesta em quem vive de Deus. Concretamente, a caridade é o amor daquela comunhão bem-aventurada na qual estão unidas as Pessoas divinas e, no Cristo, opera a unidade dos seres humanos com elas. Desse modo entende-se por que, com o mesmo amor, ama-se a Deus no próximo e o próximo em Deus, e por que não se pode amar a Deus sem amar ao próximo, nem amar ao próximo sem amar a Deus. "Nisto reconhecemos que amamos os filhos de Deus, se amamos a Deus e cumprimos os seus mandamentos" — escreve São João (1Jo 5,2). Amar a Deus pela caridade é amá-lo enquanto amigo e pai, que se comunica e constitui seus amigos e filhos aqueles a quem ele ama. Amar a Deus sem entrar nessa "comunidade", sem amar aqueles nos quais Deus se encontra, é impossível. Afirmar o contrário é mentir, afirma São João sem meios-termos (1Jo 4,20). O amor de Cristo conduz à mesma conclusão. Ele é a cabeça da criação (Hb 2,8; Fl 2,10) e todos os seres humanos só vivem em relação com ele (Rm 5,17). Como, então, amar o Cristo sem amar a todos aqueles com os quais ele é solidário? Não se pode amar ao Cristo sem amar os irmãos, porque só há um Cristo, cabeça e membros, um só corpo animado por um mesmo princípio vital. Se não se pode amar os membros sem amar a cabeça, também não se pode amar a cabeça sem amar os membros. Cristo cabeça e membros aparecem ao mesmo tempo sujeito e objeto do amor. O cristão que ama, com efeito, constitui uma unidade com Cristo que, assim, ama nele, enquanto a pessoa amada constitui, também ela, uma unidade com Cristo que é, então, amado nela. Só há um amante e um amado naqueles que amam e naqueles que são amados: é a realidade do Cristo total. "*Et erit unus Christus amans seipsum*" (Santo Agostinho, *In Jo. ep. tr.* 10,13).

Não podemos estar perto de Deus mais do que estamos com os nossos irmãos. O grau de comunhão com ele é o que temos com eles. "Portanto, quando fores apresentar tua oferenda ao altar, se ali te lembrares de que teu irmão tem algo contra ti, deixa tua oferenda ali, diante do altar, e vai primeiro reconciliar-te com teu irmão; depois, vem apresentar tua oferenda" (Mt 5,23-24).

Assim, se a caridade consiste em doar-se ao próximo como Deus e Cristo se doam, ela constitui, ao mesmo tempo, uma *redamatio* de Deus. E é exatamente essa a revelação e a novidade do amor cristão.

O mandamento do Levítico (19,18) a respeito da primazia absoluta do amor de Deus permanece no cristianismo e é nele reafirmado (Mt 22,39; Mc 12,31; Lc 20,22), mas Jesus nos revela o novo modo de praticá-lo e torná-lo atual: amando ao próximo. "Em verdade vos declaro, todas as vezes que o fizestes a um destes mais pequenos, que são meus irmãos, foi a mim que o fizestes" (Mt 25,40). São Paulo capta bem o pensamento do Mestre quando resume toda a lei no amor ao próximo (Rm 13,10), certamente não porque esse amor ocupe um lugar adiante daquele de Deus, mas porque é exatamente amando ao próximo que se ama a Deus. Ele intuiu e compreendeu essa verdade fundamental já no caminho de Damasco, quando o Senhor lhe disse: "Eu sou Jesus, que tu persegues" (At 9,5). À luz dessa revelação fulgurante é absolutamente normal para ele pensar que o amor ao próximo seja expressão do mesmo amor por Deus e por Cristo (cf. 1Cor 8,12). Feito participante pela incorporação a Cristo da mesma natureza divina, o cristão entrou tão profundamente no coração de Deus, e tornou-se a tal ponto o seu próximo, que tudo aquilo que cabe a um cabe, necessariamente, também ao outro. Nada como o próximo faz Deus estar próximo, pelo que cada encontro com um é um compromisso com o outro: "Foi a mim que o fizestes". A caridade fraterna alcança e nos dá Deus: "Deus é amor, quem habita no amor habita em Deus e Deus nele" (1Jo 4,16). Isto vale desde então; estamos, de modo definitivo, no absoluto. "Amemo-nos uns aos outros porque o amor vem de Deus; todo aquele que ama nasceu de Deus e chega ao conhecimento de Deus" (1Jo 4,7): a caridade pelos seres humanos, portanto, indica a presença de Deus em nós e nos faz encontrá-lo. Respondemos ao amor do Pai entregando-se totalmente ao movimento de amor que ele nos imprime. Já não parece surpreendente, então, que a caridade fraterna tenha o mesmo caráter de amor cultual, consagração, serviço, dom daquela para Deus (Gl 5,13), um débito do qual não nos libertamos mais (Rm 13,8; Fm 19).

Por outro lado, se a caridade cristã é uma participação naquela mesma caridade de Deus, não surpreende que tenha por objeto necessário o próximo. A caridade, com efeito, é, em Deus, vontade de salvar todos os seres humanos, tornando-os participantes de sua vida por sua inserção em Cristo. Cristo colocou-se a serviço dessa vontade de amor: ele é a encarnação dessa vontade do Pai. Também o Espírito está a serviço desse amor; e é sempre pelo mesmo objetivo que é doado aos que creem. Por sua presença ativa, que inclui a do Pai e do Filho, o crente torna-se, por sua vez, portador da caridade de Deus. Esta tem sempre o mesmo objeto, porque cria e desenvolve naquele que a recebe um querer sincero de perseguir a obra de Deus, colocando-se a serviço de todos, amigos e inimigos, para ajudá-los eficazmente na busca da salvação. Se o fim imediato da caridade de Deus é salvar o ser humano, é natural, então, que o objeto imediato da caridade do cristão seja o próximo, e que justamente amando o próximo o cristão cumpra a vontade de Deus e ame a Deus. Foi assim, com efeito, que Cristo amou a Deus e cumpriu a sua vontade: imolando-se por nós (Ef 5,2). Visto que Deus não pode amar-nos senão enquanto somos seus e constituímos uma sua imagem, assim também a nossa caridade amará no outro a Deus, que se comunica nele e está presente nele. Isto será expresso pela teologia com a fórmula: amar ao próximo em Deus ou por Deus.

Assim compreende-se por que São Paulo escreveu: "*qui diligit proximum legem implevit*" (Rm 13,8-10) e por que, tratando do amor, fala com mais frequência do amor ao próximo: porque esse é o fim imediato da caridade divina e, então, cristã. Só existe uma caridade; e se a caridade é uma só, a de Deus derramada em nossos corações, ela não pode deixar de tender para o mesmo objeto, nem deixar de ter como fruto e como expressão a unidade. É sempre o mesmo amor que, vindo de Deus, passa pelo coração de Cristo e se expande no coração dos fiéis (cf. Rm 8,39). Na Escritura, quando se fala de caridade, ou de caridade de Deus, entende-se sempre o amor que vem de Deus, mesmo quando se trata explicitamente de nosso amor pelos outros. É a caridade de Deus por nós que é a caridade de Cristo (2Cor 5,14; Ef 3,19) e a caridade do Espírito (Rm 15,30), que se torna nossa (Rm 5,5) e persegue sempre o mesmo objeto, a edificação da Igreja e a salvação dos seres humanos (VIARD, A. V. La charité dans le Nouveau Testament. *L'Ami du Clergé* 72 [1962] 633-635).

Na realidade, esta é a revelação do Novo Testamento: cumprimos o nosso dever de amar a Deus, amando ao próximo. "Eu vos dou um mandamento novo: que vos ameis uns aos outros; como eu vos amei, assim amai-vos também vós uns aos outros" (Jo 13,34). Parece que a preocupação de Deus é amar os seres humanos não só com o seu coração mas também com o deles; e, no momento em que está para subir ao céu, quer assegurar-se dessa continuidade. Com efeito, não só o ágape é de origem divina, mas o próprio Cristo vive no cristão, e é ele quem ama. O crente vive a caridade fraterna porque vive de Deus e com Deus. Pode-se, pois, considerar como uma representação sensível, uma atualização, o sacramento vivo do ágape divino (cf.

Ef 5,1-2). O amor doado gratuitamente ao cristão deve ser, por sua vez, doado aos outros: eis o que constitui o Corpo místico e a → IGREJA, continuação no tempo do amor do Cristo.

Esse amor ao próximo, a característica mais evidente da vida terrena do Filho de Deus, deve tornar-se a característica dos seus seguidores. É o sinal de Cristo: "Nisto todos reconhecerão que sois meus discípulos: no amor que tiverdes uns para com os outros" (Jo 13,35). "Amai-vos como eu vos amei"; como? "Como o Pai me amou, assim também eu vos amei" (Jo 15,9). Amar como Cristo é participar do próprio amor de Deus e estendê-lo ao próximo.

No plano da moral prática, o cristão é um ser humano que se consagra ao amor de seu próximo. Em outras palavras, a religião verdadeira consiste em praticar a caridade fraterna (Tg 1,27; cf. Rm 3,8-10; Gl 5,14). Demonstramos amar a Deus na medida em que amamos o irmão e o servimos.

Visto ser idêntica à de Deus, a caridade fraterna deve tender a ser mútua, do contrário não pode constituir aquela unidade que foi e que é o grande desejo de Jesus: "Quanto a mim, dei-lhes a glória que tu me deste, para que sejam um como nós somos um, eu neles como tu em mim, para que eles cheguem à unidade perfeita e, assim, o mundo possa conhecer que tu me enviaste e os amaste como tu me amaste" (Jo 17,22-23). Para que a caridade seja perfeita, à imagem da trinitária, deve ser mútua. A comunhão não é possível se o amor não for intercambiável. Não basta amar, é preciso de todas as maneiras esforçar-se para tornar-se amável e digno de amor para suscitar e estimular nos outros a resposta, e viver, assim, em unidade. Por outro lado, amar sem esforçar-se para suscitar amor no outro significaria não amá-lo, porque seria não desejar-lhe aquilo que mais o salva e aperfeiçoa: o amar.

8. DIMENSÃO UNIVERSAL E PESSOAL DO AMOR CRISTÃO. Visto ser amor de Deus, o amor cristão não pode ser limitado a um círculo de pessoas; por sua natureza é universal enquanto Deus ama a todos e todos somos um em seu amor. "Sejam todos irmãos", nos diz Jesus (Mt 23,8); unificados e identificados em uma comunhão mística com ele próprio, pelo amor que nos une a todos em um só corpo. Isto nos diz como a caridade deve transcender as exterioridades para fixar-se em Cristo, que de todos faz um. O nosso amor, todavia, não é somente para os irmãos (Rm 12,14-20); exatamente porque é participação do amor de Deus, que faz chover sobre justos e injustos (Mt 5,45), estende-se também aos inimigos. O seu escopo, com efeito, é o pleno desenvolvimento do Corpo místico até que Deus seja tudo em todos. Na revelação, o ser humano é um ser divino ou divinizável, pertencente a Cristo ou feito para pertencer-lhe. É isto que o define. Assim, a fraternidade universal da caridade está fundamentada na vocação comum a todos os seres humanos de tornar-se filhos de Deus. Mas essa filiação não precede o amor, antes, é uma sua consequência. Deus nos amou ainda pecadores, reencontrando em nós a imagem que tinha criado e a capacidade de responder ao seu amor. Essa capacidade existia em nós antes que fôssemos justificados, e subsiste latente naqueles que hoje são nossos adversários e amanhã poderão ser nossos irmãos. Separar o ser humano do mal que cometeu e continua a cometer significa torná-lo si próprio e descobri-lo como Deus quer que ele seja, ajudando-o a sê-lo (cf. ZANETTI, *Dinamismo dell'amore*, 52-53). Com isto amamos o outro pelo que realmente é, e o amamos para que seja cada vez mais assim, prescindindo daquilo que deturpa nele a imagem de Deus, impedindo o direcionamento para ele.

A caridade, portanto, abraça todos os seres humanos sem excluir ninguém. É universal não por nos permitir cair na abstração e não pagar pessoalmente, mas, "ao contrário, por tornar-se concreta, tornar-se toda para cada um, amar e servir quem quer que encontre e entrar em uma comunhão vital com as infinitas intenções de Deus: Deus é o centro do qual o cristão sabe ter-se tornado um ínfimo raio entre os outros e com todos os outros. Exatamente porque entrou no infinito, faz-se presente onde está para amar e servir naquele lugar" (PERRIN, *Il mistero della carità*, 478). Caridade universal, todavia, não significa negação de relação pessoal, ao contrário, Deus certamente ama cada ser humano de modo personalíssimo; assim, se eu não o amar como pessoa, não o amarei como Deus o ama: em outras palavras, não terei caridade. Ela, exatamente porque me faz atingir no outro aquele fundo do ser espiritual que o une a Deus e o constitui pessoa, é necessariamente relação pessoal como e mais que qualquer outro amor.

Não é inútil insistir nessa exigência personalista do amor de caridade, porque com muita frequência somos tentados a confundi-lo com a beneficência. "Quantos pobres têm mais necessidade de um sorriso que de pão, porque estão sozinhos, e cada ser humano enquanto pessoa é relação com o outro! É caridade suprema (e, ao mesmo tempo, um dever nosso determinante) aceitar a tarefa de ser o término dessa relação, de ser "o outro" de um ser humano, e de inumeráveis seres humanos, nossos irmãos" (GILLEMAN, *Il primato della carità*, 397). Amor forte e viril, a caridade tinge-se de ternura segundo o exemplo de Jesus, que alimentava a Igreja e a cercava de cuidados como se faz com uma esposa; e é dessa forma que São Paulo amava os fiéis (2Cor 11,1; 12,15; 1Ts 2,7-8). Quanto o ágape exige de renúncias pessoais (Rm 15,1-3), igualmente as suas manifestações e os seus frutos se caracterizam pela benignidade, mansidão, paciência, doçura, paz, compaixão, alegria (Gl 5,22-23; 1Cor 13,4-7; Ef 5,31; 6,2; Cl 3,12-15; cf. SPICQ, op. cit., 312, vl. I).

Exatamente porque a caridade faz-se nós, todas as nossas afeições humanas podem, antes devem, fazer parte dela; se não for assim, significa que ela não nos penetra no íntimo do ser e não nos possui totalmente. Todos os nossos legítimos afetos humanos devem tornar-se o elemento material que torna possível a encarnação e a manifestação da caridade em nós, de forma que o ser humano inteiro, não só em seus carismas divinos mas também em seus meios humanos, esteja a serviço do amor. Querer bem sem ter uma relação de coração com o outro é, no máximo, ter benevolência, todavia não é amar. A caridade, em vez disso, é amor; amor divino que se encarna, vive, transforma-se e manifesta-se no ser humano, de modo humano. A caridade afunda as suas raízes em todos os nossos legítimos afetos, tudo assume e transforma, de sorte que nada mais existe em nossa vida que seja subtraído dessa divinização operada pelo amor sobrenatural. Se os nossos afetos humanos constituem a parte material da caridade, compreender-se-á então como eles são necessários e como é suspeita e sujeita a ilusão aquela forma de amor cristão que, pretendendo ser puramente espiritual, não sente pelos outros nenhuma afeição e nenhum sentimento.

Talvez um mal-entendido ascetismo pode ser a causa da aridez de nossa caridade. Certamente a caridade está na → VONTADE como em seu sujeito: logo, supõe de nós um ato de determinada potência, mas não significa que seja completamente desprovida de → AFETIVIDADE. Esse amor tem ressonância na sensibilidade e assume tonalidades diferentes segundo o → TEMPERAMENTO, a → CULTURA, a idade etc. Por outro lado, a própria vontade não é uma pura vontade sem afeto. Santo Tomás afirma que a dileção, ou amor de caridade, não é só benevolência, mas também união afetiva (*STh*. II-II, q. 22, a. 2), isto é, ela é verdadeiro amor. Isto se verifica mais naturalmente em nossa caridade pelo próximo, que nos atinge exatamente pela sensibilidade. Todavia, é preciso lembrar que a caridade não é em si nem uma paixão nem uma → SIMPATIA qualquer, e nem uma → AMIZADE propriamente dita, fundamentada em uma atração suscitada pelas qualidades alheias, por seus valores ou seus dons naturais (Lc 7,5).

Só são caridade aqueles afetos que no ser humano chegam à realidade absoluta que o une a Deus. Cada afeto, cada gesto de dedicação bom e legítimo são úteis, antes necessários, à caridade, porém só entram no absoluto na medida em que nós queremos para o irmão aquele bem total que Deus lhe deseja: ou seja, o próprio Deus. Isto não destrói nenhum valor humano, nem dissipa nenhum dos vínculos enlaçados por nossa natureza e liberdade; ao contrário, essa nova luz os coloca em toda a sua verdade e dá a eles todas as suas efetivas dimensões (cf. PERRIN, op. cit., 524).

Infelizmente, devemos reconhecer que essa comunhão universal, e ao mesmo tempo pessoal, torna-se, nesta terra, bastante difícil, pelo fato de que dependemos ou somos fortemente condicionados pelas aparências externas e pelas modificações que, independentemente de nós, elas suscitam em nossa sensibilidade e, por reflexo, em nosso espírito. É por isso que a caridade encontra-se em nós ainda em estado embrionário: só na glória seremos capazes de vivê-la de modo perfeito. Contudo, exatamente porque é universal, a caridade não perde a chance de servir aos que encontra em seu caminho. Isto, todavia, só é possível se enxergamos o próximo em Deus e, consequentemente, o amamos por Deus. Somente essa perspectiva nos permite ter um amor universal por todos os seres humanos e um amor pessoal para cada um dos irmãos que encontramos em nosso caminho.

Essa fórmula, no entanto, é hoje motivo de escândalo para muitos. Dizem: amar o ser humano por Deus não será, acaso, amá-lo como meio ou como instrumento? Não é rebaixá-lo ao grau de coisa e impedir a benevolência, o desinteresse, o afeto? Não significa, talvez, usar a devoção a ele como meio para demonstrar a primazia divina e a exclusividade de seu direito de amor?

9. AMAR EM DEUS. Supondo-se que o ser humano seja dependência plena, total, radical e contínua de Deus, emerge claramente de que modo amar o outro em Deus é, ao contrário, a única maneira de amá-lo verdadeira e perenemente, já que é amar o outro pelo que ele realmente é, e que jamais poderá perder, porque o constitui essencialmente em sua verdade mais profunda: a sua relação com Deus e com todos os outros em Deus.

O ser humano assume todo o seu valor pelo ato com o qual Deus o cria e pela vocação à qual o chama. Relação e direção para Deus: eis o → HOMEM. Qualquer outro amor que não atinge essa profundidade, isto é, que não vê a Deus no outro, permanece mais ou menos superficial e está destinado a morrer, porque as qualidades nas quais se fundamenta são fugazes. Se não se chega a amar-se em Deus, o amor fica condicionado e ligado não à verdadeira realidade do outro, mas a algumas das suas manifestações, sujeitas a mudanças contínuas, com o risco gravíssimo de que, de uma hora para outra, ele se dissipe com elas. É essa a razão de tantos fracassos no amor humano.

Quem, em vez disso, chega a amar o outro em Deus, chega a amá-lo no mais íntimo do eu que não muda, ou seja, em seu aspecto mais essencial, que o constitui pessoa, assegurando, assim, a verdade e a perenidade do amor.

Nessa profundidade, também podemos compreender e praticar o mandamento, humanamente absurdo, de amar o inimigo. Por mais que se encontre no mal, o ser humano não é esse mal, ele conserva toda a dignidade de pessoa ontologicamente constituída em sua relação imediata com Deus, que a ama e a respeita em sua liberdade. Também diante da injustiça e do ódio o amor subsiste intacto, porque vê no outro aquilo que é capaz de tornar-se novamente perfeito: a obra de Deus.

Fazendo que amemos a Deus com uma relação de amizade, o amor infuso de caridade situa-nos sob a sua ótica. Somos, então, uma só coisa com ele, logo, amamos aquilo que ele ama e porque ele ama. Cada um dos seus filhos, objeto do amor de adoção, como cada um dos seres humanos, que ele chama para ser seu filho, terá para nós o mesmo valor que tem para o Pai, então desejaremos ter com ele a mesma comunhão e nos será mais próximo, mais caro e mais unido do que estaria em qualquer relação de afeto calcada na comunhão humana (cf. PERRIN, op. cit., 205).

Quem diria que o ser humano é menos amado porque é amado em sua verdade e totalidade? Amar em Deus quer dizer amar ao próximo pelo que ele é em si mesmo e como si mesmo. O que nos faz amar os nossos semelhantes é o ideal de bondade e de beldade que descobrimos neles. A mesma coisa acontece com a caridade: quanto mais amamos a Deus com fervor, mais nos apegamos aos nossos irmãos que vivem ou podem viver de Deus. Assim fazendo, é a eles que amamos, não em suas particularidades defeituosas, mas nessa participação divina que possuem e que os faz ser aquilo que essencialmente são.

Assim, quanto mais se vê a Deus no outro, tanto mais a caridade o ama. Somente na medida em que se vê a Deus no outro, se garante a pureza do amor e se evita o dobramento egoísta sobre si mesmo. É somente em relação a Deus, com efeito, que eu posso ter um amor total e incondicional, que prescinda completamente de mim até ao sacrifício de mim mesmo, como a parte em relação ao todo. E é somente porque o amo em Deus que o outro se torna digno de todo o meu amor; é só porque o amo por Deus que me sinto compromissado a doar-me totalmente.

Convém lembrar, por outro lado, que a caridade nunca é de origem humana, mas extensão do amor do Pai pelo Filho e do Filho pelos seres humanos. A caridade corre de Deus para o ser humano e estende-se naturalmente deste até ao seu próximo. Quanto mais amamos a Deus, quanto mais somos possuídos por esse amor, tanto mais amamos o próximo.

É preciso, porém, admitir, que com muita frequência o nosso amor é imperfeito e interessado. Muitas vezes amamos pela esperança de alcançar a Deus mediante determinada ação. Talvez seja este o sentido pelo qual com frequência se usurpa a expressão "amar o próximo por Deus", e é certamente o mais impróprio, já que não se trata de amor de caridade, mas simplesmente do exercício de uma virtude qualquer, motivado pela esperança de obter um bem maior. Isto não é, portanto, amor de caridade: a nossa preocupação, com efeito, não é amar e sim ganhar Deus e a bem-aventurança eterna. "Para alcançar isto existem condições a serem cumpridas, entre as quais uma das principais é o amor ao próximo. Mas, se nos deixarmos hipnotizar pela preocupação da salvação pessoal, queremos e faremos o bem ao próximo porque é preciso; o amaremos *effective*, se amar quer dizer praticar a nossa benevolência em relação a alguém; mas não o amaremos *affective*, não realizaremos entre ele e nós aquela amizade cordial e fervorosa na qual consiste a verdadeira caridade. Os nossos irmãos se beneficiam com os nossos dons e com a nossa dedicação, por causa de Deus, que é preciso alcançar, em vista do fim que queremos a todo custo obter; a esperança, porém, não pode ir além e fazer-nos amar a Deus nos nossos irmãos, presente neles quase formalmente e que os torna dignos de amor em si e por si mesmos. Muitos cristãos, que vivem sobretudo de esperança e muito menos de caridade, mantêm-se nessa atitude de simples benevolência pelo próximo, por causa de Deus, que é preciso servir e ganhar, dando motivo, junto aos não crentes, de uma ignorância total da verdadeira caridade" (Héris. L'amour du prochain et la charité. *L'Ami du Clergé* 74 [1964] 262). Esse erro de enfoque de vida é muito mais frequente do que se pensa, mesmo entre cristãos fervorosos. É esta, talvez, a razão pela qual a nossa vida não consegue ser para os seres humanos uma manifestação e um testemunho de Deus.

10. A MEDIDA DE NOSSO AMOR. "Assim como Pai me amou, eu também vos amei" (Jo 15,9). "Como eu vos amei, assim também vós deveis amar-vos uns aos outros" (Jo 13,34; 15,12). "Revelando-nos que o amor com o qual nos ama é o mesmo com o qual é amado pelo Pai, e induzindo-nos a amar-nos uns aos outros com esse mesmo amor, o Senhor nos aprofunda em um mistério de exigências e de promessas; dá vida a uma realidade que não se assemelha a nenhuma outra" (Perrin, op. cit., 461).

Deus é um exemplo terrível para o ser humano: é renúncia total a si mesmo, relação subsistente, doação completa. É exatamente desse modo que nos pede para amar. Para que não nos refugiássemos no mistério das relações trinitárias, a fim de procurar esvaziar ou minimizar esse preceito, Jesus insiste: "Amai-vos como eu vos amei".

Cristo, com efeito, qual encarnação do Deus-Amor, constitui para nós o exemplo concreto de como devemos vivê-lo. Quando Filipe pediu ao Senhor que lhes mostrasse o Pai, recriminando-o docemente Jesus respondeu: "Eu estou convosco há tanto tempo, e entretanto, Filipe, não me reconheceste? Aquele que me viu, viu o Pai" (Jo 14,9). Já meditamos essas palavras diante do Crucificado? O Crucificado: eis o autêntico retrato de Deus. Quando o amor se encarna, eis no que se transforma. O cristão, transformado e chamado a viver do mesmo amor de Deus, tem diante de si aquilo em que deve tornar-se. Viver de amor significa renúncia a si, em uma doação total aos outros. "Ninguém tem maior amor que aquele que dá sua vida por seus amigos" (Jo 15,13) insiste Jesus, e João conclui: "Nisto é que conhecemos o amor: ele [Jesus] deu a sua vida por nós; também nós devemos dar a nossa vida por nossos irmãos" (1Jo 3,16). Visto que nisto consiste o amor verdadeiro, que Deus dá seu Filho e seu Filho dá a vida (cf. Jo 4,10; 3,16), o amor fraterno tem como nota essencial não amar com palavras e sim com obras (1Jo 3,18), doando-se a um serviço humilde e fervoroso, no exemplo de Cristo. Não basta o espírito, é preciso realmente doar-se aos outros (Jo 13,17), unir amor cordial e sacrifício de si (1Jo 3,16), como o bom samaritano (Lc 10,29-37); perdoando ilimitadamente (Mt 18,21-22) e aceitando de bom grado renunciar também aos próprios direitos (Mt 5,38-47). A Igreja primitiva levou muito a sério esse modo do ágape de Cristo. Os Atos nos dizem que os fiéis "eram um só coração e uma só alma" (4,32), e os pagãos constatavam: "Vejam como se amam, a ponto de morrer uns pelos outros" (Tertuliano; cf. Spicq, op. cit., 345, vl. III).

De origem e natureza celestes, a caridade possui algo de infinito: é sem medida. A cruz nos diz o que significa amar como Deus e como Cristo. Mas talvez encontremos uma manifestação ainda mais eloquente e um estímulo ainda mais insistente para a doação total na → EUCARISTIA. "A recomendação paulina de não ter outros débitos senão o amor, revela aqui as suas dimensões. Àquele a quem Deus doou a si próprio, quais dons humanos podem ser proporcionais? Encontram-nos ainda e sempre dentro da mesma lógica da caridade: "Nisto é que conhecemos o amor: ele [Jesus] deu a sua vida por nós; também nós devemos dar a nossa vida por nossos irmãos" (1Jo 3,16). É sempre a mesma concatenação: Deus ama, nós devemos amar aos seus filhos; Deus se doa, nós devemos doar-nos totalmente aos nossos irmãos. Exprimindo o dom, a Eucaristia nos aponta o débito contraído. [...] A ideia expressa pela metáfora do "deixar-se comer encontra aqui a sua luz plena" (Perrin, op. cit., 594).

11. A CARIDADE E AS OUTRAS VIRTUDES. Se a caridade é o cerne do ser cristão, é evidente que deva ser determinante o papel que exerce em toda a atividade sobrenatural. Única entre todas as virtudes que opera uma perfeita disposição para Deus, que alcança imediata e plenamente, ao contrário das virtudes morais que não têm a Deus como objeto, e das outras virtudes teologais que importam uma certa distância de Deus, ainda não possuído e visto.

Quando São Paulo escreve que a caridade é a maior de todas as virtudes (1Cor 13,13), apenas resume todo o ensinamento do Novo Testamento. A caridade vivifica todas as outras, tornando-as operantes, dá-lhes um significado e um valor (*Ibid.*, 1-3). Esse dado revelado é traduzido pela teologia em fórmulas que, se bem compreendidas, ajudam muito a entender e a valorizar o influxo da caridade nas várias manifestações da vida cristã. Tudo pode ser resumido na expressão: a caridade é fim, princípio e forma de todas as virtudes. Procuraremos expor brevemente essa doutrina reportando-nos ao pensamento de Santo Tomás.

a) *Caridade fim e princípio das virtudes.* A filosofia nos diz que na escala dos seres há um princípio primeiro universal que exerce a sua ação por intermédio de causas segundas, em uma ordem admirável de dependência recíproca; tal processo verifica-se também na ordem dos fins. Através da obtenção de fins particulares, direcionados, por sua vez, para fins superiores, todas as criaturas retornam a Deus, no modo e com a perfeição que lhes é possível. O ato ou operação com o qual um ser alcança e possui o seu fim último constitui a sua perfeição; consequentemente, todas as outras operações, referentes a objetos ou a fins particulares, estão em função e, naturalmente, tendem para essa operação perfeita, que, assim, constitui-se automaticamente fim de todas as outras. No ser humano, essa operação perfeita só pode ser a atuação das suas potências mais nobres: intelecto e → VONTADE, que têm como objeto imediato o fim último. Visto que a vontade, ao contrário do intelecto que conhece na obscuridade da fé, desde já é capaz de operar com relação a Deus de modo especificamente idêntico ao que irá operar na → BEM-AVENTURANÇA, resulta que a operação mais perfeita própria do ser humano nesta terra é aquela própria da vontade. Contudo, a operação própria da vontade é amar, então o fim próprio do ser humano é o amor. O fim próprio, portanto, no qual se realiza o valor fundamental da vida do ser humano e que constitui o fim totalizante de todos os outros fins particulares e setoriais será o amor, a caridade. Consequentemente, todos os atos das outras virtudes devem ser direcionados para a caridade, que, assim, torna-se fim de toda lei. É nesse sentido que deve ser tomada a expressão *caritas finis praecepti* (cf. 1Tm 1,5). A lei divina e todas as virtudes não têm outro escopo senão este: o amor, fazer do ser humano um amador de Deus. Tendendo para o amor, e contribuindo para desenvolver o amor, elas alcançam a Deus. É natural, por outro lado, porque Deus é amor, e tudo aquilo que conduz a ele deve conduzir ao amor. Sem a caridade, portanto, nenhuma virtude é perfeita; somente ela direciona a vida do ser humano para o fim último, e sem esse direcionamento, não se pode falar de perfeição de virtude, já que esta tem por missão justamente tornar o ser humano perfeito e, então, colocá-lo em ordem e conduzi-lo ao fim último, no qual só se encontra a perfeição suprema.

Tal ofício, porém, de direcionar tudo para o fim, é exercido pela caridade não só como causa final (*finis quo*), mas também como causa eficiente (*motor*). Para compreender isto, basta pensar na função da vontade em relação às outras potências e ao dinamismo do amor como causa universal de qualquer atividade. Assim, mesmo que, logicamente, nem todo ato virtuoso é gerado pela caridade, todavia é sempre comandado por ela, pelo qual é justamente chamada "princípio motor de todas as virtudes" (*In III Sent.*, d. 27, q. 2, a. 4, s. 2, ad 4). Desse modo, a caridade é, ao mesmo tempo, raiz de toda ação e fim dela; e, como na ordem especulativa toda conclusão procede dos primeiros princípios e a eles pode e deve poder ser reconduzida, assim na vida prática cada ação procede da caridade (*motor*) e a ela deve ser reconduzida (*finis*). Tem-se, assim, que fim e fundamento da perfeição humana é a caridade, quer enquanto eleva e aperfeiçoa formalmente a vontade, quer enquanto influi sobre todas as outras virtudes como princípio motor e fim unificador. Tudo isto significa que em toda verdadeira virtude cristã a caridade está presente e operante.

O que irá constituir a virtude em seu aspecto específico será sempre o seu objeto particular, que a distinguirá das demais virtudes e da própria caridade. Todavia, esse mesmo objeto, princípio de distinção, é, ao mesmo tempo, princípio de união e de dependência da caridade, visto que "um" bem divino, objeto de uma determinada virtude, não pode deixar de ser relacionado à *bonitas divina* ("o" bem divino), que é objeto da caridade. Assim, qualquer *bonum particulare*, e relativa virtude, pode ser considerado como tendo relação ontológica com a caridade. Convém observar que a caridade, mesmo só sob o ponto de vista do objeto, não se distingue das outras virtudes como essas se distinguem entre si. → JUSTIÇA e liberalidade são distintas e independentes entre si, ainda que tenham como objeto o mesmo bem material. Diante da caridade, porém, as coisas mudam: já não se trata de duas virtudes que se distinguem adequadamente, porque têm um objeto formal completamente diferente, mas de um bem particular e do *bonum simpliciter*, no qual o primeiro está eminentemente contido.

Do fato de que cada → VIRTUDE tem por objeto um bem, que, em certo sentido, pertence à caridade, resulta não só que cada uma delas é inclinada a obedecer aos seus comandos, logo, a ser regida por ela, mas também que naturalmente tende à perfeição da própria caridade. Isto significa que a perfeita obtenção do próprio bem por uma virtude não pode deixar de estar ligada a um aumento da caridade e, *a fortiori*, um perfeito amor de caridade não pode deixar de trazer um aperfeiçoamento de todas as outras virtudes, num recíproco influxo de causalidade.

Essa "unidade" que encontramos sob o aspecto do objeto é também encontrada no sujeito que age. Cada ato virtuoso é um ato de um ser humano, que é pessoa orgânica em todo o seu agir, que direciona os fins particulares para um fim total, no qual se realiza o valor fundamental da existência: alcançar a Deus, para participar nele, em comunhão com os irmãos, da vida em plenitude. Em cada ação o amor do fim está sempre presente, como substrato indispensável e como condição resolutiva.

Todas as potências e todas as virtudes possuem, sem dúvida, uma finalidade própria, e tendem, cada qual a seu modo, para Deus, mas participam do seu impulso voluntário só pela vontade que, enquanto impulso do ser humano, torna cada ato verdadeiramente humano. Visto que a vontade participa atualmente com a sua voluntariedade no ato de uma potência somente enquanto vê em seu objeto uma participação e como uma antecipação do fim (que é o seu objeto próprio) — já que nenhuma potência pode tender para um objeto que não é seu —, resulta que cada ação, então, somente é verdadeiramente humana enquanto exprime relação com o fim. Desse modo, nenhum objeto moral pode ser julgado tal pela consciência e desejado pela vontade senão em relação com o fim último. Considero um objeto bom ou mau somente em relação a um termo que, para mim, tem um valor de bem absoluto; do mesmo modo a vontade se remete para um objeto somente enquanto ele diz relação e participação do bem absoluto (que é o seu objeto próprio). Consequentemente, em qualquer objeto moral vê-se não só o fim imediato, mas também a relação com o fim último. Relação objetiva: enquanto cada bem particular é participação daquele bem divino, e enquanto cada apetite particular tende objetiva e naturalmente para Deus. Relação subjetiva: enquanto a vontade tende para este objeto e faz seu este apetite só porque tende para o fim; assim, o amor desse objeto nada mais é que amor do fim. Isto significa que, no amor de qualquer coisa, ama-se algo mais que a própria coisa. Por intermédio de cada amor particular, o ser humano tende mais ou menos explicitamente para Deus e para a fruição de um termo imutável de amor que será a sua bem-aventurança total.

Em cada ato virtuoso, portanto, o que domina e torna verdadeiramente humano o ato é sempre o amor do fim. Se olharmos para os diferentes objetos, teremos os diferentes atos de virtude (justiça, → PACIÊNCIA, → OBEDIÊNCIA...); se olharmos para a vontade como tendência da pessoa que vive a sua amizade com Cristo e com Deus, qual valor fundamental e último, o ato será uma particular encarnação da caridade. Isto nos faz compreender de que modo a caridade permeia e forma todas as virtudes, e como pode e deve estar presente em cada ato sobrenatural, não só como razão e fim, mas como formação e base do próprio ato. Neste sentido, os teólogos costumam falar da caridade como *forma virtutum*.

b) *Caridade "forma" das virtudes*. O primeiro motivo pelo qual a caridade se diz e é forma das virtudes deriva do fato de que ela é seu fim e sua causa movente. A causa agente, com efeito, opera sempre segundo a sua natureza, e a imprime aos seus efeitos, enquanto a causa final determina e especifica a ordem dos meios. Todavia, a forma como tal diz algo a mais além do simples influxo causal, eficiente ou final. Santo Tomás escreve:

"Nenhum hábito, de qualquer potência, pode ser considerado meritório senão enquanto essa potência participa da perfeição própria da vontade. Perfeição que, na ordem sobrenatural, é constituída pela caridade: resulta que nenhum ato pode ser meritório, isto é, plenamente virtuoso, senão na medida em que for voluntário. E isto se verifica, exatamente, enquanto a vontade move as outras potências e comanda os seus atos" (*In III Sent.*, d. 27, q. 2, a. 4, s. 3). Nenhuma virtude pode ser perfeita senão por uma "participação" da caridade, e é justamente por essa participação que ela se torna forma, isto é, perfeição das virtudes. Como na ordem natural um ato não pode ser humano e meritório se não participa da liberdade e da voluntariedade, assim na ordem sobrenatural um ato ou um hábito não pode ser plenamente virtuoso e cristão se não participa da caridade. Falamos aqui, obviamente, das virtudes enquanto meritórias, isto é, em relação ao fim último e em função do aperfeiçoamento do ser humano inteiro. Não se trata, portanto, da virtude considerada em seu "ser psicológico" e sim em seu "ser moral", isto é, aquele que ela adquire dependentemente de sua relação com o fim último.

Essa relação é, em certo sentido, extrínseca à virtude considerada em seu ser psicológico (já que a sua forma constitutiva é dada por seu objeto imediato), mas lhe é essencial e intrínseca se considerarmos o seu *esse moris*, visto que é próprio e essencial da virtude tornar bons a potência e o ato que produz, o que é dado, exatamente, pela proporção com o fim. Ora, o fim do ser humano, na ordem sobrenatural, é Deus em si mesmo. E é por isto que na atual economia não se concebem virtudes naturais que sejam verdadeiramente virtudes no pleno sentido da palavra, já que elas não podem de nenhum modo tender a alcançar a Deus como é, em si: uma virtude que não é capaz de conduzir ao fim (já dissemos) não é virtude. Sabe-se que somente a caridade, por si mesma, une imediatamente ao fim como tal; logo, as outras virtudes, para que possam merecer e tender para ele devem ser "associadas" a ela, isto é, participar de sua perfeição. Esse é o motivo pelo qual a caridade também deve informar a → FÉ e a → ESPERANÇA, porque estas não tendem para Deus *sub ratione finis simpliciter*, mas *sub ratione veri* uma, e *sub ratione boni ardui* a outra. Por isso, não pode existir nenhuma verdadeira virtude sem a caridade, que é a única "forma" que torna verdadeiramente virtuoso qualquer hábito operativo. Tal informação e influxo não é só externo, mas penetra na virtude e faz parte essencial dela de forma a modificá-la intrinsecamente, direcioná-la para o fim e constituí-la no estado de verdadeira virtude. Com isto, a caridade é perfeição de todas as virtudes, seu fim, princípio motor e direcionador. A sua ação as permeia completamente e as transforma intrinsecamente, tornando toda a vida do ser humano um ato de amor virtual a Deus.

Essa informação e esse direcionamento das virtudes pela caridade é uma sua exigência natural; ela sempre acontece quando a alma está em graça (TOMÁS DE AQUINO, *De veritate*, q. 14, a. 5 a 13). Vimos, com efeito, de que modo a vontade nos conduz para cada objeto particular enquanto ali entrevê uma participação do fim, e assim, cada ato regido, pela intervenção da vontade já direcionada para o fim por causa da caridade, é também ele direcionado para o fim, já que é em função deste que é perseguido pela vontade. Desse modo, uma vez realizado o direcionamento atual da vontade, basta de per si para manter o ser humano e os seus atos constantemente endereçados a Deus. Com isto está resolvida a questão tão agitada em teologia: que grau de atenção ao fim último da caridade deve existir na intenção moral para que um ato de virtude particular seja perfeito, isto é, plenamente direcionado ao fim último, e, naturalmente, meritório. É evidente que, falando em geral, quanto mais essa intenção é atual, tanto mais a ação é perfeita; posto isto, porém, pensamos que tantos debates sobre esse assunto devem ser considerados já superados. Não se trata tanto de questão psicológica de atenção à superfície quanto de opção fundamental que coloca a vida inteira à espera de Deus, e em uma tendência para ele. Um pai, uma mãe, tudo aquilo que fazem, é feito para os filhos, pela família; sem necessidade de intenções atuais, virtuais, habituais, interpretativas: eles são doados aos filhos e à família. O mesmo acontece com quem se entregou a Cristo e a Deus, e vive deles em união vital: tudo aquilo que faz, fá-lo em conformidade com as exigências de seu ser, e como impulso para a obtenção daquilo que constitui o seu fim supremo: Deus e a sua glória. "Assim se explica que os fiéis de Cristo saberão, um dia, que eles mataram a sede, vestiram, visitaram a Cristo fazendo atos de misericórdia, todavia não pensavam no Cristo com o pensamento pensante, mas pensavam nele com o pensamento do "coração", com o pensamento profundo do ser" (Capone). Santo Tomás ilustra esse conceito com o exemplo do artista que, após ter estudado e organizado bem tudo segundo as regras da arte, passa à ação colocando em prática todas as normas, sem retornar novamente a elas com o pensamento (*In II Sent.*, d. 38, q. 1, a. 1, a 4).

12. AUMENTO DA CARIDADE. Visto que a caridade é a vida da alma, ela tende, necessariamente, a desenvolver-se. Cada ato bom, com efeito, que praticamos sob o influxo da caridade, nos faz merecer o seu aumento e nos dispõe a recebê-lo de Deus, visto que só ele pode infundi-lo. À pergunta se a cada ato virtuoso nos é infundido um proporcional aumento de caridade, Santo Tomás responde de modo claramente negativo. Do mesmo modo que na ordem material existem períodos em que a natureza se dispõe e se prepara para depois crescer, quando todas as condições acontecem (é durante o "sono" hibernal que "amadurece" o desenvolvimento primaveril), assim também ocorre com o crescimento da caridade. Todos os atos virtuosos dispõem-se para isto, enquanto a execução de um ato bom torna mais prontos para repeti-los melhor, mas a caridade aumenta de fato somente quando o ser humano se aplica com todas as suas forças para praticar um ato mais fervoroso, com o qual busca verdadeiramente direcionar-se todo para o bem e para Deus: nesse caso, verificando-se todas as condições de disponibilidade pelo indivíduo, Deus concede o aumento (*STh.* II-II, q. 26, a. 6). Porque para que a caridade cresça exige-se que o ser humano aja com todo o vigor de sua natureza e das suas capacidades naturais e sobrenaturais. Se o ato não procede *ex tota virtute habentis*, então será apenas uma disposição remota que precisa de atos posteriores mais perfeitos para que possa chegar ao aumento (cf. *In Sent.*, d. 17, q. 2, a. 3). Essa doutrina faz pensar e justifica o fato de que, após tantos anos de vida cristã normal, continuamos no mesmo ponto. O fato de que o aumento da caridade exija a aplicação de toda a capacidade operativa do sujeito significa que isto exige a presença e a colaboração de todas as virtudes; a perfeição das outras virtudes é, ao mesmo tempo, condição e efeito do aumento da caridade. Condição, porque ela não pode crescer se a alma não opera *secundum totam virtutem*, isto é, segundo todas as suas forças e capacidades; efeito, porque a caridade perfeita importa e causa a reta disposição das outras potências da alma e a sua subordinação à parte superior, na qual precisamente consiste toda a essência da virtude moral.

Isto vem confirmar a unidade inseparável de toda a vida moral e teologal, sob a influência decisiva e unificadora da caridade que, mais uma vez, aparece como o centro e a essência de toda a vida cristã. Parece claro, portanto, como toda a vida espiritual e a perfeição do ser humano seja causada, medida e especificada segundo os diferentes graus de caridade e segundo a atividade para a qual ela impele. "A santidade é o amor que foge do pecado, observa os mandamentos do Senhor, encontra em Deus a alegria e a paz. Quanto mais cresce no amor, mais luta contra o mal, mais é fiel aos mínimos preceitos do Evangelho, mais acha repouso em Deus. As três fases da vida espiritual (incipiente, proficiente e perfeita) reduzem-se a três efeitos distintos e complementares do amor" (Philipon).

Concluindo: todas as virtudes presentes no cristão vivem sob a influência direta da caridade, dela recebem seiva vital e perfeição e são a sua expressão concreta. O cristão é tal na medida em que ama. Isto nos ensina toda a revelação e nos confirma a teologia da caridade. Santo → AGOSTINHO afirma: "A meu ver, a virtude nada mais é que sumo amor a Deus. Até onde me é dado compreender, a distinção das virtudes só deriva de uma diferente manifestação do amor. As quatro virtudes cardeais podem ser assim definidas: a temperança como amor que se doa indiviso àquele que se ama; a fortaleza, amor que tudo tolera por aquele que ama; a justiça, amor que serve somente ao amado e que, assim, governa retamente; a prudência, amor que sabe discernir acuradamente entre aquilo que ajuda e aquilo que impede o seu exercício. Esse amor não é genérico, nem possui um objeto qualquer, mas o sumo bem, a suma sabedoria, a suma paz, ou seja, o próprio Deus. Donde se pode também dizer que a temperança é o amor a Deus que se conserva íntegro e incorruptível; a fortaleza, o amor a Deus que facilmente a tudo suporta e supera; a justiça é o amor que serve unicamente a Deus, e por isso mesmo ordena retamente tudo aquilo que está sujeito ao ser humano; a prudência é o amor que sabe discernir bem as coisas que o conduzem a Deus das que o podem impedir" (*De mor. Eccl. Cath.*, I, c. 15, n. 25).

Essas palavras constituem o melhor comentário para a célebre passagem na qual Paulo atribui todas as boas obras à caridade: "A caridade é paciente, a caridade é prestativa, não é invejosa, não se ostenta, não se incha de orgulho. Nada faz de inconveniente, não procura o seu próprio interesse, não se irrita, não guarda rancor. Não se alegra com a injustiça, mas se regozija com a verdade. Tudo desculpa, tudo crê, tudo espera, tudo suporta" (1Cor 13,4-7).

BIBLIOGRAFIA. Amore. In: ROSSANO, P. – RAVASI, G. – GIRLANDA, A. (orgs.). *Nuovo Dizionario di teologia Bíblica*. Cinisello Balsamo (Milano), 1988, 35-64; Carità. In: DE FIORES, S – GOFFI, T. (orgs.). *Nuovo Dizionario di Spiritualità*. Roma, 1985, 137-154; Carità. In: *Nuovo Dizionario di Teologia*. Roma, ²1979, 98-112; D'ARCY, M. C. *La double nature de l'amour*. Paris, 1948; GARRIGOU-LAGRANGE, R. *L'amore di Dio e la Croce di Gesù*. Torino, 1949; GARRIGOU-LAGRANGE, R. La perfection chrétienne consiste principalement dans la charité. *La Vie Spirituelle* 3 (1921) 81-88; ID. La charité des parfaits ou la perfection de la charité. *La Vie Spirituelle* 3 (1921) 401-411; 4 (1922) 1-20; GENNARO, C. *Virtú teologali e santità*. Roma, 1963; GILLEMAN, G. Le primat de la charité en théologie morale. Paris, 1952; GILLON, L. À propos de la théorie thomiste de l'amitié. *Angelicum* 25 (1948) 3-17; GUIBERT, I. de. Charité parfaite et desir de Dieu. *Revue d'Ascétique et de Mystique* 7 (1926) 225-250; GUILLOT. M. J. Charité fraternelle et unification de la vie chrétienne. *Cahiers de La Vie Spirituelle*. Paris, 1954, 137-150; GÜNTHÖR, A. *Chiamata e risposta*. Alba, ³1984, vl. II, 234-314; vl. III, 4-74; HERIS, C. La perfection de la charité. *La Vie Spirituelle* 82 (1950) 395-418; KELLER, M. J. De virtute charitatis ut amicitia quadam divina. *Xenia Thomistica* 2 (1925) 233-276; KELLET, M. J. La charité comme amitié d'après S. Thomas. *Revue Thomiste* 34 (1929) 445-475; *L'amore del prossimo*. Roma, Paoline, 1958; *La carità. Teologia pastorale alla luce di Dio Agape*. Bologna, 1988; LAVAUD, B. Attribution d'amour et charité. *La Vie Spirituelle* 6 (1927) 105-133; LEMONNIER, A. *Notre vie divine*. Paris, 1936; LEROUX, E. La charité príncipe de mérite. *Revue Ecclésiastique de Liège* 21 (1930) 219-229; Liebe. In: *Theologisches Begriffslexikon zum Neuen Testament*. Wuppertal, 1986, 895-906; LOCHET, L. Charité fraternelle et vie trinitaire. *Nouvelle Revue Théologique* 78 (1956) 113-134; NEVENT, E. *La vertu de charité*. *Divus Thomas* 40 (1937) 129-159; NICHOLAS, J. H. *Dio è amore*. Brescia, 1953; NICOLAS, J. H. Amour de soi, amour de Dieu, amour des autres. *Revue Thomiste* 56 (1956) 5-42; NOBLE, H. D. *L'amicizia con Dio*. Torino, 1940; NOBLE, H. D. S'unir à Dieu dans la charité. *La Vie Spirituelle* 13 (1926) 129-141; NOTHOMB, D. Charité envers le prochain et corps mystique. *Cahiers de La Vie Spirituelle*, Paris, 1954; NOTHOMB, D. Le motif forme de la charité envers le prochain. *Revue Thomiste* 52 (1952) 97-118; ID. La charité fraternelle et les autres amours humains. *Revue Thomiste* 52 (1952) 361-377; NYGREN, A. *Eros et Agape*. Paris, 1944; PERRIN, J. M. *Le mystère de la charité*. Bruges, 1960; ROYO, M. *Teología de la caridad*. Madrid, 1960; PETRÉ, H. *Caritas. Étude sur le vocabulaire latin de la charité chrétienne*. Louvain, 1948; PHILIPPE, P. Le role de l'amitié dans l avie chrétienne selon S. Thomas d'Aquin. Rome, 1938; PLÉ, A. La vertu de charité, sa nature, ses objets, son mystère. *Cahiers de La Vie Spirituelle*. Paris, 1954, 117-136; PUYDAUBET, J. de. La charité fraternelle est-elle théologale? *Revue d'Ascétique et de Mystique* 24 (1948) 117-134; ROSMINI, A. *La dottrina della carità*. Domodossola, 1931; ROSSI, L. Carità. In: *Dizionario Enciclopedico di Teologia Morale*. Roma, 1973, 88-99 (com bibliogr. escolhida); ROTUREAU, G. Amour de Dieu et amour des hommes. Paris, 1958; SALET, G. Amour de Dieu et charité fraternelle. *Nouvelle Revue Théologique* 77 (1955) 3-26; SALET, G. Le mystère de la charité divine. *Recherches de Science Religieuse* 28 (1938) 5-30; SCHULTES, M. De caritate ut forma virtutum. *Divus Thomas* 31 (1928) 5-28; SPIAZZI, R. *Piccola teologia della carità*. Roma, 1961; *Educazione alla carità*. Roma, Paoline, 1962; SPICQ, C. *Agape dans le Nouveau Testament*. Paris, 1958-1959, 3 vls.; TILLARD, J. M. *C'est Lui qui nous a aimés*. Bruges, 1963; VAN ROEY, E. De charitate forma virtutum. *Ephemerides Theologicae Lovanienses* 1 (1924) 43-65; VIARD, A. La charité accomplit la loi. *La Vie Spirituelle* 73 (1946) 27-34; ZANETTI, C. *Dinamismo dell'amore nella relazione di servizio*. Milano, 1969.

A. PIGNA

CARISMA. 1. ETIMOLOGIA E SIGNIFICADO. A palavra "carisma", em sua etimologia geral, designa o objeto e o resultado da graça divina (*charis*), uma espécie de favor ou de presente de Deus aos crentes de toda ordem e grau. É um vocábulo que com a raiz grega *char* indica alguma coisa que produz bem-estar, o resultado de uma doação. É desconhecido no grego clássico, nas religiões místéricas do ambiente helenístico e também no povo bíblico, exceto no Novo Testamento, em que está presente dezessete vezes, dezesseis em Paulo e uma em Pedro.

Em Paulo: Rm 1,11; 5,15.16; 6,23; 11,29; 12,6; 1Cor 1,7; 7,7; 12,4; 12,9.28.30.31; 2Cor 1,11; 1Tm 4,14; 2Tm 1,6.

Em Pedro: 1Pd 4,10.

O uso da palavra é certamente criação de Paulo, para indicar todos aqueles fenômenos particulares e manifestações que derivam da fé expressa nas comunidades fundadas por ele, especialmente em Corinto.

Na literatura pré-cristã, o termo é encontrado nos LXX em Sr 7,33 e 38,30, além de no Sl 31,22 em uma tradução feita por Teodosião. Os especialistas da área concordam em afirmar que Paulo não pode ter pego o termo do Antigo Testamento, visto que neste aparece somente como variante (Sr 7,33 no código S/Sinântico e Sr 38,30 no código B/Vaticano), mas isto não significa que a ação do Espírito Santo esteja ausente do Antigo Testamento; antes, muitos personagens, heróis, reis, juízes e profetas, frequentemente são atingidos pela efusão do Espírito e realizam atos por causa do Espírito que lhes é dado livremente pelo Senhor Deus YHWH (Jz 11,29; 13,25; 1Sm 11,26). Na literatura pós-cristã aparece em Aleifrão (século II), com o significado de dom dispensado benevolentemente, e em Fílon (*Le allegorie delle leggi*, III, 30), em que parece usado como sinônimo de *charis*. Em sentido muito genérico, retomando o termo de Paulo, é usado por Clemente Romano (*Aos coríntios*, XXXVIII, 1); por → INÁCIO DE ANTIOQUIA (*Aos efésios*, XVII, 2; *Aos esmirnenses*, saudação inicial; *A Policarpo*, II, 2; *Aos filadelfos*, VII, 1-2); por → IRENEU DE LIÃO (*Contra as heresias*, I, II, c. 31-32; l. IV, c. 26,5; l. V, c. 6,1) e também por outros Padres dos três primeiros séculos: Justino, → TERTULIANO, HIPÓLITO DE ROMA, → NOVACIANO, → ORÍGENES.

2. NA ESCRITURA. Em suas Epístolas, Paulo apresenta quatro listas de carismas: 1Cor 12,8-10; 1Cor 12,28-30; Rm 12,6-8; Ef 4,11. Encontramos relacionados 29 carismas, mas, em virtude das repetições, distinguimos apenas 20 carismas diferentes. O Apóstolo certamente não quis redigir listas completas, exaustivas e concordantes, sobretudo porque a abundância e a riqueza desses dons não permite reduzi-los a sistemas ou a regras. Paulo lê, nesses carismas, a ação e a eficácia da única graça, ofertada benévola e gratuitamente pelo único Espírito, que se diversifica sensivelmente em cada cristão (1Cor 12,4-11.12-27.28-31), para produzir em cada um deles uma determinada capacidade, apta a desenvolver dinamicamente a edificação de toda a comunidade eclesial (1Cor 14,12).

Especialmente em Rm 12 e em 1Cor 12 é elaborado o significado dessa particular atitude de serviço pela vida e o crescimento do corpo comunitário dos crentes. Quando fala dos "fatos espirituais", Paulo usa quatro expressões para indicar os dons oferecidos por Deus ao corpo eclesial: *dons do Espírito* (1Cor 12,1; 14,1); *carismas* (1Cor 12,4); *ministérios* (1Cor 12,5; 2Cor 9,12 ss.) e *operações* (1Cor 12,6), colocando em destaque a sua particular dimensão trinitária, atribuída à livre e amorosa gratuidade do pai, do Filho e do Espírito (1Cor 12,4.5.6; 12,28; Ef 4,11). Paulo distingue vários tipos de carismas: algumas vezes faz referência a um significado até geral para designar um dom gratuito de Deus, enquanto que outras vezes indica os dons mais específicos, próprios para evangelizar, ensinar, governar, profetizar, curar, e também para a glossolalia e os milagres. Esses dons são ofertados singularmente às pessoas, mas a sua orientação é em benefício coletivo do corpo místico (1Cor 12,7).

Embora não fornecendo listas precisas de carismas, Paulo usa o termo com um sentido circunstanciado e temático, enquanto em toda a leitura profana, antes e depois da época do Novo Testamento, é completamente atemático e surpreendentemente raro, como ocorre geralmente com os conceitos bíblicos mais importantes. É precisamente a articulação de seu pensamento que permite aprofundar a compreensão da essência e do significado dos carismas na multiplicidade das suas manifestações, e em seu caráter orgânico para o bem comum e para a unidade no mesmo Espírito. Paulo toma posição sobre os fatos espirituais das suas comunidades de maneira muito equilibrada. Lá onde vê o perigo de um fácil e equívoco entusiasmo não cristão, ou encontra extravagantes espontaneísmos que não visam à unidade e à harmoniosa edificação da comunidade (como vinha ocorrendo em Corinto), intervém drasticamente com todo o peso de sua autoridade e rejeita categoricamente toda exuberante e ávida apropriação individualista desses dons. Quem deles se apropria, torna-os dons estéreis, efêmeros e sem fruto: "se falasse [...] tivesse [...] conhecesse [...] possuísse [...] distribuísse [...] mas se me falta o amor, sou um metal que ressoa, um címbalo retumbante, eu nada sou, e nada lucro com isso" (1Cor 13,1-3). A sua preocupação, todavia, não é dirigida somente a refrear a indevida sobrevalorização dos carismas, mas é também endereçada a não mortificar absolutamente a realidade desses dons, que vê concretamente realizados e suscitados pelo Espírito pelo bem comunitário. Paulo intervém com decisão na comunidade de Tessalônica a fim de que se vigie atentamente: "Não extingais o Espírito. Não desprezeis as palavras dos profetas; examinai tudo com discernimento: conservai o que é bom" (1Ts 5,19-21).

São Paulo não tem esquemas para encerrar a livre e gratuita ação do Espírito, não oferece e não quer oferecer uma organização dos carismas, ele conhece profundamente a sua procedência e só apresenta indicações e critérios de fundo para poder abstrair a sua genuína autenticidade. Aponta na "caridade" o critério único para fazer crescer o corpo da Igreja bem dimensionado com a plena estatura de Cristo (1Cor 12,31; 13,13), e no "Espírito" o dom por excelência que permite ao amor de Deus ser revelado no coração do ser humano e a um carisma de ser tal carisma (Rm 5,5; 8,15-16). Paulo não esquematiza os → DONS DO ESPÍRITO SANTO, porque pertencem incontestavelmente a uma economia de dom edificante. São presentes trinitários (1Cor 12,4-6; 1Cor 12,28; Ef 4,11) não privatizáveis, com destinação pública e social, para o crescimento dinâmico e o bem do corpo eclesial inteiro, em todo lugar e em todo tempo. Podem ser passageiros ou permanentes, ordinários ou extraordinários, de acordo com a missão e com o serviço para os quais foram doados e oferecidos aos fiéis de toda ordem e grau que se tornam dóceis à moção do Espírito. Distinguem-se dos *talentos* porque, enquanto estes são apenas dotes naturais inerentes à mesma natureza do ser humano, os *carismas* são dons sobrenaturais distribuídos pela amorosa liberalidade de Deus, uma operação especial do Espírito Santo, que se sobrepõe e age com as atitudes naturais do ser humano, e habilita o cristão a colaborar na salvação do mundo segundo uma vocação especial. Não podem ser provocados ou forçados por si, nem prevê-los ou obtê-los mediante os sacramentos ou os ministérios hierárquicos.

3. NA TRADIÇÃO DA IGREJA. O uso da palavra "carisma", na tradição viva da Igreja, rapidamente tornou-se incomum, com uma prevalente tendência a ter uma característica de extraordinariedade. Existe um claro eclipse do fator "carisma" em torno das primeiras heresias da época apostólica e da crise monástica do século II até os nossos dias, com um interesse esporádico pelos fenômenos de despertar espiritual que se entrelaçaram na variegada vida eclesial.

Depois dos três primeiros séculos, de algum modo ainda falam: Cirilo, Basílio, Nazianzeno, Crisóstomo, Hilário, Cassiano, Agostinho, → GREGÓRIO MAGNO, Bernardo, → ANTÔNIO DE PÁDUA, → TOMÁS DE AQUINO, Belarmino, Suarez, Salmerone, Maldonado, → FRANCISCO DE SALES.

Antes do Vaticano II, alguns pontífices fazem referência de maneira geral à ação do Espírito quando entram mais diretamente no assunto referente à fundação dos institutos religiosos: Pio VI, na carta *Quod aliquantum* (10 de março de 1791), Pio VII na constituição apostólica *Ad cathedram apostolorum principis* (24 de maio de 1807), Pio IX na encíclica *Ubi primum arcano* (17 de junho de 1847). Até ao Vaticano I, a concepção dos carismas era representada mais que tudo pela opinião de que eles fossem apenas dons extraordinários, emergentes e transitórios, oferecidos principalmente pela Igreja das origens e comunicados pela imposição das mãos dos apóstolos. Era considerado como carisma sobretudo o "carisma da verdade e da fé", prerrogativa da infalibilidade do pontífice, na constituição *Pastor aeternus* de 1870, um dom conferido por Deus a Pedro e aos seus sucessores, que não podia jamais diminuir exatamente por causa de sua função de serviço em proveito de toda a comunidade eclesial (DENZ. 3071). A teologia do magistério possui alguma referência de sensibilidade para um discurso mais amplo logo após o Vaticano I: Leão XIII, em sua encíclica *Divinum illud munus* (9 de maio de 1897), refere-se como demonstração da origem divina da Igreja e com referência aos santos continuamente gerados, na Igreja, pela ação do Espírito Santo (DENZ. 3328). Em seguida, Pio XI trata [do carisma] na epístola apostólica *Unigenitus Dei Filius* (19 de março de 1924) e, sucessivamente, Pio XII na *Mystici Corporis* (29 de junho de 1943); embora continuando a considerar os carismas somente como dons extraordinários e prodigiosos, supera uma concepção reducionista da Igreja e promove, mesmo sob os influxos dos novos movimentos de pensamento eclesial do final do século XIX, uma eclesiologia na qual os carismas começam a ser considerados dentro da estrutura comunial da Igreja, no mistério do Corpo místico de Cristo, com um grande equilíbrio entre dimensão hierárquica e carismática. Na realidade, estava sendo posta em evidência a estrutura orgânica da Igreja, não limitada aos graus hierárquicos, nem constituída unicamente por pessoas carismáticas sem laços com a própria hierarquia (DENZ. 3801).

Exatamente por volta do final do século XIX, começa entre A. Harnack e R. Sohm a controvérsia sobre a consideração da estrutura da Igreja primitiva, vista, de um lado, segundo uma perspectiva de dupla organização social e religiosa, e, de outro, numa ótica exclusivamente carismática, alheia a qualquer instituição ou direção jurídica. Harnack faz coincidir a essência da Igreja com o direcionamento jurídico, ao passo que Sohm elimina a presença do Espírito de toda atividade jurídico-social. No início do século XX, K. Holl tenta unificar as duas posições e abre o caminho para novos aprofundamentos, desenvolvidos em seguida por autores como R. Bultman, E. Käseman, H. Conzelman e H. V. Campenhausen. No campo teológico, Scheeben, o cardeal Manning e Mersch não falam em suas obras sobre os carismas, enquanto são citados por Prat e Ricciotti como dons ofertados somente à Igreja primitiva.

Se o eclipse do fator carisma é frequentemente explicado como resultado do confronto e da dialética entre autoridade-instituição e efervescências carismáticas, isto não pode, porém, ser superficialmente reduzido a rígido esquematismo, seguramente não se pode absolutamente acolher a tese segundo a qual há por um lado uma Igreja-carismática e por outro uma Igreja-hierárquico-institucional.

Com o Vaticano II, recompõe-se uma dinâmica e equilibrada parábola de revalorização dos *carismas*, não tanto porque o termo é citado explicitamente em documentos oficiais (14 vezes), mas por uma nova e verdadeira revalorização da dimensão carismática da Igreja.

No século XX, o teólogo que mais influiu na reabilitação dos carismas, favorecendo uma mais profícua atenção na teologia e na renovada visão mística e sacramental da Igreja, foi indubitavelmente Karl → RAHNER. No plano eminentemente magisterial, a referência fundamental deve ser atribuída a Pio XII, que, com a sua doutrina, além de colher a variedade e a multiplicidade dos carismas, os inseriu positivamente dentro de uma renovada perspectiva eclesial e cristológico-pneumática do corpo de Cristo. A tese de K. Rahner é bastante explícita sobre esse ponto: o elemento carismático não está à margem da Igreja, mas pertence igualmente, necessariamente, à sua essência, como os ministérios e os → SACRAMENTOS. A única diferença está no fato de que o carisma, pertencendo à livre e imprevisível ação do Espírito, emerge na história em formas sempre novas e, assim, a Igreja inteira deve tornar-se acolhedora de maneira sempre nova. Cabe ao ministério hierárquico, em particular, a delicada tarefa de analisar e cultivar esses dons do Espírito segundo a identidade original, pela qual foram doados no seio do povo de Deus (cf. 1Ts 5,19).

4. NO AMBITO SOCIOLÓGICO. A noção de carisma, no campo sociológico, é introduzida por E. Troelsch, e, sucessivamente, retomada e aperfeiçoada por M. Weber, que a faz derivar da linguagem dos primeiros cristãos, elaborando particularmente a teorização que haviam feito os seus dois contemporâneos, R. Sohm e K. Holl, com referência à estrutura da Igreja das origens. Weber acentua tanto o mérito de Sohm, por ter sido o primeiro a ilustrar o conceito de carisma no campo da doutrina cristã do poder, embora não o tivesse determinado no aspecto terminológico, quanto o de Holl, por ter enfocado algumas importantes consequências. Por sua vez, Weber não se limita a aplicar a característica sociológica na organização de poder do cristianismo primitivo, mas a estende às mais diferentes situações sociológicas. Um ideal ou valor qualquer, de caráter religioso, ético, político, mágico, filosófico, estético e até econômico, pode tornar-se objeto de uma manifestação carismática. A sua intenção é fazer sair o conceito da teologia para inseri-lo na dimensão fundamental e universal da sociologia.

Weber define os contornos de um poder que chama de carismático, opondo-o a um outro de tipo burocrático e tradicional, que denomina racional. O Jesus dos Evangelhos é, para Weber, o exemplo de um chefe-carismático segundo os acentos da perspectiva sociológica, visto que com a sua vida provocava uma ruptura no tradicionalismo, fazendo uso da sua autoridade carismática em um processo que denomina profecia. Toda genuína autoridade carismática devia assumir a proposição "Está escrito, [...] em verdade vos digo". O profeta weberiano, na verdade, é o detentor de uma potência irracional, sem esquemas ou normas fixas, inacessível aos outros, revestido de valor exemplar e com os traços de liderança. O carisma assim descrito possui características tais que interpelam de maneira insólita, espontânea, criativa e, às vezes, caprichosa o *statu quo* de formas tradicionalistas e conformistas. O chefe-carismático é então o agente principal que provoca e determina uma particular efervescência coletiva, um contexto social carismático.

A esse tipo de pensamento opõe-se E. Durkheim, para o qual não existe a figura do chefe-carismático, mas é o próprio social que entra em estado de efervescência coletiva, mediante o encontro e a relação ativa de consciências individuais que, inicialmente separadas umas das outras, interagem ativamente libertando uma vida psíquica de gênero novo, mais intensa e também qualitativamente diferente. Weber, em vez disso, tinha percebido um processo diferente, afirmando que o núcleo central do dinamismo social, em particular o de certos fenômenos emergentes, é sem dúvida a liderança carismática, o chefe, centro ético e político do grupo, dotado de qualidades consideradas extraordinárias por uma pluralidade de indivíduos, especialmente em típicas e problemáticas conjunturas históricas e epocais. Esse líder mostra-se em sociedade como *homem axiopoiético*, fautor de novos modelos de comportamento, capaz de produzir em seus seguidores a metanoia, isto é, uma conversão interior aos novos valores que ele traz, realizando, assim, uma revolução radical. A sociologia religiosa, conhecedora dessas teorias, só pode analisar fenomenologicamente as inumeráveis experiências religiosas que surgiram na história da Igreja, mas certamente não consegue captar o porquê mais profundo do processo de fusão que acontece entre líder-religioso e discípulos, e destes entre si. Uma visão fenomênico-sociológica descreve essas realidades, mas não permite chegar a uma clara inteligência causal e final dos dinamismos que permitem a sua insurgência. Hoje, a análise sociológica do carisma já não cabe em um terreno exclusivamente sociológico, mas pede ajuda a outras disciplinas, tais como a psicologia, a pesquisa etnológica, a antropologia cultural etc. Justificadamente, a análise do carisma no campo da experiência religiosa deve, necessariamente, ser iluminada por uma adequada reflexão teológica. Usando a palavra "carisma", Weber não criou um neologismo, mas simplesmente tomou emprestada a palavra extrapolando-a do contexto das comunidades cristãs das origens e a inseriu no discurso social de seu tempo. A limitação da visão sociológica do carisma consiste exatamente em não saber distinguir adequadamente aquelas que são realidades do espírito, os *carismas*, das realidades extraordinárias que são os *talentos*, ou seja, das atitudes naturais que pertencem ao ser humano em razão de sua humanidade.

5. NA VIDA CONSAGRADA: O CARISMA DOS FUNDADORES. O magistério pré-conciliar já tinha colocado algumas premissas germinais para uma nova mentalidade que reequilibrasse a percepção dos carismas na Igreja e na teologia da vida consagrada. Alguns pontífices: Pio VI, Pio VII, Pio IX, Pio XI e Pio XII fazem referência de modo geral à ação do Espírito Santo quando entram mais diretamente no assunto referente à fundação de institutos religiosos. Durante o Vaticano II, as intervenções tornam-se mais específicas: A. Sol, Anastácio do Santíssimo Rosário e V. Sartre evidenciam a importância dos elementos carismáticos inerentes a cada instituto, enquanto outros padres conciliares, entre os quais Larraona, Cibrian Fernandez Deschatelets, Janssen, Kleiner, Philippe, Sartre, Serrano Pastor e Zoa (cf. *Acta Synodalia*, II [IV] 82.133.162.227.232.298-299. 311.319 e 348) enriquecem o debate conciliar em torno da imagem da Igreja em seu aspecto carismático além de hierárquico-institucional. Nessa nova visão eclesiológica também se recupera uma mais aprofundada percepção da realidade carismática da vida consagrada (cf. *LG* 4.12.43-45; *PC* 1-5.15; *AG* 23 e 29.40 e *ED* 69). Nesse fecundo âmbito de reflexão nasce, pouco depois do Vaticano II, a expressão *carisma dos fundadores*. Paulo VI é o primeiro a usar essa terminologia, dirigindo-se ao Capítulo geral especial dos Padres Monfortinos e dos Irmãos da Instrução Cristã de São Gabriel (31 de março de 1969: *AAS*, 61 [1969] 266), e o primeiro a lançá-la em um documento oficial em sua exortação apostólica *Evangelica testificatio*, n. 11 (1971). Esse ensinamento seria amplamente retomado também por João Paulo II. Entre os documentos magisteriais mais importantes que tocam essa temática citamos: *Mutuae relationes* (14 de maio de 1978), que, mais que os outros, bem exprime de forma articulada o conteúdo desse particular carisma; *No quadro da moderna mobilidade* na *Pastoral dos imigrantes* (26 de maio de 1978); o documento de Puebla (1979); *Religiosos e promoção humana* e *Dimensão contemplativa da vida religiosa* (12 de agosto de 1980); *Os elementos essenciais do ensinamento da Igreja sobre a vida religiosa* (31 de maio de 1983); o CIC, nos cânones 573-746, em que, embora não usando expressões diretas, coloca no centro não só as chamadas normas gerais, mas também o dom do Espírito inerente às pessoas dos fundadores; e, finalmente, a *Redemptoris donum* (25 de março de 1984).

O termo "cdf" designa, em seu significado geral, aquele dom do espírito ofertado com benevolência por Deus a alguns fundadores, homens e mulheres, para produzir neles determinadas capacidades aptas a gerar novas comunidades de vida consagrada na Igreja. A definição mais completa é oferecida por MR 11: "O mesmo *carisma dos fundadores* (ET 11) se revela como uma *experiência do Espírito*, transmitida aos discípulos, aprofundada e constantemente desenvolvida em sintonia com o corpo de Cristo em perene crescimento. Por isto "a Igreja defende e sustenta o caráter próprio dos vários institutos religiosos" (*LG* 44; cf. *CD* 33; 35,1; 35,2 etc.)". Esse dom é: *pessoal*, enquanto transforma a pessoa do fundador, preparando-a para uma particular vocação e missão na Igreja; *coletivo-comunitário*, pelo fato de envolver mais pessoas a realizar historicamente o mesmo plano divino; e, finalmente, *eclesial*, porque por intermédio do fundador e de sua comunidade é oferecido à Igreja inteira para a sua dinâmica edificação. A Igreja inteira, como complexo de comunhão orgânica, é chamada a acolher os frutos desse peculiar carisma. Este demonstra caráter de permanência ou provisoriedade, de acordo com a sua pertinência ou não às linhas de força do Espírito, que não podem ser encerradas em um lugar ou numa época, mas se situam em uma existência que exige perenemente a vida em-com-para-o Cristo.

Quando se fala de "cdf" é preciso distinguir caracteristicamente o "carisma *de* fundador" do "carisma *do* fundador". Com a expressão "carisma *de* fundador" quer-se indicar, em sentido geral, o dom que habilita uma pessoa a dar início a uma nova fundação, prescindindo das modalidades históricas de atuação e dos seus específicos conteúdos espirituais. Pela expressão "carisma *do* fundador" quer-se indicar o conteúdo mais específico do dom inerente de maneira singular a cada fundador para perceber, viver e mostrar na história uma peculiar experiência do mistério de Cristo, segundo originais traços caracterizadores.

O carisma *de* fundador é intransmissível, porque pertence exclusivamente ao fundador dar a partida a essa iniciativa na história, com traços únicos e irrepetíveis, que pertencem àquele. É transmissível, todavia, à comunidade dos discípulos somente com relação à assimilação e interiorização do espírito do fundador para viver, desenvolver e conduzir a uma contínua realização o plano e os conteúdos da original *experiência de fundação*. Existe um núcleo irreformável do carisma que transmite no tempo as potencialidades da primitiva experiência, não por mecanismos automáticos ou intelectuais, mas somente pela sintonia e pelo contato radical entre o espírito do discípulo e o do fundador. A transmissibilidade do carisma aos discípulos, em suas notas espirituais, essenciais e características, inclui uma profunda interação com o carisma *de* e *do* discípulo, um dom oferecido a algumas pessoas para relacionar-se fecundamente com a mesma experiência do espírito do fundador e dar, assim, corpo histórico para uma nova e peculiar forma de vida cristã no sentido eclesial.

Na realidade, é preciso sublinhar a distinção essencial que existe entre *carisma* e *espírito*, visto que com o primeiro nos situamos exclusivamente no plano teologal, acentuando a ação gratuita de Deus, que não se pode nem adquirir, nem transmitir, enquanto com o segundo nos colocamos na vertente antropológica, para sublinhar a ação de resposta do ser humano. Na teologia da vida consagrada, junto do termo "cdf" é usada a expressão *carisma de fundação*, com a qual se indica o dom correspondente ao fundador e aos discípulos, a fim de permitir o nascimento e o desenvolvimento da nova comunidade com a fisionomia original, e a expressão *carisma do Instituto* ou *carisma da fundação* para especificar as peculiares qualidades do dom que permanecem no curso de uma histórica identidade vocacional vivida, protegida, enriquecida e desenvolvida pela comunidade inteira. A densidade espiritual do "carisma de fundação" vai depender especificamente do código genético-espiritual que o Espírito Santo vai depositar no "carisma *do* fundador" e que terá as suas expressões históricas segundo peculiares características da inspiração fundadora. Nesse "carisma de fundação" se encerra a origem do Instituto, com a sua forma peculiar de vida, de fim, de espírito e de caráter que se desenvolverá como forma de continuidade dinâmica no tempo. O patrimônio do Instituto é, em vez disso, a herança espiritual que compreende o espírito, as intenções primitivas e originais do fundador, juntamente com todas as tradições, escritas ou vivas, que cada Instituto possui desde o início de sua vida eclesial (cf. *PC* 2b; *ES* 15,3; *ET* 11; *MR* 11.14b; *CIC* 578.586-587).

No "cdf" podemos distinguir cinco dimensões fundamentais: 1) *pneumático-profética*, em função da germinação contínua de uma experiência evangélica vivida e testemunhada; 2) *cristológico-evangélica*, em função da compreensão e da centralidade do mistério de Cristo como experiência global de vida; 3) *eclesial*, em relação à contínua edificação do "Corpo místico de Cristo" e de sua veracidade na história; 4) de *fecundidade-espiritual*, enquanto concorre para a permanente realização e transmissão da vida cristã; 5) *escatológico-radical*, para a atualização do seguimento evangélico contido no dinamismo de uma contínua tendência à plena maturidade de Cristo.

Como todo carisma, o "cdf" possui íntima relação com o dinamismo de institucionalização que, longe de ser uma esclerotização do Espírito, constitui um momento forte para traduzir em estruturas carismáticas a importante memória histórico-seletiva dos conteúdos espirituais fundamentais, que a comunidade já vive em sua existência. Regras e constituições ajudam a traduzir, em autoconsciência e em memória coletiva, as inspirações fundantes do fundador, que diferenciam a face única e singular de cada comunidade.

O processo de institucionalização inclui diferentes perigos:

a) *ritualização do carisma*: quando são mantidas, por ingênua fidelidade material, algumas expressões histórico-contingentes do carisma;

b) *minimização ou imitação redutiva do carisma*: quando, na tentativa de reforçar a nova instituição, são imitadas estruturas e modelos externos já afirmados no tempo mas estranhos ao espírito original do fundador;

c) *aumento do significado do carisma*: quando, em detrimento do tecido eclesial local e universal, se perde a própria identidade espiritual e a visão geral das diferentes e complementares realidades apostólicas:

d) *neutralização do carisma*: quando a comunidade, adquirindo poder na sociedade e na Igreja, atenua, planifica e dilui a potencial carga de novidade profética do próprio carisma.

Parece fundamental, portanto, a busca de um modelo de interpretação correto do "cdf", que não feche essa realidade viva em uma estéril fórmula teórica, mas seja momento forte de uma autêntica memória espiritual e de uma genuína autocompreensão pessoal-coletiva da imutada experiência fundante e original. Uma autêntica "→ ATUALIZAÇÃO" (*Aggiornamento*), com efeito, inclui uma dinâmica fidelidade às próprias origens, apesar de toda a descontinuidade de formas contingentes. O discernimento, nesse caso, inclui um delicado ato de "cirurgia espiritual", para revisitar o patrimônio das origens e a *densidade espiritual* do fundador, em que está escrito o significado "encarnado" de seu carisma original. Cada um que vive em comunidade é chamado pessoalmente a descobrir o sentido mais profundo do carisma do fundador, para não empobrecer a identidade e a vocação própria do grupo inteiro. O primeiro e indispensável critério de discernimento é a dócil e íntima conversão ao dom recebido, na unicidade de uma experiência comum.

Os indivíduos capazes de interpretar o "cdf" são cinco: 1) O *fundador*, enquanto portador pessoal do dom; 2) os *discípulos*, como primeiras pessoas que entram em relação com o fundador e interagem com o seu dom; 3) a *comunidade* fundador/discípulos, na indivisível composição de corpo único; 4) a *hierarquia* em seu serviço de autenticar, provar, acolher e defender esse precioso dom do Espírito; 5) o *povo cristão*, em sua participação, dentro da Igreja local, nos frutos espirituais que daí derivam.

Para a metodologia de leitura do carisma existem três tipos de abordagem:

1) *Abordagem histórica*, que compreende uma análise histórico-documental de fatos, palavras e escritos do fundador e da comunidade, especialmente no momento das origens. Essa abordagem tomada sozinha apresenta o risco de um perigoso fundamentalismo ideológico, no qual o fundador é visto como modelo estereotipado que frequentemente é imitado infrutiferamente nos gestos e nas palavras, apenas para justificar as próprias ações e opiniões.

2) *Abordagem experiencial*, que parte da experiência como está sendo vivida, hoje, pelos membros da comunidade, com os respectivos horizontes cultural-teológicos, com as suas expectativas de progresso, conservação ou imobilismo. Também essa abordagem não pode ser tomada sozinha, visto que pode trazer o risco de considerar normativo o espírito de grupo no momento em que é feita a sua leitura, sem verificar a indispensável fidelidade às próprias origens e colocando, assim, as premissas para uma contínua mudança de identidade.

3) *Abordagem hermenêutico-espiritual*, que, tendo presente a complexa realidade espiritual da experiência derivada de semelhante carisma,

incorpora os dois critérios anteriores e visa alcançar, em sintonia radical com o espírito do fundador, as intenções da fundação e o *proprium* que caracteriza a original e comum aventura do Espírito, além das formas históricas por meio das quais realizou-se no tempo. Este último tipo de análise é o único que permite descobrir, em uma atenta visão de fé, tudo aquilo que pertence ao essencial do carisma, para reaculturar em novas formas a antiga experiência das origens.

Junto à metodologia para interpretar o carisma devem ser acrescentados quatro critérios principais para a análise da vitalidade e da autenticidade do "cdf" na história da comunidade. São eles:

1) *Identidade e continuidade*, como primeiro critério que deve conscientizar cada membro a realizar, com uma eficaz memória viva, o próprio carisma dentro do corpo e da história da comunidade, a atualização do carisma de/do discípulo com fidelidade dinâmica e substancial ao carisma de/do fundador.

2) *Comunhão orgânica*, enquanto critério que conscientiza a ter de integrar, de forma incontestável, e juntos, os vários carismas de/dos discípulos, para manifestar na Igreja e para o mundo o plano comum e a mesma vocação.

3) *Adaptação dinâmica*, como critério que faz compreender os novos caminhos de inculturação do carisma, não como simples reprodução do passado, mas como radicação plena à origem, nas mutáveis condições dos "sinais dos tempos" e das novas expectativas do Espírito.

4) *Criatividade carismática*, aquilo que, sem querer reformular tudo e sempre *ex novo*, mostra visivelmente a fecundidade do grupo em reapropriar-se, sem interrupção, do espírito original com a capacidade de ainda atrair, com entusiasmo e impulso, os seres humanos do próprio tempo. Todos esses critérios juntos analisam cada comunidade em seu ser ainda profecia viva, em continuidade dinâmica aos próprios fundadores *vanguardas histórico-proféticas do Espírito*.

BIBLIOGRAFIA. 1. Carisma: ALLO, E. B. *Saint Paul. Première épître aux Corinthiens*. Paris, 1934; BOYER, C. Carismi. In: *Enciclopedia Cattolica* III. Firenze, 1949, 793-795; DUCROS, X. Charismes. In: *Dictionnaire de Spiritualité* II. Paris, 1953, 503-507; GARCÍA-MANZANEDO, V. *Carisma-Ministerio en el Concilio Vaticano Segundo*. Madrid, 1982; GAROFALO, S. Carisma. In: *Dizionario di Teologia Dommatica*. Roma, 1957, 61; GEORGE, A. – GRELOT, P. Charismes. In: *Vocabulaire de Théologie Biblique*. Paris, 1970, 152-156; GEWIESS, J. Carisma. In: *Sacramentum Mundi* II. Brescia, 1974, 45-47; GRASSO, D. *I carismi nella Chiesa*. Brescia, 1982; HASENHÜTTL, G. *Carisma. Principio fondamentale per l'ordinamento della Chiesa*. Bologna, 1973; KÜNG, H. La struttura carismática della Chiesa. *Concilium* I (2/1965) 15-37; LEMONNYER, Y. Charismes. In: *Dictionnaire de la Bible. Supplément* I. Paris, 1928, 1.233-1.243; MARECHAUX, B. *Les Charismes du Saint-Esprit*. Paris, 1921; PRAT, F. *La théologie de Saint Paul*. Paris, 1927; RAHNER, K. Das Charismatische in der Kirke. *Stimmen der Zeit* 160 (1957) 161-186; ID. *Lexikon für Theologie und Kirche*. Freiburg, 1958, 1.027-1.030; ID. *Das Dynamische in der Kirche*. Freiburg, 1960; REGAMEY, P. M. Carismi. In: *Dizionario degli Istituti di Perfezione*. Roma, 1975, 299-313, vl. II; SARTORI, L. Carismi e ministeri. In: *Dizionario Teologico Interdisciplinare*. Torino, 1977, 504-516, vl. I; ID. Carismi. In: *Nuovo Dizionario di Teologia*. Alba, 1977, 79-98; *Concilium* 13 (set. 1977); SCHÜRMANN, H. I doni carismatici dello Spirito. In: La Chiesa del Vaticano II. Firenze, 1965, 561-588; VAN DER MEERSCH. Grâce. In: *Dictionnaire de Théologie Catholique*. Paris, 1914, 1.554-1.687, vl. VI/2; VANHOYE, A. Legge, carismi e norme di diritto secondo San Paolo. *La Civiltà Cattolica* 136/II (1985) 119-131; WAMBACQ, B. N. Le mot "charisme". *Nouvelle Revue Théologique* 97 (1975) 345-355.

2. Carisma dos fundadores: Actes du congrès sur le charisme du fondateur aujourd'hui (Rome, 26 avril-14 mai 1976). *Vie Oblate Life* 36 (1977); *Carisma e istituzione. Lo Spirito interroga i religiosi*. Roma, 1983; CIARDI, F. *I fondatori uomini dello Spirito. Per una teologia del carisma di fondatore*. Roma, 1982; GRESZCZYK, T. *Il carisma dei fondatori*. Roma, 1974; *Il carisma della vita religiosa dono dello Spirito alla Chiesa per il mondo*. Milano, 1981; *L'esprit des Fondateurs et notre renouveau religieux*. Ottawa, 1976; LOZANO, J. M. *El fundador y su familia religiosa. Inspiración y carisma*. Madrid, 1978; OLPHE-GALLIARD, M. Le charisme des fondateurs. *Vie Consacrée* 36 (jun. 1967) 338-352; RECCHI, S. *Consacrazione mediante i consigli evangelici. Dal Concilio al Dodice*. Milano, 1988; ROMANO, A. *I fondatori avanguardie storiche dello Spirito. La figura e il carisma dei fondatori nella riflessione teologica contemporanea*. Roma, 1986; ID. Dimensione sociologica carismatica ed analogica della figura dei fondatori. *Riflessioni Rh* III (mar. 1986) 231-257 e *Vita consacrata* XXIII (nov. 1987) 722-741; ID. Carisma dei fondatori e Magistero della Chiesa. *Riflessioni Rh* III (abr. 1986) 340-364 e *Vita Consacrata* XXIII (dez. 1987) 830-846; ID. Teologia del carisma dei fondatori nella riflessione di alcuni teologi. *Riflessioni Rh* IV (jan. 1987) 70-84 e IV (fev. 1987) 108-122 e *Vita Consacrata* XXIV (jan.-1988) 58-69 e (fev. 1988) 107-118; RUIZ-JURADO, M. Vita consacrata e carismi dei fondatori. In: LATOURELLE,

R. (org.). *Vaticano II: bilancio e prospettive venticinque anni dopo (1962-1987)*. Assisi, 1987, 1.063-1.983, vl. II; TILLARD, J. M. R. Le dynamisme des fondations. *Vocation* 295 (1981) 18-33; VIENS, F. *Charismes et vie consacrée*. Rome, 1983.

A. ROMANO

CARISMÁTICO (movimento). Com esse nome se designa, hoje, o forte movimento de despertar espiritual que se afirmou nos Estados Unidos e na América a partir de 1967 e se estendeu rapidamente ao mundo inteiro. Em muitos lugares preferem-se outras denominações para distinguir o movimento católico do seu homônimo protestante, chamado pentecostalismo clássico e neopentecostalismo. Em alguns países católicos, prefere-se falar de renovação carismática e renovação no Espírito, para evitar a qualificação de carismático, que poderia aludir, em sentido amplo, ao caráter extraordinário dessa experiência e monopolizar um adjetivo que de per si é próprio da vida cristã batismal, cheia de → DONS DO ESPÍRITO SANTO. Com uma pitada de ironia, R. Laurentin afirma que o nome mais apropriado seria movimento "pneumático" (no sentido bíblico de "espiritual", do Espírito) se a indústria dos pneus de automóveis não tivesse prematuramente roubado a terminologia.

A experiência do movimento carismático católico ao qual nos referimos aqui é hoje muito vasta. No decorrer dessas duas décadas que nos separam da data do surgimento desse movimento espiritual na Igreja, ele já produziu muitos frutos e se diversificou variadamente, de acordo com os países, com grupos de diferentes denominações (por exemplo, a "Comunidade Maria" na Itália) e com vivas expressões de renovação de tendência monástica em várias experiências de vida, especialmente na França, nascidas sob o impulso de uma autêntica "renovação espiritual".

1. ORIGEM E DESENVOLVIMENTO. O movimento carismático católico funda as suas raízes em duas experiências anteriores. Uma de tipo protestante; outra, de matriz católica.

A raiz protestante é encontrada na experiência do pentecostalismo clássico do final do século XIX e início do século XX, que tem como protagonista o pastor metodista Carlos Parham e sua comunidade de Topeka, Kansas (EUA). Relendo os Atos dos Apóstolos, descobre o poder do Espírito que guia a comunidade primitiva, então pede para si e para sua comunidade uma poderosa efusão do Espírito Santo. Assim, a comunidade recebe o batismo do Espírito, acompanhado de manifestações carismáticas como as narradas nos Atos (glossolalia [falar em várias línguas], profecia etc.), e sente que se renovam a sua vida e a sua ação apostólica. Assim, no dia 1º de janeiro de 1901, na escola bíblica "Bethel", começa o movimento carismático, conhecido como pentecostalismo clássico, que, em seguida, difunde-se por toda a Europa.

Por volta de meados da década de 1950, o influxo do pentecostalismo clássico é sentido em algumas Igrejas protestantes tradicionais: luteranas, presbiterianas, episcopais. Os mesmos efeitos de renovação interior, de efusão do Espírito Santo e de particulares carismas parecem presentes, com um aumento da → AMADURECIMENTO ESPIRITUAL e do zelo apostólico, com manifestações típicas de orações comunitárias. Fala-se, então, de neopentecostalismo.

A outra raiz católica do movimento carismático deve ser buscada exatamente na experiência de um grupo de professores e estudantes da Universidade católica de Duquesne, em Pittsburgh, Pensilvânia, que no amanhã do Concílio veem-se desejosos de uma forte vitalidade espiritual e apostólica que as diferentes renovações praticadas (pastoral, litúrgica) não conseguem dar. Dois desses professores, W. Storey e R. Keifer, empenham-se em recitar, um pelo outro, diariamente, a oração ao Espírito Santo, *Veni Sancte Spiritus*. Por volta de meados de 1966, participam de um cursilho da cristandade mas não ficam totalmente satisfeitos. Entrementes, cai em suas mãos o livro de D. Wilkerson, *A cruz e o punhal*, no qual esse pastor narra as maravilhas operadas pela força do Espírito na periferia de Nova York. Ficam impressionados e desejosos de uma experiência espiritual semelhante, capaz de recriar a sua vida espiritual e o seu apostolado. Nas primeiras semanas de 1967, alguns desses professores entram em contato com um pastor episcopal e uma outra pessoa da mesma Igreja; após ter participado de uma oração comunitária no dia 13 de janeiro, uma semana depois, 20 de janeiro, pedem e obtêm, segundo o seu testemunho, o batismo do Espírito, com o qual sentem que algo de novo começa em sua vida.

É este o início misterioso do movimento carismático na Igreja católica, que encontra no fim de semana de Pittsburgh, em fevereiro do mesmo ano, a confirmação e a extensão das experiências espirituais entre alunos e professores da universidade, que rapidamente se espalha nos *campi* universitários católicos dos Estados Unidos para em seguida passar para a América Latina, a Europa e em outros países, até alcançar uma expansão quase que universal.

O movimento carismático logo encontra a vigilante acolhida do episcopado dos Estados Unidos, a paterna admiração de Paulo VI, que desde 1973 não deixou de avaliar os frutos e apontar os critérios de discernimento para acolher aquela que ele define como misteriosa presença do Espírito em nosso tempo. Em 1975, depois da festa de Pentecostes do → ANO SANTO, o papa dirige a uma grande assembleia do movimento carismático um precioso e encorajador discurso de aprovação e de orientação, enriquecido com uma sentida palavra improvisada sobre a "sóbria embriaguez do Espírito", característica da vida cristã integral.

Atualmente, encorajado pela palavra e pelos gestos de João Paulo II, que recebeu os diferentes grupos dirigentes em várias ocasiões, o movimento carismático é confiado aos cuidados do vice-presidente do Pontifício Conselho dos Leigos e atua em Roma com um Departamento Internacional de Coligação para todas as atividades que se desenvolvem no plano internacional.

Entrementes, os frutos do movimento carismático emergiram sensivelmente em grandes áreas do povo de Deus e em uma variada série de experiências de vida entre os jovens, as famílias, os sacerdotes, as paróquias, as religiosas e os religiosos, com a criação de novas formas de vida monástica.

2. EXPERIÊNCIA ESPIRITUAL E DISCERNIMENTO. A experiência espiritual do movimento carismático caracteriza-se especialmente pelas assembleias de oração do tipo comunitário, livre e espontâneo, nas quais se alternam intervenções de louvor, cantos, profecias, leituras, intercessões, frequentemente acompanhados de gestos corporais de oração e movimentos de dança.

Atribuem-se ao dom do Espírito a espontaneidade e a profundidade da oração, expressão de um profundo sentido de renovação interior e alegre manifestação de louvor e glória ao Senhor.

Os fiéis que participam disto sentem-se interiormente impelidos a pedir para si e para os outros "a efusão do Espírito". Com essa terminologia, preferida em lugar da outra que pode ser ambígua ("batismo no Espírito"), designa-se a graça concedida após longa preparação, no centro de uma assembleia de oração dos irmãos, com a imposição das mãos, em sinal de renovação interior da graça do batismo e da crisma.

Inspirando-se nos dons carismáticos, dos quais fala São Paulo no capítulo 12 da Primeira Epístola aos Coríntios, no movimento carismático coloca-se em destaque a graça da "glossolalia", ou oração em línguas, diferentemente interpretada pelos autores; alguns veem nela um fato extraordinário, o falar em línguas desconhecidas levando a mensagem de Deus; outros consideram que se trata de uma forma total de oração, não verbalizada mas intensa em sua expressividade, nem extraordinária, nem patológica (L. J. Suenens). É valorizado, dentro do movimento, o carisma da profecia, através do qual os irmãos, em nome do Senhor, acreditam poder transmitir mensagens divinas a alguma pessoa ou à comunidade, interpretando a oração em línguas, ou o sentido profundo de uma frase da Escritura. Entre os dons extraordinários reconhecidos no âmbito do movimento carismático, convém citar as curas espirituais e físicas, obtidas com intensa oração de intercessão, e mediante a imposição das mãos, por pessoas que possuem esse carisma da cura. Recentemente, no movimento carismático, com uma afirmação que depende de experiências e de países, foi percebida a forte necessidade de rezar e de fazer exorcismos para libertar pessoas da influência do maligno na alma e no corpo. Em algumas facções do movimento, é comum a experiência do "repouso no Espírito", geralmente provocado por uma espécie de êxtase coletivo, no qual as pessoas caem por terra e ficam sem consciência por um período de tempo, suscetíveis de serem curadas interiormente de traumas físicos, psíquicos e espirituais.

Toda essa extraordinária fenomenologia, sobre a qual, por outro lado, já existe uma notável literatura de experiências e de doutrina no campo do movimento, com o recurso à tradição bíblica e à história da → ESPIRITUALIDADE CRISTÃ, a autoridade da Igreja não pode deixar de alertar. Numerosas foram as intervenções das diferentes Conferências episcopais para apontar alguns critérios de discernimento, favorecer uma justa avaliação dos fenômenos, evitar o perigo do entusiasmo coletivo, do iluminismo doutrinário e do fundamentalismo bíblico. Trata-se de experiências que precisam de uma forte direção espiritual e de um discernimento espiritual e moral, para o qual muito podem valer os critérios dos grandes mestres da espiritualidade cristã, como os santos → INÁCIO DE LOYOLA, TERESA DE JESUS e JOÃO DA CRUZ, já em 1974 apontados pelos bispos dos Estados Unidos como mestres providenciais para o movimento carismático. Pode-se afirmar que a Igreja ainda não se pronunciou oficialmente sobre os presumíveis extraordinários fenômenos carismáticos que acontecem no seio do movimento carismático.

O movimento carismático é uma experiência que afunda as suas raízes em uma sólida teologia do Espírito Santo, do qual se redescobre a presença e a ação na vida de cada um e da Igreja; redescobre-se a força dos seus dons e dos seus carismas, quer na história da Igreja primitiva, quer na experiência da espiritualidade dos santos de todos os tempos. Inspira a doutrina sobre o Espírito Santo e os carismas, contida na *LG* 4 e 12, e desperta o sentido do chamado universal à santidade, por intermédio de uma profunda renovação.

A manifestação desse fenômeno depois do Vaticano II e no meio da crise pós-conciliar parece providencial; é interpretada no âmbito do movimento como uma resposta de Deus, uma ajuda dada à sua Igreja para a atuação do despertar espiritual desejado pelos textos do Concílio, como um suplemento da alma para realizar uma renovação que extrapola as forças humanas. Também não se despreza o fato de que o movimento tenha nascido nos Estados Unidos, e se apresentado com a sua forte carga de despertar espiritual em um momento em que a vida espiritual dos fiéis era abalada por fortes correntes de → SECULARIZAÇÃO e de dessacralização, que arriscavam aridificar a vida cristã.

Entre os aspectos positivos claramente ativos nessa experiência eclesial, durante o breve período de sua história até os nossos dias, deve-se, sem dúvida, citar: o despertar da vida de oração comunitária e individual; a importância dada ao louvor e à intercessão; o sentimento de gratidão e de glória rendidas ao Senhor com a oração e com a vida; o amor a Cristo e a docilidade ao Espírito; o amor à → PALAVRA DE DEUS e à Igreja; os frutos de fraternidade e de compromisso social; a redescoberta da comunidade; o amor pelos pobres e excluídos da sociedade.

Não faltam possíveis desvios que exigem atenção, vigilância, discernimento e orientação espiritual. Paulo VI apontou alguns critérios que sempre serão válidos: a superioridade da vida teologal sobre qualquer outra experiência espiritual, a submissão aos pastores da Igreja, que devem avaliar o carisma dos fiéis (*LG* 12), a destinação dos carismas ao bem comum, a superioridade da vida sacramental (penitência e Eucaristia) sobre qualquer outra forma de experiência espiritual subjetiva, a alegre abertura para os valores da Igreja de todos os tempos, o compromisso de comunhão com o apostolado e a missão da Igreja, a dócil abertura para o caminho progressivo da → SANTIDADE CRISTÃ.

A renovação do Espírito Santo, aqui incluído o dom de sua efusão — que não pode deixar de ser relacionado com a graça fontal do batismo e da crisma, renovada pela celebração e comunhão eucarística —, não pode ser vista como uma meta, um ponto de chegada. Deve ser considerada, em vez disso, uma graça para uma nova conversão, para um despertar generoso no caminho da vida espiritual. As graças de Deus às vezes são iniciais e passageiras em sua veste de carismas ou dons extraordinários, acomodados às pessoas e às suas circunstâncias. Exigem a resposta generosa que deve eventualmente passar pelas etapas de uma → PURIFICAÇÃO e de uma generosa doação na caridade para viver até o fundo a vontade de Deus.

O movimento carismático, fiel no dinamismo de comunhão com a Igreja, poderá, juntamente com outros movimentos espirituais de nosso tempo, contribuir para a renovação na Igreja se permanecer lúcido no aprofundamento doutrinário e prático da vida espiritual, paciente em conduzir as pessoas rumo à maturidade cristã, aberto para uma total colaboração com a missão universal da Igreja.

BIBLIOGRAFIA. BARRUFFO, A. Carismatici. In: *Nuovo Dizionario di Spiritualità*. Roma, 1979, 120-136; CANTALAMESSA, R. *Rinnovarsi nello Spirito*. Roma, 1984; FALVO, S. *L'ora dello Spirito Santo*. Bari, 1974; FOGLIO, D. *Il vero volto Del rinnovamento nello Spirito in Itália*. Brescia, 1981; *Il rinnovamento carismático. Orientamenti teologici e pastorali*. Alba, 1975; LAURENTIN, R. *Il movimento carismático nella Chiesa cattolica. Rischi es avvenire*. Brescia, ²1977; PANCIERA, M. *Il rinnovamento carismático in Itália*. Bologna, 1977; RANAGHAN, K. – RANAGHAN, D. *Il ritorno dello Spirito*. Milano, 1973; RINAUDO, S. *I gruppi di rinnovamento carismático*. Torino-Leumann, 1978; SUENENS, J. L. *Lo Spirito Santo nostra speranza*. Roma, 1975; SUENENS, J. L. – CAMARA, H. *Rinnovamento nello Spirito e servizio dell'uomo*. Torino, 1979; SULLIVAN, F. S. *Carismi e rinnovamento carismático*. Roma, 1983; ID. Pentecôtisme.

In: *Dictionnaire de Spiritualité*. Paris, 1984, 1.036-1.052, vl. XII.

J. Castellano

CARLOS DE SEZZE (Santo). 1. NOTA BIOGRÁFICA. Nasceu em Sezze (Latina), de Ruggero Melchiori (ou Marchionne) e Antonia Maccione, em 9 de outubro de 1613. Aos 22 anos entrou para os frades menores. Por espírito de humildade e opondo-se ao desejo de todos os parentes que o queriam sacerdote, preferiu tornar-se religioso converso entre os → FRANCISCANOS, tendo desempenhado os ofícios, próprios de seu estado, de porteiro, cozinheiro, hortelão, esmoleiro e sacristão. O Senhor, porém, enriqueceu-o de dons tão extraordinários (entre os quais, da ciência infusa, do conselho etc.) que exerceu um vasto e fecundo apostolado. Serviram-se de sua obra bispos e cardeais, e o próprio pontífice Clemente IX. Morreu em Roma, no convento de São Francisco em Ripa, no dia 6 de janeiro de 1670. Depois da morte, apareceu em seu peito, no lugar da ferida eucarística recebida em vida, um estigma prodigioso. Foi beatificado por Leão XIII em 1882 e canonizado por João XIII em 12 de abril de 1959.

2. OBRAS. Embora na escola só tivesse aprendido a ler e a escrever, no segundo período de sua atividade literária (1653-1670) São Carlos compôs muitas obras ascéticas e místicas de grande interesse, isto sobretudo devido ao dom da ciência infusa, que o próprio breve de beatificação lhe reconheceu de modo *prorsus mirabile*. Entre as mais importantes citam-se: *Trattato delle tre vie della meditazione e stati della santa contemplazione*, Roma, 1654, 1664, 1742; *Canti spirituali* (como apêndice do anterior); *Caminno interno dell'anima*, Roma, 1664; *Devoti discorsi della Passione di Gesù Cristo*, Roma, 1960; *Settenari sacri* (meditações piedosas), Roma, 1666 e, no apêndice, as *Novene* do Senhor e da Virgem; *Le grandezze delle misericordie di Dio in un'anima aiutata dalla grazia divina*, isto é, a autobiografia, publicada em suas partes essenciais por ocasião da canonização, Roma, 1959, e, em seguida, em edição integral e científica em dois volumes, *Isola dei Liri*, 1963 e 1965; *Esemplare del Cristiano* (vida de Nosso Senhor), inédita; etc.

3. DOUTRINA E ESPIRITUALIDADE. Carlos foi grande asceta e grande místico, na doutrina e na vida. Como escritor, distingue-se por três qualidades: simplicidade, solidez e seraficidade. Insiste, portanto, com facilidade de elóquio e de exposição, nos princípios fundamentais da → VIDA INTERIOR e nos fatores mais aptos na conservação e no aumento da divina caridade:

a) uma tríplice pureza: de alma ou delicadeza de consciência (*Autob.* 387v), de mente ou reta intenção em operar (*Ibid.*, 95rv.284v; *Exemplar*, 171v) e de coração ou desapego perfeito (*Tre vie*, 46);

b) a "escola divina da santa cruz", onde se aprende a uniformização com a divina vontade em todas as lutas, "deixando-se conduzir por Deus", segundo um seu impulso programático, que lhe é familiar (*Autob.* 176r.319v.355r);

c) espírito de oração, que deve ser incessante, já que a alma precisa da graça divina "em qualquer estado, a cada hora e momento" (*Settenari*, 438);

d) devoção fervorosa à Virgem, à Paixão e à Eucaristia, precursor (em pleno século XVII) da comunhão diária, da qual afirma ter recebido graças "inenarráveis";

e) amor sincero e generoso pelo próximo, ensinando com a palavra e com o exemplo como unir a → VIDA ativa e contemplativa, e como ser Marta e Maria, visto que "estas duas irmãs, isto é, a vida ativa e a contemplativa, sempre devem estar juntas" (*Tre vie*, 147).

Em suma, "o verdadeiro caminho do amor de Deus é o combate contínuo e o padecimento na observância dos mandamentos divinos" (*Cammino interno*, 278); "mais santos e mais perfeitos são aqueles que mais amam ao senhor e mais padecem por seu amor" (*Tre vie*, 99). Por outro lado, "do mesmo modo que a nossa alma pelo instinto da caridade procura amar a Deus, também procura, pelo mesmo Deus, amar ao próximo e ampará-lo em suas necessidades" (*Esemplare*, 234).

Como premissa para todo progresso espiritual, Carlos rebate principalmente as virtudes da → HUMILDADE e da → OBEDIÊNCIA, que tornam eficaz a → DIREÇÃO ESPIRITUAL, tão recomendada por ele (*Autob.*, 418v-419r; *Tre vie*, 100). É característico o exercício da confiança em Deus, que constitui uma verdadeira mensagem para todas as almas que sinceramente aspiram à perfeição cristã.

Maior interesse desperta o santo sob o aspecto místico; com as suas múltiplas experiências de contemplação passiva (que descreve como mestre, especialmente na *Autobiografia*, no *Trattato delle tre vie* e no *Cammino interno*), ele dá uma notável contribuição ao progresso da → TEOLOGIA ESPIRITUAL. Embora considere Santa Teresa de Ávila sua mestra, quando escreve sobre a oração infusa (*Autob.* 305r) é bastante original na nomenclatura e na classificação dos fenômenos místicos.

> BIBLIOGRAFIA. AMORE, A. San Giuseppe negli scritti di san Carlo da Sezze. *Estudios Josefinos* 35 (1981) 310-321 e *Cahiers de Joséphologie* 29 (1981) 310-321; CARLO DA SEZZE. *Opere complete*, vls. I-VI. Introdução e notas de R. SBARDELLA. Roma, 1963-1973; GORI, S. S. Carlo da Sezze maestro e modello di vita interiore. *Spirito e Vita* 2 (1960); ID. La fisionomia spirituale di S. Carlo da Sezze. *Studi Francescani* 57 (1960) 171-198; ID. *S. Carlo da Sezze, scrittore mistico*. *Studi Francescani* 58 (1961); HEERINCKX, J. Les écrits du B. Charles de Sezze. *Archivum Franciscanum Historicum* 28 (1935) 324-334; 29 (1936) 55-78; ROTOLI, I. *Itinerário místico Del B. Carlo da Sezze*. Roma, 1943; SBARDELLA, R. *La Madonna nella vita di S. Carlo da Sezze*. Torino, 1958; ID. *La Madonna nella vita di S. Carlo da Sezze*. *Rivista di Vita Spirituale* 13 (1959) 172-209; VENDITI, V. *Carlo da Sezze*. Torino, 1958; *Vita Minorum* 30 (1959) 1-64, número especial para a canonização.

S. GORI

CARMELITAS. 1. HISTÓRIA. A Ordem carmelita foi organizada no monte Carmelo, na Palestina, nas últimas décadas do século XII, por obra de alguns leigos latinos, cruzados, ex-combatentes, peregrinos, *devoti Deo peregrini et homines religiosi*, que "a exemplo e imitação do santo e solitário homem, profeta Elias, junto à fonte que traz o seu nome, habitava[m] em cavidades de pequenas celas, como abelhas do Senhor, produzindo doçura espiritual" (GIACOMO DI VITRY, *Historia Orientalis*, c. LII). Os "Frades do monte Carmelo" não atribuíram a ninguém o título de fundador. Todavia, como inspirador de sua vida escolheram o profeta → ELIAS, particularmente ligado ao Carmelo da narração bíblica do sacrifício (1Rs 18,20-45) e da antiga tradição monástica oriental, destacando as suas relações espirituais com ele. Junto com Elias tomaram a Virgem como modelo e ideal de vida, e, tendo dedicado a ela a pequena igreja construída no lugar, desenvolveram o sentido da total pertença à sua "Rainha", decoro e Mãe do Carmelo. Desde o início, a Ordem declarava ser *totus marianus et elianus*; em seguida, após a forçada "transmigração" para a Europa (c. 1230), a figura de Maria, aliada à do profeta Elias, continuaram a ser pontos de referência constante e decisiva do seu projeto religioso.

Por volta de 1209, Alberto degli Avogadro († 1214 em Acca), patriarca de Jerusalém, escreveu a pedido dos "Frades do monte Carmelo" uma "*formula vitae*". Esta, aprovada pelo próprio Alberto como "regra", deu consistência jurídica e canônica à nascente Ordem carmelita, salvando-a das restrições do Concílio Lateranense IV: com efeito, foi confirmada pelo papa Honório III (1226) e, com as necessárias adaptações à nova situação de existência na Europa, foi "corrigida, emendada e confirmada" pelo papa Inocêncio IV em 1247.

Alberto tinha codificado um tipo de vida estritamente eremítico e contemplativo, temperado com pouquíssimos elementos cenobitas. Após a passagem pela Europa, os carmelitas tiveram de aceitar, dentro de certos limites, o exercício do apostolado. As ardentes defesas da vida pura eremítica na *Ignea sagitta* (1270), de Nicolò Gallico, não puderam refrear o desenvolvimento da Ordem em direção aos Mendicantes. Já as primeiras constituições, que chegaram até nós em duas redações (1281 e 1294), traçaram a nova imagem da vida carmelita ampliada com elementos monásticos e mendicantes, evidentemente baseados no texto Albertino, com a primazia da contemplação. Essa nova vida "mista" foi professada no final do século XIII em cerca de 150 comunidades divididas em doze províncias.

Nos séculos XIV e XV a Ordem carmelita seguiu o mesmo itinerário com a característica busca da própria identidade, encontrada em todas as Ordens mendicantes. Prevaleceu a recuperação da referência (ao menos intencional) a Elias, modelo, inspirador, guia da existência religiosa, até dar corpo a uma típica espiritualidade eliana, entremeada de piedosas lendas, e nasceu uma nova reflexão sobre a ligação entre Maria, a origem e a finalidade da Ordem, início de uma teologia de vida "mariforme", documentada em numerosos tratados espirituais: *De Institutione*, de Ribot; *Speculum de Institutione*, de Baconthorp, *Speculum Fratrum*, de Chimento etc.

Envolvida nas lutas políticas com a decadência geral da vida religiosa no século XV, a Ordem começou as primeiras reformas, ou "movimentos de observância" (Congregação Mantuana, Congregação Albiense), marcadas pelo compromisso de retornar às origens contemplativas. Nessa linha, a mais importante é a *reforma teresiana*, no século XVI. → TERESA DE JESUS e → JOÃO DA CRUZ prenderam-se aos ideais primitivos expressos na Regra Albertina — que provavelmente só conheceram na forma "atenuada" de Inocêncio IV —, ideais que eles, pela própria experiência contemplativa, enriqueceram com novos elementos relativos à vida comunitária e apostólica.

A partir da *reforma teresiana*, a história da Ordem carmelita (dividida em calçados e descalços), o desenvolvimento de sua legislação e a sua escola teológica indicam como fator central da espiritualidade carmelita a contemplação das coisas divinas, preparada pela ascese do desapego total, que encontra a sua coroação no apostolado. Jesus e Maria são os modelos da vida de união, o caminho pelo qual a alma carmelita alcança a intimidade com Deus.

2. ESPIRITUALIDADE. I. *O ideal contemplativo*. O elemento fundamental da espiritualidade do Carmelo é a busca da → UNIÃO COM DEUS, a conquista e o gozo de sua intimidade. Esse ideal e essa aspiração profunda iluminam toda a vida carmelita, dão unidade e objetivo às suas práticas ascéticas e às suas atitudes interiores, estão na base de sua concepção da percepção sobrenatural.

Todo cristão está unido a Deus pela graça santificante que o torna participante de sua natureza divina e que, conservada e aumentada pelas obras meritórias, dá direito a uma união mais plena e beatificadora no paraíso. A Trindade habita habitualmente no coração do justo.

A espiritualidade carmelita encontra o seu traço característico e a razão dominante na descoberta e na valorização dessas maravilhosas realidades interiores e nas exigências práticas que daí derivam. A percepção de Deus presente e operante na alma empenha para uma atitude de → ADORAÇÃO, de agradecimento e de confiança ilimitada.

A alma carmelita se propõe realizar, mediante a fé e o amor, uma relação de profunda amizade com Deus, um colóquio íntimo e prolongado que conduza a uma comunhão de vida e a uma identidade de visão. Estabelecida solidamente a intimidade com Deus, a alma se oferece à sua ação transformadora para uma união cada vez mais profunda, que a torna participante do mistério de Cristo, para a glória do Pai e a salvação de toda a humanidade.

A valorização da presença das Pessoas divinas e o contato vital contínuo com elas conferem à espiritualidade carmelita uma orientação decididamente contemplativa. A → CONTEMPLAÇÃO é um modo particular de conhecer a Deus por intermédio da fé e da caridade, e por vida contemplativa entende-se o estudo da presença divina, a arte da conversação com Deus e a tendência habitual à realidade do espírito.

Para favorecer uma orientação mais completa para a união e a intimidade com Deus, a "vida contemplativa canônica" impõe uma organização específica com o isolamento total do mundo, e um conjunto de práticas ascéticas reservadas às famílias religiosas que não exercem nenhum apostolado externo. Mas o elemento essencial e teológico da vida contemplativa é a prevalência do pensamento de Deus sobre todas as outras intenções e preocupações. Tem-se vida contemplativa quando Deus é a realidade que mais se deseja e se busca, que traz maiores satisfações, e que desejamos compartilhar com os outros (cf. *STh*. II-II, q. 179, a. 1). O que se exige sobretudo para uma vida contemplativa é que a alma, "com a oração, a meditação e a contemplação, se una a Deus, que todos os seus pensamentos e as suas ações sejam penetrados pela sua presença e direcionados para o seu serviço. Se isto vier a faltar, a alma da vida contemplativa sofreria e nenhuma prescrição canônica poderia supri-la. [...] Esta é a essência da vida contemplativa: permanecer em Deus por meio da caridade, a fim de que Deus permaneça em nós" (PIO XII. Discorsi alle claustrali. *AAS*, 50 [1958] 567).

A espiritualidade carmelita é contemplativa enquanto voltada para Deus, pela penetração de seu mistério à luz da fé, mediante uma atenção amorosa que se alimenta da meditação das coisas divinas. A Regra primitiva prescreve aos religiosos que passem o dia e a noite em oração e no estudo da lei do Senhor. Para o carmelita, a vida espiritual é um contínuo reavivar-se no amor de Deus, para um contato mais consciente e um aprofundamento da amizade e da comunhão que, em virtude do → BATISMO, temos com o Pai e o Espírito Santo. O encontro com Deus, não esquematizado ou formulado com frases e palavras humanas, mas sentido no fundo da alma de modo mais íntimo e vivificante, como plenitude de vida divina, torna-se experiência cheia de alegria. Imersa no âmbito da existência cotidiana, a contemplação tende a invadir cada instante, conferindo-lhe uma direção e um significado de grande elevação. Habituada ao colóquio com

Deus, a alma conserva habitualmente um ponto de vista sobrenatural e adquire uma disposição para agir pelo Senhor em todas as coisas. Mesmo quando a sua atenção se volta para o mundo externo, o ponto de referência e o fim de seu pensamento é Deus, no qual tudo se esclarece e encontra o seu real valor.

Chega-se assim, gradativamente, à união "habitual" com Deus; "união que constitui o maior e mais alto estado ao qual se pode chegar nesta vida" (*Subida*, 7, 11).

A espiritualidade do Carmelo tende diretamente à união com Deus mediada pela fé e pelo amor, mas sempre teve presente a possibilidade, e procurou preparar as almas para as superiores comunicações com Deus, designadas com o nome de "contemplação infusa" e podendo assumir formas e gradações bastante diferentes.

Elias, pai espiritual e ideal da Ordem, recebeu numerosas comunicações divinas, que culminaram com a visão no monte Horeb (1Rs 19,9 ss.). O mais antigo documento de espiritualidade carmelita declara: "É dúplice o fim desta vida. O primeiro é alcançado com o nosso esforço, pelo exercício das virtudes e com a ajuda da graça divina: consiste em oferecer a Deus um coração santo e purificado de toda mancha de pecado. [...] O segundo fim é alcançado por nós por puro dom de Deus: é poder saborear um pouco no coração e experimentar no espírito o poder da presença divina e a doçura da glória celeste, não só após a morte, mas também nesta vida" (*Institutio primorum monachorum: La formazione dei monaci*. Roma, 1986, 126). Não há nenhuma pretensão de obter por iniciativa pessoal as graças místicas, que são um puro dom de Deus. Mas Jesus diz: "Quem me ama será amado por meu Pai, eu também o amarei e me manifestarei a ele" (Jo 14,21). São João da Cruz garante que "se a alma procura a Deus, muito mais o seu Amado procura por ela, e se ela lhe comunica os seus desejos amorosos [...] ele comunica a ela [...] as suas inspirações e os seus toques divinos" (*Chama*, 3,28). A contemplação mística entra nas perspectivas do Carmelo, que, reconhecendo a sua transcendência e gratuidade, considera oportuno que a alma faça de tudo para tornar-se digna dela, disponibilizando-se, assim, humildemente para a liberalidade de Deus. Santa Teresa, referindo-se às palavras de Jesus: "Quem tem sede, venha a mim e beba" (Jo 7,37), assegura que o Senhor "convida todos" à contemplação e que "aos que o seguem dá de beber de mil maneiras, a fim de que não haja ninguém que permaneça sem conforto e morra de sede. Trata-se de uma fonte abundante, da qual derivam vários riachos, alguns pequenos, outros grandes, e outros somente com pequenas poças" (*Caminho*, 19,15; 20,2).

A espiritualidade carmelita, com as suas perspectivas místicas, revela uma grande fé na ação do Espírito Santo, que colabora constantemente com as almas sedentas de Deus, operando do interior através dos seus dons. Orientada para a união mais íntima com Deus, a espiritualidade do Carmelo possui um caráter nupcial e encontra a sua expressão mais alta na união transformadora, também chamada → MATRIMÔNIO ESPIRITUAL. Como espiritualidade nupcial, é essencialmente jubilosa, feita de expectativas e de esperanças, de íntimas alegrias e de doações totais.

A vida contemplativa como percepção de Deus, consciência de seu amor e busca de sua intimidade, exige um trabalho de interiorização e de desapego. A interiorização como tomada de contato com Deus se realiza pela vida de oração e de recolhimento; o discurso é fruto do isolamento, da renúncia e da mortificação.

II. *Vida de oração*. O itinerário para a contemplação é constituído propriamente pela prática da oração; o desapego é uma condição necessária. No Carmelo, a oração sempre teve o primeiro lugar como meio para realizar o ideal contemplativo. Santa Teresa declara: "Todos os que vestimos esse santo hábito do Carmelo, somos chamados à oração e à contemplação, porque nisso está a nossa origem, e somos a descendência daqueles santos Padres do monte Carmelo que, em grande solidão e desprezo total do mundo, procuravam essa alegria, essa pérola preciosa" (*Castelo*, 5, 1, 2). Segundo a santa, a oração é a porta para entrar no castelo interior onde Deus espera a alma para comunicar-lhe as suas graças (*Ibid.*, 1, 1, 7). A alma vive os momentos de intimidade mais intensa quando, longe de todas as distrações e ocupações do mundo, fica sozinha com Deus e mergulha no mistério da oração.

A oração do Carmelo é vista nessa luz particular, como alimento da contemplação e como caminho para a união com Deus. "A oração", escreve Santa → MARIA MADALENA DE PAZZI, "é o caminho mais curto para alcançar a perfeição, visto que nela Deus adestra a alma, e por meio dela a alma se liberta das coisas criadas e se une a Deus" (*Avvertimenti*, c. 13, n. 1). O desejo de comunhão e de intimidade com Deus encontra a sua satisfação na prática da oração, considerada não como ocupação momentânea, esporádica, mas como orientação constante. A vida de oração, eixo insubstituível da espiritualidade carmelita, compreende a meditação, a oração litúrgica e o exercício da → PRESENÇA DE DEUS.

a) A *meditação* oferece à alma a possibilidade de tecer vínculos de *amizade* particularmente profunda com Deus. Santa Teresa vê na meditação um colóquio com Deus: "A oração mental, a meu ver, nada mais é que uma relação de íntima amizade, um frequente entretenimento a sós com aquele pelo qual sabemos ser amados" (*Vida*, 8,5). A santa está convicta de que a uma alma recolhida em oração, que abre o seu coração para Deus e espera ser guiada por ele, Deus responde de bom grado, com palavras de encorajamento e de direcionamento: "Acreditam, pois, que ele não fala, porque não ouvimos a sua voz? Quando é o coração que reza, ele responde. [...] O Mestre não está tão longe do discípulo para precisar levantar a voz. [...] O Senhor dispõe de outros meios e se manifesta à alma por meio de grandes sentimentos interiores. [...] Então o Mestre nos instrui" (*Caminho*, 24,5; 34,10).

A → MEDITAÇÃO é uma relação vital entre Deus, que se comunica à alma de modo suave e fecundo, e a alma, que se oferece com docilidade à ação de Deus, para tornar-se conforme à imagem de seu Filho (Rm 8,29). Praticada com regularidade e com constância, a meditação habitua a alma a uma atitude de atenção e de comunhão interior com o Senhor e orienta para ele todos os seus pensamentos.

b) A *oração litúrgica*. No Carmelo a oração litúrgica ocupa um lugar importante, junto à meditação. A Regra Albertina só admitia uma única exceção para o isolamento rigoroso dos eremitas: a reunião diária para participar da missa. A récita do ofício, feita antes em particular, segundo as exigências da vida solitária, tornou-se uma obrigação da vida comum, quando a Ordem transformou-se de eremítica em mendicante, sempre realizado com certa solenidade. As cerimônias em comum, antes de Santa Teresa, eram numerosas e frequentemente acompanhadas pelo canto; em seguida, foram reduzidas para dar mais espaço à meditação e para a aceitação, dos carmelitas descalços, do ritual latino em substituição ao hierosolimitano, mas conservaram sempre muito decoro.

Meditação e → LITURGIA são consideradas, no Carmelo, dois elementos que se integram mutuamente. A meditação, por sua natureza, tende à interiorização e dispõe para a união pessoal com Deus; a liturgia é principalmente exteriorizada e tende a manifestar os próprios sentimentos de dependência, de → ADORAÇÃO, de amor, em comunhão com todo o povo de Deus. A meditação cria no espírito a disposição para um louvor puro e consciente, digno da perfeição de Deus; a liturgia oferece à alma a possibilidade de manifestar o seu fervor interior com rituais e orações de alto valor, e, inserindo-a no mistério sacerdotal de Cristo, a torna participante da vida eclesial.

A liturgia enriquece a interioridade e contribui para a vida contemplativa quando, pela meditação, se penetra o significado dos rituais sagrados e são assumidos os sentimentos expressos pelas orações.

c) A *presença de Deus*. O Carmelo considera o exercício da presença de Deus um meio de grande importância para praticar a prescrição da Regra de rezar continuamente, de dia e de noite. Pela presença de Deus a alma permanece em contato habitual com o Senhor durante o dia inteiro, no trabalho e nas ocupações, sem interrupção alguma. Desse modo, habitua-se a considerar todas as coisas em Deus, assim, as realidades da existência cotidiana, em vez de dissipar o espírito tornam-se motivo de elevação e de união, realizando em plenitude a vida contemplativa, aberta à *experiência* de Deus.

A presença de Deus é um exercício de fé teologal e de caridade sobrenatural: "De dois modos se pode praticar a presença de Deus: como o amigo que olha o amigo, sem fazer nada; ou como o amigo que olha o amigo e se derrama em afetos e atos de obséquio: admira-o, oferece-se, promete-lhe dons. [...] O primeiro modo é de pouco fruto e não inflama muito. [...] Por isso os nossos noviços praticarão com frequência o segundo, [...] começando e terminando todas as coisas em união com Jesus, esforçando-se para manter os olhos nele como sobre um guia que os precede, e seguindo-o com muitos sentimentos de amor. [...] Devem praticar de tal modo a presença de Deus a ponto de não se distrair com nenhuma criatura [...] sem precisar de motivo para elevar-se até ele" (João de Jesus Maria. *Istruzione dei novizi*, 267).

O hábito de estar em contato com Deus vivo em nós e de experimentar a sua ação em todas as coisas que nos cercam mantém o espírito no plano sobrenatural, excita-o a um grande fervor para que faça da atividade pessoal uma oferta de amor e um louvor de glória. A liturgia das horas (→ OFÍCIO DIVINO), distribuída ao longo do dia, as orações recitadas antes e depois das ações mais importantes, as breves jaculatórias, servem para tornar mais viva a amizade com Deus e para alimentar a alegria e a consciência de caminhar sob o seu olhar.

III. *Encontro com Cristo*. A interiorização da alma se realiza na imitação e na identificação com Jesus Cristo. A imersão em seus mistérios é o meio e o caminho para chegar à união mais íntima e vital com Deus: "De nenhum modo se progride senão pela imitação de Cristo, o qual é o caminho, a verdade e a vida, e ninguém chega ao Pai senão por ele" (*Subida*, 2, 7, 8).

O amor pela sagrada humanidade de Cristo é uma herança espiritual deixada por Santa Teresa de Ávila. A santa enriquecia o seu interior com a meditação da paixão do Senhor, pelo culto à Eucaristia, pela celebração alegre dos mistérios da infância de Jesus. Lembra às suas filhas que "ter Jesus sempre presente é lucro em qualquer estado, e é meio muito seguro para avançar rapidamente e passar do primeiro para o segundo grau de oração, enquanto nos últimos graus serve para proteger-nos dos perigos do demônio" (*Vida*, 12, 3). Confirma, finalmente, que "esse é o método de oração com o qual devem começar, prosseguir e terminar, porque não existe outro caminho mais excelente e seguro, até que o Senhor nos eleve às coisas sobrenaturais" (*Ibid.*, 13,12).

Jesus é o mediador único e universal; ninguém vai ao Pai senão por seu intermédio, ele é a causa meritória e eficiente da graça e o exemplo de toda virtude; sem ele não há salvação nem santidade. Todos os que desejam progredir na perfeição, devem viver nele, "bem enraizados e fundamentados nele" (Cl 2,7). A alma carmelita acha em Cristo a mais alta manifestação do amor de Deus, e, juntamente, a revelação de um novo modo de viver, em comunhão com o Pai e o Espírito Santo.

A sagrada humanidade de Cristo está unida substancialmente ao Verbo que lhe comunica sua personalidade.

O Pai e o Espírito Santo estão sempre com o Verbo, portanto, em Cristo está presente toda a Santíssima Trindade. Contemplar a Cristo, penetrar no mistério de sua alma, é um encontrar-se com a Trindade, participar dos tesouros de luz e de graça que lhe comunica. Jesus é o caminho mais fácil para chegar a uma comunhão cada vez mais íntima e profunda com Deus. Esta é uma descoberta que enche de consolação as almas contemplativas e serve de orientação e de modelo para a sua vida espiritual.

O carmelita esforça-se para penetrar no santuário interior de Cristo, para colher as suas misteriosas harmonias. Gosta de estar recolhido, silencioso nele, para penetrar nele e viver os seus sentimentos e disposições mais íntimas, inserir-se no movimento de sua alma para a Trindade. São → JOÃO DA CRUZ apresenta o "conhecimento dos mistérios da humanidade de Cristo", que são "os mais profundos em sabedoria e escondidos em Deus", como a aspiração e o privilégio das almas que chegaram ao → MATRIMÔNIO ESPIRITUAL. "Com efeito, àquele pouco dos mistérios de Cristo que é possível saber nesta vida, não se chega sem ter sofrido muito, sem ter recebido de Deus numerosas graças intelectuais e sensíveis, e sem ter feito antes um longo exercício espiritual, visto que todas essas graças são mais imperfeitas que o conhecer os mistérios de Cristo, pela qual servem como simples disposição" (*Cântico*, 6,4).

Mergulhando em Cristo, exprimindo Cristo em sua vida, o carmelita pode, finalmente, oferecer a Deus um louvor perfeito, digno de sua majestade e grandeza infinitas; unindo-se a ele na adoração e na expiação, participa de sua missão redentora, cooperando eficazmente na salvação das almas. Diante dessas maravilhosas possibilidades, a bem-aventurada Elizabeth exclamava: "A missão da carmelita é verdadeiramente sublime: deve fazer-se mediadora com Jesus Cristo, deve ser para ele quase como uma humanidade agregada, na qual ele possa perpetuar a sua vida de reparação e de sacrifício" (BEATA ELIZABETH DA TRINDADE, *Scritti: Lett.* 183 e 261).

IV. *Vida mariana*. Um traço inconfundível da espiritualidade carmelita está no lugar e na função atribuída à devoção à Virgem. No Carmelo, a Virgem é considerada não somente objeto de culto e de um apostolado específico, mas exemplo e caminho para chegar à união e à intimidade mais profunda com Deus. O mistério interior de Maria, pela fidelidade à palavra divina sob a ação do Espírito Santo, encarna admiravelmente o ideal da Ordem no que possui de essencial e de sublime.

Em sua origem, em sua história e em sua vida o Carmelo sempre teve íntima relação com a

Virgem. Os primeiros religiosos que viviam no monte Carmelo tinham construído no centro de seu eremitério uma capela dedicada à Virgem, onde se reuniam para a missa diária. Vivendo junto ao altar de Maria, aqueles religiosos habituaram-se a conceber a sua vida em função de um particularíssimo culto à Rainha do céu. O amor a Maria enraizou-se cada vez mais profundamente em seus corações, tornou-se a substância de sua espiritualidade, iluminou todos os aspectos de sua existência.

Desde o século XIII, ao emitir a sua profissão, o carmelita promete obediência "a Deus e à Bem-aventurada Virgem Maria do monte Carmelo", e quer, com essas palavras, consagrar a ela a sua vida, a personalidade, as suas faculdades, o seu tempo, empenhando-se em um serviço diligente, apaixonado, destinado a durar até à morte. O escapulário, usado de dia e de noite, é o sinal sensível e a evocação a essa consagração e às suas exigências práticas. Em seu afeto filial, os carmelitas se esforçam para penetrar na alma da Mãe celeste, para descobrir a profundidade de suas relações com Deus, para aprender com ela a realizar uma → VIDA INTERIOR verdadeiramente fecunda. Deus habita em Maria pessoalmente pelo mistério da → ENCARNAÇÃO, e espiritualmente pelo dom da graça santificante que lhe foi concedida em abundância desde a conceição imaculada. Unida a Deus de modo tão íntimo e maravilhoso, Maria vive recolhida, em adoração contínua, operando exclusivamente sob a sua moção e para a sua glória. O silêncio de Maria, o seu recolhimento são frutos de íntima comunhão com Deus: o seu é um silêncio feito de adoração e de amor. Maria é o modelo mais perfeito de toda alma que busca a união com Deus.

A devoção carmelita à Virgem, como realidade vivida, manifesta-se em mil gestos de respeito e de devoto afeto, em um testemunho de confiança ilimitada, sobretudo no esforço de recopiar as suas linhas espirituais, de participar dos seus sentimentos de amor e de dedicação ao serviço de Deus e dos irmãos. Para o carmelita, a imitação de Maria não se restringe a algum momento ou a um episódio de sua vida, mas tem como principal objeto a sua atitude interior, de adoração ininterrupta ao Verbo. Vivendo na intimidade com Maria, e espelhando-se em suas virtudes, a alma torna-se cada dia mais recolhida em Deus, mais desprendida do mundo e das suas vaidades, mais contemplativa.

Maria não é somente exemplo, mas também caminho para chegar a Jesus. Ela conheceu o mistério de Cristo em toda a sua profundidade, penetrou com clareza os sentimentos de seu divino coração, e os revela às almas que confiam nela. Não só porque como mediadora nos obtém a união com Deus, pela graça e caridade, mas também porque, penetrando no segredo de sua vida íntima, descobrimos a Deus, que a dirige e eleva comunicando-lhe sua força e impelindo-a em tudo, unificando nela a vida contemplativa e o apostolado.

O carmelita também encontra em Maria o modelo de uma atividade eclesial, que não esmorece nem perturba a contemplação, mas se harmoniza com ela, extraindo força e amplitude. "Que paz, e com que recolhimento Maria agia e se prestava a cada coisa. Mesmo as ações mais ordinárias eram divinizadas por ela, porque em tudo aquilo que fazia a Virgem permanecia sempre como a adoradora do Dom de Deus; isto não a impedia de doar-se completamente também na vida exterior, quando era preciso praticar a caridade: o Evangelho narra que Maria percorreu com grande solicitude as montanhas da Judeia para visitar a prima Isabel (Lc 1,39). A visão inefável que contemplava dentro de si nunca diminuiu a sua atividade exterior, porque, se a contemplação se realiza no louvor e na eternidade de seu Senhor, possui em si a unidade e não poderá jamais perdê-la" (BEATA ELIZABETH DA TRINDADE, *Scritti: Rit.* 10).

V. *A ascese do nada.* Para interiorizar-se e estabelecer-se definitivamente em Deus, a alma precisa viver sempre em um clima de renúncia total, que, sem cansá-la, lhe permita conscientizá-la de sua pobreza e da necessidade de alcançar a Deus. A vida de intimidade e de oração exige um desprendimento radical de tudo o que distrai a atenção interior, isto é, do afeto pelas realidades exteriores e pelo mundo do eu. No Carmelo fala-se muito de → PURIFICAÇÃO, de ascese do nada, de renúncias e de mortificações, bem como de meios para chegar à contemplação e à união. Santa Teresa adverte que "o Senhor ama a ordem e não opera na alma senão quando a vê esvaziada e toda sua" (*Caminho*, 28, 12). Somente um coração puro, livre de todo vínculo e escravidão de criatura adere em plenitude e continuamente ao Senhor, até viver de vida divina.

Para que a alma realize uma doação completa ao Senhor na caridade, sem ser perturbada pelo apelo dos sentidos e das paixões, é necessário que a purificação se realize em dois planos: o desapego das coisas exteriores e a abnegação de si mesmo.

a) O desprendimento, em sua essência, não consiste propriamente na separação da criação, no desprezo por ela, mas no generoso emprego de todas as próprias forças na busca de → DEUS, bem infinitamente superior e sumamente amado. A renúncia efetiva aos bens temporais não é necessária em sentido absoluto, desde que não sejam supervalorizados; a privação e o afastamento deles, todavia, liberta da atração das criaturas, tanto mais forte quanto mais são próximas.

O desprendimento do mundo, para o carmelita, não é só pobreza, mas também solidão, silêncio. As conversas com os seres humanos são geralmente dispersivas e, quando passam da medida, impedem a atenção aos bens messiânicos. O valor da vida interior, da graça e da caridade escapa a quem se preocupa com a busca de notícias, de curiosidades e desperdiça o seu tempo em conversas superficiais. A Regra carmelita lembra que nunca falta o pecado no falar muito (Pr 10,19).

A vida contemplativa é silenciosa, toda recolhida em Deus. O → SILÊNCIO faz emergir a melhor parte do ser humano, concentra a sua atenção no essencial e o predispõe para acolher os apelos e as moções da graça. A → SOLIDÃO torna mais vivo o sentido da presença de Deus, facilita a busca das realidades espirituais e o colóquio pessoal com a "Palavra" que, progressivamente assimilada, torna-se clareza e força. A alma que criou um vazio ao redor de si para isolar-se de tudo está pronta e livre para oferecer-se à ação de Deus.

b) O desprendimento do mundo externo completa-se na abnegação, ou seja, no trabalho realizado pela vontade para desprender-se de si mesma, e para não agir segundo as tendências e inclinações naturais, mas segundo as exigências e as moções da graça. Com a habitual clareza, Santa Teresa escreve: "Depois de termos nos desprendido do mundo e dos parentes para fecharnos nesta casa, parece-nos já ter feito tudo e de não ter mais nenhuma luta. Mas estejam atentas, irmãs, e não se abandonem ao sono. Seria como aquele que se recolhe tranquilamente porque, tendo medo dos ladrões, trancou as portas da casa, sem saber que os ladrões ficaram presos dentro. Ora, enquanto nós estivermos dentro não haverá ladrão pior. Se não nos vigiarmos atentamente, se cada uma de nós não considerar a própria abnegação como sendo a coisa mais importante, um monte de obstáculos nos impedirá aquela liberdade de espírito que, unicamente, nos permite voar para o Criador, não mais carregadas de terra e de chumbo" (*Caminho*, 10,1). A purificação interior exige um longo trabalho, paciente, compromissado, mas necessário e lucrativo, que introduz e prepara as consolações inebriantes da intimidade com Deus.

No Carmelo também é honrada a penitência corporal, como meio de desapego ao mundo e de submissão dos sentidos e das paixões. Santa Teresa a considera necessária como disposição para a vida de oração: "Oração e tratamento delicado não são compatíveis" (*Caminho*, 4, 2). A mortificação, a abnegação, a solidão e as austeridades não são consideradas valores absolutos ou finalidades em si mesmas. O único valor essencial para o qual tende a alma carmelita é o → AMOR. A ascese do nada, o radicalismo do desapego a si e a qualquer outra coisa, as penitências de quaisquer gêneros estão em função de um amor mais puro e mais ardente, são meios para chegar mais plenamente à união e à transformação em Deus.

O Carmelo aspira a grandes alturas, propõe às almas como ideal de vida e como meta para ascensões espirituais "a união total com Deus, [...] uma união que consiste na transformação total de nossa vontade na vontade de Deus de modo que nela nada haja de contrário ao querer do Altíssimo, mas que cada ato seu dependa totalmente do beneplácito divino" (*Subida*, 1, 11, 2). Por isso exige uma purificação generosa que alcance as raízes das paixões. São João da Cruz lembra à alma que "quanto mais ela se anular por Deus, na parte sensitiva e na espiritual, tanto maior será a união que irá alcançar com ele, e tanto maior será a sua obra. E quando ela estiver reduzida ao nada, isto é, ao atingir o máximo da humildade, então se cumprirá a união espiritual entre a alma e Deus" (*Ibid.*, 2, 7, 11). Segundo o mesmo santo, as potências racionais do ser humano só realizam uma purificação completa por meio das virtudes teologais que "libertam de todas as coisas [...] e são o meio e a disposição para a união da alma com Deus" (*Ibid.*, 2, 6, 1-6). A fé, com efeito, "esvazia o intelecto de toda noção natural dispondo-o assim a unir-se à Sabedoria divina. A esperança esvazia e afasta a memória de toda posse de criaturas, [...] a desprende de tudo que possa possuir e a coloca naquilo que espera. Somente a esperança, portanto, prepara puramente a memória para a união com Deus. Do mesmo modo, a caridade esvazia e aniquila os efeitos da vontade, [...] dispõe assim essa potência e a une com Deus por meio do amor. Portanto, como essas virtudes possuem o objetivo de desprender a alma de tudo aquilo que é inferior a Deus, têm como resultado uni-la a ele" (*Noite*, 2, 21, 11).

Tendo alcançado a posse de Deus, a alma participa de sua perfeição e de sua liberdade soberana; o contato com os seres humanos não a distrai mais porque lhe oferece a chance de aproximá-los de seu Senhor; as realidades temporais são assumidas como instrumentos de graça para a salvação do mundo. Assim, a ascese do nada revela uma fecundidade insuspeitada para o desenvolvimento interior da vida contemplativa e para as perspectivas apostólicas.

VI. *O apostolado carmelita*. Na ótica espiritual do Carmelo, o → APOSTOLADO é visto e buscado como um fruto da → VIDA INTERIOR e como um reflexo do amor de Deus. A vida contemplativa, na medida em que é autêntica, dilata a alma, tornando-a participante das intenções salvíficas de Cristo e dos anseios da Igreja, voltada para a comunicação da mensagem evangélica. Para o carmelita, contemplação e apostolado não se excluem, mas postulam-se e valorizam-se mutuamente como aspectos de uma única vocação. Não constituem uma alternativa que se impõe à escolha individual, nem dois polos opostos de atração, mas um só ritmo de vida, no qual a superabundância da caridade que inunda o coração transborda para o exterior em uma comunicação de graça.

O amor a Deus, livre de todo egoísmo, que vive não daquilo que recebe e sim daquilo que dá, aumenta a sua intensidade derramando-se sobre os outros e fortalece-se na oferta de si ao próximo. Aqueles que são possuídos por Deus e vivem na caridade não se fecham em si, mas seguindo o movimento de Deus tendem a dilatar-se, comunicando aos outros o mistério e a alegria de sua interioridade. O contato vivo e pessoal com Deus, realizado na contemplação, torna-se fonte de apostolado e impele ao serviço desinteressado e generoso ao próximo, para a salvação de todas as almas.

O apostolado carmelita, como irradiação da vida contemplativa que alcançou seu pleno florescimento, não exige, necessariamente, atividades externas. O Carmelo sempre deu muita importância ao apostolado interior, da oração e do sacrifício. É este o apostolado específico proposto por Santa Teresa às carmelitas descalças: "Minhas irmãs em Cristo, uni-vos a mim para suplicar essa graça (que o número dos réprobos não aumente). Essa é a vossa vocação. [...] No dia em que as vossas orações, os desejos, as disciplinas e os jejuns não forem empregados para o que vos disse, não alcançarão, saibais, a finalidade pela qual o Senhor vos reuniu aqui" (*Caminho*, 1,5; 3,10). A santa está convicta do valor apostólico da vida interior e suplica às filhas que se "tornem tais de alcançar do Senhor numerosos defensores da Igreja, e que estejam à altura de sua missão" (*Ibid.*, 3,5). As almas caras a Deus são mais ouvidas por ele e os seus sacrifícios possuem maior eficácia quando são oferecidos por um coração transbordante de caridade; por isso, as almas carmelitas se propõem cultivar a amizade com Deus (*Ibid.*, 1,2) e realizar o seu ideal de intimidade com o Senhor, como motivo e instrumento de uma ação mais vasta, em favor da paz e da salvação do mundo (*Castelo*, 7, 4, 15).

No Carmelo está enraizada a convicção de que o amor contemplativo é maravilhosamente apostólico em si mesmo, como testemunho e enquanto atrai a luz e a graça de Deus sobre as almas. São → JOÃO DA CRUZ, a esse respeito, escreve que "é mais precioso para Deus e a alma, e de maior lucro para a Igreja, uma migalha de amor puro que todas as outras obras juntas, ainda que pareça que a alma não faça nada" (*Cântico*, 29,2). Essa valorização do apostolado interior serve de conforto e encorajamento para as almas generosas, que não estão em condições próprias para exercer o apostolado externo. Certas atividades são privilégio de poucos; todos, porém, podem ser apóstolos contribuindo com a santidade pessoal, o exercício da oração e do amor, para fazer fluir a graça nos membros do Corpo místico.

As perspectivas apostólicas da espiritualidade carmelita incluem a atividade externa. Santa Teresa está convicta de que a contemplação tende a dilatar-se nas obras, fruto e garantia de sua eficiência: "Esta é a finalidade da oração: reproduzir obras e obras" (*Castelo*, 7, 4, 7). A contemplação das realidades divinas é uma preparação para o exercício do apostolado, especialmente das atividades que tendem a desenvolver nas almas a vida de oração. A alma que vive constantemente na presença de Deus, ocupada em meditar dia e noite a sua lei, pode comunicar com convicção as suas experiências pessoais, irradiar a plenitude dos seus sentimentos de fé e de amor. O único limite à atividade apostólica do carmelita é posto pela necessidade de salvar e defender o espírito de contemplação. A → CONTEMPLAÇÃO deve informar o apostolado, e não ser diminuída pela atividade. Toda diminuição da vida de contemplação e de união repercutiria prejudicialmente sobre o apostolado, que dela brota e é vitalizado.

As exigências da contemplação, além de terem uma função de limite, fornecem uma orientação específica ao apostolado carmelita, determinando, por íntima identificação, uma preferência pelas iniciativas e realizações que se propõem difundir o culto e a prática da oração e da intimidade com Deus. Sem excluir outras atividades pastorais, exigidas pela necessidade da Igreja e impostas à obediência, o carmelita prefere aquelas formas de apostolado nas quais pode comunicar aos outros o seu amor à vida de recolhimento, iniciando-os na oração, na direção e no estudo da → TEOLOGIA ESPIRITUAL. Essa última tarefa foi posta em destaque por Paulo VI em carta de 3 de maio de 1965 aos superiores da Ordem: "Temos a preocupação de que os religiosos descalços se ocupem com todo o empenho em ilustrar os fundamentos da doutrina espiritual e em tratar com método de autêntica ciência as normas e as questões da teologia chamada ascética e mística, especialmente no que concerne à ordenação da vida de oração e de contemplação" (*Acta OCD*, 1965, 99).

BIBLIOGRAFIA. 1) Bibliografias: BARTOLOMEO DI SANT'ANGELO. *Collectio scriptorum Ordinis Carmelitarum Excalceatorum utriusque congregationis et sexus*. Savona, 1884; COSMAS DE VILLIERS. *Bibliotheca carmelitana, notis criticis et dissertationibus illustrata*. Aurelianis, 1752 [ed. Anastatica, Roma, 1927]. 2) Bibliografias periódicas: Bibliographia carmelitana annualis. In *Carmelus* desde 1954; Bibliographia Carmeli Teresiani. In *Archivum Bibliographicum Carmelitanum* (Roma) desde 1956. 3) Fontes e textos: *Biblioteca mística Carmelitana* (1915-1962), publicada em Burgos por SILVERIO DI SANTA TERESA e successori, 21 vls.; *La Vigne du Carmel*, Paris, 1947 ss; *Presence du Carmel*. Paris, 1960 ss., 12 vls. publicados. 4) Estudos fundamentais: ANCILLI, E. *Il Carmelo. Invito all'intimità con Dio*. Roma, 1970 (com ampla bibliografia); BRANDSMA, T. Carmelite Mysticism. Chicago, 1936; ID. Carmes, Spiritualité de l'ordre des… In: *Dictionnaire de Spiritualité* II, 156-171; BRENNINGER, G. *Dottrina spirituale del Carmelo* (versão do *Directorium Carmelitanum vitae spiritualis*). Roma, 1952; CICCONETTI, C. *La regola del Carmelo*. Roma, 1973; CRISOGONO DE JESÚS SACRAMENTADO. *La escuela mística carmelitana*. Madrid, 1930; CUMER, D. (org.). *Primi scritti carmelitani*. Roma, 1986; *De contemplatione in Schola Teresiana*. Roma, 1962; EUGENIO DE SAN JOSÉ. La spiritualidad carmélitana. *El Mensajero de Santa Teresa* 6 (1929) 373-382; FRIEDMAN, E. *The Latin Hermits of Mount Carmel. A Study in Carmelite origins*. Roma, 1979; GABRIELE DI SANTA MARIA MADDALENA. Carmes. Spiritualité. L' école mystique thérésienne. In: *Dictionnaire de Spiritualité* II, 171-209; ID. *La mística teresiana*. Firenze, 1935; ID. Caracteristiques de la spiritualité thérésienne. *Spiritualité Carmélitaine* 1 (1937) 33-61; ID. *La spiritualità carmelitana*. Roma, 1943; GIOVANNA DELLA CROCE. Der Karmelund seine mystische Schule. *Jahrbuch f r Mystische Theologie* 8 (1962) 3-133; ID. La spiritualità carmelitana. In: *Le grandi scuole della spiritualità cristiana*. Roma-Milano, 1984, 423-462; JERÔME DE LA MÈRE DE DIEU. *La spiritualité carmélitaine*. Paris, 1927; ID. *La tradition mystique du Carmel*. Paris-Bruges, 1929; *La regola del Carmelo oggi*. Roma, 1983; MACCA, V. Carmelitani Scalzi. In: *Dizionario degli Istituti di Perfezione* II (1975) 423-454; PAUL-MARIE DE LA CROIX. La spiritualité carmélitaine. In: *La spiritualité catholique*. Paris, 1953, 81-136; PIAZZA, A. La vocazione del Carmelo nel Corpo mistico di Cristo. *Vita Carmelitana* 3 (1942) 8-38; POSSANZINI, S. *La regola dei carmelitani. Storia e spiritualità*. Firenze, 1979; SAGGI, L. et al. Carmelitani. In: *Dizionario degli Istituti di Perfezione* II (1975) 460-521; ID. *Le origini dei carmelitani scalzi (1567-1593). Storia e storiografia*. Roma, 1986; SAGGI, P. *Santi del carmelo*. Roma, 1972; SECONDIN, B. *La regola del Carmelo. Per uma nuova interpretazione*. Roma, 1982; SILVERIO DI SANTA TERESA. Ascéticos carmelitas españoles. In: *Crônica de la Semana y Congreso ascéticos celebrada en Valadolid, 20-30 ottob. 1924*. Valadolid, 1925, 149-199.

A. MARCHETTI – GIOVANNA DELLA CROCE

CARNE. Sem excluir outras dimensões do conceito de carne, pretendemos analisar aqui sobretudo o aspecto ético-espiritual, à luz da revelação e da tradição espiritual católica.

1. SAGRADA ESCRITURA. A) *Antigo Testamento*. No Antigo Testamento, o termo judeu *basar* aparece 270 vezes, com certa pluralidade de significados: *a substância integrante das partes musculares do corpo*, humano ou animal, vivo ou morto (Gn 2,21; Ex 4,7; Lv 13,10; 1Sm 17,44; 2Rs 5,10.14; Jó 2,56; Ez 37,6); o corpo vivo, profundamente ligado à sua dimensão material (Gn 6,3; 9,4; Nm 27,16; Dt 12,23; Jó 14,22; Ez 32,5), de algum modo distinto da dimensão espiritual do ser humano (*nephes* ou *ruah*: alma ou espírito), da qual constitui o seu aspecto exterior; *a pessoa humana*, da qual a expressão "a minha carne" às vezes substitui o pronome pessoal "eu" (Sl 16,9; 63,2; Pr 11,17); a parentela (Gn 2,23; 29,14; 37,27; 2Sm 5,1; 19,13-14; Is 58,7); um significado ampliado deste último uso encontra-se na expressão *kolbasar*, "toda carne", que pode referir-se tanto à humanidade (Sl 65,3; 145,21) quanto ao mundo humano e animal (Gn 6,17; 9,16-17; Jó 34,15), exprimindo assim a unidade de todos os seres vivos.

Essa diversidade de significados se explica como consequência da concepção unitária do ser humano que, sem excluir a composição dicotômica, predomina na linguagem judaica e se reflete na carência de termos que designam de modo reto e como realidades diferentes os conceitos de "carne", "corpo" e "pessoa".

Além disso, no AT encontramos um sentido teológico específico associado à palavra "carne", utilizada para exprimir os limites do puramente humano em relação à esfera do sobrenatural e do divino (Jó 10,4; Sl 78,39; Is 31,3; 40,6; Jr 17,5): o ser humano é carne por causa de sua existência como realidade criada. A expressão "carne e sangue" como descrição do ser humano em sua caducidade aparece pela primeira vez em Sr 14,18; 17,26.

Embora, às vezes, *basar* exprima não somente a fraqueza física da criatura humana diante de Deus, mas também a sua fraqueza moral (Sl 65,3 ss.; Ez 16,25), não se pode afirmar que se encontre no Antigo Testamento um conceito ético negativo de carne como fonte ou origem do pecado.

B) *Novo Testamento*. a) Os Evangelhos: nos Evangelhos, a palavra *sarx* conserva os significados de *basar* no Antigo Testamento (Mt 24,22; Mc 13,20; Lc 24,39; Jó 1,14; 6,52-56; 17,2) incluído o da fraqueza da criatura humana; daí o uso frequente da expressão "carne e sangue", que não podem, sem o auxílio de Deus, conhecer os mistérios da revelação (Mt 16,17). A carne é fraca: sozinha, não pode resistir às tentações (Mt 26,41; Mc 14,38). No quarto Evangelho, o termo carne também serve para contrapor a mentalidade terrestre ao espírito de Deus (Jo 6,63; 8,15). Essa oposição é aqui meramente física, enquanto constitui um novo sentido ético nas Epístolas dos apóstolos, principalmente nas de São Paulo.

b) São Paulo: no *corpus paulinum* o termo *sarx* é usado 91 vezes, na maioria dos casos com um sentido ético pejorativo. A carne opõe-se ao espírito, e a luta na qual ambos se confrontam desenvolve-se em duas fases, determinadas pelas Epístolas aos Gálatas e aos Romanos.

Não se trata, sem dúvida, de um dualismo ontológico de tipo platônico, segundo o qual a carne enquanto parte integrante do corpo e pertencente ao mundo material seria intrinsecamente má e fonte de corrupção para a alma. Para São Paulo, a carne não é essencialmente má, visto que "ninguém jamais odiou a sua própria carne" (Ef 5,29); nela, pode manifestar-se a vida de Jesus (2Cor 4,11) e ela pode oferecer-se como sacrifício vivo, santo e agradável a Deus (Rm 12,1). O dualismo paulino é de tipo ético, consequência do pecado original (Rm 5,1-19). Carne indica a natureza humana que se rebelou contra Deus, cuja consequência foi a introdução de uma desordem que a submete à tirania do → PECADO; é uma potência, como o pecado, capaz de dominar o ser humano caído e ainda não regenerado por meio do → BATISMO; neste sentido, é morada do pecado (Rm 7,18-25), sua aliada, fonte e princípio.

Pela expressão "obras da carne" (Gl 5,19-21), São Paulo não se refere unicamente aos pecados sexuais, ou em geral aos materiais e corporais; tal expressão também engloba outros pecados que entram mais ou menos no campo do espírito: a idolatria e a magia, as inimizades, as rivalidades, a → INVEJA etc. Para traduzir na linguagem atual o conceito teológico de carne em São Paulo, talvez se possa recorrer ao conceito de "egoísmo", um egoísmo encarnado e inveterado; "encarnado" enquanto toma o ser humano inteiro em sua totalidade psicofísica; "inveterado" porque não se trata de cada ser humano ou de um pequeno grupo, e sim do egoísmo enraizado na humanidade (cf. RAPONI, S. *Dizionario di Spiritualità dei Laici*, I, 93).

A carne testa o *noûs*, mente ou razão humana, que se mostra impotente diante das suas rebeliões. O *noûs* só poderá vencer com a ajuda da graça, novo ser que o Cristo nos alcançou. Quando a razão humana recebe o Espírito Santo, é elevada à dignidade de *pneûma* ou espírito, e é então que dispõe das forças necessárias para viver não "segundo a carne" (Rm 8,1-12; 13,14;

Gl 5,24; Cl 3,5), mas segundo o espírito. O cristão pode, assim, despojar-se do homem velho para transformar-se no homem novo, o homem espiritual (Ef 4,22-24; Cl 3,9-10). Somente graças à ressurreição a carne será definitivamente vencida (Rm 8,10 ss). Com efeito, São Paulo não chamará mais de carne o corpo glorificado, mas de "corpo espiritual" (1Cor 15,44).

2. OS SANTOS PADRES. O ensinamento dos santos Padres sobre a carne segue muito de perto o da Sagrada Escritura, desenvolvendo especialmente a doutrina de São Paulo. De modo geral, sob o conceito de carne alinham-se todos os obstáculos à vida espiritual que procedem das nossas potências inferiores, ou, simplesmente, do ser humano considerado em seu conjunto, ainda que geralmente o seu uso mais comum seja identificado com a concupiscência. São Gregório Nazianzeno, por exemplo, o emprega nesse sentido em um poema no qual lança os seus impropérios contra a carne: "carne perniciosa, raiz dos vícios, [...] amiga do mundo que nos arrasta para baixo, [...] fera indomável [...]" (*Adversus carnem*: PG 37, 1.378-1.381).

A rebelião da carne é considerada por unanimidade como uma consequência do pecado original. Assim afirma São → GREGÓRIO MAGNO: "Se o ser humano quisesse observar o preceito divino, teria conseguido ser espiritual até em sua carne. Todavia, por causa do pecado, tornou-se carnal até em seu espírito" (*Moralia*, liv. 5, c. 34, n. 61: PL 75, 712-713).

Alguns mestres espirituais dos primeiros séculos deixaram-se influenciar pelo dualismo grego, radicalizando assim a oposição entre carne e espírito, ligando-se às vezes a ideias de tipo estoico; → CLEMENTE DE ALEXANDRIA afirma que os perfeitos ("gnósticos") devem anular as paixões até atingir a impassibilidade total (*apatheia*) (cf. *Stromata*, liv. 6, c. 9: PG 9, 291-300). Todavia, o ensinamento comum dos Padres afirma que não é necessário odiar ou anular a própria carne; não se trata de destruir o corpo, e sim de usá-lo como instrumento da alma que, "como um artista especializado conduz o corpo para onde quer" (SANTO AMBRÓSIO, *De bono mortis*, c. 6, n. 25: PL 14, 552B).

Tendo de confrontar-se com heresias de tipo dualista (docetismo, → ENCRATISMO, GNOSTICISMO, maniqueísmo), muitos Padres assinalam a bondade original da carne, apoiando-se sobretudo no fato da encarnação do Verbo, e também no dogma da ressurreição da carne, assim como faz santo Ireneu com os gnósticos (cf. *Adversus haereses*, liv. 5, c. 1-15: PG 7, 1.119-1.166). São particularmente ilustrativos alguns textos de Santo → AGOSTINHO, convertido do maniqueísmo: "Não foi a carne corruptível que tornou a alma pecadora, mas a alma pecadora tornou a carne corruptível" (*De civitate Dei*, liv. 14, c. 3, n. 2: PL 41, 106). E ainda: "a carne não é, pois, nossa inimiga, quando resiste aos seus vícios é amada, pois assim será curada (*ipsa amatur, quia ipsa curatur*)" (*De continentia*, c. 8, n. 19: PL 40, 361-362). E ainda mais explicitamente, ao tratar da carne peregrina, que ainda não foi ressuscitada, acrescenta: "a carne, portanto, não é má, se prescinde do mal, isto é, daquele vício com o qual o ser humano se viciou, que não foi um mal feito, mas ele próprio praticou o mal. Em ambas as partes, isto é, corpo e alma, o ser humano foi criado bom, porém ele próprio praticou o mal por meio do qual tornou-se mau" (*Ibid.*, n. 20: PL 40, 362).

3. TRADIÇÃO ESPIRITUAL POSTERIOR À ÉPOCA PATRÍSTICA. Os autores espirituais posteriores aos santos Padres seguem a linha da doutrina de São Paulo sobre a oposição carne-espírito e consideram a rebelião da carne uma consequência do pecado original: "a carne nasceu do pecado e foi alimentada pelo pecado" (SÃO BERNARDO, *Sermo 5 in Quadragésima*, 1: PL 183, 178D).

Foi nessa época que surgiu a enumeração dos três inimigos da alma, que acabou por tornar-se clássica: o → MUNDO, o demônio e a carne. Dos três, a carne parece ser o mais temível; enquanto o mundo é externo a nós e o poder do demônio é sujeito, a carne, em vez, é um inimigo doméstico, que sempre carregamos conosco (cf. *Ibid.*, 1-3: PL 183, 178-179).

Com Santo → TOMÁS DE AQUINO, chega-se a uma antropologia teológica muito elaborada. A carne, parte integrante do corpo, é um coprincípio ou condição da existência humana, dirá Santo Tomás com linguagem aristotélica (cf. *In III Sent.*, d. 31, q. 2, a. 4), conservando porém, em outras passagens, o significado ético de origem bíblica, embora acentuando o aspecto da materialidade. Assim, na *Suma* pode-se encontrar um sentido *físico* da palavra "carne" como parte do corpo ou também o corpo inteiro (cf. I-II, q. 56, a. 4 ad 2) e um outro *ético*, que faz referência aos prazeres carnais: tentações da carne (cf. I-II, q. 55, a. 1 ad 3); concupiscência da carne (cf. I-II, q.

77, a. 5); obras da carne (cf. I-II, q. 70, a. 4); gravidade dos pecados carnais (cf. I-II, q. 73, a. 5) etc.

Na literatura espiritual dos últimos séculos, vai se perdendo progressivamente o sentido bíblico geral de carne, enquanto se impõe uma consideração meramente sexual ou física, chegando, assim, as consequências não totalmente positivas no aspecto da formação da consciência cristã. "Ainda hoje, a equação carne-sexo é largamente dominante, especialmente na mídia, sinal evidente de que o vocabulário sofreu uma redução e uma deterioração. Certamente não se pode pretender restituir ao termo "carne" um significado doutrinal unívoco, que talvez jamais tenha tido, mas se pode resgatar de algum modo de um depauperamento que mascara uma antropologia fortemente deficitária" (RAPONI, S. op. cit., 96).

4. A CARNE E A VIDA SEGUNDO O ESPÍRITO. À luz da tradição bíblica, patrística e teológico-espiritual relativa à carne, procuraremos extrair algumas consequências com referência à vida espiritual do cristão. Faremos isso resumidamente:

a) A atitude do cristão diante da carne, entendida como corporeidade ou materialidade, não deve ser negativa. A carne é originalmente boa porque saiu das mãos de Deus para ser instrumento da alma humana. O ser humano em seu conjunto é o sujeito do → MÉRITO ou da culpa; e exatamente por isso é que tanto o seu corpo quanto a sua alma receberão o prêmio e o castigo eternos.

b) A sua atitude também não será exageradamente otimista, humanamente falando. Pelo pecado original foi introduzida uma desordem na natureza humana, e a partir daquele momento a carne — no sentido ético do termo — luta contra o espírito.

c) O ser humano espiritual deve ter, com relação à carne, um sadio realismo sobrenatural. Quando a alma humana conta com o auxílio da → GRAÇA, pode submeter a carne — a dimensão passional de nosso ser — e direcioná-la para o serviço de Deus.

d) O verdadeiro sentido da ascética e da mortificação cristãs não consiste em uma luta para despojar-se do corpo ou para anulá-lo; "essa luta se dirige para uma conquista, uma transfiguração. Todavia, a alma não será capaz disso sozinha. [...] Ao contrário, visto que foi a alma quem pecou, sendo o corpo apenas um instrumento, é ela quem tem maior necessidade de salvação. Só o Espírito de Deus, libertando-a da escravidão dos seus desejos, poderá restaurar com ela o corpo para aquela glória final à qual Deus destina o ser humano inteiro" (BOUYER, L. Chair. In: *Dictionnaire Théologique*, 134).

e) Consequentemente, o principal esforço ascético do cristão deve dirigir-se a orientar as potências da alma para Deus. Daí nasce a necessidade da mortificação interior, ainda mais importante que a mortificação dos sentidos.

BIBLIOGRAFIA. BOUYER, L. Chair. In: *Dictionnaire Théologique*. Tournai, Desclée, 1963, 133-134; GERLEMAN, G. Basar, Carne. In: JENNI, E. – WESTERMAN, C. (orgs.). *Dizionario Teologico dell'Antico Testamento*. Torino, Marietti, 1978, 326-329, vl. I; *Introduzione alla vita spirituale*. Torino, Borla, 1965, 153-196; JOSEMARÍA ESCRIVÁ. Homílias "La vocazione cristiana" e "La lotta interiore". In: *È Gesù che passa*. Milano, Ares, ³1982, n. 1-11 / n. 73-82; MOUROUX, J. *Sens chrétien de l'homme*. Paris, Aubier, 1953, 91-102; PRAT, F. *La théologie de saint Paul*. Paris, Beauchesne, 1925, 53-90, vl. II; RAPONI, S. Carne. In: ANCILLI, E. (orgs.). *Dizionario di Spiritualità dei Laici*. I, Milano, O.R., 1981, 91-97; STÖGER, A. Carne. In: BAUER, J. B. (org.). *Diccionario de Teología Bíblica*. Barcelona, Herder, 1967, 171-177; VAGAGGINI, C. *La teologia dei Padri*. Roma, 1974, 155-280, vl. I; VAN IMSCHOOT, Carne. In: *Diccionario de la Biblia*. Barcelona, Herder, 1978, 238-288; VILLER, M. – BONSIRVEN, J. Chair. In: *Dictionnaire de Spiritualité* II, 439-449.

M. BELDA PLANS

CARTAS CATÓLICAS. 1. Sete Cartas do Novo Testamento (Tg; 1Pd; 2Pd; Jd; 1Jo, 2Jo, 3Jo), por estarem destinadas a um grupo de Igrejas ou a um amplo círculo de fiéis, são denominadas "católicas". No Ocidente receberam também o nome de "canônicas", quase para afirmar, contra alguns opositores, o seu caráter de Escrituras: recordemos que cinco desses escritos são deuterocanônicos. Sob a forma de homilia pastoral, encontramos nelas o ensinamento dogmático e moral que era ministrado às comunidades dos primeiros tempos. Além dos pontos específicos de doutrina, observam-se nessas Cartas temas que compartilham entre si e com outros escritos do Novo Testamento. O fato é explicado pela dependência dos vários hagiógrafos de uma base comum de doutrina presente na catequese primitiva: essa base comum é representada pelas instruções que precediam e seguiam a administração do batismo. Já dissemos que cinco desses escritos são deuterocanônicos (Tg, Jd, 2Pd, 2Jo e 3Jo): no século V, porém, sua canonicidade é quase comumente admitida e foi definida no Concílio de Trento.

2. A CARTA DE TIAGO. O autor é identificado comumente com o "irmão do Senhor" (Mc 6,3), chefe da comunidade de Jerusalém (Gl 2,9; At 12,17; 15,13), martirizado no ano 62. Mais discutível é sua identificação com o apóstolo Tiago "o Menor" (Mc 3,18; At 1,13; o texto de Gl 1,19 pode ser entendido de outro modo). Os destinatários são as "doze tribos da diáspora" (1,1), ou seja, os judeu-cristãos que vivem fora da Palestina. Os membros dessas comunidades aparecem como desprovidos de bens materiais (5,8), oprimidos por ricos comerciantes cristãos (4,13), invejados e adulados por alguns, mas execrados por outros por seu luxo e suas injustiças (4,1-3.11; 5,9). O autor recomenda a busca da verdadeira sabedoria que, para ser verdadeira, deve ser aplicada à vida, especialmente com a prática da "lei régia", a lei da liberdade, ou seja, da caridade fraterna (2,8). A língua grega, quase clássica, se explica com a intervenção de algum discípulo: a comunidade de Jerusalém devia ser bilíngue (At 6,1-10).

Foi escrita depois do ano 58 (em Tg 2,14-26 temos uma alusão a Gl 2,16 e Rm 3,28) ou então nos anos 49-50, antes do Concílio de Jerusalém: neste caso, seria o escrito mais antigo do Novo Testamento.

Os autores distinguem nas Cartas católicas três espécies de temas: fundamentais, característicos, comuns. Limitamo-nos aqui aos mais importantes.

a) *Sabedoria*: o autor a apresenta como um dom de Deus (1,5; 3,15), que a concede com largueza a quem a pede com fé (1,5-8). A verdadeira sabedoria se manifesta, em oposição à sabedoria "demoníaca ou do mundo", com uma conduta realmente cristã: é pura, pacífica, indulgente, conciliadora, misericordiosa, sem hipocrisia (3,17); seu fruto de vida é a paz. A falsa sabedoria, ao contrário, consiste na inveja, discórdia, desordem, em qualquer tipo de mal: seu efeito é a ausência de paz (3,14-15).

b) *Fé e obras*: a fé deve ser mostrada, como a verdadeira sabedoria, com obras, especialmente com o exercício da caridade fraterna; este tema fundamental é guiado pelo princípio: "quem sabe fazer o bem e não o faz incorre num pecado" (4,17). A necessidade de traduzir na prática tudo aquilo em que uma pessoa crê está contida também na famosa frase "a fé, sem obras, é morta" (2,26), na qual alguns querem ver uma alusão a Gl 2,15 e Rm 3,20.28; mas a oposição é só aparente: Paulo de fato se refere à "primeira" justificação, ou seja, à passagem do estado de pecado ao estado de graça; Tiago, por sua vez, afirma a necessidade das obras, no homem já justificado, para progredir na nova vida para a qual Deus, "por sua própria vontade, nos gerou pela palavra da verdade" (1,18). Alguns exemplos concretos inculcam a necessidade de uma fé operante: belas palavras não são suficientes para tirar um pobre de sua miséria (2,14-20); essa fé é similar à dos demônios (2,19). Abraão, pronto a sacrificar Isaac, e Raab, que exerce a hospitalidade (2,21.25), confirmam que a fé sem as obras é como um corpo sem alma (2,21-26). Seguem a mesma linha de pensamento as exortações a traduzir na prática a "palavra de verdade" pela qual fomos gerados para ser "primícias das... criaturas" (1,18). Tal palavra semeada na alma deve ser acolhida com docilidade (1,21), para que possa salvar; portanto, não só ouvintes, mas realizadores ativos e generosos da palavra (1,22), rejeitando toda mancha e todo transbordamento de maldade (1,21). O evangelho da verdade é como um espelho que faz conhecer as belezas mas também as feiuras da alma: seria tolice negligenciar a purificação do coração (1,23; 4,8). Um sinal infalível de uma fé genuína é o cumprimento, em plenitude, da "lei régia", a lei da liberdade, ou seja, a caridade fraterna (2,8-11) na qual se resume toda a lei e segundo a qual se exercerá o julgamento benévolo ou severo de Deus (2,13). A caridade exclui: os favoritismos (2,1-14) e a severidade (2,15-17), é compassiva (2,15-17) e sincera (2,18), detesta os litígios (1,19), odeia a mentira (3,1) e, acima de tudo, preocupa-se com o bem espiritual do próximo: "quem reconduzir um pecador... salvará sua alma da morte e fará desaparecer uma multidão de pecados" (5,20). A caridade é ferida com frequência por meio da língua: "se alguém não tropeça quando fala, esse é um homem perfeito, capaz de dominar o seu corpo todo" (3,2). Tal domínio é difícil, contudo, porque a língua é como um fogo que "incendeia o ciclo da vida, tirando sua chama da geena". O homem, que pode domar qualquer espécie de animal feroz, é quase impotente diante da força maléfica da língua. As comparações com o freio do cavalo, com o leme do navio, com a centelha que pode provocar um incêndio põem em destaque a desproporção entre o pequeno tamanho da língua e os efeitos desastrosos que produz. Quem não domina a língua cai nas contradições mais evidentes: condena-se especialmente a maledicência, os falatórios e o juramento em vão (3,9-12; 4,11-12; 5,9; 5,12).

c) *Tentação*: baseando-se no duplo sentido da palavra grega *peirasmos*, o hagiógrafo distingue entre "provação" e "tentação". Diante das primeiras, o cristão deve ser invadido por uma "perfeita alegria", porque manifestam a vivacidade da fé e a firmeza da perseverança (1,1-4); além disso, são uma preparação para a "coroa da vida" (1,12) preparada pelo Senhor para aqueles que o amam. Mas a tentação, enquanto é impulso para o mal, não pode vir de Deus: ele é inacessível à tentação (1,13) e dispensa a todos "generosamente e sem censurar... todo dom valioso e toda dádiva perfeita" (1,5.17): entre estes, o maior é o da criação (1,18). A tentação nasce no íntimo do coração: "Cada qual é tentado por sua própria concupiscência, que o arrasta e seduz" (1,14). Com sutileza descreve-se o processo psicológico da tentação: sugestão, prazer, conhecimento, pecado, morte (1,15).

d) *Pobreza e riqueza*: igualmente notável é a doutrina social da Carta. Com palavras amarguradas que lembram as invectivas dos antigos profetas (5,1-6), o hagiógrafo mostra a sua compaixão para com os pobres oprimidos. Protesta contra as preferências concedidas aos ricos nas assembleias litúrgicas (2,11-13): foi aos pobres que o Senhor prometeu o reino (2,5 ss.); a conduta escandalosa dos ricos leva a difamar "o belo nome" do Senhor Jesus (2,7); os tesouros acumulados injustamente para oprimir os fracos serão seus implacáveis acusadores nos "últimos dias" (5,1-3). Condena-se particularmente quem: defrauda o operário do justo salário, pecado que clama por vingança diante de Deus (5,4), e abusa do poder econômico para fazer com que inocentes sejam condenados (5,6). Os pobres, porém, não devem desanimar, já estamos nos últimos tempos e o Senhor pode vir a qualquer momento para fazer o seu julgamento (5,8). Nesse meio-tempo, é preciso ter paciência, fonte de bem-aventurança em meio às provações. Os exemplos dos profetas e de Jó devem sustentar os oprimidos nas tribulações, lembrando que o Senhor "é rico em misericórdia e compassivo" (5,11). A compaixão pelos miseráveis não deve limitar-se a belas palavras (2,1-4), mas traduzir-se em obras concretas: a verdadeira prática religiosa consiste em "socorrer os órfãos e as viúvas em sua aflição" (1,27).

e) *Vida cristã*: o cristão é criado à imagem de Deus (3,9); cede ao pecado produzido pela concupiscência que nele se aninha (3,2; 1,14); ele foi gerado "pela palavra da verdade" (1,18), mas mesmo depois do batismo as paixões estão em conflito dentro dele (4,1) e delas derivam as desordens externas (4,2), em especial as brigas e as guerras (4,1-4). O cristão que peca e prefere o mundo a Deus é um "infiel" (4,4), porque Deus ama "com ciúme" (4,5). Com o humilde arrependimento, obtém o perdão de Deus e se torna forte contra satanás (4,6-7); a humildade consiste em reconhecer a própria miséria, com o coração contrito (4,7-10); o cristão é salvo especialmente pela fé atuante na prática da "lei" da caridade (2,8 ss.).

f) *Oração*: fala-se dela frequentemente; deve ser feita com "fé" (1,6); é necessária no sofrimento (5,13) assim como na alegria (5,13); deve elevar-se a Deus de um coração puro, porque "a oração fervorosa do justo tem grande poder" (5,16); sua eficácia é ressaltada pelo exemplo de Elias profeta (5,17-18); devem-se pedir bens espirituais, especialmente a verdadeira sabedoria (1,5-8), mas também temporais (4,2-3); devem-se recomendar a Deus todos, especialmente os enfermos, aos quais se aconselha, em caso de doença mais grave, chamar os presbíteros e os anciães da Igreja, para que "orem sobre ele, ungindo-o com óleo no nome do Senhor. A oração feita com fé salvará o doente e o Senhor o levantará. E se tiver cometido pecados receberá o perdão" (5,13-15): a Igreja sempre interpretou o texto em relação com a sagrada → UNÇÃO DOS ENFERMOS; nesse sentido foi definido pelo Concílio de Trento. Da oração não estão excluídos os pecadores (5,14-16); se às vezes não é atendida, é porque oramos mal, em pecado (5,16) e por coisas nocivas (4,13). No texto de 5,16 "confessai, pois, uns aos outros, os vossos pecados", alguns veem uma alusão ao sacramento da → PENITÊNCIA: mas não há certeza sobre isso.

A Carta de Tiago apresenta-se como o escrito de um pastor de almas que, preocupado com o bem espiritual de seus fiéis, por meio de encorajamentos (1,2; 5,7), recomendações (3,1), recriminações (2,14; 4,1) e ameaças (5,1) os impele à prática constante da vida cristã, sem a qual a palavra da verdade "semeada na alma" permanece estéril para a salvação. São notáveis, embora a cristologia seja muito elementar, as frequentes evocações do sermão da montanha.

3. A PRIMEIRA CARTA DE PEDRO. No prólogo, o autor se apresenta como "Pedro, apóstolo de Jesus Cristo" (1,1): a tradição dos primeiros séculos é unânime em confirmar essa informação. Os destinatários são "os peregrinos da diáspora", ou seja, os cristãos que vivem em cinco regiões da Ásia Menor (1,1). Essas comunidades deviam ser mistas, isto é, constituídas por étnico-cristãos (1,4.18.21.25; 2,9.10; 4,3) e judeu-cristãos (1,1.10.17.18; 2,9-11): explica-se então a passagem de uma a outra categoria de fiéis na exortação moral. Os leitores são submetidos a perseguições que, no entanto, não devem ser identificadas com as ocorridas naquelas regiões na época de Trajano, uma vez que se diz que elas se parecem com as que os cristãos sofrem em todo o mundo (5,9); nunca se fala de martírios (ao contrário de Ap 2,13; 6,9-11): não são portanto perseguições "oficiais". Os fiéis são exortados à paciência e a uma vida santa para refutar as calúnias movidas contra eles (2,11-12) e à obediência às autoridades civis (2,13-17). Pedro recebeu essas informações de Silvano, que exerce a função de seu secretário (5,12); a presença de Silvano explica também a elegância da língua grega. Essa Carta foi escrita na Babilônia (5,13, ou seja, em Roma; cf. Ap 14,8; 16,19) antes do ano 64 ou 67, as datas prováveis do martírio de Pedro, mas depois de 58, ou seja, depois da evangelização das regiões onde vivem os destinatários, ocorrida, por meio de Paulo e Silvano, na segunda e na terceira viagem missionária (At 15,39; 18,5).

Os temas fundamentais são:

a) *Vida cristã*: o cristão nasce pecador (1,18; 2,24; 4,3), mas é regenerado por meio da fé e do batismo (1,15; 3,21): é uma passagem das trevas à luz (2,9). A nova vida é fruto da graça e da misericórdia de Deus, que incluiu os fiéis no plano de salvação traçado desde a eternidade por sua presciência amorosa (1,1), plano que se realizou em Cristo, o Cordeiro imolado pelos nossos pecados (1,19; 3,18); ele nos redimiu com seu sangue, mais precioso que o ouro e a prata (2,5.21-25; 4,11). Esse amor nos obriga a uma vida santa, assim como é santo o Pai celeste (1,16) pelo qual devemos nutrir sentimentos de adoração (4,11) e de gratidão (5,11), na esperança da vida eterna (1,3; 3,15; 4,13; 5,4.10). Na regeneração interveio a "palavra de Deus", ou seja, o Evangelho, que por isso se torna norma de vida (1,23). Os fiéis efetivamente precisam de "guia", porque são peregrinos (1,1.17; 2,11) à espera da herança celeste (1,4), em que a salvação será perfeita (1,5; 4,13; 5,4) com a premiação dos eleitos e a punição dos malvados (4,17) na volta gloriosa de Cristo, como juiz dos vivos e dos mortos (4,4-6.17-18). À espera do evento glorioso, os fiéis são submetidos a provações, que não devem abatê-los, por serem preparação para a glória (4,13) e participação dos sofrimentos de Jesus, no qual encontrarão o modelo perfeito a ser imitado (2,21; 3,17; 4,13); as provações têm, portanto, uma função pedagógica: purificam as virtudes, especialmente a fé (1,7), e preparam para a vida eterna (1,7; 4,12; 5,10). De fato, só mediante o exercício das virtudes, especialmente as teologais, as provações se tornam saudáveis; exorta-se, portanto, ao exercício perseverante da: *fé*, a virtude que introduz na vida cristã (1,2) e permite ver tudo à luz de Deus e que é luz para a vida eterna (1,4-9), tornando-se mais sólida nas provações (1,6-7) e fortalecendo contra o demônio, "o leão que ruge procurando devorar" as almas (5,8); *esperança*: quase se identifica com a fé (1,21); é viva (1,3) porque tende para a vida eterna (3,17); fundamenta-se na ressurreição de Jesus (1,3.21); por ela o cristão já participa dos bens eternos (1,3); *caridade*: o hagiógrafo insiste especialmente na prática da caridade fraterna (1,22; 2,17; 3,8; 4,9); por meio desse vínculo sagrado os cristãos são "irmãos" (2,17; 5,19); deve, portanto, ser atuante (1,22; 3,8; 4,8), evitando a mentira, a hipocrisia, a inveja e a vingança (2,1; 3,19), colocando-se a serviço dos irmãos (5,5), socorrendo-os (3,8), abrigando-os (4,9), abençoando até os inimigos (3,8-12): "porque o amor cobre uma multidão de pecados" (4,8).

b) *A Igreja*: embora a palavra *ekklêsia* nunca apareça, a Carta supõe uma sociedade organizada; os fiéis são "pedras vivas... de um edifício espiritual" (2,5), são irmãos (5,12), são o novo Israel, "a gente escolhida, o sacerdócio régio" (2,9 ss.). É uma sociedade hierárquica: Pedro se chama "copresbítero" e se dirige aos "presbíteros"; ensina como devem ser pastores do rebanho de Deus: não por lucro, mas por amor, não com aspereza, mas com suavidade, imitando o Pastor dos pastores (5,1-11) pelo qual serão recompensados (5,4); é inculcado aos jovens o respeito pelos presbíteros. Fala-se também dos carismas da "palavra" e do "ministério" (provavelmente glossolalia e profecia o primeiro, serviço litúrgico ou obras de caridade o segundo), dons que devem ser usados para o bem comum e para a glória de Deus (4,10). Recomenda-se vivamente, dadas as circunstâncias em que se encontra a comunidade, obediência e submissão às autoridades civis: o cristão deve obedecer não por medo, mas por amor ao Senhor; Deus as deseja para o bem comum: trata-se de uma submissão cujos limites são assinalados pela lei de Deus, portanto, pelas exigências de seu serviço (2,13). Dirigem-se exortações especiais aos membros da comunidade em relação a seu estado de vida: — os domésticos (*oiketai*, não *douloi* = servos): recomenda-se que se submetam aos patrões, mesmo aos "difíceis"; a instituição da escravidão é tolerada: a transformação ocorre não por meio da revolução, mas por meio da afirmação de princípios de igualdade sobrenatural; em seus sofrimentos, eles têm em Cristo o exemplo e o consolo (2,18-20); — as esposas: com sua vida santa (casta e submissa) converterão seus maridos: mais que os ornamentos externos, busquem a beleza interior, a exemplo das mulheres santas, especialmente de Sara (3,1-16); — os maridos: tratem as esposas com amor e delicadeza, tendo presente a sua fragilidade; lembrem-se de que foram destinados à mesma herança celeste e que, portanto, são iguais na ordem sobrenatural; a paz doméstica tornará eficaz a sua oração em comum (3,7); — os presbíteros (cf. acima): embora todos os fiéis inseridos em Cristo, pedra viva, para formar uma casa espiritual, sejam um "sacerdócio régio", Pedro se dirige a uma classe especial de pessoas que ele chama de presbíteros, aos quais competem funções especiais no âmbito da comunidade: o sacerdócio ministerial (5,11-14).

c) *A descida de Cristo aos infernos* (3,18-20; 4,5-6): é principalmente nesse texto da primeira Carta de Pedro que se fundamenta o artigo de fé que professamos no Credo. O ingresso de Jesus no reino dos mortos como Salvador evidencia a sua "solidariedade" conosco, que o impeliu a percorrer o nosso caminho na morte e participar da nossa sorte até depois da morte; ao mesmo tempo, porém, sujeitando-se ao império da morte ele vence a morte.

4. A SEGUNDA CARTA DE PEDRO. Também nessa Carta o autor se identifica com o apóstolo Pedro (1,16-18: testemunha ocular da transfiguração). Mas uma série de argumentos internos, que seria demasiado longo expor, leva muitos autores, mesmo católicos, a ver no escrito o artifício literário da pseudonímia, no sentido de que um secretário, diferente de Silvano, teria reelaborado já durante a vida de Pedro ou então depois de sua morte um escrito do apóstolo, deixando nele frases e palavras arcaicas, bem como referências pessoais (1,16-18; 2,1; 3,1.15), mas inserindo nele um ensinamento mais correspondente às necessidades de sua época e incorporando em seu escrito, quase inteiramente, a Carta de Judas, um tanto modificada, para combater os novos erros que se insinuavam nas comunidades. Os erros denunciados são os da "gnose antinomista", erros recordados também em outros livros do Novo Testamento (cf. a carta de Judas). Se a Carta é autêntica, então certamente foi escrita antes do ano 64 ou 67; se, ao contrário, é obra, ao menos parcial, de um redator, podemos atribuir-lhe uma data até mais recente, sem que seja possível fazer determinações mais precisas. O Concílio de Trento, declarando a Carta canônica, não pretendeu dirimir a questão da autenticidade.

As principais questões tratadas são: a defesa da esperança da parúsia e a denúncia da imoralidade dos falsos doutores.

a) *Parúsia*: nessa questão temos uma perspectiva diferente daquela da primeira Carta de Pedro: ali é apresentada como iminente (1Pd 4,7.17; 5,4), ao passo que na segunda o hagiógrafo refere-se a ela para defendê-la das zombarias dos falsos doutores que chamavam de "fábulas habilmente inventadas" (1,16) o ensinamento dos apóstolos a esse respeito. A defesa recorre a vários argumentos: a transfiguração, de que o autor foi testemunha ocular, é uma antecipação da glória de Cristo na sua parúsia (1,17-18); mas o argumento mais forte é o anúncio de tal evento glorioso, feito pelas Escrituras (1,19-21). Além disso, os fatos extraordinários do passado como a separação da terra das águas, a punição dos pecadores com o dilúvio, mostra quanto é falsa a afirmação dos que negam a parúsia: "tudo permanece como no princípio da criação" (3,4 ss.); as intervenções extraordinárias do passado manifestam a possibilidade de uma outra intervenção de Deus, com o fogo, no fim dos tempos para castigar os ímpios (3,7): a demora da parúsia é só um sinal de misericórdia para com os pecadores (3,9-15); além disso, o Senhor mede o tempo com um critério diferente do dos homens (3,8). Como o tempo da vinda do Senhor é incerto (3,10: chegará como um ladrão) e tudo deve desintegrar-se com o fogo (3,11), os fiéis, na espera, devem ser vigilantes (3,17), em paz, sem mancha, irrepreensíveis (3,14), porque a parúsia marcará a condenação dos ímpios e dos anjos rebeldes (2,9-10; 3,7; 2,4.9), mas também a premiação dos bons com a realização da promessa, ou seja, com o ingresso nos "novos céus e uma nova terra, nos quais habitará a justiça" (3,13).

b) *Sagrada Escritura*: esta é uma lâmpada que brilha na escuridão, ou seja, na vida de fé aqui na terra, na expectativa da luz perfeita que será a parúsia do Senhor (1,19); a palavra profética contida nas Escrituras é preciosa porque não é de origem humana (1,21): os hagiógrafos eram impelidos pelo Espírito Santo quando falavam "da parte de Deus" (1,21); tendo uma origem divina, sua interpretação não deve ser feita individualmente, mas por uma autoridade apostólica. Desse modo, serão evitadas interpretações perniciosas, como as dadas pelos falsos doutores, que, na sua soberba (3,16: homens sem instrução e vacilantes), deturpam o seu sentido (*Ibid.*) para sua própria perdição. Este texto é importante: para provar a inspiração das Escrituras; pelo fato de o grupo de cartas de Paulo ser equiparado "às outras Escrituras"; pela regra de hermenêutica que é enunciada. Os "pontos difíceis" das cartas de Paulo parecem ser o seu ensinamento sobre a parúsia e a liberdade da lei, falsamente interpretada (2,19).

c) *Vida cristã*: fomos salvos mediante a obra de redenção realizada por Jesus salvador (1,1): por isso fomos "resgatados" por ele (2,1). Do poder de Jesus recebemos "tudo o que contribui para a vida" (1,3), especialmente o de nos tornar "participantes da natureza divina" (1,4). Tal dignidade, que nos subtraiu "da corrupção que existe no mundo" (1,4), exige dos fiéis uma vida santa (3,11) para tornar cada vez mais firme a própria vocação e eleição (1,10). Essa santidade de vida consiste principalmente em um conhecimento cada vez mais profundo de Deus e de Cristo (a doutrina do "conhecimento", *gnôsis* e *epignôsis*, é característica desta Carta: 1,2.8 ss.; 2,20; 3,18), obtido com a prática das virtudes; recordam-se especialmente: a fé, o conhecimento, o autodomínio, a tenacidade, a piedade, o amor fraterno, a caridade (1,5 ss.). O exercício dessas virtudes produz o "conhecimento de nosso Senhor Jesus Cristo" (1,8); ao contrário, quem não as pratica é "cego e míope" e esquece a sua dignidade de cristão (1,9), abandonando-se às desordens, como as dos falsos doutores cuja vida imoral é descrita no capítulo 2. Esse conhecimento prático do Senhor dará a firmeza na fé contra as seduções do erro (1,10; 2,19-20) e, portanto, uma verdadeira liberdade, distanciando-se cada vez mais da "corrupção do mundo" (2,20). É notável a afirmação de que os fiéis, com sua vida santa, apressam a vinda do "dia de Deus" (3,11-12) e, portanto, a entrada no reino eterno do Senhor generosamente concedida a eles (1,11). Na expectativa, cada um deve se esforçar para ser encontrado por ele "sem mancha, irrepreensível e em paz" (3,14). A Carta dá muita ênfase à autoridade apostólica: lembra Paulo e suas cartas escritas "consoante a sabedoria que lhe foi dada", portanto por meio de um → CARISMA (3,15), além de lembrar os apóstolos que os instruíram sobre as coisas preditas pelos santos profetas e sobre o "preceito do Senhor" (3,2); também o autor da Carta se apresenta como apóstolo (1,1) e, enquanto tal, ele tem consciência de ter uma autoridade especial sobre os destinatários (1,13: considero meu dever) que o impeliu a endereçar-lhes uma outra carta e a escrever a presente para precavê-los com acontecimentos (3,1-2); para portanto lembrar a eles essas coisas, mesmo depois da morte, embora já as conheçam e permaneçam "firmes na verdade presente" (1,12).

d) *Conflagração universal* (3,10-13): discute-se não só a origem dessa doutrina (filosofia dualista persa; filosofia estoica; mas os elementos da descrição encontram-se dispersos nos vários livros do Antigo e do Novo Testamento), mas também a interpretação a ser dada às palavras do hagiógrafo: trata-se do anúncio de um fato ou só de um recurso literário? A alusão à "justiça" parece mais favorável à segunda hipótese: o fogo, como em todas as teofanias, seria um elemento da descrição, destinado a enfatizar, com cores apocalípticas, a importância e a solenidade do julgamento de Deus.

5. A CARTA DE JUDAS. O autor afirma, no prólogo, que é "irmão de Tiago" (1,1): este é comumente identificado com Tiago, chefe da comunidade de Jerusalém (At 12,17; 15,13-21; 21,18-26); mais discutida é a identificação do autor da Carta com "Judas de Tiago" (Lc 6,16; At 1,13). Os destinatários são os mesmos da Carta de Tiago: são, portanto, judeu-cristãos que vivem fora da Palestina; conhecem não só as Escrituras, mas também a literatura apócrifa, como Henoc (14)

e a assunção de Moisés (9); a citação desses dois apócrifos fez que na Antiguidade se duvidasse da canonicidade da Carta.

Os erros denunciados no escrito são semelhantes aos condenados na segunda carta de Pedro: além dos graves erros no campo da doutrina, negam a soberania de Cristo (4-8), insultam as Glórias, ou seja, os anjos bons (8); interpretam falsamente a liberdade da lei (4); estão infectados com graves erros morais: a libertinagem mais desenfreada os torna escravos dos vícios mais abjetos (7). Também aqui estamos em presença da gnose antinomista, atestada igualmente em outros livros do Novo Testamento para a segunda parte do século I d.C. (Tt 1,17; 1Tm 4,3 ss.; Ap 2,6.14.20). É difícil estabelecer com precisão o tempo: antes de 64 ou 67 se a segunda carta de Pedro for autêntica, ou então por volta do ano 80 se o autor daquela carta for um redator-reelaborador. A língua grega quase clássica (24: doxologia final) explica-se supondo a ajuda de um secretário. A canonicidade da epístola, objeto de muitas discussões na Antiguidade, foi definida no Concílio de Trento.

Os temas fundamentais são:

a) *Anjos*: a angelologia é muito desenvolvida; entre os anjos bons, recorda-se Miguel (9); entre os espíritos maus, "eternamente acorrentados nas trevas para o julgamento do grande dia" (6), distingue-se o demônio (9). Deve-se lembrar que os falsos doutores negam as "Glórias", ou seja, os anjos bons.

b) *Vida cristã*: os fiéis foram chamados à salvação por um ato de predileção por parte de Deus (1) que obriga a progredir cada vez mais na virtude da fé (20), lutando para permanecer firmes na verdade revelada (3), perseverando no amor de Deus e tenazes até a conquista da vida eterna (21). Recomenda-se muita caridade também para com aqueles que caíram no erro: os hesitantes devem ser convencidos (22), os caídos (mas não obstinados) devem ser salvos com todos os esforços (23); os endurecidos na culpa devem ser tratados com piedade e compaixão, unidos, porém, a temor e prudência para não ser seduzidos. Negligenciando a vida cristã, os fiéis passarão a ser vítimas fáceis dos falsos doutores, imitando seus erros, especialmente a libertinagem (4.8.10), o desmesurado desejo de riqueza (11.16), e estarão sujeitos ao julgamento de Deus (4.11.14) prefigurado na punição dos judeus no deserto (5), dos anjos rebeldes (6), dos habitantes de Sodoma (7). Esses exemplos tomados do Antigo Testamento mostram a continuidade entre os dois Testamentos.

BIBLIOGRAFIA. ADINOLFI, M. Temi dell'Esodo nella prima Lettera di Pietro. In *San Pietro* (XIC Semana Bíblica Italiana). Brescia, 1967, 319-336; ANTONIOTTI, L. M. Structure littéraire et sens de 1 P. *Revue Thomiste* 85 (1985) 533-560; BAUCKHAM, R. J. *Jude, 2 Peter*. Waco, 1983; BO, REICKE. *The Epistles of James, Peter and Jude*. Garden City-New York, 1978; BOTTINI, G. C. Confessione e intercessione in Gc 3, 16. *Liber Annuus. Studi Biblici* 33 (1983) 193-226; BROWN, R. E. *Le Lettere di Giovanni*. Assisi, 1986 (com ampla bibliografia); BULTMANN, R. *Le Lettere di Giovanni*. Brescia, 1977; ID. *Teologia del Nuovo Testamento*. Brescia, 1985, 337-422, *passim*; CALLAUD, J. – GENUYT, F. *La première épître de Pierre* (*Lectio divina* 109). Paris, 1982; CASBÓ SUQUÉ, J. M. *La teología moral en san Juan*. Madrid, 1970; CIPRIANI, S. L'unitarietà del disegno della storia della salvezza nella prima Lettera di Pietro. *Rivista Biblica* 14 (1966) 385-406; CONTI, M. La riconciliazione in 1 Gv 1, 9. *Antonianum* 54 (1979) 163-224; CHEVALIER, M. A. Condition et vocation des chrétiens en diaspora (1Pd). *Revue des Sciences Religieuses* 48 (1974) 387-400; DRAPER, J. R. *James. Faith and works in balance*. Wheaton, 1981; ELLIOT, J. H. *A home for the homeless (1 Peter)*. Philadelphia, 1981; *Études sur la première Lettre de Pierre* (*Lectio divina* 102). Paris, 1980; FABRIS, R. *Legge della libertà in Giacomo*. Brescia, 1977; ID. *Lettera di Giacomo e prima Lettera di Pietro*. Bologna, 1980; KOHLER, M. E. La communauté des chrétiens selon la première épître de Pierre. *Revue de Théologie et Philosophie* 114 (1982) 1-21; *La spiritualità del Nuovo Testamento*. Bologna, 1988, 281-298; LAZURE, N. La convoitise de la chair en 1Jn 2,16. *Revue Biblique* 76 (1969) 161-205; ID. *Les valeurs morales de la théologie johannique*. Paris, 1965; LUCK, U. Die Theologie des Jakobusbriefes. *Zeitschrift für Theologie und Kirche* 81 (1984) 1-30; LUSSIER, E. *God is Love according to St. John*. New York, 1977; MAGGIONI, B. Il peccato in san Giovanni (Vangelo e prima Lettera). *La Scuola Cattolica* 106 (1978) 235-52; ID. *La prima Lettera di Giovanni*. Assisi, 1984; MALATESTA, E. *Interiority and Covenant. A study of "einai en" and "menein en" in the First Letter of St. John*. Roma, 1978; MARSHALL, I. H. *The Epistles of St. John*. Grand Rapids, 1978; MOUNCE, R. H. *A living hope. A commentary on 1 and 2 Peter*. Grand Rapids, 1982; OSBORNE, T. P. *Christian Suffering in the First Epistle of Peter*, I-II. Louvain-la-Neuve, 1981; PARSONS, S. *"We have been born anew" (1 Pt 1, 3.23)*. Roma, 1978; PASTOR, F. A. Comunidad y ministerio en las Epístolas Joaneas. *Estudios Eclesiásticos* 52 (1977) 39-71; PESCH, R. *L'autenticità della vostra fede. Commento alla prima Lettera di Pietro*. Brescia, 1982; POTTERIE, I. DE LA. *La verité dans saint Jean*, I-II, Roma, 1977, *passim*; Saiz, B. – Ramon, J. La carta de Judas a la luz de algunos escritos judíos. *Estudios Bíblicos* 39 (1981) 83-105; Scaer, D. P. *James, the Apostle of Faith. A primary christological epistle for the persecuted Church.* St. Louis, 1983; Schelkle, K. H. *Le Lettere di Pietro e di Giuda.* Brescia, 1981; Segalla, G. L'impeccabilità del credente in 1 Gv 2,29-3,10. *Rivista Biblica* 29 (1981) 331-342; Id. *Volontà di Dio e dell'uomo in Giovanni (vangelo e lettere).* Brescia, 1974; Segovia, F. The love and hatred of Jesus and Johannine Sectarianism. *Catholic Biblical Quarterly* 43 (1981) 258-272; Selwyn, E. G. *The First Epistle of St. Peter.* Grand Rapids, 1981; Sisti, P. A. La carità dei figli di Dio (1 Gv 3, 10-18). *Bibbia e Oriente* 9 (1967), 77-87; Sleeper, F. H. Political responsability according to I Peter. *Novum Testamentum* 10 (1968) 270-286; Snyder, J. I. *The promise of his Coming. The eschatology of 2 Peter.* Basel, 1983; Vellanickal, M. *The divine sonship of christians in the Johannine writings.* Roma, 1977; Zevini, G. *Una comunità che ama. Le tre Lettere di Giovanni alle chiese dell'Asia.* Torino 1975.

P. Barbagli – V. Pasquetto

CARTUXOS. A Ordem dos cartuxos teve origem com São Bruno, que em 1084 fundou um mosteiro nos montes da Cartuxa, nas proximidades de Grenoble. Chamado na Itália por Inocêncio II, seu discípulo, fundou outro mosteiro nos bosques da Calábria, onde morreu e foi sepultado no dia 6 de outubro de 1101.

Capiens Unum, captus ab Uno (*PL* 152, 589), rejubilava-se pela e na solidão, entusiasmando-se diante das belezas e amenidades da natureza. Sensível à amizade, sempre gentil, alegre e modesto no falar. Sorridente e terno com todos, era principalmente discreto em impor rigores e penitências físicas.

1. A intenção de São Bruno era reconstituir a vida dos antigos monges: eremítica ou cenobítica? A sua grande originalidade consiste no fato de ter resolvido esse eterno problema, combinando os dois tipos de vida religiosa. O cartuxo é um religioso que transcorre todo o tempo na mais severa solidão e silêncio, senhor exclusivo de uma cela; na verdade, é uma casinha com oratório, quarto, sala de trabalho e jardim. Através de um postigo recebe a única refeição diária, simples, porém suficiente; à noite, um pedaço de pão. Outros eremitas moram próximos, em casinhas iguais, e se reúnem, silenciosos e quase invisíveis sob o capuz, para celebrar duas vezes durante o dia e uma vez no meio da noite, os ofícios divinos. Além de uma hora de recreação em comum, aos domingos, são esses os únicos contatos que os eremitas podem ter entre si. A vida cartuxa é uma vida semieremítica.

A fundação de São Bruno foi compreendida como uma contribuição ao movimento eremítico dos séculos XI-XII, motivada por múltiplas causas, mas certamente não estranha ao movimento da reforma eclesial que tem seu epicentro em → Gregório Magno († 1085). Mais que um movimento involutivo ou regressivo, seria um movimento criador da vida da Igreja que demonstra de que modo a → solidão e o → silêncio são essenciais ao seu ser e à sua atividade (cf. o resumo do tema in de Pablo Maroto, D. *Historia de la espiritualidad.* Madrid, 1986, 162-166).

As primeiras constituições da Ordem, já delineadas e aprovadas pelo sucessor de São Bruno na Grande Cartuxa, foram redigidas definitivamente por Guigo I, quinto prior geral, por volta de 1127. Foram publicadas sob o nome de *Consuetudines* (*PL* 153, 631 ss.) e aprovadas por Inocêncio II em 1133, e no Capítulo geral de 1142.

As fontes literárias das *Consuetudines* são quase todas as legislações anteriores ao século XII, especialmente a beneditina e a camaldulense (cf. *PL* 153, 637). As decisões dos Capítulos gerais (o primeiro foi presidido por Antelmo, sétimo prior da Grande Cartuxa, em 1140) foram várias vezes codificadas. A mais célebre codificação foi a do ano de 1570, após o Concílio Tridentino, também chamada *Nova coleção de estatutos*, aprovada pela Santa Sé de forma específica em 1688. Esta coleção, adaptada ao Código de Direito Canônico, ainda permanece como base da atual legislação cartuxa, posteriormente atualizada segundo as exigências da situação pós-conciliar.

2. A característica da cartuxa é a solidão e o silêncio: "O nosso principal estudo e dever — lê-se nas antigas *Consuetudines* (c. XIV: *PL* 153, 659) — é a observância do silêncio e o compromisso da solidão na cela". Tudo, porém, deve desenvolver-se sob o controle e a direção do prior da comunidade: "Ainda que sejam muitas as coisas que observamos, todas somente tornam-se frutíferas pelo mérito da obediência" (*Consuet.*, c. XXXV, 3).

Enquanto a obediência é o fundamento de toda religião, "a observância do silêncio, da solidão e da tranquilidade da cela" é a característica do cartuxo, que, "como a água para os peixes e o redil para as ovelhas, do mesmo modo para a sua salvação e para a sua vida considera necessária a cela" (*Consuet.*, c. XXXI, 1: *PL* 153, 703).

Essa vida de elevado silêncio e de estrita solidão exige, para os religiosos, um perfeito equilíbrio psíquico: "Nada — observam ainda as antigas *Consuetudines* — exige mais empenho nos exercícios da disciplina regular que o silêncio da solidão e a tranquilidade" (c. XIV, 5: *PL* 153, 659).

Naturalmente, trata-se de um estado de exceção particularmente heroico dentro da vida monástica, que pressupõe rara resistência física e moral. O profano não pode deixar de ser atingido pela persistência, através dos séculos, de um gênero de vida tão contrário ao da média dos seres humanos, que permaneceu imutável em uma Regra que, ao contrário de todas as outras, nunca teve necessidade de ser reformada, porque jamais foi deformada.

3. Entre as várias incumbências que o cartuxo deve atender, além da transcrição dos códigos prescrita pela Regra, também está a composição de livros, a fim de que "os homens, compungidos pelos próprios pecados e vícios, sejam tomados pelo desejo da pátria celeste" (*Consuet.*, c. XXVIII, 4: *PL* 153, 694). "Visto que não podemos pregar com a boca, devemos fazê-lo ao menos com as mãos" (*Ibid.*). Talvez seja por esta razão que se conhece um número relativamente grande de escritores cartuxos.

De São Bruno conservaram-se somente duas cartas e uma profissão de fé (cf. *Lettres des premiers chartreux*. Paris, 1962, 66-93): uma ao amigo Raul, arcebispo de Reims, uma exaltação à vida monástica e eremítica, e outra aos monges da Cartuxa. A *Profissão de fé*, feita antes de morrer, é o seu verdadeiro testamento espiritual, exame da vida passada, confissão de fé e esperança na misericórdia de Deus.

Além das *Consuetudines*, Guigo I escreveu cartas e meditações (*PL* 153, 593 e 601), enquanto Guigo II († 1188) é o autor de um breve, porém precioso, tratado já atribuído a Santo Agostinho e a São Bernardo, *Scala claustrale* (*PL* 40, 997; 184, 475). É a primeira tratação quase completa sobre o método da oração mental. "Um dia, durante o trabalho manual, enquanto pensava nos exercícios do homem espiritual, eis que, repentinamente, vi quatro degraus: a leitura, a meditação, a oração, a contemplação. [...] A leitura é a aplicação do espírito às Santas Escrituras. A meditação é a busca acurada de uma veracidade escondida, com a ajuda da razão. A oração é tender devotamente o coração para Deus, para afastar o mal e alcançar o bem. A contemplação é a elevação da alma em Deus, arrebatada na saborosa doçura que experimenta nas alegrias eternas" (c. I).

A alma, portanto, aplicando-se à oração mental, passa da leitura de um texto sagrado ou espiritual à meditação, que é uma silenciosa e afetiva reflexão sobre o texto lido, e assim começa, aos poucos, a aplicar-se à oração, na qual pede a Deus para ser enchida com a sua graça contemplativa. "Procurai lendo e encontrareis meditando. Batei rezando e entrareis contemplando. A leitura traz o alimento para a boca. A meditação o mastiga, a oração o saboreia. A contemplação é o sabor que alegra e restaura" (*Scala claustrale*, c. II: *PL* 184, 476). A Guigo II também se atribui o opúsculo *De quadripartito exercitio cellae* (*PL* 155, 799-884), que contém um esplêndido elogio à solidão, comparada ao paraíso terrestre, da qual nascem quatro rios que simbolizam os quatro exercícios do monge em sua cela: leitura espiritual, meditação, oração e trabalho. Esse pequeno opúsculo constitui uma espécie de diretório para o jovem noviço cartuxo. Atualmente é considerada obra de Adamo Scoto, antes cônego premonstratense e depois, por volta de 1187, cartuxo na Inglaterra, autor de vários opúsculos: *Soliloquia, De triplici genere contemplationis* etc. (*PL* 196). Citamos ainda → HUGO DE BALMA (século XIII), Lodolfo de Saxônia († 1377), antes dominicano depois cartuxo, que escreveu a primeira *Vida de N. Senhor Jesus Cristo* [...] *in christianae pietatis educationem et oblectamentum* [...] *ut diligatur et imitetur Christus*, na qual propõe uma inteira e ordenada vida de Jesus para a meditação dos fiéis, e Dionísio de Ryckel, chamado o "Cartuxo".

Outros cartuxos também contribuíram muito para a divulgação dos escritos místicos da Idade Média, especialmente L. Surio e G. Lanspergio, publicando e traduzindo em língua latina vários autores, sobretudo da escola renana. Uma lista completa de autores cartuxos pode ser vista em *Dictionnaire de Spiritualité*, II, 760-776.

4. Embora os escritores cartuxos sejam bastante numerosos, não existe uma verdadeira escola doutrinária de espiritualidade da Cartuxa. Todos os maiores autores da espiritualidade cristã,

da mais variada índole, são igualmente aceitos pelos cartuxos. É deixada a cada monge, obviamente dentro da obediência, a máxima liberdade no uso dos meios. Antes (caso raro, se não único), até o final do século XVII, isto é, até o prior geral dom I. Le Masson, a formação dos noviços era confiada a mais de um mestre. O mestre único de noviços foi imposto pela Santa Sé somente em 1688. Todavia, mesmo em nossos dias todas as escolas de → ESPIRITUALIDADE e todos os métodos de oração são igualmente aceitos pela Cartuxa, de acordo com os diferentes temperamentos e variada proveniência dos monges.

A vida de solidão e a sua finalidade, isto é, a união com Deus, deve unir essas possíveis divergências nos meios e operar uma verdadeira uniformidade de espíritos. Nessa absoluta exclusividade de direcionar tudo para a união amorosa e contemplativa com Deus, pelo Cristo, por meio de uma virginal solidão, encontra-se a verdadeira característica da vida cartuxa. "Esperar em Deus, servir só a ele." O afastamento total do mundo, a solidão, o esquecimento de si mesmo nada mais são, para o cartuxo, que meios e condições necessárias e indispensáveis para alcançar um único fim: chegar a Deus na plenitude do amor.

BIBLIOGRAFIA. Edição moderna dos escritos cartuxos: *Lettres des premiers chartreux* I. *S. Bruno, Guigues, S. Anthelme*; II. *Les moines de Portes*. Paris, 1962/1980 (Sources Chrétiennes 88 e 274); GUIGUES I, *Méditations*. Paris, 1983 (SCh 308); ID. *Les coutumes de Chartreuse*. Paris, 1984 (SCh 313); GUIGUES II LE CHARTREUX. *Lettres sur la vie contemplative. Douze méditations*. Paris, 1970 (SCh 163); UN CARTUJO. *Escritores cartujanos españoles*. Montserrat, 1970; ANCILLI, E. *Dal silenzio della Certosa. scritti spirituali*. Roma, 1977; SCAGLIONE, A. *Lettere di certosini*. Milano, 1983; MARTIN, J. *Un itinerario di contemplazione*. Antologia di autori certosini. Alba, 1986. Uma rica mina de dados sobre a história, doutrina e autores são essas publicações: *Aux sources de la vie cartusienne*, I-VIII. La Grande Chartreuse, Grenoble, 1960-1971; e HOGG, JAMES (ed.). *Analecta Cartusiana*, de 1973 em diante no Institut für Englische Sprache und Literatur, da Universidade de Salzburg. Cf. também outros autores: *L'eremitismo in Occidente nei secoli XI e XII*. Milano, 1965; RAVIER, A. *Saint Bruno*. Paris, 1967; *Certosini*, in *Dizionario degli Istituti di Perfezione*. Roma, 1975, 782-821, vl. II; PAPÀSOGLI, G. *Dio risponde nel deserto. Bruno, il santo di Certosa*. Torino, 1979; UN CARTUJO. *Maestro Bruno, padre de monjes*. Madrid, 1980 (BAC 413); BLIGNY, B. – CHAIX, G. *La naissance des Chartreuses*. Grenoble, 1986.

E. ANCILLI – D. DE PABLO MAROTO

CASEL, GIOVANNI ODO. 1. NOTA BIOGRÁFICA. Nascido no dia 27 de setembro de 1886, em Koblenz-Lützel, entrou na abadia de Maria Laach em 1905, após um primeiro semestre de estudos na Universidade de Bonn. Estudou ali e na Universidade de Santo Anselmo, em Roma. Foi declarado doutor em teologia com a tese *La dottrina eucaristica in san Giustino martire* (cf. *Katholic* 4 [1914] 153-176 etc.). Após estudos posteriores em filologia clássica na universidade de Bonn, foi declarado doutor em filosofia. Com esse vasto fundamento cultural, sua vida foi dedicada completamente à pesquisa sobre a → LITURGIA, conduzida de modo científico e teológico em seu amplo trabalho literário, e de modo prático e pastoral como diretor espiritual das beneditinas do convento de Herstelle (Weser), que sob a sua direção transformou-se em florescente abadia. Morreu no dia 28 de março de 1948, na noite anterior à Páscoa, após ter anunciado, no início da vigília pascal, o tríplice *Lumen Christi*.

2. OBRAS E DOUTRINA. Citamos os escritos mais importantes: *La memória del Signore nell'antica liturgia cristiana*. Freiburg, 1918 (trad. fr. *Lex orandi*. Paris, 1945. 2 vls.); *La liturgia come celebrazione dei misteri*. Freiburg, 1922; *L'annuario di scienza litúrgica*. Münster-Westfallen, 1921-1941, 15 vls., publicado por Casel, que contém contribuições fundamentais em cada volume; *Il mistero del culto Cristiano*. Regensburg, 1932 (trad. it. Torino, 1966); *Il mistero della fede cristiana*. Paderborn, 1941; *Il mistero Del futuro*. Paderborn, 1952; *La vera immagine dell'uomo*. Regensburg, 1953; *Il mistero della croce*. Paderborn, 1954; *Il mistero dell'Ecclesia*. Mainz, 1961 (trad. it. Roma, 1965); *Il mistero Del sacrificio Cristiano*, contribuições para uma morfologia e teologia do cânone eucarístico, Graz, 1968.

Já durante a sua vida foi reconhecido como um dos principais teólogos e estudiosos do trabalho sobre a renovação litúrgica. Embora discutida, a importância de Casel aumentou após a sua morte. Ainda que uma frase da *Mediator Dei* sobre a essência do → ANO LITÚRGICO deva ser entendida como uma repreensão, no sentido de uma crítica pela pouca clareza, todavia o aspecto fundamental de sua teologia se revela sempre com mais luz à distância de mais de vinte anos. Detalhes não essenciais foram abandonados ou se perderam (sobretudo a sua pesquisa de paralelismo com os mistérios religiosos pagãos). A *Sacrosanctum Concilium* do Vaticano II, acentuando o mistério pascal, retomou e confirmou um, para não dizer "o" mais caro, dos temas de Casel.

Limitando-nos aos aspectos espirituais dessa teologia, podemos afirmar que Casel pretende ensinar, em sua doutrina sobre o mistério do culto, que em uma celebração autêntica da liturgia, como memorial da obra salvífica de Cristo, a comunidade celebrante participa da obra salvífica de Cristo, presente de um modo não fácil de ser definido. Ainda que nas primeiras décadas houvesse controvérsias exatamente sobre esse ponto, não se pode negar que, uma vez esclarecido e amadurecido, ele seja capaz de conferir a toda a vida espiritual uma profunda impressão e uma união vital com Cristo. Partindo daí, Casel podia, e pode ainda hoje, dizer sobre cada questão do serviço de Deus — a oração, a celebração e o ano litúrgico, as festas cristãs — uma palavra substancial, e tudo isto "não no sentido de um ritualismo amplificado e estetizante, ou como uma calculada ostentação, cheia de magnificência, mas no sentido de uma realização e aplicação do mistério de Cristo à Igreja inteira no decorrer dos séculos, a fim de que ela alcance a santidade e a glória" (*Il mistero del culto Cristiano*, 58).

BIBLIOGRAFIA. GOZIER, A. *Dom Casel*. Paris, 1968; MARSILI, S. *Prefazione* do livro de CASEL, O. *Il mistero Del culto Cristiano*. Roma, 1985, 1-11; NEUNHEUSER, B. Mistero. In: *Nuovo Dizionario di Liturgia*. Cinisello Balsamo, 1984, 863-883; SANTAGADA, O. Dom Casel. *Archiv f r Liturgie Wissenschaft* 10 (1967) 1-77 (com bibliogr. geral); WARNACHT, V. Odo Casel. In: *Lessico dei teologi del secolo XX*: *Mysterium Salutis*. Brescia, 1978, 305-310, vl. X.

B. NEUNHEUSER

CASSIANO, JOÃO. 1. NOTA BIOGRÁFICA. Nasceu por volta de 360, em Dobruja, delta do Danúbio, na Provença, segundo alguns historiadores modernos. Genadio (*De viribus illustribus*, 61) o define de *natione scyta*. De família abastada, tinha condições econômicas para construir uma cultura literária clássica. Empreende com o amigo Germano uma viagem ao Oriente. Em Belém habita em um mosteiro por breve período. Retoma o caminho em direção ao Egito e se fecha na Tebaida por oito a nove anos. São os anos de sua formação espiritual; o contato com os velhos monges, as asperezas de penitente, a oração e a contemplação de solitário, o grande silêncio do deserto plasmam o seu espírito e o preparam para a missão de fundador de mosteiros e de indiscutível mestre de almas. Deixa o Egito e retorna a Belém por alguns meses, em seguida volta para a Tebaida por mais três anos. Em 399 vai para Constantinopla. A razão dessa transferência não é bem clara: talvez para evitar a perseguição do patriarca Teófilo, não muito afável com os monges, acusados injustamente de origenismo. Na capital, é acolhido por → CRISÓSTOMO, que o ordena diácono. Em 404, com o inseparável Germano, deixa Constantinopla para ir a Roma, talvez para advogar a causa de Crisóstomo junto ao papa Inocêncio. Parece ter recebido de Inocêncio a ordenação sacerdotal. Não se sabe quantos anos passou em Roma. Em 415 vai para Marselha sem o amigo, de quem se perde o rastro. Funda um mosteiro para os homens — o de São Vítor, do qual se torna abade — e outro para as mulheres. É justamente entre esses monges e monjas que desempenha, com competência e piedade, a sua missão de pai de almas. Por mérito de Cassiano, o monaquismo toma impulso no Ocidente e se desenvolve rapidamente, não só na França, mas também na Itália. Morre em 435.

2. OBRAS. a) Escritos ascéticos: *Dell'Istituzione dei monaci e dei rimedi agli otto vizi capitali* (*De Institutione monachorum et de octo principalium vitiorum remediis*). A obra consta de doze livros, escritos por volta de 420. Os primeiros quatro apresentam as regras ou normas de vida monástica, ilustrando-as com exemplos extraídos de lembranças pessoais. Os oito restantes analisam os vícios capitais, sugerindo para cada um o remédio oportuno. É evidente a importância do escrito, quer no aspecto histórico, quer no ascético.

Conferenze dei Padri (*Collationes Patrum*): é uma obra articulada em 24 capítulos, publicada em três edições. Os dez primeiros livros são de 425; os sete seguintes, de 426 e os sete últimos por volta de 428. Nas conferências, Cassiano transcreve as conversações tidas com o amigo Germano e com os santos monges do Egito. Constituem um autêntico tratado de vida espiritual, com claríssimos apelos à perfeição na caridade pura. Podem ser divididos em três partes. A primeira, exposta em dez livros, é bem ordenada e dá uma visão clara da perfeição, conforme se pode ver seguindo cada livro. Disposições fundamentais: a discrição (1-2); causa eficiente: a graça da vocação e a renúncia do monge (3); os obstáculos: a complacência (4), os vícios (5), o pecado (7); o → COMBATE ESPIRITUAL (8); o lugar ocupado pelo demônio e a sua ação insidiosa

(8); formas de oração e a perfeição da vida contemplativa (9-10). A segunda parte analisa alguns aspectos característicos da vida espiritual: a → CASTIDADE (12); a graça e a liberdade (13); a ciência espiritual (14); os carismas e os milagres (15); a amizade entre os perfeitos (16); o essencial e o acessório na vida espiritual (17). A terceira parte determina alguns aspectos de vida espiritual: os três tipos de monges (18); finalidade da vida cenobítica e eremítica (19); a vida purgativa (20); a liberdade na realidade monástica (21); tentações da carne e remédios oportunos (22); a imperturbabilidade não deste mundo (23); o serviço de Cristo (24).

b) Dogmáticos: sete livros sobre a *Incarnazione del Signore* (*De incarnatione Domini contra Nestorium*) compostos a convite do amigo, arquidiácono Leão, de Roma, o futuro papa → LEÃO MAGNO. Escritos por volta de 430, são claramente antinestorianos e constituem uma síntese de cristologia em sintonia com as decisões dos concílios.

3. DOUTRINA TEOLÓGICA. A doutrina de Cassiano está em direta dependência dos mestres que o precederam. Além dos livros sagrados e da tradição viva dos Padres do deserto, observam-se em Cassiano as influências de Basílio, → JERÔNIMO, Crisóstomo e sobretudo de → EVÁGRIO PÔNTICO. O mérito de Cassiano é a elaboração do patrimônio doutrinário dos antigos, filtrado em uma síntese pessoal e característica. Cassiano não é um simples repetidor de ditos e normas de vida extraídos dos mestres, mas é também um testemunho bastante qualificado, pela experiência vivida, da validade de seu ensinamento.

É uma doutrina marcadamente monástica no conjunto, porém os princípios que a animam são de importância universal: implicam, com efeito, valores espirituais e exigências de vida correspondentes à consagração batismal em sua plena realização. Os monges devem ser cristãos perfeitos, colocados em condições favoráveis para viver a → UNIÃO COM DEUS na caridade. Cassiano distingue duas categorias de monges: cenobitas e eremitas, com caracterizações particulares e vocação específica: "A finalidade do cenobita é mortificar e crucificar todas as suas vontades, segundo o comando salutar da perfeição evangélica; é não preocupar-se com o amanhã. [...] O fim do eremita é ter o espírito livre de todas as coisas terrestres e, assim, unir-se a Cristo, até onde a fraqueza humana permitir" (*Conferenze*, 19,8). Dois enfoques de vida dedicada a Deus de forma diferente, mas sempre adaptada à contemplação, ainda que se deva, nesse aspecto, preferir a solidão do eremita à comunidade do cenobita (*Ibid.*, 1, 10). As duas classes de consagrados estão na trajetória da elevação e da perfeição: "É verdadeiramente perfeito, e não somente em parte, quem suporta a solidão ardente no eremitério e quem no cenóbio suporta, com a mesma fortaleza de espírito, as fraquezas dos irmãos" (*Ibid.*, 19, 9). Os múltiplos exercícios de penitência servem para uns e outros como meios para purificar o coração na caridade pura (*Ibid.*, 1, 5 ss.). São apelos específicos para os monges chamados, por vocação particular, ao serviço de Deus (*Ibid.*, 3, 4-5), justificados pela visão ampla e penetrante da perfeição à qual eles, mais que os outros, são chamados. Cassiano determina a diferença entre fim e escopo: fim é o reino dos céus, isto é, a posse de Deus; escopo é a condição *sine qua non* para alcançar o fim. No caso específico da vida espiritual, o escopo é a pureza de coração, ou seja, a plenitude da caridade, a única que pode conduzir a alma a Deus (*Ibid.*, 1,4). Consequentemente: tudo aquilo que leva a essa pureza deve ser perseguido, e tudo que a impede deve ser eliminado e repelido.

A contemplação de Deus e a sua posse são condições da caridade, isto é, daquela integridade de coração, livre de todo afeto e apego às coisas criadas. O caminho é acidentado, os obstáculos são múltiplos: é preciso conhecer o caminho, as dificuldades que impedem o progresso espiritual, as insídias que podem comprometer a santificação. Seguindo Evágrio Pôntico, Cassiano aponta os perigos, os inimigos, nos oito vícios capitais, e o insidiador, no demônio. Os vícios capitais, que podem ser definidos como uma "contemplação" demoníaca, enquanto unem a alma ao demônio em oposição às virtudes que a unem a Deus, constituem o perigo maior para quem quer inclinar-se para Deus. Com aguda introspecção, Cassiano analisa a origem de cada vício, as suas ramificações e a ação devastadora que fazem na alma (*Ibid.*, 7,13-16; *Istituzione*, 12,4; 7,3; 8,9; 9,10). Ainda mais porque o invisível manobreiro é astuto e muito enganador. As formas que o demônio assume a fim de enganar a alma são múltiplas, sempre insidiosas, quer a ataque diretamente, quer se insinue transformado em anjo de luz. Exige-se vigilância e atenção para evitar surpresas e quedas (*Conferenze*, 16,6). As tentações — o modo mais comum da ação demoníaca — são permitidas por Deus para estabelecer na alma a humildade e impeli-la a uma confiança filial em Deus (*Ibid.*, 4,11; 4,3). Diante dos ataques demoníacos, da agitação provocada pelas tentações, é necessário defender-se recorrendo à oração, à cruz de Cristo, ao sentido de responsabilidade, ao controle sereno dos sentidos e à vigilância sobre os pensamentos e imaginação (*Ibid.*, 6-7). Os meios para tornar a alma disposta para a contemplação e forte nas provações podem resumir-se em: a) renúncia em sua tríplice forma: "primeira, por causa da qual desprezamos corporalmente todas as riquezas e as grandezas do mundo; segunda, com a qual rejeitamos o modo de vida, os vícios e os afetos precedentes, quer do espírito, quer da carne; terceira, pela qual, elevando a mente de todas as coisas presentes e visíveis, fixamos o olhar somente nas realidades futuras e desejamos as invisíveis" (*Ibid.*, 3,6); b) a → ASCESE, tomada em seu complexo: jejuns, vigílias, meditação dos livros sagrados, provações, mortificações, macerações etc. Deve-se evitar o erro de confundir o fim com os meios que àquele conduzem, e procurar manter o equilíbrio para não facilitar o jogo do demônio (*Ibid.*, 1,7 e 20,24). As virtudes que servem para o rápido progresso na perfeição, sobretudo para os monges, são: a → HUMILDADE, a → DOCILIDADE, a → DOÇURA, a → CARIDADE, a OBEDIÊNCIA (*Conferenze*, 19; cf. sobre a obediência, *Istituzione*, 4,24-26), a → DISCRIÇÃO, sem a qual não há nem pode haver virtude estável e perfeita (*Conferenze*, 2,4); a → PACIÊNCIA, que sustenta nas provações e evita depressões morais e espirituais (*Ibid.*, 6,10); o reto uso das coisas; a fidelidade às promessas (*Ibid.*, 5-6; 17); a pureza da alma e do corpo para honrar a consagração batismal e monástica (*Ibid.*, 22); a fortaleza de espírito, especialmente nas desolações espirituais. É preciso reconhecer com humildade que Deus se serve de tais desolações, excetuando as causas que as provocam, para purificar a alma, revigorá-la, torná-la cada vez mais adequada às exigências, sempre mais exigentes, do amor (*Ibid.*, 4,3-6).

Um lugar de destaque merece a oração. Cassiano a descreve das formas mais imperfeitas às mais elevadas, nas quais as ações da alma: "amor, desejo, zelo, esforço, tudo que respira será Deus" (*Conferenze*, 10, 6-7). De per si, a oração é a coroa das virtudes, e estas, para serem verdadeiras e duradouras, devem tender à oração e achar nela a sua força de estabilidade (*Ibid.*, 9,2). As distrações, que perturbam o recolhimento interior, geralmente são provenientes da negligência, da dissipação de espírito (*Ibid.*, 9,3). As várias formas de oração, súplicas, orações, pedidos, ação de graças são expostas por Cassiano, que analisa cada um de seus termos com interpretação estritamente espiritual. Em particular, detém-se em quatro tipos de oração: mental, jaculatória, perpétua e perfeita. A → MEDITAÇÃO é o encontro do espírito com Deus, "perscrutador dos corações"; "no silêncio de tudo expomos a Deus, somente com o coração e com a mente recolhida, os nossos pedidos, de tal modo que nem as potestades adversas (demônios) possam conhecer aquilo que pedimos" (*Ibid.*, 9,35). A oração, entremeada de jaculatórias, é o verdadeiro sacrifício, a oblação salutar, o sacrifício de louvor, as autênticas e fecundas vítimas apresentadas a Deus por corações contritos e humilhados (*Ibid.*, 9,36). Oração mais que útil, que mantém o espírito firme em Deus, realiza cada vez mais a união com Cristo, conhecido e amado. A oração perpétua requer, como condição, a mente livre das preocupações terrenas, dos pensamentos vãos. A alma que vive essa oração está em um estado de absoluto silêncio interior e exterior, de total calma de espírito, em constante desejo de Deus, quer de dia, quer à noite: o pensamento de Deus ocupa totalmente a alma e impede qualquer movimento que a possa distrair desse estado contemplativo: Deus está sempre presente nela. Tudo é conduzido para essa direção, que se torna, por assim dizer, conatural à alma (*Ibid.*, 10,10). A oração perfeita não só não é movida por algum olhar ou visão de imagens, por alguma voz ou palavra, mas: "é proferida pela ardente intenção da mente por meio de um inefável transporte do coração e por uma inexplicável velocidade do espírito. Oração altíssima, elevada a Deus pela alma com gemidos inenarráveis e suspiros". É a voz do puro amor, sob a ação premente do Espírito Santo. Oração de fogo alimentada pelo fogo sagrado que arde em seu coração: Deus (*Ibid.*, 10,11). Cassiano não explica o fenômeno místico encerrado nesse sublime estado: não é teórico. Contenta-se em sublinhá-lo. Estado elevadíssimo em contato com Deus, só justificado pelo cume de perfeição espiritual alcançado pela alma na longa subida: resposta de Deus à generosidade de quem, com coração puro, o buscou e alcançou (*Ibid.*, 1,13-15).

BIBLIOGRAFIA. CASSIANO, G. *Conferenze spirituali*. Roma, Paoline, 1965; DATTRINO, L. *Il primi monachesimo*. Roma, 1984 (Trad. it. dos livros V-XII das *Institutiones*. Ampla bibliografia.); ID. Lavoro e ascesi nelle "Institutiones"di Giovanni Cassiano. In: *Spiritualità Del lavoro nella catechesi dei Padri Del III-IV secolo*. Roma, 1986; GALLARD, M. O. Vie contemplative et vie active d'après Cassien. *Revue d'Ascètique et de Mystique* 16 (1935) 252-288; ID. La pureté du coeur d'après Cassien. *Revue d'Ascètique et de Mystique* 17 (1936) 28-60; ID. La science spirituelle d'après Cassien. *Revue d'Ascètique et de Mystique* 18 (1937) 141-160; ID. Cassien. In: *Dictionnaire de Spiritualité* II, 214-276; GUY, J. G. *Jean Cassien. Vie et doctrine spirituelle*. Paris, 1961; LEONARDI, C. L'esperienza di Dio in Giovanni Cassiano. *Renovatio* 13 (1978) 198-219; LEROY, J. Le cénobitisme chez Cassien. *Revue d'Ascètique et de Mystique* 43 (1967) 121-158; MARSILLI, S. *Evagrio Pontico e Cassiano*. Roma, 1936; PASTORINO, A. I temi spirituali della vita monástica in Giovanni Cassiano. *Civiltà Clássica Cristiana* 1 (1980) 123-172; PICHERY, E. Les conferences de Jean Cassien et la doctrine spirituelle des Pères du desert. *La Vie Spirituelle* 3 (1920) 289-298.336-380 .434-450; ID. *La doctrine spirituelle de Cassien. La Vie Spirituelle* 8, (1923) 183-212; RIPINGGER, J. The concept of obedience in the monastic Writtings of Basil and Cassian. *Studia Monástica* 19 (1977) 7-18; TIBILETTI, C. Giovanni Cassiano: formazione e dottrina. *Augustinianum* 17 (1977) 355-380; VOGÜÉ, A. de Monachisme et Église dans la pensée de Cassien. In: *Théologie de la vie monastique*. Paris, 1961, 213-240.

C. SORSOLI – L. DATTRINO

CASTIDADE. 1. NOÇÃO E CONTEÚDO. A castidade é a virtude que regula a busca e o gozo do prazer sexual, segundo as normas sugeridas pela razão e pela fé. Para facilitar certas atividades ou funções humanas necessárias à conservação do indivíduo e da espécie, como a alimentação e a procriação, o Senhor acrescentou um gozo particular (*STh*. II-II, q. 141, a. 4). O ser humano deve utilizar esse prazer de maneira razoável, segundo os planos e as finalidades de Deus. A virtude da castidade tem precisamente a função de reforçar o domínio da alma sobre o corpo, de modo a regular a busca do prazer sexual segundo as exigências da própria condição e estado de vida. Santo Tomás (*STh*. II-II, q. 143, a. 1) vê a castidade como parte subjetiva ou aspecto principal da → TEMPERANÇA. A temperança modera o desejo do gozo sensível; a castidade regula a atração por um particular tipo de gozos sensíveis ligados ao ato gerador, enquanto a abstinência modera o uso dos alimentos e a sobriedade o das bebidas. A castidade se caracteriza pelo objeto próprio, constituído pelos prazeres unidos à função sexual, os quais se distinguem não só pela sua natureza, mas também pela veemência e a capacidade de influenciar prejudicialmente a vida racional, obscurecendo-a e desviando-a de seu fim. Como virtude moral, a castidade é própria da alma à qual adere, mas tem como objeto o corpo, exatamente os órgãos destinados à geração (*STh*. II-II, q. 151, a. 1, a 1), e engloba o domínio do espírito, em particular da vontade sobre o instinto sexual.

A realidade sexual, como o ser humano inteiro, é um dom de Deus, um valor portanto que exige ser usado segundo as finalidades pelas quais é concedido, no quadro geral da criação e segundo os fins específicos assinalados ao ser humano. A castidade não tem o intuito de suprimir a → SEXUALIDADE, que faz parte da estrutura humana, e sim regulá-la, de modo que o gozo ligado a ela seja procurado somente nas condições e circunstâncias previstas pela lei moral. A castidade não deve ser entendida sobretudo como renúncia, mas como meio de retificação e de fortalecimento da → PERSONALIDADE, como força capaz de maiores possibilidades e afirmações em diferentes campos da atividade humana. A função e a importância da castidade tornam-se mais evidentes quando se tem presente que, em consequência do pecado original e da → CONCUPISCÊNCIA, o domínio do instinto sexual é particularmente difícil pelo enfraquecimento da vontade. Por outro lado, as realidades que entram no campo do sexo possuem repercussões maiores que em qualquer outro instinto ou tendência sensível; o abuso dessa faculdade pode deteriorar e diluir toda a vida moral. Assim, a castidade se apresenta como uma exigência de vida, com um papel determinante no desenvolvimento harmônico do ser humano. Em razão da unidade pessoal entre corpo e espírito, a virtude da castidade não se limita a conter os impulsos sexuais que se manifestam fisicamente, mas se enraíza interiormente e se exprime no respeito pelos valores humanos, também corporais, no predomínio da vontade iluminada pela razão sobre as tendências instintivas, no propósito de permanecer fiel ao plano criador de Deus e à própria dignidade pessoal.

Enquanto deriva de uma atitude interior de autodisciplina, a castidade favorece a maturidade moral do ser humano, quer como pessoa individual, quer em suas relações de responsabilidade social. Dominando o instinto do sexo, que está entre os mais violentos, e enquadrando-o em uma perspectiva de beleza e de virtude, a castidade habitua o ser humano a sobrepor o sentido do dever e a capacidade de sofrer para manter a palavra dada, à inclinação ao prazer e à indisciplina dos sentidos. Assim o prepara também para viver e para sofrer pelos outros; disposição fundamental para quem pretende constituir uma família. No campo mais especificamente espiritual, a castidade prepara e favorece o crescimento da caridade em um clima de fé e de liberdade interior. O ser humano, enredado pela sexualidade, não tem tempo nem vontade para dedicar-se às coisas do espírito, e Deus indigna-se de ser possuído com os prazeres desonestos, que para ele são enganos (cf. SANTO AGOSTINHO, *Confissões*, 10,41).

2. OS MOTIVOS DA CASTIDADE. Como *virtude natural*, a castidade se apoia em motivos racionais: a ordem e o bem social, a dignidade da pessoa, as vantagens que produz e os danos que evita. Todo ser humano honesto reconhece nas faltas contra a castidade uma profanação do dom da sexualidade, a minimização ou desvalorização de um valor real, a rejeição de si ao próximo; enquanto a submissão dos instintos sexuais ao domínio da vontade protege o prestígio e a eficiência do ser humano, que, libertado da escravidão dos sentidos, alcança mais facilmente o pleno e harmônico desenvolvimento das suas faculdades. Como *virtude cristã*, a castidade fundamenta-se em motivos mais altos, em particular no amor a Deus, no desejo de agradar-lhe e de demonstrar-lhe fidelidade na observância de sua lei. Deus ordenou a castidade com dois mandamentos: o sexto, que proíbe todo ato impuro, e o nono, que proíbe pensamentos e desejos desonestos. Jesus aponta genericamente a exigência da castidade proclamando "bem-aventurados os limpos de coração, porque verão a Deus" (Mt 5,8). O coração puro, em linguagem judaica, indica a retidão interior como fonte de ações irrepreensíveis. A castidade faz parte dessa disposição do espírito exigida para o encontro com Deus. Em outra ocasião, o Salvador declara que a castidade exigida aos cristãos se estende aos atos internos: "Ouvistes o que foi dito: *Não cometerás adultério*. Pois eu vos digo: qualquer um que olha para uma mulher cobiçando-a, já cometeu adultério com ela, em seu coração" (Mt 5,27-28). A castidade cristã possui raízes e dimensões maiores que a castidade que o mundo e a própria lei civil só consideram nas ações externas.

São Paulo apresenta a castidade como um requisito exigido explicitamente por Deus a cada cristão: "A vontade de Deus é a vossa santificação, que vos abstenhais da imoralidade, que cada um de vós saiba casar-se para viver com santidade e honestidade, sem se deixar levar pela paixão, como fazem os pagãos que não conhecem a Deus" (1Ts 4,3-5). O pensamento é retomado na Epístola aos Gálatas, na qual o apóstolo afirma que quem pratica as obras da carne, "fornicação, impureza, libertinagem", não entrará na posse do Reino de Deus. Em seguida acrescenta: "os que são de Cristo Jesus crucificaram a sua carne com as suas paixões e os seus desejos" (Gl 5,16-24; cf. Rm 6,11-14). Na epístola aos fiéis de Corinto, São Paulo tece uma série de considerações sobre o valor da castidade, em relação ao prestígio e à responsabilidade que derivam para o cristão pelo renascimento batismal. Fala explicitamente da necessidade de salvaguardar a dignidade do corpo humano, mas para a união entre corpo e espírito está implicada toda a personalidade humana, e certos traços se referem propriamente à presença da graça na alma cristã. Os principais motivos propostos para uma vida casta são quatro: o corpo pertence a Deus, que o criou "não para a devassidão, mas para o Senhor" (1Cor 6,13); o nosso corpo é destinado à ressurreição e à glória do céu, e não deve ser aviltado pela impureza (*Ibid.*, 14); o corpo do cristão é membro de Cristo, que no → BATISMO santifica não só a alma mas o ser humano inteiro; abandoná-lo à impureza é um terrível sacrilégio (*Ibid.*, 15); o corpo do batizado é templo do Espírito, que habita nele "por tê-lo recebido de Deus"; ele não nos pertence mais, e como todo templo, deve servir ao culto e ao louvor do Senhor: "glorificai, pois, a Deus em vosso corpo" (*Ibid.*, 19-20).

Essas indicações paulinas sobre a dignidade do corpo do batizado mostram a necessidade da castidade para todos os cristãos, nos limites e nas formas previstas pela sua condição de vida. Neste sentido, São → FRANCISCO DE SALES afirma que "a castidade é necessária a todo tipo de pessoas, [...] ninguém verá a Deus sem a castidade; ninguém, que não tenha um coração casto, habitará em seu tabernáculo santo" (*Introduzione alla vita devota*, IIIª parte, c. 12). São Paulo também observa que "qualquer pecado que o homem pratique é fora de seu corpo; mas quem se entrega à devassidão peca contra o próprio corpo" (1Cor 6,18). O impuro faz de seu corpo objeto e matéria de pecado, e assim o avilta em sua qualidade de instrumento da alma e como membro de Cristo. Por isto, o apóstolo conclui: "Fujam da fornicação!" (*Ibid.*).

3. GRAUS E ASPECTOS DA CASTIDADE. Como moderadora do prazer sexual, a castidade pode realizar-se de dois modos: com a abstenção completa desses prazeres, ou com a sua limitação em conformidade com o estado de vida abraçado. Por isso costuma-se fazer distinção entre castidade perfeita e castidade relativa.

A castidade "perfeita" é própria daqueles que renunciam a todo prazer sexual, mesmo aquele lícito do → MATRIMÔNIO, e isso por toda a vida. São características da castidade perfeita a totalidade e a perpetuidade da renúncia aos prazeres ligados à procriação; quando falta um desses elementos, a castidade é chamada imperfeita ou relativa. A castidade perfeita identifica-se com a → VIRGINDADE, tomada no sentido pleno e sagrado de virtude moral, que inclui o propósito de abster-se perpetuamente da deleitação sexual por amor a Deus; não exige necessariamente a virgindade física, podendo existir castidade perfeita em uma pessoa que perdeu a integridade (*STh*. II-II, q. 152, a. 3). Os documentos eclesiásticos que tratam da "sagrada virgindade" têm habitualmente o intuito de referir-se à castidade perfeita, exigida também pelo celibato eclesiástico.

A castidade "relativa" consiste na abstenção dos prazeres sexuais ilícitos. Com a finalidade da procriação e da conservação da espécie, o sexo é praticado somente no casamento e para a procriação. Assim, a castidade relativa apresenta-se em três dimensões: a) castidade pré-matrimonial, que exclui toda busca de atos de prazer, mas não impede o desejo de ir ao encontro do matrimônio. Por outro lado, possui a mesma amplitude da castidade perfeita; diferencia-se pela temporaneidade, enquanto admite a possibilidade de usufruir, no futuro, os prazeres legítimos do casamento. Essa castidade é obrigatória para todas as pessoas não casadas; b) castidade conjugal, própria das pessoas casadas que desejam usar honestamente o matrimônio. Ela ajuda aos cônjuges e lhes é indispensável, "não para abster-se completamente dos prazeres carnais, mas para conter-se em meio aos gozos honestos" (São Francisco de Sales, *Introduzione alla vita devota*, IIIª parte, c. 12). O casto uso do casamento é nobilitado e santificado por um sacramento, e o gozo que deriva dele é lícito e, praticado em perspectivas espirituais, torna-se meritório. Pio XI afirma que os noivos, unidos por um amor santo e puro, ajudam-se reciprocamente a formar e a aperfeiçoar neles, cada dia melhor, o homem interior (*Casti connubii*, *AAS* [1930] 548). A castidade conjugal, fortalecendo nos esposos o predomínio do espírito, impede que o uso do casamento se torne um deslizamento para os sentidos, e contendo-o nos limites e nas modalidades da moral cristã o eleva a instrumento de perfeição pessoal segundo a própria vocação e o plano divino. Introduzida na vida matrimonial como princípio vivificador, a castidade conjugal concorre para elevá-la e para dar-lhe o valor de um sinal. São Paulo lembra que as mulheres casadas acham na procriação um momento de salvação, se agem "na fé, caridade e santificação" (1Tm 2,15). Em outro lugar declara que a união íntima que o casamento cria entre o homem e a mulher, e o amor que disso deriva e os une para a vida, são uma imagem da união de Cristo com a Igreja. Esse mistério, delineado desde as origens da humanidade, foi revelado em plenitude no Novo Testamento e proposto como fundamento da sacramentalidade do casamento (Ef 5,21-33); c) castidade na viuvez ou das pessoas que ficaram livres após a experiência da vida matrimonial. Possui a mesma amplitude da castidade pré-matrimonial, com a exclusão de todo gozo sexual, até que surja a eventualidade de novas núpcias. A dificuldade de abster-se de alegrias gozadas honestamente e por longo tempo coloca em evidência a importância e o papel da castidade na viuvez.

4. O CONSELHO EVANGÉLICO DA CASTIDADE PERFEITA. A castidade perfeita é proposta como ideal de Jesus, com o seu exemplo e a sua palavra. Aos apóstolos, que diante da doutrina da indissolubilidade do casamento exclamaram: "se é tal a condição do homem [...] não convém casar-se", Jesus responde: "Nem todos compreendem esta linguagem, mas só aqueles a quem é concedido. Com efeito, há eunucos que nasceram assim do seio materno; há eunucos que foram feitos pelos homens; e há os que se tornaram eunucos por causa do reino dos céus. Compreenda quem puder compreender!" (Mt 19,11-12). Ao → CELIBATO imposto por necessidade fisiológica ou obrigação externa, Jesus opõe o celibato virtuoso,

livremente escolhido para o serviço de Deus. Essa forma de celibato não é para todos, mas só para aqueles aos quais Deus concedeu a graça de valorizá-lo e praticá-lo honestamente.

Paulo comenta o ensinamento de Jesus declarando explicitamente que a castidade perfeita não é ordenada por Deus e sim aconselhada como meio para dedicar-se mais livremente a Deus: "Aquele que não é casado preocupa-se com as coisas do Senhor: ele procura como agradar ao Senhor. Mas aquele que é casado preocupa-se com as coisas do mundo: ele procura como agradar à mulher e fica dividido. Do mesmo modo a mulher sem marido e a jovem solteira preocupam-se com as coisas do Senhor, a fim de serem santas de corpo e de espírito. Mas a mulher casada preocupa-se com as coisas do mundo: ela procura como agradar ao marido. Digo-vos isso em vosso próprio interesse, não para vos armar uma cilada, mas para que façais o que convém melhor, e fiqueis unidos ao Senhor sem divisões" (1Cor 7,32-35).

A castidade perfeita é aconselhada como um meio para aplicar-se de modo mais flexível ao culto e ao amor do Senhor. A abstenção do prazer sexual e do casamento constitui o elemento material; o elemento formal e santificante situa-se no propósito de atender o senhor com maior liberdade e coração indiviso. Por isso os Padres e os Doutores da Igreja consideram a castidade perfeita como uma consagração da alma a Deus, com a dedicação do coração e do corpo: "A virgindade não é honrada como tal, mas porque é consagrada a Deus" (SANTO AGOSTINHO, *De virginitate*, 8, 11: *PL* 40, 400). Por sua exclusividade também lhe é atribuído um significado nupcial: "A virgem é esposa de Deus" (SANTO AMBRÓSIO, *De Virginibus*, 1, 8, 52: *PL* 16, 202).

O Concílio Vaticano II expõe os frutos da castidade perfeita observando: a) que ela alarga a liberdade e a mobilidade do serviço dirigido a Deus e ao próximo: "A castidade abraçada pelo reino dos céus […] liberta de maneira especial o coração do ser humano, acendendo-o cada vez mais na caridade para com Deus e todos os seres humanos", e constitui um meio muito eficaz "para poder dedicar-se generosamente ao serviço divino e às obras de apostolado"; b) que ela "constitui um sinal particular dos bens celestes" enquanto mostra e inicia, já nesta terra, a condição futura, quando, na ressurreição, "não se terá mulher nem marido, mas serão como anjos no céu" (Mt 22,30). Como na pobreza real, também a castidade perfeita anuncia a destinação do ser humano à vida eterna e a prevalência dos valores messiânicos sobre toda realidade temporária. É também um testemunho e um apelo à orientação escatológica da vida cristã; c) que a castidade como doação exclusiva a Cristo evoca diante de todos os fiéis "aquele admirável conúbio operado por Deus […] pelo qual a Igreja tem a Cristo como seu único esposo" (*PC* 12). Esse último aspecto da castidade, que lhe confere um valor eclesial, é expresso com clareza por Pio XII: "As virgens manifestam e tornam pública a virgindade perfeita de sua mãe, a Igreja, e a santidade de seus estreitíssimos vínculos com Cristo. […] Certamente é uma altíssima glória para as virgens ser a imagem viva daquela integridade perfeita que une a Igreja ao seu esposo divino. Por outro lado, elas oferecem um sinal admirável da florescente santidade e daquela fecundidade espiritual na qual se destaca a sociedade fundada por Jesus Cristo, motivo de intenso júbilo" (*Sacra virginitas, AAS* [1954] 173).

O mesmo documento pontifício observa que "a virgindade consagrada a Cristo é por si mesma uma expressão de fé no reino dos céus, e uma tal prova de amor pelo Divino Redentor, que não surpreende vê-la produzir frutos tão abundantes de santidade" (*Ibid.*, 172).

Nenhuma existência é tão rica em conteúdo como a de uma alma casta que, movida pelo amor e sustentada pela graça, consagra todo o seu ser a Deus, e, inserindo-se em seus planos de misericórdia, inicia, unida a ele, uma vida na qual se pré-saboreiam a segurança e a alegria da vida celeste: "Aquilo que seremos um dia, vós começais a sê-lo. Já neste século gozais a glória da ressurreição, passais pelo mundo sem contagiar-se. Enquanto perseverardes castas e virgens sereis iguais aos anjos de Deus" (SÃO CIPRIANO, *De habitu virginum*, 22: *PL* 4, 462). Em conformidade ao ensinamento de Jesus Cristo e de São Paulo, a Igreja sempre defendeu a superioridade da castidade perfeita sobre o casamento (*OT* 10), e o Concílio Vaticano II a considera "um precioso dom da graça divina, dado pelo Pai a alguns para que mais facilmente, com coração indiviso, se consagrem só a Deus". É "sinal e estímulo da caridade e fonte especial de espiritual fecundidade no mundo" (*LG* 42). A adesão e a união com Deus é o fim próprio da castidade perfeita, que, assim, aumenta na alma a → CARIDADE.

5. O VOTO DE CASTIDADE. A prática do conselho da castidade perfeita exige uma livre escolha do ser humano e um chamado do Senhor. Jesus disse que "nem todos podem compreender, mas somente aqueles aos quais foi concedido" (Mt 19,11). O Vaticano II considera a castidade perfeita "um insigne dom da graça" (*PC* 12), e em outros lugares dá a entender que se trata de um → CARISMA particular. Assim, ninguém deve empenhar-se em sua prática com vínculos jurídicos sem a certeza do chamado divino que se deduz da inclinação pessoal e da presença das disposições necessárias. A castidade perfeita pode ser abraçada pelo reino dos céus por todos os cristãos que a isto se sentem movidos pela graça. Não é necessário que se liguem com um → VOTO, basta o propósito de viver castamente, empenhando-se, diante da própria consciência, em praticá-la por toda a vida, usando os meios e os recursos oportunos. O voto constitui uma espécie de consagração da castidade, um meio para dar maior força às próprias intenções e eliminar para sempre toda incerteza. O voto de castidade é obrigatório para todos os membros das Ordens e Congregações religiosas, que podem fazê-lo por um período limitado de tempo (voto temporário) ou por toda a vida (voto perpétuo). Por disposição canônica, obrigam-se à castidade perfeita os clérigos de ritual latino, aspirantes ao sacerdócio e diáconos permanentes celibatários, antes de receber o diaconato (cân. 1.037). O atual CIC prevê a invalidade do casamento para os clérigos e os religiosos com voto público perpétuo de castidade (câns. 1.087-1.088), reservando a respectiva dispensa à Santa Sé (cân. 1.078, § 2, n. 1). Caiu, porém, a norma do Código anterior (câns. 1.058 e 1.309) para quem emite o voto privado de castidade perfeita, pelo qual não pode contrair matrimônio sem a dispensa da Santa Sé.

A castidade relativa também pode ser objeto de voto, com o empenho de viver castamente até ao casamento ou de conservar a castidade conjugal. Quando se fala de voto de castidade, todavia, habitualmente entende-se o empenho na castidade perfeita. Pelo voto de castidade renuncia-se livremente ao casamento e contrai-se a obrigação de evitar todos os atos, quer internos, quer externos, contrários à pureza, para atender com todas as suas forças ao serviço do Senhor. O significado espiritual do voto de castidade está na doação total ao Senhor, com o propósito de amar, somente e para sempre, a ele. Como o voto é coisa sagrada, para não expor-se ao risco de violá-lo ninguém pode honestamente emitir o voto de castidade se não possui os requisitos necessários e não tem a preparação adequada. A vida de castidade apresenta problemas e dificuldades complexas; quem a abraça de coração aberto, atendendo ao convite divino, pode atribuí-la à assistência da graça; aventurar-se sem uma reflexão amadurecida, e sem as disposições necessárias, é um risco e enorme imprudência. A Igreja determina que os religiosos não façam o voto temporário de castidade senão após um ano de → NOVICIADO; para o voto perpétuo exige-se uma outra experiência de ao menos três anos. Os clérigos são admitidos ao diaconato, ligado ao celibato eclesiástico, só depois de uma longa preparação no seminário. Para os leigos que fazem votos privados, não está prevista nenhuma norma, mas é evidente que para eles a preparação deve ser ainda mais longa e cuidadosa em razão das maiores dificuldades a que estão expostos. A todos podem ser aplicadas as sábias determinações do Vaticano II, ditadas propriamente para os religiosos: "Já que a observância da continência perfeita envolve de maneira muito íntima inclinações especialmente profundas da natureza humana, não se decidam a fazer a profissão de castidade, nem a ela sejam admitidos os candidatos, senão após uma provação realmente suficiente e com a devida maturidade psicológica e afetiva. Sejam eles não só advertidos sobre os perigos que se opõem à castidade, mas de tal forma sejam instruídos, que assumam a castidade dedicada a Deus também como benefício para a personalidade integral" (*PC* 12).

6. A DEFESA DA CASTIDADE. A castidade é uma virtude árdua, considerada impossível, no mundo de hoje, por numerosas pessoas (*PO* 16); não se conserva sem uma educação idônea e incessante defesa. A educação para a castidade exige o conhecimento de seu valor e do conteúdo ascético, dos motivos que a impõem a cada cristão segundo o seu estado de vida, suas realizações e também os perigos e dificuldades com os quais se defronta. A castidade deve ser enquadrada no conjunto do ideal e das perspectivas espirituais, como livre adesão ao plano de Deus, como obséquio à sua vontade e como sacrifício de louvor e de reconhecimento pelos bens recebidos. A guarda da castidade exige o emprego, humilde e confiante, dos meios naturais e sobrenaturais propostos pela Igreja e pela tradição ascética. Entre os principais citam-se:

a) A fuga prudente das ocasiões perigosas e de tudo aquilo que perturba interiormente. A experiência demonstra que nessa matéria a tática mais segura não consiste em enfrentar os atrativos e os estímulos da paixão, e sim em evitar o que os excita. "Essa fuga", comenta Pio XII, "consiste não só em afastar com solicitude as ocasiões de pecado, mas sobretudo em elevar a mente, durante essas lutas, àquele a quem consagramos a nossa virgindade" (*Sacra virginitas*, AAS [1954] 178).

b) O culto do pudor cristão que foge de toda palavra menos honesta, de descomposturas, da excessiva e perigosa familiaridade, e aumenta o respeito da pessoa. Para Santo Tomás, a pureza não é uma virtude distinta da castidade, mas uma sua manifestação e defesa (*STh*. II-II, q. 152, a. 4). O → PUDOR, entendido sabiamente, afina a sensibilidade moral da alma, tornando-a capaz de logo perceber o perigo que se esconde em determinadas situações ou atitudes, e, impedindo-a de expor-se às tentações, reage instintivamente a toda ameaça. A austeridade e a reserva são particularmente necessárias para defender a castidade da ligeireza e da mentalidade excessivamente livre da vida moderna.

c) A vigilância e a mortificação dos sentidos internos e externos. A fuga das ocasiões e o culto ao pudor não eliminam todas as tentações que, frequentemente, vêm de dentro, causadas pela natureza viciada ou por um tipo de vida muito cômodo e excitante. Por isso é necessária a vigilância sobre os movimentos dos sentidos e dos afetos, para isolar e reprimir com presteza todo sintoma perigoso. A vigilância completa-se na mortificação constante que robustece a vontade, favorece o controle de instintos e inclinações degeneradas, criando, assim, as premissas para o domínio do espírito sobre a carne e para a vitória sobre o pecado. A vigilância e a mortificação devem estender-se a toda a → VIDA INTERIOR, porque "do coração nascem os maus propósitos, os adultérios e a prostituição. [...] São essas coisas que tornam o homem impuro" (Mt 15,19-20).

d) Os meios sobrenaturais. Só os recursos humanos não são suficientes para resolver situações escabrosas e para garantir o sucesso na dura empresa de conservar a castidade integralmente, com todo o seu perfume. Por isso é indispensável o recurso aos meios sobrenaturais postos à nossa disposição pela magnificência divina: o uso dos sacramentos da → PENITÊNCIA e da → EUCARISTIA, a oração como meio de comunicação com Deus e de participação em sua graça, a devoção à Virgem Maria, modelo e guardiã das almas castas. Não há castidade sem recurso a Deus: "Quem é casto em seu corpo não se vanglorie", exclama São Clemente, "bem sabendo que de um outro lhe vem o dom da continência" (*Ad Corinthios*, 38,2). O Concílio propõe aos religiosos, como meios para conservar a castidade perfeita, a fé na palavra do Senhor, a confiança em seu auxílio, a oração, a humildade e a mortificação, um verdadeiro amor fraterno na comunidade e no serviço eclesial (*PC* 12). O III Sínodo dos bispos sugere, para esse fim, "o incremento da vida interior, com a ajuda da oração, da abnegação e da caridade ardente por Deus e pelo próximo".

7. EDUCAÇÃO PARA A CASTIDADE. A castidade é sem dúvida dom da graça de Deus, além de fruto do empenho humano: implica um compromisso total da pessoa, e somente se conserva na colaboração com a graça de Deus. Entra, assim, na guarda da castidade o tema da educação para a castidade. O Concílio tinha proclamado com clareza que "as crianças e os jovens devem receber, à medida que aumenta a idade, uma positiva e prudente educação sexual" (*GE* 1). O magistério da Igreja, com documentos oportunos, alertou para esse aspecto de educação à castidade para as diferentes categorias do povo de Deus. Tais documentos são: a encíclica *Sacerdotalis caelibatus*, de Paulo VI, junho de 1967 (*AAS* 59 [1967] 657-697); a encíclica *Humanae Vitae*, de Paulo VI, em 1968 (*AAS* 60 [1968] 481-503); o documento sobre o sacerdócio ministerial do Sínodo dos bispos, de 1971 (*AAS* 63 [1971] 898-922); o documento da Sagrada Congregação da Educação Católica, de 11 de abril de 1974, *Orientamenti educativi per la formazione al celibato* (*Enchiridion Vaticanum*, vl. V, 188-256); o documento da Doutrina da Fé, de 29 de dezembro de 1975, referente a *Alcune questioni di ética sessuale* (*AAS* 68 [1976] 77-96); e o documento da mesma Congregação, *Orientamenti educativi sull'amore umano*, de 1º de dezembro de 1983 (*Enchiridion Vaticanum*, vl. IX, 420-456). Nesses documentos a Igreja proclama que para os esposos cristãos, embora dentro da regulamentação dos nascimentos, "todo ato matrimonial deve ser aberto para a vida" (*Humanae Vitae*, n. 11); reafirma a tradicional doutrina da Igreja da

exigência do → CELIBATO para o ministério sacerdotal (*Sacerdotalis caelibatus*, n. 14; Sínodo dos bispos, parte II, I, 4c); alerta que "segundo a tradição cristã e a doutrina da Igreja, e como também reconhece a reta razão, a ordem moral da sexualidade comporta valores tão elevados para a vida humana que toda violação direta dessa ordem é objetivamente grave" (*Alcune questioni...*, n. 10); também evoca o valor da educação no que se refere ao celibato sacerdotal, embora com as dificuldades práticas que ele inclui (*Orientamenti...*, n. 34-69), e que esse celibato é particularmente favorecido por um "equilíbrio humano através de uma ordenada inserção no complexo das relações sociais" (*Sinodo dei vescovi...*, parte II, I, 4d); reconhece que "nas culpas de ordem sexual, visto o respectivo gênero e causas, acontece mais facilmente que não seja dado um livre consenso, e isto sugere que haja prudência e cautela em emitir um julgamento sobre a responsabilidade do indivíduo" (*Alcune questioni...*, n. 10). Daí a importância dos educadores, dos diretores espirituais, dos bispos e dos pais para que não negligenciem o aspecto importantíssimo da educação dos jovens, a fim de que não cresçam no temor, mas insiram a virtude da castidade no contexto daquela ascese cristã pessoal e progressiva que torna o ser humano lentamente senhor de si mesmo, de seus sentimentos mais íntimos e profundos, que saiba valorizar a castidade e a sexualidade na resposta de correspondência ao amor de Deus, que o chama a estreitar com ele uma relação de intimidade e de amor, que possam dar um justo equilíbrio a toda a conduta da pessoa humana. A castidade não é uma virtude imposta, mas uma atitude do espírito amado e vivido. Especialmente nos documentos *Orientamenti educativi per la formazione al celibato* e *Orientamenti educativi sull'amore umano*, esses conceitos são constantemente reafirmados e apresentados como norma de ação para o educador católico, e para o conhecimento da própria responsabilidade na aquisição e na guarda da virtude da castidade.

BIBLIOGRAFIA. VER CELIBATO E SEXUALIDADE. E também: CAPELLI, G. *Autoerotismo: un problema morale nei primi secoli cristiani?* Roma, 1984; Castità. In: *Dizionario degli Istituti di Perfezione* II (1975) 46-70; COLOMBO, G. *Itinerario per un'educazione etica della castità personale e politica della coppia*. Orientamenti Pastorali 33 (1985) 55-80; COSTA, V. *Orientamenti per una psicopedagogia pastorale della castità*. Torino, 1966; DRUET, PH. "Orientations éducatives sur l'amour humain": commentaire. *La Foi et le Temps* 11 (1984) 195-210; GARDIN, G. F. *Sessualità e virtú della castità nella formazione seminaristica*. Uma pesquisa sobre os livros de meditação para os seminaristas publicados na Itália de 1946 a 1960. Padova, 1983; GROESCHEL, B. *The courage to be chaste*. Mahwah, 1985; GÜNTHÖR, A. *Chiamata e risposta*. Alba, ³1984, 546-631, vl. III; *L'educazione sessuale nella scuola*. Orientações pastorais do departamento nacional da pastoral escolar, 6 de abril de 1980. In: *Enchiridion Vaticanum* III, 85-110; MARTELET. G. *Esistenza umana e amore*. Assisi, 1969; MORTA, A. *Dinâmica della castità consacrata*. Rima, 1968; *Orientamenti educativi sull'amore umano*. Seminarium 36 (1984/1-2) 7-254; *Orientamenti per l'educazione sessuale cristiana. Per la discussione e la programmazione*. Torino-Leumann, 1985; PIGNA, A. *Vita religiosa. La castità consacrata*. Roma, 1987, vl. III; *Problemi della sessualità umana*. Carta pastoral dos bispos alemães. Torino-Leumann, 1973; REMY, P. *"Il vit que cela était bon"*. *Sexualité, amour, mariage, célibat*. Paris, 1983; *Sessualità e castità*. Francavilla al Mare (Chieti) 1972; STRÄTLING, B. *Ética ed educazione sessuale*. Francavilla al Mare (Chieti) 1972; TERENZI, R. *Amore, sessualità, castità. Valori per una scelta di vita*. *L'Italia Francescana* 5 [Suplemento especial], Roma, 1986; THEVENOT, X. *Nuovi sviluppi in morale sessuale*. Concilium 20 (1984) 510-521.

A. MARCHETTI – M. CAPRIOLI

CATARINA DE BOLONHA (Santa). 1. NOTA BIOGRÁFICA. Nasceu em Bolonha, no dia 8 de setembro de 1413, filha de Giovanni Vigri e de Benvenuta Mammolini. Foi porém educada em Ferrara, onde, como dama na corte dos Estensi, recebeu uma formação humanista. Em 1432 tornou-se Clarissa e desempenhou o ofício de mestra de noviças. Em 1456 retornou a Bolonha para ser abadessa do mosteiro de Corpus Domini, onde morreu em 9 de março de 1463. Seu corpo se conserva incorrupto até hoje. Foi canonizada em 1712 e é "a santa" de Bolonha por excelência.

2. ESCRITOS E PENSAMENTO. Estando ainda em Ferrara, Catarina escreveu duas pequenas obras, principais fontes de sua espiritualidade: *Le armi necessarie alle bataglie spirituali* (de 1438) e o *Breviarium* (de 1452). Os seus mais recentes biobibliógrafos não lhe atribuem mais a obra *Rosarium metricum* (em latim), que talvez seja uma parte do *Breviarium*. A primeira das pequenas obras citadas, também chamada *Le sette armi...*, é a mais famosa, tendo dezenas de edições na Itália e no exterior. A segunda é ainda inédita

(encontra-se entre as relíquias da santa), mas é de grande interesse (pensamentos, jaculatórias, invocações, versos), "escrita mais com as lágrimas do amor que com a pena" (afirma irmã Iluminada, in Muccioli, M. *S. Caterina da Bologna*, 138). Por outro lado, sempre para um melhor conhecimento de sua espiritualidade, é muito válida a primeira biografia, escrita pela discípula e companheira, irmã Iluminada Bembo: *Specchio de Illuminazione*.

O fundo propriamente teológico do pensamento ascético-místico de Catarina é cristocêntrico e mariano. Foi todavia eminentemente prática quando escreveu para a autoeducação e para a educação das discípulas e coirmãs. É certo dizer que a sua contribuição para a espiritualidade católica em geral está em servir de ponte, na Itália, entre os autores da → DEVOTIO MODERNA e os inacianos e carmelitas do século XVI.

"As sete armas necessárias para as batalhas espirituais" são: a solícita diligência em bem operar, a desconfiança de si, a confiança em Deus, a meditação da paixão de Jesus, a lembrança da própria morte, a lembrança da glória de → DEUS, a meditação da Sagrada Escritura. Por outro lado, irmã Iluminada reporta belíssimas páginas da ação formativa de Catarina, especialmente como ensinava a oração, ditando, a propósito, sete condições: pureza de vida, eficácia de intenção, eficácia de perseverança, humildade de compunção, desconfiança de si, confiança divina, presença divina (Muccioli, op. cit., 129). Para a boa recitação da oração exigia ainda cinco condições: eliminar toda negligência, não interrompê-la, guardar o silêncio exterior, pronunciar as palavras distintamente, favorecer um grande fervor (*Ibid.*, 130-131). As virtudes mais praticadas pela santa foram a → PACIÊNCIA, a → PENITÊNCIA e a → HUMILDADE. A propósito desta última, lembramos a sua autodefinição: "mínima cadelinha bolonhesa". Teve, durante anos, várias experiências místicas.

BIBLIOGRAFIA. Muccioli, M. *Santa Caterina da Bologna, mistica del Quattrocento*. Bologna, 1963, 251-255, em que podem ser encontradas boas notas bibliográficas; Id. La spiritualità francescana in Santa Caterina da Bologna. *Vita Minorum* 35 (1964) II, 239-251; Santa Caterina da Bologna, *Le sette armi spiritual*. Modena, 1963; Spano, S. Per uno studio su Caterina da Bologna. *Studi Medievali*. Ser. III 2 (1971) 713-759 (estudo arquivista-bibliográfico de grande importância).

A. Matanic

CATARINA DE GÊNOVA (Santa). 1. NOTA BIOGRÁFICA.

Da nobre família dos Fieschi, nasceu em Gênova em 1447. Aos doze anos cresceu e apoderou-se dela a atração pela oração. Catarina era belíssima, de caráter viril e impressionável, inclinada a uma extrema rigidez consigo mesma e grande bondade com o próximo. Segundo o costume das famílias nobres daquele século, Catarina foi educada em letras. Não foi, todavia, humanista. Mais que para os clássicos, o seu gosto a conduzia para os místicos. Aos treze anos sentiu o primeiro convite e quis entrar no mosteiro, porém a idade e outros motivos não lhe permitiram. O seu casamento (13 de janeiro de 1463) foi um mesquinho pacto político entre os Fieschi e os Adorno. O noivo, Giuliano Adorno, era de caráter violento e brutal, pródigo, dissipador desregrado. Catarina transcorreu assim os primeiros cinco anos de casamento em uma solidão desoladora. Foi-lhe sugerido que se imiscuísse na vida mundana de Gênova para cativar a afeição do marido. "Dedicou-se às coisas do mundo, fazendo como as outras, não, porém, nas coisas de pecado" (*Vita*, 3).

O dia 22 de março de 1473 marcou a sua conversão. Com a visão do Crucificado, a que seguiu-se a confissão geral e o encontro com a Eucaristia (25 de março de 1473), iniciou o ciclo da "vida admirável", que teve uma dupla fase: um primeiro período que durou cerca de três anos, com o qual fecha-se o primeiro ciclo de sua vida e o de penitente; e um segundo ciclo, o "noivado espiritual", que em 1499 culminou no → "MATRIMÔNIO ESPIRITUAL". Durante todo o curso de sua vida, a Eucaristia foi o seu alimento celeste.

O amor por seu Esposo a impeliu para as obras de caridade. Chamada em seguida ao hospital de Pammatone, dedicou-se durante trinta e dois anos aos mais humildes serviços, sendo nos primeiros anos hostilizada por aqueles que, mais que todos, deveriam estimá-la. Foi reitora do hospital por oito anos, distinguindo-se em seu ofício durante a terrível peste de 1493. Catarina reuniu ao seu redor um cenáculo de almas eleitas: homens e mulheres, religiosos e leigos, sacerdotes e notários, nobres e burgueses. Distinguem-se Ettore Vernazza e Marabotto; os franciscanos bem-aventurados Ângelo de Chivasso e Bernardino de Feltre. Ao redor do coração ardente de Catarina nasceu a Companhia do Amor Divino.

Catarina foi toda um frêmito de amor, especialmente nos últimos dez anos. Êxtases e arrebatamentos sucediam-se com um maravilhoso crescendo. Morreu na noite entre 14 e 15 de setembro de 1510. Foi canonizada em 1737.

2. OBRAS. As obras atribuídas a Catarina estão reunidas no *Opus Catharinianum*, publicado pela primeira vez em 1551, constituído dos seguintes trabalhos: *Libro della vita mirabile et dottrina santa de la Beata Catarinetta da Genova*, em 52 capítulos. Contém, além da parte biográfica, numerosas palavras e reflexões da santa; *Tratado do purgatório*: a edição de 1551 não apresenta nenhuma divisão; *Dialogo spirituale fra l'anima, il corpo, l'amor próprio, lo spirito, l'umanità e il Signore Iddio*. O diálogo atualmente está dividido em três livros: o primeiro, animado pelos seguintes personagens: a alma, princípio livre e eletivo dos bens e dos males relativos à humanidade; o corpo, apetite só dos bens sensíveis e da conscupiscência, que se rebelou na natureza humana após o pecado original; o amor próprio, isto é, todo apego desordenado a si mesmo, a todo anseio de satisfações sem referi-las a Deus; esse amor próprio é o advogado infeliz do corpo e da humanidade; o espírito, a parte superior do ser humano guiada pela razão, iluminada pela fé e fortalecida pela graça divina. O segundo livro compreende os colóquios entre a alma e Deus. O terceiro trata, finalmente, de algumas questões do amor de Deus pelo ser humano, propostas pela alma ao seu Senhor.

Sobre a composição da *Opus Catherinianum* houve disputas entre os críticos. A *Vida* considera-se ter sido redigida por Marabotto. O *Diálogo* é atribuído a Catarina só na primeira parte, enquanto as outras duas teriam sido compostas pelos discípulos. Da viva lembrança de sua voz também nasceu o *Tratado do purgatório*.

3. DOUTRINA. Educada humanisticamente, em contato com um cenáculo de humanistas em que se respirava um clima místico platônico, Catarina não podia deixar de sofrer uma influência indireta da escola que faz consistir a essência divina do absoluto no amor, e estabelece a nobreza interior do ser humano livre e a catarse espiritual como uma tentativa de retorno à divina união. No pensamento de Catarina, Deus, absoluta pureza de ser, é bem supremo, suprema beldade: "Via claramente que todo o bem só estava em Deus, e ali o via, queria e deixava" (*Vita*, 14). Para ela, Deus é sobretudo amor.

Catarina assinala como fim da vida espiritual a união com a essência divina, considerando essa união uma identificação de amor que, para realizar-se, pressupõe na alma o amor puro, ou seja, a caridade perfeitamente desinteressada, pela qual Deus só é amado em si mesmo, independentemente dos seus dons, e no qual a alma se esquece inteiramente de si mesma. O primeiro passo para realizar essa união consiste em despojar-se do amor próprio.

Para Catarina, o amor próprio é uma espécie de anticristo, de antideus, que apoderando-se do coração humano torna-se quase essência do ser humano (*Vita*, 21). Distingue um duplo amor próprio: o corporal e o espiritual. "Esse amor próprio espiritual é um veneno tão agudo que me parece ver poucos escaparem, pela maior sutileza que possui comparado ao corporal" (*Vita*, 21). O amor próprio, com efeito, pode prosperar tanto unido ao corpo quanto à alma; alimenta-se, indiferentemente, "de alimentos terrenos e celestes, e é ladrão tão sutil que rouba até a Deus, por si mesmo, sem perceber dentro um estímulo, nem repreensão, como se fosse coisa sua, sem a qual não poderia viver" (*Vita*, 21).

O primeiro efeito do amor próprio é a cegueira da alma, "na qual faz-se tanta obscuridade entre Deus e nós". A purgação do amor próprio realizada por Deus nesta vida ocorre de tríplice modo e encontra uma perfeita resposta enquanto acontece no → PURGATÓRIO. O primeiro modo é o dom que Deus faz à alma de "um amor nu e limpo, que te faz ver todas as dimensões desse amor". Em um segundo modo, Deus purifica a alma através de penas interiores alimentadas pela consciência da própria miséria. No terceiro modo Deus dá à alma um espírito completamente ocupado com ele, de forma que pense unicamente em Deus. Na doutrina e na vida de Catarina existe um destaque particular pela mortificação e pela penitência. No *Dialogo* encontram-se descritas todas as penitências caterinianas, de modo realista, mas plenamente conforme ao pensamento cristão.

O amor pela mortificação, desenvolvendo-se nela a vida mística, atinge os vértices máximos: comia insetos nojentos, a podridão que fluía das chagas dos enfermos que tratava e outras imundícies, "e quando o estômago, por causa dessas imundícies, se sensibilizava com náuseas, colocava na boca a imundície que manuseava, para vencer as rebeliões da sensualidade" (*Dialogo*, 42). Ao mesmo tempo ocorre a purificação dos outros sentidos. "Com os olhos fixava somente o chão, não ria, nem jamais olhava quem lhe passava ao lado. Negava-se o sono com alguns espinhos que colocava debaixo do corpo, que a pungiam". A aspereza dessa penitência desfigurou a beleza de Catarina, que "tornou-se seca como uma madeira e tão pálida" que parecia não ter mais "nem carne nem cor" (*Ibid.*). Mas a santa continuava implacável em martirizar-se. Desse modo, era fiel aos seus princípios e à sua mística abstrata e doutrinária.

A sua síntese espiritual converge toda em torno da doutrina do amor próprio, que deve ser mortificado, anulado, para dar lugar ao amor puro e limpo a Deus. Em sua doutrina, a exigência da → PURIFICAÇÃO é demonstrada com força e com vigor lógico. Com efeito, o sofrimento nasce da incompatibilidade entre a impureza da alma e a infinita pureza da essência divina. As provações da vida mística possuem valor catártico, por isso são comparadas ao estado das almas que se purificam no purgatório, antes de chegar à união definitiva com Deus. As semelhanças com São → JOÃO DA CRUZ são numerosas e bem claras; não é fácil demonstrar, porém, que se trata de uma influência direta.

Catarina serve-se justamente das penas sofridas pelas almas do purgatório para exprimir a violência do amor divino experimentado em si própria. No *Tratado do purgatório* são descritos, sob um novo aspecto, os efeitos do amor purificador. As almas purgantes são purificadas das suas imperfeições por meio do amor divino. Os tormentos provêm do fato de que o amor comunica-lhes um impulso ardente para Deus, e esse impulso é detido pelos restos de pecado ainda não apagados.

O amor divino produz nas almas do purgatório uma alegria inefável, que em nada diminui o seu tormento de não poder unir-se a Deus. São perfeitamente submissas à vontade do Senhor e não têm outro desejo senão permanecer no lugar dos seus sofrimentos, porque sentem que não podem ir a Deus, pureza absoluta, até que a sua purificação não seja perfeita. O *Tratado* é sem dúvida fruto de revelações, mas a santa atribui às almas purgantes aquilo que ela própria experimentou, ardente da chama do amor divino purificador. A obra, para segurança doutrinária, foi estudada tanto por místicos quanto por teólogos.

BIBLIOGRAFIA. BUSSIERRE, M.T. de. *Les oeuvres et la vie de Sainte Catherine de Gênes.* Paris, 1860; CASSIANO DA LANGASCO. *Gli ospedali degli incurabili.* Genova, 1938; COSTA, P. *L'esperienza della purificazione nelle opere di santa Caterina da Genova.* Roma, 1970; DEBONGNIE, P. *La grande dame du pur amour. Sainte Cathérine de Genes.* Bruges, 1960; ID. *Sainte Catherine de Genes. Revue d'Ascétique et de Mystique* 39 (1963) 3-31; GABRIELE DA PANTASINA. *Vita di S. Caterina Fieschi Adorno...* Genova, 1929; HUGEL, F. VON. *The Mystical Element of religion as studied in S. Catherina of Genua.* London, 1923; IZARD, G. *Sainte Catherine de Genes.* Paris, 1969; MORICONI, B. *Il Purgatorio soggiorno dell'amore. Ephemerides Carmeliticae* 31 (1980) 539-578; SERTORIUS, L. *Catharina Von Genua: Lebensbild und geistige Gestalten ihre Werke.* M nchen, 1939; U. BONZI DA GENOVA. *L'Opus Catharinianum et ses auteurs; étude critique sur la biographie et les écrits de Sainte Cathérine de Genes. Revue d'Ascétique et de Mystique* 16 (1935) 351-370; ID. *S. Caterina Fieschi Adorno*, I. *Teologia mística di S. Caterina da Genova.* Roma, 1960; II. *Edizione critica dei manoscritti cateriniani.* Roma, 1962.

A. ROGGERO

CATARINA DE RICCI (Santa). 1. NOTA BIOGRÁFICA. Nasceu em Florença no dia 23 de abril de 1522. Dois dias após recebeu no batismo o nome de Alessandra. As nobres condições de família exigiam uma formação adequada; com esse objetivo, foi posta em um colégio em São Pedro, Monticelli, junto a uma sua tia, beneditina. Foi exatamente aí que se enraizaram em sua alma algumas práticas devocionais ao Crucificado. Algumas manifestações de "vida privada" induziram a jovem a deixar aquele mosteiro e a visitar outros, inutilmente, até que um encontro casual com convertidas de São Vicente de Prado amadureceu a sua decisão. Superado o obstáculo do apego paterno, no dia 18 de maio de 1535 recebe o hábito religioso dominicano. Por sua íntima vida de oração e pelos dons extraordinários que a mantinham continuamente absorta, foi julgada hebetada e inadequada para a vida religiosa. Os fenômenos místicos (→ FENÔMENOS EXTRAORDINÁRIOS, COMUNICAÇÕES MÍSTICAS) aumentaram muito após a profissão, juntamente com os sintomas de algumas doenças que a acompanharam por toda a vida; foi milagrosamente salva depois de uma promessa feita a → SAVONAROLA (22 de maio de 1540). De 1542 a 1554 os fenômenos mais extraordinários preencheram a sua existência. Naqueles anos, revivia semanalmente as cenas da paixão, da instituição da Eucaristia até à ressurreição, manifestando em sua carne os sofrimentos mais atrozes. Os superiores e os teólogos mais ilustres, bispos e cardeais foram ao mosteiro para analisar o espírito: diante de sua simplicidade e humildade, toda reserva caiu. Seu nome tornou-se famoso, quer na Itália, quer no exterior, dos Médici de Florença, passando pelos Estensi de Ferrara ao príncipe da Baviera, sendo que este último foi a Prado para visitá-la. Entrementes, estreitava-se cada vez mais ao seu redor o grupo savonaroliano dos "plangentes" (*piagnoni*): nascia, assim, o epistolário, extremamente rico em mais de mil cartas. Durante 42 anos exerceu continuamente cargos no mosteiro, onde foi por sete vezes priora. Sob seu impulso ele cresceu e aumentou muito, da igreja de São Vicente e todo o resto do edifício, até ao número de irmãs, que sob sua gestão chegaram a 160, das mais nobres casas de Florença. São numerosas as obras atribuídas a Catarina ainda em vida. Manteve contato com São Filipe Néri, São Carlos Borromeu, Santa → MARIA MADALENA DE PAZZI, com o venerável Alessandro Luzzago, SI. Morreu no dia 2 de fevereiro de 1590. Foi beatificada no dia 23 de novembro de 1732 e canonizada em 1746 por Bento XIV.

2. **OBRAS.** Distinguem-se dois grupos: as *Cartas* e os *Êxtases*. As *Cartas*, nem todas autógrafas, mas geralmente ditadas, foram publicadas — além de algumas edições menores — em duas grandes coleções, por Cesare Guasti em 1861 e por Alessandro Gherardi em 1890; um bom grupo ainda permanece inédito, mesmo depois dos acréscimos de padre Sisto de Pisa (1912). O seu caráter foi particularmente analisado por Getto (*A literatura ascética e mística na Itália na época do Concílio de Trento*). O tom simples e a linguagem popular assumem um tom diferente de acordo com os destinatários: menos espirituais as para a família; muito mais densas de vida interior as que são dirigidas ao grupo dos discípulos íntimos. Em todas, porém, há um senso de grande vivacidade e profunda humanidade. Falta nelas, todavia, uma alusão que fosse o reflexo de todo aquele complexo mundo de fenômenos místicos que lhe eram habituais.

Os *Êxtases* foram reunidos por várias irmãs, em particular irmã Maria Madalena Strozzi, entregues a esta como mestra e à qual, por obediência, Catarina preocupava-se de desvelar todas as coisas. Uma vez eleita priora, Catarina procurou desfazer-se dessas narrações, queimando, por duas vezes, algumas cópias. Alguma coisa, no entanto, permaneceu, e se refere particularmente ao período entre 1542 e 1545. Delas, embora existindo cópias contemporâneas à santa, não temos uma edição crítica. Ainda que alguns êxtases tenham cunho profético — como fatos que acontecem a distância ou sobre as condições dos defuntos —, a maioria, porém, possui caráter moralizador, isto é, um contínuo chamado à observância dos votos e das regras (em conformidade com o espírito geral que permeava o ambiente, na linha de Savonarola), e não faltam outras que dão a Catarina um vivo conhecimento dos problemas da Igreja, quer na Itália, quer na Europa, dando, assim, à sua vocação claustral uma abertura eclesial.

3. **DOUTRINA.** Faltam estudos que enfrentem de maneira completa o assunto, até porque é quase ignorado o ambiente dos "plangentes" depois da morte de Savonarola: Catarina não é a única a ligar-se a essa corrente, porém os seus superiores, os confessores, além dos escritores das suas coisas, são os expoentes mais qualificados da reforma savonaroliana. São Vicente torna-se, com a colheita de relíquias e de escritos, o centro mais vivo de devoção e de propaganda de Savonarola, e de tudo Catarina é a alma. Posto isto, podemos dizer que junto com algumas devoções, nada minimizáveis, como a da Virgem Maria e a do Savonarola, o elemento dominante da piedade de Catarina é dado por seu amor ao Crucificado. Os primeiros germens, conforme dissemos, foram-lhe infusos em São Pedro, Monticelli, onde passava longo tempo imóvel diante de sua imagem (transcreveremos do Alessi, que analisou melhor que os outros o seu desenvolvimento), que ficou tão impressa em sua memória que decidiu "não fazer nada que pudesse ofendê-lo", renunciando por seu amor às brincadeiras ou aos pequenos prazeres próprios de sua idade, para seguir tal "afeto e instinto do coração". A sua concentração aumentava na quinta e na sexta-feira, tanto que parecia "abobalhada", e a quem lhe perguntava a causa respondia que estava "sonolenta"; mas se a mandavam repousar "permanecia imóvel, enrijecida; só despertava pela força; se lhe traziam o lanche, naqueles dias supracitados, não o comia". As irmãs, desconhecendo o que se passava em seu íntimo, a julgavam "hebetada, incapaz de absorver a sua formação, porque enquanto eram dadas as aulas, embora presente, parecia atônita e ausente", e não conseguiam perceber por que era tão "maravilhosamente atraída pela paixão

do Senhor, visto que não podia aplicar-se em outras coisas, embora honestas", nem às orações da comunidade. No entanto, Catarina rezava, e não pouco, mas "à noite, levantando-se enquanto as outras se recolhiam. [...] Mesmo com o frio intenso, como em janeiro, vestida apenas com uma túnica, deixava o leito e prostrava-se no chão, e rezava. [...] E não era raro o caso, como ela confessou, de permanecer a noite inteira — ou boa parte dela — prostrada sempre na mesma oração, visto que, às vezes, a sua mente era de tal maneira atraída por Cristo que não conseguia terminar as orações começadas". Para Catarina, o Crucificado é verdadeiramente o modelo supremo com o qual deve conformar-se. Ela própria confessava: "Aqui, ó madre, sempre, noite e dia, a alma deve derramar-se, mantendo-o diante dos olhos da mente, olhando como em um espelho, absorvendo a sua vida inteira [...] para corrigir os costumes". Que para ela isso fosse não só aspiração, mas uma realidade, é afirmado por sua mestra: "Era de tal modo ligada à cruz do Senhor que quase não pensava nem respirava outra coisa, e exprimia isso de tantas maneiras que podia fazê-lo tão variadamente".

Catarina encontrara em São Vicente um ambiente no qual a paixão do Senhor era profundamente sentida (cf. Razzi, *Vita*, 78-84), mas que com ela tornou-se um dos motivos dominantes: das procissões com o crucifixo carregado por ela, em êxtase ou revestindo-se de Jesus "apaixonado", para tornar ainda mais viva a cena do Gólgota, à oração chamada *Amici miei* (Meus amigos) — toda extraída de versículos da Escritura, que profetizavam ou descreviam a paixão — que, em seguida, tornou-se prática quaresmal para a Ordem inteira.

Na mesma linha desenvolve-se cada ação apostólica de Catarina. As irmãs e as poucas estranhas admitidas a vê-la em êxtase, não conseguiam "conter as lágrimas" — prossegue ainda Alessi — quando exprimia "com o seu corpo as dores atrozes de Cristo, sobretudo quando o Senhor foi descido da cruz, imagem perfeita, como se a realidade estivesse ali presente diante dos seus olhos". A semelhança, todavia, não está só no fenômeno: para salvar almas, fosse de coirmãs ou de estranhos, Catarina não se recusa a aceitar em si mesma as dores atrozes (na cabeça, no lado, pelo corpo inteiro como um fogo contínuo); a rezar continuamente por sua pátria, pela Itália, pela Igreja, a passar o dia inteiro atrás da grade — ainda que isso lhe custasse enorme sofrimento — para acolher a todos os que, por seu intermédio, buscavam a Deus, reservando a noite para a oração, e escandalizando com isto quem não conhecia o seu espírito, e a desejar ardentemente, finalmente, ser missionária junto aos turcos.

Ainda que podendo perceber o elemento central da vida interior de Catarina, permanece aberto o problema de estabelecer a ligação e a influência do ambiente, apesar do trabalho de Scalia a respeito; a isso, acrescente-se a dificuldade de uma produção hagiográfica que principalmente enfoque fatos místicos extraordinários, na qual a análise humana é quase ignorada.

BIBLIOGRAFIA. Bayonne, G. *S. Caterina de' Ricci. La Santa di Prato*. Prato, 1960; Bertini, G. *S. Caterina de' Ricci*. Firenze, 1935; Bozza, T. Umanità di S. Caterina de' Ricci. *La Parola e il Libro* 3 (1947) 245-258; Di Agresti, G. Mediazione mariana nell'Epistolario di S. caterina de' Ricci. *Rivista di Ascética e Mística* 3 (1958) 243-255; Id. Il dono místico del cambiamento Del Cuore in S. Caterina de' Ricci. *Memorie Domenicane* 35 (1959) 33-37; Id. G. S. Caterina de' Ricci e la Madonna. *Memorie Domenicane* 38 (1962) 167-184; Id. *S. caterina de' Ricci*. Fonti, I, Firenze, 1963; Id. *Santa Caterina de' Ricci*. Bibliografia com informações críticas, com apêndice savonaroliano. Florença, 1973; Guasti-Gherardi, C. *Le lettere di S. Caterina de' Ricci*. Prato, 1861; Id. *Le lettere di S. Caterina de' Ricci*. Firenze, 1890; Llamera, M. Nuevos documentos sobre Santa Catalina de Ricci. *Teologia Espiritual* 16 (1972) 109-112; Massarotti, C. Le Lettere di S. caterina de' Ricci, profilo spirituale e eletterario. *Memorie Domenicane* 27 (1951) 11-37.104-125.137-147; Pierattini, G. L'epistolario di S. Caterina de' Ricci. *Memorie Domenicane* 25 (1949) 26-39.74-89; Razzi, S. *Vita della Rev. Serva di Dio la Madre Suor Caterina de' Ricci*. Lucca, 1594 (principal e mais completa fonte bibliográfica); Ristori, R. Caterina Ricci (de Ricci). In: *Dizionario Biográfico degli Italiani*. Roma, 1979, 359-361, t. XXII (com bibliografia); Scalia, G. *G. Savonarola e S. Caterina de' Ricci*. Firenze, 1924; Sisto da Pisa. *Lettere inedite di S. Caterina de' Ricci*. Firenze, 1912 (outras cartas conservam-se manuscritas nos arquivos de Florença e em outras partes).

G. Di Agresti

CATARINA DE SENA (Santa). 1. Nota biográfica. Nasceu em Sena, em 1347. Bem depressa sentiu a atração pelas coisas eternas, e com apenas seis anos teve uma primeira visão, enquanto descia, com o irmão Estêvão, de Vallepiatta para Fontebranda. Ainda menina fez voto de virgindade com perfeito conhecimento de causa, conforme declarou mais tarde o seu confessor. Deixou-se persuadir pela irmã casada, Boaventura, a cuidar de suas roupas; lamentou essa fraqueza como uma grave culpa. Com a morte da irmã (1362) passou a dedicar-se com maior empenho à vida ascética, e para tornar conhecida de todos a sua vontade de consagrar-se inteiramente ao Senhor cortou os cabelos. Superadas as dificuldades e os danos vestiu o hábito e abraçou a Regra das irmãs da penitência de São Domingos, chamadas *manteladas* (1363).

Após um período de áspera penitência e de retiro em sua cela, só interrompido pela assídua frequência aos sacramentos, desposou misticamente Jesus Cristo (1366). Dedicou-se com fervor a todas as obras de caridade e de misericórdia, mesmo repugnantes, e sua fé foi premiada, muitas vezes, com celestes consensos. Faminta de Eucaristia, teve um culto, excepcional para a época, pelo sacramento, que podendo recebia diariamente, sem conseguir tomar outro alimento material durante muitos anos. Êxtases e visões tornaram-se habituais. Especialmente após a comunhão a santa permanecia longas horas fora dos sentidos, dialogando com o Senhor. Incompreendida e vexada por alguns de seus diretores, por causa dos → FENÔMENOS EXTRAORDINÁRIOS dos quais era objeto, em 1374 foi confiada à direção do bem-aventurado Raimundo de Cápua, futuro Geral da Ordem e seu biógrafo.

Foram numerosos os que a veneraram e amaram como sua "dulcíssima mãe": religiosos e leigos desejosos da própria perfeição e da reforma da Igreja, à qual Catarina se havia devotado, apesar da idade e do sexo, por expressa vontade de Deus. Para todos foi mestra de santidade, sem excluir os próprios confessores, que se tornaram discípulos e colaboradores.

De Sena, o apostolado de Catarina, junto com a sua fama de santidade, propagam-se pela Toscana, pela Itália, pela Igreja. Em 1375, Catarina vai a Pisa, onde recebe os → ESTIGMAS invisíveis na igreja de santa Cristina; em seguida vai a Lucca e à ilha de Gorgona. Em 1376 chega a Avinhão, para tratar, com Gregório XI, sobre a paz de Florença, promover a "santa passagem", ou seja, a Cruzada, e, finalmente, aconselhar e convencer o papa a retornar a Roma.

Em 1377 está empenhada em pacificar a sua cidade com o Pontífice e hospeda-se longo tempo em Valdorcia, para reconciliar entre si os senhores daquela terra. Retorna a Florença em 1378, após a morte de Gregório XI, e em julho finalmente consegue estabelecer a paz entre Florença e Urbano VI, que a chama a Roma no ano de 1379, onde defende com todos os meios a validade da eleição desse papa, reza e se imola pela Igreja, abalada pelo cisma. Cada manhã, extenuada e sem forças, parecendo um cadáver ambulante, cobre a pé o caminho que vai de sua morada, junto à porta Minerva, até São Pedro, onde permanece em oração pela Igreja e pelo "doce Cristo na terra", até à noite.

Morre em Roma, no dia 29 de abril de 1380, com a idade de 33 anos. Foi imediatamente venerada como santa, e bem depressa se pensou em divulgar a sua vida maravilhosa. O bem-aventurado Raimundo, entre 1384 e 1395, compôs a *Legenda*, chamada *major*, sendo escrita em vulgata e abreviada por Caffarini e Stefano Maconi (*Legenda Minor*). Para a composição da *Legenda*, Raimundo declara ater-se fielmente ao que ele próprio tinha visto e escutado, e não omite citar as testemunhas das quais obtém os fatos não conhecidos por experiência direta. A crítica levantou muitas dúvidas sobre a obra de Raimundo, sem conseguir provar que o biógrafo estivesse em desacordo substancial com as outras fontes históricas.

No intuito de recolher tudo aquilo que se podia saber sobre a santa, o padre Tommaso de Sena, chamado Caffarini, publicou em 1411 o *Supplemento* para a *Legenda major*, utilizando, e talvez copiando, alguns cadernos escritos pelo primeiro confessor da santa, padre Tommaso della Fonte, cadernos já conhecidos e citados também por Raimondo: uma espécie de diário, no qual eram registrados sobretudo visões e fatos extraordinários da vida íntima de Catarina. O *Supplemento*, nos diferentes tratados, apresenta a questão dos estigmas, o culto, os discípulos da santa etc.

Deve-se à atividade catariniana de Caffarini, que se transferira para Veneza, ter provocado uma primeira investigação, pela autoridade eclesiástica, sobre a vida e as virtudes de Catarina: o chamado *Processo Castellano*, ou seja, 23 determinações, às quais somaram-se duas notas complementares e uma carta do cardeal bem-aventurado Giovanni Dominici, reunidas de maio de 1411 a julho de 1416, junto ao bispo de Castello, Francesco Bembo, que permitiu que em sua diocese se falasse em público sobre as virtudes de Catarina. Entre as determinações mais importantes citamos a de Stefano Maconi, que se tornou cartuxo, de Bartolomeo Dominici, OP, e de Caffarini. Foi canonizada por Pio II em 1461. Em 1970 foi proclamada Doutora da Igreja por Paulo VI.

2. OBRAS. *Epistolário*. À imitação de seu conterrâneo, o beato Giovanni → COLOMBINI, Catarina fez largo uso do meio epistolar, escrevendo a pessoas de toda casta social: próximas ou distantes, humildes ou abastadas, sem excluir reis, cardeais e papas. Excetuando duas cartas, que Catarina escreveu milagrosamente do próprio punho, todas as outras foram ditadas por ela. Das 385 cartas que chegaram até nós, somente 8 são originais; todas, porém, podem ser consideradas autênticas. Nas coleções, às vezes foram omitidas breves alusões a situações particulares de pouco interesse para o público, ao qual era dirigido o Epistolário como obra ascética. Evidentemente, os discípulos cuidaram de preservar as cópias das cartas enviadas; só assim se explica por que, poucos anos após a morte de Catarina, subsistiram as coleções manuscritas referenciadas por Stefano Maconi, T. Pagliaresi e T. Caffarini.

O estilo e a língua do numeroso Epistolário deram a Catarina um lugar eminente entre os grandes escritores da Itália, e a matéria tratada garantiu a sua celebridade entre os autores ascéticos de todos os séculos. Não faltam longos trechos nos quais estão *in nuce* os grandes temas e tratados do *Dialogo*. São frequentes, e geralmente minimizados pelos biógrafos, os traços autobiográficos, também aqueles não menos interessantes sobre as íntimas experiências místicas lembradas por Catarina como ocorridas com terceiros.

Orações. Catarina escreveu, do próprio punho, com cinábrio, uma breve oração em rima à Santíssima Trindade que, pelo início, intitula-se "Invocação ao Espírito Santo". No entanto, conhecem-se outras 25 Elevações, recolhidas pelos discípulos enquanto estava em êxtase, que, pela elevação dos conceitos e pelo calor místico, comparam-se aos *Soliloqui* de Santo Agostinho (cf. Testemunho de Bartolomeo Dominici no Processo Castellano: *Fontes*, IX, 329).

Dialogo. A atenção da santa é dirigida particularmente, porém não exclusivamente, ao *Libro della Divina Dottrina*, também chamado *Dialogo della Divina Provvidenza*, que ela compôs em vulgar, ditando aos escrivães os seus pedidos e as respostas do Senhor. É fato aceito que a obra foi completada em outubro de 1378, antes que Catarina fosse para Roma; porém é incerto o tempo que empregou para redigi-lo. Falou-se até de dias (Hurtaud), meses e anos, de acordo com a interpretação das alusões que encontramos nas *Lettere* ou nos testemunhos dos discípulos.

Foi indicado por alguém, todavia sem provas, que o *Arbor vitae crucifixae*, de Ubertino da Casale, seria a fonte máxima e exclusiva do pensamento cateriniano (cf. GRION, A. *Santa Caterina da Siena, Dottrina e Fonti*. Brescia, 1953). Outros, com mais razão, admitem que Catarina tenha lido obras ascéticas em vulgar ao alcance de todos, especialmente de → CAVALCA, e que assimilou muito mais não por escritos, mas através da palavra viva, o que demonstra saber da produção religiosa e intelectual do presente e do passado (Fawthier; cf. D'URSO, G. Il pensiero di S. Caterina e le sue fonti. *Sapienza* [1954] nn. 3.4.5).

No *Dialogo*, em parte, consta a história íntima de Catarina, com referências aos "casos particulares" de suas experiências místicas e a sua trepidação pelas necessidades da Igreja. Tudo, porém, é reelaborado à luz de uma teologia altíssima que, todavia, não é especulação pura, mas providência atuante, encontro da Trindade com a humanidade no "sangue" sempre operante de Cristo.

3. DOUTRINA. O complexo doutrinário presente no espírito de Catarina emerge claramente do tríplice grupo dos seus escritos supracitados: o *Dialogo*, as *Lettere*, as *Orazioni*.

Os dois últimos grupos resultam de escritos eminentemente ocasionais, enquanto o *Dialogo*, na intenção da autora e em sua trama, demonstra um intuito sistemático. É natural, portanto, que sempre tenha sido posto na base quer de cada pesquisa, quer sobretudo de reconstruções do conjunto de pensamentos da santa.

Na realidade, estão presentes e geralmente magistralmente tratados os dogmas fundamentais do cristianismo: a criação, o pecado original, a necessidade e o valor da encarnação redentora, a santidade e o valor das obras de Cristo por causa de sua divindade, os vários problemas da graça e do livre-arbítrio, os → SACRAMENTOS, a → FÉ, com as outras virtudes teologais, a oração e o progresso espiritual, a permissão do mal, o juízo e a condição dos eleitos e dos réprobos. Todos esses mistérios do cristianismo, além, naturalmente, dos do sangue de Cristo e da Igreja em fundo trinitário, estão presentes na grande "visão" da santa senense.

Os escritos catarinianos são de uma pessoa "iletrada", mas não "indouta". Iletrada porque não frequentou nenhuma escola, e a sua cultura, qualquer que seja, formou-se de forma eclética; não indouta porque a precisão dos termos e dos conceitos é mais que notável. Assim, a produção cateriniana não pode ser considerada popular, segundo a acepção comum, mas apenas não escolástica. É uma produção dinâmica e vital.

Nos escritos de Catarina não se pode fazer uma separação clara entre doutrina teórica e doutrina prática, visto que todo o seu ensinamento é voltado para chamar as almas às realidades sobrenaturais e às verdadeiras finalidades da vida terrena, assumindo, assim, um valor puramente espiritual. Exortação e advertência constituem a obra inteira de Catarina, mesmo na ação política, que, em vez, é eminentemente religiosa.

Não se pode negar, todavia, que tudo se ancora em uma firme base dogmática. Mas a verdade religiosa é oferecida não como o resultado de um raciocínio, e sim como uma experiência vivida intimamente, na variedade das suas relações e implicações.

O universo mental e espiritual cateriniano é o católico comumente conhecido, mas apresentado com notas características e com particulares instâncias, devidas a circunstâncias quer pessoais, quer históricas. Com efeito, como a doutrina de Catarina é estreitamente ligada à experiência pessoal, esta é em parte determinada pelas condições do tempo em que viveu e pela ação que foi desenvolvida. Todavia, o ensinamento esparso em plenitude pela santa no campo da Igreja do seu tempo é tão universal que após seis séculos apresenta-se rejuvenescido, com palpitante atualidade, perenemente regenerador nas almas dos seres humanos que, com o passar dos séculos, não cessam de reviver as mesmas paixões.

Do riquíssimo tesouro cateriniano podem ser extraídas algumas doutrinas que, por sua frequência e centralidade no pensamento da santa, destacam-se sobre as outras. Referem-se a Deus e ao ser humano: Deus, "aquele que é", que doa e se doa; o ser humano, "aquele que não é", que acolhe ou rejeita o dom. Criador e criatura são os protagonistas daquele drama divino-humano, diante do qual vigia constantemente a mente e o coração de Catarina, infla a sua alma, e como torrente prorrompe de seus lábios incansáveis.

a) *O mistério trinitário*. Parece supérfluo lembrar o que Deus representa na vida interior de Catarina. Desde o dia em que Deus manifestou-se como "aquele que é", ela viveu imersa com todas as potências da alma na contemplação desse mistério.

Catarina vê no dogma da Trindade a verdade fundamental, da qual se originam todas as coisas, e para a qual tudo converge. O ser humano é criado à imagem da → TRINDADE, segundo a memória, o intelecto e a vontade. Mas afastou-se de Deus com o pecado original, que transformou a vida terrena em um mar tempestuoso, no qual naufraga todo ser humano arrastado na torrente das suas paixões e dos seus pecados pessoais. Mas a providência de Deus não o abandona, e, por sua misericórdia, no conselho da Trindade decide a → ENCARNAÇÃO do Verbo para salvar o ser humano.

Catarina é uma alma eminentemente trinitária na experiência mística e na doutrina. Pode-se dizer, no plano doutrinário, que raramente se fala do Espírito Santo nos escritos caterinianos; sobre o Pai e o Filho, em vez, pode-se dizer, a cada página, por razões facilmente cabíveis. O Filho será sobretudo o Verbo encarnado, isto é, Jesus Cristo. Do Pai, que é "potência" (o Espírito é "clemência"), derivam todas as coisas, quer na ordem natural, quer, sobretudo, na sobrenatural. Antes, observamos na santa uma confiança no → PAI CELESTE talvez única na vida dos santos: com efeito, é o único interlocutor do *Dialogo*, que chama Catarina de "dulcíssima filha". A ele, portanto, são dirigidas as elevações e os agradecimentos que fecham as respostas dadas a particulares perguntas no decorrer do diálogo.

No *Dialogo* Deus revela-se principalmente como providência, que tudo dispôs com sabedoria e amor, e promete usar de misericórdia com o mundo. Por isto o *Dialogo*, além do *Libro della Divina Providenza*, foi também intitulado *Dialogo della Divina Providenza*. Consequentemente, todos os escritos de Catarina são uma proclamação do amor divino e um convite ao seu amor misericordioso.

b) *A cristologia*. Essa parte da teologia tem na doutrina cateriniana um particular desenvolvimento. Cristo é essencialmente o "mediador" (intermediário). A mediação de Cristo é representada sobretudo na alegoria da "ponte", que, com justiça, tornou-se a mais célebre figura da imaginosa linguagem cateriniana. A essa ponte chegam os seres humanos, e a transpõem através de três "degraus", que representam tanto as três potências da alma (intelecto, → VONTADE e → MEMÓRIA) quanto os três estados relativos à perfeição. Assim, a ponte é de absoluta necessidade para alcançar a vida eterna; quem não caminha devidamente cai debaixo e afoga-se.

Sem metáforas: Cristo redimiu o mundo com a sua encarnação e sobretudo com a sua crucifixão. Cristo crucificado está sempre presente em Catarina como redentor, derramando o seu sangue precioso; como mestre, ensinando todas as virtudes; como médico, curando todas as enfermidades da alma; como exemplo para ser seguido na vida virtuosa. No amor à cruz, Catarina se ancora em toda a tradição cristã, já expressa por São Paulo e revivida com nova intensidade nos séculos XIII-XIV, exprimindo-se com acentos pessoais e apaixonados.

c) *A Igreja*. Na virtude do sangue de Cristo, que vem a nós por intermédio dos → SACRAMENTOS, a Igreja tem vida. O leitor não pode subtrair-se à impressão de potência e continuidade daquele seu insistente retorno ao tema da Igreja (cf. MORETTTI, R. O drama da Igreja em Catarina de Sena. *Ephemerides Carmeliticae* 17 [1966] 231-283).

No fundo, as *Lettere* estão todas em função do serviço feito para as almas, e o *Dialogo* tem sua razão de ser no apelo a Deus para a salvação do mundo, isto é, concretamente para a Igreja. A santa sente-se envolvida, e quer sê-lo até o fundo, como um instrumento de mediação. Pode-se dizer que todo o desenvolvimento potencialmente dramático do *Dialogo* gira em torno desse eixo essencial. Assim também as *Lettere*. A paixão pela Igreja, conforme foi várias vezes observado, impeliu Catarina a escrever e a falar aos pastores da Igreja, com humildade de fiel e fortaleza de santa, antecipando de modo admirável aquele diálogo dentro da comunidade eclesial, no qual se reconhece, sobretudo hoje, um sinal de corresponsabilidade e um instrumento de comunhão.

Catarina é também mestra sublime no modo de praticar as relações entre Igreja discente e Igreja docente; é exemplo da atividade apostólica dos leigos no seio da Igreja, no respeito à autoridade e à ordem sagrada; é também exemplo de como quem recebe os carismas, quem é movido pelo Espírito Santo, submete em humildade os seus carismas e a sua ação à aprovação da hierarquia eclesiástica.

A parte mais viva e mais sofrida do pensamento, do amor e da ação de Catarina pela Igreja é referente ao sumo pontífice, aos ministros e aos pastores, aos quais a santa volveu sua missão para a reforma.

Duas verdades são enunciadas pela teologia cristã a respeito da recorrente reforma da Igreja:

— a primeira se refere ao valor absoluto da Igreja, à relação entre a Igreja e Cristo: "a Igreja nada mais é que o próprio Cristo" (*Lettera*, 171). "Quem não for obediente ao Cristo na terra, que está no lugar do Cristo no céu, não participará do fruto do sangue do Filho de Deus" (*Lettera* 207);

— a segunda é relativa à íntima incorruptibilidade da Igreja em sua missão salvífica (cf. *Dialogo*, 12).

Uma vez estabelecidos esses princípios, a reforma da Igreja só podia ser uma coerência das obras com a fé, uma fidelidade à doutrina de Cristo, um ministério apostólico que fosse em tudo e por tudo um "ministrar" dignamente o sangue do Cordeiro.

d) *A vida espiritual*. Todavia, a grandeza e a originalidade de Catarina pensadora e mestra não atua, como foi observado (cf. COLOSIO, I. *Saggi di spiritualità domenicana*. Firenze, 1961, 168) tanto no campo, digamos assim, da pura meditação dogmática quanto no da reflexão ética, psicológica e espiritual. Catarina é verdadeiramente extraordinária quando fala das virtudes em seu surgir, em seu específico dinamismo, em seu sinergismo. No enfrentamento desses assuntos ela parece absolutamente à vontade, as imagens lhe florescem espontâneas, novas e surpreendentes, o estilo é mais vivo e mais solto que na tratação dos mistérios.

Os caminhos nos quais se desenrola a doutrina espiritual cateriniana são o conhecimento de si, a concepção do amor e da oração, que seguem um desenvolvimento rítmico simultâneo e progressivo.

O ser humano, repete Catarina (*Dialogo*, 26, 49, 89, 94 etc.), é uma "árvore de amor", e a vida é um problema de amor. Não se pode, porém, amar cegamente: é preciso o conhecimento para que flua o amor no espírito, que, por sua vez, irá alimentar o conhecimento na experiência mística (cf. *Dialogo*, 4, 11).

O ser humano deve colocar-se no trilho do conhecimento de si e de Deus, se quiser amar verdadeiramente, e não pode separar um do outro: porque o conhecimento exclusivo de si pode levá-lo à solidão, ao tédio, ao esquecimento, à angústia, ao desespero (*Lettere*, 51, 178, 189); e apenas o conhecimento de Deus pode conduzir a uma estéril especulação espiritualmente infecunda.

Assim, o ser humano tem de fixar sua → VIDA INTERIOR nesse duplo conhecimento (*Dialogo*, 1, 4, 7, 13, 63, 64-65, 73, 161), se quiser definir a relação com Deus-Ser-Verdade-Amor (valor metafísico e teológico); se quiser direcionar-se para a perfeição espiritual (valor ascético); se quiser alcançar a → UNIÃO COM DEUS em Cristo (valor místico); se quiser conhecer e amar efetivamente o próximo (valor social).

O conhecimento de si é uma introspecção sob a luz e a orientação das virtudes teologais e da graça, em que a alma vem a ser simultaneamente o sujeito cognoscente e o objeto conhecido (*Dialogo*, 51). Em suma: no primeiro momento negativo, a alma "conhece a si, não ser"; em um segundo momento positivo conhece "a si, ser", "a si, ser imagem de Deus", "a si, ser recriada no sangue de Cristo" (*Dialogo*, 13, 23, 46, 51, 167; *Lettere* 41, 153). Esse conhecimento deve ser entendido em sentido dinâmico, enquanto na alma permanece sempre o princípio de todos os estados espirituais, como um fundo, embora sofrendo variações e tonalidades dos vários desenvolvimentos, incluída a experiência mística (cf. *Lettere* 345, 368).

A alma se conhece integralmente no Cristo sofredor: o seu sangue salvífico é a síntese do amor pelo ser humano, do qual é o princípio sobrenatural vital (*Dialogo*, 4, 14, 27, 127). A alma o capta como fato histórico, porém mais ainda revivendo-o como um fato interior, existencial, sujeito espiritual: não pode, portanto, "não amar". Cristo, então, torna-se a sua vida e o seu caminho (*Dialogo*, 27; *Lettere*, 29, 74, 271).

Por Cristo tem-se acesso aos mistérios divinos, mediante três sucessivos graus de amor: amor "mercenário" dos "cristãos comuns", amor dos "servos imperfeitos de Deus"; amor "filial" dos "servos perfeitos de Deus". O núcleo central do *Dialogo* é o desenvolvimento dos "três estados". A santa descreve um itinerário que, através da fé e do amor (que têm como suporte a humildade), conduz à conformidade total da vontade humana com a vontade de Deus. (Sobre o assunto acima, cf. ABBRESCIA, D. La preghiera degli ordini mendicanti. In: *La preghiera*. Roma, 1966, 531-539, vl. II; cf. também GARRIGOU-LAGRANGE. *L'unione mística in S. Caterina da Siena*. Firenze, 1938.)

É um itinerário espiritual, esse catariniano, que talvez nem sempre pareça rico de novidades. Percebe-se, por exemplo, certa dependência da doutrina de São Bernardo em *De gradibus humilitatis et superbiae* e no *De diligendo Deo*, dois opúsculos muito conhecidos na Idade Média. O singular em Catarina, todavia, é a variedade e flexibilidade das modulações e a adequação da doutrina, visto que o seu magistério possui destinatários bastante diversos, que impõem ao seu ensinamento singular concretude.

Catarina trata esses temas ético-espirituais com mais variedade, frescor e calor, quer nas *Lettere*, quer no *Dialogo*.

4. INFLUÊNCIA. Sobre a influência doutrinária catariniana pode-se destacar que é notável como difusão em quase todo o século XVI, quer na Itália, quer em outras nações, como na França, onde houve duas edições do *Dialogo*, na Espanha e em outras partes, através da dúplice reedição da versão latina.

Com o final do século XVI e início do século XVII, vindo à ribalta os grandes autores místicos espanhóis (Inácio, Teresa → JOÃO DA CRUZ) e, sucessivamente, São → FRANCISCO DE SALES, a difusão e a influência dos autores anteriores sofre um enfraquecimento e uma certa crise. Catarina não ficou de fora desse fenômeno. As obras da santa foram editadas na Itália somente três vezes em dois séculos.

A época que vai da metade do século XVIII à metade do século XIX foi desfavorável a toda expressão literária de ordem espiritual, especialmente mística. Não surpreende, portanto, o completo vazio relativo às publicações catarinianas.

Na metade do século XIX, a veneranda vida da santa, escrita por Capecelatro, em 1846, marcou o despertar da influência doutrinária catariniana, que prosseguiu sempre mais, estendendo-se ao início do século XX. Nas décadas de 1901 a 1950, a acurada pesquisa bibliográfica feita por L. Zanini aponta 1.044 publicações referentes a Catarina.

Passando a casos concretos de influência doutrinária catariniana, citamos, entre os vários personagens de relevo (→ CATARINA DE RICCI, Luís de → GRANADA etc.), Santa → MARIA MADALENA DE PAZZI, que seguiu a santa senense não só em grande parte de sua mensagem espiritual, mas com frequência nas expressões literárias (cf. ANCILLI, E., *Santa Maria Madalena de' Pazzi: Estasi-Dottrina-Influsso*, Roma, 1967).

BIBLIOGRAFIA. 1) Biografias: Capecelatro, A. *Storia di S. Caterina da Siena e il papato Del suo tempo*. Roma, 1973; Cartotti Oddasso, A. *Caterina da Siena dottore della Chiesa*. Roma, 1970; Fawthier, R. – Canet, L. La double expérience de Catherine Benincasa. Paris, 1948; Joergensen, G. *S. Caterina da Siena*. ³1940; Laurent, M. H. (org.). *Fontes vitae S. Catharinae Senensis historici*. I. – *Documenti*. Siena, 1936; IX. *Il processo castellano* (ed. id.). Milano, 1942; X. *Legenda minor* (ed. E. Franceschini), Milano, 1942; Menconi, V. *Santa Caterina da Siena e i pastori della Chiesa*. Roma, 1987; Noffke, S. Demythologizing Catherine. The Wealth of internal Evidence. *Spirituality Today* 32 (1980) 4-12; Papàsogli, G. *Sangue e fuoco sul ponte di Dio*. Roma, 1971; Raimondo da Capua. Legenda major. In: *Acta Sanctorum Aprilis*. 853-959, vl. III.

2) Obras: Cavallini, G. *Il dialogo della divina Provvidenza*. Roma, 1969; Meattini, U. *Il libro. Le preghiere*. Alba, 1969; Meattini, U. *Lettere di S. Caterina da Siena*. Alba, 1966 (em 3 vls.); Salvador y Conde, J. *Obras de S. Catalina de Siena. El dialogo. Oraciones y Soliloquios*. Madrid, 1980; Id. *Epistolario de S. Catalina de Siena. Espíritu y doctrina*. Salamandra, 1982.

3) Estudos: *Atti del Simpósio Internazionale cateriniano-bernardiano* (Siena, 17-20 abril 1980). Siena, 1982; Bertini, G. M. Nota sul linguaggio di Caterina da Siena e Teresa di Ávila. In: *Studi di varia umanità*. Milano, 1963; *Congresso Internazionale di studi cateriniani* (Siena-Roma, 24-29 abril 1980). Roma, 1981; D'Urso, G. *S. Caterina: la via della verità*. Napoli, 1970 (com ampla bibliografia com informações críticas); Fawthier, R. *Sainte Catherine de Sienne. Essai de critique de sources. I: Sources hagiographiques*. Paris, 1921; Id. *II: Les oeuvres de Sainte Catherine de Sienne*. Paris, 1930; Garrigou-Lagrange, R. *L'unione mística in S. Caterina da Siena*. Firenze, 1938; Gigli, G. *Vocabolario cateriniano*. Roma, 1917; Huerga, A. Santa Catalina de Siena, precursora de Santa Teresa. *Teologia Espiritual* 24 (1980) 349-370; Laurent, M. H. Essai de bibliographie catherinienne. *Archivum Fratrum Praedicatorum* 20 (1950) 349-368; Nuovi studii cateriniani. Supl. anual da *Rivista di Ascetica e Mistica* 1 (1984); Venchi, I. Caterina da Siena. In: *Dizionario degli Istituti di Perfezione* II, 702-716; *Positio* para o doutorado. Roma, 1970 (fundamental); Zanini, L. Bibliografia analítica di S. Caterina da Siena. *Miscelânea Centro Studi Medievali*. Milano, 1956, 328-374; 1958, 268-367.

E. Ancilli – D. de Pablo Maroto

CATECUMENATO (caminho neocatecumenal). O catecumenato surgiu nos primeiros séculos da Igreja, como tempo de preparação para o → batismo. As primeiras indicações históricas de um catecumenato organizado podem ser encontradas na *Traditio apostólica*, de Hipólito (século III); outras notícias válidas dos séculos posteriores estão reunidas no *Sacramentario gelasiano* e no *Ordo romanus* XI. Com a progressiva redução dos batismos dos adultos, o catecumenato perde a sua importância e função na Igreja. A restauração do batismo dos adultos após o Concílio de Trento no *Ritual sacramentorum* (1614) não deu importância ao problema, ainda que naqueles tempos algum missionário, como o padre Tomás de Jesús (1564-1627), pregasse a chance de uma restauração desse período nos países de missão. Com a crise religiosa do final do século XIX e início da renovação litúrgica, o problema do catecumenato começou a atrair a atenção de liturgistas e pastores de almas como solução para o batismo dos adultos. Depois de 1950, especialmente na França, o catecumenato foi motivo de reflexões pastorais e de congressos litúrgicos que promoveram várias experiências de catecumenato em algumas dioceses. O Concílio Vaticano II acolheu o desejo de numerosos bispos de restaurar o antigo instituto do catecumenato em uma simples indicação da *Sacrosanctum Concilium* (n. 64). Finalmente, após anos de experimentação, no dia 6 de janeiro de 1972, com um decreto da Congregação do Culto Divino, foi publicado o *Ordo initiationis christianae adultorum*, com o qual foi restaurada a liturgia do catecumenato como preparação para o batismo dos adultos, e também dos jovens que recebem o batismo quando já estão na idade da razão. No plano pastoral existem muitas iniciativas para praticar o catecumenato dos adultos, incluídas as experiências de *neocatecumenato*, voltadas a fornecer a experiência do catecumenato em suas etapas essenciais àqueles que, tendo recebido o batismo quando crianças, querem trilhar um caminho de conversão.

1. CELEBRAÇÃO LITÚRGICA E DIMENSÃO PASTORAL DO CATECUMENATO. Segundo o *Ordo initiationis christianae adultorum*, o caminho de um adulto rumo ao batismo é previsto em algumas etapas principais, marcadas por uma experiência de contato com a → palavra de deus e com a → igreja, com apropriadas celebrações sacramentais. Esse caminho começa com o tempo da evangelização ou pré-catecumenato, constituído do primeiro encontro de um adulto que deseja tornar-se cristão com a comunidade dos fiéis que lhe anuncia a salvação em → jesus cristo. Segue-se

o período chamado propriamente *catecumenato*, iniciado com o ritual litúrgico "*ad catecumenum faciendum*". O catecumenato dura alguns anos, segundo as necessidades dos candidatos para o batismo e as diferentes experiências pastorais; durante esse tempo, o catecúmeno é instruído pela Igreja e participa de algumas celebrações que o "iniciam" globalmente no conhecimento de Cristo e na mudança de vida, exigida pela fé cristã; são as celebrações da Palavra, alguns exorcismos menores, bênçãos particulares, além de outros rituais próprios do período seguinte que, por razões pastorais, podem ser antecipados. Terminado o tempo do catecumenato, próximo da celebração do batismo, especialmente durante o período quaresmal, começa o tempo chamado da purificação e da iluminação. Esse período tem o seu início regular no I domingo da Quaresma, com o ritual da elevação e da inscrição do nome, e prossegue durante todo o tempo quaresmal, especialmente no III, IV e V domingos da Quaresma, nos quais os catecúmenos recebem da Igreja particulares cuidados espirituais pela *proclamação da Palavra* (Evangelhos da samaritana, do cego de nascença, da ressurreição de Lázaro, que apresentam a Cristo como fonte da felicidade, luz do mundo, vida eterna), com os *exorcismos* e os *escrutínios*, para conhecer melhor a Cristo e a si mesmo, para ser fortalecido na luta cada vez mais cerrada com Satanás pela proximidade do batismo. No momento oportuno recebem da Igreja a *Bíblia*, o *Símbolo dos Apóstolos*, o *Pai-nosso*; são as "entregas" nas quais está significado o dom da Palavra, da regra da fé, da oração cristã. Nos dias da Semana Santa são realizados os últimos rituais que precedem o batismo: o *Epheta*, a escolha do nome cristão, a "reentrega" do Símbolo ou récita do Credo, a unção com o óleo dos catecúmenos. Finalmente, na vigília pascal recebem junto com o batismo os outros sacramentos da iniciação cristã, crisma e Eucaristia.

O catecumenato, assim concebido, é um instrumento pastoral imprescindível para que os adultos, tanto nos países de missão quanto nos antigos países da cristandade, possam chegar ao batismo conscientes das exigências da vida cristã, remediando assim a situação anômala criada na Igreja nos tempos modernos, que apresenta uma massa de batizados não convictos; situação que coloca a Igreja no desconforto de ter que converter os batizados, quando na realidade deveria apenas batizar os convertidos.

2. ASPECTO ESPIRITUAL. Se for bem realizado pelo candidato ao batismo e pela Igreja, o catecumenato torna-se uma *experiência espiritual*, na qual os princípios teológicos da espiritualidade batismal serão de algum modo captados de modo vital. Como sacramento da fé, o batismo supõe não somente uma confissão de fé, antes de receber a água regeneradora, mas um caminho de fé que, se culmina naquele momento, pressupõe o itinerário da conversão através da escuta da Palavra que prepara o ato de fé. Como sacramento de regeneração, experiência de morte para o pecado e de nova vida em Cristo, o tempo de catecumenato oferece a chance de uma mudança progressiva, que realiza uma espécie de morte do homem velho e início de uma nova vida; processo vital que culmina no momento do batismo. Finalmente, como sacramento no qual a Igreja exerce a sua maternidade espiritual, o catecumenato oferece à comunidade eclesial a experiência, que conduz os seus filhos para o batismo, de um longo e penoso trabalho de instruções e orações, estímulos, até à alegria de ver os recém-nascidos para a vida da graça.

Como tempo de conversão, o catecumenato permanece uma experiência fundamental da vida cristã. Cedo ou tarde o batizado tem que passar pela sua crise "catecumenal" e refazer o caminho ideal de evangelização e conversão. Mesmo após o batismo, o cristão permanece em estado de contínua → CONVERSÃO; de certa forma, permanece sempre catecúmeno, em uma renovada escuta da Palavra para "reevangelizar" continuamente a própria vida.

A exortação apostólica *Catechesi tradendae*, de João Paulo II, no n. 44 chama a atenção para a situação catecumenal na qual hoje se encontram muitos batizados, seja porque, afastados da Igreja, possuem conhecimentos religiosos quase infantis, seja porque receberam uma catequese precoce que não conseguiram assimilar. Estamos diante de autênticos "catecúmenos", embora batizados.

Para todas essas pessoas a Igreja propõe verdadeiros itinerários catecumenais, nos quais se poderia usufruir numerosos elementos dos rituais de preparação para o batismo, convenientemente adequados às pessoas e às circunstâncias, quer em preparação para alguns sacramentos (→ EUCARISTIA, crisma, → MATRIMÔNIO), quer no âmbito da celebração anual da → QUARESMA, que relembra a todos o tempo da escuta da Palavra e do caminho da fé.

Não faltam hoje na Igreja, em diferentes países e segundo as circunstâncias particulares, várias experiências catecumenais ou neocatecumenais. Entre essas merece especial referência a experiência do caminho neocatecumenal ou das chamadas comunidades neocatecumenais (CNC).

3. AS COMUNIDADES NEOCATECUMENAIS. Uma das experiências mais vivas e difusas na Igreja de hoje, no âmbito do catecumenato, são as CNC.

Surgiram em Madrid em 1964, no bairro favelado de Palomeras Altas, da experiência espiritual de Kiko Argüello, o qual, atravessando forte crise de fé, chegou a uma conversão pessoal ao cristianismo por diferentes vias (o "cursilho" da cristandade, a busca de uma vida pobre entre os pobres no mundo dos ciganos, à imitação de Charles → DE FOUCAULD). Logo foi seguido por Carmen Hernández, já empenhada em uma vida de consagração e em busca de uma experiência de vida cristã mais radical. O arcebispo de Madrid, monsenhor Casimiro Morcillo, de visão profética, torna-se protetor da experiência e a recomenda a outros bispos, entre os quais o Vigário de Roma, cardeal Angelo dell'Acqua.

Roma foi um providencial ponto de chegada e de impulso da experiência que logo teve a aprovação de Paulo VI e, em seguida, de João Paulo II.

As CNC rapidamente se multiplicaram em todo o mundo. Estão presentes em mais de setenta países e contam cerca de 200 mil adeptos. Nos últimos anos receberam do papa o estímulo para participar generosamente da evangelização da Europa, especialmente nas regiões mais descristianizadas.

Não sendo um autêntico movimento, as CNC se inserem na vida das dioceses e das paróquias propondo seu particular caminho neocatecumenal através da obra dos catequistas itinerantes. À espera de uma especial classe institucional, atualmente dependem de um bispo delegado junto ao Pontifício Conselho dos Leigos.

A experiência das CNC dirige-se principalmente aos distantes, isto é, àqueles que não receberam uma adequada e aprofundada formação catequética. A sua proposta, nascida, conforme dissemos, de Kiko Argüello e Carmen Hernández, vem sendo trabalhada, nas últimas décadas de vida, ao redor de uma autêntica adequação do antigo catecumenato, com as suas catequeses e etapas progressivas, até à renovação das promessas batismais e a total e renovada inserção na comunidade eclesial.

As grandes ideias-força que se situam na base do caminho, expressas com firmeza nas progressivas catequeses que duram décadas, são: a) o anúncio da ressurreição de Jesus como querigma de salvação para o ser humano de hoje, que permanece escravo do pecado e dos milhares de ídolos de sua vida, seja ele rico ou pobre; b) a proposta de um caminho de fé e de conversão por intermédio de uma aprofundada catequese bíblica que seja acompanhada de progressivas decisões de vida, segundo as exigências do Evangelho; c) a experiência vital da comunhão e da fraternidade cristãs em uma pequena comunidade na qual a Igreja se torna presente, para viver todas as implicações da caridade e gozar de todos os dons da maternidade espiritual da Igreja, em torno da celebração da Palavra e da Eucaristia.

O caminho neocatecumenal, como hoje permanece estruturado, evolui nas catequeses semanais, na celebração dominical da Eucaristia, nas convivências mensais da comunidade, na celebração periódica do sacramento da reconciliação, nos vários momentos de passagem nas etapas do caminho, além de outros momentos de aprofundamento das exigências da vida batismal, que aos pouco vem sendo redescoberta.

As etapas fundamentais desse caminho são: a) a etapa querigmática, na qual se propõe o anúncio do querigma da salvação, que se conclui com a formação de uma comunidade que deve percorrer juntamente o caminho; b) o período do pré-catecumenato, destinado a fazer uma longa experiência de vida no seio da comunidade, enquanto aos poucos se desvelam os grandes temas da história da→ SALVAÇÃO; c) a passagem para o catecumenato, preparada pelos primeiros escrutínios, pelos quais se é posto diante das exigências de deixar tudo pelo Reino, e durante a qual são aprofundadas as etapas sucessivas da história da salvação para confrontá-las com a própria experiência; d) o catecumenato, uma etapa de aprofundamento do Símbolo dos Apóstolos e do Pai-nosso, com catequeses apropriadas sobre a fé e sobre a oração, com o compromisso do anúncio da fé; f) a escolha, que compreende idealmente o antigo ritual da inscrição do nome no livro da vida e o compromisso de viver em louvor, simplicidade e humildade; g) a renovação das promessas do batismo, que fecha idealmente o caminho e a entrega, à Igreja, dos cristãos amadurecidos no longo itinerário de fé e de conversão, de novidade de vida e de obras, prontos para qualquer serviço missionário do Evangelho.

Apesar das dificuldades de inserção de algumas experiências das CNC, pode-se afirmar que elas trazem um sopro de vida para a Igreja de hoje, um carisma do Espírito, enriquecido por muitos frutos de conversão e de vida nova. As CNC possuem um notável patrimônio de aprofundamento da Bíblia, um característico estilo de celebrações litúrgicas: estas revalorizaram notavelmente a celebração da vigília pascal, e os cinquenta dias do período pascal, inspirando-se no caminho catecumenal dos primeiros séculos da Igreja, na doutrina dos Padres e no atual ritual do catecumenato; apresentam uma nova evangelização, vivida em um itinerário de fé alimentada pela Palavra, em uma experiência de comunhão fraterna até a partilha dos bens ao redor da Eucaristia, onde converge toda a vida da Igreja e de onde parte para o testemunho humilde e alegre no mundo, inspirada pelo exemplo da família de Nazaré e de Jesus, Servo de YHWH.

BIBLIOGRAFIA. FLORISTAN, C. *Il catecumenato*. Roma, 1974; *Iniziazione cristiana. Problema della Chiesa di oggi*. Bologna, 1975; NOCENT, A. Iniziazione cristiana. In: *Nuovo Dizionario di Liturgia*. Roma, 1984, 678-695; *Rito dell'iniziazione cristiana degli adulti*. Roma, 1978; ROCCHETTA, C. *Cristiani come catecumeni. Rito dell'iniziazione cristiana degli adulti*. Roma, 1984; VERNETTE, J. – BOURGEOIS, H. *Saranno cristiani? Prospettive catecumenali*. Torino-Leumann, 1982.

Sobre as comunidades neocatecumenais: BLAZQUEZ, R. *Le comunità neocatecumenali. Discernimento teologico*, Roma, 1987; KIKO ARG ELLO. *Le comunità neocatecumenali*. Rivista di Vita Spirituale 29 (1975) 191-200; ID. *Il neocatecumenato. Un'esperienza di evangelizzazione in atto. Sintesi delle sue linee di fondo*. Rivista di Vita Spirituale 31 (1977) 84-102; ZEVINI, G. Il camino neocatecumenale. Itinerario di maturazione nella fede. In: FAVALE, A. (org.). *Movimenti ecclesiali contemporanei*. Roma, 1982, 231-267.

J. CASTELLANO

CAUSSADE, JEAN PIERRE. 1. NOTA BIOGRÁFICA. Nasceu em Quercy no dia 7 de março de 1675. Em 1693 entrou para a Companhia de Jesus; professor desde 1708 em Aurilac e Toulouse, dedicou-se a partir de 1715 à pregação, sobretudo no Sul da França — Rodez, Montauban, Auch, Clermont. De 1720 até 1731 uma estadia de três anos o coloca em contato com as visitandinas de Nancy, que conservam sua correspondência, e para as quais desenvolve a sua doutrina sobre o "abandono". Tendo sido observado que impelia demais a sua doutrina para a passividade, estudou acuradamente → BOSSUET, FÉNELON e → FRANCISCO DE SALES, dando forma de diálogo aos seus apontamentos sobre a controvérsia semiquietista e procurando aproximar as recíprocas posições dos dois polemistas. Em 1740 foi nomeado reitor do colégio de Perpignan. Pelas cartas (1740-1742) percebe-se nele a resignação pela função de superior. No final da vida aceitou resignadamente a cegueira que o ameaçava; morreu em Toulouse em 1751.

2. OBRAS. Todas as obras de Caussade possuem uma sua história singular. As *Instructions spirituelles en forme de dialogues, suivant la doctrine de M. Bossuet, évêque de Meaux par un père de la compagnie de Jésus, docteur en théologie* (Perpignan, 1741) são publicadas por insistência do padre Gabriele Antoine, professor da universidade de Pont-à-Mousson. Essa obra em forma de diálogo, atacada pelos jansenistas, determinava a doutrina bossuetiana em relação aos quietistas, revisando os vários pontos controversos, como a passividade (diál. III e IV); a doutrina de Bossuet sobre a imperceptibilidade dos atos espirituais (diál. V e VI); sobre a oração passiva (diál. VII e VIII); sobre o amor desinteressado (diál. IX); sobre as suposições impossíveis (diál. XIII); sobre os atos da condenação quietista acrescentados por Bossuet em sua *Introduction*, e outros documentos do gênero (diál. XV e XVI). A primeira parte consta de dezesseis diálogos; a segunda possui doze e entra mais especificamente no terreno místico, tratando das orações místicas, da pureza de consciência, de coração, de espírito, de ação (diál. I a IV) e da disposição para o → RECOLHIMENTO (diál. V). Os outros diálogos determinam as regras de direção nas três fases da vida espiritual, com as provações correspondentes. Das *Instructions spirituelles* H. Bremond forneceu um texto integral sob o título *Bossuet, maître d'oraison*, Paris, 1931.

A obra mais conhecida de Cassade é *L'abandon à la Providence*, composta pelas cartas conservadas por madre Anna Maria di Rosen. Coube ao padre Ramière, em 1860, ter conhecimento de uma cópia proveniente do mosteiro da Visitação de Paris. Como teólogo, reorganizou de modo geral os vários escritos e os publicou em 1861, sob o título *L'abandon à la Providence divine envisagé comme le moyen le plus facile de sanctification, ouvrage inédit du R. Jean-Pierre Caussade.* As edições sucessivas foram enriquecidas com a descoberta de novos manuscritos, e a edição definitiva, com a última impressão de 1928, compreende o *Trattato*, cinco *Avvisi spirituali* e duas *Preghiere*. A correspondência está dividida em sete livros.

3. DOUTRINA. A doutrina espiritual de Cassade tem como centro o "abandono", do qual se tornou o arauto. Embora universal, essa doutrina aplica-se a cada um de maneira diferente. A criação, obra tanto do poder quanto da bondade divina, explica a história universal e a vida de cada um. A perfeição, representada como uma conformação ao plano de Deus, tem como premissa uma aderência à vontade de Deus, que implica com o exercício da fé. O "abandono", que é como um suporte da perfeição, é aquela particular disposição na qual atividade e passividade coexistem: atividade porque ela comanda o dever; passividade porque tudo é aceito por amor, como proveniente das mãos de Deus. O resultado é a "devoção ao → MOMENTO PRESENTE", com a qual se escuta a → PALAVRA DE DEUS, que se manifesta através dos seres e dos acontecimentos; ela supõe a pureza de coração, fruto de uma austera → ASCESE.

A originalidade da doutrina do abandono (cf. HUILLET D'ISTRIA, M. *Le de Caussade et la querelle du pur amour.* Paris, 1964, c. IV: *L'originalité de Caussade*, 277-312) é apresentada por H. Ramière (*L'abandon à la Providence divine.* Paris, 1874, t. I, 5) como *virtude* e como *estado*. "Segundo o primeiro ponto de vista, o abandono à ação divina nada mais é do que a chamada conformidade à vontade de Deus, cuja prática consiste em fazer tudo o que Deus manda e aceitar tudo o que ele envia, não só como ele quer, mas também porque assim o quer. Todos os mestres concordam em dizer que essa virtude é necessária a todos os cristãos, e que nada é mais próprio para santificar. Segundo outro ponto de vista, o abandono à ação divina é um estado ao qual somente chega um pequeno número de almas; isto não significa que as outras não sejam chamadas, mas que a maioria das almas que Deus chama não respondem ao convite da graça."

Essa síntese espiritual, eminentemente teocêntrica, emerge como uma apologia da mística, que se tornou suspeita no século XVIII após a polêmica Bossuet-Fénelon, feita exatamente por um jesuíta que, com fineza sabia colocar-se sob a autoridade de Bossuet para introduzir, pessoalmente reelaborados, elementos fenelonianos. Convém lembrar, todavia, que Caussade também sentiu a influência de São → FRANCISCO DE SALES, de São → JOÃO DA CRUZ, do padre → LALLEMANT e de → SURIN. Desse modo, fugia das censuras, fazia o bem às almas e via concordarem Bossuet-Fénelon nos pontos essenciais, sem ser filoquietista. É vasta a influência tida por Caussade após o final do século XIX, podendo-se citar a esse respeito Gay, D. Lehodey e Bernies.

Sendo dirigido às almas de alto nível espiritual, considerando-se determinados casos, *L'abandon à la Providence divine* não é universalmente adaptável se não for enriquecido por notas explicativas, como fez Ramière. A atualidade de Caussade se deve ao recurso do "dado" do momento presente, a "devoção do momento presente", que implica uma posição filosófica favorável aos nossos dias, e ao parentesco com a pequena via de Santa → TERESINHA DO MENINO JESUS.

BIBLIOGRAFIA. BREMOND, H. *Apologie pour Fénelon.* Paris, 1909; DUDON, P. Notes sur les éditions du de Caussade. *Revue d'Ascétique et de Mystique* 11 (1930) 63-73; Cavallera, F. Caussade auteur des Instructions spirituelles. *Revue d'Ascétique et de Mystique* 12 (1931) 179-180; ID. L'acte d'abandon du de Caussade. *Revue d'Ascétique et de Mystique* 15 (1934) 103; OLPHE-GAILLARD, P. M. Artigo fundamental in *Dictionnaire de Spiritualité*, 354-370, vl. II; ID. Le Pére de Caussade directeur d'âmes. *Revue d'Ascétique et de Mystique* 19 (1938) 394-417; 20 (1939) 50-82; CUSKELLY, E.-J. La grace extérieure d'après lê de Caussade. *Revue d'Ascétique et de Mystique* 33 (1952) 224-242 e 337-358; HUILLET D'ISTRIA, M. *Le Pére de Caussade et la querelle du pur amour.* Paris, 1964, com rica bibliografia. A duquesa MONTAGNAREALE, Napoli, 1955, fez a primeira trad. it. das obras. Outras: *Via alla contemplazione.* Domodossola, 1941; *L'abandono allá Divina Provvidenza.* Milano, 1955; OLPHE-GAILLARD, P. M. *Jean Pierre de Caussade. Lettres spirituelles.* Paris, 1962-1964: é a edição melhorada do Ramière; ID., *La théologie en France au XVIIIᵉ siècle. Le père de Caussade.* Paris, 1984.

P. ZOVATTO

CAVALCA, DOMENICO. 1. NOTA BIOGRÁFICA. De Cavalca conservam-se poucos dados. Nascido em Vicopisano entre 1260 e 1270, entrou muito jovem na Ordem dos dominicanos em Santa

Catarina de Pisa, no período de maior esplendor do convento. Após a ordenação sacerdotal e o término dos estudos sagrados, dedicou-se à pregação e às obras de caridade: visitava os enfermos, em casa e nos hospitais (foi chamado *Dominicus hospitalarius*), levava o necessário para os pobres, aconselhava a todos os que o procuravam, interessava-se pela recuperação das "arrependidas" (prostitutas convertidas) da cidade, para as quais, pouco antes de sua morte, fundou o convento de Santa Marta. Por volta de 1300 foi conselheiro do vigário Buonagiunta e, no mesmo ano, nomeado confessor do mosteiro da Misericórdia. Desde 1320, para satisfazer o desejo de "alguns devotos seculares", somou às outras a atividade literária. Morreu em conceito de grande santidade em outubro de 1342.

2. **OBRAS**. A polêmica a respeito das obras de Cavalca, candente por algum tempo, esfriou. Atribuem-se com certeza ao dominicano pisano quatro "vulgarizações" (os *Atos dos apóstolos*, a *Vida dos santos Padres*, as *Cartas de São Girolamo a Eustóquio* e o *Diálogo de São Gregório*) e oito tratados mais ou menos originais (*Tratado da paciência ou remédio do coração*; *Espelho de cruz*; *Pungilingua*; *Disciplina dos espirituais*; *Trinta ignorâncias*; *Exposição do símbolo dos apóstolos*; e, deixada incompleta em razão de sua morte, *Frutos da língua*). Há ainda algumas poesias: trinta *Sonetos* sobre o assunto abordado nas *Trinta ignorâncias*; dez sobre o assunto do *Espelho de cruz*; e quatro *Sirventesi* (duas sobre a paciência e duas sobre a vida religiosa: as melhores), notáveis quanto à padronização da linguagem e à facilidade da rima, mas pobres quanto ao fazer poético.

3. **DOUTRINA**. Cavalca é um escritor impessoal e eclético. Possui clara preferência pelo confrade Guglielmo Perrault (Peraldo), cujo tratado *De vitiis et virtutibus* usa largamente (algumas obras de Cavalca são simples refazimentos de Perrault). Outras fontes: → CASSIANO, São Gregório, Santo Anselmo, Santo Tomás, a *glosa ordinária* de Valfrido Estrabão, que substitui as obras de muitos Padres, os sermões de Santo → AGOSTINHO e de São Bernardo, talvez o *De compunctione cordis*, de → CRISÓSTOMO, e alguns opúsculos dos Vittorini. As *Vidas dos santos Padres* lhe fornecem os exemplos que dissemina em abundância, bem como as citações patrísticas, nos tratados.

O fundamento da ascética cavalquiana é o mistério da cruz. Pregado naquele lenho, Cristo nos revela o seu amor e nos ensina a responder a ele com amor crescente. "Pela cruz" chegamos ao verdadeiro "conhecimento de Deus e de nós", descobrimos a malícia do amor próprio, fonte de todo pecado, e somos estimulados a combatê-lo com o exercício da humildade e o ódio cada vez mais profundo de nós mesmos. A meditação (ou "memória") da paixão de Jesus reaviva e direciona as virtudes teologais, abre a alma à ação dos → DONS DO ESPÍRITO SANTO, ensina a praticar as obras de → MISERICÓRDIA e coloca no caminho das → BEM-AVENTURANÇAS EVANGÉLICAS (*Espelho de cruz*). A vida espiritual é concebida como uma empresa cavaleiresca, e o verdadeiro cristão é um "cavaleiro" que luta resolutamente contra as próprias paixões desordenadas (*Trinta ignorâncias*). As paixões predominantes e os vícios enraizados devem ser apontados primeiro: "Lute contra os vícios piores, / tu que te dizes cavaleiro valente, / não na fronde, mas nas raízes / faz-se o bom lenhador da árvore" (*Soneto 18*). Nas mortificações externas é bom ser discreto: a perfeição não consiste nelas, e sim no amor: "O amor não tenha nem modo nem medida, / os atos externos sejam feitos com discrição" (*Soneto 15*). Não deve haver ilusões; quem quer progredir na vida espiritual (o discurso é dirigido, em particular, aos religiosos) deve desvencilhar-se também dos defeitos que parecem menos graves: → VAIDADE, teimosia, → INVEJA, → DUREZA contra as imperfeições alheias, → PRESUNÇÃO, impaciência, negligência nos estudos sagrados, ingratidão com os mestres, → ACÉDIA... (*Disciplina dos espirituais*). A guarda da língua é de capital importância (*Pungilingua*). A obediência religiosa é vista à luz do ensinamento dos Padres do deserto: quem "entra no estado de obediência deve ficar cego, surdo, mudo e tolo" (*Exposição do Símbolo*, II, c. 11). O problema da oração é tratado por Cavalca apenas no plano ascético; ainda que fale, e fá-lo longamente, sobre a → CONTEMPLAÇÃO, parece ignorar os desenvolvimentos propriamente místicos. A oração mais inculcada por ele é a da adoração. Contra certos "malandros" (frei Dolcino e seus discípulos), que com a desculpa da contemplação entregam-se à doce ociosidade, afirma sumariamente: "para poder rezar e contemplar melhor é preciso que, algumas vezes, o homem se ocupe e se exercite em trabalhos e obras manuais"; é necessário "que a vida ativa preceda e ajude sempre a contemplativa" (*Frutos da língua*, c. 23). Nas "*Vulgarizações*" Cavalca oferece a epopeia da vida apostólica (*Atos*) e da imitação dos apóstolos no primeiro monaquismo (*Vida dos santos Padres, a Eustóquio*, e *Diálogo de São Gregório*): um ideal que todos, religiosos e seculares, deveriam sempre ter presente. As *Vidas* e o *Espelho de cruz* tiveram um sucesso maior. As *Vidas* (mais que traduzir, Cavalca refaz e recria, deixando-nos uma obra literária fascinante) estiveram, em todo o Quinhentismo, entre os escritos hagiográficos mais lidos. O *Espelho de cruz* já era conhecido no final do século XIV, além de na Itália, na Espanha (traduzido por Pietro Lopez de Ayala); a impressão aumentou a difusão. Foi apreciado sobretudo em ambientes dominicanos: Santa → CATARINA DE SENA o preferia e utilizava largamente. É inegável uma certa dependência de Cavalca dos mestres do → "COMBATE ESPIRITUAL" e da obediência quase militar. "Redescobertas", no século XVIII, pelos "puristas", as obras cavalquianas sempre foram admiradas pela propriedade dos termos e pela harmonia do período.

BIBLIOGRAFIA. LEVASTI, A. *Mistici del Duecento e del Trecento*. Milano, 1935, 1.001-1.003; ID. Fra Domenico Cavalca. *Memorie Domenicane* 66 (1949) 330-343; SAPEGNO, N. *Il Trecento*. Milano, 1934; ZACCHI, A. Fra Domenico Cavalca e le sue opere. *Memorie Domenicane* 37 (1920) 272-281, 308-320, 431-439. Sobre a dependência de Cavalca de Santa Catarina de Sena: DELCORNO, C. Cavalca Domenico. In: *Dizionario Biográfico degli Italiani*. Roma, 1979, 577-586, t. XXII; D'URSO, G. Il pensiero di santa Caterina e le sue fonti. *Sapienza* 7 (1954) 335-388.

L. GROSSI

CEGUEIRA ESPIRITUAL. 1. NOÇÕES. Por analogia à cegueira física, a cegueira espiritual pode ser definida como privação da luz, que é o princípio de conhecimento ou visão intelectual de Deus e da verdade necessária à salvação.

A cegueira espiritual pode ser reduzida, enquanto oposições mais ou menos radicais à graça: a *obtusidade* (imbecilidade, miopia), isto é, fraqueza de mente a respeito da valorização dos bens espirituais; a *surdez*, voluntária obstrução espiritual à voz e aos chamados de Deus; a *dureza de coração*, insensibilidade e inflexibilidade aos impulsos interiores do → ESPÍRITO SANTO. "Essas coisas se distinguem pelos efeitos da graça, que aperfeiçoa o intelecto pelo dom da → SABEDORIA e enternece o coração pelo fogo da → CARIDADE. E, porque o conhecimento intelectual é sobretudo servido por dois sentidos, a visão para descobrir e audição para aprender, por isso, afirma-se a cegueira em relação à visão, o incômodo dos ouvidos em relação ao ouvido e o endurecimento em relação ao afeto" (*STh*. I-II, q. 79, a. 3).

2. CAUSA DA CEGUEIRA ESPIRITUAL. Deve-se considerar a cegueira espiritual sob um dúplice aspecto: enquanto pecado e enquanto pena pelo pecado.

a) *Cegueira como pecado*. Tem a sua causa própria na malícia do homem, porque nada mais é a não ser o pecado levado às suas últimas consequências de adesão ao mal e destaque da luz divina. Responsável único de tal situação é o homem, seja por refutar voluntária e positivamente a verdade, preferindo as trevas do mal, seja por a recusar indiretamente em razão de sua atenção mental, concentrada na procura, contemplação e fruição dos bens terrenos, não se preocupar de fato com a realidade espiritual. É a ignorância própria da cegueira, a qual, além de ser pecado, considerado na sua intrínseca malícia, é também resultante de uma série de atos pecaminosos, ligados entre si com nexos lógicos de causa e efeito, dos primeiros desmoronamentos às extremas consequências. Tem-se a *gênese ou processo evolutivo* da cegueira, articulada em várias fases ou momentos, fundamentalmente idênticos para todos os cegos, mas com variantes de indivíduo a indivíduo por causa de diversos fatores, seja internos ou externos: estrutura psicológica, ambiente, formação cultural e religiosa etc.

O *início* é constituído pelo complexo de exigências, tendências, afetos, desejos que passa sob o nome de → CONCUPISCÊNCIA (cf. 1Jo 2,16; Tg 1,13-14). Esta se torna mais aguda e impetuosa pela corrosiva e penetrante ação demoníaca, pelo fascínio aliciador e provocador do → MUNDO, pela atração dos bens terrenos. Se essas múltiplas tendências, não controladas e reguladas pela razão, são aceitas, cansam, atormentam, mancham e enfraquecem a alma, criando nela, lentamente, o estado de obtusidade mental e de caos moral: o intelecto é fraco para receber a pura luz da sabedoria de Deus, a → VONTADE é entorpecida e incapaz do puro amor, a → MEMÓRIA é perturbada e não pode ser informada serenamente pela imagem de Deus (cf. *Subida*, 1, 6-8). O motivo é dado pela lei dos contrários; quanto mais intenso é "o apetite da alma em direção às criaturas, tanto menos esta é capaz de Deus". Do pecado — primeira consequência do favorecimento da concupiscência —, sob o empuxo frequentemente violento das paixões, em especial da → LUXÚRIA, da → GULA e da → AVAREZA, pela sua maior força de atração, passa-se à procura, às vezes obsessivamente, do prazer, prescindindo dos limites postos pela lei moral entre lícito e ilícito, com a consequente separação mais acentuada de Deus, das práticas religiosas, do sentido do dever e da honestidade. O pecado, subvalorizado nos seus efeitos negativos, querido e amado pelas satisfações que procura, leva por si ao indiferentismo ou insensibilidade religiosa e ética, que desemboca na perversão intelectual e moral, na assim chamada *corruptio mentis et cordis*. Abandonam-se voluntariamente as práticas religiosas, vive-se o ateísmo prático, com uma moral cômoda, revirando-se todos os valores éticos, chamando bem o mal e vice-versa. O último ato do processo evolutivo é a cegueira propriamente dita: exaltam-se os vícios e desprezam-se as virtudes, ridiculariza-se e se combate a religião, segue-se, sem freio, a corrente do mal. É a cegueira dos imoderados, que tem por deus o ventre (Fl 1,19), dos impudicos, que se prostituem a todas as aberrações dos sentidos (Rm 1,24 ss.), dos avaros, que se vendem por mamona (1Tm 6,20). A cegueira dos orgulhosos, que trocam a fé pela razão, tem sua raiz, em geral, na supervalorização das próprias capacidades intelectuais — adoração do próprio eu — com a lógica recusa da verdade revelada. Cegueira sob muitos aspectos mais nefasta que a dos gulosos, impudicos e avaros, mesmo se, sobre o plano ético, pode aparecer correta ou menos imoral.

b) *Cegueira como castigo do pecado.* Também sob este segundo aspecto a cegueira tem, como causa primeira e própria, o homem enquanto responsável direto pela culpa, a qual postula a → PENA. Deve-se, porém, acrescentar que também Deus é causa indireta da cegueira enquanto pune o pecador, privando-o da sua luz, dos meios de ajuda, para evitar as ocasiões de pecado ou para não cair na culpa. É resposta divina à repulsa humana: o homem recusa a iluminação da verdade, Deus retira a graça iluminadora. Deus não empurra o homem ao pecado, só lhe subtrai a graça, subtração da qual se segue que a mente não seja divinamente iluminada para ver retamente e o coração não seja dócil para agir retamente (*STh*. I-II, q. 79, a. 3). Só neste sentido se diz que Deus é causa da cegueira do pecador, da sua obtusidade e do seu endurecimento. E só neste sentido se deve entender e interpretar os textos escriturísticos, nos quais parece que Deus positivamente e diretamente intervenha na cegueira (Is 6,10; Rm 1,28) e no endurecimento do coração (Ex 10,1; Is 63,17).

3. CONSEQUÊNCIAS DA CEGUEIRA. A cegueira cria, no cego, uma situação verdadeiramente trágica. Considerando-se a cegueira sob o aspecto de castigo divino, deve-se dizer — feitas as devidas exceções no que se refere a casos particulares, em que Deus permite a cegueira para que o pecador chegado ao fundo do abismo caia em si e retorne ao caminho reto — que é sinal e efeito da reprovação. "Se para alguns", escreve Santo Tomás, "Deus ordena a cegueira para a sua saúde, isso depende da sua misericórdia; se para outros é ordenado para a sua condenação, isso é devido à sua justiça" (*STh*., loc. cit., 4c; cf. → SANTO AGOSTINHO, *De natura et gratia*, 27: *PL* 44, 262).

A idênticas conclusões se chega examinando a situação concreta e real do cego. Ele: a) *ignora* a gravidade de seu estado, na incapacidade em que se encontra de avaliar objetivamente o presente e o futuro, o porquê da sua existência, a sanção divina que o aguarda, nem se preocupa com as trevas que o envolvem; b) *ama* a sua cegueira, julga-a libertação e conquista de autonomia para agir sem obstáculos, imposições e obrigações de ordem moral ou sobrenatural. Fenômeno paradoxal de ilusionismo, vivido um tempo pelo mesmo → SANTO AGOSTINHO: "Uma grande nuvem tenebrosa", escreve, "era posta diante dos olhos da minha vaidade de modo que eu era impedido de ver o sol da justiça e o clarão da verdade; filho das trevas, amava as minhas trevas porque ignorava a luz. Era cego e amava a minha cegueira e precipitava de treva em treva" (*Soliloquios* 33,1; cf. Jo 3,19); c) *quer* a sua cegueira. Sufocados os remorsos da consciência, cessados os apelos de Deus, atrofiada a sensibilidade espiritual, criada uma falsa tranquilidade, o cego se deixa arrastar pelas paixões, da sede de sempre novas sensações, semelhantes em tudo à loba dantesca "que jamais se sacia/ e depois da refeição tem mais fome do que antes" (*Inferno* 1, 98-99).

4. A CEGUEIRA É DEFINITIVA? Deus não quer a morte do pecador, mas que se converta e viva (cf. Ez 33,11). A sua misericórdia não tem limites e sabe encontrar modos e meios impensáveis para agitar e recuperar os pecadores. Enquanto o homem está na vida não se pode perder a esperança da → CONVERSÃO; Deus o abandona somente quando se tornam inúteis as tentativas de

salvá-lo. Se nos afastamos de Deus e nos fazemos resistentes às ações da graça, as intervenções da misericórdia divina se fazem sempre mais raras e agem com menor incisividade sobre a alma. São chamados, que se poderia definir "a distância": → ADVERSIDADE, lutas, ruína etc. que têm, sim, caráter de pena, mas que são toques de misericórdia para estimular a consciência a mudar de rota. A voz de Deus se cala só quando a alma repele os últimos convites e se radica e estabiliza no mal.

5. CEGUEIRA PARCIAL. Guardadas as devidas proporções, análoga à cegueira é a situação espiritual de muitas almas fechadas nas malhas da → TIBIEZA: privadas de recolhimento interior, dispersas em mil ocupações que distraem, atraídas pela vaidade e bloqueadas no próprio → EGOÍSMO, substanciado de sentimentalismo, independência e → ORGULHO, que renuncia ao esforço para a virtude e é refratário aos apelos de Deus. Essas almas, mesmo se não cheguem à aberrações morais da cegueira propriamente dita, encontram-se em estado de falimento, com o perigo de maiores e mais graves desvios espirituais e de híbridos compromissos com a consciência. A ilusão de tais almas, indóceis e infiéis à graça, com as relativas consequências, é friamente definida por São João: "Dizes: 'Sou rico, me enriqueci; não tenho necessidade de nada', mas não sabes que és um infeliz, um miserável, um pobre, cego e nu" (Ap 3,17). A consequência: "Porque és morno, nem frio nem quente, estou para te vomitar de minha boca" (Ap 3,16).

A causa de tal estado deve ser buscada no orgulho sutil ou na inércia do espírito, que evita o esforço, ou no desordenado apego às comodidades e num agudo egocentrismo.

6. REMÉDIO PARA A CEGUEIRA. *Meios preventivos*: a) Controle e domínio dos apetites, os quais, se disciplinados, tornam-se forças insuspeitas de santidade, se favorecidos, empurram ao embrutecimento (cf. *Subida* 1,3-12); b) fidelidade às práticas de piedade, porque a vida religiosa, sentida nas suas exigências vitais e praticada com sinceridade e profundidade, sustenta e alimenta o sentido do dever e da responsabilidade e, na hora da prova, é defesa e proteção segura; c) frequência e reto uso dos sacramentos da confissão e comunhão. A vida sacrametária é fonte sempre viva de energias espirituais para o caminho decidido em direção a Deus; d) docilidade às divinas → INSPIRAÇÕES DIVINAS, que iluminam, reforçam, guiam e santificam a alma. Da sua aceitação ou menos depende a orientação prática da vida; e) reta avaliação de Deus e das criaturas para ampliar os horizontes do divino e redimensionar o homem. A simples noção de Deus, do seu ser e dos seus atributos e a consideração objetiva do homem, na sua limitação, são suficientes para endereçar a vida e as suas atividades; f) noção exata da origem e do fim do homem, na sua elevação à ordem sobrenatural e da sua dignidade de filho adotivo de Deus (→ ADOÇÃO DIVINA). A consciência clara e a convicção profunda dessas verdades são força para resistir aos ímpetos das paixões e para evitar a reviravolta dos valores espirituais morais.

Meios construtivos: a) fé ilimitada na misericórdia de Deus. O Senhor, que por misericórdia nos salvou (cf. 1Pd 1,3), está sempre pronto a acolher o pecador que retorna a ele de todos os abismos do mal (cf. Lc 15,20 ss.). Crer na misericórdia de Deus e esperar no seu perdão é condição primeira para o retorno ao Pai; b) oração humilde e sincera como a do publicano do Evangelho (cf. Lc 18,13 ss.). Deus escuta o choro dos arrependidos e abre a eles o coração para acolhê-los, reabituar-se a orar é assegurar o arrependimento com o abandono dos caminhos do pecado; c) confiança nas próprias possibilidades de recuperação, sabendo que, ao esforço humano, se acompanha a graça de Deus com a qual se pode tudo (cf. Fl 4,13).

BIBLIOGRAFIA. DEMAN, T. *Le mal et Dieu.* Paris, 1943; FABRO, C. Dio e il male. *Asprenas* 28 (1981) 301-319; HERVÉ, N. La grace et le péché. *Revue Thomiste* 45 (1939) 58-92.249-270; LEGRANDE, A. Aveuglement spirituel. In: *Dictionnaire de Spiritualité* I, 1175-1184; NICOLAS, J. H. La seconde morte du pécheur et la fidelité de Dieu. *Revue Thomiste* 79 (1979) 25-49; *Peccato e santità.* Roma, 1979; ZIGON, F. Providentia divina et pecatum. *Ephemerides Theologicae Lovanienses* 10 (1933) 597-617; 12 (1935) 51-71.

C. SORSOLI – M. CAPRIOLI

CELA. A palavra "cela" significa, em latim, pré-cristão, aposento, quarto, compartimento (nas casas, termas, teatros); depois, em espécie: câmara mortuária; e, nos templos: a parte mais interna, mais sagrada (o lugar onde habita a divindade). O latim cristão retoma a palavra nos sentidos profano e sagrado. Na Regra de São Bento cela significa simplesmente "quarto", isto é, a parte de um complexo edificado; mas, como o edifício em questão é um *monasterium*, explica-se facilmente a evolução semântica de "quarto" em geral para "cela monástica", mas não necessariamente no sentido de habitação para apenas uma pessoa; aliás, em geral é exatamente o contrário (no *Capitulum Monasticum*, ed. BORETIUS, MGH, Cap. rer. Franc. I, 346 de Aquisgrana, por exemplo, ficou estabelecido que um número mínimo de seis monges forma uma cela). No sentido de santuário, cela significa igrejinha campestre; acrescente-se também aqui a ideia da cela monástica porque se trata de pequenas igrejas mantidas abertas por algum monge desligado (que permanece independente) de uma abadia ou priorado.

Enquanto no Oriente as celas individuais eram conhecidas desde o início da vida ascética (para a espiritualidade síria cf. TEODORETO DE CIRO, *Religiosa historia*, PG 82, 1.327 ss., n. 3.11.15.20.21), no Ocidente, até os séculos XV-XVI, todo o monaquismo beneditino não conhecia essa instituição. A atual cela individual, em quase todos os institutos religiosos, vem da fusão de dois elementos: de um lado, a corrente antiga e medieval de vida eremítica do tipo cartuxo, e também as outras Ordens (os carmelitas sempre honraram o preceito de sua Regra: "permaneçam cada qual em celas separadas"), de outro, do século XV em diante, a gradual transformação dos "dormitórios" monásticos em ambientes, primeiro parcialmente subdivididos, depois completamente separados em corredores e celas.

O "ficar na cela" (oposto ao perambular) sempre foi considerado, desde a Antiguidade cristã, como um dos meios mais eficazes para chegar ao desprendimento do mundo e ao santo recolhimento em Deus.

BIBLIOGRAFIA. Cellule. In: *Dictionnaire de Spiritualitè* II, 396-400; *Dizionario degli Istituti di Perfezione* II, 744-747; HUBERT, S. L'erémitisme e l'archéologie. In: *L'eremitismo in Occidente nei secoli XI e XII*. Milano, 1965, 462-484; VOGÜÉ, A. de. "Comment les moines dormiront": Commentaire d'un chapitre de la règle de Saint Benoit. *Studia Monastica* 7 (1965) 25-62; HILLERY, G. A. The Convent: Community, prison or task force? *Journal for the Scientific Study of Religion* 8 (1969) 140-151; LECLERCQ, J. Pour une spiritualité de la cellule. In: *Le défi de la vie contemplative*. Gembloux-Paris, 1969, 208-220; ID. Le cloître est-il une prison? *Revue d'Ascétique et de Mystique* 47 (1971) 407-420.

S. SIEDL

CELIBATO. É o estado de uma pessoa não unida em matrimônio. Em latim clássico, também se dizia das pessoas viúvas; o uso atual considera celibatários somente aqueles que não são casados. É diferente a condição do celibato *laico*, que não sendo vinculado por nenhuma lei pode ser interrompido a qualquer momento, ao menos se for considerado em si mesmo, independentemente das circunstâncias que, em certos casos, se opõem, e do celibato *eclesiástico*, que por disposição da Igreja dura a vida inteira.

1. O CELIBATO LAICO. Os cristãos que vivem no mundo, algumas vezes escolhem o celibato por própria opção, outras, devem sofrê-lo. Entre os motivos que afastam livremente do → MATRIMÔNIO está o desejo de uma vida licenciosa e descontrolada, a aspiração de uma maior liberdade e independência, a falta de inclinação para a vida conjugal e para os ônus que dela derivam, a necessidade de assistir aos pais ou a outros parentes enfermos e necessitados de cuidados, a intenção de aplicar-se inteiramente ao estudo, à arte, às pesquisas científicas, fora de qualquer preocupação de ordem familiar. Há também os que escolhem o celibato por motivos religiosos e sociais, para dedicar-se ao apostolado, à piedade e às obras assistenciais, para alívio dos que sofrem. Esse celibato voluntário foi largamente praticado na Igreja primitiva por pessoas que se consagravam à oração e à penitência; se homens, eram chamados *continentes*, se mulheres, *virgines*. Também eram designados com o nome de *ascetes* — do grego *askeô*: eu me exercito, me adestro —, pela analogia entre a sua existência, empenhada no exercício das virtudes, e a dos atletas do esporte, com referência à comparação usada por São Paulo (1Cor 9,24). Não raro, o celibato é imposto contra a vontade, pela presença de impedimentos fisiológicos ou psíquicos, pela falta de meios econômicos, pela incapacidade de encontrar uma pessoa disposta a compartilhar as responsabilidades familiares, e, em alguns casos, pela malícia dos homens ou pela injustiça das leis.

O celibato exige a prática da castidade, com a abstenção de atos e pensamentos pecaminosos, conforme previsto pelo sexto e nono mandamentos. Quem o abraça para entregar-se aos vícios coloca-se em um estado de reprovação, do qual só sai contraindo núpcias ou renunciando aos propósitos vis, para empenhar-se em uma vida honesta. No plano espiritual, o celibato adquire um valor religioso enquanto a pessoa que o escolhe e aceita obriga-se a observá-lo por amor a Deus, usando maiores disponibilidades de tempo e maior liberdade de iniciativa com retidão de intenção, em busca da perfeição pessoal e no serviço ao próximo. A renúncia ao casamento, quer seja imposta pelo exterior, quer dependa de livre escolha, implica limitações, sacrifícios e lutas que, se aceitos com serenidade, tornam-se uma manifestação de submissão ao Senhor e favorecem o enriquecimento interior.

2. O CELIBATO ECLESIÁSTICO. Deriva de uma prescrição jurídica e constitui um eixo da disciplina e da espiritualidade sacerdotal. Os primeiros indícios de uma norma para o celibato dos sacerdotes parecem ter sido estabelecidos pela Igreja latina no Concílio de Elvira, por volta do ano 300; em seguida, o celibato foi estendido aos diáconos no Concílio de Orange, em 441, e aos subdiáconos por São Leão. Em determinados períodos, a sua observância se enfraqueceu em alguns países, mas a lei jamais foi abandonada, e grandes pontífices como Gregório VII lutaram incansavelmente para restituir-lhe o vigor. Na Igreja Oriental prevaleceu uma concepção mais larga, codificada no Concílio Trullano de 692, com a obrigação de continência absoluta para os bispos, e a proibição de contrair matrimônio após a ordenação, para sacerdotes e diáconos, aos quais, porém, foi concedido o uso do matrimônio contraído antes. Santo Tomás afirma, referindo-se à Igreja inteira, que "a sagrada ordem impede quem quer que seja de contrair matrimônio" (*STh.* supl. 53, 5 a 2).

O celibato não é indispensável à essência e ao exercício do sacerdócio, e São Paulo admite que o bispo tenha uma mulher (Tm 1,6). Todavia, a Igreja o considera "particularmente condizente com a vida sacerdotal. É um sinal e, ao mesmo tempo, um estímulo para a caridade pastoral, fonte especial de fecundidade espiritual no mundo" (*PO* 16; cf. *OT* 10; cf. também *Sacerdotalis caelibatus*, n. 14,17), e "possui, por muitas razões, uma relação de íntima conveniência com o sacerdócio" (*Ibid.*). A Igreja latina o considera uma condição *sine qua non* para o sacerdócio (*PO* 16). Também na disciplina atual, quem é casado é impedido de receber o sacerdócio (cân. 1.042, 1); do mesmo modo, quem é ordenado não pode contrair validamente o matrimônio (cân. 1087).

a) A renúncia ao matrimônio contribui notavelmente para a perfeição do mistério sagrado, para o exercício contínuo da caridade, que torna o sacerdote capaz de tornar-se tudo para todos. Subtraído dos cuidados com a família, ele está disponível e mais pronto para o exercício de suas funções, às quais se aplica sem preocupações de outro gênero. "A resposta à divina vocação — declara a *Sacerdotalis caelibatus* — é uma resposta de amor ao amor que Cristo nos demonstrou de maneira sublime (Jo 15,13) e que se cobre de mistério no particular amor pelas almas, às quais Ele faz sentir os seus apelos mais empenhadores (cf. Mc 10,21). A escolha do sacro celibato sempre foi considerada pela Igreja 'qual sinal e estímulo para a caridade' (*LG* 42): sinal de um amor sem reservas, estímulo de uma caridade aberta a todos" (n. 24). E ainda: "A consagração a Cristo em virtude de um título novo e excelso como o celibato permite por outro lado ao sacerdote, [...] também no campo prático, a máxima eficiência e a melhor atitude psicológica e afetiva para o exercício contínuo daquela caridade perfeita que lhe permite, de maneira mais ampla e concreta, gastar-se todo em proveito de todos (2Cor 12,15) e lhe garante, obviamente, uma maior liberdade e disponibilidade no mistério pastoral (*PO* 16), em sua ativa e amorosa presença no mundo, ao qual Cristo o enviou (Jo 17,18)" (*Ibid.*, n. 32).

b) O celibato corresponde mais propriamente à exigência de identificação do sacerdote com Jesus Cristo, quer no plano de uma consagração total e exclusiva ao Senhor, quer para uma completa imolação de si mesmo, quer como indicação e sinal dos bens futuros. "Pelo celibato, os presbíteros se consagram a Deus com um novo e excelso título, aderem mais facilmente a ele com um coração indiviso. [...] Desse modo, proclamam diante dos homens que querem dedicar-se exclusivamente à missão de conduzir os fiéis às núpcias com um só Esposo e apresentá-los a Cristo como virgem casta (cf. 2Cor 11,2), evocando assim aquele arcano esponsalício instituído por Deus, que se manifestará plenamente no futuro, pelo qual a Igreja tem como seu único Esposo a Cristo. Por outro lado, tornam-se sinal vivo daquele mundo futuro, presente já por intermédio da fé e da caridade, no qual os filhos da ressurreição não se unem em matrimônio" (*PO* 16). Cristo, embora tendo honrado o matrimônio e o elevado à dignidade de sacramento e de misterioso sinal de sua união com a Igreja (Ef 5,32), "também abriu um novo caminho no qual a criatura humana, aderindo total e diretamente ao Senhor, e preocupada somente com ele e com as suas coisas (1Cor 7,33-35), manifesta pela maneira mais clara e completa a realidade profundamente inovadora do Novo Testamento" (*Sacerdotalis caelibatus*, n. 20).

"Em plena harmonia com essa missão [de mediador entre o céu e a terra], Cristo permaneceu por toda a sua vida no estado de virgindade, que significa a sua total dedicação ao serviço de Deus e dos seres humanos" (*Sacerdotalis caelibatus*, n. 21; cf. n. 34). Com as suas exigências de renúncia e de mortificação, o celibato une intimamente o sacerdote a Cristo crucificado, com o qual se oferece cada dia como hóstia de louvor.

c) Por suas dificuldades e pelos sacrifícios que impõe, o celibato é também uma garantia de seleção para os candidatos ao sacerdócio. A existência de semelhante ônus impõe a todos que aspiram ao sacerdócio uma reflexão atenta e uma avaliação objetiva das próprias disposições e possibilidades, porque só as almas fortes, robustecidas no amor a Deus e que alcançaram notável nível espiritual, são idôneas para um tipo de vida tão empenhador. Desse modo, são afastados do altar todos os que poderiam ser atraídos por perspectivas humanas de honras, de benefícios e de comodidade, e todos os que não são dotados com a superioridade moral e com equilíbrio psíquico e afetivo exigidos pela dedicação total ao Senhor no serviço às almas. Na encíclica *Sacerdotalis caelibatus* (n. 64), Paulo VI adverte que logo devem ser afastados os indivíduos física, psíquica ou moralmente inadequados. Os educadores não se entreguem a esperanças falazes e a perigosas ilusões, nem permitam de nenhum modo que o candidato as alimente, com resultados danosos tanto para ele quanto para a Igreja. O estado do sacerdote celibatário, portanto, exclui elementos de insuficiente equilíbrio psicofísico e moral, e não se deve pretender que a graça supra nisto a natureza. Por isso as *Orientamenti per la formazione al celibato sacerdotale* (Roma, 1974) sugerem diretrizes muito concretas para que o dom do celibato que Deus concede a uma alma, como prova de amor total e desinteressado de Deus e do próximo, encontre um terreno propício na maturidade humana, cristã e sacerdotal de quem aspira tornar-se sacerdote (partes II e III). O celibato sacerdotal deve ser visto como "uma forma de vida, não imposta por fora, e sim como a manifestação da livre doação do candidato, aceita e ratificada pela Igreja por meio do bispo. Desse modo, a lei se torna tutela e guarda da liberdade, pela qual o sacerdote se doa a Cristo" (Sínodo dos bispos, 1971, parte II, I, 4c).

d) O celibato, finalmente, é um válido instrumento de → ASCESE, enquanto redime da escravidão dos sentidos, confere maior vigor e pureza ao espírito, é um estímulo contínuo para cultivar intensamente a → VIDA INTERIOR, sem a qual não é possível conservar muito tempo o seu frescor e integridade, a pureza de corpo e de coração. Iluminada por um grande amor de Deus, a castidade perfeita se reflete beneficamente na vida inteira do sacerdote, aumenta o seu prestígio junto aos fiéis, conferindo-lhe liberdade de movimento, de trabalho e de sacrifício no exercício de uma paternidade universal (cf. *Sacerdotalis caelibatus*, n. 73, 78).

Em nosso tempo, alguns insistem na incompletude do homem só e na integração psíquica e moral que adquire na família; o celibato é apresentado como um empobrecimento da pessoa. Um real enfraquecimento verifica-se no celibato egoístico inspirado no desejo de escapar da responsabilidade ou de abandonar-se à licenciosidade, e também no celibato imposto contra a vontade e não santificado pela livre aceitação. No sacerdote, a renúncia à família é compensada pela dupla abertura: para Deus e para as almas. O amor ao Senhor e à Igreja e o exercício da paternidade espiritual compromissam a sua afetividade e a sua responsabilidade e lhe oferecem mil ocasiões para um trabalho meritório que utiliza as suas melhores energias. O sacerdote não está sem família; a sua família é a Igreja, e os cristãos são os seus filhos.

"Os desejos legítimos e naturais do ser humano de amar uma mulher, de formar uma família são sim superados pelo celibato, porém não significa que o casamento e a família sejam o único caminho para o amadurecimento da pessoa humana. No coração do sacerdote, o amor não se apagou" (*Ibid.*, n. 56). A renúncia à paternidade natural é em função de uma paternidade espiritual e universal, que emprega todas as suas forças e recompensa os seus graves sacrifícios. Mesmo estando só, singular em sua condição, o sacerdote não é um isolado. Ama e sente-se reamado por Deus, pelo qual sacrificou a sua vida e com o qual trata familiarmente na oração; doa-se com coração puro às almas, porque vê nelas a imagem de Deus, e encontra no exercício da mediação o modo mais belo e frutífero de empregar os seus recursos (cf. *Ibid.*, n. 58, 59 e encíclica *Menti nostrae*, de Pio XII, *AAS* 42 [1950] 572).

O Sínodo dos bispos de 1971, dedicado em grande parte ao aprofundamento teológico do sacerdócio católico, também analisou o tema do celibato sacerdotal sob uma nova luz. "O celibato dos sacerdotes concorda plenamente com o chamado para o seguimento apostólico de Cristo, e também com a resposta incondicional ao chamado, o qual assume o serviço pastoral. Por meio do celibato o sacerdote [...] mostra-se mais plenamente disponível e, tomando o caminho da cruz no gáudio pascal, deseja ardentemente consumir-se em uma oferta que pode ser comparada à eucarística" (parte II, I, 4a). "O celibato [...] pode promover a plena maturidade e integração da personalidade humana; [...] o sacerdote celibatário faz compreender a presença do Deus Absoluto, o qual convida a renovar-nos segundo a sua imagem; [...] o sacerdote se associa de modo especial a Cristo, como ao bem supremo, e manifesta antecipadamente a liberdade de filhos de Deus. [...] Desse especial seguimento de Cristo, o sacerdote extrai as melhores energias para edificar a Igreja; [...] por meio do celibato, os sacerdotes podem mais facilmente servir a Deus com coração indiviso e gastar-se pelas ovelhas" (*Ibid.*, 4b). Com uma nota nova o Sínodo observa que "o celibato sacerdotal [...] se reveste, por outro lado, de uma nota social, enquanto é testemunha da ordem sacerdotal inteira, destinada a enriquecer o povo de Deus" (*Ibid.*). Por isso a Igreja latina "exige o celibato como *conditio sine qua non* para o sacerdócio. [...] Aquele que quer livremente a total disponibilidade, que é a nota característica desse ofício, também aceita livremente a vida celibatária" (*Ibid.*, 4c). Naturalmente, devem ser consolidadas e aprofundadas as regras ascéticas do celibato.

João Paulo II aprofundou posteriormente o tema do celibato sacerdotal, não só conservando-o em sua integridade e mostrando a sua conveniência, mas várias vezes colocando-o em estreita ligação com o Evangelho (Carta *Novo incipiente*, 8 de abril de 1979, n. 8; *Discurso ao clero*, 4 de novembro de 1980; e *aos bispos EUA*, 24 de outubro de 1988). O novo CIC fala sobre o celibato sacerdotal nos câns. 247, parte 1; 277, parte 1; 291; 1.042, parte 1; 1.087-1.088.

BIBLIOGRAFIA. AUDET, J. P. *Matrimonio e celibato nel servizio pastorale della Chiesa*. Brescia, 1967; BERTRAMS, C. *Il celibato sacerdotale*. Roma, 1962; BONI, A. *Sacralità del celibato sacerdotale*. Genova, 1979; COCHINI, C. *Origines apostoliques du célibat sacerdotal*. Paris, 1981; COPENSI, J. (org.). *Sacerdozio e celibato*. Milano, 1975; DAGNINO, A. *Commento alla "Sacra virginitas"*. Roma, 1962; DE ROSA, G. *Preti per oggi*. Roma, 1972, 61-112; FAVALE. A. Il celibato sacerdotale nel pensiero di Giovanni Paolo II. *Salesianum* 44 (1982) 223-251; GALOT, J. La motivation évangelique du célibat. *Gregorianum* 53 (1972) 731-757; PANCIERA, M. *La selezione dei candidati al sacerdozio*. Roma, 1963; SAGRADA CONGREGAÇÃO DA EDUCAÇÃO CATÓLICA (org.). *Orientamenti per la formazione al celibato sacerdotale*. Roma, 1974; SCHILLEBEECKX, E. *Il celibato nel ministero sacerdotale*. Roma, 1968; SINODO DEI VESCOVI. Il sacerdozio ministeriale. *AAS* 63 (1971) 898-942; STRANO, S. *Celibato e solitudine del prete*. Roma, 1981; *Vivre le célibat sacerdotal*, Revue d'Étique et Théologie Morale 166 [supl.], set. 1988.

A. MARCHETTI – M. CAPRIOLI

CENOBITISMO. O convite para uma vida mais perfeita, difundido pelo Evangelho, não tardou a suscitar em cada ambiente do emergente mundo cristão uma ardente tendência para o ascetismo, que embora situando-se em seu estado natural em quase todas as religiões superiores, repete a sua origem substancialmente pela revelação. O mundo judaico já o conhecia, segundo recentes achados do Mar Morto referentes à comunidade de → QUMRÂN, constituída, talvez, por essênios. No mundo cristão, encorajada pelos escritos dos primeiros Padres (→ ORÍGENES, TERTULIANO, São CIPRIANO), essa tendência conduziu à formação de núcleos de ascetas e de virgens sagradas, praticantes do ideal religioso no próprio âmbito doméstico. Os motivos espirituais mais frequentes derivam do desejo de continuar o fervor da primitiva comunidade jerosolimitana e imitar a abnegação do Cristo, participando assim misticamente de sua paixão. No século IV, com o cessar das perseguições, o ascetismo cristão, sempre com o desejo de não inclinar-se a compromissos com o mundo, toma o rumo do deserto. O Egito e a Palestina povoam-se assim de ascetas e solitários, que se entregam à mais dura penitência e se dedicam à oração contínua. Essa fase de absoluto anacoretismo, da qual a figura mais representativa é Santo → ANTONIO, culmina em São → PACÔMIO, com uma tendência cenobítica através da constituição de vastas comunidades monásticas, masculinas e femininas, na solidão egípcia. Uma disciplina férrea, rígida estrutura hierárquica, distribuição do trabalho a cada um dos monges, reunidos em grupos de dez (decanias) formavam as características do sistema pacomiano. Uma concepção mais resolutamente cenobítica e mais estreitamente inserida na realidade eclesial reafirma-se com São Basílio, e assim a tradição espiritual do cenobitismo já está constituída: todo o posterior monaquismo bizantino não cessa de inspirar-se nela. No Ocidente, o grande propagador do ascetismo, especialmente em Roma, na classe da nobreza feminina, é São → JERÔNIMO, que liga essa corrente romana ao monaquismo palestino. Na Gália, o precursor do ideal monástico é São Martinho de Tours, considerado pai da tradição e modelo de bispo-monge. Os bispos ocidentais deram um grande impulso a esse ideal, nas respectivas dioceses, favorecendo assim aquele cenobitismo episcopal que, com a práxis da vida comum do clero, é a origem dos futuros → CANÔNICOS REGULARES. Na África, distingue-se pela propagação do ideal monástico Santo → AGOSTINHO, fundador de mosteiros e autor de uma famosa Regra, em seguida adaptada para as comunidades femininas (*Epistola* 211). Enquanto em todas as regiões do Oriente a expansão monástica prossegue suscitando o aprofundamento teológico e espiritual dos grandes doutores (São Gregório de Nissa, São João → CRISÓSTOMO, Santo → EFRÉM, o pseudo-Dionísio), no Ocidente, um mais direto e particularizado conhecimento do cenobitismo oriental torna-se possível através das obras de → CASSIANO, sem que, por outro lado, o ideal eremítico seja jamais completamente abandonado. Antes, com frequência as duas formas são reunidas, ou na mesma instituição ou no mesmo indivíduo, durante diferentes períodos de sua vida. Uma situação ainda incerta constata-se, a esse respeito, na Provença, no monaquismo lerinense, cujo representante mais ilustre é São → CESÁRIO DE ARLES, também autor de regras monásticas.

A clara afirmação do cenobitismo no mundo ocidental tem-se com São Bento, embora o santo não renegue, a princípio, a superioridade do ideal eremítico, o mais árduo e perfeito (*Regra*, c. 1: *De generibus monachorum*). Com efeito a contribuição mais típica do patriarca cassinense no plano institucional é a constituição do cenóbio, firmemente organizado e articulado hierarquicamente, ainda que, sob o aspecto eclesiástico, inserido na vida diocesana, visto que os monges são laicos. Assim, o cenobitismo permite outorgar a primazia à caridade, apresentando à Igreja, como sua imagem mais perfeita, a comunidade monástica. Uma minuciosa descrição das observâncias litúrgicas e disciplinares, uma sábia adaptação às necessidades de cada um, uma previsão de todas as possíveis eventualidades, unida a uma admirável *discretio*, inserem, para sempre, a experiência monástica na tradição cristã do Ocidente. Somente aos poucos, porém, as outras regras ainda em vigor cedem o lugar à Regra de São Bento, já que em quase todas as regiões tem-se notícia de núcleos eremíticos ou de comunidades cenobíticas regidas por observâncias próprias, especialmente de inspiração oriental. Na Calábria, uma experiência singular é realizada por Cassiodoro, ex-senador de Teodorico, com a fundação do *Vivarium*, embora esse tipo de cenobitismo fosse mesclado com a presença de um eremitério, ao qual os monges desejosos de maior solidão podiam ascender. Ainda que essa fundação tenha desaparecido rapidamente sem deixar vestígios, exerceu, com a sua forte impressão cultural, na futura aplicação dos monges nas diversas *artes* e *disciplinae* (Trívio e Quadrívio), uma influência incalculável. Desse modo, o cenobitismo beneditino enriquecia-se com uma mais precisa direção de estudos, tudo voltado para uma mais profunda compreensão do texto sagrado. Ainda independente em relação à tradição beneditina, aparece, no plano institucional, São Gregório, que, além de propagar a vida cristã e monástica em países distantes (Inglaterra), tentou conter os danos infligidos a ela na Itália pela invasão longobarda. Aqui, com efeito, operam várias outras tradições ascéticas: em primeiro lugar, a céltica ligada a São → COLUMBANO, fundador de Bobbio, bem como, entre os séculos VII e VIII, sempre novas correntes de monges orientais refugiam-se na Península, em seguida aos abalos do mundo bizantino: os papas as utilizam para a definitiva conversão dos Longobardos. O grande renascimento cenobítico do século VIII, do qual é símbolo a restauração de Montecassino (717), cobre a Península e toda a Europa de cenóbios cada vez mais numerosos e poderosos: são Wilfrido, são Bonifácio, como também santo Anscário, são Willibrordo e respectivos colaboradores ligariam de modo indissolúvel a evangelização dos povos germânicos à propagação do cenobitismo beneditino; Farfa, San Vincenzo al Volturno, Nonantola, la Novalesa, Fulda, Corbie, Corvej, San Gallo, Utrecht,

Reichenau são os pilares de semelhante expansão, que atinge até os países eslavos e escandinavos, ibéricos e orientais.

A constituição do Império carolíngio, além de exprimir a exigência de uma unificação política do Ocidente, acentua essa unificação em todos os setores, incluído o do cenobitismo, sendo seu instrumento São → BENTO DE ANIANE, autor de um primeiro vasto *corpus* de legislação monástica (a legislação de Aquisgrana). A empresa, todavia, não traz frutos imediatos; somente no século seguinte (século X), com Cluny, a centralização assume formas juridicamente mais concretas e eficientes. Nasce assim um autêntico *Ordo*, mantido pela *disciplina cluniacensis* e submisso diretamente à Sé Apostólica. Se no plano espiritual tal solidez é devida ao prestígio dos grandes abades de Cluny, no plano normativo ela se apoia na adoção das *Consuetudines*, devidas à necessidade de integrar a observância da Regra beneditina com todos os outros usos disciplinares, litúrgicos e jurídicos que a evolução dos tempos torna necessários. Resulta uma *Consuetudo mixta* que pode ser encontrada um pouco em todos os ambientes do cenobitismo ocidental, nos quais a tentativa de união entre os vários mosteiros são cada vez mais frequentes (Gorze, Hirschau, Fruttuaria, Dijon). Entrementes, a Regra de São Bento penetra e se afirma na Espanha e na Hungria, difundindo a liturgia romana e animando a vida socioeconômica das diferentes regiões. A força organizadora e política conduz, consequentemente, à inserção cada vez mais completa nas estruturas do sistema feudal, com o aumento de bens econômicos, a cuja administração os monges devem dedicar grande parte de sua atividade. Daqui origina-se aquela "crise do cenobitismo" dos séculos X-XI, que reaviva os movimentos eremíticos e penitenciais, em aberta polêmica com semelhante estado de coisas. Camaldoli e a Cartuxa, Vallombrosa e Pulsano são as suas expressões mais características, às quais se une a renovada corrente do monaquismo ítalo-grego guiada por são Nilo, o Jovem. Todas essas forças também operam uma salutar reforma eclesiástica, iniciando aquela renovação espiritual que tornaria possível, sob Gregório VII, a vitória da Igreja sobre as correntes desagregadoras. Antes, torna-se cada vez mais intenso o desejo de um retorno puro e simples à Regra de São Bento, ou ao Evangelho, fonte de toda norma espiritual, derrubando resolutamente as superestruturas acumuladas pelos séculos. O cenobitismo reencontra assim, mais uma vez, a sua função espiritual no seio da sociedade cristã, especialmente com o movimento cisterciense, propagado de maneira admirável por São Bernardo. Da Escandinávia a Portugal há um novo pulular de fundações — cerca de quinhentas em um século — que representam o modelo da vida contemplativa associada ao rude trabalho dos campos e à leitura espiritual da Bíblia. A tendência congregacionista da Plena Idade Média culmina no *Ordo* de Citeaux, no qual também encontra sua mais alta expressão a "teologia monástica" elaborada nos séculos anteriores. Desse tronco, rapidamente, outras ramificações se desprenderão, também incluídas algumas Ordens militares e cavaleirescas.

A difusão das novas Ordens mendicantes, embora assim favorecidas pelos antigos centros monásticos, contribui para afastar o cenobitismo do núcleo das correntes religiosas da Baixa Idade Média, embora nem assim cessem de ter vida alguns movimentos beneditinos de caráter local, como os celestinos no século XI e os olivetanos no século XII. Contudo, o verdadeiro mal da época, para o cenobitismo, é a criação da comenda, ainda que motivado pelo louvável desejo de colocar as comunidades sob a proteção de um personagem estranho e honorável (o comendador). Todavia, essa estranheza acentuou o mal com o advento da decadência disciplinar e econômica dos mosteiros, privados de um verdadeiro chefe que se preocupasse com seus destinos. A verdadeira retomada espiritual só viria de dentro: por isso, no século XV, um pouco em toda parte surgem movimentos de reforma, entre os quais os mais notáveis e duradouros são os de Valadolid e de santa Justina de Pádua, da qual deriva a Congregação cassinense. Os superiores permanecem no cargo por tempo brevíssimo (também um ano), enquanto grande parte da autoridade é devolvida ao Capítulo geral. Também os novos endereços de piedade — a → DEVOTIO MODERNA e a oração metódica — são acolhidos e codificados por tais movimentos, que marcam uma eficiente retomada do cenobitismo em cada país. Se foram graves os danos causados, nos países germânicos, pela reforma protestante e pelas guerras de religião, a época moderna não ficou privada de novas e fecundas expressões de vida monástica. Basta lembrar, na França, como manifestações mais características do século

XVII, a Congregação dos maurinos, dedicada aos estudos de erudição sagrada, e a ordem dos trapistas, surgida no antigo tronco cisterciense por obra do austero abade → RANCÉ. À quase total dispersão dos centros monásticos, provocada pela Revolução francesa e pelo Império napoleônico, seguiram-se, durante todo o século XIX, supressões e confiscos. Todavia, o interesse geral suscitado pelo Romantismo pela Idade Média cristã também provocou, nessa época, a redescoberta e o desejo de uma restauração do cenobitismo beneditino, particularmente por obra do grande abade Próspero Guéranger. Da nova Congregação francesa de Solesmes, fundada por ele, muitas outras Congregações, direta ou indiretamente, se originaram (Beuron, Congregação brasileira, belga, eslava), enquanto a sua influência se propagava em toda a Igreja, com a restauração da liturgia romana e do canto sacro. Sob Leão XIII, todas essas Congregações beneditinas foram reunidas na Confederação, reportando-se ao abade primaz com sede no ateneu romano de Santo Anselmo, assim como as várias famílias de trapistas se reuniram na única Ordem dos cistercienses reformados. A época atual, entre os outros sinais de renovação espiritual, sem dúvida também inclui a afirmação do ideal monástico nos países de tradição protestante e nos territórios de evangelização mais recente.

BIBLIOGRAFIA. AMAND, D. *L'ascèse monastique de S. Basile*. Maredsous, 1948; BACHT, H. *L'importance de l'idéal monastique chez S. Pachôme pour l'histoire du monachisme chrétien*. Revue d'Ascétique et de Mystique 26 (1950) 308-326; BUTLER, C. *Benedictine Monachism*. London, 1919; COLOMBÁS, G. *El concepto de monje y vida monástica hasta fines de siglo V*. Studia Monastica (1959) 257-342; COTTINEAU, H. L. *Répertoire topobibliographique des abbayes et prieurés*. Mâcon, 1939, 2 vls.; COUSIN, P. *Précis d'histoire monastique*. Paris, 1959; GRIBOMONT, J. *St. Martin et son temps*. Studia Anselmiana 46 (1961); ID. *L'influence de l'Orient sur les débuts du monachisme latin*. In: *L'Oriente Cristiano nella storia della civiltà*. Roma, 1964, 119-128; HALLINGER, K. *Gorze-Kluny*. Studia Anselmiana 22-25 (1951); *Il Monachesimo nel Alto Medioevo e la formazione della civiltà occidentale*. Spoleto, 1957; LECLERCQ, J. *Aux sources de la spiritualité occidentale*. Paris, 1964; LUGANO, P. *L'Italia benedettina*. Roma, 1929; MANRIQUE, A. *La vida monástica en S. Agustín*. El Escorial-Salamanca, 1959; PENCO, G. *Il capitolo "De generibus monachorum" nella tradizione medievale*. Studia Monastica 3 (1961) 241-257; SCHMITZ, PH. *Histoire de l'Ordre de S. Benoit*. Maredsous, 1942-1956, 7 vls.; TURBESSI, G. *Antonius magnus eremita*. Studia Anselmiana 38 (1956); TURBESSI, G. *Ascetismo e monachesimo prebenedettino*. Roma, 1961.

Sobre a vida espiritual, cf. PENCO, G. *Storia Del monachesimo in Italia nell'epoca moderna*. Roma, 1968; ID. *Storia Del monachesimo in Itália dalle origini alla fine Del Medio Evo*. Milano, ³1983.

G. PENCO

CESÁRIO DE ARLES (Santo).

1. NOTA BIOGRÁFICA. Os dados referentes a Cesário encontram-se na *Vita*, composta por um certo Cipriano di Tolone com outros amigos e codiscípulos, pouco depois da morte do santo, entre 542 e 547. Cesário nasceu por volta de 470-471, em Châlons-sur-Saône, no reino dos burgúndios, de família de classe média; monge do mosteiro de Lerino de 490 a 496; instruído em retórica pelo padre Giuliano Pomerio, oriundo da Mauritânia, que viveu durante muitos anos na Gália meridional. O proveito nos estudos, atestado pelos escritos, nos quais se revela uma das mentes mais cultas do século VI no âmbito eclesial e a elevada espiritualidade de sua vida de asceta despertam a atenção do episcopado e do povo; em 502 é eleito para a cátedra de Arles, chamada "a Roma da Gália". Em quarenta anos de episcopado torna-se o bispo mais eminente e respeitável da região. Metropolita, convoca muitos sínodos para imprimir à reforma eclesiástica, particularmente no setor disciplinar e dogmático, um ritmo dinâmico e fecundo, com resultados positivos e duradouros. Ocupa um lugar de destaque no Concílio de Orange, em 529, no qual é condenado o semipelagianismo.

À atividade pastoral de bispo e de metropolita, acrescenta a não menos relevante de formador espiritual do monaquismo, pelo qual sempre teve um vivo sentimento de paternidade.

2. ESCRITOS. Nos escritos de Cesário, quer no setor dogmático, quer no disciplinar e pastoral, não se deve procurar a genialidade e a vastidão dos grandes mestres que o precederam. Possuem, todavia, a sua indiscutível importância, especialmente se considerados no ambiente particular e nas circunstâncias específicas em que foram compostos.

Sermões. São 238 (não todos de garantida autenticidade) os que nos chegaram, e tratam não só de assuntos atinentes a textos da Escritura e a festas litúrgicas (homilias), mas se difundem na mais vasta temática no campo moral e religioso, e mostram a situação religiosa do período histórico, no qual ainda se percebiam persistentes costumes pagãos. Situação análoga à denunciada por Massimo di Torino no século anterior, na região piemontesa.

Escritos ascéticos. A preocupação de Cesário, na formação ascética e espiritual dos monges e das virgens consagradas, tem plena confirmação nas regras escritas quer para eles, quer para elas. A *Regula ad monachos* foi redigida em 26 capítulos, nos quais, com tato e prudência, trata os assuntos e temas que tendem a dar aos destinatários uma robusta e serena ascese, para responder do modo mais perfeito à vocação de consagrados. Nas normas prescritas, Cesário depende muito de Santo → AGOSTINHO, do qual é admirador e imitador também na vida pastoral. A *Regula ad virgines* possui grande importância, porque é a primeira do gênero, ainda que no conteúdo não se afaste muito, no plano espiritual, das normas encontradas nos escritos dos Padres orientais e ocidentais.

Os conselhos e diretrizes contidos na *Regula* são integrados por três cartas às virgens. As duas admoestações são de índole disciplinar-moral: a *Admonitio synodalis ad clerum*, uma exortação sobre os deveres dos clérigos, lida a acolhida no Concílio de Agde, em 506; a *Admonitio* aos bispos sufragâneos, para que sejam zelosos e deem o primeiro lugar à pregação. Nesses dois escritos, Cesário insiste, além de nos deveres de ordem disciplinar, na necessidade da formação de uma consciência sobre as graves responsabilidades assumidas pelos vocacionados em relação à sua santificação. As outras obras de Cesário, ou são discutidas, como o *Commento all'Apocalissi* e *l'Origine degli statuti antichi della Chiesa*, ou são de caráter estritamente dogmático, como o *De Mysterio Sanctae Trinitatis* (antiariano).

3. **DOUTRINA.** Cesário, bispo e pai de monges e virgens, possui a vocação de mestre de vida espiritual e de moralista, forjador de almas fortes e de cristãos autênticos. No pecado distingue as culpas graves das leves, e destas, em detalhada análise, destaca aquelas contra Deus, o próximo e si mesmo. Dentre as virtudes ressalta a → SOBRIEDADE, a disciplina, a → CARIDADE e a → JUSTIÇA. Aproxima o vício da virtude oposta para sublinhar, em confronto direto, a malícia do primeiro e a beleza da segunda: → ORGULHO e → HUMILDADE, incredulidade e fé, impureza e honestidade, violência e mansidão, gula e sobriedade, sonolência e vigilância, → AVAREZA e → GENEROSIDADE, simulação e franqueza, → INVEJA e bondade, → PREGUIÇA e prontidão (cf. *Serm.*, 236,2). Em particular, exalta a caridade: "Bem-aventurada e afortunada a alma — escreve — que merece possuir em si mesma a caridade. A caridade é bebida para quem tem sede, alimento de quem tem fome, doçura para o amargurado por desgostos, verdadeiro e amável conforto para quem está cheio de amargura; é o porto para quem está agitado pelas ondas, caminho para o viajante, pátria para os errantes. Guardem, pois, a caridade, meus irmãos, [...] amem-na com todas as forças. Se amarem, amem a caridade e, se forem corajosos, triunfem sobre a cobiça; se estiverem no caminho, desejem a pátria. Que a caridade os acompanhe neste mundo e os conduza ao reino" (*Serm.* 107).

BIBLIOGRAFIA. MORIN, G. *Sancti Cesarii Episcopi arleatensis opera omnia*. Maredsous 1937-1942 (CCL 103-104); SCh, 175-243; DALÈS, A. Les Sermons de Saint C. d'Arles. *Revue de Sciences Religieuses* 28 (1938) 315-388; BARDY, G. Césaire d'Arles, In: *Dictionnaire de Spiritualité* II, 420-429; PLINVAL, G. de. Césaire d'Arles. In: *Dictionnaire d'Histoire et de Géographie Ecclésiastiques* XII (1953), 186-196; DIDIER, J. Ch. Cesário. In: *Bibliotheca Sanctorum* III, 1.148-1.150 (com ampla bibliografia); RICHÉ, P. *Césaire d'Arles*. Paris, 1958; TERRANEO, G. Orientamento ascetico-penitenziale nella pratica religiosa del popolo Cristiano secondo il pensiero pastorale di S. Cesário d'Arles. In: *Miscellanea Carlo Figini*. Milano, 1964, 73-95; CHRISTOPH, P. *Cassien et Césaire predicateurs de la morale monastique*. Gembloux, 1969; VOGÜÉ, A. de. La Règle de Césaire d'Arles pour les moines: un resume de sa Règle pour les moniales. *Revue d'Ascetique et de Mystique* 47 (1971) 369-406; SEILHAC, L. Remarques sur l'utilisation par Césaire d'Arles de la "Regula Augustini". *Regulae Benedicti Studia* 1 (1972) 287-291; FELICI, S. La catechesi al popolo di S. Cesário di Arles. In: *Valori attuali della catechesi patristica*. Roma, 1979, 169-186.

C. SORSOLI – L. DATTRINO

CÉU (desejo do). Desejo do céu é a expressão cristã do "desejo de ver a Deus", mas sublimado e transformado: transferido do plano ontológico para o sobrenatural. O *appetitus vivendi Deum* (Santo Tomás) é um movimento primordial do espírito, porém informe e indefinido; ele adquire forma e sentido preciso no ser humano histórico quando colocado por Deus no plano salvífico. Isto devido a um duplo fator: a história da → SALVAÇÃO é uma corrente em movimento para as realidades escatológicas, e, quando aí entra, o ser humano fica magnetizado por esse polo, obrigado a realizar a sua existência em uma parábola, cujo ponto terminal é o céu. De dentro, o dinamismo da caridade desenvolve na → VIDA INTERIOR de cada redimido uma tendência para a vida eterna. No cristão, que não torna vão nem abala profundamente o processo de desenvolvimento da graça batismal, essa dupla situação ontológica e existencial exige uma expressão normal no plano psicológico: o desejo. É um impulso íntimo, alimentado pela caridade e pela esperança, com um conteúdo denso e variado segundo os casos e graus, porém substancialmente homogêneo: desejo da visão de Deus, não só como meta do "apetite inato de vê-lo", mas como solução normal do estado de fé, que já iniciou a descoberta da essência divina; desejo de estar com Cristo. anseio de perfeição e plenitude de vida. Também naqueles nos quais o desejo não chega a concretizar-se em atos expressos e formais, o seu impulso estimula ocultamente o fundo da alma, quer sob a forma de insatisfação pelos valores criados, quer em forma de aspiração, vaga e pungente, à existência eterna.

O Novo Testamento documenta abundantemente essa situação espiritual do cristão, porém sem afirmar a sua atuação tipológica em Cristo. O Evangelho nunca apresenta o Senhor atormentado interiormente pelo desejo da vida eterna (Jo 17,3-5) ou do paraíso (Lc 23,43), nem do anseio de "ver a Deus" (Mt 5,8; 18,10) ou de retornar ao seio do Pai (Jo 14,2.12.18; 16,5.28): diante da iminência do retorno ao Pai, os sentimentos suscitados pelo anúncio — tristeza, dor, alegria — brotam na alma dos discípulos, não na do Mestre. As mais fortes tensões da psicologia humana do Senhor parecem concentrar-se no objeto de sua missão salvífica: desejo intenso de celebrar a última Páscoa (Lc 22,15), de trazer fogo à terra (Lc 12,49), de submergir no batismo da paixão (Lc 12,50). Essa ausência do desejo do céu é normal na alma de Cristo. A vida terrena do Senhor não está subordinada à nossa condição de fé e de peregrinação, de ausência e de espera. Ele não vai em direção à visão beatífica: já a possui sem interrupção. Nem espera, como nós, a "parúsia", mas a promete e está para realizá-la.

O tipo bíblico do desejo do céu, portanto, é Paulo. Ele o experimenta em toda a sua violência e o interpreta com profundidade doutrinal. Sente o desejo de separar-se do corpo para estar com Cristo (Fl 1,23); sente o vivo anseio de abreviar as etapas, revestindo-se, se possível, da glória do céu, sem despojar-se da tenda do corpo (2Cor 5,4); sente o desejo e o gemido da redenção do próprio corpo, para poder entrar definitivamente no estado da glória final (Rm 8,18-23); sente o profundo sentido do exílio, que o torna incapaz de aclimatar-se à cidade terrena e o faz antecipar, em desejo, a vida do céu (*conversatio nostra in coelis est*: Fl 3,20). Paulo percebe a sintonia de seu desejo com o da criação: todas as criaturas estão em ansiosa espera, acima de seu gemido emerge o do cristão, filho de adoção; na realidade, é o Espírito que implora em cada cristão "com gemidos inefáveis" (Rm 8,19.23.26).

Essa inclinação de Paulo se repete, em tonalidades próprias, nas grandes figuras da espiritualidade cristã, de Santo → INÁCIO DE ANTIOQUIA, ⇶ ORÍGENES e Santo → AGOSTINHO, até Santa Teresa de Lisieux. Na literatura espiritual, culmina com duas expressões diferentes, em duas correntes, que vivem com particular intensidade o sentido escatológico da vida cristã: o monaquismo medieval e a mística do "século de ouro" espanhol.

O desejo do céu é uma das linhas mestras da espiritualidade beneditina, a "devoção ao céu" é "o primeiro e mais importante dos temas aos quais os monges medievais aplicam a sua arte literária" (LECLERCQ, J. *L'amour des lettres et le désir de Dieu*. [vers. it. Firenze, 1965, 55]). Os monges inspiram-se nos textos autobiográficos paulinos (Fl 1,2-3; Rm 7,24) e no convite do apóstolo para aspirar às coisas do alto (Cl 3,1; Fl 3,20); no simbolismo da Jerusalém celeste, verdadeira pátria do monge (Gl 4,26), na cena nostálgica da Ascensão do Senhor (At 1,10-11), juntamente com motivos literários do Antigo Testamento, especialmente nos salmos (assim, o Sl 54,7 — "quem me dará asas como a pomba, para voar ao lugar do repouso?" — oferece as razões para uma longa série de elevações espirituais, que vão da literatura monástica aos grandes místicos do renascimento espanhol). Na ascese do monge, uma atenção especial é reservada à cultura dos desejos (cf. SMARAGDO. *Diadema monachorum*, c. 25 ["Sobre o desejo do céu"]: *PL* 102, 620). Do mesmo modo que em épocas posteriores será praticado o exercício da boa morte, assim também os monges usam o "exercício de Jerusalém", uma espécie de renovação da esperança do céu (LECLERCQ, op. cit., 56). Não será tanto a → FUGA MUNDI quanto o desejo do paraíso e a interpretação da vida monástica como "vida angélica", "vida hierosolimitana", "jornada sabática" que irão determinar a face da espiritualidade do monge.

A mística posterior também se ocupou com a presença e a função do desejo no contexto da vida espiritual; estudou o seu processo de crescimento e o ponto de máxima intensidade, não só analisando o seu conteúdo teologal, mas também atestando novamente, à maneira de São Paulo, a própria experiência espiritual. São sumos expoentes da mística do desejo: São → JOÃO DA CRUZ e Santa → TERESA DE JESUS. Ambos destacaram em verso o estribilho "Vivo sem viver em mim,/ e tão alta vida espero,/ que morro porque não morro". Santa Teresa coloca na última etapa da vida mística ("noivado": *Mansioni*, VI) o estado dos desejos violentos, os "ímpetos", a "ansiedade da morte" (*Vita*, 20,12), capazes de truncar a vida de um só impulso (intitula o c. 11 das *Mansioni*, VI: "Trata de desejos tão grandes e impetuosos que Deus concede à alma gozá-los, porque colocam em perigo de perder a vida"). São João da Cruz, por sua vez, localiza os graus supremos do desejo no último estágio da vida espiritual (matrimônio místico: *Cântico*, 39, 4; cf. 2Cor 5,1-5).

O desejo do céu não é um patrimônio exclusivo da vida monástica e da vida mística, porque, antes, enraíza sua razão universal de ser na própria substância da vida cristã. É o resultado direto da vida teologal. O objeto da fé e o conteúdo da graça coincidem com a visão facial de Deus e com a vida beatífica; implicam, porém, precariedade, insuficiência e frustração insuperáveis durante a existência terrena: sem experiência do objeto, sem presteza pessoal, sem evidência; nem a revelação, nem a fé implicam a teofania, todavia ambas aguçam no cristão o instinto radical do espírito, que exige ver a Deus sem intermediários. Do mesmo modo, a caridade da terra é amor sem posse; não pode realizar-se em amor puro, enquanto precisamente ambas as coisas são exigências essenciais de todo amor: unir-se ao amado e amá-lo sem reserva de interesse pessoal. Este último aspecto de amor interessado é aquele que gera e desenvolve a esperança, como atitude permanente de espera e inclinação pelos bens não vistos pela fé, nem possuídos pela caridade, porém reais e insubstituíveis.

Dessa tríplice fonte brota no cristão o dinamismo da transcendência expresso no desejo do céu. O cristão é exilado e peregrino, sem uma grande nostalgia do paraíso perdido, porém com uma forte tendência escatológica pelo céu. Não é cidadão estável na terra, não lhe convém nem pode instalar-se comodamente no palácio dos valores mundanos; nem a sua alma, nem a sua vida estão encerradas no tempo, e nem os valores interiores que realmente possui, incluídos os sobrenaturais, podem realizar-se e amadurecer no período terreno de sua existência. O cristão sabe disso; experimenta a sua incapacidade de aclimatação, a impossibilidade de saciar o espírito com a criação. Diante desse quadro, não só suporta e aceita, mas "deseja". Nem sempre consegue dissolver os laços que o ligam ao transitório, para dar uma forma claramente cristã ao seu desejo. Todavia, mesmo na frustração continua a pulsar. Desejar na espera entra na própria essência da vida.

O desejo do céu, portanto, não é uma estranheza da vida presente, e sim um sintoma de saúde espiritual. O seu crescimento denota normalidade e maturidade cristã. No cristão, o "desejo de ver a Deus" continua a ser a voz legítima do espírito, momentaneamente perturbado e refreado pelo pecado.

BIBLIOGRAFIA. CHOPINEY, G. La nostalgia del cielo. *Ora et Labora* 29 (1965) 122-129; COLOMBÁS, G. M. *Paraíso y vida Angélica. Sentido escatológico de la vocación*. Montserrat, 1958; COUTTAZ, F. Désir du Ciel. In: *Dictionnaire de Spiritualité* III, 890-897; DANIÉLOU, J. Terre et Paradis chez les Pères de l'Église. *Eranos Jahrbuch* 22 (1953) 443-472; GILLON, L. B. Béatitude et désir de voir Dieu au Moyen Age. *Angelicum* 26 (1949) 3-30.115-142; LECLERCQ, J. *L'amour des lettres et le désir de Dieu*. Paris, 1957; LUBAC, H. *Surnaturel*. Paris, 1946; *Lumière et Vie* 52 (1961) 1-122; SAGNE, J. C. Le désir du Paradis. In: *Dictionnaire de Spiritualité* XII/1, 197-202; Visione beatifica ed vita spirituale. *Revue d'Ascétique et de Mystique* 8 (1963); WILLIAMS, G. H. *Wilderness and Paradise in Chistian Thought*. New York, 1962.

T. ALVAREZ

CIÊNCIA. Não é fácil estabelecer com precisão o campo, as funções e as características desse dom, como o demonstra um olhar, ainda que rápido, sobre os autores, tanto teológicos como espirituais, que tratam do assunto, não somente antes, mas também depois da síntese feita por Santo Tomás. A explicação pode ser encontrada na dificuldade comum a toda a teologia dos dons, na qual se destacam a escassez e incerteza dos fundamentos bíblicos, a generalidade dos dados patrísticos e da tradição, a grande divergência das várias tentativas teológicas. Bastaria, a propósito, ressaltar apenas a inexaurível e artificial relação dos dons a outros elementos da vida espiritual: aos carismas, às virtudes, aos vícios, aos pecados, à → VIDA ativa e contemplativa, às bem-aventuranças; sem deixar de lado os sete pedidos do → PAI-NOSSO, os sete dias da criação, as visões do Apocalipse e as mensagens às sete Igrejas etc. (cf. Dons du Saint-Esprit, in *Dictionnaire de Spiritualité*, III, 1592).

1. VARIEDADE DE OPINIÕES. Não faltam dificuldades mais próprias desse dom, especialmente a incerteza da sua posição no campo teorético e contemplativo, ou no de direção da ação. Essa última tarefa é a preferida de muitos escolásticos; tanto que Lottin, resumindo a doutrina teológica do século XIII, afirma que a ciência dirige a piedade, como o conselho dirige a fortaleza; ciência e conselho dirigem, como normas gerais, toda a atividade humana (cf. *Ibid.*, 1594). Assim, por exemplo, São Boaventura, que define a ciência como "*veritatis ut credibilis et diligibilis notitia sancta*" (*De septem donis Spiritus Sancti*, col. 4, n. 19), considera-a sobretudo em relação ao conhecimento prático: ela aperfeiçoa a prudência com os motivos sobrenaturais de agir, torna-se uma fonte e uma ajuda no conhecimento da Sagrada Escritura e nos leva a conhecer Cristo, modelo de perfeição (cf. F. BONNEFOY, *Le Saint-Esprit et ses dons selon saint Bonaventure*, Paris, 1929, parte III, c. 3, 152-162).

Grandes escritores espirituais também deram destaque a essa tarefa do dom da ciência. Entre outros, pode-se lembrar especialmente → RUUS-BROEC, que fala explicitamente dela em: *Le royaume des amants de Dieu*, Bruxelles, 1921, cc. 18-19; *L'ornement des noces spirituelles*, Bruxelles, 1928, livro 2º, c. 27). Igualmente o franciscano → HERP (Harphius, m. 1477), na conhecida obra *Theologia mystica*, que define a ciência como "certa luz sobrenatural, infundida no homem, superior à força (*vim*) racional da alma, com a qual pode exercer a vida moral segundo toda a sua perfeição; dela provém a verdadeira discrição que é o ornamento e a perfeição da vida moral, discrição essa sem a qual nenhuma virtude pode conseguir a perseverança; dela igualmente vem o verdadeiro conhecimento e desprezo de si mesmo e das próprias obras" (livro I, c. 32, 203). Doutrina muito semelhante em → LALLEMANT, *La dottrina spirituale*, Milano, 1955, 221-229, embora já seja muito sensível à influência da síntese tomista.

Também Santo Tomás mudou de opinião sobre esse dom no *Comentário às Sentenças* à *Suma*. No *Comentário* (III, d. 34, q. 1, a. 2, ad 4, a propósito das bem-aventuranças; especialmente d. 35, q. 2, a. 3, s. 2) ensina sem ambiguidades que a ciência pertence somente à razão prática, ou seja, diretiva da ação, excluindo desse dom o conhecimento contemplativo. Na *Suma*, ao tratar da moral geral e justificar o número sete dos dons, põe ainda a ciência no campo do conhecimento prático, diferenciando-a da sabedoria que afeta a razão teorética do julgamento (*STh*. I-II, q. 68, a. 4). Somente na II-II, q. 8, a. 6, ao tratar dos dons relativos à fé, explicitamente julga insuficiente essa solução e atribui seja ao dom da ciência, seja ao da inteligência uma tarefa perfectiva em relação ao conhecimento tanto teórico como prático. Asserção confirmada na q. 9, a. 3, em que, relacionando a ciência à fé, que abraça um e outro campo, escreve: "A fé consiste primeiramente e principalmente em um conhecimento especulativo, enquanto adere à verdade primeira. Mas, como a verdade primeira é também o último fim, por causa do qual agimos, segue-se que a fé também se estende à ação. [...] Por isso, é preciso que o dom da ciência primeira e principalmente vise ao conhecimento especulativo, enquanto o homem sabe o que deve admitir pela fé. Secundariamente, porém, se estende à ação, enquanto pela ciência das verdades da fé e daquelas coisas que dela resultam, nos dirigimos em nossas ações".

Com essa clara e definitiva posição, Tomás selava uma síntese teológica sobre os dons, a mais orgânica e completa a se oferecer no decurso dos séculos e à qual habitualmente se reportou a maioria dos teólogos e, com mais liberdade, os espirituais, que incorporaram os dons em sua síntese da vida espiritual. Hoje, como se sabe muito bem, muitas incertezas surgiram nesse campo, com óbvias repercussões no setor da espiritualidade. Não é tarefa nossa falar disso. Limitamo-nos a reunir os elementos fundamentais dessa concepção, com referência direta ao que foi ou é ainda hoje considerado válido a respeito do dom da ciência. Seguimos no conjunto o ensinamento do Angélico, com um olhar a partir do ângulo da espiritualidade.

2. PERSPECTIVAS BÍBLICAS. Partindo de perspectivas mais amplas, não podemos atribuir uma

importância determinante à simples palavra ciência que encontramos na Escritura, na tentativa de lhe dar um significado de acordo com a acepção teológico-escolástica. A observação é feita por exegetas a respeito do texto de Is 11,2: "Com relação a cada um dos conceitos, tenha-se presente que os termos que, para nós, denotam uma atividade intelectiva, sabedoria, inteligência, [...] conhecimento (ciência), tinham todos no mundo hebraico antigo um significado muito mais prático-religioso e às vezes também afetivo (especialmente o traduzido por conhecimento)" (A. Penna, *Isaía*, in *La Sacra Bibbia*, Torino, 1960, 601, vl. II). Outros exemplos: Is 11,9; 28,9; 32,4; 33,6; Os 4,1-6; assim nos Sapienciais. Também no Novo Testamento o significado primário da ciência-conhecimento chega ao conhecimento religioso-prático, ainda que o sentido de verdadeiro conhecimento racional, intelectual não esteja ausente (cf. R. Bultmann, γνώσκω, γνῶσις, in G. Kittel, *Grande Lessico del Nuovo Testamento*, Brescia, 1966, 498-528, vl. II). Todavia, um ponto de partida para o pensamento teológico pode ser a importância que, sobretudo no Novo Testamento, assume um profundo conhecimento de Deus, do mistério de Cristo e do mistério da salvação, bem como a mais íntima penetração do misterioso mundo que o homem carrega dentro de si mesmo. Os aspectos que compõem esse conhecimento são a transcendência da realidade, a intervenção decisiva do Espírito Santo, o valor salvífico e vital, a interioridade como "lugar" da verdade e como "ambiente" da tomada de contato ou "revelação". Esse conjunto de fatores emerge claramente de alguns fundamentais textos paulinos e joaninos. Eis, por exemplo, um significativo trecho paulino relativo ao mistério da divina Sabedoria: "Nós ensinamos a sabedoria de Deus, misteriosa, escondida, e que Deus, antes dos séculos, destinaria de antemão para a nossa glória. Nenhum dos príncipes deste mundo a conheceu. [...] O que o olho não viu, o ouvido não ouviu, nem subiu ao coração do homem: tudo o que Deus preparou para os que o amam. Com efeito, foi a nós que Deus o revelou pelo Espírito. Pois o Espírito tudo sonda, até as profundezas de Deus. Quem dentre os homens conhece o que há no homem, senão o espírito do homem que está nele? Igualmente, o que há em Deus, ninguém o conhece, a não ser o Espírito de Deus. Quanto a nós, não recebemos o espírito do mundo, mas o Espírito que vem de Deus, a fim de conhecermos os dons da graça de Deus. E não falamos deles na linguagem que é ensinada pela sabedoria humana, mas na que é ensinada pelo Espírito, exprimindo o que é espiritual em termos espirituais. O homem entregue unicamente à sua natureza não aceita o que vem do Espírito de Deus. Para ele, é uma loucura, ele não o pode conhecer, pois isto se julga espiritualmente. O homem espiritual, pelo contrário julga de tudo e ele mesmo não é julgado por ninguém. Pois quem conheceu o pensamento do Senhor para o instruir? Ora, nós temos o pensamento de Cristo" (1Cor 2,7-8.9-16). Na economia da salvação, Deus fez resplandecer em nossos corações uma luz nova, para irradiar o conhecimento da sua glória que brilha no rosto de Cristo (cf. 2Cor 4,6); por isso, a ação iluminadora do Espírito Santo leva a um mais profundo conhecimento do mistério de Cristo. Paulo se compraz em exaltar a riqueza da graça divina que Deus "nos prodigou, abrindo-nos a toda sabedoria e inteligência" (Ef 1,8); antes, ele pede que Deus aumente nos fiéis o "espírito de sabedoria e de revelação" (*Ibid.*, v. 17) e ilumine os olhos de sua inteligência a fim de que conheçam a riqueza da esperança e da glória conexas com o divino chamado à fé (cf. *Ibid.*, v. 18). O próprio Paulo se alegra que a revelação especial lhe tenha comunicado uma profunda "percepção do mistério de Cristo" (Ef 3,4) e como sinal de maturidade espiritual ora pelos efésios: "para que ele se digne, segundo a riqueza de sua glória, armar-vos de poder, por seu próprio Espírito, para que se fortifique em vós o homem interior, que ele faça habitar Cristo em vossos corações pela fé; arraigados e fundados no amor, tereis assim a força de compreender, com todos os santos, o que é a largura, o comprimento, a altura, a profundidade, [...] e conhecer o amor de Cristo que sobrepuja todo o conhecimento, a fim de que sejais cumulados até receberdes toda a plenitude de Deus" (Ef 3,16-19). Idêntica doutrina em Cl 1,9-28; 2,2; 3,10; Fl 1,9; 3,8. Também João parece descobrir amplas possibilidades no caminho do conhecimento ao nos falar do Espírito de verdade que levará a todo o conhecimento da verdade revelada por Cristo (cf. Jo 16,13), ou do Espírito que se faz mestre interior, penetra a alma como uma unção que a preserva do erro e a estabelece na autêntica verdade da fé (cf. 1Jo 2,20.24.27).

Esses e outros textos semelhantes da Escritura parecem-nos uma base válida para uma teologia da intervenção do Espírito Santo por meio de seus dons e de sua presença e ação, para um profundo conhecimento da verdade da fé. E talvez correspondesse melhor a esses dados insistir mais maciçamente no progressivo conhecimento do mistério revelado do que nas demasiadamente rígidas distinções para subdividir igualmente a tarefa de cada um dos dons. No fundo, apesar das aparências, parece ser essa a preocupação essencial de Santo Tomás na análise dos dons intelectuais: sabedoria, inteligência, ciência, conselho.

3. ELABORAÇÃO DE SANTO TOMÁS. O ponto de partida na análise justificativa da existência e da missão é que eles significam relação, ou seja, estão ordenados ao conhecimento sobrenatural que em nós tem por fundamento a fé. Esse conhecimento é comunicado pela palavra de Deus e deve ser aceito por força da autoridade divina e não pela intrínseca evidência. O âmbito da fé é múltiplo e desigual: seu objeto é primária e principalmente a primeira verdade, secundariamente se estende às criaturas e ulteriormente deve dirigir a atividade do homem. Dada essa complexa condição, uma adequada aceitação da fé comporta no homem uma luz que penetra profundamente o conteúdo da palavra (intelecto), um juízo certo e reto do que se deve ou não se deve crer, quer no que diz respeito à primeira verdade (sabedoria), quer no que diz respeito às causas segundas e humanas (ciência), quer, enfim, um reto juízo de ação em conformidade com essa múltipla verdade que se revela também como bem que tem por finalidade toda a atividade moral (conselho; cf. *STh.* II-II, q. 8, a. 6). Nesse raciocínio está tudo o que Santo Tomás ensina sobre a ciência na q. 9. No a. 1 ele confirma a existência da ciência, relembrando um princípio por ele muitas vezes explorado na antropologia sobrenatural: a analogia e o paralelismo entre natureza e graça na realização de um homem espiritualmente completo e maduro. A graça é mais perfeita e tem maiores virtualidades do que a natureza. Nossa inteligência, em sua atividade cognoscitiva, é aperfeiçoada não somente porque apreende retamente uma verdade, mas sobretudo porque pode ter dela um juízo certo. Assim acontece no conhecimento sobrenatural da fé: primeiro penetrar e entender exatamente, depois julgar com retidão. É no campo julgador que se situa o dom da ciência (cf. *Ibid.*, q. 9, a. 1). Ambos os papéis, apreensivo e julgador, estão obviamente ligados e são complementares; somando-se, constituem nossa completa posse da verdade. Realmente, o juízo é a operação que empenha mais a fundo o poder cognoscitivo e todo o sujeito, pois é somente na afirmação ou negação que o sujeito conhecedor diz e afirma a si mesmo que o objeto é, e o que internamente é: juízo de existência e juízo de valor. É no juízo que o homem adentra a verdade e dela se apossa. O que acontece também para o conhecimento da fé. Uma vez que essa é uma lei do conhecer e uma exigência de seu progredir e maturar no sujeito conhecedor, não há razão para não o afirmar a propósito da fé.

O Angélico encontra então aqui o núcleo da teologia dos dons nesse campo; o resto pode ser chamado de uma rica e profunda explicitação. Entretanto, ele quer determinar o objeto próprio desse conhecimento julgador e volta à diversidade do objeto da fé. O que diz respeito a Deus em si mesmo, seu mistério, sua natureza, sua vida, suas perfeições etc., é o que constitui o cume da revelação, da adesão de fé, do conhecimento dos dons. A plenitude desse conhecimento é propriamente a sabedoria, o mais alto dos dons porque nasce da mais alta união com Deus, mediante a caridade e as divinas experiências e constitui o ápice de nosso conhecimento "deífico" sobre a terra, levando-nos a julgar de todas as coisas, na teoria e na ação, à luz intimamente vivida da causa suprema. O aquinate o analisa no contexto da caridade por causa da união suprema com Deus, que pertence à caridade e está na origem do conhecimento sapiencial (cf. *Ibid.*, q. 45). A ciência é um dom mais humilde porque as verdades da fé sobre as quais leva seu juízo dizem respeito às causas segundas e ao mundo criado. Quer essa complexa realidade seja conhecida em si mesma, quer a conheçamos como meio para chegar ao conhecimento de Deus, encontrar-nos-emos sempre, segundo Santo Tomás, no campo do dom da ciência (cf. *Ibid.*, q. 9, a. 2). Se quisermos determinar mais concretamente o objeto e as causas segundas, poderemos lembrar que no conhecimento de fé e, por isso, no "nosso" ato de fé está o conteúdo objetivo, o crer como atividade nossa, o complexo plano da transmissão da verdade mediante a revelação, os homens, as fórmulas etc. No conteúdo objetivo deve-se distinguir, como se disse, entre o que primariamente diz respeito à verdade primeira e o que diz respeito às criaturas: elas constituem um amplíssimo setor da revelação e da fé: criação, elevação, redenção, Igreja, sacramentos etc. Também o "nosso" ato de fé é coisa criada e humana, como o é o complexo trajeto que a verdade de fé realiza para chegar à nossa inteligência. Por isso, o campo da ciência é muito amplo e o Espírito Santo manifesta sua inexaurível riqueza magisterial levando a alma, como lhe compraz, à posse interior da verdade de fé, até o juízo "reto e certo" (*Ibid.*, q. 9, a. 1).

É supérfluo lembrar que nem para todo conhecimento de fé é preciso recorrer aos dons; com efeito, tirante o fato de que pode haver fé sem a graça e a caridade, é preciso lembrar, na síntese de Tomás, que os dons são hábitos sobrenaturais dados ao homem para aperfeiçoar de tal modo suas várias forças e potências operativas, que as põe em dócil disposição habitual para seguir as superiores moções que o Espírito comunica ao cristão segundo a sua soberana liberdade e segundo a sua "medida" (cf. I-II, q. 68, aa. 1 e 2). Tomás no-lo lembra a propósito da ciência, observando que ela é um dom somente quando pela infusão da graça os fiéis têm um juízo certo sobre o que devem crer e fazer e que, como dom, a ciência não procede, como a humana, do discurso e da argumentação, mas é certa semelhança participada com a ciência de Deus, a qual é absoluta e simples (cf. II-II, q. 9, a. 1, ad 1; a. 3, ad 3). Reconhece-se nesses caracteres o modo próprio dos dons, os quais, dispondo a alma a agir segundo uma mais alta moção — Tomás a chama de *instinctus* (I-II, q. 68, a. 2) —, opera de "modo superumano", ou seja, superior ao modo próprio e conatural de nossa razão, mesmo aperfeiçoada pelas virtudes tanto morais como teológicas (cf. *In III Sent.*, d. 34, q. 1, a. 1; *STh.* I-II, q. 68, a. 1).

4. NO CAMPO DA ESPIRITUALIDADE. Como dissemos antes, Tomás, na *STh.* II-II, modificou sua opinião a respeito do papel da ciência. Ela é considerada como hábito perfectivo seja do conhecimento teórico e contemplativo, seja do conhecimento prático e normativo da ação (*Ibid.*, q. 9, a. 3). Essa caracterização, juntamente com a outra de ter por objeto as causas segundas ou criadas, determina melhor o campo operativo da ciência. É esse o aspecto que habitualmente os teólogos e os espirituais expõem de preferência. A ciência, portanto, confere à alma, seja iniciada nas investigações teológicas, seja simples e ignorante, um juízo reto e certo, ou seja, correspondente à verdade e repousante do espírito, sobre o valor da vida, das criaturas que temos de usar, das relações sociais nas quais se tece a existência cotidiana, dos dons e das graças que Deus nos confere, dos deveres inerentes à nossa profissão e missão, do caminho que temos de seguir para nos adequar à vontade de Deus e nos santificar. Não sem graça Ruusbroec escreve: "nos lugares em que se opera pela razão e em meio a imagens sensíveis, quando saímos de nós para nos dar à Sagrada Escritura, à vida dos santos e à lembrança das obras de Deus; quando nós contemplamos essas coisas com uma plenitude de ciência e de saber sobrenaturais, ali a luz divina é chamada o dom da ciência, porque nos ensina a proceder racionalmente no conhecimento das coisas exteriores e as entender de maneira inteligente e espiritual" (*Le tabernacle spirituel*, 160 s.). Esse mesmo mestre espiritual vê na ciência a fonte da discrição superior; a qual "ensina que é preciso cumprir os próprios deveres, julgar os motivos, escolher as pessoas, sopesar com sabedoria as circunstâncias, avaliar, enfim, todas as coisas de modo a não exceder em nada. Essa discrição é o ornamento e a perfeição de todas as virtudes morais" (*Le royaume des amants de Dieu*, 111). É tarefa pois da ciência ensinar onde está a honra de Deus, a utilidade do próximo e o modo de satisfação; o conhecimento de si mesmo, defeitos, limites, infidelidade em relação a Deus e ao próximo; nasce daí o humilde sentir de si mesmo e uma certa tristeza interior que acompanha nosso tardio e preguiçoso avançar em direção a Deus. Pela ciência amadurece o desapego das coisas, o repúdio de toda presunção nas próprias virtudes e obras. Daí a "bem-aventurança" do choro, como fruto, ao mesmo tempo amargo e salutar, da provisoriedade das coisas, dos muitos enganos da vida, da experiência do mal que está em nós. Com sua atuação, o homem atinge um alto domínio, no julgar e no agir, sobre as coisas e sobre suas tendências, sinal de alta maturidade espiritual (cf. op. cit., 112-115). Ensinamento semelhante em Harphius (op. cit., 203, 681 s.) e no Lallemant (op. cit., 221-229). Esses escritores insistem, assim, especialmente na tarefa prática e diretiva; outros preferem pôr em evidência a contribuição contemplativa (p. ex., GIUSEPPE DELLO SPIRITO SANTO, *Cursus theologiae mystico-scholasticae*, vl. II, 2 praed., disp. 12, q. 8, nn. 115-119). Também Tomás, colhendo por assim dizer o fruto da dupla atividade da ciência na vida espiritual, aplica a ela a "bem-aventurança" do choro, acentuando mais o aspecto purificador e catártico que o da tranquila e suave contemplação. O motivo está na condição existencial humana em que muito pouco e muito raramente se vive em profundidade a radical contingência das coisas e seu total ordenamento a Deus; com mais frequência, as criaturas, não por sua culpa, vêm a ser obstáculo fatal ao conhecimento e ao culto de Deus (*STh*. II-II, q. 9, a. 4).

As condições atuais parecem aguçar a urgência de uma mais abundante ação do Espírito Santo mediante seus dons. Em relação à missão pela tradição teológica e espiritual à ciência deve-se constatar o profundo abuso das coisas por parte do homem. De um lado, as assombrosas conquistas da ciência e da técnica geram facilmente a embriaguez e quase idolatria dos recursos da inteligência dominadora e realizadora do homem. Ao mesmo tempo se aguça a sede do bem-estar e a humanidade parece viver totalmente voltada para uma civilização do bem-estar como ideal proeminente da vida. No excesso oposto, toda uma filosofia, sobretudo o → EXISTENCIALISMO vai apresentando o homem, o mundo, a vida como xadrez, irracionalidade, angústia, incomunicabilidade. Integrando ambas as tendências, procura-se construir um novo humanismo sem Deus. Essa atitude, que implica juízos de valor sobre o homem e sobre as realidades mundanas, na ordem teórica e sobretudo prática, é seguida com ansiedade pela Igreja, e os seus problemas estão muito presentes nos documentos do Concílio Vaticano II, como no magistério pontifício, por exemplo na encíclica *Ecclesiam suam*, de Paulo VI (6 de agosto de 1964). Consciente do grave e perene risco que a ameaça por parte da pressão do profano e do temporal (cf. *Ecclesiam suam*, nn. 20.25-26.35), a Igreja empreendeu com confiança a missão ingente de vivificar cultura, civilização, progresso científico, evolução social, trabalho etc. com a presença do divino e do sobrenatural, mediante uma renovada efusão do Espírito no conjunto da comunidade cristã e de modo particular naqueles — destacando-se os leigos — aos quais, por sua condição de "secularidade", na família, no trabalho, na profissão, "particularmente cabe iluminar e ordenar todas as coisas temporais, [...] de modo que sempre sejam feitas segundo Cristo, e cresçam e sirvam de louvor a seu Criador e Redentor" (*LG* 31; cf. também n. 36). Esse argumento está presente sobretudo na *Gaudium et spes*, 7 de dezembro de 1965, sobre "A Igreja no mundo contemporâneo"; "especialmente os nn. 12-18, sobre o valor do homem, e os nn. 33-39 sobre o valor das coisas e da atividade humana no mundo. A grandeza da tarefa, que parece superior a qualquer recurso e poder humano, faz sentir mais viva uma poderosa intervenção do Espírito Santo por meio de seus dons.

Especialmente a partir do Vaticano II, a Igreja, por meio do magistério, tem sua atenção fixa no valor do homem, da sua atividade no mundo, das suas realizações sociais, dos novos ideais a que tende nas suas aspirações. Nesse quadro de uma visão global, os mesmos bens materiais, as mesmas leis naturais e o patrimônio da criação são profundamente reconsiderados em relação ao desenvolvimento integral, ou seja, humano e espiritual, do homem. Insiste nisso com particular vigor João Paulo II em suas encíclicas *Redemptor hominis* (*AAS*, 71 [1979], 257-324), *Dives in misericordia* (*AAS*, 72 [1980], 1177-1232), *Laborem exercens* (*AAS*, 73 [1981], 577-647). Para esses grandes problemas ele faz apelo à multiforme ação do Espírito Santo sobre a Igreja e sobre o mundo na encíclica *Dominum et vivificantem*, de 18 de maio de 1986 (*AAS*, 78 [1986], 509-900).

BIBLIOGRAFIA. ANTONIO DELLO SPIRITO SANTO, *Directorium mysticum*. Parisiis, 1904, tr. 3, d. 4, s. 1, nn. 276-279; DIONIGI IL CERTOSINO. De donis Spiritus Sancti. In *Opera omnia*, t. 35, tr. 3, aa. 20-32; Dons du Saint-Esprit. In *Dictionnaire de Spiritualité* III. 1.579-1.641; GARDEIL, A. Dons du Saint-Esprit. In *Dictionnaire de Théologie Catholique* IV. 1.728-1.781, espec. 1.739-1.746. ID. *Lo Spirito Santo nella vita Cristiana*. Milano, 1960, 145-171; GIOVANNI DI GESÙ MARIA. Scuola di orazione e contemplazione. Trattato dei frutti e doni dello Spirito Santo; ID. *Instructio novitiorum*. Parte II, capítulo 23; GIUSEPPE DELLO SPIRITO SANTO, Cursus theologiae mystico-scholasticae. Brugis, 1925, d. 12, q. 8, vl. II; IOANNES A. SANCTO THOMA, *Cursus theologicus*. T. 6, d. 18, aa. 3-4, Parisiis, 1885; LÓPEZ EZQUERRA, J. *Lucerna mystica*. Venezia, 1732, tr. 3, c. 7; MARTÍNEZ, L. *Lo Spirito Santo*. Roma, 1964, 245-258. 436-443; NIEMBERGER, E. *Prezzo della divina grazia*. Venezia, 1715, livro III, c. 3, 572-577; PHILIPON, M. M. *I doni dello Spirito Santo*. Milano, 1965, c. 4, 203-222, aplicazione: 356 s. 375 s. 385-387; SPIAZZI, R. *Lo Spirito Santo nella vita Cristiana*. Milano, 1954, 180-199; TOMMASO DI GESÙ. De oratione divina. Livro I, c. 3, parte 4; URDÁNOZ, T. Los dones del Espíritu Santo correspondientes a la Fe. *Theología Espiritual* 2 (1958) 395-417.

R. MORETTI

CILÍCIO. Tecido grosseiro e áspero, de pelo de cabra ou de camelo, fabricado pelos beduínos do deserto de todos os tempos; na Antiguidade clássica, a Cilícia foi um centro de fabricação e de exportação (cf. At 18,3), donde o nome usual greco-romano, juntamente com o semítico de *saco* (*šaq*), que permanece em nossas línguas para designar um dos principais produtos feitos com esse tecido; além disso, servia para fazer velas de navios, tendas (profissão de São Paulo de Tarso, na Cilícia) e também roupas usadas pelos pobres, soldados e marinheiros.

Roupas desse tipo, de pano áspero e escuro, também serviam para expressão e símbolo de luto e de penitência. Daí a expressão bíblica de "fazer penitência com cinzas e cilício" (cf. 1Rs 21,27; 2Rs 6,30; Jó 16,16 [hebr. 15]; Sl 29,12; 34,13; 63,12; Is 3,24; 15,3; 58,5; Jr 4,8; 6,26 etc.; Lm 2,10; Ez 7,18; 27,31; Dn 9,3; Jl 1,8; Jn 3,5.6.8; Est 4,1; 1Mc 2,14 etc.; Mt 11,21; Lc 10,13). Em todos esses casos, e também para os cristãos dos primeiros tempos, é mais símbolo do que instrumento de penitência.

Da Idade Média em diante, porém, o cilício — reduzido a uma espécie de escapulário, ou de uma faixa de pano áspero — torna-se instrumento de penitência no sentido restrito da palavra. Às vezes também se chama de cilício (em sentido impróprio) um outro instrumento do gênero: um cinto feito de malha de fios de ferro com pontas agudas.

BIBLIOGRAFIA. GOUGAUD, L. *Dévotions et pratiques ascétiques du moyen-âge*. Maredsous, 1925; ID. *Anciennes coutumes claustrales*. Ligugé, 1930; ID. Cilice. In: *Dictionnaire de Spiritualité* III, 899-902.

S. SIEDL

CIPRIANO DE CARTAGO (Santo). 1. NOTA BIOGRÁFICA. Reitor convertido a Cristo por volta de 245, quase imediatamente ordenado sacerdote, já pelo final de 248 ou início de 249 foi sagrado bispo de Cartago, apesar da oposição de cinco sacerdotes que sempre lhe dificultaram a atividade. Teve um episcopado movimentado: a terrível perseguição de Décio (249-251), durante a qual se escondeu continuando a governar a sua Igreja; a questão dos apóstatas após a perseguição; a forte oposição dos supracitados sacerdotes e o cisma de Novaciano Romano; a terrível peste sucessiva; a luta contra Roma sobre a validade do batismo dos hereges. Exilado sob Valeriano (257), foi condenado à morte e decapitado (258): ainda subsistem as atas do duplo interrogatório (*Acta Cypriani*, BHL, 2.037). Cipriano é excelente pastor de almas, inteiramente tomado pelo ideal de vida cristã, que descreve, opondo-a à vida pagã, em seu *Ad Donatum*; é totalmente voltado para a bem-aventurança celeste, coroação do edifício espiritual construído aqui embaixo, e inteiramente dedicado ao bem de seu rebanho.

2. DOUTRINA. A vida cristã é principalmente considerada uma luta, uma milícia: o cristão é um "militante de Deus", ou "de Cristo"; luta sob a direção de Deus e de Cristo nos acampamentos (*castra*) de Deus e de Cristo; esses acampamentos são ditos divinos, dominicais (isto é, do Senhor), celestes, espirituais, domésticos (em oposição aos dos cismáticos) etc.; a luta é cotidiana contra os vícios, para a aquisição das virtudes, e contra o → DIABO, que também tem os seus acampamentos e satélites (numerosos textos). O importante é o pensamento do prêmio em meio à luta: Cipriano descreve com entusiasmo a eterna alegria que nos espera na pátria celeste em sua obra sobre a epidemia, quando exorta os fiéis à constância na fé por Cristo, ou quando quer resgatá-los da inveja etc.

Cristo, chefe do cristão, guarda e sustenta o seu "militante": vem para restaurar a nossa filiação divina, para curar as feridas causadas pela rebelião de → ADÃO (não venenosas mordidas da antiga serpente), para guiar-nos: deu preceitos que são uma luz para a mente, uma base para edificar a esperança, um alimento espiritual (*Della preghiera*, 1). Cristo não é somente o nosso mestre, mas também o nosso modelo, antes, primeiro modelo e depois mestre: com frequência, Cipriano afirma que Cristo ensinou, e depois praticou o que ensinou.

A obra de Cristo é continuada pela → IGREJA, única e universal: "não pode ter a Deus por Pai quem não tem a Igreja por mãe" (*Dell'unità della Chiesa*, 5-6; *Lett.* 76 [CV 69], 2-4 etc.). Daí a necessidade de amar a unidade (*Dell'unità*, 6 e 23; *Lett.* 74,11 etc.); Cipriano descobre essa unidade na túnica de Cristo, que não foi dividida (*Dell'unità* 7), na vontade de Cristo, "mestre de concórdia e de paz", a quem devemos rezar em comum e por todos (*Della preghiera* 8), na → EUCARISTIA, feita de muitas espigas e grãos (*Lett.* 76 [CV 69] 5), no ritual do ofertório, no qual a gota de água pingada no cálice simboliza a união dos fiéis com Cristo (*Lett.* 63, 13), e no fato de que Cristo abraçou a todos em sua humanidade, na qual carregou os pecados de todos (*Ibid.*).

O cristão deve viver e agir em conformidade com a "disciplina" de Deus, de Cristo, da Igreja, e sob a sua autoridade ou "censura": a disciplina é guardiã da esperança, eixo da fé, mestra de virtude, garantia de fidelidade a Cristo (*Della disciplina delle vergini*, 1-2 etc.); deve viver conforme a sua dignidade de filho de Deus, revestindo-se de Cristo, nada preferindo a ele, seguindo-o e imitando-o, fazendo a sua vontade (*Dell'invidia*, 11-12. *Della pazienza*, 9; *Della preghiera*, 15 etc.)

Vivendo em meio a duas perseguições, Cipriano fala frequentemente do martírio e dos martírios. A perseguição é uma provação, um teste para a vida dos cristãos (*Degli apostati*, 5). Cipriano transborda de alegria diante do grande número de cristãos que confessaram a fé, também sem derramamento de sangue, mas se entristece pelos numerosos apóstatas: onde estes pedem para serem readmitidos à comunhão com a Igreja exige uma penitência proporcional ao grau da apostasia e da dignidade pessoal (mais longa para os membros do clero, para aqueles que sacrificaram imediatamente, ou ofereceram um sacrifício e queimaram incenso); os "confessores" podem interceder em seu favor, porém compete à autoridade readmiti-los de fato (*Dell'apostasia*, passim, e em numerosas *Lettere*). É necessária uma preparação para o martírio, semelhante àquela a que são submetidos os futuros combatentes e atletas, principalmente porque a luta é travada com o antigo adversário, que conhece todas as artes do combate (*Esortazione al martirio*, pról.); o martírio nasce da verdadeira Igreja de Cristo, e não se encontra fora dela (*Degli apostati*, 20; *Dell'unità*, 14); ter confessado a própria fé não imuniza contra o pecado e uma eventual apostasia posterior (*Dell'unità*, 20-22). Os mártires são os verdadeiros imitadores de Cristo, e após a morte são imediatamente coroados por toda a eternidade: o martírio é um segundo batismo. Cipriano quer que todos, especialmente os membros do clero, assistam aos irmãos encarcerados (numerosas *Lettere*); que se anotem os "confessores" mortos no cárcere para celebrar a sua memória com a dos mártires (*Lett.* 37 [CV 12], 2).

Cipriano escreveu uma obra para as virgens, sobre o modo como devem comportar-se, intitulada *Dalla disciplina* (ou *Del comportamento*) *delle vergini*; como a sua dignidade é alta, é maior a solicitude do pastor (3); as virgens são "flores germinadas na Igreja", "a porção eleita do rebanho de Cristo" (3), consagraram-se a Cristo (4 e 24) e gozam de privilégios especiais (21-23), devem evitar que a Igreja as recrimine (3 e 20); a virgindade é, ao mesmo tempo, um comportamento interior e exterior, por isso deve-se evitar tudo aquilo que possa causar perigo, antes, todos os ornamentos vãos com os quais as virgens atraem sobre si os olhares do sexo oposto, que são uma invenção do diabo (5-19 e passim); as virgens abastadas e ricas não devem buscar nos próprios bens um pretexto para abusar deles, mas devem dar esmola (8-11). Cipriano é, talvez, a primeira testemunha de um abuso que, aos poucos, foi introduzido na Igreja: a coabitação de virgens com ascetas e membros do clero, talvez para buscar um apoio e proteção: é muito exigente a respeito e exige a separação imediata sob pena de excomunhão (*Lett.* 62 [CV 4]).

Tendo emitido o voto de castidade e distribuído seus bens aos pobres antes mesmo do batismo, Cipriano lembra as graves obrigações que cabem aos sacerdotes: o bispo identifica-se com a Igreja local (a diocese), na qual ele possui todos os poderes, mas deve dar — bem como os sacerdotes e diáconos — o exemplo de uma vida pobre, humilde, caritativa com o próximo, e de força de espírito durante a perseguição (numerosas *Lettere*).

Cipriano escreveu sobre a oração e a paciência; segue → TERTULIANO, que chamava seu "mestre", mas acrescenta a unção que faltava nele. Detendo-se nas horas de oração insiste na necessidade de rezar também durante a noite: somos filhos da luz porque somos seguidores de Cristo, o verdadeiro dia, a verdadeira luz, o verdadeiro sol; para nós não existe distinção entre dia e noite, e já aqui embaixo devemos iniciar o louvor eterno do céu (*Della preghiera*, 34-36).

BIBLIOGRAFIA. 1) Edições: *PL* 3-4; *CV* 3, 1-3 (1868-1871); BAYARD, L. 2 vls. (com paginação contínua). Paris, 1925; melhor ed. das *Lettere*; COLOMBO, S. in *Corona Patrum Salesiana*, ser. lat. 2. Torino, 1935; opúsculos sem cartas (introd. texto lat., trad. it.).
2) Estudos: BARDY, G. *La vie spirituelle d'après les Peres des trois premiers siècles*. Paris, 1935, 15-32; Tournai, ²1968, 129-229; ID. Le sacerdoce chrétien d'après saint Cyprien. *La Vie Spirituelle* 60 [Supplément] (1939) 87-119; BOUYER, L. – DATTRINO, L. *La spiritualità dei Padri* (3/A). Bologna, 1984, 40.70.58 ss. 81 ss. (com bibliografia); CANALI, L. *Vita di Cipriano. Vite dei santi*. Fondazione L. Valla, 1975, 5-49; CAPMANY, G. *"Miles Christi" en la espiritualidad de san Cipriano*. Barcelona, 1956;

Colombo, S. Cipriano di Cartagine. L'uomo e lo scrittore. *Didaskaleion* 6 (nova série, 1928) 1-80; D'Alès, Adh. *La théologie de saint Cyprien*. Paris, 1922; Dattrino, L. Un padre-pastore del II secolo: Cipriano. *Credere Oggi* 21 (1983) 51-60; Id. La ecclesiologia di san Cipriano nel contesto della Chiesa del terzo secolo. Lateranum 50 [número especial] (1984) 127-150; Gordini, G. D. Cipriano di Cartagine. In: *Bibliotheca Sanctorum* III, 1.226-1.278 (com bibliografia escolhida).

Melchiorre di Santa Maria – L. Dattrino

CIRILO DE ALEXANDRIA (Santo).

1. NOTA BIOGRÁFICA. Sobrinho de Teófilo, patriarca alexandrino opositor de São João → CRISÓSTOMO, Cirilo nasceu em Alexandria por volta de 370. De sua juventude sabe-se muito pouco. Talvez tenha entrado no círculo dos discípulos de Isidoro de Pelúsio e passado alguns anos entre os monges. A educação, tanto profana quanto sacra, é excelente, como demonstram os seus escritos. Comparece com o tio Teófilo no sínodo de Oak, no qual Crisóstomo foi condenado, de cuja memória Cirilo manteve, até 417, um sentimento de hostilidade. Em 412 sucede a Teófilo na cátedra Alexandrina, não sem dificuldades. Rapidamente vê-se em luta contra os judeus, os novatinistas e com o prefeito da cidade, Orestes. Em 428, pregando contra os apolinaristas, Nestório assume posição contra o título de *Theotokos* dado à Virgem Maria. É o início de uma controvérsia aberta e conduzida a fundo, entre o patriarca alexandrino e o constantinopolitano, que tem a sua primeira conclusão no Concílio de Éfeso, em 431. Embora permanecendo ligado ao esquema *logos/sarx*, típico da escola de Alexandria, Cirilo levanta-se como modelo da ortodoxia em defesa da unidade da pessoa de Cristo na dupla natureza: divina e humana, como um século antes havia sido o seu predecessor, Atanásio, em defesa da divindade de Cristo contra Ário. Ainda que criticável pelo modo e pela forma mantida no Concílio — que provoca um atrito com o patriarca antioqueno, João, e outros bispos orientais —, Cirilo é o homem que determina o triunfo da ortodoxia. O preço de sua vitória são três meses de cárcere. De volta à cátedra, tenta um acordo com os antioquenos e os outros bispos que se opõem a ele, conseguindo-o em 433, com uma "fórmula de união". Essa fórmula não satisfaz completamente os orientais, que o acusam de apolinarismo, e os egípcios que o acusam de fraqueza e de traição ao Concílio de 431. Cirilo reage contra uns e contra outros demonstrando, com seus escritos, a sua plena ortodoxia e a sua total fidelidade às decisões efésias. Algumas expressões de Cirilo poderiam servir de pretexto para as acusações movidas contra ele, todavia a causa disso também estava na falta de uma terminologia exata para definir os conceitos de natureza e de pessoa em Cristo. Imprecisão de terminologia que daria, anos depois, motivo a Eutíquio para construir, sobre as ruínas do nestorianismo, a sua heresia monofisita. Cirilo morre em torno de 444, com o mérito de ter sido o "Doutor da divina maternidade de Maria". Maria não é somente a *Christotokos* e a *Theodochos*, mas também a *Theotokos*; dizer que Maria é a *Mãe de Deus* significa afirmar que no Cristo só há uma pessoa: a de Filho de Deus, e que exatamente a essa Pessoa Maria deu a vida no tempo. O mérito, sem dúvida, em grande parte cabe a Cirilo, o último, em ordem cronológica, dos maiores Padres da Igreja grega.

2. ESCRITOS. Não são preocupações estilísticas que guiam Cirilo em seus escritos.

Nos escritos de Cirilo tem-se todo um grupo de obras de caráter dogmático, principalmente na polêmica contra os hereges de seu tempo.

Um outro grupo é de natureza bíblica. Citamos: a) Tratados exegéticos: *Dell'adorazione in spirito e verità* e os *Glafiri* [comentários elegantes] *nel Pentateuco*. Nesses escritos, Cirilo destaca a prefiguração veterotestamentária em relação a Cristo e à vida cristã. b) Comentários: desses restam numerosos fragmentos conservados em cadeia sobre numerosos livros, tanto do Antigo quanto do Novo Testamento. Lugar de destaque ocupa o *Commento al Vangelo di San Giovanni*, digno de figurar ao lado do de Santo → AGOSTINHO, pela agudeza de relevos e pela penetração do texto sagrado. As *Omelie in San Luca* (156) conservam-se na tradição siríaca.

Correspondência: está em grande parte inserida nas controvérsias cristológicas de seu tempo. Das 69 cartas seguramente de Cirilo, merece especial atenção a *primeira* endereçada *aos monges*, na qual acentua a realidade de Cristo Deus-homem e a grandeza da Virgem *Theotokos*.

Os *Discorsi* constituem um grupo autônomo: além das *Omelie in san Luca*, possuímos 29 homilias pascais nas quais frequentemente o intuito pastoral funde-se com a preocupação do mestre pelo reto conhecimento do mistério de Cristo, em si e em suas realizações de salvação.

3. DOUTRINA. O ensinamento espiritual de Cirilo deve ser encontrado e entendido no contexto teológico de toda a sua doutrina cristocêntrica. A realidade cristã é participação na vida divina em Cristo e no Espírito Santo. A alma, com efeito, recebe, pela graça impressa em si mesma, a imagem de Deus: "essa impressão da divindade é tão real e tão profunda que nos tornamos, por seu intermédio, participantes da natureza divina, [...] somos verdadeiramente divinizados, [...] não somos transformados na natureza divina, mas mantendo a nossa fraqueza e a nossa humanidade recebemos verdadeiramente alguma coisa de divino, que nos eleva acima de nossa natureza" (cf. MAHÉ, *La sanctification*, 37-38). O milagre da transformação se realiza por nossa união com Cristo, que, "por seu grande e imenso amor pelos seres humanos, confunde-se conosco: não para transformar-se em nós [...] mas para transformar-nos naquilo que lhe é próprio" (*Tesoro*, 24). A transformação de que fala Cirilo é a comunicação da vida de Cristo à alma; comunicação que, por sua vez, é a primeira consequência da → ENCARNAÇÃO, porque "a humanidade, a bem da verdade, estava toda no Cristo enquanto homem. [...] A razão é que o gênero humano [...] recebeu, em Cristo, o segundo nascimento, o segundo início, elevado a uma vida nova e imortal" (*In Giovanni*, 5,2).

Cristo encarnado "tinha toda a natureza humana para repará-la e restituí-la inteira" (*Ibid.*), por isso "tem em si todos os fiéis para uma união espiritual", com a lógica consequência de que "nós nos tornamos seus cocorpóreos" (*Glafiro nei Numeri*: *PG* 69, 624) pela união que temos nele, segundo o seu corpo (cf. Ef 3,6). Cristo é a primícia da humanidade "consumada na fé e destinada aos tesouros eternos" (*Ibid.*). O mistério da vida de Cristo se torna, sob certos aspectos, o mistério da vida do cristão: é o derramar-se "pelo parentesco que temos com ele" (*In Giovanni*, 1,9), da riqueza de sua graça nos fiéis: estes revivem, em si mesmos, a grandeza do chefe nas inefáveis realidades do espírito, "os dons do bem e da glória" (*Ibid.*). É o modelo e o mestre "no caminho da piedade", a ciência "para o conhecimento da verdade e para a prática da piedade" (*Tesoro*, 20): é "por sua natureza humana, caminho para a imortalidade" (*Omelie*, 28); santificador de todos, "porque por seu intermédio a graça foi derramada sobre nós" (*Tesoro*, 20); princípio e caminho dos bens que chegam a nós (*Ibid.*), entre os quais a graça divina que "eleva, santifica, glorifica e diviniza" (*Ibid.*); doador de riquezas "para conduzir-nos [...] à grandeza inefável que lhe é própria e tornar-nos deuses e filhos de Deus, pela fé" (*In Giovanni*, 1,9), na reconciliação "em um único corpo, com Deus, seu pai" (*Ibid.*). Por uma lei de solidariedade, "fomos crucificados com Cristo quando a sua carne foi crucificada" e "todos ressuscitaremos segundo a imagem daquele que ressuscitou por nós e que carregava a todos em si mesmo" (*In Giovanni*, 6,4; cf. também 2,21). Vida, pois, cristocêntrica, que na Eucaristia — da qual Cirilo é propugnador convicto e qualificado — extrai continuamente energias para as posteriores realizações de perfeição. A doutrina eucarística de Cirilo prende-se portanto à sua doutrina sobre a encarnação do Verbo, que é um prolongamento na vida dos fiéis. Se na encarnação tem-se a elevação da natureza humana à união hipostática com a pessoa divina, na Eucaristia, Cristo, com a sua presença, comunica à nossa natureza uma nova e real elevação e consagração, unindo-a a si de modo tão íntimo e vital, incompreensível e inefável. Exatamente pela analogia com a encarnação, a → EUCARISTIA tem no pensamento de Cirilo uma importância excepcional, quer na santificação de cada cristão, quer nos reflexos para a vida do Corpo místico. Visto que "é completamente vazio, privado de vida, de santidade e de bem-aventurança" (*In Giovanni*, 4, 2), quem se abstém da comunhão, pelo fato de que o Corpo de Cristo "é vivificante porque, de certo modo, está unido inefavelmente ao Verbo, que regenera todos para a vida", afirma "que ela transforma na própria grandeza, isto é, na imortalidade, aqueles que a recebem" (*Ibid.*). Porque, como o fermento leveda a farinha e a transforma, "assim uma parte da Eulogia (Eucaristia), embora pequena, faz fermentar em si todo o nosso corpo e o enche com a sua energia" (*Ibid.*). O milagre da vida está nessa participação na santa carne e no sangue de Cristo, "porque o Verbo habita em nós, de modo divino, pelo Espírito Santo, e, de modo humano, por sua carne e sangue" (*Contro Nestorio*, 4); tal participação no Cristo total não é nem pode ser somente "relação afetiva, mas participação verdadeiramente natural" (*In Giovanni*, 10,2). Há uma união tão profunda "porque Cristo está em nós e estamos inteiramente unidos a ele: como duas velas fundidas entre si formam uma só unidade, de forma que é impossível distigui-las e separá-las" (*Ibid.*).

A união com Cristo eucarístico não é, porém, um fato que diz respeito apenas a quem comunga, mas possui ligação com todo o Corpo místico. "Por meio de um só corpo, de seu corpo, benzeu (consagrou) os seus fiéis na comunhão mística, tornando-os cocorpóreos com ele próprio e entre si" (*In Giovanni*, 11,11). Cirilo reporta-se ao texto paulino da unidade dos cristãos no único pão (cf. 1Cor 10,27) para concluir que é impossível "separar e privar da respectiva união física aqueles que foram relegados juntos para a união em Cristo, por meio do seu único e santo corpo" (*In Giovanni*, 11,11). A conclusão no plano moral e eclesial é da mais alta importância na visão cristã da vida e de uma perene atualidade. "Recebendo (o corpo) uno e indivisível em nossos corpos, somos unidos a Cristo e devemos considerar que os nossos membros pertencem mais a ele que a nós. [...] E se somos cocorpóreos uns com os outros em Cristo, e não só uns com os outros, mas também com ele, que vem a nós com a sua carne, como não seremos uma só coisa uns com os outros e em Cristo?" (*Ibid.*).

Pela exposição doutrinária, Cirilo deduz a necessidade da comunhão frequente e de uma vida verdadeira e integralmente cristã, para sermos dignos de unir-nos a Cristo eucarístico e ser, por seu intermédio, livres dos ataques da carne, curados das enfermidades da alma, fortes contra as ciladas do demônio, levantados de nossas quedas, cheios de piedade com Deus e santificados na unidade (cf. *In Giovanni*, 6,35 e 57).

Para realizar, na realidade da graça, a união com Deus em Cristo, Cirilo, de acordo com a doutrina tradicional, insiste na ação espiritualizadora do Espírito Santo. Por sua natureza divina, ele "é fogo que consome os nossos males", "fonte de água viva que fecunda para a vida eterna", "o selo impresso [nas almas] para restituir-lhes a imagem divina". Por essa específica atribuição do Espírito Santo na santificação das almas, Cirilo insiste na necessidade de possuí-lo para viver, em profundidade e plenitude, a → UNIÃO COM DEUS. Com efeito, "inserido em nós, torna-nos conformes a Deus" (*Tesouro*, 34) e, "selados pelo Espírito Santo, somos renovados em Deus [...] porque está impressa em nós a imagem da substância divina, e estão em nós os sinais da natureza incriada" (*Ibid.*), porque o Espírito, "à semelhança do selo na cera, é impresso de forma invisível nos corações que o recebem, e, pela comunicação de si mesmo, repinta [em nós] a beleza conforme o modelo e restitui ao ser humano a imagem de Deus" (*Ibid.*). Ação em profundidade e ação em extensão. O complexo do Corpo místico é criado e estabilizado pela força unificadora do Espírito que funde, em unidade, a cabeça com os membros. Cirilo aborda, com fineza de intuição, a ação do Espírito Santo e a da Eucaristia na vida de cada fiel e do Corpo místico (cf. *In Giovanni*, 1, 2, 11). Do mesmo modo que na Eucaristia, assim também no Espírito "todos nos fundimos, por assim dizer, entre nós e com Deus" (*Ibid.*). Com efeito, "pela presença do Espírito Santo em nós, temos a presença do Pai, Deus de todos, que une na unidade mútua e na união consigo mesmo, por meio do Filho, todos os que participam do Espírito" (*Ibid.*).

BIBLIOGRAFIA. BURGHARDT, W. *The image of God in man according to Cyril of Alexandria*. College Press, Woodstock, 1957; GEBREMEDHIN, E. *Life-giving blessing. An inquiry into the eucharistic doctrine of Cyril of Alexandria*. Almqvist-Wiksell, Uppsala, 1977; JOUASSARD, G. "Impassibilité" du Logos et "impassibilité" de l'âme humaine chez sain Cyrille d'Alexandrie. *Recherches de Science Religieuse* 45 (1957) 209-224; MAHÉ, J. La sanctification d'après saint Cyrille. *Revue d'Histoire Ecclésiastique* 19 (1909) 30-40.469-492; MANOIR, A. *Dogme et Spiritualité chez saint Cyrille d'Alexandrie*. Paris, 1944 (com ampla bibliografia); ID. La doctrine mariale de saint Cyrille d'Alexandrie. In: *Lexicon der Marienkunde*, 1953; ID. Cyrille d'Alexandrie. In: *Dictionnaire de Spiritualité* II, 2.672-2.683; VONA, C. Cirillo di Alessandria. In: *Bibliotheca Sanctorum* III, 1.308-1.315 (com bibliogr. ampla e escolhida).

C. SORSOLI – L. DATTRINO

CIRILO DE JERUSALÉM (Santo). 1. NOTA BIOGRÁFICA. Os dados relativos à vida de Cirilo, antes de sua consagração episcopal, são muito fragmentados. Certamente era palestino, talvez de Jerusalém, nascido por volta de 315. Ignora-se que, antes de ser agregado ao clero de Jerusalém, em 334, como diácono, tenha vivido na solidão entre os monges. A sua ordenação sacerdotal, celebrada pelo bispo Máximo, remonta a 345; em 348 sucede ao mesmo Máximo na cátedra episcopal de Jerusalém, pela consagração do metropolita de Cesareia, Acácio, em circunstâncias confusas e historicamente ainda não bem esclarecidas.

O episcopado de Cirilo se desenvolve no clima de perseguição criado pelo arianismo, apoiado pela corte imperial. Pela defesa dos direitos de sua Igreja e da ortodoxia, Cirilo paga pessoalmente: três exílios (357, 360 e 367) — este último, prolongado por onze anos — marcam igualmente outras fases de seu calvário de bispo e confessor do Credo niceno. Quiseram atacar a plena ortodoxia de Cirilo pelo fato de que em suas catequeses não se encontra o termo *omousios* (consubstancial). É certo que Cirilo, ao menos até 360, rejeitava o termo *omousios* por temer que ocultasse o perigo de um sabelianismo disfarçado: os partidários desse termo, com efeito, ainda que canonizado em Niceia, eram acusados como neosabelianos. Cirilo, em vez, prefere o *omoiusios*, caro aos semiarianos moderados, entendido, porém, no sentido de perfeita igualdade com o Pai. É preciso estar bem inserido nas sutilezas, geralmente capciosas, das diatribes existentes entre os defensores do Concílio e da terminologia de Niceia, e as várias ramificações do arianismo, dos *anomei* aos *omoiusiani*. Quando percebe que uma fórmula clara se impõe para eliminar qualquer equívoco, Cirilo aceita o *omousios* (consubstancial) e rejeita toda outra expressão que possa, de algum modo, agredir ou minimizar a importância dogmática nicena.

Retornando definitivamente à sua sede episcopal, após a morte de Valente, em 348, desenvolve intensa atividade para reorganizar a sua Igreja, reconstruir a vida religiosa e reformar os costumes. Em 381 assiste ao Concílio de Constantinopla e em 382 é reconhecida como válida, pelos padres conciliares, a sua consagração episcopal e considerada perfeita a sua ortodoxia, em carta endereçada ao papa Dâmaso. Morreu em 386, no meio de seu povo. Cirilo não possui a estatura intelectual de Atanásio e de Basílio, mas não é menor, pela firmeza e fortaleza de espírito nas perseguições das quais foi objeto. É sem dúvida o homem mais representativo da Igreja palestina da segunda metade do século IV. Em 1883 foi declarado Doutor da Igreja por Leão XIII.

2. ESCRITOS. Da multiforme atividade de Cirilo, chegaram até nós poucos escritos: as 24 *Catequeses*, uma homilia sobre o paralítico (Jo 5), uma carta ao imperador Constâncio e alguns fragmentos, talvez não autênticos.

As *Catequeses* são discursos pronunciados aos catecúmenos e aos neófitos. A primeira — protocatequese — é uma introdução às seguintes, das quais as primeiras 18 (de 2 a 19), ditadas aos catecúmenos (*fôtizomenoi*), tratam de assuntos gerais que se referem aos pecados, à penitência, à fé, à explicação do símbolo batismal em uso em Jerusalém, "muito semelhante ao constantinopolitano de 381". De particular valor dogmático, espiritual e litúrgico são as últimas cinco (20 a 24), chamadas, por seu conteúdo característico, *Catequeses Mistagógicas*, pregadas durante a semana da Páscoa de 348 aos neófitos (*neofôtistoi*), nas quais trata do → BATISMO, da → CONFIRMAÇÃO e da → EUCARISTIA, seja como sacramento, seja como sacrifício. Essas últimas catequeses são atribuídas, pelos manuscritos, ou a Cirilo, ou a João, sucessor de Cirilo na cátedra de Jerusalém, ou aos dois juntos. Os pareceres dos estudiosos modernos são divergentes.

A *Carta* a Constâncio narra o prodigioso acontecimento da aparição da cruz em Jerusalém, em 351.

3. DOUTRINA. Cirilo não é teólogo no sentido próprio do termo: é douto, claro, elegante, mas não profundo, nem genial. É mestre de fé que explica ao seu povo a verdade de forma plana, convincente, clara.

O ensinamento doutrinário de Cirilo é dirigido à formação do cristão integral, no conhecimento da verdade e na prática do bem. A verdade ilumina, a prática demonstra a coerência moral, na sinceridade de intenções e de obras (*Catequese*, I, 2-4). As forças negativas que pressionam para separar o ser humano de Deus e do bem, isto é, o pecado "gérmen mau, que por tua espontânea vontade cresce por ti mesmo" (*Ibid.*, 2, 2) e o demônio, são eliminados com a graça de Deus, que perdoa a quem, consciente das próprias transgressões, se arrepende e recorre à bondade misericordiosa de Deus (*Ibid.*, 2, 19-20). A → SANTIDADE CRISTÃ é vocação de todos, não há distinção de sexo ou de estado de vida: virgens, casados, viúvos podem e devem tender à santidade como finalidade estabelecida por Deus para cada um (*Ibid.*, 4, 21-29). Vive-se essa santidade quando se aceita a fé em todas as suas exigências e determinações dogmáticas e morais "na doutrina e na profissão cristã" (*Ibid.*, 5, 12), que em Cristo encontram o mestre e modelo. A humanização do Filho de Deus é em função da salvação do ser humano inteiro: de alma e corpo: "O Senhor assumiu tudo o que era necessário ao ser humano: o homem queria ouvir uma voz semelhante à sua, e o Salvador tomou uma natureza de sentimentos semelhantes, para mais facilmente instruir os seres humanos. [...] Tomou de nós tudo aquilo que nos era semelhante, para a salvação de toda a natureza humana" (*Ibid.*, 12,

14-15). É por causa desse rebaixamento do Verbo à condição do ser humano que se realiza a salvação que, na realidade, é "redenção de sangue", para purificar no sangue as coisas terrestres e celestes (*Ibid.*, 13, 35), porque "a iniquidade dos pecadores não era tão grande quanto a justiça de quem morria por nós; não pecamos assim tanto a ponto de superar a grandeza da justiça de quem entregou à morte a sua alma por nós" (*Ibid.*).

A riqueza de vida em Cristo está contida nos nomes que a Escritura refere a Cristo. Ele, com efeito, é a "porta", que conhece aqueles que entram através dela; "caminho", que conduz ao Pai; "pastor" benigno; "ovelha", que em seu sangue lava as culpas do mundo; "pedra" angular, que garante a salvação de quem puser a sua confiança em seu poder; "vinha", para os necessitados; "mediador", que conduz o ser humano a Deus Pai; "sumo sacerdote", que apresenta ao Pai as nossas ofertas; "médico do corpo e do espírito, dá a visão aos cegos e ilumina as inteligências, endireita os aleijados e guia os pecadores à penitência (cf. *Ibid.*, 10, 5.13). A salvação do ser humano é a aceitação do Cristo total e a participação em sua vida para que: "pela imitação dos seus padecimentos, pudéssemos obter a salvação" (*Mistag.* 1, 5). A nossa realidade batismal nos conduz à inserção em Cristo, para viver o seu mistério de morte e de vida na configuração com "os seus sofrimentos" e na fidelidade "à nova vida" (*Ibid.*, 1, 7-8). Batizados em Cristo e revestidos de Cristo, somos "da mesma forma do Filho de Deus" (*Ibid.*, 3,1), tornados participantes de Cristo, "e não sem justificação somos chamados de cristos" (*Ibid.*), pela consagração e unção do Espírito Santo. Batismo e confirmação — os dois sacramentos da iniciação — desvelam ao fiel a grandeza cristã, em toda a sua imensa dimensão, e o tornam adequado a viver todo o mistério de Cristo, de morte, de vida, de glória (*Ibid.*, 3, 3). "Ele [Cristo] foi ungido com óleo inteligível de alegria, isto é, com o Espírito Santo, [...] e vós também fostes ungidos com unguento, tornando-se consortes e coparticipantes de Cristo" (*Ibid.*). Daí a consequência: o nome cristão não é tanto uma denominação externa e sim uma consagração total a Cristo e a Deus no Espírito Santo, que inclui consciência e compromisso "para tornar-nos agradáveis, pelas boas obras, ao autor" da salvação (*Ibid.*). O chamado para a incorporação com Cristo é a cruz, que o fiel recebeu na regeneração batismal, e com a qual foi consagrado na confirmação: "Não nos envergonhemos com o sinal da cruz: antes, se alguém o esconde, tu deves fazê-lo abertamente na fronte, para que os demônios, atemorizados com esse sinal real, fujam desconcertados. Faze esse sinal quando comeres e beberes, quando sentares e repousares, quando levantares e falares, quando saíres e passeares: em uma palavra, faze esse sinal quando estiveres em qualquer ocupação" (*Ibid.*; *Catequese*, 4, 14).

Os dois sacramentos da iniciação são completados pelo sacramento da incorporação com Cristo. A vida cristã recebe na Eucaristia a sua definitiva e vital união com Cristo, em realidade e dimensão novas e inefáveis. "Com plena certeza tomemos o pão e o vinho, na realidade do corpo e do sangue de Cristo [...] para que, depois de tomar o corpo e o sangue de Cristo, sermos os seus cocorpóreos e consanguíneos. Assim, nos tornamos cristíferos" (*Mistag.* 4, 3). O pão divino "penetra todo o seu ser, vivificando tanto o corpo quanto a alma" (*Ibid.*, 4, 5). A consagração na vida eucarística exprime-se também no ritual em uso na Igreja de Jerusalém para a comunhão: "Ao aproximar-te [do altar] não procedas com as palmas das mãos estendidas, nem com os dedos afastados, mas, colocando a esquerda, como um trono, sob a direita que deve receber o Rei. Com a mão côncava recebe o corpo de Cristo. [...] Depois que, com todo cuidado, santificaste os teus olhos com o corpo sagrado, então consome-o" (*Mistag.* 5, 21). "Depois da comunhão do corpo de Cristo, aproxima-te do cálice do Senhor [...] em atitude de adoração e de veneração. [...] E, enquanto os teus lábios ainda estão molhados, toca-os com a mão e santifica os olhos, a fronte e os outros sentidos" (*Ibid.*, 5, 22; cf. CIRILO DE ALEXANDRIA, *Glaphiroi*, 11; JOÃO DAMASCENO, *De fide ortodoxa*, 13).

Na doutrina espiritual de Cirilo, a ação do Espírito Santo ocupa lugar de destaque. Ação penetrante nas almas de cada fiel e na vida da Igreja. É a grande luz que se difunde em toda parte e envolve com seu fulgor cada alma, e enriquece a todos com os seus dons: ensina a pureza a uns, convence outros a manter-se virgens, e a outros, ainda, comunica a força para que sejam misericordiosos, pobres, fortes contra as investidas do demônio (cf. *Catequeses*, 16, 22). Ilumina as mentes, fortifica as vontades, purifica os corações, estabiliza no bem, livra as almas do demônio, conduz a todos à caridade de Deus. "Temos, portanto, em Deus, um auxílio e proteção verdadeiramente grande: grande Doutor da igreja e nosso defensor" (*Ibid.*, 16, 19). É verdadeiramente bom e traz à alma a salvação: a sua abordagem é leve e fina, suave e fragrante a sua presença, precedida de iluminações vivíssimas e fulgurantes (cf. *Ibid.*, 16, 16). "Vem, com efeito, para salvar, curar, ensinar, advertir, fortalecer, consolar e iluminar a mente de quem o recebe primeiro, e depois, por seu intermédio, a mente dos outros [...] para chegar ao conhecimento das coisas que estão acima das realidades terrenas" (*Ibid.*). As divinas inspirações, as moções íntimas, as vozes interiores do Espírito Santo exigem prontidão e docilidade da alma, para que esta possa elevar-se e contemplar os céus, como em um espelho, e ser revestida de todo o poder do Espírito Santo (cf. *Ibid.*, 16,16-19; *Mistag.* 3, 4).

BIBLIOGRAFIA. Bardy, C. Cyrille de Jerusalém. In: *Dictionnaire d'Histoire et de Géographie Ecclésiastiques*. 1956, 1.181-1.185, vl. XIII; Bonato, A. *La dottrina trinitaria di Cirillo di Gerusalemme*, Roma, 1983; Cirilo de Jerusalém. *Le Catechesi*. Vers. it. de E. Barbisan, Alba, ²1977; *La catechesi ai misteri*. Vers. it. de A. Quacquarelli. Roma, 1983; Dacquino, P. La cresima e il suo contesto biblico nella catechesi di Cirillo e Giovanni di Gerusalemme,. *La Scuola Cattolica* 40 (1962) 291-306; Paulin, A. *Saint Cyrille de Jerusalém*. Paris, 1959; Vona, C. Cirillo di Gerusalemme. In: *Bibliotheca Sanctorum* III, 1.318-1.320.

C. Sorsoli – L. Dattrino

CISNEROS, GARCÍA JIMÉNEZ DE. 1. Nota biográfica. Nasceu em Cisneros, diocese de Leon, em 1456, ou talvez por volta do final de 1455. Pouco conhecemos sobre a sua educação, que, porém, certamente contribuiu para amadurecer nele a decisão tomada em 1475, quando entrou, para tornar-se monge, no cenóbio beneditino mais austero de toda a Espanha, o de São Bento de Valadolid. Nesse mosteiro estava sendo realizada uma séria reforma da Ordem monástica na Espanha, a exemplo do que vinha sendo feito também em outros países (na Itália operava a Congregação beneditina de santa Justina de Pádua), e Cisneros torna-se um dos membros mais representativos e beneméritos. Em 1488 é vice-prior do mosteiro e, pouco depois, enviado a Roma para defender a causa dos monges de Valadolid e da reforma beneditina. Em 1493, depois que uma bula de Alexandre VI uniu o mosteiro de Monserrat, já então célebre santuário mariano, ao mosteiro de São Bento de Valadolid, é eleito prior deste último, onde desenvolve a sua atividade de zeloso reformador e sábio legislador até a morte (27 de novembro de 1510). Desde 1499 teve o título de abade. Continua a interessar-se pela reforma beneditina, para a qual coloca à disposição a tipografia, desejada por ele no mosteiro, com a publicação de obras espirituais e litúrgicas; participa ativamente dos Capítulos gerais e especialmente no de 1500, no qual foram aprovadas as constituições.

2. Obras. Um primeiro grupo de obras da bibliografia cisneriana é composto de textos legislativos monástico-litúrgicos, constituições e cerimoniais, nos quais Cisneros provê a organizção dos vários ramos (eremitas, monges, irmãos, jovens, oblatos, capelães) que compõem a família monástica de Monserrat. Todavia, os escritos mais difundidos são o *Exercitatorio de la vida espiritual* e o *Diretório de las horas canónicas*, ambos impressos na tipografia do mosteiro em 1500 e, no mesmo ano, traduzidos em latim. Em particular, com a primeira dessas obras tornou-se mestre de oração mental para todos os monges beneditinos da Espanha por vários séculos. No *Exercitatorio*, com efeito, apresenta um tratado de iniciação à → vida interior, composto de um manual de oração metódica e de uma antologia de textos relativos à contemplação, extraídos de São Boaventura, Kempf, → gerson, → hugo de balma e do *Rosetum*, de Mombaer; aponta, em seguida, as meditações correspondentes às vias purgativa, iluminativa e unitiva; assim, "meditando y orando" a alma pode unir-se a Deus, mas em torno da vida contemplativa (natureza, exigências, valor, graus) detém-se longamente: escreve para monges que fazem profissão de tal vida. No *Directorio*, porém, ocupa-se com a oração pública da Igreja: em dez capítulos sugere como preparar-se para o → ofício divino, como salmodiar com proveito e atenção, e de que modo se deve meditar logo que termina a récita das horas canónicas. As múltiplas edições e traduções demonstram a extraordinária influência dessas obras, especialmente do *Exercitatorio*, difundido também em um *Compendio breve*, atribuído ao abade Pietro di Burgos, discípulo de Cisneros, e impresso pela primeira vez em Barcelona em 1520. Faz-se necessário reafirmar o enorme influxo que García de Cisneros teve no sucessivo desenvolvimento da escola espanhola de espiritualidade, visto que a ele recorrem, citando-o ou

não, aqueles que em seguida escreveriam sobre a oração "metodizada". García de Cisneros foi a ponte de transmissão entre a corrente espiritual da → DEVOTIO MODERNA e a escola espanhola, conforme demonstram os estudos sobre as fontes e os influxos. O *Exercitatorio* é um livro-base que orienta a espiritualidade espanhola.

3. DOUTRINA. A espiritualidade de Cisneros é essencialmente monástica, visto que ele escreve para os monges, ainda que as suas obras também possam ser úteis para os leigos, como de fato foram. Na base de sua doutrina situa-se a firme convicção de que o monge é totalmente dedicado à vida espiritual. "Praticar a contemplação", escreve nas constituições dos monges, "é o objetivo principal de nossa religião". Lembra a necessidade das práticas ascéticas para desenraizar os vícios e preparar o terreno para as virtudes; recomenda, na fidelidade à tradição de São Bento de Valadolid, a confissão frequente e a devoção à Eucaristia (a santa comunhão deve ser recebida ao menos todos os domingos e em outras trinta festas); sobretudo insiste no esforço pessoal para a aquisição do dom da contemplação, no afastamento do mundo, no silêncio e no recolhimento. Quer que a → LECTIO DIVINA seja um verdadeiro estudo em preparação para a oração mental, que permanece no centro de sua espiritualidade. A oração mental deve ser um exercício constante e metódico, fundamentado na compunção de coração e voltado a levar a alma a ser dominada pela presença de Jesus Cristo, em quaisquer das três vias tradicionais nas quais se desenvolve a meditação. Para Cisneros, a vida contemplativa conclui-se na perfeita caridade. Os estados místicos, porém, dependem totalmente da iniciativa de Deus.

Com esses ensinamentos, Cisneros não constitui uma escola de espiritualidade beneditina, que falta no século XVI na Espanha, mas se insere na corrente da *devotio moderna*, aceitando sugestões de vários autores, de São Boaventura a Gerson e a → BARBO. Discutiu-se longamente se Santo → INÁCIO DE LOYOLA houvera se utilizado do conhecimento do *Exercitatorio* para a composição dos seus *Exercícios:* parece certo, todavia, que Cisneros tenha o mérito de ter transmitido ao fundador da Companhia de Jesus os ensinamentos espirituais da *devotio moderna*.

BIBLIOGRAFIA. ANDRÉS, M. *La teología española en el siglo XVI*. Madrid, 1977, 184-192 e passim, vl. II; BARAUT, C. *García Jiménez de Cisneros. Obras completas*. I. *Introducción e índices*. II. Texto (obra fundamental); COLOMBÁS, G. M. *Un reformador benedictino en tiempo de los Reyes Católicos. García Jiménez de Cisneros, abad de Montserrat*. Montserrat, 1955; JURADO, M. RUIZ. Influyó en San Ignacio el Ejercitatorio de Cisneros? *Manresa* 51 (1979), 65-75.

G. PICASSO – D. DE PABLO MAROTO

CISTERCIENSES. 1. NOTA HISTÓRICA. As origens dos cistercienses afundam as suas raízes no vasto e complexo movimento de reforma do século XI. Não é sem significado que a data oficial de fundação da sua Ordem seja o dia da festa de São Bento (21 de março de 1098); mais importante, porém, é o fato de que os primeiros 21 corajosos — que naquele dia, sob a orientação de são Roberto, abade de Solesmes, davam juridicamente início a uma nova comunidade na "horrenda solidão" de Citeaux (Cistercium) — eram todos monges beneditinos. Se o abade tinha a preciosa experiência de anteriores atuações do gênero, outros traziam consigo o conhecimento de várias formas de vida monástica; assim, chegavam a Citeaux com a ideia clara do que desejavam praticar, em uma clara distinção dos outros mosteiros. Não é por acaso que a fundação foi chamada "o novo mosteiro": o nome indicava tanto uma reação aos abusos quanto uma concreta e aberta distinção dos usos comuns de outros ambientes monásticos. Era fácil, quase no final de um longo processo de reformas, valer-se das experiências das várias organizações monásticas: Cluny, Camaldoli, Vallombrosa, a Cartuxa e os movimentos contemporâneos como Fontevrault, Grandmont e Savigny.

Assim, nada de propriamente novo nesses reformadores, embora fossem facilmente caluniados *quasi singulares et novi monachi*, mas um empenho sem reservas para encontrar as formas mais genuínas da tradição nos textos sacros, no canto, nos usos litúrgicos, na disciplina regular, harmonizando juntos, com um tom de acentuada simplicidade e pobreza, o louvor a Deus e longas horas de trabalho manual, a solidão e a mais completa vida comunitária, o desprendimento e um particular bom gosto artístico: todos elementos que deviam refletir-se em sua doutrina espiritual no período áureo de seu desenvolvimento. A expansão tem início em 1113, com o aval do gênio organizador de santo Stefano Harding, abade de Citeaux de 1109 a 1134, e o impulso místico de São Bernardo, com os atrativos irresistíveis da vida cisterciense. Convém acreditar que sem o ascendente de São Bernardo a reforma de Citeaux, apesar das notas acima citadas, dificilmente teria tido o rápido florescimento que em pouco tempo a propagou em toda a cristandade, mas teria proporcionado pouco à força da expansão sem uma organização correspondente. Esta teve o seu gérmen na *Prima carta caritatis* (1113-1114), determinando-se sempre mais acuradamente nas várias revisões: *Summa cartae caritatis* (1119), *Carta caritatis Prior* (1152), *Carta caritatis Posterior* (1190), integradas pelo *Liber Usuum* e pelas decisões do Capítulo anual geral, chamadas *Instituta* ou *Libellus Definitionum*.

É uma organização típica: a abadia de Citeaux situa-se no centro e todas as outras devem moldar a sua disciplina segundo os seus usos; ali, todos os anos se reunirão em Capítulo todos os abades e as suas decisões capitulares terão autoridade legal para todos. Cada mosteiro goza de plena autonomia, todavia na observância regular está sob o controle imediato, através da visita anual, da abadia que o fundou; Citeaux está subordinado à visita das suas quatro primeiras filiais.

A história demonstra que a vida espiritual dos cistercienses, em suas características próprias, está ligada a essa estrutura constitucional de modo determinante. Com efeito, os esforços de retomada, após as tristes vicissitudes do século XV, não foram verdadeiramente eficazes, senão superando de algum modo o sistema das Congregações independentes, surgidas com direcionamento e caráter diferente no seio da Ordem nos séculos XV-XIX, até à composição de dois grandes ramos de promissor florescimento no tronco de Citeaux: a estrita observância (1894, O.C.R. ou → TRAPISTAS) e a comum observância (1934, S.O. Cist.).

Por outro lado, juntamente com a feliz estrutura jurídica, o desenvolvimento dos cistercienses foi favorecido pelo contraste com as outras observâncias que, diretamente, eram as de Cluny. Essas divergências, porém, contribuíram para mostrar os grandes expoentes da oposição e para expor as verdadeiras intenções dos cistercienses: em que consistia a *novitas* e a *singularitas* das quais eram acusados e de que se sentiam tão orgulhosos; qual era a sua efetiva aderência à Regra beneditina, dado que, além da objetividade desta, e além da organização entre os vários mosteiros, aceitavam a instituição dos conversos, enquanto excluíam da família monástica os jovens, dos quais tanto fala São Bento. Mais penoso e prejudicial, porém, foi o contraste que, no movimento congregacionista dos séculos XV-XIX, estendeu-se no seio da Ordem, em nome da observância mais austera ou mais moderada. Julgando diferentemente caso a caso, deve-se dizer que geralmente esses restauradores, como G. de la Barrière (1544-1600) com a Congregação dos *feuillants*, D. Largentier (1596-1624), de → RANCÉ (1626-1700) e A. Lestrange († 1827) na trapa, não conheceram muito bem o primitivo Citeaux, ou nele enxergaram, com a visão de seu tempo, somente alguns aspectos. Mais objetivos foram os modernos, em descobrir e retomar os traços seguros das origens, ainda que as condições dos últimos séculos apareçam aqui e ali com os seus traços, especialmente em alguns agrupamentos da comum observância.

Da primeira expansão até hoje, com vicissitudes muito semelhantes às dos monges, desenvolveu-se a vida nas comunidades femininas, surgidas ou reformadas segundo a observância da Ordem cisterciense nas várias fases de sua história.

2. FONTES. Além dos escritos dos numerosos autores, maiores e menores, aproximados à luz dos estudos mais recentes, para entender bem a doutrina espiritual dos cistercienses é preciso levar em conta muitos outros testemunhos, dos textos litúrgicos aos hábitos, das determinações dos Capítulos às manifestações artísticas. É fato conhecido que existe um estilo cisterciense na arquitetura, em relação direta com um particular tom de espiritualidade, todavia o observador menos prevenido poderá ignorar que a própria estrutura dos monges está ligada, nos cistercienses, a um determinado aspecto de ascese. São úteis os escritos hagiográficos, embora permeados pelas habituais expressões.

3. ASCESE. Embora não faltem amiúde, especialmente em algumas cartas e tratados, referências explícitas à vida dos leigos e dos clérigos de grau variado, a copiosa literatura dos cistercienses se ocupa sobretudo com os monges, isto é, com aqueles que se converteram a Cristo, deixando efetivamente tudo. É essa conversão total que os conduz à solidão, ao silêncio, à pobreza, à penitência e ao desprendimento de tudo no exercício constante da humildade e da obediência, certos de que somente assim buscam sinceramente a Deus. Tudo deve refletir essa aderência à renúncia total: a rudeza das vestes, a redução e austeridade do alimento, a pobreza da habitação monástica,

geralmente situada em lugares desconfortáveis, a extrema simplicidade também nas igrejas e nos utensílios sagrados, o duro trabalho manual nos bosques, nos pântanos e na colheita das plantações, a mais completa separação dos contatos com o mundo. São essas as notas ascéticas sobre as quais frequentemente retornam os autores e os documentos da escola cisterciense. Não se pode negar que essas notas, ainda que comuns e em parte acentuadas em outros ambientes monásticos, em seu conjunto, especialmente nos primeiros tempos da Ordem e em algumas reformas internas mais recentes, distinguiram abertamente os cistercienses dos outros cenobitas seguidores da Regra beneditina. O seu próprio remeter-se à Regra, mais que uma aderência literal, queria ser a justificação de uma dada atitude intransigente diante daqueles que, em nome do espírito da Regra, seguiam mais as tradições que o ensinamento daquele código monástico. Por outro lado, pelo fato de que entre os cistercienses se insiste tanto na austeridade, na pobreza e simplicidade, pode-se deduzir que esse ideal ascético também encontrava neles aquelas dificuldades que, junto aos outros, talvez fossem facilmente julgadas como desvios e fraquezas. Mais que os detalhes das várias observâncias, é útil notar de que modo os contendores verdadeiramente santos compreenderam que acima de tudo vale a caridade, porque, entre outras vantagens, sabe corrigir e aceita docilmente a correção.

4. PIEDADE. A simplicidade do culto, a redução das práticas devocionais como ato comunitário, o enquadramento da *Opus Dei* nas horas de trabalho manual e da *lectio divina*, ao menos nos primeiros tempos, deram à piedade dos cistercienses um aspecto que, exteriormente, a distinguia da comum. Não se pode, todavia, falar de uma piedade típica de Citeaux. As atitudes dos seus autores não diferem das tradicionais e comuns ao século em que vivem. Cada qual traz o seu caráter e a sua sensibilidade, por isso não se determina uma forma devocional característica dos cistercienses. Isto também vale para a devoção ao Cristo e à Virgem: basta conhecer como era praticada em outra parte, antes e durante os séculos de Citeaux. Mais que uma novidade própria, Citeaux deu, aqui, o impulso surgido da ascendência de alguns de seus membros, especialmente São Bernardo.

Menos ainda pode-se afirmar que os cistercienses tenham mantido uma característica claramente distinta dos vários movimentos devocionais durante o período do Renascimento e do Barroco; em vez disso, no recente exaustivo trabalho de retorno às suas origens, apresentam-se, juntamente com os outros monges, com um semblante mais pessoal, altamente marcado pela liturgia.

5. MÍSTICA. Esse, provavelmente, é o campo no qual os grandes cistercienses deixaram uma marca que os distingue na espiritualidade. Sem que nos legassem tratados sistemáticos sobre a → VIDA INTERIOR, esses autores nos descreveram as linhas seguras de uma teologia da mística.

Não que se deva admitir uma espiritualidade propriamente cisterciense, claramente distinta daquela comum a todo o universo monástico: Citeaux vive nessa tradição nos tons próprios de seu século; mas é também verdade que autores como São Bernardo, Guglielmo di Saint-Thierry, Aelredo di Rielvaux, Guerrico di Igny, Isacco della Stella, Gilberto di Hoilland, Giovanni di Ford, Alchero di Clairvaux, Gilberto di Stanford, para citar os mais conhecidos, falaram do ser humano e de suas íntimas relações com Deus determinando um progresso na teologia da mística. Pode-se dizer que antes deles, e em torno deles, desenvolvia-se uma teologia do dogma que nutria a contemplação e a vida; com eles, atrás do exemplo arrasador de São Bernardo, na nova sensibilidade de sua época, determinava-se sobretudo uma experiência de união com Cristo, esposo da alma: união de amor que também é conhecimento, antes, o mais alto conhecimento, a → CONTEMPLAÇÃO — *amor ipse intellectus*. A austeridade de sua ascese teria desencorajado a maioria se não fosse entendida e vivida em função dessa união de amor. Tal atitude explica a predileção que o mundo cisterciense teve pelo → CÂNTICO DOS CÂNTICOS e seu modo de comentá-lo. Ninguém nos deixou um comentário dele no sentido normal da exegese; mas o texto servia muito bem a esses monges para falar da alma e dos seus contatos de amor com o Verbo. Desenvolve-se, assim, uma doutrina espiritual que ilumina os aspectos psicológicos da vida interior, sobretudo dá a noção exata do puro amor de Deus e aponta quais são as condições, a natureza, e as características da contemplação. Isto não em forma abstrata, mas como serena confiança de uma experiência vivida. É o segredo do perene frescor desses autores, alimentados pela mais autêntica tradição e, ao mesmo tempo, tão originais que parecem quase iniciadores. Basta ter lido → ORÍGENES, Santo → AGOSTINHO, São → GREGÓRIO MAGNO, para saber que não eram inovadores; mas é também verdade que tendo impregnado, ao menos durante um século, o seu ambiente com semelhante clima, acentuaram as notas dessa espiritualidade. E os seus sucessores sempre retomaram vida quando restabeleceram contato com a atmosfera de tão apaixonada contemplação.

Fora desses mosteiros, antes de tudo enriquecem-se com a influência desses mestres as numerosas comunidades femininas que seguiam a disciplina cisterciense e, de modo mais ou menos direto, dependiam dos monges. Nas outras Ordens religiosas, especialmente através da adaptação de São Boaventura, os → FRANCISCANOS sofreram influência. Por seus contatos com os cistercienses, Santa → BRÍGIDA DA SUÉCIA assimilou vários elementos, bem como a Ordem do Salvador fundada por ela. Menos clara é a influência de Citeaux na → DEVOTIO MODERNA.

Convém observar que o movimento cisterciense de Joaquim de Fiore não teve nem precedentes nem consequências no mundo de sua Ordem. O mesmo deve-se dizer do caso desagradável das cistercienses de Port-Royal no tempo do → JANSENISMO.

BIBLIOGRAFIA. 1) História: AUBERGER, J. B. L'unanimité cistercienne primitive: mythe ou realité? "*Cîteaux*": *Studia et Documenta*. Achel, 1986, vl. III; BOUTON, J. *Histoire de l'Ordre de Cîteaux*. Westmalle, 1959, vl. I; 1964, vl. II; 1968, vl. III; CANIVEZ, J. Cîteaux. In: *Dictionnaire d'Histoire et de Géographie Ecclésiastiques*. Paris, 1953, 874-997, vl. XII; *Die Zisterzienser. Ordensleben zwischen Ideal und Wirklichkeit*. Bonn, 1980; JANAUSCHEK, L. *Originum cisterciensium tomus I*. Viena, 1877; LE BAIL, A. *L'Ordre de Cîteaux*. Paris, 1947; LEKAI, L. J. Cisterciensi. In: *Dizionario degli Istituti di Perfezione*. Roma, 1975, 1.058-1.098, vl. II; ID. *The Cistercian. Ideals and reality*. Kent, 1977; LEKAI, L. J. *The White Monks*. Okauchee (EUA), 1953; MÜLLER, C. *Vom Cistercienser Orden*. Bregenz, 1927; PARIS, J. – SEJALIN, H. *Nomasticon cisterciense*. Solesmes, 1892 (nova edição); ROPS, D. *Saint Bernard et ses fils*. Tours, 1962; SCHNEIDER, A. *Die Cistercienser: Geschichte, Geist, Kunst*. Köln, 1974 (²1977).

2) Origens e constituições: BOUTON, J. – VAN DAMME, J. B. *Les plus anciens textes de Cîteaux*. "*Cîteaux*": *Studia et Documenta*. Achel, 1974, vl. II; CANIVEZ, J. *Statuta Capitulorum Generalium Ordinis Cisterciensis ab anno 1116 ad annum 1786*. Louvain, 1933-1941, 8 vls.; DUCOURNEAU, O. *Les origines cisterciennes*. Ligugé, 1933; GUIGNARD, F. *Les monuments primitifs de la règle cistercienne*. Dijon, 1878; LECLERCQ, J. Les intentions des fondateurs de l'ordre cistercien. *Collectanea Ordinis Cisterciensium Reformatorum* 30 (1968) 233-271; LEFEVRE, A. Que savons-nous du Cîteaux primitif? *Revue d'Histoire Ecclésiastique* 51 (1956) 5-41; MAHN, J. B. *L'Ordre cistercien et son gouvernement des origines au milieu du XIII siècle*. Paris, 1945; MÜLLER, G. Studien ber das Generalkapitel. Série de 50 artigos publicados em *Cistercienser-Chronik* 12 (1900) a 20 (1908); PASTZOR, E. Le origini dell'Ordine cisterciense e la riforma monastica. *Analecta Cisterciensia* 21 (1965) 112-127; PLACE, F. DE. Bibliographie raisonée des premiers documents cisterciens (1098-1200), *Cîteaux* 35 (1984) 7-54; SPAHR, K. *De fontibus constitutivis primigenii iuris constititionalis S. Ord. Cisterciensis*. Roma, 1953; TÜRK, J. Cistercii statuta antiquíssima. *Analecta Sacri Ordinis Cisterciensis* 4 (1948); VAN DAMME, J. B. *Autour des origines cisterciennes*. Westmalle, 1959; ID. Formation de la constitution cistercienne. Esquisse historique. *Studia Monastica* 4 (1962) 111-137; VITI, G. Precisazioni sul codice "Cisterciense" 1711 della Biblioteca Comunale di Trento. In: *La Regione Trentino-Alto Adige nel Medio Evo*. Ata da *Accademia Roveretana degli Agiati*. Contribuição da classe de ciências humanas de letras e artes, s. VI, vl. 25, fl. A, Rovereto, 1986, 127-154. WADDELL, C. The Exordium Cistercii and the Summa cartae caritatis: a discussion continued. In: *Cistercian Ideals and reality*. ["Cistercian Studies", vl. 60.] Kalamazoo (Michigan), 1978, 30-61; ZAKAR, P. Le origini dell'Ordine cisterciense. Brevi osservazioni sugli studi degli ultimi quindici anni. *Notizie Cisterciensi* 3 (1970) 1-17.88-111.189-199.

3) Concepção Monástica dos Cistercienses: DIMIER, A. Les concepts de moine et de vie monastique chez les premiers cisterciens. *Studia Monástica* 1 (1959) 399-418; ID. Les premiers cisterciens étaient-ils ennemis des études? *Studia Monástica* 4 (1962) 69-91; LECLERCQ, J. La crise du monachisme aux XIe et XIIe siècles. *Bolletino dell'Istituto Storico Italiano per il Medioevo* 70 (1958) 19-41; ID. *Saint Bernard et l'esprit cistercien*. Paris, 1966; ID. *San Bernardo e lo spirito cisterciense*. Torino, 1976; SALMON, P. L'ascèse monastique et les origines de Cîteaux. In: *Melanges Saint-Bernard*. Dijon, 1954, 268-283.

4) Espiritualidade em geral: BOUYER, L. *La spiritualité de Cîteaux*. Paris, 1955; GRAVES, C. V. Pedagogus abbatum ordinis Cistercii. *Medieval Studies* 30 (1968) 260-338; PENNINGTON, M. B. Toward discerning the spirit and aims of the Founders of the Order of Cîteaux. *Studia Monastica* 11 (1969) 405-420; FRACHEBOUD, A. *Espiritualidad cisterciense. Introducción a los primeros Padres del Cister*. Viaceli, 1970; THOMAS, R. *Spiritualité Cistercienne*. Pain de Cîteaux 13-14, Beernem, 1976; LOUF, A. *La voie cistercienne. À l'école de l'amour*. Paris, 1980; THOMAS, R. *La journée monastique*. Pain de Cîteaux, Paris,

1982; LECLERCQ, J. *La spiritualità del Medioevo (VI-XII secolo). da S. Gregorio a S. Bernardo*. In: BOUYER, L. – ANCILLI, E. (orgs.). *Storia della Spiritualità*. Bologna, 1986, 283-329, vl. IV/A.

5) Autores: BROUETTE, E. – DIMIER, A. – MANNING, E. (orgs.). *Dictionnaire des auteurs cisterciens. La Documentation Cistercienne*. Rochefort, 1975-1979, vl. XVI [2 tomos]; DE VISCH, C. *Bibliotheca scriptorum SOCist*. Köln, ²1656; FRACHEBOUD, A. *Les premiers spirituels cisterciens*, Pain de Cîteaux, Paris, 1982; HENRIQUEZ, C. *Menologium cisterciense*. Antuerpiae, 1630; LENSSEN, S. *Hagiologium Cisterciense*. Koningshoeven, 1948; ID. *Menologium cisterciense*. Westmale, 1952.

Arquitetura: AUBERT, M. *L'architecture cistercienne en France*. Paris, 1943, 2 vls.; DIMIER, A. – PORCHER, J. *L'art cistercien. France*. La Pierre-qui-Vire, 1962; DIMIER, A. *Recueil de plans d'églises cisterciennes. Introduction, bibliographie et tables*. Paris, 1949; ID. *Supplément*. Paris, 1967; ID. *L'art cistercien. Hors la France*. La Pierre-qui-Vire, 1971; FRACCARO DE LONGHI, L. *L'architettura delle chiese cisterciensi italiane*. Milano, 1958; HAHN, H. *Die fr he Kirchenbaukunst der Zisterzienser*. Berlin, 1957; VITI, G. Primo contributo per una bibliografia sull'architettura cisterciense. *Notizie Cisterciensi* 12 (1979) 155-189; ID. L'architettura cisterciense nel segno della Gerusalemme celeste. *Città di Vita* 40 (1985) 63-82. VONGREY, F. Architettura Cisterciense. In: *Dizionario degli Istituti di Perfezione*. Roma, 1975, 1.034-1.058, vl. II.

Revistas editadas pelos cistercienses: *Cistercienser-Chronik*, Bregenz, 1989-; *Collectanea Ordinis Cisterciensium Reformatorum*, Scourmont (1934-1964); de 1965 em diante: *Collectanea Cisterciensia*; *Analecta Sacri Ordinis Cisterciensis*, Roma, 1945-1965; de 1966 em diante: *Analecta Cisterciensia*; *Cistercium. Revista Monastica*, Palencia, 1948-; *Cîteaux in de Nederlanden*, Westmale, 1950-1958; de 1959 em diante: *Cîteaux*; *Cistercian Studies*, Abadia de Getsêmani, EUA, 1966-; *Notizie Cisterciensi*, Cartuxa de Florença, 1968-1979; de 1984 em diante: *Rivista Cisterciense*, Casamari.

E. BACCETTI

CIÚME. O ciúme pode ser descrito como um estado afetivo superior do homem triste e atormentado por frustrações, que exige inteiramente para si o objeto amado sobre o qual acredita ter o direito e resiste ao verdadeiro ou ao pretenso usurpador. O ciúme é diferente da inveja que se sente por um objeto desejado mas não possuído e pelo qual não se tem nenhum direito demonstrável. No ciúme, a corrente afetiva envolve um sujeito, um objeto amado com desejo de apropriação e uma outra pessoa que subtrai ao amor possessivo o objeto disputado. Fala-se de um triângulo do ciúme. O indivíduo que está na serena alegria da posse legítima, plena, exclusiva, percebe que está ocorrendo a subtração do objeto quer como diminuição de utilidade ou de correspondência amorosa, quer como tentativa de possível diminuição por parte de uma outra pessoa que não tem nenhum direito. O sofrimento, a depressão, o despeito, a ira, a busca de expedientes para opor-se a isso e também o ódio pelo usurpador abrem caminho dependendo dos vários coeficientes que atuam nesse complexo estado afetivo. O objeto do ciúme pode ser qualquer valor real ou fictício; nos adultos, geralmente é a amizade, o amor, a honra, o poder etc. O usurpador é uma pessoa isolada ou uma pessoa moral consciente ou não de ser rival. Os coeficientes da alegria são transitórios, constitucionais ou ainda característicos. Os transitórios referem-se aos que são despertados por indisposições físicas, pela inibição dos justos desejos, pela humilhação não plenamente justificada, especialmente se repetida. Os coeficientes constitucionais são reconhecíveis nas insuficiências que produzem desejos fisiológicos de difícil satisfação, determinando assim no bebê ou na criança uma situação de insatisfação, de ressentimento, de comparações infelizes e dolorosas com outras mais saudáveis e afortunadas. A má educação das crianças também alimenta o ciúme: o da criança mal-acostumada que se torna egocêntrica, tirana, individualista etc. e a da criança privada dos recursos normais e que por posições opostas inclina, por motivos análogos, ao ciúme. A agressividade fundamental que se esconde em todo ser humano se alimenta precisamente da crítica, da inveja e do ciúme. Este se especifica de maneiras diferentes: instintivo, constitucional, normal, patológico. O instintivo é precisamente o do bebê que rejeita o rival usurpador do seio materno ou das suas atenções. O ciúme constitucional fundamenta-se nas carências fisiológicas sofridas na idade evolutiva. Considera-se normal aquele ciúme que resiste aos extremos da total depressão e do ódio, conserva a lucidez de juízo, não se submete a fáceis suspeitas, a interpretações falsas, mas reage com afeto, sofrimento e com equilíbrio. O ciúme patológico, que se pode classificar de instintivo ou de constitucional, encontra terreno propício na constituição paranoica dos indivíduos. Neste caso, o grau de intensidade do ciúme depende da intensidade da própria paranoia, que é uma anomalia psíquica bastante difundida. A observação do ciumento se afina e se torna exacerbada; a interpretação, contudo, é falseada por um amor cego pelo objeto: suspeitas e dúvidas obrigam o ciumento a uma irrequieta busca de confirmações e de expedientes para pôr fim ao seu sofrimento; não foge do julgamento temerário, do exagero das provas, do despeito, das cenas de ciúme, da calúnia, do ódio e algumas vezes até mesmo do delito.

Para a vida espiritual, o ciumento patológico apresenta carências bastante negativas porque o seu espírito é estreito e o seu apego à realidade terrena impede uma suficiente abertura para os bens sobrenaturais. O ciúme não é incomum nem mesmo entre pessoas de estrita formação religiosa, dado que algumas características paranoicas podem facilmente, ainda que inadvertidamente ser alimentadas por humilhações, proibições, clausuras etc. A ascese própria das pessoas que tendem a ser ciumentas é a de uma cura geral da constituição paranoica, de um distanciamento mais severo dos valores terrenos em uma visão objetiva da funcionalidade deles, e de uma maior abertura de caridade universal.

BIBLIOGRAFIA. ANKLES, T. M. *A study of jealousy as differentiated from envy*. Boston, 1939; DELPIERRE, G. *La gelosia*. Roma, 1958; HILGARD, E. R. *Psicologia*. Firenze, 1971, 576 ss., MOUNIER, E. *Trattato del carattere*. Paoline, Roma, 1949.

G. G. PESENTI

CLARIVIDÊNCIA. É também chamada telestesia, criptestesia, dupla-vista, lucidez, nem sempre, todavia, com o mesmo significado. Não é fácil dar uma definição para a clarividência, porque sua natureza íntima não é suficientemente conhecida.

Tomada em sentido geral, clarividência é o conhecimento de um acontecimento ou de um ser qualquer, situado no espaço e no tempo, que ocorre sem o uso normal dos sentidos. O tempo é representado tanto pelo presente quanto pelo passado e futuro. Neste sentido compreende numerosos tipos de fenômenos como a → TELEPATIA, a psicometria, a → ADIVINHAÇÃO etc., e se divide em clarividência direta e indireta: direta, quando o conhecimento se realiza em virtude de uma ação direta entre o objeto ou o acontecimento e a pessoa clarividente. Também é considerada direta se o conhecimento é obtido por meio de certos instrumentos, como a rabdomancia. É chamada indireta quando o conhecimento provém da percepção da mensagem transmitida por uma outra mente, que percebeu o acontecimento ou o indivíduo em questão.

Em geral, a existência da clarividência pode ser considerada com base científica. Alguns fenômenos de clarividência, que se apresentam como tais, existem. Convém admitir, todavia, que estes podem ocorrer de modo mais perfeito por via sobrenatural ou preternatural. Nesses casos, possuem uma amplitude, intensidade, utilidade e oportunidade não encontrada na clarividência natural; por outro lado, a faculdade de realizá-los é bastante rara e não habitual, é atribuída a cada caso e é independente dos indivíduos e das circunstâncias ambientais.

Em sentido restrito, a clarividência é a faculdade de perceber ou de ver seres ou acontecimentos presentes no tempo, sem a intervenção dos sentidos. Pode valer-se também da ajuda de diferentes objetos e instrumentos, recebendo, então, um nome diferente, de acordo com o objeto e o instrumento empregado: rabdomancia ou radiestesia (varinha, pêndulo), cristalomancia (cristais ou qualquer outra substância brilhante).

A clarividência distingue-se da telepatia: enquanto esta última pressupõe uma comunicação entre dois espíritos, dos quais aquele que recebe é passivo (não de forma absoluta) na recepção da mensagem, na clarividência é o espírito que mediante sua atividade e da sua busca percebe os objetos e os acontecimentos. Nesse sentido restrito, a clarividência só possui fundamento científico em sentido geral, visto que, mesmo na hipótese de serem admitidos, os fatos poderiam reduzir-se a simples telepatia. Hoje, os parapsicólogos não ousam sustentar a existência de uma percepção extrassensorial de realidades físicas por ação direta entre essas realidades e a pessoa que percebe. Apesar disso, a sua possibilidade natural não está totalmente descartada.

Algumas teorias foram pensadas para explicar uma tácita clarividência: a) a dupla personalidade: a pessoa clarividente envia seu "outro" que percebe os objetos ou os acontecimentos. Esse outro, todavia, seria algo de contraditório; b) um sexto sentido, distinto das faculdades sensitivas conhecidas pela psicologia clássica, que, em determinadas circunstâncias, através dele o ser humano poderia ver e ouvir a distância. De modo geral, isto seria improvável. A existência desse sentido, porém, não foi demonstrada; c) radiações especiais emitidas pelos objetos ou pelos acontecimentos, as quais poderiam ser percebidas em determinadas circunstâncias por certas pessoas. Ainda que essa teoria apresente dificuldades, a existência do rádio e da tevê confirma essa possibilidade.

Deve-se observar que determinados estados de *transe* e de sonambulismo causam hiperestesia em vários sentidos, sobretudo na visão e na audição. Trata-se apenas de uma maior hipersensibilidade e maior acuidade. Essa hipersensibilidade também pode ser encontrada em indivíduos psiquicamente anormais ou em determinados estados hipnóticos. Por outro lado, convém acautelar-se contra os possíveis truques, favorecidos por circunstâncias nas quais são provocados os fenômenos de clarividência.

Esses fenômenos exigem prudência ao atribuir a visões ou a revelações divinas aquilo que pode ser o efeito de uma causa natural. Isto não impede que Deus possa se valer dessas energias naturais com uma finalidade sobrenatural: para determinar isto é preciso levar em conta tanto as circunstâncias e a pessoa quanto os efeitos do fenômeno.

BIBLIOGRAFIA. BALDUCCI, C. *Gli indemoniati*. Roma, 1959, 343-348; QUEVEDO, O. G. *El rostro oculto de la mente*. Santander, 1971, 325-344; THURSTON, H. *La Chiesa e lo spiritismo*. Milano, 1949, 258-283; WIESINGER, A. *I fenomeni occulti*. Vicenza, 1956, 179-197 e também 232-236.249-252.

I. RODRÍGUES

CLAUSURA. 1. NOÇÃO. Pode-se definir clausura (do latim *claudere*) como um recinto sagrado, que separa canonicamente pessoas consagradas do mundo que as rodeia. O termo "clausura" possui dois significados correlatos. Em sentido formal, significa a mesma norma canônica que regula o ingresso e a saída nas casas religiosas: nesse sentido, é uma lei positiva da Igreja que reserva um ambiente destinado aos religiosos e às religiosas. Em sentido material, significa o próprio ambiente (casa, dependências, jardim etc.) destinado aos religiosos e às religiosas e submisso à lei canônica da clausura.

Faz-se uso da expressão "clausura ativa" para significar a proibição aos religiosos de sair da clausura. A clausura passiva, em vez, proíbe o ingresso de estranhos. A legislação vigente quer que a separação material, constituída pela clausura feminina, seja tal que torne impossível — por meio de muros, grades, portas fechadas a chave etc. — a saída das monjas e o ingresso de estranhos. A clausura masculina, todavia, proíbe somente o ingresso de mulheres.

2. EVOLUÇÃO HISTÓRICA. A profissão de vida separada e toda consagrada ao Senhor — mesmo na dimensão externa — é antiquíssima na Igreja: certamente remonta à segunda metade do século III ou início do século IV. Encontramos um eloquente testemunho desse tipo de vida na *Vita Antonii* (c. 14) atribuída a santo Atanásio.

O verdadeiro fundador da clausura monástica feminina teria sido São → CESÁRIO DE ARLES, que fundou, com clausura de grande rigor, o mosteiro de São João em 513.

Nos séculos seguintes, foi sendo desenvolvida uma forma de clausura canônica, dotada de leis próprias e de prescrições cada vez mais explícitas. Embora a autêntica clausura seja substancialmente anterior a Santa Clara de Assis, foi ela quem lhe deu uma forma mais rígida, compatível com a sua finalidade de fundadora de uma Ordem de grande austeridade e de rigorosa pobreza evangélica. Essa clausura das clarissas foi aprovada — em uma primeira Regra que continha normas severas para uma determinada clausura provida de grades — pelo cardeal Ugolino dei Conti di Segni (o futuro papa Gregório IX). Em seguida, no ano de 1298, com normas igualmente severas, Bonifácio VIII estendia a todas as monjas essa forma de clausura observada pelas clarissas desde 1219.

O Concílio de Trento (Sess. XXIV de 3-4 de dezembro de 1563, *De Regularibus*, cân. 5) defendeu posteriormente a instituição claustral das monjas, proibindo o ingresso de estranhos na clausura com a sanção da excomunhão, que Pio V estendeu também à saída ilegítima das monjas (cost. *Decori*, 1º fevereiro de 1570). "A Igreja sempre se preocupou em defender externamente a profissão de vida eremítica dessas virgens por meio de leis de clausura sempre mais severas" (const. apost. *Sponsa Christi*); tal severidade atingiu o seu rigor máximo com a citada constituição de Pio V.

O principal motivo foi a custódia do voto solene de castidade, mas nos séculos que se seguiram ao Concílio de Trento adquiriram maior importância outros valores espirituais realizados pela total separação do mundo, retornando-se assim ao conceito original de Santa Clara, que tinha desejado a clausura como "lugar estável", favorável à contemplação, e que no "lugar de estrita clausura" vislumbrava uma expressão de pobreza evangélica e uma exigência ascética para o seguimento de Cristo "em sua vida pobre e virginal", "enquanto contempla no monte"(cf. *LG* 46).

Do mesmo modo, Santa Teresa d'Ávila, Doutora da Igreja, faz da rigorosa observância da clausura o meio e o fim de sua reforma da II Ordem do Carmelo, e em seus mosteiros não só aplica, mas antecipa (1562) as normas do Concílio Tridentino, acentuando antes, de modo original, a dimensão eremítica enquanto determinação para a → UNIÃO COM DEUS na vida de oração.

As leis canônicas do Concílio de Trento sobre a clausura, estendidas a todas as Ordens — beneditina, dominicana e franciscana —, e permaneceram quase inalteradas até a promulgação do novo Código de Direito Canônico (27 de maio de 1917), o qual, nos câns. 597-607 e 2.342, compendia e confirma toda a legislação anterior, ocupando-se especialmente da "disciplina e do espírito religioso" (cân. 605) nos mosteiros.

Da publicação do Código de Direito Canônico até o Concílio Ecumênico Vaticano II, houve uma crescente valorização da vida claustral sob o aspecto apostólico e como testemunho de valores escatológicos e teologais. Esse é o espírito que anima a constituição apostólica *Sponsa Christi*, de 21 de novembro de 1950. Por outro lado, com a segurança e a santidade domiciliar, que foram somente uma das tantas causas pelas quais, no decorrer dos séculos, foi postulada a instituição da clausura pontifícia e sua organização jurídica, não sendo mais expostas como em outros tempos (cf. *Sponsa Christi*), a própria clausura canônica foi assumindo sempre mais claramente a função e o valor de meio eficaz de ascese cristã, à imitação de Cristo, "em um alto monte, em um lugar apartado, para rezar" (cf. Mt 17,1; Mc 9,2; Lc 9,18).

A sucessiva instrução da Sagrada Congregação dos Religiosos, *Inter cetera*, de 25 de março de 1956, mantém-se na finalidade de dar à clausura novas formas formuladas segundo a exigência dos tempos, porque "quanto mais, em nossos dias, os espíritos são atraídos para as coisas exteriores, tanto mais firmemente deve ser mantida a instituição da clausura, que leva as monjas a aderirem muito mais a Deus" (*Inter cetera*, n. 1).

Finalmente, o Concílio Vaticano II declara, no decreto *Perfectae caritatis*, que "os institutos totalmente ordenados à contemplação […] continuam a ter sempre parte eminente no Corpo Místico de Cristo", determinando, ao mesmo tempo, que o "seu modo de vida seja revisto à luz dos princípios e dos critérios da atualização já enumerados, mantendo-se, no entanto, da maneira mais inviolável, a sua separação do mundo" (n. 7). Em particular, "mantenha-se firme a clausura papal em favor das monjas de vida exclusivamente contemplativa, adaptando-se às condições dos tempos e lugares e suprimindo-se os usos que forem obsoletos" (n. 16).

O *motu proprio Ecclesiae sanctae* (6 de agosto de 1966), que apresenta as normas para a realização do decreto *PC*, determina a função da clausura conforme a vocação das monjas: "A clausura papal dos mosteiros deve ser considerada uma instituição ascética particularmente coerente com a vocação especial das monjas, enquanto é sinal, proteção e forma característica de sua separação do mundo" (II, 30). Quanto à aplicação prática, foi determinado que "essa clausura seja adaptada de modo a conservar sempre a separação material do exterior. Cada família religiosa, segundo o próprio espírito, poderá definir e fixar em suas constituições as normas particulares referentes a essa separação material" (II, 3).

Nesses princípios fundamenta-se o mais recente documento eclesial sobre a clausura: a instrução *Venite seorsum*, sobre a vida contemplativa e a clausura das monjas, divulgada pela Sagrada Congregação dos Religiosos em 15 de agosto de 1969. A parte normativa inicia-se com o texto supracitado da *Ecclesiae sanctae*, II, 30; em seguida especifica, em 17 artigos, as normas com as quais se deve regular "a custódia e a adaptação da clausura […] para os mosteiros de monjas inteiramente consagradas à contemplação" (*Venite seorsum*, VII).

Com base no citado II, 30 do moto-próprio *Ecclesiae sanctae*, ficou estabelecido que o modo de realizar uma eficaz separação material do mosteiro do exterior seria fixado pelo direito particular, para exprimir "de maneira adequada a característica própria de cada instituto" (*Venite seorsum*, VII, 1), por normas estabelecidas pelas constituições e códigos anexos a serem porém submetidos à aprovação da Santa Sé, conforme o direito da clausura papal (*Venite seorsum*, VII, 1 e 4). Segundo o mesmo critério, o artigo 9 declara que "o direito particular, aprovado como norma do n. 1 da Santa Sé, pode, segundo o espírito e a natureza de cada instituto, estabelecer normas mais severas sobre a clausura".

3. SIGNIFICADO ESPIRITUAL DA CLAUSURA. Essas mesmas determinações normativas da *Venite seorsum* são, como é evidente, expressão de um conteúdo mais propriamente espiritual, já que, ao contrário do juridismo nivelador pós-tridentino, denunciam a preocupação da Igreja de garantir aos diferentes institutos contemplativos uma forma de clausura congenial ao seu espírito característico (cf. também *Venite seorsum*, VI), colocando assim a clausura não tanto no plano canônico, mas no vocacional. "Instituição ascética particularmente coerente com a vocação especial das monjas", "sinal, proteção e forma característica de sua separação do mundo", sua importância é afirmada a ponto de reconhecer que "a pureza e o fervor da vida claustral dependem muito da estrita observância da lei da clausura" (*Venite seorsum*, VII, 12). Assim, sua tradicional função de tutela aparece, sobretudo hoje, em uma dimensão teologal, enquanto meio de total desprendimento não só material, mas também afetivo, além da pureza de coração exigida para a perfeita união com Deus.

A última palavra da Igreja sobre o significado espiritual da clausura encontra-se na parte doutrinária da *Venite seorsum* (I-IV), que constitui uma autêntica teologia da clausura, enquanto expõe "os princípios fundamentais" daquela específica forma de vida contemplativa caracterizada pela separação do mundo. Assim, "o mistério da vida contemplativa" do qual se fala é o da vida de clausura.

a) É uma vocação específica no Corpo místico de Cristo, enquanto "equivale a unir-se mais profundamente à Paixão de Cristo e a participar de modo especial do mistério pascal [isto é, do aspecto de solidão da morte de Jesus] e à passagem do Senhor deste mundo para a pátria celeste" (I);

b) exprime a característica contemplativa do mistério da Igreja, "que é 'fervorosa na ação' e, ao mesmo tempo, 'dedicada à contemplação'", de modo que "aquilo que nela é humano seja direcionado e subordinado ao divino, o visível ao invisível, a ação à contemplação" [*Sponsa Christi*, n. 2] (*Ibid.*);

c) "voltada a afastar tudo aquilo que pode dividir o espírito, oferece a chance de alcançar a plenitude da personalidade, de dedicar-se melhor a Deus e de esperar nele mais perfeitamente" (II);

d) longe de ser estranha ao mundo e à humanidade, é lugar no qual "céu e terra quase se encontram", onde "o mundo, terra árida, pela presença de Cristo volta a ser paraíso"; não é "cômoda tranquilidade pessoal", mas participação mais universal "nos trabalhos, dores e esperanças" dos irmãos (III);

e) é princípio de fecundidade apostólica e missionária (III), é aberta profissão da existência de Deus e de sua cognoscibilidade, é realização desde a vida terrena do espírito das bem-aventuranças, é testemunho das realidades escatológicas, tanto mais válida enquanto é comunitária (V).

O prevalecer do significado espiritual na hodierna noção da vida de clausura postula a sua necessidade: manifestando "a vida mais íntima da Igreja", é exigida "pela plenitude de sua presença" (*Venite seorsum*, III; cf. *AG 18*).

Na normativa do novo código, a clausura é estabelecida de modo diferenciado. Um princípio comum a toda casa religiosa regula a clausura *ordinária*, votada a criar um clima de silêncio e de intimidade pessoal segundo a índole e missão próprias do instituto. Para os *mosteiros contemplativos*, vigora uma disciplina mais rigorosa da clausura como norma geral, válida para todos os mosteiros, quer masculinos, quer femininos. Entre os *mosteiros de monjas*, todavia, existe uma distinção entre aqueles *exclusivamente dedicados à contemplação*, que devem observar a *clausura papal*, isto é, regulada pelas normas dadas pela Santa Sé (até que sejam dadas novas normas, ainda vigora a instrução *Venite seorsum* da Sagrada Congregação dos Religiosos (15 de agosto de 1969), e os mosteiros de monjas contemplativas, porém *não exclusivamente* tais, porque se dedicam a alguma obra de apostolado: a sua clausura deve ser conforme a índole própria e, então, regulada pelas suas constituições (cf. cân. 667, §§ 1-3).

O cân. 667, § 4 confere ao bispo diocesano, e somente a ele, mesmo em causa justa, a faculdade de *entrar* nos mosteiros das monjas. Também é sua a faculdade, porém em causa grave e com o consenso da superiora, de permitir que *outros ali possam entrar*, ou que as *monjas saiam* da clausura. A necessidade será o único critério para delimitar o tempo de permanência fora da clausura.

BIBLIOGRAFIA. Clausura. In: *Dizionario degli Istituti di Perfezione*. Roma, 1975, 1.166-1.183, vl. II; Escudero, G. *Nueva clausura de las monjas*. Madrid, 1970; Leclercq, J, La clôture. Points de repères historiques. *Collectanea Ordinis Cisterciensium*

Reformatorum 43 (1981) 366-376; Onstenk, N. De constitutione S. Pii V "Circa Pastoralis" super clausura monialium. *Periódica de Re Moralia, Canônica, Liturgica* 40 (1951) 210-255; Renwart, L. La clôture dês moniales. *Vie Consacrée* 54 (1982) 50-58; Ruiz Salvador, F. Clausura, soledad y silencio. In: *Contemplación*. Madrid, 1973, 367-384; *Vie Consacrée* de 1967, número especial da revista dedicado à clausura, com bibliografia *essencial* às páginas 187-191.

C. Newell

CLEMENTE DE ALEXANDRIA. 1. Nota biográfica. Nasceu provavelmente em Atenas. Dotado de vasto engenho e ávido de aprender, iniciou-se nos mistérios de Elêusis. Convertido à religião de Cristo, partiu em busca de mestres e empreendeu várias viagens, até que encontrou em Alexandria o diretor da escola catequética, *didaskaleion*, Panteno, a quem ele chamava "a abelha da Sicília", [pois] "sugava as flores dos prados proféticos e apostólicos e derramava o puro mel da ciência no espírito dos ouvintes" (*Stromata*, 1, 1, 11); tornou-se sacerdote e sucedeu a Panteno, sendo obrigado, porém, a deixar a cidade no início do século III, durante a perseguição de Setímio Severo; dirigiu-se então para a Capadócia, onde morreu por volta de 215.

2. Escritos. São três os escritos principais de Clemente: o *Protreptico*, de caráter principalmente apologético; o *Pedagogo*, no qual pretende educar os neoconvertidos segundo os preceitos da religião cristã; os *Stromata*, uma espécie de miscelânea, cujo escopo principal é ensinar a verdadeira gnose, a perfeição cristã, e descrever o verdadeiro gnóstico, ou seja, o cristão perfeito. Convém acrescentar uma homilia exegética sobre a possibilidade de os ricos se salvarem, desde que façam bom uso das riquezas e desprendam o coração dos bens da terra (*Quis dives salvetur*); também um fragmento de homilia sobre a paciência. O grande mérito de Clemente está em submeter uma verdadeira gnose à falsa gnose.

3. Doutrina. A doutrina de Clemente apresenta numerosos aspectos e tonalidades, porém pode ser compendiada em dois pontos fundamentais: a ação do Verbo em meio aos seres humanos e a perfeição cristã, que ele chama de "gnose". Convém observar, todavia, que o parecer dos estudiosos nem sempre é unânime.

Deus, essencialmente bom e eternamente bem-aventurado em si, não precisa de nada (*Pedagogo*, 1, 9, 88; 3, 1, 1; *Stromata* 5, 11, 68; 6, 12, 104 etc.); logo, tudo aquilo que criou por meio do Verbo, sua imagem perfeita e arquétipo de tudo (*Protreptico*, 4, 63; 10, 98 etc.), ele o criou para o ser humano: tudo pertence a Deus, mas também ao ser humano, pelo menos enquanto ele permanece amigo de Deus, porque a amizade estabelece a comunidade dos bens (*Protreptico* 11, 115; 12, 122; *Stromata* 2, 6, 28). Por outro lado, sendo a obra-prima da criação, porque foi criado à imagem e semelhança de Deus, o ser humano, capaz de conhecer e amar a Deus, e não direcionado para as outras criaturas, é amado por Deus com um amor preferencial: Deus não deseja outra coisa senão a sua salvação (*Protreptico* 9, 87; 10, 91; 94-95; 98 e 104; 11, 116; 12, 122; *Pedagogo* 1, 3, 7-8; 1, 8, 62-63; 1, 12, 100; *Stromata* 7, 3, 14 etc.). Clemente não se cansa de exaltar a *philanthrôpia* de Deus e do Verbo, sobretudo no *Protreptico* e no *Pedagogo*.

A suprema manifestação do amor de Deus é a → encarnação do Verbo: como criador, este nos dá o ser e o viver, como homem-Deus nos ensina o bem viver, é causa de todos os nossos bens, torna possível para nós o caminho para o eterno viver (*Protreptico* 1, 7; *Pedagogo* 1, 3, 8; 1, 8, 62; *Quis dives* 6, 37 etc.). À encarnação é somada uma dupla finalidade: a) a redenção por meio do sangue de Cristo, que para nós é princípio de regeneração (*anagennêsis*), de incorrupção (*aphtharsia*) e de imortalidade (*athanasia*) (*Pedagogo* 1, 6, 43 e 49; *Quis dives*, 6, 23 e 37; *Stromata* 4, 7, 43 etc.); Clemente chama a Cristo "o único grande pontífice do único Deus" (*Protreptico* 12, 120); b) a educação dos seres humanos que, todos, pertencem a Deus e ao Verbo encarnado (*Stromata* 7, 2, 5): desejando conduzi-los à perfeição com uma subida salutar e progressiva, o Verbo primeiro os exorta à conversão, em seguida os educa segundo os seus preceitos, finalmente os adestra na ciência da perfeição; em outras palavras, ele é sucessivamente um conselheiro (*Protreptikos*), um pedagogo (*Paidagogos*) e um mestre (*Didaskalos*) (cf. *Pedagogo* 1, 1, 1-3; 3, 12, 97; *Stromata* 6, 1, 5).

Como *Protreptico* atrai a si os seres humanos com um canto novo: o Evangelho de uma nova religião, cujas riquezas espirituais e cuja pureza transcendente satisfazem todos os seus desejos de conhecimento da verdade, do verdadeiro culto a Deus (*theosebeia*), de semelhança com Deus, de vida eterna e de imortalidade (*Protreptico* 1,

1-10; 9, 85; 11, 116); ele é a luz de todos: o sol que surgindo nas profundezas da mente ilumina o olhar da alma (*Protreptico* 6, 68; 9, 84 e 88; 10, 110; 11, 112-114 etc.); é fonte de vida e de paz, de verdade e de incorruptibilidade: opera uma nova criação, amansando as feras mais selvagens, isto é, os seres humanos: volúveis como as aves, enganadores como os répteis, cruéis como os leões, dedicados aos prazeres como os porcos, rapaces como os lobos; construindo o seu templo no meio dos seres humanos para que Deus viva no ser humano; compadecendo-se, ameaçando, exortando, protegendo e salvando o ser humano; em suma, ele transforma a terra em céu, o universo em um mar de bens (*Protreptico* 1, 4-6 e 8; 9, 83; 10, 110; 11, 114 e 117).

Como *Pedagogo*, quer educar aqueles que reformaram os costumes religiosos abraçando a sua religião, apresentando e infundindo o espírito dessa religião; sendo prático e não teórico, isto é, desejando melhorar e não adestrar a alma, exorta-os a cumprir os seus deveres, dando conselhos e preceitos e mostrando os exemplos dos antepassados para que imitem o bem e evitem o mal (*Pedagogo* 1, 1, 1-3). O Verbo foi Pedagogo antes de sua encarnação: guiava os judeus por meio da → LEI e nas "teofanias", e os pagãos pela filosofia (*Stromata* 1,5, 28; 1, 20, 97; *Pedagogo* 1, 7, 56-60); o é antes de tudo desde a sua encarnação: não faz distinção entre homens e mulheres, porque para ambos só há um único Deus e uma só Igreja, e para ambos são comuns a virtude, a verecúndia, o alimento, a vida, a graça, a salvação, e as núpcias são conjugais (*Pedagogo* 1, 7, 59-60; 1, 4, 10-11). Como a pedagogia é a educação das crianças para a virtude, Clemente chama de "crianças" os que são orientados pelo Pedagogo divino; infância é sinônimo e símbolo de inocência, humildade, sinceridade, simplicidade, mas não se opõe à perfeição, antes, os neoconversos são perfeitos enquanto receberam o dom da → FÉ e foram iluminados ao redor do único Deus verdadeiro, que é perfeito (portanto, o batismo é, então, chamado de "iluminação", "perfeito". Clemente insiste sobre o ser humano que *renasce do alto*, replasmado por obra do Espírito Santo. Trata-se, assim, não só de recuperação do plano criatural, mas de um avanço, uma superação que leva o ser humano a tornar-se uma *Nova Criatura*); se são chamados crianças é porque são o novo povo tornado participante dos novos bens, despojaram-se do homem velho e renasceram para uma nova vida em Cristo, no qual há juventude eterna sem perigo de velhice, permanecem sempre discípulos diante de Deus, Pai de todos, e diante do Verbo, o único perfeito em justiça, ele, o "infante perfeito" do Pai (*Pedagogo* 1, 5-6, 12-52). A pedagogia divina é adestramento no serviço de Deus, educação para o conhecimento da verdade, formação boa que conduz ao céu; assim, o Pedagogo da humanidade, usando todos os meios de sabedoria, descobre para os seres humanos os medicamentos racionais, de modo que escutem retamente e tenham saúde, esperando a oportunidade, desprezando o vício, expondo as causas das paixões, cortando as raízes das cobiças irracionais, apontando as coisas das quais devem abster-se, propondo todos os antídotos favoráveis, como faz um médico com os doentes (*Pedagogo* 1, 7, 53-54; 1, 9, 75; 1, 12, 100). Clemente conclui: "O Verbo é tudo para a criança: pai, mãe, pedagogo, nutriz" (*Pedagogo* 1, 6, 42). A ação do Pedagogo apresenta um tríplice aspecto. Dá preceitos de vida perfeita (Clemente enumera vários em *Pedagogo* 1, 9-10, e 3, 12, chamando-os de "medicamentos benéficos": 1, 1, 3); propõe, com a sua vida, um sublime modelo de perfeição que devemos imitar (Clemente insiste nessa imitação: *Pedagogo* 1, 2, 4; 1, 3, 9; 1, 12, 98 etc.); torna possível a vida perfeita libertando o ser humano da escravidão do pecado com a sua morte na cruz. Nos livros II e III do *Pedagogo*, Clemente expõe o modo com o qual devem comportar-se com referência aos detalhes da vida cotidiana: não prega uma renúncia total, mas a honestidade dos costumes e uma sábia moderação, embora a sua doutrina permaneça austera e exigente: não escreve para pessoas que se retiraram para o deserto, mas para os que vivem no meio da grande e barulhenta sociedade em uma cidade cosmopolita; é digno de nota o fato de que embora exalte a → VIRGINDADE, ainda assim defende a dignidade do → MATRIMÔNIO contra os ataques dos gnósticos: todo o III livro do *Stromata* parece ter sido escrito com esse escopo.

Como *Didascalo* o Verbo desvela e explica as verdades dogmáticas, o conteúdo daquilo que nas Escrituras é expresso por meio de enigmas e parábolas (*Pedagogo* 1, 1, 2; 3, 12, 97); ou seja, adestra o cristão fazendo-o penetrar nos mistérios de sua fé e conduzindo-o progressivamente à perfeição; mas além de ser aqui o mestre é também o fim a ser alcançado, o objeto do próprio ensinamento, porque a vida eterna consiste em conhecer o Pai e aquele que ele enviou (Jo 17,3; cf. *Stromata* 4, 25, 162; 6, 15, 122; 7, 10, 55 etc.), o modelo supremo a ser imitado, enquanto o cristão perfeito é imagem perfeita dele, que é a imagem perfeita do Pai (*Stromata* 7, 3, 16; 5, 3, 17), e o Verbo é o exemplo perfeito da → APATHEIA, ou seja, do domínio perfeito sobre tudo aquilo que se refere à vida corporal, sensitiva e afetiva (*Stromata* 6, 9, 71; *Pedagogo* 1, 2, 4).

"Planta celeste", o ser humano foi criado para conhecer e possuir a Deus (*Protreptico* 10, 100); feito à imagem de Deus, só pode alcançar a perfeição na perfeita semelhança com o Verbo por meio da perfeita filiação adotiva que o Verbo encarnado restaurou (cf. supra e *Stromata* 2, 22, 134 e 136); esta, porém, é o privilégio do cristão "gnóstico" (*Stromata* 7, 3, 16). Clemente, com efeito, distingue uma dupla classe de cristãos: aqueles que se contentam com a fé enquanto tal, e os que se ocupam em aprofundar os seus mistérios e a obter a gnose, ou seja, a ciência perfeita; se os primeiros são chamados imperfeitos, são unicamente com relação aos outros e de nenhum modo com referência aos filósofos não cristãos: a fé, iluminando o ser humano no único Deus verdadeiro, dá a perfeição e, sendo obediência à → PALAVRA DE DEUS, oferece uma certeza que supera a de qualquer ciência profana; por outro lado, a supracitada distinção não é uma distinção de natureza: a fé é uma gnose perfeita, a gnose não é inata e sim adquirida por meio da colaboração com a ação do Verbo, o único mestre das duas classes (cf. *Stromata* 1, 1, 2-18; 2, 2, 8-9; 4, 12-16; 2, 6, 25 e 28; 5, 1, 2-3; 5, 10, 61; 6, 9, 78; 6, 14, 111; 7, 8, 48; 7, 10, 55-57; 7, 16, 104; *Pedagogo* 1, 6, 25-31 etc.); todavia, Clemente afirma que a distinção será mantida no céu (*Stromata* 6, 17, 108-109).

A perfeição "gnóstica" tem seu ponto de partida e sua base no → BATISMO e no dom da fé: regenerados como filhos adotivos de Deus, cujo perfeito conhecimento e posse é o desejo íntimo e o fim de todos os esforços do "gnóstico" (*Pedagogo* 1, 6, 25-31). São três os pontos distintivos desse "gnóstico": a contemplação de Deus, o cumprimento dos preceitos divinos, o adestramento dos outros tendo em vista a formação de homens virtuosos e gnósticos; e deste ponto Clemente nos dá um exemplo com a sua atividade de professor e de escritor (*Stromata* 2, 10, 46; 7, 1, 4). Podemos também apontar três outros pontos distintivos, isto é, a *apatheia*, a gnose e a caridade. Ainda que Clemente afirme que a gnose extrai a sua estabilidade da caridade e termina na caridade que torna o gnóstico perfeito filho e amigo de Deus (*Stromata* 6, 9, 75-78; 7, 10, 55-57; 7, 11, 67-68), insiste sobretudo na própria gnose. O caminho rumo a esta inclui um esforço moral, ou seja, ascético, e um esforço intelectual. Ao esforço moral pertencem o exercício das virtudes e a *apatheia*: pelo exercício das virtudes, que são ligadas e se completam mutuamente, são observados os preceitos de Deus e se luta contra as paixões que constituem o maior adversário, das quais Clemente afirma serem "antagonistas colossais, atletas olímpicos", que possuem um "ferrão mais temível que o das vespas" (*Stromata*, 2, 20, 120). Um lugar especial cabe à caridade, porque "quanto mais se ama a Deus, tanto mais se penetra na intimidade de Deus" (*Quis Dives*, 6, 27; sobre as virtudes: *Stromata* 2, 6, 9, 18 e 20 passim; 6, 12, 96-97; 7, 3, 20 etc.). A *apatheia* é o domínio total de si mesmo, domínio sobre a vida corporal, sensitiva e afetiva: dá-se ao corpo o estritamente necessário para que não se dissolva, contrai-se matrimônio unicamente com o objetivo pelo qual foi instituído por Deus, o gnóstico julga tudo em Deus sob o ponto de vista de Deus etc.; a *apatheia* é uma condição indispensável para alcançar a gnose, mas também é, em sua perfeição, um efeito da gnose. A gnose é o selo de Deus na alma, logo, esta deve tornar-se apta a receber sua impressão tirando do caminho todos os sinais deixados pelas paixões; por outro lado, do mesmo modo que a morte corporal é a separação da alma do corpo, a gnose é uma morte espiritual que subtrai a alma de todas as influências das paixões (*Stromata* 3, 5, 42-44; 4, 22-23 e 26; 6, 9; 7, 12 etc.). O aspecto intelectual do caminho abraça as ciências humanas: é preciso utilizar todos os meios que elas colocam à disposição para alcançar a contemplação profunda das criaturas na contemplação da verdade revelada (*Stromata* 6, 10-11), a filosofia; porém Clemente chama de "filosofia" não a doutrina de um e de outro sistema, mas a doutrina que ensina a verdade e a "justiça", isto é, que adestra o intelecto e a vontade (*Stromata* 1, 2, 5-7 e 20; 6, 7-8); a interpretação alegórica das Escrituras, a fim de que o seu conteúdo mais profundo seja desvelado àqueles que se mostram dignos de conhecê-lo, e permaneça oculto a outros (*Stromata* 5, 4 e 8); talvez também as "tradições secretas": tratar-se-ia de verdades reveladas pelo Senhor a alguns discípulos prediletos, transmitidas, então, de viva voz, e a serem transmitidas somente àqueles que se mostram dignos (*Stromata* 1, 1, 13; 1, 12, 55-56; 5, 10, 61-66; 6, 7, 61; *Hyportyposes*, in Eusébio, *Storia Ecclesiastica* 2, 1, 4: este é, talvez, o ponto mais obscuro, só havia um modo de exprimir-se para indicar a interpretação alegórica).

O gnóstico de Clemente é o cristão verdadeiramente virtuoso e perfeito sob todos os pontos de vista (*Stromata* 2, 19, 97; 2, 20, 103-104; 6, 12, 104; 7, 2, 10; 7, 9, 56; 7, 11, 68), verdadeiramente espiritual (*Stromata* 7, 7, 41; 7, 11, 68); a sua vida é uma oração contínua, uma contínua conversa com Deus, uma contemplação de Deus que antecipa a visão facial do céu (*Stromata* 7, 7; 7, 11, 68; 7, 10, 56-57; etc.), um longo "martírio" não só no sentido etimológico da palavra, visto que dá incessantemente testemunho de Cristo, mas também porque difunde a sua fé e caridade como se desse o seu sangue a cada instante (*Stromata* 4, 4, 13-15; 4, 21, 130); é dotado do verdadeiro zelo apostólico, pois quer conduzir os outros à perfeição gnóstica (*Stromata* 7, 1, 3; 7, 9. 52-54; 7, 12, 69-70 e 80) etc.

Clemente insiste um pouco em toda parte sobre o nosso dever de colaborar com o Verbo: a gnose não é inata, mas adquirida, não se nasce virtuoso, o bem é somente proposto etc.; assim, é preciso esforçar-se, convictos, por outro lado, de que a graça do Senhor jamais falta (*Stromata* 2, 17, 77; 3, 5, 57; 4, 19, 124; 5, 1, 7; 5, 13, 83; 7, 2, 10; 7, 3, 19; 7, 7, 48; *Quis dives* 10 etc.). Assim, quem peca também é responsável por seu ato; Clemente, porém, dependente de → HERMAS, admite a possibilidade e a necessidade da penitência após o batismo, mas esta só será concedida uma única vez para os grandes pecados (*Stromata* 2, 13, 56-58; 2, 15, 62-64; 4, 24, 153-154; 6, 12, 98 etc.). O caminho rumo à perfeição deve ser feito dentro da Igreja, à qual Clemente dá o nome de "mãe" e de *didaskaleion*, ou seja, escola do Verbo (*Pedagogo*, 1, 5, 21; 1, 6, 42; 3, 12, 98-99).

BIBLIOGRAFIA. Békés, G. *De continua oratione Clementis Alexandrini doctrina*. Roma, 1942; Bouyer, J. – Dattrino, L. *La spiritualità dei Padri* (Storia della Spiritualità 3/A). Bologna, 1984, 171-192; Brontesi, A. *La Soteria in Clemente Alessandrino*. Roma, 1972; Broudéhoux, J.-P. *Mariage et famille chez Clément d'Alexandrie*. Paris, 1970; Camelot, P. *Foi et gnose. Introduction à l'étude de la connaissance mystique chez Clément d'Alexandrie*. Paris, 1945; Filoramo, G. Pneuma e photismos in Clemente Alessandrino. *Augustinianum* 21 (1981) 329-337; Guasco, C. *Lo gnostico Cristiano in Clemente Alessandrino*. Sophia 24 (1956) 264-269; Lazzati, G. *Introduzione allo studio di Clemente Alessandrino*. Milano, 1939; Levasti, A. Clemente Alessandrino iniziatore della mistica cristiana. *Revue d'Ascétique et de Mystique* 12 (1967) 127-147; Moingt, J. La gnose de Clément d'Alexandrie. *Recherches de Science Religieuse* 37 (1951) 195-251.338-421.537-564; 34 (1951) 82-118; Mondésert, C. *Essai sur Clément d'Alexandrie. Introduction à l'étude de as pensée religieuse à partir de l'Écriture*. Paris, 1944; Ruiz-Jurado, M. Le concept de "monde" chez Clément d'Alexandrie. *Revue d'Histoire de la Spiritualité* 48 (1972) 5-23; Steely, J. E. *Gnosis:* The doctrine of Christian perfection in writings of Clement of Alexandria. Louisville, 1954; Storelli, F. Itinerário a Dio nel Protrettico di Clemente Alessandrino. *Nicolaus* 8 (1980) 3-71; Volker, W. *Der wahre Gnostiker nach Klemens Alexandrinus*. Berlin-Leipzig, 1952.

B. Sorsoli – L. Dattrino

CLEMENTE DE ROMA (Santo). 1. NOTA BIOGRÁFICA. Discípulo dos apóstolos Pedro e Paulo e "Pai apostólico", foi o terceiro sucessor de Pedro na sede de Roma (88-92/97-101?). Durante o seu pontificado, explodiu uma rebelião na Igreja de Corinto, onde alguns homens presunçosos sublevaram-se contra os superiores eclesiásticos. Desejando pôr fim àquela situação confusa e escandalosa, Clemente interveio, após a perseguição de Domiciano, com uma "poderosíssima" *Carta*, que obteve pleno sucesso e permaneceu célebre na Antiguidade cristã (cf. Ireneu, *Contra as heresias*, 3, 3, 3; Eusébio, *História eclesiástica*, III, 4, 9, 15; IV, 22, 1; IV, 23, 11). Alguns escritos, conhecidos pelo nome de *Clementine*, têm Clemente como assunto, enquanto o seu martírio é narrado em uma *Paixão* póstuma: essa literatura, porém, é lendária.

2. OBRAS. Além da citada *Carta*, são atribuídas a Clemente: a dita *segunda Carta* aos coríntios (cf. Eusébio, *Storia ecclesiastica*, III, 38, 4): uma homilia que, partindo dos benefícios recebidos de Deus por meio de Cristo, inculca a obrigação do reconhecimento e a digna conduta da vocação cristã, isto é, a justiça em sentido bíblico, a luta contra os vícios e o espírito do → MUNDO, a prática das virtudes (castidade, caridade fraterna, renúncia às vaidades do século, confiança nas promessas divinas etc.); b) as duas cartas, ou antes, a única *carta aos virgens* dos dois sexos: enfoca a excelência do estado virginal, sublinha

a necessidade das boas obras, da renúncia e dos sacrifícios, como complementos da virgindade, lembra a obrigação de evitar a familiaridade com as pessoas celibatárias do sexo oposto. A datação é do final do século IV.

3. DOUTRINA. A primeira parte da *Carta* de Clemente aos coríntios (3-36) contém exortações de caráter geral: alerta contra a inveja, fonte de grandes desventuras (3-6), recomenda a penitência, eficaz em virtude do sangue de Cristo (7-8), inculca a obediência à vontade de Deus e a humildade, fontes de favores celestes, de ordem e de paz (9-19); com esses objetivos, reporta-se constantemente aos exemplos fornecidos pela história do Antigo Testamento e enumera vários motivos que devem estimular a prática daquelas virtudes: a ordem e a harmonia que, por vontade de Deus criador e senhor de tudo, resplandecem no universo (19-20; 23; 33); as promessas da vida futura, sobretudo da ressurreição (23-26); os benefícios ofertados por Deus por meio do verbo encarnado, sobretudo a adoção de filhos de Deus (32; 34-36); a onipresença e a onisciência de Deus (27-28) etc. Na segunda parte, Clemente contempla diretamente o caso de Corinto: partindo da ordem e da hierarquia que existem nos exércitos e no corpo humano, e que devem existir nas comunidades cristãs, entre os membros do corpo de Cristo e nas reuniões cristãs, nas quais é dado a Deus o culto devido (37-41), lembra a origem divina da hierarquia eclesiástica (42 e 44), e sublinha a necessidade de todos de submeter-se aos legítimos superiores. Direcionando-se para a conclusão, Clemente imerge em uma sublime oração, na qual implora o auxílio para todos os que sofrem ou que são necessitados, o perdão das culpas, a paz e a concórdia, a assistência também para os príncipes que governam os homens (59-61). Várias vezes Clemente termina algumas afirmativas com uma doxologia, endereçada quer só ao Pai (32, 4; 38, 4; 43, 6; 45, 7-8), quer ao Pai por meio de Cristo (20, 11-12; 50, 7), dando assim a impressão de ser realmente o pontífice que serve de mediador entre o seu povo e Deus.

No centro da *Carta* situa-se Deus, criador e senhor do universo; Cristo, ou seja, o Verbo encarnado; a caridade. Cristo é antes de tudo o nosso redentor: o seu sangue, precioso aos olhos do Pai, foi derramado para a nossa salvação (7, 4; 49, 6); é o sumo sacerdote das nossas ofertas, o pontífice e patrono das nossas almas, o protetor e o sustento de nossa fraqueza (36, 1; 61, 3; 64), o revelador do Pai e das realidades celestes, o dispensador das graças divinas, o espelho no qual contemplamos o esplendor de Deus (36, 2; 38, 3; 59, 2-3); o cetro da majestade de Deus (16, 2); o modelo sublime de humildade e caridade (16, 1-2; 49, 6); o pastor do novo povo eleito (29, 1; 30, 1; 32, 4; 46, 6; 54, 2), a cabeça dos fiéis que são os seus membros, membros que os coríntios decepam (37, 5; 38, 1-2; 46, 5-7). A caridade é a porta da justiça aberta para a vida (48, 1-2); a força íntima unitiva e santificante dos nossos atos individuais e sociais nas múltiplas manifestações da vida concreta (30, 1 e 3; 33, 1 e 7-8; 35, 2; 38, 1-2; 49, 1); embora Clemente afirme que ninguém é capaz de louvar a sua perfeição, ainda assim tenta descrever os valores, evocando São Paulo: a caridade nos une a Deus, impede os cismas e opera a concórdia, conduz os eleitos à perfeição, atua de forma que tudo seja agradável a Deus (49, 2-5). Por outro lado a caridade tem sua origem em Deus, cuja bondade e misericórdia é lembrada várias vezes por Clemente (19, 3; 20, 11; 23, 1; 29, 1; 33, 2; 60, 1).

BIBLIOGRAFIA – BARDY, G. *La vie spirituelle d'après les Pères des trois premiers siècles.* Paris, 1935, 44-59; BEATRICE, P. F. *Continenza e matrimonio nel cristianesimo primitivo* (sécs. I e II). Milano, 1976, 3-68; BOUYER, L. – DATTRINO, L. *La Spiritualità dei Padri.* Bologna, 1984, 24 ss., 161 ss.; CIRILO DE SANTA TERESA DO MENINO JESUS. *La perfezione cristiana in S. Clemente Romano. Rivista di Vita Spirituale* 6 (1952) 368-375; GIORDANI, I. *S. Clemente Romano e la sua lettera ai Corinti. Didaskaleion* 3 (1925) 1-103; LEBRETON, J. *Histoire du dogme de la Trinité dès origines au concile de Nicée.* II, Paris, 1928, 249-281; QUACQUARELLI, A. *I Padri apostolici.* Roma, 1976 (contém a trad. [it.] da *Carta* aos coríntios); RIGGI, C. *Lo Spirito Santo nell'antropologia della I Clementis. Augustinianum* 20 (1980) 499-507.

MELCHIORRE DI SANTA MARIA – L. DATTRINO

CLÉRIGOS REGULARES. Dá-se o nome de clérigos regulares aos membros das Ordens clericais surgidas no século XIV até a primeira metade do século XV, os quais através da profissão solene dos conselhos evangélicos, a prática da vida comum e o apostolado exercido e praticado nas mais variadas formas garantiram a reforma do clero e da Igreja e inspiraram, pelo exemplo e pela doutrina, a maior parte das Congregações clericais modernas.

No que se refere a sua espiritualidade, identificam-se com o movimento, já em vigor desde o século XII, conhecido pelo nome de → DEVOTIO MODERNA, porém distinguem-se dele por um mais preciso retorno ao Evangelho e à → IMITAÇÃO DE CRISTO, animada por um mais manifesto espírito de austeridade e de desapego, além de uma mais fecunda vontade de apostolado. Tudo isto acentuado pela necessidade de uma reforma da Igreja em seu interior, e, no exterior, pelos problemas impostos pela preservação da fé.

Conforme o próprio nome sugere, o objetivo visado pelos fundadores era a renovação espiritual do clero. Para realizá-lo, era preciso convocar os ministros do altar a uma ascese principalmente interior, sustentada por uma piedade firme e manifesta, inspirada liturgicamente no *videte quod tractatis*, além de um operante amor a Deus e ao próximo, a fim de alcançar a perfeição exigida por sua vida consagrada na missão sacerdotal.

Tendo fracassado, ou quase, as tentativas de reforma por meio de decretos e sanções sinodais e conciliares, confiavam na eficácia garantida do exemplo.

"Os fundadores das Ordens religiosas", observa Pourrat, "com raras exceções, não nos deixaram escritos espirituais. Informaram-se no espírito dos primeiros clérigos regulares, sobretudo dos teatinos e barnabitas. São Caetano Thiene, mais que os outros, criou esse espírito: viva afeição pela pobreza, grande mortificação interior para alcançar a tranquilidade alegre da alma, amor intenso e desinteressado a Deus e ao próximo. São essas as principais disposições dos iniciadores desse belo movimento de reforma católica no século XVI" (*La spiritualité chrétienne* III. Paris, 1925, 357-358).

Por mais "interior" que fosse essa ascese, todavia, ela não desconhecia, antes, fazia largo uso das austeridades "exteriores". As vicissitudes que afligiam a Igreja — a última tinha sido o saque de Roma — convenceram os seus melhores representantes a não ter excessiva confiança nas ilimitadas possibilidades do ser humano, e estavam, enfim, persuadidos de que ao otimismo do humanismo era preciso opor métodos de vida enérgicos e austeros. Foi assim que nessas Ordens regulares afirmou-se aquele profundo conhecimento do próprio nada que, através da total renegação, servida discretamente pela mortificação externa, chega ao puro amor a Deus. Mestra desse espírito foi → CATARINA DE GÊNOVA, em cuja escola, na prática do ato efetivo da caridade, bem como na renegação, se inspirariam os sodalícios do Divino Amor que rapidamente reuniriam "o estado maior" dos homens artífices da Reforma.

São duas, portanto, as coordenadas dessa espiritualidade: ascese e ação.

Na ascese, os clérigos regulares abraçavam a profissão dos três clássicos conselhos evangélicos, o que não era feito pelos "irmãos da vida em comum" dos Países Baixos. Entre as práticas penitenciais tinham o jejum da sexta-feira e também a abstinência da quarta-feira; alguns institutos, além de na Quaresma, jejuavam no Advento e praticavam semanalmente a disciplina. Eram muito consideradas a comunhão frequente e a oração mental comum, que, todavia, longe de descomprometê-los da atividade externa, os preparavam melhor para o apostolado. O sentido litúrgico, nesses institutos, é vivo: não poucos deles, pelo menos em sua origem, tinham o ofício coral, embora não sejam consideradas juridicamente como Ordens estritamente corais. Hoje, adaptam-se às recentes reformas litúrgicas, quer no uso do livro das horas (laudes e vésperas), quer nas relativas celebrações. Não menos expressiva é sua devoção aos mistérios da vida e paixão de Cristo e à Virgem. Muitos deles a proclamaram sua celeste padroeira (Nossa Senhora da Providência para os → BARNABITAS, Nossa Senhora da Saúde para os camilianos, Nossa Senhora da Estrada, para os jesuítas, *Mater Orphanorum* para os somascos, Nossa Senhora da Pureza para os → TEATINOS).

A sua influência na vida espiritual e cultural da Igreja foi vasta e profunda. Se o Concílio de Trento teve nas gloriosas Ordens monásticas e mendicantes os teólogos para a formulação dos seus decretos doutrinários, no campo da Reforma o seu sucesso foi sobretudo garantido pelo fato de que as novas Ordens de clérigos regulares lhe proporcionaram os organismos mais adequados.

Sabe-se, por outro lado, que os *Exercícios Espirituais* de Santo → INÁCIO DE LOYOLA, e *O combate espiritual* do teatino Lourenço → SCUPOLI constituem, depois da *Imitação de Cristo* e antes da *Introdução à vida devota* de São → FRANCISCO DE SALES, as obras-primas fundamentais da literatura ascética moderna.

Nenhuma dessas Ordens — excetuando a Companhia de Jesus — possui uma "escola" espiritual própria. Pelo caráter comum de sua inspiração evangélico-apostólica, a sua produção literária é sobretudo de tipo ascético e prático. Todavia, não faltam tratadistas místicos de valor em cada uma das famílias religiosas, assim como seus fundadores e santos geralmente foram almas altamente contemplativas e ricas de dons místicos.

Na linha do espírito pessoal do fundador desenvolveu-se, nessas Ordens, uma corrente espiritual que, por certas notas características que a distinguem, indica sua particular espiritualidade.

Os teatinos apostam na reforma, ou seja, na formação dos presbíteros, com particular atenção ao serviço litúrgico e pastoral. Os barnabitas, fiéis à espiritualidade de São → PAULO, se esforçam para penetrar nos diferentes setores da sociedade com os seus variados sodalícios leigos. Os somascos abraçam com edificante dedicação a assistência da infância abandonada; Camilo de Lellis guia os seus clérigos regulares no serviço aos enfermos, motivado por uma caridade heroica, enquanto Francesco Caracciolo, com os seus clérigos regulares menores, é talvez o que mais se destaca na fusão da vida cenobítico-monástica com a vida do clero secular. Os clérigos regulares da Mãe de Deus colocam-se à disposição para ajudar o clero diocesano através do serviço paroquial. Finalmente, Giuseppe Calasanzio, com as suas escolas para os mais humildes, revela em sua época a atribuição do magistério oculta na multiforme sabedoria do Cristo. Assim, é uma característica comum desses institutos de clérigos regulares a reavaliação da vida e do espírito sacerdotal, em uma época na qual o sacerdócio estava em evidente decadência. A Companhia de Jesus foi, indubitavelmente, a que realizou plenamente esse espírito sacerdotal na vida e em sua atividade apostólica, desligando-se totalmente das práticas monásticas existentes — pelo menos em suas origens — na maioria dos institutos dos clérigos regulares de instituição italiana. Nos jesuítas inspiraram-se os numerosos institutos religiosos de vida ativa dos séculos seguintes.

Finalmente, estudando a sua história e a sua produção literária, pode-se perceber de que modo as duas grandes escolas espirituais do século XVI, inaciana e teresiana, se entrelaçam e se complementam. Enquanto uns se beneficiam enormemente com os exercícios espirituais largamente difundidos nas comunidades religiosas, visando particularmente a "reforma interior", outros aderem a uma mais "íntima união com Deus" pela contemplação; inspirando-se, assim, nas grandes correntes espirituais medievais (beneditina, franciscana e dominicana).

Desenvolve-se, assim, uma → TEOLOGIA ESPIRITUAL que, aprofundada e privada de pontos polêmicos, chega ao Concílio Vaticano II, que declara que o religioso deve ser contemplativo na ação e ativo na contemplação.

BIBLIOGRAFIA. COGNET, L. La spiritualité moderne. In: *Histoire de la Spiritualité Chrétienne* III. Paris, 1966 (vers. it. Bologna, 1969); COLOSIO, I. I mistici italiani dalla fine del Trecento ai primi del Seicento. In: *Grande Antologia Filosófica*. Milano, 1964; DORTEL-CLAUDOT, M. Origine du Terme "C.r.". In: *"Jus Populi Dei". Miscellanea in honorem Raymundi Bidagor*, 2. Roma, 1972, 307-326; ESCOBAR, M. *Ordini e Congregazioni religiose*. Torino, 1951-1953, 2 vls.; IPARRAGUIRRE, I. Las primeras Ordenes de clérigos regulares. In: *Historia de la Espiritualidad* II. Barcelona, 1969, 178-184; LOZANO, J. M. De Vita Apostólica. *Commentarium pro Religiosis* 52 (1972) 3-23.124-136; STEIGER, J. De propagatione et diffusione vitae religiosae. Synopsis histórica. *Periódica de Re Morali, Canônica, Litúrgica* 13 (1924) 29-60.73-100.153-180. Cf. sobretudo as respectivas "vozes" em *Dictionnaire de Spiritualité* e *Dizionario degli Istituti di Perfezione*.

F. ANDREU

COBIÇA. 1. NOÇÃO. O ser humano tem impulsos inatos para possuir e reter para si pessoas e coisas, uma vez que só assim considera poder conservar, em vida, o seu ser e favorecer o desenvolvimento de sua personalidade. A educação cristã convida a regular essa avidez instintiva, integrando-a segundo o espírito da pobreza evangélica e da liberalidade. Essas virtudes elevam a avidez instintiva de modo a exprimir ao mesmo tempo "liberdade de espírito, clareza de intelecto, calma, tranquilidade, pacífica confiança em Deus, verdadeiro culto e obséquio à vontade de Deus. Com a expropriação da (cobiça pela) criatura, reencontra nesta maior prazer e alívio" (*Subida*, 3, 20, 2).

A avidez pode degenerar-se de duas maneiras: na pretensão de obter para utilidade própria (avidez-cobiça); e em querer ter para conservar (avidez-avareza). Nem toda avidez pervertida é necessariamente avareza. Pode ser cobiça não tanto a posse de um bem, mas só o desejo apaixonado dos anseios que ela traz (bem-estar, luxo, autoridade etc.).

Eticamente a cobiça é inconveniente, dado que exprime → EGOÍSMO, ansiedade irrefreável, incapacidade para aceitar uma renúncia por qualquer motivo. O homem cobiçoso jamais está satisfeito (*Bar* 3,18); persegue os bens até à custa de sufocar a → PALAVRA DE DEUS em seu coração (Mt 6,21); idolatrando os bens (Cl 3,5), expõe-se a numerosos males (1Tm 6,10). Não tem parte no reino de Deus (Ef 5,5) porque se instaurou fora da nova ordem do Espírito de Cristo (Rm 1,29). A *Didaqué* (15,1) exige que bispo e diácono não tenham cobiça alguma de dinheiro.

2. COBIÇA DOS BENS TERRENOS. Mesmo que não seja cobiçoso, o homem rico é muito inclinado a esse estado de espírito. Por esse motivo Jesus disse que é mais difícil um rico entrar no Reino de Deus.

O Reino de Deus é instaurado quando Deus se exprime plenamente em tudo e em todos; quando as grandes e pequenas situações são dominadas exclusivamente pela vontade de Deus; quando o Espírito pode espalhar livremente a sua caridade em cada coração humano; quando a participação no mistério pascal finalmente torna todos os espíritos ressuscitados dentro da alegria da vida divina trinitária. Tudo isto significa que no reino de Deus se instaura uma existência caritativa, na qual a preocupação primeira de cada um é a sua relação gratificante com o outro, em que se olha mais para aquilo que beneficia o irmão do que a si próprio; ter de seu somente o querer doar-se ao necessitado, gratificando-o. Dag Hammarskjold anotava em seu diário: "A bondade é algo tão simples: sempre existir para os outros, nunca buscar a si mesmo".

O rico é convidado a examinar-se para verificar se não tem o espírito envolvido pela cobiça desordenada; se é capaz de privar-se de alguma coisa em favor dos pobres, de forma a viver como irmão entre eles; se sabe renunciar ao próprio bem-estar para ofertá-lo aos necessitados; se aceita uma privação de modo a compreender, por experiência própria, o que significa ser pobre; se dá testemunho a si mesmo de desejar dar testemunho da existência caritativa do reino de Deus. O rico que se propõe como pobre entre os pobres, de algum modo ou em algum aspecto concreto oferece espaço a Deus em sua vida; permite que o Senhor se faça presente bem como efetivamente amado; declara-se socialmente purificado da cobiça.

3. PURIFICAÇÃO ESPIRITUAL DA COBIÇA. O homem espiritual aspira não tanto a regrar a avidez da posse dos bens de forma que não degenere em cobiça desordenada, mas sobretudo em desenraizar toda preocupação para sentir-se confiante exclusivamente em Deus. "O homem espiritual vive para sempre: sabe que o Senhor cuida dele" (Sb 5,15). Em seu *Sermone* 6°, Meister → ECKHART se pergunta: "Quem são os que honram a Deus? Aqueles que saíram completamente de si mesmos, que em coisa alguma buscam alguma coisa que possa pertencer-lhes, qualquer que ela seja, grande ou pequena, que não olham o abaixo ou o acima de si, que não visam nenhum bem, nem para honra, nem para utilidade, nem para satisfação, nem por prazer, nem para utilidade, nem para interioridade, nem para santidade, nem para prêmio, nem para reino celeste, e que saíram de todas essas coisas, de tudo que lhes pertence: desses, Deus recebe honra; honram verdadeiramente a Deus e dão a ele aquilo que é seu".

De que modo o homem espiritual pode verificar se desenraizou de si mesmo a cobiça instintiva? No *Libro della consolazione divina*, Meister Eckhart afirma: "Toda pena deriva do amor por aquilo que a adversidade me tirou. Se, todavia, a perda de coisas exteriores me traz sofrimento, é um sinal certo de que amo as coisas exteriores, isto é, que amo verdadeiramente a dor e a aflição. Por que surpreender-me, então, se sofro, já que amo e busco o sofrimento e o desconforto? O meu coração e o meu amor atribuem à criatura a bondade que é propriedade de Deus. [...] Mas quem ama somente a Deus nas criaturas e as criaturas somente em Deus encontra em toda parte um consolo verdadeiro, justo e imutável". O homem espiritual tem no fundo do coração uma aspiração que jamais saberá realizar plenamente: "Nada receber, nada possuir, nada encontrar, não conhecer nada no qual alegrar-se a não ser em Deus, e unicamente a vontade de Deus".

BIBLIOGRAFIA. BULTOT, R. *Christianisme et valeurs humains. La doctrine du mépris du monde.* Louvain-Paris, 1960-1963, I/4; DYER, W. W. *Le vostre zone erronee.* Milano, 1980; GAGLIARDI, A. *Breve compendio di perfezione cristiana.* Firenze, 1952; HARRIS, T. A. *Io sono OK, tu sei Ok.* Milano, 1976; METZ, J. B. *Povertà nello Spirito.* Brescia, 1967; STOLZ, A. *L'ascesi cristiana.* Brescia, 1943; THILS, G. *Théologie dês réalités terrestres.* Paris-Bruges, 1946; *Vivre dans lê monde. Lumière et Vie* 9 (1950) n. 50; *Espoir humain et esperance chrétienne.* Paris, 1951.

T. GOFFI

COERÊNCIA. 1. COERÊNCIA, LEI DO CRESCIMENTO ESPIRITUAL. A coerência é um aspecto essencial da dinâmica da vida espiritual: constitui uma lei fundamental, que sugere como realizar o progresso interior.

A alma, já constituída em graça e na prática virtuosa do bem, ainda permanece sob a influência dos princípios da desordem. Mesmo quando se introduziu resolutamente no empenho espiritual é chamada a continuar em si mesma a luta contra as tendências pecaminosas. O Espírito do Senhor estabeleceu-se no íntimo da alma, porém o espírito do mal, expulso, continuamente procura servir-se de todas as cumplicidades que ainda conserva na → CARNE. Permanece certa divisão nas profundezas do eu, uma *dipsichia*, como a chamavam os autores antigos. Quando toma posse da alma, o Espírito do Senhor dá início à luta contra as tendências sensuais; favorece uma lenta, porém contínua, purificação até que a sua verdade e o seu amor dominem efetivamente todo o ser e os sentimentos mais escondidos. O combate estende-se até a completa restauração da simplicidade do coração, até restaurar uma personalidade integralmente coerente com o Espírito presente nela (Rm 7,23).

Os escolásticos lembraram de que modo essa coerência interior espiritual vai sendo operada através do desenvolvimento das virtudes infusas. A alma batizada possui os princípios da → GRAÇA, os germens de uma possível vida cristiforme. É uma virtualidade, todavia, que ainda não saboreou a sua completa extrinsecação, que só se alcança quando os princípios de vitalidade sobrenatural inspiram de modo explícito a totalidade das manifestações de vida. A doutrina e o espírito de Cristo devem tornar-se os atuais animadores de todo pensamento, sentimento, vontade, ação material e espiritual, individual e social. Para tal inspiração interior e força de informação, Cristo torna-se a forma suprema de toda a vida (Cl 3,4). No cristão, ainda não educado para uma vida espiritual integralmente coerente, Cristo vive, porém quase "informe", já que não opera as suas virtualidades de perfeição, ou porque aí dominam outras formas não em conformidade com o seu espírito, ou a ele totalmente contrastantes que eliminam a sua virtualidade sobrenatural (quando há o pecado mortal).

Para ser verdadeiramente autêntica, a purificação tem que ir além do campo da interioridade do consciente. A psicologia da interioridade profunda confirma de que modo só o Espírito sabe purificar e direcionar o subjacente inconsciente. Contudo, enquanto a ação do Espírito não penetra nesse grau de profundidade, não se instaura uma ordem coerente no eu. No início, a purificação aparece como o resultado dos próprios esforços voluntários; em seguida, manifesta-se claramente como a obra do Espírito interior, uma obra misteriosamente incompreensível e incontrolável pela alma. Se a purificação começa referindo-se aos sentidos, em seguida prossegue de forma mais interior, até chegar na parte mais espiritual da alma: ela termina quando a alma estiver toda em Deus ("para mim, com efeito, o viver é Cristo" — Fl 1,21). Somente então surge uma real coerência integral do eu espiritual.

2. COERÊNCIA ENTRE MENTALIDADE E FÉ. Cada aspecto do eu deve ser purificado, para harmonizar-se sobrenaturalmente com o Espírito do Senhor. Certamente não será possível explicar de que modo pode haver uma harmonia coerente em todos os aspectos do eu. Pretende-se aqui fazer referência unicamente a dever formar uma mentalidade harmonizada com a fé. Ainda que essa referência se limite a uma dada virtude e à sua aquisição fundamental, sempre pode sugerir a importância da coerência, as dificuldades que nascem dessa obtenção e os efeitos prejudiciais que surgem do lado espiritual, caso esta não exista.

Criar os adolescentes na fé é um dos deveres religiosos fundamentais. Educar para uma fé adulta, para instaurar coerência na mente, significa ensinar os adolescentes a alimentar os pensamentos de Cristo, a julgar tudo e sempre no Espírito do Senhor. A mente humana, no lado cristão, é chamada a ascender a um hábito sapiencial e intimamente orientado para os valores sobrenaturais: deve saber adquirir os valores humanísticos compenetrando-os de sentido cristão. Para que Jesus se possa manifestar em nossa carne mortal (2Cor 4,11), fé e caridade devem penetrar e permear de um modo cada vez mais profundo os nossos sentimentos, julgamentos e desejos. Acontece como um novo nascimento: "Meus filhinhos, que entre dores novamente dou à luz, até que Cristo seja formado em vós" (Gl 4,19). A lei da coerência cristã nada mais é que um crescimento espiritual, até que se alcance o "estado do homem perfeito, na medida que convém à plena maturidade de Cristo" (Ef 4,13), "para tornar cada um perfeito em Cristo" (Cl 1,28).

A fé torna-se adulta quando sabe harmonizar, com as suas exigências, os sentimentos e os pensamentos presentes no espírito; ela aparece como visão sistemática e unitária das realidades, ponto de orientação em uma cultura, critério de avaliação sobre os valores. Se a fé, todavia, estivesse presente no eu de forma limitada, como se convivesse com uma mentalidade não apropriada, tornar-se-ia ineficaz, instável e precária.

É preciso que a catequese suscite nos adolescentes uma mentalidade interpretativa e inspiradora de toda a vida cotidiana; é necessário suprir o divórcio entre pensamento pessoal e fé cristã. Sem coerência nos pensamentos interiores, entre pensamento e prática exterior, entre fé e conduta pessoal, entre idealismos espirituais e desejos humanos, não se pode instaurar uma maturidade em Cristo.

Quando persiste um estado interior incoerente, a pessoa — mesmo sendo adulto pela idade — conserva a tendência de viver espiritualmente desligada. É capaz de admirar um sermão, até mesmo de deixar-se comover por ele, mas depois não assume a verdade ouvida como princípio de vida prática. Este é o motivo que gerou, na sociedade hodierna, certa adulteração da palavra religiosa; um mais acentuado descompromisso do indivíduo diante do anúncio; uma divisão mais profunda entre saber e viver; um viver de estetismo sem deixar-se tomar pelo profundo. "Eu, portanto, com a mente sirvo a lei de Deus, com a carne, porém, a lei do pecado" (cf. Rm 7,22-25).

3. COERÊNCIA, LEI DA EDUCAÇÃO ESPIRITUAL.

O ser humano nasce dissociado: a coerência espiritual é uma conquista operada pelo Espírito e favorecida pela educação cristã. Uma alma goza espiritualmente de coerência na medida em que o Espírito de Cristo se exprime em seus pensamentos e sentimentos. Não existe coerência entre prudência humana e luz do Espírito. É necessário que aquela se anule sempre mais para dar espaço a esta. Semelhante coerência pode ser admirada em almas místicas.

O educador espiritual sabe favorecer no educando a coerência interior quando ele próprio goza pessoalmente dela. Não é possível imaginar que de uma ação educativa, em si mesma dissociada, floresça um efeito espiritual direcionado e coerente. A coerência deve estar presente em cada aspecto de uma autêntica educação espiritual.

O educador deve mostrar a própria vida qual espelho dos preceitos e dos conselhos que inculca no educando. O Cristo, com insistência, recriminou os fariseus por não praticarem pessoalmente o que ensinavam (Mt 23,3-4). Por outro lado, o educador tem que conservar a coerência nas diretrizes assumidas e não se deixar conduzir por sentimentos instáveis ou impulsos descontrolados. E também porque o educando precisa superar a sua inquietação inconstante e as suas incertezas, apoiando-se na serena firmeza, bem equilibrada, de seu diretor espiritual. O educador deve oferecer um programa espiritual estruturado, absolutamente coerente e observado com constante fidelidade. Sobretudo, o educador cristão deve, na prática, demonstrar acreditar que a sua obra se limita a favorecer e a despertar a ação caritativa do Espírito, que opera no íntimo do educando.

BIBLIOGRAFIA. ESTHERUES, J. Coerenza nell'educatore. In: *Dizionario Enciclopédico di Pedagogia*. Torino, 1958, 490-491, vl. I; LAPLACE, J. *Um'esperienza della vita nello spirito*. Milano, 1970; NICOLINO, F. *La coerenza è la virtù dei morti*. Salerno, 1984; SARANO, J. *L'equilibrio humano*. Assisi, 1970; SCHNEIDERS, A. A. *L'anarchia dei sentimenti*. Assisi, 1973.

T. GOFFI

CÓLERA. 1. NOÇÃO. Do latim *cholera*, proveniente do grego *cholera*, ira. Fundamentalmente, é a distinção tomista entre a fase aguda dessa emoção, chamada "paixão", e o seu "hábito negativo", a estabilização, um → "VÍCIO". Daí nasce o dever moral de evitar a repetição dos atos coléricos.

Natureza — A cólera é a síntese geral de um particular estado orgânico e de uma atitude espiritual, que interagem reciprocamente. Encontra confirmação na medicina psicossomática. O sujeito da cólera não é nem a alma sozinha, nem o corpo, mas o *coniunctum*. Resulta a possibilidade de prevenir a cólera "desregulada" com uma educação sinérgica tanto espiritual quanto orgânica.

Raiz — A cólera é composta de duas paixões opostas: a "tristeza" (derivada da perda de um bem) e o "desejo" (de prejudicar alguém por justa vingança). É preciso portanto considerar a → DIREÇÃO ESPIRITUAL.

Causas predisponentes — São duas: o sentimento da superioridade verdadeira ou presumida e da inferioridade da pessoa irada. Quem ultraja espera, desse modo, afirmar-se a si mesmo (geralmente os jovens, os ricos, ou o oposto, os pobres e os doentes).

Causas determinantes — Reduzem-se todas à "desestima" (*STh.* I-II, q. 47, aa. 1.2.3). Conhecemos três tipos de desestima: desprezar, insultar e obstacular a vontade alheia. No campo pedagógico-espiritual é possível remover esses riscos latentes.

2. CÓLERA COLETIVA. A cólera não é somente um fato individual. Nos fenômenos de "cólera coletiva" (*STh*. I-II, q. 46, a. 7), vemos explodir aquelas cargas de agressividade acumuladas em cada desestimulado, frustrado e marginalizado socialmente. A coletividade comporta-se como "uma multidão acéfala" ou uma só pessoa moral na qual prevalecem a irreflexão e a insensibilidade aos valores morais. Uma comunidade social autêntica, projeção humana da vida do Corpo místico, em que prevalece o amor mútuo, é a realidade que protege desses riscos.

Tipologia — Santo Tomás afirma que o temperamento, diferente em cada ser humano, predispõe mais ou menos à cólera, embora resguardando o livre-arbítrio (*STh*. I-II, q. 63, a. 1). Tomás distingue nos "coléricos", que retoma de Aristóteles, estes subtipos: os "agudos" (que se encolerizam até mesmo por uma causa leve), os "amargos" (que conservam longo tempo na memória a lembrança da injúria sofrida) e os "difíceis" (que não abandonam a cólera enquanto não punem). Essa tipologia é análoga à da psicologia moderna, chamada *Erlebnisreaktio*, de Schneider.

Os coléricos podem ser: normais, anormais (não doentes) e patológicos. O normal é impulsivo, excitável, inconstante, impaciente. Tem grande vitalidade e muito sentimento. É dotado também de excelentes qualidades, que contribuem no campo educativo. Dever-se-ia ajudá-lo a transformar o seu "valor dominante", isto é, "a ação arrasadora", em ação "contínua de generosidade perseverante". Não se pode falar sempre de cólera como "paixão" em toda uma escala gradual de excessos anormais, como nos psicopáticos ou nos estados patológicos: epilépticos, paranoicos, maníacos e etilistas. Lembramos que a surda irritação de uma cólera não extravasada, mas "contida", também abre o caminho para as neuroses. Assim, o critério para distinguir um colérico normal está em sua capacidade de ter um momento de reflexão, de espera, antes de mergulhar na cólera desordenada. A civilização tecnológica e o urbanismo favorecem os excessos temperamentais. Tudo isto faz compreender e ter misericórdia pela humanidade condicionada por elementos físicos e sociais, e construir a "civilização do amor", segundo a medida do ser humano.

3. DINAMISMO DO MOTO COLÉRICO. Distinguem-se quatro momentos: a disposição, a ocasião, a causa e os efeitos. A disposição é o humor passageiro ou persistente, influenciado por múltiplos fatores ambientais ou orgânicos. A ocasião é qualquer acontecimento que possa estimular a paixão (uma injúria, a lembrança de uma afronta sofrida). Daí a obrigação de fugir das ocasiões logo que se apresentam. Esses estímulos chegam ao cérebro, onde se traduzem em uma causa desencadeadora (um pensamento ou uma imaginação) que, por sua vez, envia uma mensagem urgente ao hipotálamo (formação mediana do encéfalo). Neste ponto são mobilizados como em estado de guerra: o sistema nervoso ortossimpático e algumas glândulas internas: a hipófise, a tireoide e as suprarrenais, que produzem muitos hormônios (sobretudo a adrenalina), que alteram a função dos principais órgãos. Os efeitos são: estimulação da atividade cardíaca e pulmonar, irrigação dos órgãos viscerais, aumento das funções cerebral e muscular. A ideia que pode desencadear a cólera é sintetizada em três palavras-chave: *eu* (não aceito ser tratado assim), *ele* ou *eles* (são maus e injustos), *aquilo* (o ocorrido é intolerável).

Nessa primeira fase do moto colérico se poderia, mas não é fácil, excluir mentalmente o motivo, ou ao menos abreviar a lembrança da ofensa. Imediatamente após, na segunda fase, a comoção de todos os órgãos reflui para o cérebro. Agora se está mais consciente de estar encolerizado e se pode controlar o julgamento prático: *eu, ele, aquilo*. Caso contrário, o mesmo julgamento será reforçado e ordenará o ataque, pelo qual o hipotálamo provocará uma cólera desenfreada com os efeitos externos que todos conhecemos.

4. MORALIDADE. As paixões como a cólera, em si, não são moralmente um mal, mas ambivalentes. No *De iracundia*, Santo Tomás afirma que "quem não se encoleriza quando deve, tem carência de paixão". Esta é chamada "cólera por carência", contrariamente à "cólera por superabundância". Pode-se considerar a cólera de duplo modo, com relação à razão, único critério de moralidade. Se a paixão exclui a razão é má, porque pune quem não merece, ou além daquilo que merece e não segundo a ordem legítima. É também chamada "cólera antecedente", que afasta a razão de sua retidão. É, então, "desregrada". O moto colérico não deve ser imoderado, nem interna nem externamente. Existe uma cólera "por zelo", que não tira a retidão da razão, embora às vezes a impeça. Pode-se defini-la como "cólera consequente", porque o moto colérico é movido segundo a ordem da razão. Essa definição confere estima e confiança às → PAIXÕES humanas, injustificadamente consideradas incômodas, embora em uma visão equilibrada tomista que podemos definir como "humanismo integral". Da concepção tomista emerge uma reflexão importante por seus reflexos pedagógicos. O ser humano deve ser dirigido por dois tipos de conhecimento: universal e particular. A paixão impele a razão a julgar, nos casos particulares, contra as nossas noções universais. Para apagar a cólera desregrada, então, devemos aplicar as "considerações universais". Eis por que a opção fundamental que coincide, para o cristão, com o fim último objetivo, Deus, remove todo temor, depressão e risco colérico. A pessoa, como nos → SANTOS, deve organizar-se em torno de um grande ideal espiritual, que dá luz, alegria e perfeição.

5. AS DUAS TENDÊNCIAS HUMANAS. Segundo a teoria de Santo Tomás, em concordância com a psicologia do profundo, há no ser humano duas tendências fundamentais: a conservação e a afirmação de si, ou "apetite irascível", e a necessidade de expansão, de comunhão, ou "apetite concupiscível". Wyss acentua o contraste inserido na natureza humana, mas também mola de seu desenvolvimento, isto é, o contemporâneo "ser si" e "ser em relação ao outro". A cólera é a expressão da primeira tendência. O ser humano se realiza se vive em comunhão com o próximo, portanto as duas necessidades se integram. Do mesmo modo, sendo postas em todos os níveis: natural, sensitivo e racional, essas duas tendências são interdependentes. A vontade também pode ser chamada "irascível", sublinha Santo Tomás, enquanto se opõe ao mal, mas sob o juízo da razão. Essas considerações demonstram que no ser humano, ao contrário do animal, a sensibilidade é sempre mais ou menos permeada pela razão, à qual deve submeter-se. A solução do controle do moto colérico não está numa repressão ou remoção dessa necessidade, ineficazes espiritual e fisicamente. A razão e a vontade, com a ajuda da graça, podem assumir, coordenar e unificar a tendência colérica inferior, tornando-a participante da dignidade espiritual humana.

Cólera e virtude — Como comportar-se durante um moto colérico? É necessário escolher o comportamento mais conforme com o fim último da vida (Deus), submetendo a agressividade e a afirmação de si à razão que o ordena e endereçando essas energias para fins positivos que conduzem a *esse fim último*, unificador de tudo. Portanto, todas as nossas forças instintivas encontram o seu lugar nas *virtudes*, que as moldam conforme as exigências racionais para receber os impulsos espirituais. Após o pecado original, a integração humana e a perfeição espiritual se realizam por meio das virtudes. As paixões devem ser ordenadas (virtude da → TEMPERANÇA) e direcionadas para nobres escopos (virtude da → FORTALEZA). Assim, segundo Santo Tomás, essas duas virtudes dirigem o apetite irascível segundo a exigência da razão. A cólera é a "colaboradora" da fortaleza ao atacar tudo aquilo que entristece, visto que a tristeza é inimiga do bem. Por outro lado, suportar uma injúria exige fortaleza. É necessário, portanto, agressividade na luta diária contra o nosso "homem velho". A cólera vence a débil intemperança de uma pessoa fraca, para enfrentar com prontidão a árdua empresa contra a sensualidade. A → MAGNANIMIDADE é a virtude que canaliza a tendência da autoafirmação. A *mansidão* não consiste em enfraquecer ou reprimir o apetite irascível, ao contrário, é "cólera transformada" em doçura e afabilidade. Ao afirmar-se a si mesma, a pessoa deve superar o contraste nas relações com a sociedade. Quem dá a unidade com o próximo são as chamadas "virtudes relacionais": justiça e caridade, que Santo Tomás aprofunda. Desejar o mal de alguém, como ato de justiça, pode também coincidir com a virtude da *justiça*, se essa vontade é submissa ao comando da razão. Por outro lado, segundo Santo Tomás, a justiça, fundamentada no direito, se não se liga à bondade, se não se humaniza na fraternidade, identifica-se com a injustiça. É lícita somente nos limites que são: o amor a Deus e ao próximo. Também os outros têm seus direitos. Devemos perguntar-nos se é verdade que os outros foram injustos conosco e se reagimos desproporcionalmente à ofensa. Se às vezes nos parece ceder diante do próximo e de perder, Mt 5,5 nos lembra: "bem-aventurados os mansos, porque herdarão a terra", e São Paulo: que toda perda é lucro. A "resistência não violenta" de quem se opôs à negação dos elementares direitos humanos e à injustiça tem sua carga agressiva (como a de Mahatma Gandhi na Índia, do Solidariedade na Polônia e do povo filipino: exemplos de como exercer a justiça sem faltar com a caridade).

Os santos não são pacifistas "passivos", mas sabem remar "contra a corrente", opor-se com força ao mal. Assumem a frase do Evangelho: "o Reino dos céus sofre violência, e os violentos o arrebatam" (Mt 11,12). Do mesmo modo que na esfera sensível o amor é raiz e fim das paixões (também da cólera), na esfera espiritual a caridade é princípio e fim de todas as virtudes (entre as quais a justiça). Santo Tomás intuiu que a tendência "irascível" antes de tudo não é atitude de destruição ou de morte, mas tem a sua base no amor em todos os níveis, do biológico ao espiritual. Tudo isto acha concordância, embora com pressupostos filosóficos e metafísicos diferentes, até na psicologia do profundo. Vemos na cólera, então, "o aspecto forte e conquistador do amor", como afirma o padre Philippe de la Trinité.

6. JESUS E A CÓLERA POR ZELO. Cristo é o modelo da cólera "regrada". As suas paixões diferenciam-se: *quanto ao objeto* (a cólera tende sempre para o bem); *quanto ao princípio* (está em perfeita harmonia com a razão); *quanto ao efeito* (em Cristo, nunca vai além da própria esfera sensitiva, perturbando o exercício do intelecto e da vontade): cf. Mt 21,12-16; Lc 19,45-46; Mc 11,15-18.

7. REMÉDIOS E AUXÍLIOS ESPIRITUAIS. Deve ser superada a tristeza que domina a paixão colérica "desregrada". Visto que é sustentada pela ideia de um insucesso, de uma privação, devem ser estimuladas ideias contrárias, positivas, como o amor a Deus e a esperança cristã. A ideia contrária assume o lugar da primeira (negativa), que perde vigor, atrofiando-se. É preciso saber aceitar-se a si mesmo, com as próprias limitações, para ser capaz de aceitar os defeitos alheios. Devemos conseguir "descobrir o positivo" que se encerra em cada ser humano "vendo Jesus" nele, com o olhar do amor. Se nos detivermos, porém, no negativo e não soubermos ir além, reconhecendo nisto a cruz", estabelecer-se-á uma oposição, uma depressão e a reação colérica pelo próximo e pela sociedade que nos cerca. A cruz, aceita com amor, é um trampolim de mergulho para iniciar uma nova vida, com a ajuda da graça. "O amor tudo vence." Para quem é inclinado à cólera desregrada, será útil aplicar na vivência cotidiana uma frase da Sagrada Escritura: "Estais encolerizados? Não pequeis. [...] Qualquer amargura, irritação, cólera, gritaria, injúrias, tudo isso deve desaparecer do meio de vós, bem como toda espécie de maldade. Sede bons uns para com os outros, sede compassivos; perdoai-vos mutuamente como Deus vos perdoou em Cristo" (Ef 4,26.31-32). Certos "hábitos negativos", como o vício da cólera, segundo Santo Tomás podem ser extirpados de três modos: por deliberação, falta de exercício e *sobretudo favorecendo "hábitos contrários"* (*virtudes*); mais que concentrar-se no elemento mau a ser corrigido ou eliminado, façamos prevalecer as nossas tendências humanas superiores (para a perfeição espiritual e humana). Se quisermos assumir as nossas tendências agressivas, para alcançar as virtudes, seguindo a indicação de São Paulo (1Cor 13,4-5), orientemo-nos de imediato para a *caridade*, que é "paciente, [...] não se irrita, não leva em conta o mal recebido, [...] tudo suporta". Daqui brotam todas as outras virtudes. Considerando que a cólera possui duplo aspecto, psicossomático, ainda segundo Santo Tomás, podemos praticar alguns conselhos práticos. As causas orgânicas devem ser debeladas: distúrbios das vias digestivas, cansaço crônico e, no plano psíquico, o vitimismo histérico. São moderadores da cólera desregrada: a música suave (cf. 1Sm 16,23), um banho, a dieta (mediterrânea), o repouso, os passeios e a vida do campo, o silêncio, o trabalho e o esporte. A recriminação aos coléricos deve ser feita com doçura. Quem possui tendência para a cólera precisa fazer amizade com pessoas moderadas e pacientes. As crianças devem ser educadas para brincadeiras que exigem destreza, tempo, ordem e tranquilidade.

BIBLIOGRAFIA. BALDASSARRE, W. *La collera nel duplice volto delle tendenze aggressive umane.* Roma, 1986 (bibliografia mais completa); CORBEZ, M. *Les passions de l'âme.* Paris, 1952; IRALA, N. S. J. *Il controllo Del cervello e delle emozioni.* Roma, 1964; NUTTIN, J. R. *Psychanalyse et conception spiritualiste de l'homme.* Alba, 1954; ID. *Comportamento e personalità.* Roma, 1964; SCHAFF, G. *L'habitus, principe de simplicité et d'unité dans la vie spirituelle.* Utrecht, 1950; TITONE, R. *Ascesi e personalità.* Torino, 1956; WYSS, D. *Storia della psicologia del profondo.* Roma, 1979.

W. BALDASSARRE

COLOMBIÈRE, CLÁUDIO DE LA (Beato). 1.

NOTA BIOGRÁFICA. Nasceu em Saint-Symphorien, perto de Lião, no dia 2 de fevereiro de 1641. Após ter concluído os estudos em Lião, no dia 25 de outubro de 1658 entrou no noviciado dos jesuítas de Avinhão, onde prosseguiu os estudos de filosofia. De 1666 a 1670 estudou teologia no colégio de Clermont, em Paris. Ordenado sacerdote em 6 de abril de 1669, de 1670 a 1674 foi professor de retórica e diretor espiritual dos alunos do colégio da Trindade, em Lião, onde proferiu algumas pregações. Em 1674, sob a direção do padre Athiaud, fez um retiro de trinta dias. Durante esse retiro, assumiu o compromisso do "voto de fidelidade" à perfeita observância da Regra. No dia 2 de fevereiro de 1675 fez a profissão solene; pouco depois, foi nomeado superior de uma pequena residência em Paray-le-Monial e tornou-se confessor extraordinário da Visitação.

Em Paray-le-Monial deu início à sua missão. Permaneceu ali apenas um ano e meio, todavia esse período foi de grande importância para o desenvolvimento da devoção ao Sagrado Coração. Ali tornou-se diretor espiritual de Santa → MARGARIDA MARIA ALACOQUE, seu grande mérito tendo sido o de tê-la diretamente no momento mais crítico de sua vida interior.

Em outubro de 1676 foi escolhido pelo provincial, padre de la Chaize, e enviado a Londres como capelão da duquesa de York, Beatrice d'Este-Modena. No dia 14 de novembro de 1678 foi preso com outros acusados do complô imaginário para matar o rei Carlos II e restaurar o catolicismo na Inglaterra — complô organizado por Titus Oates (F. J. POLLOCK, *The Popish Plot*, London, 1903; M. V. HAY, *The Jesuits and the Popish Plot*, London, 1934). Após cinco semanas foi banido da Inglaterra.

De volta a Lião foi-lhe confiada a → DIREÇÃO ESPIRITUAL dos jovens estudantes jesuítas e a de uma congregação de alunos. Ali ganhou um dos mais ardentes promotores do culto ao Sagrado Coração, o padre Giuseppe Gallifet, e, indiretamente, também o padre Giovanni Croisset. Em setembro de 1681 retornou a Paray-le-Monial, onde morreu em 15 de fevereiro de 1682.

Foi beatificado pelo papa Pio XI no dia 16 de junho de 1929.

2. OBRAS. Todas as suas obras foram publicadas após a sua morte pelo padre de la Pesse, no ano de 1684, em Lião, e desde então foram frequentemente reimpressas e reeditadas. Antes de tudo, convém lembrar os seus *Sermões*, em quatro volumes. Foi renomado pregador, muito apreciado pelos letrados de seu tempo. Deixando de lado alguns sermões de circunstância, a maior parte é para os domingos do ano e para as quartas-feiras da Quaresma. *Retiros espirituais*, Lião, 1684: são os apontamentos feitos durante o seu retiro de trinta dias no terceiro ano de provação.

Essa obra obteve um grande sucesso, e, juntamente com os apontamentos do retiro de 1677, é de grande valor para conhecer o espírito de Colombière e constatar a sua ascensão espiritual. *Reflexões cristãs*, Lião, 1684: tratam de vários assuntos da vida espiritual: comunhão frequente, virtudes, submissão à vontade de Deus, adversidade, misericórdia de Deus etc. *Cartas espirituais*, Lião, 1715, 2 vls.: a edição contém 139 cartas, a última edição contém 148. Em sua maioria trata-se de cartas de direção espiritual, semelhantes às de São → FRANCISCO DE SALES. Percebe-se nelas o mesmo equilíbrio de uma alma toda dada a Deus, os mesmos dons de precisão nos julgamentos, de firmeza nas decisões, o mesmo zelo pela perfeição dos seus dirigidos. Nessas cartas, ele insiste muito na docilidade à graça e na fidelidade a Deus, no perfeito cumprimento da vontade divina no estado em que [a pessoa] se encontra, na mortificação interior e na humildade. Dez *Meditações sobre a paixão de N. S. Jesus Cristo*, publicadas juntamente com os *Sermões* em Lião, em 1684: são meditações feitas em Londres, nas sextas-feiras da Quaresma. Convém também lembrar as três *Prolusiones oratoriae*, das quais: *Augusti caesaris aetas*, pronunciada em Lião em 1671, no início do ano escolástico do colégio; a segunda, *Laus oratoris Galli*, proferida em Lião nas mesmas circunstâncias no ano seguinte; finalmente, a terceira, *Laus panegyristae*, pronunciada em Avinhão em 1665, na reabertura das escolas.

3. DOUTRINA E ATIVIDADE. A sua doutrina não mostra elementos de uma nova escola espiritual. Mais simplesmente, ele está compenetrado pelo pensamento inaciano. Durante a sua formação, os seus diretores espirituais, Giacomo Machault (1676) e Giacomo Nouët (1680), discípulos de → LALLEMANT e, de certo modo, também de Gaudier, deram-lhe uma orientação especial: apropriação e prática entusiástica e consequente da doutrina espiritual da Companhia de Jesus, com especial acento no cumprimento da vontade divina, na mortificação dos sentidos, no abandono à providência, na docilidade e fidelidade à graça, na devoção a Cristo, quer na sua vida espiritual, quer na direção espiritual, e, em particular, na devoção ao Sagrado → CORAÇÃO DE JESUS. Em seu fervor espiritual, por outro lado, ele também se interessa pelos escritos dos místicos, aceita o seu ensinamento e se familiariza com a doutrina da vida mística.

O seu nome está inseparavelmente ligado ao de Santa Margarida Maria Alacoque e à devoção ao Sagrado Coração de Jesus. As graças místicas que a visitandina recebia e os desejos divinos que lhe eram revelados a tinham perturbado muito, e a expuseram às contradições de sua superiora e dos seus diretores espirituais, sem que pudesse encontrar luz e conforto no conselho adequado e na necessária compreensão de alguém. Colombière facilmente discerne e reconhece nessa alma privilegiada a ação e os desejos divinos. Já bastante especializado na vida espiritual e familiar através dos autores que tratam da vida mística, pôde consolá-la em suas angústias, tranquilizá-la, fortalecê-la, restabelecer a serenidade e a paz em seu espírito, ensinar-lhe o modo de agir e de conduzir-se para as graças que recebia. Convenceu também a superiora, madre de Saumaise, e permaneceu como diretor da santa até a morte.

O Sagrado Coração manifestou-se a Santa Margarida Maria em uma série de revelações e a encarregou de dar início ao culto. Tendo reconhecido os desejos divinos, Colombière votou-se ele próprio ao Sagrado Coração no dia 21 de junho de 1675, sexta-feira após a oitava de Corpus Domini, e empenhou-se solenemente em difundir essa devoção (sobre o texto dessa oferta, cf. MONIER-VINARD — CONDAMIN, *Le Bx. Claude de la Colombière. Notes spirituelles*, 151-154). Em suas cartas espirituais, nos sermões e escritos espirituais, nos retiros, afloram várias vezes, de modo reservado e ao mesmo tempo persuasivo, as confissões de seu amor absorvente e de sua inabalável confiança no coração de Jesus e em seu amor.

Assim cumpriu com simplicidade e discrição, sem fazer ruído, a sua grande missão, de curta duração. Todavia, a importância da tarefa que levou a cabo é grande: acendeu um incêndio revelando ao mundo o segredo que o mosteiro da Visitação de Paray-le-Monial escondia. Não é sem razão que os documentos oficiais da Igreja o chamam insigne apóstolo do Sagrado Coração, doutor insigne, defensor desse culto e homem cheio do Espírito de Deus, guardião dos desejos divinos.

BIBLIOGRAFIA. 1) Obras e biografias: *Oeuvres completes*, c. 6, Grenoble 1900-1901; CHARRIER. *Histoire du Vénérable Père de la Colombière*. Lyon-Paris, 1894, 2 vls. (trad. it. Prato 1900, 2 vls.); DALLE LUCCHE, G. B. *Il beato Cl. de la Colombière*. Genova, 1973; FIOCCHI, A. M. *Vita del beato Claudio de la Colombière*. Milano, 1959; MONTABONE, G. *"L'amico perfetto del Sacro Cuore" ossia il ven. P. Cl. de la Colombière*. Pavia, 1922.

2) Estudos: BAUMANN, F. *Aszese und Mystik des seligen P. Cl. de la Colombière. Zeitschrift f r Aszese und Mystik* 4 (1929) 263-272; BREMOND, H. *Histoire du sentiment religieux en France*. Paris, 1922, 401-410, t. VI; CARRÉ, L. *Claude de la Colombière. Christus* 29 (1982) 237-250; CELI, G. *Il beato Cl. de la Colombière... direttore spirituale di S. Margherita M. Alacocque. La Civiltà Cattolica* 80 [II] (1929) 490-504; DE BILI, A. *Claude de la Colombière*. In: *Dictionnaire d'Histoire et de Géographie Ecclésiastiques* XII, 1.073-1.075; FILOSOMI, L. *Claudio de la Colombière, maestro di vita cristiana*. Roma, 1982; GUITTON, G. *L'âme du Bienheureux Cl. de la Colombière. Un épanouissement spirituel. La Vie Spirituelle* 69 (1943) 28-45; ID. *Le bienheureux Claude de la Colombière, apôtre du Sacré-Coeur, 1641-1682*. Paris, 1981; LANVERSIN, F. de. *Le Bienheureux Cl. de la Colombière. La Vie Spirituelle* 21 (1929) 185-211; *Le Bienheureux Cl. de la Colombière. Notes spirituelles et pages choisies*. Paris, 1929; LETIERCE, E. *Étude sur le Sacré Coeur*. Paris, 1980, 176-199, t. I; *Messager du Coeur de Jésus* 69 [número especial] (1929); MONIER-VINARD, M. *Claude de la Colombière*. In: *Dictionnaire de Spiritualité* II, 939-943; ID. *Le Bienheureux Cl. de la Colombière et sa mission*. Toulouse, 1935; PALMÉS, F. M. *La consagración al sagrado Corazón de Jésus, según la fórmula del B. P. Claudio de la Colombière*. Barcelona, 1963; RAVIER, A. *Bienheureux Claude de la Colombière*. Paris, 1982.

A. LIUJMA

COLOMBINI, GIOVANNI (Beato). 1. NOTA BIOGRÁFICA. Nasceu em Sena em 1304. Na juventude, a exemplo dos companheiros da nobreza senense, amava a vida pomposa e brilhante; dedicou-se ao comércio de tecidos e participou da vida política. Tendo-se casado com Biagia Cerretani, certo dia foi convidado por ela a ler a vida de santa Maria Egipcíaca: foi o primeiro chamado para a "conversão" (1355). Aplicando-se completamente à vida espiritual, distribuía grandes esmolas, frequentava igrejas, conclamava a todos ao amor do "dulcíssimo Senhor Jesus Cristo", sem eximir-se, às vezes, de gestos um tanto teatrais. Acusado de ser um perigoso inovador, foi condenado pelas autoridades da Prefeitura ao exílio perpétuo de Sena, com o companheiro Francesco di Mino Vincenti (1363). Os dois, juntamente com 25 companheiros (chamados "jesuados" pela frequente invocação do nome de Jesus), foram acolhidos com veneração em várias cidades. Novamente chamado a Sena após pressão popular, deteve-se ali por pouco tempo, conquistando muitos (entre os quais Cristofano

Biagi e outros religiosos de São Domingos: o primeiro núcleo da "reforma dominicana", que teria em Santa Catarina um enérgico sustentáculo) para o ideal da rígida pobreza evangélica (ele já se havia desfeito dos seus bens em favor do mosteiro de Santa Bonda). No dia 4 de junho de 1367, Colombini estava em Corneto para acolher Urbano V, que chegava de Avinhão. Em Viterbo, o papa aprovou o tipo de vida dos "jesuados" e deu-lhes o hábito religioso (túnica e capuz brancos com manto escuro). De volta a Sena, Colombini morreu na Abadia de são Salvador no dia 31 de julho de 1367. Gregório XIII mandou inserir o seu nome no *Martirológio Romano*; Paulo V concedeu o ofício e a missa à diocese de Sena e aos jesuados.

2. OBRAS. De Colombini conservam-se 111 *Cartas* (e não 114, como geralmente se escreve: três, inseridas na coletânea, são de outros) e a lauda "Dileto Jesus Cristo, quem bem te ama" (outras laudas são de atribuição duvidosa). Uma vida do cartuxo Pietro Petroni perdeu-se. O melhor texto manuscrito das *Cartas* é o cód. I, VI, 16, da Biblioteca municipal de Sena. A primeira impressão somente remonta à metade do século XIX.

3. DOUTRINA. O ponto de partida da espiritualidade colombiniana é a descoberta de Cristo e de seu "amor desmedido". A alma que fez essa feliz descoberta, unicamente por graça de Deus, é impelida a deixar "as coisas terrenas, ou seja, honra e delícias transitórias" para ficar "única e exclusivamente ligada ao dulcíssimo Cristo, nele transformar-se, e a ele amar e servir". Compreende, com efeito, que "quem ama alguma coisa daqui debaixo, a não ser a Deus, essa coisa o impede de amar a Deus e ofusca o seu intelecto". Despojando-se das coisas criadas (particularmente com a prática da "bem-aventurada pobreza", que é "fundamento sobre o qual se edifica a bem-aventurança de todas as virtudes e alimento da humildade"), ela torna-se cada vez mais "leve" e "pequeno toque de Deus, a porta para a sua contemplação, pequeno pensamento para a meditação da paixão de Jesus Cristo, e nessas coisas se compraz, alegra-se e deleita-se; lamenta o tempo mal empregado e a ofensa a Deus, deseja vingar-se de si mesmo, de todas as maneiras, para que possa utilizá-las virtuosamente como penitência" (*Carta* 1). À alma assim tão desapegada de tudo aquilo que é terreno e vibrante de "santo desejo" Deus "faz nascer e parir" o seu divino Filho (*Carta* 9). Aquilo que essa "doação" de Cristo produz na alma amante "não há língua que o dizer possa". Cristo, com efeito, "a transforma toda em si, faz que toda se dilua em pranto, a desfaz inteiramente, toda absorvida em devoção, então a alma ama o seu dulcíssimo esposo, Cristo, ama todas as criaturas por Cristo, odeia a si mesma pelo amor de seu doce Cristo… e grita viva Cristo" (*Carta* 10). Gritar "viva Cristo" e "viva Jesus" pelas ruas e praças é uma característica de Colombini e seus discípulos; é o "santo fervor, que se ganha e adquire com a oração, além da santa meditação de Cristo e das virtudes" (*Ibid.*), que os impele; mas é também a penosa constatação de que no mundo — sem excluir os conventos — "se pode dizer quase apagado" o nome de Jesus (*Carta* 15); e assim, "quanto mais alto se fala, mais alto se escuta" (*Carta* 12); daí a predileção de Colombini pela "laude" (*Carta* 86).

A "memória" da paixão de Jesus é indispensável para alcançar o "estado de união" mística: é "verdadeiro caminho de luz, além de escada e meio que atrai a alma para bens maiores, a torna completamente contemplativa, a faz conversar no céu e ilumina de muita verdade" (*Carta* 12). Colombini fala com vivacidade das purificações passivas que a alma experimenta quando, "tendo começado a entrar na via iluminativa, é forte no discurso autêntico": nela "sobrevém uma treva imensa e muito escura, pela qual parece à alma ter sido em tudo abandonada e rejeitada, crê que Deus a tenha em tudo esquecido e que já não se lembra dela, parece-lhe estar para desesperar, e em tudo se minimiza. […] Em seguida, padece penas desmedidas e dores cruéis" (*Ibid.*). Percorrida a via iluminativa, "unida a Cristo pela caridade e grande doçura, e com ele perfeitamente desposada", nele se transforma: "ao acender-se em fogo" a alma torna-se "quase o próprio Cristo" (*Ibid.*) e ama a todas as criaturas com o coração de Cristo. Todavia, ainda não chegou ao mais sublime grau da união: a união com Cristo, com efeito, é direcionada para a união com a divina essência. A página que descreve o último grau da vida espiritual está dentre as mais altas da mística italiana: "por esses dons imensos e pela grande prática deles (= "transformação em Cristo ou por Cristo") nasce [na alma] um afeto de caridade e de amor completamente transformado, todo inebriado de Deus e inteiramente transformado em Deus. Emerge para o alto do meio da alma um afeto ardente de puro e claro amor. […] Essa subida e afogamento impedirá toda consideração e imaginação de qualquer coisa, seja ela o que for. Somente o amor encontra o amor, e creio que ele seja o gozo dentre os gozos" (*Ibid.*). (É a carta mais importante do epistolário colombiniano; nela, com efeito, Colombini trata propositalmente da vida mística.)

Para Colombini, a → VIDA contemplativa não se opõe à vida ativa, e menos ainda a suprime; antes, é enriquecimento da vida ativa quando esta é gasta para o bem do próximo: a caridade fraterna que prepara a união com Cristo e com Deus é sublimada por essa união (chega-se, assim, à "transformação no próximo": expressão muito cara a Colombini). É comprovação certa da autêntica vida contemplativa, além desse aumento de caridade fraterna, o aprofundamento da humildade: quanto mais cresce "a luz, mais nos conscientizamos de nossa miséria; [...] e quanto mais, por graça de Deus, dele nos aproximarmos, mais seremos iluminados, e mais conheceremos que Deus é todo o bem e toda fortaleza, e que nós somos a suma fraqueza" (*Carta* 112). São profundos em Colombini o *sensus Ecclesiae* e a veneração pelo papa e pelos superiores eclesiásticos: aceita prontamente, com alegria e reconhecimento, as intervenções que disciplinam o seu movimento.

É notável a influência de Colombini na vida religiosa de sua época, particularmente em Sena e na Toscana. O poeta lírico religioso mais importante da segunda metade do século XII, Bianco di Siena, é seu discípulo; numerosas expressões e conceitos colombinianos podem ser encontrados em Santa Catarina; são Bernardino, no século seguinte, difunde, também fora da Toscana, a devoção ao nome de Jesus, potencializando assim a ação dos jesuados; o reflorescimento na Itália da confraria do Santíssimo Nome, por obra dos dominicanos, liga-se, de algum modo, a Colombini (foi adotada como hino a lauda "Jesus/ Jesus/ Jesus/ todos aclamem a Jesus" do colombiniano Feo Belcari); os dominicanos, por volta do século XVI, fundam em Lucca a associação juvenil dos "colombinos", à qual pertenceria são Giovanni Leonardi.

BIBLIOGRAFIA. *Acta Sanctorum Iulii* VII. Venezia, 1749, 333-408; TAVELLI DI TASSIGNANO, G. *Vita et regula b. J. de C.*, publicado por MANSI na *Miscellanea* de Baluze, Lucca, 1761 [uma vulgarização do século XV foi publicada por ALBERTAZZI, L. *Il compendio della vita Del b. G. C. di G. T. da T.* Quaracchi, 1910]; BELCARI, F. *Vita Del B. Giovanni Colombini*. Firenze, 1841 aprox.; PARDI, G. Della vita e degli scritti di G. C. da Siena. *Bollettino Senese di Storia Pátria* 2 (1895) 1-50.202-230; ID. *Il b. Giovanni Colombini da Siena. Nuova Rivista Storica* 11 (1927) 286-336. As *Cartas* foram publicadas por BARTOLI, A. Lucca, 1856; MISCIATELLI, P. Firenze, 1923 (com bibliografia); FANTOZZI, O. Lanciano, 1925. Estudos sobre os escritos: MISCIATELLI, P. In: *Mistici senesi*. Siena, 1913; SAPEGNO, N. *Il Trecento*. Milano, 1934, 510-555.564; LEVASTI, A. *Mistici del'200 e Del 300*. Milano, 1935, 65-67.1.008-1.010 (da p. 749 à p. 781 estão transcritas algumas *Cartas*); PETROCCHI, G. Le Lettere del B. Colombini. *Convivium* 3 (1950) 1. Sobre os "colombinianos" de Lucca, cf. TAURISANO, I. *I domenicani in Lucca*. Lucca, 1914, 38-42; GUIDI, R. L. Influenza delle tradizioni religiose e agiografiche nella vita del b. Giovanni Colombini di Feo Belcari. *Rivista di Storia e Letteratura Religiosa* 5 (1969) 391-412; GENNARO, C. G. Colombini e la sua "brigata". *Bollettino dell'Istituto Storico Italiano per il Medioevo* 81 (1969) 237-271; Jean Colombini. In: *Dictionnaire de Spiritualité* VIII (1972) 392-395; TANGHERONI, M. La spiritualità Del beato Giovanni Colombini. *Rivista di Ascetica e Mistica* 25 (1974) 291-320; Colombini G. In: *Dizionario degli Istituti di Perfezione* II (1975) 1.236-1.237; GUIDI, R. Colombini, Bernardino da Siena e Savonarola: uomini e simulacri. *Benedictina* 35 (1988) 372-427.

I. P. GROSSI

COLUMBANO (Santo). 1. NOTA BIOGRÁFICA. Nasceu na Irlanda, em um vilarejo de Leinster, provavelmente em 543, e foi educado no mosteiro de Bangor, onde aprendeu aquela espiritualidade severa que, em seguida, se refletiria em seus escritos e sobretudo em sua Regra. Tinha se retirado para o mosteiro, dirigido por são Congallo, para fugir dos perigos que o assolavam, por causa "da beleza do físico, especialmente pelo cândido frescor do corpo e o esplendor da juventude, que o tornavam caro a todos" (GIONA, *Vita di S. Colombano*, c. 3).

Por volta do final do século VI, junto com doze monges, Columbano deixou o mosteiro de Bangor e foi para a Gália, onde fundou Annegray, Luxeuil e Fontaine. Ao descrever a vida do santo, o monge Giona insiste mais na sobrenaturalidade das obras externas que na penitência. Os milagres que São Columbano realiza são variados e vão desde a cura das enfermidades ao domínio das feras; da multiplicação de alimentos à invisibilidade de seu corpo para aqueles que o perseguiam. A sua atitude inflexível diante da conduta pouco edificante do rei Teodorico e de sua avó,

Brunhilde, atraiu sobre si a ira dos soberanos e, finalmente, a condenação ao exílio (aproximadamente 610). Assim, chegou à Itália, onde, no vale de Trebbia, fez a sua última fundação: Bobbio. Morreu poucos anos mais tarde (615).

Pelo escrito do monge Giona, Columbano não aparece somente impetuoso e austero, mas também terno e compreensivo: faz brotar uma fonte para aliviar o sacrifício do jovem Domoalo, que devia buscar água em um lugar perigoso e quase inacessível; ou delicado e poético: enquanto passeia pelo eremitério costuma chamar a si os pássaros e os animais selvagens, que atendem imediatamente à sua ordem; toca-os, acaricia-os e brinca com eles.

2. SÃO COLUMBANO E O MONAQUISMO. De espírito ardente e generoso, inimigo de toda compactuação e incoerência, Columbano reflete a imagem do monge celta em toda a sua amplitude. Um rigoroso ascetismo caracterizava a espiritualidade do monaquismo celta. As mortificações externas, bastante ásperas, eram parte fundamental na vida dos monges: rezavam longamente com os braços em cruz; o → JEJUM, em muitos mosteiros, era perpétuo, a disciplina rigorosa, e nem os banhos frios invernais eram excluídos de seu método ascético. "Ofereciam a Deus os membros mortificados como piedosos meios de expiação a Cristo, e de purificação da mente através da maceração da carne e das agruras da fome, procurando manter íntegra a sua vida religiosa; toda vontade era quebrada por duras privações" (Giona).

Outra nota distintiva do monaquismo celta era o amor pelos estudos clássicos. Os poemas de Columbano — pouco conhecidos, porque o santo é visto sobretudo em função de sua Regra — são importantes como índice de uma mentalidade e de uma cultura comuns aos irlandeses e, mais tarde, aos habitantes das ilhas anglo-saxônicas.

A importância da cultura e da literatura insular também deriva de contingências históricas. A ilha, nunca invadida nem pelos romanos, nem, depois, pelos bárbaros, recebeu o latim como língua estrangeira, importada pelos missionários de Roma. Por outro lado, a produção latina da Irlanda permaneceu pura, porque se manteve distante do encontro latino-barbárico. A língua grega também atraiu a atenção e a estima dos celtas, uma vez que o venerável → BEDA afirma que nas ilhas falava-se latim e grego, e declara ainda que em seu tempo — um século mais tarde — havia monges que falavam três línguas: latim, grego e saxão.

Os monges irlandeses possuíam um grande conhecimento não só dos → PADRES DA IGREJA, mas também dos autores pagãos: Virgílio e Horácio, em primeiro lugar, além de Sêneca, Ovídio, Lucano e Juvenal.

A cultura profana naturalmente servia para um conhecimento mais profundo da Bíblia e da teologia. Não tinha, porém, um fim em si mesma, mas era subordinada ao essencial.

3. ESCRITOS. *Regula monachorum*. Trata-se mais de uma coleção de receitas ascéticas e espirituais que de uma verdadeira Regra. Sob o aspecto redacional, possui as características de numerosas normas vigentes antes de São Bento. Trata dos meios para viver uma vida de completa consagração ao Senhor. Está dividida em dez capítulos, todos muito curtos, excetuando o sétimo. *Regula coenobialis*: distingue-se mais que a anterior das outras Regras religiosas. Também esta não é propriamente uma Regra, sendo, em seu estado embrionário, a organização do mosteiro e toda estrutura válida para dirigir uma comunidade. É um penitencial monástico de extremo rigor que não encontra similar no ambiente latino.

Carmina. O humanismo monástico insular é dirigido a temas insólitos ao humanismo pagão, porque as preocupações são diferentes. Os poemas de São Columbano possuem um objetivo didático e fins exclusivamente morais. O primeiro poema, *De mundi transitu*, trata da caducidade de todas as realidades criadas. O segundo, *Versus Columbani ad Hunaldum*, é um poema gnômico, no qual cada verso é uma sentença, com a única exceção dos versos 5 e 6. São sentenças tomadas quase literalmente de Ovídio, Horácio, Ausônio e Prudêncio. O terceiro poema, *Versus Columbani ad Sethum*, contém o convite para evitar riquezas aparentes e vãs e buscar os verdadeiros tesouros: Sagrada Escritura, Padres, exortações dos homens antigos. O ponto de partida para o ensinamento moral no *Carmen navale* é um fato realmente ocorrido: uma tempestade. Do mesmo modo que a tempestade material é superável através do trabalho e da atenção, assim também a espiritual, desencadeada pelo demônio, é superável recorrendo-se a Cristo. Finalmente, o último poema, enviado a Fidólio, talvez um seu confrade, é cheio de referências mitológicas que servem para ilustrar o tema da fuga da → AVAREZA.

Epístolas. O epistolário é composto de seis cartas apenas. As três primeiras, endereçadas respectivamente ao papa Gregório Magno, aos bispos burgúndios e ao sucessor de → GREGÓRIO MAGNO, tratam da controvérsia sobre a data da celebração da Páscoa, com um tom ora polêmico, ora sereno. A quarta, escrita a caminho do exílio, revela viva ternura por seus filhos e doce submissão à vontade de Deus. É endereçada aos monges que ficaram em Luxeuil. O seu desejo de manter a unidade e a paz na Igreja, ainda em luta em virtude da controvérsia dos Três Capítulos, é expresso na quinta carta, enviada ao papa Bonifácio IV. Finalmente, a sexta é endereçada a um jovem monge cujo nome não se conhece. Nela se traça uma orientação segura para uma vida espiritualmente consagrada.

Sermões. Conservam-se treze sermões que a crítica, após o trabalho de Walker, reconhece como autênticos. Neles são tratados variados assuntos: da fé na unidade e trindade de Deus à necessidade da interiorização; de como o religioso deve agradar a Deus ao conceito da caducidade da vida e das coisas; de como salvar-se da ira divina à doutrina da guarda de si. Frequentemente Columbano se refere aos escritos dos santos Padres para reafirmar sua doutrina, visto que o princípio da autoridade era o único aceito. Completam os escritos de Columbano o *Ordo de vita et actione monachorum* e o *De poenitentiarum misura taxanda*.

4. DOUTRINA. Apesar dos conflitos com o episcopado gaulês e, às vezes, com o papa, não se pode absolutamente fazer de Columbano um adversário da Sé Apostólica ou da hierarquia eclesiástica.

As divergências nasciam da diversidade de estruturas entre a Igreja irlandesa e a Igreja gaulesa, e da radical diversidade da concepção céltica e da franca nas relações entre mosteiros e bispos. O apego às tradições de sua pátria, que desejava inserir no território da Gália, acendeu as incompreensões. O tom pouco moderado que Columbano às vezes assume também em relação ao pontífice denota apenas certa falta de limite. É ditado não pelo espírito de revolta, mas pelo desejo da unidade na fé e por acreditar que a demora de uma intervenção pontifícia fomente e incentive as lutas teológicas e litúrgicas. "Se encontrarem nesta carta alguma palavra de zelo excessivo deverão atribuí-la à minha indiscrição, não à soberba" (*Ep.* 5). "Nós, irlandeses, estamos ligados à cátedra de São Pedro. Ainda que Roma seja grande e famosa, somente por causa dessa cátedra é grande e ilustre em nossas cidades. Nós, irlandeses, habitantes da extremidade do mundo, somos todos discípulos de São Pedro e São Paulo, e de todos os apóstolos que escreveram a divina Regra sob a inspiração do Espírito Santo" (*Ibid.*).

O seu temperamento reflete-se em toda a sua obra, mas sobretudo em sua espiritualidade. É inimigo declarado das meias medidas. Quem escolheu um determinado ideal deve persegui-lo com coerência, sem olhar para eventuais e garantidas dificuldades ou sofrimentos imprevistos. O monge, por outro lado, tendo deixado tudo para seguir a Cristo, não pode dobrar-se sobre si mesmo, perder de vista o objetivo de sua vida sem comprometer-se, procurando agradar ao mesmo tempo a Deus e a si próprio.

O princípio fundamental de sua espiritualidade é que a vida terrena não é a verdadeira vida, mas somente uma preparação para a vida eterna, para alcançar a posse de Deus. "Para que possas alcançar a vida eterna, procura agora desprezar os atrativos da vida que passa" (*Versus Columbani ad Hunaldum*).

Em cada página de sua obra afloram tais conceitos, todavia eles se concretizam em sua Regra. Nela, é óbvio, encontra-se a impressão das tradições ascéticas e disciplinares irlandesas.

A *Regula monachorum*, porém, não apresenta uma severidade excessiva. Antes, no capítulo oitavo, o autor trata expressamente da discrição, alertando contra os excessos e os perigos com palavras que poderiam ser ditadas pelo mais manso dos legisladores: "Quanto a discrição é necessária aos monges é atestado pelo erro de muitos, e as quedas de alguns o manifestam: aqueles que começaram sem a discrição e viveram sem uma regra de sabedoria não puderam levar a termo a própria vida louvavelmente. Visto que aqueles que se ocupam sem um planejamento caem em erro, do mesmo modo os que vivem sem a discrição manifestam claramente os excessos, sempre contrários às virtudes, situadas entre os dois exageros". Por outro lado, ao falar da mortificação inicia dizendo que ela é "a parte máxima das regras dos monges", mas insiste, sobretudo, como já havia feito São Bento, na penitência que deriva da obediência e da humildade.

Então, qual seria o motivo pelo qual o santo irlandês é constantemente descrito como um santo quase inumano?

Se a *Regula monachorum* particularmente não impressiona, certamente não se lê a *Regula coenobialis* sem ficar perplexo.

Não só é completamente estranha à mentalidade moderna, mas também naquele tempo, tão diferente do nosso, parecia não totalmente aderente ao espírito, ao menos latino, uma vez que foi logo deixada e substituída pela Regra beneditina. Já Agretius, monge de Luxeuil, criticou duramente a excessiva austeridade da Regra columbaniana, sendo abade são Eustásio, sucessor imediato de Columbano. No Concílio de Macon, em 624, Eustásio não teve dificuldade em justificar a observância de Luxeuil. Todavia, sob Wadalberto, sucessor de são Eustásio, muitos usos particulares eram deixados de lado e assistia-se a uma combinação da Regra columbaniana com a beneditina. A partir de 640 em diante, os mosteiros eram erigidos "em conformidade com as instituições de São Bento e de São Columbano" e seguiam a *Regula s. Benedicti ad modum Luxoviensis monasterii*, conforme se lê em todas as constituições dessas novas abadias. Antes do final do século VIII, a Regra de São Bento chega a suplantar completamente a de Columbano.

Não se deve pensar, todavia, que a única razão pela qual a regra columbaniana foi completamente substituída pela beneditina tenha sido seu caráter de extrema severidade. Não se pode minimizar o fato de sua imperfeição sob o aspecto da organização, nem a influência que as recomendações dos pontífices em favor da Regra beneditina tiveram sobre os monges. Essas recomendações, porém, eram oriundas do seu caráter tão humano e completo, caráter que faltava na *Regula coenobialis*. Nela só se encontram penitências para infligir aos culpados; penitências que consistem em jejuns a pão e água, em quaresmas suplementares, em flagelação a açoite, na *suppositio*... São distribuídas com uma largueza incomum e por faltas que parecem insignificantes. A enumeração é extensa. O máximo dos açoites era de duzentos golpes, aplicados naquele que *solus cum sola femina sine personis certis familiariter loquitur*. Não se podia aplicar, porém, mais de vinte açoites por vez.

Enquanto São Bento alicerça sua ascese na pureza de intenção e não na dificuldade dos atos, *in qua institutione nihil asperum, nihil grave nos constituturos speramus* (*Regula*, prólogo), porque pensa que a vida monástica deve ser acessível a todos os que querem buscar a Deus, Columbano, mais intransigente, até pela educação recebida, faz da penitência externa a academia dos seus discípulos.

A mortificação devia conduzir a uma mudança de espírito, a uma conversão, e, naturalmente, a exterior devia ser sinal da interior. Esta, com efeito, não segue um desenvolvimento normal sem que haja um generoso ato de mortificação exterior.

A abnegação absoluta e o desprendimento total são necessários ao monge que aspira à perfeição. Ninguém é obrigado a abraçar o estado religioso: quem quer ser monge deve ser lógico e coerente consigo mesmo.

O objetivo de tal ascetismo é a oferta a Deus de uma alma pura, totalmente dedicada a ele. O seu discípulo, através da densa trama da vida ascética, devia chegar a instaurar em sua vida a vida de Cristo.

BIBLIOGRAFIA. ARMANI, G. Le lettere di S. Colombano. *Columba* 4 (1964) 51-61; *Atti Del Convegno Internazionale di Studi Colombaniani*. Bobbio, 1973; CLARK, H. B. – BRENNAN, M. *Columbanus and Merovingian monasticism*. Oxford, 1981; DUBOIS, M. M. *Un pionier de la civilisation occidentale: saint Colomban*. Paris, 1950; KRUSCH, B. *Vita S. Columbani*, 1. I e II, in *Monumenta Germaniae Histórica*, IV, 1902; LAUX, J. G. *Der hl. Kolumban, sein Leben und seine Schriften*. Freiburg in Br., 1919; LUGANO, P. San Gregório M. e S. Colombano nella storia della cultura latina. *Rivista Storica Benedettina* 10 (1915) 161-182; *Mélanges Colombiens*. Paris, 1950; NASALLI ROCCA, E. Considerazioni giuridiche sulla Regola e sul Penitenziale di s. Columbano. In: *Contributi dell'Istituto di storia medievale* 2. Milano, 1972, 438-458; O'FIAICH, T. *Columbanus in his own words*. Dublin, 1974; S. Colombano monaco e scrittore. *Rivista Storica Benedettina* 11 (1916) 5-46; ID. *S. Colombano*. Perugia, 1917; *San Colombano e la sua opera in Itália*. Bobbio, 1953; TOSI, M. Problemi di cronologia colombaniana: la morte e il viaggio a Roma. *Columba* 3 (1964) 27-36; ID. La liturgia di S. Colombano a Bobbio. *Columba* 5 (1964) 79-86; 7 (1964) 25-32; VINAY, G. Interpretazione di S. Colombano. *Bollettino Storico Bibliografico Subalpino* 46 (1948) 5-30; VOGÜÉ, A. de. *Le Règle de St. Benoit*. Paris, 1972, 163-169, t. I (SCh 181); WALKER, G. S. M. Sancti Columbani opera. In: *Scriptores Latini Hiberniae* II. Dublin, 1957.

F. RUDASSO

COMBATE ESPIRITUAL. 1. IDEIA DE COMBATE ESPIRITUAL. A santidade, à qual todo cristão é obrigado, não é mais possível alcançá-la depois do pecado sem um esforço generoso e constante contra tudo o que impele ao mal. Esse esforço contínuo para a conquista da perfeição, no cristianismo, e também fora, chama-se tradicionalmente de combate espiritual.

A vida é uma luta sem trégua não só para sobreviver fisicamente, mas também e sobretudo moral e sobrenaturalmente. Não colherá a palma da vitória, que é o alcance da santidade e da salvação eterna, quem não tiver "lutado segundo as regras" (2Tm 2,5).

2. A DOUTRINA DO COMBATE ESPIRITUAL NA SAGRADA ESCRITURA.

Desde o Gênesis somos alertados pelo aviso do Senhor: "O pecado está agachado à tua porta e te deseja; tu, porém, domina-o" (Gn 4,7). Em Jó, a vida humana na Terra é comparada à de um soldado. O texto hebraico realmente se refere a tudo que implica em pena e sacrifício no serviço militar, porém a versão latina da Vulgata (*Militia est via hominis super terram*: Jó 7,1) orientou o mundo ocidental para a ideia do autêntico combate que é a vida, especialmente a espiritual.

De resto, ao menos concretamente, ninguém no mundo ignora que a virtude e a retidão são frutos de um esforço contínuo, porque todos conhecem, por experiência, as más inclinações para o mal e a luta penosa à qual obrigam quem não quer sucumbir. Nesse sentido, a doutrina do combate espiritual, assim como em qualquer ensinamento moral e religioso de quaisquer povos e indivíduos, encontra-se claramente no Antigo Testamento. Além da passagem citada do Gênesis, geralmente é considerada fonte da culpa a paixão ou instinto mau, pressuposto e citado expressamente em toda narração sobre o pecado, a começar pelo original, o de Caim e da geração de Noé, até os do ódio dos inimigos dos Macabeus. Assim, as más inclinações instintivas são consideradas no Antigo Testamento como ponto de partida e raiz de todos os pecados, de todas as transgressões da → LEI de YHWH. A fidelidade a Deus, dever máximo do ser humano, implica vigilância contínua, renúncia e luta para o israelita piedoso. Ele está profundamente consciente da sua inclinação quase conatural para o mal (Sl 50,7; 129,3; 142,2); lamenta-se com frequência da dureza de coração e da falta de penitência obstinada que vê ao seu redor (Ez 36,26; Sl 80,13), bem como da veemente aspiração ao mal que devora os pecadores (Jr 2,23-24; Sl 80,13); exprime-se com orações ardentes e conselhos amorosos (Pr 23; Sr 22,27–23,27) para não sair do caminho reto (cf. Gamberoni). Tanto mais que a fraqueza inata é agravada pela presença e pela atividade nefasta do demônio. Certamente, no Antigo Testamento é somente esboçada a natureza de Satanás e de seu lugar na história da → SALVAÇÃO: todavia, é claramente apontado o seu esforço no prejuízo do ser humano, visto que nos é apresentado como adversário, acusador, caluniador e "sobretudo tentador, que tem um duplo objetivo: provocar a rebelião dos seres humanos contra Deus e perdê-los" (Prager).

A doutrina sobre o combate espiritual é ensinada do modo mais explícito e pormenorizado no Novo Testamento, que "descreve a redenção sob uma veste de uma luta violenta, engajada entre o forte e o mais forte (Mc 3,27), a qual, apesar da vitória decisiva da cruz, encontra a sua conclusão nos últimos dias da história da salvação" (Prager).

Ora, "na luta contra Satanás não se pode permanecer neutro (Lc 11,23), nem compactuar em segredo (Mt 6,24; 1Cor 10,21). É preciso vigiar constantemente (1Pd 5,8), sempre de arma em punho (Ef 6,10)" (Prager).

Em geral acredita-se que o combate seja mais árduo no início da vida espiritual, quando as paixões ainda estão muito vivas e se luta pela vida, isto é, para não cometer o pecado que priva da graça. Ao contrário, o clímax do combate espiritual, com um crescendo pavoroso correspondente à subida da escada do amor (cf. *Subida*, 2, 11, 9-10), se alcança em regiões muito elevadas, exatamente nas proximidades do cume do monte da perfeição, quando a alma já está, mais ou menos, completamente purificada. Então, com efeito, pode ocorrer, por divina permissão, que o demônio assalte a alma de face aberta, entrando em contato direto com ela por meio de uma "comunicação horrenda", que "passa de espírito a espírito", a qual "é penosa em todos os sentidos". Menos mal que "dura por algum tempo, mas não muito, caso contrário [...] o espírito sairia do corpo", ou seja, a alma morreria "de perturbação e horror" (*Noite*, 2, 23, 9 e 5).

O combate espiritual é dirigido principalmente contra o demônio, conforme adverte São Pedro: "Vigiai. Vosso inimigo, o demônio, vagueia procurando a quem devorar. Resisti-lhe firmes na fé" (1Pd 5,8-9). São Paulo, por sua vez, exorta os cristãos: "Revesti-vos da armadura de Deus para estardes em condições de enfrentar as manobras do diabo. Pois não é o homem que afrontamos, mas as Autoridades, os Poderes, os Dominadores deste mundo de trevas, os espíritos do mal" (Ef 6,11-12).

Existem outros inimigos que devem ser combatidos, o → MUNDO e a carne ou → CONCUPISCÊNCIA. Satanás encontra, em primeiro lugar, um grande aliado no mundo, entendido como o complexo das pessoas, das ideias, das instituições, dos interesses terrenos que se opõem à instauração do Reino de Deus e ao triunfo de sua graça. Contra esse mundo Jesus batalhou durante a sua vida inteira, como fez com o demônio, deixando-se aparentemente subjugar e vencer, mas na realidade o venceu por nós: "No mundo encontrareis tribulações, mas tenham confiança: eu venci o mundo" (Jo 16,33). No entanto, pouco valeriam contra nós o mundo e o demônio se não encontrassem em nós um cúmplice perigosíssimo: nossa tendência natural para o mal, a desordem íntima de nossa passionalidade e, ainda mais, o espírito de insaciável egoísmo e orgulho desenfreado, em suma, a concupiscência, entendida em toda a sua extensão bíblica. É nela que Satanás se apoia. São → JOÃO EVANGELISTA escreveu, com timbre afetuoso e ao mesmo tempo veemente: "Eu vos escrevo, filhinhos: [...] não ameis o mundo nem o que está no mundo. Se alguém ama o mundo, o amor do Pai não está nele, pois tudo o que está no mundo — a concupiscência da carne, a concupiscência dos olhos e a confiança orgulhosa nos bens — não vem do Pai, mas vem do mundo. Ora, o mundo passa, bem como a sua concupiscência, mas aquele que faz a vontade de Deus permanece para sempre" (1Jo 2,12.15.17).

3. O COMBATE ESPIRITUAL EM SÃO PAULO. Esse duro combate espiritual é apresentado por São Paulo como uma competição de atletismo, que exige grandes renúncias e numerosos sacrifícios, e quer que os cristãos, seguindo o seu exemplo, sejam generosos e infatigáveis atletas do espírito (1Cor 9,24-27).

Com frequência o apóstolo recorre à comparação com a vida militar; também a vida cristã é um compromisso solene assumido pelo → BATISMO: é, com efeito, militar a serviço de Jesus, "Senhor da glória" (1Cor 2,8), "Rei dos séculos" (1Tm 1,17), "bem-aventurado e único soberano, Rei dos reis e Senhor dos senhores" (1Tm 6,15).

Finalmente, em sua carta-testamento, pressentindo a aproximação da morte, assim conclui: "Quanto a mim, eis que já fui oferecido em libação e o tempo da minha partida chegou. Combati o bom combate, terminei a minha carreira, guardei a fé. Desde já me está reservada a coroa da justiça" (2Tm 4,6-8). Exatamente porque a vida cristã é um longo e penoso combate espiritual, sempre se inspirando na comparação com a vida militar, São Paulo não deixou de nos instruir sobre as armas a serem usadas para combater "segundo as regras" (2Tm 2,5) e vencer, também nós, a nossa batalha. Recomenda aos tessalonicenses que se "revistam com a armadura da fé e da caridade, tendo como elmo a esperança da salvação" (1Ts 5,8). Terminando a sua epístola aos Efésios, exorta: "Lançai mão, portanto, da armadura de Deus, a fim de que no dia mau possais resistir e permanecer de pé, tendo recorrido a tudo" (Ef 6,13). Relembrando o equipamento do legionário romano, cita a famosa panóplia, ou armadura completa do cristão (Ef 6,14-17), que tem "por cinto a verdade" para derrubar as ciladas do demônio, pai da mentira; enverga a couraça da justiça, complexo de todas as virtudes e proteção do coração, centro da vida moral inteira; o calçado, símbolo da prontidão no serviço de Deus, especialmente prestando-se como mensageiro do Evangelho, portador de paz; exibe "o escudo da fé, para apagar todos os dardos inflamados do maligno"; traz "o elmo da salvação" que garante contra todo desencorajamento; finalmente empunha "a espada do Espírito, que é a palavra de Deus", que serve como força de persuasão contra toda mentira e erro. A essas "armas da luz" (Rm 13,12) acrescente-se "toda espécie de orações e de súplicas", "com toda perseverança" (Ef 6,18), e o sucesso vitorioso do combate espiritual será garantido para todo soldado de Cristo.

4. O COMBATE ESPIRITUAL NA ÉPOCA DOS PADRES. Bem pouco restava a fazer para os escritores cristãos depois de um ensinamento tão rico e tão insistente da Sagrada Escritura sobre o combate espiritual: começaram por acolher, gratos e reverentes, essa doutrina, repetindo-a com frequência literalmente; em seguida fizeram uma síntese, elaboraram a teoria e determinaram a aplicação concreta e detalhada nos vários estágios do caminho da perfeição.

Convém observar que o combate espiritual é apresentado de duas maneiras, não opostas, mas complementares. Às vezes, como para o bem-aventurado Ambrogio Autperto e para

São → JOÃO DA CRUZ, a alma é o campo de batalha onde se encontram e se confrontam a carne e o espírito, os vícios e as virtudes, o anjo bom e o anjo mau, Deus e Satanás. Às vezes, ao contrário, é a própria alma que, completamente armada, enfrenta os seus inimigos espirituais na mais épica e gloriosa das batalhas.

Já conhecemos, pela Sagrada Escritura, os inimigos espirituais da alma, contra os quais é necessário engajar a luta. A doutrina, todavia, teve um posterior desenvolvimento nos ambientes monásticos egípcios, que sofreram forte influência de → ORÍGENES. Para ele, "a vida é uma batalha na qual combatem os soldados de Deus e os de Satanás": não é possível permanecer neutro: "Todo ser humano dotado de razão, ou é filho de Deus ou filho do demônio, visto que, ou comete o pecado ou não o comete, não há meio-termo: se comete o pecado, é do demônio, se não o faz, é de Deus" (*In Ioannem*, XX, 13, 107). Nessa luta inevitável e constante, a oração é necessária; embora fracos, podemos por meio dela vencer todos os inimigos visíveis e invisíveis, empenhados no desejo de nossa ruína; caindo por nossa culpa, podemos por meio dela soerguer-nos pela penitência. Os bens que devemos conquistar estão acima das nossas forças; a perfeição que nos é exigida supera a nossa capacidade, mas tudo isto nos oferece a oração, à qual se deve somar o esforço ascético.

Explica-se, então, por que os antigos monges fizeram do combate espiritual talvez o aspecto mais característico de sua concepção de vida espiritual. O espírito de luta e de coragem, herdado da Sagrada Escritura, por meio deles se manteve na Igreja e foi transmitido às gerações futuras. Sem dúvida, ainda não temos uma doutrina formal dos "três" inimigos espirituais da alma. A "maléfica trilogia" (Bourguignon-Werner) parece encontrar-se mais no Ocidente; precisamente em Santo → AGOSTINHO (*De agone christiano*); ou mais certamente na Idade Média, quando obteve tanto sucesso, talvez por mérito dos monges cistercienses.

Seja como for, é certo que a vida espiritual é uma luta sem trégua. Nisto já insistiam os → PADRES APOSTÓLICOS, tendo à frente santo Inácio, que se inspirou em São Paulo, quando descreve, por sua vez, a panóplia do cristão. É notável, sempre naquela época, a homilia anônima de São Clemente, chamada Segunda Epístola, na qual a vida cristã é expressamente comparada a um combate espiritual, certamente inspirada em São Paulo, mas tendo presentes, além das competições do estádio, também as náuticas.

Observa-se também um clima de batalha na literatura do século II, a época dos apologistas, quando a oposição ao cristianismo atinge a sua culminância. A *Carta a Diogneto*, com a sua luta entre a carne e o espírito, constitui um exemplo eloquente. Para → CLEMENTE DE ALEXANDRIA, o Cristo não é só o verdadeiro pedagogo (educador), mas também um grande capitão; e Orígenes, do qual aqui já falamos, em seu *Peri Archôn* trata longamente sobre a luta contra o demônio, o mundo e a carne, embora não fazendo uma síntese explícita.

Quanto aos séculos seguintes, seria muito extenso citar o que os maiores entre os escritores cristãos, como Santo → EFRÉM, São João → CRISÓSTOMO, São → JERÔNIMO, Santo Agostinho etc. repetem a respeito desse assunto, já comum, do combate espiritual.

5. A DOUTRINA DO COMBATE ESPIRITUAL NA IDADE MÉDIA E NA ÉPOCA MODERNA. Na Idade Média e na Idade Moderna, nada de novo ou de importante se poderia acrescentar, ainda que se multipliquem os escritos que trazem como tema o combate espiritual. Lembramos o sermão sobre *a armadura do cristão*, de → TAULERO; o *Tyrocinium militiae sacrae*, do cartuxo Renato Hensaeus (1609); o *Enchiridion militis christiani*, de Enrico Marcellin (1632); o *Certamen bonum*, do bem-aventurado agostiniano Alfonso de Orosco (1692), e sobretudo aquela joia da literatura espiritual italiana do quinhentismo, a famosa obra do teatino Lorenzo → SCUPOLI, exatamente intitulada *Combattimento spirituale* (1589). Sobre este assunto ninguém escreveu com mais clareza, praticidade, fascínio benéfico e duradouro, ainda que não se possa falar de autêntica originalidade, visto que, conforme resulta do que já dissemos, a doutrina do combate espiritual é comum a todas as escolas.

Os autores espirituais de todos os tempos e de cada escola não insistiram apenas na necessidade e na importância decisiva do combate espiritual para a santidade e para a salvação eterna: em particular, determinaram as armas a serem empunhadas nessa luta da vida inteira, com referência, geralmente explícita, à doutrina de São Paulo. Às já numerosas armas paulinas, não poucos somaram outras, quase sempre virtudes especiais, cada qual insistindo naquelas a ele mais caras ou para ele mais importantes. No que diz respeito ao monaquismo antigo, Cayré afirma que sobretudo recomendava a → ORAÇÃO, o trabalho e o → JEJUM. Outros, em seguida, preferiram insistir: alguns na desconfiança de si e confiança em Deus; na mortificação; na prudência; na → HUMILDADE; na decisão da vontade etc.

Com referência ao combate espiritual, São → JOÃO DA CRUZ possui uma doutrina particularmente rica e prática, porque une à doutrina tradicional grande experiência e finíssima psicologia. Para vencer essa batalha, a alma tem que se dedicar com empenho absoluto no exercício da purificação ativa e, ao mesmo tempo, deixar-se purificar pelo próprio Deus. De modo especial, assim, a alma se reveste e se defende dos seus três inimigos pelo exercício das virtudes teologais (*Noite*, 2, 21,3).

Pode-se dizer que o Doutor Místico, ao tratar das armas ou meios para vencer os três inimigos da alma, também tenha indicado sua tática preferida. Não poucos autores espirituais, todavia, disseram muito mais a respeito, alguns até exagerando, como Gilberto di Tournai em seu *Tractatus de pace et tranqüillitate animae*, no qual tem-se a descrição de uma batalha entre a alma e as fileiras guiadas pelos três inimigos, com escapadas, simulações, emboscadas, reconhecimentos, ataques e contra-ataques etc.

6. CONCLUSÃO. Concluindo, citamos alguns trechos da encíclica *Exeunte iam anno*, de Leão XIII (25 de dezembro de 1888), na qual exorta ao combate espiritual:

"Toda a vida cristã deve resumir-se neste dever capital: não ceder de nenhum modo à corrupção dos costumes do século, mas contrapor-lhes uma luta, uma resistência incessante. É o que Jesus, autor e consumador de nossa fé (Hb 12,2), proclama com cada palavra sua, com cada ação, com as suas leis e as suas instituições, com a sua vida e com a sua morte. Portanto, qualquer que seja a oposição que a depravação da nossa natureza e dos nossos costumes coloca em nossas inclinações, é nosso dever correr ao combate que nos é proposto, animados pelo mesmo espírito e armados com as mesmas armas daquele que, ao júbilo que lhe foi proposto, preferiu a Cruz (Hb 12,1-2). Do mesmo modo que para o alimento pedimos o pão cotidiano, assim é necessário suplicar ao céu a força e a energia para confirmar a nossa alma na virtude. Assim, essa lei comum, essa condição de vida que constitui, como dissemos, uma espécie de luta perpétua impõe a necessidade de rezar a Deus. [...] A existência do ser humano na terra é uma vida de combates, mas vós, Senhor, 'assistis à luta ajudando o ser humano a triunfar, aliviando as suas fraquezas, coroando a sua vitória' (Santo Agostinho)". (→ ASCESE).

BIBLIOGRAFIA. BARBAGLI, P. Il combattimento spirituale. In *Il messaggio spirituale di Pietro e di Paolo*. Roma, 1967, 229-264; BOURGUIGNON, P. – WERNER, F. Combat spirituel. In *Dictionnaire de Spiritualité* II, 1.136-1.142; BOUYER, L. *Introduzione alla vita spiritual*. Torino, 1965; GAMBERONI, J. Concupiscenza. In *Dizionario di Teologia Biblica*. Brescia, 1965, 283-288; HELEWA, G. Il combattimento dell' "Uomo nuovo" nel messaggio ascético di Paolo apostolo. In *Ascesi cristiana*. Roma, 1977, 72.115; Lotta. In *Dizionario dei Concetti Biblici Del Nuovo Testamento*. Bologna, 1976, 936-944; PRAGER, M. Satana. In *Dizionario di Teologia Biblica*. Brescia, 1965, 1.324-1.332; RUIZ-SALVADOR, F. *Caminos de espíritu*. Madrid, ³1988, 374-407.

B. MARCHETTI-SALVATORI

COMPLEXO (de inferioridade). Na acepção mais comum, por complexo entende-se um estado emocional determinado por tendências e sentimentos subjetivamente sistematizados de modo confuso e contrastante, inadequado para resolver uma situação que busca um normal equilíbrio interno e de comportamento. O complexo é um estado ativo, porém não correspondente à situação objetiva, logo, incapaz de oferecer uma possibilidade de composição harmônica entre as exigências profundas, as energias pessoais e a realidade ambiental.

Todo complexo deriva sua especificação do sentimento ou tendência preponderante que constitui seu centro. Na psicologia e na psicopatologia, especialmente após a divulgação da → PSICANÁLISE, existem vários complexos genéricos ou comuns: de Édipo, de Electra, de castração, de virilidade na mulher, de Diana etc.; outros são chamados específicos ou relativos a um particular sentimento: de inferioridade ou de superioridade, de culpa ou de angelismo, de rejeição, de insegurança ou de ansiedade, de dependência, de frustração, de ascetismo etc.

De todos esses complexos pode-se afirmar que não são episódios traumáticos, ainda que um só deles possa determinar um complexo por sua ação nas profundezas da psique, da qual traumatiza delicadas fibras; não são datáveis, observáveis, objetivos, mas permanecem na consciência como um resíduo incerto de situações vividas na infância ou na → ADOLESCÊNCIA.

Por outro lado, não se pode reduzir o complexo a um só sentimento, a uma simples tendência; ele exige uma gama de impulsos, fantasmas e sentimentos contrastantes.

A origem do complexo pode ser situada na natureza do indivíduo ou em seu ambiente. Para os complexos genéricos, a ocasião é oferecida pelo desenvolvimento do ser humano, que gradualmente evolui algumas virtualidades com maior perfeição enquanto retrocede outras; se na promoção de algumas e no retrocesso de outras não há uma evolução gradual e realista, pode ocorrer que o que surge ou o que retrocede se coloque em situação anormal de insatisfação no fundo da consciência, fixando ao redor do sentimento central aqueles elementos supracitados. Nos complexos específicos, a origem é mais manifestadamente de caráter ambiental, ainda que as condições psicofísicas do indivíduo favoreçam a sua presença. As repressões indevidas durante a infância e a juventude, a excessiva permissividade da criança e do jovem, as restrições exageradas ou a liberdade absoluta causam, em uns, complexos de índole angustiante, e em outros, complexos de natureza vandálica ou báquica.

O complexo de inferioridade entra nesse quadro e possui na espiritualidade uma sua incidência. Caracteriza-se por uma percepção, mais ou menos consciente, de insuficiência pessoal em algum setor das próprias energias ou qualidades, e por um sentimento de sofrimento e apreensão que dela emana; ao redor desse núcleo central estão dispostos, inconscientemente, como sistemas, sentimentos de impotência, de passividade, de submissão, de desejo de ser ajudado e amado etc., minimizando assim, de modo obsessivo e paralisante, a conduta humana.

A fonte do complexo de inferioridade é marcada principalmente nas fixações da infância: nos confrontos com o adulto, a criança não sabe reagir e não supera o desconforto interior, a menos que seja ajudada; quando não é auxiliada, aumenta o sentimento de desconforto e, aos poucos, acrescenta os sentimentos de submissão, de timidez etc. Outras fontes remotas do complexo de inferioridade são as taras hereditárias, as deficiências físicas, as más formações orgânicas, a gagueira, o ambiente familiar opressor, as meticulosas e múltiplas recomendações sobre os perigos da sociedade, a negligência dos adultos em relação à criança, o sentimento de culpa, as humilhações frequentes, a proteção exagerada que não permite ao jovem a experiência de risco, uma situação coletiva de inferioridade em certos grupos profissionais, étnicos e nacionais etc. Essas fontes remotas encontram como circunstância determinante a falta de uma educação inteligente, entendida em sentido amplo.

O complexo de inferioridade, mesmo quando os seus efeitos negativos são reconhecidos pelo indivíduo, é um estado privado de valores espirituais: no início de cada atividade já se determina a presença da inferioridade condenando ao insucesso a ação, quando o valor real do indivíduo permitiria facilmente a sua prática. Há também a incapacidade do inferiorizado de perceber a sistematicidade de seu comportamento voltado para a desvalorização de si mesmo; surgem reações desordenadas de defesa: excessiva meticulosidade, burocracia, exigência de intolerante justiça de concessões, desejo de louvor, de apoio, de proteção, excessiva estima de si, presença de obrigações inexistentes, escrúpulos por culpas imaginárias, refúgio na própria inferioridade, formas doentias de desprezo de si etc.

A libertação do complexo é possível, mas exige um persistente esforço de vontade e a ajuda de um terapeuta iluminado e paciente. Em geral há tentativas de libertação que se traduzem em explosões de cólera, de agressividade, de litigiosidade, de encenações, de mau humor, ou em ostentação de artificiosa superioridade e de presumibilidade, ou até em mania de maledicência, de vitimismo etc.

A vida espiritual religiosa é claramente comprometida no inferiorizado, ainda que a imputabilidade de seus atos e atitudes ligadas ao complexo seja bastante reduzida; é difícil para o paciente desvencilhar-se de uma obrigação moral na ação da linha de sua suposta inferioridade; para agir, ele precisa de uma obrigatoriedade extraída de outra fonte, por exemplo da autoridade de quem lhe ordena o agir. A aparência da humildade pode sobrevir e encobrir as expressões do complexo de inferioridade; não é difícil identificar a verdadeira humildade porque ela é verídica nas capacidades pessoais e força para agir na ordem dos valores. O inferiorizado corre o risco de uma vida fragmentada espiritualmente, porque é incapaz de harmonizar o dinamismo psíquico, base de progresso espiritual; tem em si uma fogueira de neuroses, que lhe negam um aperfeiçoamento. Pode ocorrer, especialmente no plano cultural, que o complexo de inferioridade dê um forte impulso para uma prestação maior de modo a adquirir uma consciência dos valores pessoais (supercompensação do complexo de inferioridade, Adler), porém a verdade é que o inferiorizado, enquanto permanece como tal, será negativo no setor comprometido e irá frustrar a ajuda da graça ordinária de Deus e a do próximo.

BIBLIOGRAFIA. CESA-BIANCHI, M. *Questioni psicologiche*. Brescia, 1962, 460-462; GREENBERG, S. I. *La nevrosi: un doloroso stile di vita*. Roma, 1973; HILGARD, E. R. *Psicologia*. Firenze, 1971, 651 ss.; MARCOZZI, V. *Ascesi e psiche*. Brescia, 1958, 97; MOUNIER, E. *Trattato del carattere*. Torino, 1949. Para os complexos particulares, consultar os manuais de psicanálise e de psicopatologia.

G. G. PRESENTI

COMPORTAMENTO. O comportamento humano é um fenômeno objetivamente observável no ser humano que responde aos estímulos ambientais segundo uma atividade racionalizadora da situação global, quer interna, quer externa. Não exprime, então, propriamente, nem ação que seja ativa de uma parte do ser humano nem sempre observável, nem atitude que indique elementos antecipadores e normativos de reações já predefinidas; nem caráter, porque importa em uma organização de vida psíquica posta na base do próprio comportamento, nem traço considerado como uma modalidade comportamental (por exemplo, a agressividade, a docilidade, a preguiça etc.). Pode-se, em vez, considerar o termo "conduta" como sinônimo de comportamento, embora haja quem queira diferenciá-los (P. Janet).

O comportamento evoca a doutrina psicológica do "comportamentismo" ou "behaviorismo" (da palavra inglesa *behavior*: conduta ou comportamento), surgida na América do Norte por obra de vários psicólogos (I. B. Watson, E. C. Tolman, E. B. Holt etc.). Sob a denominação de comportamentismo podem ser agrupadas várias correntes behavioristas com elementos distintos, às vezes contrastantes (existem os behavioristas ortodoxos e os moderados) e as doutrinas russas dos reflexos condicionados (J. Pavlov, W. Bechterew) e a do reflexo mecânico. Essas teorias — particularmente as americanas —, que derivam do naturalismo anglo-saxão, entendem por comportamento a reação externa, ou complexo de reações externas, empiricamente controláveis e descrevíveis de um organismo vital ao estímulo do ambiente; para elas, o estudo do comportamento é o único meio de pesquisa psicológica porque é cognoscível e mensurável com métodos próprios das ciências físicas, excluindo, desse modo, os métodos e conceitos de caráter espiritualista, metafísico (introspecção, experiência interna, percepção, consciência, fatos e estados interiores, vontade, inteligência, sentimento, tendências etc). Embora reconhecendo os méritos do comportamentismo por ter dado impulso à pesquisa da psique animal e infantil, e por ter alargado o campo além dos limites da investigação introspectiva e psicofísica, não se pode aceitar o determinismo mecanicista do comportamento humano, o repúdio dos processos psíquicos superiores, a repetida nulidade do método introspectivo. O comportamento humano — o animal não interessa diretamente — permanece um fenômeno que abre a vida para um estudo de largas perspectivas sobre os problemas da vida espiritual.

O comportamento é estudado sob diferentes aspectos pelas disciplinas antropológicas, não só no que concerne ao setor instintivo, comum também aos brutos, mas particularmente pelas implicações causais que o definem, pelos estímulos que o impelem, pelas reações que se desencadeiam, de sorte que a relação ser humano-ambiente resulta como sendo um dos mais interessantes.

Em sentido genérico, o comportamento humano fala muito mais pela conduta instintiva: esta é uma atividade inata, de esquema fixo, comum a todos os indivíduos de uma mesma espécie animal, que empenha todo o organismo para um objetivo de valor biológico do qual, porém, o indivíduo não se dá conta. O comportamento humano também supera o inteligente dos mamíferos primatas.

Em comparação com o do animal, o comportamento do ser humano encontra um fundamento de maior plasticidade em sua própria constituição física. Torna-se ainda mais *sui generis* quando considerado na percepção sensorial: esta se apresenta no ser humano mais liberta dos seus estímulos, menos indispensável para a atividade intelectiva; na mesma conduta instintiva o ser humano pode superar todo automatismo e contradizer até os interesses do instinto (por exemplo, no alcoolismo); tudo isto não se evidencia no comportamento animal. Se, todavia, a consideração sobre o comportamento humano se estende às reações intelectivas, a cisão torna-se maior: o ser humano não somente orienta o processo de seu agir rumo a um interesse biológico, mas compreende o seu significado, a relação, a norma que rege a operação, e pode representá-lo de forma simbólica. É de tal modo alto o domínio na série dos seus atos que não só é o seu operador, mas pode desdobrar-se em expectador deles; isto também lhe permite pensar de um modo e agir de outro, de perspectivar o futuro valendo-se do presente e do passado, de interpretar uma ação e uma situação concreta de modo diferente daquele estritamente aderente à realidade. A linguagem acrescenta ao ser humano uma qualificação diferencial de suma evidência: aos sons articulados conecta-se um significado de natureza intencional, psicológica. Finalmente, seja a criatividade de instrumentos intencionalmente construídos, utilizados, melhorados para um determinado escopo, também utilizáveis para outros interesses, seja o progresso cultural variado, adaptável, desvinculado da concretude e dirigido para um fim remoto, são expressões de um comportamento exclusivo do ser humano.

Do comportamento chega-se às funções exercidas pela afetividade, pelas crenças, pelos julgamentos, pelas volições, permitindo assim experimentar criticamente a convicção espontânea de uma correspondência entre os fatos interiores e os meios de expressão (movimentos, gestos, atitudes, linguagem, tom etc.).

Particular interesse suscita o comportamento social do ser humano. Neste caso, o ambiente é constituído pela coletividade entendida como estímulo e satisfação para o indivíduo. A socialização é a propriedade humana que estabelece uma relação natural entre o indivíduo inteligente, volitivo, afetivo e carente no plano biológico, e a coletividade que convida e responde a essa abertura. Tanto mais cresce a socialização quanto mais progride a atividade global (técnica, científica, moral, sapiencial etc.) de cada ser humano.

No âmbito do comportamento genérico e social do ser humano existem comportamentos específicos, determinados por valores particulares: idade, sexo, quociente intelectual, → TEMPERAMENTO, caráter, raça, → CULTURA, → MORAL, religião etc. À nossa descrição interessam mais os comportamentos moral e religioso que também exigem aspectos de outros.

O comportamento moral de um ser humano nem sempre declara sua situação interior, porque está em seu poder aprovar teoricamente uma conduta e praticamente seguir aquela contrária; nesse fato, além da fragilidade volitiva e afetiva, jogam negativamente os impulsos do ambiente: o respeito humano, a sugestão, a simpatia. O comportamento moral, portanto, resulta como um dos mais ambíguos, quer enquanto reação ao estímulo do ambiente, quer como sinal de realidade interior. O comportamento moral depende muito da civilização precária ou estável na qual se vive; mais em particular, é influenciado pelas preferências e pelos juízos de valor com os quais se exprime a consciência individual, condicionada em suas fontes (experiência, ética, princípios supremos) pelas diferentes situações quer internas (inteligência, afetividade, liberdade, equilíbrio etc.), quer externas (educação, sociedade, progresso etc.). A conduta humana é valorizada pelo sentido profundo que cada um lhe dá; logo, o comportamento sugere qual escolha é posta como base da vida em si, e da relação com os outros.

O comportamento moral, bom ou mau, está presente em todos os seres humanos. O religioso, porém, não é de todos, porque se apoia na interpretação da própria presença no universo e na escolha de Deus. Posto isto, o comportamento religioso distingue-se segundo diferentes formalidades, segundo o sexo, a idade, o temperamento e a classe social.

BIBLIOGRAFIA. BIDERMANN, A. D. – ZIMMER, H. *The manifestation of human behavior*. New York, 1961; COMBS, A. W. – SUYGG, D. *Individual behavior*. New York, 1959; DEMAL, W. *Psicologia pastoral pratica*. Torino, 1953; DEUTSCH, J. A. *The structural basis of behavior*. Chicago, 1960; GEMELLI, A. – ZUNINI, G. *Introduzione alla psicologia*. Milano, 1957, 319-420 (com rica bibliografia sobre o behaviorismo); KRECH, D. et al. *Individuo e società*. Firenze, 1970, 125-322; SCHEFLEN, E. *Il linguaggio Del comportamento*, Roma, 1977; SIMON, R. *Morale, filosofia della condotta umana*. Brescia, 1966; ZAVALLONI, P. *Le strutture umane della vita spirituale*. Brescia, 1971; ZUNINI, G. *Psicologia*. Brescia, 1962, 127 ss.

G. G. PESENTI

COMPOSIÇÃO DE LUGAR. Trata-se da preparação imediata da meditação inaciana. Nos *Exercícios Espirituais*, em particular, após ter lembrado a presença divina e feito a oração preparatória geral (intenção de meditar), Santo Inácio faz fazer um prelúdio ou preâmbulo, dizendo: "El primer preâmbulo es composición viendo el lugar con la vista imaginativa" (n. 47). Esclarece-nos também sobre o modo de fazê-la: "Na contemplação ou na meditação das coisas visíveis, por exemplo na contemplação de Cristo nosso Senhor que é visível, a composição consistirá em ver onde se encontra aquele que quero contemplar. Quero dizer, o lugar material: um templo, uma montanha onde se encontrem Jesus Cristo, a Virgem Maria, segundo aquilo que quero contemplar. Para o que é invisível, como no caso dos pecados, a composição consistirá em ver com os olhos da imaginação e em considerar a própria alma aprisionada no corpo corruptível, e o conjunto humano como exilado neste vale entre os animais irracionais. Quero dizer: todo o conjunto humano, ou seja, alma e corpo" (n. 47). A composição de lugar segue a oração específica adaptada ao objeto de meditação. Inicia, pois, a → MEDITAÇÃO propriamente dita.

A razão é a sua lei psicológica: quanto mais vivas são as imagens, tanto mais a atenção da alma se fixa e mais a reflexão do espírito é ativa.

Como parece evidente, trata-se do remanejamento da faculdade imaginativa da alma durante a oração, problema esse bem conhecido na tradição espiritual já antes de santo Inácio (pseudo Boaventura, Aelredo di Rievaulx, Rodolfo o Cartuxo, Luigi Barbo, → DEVOTIO MODERNA etc.) como também depois dele (São → FRANCISCO DE SALES, J. P. Camus, D. Bélorgey), D. Bélorgey exprime o problema com muita concretude: "Constata-se, com efeito, que em alguns dias não se pode ficar na igreja sem distrair-se, ao passo que passeando pode-se facilmente praticar a meditação. No oratório, os sentidos e as faculdades inferiores não têm, por assim dizer, nada para fixar-se e impedem a união com Deus. Fora, porém, as várias impressões que encontram na natureza satisfazem a natural necessidade de atividade, sem que tais impressões, absolutamente artificiais, turvem as faculdades superiores durante a meditação" (*La pratique de l'oraison mentale*. Paris, 1946, 139, t. I).

Santo Inácio, todavia, possui alguma coisa de particular. Na tradição, a composição de lugar faz parte da meditação, enquanto para santo Inácio nada mais é que um prelúdio, sem retorno em si mesma; ela se refere unicamente ao lugar onde se desenvolve a cena, com a finalidade não só de fixar a imaginação, mas também de ajudar, de algum modo, a meditação, com uma imagem consoante (conforme), criando assim o clima correspondente e, às vezes, sugerindo até insistentemente que é a hora da graça, conforme indicado na contemplação, para obter o amor: "ver que estou diante de Deus, dos anjos e dos santos que intercedem por mim" (n. 232).

Se a composição de lugar é de grande utilidade por sua flexibilidade, que permite a cada um adaptar-se individualmente e criar para si um meio imaginativo no qual a alma se recolhe e se concentra, convém acentuar, todavia, que ela jamais é escopo, mas somente um meio de valor relativo. Deve, portanto, ocupar pouco tempo, e não deve cansar aqueles que possuem uma imaginação pouco viva. Para estes, é melhor servir-se de imagens pintadas. A visão, como também no caso de santo Inácio, oferece grande proveito. A composição de lugar é indicada para os principiantes, para ajudá-los a orientar-se no terreno inexplorado, e auxiliá-los a servir-se de todas as faculdades da alma. Os progressos de sua experiência acontecerão na medida em que a composição de lugar possa servir para o seu recolhimento e ajudar a meditação. Na contemplação infusa, ela não tem mais nenhum sentido.

BIBLIOGRAFIA. BARRERA, T. La composición de lugar. Explicación de la misma según la doctrina de Santo Tomás. *Manresa* 11 (1935) 158-168; BOLLEY, A. Das Problem der Vorstellungstätigkeit bei Ignatius von Loyola im Lichte empyrischer Befunde. *Archiv für Religionspsychologie* 9 (1967) 65-77; BROU, A. *Saint Ignace maître d'oraison*. Paris, 1925, 111-124 (trad. it.: Roma, 1954, 121-134); FIORITO, M. A. Memoria – imaginación – historia en los Ejercicios de San Ignacio de Loyola. *Ciencia y Fe* 14 (1958) 211-236; GILL, D. Imaginación y localización. Algo más sobre composición de lugar en los Ejercicios. *Manresa* 43 (1971) 225-244; ID. La imagem de la casa en los Ejercicios. *Manresa* 48 (1976) 337-347; GUIDETTI, A. Archeologia e geografia biblica negli Esercizi spirituali di S. Ignazio di Loyola. *Rivista di Ascetica e Mistica* 14 (1969) 515-532; HEREDIA, C. M. *Composiciones de lugar que ayuderán para meditar los misterios de la Vida de Nuestro Señor Jesucristo, siguiendo el orden en que los trae San Ignacio en el libro de los Ejercicios*. Mexico, 1941; LOTZ, J. B. Das Bildhafte in der Meditation, in *Meditation im Alltag*. Frankfurt a.M., 1959, 92-117; OLEZA, J. M. de. A proposito de la meditación del reino de Cristo. La composición de lugar según el método de San Ignacio, con especial consideración de la rey temporal. In: *Estudios sobre Ejercicios*. Barcelona, 1942, 395-423; OLPHE-GALLIARD, M. Composition de lieu. In: *Dictionnaire de Spiritualité* II, 1.321-1.326; ROSENBERG, A. *Die christliche Bildmeditation*. M nchen, 1955; ROVIRA, J. Las dos banderas y los dos bandos. *Manresa* 4 (1928) 329-333; ID. La cátedra de fuego y humo. *Manresa* 5 (1929) 149-158; RUIZ JURADO, M. Los dos campos. *Manresa* 39 (1967) 63-74; THURN, H. Bildbetrachtung. *Geist und Leben* 24 (1951) 454-461; WULF, Fr. Die Bedeutung der schöpferischen Phantasie f r die Betrachtung nach Ignatius von Loyola. *Geist und Leben* 22 (1949) 461-467; ID. Die Wiedereroberung des Bildes für die Frömmigkeit. *Geist und Leben* 28 (1955) 220-222.

A. LIUJMA

COMPROMISSO. 1. NOÇÃO. O compromisso é um conceito afim ao de generosidade, na medida em que implica um dom de si a uma pessoa ou causa. Pressupõe como fundamento uma livre decisão responsável: ele possui um valor humano ou moral precisamente porque é livre, porque tem um significado de doação estritamente pessoal. Mas, comprometendo-se, a pessoa renuncia à própria autonomia e à livre disposição de si mesma: submete-se a necessidades, assume obrigações. Em suma, comprometer-se é assumir uma obrigação.

2. O COMPROMISSO DE TODA UMA EXISTÊNCIA. O compromisso comporta duas formas principais: a pessoa compromete a própria vida futura (por exemplo, profissão religiosa, promessa matrimonial) ou então se encarrega de realizar uma determinada ação na vida particular ou social.

A primeira forma de compromisso é sem dúvida muito importante e tem reflexos consideráveis que se manifestam em um tempo posterior. Nesses casos, a pessoa deve ter condições de se comprometer livremente e numa idade em que tenha a capacidade de introduzir-se com uma responsabilidade consciente. Trata-se de uma exigência fundamental, reclamada pelo direito natural em relação à escolha da própria vocação. Por outro lado, está em harmonia com a ordem providencial de Deus, que chama à alma para sua salvação e para uma determinada vocação eclesial, mas exige uma resposta plenamente livre.

É dever dos educadores assistir os jovens, onde estes sejam elevados a um estado de liberdade interior, de modo que possam escolher da forma mais autêntica. O educador deve ser profeta de liberdade. O jovem que se compromete em um estado (por exemplo, o sacerdócio, a vida religiosa ou matrimonial) terá mais possibilidade de desenvolvê-lo em seguida de maneira livre quanto mais souber amadurecer espiritual e cristãmente em harmonia com esse estado. Para Tomás quem é conduzido pelo Espírito com isso mesmo se mostra livre, "não por não estar submetido à lei divina, mas porque o dinamismo (que o Espírito lhe transmite) o leva a fazer aquilo que a lei divina prescreve" (*Com. 2Cor 3,3*). "É para a liberdade que fostes chamados" (Gl 5,13).

Esses compromissos, que se prolongam por toda uma vida, sob um certo aspecto implicam sempre um salto em um futuro imprevisto: exprimem confiança na graça de Deus. Quem ingressa no sacerdócio não poderá ter, no início, o conhecimento e a experiência das dificuldades que terá de enfrentar; quem se compromete a cumprir a disciplina monástica não pode testemunhar no princípio o que significa despojar-se da própria iniciativa por uma existência vivida inteiramente na comunidade; e quem se casa não pode conhecer a história futura do próprio amor conjugal. Somente a graça do Senhor pode permitir o compromisso por toda a vida; só ela pode permitir unificar a própria pessoa na doação a outro, em resposta a um apelo mais ou menos claramente percebido.

3. O COMPROMISSO DO CRISTÃO. Por meio do → BATISMO o cristão é introduzido para fazer parte do povo de Deus (*LG* 14). Esse é um dos compromissos perenes de estado mais pesados que um homem tem condição de assumir; inclui a responsabilidade de cooperar em favor da missão que Deus confiou a seu povo.

Esse povo "tem por meta o reino de Deus, iniciado pelo próprio Deus na terra, a ser estendido mais e mais até que no fim dos tempos seja consumado por ele próprio, quando aparecer Cristo, nossa vida (cf. Cl 3,4), e 'a própria criatura será libertada do cativeiro da corrupção para a gloriosa liberdade dos filhos de Deus' (Rm 8,21). Assim, esse povo messiânico, embora não abranja atualmente todos os homens e por vezes apareça como pequeno rebanho, é contudo para toda a humanidade germe firmíssimo de unidade, esperança e salvação. Constituído por Cristo para a comunhão de vida, caridade e verdade, é por ele ainda assumido como instrumento de redenção de todos e, como luz do mundo e sal da terra (cf. Mt 5,13-16), é enviado a todo o mundo" (*LG* 9).

O cristão, comprometendo-se para a salvação dos outros, com isso mesmo se encarrega de realizá-la mediante a própria santificação pessoal em Cristo. "É assim evidente que todos os fiéis cristãos de qualquer estado ou ordem são chamados à plenitude da vida cristã e à perfeição da caridade" (*LG* 40). Nenhum cristão pode esquecer que se comprometeu a se tornar santo.

É um dever fazer com que o cristão tome consciência de que se comprometeu profundamente: nem sempre ele tem a clara convicção de que foi inserido vitalmente em Cristo, e que toda sua pessoa e suas ações são consagradas à missão de santificar os outros, santificando a si mesmo. Ele deve viver como pessoa comprometida. São Paulo expressava essa exigência ao admitir: "Vivo, mas não mais eu, é Cristo que vive em mim. Pois a minha vida presente na carne, vivo-a pela fé no Filho de Deus, que me amou e se entregou por mim" (Gl 2,20).

Em decorrência da necessidade essencial desse compromisso cristão, compreende-se por que não é lícito conferir o batismo a crianças, quando não se tiver a certeza moral de que serão educadas de modo que saibam viver, quando adultas, segundo as exigências do sacramento recebido. A graça do batismo é uma semente que deve crescer e impregnar toda a personalidade; é uma missão confiada a um militante da fé. O batismo que nos incorpora à Igreja é orientado para a vida cristã de cada um e para a edificação do corpo de Cristo (cf. Ef 4,12).

A pastoral litúrgica introduziu a prática da renovação do compromisso batismal, não porque considere necessária uma ratificação periódica deste, que é, do lado objetivo, um compromisso essencialmente definitivo e incancelável. A renovação das promessas batismais tem uma finalidade educativa: o cristão deve renovar sua consciência do seu dever fundamental enquanto cristão.

4. DIMENSÃO ESPIRITUAL DO COMPROMISSO. Como um compromisso pode e deve ser realizado de maneira espiritual? Normalmente são indicados três estilos espirituais. Alguns vivem o compromisso como uma obrigação contraída. "Um dia fiz uma promessa: minha fidelidade consiste em não reavaliar aquela promessa, ainda que as dificuldades a tornem mais problemática". É considerar-se responsáveis por um compromisso espiritual. A ênfase é colocada sobre uma série de relações conscientemente aceitas, mais que nas modalidades de relação a ser aprofundadas ou a tornar espiritualmente novas. A liberdade aparece delimitada pelo dever de fidelidade, um dever muito bem definido em uma dada perspectiva social. A sociedade é gratificada pelo carisma da segurança, mesmo se esta dificultasse as reais exigências da evolução pessoal. Nesse contexto, em geral se costuma propor a lei.

Outros consideram que também diante de um compromisso existe primeiro o dever de ser fiel a si mesmo. Tudo evolui, e essa evolução tem alcance espiritual somente se conduz à própria realização pessoal, se exprime um desenvolvimento harmonioso do próprio ser individual na sua específica vocação. Qualquer obrigação assumida é submetida à seguinte avaliação: ela favorece ou contraria a fidelidade a mim mesmo? Não se trata tanto de se declarar livres do compromisso, mas de considerar que ele não obriga a ponto de destruir o próprio amadurecimento espiritual livre.

Outros pensam que assumir um compromisso significa ligar-se a um projeto futuro subsequente. Comprometer-se espiritualmente é sempre depositar confiança, deixar-se interpelar, transformar-se em vista do outro e por sugestão do outro. Exige-se que em todo compromisso predomine sempre o bem da própria pessoa e dos outros a quem se doa. O outro é aquele que descobre o sentido da minha pessoa e eu o da sua e, juntos, caminhamos em uma experiência caritativa.

Do ponto de vista cristão, esta última indicação espiritual sobre o compromisso é preferível. Até porque ela lembra que qualquer compromisso exige com fundamento o sacramento do batismo, como possibilidade sobrenatural que transmite a renovação pascal da pessoa. Para o cristão, compromisso significa ulteriormente encaminhar-se para o próprio estado pneumático caritativo de ressuscitado em Cristo em virtude do Espírito.

BIBLIOGRAFIA. ARRUPE, P. *Impegno cristiano per la giustizia*. Milano, 1981; AUER, A. *Il cristiano aperto al mondo*. Torino, 1967; BALTHASAR, H. U. VON. *L'impegno del cristiano nel mondo*, Milano, 1971; BERNARDINI, M. *Giovani e progetto di vita*. Torino, 1986; CARDENAL, E. *Dalla rivoluzione alla contemplazione politica*. Assisi, 1974; EPISCOPADO EMILIA-ROMAGNA. *Impegno comunitario a servizio dei fedeli*. Leumann, 1979; GALILEA, S. *Spiritualità della liberazione*. Brescia, 1974; GIUSSANI, L. – BALTHASAR, H. U. VON. *Impegno del cristiano nel mondo*. Milano, 1978; *Impegno e fedeltà*. Roma, 1982; *La liberazione, un dono che impegna*. Torino, 1974; LOCHT, P. DE *I rischi della fedeltà*. Assisi, 1973; MAZZOLARO,

P. *Impegno con Cristo.* Bologna, 1979; Ratzinger, J. *Il fondamento sacramentale dell'esistenza cristiana.* Brescia, 1971; Zara, L. da. *Lavoro di Dio e lavoro dell'uomo.* Padova, 1971.

T. Goffi

COMPUNÇÃO. Deriva do latim *compunctio*, palavra nitidamente cristã, ignorada pelos clássicos e cunhada no final do século II pelos primeiros tradutores ocidentais da Bíblia.

1. A COMPUNÇÃO NA SAGRADA ESCRITURA. A doutrina da compunção possui um fundamento profundo na Sagrada Escritura: não tanto, porém, nesta ou naquela passagem em que retornam os termos *katanyxis* e *katanussethai* (traspassamento, torpor, compunção e sentir-se ferido, traspassado, fortemente comovido, aflito, compungir-se etc.), ou, mais ainda, *penthos* e *penthein* (dor, aflição, luto, sensibilizar-se etc.), mas sim nas ideias fundamentais da grandeza e transcendência de Deus e de nossa total e contínua dependência dele; pela gravidade do pecado, enquanto ofensa da majestade divina; pela prestação de contas que cada um deve fazer a Deus, justo juiz, de todo o próprio operar. Pela precariedade, dores e perigos da existência terrena; pela vida presente, como simples passagem e preparação para a vida eterna etc. Todavia, algumas passagens da Escritura, algumas vezes fazendo-se a abstração de seu sentido literal e do contexto, contribuíram verdadeiramente para a formação e determinação da ideia de compunção; por exemplo, *compunctus corde*: coração contrito (Sl 109,16); *spiritus compunctionis*: espírito de torpor (Is 29,10; Rm 11,8); *Beati qui lugent*: bem-aventurados os aflitos (Mt 5,4); *oi penthuntes*: os que choram, de coração aflito (cf. Is 61,1; Sl 147,3 e 34,19; Sr 48,24). Mas também se poderia dizer que talvez a verdadeira e grande fonte da doutrina da compunção tenham sido os → SALMOS, particularmente os penitenciais, em primeiro lugar o *Miserere*.

2. A COMPUNÇÃO NA ÉPOCA DOS PADRES. Dentre os escritores eclesiásticos, → ORÍGENES "é o primeiro grande pregador da compunção" (Hausherr). Partindo da Bíblia, ele esboça a doutrina preferindo a *katanyxis* a palavra *penthos*, muito mais usada pela Sagrada Escritura. Em suas homilias sobre o Antigo Testamento nos dá este conceito de compunção: é uma "tristeza segundo Deus" (2Cor 7,10), é um sofrimento permanente unido às lágrimas, alimentado pela consciência do pecado e das consequências que deixa na alma. Santo → EFRÉM acrescenta o temor de Deus, juiz inexorável; enquanto São Basílio observa que o sofrimento forte e doce, dom de Deus, que é a compunção, não deve ser confundido com a tristeza amarga e viciosa. João → CRISÓSTOMO, que nos deixou o primeiro opúsculo *De compunctione*, distingue pouco entre *katanyxis* e *penthos*, e, muito antes da *Imitação de Cristo*, afirma que é muito melhor sentir a compunção que falar sobre ela. Para ele, tudo se reduz a profunda dor pelos pecados cometidos, pela salvação perdida e pelo juízo futuro, unido às lágrimas: dor que exclui o riso e a alegria superficial, orientada para os bens eternos porque, em suma, é fonte da verdadeira felicidade. São → GREGÓRIO DE NISSA opõe à tristeza mundana (cf. 2Cor 7,10) a da compunção segundo Deus, fruto da metanoia que cura a alma dos seus pecados. A sua raiz última é a fé, que faz conhecer o estado feliz da justiça original e a deturpação da imagem divina em nós, causada pelo pecado. No gnóstico, ou seja, no perfeito espiritual, gera uma insatisfação habitual e crescente que o faz viver sempre e todo voltado para o céu.

Nos ambientes e nos escritores monásticos a compunção foi muito honrada, a ponto de constituir uma das principais dimensões da doutrina e da práxis espiritual. Comprovação disso é aquele "escrito fundamental do monaquismo" (Hausherr), os *Apophtegmata Patrum*, ou seja, os ditos célebres dos antigos Padres do deserto, os quais contêm um pequeno opúsculo inteiramente dedicado à compunção: *De compunctione*. Mas talvez se possa considerar como maior expoente dessa antiquíssima espiritualidade a São → JOÃO CLÍMACO, que, com referência à compunção, resume o pensamento da antiga espiritualidade oriental falando expressa e longamente dela em sua *Scala*, no sétimo degrau.

Nos escritores ocidentais, junto ao significado singular (em Santo → AMBRÓSIO) de tentações da carne e das paixões, em São → JERÔNIMO a compunção é a consciência viva das próprias manchas e pecados, que purifica e torna dignos da visão de Deus. João → CASSIANO fala da compunção qual improvisa inflamação da alma orante, que produz efeitos veementes, acompanhados de lágrimas e gritos. A compunção, todavia, é também uma disposição habitual virtuosa, filha do temor de Deus e mãe do desprendimento.

Santo → AGOSTINHO vê na compunção somente o início do arrependimento e da penitência, mas, acrescenta são Fulgêncio, ela também impede o pecador convertido de adormecer numa segurança perigosa. Uma doutrina particularmente rica é encontrada em São → GREGÓRIO MAGNO, que distingue uma compunção de temor e uma compunção de amor. A primeira, é lembrança e dor dos pecados e temor do juízo divino; a segunda, é pranto amaríssimo e perene, porque o céu se faz esperar; é esmaecimento de todo fascínio da criação e desejo ardente da luz incriada; é confronto obsessivo entre as misérias da vida presente e os bens da pátria celeste.

3. A COMPUNÇÃO NA IDADE MÉDIA E NA ÉPOCA MODERNA. Essas ideias dos antigos, especialmente de Cassiano, Clímaco, Santo Agostinho, e ainda mais de Gregório Magno, foram em seguida repetidas, transmitidas de geração em geração e profundamente vividas, particularmente nos ambientes monásticos e, mais tarde, nos conventuais. Assim, são encontradas substancialmente em santo Isidoro de Sevilha, São → PEDRO DAMIÃO, São Bernardo, → RICARDO DE SÃO VÍTOR, Inocêncio III, São Boaventura, Santo → ALBERTO MAGNO. Em Santo Tomás, porém, dir-se-ia que a compunção é quase ignorada, talvez porque Pedro Lombardo a reduziu a simples contrição dos pecados. Os autores espirituais do século XII e XIII consideram a doutrina tradicional, sem dar muita importância ao aspecto especulativo, mas insistindo bastante na prática da compunção, até como disposição para a contemplação infusa. Um ensinamento concreto e substancioso encontra-se no capítulo 21 do primeiro livro da *Imitação de Cristo* (a obra inteira é suavemente *catanítica*, diriam os orientais, isto é, ideal para compungir), Tomás de Kempis dedicou à compunção um pequeno opúsculo: *Libellus de vera compunctione cordis*.

É sobretudo de 1500 em diante, ou seja, com as novas escolas espirituais (inaciana, carmelita, salesiana, berulliana etc.), que se cessa de preocupar-se muito com a compunção como tal, embora pertença exatamente a esse período a obra mais volumosa, *Traité de la componction*, do padre Marcos da Natividade, OC (1696), o qual, porém, dedica à compunção apenas 18 páginas das 447 da obra inteira. Dá esta ideia, bastante restrita, da compunção: é uma disposição habitual e estável do coração penitente, que conserva um horror extremo do pecado, unido ao grande temor de recair e perder-se.

Convém reconhecer, todavia, que entre os monges se mantém vivo o espírito tradicional, e por intermédio de → RANCÉ, Mayer etc., chega ao século XX, com Morin, → MARMION, D. Giovanni de Monleon, que trabalharam, juntamente com os jesuítas de → GUIBERT e Hausherr e com o dominicano Regamey, para o reflorescimento da doutrina e da práxis da compunção.

Mais sorte sempre continuou a ter e ainda obtém a compunção junto aos orientais, cuja espiritualidade, hoje como no passado, alimenta-se plenamente nas antigas fontes patrísticas e medievais. Expressão característica de sua piedade são os poemas, os sermões, os tratados, as coletâneas, chamados *catanittici*. Assim, por volta do final de 1700, Nicodemo l'Aghiorita publicou um volume inteiro de orações *catanittiche*, com um prefácio que é um verdadeiro tratado sobre a compunção.

4. NATUREZA DA COMPUNÇÃO. Recapitulando, podemos observar que a compunção pode ser tomada em dois sentidos: como moção e sentimento atual e passageiro; como algo de habitual e permanente. No primeiro caso, a compunção é uma graça particular e preciosíssima, que provoca uma viva consciência do pecado e dos direitos da majestade divina ofendida; que conduz ao arrependimento e à penitência; que dá o desgosto pelas coisas terrenas e a nostalgia do paraíso; que faz ver e sentir intimamente a precariedade e as misérias da vida (*vere miséria est vivere super terram* diz a *Imitação de Cristo*); que proporciona um sentimento de terna compaixão pelos fracos, inconstantes, pecadores, atribulados e impele a estender-lhes toda ajuda possível; que, finalmente, inflama a alma, a transforma e abre para verdadeiras experiências místicas, mesmo as mais sublimes. Na segunda acepção, a compunção é uma disposição habitual que perdura, antes se aperfeiçoa com o passar do tempo e com o progresso da alma rumo à santidade; é quase uma virtude geral que ajuda a realizar os vários atos citados e os torna mais fáceis, frequentes e vitais.

Efetivamente a compunção implica o exercício de várias virtudes, sobretudo a → PENITÊNCIA, a → HUMILDADE, a ↓ PACIÊNCIA, o desprendimento, a → FÉ, a → ESPERANÇA e a → CARIDADE. Eis por que a assemelhamos às virtudes que os teólogos chamam não já especiais, mas gerais, não tendo um objeto próprio e exclusivo, mas abraçando aqueles de muitas outras virtudes, reunidos, em suma, por um particular ponto de vista, como, por exemplo, a mortificação, o silêncio, a pobreza, a obediência de simples execução etc. Talvez se possa também considerar a compunção como uma atitude espiritual fundamental, que pode tornar-se uma chave mestra de certa síntese de toda a → VIDA INTERIOR, ou até do caminho inteiro para a perfeição. É nesse sentido que o abade Poimen dizia: "Chorem, não há outro caminho".

O resultado é que, dada a natureza composta e quase heterogênea da compunção, não é fácil dar-lhe uma verdadeira definição, isto é, uma noção breve e, ao mesmo tempo, clara e adequada. A história, por outro lado, tanto antiga quanto moderna, ensina que todos os que tentaram fazê-lo fracassaram no intento, porque deram a ela uma ideia restrita, limitando-se a acentuar-lhe ora um ora outro de seus elementos. Isto vale, referindo-se aos contemporâneos, não só para Morin, Marmion, de Guibert etc., mas também para o próprio Hausherr, o melhor teólogo e historiador da compunção.

5. IMPORTÂNCIA DA COMPUNÇÃO. Feita a abstração de semelhantes determinações sobre a natureza da compunção, é indiscutível sua importância para a vida espiritual, como resulta do lugar que ocupa na práxis tradicional do Oriente e do Ocidente, dos santos, das almas consagradas a Deus e dos simples cristãos. Morin escreveu que a compunção "é a pedra de comparação de tudo aquilo que produziram os mais belos séculos da Igreja e da Ordem monástica".

Seria auspicioso que na doutrina e na prática se voltasse a dar-lhe o lugar que merece, visto que hoje, ao menos no mundo ocidental, caiu bastante em descrédito e geralmente é quase ignorada, conforme demonstram tantos livros de → TEOLOGIA ESPIRITUAL, que não lhe fazem a mínima referência, e outros que só aludem ligeiramente a ela. Por certo, a esse despertar e quase redescoberta da compunção não se prestam nem a mentalidade e a práxis hedonista que imperam, nem a teoria encarnacionista, ao menos se entendida unilateralmente e mal aplicada, como é hábito ocorrer. Vê-se obrigado a admiti-lo, apesar de seu grande otimismo, Regamey, o qual, reeditando em 1963, no *Portrait spirituel du chrétien*, os quatro artigos sobre a compunção de cerca trinta anos antes, e apesar do que afirma na nota 2 da página 71, na premissa não pode deixar de confessar candidamente que a compunção é uma experiência do passado, que "parece desatualizada na segunda metade do século XX". Mas com um belo paradoxo conclui: "A sua atualidade está exatamente nesse contraste!". Deve-se, todavia, lealmente reconhecer que se falta ao nosso tempo a ideia, talvez um tanto complexa demais, e a dimensão sólida e basilar da compunção, muitos dos seus elementos permanecem até hoje vivos e operantes, porém sob outros nomes e outra práxis: contrição, reparação, desprendimento, esperança e até de insatisfação, superação, sentido criatural, angústia da vida, necessidade do divino etc. (→ ASCESE, CONVERSÃO, PENITÊNCIA).

BIBLIOGRAFIA. GUIBERT, J. de. La componction du coeur. *Revue d'Ascétique et de Mystique* 15 (1934); HAUSHERR, I. *Penthos; La doctrine de la componction dans l'Orient chrétien*. Rome, 1944; MARMION, C. *Cristo, ideale Del mônaco*. Praglia, 1936, c. 8; PEGON, J. Componction. In: *Dictionnaire de Spiritualité* II, 1.312-1.321.

B. MARCHETTI – SALVATORI

COMUNHÃO DOS SANTOS. 1. ASPECTOS DO DOGMA. "Creio na comunhão dos santos...". Assim rezamos quando recitamos o Credo fazendo a profissão de fé. Essas palavras são uma expressão da vida espiritual do povo cristão, desde as suas origens; o dogma foi uma realidade profundamente vivida no cristianismo, antes mesmo que fosse enunciado em uma fórmula determinada através da sistematização doutrinária.

A doutrina da comunhão dos santos fundamenta-se na revelação e no ensinamento da Igreja. A matriz bíblica é paulina. O forte realismo espiritual da doutrina paulina serve de fundo às reflexões da teologia. A difusão dessa doutrina chegou, através dos séculos, a fazer sentir a sua benéfica influência na vida e na prática litúrgica e na espiritualidade do povo de Deus.

O *Catecismo* do Concílio Tridentino, ao explicar essas palavras do Símbolo, afirma que a doutrina da comunhão dos santos é como uma nova interpretação da verdade da Igreja; visto que o mesmo espírito que lhe dá a unidade faz de modo que tudo aquilo que ela tem e possui seja social, comunitário, participado a todos os seus membros (*Cathecismus Conc. Tridentini*, pars I, art. 9, nn. 22-23). Por essa consideração, o Concílio Vaticano I pensou que o seu esquema *De Ecclesia* ficaria incompleto se não incluísse também o tema da comunhão dos santos. Acrescentou, portanto, a exposição desse dogma, colocando em destaque a comunhão dos fiéis com os bem-aventurados, a união mútua entre si em um mesmo espírito e em Cristo, cabeça invisível, e na intercomunicação de dons e de bens sobrenaturais (Mansi, 53, 311; cf. *Dictionnaire de Spiritualité*, II, 1.292-1.293).

Sob esse aspecto, a comunhão dos santos possui uma projeção escatológica. A sua realização definitiva somente acontecerá na glorificação final da Igreja. Também possui uma projeção dinâmica, enquanto deve dar impulso ao espírito de todos os fiéis na ação espiritual comunitária. Possui, finalmente, uma projeção eclesial.

O tema da comunhão dos santos somente emerge na segunda metade do século IV. A teologia não lhe deu suficiente atenção. Assim, também a organização doutrinária ocorreu muito tarde. A reflexão teológica sobre esse tema teve pouca incidência no dinamismo da vida espiritual. A riqueza e os tesouros da verdade da comunhão dos santos, em vez de tornar-se fonte da vida cristã, permaneceram escondidos e inutilizados no fundo do espírito cristão.

Ainda que sem tratar explicitamente de nosso tema, o Vaticano II faz referência a ele com suficiente clareza e o coloca como fonte de autêntica piedade e vida cristã. A visão, na qual lê o fato da comunhão dos santos, é completamente nova em relação à da teologia moderna. Na doutrina conciliar, o tema é compreendido dentro da história da → salvação. Portanto, os aspectos cristológico e eclesiológico formam a estrutura importante daquela comunhão existente entre os fiéis que ainda estão na terra, e entre estes e os que já estão na glória celeste. Nessa visão, a comunhão dos santos tem sua base no seguimento de Cristo ressuscitado dentro da Igreja. O seguimento nasce e se alimenta da união real com Cristo; é realizada na nova comunidade escatológica através dos sacramentos: sobretudo o sacramento do → batismo e o da → eucaristia. Da união com Cristo também nasce a solidariedade dos membros entre si (cf. *LG* 7; Rm 12,5). A comunhão entre os irmãos, brotada da incorporação com Cristo, abraça a vida inteira, mesmo após a morte: "Em vista disso, a união dos que estão na terra com os irmãos que descansam na paz de Cristo de maneira nenhuma se interrompe, ao contrário, conforme a fé perene da Igreja, é consolidada pela comunicação dos bens espirituais. Pois, pelo fato de os habitantes do céu estarem unidos mais intimamente com Cristo, consolidam com mais firmeza na santidade toda a Igreja, e contribuem de muitas maneiras para a sua mais ampla edificação" (*LG* 49). A vida e o testemunho daqueles que seguiram a Cristo até à perseverança final são uma razão válida para a orientação dos discípulos que estão na terra rumo à "cidade futura" e, ao mesmo tempo, um "caminho muito seguro" para chegar à perfeita união com Cristo. A comunhão cristã entre os que estão na terra e os santos "fortalece a união da Igreja no Espírito", consolida a caridade fraterna e nos une a Cristo" (cf. *LG* 50).

2. SENTIDO E DEFINIÇÃO. A doutrina da comunhão dos santos foi definida com muita clareza pela teologia católica. Apesar disto, é quase completamente ignorada pela maioria do povo cristão, o qual, antes, possui sobre ela ideias muito inexatas e conceitos deformados.

O nosso dogma pode ter dois sentidos: a) significar a intercomunhão espiritual, em Cristo, de todos os membros do Corpo místico: santos da glória celeste, almas do purgatório, fiéis que peregrinam na terra. Neste sentido, os membros da Igreja militante, purgante e triunfante, formam uma unidade comunitária sob Cristo, a cabeça, de cujos bens participam e gozam todos os membros. A esse aspecto se refere preferencialmente o Concílio Vaticano II (*LG* 50).

b) Em outro sentido, a comunhão dos santos pode ser entendida como intercomunhão dos fiéis nas coisas santas, traduzindo na forma neutra o adjetivo: *sanctorum*. A fórmula *communio sanctorum* significaria a comunhão que os fiéis têm em algumas realidades sobrenaturais, santas com uma santidade da Igreja, principalmente nos sacramentos, nos méritos e nas expiações.

O sentido pleno, autêntico e exato da fórmula abraça os dois conceitos.

Pode-se exprimir o conceito do seguinte modo: comunhão dos santos significa a conexão ou comunicação interna, espiritual, meta-histórica que une todos os fiéis da Igreja militante, purgante e triunfante como membros de um mesmo Corpo místico, cuja cabeça é Cristo, e, ao mesmo tempo, a comunicação mútua dos bens espirituais que existe entre todos esses membros, derivada da primeira intercomunhão. A primeira pode ser considerada uma comunhão de caráter ontológico, que constitui um Estado-sociedade; a segunda é de caráter operativo, dinâmico.

Sob o primeiro desses dois aspectos, os fiéis da terra estão em comunhão com os bem-aventurados do céu, tornados aptos a receber seu influxo espiritual. Essa união e consórcio com os santos do céu — declara o Concílio Vaticano II — nos une a Cristo, de quem procede, como fonte e cabeça, toda graça e a vida do povo de Deus (*LG* 50). Essa união e esse consórcio podem ser realizados, de diversos modos, de forma nobilíssima — como afirma o Concílio — quando na sagrada liturgia celebramos juntos, com alegria fraterna, o louvor da majestade divina e exaltamos com um mesmo cântico o louvor de Deus Uno e Trino (*Ibid.*).

Ao mesmo tempo, os fiéis da terra estão em união com as almas do → PURGATÓRIO, que podem ajudar com as suas orações, com penitências ou com indulgências.

"A esse primeiro elemento do dogma referiu-se o Concílio Tridentino, quando definiu ser útil e salutar o uso das indulgências, que as almas do purgatório podem ser socorridas pelos sufrágios dos vivos, que é louvável o culto dos santos, que eles intercedem pelos fiéis da terra, e que é coisa boa e vantajosa invocá-los" (*Conc. Tridentini*, ss. 25; *Decretum de Purgatório, de invocatione, veneratione... sanctorum...* MANSI, 33, 170-171).

Resulta o segundo elemento que integra o dogma. Todos os fiéis têm entre si uma intercomunhão sobrenatural, que se estende a tudo quanto pode ser considerado bem espiritual da Igreja.

Em primeiro lugar, existe uma "comunhão de vida", origem da participação em todos os outros bens e dons sobrenaturais. Existe também, derivada desse princípio, uma participação de alguns fiéis nos méritos, nas satisfações, nas boas obras dos outros. O Concílio Vaticano II fala de uma comunhão de vida, de caridade e de verdade. O *Catecismo* do Concílio Tridentino a concretiza deste modo: — o fruto dos sacramentos pertence a todos os fiéis, porque os → SACRAMENTOS, além de meios de santificação pessoal, são as artérias misteriosas que unem os cristãos com Cristo. Entre os sacramentos, têm primazia a Eucaristia e o batismo (cf. *LG* 50); — as obras boas e meritórias de cada um podem transformar-se em benefícios para os outros fiéis, sempre que, por meio da graça, sejam incorporados e vivam a vida da Igreja; — também as graças *gratis datae* possuem um caráter social e se transformam em benefício para toda a Igreja (*Cathecismus Conc. Tridentini*, loc. cit., n. 23).

3. EXPLICAÇÃO DO DOGMA. a) A comunhão espiritual dos membros do Corpo místico tem por objeto uma mesma vida: a vida divina do Pai, que nos é participada por Cristo no Espírito. Essa vida se comunica ou transmite por meio da graça santificante, graça fraterna, segundo a expressão de Santo Tomás (*STh.* II-II, q. 14, a. 2c e 4), graça social, embora destinada à santificação interior da alma e à dignificação ou deificação da pessoa. Essa graça é um reflorescimento da graça capital de Cristo, que dá vida ao organismo inteiro da Igreja. Só há uma vida na Igreja. É a mesma vida de Deus, transmitida por Cristo redendor aos seres humanos.

A "comunhão de vida" não só nos torna participantes da natureza divina e da vida de Cristo, mas, por causa dessa participação, nos torna também solidários uns com os outros, visto que todos participamos da mesma vida de Deus. O *Catecismo* do Concílio Tridentino exprime tudo isto muito claramente, aplicando a analogia do corpo humano, citada por São Paulo. Na Igreja, nos diz, existe outra espécie de comunhão, verificada enquanto tudo aquilo que santamente pratica cada cristão pertence a todos os outros, e a todos traz vantagens em virtude da caridade, que fundamenta a unidade de vida entre todos. Santo → AMBRÓSIO escreve: "Assim como dizemos que um membro participa do corpo inteiro, igualmente afirmamos que aquele que teme o Senhor está unido a todos aqueles que o temem" (*Comm. in Ps. 118*, serm. 8: *PL* 15, 1387). No ser humano há muitos membros distintos e únicos, que, juntos, formam um organismo vivo, realizando cada qual uma sua missão específica, vivificados por uma mesma força vital que os une e fortalece entre si. Do mesmo modo, na Igreja, todos os que participam da vida de Cristo cabeça estão em comunhão de vida entre si.

São Paulo o afirma na Primeira Epístola aos Coríntios: fomos batizados em um mesmo espírito, para formar um só corpo, vivificado pela vida de Cristo. Uma das leis e exigências de um corpo vivo é a firmeza de seus membros na mesma vida e nas funções que dela procedem (cf. 1Cor 12,13 ss.).

A fonte dessa comunhão e a origem de todas as possibilidades é a comunhão na vida de Cristo, elemento que dá vida ao organismo da Igreja. Santo Tomás e os teólogos antigos atribuem essa unidade e essa intercomunhão à caridade e ao → ESPÍRITO SANTO, que une os membros da Igreja e comunica-lhes os bens sobrenaturais. O Espírito Santo é, para Santo Tomás, aquele que, pela unidade da caridade, faz com que o bem privado da missa que cada sacerdote celebra seja frutuoso e vantajoso também para os outros (*STh.* III, q. 68, a. 9 ad 2; q. 82, a. 6 ad 3). O mesmo ensinamento nos foi transmitido pelo Concílio Vaticano II nos lugares já citados. Indubitavelmente, a fonte dessa intercomunhão é a graça, sob a sua forma de caridade, visto que esse é o aspecto de que se reveste quando traz vantagem para todos os outros, mas é a própria graça de Cristo, derivada de sua plenitude e de sua importância que nos torna irmãos nele e filhos de Deus por adoção.

Postos esses fundamentos, é evidente que para viver na comunhão dos santos é necessário ser membro vivo da Igreja. Um ramo que foi cortado e separado da videira não pode receber o seu influxo vital. Do mesmo modo, um ramo que externamente está unido à videira, mas não recebe sua linfa vivificadora, não está em comunhão com a videira e nem com os outros ramos. E nem pode dar frutos. Na pior das hipóteses, pode-se dizer que se encontra em situação de dever ser novamente vivificado pela linfa vital da videira. A semelhança foi aplicada pelo padre Congar (*Les voies du Dieu vivant*, p. 349) à comunhão dos santos, e consideramos que a sua aplicação seja exata.

b) A comunhão em uma mesma vida traz consigo, como exigência conatural, a comunhão nos bens sobrenaturais que dela fluem. Entre esses bens, ocupa lugar de destaque o fruto dos sacramentos, que pertence a todos os fiéis da Igreja, segundo quanto afirma o *Catechismo* do Concílio de Trento. É uma afirmação concreta e determinada, que exige um breve comentário e uma explicação.

Os sacramentos, com efeito, são bens sociais da Igreja. Foram instituídos para santificar os seres humanos, mas, santificando-os, desenvolvem e incrementam a graça sobrenatural do Corpo místico de Cristo. Toda ação sacramental é ação eclesial, com uma repercussão comunitária que deve produzir um fruto em benefício de toda a comunidade. Os sacramentos tornam atuais as ações sobrenaturais de Cristo. Cristo é o centro e o final de toda ação sacramental, ao mesmo tempo em que é seu princípio, enquanto é seu ministro principal, e enquanto a sua graça dá vida ao sinal sacramental. Em Cristo, portanto, todos os fiéis se fortificam, e nele se unem todos aqueles que recebem os sacramentos.

c) A comunhão em uma mesma vida também traz consigo a intercomunhão em alguns bens espirituais. Esses bens são: a graça, os méritos e a penitência; bens que constituem o tesouro da Igreja, ao qual se refere Clemente VI na bula *Unigenitus Dei Filius*, de 1343. Esse tesouro é constituído pelos méritos de Jesus Cristo e pelas suas satisfações de valor infinito, pelos méritos da Virgem Maria e pelos de todos os eleitos, do primeiro justo até ao último (Denz. 550-552).

Convém considerar que a intercomunhão espiritual nesses bens não subjaz às mesmas leis, nem está sujeita a idênticas condições. Tal diversidade deriva da própria natureza dos bens. Assim, embora sejam bens da Igreja, de caráter social e comunitário, bens, portanto, do organismo sobrenatural, não podem ser desprovidos da condição de ações pessoais e particulares: são bens de quem possui a graça, adquire os méritos, ou realiza uma obra apta a satisfazer. Com isto queremos dizer que a intercomunhão nos bens sobrenaturais da Igreja está condicionada por certos limites e submissa a certas exigências que devem ser consideradas para não cair em um falso conceito da realidade.

Nesse sentido, podemos dizer — aproveitando uma ideia do padre Congar e prescindindo de muitas outras observações — que cabe a Cristo, e a ele somente, ser cabeça da Igreja e comunicar a graça de modo eficiente e primário, independente e direto, já que só ele é o único perfeito mediador entre Deus e os seres humanos (1Tm 2,5). Somente a sua humanidade santíssima, pela união substancial com o Verbo, foi a causa moral principal da graça e causa física instrumental de nossa justificação. Somente ele possui a graça como princípio universal para com todos aqueles que dela devem participar (*STh.* III, q. 7, aa. 9c e 11c).

Do mesmo modo, cabe somente a Jesus Cristo satisfazer, com satisfação de estrito rigor de justiça, pela pena eterna devida pelos pecados dos seres humanos. Com efeito, somente ele ofereceu ao Pai o sacrifício da nova aliança, simultaneamente como sacerdote e vítima, pagando com os próprios bens a dívida contraída com os pecados. O mesmo se pode dizer do mérito, em relação à justificação do ser humano e à sua perseverança final.

Os bens sobrenaturais da Igreja não são realidades subsistentes de per si. Possuem um caráter pessoal e não existem fora de uma pessoa. Isto nos leva a considerar quais bens pode obter um cristão de per si próprio, em união com o Cristo cabeça, que lhe infunde a sua capacidade.

É doutrina comum em teologia que todo cristão possa satisfazer para a pena temporal, devida em razão dos seus pecados. Do mesmo modo, ele pode merecer com justiça, segundo o que ensina o Concílio de Trento, o aumento da graça, as graças atuais necessárias para progredir no caminho do bem e, *de congruo*, outros bens sobrenaturais, como a perseverança final.

Essas considerações nos abrem o caminho para determinar aquilo que um membro do Corpo místico pode fazer por um outro. À parte a comunidade da vida e dos frutos dos sacramentos, é preciso admitir — reiterando a afirmação do *Cathecismo* do Concílio de Trento — que toda obra boa de um cristão é vantajosa para a Igreja inteira e para cada um de seus membros. As boas obras podem ser distintas em duas categorias: méritos e satisfações.

Méritos. A lei da comunhão vital certamente exige a solidariedade dos fiéis nas obras meritórias. Cada um pode merecer dons espirituais para os outros membros da Igreja. Esse mérito é, segundo a doutrina comum, de simples conveniência e liberalidade, visto que não inclui rigorosamente a exigência do prêmio.

Isto é certo: a teologia não fez nenhum progresso nesse campo. Mas no campo da economia atual, e por causa da comunhão vital dos santos, não se poderia dizer que o mérito inclui certo título de exigência, a fim de que Deus conceda os dons em favor de um outro? É necessário pressupor a disposição misericordiosa divina. E a pressupomos situando-nos na economia presente. Partindo daí, Congar intui o argumento nesse sentido, quando afirma: "Esse título pode ser mais ou menos forte, mais ou menos rigoroso. Pode ser simplesmente uma oração que Deus escuta em sua misericórdia; pode representar toda uma vida de intimidade e de fidelidade dedicada a Deus. Neste caso, Deus é como que obrigado, em virtude de uma espécie de pacto amigável, a atender o desejo de quem cumpre, com tanta solicitude, a sua vontade. O conveniente se transforma em uma espécie de débito, a título de amizade" (op. cit., p. 355). Na realidade, pode-se dizer que por causa da união íntima e vital dos santos existe alguma coisa que é mais que um simples título de pura e fria conveniência. Tem origem assim aquela *proportio amicitiae*, segundo a expressão de Santo Tomás (*STh*. I-II, q. 114, 1. 6c.), que parece superar os limites da simples conveniência.

Satisfações. A satisfação comunitária tem sua origem na comunhão dos santos. Leia-se, a respeito, a encíclica *Miserentissimus Redemptor* (8 de maio de 1928), de Pio XI, que fala de uma satisfação reparadora. Essa realidade é tão profunda que, segundo a doutrina comum, um cristão em estado de graça também pode satisfazer, a título de justiça, pela pena temporal devida pelos pecados, em benefício de outros membros vivos do Corpo místico.

Essa doutrina possui um duplo fundamento que é preciso conhecer com exatidão. O primeiro é *remoto*: a união de todos os cristãos em um mesmo corpo, vivificado pelo espírito de Cristo. O segundo fundamento é *próximo*: a própria natureza da satisfação.

O mérito é pessoal e não comunicável como tal. Não assim a satisfação. O valor das obras satisfatórias dos santos é algo de permanente e aplicável a outros justos. A aplicação faz-se comumente por meio das indulgências. Não conhecemos nem a medida nem as leis que regulam essa misteriosa realidade de comunhão. Todavia, o fato é inegável. Em virtude dessas satisfações, é cancelada a pena temporal devida pelos pecados.

4. PRINCÍPIOS DOUTRINÁRIOS. São vários os princípios doutrinários que confirmam e garantem a comunhão dos santos no sentido explicado. Comentaremos somente dois, sólidos e ricos de consequências para a vida espiritual. Já foram citados anteriormente, de uma forma ou de outra. Apesar disso, exigem um breve comentário.

a) *A graça de Cristo*. Jesus Cristo homem foi dotado com a graça santificante, em virtude da qual a sua alma humana permaneceu intrinsecamente elevada à ordem sobrenatural, e tornada capaz de produzir, com conaturalidade, atos sobrenaturais de sabedoria e de amor. Recebeu essa graça em tal abundância e plenitude que todos dela participamos (Jo 1,16). Santo Tomás afirma que a Jesus Cristo foi concedida a graça como "princípio universal", para todos aqueles que participassem da graça (*STh*. III, q. 7, a. 9c.), de forma semelhante àquela com a qual foi concedida a natureza a → ADÃO, como um princípio universal dela. A graça de Cristo, nesse sentido, foi como um *donum naturae*, um *donum gratificationis in humana natura*, que se tornou graça capital por meio de sua derivação para os seres humanos. É a origem da solidariedade entre todos aqueles que participam da graça de Cristo, forma vital do Corpo místico.

Igualmente e de modo mais perfeito que na ordem natural, tem-se a solidariedade entre todos os que participam da vida sobrenatural, transmitida por Cristo à humanidade. Também essa graça é comunitária, enquanto Cristo a depositou na Igreja, que a difunde, particularmente, através dos sacramentos. O seu fruto, portanto, é eclesial.

b) *Mediador e mediadores*. A doutrina teológica sobre a mediação de Cristo pode ser invocada também como apoio da comunhão dos santos. Cristo, com efeito, é o único mediador absoluto, na ordem moral e na entitativa, que realizou a mediação ascendente e descendente, ligando novamente os seres humanos com Deus. Essa mediação é precisamente o fundamento daquela que os santos exercem diante de Deus, em benefício dos outros membros do Corpo místico, elevando ao Senhor as súplicas e comunicando aos seres humanos os bens de Deus (*STh*. III, q. 26, a. 1). Qualquer um que participa da graça santificante pode ser mediador diante de Deus, com qualquer tipo de mediação, para todos os outros: intercessão, súplica etc.

O mediador constitui-se tal para os outros: *pro aliis*, como o sacerdote. Como poderia existir uma verdadeira mediação se não existisse a comunhão dos santos? Como poderia ser um mediador para os outros, se não houvesse a solidariedade espiritual em Cristo e em Deus? A mediação fundamenta e declara, ao mesmo tempo, a comunhão de todos os cristãos nos mesmos bens sobrenaturais.

5. SÍNTESE E PERSPECTIVAS ESPIRITUAIS. A relação desse tema com a espiritualidade é muito profunda, visto que possui como fundamento a conexão vital com Cristo. Essa doutrina deve informar, portanto, o movimento espiritual das almas, dando-lhes uma orientação adequada para poder caminhar no percurso traçado pela Igreja.

a) As primeiras consequências para a espiritualidade devem ser deduzidas da natureza do dogma, das suas raízes vitais e profundas. Devemos sentir-nos intimamente unidos a Cristo e vivificados pelo seu espírito; isto é, viver uma vida espiritual cristocêntrica, ao redor de Cristo. O dogma, todavia, ao mesmo tempo, é projetado para a periferia: estamos unidos com os outros santos. Devemos procurar reafirmar esses laços de união e viver em harmonia e solidariedade com os bem-aventurados. Somente assim viveremos integralmente o espírito de Cristo e da Igreja.

b) Esse dogma representa o fundamento da prece e da oração comunitária. Nosso Senhor Jesus Cristo nos ensinou a rezar ao Pai, dizendo: "Pai nosso". Aquele que reza, desde que o faça longe do barulho e das pessoas, não pode despojar-se desse espírito: na Igreja não pode haver oração isolada, esotérica. A oração do cristão deve ser a voz da comunidade que reza com ele e por ele; deve ser uma oração de fraternidade. Só assim damos pleno valor ao que sempre dizemos a Deus: "Pai nosso", e não "Pai meu".

c) Outra consequência: todo cristão deve experimentar uma profunda solicitude para que os seus bens espirituais possam ser proveitosos aos outros fiéis. Deve fomentar a satisfação compartilhada em benefício dos outros membros da Igreja. Isto o exige a caridade e a intercomunhão vital que deve estar sempre em pleno vigor na Igreja. No reino de Cristo não pode existir o sectarismo que se opõe à comunhão e à fraternidade. Essa solicitude espiritual sempre floresceu na Igreja. São Paulo relembra isto aos Coríntios: os membros da Igreja devem ser solícitos uns com os outros (cf. 1Cor 12,25). Santo Tomás considerava essa solicitude uma manifestação do mútuo e verdadeiro amor. Ao mesmo tempo, em seu comentário a esse artigo do Símbolo acentua um detalhe ao considerar essa solicitude espiritual como uma exigência daquela graça que ele chama "fraterna", com a qual reafirma o sentido da comunhão dos santos, porque, diz comentando São Paulo, deve ajudar a trazer benefícios aos outros com a graça que lhe foi concedida (*In Symbol. Apost. Expositio*, a. 9; *Opúscula Theologica*, II).

d) A comunhão dos santos deve fortificar a fé dos cristãos e dilatar a aspiração de sua esperança sobrenatural, porque a Igreja que peregrina na terra está unida com a Igreja celeste, que se apresenta como meta de todas as nossas aspirações. Ao mesmo tempo, os santos da glória celeste, por sua comunhão conosco, são modelo e auxílio para percorrer serenamente o caminho de nossa peregrinação. Devemos sobretudo procurar, conforme nos recomenda o Concílio Vaticano II (*LG* 51), a participação de sua intimidade e de sua proteção, para chegar, por meio do testemunho de nosso amor, àqueles que triunfam plenamente do pecado, a uma maior intimidade com Deus e com Cristo.

BIBLIOGRAFIA. BALTHASAR, H. U. von. Comunione dei santi. *Cattolico* (1976) 22-31; BANDERA, A. *La Iglesia Misterio de Comunion en el corazón del Vaticano*

II. Salamanca, 1965; BONHOEFFER, D. *"Sanctorum Communio". Una ricerca dogmatica sulla sociologia della Chiesa.* Roma-Brescia, 1972; BONHOEFFER, D. *Sanctorum Communio.* Berlim, 1930 (vers. it.: Brescia, 1973); BORI, P. C. *Koinônia. L'idea della Comunione nell'ecclesiologia recente e nel N. Testamento.* Brescia, 1972; COLZANI, G. *La comunione dei santi. Unità di cristologia e di ecclesiologia.* Casale Monferrato, 1983; *Communio Sanctorum. Mélanges offerts à Jean-Jacques von Allmen.* Genève, 1982; CONGAR, Y. M. Aspects de la Communion des Saints. In: *Les voies du Dieu vivant.* Paris, 1962, 347-356; ID. De la Communication des biens Spirituels. *La Vie Spirituelle* 17 (1935) 5-17; ID. Communion des Saints. *Cahiers VS* 1945; ID. *Ministère et Communion Ecclésiale.* Paris, 1971; GIUSTETTI, M. (org.). Comunione e comunità. *Koinonia,* Torino, 1981; GOUNIN, P. *La Communion des Saints.* Paris, 1922; HAMER, J. *La Chiesa è una comunione.* Brescia, 1964; LUBAC, H. de. *Credo sanctorum communionem. Communio* (1972); MICHEL, A. *La Communion des Saints.* Roma, 1956; MURA, E. La communion des Saints. *La Vie Spirituelle* (1934) 123-138; Per una mentalità di comunione. *Presbyteri* (1982) 507-517; RAHNER, K. Comunione dei santi. *Dogma e Predicazione* (1974) 131-151; ROCCHETTA, C. La comunione, dono dello Spirito alla Chiesa. *Presenza Pastorale* (1982) 18-31; SWETW, H. B. *The Holy Catholic Church. The Communion of Saint. Study in the Apostles Creed.* London, 1916; TALLARD, J. M. R. The Church of God is a Communion: the ecclesiological perspective of Vatican II. *One in Christ* (1981) 117-181.

E. LAMAS – C. LAUDAZI

COMUNHÃO E LIBERTAÇÃO. 1. HISTÓRIA DA COMUNHÃO E LIBERTAÇÃO. Comunhão e Libertação é um movimento eclesial que a Igreja já reconheceu oficialmente em seus resultados mais adultos e amadurecidos, quer como "Fraternidade de Comunhão e Libertação" (que agrupa todos os adeptos adultos que pedem para serem aceitos), reconhecida pelo Pontifício Conselho dos Leigos em 11 de fevereiro de 1982, quer como "Associação leiga *memores Domini*" (reconhecida pelo mesmo dicastério em 8 de dezembro de 1988), a qual, em vez, reúne aqueles membros "que o Senhor chamou para uma dedicação a ele mediante uma particular observância da virgindade, da pobreza e da obediência".

As suas origens remontam a 1954, quando um professor de teologia dogmática do seminário de Venegono, Pe. Luigi Giussani, pediu a seus superiores para deixar aquele ensino a fim de tornar-se professor de religião no Berchet, um liceu clássico milanês.

A escolha nascia da persuasão de que a experiência cristã — além de uma aparente consistência associativa — estivesse então sofrendo, na Itália, um ataque particularmente grave e destrutivo: isto é, a prática eliminação da presença cristã dos ambientes reais da vida pública, em particular naqueles em que eram educadas as novas gerações. Um ataque dirigido por uma *intelligentsia* leiga, que visava ocupar sistematicamente todas as cátedras significativas, sofrido por uma *intelligentsia* católica às voltas com dualismos que reduziam a experiência de fé a conteúdos espiritualistas ou vagamente ascéticos, não incidentes na vida real e incapazes de gerar uma verdadeira mentalidade de fé.

A justeza da intuição e da análise não só se manifestaria com o tempo e com os graves acontecimentos dessas últimas três décadas, mas logo mostrou sua fecundidade dando origem a um movimento de estudantes, particularmente incisivo e eficaz, chamado *Juventude Estudantil (Gioventù Studentesca — GS)*, que no arco de dez anos difundiu-se clamorosamente em toda a Itália, tornando-se ponto de referência para uma retomada viva e entusiástica da identidade cristã não só no âmbito escolástico, mas também naqueles mais amplamente culturais, caritativos e missionários.

A partir dos anos 1964-1965, a *GS,* sem a direção do Pe. Giussani, sofre uma crise radical que explode no fatídico 1968-1969: alguns entre os mais altos responsáveis são atingidos pela ideologia da contestação e terminam por quebrar em dois o movimento inteiro.

Do sofrimento e da reflexão daqueles anos nasce, em 1969, um movimento renovado que se apresenta com a sigla CL (Comunhão e Libertação): duas palavras que pretendiam exprimir tanto o projeto de trabalhar para uma autêntica "libertação" do ser humano quanto a persuasão de que o único método realmente libertador seria o da "comunhão", ou seja, a construção daquela comunidade cristã na qual habita o dom da "comunhão" trazido por Cristo.

A partir de 1970, é no mundo universitário (para onde, entrementes, rumaram os giessinos que permaneciam fiéis) que sobretudo se realiza a herança ideal e prática do movimento giessino, e de lá a proposta é novamente levada para todos os ambientes sociais, em particular para os de trabalho.

Data determinante na história da CL é a de 31 de março de 1973, na qual o novo movimento se apresenta oficialmente em uma convenção nacional: "Nas universidades italianas pela libertação", com mais de 6 mil participantes.

Em 1976 nasce o MP (Movimento Popular), promovido por um grupo de líderes do CL que, juntamente com outros católicos, concordavam com a batalha cultural e eleitoral de 1975: a unidade contra a diáspora, a defesa do indivíduo cristão contra a sua prática eliminação do cenário público, a retomada do movimento católico.

Desde então, o MP é habitualmente considerado pela imprensa o braço secular ou político da CL, enquanto a CL insiste constantemente em declarar que o empenho no MP é escolha própria daqueles que na CL receberam uma educação concreta e global para a fé cristã e que, por esse motivo, foram considerados aptos para assumir pessoalmente as suas responsabilidades públicas e sociais em todos os âmbitos, em colaboração com homens de boa vontade de todas as classes.

Recentemente o MP determinou a sua identidade, rejeitando identificar-se unicamente com o compromisso político (e ainda menos com quaisquer correntes), mas identificando-se, em vez, com a livre construção das obras sociais que tornem visível e incidente a presença cristã na sociedade, na fidelidade à doutrina social da Igreja e a toda a gloriosa história do movimento católico.

No trabalho do MP reconhecem-se prestigiadas realizações sociais, nas quais também se empenham numerosos adeptos da CL. Lembramos sobretudo, pela sua ampla ressonância, a publicação semanal *Il Sabato*, e a mensal *30 Giorni*, além do compromisso anual do *Meeting per l'amicizia dei popoli*, já de importância internacional.

A partir de 1977, a CL entra na mira dos grupos eversivos: 120 atentados em três meses contra pessoas e sedes do movimento demonstram, contra toda dúvida, que na CL estava identificada aquela presença cristã que era preciso não somente afastar, mas abater, por causa de sua resistência tenaz e firme contra o projeto da laicização forçada do país. Isto conquistou para a CL a estima e a defesa explícita de Paulo VI, e, depois, a de João Paulo II.

Dali aos nossos dias, CL e MP com frequência viram-se no centro da vida social e eclesial, no centro de polêmicas, de amores ou rejeições igualmente fortes. É todavia preciso reconhecer que as críticas que lhes foram dirigidas demonstram às vezes que talvez não sabem atingir o coração dos problemas suscitados e de deter-se, em vez, nos elementos superficiais ou periféricos. Ninguém pode negar que a CL tenha constituído, para a Igreja italiana, a chance de uma retomada da identidade: mesmo aquelas realidades eclesiais que mais a hostilizaram — por medo ou incompreensão — veem-se, hoje, com uma identidade fortalecida, adquirida justamente pelo confronto aceito ou sofrido.

Em particular, convém observar que a partir de 1982 — após uma solicitação explícita de João Paulo II — a CL proclamou um programa "missionário", respondendo aos convites cada vez mais insistentes de numerosos bispos que pediam a sua presença em suas dioceses, em todas as partes do mundo.

A revista oficial da CL tem como título *Litterae Communionis*.

2. A PEDAGOGIA DA CL. A CL não quer ser na Igreja uma particular espiritualidade, ou uma particular estrutura associativa ou organização, mas simplesmente uma pedagogia (um "caminho", um "mover-se") capaz de educar os cristãos para uma experiência de fé global, isto é, dotada de todas as suas dimensões essenciais: culturais, caritativas e missionárias.

Reconhecendo e aderindo cordialmente a tudo aquilo que na Igreja é "institucional" (isto é, desejado por Cristo ou necessário para a vida bem encarnada da Igreja), a CL sublinha o "movimento" entendido como experiência e difusão de um → CARISMA que o Espírito suscita para "dar forma expressiva, modalidade operativa, e concreta incidência histórica" àquela graça sacramental que a instituição veicula (João Paulo II).

Para descrever o coração da experiência da CL é preciso não tanto listar os pontos irrenunciáveis da fé cristã (que como tais são comuns a todos os crentes), mas sim destacar a concatenação pedagógica com a qual eles são apresentados, assimilados e vividos.

a) A natureza do fato cristão é a de um acontecimento que irrompe na história humana, na pessoa de Jesus Cristo: Cristo ressuscitado, logo, "aqui e agora", reconhecível e experimentável, para ser acolhido e seguido como "aquilo que de mais caro se tem no mundo". Um acontecimento não é reduzível nem a doutrina, nem a norma moral: pode apenas ser *encontrado*.

b) Para superar a distância cronológica que nos separa de sua encarnação, nos foi dado um sinal histórico de sua presença, um "corpo" místico, mas real, ao qual aderir: a → IGREJA. Aderindo e inserindo-se nela, encontramos a Cristo ressuscitado e o seu Espírito age realisticamente em nós.

c) A Igreja, por sua vez, torna-se encontrável ramificando-se e fazendo-se presente lá onde o ser humano vive: através do milagre da comunidade cristã, isto é, daquela "unidade" que os seres humanos reconhecem e alimentam exclusivamente em seu nome, por afeição a ele. Uma comunidade cristã só é tal se for "um âmbito no qual a Igreja vive".

d) Um movimento eclesial é um tecido vivo de comunidades vivas, alimentadas e organicamente animadas segundo uma particular pedagogia suscitada por um carisma. Não entra em conflito com a instituição (senão ocasionalmente, pela inevitável fraqueza e os inevitáveis pecados de todos), mas é "a extrema capilaridade de um discurso real": "a ponta mais periférica, mais contingente no fenômeno do grande acontecimento de Cristo na história, mas paradoxalmente é também o ponto mais decisivo para a vida de cada um" (Pe. Giussani).

e) O sentido profundo de toda agregação de fiéis (portanto, também do movimento da CL) é um só: evocar a memória de Cristo. Tal evocação para ser verdadeira deve ser global: ou seja, é uma fé exercida como cultura, como educação para a moralidade e a solidariedade, como paixão pelo anúncio de Cristo a cada ser humano.

f) Tal memória de Cristo só pode ser gerada na imanência a uma comunialidade vivida; por sua vez, ela tende a gerar fatos de comunialidade visível e propositiva na sociedade.

g) Sob o aspecto metodológico, a CL sublinha o princípio da "obediência" entendida como "seguimento evangélico": para conhecer e amar a Cristo, para poder viver em sua memória, é necessário seguir com devoção total aquele fato que te permitiu realisticamente encontrá-lo. Sem o dinamismo da obediência, cada qual termina inevitavelmente por colocar a si mesmo como medida última, obedecendo de fato sistematicamente a um ou ao outro senhor a quem serve.

h) Um movimento consegue explicar toda a sua riqueza pedagógica quando se torna "regra": uma companhia guiada e, enquanto tal, uma companhia que guia cada um ao seu destino, isto é, a Cristo.

i) Em particular, a missionariedade ("paixão de que Cristo seja anunciado eficazmente como a verdade última e salvífica de todo ser humano e de todas as coisas") não é uma simples consequência opcional da identidade cristã, mas é o fazer-se e o constituir-se dessa mesma identidade. Tal missionariedade não pode ser desencarnada, mas impele à construção de "obras e obras" dignas do ser humano.

j) Concluindo: o movimento CL pretende ser e apresentar-se "como caminho e morada": caminho no qual alguém sempre está a caminho, e morada onde pode repousar, isto é, ser reedificado, restaurado, restabelecido" (Pe. Giussani).

Por isto, um sinal da autenticidade da posição de quem pertence a esse movimento é a gratidão: o feliz reconhecimento.

"Tornarei conhecido o meu poder — diz o Senhor — através da alegria de seu coração" (*Liturgia ambrosiana*).

BIBLIOGRAFIA. Para uma bibliografia completa e de fácil consulta, cf. aquela citada no final do livro de VITALI M. – PISONI, A. *Comunione e Liberazione*. Milano, Ancora, 1988. Transcrevemos aqui os títulos mais significativos:

1) Obras de Mons. LUIGI GIUSSIANI (todas editadas pela Jaca Book, Milano): *Il senso religioso*, 1966 (ed. ampliada, 1986); *Comunione e Liberazione. Intervista a cura di* R. RONZA, 1976 (ed. atualizada, 1986); *Tracce di esperienza cristiana*, 1977; *Il rischio educativo*, 1977; *L'impegno del cristiano nel mondo*, 1978; *Moralitá, memória e desiderio*, 1980; *La coscienza religiosa dell'uomo moderno*, 1986; *Alle origini della pretesa cristiana*.

2) Sobre "Comunhão e Libertação", além do já citado livro de VITALI-PISONI e das entrevistas organizadas por ROBI RONZA, cf.: PERRENCHIO, F. Comunione e Liberazione, um segno di contraddizione nella Chiesa italiana postconciliare. *Temi di Teologia Pastorale, Biblioteca di Scienze Religiose* 19 (1977); FAVALE, A. *Movimenti ecclesiali contemporanei*. Roma, 1980; NICOLI, D. *Comunione e Liberazione: educazione alla fede come esperienza vitale. Quaderni di Azione Sociale* (março-abril 1981); RONZONI, E. – VITALI, M. *Comunione e Liberazione. Imagini di trent'anni*. Milano, 1984; MELONI, F. *Giovani nella Chiesa*. Padova, 1986; CAMISASCA, M. "Comunione e Liberazione", una proposta di presenza cristiana. In: *Laici nella Chiesa e nel mondo*. Roma, 1987, 103-119.

A. SICARI

COMUNICAÇÕES MÍSTICAS. Sob essa voz queremos reunir os modos particulares e excepcionais com os quais Deus se comunica com algumas almas.

Os autores espirituais comumente chamam a esses modos de fenômenos místicos, porque ocorrem quase sempre com almas que Deus conduz à santidade por vias místicas. São → JOÃO DA CRUZ os chama de *notícias espirituais*, que reduz aos "quatro modos de percepções particulares que são comunicadas ao espírito sem a intervenção de nenhum sentido físico: visões, revelações, locuções e sentimentos espirituais" (*Subida*, II, 10,4). A tradição, embora sem considerá-las essenciais para a vida mística, nem para a santidade, sempre procurou limitar a sua consideração a fatos puramente pessoais, que também podiam favorecer a santidade e o bem da Igreja, alongando-se em sublinhar os perigos e as dificuldades que essas comunicações extraordinárias comportavam.

Por isto, nas causas de canonização a Igreja separa os dois fatos: a santidade e a heroicidade das virtudes, dos fatos extraordinários que às vezes as acompanham. As primeiras são objeto de peculiar e aprofundado exame; quanto aos fatos, são estudados na relação que possuem com os primeiros dois aspectos, e, para o resto, são deixados ao aprofundamento dos especialistas nos vários campos.

É um dado objetivo que na história da → SALVAÇÃO Deus revelou-se aos seres humanos de diversos modos e diferentes maneiras, até que em Cristo comunicou ao homem as últimas palavras de salvação (cf. Hb 1,1). São bastante comuns no Antigo Testamento as revelações de Deus que se manifesta com a palavra, a qual o ser humano deve escutar, através de sonhos, visões e mensageiros (anjos e profetas). No Novo Testamento, Cristo é a suprema e definitiva revelação do Pai: "Quem me viu, viu o Pai" (Jo 14,9); todavia, não faltaram comunicações divinas através de visões: angelofanias (Mt 1,20; 2,13-19), cristofanias (Mt 17,1-8: transfiguração, aparições de Cristo ressuscitado: Mt 28,9-10); imagens simbólicas (At 10,9-16). Assim, também no Novo Testamento Deus realizava a comunicação de si através de dons, carismas, visões (Paulo no caminho para Damasco: At 9,4-5). O próprio Paulo guarda-se da suspeita ou desprezo dos dons provenientes do Espírito, portanto adverte: "Não apaguem o Espírito; não desprezem a profecia" (1Ts 5,19-20), antes, diz: "aspirai aos bens do Espírito, sobretudo à profecia" (1Cor 14,1). Certamente os → DONS DO ESPÍRITO SANTO devem ser avaliados à luz de Cristo (1Cor 12,3), e todos os carismas são direcionados para a edificação da comunidade (1Cor 14,12); e acima de todos os carismas está a caridade (1Cor 13).

Na História da Igreja Deus comunicou-se com as almas de modos e por caminhos excepcionais: a história dos místicos, cujas graças foram positivamente avaliadas pela Igreja, constitui prova disto. Sempre foi considerado um fenômeno digno de atenção a existência de pessoas que se acreditam dotadas de particulares carismas e dons especiais pela Igreja inteira. Lembramos as visões de Santa → MARGARIDA MARIA ALACOQUE para a difusão da devoção ao → CORAÇÃO DE JESUS; as aparições de Lourdes e de Fátima, para chamar os seres humanos à oração e à penitência. Nestes últimos 70 anos, assistiu-se à proliferação de aparições marianas não reconhecidas: hoje existem os cenáculos carismáticos e o movimento neopentecostal (cf. DE FIORES, S. Veggenti. In: DE FIORES, S. — GOFFI, T. (orgs.). *Nuovo Dizionario di Spiritualità*. Cinisello Balsamo, 1985, 1.162-1.677).

A doutrina dos dois místicos carmelitas, → JOÃO DA CRUZ e → TERESA DE JESUS, ainda mantém sua validade para o estudo dessas comunicações místicas e sua interpretação. São João da Cruz é fiel ao comprovar a gravidade e a veracidade de suas afirmações com contínuas referências ao dado revelado, quer no Antigo, quer no Novo Testamento.

Queremos relembrar, de modo especial, a doutrina de João da Cruz sobre as comunicações místicas e, em seguida, dar-lhes uma avaliação prática e eclesial para os dias de hoje.

As comunicações místicas, objeto explícito da doutrina de São João, são: as visões, as locuções, as revelações e os sentimentos espirituais.

Com brevidade, veremos cada uma delas.

1. VISÕES. "Em sentido próprio e específico", escreve São João da Cruz, "chama-se visão tudo aquilo que o intelecto capta por meio da vista: a alma pode perceber espiritualmente as coisas como os olhos as veem fisicamente" (*Subida*, 2,23,3).

Segundo a conhecida distinção de Santo Tomás, geralmente aceita por todos e dependente de Santo Agostinho (*De Genesi ad litt.* I, 12, 7, 16: PL 34, 459), existem visões corporais, imaginárias e intelectuais (cf. *STh*. I, q. 23, a. 6, ad. 4; II-II, q. 174, a. 1, a 3 etc.). A *corporal* ocorre quando o indivíduo percebe alguma coisa com os sentidos externos (pode ser reduzida a *aparição*); a *imaginária* acontece por meio de uma representação sensível inserida na imaginação, movida por imagens já captadas pelos sentidos, ou por um trabalho sobrenatural sobre tais imagens existentes no ser humano, ou por novas imagens infusas (neste último caso não pode haver intervenção diabólica); a *intelectual* se realiza em um conhecimento puramente intelectual, sem intervenção de imagens sensíveis (cf. Antonius a Spiritu Sancto. *Directorium mysticum*, t. III, d. 5, s. 1, n. 311).

a) É claro que, visto que as corporais são extremamente perigosas, segundo a doutrina clássica dos grandes mestres devem ser desprezadas. São João da Cruz, embora admitindo que a alma, excluindo-se todo desejo daquelas, talvez sob o juízo de uma pessoa sábia, poderá aceitá-las, conclui a tratação do assunto com o conselho do célebre "não admitir = não aceitar" (*Subida*, II, 11,13), inspirado pelo princípio teológico seguro: "aquilo que se apresenta aos sentidos fere mais que qualquer outra coisa à fé; [...] tais visões e percepções sensíveis não podem ser meio para a união, porque não possuem nenhuma proporção com Deus" (*Ibid.*, 11-12). Santa Teresa d'Ávila, embora com a sua riquíssima experiência de visões, é, ao mesmo tempo, do mesmo parecer, assegurando repetidamente de jamais ter tido nada do gênero (cf. *Vita*, 28.4; *Relazione IV*, 1; *Castello*, VI, 9,4).

b) Diferente é o julgamento que se deve dar às visões imaginárias, embora também para elas, especialmente para aquelas originadas por imagens já presentes na mente ou destas mistas com outros elementos, se exija suma e escrupulosa prudência, podendo facilmente ser um jogo da fantasia, alucinações ou simplesmente armadilha diabólica, ou também somente pelo simples fato de que com frequência pela desordenada adesão da criatura transformam-se em impedimento e obstáculo notável para a vida de fé teologal plena para a qual deve orientar-se — além de toda imagem ou figura — quem realmente procura a Deus e só a Deus (cf. São João da Cruz, *Subida*, II, 16-17). Convém lembrar, todavia, que tais realidades — quando são realmente tais e dons de Deus — contêm uma carga de graça a ser considerada. São João da Cruz, apesar de sua conhecida atitude contrária a experiências do gênero, falando das visões imaginárias observa honestamente que "Deus, servindo-se delas, geralmente apresenta à alma muitas verdades e lhe comunica muita sabedoria" (*Ibid.*, 16,3), reportando-se à Escritura, que oferece mais de um caso dessas graças comunicadas aos seres humanos, quer despertos, quer no sono, para o bem comum e para a utilidade de quem as recebe. Santa Teresa, que teve a experiência repetida, refere-se à energia com a qual se apossam da alma, de forma que toda resistência, a certa altura, torna-se impossível (cf. *Vita*, 28,5), também porque, habitualmente, a iluminação ocorre repentinamente (cf. *Castello*, VI, 9, 10) com uma duração muito breve (*Ibid.*, 9,3).

c) as visões mais excelentes são aquelas que Santo → Agostinho foi o primeiro a chamar de *intelectuais*, e que ocorrem por simples percepção da inteligência, sem a impressão de qualquer imagem sensível. Com uma expressão que parece incluir, à primeira vista, uma contradição nos termos, Santa Teresa — que fala longamente disto (cf. *Vita*, 27, 2-6; *Castello*, VI, 8) — a define como "visão [...] que não se vê de fato" ("visión [...] que no se ve ninguna cosa esterior ni interiormente": *Relazione IV*, 13). Trata-se, concretamente, de uma experiência certa e segura do objeto sobrenatural "presente", sem que se revista de nenhuma forma (cf. Teresa d'Ávila, *Vita*, 27, 4-5). Contudo, se o objeto for inteligível, outras vezes transcende completamente a imaginação: trate-se, então, de percepções de verdades relativas às grandezas de Deus que se abatem de tal maneira na alma, de "despertar" nela o "sentido" profundo da ação de Deus presente (cf. *Castello*, VI, 4,6), fazendo-a conhecer "pela vista" aquilo que conhece pela fé (cf. *Ibid.*, VII, 1,6), embora sempre nos limites de uma representação e de uma "figura" da verdade, e não de uma visão "intuitiva".

d) O objeto de tais visões, portanto, é alguma coisa que vai além das forças naturais do intelecto; as visões podem durar longo tempo, ao contrário das imaginárias (cf. *Castello*, VI, 8, 2). → Filipe da Santíssima Trindade enumera os seus efeitos: "paz na alma, iluminação da mente, júbilo glorioso, suavidade, pureza, amor a Deus, humildade, inclinação do espírito para Deus" (*Summa theol. Mysticae*, p. II, tr. III, d. 4, a. 3, 411). Todavia, os efeitos dessas visões, do objeto especialmente inefável apresentado pela luz divina, nem sempre estão igualmente todos presentes e juntos na alma. Também a paz e o *gaudium*, que em alguns servos de Deus possuem um acento tão forte, podem ser quase imperceptíveis em outros nos quais a pedagogia da graça ou a própria psique se sobrepõem — juntamente com a absoluta certeza da presença do objeto sobrenatural e de sua ação — a um sentimento de verdadeiro esmorecimento, quando não de autêntico martírio.

Toda lei tem as suas exceções, que devem sempre ser levadas em conta pelo teólogo, até porque não raro, mesmo após visões intelectuais intensas, junto com experiências extraordinárias da Trindade, pode ocorrer uma "noite" mística dolorosa e longa: esta, em vez de ter um caráter purificador (ao menos prevalentemente, porque uma certa purificação deve subsistir enquanto subsiste a vida ligada aos sentidos), possui uma típica nota reparadora, em conformidade com o Cristo crucificado e apostólica.

São os casos famosos de São → PAULO DA CRUZ (cf. GARRIGOU-LAGRANGE. *Les trois ages de l'avie intérieure*. Paris, 1938, IV, s. 3, c. 16, 662-670, vl. II) e da venerável → MARIA DA ENCARNAÇÃO (Martin), a grande mística ursulina francesa do Canadá (cf. JAMET, A. *Écrits Spirituels*. Paris, 1930, 375-382, vl. II; ID. *Le témoignage de M. de l'I.* Paris, 1932, 1, II, p. I, 2, 224-239).

2. LOCUÇÕES. João da Cruz chama de *locução* "tudo aquilo que o intelecto recebe pela escuta" (*Subida*, II, 23, 3). Às vezes ocorre que, mesmo em meio à provação da noite reparadora-conformadora-apostólica, extraordinários feixes de luz e *locuções*, especialmente de ordem intelectual e substancial, de quando em vez comuniquem à alma força corroborante e sustento especial.

a) Tais "locuções" intelectuais, conforme se disse a respeito das visões, que por vários aspectos se assemelham, distinguem-se: das "exteriores", ou auriculares, devendo ser consideradas caso a caso com extrema seriedade e grande cautela; das "*imaginárias*", ou internas, que são "escutadas" por meio da imaginação, "enquanto o Senhor por si mesmo, ou por meio de um anjo, forma na imaginação do ser humano as palavras ou frases" que deseja sejam ouvidas por ele (ANTONIUS A SPIRITU SANCTO, *Directorium mysticum*, tr. III, d. 5, s. 5, n. 348): são percepções passivas bem distintas, que servem para o bem pessoal da alma (TERESA D'AVILA. *Castello*, VI, 3, 4) e contêm uma mensagem a ser transmitida (*Fondazioni*, 8, 5) — e então a análise deve ser bastante severa —, ou que anunciam um acontecimento futuro, dando a certeza absoluta de sua realização (*Castello*, VI, 3, 7; *Vita*, 25,6). As intelectuais podem ser *mistas* (isto é, com elementos imaginários e intelectuais juntos) ou *puras* (cf. *Castello*, VI, 3, 16; *Vita*, 27, 6.7.9). Convém observar que, especialmente em sua expressão mais elevada, as palavras são percepções completamente intelectuais que, além de todo som, fazem-se "ouvir" pela criatura, sem chance de resistência da parte dela (*Vita*, 25,1).

b) São → JOÃO DA CRUZ, ao falar dessas locuções "sobrenaturais", ou "puramente espirituais", "comunicadas ao intelecto [...] sem a ajuda de nenhum dos sentidos, interior ou exterior" (*Subida*, II, 23,1) as distingue em "*sucessivas*", palavras e raciocínios que o espírito, recolhido em si, forma, e sobre os quais discorre entre si e ele (cf. *Ibid.*, 28, 2, 29); "*formais*", que o espírito recebe não de si, mas de uma terceira pessoa, às vezes enquanto está recolhido, às vezes não (cf. *Ibid.*, 28, 2; 30); e em "*substanciais*", comunicadas ao espírito ora recolhido, ora não, que na substância da alma fazem e produzem aquele conteúdo e aquelas virtudes que significam" (*Ibid.*, 28, 2; 31). Enquanto todas as notícias, locuções externas, imaginárias, ou também as intelectuais sucessivas e formais podem ser causadas por intervenção de Satanás (cf. a repetida afirmação de São João da Cruz, a respeito; *Subida*, II, 24, 7; 26, 17; 29, 11; 31,2), aquelas "substanciais", produzindo aquilo que significam, não podem ser atribuídas a uma intervenção diabólica. São ação do Espírito, cuja vontade é agir: "são, juntas, palavras e obras" escreve Santa Teresa, que dá exemplos (*Castello*, VI, 3,5), sugerindo também os sinais por meio dos quais se pode ver se podem ser assumidas sem temor: paz, devoto e pacífico recolhimento que leva a louvar a Deus, impossibilidade de esquecê-las, segurança absoluta sobre a sua realização (*Ibid.*, 6-7).

Todavia, não se deve insistir muito no sinal "paz" nem no outro "devoto e pacífico recolhimento", realidades que — conforme já se disse — podem não existir, ou ser simplesmente efeito — ao menos em parte — de simples fenômenos naturais de caráter religioso. O sinal mais seguro permanece sempre o sentimento de humildade, unido a uma vontade firme de bem e de serviço ao próximo, num espírito de disponibilidade que faça esquecer completamente a si mesmo para Deus e a sua glória, no cumprimento fielmente heroico do próprio dever, até à morte de cruz. São João da Cruz, referindo-se concretamente às palavras "substanciais", garante que elas "infundem vida, virtude e bens inestimáveis", chegando a dizer que, "às vezes, uma só delas causa na alma um bem maior do que todo aquele que ela fez na vida" (*Subida*, II, 31, 1).

3. REVELAÇÕES. O terceiro modo com o qual Deus pode comunicar-se à alma é constituído pelas

revelações, mediante as quais a alma "recebe, quase aprendendo e entendendo coisas novas" (*Subida*, II, 23, 3). As revelações geralmente são acompanhadas pelas visões e locuções: por isto, em sua avaliação valem as mesmas recomendações que foram dadas para aquelas.

As revelações — escreve João da Cruz — "pertencem ao espírito de profecia" (*Subida*, II, 25, 1). Revelar significa "confirmar uma verdade oculta, ou manifestar um segredo ou um mistério" (*Ibid.*).

Existem duas espécies de revelações: às primeiras dá-se o nome de notícias intelectuais, às segundas o de manifestações de segredos ocultos de Deus (*Ibid.*, 3).

O primeiro gênero de conhecimento sobrenatural consiste "em entender ou perceber, por meio do intelecto, algumas verdades sobre Deus ou sobre as coisas presentes, passadas e futuras".

"Essas notícias", afirma o santo, "cabem diretamente a Deus, enquanto se sente de maneira muito profunda alguma atribuição divina [...] toda vez que ocorre essa percepção, imprime-se na alma aquilo que ela experimenta... É contemplação pura, e a alma vê claramente que não há como exprimir em palavras parte do que experimenta, senão em termos gerais, nos quais prorrompe pela abundância da dileção e do bem que experimentou, impedindo-lhe, porém, de explicar perfeitamente o que saboreou e sentiu" (*Subida*, II, 26, 3). Daí a inefabilidade de certas comunicações místicas. O conhecimento da alma é particularmente enriquecido: Deus se comunica a ela para manifestar-lhe a profundidade de sua vida. Santa → TERESA DE JESUS escreve: "O Senhor faz a alma compreender aquilo que ele quer, desvelando-lhe grandes verdades e mistérios: essa maneira de conhecer é digna de muita consideração" (*Vita*, 27, 6). "A alma vê-se subitamente sábia, e enxerga com tamanha clareza no mistério da Santíssima Trindade [...] que está pronta para discutir com todos os teólogos" (*Vita*, 27, 9). João da Cruz afirma que "para que Deus conceda essas graças é necessário ser humilde e sofrer por seu amor, renunciando a toda retribuição" (*Subida*, II, 26, 9).

A segunda espécie de revelações ocorre quando são manifestados segredos e mistérios ocultos. Pode acontecer de duas maneiras", escreve João da Cruz: "a primeira tem por objeto a Deus como é em si e compreende a revelação do mistério da Santíssima Trindade e Unidade de Deus; a segunda refere-se ao Senhor como é em suas obras e compreende todos os outros artigos de nossa fé católica e as verdades que nela são explicitamente propostas, concernentes àqueles artigos" (*Ibid.*, 27,1). A história da → SALVAÇÃO é cheia de semelhantes revelações através de "sinais, figuras, imagens e semelhanças" (*Ibid.*). O santo faz uma oportuna afirmação: "Em nossos tempos, Deus ainda faz revelações da segunda maneira a quem ele ama" (*Ibid.*, 2). Todavia, no que tange aos mistérios de nossa fé, não se trata exatamente de revelação, visto que as verdades já estão reveladas, mas de "explicação ou manifestação daquilo que já foi desvelado" (*Ibid.*). Neste caso, "nada tendo para ser revelado sobre a substância da fé, resulta que não só é necessário à alma rejeitar o que de novo lhe for revelado em relação àquela virtude, mas também lhe convém, por cautela, não admitir outras variedades indesejadas" (*Ibid.*, 4). A comunicação de Deus não é tão pura como no caso anterior, e "o demônio pode intrometer-se bastante" (*Ibid.*, 3): portanto, a alma "fique bem atenta a tudo aquilo que sente" (*Ibid.*, 5). Santa Teresa também exorta a não desejar essa via (cf. *Castello*, VI, 4, 4 ss.). As palavras com as quais Deus fala à alma podem ser "sucessivas, formais e substanciais" (*Subida*, II, 28,2): cf. n. 2. *Locuções*.

4. SENTIMENTOS ESPIRITUAIS. O quarto modo de comunicação sobrenatural é constituído pelos *sentimentos espirituais* que a alma recebe "como os demais sentidos, como a percepção de suave odor espiritual, sabor e dileção que a alma pode saborear de maneira sobrenatural" (*Subida*, II, 23, 3). Também estes são comunicados à alma imediatamente, e o intelecto extrai deles conhecimento (*Ibid.*). Determinando melhor o seu pensamento, João da Cruz distingue dois gêneros de sentimentos espirituais: "aqueles que se situam no afeto da vontade e os que estão na substância da alma" (*Subida*, II, 32, 2): os dois gêneros podem ter grande variedade. Os da vontade, "quando provêm de Deus, são muito sublimes, e os da substância da alma são extremamente altos e produzem um grande bem e uma enorme utilidade" (*Ibid.*). "Deus os concede a quem ele quer e com a finalidade que quer" (*Ibid.*). "De tais sentimentos [...] geralmente transborda no intelecto uma inquietação de notícia e de inteligência, que consiste em uma profundíssima e saborosíssima percepção de Deus, à qual não se pode dar um nome" (*Ibid.*, 3). Também aqui o

santo convida à cautela e exorta a caminhar na fé "o intelecto na união com Deus por meio dessas notícias". "A alma não deve buscá-las, nem ter o desejo de recebê-las, a fim de que o intelecto não forme outras por sua conta, e o demônio não introduza, simultaneamente, outras diferentes e falsas, coisa que ele pode fazer muito bem" (*Ibid.*, 4). A alma "permaneça resignada, humilde e passiva nelas, [...] assim não impedirá em si a vantagem que essas notícias trazem pela divina união" (*Ibid.*).

Concluindo: abstemo-nos de dar diretrizes concretas sobre o discernimento da autenticidade ou veracidade dessas comunicações místicas e sobre o modo de agir dos confessores e diretores (→ CARISMA, DISCERNIMENTO DOS ESPÍRITOS, FENÔMENOS EXTRAORDINÁRIOS [seção: *discernimento*]). Cremos poder concluir que, embora com todas as regras de precaução na avaliação dessas comunicações, o santo não é tão negativo, como se pode pensar (cf. S. DE FIORES, art. cit., 1669b). A exemplo da Igreja inteira, ele reconhece que essas comunicações devem ser atentamente avaliadas em sua origem e em seus efeitos; reconhece que elas não são essenciais para a santidade; reconhece oportunamente que a alma não deve apegar-se a elas, nem deve considerá-las fins em si mesmas, mas em relação com a doutrina de Cristo e da Igreja. O santo também reconhece que "Deus, servindo-se delas, com frequência apresenta à alma muitas verdades, comunicando-lhe muita sabedoria" (*Subida*, II, 16,3). A certa altura, após ter evocado a centralidade de Cristo e a unicidade de sua palavra para a revelação do Pai (*Subida*, II, 22, 4-9), o santo conclui: "Tendo insistido tanto para persuadir as almas a desprezar tais coisas (visões, locuções e revelações) e com os confessores a não encaminhá-las para essa via, não se deve pensar que seja necessário que os padres espirituais demonstrem enfado, desprezo e desgosto. Agindo assim, ofereceriam chance às almas de fechar-se em si mesmas, sem o estímulo de abrir-se e, impedindo-lhes de falar, as fariam cair em muitos inconvenientes. *Visto que este é um meio pelo qual o Senhor se serve para guiar tais almas, não é justo desprezá-lo, surpreender-se e escandalizar-se; convém antes proceder com muita doçura e serenidade, encorajando-as, dando-lhes a possibilidade e, se necessário, impondo-lhes de falar, visto que, dada a dificuldade que algumas delas experimentam ao tratar disto, é válido servir-se de quaisquer meios*" (*Ibid.*, 19).

Essas palavras sugerem a atitude verdadeira, positiva e serena a ser tomada, quer da parte das almas, quer dos confessores, quando Deus considerar oportuno comunicar-se às almas de hoje por essas vias de comunicações místicas, tão arcanas quanto profundas, mas sempre instrumentos misteriosos da ação de Deus.

BIBLIOGRAFIA. AHLENSTIEL, H. *Vision und Traum*. Stuttgart, 1962; BENZ, E. *Die Visionem. Erfahrungsformen und Bilderwelt*. Stuttgart, 1969; GABRIELE DI SANTA MARIA MADDALENA. *Visioni e rivelazioni nella vita spirituale*. Firenze, 1941; GAGEY, J. Phénomènes mystiques. In: *Dictionnaire de Spiritualité* XII, 1.259-1.274; GALOT, J. Le apparizioni private nella vita della Chiesa. *La Civiltà Cattolica* 136 [II] (1985) 19-33; GUIBERT, J. de. *Leçons de théologie spirituelle*. Toulouse, 1946; JUSTINUS A SACRA FAMILIA (PANAKAL). *The theology of private revelations according to St. John of the Cross*. Piusnagara (Kerala), 1969; RAHNER, K. *Visionen und Propheezeiungen*. Innsbruck, 1952 (trad. it.: Milano, 1954); *Rausch, Ekstase, Mystik: Grenzformen religiöser Erfahrung*. D sserldorf, 1979; Révélations privées. In: *Dictionnaire de Spiritualité* XIII (1987) 482-492.

V. MACCA – M. CAPRIOLI

CONCUPISCÊNCIA. A palavra "concupiscência" deriva do vocábulo latino *concupiscere*: desejar com ânsia, com paixão. O significado original de concupiscência, portanto, é o desejo veemente com o qual uma pessoa se sente atraída por alguma coisa, sem que isto inclua uma conotação ética. Recebido pela cultura cristã, esse termo adquiriu um sentido teológico que analisaremos aqui em seguida.

1. SAGRADA ESCRITURA. A) *Antigo Testamento*. No Antigo Testamento encontramos alguns termos judaicos que exprimem a ideia de desejo ou apetite, seja material, imaterial, bom, mau ou indiferente. O substantivo *ta'awah* designa o desejo suscitado por um objeto que satisfaz um apetite corporal, como o comer ou o beber. Pode tratar-se do desejo do justo (Pr 10,24; 11,23) ou do mau (Sl 10,3; 112,10). Proíbem-se desejos imoderados ou inconvenientes (Dt 5,21; Pr 23,3-6; 24,1).

Os termos que possuem o radical *hamad* — desejar avidamente, desejar ansiosamente — fazem referência tanto ao desejo originado pelo que é belo, admirável, agradável em um objeto, quanto pelo próprio objeto. Ambos podem ser bons (Sl 19,11; Pr 21,10; Ez 24,21.25) ou maus (Sl 68,17; Pr 6,25). A ânsia de desejos ilegítimos é explicitamente proibida pelo décimo mandamento do → DECÁLOGO (Ex 20,17).

Todavia, pode-se afirmar que inexiste no Antigo Testamento um termo técnico para designar o conceito teológico de concupiscência assim como encontrado no Novo Testamento.

B) *Novo Testamento*. No Novo Testamento, o termo grego *epithymia* (desejo, paixão) aparece 38 vezes, e na maioria delas indica um impulso mau, porque arrasta para o pecado.

a. Os Evangelhos. Salvo alguma exceção, como em Lc 22,15: "Desejei ardentemente comer esta Páscoa convosco", o sentido de *epithymia* é pejorativo. Em Mt 5,28, exprime o desejo sexual desordenado: "Quem olhar para uma mulher para desejá-la, já cometeu adultério com ela em seu coração". Na parábola do semeador, a concupiscência é a causa pela qual os espinhos sufocam o crescimento da palavra de Deus (Mc 4,19).

b. São Paulo. No Novo Testamento a doutrina mais completa sobre a concupiscência é a de São Paulo, que utiliza dezenove vezes o termo *epithymia*, quase sempre com um sentido moral negativo. Em seus ensinamentos, pecado e concupiscência são conceitos intimamente associados, sem que, por isto, cheguem, porém, a identificar-se. A concupiscência é a expressão da rebelião dos instintos humanos — consequência do pecado original — diante do espírito e de Deus. É o elemento motriz que age dentro da → CARNE, que a envolve em sua luta contra o espírito (Rm 7,5; Gl 5,16-21; Ef 2,3). Quem se deixa arrastar pela concupiscência cai sob o domínio do pecado (Rm 6,12; 2Tm 3,6; Tt 3,3). A concupiscência, todavia, não é um inimigo invencível. O espírito do ser humano, renovado pela graça de Cristo, e que possui o Espírito Santo, pode dominá-la (Rm 8,4-9; Gl 5,24-25); o homem novo em Cristo possui a capacidade de vencer em sua luta contra o homem velho (Ef 4,22-24; Cl 3,9-12).

c. São João. Na primeira de suas epístolas, São João afirma que "tudo aquilo que existe no mundo, a concupiscência da carne, a concupiscência dos olhos e a soberba da vida, não vem do Pai mas do mundo" (1Jo 2,16). Esse texto exerceu grande influência na ascética cristã e foi objeto de múltiplas interpretações: todas coincidem porém em afirmar que com essa enumeração exprimem-se em ordem de dificuldade crescente os obstáculos que o ser humano encontra para corresponder à graça de Deus. Assim o expõe um autor espiritual de nossos dias: "A melhor enumeração dos obstáculos à fidelidade cristã continua sendo a de São João: *concupiscentia carnis, concupiscentia oculorum et superbia vitae*. [...] A concupiscência da carne não é somente a tendência desordenada dos sentidos, nem o instinto sexual que, quando ordenado, em si não é um mal, mas uma nobre realidade humana a ser santificada, [...] não se limita somente à desordem da sensualidade, mas também à da comodidade, da falta de vibração, que induzem a procurar aquilo que é mais fácil e mais agradável. [...] O outro inimigo — escreve João — é a concupiscência dos olhos, uma avareza de fundo que leva a dar importância só ao que se pode tocar: olhos que são apegados às coisas terrenas, mas também olhos que, exatamente por isto, não sabem descobrir as realidades sobrenaturais, [...] deformação que leva a olhar unicamente com visão humana aquilo que nos cerca: os outros, as circunstâncias de nossa vida e as de nosso tempo. [...] A essa altura, a nossa vida pode capitular sem condições nas mãos do terceiro inimigo, a *superbia vitae*. Não se trata somente de efêmeros pensamentos de vaidades e de amor próprio: é um estado de total presunção. Não nos enganemos: este é o pior dos males, a raiz de todos os extravios" (JOSEMARÍA ESCRIVÁ. *È Gesú che passa*, 4-6).

2. O ENSINAMENTO DOS PADRES DA IGREJA. Durante os primeiros séculos, alguns Padres orientais chegaram a concepções sobre a natureza da concupiscência, de algum modo divergentes entre si. Tal fato se deve, entre as outras causas, à maneira diferente de entender a perfeição cristã. Podem ser distinguidas essencialmente duas concepções fundamentais. Na primeira, de inspiração puramente evangélica e principalmente expressa pelos → PADRES APOSTÓLICOS e pelos apologistas, a perfeição cristã identifica-se com a caridade; nela, a concupiscência se opõe à caridade. A segunda, desenvolve-se na escola de Alexandria e, sob forte influência helenística, interpreta a perfeição pelo prisma da *gnôsis* ou conhecimento. Nessa concepção, a concupiscência constitui um obstáculo para alcançar a gnose, e é preciso libertar-se dela por meio da → ASCESE; e, em alguns casos, chega-se a afirmar que é necessária a sua destruição total, isto é, a → APATHEIA ou eliminação das paixões. Em suma, pode-se afirmar que pelo conjunto dos Padres orientais a concupiscência não é considerada um pecado. É, sem dúvida, um mal, mas pode ser combatida e vencida com a ajuda da graça divina.

Uma síntese harmônica das várias tendências orientais pode ser encontrada em São → GREGÓRIO DE NISSA, que fala da necessidade de combater as tendências desordenadas ou concupiscência, princípio de pecado, até chegar ao seu domínio ou *apatheia*; essa luta, porém, nada mais é que a primeira etapa da vida espiritual, cuja meta não é a gnose filosófica e sim a contemplação extática, não entendida em sentido puramente intelectualista, visto que se encontra além do aspecto sensível e conceitual: tal contemplação é um conhecimento que é um não conhecimento, uma identificação mística com Deus, afirmado como distinto pelo ser humano, causa de nosso ser e de nosso tender para ele.

Por sua doutrina sobre a concupiscência, Santo → AGOSTINHO é o mais representativo dos Padres ocidentais, visto que a sua síntese teológica sobre as relações entre graça e liberdade — em que trata da questão — impôs-se no pensamento ocidental. Para ele, a concupiscência é uma doença (*languor*), uma ferida (*vulnus*) que sofremos como consequência do pecado original, e a define tanto como "apetite da alma com o qual preferimos todo bem temporal aos bens eternos" (*De mendacio*, c. 7: *PL* 40, 496), sublinhando a desordem implicada por essa absurda preferência, quanto como "aquela lei dos membros desobedientes que resiste à lei da mente" (*De peccato originali*, liv. 2, c. 34: *PL* 44, 404), indicando que a desordem está dentro da pessoa e reside em sua própria natureza. O bispo de Hipona concebe a vida espiritual como uma vitória progressiva da graça libertadora de Cristo sobre a *cupiditas* ou concupiscência; sem a ajuda da graça, vence a concupiscência — *cupiditas dominans* —, com a sua ajuda a situação muda, visto que a fraca vontade é fortalecida para praticar o bem.

A antropologia sobrenatural de Santo Agostinho é o resultado de sua experiência pessoal e da leitura de São Paulo. Ele volta a enfocar a oposição paulina entre a carne e o espírito, mas sob um novo ponto de vista: a oposição entre a *cupiditas* e a graça libertadora de Cristo.

3. O MAGISTÉRIO DA IGREJA. É no Concílio de Trento que se trata de modo direto e completo a doutrina católica em relação ao tema, em oposição ao pessimismo integral de Lutero, que tinha identificado a concupiscência com o pecado original, sustentando que isto causa a total corrupção da natureza humana e a anulação do livre-arbítrio; em consequência, todas as ações humanas resultariam pecaminosas e a concupiscência torna-se uma força invencível que arrasta irremediavelmente para o pecado.

No decreto do Concílio de Trento sobre o pecado original, são afirmados os seguintes pontos doutrinários (cf. DENZ, 1515):

a) O → BATISMO apaga a pena e destrói tudo o que possui verdadeira razão de pecado.

b) Após o batismo, todavia, permanece o *fomes peccati*, os sinais do pecado original; concretamente: a concupiscência.

c) A concupiscência em si mesma não é → PECADO em sentido verdadeiro e apropriado, embora esteja em estreita relação com ele, visto que procede do pecado original e faz tender para os pecados atuais (*ex peccato est et ad peccatum inclinat*).

d) Ainda que persista no batizado, a concupiscência não é uma força invencível. Ao contrário, é incapaz de causar dano àqueles que não a permitem. Permanece no ser humano *ad agonem*, para a luta, constituindo ocasião de mérito se ele resistir com fortaleza.

4. SÍNTESE TEOLÓGICA. A) *Conceito teológico de concupiscência*. Em seu sentido teológico próprio, a concupiscência consiste na desordem das paixões, ou movimentos do apetite sensitivo, provocada na alma pelo conhecimento de um objeto sensível reconhecido como apetite, que causa nela certa repercussão fisiológica. Essa desordem, fruto, em última instância, do pecado original, nasce quando o espírito humano atenta para o bem ou para o prazer que o objeto conhecido comporta, centralizando-se nele e afastando-se do verdadeiro fim: a concupiscência implica, em substância, que a alma se centralize em um bem parcial, isto é, bem para os sentidos considerados isoladamente, mas não bem *real*, ou seja, adequado ao indivíduo inteiro, adequado a contribuir para a sua perfeição integral, como ser humano e como filho de Deus. Neste caso, o apetite é moralmente ilícito porque é contrário à ordem da reta razão. Pode-se, portanto, definir a concupiscência como "todo movimento do apetite sensível contrário à ordem da razão".

Segundo Santo → TOMÁS DE AQUINO, a concupiscência considerada enquanto apetite não é boa nem má, mas sua moralidade vai depender de seu acordo com a razão (cf. *STh*. I-II, q. 82, a. 3; *De Malo*, q. 4, a. 2). Daí resulta que, teologicamente falando, a desordem dos apetites equivalha à concupiscência no sentido pejorativo do termo:

por isto Santo Tomás não hesita em dar-lhe um sentido mais amplo que o de mero apetite desordenado do prazer corporal, identificando-a também com o desejo descontrolado de bens menos grosseiros, como a honra, a estima alheia, a fome e, em último termo, o → ORGULHO, a → INVEJA e a → AVAREZA (cf. *STh.*, I-II, q. 77, a. 5).

B) *A concupiscência e o pecado atual*. É fato consagrado que a concupiscência, sinal da realidade do pecado original, não é pecado em si mesma, porque enquanto mera inclinação inata para o prazer sensível, não inclui ainda uma participação da vontade. Somente quando esta última cede às pretensões da concupiscência, ocorre o pecado. A sua malícia não está na inclinação para o prazer, visto que Deus dispôs as coisas de tal modo que o ser humano possa encontrar a sua satisfação em muitos atos bons, para que se torne mais fácil e leve a prática das suas obrigações. O prazer, todavia, está destinado a um fim superior. O pecado, portanto, surge quando se deseja o prazer em si mesmo, contrariamente à ordem estabelecida para o seu fim próprio, e a vontade consente nisso. Mas, em vez, quando a vontade resiste diante desse apetite desordenado e não consente, não só "não há pecado, mas sim matéria para o exercício da virtude" (*STh.*, I-II, q. 80, a. 3 a 3), constituindo, assim, uma fonte de mérito e de progresso interior.

A concupiscência, por outro lado, como elemento integrante da pessoa humana, às vezes intervém modificando a moralidade do ato. Pode anteceder à vontade, excitando-a e impelindo-a a agir (concupiscência *antecedente*). Em alguns casos diminui a responsabilidade moral, visto que altera de algum modo o juízo do intelecto. Outras vezes, em vez, a concupiscência é provocada intencionalmente, como a pessoa que antes de agredir o inimigo relembra os fatos que ele lhe causou (concupiscência *consequente*). Neste caso, a concupiscência não só não diminui a gravidade do pecado, mas a aumenta, visto que à desordem acrescenta ter sido excitada para um mau fim.

5. A CONCUPISCÊNCIA E A VIDA ESPIRITUAL DO CRISTÃO. Exporemos, agora, resumidamente, algumas consequências que a realidade da concupiscência inclui para a vida cristã:

I. A compreensão da natureza da concupiscência faz o cristão tomar consciência da necessidade de manter sob seu controle os apetites desordenados, dando à sua existência um caráter de luta que não se deve realizar somente no plano da dignidade natural da pessoa (diferentemente, não se iria além do ideal epicurista ou estoico), mas deve desenvolver-se na perspectiva cristã, segundo a qual o ser humano é criatura chamada por vocação à santidade. A luta contra a concupiscência, portanto, deve ser considerada como requisito indispensável para afastar os obstáculos que impedem o crescimento e o amadurecimento da vida espiritual, que deve chegar à identificação com Jesus Cristo.

II. Ao constatar a própria fragilidade, o cristão não deve perder a paz e a serenidade se está plenamente consciente de que uma coisa é sentir a desordem das paixões e outra, bem diferente, é consentir nelas. O discípulo de Cristo jamais se deixará arrastar pelo temor e pelo desespero porque conta com a ajuda da graça divina, com a qual pode sempre sair vitorioso de todos os ataques da concupiscência: "E, porque essas revelações eram extraordinárias, para poupar-me qualquer orgulho, um espinho foi posto na minha carne, um anjo de Satanás encarregado de me bater, para poupar-me qualquer orgulho. A respeito disso, três vezes roguei ao Senhor que o afastasse de mim. Mas ele me declarou: 'A minha graça te basta; o meu poder se completa na fraqueza'. Por isso farei consistir meu orgulho antes em minhas fraquezas, a fim de que pouse sobre mim o poder do Cristo" (2Cor 12,7-9).

III. Como em todo combate, na vida espiritual não basta manter uma posição defensiva. É necessário manter uma disposição ativa para chegar a despojar-se "do homem velho que se corrompe atrás das paixões enganadoras" (Ef 4,22). O cristão conta principalmente com a ajuda da oração e dos → SACRAMENTOS, além da mortificação (→ ASCESE, PURIFICAÇÃO, DESPOJAMENTO), que é um remédio ascético imprescindível. Independentemente das nuances mais ou menos rigorosas das várias escolas de → ESPIRITUALIDADE, é preciso convir que não é possível alcançar a santidade sem a mortificação. A exemplo do atleta que ao preparar-se para o combate é temperante em tudo (cf. 1Cor 9,25), o cristão chamado à conquista de um prêmio infinitamente mais alto deve saber prescindir também das coisas lícitas, a fim de não deixar-se vencer por sua concupiscência. Por outro lado, também deve ter consciência de que esse esforço não é algo temporário, e que poderia não ser necessário. Visto que a concupiscência jamais pode ser anulada nesta vida, a luta espiritual nunca deve cessar. Este sempre foi o ensinamento dos grandes místicos católicos, como São → JOÃO DA CRUZ, para o qual a natureza humana nunca deve chegar a ser suficientemente mortificada.

IV. A mortificação cristã não é uma tarefa negativa e demolidora. Exatamente porque a malícia da concupiscência está na desordem, a luta, mais que destruir, deve direcionar. Não se trata de reprimir o coração, de amar menos, e sim de amar mais e melhor. Se a vida cristã supõe a morte do homem velho, é preciso não esquecer que, ao mesmo tempo, implica a geração do homem novo, o qual vive segundo o Espírito, que é filho de Deus (Rm 8,14). Esse sentido da filiação divina é o que converte a mortificação cristã em um compromisso de amor: "Imitai a Deus, visto que sois filhos que ele ama; vivei no amor, como Cristo nos amou e se entregou a si mesmo a Deus por nós em oblação e vítima, como perfume de agradável odor" (Ef 5,1-2).

BIBLIOGRAFIA. BAUMGARTNER, CH. – BIOT, R. Concupiscence. In: *Dictionnaire de Spiritualité* II, 1.334-1.373; BOSSUET, B. *Traité de la concupiscence*. Paris, 1930; BOUYER, L. *Introduzione allá vita spirituale*. Torino, 1965, 153-196; CARRASCO DE PAULA, I. Concupiscencia. In: *Gran Enciclopédia Rialp*. Madrid, 1984, 193-196, vl. VI; CHOLLET, A. Concupiscence. In: *Dictionnaire de Théologie Catholique* III, 803-814; GAMBERONI, J. Concupiscencia. In: BAUER, J. B. (org.). *Diccionario de Teología Bíblica*. Barcelona, 1967, 198-201; JOSEMARÍA ESCRIVÁ. Homilias "La vocazione cristiana" e "La lotta interiore". In: *È Gesú che passa*. Milano, [3]1982, 1-11, 73-82; LECLERCQ, J. *Ascesi cristiana*. Alba, 1956; MONTCHEUIL, Y. de. *Problèmes de vie spirituelle*. Paris, 1963, 120-132.140-150; POURRAT, P. *La spiritualité chrétienne*. Paris, 1947, 4 vls.; PRAT, F. *La théologie de Saint Paul*. Paris, [12]1925, 53-90, vl. II; ROYO MARIN, A. *Teologia della perfezione cristiana*. Roma, 1961, 179-180; SCHONWEISS, H. Desiderio, passioni. In: *Dizionario dei Concetti Biblici del Nuovo Testamento*. Bologna, 1980, 467-470; SPICQ, C. *Théologie Morale du Nouveau Testament*. Paris, 1965, 175-218, vl. I; STOLZ, A. *L'ascesi cristiana*. Brescia, 1943.

M. BELDA PLANS

CONDREN, CARLOS. 1. NOTA BIOGRÁFICA. Nasceu no dia 15 de dezembro de 1588 no castelo de Vaubuin, nas proximidades de Soissons. Estudou filosofia e teologia em Paris. Ordenado sacerdote em 1614, entrou no Oratório de → BÉRULLE em 1617, desenvolvendo uma intensa atividade entre católicos e protestantes. Quando Bérulle morreu, foi eleito superior do Oratório (30 de outubro de 1629). Trabalhou na redação das constituições do Oratório, impregnando-as com a sua forte personalidade. Não parece ter tido participação importante na fundação da Congregação do Santíssimo Sacramento. As suas relações com o abade de Saint-Cyran, íntimas por longos anos, romperam-se nos últimos anos de sua vida. Morreu no dia 17 de janeiro de 1641.

2. OBRAS. Ao contrário de Bérulle, Condren não publicou nenhuma obra durante a sua vida e deixou poucos escritos. No ano de sua morte, o padre René Barrême publicou uma edição das obras, retirada de circulação por ter sido editada sem as devidas licenças. A edição de 1643 continha alguns *Discursos* e *Cartas*. As *Considérations sur les mystères de Jésus-Christ* reúnem apontamentos feitos durante as suas conversações e foram publicadas em Paris em 1882 por A. P. Ingold. O mesmo se pode dizer de *L'idée du sacerdoce et du sacrifice de Jésus-Christ*, publicado por Quesnell em 1677 em Paris. Conservam-se inéditas, na Biblioteca Municipal de Lião (ms. 1206), as seguintes obras: *Petit traité des sacraments*; *Recueil de diverses pièces des entretiens du R. P. de Condren*; *La voie de la grace d'une ame bien chrétienne*; *Conférences inédites* etc.

3. PENSAMENTO. Condren participa das ideias de Bérulle, nas quais, todavia, imprime uma impressão pessoal. O aspecto mais característico parece ser a ideia da absoluta transcendência de Deus e a sua separação da criação. As criaturas são um puro nada, e só podem dar uma maior demonstração de sua submissão a Deus por meio de sua anulação, com o sacrifício não só dos frutos, mas da própria árvore. Visto que a humanidade é desagradável aos olhos de Deus por causa do pecado, e somente a humanidade de Jesus representa o sacrifício agradável, só é digno de Deus o sacrifício de um homem Deus, mas isso não exclui que os seres humanos se ofereçam a Deus como tais. "É necessário que nos ofereçamos a Deus para declarar, mediante nossa morte, que todo direito lhe pertence" (*Amelote*, I, 139), mas somente o sacrifício de Jesus na cruz é a meta da glória que a humanidade dá a Deus. O estado de vítima é o mais excelente entre os vários estados do Verbo encarnado. Na vida espiritual, o cristão deve participar dele até ser consumido realmente com Cristo, com o desejo de perder tudo aquilo que ele é, sobretudo aquilo que pertence ao velho Adão (cf. *L'idée du sacerdoce*, 44; *Lettera* 6). A primeira disposição da vida cristã deve ser a

abnegação, a renúncia a tudo aquilo que não é Deus. É necessário, portanto, deixar-se penetrar pelo Espírito Santo, porque, se não lhe oferecermos resistência, varrerá da alma toda impureza. A reflexão do estado de vítima como sendo o mais excelente em Cristo nos conduz à valorização do sacerdócio de Cristo e à sua participação no ser humano. Na missa, o sacerdote continua o sacrifício de Jesus através dos séculos, sacrifício iniciado na origem do mundo, consumado na cruz, perpetuado no céu. A vida e o espírito de oração, espírito próprio do → ORATÓRIO, se desenvolvem nessas ideias de sacrifício e de reflexão dos estados do Verbo encarnado, mais que em outras considerações morais. Em sua direção, Condren demonstra satisfação de que a comunhão assuma essa característica: a nossa intenção deve ser a de doar-nos a Jesus, a fim de que ele nos tire de nós mesmos para que nos percamos nele, para que, com o seu poder, destrua o poder do pecado (*Lettera* 156). É preciso desejar a comunhão por causa das nossas imperfeições, pelo zelo de combatê-las, pelo desejo de Jesus de nos receber nele, em sua vida e em seu ser, destruindo o ser e a vida presente para tornar-nos aquilo que ele é, vida, amor, verdade, virtude, para Deus (*Lettere*, apêndice 5, 542). O espírito sacerdotal, em estreita dependência com o episcopado, é o do Oratório. Instituído para dar à Igreja sacerdotes e para educá-los no amor ao sacerdócio, deve conduzi-los à purificação de todo pecado e a conservar as práticas instituídas por → BÉRULLE em honra da Virgem. Sobre as fontes do pensamento de Condren, a Escritura é primeira entre todas, mas a sua linguagem deixa entrever a impressão berulliana. Em sua correspondência, recomenda uma vez Luís de la Puente e Luís de → GRANADA. Observa-se a sua influência sobretudo em → OLIER e em seus discípulos no *Le trésor spirituel*, do padre Quarré, no *Nouvel Adam* de Saint-Pé, no *Royaume de Jésus-Christ* de São João → EUDES etc.

BIBLIOGRAFIA. BREMOND, H. *Histoire littéraire du sentiment religieux en France*. Paris, 1925, 283-418, vl. III; KIESSLER, B. *Die Struktur des Theozentrismus bei Pierre de Bérulle und Charles de Condren*. Berlin, 1934; MOLIEN, A. Charles de Condren. In: *Dictionnaire de Spiritualité* II, 1.373-1.388.

F. ANTOLÍN RODRÍGUEZ

CONFIANÇA. O significado verbal da confiança nos liga imediatamente à fé: com efeito, a palavra "confiança" nada mais é que a expressão da atitude de fé (*con-fede*) diante do futuro. A confiança é a espera sustentada pela certeza. Não está alicerçada numa convicção pessoal mais ou menos forte à qual não corresponde nenhuma garantia concreta (porque seria presunção), e sim na clara cognição das forças e dos meios dos quais se pode dispor. Segundo Santo Tomás, a confiança não é uma virtude em si mesma, mas a conclusão de um raciocínio que constata as forças disponíveis; tal raciocínio é feito de acordo com os ideais que o indivíduo se propõe. Uma vez que as grandes coisas e as grandes empresas que postulam forças adequadas são desejadas somente por quem sabe ousar e por quem possui espírito grande, a confiança faz parte integrante da → MAGNANIMIDADE. Dado que o santo é o verdadeiro protótipo da alma magnânima enquanto é inclinada a possuir a Deus, que não só é grande, mas infinito, no caminho da santidade a confiança torna-se um elemento de primordial importância. Esta se apoia na fé, que torna certa a promessa divina de poder alcançar a bem-aventurança eterna, mediante o socorro que Deus nos oferece no tempo.

A verdadeira confiança não exclui, porém, os meios humanos que Deus colocou à nossa disposição a fim de que nos ajudem a alcançar o nosso ideal, e que assume como instrumento de sua graça e de seu amor, no vasto plano de sua providência. Com efeito, não seria justo esperar tudo de Deus; ainda que em última análise tudo seja graça, e tudo se resolva em uma contínua comunicação de força gratuita da parte de Deus, a cooperação de nossa boa vontade é exigida por ele. É exatamente quando uma alma se lança até o limite máximo de sua doação que precisa da confiança, isto é, tem necessidade de crer que o algo mais, se for exigido, será obra da providência. A confiança nos dá aquela maravilhosa segurança pela qual não nos preocupamos com o passado, nem nos afligimos pelo futuro, deixado à onipotência do amor de Deus. A confiança nasce sempre do amor, como diz São João: "No amor não há temor, ao contrário, o amor perfeito varre o temor" (1Jo 4,18).

Uma vez que a presença divina é presença de fé, é preciso ser uma alma espiritualmente alerta para poder perceber o amor invisível, mas real, que protege a nossa vida. A confiança autêntica não nos permite despertar o Mestre enquanto dorme: a sua presença basta para velar sobre o nosso mundo interior, mesmo que esse Mestre não esteja presente em nosso coração de modo sensível. "Tudo posso naquele que me conforta" (Fl 4,13), exclamava o Apóstolo, porque sabia que toda a sua vida era sustentada e protegida pela força de Deus. A confiança dá todas as audácias, até a de caminhar sobre as águas (Mt 14,29), porque sabe que Deus é um pai de infinitos recursos. A alma da verdadeira confiança é a fé prática no amor de Deus, naquele amor que nos torna seus filhos. "Buscai primeiro o Reino de Deus, e todas essas coisas vos serão dadas em acréscimo" (Lc 12,31). Quando uma alma tem como único desejo responder às iniciativas divinas, exprime na confiança todos os seus sentimentos com relação a Deus. Sentimentos de adoração, que a fazem permanecer extática diante de seu divino poder; sentimentos de amor, já que a confiança é doação definitiva de si e dos próprios ideais para a causa de Deus; sentimentos de agradecimento por aquilo que já recebeu dele e é penhor de favores futuros; sentimentos de fé na firme convicção de que Deus será fiel às suas promessas. Assim entendida, a confiança torna a alma forte e a faz enfrentar toda circunstância, ancorando-a àquela força divina com a qual tudo pode neste mundo.

BIBLIOGRAFIA. CAMILLO DEL SACRO CUORE. La dinamica della confidenza. *Rivista di Vita Spirituale* 25 (1971) 82-87; FAUSTINO DEL SACRO CUORE. La confidenza. *Rivista di Vita Spirituale* 2 (1948) 349-355; GENNARO, C. *Virtù teologali e santità*. Roma, 1963; LEFEVRE, G. *Amare Dio*. Sorrento, 1952; PERRIN, J. M. *Il mistero della carità*. Roma, 1965; TERRUWE, A. *Essere cristiani, senza paura e senza angoscia*. Roma, 1970.

C. GENNARO

CONFIRMAÇÃO. O sacramento da confirmação ou crisma (usaremos indistintamente a dupla terminologia) deve ser considerado em estreita relação com o batismo e a Eucaristia, com os quais constitui os sacramentos da iniciação cristã. Exige portanto ser entendido à luz do → BATISMO e do → CATECUMENATO, com a sua lógica culminância na → EUCARISTIA.

Nesta síntese interessa-nos reunir, além da atualidade da tratação do tema no âmbito da teologia bíblica e da recente reflexão teológica, o aspecto litúrgico e as perspectivas de espiritualidade que brotam desse sacramento.

A sua importância é sublinhada por um texto clássico do Vaticano II: "Pelo sacramento da confirmação [os fiéis] são vinculados mais perfeitamente à Igreja, enriquecidos de especial força do Espírito Santo, e assim mais estritamente obrigados à fé que, como verdadeiras testemunhas de Cristo, devem difundir e defender tanto por palavras como por obras" (*LG* 11).

Essas palavras do Concílio estão na base da reforma do ritual da confirmação, promulgado por Paulo VI com uma especial constituição apostólica, *Divinae consortium naturae*, de 1971, na qual é modificada a fórmula da crisma para enfocar melhor o dom do Espírito Santo. Tanto a constituição apostólica quanto as premissas doutrinárias do ritual, e o próprio ritual, são para nós pontos de partida e de confronto em um tema teológico complexo em sua história e em sua teologia. Trata-se, com efeito, de um sacramento que nas últimas décadas polarizou a atenção dos estudiosos em vários aspectos, especialmente na relação específica desse sacramento com o batismo cristão. Eis, em seguida, alguns pontos sobre a atualidade do tema.

a) Sob o ponto de vista *teológico*, convém dizer que o interesse pelo estudo da crisma desenvolveu-se principalmente por volta de 1946 na Igreja Anglicana, na qual alguns teólogos quiseram aprofundar a ligação entre batismo e crisma. Houve quem propusesse — como o grande liturgista G. Dix — o famoso dilema: se o batismo também infunde o Espírito Santo, a crisma é um sacramento inútil; se, todavia, o batismo somente dá o perdão dos pecados, a crisma pode ser considerada como o sacramento que infunde o Espírito Santo. O capcioso assunto foi rejeitado por alguns para esclarecer que não se pode pensar, com os dados da Escritura na mão, que o batismo possa ser desvinculado da obra e do dom do Espírito Santo; a crisma, portanto, segundo o seu parecer, torna-se um sacramento inútil. Outros, como L. S. Thornton, reafirmaram tanto a unidade da iniciação cristã com os dois sacramentos, batismo e crisma, como também a progressividade histórica do dom do Espírito que, à luz da revelação, realiza de maneira progressiva e aprofundada a sua obra, sem que possa ser encerrado em um dilema como o anterior exposto. Com efeito, no Cristo, na Igreja e no cristão pode aparecer a sua doação progressiva em diferentes momentos e atos salvíficos.

Convém observar que tanto os teólogos reformadores (M. Thurian, L. Vischer) quanto os católicos (L. Bouyer, G. Martimort, K. → RAHNER,

E. Schilleebeeckx, H. Küng, Y. M. Congar) foram muito sensíveis a essa discussão, que serviu para uma acurada pesquisa histórica e teológica, talvez ainda não completamente encerrada.

b) Sob o ponto de vista *litúrgico-pastoral*, a crisma colocou vários problemas. Como primeiro, o de qualificar melhor, com a matéria e a forma, a graça específica do sacramento, um tanto diluída na forma anterior da Igreja do Ocidente em confronto com as fórmulas orientais, para significar o dom do Espírito Santo. Sob o aspecto estritamente pastoral, discutiu-se longamente, e também aqui a questão não é completamente pacífica, sobre o momento mais oportuno de ministrar esse sacramento; com efeito, enquanto no Oriente o batismo e a crisma são ministrados juntos até aos recém-nascidos, no Ocidente a crisma foi deslocada para uma idade mais próxima da → ADOLESCÊNCIA, a fim de fazer tomar consciência da importância do sacramento, com o inconveniente de uma rígida separação do batismo da crisma, e de um abalo na ordem lógica dos sacramentos da iniciação pela antecipação da primeira comunhão eucarística.

c) No aspecto *ecumênico*, a crisma ainda é um sacramento difícil; embora em certas confissões não católicas o ritual não tenha desaparecido, não é considerado em sua plena sacramentalidade, como ocorre na Igreja católica e na ortodoxa.

Todavia, esse inicial leque de problemas teológicos deve ser equilibrado pelo novo interesse que vem do sacramento da crisma em um momento de despertar eclesial.

d) De um lado, assistimos hoje a uma tomada de consciência muito responsável da inserção do cristão na vida da Igreja, como consequência da graça de ser cristão amadurecido e, por conseguinte, testemunha da fé. A crisma, juntamente com o batismo, aparece nesse contexto como o sacramento de fundo da dignidade e da responsabilidade do laicato católico que, com a graça do Espírito, torna-se fermento de uma nova humanidade.

e) De outro lado, o novo interesse teológico e espiritual pela ação do Espírito Santo, dos seus dons e carismas, na Igreja e em cada crente, deu um novo impulso à teologia, à liturgia, à pastoral e à espiritualidade do sacramento da crisma.

É na esteira desses vários interesses que desejamos tratar o tema do sacramento da crisma, traçando as pistas mais seguras e construtivas, em plena continuidade com o batismo, que a crisma exatamente "completa e aperfeiçoa", segundo as antigas fórmulas da teologia clássica.

Será útil antepor uma palavra sobre os nomes que aqui usamos indistintamente:

f) A palavra "confirmação", mais próxima da terminologia latina, indica o sacramento em questão enquanto "confirma" e "completa" o batismo e a graça do batizado.

g) A palavra "crisma" nos lembra o *crisma* da unção e se liga portanto à teologia oriental, que fala da unção ou do *myron*, o unguento perfumado que é a matéria do sacramento.

1. OS FUNDAMENTOS BÍBLICOS DA CRISMA. Um fundamento remoto do sacramento da crisma, no plano bíblico, pode-se afirmar que é toda a doutrina do Antigo e do Novo Testamento sobre o → ESPÍRITO SANTO, como dom que se derrama sobre o povo de Deus, sobre Cristo, sobre a Igreja e sobre os cristãos. Colocada nesses termos, a questão nos obrigaria a fazer uma análise de todos os textos pneumatológicos da Bíblia. Preferimos, porém, indicar alguns textos fundamentais sobre o Espírito Santo, que são os mais aderentes ao nosso tema, seguindo as indicações da constituição apostólica *Divinae consortium natura*.

a) *O Espírito Santo e a missão de Cristo*. Os textos do Novo Testamento enfocam claramente a descida do Espírito Santo sobre Jesus em seu batismo no Jordão e a relação desse dom com a sua missão como Messias. Com efeito, o Espírito desce sobre ele (cf. Mc 1,10; Lc 3,22; Jo 1,32). A missão de Jesus, que está "cheio do Espírito Santo", começa com a sua ida ao deserto "impelido pelo Espírito Santo" (Lc 4,1) e se manifesta na sinagoga de Nazaré, onde ele recorda a unção do Espírito Santo que lhe foi conferida por sua pregação e ação messiânica (Lc 4,16-21).

Aos seus, Jesus promete a graça do Espírito Paráclito, dom da verdade que deve permanecer para sempre com eles a fim de que possam dar testemunho à sua pessoa e doutrina (Jo 15,26; 14,16; Lc 12,12). A promessa de Jesus, repetida após a sua ressurreição (cf. At 1,5.8), se realiza no dia de Pentecostes, quando todos "ficaram cheios do Espírito Santo" (At 2,4), iniciando, assim, a missão da Igreja apostólica com a força do Espírito.

b) *O dom do Espírito na Igreja*. No mesmo dia de → PENTECOSTES, aqueles que acolheram a palavra de Pedro e, arrependidos, foram batizados, receberam também eles o dom do Espírito Santo (At 2,38).

Esse dom de Espírito, geralmente dado com o batismo cristão, é tão importante que, em dois textos dos Atos dos Apóstolos, acentua-se que é conferido pela imposição das mãos, mesmo longe do batismo. Dois textos fundamentais, propostos nesse contexto, são:

Atos 8,15-17. Trata-se dos discípulos de Samaria, batizados somente em nome do Senhor Jesus, sobre os quais rezam Pedro e João para que recebam o Espírito Santo: "Então, impunham-lhes as mãos, e eles recebiam o Espírito Santo". O gesto da imposição das mãos, precedido pela oração, é claro; igualmente claro é o dom do espírito Santo conferido pelos apóstolos.

Atos 19,5-6. Trata-se dos discípulos de Éfeso, que só tinham recebido o batismo de João; foram, então, batizados em nome do Senhor Jesus e, pela primeira vez, receberam, pela imposição das mãos, o Espírito Santo.

Ainda que haja algumas incertezas exegéticas com referência ao pleno significado desses textos, a tradição mais segura os considera com base no dom do Espírito que os batizados recebem, mediante um clássico gesto que indica a transmissão de um dom: a imposição das mãos. A esse gesto, que parece sempre acompanhar o batismo, alude Hb 6,2-4, em um contexto no qual se fala não só da iluminação mas também da participação do Espírito Santo.

c) *O selo e a unção do Espírito*. Na base da crisma encontramos também duas palavras ricas de significado: o selo do Espírito e a unção.

O *selo*, em grego *sfraghis*, é sinal de pertença. Paulo se refere a ele na circuncisão e no batismo (cf. Rm 4,11); o cristão, com efeito, recebeu o "selo do Espírito Santo" (Ef 1,13); foi marcado com o Espírito Santo para o dia da redenção (Ef 4,30). Na ótica de João, Jesus é aquele que possui o selo de Deus (Jo 6,27), e os cristãos são os "marcados" com esse mesmo selo (Ap 7,2-8; 9,4). Em um texto paulino de notável riqueza simbólica, o Espírito Santo é qualificado, ao mesmo tempo, como dom, selo e unção: "Aquele que nos consolida convosco em Cristo e nos dá a unção é Deus, ele que nos marcou com o seu sinete e depôs em nossos corações o penhor do Espírito" (2Cor 1,21-22).

A *unção*, em grego *chrisma*, é sinal de consagração por intermédio de uma penetração interior, precisamente significada pelo óleo. Jesus é o consagrado do Pai (Jo 10,36), é o *Messias*, ungido com o Espírito Santo (At 10,38). No batismo, os cristãos recebem a unção do Espírito (cf. 2Cor 1,21-22), que, segundo a teologia joanina, ajuda a tomar uma consciência perfeita da verdade pelo ensinamento interior do Espírito Santo (1Jo 2,20.27). Essa unção interior é sinal de uma vida que, externamente, exprime o perfume de Cristo (2Cor 2,15).

Eis uma polivalente terminologia do dom do Espírito, expressa com referências simbólicas à *unção*, ao *dom*, ao *selo*, ao *sinal*, ao *perfume*. Sem querer minimamente afirmar que já nesses textos temos uma configuração exata da crisma como sacramento autônomo do batismo, convém admitir que eles indicam o dom do Espírito, com um sinal que em seguida será ritualizado na liturgia batismal.

2. O DOM DO ESPÍRITO SANTO NA TEOLOGIA DOS PADRES DA IGREJA. A catequese dos → PADRES DA IGREJA sobre o dom do Espírito Santo conferido após o batismo é unânime, especialmente no Oriente. Algumas vezes trata-se de explicar o sentido da imposição das mãos que acompanha o batismo, outras vezes se trata, especialmente no Oriente, de explicar o sentido da unção com o santo *myron*. Bastam alguns exemplos. Tertuliano lembra, em seu tratado *Sobre o Batismo*, n. 8: "Em seguida nos é imposta a mão, com uma oração de bênção para invocar e convidar o Espírito Santo". Hipólito, na *Tradição apostólica*, n. 21, lembra: "O bispo imponha a mão sobre eles e invoque dizendo: Senhor Deus, que os tornastes dignos de merecer a remissão dos pecados por intermédio da ablução de regeneração do Espírito Santo, infundi neles a vossa graça, a fim de que vos sirvam segundo a vossa vontade". Tertuliano também lembra a unção com óleo após o batismo (op. cit., n. 7): "Tendo saído do banho, seremos ungidos com o óleo bendito. [...] Também o nome do Senhor, isto é, o nome de Cristo, possui a mesma derivação linguística".

Mais aprofundadas são as reflexões mistagógicas do Oriente a propósito da unção com a crisma. Assim nas catequeses hierosolimitanas: "Batizados no Cristo e revestidos dele, vos tornastes conformes ao Filho de Deus. [...] Tornados então participantes de Cristo, sois chamados *cristos*. [...] Vós vos tornastes cristos recebendo o selo do Espírito" (*Cat. mist.* III, 1). Por outro lado, exalta-se a eficácia da santa crisma com essas palavras: "Não pensar que aquilo seja um simples bálsamo. Do mesmo modo que o pão da Eucaristia após a invocação do Espírito Santo não é mais simples pão, mas corpo de Cristo, assim também esse sagrado bálsamo após a invocação não é mais simples bálsamo, mas carisma de Cristo, tornado eficaz no dom de sua divindade pela presença do Espírito Santo" (*Ibid.*, 3). Teodoro de Mopsuéstia confirma a tradição oriental em sua *III Catequese* sobre o batismo com estas palavras: "O pontífice te marca dizendo: 'Fulano, és ungido em nome do Pai, do Filho e do Espírito Santo'. Com essa invocação [...] te são dados o sinal e a indicação de que o Espírito Santo desceu também sobre ti, que foste ungido, que o recebeste através da graça, que o possuis e que habita em ti".

Com referência ao momento e ao sinal concreto do dom do Espírito, ocorreu certa confusão pela diversidade da práxis litúrgica no Oriente e no Ocidente.

3. A PRÁXIS LITÚRGICA NO CONFERIMENTO DO ESPÍRITO SANTO. A Igreja conheceu uma longa evolução no que concerne à conferência da crisma, quer no Oriente, quer no Ocidente. Dessa complexa evolução surgem, hoje, numerosos problemas que em parte foram solucionados de maneira prática por Paulo VI com a constituição apostólica *Divinae consortium naturae*. Esses problemas se referem ao próprio ritual e à sua autonomia do ritual do batismo, à matéria e à forma do sacramento, e ao ministro ordinário desse sacramento. Vejamos, em síntese, algumas dessas questões.

a) *A tradição linear do Oriente*. Desde a remota Antiguidade cristã prevaleceu no Oriente, no momento do batismo, uma unção com óleo perfumado, *crisma* ou *myron*, que, após o gesto de lavar a cabeça, significava o dom interior do Espírito Santo. As catequeses de Jerusalém dão muito destaque a esse gesto, ao qual foi dedicada toda uma explicação mistagógica. O bálsamo da unção foi designado como "carisma de Cristo, tornado eficaz por sua divindade pela presença do Espírito Santo. São ungidos simbolicamente com aquele bálsamo a fronte e todos os outros sentidos. O corpo é ungido com esse bálsamo visível, mas a alma é santificada pelo Espírito Santo vivificador" (*Cat. mist.*, III, 4).

Desde o século IV, portanto, temos com clareza no Oriente o conferimento do Espírito Santo com a unção crismal e uma fórmula como essa: "*selo do dom do Espírito Santo*". Gostamos, todavia, de lembrar também essa fórmula em uso antigamente na Antioquia: "Pelo santo *myron*, perfume de Cristo Deus, pelo selo da verdadeira fé, e pelo dom do Espírito Santo, N. é marcado em nome do Pai, do Filho, e do Espírito Santo, vivo e santo para a vida eterna".

Ainda hoje as Igrejas orientais de tradição bizantina conferem a crisma imediatamente após o batismo, também aos recém-nascidos, e os pesbíteros são os ministros ordinários do sacramento. É realizada uma grande solenidade para a consagração da crisma da unção, feito com uma mistura de dezenas de ervas aromáticas.

A tradição oriental foi decisiva no novo ritual da crisma no Ocidente, como se verá em seguida.

b) *A tradição do Ocidente*. Mais complexa parece a tradição litúrgica ocidental, na qual acrescentamos, após o batismo, pelo menos três sinais: a unção, a *consignatio* ou sinal da cruz na fronte do batizado, a imposição das mãos; esta última é absorvida pelo sinal da unção: faz-se a unção impondo as mãos, ou o gesto da unção é considerado já imposição das mãos.

A fórmula antiga, "Sinal de Cristo para a vida eterna", ou aquela medieval, que durou até a mudança decretada por Paulo VI, "Eu te marco com o sinal da cruz e te confirmo com o crisma da salvação...", não fazem alusão explícita ao Espírito Santo. O gesto de crismação e imposição das mãos tende a separar-se do batismo porque é reservado ao bispo, em um momento em que diminuem os batismos dos adultos e é conferido às crianças pelos presbíteros, sem esperar a presença do bispo. Mas não é assim em toda parte, visto que na Espanha e na França também os presbíteros são autorizados a celebrar a crismação.

Essa complexa situação litúrgica, especialmente a separação de crisma e batismo, com a perda de um vivo contato com a tradição oriental e de sensibilidade à graça do Espírito Santo, leva, no Ocidente, à elaboração de uma teologia da crisma na qual é cada vez mais esquecido o sentido primigênio do dom do Espírito. Na complexidade dos sinais usados na crisma vem somar-se o gesto do tapa na face que, embora sendo completamente secundário, adquire na mente das pessoas certa importância simbólica. A teologia sente essa ambiguidade. A graça da crisma, completação do batismo pelo dom eficaz do Espírito, é interpretada com certos apriorismos simbólicos: graça para "coragem na luta", aumento da graça e da glória, coragem para proclamar a fé, crescimento do cristão até à idade adulta (cf. TOMÁS DE AQUINO, *STh.*, III, q. 72, a. 7).

c) *O ritual atual*. Como fruto da pesquisa teológica e litúrgica que antecedeu o Vaticano II, Paulo VI quis, com uma solene tomada de posição, garantir para o futuro o genuíno sentido da crisma, restabelecendo uma fórmula de grande valor ecumênico, inspirada na antiga liturgia oriental de Constantinopla. Eis as palavras do papa:

"Para que a revisão do ritual da confirmação compreenda oportunamente também a essência do ritual, decretamos e estabelecemos que no futuro seja observado, na Igreja latina, o seguinte: O sacramento da confirmação será conferido por meio da unção da crisma na fronte, com a imposição das mãos, e através das palavras: *"Recebe, por este sinal, o Espírito Santo, o dom de Deus"*.

O ministro *ordinário* e *original* da crisma é o bispo, que, todavia, em certos casos também pode delegar os presbíteros para celebrar esse gesto, ou associá-los ao seu ministério no conferimento do sacramento a um grande número de pessoas, segundo as atuais prescrições dos cânones da Igreja (CJC, cc. 882-888).

Um texto introdutório do ritual da crisma explica da seguinte forma o seguimento de vários momentos rituais:

"A imposição das mãos, feita pelo bispo e pelos sacerdotes concelebrantes, é um gesto bíblico plenamente adequado à inteligência do povo cristão: com ele invoca-se o dom do Espírito Santo. A unção do crisma e as palavras que a acompanham significam muito bem os efeitos do Espírito Santo. O batizado, sobre o qual o bispo estende a mão, para traçar em sua fronte o sinal da cruz com óleo perfumado, recebe um caráter indelével, selo do Senhor, e, juntamente, o dom do Espírito, que o configura mais perfeitamente a Cristo e dá-lhe a graça de espalhar entre as pessoas o 'bom perfume'".

A liturgia da Igreja recuperou assim a densa plenitude de todos os sinais bíblicos do dom do Espírito: o *dom-penhor* através da *imposição das mãos*, a *unção* interior com o *crisma*, o *selo* feito por meio do sinal da cruz na fronte, a difusão do *perfume* do crisma consagrado.

4. LINHAS PARA UMA TEOLOGIA DA CRISMA NA IGREJA DE HOJE. Fizemos referência à complexidade da teologia da crisma na tradição ocidental, fruto de uma práxis diferente nas Igrejas e de uma incerteza nas fórmulas. Igualmente lembramos o despertar teológico em torno desse sacramento. Tentaremos, agora, oferecer algumas linhas de teologia baseadas em alguns pontos certos e irrenunciáveis da teologia católica. São eles:

A certeza de que a crisma é um sacramento distinto do batismo, embora intimamente ligado a ele. Qualquer tentativa de diminuir a sacramentalidade da crisma por razões históricas ou ecumênicas, fazendo-a aparecer como um apêndice do batismo, deve ser absolutamente rejeitada. Essa doutrina da fé é comum nas Igrejas do Oriente e do Ocidente, católicas e ortodoxas.

O novo ritual da crisma, promulgado por Paulo VI segundo a mais genuína tradição da Igreja, oferece válidas sugestões para traçar algumas linhas teológicas que superam ou as incertezas do passado ou a visão um tanto restrita referente a esse sacramento.

À luz desse ritual, acentuamos o aspecto pneumatológico e eclesial da crisma, obviamente reafirmando que o batismo se realiza no Espírito Santo, dá o Espírito da remissão dos pecados e da filiação divina e insere no mistério eclesial. A graça do Espírito e a inserção eclesial da crisma se colocam em uma relação de novidade e de crescimento que é própria da ação do Espírito Santo na história da → SALVAÇÃO, no Cristo, na Igreja e no cristão.

a) *Dom do Espírito para edificação da Igreja*. Assim a Igreja apresenta o significado da crisma nas *Premissas doutrinárias* do ritual:

"Pelo sacramento da confirmação os batizados prosseguem o caminho da iniciação cristã. Por causa desse sacramento recebem a efusão do Espírito Santo que no dia de Pentecostes foi enviado pelo Senhor ressuscitado sobre os apóstolos. Esse dom do Espírito Santo torna, de modo mais perfeito, os fiéis conformes a Cristo e lhes comunica a coragem de dar testemunho dele, para a edificação de seu corpo na fé e na caridade. Recebem, por outro lado, o caráter ou sinal indelével do Senhor; por isto, o sacramento da confirmação não pode ser repetido".

Com essas palavras acentua-se a continuidade dinâmica com o batismo, a participação no dom de Cristo ressuscitado aos seus discípulos no Pentecostes, a destinação cristológica da graça do Espírito que nos configura mais perfeitamente ao Senhor, e, finalmente, o aspecto eclesial da crisma, coragem para o testemunho e dom carismático para a edificação da Igreja.

Pelo dom do Espírito o cristão entra plenamente no *dinamismo da história da salvação*, que tem como protagonista ativo e misterioso o espírito Santo já no Antigo Testamento. O Espírito foi derramado sobre o povo de Deus como unção sacerdotal e real, como força profética. É por isso que o ato da crisma retoma, na liturgia da Palavra, os textos mais significativos do Espírito Santo no Antigo Testamento.

O cristão, à semelhança de Cristo, é ungido pelo Espírito Santo. Em Cristo podemos encontrar uma progressividade misteriosa desse dom sempre novo e eficaz; a → ENCARNAÇÃO acontece por obra do Espírito; no batismo, Jesus é ungido pelo Espírito Santo; com essa unção, Jesus dá a vida na cruz, em virtude de um "Espírito eterno"; e mais, Jesus é ressuscitado por obra do Espírito Santo e constituído Filho de Deus com poder (cf. Rm 1,4). Também o cristão, filho de Deus no batismo, recebe o seu "batismo no Espírito", como os apóstolos em Pentecostes, para ser constituído na força dos dons messiânicos. O texto de Isaías 11,2-3 sobre os dons do Espírito é invocado no ritual da crisma para que aconteça no cristão o mesmo que aconteceu com Cristo. É nessa linha de progressiva maturidade que se pode perceber certa simetria entre o mistério de Cristo e o do cristão em uma renovada efusão do Espírito.

O Espírito, dom de Cristo, nos configura com ele pela participação de seu ministério messiânico de anúncio do Reino e de testemunho de vida, até a medida da santidade apostólica, na qual se alcança a plenitude de uma configuração com o Crucificado-Ressuscitado, animado pelo Espírito.

O dom do Espírito de Pentecostes possui uma clara conotação eclesial. É dado pela Igreja, que é o corpo de Cristo, animado por ele, Espírito do Pai e do Cristo. Na força do único amor e na poderosa efusão dos dons carismáticos, o Espírito unifica a Igreja, adorna-a com os seus dons, rejuvenesce-a perpetuamente em um renovado Pentecostes, que tem como dom objetivo sacramental a crisma (cf. LG 4 e 11). Esse aspecto da eclesialidade é sublinhado pelo ministério apostólico dos bispos, ministros originais da crisma, centro de comunhão eclesial e garantia de perpetuidade com a Igreja apostólica.

Esse poder do Espírito que unifica a Igreja e a torna polivalente em seus dons e carismas é fundamento do → SACERDÓCIO DOS FIÉIS e de seu papel profético (LG 10-12), da dimensão missionária de todos os fiéis na Igreja (LG 31-33; AG 36-41), de seu chamado à santidade (LG 40-42). Na força missionária e renovadora do Espírito Santo, o testemunho cristão abre-se para a renovação da sociedade, para o advento do Reino de Deus, dado que o Espírito Santo é aquele que prepara a segunda vinda do Senhor.

Eis as notas de uma graça interior de conformação com Cristo, de construção da Igreja e de renovação da sociedade, que se situa na base da graça da crisma como participação plena na economia do Espírito Santo.

b) *Relação entre batismo e crisma.* Uma dificuldade teológica para entender plenamente o significado da crisma é a sua relação com o batismo. Já no século XVI, Lutero e Calvino consideravam a crisma um sacramento inútil, uma cópia do batismo que confere o dom do Espírito. O recente dilema no campo anglicano confirma certo desconforto diante da plena sacramentalidade da crisma, que não parece conferir uma graça diferente da do batismo.

No campo anglicano e no campo católico, além de também nos reformadores, buscou-se uma chave de solução na dinâmica e progressiva ação do Espírito Santo. Com efeito, o Espírito continua a agir desde as origens, é o "misterioso precursor" de Cristo através dos homens e mulheres cheios de sua graça. Lucas, por exemplo, sublinha a presença do Espírito em Zacarias, Isabel, Maria e João, antes mesmo do nascimento do Messias. Há também um dinamismo progressivo no dom do Espírito sobre Cristo na encarnação, no batismo, na cruz. Também existe um dinamismo da efusão do Espírito na Igreja: no Calvário, onde Jesus entrega misteriosamente o seu Espírito (Jo 19,30); no Cenáculo, após a ressurreição, quando Cristo infunde o seu Espírito soprando sobre eles (Jo 20,22); no Cenáculo ainda, no dia de Pentecostes. Não é estranho, portanto, que desde o início, além de no batismo em nome de Jesus — que é obra do Espírito Santo —, tenha sido significado o dom desse Espírito.

Nessa linha, parece-nos que acima de toda essa problemática esteja o misterioso plano de tornar expressa, na iniciação cristã, a participação na grande riqueza do mistério de Cristo e do Espírito. Se, com efeito, o batismo evidencia mais o aspecto cristológico da participação no mistério pascal (morte–ressurreição), a crisma explicita a participação no dom do Espírito de Pentecostes. Os dois mistérios são unitários, todavia diferentes, na acentuação e no tempo, como o batismo e a crisma se correspondem, evocando-se mutuamente, porém permanecendo sacramentos distintos.

Batismo e crisma convergem na → EUCARISTIA, que lhes renova a graça. Ela, com efeito, não é somente a presença renovada do mistério de Cristo crucificado e ressuscitado, mas é também, como sublinha a liturgia oriental, a renovação de Pentecostes, na efusão do Espírito Santo do corpo eucarístico de Cristo ressuscitado na Igreja, para torná-la "um só corpo e um só espírito".

5. PROBLEMAS PASTORAIS E ECUMÊNICOS. A crisma, apesar de sua bela teologia e do renovado interesse dado pelo novo ritual, permanece um sacramento difícil no plano pastoral e ecumênico.

a) *A idade da crisma*. A longa e complexa história desse sacramento nos deixou algumas questões não resolvidas.

A *práxis* oriental, que confere também aos recém-nascidos o batismo e a unção crismal, permanece mais linear no plano teológico; sublinha a unidade e a continuidade dos dois sacramentos e não quebra o nexo lógico da iniciação: batismo, crisma, Eucaristia.

A *práxis ocidental*, que durante séculos separou o batismo da crisma, traz consigo algumas hesitações que se resolvem com certa tensão entre a corrente teológica e a pastoral.

A *corrente teológica* pretende salvaguardar a lógica continuidade dos três sacramentos da iniciação cristã, evitando antepor, na práxis pastoral, a primeira comunhão ao sacramento da crisma. A solução, nesse caso, e salvaguardando a mente da Igreja com referência à solicitude no batismo das crianças, seria conferir a crisma no início da idade escolar, antes da primeira comunhão.

A *corrente pastoral* quer valorizar a crisma como momento oportuno no qual aqueles que foram batizados, quando pequenos, possam tomar plena consciência dos seus compromissos batismais, pela força do dom do Espírito. Nesse caso, a opção é uma posposição da crisma para o início da adolescência, antecipando, também, segundo os costumes, a primeira comunhão.

A Igreja, em sua legislação mais recente, permanece aberta às diferentes soluções. Exige dos confirmandos, fora de risco de morte, o uso da razão, uma preparação adequada, e capacidade para renovar as promessas batismais (CJC, c. 889). Indica como idade o momento do "arbítrio" (seis-sete anos), a menos que as Conferências Episcopais tenham disposto diferentemente (*Ibid.*, c. 891).

b) *A consciência do dom recebido*. No caso da crisma, como no do batismo das crianças, sempre permanece a árdua tarefa de despertar a consciência do dom recebido, das suas graças e dos seus compromissos. A crisma é sempre um dom do qual se deve viver em contínuo crescimento, quer tenha sido recebido em tenra idade, como no Oriente, quer tenha sido posposto para o início da infância da razão ou da adolescência. Nos dois casos, a crisma é sempre um ponto de partida, não um ponto de chegada. Compromissa a vida inteira.

Isto exige uma preparação adequada para receber o sacramento — no plano catequético e no espiritual —, além da continuidade para conservar e aumentar o dom recebido, em plena comunhão com a Igreja, numa inserção responsável no apostolado, num testemunho da fé e na edificação da Igreja local.

Recebida uma vez para sempre, a crisma, dom do Espírito, *deve ser continuamente despertada* como graça de amadurecimento no plano da conformação com Cristo e de serviço à Igreja.

c) *O problema ecumênico*. A crisma ainda permanece um problema ecumênico, conforme acentuam com unanimidade alguns documentos comuns sobre os sacramentos. À clara posição teológica e litúrgica dos católicos e ortodoxos, os protestantes, ancorados nas posições de Lutero e Calvino, opõem a negação da sacramentalidade do ritual. Ritual esse que, de resto, é conservado em algumas Igrejas, como ratificação dos compromissos batismais na adolescência. Observa-se, todavia, um crescente interesse da parte de alguns teólogos protestantes, que converge também para o renovado estudo da pneumatologia bíblica e litúrgica. É sobre essa base que se pode auspiciar uma feliz convergência doutrinária, livre de prejuízos históricos e ancorada na grande tradição da Igreja antiga.

6. ESPIRITUALIDADE DA CRISMA. O Espírito Santo recebido como dom para a vida eterna, unção interior, selo de pertença a Cristo, é a base para um fundamental chamado à *espiritualidade*, à *vida segundo o Espírito*. Quando a revelação atribui à ação misteriosa do Espírito Santo a oração, o testemunho, o culto espiritual, a oferta sacrifical de si até ao martírio, tem seu fundamento nessa graça sacramental. Possui seu fundamento sobretudo o sentido dinâmico da vida cristã, o chamado à maturidade e à santidade que se derrama no dom de si, na caridade ardente, na iniciativa apostólica, na generosidade missionária.

No indissolúvel chamado à graça de Cristo, convém não esquecer que a graça da crisma é o *dom de Cristo ressuscitado aos seus fiéis na Igreja e para a Igreja*, para a comunhão interior e para a expansão missionária. Na raiz dos dons e dos carismas, dos diferentes serviços eclesiais, da responsabilidade pessoal e intransferível na construção da Igreja encontra-se o dom e o dinamismo do Espírito Santo.

Se Cristo dá o Espírito de Pentecostes na crisma, o Espírito opera em cada um *uma sempre mais profunda semelhança com Cristo crucificado e ressuscitado*, na profundidade de sua paixão até ao martírio, na doação generosa do → APOSTOLADO. Por outro lado, o Espírito é dado fundamentalmente *para a Igreja, corpo de Cristo*, para o crescimento de uma comunhão harmônica e dinâmica de todos os dons que nele encontram o ponto de convergência, para a unidade de tudo e de todos.

Em um momento em que a Igreja, por uma renovada efusão do Espírito, toma consciência da presença e da ação do Santo Pneuma, a crisma, recebida ou a receber, deve ser redescoberta e celebrada como a graça do Espírito que nos foi dado para sermos conformes a Cristo, e edificar, na unidade, o seu corpo que é a Igreja.

A esses aspectos teológicos, que redescobrem o dinamismo da graça do Espírito Santo na história da → SALVAÇÃO de todo o povo de Deus, que, através do Espírito se encaminha para o Reino, é preciso acrescentar ainda uma consideração.

No estudo da mística cristã, embora não faltem alusões sistemáticas sobre a ação do Espírito Santo através de seus dons e carismas, foi completamente omitida uma referência à raiz sacramental do dom do Espírito para levar a termo a vida em Cristo e na Igreja: justamente o sacramento da crisma. Não faltam referências a esse dom, especialmente na experiência mística de Serafino di Sarov (→ SERAFIM SAROVSKIJ), o grande santo russo do século XVIII, que em seu célebre *Colóquio com Motovilov* aborda o seu discurso sobre a vida espiritual como "aquisição do Espírito Santo", a partir da catequese bíblica sobre o espírito e a experiência litúrgica da unção com o santo *myron*. É assim que o discurso, com o admirável sentido de uma autêntica mistagogia, se transforma em experiência mística do Espírito Santo, percebido por Serafino e seu interlocutor como luz, perfume e doçura.

A atual atenção ao Espírito Santo, como força renovadora da vida e da missão da Igreja, não deveria omitir esse aprofundamento obrigatório da relação entre dom do Espírito no sacramento da crisma e dinamismo crescente rumo à plenitude da vida mística e do serviço apostólico no âmbito da Igreja-comunhão. Somente nessas grandes dimensões da graça do Espírito se poderá falar, justificadamente, da crisma como "Pentecostes" do cristão.

BIBLIOGRAFIA. 1) Sobre a crisma no conjunto da iniciação cristã, cf. a bibliografia sobre o → BATISMO. 2) Teologia da crisma: *La confermazione e l'iniziazione cristiana*. Torino-Leumann, 1967; BOUHOT, J. P. *La confermazione, sacramento della comunione ecclesiale*. Bologna, 1971; FALSINI, R. *La cresima sigillo dello Spirito*. Milano, 1972; LIGIER, L. *La confirmation. Sens et conjoncture oecuménique hier et aujourd'hui*. Paris, 1973; REGLI, S. Il sacramento della confermazione e lo sviluppo Cristiano. In: *Mysterium Salutis* V/1, Brescia, 1978; FALSINI, R. Confermazione. In: *Nuovo Dizionario di Liturgia*. Roma, 1984, 269-294. Textos litúrgicos e patrísticos: *Rito della confermazione*, Roma, 1970; TH. CAMELOT. *Spiritualità del battesimo*. Torino-Leumann, 1966, 201-235; LODI, E. *Liturgia della Chiesa*. Bologna, 1980, 718-734. Uma perspectiva da espiritualidade clássica oriental no livro de CABASILAS, N. *La vita in Cristo*. Torino, 1971, e no *Colloquio com Motovilov*, de SERAFINO DI SAROV; cf. GOROINOFF, I. *Serafino di Sarov*. Torino, 1981, 171-181.

J. CASTELLANO

CONFLITO PSÍQUICO. 1. DEFINIÇÃO. O conflito psíquico pode ser definido como a recíproca interferência de forças psíquicas, percebidas ou vividas como incompatíveis na situação subjetiva. Diferenciando as tendências voltadas para o alcance de um objetivo daquelas voltadas a evitar eventos considerados negativos (a dor no plano físico ou a frustração no psicoafetivo), podemos distinguir três casos fundamentais de conflito:

a) *Conflito de escolha positiva*. É o conflito entre duas tendências positivas, ambas voltadas para o alcance de um objetivo desejado. É a situação, por exemplo, na qual se encontra um indivíduo que tem de escolher entre dois filmes que igualmente lhe interessam. A escolha, nesse caso, é relativamente fácil, embora geralmente seja precedida de oscilações do processo de decisão entre uma e outra solução.

b) *Conflito de ambivalência*. É o conflito que surge quando uma pessoa vê-se diante de alguma coisa que tenha, simultaneamente, um aspecto positivo e outro negativo, de tal modo que os dois tipos de tendências entrem ao mesmo tempo em jogo, centralizadas no mesmo objeto.

É o caso em que se oferece um prêmio (elemento positivo) muito desejado a uma pessoa para que faça alguma coisa que não tenha vontade de fazer (elemento negativo).

c) *Conflito de escolha negativa.* O terceiro tipo de conflito verifica-se toda vez que uma pessoa deve escolher entre duas situações, ambas negativas. Por exemplo, quando se ameaça alguém para que faça uma coisa que não deseja fazer, antes, que teme. Todas as situações conflitantes levam a um aumento no estado geral de tensão no sujeito. O aumento de tensão exprime-se por um comportamento inquieto, um empobrecimento das modalidades comportamentais, geralmente uma suspensão ansiosa do comportamento que exprime a insegurança da situação conflitante, repetição estereotipada.

2. INTERPRETAÇÃO DO CONFLITO. Existem várias modalidades interpretativas da situação conflitante; lembramos, aqui, o modelo psicanalítico e o topológico de Kurt Lewin.

a) Segundo o modelo psicanalítico, o conflito surge quando duas realidades instintivas colocam instâncias contraditórias ao indivíduo. Freud observou que havia um bloqueio do comportamento quando certas tendências instintivas, que estavam para ser expressas, eram refreadas e reprimidas pelos princípios da ética e da moral. Os conflitos psíquicos, segundo Freud, eram constantemente produzidos entre os impulsos caóticos próprios das pulsões sexuais infantis (aos quais deu o nome de *es* ou *id*) de um lado, e, de outro, as estruturas psíquicas de organização e de controle (que chamou *ego*) e a representação intrapsíquica dos tabus sociais da norma rígida ambiental (que batizou de *superego*). A moderna psicanálise tende a ampliar esse ponto de vista clássico do conflito. A solução dessas complexas situações conflitantes não se liga mais unicamente à descarga de energias instintivas, mas pode manifestar-se como uma nova aprendizagem, isto é, como uma reelaboração autônoma e pessoal dos dados oferecidos pela realidade.

b) No modelo lewiniano, o comportamento resolutivo do conflito, da parte do indivíduo, situa-se como uma possível resultante da complexa interação de sistemas de forças, cujo funcionamento interativo é interpretado segundo o modelo vetorial das modalidades típicas das forças físicas. De acordo com essa interpretação da situação conflitante, seriam os elementos ambientais que, com a sua "violência" emotiva de tipo positivo ou negativo, colocariam o indivíduo em um conflito segundo as três modalidades anteriormente expostas. O indivíduo sente-se premido e impelido na direção da motivação que tem mais peso e força.

As contribuições da psicologia no estudo do conflito conduziram a um maior conhecimento da dinâmica com a qual ele se instaura, das dimensões psíquicas responsáveis por esse evento e das modalidades resolutivas postas em jogo, em relação a ele, pelo ser humano.

Convém observar a diferença existente entre conflito e complexo: o primeiro é uma situação de tensão que impede ou torna difícil a decisão e, portanto, a ação do indivíduo, mas consiste na interação dinâmica e consciente das motivações. O complexo, embora tendo como resultado no indivíduo os mesmos efeitos comportamentais, encontra a sua especificidade no fato de que o componente inibidor é de natureza principalmente inconsciente.

Resulta que o conflito pode ser resolvido, ao menos fundamentalmente, com a clarificação mental de tipo intelectivo; o complexo não é atingido pela razão pelo fato de que esta não adere aos motivos e às vantagens inconscientes que estruturam e fazem agir o complexo.

Com muita frequência, porém, o conflito remete para um complexo que representa sua base. Assim, o conflito com a autoridade, aberto e de oposição, pode ter sua origem em atitudes assumidas, nos primórdios da idade infantil, contra o próprio pai. Tais atitudes, tornadas inconscientes e generalizadas, são a base de comportamentos conflitantes racionalizados e sustentados com clareza dialética tal que parecem realistas.

Os conflitos com raízes complexuais são evidentes pela sua repetição contínua e incoercibilidade, de modo a tornar-se traços caracterológicos típicos da pessoa.

BIBLIOGRAFIA. ANCONA, L. *La Psicoanalisi.* Brescia, 1965; HORNEY, K. *I nostri conflitti interni.* Firenze, 1971; ORAISON, M. *I conflitti dell'esistenza.* Assisi, 1972; SCHNEIDERS, A. *L'armonia interiore dell'anima e l'igiene mentale.* Torino, 1959; THOMAE, H. K. *Conflitto, decisione, responsabilità.* Roma, 1978.

R. CARLI

CONFORMIDADE À VONTADE DE DEUS. Encontrar a vontade de Deus e conformar-se com ela é o problema mais importante e mais decisivo da vida. A criatura, então, "é" e "vale" enquanto encontra e realiza o plano do Criador, que é o ser e o valor, do qual tudo vem e ao qual tudo retorna (cf. Rm 11,36; 1Cor 8,6; 3,22-23). "Aqui está o homem inteiro" diria o *Coélet*, porque "o que faz a vontade de Deus, permanece para sempre".

Inácio verdadeiramente acerta em cheio quando define os exercícios: "Todo modo de preparar e dispor a alma a fim de extirpar todos os afetos desordenados e, uma vez tirados, de procurar e encontrar a vontade de Deus através da orientação da própria vida" (*Exercícios Espirituais*, [1]).

Para chegar a essa meta essencial, o ser humano pode percorrer dois caminhos: o da autoridade e o dos acontecimentos. Aqui queremos aprofundar o segundo.

1. A tese pode ser enfocada sinteticamente assim: nas pessoas retas ou falsas, nas coisas agradáveis ou desagradáveis, nos acontecimentos tristes ou alegres, devemos saber ver um fio misterioso do alto, que se serve de tudo, incluído o que chamaremos de mal, acidente, golpe baixo, política, rodeios, inveja, pouca habilidade dos superiores etc., para santificar e gerar os seus eleitos.

Essa tese pode ser documentada com a revelação, a teologia e o ensinamento da Igreja. A frase bíblica mais clássica, talvez, é a de Paulo: "Aliás, nós sabemos que tudo concorre para o bem dos que amam a Deus" (Rm 8,28). Jesus diz: "Não se vendem dois pardais por um tostão? Contudo, nenhum deles cai por terra sem o assentimento do vosso Pai. Quanto a vós, até os vossos cabelos estão todos contados. Não tenhais medo, portanto…" (Mt 10,29-30); consequentemente, o modo de exprimir-se cristão deverá moldar-se pelo esquema sugerido por Tiago: "Vós que dizeis: 'Hoje — ou amanhã — iremos a tal cidade, ali passaremos um ano, negociaremos, ganharemos dinheiro', e não sabeis nem mesmo o que será de vossa vida no dia seguinte", corrige Tiago, "pois sois um vapor que aparece por um instante e logo desaparece!. Em vez de dizer: 'Se o Senhor permitir, viveremos e faremos isso ou aquilo', vós vos ufanais de vossas fanfarronadas. Toda ufania desse tipo é má" (cf. Tg 4,13-16); do mesmo modo Paulo, escrevendo aos Coríntios: "Espero ainda permanecer algum tempo com vocês, se o Senhor permitir" (1Cor 16,7). Tudo é permitido por Deus, também aquilo que nos parece um mal: "Nem ele [o cego de nascença] pecou", ensina Jesus, "nem os seus pais, mas é assim para que nele sejam manifestadas as obras de Deus" (Jo 9,3). Poderíamos estender-nos citando também o Antigo Testamento, mas basta lembrar os Livros de Tobias e de Jó, dos quais o fio condutor é a ideia da providência.

2. A teologia, com os seus aprofundamentos, nada mais faz senão interpretar o pensamento da revelação: "O existir de qualquer criatura", afirma Tomás, "depende a tal ponto de Deus, que ela não poderia subsistir um instante sequer, e seria reduzida ao nada, se não fosse conservada na existência pelo poder divino. […] Como o ar, quando há sol, é luminoso, assim, enquanto Deus estiver presente, o ser humano será iluminado e mantido no ser, mas, assim que se ausentasse, imediatamente cairia nas trevas […] e nem por um só instante poderia subsistir" (*STh.* I, q. 104, a. 1; q. 10, a. 5; q. 8, a. 1; q. 22, a. 2; *C. Gent.* III, 71). → FRANCISCO DE SALES também ensina: "a providência estende-se a todas as coisas, reina sobre tudo e tudo reduz à própria glória. Todavia, há sem dúvida casos inesperados e problemáticas inopinadas; mas serão inesperados e inopinadas somente para nós, visto que são portanto certíssimos para a divina providência, que os prevê e os destina ao bem público do universo" (*Teótimo*, II, 3; IX, 1); e em outra parte: "O beneplácito divino é conhecido, quase que exclusivamente, pelos acontecimentos" (*Teótimo*, IX, 6).

3. Finalmente, a Igreja, nas vicissitudes que se abatem e afligem aos seus filhos, assim os encoraja e tranquiliza: "Neste mundo experimentareis a aflição, mas tende confiança, eu venci o mundo" (Jo 16,33); não só nos acontecimentos alegres, mas também na adversidade, qualquer coisa que possa nos acontecer, subjaz sempre e em toda parte aos planos, ainda que ocultos, da sabedoria e providência de Deus; visto que, antes, a mão do Onipotente é tanto mais operante quanto mais se oculta imersa nas profundezas. É sobretudo necessário […] que a fé e a esperança sejam bem firmes" (Pio XII, *Ao episcopado e aos fiéis da Polônia*, 8 de dezembro de 1955).

4. Sobre essa doutrina emergem algumas considerações e aplicações mais concretas.

Todo acontecimento, alegre ou triste, grande ou pequeno, é um elemento de santificação no sentido de que contém e transmite o mistério da vontade de Deus. Não são necessários gestos particulares, mas basta a simples docilidade e disponibilidade a cada e a todos os acontecimentos, com os quais se compõe a trama de nossa vida de cada dia.

Isto torna essencial e simplifica a vida cristã, que não consiste em realizar uma complicada trama de práticas e de observâncias, de longas orações e, menos ainda, extenuantes penitências, mas na constante e serena abertura e presença à vontade de Deus, que chega até nós veiculada pelos acontecimentos de cada dia e pelo cumprimento do próprio dever, lá onde a amorosa providência de Deus (= os acontecimentos) nos colocou. O sim alegre a cada caso, acidente e surpresa faz espocar a centelha de nossa santificação. O acontecimento, por assim dizer, faz-se sacramento, porque se torna veículo de graça.

É, pois, uma ideia muito confusa e inadequada aquela que confunde a perfeição com a igreja (lugar) ou com a prática da piedade. Sem dúvida, a igreja e a prática (oração propriamente dita) conservam o seu valor, antes, a sua necessidade; todavia, o cristão precisa lembrar-se de que mesmo trabalhando na fábrica, no balcão da loja, na máquina de escrever, sempre e em toda parte pode colocar-se em comunhão com Deus. Cada "sim, Pai!" que o Espírito Santo lhe dá a graça de exprimir (cf. 1Cor 12,3) estabelece o contato com a fonte de sua santificação.

5. Essa doutrina é também um dos motivos da alegria, da confiança e do abandono cristãos. Cristão autêntico é aquele que se abandona filialmente nos braços de seu → PAI CELESTE, convicto que está de que ele sabe o número de seus cabelos e de que não cairá um fio sequer sem que ele saiba (cf. Lc 12,4-8; Mt 10,30; 6,25-34).

A confiança, portanto, e a resignação cristãs nada têm a ver com o fatalismo: o cristão, com efeito, é alguém que entende, que "sabe" e tem certeza absoluta. Ainda que, com frequência, renuncie de bom grado e humildemente a entender os misteriosos procedimentos de Deus (Sl 139,16); acreditando, tendo esperança, amando, ele compreende e vê, não com os seus olhos, mas com os olhos daquele no qual crê, que vê por ele e no qual confia plenamente (cf. 2Tm 1,12; 1Pd 5,7; Fl 4,6).

Exatamente por causa dessa frequente obscuridade dos planos de Deus, e porque o ser humano considera mal e bem o bem e o mal dos sentidos, o salto no plano altíssimo do pensamento de Deus (cf. Sb 9,14-19; Fl 2,2; 1Cor 2,14; Is 55,8-9) não só lhe é difícil, mas impossível, se não é iluminado e elevado pelo Espírito Santo, que o faz dizer pronta e facilmente, com alegria: "Sim, Pai! Seja feita a tua vontade".

Todavia, quando não formos mais dominados pela hipnose do sensível, e aquilo que é mortal e corruptível for absorvido pela imortalidade e pela incorrupção (cf. 1Cor 15,53), uma das alegrias mais íntimas será contemplar do alto, isto é, em Deus, o panorama de nossa vida no tempo, e entender, no Todo, como permitiu e quis tudo para a nossa santificação.

BIBLIOGRAFIA. GUIBERT, J. de. Perfection et conformité à la volonté de Dieu. In: *Leçons de théologie spirituelle*. Toulouse, 1943, 208-214, t. I; IRESSELIO, G. *La conformità allá volontà di Dio*. Alba, 1931.

DAGNINO

CONFORTOS NATURAIS. 1. NATUREZA E NECESSIDADE. Entendemos por confortos naturais certas comodidades e ajudas de que nossa natureza tem necessidade para se manter em boa forma e, portanto, em eficiência. Fundamentalmente, essa necessidade nasce da corporeidade de nossa natureza, a qual, justamente porque corpórea, está sujeita ao consumo e à deterioração e tem, portanto, necessidade de restauro e de provimento para manter força e vigor. Imediatamente temos de concluir que certo uso dos confortos é querido por Deus, autor dessa mesma natureza; o homem tem, portanto, necessidade de alimento, de roupa, de habitação, de sono e até de certa recreação, que normalmente repara o consumo nervoso provocado pela tensão do trabalho e em geral pelas dificuldades e pelos sofrimentos da vida. Percebe-se logo que, no homem, o apetite dos confortos depende fundamentalmente de sua tendência à manutenção, a qual é, com a conservação da espécie, uma das duas tendências mais profundas do ser vivo: tende a se abastecer, porque de outro modo não poderia se manter. Assim na ordem da finalidade; mas na ordem da execução, a provisão está na base da manutenção e a obtém.

É, pois, providencial que o uso desses necessários confortos seja acompanhado, no ser vivo consciente, por uma sensação de satisfação e de prazer; não houvesse isso, ou se fosse difícil, o ser vivo não seria a isso propenso ou seria propenso até a negligenciá-lo, com detrimento da sua conservação. Com a condição, porém, de ficar em sua posição de meio e de não usurpar a de fim. Infelizmente, a inclinação do homem ao prazer, que, após o pecado original, não foi mais mantida — por um dom preternatural — nos justos limites, mas segue o próprio caminho sem tender à regra da razão, faz que ele procure facilmente o seu prazer e em particular o prazer sensível, sem tender de fato à sua condição de meio, mas até transformando-o facilmente num fim; e se sabe que "o fim não se busca com moderação".

Facilmente, portanto, na busca do prazer, o homem é desordenado e exagerado; o que o leva a incorrer facilmente em faltas de ordem moral que deve naturalmente evitar se quiser, mesmo nesse necessário uso dos confortos, ser agradável a Deus; deve, portanto, tornar-se dono de sua inclinação ao prazer a ponto de poder se manter nos justos limites. Essa inclinação ao prazer à satisfação pessoal, imediata, estende-se, aliás, no caso do homem, a um campo muito mais amplo do que o dos confortos, porque, com efeito, toda atividade intensa é normalmente acompanhada por certo prazer, que lhe serve assim até de estímulo natural; em toda sua atividade, portanto, o homem — sob o impulso da busca do prazer — poderia se desviar.

Quem quiser chegar a ser dono das próprias tendências deve aprender a refreá-las, deve saber impor a si, voluntariamente, algo desagradável, seja abstendo-se de um prazer de que se tem oportunidade, seja contrariando-o. Somente assim se chegará a poder ter, em relação aos confortos naturais, aquela espécie de "santa indiferença", tão nobre e tão indicada numa pessoa que quer ser realmente espiritual e que se permite não ficar triste e não se abater quando eles forem insuficientes, ou venham a faltar.

2. USO DO ALIMENTO. O uso do alimento é evidentemente querido por Deus e, portanto, também ao comer se faz a vontade de Deus, se ama e se procura a sua glória. É o que nos ensina São Paulo: "Quer comais, quer bebais, o que quer que façais, fazei tudo para a glória de Deus" (1Cor 10,31).

Do que expusemos resulta que não é coisa desordenada gostar de um alimento que é bom, porque essa satisfação do gosto é ordenada de per si a nos tornar mais fácil o ato de nos alimentar; basta que esse prazer permaneça na medida natural.

Sabemos, porém, como é fácil nesse campo ultrapassar os limites. Podemos assim dizer com segurança que somente uma pessoa que saiba mortificar o seu apetite em relação ao alimento chegará a se dominar plenamente. A mortificação, porém, que diz respeito ao alimento não consiste somente em dele se abster, como fazemos com o jejum e com a abstinência; ela pode ser praticada também no uso positivo do alimento, ou não procurando o que mais satisfaz, contentando-nos sempre com o que nos é oferecido, tomando o que encontramos ("*manducate quae apponuntur vobis*", Lc 10,8); ou escolhendo de alguma coisa que agrada menos; ou ainda freando a sofreguidão no comer e nos esforçando de o fazer com pleno domínio de nós mesmos. São modos que servem para nos tornar donos de um impulso ao prazer que se pode sentir violentamente.

Com relação, aliás, ao esforço de comer alguma coisa que não nos agrada, é preciso observar que, se é incontestável que para determinadas pessoas certos alimentos não são assimiláveis, é fácil, porém, que nesse campo sejamos vítimas de certa ilusão por causa da imortificação que impede fazer o esforço que é necessário.

3. OS OUTROS CONFORTOS CORPORAIS. Para se manter corporalmente em vigor, o homem não tem necessidade apenas de alimento; são-lhe necessárias também as roupas, a casa, o sono. Além de sua função de proteção e de aquecimento, observe-se que as roupas têm também a função de pôr em menos destaque a animalidade do homem para fazer resplandecer mais nele a sua espiritualidade e ajudar assim o homem em suas relações sociais e não imergir na sexualidade. No mundo atual vai se perdendo o sentido dessa nobre função das vestes. A procura da beleza no vestir não é, portanto, excluída de per si, desde que sirva precisamente para ressaltar a nobreza da criatura humana. Mas, evidentemente, podem se incluir aí também muitos fins secundários menos nobres e menos honestos. Pode-se até cair no excesso, com a busca nesse campo de muita abundância e de muita comodidade, com detrimento da ajuda que se poderia prestar a quem, ao contrário, não as tem.

Do mesmo modo, deve-se falar da casa, da qual, em geral, o homem tem uma real necessidade para levar uma vida decente, para encontrar a necessária proteção contra as intempéries ou o lugar necessário para o repouso e para as suas necessidades familiares. Todavia, também aqui se pode cair, e tantas vezes realmente se cai, no excesso, quando se deseja para o uso pessoal casas demasiadamente espaçosas e confortáveis, sem pensar na necessidade de tanta gente que realmente não tem nada.

O homem tem igualmente absoluta necessidade do sono, uma necessidade que não é idêntica em todos os indivíduos; cada qual deve perceber do que tem necessidade para se manter com eficiência; mas é recomendável limitá-lo à verdadeira necessidade, porque o homem no sono fica privado de atividade humana e é um desperdício passar na inconsciência do sono um tempo que poderia ser empregado em úteis realizações. É justo, por isso, que também nesse campo o homem se exercite na mortificação; e lembramos a propósito a prática, muito tradicional, da → VIGÍLIA.

4. A RECREAÇÃO. A aplicação humana ao trabalho, quer material, quer espiritual, requer certa tensão que consome as forças nervosas, as quais se refazem com a distensão, que se chama comumente "recreação". Mais que um revigoramento físico, ela é um revigoramento psíquico, da qual, porém, o homem não pode habitualmente abrir mão. Isso é universalmente reconhecido e explica como até nas regras monásticas se tenha habitualmente dado lugar à recreação. Naturalmente, também aqui se quer medida; e ela será indicada não somente pelas exigências individuais, mas também pelas especiais; precisamente porque a recreação se faz em geral em companhia, seja na família, seja na sociedade, e as exigências da vida tanto familiar como da sociedade poderão se fazer sentir quer pela duração, quer pelo comportamento. Note-se, por isso, que a recreação, em si, é um elemento favorável ao desenvolvimento da solidariedade. Aliás, o comportamento na recreação depende muito da situação pessoal: evidentemente o modo de se recrear por parte de pessoas seculares é diferente do de pessoas religiosas; bem como do de pessoas casadas ou de pessoas simplesmente amigas etc. Para ser bom e conforme à vontade divina, um modo de se recrear deve levar em consideração essas várias condições e fazer os ajustes de modo a promover a vida boa e honesta e não causar perigos morais. E, quando se trata de divertimento de sociedade, convém que os cristãos não se deixem impor leis de pessoas mundanas, mas saibam, embora com elegância, fazer prevalecer as exigências da moral cristã.

BIBLIOGRAFIA. COLOZZA, G. A. *Il gioco nella psicologia e nella pedagogia*. Torino, 1923; QUADRIO, A. L'attività ludica. In *Questioni di psicologia*. Brescia, 1962, 601-626 (com bibl.); RAHNER, H. *Der spielende Mensch*. Einsiedeln, ²1952.

E. ANCILLI

CONSAGRAÇÃO. 1. IDEIA GERAL. A consagração é um conceito claramente religioso; encontra-se em todas as religiões e indica a oferta de coisas, pessoas e lugares à divindade, com o duplo aspecto de "separação" dos usos profanos e "dedicação" a uma função sagrada.

Para a nossa mentalidade cristã, a consagração está relacionada com a soberania de Deus e com o culto espiritual a ele devido; indica, portanto, as pessoas, coisas e os lugares escolhidos por ele e dedicados, de um modo especial, a render-lhe louvor e glória.

A primeira distinção que apresenta o conceito de consagração é entre consagração pessoal e consagração objetiva (de coisas e lugares). A primeira nos insere ontologicamente em uma vida e exige uma resposta responsável; a segunda indica uma mudança de significado e de finalidade, com ou sem fundamento objetivo na coisa ou lugar consagrados. Convém observar que a consagração também admite uma graduação ou intensificação, e que em sentido lato pode se definir como consagrações não apenas os atos com os quais Deus ou a Igreja separam e reservam pessoas ou coisas para o seu serviço, mas também a oferta que o ser humano faz de si mesmo ou das suas coisas a Deus.

2. DETERMINAÇÕES. O ambiente moderno é bastante contrário a esse conceito ou, ao menos, exprime certas perplexidades que exigem um esclarecimento. Em pouco tempo passou-se da *consecratio mundi* (→ ANIMAÇÃO CRISTÃ DO MUNDO) a um vasto movimento de dessacralização das realidades e das estruturas, para redescobrir o sentido religioso das realidades profanas, ainda que hoje se assista a certo retorno ao sacro que deve ser, de algum modo, purificado em uma autêntica visão cristã. Igualmente, para esclarecer os diferentes planos e não reduzir a consagração a uma característica excessivamente estática, será útil rever a distinção entre sacro e santo.

a) *O sacro e o profano*. Em uma visão cristã da realidade do universo, podemos afirmar que tudo é sacro, enquanto toda a realidade traz em si mesma a impressão de Deus, é conservada no ser de sua providência e possui uma sua finalidade no único plano de salvação. Além disso, a tradição cristã, e atualmente um vasto setor do pensamento moderno, acentua o caráter cósmico da → ENCARNAÇÃO do Verbo como uma consagração de todas as realidades terrenas (conforme as palavras da liturgia romana no anúncio do Natal: *mundum volens piíssimo suo adventu consecrare*. Nessa linha desenvolve-se o pensamento de → TEILHARD DE CHARDIN).

A isto se opõe habitualmente outro filão do pensamento moderno, que embora afirmando a dependência das criaturas em relação a Deus reivindica a autonomia que lhes foi concedida pelo Criador e procura demitologizar toda a realidade mundana nos limites das suas leis naturais. É a redescoberta do profano.

Ambos os aspectos procuram focalizar a relação entre as criaturas e Deus, sublinhando sua dependência e autonomia. Desse modo, a noção de sacro e de consagração entra em um trilho de equilíbrio: pertence ao profano a realidade direcionada para a sua finalidade natural; é sacro, porém, tudo aquilo que vem de Deus e se insere no fim sobrenatural de seu culto e de seu louvor, por meio de Cristo e segundo a economia sacramental da Igreja. Em *GS* 36, o Vaticano II propõe a visão correta da total dependência das coisas em relação ao seu Criador e Senhor, e da autonomia das realidades criadas, que jamais pode ser uma total independência do plano de Deus na criação e em seu destino final para o bem do ser humano e para a sua glória.

b) *O sacro e o santo*. A noção de sacro exprime melhor a mudança ontológica sofrida pela pessoa ou coisa, assumidas por Deus para o seu serviço; a de santo evidencia mais o esforço ético de uma pessoa para adquirir a perfeição. Entretanto, na vida cristã ambas as realidades estão ligadas, visto que na base de toda santidade sempre existe a graça, que é sempre um elemento consagrante; vice-versa, toda consagração exige fundamentalmente um esforço ético de santidade. A distinção, todavia, permite estabelecer com mais clareza os diferentes conceitos, para mostrar de que modo, às vezes, pode existir mais santidade em uma pessoa não sacra (que não pertence aos estados de vida que possuem uma intensificação da consagração comum do batismo) do que nas sacras.

3. TEOLOGIA DA CONSAGRAÇÃO.

a) *Premissas bíblicas*. O Antigo Testamento coloca em relevo de que modo Deus escolheu para si determinados objetos, lugares e pessoas, a fim de dedicá-los ao seu culto. Entre as categorias de pessoas destacam-se os sacerdotes, os reis e os profetas; um sinal comum de sua pertença especial a Deus é o ritual da unção.

No Novo Testamento a consagração fundamental, síntese de todas as outras, é a da humanidade de Cristo. O Verbo de Deus assume, de modo indissolúvel, uma natureza humana, que permanece assim ligada e dedicada completamente a Deus. A revelação fala precisamente dessa unção de Jesus pelo Espírito Santo (Jo 10,36; At 10,38), ele é o Ungido por antonomásia (*Christos*), que encarna a tríplice função sacra de sacerdote, profeta e rei.

Dessa realidade fundamental que é a consagração da humanidade de Cristo por meio do Espírito, flui nos cristãos, que pelo batismo participam de sua vida, a unção que os consagra (cf. 2Cor 1,21; 1Jo 2,20.27); antes, essa consagração é tornada perene pelo selo do Espírito (cf. 2Cor 1,22; Ef 1,13). Por causa dessa consagração, toda a comunidade cristã torna-se, segundo as palavras de Pedro, "raça eleita, sacerdócio real, nação santa, o povo que Deus conquistou para si" (1Pd 2,9).

b) *Aspectos teológicos*. Dessas premissas bíblicas emerge uma série de deduções teológicas. Cristo, a Igreja e os cristãos são consagrados, dedicados expressamente ao culto ou louvor a Deus, separados do mundo, embora inseridos nas realidades profanas.

A realidade consagrante fundamental é a comunhão de vida com Cristo, que exige atitudes filiais de amor e de obediência ao Pai, no mesmo Espírito Santo que ungiu Jesus e consagrou os seus fiéis, denominados precisamente *cristãos*. O ato com o qual o ser humano é consagrado a Deus, portanto, não pode ser outro senão o batismo e o seu complemento sacramental, a crisma; por meio dessas duas realidades místicas, o cristão torna-se, em Cristo, propriedade de Deus, e participante da tríplice função própria das pessoas consagradas: o sacerdócio, a realidade, a profecia (*LG* 10-12); o caráter sacramental torna perene essa consagração.

Na Igreja, todavia, existe outra participação na consagração de Cristo absolutamente particular: o sacerdócio. Este se junta à realidade fundamental do batismo. Deus manifesta assim a sua vontade ainda mais determinada de uma separação do aspecto "profano" da vida cristã, para inserir mais estreitamente algumas pessoas em seu culto, tornando-as não somente consagradas mas consagrantes. É óbvio, então, que a consagração admite uma intensificação e também uma novidade de função, tornada ainda mais evidente pelo fato de que o sacerdócio tem na consagração episcopal a sua mais alta expressão (cf. *LG* 28; *PO* 2; *CD* 3).

Todas essas realidades são ontológicas; penetram no mais profundo do ser humano e possuem exigências pessoais que devem ser correspondidas a fim de que se desenvolvam os germens de santidade.

Na Igreja, porém, ainda existe outro gênero de consagração, que tem por objeto não as pessoas, mas as coisas e lugares que estão em estreita relação com a celebração do culto a Deus e, especialmente, com a celebração eucarística. Também aqui há uma graduação entre os diferentes tipos de consagração.

Muito especial é a consagração do pão e do vinho na Ceia do Senhor: esses elementos terrenos não só são subtraídos do uso profano e inseridos no culto divino, mas transformados substancialmente no corpo e no sangue de Cristo. Não é assim, todavia, nas outras consagrações litúrgicas. Um lugar é consagrado e torna-se uma igreja, um pedaço de mármore transforma-se em altar, uma taça e um pequeno prato tornam-se cálice e pátena. Essas realidades são separadas de seu uso profano e dedicadas ao culto a Deus; acontece uma mudança de significado e de finalidade, ainda que conservem o respectivo simbolismo natural que as torna capazes de significar uma nova realidade. Tornam-se coisas sagradas, dedicadas assim para sempre ao culto a Deus e, portanto, dignas de máximo cuidado e do maior respeito.

Na atual terminologia litúrgica da Igreja, dá-se preferência ao uso da palavra "bênção" ou "dedicação", reservando-se o termo "consagração" para pessoas, ainda que seja subentendido o conceito de dedicação de uma realidade ao culto divino e se invoque a bênção descente de Deus para a santificação de uma coisa ou de um lugar.

4. A VIDA RELIGIOSA COMO CONSAGRAÇÃO. A tradição da Igreja afirmou várias vezes que a profissão dos → CONSELHOS evangélicos também é uma consagração. Na Antiguidade cristã, e também hoje, a Igreja instituiu o ritual da "Consagração das virgens". Pertence à mais válida tradição eclesial considerar a vida religiosa como um gênero de consagração e a profissão religiosa, celebrada desde a Antiguidade no âmbito da liturgia, como um novo batismo. Santo Tomás define a → VIDA RELIGIOSA como uma total consagração ao serviço de Deus, e uma oferta de si mesmo à sua majestade (cf. *STh.* II-II, q. 186, a. 1c.).

O Concílio Vaticano II, retomando esse conceito, definiu a vida religiosa como uma consagração, em relação com a batismal, mas como um aprofundamento e uma plenitude dela (cf. *LG* 44.45). A doutrina conciliar redimensiona eficazmente o sentido da vida religiosa deslocando o acento do aspecto ético: *status perfectionis*, ao ontológico: *intimius consecrantur*. A novidade do enfoque foi unanimemente sublinhada pelos comentadores do texto. Não faltaram, todavia, ásperas críticas a essa posição, julgada ininteligível (como por exemplo, a de F. Wulf). A dificuldade é concretamente formulada na busca de um nexo satisfatório entre a consagração do batismo e a da profissão.

Essas dúvidas exigem um esclarecimento. Antes de tudo, o nexo entre consagração batismal e consagração religiosa quer indicar a única santidade do povo de Deus, e de que modo esta existe em gérmen na graça; toda forma de santidade nada mais é senão o desenvolvimento dos dons do batismo. Por outro lado, se no batismo a palavra "consagração" indica sobretudo a ação gratuita de Deus e o efeito causado na criatura, no duplo aspecto de morte e vida, na profissão religiosa, então, acentua-se a doação pessoal e o compromisso de desenvolver na *sequela Christi* as exigências mais íntimas de obediência ao Pai e de conformação com Cristo contidas fundamentalmente no batismo. Essa doação está ligada não à simples práxis dos conselhos evangélicos, e sim ao fato de que esses conselhos são os da → CASTIDADE, ↓ POBREZA e ↓ OBEDIÊNCIA, isto é, conselhos que comprometem a pessoa humana inteira até o mais profundo das suas exigências de amor, de domínio e de liberdade. Acrescente-se a isso que tais conselhos são ratificados por um voto, um compromisso feito a Deus como oferta de si mesmo, uma dedicação completa ao seu serviço, na qual, então, consiste a consagração. Além disso, esses votos são recebidos oficialmente pela Igreja, que os oferta a Deus em união com a oferta de Cristo.

O religioso torna-se, assim, uma pessoa sagrada, um cristão compromissado, diante de Deus e da Igreja, a viver o seu batismo, mas também marcado por Deus como alguém reservado para o seu culto e separado da atividade profana. Ainda que não faltem posições bastante diferenciadas em considerar a vida religiosa como consagração, convém observar alguns pontos fundamentais: a) a terminologia usada pelo Vaticano II falando da vida religiosa e a tradição litúrgica da profissão religiosa, até os nossos dias, coloca em relevo tanto o aspecto passivo da consagração (→ VOCAÇÃO, unção, dom do Espírito, posse) quanto o aspecto ativo (resposta, doação, dedicação); b) essa terminologia parece estar em continuidade com o aspecto batismal da profissão religiosa; uma mais íntima consagração da parte de Deus supõe o dom do Espírito de santidade que, solenemente, a Igreja invoca sobre os consagrados; c) convém destacar o nexo indissolúvel que existe na vida religiosa, como em outras consagrações de tipo pessoal, entre a consagração por intermédio do dom do Espírito e a missão para a qual habilita e impele o mesmo Espírito; d) alguns documentos pós-conciliares insistem justamente nesse aspecto da consagração na vida religiosa, chamada oficialmente "vida consagrada" no novo Código (cc. 573 ss.).

Ainda que a terminologia da consagração seja reservada pela CJC às formas típicas de vida consagrada (religiosos, sociedades de vida apostólica, Institutos seculares, eremitas, virgens consagradas), existem pessoas e grupos que desejam doar-se a Deus, por meio dos conselhos evangélicos, também em formas de vida associada, como frequentemente ocorre em alguns movimentos eclesiais contemporâneos.

Em estreita relação com a consagração batismal e a ideia bíblica de uma total dedicação a Deus no culto espiritual da vida, à imitação e por intercessão de → MARIA SANTÍSSIMA, pode-se também falar de uma consagração à Mãe de Deus por meio de um apropriado ato de devoção. A história conhece várias formas de consagração mariana e de dedicação a Maria, para viver com ela e como ela o compromisso cristão.

BIBLIOGRAFIA. CALABUIG, I. M. – BARBIERI, R. Consacrazione delle vergini. In: *Nuovo Dizionario di Liturgia*. Roma, 1984, 294-314; DE FIORES, S. Consacrazione. In: *Nuovo Dizionario di Mariologia*. Roma, 1986, 394-417; FINANCE, J. de. Consécration. In: *Dictionnaire de Spiritualité* II, 1.576-1.583; *La consacrazione religiosa*. Roma, 1985; RANQUET, J.-G. *Consacrazione battesimale e consacrazione religiosa*. Alba, 1968; THURIAN, Max. *La confirmation, consécration des laïcs*. Taizé, 1957; Unzione. In: *Dizionario di teologia Biblica*. Torino, 1965, 571-575.

J. CASTELLANO

CONSCIÊNCIA. 1. A CONSCIÊNCIA, FATO UNIVERSAL. Se uma pessoa suscetível se ofende em seguida a um meu comportamento, sem que eu tenha culpa, isso me desgosta. Mas, se quis ofendê-la, o desconforto que sinto será mais profundo. Sinto o remorso. A consciência me corrói. O fato é universal.

Com isto não se quer dizer que todos sentem remorsos pelas mesmas ações, porque nem todos possuem uma mesma escala de valores morais.

Obviamente falamos do ser humano normal. É interessante observar que também nos casos anormais — nos quais naturalmente não esteja completamente apagada a luz do intelecto — um lampejo de consciência é encontrado no bandido mais calejado. J. Klung, em seu sempre interessante livro *Le profondità dell'anima* (Torino, 1952, 315), após ter descrito o *curriculum* de um criminoso que parecia apresentar uma radical insensibilidade aos valores morais (*moral insanity*), assim comenta: "Endogeneticamente [isto é, constitucionalmente] pré-formado [por atos criminosos] significa que um homem, que possui tal conformação, *se* não crescer em um bom ambiente e sob constante vigilância, nem receber uma educação muito boa, pode transformar-se, com absoluta probabilidade, em um criminoso". Esse "*se*" nos revela as raízes profundas do fenômeno da consciência que não podem ser totalmente extirpadas.

2. HISTÓRIA PROFANA E HISTÓRIA SAGRADA. Sob o ponto de vista literário, o termo "consciência" apresenta uma documentação singular. Enquanto já por volta da metade do século V a.C. o fenômeno do remorso de consciência é bastante viva e plasticamente descrito nos trágicos gregos (cf. Erínias e Fúrias, divindades infernais que atormentavam os réus), o substantivo (*sun-eidêsis*) só aparece no ano 430 a.C. em Demócrito, com o significado da consciência que tem por objeto uma vida passada no mal. O substantivo está ausente em Aristóteles e em Platão, que logicamente não ignoram o fato como tal. Reaparece em torno de 240 a.C. em Crísipo, mas apenas com o significado de um conhecimento psicológico dos próprios atos. Só por volta do ano de 30 a.C., com a difusão do estoicismo, é que o termo adquire um exato sentido moral, mas também aqui, mais que como norma antecedente ou concomitante com a ação, como juízo consequente do mal praticado. Isto, por outro lado, foi o constante significado da língua grega popular, atestado pelos papiros.

No mundo romano, ligado ao ambiente estoico, Sêneca e Cícero descrevem com frequência e finamente o fenômeno da consciência.

São Paulo. Nesse mesmo ambiente cultural, São → PAULO utiliza amplamente essa noção. Parece certo, hoje, que o Apóstolo não extraiu de fontes históricas a doutrina sobre a consciência, mas sim de uma fraseologia então comum, como ocorre conosco ao usar um termo que se torna corrente após ter sido formulado por uma escola filosófica.

As afirmações de São Paulo podem ser reduzidas substancialmente às quatro seguintes: a) existência da consciência: no final da conhecida passagem que trata da lei natural (Rm 2,14-15); b) a constatação de que a consciência pode ser fraca ou enferma, ou, com um termo que se tornou clássico, errônea (1Cor 8,7.10.12; Rm 14); c) a necessidade de ter uma consciência certa antes de agir; é ilícito agir com a dúvida da liceidade daquilo que se está para realizar (Rm 14,23); d) particularmente nas cartas pastorais a Tito e a Timóteo, Paulo liga com insistência a reta consciência à fé íntegra, como a dizer que minimizando a fé cristã também se minimiza a consciência humana (1Tm 1,5.9; 3,9; 4,1-2; 2Tm 1,3-5).

Jesus Cristo. Pelo que narram os Evangelhos, Cristo não usou um termo correspondente a consciência. Isto não deve surpreender. Cristo fala do "→ CORAÇÃO", um termo bíblico com longo passado na história do povo de Israel: "É do coração que vêm os maus pensamentos, os homicídios e os adultérios...; essas coisas contaminam o homem" (Mt 15,19-20). O Deus que "perscruta os corações e sonda os rins" (Jr 17,10; Sr 42,18), que se lamenta porque o seu povo o honra com os lábios, enquanto "o seu coração está longe dele" (Is 29,13; Mt 15,8), que promete um coração novo — "tirarei de vossa carne o coração de pedra e vos darei um coração de carne" (Ez 36,25 s.) — é aquele Deus ao qual, após o pecado, Davi orou dizendo: "cria em mim um coração puro" (Sl 51,12).

Dos Padres da Igreja ao Concílio Vaticano II. Em coligação com as aquisições do pensamento grego e romano, vários Padres falam com frequência daquela consciência que resulta em um ato bom ou mau, descrevendo respectivamente o seu sentido de serenidade ou remorso. Por outro lado, não falta nos Padres a ideia de consciência como norma, que deve ser respeitada antes e durante a ação.

O seu ensinamento mais característico, talvez, é aquele que apresenta a consciência como a voz de Deus em nós.

Que fundamento possui essa expressão, que ainda hoje ressoa com frequência em nossa catequese? Já no mundo antigo — pensemos na tradição popular que atribuiu a Sócrates um deus (*daimôn*) presente em seu espírito — e ainda mais em escritores cristãos, como → ORÍGENES, a consciência aparece como a presença do divino na alma; a consciência moral era concebida como uma consciência mística, que implicava um sentimento de união e de fusão com uma realidade sobressensível. Não é o caso de pronunciar-se sobre o exato significado desse pensamento expresso em categorias bastante diferentes das nossas.

A alma da verdade, nessa concepção, era o sentido religioso da consciência. Sentido religioso que foi solenemente proclamado no último Concílio, na *Gaudium et spes*. Eis as duas afirmações mais explícitas: "A consciência é o núcleo secretíssimo e o sacrário do homem, em que ele está sozinho com Deus e no qual ressoa a sua voz" (16). "Com efeito, por sua vida interior, o homem excede a universalidade das coisas. Ele penetra nessa intimidade profunda quando se volta para o seu coração, onde o espera Deus, que perscruta os corações, e onde ele pessoalmente, sob os olhares de Deus, decide o próprio destino" (14).

3. A CONSCIÊNCIA E O DIÁLOGO COM DEUS. Como entender essas últimas expressões conciliares? Como podem se harmonizar com a conclusão de um dos melhores historiadores da consciência, J. Stelzenberger, que afirma: "A consciência não pode ser simplesmente indicada como 'a voz de Deus'" (cf. Coscienza, in *Dizionario Teológico*, 350)?

Na realidade, nem no âmbito da vida humana natural, nem no da vida cristã iluminada pela fé nos é dado, aqui embaixo, escutar diretamente, sem intermediação, a voz distinta de Deus. Deus está envolto na obscuridade, "Trevas e nuvens o cercam" (Sl 96,2).

Isto não impede, porém, afirmar que a pessoa do ser humano, saída das mãos de Deus criador, traz impressa a sua imagem, de modo que, quando a respeitamos e nos inserimos com boa vontade no jogo das leis da natureza humana, a nossa ação entra no plano eterno de Deus, realiza o plano de Deus, a nossa ação entra em contato com a ação de Deus naquele ponto da história.

Esse sentido do *agir cara a cara*, no último santuário da própria consciência pessoal, é fortalecido quando se reflete na ordem sobrenatural, que nos liga a Deus. Sabemos e cremos que Deus em sua bondade estabeleceu outro tipo de contato infinitamente superior ao natural: comunicou-nos a sua vida, desvelou-se a si mesmo, falou-nos diretamente. Desse modo, toda ação que entra na linha nesse plano divino tornar-se-á realmente uma resposta à sua vontade de amor, que quer estabelecer conosco uma relação pessoal de amor.

4. A CONSCIÊNCIA COMO JUÍZO DE AÇÃO EM UMA SITUAÇÃO CONCRETA. Até aqui, porém, ainda não abstraímos o fenômeno da consciência moral em seu aspecto característico. Quando pronuncio o juízo: "não é lícito matar um inocente", enuncio uma lei moral, que, todavia, ainda não é um julgamento que se refira à singularidade de uma ação ou de uma situação. Mais remotos ainda, com relação ao juízo referente a uma ação concreta, são aqueles juízos universalíssimos — porém não fundamentais — habitualmente percebidos por todos por uma espécie de intuição, como quando se diz: "é preciso fazer o bem e evitar o mal", "não devemos fazer aos outros aquilo que não queremos que nos façam".

Se, todavia, digo: "o ferido nesse acidente deve ser socorrido por mim agora", esse é um juízo de consciência, que aparece assim como o juízo moral referente a uma ação em uma situação concreta.

A sensibilidade do ser humano moderno foi-se acentuando cada vez mais em captar a singularidade das diferentes situações, até perceber um sentimento de repulsa contra as leis universais.

Foi nesse terreno que, nas últimas décadas, a começar pela Alemanha e por outros países anglo-saxões, desenvolveu-se a chamada "ética da situação". A expressão mais radical dessa ética consiste em rejeitar toda norma moral universal e absoluta, e em declarar que a norma do agir se reduz a uma livre decisão da pessoa, ou se ela decide de acordo com um projeto de vida livremente escolhido.

Essa forma de pensamento foi condenada pela Igreja, e o Concílio, embora não usando explicitamente a fórmula "ética da situação", na doutrina exposta no parágrafo da *GS* dedicado à consciência, opõe-se a ela.

Nem tudo é falso na ética da situação. No caso de uma lei positiva, cuja existência se fundamenta na vontade de um legislador (pensemos na lei da missa festiva), o cristão pode vir a encontrar-se em uma situação de dificuldade, não prevista nem previsível pela lei, que o justificará por obedecer à lei.

No campo da lei natural, devemos reconhecer que, em sua generalidade, ela está bem longe de dispensar a pessoa de buscar uma solução para uma determinada situação. Assim, a lei natural da justa retribuição do trabalho humano cria problemas contínuos para a sua aplicação em condições históricas que mudaram e que ainda irão mudar.

No caso, finalmente, de uma lei natural que proíba um ato como o homicídio, sua aplicação apresenta menores dificuldades, ainda que nem nesse setor faltem situações difíceis (como a de querer poupar um moribundo de uma agonia atroz), na qual o ser humano considera duro aceitar a lei do respeito à vida. Logo veremos de que modo, em alguns casos do gênero, a consciência pode cair no erro involuntário sobre a moralidade do ato.

5. A CONSCIÊNCIA E A DECISÃO ÚLTIMA DE FAZER O BEM. Vejo o bem, porém nem sempre o faço, porque escolho o mal. Esse fato, infelizmente incontestável, indica que não basta o reto juízo intelectual para fazer o bem. É preciso, por outro lado, uma vontade reta que impulsione o intelecto a emitir um juízo tão inabalável que vai comandar seguramente a minha ação. É esse o juízo da escolha, cujo mecanismo psicológico é absolutamente simples, mas que não se pode omitir, porque é exatamente na formação desse juízo, que leva à escolha do bem, que entra a → PRUDÊNCIA.

Deixando de lado as várias concepções mesquinhas que podem ter sido feitas sobre essa virtude, lembramos apenas que é a prudência quem age de modo a que nosso intelecto se pronuncie sobre o bem concreto a ser feito, formulando um juízo que, de saída, já foi aceito pela vontade, porque o último juízo que nos guia na situação concreta é formulado com a participação da vontade retamente formada.

Daí a conclusão de grande importância: nenhum ato bom pode ser feito sem a prudência, não só no sentido de que em todo ato se exige certo equilíbrio entre dois excessos opostos (que seriam a → TEMERIDADE e a → TIMIDEZ no caso da → FORTALEZA), mas no sentido de que só com a prudência disponho o meu intelecto e a minha vontade a fazer o bem segundo todas as exigências da situação concreta.

É fácil ver como se fundamenta, nesse breve parágrafo, todo o empenho pedagógico e pastoral da formação da consciência, da qual já podemos dar, antecipando o que diremos, as duas coordenadas essenciais: instrução intelectual ampla e profunda e desenvolvimento na vontade do amor ao bem.

Os fatos, porém, nos ensinam que a boa vontade também pode aliar-se ao erro. Que dizer, então, da consciência daquele que erra?

6. A CONSCIÊNCIA DE QUEM ERRA. O fato deve ter acontecido há alguns anos. Dois genitores dinamarqueses preferiram que seu filho morresse a permitir que lhe fosse feita uma transfusão de sangue. A sua convicção religiosa os fazia julgar essa intervenção intrinsecamente má. Aí está um caso de falso juízo de consciência.

Já São Paulo se ocupava bastante e amplamente com esse assunto, para esclarecer os cristãos de sua época no comportamento que deveriam assumir diante daqueles que, erroneamente, faziam distinção entre alimentos puros e impuros, entre a carne comum e aquela imolada aos ídolos (1Cor 8,10; Rm 14). Embora declarando infundada essa distinção para efeito moral, São Paulo exorta os cristãos a respeitar a consciência daqueles que se escandalizariam se fossem vistos comendo alimentos considerados impuros ou carne de animais sacrificados aos deuses.

O Concílio Vaticano II também não deixou de tocar no assunto da chamada consciência errônea: "Acontece não raro, contudo, que a consciência erra, por ignorância invencível, sem perder, no entanto, a sua dignidade. Isto, porém, não se pode dizer quando o homem não se preocupa suficientemente com a investigação da verdade e do bem, e a consciência pouco a pouco, pelo hábito do pecado, se torna quase obcecada" (*GS* 16).

Poderia parecer estranho que o Concílio fale de "dignidade" da consciência daquele que erra. Mas basta pensar que a pessoa humana não tem outro caminho para chegar à realidade e ao mundo de valores senão a sua capacidade cognoscitiva, para respeitar profundamente um eventual involuntário mascaramento das coisas na consciência do indivíduo. Essa posição não implica nenhum relativismo moral, porque sempre se supõe que a pessoa queira adequar-se a uma norma objetiva, que julga verdadeira, ainda que de fato seja falsa.

Sabe-se que na história da → SALVAÇÃO Deus permitiu não só o pecado dos homens, mas também o erro. É uma convicção crescente entre os estudiosos da Bíblia e entre os teólogos, que certos fatos do AT, como a poligamia e a destruição total do inimigo e de todos os seus bens, não foram autorizados por Deus, com uma dispensa particular. Trata-se, em vez, de um costume arcaico, como resulta de estudos sobre o ambiente cultural do antigo Oriente Médio, que o povo de Israel também tinha assimilado pacificamente. Assim, para um semita era uma coisa absolutamente natural que um homem abandonasse uma mulher estéril para desposar outra que lhe desse filhos. Deus, então, como sábio pedagogo, embora não aprovando esses comportamentos, em si errados, realizou "lentamente" a formação de seu povo que tinha se afastado dele, não exigindo imediatamente uma perfeição total, mas revelando, em etapas, sucessivamente, o ideal da vida do ser humano. Essa interpretação parece ter sido assumida pelo Concílio, quando lemos na *LG*: "Escolheu por isso a Israel como o Seu povo [...] e instruiu-o passo a passo (*gradatim*)" (n. 9).

Seria interessante, neste ponto, estudar o influxo do ambiente (histórico-social-cultural) na formação da consciência moral e, em particular, sobre as livres escolhas que o indivíduo tem de fazer. Contentamo-nos, porém, em remeter a um capítulo particularmente útil de P. Simon em seu livro de filosofia moral (*Morale, Filosofia della condotta umana*, Brescia, 1967, 101-108). Por outro lado, convém lembrar que o estudo do ambiente é o objeto de um ramo especial da ciência, que já se desenvolveu notavelmente, até ramificar-se posteriormente: é a sociologia, ciência complementar, mas necessária, para quem assume um ensinamento de religião e de moral.

Dois pontos cremos ser necessário fixar neste assunto.

O primeiro, extraímos de um dos documentos mais recentes em matéria social, a *Populorum Progressio*, em que a aguda tomada de consciência das condições materiais para o desenvolvimento da pessoa humana e dos povos não impede a Igreja de afirmar a parte de responsabilidade pessoal na formação da inteligência e da liberdade. "Ajudado, por vezes constrangido, por aqueles que o educam e rodeiam, cada um, sejam quais forem as influências que sobre ele se exerçam, permanece o artífice principal do seu êxito ou do seu fracasso: apenas com o esforço da inteligência e da vontade, pode cada homem crescer em humanidade, valer mais, ser mais" (n. 15).

O segundo ponto é a ajuda positiva que o cristão pode e deve receber do contato com pessoas de cultura e formação diferentes, para chegar à solução de problemas ainda não resolvidos e daqueles novos problemas que continuamente surgem na história da humanidade. Um texto do Concílio merece a mais atenta consideração: "Pela fidelidade à consciência, os cristãos se unem aos outros homens na busca da verdade e na solução justa de inúmeros problemas morais que se apresentam, tanto na vida individual quanto social" (*GS* 16).

Sobre esse critério retornaremos nas indicações que daremos no final destas páginas sobre a formação da consciência.

Entrementes, as últimas palavras do Concílio nos permitem entender que questões não deixarão de existir, cuja solução não é certa, mas dúbia. O que fazer em caso de dúvida de consciência?

7. A DÚVIDA E A PROBABILIDADE. São Paulo já advertia os cristãos de Roma: "Ora, tudo que não procede de uma convicção de fé [sobre a sua liceidade] é pecado" (Rm 14,23). Um exemplo: durante uma caçada, entrevejo alguma coisa que me parece ser um animal... Mas tenho uma dúvida: poderia ser um homem... Se atiro — responde a moral clássica — sou réu de homicídio, mesmo que depois me desse conta de ter atingido somente um animalzinho. Concretamente é possível que a pouca percepção e a "confusão" do momento diminuam notavelmente a gravidade da culpa, mas permanece sempre verdade que, agindo com a dúvida sobre a liceidade de um ato, declaro-me disposto a aceitar a culpa, no caso de ela realmente existir.

Admitida a obrigação de obter a devida certeza antes de agir, surge espontaneamente a pergunta: qual é o grau de certeza exigido? É claro que isto depende da diferente gravidade dos casos. É diferente a certeza que se exige do médico que prescreve um medicamento forte a um paciente daquela do professor que concede uma licença elementar, com um pouco de incerteza sobre a idoneidade do aluno.

A certeza moral, na realidade, não possui nem o rigor de uma certeza física, nem o da certeza metafísica. Estou apenas moralmente convicto de que um grande amigo não me pode trair, porque sempre existe uma possibilidade de que efetivamente ele me possa trair. Se, contudo, viesse o dia em que eu quisesse apropriar-me de alguma coisa sua, a certeza de que ele não irá considerar a minha ação como um furto possui uma diversidade de graus: posso ter a certeza de que ele é apegadíssimo àquele objeto, como também posso ter certa fundamentada certeza de que está disposto a dá-lo de presente a mim.

Que dizer se tivéssemos somente a probabilidade sobre o valor moral da ação a ser praticada? É conhecido o debate, ocorrido há alguns anos, sobre a possibilidade de que as mulheres congolenses — que se encontravam nas zonas tomadas pela rebelião — pudessem tomar medidas "anticoncepcionais", para evitar o perigo de uma gravidez em caso de violenta opressão. Alguns teólogos responderam que, se não era correto, ao menos era solidamente provável que aquilo pudesse ser feito naquelas circunstâncias.

Diferente, todavia, é a posição dos chamados "tucioristas", que querem pôr a salvo (lembrar o termo latino *tutus*) a observância da lei. Sustentam que enquanto não tiver a certeza (moral) de que determinado ato é lícito devo abster-me de praticá-lo.

Essa questão suscitou uma disputa secular e foi ocasião para um enorme número de publicações. Como a Igreja, porém, não condena o princípio do probabilismo (que afirma: posso seguir uma opinião fundadamente provável sobre a liceidade de determinado ato, ainda que surja outra mais provável sobre a sua iliceidade) e como vários pensadores católicos, profundamente religiosos e de intensa vida espiritual, sustentaram a liberdade de agir desde que não conste, com certeza, a imoralidade de um ato, essa posição pode ser seguida.

8. DEFORMAÇÕES DA CONSCIÊNCIA. Citaremos somente duas delas, que são como extremos de uma consciência que funciona mal: o → ESCRÚPULO e a insensibilidade moral.

a) Alguns veem e vivem a vida moral como um conjunto de torturantes complicações. São os escrupulosos, que enxergam em toda parte o sinal da culpa. O rapaz chega em cima da hora no colégio, porque teme pecar se lhe acontecer de escutar algum palavrão... A senhora não se aproxima da comunhão, porque sempre receia mastigar a hóstia...

Quais são as causas desse fenômeno? Sem poder penetrar na diversidade das várias escolas psicológicas, parece-nos registrar certo acordo geral sobre o que se segue. O escrúpulo implica uma fraqueza nervosa (psicastenia), uma falta de energia psíquica pela qual o indivíduo se torna incapaz de dominar e de reagir diante de um determinado conteúdo da consciência. A pessoa fica como que subjugada, acorrentada por uma representação de culpa, que adquire a força de uma fixação, de uma obsessão. O escrúpulo apresenta-se, então, como uma fútil ideia obsessiva de culpa em um indivíduo psicastênico.

Progredindo nas investigações da psicologia das profundezas, chegou-se a estabelecer que as causas mais profundas do escrúpulo são de ordem emotiva. Assim, se uma criança teve, nos primeiros anos de vida, um pai perfeccionista e rigorista, a sua afetividade permanecerá impregnada disso, a ponto de influir em seus juízos morais na idade adulta. Este último destaque nos parece importante pela influência que podemos ter na cura de um escrupuloso, que não apresente uma forma tão aguda a ponto de precisar de um psicoterapeuta. Não se trata de pedir-lhe drasticamente que não se julgue culpado, porque a sua emotividade perturbada o levará ainda por longo tempo a sentir-se mal. Trata-se, porém, de estabelecer com o escrupuloso uma tal relação pessoal, pela qual ele, sentindo que pode confiar-se em seu consulente, se abrirá com ele, amadurecendo, assim, a sua afetividade, que, finalmente equilibrada, lhe permitirá ter um juízo equilibrado no setor da vida moral.

b) *A insensibilidade moral.* Já aludimos ao problema de uma radical insensibilidade moral, ligada à constituição biopsíquica do indivíduo. Parece que isto deva ser excluído, na medida em que a pessoa apresenta um determinado grau de capacidade cognoscitiva racional. É interessante observar como nos casos anormais a consciência moral se apresenta qual fator de resistência notável: "Nas doenças mentais a consciência moral constitui o fator mais resistente que às vezes sobrevive à ruína da inteligência e brilha de improviso, após ter sido aparentemente extinta. [...] Longe de ser, como pensa Freud, uma espécie de freio artificial, resultante da simples intromissão da oposição social, a consciência moral [...] apareceu [a H. Baruk, aqui citado] como o elemento mais profundo da natureza humana, o elemento que é impossível desconhecer, e que tem como papel, se for seguido, proporcionar paz e serenidade, e se for deixado, determinar as mais assustadoras reações individuais e sociais" (ZAVALLONI, R. *La libertà personale nel quadro della psicologia della condotta umana.* Milano, 1956, 142).

9. FORMAÇÃO DA CONSCIÊNCIA. a) Discernir a vontade de Deus no momento presente: eis um primeiro grande objetivo a ser alcançado na ação pedagógica e pastoral da educação da consciência. O programa é admiravelmente traçado por São Paulo na Epístola aos Romanos: "Sede transformados pela renovação da vossa inteligência, para discernirdes qual é a vontade de Deus: o que é bom, o que lhe é agradável, o que é perfeito" (Rm 12,2). Essas palavras estão bem longe de fazer-nos conceber a nossa vida como uma simples conformidade a modelos morais estandardizados. A consciência me revela aquilo que é a única vontade de Deus, em um momento único da vida, a mim, pessoa única no mundo.

O sentido de Deus, portanto, situa-se na base da formação da consciência; mas sobre esse assunto somos obrigados a remeter à teologia dogmática. Relembramos somente que uma adequada exposição da mensagem cristã deveria permitir superar o que escreveu o psicanalista Hesnard, que redescobriu a causa da angústia da culpabilidade na concepção de um Deus tirano e cruel. Por outro lado, uma consciência cristã amadurecida não esconde as inexoráveis exigências da justiça divina, que se manifesta quando o ser humano se levanta contra a ordem da criação desejada por Deus.

b) Hoje, mais que ontem, não nos é dado viver em um ambiente criado por consciências religiosas. Daí um segundo empenho na formação da consciência. É preciso superar o tipo de consciência restrita, fechada, preocupada apenas em proteger um tesouro que se vê constantemente ameaçado. É preciso preparar a consciência para o diálogo com os não católicos, com os que não creem. A encíclica *Ecclesiam suam*, e depois o Concílio, explicitaram essa exigência, que, sem dúvida, constitui o mais significativo "sinal dos tempos".

Nesse ponto São Paulo também nos oferece uma linha a seguir: "Examinai [isto é, estudai para conhecer] tudo com discernimento, conservai o que é bom" (1Ts 5,21). Não podemos dar, aqui, as normas pedagógicas para preparar o aluno para uma gradual exploração de tudo o que o cerca. A graduação, sem dúvida, deve ser observada, justamente para que o rapaz, feito adulto, possua uma medida com a qual possa julgar e, consequentemente, considerar só o que é bom. Emerge, aqui, o velho problema do valor de uma autoridade magisterial: que dever possui a autoridade social na formação da consciência pessoal?

c) A autoridade, especialmente a da Igreja, desejando apenas ser a intérprete autêntica e fiel do ensinamento de Cristo, nada mais é senão uma ajuda — certamente indispensável — para garantir a fidelidade e a concordância de nossa vida com a de Cristo. Relembre-se, aqui, a distinção entre magistério infalível e magistério autêntico, ambos exigindo a nossa aceitação, ainda que o segundo possa sofrer mudanças no decorrer da história.

O Concílio nos oferece duas normas, que se integram mutuamente. De um lado, declara: "No que diz respeito às atividades e instituições de ordem temporal, é função da hierarquia eclesiástica ensinar e interpretar autenticamente os princípios de ordem moral que devem ser seguidos nos assuntos temporais" (*AA* 24); e, de outro, diz aos sacerdotes: "Ouçam com gosto os leigos, apreciando fraternalmente seus desejos, reconhecendo sua experiência e competência nos diversos campos da atividade humana, para poder, junto com eles, verificar os sinais dos tempos" (*PO* 9).

A formação da consciência não deve excluir, portanto, aquela adaptabilidade e abertura às vozes que provêm do supremo magistério desejado por Cristo, e deve, ao mesmo tempo, compromissar o cristão a assumir aquelas tarefas específicas nos vários setores leigos, nos quais a variedade das situações temporais implica uma capacidade sempre renovada de discernir a vontade de Deus em um determinado momento histórico.

BIBLIOGRAFIA. CAPONE, D. *Teologia morale fondamentale*. Roma, 1983; CIPRIANI, S. *La coscienza in san Paolo*. In: *Antropologia biblica e morale*. Napoli, 1972, 95-121; DELHAYE, P. *La coscienza morale del cristiano*. Roma, 1968; GUARDINI, R. *La coscienza*. Brescia, 1961; HAEFNER, H. *L'esperienza della colpa e la coscienza*. Roma, 1958; HÄRING, B. *La legge di Cristo*. Brescia, 1961, 187-197; *La coscienza morale oggi*, Roma, 1987; PALAZZINI, P. *La coscienza*. Roma, 1961; QUARELLO, E. Coscienza, libertà e morte dell'uomo. In: *La Chiesa e il mondo contemporaneo nel Vaticano II*. Torino-Leumann, 1966, 453-477; SCHILLEBEECKX, E. *Dio e l'uomo*. Roma, 1967, 394-429; SIMON, R. *Morale. Filosofia della condotta umana*. Brescia, 1967; STELZENBERGER, J. Coscienza. In: *Dizionario Teologico*. Brescia, 1966, 340-351; VALSECCHI, A. Coscienza. In: *Dizionario Enciclopedico di Teologia Morale*. Roma, 1973, 148-164 (com abundante bibliografia).

E. QUARELLO

CONSECRATIO MUNDI ⇨ MUNDO e ⇨ ANIMAÇÃO CRISTÃ DO MUNDO.

CONSELHO (dom do). O dom do conselho é o quarto dos dons intelectuais, com a sabedoria e a ciência. É assim definido por Tanquerey: "O dom do conselho aperfeiçoa a virtude da prudência, fazendo-nos julgar pronta e certamente, por uma espécie de intuição sobrenatural, aquilo que convém fazer, especialmente nos casos difíceis" (*Compendio di ascetica e mistica*. Roma, 1960, 806, n. 1.321).

Uma breve análise dos elementos da definição nos fará compreender a natureza, o campo de ação e as exigências do dom do conselho.

1. "A virtude da prudência, seja a infusa, seja a adquirida", diz Tomás, "dirige a mente do ser humano segundo aquilo que ela pode compreender seguindo a sua luz natural" (*STh*. II-II, q. 52, a. 1 a 1). Pela prudência o batizado age segundo o modo de proceder do intelecto, isto é: *per inquisitionem rationis* ("com a ajuda da razão", *Ibid.*); a qual mede o pró e o contra, leva em conta o passado, prevê o futuro, estuda o presente, aconselha-se com pessoas prudentes. Não se age desse modo com o dom do conselho. "Mas", prossegue Tomás, "visto que a inteligência não pode saber nem prever as coisas particulares e incertas, [...] por isso precisa ser iluminada e dirigida por Deus, que tudo sabe e tudo entende" (*Ibid.*). O batizado, ainda que se esforce para agir prudentemente recorrendo à reflexão, pode, todavia, ficar frequentemente na dúvida sobre a perfeição de seu agir em determinados casos concretos.

Essa incapacidade de saber perceber o modo correto é expressa com muita eficácia na passagem da Sabedoria, também citada por Tomás, na questão dedicada ao dom do conselho: "Os pensamentos dos mortais são hesitantes, precárias nossas reflexões. O corpo, submetido à corrupção, entorpece a alma; o invólucro de terra é um fardo para o espírito solicitado em todos os sentidos. Já temos dificuldade em representar-nos as realidades terrestres, mesmo o que está ao nosso alcance, descobrimo-lo com esforço. E as realidades celestes, quem as explorou?" (Sb 9,41-16).

O dom do conselho possui exatamente o ofício de "acalmar, como bem diz Santo Tomás, a ansiedade da dúvida" (*STh*. II-II, q. 52, a. 3). A ação do Espírito Santo concede à alma que a recebe com docilidade certa luz especial, semelhante à intuição do gênio, que lhe proporciona a faculdade de julgar e de dispor-se para a ação "pronta" e "certamente": ou, como diz ainda melhor Tomás: "… como se tivesse pedido conselho a Deus" (*STh*. II-II, q. 52, a. 1 a 1).

Sob a ação do dom do conselho, a alma experimenta uma espécie de íntima segurança, como alguém que se sente em conformidade com a vontade de Deus.

2. Convém acrescentar, porém, como observa Giovanni di San Tommaso, que o dom do conselho não exclui o recurso à reflexão, à oração e à consulta às pessoas prudentes: tudo isto, com efeito, é também o objeto da inspiração do Espírito Santo. "*Communiter*", afirma Giovanni di San Tommaso, "*illuminatio Dei fit dependenter ab aliis*" (Conseil, in *Dictionnaire de Spiritualité* II, 1.589-1.590). Disto resulta que nem sempre é função própria do conselho revelar-nos quais sejam os desejos de Deus, mas sim ajudar-nos a fazer pronta e tranquilamente a sua vontade. A *sedatio anxietatis dubii* consiste, antes de tudo, em aceitar alegre e humildemente essa possível e conatural falta de luz plena e limitação (cf. *Ibid.*, 1.590). Muitas determinações dos santos são características desse modo de agir: confrontar, por exemplo, as longas dúvidas de Inácio sobre a legislação referente ao voto de pobreza (cf. *Autobiografia* e *Diário*, Firenze, 1959, 159-167).

3. As ocasiões nas quais se faz necessário o dom do conselho são numerosas, como também são muitas as que podem levar a alma à crise e à dúvida. Podem referir-se tanto à atividade pessoal quanto à social.

Para ser mais concretos e úteis citamos alguns exemplos: de que modo se pode conciliar, no caso de uma pessoa que vive em comunidade, as exigências de sua formação intelectual e espiritual, impostas como determinado e racional dever, com os pedidos de prestação em favor da vida comunitária? Como equilibrar a generosidade e a caridade em servir aos membros de uma comunidade, com as exigências da pobreza religiosa? Até onde deve chegar a caridade e onde deve começar a pobreza? Como saber distinguir onde terminam a ordem e a elegância dos filhos de Deus e onde começa a vaidade? Onde a doença psicológica do alarmismo e a delicadeza de consciência? Onde a morbidez e o obrigatório cuidado com o corpo?

E, no que se refere à atividade social, como fará um superior para saber aplicar, nos casos concretos, a teoria, abstratamente certa, sobre a necessidade de conciliar a bondade e a fortaleza, a educação com o bom uso da liberdade e a observância regular da disciplina, a prudência no serviço e a simplicidade da pomba, a educação para o reto uso do prazer e das criaturas e a necessidade de abnegação? Como saber discernir — em um período histórico como o nosso, no qual tudo evolui e muda, tudo é posto em discussão — aquilo que é essencial nas coisas, para conservá-lo, porque é intangível, e o que há de acidental, para deixá-lo? Como saber "dialogar" com as pessoas e com as doutrinas, sem ceder em nada sobre a verdade e sobre a puríssima doutrina evangélica?

Nessas e em tantas outras circunstâncias da vida, se a pessoa quiser agir evangelicamente tem absoluta necessidade do dom do conselho que, exatamente por suas intervenções intempestivas, é chamado "o mestre da hora".

4. A exemplo de todos os outros dons, o dom do conselho também corresponde a um dom de Deus. Mas Deus também quer que a alma se prepare pela oração, pelo desapego e, sobretudo, pela eliminação da chamada atividade natural, que consiste em todo movimento, ação ou pensamento que não obedeçam à grande lei da vida cristã fixada por Paulo: "Com efeito, todos aqueles que são guiados pelo Espírito de Deus são filhos de Deus" (Rm 8,14). Um ato não precedido, acompanhado e seguido pelo vivificante e edificante influxo do Espírito Santo, não tem a impressão certa, não se pode chamar cristão; queremos dizer: não possui o "sinal" da perfeição, não é integralmente cristão. Geralmente é a atividade pessoal que prevalece: é o nosso eu que faz planos, modifica e executa independentemente da ação do Espírito Santo e, portanto, também em detrimento dela. O Espírito Santo não é, como deveria ser, o coprincípio de todo o nosso pensar, amar, operar: é um grande estranho, um ausente. Daí a necessidade de habituar-se, por meio de um exercício assíduo, longo, incansável, a mortificar e a controlar aquela iniciativa pessoal e instintiva que nos leva a agir de modo independente, sem ter antes consultado o Espírito Santo, que, em vez, deve tornar-se, como dissemos, o "mestre da hora", isto é, da circunstância concreta.

BIBLIOGRAFIA. Conseil. In: *Dictionnaire de Spiritualité* II, 1.583-1.592; Dons du Saint Esprit. In: *Dictionnaire de Théologie Catholique* IV, 1.745-1.746; PHILIPON, M. M. *Les Dons du saint Esprit*. Paris, 1963, 251-267 (vers. it. Milano, 1965).

A. DAGNINO

CONSELHOS. O conselho é uma exortação, um convite que propõe uma escolha sem impô-la, deixando plena liberdade. Quando se fala de conselho não se pretende colocar em questão a obrigação do amor e o ideal da santidade aos quais todos, por vocação intrínseca, são chamados. Tudo aquilo que for necessário para esse escopo é obrigatório para o cristão, isto é, é "preceito".

No Evangelho aparece uma dupla categoria de "conselhos". Os primeiros, que chamaremos "positivos", referem-se a certos atos de amor que supõem já certa perfeição alcançada; são exigidos pela perfeição da caridade e, ao mesmo tempo, são condição para um seu posterior aumento. Em outras palavras: enquanto não impostos a todos, são conselhos, mas enquanto meios necessários para o aumento da caridade entram na obrigação geral de tender à perfeição do amor e, então, são preceitos para os que são capazes de observá-los.

A segunda categoria de conselhos, que chamaremos negativos (enquanto neles aparece em primeiro plano o aspecto de renúncia, que, de resto, não é o principal), referem-se a meios particulares de perfeição, propõem determinadas formas de renúncia e removem certos potenciais obstáculos ao exercício da caridade. Dessa natureza são os chamados conselhos evangélicos: não dizem necessariamente maior perfeição de amor, mas apenas certo modo particular de praticá-lo e salvaguardá-lo.

1. CONSELHOS EVANGÉLICOS. A nossa natureza, após o pecado original, encontra-se em uma situação particular: à primitiva harmonia de todas as potências humanas sucedeu a tríplice desordem da qual fala São João (1Jo 2,16).

Todas as coisas "boas" que Deus criou podem, assim, tornar-se motivo de obstáculo, mais que de elevação. Mas, com a graça de Deus e a prudência pessoal, o ser humano deve saber aproveitar as coisas deste mundo como meio de elevação humana e de glorificação divina. Existem vários graus de uso prudente das coisas, segundo a condição social, as circunstâncias concretas, a vocação de cada um. A cada um o Senhor dá o seu carisma e guia com a sua graça, sempre no respeito fundamental do preceito único do amor.

Entre as numerosas e várias vocações para viver o amor cristão existentes na Igreja de Cristo existe a dos que se sentem chamados a renunciar ao uso radical de certos bens e, assim, garantir para si uma maior liberdade no exercício do amor.

Neste mundo, o ser humano tem direito de possuir como suas determinadas coisas. Tem necessidade disso para salvaguardar a sua liberdade e viver em digna independência. No corpo e na alma, ele foi criado tendo em vista o matrimônio. Recebeu inteligência e vontade para que se desenvolva e aperfeiçoe pela realização das suas livres iniciativas. No entanto, há pessoas que, por clara inspiração divina, renunciam a esses valores e vivem em perfeita continência, pobreza e obediência, para imitar mais perfeitamente e seguir mais de perto a Jesus Cristo, que foi pobre, despojou-se a si mesmo, e fez-se obediente até a morte de cruz (cf. *LG* 44).

Esses são os conselhos evangélicos por excelência. Com efeito, quando se fala de conselho, é deles que se fala.

Hoje, o termo "evangélico" atribuído a esses três conselhos é posto em discussão por algumas pessoas, enquanto há muitos outros que podem dizer-se, igualmente, evangélicos; obviamente, é questão de terminologia. O próprio Concílio não teme exprimir-se desse modo, já tradicional e universal. Mas se tal expressão for tomada no sentido de conselhos fundamentados diretamente em afirmações do Evangelho, como em geral foi feito, então parece que a contestação possua um seu fundamento. O próprio modo de agir do Concílio no-lo faz entender. Na primeira redação da *Lumen gentium* (c. 6) eram citados explicitamente textos da Escritura para cada um dos conselhos evangélicos. No texto definitivo, essas citações foram suprimidas e substituídas pela expressão "conselhos evangélicos [...] fundamentados nas palavras e nos exemplos do Senhor" (n. 43). Com efeito, sabemos que os exegetas modernos são muito mais cautelosos que antes ao afirmar que os conselhos evangélicos se encontram tais e quais no Evangelho.

É óbvio que a vida inteira de Cristo é um dom total de si à vontade do Pai, mas esse mesmo dom de si é exigido de todos os cristãos, casados ou não. Também nas passagens que se referem à castidade (Mt 19; 1Cor 7) os exegetas modernos estão muito menos certos que antes. Quanto à pobreza, certamente Jesus demonstra uma preferência explícita por ela. Diz ao jovem rico: "Vá, vende tudo o que tens, e dá aos pobres" (Mt 19,21). Mas, tomado ao pé da letra, esse conselho não se realiza nem na vida religiosa, na qual muitos consideram a radical propriedade dos seus bens, sem por isto deixar de ser religiosos, ou seja, compromissados em viver os conselhos evangélicos de obediência, castidade e pobreza.

Isto não significa que tais conselhos sejam uma invenção humana. O próprio Concílio, depois de afirmar que são fundamentados "na palavra e nos exemplos do Senhor", afirma claramente a sua origem divina, declarando que eles "são um dom divino que a Igreja recebeu de seu Senhor, e conserva sempre com a sua graça" (*LG* 43).

Em sua essência, os conselhos evangélicos nada mais são senão o convite específico para um amor total, vivido através da renúncia incondicional àqueles bens que estimulam e ocasionam o aumento daquela tríplice e fundamental desordem a que aludimos, que é a causa da morte do amor. Visto que a tríplice concupiscência ataca intimamente toda a natureza e todas as suas tendências mais profundas e vitais, parece evidente que o campo dos conselhos abrace praticamente todas as manifestações da vida humana, referentes tanto ao espírito quanto ao corpo, e as realidades externas. "Eles resumem em si, de algum modo, todas as virtudes e todos os conselhos. Completando-se entre si, compreendem toda a existência e a transformam, conferindo-lhe como lei o programa completo de uma integral imitação de Cristo" (Carpentier). Visto que essa renúncia radical é feita para um mais radical compromisso de amor, ela adquire o significado de uma consagração especial da pessoa inteira a ele.

2. CONSELHOS E PERFEIÇÃO CRISTÃ. a) *Os conselhos evangélicos como via peculiar para a perfeição.* A perfeição cristã consiste, em si e essencialmente, no amor a Deus e ao próximo (→ CARIDADE); secundária e instrumentalmente, nos preceitos e nos conselhos enquanto meios para adquirir a caridade e exercitá-la (*STh.* II-II, q. 184, a. 3). Assim, tanto preceitos quanto conselhos não são a perfeição, mas simples meio para alcançá-la; tanto um quanto outro são direcionados para a caridade, mas de modo diferente: os preceitos conduzem à perfeição do amor, favorecendo o seu exercício e removendo os obstáculos incompatíveis com ele; os conselhos conduzem ao mesmo fim, removendo os impedimentos que, embora não sendo contrários ao amor, todavia tornam difícil o seu exercício, como os cuidados com a família e a administração dos bens temporais. Parece claro como os conselhos são um meio muito eficaz para alcançar a perfeição, justamente porque libertam de numerosas preocupações que geralmente tornam problemático aplicar-se às coisas do espírito. Dada a nossa limitação, não podemos, com efeito, empenhar-nos em várias coisas ao mesmo tempo; por outro lado, é bastante difícil e quase impossível para o ser humano ocupar-se com as realidades temporais sem sentir-se envolvido por elas. Ora, a prática dos conselhos arranca exatamente pela raiz esse perigo. A pobreza liberta das preocupações causadas pela necessidade e pelos perigos inerentes ao uso das coisas exteriores; a castidade, de preocupações semelhantes e perigos derivados da vida de família; e a obediência, dos perigos ainda mais universais e profundos da independência e liberdade descontrolada. Desse modo, pela prática da castidade, pobreza e obediência fica bastante facilitada a progressiva libertação dos obstáculos para o perfeito e livre serviço a Deus e ao próximo na caridade, pela vitória sobre a tríplice concupiscência — dos olhos, da carne e da soberba — e a derrota dos ídolos da avareza, da sensualidade e do orgulho.

É tão grande a excelência dos conselhos evangélicos que às vezes se cai na tentação de estimá-los em si mesmos, esquecendo que eles não são um fim, mas somente um meio, eficaz, como se queira, mas sempre meio. Quem, portanto, vive na prática dos conselhos sem alcançar um maior amor, está em uma condição pior que aquele que observa somente os preceitos, porque vive na renúncia de bens reais e importantíssimos sem alcançar outros maiores, isto é, em um perigoso vazio que só pode produzir desastrosas consequências.

b) *Os conselhos evangélicos, manifestação de perfeição.* Dissemos que os conselhos não são a perfeição, mas uma via para ela; devemos acrescentar que também são sua manifestação, porque é evidente que a sua prática inclui e supõe, proporcionalmente à perfeição com que são vividos, a prática de um grande amor e de numerosas outras virtudes. O ato de caridade é um dom de si; quanto mais essa virtude for elevada, mais o dom será total; vice-versa, o dom total é um sinal manifesto de sua perfeição. Justificadamente, o Concílio Vaticano II apresenta a prática dos conselhos como "um esplêndido testemunho e magnífico exemplo" (*LG* 39). A pobreza evangélica, com a renúncia total aos bens da terra, supõe uma confiança ilimitada e um completo abandono ao Pai, que só é proporcionado pelo amor. As limitações, privações e austeridades que ela insere favorecem e colocam naquele estado de humildade característico dos "pobres de YHWH", que é a condição que abre a alma para o amor divino. Por outro lado, ela indica a presença do desprendimento de si e de abertura para os outros, o verdadeiro fundamento da caridade fraterna. Quando não se possui nada, qualquer lugar é a sua casa; por isso São → FRANCISCO DE ASSIS sentia e chamava todas as coisas de irmãs.

Também a castidade, e de modo ainda mais eloquente, é a manifestação de uma grande caridade para com Deus e o próximo. O amor humano, de um homem a uma mulher com a sua família, é um bem imenso e constitui uma aspiração profunda de todo o nosso ser: quem renuncia a isso livre e conscientemente, só pode fazê-lo por um amor superior. Por outro lado, quem possui essa maior liberdade e disponibilidade interior pode alcançar uma fecundidade espiritual e uma aproximação com os irmãos tais de tornar-se uma das manifestações mais eficazes e profundas do amor ao próximo.

A obediência evangélica é a aspiração a uma união constante, sem limites, com os desejos do Pai; ora, isto nada mais é senão amor, que significa exatamente "união constante da vontade". Essa obediência, enquanto compromissa não somente algumas atividades bem determinadas mas a vida pessoal inteira, também supõe como fundamento uma fé de filhos que acreditam em uma providência paterna, em cada detalhe da sua existência. Esse estado de obediência e de fé não pode deixar de favorecer e manifestar o amor fraterno que nos une a todos, em uma comunidade de filhos do mesmo Pai sumamente amado. Isto explica por que, onde os conselhos evangélicos são vividos por diferentes pessoas juntas, formam com elas "uma comunhão de amor", isto é, verdadeira Igreja que é "mistério de comunhão".

c) *Os conselhos evangélicos, exigência de perfeição*. Visto que os conselhos são uma via singular para a perfeição do amor e também uma sua manifestação, resta ver se são também uma exigência. Isto é, se a caridade perfeita exige e inclui a observância dos conselhos evangélicos.

O espírito dos conselhos. É certo que a observância "segundo o espírito" de tais conselhos está necessariamente ligada à perfeição da caridade e exigida pelo espírito de renúncia e de desprendimento interior que Cristo pede a todos os seus seguidores, os quais devem viver na mais absoluta disponibilidade e estar sempre prontos a abandonar tudo e todos por seu amor. As bem-aventuranças, que constituem a carta magna do cristianismo e o fim para o qual todo cristão deve tender, os contêm muito explicitamente. Após ter explicado aos coríntios o conselho da castidade e de ter enfocado a sua não obrigatoriedade, São Paulo assim se dirige aos fiéis: "Eis o que digo, irmãos: o tempo se abreviou. Doravante, aqueles que têm mulher sejam como se não a tivessem, os que choram como se não chorassem, os que se alegram como se não se alegrassem, os que compram como se não possuíssem, os que tiram proveito deste mundo, como se não aproveitassem realmente. Pois a figura deste mundo passa" (1Cor 7,29-31). Uma alma que sente verdadeiramente o amor de Deus, e está plenamente convicta de sua vocação, ainda que não seja chamada a praticar o conselho da castidade ou da pobreza, não pode deixar de cultivar o desprendimento interior das coisas deste mundo.

A prática efetiva. Pelo Evangelho resulta claramente que nem a todos é dada a graça e nem se exige a prática efetiva dos conselhos evangélicos. São uma via para a perfeição de particular eficácia, mas, exatamente por isto, também mais difícil; para aventurar-se neles será preciso um chamado e um → CARISMA particulares. Parece evidente, portanto, que a sua prática seja necessária para alcançar a perfeição cristã. Já notamos, todavia, que eles são não só uma "via" mas também "sinal" de grande amor; podemos, pois, fazer-nos a pergunta: o amor, uma vez alcançada a perfeição, exige ser manifestado também pela prática dos conselhos? Uma reflexão sobre a psicologia do amor pode abrir-nos o caminho para a resposta. Quando alguém está fortemente tomado pelo amor e pelo desejo de uma coisa, subordina a isso todas as outras coisas. Do fato, portanto, que o cristão tenda ardentemente, de todo o seu coração, para Deus (e nisto está exatamente a perfeição) resulta que ele seja impelido a deixar tudo aquilo que possa retardar esse impulso, isto é, não só o cuidado e a preocupação com as coisas materiais e a família, mas também consigo mesmo (TOMÁS DE AQUINO, *C. Gent.* III, 131). Isto, naturalmente, no respeito à lei fundamental do amor, que exige saber sacrificar também a si mesmo quando se trata da maior glória de Deus e de um bem superior do próximo (e aqui entram as obrigações do próprio estado e o compromisso de operar para a transformação e a elevação do mundo). Mas dentro desses limites, que o amor impõe em conformidade com o estado de vida e a vocação de cada um, convém afirmar que quem possui a plenitude da caridade é impelido a observar os conselhos por exigência de sua perfeição (cf. TOMÁS DE AQUINO, *In IV Sent.* d. 38, q. 2, a. 4, a 3c).

Assim, consideramos que os conselhos evangélicos, enquanto via, manifestação e exigência de perfeição, representam concretamente a síntese mais eloquente de toda a perfeição cristã.

BIBLIOGRAFIA. BABBINI, L. Consigli evangelici. In: *Dizionario Enciclopédico di Teologia Morale.* Roma, 1973, 127-135; BALTHASAR, H. U. Von. *Gli stati di vita del cristiano.* Milano, 1985; COLORADO, A. *Los consejos evangélicos a la luz de la teología actual.* Salamanca, 1965; Consigli evangelici. In: DE FIORES, S. – GOFFI, T. (orgs.). *Nuovo Dizionario di Spiritualità.* Cinisello Balsamo, 1985, 242-262; Consigli evangelici. In: *Dizionario degli Istituti di Perfezione* II (1975) 1630-1685; *Per una presenza viva dei religiosi nella Chiesa e nel mondo.* Torino, 1970 (com ampla bibliogr.); PIGNA, A. Consigli, precetti e santità secondo S. Tommaso. *Ephemerides Carmeliticae* 25 (1974) 318-376.

A. PIGNA

CONSOLAÇÃO ESPIRITUAL. A consolação espiritual é uma emoção que produz uma sensação de paz e de alegria. Em geral é precedida por um estado de sofrimento e de tristeza, que lança o espírito no desconforto, angustiando-o por causa de uma situação desagradável. Quando uma causa qualquer põe fim à penosa realidade de sofrimento material e espiritual, tem-se a consolação, isto é, um estado de espírito no qual se retoma a confiança na vida e os meios do espírito parecem adquirir um novo vigor. Esse fenômeno psicológico, determinado com frequência pela subsequência de acontecimentos que implicam com uma mudança no estado de espírito, pode ser um transporte de peso na vida espiritual. Enquanto sob o ponto de vista claramente psicológico na consolação a alma readquire confiança em si e na vida, na consolação espiritual a alma se ancora na fidelidade a Deus, em sua onipotência, em sua bondade e em seu amor.

Ainda que à consolação espiritual suceda um estado de → ARIDEZ, a alegria que a alma experimenta será sempre uma doce lembrança e uma garantia daquela felicidade segura que Deus nos fará encontrar — supondo-se a fidelidade da alma — no final de nossa provação terrena. A presença de Deus, sumo bem, tantas vezes experimentada de um modo quase sensível, excita e atrai a atividade da alma, que experimenta a alegria sensível de ser possuída por Deus e de servir só a ele. Em consequência desse serviço, a alma sente, por sua vez, que possui a Deus, ainda que de modo imperfeito, e, na alegria dessa posse, a ansiedade que antes a impelia a buscá-lo agora se aplaca, e ao vivíssimo desejo do Senhor sucede o gozo de seu amor e das suas graças. Esse fenômeno acontece com muita frequência no início da vida espiritual, quando Deus, levando em conta as leis da psicologia humana, concede alegrias e satisfações para ajudar a alma no desprendimento do prazer humano e sensual. Não é, portanto, coisa tão fora do normal encontrar a consolação sensível na vida espiritual; com efeito, a religiosidade não é algo de estranho à nossa personalidade, mas corresponde às exigências mais profundas de nosso espírito e é capaz de satisfazê-lo do modo mais pleno. É dirigindo-se a um objeto infinito que as nossas faculdades espirituais podem ser satisfeitas, já que só ele escapa da limitação e da incerteza. A consolação espiritual é, também, sinal da predileção divina, e a alma, para enfrentar em toda a sua profundidade o compromisso da → VIDA INTERIOR, tem necessidade, ao menos no princípio, de ter quase certeza de estar no bom caminho. Após ter concedido a sua consolação em abundância, Deus a retira para que seja muito mais buscado, a fim de que a alma tenha a coragem de deixar qualquer outra alegria para possuir a Deus somente, em sua espiritual nudez. A purificação de todo desejo humano implica uma coragem incomum, mas é prerrequisito necessário para aquela → UNIÃO COM DEUS que proporciona a perfeição à alma, e na qual a consolação espiritual não é mais alguma coisa que se detém na parte sensível, mas toma a personalidade inteira, já que brota da presença amorosa de Deus no mais profundo da alma. Já não se trata, então, de uma consolação passageira, mas daquela alegria permanente, fruto de santidade experimentada. Na interioridade mais profunda da alma, Deus deposita todas as riquezas da vida trinitária, pelas quais a pobre e fraca criatura participa já, na fé, da plenitude da vida da graça. São → JOÃO DA CRUZ assim a exprime: "Coisa alguma pode alcançar a alma e molestá-la, tendo ela já saído de todas as coisas e entrado em seu Deus, onde goza de toda a paz, prova toda a suavidade e se compraz em todo prazer, segundo o permite o estado e a condição desta vida. [...] Com efeito, como em um banquete prova-se o sabor de todas as iguarias e a suavidade de todas as melodias, assim a alma, no banquete que encontrou preparado no seio de seu esposo, goza de toda dileção e experimenta todas as doçuras" (*Cântico* 20, 15).

Como deve comportar-se a alma em relação às consolações espirituais? Antes de tudo, é preciso distinguir as consolações que Deus concede aos principiantes das que são uma consequência lógica da completa e total posse de Deus pela alma, quando ela chega à perfeição. Sobre elas a alma não tem poder algum: Deus as concede como consequência necessária de seu infinito amor, e a alma as usufrui sabendo muito bem que são efeitos gratuitos da presença beatificante da graça, em sua maior eficiência. No que se refere às consolações ordinárias, em geral os autores espirituais admitem que podem ser desejadas e pedidas a Deus, porque em si são coisas boas e, sobretudo, são uma ajuda no afastamento do pecado e dos bens sensíveis. As consolações divinas devem servir para espiritualizar a alma e para tomar gosto pelas coisas do espírito e da vida interior. Visto que a passagem de uma vida sensual para uma vida espiritual não se faz sem dificuldades (cf. AGOSTINHO. *Confissões*, VIII, 5), Deus ajuda a alma no esforço inicial, tornando fácil a oração, a devoção, o exercício de sua presença e todas aquelas coisas que fazem parte do mundo interior da graça. Por outro lado, a consolação espiritual ajuda a mortificar a carne e a vencer as paixões, a carregar com alegria o jugo austero da vida cristã, a renunciar de bom grado à própria vontade e a suportar as provações que o Senhor se digna enviar-nos para purificar a nossa alma.

Ainda que a alma deseje a consolação, deve resignar-se à vontade divina quando se sentir privada dela, uma vez que, dada a nossa fraqueza, podemos desejá-la de modo desordenado e, assim, transformá-la em obstáculo para a perfeição. Para a alma, o único modo sábio de comportar-se é aceitar tudo das mãos de Deus, sabendo que tudo lhe pertence e lembrando que as consolações de Deus não são Deus, e que a verdadeira união transcende qualquer doçura criada.

Humildade e desprendimento são os elementos sobre os quais é preciso alicerçar a nossa vida espiritual para estar sempre prontos a corresponder à graça, que pode ser acompanhada pela alegria ou pela aridez, segundo as necessidades da alma que com boa vontade corresponde às iniciativas do Senhor.

BIBLIOGRAFIA. BELORGEY, G. *La pratica dell'orazione mentale*. Alba, 1951; BERNARD, Ch. *Teologia spirituale*. Roma, 1982, 355; *Dizionario dei Concetti Biblici*. Bologna, 1976, 365-368; GENNARO, C. *Virtù teologali e santità*. Roma, 1963; GUARDINI, R. *Le Dieu vivant*. Paris, 1955; *Nuovo Dizionario di Spiritualità*. Roma, 1979, 425; RIONDEL, H. *Consolamini. Aux âmes qui souffrent*. Paris, 1938; ROBERTO DI SANTA TERESA. La devozione sensibile. *Rivista di Vita Spirituale* 13 (1959) 42-62; *Schede bibliche pastorali* 2. Bologna, 1983, 605.

C. GENNARO

CONTEMPLAÇÃO. É uma forma superior de conhecimento, caracterizada pela simplicidade do ato. Ainda que realizável no conhecimento sensitivo (visão), geralmente é reservada à ordem espiritual (mente). Ao contrário das formas complexas de conhecimento (processos dialéticos de pesquisa e de demonstração: raciocínio), a contemplação se realiza em um ato simples de intuição da verdade ("*simplex intuitus veritatis*", *STh*. II-II, q. 180, aa. 3.6) ou de repouso tranquilo no objeto conhecido ("*contuitio, fruitio, possessio veritatis*"). Pode ser de ordem estética (contemplação da beleza), filosófica e metafísica (visão do ser, do transcendente, das razões supremas de existir: conhecimento sapiencial), ou de ordem religiosa.

Nas três ordens, a contemplação é uma função altamente espiritual, que enobrece o espírito, com profundas diferenças, porém, quer na estrutura interna do ato contemplativo, quer no conteúdo.

No âmbito religioso, a contemplação é o ato com o qual a mente do crente penetra e prova a esfera luminosa das verdades divinas. Em quase todas as religiões é considerada expressão de altíssima espiritualidade, alcançável por um espírito finamente purificado, ou melhor, como o ato típico da mente em seu estado final de união com a divindade.

No cristianismo, a contemplação em geral indica uma forma superior de conhecimento pela fé: compreensão das verdades contidas na revelação, alcançada através da fé, sob a influência da caridade, pelo justo que vive dessas virtudes. Ato simples em sua emissão funcional, denso, porém, no conteúdo; não exclusivamente especulativo, mas embebido de amor e enraizado na vida religiosa do indivíduo: *simplex intuitus veritatis ex caritate consecutus*. Na religiosidade cristã, a contemplação possui seu fundo e sua expressão normal na oração: forma ou grão da oração cristã, novamente caracterizada pela simplicidade e pela intensidade do ato, realizado com fé e amor, e dirigido como ato de culto à Pessoa divina. Alcança a sua expressão máxima na → BEM-AVENTURANÇA: contemplação beatífica que não procede mais da fé, mas da visão da verdade e bondade divina, sob a influência de uma caridade limitada pela esperança, mas de um amor atualizado pela pessoa e pela posse do ser divino.

1. A CONTEMPLAÇÃO NA ECONOMIA DA SALVAÇÃO. O termo "contemplação" não é frequente na Sagrada Escritura, nem tem nela o significado exato que lhe damos. A teologia e a tradição espiritual, todavia, o consagraram para exprimir uma realidade presente e constante nas relações entre o ser humano e Deus na história da → SALVAÇÃO, e um elemento essencial para a Igreja: atenção penetrante e constante à palavra de Deus e ao mistério de sua presença na "tenda", no "templo", no seio da Igreja ou na interioridade de algum membro. A contemplação é função constitucional da Igreja, não em sua estrutura visível e hierárquica, mas em sua vida interior. Por dois motivos fundamentais, derivados de sua condição e estrutura misteriosa, e da sua tensão escatológica. A Igreja não pode fugir ao mistério de si mesma: diante dele tem de manter uma atitude perscrutante, que lhe permita reconhecer-se em seus membros e tomar consciência de seu mistério para realizar-se no tempo; diante da palavra que recebeu de Deus, tem de adotar uma atitude de escuta e de docilidade interior que lhe permita acolhê-la, guardá-la e enraizá-la em seu coração — como fazia a Mãe de Jesus (cf. Lc 2,19; cf. *LG* 65) —, para poder transmitir o Verbo à humanidade: "A Igreja, pois, no decorrer dos séculos, tende continuamente para a plenitude da verdade divina, até que se cumpram nela as palavras de Deus" (*DV* 8b); diante da mesma vida que a anima, vida divina que infunde nela o Espírito, deve manter-se espiritualmente consciente. Simultaneamente a essa atitude de fé no ministério que já realiza e possui, a Igreja, povo de Deus a caminho dos bens escatológicos, não só é obrigada "a passar a noite em vigília" (como nas últimas parábolas de Jesus: Mt 24-25), mas a tornar simultânea a sua ação de presença na terra, com a contemplação dos bens futuros, subordinando o temporal ao eterno, a ação à contemplação (*SC* 2; *LG* 41).

Em sua mais alta expressão, essa função contemplativa da Igreja se realiza na vida litúrgica, na qual escuta de novo a palavra viva de Deus (*SC* 51; *DV* 7), contempla presente o mistério da morte e ressurreição de Cristo (*SC* 6-7), penetra no mistério de si mesma e da humanidade redimida, contemplando, à luz da revelação, as realidades criadas, incluído o mistério da iniquidade presente no pecado (*LG* 8). Por sua vez, os órgãos supremos da transmissão da Palavra, "que com a sucessão do episcopado receberam o carisma seguro da verdade" (*DV* 8), são obrigados a colocá-la diante de si, para escutá-la, compreendê-la e pregá-la sob o influxo do Espírito Santo. Entre os membros do povo de Deus, o crente, na função de teólogo, não só estuda e contempla a verdade revelada para poder interpretá-la, mas vivendo dela é chamado a conhecê-la e prová-la de forma profunda e nova na linha da experiência (*Ibid.*, 8). Nessa experiência o Espírito Santo fará brotar as formas mais características da contemplação cristã, dos atos de "simples e indefectível adesão" com os quais o humilde fiel "com reto juízo penetra na fé mais a fundo e a aplica mais plenamente à vida" (*LG* 12a), até aos altos graus de contemplação na experiência mística (*DV* 8).

Essa situação estrutural da Igreja desenvolve-se dinamicamente no processo de sua existência em três momentos fundamentais: Antigo Testamento, Cristo, Igreja de Cristo. Antes de Cristo, é determinante o forte sentido da transcendência de YHWH e a certeza de sua presença na história do Povo. O Povo contempla YHWH de forma tênue e velada, com momentos esporádicos de particular intensidade (teofanias e grandes intervenções de YHWH na vida de Israel) e expressões mais claramente delineadas nas grandes figuras: patriarcas e profetas. Para o simples fiel, a aproximação de Deus, sobretudo a sua visão, é objeto de terror religioso: ninguém vê YHWH sem morrer (Ez 33,20), não só por causa da transcendência e da majestade divina, mas por um vivo sentimento de sua santidade e de nossa condição de pecadores. Somente os patriarcas, → MOISÉS, → ELIAS e os grandes profetas têm acesso à intimidade pessoal de YHWH, podem sustentar seu olhar e escutar sua palavra. A palavra transmitida por eles, os → SALMOS como oração popular e litúrgica, o → TEMPO como mistério da presença de YHWH, a esperança messiânica (Jo 8,56) serviram como meios e formas de acesso ao mistério da divindade. YHWH, porém, habita na nuvem (1Rs 8,12).

Um horizonte completamente novo abre-se com a vinda de Cristo (2Cor 3,8-11); ninguém jamais viu a Deus, mas ele é o Unigênito, está no seio do Pai (Jo 1,18); quem vê a ele, vê o Pai (Jo 14,9); nós participamos de sua plenitude (Jo 1,18; Mt 11,27). Jesus contempla o Pai de uma maneira única, como jamais alguém pôde fazê-lo: sabe que vem do Pai (Jo 8,42), possui disto uma consciência plena e serena, não sujeita a alternativas; mantém diante dele uma atitude contemplante, não perturbada por nenhum sentimento de temor, de ignorância ou de mancha moral. Sabe que sempre faz a sua vontade, e que os seus atos lhe são sempre agradáveis (Jo 8,29); diz aquilo que o Pai lhe sugere (Jo 16,25.28.30); operando, cumpre a sua missão que lhe foi confiada por ele; fazer a vontade do Pai é o seu alimento (Jo 4,34). Somente ele conhece o Pai (Jo 12,49); conhecê-lo é possuir a vida eterna (Jo 17,4). Pode realizar o diálogo com ele na oração, em qualquer lugar e momento, retirando-se na solidão, subindo o monte ou entrando no templo; na realidade, a sua oração ao Pai é contínua; sabe que sempre é escutado (Jo 11,42; 12,30); no meio da multidão, encontra-o com o olhar ou o impele com palavras que são, juntamente, súplica e certeza; glorifica-o e faz-se glorificar por ele (Lc 10,21; Jo 17,4-5) "com a glória que tinha diante dele antes que o mundo existisse". A sua contemplação do Pai não sofre intervalos ou oscilações: visão beatífica permanente, segundo a unânime interpretação dos teólogos (*STh*. III, q. 9, a. 2). Nela, abraça os extremos mais opostos: a glória máxima no Tabor (Lc 9,28-29), a mais extrema desolação no Getsêmani e na cruz; muito além do êxtase místico ou da mais penosa noite escura (cf. *Subida*, 11,7). Cristo não só realiza a plenitude da contemplação, mas se converte por nós na "imagem do Deus invisível" (Cl 1,15; 2,9), "esplendor da glória e figura da substância" de Deus (Hb 1,3), no qual teremos acesso ao Pai (Ef 2,18) e em quem cada cristão contemplará a face divina. Porque "nele estão escondidos todos os tesouros de sabedoria e conhecimento" (Cl 2,3), e graças a ele "Deus brilhou em nossos corações, para fazer resplandecer o conhecimento da sua glória que brilha no rosto de Cristo" (2Cor 4,6).

De Cristo em diante, o mistério de sua contemplação do Pai e de sua inserção entre Deus e nós foi determinante: Cristo, a sua humanidade, os mistérios de sua morte e ressurreição entram necessariamente na estrutura e no conteúdo da contemplação cristã. Não haverá elevação à contemplação do divino sem a etapa prévia do encontro entre Cristo, Deus e ser humano. São Paulo e São João podem ser modelos comprobatórios disso: Paulo encontra-se pessoalmente com Jesus, Senhor, na estrada para Damasco, sucessivamente penetra e contempla nele o mistério escondido há séculos — "oh, altura e profundidade do mistério de Deus!" —, e "em Cristo" será elevado ao terceiro céu; João o contempla no mistério do Verbo "que existia no princípio junto a Deus", compenetra-se com a oração sacerdotal de Jesus, eleva-se à visão profética do Apocalipse. Em vinte séculos, a contemplação cristã irá repetindo o esquema inesgotável do Evangelho, em todos os níveis e simultaneamente; como Maria de Betânia, contempla de perto a humanidade de Cristo e escuta a sua palavra, ou, como Tomé apóstolo, entrará em misterioso contato palpável com o seu corpo e as suas chagas; como Pedro, experimentará um frêmito de horror ao perceber a divindade de Jesus em contato com o seu corpo de pecador, ou o êxtase diante da glória de seu rosto transfigurado, ou o sofrimento sob o olhar penetrante daquele Jesus que renegou, ou o temor, o afeto e a tristeza de ser questionado sobre o amor do Ressuscitado; ou, na obscuridade, como os dois de Emaús, ou Maria, no dia da ressurreição.

Na Igreja, a história da contemplação e dos contemplativos será uma reedição inesgotável desses tipos evangélicos. A fé, o amor e a experiência tornarão possível aos contemplativos reatualizar e reviver os mistérios de Cristo, ligar-se a eles, morrer e ressurgir com ele, segundo a mística paulina. A humanidade santa do Senhor será alimento insubstituível dessa contemplação amorosa: jornada indispensável na ascensão de todo místico. A própria Igreja repetirá em si a atitude da Virgem, e nela contemplará o mistério do Verbo encarnado para conformar-se a ele (*LG* 65). Instalará em seu seio a "vida contemplativa", como uma forma estável de imitar e seguir o mistério de Cristo que se concentra nela, ou se retirará para o monte para intensificar o seu colóquio com o Pai (*Ibid.*, 46). Serão contínuos na Igreja a nostalgia da solidão e o sentido da transcendência: reaparecerão indefectivelmente após cada crise, toda vez que ela se renovar interiormente, em cada uma das duas figuras mais representativas, patriarcas e profetas do Novo Testamento: Antônio e → JERÔNIMO; Bento, Romualdo, Francisco; → INÁCIO DE LOYOLA, ↓ TERESA DE JESUS, ↓ JOÃO DA CRUZ; Teresa de Lisieux, Charles → DE FOUCAULD...

Não poderá esquivar à pressão do chamado contemplativo, nem mesmo em sua expansão dinâmica ministerial: em seu diálogo com as religiões, acolherá os tesouros contemplativos nelas existentes (*NA* 2) e com a sua ação missionária procurará comunicar-lhes a plenitude da própria contemplação mística (*AG* 18). Do mesmo modo, em sua função terrena de fermento e salvaguarda dos valores humanos, utilizará a própria experiência para advertir o mundo hodierno (*GS* 8), especialmente no setor da ciência e da técnica (*Ibid.*, 56-57), sobre o perigo latente na minimização da capacidade contemplativa do ser humano (*Ibid.*, 15), tanto no plano humano sapiencial (*Ibid.*, 57) quanto no plano religioso (*Ibid.*, 59).

2. CONTEMPLAÇÃO INFUSA. Na vida espiritual do cristão, a forma mais alta de contemplação se realiza na contemplação infusa: contemplação, porque assume e eleva ao grau máximo a função contemplativa do espírito; infusa, porque se realiza no âmbito das virtudes sobrenaturais (fé, esperança e caridade) e brota sob o impulso especial do Espírito Santo (infusão). A contemplação infusa é um ato da vida mística do cristão; o ato determinante desta vida, como a sua respiração. É também chamada contemplação mística. Como a própria vida do cristão, assim a contemplação infusa é estritamente pessoal, individual: é um momento intenso das suas relações pessoais com Deus (ato contemplativo), ou uma jornada de sua vida espiritual (estados contemplativos, vida mística), ou a plenitude de sua maturidade cristã na fé e na caridade (contemplação perfeita, santidade mística). Ao mesmo tempo, porém, reflete e realiza a vida contemplativa da Igreja: realiza no cristão, de forma definitiva e intensa, a função contemplativa que não pode faltar no povo de Deus; desenvolve, em convergência, a sua função sacerdotal (orante) e profética (vidente) diante da divindade; não no plano hierárquico, mas no plano espiritual da vida interior da Igreja, e se realiza normalmente através da ação e da oração litúrgica. Repete, em suma, o ritmo interno da história da → SALVAÇÃO: escuta e palavra, penetração do mistério de Deus e amor à sua pessoa. Claramente distinta das altas formas de contemplação filosófica (como no neoplatonismo), voltadas para a verdade abstrata, a contemplação infusa é essencialmente interpessoal: Deus, Cristo, o Espírito, Pessoas transcendentes se comunicam ao espírito humano, e ele responde de onde Deus o convocou, com o ato espiritual mais simples, purificado, medido e profundo do qual é capaz o ser humano potencializado pela graça. Por isto, a contemplação infusa geralmente só floresce nos altos graus da santidade cristã, da qual é fator determinante e expressão manifestante. Desse ponto de vista fenomenológico, a contemplação infusa se distingue claramente dos atos infusos não contemplativos: atos interiores de fé, de → ADORAÇÃO, de meditação etc., realizados com base no mecanismo complexo, discursivo, da mente; diferencia-se também dos fenômenos místicos ou paramísticos que podem acompanhá-la e, às vezes, canalizá-la (→ ÊXTASE, LEVITAÇÃO, ESTIGMAS, visões), que não se identificam, porém, com a contemplação e às vezes se realizam à margem dela.

Noção. Uma definição convencional e clara da contemplação infusa, que enfoca o seu conteúdo específico e os seus traços determinantes, não é fácil de ser dada. Nem existe acordo entre os teólogos para uma sua elaboração. A exemplo da experiência extática de São Paulo, as profundezas da vida mística são inefáveis. A sua essência é misteriosa e insondável, também para a teologia. A contemplação infusa compõe-se de elementos teológicos e psicológicos: "mistério cristão de salvação", vivência "no plano humano".

Dois caminhos conduzem a esse mistério: o testemunho dos místicos que o vivenciaram e as meditações dos teólogos que o perscrutaram em suas implicações e seu desenvolvimento. Ambos são caminhos limitados: o testemunho dos místicos geralmente é descritivo, portanto, diante da densidade e intensidade da contemplação permanece fragmentário e incompleto. Não é certo, além disso, que os teólogos possam deduzir da sobriedade do dado revelado e da história da salvação as últimas consequências, ou seja, as supremas formas de que se reveste a vida cristã potencializada ao máximo em determinados indivíduos.

Uma noção teológica genérica apresenta a contemplação como o ato da vida cristã que realiza os componentes da contemplação humana, não só na linha intelectiva (fé), mas também afetiva (caridade); não só em virtude de uma intensificação autóctone das próprias capacidades, mas sob o influxo determinante do Espírito Santo. À contemplação natural, de origem psicológica e conteúdo filosófico, a contemplação infusa acrescenta duas variantes essenciais: realização em um plano do espírito no qual convergem e se integram o conhecimento e o amor (intuição e afetividade); e sobrenaturalidade, em razão de seu conteúdo (mistérios, objeto da fé e da caridade) e de seu princípio ativo, o Espírito Santo.

Preferíveis a essa e a outras formulações teológicas são as fórmulas ocasionais com as quais São → JOÃO DA CRUZ, unindo "o testemunho" à "reflexão teológica", descreve a contemplação de seu ponto de vista prático. Limitamo-nos a transcrevê-los. Integram-se entre si: "A contemplação nada mais é que uma infusão secreta, pacífica e amorosa de Deus que, se deixada livre, inflama a alma no espírito de amor" (*Noite*, 1,10,6). "Essa noite escura é um influxo de Deus na alma, […] os contemplativos a chamam de contemplação infusa ou teologia mística". Deus amestra e instrui a alma na perfeição de amor, sem que ela faça nada nem entenda como isto aconteça. Essa contemplação infusa, enquanto é sabedoria amorosa de Deus, produz na alma dois efeitos principais: purifica e ilumina, dispondo-a à união de amor com Deus" (*Ibid.*, 2,5,1). "Essa contemplação tenebrosa […] é a mística teologia, chamada pelos teólogos de sabedoria secreta, infusa e comunicada à alma por meio do amor" (*Ibid.*, 2,17,2). "A contemplação é ciência de amor, que é notícia amorosa infusa por Deus, que simultaneamente ilumina e enamora a alma" (*Ibid.*, 2,18,5). "A contemplação é escura, por isso é chamada noite e com um outro nome, "mística teologia", que quer dizer sabedoria escondida ou secreta de Deus, na qual, sem rumor de palavras, sem ajuda de nenhum sentido físico ou espiritual, como no silêncio e na paz, na obscuridade de tudo que é sensitivo e natural, Deus amestra a alma de maneira completamente oculta e secreta, sem que ela saiba como isto aconteça" (*Cântico B*, 39,12: cf. TEOFILO DE LA VIRGEN DEL CARMEN. Estructura de la contemplación infusa sanjuanista. *Revista de Espiritualidad* 23 [1964] 353-357).

Os teólogos, como quinta-essência dessas linhas mestras do Místico Doutor, consideraram como definição essas fórmulas brevíssimas: a contemplação infusa é "sabedoria amorosa de Deus", é "notícia amorosa infusa por Deus", "sabedoria secreta que […] é comunicada e infusa na alma por meio do amor", "infusão secreta, pacífica e amorosa de Deus, que inflama a alma no espírito de amor". É fácil deduzir, por esses textos, as características mais relevantes da contemplação: a) "notícia amorosa", "sabedoria por amor", isto é, ato simples e ambivalente, encontro de amor e conhecimento em um só ato vital do espírito; b) "infusão e passividade": a contemplação é um ato que implica a intervenção do outro, Deus, operante no interior, na própria origem do ato, e não só, mas influenciando-o segundo os mecanismos normais da premoção e cooperação de Deus em todo ato físico ou psíquico, natural ou sobrenatural; passividade não como inação resultante da infusão: assim a contemplação introduz e liberta no indivíduo um dinamismo espiritual novo; intensidade na passividade; c) "secreta", "obscura": na fé e na inefabilidade.

Graus. Resumindo a panorâmica dos místicos, sem incorrer em um esquema reduzido, a contemplação infusa faz limite com dois modos extremos de entrar em relação com Deus: a → MEDITAÇÃO, que a precede, e a visão beatífica, na qual culmina. Pela palavra "meditação" são entendidos todos os atos e movimentos interiores nos quais pode exprimir-se a nossa fé na referência a Deus; depois deles, é possível chegar, por simples amadurecimento espiritual, a atos de fé e de oração extremamente simples, de linearidade contemplativa (como pode tê-los o poeta e o filósofo crente ao colocar-se diante do divino) embebida de amor: contemplação ativa ou adquirida, que só remotamente possui afinidade com a contemplação mística. Do lado oposto, a visão beatífica é a contemplação sem "obscuridade", fora da moldura da fé teologal. Cristo a teve na Terra. Pode, esporadicamente, interferir nos estados místicos, em atos isolados de contemplação? Os teólogos não são concordes. Normalmente parece que não.

No âmbito da contemplação, a escala de graduação se reduz a dois graus fundamentais: fase inicial de contemplação imperfeita e fase final de contemplação perfeita. A primeira caracteriza-se por formas de passividade (infusão) leve, por atos contemplativos intermitentes e fugazes (não chegam a constituir um estado), pela intervenção de forças e zonas fragmentárias do espírito (a mente, a vontade, a afetividade…) e por uma compreensão sumamente precária do mistério: vaga percepção da presença de Deus em sua ação sobre nós, em sua palavra, na Igreja, nos outros.

Em contrapartida, a contemplação perfeita, em seu grau final, possui uma força transbordante: sem notáveis interrupções, porque o → ESPÍRITO já foi sensibilizado pela infusão em suas mais profundas raízes, permanentemente aberto para Deus, polarizado pela atenção e formas amorosas essenciais que não deixam a tomada da coisa contemplada nem durante uma intensa atividade exterior; união de fé e de amor, atenção e afeto, que direcionem os outros dinamismos do espírito para a unidade do ato contemplativo; plena iniciação no "mistério", graças à união da pessoa humana com a Pessoa divina. Estado que a mística nupcial designa pelo nome de "→ MATRIMÔNIO ESPIRITUAL". Os grandes místicos coincidem essencialmente em descrevê-lo: Gregório de Nissa, Evágrio, São Bernardo, São → JOÃO DA CRUZ, Santa Teresa. A teologia mística deve a Teresa a graduação tipológica mais clara e comum para seguir o processo evolutivo da contemplação infusa. Ela apresenta nas quatro últimas Moradas de seu *Castelo Interior* (IV-VII). IV Morada: primeiras formas de percepção infusa da presença de Deus e de seu mistério em nós: vago sentimento da presença, recolhimento silencioso nele, tranquilidade da vontade em seu amor; V Morada: união inicial com Deus, estabilização dos atos contemplativos (estado de contemplação), penetração contemplativa no mistério de Cristo; VI Morada: formas elevadas de contemplação extática; VIIª Morada: contemplação perfeita, com pleno acesso ao mistério de Cristo e da → TRINDADE; união do espírito com Deus. Uma tal graduação, obviamente, é tipológica, compatível com uma vastíssima gama de variantes.

Objeto. Observamos de que modo a contemplação mística é uma função interpessoal. Não tem por objeto verdades abstratas (a verdade, Deus, as formas das ideias); seu objeto constante e central é Deus-Pessoa: percebido não após um processo especulativo, mas na própria vida, como mistério de salvação em cujo centro está Cristo, com a sua morte e ressurreição, irradiante sobre a Igreja, projetando o mistério da vida trinitária no íntimo de nossa vida.

Ao místico, condicionado pela fé, não é possível uma contemplação exaustiva e uniforme de todo o mistério da salvação. Por isso as diversidades: cada místico possui um itinerário próprio em refazer, pela via da experiência contemplativa, a história da → SALVAÇÃO, em correspondência não só com a sua *historia salutis*, mas com o momento da vida da Igreja na qual ela se insere. Tomando por base o testemunho dos grandes místicos, podemos apontar os mistérios que parecem integrar infalivelmente o itinerário rumo à contemplação perfeita: antes de tudo, Cristo, com a sua santa humanidade, morte e ressurreição; Deus presente no templo interior do justo (→ INABITAÇÃO) e no mistério da própria história da salvação (conversão, graça, inserção na Igreja); Deus presente em sua Palavra; Cristo presente no mistério da Igreja, seja em sua vida e ação litúrgica (sacramentos), seja em sua realização histórica concreta (crescimento, lutas, crises) e em seus membros; Deus Pai, Filho e Espírito Santo, mistério trinitário que configura a vida interior do cristão. Entre todos, porém, são os mistérios de Cristo os que sempre exerceram um fascínio popular no olhar do contemplativo e plasmaram a contemplação. A oração de Jesus ao Pai, a sua vida interior, a Eucaristia; sobretudo os mistérios da paixão e morte: de São Paulo (*Gl* 2,19-20) a São João da Cruz (*Subida*, 2,7) se pode comprovar de que modo eles servem para representar o cristão e uni-lo a Cristo, consumando em cada membro o mistério de salvação realizado na cruz e na ressurreição.

3. CONTEMPLAÇÃO E VIDA ESPIRITUAL. Essa força secreta que a contemplação possui para configurar e unir o cristão ao seu Senhor indica a sua importância e eficácia no amadurecimento da vida espiritual. Indica, igualmente, a íntima relação com a sua → SANTIDADE CRISTÃ. Os teólogos afirmam comumente que a contemplação infusa coincide com as altas formas da graça; que determina e inclui um alto grau de caridade teologal; que realiza uma forma de fé puríssima (a "*fe ilustradisima*" de São João da Cruz) e que geralmente o estado místico realiza na contemplação a mais alta forma de santidade praticável no indivíduo. Não negam a possibilidade de altas formas de contemplação infusa em pessoas imaturas quanto à cristandade e moralmente imperfeitas. Santa Teresa chega a admitir a hipótese prática de uma graça contemplativa propiciada ao pecador com poder santificante, isto é, para libertá-lo do pecado; projeta a sua hipótese em casos como o de São Paulo e Maria Madalena (*Caminho* 16; 40,3; *Castelo*, 1, 1, 3). Todos concordam que certos fenômenos paramísticos que às vezes acompanham a contemplação não são sinal de santidade.

Sobre essa base geral, dois problemas atraíram a atenção dos teólogos, sobretudo na primeira metade de nosso século: a contemplação infusa é necessária para alcançar a santidade? Consequentemente: todo cristão é chamado à contemplação infusa? Foram dadas duas soluções opostas. Um grupo de teólogos responde afirmativamente aos dois problemas: a contemplação é o resultado da vida cristã, fim normal de seu processo de desenvolvimento, postulada pelos germens de vida e pelos dinamismos implicados em nosso organismo sobrenatural: graça, virtudes infusas, → DONS DO ESPÍRITO SANTO. Salvo os casos de frustração, devidos sempre ao fator humano, o processo normal de desenvolvimento do mistério interior impõe o predomínio dos dons que, por sua vez, determinam um estado de docilidade e passividade sob a influência do Espírito Santo, no qual geralmente se desenvolve o dinamismo contemplativo com a mesma força com o qual é convidado à santidade.

Para outros teólogos, não é claro que o organismo sobrenatural exija em cada cristão essa determinada forma de desenvolvimento de tipo biológico. É uma vida de amor, flexível e polimorfa, como todo processo amoroso. A perfeição cristã é alcançada na perfeição da caridade. E esta se consuma de vários modos, com base em graças distintas. Uma delas, de qualidade superior, é a contemplação. Quando Deus a concede, não introduz no organismo sobrenatural algo de heterogêneo: a contemplação não é uma situação anormal. Mas também não é uma forma indispensável de plenitude sobrenatural.

Na prática da vida cristã não é de grande importância essa diversidade de opiniões. Em todo caso, a contemplação é um dom de Deus. Não é possível provocá-la com base em técnicas humanas, nem alicerçada em uma ascese refinada e abnegadora. É dever do cristão cultivar a caridade, e com ela as outras virtudes: com profundo sentido de docilidade ao Espírito Santo, e de humildade diante de qualquer um dos seus dons. Toda pretensão, portanto, do dom divino da "água viva" seria, sob esse ponto de vista, não só errada, mas ridícula.

4. ITINERÁRIO DA CONTEMPLAÇÃO. A contemplação é a conclusão de um longo caminho através de um deserto de areias escaldantes, e nas trevas de uma noite funda. Para chegar à união contemplativa com Deus, a alma deve passar dois períodos dolorosos e obscuros, duas noites, como diz São → JOÃO DA CRUZ, que surgem em momentos bem determinados de sua elevação e transfiguração espiritual. A primeira, "a noite dos sentidos", marca a passagem da alma da meditação à contemplação; a segunda, "a noite do espírito", marca, em vez, o da simples contemplação ao estado de união.

O primeiro passo na via da contemplação é dado com a meditação, a qual, sustentada por uma séria vida ascética, tende para o → RECOLHIMENTO e a simplificação. Crescendo em simplicidade e recolhimento, as iluminações divinas se tornam cada vez mais abundantes, até ao ponto em que, gradualmente, a alma passa todo o tempo da oração na intimidade com Deus. Até então a alma se aproximava de Deus por meio da laboriosa busca meditativa; agora, em vez, é o próprio Deus quem nela age, e ela recebe passivamente as suas comunicações. Deus "desprende a alma da vida dos sentidos para elevá-la à vida do espírito" (*Noite*, 1, 8, 3). Não existe nada em comum entre os nossos sentidos, imersos na matéria, e Deus, espírito infinitamente puro. É preciso que os sentidos sejam "privados" (eis a noite: privação de luz) de tudo que possa impedir a atividade do espírito. A primeira intervenção de Deus provoca o vazio, o deserto da sensibilidade. Ele se esconde, desaparece, deixando a alma em uma penosa solidão, sem fervores, sem iluminações interiores, além de desgostos e sofrimentos que lhe tornam amargas todas as coisas. A acomodação dos sentidos ao espírito é operada por intermédio da privação dos doces sabores e dos transportes sensíveis.

Essa primeira travessia do deserto é a condição da passagem do plano carnal ao espiritual. O acúmulo de energias vivas, que eram absorvidas pela sensibilidade, passa, assim, a enriquecer e a tonificar a atividade do espírito. O próprio Deus transfere para o espírito os bens e as forças dos sentidos. Mas, visto que esses não possuem de per si a capacidade de participar dos bens espirituais, permanecem privados do seu alimento, caindo na → ARIDEZ, que provém da incapacidade dos sentidos de adaptar-se ao dinamismo do espírito. Acompanhada por uma vida generosa e fiel, a aridez é o sinal da vinda e da ação de Deus, que então se doa de um modo muito mais autêntico e seguro que pelas emoções da sensibilidade. Essa comunicação direta com Deus, enquanto torna impossível a meditação, constitui o início da oração contemplativa.

A noite dos sentidos, com efeito, embora dura, não realizou uma obra definitiva: apenas dispôs a sensibilidade à purificação radical, que se opera através da noite do espírito. "As imperfeições da parte sensitiva extraem a sua força do espírito, onde se enraízam as potências boas e más e, portanto, enquanto estas últimas não se purificam, nem a rebelião e os males dos sentidos podem ser bem purificados" (*Noite*, 2, 3, 1). As purificações dos sentidos, mediante uma profunda transformação de todas as faculdades interiores, marcam a passagem da contemplação semipassiva para a unitiva, da noite escura à noite serena. Elas se realizam não em uma sucessão contínua, mas em partes mais ou menos longas, alternadas por períodos de luz, em um misterioso jogo de contrastes, cuja frequência pode variar segundo as diferentes estruturas psicológicas da alma e a sua correspondência, e sobretudo segundo os planos de Deus.

A imersão na noite do espírito é obra da contemplação infusa, "linguagem de Deus à alma, falar de puro espírito a espírito puro" (*Noite*, 2, 17, 4), realizada através de um fiel exercício e uma sempre mais abundante infusão das virtudes teologais que, em seu dinamismo, enquanto unem imediatamente a Deus tornam-se igualmente outros meios de transfigurante purificação. A fé purifica e transforma a inteligência, a esperança e a caridade, respectivamente a memória e a vontade, arrastando a alma para o seio de Deus e permitindo a Deus apossar-se da alma. É particularmente à fé (e ainda em maior medida ao amor) que os místicos atribuem essa tarefa purificadora, sobretudo na oração contemplativa que é conhecimento amoroso de Deus. É o intelecto quem conhece: cabe, pois, à fé a missão de purificar e de unificar o olhar da alma em Deus. O progresso da contemplação se mede pela profundidade da noite na qual está imerso o intelecto.

Para contemplar a Deus em sua transcendente luminosidade, deve ser superado não só o mundo sensível, mas também o conceitual, estando Deus além de todo conceito. É a fé infusa que opera essa superação. Assim como a fé infusa, transcendendo todos os conhecimentos, esvazia e purifica o intelecto, assim a esperança, transcendendo todas as lembranças criadas, "coloca a memória no vazio e nas trevas das coisas desta vida" e a alma inteira inclinada com "o olhar em Deus somente" (*Noite*, 2, 21, 7). A escura tomada de posse das realidades divinas pela fé e pela esperança, torna-se sempre mais penetrante à medida que a alma se transforma em Deus por meio da caridade. A → FÉ descobre a Deus, a → ESPERANÇA o deseja, mas é a → CARIDADE que o possui, através de uma radical purificação da vontade, reduzida no vazio absoluto de toda a criação. A chama da caridade teologal, tornando-se sempre mais abundante, possui uma sempre maior ressonância na esfera cognoscitiva. E o conhecimento que daí deriva torna, por sua vez, o amor de caridade o mais plenamente possessivo e unitivo que seja possível aqui embaixo. Assim, o amor sobrenatural de caridade, introduzindo a alma na intimidade do mistério de Deus, faz com que a fé e, portanto, a contemplação, seja penetrante e saborosa.

Pela profunda experiência que se opera na vontade, "derrama-se no intelecto" um conhecimento novo e altíssimo de Deus, ainda que geral e obscuro. Geral, isto é, não expresso mediante ideias claras e exatas, porque a experiência se desenvolve diretamente na vontade e desta passa para o intelecto; obscuro, porque ainda permanece no âmbito da fé, de uma fé, porém, sublimada pelas purificações da noite mística. Todavia, embora permanecendo na indistinção conatural a esse conhecimento, é possível uma vaga ideia dos atributos de Deus, que emerge das diferentes modalidades com as quais é sentido o seu "toque" na vontade: toque de poder, de suavidade, de força, de misericórdia, que causa no intelecto uma variada ressonância, princípio de conhecimento contemplativo dos respectivos atributos.

Os grandes místicos, como → TERESA DE JESUS e João da Cruz, observam que a alma é introduzida na primeira fase da contemplação unitiva por um êxtase de amor. As comunicações divinas descem nela "de tamanha altura e com tanta força" que é suspensa toda atividade não diretamente empenhada: "o espírito humano, elevado a comunicar-se com o Espírito divino, destitui o corpo de forças e cessa de sentir e de ter nele as suas operações, porque as tem em Deus" (*Cântico*, 13, 6). Os êxtases são um fenômeno de passagem, e só marginais, no itinerário contemplativo. As extraordinárias infusões de amor, que as visitas divinas espalham nas profundezas da alma, toda orientada e voltada para o seu Senhor, destroem e tornam impotentes as más tendências, que ainda podem eventualmente ali encontrar-se. Os encontros desse período completam a → PURIFICAÇÃO da alma, enriquecendo-a e preparando-a positivamente para a união total.

A transformação, que até então se limitava somente à vontade, começa a estender-se a todo o ser, até alcançar a sensibilidade que, sob o impulso da chama divina, harmoniza-se plenamente com a esfera volitiva, já perfeitamente em uníssono com a "silenciosa harmonia" e "o melodioso canto" de Deus (*Cântico*, 15,3; 39,2). O encontro contemplativo, assim, é completo e perfeito: a alma alcançou sua meta, o centro de si, a zona mais pura e mais íntima de seu ser, onde Deus habita como em sua morada. A luz que a envolve é luz de aurora. A face ofuscante de Deus ainda permanece coberta, mas o véu da fé tornou-se tão transparente que, na penumbra, manifesta-se e entrevê-se a sua verdadeira e real presença. Estamos no umbral da visão paradisíaca.

BIBLIOGRAFIA. ARNOU, R. *Le désir de Dieu dans la philosophie de Plotin*. Paris, 1921; CAIRÉ, F. *La contemplation augustinienne*. Paris, 1927; DANIÉLOU, J. *Platonisme et théologie mystique*. Paris, 1944; *De contemplatione in schola teresiana*. Roma, 1963; FESTUGIÈRE, A. J. *Contemplation et vie contemplative selon Platon*. Paris, 1950; GABRIELE DI SANTA MARIA MADALENA. *La contemplazione acquisita*. Firenze, 1938; ID. *S. Giovanni della Croce dottore dell'amore divino*. Firenze, 1942; ID. *Le vie dell'orazione*. Roma, 1955; GARRIGOU-LAGRANGE, R. *Perfezione cristiana e contemplazione*. Torino, 1933; GILSON, É. *Théologie mystique de S. Bernard*. Paris, 1934; GUIBERT, J. de. *Platonisme et théologie mystique*. Paris, 1930; HUBY, J. *La mistica di S. Paolo e di S. Giovanni*. Firenze, 1954; *Invito alla ricerca di Dio*. Roma, 1970 (especialmente 123-243 e 527-528: ensaio bibliográfico), P.J.P.; *La mistica. Fenomenologia e riflessione teologica*. Roma, 1984 (espec. vl. I, 495-597; vl. II, 139-152.169-190.219-293), 2 vls; LOSSKY, V. *Essai sur la théologie mystique de l'Église d'Orient*. Paris, 1944 (vers. it.: Bologna, 1967); MARECHAL, J. *Psychologie des mystiques*. Paris, 1937; MOLTMANN, J. Contemplazione, mística, martírio. In: GOFFI, T. – SECONDIN, B. (orgs.). *Problemi e prospettive di spiritualità*. Brescia, 1983, 371-388; MORETTI, R. L'orazione teresiana: natura e itinerário. In: *Teresa di Gesú*. Roma, 1981, 317-360 (espec. 326-360); NICOLAS. *Contemplation et vie contemplative*. Paris, 1980; PHILIPPE, Th. Spéculation métaphysique et contemplation chrétienne. *Angelicum* 14 (1937) 223-263; *S. Teresa di Gesù maestra di orazione*. Roma, 1963; *La mística non cristiana* (com ampla bibliografia). Brescia, 1969; *Vita cristiana ed esperienza mística*. Roma, 1982 (espec. 199-349, sobre Santa Teresa de Jesus e São João da Cruz); WIKENHAUSER, A. *La mística di S. Paolo*. Brescia, 1958.

T. ALVAREZ – E. ANCILLI

CONTENSON, GUGLIELMO VINCENZO DE.

1. NOTA BIOGRÁFICA. Nasceu em 1641 em Auvillar (Tarn et Garonne). Após ter concluído os estudos humanistas com os jesuítas, aos quinze anos entrou no convento de Toulouse, dos frades pregadores. No dia 2 de fevereiro de 1657 emitiu os votos e deu início ao *curriculum* dos estudos filosófico-teológicos, durante o qual revelou grande capacidade de assimilação e excepcional resistência para o trabalho intelectual. Dedicou-se ao estudo da Escritura, dos Padres, do direito e da história eclesiástica. Em 1664-1665, foi chamado a Albi para ocupar a cátedra de filosofia e, nesse singular momento de polêmicas religiosas, Contenson aplicou largamente a *Summa contra Gentiles*, de → TOMÁS DE AQUINO. Mas sua verdadeira vocação era a teologia. Retornando a Toulouse, começou a recolher e a organizar o abundante material acumulado na década de estudos e, apesar da intensa atividade de pregação, em 1668 (aos 27 anos) já publicava a primeira parte de sua obra, a *Theologia mentis et cordis seu speculationes universae doctrinae sacrae*. Para agilizar sua aplicação, após uma visita a Roma, o Geral da Ordem o transferiu para Paris, no convento de Saint-Jacques, então imediatamente sujeito à sua jurisdição. Enviado a Creil para tratamento de saúde, morreu subitamente no dia 26 de dezembro de 1674.

2. DOUTRINA. A *Theologia mentis et cordis* permaneceu parcialmente incompleta (o padre Massoulié terminou a última parte) devido à morte prematura; em todo caso, a obra manifesta os méritos e as limitações de Contenson. Seguindo, em substância, o esquema da *Summa theologiae*, de Tomás de Aquino, a cada *speculatio* ele emenda uma *reflexio*, destinada a comentar, no plano parenético-edificante, a doutrina antes exposta. A *reflexio* geralmente é inspirada em uma passagem da Escritura ou em alguma citação patrística (depois de → AGOSTINHO, Contenson prefere São Bernardo), porém não faltam reminiscências de literatura pagã, às vezes adequadamente adaptadas. É difícil, todavia, encontrar nos dez livros uma verdadeira originalidade de pensamento: inspirando-se com toda verossimilhança na *Theologia affectiva* de L. Bail (1654), Contenson limita-se a aplicações geralmente avulsas e forçadas, cedendo à retórica e à fácil apologética, mais adequadas a um manual de pregação que a um tratado teológico. De uma fidelidade quase material a Santo Tomás, falta-lhe a coerência de

desprender-se abertamente, também lá onde se percebe uma divergência de fundo (por exemplo, sobre a natureza da teologia). Talvez mais por índole que pela jovem idade, Contenson não conseguiu dar uma visão sintética, e a sua obra (que até ao século XIX obteve o favorecimento de repetidas edições) assume um valor de testemunho nos efeitos da história da espiritualidade, mais que aos da teologia. Particularmente, sobre a condenação do *Augustinus*, a reação de Contenson teve ressonância: não só reivindica a ortodoxia de Jansênio, mas — embora aderindo ao "conteúdo doutrinário" da condenação — contesta que a intervenção pontifícia goze de algumas prerrogativas de infalibilidade; possui somente o valor de um juízo humano. O pensamento de Contenson é caracterizado por uma habitual atitude rigorista, também devida às lutas histórico-religiosas da época. Digna de menção é a *dissertatio* VI, com a qual se conclui o décimo livro da *Theologia*, toda dedicada à Bem-aventurada Virgem Maria: *Mariologia seu de incomparabilibus Deiparae Mariae Virginis dotibus*. Mas, excetuando méritos de uma ternura de devoção na qual se derrama sua alma *naturaliter mariana*, faltam méritos de novidade e de originalidade no que concerne ao conteúdo.

BIBLIOGRAFIA. *Année Dominicaine* 12 (1909) 625-631; *Cahiers de Joséphologie* 29 (1981) 403-420; COLOSIO, I – LAURENT, M. H. Contenson. In: *Dictionnaire de Spiritualité* II, 2.193-2.196; COULON, R. In: *Dictionnaire de Théologie Catholique* III, 1.631-1.633; LAURENT, M. H. In: *Dictionnaire d'Histoire et de Géographie Ecclésiastiques* XIII, 785-786; QUETIF-ECHARD. *Scriptores Ord. Praed*, 656-657.770, t. II; SPARKS, T. M. Contenson on saint Joseph. *Estudios Josefinos* 35 (1981) 403-420.

A. FERRUA

CONVERSÃO. 1. IDEIA GERAL. Deriva do latim *conversio*, que, por sua vez, depende de *con-vertio*, ou *se convertere*; antes significou "passagem de um estado ou lugar para outro", depois "voltar-se para alguma coisa ou para alguém", finalmente, "mudar de direção ou de caminho". Assim, foi fácil a passagem do sentido material para o moral e religioso de mudança, passagem, ou da irreligiosidade para a religião, ou de uma para outra religião. Às vezes também é usado no sentido pejorativo de passagem da religião para a impiedade, ou de uma religião superior para uma forma de culto inferior. Na acepção mais comum possui porém significado positivo. Aqui, para nós, entendemos por conversão, ao menos principalmente, ou abraçar pela primeira vez a fé cristã e católica, ou o retorno a ela, quando alguém a deixou, ou, ainda, a virada decisiva da vida espiritual das almas piedosas, em relação à santidade.

2. A CONVERSÃO NA SAGRADA ESCRITURA. No Antigo Testamento, a conversão é um retorno a Deus ofendido pelo povo eleito, infiel ao pacto com YHWH e à sua lei, como também de cada pecador. Sob esse ponto de vista individual, muito frequente nos profetas, a conversão consiste não só no humilde reconhecimento da própria culpa, no arrependimento e na reparação das culpas cometidas e, portanto, no afastamento do pecado, mas também no retorno a YHWH, como indica a correspondente palavra hebraica *sub*, que quer dizer: voltar-se, voltar-se novamente, retornar, ou ainda melhor: contrário ao que existia até ali; logo, mudança de vida, conversão, isto é, mudança interior e sincera do comportamento, da vida. Essa conversão, concretamente, significa obediência à lei de Deus e aos apelos dos profetas, conformando a isto inteiramente a vida; confiança plena em Deus, sem confiar em nenhum outro (pessoa ou deuses); fuga de tudo aquilo que é desagradável aos olhos de YHWH. Assim, a conversão não é tanto um puro ato passageiro, mas um novo comportamento de vida, agradável a Deus, e o restabelecimento de uma união íntima com ele, de uma verdadeira relação de amizade e de uma alegre convivência familiar e esponsal com o próprio YHWH. Portanto, se inclui um ato pessoal e responsável, uma decisão plenamente livre do ser humano, sobretudo supõe a iniciativa generosa de Deus, a sua infinita misericórdia pelo pecador, o seu convite amoroso para retornar a ele, e, juntamente, a sua atração eficaz e plena de respeito. A conversão, em suma, é antes de tudo obra de Deus que ama e perdoa, que cria um coração novo e infunde um novo espírito no pecador que, assim purificado, o readmite à sua intimidade.

No Novo Testamento retornam os dois aspectos da conversão: o negativo, de consciência humilde e confissão dos próprios pecados, de detestação, reparação e fuga deles; e o positivo, de retorno confiante nos braços do → PAI CELESTE, sempre pronto a perdoar e a acolher com alegria a ovelha perdida, o filho pródigo; de reconciliação, em suma, do pecador com Deus e de vida nova, de relação alegre e filial com ele.

A conversão é descrita como uma passagem das trevas para a luz, do estado de ira para o de graça, do poder e escravidão de Satanás para Deus e a liberdade dos seus verdadeiros filhos, da vida segundo a carne para aquela segundo o espírito, do homem velho para o homem novo, da morte para a vida. A conversão é portanto uma ressurreição, uma regeneração, um renascimento, uma nova criação, uma nova vida, de feliz pertinência ao reino de Deus, inserção na família de Deus e real participação de sua vida.

3. CONDIÇÕES PARA UMA CONVERSÃO. Para que ocorra essa metamorfose do pecador, naturalmente se exigem disposições adequadas. O primeiro lugar cabe à fé, acolher de coração aberto o Reino de Deus, ou seja, a adesão confiante e total a Jesus, e isto implica a aceitação integral de sua doutrina, de seus mandamentos, antes, a sua imitação, até uma vida de íntima, contínua e progressiva comunhão e transformação nele. Convertido não é somente quem deixa o pecado e retorna a Deus, mas também e sobretudo quem se tornou imagem viva e transparente do Cristo, a ponto de poder dizer com São Paulo: "Não sou mais eu que vivo, mas Cristo vive em mim" (*Gl* 2,20). Assim, a conversão é o primeiro passo, e ao mesmo tempo realização, da palingênese humana, primeiro do indivíduo, e depois da humanidade inteira, antes, de toda a criação.

Alem da fé, a conversão exige a retidão de vontade, que faz amar e buscar o bem e a verdade, quaisquer que sejam as consequências e os sacrifícios que daí derivem; a humildade, que torna possível o reconhecimento sincero dos próprios pecados e a superação de muitos egoísmos, vilanias e respeito humano; finalmente, a docilidade aos convites de Deus, à sua luz, à sua graça, que não raro fala simplesmente através da voz da própria consciência.

Como é evidente, e a difícil vitória sobre os múltiplos e graves obstáculos que se interpõem à conversão, em breve a morte total do próprio egoísmo e tanto mais o fim a que conduz, isto é, a nova vida em Cristo, manifestam que a conversão no Novo Testamento, antes, aqui mais que nunca, é principalmente obra de Deus, que respeita plenamente a liberdade e juntamente a impele com os seus eficazes atrativos: "Ninguém pode vir a mim se não for atraído pelo Pai" (Jo 6,44); "Ninguém vai ao Pai senão por mim" (Jo 14,6); "Sem mim, nada podeis fazer" (Jo 15,5). Assim diz Jesus, e assim confessa de si São Paulo, o grande convertido: "Mas o que sou, devo-o à graça de Deus, e a sua graça não foi vã a meu respeito; pelo contrário, eu trabalhei mais do que eles todos: não eu, mas a graça de Deus que está comigo" (1Cor 15,10).

Melhor não se poderia ressaltar o sinergismo ou cooperação da vontade humana livre com a graça de Deus, a opção pessoal do ser humano e a primazia da iniciativa divina, ou seja, da eficácia da graça na obra humano-divina da conversão e santificação. Em síntese, poder-se-ia dizer que Deus fala e o ser humano responde, Deus se oferece e o ser humano acolhe: a conversão, pois, é "um diálogo do qual a parte mais importante é a de Deus e a parte secundária, a princípio, é a resposta do ser humano" (Hoffmann).

4. HERESIAS E DOUTRINA DA IGREJA EM TORNO DA CONVERSÃO. A conversão, portanto, não pode ser o esforço exclusivo da boa vontade humana, que, então, somente com as suas forças se voltaria para Deus, desejaria Deus, aspiraria o cumprimento de sua divina vontade, invocaria a sua ajuda. Tudo isto não é possível fazermos sozinhos, mas supõe sempre a iniciativa da graça preveniente, como foi no seu tempo definido pela Igreja, primeiro, e de maneira geral, contra Pelágio, depois de modo mais determinado contra os semipelagianos, especialmente no Concílio de Orange (529). Por outro lado, deve-se evitar o excesso oposto, dos luteranos e calvinistas, os quais, para salvaguardar os direitos de Deus e, consequentemente, a sua doutrina sobre a natureza do pecado original e sobre o "servo arbítrio", a respeito da conversão e santificação, tudo atribuem à graça misericordiosa do Redentor, enquanto a nossa vontade permanece puramente passiva, sem prestar a mínima cooperação.

Contra esses erros, que aos poucos reemergiram em tonalidades diferentes através dos séculos, o Concílio de Trento determinou a doutrina católica em seu decreto sobre a justificação. A conversão e a justificação do pecador é o resultado do influxo da graça preveniente e concomitante de Deus, a quem cabe a iniciativa, e juntamente o concurso da vontade humana, que deve livremente colaborar e submeter-se aos impulsos da graça, à qual também pode resistir.

Segundo a doutrina da Igreja, portanto, a conversão é a passagem de um estado de ignorância, de erro e de desordem moral mais ou menos grave, para o da graça, de luz, de adoção como filhos de Deus, que inclui a aceitação livre, plena e irrevogável do complexo dos dogmas e dos preceitos fixados por Deus pela sua revelação, e propostos, em seu nome, pela autoridade infalível da Igreja. Essa passagem só se realiza se atraídos e amparados pelo vigor da graça, porque não se realiza sem grandes sacrifícios e porque implica uma radical reviravolta de valores, uma visão completamente nova da vida, um comportamento perfeitamente conforme às palavras e aos exemplos de Cristo, e sobretudo uma transposição da morte do pecado para a vida da graça, que é comunhão com o Pai e com o Filho no Espírito Santo.

5. AS TRÊS ESPÉCIES DE CONVERSÃO. Isto se verifica, conforme já citado, antes de tudo quando pela primeira vez se passa a fazer parte da Igreja, ou seja, se abraça livre e conscientemente a fé católica. Para que isso possa ocorrer, antes de tudo é necessário buscar uma conveniente disposição moral. Salvo raros milagres da graça, um sensual, um orgulhoso, um coração tenazmente apegado aos bens terrenos etc., não aceita a rígida moral evangélica, não se inclina docilmente às exigências da fé, cheia de mistérios, não se contenta com as riquezas espirituais e futuras, em suma, não se converte. A respeito, é bastante categórico o ensinamento de Jesus em suas parábolas, nas quais nos dá "uma descrição clássica da essência da conversão" (Hoffmann), especialmente na das núpcias (Mt 21,1 ss.; Lc 14,16 ss.) e, mais ainda, do tesouro e da pérola (Mt 13,44-46).

Por outro lado, será necessário dispor a inteligência, levando em conta a diferente formação e grau de cultura de cada um, visto que não será fácil encontrar quem não tenha um acúmulo bem grande de erros para corrigir.

A respeito das dificuldades morais e intelectuais, algumas vezes também sentimentais e instintivas, contra a conversão, temos a experiência sofrida por tantos convertidos que descreveram suas longas e dolorosas tragédias íntimas antes de chegarem às alegrias da fé. Um deles escreveu: "Não posso dizer, com Santo Agostinho, que enrubesci de alegria, mas sim que enrubesço de vergonha, porque vejo que lutava não contra a fé dos católicos, mas contra as contrafações que dela fazia a minha fantasia" (J. K. Stone).

A segunda espécie de conversão é aquela de quem retorna à fé após tê-la deixado. Podem ser da mais variada natureza os motivos que levam a deixar a fé e depois retornar a ela. Geralmente deixa-se a fé somente por razões fúteis, só por leviandade e negligência; às vezes, porém, por graves desvios morais e intelectuais. O retorno, normalmente, é mais ou menos fácil, segundo a gravidade das razões do abandono. É sumamente importante lembrar que sempre será possível recuperar a fé perdida, porque Deus jamais abandona completamente os pecadores, e se não é obrigado a dar a todos com a mesma abundância a sua graça, porém, enquanto se está na terra, ele não a nega a ninguém, nem aos pecadores habituais e endurecidos. Também a propósito dessa segunda espécie de conversão, são numerosas as narrações biográficas, e são conhecidos casos insignes de convertidos que, depois, tornaram-se grandes santos.

Resta a terceira espécie de conversão, chamada pelos autores espirituais de segunda conversão. O primeiro a falar dela pode-se dizer que tenha sido → CLEMENTE DE ALEXANDRIA, mas os seus verdadeiros tratadistas foram os jesuítas Rossignoli, le Gaudier, → LALLEMANT etc. O que se deve entender por segunda conversão? A resposta exige a prévia solução do problema, ainda aberto entre os teólogos e talvez não levado muito em consideração, sobre o número de conversões na vida espiritual. → GARRIGOU-LAGRANGE, seguido de Giordani, distingue três, em correlação com as tradicionais três etapas do caminho da perfeição. Todavia, essa parece uma doutrina muito especulativa e preferimos ater-nos à doutrina mais comum, que fala de uma "segunda conversão", como fato importantíssimo, decisivo da vida espiritual. Se é chamada "segunda conversão" (outros, como Hertling e Lanz, a denominam conversão ascética), é porque sucede à conversão moral, isto é, à pura passagem do mal ao bem, do pecado à graça, como dizem os dois teólogos supracitados, ou porque segue a conversão que consiste em consagrar-se a Deus, por exemplo, no estado religioso ou clerical (segundo Lallemant).

Essa segunda conversão é própria daqueles que "se dedicam inteiramente à perfeição" (Lallemant) e constitui, assim, um passo decisivo na vida das almas. Consiste na firme resolução, absoluta e inabalável, de tender com todas as forças à perfeição, sem jamais deter-se ou voltar atrás, custe o que custar. Vem, porém, a coincidir em cheio com o *propositum sanctitatis*, ou, mas de modo talvez mais vago, com o desejo de perfeição, "essa fome e essa sede de nosso progresso espiritual" (Rodríguez).

Sob um ponto de vista fenomênico, a segunda conversão às vezes amadurece lentamente, outras vezes acontece de modo imprevisto, como se a alma fosse iluminada pela graça; às vezes coincide com a primeira ou com a segunda espécie de conversão, da qual falamos longamente; com mais frequência, porém, distingue-se e se refere somente a almas já dedicadas à virtude e à oração, como pensava Lallemant; às vezes, pode ocorrer indiferentemente em qualquer momento da vida; "todavia, geralmente acontece naquela idade em que se costuma escolher o estado e se determinam as principais metas da vida do ser humano" (Lanz).

Foi relevado que a segunda conversão não é sem dificuldade, particularmente para os sacerdotes e para as almas religiosas, pois estão mais facilmente expostos a imunizar-se diante da eficácia dos vários exercícios de perfeição, quando são feitos por puro hábito. Essa constatação fez São Bernardo afirmar: "Vereis mais facilmente numerosos seculares converter-se ao bem (primeira conversão) que um só religioso converter-se ao máximo (segunda conversão). É uma ave extremamente rara, nesta terra, aquele que se ergue acima do plano uma vez alcançado em sua Ordem".

Para reparar esse grave perigo de estagnação da vida espiritual e tornar mais fácil e mais eficaz a segunda conversão, hoje se procura estender a feliz instituição do "terceiro ano de provação" dos jesuítas a todas as famílias religiosas (cf. *Statuta generalia, adnexa const. apost.* "*Sedes Sapientiae*", de 31 de maio de 1956, art. 51-53). Os frutos abundantes que já foram colhidos entre os religiosos foram tais que deve ser estimulada a sua difusão também entre o clero secular (→ PENITÊNCIA).

BIBLIOGRAFIA. AUBIN, P. *Le problème de la "conversion"*. Paris, 1963; Conversio morum. In: *Dizionario degli Istituti di Perfezione* III (1976) 106-110; Conversione. In: *Dizionario dei Concetti Biblici del Nuovo Testamento*. Bologna, 1976, 368-377; GANTOY, R. Le théme biblique de la conversion. *Paroisse et Liturgie* 45 (1963) 237-305; JOÃO PAULO II. Exortação apostólica *Reconciliatio et poenitentia*. AAS 77 (1985) 185-275; LEFÈVRE, A. Péché et pénitence dans la Bible. *La Maison-Dieu* 55 (1958) 7-23; MARC, A. *Raison et conversion chrétienne*. Bruges, 1961; MOUROUX, J. *L'expérience religieuse*. Paris, 1954 (vers. it. Brescia, 1956); PASQUETTO, V. La vita come conversione. In: *Ascesi cristiana*. Roma, 1967, 25-71; PRETE, B. La conversione nei Vangeli. *Sacra Dottrina* 42 (1966) 173-193; SCHULTE, R. La conversione come inizio e forma di vita cristiana. In: *Mysterium Salutis* X. Brescia, 1978, 131-261; μετάνοια. In: *Grande Lessico del Nuovo Testamento* VII, 1.106-1.195.

B. MARCHETTI – SALVATORI

CONVERSOS. A palavra foi empregada em documentos espirituais de épocas distintas para designar estados de espírito ou categorias de pessoas diferentes entre si. É comum às diversas acepções o significado fundamental de mutação de hábitos, de direcionamento da própria vida segundo uma norma moral mais perfeita e adequada ao ideal cristão. No uso que os escritores cristãos fazem dela, sobretudo medievais, essa mudança inclui não somente o retorno a Deus de um comportamento em contraste com a norma moral, mas também o empenho estável em um gênero de vida mais voltada para as coisas de Deus e para o alcance da perfeição cristã. Esse significado fundamental, todavia, assume variadas tonalidades nas diferentes acepções da palavra conversos.

1. Na literatura espiritual dos séculos V a VII, o termo "conversos" é usado com frequência para denotar uma categoria de fiéis que, embora sem deixar o mundo nem as próprias famílias, renunciavam às vaidades terrenas e abraçavam um gênero de vida particularmente piedoso e austero. Salviano de Marselha os enumera depois dos "penitentes" propriamente ditos e antes das viúvas e das virgens consagradas (cf. *Ad Ecclesiam*, IV, 1, 2PL 53, 227; *Epist.* 9, 10-11: *Ibid.*, 171). Vários concílios dos séculos V e VI escolheram entre esses conversos os candidatos à vida clerical: Concílio de Orange (441), cân. 22; Agatense (506), cân. 16; de Arles (525) câns. 1 e 2; os de Orléans (538), cân. 6; (539) cân. 9, nos quais foi determinado que os leigos só depois de um ano ao menos de tal gênero de "conversão" podiam assumir as ordens sagradas (MANSI, 6, 439; 8, 327 e 626; 9, 13 e 131); conversão que, porém, além dos candidatos ao estado clerical também era professada por numerosos leigos, homens e mulheres. O cân. 19 do citado Concílio de Orléans de 539 sanciona, sob pena canônica, a irrevogabilidade do propósito de castidade feito por mulheres *quae in domibud propriis, tam puellae quam viduae, cummutatis vestibus convertuntur* (MANSI, 9, 134). Não se trata de viúvas e de virgens consagradas no verdadeiro sentido, mas de pessoas piedosas enumeradas entre as conversas

mediante um simples ritual penitencial (*sola eis paenitentiae benedictione... imponenda*: Concílio Epanoense [517], cân. 21; MANSI, 8, 561). Na Espanha, esse gênero de vida foi particularmente difundido, conforme atestam vários Concílios da época. Conhecemos o teor de vida desses conversos graças principalmente a alguns escritos espirituais, especialmente os epistolários de Fausto di Riez, Ruricio di Limoges e de Apollinare Sidonio (*PL* 58, 67 ss. 443 ss.; *CSEL* 21, 161 ss. 351 ss.). A continência parecia constituir um elemento essencial, mesmo em se tratando de pessoas já unidas pelo matrimônio. Também era característica a austeridade de vida e de vestuário (cf. RURICIO, *Epist.* XXXII: *CSEL* 21, 416; *PL* 58, 108). Todavia, a essa atitude exterior de penitência devia corresponder o exercício interior das virtudes cristãs em grau não comum. Conforme resume Ruricio di Limoges em uma sua carta de exortação: "Abandonada a soberba de tua conduta interior, deves revestir-te da humildade de coração, ter misericórdia com os necessitados, guardar a castidade não só do corpo, mas da alma. E a fim de que possas adquirir e conservar tudo isto, é preciso jejuar com frequência e rezar sempre" (*CSEL* 21, 395; *PL* 58, 94-95). Estudando o gênero de vida desses conversos, encontramos vários elementos que, mais tarde, seriam característicos das Ordens Terceiras seculares. Galtier enfoca as relações existentes entre essa "conversão" e a penitência "secreta" ou privada, enquanto oposta à penitência pública ou canônica.

2. A palavra "conversos" teve um maior uso no vocabulário monástico medieval. Mas também aqui o sentido do termo sofreu uma evolução que deve ser lembrada pela reta inteligência dos documentos. Em um primeiro tempo, o nome "conversos" parece equivalente a "monge", ou mais propriamente designava aqueles que se apresentavam para serem admitidos ao estado monástico. A Regra de São Bento, fazendo referência aos candidatos provenientes seja do estado de escravidão, seja de liberdade, assim se exprimia: "*non convertenti ex servitio praeponatur ingenuus*" (*Regula*, 2, 18). A *conversio* aqui é tomada no sentido das regras de → PACÔMIO e de → MACÁRIO para o ingresso monástico. Mais tarde, porém, o termo "conversos" aparece empregado em um sentido mais restrito, para denotar uma categoria de monges que entraram no mosteiro adultos e por conversão pessoal, em oposição aos → OBLATOS (*pueri*, *nutriti*), oferecidos por seus pais em tenra idade para que se tornassem monges. Esses conversos eram autênticos monges, mas, não tendo seguido o curso normal de formação no mosteiro, eram iletrados, incapazes de atender de modo conveniente ao *opus Dei*; a eles, pois, eram confiados ofícios interiores, como o serviço das missas, cuidar da igreja etc. Nos documentos anteriores ao século XI, os conversos aparecem depois dos oblatos, mas distintos dos *famuli* ou *servitores*, embora também fossem participantes da família monástica. Lanfranco os chamou "monges-leigos" e "fratres-leigos" (*Decreta pro Ordine S. Benedicti*, I, cc. 4 e 5: *PL* 150, 456 e 470).

3. Nos séculos XI e XII, em vez, o termo "conversos" passa aos poucos a designar uma categoria de leigos, não monges, dedicados ao serviço do mosteiro. A evolução dessa palavra foi gradual e condicionada pelas complexas circunstâncias que determinaram a própria evolução interna da vida monástica. Observe-se particularmente o abandono do trabalho manual pelos monges, ocupados em outras atividades culturais e em atender às celebrações litúrgicas, que assumiam cada vez maiores proporções na vida da abadia. Por outro lado, as crescentes posses do mosteiro, dentro e fora da clausura, e os múltiplos serviços exigidos pela família monástica faziam sentir cada vez mais viva a necessidade de pessoal que atendesse a essas humildes atividades. Com esse objetivo, foram convocados, um pouco em toda parte, servidores leigos em número bastante considerável; alguns deles ofereciam-se ao mosteiro com um tipo de oblação que compromissava mais ou menos essas pessoas. Com o nome de *familiares*, *habituati*, *oblati*, *donati* etc., vemo-los penetrar cada vez mais no interior dos mosteiros, e seu teor de vida aproximar-se sempre mais ao dos monges. Nas fundações monásticas italianas do século XI, Camaldoli, Vallombrosa, Fonte Avellana, esses leigos, servidores do mosteiro, formavam uma categoria especial, integrante da família monástica, e observavam uma regra ou norma de vida bem definida. O nome conversos geralmente substitui, nos documentos, o de *famuli* ou de *servitores*. Semelhante instituição encontramos entre os → CARTUXOS, em que os conversos formavam uma categoria distinta dos monges e seguiam um estatuto religioso próprio. No final desse mesmo século, também em Cluny surgem os elementos essenciais para

o estado dos conversos, derivado dos servidores leigos dos mosteiros. A influência de Cluny teve particular ressonância em Hirschau, para onde a instituição dos conversos se estendeu, por sua vez, em numerosas abadias da Alemanha. As constituições de Hirschau consagraram, assim, a instituição dos leigos-conversos, que foi, então, adotada e incorporada na própria legislação pelos → CISTERCIENSES. Por outro lado, a expansão da reforma cisterciense difundiu um pouco em toda parte esse gênero de irmãos conversos.

Assim, favorecida pelas circunstâncias supracitadas, a instituição dos conversos firmou-se um pouco em toda parte. Aos conversos geralmente eram confiados os cuidados com as coisas materiais, seja no interior do mosteiro, seja nas propriedades ou vilas distantes do recinto monástico. A sua forma de vida era regulada por um autêntico estatuto religioso. Eram considerados membros íntimos da Ordem e participavam dos benefícios espirituais e materiais do mosteiro. Não lhes era reconhecida, todavia, a condição de monges e não lhes era permitida a via para o estado monástico propriamente dito. A razão de sua existência era possibilitar aos monges de observar, dia e noite, as prescrições das constituições. A julgar pelos documentos da época, um dos motivos pelos quais não eram reconhecidos como monges parece ter sido a impossibilidade de observar a obrigação severa da clausura, uma vez que deviam frequentemente ir até às propriedades, distantes do mosteiro. Textos conciliares do século XII enumeram os conversos ao lado dos monges, sob o nome de "leigos-conversos" e de "conversos-professos" (Concílio Lateranense II, de 1139; MANSI, 21, 527; Concílio Remense, de 1148: *Ibid.*, 715). Todavia, apesar dessa distinção dos monges, foi-lhes reconhecido o caráter de religiosos.

Das Ordens monásticas, a instituição dos conversos passou para as famílias mendicantes. Nestas, a necessidade de confiar aos irmãos conversos o cuidado das coisas materiais derivava da tarefa apostólica própria dos frades clérigos, e da necessidade de uma conveniente preparação cultural e espiritual para ela. Convém observar a existência de conversos homens também em mosteiros femininos. Esse uso prevaleceu particularmente em não poucos mosteiros cistercienses, onde se manteve até o início do século XVII. Encontramo-los também, se bem com vida mais efêmera. nos mosteiros dominicanos, franciscanos e em outras partes. Os conversos possuíam um estatuto religioso próprio e emitiam os votos nas mãos da abadessa, ligando-se, assim, ao serviço do mosteiro.

Por volta do final do século XV, o termo "conversos" foi empregado exclusivamente em sentido de converso-professo.

O caráter de monges de segundo escalão talvez tenha contribuído para que a instituição dos conversos perdesse a firmeza nas várias famílias religiosas, sobretudo em tempos recentes. Consideramos que uma espiritualidade dos conversos, apta a conferir vitalidade a essa instituição e a desfrutar seus grandes recursos de santificação, deva mais que nunca se inspirar naquela plenitude de consagração religiosa que identifica os conversos, sob esse aspecto, aos membros clérigos das famílias religiosas. Finalmente, é necessário um aprofundamento do valor santificador e apostólico do testemunho de serviço, que o irmão converso é chamado a dar, dentro do complexo do Corpo místico de Cristo.

BIBLIOGRAFIA. BOUNDELLE, J. Convers. In: *Dictionnaire de Droit Canonique* IV, 562-588; DEROUX, M. *Les origines de l'oblature bénédictine*. Ligugé-Paris, 1927; DUBOIS, J. Converso. In: *Dizionario degli Istituti di Perfezione* III, 110-120; FRUTAZ, P. In: *Enciclopedia Cattolica* IX, 22-26; LAPORTE, M. Frères. In: *Dictionnaire de Spiritualité* V, 1.193-1.203; OLIGER, L. De pueris oblatis in Ordine Minorum. *Archivum Franciscanum Historicum* 8 (1915) 389-477; 10 (1917) 24-88; SAUVAGE, M. *Fratello*. In: *Dizionario degli Istituti di Perfezione* IV, 762-792; STEGMANN, I. Die Verbindlichkeit der Oblation nach Reg. Benedicti. In: *Weihgabe der Erzabt. St. Ottilien*. 1947, 119-138; WIDLOECHER, N. *De conversis, comissis et donatis apud Canonicos Regulares*, extraído do *Ordo canonicus*, 1952.

(→ OBLATOS).

P. ZUBIETA – M. CAPRIOLI

CORAÇÃO. Essa palavra está entre as mais cheias de significado e possui uma história muito atormentada, ainda que a restrinjamos às línguas e aos ambientes semitas e indo-europeus.

1. ENFOQUE METODOLÓGICO. Comecemos, por sua importância basilar, pelo significado e valor do coração no Antigo Testamento, onde ocorre numerosíssimas vezes (mais de mil em toda a Escritura). Há tempos os estudiosos se comprazem em enumerar as suas várias acepções, mais ou menos comuns a todas as línguas e a todos os povos semitas. Enquanto, porém, em um passado em nada remoto, apenas aludido ao significado

próprio e fisiológico de coração, que aliás é muito raro na Escritura (ocorre apenas uma dezena de vezes), se insistia logo nas inúmeras acepções metafóricas, figuradas, recentemente observou-se que "quando a Bíblia fala de coração existe o perigo de não compreender se o termo é entendido somente em sentido fisiológico ou apenas como metáfora poética, com a qual podem ser indicadas determinadas funções do intelecto. O conceito de coração também possui, facilmente, um significado sentimental. A Bíblia, em vez, nos apresenta um significado que para nós talvez seja estranho, mas era familiar aos antigos povos primitivos, e tem não pouca importância para compreender retamente o ser humano e a sua natureza" (Hoffmann).

Assim, aquilo que antigamente era considerado um defeito da mentalidade e da cultura ainda rudimentar e incapaz de distinguir e de esclarecer as coisas, hoje, ao contrário, é exaltado como um grande dote do pensamento judaico e, por conseguinte, primitivo, "habituado a considerar, em sua unidade original, a vida biológica e a vida psíquica" (Hoffmann). Estamos, assim, no caso do coração, diante de uma "palavra-emergente", o conhecimento original do qual "é, ao mesmo tempo, mais simples e mais complexa, mais inteligível e mais obscura" (K. Rahner) que qualquer outra definição elaborada que se queira dar. Donde a consequência: "É, com efeito, uma problemática radicalmente errada essa de perguntar se o "coração" é em primeiro lugar um órgão fisiológico do corpo (o que lhe tira o seu significado humano total e lhe dá uma acepção científica, no sentido moderno da palavra), do qual podemos servir-nos para designar, com uma posterior passagem pelo espírito, alguma realidade espiritual; ou também se não se poderia arquitetar um terceiro conceito partindo desses dois usos da palavra" (Rahner).

2. O CORAÇÃO NO ANTIGO TESTAMENTO. No Antigo Testamento, algumas vezes o coração é simplesmente o centro do → HOMEM, a sede e a fonte da vida física do corpo, enquanto é do coração que o sangue, portador de vida, escorre para irrigar e vivificar todo o organismo. Mais frequentemente, o coração é considerado a sede da vida psíquica, o centro das faculdades espirituais, em primeiro lugar da vida afetiva, enquanto abraça não só a atividade da vontade e, assim, o amor e o ódio, os desejos, as alegrias etc., mas também todo o rico mundo emotivo e passional. O coração, para os semitas e egípcios, é sobretudo a sede do pensamento, da vida intelectual, de tal forma que ser um homem de coração significa ser sábio, prudente, exatamente como o latim *cordatus*; enquanto não ter coração é o mesmo que ser privado de inteligência, isto é, tolo. Para o judeu, é com o coração que se compreende, se reflete, se raciocina e se fazem planos; está no coração a sede dos pensamentos e das lembranças, da consciência e das decisões, em suma, da plena responsabilidade. O coração é o centro da vida moral, da livre escolha do bem e do mal, da conversão, ou seja, da mudança de vida; do mesmo modo é o centro da vida religiosa, visto que no coração está o temor, a reverência, a fidelidade, a obediência, o amor total a Deus, e até a misteriosa presença de YHWH.

Na tentativa de acompanhar → RAHNER até o fundo, eis de que modo, em linhas gerais, ele resume o seu pensamento, bastante complexo, "sobre aquilo que a teologia bíblica, a linguagem dos povos e a vida corrente situam sob a palavra coração". É essa uma palavra-fonte que exprime o ser humano em sua totalidade, anteriormente à distinção entre corporalidade biológica e espírito incorporal; é um conceito simbólico-real, apto a designar o centro mais profundo e mais original da unidade psicossomática da pessoa, que permite determinar a gama extremamente variada dos elementos materiais do conceito de coração e de captá-los em sua unidade. Eis esses elementos, tomados separadamente em si mesmos e juntamente em sua unidade, tais e quais se desligam do conceito formal de coração: o coração significa o centro original da pessoa psicossomática; é nesse centro íntimo e original da pessoa que se realiza, essencialmente, a abertura para Deus e para o outro, visto que o coração sempre se limita com o mistério de Deus e está sempre em relação com os outros seres humanos. Isto coloca o coração diante da opção decisiva: ou aceita, com um amor alicerçado na confiança e na fé, essa orientação necessária, e é o início da verdadeira felicidade, ou se fecha em si mesmo, e é condenar-se a um laceramento que por si conduz à infelicidade eterna (cf. RAHNER, R. Coeur. In: *Encyclopédie de la foi*).

3. O CORAÇÃO NA CIVILIZAÇÃO GRECO-ROMANA. No mundo greco-romano o termo "coração" possui um significado muito mais restrito e pobre. Fazem exceção somente os poetas, para os quais conserva sempre a sua rica polivalência. Junto

aos prosadores, e mais ainda junto aos filósofos, por causa de sua tendência a analisar, distinguir e classificar, o coração passa para o segundo plano e fala-se, em vez disto, de mente, de alma, de inteligência e de vontade etc. O coração, enfim, é apenas um órgão do corpo, com um valor puramente fisiológico; dir-se-ia que só interessa por causa da discutida controvérsia sobre a localização da alma e do centro da vida psíquica, ou seja: se o centro é o cérebro ou o coração (ou peito, ou tórax). Aristóteles, ao contrário, em última análise termina por recusar-se a localizar aí a inteligência, sendo nisto seguido por → PLOTINO. Assim, chega-se a colocar sempre mais de lado o coração: em seu lugar entra o termo "alma"; o próprio Cícero, em seu *De amicitia*, quase nem menciona o coração.

4. O CORAÇÃO EM FÍLON E NOS SETENTA. O filósofo judeu Fílon sente a influência desse estado de coisas, e, por suas contínuas referências ao Antigo Testamento, à primeira vista parece reconhecer a importância e a riqueza bíblica do coração, mas na realidade segue plenamente a mentalidade helenista, para ele o coração não possui nenhuma referência na vida psíquica, e menos ainda designa o ser humano em sua integridade.

Até certo ponto, pode-se dizer alguma coisa também em relação aos Setenta. Com frequência estes traduzem por "coração" as correspondentes palavras hebraicas, desse modo revalorizando realmente o seu uso nos ambientes helenistas; todavia, desejando tornar belo o pensamento e sacrificando a fidelidade literal, terminam por conformar-se à mentalidade helenista, traduzindo geralmente coração por mente e inteligência. Isto se verifica em medida ainda maior nas outras versões gregas do Antigo Testamento, como por exemplo, na de Símaco.

5. O CORAÇÃO NO NOVO TESTAMENTO. Nota-se aqui certa incerteza, especialmente na narração do famoso preceito do amor a Deus do Deuteronômio (6,5). Com efeito, ao lado de coração figuram pensamento e mente. Apesar disso, é reconhecido por todos os estudiosos que no Novo Testamento retorna em cheio a rica gama das acepções de coração característica do Antigo. Assim, em primeiro lugar, nos → SINÓTICOS e nos Atos. Nestes, porém, coisa bastante singular, encontra-se o curioso acoplamento tautológico: "*Cor unum et animam una:* um só coração e uma só alma" (At 4,32). A perfeita união das pessoas que formam a comunidade de Jerusalém primeiro é expressa com a fórmula hebraica: ser "um só coração" (cf. Ez 11,19); em seguida, com a equivalente expressão grega: ser "uma só alma" (cf. ARISTÓTELES, *Ética a Nicômaco*, IX, 8, 2). Em São João não ocorre muito a palavra coração, enquanto é frequente em São Paulo e com todas as acepções do Antigo Testamento. Todavia, ele "introduz no vocabulário novos termos que tiram do coração uma parte muito vasta de seu domínio" (Lefèvre).

Concluindo, no Novo Testamento "alegria, medo, sofrimento, amor, desejo, cobiça estão todos sediados no coração, que também hospeda o intelecto e os pensamentos: "dizer no coração" equivale a pensar, "subir ao coração" significa lembrar-se. Aqui nascem as decisões. O coração é a consciência. O coração é o eu do ser humano, seu interior, a sua personalidade (oculta) oposta ao exterior. [...] No coração situa-se o lugar onde Deus se insere para influir no ser humano [...] e aí esculpe a sua lei. [...] No coração foi infuso o espírito de Deus e Cristo aí habita" (Bauer).

Assim, o coração é o centro do ser cristão, "a fonte de toda a vida pessoal, em cujo pensamento, volição e sentimentos formam uma só coisa" (Bauer).

6. O CORAÇÃO NA DOUTRINA DOS PADRES. Os escritores cristãos não podiam deixar de sentir fortemente a influência do modo de falar da Escritura e, assim, nos primeiros séculos, a sua linguagem é puramente bíblica também no que se refere ao uso da palavra "coração". No século III, especialmente em Alexandria, observa-se a necessidade e o esforço para explicar a linguagem bíblica a pessoas para as quais o coração só tem quase um valor anátomo-fisiológico. Além disso, eram nisto eficazmente ajudados por aquelas escolas clássicas, sobretudo pelo estoicismo, que viam no coração a sede da inteligência. Em razão desses influxos, no caso fortalecidos pelo platonismo, em → ORÍGENES chegamos à equação pura e simples de coração com inteligência. Nisto Orígenes foi seguido fielmente por seu grande discípulo, São Gregório de Nissa, para o qual coração na Escritura equivale simplesmente a pensamento, inteligência, alma.

Junto aos latinos, o termo "coração" (*cor*) responde melhor ao uso bíblico, tanto que a Vulgata usa *cor* também quando os Setenta substituem a palavra correspondente hebraica por inteligência ou por alma. Em Santo → AGOSTINHO, porém, tem-se uma posição já complexa, visto que algumas vezes interpreta o termo "coração" da Bíblia como puro pensamento (*cogitatio*), como quando comenta o versículo: "*Cor mundum crea in me, Deus: cria em mim, ó Deus, um coração puro*" (Sl 50,12); se bem que em suas obras filosóficas jamais use essa palavra no sentido de alma ou de inteligência. Ao contrário, sob o influxo do uso bíblico geralmente reúne na palavra "coração" todas as acepções da Escritura. Isto ocorre especialmente nas *Confissões*, a começar pela célebre frase do primeiro capítulo: "*Inquietum est cor nostrum donec requiescat in te* (I, 1,1), em que coração tem um significado pleno, que abraça o ser humano inteiro. Sempre nas *Confissões*, o coração também indica a intimidade mais profunda da pessoa, aquilo que caracteriza a sua individualidade inconfundível: "*Cor meum, ubi ego sum quicumque sum*" (*Ibid.*, X, 3,4). É nessa "cela secreta que se desenvolve todo o drama da existência, da conversão e da salvação" (Guillaumont), e se chega ao contato íntimo e inefável com Deus. A respeito, é notável o "êxtase de Óstia", quando Agostinho e Mônica "*toto ictu cordis*", ou seja, com o ser inteiro se elevam até Deus, naufragam em Deus (*Ibid.*, IX, 10, 23-25).

7. O CORAÇÃO NA TRADIÇÃO ESPIRITUAL DO ORIENTE. As duas tendências, que, sem fundir-se e sem excluir-se, se encontram puramente combinadas em Santo Agostinho, tornam-se em seguida, afirma-se, duas correntes diferentes e separadas. A primeira seria a platonizante e intelectualista, que quase não tem lugar para o coração, e da qual cita-se o pseudo-Dionísio como típico representante (melhor seria o nome de → EVÁGRIO); a segunda seria a da "mística do coração", que se forma lentamente do século V ao VIII e influencia toda a espiritualidade bizantina. Dessa última corrente só alguns vestígios são encontrados em Evágrio, Paládio e → CASSIANO; observa-se mais em Marcos, o Eremita, no monge Isaías, no recluso Barsanufio, em São → NILO, e São → JOÃO CLÍMACO, em Isaac de Nínive, nos → APOTEGMAS dos Padres, ou *Ditos* dos Seniores etc.; admiráveis o triunfo manifesto nas homilias do pseudo-Macário, em → DIÁDOCO DE FOTICEIA e no pseudo-Exíquio. Esse resumido quadro histórico de Guillaumont, todavia, embora escrito em 1950, deve ser em parte revisto, visto que muitos juízos e posições críticas, já consideradas incontestáveis, sobre a história da espiritualidade antiga caíram ou sofreram uma completa reviravolta. As famosas homilias do Pseudo-Macário, o Grande, são, talvez, o primeiro germe da célebre doutrina hesicasta, num tempo não distante considerada mais ou menos herética, hoje, em vez, admirada e até divulgada também no Ocidente, que encontrou a expressão mais perfeita na "Oração de Jesus". Pois bem, essa corrente espiritual possui seu núcleo exatamente no coração, obviamente entendido na plenitude de seu sentido bíblico.

Essa posição central do coração junto aos orientais não parece que possa ser explicada somente com o influxo da linguagem da Escritura, como também admite Guillaumont (o qual, com excessiva insistência, acrescenta também a influência das antigas teorias médicas, fisiológicas e psicológicas), mas supõe a contribuição decisiva das altas experiências místicas de numerosas e grandes almas, como um São → SIMEÃO, O NOVO TEÓLOGO e São Gregório → PALAMAS, só para citar alguns nomes. Por sua vez, no passado alimentou e ainda continua a alimentar no Oriente uma profunda vida interior, da qual possuímos a expressão moderna mais típica no belo e conhecido *Racconto di um Pellegrino russo al suo padre spirituale* e o método perfeito no recente opúsculo anônimo, intitulado *La Preghiera di Gesú*, escrita por um monge oriental.

8. O CORAÇÃO NA TRADIÇÃO ESPIRITUAL DO OCIDENTE. Na literatura medieval e moderna do Ocidente não há nada que se possa comparar a essa primazia do coração, a essa "mística do coração" dos orientais. No mundo ocidental, sob o influxo da Escolástica, no que nos diz respeito, o termo "coração" é "largamente usado na linguagem comum como vontade e, sobretudo, amor" (Moschetti). Eis um exemplo disto: "Não é senhor de uma fortaleza quem não tomou a cidadela; nem é senhor das vontades quem não tenha os corações sob seu domínio; visto que o coração é a cidadela do ser humano" (M. M. DI SAN GIUSEPPE. *Avvisi e massime*, 13). Assim, pode-se falar de correntes espirituais altamente afetivas, entre as quais a primazia geralmente é atribuída à escola franciscana, sem desmerecer os cistercienses do século XII, chamado "o século dos afetos" (Chatillon), e a escola do Carmelo teresiano. Existe, além disso, o áureo filão da devoção ao → CORAÇÃO DE JESUS, e é justo o propósito de revalorizá-la, fundamentando-a sobre uma filosofia da linguagem e uma teologia bíblica do coração, que atualmente favoreceu os estudos de Rahner e seus seguidores. Entretanto, é certo que

tais aprofundamentos, ainda que nem sempre bem claros, prestam-se otimamente para uma reaproximação entre as espiritualidades, necessariamente complementares, do Oriente e do Ocidente, e, portanto, para uma intercambiável osmose que servirá para ambas e favorecerá o ideal ecumênico do Vaticano II (cf. *UR* 15 e 17).

BIBLIOGRAFIA. BAUER, J. B. Cuore. In: *Dizionario di teologia Bíblica*, Brescia, 1965, 338-344; Cor et cordis affectus. In: *Dictionnaire de Spiritualité* II, 2.278-2.307; Cuore. In: *Dizionario dei Concetti Biblici del Nuovo Testamento*. Bologna, 1976, 432-443; Cuore. In: *Dizionario teológico dell'Antico Testamento*. Torino, 1978, 743-748, vl. I; Cuore. In: *Dizionario Teologico*. Brescia, 1969, 416-430; Le coeur. *Études Carmélitaines* 29 (1950); UM MONGE DA IGREJA ORIENTAL. *La preghiera di Gesú*. Chevetogne, 1959; καρδία. In: *Grande Lessico Del Nuovo Testamento*. Brescia, 1969, 193-215.

B. MARCHETTI – SALVATORI

CORAÇÃO (guarda do). A expressão "guarda do coração" deriva de Pr 4,23: "Guarda o teu coração com toda a vigilância", em que se conserva na palavra "coração" toda a extensão bíblica de sede e centro da vida psíquica e moral, abraçando assim, além da vontade e da afetividade, também a inteligência, a reflexão, a consciência, a norma subjetiva da moralidade, a sabedoria prática da vida. Teve uma grande importância na história da espiritualidade, sobretudo oriental, na qual, independentemente de seu fundamento bíblico, foi usada para indicar uma atividade espiritual bastante complexa, que consiste no exercício espiritual de uma contínua vigilância, quer sobre os pensamentos e a imaginação, quer sobre os impulsos desregrados da afetividade e das paixões, para contê-los e dominá-los.

Como se vê, também entre os autores espirituais o vocábulo "coração" é praticamente sinônimo de espírito, ou melhor, de → ALMA, implicando toda a vida íntima tão espiritual quanto sensível. O que mais importa nessa doutrina tradicional é a vigilância sobre os pensamentos e a imaginação, porque é sobretudo daí que provêm os maus impulsos da sensibilidade, os quais mais facilmente, se não são controlados e dominados, impelem ao consenso e ao pecado. Com efeito, o objetivo da guarda do coração é evitar todo pecado e desordem, e, assim, chegar à pureza de coração, isto é, ao estado de ausência total de toda desordem íntima, portanto, de plena purificação interior e de profundo recolhimento habitual, clima necessário para uma vida de oração especialmente contemplativa.

Isto explica por que a doutrina da guarda do coração se desenvolveu sobretudo nas espiritualidades de tipo contemplativo, ou naquelas que dão importância à oração no caminho para a → UNIÃO COM DEUS. É fácil, então, ver a relação que existe entre a guarda do coração e o recolhimento interior habitual, o qual é propriamente o seu resultado; se, porém, for entendido ativamente, como esforço para recolher-se, entra na guarda do coração como luta contra os pensamentos inúteis e distraídos. Igualmente fácil é a ligação entre guarda do coração e mortificação interior. Com efeito, aquilo que os antigos escritores, especialmente orientais, chamavam "guarda do coração" inclui tudo o que os modernos e ocidentais denominam mortificação interior das paixões, da imaginação, da inteligência, da vontade e do coração, ou seja, da afetividade. Contudo, é clara a riqueza e a complexidade do conteúdo, indicado pela guarda do coração, a qual integralmente não pode ser traduzida por nenhuma das expressões ocidentais e modernas, que, em parte, também lhe são bastante próximas (→ ASCESE, DESPOJAMENTO, PURIFICAÇÃO).

BIBLIOGRAFIA. ADNÈS, P. Garde du coeur. In: *Dictionnaire de Spiritualité* VI, 100-117.

B. MARCHETTI – SALVATORI

CORAÇÃO (troca do). 1. Em um sentido espiritual geral, significa mudança de vida e renovação espiritual interior. De um lado, traz uma conversão do mal; de outro, como que uma nova criação espiritual que o imerge no bem. "Rejeitai o peso de todas as vossas revoltas [diz YHWH], forjai em vós um coração novo e um espírito novo" (Ez 18,31). O rei Davi suplica a Deus: "Cria em mim um coração puro, e renova em mim o espírito de firmeza" (Sl 50,12). O Senhor prediz a regeneração espiritual do povo: "Eu vos darei um coração novo e porei em vós um espírito novo; tirarei de vosso corpo o coração de pedra e vos darei um coração de carne" (Ez 36,26-27; 11,19-20). É a mudança interior predita para os tempos messiânicos (cf. Jr 24,7; Ez 11,19-20) na qual a lei será escrita nos corações (Jr 31,33; Hb 8,10), e a caridade de Deus se derramará sobre eles por meio do Espírito Santo que lhes será dado (Rm 5,5). Na linguagem ascético-mística essa mudança significa não só a conversão do mal em bem, mas também do progresso em bem.

2. COMO FENÔMENO MÍSTICO. Consiste na extração, ao menos aparente, do coração físico e de sua substituição por outro coração, que às vezes é o de Cristo, outras é o mesmo, porém renovado. Se pressupormos a explicação que daremos, trata-se não tanto de um fenômeno físico quanto de uma graça mística de caráter simbólico, integrada por um elemento, seja sensível ou espiritual, que simboliza ou exprime uma mudança sobrenatural na alma, efeito de uma graça especial de Deus.

3. EXPLICAÇÃO. *Como deve ser entendida essa graça.* Trata-se de uma troca e de uma extração física do coração de carne ou de uma troca espiritual?

Quando se fala da troca do próprio coração pelo coração físico de Cristo, é inadmissível uma explicação física, visto que Cristo não pode permanecer nem por um momento sem coração, e tanto menos assumir o de outra pessoa em lugar do próprio. Também não se pode pensar que o coração de Cristo esteja nele e no místico agraciado, visto que seria um prodígio que implicaria muitos outros, gratuitamente afirmados, mas não provados. É necessário, então, buscar uma troca mística ou espiritual. Segundo Ribet e Royo, esse fato traz consigo duas coisas: dar à alma disposições e sentimentos semelhantes aos afetos íntimos da alma de Cristo e adaptar o coração de carne a esse estado interior, a fim de que exista nele uma harmonia semelhante à que existia entre o coração de Cristo e as disposições e impulsos de sua alma. Mas essa explicação teria a influência de certos traços físicos que não consideramos necessários.

Nem mesmo quando a troca é com o coração físico de Cristo cremos que se deva entender uma troca física por outro coração. Ainda que seja absolutamente impossível viver sem coração (alguns agraciados acreditaram ter vivido algum tempo sem coração) ou substituir o próprio por outro, esses fatos tão excepcionais devem ser comprovados. Não é prova suficiente a simples afirmação de testemunhas sinceras nem a da pessoa interessada se não consta que ela verificou e constatou (não simplesmente sentiu) o fato. O sentimento ou a convicção de que o fato tenha acontecido pode ser uma impressão meramente subjetiva. Até a cicatriz no peito (como no caso de Santa → CATARINA DE SENA) não é suficiente, porque pode ser devida a outras causas, também sobrenaturais, ou ser um símbolo da graça espiritual e mística concedida (cf. A. POULAIN, *Des grâces d'oraison*, c. 20, n. 47).

b) *Elementos e significados da troca de coração.* Consiste em um dúplice elemento: um cognitivo simbólico e outro santificante. O cognitivo geralmente verifica-se em uma visão sensível ou imaginária que representa ou dá conhecimento do fenômeno. Raimundo de Cápua escreve sobre Santa Catarina de Sena: "Subitamente pareceu-lhe que o seu Esposo se lhe apresentasse, abrisse o seu costado esquerdo, lhe arrancasse o coração e o levasse consigo, de modo que ela não o sentia mais bater no peito. [...] Alguns dias depois [...] viu-se cercada por uma luz que vinha do céu, e em tamanho esplendor apareceu-lhe o Salvador que trazia em suas mãos um coração vermelho e brilhante. Comovida por essa presença e por tanto esplendor, inclinou-se até o chão. Nosso Senhor aproximou-se, abriu-lhe novamente o costado esquerdo e introduziu o coração que tinha levado com ele, dizendo-lhe: 'Minha filha caríssima, no outro dia tomei o teu coração; hoje eu te dou o meu: de ora em diante te servirás deste'. Ditas essas palavras, fechou-lhe o peito e, em sinal do milagre, deixou uma cicatriz" (*Leyenda*, parte 2, c. 6, vers. espanhola de P. ALVAREZ, Vergara, 1926, 137.138.139; *Vita*, livr. 2, c. 6, in *Acta Sanctorum Aprilis, d. 30*, t. III [Antuerpiae 1675], 898, n. 179.180). O elemento santificante é simbolizado pelo elemento cognitivo: uma transformação operada pela graça, um novo estado espiritual. Qual tenha sido essa transformação deduz-se por cada caso das respectivas narrações.

c) *Efeitos.* No momento do fenômeno, permanece na alma o sentimento de uma troca que se operou nela: "Depois dessa maravilhosa troca de coração, pareceu a Santa Catarina ser totalmente outra" (*Ibid.*, 140). Ficou transbordante de alegria (*Ibid.*). O coração, às vezes, é fisicamente alterado: um fogo que o devora, palpitações, fraquezas etc. Mas o principal dessa graça mística está nos efeitos santificantes que ela possui ou que pressupõe.

BIBLIOGRAFIA. RIBET, H. *La mystique divine.* parte 2, c. 31 (t. II, Paris, 1895, 620-637); ROYO, A. *Teologia della perfezione cristiana*, 631-633; VEZZANI, V. *Mistica e metapsichica.* Verona, 1958, 178-182.

I. RODRÍGUEZ

CORAÇÃO DE JESUS (devoção ao). No seio da Igreja católica, a partir do século XII, desenvolveu-se uma especial forma de espiritualidade inspirada no coração de Jesus. Assumiu tons e colorido diversos, ao menos nos expoentes mais significativos, mas em todos há um elemento comum: uma especial atenção ao "coração" do Salvador Jesus, visto como símbolo de todo o seu amor pelo Pai e por nós.

Os estudos mais recentes não deram muita importância ao "coração" visto em sua materialidade, bem como aos "fundamentos biológicos" de seu simbolismo. Com efeito, na Bíblia, e também nos escritos dos Padres, o simbolismo está presente como um dado da antropologia cultural; possui portanto um seu significado próprio, original e irrenunciável, independentemente dos dados que possam emergir da biologia ou da fisiologia das emoções. Não é menos importante a relevância que, exatamente no aspecto simbólico ou místico, o quarto Evangelho atribui ao evento histórico-salvífico do traspassamento de Cristo na cruz: "Eles olharão para aquele que traspassaram" (Jo 19,37).

É óbvio que sempre permanece a razão teológica de um culto de → ADORAÇÃO, propiciada à humanidade inteira do Verbo encarnado, seja em seu conjunto, seja em cada uma de suas partes, sendo ela "unida hipostaticamente com a pessoa do Verbo". E teologicamente o termo próprio desse culto é o coração de Jesus, visto como símbolo de seu amor, ou talvez melhor, o próprio Jesus considerado em seu amor, que se revela a nós no símbolo de seu coração.

Essas duas posições estão igualmente presentes nos documentos do magistério (cf. *Il cuore di Gesù e la teologia cattolica*, Bologna, 1965, 415-504). Quando se trata, todavia, de "devoção" ou de "espiritualidade" (e não de um simples ato de culto ocasional, ainda que sincero), prevalece, naturalmente, a segunda interpretação. A espiritualidade do coração de Jesus, com efeito, é um modo de sentir e de viver todo o mistério de Cristo com o mistério de amor. Diz-se "coração", mas entendem-se as atitudes interiores constantes, que delineiam a face de Deus na face de Cristo para chegar, pela dúplice via da graça sacramental e da imitação, a moldar também o coração dos devotos pelo coração de Cristo, porque é pelo Salvador traspassado na cruz, e pelo dom de seu Espírito, que nasce o homem de coração novo.

Para essa concepção, mais bíblica e personalista da espiritualidade do coração de Jesus, impele também a renovação teológica, já desejada vigorosamente por Pio XII na encíclica *Haurietis aquas* (*AAS*, 48 [1956] 309-353). Se quisermos penetrar "a íntima natureza do culto ao coração de Jesus" e "alimentar o nosso fervor religioso" meditando esse mistério — escreve Pio XII — deveremos partir dos textos "da Escritura, da tradição e da liturgia". Essas diretrizes, em poucos anos, literalmente renovaram as formas e, mais ainda, o conteúdo da devoção.

1. FUNDAMENTOS BÍBLICOS E PATRÍSTICOS. A meditação e a reflexão dos teólogos e dos místicos sobre os textos da Escritura e da tradição, destacaram o fato de que Deus é essencialmente um mistério de amor.

A Escritura inteira, Antigo e Novo Testamentos, insiste na grande verdade de que "Deus é amor" (Jr 31,3; Jo 4,8), e por amor vai ao encontro do ser humano, em um ato de infinita misericórdia (Dt 7,7 s.; Jr 31,3), que culmina na morte redentora do Filho de Deus: "Deus amou a tal ponto o mundo que deu o seu Filho Unigênito" (Jo 3,16). Jesus Cristo torna-se, assim, o "sinal", a "revelação", a "presença no meio de nós" do amor de Deus: "Tendo amado os seus, amou-os até o fim" (Jo 13,1); "Amou-nos e imolou-se a si mesmo por nós" (Ef 5,2) etc.

Exatamente porque a sua natureza é "amor", e toda a sua obra é contínua revelação de "amor", Deus pede ao ser humano um culto, melhor, uma religião fundamentada sobretudo no amor: "Amarás ao Senhor teu Deus de todo o teu coração, de toda a tua alma, com todas as tuas forças, e ao próximo como a ti mesmo" (cf. Dt 6,4 ss.; Mt 22,37; 1Jo 4,7-8). Esse amor, que Deus no Antigo e Cristo no Novo Testamento exigem do ser humano, não deve ser um amor só de lábios, manifestado só por palavras, mas um amor autêntico, vivido em profundidade, no plano do "→ CORAÇÃO", entendido em sentido bíblico. Nesse plano, Deus quer descer para tomar plena posse da pessoa e estreitar uma aliança eterna com o ser humano, "fundamentada e enraizada na caridade" (Ef 3,17).

Essa nova aliança, de Deus com o ser humano e do ser humano com Deus, na caridade, prende-se e realiza-se no único mediador entre os seres humanos e Deus, "o homem Cristo Jesus" (1Tm 2,5) e mais exatamente no santuário místico de seu coração traspassado. É esse o lugar de encontro do amor redentor de Deus com o amor penitente e reconhecido da humanidade redimida. Claras indicações disso já temos em Jo 19,37-39, em que o evangelista afirma duas coisas: primeiro, que do lado traspassado jorraram sangue e água (donde o sangue indica o preço de nossa redenção e a água os seus frutos, ou seja, a água da vida ou o dom do Espírito Santo que desceu sobre os apóstolos no dia de → PENTECOSTES); em segundo lugar, o mesmo evangelista convida as pessoas aos pés da cruz para "contemplar aquele que traspassaram". Os → PADRES DA IGREJA e os místicos medievais não podiam deixar de tirar conclusões dessa dúplice observação do apóstolo João, descobrindo no coração de Jesus não só a fonte da graça, mas também o santuário do amor. O lado aberto de Cristo, escreve Santo → AGOSTINHO, é a porta da vida: "*Quid inde manavit recole, et elige qua possis intrare*: Lembra o que jorrou daqui, e escolhe a via por onde entrar" (*Serm.*, 311,3). A ferida do lado era a porta aberta; o coração, a sua meta, o santuário recôndito no qual se encontra o amor, para dar-se a ele, para viver na caridade.

Além desse filão (testemunhado por Justino, Ireneu, Hipólito de Roma, Cipriano, João → CRISÓSTOMO, ↓ AMBRÓSIO, Agostinho), que através da ferida do lado chega à contemplação do amor redentor, para ficar completo é preciso remontar também à tradição origeniana, que vê no coração de Cristo a fonte da verdade, o santuário da eterna sabedoria (cf. A. TESSAROLO, *Il cuore di Gesú nei santi Padri*, in *Il cuore di Gesú e la teologia cattolica*, 196-202). Os dois filões, porém, não se excluem, mas tendem a integrar-se mutuamente, como se pode constatar mais tarde em São → PEDRO DAMIÃO e, ainda mais claramente em São Pedro Canísio, que, convidado por Jesus a beber da ferida do lado, como ele próprio escreve, sentiu nascer em si "um enorme desejo de que rios de fé, esperança e de amor inundassem a sua pobre alma, sedenta de verdade e de caridade" (*Epist.* I, 55-56).

2. AS FORMAS HISTÓRICAS MAIS TÍPICAS. Essa nova perspectiva espiritual, pela qual a Igreja, como esposa que sai do lado ferido, torna-se a esposa que se aproxima adorante da ferida do lado para dessedentar-se na fonte do amor, amadureceu quase insensivelmente no início do segundo milênio. Primeiro aflora somente algum testemunho isolado, depois se acentuam determinados filões de espiritualidade, mais que de pensamento, nos quais, porém, confluem, além dos motivos da tradição bíblica e patrística já considerados, outras imagens e outros valores, tais como: uma maior consideração pela santa humanidade de Cristo, o desejo de apoiar a cabeça, como João, no peito do Salvador, a contemplação amorosa das cinco chagas, o motivo bíblico do *Vulnerasti cor meum*, a imagem mística da troca de corações etc. As primeiras indicações nesse sentido, excetuando → ORÍGENES e a escola siríaca, têm-se com Santo → ANSELMO D'AOSTA, ↓ HUGO DE SÃO VÍTOR, e São Bernardo. No século XII, com Guglielmo di Saint-Thierry, o *Liber de doctrina cordis* e o hino *Summi Regis cor aveto*, o mistério do coração de Jesus já é tão explícito que caracteriza a vida espiritual daqueles autores.

a) *Universalidade do fenômeno*. Todas as escolas espirituais dos séculos XII e XIII participaram desse amadurecimento quase repentino, porém bastante fecundo, trazendo, cada qual, uma impressão particular. Dos premonstratenses, lembramos: Ermanno Joseph, autor do hino *Summi Regis*; dos cistercienses, além de São Bernardo, Santa Lutgarda di Aywières, exemplo eminente de espiritualidade reparadora.

A Ordem beneditina teve a sua expressão mais sugestiva no grupo de Helfta: → MATILDE DE MAGDEBURGO, Santa → MATILDE DE HACKEBORN, que Jesus favoreceu com a troca de corações, e Santa Gertrudes, que escreveu o célebre livro *L'araldo dell'amore divino*. Para essas santas, o Coração de Jesus é o glorioso santuário do amor, no qual se resume o culto que, de toda a criação, sobe para o trono do Altíssimo.

A escola franciscana é representada por São Boaventura, autor de *Vitis mystica*; pela bem-aventurada → ÂNGELA DE FOLIGNO, que escreveu o *Libro della grazia speciale*, e por Hubertino de Casale, o qual, pelo seu *Arbor vitae crucifixae Jesu*, é chamado *doctor medievalis cordis Jesu*. São Boaventura e Hubertino de Casale deram às intuições dos séculos anteriores uma vigorosa estrutura teológica, a que todavia se liga uma cálida inspiração interior.

A Ordem dominicana é representada sobretudo por Santo → ALBERTO MAGNO e pelos místicos alemães G. → TAULERO e E. → SUSO. Espiritualmente aparentada com a escola dominicana também é Santa → CATARINA DE SENA.

A esse florescimento teológico e místico, que vai de 1250 a 1350 aproximadamente, segue-se uma geral decadência que continuou, mais ou menos grave, até o século XVII. Os poucos representantes desse período, Stefano Maconi, J. Lanspergio, L. Blosio, limitaram-se a reeditar obras dos anteriores. O movimento retornou, mais seguro, no século XVII: J. Del Nente em

Florença, G. Aniès na Espanha, K. Druzbicki na Polônia e J. de Anchieta no Brasil publicam livros ou difundem práticas de devoção ao coração de Jesus, e seus esforços não são sem sucesso. As beneditinas do Calvário, fundadas na França pelo padre Joseph, em 1617, entre outras práticas em honra da paixão possuem um exercício para guiar as almas ao amor do coração de Jesus. A vida de irmã Catarina de Québec, publicada em 1641, narra "revelações" que evocam de perto a espiritualidade reparadora de Paray. Nesse contexto são mais compreensíveis, embora em sua extraordinária originalidade, as duas grandes figuras do século: São João → EUDES e Santa → MARGARIDA MARIA ALACOQUE.

b) *São João Eudes (1601-1680)*. Formado na escola berulliana, completamente absorvida na contemplação e na imitação dos sentimentos e estados interiores de Jesus e Maria, São João → EUDES foi o primeiro e mais ardente apóstolo do culto litúrgico aos Sagrados Corações de Jesus e de Maria. Em 1641, fundou duas Congregações religiosas, uma masculina e outra feminina, dedicadas aos Sagrados Corações. Em 1643 começou a celebrar a festa do coração de Maria, à qual considerava inseparavelmente unido o coração de Jesus. Mas em 1670 assumiu a determinação de instituir uma festa distinta, dedicada ao coração de Jesus, que celebrou pela primeira vez em 1672, com ofício, missa e ladainhas próprias. Em sua obra, *Il cuore ammirabile*, ele não fala do objeto do culto, nem material, nem formal, simplesmente propõe "aquilo que se deve honrar" e "as razões" que fundamentam o culto por ele proposto. Nele, pretende honrar não "alguns dos mistérios ou das ações" de Jesus (ou de Maria), nem somente a sua digníssima pessoa, mas antes de tudo e principalmente "a origem e a fonte de todos os seus mistérios e ações", e aquilo que fundamenta "a dignidade" de sua pessoa, ou seja, o amor. Para ele, portanto, o culto do Sagrado Coração de Jesus é o culto da pessoa, enquanto ele é a origem e a fonte da dignidade e da santidade da pessoa; ou, se quiserem, é o culto da pessoa, enquanto valorizada, santificada e inflamada pelo amor. Assim, a palavra "coração" reencontra toda a sua riqueza bíblica e, ao mesmo tempo, resume e exprime o que de melhor tinha amadurecido na escola francesa do século XVII. Para ele, o coração torna-se uma noção sintética, um centro, um clima, no qual converge tudo aquilo que há de mais expressivo e profundo no mundo da natureza, da graça, da glória, para exprimir o mistério do Cristo total (cf. ARRAGUIN, J. Il cuore di Gesú secondo S. Giovanni Eudes. In: *Il cuore di Gesú e la teologia cattolica*). O coração encontra-se no ponto de encontro do corpo e da alma, do ser e do agir; está no centro da pessoa e das pessoas. É, ao mesmo tempo, interioridade e abertura, porque diz reciprocidade no amor. O coração de Cristo, em particular, é a própria pessoa do Verbo encarnado, vista como mistério de amor, enquanto está em relação de amor com o Pai, com os seres humanos e com o cosmos, e também enquanto tende a reconduzir tudo e todos na unidade do Amor que está em Deus.

c) *Santa Margarida Maria Alacoque (1648-1690)*. Os anos que antecederam a encíclica *Haurietis aquas*, enquanto tinham conduzido a uma redescoberta do pensamento eudista, também registraram um estranho declínio da corrente espiritual "paredi ana", considerada responsável por algumas formas decadentes de piedade, que se haviam difundido um pouco em toda parte nos últimos dois séculos (exteriorismo, sentimentalismo, dolorismo etc.). Não resta dúvida que possa ter havido fenômenos patológicos em algumas práticas inspiradas na devoção ao Sagrado Coração; também é igualmente possível que Santa Margarida Maria Alacoque tenha adotado expressões ou assumido atitudes menos agradáveis aos nossos contemporâneos. Todavia, quem sabe distinguir entre acessório e essencial, não hesita em reconhecer nessa humilde visitandina uma alma excepcional, uma experiência religiosa privilegiada. Ao narrar as numerosas aparições com que foi favorecida, a santa atrai a nossa atenção para o coração verdadeiramente humano de Jesus, mas está ainda mais preocupada em fazer-nos compreender o mistério de seu amor divino, misericordioso e fiel, ultrajado e ignorado pelos seres humanos. Os seus escritos parecem querer atrair a nossa atenção, mais que sobre a realidade física do coração de Cristo, sobre o seu valor simbólico, isto é, sobre a pessoa que ama e sobre a grandeza de seu amor. O aspecto pessoal, portanto, é muito acentuado em Santa Margarida Maria Alacoque. É por isso, de resto, que a sua vida espiritual se torna uma só coisa com a sua devoção ao coração de Jesus. O seu encontro pessoal com o amor de Deus, que se exprime em plenitude no coração de Cristo, a empenha a responder pessoalmente, em plenitude de amor: é a consagração. A experiência de um amor ignorado e ultrajado estende sobre ele um véu de tristeza que o associa ao mistério da paixão redentora. A "reparação" evoca a paixão, porém não deve ser confundida com um amor mórbido pelo sofrimento. Reparar é opor-se ao pecado e colocar-se a serviço do amor redentor de Cristo. A mesma reparação consoladora consiste sobretudo na vontade de honrar e de imitar os mistérios da vida escondida e da paixão redentora de Cristo (G. de Becker). As práticas de piedade, aconselhadas para esse fim, possuem um valor relativo e podem mudar com a evolução da sensibilidade. O que resta é a mensagem contida nelas: lembrar-nos continuamente que o mistério de Cristo diz respeito a todos pessoalmente, e que só participando de sua paixão seremos admitidos a participar de sua glória.

d) *O compêndio da religião cristã.* Durante o século XVIII, a devoção ao coração de Jesus, que no passado tinha sido praticada sobretudo em ambientes claustrais, torna-se uma "devoção popular" que se espalha em todas as nações católicas e entre todas as categorias de pessoas. Para tanto, contribuíram particularmente: o bem-aventurado Cláudio de la → COLOMBIÈRE, Froment, Croisset, Gallifet e, mais tarde, Santo → AFONSO DE LIGÓRIO, com a sua célebre *Novena do Coração de Jesus*. A esses autores devem-se também as primeiras sínteses doutrinárias. A instituição da festa (1765) contribuiu para dissipar numerosas prevenções.

O século XIX abre-se com a venerável *Dissertazione sulla devozione al cuore di Gesú*, atribuída ao canônico A. Muzzarelli (Roma, 1806). Com extraordinária clareza ele escreve que "sob o nome do coração simbolizado pretendemos compreender o amor incriado e o amor criado de Jesus Cristo, porque o seu coração é símbolo de ambos". Com J. Perrone (1842), a doutrina sobre o coração de Jesus é inserida nos manuais de teologia. Ao mesmo tempo, desenvolvem-se amplos movimentos que tornam realmente popular a prática dessa devoção. No início do século XX, Pourrat a define como "a forma atual da devoção cristã à pessoa do Redentor". As principais práticas (adoração reparadora, hora santa, primeira sexta-feira do mês, imagens e escapulários, consagração da pessoa, das famílias e nações, peregrinações aos santuários famosos) tornam-se tão comuns no seio do povo cristão que caracterizam a vida religiosa em todas as suas manifestações. Para essa difusão contribuíram particularmente: o padre Ramière (apostolado da oração), o padre Leone Dehon (apostolado da reparação) e além deles o padre M. Crawley-Boevey (obra da entronização). A ação deles encontrou fácil e generosa colaboração da parte de numerosas Congregações religiosas, masculinas e femininas, e ainda mais de associações e confraternidades, surgidas exatamente com o objetivo de promover e difundir a devoção. Ao fervor dos pastores de almas associou-se, na primeira metade do século XX, o esforço da pesquisa e de esclarecimento de numerosos teólogos, sustentados e estimulados nisto por frequentes intervenções do magistério eclesiástico, ao qual se deve, entre outros, as grandes encíclicas *Annum sacrum* de Leão XIII (1899) e *Miserentissimus Redemptor* de Pio XI (1928).

A crise de repensamento e de renovação, já existente em cada setor da vida da Igreja, assumiu proporções alarmantes também no setor da devoção ao Sagrado Coração por volta de 1950. Para torná-la mais aguda contribuiu, no campo especulativo, uma concepção bastante estreita, e, no campo pastoral, certa lentidão e dificuldade para adquirir e assimilar os dados mais positivos da renovação bíblica e litúrgica praticada. Ao mesmo tempo, porém, já começavam a se manifestar os primeiros frutos de um profundo repensamento que, colocando em evidência os fundamentos bíblicos e patrísticos da devoção ao coração de Jesus, conduziu os teólogos a uma renovada concepção da natureza do símbolo e desvelou a todos a inesgotável fecundidade pastoral, apostólica e espiritual, dessa espiritualidade.

A encíclica *Haurietis aquas* é a expressão mais respeitável e qualificada dessa luta, que levou a uma concepção inteiramente renovada do símbolo em geral, e do mistério do coração traspassado em particular. A atenção não é mais dirigida, principalmente, ao coração de Jesus entendido como "parte de sua santíssima humanidade", mas ao amor de Deus que nele se exprime e se doa. A devoção, afirma explicitamente Pio XII, "é, em substância, o culto do amor que Deus tem por nós em Cristo, e ao mesmo tempo a prática de nosso amor por Deus e pelos outros seres humanos" (*Haurietis aquas*, AAS 48 [1956] 345).

3. CORAÇÃO DE JESUS E VIDA ESPIRITUAL. O fato de que a devoção ao coração de Jesus tenha o objetivo de tudo centralizar no ágape redentor do Verbo encarnado nos diz de imediato a estreita conexão que ela possui com a religião cristã em geral e a vida espiritual em particular. Está antes historicamente provado que ela surgiu e desenvolveu-se na Igreja como forma de vida, antes de ser expressa como doutrina teológica. Mas procuremos olhar mais de perto o que comporta para a vida espiritual, quando se torna atitude interior e experiência vivida.

a) *A religião torna-se amor*. A devoção ao coração de Jesus nos ensina, em primeiro lugar, a interpretar tudo sob a luz do amor. Certamente o modo de conceber o coração de Jesus e de viver a sua mensagem nem sempre foi perfeitamente igual através da história. Todavia, se considerarmos bem, além dessa diversidade de formas e de acentos, é sempre o mistério do amor de Deus que se revela a nós no coração de Cristo. É como o ponto espaçotemporal no qual se encontra o amor de Deus pelos seres humanos e, ao mesmo tempo, o amor deles por Deus, pelo qual a espiritualidade que suscita é caracterizada sobretudo pelo amor.

A espiritualidade do coração de Jesus, portanto, é aquela fisionomia particular que assume a religião cristã quando alguém se conscientiza de que o Verbo encarnado é sobretudo um mistério de amor, que deve ser acolhido com atitude de amor. Naturalmente, a espontaneidade e a intimidade do amor jamais poderão mudar a natureza das coisas: Deus sempre será Deus, e o ser humano sempre será criatura. Contudo, como Deus se revela substanciado de amor, a sua presença será acolhida não como um mistério que prostra e assusta, mas como um palpitar de bondade que sustenta e convida. Assim, a nossa vida religiosa, iluminada pelos raios de tanto amor, assumirá os tons de uma adoração amante, de um amor adorador.

A religião cristã, de per si, já é orientada para esse sentido, porque a revelação afirma explicitamente que "Deus é amor", e que o primeiro mandamento da lei é amá-lo de todo o coração. Esse aspecto, que no conjunto da mensagem cristã está presente "entre os outros", na espiritualidade do Sagrado Coração torna-se explícito, formal, predominante.

b) *A alma de todas as devoções*. Entendida nesse sentido, escreve o padre Alonso, a espiritualidade do coração de Jesus apresenta uma razão específica tão formal que deve ser colocada na base de todas as devoções ao Verbo encarnado (cf. *Il cuore di Gesù e la teologia cattolica*, c. I). Nenhuma devoção, com efeito, pode ser conforme às exigências da religião revelada se não for substanciada de amor. Assim, nas intenções de Deus, a devoção ao Sagrado Coração de Jesus é destinada a ser não uma devoção entre as outras, ou até a mais importante, mas a forma e a alma de todas as outras. Não é o seu aspecto quantitativo que a define, mas o seu valor qualitativo e formal. Não visa superar ou suprimir as outras com um maior número de práticas, mas elevá-las, comunicando-lhes um conteúdo formal mais rico. Assim como sem a caridade não existe verdadeira virtude sobrenatural para o estado perfeito, assim também, sem a animação interior, que só a contemplação do amor de Cristo pode dar, nenhuma verdadeira devoção a Cristo pode existir, ao menos para o estado perfeito. Isto explica, de um lado, por que essa espiritualidade floresceu simultaneamente em quase todas as grandes escolas espirituais da Idade Média (→ CARTUXOS, → BENEDITINOS, → CISTERCIENSES, premonstratenses, → FRANCISCANOS, → DOMINICANOS) sem desnaturalizá-las, antes potencializando-as e conduzindo-as à sua mais perfeita expressão, e, de outro lado, por que só os grandes místicos puderam aí chegar. Sublinhando o fato de que essa é, em certo sentido, uma espiritualidade de eleição, queremos dizer que ela exige corações particularmente dispostos. Com efeito, ela revela sua verdadeira natureza e sua incomparável eficácia quando é proposta não como um conjunto mais ou menos coerente de práticas exteriores, mas como a meta mais alta e sugestiva de toda a vida espiritual.

c) *Características dessa espiritualidade*. A primeira lei do coração é a tendência, a necessidade de união. A história de nossa salvação é a narração daquilo que Deus fez para ir ao encontro do ser humano, e o que este realizou para responder ao convite de Deus, até chegar a uma autêntica comunhão de amor. A lista das imagens, às quais a Bíblia recorre para fazer-nos compreender a natureza dessa união, é longa. Algumas delas insistem na intimidade dessa união (templo, vinha, oliveira, corpo); outras, em vez, no seu caráter pessoal (aliança, amizade, reino, matrimônio). Podemos obter uma ideia global do mistério cristão coordenando, por intermédio dessa dupla série de imagens, os aspectos complementares daquela misteriosa realidade que é a vida da graça. Mas, para lá de toda imagem, todos compreendem que uma união entre duas pessoas não pode ser verdadeira e duradoura se não parte do interior, se não nasce do coração e no coração se realiza. Jesus também nos explica o significado de seu convite: "Permanecei no meu amor" (Jo 15,4 e 9). É no coração do ser humano que se realiza o seu destino.

Essa observação já antecipa a segunda característica da espiritualidade do coração de Jesus: a exigência de interioridade. A face, as chagas e o sangue de Jesus já são um tal testemunho de amor que abalam qualquer espírito. Mas as almas sedentas de amor não se rendem a essa "leitura exterior", sentem a necessidade de aproximar-se da chaga do lado, penetrar no santuário do coração para abismar-se nesse oceano de caridade. Assim falam os místicos, dóceis à lógica do amor. Todavia, são apenas pálidas imagens de uma realidade inefável. O amor só se realiza através do dom de si, saindo de si (êxtase) para identificar-se com o "tu", na síntese do "nós". A história da → MÍSTICA destaca bem o aspecto violento, quase o "rapto" do espírito, que o amor conheceu.

O encontro do coração humano com o amor divino possui um efeito transformador. Também o amor humano pode conduzir até à fusão dos espíritos: "*Eu sofro*, e penso *aquilo que tu* desejas e amas", escrevia Van der Meer de Walcheren (*Dieu et les hommes*, vers. fr. Paris, 1954, 216; vers. it. Alba, 1964). É o que pretendem os místicos quando falam da troca de corações, que São Paulo exprimia com as palavras: "Já não sou eu que vivo, é Cristo que vive em mim" (Gl 2,20).

Identificação vital, troca de corações, presença mútua de Cristo em nosso coração e de nós no coração de Cristo: são diferentes fórmulas para exprimir o inefável mistério da união transformadora, pela qual o que há de mais profundo no ser humano (o coração) se encontra e se identifica com o que há de mais profundo em Cristo: seu coração.

As formas e a evolução dessa vital identificação do coração humano com o coração de Cristo na caridade podem assumir variadas cores e tonalidades. Uma das mais frequentes, ainda que não seja comum a todos os devotos do Sagrado Coração, é a participação dolorosa no mistério da paixão redentora. Foi essa a nota distintiva de Santa Lutgarda, e ainda mais de Santa Margarida Maria e da tradição espiritual que dela deriva. Retomada e determinada pela encíclica *Miserentissimus Redemptor*, e mais recentemente interpretada em um contexto verdadeiramente bíblico e eclesial, essa espiritualidade sublinha um aspecto essencial do amor de Cristo: o fato de ser um amor "redentor".

Participando da ansiedade redentora de Cristo, nosso amor abre-se necessariamente também para a dimensão missionária do Reino de Deus. A espiritualidade do Sagrado Coração de Jesus é sobretudo preocupação e empenho para responder ao amor de Deus em Cristo Jesus. Também historicamente, a maioria dos textos que se referem a essa espiritualidade são "contemplativos". Pode parecer que a preocupação apostólica seja estranha a esse mistério. Mas só quem esquece o motivo pelo qual o Filho de Deus tomou um coração humano e deixou-se traspassar na cruz poderia pensar alguma coisa semelhante. "Onde palpita o coração de Cristo", afirma o cardeal E. Pacelli, "lá é a escola do apostolado, a verdadeira, útil, transformadora. Repousando sobre o coração de Jesus João tornou-se o apóstolo predileto. Aproximando-se do coração de Cristo, o incrédulo Tomé confirmou a sua fé" (Alocução de 26 de abril de 1935, em Lourdes). Nesse clima, o nosso amor pelos seres humanos passa como que pelo coração de Cristo. E é nele e por ele que se torna incandescente e, sobretudo, sobrenaturalmente eficaz.

Subjacente a todos esses aspectos, e sua condição original, deve ser finalmente lembrada a disposição interior do "santo abandono", que em diferentes tonalidades também é chamado de indiferença inaciana ou vida de imolação. O → ABANDONO é ao mesmo tempo o fruto do amor e o caminho que a ele conduz. Não é uma virtude especial, mas uma atitude interior, baseada na fé e na caridade, pela qual Deus torna-se o tudo do nosso coração. O abandono, segundo o padre → CAUSSADE, é a arte de amar: amar a Deus sincera e desinteressadamente, sem outro desejo senão tornar-se o instrumento de sua ação no mundo, sem angústias pelo futuro, preocupados apenas em consagrar o instante presente ao Amor.

Concluindo, convém lembrar que o tema do amor a Deus, sendo essencial para o cristianismo, não pode nunca ser diminuído na vida da Igreja. A história da → ESPIRITUALIDADE CRISTÃ nada mais é, afinal, senão a história das formas com as quais foi expresso e vivido isto que é a mensagem fundamental do Antigo e do Novo Testamentos. Nesse contexto, a devoção ao coração de Jesus é sua forma mais sugestiva. Também historicamente, com efeito, foi demonstrado que existe uma substancial identidade entre a linguagem dos → PROFETAS e a mensagem dos Evangelhos, as reflexões dos Padres, as experiências dos místicos e a devoção ao Sagrado Coração de Jesus.

BIBLIOGRAFIA. AGOSTINI, E. *Il cuore di Gesú*. Bologna, 1950; ALCANIZ, F. *La devozione al S. Cuore di Gesú*. Milano, 1939; BAINVEL, I. *La devozione al S. Cuore di Gesú*. Milano, 1941; BARSOTTI, D. *La rivelazione dell'amore*. Firenze, 1955; BECKER, G. de. *Il Cuore di Gesú e la vita religiosa*. Bologna, 1965; BETTAN, G. *Contempleranno colui Che hanno trafitto*. Milano, 1962; *Cor Jesu*. Roma, 1959; DEHON, L. *Études sur les S. Coeur*. Bruges, 1922; DENIS, M. *Spiritualità riparatrice*. Pescara, 1955; GALOT, J. *Il Cuore di Cristo*. Torino, 1954; GLOTIN, E. *Il m'aimé: le signe du Coeur de Jésus et sa place dans l'exposé de la foi*. Paris, 1979; HANS URS VON BALTHASAR. *Il cuore del mondo*. Brescia, 1964; JEAN-NESMY, Cl. *Il cuore di Gesú e la vita spirituale*. Bologna, 1956; *Jesus-Caritas* (abr. 1957); *L'actualité d'un culte*. Tilburg, 1956; *La dévotion au coeur du Christ*. *La Vie Spirituelle* 67 (1987) 260-342; *La enc. "Haurietis acquas". Commentarios teológicos*. Madrid, 1958; *Le Coeur. Études Carmelitaines Mystiques et Missionnaires*. Paris, 1950; *Teologia e spiritualità del Cuore di Gesú*. Napoli, 1983; TESSAROLO, A. *Il culto del S. Cuore*. Bologna, 1957.

A. TESSAROLO

CORAÇÕES (penetração dos). É uma forma de clarividência espiritual por meio da qual se conhece o estado da consciência moral do próximo ou os segredos do seu coração. É um conhecimento claro, determinado, certo. Numerosos santos usufruíram esse dom; conhecido de todos, a respeito, é o cura d'Ars, São João Maria Vianney.

Pode-se ter uma espécie de conhecimento conjectural também, naturalmente, com base nos indícios ou em manifestações exteriores. Às pessoas muito puras espiritualmente isto acontece de modo especial. Afirma São → JOÃO DA CRUZ: "É preciso saber que aqueles que têm o espírito puro, com muita facilidade naturalmente conhecem — e alguns mais que outros — aquilo que há no coração ou no íntimo, as inclinações e o talento das pessoas; e isto por sinais exteriores, porquanto muito pequenos, como palavras, movimentos e outras manifestações" (*Subida*, 2, 26, 14).

Segundo afirmam os teólogos católicos, o conhecimento dos segredos íntimos do coração é algo que supera e excede as faculdades humanas e até as diabólicas. Todavia, visto que possuem mais ou menos reflexos sensíveis e exteriores, podem ser objeto de conhecimento natural. Não foi determinado até que ponto esses reflexos possam ser naturalmente inteligíveis e quando, em vez disso, vão além do controle da vontade.

Contudo, existem fatos em si sobrenaturais que, em si mesmos, só podem ser conhecidos de modo sobrenatural; por exemplo, o estado de graça de uma pessoa. Tratando-se do conhecimento dos pecados alheios, com frequência cai-se numa ilusão da fantasia. São João da Cruz afirma que esse conhecimento pode vir de Deus ou ser uma ficção do demônio, o qual "às vezes representa os pecados alheios, as más consciências e as almas pecadoras de modo falso, mas com muita clareza, unicamente por infâmia e com o desejo de desvelar aquelas culpas a fim de que induzam ao pecado, e infunde na alma um zelo como se dependesse dela recomendar aqueles pecadores a Deus" (*Subida*, 2, 26, 27). "Deus, algumas vezes, apresenta às almas santas as necessidades de seu próximo para que elas o recomendem a Deus, ou para que lhe seja posto um remédio" (*Ibid.*).

Em geral a penetração dos corações é considerada um dom gratuito que não dá, nem pressupõe, a santidade; todavia, embora possa ser concedido a uma pessoa em pecado mortal, geralmente só são favorecidas as almas santas, e isto para que seja de auxílio no cumprimento de sua missão. Tal dom geralmente é catalogado entre as graças *gratis datae* e é chamado discrição do espírito. Alguns autores o explicam como sentido espiritual, isto é, como ato secundário dos → DONS DO ESPÍRITO SANTO.

BIBLIOGRAFIA. BONA, J. De discretione spir., c. 2. In: *Opera omnia*. Antuerpiae, 1946, 135-137; TROCHU, F. *Il Curato d'Ars, S. Giovanni Maria Vianney (1786-1859)*. Torino, 1937, 542-575; REIGADA, I. G. M. *Los dones Del espíritu Santo y la perfección cristiana*. Madrid, 1948, 356-364; ROYO, A. *Teologia della perfezione cristiana*, 604-606; LEROY, O. La penetration des consciences chez Sainte Thérèse de Jésus. *Revue d'Ascétique et de Mystique* 34 (1958) 449-455.

I. RODRÍGUEZ

CORAGEM/CORAJOSO. 1. INDICAÇÕES HELENÍSTICO-BÍBLICAS. No contexto greco-helenístico, um ser humano é considerado corajoso seja com base em sua vida privada que se desenrola entre sabedoria pessoal e relações de amizade, seja em relação ao contexto democrático do viver assemblear da *pólis*. Pelo termo *parrhêsia* (coragem) qualificava-se a pessoa que, livre de prejuízos e condicionamentos, falava e agia com liberdade e franqueza nas relações interpessoais tanto entre amigos quanto nas reuniões públicas cívico-políticas. Homem corajoso equivalia à pessoa espiritualmente livre e franca. Aristóteles o definia como aquele que sabe estar em um justo equilíbrio intermediário entre o impetuoso e o covarde (*Ética a Nicômano*, II, 5 ss.), de modo que enfrente os perigos com racionalidade, dominando o próprio medo e até o da morte.

O discurso greco-helênico é um pressuposto cultural que facilita a compreensão da tradição bíblica sobre o ser humano corajoso. Para a Sagrada Escritura, o corajoso é assim qualificado segundo a sua relação vital e profunda com Deus. Goza de franqueza corajosa plena, uma vez que foi constituído em relação de aliança com seu Deus; porque YHWH mostra sobretudo a vontade de torná-lo cada vez mais livre. O judeu corajoso se caracteriza não tanto por um amadurecimento humano de adulto diante dos outros (como no mundo greco-helenístico), mas por uma motivação religiosa que se concretiza em experiência de êxodo, de libertação salvífica, de aliança com Deus. O seu ser religioso começa como dom gratuito de Deus, como graça recebida de liberdade, como confiança por YHWH munificente com a sua pessoa, como aquele que conhece os pensamentos de Deus tendo recebido a sua Palavra.

No Novo Testamento Jesus aparece altamente corajoso no fundo do contexto espiritual salvífico. Consciente de ter recebido a Palavra do Pai celeste e de que deve anunciá-la para a salvação do mundo, tem toda a coragem da franqueza. Será a mesma razão que tornará corajosos os discípulos do Senhor. Eles estão no amor do Senhor, e "no amor não existe temor" (1Jo 4,18). Corajosos porque são conscientes de estar imersos na verdade onipotente de Deus. Ser discípulo de Cristo significa ter a franqueza de dar testemunho da verdade evangélica "com santidade e sinceridade que vêm de Deus" (2Cor 1,12; 3,5 ss.). Na prática, estar com Deus significa viver no espírito: "onde está o Espírito do Senhor, está a liberdade" (2Cor 3,17).

O cristão, participando do mistério pascal de Cristo, em virtude do Espírito, passa do estado de escravidão do pecado para o de filho de Deus, no dinamismo interior do Espírito. Uma liberdade qualitativamente nova, que lhe permite exprimir-se em franqueza com Deus e com os seres humanos. Em virtude do dom do Espírito, o cristão mostra-se corajoso no modo de experiência de fé em Jesus, para dar testemunho como filho de Deus que possui a sua palavra, porque nutre firme esperança dentro das mesmas atribulações apostólicas.

2. A CORAGEM SEGUNDO A TEOLOGIA ASCÉTICA E ESPIRITUAL. Segundo o discurso teológico escolástico, qualifica-se como corajoso o homem que principia o compromisso ascético virtuoso, enquanto é um homem fiel quem persevera na iniciada vida virtuosa. Parece-nos poder determinar que fiel é o homem perseverante no estado corajoso. A fidelidade é a coragem continuada que se estende a toda a existência e anima o caminho espiritual inteiro.

O discurso teológico escolástico empenhou-se em determinar a diferença que corre entre homem corajoso e homem forte. Considera que o forte, além da coragem do ataque e da iniciativa difícil, inclua também suportar os incômodos e as dificuldades, em avaliar com sadia desconfiança as próprias energias. O corajoso se recolhe unicamente dentro das manifestações ativas de audácia, na agressão das dificuldades para superá-las, e não na humilde suportação dos incômodos.

São → GREGÓRIO MAGNO preocupou-se muito, mais que em distinguir o homem corajoso do forte, em lembrar que a coragem virtuosa é tal se sabe integrar-se com outras qualidades da perfeição, tais como a firmeza, a audácia racional, o orgulho, a constância, o → DOMÍNIO DE SI, o equilíbrio psicoespiritual e o espírito de sacrifício (*Moralium libri*, livro 22, c. 1).

A espiritualidade contemporânea prefere deter-se em considerar de que modo o homem espiritual deva suplicar o dom da coragem ao Espírito para penetrar na experiência caritativa evangélica. Ser espiritualmente corajoso significa estar na graça continuada do espírito. Na afirmação de Louis Lavelle, a alma desejosa de viver em progresso espiritual deve suplicar constantemente ao Espírito para que, além da renúncia ou esvaziamento de si mesma, a presenteie com a coragem. É tornada corajosa pelo Espírito quando sabe colocar a sua confiança total e exclusiva na graça que vem do alto. Semelhante coragem não deve ser confundida com a vontade, que geralmente nada mais é que amor próprio e desejo de triunfo.

O homem é corajoso de modo totalmente diferente se é considerado no plano ascético ou no espiritual. No plano ascético, ele mostra tenacidade em atividades pessoais bastante mortificantes, capazes de combater e derrubar toda tendência de egoísta concupiscência. Ao passo que no plano espiritual, é corajoso porque se aventura confiando-se cegamente ao Senhor: abandona os planos pessoais programáticos de vida virtuosa e não traça um caminho próprio de aquisição de virtudes, já que procura acompanhar as iniciativas do Espírito de Cristo em sua existência. "Minha força e meu canto é o Senhor" (Is 12,2).

É necessário ser corajoso, simultaneamente, dos lados tanto ascético quanto espiritual. O homem espiritual, esvaziando a si mesmo, aparece disponível para confiar-se ao Espírito do Senhor, não tanto por considerações virtuosas pessoais, mas pela fé no dom do Espírito.

BIBLIOGRAFIA. CATTEL, R. B. *La personnalité.* Paris, 1956; FABRIS, F. *La virtú del coraggio. La "franchezza" nella Bibbia.* Casale Monferrato, 1985; JANKELEVITCH, V. Le courage et la fidélité. In: *Traité de vertus.* Paris, 1949, 181-236; LACROIX, J. *Timidezza e adolescenza.* Torino, 1955; LAVELLE, L. *Quatre saints,* Paris, 1951; LUPI, G. *Coraggio di non essere perfetti.* Assisi, 1984; MARC, A. Assurance et risque. *Revue d'Ascétique et de Mystique* 22 (1946) 3-43; MAZZOLARI, P. *Coraggio del confronto e del dialogo,* Bologna, 1979; PONZALLI, E. *Il concetto di santità e la spiritualità di s. Francesco in Louis Lavelle.* Casale Monferrato, 1986; SAN TOMMASO. *La Somma teológica. La fortezza.* Firenze, 1968, vl. 20; SCARPAT, G. *Passhêsia. Storia di un termine e delle sue traduzioni latine.* Brescia, 1964; SCHLIER, H. Parrhêsia-parrhêsiazomai. In: *Grande Lessico del Nuovo Testamento.* Brescia, 1974, 877-932, vl. X; SCUPOLI, L. *Il combattimento spirituale e il sentiero del paradiso.* Roma-Alba-Catania (s.d.); SENNE, R. Le. *Traité de morale générale.* Paris, 1949, 529-540; TEKER, S. *Coraggio di donarsi.* Leumann, 1981; TILLICH, P. *Il coraggio di esistere.* Roma, 1968.

T. GOFFI

CORPO. INTRODUÇÃO. I. *O corpo entre desprezo e exaltação.* O ser humano se situa no mundo através da mediação de sua corporeidade. Tal corporeidade deve ser avaliada em seu real significado e em seu mais profundo valor, evitando as opiniões opostas ou opções de vida que "ou desprezam demais o corpo humano, ou o exaltam demais" (*GS* 41).

Uma atitude de desprezo não corresponderia à antropologia cristã que considera o corpo humano um dom da ação criadora de Deus, participante do evento redentor de Cristo e da difusão de sua graça derramada "em nossos corações" pelo Espírito que nos foi dado (Rm 5,5) e destinado à ressurreição no último dia. Por essas razões, sublinha o Concílio Vaticano II, "não é lícito ao ser humano desprezar a vida corporal, mas, ao contrário, deve estimar e honrar o seu corpo" (*GS* 14). Incluem-se nessa atitude de desprezo do corpo, juntamente com as diferentes concepções filosóficas de tipo maniqueísta, todas as formas de violência que ofendem a dignidade da pessoa humana (do aborto à eutanásia, da pornografia à tortura); formas que de diversos modos terminam por considerar o corpo humano somente um objeto a ser utilizado para os próprios interesses ou fins ideológicos.

Também não corresponderia à visão cristã do ser humano uma exaltação excessiva do corpo (às vezes até em formas de autêntica pseudossacralização) que se contrapusesse ou que sacrificasse a dimensão espiritual da pessoa e a sua plena realização. Em uma concepção integralmente cristã do ser humano, a valorização do corpo só é correta quando se situa dentro de um contexto antropológico que considere a pessoa humana em sua unidade total e à luz de sua origem pela ação criadora de Deus e de sua vocação última. Em caso contrário, termina por reduzir-se a um "culto ao corpo", de sabor fortemente pagão e idólatra. Sob o ponto de vista da revelação cristã, não se deve, por outro lado, esquecer que o ser humano, ferido pelo pecado original, "experimenta as rebeliões do corpo" (*GS* 14; cf. também 13). Assim, se pela dignidade da qual está revestido, o ser humano é chamado a glorificar a Deus no próprio corpo, pelas divisões introduzidas pelo pecado na natureza humana é obrigado a decidir-se e a lutar para não permitir "que o corpo se torne escravo das perversas inclinações do coração" (*GS* 14). A atitude cristã em relação à corporeidade humana é, pois, caracterizada por um determinado realismo e por exigências igualmente éticas.

II. *A corporeidade humana, expressão do eu-espiritual.* A razão do que se acabou de afirmar está no fato de que a visão cristã considera a condição corpórea do homem como constitutiva (e, pois, não separável) da unidade original e da integridade de ser humano, de modo que toda afirmação *exclusiva* de um componente do ser humano em detrimento de outra termina por ignorar a verdadeira natureza da pessoa humana e vai contra a sua autêntica realização. A propósito, é preciso ter presentes algumas determinações — também de linguagem — levadas adiante pela reflexão contemporânea.

a) *Corpo e corporeidade.* A filosofia fenomenológica (de M. Scheler a J.-P. Sartre a G. Marcel) sublinhou a diversidade que se coloca entre "corpo" e "corporeidade": o primeiro evoca o estado do ser humano já constituído (*a posteriori*); a segunda, em vez, indica a condição original — sobre a qual se pode refletir — do ser humano histórico, uno e completo. Em um tal âmbito, enquanto "corpo" evoca a cisão clássica de "corpo" e "alma" de origem grega e indica — ao menos na linguagem comum — uma "parte" do ser humano (o componente corpóreo *enquanto* distinto do componente espiritual), "corporeidade" evoca, em vez, toda a subjetividade humana sob o aspecto da condição corporal constitutiva do eu-pessoal: o ser humano *enquanto* se exprime e se realiza corporalmente. Historicamente, não existe pessoa humana que não seja um eu-espiritual-corpóreo; a corporeidade é a expressão, o reflexo visível — constitutivo do ser humano, único e indiviso.

b) *Corporeidade e espiritualidade.* O que se acabou de afirmar corresponde à antropologia semita segundo a qual a "carne" (*basar*), a "alma" (*nefesh*) e o "espírito" (*ruah*) não são partes isoláveis na constituição do ser humano, mas a expressão da totalidade da pessoa humana segundo diferentes aspectos: o ser humano é *ao mesmo tempo* "carne", um ser corpóreo pertencente à família humana, marcado pela fragilidade e pela precariedade; "alma", um vivente corpóreo que tende a uma sempre maior plenitude de vida em todo o seu ser; "espírito", um ser espiritual-corpóreo dependente radicalmente de Deus e chamado a autotranscender-se em relação ao puro dado de sua existência histórica. A corporeidade pertence ao plano criador de Deus; não é a consequência de uma "queda" ou de um aprisionamento da alma na matéria.

O ser humano constitui *uma unidade fundamental, totalmente espírito e totalmente corpo simultaneamente*, de forma que tudo aquilo que se diz do eu-espiritual (alma) é inseparável de sua realidade corpórea, e vice-versa. Sob tal aspecto, o corpo humano é completamente diferente de um objeto; ele é expressão de uma subjetividade individual e pessoal, e como tal deve ser considerado e percebido, sob pena de degradar a pessoa humana ao papel de uma simples coisa entre as coisas, uma realidade factual anônima e sem vida.

c) *Cosmos e corporeidade.* "Corpo e alma, mas realmente uno, o homem, por sua própria condição corporal, sintetiza em si os elementos do mundo material, que nele, assim, atinge sua plenitude e apresenta livremente, ao Criador, uma voz de louvor" (*GS* 14). O corpo é o ponto de inserção do ser humano na matéria. Ainda que transcendendo o cosmos, o ser humano está "mundanamente" situado; ele representa o compêndio e o ponto central do universo cósmico; a ele pertence e nele plenamente se exprime. O corpo é o lugar onde o eu-espiritual se objetiviza e se realiza, é o campo expressivo do espírito, a linguagem e a presença do eu pessoal para os outros e o mundo. Pelo corpo a pessoa humana participa da historicidade do cosmos e a reflete em si. "Pó, ele retorna ao pó", segundo a linguagem do Gênesis (3,19). Se é em seu corpo que o ser humano é um vivo, é igualmente em seu corpo que é submisso às leis biológicas, incluída a lei da morte. A existência histórica do ser humano, todavia, não se reduz ao cosmos, ele o transcende como eu-espiritual/corpóreo chamado por Deus — a partir do mesmo ato criador original — ao diálogo com ele, que não pode diminuir nem além da morte. A conclusão do itinerário terreno não é o fim da existência do eu espiritual corpóreo; é, em vez, o início de um novo modo de ser. A ressurreição de Cristo é a revelação plena e definitiva da promessa de subsistência indestrutível, encerrada na existência corpórea do ser humano, e a inauguração da passagem da escatologia para a história e da história para a escatologia.

d) *Corpo pessoal e corpo social.* O corpo humano não encerra em si somente a história do universo; ele é, ao mesmo tempo, forjado pela comunicação e pela partilha social, assim como é estruturado de modo tal a ser capaz de exprimir tal comunicação e realizar uma existência de compartilhamento interpessoal. O ser corpóreo do ser humano, seja em virtude de sua constituição ontológica, seja em sua forma física, está a serviço de "uma existência-com"; a sua própria configuração orgânica (pensemos nos sentidos) representa o contrário de todo individualismo absoluto, como de toda forma de dobramento sobre si. A existência, para o ser humano-corporal, é *coexistência*: é doar e acolher, é "encontrar-se", conhecer e amar. Assim, se a corporeidade humana é a razão da individuação irrepetível de todo ser humano, ela é, ao mesmo tempo e com a mesma força, o princípio de sua socialização e de uma existência radicalmente comunitária. É dentro de tal dialética que a sociedade se estrutura em *corpo social*. De um lado, é a socialização de cada um dos eu-corpóreos que dá origem à sociedade como corpo social; de outro, é o corpo social que plasma o eu-corpóreo individual e lhe permite exprimir-se de modo plenamente humano e, portanto, socializar-se. A economia do batismo e da Igreja, corpo de Cristo, recupera na raiz tal osmose entre corpo-pessoal e corpo-social, e exprime a sua plena realização a partir do evento único de Cristo, Redentor do ser humano e do mundo e primícia da nova humanidade e da criação escatológica.

1. O CORPO SOB O SIGNO DA CRIAÇÃO. I. *Significado da corporeidade do ser humano*. Segundo a narração javeiana de Gn 2,4b-25, o ser humano como ser corpóreo (*basar*) está em relação ao mundo material; o "sopro" de Deus (*ruah*) o torna um vivo (*nefesh haja*), em uma relação particular com Deus, distinto e superior com referência a toda a escala dos seres criados. A corporeidade humana é gratificada pela infusão de um "espírito" (ou eu-espiritual) que faz do ser humano o único ser que não só sabe, mas *sabe de saber*, de tal modo que ele seja e possa ser como que representante de Deus (o seu "lugar-tenente") no mundo. A corporeidade humana, em uma tal visão, aparece como o "sacramento" do eu-espiritual e, ainda mais radicalmente, o "sinal" visível da presença invisível de Deus, criador do cosmos e da tarefa que ele confia ao ser humano de "cultivar" e "proteger" o jardim do universo (cf. Gn 2,16-17).

Uma antropologia análoga é expressa na narração sacerdotal de Gn 1,1–2,4a, especialmente pela dicção "imagem e semelhança de Deus" referente tanto ao ser humano como tal quanto à bipolaridade sexual de "macho" e "fêmea". A corporeidade faz parte, de modo imprescindível, da noção bíblica de imagem e semelhança de Deus, embora sem esgotá-la. O ser humano é um ser que reproduz em si os traços transcendentes do mistério de Deus: é capaz de reconhecer e de autodecidir-se, de amar e de entrar em comunhão pessoal com o outro. A corporeidade é constitutiva de uma semelhante estrutura do ser humano, a exprime e a torna de fato praticável.

O testemunho bíblico do Gênesis deixa entrever que o ser humano é por essência um ser relacional: em relação ao cosmos, ao(s) outro(s), a Deus, mas ele não pode realizar de fato tal relacionalidade senão através da própria corporeidade, e nunca sem ela. Historicamente, a corporeidade é tão constitutiva do ser humano (homem e mulher) que ele não é, de nenhum modo, capaz de dissociar-se dela ou de praticar uma existência puramente espiritual. Naturalmente, é verdade também o contrário: o ser humano, para ser tal, deve afirmar a sua espiritualidade em toda a sua existência terrena; é com efeito graças a ela que ele é absolutamente superior a todos os outros seres da criação. Em suma: o ser humano é o seu corpo; o ser humano é o seu espírito; o ser humano é, inseparavelmente, um e outro. A unidade é um sinal inelimináble do ser humano; ela reflete alguma coisa da unidade/comunhão do ser humano com Deus.

A corporeidade, nesse quadro preciso, é dom da ação criadora de Deus: toda a existência corpóreo-espiritual do ser humano pertence a essa ação. Para o ser humano, viver significa receber de Deus a existência; a corporeidade corresponde e exprime uma tal recepção/dependência da pessoa humana total ao Criador. Assim, se graças à corporeidade o ser humano está enraizado no mundo como ser histórico (*esse in*), graças a ela, ele está, ao mesmo tempo, em relação com Deus, para o qual, pela sua origem, é orientado com todo o seu ser espiritual-corpóreo (*esse ad*). De Deus, por outro lado, o ser humano recebe a tarefa de levar a termo a história da criação e construir a comunidade dos homens no mundo. A corporeidade é o sinal e o instrumento de tudo isto. Na descrição global dos primeiros capítulos do Gênesis, essa existência corpórea do ser humano aparece inserida em um âmbito de extraordinária harmonia e liberdade: harmonia/liberdade do ser humano em si mesmo, em relação ao mundo da natureza, ao(s) outro(s), a Deus. Tudo no projeto original da criação é harmonia e liberdade, incluída a corporeidade, como emerge da imagem plástica da nudez expressa na narração javeiana que, na linguagem bíblica, não quer ser uma simples anotação etnográfica, mas um relevo teológico: a nudez, vivida sem nenhuma vergonha, é o sinal da harmonia/liberdade do ser humano, homem e mulher, saído das mãos de Deus e chamado a exprimir em si alguma coisa da harmonia/liberdade do Criador.

II. A corporeidade entre pecado e espera da salvação. "Então seus olhos se abriram, e viram que estavam nus" (Gn 3,7). O despertar da vergonha pela própria nudez é — na linguagem da narração javeiana — a expressão simbólica mais evidente e concreta da desordem introduzida pelo pecado original não só na realidade do casal, mas na própria natureza e corporeidade do ser humano. "Constituído por Deus em estado de justiça, o homem, contudo, instigado pelo Maligno, desde o início da história abusou da própria liberdade. Levantou-se contra Deus desejando atingir seu fim fora dele" (*GS* 13). A → CONCUPISCÊNCIA, que segundo a descrição bíblica imediatamente se manifesta no ser humano, exprime um estado de desequilíbrio com referência à anterior situação de harmonia/liberdade. A partir daquele momento, "o ser humano está dividido em si mesmo". […] Por esta razão, toda a vida humana, individual e coletiva, apresenta-se como uma luta dramática entre o bem e o mal, entre a luz e as trevas. Bem mais ainda. O homem se encontra incapaz, por si mesmo, de debelar eficazmente os ataques do mal; e assim cada um se sente como que carregado de cadeias" (*GS* 13). As consequências do pecado original, todavia, ainda que graves, não corrompem completamente a natureza humana e o valor radicalmente positivo da corporeidade (na linguagem católica fala-se de *vulnera*, feridas, e não de destruição). O ser humano conserva antes, em si, de modo muito vivo a necessidade e a nostalgia de voltar a possuir aquela harmonia/liberdade na qual tinha sido posto desde o início, e que caracteriza o seu ser mais profundo. Uma consideração análoga deve ser feita no que se refere à elevação sobrenatural original. Se o ser humano, em consequência do pecado original, está fora dessa elevação, e se *sozinho* será absolutamente incapaz de voltar a possuí-la, ele conserva todavia em si a espera e a possibilidade de recuperá-la, uma vez que Deus reabra as portas do paraíso, dando novamente ao ser humano aquilo que ele tinha perdido com o seu pecado. É a esperança, insinuada na promessa divina do chamado "protoevangelho" (Gn 3,15), que preenche de si toda a espera da humanidade e se concentra em particular na luta histórica de Israel. O mundo criado, e a corporeidade com ele, permanecem sob o signo da bondade de Deus, que se inclina sobre a humanidade pecadora, acolhe o esforço do ser humano para aproximar-se dele e anuncia "de diversos modos e em diferentes momentos" (Hb 1,1) o advento de uma salvação que libertará o ser humano de sua condição de pecado e reconduzirá tudo a ele, origem e fim da história humana e de todo o cosmos.

III. *Corporeidade e sexualidade*. As narrações do Gênesis ligam estreitamente a condição corpórea do ser humano com a → SEXUALIDADE, seja na fase da criação original, seja na consequente ao pecado original.

A verdade da sexualidade humana e sua extensão, além da simples genitalidade, é apresentada no quadro de três categorias fundamentais: a original solidão, o dom da comunhão, o chamado para o amor.

A primeira categoria é a da *solitudo originaria*. Em nenhum dos seres inferiores — segundo a narração javeiana — o ser humano encontra um ser de sua natureza que lhe permita sair da solidão na qual vive em um primeiro momento, e Deus constata que "Não é bom que o homem esteja só" (Gn 2,18), "não corresponde à sua natureza". Por isso Deus cria a mulher e a conduz — como em um cortejo nupcial — ao homem, que percebe a profundidade do próprio eu exatamente no encontro com a mulher: "Finalmente ela é osso dos meus ossos, e carne de minha carne" (Gn 2,23). Em tal encontro, o ser humano descobre — ao mesmo tempo — um *tu* que é igual e o complemento, e o próprio *eu* diante do tu. A solidão original revela, nesse ponto, o seu rosto mais profundo: *o ser humano é espera de comunhão*. No fundo da solidão do homem se esconde à espera de um interlocutor, e tudo o que no corpo humano manifesta a masculinidade e a feminilidade pertence a essa abertura e espera. A sexualidade corresponde e exprime a condição original do ser humano: é espera de comunhão e promessa de realização dessa espera.

A segunda categoria da qual fala a narração javeiana é a da *unidade da carne*: "e serão uma só carne" (Gn 2,24). No encontro sexual entre o homem e a mulher se realiza a plena superação da solidão através do dom/acolhimento do corpo/pessoa vividos de modo recíproco. Na unidade dos dois seres, o homem descobre o dom da comunhão: o eu-tu está concretizado no "nós". O ato sexual é expresso, na linguagem bíblica, como um evento de "conhecimento": um evento no qual o homem e a mulher se reconhecem no amor; a comunhão dos corpos é expressão da comunhão dos corações, e por si é endereçada ao crescimento/realização dessa comunhão. Em seus corpos, o homem e a mulher são chamados ao dom de si ao outro no amor.

A terceira categoria à qual se refere o texto bíblico ao descrever a sexualidade humana é a da nudez original como sinal de *transparência vivida*, graças à qual o homem e a mulher reconhecem *no corpo* do outro *a pessoa* do outro e a respeitam em sua totalidade. Não é preciso esconder o próprio corpo porque não existe o risco de ser usado pelo outro ou ser reduzidos a simples objeto de desejo ou de instrumentação pelo outro. O corpo exprime a verdade original da pessoa chamada ao amor como acolhimento e dom de si. A linguagem da sexualidade pertence à tal profunda dimensão do ser humano: "Adão e sua mulher estavam nus e não sentiam vergonha" (Gn 2,25).

O pecado original introduz feridas profundas em toda essa realidade de comunhão e de transparência. "Então seus olhos se abriram e perceberam que estavam nus" (Gn 3,7). O despertar da vergonha pela própria nudez — na linguagem do Gênesis — é o sinal mais evidente e concreto da desordem introduzida pelo pecado, não só na harmonia do casal, mas na própria natureza humana e na corporeidade do ser humano. A concupiscência que imediatamente se manifesta no ser humano (homem e mulher) é a expressão do desequilíbrio (entre corpo e espírito, entre razão e → INSTINTO, entre → CONSCIÊNCIA, sentidos e comportamento) já presente na condição humana, e, em particular, na sexualidade. A própria vida conjugal aparece atingida exatamente naquilo que deveria constituir o fundamento: o acolhimento, o dom de si e a unidade dos dois (cf. Gn 3,12-13.16-22). Assim também a sexualidade, como toda a pessoa humana, permanece à espera de uma redenção que a resgate da "hipoteca" do pecado e a faça beneficiar-se dos frutos da salvação/graça de Deus na história.

2. O CORPO SOB O SIGNO DA REDENÇÃO. I. *A encarnação do Lógos na "carne"*. "Mas, ao chegar a plenitude dos tempos, Deus enviou o seu Filho, *nascido de mulher e sujeito à Lei*" (Gl 4,4). A → ENCARNAÇÃO do Logos eterno deve ser entendida e afirmada em todo o seu realismo histórico: o Unigênito de Deus apropria-se, de modo hipostático, de uma corporeidade humana, assume de modo pessoal uma natureza humana corpórea, até o ponto de poder dizer, como faz a Epístola aos Colossenses, que "em Jesus Cristo habita *corporalmente* toda a plenitude da divindade" (2,9). Aquele que "no início" estava voltado para Deus e é Deus, por meio do qual tudo foi feito e sem o qual nada do que foi feito subsiste" (Jo 1,1-3), é ao mesmo tempo aquele que se fez "carne" fazendo a sua morada no meio de nós: "*O Logos sarx egheneto kai eschênôsen em êmin*" (Jo 1,14). É o paradoxo (e, se quisermos, o "escândalo") da encarnação; um evento único, decisivo, irrepetível que revela o absoluto de Deus no belo meio de nossa existência corpórea, limitada e corruptível: "Ninguém jamais viu a Deus: Deus Filho único, que está no seio do Pai, no-lo revelou" (Jo 1,18).

Esse evento manifesta ao mesmo tempo a verdade última da condição humana e da corporeidade do ser humano. Segundo se exprime o Concílio Vaticano II: "Na realidade, o mistério do homem só se torna claro verdadeiramente no mistério do Verbo encarnado. Com efeito, Adão, o primeiro homem, era figura daquele que haveria de vir (Rm 5,14), isto é, de Cristo Senhor. Novo Adão, na mesma revelação do mistério do Pai e de seu amor, Cristo manifesta plenamente o homem ao próprio homem e lhe descobre sua altíssima vocação" (*GS* 22). É nesse sentido que a encarnação do Logos eterno desvela a *grandeza* e a *promessa* encerradas na nossa existência terrena e corpórea. Assumindo a natureza humana, com efeito, Deus mostra como ele não despreza a existência corpórea do ser humano, mas a aprecia a tal ponto que a assume pessoalmente, fazendo dela a epifania da verdade da condição humana e o sacramento fundamental da redenção do mundo. A salvação cristã é historicamente uma salvação *encarnada* (*in-carnis*); não acontece fora, acima ou na indiferença da existência corpórea do ser humano, mas ao contrário *dentro* dessa existência corpórea, *por meio dela* e *em seu favor*. Por esse motivo, a encarnação é ao mesmo tempo *promessa*, ou seja, início e começo de uma transfiguração redentora destinada a estender-se a toda a humanidade e ao cosmos inteiro: o Verbo de Deus se encarna, com efeito, em uma criação que já lhe pertence, a partir do momento que tudo foi criado por meio dele (*dia*), nele (*en*) e em vista dele (*eis*) (cf. Cl 1,16-17); fazendo-se homem, o Verbo eterno recupera essa criação, e com o evento pascal vivido pessoalmente, liberta a humanidade e o cosmos de sua condição de pecado e torna possível a plena difusão do espírito no mundo e em cada coração que crê. É a grande ideia da recapitulação (*anakephalaiôsis*), proclamada pela Epístola aos Efésios como o centro e o vértice do "mistério" (*mystêrion*) revelado na plenitude dos tempos: "reunir o universo inteiro sob um só chefe: Cristo, o que está nos céus e o que está sobre a terra" (1,10). A encarnação é o início realizado da recondução/transformação de tudo para o absoluto da Trindade. Graças à encarnação, se Deus entrou na história, a história entrou em Deus. A "carne" de Cristo é o sacramento fundamental desse *mystêrion*: ela é o "lugar" da salvação para o ser humano e para o cosmos e o sinal da transfiguração redentora de todas as coisas. *Na fé cristã, a corporeidade assumida por Cristo é portadora da salvação para a humanidade inteira.*

É por isso que a fé evangélica possui uma espessura corpórea tão acentuada: ela é pôr-se a *caminhar* atrás de Jesus pelas poeirentas estradas da Palestina; é *ver* Jesus que passa e deixar que o seu olhar pouse no ser humano; é *escutar* as suas palavras, acolhê-las e confiar na promessa encerrada nelas; é deixar-se *curar*; *comer* na mesma mesa; é oferecer e receber hospitalidade; é lavar os pés uns dos outros. A *sequela Christi* possui tal corporeidade que quase parece que a "doutrina" passa para o segundo plano. O julgamento final é descrito com base nas obras vividas na concretude de nossa existência corpórea (cf. Mt 25). No plano de vida proposto pelo Evangelho, o corpo é chamado a tornar-se lugar de fraternidade e sinal de comunhão para com todos, com particular referência aos excluídos (cf. Lc 10,25-37). Só desse modo se pode dizer que se "reconheceu" o Filho de Deus encarnado e se pode ser "reconhecido" por ele como seu discípulo (cf. Mt 25,40.45). A razão teológica profunda é que o "corpo", a partir da encarnação, está a serviço do plano de Deus que quer reconduzir tudo e todos à comunhão consigo no Filho do Amor. A caridade torna-se assim a lei suprema da corporeidade, compreendida à luz do significado mais profundo e real da encarnação do Unigênito de Deus na história.

II. *O evento da redenção no "corpo de Cristo"*. Quanto o anúncio evangélico exija daqueles que querem ser discípulos de Jesus aparece, por outro lado — vivido pessoalmente pelo Unigênito encarnado —, no evento da paixão. Jesus exprime a sua total dedicação ao Pai pela oferta de seu corpo na cruz. Nela cumpre-se plenamente o sentido da encarnação: o ser que "veio por mim" alcança a sua realização plena e cumprida no "morrer por". O corpo de Cristo é o sacramento desse itinerário; é no sacramento da corporeidade de Cristo que se cumpre a ação salvífica da humanidade. É o que aparece no texto de Hb 10,5-10: "Por isso Cristo diz ao entrar no mundo: 'Não quiseste sacrifício e oblação, mas plasmaste-me um corpo. Holocaustos e sacrifícios pelo pecado não te agradaram. Então, eu disse: Eis-me aqui, pois é de mim que está escrito no rolo do livro: Eu vim, ó Deus, para fazer a tua vontade. Ele declara inicialmente: Os sacrifícios, oblações, holocaustos, sacrifícios pelo pecado, tu não os quiseste, eles não te agradaram'. Notemos que aqui se trata das oblações prescritas pela lei. Isto posto, ele diz: 'Eis que vim para fazer a tua vontade'. Ele suprime o primeiro culto para estabelecer o segundo. Nesta vontade é que fomos santificados pela oblação do corpo de Jesus Cristo, efetuada de uma vez por todas". Em poucos traços, o autor descreve a parábola inteira do evento de Jesus Cristo, da encarnação à cruz, colocando em destaque os conteúdos fundamentais da ação salvífica da cruz: a dedicação *livre* vivida pessoalmente por Jesus, através da *oferta de seu corpo*, em resposta à vontade do Pai. O caráter salvífico da cruz deriva e se fundamenta no *ato voluntário* com o qual Jesus, Filho de Deus encarnado, se fez obediente ao Pai até à morte e morte de cruz (cf. Fl 2,7-8). É esse ato que confere todo o seu valor salvífico à cruz: Jesus não sofre uma fatalidade inelutável; ele vai ao encontro de sua crucifixão em plena liberdade; é a sua "hora", pela qual veio ao mundo ("Foi para isto que vim", Jo 12,27), e que ele vive em plena disponibilidade à vontade do Pai: "O Pai me ama porque eu me despojo da vida, para a retomar em seguida. Ninguém me tira a vida, mas por mim mesmo eu dela me despojo; eu tenho o poder de me despojar da vida e tenho o poder de a retomar" (Jo 10,17-18). Mas uma tal ação livre do Unigênito de Deus se manifesta historicamente através da oferta de sua corporeidade no altar da cruz; uma oferta vivida "uma vez para sempre" (cf. Hb 10,10). A corporeidade que se imola no Gólgota é o sinal visível do ato interior com o qual Jesus se oferece conscientemente ao Pai para resgatar a todos (cf. Lc 23,46). Ao mesmo tempo, essa mesma corporeidade torna-se o sacramento permanente que traz em si, objetivamente, a redenção da humanidade e do mundo; tal corporeidade, com efeito, está, hipostaticamente, unida à pessoa do

Logos, sujeito de todos os atos de Jesus Cristo. Aquilo que é adquirido naquela corporeidade, é adquirido "uma vez para sempre", de modo definitivo, eterno, em proveito da humanidade inteira e de toda a criação. Nada poderá apagar a salvação que o eu divino de Cristo adquiriu para nós em sua natureza humana; enquanto evento do eu divino, essa salvação transpõe os limites do espaço e do tempo: é um dom perenemente adquirido que, como tal, pode ser comunicada a todos os que acreditarão em Jesus e se farão batizar em seu nome (cf. o *Kerigma* das primeiras gerações cristãs: At 2,14-40). A corporeidade que o Filho de Deus assumiu pessoalmente, e que foi o sacramento fundamental da nossa salvação, não cessa de existir com a ascensão e o assentar-se à direita do Pai; ao contrário, se foi subtraída da "condição corporal" e introduzida — transfigurada — no mundo da glória trinitária, é para ser o sacramento fontal da salvação para cada ser humano e para o mundo inteiro. A corporeidade de Cristo não só foi o *sacramentum salutis*, o sinal e o instrumento da nossa salvação, mas o é *atualmente*. Transfigurada pela vida do Espírito em todo o seu ser, essa corporeidade glorificada constitui o início da difusão do Espírito na Igreja e no mundo, e da comunicação da graça a cada batizado. Tal é o significado da promessa que Jesus repete aos seus na noite da última ceia: "Se eu não partir, o Paráclito não virá a vós; se, pelo contrário, eu partir, eu vo-lo enviarei" (Jo 16,7), e que corresponde ao artigo de fé do assentamento de Cristo à direita do Pai: a entronização do Senhor Jesus acima de toda criatura, como "fonte de vida que jorra sobre o mundo" (Ap 22,1). Cristo, com efeito — diz a Epístola aos Hebreus —, "mas ele, já que permanece para a eternidade, possui um sacerdócio exclusivo. Eis por que tem condições de salvar definitivamente os que, por meio dele, se aproximam de Deus, pois está sempre vivo para interceder em favor deles" (Hb 7,24-25).

III. *O "corpo de Cristo" que é a Igreja*. A partir do momento que o Senhor glorificado desapareceu de nosso horizonte visível, de que modo é possível participar da plenitude do Espírito e da graça da qual é repleta a sua corporeidade glorificada? Os contemporâneos de Jesus encontraram o Filho de Deus encarnado e acreditaram nele através de sua presença corpórea e dos atos de sua corporeidade (os milagres e os eventos pascais). Se essa corporeidade não tivesse continuado no tempo atual, uma dimensão fundamental da encarnação estaria perdida e o crente deveria procurar o Senhor Jesus *somente* através de um movimento interior de invocação de fé. Agora, em vez, a revelação nos atesta que Deus permaneceu fiel à sua economia de salvação, à pedagogia da → ENCARNAÇÃO. *A Igreja*, que Cristo instituiu a partir da escolha dos Doze, brotada do evento pascal (do lado aberto de Cristo, segundo a visão joanina, cf. Jo 19,34), e sobre a qual se difundiu a plenitude do Espírito do Senhor glorioso (Jo 20,22-23 e At 2,1-36), é *a continuação da corporeidade do Logos encarnado e glorificado*. A Igreja é o corpo do Cristo celeste. Como tal, nada tem de seu: tudo aquilo que proclama e traz ao mundo nada mais é senão aquilo que o Cristo já adquiriu em si para toda a humanidade. A essência da → IGREJA, em sua totalidade, consiste em ser o prolongamento corpóreo, no tempo e no espaço, da presença e da ação do Cristo glorioso no mundo. Os escritos paulinos evidenciam repetidamente essa natureza da Igreja: os cristãos são aqueles que foram "batizados em um só Espírito para formar um só corpo" (1Cor 12,13). "Ora, vós sois o corpo de Cristo, e sois os seus membros, cada um no que lhe cabe" (1Cor 12,27). "Assim, sendo muitos, nós somos um só corpo em Cristo, sendo todos membros uns dos outros" (Rm 12,5). "Cristo é a cabeça da Igreja, ele, o Salvador do seu corpo. [...] Cristo amou a sua Igreja e se entregou por ela, ele quis, com isto, torná-la santa, purificando-a com a água que lava, e isto pela Palavra" (Ef 5,23.25-26; cf. também Cl 1,18.24; 2,19; 3,15). A proclamação da → PALAVRA DE DEUS e a reunião litúrgica dos cristãos exprimem, no poder do Espírito, essa corporeidade crística da Igreja e a realizam. Isto é verdade, eminentemente, pela celebração dos eventos sacramentais, pelos atos de Cristo glorioso e de seu Espírito na Igreja. Segundo escreve Schillebeekx: "O Cristo torna a sua presença ativa de graça visível e tangível por nós, não diretamente, por meio de sua própria corporeidade, mas prolongando, por assim dizer, a sua corporeidade celeste na terra em formas de manifestações visíveis que exercem entre nós a função de seu corpo celeste. Trata-se exatamente dos *sacramentos*, prolongamento terrestre do corpo do Senhor" (*Cristo sacramento dell'incontro con Dio*, Roma, 1962, 65).

IV. *A Eucaristia, "corpo de Cristo" na Igreja, "corpo de Cristo"*. Os sacramentos, por sua vez, têm o seu núcleo na → EUCARISTIA, fonte e vértice de toda a vida da Igreja (*LG* 11; cf. também *PO* 5). Se é verdade que a Igreja faz a Eucaristia, é igualmente verdade que a Eucaristia faz a Igreja. Existe uma unidade inseparável entre a Eucaristia, corpo de Cristo, e a Igreja, corpo de Cristo. Essa unidade está implicitamente presente na instituição do mistério eucarístico por Cristo, na noite da Quinta-feira Santa, e é expressamente evocada por Paulo em 1Cor 11,17-34, e em particular 10,16-17: "O pão que partimos não é uma comunhão com o *corpo de Cristo*? Visto haver um só pão, todos nós somos *um só corpo*; porque todos participamos desse pão único". Na consciência de fé da Igreja primitiva há uma profunda e viva continuidade entre o *corpo histórico* de Jesus, o *corpo eucarístico* e o *corpo eclesial* de Cristo. Tal continuidade é de tal modo forte que ao longo do primeiro milênio Eucaristia e Igreja eram designadas com a mesma expressão de *corpus Christi*, sem nenhuma outra adjetivação. Somente por volta do século X, diante das interpretações racionalizantes dos dialéticos, é que se começa a contrapor o *corpus Christi verum*, a Eucaristia, ao *corpus Christi mysticum*, a Igreja, com a tendência de considerar as duas realidades como realidades autônomas e quase separadas. Bem diferente era a perspectiva dos Padres. Basta citar, por todos, Santo → AGOSTINHO, que dirigindo-se aos batizados que pela primeira vez em que se aproximavam da mesa eucarística explicava: "Se vós sois o corpo e os membros de Cristo, o vosso mistério está posto na mesa do Senhor: *vós recebeis o vosso próprio mistério*! Vós respondeis "Amém" ao que sois, e com a vossa resposta assinais. Ouvis dizer: "corpus Christi", o corpo de Cristo! e respondeis: "Amém". Sede, pois, membros do corpo de Cristo, para que o vosso "Amém" seja verdadeiro". Em outro texto sublinha: "Unidos (*redacti*) em seu corpo, tornados seus membros, somos o que recebemos" (*Sermo* 272 e 57,7). A Eucaristia exprime aquilo que os cristãos são e os plasma como corpo eclesial de Cristo. Essa estreita unidade é evidenciada, por outro lado, pelo vocabulário utilizado durante o primeiro milênio: os verbos *confici, converti, transire* e *transfundi* são usados tanto para indicar a transformação do pão e do vinho no corpo e sangue de Cristo quanto para afirmar de que modo, comungando o corpo e sangue de Cristo na Eucaristia, os fiéis tornam-se sempre mais plenamente o corpo de Cristo que é a Igreja. Basta, a propósito, citar um texto de Stefano de Beaugé: "Conficitur unum corpus, quod est Christus et Ecclesia" (*Tr. de S. altaris*, 12); ou as surpreendentes palavras que Gerardo di Cambrai coloca na boca de Cristo: "Meam carnem credentibus distribuo, ipsos in meum corpus transfundo" (*Ep. a Reg.*, PL 142). Leão Magno afirmava: "Non aliud agit participatio corporis et sanguinis Christi quam ut in id quod sumimus transeamus" (*Sermo* 63,7).

O pensamento da Antiguidade cristã parece claro: o corpo glorificado de Cristo se desdobra no meio de nós na Eucaristia e na Igreja, ambas realmente *corpus Christi*, em uma inseparável unidade entre si e interação na vida dos batizados.

V. *A corporeidade do batizado, templo do Espírito*. O aspecto interpretativo da corporeidade sob o signo da redenção possui uma determinada importância para a própria corporeidade de cada batizado. Paulo, melhor que qualquer outro autor no Novo Testamento, a compreendeu e exprimiu. Conscientes de ter sido recomprados a um caro preço no sangue de Cristo, os cristãos são chamados a glorificar a Deus em toda a sua corporeidade: "Fostes comprados a um alto preço. Glorificai, pois, a Deus, por vosso corpo" (1Cor 6,20). O motivo está no fato de que o corpo do cristão já se tornou templo do Espírito Santo: "Não sabeis, acaso, que o vosso corpo é templo do Espírito Santo que está em vós, e que vos vem de Deus, e que vós não vos pertenceis?" (6,15-19; 3,16-17). A corporeidade do batizado é "sacramento" da presença do Espírito de Deus na história. O batismo é o evento que operou uma tal nova condição de ser. Nele — segundo a linguagem paulina — operou-se a passagem do *homem velho* para o *homem novo*: foi despojado o homem velho com o comportamento de antes, o homem que se deixa corromper pelas concupiscências enganadoras" e "revestido o homem novo, criado segundo Deus na justiça e na verdadeira santidade" (Ef 4,22-24; cf. também Cl 3,7-12); um ter-se revestido realmente de Cristo (Gl 3,27). Com o homem velho — segundo afirma Paulo — , "o corpo do pecado" é que foi destruído em Jesus Cristo: "Bem sabemos que o nosso homem velho foi crucificado com ele, para que fosse destruído o corpo do pecado" (Rm 6,6; cf. 7,24): "Infeliz que sou! Quem me libertará deste corpo votado à morte? (literalmente "do corpo dessa morte?"). Se o corpo marcado pelo pecado foi destruído, foi regenerado sob o signo da redenção, tornando-se — graças ao → BATISMO — templo vivo do Espírito.

a) *A vida no Espírito como vida no corpo*. É da consciência que acabamos de acentuar que brota o tema Paulino da *vida segundo o Espírito*. Essa vida nova, dom de Deus e ontologia de graça, é uma vida a ser vivida no corpo, não acima ou fora dele. A antítese que Paulo coloca entre o "caminhar segundo o Espírito" e o "caminhar segundo a carne" (cf. Rm 8,1-13; Gl 5,16-25) não quer dizer viver, respectivamente, em uma dimensão espiritual que prescinda do corpo ou em uma dimensão corpórea que prescinda do Espírito (a oposição não é entre corpo e alma); evoca, em vez, a realidade do ser humano total, redimido em seu ser inteiro, que se deixa guiar pelo Espírito Santo ou que, ao contrário, rejeita essa direção (a oposição é entre "homem novo" e "homem velho"). Não é o "corpo" a sede do pecado, mas a escolha do ser humano, em seu ser inteiro, de não deixar-se guiar pelo Espírito. É esse o significado do caminhar segundo o Espírito, sem deixar-se dominar pelos desejos da → CARNE (Gl 5,16-17). Não é obra do acaso que as "obras da carne" são descritas como obras que se referem à totalidade da pessoa, e não somente uma parte (vai-se da fornicação à idolatria, aos ciúmes, às divisões, facções, inveja [...] e coisas do gênero [5,18-21]). Do mesmo modo, os *frutos do Espírito* (ou do caminhar segundo o Espírito) se referem à vida inteira do batizado (amor, alegria, paz, paciência, benevolência, bondade, fidelidade, mansidão, domínio de si [5,22-25]). A vida do Espírito da qual fala Paulo, portanto, não deve ser entendida em sentido espiritualista; ao contrário, a existência inteira do batizado — com toda a sua corporeidade, tornada templo do Espírito — é que foi transfigurada pelo dom da graça e é chamada a colocar-se sob o signo do Espírito. A vida do Espírito se realiza na corporeidade do batizado, que deve deixar-se transformar pela presença do Espírito para tornar-se princípio e sinal dos seus frutos. Assim, o itinerário espiritual do cristão consiste em passar do "corpo do pecado" ao corpo, templo do Espírito, transformado pelo Espírito e sempre mais transparente por sua presença.

É nesse caminho que o batizado reencontra, recuperando-a, a sua verdadeira relação de filho com o Pai: é o Espírito que reza nele e lhe permite dizer "Abbá, Pai" (Rm 8,14-17; Gl 4,4-7).

É nesse mesmo caminho que ele reencontra a sua verdadeira relação de fraternidade e de comunhão com todos, sem mais nenhuma discriminação: "Pois todos vós sois, pela fé, filhos de Deus, em Jesus Cristo. Sim, vós todos que fostes batizados em Cristo vos revestistes de Cristo. Não há mais nem judeu nem grego; já não há nem escravo nem homem livre, já não há o homem e a mulher; pois todos vós sois um só em Jesus Cristo" (Gl 3,26-28; Cl 3,11).

Toda separação é superada. A corporeidade do batizado é chamada a ser uma epifania viva de tal nova fraternidade/comunhão.

O mesmo no que se refere à relação do ser humano com a criação. Por causa do ato criador, e ainda mais pela encarnação/redenção, tudo (desde que não marcado pelo pecado) torna-se escada para ir até Deus e glorificá-lo em suas obras. Para o batizado, a existência no mundo pode tornar-se uma liturgia viva: tudo canta a glória de Deus e, em Cristo, tudo é finalmente reconduzido para o Pai no poder do Espírito difundido na Igreja e no mundo. O batizado, em toda a sua corporeidade, participa dessa incessante liturgia de louvor. É a partir de uma tal consciência que Paulo proclama ter plena confiança de que "Cristo será exaltado em meu corpo, seja por minha vida, seja por minha morte" (Fl 1,20).

b) *Oferecer os próprios corpos em sacrifício espiritual"*. É nessa ótica que se compreende de que modo a corporeidade do batizado — a exemplo de Cristo — pode tornar-se o sinal vivo da oferta de si ao Pai. "Plasmaste-me um corpo. [...] Eu vim, ó Deus, para fazer a tua vontade" (Hb 10,5-10). O batizado é chamado a realizar uma mesma oblação de si. Esse tema está expresso, magnificamente, por Paulo em Rm 12,1: "Eu vos exorto, pois, irmãos, em nome da misericórdia de Deus, a vos oferecerdes vós mesmos em sacrifício vivo, santo e agradável a Deus: este será o vosso culto espiritual",

Paulo retoma, aqui, a linguagem sacrifical do templo antigo, juntamente com a ideia do sacrifício único vivido pessoalmente por Cristo, para afirmar de que modo a corporeidade do batizado é chamada a ser um sacrifício vivo, santo, agradável a Deus. A descrição da existência espiritual cristã não podia ser mais perfeita: a corporeidade do batizado, enquanto redimida e cheia do Espírito, é uma doxologia viva, um culto no Espírito (um *culto espiritual*) para reconduzir tudo em Cristo para o Pai. "Tudo é vosso, vós sois o Cristo, Cristo é Deus" (1Cor 3,21-23).

Um aspecto semelhante é expresso por Pedro em sua primeira Epístola (2,5). Assim, sob todos os pontos de vista, o corpo do batizado representa o lugar onde a salvação escatológica, realizada por Cristo na história e desdobrada pela Igreja no poder do Espírito, se faz presente: "A graça", escreve J. Metz, "não se restringe nos limites de uma 'pura interiorização'. Ela é 'derramada em nossos corações' (cf. Rm 5,5) — naquele centro que enraíza e verifica cada dimensão de nosso ser — de modo a poder deixar a sua impressão até nas últimas fibras de nossa vida corpórea, e ser aquilo que cada vez Deus quer que seja: uma nova criação do ser humano *inteiro*" (*Caro cardo salutis*, Brescia, 1968, 7).

3. O CORPO SOB O SIGNO DA ESCATOLOGIA. "Não é, portanto, lícito ao homem desprezar a vida corporal, mas, ao contrário, deve estimar e honrar o seu corpo, porque criado por Deus e destinado à ressurreição no último dia" (*GS* 14).

O valor da corporeidade, se por um lado deriva do ato criador de Deus, por outro brota da consciência de que tem como fim a ressurreição no último dia. O corpo humano é destinado à glorificação eterna: a morte não é a palavra última e definitiva sobre a pessoa humana. Entraremos na bem-aventurança eterna não só com o nosso eu-espiritual, mas com toda a nossa corporeidade redimida e transfigurada no Cristo ressuscitado.

I. *O corpo de Cristo, primícia da criação escatológica.* O fundamento dessa consciência de fé é dado pelo evento da ressurreição de Cristo dos mortos. Em que consiste tal evento? No fato de que a humanidade/corporeidade assumida pelo Unigênito de Deus na união hipostática, pela ressurreição/ascensão/assentamento à direita do Pai, já faz parte do mistério da glória trinitária, subtraída para sempre da condição terrestre (mortal, corruptível...) e participante da condição celeste (imortal, incorruptível...), em uma real transfiguração pneumatológica. Assim, o que se realizou em Jesus Cristo, realizou-se "uma vez para sempre" para a humanidade inteira, para todos nós: ele é o primogênito daqueles que ressuscitam dos mortos" (Cl 1,18), "o primogênito dos mortos" (Ap 1,5); nele, como nas "primícias", já se cumpriu o que deve ser realizado em todos nós (cf. 1Cor 15,20). A → RESSURREIÇÃO de Cristo é, sob esse aspecto, garantia de nossa ressurreição final: *é o "sim" glorificante de Deus à nossa existência terreno-corpórea*. Essa convicção de fé é original e fundamental no cristianismo. Na Primeira Carta aos Coríntios, Paulo explica de que modo entre ressurreição de Cristo e ressurreição dos mortos intercorre uma relação de causalidade, a tal ponto que negar uma das duas verdades seria negar também a outra (cf. especialmente 15,3-34). O corpo ressuscitado de Jesus é a plena realização da promessa representada no primeiro corpo humano vivificado pelo "sopro" (*ruah*) de Deus: Cristo é o novo Adão "dador de vida" (cf. 1Cor 15,45-49); ele é quem "transfigurará o nosso mísero corpo para conformá-lo ao seu corpo glorioso, em virtude do poder que possui de submeter a si todas as coisas" (Fl 3,21). Esse evento, por outro lado, não se referirá somente ao ser humano, mas ao cosmos inteiro. Se com efeito é verdade — como escreve Paulo — que os cristãos, que possuem as primícias do Espírito, gemem interiormente à espera da adoção de filhos, também é verdade, pois, que "a criação espera com impaciência a revelação dos filhos de Deus: entregue ao poder do nada — não por vontade própria, mas pela autoridade daquele que lha entregou —, ela guarda a esperança, pois também ela será libertada da escravidão da corrupção, para participar da liberdade e da glória dos filhos de Deus. Com efeito, sabemos: a criação inteira geme ainda agora nas dores de parto" (Rm 8,19-22).

II. *"Creio na ressurreição da carne".* O sacramento fundamental de tudo isto é a corporeidade glorificada de Cristo: é o início da difusão do Espírito, portanto o início da ressurreição para cada ser humano e para a criação inteira. É o que proclamamos no último artigo do Símbolo apostólico da fé: Creio na ressurreição da carne". O termo "carne" deve ser entendido no sentido que possui o termo bíblico *basar*; um termo que se refere à totalidade da pessoa humana, vista em sua inseparável unidade de ser "inteiramente espiritual" e "inteiramente corpóreo" ao mesmo tempo. A ressurreição da carne (ou dos mortos, segundo se exprime o Símbolo niceno-constantinopolitano) refere-se à glorificação do *único* e *indivisível* ser humano, e não apenas à metade dele. É nesse sentido que deve ser entendida a linguagem "corpórea" de Paulo na Primeira Carta aos Coríntios, quando fala de uma passagem de "um corpo corruptível" para "um corpo dotado de incorruptibilidade"; de "um corpo ignóbil e fraco" para "um corpo glorioso e cheio de força"; de "um corpo animal" para "um corpo espiritual", e quando explica que, assim como tivemos a imagem do homem terrestre, assim também teremos a imagem do homem celeste, o Cristo glorioso (1Cor 15,42-50).

Teologicamente, acreditar "na ressurreição da carne" pressupõe ao menos duas convicções fundamentais.

Em primeiro lugar, implica a fé na ação criadora de Deus qual fundamento ontológico do ser de cada homem. O evento da ressurreição gloriosa se insere — por assim dizer — e leva a termo o diálogo iniciado pelo Criador com cada ser humano desde o seu nascimento. A visão bíblica da ressurreição fundamenta-se nesse motivo dialógico; ela não deriva de um poder autônomo do indivíduo, mas do poder de Deus que sustenta o ser humano na existência e não pode permitir que ele retorne ao nada. O evento da redenção que se realizou em Cristo e na plenitude do Espírito revela, de modo pleno e decisivo, esse amor eterno de Deus, e torna possível — após o pecado original — a participação do ser humano na glória da → TRINDADE.

Em segundo lugar, a ressurreição esperada supõe a inseparável inter-relação entre pessoas humanas, humanidade e cosmos. Cada ser humano, na visão bíblica, está em relação de estreita solidariedade com a humanidade em seu complexo e com a história do universo, seja na ordem do pecado, seja na da redenção crística. Isto significa que a ressurreição da carne possui uma determinada extensão universal. Se Cristo é primícia dos ressuscitados, ele é ao mesmo tempo o princípio e a inauguração da glorificação do universo inteiro: é o Cristo "assentado à direita do Pai" que atrai tudo a si no poder irresistível do Espírito criador.

Sob tal aspecto, a ressurreição escatológica é a ação divina que comunica aos corpos a incorruptibilidade da vida do Espírito do Senhor glorificado e transfigura o céu e a terra de modo tal que Deus seja tudo em todos, e tudo esteja em Deus (cf. Ap 21-22); desse modo, percebe-se a continuidade do plano de Deus: da criação à encarnação/redenção, à escatologia. Se a criação é expressão na prática do Logos criador, a encarnação é o início, o princípio da confluência de toda a criação em Cristo, e, por meio dele — no poder do Espírito —, para o Pai. A ressurreição final é o pleno cumprimento do que já é praticado no tempo atual. O Deus redentor é, ao mesmo tempo, o Deus criador e vice-versa. A sua intervenção final, além da humanidade, atingirá o cosmos inteiro e suscitará novos céus e nova terra.

III. *Maria, ícone da glorificação corpórea dos redimidos.* De tudo isto, Maria é o ícone escatológico: Maria é a primeira criatura que, assunta ao céu de corpo e alma, participa já daquela plena glorificação a que são chamados a participar todos os seres humanos e a criação inteira. Maria é a primeira criatura humana, plenamente humana, que já entrou nessa glorificação. *Não seria possível que aquele corpo, através do qual o Filho de Deus se havia encarnado, pudesse conhecer a corrupção.* Maria é Mãe através de sua corporeidade; se tivesse entrado no céu sem a sua corporeidade não seria, em um determinado sentido, plenamente Maria, *a Mãe de Jesus*. Era, pois, conveniente e necessário que Maria entrasse não só com o seu eu-espiritual, mas com toda a sua corporeidade na glorificação escatológica. Foi justamente graças à sua corporeidade que Maria gerou para o mundo o Filho de Deus segundo a carne humana. Não seria possível que aquela corporeidade conhecesse a corrupção e a mortalidade; era preciso que fosse assunta na glória da vida trinitária.

Dentro desse contexto, como descreve a *LG* (c. VIII), Maria aparece como *o sinal de esperança certa e de consolação* para todo o povo cristão. Em Maria já se cumpriu aquilo que a Igreja inteira espera. Maria é o ícone da glorificação escatológica esperada; todos os cristãos podem olhar Maria como aquela em quem se cumpriram em plenitude as maravilhas da graça, e são convidados a caminhar para a mesma meta fazendo, por sua vez, da própria corporeidade, à semelhança de Maria, um ostensório vivo de Cristo.

BIBLIOGRAFIA. AMIOT, A. *Corpo di Cristo. Ibid.*, 181-184; DUFOUR, K. L. Corpo. In: *Dizionario di Teologia Bíblica*. Casale Monferrato, 1965, 178-181; JOÃO PAULO II. *Teologia del corpo*. Roma, 1982; LEKO, K. Il problema etico del corpo. Un saggio di teologia bíblica. *Studia Moralia* 13 (1975) 67-107; MAGGIOLINI, S. Corpo. In: *Dizionario dei Laici*. Milano, 1981, 160-164; METZ, J. B. Corporeità. In: *Dizionario Teológico*. Brescia, 1966, 331-339; RAHNER, K. – GOERRES, A. Iredenzione. Brescia, 1969, 309-313; ROBINSON, J. A. T. *Il corpo. Studio sulla teologia di san Paolo*. Torino, 1967; SCHWEIZER, E. Soma. In: *Grande Lessico Del Nuovo Testamento*. Brescia, 1981, 699-757, vl. XIII; SPINSANTI, S. Corpo. In: *Nuovo Dizionario di Spiritualità*. Roma, 1978, 295-318; ID. *Il corpo nella cultura contemporânea*.

Brescia, 1983; VERGOTE, A. Les corps. Pensée contemporaine et catégories bibliques. *Revue Théologique de Louvain* 10 (1979) 157-175.

C. ROCCHETTA

CORPO MÍSTICO → IGREJA e → COMUNHÃO DOS SANTOS.

CORPOS (passagem através dos). Pode-se entender a passagem através dos corpos, ou sutileza, como dote do corpo glorificado ou como fenômeno místico extraordinário. Os teólogos assim definem a sutileza entendida como dote do corpo glorificado: ou completa submissão do corpo ao espírito; subordinação do corpo à alma no exercício das faculdades exteriores; ou faculdade habitual de penetrar os outros corpos, de coexistir no mesmo lugar ocupado por eles. Como fenômeno extraordinário, do qual somente pretendemos falar, é o trânsito de um corpo através de outro; isto supõe a compenetração ou coexistência dos dois corpos no mesmo lugar no momento do trânsito de um no outro. É seguido de uma espiritualização do corpo (cf. 1Cor 15,44). São João narra (20,19.26) que o Senhor entrou no lugar onde os discípulos estavam reunidos de portas fechadas.

Muitos autores católicos pensam que a sutileza não pode ocorrer sem uma intervenção milagrosa de Deus, visto que os corpos, por sua própria natureza, são impenetráveis, como consequência do efeito secundário da quantidade, ou seja, porque as partes da matéria se colocam no lugar. Mas aqui pode existir uma ideia inexata da matéria dos corpos e de sua possível permeabilidade. Em geral, não se concebe a matéria como alguma coisa de absolutamente contínuo; é, antes, formada de partículas descontínuas; assim, a impermeabilidade de um corpo é relativa. Até que ponto forças simplesmente naturais podem concentrar as partículas de um corpo e, ao mesmo tempo, dilatar as do outro corpo para que aconteça a penetração? Acreditamos que o assunto exija uma maior investigação, por mais que pareça difícil, para não dizer impossível, que se possa chegar a realizar naturalmente a penetração do corpo humano através de outro, dado que entram em jogo não só as leis da matéria, mas também as da vida.

Por outro lado, as circunstâncias do fenômeno podem contribuir para distinguir o caráter sobrenatural ou milagroso; o qual, todavia, pode ser sobrenatural e não milagroso. Para o padre Reigada, a sutileza nada mais seria senão uma antecipação daquele dote do qual o corpo gozará eternamente no céu; antecipação proveniente do influxo da alma totalmente divinizada. Mas não se pode excluir que, em determinados casos, tenha um caráter de graça *gratis data* com a finalidade de ajudar espiritualmente o próximo.

BIBLIOGRAFIA. BON, H. *Medicina e religione.* Torino, 1946, 240-242; REIGADA, I. G. M. *Los dones Del Espíritu Santo y la perfección cristiana.* Madrid, 1948, 383-385; ROYO, A. *Teologia della perfezione.* 649-651.

I. RODRÍGUEZ

CORREÇÃO FRATERNA. É um ato de caridade com o qual pretendemos ajudar o nosso próximo a realizar o ideal de santidade que Deus estabeleceu para ele. Como o nosso amor próprio e muitas vezes o próprio caráter não nos permitem descobrir os nossos defeitos, a correção fraterna é um remédio para essa deficiência e, portanto, um instrumento de progresso e de perfeição espiritual. No irmão que pretendemos corrigir, vemos espiritualmente um membro do Corpo místico, chamado para uma missão e uma vocação insubstituível na Igreja, pelo qual o alcance da santidade, da parte desse membro, não é só um fato de importância pessoal, mas um autêntico elemento de perfeição eclesial. A importância da ajuda caritativa encerrada na correção fraterna é sublinhada pelo próprio Jesus: "Se acontecer que teu irmão peque, vai ter com ele e faze-lhe as tuas admoestações a sós. Se ele te ouvir, terás ganhado o teu irmão. Se não te ouvir, toma contigo mais uma ou duas pessoas para que toda questão seja resolvida sob a palavra de duas ou três testemunhas. Se ele recusar ouvi-las, dize-o à Igreja, e se ele recusar ouvir a própria Igreja, seja para ti como o pagão e o coletor de impostos" (Mt 18,15-17). Se Jesus sugere corrigir quem peca contra nós, com maior razão devemos corrigir quem peca contra os outros e contra Deus. A correção fraterna, na mente de Jesus, prescinde do ofendido e faz convergir toda a compaixão para quem ofende, no intuito de fazer reconhecer aquela desconsideração, que é causa de pecado e de desordem moral. A exemplo das correções realizadas por Jesus, não se deve usar um tom de condenação hostil, mas de compreensão pela fraqueza humana. Talvez o culpado saiba melhor que os outros quanto lhe pesam aqueles defeitos que não consegue vencer e ocultar, e quem faz a caridade de corrigir deve levar em conta esse peso pessoal. A verdadeira correção fraterna é sempre expressão de humilde caridade e, então, ao avisar, sabe encontrar as palavras adequadas para justificar a intenção, para ensinar que a experiência já ensinou quanto é duro vencer a natureza, assim que a correção seja aceita exatamente em razão da limpidez e da simplicidade das nossas intenções, voltadas somente a buscar a glória de Deus e o bem de quem nos escuta. A correção fraterna bem entendida é um carregar juntos o fardo de nossa miséria, uma obra de amor que se insere naquela caridade mútua que nos faz estender espiritualmente uma mão a quem precisa, uma autêntica ajuda na realização de nossos ideais de santidade. Na correção fraterna, como também em qualquer outra coisa, é preciso evitar os excessos. Antes de tudo, é preciso lembrar que *nemo malus nisi probetur*, isto é, ninguém é mau se não há provas de sua maldade; a interpretação maldosa dos fatos, julgar mal a atitude do próximo, são coisas diametralmente opostas à caridade, da qual deve partir toda genuína correção fraterna. A clarividência e o bom-senso são tão mais necessários nessa matéria, visto que é fácil, por nossa natureza corrompida, pensar mais no lado negativo que no positivo das pessoas. Um segundo defeito a ser evitado é o pedantismo, isto é, tornar-se intolerável por querer tudo criticar e julgar. O fato de somente não fazer as coisas como queremos, ou de ter outro ponto de vista diferente do nosso, e agir consequentemente, não nos dá o direito de julgar e de corrigir, e menos ainda de impor o nosso modo de ver aos outros, já que, evidentemente, não é o nosso modo de ver que constitui a norma suprema das ações alheias. A correção fraterna torna-se frutífera e verdadeira caridade quando é acompanhada por uma sincera humildade e pelo autêntico esforço de corrigir primeiro em nós os defeitos e as imperfeições que encontramos e condenamos nos outros.

BIBLIOGRAFIA. NOBLE, H. D. Correction fraternelle. *La Vie Spirituelle* 19 (1929) 411-420; *Nuovo Dizionario di Spiritualità*. Roma, 1979, 686 ss.; PERRIN, J. M. *Il mistero della carità*. Roma, 1965.

C. GENNARO

CRESCIMENTO PSICOLÓGICO E CRESCIMENTO ESPIRITUAL

A psicologia genética e a psicologia evolutiva já produziram uma ampla série de dados sobre as fases e os processos de crescimento da pessoa. Analogamente, a reflexão teológica, há séculos, delineou o desenrolar-se do itinerário ou caminho espiritual, examinando as etapas, os dinamismos, as características peculiares.

Todavia, os dois setores seguiram de modo paralelo, com poucos pontos de contato. Os frutos desse encontro, já iniciado, ainda são parciais, limitados a algum ponto muito específico; falta uma visão de conjunto que mantenha simultaneamente presente as duas abordagens para o ser humano.

Assim também sobre o tema do crescimento psicológico e espiritual têm-se, da parte dos autores, somente referências, mais estendidas e aprofundadas ora em um campo, ora em outro. Deve-se, certamente, levar em conta a problemática do assunto. Contudo, nas últimas décadas foi cada vez mais percebida a importância teórica e prática da tentativa de delinear um modelo teórico integrado por esse complexo desenvolvimento, que salvaguarde a unidade essencial do ser humano e coloque em destaque a inter-relação incontestável das estruturas humanas e espirituais.

Apresentaremos alguns traços indicativos, alguns dos quais amplamente considerados e aceitos, e outros que não gozam de certezas igualmente sólidas, mas resultam também úteis como fundamentadas hipóteses explicativas ou modelos de pesquisa.

1. RUMO A UM MODELO DE CRESCIMENTO PSICO-ESPIRITUAL.

A vida espiritual caracteriza-se como uma vida de crescimento, de desenvolvimento e de evolução.

Os mestres espirituais sempre subdividiram o tornar-se espiritual em etapas ou fases para uma situação de cristão "adulto", em sentido abrangente, como meta final: enquanto as etapas não são tomadas de forma absoluta, é acentuado, em vez, o processo dinâmico que se realiza nas atividades fundamentais da vida teologal, oração, apostolado, cruz.

O processo espiritual se realiza em um contínuo encontro entre a vida sobrenatural, doada pela iniciativa divina, e a pessoa humana, pela própria iniciativa: dom e plano, respectivamente.

É um processo total e único, ainda que sendo vários os elementos que o compõem, e embora não sigam um ritmo estritamente paralelo.

Uma descrição do ideal de perfeição servirá para enquadrar toda a variedade de elementos naturais e sobrenaturais que compõem o desenvolvimento total da pessoa. Na atual teologia, o crescimento espiritual é concebido sobretudo como um processo de progressiva unificação da personalidade moral do cristão. É um caminho que centraliza em Deus a existência humana e se exprime em um contínuo aprofundamento da opção fundamental por ele.

Tal crescimento não se reduz nem ao aperfeiçoamento ontológico, descrito como crescimento da graça santificante, nem ao progresso ascético, considerado aperfeiçoamento do comportamento virtuoso; é considerado sobretudo "uma mudança que implica um e outro, e que consiste formalmente em uma orientação pessoal de diálogo e é produzido pela casualidade pessoal de Cristo, concebida como influxo convergente da mensagem, do testemunho, da personalidade e da mediação sacramental do Salvador" (Z. ALSZEGHY, *Relaciones entre crecimiento psicológico y crecimiento espiritual. Precisiones desde la teologia*, 338).

Os vários elementos, unidade da pessoa, referência essencial a Cristo, comunhão teologal, dimensão comunitária, conversão moral, convergem em uma perspectiva de unidade totalizante, de integração no único processo de crescimento espiritual.

Em suma, são indicadas quatro dimensões compenetradas entre si e projetadas para a sua relativa plenitude: teologal, moral, eclesial e psicológica, que mostram interdependência mas também defasagens, às vezes relevantes, no processo de crescimento para a santidade.

O crescimento espiritual se realiza utilizando as estruturas e os processos psíquicos da pessoa. Essa afirmação, já compartilhada, conduziu o estudo da espiritualidade para um contato mais profundo e sério com o ser humano real, evitando e superando o risco de construir uma antropologia contraditoriamente desencarnada e idealizada do homem espiritual.

A psicologia, e as outras ciências humanas, reivindicaram o direito e a competência próprias em definir a realidade do ser humano. A relação entre → TEOLOGIA ESPIRITUAL e psicologia tornou-se mais dialética e mais atenta.

Dada a profunda compenetração e a relativa independência entre os vários componentes do crescimento espiritual, como descrever de forma unitária a sua interação ao longo do curso do processo?

As várias posições teórico-operativas, explícitas ou implícitas, podem ser condensadas em três modelos: "paralelismo", "contraste", "coexistência".

O modelo baseado no *paralelismo* sustenta a substancial correspondência entre os processos de crescimento humano, maturidade psicológica e de progresso espiritual. Tal maturidade é parte central do substrato humano e das disposições para a santidade.

A → NEUROSE é impedimento à santidade enquanto comporta um contato não objetivo com a realidade e uma fuga na evasão do imaginário. "A santidade cristã, e, correspondentemente, também o processo que a ela conduz, é antecipação da condição gloriosa ou retorno ao estado de justiça original, duas situações nas quais o equilíbrio psíquico coincide com a plenitude espiritual" (F. RUIZ SALVADOR, *Diventare personalmente adulti in Cristo*, 288).

A vocação universal para a salvação revela que a vontade do Criador exige um sério empenho na promoção humana completa, também psicológica.

Essa posição de paralelismo absoluto evidencia o ideal, mas é pouco aderente ao fato da variedade das pessoas santas. Corre o risco, por outro lado, de desmoralizar em seu caminho cristão os indivíduos que sofrem as limitações ou → ANOMALIAS PSÍQUICAS.

O modelo oposto, do *contraste*, concebe a graça e o seu progresso ligados necessariamente a um "abaixamento" da esfera humana.

Um perfeito equilíbrio psíquico, observa-se, pode induzir à ilusão da autossuficiência; a cura do elemento natural leva a minimizar, ou esquecer, o progresso do espírito; a limitação psíquica torna-se um incentivo a mais para buscar em Deus a própria perfeição.

O desenvolvimento da vida sobrenatural conduz ao desprezo e à mortificação da dimensão natural. Deus, argumenta-se além disso, opera maravilhas com os "pobres", os "pequenos".

O mistério da → CRUZ, loucura e escândalo, é o ponto de força desse enfoque. O erro consiste em considerar como plano ordinário de santificação aquilo que, em vez disto, são as exceções e as liberdades de Deus.

Tende a prevalecer uma posição intermediária, baseada na *coexistência* entre os dois modelos de paralelismo e contraste. Estes, com efeito, não se excluem necessariamente; antes, podendo sozinhos explicar somente uma parte dos fatos, casos bastante extremos e raros, geralmente tendem a sobrepor-se e completar-se reciprocamente, com prevalência de um ou de outro.

"Até certo ponto, a falta de integração de certos elementos, experimentada na vida pessoal, estimulará o cristão a abrir-se para a força animadora do Espírito. Além desse ponto, a personalidade será impedida no crescimento espiritual, buscará a salvação na evasão, na repressão da consciência dessa integração falida, e correrá o risco da neurose" (Z. ALSZEGHY, *Discernimiento teológico sobre madurez psicológica y crecimiento espiritual*, 376).

Certa falta de maturidade psicológica não aceita pode coexistir com um empenho espiritual sincero.

2. O CRESCIMENTO PSICO-ESPIRITUAL. Todo o organismo psíquico é envolvido na vida sobrenatural. Explicitaremos alguns elementos do psiquismo, específica e estreitamente ligados com o crescimento espiritual: o aspecto de desenvolvimento e o aspecto de integração.

I. *O desenvolvimento*. O termo "desenvolvimento", em sentido lato, indica um processo complexo de modificações de estrutura, de funções, de organização que se produzem em um organismo desde a sua origem até ao seu final. É um progresso de um estado menos evoluído para um mais evoluído, rumo à meta definida como "maturidade". Pode ser concebido como crescimento e descrito como um incremento quantitativo; ou como uma transformação qualitativa que se realiza em estados ou graus, progressiva transformação para um organismo diferenciado e integrado de elementos, em interação com o ambiente.

O psiquismo humano é caracterizado por uma tensão interior na superação de si, na realização de potencialidades específicas humanas. Essa força tende a superar, mediante uma intervenção consciente e um esforço pessoal, o puro desenvolvimento espontâneo biológico e as limitações da situação imediata. O ser humano não só cresce e se desenvolve, mas, enquanto consciente e livre, progride.

O crescimento espiritual é psicologicamente caracterizável como uma autêntica dedicação de amor; é compreensível partindo de uma concepção do ser humano como autor intencional da própria vida, ao menos no sentido de que pode tomar uma posição consciente e responsável diante das exigências, dos desafios, da vida pessoal e social.

Os principais setores do desenvolvimento são: cognoscitivo, moral, emotivo e social.

O desenvolvimento *cognoscitivo* permite ao indivíduo uma percepção cada vez mais profunda da realidade e lhe abre horizontes sempre mais vastos.

Somente o nível mais alto, com a sua capacidade de abstração e de distanciamento dos dados concretos, dispõe plenamente para perspectivas e ideais transcendentes.

Este nível, por outro lado, está estreitamente ligado ao desenvolvimento *moral* que parece articular-se em três grandes momentos: nível pré-moral (critério da punição e da obediência, hedonismo ingênuo); nível intermediário (moralidade convencional e funcional para a aprovação, confiança pré-crítica nos preceitos da autoridade); nível alto (moralidade dos princípios aceitos pessoalmente), em que as normas são julgadas pelo indivíduo como racionais e dignas de serem respeitadas.

Sobre essa evolução para normas interiorizadas influem fatores socioculturais, diferenças individuais segundo o desenvolvimento geral da personalidade, clima afetivo e pedagógico familiar.

O crescimento espiritual se moverá em sintonia com a dissolução de uma moralidade de temor e de complacência para uma moralidade do valor reconhecido e escolhido. Esse progresso, todavia, não é assim tão automático: tipos e/ou comportamentos religiosos e morais marcados pelo temor, pelo sentido de → CULPA psicológico, por infantilismos, infelizmente não são assim tão raros.

O setor *emotivo* possui uma base inata: o → TEMPERAMENTO; todavia, o tom geral se estrutura na infância, no âmbito familiar e especialmente no complexo tecido de interações mãe-filho, genitores-filho.

Os genitores, com as respectivas atitudes, podem facilitar disposições como o otimismo, o realismo, a capacidade de amar e de confiar-se que não são diretamente religiosas, mas fundamentais para uma atitude religiosa amadurecida, que é doação e na qual Deus é o sentido da vida.

Consequentemente, tais pessoas apresentam-se capazes de amar de modo desinteressado, disponíveis rumo a motivos mais altos e a um sistema de valores a ser aceito, em busca da própria identidade e de uma vocação na vida e do significado dela.

Tudo isto predispõe para um conceito de Deus como amor, para uma religiosidade intrínseca e de doação, não em primeiro lugar funcional para as próprias necessidades (cf. C. BECATTINI, *Immagine di Dio e percezione dei genitori*, 127-137).

A → AFETIVIDADE apresenta-se em sua fase oblativa, após ter superado os estágios captativo e narcisista, e se exprime no grau máximo na síntese de afetividade sensível e afetividade espiritual; além disso, não sendo um fator em si mesmo, exige uma harmonização com a razão, sem bloqueios, remoções ou defesas.

Assim, o desenvolvimento emotivo é visto como uma condição daquela liberdade interior necessária para conhecer e decidir responsavelmente, também no plano espiritual.

O desenvolvimento *social*, finalmente, significa não um caminho para a adaptação passiva ao ambiente, para o conformismo às suas normas e valores, mas abertura para a realidade externa: percepção inteligente dos valores alheios, avaliação positiva das pessoas, "compreensão", capacidade de colaboração etc.

A atitude religiosa abraça os diferentes setores: um conceito pessoal do Deus revelado e um plano de vida centralizado nele (aspecto cognitivo); uma relação positiva com Deus (aspecto emotivo) que se exprime em normas interiorizadas e comportamentos consistentes (aspecto moral), inserido em um contexto socioeclesial (aspecto social).

O crescimento espiritual é favorecido pelo grau de maturidade de cada um dos setores e por sua harmônica integração.

Os mestres espirituais descrevem diversas fases do crescimento espiritual; usam imagens espaciais para representá-lo — caminho, subida em espiral — e binômios de polaridade — criança-adulto, carnal-espiritual... Hoje parece prevalecer a referência analógica ao crescimento psíquico e orgânico como a que mais se aproxima da experiência espiritual; por outro lado, está de acordo com a expressão "organismo sobrenatural".

O crescimento espiritual não é descrito como um processo, uma subida gradual e harmônica, mas "é feito de contradições, conflitos, tensões, ruptura de equilíbrios, que abrem o horizonte para sínteses mais ricas" (F. RUIZ SALVADOR, *Diventare personalmente adulti in Cristo*, 292).

Resulta que o desenvolvimento espiritual apresenta semelhanças bastante estreitas com o psicológico em relação a algumas modalidades.

Ele não é uma trajetória uniforme, de um ponto inicial até o terminal, de ritmo constante. É, antes de tudo e principalmente, um processo "contínuo" e "descontínuo", isto é, com mudanças quantitativas e qualitativas.

O organismo em crescimento está, por necessidade, em estado de equilíbrio instável e oscilante; o desenvolvimento, então, é um processo de instabilidade formativa combinada com um movimento progressivo para a estabilidade.

A imagem do desenvolvimento em espiral torna melhor a experiência da progressiva transformação em Cristo; não é um movimento linear simples, mas composto de processos contínuo e descontínuo.

Possui um aspecto de mudança quantitativo, como o exercício e o acúmulo de ações virtuosas, a descoberta e a acentuação na vivência pessoal de realidades teologais diferentes; apresenta uma mudança qualitativa, enquanto mesmo operando-se nas mesmas realidades substanciais ("conhecer Cristo, rezar, sofrer, amar, servir na Igreja, conhecer a grandeza e a pobreza do ser humano"), a fase seguinte, estruturalmente, engloba a anterior, realizando, assim, participação e aprofundamento maior; privilegiando novos modos de ser e de sentir na relação com Deus, com diferente acentuação de campos espirituais.

A imagem da subida e progresso em espiral sugere ainda um movimento progressivo assintótico rumo à estabilidade, em um estado de desequilíbrio que indica tensão e busca de → DEUS, sem fim, sem presunção; é certeza e posse (equilíbrio), nunca possuído e alcançado o bastante (desequilíbrio), simultaneamente.

Finalmente, como primeiro momento de uma dada fase, acentuamos que consiste em recolher, com um movimento que parece regressivo, os pontos estáveis adquiridos da fase anterior.

Esse fato, que não deve ser assemelhado a um regresso efetivo na evolução espiritual, justifica a dificuldade para distinguir claramente as fases, e ilumina também aquela experiência frequente na qual a pessoa continua a amadurecer, embora vivendo um clima espiritual deteriorado, tomada por problemas psicológicos e pela perda de fervor sensível nas situações de serviço apostólico sufocante ou no exercício de pesadas responsabilidades (cf. F. RUIZ SALVADOR, *Diventare personalmente adulti in Cristo*, 292).

O breve panorama teórico supradelineado é centralizado no desenvolvimento mental, em particular em seus aspectos cognitivos.

Atribuir importância autônoma ao conhecimento de si e do mundo é sublinhar outro aspecto da descontinuidade entre a vida infantil, "personalidade emotiva", isto é, fechada em sua emotividade, e a adulta, "personalidade cognoscitiva", aberta aos problemas gerais da realidade e da existência.

A dimensão emotiva e o inconsciente como seu "lugar" são elementos que afirmam a "continuidade" do crescimento: o tom afetivo de base, adquirido nas primeiras experiências familiares, tende a permear no arco vital e a condicionar a liberdade ou a coação ao aproximar-se da realidade (cf. A. RONCO, *I dinamismi psicologici della crescita spirituale*, 150).

O itinerário espiritual certamente tem a ver com as características emotivas de cada pessoa, controlando as reações excessivas, sustentando o esforço para fazer prevalecer as emoções positivas, intervindo para modificar os sentimentos negativos, desconfiança, desestima, indignidade, hostilidade etc., que possuem raízes distantes no tempo, mas tonalizam a vida atual e a vida de relação, também com Deus.

Essa higiene psicoespiritual da esfera emotiva contribui para uma relação verdadeira e cálida com o Senhor, e essa relação, por sua vez, ajuda a preencher os vazios de uma experiência afetiva psicologicamente carente.

Esse tipo de purificação emotiva é acompanhado de uma ascese das motivações, no plano consciente e inconsciente.

A dificuldade para superar alguns defeitos, a sua persistência, apesar dos repetidos propósitos e empenhos sinceros, pode ser atribuída, nem sempre primordialmente, à má vontade, mas sim ao influxo do inconsciente "inferior". Elementos inconscientes justificam a resistência à mudança que se acentua na estrutura das ideias e das motivações adultas.

Os métodos espirituais, → EXAME DE CONSCIÊNCIA, ↓↑ DIREÇÃO ESPIRITUAL, reflexão, meditação…, podem lançar pingos de luz nesse setor, embora lentamente, iluminando resistências, motivos dissonantes, tensões, temores, contradições… que se tornam assim disponíveis para uma elaboração posterior, espiritual, sobre os quais o crente é chamado a tomar posição.

De qualquer modo, a subida para Deus facilita, exige, uma descida dentro de si, para a descoberta do verdadeiro Si. São dois movimentos e processos da verdade que a vida dos santos confirma.

II. *A integração*. A integração constitui o outro aspecto, complementar e teológico, do desenvolvimento. É o processo que coordena e unifica as várias partes e aspectos da vida psíquica em um todo de ordem superior, para a realização de um ou de alguns objetivos gerais, segundo a estrutura individual de cada personalidade.

A vida psíquica possui muitos componentes: conhecimentos, motivos, sentimentos e reações afetivas, habilidades, preferências, lembranças, hábitos, tendências, interesses… Essa numerosa série de atividades e estados psíquicos não é um atomismo psíquico, não são setores independentes: os sentimentos influenciam as ideias, as lembranças influenciam os sentimentos, as ideias modificam motivos e hábitos, e selecionam as coisas a serem lembradas.

Os vários componentes são organizados em unidades funcionais superiores, como estruturas cognoscitivas, atitudes, centros de interesse, habilidades complexas, planos de vida.

A direção interna do desenvolvimento parte do estágio do globalismo e vai rumo à integração através do estágio da diferenciação.

O período do *globalismo* é caracterizado pelo domínio de aspectos parciais, relativamente pouco numerosos, que atraem todo o interesse e toda a atividade do indivíduo.

Quando em uma pessoa estão presentes características desse primitivo nível de evolução, a vida espiritual está no plano embrionário, o crescimento é muito problemático, faltam pressupostos humanos centrais.

A personalidade é fundamentalmente imatura.

Os processos dominantes operam de modo separado e absolutista; tende a prevalecer o real imediato.

O plano de vida religioso pode ser psicologicamente muito difícil. As disposições virtuosas são inconsistentes e precárias, tanto de falar apenas de ações "virtuosas" esporádicas.

Todavia, cada segmento de experiência deve ser visto no quadro da evolução geral da pessoa.

Lentamente, em diferentes níveis de idade, de acordo com os processos interessados, ocorre uma progressiva *diferenciação*.

As reações afetivas fazem-se mais adequadas à situação; os motivos e os interesses se multiplicam e deixam, assim, ao indivíduo, maior espaço de escolha; as categorias conceituais aumentam, se aperfeiçoam e se afinam, permitindo captar mais fielmente a multiplicidade e o futuro da realidade (cf. A. RONCO, *Integração psichica e virtù*, 533).

O crescimento espiritual sentirá a limitação específica dessa fase, de seu aspecto de transição.

O caminho será normalmente por setores ainda muito separados; faltará uma visão de conjunto, pela qual, por exemplo, ao empenho intenso em um setor poderá não corresponder um esforço adequado nos outros campos logicamente ligados.

Haverá momentos de impulso e de abandono repentinos, instabilidade, mudanças improvisas, posições ao menos parcialmente contraditórias também com relação a escolhas vitais.

Será acentuado o "fazer", o ativismo, com relação ao aceitar positivamente o "ser plasmado" pela ação de Deus, através das situações pessoais e também socioambientais.

Um dos riscos principais é o excesso irrealista: em preferir e perseguir uma realidade boa, absolutizada, embora parcial.

O aspecto posterior do desenvolvimento é a *progressiva integração*.

As várias habilidades, tendências e conhecimentos tornam-se parte de uma estrutura global, interagindo umas nas outras e, nessa estrutura, estando ordenadas hierarquicamente, razão pela qual algumas são mais centrais e importantes para a pessoa e outras são dirigidas por elas, postas a seu serviço para a sua realização, e delas assumem significado psicológico e moral.

A integração ocorre em várias dimensões.

Na dimensão existencial, cada uma das estruturas está em relação instrumental, mais ou menos direta, com a solução da interrogação metafísica: "Que sentido tem a minha vida? Que sentido tem a realidade em seu conjunto e quais as minhas relações com ela?".

Algumas observações preliminares devem ser feitas: a) essa integração é ausente nas pessoas psicologicamente desadaptadas, e mesmo nas pessoas normais é sempre uma tarefa aberta, nunca um dado de fato. Ao contrário, mesmo em pessoas globalmente "normais" pode haver amplas zonas de conduta, de avaliações, de sentimentos não referentes aos motivos centrais da própria pessoa. Assim, por exemplo, a integração que pode ter sido alcançada em campo cognoscitivo pode faltar no setor afetivo, pelo qual se pode ter uma visão coerente e sistemática do mundo, mas ser dominados pela insegurança e pela ansiedade.

b) Os dinamismos centrais da pessoa não são necessariamente os conscientes, nem dependem automaticamente dos conhecimentos que o indivíduo possui, mas são os dinamismos de fato vividos como primordiais pela pessoa. O indivíduo pode perceber a prioridade lógica de um valor, mas não perceber essa prioridade para a sua vida.

c) Em consequência da observação anterior, a hierarquia dos dinamismos reais de cada pessoa não coincide, necessariamente, com a hierarquia dos valores objetivos (cf. A. RONCO, *I dinamismi psicologici nella crescita spirituale*, 151).

Tudo isso evidencia como o caminho para a integração pessoal não seja simples, fácil e nem de curta duração, mas sujeito a tortuosos processos "autoenganadores" para o indivíduo, difíceis de serem corrigidos porque inconscientes.

A maturidade divino-humana apresenta-se com um caráter de relativa plenitude e também de provisoriedade. As experiências feitas nas diferentes fases da história individual deixam atrás de si necessidades, tendências e interesses, ainda que imprecisos, que geralmente possuem forte carga afetiva.

Esses dinamismos, em vez de serem modificados e integrados nas motivações mais maduras, não raro são "isolados' no processo geral de evolução. Todavia, essas "ilhas", separadas no plano inconsciente, não são setores atrofiados, mas núcleos dinâmicos ativos.

Essas forças emotivo-afetivas continuam a exercer a sua influência independentemente, e até contra a síntese mental do indivíduo, indicando preferências e escolhas pouco racionais, interferindo nas avaliações e nos juízos, mantendo algumas necessidades centrais em sua forma primitiva, sustentando o particular tom emotivo da pessoa.

Ora, a religião e o comportamento religioso-espiritual prestam-se muito bem como lugar de expressão para uma afetividade pouco equilibrada (sentimento de indignidade, de culpa, de desestima, de temor, de insegurança, de ansiedade…); campo em que necessidades primárias (afeto e dependência materna, segurança, proteção…) exigem satisfação.

Por outro lado o tom emotivo, exaltado ou deprimido que deriva dessas experiências tende a generalizar-se e a englobar outros setores.

A pessoa espiritual, em seu diálogo com Deus, inevitavelmente encontra e traz alguns elementos inconscientes, resíduos infantis segregados, segmentos comportamentais desviados, reações afetivas injustificadas e irracionais.

A verdade da relação com o Senhor, ainda que situada no plano da fé no amor, opera no crescimento fortalecendo os motivos centrais aos quais subordina os outros dinamismos, aumentando o controle sobre aqueles setores vitais individualistas e inconsistentes.

O crescimento da vida de → UNIÃO COM DEUS e com o próximo, o desenvolvimento da graça, incide de modo variável nos aspectos negativos do psiquismo. Dá paz, alegria, segurança e serenidade, que persistem apesar das perturbações do homem "psíquico", e que tendem a estender-se à alma em sua inteireza. A certeza de ser amado por um Amor infinito e onipotente é a mais alta e a mais benéfica de todas as certezas.

A integração não é um fenômeno unívoco ou monolítico: os sistemas de ação geneticamente precedentes são transformados nos sistemas superiores, ou são integrados, no plano subordinado, nos novos sistemas.

No que se refere ao comportamento, isto significa que o indivíduo normal não opera habitualmente em um só e mesmo nível durante toda a duração de determinado estágio.

No itinerário espiritual significa que cada fase é absorvida pela seguinte, que lhe traz alguns sinais. Assim, as operações espirituais de uma fase — por exemplo: a oração — não serão somente as típicas dela, mas também os modos, os conteúdos, as expressões das anteriores, embora carregadas da experiência atual.

O caminho para tal integração exige algumas condições para que possa realizar-se: o amadurecimento psicofísico, especialmente no plano cognitivo; a contribuição formativa que deveria dotar a pessoa de atitudes primárias afetivas positivas, confiança, aceitação, segurança... fundamentais para o planejamento da própria existência (cf. C. BECATTINI, *La dimensione psicologica delle virtù*, 388-393).

O compromisso pessoal consciente e voluntário, finalmente, é o fator central na construção de si: tal decisão, renovada, determinada, pode sustentar o processo de integração na tarefa da própria vida ou de desintegração na fuga do compromisso, em escolhas inconsistentes, em busca de satisfações imediatas.

O processo geral de integração articula-se em dois processos centrais que o subentendem: a) a passagem *da fantasia para o realismo*, isto é, do princípio do prazer, da satisfação imediata real ou fantasiada das pulsões, para o princípio da realidade e dos valores como meta última.

A atitude realista exige uma percepção ou conhecimento realista de si, dos outros e do mundo, e uma aceitação ou adesão à realidade percebida. Essa atitude intervém e incide na formação e na natureza da consciência moral e da religiosidade.

O "realismo", enquanto aderência à realidade", em uma serena e crítica análise dos fatos, espiritualmente, traduz-se em virtude autêntica, disposição para aceitar e aderir a realidades parciais e à Realidade, Deus e seu plano de salvação.

É verdadeira humildade, no reconhecimento das limitações pessoais e de seu significado, fora do domínio da fantasia, do desejo irreal, das ilusões, e no entanto é serena confiança e esperança que crê na ação de Deus.

É uma atitude que exige um notável esforço ascético de purificação e de desprendimento.

b) A passagem *da reatividade para a proatividade*. Seguindo uma atitude geral para a vida, as estruturas pessoais, e, consequentemente, o comportamento distinguem-se em:

— *reativas* quando prevalecem necessidades de autodefesa, de fuga de um passado a ser reparado, de defesa obsessiva das próprias pulsões, com sentimento de desconforto e de indignidade pessoal, com dependência ou reação às pressões exteriores;

— *proativas* quando os dinamismos centrais da pessoa são orientação para um futuro melhor, empenho e amor ao bem, alegria de fundo em construir e expandir-se.

O progresso indica a passagem da reatividade à proatividade; da impulsividade à "intencionalidade", ou tensão por um futuro pessoal melhor, em vista de um plano de valor a ser realizado.

A estrutura pessoal proativa, com efeito, organiza-se normalmente em um plano de vida. Esse "plano" é um núcleo de ideias vividas, carregadas de valor motivacional.

Inicialmente, é um plano muito genérico, indefinido, amparado por uma intuição global da imagem ideal de si e pela tendência, ainda incerta, à sua realização.

Estimulado por motivos existenciais, e em relação dialética com a realidade, ele se especifica, se estrutura e se fortalece tornando-se, assim, mais realista e eficiente, até ser o primeiro dinamismo psíquico ao qual todas as outras estruturas são subordinadas. É a resposta projetual em busca de identidade pessoal: que pessoa sou, posso e quero ser.

Se esse projeto abraça o conjunto da existência e exprime tomadas de posição basilares como abertura e adesão à realidade total ou fechamento e rejeição; disposição para o serviço da "realidade", própria, alheia, divina, ou serviço do "prazer", do imediato "para mim", assume o significado de "opção fundamental" de amor sobrenatural ou de egoísmo.

O encontro com a realidade faz assim que ele seja determinado, além de minimizado ou modificado, em um processo de reestruturação motivacional e de autopercepção.

Cada uma das decisões "significativas" é expressão do plano geral da existência, encarnando-o na atualidade; por outro lado, enraízam-se nele, extraindo-lhe unidade e energia, fortalecendo-o, por sua vez, para o resultado positivo obtido. As ideias sustentam as ações, e as ações confirmam, por sua vez, as ideias.

Os mestres espirituais poderão indicar com maior precisão as correspondências entre os dois modelos de crescimento, psicológico e espiritual, as diferenças, os pontos qualificantes. Há de manter-se atenção para evitar o equívoco de entender as etapas, especialmente as espirituais, como realidades fechadas, em vez de momentos particularmente significativos de desenvolvimento, e de absolutizar a ordem de sucessão das fases espirituais, enquanto tendem a misturar-se e podem mudar ao menos em parte a sequência.

Salvaguardando de um lado a flexibilidade e a individualidade do caminho espiritual de cada pessoa, e de outro a utilidade do reconhecimento das várias fases desse itinerário e a sua conexão com o psicológico, vale a pena propor um primeiro confronto.

Parece fundamentado afirmar que o período do globalismo corresponda, seguindo a divisão proposta por alguns mestres espirituais (cf. F. RUIZ SALVADOR, *Diventare personalmente adulti in Cristo*, 292-301), à fase pré-revivescência e aos primeiros acenos da tomada de consciência pessoal da vida cristã, o da diferenciação da fase da iniciação espiritual (revivescência, segunda conversão…) prolongando-se na seguinte. O estágio da integração, enquanto processo e trajetória, centraliza-se nas fases da personalização e da consolidação, embora fundando as raízes no passado e sendo projetado, por exigência intrínseca, para a plena maturidade ascética e mística.

Um fator de utilidade das fases ou estágios surge exatamente das características específicas que os diferenciam: elas, com efeito, os constituem e representam os precipitados histórico-evolutivos, isto é, são modos, formas de funcionamento nos campos do pensar, do sentir, do agir, típicos da fase em análise, mas que podem permanecer fixados e, assim, presentes no tempo bem além do período evolutivo ao qual, de per si, pertencem. Isto explica o fato de que aspectos menos evoluídos possam estar junto de outros mais amadurecidos em uma idade, temporal ou espiritual, que teoricamente não os contempla. Com base nesses moldes, serão mais facilmente relevados e poderão ser programadas pelo formador e pelo diretor espiritual intervenções eficazes e adequadas para remover esses obstáculos no caminho psicoespiritual.

Em suma, integração significa harmonia dentro da personalidade do indivíduo, entre tendências, desejos e projetos; entre as dimensões cognoscitiva, emotivo-afetiva e comportamental. Tal integração se reflete em unidade de intenção e unidade de adoção.

Não que a pessoa madura, integrada, seja imune de conflitos, mas é capaz de resolvê-los sem tensões insustentáveis ou desorganização neurótica.

A unidade funcional é mantida e continua a operar eficazmente na prática da escolha vital: uma tarefa sempre aberta, nunca alcançada.

A vida espiritual utiliza-se de uma sólida base humana, pela qual a relação dialógica com Cristo é potencialmente tanto mais profunda quanto mais a pessoa é integrada. Por exemplo, possui menores estímulos individuais para controlar e, assim, uma disponibilidade existencial maior.

Em torno de Deus, qual projeto pessoal, a pessoa espiritual unifica vida, trabalho, qualidade e limitações. "Aquilo que distingue o santo é exatamente a unidade alcançada: vida espiritual, vida pessoal, vida social, tarefas, sofrimentos, tudo é uno, na unidade por obra do Espírito que age nele e por meio dele; experiência e colaboração pessoal e de inesgotável inventiva a seu serviço" (F. RUIZ SALVADOR, *Diventare personalmente adulti in Cristo*, 298).

Deve-se especificar que integração psíquica e maturidade humana não se identificam com santidade e perfeição cristã. A experiência de plenitude da pessoa santa é uma percepção global da própria vivência, centralizada em Deus e não na própria harmonia psíquica, ou em uma outra síntese intelectual.

As limitações a respeito são evidentes em pessoas concretas. "Crescimento psíquico e crescimento espiritual são duas dimensões distintas: temos casos, não isolados, de santidade heroica (de crescimento espiritual muito avançado) em pessoas neuróticas (isto é, com graves bloqueios em setores importantes do crescimento psíquico). É explicável enquanto a santidade é a perfeição da caridade, isto é, de um plano de fundo, de uma vontade; mas na mesma pessoa pode haver núcleos isolados, ilhas, que não sentem o influxo da ação do plano central" (A. RONCO, *El crecimiento espiritual en la vida consagrada, visto desde la psicologia*, 356).

Posto isto, a presença ou não da integração psíquica não se reduz a um fato insignificante. Ela é condição normal do crescimento espiritual e seu componente. Por outro lado, também o crescimento espiritual incide profundamente na vida da pessoa, contribuindo para o seu amadurecimento psicológico, como se pode constatar, por exemplo, na conexão: caridade-vida afetiva, relação com Deus-qualidade das relações humanas etc. Verifica-se um influxo nas duas direções: de "baixo" para o "alto", e do "alto" para "baixo".

O santo psíquica e humanamente amadurecido será testemunha altamente acreditável do amor e da bondade misericordiosa de Deus, na confiança, na paz e alegria interior e exterior, apesar dos inevitáveis obstáculos e provações presentes no caminho.

Para Deus, o crescimento é crescimento do ser humano total.

BIBLIOGRAFIA. ALSZEGHY, Z. Relaciones entre crecimiento psicológico y crecimiento espiritual. Precisiones desde la teología. *Vida Religiosa* 42 (1977) 336-342; ID. Discernimiento teológico sobre madurez psicológica y crecimiento espiritual. *Vida Religiosa* 42 (1977) 369-377; BECATTINI, C. Immagine di Dio e percezione dei genitori. *Teresianum* 38 (1987) 127-137. *La dimensione psicologica delle virtù. Teresianum* 38 (1987) 381-395; ROESCHEL, B. J. G. *Crecimiento espiritual y madurez psicológica*. Atenas, Madrid, 1987 (orig. inglês, New York, 1983); RONCO, A. El crecimiento espiritual en la vida consagrada, visto desde la psicología. *Vida Religiosa* 42 (1977) 346-357 (trad. it.: I dinamismi psicologici nella crescita spirituale. *Vita Consacrata* 13 [1977] 145-158); RUIZ SALVADOR, F. Diventare personalmente adulti in Cristo. In: GOFFI, T. – SECONDINI, B. (orgs.). *Problemi e prospettive di spiritualità*. Brescia, Queriniana, 1983, 277-301; ZAVALLONI, R. Maturità spirituale. In: FIORES, S. de – GOFFI, T. (orgs.). *Nuovo Dizionario di Spiritualità*. Roma, Paoline, 1979, 932-947.

C. BECATTINI

CRISÓSTOMO, JOÃO (Santo). 1. NOTA BIOGRÁFICA. Nascido em Antioquia, por volta de 344-347, recebeu a primeira formação da mãe, Antusa, que ficara viúva aos vinte anos. Foi para a escola de Libânio e de Andragácio para o estudo da literatura; para a educação cristã, coloca-se sob a direção de Melécio, do qual, em 369, recebeu o batismo, e de Flaviano. Atraído pelo ideal monástico, busca a solidão. Tendo falecido a mãe, retirou-se para o deserto, onde viveu por quatro anos como monge e dois de anacoreta. Em 381 retornou à sua cidade e foi ordenado diácono por Melécio e, em 386, sacerdote, por Flaviano. Durante cerca de doze anos desenvolveu intensa atividade, quer no setor caritativo, quer na cátedra, na qual a sua eloquência fascinava os antioquinos. Dessa sua atividade oratória deriva o apelativo de Crisóstomo (= Boca de ouro). Permaneceram célebres as orações sobre as estátuas, pregadas na insurreição da cidade contra a aspereza dos tributos imperiais. Em 397 foi chamado à sede de Constantinopla, na cátedra do falecido Netário, eleição desejada pelo imperador Arcádio e sustentada pelo onipotente ministro Eutrópio, mas hostilizada pelo orgulhoso e infiel patriarca alexandrino Teófilo. O mesmo Teófilo foi obrigado a consagrar o novo bispo, cuja ação de restabelecimento moral do clero e do povo da capital, intensa e dinâmica, intransigente a qualquer compromisso, criou um clima de desconfiança, hostilidade, perseguição e ciúmes, tanto entre o clero quanto nos ambientes da corte. Crisóstomo viu-se, assim, exposto a ataques injustificados da parte de quem deveria apoiá-lo na ação pastoral. A sua linha moral, feita de firmeza e de alto senso de responsabilidade, foi reconhecida por todos e, especialmente entre o povo, conquistado por sua palavra e por sua generosidade. A sua alma, robustecida no puro ascetismo e por um grande amor pelas almas, sente o ardor apostólico: formar uma comunidade verdadeiramente cristã entre os fiéis e iniciar a conversão dos godos arianos, numerosos na cidade e nas redondezas. Ação que lhe angaria prestígio e respeito não só em Constantinopla, mas em toda região eclesiástica que reconhecia a posição preeminente da capital. Em 401, em pleno inverno, Crisóstomo deixa Constantinopla e percorre a Ásia Menor, preside um sínodo em Éfeso, destitui alguns bispos simoníacos, elege Heráclio na cátedra efésia; em Nicomédia afasta o bispo Gerôncio. Faz assim novos inimigos, prontos a unir-se aos da capital, entre os quais Severiano de Gabala, substituto do próprio Crisóstomo. Ao retornar, rompe relações com Severiano e, com o apoio da corte, assume o controle da situação.

O ano de 403 marca o rompimento entre a corte e o bispo, cujas causas são ignoradas. Teófilo de Alexandria, chamado a Constantinopla para justificar-se das acusações movidas pelos monges afastados do Egito sob o pretexto de origenismo, aproveita a mudança de atitude da imperatriz Eudóxia em relação a Crisóstomo e vira a situação a seu favor: proclama um Concílio *Ad Quercum*, formado pelos declarados adversários de Crisóstomo: 35 bispos o acusam, o condenam com obstinação e o destituem. Crisóstomo toma o rumo do exílio para a Bitínia. Em Constantinopla o povo se insurge e reclama o seu pastor, Eudóxia cede e Arcádio chama de volta o exilado. Reconciliação de breve duração. Em 404, um segundo Concílio, desejado por Eudóxia e constituído pelos habituais inimigos, entre os quais Teófilo, renova a condenação ao exílio. Para evitar tumulto entre o povo, Crisóstomo entrega-se espontaneamente aos soldados imperiais e sai pela porta oriental da igreja, iludindo a espera do povo. Etapas de seu martírio: Cucusa em Cataonia (Armênia Menor), a fortaleza de Arbisso, o Ponto. Morreu em Cumana, na Capadócia, no dia 14 de setembro de 407. Em 438, Teodósio II, filho de Eudóxia, ordenou a transferência das relíquias de Crisóstomo para a igreja dos Santos Apóstolos.

2. ESCRITOS. A obra literária de Crisóstomo é vasta e engloba diversos assuntos. Gênio eminentemente prático, foge da pura especulação e atém-se aos problemas de caráter moral e espiritual. Os escritos podem ser assim catalogados: a) Exegéticos: *Homilias sobre livros do Antigo e Novo Testamentos*: cerca de setecentas, nas quais comenta, em parte ou integralmente, os livros sagrados. Sobre o Antigo Testamento: *sobre o Gênesis* (incluídas 76 homilias entre 386 e 388); *Sobre a obscuridade dos profetas; sobre Ana, Davi e Saul* (em 387); *sobre alguns salmos* (cerca de 50). Sobre o Novo Testamento: *Sobre as Cartas de São Paulo* (250); *Sobre o Evangelho de João* (88); *Sobre o Evangelho de Mateus* (90 no ano 390); *sobre os Atos dos Apóstolos* (55 entre 401-402). A exegese de Crisóstomo permanece fiel, como era tradição na escola antioquina, em sentido literal. Raramente, porém, o orador mantém-se ligado ao desenvolvimento metódico do tema inicial: logo intervêm reflexões, digressões, exemplos práticos para enriquecer o objeto proposto, até reduzir-se, em suma, a um campo rico de ensinamentos morais e ascéticos. b) Morais-ascéticos: *Sobre penitência* (9, dos quais os três últimos são dúbios); *Sobre as calendas* (1); *sobre a esmola* (1); *sobre as tentações* (3); *Sobre Lázaro e Epulão* (1); *sobre o princípio dos atos*; *a Teodoro após a queda* (carta entre 371 e 378); *Da compunção* (duas cartas entre 375 e 376, ou, segundo outros, 381 e 385; *Contra os adversários da vida monástica* (3 cartas de data incerta); *Confronto entre um rei e um monge*. Em geral, esses escritos datam antes do diaconato do autor. Em Estagira, *Sobre virgindade* (talvez de 381); *A uma jovem viúva*; *Sobre o sacerdócio* (6 cartas); *Contra aqueles que mantêm em casa as virgens coabitantes*; *Sobre a necessidade de as religiosas não coabitarem com homens*; *Aos iluminandos antes do batismo* (2); *Sobre a oração* (2 homilias). Discursos e tratados do período presbiteral e episcopal: *Aos que se escandalizaram com os últimos acontecimentos e Que ninguém pode ser prejudicado senão por si mesmo*. c) São do período do exílio os polêmicos-morais: *Sobre a incompreensibilidade de Deus*; *Que não devem ser anatematizados os ignorantes*; *Contra os Hebreus e contra os arianos*. Os panegíricos: *Em honra de São Paulo* (7); *Em louvor de Flaviano, Elogio de Jó, Eleazar, Macabeus, mártires* (3 homilias); de *Inácio de Antioquia, Romano, Luciano, Eustácio, Melécio, Balaan*. Outros discursos: 2 *sobre Eutrópio*; 21 *sobre estátuas*. Não existe ainda uma edição crítica de toda a obra oratória de Crisóstomo. d) Epistolário: compreende 328 cartas quase todas escritas durante o exílio.

3. DOUTRINA. O Crisóstomo moralista e formador de almas imprime no ensinamento um caráter claramente ascético. A sua preocupação primeira é dar a cada alma a face cristã, porque a perfeição não é monopólio de uma elite de monges e virgens, mas, por causa da consagração batismal, é obrigação e exigência de todos (*In Mt Hom. 7*,7) e consiste em revestir-se de Cristo "para que Cristo se manifeste em nós" (*In Rm. Hom. 24*,4), em seguir a Cristo, revivendo os seus exemplos, para a real transformação nele, na caridade (*Ibid.*, 13,8; *In 1Cor 25*,3). A condição primeira para ser de Cristo é o desprendimento dos bens terrenos, porque "quem é atraído pelos bens terrenos será considerado indigno de possuir os futuros;

quem, em vez disso, os desprezar, considerando-os fugazes e sonho, rapidamente obterá grandes e espirituais bens" (*Da compunção*, I, 12). A verdadeira riqueza é a virtude (*Contra os adversários da vida monástica*, II, 5), porque não é sujeita à vanidade de todas as coisas terrenas, mas se fortalece sempre mais quanto mais agudas forem as provações às quais está exposta, torna o homem espiritual e é promessa de glória segura e estável (*In Mt Hom. 16*, 11). É muito vivo em Crisóstomo o sentimento de vanidade por tudo aquilo que não é Deus, e de urgência em colocar-se em um plano de graça em busca de → DEUS somente (cf. *Em defesa de Eutrópio. Homilias sobre as estátuas. Da compunção*, II, 10). Acentos que valem para cada estado de vida: quer para esposos, quer para consagrados (cf. *In Rm. Hom. 24*, 4), porque em Cristo se está na realidade do corpo místico (*In 1Cor Hom. 18*): "Sejam escravos ou livres, sejam gregos ou bárbaros e xiitas, sejam ignorantes ou sábios, sejam mulheres ou homens, sejam crianças ou velhos, sejam plebeus ou nobres, sejam ricos ou pobres, sejam príncipes ou cidadãos: todos serão participantes da mesma honra. A fé, com efeito, e a graça do Espírito Santo, suprimindo as desigualdades das condições humanas, imprimem em todos o caráter de um único selo" (*In Jo Hom. 10*). Essa unidade em Cristo possui a sua dimensão vertical: viver com Cristo. "Edificamos, pois, sobre ele (Cristo) e aderimos plenamente à base, como os ramos na videira, e nada aí exista de intermediário entre nós e Cristo" (*In 1Cor Hom. 6*). Cristo é a cabeça, o fundamento, a videira, o pastor, o esposo, o caminho, o primogênito, o herdeiro, a vida, a ressurreição, a luz, e nós somos o corpo, o edifício, os ramos, a esposa, os caminheiros a caminho, os irmãos, os coerdeiros, os vivos, aqueles que ressuscitarão, os iluminados (*Ibid.*). Dimensão horizontal: a caridade fraterna no perdão (*Em defesa de Eutrópio*, 7; *Da compunção*, I, 3-8; *In Mt Hom. 16*, 5.9), no amor aos pobres, nos quais Cristo está: "Deus não precisa de vasos de ouro, mas de almas de ouro. [...] Que adianta se o altar de Cristo tem vasos de ouro e Cristo morre de fome? Primeiro mata a fome do necessitado, depois, com o restante, adorna o altar" (*In Jo Hom. 50*), "porque não existe nenhuma diferença entre dar ao pobre e dar a Cristo" (*In Mt Hom. 88*). Estamos em Cristo e nos irmãos pela ação do Espírito Santo que, como o rio do Éden, nos irriga com os seus dons, nos renova na vida da graça e, de todos nós, forma um só corpo (*In 1Cor Hom. 50*, 1-2) e é força dinâmica em todas as batalhas do espírito e todas as forças do mal (*In Jo Hom. 51*,39). Da parte do cristão exige-se correspondência, que se exprime na fidelidade ao dever (*Da compunção*, I, 15) segundo o estado de vida de cada um (*In 1Cor Hom. 24*, 3-5), na estabilidade de fé e também nas provações, as quais no plano da salvação possuem um escopo pedagógico bem determinado (*In Mt Hom. 50*); *Da glória nas tribulações*, 4); fortalecem o espírito, enraízam na humildade, formam os santos (*Ninguém pode ser prejudicado senão por si próprio*, 5-8; *In Mt Hom. 12*,1); exige-se espírito de oração, que envolve a vida inteira, em todas as situações concretas nas quais podemos nos encontrar, em toda atividade realizada, em todo tempo, em cada hora do dia, especialmente pela manhã, à noite e após as refeições (*Hom. sobre o Sl 133; Discurso sobre Ana*, 4,6; *Sobre a Cananeia*, 11; *Sobre a oração*, 1; *Sobre Lázaro*, 1,9; *Sobre os Atos dos Apóstolos*, 26, 3-4; 36, 3; *In Mt Hom. 55*,5).

Também o → EXAME DE CONSCIÊNCIA entra na dinâmica da vida cristã para tornar a alma humilde na lembrança das próprias culpas, confiante na misericórdia de Deus, mais vigilante nos perigos, mais sensível ao bem (*Discurso: que não se deve pregar por vanglória*, 4). Dentre os meios mais eficazes para viver o estado de graça, a → EUCARISTIA ocupa o primeiro lugar, não só porque é a mais alta afirmação da caridade de Cristo, o qual "deixou-se tocar, comer, para inserir-se profundamente em nós e realizar cada desejo" (*In Jo Hom. 46*, 2 ss.; *In 1Cor Hom. 24*, 1-2), mas também porque é a pura força de elevação: "desço ainda à terra, não só para unir-me plenamente a ti, mas também para elevar-me em ti: sou comido, reduzido a pedaços, para que sejam profundas a mistura, a fusão e a união. [...] Insinuo-me em ti, em todas as tuas partes: não quero que entre nós haja alguma coisa de intermeio, quero que os dois sejam uma só coisa" (*In Hom. 24*). O benefício da união com Cristo na Eucaristia é condicionado pelas disposições de cada fiel: "ninguém se aproxime sem desejo, sem fervor: todos sejam fervorosos, todos ardentes, todos vigilantes" (*In Mt Hom. 24*).

Quanto ao estado específico dos consagrados, Crisóstomo tem uma doutrina, pode-se dizer, completa, sobre a vida monástica, sobre a virgindade e sobre o sacerdócio. O seu *Do sacerdócio*, autêntica obra-prima, centraliza todos os aspectos de dignidade, de vida, de responsabilidade e de santidade próprias do sacerdote. Para os monges traça um quadro bastante preciso e claro da → ASCESE, à qual estão votados, além da grandeza espiritual de sua vida. A excelência da → VIDA RELIGIOSA não possui termo de comparação na realidade terrena (*A comparação do rei e do monge*, 2-4); é vida angélica: "escolheram (os monges) um estado de vida digno do céu e obtêm um lugar não inferior aos anjos" (*Contra os adversários da vida monástica*, 3,11); é testemunho profético (*In Mt. Hom. 10*, 3-4), é realidade escatológica de vida e de glória, exprime a vida apostólica no desprendimento e na penitência (*In At Hom. 12,3*; *In Mt Hom. 68,3*), renovam a realidade do Crucificado no mistério de vida e morte (*In Hb Hom. 15,4*). Os monges, embora na terra, conduzem vida celeste nas elevações do espírito, na contemplação de Deus, na radical purificação e espiriritualização de todo o seu ser (*In Hb Hom. 17,2*; *In At Hom. 7,4*; *In Ef Hom. 6,4*), e mais facilmente obtêm a salvação (*Contra os adversários da vida monástica*, 3, 15), pressuposta, obviamente, a fidelidade à vocação. A vida solitária nos montes ou no deserto é escola de ascensão a Deus, de paz e tranquilidade de espírito, adequada para o encontro e os colóquios com Deus (*In Mt Hom. 50*). A → VIRGINDADE é cantada por Crisóstomo em todos os tons: é sinfonia de grandeza incomparável, visão de vastíssimos horizontes, sulcados pela luz de Deus. A virgindade transforma a criatura terrestre em anjo, antes, sob alguns aspectos, torna-a superior ao anjo (*Da virgindade*, 11); a sua beleza está no íntimo do coração incontaminado (*Ibid.*, 7), a sua grandeza está na união nupcial com Cristo (*Sobre a necessidade de as religiosas não coabitarem com homens*, 9). Estado de privilégio que compromissa a fundo, quem o abraçou, a não trair a Cristo, a viver integralmente a consagração, evitando tudo que possa ofuscar o esplendor da consagração, a conservar, apesar das dificuldades que possam surgir, a fé jurada (*Da virgindade*, 38) na certeza de que Cristo esposo vigia, observa o combate e dá força para a vitória (*Ibid.*, 11; *Carta 2 a Olimpíada*, 7); os esposos também podem chegar à perfeição da caridade, na castidade de seu estado, na fidelidade recíproca, mas encontram-se sempre em graves perigos e com pesadas responsabilidades.

BIBLIOGRAFIA. CERESA-GASTALDO, A. *Vanità, educazione dei figli, matrimonio*. Roma, 1977; ELLERO, G. M. Maternità e virtù di Maria in san Giovanni Crisostomo. *Marianum* 25 (1963) 405-446; LEDUC, F. L'eschatologie, une preoccupation centrale de saint Jean Chrysostome. *Proche Orient Chrétien* 19 (1969) 109-134; MEYER, J. *Chrysostome maître de la perfection chrétienne*. Paris, 1933; MORO, P. La "Condiscendenza divina" in s. Giovanni Crisostomo. *Euntes Docete* 2 (1958) 109-123; NOWAK, E. *Le chrétien devant la souffrance*. Paris, 1972; PASQUATO, O. Catechesi ecclesiologica nella cura pastorale di Giovanni Crisostomo. In: *Ecclesiologia e catechesi patristica*. Roma, 1982, 123-172; ID. *Gli spettacoli in S. Giovanni Crisostomo*. Roma, 1976; QUACQUARELLI, A. *Il sacerdozio*. Roma, 1980; RENTINCK, P. *La cura pastorale in Antiochia nel IV secolo*. Roma, 1970; RIGGI, C. *La vera conversione*. Roma, 1980; SPEDALIER, F. La Madre di Dio nella soteriologia di san Giovanni Crisostomo. *Ephemerides Mariologicae* 15 (1965) 385-410; STIERNON, D. Giovanni Crisostomo. In: *Bibliotheca Sanctorum* VI, 669-701; WENGER, A. Saint Jean Chrysostome. In: *Dictionnaire de Spiritualité* VII, 331-355; ZINCONE, S. *Ricchezza e povertà nelle omelie di Giovanni Crisostomo*. L'Aquila, 1973.

C. SORSOLI – L. DATTRINO

CRISTOCENTRISMO. Cristocentrismo é um termo recente, seja no campo dogmático, seja no espiritual, assumido para indicar o lugar de centralidade que Cristo ocupa no plano divino do mundo e na vida espiritual dos seres humanos.

Para a escola tomista, que admite como primeiro motivo da → ENCARNAÇÃO a redenção humana, a centralidade de Cristo no mundo é relativa ao fato redentor, enquanto a sua vinda é causada pela presença de uma humanidade pecadora a ser redimida: Cristo é o primeiro em dignidade, mas não em predestinação.

Para a escola franciscana, em vez disso, chefiada por João Duns Scoto, a centralidade de Cristo no mundo é absoluta, enquanto a sua presença histórica não é causada pela queda de Adão, mas desejada por Deus como razão primeira dessa encarnação: Cristo é o primeiro predestinado antes de todos (*primum volitum*, diria Scoto), portanto, primazia absoluta de Cristo, com todas as óbvias consequências em relação ao universo.

A mesma palavra — cristocentrismo —, vista, porém, no plano espiritual, encontra maior unidade de sentido entre as escolas teológicas, enquanto todas confluem na admissão da primazia moral de Cristo. Todavia, também nesse plano tinge-se de variedade de aspectos, não porém substanciais, e sim acidentais, de acordo com as modalidades, nuances, características individuais, com as quais Cristo viveu como centro de uma espiritualidade. A diversidade, pois, é relativa aos múltiplos aspectos da única espiritualidade católica.

Antes, porém, de acentuar em tema as notas características das principais espiritualidades na Igreja, e sublinhar o fundamento revelado, do qual haurem e ao qual se reportam, deve-se determinar aqui que o cristocentrismo espiritual não é nota exclusiva de nenhuma espiritualidade, nem a palavra deve ser posta em oposição à de "teocentrismo" e de "antropocentrismo", que, respectivamente, indicam o termo último de toda espiritualidade, ou o sujeito imediato, o ser humano, no qual se realiza uma espiritualidade.

Toda espiritualidade, com efeito, não é tão cristocêntrica de deter-se em Cristo, enquanto homem, mas deve necessariamente finalizar-se em Deus Uno e Trino, ao qual Cristo conduz na qualidade de mediador universal. Do mesmo modo, uma espiritualidade autenticamente católica não é tão antropocêntrica de perder de vista a orientação superior para Cristo mediador e para Deus, fim último de tudo. Os vários termos, porém, devem ser harmonizados em seu sentido próprio, e entendidos em sua respectiva medida, para não se opor. Pode-se então falar, quando se trata da característica de uma espiritualidade, não de atribuição exclusiva de um ou de outro termo, mas somente de relevo subjetivo acentuado de um dos termos, sem excluir o lugar próprio dos outros. A coordenação dos três termos (antropocentrismo, cristocentrismo e teocentrismo) pode ser percebida nas palavras de São Paulo: "tudo é vosso, mas vós sois de Cristo e Cristo é de Deus" (1Cor 3,22-23).

Detemo-nos aqui no cristocentrismo espiritual, que se terminologicamente é de data recente, em seu conteúdo expressivo (significado), por outra, refere-se à própria revelação.

1. CRISTOCENTRISMO NA SAGRADA ESCRITURA. A Sagrada Escritura contém, com efeito, uma abundante messe de textos, aos quais se recorre para a justificação da visão cristocêntrica da vida espiritual, e dos quais, obviamente, deve-se partir para um enfoque doutrinário do cristocentrismo espiritual.

Antes de tudo, têm-se duas imagens nas quais se compendia toda a realidade do mistério da vida sobrenatural em Cristo, uma trazida pelo próprio Cristo: a videira e os ramos (Jo 15,1-8); e outra "conceitualmente paralela", oferecida por São Paulo: a do corpo (cf. Rm 12,4-5; 1Cor 12,12-27; Ef 1,22-23; 4,1-13; 4,15-16; Cl 1,18-24; 2,19), às quais somam-se as outras do mesmo Apóstolo: a do campo (1Cor 3,6-9), da família (Ef 2,19); do edifício, do qual Cristo é o fundamento (1Cor 3,9-16); do templo santo, edifício do qual Cristo é a pedra angular (Ef 2,19-22); do matrimônio (Rm 7,2-5; 2Cor 11,2; Ef 5,31-32); imagens nas quais emerge a ideia da pertença a Cristo (na imagem do campo); de comunalidade de raça e de sangue (na imagem da família); de relação sólida entre o cristão e Cristo (na imagem do matrimônio), mas muito mais perfeita que a conjugal, da qual é modelo.

Coroando a multidão expressiva das imagens, deve-se aqui evocar a afirmação da identidade de vida, que se estabelece entre Cristo e a alma, segundo a experiência do mesmo Apóstolo: "Já não sou mais eu que vivo, Cristo vive em mim" (Gl 2,20): cristocentrismo "vital", aqui, que parece superar em intensidade a imagem do "corpo", no qual a posição de cada membro é vista em um plano "espacial", cada um ocupando um determinado espaço no conjunto do corpo, enquanto na identidade de vida é indicada uma presença de Cristo em cada membro do místico organismo, a ser entendido não em sentido físico (Pio XII condenou, na *Mystici Corporis*, de 29 de junho de 1943, o "pancristismo", que afirma entre Cristo e os membros da Igreja uma unidade pessoal física; e na *Mediator Dei*, de 1947, o "incristismo", que professa a inabitação de Cristo glorificado em todas as almas dos justos, com a admissão da mesma numérica graça em Cristo cabeça e nos membros de seu corpo místico), mas em sentido dinâmico, real, embora misterioso, na ordem sobrenatural: entre Cristo e os fiéis, vivos nele, surge na realidade uma união que não deve reduzir-se ao plano puramente moral, mas deve ser vista, excluindo-se toda concepção errônea, como transcendendo todo outro vínculo, segundo a afirmação de Pio XII: "No Corpo místico [...] junta-se outro princípio interno, realmente existente e ativo, tanto de todo o composto como em cada uma das partes, e tão excelente, que supera imensamente todos os vínculos de unidade que unem o corpo, quer físico, quer moral" (*Mystici Corporis*).

Prosseguindo no recurso à Sagrada Escritura, lembramos antes de tudo as palavras de Cristo, que se autoapresenta como "o caminho, a verdade e a vida" (Jo 14,16), e afirma a sua necessária intervenção para entrar em comunhão com o Pai: "Ninguém vai ao Pai senão por mim" (*Ibid.*).

A perfeição, sempre segundo Jesus Cristo, está em segui-lo: "Se queres ser perfeito [...] vem e segue-me" (Mt 19,21); e o seu programa está traçado: "Se alguém quiser vir após mim, renuncie a si mesmo, tome a sua cruz a cada dia e siga-me" (Lc 9,23; cf. Mt 16,24; Mc 8,34). Cristo é modelo, como afirma São Pedro: "Cristo sofreu por vós, deixando-vos um exemplo, a fim de que sigais as suas pegadas" (1Pd 2,21).

Existe um plano divino externo, que se realiza nos termos fixados de síntese de toda ordem criada em Cristo, em que se destacam a eleição e a santificação dos seres humanos: "Bendito seja Deus, Pai de nosso Senhor Jesus Cristo: ele nos abençoou com toda a bênção espiritual nos céus, em Cristo. Ele nos escolheu nele antes da fundação do mundo para sermos santos e irrepreensíveis sob o seu olhar, no amor. Ele nos predestinou a ser para ele filhos adotivos por Jesus Cristo, assim o quis a sua benevolência para o louvor da sua glória, e da graça com que nos cumulou em seu Bem-amado: nele, por seu sangue, somos libertados; nele, nossas faltas são perdoadas, segundo a riqueza da sua graça. Deus a concedeu abundantemente a nós, abrindo-nos a toda a sabedoria e inteligência. Ele nos fez conhecer o mistério da sua vontade, o desígnio benevolente que de antemão determinou em si mesmo para levar os tempos à sua plenitude: reunir o universo inteiro sob um só chefe, Cristo, o que está nos céus e o que está sobre a terra" (Ef 1,3-10).

A vocação à santidade está em relação com Cristo: "Aqueles que ele de antemão conheceu, também os predestinou a serem conformes à imagem de seu Filho, a fim de que este seja o primogênito de uma multidão de irmãos; os que predestinou também os chamou; os que chamou, justificou-os; e os que justificou, também os glorificou" (Rm 8,29-30). A santidade, como vida cristã perfeita, deve moldar-se segundo a vida de Cristo (cf. Jo 13,15; Rm 13,13-14; Fl 2,5 ss.; 1Pd 2,20-21), e particularmente segundo a sua paixão (cf. Lc 14,27; Rm 8,17; Fl 2,5-9; Hb 12,1-4; 1Pd 4,1-2).

É válido aqui, sinteticamente, o que o Concílio Vaticano II traça sobre a → SANTIDADE CRISTÃ na interpretação cristocêntrica, reportando-se à Sagrada Escritura: "Todos os membros devem conformar-se com ele, até que Cristo seja formado neles (cf. Gl 4,19). Por isto somos inseridos nos mistérios de sua vida, com ele configurados, com ele mortos e com ele ressuscitados, até que com ele reinemos (cf. Fl 3,21; 2Tm 2,11; Ef 2,6; Cl 2,12 etc.). Peregrinando ainda na terra, palmilhando em seus vestígios na tribulação e na perseguição, associamo-nos às suas dores como o corpo à cabeça, para que, padecendo com ele, sejamos com ele também glorificados (cf. Rm 8,17)" (*LG* 7).

2. CRISTOCENTRISMO NA TRADIÇÃO PATRÍSTICA. Se da Escritura se passa à história da → ESPIRITUALIDADE CRISTÃ, encontramos o eco do testemunho, feito de experiência e de doutrina, da própria visão cristocêntrica da vida espiritual.

Com referência aos primeiros tempos cristãos, a vida cristã era vista substancialmente como "vida em Cristo", que encontrou, no período das perseguições, a sua expressão característica na "→ IMITAÇÃO DE CRISTO", que se imolou no Calvário. O martírio era para eles não só um testemunho heroico da sua fé, mas sobretudo uma prova exclusiva de conformidade com Cristo através do dom cruento da própria vida, a exemplo de seu sacrifício da cruz.

Santo → INÁCIO DE ANTIOQUIA, mártir († 107), aspirava ser triturado como "trigo de Cristo" pelas feras (*Frumentum Christi sum: dentibus bestiarum molar, ut panis mundus inveniar*), porque considerava ser um "verdadeiro discípulo de Cristo" somente no martírio, sustentando, antes, que não existiria a vida de Cristo em si sem o desejo do martírio (cf. J. JUGLAR, La spiritualité antique, in *Au seuil de la Théologie*, Paris, 1965, 209 s., vl. II).

O martírio era visto como um encontro de conformidade, uma associação mais íntima do ser humano "com o mistério de Cristo morto e ressuscitado"; e ainda, como emerge particularmente no martírio de são Policarpo († 155-156), uma imersão "no mistério da Igreja", "uma experiência eclesial que religa o mártir a Cristo, e no mesmo movimento, a todos os seus irmãos. Ele sofre como um membro do corpo de Cristo" (G. BARDY, *La vie spirituelle d'après les Peres des trois premiers siècles*, Tournai, 1968, 226 s., vl. I).

→ ORÍGENES, na *Exortatio ad martyrium*, lia no próprio martírio uma confirmação das promessas do batismo, uma exigência da vida de Cristo em nós, a sua exata imitação, a participação real no sacrifício da cruz: é o próprio Cristo que caminha com o → MÁRTIR, que lhe dá a sua boca e a sua sabedoria, que o fortalece com o amor de Deus, mais forte que todos os suplícios (cf. JUGLAR, op. cit., 213).

O sentimento de realizar no martírio um prolongamento dos sofrimentos de Cristo estava vivo nos mártires. Assim Santa Felicidade respondia abertamente aos que a guardavam, comparando os sofrimentos do seu parto no cárcere com o que sofreria no martírio: "Agora sou eu que sofro; lá, será outro que sofrerá por mim, visto que é por ele que então sofrerei" (*Passio Perpetuae et Felicitatis*, Tübingen, 1901, 53-55). Sobre o diácono Santo, mártir na perseguição lionesa de 177, escreve Eusébio: "O Cristo que sofria nele, realizava maravilhas" (*Hist. eccl.*, livro 5, c. 1: *PG* 20, 418). O mesmo Eusébio atesta de Blandina, também ela mártir na perseguição lionesa de 177: "Não tinha mais consciência do que acontecia por causa de sua esperança e de sua espera pelos bens prometidos e de seu conversar com Cristo" (*Ibid.*: *PG* 20, 431). "Ao vê-la assim, como crucificada, [...] os confessores acreditaram, então, ver nela o Cristo crucificado por eles" (*Ibid.*: *PG* 20, 426).

Outra expressão cristocêntrica da perfeição encontra-se, seja no mesmo período das perseguições, seja no tempo posterior a ele, na profissão da → VIRGINDADE, considerada um martírio prolongado, que configurava os voluntários (tanto mulheres, às quais se atribuía ordinariamente o nome de "virgens", quanto homens, chamados de "ascetas" ou "continentes") a Cristo, modelo supremo dos virgens, considerados, por sua vez, a "porção eleita do rebanho de Cristo" (São Cipriano), e a virgem "a esposa de Cristo" (→ TERTULIANO) que vive em um estado permanente de "sacrifício espiritual" (JUGLAR, op. cit., 214).

Outra expressão, ainda, de cristocentrismo espiritual tem-se na instituição do → MONASTICISMO, quer de caráter eremítico, quer cenobítico, e, mais tarde, no aparecimento das Ordens e das Congregações religiosas, todos convenientes na profissão do → CONSELHOS evangélicos, como espressão do "seguimento de Cristo", aspecto esse relevado pelo próprio Concílio Vaticano II: "Existiram, desde os primórdios da Igreja, homens e mulheres que se propuseram, pela prática dos conselhos evangélicos, seguir a Cristo com maior liberdade, e imitá-lo mais de perto, e levaram, cada qual a seu modo, vida consagrada a Deus" (*PC* 1).

3. CRISTOCENTRISMO NA ESPIRITUALIDADE BENEDITINA. São Bento condensava em uma mensagem a um anacoreta chamado Marcos, muito dedicado a cilícios, a relação fundamental com Cristo, ao qual nos ligamos com o "místico grilhão" do amor: "Se és servo de Deus, não te prenda o grilhão de ferro, mas o grilhão de Cristo".

Na espiritualidade beneditina há um teocentrismo que a caracteriza na visão acentuada de Deus, olhado como Senhor em sua majestade, mas também um cristocentrismo aberto e vivido, que se capta na relação pessoal do monge com Cristo, feito objeto de amor e de imitação e reconhecido em todo o ambiente de contato: no abade, nos enfermos, nos hóspedes, nos pobres; obedece-se, serve-se, acolhe-se e adora-se ao Cristo.

O lugar de Cristo na Regra beneditina é central: o monge está todo mobilizado a seu serviço, colabora livre e ativamente em sua obra. Essa intimidade do monge com Cristo revela-se particularmente na vida litúrgica. Olha-se para o Verbo, cântico vivo, no qual o Pai se compraz eternamente, qual expressão infinita das suas perfeições, que, fazendo-se homem, eleva um cântico na terra e continua a cantá-lo, através de seu Corpo místico, até à consumação dos séculos, especialmente por meio do divino sacrifício, que renova cada dia o do Calvário, e através do culto público instituído pela Igreja, seu místico Corpo.

Cada batizado, é verdade, na qualidade de membro de Cristo, revestido de "sacerdócio real" (1Pd 2,9), é chamado a participar do ato central de Cristo, mas no exercício ativo dessa celebração o beneditino faz disto um objeto próprio, o escopo de sua vida, para que esta se torne uma vida essencialmente litúrgica. Como "homem de oração e de liturgia", o beneditino, embora dividindo o tempo entre o *Ora et labora*, procura dar uma unidade de subida à sua vida em Cristo, vivendo sempre sob a sua dependência, sobretudo na cooperação ativa ao ato externo de louvor que Cristo realiza misteriosamente aqui embaixo na → LITURGIA (cf. R. MORÇAY, La spiritualité bénédictine, in *Les écoles de spiritualité chrétienne*, Liège-Paris, 1928, 30-52; I. SCHUSTER, La spiritualità benedettina, in *Le scuole cattoliche di spiritualità*, Milano, 1944, 23-37; J. WINANDY, *La spiritualità cattolica*, Milano, 1956, 15-47).

Entre os nomes que emergem na tradição beneditina acerca de sua espiritualidade cristocêntrica, devem ser particularmente mencionados, entre os mais recentes, D. Guéranger († 1875), com as suas *Instituições litúrgicas* e o *Ano litúrgico*; D. C. → MARMION († 1923), com os conhecidos livros, impregnados de cristocentrismo: *Cristo vita dell'anima, Cristo ideale Del monaco. Cristo nei suoi misteri*; e D. Ascanio Vonier, com *Lo spirito e la Sposa, La chiave della dottrina eucarística, L'esprit chrétien, La victoire du Christ, Christianus*.

4. CRISTOCENTRISMO NA ESPIRITUALIDADE DOS CISTERCIENSES. Embora não sendo acentuadamente cristocêntrica, até pelo endereço especulativo da escola, a espiritualidade dominicana tem presente a Cristo como único mediador de acesso a Deus (*ad Iesum Deum per Iesum hominem*). Vê a Cristo como nosso irmão, amigo e esposo (cf. M. ROUSSEAU, La spiritualité dominicaine, In: *Les écoles de spiritualité chrétienne*, 53-83), e professa em sua ascese a conformidade com Cristo em "sua condição terrestre, regulada pela cruz" (cf. P. REGAMEY, Principi domenicani di spiritualità, in *La spiritualità cattolica*, 75-107).

Quanto ao angélico doutor, P. Huby acentua: "A divindade, ensina Santo Tomás, é tudo aquilo que há de mais amável, e somente por nossa fraqueza nos sentimos mais atraídos pelos mistérios da humanidade de Cristo" (*Christus*, ed. 1928, 1.169-1.172). Percebe-se o acento maior no termo do mesmo cristocentrismo, o teocentrismo.

Não deve ser aqui esquecida, porém, a grande mística dominicana, Santa → CATARINA DE SENA († 1380), que por sua índole mais afetiva revela-se mais impregnada de cristocentrismo. Em Catarina, Cristo é apresentado como "ponte mística" que liga a terra com o céu (cf. *Breviário di perfezione*, Firenze, 1943, 71-75): "Levantai-vos, servos meus", assim Catarina transcreve da boca do Senhor, "e aprendei de mim, Verbo, a colocar as ovelhas perdidas sobre o ombro, carregando-os com esforço e muitas vigílias e orações. E assim passareis por mim, que sou ponte; [...] e sereis esposos e filhos da minha Verdade; e eu vos infundirei uma sabedoria, como uma luz de fé, que vos dará um perfeito conhecimento da verdade; com que conquistareis toda perfeição" (*Ibid.*, 75). Cristo, ainda Catarina, "palavra encarnada, livro escrito", escrito no lenho da cruz, não com tinta, mas com sangue, com letras capitulares das santíssimas e dulcíssimas chagas de Cristo" (*Ibid.*, 80).

Da escola dominicana sã: o bem-aventurado Enrico → SUSO († 1365), "apóstolo, cavaleiro e enamorado de Cristo, sabedoria eterna" (P. POURRAT, Il Cristo nella preghiera della Chiesa e nella pietà dei fedeli, in *Enciclopédia cristologica*, trad. it., Alba-Roma, 1960, 611); Giovanni → TAULERO († 1361), que vê Jesus "modelo perfeito" da renúncia completa e total "durante a sua vida inteira, mas sobretudo durante a sua paixão" (POURRAT, *Ibid.*, 611 s.); Luigi Chardon († 1661), conhecido especialmente pelo tratado *La Croix de Jésus*; e, recentemente, R. → GARRIGOU-LAGRANGE.

6. CRISTOCENTRISMO NA ESPIRITUALIDADE FRANCISCANA. Dentre todas as espiritualidades, a franciscana talvez seja a que mais tenha dado relevo, na experiência e na expressão literária, ao lugar central de Cristo na vida espiritual. O cristocentrismo é para ela, com efeito, uma nota fundamentalmente característica, que não se limita ao âmbito especificamente espiritual, como recentemente foi acentuado: "Tanto em teologia quanto, e talvez mais ainda, na vida espiritual, a história da Ordem é a história de como Cristo torna-se sempre mais o Alfa e o Ômega das almas. Mas em Deus" (C. KOSER, Cristo pietra angolare della teologia francescana, *Quaderni di Spiritualità Francescana* 2 [1961] 71). Cristocentrismo todo voltado para o teocentrismo, abertamente professado. É a atitude eminentemente característica da alma franciscana, que encontra em → FRANCISCO DE ASSIS o modelo ideal. Em sua escola, feita sobretudo de vida, inspirou-se e partiu toda a sua descendência espiritual, como a história da espiritualidade atesta.

A espiritualidade franciscana olhou o Cristo inteiro, em todos os seus mistérios, imergindo-se com concretude de visão e larguza de afeto em seu conhecimento mais profundo, em vista de um amor tão operante de conformidade quanto mais vasto e de total transformação nele. Tornar-se, a exemplo do santo fundador, um *alter Christus* é o programa cristocêntrico almejado pela escola.

Nessa luz deve ser vista a devoção professada pela espiritualidade franciscana pela humanidade de Cristo, especialmente pelo mistério de sua natividade e de sua paixão, além de pelo seu santíssimo Nome, do seu sagrado Coração, da Eucaristia, do Sangue preciosíssimo. Também pela realeza de Cristo, em linha com a sua doutrina da primazia absoluta de Cristo, a escola nutre uma atitude particularmente própria. O comportamento da alma franciscana para com Cristo não se limita na realidade ao aspecto devocional, mas atinge toda a vida franciscana e se substancia com a imitação amorosa e a identificação mística. A literatura espiritual franciscana atesta isso. Com referência a Santo → ANTÔNIO DE PÁDUA, São BOAVENTURA DE BAGNOREGIO e à bem-aventurada → ÂNGELA DE FOLIGNO, ver os respectivos verbetes.

Densas páginas de cristocentrismo são encontradas na *Arbor vitae crucifixae Jesu* de Ubertino da Casale († 1329-1332); no *Stimulus amoris* de Giacomo da Milano († final do século XIII); nas *Meditationes vitae Christi* de Giovanni de Caulibus († primeira metade do século XIV; outros querem Jacobo de Cordone), definidas as "biographie mystique du Christ"; em São → BERNARDINO DE SENA († 1444), especialmente com relação ao que escreve sobre o Nome de Jesus; em Enrico di → HERP († 1477), em sua *Theologia mystica*, na qual se fala de "exercitia christiformia"; no autor Anônimo da *Indica mihi* († em torno de 1500), obra exaltada como "le resumé, la fleur suprême de la dévotion tendre du moyen age à l'humanité du Christ"; na bem-aventurada Camilla → BATISTA DE VARANO († 1525), Clarissa, particularmente em suas obras: *I dolori mentali di Gesú, I ricordi di Gesú, Considerazioni sulla Passione*; e mais recente, em Lorenzo da Parigi († 1631), autor de *Le Palais d'amour divin de Jésus et de l'âme chrétienne* e de *Les Tapisseries du divin amour en la Passion de J. Christ*. Em São → CARLOS DE SEZZE († 1670), chamado o *místico da Eucaristia*, com os seus vários escritos, entre os quais *Camino interno dell'anima, sposa dell'humanato Verbo Cristo Giesú* (Roma, 1664) e *La Passione di Gesú Cristo* (editado pela primeira vez em Roma em 1960); em Santa → VERONICA GIULIANI († 1727), clarissa capuchinha, chamada *Flor da Paixão [Passiflora] franciscana*; em São → LEONARDO DE PORTO MAURÍCIO († 1751), o promotor por excelência da *via-crúcis* (→ CRUZ); e em outros até nossos tempos, como na serva de Deus Angela Sorazu, franciscana concepcionista († 1921), cujo endereço caracteristicamente mariano é finalizado pelo cristocêntrico, e este, por sua vez, pelo teocêntrico; em Agostino Gemelli († 1959), com suas páginas moduladas sobre a tradição franciscana com interpretação cristocêntrica (famosa a sua obra *O franciscanismo*, muito editada).

7. CRISTOCENTRISMO NA ESPIRITUALIDADE AGOSTINIANA. A espiritualidade agostiniana reporta-se a Santo → AGOSTINHO como fonte inspiradora de sua presença na Igreja, e reflete o seu pensamento e o espírito, particularmente no plano do amor e do cristocentrismo: vê Jesus como modelo perfeito e acessível a todos, e "o grande modelo, o restaurador, e ao mesmo tempo, o fim do estado religioso" (U. MARIANI, La spiritualità agostiniana, in *Le scuole cattoliche di spiritualità*, 19).

Para o bem-aventurado Simone Fidati da Cascia († 1348), agostiniano, a → IMITAÇÃO DE CRISTO é um elemento de ingresso para o céu: "Convém amar as coisas que Cristo amou, as quais manifestam a sua vida privada de honras e com todo prazer [...] odiar aquilo que desagradava a Cristo e desprezar o que Cristo desprezou; desejar aquilo que Cristo sustentou; visto que, amando aquilo que ele amou, seremos agradáveis a Deus, e, odiando o que lhe desagradou, seremos libertados do inferno, desprezando aquilo que ele desprezou, seremos libertados do mundo, e sustentando aquilo que ele sustentou seremos introduzidos no céu" (La vita cristiana, in LEVASTI, A. *Mistici Del Duecento e Del Trecento*, Milano-Roma, 1935, 634).

Luis de Leon († 1591), também ele agostiniano, coloca em grande destaque o quadro da identificação mística do justo com Cristo: "O justo", escreve, "fica tão deificado, tão cheio de Cristo, que além de ser regido e guiado por Jesus, como o corpo é guiado pela alma, [...] possui, em certo sentido, até mesmo o corpo do Salvador, de modo que Cristo brota e sai pelos olhos, pela boca, pelos membros dele, e sua figura inteira, o rosto e os movimentos, são o Cristo" (*Nombres de Cristo*, t. II, 217.124.161-162.201-202.208-209; citado por U. MARIANI, op. cit., 17).

8. CRISTOCENTRISMO NA ESPIRITUALIDADE CARMELITA. A espiritualidade carmelita deve ser vista em todo o arco de sua história, de forma a abraçar a antiga observância e a reforma introduzida por Santa → TERESA DE JESUS e São → JOÃO DA CRUZ. É a própria reformadora do Carmelo quem reporta o histórico para a continuidade da tradição: "O gênero de vida que desejamos conduzir", afirma a santa, "não é somente o das religiosas, mas também o dos eremitas de antigamente, dos quais procuramos imitar a vida" (*Cammino*, c. 13).

O Instituto é ligado à sua índole sobretudo contemplativa. Assim, é exatamente em seu código espiritual, a Regra, que está indicada a orientação cristocêntrica de sua espiritualidade: "é à luz de Jesus Cristo", sublinha-se expressamente, "e em sua dependência, expressa desde as primeiras linhas da Regra que orienta a vida do Carmelo, que convém considerar a sua espiritualidade. É para Cristo que o carmelita dirige os seus olhares, a sua oração, o seu amor; é sob a sua conduta que pretende caminhar na pureza de coração e boa consciência" (*Regra do Carmelo*. Paolo Maria della Croce, La spiritualità carmelitana, in *La spiritualità cattolica*, 121 s.).

Não se ignora, todavia, que na Regra, enquanto tal, "a tarefa de Cristo permanece relativamente pouco relevante", mas é afirmado que se deve escavar mais a fundo, para captar "uma realidade espiritual muito escondida, apenas formulada, no entanto realmente central e profundamente operante"; pelo qual o mesmo autor citado pode, com fundamento, afirmar: "O Cristo, caminho para o Pai, autor e consumador de nossa fé, torna-se, pelo próprio fato, o centro no qual se desenvolve a contemplação, o caminho que ela exige. Parece que a Regra do Carmelo esteja enxertada no Cristo, e que a oração carmelita se desenvolva no seio da vida que o Cristo comunica à alma" (op. cit., 126 s.). O acento mais explícito, todavia, deve ser encontrado nos mestres da escola.

9. CRISTOCENTRISMO NA ESPIRITUALIDADE INACIANA. A relação dessa espiritualidade com Cristo é manifestada pela característica do Instituto, isto é, a de ser de modo particular uma *militia Christi*. E é assim que a Companhia de Jesus se orienta resolutamente rumo à realeza de Cristo. Uma devoção muito considerada e professada por ela é a do Sagrado Coração de Jesus.

A espiritualidade inaciana está centrada na reforma do ser humano sobre o modelo do homem novo, Cristo, de modo a assemelhar-se a ele: a imitação de Cristo como via para a união com o Salvador, vista como holocausto e dom total de si (cf. G. Filograssi, La spiritualità della Compagnia di Gesú, in *Le scuole cattoliche di spiritualità*, 108-113; Pinard de la Boullaye, La spiritualità ignaziana, in *La spiritualità cattolica*, 219-222.236-239).

10. CRISTOCENTRISMO NA ESPIRITUALIDADE DE SÃO FRANCISCO DE SALES. O santo propõe a imitação de Cristo como meio indispensável para a → união com deus. Um trecho da *Filoteia* enfoca o seu pensamento: "Mais que qualquer outra te recomendo a oração mental e do coração, especialmente aquela que se faz sobre a vida e a paixão de Nosso Senhor Jesus Cristo; contemplando-o com frequência na meditação, a tua alma se encherá toda dele, conhecerás bem o seu modo de agir, e sobre as suas ações moldarás as tuas. Ele é a luz do mundo; nele, pois, por ele e para ele devemos ser esclarecidos e iluminados. Ele é a árvore suspirada, em cuja sombra devemos refrigerar-nos: 'Ele é a fonte viva de Jacó', para lavar todas as nossas iniquidades. [...] É preciso deter-se lá, Filoteia, e, acredita-me, não é possível ir a Deus Pai senão por essa porta" (*La Filotea*, parte II, c. 1, Alba-Roma, 1940, 87 s.).

11. CRISTOCENTRISMO NA ESPIRITUALIDADE BERULLIANA. Bérulle iniciou uma espiritualidade eminentemente cristocêntrica, com fisionomia própria. Passa por seu nome, mas é também chamada "espiritualidade da escola francesa" do século XVII, e muitos nomes famosos, não oratorianos.

O cristocentrismo da escola, por sua vez, tende ao teocentrismo, com um acento tal de fazer com que → bremond considere ser exatamente isto que a caracteriza. Mas é inegável que → bérulle e os seus seguidores, na linha com toda a espiritualidade católica, não dispensam o cristocentrismo. Ao contrário, é preciso igualmente reconhecer que a escola professa todo um modo próprio de comportamento em relação ao Cristo de caracterizar-se também por ele. O conceito fundamental na atitude cristocêntrica da espiritualidade berulliana deve ser visto, como foi acentuado, no "Cristo como religioso de Deus".

"Bérulle distingue nos mistérios de Cristo a alma e o espírito do mistério, o corpo ou a ação deste; a ação do mistério cumpriu-se toda no tempo e no espaço, assim, por exemplo, Jesus Cristo não nasce nem morre mais: mas o espírito que o levou a encarnar-se, esse é perene e eterno. [...] Os mistérios de Jesus Cristo, pois, que possuem uma espécie de perpetuidade nele mesmo, nos foram comunicados e continuam em nós, por uma graça particular que constitui a vida de Jesus Cristo nas almas santas, reproduzindo exatamente o estado interior dos seus mistérios" (Fratel, Emiliano, La spiritualità berulliana, in *Le scuole cattoliche di spiritualità*, 270). "Aceita a doutrina do Corpo místico, Bérulle a interpreta com a doutrina místico-psicológica dos estados interiores de Jesus Cristo que opera os seus mistérios, isto é, das disposições criadas pelo Espírito Santo na alma de Jesus Cristo. Postula, pois, duradouros, em Jesus Cristo, esses estados, uma vez realizada a materialidade do mistério, que em certo sentido teve em nosso Senhor Jesus Cristo uma limitação no tempo e no espaço.

Jesus Cristo, misticamente, por meio do Espírito Santo, comunica às almas esses seus estados, que reproduzem e perpetuarão até o final dos séculos os seus mistérios" (*Ibid.*, 220).

Impõe-se a urgência de adesão aos "estados do Verbo encarnado", isto é, às "disposições interiores" que ele teve em suas ações. A aderência a Cristo é, de algum modo, uma participação na união hipostática. Ela comporta, da parte da alma, uma possibilidade de recepção, que Bérulle chama de "capacidade". Assim é que, para aderir a Cristo, devemos chegar a ser "uma pura capacidade dele, inclinados para ele e cheios dele" (*Lettres*, VI).

12. CRISTOCENTRISMO NA ESPIRITUALIDADE DE SANTO AFONSO DE LIGÓRIO.

A doutrina de santo Afonso († 1787) acerca do motivo da encarnação do Verbo liga-se à sentença escotista: o Verbo se teria encarnado ainda que Adão não tivesse pecado. "Com esse fim", segundo o santo, "o Verbo eterno veio à terra para dar a conhecer ao ser humano quanto Deus o ama" (*Novena de Natal*, disc. I). Três mistérios lhe foram muito caros: a → ENCARNAÇÃO, a paixão, e a → EUCARISTIA.

Há uma sua obra particular que obteve muito sucesso entre as almas: *A prática de amar a Jesus Cristo*. Santo Afonso é o santo do Natal: o seu cântico natalino, *Tu scendi dalle stelle*, musicado por ele próprio, o tornou conhecido mundialmente. Retorna com ele, como se observa, "o espírito de São Francisco de Assis" (G. CACCIATORE, La spiritualità di s. Alfonso de Ligório, in *Le scuole cattoliche di spiritualità*, 246).

Com referência à paixão de Jesus, incentiva os seus missionários no tempo das missões a pregar continuamente, a recomendar constantemente, "quero dizer: muitas vezes durante dia, o amor de Jesus Cristo e sobretudo de Jesus Cristo em sua paixão". Jesus padeceu e morreu "para conquistar o nosso amor". Ele é "o amante das almas, nosso amantíssimo Redentor, que veio à terra para acender o fogo do santo amor nos corações dos seres humanos" (*L'amore delle anime*).

13. CRISTOCENTRISMO NA ESPIRITUALIDADE CONTEMPORÂNEA.

Vista globalmente, a espiritualidade contemporânea revela-se profundamente marcada pela consciência de centralização de tudo em Cristo. Nunca como neste tempo a doutrina do Corpo místico encontra tanta expressão literária, com relação, por sua vez, à santidade buscada e vivida em Cristo. Basta um olhar na literatura espiritual de nosso tempo para convencer-se disto.

Seria demorado, aqui, fazer a análise, embora sucinta, das obras publicadas, mas basta lembrar alguns nomes mais conhecidos, como um F. Jürgensmeier, um C. → MARMION, um E. Mersch.

Um pensamento recentemente expresso resume o atual momento da espiritualidade, que, por outro lado, se caracteriza pelo maior destaque e por todo um dinamismo organizado de participação ativa na liturgia, sobretudo no sacrifício eucarístico: "O mistério da salvação, que se revela na palavra divina, culmina em Jesus Cristo e se prolonga na Igreja, seu Corpo místico e sociedade invisível ao mesmo tempo. Por isso a espiritualidade atual prefere as perspectivas cristológicas e eclesiais. [...] Exige-se a sua inserção no conjunto do mistério cristão, no plano da economia divina. A vida espiritual é apresentada como participação subjetiva no fato histórico e objetivo da morte e ressurreição de Cristo. Consiste essencialmente nesse dogma, com os pressupostos trinitários e as suas consequências eclesiais e antropológicas. O Pai que está nos céus, para manifestar o seu amor livre e misericordioso, enviou o seu Filho em carne humana, para que, com a sua morte e ressurreição, os seres humanos obtivessem a remissão dos pecados e a vida eterna" (G. Y. GARCIA, Orientamenti di teologia spirituale contemporânea. Il ritorno alle fonti, *Rivista di Vita Spirituale* 21 [1967] 253).

F. Jürgensmeier vê toda a santidade à luz cristocêntrica, e não acha dificuldade em dar uma definição de seu estudo, a → TEOLOGIA ESPIRITUAL, com interpretação cristocêntrica: "O ensinamento da incorporação a Cristo, gradual, progressiva, em orgânica unidade com a vida da cabeça, Cristo, em contínua assimilação e fecundação da graça e da força vital de Cristo para uma sempre crescente comunhão de vida com Cristo, como desenvolvimento de seu corpo" (*Il Corpo místico di Cristo como princípio dell'ascetica*, Brescia, 1937, 120-121).

C. Marmion nos transporta até ao seio de Deus, sublinhando ao mesmo tempo o aspecto fontal: "A santidade é, pois, um mistério de vida comunicada e recebida: comunicada em Deus do Pai ao Filho, por meio de uma geração inenarrável, comunicada externamente a Deus pelo filho à humanidade, à qual ele se une pessoalmente na encarnação, e entregue, por essa humanidade, às almas e recebida por cada uma delas na medida de sua predestinação particular: *secundum mensuram donationis Christi* (Ef 4,7), de modo que Cristo é verdadeiramente a vida da alma, visto que da vida ele é a fonte e o dispensador" (*Cristo vita dell'anima*, Milano, 1940, 11). "Toda a santidade", dirá ainda o mesmo autor, "consistirá portanto em receber a vida divina de Cristo e por meio de Cristo, que possui a sua plenitude e da qual é o único mediador: em conservá-la, em aumentá-la continuamente por meio de uma adesão cada vez mais perfeita, por meio de uma união sempre mais íntima com aquele que é a sua fonte" (*Ibid.*).

I. Oñatibia recentemente sublinhou o aspecto litúrgico e eclesial das nossas relações com Cristo, captando, assim, a alma da orientação espiritual emergente em nosso tempo. Ele, como G. Y. Garcia bem resumiu o seu pensamento, "reduz a três os aspectos da liturgia que parecem implicar uma particular relação com a teologia espiritual: a) a liturgia, expressão do mistério da Igreja: das relações íntimas de Cristo com a sua Igreja e da comunhão de vida do *Christus totus* com Deus; b) a liturgia, expressão universal da experiência religiosa da Igreja; c) a liturgia, cenário dos momentos privilegiados da vida espiritual de cada cristão" (cf. I. Oñatibia, Liturgia y teologia espiritual, *Lumen* 10 [1961] 7-16).

"A vida ascética e mística", ainda segundo I. Oñatibia, "nada mais será senão a continuação dessa experiência iniciada na liturgia, o desenvolvimento das forças depositadas no sacramento. É a vida sacramental que aperfeiçoa a base real para a imitação ascética de Cristo e para a união mística com ele. Todo progresso espiritual aprofunda as suas raízes na terra bem adubada dos mistérios da Igreja. Portanto, as leis fundamentais e a própria estrutura da vida espiritual já estão inscritas nesses atos radicais da existência cristã" (*Ibid.*, 15).

O conhecido beneditino, D. A. Vonier, fixando-se, por sua vez, no "otimismo" da encarnação escreve: "O pleroma e a expressão 'em Cristo', de São Paulo, se tomados ao pé da letra deveriam mudar a nossa visão sobre a natureza de nossa vida espiritual, não menos de quanto as teorias de Copérnico revolucionaram as concepções astronômicas de seu tempo. Não é o Cristo que gira em torno de nós, para aquecer-nos com a sua graça, mas somos nós que nos movemos nele, dentro de sua personalidade, segundo a descrição que o Novo Testamento faz da vida espiritual, que é precisamente o centro da espiritualidade. Ou então, insistindo ainda em uma comparação tomada da astronomia, podemos dizer que, como o éter sutil preenche e envolve o planeta e o mantém dentro do raio de ação do sol, assim o Cristo, graças à sua personalidade infinita, habita naqueles que dele extraem o seu ser sobrenatural" (L'otimismo dell'incarnazione, *Rivista di Ascética e Mistica* 1 [1956] 70).

A espiritualidade contemporânea alinha-se, assim, com toda a tradição, no reconhecimento do lugar central que cabe a Cristo na vida espiritual, e, ao mesmo tempo, traz uma sua nota própria, através de uma consciência mais solidária e dinâmica em Cristo e por Cristo.

BIBLIOGRAFIA. *Benedictina* 19 (1972) 163-225; BLASUCCI, A. *La centralità di Cristo nella teologia. Città di Vita* 1 (1946) 483-510; BOLDINI, B. *Cristo nostra vocazione.* Francavilla al Mare, 1970; BOVER, J. M. De mystica unione "in Cristo Iesu" secundum B. Paulum. *Bíblica* 1 (1920) 309-326; CABASILAS, N. *La vita in Cristo.* Torino, 1972; CERIANI, G. *Il mistero di Cristo e della Chiesa.* Milano, 1945; CHARTON, I. *Pour vivre le Christ.* Paris, 1925; COGNET, L. *L'ascèse chrétienne.* Paris, 1967, 55-70; DE JAEGHER, P. *L vie d'identification au Christ-Jésus,* Juvisy, 1927; DUPERRAY, J. *Il Cristo nella vita cristiana secondo S. Paolo.* Brescia, 1946; *Enciclopedia cristologica.* Alba-Roma, 1960; *Gesú Cristo. Mistero e presenza.* Roma, 1971; GRIMAL, J. "*C'est le Christ qui vit en moi*". Lyon, 1936; HERIS, V. *Il mistero di Cristo.* Brescia, 1938; *Imitation du Christ.* In: *Dictionnaire de Spiritualité* VII, 1.536-1.601; JÜRGENSMEIER, F. *Il corpo mistico di Cristo come principio dell'ascetica.* Brescia, 1937; LANEAU, L. *de Deificatione iustorum per Iesum Christum.* Hong-Kong, 1887; LECLERCQ, J. *La vita di Cristo nella sua Chiesa.* Alba, 1953; MARMION, C. *Cristo ideale del monaco.* Padova, 1931; ID. *Cristo nei suoi misteri.* Torino, 1954; ID. *Cristo vita dell'anima.* Milano, 1940; MERSCH, E. Filii in Filio. *Nouvelle Revue Théologique* 65 (1938) 551-582.681-702.809-830; ID. *La Théologie du Corps mystique.* Paris-Bruxelles, 1949; ID. *Le Christ, l'homme et l'univers.* Paris-Bruxelles, 1962; ID. *Morale e Corpo místico.* Brescia, 1955; MOIOLI, G. Cristocentrismo. In: *Nuovo Dizionario di Spiritualità.* Roma, 1979, 354-366; MONACO, M. *La vita in Cristo.* Roma, 1938; MURA, E. *Il Corpo místico di Cristo.* Roma, 1949; POTIN, J. *Dieu, le Christ et le monde.* Tournai-Paris, 1969; *Problèmes actuels de Christologie.* Bruges, 1965; RE, G. *Il cristocentrismo della vita cristiana.* Brescia, 1968; REY, B. L'homme "dans le Christ". In: *Dictionnaire de Spiritualité* VII, 622-637; SAURAS, E. *Teologia del Corpo místico.* Roma, 1964; SCHEEBEN, G. *I misteri di Cristo.* Brescia, 1949; TANQUEREY, A. *Notre incorporation au Christ*. Paris, 1931; TRUHLAR, K. V. *Cristo nostra sperienza*. Brescia, 1968; TURBESSI, G. Il significato neotestamentario di "sequela" e di "imitazione".

A. BLASUCCI

CRUZ. Na linguagem cristã, "cruz" indica, em primeiro lugar, o lenho no qual Jesus morre, convertendo-o, assim, em instrumento de amor e de redenção, pelo qual o termo está carregado de sentido: última palavra e última imagem do Cristo terreno, amor supremo que dá a vida, expiação por nossos pecados, exemplo de vida e de dedicação para o cristão. Nessa via, o crucifixo, ou simplesmente a cruz, torna-se o símbolo representativo do cristianismo.

No decorrer da história, a fé e a piedade cristãs foram descobrindo no mistério da cruz uma fonte inesgotável de graça, ensinamentos e motivações para a vida cristã, e sobretudo que na cruz se revela do modo mais claro o mistério de Cristo. A relativa experiência espiritual manifestou-se de muitos modos: conformação íntima com aquele que foi crucificado, sinal da cruz, múltiplas devoções, por exemplo, a via-crúcis.

1. MISTÉRIO DE CRISTO. A cruz salvífica tem a sua origem e o seu centro de referência permanente no mistério de Cristo, que culmina em sua paixão e morte. Jesus vive intensamente o seu mistério e o prenuncia repetidas vezes. Sabe que em um primeiro momento será causa de escândalo e de abandono por muitos, mas que no longo prazo será a grande força de atração: "Quando eu for elevado da terra, atrairei tudo a mim" (Jo 12,32). E converte essa realidade em uma lei fundamental da vida de todos os seus seguidores: "Se alguém quiser vir após mim, tome a sua cruz e siga-me" (Mt 16,24). Lei da vida cristã: na imitação de Cristo, na ação apostólica, na transformação interior. Pela cruz, à ressurreição.

São Paulo é, no Novo Testamento, o místico e o teólogo da cruz. Colocou-a no centro de sua vida pessoal e de sua missão apostólica: "Eu, por mim, nunca vou querer outro título de glória que a cruz de nosso Senhor Jesus Cristo; por ela o mundo está crucificado para mim, como eu para o mundo" (Gl 6,14); "nós, porém, pregamos um Messias crucificado, escândalo para os judeus, loucura para os pagãos" e "resolvi nada saber entre vós, a não ser Jesus Cristo, e Jesus Cristo crucificado" (1Cor 1,23; 2,2). A cruz é a manifestação do poder e da sabedoria de Deus, opostas ao poder e à sabedoria do mundo. É também e sobretudo manifestação do amor de Deus pelos seres humanos (cf. Rm 5,8); e da parte de Cristo, o gesto máximo de amor, obediência e humildade (cf. Fl 2,6-11).

A cruz de Cristo possui valor normativo e exemplar, além de redentor: "Cristo sofreu por vós, deixando-vos um exemplo, a fim de que sigais as suas pegadas: ele que, em seu próprio corpo, carregou nossos pecados sobre o madeiro, a fim de que, mortos para os nossos pecados, vivamos para a justiça; ele, cujas chagas vos curaram" (1Pd 2,21.24).

2. SINAL DA CRUZ. É o gesto mais familiar e especificativo de nossa religião cristã. A sua prática entre os cristãos data pelo menos do século II. → TERTULIANO, por volta do ano 211, trata do uso que se faz do sinal da cruz na África e fala disto como de uma tradição: "Nós nos persignamos a fronte a cada passo e a cada movimento, no início e no final de cada trabalho, quando nos vestimos e quando nos levantamos, quando nos lavamos, às refeições, à noite quando se acendem as luzes, quando nos sentamos e em qualquer outra tarefa com que nos ocupamos" (*De corona mil.* 3, 4; *PL* 1, 80). Testemunho idêntico encontra-se em → LACTÂNCIO (*Insist. div.* 4, 27); São → JERÔNIMO aconselhava a Eustóquio fazer o sinal da cruz com a mão antes de qualquer ação (*Epistola 18 ad Eustochium*). Dos primeiros séculos até hoje, a prática não se enfraqueceu: bênção na liturgia e fora dela, na administração de todos os sacramentos, incluída a Eucaristia, no → OFÍCIO DIVINO, no início de três outras devoções privadas; quando se empreende uma viagem ou qualquer outro compromisso da vida cotidiana, quando se começa a semear um campo, quando se entra na igreja etc.

O sinal da cruz é uma profissão de fé e uma oração invocativa ao mesmo tempo. Pelo sinal da cruz o cristão confessa pertencer a Cristo crucificado, e que considera um título honorífico essa pertença. É também invocação, com a qual queremos fazer nossos os frutos da cruz gloriosa de Cristo; a sua vitória, a sua proteção que nos garante o triunfo.

3. REPRESENTAÇÃO DA CRUZ. Como gesto momentâneo, a cruz não representa nem evoca de modo imediato os sofrimentos do suplício. Por isso entra de imediato no cristianismo. A representação exterior, em vez, seja na pintura, seja na escultura, tardou muito mais a ser introduzida, pelo sentido de ignomínia que produzia a morte na

cruz. A primeira representação que chegou até nós, e que remonta ao século III, é exatamente um crucifixo blasfemo (descoberto em 1856 no Palatino, em Roma), um grafite em que um pagão escarnece os cristãos adoradores de um Deus crucificado. Hoje não nos damos conta da repugnância que produzia a cruz em um romano, porque então, com o influxo do cristianismo, ela converteu-se em título de honra também na sociedade: cruz de honra (militar). No tempo de Constantino foram feitas as primeiras festas em honra da cruz, mas continuava-se a ignorar a cena da crucifixão. Quando se devia representar o percurso inteiro da cruz, chegando à crucifixão pulava-se para a ressurreição. Continuou, assim, até ao século IV. Com a cristianização total do ambiente social, o sentido ignominioso se perdeu e, desde então, passou-se para o extremo oposto: ela entra em todas as formas e em todos os lugares, também naqueles menos apropriados. O imperador Justiniano foi obrigado a intervir com proibições que, mais tarde, foram renovadas pelo Concílio Quinisesto em 692: "Uma vez que a santa cruz é a origem de todo o nosso bem, convém colocar toda a nossa diligência em tratar com a honra que merece o instrumento por meio do qual fomos salvos da antiga queda. Portanto, ao render-lhe o tributo de nossa adoração com a mente, com a palavra e com os sentidos, ordenamos que sejam absolutamente apagadas as cruzes que alguns fizeram no chão e nos pisos, para evitar que esse sinal de triunfo seja ultrajado pelo pisotear de quem caminhar sobre ele" (cân. 73, MANSI, XI, 975). Até os imperadores iconoclastas, que destruíram todas as imagens, respeitaram a cruz.

A cruz é vista como o símbolo de Cristo; dirigimo-nos a ela pelo culto e com a oração como se fosse o próprio Cristo. Todavia, as primeiras orações ao Crucifixo, que chegaram até nós, remontam ao século IX: oração a Cristo crucificado, que reúne também os outros mistérios de sua vida; mas não se faz referência aos seus sofrimentos, ele é o refúgio, o trono da glória e do poder. Até o século XII perdurou essa atitude.

No final do século XII tem início uma nova tendência na interpretação e, consequentemente, na representação do Crucificado: o interesse se orienta para o estado psicológico de Cristo durante a paixão e sobre a cruz, para o seu sofrimento e para os diferentes elementos internos e externos que para isto contribuíram. Essa corrente predomina na Idade Média e nos séculos seguintes: o Crucificado inspira compaixão e não mais sensação de triunfo. A meditação da paixão, uma das práticas ascéticas mais eficazes e, posteriormente, recomendadas, orienta-se nesse sentido. É a época na qual se multiplicam as formas de devoção à cruz; São → FRANCISCO DE ASSIS é um dos seus grandes apóstolos, defendendo-a e consolidando-a no povo. Nos tempos modernos, foi criticada essa mudança e até hoje continua a ser assunto de discussão entre os teólogos, liturgistas e espirituais. Julgado sob o ponto de vista cristão, apresenta muitos sinais de autenticidade: coloca os seus fundamentos na Bíblia e na liturgia; considera a cruz no conjunto da vida e dos mistérios de Cristo; sobretudo encerra e desenvolve um espírito heroico de conquista e de triunfo no apostolado ignorado nos séculos anteriores, ainda que as fórmulas antigas tenham permanecido invariadas.

Uma corrente muito difundida em nosso tempo taxou de dolorismo mórbido a atitude medieval diante do Crucifixo. Os excessos foram tais que provocaram a condenação de Pio XII na encíclica *Mediator Dei*: "Alguns chegaram a ponto de querer suprimir nos templos as imagens de Cristo crucificado que o representam sofredor. [...] Visto que os seus acerbos tormentos constituem o mistério principal sobre o qual se opera a nossa redenção, é mais conforme à fé cristã que esse mistério seja posto em relevo" (*AAS* 39 [1947] 579-580).

4. DEVOÇÃO À CRUZ. Já nos referimos a várias práticas cristãs, criadas pela piedade e pela devoção: repetição do sinal da cruz, representação exterior, meditação frequente dos sofrimentos de Cristo e do mistério encerrado neles. Um piedoso exercício é considerado como devoção à cruz por excelência: a via-crúcis. Na forma de uso de hoje, a via-crúcis nasce no século XVII e resume numerosas devoções anteriores que se cristalizam nessa forma e nela são absorvidas.

O primeiro elemento é o interesse pela peregrinação nos lugares sagrados, nos quais transcorreu a vida de Cristo, mas sem colocar em destaque os lugares da paixão. Bastante conhecida é a peregrinação de Etéria, no final do século IV. Com as Cruzadas, há um novo impulso. Surge uma mudança no sentimento religioso cristão relativo à paixão de Cristo: é lembrada com dor, olhada com piedade, quase para aliviar os seus sofrimentos, antes, participar deles. Somados, esses dois elementos nos oferecem uma devoção particular nos lugares onde Cristo sofreu os tormentos mais acerbos.

As primeiras referências ao caminho que Jesus percorre carregando a cruz remontam ao final do século XIII e início do século XIV. A subdivisão é feita introduzindo outras orações: as "quedas" de Cristo sob a cruz, difundidas como "sete quedas". Em outros países acentuam-se, em vez das quedas, os percursos. No século XV origina-se uma prática que é preparação imediata da via-crúcis: "A peregrinação espiritual que consiste em seguir com o espírito o Cristo que carrega a cruz, meditando e participando dos seus sofrimentos". Às vezes as estações chegam a 47. No século XVI, o carmelita Jean van Paesschen é o primeiro a nomear as nossas 14 estações, embora anteponha muitas outras. A forma definitiva, com apenas 14 estações, e na ordem conhecida, teve origem na Espanha, na primeira metade do século XVII. A devoção foi particularmente cultivada nos Países Baixos. No século XVIII a via-crúcis teve dois grandes apóstolos: São → LEONARDO DE PORTO MAURÍCIO e Santo → AFONSO MARIA DE LIGÓRIO, os quais, com a sua pregação, com os escritos e as indulgências que obtiveram do papa, contribuíram notavelmente para a sua difusão.

Nos últimos tempos, foi apresentada uma sugestão bastante em conformidade com as tendências de nosso século: acrescentar uma estação, a décima quinta, para lembrar a ressurreição do Senhor.

5. MÍSTICA DA CRUZ. A cruz foi associada a todas as formas de sofrimento, fraqueza e privações da vida humana e cristã. Vista nessa estreita perspectiva, ela adquire um tom negativo e lamentoso, que se soma injustamente ao "escândalo" inevitável da cruz. Por volta da metade do século XX verificou-se uma reação em vastos setores da Igreja, seja na teologia, seja na espiritualidade. O acento deslocou-se quase inteiramente na → RESSURREIÇÃO. Sobre ela influíram estudos como o de F. X. Durrwell, *La Réssurrection de Jésus, mystère de salut*, publicado em 1954, além do clima de otimismo e de progresso que invadia a cultura ocidental.

A mentalidade, porém, não tardou a mudar de novo, redescobrindo a experiência geral da cruz em nosso mundo e o valor teológico do mistério. Não como mistério isolado, mas como realização plena da → ENCARNAÇÃO, da obediência de Cristo e de sua missão, da graça salvífica de Cristo ressuscitado. A cruz é uma síntese do mistério e da vida de Cristo, sobretudo é a manifestação de seu amor.

Assim a viveu São Paulo em pleno dinamismo apostólico e com toda a criatividade de um amor apaixonado.

Santo → INÁCIO DE ANTIOQUIA é outro apaixonado da cruz: se Cristo sofreu somente na aparência, por que estou acorrentado? Por que peço para lutar com as feras? (*Ad trallianos*, 10); "desejo morrer porque o meu amor está pregado numa cruz" (*Ad Romanos*, 7). Alguns santos viveram a cruz conscientemente em sua vida, como Santa Gema Galgani; outros a quiseram até em seu nome, como São → JOÃO DA CRUZ. Em suma, ela é a lei de toda santidade, e a vemos afirmada nos documentos pontifícios de → CANONIZAÇÃO: "A sua vida [da bem-aventurada G. A. Thouret] foi todo um conjunto rapidamente percorrido, mas que nos coloca diante de uma crucifixão perpetuamente transformadora em uma semelhança muito próxima do divino Crucificado. Acontece com ela aquilo que ocorre em todos os grandes servos de Deus" (Pio XI). Não existe nenhum outro caminho para a santidade.

BIBLIOGRAFIA. ALSZEGHY, Z. – FLICK, M. *Sussidio bibliográfico per uma teologia della Croce* (525 titoli). Roma, 1975; ANCILLI, E. *L'umanesimo della croce.* Roma, 1965; CHARDON, L. *La croix de Jésus.* Paris, 1937; CRISTOFORO DELL'ADDOLORATA. *Il Crocifisso nella vita spirituale.* Caravate, 1961; DEHAU, P. TH. *Le contemplatif et la Croix.* Paris, 1956; FLICK, M. La nascita di un trattato: la teologia della Croce. *Rassegna di Teologia* 16 (1975) 317-326; GARRIGOU-LAGRANGE, R. *L'amour de Dieu et la croix de Jésus.* Paris, 1929; GUIBERT, J. de. Perfection et mystère de la croix. In: *Leçon de théologie spirituelle.* Toulouse, 1943; La Sainte Croix. *La Maison-Dieu* 75 (1963); *La Sapienza della Croce.* Torino, 1976, 3 vls; PLUS, R. *La folie de la croix.* Toulouse, 1926.

F. RUIZ

CULPA (sentido de). Com base nos dados oferecidos pelas ciências do ser humano, em particular pela → PSICANÁLISE e pelas psicologias das profundezas, a experiência e a prática religiosas já são inevitavelmente expostas à "dúvida": a nossa cultura apreendeu de modo definitivo que a consciência religiosa em seu complexo pode ser não apenas uma consciência "falsa", mas, fato mais grave, uma consciência "alienada".

A diferenciação entre culpa real e culpabilidade neurótica é de importância primordial:

possui relevância epistemológica, permitindo distinguir competências e interseções entre ação psicológica e ação sacerdotal: relevância teológica, enquanto mostra a verdadeira espessura e as várias dimensões do → PECADO, com as suas ressonâncias não só espirituais mas também afetivas e biológicas; relevância pastoral, já que situa-se na base da tentativa de esclarecer os equívocos que podem verificar-se na prática da confissão e da → DIREÇÃO ESPIRITUAL.

O conceito de culpabilidade designa, nesse contexto, seja uma vivência subjetiva que se manifesta na esfera dos sentimentos e das tendências, seja um estado objetivo resultante de uma culpa: culpabilidade psicológica e culpabilidade moral e espiritual. Em termos gerais, o sentido de culpa parece constituído por um misto impreciso e diluído de desgosto, angústia, inibição, inferioridade, opressão, agitação, defesa e remorso.

Esse complexo estado afetivo pode ser reconduzido direta e explicitamente a uma transgressão moral, um pecado: é o *verdadeiro* sentimento de culpa; ou pode não ter essa referência para uma ação específica, ou ser muito nebuloso e exprimir um sentido difuso de indignidade pessoal sem indícios referenciais: é o *falso* sentimento de culpa.

Também o verdadeiro sentido de culpa pode ser objeto de descrição psicológica, enquanto experimentado pela pessoa e parte de sua vivência. Todavia, teoricamente, ele pressupõe, tem de brotar de certa como que maturidade cristã e espiritual. Esse fato, a ligação objetiva que une o desconforto psíquico a um ato real, e a proporcionalidade realista entre comportamento reprovável e reação emotiva (sem reação desproporcional ao ato reprovável, sem persistência anômala e sem tendência para a generalização) constituem os três critérios de base que permitem discernir a desordem moral do simples mal-estar psicológico, e traçar então, idealmente, uma linha de demarcação entre "culpabilidade psicológico-neurótica" e "culpabilidade normal".

Além disso, a capacidade objetiva, existencialmente presente, para o pecado, é um prerrequisito indispensável não só para a trangressão moral, mas também, e consequentemente, para o *verdadeiro* sentido de culpa.

Assim, podem-se distinguir e descrever, quer de um ponto de vista evolutivo quer do ponto de vista do parâmetro "normalidade", vários tipos de "sentido de culpa": sentido de culpa como tabu; sentido de culpa como superego; sentido de culpa de narcisismo; sentido, ou mais exatamente, sentimento de culpa autêntico.

A culpabilidade como tabu é a mais antiga no desenvolvimento da personalidade. Tabu indica que um objeto, uma pessoa, um animal, um lugar, uma ação estão cingidos de "sacralidade" e de particular poder, intenso e perigoso; em consequência, são normalmente separados, a ser evitados.

Todavia, a atitude do ser humano, no plano do sentimento, em relação ao tabu é ambivalente, feita de atração e repulsa, horror e fascínio. Com efeito, ele se sente levado pelo desejo de "participar" do poder do tabu, consequentemente, tende a substancializar o sinal do sagrado, mudando a experiência simbólica em ação mágica; por outro lado, sofre a atração de tudo aquilo que é "inumano", logo, proibido, significado do tabu. Dessa atração ele se defende com o terror; têm origem, desse modo, muitas das normas sociais relativas ao tabu. A psicanálise explica assim a ambivalência, no tabu, do puro e do impuro.

Observa Vergote: "O tabu do puro e do impuro, por suas características de fascínio e de medo, assume um valor sacral e se mistura com a religião", pelo que a experiência religiosa pode ser marcada por essa superposição e pela ambiguidade do afetivo (cf. *Psicologia religiosa*, 92).

A culpabilidade, nesse estágio, "manifesta-se como o temor instintivo daquilo que percebemos como ameaça para os valores vitais: o estrangeiro, o sangue, a morte, o sexo, a vida".

A reação de defesa realiza no plano emotivo a passagem do prazer para a vergonha, da atração à rejeição, à repulsa, religando, ou mantendo ligado, o indivíduo ao mundo misterioso, atraente e proibido do tabu psicológico, o qual exprime e assume também um valor em certo sentido religioso. Isto resulta ainda mais evidente para determinadas ações, por exemplo, aquelas referentes ao sexo, e nos estágios evolutivos da infância e da adolescência.

Nesse tipo de culpabilidade, o mal é concebido como contaminação ou mancha, alguma coisa que contamina do exterior e se exprime em termos ambíguos quais "pureza", "sujeira", "feio", "limpo" etc.

A intensa carga afetiva de certas culpas sexuais provém, mais que de sua importância objetiva, do típico mecanismo profundo de vergonha, ligado ao prazer, da culpabilidade que vê o sexo como sacro-tabu.

Roveda assim sintetiza os sinais indicativos do sentido de culpa como tabu: "intensidade da angústia depois da ação cometida; insensibilidade pelos outros valores morais até mais importantes; incapacidade de distinguir, no setor tabuizado, entre pecados materiais e formais; sentimentos de desestima muito acentuados; atração e repulsão violentas pelo tabu; escassa motivação para a ação, que obedece, em vez, a uma coação ou necessidade interna; deslocabilidade ou contagiosidade dos objetos proIbidos; criação de ilusórias práticas expiatórias e obsessivas" (*Aspetti psicopedagogici della colpevolezza*, 95).

Trata-se de deformações de origem inconsciente, com intensa conotação emotiva, que ampliam e falsificam o juízo racional pelo qual essa culpabilidade se coloca mais no estado pré-religioso que no religioso. A referência a Deus é obscura; a dimensão propriamente religiosa deve purificar-se, libertando-se da maciça invasão das forças afetivas que se misturam a ela.

A culpabilidade como superego, caracterizada pelo temor, está estreitamente ligada à narcisista, e parece constituir uma etapa necessária do desenvolvimento ético. A criança observa e aceita opiniões, juízos, comportamentos do próprio ambiente; redescobre-se, assim, um complexo de imperativos, de modelos que precedem a formação da consciência moral e tendem a persistir e coexistir com ela.

Essa fase, todavia, deveria ser superada por uma moral autônoma, consciente, racional. Mas se isto não acontece na medida da falta total ou parcial da superação, persiste na fase adulta uma moral superegoica, isto é, caracterizada e dominada pelas leis do superego, a qual se qualifica e descreve como consciência moral inconsciente. Consciência moral enquanto pelas obrigações e os desvios se assemelha à verdadeira consciência moral; inconsciente porque a pessoa age sob o impulso de alguma coisa cuja origem verdadeira ela não conhece.

Esse tipo de consciência, surgida do temor infantil, é implacável em suas exigências; é inconscientemente cega e irracional, quer em determinar as obrigações e os desvios, quer em avaliar e estabelecer a relação entre ansiedade, → ANGÚSTIA e a culpa que recrimina; não é "educável": fixa em seu esquema moralista, atormenta o indivíduo sem oferecer possibilidade de solução senão transitória, com atos expiatórios geralmente ilógicos.

A moral é a da obrigação e da lei; severa, agressiva, externa à pessoa, fundamentada somente nas proibições parentais e ambientais. O sentido de culpa que daí deriva é inconsciente, logo, incontrolável e geralmente imodificável sem uma intervenção psicoterapêutica, dura, desproporcional, porque é irracional e fecha o indivíduo em um círculo vicioso feito de autorrecriminações e necessidade de expiação sem trégua.

Do ponto de vista pedagógico, é preciso estar alerta contra uma educação para uma moral "excessivamente repressora", "muito contrária ao prazer", "sublime demais", que de nada adianta, apesar da aparência, para a formação integral, sadia e equilibrada do ser humano.

A culpabilidade do narcisismo refere-se diretamente ao "ideal do eu" que a pessoa se construiu e em cima do qual confronta as próprias ações. Esse modelo interiorizado remonta à infância e é elaborado em resposta às expectativas, aos desejos, às exigências parentais e sociais em geral.

A realização dessa imagem ideal é o objetivo primário do comportamento do indivíduo. Uma ação em desacordo com esse modelo constitui uma "lesão" do eu pessoal e provoca um sentimento de ansiedade, medo, remorso. O indivíduo experimenta frustração ao constatar o desequilíbrio entre o seu eu-real e o eu-ideal; tem a sensação de ter perdido, de não merecer a estima alheia; em consequência, sente-se diminuído, desvalorizado, degradado, rejeitado. Esse tipo de culpa nasce da "ferida" na "bela imagem" de si (mito de Narciso). Assim, toda falência ou renúncia à realização do eu-ideal provoca um estado de angústia, e talvez de → NEUROSE, além de um sentido de culpabilidade que se refere estreitamente ao eu narcisita.

A referência a Deus é somente indireta enquanto a culpa é contra si mesmo, embora projetada em Deus, cuja "presença" é substituída pela sua versão puramente psicológica, isto é, o "ideal do eu". Assim, o centro de gravidade, o parâmetro da experiência de culpabilidade é o próprio ser humano: Deus "serve" ou para aumentar o sentido de culpa ou para restituir a sua imagem ideal, reintegrada através de rituais religiosos. A religião e o próprio Deus, então, podem ser inconscientemente "utilizados" para a própria perfeição, considerada pelo indivíduo a meta final, o objetivo último de seu empenho e dos seus esforços.

Esse sentido de culpa narcisista releva e sublinha fortemente a importância, no âmbito psicológico e psicopatológico, do sentido de culpa. Este efeito indesejável, tão complexo, de tantas facetas e tão invasivo, é atribuído a algum evento ou situação traumática na fase infantil ou da adolescência, mas mais geralmente a uma errada práxis educativa, desde os primeiros anos de vida, que perdura no tempo, fundamentada e especificada por uma má relação da criança, ou adolescente, com os pais ou as figuras parentais. Dessa relação a criança extraiu uma não confiança em si mesmo e nos outros, um não sentido do próprio valor e da própria bondade fundamental, apesar dos erros, uma não segurança da própria dignidade, amabilidade etc., mas sim dúvida, incerteza, falta de confiança, inferioridade, temor, opressão...

Essas dificuldades na relação si-ambiente geralmente provocam parcial bloqueio e fixação no processo evolutivo global do indivíduo: vários tipos de sentido de culpa, parada em um estado menos evoluído do desenvolvimento moral, não correspondente à idade etc. Por outro lado, deixam atrás de si reações afetivas e modelos comportamentais inapropriados.

A antropologia cultural destaca de que modo o sentimento de culpa deriva da transgressão de um "projeto" ou da violação de um comportamento universalmente aceito. Tal visão está inevitavelmente ligada a um fato punitivo: daí a relação automática culpa-punição.

A psicanálise sublinha a origem inconsciente do sentimento de culpa, na situação conflitante entre eu e superego. Em um primeiro momento pareceu brotar da repressão das pulsões, depois da agressividade reprimida cuja energia, transmitida ao superego, voltaria a sua força punitiva contra a pessoa, transformando-se em sentido de culpa. É portanto o resultado de mecanismos inconscientes que têm a ver com o controle das pulsões libídico-agressivas e, consequentemente, com as estratégias e as modalidades com as quais o indivíduo vive e experimenta tanto os impulsos pulsionais quanto as suas específicas reações a eles.

Freud considera que o sentido de culpa tem origem no delito "original", o grande parricídio, e, enquanto tal, universal e conatural ao ser humano, de forma a ser uma das motivações psicológicas do comportamento religioso, antes, o fundamento genético de toda forma de religião.

O próprio Freud, alguns anos antes, tinha estabelecido um paralelo entre atos obsessivos e práticas religiosas: os "cerimoniais", subentendidos por um inconsciente sentido de culpa, resultam em ambos os setores como atos de defesa ou de segurança contra a reemersão, carregada de angústia, da "tentação" pulsional, como medida protetora seja contra a angústia, seja contra a ideia, a espera da punição, da desventura (cf. *Azioni ossessive e pratiche religiose*). Ainda a investigação psicanalítica lança as bases para analisar as relações entre o sentido de culpa, a "coação a confessar", os atos de reparação, a necessidade de penalidade. O impulso para "confessar", isto é, para a exposição verbal explícita de tendências sentidas ou reconhecidas como proibidas, exige, ainda que implicitamente, a "necessidade de punição" como alívio do sentido de culpa, enquanto reduz e alivia, ao menos em parte e temporariamente, a angústia.

Através da expressão verbal do "desejo proibido" e de sua emersão na consciência ele torna-se controlável, interrompendo a ligação direta, "inevitável", entre ação e pulsão.

O processo global pode ser assim especificado, nas seguintes etapas: sentido de culpa, impulso de confessar, necessidade de reparação. Mas ele, teoricamente, pode ocorrer ou no plano principalmente inconsciente, logo, pouco ou nada religioso, e manifestar formas anancásticas de temor, autopunição etc., ou no plano consciente, racional, de fé religiosa no "Deus-que-salva", com uma atitude de confiança e esperança. Neste último caso é mais correto falar de sentimento de culpa, preocupação com o Deus ofendido, desejo de eliminar "o obstáculo" entre si e Deus, restabelecendo e renovando o pacto de aliança.

Como existem vários sentidos de culpa não autênticos do ponto de vista religioso, o que pudemos observar acima, "o impulso de confessar" e a necessidade de "reparar" podem assim exprimir processos e dinamismos psicologicamente imaturos, não sadios e/ou anormais. Com efeito, sendo derivados e estruturados por um sentido de culpa inconsciente, podem realizar "rituais" de natureza coagida, obsessiva, masoquista etc. Não se trata de experiências e de comportamentos "reparadores" no sentido autêntico, como recriação de uma relação "nova", boa, de modo consciente e realista, mas de um processo "perverso" que prevê a necessidade de punição como única possibilidade de alívio para o sentido de culpa, reforçando porém desse modo um círculo vicioso destrutivo. É de fundamental importância que o sacerdote, confessor, conselheiro ou diretor espiritual ajam com visão larga nesse setor delicado de sua ação pastoral. É conhecido, com efeito, de que modo o sentido de culpa penetra, e sustenta, numerosos atos e práticas religiosas. Isto pode fazer cair em um engano.

Também o ritual e a prática do sacramento da reconciliação assumem um significado particular de acordo com o tipo de sentido de culpa supracitado.

A confissão, motivada principalmente pelo sentido de culpa como tabu, assume uma dimensão mágica, é reduzida a uma simples "restauração", a uma "lavagem" da alma na qual o pecado é, no plano fantástico-simbólico, uma "mancha a ser apagada".

O princípio da causalidade, interpretado segundo o mecanismo infantil do "pensamento mágico", está fortemente presente também no sentido de culpa do superego, e faz a ligação entre culpa e necessidade de reparação.

A severidade sádica da lei, que fundamenta a religião como temor, pode ser sentida e vista em acontecimentos externos dolorosos. Ou a tentativa de restabelecer o equilíbrio perturbado pela culpa pode acionar mecanismos autopunitivos inconscientes que conduzem a pessoa, nos casos mais graves, a distúrbios psicossomáticos e a eventos dolorosos como incidentes, infortúnios etc.

A confissão, por sua vez, pode prestar-se, e canalizar, essa tendência masoquista: a acusação torna-se a parte principal, quase exclusiva no plano emotivo, do ritual, enquanto representa uma fonte particular de humilhações que libertam o indivíduo da necessidade de expiação. Ele considera, e espera, que a punição alivie o peso da angústia, e então assume o papel de pecador-imputado no processo-confissão no qual o confessor é o acusador.

As confissões do escrupuloso e do obsessivo também são fundamentalmente uma dramática, mas inútil, tentativa de eliminar a "culpa" e a angústia que a acompanha. Essa necessidade de confessar tem pouco a ver com o autêntico consciente remorso religioso: a repetição, os acréscimos e as afirmações exprimem uma convicção patológica de pecado e um sentido de culpa inconsciente. A libertação obtida com a absolvição sacramental é de breve duração; de modo análogo, a tranquilização da parte do confessor provoca um alívio geralmente só aparente, de modo que logo em seguida recomeça a impelente necessidade do ritual da acusação.

O sentido de culpa do narcisismo opera de dois modos em relação à confissão. Visto que a pessoa sente-se "ferida" em seu ideal narcisista, desvaloriza-se, fecha-se em um estado depressivo. Nesse caso, provavelmente não se aproximará da confissão, enquanto esta constitui uma nova e radical ocasião de desestima: a pessoa constata, narrando e reouvindo os seus pecados, o próprio fracasso na realização da imagem ideal de si.

Nem a compreensão do confessor, a sua largueza de "visão", "sanam" esse conflito, e o indivíduo não "sai de si mesmo", permanece prisioneiro da angústia envolvente que emana de sua consciência psicológica.

A reação oposta é considerar e aproximar-se da confissão como meio para recuperar a estima de si. A culpabilidade existe em relação a si mesmo, embora projetada em Deus; e o sacramento, transformado em simples logorreia catártica, com as mesmas emoções da criança que vê as suas faltas perdoadas pelo pai, sem perder o seu afeto, não quebra o círculo vicioso, antes, é confirmado e fortalecido, e vai do eu ao ideal do eu.

Trata-se de um modo inconsciente de instrumentalizar a religião, os sacramentos e Deus, para recompor a imagem ideal deteriorada e restituir a si mesmo valor pessoal e social. Observa Vergote: "Uma confissão muito insistente e repetida soa falsa. Deixa transparecer um ressentimento contra si e uma autoagressão doentia. [...] Para os que sabem aí reconhecer-se, a insistência nos pecados denuncia um orgulho puritano, ou, em termos psicológicos, um narcisismo moral. Fala-se da culpa como se o ser humano não tivesse sido capaz de cometê-la" (*Psicologia religiosa*, 205). É um tipo de confissão que exprime tanto desconforto e autoagressividade quanto depressão e angústia pela queda sofrida, pela estima perdida.

A verdadeira culpabilidade religiosa, em vez, diz relação essencial e direta com Deus, e se estrutura sempre a partir da visão de Deus sobre o ser humano e não da visão do ser humano sobre o ser humano.

A culpa é revelada em sua dimensão objetiva somente por Deus, descoberta e interpretada do ponto de vista da fé, que desperta e precede a culpabilidade. A sua experiência autêntica ocorre em um sistema "aberto", cujo centro de gravidade é Deus; um sistema "fechado" em torno do, e no, ser humano indica uma religiosidade imatura ou mórbida.

Essa "abertura" para Deus não é genérica, é rumo ao "Deus-que-salva". Somente no momento em que o ser humano adere a Deus pode captar o significado religioso das suas perdas; por outro lado, é no próprio ato do perdão e da reconciliação que a culpa manifesta a sua verdadeira natureza.

A sensação de remorso, de amargura e de desilusão que acompanham psicologicamente o pecado, a ruptura do pacto entre Deus e o ser humano movem a pessoa na esperança de um encontro renovado. Todavia, nesse processo, na consciência religiosa se enfraquecem até se dissolverem as reações emotivas negativas, angústia, fuga, autopunição; prevalecem, em vez, a confiança, a serenidade, unidas ao desejo de reparar a ofensa e à decisão de acolher fielmente o amor de Deus.

BIBLIOGRAFIA. BEIRNAERT, L. *Esperienza cristiana e psicologia*. Borla, Torino, 1965; *Colpa e colpevolezza. Guilt*. Vita e Pensiero, Milano, 1960; DACQUINO, G. *Religiosità e psicoanalisi*. SEI, Torino, 1981; GARCIA-MONGE, J. Culpabilidad psicológica y reconciliación sacramental. *Sal Terrae* 62 (1974) 170-179; LEBOVICI, S. *I sentimenti di colpa nel bambino e nell'adulto*. Feltrinelli, Milano, 1971; MERCURIO, F. Aspetti psicologici del sacramento della Ricinciliazione. *Asprenas* 30 (1983) 191-202; MORANDI, F. Senso di colpa e penitenza. *Rivista di teologia Morale* 14 (1982) 169-185; PIANAZZI, G. *Morale e psicologia*. PAS-Verlag, Zürich, 1972; POHIER, J. M. *Psychologie et théologie*. Cerf, Paris, 1967; RIVA, A. Note sugli aspetti psicologici della "Riconciliazione". *Claretianum* 14 (1974) 85-97; ROVEDA, P. Aspetti psicopedagogici della colpevolezza. *Rivista di Teologia Morale* 7 (1975) 91-112; SAGNE, J.-C. *Peché, culpabilité, penitence*. Cerf, Paris, 1971; *Senso di colpa e coscienza Del peccato*. Piemme, Alba, 1985; VERGOTE. A. *Psicologia religiosa*. Borla. Roma, 1979; ZILBOORG, G. Le sentiment de culpabilité. *La Vie Spirituelle* 15. Supplément (1962) 524-541.

C. BECATINI

CULPA (sentimento de). A expressão "sentimento de culpa" evoca imediatamente a dramaticidade na qual uma pessoa se debate toda vez que sente em sua consciência, em relação ao passado, a falta de adequação a um valor parcial ou global da pessoa, que podia ser afirmado e não foi, principalmente porque, naquele momento, diminuiu uma força interior de cuja ausência a pessoa se reconhece confusamente responsável.

Visto que o sentimento de culpa está presente em todas as dimensões da vida individual de quem é consciente de um fato repreensível, ele nos dá a percepção de sua importância. Em todo tempo, em todo lugar, em todo futuro aflora no ser humano que relembra o passado esse misterioso sentimento que traz consigo a carga de sofrimento opressivo e de jubilosa liberdade, de dissolução interior e de força defensiva, diria com os pensadores existencialistas, de experiência criatural e de experiência mística do divino.

1. VARIAÇÕES DE SIGNIFICADO. Na linguagem corrente são usados, com referência à culpa, heterogeneamente, os dois termos: de sentimento e de sentido. Se o uso, na prática, não os tivesse feito equivaler, seria preferível o termo "sentimento", sendo este menos geral, logo, mais compreensível em determinações.

O sentimento de culpa faz parte do amplo grupo dos estados afetivos, e exatamente do setor dos sentimentos superiores que envolvem não só a sensibilidade elementar, mas também as funções da mente e da vontade. O que coloca esse sentimento na esfera da consciência é a especificação de culpa.

Não interessa diretamente o valor jurídico dado a esse termo, que importaria na "infração involuntária de uma norma"; interessa mais destacar que ele diz, genérica e principalmente, um desvio no campo do querer, quer seja entendido como atitude consciente de uma pessoa que se opõe ao dever, quer enquanto consciente rejeição à vontade de Deus. Na doutrina cristã, culpa torna-se sinônimo de pecado.

2. NA RAIZ DO SENTIMENTO DE CULPA. A expressão completa de sentimento de culpa aparece nos escritos de Sigmund Freud com amplo significado. Ele encontrou o sentimento de culpa nas neuroses de ideias obsessivas repreensíveis e nos estados de grave melancolia que se resolvem em autoacusações, autocondenações etc. Nessas doenças do espírito, o sentimento de culpa apresenta-se como um estado afetivo consequente de um ato que o paciente considera repreensível por motivos mais ou menos adequados, ou como um estado afetivo de indignidade pessoal sem referência a um ato do qual o paciente se acuse. Observa-se nesse segundo caso um sentimento de culpa habitual, indefinido.

Fora da patologia, e sem pretensão de explicar o supracitado, atribui-se ao sentimento de culpa uma presença profunda e extensa no espírito do ser humano. Alguns, com efeito, reconhecem a sua origem em uma situação-limite da existência humana, uma advertência — pelo ser humano — por estar em débito consigo mesmo ou com alguém, sem ser a causa da subtração de algum bem qualquer.

Por outro lado, os limites do agir humano são percebidos por um ser humano como próprios e insuperáveis, apesar dos esforços pessoais. A impotência resolve-se inconscientemente no desconforto de um empenho insuficiente, de um inadequado exercício, que facilitam o surgimento de um estado, embora tênue, de culpabilidade.

Essa profunda experiência não corresponde nem à experiência do erro, nem à do pecado: o primeiro supõe um conhecimento da verdade que emerge em estados de clareza e de certeza muito distantes do clima no qual se experimenta o leve sentimento de culpa acima; o pecado, por sua vez, geralmente diz uma relação com a divindade cuja vontade não é deliberadamente cumprida.

Sobre essa vaga percepção de culpabilidade, quase inserida na mesma estrutura do ser humano que sofre a sua limitação e, confusamente, embora em parte, se assume como responsável (pode-se reconhecer nela a afronta viva do pecado original), forma-se um segundo estado afetivo de culpabilidade: o ser humano percebe que não merece a própria estima ou a dos outros, ainda que desconhecendo as diferentes razões dessa sua indignidade; aceita a responsabilidade por causa de um comportamentop genérico, que não é estado ou não está em conformidade com as reais possibilidades de bem que existem nele. Finalmente, determina-se um sentimento distinto doloroso na pessoa que tem presente na consciência um fato considerado reprovável e do qual se acredita livremente responsável.

Da última noção do sentimento de culpa faremos referência no seguimento destas reflexões.

3. OS COMPONENTES DO SENTIMENTO DE CULPA. O sentimento de culpa tem uma origem bastante complexa, que envolve todo o psiquismo de uma pessoa em seus componentes metafísicos, fisiológicos, afetivos, mentais e sociais. Possui características de interiorização, de responsabilidade, de sede de justiça e de liberdade, de insegurança, de inquietação, de sofrimento, de carga e de melancolia. Culpando as profundezas do espírito, envolve o ser humano inteiro tanto em sua realidade física quanto na realidade social, e dessa realidade extrai elemento de sustento e de qualificação.

A plataforma remota sobre a qual o sentimento de culpa se delineia é a condição da limitada realidade humana; nela acha lugar o elemento biológico, qual fator distante do sentimento de culpabilidade. Foi observado pelos estudiosos que deixar-se dominar pelos instintos e pulsões (intemperança na alimentação, na bebida, no sexo etc.), especialmente nos anos da infância e da → ADOLESCÊNCIA, determina elementares estados psíquicos de mal-estar que influem na constituição do sentimento de culpa.

No plano espiritual, o elemento de base é sem dúvida a insegurança interior, elemento que se percebe em cada classe de pessoas nas quais aflora o sentimento de culpa: na criança, que sente a sua culpa na proporção do temor de ser punido se a ação praticada for descoberta; no jovem, que teme ser recriminado ou punido se o fato praticado vier a ser julgado, ou se o sentimento cultivado ciosamente for conhecido pelos outros; no homem maduro, que praticou um ato na incerteza de seu valor moral e das suas consequências, ou que fica perplexo, após o fato repreensível, sobre o que pode lhe acontecer. À insegurança segue-se, com maior ou menor gradação, a inquietação, o medo, a impressão de ter sido provado de alguma coisa, o vazio, a solidão, a inferioridade e a angústia.

Outra causa do sentimento de culpa é o influxo ambiental; o desinteresse dos outros ou a sua hostilidade (especialmente dos familiares), o silêncio real ou o rumor desconhecido, o ambiente muito amplo ou muito pequeno etc., facilmente causam um aumento. Também a alternância de momentos em que o indivíduo está à vontade com momentos nos quais sente o desconforto da segregação favorece o sentimento de culpa, enquanto a pessoa se atribui confusamente a responsabilidade do isolamento. Também entram no fator ambiental as pessoas que assistem ao indivíduo em sua evolução até à maturidade e podem, em variadas ocasiões, estimular estados afetivos de inferioridade, de insegurança, de hostilidade, com chamadas severas, recriminações e castigos mais ou menos proporcionais ao ato praticado. Também a indiferença, a minimização de fatos positivos praticados pelo indivíduo e dos quais ele esperava um reconhecimento, uma declaração de complacência, podem facilitar o surgimento do sentimento de culpa em fatos análogos.

Ao lado da negatividade do influxo do ambiente situa-se também a sua influência benéfica nos estados afetivos, quando isto é funcional e contribui para o amadurecimento da pessoa e para a sua plena autonomia no contexto social. No equilíbrio afetivo e na clareza intelectual o sentimento de culpa encontra o seu lugar certo, e a sua aparição é o sinal de um organismo moral vivo ainda aberto para a honestidade.

4. CONSISTÊNCIA DO SENTIMENTO DE CULPA. Quem experimenta em si o estado afetivo da culpabilidade observa uma depressão psíquica interior e um vazio no qual o fato repreensível continua a remoer, provocando autoacusações, defesa, tentativas de resistência e também de fuga não só das circunstâncias do fato, mas também rejeitando a lembrança deste. Alternam-se a lamentação do que aconteceu, visto ser a diminuição do próprio valor, o remorso e o desconhecimento do mal feito a si e aos outros, também quando se reconhece que o ato foi praticado de boa fé.

Na pessoa normal e amadurecida, nessa situação interior, aumenta a vontade de controlar o estado emotivo, de reconhecer com lealdade as circunstâncias anteriores e concomitantes ao fato repreensível; entra, em seguida, uma análise racional do estado de desconforto e das consequências.

Não falta a probabilidade de que o impulso para o controle de um retorno à normalidade interna provenha de fatores externos ao indivíduo, especialmente quando o fato reprovável envolva outras pessoas.

O impulso de dominar a situação pessoal é seguido por uma ação libertadora: o sentimento de culpa leva a pessoa a aceitar a sua parte de causalidade e as consequências do fato; daí deriva um arrependimento do ocorrido e a generosa vontade de reparar. A autoacusação e a autopunição são válidas para equilibrar, quer intelectual, quer afetivamente, a deficiência moral do ato. É exatamente essa compensação ofertada voluntariamente que liberta a consciência do débito contraído.

Pode-se perceber no sentimento de culpa uma ação de defesa contra eventuais deficiências análogas às encontradas no fato repreensível; o sentimento estende os tentáculos perceptivos da psique profunda sobretudo em relação aos valores já comprometidos e associados. Poder-se-ia dizer que o sentimento de culpa faz, principalmente, prever o perigo e o previne chamando à plena responsabilidade.

5. AÇÃO PURIFICADORA. O sentimento de culpa é um fenômeno típico da psicologia humana, ainda que em alguns animais domésticos seja possível observar atitude semelhante à da criança que sabe ter cometido algo errado, e que pode ser descoberta e punida. O sentimento de culpa não deve ser confundido com o complexo de culpa, que geralmente denota uma confusa situação sentimental de indignidade, de culpabilidade e de angústia, sem um correspondente motivo que a justifique. O complexo de culpa possui as seguintes características: maior extensão no campo das ações morais, pouca ou nenhuma incisividade no poder reativo da vontade, melancolia profunda; não gera o movimento de reação para a reconquista do valor perdido, mas permanece parasitário das outras energias psíquicas.

O sentimento de culpa, portanto, não é um sentimento patológico, ou de tal modo universal a ponto de estar presente também nos animais, mas é um dado da normal condição espiritual da pessoa amadurecida e equilibrada, ainda que causas internas ou externas possam acentuar ou diminuir a sua incidência no comportamento pessoal.

Na consciência religiosa o sentimento de culpa manifesta-se em modalidades ainda mais vivas, embora compostas. A fé em Deus, especialmente a fé cristã, na medida de sua profundidade e amplitude, dá à consciência uma maior fineza de perceptividade moral, e uma mais larga extensão do campo da honestidade; ela induz na afetividade estados bastante reativos aos estímulos aos quais estão ligados. Assim, os fatos da vida de Cristo e as suas palavras são projetados na consciência de quem tem um sentimento de culpa como catalisadores de fermento positivo, de libertação e purificação. A insegurança que se tem na consciência cristã após a falta possui uma constelação de estados afetivos mais dramática, porque foi comprometido o amor de Deus, que é Pai misericordioso, de Cristo que sofreu etc. Também o temor da condenação eterna, da morte improvisa e da perda do paraíso enriquece o fenômeno na pessoa cristã.

Aparece muito claramente que nessa ordem de religiosidade o sentimento de culpa exerce uma função positiva que não se limita somente a tirar da consciência o peso da culpa, mas também restabelece uma relação de amizade com Deus, com o Cristo e com as realidades que o cristão julga indispensáveis.

Pode-se dizer ainda mais. Na pessoa cristã, empenhada profundamente na busca da perfeição no modelo evangélico, o sentimento de culpa estimula para uma → ASCESE sem trégua; com efeito, abala toda a psique ao mínimo fato reprovável, mesmo quando foi praticado inadvertidamente; torna-se um guardião da consciência temente a Deus, assim como o pudor é o guardião dos seus valores íntimos, morais e físicos, contra a indevida intromissão dos outros.

O sentimento de culpa promove em quase todos os indivíduos normais a busca do meio mais válido para reconstituir a segurança e a paz interior.

Naturalmente no espírito do cristão, distinguindo-se a responsabilidade do malfeito diante de Deus, o meio mais eficaz é o sacramento da confissão. A certeza de que o sinal sacramental infunde, com referência ao perdão divino e a aceita penitência, antes a certeza de que o sacramento produz um aumento de graça sobrenatural, dissipa, quase por encanto, todos os componentes menos positivos do sentimento de culpa.

Nas almas mais virtuosas, nos santos, o sentimento de culpa é muito vivo, pela razão de que neles, à amarga percepção da mais ínfima culpa corresponde uma adesão firme à eficácia libertadora, purificadora, de perfeição do sacramento e, com mais ou menos aproximação, dos outros meios que se acercam do sinal sacramental da penitência.

BIBLIOGRAFIA. BAUDOUIN, CH. Culpabilité (Sentiment de). I. Point de vue psychologique. In: *Dictionnaire de Spiritualité* II, 2.632-2.645; BLESS, H. *Manuale di psichiatria pastorale*. Torino, 1952; CONDRAU, G. *Angoscia e colpa*. Firenze, 1966; LUNZ, L. *Il sentimento di colpa negli adolescenti*. Torino, 1955; PESENTI, G. G. Senso di colpa. *Rivista di Vita Spirituale* 25 (1971) 127-135; ID. Esperienza antropologica della colpa e della riconciliazione. In: *Dimensioni della Riconciliazione*. Teresianum, Roma, 1983, 163-185; POHIER, J. M. *Psychologie et théologie*. Paris, 1967, c. VIII; WHITE, V. La culpabilité en théologie et en psychologie. *La Vie Spirituelle* 42. Supplément (1957) 332-353; ZAVALLONI, R. Il sentimento di colpevolezza alla luce della psicologia moderna. *La Scuola Cattolica* 93 (1965) 239-254; ID. *Le strutture umane della vita spirituale*. Brescia, 1971, 333-349; ZILBOORG, G. *Le sentiment de culpabilité*. *La Vie Spirituelle* (1962).

G. G. PESENTI

CULTURA. 1. DEFINIÇÃO. O termo "cultura" foi usado em duas ordens de significado diferentes. Embora em íntima relação entre si, não distingui-las gera mal-entendidos e imprecisões:

I. *Um significado subjetivo*, referente ao conhecimento, "elitista": "uma pessoa é culta quando ela se cultivou, quando soube escolher entre os diferentes elementos que lhe oferecem a história e a sociedade em que vive, e fez deles uma síntese pessoal. Não se é culto pelo simples fato de saber muito e de ter muitas informações, se é culto em sentido subjetivo quando se soube cultivar a si mesmo e alcançar uma plenitude humana harmoniosa e comunicante" (P. ROSSANO, *Vangelo e cultura*, Roma, 1985, 10).

Era sobretudo nesse sentido que João Paulo II afirmava em seu fundamental discurso na Unesco (2 de junho de 1980): "A cultura é aquilo pelo qual o ser humano enquanto ser humano torna-se mais ser humano, 'é' mais, chega mais ao ser" (n. 7).

II. Há, pois, um significado *sociológico ou antropológico*: "a forma de organização social e dos costumes de um povo" (D. MAMO, *Cultura*, in *Dizionario di Sociologia*, Cinisello Balsamo, 1976, 385).

Nesse sentido, para conhecer a cultura de um povo é necessário fazer uma descrição fenomenológica, respondendo a perguntas deste tipo: quais são os valores (ou desvalores) que aquele povo prefere? Quais são as ideias e os sentimentos que mais o motivam, aos quais é mais sensível? Como vive o amor entre homem-mulher, a família, a relação entre as gerações? É um povo jovem, com ideais, envelhecido, alegre, triste? Como sofre, como trabalha, como se diverte? É um povo frio, introvertido, comunicativo, exuberante, romântico? Belicoso ou pacífico? Nacionalista, isolado, aberto aos outros povos? Como é nele a relação com os antepassados? É um povo consciente de seu passado e de suas raízes? Possui "memória"? Como vive o futuro? Como vive a morte? É contemplativo ou pragmático, fatalista, hedonista ou consumista? Como vive a política? Com quais estruturas exprime as relações econômicas? Como vive a religiosidade, que imagens tem de Deus e que relações possui com ele? E assim por diante.

Tudo isto, naturalmente, traduz-se em formas expressivas (línguas, símbolos, danças, arte), maneira de ser, de conviver, estruturas, leis, estilos de governo…

Pela maneira peculiar, pois, com a qual em cada povo os seres humanos se relacionam entre si, com a natureza e com Deus, perfila-se uma pessoal "consciência coletiva" (Paulo VI, *Evangelii nuntiandi*, n. 18), um estilo de vida, uma particular fisionomia ou "personalidade" coletiva.

É nesse nível que se fala de pluralidade de "culturas", e neste sentido não têm significado frases do tipo "aquele povo não possui uma cultura". De uma tal perspectiva antropológico-cultural não é possível comparar globalmente duas culturas (em termos de mais ou de menos, de melhor ou de pior), medindo somente os aspectos tecnológicos, econômicos ou especulativos: "é indubitável a superioridade tecnológica da nossa cultura (norte-atlântica); é mais que dubitável a superioridade global de uma cultura se — exatamente por essa sua superioridade setorial — cria fome e destruição humana e ambiental em prejuízo de muitos seres humanos e em favor de poucos" (E. Chiavacci).

É nesse sentido também que o Concílio Vaticano II auspicia o crescimento das relações entre os vários povos, entre "os tesouros das diversas formas de cultura, a todos e a cada um, e assim prepara-se aos poucos um tipo de civilização mais universal, que tanto mais promove e exprime a unidade do gênero humano quanto melhor respeita as particularidades das diversas culturas" (*GS* 54).

2. EVANGELHO, IGREJA E CULTURAS. Como nunca, nesses últimos anos, a Igreja católica adquiriu o sentido das culturas e da relação inseparável que existe entre elas e o Evangelho. Se com razão afirmou-se que "a ruptura entre Evangelho e cultura é sem dúvida o drama de nossa época, como o foi também de outras" (*Evangelii nuntiandi*, n. 20), é também profundamente verdade que nessa relação "está sendo jogado o futuro da Igreja e do mundo" (João Paulo II, assembleia dos cardeais, 5 de novembro de 1979).

Hoje não é concebível uma evangelização que não considere a cultura de um povo: "Evangelizar, para a Igreja, é levar a Boa-Nova a todas as parcelas da humanidade em qualquer meio e latitude e, pelo seu influxo, transformá-las a partir de dentro e tornar nova a própria humanidade: 'Eis que faço de novo todas as coisas' (Ap 21,5; cf. 2Cor 5,17; Gl 6,15). [...] Para a Igreja não se trata tanto de pregar o Evangelho a espaços geográficos cada vez mais vastos ou populações maiores em dimensões de massa, mas de chegar a atingir e como que a modificar pela força do Evangelho os critérios de julgar, os valores que contam, os centros de interesse, as linhas de pensamento, as fontes inspiradoras e os modelos de vida da humanidade, [...] é preciso evangelizar — não de maneira decorativa, como que aplicando um verniz superficial, mas de maneira vital, em profundidade e isto até às suas raízes — a cultura e as culturas do ser humano" (*Evangelii nuntiandi*, n. 18-20).

Esse texto tão pleno é o mais citado na literatura especializada sobre o assunto. Perguntamos-nos, porém, até onde foi verdadeiramente entendido; sobretudo tem-se a impressão de que se está nos primeiros passos para o saber aplicá-lo.

A esse respeito há uma distinção fundamental, que geralmente parece não observada: uma coisa é a inculturação do Evangelho, outra a evangelização da cultura.

Observa-se com efeito, percorrendo a enorme quantidade de escritos sobre a relação Evangelho-culturas desses anos, que enfrenta-se o primeiro aspecto em vez do segundo. Refere-se sobretudo à necessidade de uma adaptação na linguagem, nas outras formas expressivas, na liturgia; isto é, fala-se sobretudo dos esforços da Igreja para conseguir apresentar de maneira mais adequada e eficaz a mensagem do Evangelho. Todavia, para evangelizar no sentido indicado pela *Evangelii nuntiandi* — para transformar, desde as raízes, critérios, valores e modelos de uma sociedade —, não basta a adequação. É algo de muito mais profundo e complexo. Conforme declarou o episcopado católico latino-americano em sua III Conferência Geral, para transformar uma cultura com o Evangelho é necessário mover-se em três níveis: a penetração, através do Evangelho, dos *valores e critérios* que a inspiram, a *conversão dos seres humanos* que vivem segundo esses valores, e a *mudança das estruturas* nas quais eles vivem" (Documento final de *Puebla*, n. 395; cf. o mesmo enunciado dos três níveis nos números 388 e 438).

Nesse contexto, compreende-se que a tarefa específica da evangelização não seja antes de tudo "convidar as culturas a se enquadrarem em uma moldura eclesiástica" (*Ibid.*, 407). Quando os cristãos ajudam um povo a viver segundo uma escala de valores mais próxima do Evangelho, ou a criar estruturas que facilitem ao ser humano humanizar-se e viver mais — mesmo sem ainda saber disso — segundo os valores do Reino de Deus, isto já é evangelização da cultura.

Será necessário procurar e aprender a utilizar os lugares e os meios mais adequados para evangelizar *em cada um dos três níveis*. De modo geral, a Igreja desenvolveu muito mais métodos de evangelização dirigidos sobretudo à consciência individual, ou que se movem no plano sacramental e de culto, ou no âmbito de grupos e de microexperiências. Todavia, tem-se muito menos o sentido e a sintonia por aquilo que se refere: aos sinais dos tempos; a relevar e acompanhar a ação do Espírito Santo em toda a história dos seres humanos; a evangelizar a escala de valores, a mentalidade e os critérios de vida pelos quais se movem as massas; a achar aquelas ideias que (visto que sabem captar o momento maduro na alma de um povo) movem a história; a promover a transformação das estruturas sociais nas quais se cristalizam valores e relações interpessoais, e assim por diante. Nesses níveis, obviamente, há ainda muito que caminhar.

Curiosamente, as mediações que mais influência possuem na evangelização da cultura de um povo (meios de comunicação de massa, pastoral universitária e educativa em geral, formação de líderes, dimensão social da pastoral), geralmente são lugares em que a pastoral da Igreja é mais fraca.

Abre-se aqui uma tarefa decisiva e permanente, a ser aprofundada no plano da reflexão, de estudo e de aprendizado prático da Igreja.

Todavia, para não cair em esquematizações simplistas, e oferecer uma ideia da vastidão e da complexidade dos problemas existentes por trás dessas realidades, indicamos, com brevidade, três grandes temas hoje muito discutidos e tratados.

3. DIVERSIDADE DE ENFOQUE. I. Desde que Paulo VI usou, pela primeira vez, a expressão "civilização do amor" (Pentecostes, 1970) a fórmula fez sucesso e vem sendo repetida em todos os níveis da Igreja. Com frequência, porém, tem-se a impressão de que se "anuncie" a meta sem uma pesquisa adequada dos instrumentos para alcançá-la. Entre o objetivo e os meios parece haver um abismo e uma inadequação intransponíveis. O problema é que o enunciado repetitivo do tema sem mediações eficazes e passagens históricas concretas para crescer naquela direção provoca rotina e até cansaço, faz perder o estímulo para a expressão e a ação dos cristãos. (Para uma primeira abordagem do assunto, cf. S. LENER, Fondamento ontológico d'una civiltà dell'amore, *La Civiltà Cattolica* 3.110 (1980) 133-152; H. CARRIER, *Una civiltà dell'amore: progetto utopico?* Relatório da XII Assembleia geral da Caritas Internationalis, Roma, 26/5 a 2/6/1983; M. MADUEÑO, *Creemos en la civilización Del amor*, Florida (Buenos Aires), 1984; CONFERENCIA EPISCOPAL ARGENTINA, *Los jóvenes y la Civilización en la Argentina*, 8/5/1985.)

II. Um dilema que hoje é posto a tantos cristãos sensíveis ao assunto da relação entre Evangelho e cultura é a escolha entre "mediação" e "presença". Sobretudo em certos países há grupos e correntes cristãs consistentes inclinados a acentuar energicamente uma ou outra possibilidade. "Há quem, embora reconhecendo a necessidade de uma presença, considere que ela deve ser exercida de modo menos ostensivo, sobretudo com uma vida rica de caridade, com a contribuição cultural, com o estilo da persuasão, de quem apresenta ideias no debate, o mais possível dentro e não fora do contexto cultural em que está imerso; e que tende a afirmar que a cultura não vai para a frente com base em *slogans* clamorosos, mas através de uma esforçada busca, "com" e não "contra" os outros" (G. BOSELLI, Il primo cerchio del dialogo, *Città Nuova* 9/10 [1986] 12-13; para uma abordagem histórica do assunto, cf. B. SORGE, Pastorale di inculturazione tra presenza e mediazione, *Note di Pastorale Giovanile* 6 [1986] 9-24; também publicado com o título "Fede e cultura in un momento di trapasso culturale", in R. TONELLI [org.], *Essere cristiani oggi. Per una ridefinizione del progetto Cristiano*, Roma, 1986, 45-63; ID., I cristiani nel mondo postmoderno. Presenza, assenza, mediazione. *La Civiltà Cattolica* [1983] 243-254; G. TONINI, *La mediazione culturale. L'idea, le fonti, il dibatitto*, Roma, 1985; P. SCOPPOLA, *La "nuova cristianità" perduta*, Roma, 1985).

III. Outro dilema corrente sobre o modo de entender e concretizar a relação fé-culturas é entre *cultura* e *libertação*. Em teologia — e foi dito em todas as formas — não deveria existir oposição, uma vez que "se a inculturação está ligada à vida, ela é necessariamente uma participação nos sofrimentos do povo e nas suas esperanças" (cardeal Poupard). Conforme afirmou a Comissão teológica internacional, a inculturação "consiste também em uma presença positiva e em um empenho ativo em relação aos problemas humanos mais fundamentais nela presentes, [...] é um operar a serviço do ser humano inteiro e de todos os seres humanos. [...] Nesse empenho global, a promoção da justiça é indubitavelmente só um elemento, mas um elemento importante e urgente. O anúncio do Evangelho deve aceitar o desafio, quer das injustiças locais, quer da injustiça planetária" (*Popolo di Dio e inculturazione*, 4.3 no documento: *Temi scelti di ecclesiologia*, 8 de outubro de 1985).

Ressalta que na prática, por exemplo na América Latina, parece que sublinhar a abordagem "cultural" da evangelização implica — e geralmente é assim — situar-se em uma corrente adversa à teologia da → LIBERTAÇÃO; enquanto os teólogos da libertação, acentuando os aspectos econômicos, estruturais e históricos dos quais estão persudidos, são desprezados pela outra corrente, e parecem descobrir e reconhecer cada vez mais também a importância das raízes e dos meios "culturais" para explicar e superar a situação absurda de pobreza e miséria da maioria dos povos latino-americanos. (Para compreender as razões da abordagem dos teólogos da libertação, muito útil o c. V de G. GUTIERREZ, *La fuerza histórica de los pobres*, Lima, 1979; trad. it. *La forza storica dei poveri*, Brescia, 1981, 130-165; cf. também L. BOFF, Evangelização e Cultura, *Revista Eclesiástica Brasileira* 39 [1979] 421-434; J. COMBLIN, Evangelización de la cultura en América Latina, *Puebla* 2 [1978] 91-109. Um dos autores que estudaram com seriedade em numerosas publicações a perspectiva da evangelização na América Latina, a partir da religiosidade, do *ethos*, da sabedoria e da cultura do povo foi J. C. SCANNONE: cf. o artigo no qual tenta uma síntese não pacífica mas estimulante entre as posições da "cultura" e da "libertação", Pastoral de la cultura hoy en America Latina, *Stromata* 3/4 [1985] 355-378).

Nessas rápidas alusões pode-se entrever a importância de uma correta espiritualidade. Ela orientará resolutamente as características e a perspectiva com que os cristãos se inserirão na história dos povos. Antes de esboçá-la, porém, temos de referenciar as bases teológicas nas quais deve apoiar-se tal espiritualidade.

4. FUNDAMENTOS TEOLÓGICOS. A Igreja não afirma o vínculo entre Evangelho e cultura só por razões táticas. Ele pertence inevitavelmente à própria estrutura da fé: "uma fé que não se torna cultura é uma fé não plenamente acolhida, não inteiramente pensada, não fielmente vivida" (JOÃO PAULO II, Carta da Instituição do Pontifício Conselho da Cultura, 20 de maio de 1982).

Em que se apoia, teologicamente, tal realidade? Indicaremos com breves traços.

I. Antes de tudo, na diversidade, complementaridade e bondade dos seres criados, que provém da fantasia e gratuita generosidade do amor de Deus (cf. COMMISSIONE TEOLOGICA INTERNAZIONALE, *Popolo di Dio e inculturazione*, cit. 4,2).

II. A "estrutura encarnatória" das relações de Deus com os seres humanos: Deus comunica-se com eles "à maneira de Deus" (portanto, o mistério inevitável de toda realidade de fé), porém adequando-se às possibilidades e aos modos do conhecimento humano (do contrário não poderia ser entendido, nem conhecido e nem amado). Deus, ao comunicar-se, sempre "faz-se um" com o ser humano. Isso realizou-se de maneira única na encarnação do Verbo em Jesus de Nazaré. "A fim de poder oferecer a todos o mistério de salvação e a vida trazida por Deus, a Igreja deve inserir-se em todos esses agrupamentos, impelida pelo mesmo movimento que levou o próprio Cristo, na encarnação, a sujeitar-se às condições sociais e culturais dos homens com quem conviveu" (CONCÍLIO VATICANO II, *Ad gentes*, n. 10).

III. A dimensão pascal (morte-ressurreição) da vida de Cristo, que é lei da existência, o é também da inculturação: não se pode dar a vida do Evangelho sem a passagem obrigatória da cruz. E isto em duplo sentido, seja da parte de quem traz o Evangelho, seja da parte das culturas para serem purificadas e crescer na direção do "homem novo".

IV. O Espírito Santo possui um papel fundamental, quer em tudo que há de positivo na diversidade das culturas, quer em sua evangelização (cf. o n. 75 inteiro de *Evangelii nuntiandi*).

O "sinal" do Pentecostes, quando pessoas dos mais variados povos entendem a mensagem em sua própria língua, não é precisamente um paradigma do papel do Espírito Santo na "catolicidade" e, por conseguinte, na inculturação à qual é chamado o Evangelho? (cf. At 2,5-11): "A inculturação não é uma concessão ao nacionalismo, mas um chamado do Espírito Santo" (M. Fang).

V. O ser humano é feito à imagem e semelhança e participa da vida de um Deus que é uni-Trindade. Assim, as relações entre os seres humanos são chamadas a tornar-se "trinitárias", isto é, segundo aquele tipo de relação com a qual Deus se relaciona em si e com a criação. É a medida e o estilo das relações também entre as culturas, e entre a Igreja e as culturas.

VI. Isto marca profundamente também a eclesiologia: o que significa, dentro dela e em sua relação com as culturas, a dimensão *comunional* e *trinitária* que a Igreja descobre, hoje, como sua característica fundamental? "O Concílio aponta a razão profunda da importância teológica do social e da história humana. A razão profunda é Deus em seu ser eterno: o mistério da Trindade, o anúncio de um Deus que é relação de dom total e inesgotável entre as pessoas, essa é a meta da história" (E. Chiavacci, A teologia da "Gaudium et spes", *Rassegna di Teologia* 2 [1985] 104; cf. B. Forte, Trinità cristiana e realtà sociale, *Asprenas* 4 [1986] 355-371; J. Moltmann, *Trinità e Regno di Dio*, Brescia, 1983, especialmente as páginas sobre as relações Trindade-sociedade; L. Boff, *A Trindade, a sociedade e a libertação*, Petrópolis, 1986; P. Coda, *Evento Pasquale. Trinità e storia*, Roma, 1984).

5. RUMO A UMA ESPIRITUALIDADE. Cada um desses fundamentos teológicos oferece indicações fecundas para uma espiritualidade da inculturação do Evangelho e da evangelização das culturas.

I. Se "cada ser humano foi criado como dom para mim, assim como eu fui criado para os outros" (Chiara Lubich), então devemos aproximar-nos de cada cultura com *respeito* e *simpatia*. Essas atitudes "agápicas" possibilitarão assim que aquilo que é diversidade entre as culturas possa tornar-se — pelo que há de positivo nelas — complementaridade, dom e enriquecimento recíproco. É nessa perspectiva que foi reconhecido no Vaticano II: "A Igreja não ignora tudo que ela recebeu da história e do desenvolvimento do gênero humano […] dos homens de qualquer grau e condição" (*GS* 44.45; cf. 40.58). "Entre a mensagem da salvação e a cultura existem numerosas relações. […] Essa comunhão enriquece tanto a Igreja quanto as várias culturas" (*Ibid.*, 58).

Naturalmente, para estimar e valorizar uma cultura é necessário conhecê-la. H. de Lubac falava de quatro atitudes relativas aos povos, necessárias para a inculturação do Evangelho: fidelidade à Palavra, grande paciência, evitar polêmicas, estudo dos povos (*Catholicisme*, Paris, 1938, 183-192).

Além do estudo a partir de instrumentos o mais possível objetivos, os bispos latino-americanos em Puebla falam da necessidade de uma determinada atitude espiritual, isto é, de "uma profunda atitude de amor pelos povos; assim, não somente por via científica, mas também pela conatural capacidade de compreensão afetiva dada pelo amor, a Igreja poderá conhecer e discernir as modalidades próprias de nossa cultura, as suas crises, as suas lutas históricas, e solidarizar-se com ela no decorrer da história" (Documento final, n. 397).

II. A encarnação do Verbo é não só motivo como também modelo da inculturação.

II. 1. Para "encarnar-nos" devemos procurar ser, antes de tudo, "Palavra viva": *a experiência da palavra*, o Evangelho vivido com radicalidade e autenticidade, é sem dúvida a condição *sine qua non*, a base fundamental de uma espiritualidade do encontro entre Evangelho e cultura. Toda "inculturação supõe, antes de tudo, a presença de grandes almas religiosas e de grandes tradições de fé, nas quais se tenha historicamente solidificado uma experiência profunda e genuína" (A. Alessio, Esperienza religiosa e meditazioni culturali, *Salesianum* 46 [1984] 300).

A esse respeito, tal espiritualidade deverá ajudar os cristãos a estar em contínua análise da coerência evangélica da própria vida, confrontada com a cultura da qual fazem parte; deverá desenvolver um sentido sadio e responsável de autocrítica: somos o que devemos ser com referência ao Evangelho? Estamos à altura dos tempos? Praticamos um cristianismo calcado na vida, no seguimento, no discipulado, ou um cristianismo antes "religioso", cultual, burocrático? O nosso viver responde aos desafios e às exigências da cultura contemporânea? A comunidade cristã adere, converte ("o Senhor, a cada dia, acrescentava mais gente à comunidade", At 2,48), transforma a sociedade também no plano cultural, econômico e político? Se não o faz, não se deveria formular apressadamente julgamentos do tipo "nós não veremos os frutos", "semeamos, mas outros colherão", e por aí afora, argumentos que podem ter uma base de verdade, mas que também podem tornar-se álibis que escondem as nossas deficiências, tanto em viver o Evangelho quanto em inculturá-lo.

II. 2. A capacidade de "tornar-se um" com os outros pertence ao coração de uma espiritualidade da inculturação. É talvez o seu aspecto mais delicado, difícil e fecundo. É até um dos mais novos a serem descobertos, no qual os cristãos devem adestrar-se mais. É uma característica que, além disso, possui profundas raízes paulinas: "se um alimento pode fazer cair o meu irmão, eu renunciarei para todo o sempre a comer carne, de preferência a fazer cair o meu irmão" (1Cor 8,13; cf. Rm 14,15.19 ss.); "É assim que eu mesmo me esforço por agradar a todos em tudo, não procurando o meu interesse pessoal, mas o do maior número, a fim de que sejam salvos" (1Cor 10,32); "Eu estive com os judeus como um judeu, para ganhar os judeus, com os que estão sujeitos à lei [...] com os que são sem lei, como se eu fosse sem lei. [...] Eu compartilhei a fraqueza dos fracos para ganhar os fracos. Fiz-me tudo para todos, para de alguma maneira salvar alguns" (1Cor 9, 20-22).

Naturalmente deve ser uma encarnação que não se detém no exterior e na superfície, mas chega aos níveis mais profundos da existência; como "Jesus, Filho de Deus [...] em tudo como nós, excluído o pecado" (Hb 4,14.15).

II. 3. Nesse sentido, Maria, "Estrela da evangelização" (*Evangelii nuntiandi*, n. 82), pode servir-nos de guia. Com efeito, "a Virgem Maria foi sempre proposta pela Igreja à imitação dos fiéis, não exatamente pelo tipo de vida que ela levou ou, menos ainda, por causa do ambiente sociocultural em que se desenrolou a sua existência, hoje superado quase por toda a parte, mas sim porque nas condições concretas da sua vida ela aderiu total e responsavelmente à vontade de Deus (cf. Lc 1,38), porque soube acolher a sua palavra e pô-la em prática, porque a sua ação foi animada pela caridade e pelo espírito de serviço e porque, em suma, ela foi a primeira e a mais perfeita discípula de Cristo" (PAULO VI, *Marialis cultus*, n. 35).

III. *O mistério pascal*, a lei da morte-ressurreição está presente em todos os níveis e em todas as etapas da inculturação, pelo qual é uma característica indispensável de uma espiritualidade orientada para ela. Em nível expressivo, haverá incompreensões, custará compreender e fazer-se compreender. Além disso, o "esvaziamento" das nossas bagagens culturais para ceder espaço à cultura alheia ou às transformações culturais de cada época, sabemos qual é o seu custo, o seu sofrimento, a sua ascese. Será impossível fazer a escolha evangélica e o consequente compartilhamento com os excluídos, os pobres, os marginalizados e as vítimas sem cruz. A tudo isto é preciso acrescentar que o cristianismo, embora valorizando e assumindo o que existe de positivo nas culturas, "não vai até elas para incensá-las, mas para batizá-las" (cardeal P. Poupard), não deverá assumir compromissos com o que houver nelas de perverso, e isto implicará zombaria, perseguição, até martírio. "A exemplo de Cristo *crucificado*, a cultura cristã deve resistir ao mundo, praticar a arte da suspeita e a escola da desconfiança, representando um eterno juízo crítico, ativar processos biológico-políticos, como o abandono e o esvaziamento, deve progressivamente desmundanizar-se e representar para o mundo uma reserva (lugar aonde chegar) crítica, e para a sua teoria social a forma eternamente alternativa, mantendo firme a representação não utópica mas calcada na promessa de Deus de uma pátria entrevista e jamais possuída. Como Cristo *ressuscitado*, a cultura cristã deve ajudar o mundo a regenerar-se, a praticar práxis de libertação, além das realizações que são sempre mortificantes, por isso não pode ser pura teoria, uma doutrina entre as outras, mas "soteria", introjeção quase instintual de fermentos contra aquilo que é mortificante, alienante e opressivo" (I. MANCINI, *Cristianesimo e cultura*, Milano, 1975, p. 41).

IV. Uma espiritualidade da inculturação deverá ser principalmente *pneumatológica*.

IV. 1. Com efeito, geralmente se diz que é preciso assumir o positivo das culturas e purificá-las do negativo, porém sabemos como a realidade histórica é complexa e quão delicado e difícil é o discernimento. Para não falar do sentido de oportunidade e geralmente da coragem que exigem as decisões e o empenho concreto. Essas qualidades espirituais não são efeitos típicos do Espírito?

IV. 2. De modo especial precisamos do Espírito Santo para captar os sinais de Deus nos sinais do tempo, para agir segundo o sentido da história, isto é, segundo tudo aquilo que faz progredir o plano de Deus sobre a humanidade. E conseguir fazê-lo apesar das fraquezas e insuficiências humanas expressas na vida dos povos.

Na inculturação, com efeito — afirmam ainda os bispos latino-americanos —, a Igreja "deve ficar alerta para onde se dirige o movimento geral da cultura, mais que olhar para a herança do passado; olhar para as expressões atualmente em vigor mais que para aquelas puramente folcloristas" (*Puebla*, n. 398).

IV. 3. Também é preciso ter a *criatividade* que vem do Espírito para conseguir responder de maneira adequada, às vezes inédita, aos novos desafios da história, e aos "novos ídolos com malícia antiga", que nós seres humanos sempre somos inclinados a erigir.

IV. 4. Sobretudo, a Igreja precisa do Espírito para não chegar com atraso aos compromissos da história: "É melhor evangelizar os novos modelos culturais no momento em que nascem do que quando já estão crescidos e afirmados" (*Ibid.*, p. 393).

V. A "trinitariedade" exige, além disso, a característica *dialógica*, que deve ser um traço fundamental de uma espiritualidade inculturada.

V. 1. Um diálogo que implica antes de tudo a capacidade de *escutar*. Aquilo que Paulo VI apontava na *Ecclesiam suam* como uma necessidade de todo diálogo, isto é, a capacidade de escutar não só a voz, mas também "o coração" do interlocutor, foi traduzido, no plano das culturas, como sendo a necessidade de escutar até os silêncios, a "linguagem silenciosa, não verbal, do povo" (*Ibid.*, 457).

V. 2. É inegável que o clima do diálogo é a *amizade* e o *serviço*. A primeira, além da exigência evangélica, é uma condição pedagógica e psicológica elementar, não só para tornar possível o → DIÁLOGO, mas sobretudo para torná-lo frutífero. Um serviço *desinteressado* é a atitude com a qual devemos aproximar-nos de cada próximo e cada cultura, se não quisermos cair em um proselitismo prejudicial.

V. 3. Para perceber mais plenamente quanto o diálogo tem a ver com uma autêntica espiritualidade, sintetizamos um parágrafo do documento sobre o diálogo do Secretariado Vaticano da Unidade dos Cristãos (1970): para o diálogo é necessária uma *ascese* particular, já que devemos despojar-nos de toda aparência de triunfalismo; devemos sempre estar na escuta de Deus e de seu Espírito, deve existir pureza de intenção, busca de santidade, atitude de humildade e arrependimento e, sobretudo, oração (IV, 6).

V. 4. Uma correta espiritualidade deverá ajudar o povo cristão a desenvolver, no diálogo com as culturas, uma linguagem *mobilizadora*, isto é, das categorias, ideias e dos modelos que estejam em sintonia com as exigências profundas das massas, com aquilo que o Espírito já está "escavando" dentro da humanidade.

V. 5. Os aspectos comunitários de tal espiritualidade também deverão ajudar a concretizar uma pastoral "de conjunto", com metas determinadas. O que se propõe a Igreja local a respeito da cultura do lugar? Quais valores procura desenvolver de modo privilegiado? Quais são os objetivos que visa, com quais etapas, meios e instrumentos? Quais momentos de análise, de "controle de marcha", estabelece? Sem tal concretude na metodologia da ação, e sem uma ação conjunta, de corpo, não será possível uma incidência e uma transformação evangélica das culturas. Mas não haverá uma pesquisa de sincronização operativa sem aquela vontade de comunhão trinitária que respeita a diversidade dos carismas e afunda as raízes em uma profunda espiritualidade.

VI. O fato de que a → TRINDADE seja modelo de "toda a vida, também econômica, social e política" (*Puebla*, n. 215), é o maior desafio e a meta da Igreja em suas relações com as culturas: é preciso descobrir e contribuir para fazer crescer as "sementes trinitárias" já existentes na vida dos povos, e cultivar novas.

Contudo, claramente, a Igreja não saberá fazer isto senão na medida em que ela própria constitua um lugar de experiência trinitária em todos os níveis de sua vida. Aquele "amai-vos uns aos outros assim como eu vos amei" (Jo 13,34), e "Pai, que eles sejam um assim como somos um" (Jo 17,21), com a consequente presença de Cristo na comunidade (cf. Mt 18,20), são não somente condição de eficácia apostólica, mas também condição de possibilidade para a Igreja de contribuir para gerar uma cultura nova, uma "civilização trinitária".

BIBLIOGRAFIA. Para o tema específico da relação espiritualidade-inculturação, cf. "L'esodo culturale della spiritualità", no verbete Spiritualità contemporânea, de S. De Fiores. In: DE FIORES, S. – GOFFI T. (orgs.). *Nuovo Dizionario di Spiritualità*. Roma, 1979, 1520 ss.; GOFFI, T. *Spiritualità e cultura*. In: CALATI, B. – SECONDIN, B. – ZECCA, T. P. *Spiritualità, fisionomia e compiti*. Roma, 1981, 63-77. Sob o ponto de vista histórico: DE CERTEAU, M. Cultura e spiritualità. *Concilium* 6 (1966) 60-86.

Para o tema em geral da relação fé-cultura, além das obras citadas no texto, cf. as fontes bibliográficas e a bibliografia geral e por área geográfica, cit. in CAMBÓN, E. Chiesa e cultura. In: *La Chiesa salvezza dell'uomo*. Roma, 1986, vl. II, nas notas do capítulo inteiro e 291-293. Além disso: GOFFI, T. *Etica cristiana in acculturazione marxista*. Assisi, 1975; AGIRREBALTZATEGI, P. *Configuración eclesial de la cultura. Hacía una teologia de la cultura en la perspectiva del Vaticano II*. Bilbao, 1976 (com abundante bibliografia); CHIAVACCI, E. Cultura. In: *Dizionario Teologico Interdisciplinare*. Casale Monferrato, 1977, vl. II; Morale e culture. In: CHIAVACCI, E. *Teologia morale/2. Complementi di morale generale*. Assisi, 1980, 111 ss.; Moral cristiana y cultura. In: VIDAL, M. *Etica civil y sociedad democrática*. Bilbao, 1984, 159-193 (cf. bibliografia na nota 16, 170); VANHOYE, A. Nuovo Testamento e inculturazione.

La Civiltà Cattolica 3.224 (1984) 118-136; Arinze, F. A. L'incarnazione del Vangelo nelle culture. *Studi Cattolici* (1985) 290-291, 243-250; Zanghi, G. M. Vangelo e cultura. Una breve riflessione. *Nuova Umanità* 49 (1987) 7-18.

Para outra bibliografia a ser acrescentada à já citada, sobre a inculturação da fé cristã na África: Marranzini, A. Evangelizzazione e inculturazione. *Rassegna di Teologia* (1976) nota 28, 342-343. É útil a coleção de estudos, bastante variada (não só pela diversidade de temas e de áreas geográficas analisadas, mas também pela pluralidade de visão e de perspectivas) do Congresso Internacional de Teologia sobre o tema *Evangelização da cultura e inculturação do Evangelho*, realizado em Buenos Aires (2 a 6 de setembro de 1985), cujas Atas foram publicadas in *Stromata* 3/4 (1985).

Exemplos de temas em que se faz um confronto entre teologia e culturas: Pieris, A. Parlare del Figlio di Dio in culture non-cristiane (com referência à Ásia). *Concilium* 3 (1982) 117-127; *Chemins de la Christologie africaine*. Paris, 1986; Mpongo, L. Pain et vin pour l'Eucharistie en Afrique noire? *Nouvelle Revue Théologique* 108 (1986) 517-531.

Sobre o tema tratado da América Latina, da visão da teologia da libertação e outras perspectivas, cf. Ruiseco, C. J. Culto y Cultura en Puebla. *Medellín* 36 (1983) 460-470; Olmedo y Rivero, J. de. *La cultura del silencio en América latina*. Madrid, 1985; Dussel, E. Cultura. In: Id. *Etica comunitaria*. Madrid, 1986, 214-220; Suess, P. Revolução cultural na sociedade e na Igreja. *Revista Eclesiástica Brasileira* 182 (1986) 315 ss.; Coda, P. *Dialogo fra le culture, Chiesa e umanesimo planetário* (fruto do encontro do Grupo Cultural "Teologia em Diálogo", Roma, 1987). Città Nuova, Roma, 1988.

E. Cambón

CURA. O → sofrimento é um dado irrefutável. Nele o cristão vislumbra a consequência de um processo de desagregação existencial (2Cor 4,16) que atravessa o homem em todas as dimensões do seu ser (espírito, psique e corpo), tem seu resultado fatal na → morte e sua causa original no → pecado.

Mas o Senhor da morte, por meio da → aliança, abre uma perspectiva infinita de vida: com a morte se manifesta com toda a evidência o drama da criatura que rejeita Deus; com a ressurreição se realiza a revolução do destino do homem (Rm 8,23), que passa de um corpo corruptível a um incorruptível (1Cor 15,42.44.47). A "ressurreição da carne" é a prova mais evidente da perfeita recomposição do ser humano, recriado pelo Espírito do Ressuscitado. Nessa perspectiva adquire verdade e legitimidade o anseio pela cura integral e por uma saúde mais plena e segura.

Os Padres já viam na saúde e na salvação dois conceitos intercambiáveis. São Bernardo († 1153) escreve a esse respeito: "Curada a consciência, consequentemente cura-se também o corpo" (*De diversis*, sermo 96, 4 *PL*). Santo Tomás († 1274) observa como os benéficos efeitos da → graça revertem sobre o corpo, mesmo não sendo o corpo o imediato sujeito da graça (*STh*. III, q. 79, a. 1, ad 3).

A cura está ligada à vida teologal e, portanto, é preciso perguntar-se sobre esse aspecto à luz do desígnio salvífico de Deus. No Antigo Testamento, o autor da Sabedoria afirma que "as criaturas do mundo são saudáveis: nelas não há veneno funesto" (Sb 1,14; 12,23-24), mas, como o pecado quebrou esse equilíbrio, Deus "precisou aplicar um tratamento terapêutico às vítimas do pecado" (Orígenes [ca. 185-253], *Contra Celsum*, 4, 69 *PG*).

Ora, Deus restaura o homem com as mesmas mãos com que o plasmou, ou seja, pela obra do Filho e do Espírito Santo (Ireneu [século II], *Adv. haer.*, 4, 7, 4). No Novo Testamento encontramos algumas imagens, caras à tradição espiritual, relativas à ação terapêutica de Cristo em favor dos homens. A de Cristo médico é a mais frequente e a mais comentada pelos Padres (Pseudo-Macário [† c. 430], *Homilias espirituais*, 48, 3; Ambrósio [† 397], *De virginitate*, 16, 99; Agostinho [354-430], *Confissões*, X, 3, 4; IX, 8, 18; *Sermo* 46, 13. Agostinho insiste sobretudo no "Cristo humilde", que nos cura vencendo a doença do → orgulho; Gregório de Narek [† c. 1010], *Livro da oração*, 20, 3). Segue-se a imagem do bom pastor, que associa o cuidado pela salvação das almas à solicitude por sua cura integral (Pseudo-Macário, *Homilias espirituais*, 44, 3); e de Cristo que enfrenta a paixão, fonte de cura para a alma (Agostinho, *Sermo* 258, 3; Anônimo, *Homilia para o sábado santo*: *PG* 43, 464; Catarina de Sena [1347-1380], *Carta* 35).

A libertação do mal/maligno e a cura de toda doença são os lugares privilegiados por Jesus para manifestar a salvação. Não diferente é a obra do Espírito Santo. Para o teólogo bizantino N. → Cabasilas (século XIV), "quem tem o dom de [...] curar os enfermos [...] recebeu-o do *myron*" (*A vida em Cristo*, 3, 2), ou seja, da unção que é símbolo e veículo da efusão do Espírito. A Trindade está em ação para realizar, segundo a afirmação dos Padres, a "refusão ontológica", ou seja, a transformação de todo o nosso ser pela ação da graça divina, suscitando em nós as virtudes teologais (→ FÉ → ESPERANÇA e → CARIDADE), cujo papel se revela determinante. Em particular: a fé cura porque se confia à intervenção salvífica escatológica de Deus e porque liberta da angústia existencial, transformando-se em confiança (JOÃO CRISÓSTOMO [† 407], *Homilia in 1 Tm.* 1, 2, 3; AGOSTINHO, *Enarrationes in Psalmos*, 118, 18, 3); a esperança cura porque parte da aceitação da lei inscrita em todo ser humano: morre e renasce (a esperança antecipa um destino que já atua no presente); a caridade é "o grande medicamento oferecido a nós por Cristo, que cura qualquer mal e qualquer dor" (BARSANÚFIO DE GAZA [séculos V-VI], *Carta* 62).

Que a suprema cura resida no dom de Deus ao homem e no abandono do homem em Deus é uma convicção que encontramos também na oração cotidiana das "Dezoito bênçãos" de Israel, onde se invoca a cura de Deus para ser salvos.

Não diferentemente no → HINDUÍSMO se fala do ilimitado poder de cura que deve ser buscado em Deus, na perfeita comunhão com ele (PARAMAHANSA YOGANANDA [1893-1952], *L'eterna ricerca dell'uomo*, Roma, 1980, 99).

A cura também está em relação com os → SACRAMENTOS e a → LITURGIA, como lugar privilegiado da experiência do sagrado e com os → EXERCÍCIOS ESPIRITUAIS, como prática meditativa, introspectiva e contemplativa.

A palavra que ecoa na liturgia e age nos sacramentos possui uma força curativa, e isso se evidencia tanto no Antigo Testamento (Sb 16,12; Sl 107,20) quanto no Novo (1Pd 1,23; Mt 8,8). Santo → AMBRÓSIO faz referência à palavra divina como ao médico das almas (*In Exaemeron*, 6, 8, 50). Ao explicar uma função terapêutica através dos sacramentos, a Igreja mostra que leva a sério a → ENCARNAÇÃO (TERTULIANO [† c. 220], *De resurrectione carnis*, 8). Em particular, a → EUCARISTIA é considerada um sacramento de cura por → INÁCIO DE ANTIOQUIA ([† 110], *Ad Ephesios*, 20, 2); por → GREGÓRIO DE NISSA ([† 395], *Grande catequese*, 37, 2-3); e no século XVI, por exemplo, por Santa Teresa de Ávila ([† 1582], *Relações*, 1, 12; *Caminho*, 34, 6).

A → PENITÊNCIA é por antonomásia o sacramento da cura interior, porque não só leva a experimentar o perdão, mas promove e intensifica um caminho de conversão da vida às vezes quase repentino, às vezes destinado a permanecer no tempo (SANTO TOMÁS DE AQUINO [† 1274], *STh.* III, q. 86, a. 5, ad 1; a *Nube della non-conoscenza*, Milano, 1981, 199: sublinha o nexo entre vida sacramental e vida de oração e vê na Igreja aquela que, com o sacramento da penitência, pode tirar a mancha do pecado, mas afirma que arrancar suas raízes e eliminar suas causas e efeitos é tarefa do Deus de misericórdia a quem devemos nos dirigir continuamente na oração contemplativa). Nessa linha são compreendidos também os "carismas de cura" (cf. 1Cor 12,9), que permaneceram na Igreja através dos séculos (cf. IRENEU [século II], *Adv. haer.* 2, 32, 4; *Cânone de Hipólito*, 3, 8; *Constituições apostólicas*, 8, 16, 5; INOCÊNCIO I [† 417], DS 216; AMALÁRIO DE METZ [† ca. 853], *De ecclesiasticis officiis*, 2, 13, 1), embora de fato a unção tenha acabado por se restringir ao sacramento dos enfermos.

A oração, portanto, assegura o acolhimento e a integração da *dynamis* do Espírito presente nos sacramentos.

A oração de cura (proposta de novo com ênfase especial pela "Renovação no Espírito") assume quatro modalidades fundamentais: a) o arrependimento dos próprios pecados, através da confissão (para tomar consciência de si e rejeitar a conduta pecaminosa); b) a cura interior, ligada ao mundo das lembranças, das inclinações ou tendências negativas, e da afetividade (aqui o psicoterapeuta atua não menos que o confessor); c) a cura física (aqui atua a medicina, mas também a unção, quer sem sentido sacramental, quer em sentido lato); d) a libertação das influências ou possessões demoníacas com o → EXORCISMO.

A experiência da cura é possível sob determinadas condições, como a aceitação de si mesmo à luz do projeto salvífico de Deus (e, portanto, a saudável presença da dialética entre ser e dever-ser); a ilimitada confiança na graça divina e paralelamente na própria recuperação; a prática do perdão; a conversão da vida em coerência com o Evangelho.

Assim, as grandes categorias da oração de cura são duas: a oração discursiva e meditativa, que ajuda a tomar consciência de si mesmos e a dar um novo enfoque à própria vida; e a oração contemplativa, que se traduz no louvor e na adoração amorosa de Deus (*Nube della nonconoscenza*, 167.329-31).

No processo de cura, enfim, já curas parciais, que remetem à grande cura escatológica. Saúde e santidade, conceitos equivocadamente considerados opostos, são em última análise realidades que encontram sua recomposição no mistério de Cristo crucificado e ressuscitado.

BIBLIOGRAFIA. ARBESMANN, R. The concept of "Christus medicus" in st. Augustine. *Traditio* 10 (1954) 1-28; FARICY, R. *Preghiera e guarigione interiore.* Milano, 1979; GENTILI, A. La pratica spirituale come terapia. In *Guarigione dell'uomo oggi.* Roma, 1987, 95-146; GOLDBRUNNER, J. *Santità e salute.* Milano, 1955; JOÃO PAULO II. Carta apostólica *Salvifici doloris.* 1984; MCNUTT, F. *Il carisma delle guarigioni.* Milano, 1978; MOUROX, J. *L'expérience chrétienne.* Paris, 1954; SCANZIANI, P. *L'arte della guarigione.* Chiasso, 1986; TYRRELL, B. J. *Cristoterapia. Guarire per mezzo dell'illuminazione*, Milano, ³1988.

A. GENTILI – M. REGAZZONI

CURSILHOS DA CRISTANDADE. Os cursilhos da cristandade (da expressão original espanhola "Cursillos de cristianidad") são simultaneamente um movimento moderno de renovação cristã e um método de → APOSTOLADO e de despertar espiritual. Foram definidos como uma ansiedade de retorno ao cristianismo primitivo.

1. ORIGEM E DESENVOLVIMENTO. Surgiram em Maiorca, na Espanha, em 1949, como iniciativa para renovar os jovens da → AÇÃO CATÓLICA, por obra sobretudo de monsenhor Giovanni Hervás, então bispo daquela diocese, que permaneceu sempre como o incentivador e guia desse movimento. Atualmente difundidos em quase todas as nações, os cursilhos da cristandade foram aprovados por Paulo VI e colocados sob a proteção de São Paulo.

2. NATUREZA. Como movimento espiritual, os cursilhos da cristandade querem despertar nos seres humanos de nosso tempo o entusiasmo pela vida própria dos primeiros cristãos, com uma piedade viril centralizada na pessoa de Cristo, com a consciência de viver em graça, com um autêntico apostolado como exigência da caridade.

Núcleo fundamental da obra são os cursilhos propriamente ditos, que consistem em uma experiência de vida cristã de três dias: desenvolvem-se como uma convivência ou → EXERCÍCIOS ESPIRITUAIS, com um estilo próprio, um esquema fixo e uma técnica comprovada, seja para as aulas, seja para os atos de piedade.

a) *Preparação.* Cada cursilho é cuidadosamente preparado nos mínimos detalhes pelo grupo diretor ou pelo secretário da diocese. Preparam-se, antes de tudo, os dirigentes, sacerdotes e leigos que irão conduzir o cursilho; providencia-se a convocação dos participantes, escolhidos de cada classe social e diferentes atitudes religiosas. Finalmente, como meio fundamental de sucesso, garante-se para o cursilho uma ampla participação de orações e de sacrifícios entre religiosas, doentes, crianças e leigos empenhados no mundo.

b) *Desenvolvimento.* Os dirigentes do cursilho são: um reitor (leigo), um diretor espiritual (sacerdote), e auxiliares leigos, chamados, no jargão do cursilho, professores. Cabe ao reitor a direção do cursilho e o desenvolvimento de algumas aulas; o diretor espiritual, que assume a parte religiosa, dita as meditações e as aulas doutrinalmente mais consistentes.

As meditações (cinco ao todo) são de fundo evangélico, com o intuito de apresentar a pessoa de Cristo, a sua misericórdia e a sua mensagem de amizade e de apostolado.

As aulas (cinco por dia, mais uma de apresentação) apresentam, em um estilo claro, impregnado de experiências e testemunhos, os pilares da vida cristã; insiste-se especialmente na → GRAÇA e nos → SACRAMENTOS, perspectivando-se, como sustento vital do cristão, a trilogia piedade-estudo-ação.

Ao longo do cursilho, em um clima de alegria e de serenidade, os participantes são "iniciados" no diálogo sincero com Cristo, e experimentam o sentido comunitário da Igreja.

No final do cursilho, os participantes são convidados a sintetizar em uma folha de papel os compromissos de vida cristã que pretendem realizar no futuro; recebem, além disso, um pequeno crucifixo, o Novo Testamento e um pequeno livro de orações.

Todos participam do encerramento do cursilho, também aqueles que antes participaram de outros cursilhos e pertencem ao movimento. O objetivo é dar um mútuo testemunho cristão. Os "novos", para exprimir o que experimentaram; os "antigos", para dar testemunho de sua vida durante o "quarto dia" (isto é, no período sucessivo ao cursilho).

c) *O pós-curso.* Para manter viva a chama, os cursilhistas são integrados em grupos (paroquiais ou de outro tipo); semanalmente, devem fazer a reunião de grupo para rever comunitariamente os seus compromissos pessoais e de grupo. Como meios de perseverança acentuam-se, além das reuniões de grupo, a → DIREÇÃO ESPIRITUAL, a assistência nos encerramentos dos cursilhos, a participação em outras assembleias interparoquiais ou diocesanas.

3. TRAÇOS DE ESPIRITUALIDADE. Entre os aspectos mais fortes da espiritualidade dos cursilhos podemos destacar alguns.

O amor a Cristo. O Senhor torna-se o amigo e o irmão de cada cursilhista; com ele, é certo vencer todas as dificuldades. O *slogan* repetido nos cursilhos soa assim: "Eu e Cristo somos uma esmagadora maioria". Indicadores desse cristocentrismo são a leitura do Evangelho, a piedade eucarística, o diálogo sincero com Cristo no tabernáculo.

A consciência da vida da graça. Viver em graça, com toda a riqueza que essa realidade inclui, é o ideal de todo cursilhista, mas com essas características: vida da graça consciente, crescente, difundida nos outros.

O testemunho de santidade no meio do mundo; com a consciência de ser uma comunidade de santos e o compromisso de inserir, em cada classe da sociedade, o fermento do Evangelho.

Finalmente, o sentido apostólico; saber ver em cada ser humano a imagem do Cristo, socorrê-lo em suas necessidades materiais e conduzi-lo à plenitude de uma vida cristã.

O sentido eclesial que caracteriza esse movimento leva os que a ele aderem a uma concreta cooperação nas estruturas da Igreja local, diocesana e paroquial. Permanece aberto, portanto, para uma cooperação dinâmica no caminho da Igreja, como demonstrou nos últimos anos, para manter vivo o sentido da evangelização dos afastados e da obrigatória conversão a Cristo.

4. ORGANIZAÇÃO. Como apoio à vida e ao apostolado do cursilho da cristandade, existem os vários Secretariados nacionais e diocesanos, além do departamento internacional, atualmente estabelecido em Caracas, na Venezuela.

A escola dos responsáveis ("dirigentes"), que serve de fermento para o cursilho no âmbito diocesano, permanece como o lugar da formação e do aprofundamento da espiritualidade cristã e do compromisso apostólico, a serviço dos outros empenhados na vida do cursilho, e para uma constante formação dos quadros de incentivadores idôneos.

A presença apostólica e espiritual dos cursilhos na Igreja permanece viva e atual, apesar das crises e dos ajustes do pós-Concílio e das novas formas de vida cristã associada, que surgiram em seguida na Igreja. Muitos, que iniciaram a sua experiência de conversão no âmbito do cursilho, migraram para outros movimentos, nos quais encontraram uma mais adequada resposta para a continuidade espiritual e apostólica do pós-cursilho.

É útil lembrar que a experiência do cursilho da cristandade situa-se na base de outras experiências espirituais que, em seguida, floresceram na Igreja, como foi o caso do movimento → CARISMÁTICO, do caminho neocatecumenal (→ CATECUMENATO) e das comunidades eclesiais de base na América Latina.

BIBLIOGRAFIA. CASTELLANO, J. Un movimento spirituale del nostro tempo: "I corsi di cristianità". *Rivista di Vita Spirituale* 22 (1968) 358-369; ID. I cursillos de cristandad, strumento pastorale per l'evangelizzazione. *Vita Pastorale* 4/6 (1973); DI CHIO, A. *I cursillos, strumento di evangelizzazione*. Bologna, 1979; FAVALE, A. I cursillos di cristianità, in ID. (org.). *Movimenti ecclesiali contemporanei*. Roma, 1982, 161-183; HERVÁS, J. *Manual de dirigentes de cursillos de cristandad*. Madrid, 1968; *I cursillos di cristianità nella vita della Chiesa. Idee fondamentali del Movimento*. Bologna, 1975.

J. CASTELLANO

D

DAMASCENO, JOÃO (Santo). 1. NOTA BIOGRÁFICA. Somente em linhas gerais se pode traçar a vida de João Damasceno, em virtude da escassez de dados confiáveis e da incerteza e fragmentariedade das fontes. Levando em conta os biógrafos posteriores Michele d'Antiochia (1085), um certo patriarca João (sem uma identificação mais precisa) no século XII, Constantino Acropolita (Encômio), João Merkuropolo, além de um anônimo, pode-se datar o seu nascimento na segunda metade do século VII. Da nobre família Mansur, passa os primeiros anos na corte do príncipe Jazid. Deixando a corte de Damasco, retira-se (talvez no início do século VIII) para a laura de São Saba, nos arredores de Jerusalém, onde vive com Cosme, futuro bispo de Maiuma, e com Santo Estêvão. Amigo do patriarca João, conquista nome e celebridade pela eloquência e pelos escritos de firme caráter polêmico contra as heresias cristológicas e iconoclastas. Outros dados sobre a sua atividade e atuação pastoral são incertos ou realmente falsos. O ano da morte situa-se entre 748 e 452.

2. ESCRITOS. Foi escritor fecundíssimo, tratando dos campos mais variados e vastos das ciências sacras, do dogma à polêmica, da moral à ascética, da exegese à poesia e à pregação. No Ocidente, Damasceno foi conhecido tardiamente, também porque a sua obra maior (*Fonte do conhecimento*) só foi traduzida no século XII, mas logo teve uma notável influência, sobretudo na tratação sistemática dos problemas teológicos nas *Summae* da época medieval: foi utilizado também por Santo Tomás. a) Teológicos: *Fonte do conhecimento*, dividido em três partes: "Dialética" (capítulos filosóficos); "Das heresias" e "Da fé ortodoxa" (capítulos dogmáticos); os tratados: *Libro della retta sentenza*, composto antes de 720 pelo bispo damasceno Pietro; *Esposizione della fede*; *Introduzione elementare ai dogmi*. b) Polêmicas: *Contro l'eresia dei nestoriani* (atribuição duvidosa) e o *Discorso sulla fede contro Nestorio*, publicado por Dickamp em 1901 na *Theologische Quartalschrift* 83, às páginas 555-595. Contra os monofistas: *Trattato contro i Giacobiti*, destinado, talvez, ao patriarca antioqueno Elia; *Trattato contro gli acefali*; *L'inno Trisagio*, carta endereçada ao arquimandrita Giordanes. Contra os monotelitas: *Delle due volontà di Cristo*; *Contro i monofisiti e monoteliti*, constando em alguns códices, entre os quais o Vaticano, gr. 1075. Contra os paulicianos (maniqueus): *Dialogo di san Giovanni damasceno contro i manichei*; *Disputa dell'ortodosso Giovanni con il manicheo*, atribuído por Mai a Damasceno. Contra os iconoclastas: duas *Orazioni sulle sante immagini*. Uma terceira, que nada mais é senão a transcrição das duas primeiras. c) Ascéticos: *Sacri paralleli*, obra enriquecida com seis mil citações extraídas da Sagrada Escritura e dos Padres, em torno das virtudes morais. *Degli otto spiriti del male*; *Delle virtù e dei vizi*; *Dei sacri digiuni*. d) Exegéticos: comentário das Cartas do Apóstolo. e) Homiléticos: Cordillo reuniu 39 homilias das quais somente 13 estão na *PG*. Muitas são espúrias ou dúbias. As mais famosas são as três *In dormitionem*, isto é, sobre a morte da Virgem Maria, proferidas por volta de 740 na basílica do Sepulcro da Virgem. Outra *Homilia*, da qual se duvida, talvez erroneamente, é a que trata daqueles que morreram na fé. f) Poéticos: numerosos hinos e orações de Damasceno o situam entre os grandes melodistas bizantinos. Nem todos os hinos, porém, são autênticos.

3. DOUTRINA. A doutrina espiritual deve ser estudada no contexto teológico de sua obra. A síntese teológica de Damasceno está em harmonia perfeita com a tradição. Segundo ele, o ser humano, criado à imagem de Deus, é chamado a assemelhar-se ao próprio Deus. Responde a essa vocação imitando a bondade divina e as virtudes de todos aqueles que agradaram a Cristo. O retorno do ser humano a Deus, que tem o seu ponto central na → ENCARNAÇÃO de Cristo, realiza-se através da união com Cristo pela vida sacramental, pelo culto das imagens sacras e pela luta contra as próprias paixões. "Ser bom, com efeito, depende de Deus e de nós. Da parte de Deus, há a tarefa de comunicar-nos o ser e o ser bom; de nossa parte, há o dever de conservar o bem que Deus nos concedeu" (*Contro i manichei*, 70). As nascentes desse bem brotam do → BATISMO, no qual tem-se a nova vida, a adoção de filhos de Deus e o cancelamento das culpas (*Della fede ortodossa*, 4, 22, 1.200 s.), e da → EUCARISTIA, dom supremo de Deus (*Ibid.*, 4, 13, 1.153-1.154). Energia divina que nos compenetra e neutraliza as forças do mal inseridas em nossa natureza corrupta; "Deus dá à lei de nosso espírito a força contra a lei que está em nossos membros. Essa força a obtemos pela oração; o próprio Espírito Santo nos ensina a rezar. Sem a paciência e a oração, que em nós são obra da graça, é impossível cumprir os mandamentos de Deus" (*Ibid.*, 4, 22, 1.200-1.201). O chamado para as exigências profundas e vitais da graça nos é continuamente dirigido pelas imagens que reproduzem a Cristo, sua mãe e os santos: "Adoro a imagem de Cristo, enquanto é Deus encarnado, a da Mãe de Deus, senhora de todos, enquanto Mãe do Verbo encarnado; as dos santos, amigos de Deus, que permaneceram fiéis até ao efluxo de sangue, derramando o próprio sangue por Cristo e o imitaram, ele que foi o primeiro a derramar o seu sangue por nós; daqueles que seguindo as pegadas de Cristo, segundo tais pegadas entregaram a sua vida. Coloco diante dos meus olhos esses preclaros exemplos e os martírios, representados pelas pinturas, e torno-me santo e ardo de desejo de imitá-los" (*Orazioni sulle sante immagini*, 1, 21). A fidelidade a Deus e a Cristo exige o exercício das virtudes e a sinceridade de progredir no bem, tendo sempre presentes as regras e normas aprovadas há séculos, para evitar os enganos do demônio, o reaparecimento dos vícios (cf. *Degli otto spiriti del male e Delle virtú e dei vizi*). A devoção à Virgem Maria é um meio muito eficaz para chegar à perfeição: ela é o nosso modelo e a nossa intercessora (*In dormitionem B.M.V.*, Om. 2, 19).

BIBLIOGRAFIA. BONTIFIGLIOLO, G. La giustizia primitiva e il peccato originale in san Giovanni Damasceno. *La Scuola Cattolica* 67 (1939) 423-450.454-473; FERRARI, L. *La dottrina della Vergine nuova Eva cooperatrice all'economia e mediatrice di grazia secondo san Giovanni Damasceno*. Vicenza, 1955; FRANCESCONI, M. *La dottrina del Damasceno sulla predestinazione*. Roma, 1954; GREGOIRE, J. La relation éternelle de l'Esprit au Fils d'après les écrits de Jean de Damas. *Revue d'Histoire Ecclésiastique* 64 (1969) 718-755; GRILLMEIER, A. *Von Symbolum zur Summa: Mit ihm und in ihm*. Freiburg, 1975, 585-636; NIKOLAOU, Th. Die Ikonenverehrung als Beispiel ostkirchlicher Theologie und Frömmigkeit nach Johannes Von Damaskus. *Ostkirchliche Studien* 25 (1976) 138-165; ROZEMOND, K. *La Christologie de saint Jean Damascène*. Ettal, 1959; SCHONBORN, C. von. *L'icône du Christ*. Fribourg, 1976, passim; SPINELLI, M. (org.). *Omelie cristologiche e mariane*. Roma, 1980; STUDER, B. S. Jean Damascène. In: *Dictionnaire d'Histoire et de Géographie Ecclésiastiques* (1972) 452-466 (ampla bibliografia).

C. SORSOLI – L. DATTRINO

DE FOUCAULD, CHARLES. 1. NOTA BIOGRÁFICA. Nasce em Strasburgo, no dia 15 de setembro de 1858, em uma família nobre; dois dias depois é batizado. Aos cinco anos de idade, torna-se órfão de mãe e pai e fica sob a tutela do avô. A infância é triste e infeliz: rapidamente revelam-se nele traços de sofrimento. Em 1871 inicia os estudos no liceu de Nancy e um ano depois faz a primeira comunhão. A juventude é extremamente dissoluta: perde a fé aos dezesseis anos e permanece por mais de doze anos nesse estado de indiferença. Atingindo a maioridade em 1878, toma posse de sua herança, que rapidamente dilapida. Inicia a carreira militar e participa de uma expedição militar na Argélia.

Em 1882 deixa o exército para dedicar-se à exploração do Marrocos. Dá início a uma séria retomada em sua vida. A viagem à África o coloca em contato com a solidão do deserto e com a religião muçulmana. Sente-se profundamente tocado: durante toda a sua vida sente uma grande nostalgia da África.

Após o retorno à França, no final de outubro de 1886, acontece a sua conversão. Este passo decisivo tinha sido ocasionado pelo exemplo e pelos ensinamentos da prima, Madame de Bondy, à qual permanecerá sempre profundamente ligado. Em Paris confessa-se com o abade Huvelin, que em seguida torna-se o seu diretor espiritual. É a hora da fé reencontrada. Compreende que deve dar-se todo a Deus e com a ajuda do diretor sai em busca do caminho a seguir. Em dezembro de 1888 parte em peregrinação à Terra Santa. Esta viagem confirma sempre mais o seu propósito de viver imitando a Jesus em sua pobreza; descobre ali o "mistério de Nazaré", a vida oculta de Cristo, que permanecerá o modelo de vida religiosa a ser seguido.

No dia 15 de janeiro de 1890 entra na trapa de Nôtre Dame des Neiges e toma o nome de irmão Maria Alberico. Pouco depois é enviado ao priorado de Akbés, na Síria. Nessa pobre fundação passa seis anos como monge trapista. Sente-se, todavia, insatisfeito com a sua vocação e busca uma realização mais autêntica da vida de Nazaré, da qual esboça uma primeira Regra e a envia ao padre Huvelin. Expõe as suas dificuldades aos superiores; como única resposta é enviado a Roma para cursar teologia no Colégio Romano, aonde chega em 30 de outubro de 1896. No umbral da profissão perpétua, o Geral da Trapa aprova a sua vocação para a vida oculta e o dispensa dos votos. Torna-se livre da profissão como monge trapista em 14 de fevereiro de 1897, emitindo no mesmo dia os votos privados de castidade e pobreza absoluta.

Imediatamente empreende a viagem à Terra Santa. Coloca-se a serviço das clarissas de Nazaré, totalmente dedicado à contemplação e à pobreza. Trabalha novamente na redação da Regra dos Irmãozinhos do Sagrado Coração de Jesus. Em 1900 sonha com a possibilidade de comprar o monte das Bem-aventuranças e de ali se estabelecer como sacerdote-eremita. Com esse propósito, retorna à França para angariar os fundos necessários e também para ser ordenado sacerdote. No dia 9 de julho de 1901 é ordenado em Viviers.

Tendo fracassado o projeto da fundação no monte das Bem-aventuranças, irmão Charles toma o rumo do Marrocos e fixa-se em Béni Abbès, perto da fronteira; aí celebra a sua primeira missa no dia 30 de outubro de 1901. Em Béni Abbès o irmão Charles concretiza a sua vocação de vida oculta e pobre a serviço dos seres humanos. Torna-se o "Irmão universal" e ocupa-se em acolher pobres e doentes, sem distinção de raça ou de religião. Passa longas horas em adoração à Eucaristia e trabalha na redação de vários projetos de fundação. Em 1905 estabelece-se em Tamanrasset, atraído pelo desejo de fazer contato com as tribos dos tuaregues; prossegue em sua vida de contemplação e de serviço; empreende a obra de um léxico francês-tuaregue; por três vezes retorna à França com o objetivo de encontrar companheiros. O fracasso é total; permanece sozinho.

A sua morte ocorre em circunstâncias trágicas: no dia 1º de dezembro de 1916 cai assassinado à porta de sua pequena casa. O corpo desse nômade de Deus jaz sobre a areia do deserto, como um grão de trigo que morre para dar muito fruto.

2. ESCRITOS ESPIRITUAIS E TRAÇOS DE ESPIRITUALIDADE. Os escritos conservados não eram, a princípio, destinados à publicação. São apontamentos espirituais que ainda permanecem em seu frescor, todos permeados por um profundo espírito contemplativo e um imenso amor a Cristo.

São sobretudo pensamentos sobre o Evangelho, páginas do diário, projetos de fundações religiosas, apontamentos de retiros espirituais, dados variados sobre os tuaregues, cuja vida, língua e costumes ele estudou com muita atenção. De grande importância para o conhecimento de sua vida e de seu espírito são as cartas escritas aos seus mais íntimos confidentes, especialmente ao padre Huvelin, a Maria de Bondy e a Enrico de Castries.

A sua espiritualidade permanece centralizada no "mistério de Nazaré", que desejava viver plenamente.

O traço mais importante é o seu amor cheio de ternura por Cristo, que costumava chamar de "Bem-amado Irmão e Senhor Jesus". Desse amor brota, em primeiro lugar, a importância da contemplação, a adoração silenciosa da presença eucarística, largamente praticada por ele e deixada como um pilar nas Congregações que se inspiram nele. Em consequência desse amor, o desejo de imitação da pobreza, do sofrimento e da abjeção de Cristo.

O outro aspecto importante da espiritualidade é a sua vocação de "Irmão universal". Uma vocação chamada a encarnar o amor e o serviço entre os mais humildes e marginalizados, através da amizade e do testemunho silencioso. Esse amor, levado às últimas consequências, exige o compartilhamento da condição social dos mais pobres, o trabalho manual e o serviço incondicional.

Em seu itinerário espiritual Charles de Foucauld sofreu a influência dos dois santos do Carmelo: → TERESA DE JESUS e → JOÃO DA CRUZ. Da primeira captou o amor apaixonado pelo Senhor; de São João aprendeu o sentido da renúncia total e a fé na eficácia da cruz. O Evangelho, todavia, permanece como a fonte mais límpida de sua espiritualidade. O Irmão Charles colocou em destaque aspectos esquecidos da mensagem de Cristo: a pobreza, o amor desinteressado e a humildade, vividos com grande originalidade. A fecundidade e a atualidade desse espírito evangélico são patentes. O interesse suscitado pela sua figura e o influxo alcançado pelas congregações que colheram a sua herança são a melhor confirmação disso.

3. HERANÇA ESPIRITUAL. Na ocasião da morte do Irmão Charles, todos os vários projetos de fundação de irmãos e de irmãs ficaram esquecidos. Somente a União de Leigos, por ele promovida, contava com um pequeno número de adeptos.

Em 1933, R. Voillaume e outros quatro companheiros assumiam em El Ebiodh, no Saara, a herança do irmão Charles e fundavam a primeira Fraternidade dos Irmãozinhos de Jesus. Ao mesmo tempo, em Montpellier, na França, nascia a primeira Fraternidade das Irmãzinhas do Sagrado Coração de Jesus, inspiradas na primeira Regra do Irmão Charles, escrita em 1902. Alguns anos mais tarde, em 1939, uma filha espiritual do padre Voillaume, Madalena de Jesus, iniciava a Fraternidade das Irmãzinhas de Jesus. Entrementes, expandia-se a Associação leiga que em 1955 tomava o nome de Associação Charles de Jesus, padre de Foucauld.

Essas congregações religiosas, de grande vitalidade espiritual, transmitiram o espírito e tornaram conhecida a figura do eremita de Béni Abbès, tornando-o um dos autores espirituais mais lidos de nosso tempo. Grande parte desse mérito pertence ao padre Voillaume que, com a direção das Congregações feminina e masculina, e com os seus escritos que se tornaram clássicos da espiritualidade, colocou em destaque o espírito do irmão Charles e a sua aderência ao momento da Igreja atual. Nos últimos anos, duas outras congregações, nascidas do mesmo tronco, juntaram-se às já existentes: os Irmãozinhos e as Irmãzinhas do Evangelho. Na Itália muito contribuíram para tornar conhecido o seu espírito e a sua imagem os escritos de Carlo Carreto. Pertencem à grande família de Charles de Foucauld sacerdotes unidos à União sacerdotal Jesus Caritas e leigas consagradas pertencentes à Associação Fraternidade Jesus Caritas.

BIBLIOGRAFIA. SIX, J. F. *Itinéraire spirituel de Charles de Foucauld*. Paris, 1958; VOILLAUME, R. *Come loro*. Roma, 1971; cf. a revista *Jesus Caritas*. A obra completa de De Foucauld (em tradução italiana) pode ser encontrada na editora Città Nuova, Roma, 1972 ss.; JACQUELINE, B. Carlo de Foucauld. In: *Dizionario degli Istituti di Perfezione*, IV, Roma, 1977, 162-165; BORRIELLO, L. *Il messaggio spirituale di Carlo de Foucauld*. Bologna, 1970; IBID. *Sulle orme di Gesú di Nazaret. Evoluzione interiore e dottrina spirituale di Carlo de Foucauld*. Napoli, 1980; FURIOLI, A. *L'amicizia con Cristo in Carlo de Foucauld*. Brescia, 1980.

J. CASTELLANO

DECÁLOGO. O Decálogo é um breve compêndio de prescrições religiosas e morais, inserido no contexto do pacto que Deus estipulou com o povo de Israel no monte Sinai.

1. TERMINOLOGIA. O termo "Decálogo", formado por duas palavras gregas que significam "dez palavras", é usado na Igreja cristã desde o século II d.C. para indicar os dez preceitos que se encontram em dois livros do Antigo Testamento: Ex 20,2-17 e Dt 5,6-11. No texto hebraico a expressão "dez palavras" é encontrada em três passagens: Ex 34,28; Dt 4,13; 10,4. Enquanto o texto do Êxodo se refere aos mandamentos de natureza cultural contidos na perícope Ex 34,10-26, os dois textos do Deuteronômio muito provavelmente se referem ao nosso Decálogo. O número dez é apenas convencional, porque poderiam ser contados mais de dez preceitos no texto transmitido; o número dez é uma fórmula mnemotécnica que bem se adapta aos dez dedos das mãos.

2. DUPLA RECENSÃO E DISTRIBUIÇÃO. As duas formas textuais do Decálogo convergem tanto na forma quanto no conteúdo, mas diferem em vários pontos. Entre Ex 20,2-17 e Dt 5,6-11 podem ser notadas dezenas de diferenças, geralmente reduzidas ao mínimo, como a presença ou não da conjunção *waw*. As diversidades mais notáveis referem-se ao preceito do sábado, dos pais e os dois últimos mandamentos.

Em Dt 5,22 fala-se de duas tábuas de pedra nas quais Deus teria escritos "essas palavras", isto é, os preceitos contidos em Dt 5,6-21. Outras passagens em que são mencionadas as duas tábuas, como Ex 32,14-15; 34,1,4; Dt 9,9; 10,1-5 não se referem diretamente ao nosso Decálogo. A expressão antropomórfica que atribui a Deus a escrita dos preceitos quer sublinhar a origem divina dos mandamentos. Discute-se entre os exegetas o modo como eram distribuídos, nas tábuas, os dez mandamentos, que deviam apresentar uma forma breve e concisa: 5 + 5, divisão baseada no balanceamento das duas tábuas; 4 + 6 segundo o critério de separação entre os deveres para com Deus e aqueles para com o próximo.

A tradição cristã conhece duas divisões do Decálogo. → ORÍGENES reúne em um só preceito o primeiro e o segundo mandamento do texto hebraico e desdobra o último, que proíbe desejar a mulher e os bens do próximo. Essa distribuição foi aceita por Santo → AGOSTINHO e entrou em uso junto aos católicos e luteranos. José Flávio, Filão Alexandrino e os Padres gregos em geral mantêm a separação entre o primeiro e o segundo preceito do texto hebraico e consideram como um só mandamento aquele que proíbe o desejo da mulher e dos bens alheios. Esta forma do Decálogo é recebida hoje pelos ortodoxos e pelos reformados.

3. ASPECTOS ESTRUTURAIS E LITERÁRIOS. O Decálogo é composto de três elementos: um preâmbulo (Ex 20,2; Dt 5,6), que serve para introduzir os mandamentos; a primeira tábua, que compreende os preceitos teológicos que se referem ao culto a Deus; e a segunda tábua, que resume os preceitos éticos derivados da fé em YHWH. Existe uma relação muito íntima entre os três elementos, isto é, entre a revelação histórica de Deus no Êxodo do Egito, o reconhecimento prático da soberania divina e a atitude correta para com o próximo. História, fé e moral são interdependentes entre si.

Sob o ponto de vista formal, o Decálogo não se apresenta de modo unitário. Na primeira parte (Ex 20,2-6; Dt 5,7-10), o próprio Deus fala de modo direto, enquanto na segunda (Ex 20,7-17; Dt 5,11-21) fala-se de Deus em terceira pessoa. A maioria dos preceitos é redigida de forma negativa com a partícula *lo'* (não) e o imperativo do verbo na segunda pessoa do singular, ao passo que o preceito do repouso e o referente aos pais apresentam uma forma positiva. É notável a diversidade de amplitude: alguns mandamentos constam de duas palavras (não matar, não cometer adultério, não furtar), enquanto outros, como o preceito do sábado, compreendem vários versículos.

4. CONDICIONAMENTO HISTÓRICO. A dupla recensão do decálogo encontrada nos livros do Êxodo e do Deuteronômio, é o resultado de uma longa evolução histórica que sofreu o influxo das várias situações sociais pelas quais passou o povo de Israel (nômade, seminômade, sedentário). Contribuíram para a formulação do decálogo o progresso da revelação divina encontrada no Antigo Testamento e a catequese popular, que interpreta e adequa as antigas prescrições morais.

O texto do Êxodo não se insere bem no contexto da teofania do Sinai, já que Ex 20,1-17 não está em seu lugar original. Em Ex 20,1 supõe-se que Moisés se encontre no monte Sinai e que ali Deus lhe revele o Decálogo. Mas em Ex 19,25 Moisés está aos pés da montanha e a narração, interrompida em Ex 19,25, tem a sua continuação em Ex 20,18. Ao contrário, em Ex 20,21 Moisés sobe ao monte, porém em Ex 24,3 ele anuncia ao povo os mandamentos, que se supõe já recebidos na montanha santa.

A menção do estrangeiro que está "dentro das tuas portas" (Ex 20,10; Dt 5,14) e do "boi e do jumento", no último preceito (Ex 20,17; Dt 5,21), supõem que Israel se dedique à agricultura e habite em vilarejos, o que remete ao período da sedentariedade. O preceito do sábado é motivado em Ex 20,8-11 por uma referência à narração sacerdotal da criação, cuja redação remonta a uma fase tardia. Mas em Dt 5,12-15 a motivação do sábado apresenta em vez disso um aspecto social, que supõe uma sensibilidade pessoal mais desenvolvida na sociedade hebraica. Isto é verdade também pelo que diz respeito ao décimo mandamento. Em Ex 20,17 a mulher pertence ao inventário da casa e não deve ser desejada, enquanto que em Dt 5,21 ela está acima da casa, sendo considerada pessoa autônoma. A terminologia encontrada nos preceitos ampliados (II, IV, X) é a do Deuteronômio. Supõe-se que a forma atual do Decálogo, nas duas recensões, deva ser situada no tardio período pré-exílico, por volta do século VII a.C.

5. CONTRIBUIÇÃO MOSAICA. Não deve ser ignorada a contribuição de → MOISÉS na primeira redação do decálogo, que comporta breves proibições absolutas e incondicionais. É certo que as tribos nômades, que constituíram o povo de Israel, precisavam de algumas normas éticas para poder conviver de modo harmônico e em justa relação com Deus. No Livro egípcio dos Mortos e no texto de Babilônia, que remontam a um período pré-mosaico, são encontrados significativos paralelos com os preceitos do Decálogo. Nos santuários egípcios os fiéis encontravam várias listas de proibições que regulavam o acesso ao templo. É justificado pensar que também na época de Moisés existisse um regulamento que disciplinasse a participação dos clãs nos cultos. Os primeiros dois mandamentos representam a expressão mais típica e original da fé das tribos israelitas, e inserem a adoração ao único Deus YHWH e a rejeição aos ídolos, ao culto anicônico, o respeito ao nome de YHWH e ao sábado. Essas prescrições e proibições constituem um caso único na história das religiões. Devem ter a sua origem na fé de Israel, que o Antigo Testamento inteiro faz convergir para Moisés. "Não é pretensioso pensar que o próprio Moisés, criado na escola dos escribas egípcios, tenha dado forma à ética própria dos clãs israelitas e

que, unindo tais proibições éticas às exigências fundamentais da adoração exclusiva a YHWH e da proibição das estátuas, tenha marcado o nascimento do Decálogo, entendido globalmente como expressão da vontade de YHWH no pacto firmado com o povo de Israel. A ética dos clãs passou, assim, a ser mandamentos do Deus da aliança" (G. BARBAGLIO, *Dizionario Enciclopédico di Teologia Morale*, Roma, 1976, 208).

Era uso, no Antigo Oriente, que documentos importantes da vida das nações, de modo especial os referentes aos pactos, fossem guardados nos santuários. Este uso também abrangeu o Decálogo. Em Dt 10,5 (cf. Ex 26,14; 40,20), narra-se que Moisés colocou, por ordem de YHWH, na arca da → ALIANÇA as tábuas com as "dez palavras". Quando a arca santa foi solenemente levada para o Templo de Jerusalém, as duas tábuas de pedra ainda estavam lá (1Rs 8,9; 2Cr 5,10). O escopo da conservação dos documentos no santuário não era somente proteger o texto e afirmar o caráter sagrado, mas também poder lê-lo para o povo durante as festas. Essa informação, que se insere apropriadamente nos costumes do Antigo Oriente, depõe em favor da antiguidade e da origem fundamentalmente mosaica do Decálogo.

6. DESENVOLVIMENTO HISTÓRICO. A antiga lista de preceitos foi regularmente repetida, proclamada e interpretada no culto por ocasião da renovação da aliança e da pregação dos profetas. A cada sete anos, quando era renovado o pacto com Deus (Dt 31,10-13), o Decálogo era explicado e atualizado. O texto de Dt 31,10.13 refere-se explicitamente ao texto inteiro do livro do Deuteronômio, que devia ser lido e decorado. Se isto se refere ao Deuteronômio inteiro, justificadamente vale pelo Decálogo, que é um texto mais breve e mais adequado à memorização.

Os profetas nunca citam o Decálogo em sua inteireza, nem aludem a uma sua redação escrita, mas conhecem o seu conteúdo. Em Os 4,2 são evocados os preceitos V, VII e VI, chamando o povo à fidelidade da aliança. Em Jr 7,9 há uma referência aos preceitos VII, V e VI. Ezequiel e Joel mostram-se preocupados pela observância do sábado. Contudo, as exigências dos profetas vão além das prescrições do Decálogo: insistem não só nos deveres negativos com relação ao próximo, mas incitam a um comportamento positivo com referência aos pobres, oprimidos e estrangeiros.

O código dtr (Dt 5–26), caracterizado por um elevado sentido teológico da lei, considerada como palavra viva de YHWH, introduziu nos séculos VII-VI, na tradição judaica, os tesouros de fé e de culto próprios das tribos do Norte. O Decálogo, posto na boca de Moisés, em seu segundo discurso possui determinações sobre a proibição de fazer imagens de Deus, o repouso sabático, a proibição de invocar o nome de Deus em vão, o motivo do repouso sabático e a promessa feita àqueles que honram os pais.

No Decálogo atual é perceptível o influxo da tradição sapiencial, à qual provavelmente remonta a forma positiva dos preceitos concernentes ao repouso sabático e a honra devida aos pais. À tradição sacerdotal, que pertence ao tempo do exílio, atribui-se a origem do repouso do sábado em Ex 20,8-11.

Tanto na redação E da teofania do Sinai (Ex 19–24), que remonta ao século VIII a.C., quanto no código dtr do século VII, o decálogo aparece como um documento diretamente ligado à revelação do Sinai. Apresentando um conteúdo geral, tinha que ser aplicado de modo circunstanciado aos casos particulares da vida.

Na época monárquica e pós-exílica foram compostos códigos legislativos mais amplos e detalhados, que levavam em conta a realidade civil, política, social e religiosa do tempo. Aparecem como comentários aos dez mandamentos. O código da aliança (Ex 20,22–23,19), uma das mais antigas coleções de leis, regula as relações humanas em uma sociedade nômade-pastoral, que se situa no início da cultura agrícola. O código cultual (Ex 34,11-16) contém prescrições rituais relativas às festas e aos sacrifícios a serem oferecidos por ocasião da colheita e da vindima. A legislação deuteronômica (Dt 12-26) pressupõe uma sociedade centralizada e organizada com a casa reinante, o colégio dos juízes e o sacerdócio, no qual pratica também o comércio. Após o exílio foi redigida "a lei da santidade", que regula minuciosamente o casamento e a vida sexual com o objetivo de conservar pura a raça (Lv 17–26).

O Decálogo distingue-se dos outros códigos veterotestamentários pela ausência do aspecto cultual e o predomínio de normas gerais éticas mínimas, o que depõe em favor de sua substancial arcaicidade. Convém observar, todavia, que em sua longa história redacional o decálogo desenvolveu-se sempre entre os dois polos: Deus e o próximo. O Deus único deve ser adorado sem imagens, no respeito ao seu nome inefável e com o repouso sabático. A relação com o próximo baseia-se no respeito devido aos pais e no resguardo que se deve ter com o próximo, pelo qual estão proscritos o homicídio, o adultério, o furto, o falso testemunho e a apropriação indevida dos bens alheios.

7. ANÁLISE. *O preâmbulo histórico-teológico.* "Eu sou YHWH, que te tirou da terra do Egito, da casa da escravidão". A formulação é idêntica em Ex 20,2 e Dt 5,6. Deus apresenta a si mesmo com o nome revelado a Moisés, e como aquele que, graças à libertação do povo do Egito, tornou-se o Deus particular de Israel. A expressão "teu Deus" é a típica fórmula da aliança sinaítica e sublinha a estreita relação de benevolência e de dependência que unem Deus ao povo e o povo a Deus. A clássica fórmula sintética "tirar da terra do Egito" resume toda a epopeia da libertação que compreende a emancipação da opressão egípcia, a passagem do mar dos Juncos, a permanência no deserto, a conclusão do pacto no Sinai e a entrada na terra prometida. Essa fórmula será frequentemente repetida como artigo fundamental do Credo israelita. Graças à libertação do Egito, Israel tornou-se um povo independente, responsável e disponível à escuta e ao diálogo. Os dez mandamentos são a expressão da bondade de Deus por seu povo. A observância dos preceitos torna-se manifestação de fé na obra salvífica de Deus, aceitação de sua gratuita eleição, reconhecimento pelos benefícios recebidos e obediência à sua divina vontade. Entre Deus e o ser humano se estabelece uma relação de amor baseada na revelação divina e na conformidade ao seu querer.

Convém observar que o prólogo apresenta afinidades com a autoapresentação do soberano nos contratos de aliança hititas feitos com um vassalo.

Primeiro mandamento. "Não terás outros deuses diante de mim" (Ex 20,3: Dt 5,7). Com esta fórmula concisa e original, apodítica e negativa, idêntica nas duas redações, foi expresso o preceito fundamental do Decálogo e de toda a religião judaica. Trata-se de uma declaração de princípio. O discurso é dirigido diretamente a cada um de forma pessoal, não mediante uma ordem genérica e impessoal. O indivíduo sente-se interpelado de modo a ter que dar uma resposta compromissada sem escusas e sem equívocos. O "tu", porém, deve ser entendido como se dirigido a cada israelita, portanto, ao povo inteiro.

A expressão "deuses estranhos" (ou outros deuses) ocorre com frequência no Deuteronômio (7,4; 11,16; 13,7.14; 17,3; 28,36.64; 29,25) e indica as divindades adoradas pelos povos pagãos, especialmente pelos cananeus. "Diante de mim", em hebraico *'al panaj*, pode ser entendido de várias maneiras: junto a mim e contra mim, em detrimento de mim, para desafiar-me. "Ter outros deuses" é uma fórmula que significa render culto a outras divindades (cf. Ex 22,19; 34,14; Sl 81,10). O significado do preceito é que o israelita não deve prestar culto a outros deuses fora de YHWH. A idolatria e o sincretismo são repudiados. Em si, não é negada a existência de outras divindades, mas exclui-se o seu direito de cidadania em Israel. YHWH não tolera rivais nem intermediários entre ele e o povo libertado do Egito. Trata-se de um monoteísmo prático, não elaborado teologicamente, ou melhor, de uma monolatria dinâmica, que prepara o monoteísmo teórico, desenvolvido pelo Deuteronômio (6,4; 32,39) e pelo Dêutero-Isaías (43,10; 44,6.8). Sob o ponto de vista moral, o mandamento inclui o serviço de YHWH como único Deus, ao qual se dedica o ser inteiro, submetendo-se a ele e obedecendo às suas ordens, porque ele é um Deus que salva.

Segundo mandamento. "Não farás para ti ídolos ou coisa alguma que tenha a forma de algo que se encontre no alto do céu, embaixo na terra ou nas águas debaixo da terra. Não te prosternarás diante desses deuses não os servirás, porque eu sou o Senhor teu Deus, um Deus ciumento, visitando a iniquidade dos pais nos filhos até a terceira e a quarta geração — se eles me odeiam —, mas provando a minha fidelidade a milhares de gerações YHWH se eles me amam e guardam os meus mandamentos" (Ex 20,4-6). A redação de Dt 5,8-10 apresenta diferenças mínimas: acrescenta a conjunção *waw* (e) nos versículos 8.9, e no versículo 10 tem "os seus mandamentos" em vez de "os meus mandamentos", como se lê em Ex 20,6.

O preceito é formulado de modo difuso e minucioso, inclui três imperativos negativos e uma ampla motivação que descreve o comportamento oposto de Deus para com os seres humanos que transgridem ou observam o preceito. O segundo mandamento é o mais longo da primeira parte do Decálogo.

O mandamento contém duas proibições: a de fazer estátuas e imagens, e render culto aos ídolos. "Prosternar-se diante deles" e "servi-los" são conceitos sinônimos.

Observam-se pontos obscuros. A "escultura" se refere aos ídolos ou a YHWH? Não se determina de que coisa é proibido fazer a imagem. O termo "imagem", que se segue ao de "escultura", é simplesmente uma aposição, conforme dá a entender o texto do Deuteronômio, que não interliga entre si os dois termos, ou se trata de uma nova série de objetos proibidos, como faz supor o texto do Êxodo? A proibição de "não prosternar-se diante deles" refere-se às estátuas ou aos deuses estranhos, cuja adoração já é proibida no primeiro mandamento?

O termo hebraico *pesel*, traduzido por "estátua", designa uma imagem entalhada em madeira ou em pedra, que representa uma figura humana, um animal ou uma estela (cf. Ex 20,23; 34,17; Dt 27,15). É o termo técnico no Antigo Testamento para designar o ídolo. A palavra *te mûnâ* (imagem) indica uma escultura ou um artefato que reproduz o seu modelo, ou uma efígie de uma forma qualquer. Os dois termos, *pesel* e *te mûnâ*, são sinônimos e designam qualquer representação material e concreta de uma divindade. A menção das três regiões que constituem o universo (o céu, a terra e as águas das quais provêm as nascentes e os rios) é uma forma hiperbólica que indica a proibição absoluta de quaisquer representações.

Os antigos semitas e os egípcios imaginavam que o ídolo, isto é, a estátua do deus, garantisse certa presença da divindade, enquanto as forças do mundo e da vida, consideradas divinas, que carregam o ser humano e operam nele, assumem uma forma visível e palpável. Através da estátua do deus se podia dispor ao bel-prazer de seu poder, apoderar-se dele e utilizá-lo arbitrariamente.

O binômio "prosternar-se diante e servir" sempre é usado no Antigo Testamento em ligação com as divindades estranhas e com os cultos proibidos, nunca com a menção das imagens, como se estas fossem a encarnação da divindade, como é crassamente suposto em Is 44,9-20. Dessas considerações deduz-se que a proibição de prestar culto não se refere às estátuas e imagens idólatras, mas aos outros deuses mencionados no primeiro mandamento. Parece clara a estreita ligação entre os dois primeiros mandamentos, que uma tradição cristã unificou. É possível que no início a proibição das imagens tenha tido um significado diferente e que não representasse uma simples repetição ou variação do primeiro preceito.

No contexto atual do Decálogo, o segundo preceito proíbe fabricar os ídolos das divindades estrangeiras, realizar cultos em sua honra e fazer imagens que pretendam representar ou incorporar YHWH. Há uma grande diferença entre YHWH e os ídolos. O verdadeiro Deus não está ligado a um tempo ou a um lugar, não se pode dispor de seu poder, logo, não pode estar presente em uma estátua ou imagem; YHWH está em toda parte e caminha com seu povo nos lugares mais inacessíveis. Nada é adequado para representar YHWH, porque tudo foi criado por ele em benefício do ser humano. Assim, nada de criado e limitado pode encerrar o verdadeiro Deus. Age e se revela sem apresentar nenhuma semelhança humana (cf. Dt 4,12), sem nenhum suporte material. Invisível e transcendente, manifesta-se nos eventos históricos, quando e como quer, não nos objetos que ficam sob o controle dos seres humanos.

O preceito não proíbe os símbolos sagrados que não são objeto de culto, como a serpente, a nuvem, a lâmpada e os querubins (cf. Ex 25,18; 26,1.31; Nm 31,4-9), nem o uso dos antropomorfismos ao falar de YHWH. Os dois bezerros de ouro que Jeroboão mandou erigir nos santuários nacionais de Betel e Dan (1Rs 12,28), não se sabe se eram considerados pedestal para o Deus invisível ou se eram o símbolo de YHWH. Entretanto, os autores deuteronomistas e os profetas condenam com vigor essa imagem e o culto praticado diante dela. O judaísmo tardio também admitiu figuras humanas nos lugares sagrados, como ficou comprovado na sinagoga de Dura Europos do século III d.C.

A razão da proibição, referente ao primeiro em vez de ao segundo mandamento, é o ciúme de YHWH, que não tolera a seu lado competidores, sejam eles divindades ou demônios. O ciúme divino manifesta-se de duas maneiras: com aqueles que odeiam o verdadeiro Deus, isto é, o abandonam para adorar outras divindades (cf. Gn 29,31-33; Dt 21,15-17), revela-se em toda a sua severidade atingindo os apóstatas por quatro gerações, isto é, durante todo o tempo de sua existência e a de seus descendentes. Ao contrário, com aqueles que o amam, isto é, que observam os preceitos, Deus demonstra uma benevolência sem limites no tempo. Emerge nessa motivação a antiga mentalidade coletiva, segundo a qual as culpas de um indivíduo incluem o castigo aos seus descendentes, enquanto a obediência a

Deus atrai as bênçãos para uma longa posteridade, expressa na hiperbólica expressão de "mil gerações".

Terceiro mandamento. "Não pronunciarás o nome do Senhor em vão, pois o Senhor não deixa impune quem pronuncia o seu nome em vão" (Ex 20,7; Dt 5,11). O preceito, idêntico nas duas redações, contém uma proibição apodíctica e uma motivação de teor bastante geral, na qual se repete a fórmula do preceito. É o único mandamento em que se fala de uma autêntica punição do transgressor.

O nome de YHWH indica a própria pessoa de Deus enquanto se dá a conhecer aos seres humanos como salvador e protetor. Conhecer o nome de alguém significa exercer certo poder sobre a pessoa. O termo hebraico *sawe'*, traduzido como "em vão", pode ter diferentes significados, indicando o nada, o falso, o pecado e a idolatria. A proibição é genérica, portanto muito ampla; quer excluir qualquer profanação do nome divino e da pessoa de Deus, que ocorre quando se emprega o nome com leviandade, por coisas inúteis, para a falsidade, com um objetivo maldoso, como no perjúrio (cf. Lv 19,12), na blasfêmia (cf. Lv 24,14-15). Discute-se se também está incluída a proibição de usar o nome de Deus nas maldições ou como fórmula mágica, já que os textos bíblicos não fazem alusão a esses casos. O verbo hebraico *nqh*, que significa: não declarar inocente, não perdoar, é sempre usado para crimes graves, como o adultério, o falso testemunho, o homicídio, a opressão dos pobres. O judaísmo tardio terá escrúpulos em pronunciar o nome de YHWH e o substituirá pelo de Adonai.

Pelo lugar ocupado por esse preceito e pelo conteúdo está intimamente ligado ao mandamento das imagens. Os três primeiros preceitos afirmam aquilo que é típico na religião hebraica: a adoração do Deus único, que se revelou a Israel, o culto sem imagens, o grande respeito e veneração pelo nome divino.

Quarto mandamento. "Que se faça do dia de sábado um memorial, considerando-o sagrado. Trabalharás durante seis dias, fazendo todo o teu trabalho, mas o sétimo dia é o sábado do Senhor, teu Deus. Não farás trabalho algum, nem tu, nem teu filho, nem tua filha, nem teu servo, nem tua serva, nem teus animais, nem o migrante que está em tuas cidades. Pois em seis dias o Senhor fez o céu e a terra, o mar e tudo o que eles contêm, mas no sétimo dia repousou. Eis por que o Senhor abençoou o dia de sábado e o consagrou" (Ex 20,8-11).

A redação de Dt 5,12-15 apresenta algumas divergências e acréscimos. No início do mandamento, em vez de "lembra-te" encontra-se o imperativo "observa". Na primeira sentença positiva acrescenta-se: "como YHWH, teu Deus, te ordenou". A última sentença negativa é mais ampla, incluindo na lista das pessoas e coisas que devem repousar também as palavras "nem o teu boi, nem o teu jumento, nem nenhum dos teus animais". O motivo é apresentado da seguinte maneira: "a fim de que o teu servo e a tua serva repousem como tu. Tu te lembrarás de que, na terra do Egito, eras escravo e que o Senhor, teu Deus, te fez sair de lá com mão forte e braço estendido. Eis por que o Senhor, teu Deus, te ordenou guardar o dia de sábado" (Dt 5,14-15).

O mandamento apresenta uma estrutura complicada: começa com três sentenças apodícticas, das quais duas positivas e uma negativa, e prossegue com uma dupla motivação teológica. Este é o primeiro preceito redigido de forma positiva, que compreende importantes complementos e remanejamentos que atestam a diferente interpretação dada ao longo dos séculos sobre a observância do sábado.

A origem do sábado, isto é, do dia de repouso, é obscura. O nome vem, talvez, do verbo *sbt* (cessar), aparentado com a raiz que exprime o número sete (*seba'* mais a desinência feminina *t*). É pressuposta a divisão de tempo em uma série ininterrupta de semanas, das quais o sétimo dia, chamado *sabat*, tem a prerrogativa de ser para YHWH. É como uma oferta ou décima do tempo reservada a Deus; é separado dos outros dias e dedicado ao Senhor no final de um período de atividade profana. O termo "lembra-te", de Ex 20,8, que significa atualizar, tornar operoso e frutífero, supõe que a observância do sábado seja um uso enraizado já há tempos na sociedade israelita e não se apresenta como uma inovação. O modo de observar esse dia é a abstenção do trabalho, estendida a todos aqueles que fazem parte da mesma família, juntamente com os peregrinos, sem excluir os animais. Lv 23,3 fala de uma convocação sagrada no dia de sábado, e Nm 28,9-10 menciona naquele dia a oferta de sacrifícios especiais.

A razão da observância, depois da evocação à criação de Gn 1 em Ex 20,11, é honrar a Deus em seu repouso após a conclusão da semana criadora. Poder-se-ia falar de uma participação do ser humano no repouso divino. É este o aspecto religioso da observância, enquanto Dt 5,14-15 sublinha o caráter social e humanitário. O termo "observar" (Dt 5,12) significa: ser escrupuloso e vigilante na prática desse preceito. Embora fazendo uma tênue referência ao repouso único e singular do Criador do mundo, o Deuteronômio sublinha sobretudo, como razão da observância, a lembrança da libertação da escravidão do Egito. As pessoas se libertam do trabalho após seis dias para dar testemunho de que foram libertadas da opressão estrangeira. Nessa celebração também tomam parte os escravos que, um dia por semana, tornam-se livres como os seus senhores. O sábado aparece como uma repetição e prolongamento da festa pascal. Assim, adquire expressão a afirmação da vida e da liberdade do ser humano. Em dia de sábado, todos, independentemente da sua posição social, podem viver uma vida realmente digna do ser humano, realizando uma igualdade basilar comum. O israelita e aqueles que vivem com ele não devem ser completamente subjugados pelo trabalho, considerado, às vezes, na Bíblia em um contexto negativo. Desse modo, os operários são protegidos da desumana exploração dos patrões.

É um fato singular que nos textos bíblicos mais antigos, excetuando-se o Decálogo, nunca se faça menção à observância sabática. Na época da monarquia, o sábado aparece ligado não tanto com o ritmo hebdomadário mas com o das fases lunares e das festas (Am 8,5; Os 11,13; Is 1,13; 2Rs 4,23; 11,5.7.9). Assim, estabeleceu-se que no início o sábado era celebrado como festa da lua cheia e em seguida foi mudado o dia de repouso fixado para cada sétimo dia. Isto teria ocorrido no século VII a.C. depois da mudança do calendário e da adoção, no retorno do exílio babilônico, do calendário sacerdotal sob a influência da astrologia mesopotâmica. Finalmente, o sábado se teria imposto graças à autoridade que os reis persas conferiram ao texto escrito dos costumes e das leis da sociedade judaica. É fato que, após o exílio babilônico, a observância do sábado impôs-se com muito vigor, tornando-se um dos principais deveres religiosos do judaísmo. Prova disto é a redação sacerdotal do texto do Êxodo (cf. Lv 19,3.30; Is 56,2.4.6; 58,13).

Quinto mandamento. "Honra teu pai e tua mãe, a fim de que teus dias se prolonguem sobre a terra que o Senhor, teu Deus, te dá" (Ex 20,12).

Dt 5,16 acrescenta à primeira sentença: "conforme YHWH, teu Deus, te ordenou"; a promessa é redigida na forma: "para que a tua vida seja longa e sejas feliz na terra que YHWH, teu Deus, te dá". O preceito situa-se na metade do Decálogo e é redigido de forma positiva e apodíctica, com o acréscimo de uma promessa que se desdobra no texto do Deuteronômio.

O verbo "honrar", também usado na relação com Deus (Lv 19,3; Ml 1,6), significa dar peso, importância, ou seja: venerar, socorrer, reconhecer o lugar que cabe na família e na sociedade. O pai e a mãe, considerados juntos e colocados no mesmo plano, pertencem à esfera sacral, porque transmitem a vida considerada como o máximo bem absoluto. Em uma família de tipo patriarcal e eventualmente polígama, a velhice não dispensa do direito de governar os filhos, ainda que já casados e com prole, e de tomar decisões importantes. Os livros sapienciais são ricos de exortações que sublinham o respeito devido aos velhos (Pr 16,31; Sr 7,14; 8,9; 25,4-6) e aos pais (Pr 15,5; 20,20; Sr 3,1-16; 7,27-28; 23,14), os quais não devem ser atingidos (Ex 21,15), desprezados (Dt 21,18-21; 27,16) ou amaldiçoados (Ex 21,17; Lv 20,9). O preceito não é dirigido às crianças que estão sob a tutela dos pais, mas aos filhos adultos, que já são pais de família. Eles têm a obrigação, no âmbito da tribo e da parentela, de cuidar dos pais idosos, de socorrê-los tornando menos dura a sua existência, ainda mais se constituem um peso para a comunidade familiar e são inúteis para o trabalho.

A promessa especial devida à observância do preceito é a longevidade terrena, considerada como o sumo bem na ausência de uma perspectiva de felicidade pós-terrena. A vida recebida dos pais se prolongará até à plenitude dos dias. A terra dada por deus alude ao patrimônio hereditário que Deus estabeleceu para cada família, destinado a ser transmitido como um bem absolutamente intangível de geração em geração. Entrar pacificamente na herança dos pais era uma das aspirações mais ardentes do bom israelita.

O Deuteronômio valoriza o preceito fazendo alusão ao mandamento de Deus, isto é, à sua vontade e à lei. Em outra parte a promessa da felicidade e da longevidade está ligada à observância de todos os preceitos em geral; aqui, porém, somente com a da honra devida aos pais.

Sexto mandamento. Os cinco últimos preceitos formam um complexo dedicado às relações gerais com o próximo, representando as exigências mais fundamentais da convivência humana. O VI, o VII e o VIII mandamentos, idênticos na redação, apresentam uma forma muito sucinta, com uma negação e um verbo no imperativo. O caráter categórico das proibições e a falta de qualquer punição sob a forma de ameaça ou de promessa faz com que os preceitos constituam uma prescrição moral absoluta, aceita porque é desejada por Deus ou exigida pela própria natureza social do ser humano. "Não cometerás homicídio" (Ex 20,13; Dt 5,17). O verbo hebraico *rsh* é usado para indicar a morte ou o assassinato de um adversário pessoal; somente uma vez ele designa uma execução judiciária (Nm 35,30). Com essa ordem fica proibido o assassinato injusto de um ser humano, cometido por ódio, roubo ou súbito ímpeto de ira. Não se proíbe nem a morte determinada pelas leis civis, nem aquela legalizada pelo uso, como a vingança particular do sangue (Nm 35,19.21), nem a morte na guerra, quer durante o combate, quer após a vitória (cf. Js 6,17-24; 8,27).

Sétimo mandamento. "Não cometerás adultério" (Ex 20,14; Dt 5,18). A formulação do preceito é geral, sem indicação do objeto nem do sujeito, separada de qualquer sistema social particular. Assim, o significado do preceito deve ser deduzido do contexto e das passagens paralelas do Antigo Testamento (cf. Lv 20,10; Dt 22,22). Supõe-se que esteja em vigor a prática do divórcio e também a poligamia, ao menos teoricamente e em certas épocas da história de Israel. O casamento é concebido como a aquisição de um conjunto de bens, entre os quais destaca-se a esposa, da qual o marido torna-se legítimo possuidor. O escopo do preceito é não atingir os direitos do marido, sobretudo a legitimidade de sua descendência. *De per se* o mandamento refere-se à fidelidade matrimonial da mulher, logo, à legitimidade dos filhos, que são os herdeiros dos bens da família, os continuadores das tradições religiosas e civis, e o penhor da sobrevivência familiar após a morte. Por isso, qualquer infidelidade da mulher em relacionamento com outro homem é considerada adultério, ao passo que o homem — casado ou não — somente é considerado adúltero quando se une a uma mulher já casada; se tem um relacionamento com uma jovem solteira ou com uma meretriz, não transgride o preceito, porque não viola o direito matrimonial de ninguém; o seu ato não equivale à tentativa de introduzir em outra casa um filho que não pertence ao chefe da família.

O adultério era punido com a pena de morte (Lv 20,10; Dt 22,22), como os delitos cometidos contra a vida humana ou contra a religião. Nos livros sapienciais emerge uma profunda aversão com referência ao pecado do adultério e uma nova perspectiva no campo da moral sexual (cf. Jó 31,1; Pr 2,16-19; 5,3-16; 7,1-27; 31,3; Sr 9,1-9; 19,2; 23,16-19; 25,21; 26,9-12; Sb 3,13).

Oitavo mandamento. "Não furtarás" (Ex 20,15; Dt 15,19). A proibição é absoluta, sem objeto, e não entra em pormenores. Em Ex 21,16 o objeto do furto é o ser humano. O verbo hebraico *ngb* é usado para indicar o rapto de uma pessoa com o escopo de vendê-la como escrava ou por outra razão (Ex 21,16; Dt 24,7), ou designa a apropriação de um bem alheio, por exemplo uma cabeça de gado (Gn 31,30.32; 49,8; Ex 22,11; Js 7,11). A proibição refere-se a toda espécie de furto, tanto de pessoas quanto de coisas. O mandamento resguarda o direito da inviolabilidade da pessoa e da propriedade. Existe certa concorrência com o último preceito, que não parece restringir o significado do oitavo mandamento ao sequestro de pessoas.

Nono mandamento. "Não prestarás testemunho mentiroso contra o teu próximo" (Dt 5,20). O mandamento é paradigmático. Supõe-se uma ação judiciária ou uma investigação organizada pelos juízes, na qual uma pessoa, convidada ou espontaneamente, é chamada para depor com o seu testemunho. Exclui-se toda declaração falsa. O termo hebraico para falso usado em Ex 20,16 é *seqer*, que significa mentira, embrulhada, enquanto o termo de Dt 5,20 é *saw*, que se traduz como nada, inutilidade, vanidade, mentira. Embora os dois termos sejam muito afins no sentido, o texto do Deuteronômio possui um significado mais amplo, referindo-se a um testemunho que também pode ser dado fora do contexto judiciário, em família, entre amigos, na conversa de cada dia. O mandamento proíbe a mentira no tribunal e na vida cotidiana, voltado que está a guardar a honra do próximo (cf. Ex 23,1-3.6-9; Lv 19,11-12; Dt 19,15-19; 16,19).

Décimo mandamento. "Não cobiçarás a casa de teu próximo. Não cobiçarás a mulher de teu próximo, nem o seu servo, sua serva, seu boi ou seu jumento, nada do que pertença a teu próximo" (Ex 20,17). O texto do Dt 5,21 não repete o verbo desejar (*hamad*), mas usa um outro verbo sinônimo (*'awh*). Além disso, inverte os dois primeiros objetos: primeiro é proibido cobiçar a mulher, depois, usando o outro verbo, a casa; entre as coisas que não se deve cobiçar também está o campo.

As diferenças encontradas no texto do Deuteronômio são importantes sob o ponto de vista social. Emerge uma maior consideração pela mulher-esposa, que não é mais vista como um objeto menos precioso da casa, mas como algo diferente e mais importante, embora sempre seja considerada, de algum modo, propriedade do marido. Convém sublinhar o contexto eminentemente agrícola pressuposto nos acréscimos do preceito.

A casa deve ser compreendida em sentido amplo, referindo-se sobretudo às pessoas que constituem a família e aos objetos que a ela pertencem. O verbo "desejar" (hebraico = *hamad*) designa em algumas passagens não só o anseio de uma coisa, mas também a posse dela. É preciso admitir, todavia, que o significado primordial do verbo é o impulso que precede a realização de atos concretos. Esse é o único sentido do segundo verbo usado pelo Deuteronômio (*'awh*). O preceito proíbe não só apossar-se das coisas que pertencem ao próximo, mas também a cobiça de possuí-las. O mandamento convida a resistir a todos os impulsos que impelem o ser humano a transgredir os preceitos enumerados anteriormente (cf. Ex 20,13-16; Dt 5,17-20). Com efeito, mata-se, comete-se adultério, rouba-se e levanta-se um falso testemunho na medida em que o estímulo da concupiscência impele o ser humano a apropriar-se das coisas do próximo.

8. O DECÁLOGO E O PACTO SINAÍTICO.

Na narração da conclusão da aliança sinaítica contida em Ex 24,3-8, o Decálogo aparece como texto fundamental do pacto. O ritual conclusivo inclui a oferta do sacrifício e a aspersão, com o mesmo sangue, dos dois contraentes: Deus e o povo, pelo qual se tornam, de algum modo, consanguíneos. A metade do sangue é aspergida sobre o altar, símbolo de YHWH, enquanto com a outra metade asperge-se o povo. Antes, porém, de realizar esse ritual, Moisés toma o livro do pacto e o lê diante do povo: "E eles disseram: 'Tudo aquilo que o Senhor disse, nós faremos e obedeceremos'". Aspergindo o povo, Moisés pronuncia as palavras: "Eis o sangue do pacto que o Senhor fez com vocês através dessas leis". Ora, segundo o contexto, as leis lidas nessa ocasião são os preceitos do Decálogo, que antes tinham sido gravados por escrito. A aceitação do Decálogo pelo povo constitui o verdadeiro centro da aliança sinaítica, o qual é destinado a desenvolver um papel capital na vida religiosa e moral do povo de Deus. A sua observância é o sinal da comunhão que existe entre o verdadeiro Deus e o povo da eleição. Também em Dt 5,23-33 o Decálogo é apresentado como o texto por excelência da aliança do Horeb. A fidelidade ao Decálogo será uma condição de vida para o povo, e a sua infidelidade uma causa de morte (Dt 30,15-20).

O Decálogo transcende os limites de um código ético para tornar-se, em seu mais profundo significado, uma confissão de fé na salvação operada por YHWH através da libertação do Egito e do pacto sinaítico. Essa confissão de fé postula ser concretizada no culto, na vida familiar e social.

Nunca se poderá admirar sufiucientemente a elevação do conteúdo religioso e ético do Decálogo, sobretudo se comparado com as leis e os costumes dos povos do Antigo Oriente. O Decálogo israelita é o único que pode estabelecer um comportamento religioso do ser humano fundamentado em um elevadíssimo conceito de Deus, único, transcendente e santo, vingador da dignidade e da inviolabilidade da pessoa humana, e que pode suscitar uma consciência moral que valorize o respeito à vida, à honra e à propriedade do próximo.

9. O DECÁLOGO E O NOVO TESTAMENTO.

Em sua inteireza, o Decálogo jamais é mencionado no Novo Testamento. No sermão da montanha Jesus cita três mandamentos: "não matar, não cometer adultério, não levantar falso testemunho", fazendo acréscimos ao primeiro e ao terceiro deles (Mt 5,21-22.27-28.33-37). Embora reconhecendo a validade do Decálogo, Jesus deixa de lado aquilo que, especialmente na interpretação rabínica, aparecia como uma acomodação aos tempos e às circunstâncias especiais da vida de Israel. Jesus condena não só o homicídio, mas também a atitude íntima de animosidade e de ódio contra o próximo, que leva a prejudicar os seus direitos. Quanto à fidelidade conjugal, Jesus igualava os direitos e os deveres dos cônjuges (Mt 19,9; Lc 16,18), proclamando igualmente grave para um e outro toda e qualquer violação do casamento, também o desejo de tomar a mulher alheia. Sobre a honra devida aos pais, Cristo afirma a primazia que se deve dar ao seu seguimento (Lc 14,26). A observância dos mandamentos não é suficiente para alcançar a perfeição, é preciso vender os bens materiais, dá-los aos pobres e seguir a Jesus (Mt 19,16-22 ss.). Na discussão sobre o maior mandamento (Mt 23,34-40 ss.), especificando o amor a Deus e ao próximo como ponto central da revelação divina, Cristo afirma que desses dois preceitos "depende toda a lei e os profetas".

Na Epístola aos Romanos, São Paulo cita expressamente alguns mandamentos da segunda tábua do Decálogo (Ex 20,13-17; Dt 5,17-21), fazendo referência a "qualquer outro mandamento" para proclamar que a plena atuação da lei está no amor ao próximo (Rm 13,9-10).

No Novo Testamento percebe-se a tendência a sintetizar os mandamentos do Decálogo no amor fraterno, enquanto ele é uma expressão do amor a Deus. A lei antiga é aprofundada, interiorizada, radicalizada e concentrada no amor.

BIBLIOGRAFIA. ANDREASEN, N. E. Recent Studies of the OT Sabbath. Some Observations. *Zeitschrift für die alttestamentliche Wissenschaft* 86 (1974) 453-469; AUERBACH, E. Das Zehngebot Allgemeine Gesetzform in der Bibel. *Vetis Testamentum* 16 (1966) 255-276; BERNHARDT, K.-H. *Gott und Bild*. Berlin, 1956; CAZELLES, H. Les origines du Décalogue. Fs. W. F. Albright, "Eretz-Israel" IX(1969), 14-19; GAMBERONI, J. Das Elterngebot im AT. *Biblische Zeitschrift* 8 (1964) 159-190; GERSTENBERGER, E. *Wesen und Herkunft des "apodiktischen Rechts"* (Wissenschaftliche Monographien zum Alten und Neuen Testament 20). Neukirchen, 1965; GESE, H. Der Dekalog als Ganzheit betrachtet. *Zeitschrift für die Theologie und Kirche* 64 (1967) 121-138; HOSSFELD, L. *Der dekalog. Seine späten Fassungen, die originale Konzeption und seine Vorstufen.* Gottingen, 1982; JENNI, E. Die theologische Bergründung des Sabbatgebotes im AT. *Theologische Studien* 46. Zürich, 1956; JEPSEN, A. *Beiträge zur Auslegung und Geschichte des Dekalogs. Zetschrift für die alttestamentliche Wissenschaft* 79 (1967) 275-304; KESSLER, W. Die literarische, historische und theologische Problematik des Dekalogs. *Vetus Testamentum* 7 (1975) 1-16; KNIERIM, R. Das erste Gebot. *Zeitschrift für die alttestamentliche Wissenschaft* 27 (1965) 20-39; KREMERS, H. Die Stellung des Elterngebotes im Dekalog. Eine Voruntersuchung zum Problem Elterngebot und Elternrecht. *Evangelische Theologie* 21 (1961) 145-161; LANG. B. Du sollst nicht nach der Frau eines anderen verlangen. *Zeitschrift für die alttestamentliche Wissenschaft* 93 (1981) 216-224; LEMAIRE, A. Le sabbat à l'époque israélite. *Revue Biblique* 80 (1973) 161-185; LESTIENNE, M. Les dix "Paroles"et le Décalogue. *Revue Biblique* 79 (1972) 481-510; LOHFINK, N. Zur Dekalogfassung Von Dt 5. *Biblische Zeitschrift* 9 (1965) 17-32; MATHYS, E. Sabbatruhe und Sabbatfest. Uberlegungen zur Entwicklung und Bedeutung des Sabbat im AT. *Theologische Zeitschrift* 28 (1972) 242-262; MORAN, W. L. The Conclusion of the Decalogue (Ex 20,17 = Dt 5,21). *The Catholic Biblical Quarterly* 29 (1967) 543-554; NEGRETTI, N. *Il settimo giorno* (Analecta Bíblica 55). Roma, 1973; NEUENSCHWANDER, V. *Das sechste Gebot = "Du sollst nicht töten"* (Schweizerische Theologische Umschau, 31). Bern, 1961, 89-103; NIELSEN, E. *Die zehn Gebote. Eine traditionsgeschichtliche Skizze.* Kopenhagen, 1965; OBINK, H. T. Jahwebilder. *Zeischrift für die alttestamntliche Wissenschaft* 47 (1969) 264-274; OUELLETTE, J. Le deuxième commandement et le role de l'image dans la symbolique religieuse de l'AT. Essai d'interprétation. *Revue Biblique* 74 (1967) 504-516; PATRICK, A. T. Origine et formation du Décalogue. *Ephemerides Theologicae Lovanienses* 60 (1964) 242-251; PENNA, A. Il decálogo nell'interpretazione profetica. In: *Fondamenti biblici della teologia morale. Atti della XXII Settimana bíblica.* Brescia, 1973, 83-116; PHILLIPS, A. Another Look on Adultery. *Journal for the Study of the Old Testament* 20 (1981) 3-25; SCHLUENGEL-STRAUMANN, H. *Decalogo e commandamenti di Dio* (Studi Biblici 42). Brescia, 1977; ID. *Il comandamento biblico sui genitori* (Parola, Spirito e Vita 14, *La Famiglia*). Bologna, 1986, 43-58; SCHMIDT, H. *Das erste Gebot. Seine Bedeutung für das AT* (Theologische Existenz heute 165). München, 1969; SCHREINER, J. *Die zehn Gebote im Leben des Gottesvolkes. Dekalogforschung und Verkündigung.* München, 1966; STAMM, J. J. Dreissing Jahre Dekalogforschung. *Theologische Rundschau* 27 (1961) 189-239.281-305; ID. *Le Décalogue à la lumière des recherches contemporaines* (Cahiers Théologiques 43). Neuchâtel, 1959; STAMM, J. J. Sprachliche Erwägung zum Gebot "Du sollst nicht töten". *Teologische Zeitschrift* 1 (1945) 81-90; STOEBE, H. J. Das achte Gebot (Ex 20,16). *Wort und Dienst* 3 (1950) 108-126; TESTA, E. *La morale dell'AT*. Brescia, 1981, 76-118; ZIMMERLI, W. Das zweite Gebot. In: *Gottes Offenbarung. Gesammelte Ausfsätze zum AT* (Theologische Bücherei 19). München, 1963, 234-248.

S. VIRGULIN

DECISÃO. A DECISÃO NO AGIR VIRTUOSO. No aspecto psicológico, a decisão é o segundo momento do ato volitivo: é precedida pela deliberação e seguida pela execução. A decisão é essencialmente o momento da escolha e da resolução: no conflito dos motivos que impelem a agir, marca o triunfo de um deles; indica a posição que o espírito teve diante da busca das várias possibilidades de ação; inaugura o ato enquanto humano; é o momento determinante da responsabilidade, seja no bem, seja no mal, já que exprime o empenho da pessoa em seus poderes intelectivos e volitivos.

De que modo se concilia um influxo incessante divino, sempre operante, com a autonomia da própria decisão? A presença do socorro divino não priva o agir de sua livre voluntariedade. Antes, Deus o torna autenticamente voluntário e livre. Em sua magnificência, Deus se compraz em prodigalizar e fazer com que as criaturas racionais participem do bem de sua liberdade.

A imposição divina (que se exprime em preceitos e conselhos) agride a autonomia da decisão pessoal? Diante do preceito, está o dever da obediência, enquanto diante do conselho é obrigatória a docilidade. Antes de tudo, o dever da obediência não isenta da necessidade de uma decisão pessoal. "Do mesmo modo que no fazer as outras coisas o ser humano tem de agir por intuição própria, assim também na obediência aos superiores" (*STh.* II-II, q. 104, a 1). Não é que o súdito tenha que submeter a ordem do superior à própria crítica e quase colocar-se em lugar do superior para julgar a necessidade do bem comum. O julgamento do súdito refere-se à conveniência moral do ato que lhe foi imposto com relação ao ser humano que ele é. Pode ser para ele bem ou mal agir como lhe foi ordenado. A ação ordenada saberá proceder, então, da livre decisão do súdito e assumirá a dignidade de uma ação humana. Concilia-se, assim, a obediência do súdito com uma responsável decisão pessoal.

Quando é dado um conselho, este tem unicamente a tarefa de promover a prudência do indivíduo, para que seja capaz de deliberação pessoal. Se não se trata de uma ordem notificada por uma autoridade constituída, a vontade permanece livre e indeterminada, árbitra do próprio conselho (*STh.* I-II, q. 57, a. 5 a 2). Somente existe o dever de levar em consideração o conselho recebido: há uma prudente obrigação de docilidade (*STh.* II-II, q. 49, a. 3). O conselho não incide na decisão final como o preceito: este a determina por si mesmo; o conselho chega a ela através da deliberação e da escolha praticadas sobre o que foi aconselhado. Diante do conselho está o dever de discutir o seu conteúdo, de avaliá-lo à luz da própria prudência. Se na decisão final o espírito se conforma ao conselho, não é em virtude da autoridade de quem o deu, mas porque reconheceu nesse conselho, através da prudência pessoal, um valor autêntico.

Assim, é mais ampla a tarefa que a decisão pessoal desenvolve no âmbito do conselho que no da obediência. Onde há lei não pode existir iniciativa ou decisão plenamente livre; o comando na vida espiritual vem ajudar o súdito, isentando-o do esforço de buscar o caminho conveniente e adequado para santificar-se. Dever-se-ia refletir longamente e aprender da conduta do Senhor, o qual prodigaliza autonomia em profusão na vida espiritual dos seres humanos; gosta de ajudar por meio da indicação de conselhos, para permitir o florescimento de uma responsável decisão pessoal. "Onde está o Espírito do senhor, aí há liberdade" (2Cor 3,17).

2. O ÂMBITO DA CAPACIDADE DE DECISÃO. O que determina a decisão pessoal não é o conhecimento conceitual de um dado bem, que pode ser frio e pálido, privado de interesse pessoal e de valor comunicativo. Mas induz à decisão pessoal, em vez disto, o valor que em seu favor suscita a interior participação da vontade, que desperta dentro de si uma afinidade íntima e um desejo pleno de amor. Assim, o grande meio capaz de determinar a decisão é apresentar ao próprio espírito objetivos subjetivamente válidos ou valores. A capacidade de saber decidir é proporcional à capacidade de saber escolher motivos determinantes, ou acolher no espírito indicações impregnadas de valores fascinantes.

O resultado é que nem todos saberão ter uma capacidade decisiva autêntica, não sabendo ser conquistados igualmente pelos valores. Com efeito, nem todos podem abraçar o mesmo âmbito de representações ou ideias-valores. Existem certas decisões ou tarefas que só podem ser realizadas por um espírito aberto para uma visão ampla, e não por quem parece fechado dentro de um ideal privado e restrito.

A fim de que um escopo funcione como valor autêntico, a pessoa deve tê-lo usufruído em uma íntima e feliz experiência: somente desse modo ela pôde sentir íntima e imediatamente a sua bondade. Dada a sua raiz afetiva, um estado virtuoso adapta a vontade ao bem particular, que constitui o seu objeto, e a faz abrir em amor: escolha e sentimento, decisão e amor são forças destinadas a integrar-se mutuamente. Os hábitos, sensíveis e afetivos, são necessários à decisão livre e virtuosa, já que a vontade espiritual pode ser seriamente perturbada por emoções e paixões físicas. De fato, existem profundas diferenças entre as pessoas, também nas disposições sentimentais e afetivas. É compreensível então por que algumas delas, com rapidez e clareza, entregam-se à decisão, enquanto outras permanecem inquietamente incertas e necessitam de um incentivo estranho para decidir-se.

Com base nos fatores que normalmente determinam a decisão, podem ser observados vários defeitos: a) a indecisão, que surge uma vez que não se apresenta um valor capaz de seduzir, enquanto o espírito vagueia em outros valores e aspectos, ou nos sacrifícios que tal decisão insere; b) a precipitação, quando se decide ao primeiro sinal de um bem, sem distinguir a sua autêntica consistência das aparências enganosas e externas; c) inconstância e volubilidade: o espírito está completamente absorvido pelo sensualismo, e a sua avidez exagerada (ou a leviandade) no amor de cada bem impede-o de perseverar na decisão tomada.

O hábito espiritual, que educa para a formação virtuosa da decisão, é constituído pela virtude da prudência. Para ser auxiliado e fortalecido nas decisões, particularmente nas sobrenaturais, grandemente compromissadas, é necessário recorrer aos → SACRAMENTOS e à → ORAÇÃO: estes traduzem-se na experiência interior da presença do Espírito Santo.

3. A CONEXÃO ENTRE AS DECISÕES. As decisões, em um espírito, não se colocam uma ao lado da outra, de modo a permanecer estranhas entre si. O psiquismo humano, em sua profunda interioridade, conserva uma memória implacável de cada escolha feita. Nada é jogado no esquecimento: as decisões anteriores permanecem armazenadas no espírito e são descarregadas, de certo modo, na atualidade do momento. A decisão atual, que parece florescer órfã e isolada, é alimentada por toda uma presença obscura e escondida no passado.

Na vida da pessoa podem acontecer decisões fundamentais e gerais, as quais reúnem as várias escolhas aparentemente independentes, como um critério feito de múltiplos valores aos quais a pessoa geralmente se refere, ainda que de modo implícito, em suas resoluções concretas. É constituído exatamente pela opção fundamental, que cada um fez em favor de um bem considerado supremo; opção que será considerada como lei primordial, e na qual se inspira a sua vida. Esta não é tanto uma momentânea e improvisa decisão, mas um estado de espírito que se criou através de um longo amadurecimento desenvolvido no subconsciente: quase uma sedimentação profunda das inclinações, dos desejos e das ações cultivadas pela pessoa. Assim, a opção fundamental é a expressão da própria vida espiritual e, ao mesmo tempo, a sua íntima inspiradora.

Não necessariamente a opção fundamental é formulada em um ato distinto ou consciente, mas encarna-se e exprime-se através da multiplicidade de decisões particulares. Na decisão de um jovem de doar-se ao sacerdócio, ou a esposa de aceitar a maternidade, pode estar uma opção fundamental que exercerá o seu influxo, talvez na vida inteira, nas decisões particulares subsequentes.

Essa opção fundamental se modifica (aprofundando-se, adiando-se ou modificando-se substancialmente) no decorrer do tempo; também ela se insere no fluxo da vida psicoespiritual da pessoa.

4. A DECISÃO RACIONAL. Segundo o velho modelo liberal, cada decisão refere-se unicamente a si mesma e pode ser deixada unicamente à avaliação subjetiva. Na concepção organicista, porém, as grandes decisões (ou macrodecisões: por exemplo, intervenções do Estado na economia nacional, decisões políticas ou programáticas das grandes empresas) necessariamente dirigem ou comandam um grande número de outras decisões. Por outro lado, toda decisão, ainda que mínima, integra-se em um complexo entrelaçamento, que aquela tem de levar em conta. A avaliação subjetiva já não basta mais para decidir bem, uma vez que a decisão implica uma consideração explícita do conjunto que exige uma aproximação analítica: colheita de informações, analisar as possibilidades, avaliar as eventualidades, cotejo de vantagens e desvantagens. Essas análises foram possíveis por meio do progresso da econometria e da matemática, favorecido pelo desenvolvimento do cálculo matemático. A ciência que dita as normas dessa organização consciente é chamada cibernética.

Contudo, esse racionalizar (como se costuma dizer) a decisão e submetê-la ao cálculo não gera um atentado à ética da responsabilidade e ao respeito dos valores humanos?

Na decisão racional, a → PRUDÊNCIA é considerada uma virtude calculadora, que permite fazer, em cada caso singular, a escolha conveniente. Na vida social hodierna, não basta refletir na experiência pessoal dos casos vividos. Exige-se uma prudência perspectivística e não apenas retrospectiva. A experiência de um indivíduo não pode mais ser universal. Toda decisão importante implica múltiplas considerações, logo, com opiniões diferentes de especialistas em vários campos, comandados pelo cálculo. Organizada e racionalizada, a pesquisa privada é globalmente mais criadora do que se fosse deixada às intuições dos pesquisadores individuais. É uma decisão correspondente ao caráter social da ação, inserindo-se dentro do conjunto das necessidades locais. Cada decisão torna-se, desse modo, um complexo processo que pressupõe uma vasta competência, que compreende o que está sendo realizado e as suas variadas interferências sociais.

Todavia, a vida econômica e social não deve ser reduzida exclusiva e meramente a uma deliberação científica, que dispensaria o fator humano afetivo e toda consideração ética. A decisão, também a econômico-social, deve continuamente conciliar a copresença operante de racionalidade técnica e de sentido humano. O cálculo exato, para resultar humanamente benéfico, deve acolher não somente as eventuais avaliações objetivas, mas igualmente os próprios juízos de valor humano.

5. A DECISÃO COMO VALOR ASCÉTICO-ESPIRITUAL. Decisão, na linguagem popular, significa atitude de segurança ou de constância em relação ao querer: é vontade que deseja superar obstáculos e oposições que contrastassem com a deliberação posta.

Contra essa louvável qualidade do próprio querer, pode-se tender a faltar por vários fatores: por exemplo, quando a pessoa é levada, por caráter, a decidir sob a influência do impulso momentâneo, intermitente, ela tende a operar por impulso. Isto também pode ocorrer pela idade (como a evolutiva), que predispõe à inconstância.

No plano da prudência, é costume dar conselhos visando ajudar a tomar uma decisão bem ponderada. A. → ROSMINI oferecia, ao seu religioso Giambattista Loewenbruck, os seguintes conselhos para ajudá-lo a decidir bem: "Em primeiro lugar, procure assumir uma perfeita indiferença pela decisão, e considere friamente a coisa sob todos os aspectos. Se a coisa lhe parece boa, e se sentir fortemente atraído, nesse caso demore mais a decidir, e coloque-se no lado oposto. Considere e pese tudo aquilo que se pode dizer em contrário. [...] Jamais decida, nem nas pequenas coisas, sem escutar algum dos seus companheiros, e tratar a coisa com ele. Mas, mais que tudo, antes de deliberar, trate todo negócio com Deus na oração" (48 *Opera spirituale*, Stresa, 1985, 247).

No plano ascético, situa-se a importância de observar se e como a decisão também inclua uma relação com Deus. Quando se fala da transcendentalidade do ser humano elevado na graça costuma-se afirmar que em seu operar existe uma dada orientação para o contato imediato com Deus, ainda que não se pense nele de maneira reflexa e explícita. Semelhante relação transcendental com Deus não depende necessariamente do conteúdo objetivo da decisão, dado que se pode pecar de boa-fé. Do mesmo modo, uma decisão sobre um comportamento humanamente virtuoso nem por isso implica uma relação transcendente de graça com Deus, já que entre as tantas atitudes boas se deve escolher a que corresponde à vontade de Deus.

Se no plano ascético é problema o empenho na relação transcendente com Deus, no campo espiritual costuma-se falar de decisão pessoal como própria experiência no Espírito. Não se pense em um influxo do Espírito, proveniente do exterior, em cada decisão do ser humano espiritual. O Espírito, como graça-luz incriada, torna-se participante em toda parte, concretamente influente, à medida que a pessoa humana é pneumatizada. Fundamentalmente, todo momento espiritual é uma relação interpessoal com o Espírito de Cristo no íntimo de uma decisão categorial. O Espírito influi em nossas decisões, fazendo com que coloquemos entre elas uma opção fundamental consciente: colocar Jesus Cristo como "pedra angular" sobre a qual erigiremos, estável, a nossa → VIDA INTERIOR. "Quanto ao fundamento, ninguém pode lançar outro que não seja o já posto: Jesus Cristo" (1Cor 3,11).

BIBLIOGRAFIA. BAUDIN, E. *Corso di psicologia*. Firenze, 1948; BERTIN, G. *Etica e pedagogia dell'impegno*. Milano, 1953; CATANIA, A. *Decisione e norma*. Napoli, 1979; *La decisione*. Milano, 1982; GIUSSANI, L. *Decisione per l'esistenza. Appunti*. Milano, 1978; GUILLAUME, P. *Manuale di psicologia*. Firenze, 1953; *La décision. Colloques internationaux du CNRS. Sciences humaines*. Paris, 1961; METZ, J. B. Decisione. In: *Dizionario Teologico*. Brescia, 1966, 431-439, vl. I; MOLINARO, A. Decisione. In: *Dizionario Enciclopedico di Teologia Morale*. Roma, 1973, 198-207; RAHNER, K. Esperienza dello Spirito e decisione esistentiva. In: *Teologia dall'esperienza dello Spirito*. Roma, 1978, 49-63, vl. VI; RICOEUR, P. *Le volontaire et l'involontaire*. Paris, 1963; VALORI, P. *L'esperienza morale*. Brescia, 1971.

T. GOFFI

DEFEITOS. Os defeitos devem ser analisados sob o ponto de vista espiritual, logo, considerados enquanto interessam ao normal desenvolvimento da vida sobrenatural na alma, e o empenho cristão para a perfeição.

É claro que nesse empenho os defeitos podem ter um influxo negativo, enquanto constituem obstáculos que ameaçam neutralizar a eficácia da graça ou de comprometer o pleno desenvolvimento da virtude no indivíduo.

Por outro lado, a presença de determinados defeitos, voluntários ou não, na pessoa empenhada na perfeição condiciona o trabalho ascético, aí implicado de modo inegável, e estimula nele o exercício das virtudes opostas e o recurso constante aos meios de santificação, de modo que se pode justificadamente falar de utilização dos defeitos na vida espiritual.

1. NOÇÃO. O termo "defeito" é às vezes utilizado, mesmo por moralistas e autores espirituais, em sentido amplo, para geralmente indicar privação, falta de uma coisa, qualidade ou disposição, que torna a pessoa imperfeita, incompleta em sua vida moral e espiritual. Nesse sentido amplo, o vício também é um defeito, já que é ausência da virtude oposta, não faltando moralistas e escritores ascéticos, antigos e recentes, que utilizam indistintamente os dois termos, vício e defeito, como se fossem sinônimos.

Em sentido restrito, porém, não é sinônimo de vício. Embora os dois termos denotem ausência ou falta de perfeição moral, essa moral é, no vício e no defeito, de essência diferente: diversidade que, no plano moral do empenho pela perfeição, torna-se substancial e diversifica essencialmente a atitude espiritual do indivíduo envolvido por uma ou por outra disposição. O → VÍCIO é um mau hábito, profundamente enraizado na pessoa, adquirido pela repetição voluntária de atos contrários à virtude, que, *de per se*, constituem pecados graves; enquanto o simples defeito é um hábito ou disposição que não é boa, adquirida mediante repetição de atos, quer voluntários, quer involuntários e inconscientes, não conformes à perfeição da virtude.

Essas definições colocam intencionalmente em evidência os elementos que diferenciam o simples defeito do vício. O vício é sempre um hábito voluntário, ao passo que o defeito pode ser voluntário e involuntário, proveniente de atos dos quais ignorava-se a imperfeição ou que, ao contrário, o indivíduo julgava, na boa-fé, atos muito virtuosos. O defeito insere uma disposição ou propensão, seja congênita ou adquirida, a agir de modo não conforme com a perfeição da virtude, e os atos que daí derivam são ou pecados leves ou simplesmente carentes de perfeição ou completude do ato moral; ao passo que o vício é não só privação de perfeição, mas uma verdadeira depravação, princípio mau, capaz de corromper o ser moral em suas mais profundas raízes. Portanto, o vício opõe-se radicalmente à → VIRTUDE e é absolutamente incompatível com a perfeição; o que não se pode dizer de um simples defeito, que pode coexistir com o empenho sério para a perfeição, antes, com um alto grau da mesma.

Assim, apesar da diversidade justificadamente esclarecida, os defeitos têm em comum com os vícios o fato de serem hábitos ou disposições que levam o indivíduo a agir de modo não conforme à virtude, portanto devem ser necessariamente combatidos por quem se propõe percorrer os caminhos da perfeição cristã.

2. CLASSIFICAÇÃO. Dada a afinidade existente entre o defeito e o vício, são válidas para os defeitos as distinções ou categorias segundo as quais são classificados os vícios. Assim, foi utilmente conservada, com referência aos defeitos, a distinção clássica, utilizada na classificação dos vícios e dos pecados, em *capitais* e deles *derivados* como de fontes ou causas. Em torno de cada vício ou defeito capital os moralistas e os escritores ascéticos catalogaram, com fina análise psicológica, uma quantidade de outros vícios e defeitos que se interligam na própria origem. Veja-se, por exemplo, São → GREGÓRIO MAGNO (*Moralia*, 31, 45: *PL* 63, 621). Também São → JOÃO DA CRUZ, tratando dos defeitos sutis dos principiantes, segue esse mesmo sistema de classificação (*Noite*, 1, 2-7).

Na terminologia ascética, também é considerado o chamado defeito *predominante*, aquela disposição ou inclinação que possui raízes mais profundas em um determinado indivíduo e que o leva, com um impulso mais forte e premente, a agir de determinado modo, não conforme à perfeição. O seu profundo enraizamento no indivíduo explica a sua persistência e dificuldade de superação, tanto mais que, às vezes, passa despercebido, ainda que o indivíduo esteja seriamente empenhado na santidade; portanto, exige um esforço ascético tempestivo e duradouro.

Escritores mais recentes propuseram outras classificações. Remetemos o leitor aos manuais de moral e de teologia espiritual (cf. ORTOLAN, in *Dictionnaire de Théologie Catholique*, IV, 222-223).

3. CONHECIMENTO DOS DEFEITOS. a) *Necessidade desse conhecimento.* É absolutamente indubitável a primazia da graça divina na santificação da alma e a primazia, entre os meios de santificação, daqueles que mais diretamente transmitem à alma a graça. Contudo, se quisermos observar a participação que, por vontade de Deus, a alma tem na própria santificação, deveremos atribuir ao conhecimento dos próprios defeitos um lugar importante. Trata-se do conhecimento de si, que os mestres espirituais de todos os tempos apontaram como ponto de partida de todo trabalho ascético, que queira prosseguir com garantias de êxito.

O conhecimento aprofundado dos próprios defeitos é uma condição essencial daquela reforma moral ou "conversão", sem a qual seria ilusória toda tentativa para alcançar a perfeição.

Esse conhecimento, porém, não é coisa fácil. O *nosce te ipsum* foi considerado pela ética de todas as épocas a ciência mais difícil. Existem múltiplas dificuldades, algumas das quais provêm da disposição subjetiva do ser humano. Assim, a falta de vontade de conhecer-se a fundo, por medo mais ou menos consciente, e de reencontrar coisas pouco agradáveis. O amor próprio é com frequência a causa dessa ignorância; a humildade é a melhor disposição para adquirir o conhecimento exato das próprias limitações e dos próprios defeitos. Isto foi constatado com insistência pelos mestres espirituais. "*Humilitas est virtus qua homo verissima sui cognitione sibi ipse vilescit*", dizia São Bernardo (*De gradibus humilitatis*, 1, 2: *PL* 182, 94, 2b). Santa Teresa possui páginas profundas nas quais ilustra sabiamente a equação humildade = verdade (*Moradas*, VI, 10). Pode ser uma falta de sensibilidade espiritual, proveniente da pouca intimidade com Deus e com as coisas espirituais. São João da Cruz, referindo-se justamente àqueles que não possuem sensibilidade para perceber os próprios defeitos, afirma: "Não se dedicam a Deus, então não percebem os obstáculos que os impedem de chegar a ele" (*Subida*, 12, 5).

Também existem as dificuldades de tipo objetivo, que encontra quem se empenha com sinceridade no próprio conhecimento. É a aparente semelhança existente entre alguns defeitos e as virtudes. Na literatura espiritual encontramos repetidas alusões a esses defeitos, difíceis de descobrir porque aparecem *sub specie virtutum*.

Pode existir, por exemplo, uma aparente fortaleza de espírito que encubra um espírito prepotente e inclinado à ira, como também pode existir uma docilidade nos modos que na verdade seja falta de energia e de fortaleza de espírito.

Tudo isto torna mais urgente a necessidade de aplicar-se paciente e metodicamente ao conhecimento dos próprios defeitos, que não se detenha na materialidade e no número deles, mas vá até à sua raiz, aos hábitos ou disposições internas de onde provêm.

b) *Meios para conhecê-los.* Entre os múltiplos meios sugeridos pelos mestres espirituais, destacamos alguns que podem ser particularmente úteis:

Exame de consciência, que em sua técnica psicológica essencial encontramos já aconselhado por alguns filósofos e moralistas não cristãos (SÊNECA, *De ira*, 1.3 [*Dialogorum*, livro V], 36), a que os mestres da espiritualidade cristã atribuíram grande eficácia no trabalho ascético de purificação espiritual. É necessário destacar o lugar importante que o → EXAME DE CONSCIÊNCIA, especialmente o particular, possui na espiritualidade inaciana. Mais que um ato de piedade a ser feito em poucos minutos, constitui um exercício de compromisso, que deve ocupar a mente e a vontade do aspirante à perfeição durante a jornada inteira (cf. M. LEDRUS, L'esame particolare, *Rivista di Ascetica e Mistica* 4 [1959] 435-457). Para que seja eficaz, não pode ser limitado à contagem das faltas, mas se deve descobrir a origem da qual provêm, para poder combatê-las adequadamente. Assim, a análise serena, quer das próprias aspirações espontâneas, quer das nossas "boas qualidades", quer também dos defeitos que mais frequentemente observamos e deploramos nos outros pode conduzir-nos a conclusões úteis, na análise dos nossos defeitos.

Correção fraterna. É um meio recomendado com insistência pela tradição espiritual cristã, a começar pela evangélica. Quem vive perto de nós percebe frequentemente, melhor que nós, os nossos defeitos. Na falta da → CORREÇÃO FRATERNA e das exortações dos superiores, hoje talvez em desuso, podem ser acolhidas com serenidade e proveito as críticas, seja de onde vierem, que podem conduzir-nos a uma crítica objetiva, não menos útil. Afirmava Santo → AGOSTINHO: "Do mesmo modo que os amigos nos corrompem com as adulações, assim também os inimigos nos corrompem mais ainda com as ofensas" (*Confissões*, 9, 8, 18). E São → FRANCISCO DE SALES:

"Apraz-me dizer que devemos receber o pão da correção com grande respeito, mesmo se aquele que o dá for repulsivo e antipático, como Elias comeu o pão que lhe era trazido pelos corvos" (*Carta* de 22 de novembro de 1602).

Ajuda de um diretor espiritual especialista. Ao contrário, dado que remontando às causas dos defeitos geralmente podem ser detectadas as suas raízes profundas na constituição psíquica e somática, que até podem indicar pontos de anormalidade, não está excluída de nenhum modo a ajuda de um psicólogo ou do psiquiatra.

Meios sobrenaturais, que gostamos de sintetizar aqui na *oração*. Ela pede, com humildade e confiança, a luz do alto, e nos coloca em contato íntimo com Deus e os seus mistérios. Afirma Santa Teresa: "Creio que jamais chegaremos a conhecer-nos se também não procurarmos conhecer a Deus. Contemplando a sua grandeza, descobriremos a nossa miséria; considerando a sua pureza, reconheceremos a nossa baixeza e, diante de sua humildade, veremos o quanto estamos distantes dela" (*Moradas*, 1, 2, 9).

4. ASCESE DOS DEFEITOS. Conforme dissemos acima, a correção dos defeitos constitui um elemento integrante, de grande importância, do trabalho ascético, implicado, inegavelmente, no autêntico empenho na perfeição. O desenvolvimento positivo da graça e das virtudes exige, necessariamente, outro elemento que foi, justificadamente, chamado *dinâmico-negativo* (A. Dagnino, *La vita interiore,* Milano, 1960, 790), e que na tradição espiritual também é designado com outro nome característico: *purificação*, ou seja, o trabalho de eliminação dos obstáculos que podem comprometer o pleno desenvolvimento da graça e da caridade. A mentalidade moderna gosta mais de insistir na participação nos meios positivos e comunitários, portadores de graça, e está certa. Mas talvez estejamos nos tornando menos sensíveis à necessidade do trabalho pessoal e ascético, que na espiritualidade evangélica também ocupa um lugar importante, sem o qual não há amor total e verdadeiro. São → joão da cruz, com a lógica que lhe é peculiar, mostra a necessidade dessa purificação para chegar àquela plena adesão à vontade de Deus, que é a perfeição (*Subida*, 1, 11). Isto vale também para os defeitos mais sutis, que, se voluntários, impedem a união plena e perfeita.

Convém destacar que a purificação deve estender-se não só aos defeitos que interessam diretamente às nossas relações com Deus, mas igualmente àqueles que se referem às nossas relações com o próximo. Na ascese cristã, o amor a Deus e ao próximo são inseparáveis.

A correção dos defeitos ocupa um lugar especial, é óbvio, no início da vida espiritual. Mas a luta tem de continuar nas etapas mais elevadas do caminho espiritual. São João da Cruz coloca em destaque os defeitos frequentes nos espirituais, mesmo quando a purificação da parte sensível está quase inteiramente cumprida. (*Noite*, 1, 2-7). Antes, ensina claramente que a purificação progressiva dos defeitos só será completada com as purificações passivas do espírito nas mais profundas experiências místicas (*Ibid.*, 3, 3; 7, 5; *Cântico* 26, 18-19).

a) *Meios de correção. Oração*, que implore ao Senhor a força e a constância que o árduo e duradouro combate exigem e que, aproximando o ser humano de Deus, lhe infunda coragem, confiança e um sempre mais vivo desejo de doação total de si a ele.

Prática da virtude contrária. Vale particularmente com referência ao defeito dominante, em torno do qual é preciso reunir todos os recursos humanos e sobrenaturais de que dispomos.

Utilizar todos os conhecimentos que a psicologia e a caracteriologia nos possam oferecer. Esses meios não devem ser minimizados, ainda que somente eles sejam insuficientes. A psicologia certamente possui uma sua determinada tarefa para orientar-nos na disciplina interior, dada a união existente entre corpo e espírito. Convém não esquecer, todavia, que também a graça tem a sua tarefa insubstituível e grandemente superior.

b) *Utilização dos defeitos*. Quem se empenha seriamente na → vida interior não deve ignorar que os defeitos, especialmente os mais leves e particularmente enraizados no indivíduo, podem persistir durante longo tempo, apesar da decisão sincera de doar-se totalmente a Deus, e da seriedade do trabalho ascético. Assim, certos defeitos de fragilidade de caráter, ou de caráter invasivo, de amor próprio, e outros hábitos inveterados são encontrados junto a virtudes eminentes, que dão testemunho de alto grau de perfeição. A experiência dos maiores místicos ensina que certos defeitos podem persistir também naqueles que receberam graças extraordinárias.

Isto não surpreende se observarmos a complexidade do desenvolvimento espiritual da alma, em que a ação de Deus e o humilde esforço humano caminham juntos no trabalho de transformação da pessoa e da vida do ser humano. Mesmo quando a ação divina é particularmente intensa e frequente pode encontrar a alma mais ou menos dócil. Enquanto esta em algumas coisas cede completamente à graça, em outras resiste e faz concessões à natureza; donde resulta que certas qualidades sobrenaturais se desenvolvem, ao passo que ainda persistem determinados defeitos, que possuem raízes mais profundas na natureza.

Por outro lado, não se deve excluir que certos defeitos naturais, não voluntários, persistam no estado de união ou adequação total da pessoa à vontade de Deus. São João da Cruz, tão claro em declarar incompatível com a perfeição todo defeito voluntário, também ensina que os defeitos naturais, não voluntários, não impedem a união, ao contrário, podem ser úteis à alma, enquanto a tornam mais humilde e a estimulam ao exercício das virtudes e a uma sempre mais total doação de si ao Senhor (*Subida*, 1, 12, 6).

Nessa ótica, resulta justificada a expressão aqui empregada de utilização dos defeitos. Se forem sinceramente combatidos, a sua presença torna a alma mais profundamente humilde, fazendo-a adquirir um conhecimento quase experimental da própria limitação, que possui tanto valor no empenho cristão para a perfeição. Além disso, tais defeitos estimulam a alma empenhada no combate espiritual ao exercício das virtudes contrárias, que as torna mais fortes e amadurecidas, e ao uso assíduo dos meios de santificação. Finalmente, torna o ser humano mais compreensivo com os defeitos alheios.

BIBLIOGRAFIA. BOGANELLI, E. *Corpo e spirito*. Roma, 1951; BONT, W. de. De la connaissance de soi à la transformation de soi. *La Vie Spirituelle* 18. Supplément (1965) 187-207; CABASSUT, A. Défauts. In: *Dictionnaire de Spiritualité* III, 68-88; FRANCISCO DE SALES. *Introduzione alla vita devota*, liv. 1º, c. 24; liv. 3º, cc. 1,2; liv. 4º, cc. 8.10; MAILLOUX, N. Les obstacles à la réalisation de l'idéal ascétique. In: *L'ascèse chretienne et l'homme contemporain*. Paris, 1957; MELCHIOR CANO. *La victoria de si mismo*. In: *Tratados espirituales*. Madrid, 1962; ORTOLAN, T. Défauts. In: *Dictionnaire de Théologie Catholique* IV, 222-226; TISSOT, G. *La vita interiore semplificata*. Torino, 1928, vl. I.

P. ZUBIETA

DEPRESSÃO. Dizem que a depressão é, mais que qualquer outra doença, fonte de sofrimento para o ser humano.

A depressão, por outro lado, mais que uma autêntica doença, com uma situação nosográfica bastante precisa, é um "estado" particular do indivíduo, que se manifesta grosseiramente com pobreza de movimentos, inexpressividade facial, denúncia de temas depressivos, com cansaço, impotência física e, geralmente, insônia.

As síndromes depressivas normalmente distinguem-se em duas grandes categorias: reativas e endógenas.

1. DEPRESSÃO REATIVA. Consiste em uma alteração do humor em sentido depressivo, que surge em resposta a um acontecimento externo desagradável ou doloroso, ou a uma experiência também frustrante, vivida pelo indivíduo. De acordo com a intensidade e a duração das reações, distinguem-se dois tipos de depressão reativa: a) Fisiológica ou normal. Resolve-se com a dissolução espontânea, dentro de uma faixa de tempo bastante breve, e não interfere no comportamento normal do indivíduo. É sustentada por uma motivação real e emerge em resposta a um fato externo desagradável ou doloroso. b) Neurótica. O caráter patológico dessa reação é dado por sua insólita intensidade e duração. A reação, por outro lado, não permanece um fato limitado, mas reveste com seu colorido cada ato e pensamento do paciente. Os sintomas possuem uma variabilidade notável, e podem apresentar-se de modo exclusivo, ou alternadamente entre si, durante o decorrer da forma; podem aparecer em primeiro plano os componentes depressivos, ou os histéricos, os hipocondríacos e os neurastênicos.

Uma variedade importante dessa forma é a "depressão anaclítica", que atinge principalmente as crianças bem pequenas internadas em hospitais e orfanatos, considerada o resultado de baixa gratificação afetiva na primeira infância.

Convém lembrar, finalmente, as manifestações "equivalentes" da depressão, em que a depressão reativa esconde-se atrás de outros sintomas psíquicos e somáticos como: sensação de cansaço, dispepsia, náusea, dipsomania, dor, toxicomania etc.

2. DEPRESSÃO ENDÓGENA. São geralmente mais graves e mais resistentes que as reativas, e caracterizadas pela ausência de uma motivação qualquer. Consistem em uma geral debilitação dos sentimentos vitais e na inibição do pensamento e da atividade motora, com um início e um decurso claramente independentes dos acontecimentos do ambiente. Nessas formas podem

ser encontrados fenômenos secundários, como ideias delirantes, alucinações, atitudes negativas e perturbadas.

Existem várias formas de psicose endógena.

a) *Psicose maníaco-depressiva*. Caracteriza-se por episódios de excitação maníaca (mania) e de depressão melancólica (melancolia) que se sucedem ou se alternam com várias frequências, em ciclos mais ou menos regulares, intercalados por períodos de normalidade. A → MELANCOLIA constitui a fase mais frequente; a alteração periódica do humor em sentido melancólico ou gaio é imotivada, improvisa, e não constitui nem uma reação a um fato vivido, nem um desenvolvimento caracteriológico. Os sintomas fundamentais da melancolia e da mania consistem em uma depressão e, respectivamente, em uma exaltação do tom afetivo (isto é, do humor), da ideação e da atividade motora: tristeza, limitação ideativa e inibição da vontade na melancolia: euforia e excitação ideativa e motora na mania.

b) *Depressão senil*. Entra no quadro das psicoses senis e apresenta-se como um estado de profunda depressão, acompanhado de egocentrismo, agitação persistente, delírio hipocondríaco e nihilista.

c) *Depressão constitucional*. Forma depressiva própria de algumas personalidades psicopáticas. Segundo Kurt-Schneider, podemos distinguir três personalidades psicopático-depressivas: *angustiados*, depressivos "bons", sempre desencorajados, apreensivos em relação a si mesmos, mas indulgentes e compreensivos em relação aos outros; *descontentes*: trata-se de depressivos "frios" e egoístas, em contínuo conflito com os outros; *desconfiados*, depressivos "profundos", pessimistas e desconfiados tendem a culpar os outros pela própria infelicidade.

Em toda manifestação depressiva é importante fazer um aprofundado exame diagnóstico psiquiátrico e psicodinâmico para determinar as causas e a natureza do surgimento, dado que desses fatores depende a orientação terapêutica. De um lado, têm-se as substâncias medicamentosas psicofarmacológicas (antidepressivos e psicoestimulantes) que, introduzidas na terapia desde 1957, permitem ao psiquiatra tratar com sucesso a maioria das síndromes depressivas. De outro lado, há a psicoterapia, geralmente o único lenitivo à disposição no tratamento de formas depressivas reativas.

BIBLIOGRAFIA. BECK, A. T. *Depression*. Philadelphia, 1967; ID. *Cognitive therapy and the emotional disorders*. New York, 1978; DSM-III. *Manuale Statistico e Diagnostico dei disturbi mentali*. Milano, 1983; LEHMANN, H. E. Classification of depressive states. *Can. Psychological Association Journal* 22 (1977) 381-388; PANCHERI, P. (org.). *La depressione*. Roma, 1982; SCHALLER, J. P. *La mélancolie, du bon usage et du mauvais usage de la depression dans la vie spirituelle*. Paris, 1988; WIDLÖCHER, D. *Les logiques de la dépression*. Paris, 1983; ZAVALLONI, R. *Psicologia pastoral*. Torino, 1965, 285-433.

R. CARLI

DESÂNIMO. 1. NOÇÃO. A vida espiritual se desenvolve em sucessivas etapas, que exigem uma purificação cada vez mais profunda e uma união com o Senhor cada vez mais íntima. Sua norma evangélica é: "Vós, portanto, sereis perfeitos como é perfeito o vosso Pai celeste" (Mt 5,48). Garantir esse progresso ininterrupto é dar prova de domínio de si mesmo, é manifestar resistência às dificuldades. A vocação cristã exige o empenho numa contínua resposta ao chamado de Deus, numa renovada conversão. Se a vida ascética não se reduz a coragem, ela todavia a supõe em todos os seus graus; sem coragem ela está condenada a ficar estagnada na mediocridade. Quando o ânimo julga impossível ou inútil o próprio esforço, ou considera inatingível a meta espiritual, a vontade desiste de prosseguir e de perseverar; cai no desânimo, desistindo de fazer propósito e de tentar de novo. Todavia, nem toda ruptura de resolução nem todo abandono de esforço e nem toda recusa de luta é realmente um desânimo espiritual. Tais atitudes podem ser sabiamente justificadas. Igualmente as primeiras impressões de temor emotivo não são opostas à coragem: elas até oferecem ocasião ao surgimento da coragem. Se podem acabar sendo para a alma uma tentação ao desânimo, não o determinam necessariamente. Desânimo indica, ao contrário, pedir demissão, capitular; ele se tingirá muitas vezes com as cores de sentimentos de engano, de lamentação, diminuição, depressão e, quem sabe, de vergonha; poderá até se juntar a uma momentânea distensão eufórica, devido ao término do esforço, à tranquilidade encontrada, a um acomodar-se tranquilo na negligência. O desânimo espiritual, do lado psicológico, não é diferente do desânimo comum: tem somente um objeto próprio e motivações que prejudicam a confiança no sobrenatural.

O desalento maior ocorre quando a alma não espera mais nada. Há batizados que não alimentam mais nenhum gosto ou confiança em relação a Deus, nem a Cristo, nem à parúsia. Sabem que elas são verdades cristãs, que é preciso aceitar e nelas crer, mas não têm esperança nelas. Consequentemente, abandona-se a missão fundamental do cristão: não se introduz a vida própria na economia geral da salvação nem se faz caminhar o mundo circunstante para uma existência mais espiritual e mais filial.

Às vezes a alma se dá com generosidade; mas se põe na desilusão, pois seu impulso se esquece do real. Seguir-se-ão desânimo, despeito e ressentimento, sinais evidentes que demonstram como, ao acreditar estar servindo o reino de Deus, trabalha somente em favor da própria imaginação. Ao passo que é próprio de quem é maduro e adulto espiritualmente ver o que Deus pede e saber assumir a responsabilidade da própria conduta, embora falha.

O desânimo pode se estender a toda a vida espiritual, embora com frequência seja um estado de ânimo limitado a um ou outro aspecto da vida cristã. Ele pode se referir à oração e à prática dos sacramentos, à vitória a ser conseguida sobre as paixões, à correção dos defeitos, ao avanço no exercício das virtudes, à ação de caridade e ao apostolado. E tudo pode estar sujeito ao desânimo parcial ou generalizado, passageiro ou duradouro.

O desânimo espiritual é diferente: a) do desespero teológico, que considera a salvação eterna impossível, pelo menos para si, que a ela renuncia deliberadamente e para de tender a ela. Não sabe contar com a ajuda de Deus e despreza assim a sua misericórdia e fidelidade; b) do desespero humano: o ânimo se sente sufocado pelos deveres, provas e dificuldades da vida, a ponto de a detestar, desejando uma morte próxima; c) do desespero místico: a união mística conhece algumas provas purificadoras em que a alma parece até lançada no estado de desespero. São purificações passivas, de ordem mística, em que a alma à luz dos → DONS DO ESPÍRITO SANTO percebe uma insaciável necessidade de profunda união com Deus, mas ao mesmo tempo experimenta de modo agudo a própria deformidade; d) das perturbações involuntárias, ocasionadas pela melancolia, escrúpulo, ideia delirante, crise de desenvolvimento na puberdade, menopausa e semelhantes. São desorientações psicofísicas e não desvios morais.

2. CAUSAS. As principais causas que podem difundir o desânimo na vida espiritual são: falta de segurança durante a infância, → COMPLEXO de inferioridade ou de timidez, perigos e sofrimentos físicos, provas morais e adversidades, sacrifícios ou esforços que se encontram nas várias etapas da vida espiritual. "Depois, ele disse a todos: 'Se alguém quiser vir em meu seguimento, renuncie a si mesmo e tome sua cruz cada dia, e siga-me'" (Lc 9,23). Essas provas espirituais têm os mais variados aspectos: tentações violentas e duráveis, escrúpulos, desolações, aridez, divagações de espírito na oração, falta de atrativo na prática religiosa, purificações mais ou menos penosas dos sentidos e do espírito.

O desânimo pode também ser ocasionado com frequência pela impressão, fundada ou não, de estar sujeito a repetidas recaídas; pelo sentimento de resultados espirituais insuficientes, por insucessos no apostolado, por renúncias aparentemente inúteis, pelo fato de não avançar no caminho da ascese; pela monotonia, acídia e aborrecimento; pelas dificuldades ambientais, críticas, troças, desaprovações, oposições; pela falta de confiança em Deus ou em si mesmo.

De modo excepcional o desânimo pode ser favorecido pelo Espírito para induzir a alma a se abandonar com mais profundidade no Senhor. Verifica-se uma purificação passiva que leva a uma experiência mística das virtudes teologais.

3. EFEITOS. O desânimo traz efeitos funestos à alma: tira todo discernimento prudencial de operosidade, suprime o espírito de oração (considerando-a ineficaz), sufoca a esperança cristã. A alma desencorajada avalia de modo pessimista as suas obras e as suas forças; limita-se muitas vezes a considerar unicamente a presente falta delas, não tendo confiança nas próprias reais capacidades. Sobretudo, esquece que o seu fundamento é Deus. O desanimado não tem fé em Deus. "Pela misericórdia do Senhor, sou digno de confiança" (cf. 1Cor 7,25). "Tudo posso Naquele que me dá forças" (Fl 4,13). Na verdade, deve-se esperar em Deus, não para ser fiel a ele, mas para obter a graça de o ser.

O desânimo é um pecado sumamente deletério, uma vez que sacode todas as virtudes em seu fundamento e como que às escondidas. Instiga a vontade a abandonar tudo e a abandonar-se à onda das paixões. A sua gravidade é medida precisamente sobre seus efeitos; tirada a coragem, "*irrefrenate homines labuntur in vitia, et a bonis laboribus retrahuntur*" (*STh*. II-II, q. 20, a. 3).

4. REMÉDIOS. O desânimo pode variar seja de configuração psicoespiritual, seja de conteúdo. Os

remédios não ajudam necessariamente todos os desencorajados, muito menos em medida idêntica. É útil, todavia, relacionar alguns remédios gerais, que podem ajudar genericamente num estado de depressão espiritual.

Recorrer a Deus mediante a oração (Lc 22,40) ajuda o desanimado: a graça divina é princípio de força e de vitória (2Cor 12,9). Numa perspectiva sobre a própria vida espiritual futura, a alma deve dar prioridade às virtudes teologais, em relação às morais; igualmente é oportuno que enfrente as novas situações, sem fantasiar sobre a incerteza ou sobre as possíveis futuras dificuldades ou sofrimentos. "A cada dia basta o seu mal" (Mt 6,34).

Convém desenvolver as virtudes da fortaleza em todos os seus elementos naturais e sobrenaturais: se falta essa virtude, todas as outras virtudes são mancas. Recorra-se em particular a uma direção espiritual delicada, mas segura: ela é de grande ajuda para superar o desânimo. A → DIREÇÃO ESPIRITUAL esclarece, sustenta, estimula: faz aceitar os próprios limites e faz esperar justamente na graça do Senhor.

Habitualmente, o desânimo nasce porque nos defrontamos com os outros, que consideramos felizes, mais dotados e mais amáveis que nós, beneficiados socialmente. São Paulo exortava a nos compararmos com o Senhor, que está todo voltado misericordiosamente sobre nossas fraquezas (Hb 12,1-2) e se oferece como nossa força (Fl 4,13). Na presença simultânea em nós do nosso limite espiritual e do valor de Cristo que opera em nosso íntimo está a possibilidade de acolher serenamente as humilhações, porque motivo de maior abandono no Senhor.

BIBLIOGRAFIA. BOURCIER, A. *Per una nuova educazione morale*. Torino, 1969; CARRÉ, A. M. *Espérance et désespoir*. Paris, 1954; CRUCHON, J. *Psicologia pedagogica*. Brescia, 1969, 449 ss.; *Elementi di medicina e psicologia pastorale.*, Varese, 1970, 113-177, vl. II; *Espoir humain et espérance crhétienne*. Paris, 1951; MICHEL, P. Trattato dello scoraggiamento. In DE LEHEN, P. – BRUCKER, G. (eds.). *La via della pace interna*. Torino, 1944, 178-201; MOUNIER, E. *L'Espérance des désespérés*. Paris, 1953; ODIER, Ch. *L'angoisse et la pensée magique*. Paris, 1947; VON BALTHASAR, H. U. *Il cristiano e l'angoscia*. Alba, 1957.

T. GOFFI

DESAPEGO. É o estado da alma livre de todo afeto desordenado e egoísta por qualquer coisa ou pessoa. O desapego não é porém só privação e liberdade de todo apego. Com frequência, com efeito, é usado pelos autores espirituais em uma acepção mais ampla, de modo a coincidir com as palavras, quase sinônimas, de abnegação, renúncia, despojamento, desapropriação, mortificação etc. Em todo caso, como justificadamente observa G. Jaquemet, desapego não significa supressão de todo desejo e aspiração, nem quer dizer criar um coração duro e insensível, visto que o amor é o primeiro e maior dos deveres. Também não se deve confundir o desapego com a falsa tranquilidade de quem usufrui placidamente a sua paz e bem-estar e seja egoisticamente indiferente para com tudo e todos, ou com o desprezo e também apenas negligência com a criação.

O verdadeiro desapego consiste, em primeiro lugar, na visão cristã do mundo, como alguma coisa de essencialmente relativo, embora com tudo aquilo que contém de belo, de bom, de grande, que deve ser para nós uma contínua evocação à beleza absoluta, à bondade e à grandeza de Deus, pelo qual fomos feitos e somente no qual podemos encontrar repouso. Em segundo lugar, o desapego exige que se fuja de toda cobiça e se use de moderação na busca, posse e uso dos bens terrenos. Jamais devem tornar-se os bens supremos, em detrimento dos valores bem maiores do espírito. Não é por acaso que a primeira bem-aventurança soa assim: "Bem-aventurados os pobres de espírito" (Mt 5,3). Em terceiro lugar, após o pecado e mais ainda depois da Paixão, é lei para todos o sacrifício, em união amorosa com Cristo. Assim, na terra não há mais lugar para a pura alegria sem a → CRUZ e a imolação cotidiana. "Hoje, talvez ainda mais profundamente que no tempo de São Paulo, esse mistério da salvação através da cruz é "loucura para os gregos", loucura para a sabedoria humana. Todavia, é a própria alma do cristianismo; não a verdade excepcional de algum anacoreta do deserto, mas a lei de cada um de nós todos" (G. Jacquemet).

→ ASCESE, ↓ APEGO HUMANO, ↓ PURIFICAÇÃO, ↓ DESPOJAMENTO.

BIBLIOGRAFIA. JACQUEMET, G. Détachement. In: *Catholicisme*. Paris, 1952, 688-691, vl. II.

B. MARCHETTI – SALVATORI

DESCONFIANÇA DE SI. É um sentimento por intermédio do qual a alma está sempre alerta para não ser subjugada pela sua natureza pecaminosa. É um fruto da → HUMILDADE, que nos faz reconhecer as nossas autênticas capacidades no plano da graça, depois que a alma foi atingida pelo pecado original. Esse sentimento de desconfiança em relação a si mesmo é útil especialmente no início da vida espiritual, quando Deus, para desapegar a alma do mundo e das satisfações humanas, concede a abundância das suas consolações.

Desconfiar de si é fruto da mais alta sabedoria espiritual, fruto da mais elementar virtude que experimenta quanto é frágil e fraca toda força humana. Dado que no campo da graça particularmente tudo vem de Deus, ele pode retirar quando quiser aquela ajuda que ordinariamente concede, e então, abandonados a nós mesmos, nos encontramos absolutamente impotentes.

A preocupação de nossa radical incapacidade e de nossa maldade não nos deve paralisar no caminho do bem, mas somente tornar-nos vigilantes e prudentes para que não nos exponhamos a perigos que poderiam comprometer todo posterior avanço no bem.

BIBLIOGRAFIA. DELPIERRE, G. *Affrontare l'inquietudine*. Assisi, 1971; SERTILLANGES, A. D. *Meditazioni*. Brescia, 1950.

C. GENNARO

DESEJO DE PERFEIÇÃO. 1. NATUREZA. O desejo comumente é descrito como uma → TENDÊNCIA, uma inclinação espontânea e automática, ou decidida e livre, por um objeto conhecido porém ainda não possuído. Implica, assim, dois termos: um indivíduo, do qual parte, e um objeto, para o qual tende. O indivíduo imediato é uma potência apetitiva; o objeto é um bem atualmente não possuído, mas já presente potencial e teologicamente. Esse movimento está inserido no contexto psicológico humano e sublinha a sua contingência, a relatividade, além de sua potencial riqueza.

O ser humano, com efeito, não é perfeito já desde o nascimento, mas somente dotado de uma tendência que o impele em busca da perfeição de sua natureza, seja na ordem sensível, seja na intelectual: é o desejo ou apetite natural, no qual se enxertam e germinam o desejo sensível e o desejo racional: um despertado pelo conhecimento sensitivo; o outro, pelo conhecimento intelectual. Esses desejos podem chegar ao nível do conhecimento, fortalecer-se, neutralizar-se, combater-se mutuamente ou permanecer no inconsciente e pesar ocultamente no comportamento.

Ao falar do desejo de perfeição (que no quadro ascético é colocado entre os meios subjetivos gerais, entre as disposições íntimas que ajudam a alma a unir-se a Deus), queremos referir-nos a esse contexto natural, então falamos de paralelismo e de analogia.

Do mesmo modo que na ordem natural a perfeição inicial é potencial, assim também na ordem da graça a vida divina inicial não é perfeita. Não falta também aqui a tensão pelo completo desenvolvimento, sustentada pelo → ESPÍRITO SANTO, que habita no batizado e impele para a perfeita idade do Cristo. Daqui flui o desejo intelectual, consciente, livre e sobrenatural da perfeição. Reside essencialmente na vontade já elevada pela graça habitual, ou ao menos pela atual. A sensibilidade toma parte somente como força interferente ou concomitante, e possui valor quando se mantém sob o controle e a direção da razão e da fé.

Pode-se, pois, descrever o desejo de perfeição como um impulso, uma determinação da vontade que se aplica à aquisição das virtudes e à → IMITAÇÃO DE CRISTO. Tanquerey o apresenta como "um ato da vontade que, sob o impulso da graça, aspira continuamente ao progresso espiritual" (*Compendio di teologia ascética e mistica*, 267); Naval, como "uma participação da vontade divina na vontade humana, que deseja ardentemente a nossa perfeição e a sua glória" (*Theologiae asceticae et misticae cursus*", Taurini, 1925, 54). Dauchy, como "impulso do cristão, voltado para a plena realização de sua vida humana e sobrenatural, em seu ser e em seu agir no seguimento de Cristo, e em união com os seus irmãos" (*Dictionnaire de Spiritualité* III, 594).

O desejo de perfeição também é indicado com outros termos: desejo de Deus, do → CÉU, do fim último, de constante progresso espiritual, de vida feliz, da perfeição no agir, da → UNIÃO COM DEUS, da imitação de Jesus, da prática das virtudes: sinônimos que têm o seu ponto de união na rica realidade da perfeição.

Para melhor esclarecer o conteúdo da perfeição, e, consequentemente, a que se refere o desejo dela, observe-se que para o cristão não é algo de abstrato, filosófico ou exclusivamente moral, mas trata-se de identificar-se com Cristo até que ele esteja todo em todas as manifestações da própria vida pessoal, dando, assim, verdade às palavras do apóstolo Paulo: "Já não sou eu que vivo, mas é Cristo quem vive em mim". Daí o desejo de perfeição torna-se desejo de fazer totalmente a vontade de Deus Amor, que se manifestou plenamente em Cristo, no qual habita corporalmente toda a plenitude da divindade (cf. Cl 2,9).

2. MANIFESTAÇÕES. O verdadeiro e autêntico desejo de perfeição está implícito na aspiração que o pecador nutre de renascer pela graça, no propósito do justo de resistir aos ataques do demônio e às tentações, no esforço de manter a graça santificante. Explicita-se na firme decisão de aumentar a vida divina e de crescer no amor a Deus o mais possível. Manifesta claramente a própria vitalidade quando faz a alma buscar aquilo que é mais áspero (*Subida*, 2, 7, 5), acende nela a pena e o temor de não servir a Deus (*Noite*, 2, 7, 7), diminui o amor a si e às suas coisas (*Noite*, 2, 21, 8), faz que renuncie "a qualquer gosto sensível que não seja puramente a glória e a honra de Deus e a permanecer vazia dele por amor a Jesus Cristo" (*Subida*, 1, 13, 14), a persuade de que é engano tudo aquilo que não agrade a Deus e não for voltado para a sua glória (Teresa d'Ávila, *Vita*, 40, 1).

3. QUALIDADE. A alma que deseja prevenir-se contra os laços do → EGOÍSMO e do → ORGULHO e evitar as ilusões tem de certificar-se e procurar fazer que o seu desejo de perfeição seja:

a) *Sobrenatural*: isto é, orientado para a maior glória de → DEUS, a serviço e à imitação de Jesus, e não voltado para um ideal de perfeição que se identifica com atos extraordinários, com o fervor, com as consolações e doçuras da oração, com as penitências e um severo tipo de vida, sedento de → JUSTIÇA, de → FORTALEZA e de → HUMILDADE, inclinado para o confiante cumprimento dos atos humildes e ordinários do dever e não para aquilo que é mais fácil ou para os atos ostensivos e heroicos, endereçado ao desenvolvimento do amor e das virtudes, e não para a observância legal e literal da lei, para a aquisição de uma conduta irrepreensível diante da opinião pública.

Convém observar, junto com São → JOÃO DA CRUZ, que para salvaguardar a sua sobrenaturalidade não basta que o objeto ou o motivo sejam sobrenaturais; é preciso também que este tenha a sua força e a raiz em Deus, isto é, seja infuso por Deus. Somente de um coração tornado espiritual pela união com Deus brota um desejo não condicionado por manchas egoístas (cf. *Fiamma B*, 3, 73-75).

b) *Humilde e confiante:* ou seja, não apoiado nas próprias forças, sempre tão fracas, mas no poderoso auxílio de Deus: "Tudo posso naquele que me conforta" (Fl 4,13), não minado e esvaziado pelo desejo de refazer-se de um fracasso, de ser a "exceção", não fruto do desejo de impor-se, do desejo de poder ou de certos mecanismos de defesa da personalidade, mas expressão da busca da glória de Deus e do desejo de conformar sua vontade com a vontade de Deus.

c) *Constante*: isto é, capaz de resistir às dificuldades do caminho e não se esgotar em um impulso de fervor provocado por acontecimentos extraordinários (exercícios, vestição, profissão, ordenação, casamento etc.), sem descanso, consciente de que toda parada é perda de vigor, enfraquece os bons hábitos e diminui a inclinação para Deus.

d) *Atual*: que corre de imediato para a prática sem adiamentos, sem esperar condições melhores, sem subentendimentos no programa dos "se", ou dos "quando eu for…", que foge ao uso dos "eu gostaria de…", mas privilegia os meios atualmente à disposição.

O desejo de perfeição, por outro lado, que lança a alma na inquietação, em um excesso de introspecção, e a dispersa em mil direções, ansioso para conhecer os seus progressos e para sentir-se no campo glorioso da perfeição, deixa claramente entrever as ramificações do orgulho e da vaidade. Quando alimenta sentimentos de complacência pelos progressos ou de desagrado e de inquietação pelas quedas e imperfeições, manifesta que ainda está distante da verdadeira humildade (cf. *Vita*, 30, 9; 31, 18). É difícil que o desejo de perfeição seja perfeito desde o início; todavia, ainda que imperfeito, deve ser estimado, cultivado e purificado: a reta intenção e a humildade obterão da misericórdia de Deus o cumprimento da obra.

4. DESENVOLVIMENTO. Como todas as disposições do espírito, o desejo de perfeição pode ser nutrido e cultivado. Infuso pela graça no → BATISMO, deveria tornar-se consciente com o surgimento do uso da razão, desenvolver-se no desapego e na mortificação e, assim, provocar a experiência do valor da perfeição. A experiência deveria suscitar maior desejo e instaurar na alma a circularidade que conduz aos desejos descritos por São João da Cruz na *Chama*, na qual afirma que "a fome e sede de poderes é infinita e profunda, e a pena que os consome é morte infinita" (3,18-23).

É todavia bloqueado em seu crescimento pelos hábitos de imperfeição (*Subida*, 1, 11, 3), pelo afeto desordenado às criaturas (*Ibid.*, 6, 1) e às coisas sensíveis que sobrecarregam o coração humano e o afastam do seu verdadeiro bem. A fome e sede dos bens sensíveis e criados sufoca a dos bens celestes e de Deus.

Para garantir seu desenvolvimento e a vitória, é necessário recorrer a meios naturais e sobrenaturais. Antes de tudo, a meios sobrenaturais, porque o desejo de perfeição é um ato sobrenatural, ligado à graça e à união com Deus. Esses meios são a oração frequente e fervorosa, a exploração das fontes da graça nos sacramentos da → PENITÊNCIA e da → EUCARISTIA, a meditação que abre a inteligência, a vontade e a afetividade à intimidade com Deus e à amizade com Cristo. A estes é necessário juntar os meios naturais, visto que a graça não destrói a natureza, e no processo evolutivo do desejo de perfeição reencontramos o mecanismo próprio dos desejos naturais.

Assim, o desejo de perfeição pressupõe o conhecimento e a estima da perfeição, unidos à consciência de não possuí-lo. A essa fase de ordem intelectual, na qual entra como elemento essencial a luz da fé, liga-se naturalmente a fase tendencial e a fase motora, se o valor objetivo da perfeição transformou-se em valor subjetivo. Para desejar a perfeição, a pessoa deve estar convicta de que ela não tem valor só em si mesma, mas também constitui o seu bem e a sua felicidade; em sua alma deve ressoar a voz: "para mim, mais vale a perfeição que o prazer; para a minha felicidade é mais preciosa a virtude que o vício".

Nesse trabalho de reflexão e de convicção, a alma deve escolher motivos que não interessem exclusivamente à esfera intelectual, mas também à sensível; convém lembrar que os motivos concretos e plásticos possuem maior eficácia que os abstratos; finalmente, deve preocupar-se que sejam aderentes às ressonâncias e às disposições pessoais, do contrário dificilmente suscitarão interesse.

É óbvio que aqui é fundamental o conhecimento de si mesmo e a habilidade do diretor espiritual. Paralelamente, a alma deve esforçar-se para tornar prevalecente o desejo de perfeição sobre aqueles inspirados pelo egoísmo e pela sensualidade, pela simples razão de que a vontade é movida pela ação de uma só ideia por vez, isto é, a que prevalece no momento. Esse é um trabalho que a vontade só pode realizar indiretamente: visto que o seu domínio sobre a sensibilidade não é despótico, mas político, para chegar a temperar a força motriz dos desejos naturais e para suprimir os atos, ela deve derrubar e eliminar progressivamente as imagens que alimentam as paixões.

Somente assim o desejo de perfeição poderá tornar-se profundo, exclusivo, habitual, e então influir em cada escolha. Finalmente, é preciso que a alma procure exercitar-se em frequentes e santas aspirações, para segui-las sábia e corajosamente e impedir que se mudem em veleidades, para purificá-las diligentemente desapegando-as das criaturas e concentrando-as em Deus e na humanidade de Jesus Cristo.

5. NECESSIDADE. Depois de tudo que foi dito, é útil insistir na necessidade e na utilidade do desejo de perfeição. "Nunca houve e nunca haverá na Igreja de Deus nenhum fiel que chegue a possuir a perfeição cristã se não ansiar intensamente por ela" (SCARAMELLI, *Compendio del direttorio ascetico*, 28). Como esquecer os elogios tecidos por Santa Teresa? (cf. *Vita*, 13,2).

A psicologia acentua que a ação depende do vigor dos desejos e dos motivos, e Santo Tomás ensina que "o desejo torna apto e prepara para receber o bem desejado" (*STh.* I, q. 12, a. 6). São → FRANCISCO DE SALES, finalmente, escreve: "Não podemos saber se amamos a Deus sobre todas as coisas se ele próprio não o revelar, mas podemos saber se desejamos amá-lo; quando começamos a sentir em nós o desejo do amor divino, então começamos a amar. [...] À medida que esse desejo cresce, também o amor aumenta. Quem deseja ardentemente o amor, logo amará ardentemente" (*Teotimo*. Roma, 1939, c. 12,2, vl. II).

Concluindo, pode-se dizer que no caminho espiritual é muito importante manter sob controle esse movimento da vontade, para alimentá-lo e adorná-lo de intensidade, de generosidade, de magnanimidade e de humildade.

Ele ajuda a superar as dificuldades e a vencer as repugnâncias da natureza corrupta, é confortante porque atrai as graças divinas e aumenta o mérito, e, finalmente, porque "não há sinal mais evidente da presença de Deus na alma que o desejo de uma maior graça e perfeição" (SÃO BERNARDO, *Serm.*, 2, *de S. And.*).

BIBLIOGRAFIA. ARBERT, M. Perfection. In: *Catholicisme* X (1986) 1.242-1.253; DUPUY, M. Perfection: désir de la perfection. In: *Dictionnaire de Spiritualité* XII, 1984, 1.138-1.143; GOZIER, A. Le désir intérieur. *La Vie Spirituelle* 120 (1969) 291-305; GUIBERT, J. de. *Leçons de théologie spirituelle*. Toulouse, 1943, 215-223, vl. I; RODRIGUEZ, A. *Esercizio di perfezione e di virtú cristiana*. Siena, 1967, 9-62, vl. I; SMEDT, C. de. *Notre vie surnaturelle*. Bruxelles, 1920, 342-349; 475-482.

D. CUMER

DESERTO. A teologia espiritual do deserto é aqui considerada nas três etapas históricas de sua formulação teológica: Antigo Testamento, Novo Testamento, Igreja antiga.

1. ANTIGO TESTAMENTO. O deserto representa quase um paradoxo para o antigo Israel, quer no plano natural, quer no teológico. No primeiro, porque o deserto, com o seu nomadismo, é um componente essencial da pré-história e da história do povo eleito, destinado à vida sedentária de Canaan, no entanto tão frequentemente errante entre tantos povos. O deserto também parece um paradoxo no plano teológico, porque na Bíblia é o lugar reservado aos malditos e deserdados, mas ao mesmo tempo foi o lugar onde Israel teve as mais tocantes manifestações de amor da parte de seu Deus. Esse aspecto teológico não é único, mas dúplice. São dois os motivos centrais, ligados à teologia do → ÊXODO: o deserto é o lugar da passagem, escolhido por Deus para fazer chegar o seu povo, após a libertação da escravidão egípcia, à terra prometida (Ex 13,21); o deserto é o lugar destinado por Deus para o nascimento oficial do povo eleito, através do pacto do Sinai ("Código da aliança": Ex 20,22; 23,19; 24 etc.). Dessas premissas intui-se de que modo o tempo passado no deserto representou, na vida do povo de Deus, uma época privilegiada e única em sua ultramilenária história, época comparável, paradoxalmente, aos primórdios do gênero humano no paraíso de Deus. Aqui e ali, tudo é graça! Isto, todavia, não foi compreendido pelos pais nem pelos israelitas. Um e outro experimentariam as trágicas consequências. Todavia, a última palavra será dita pela bondade de Deus, que vence a maldade dos seres humanos (cf. Nm 20,13; 21,9).

A Bíblia apresenta uma visão dupla do deserto: uma de gênero histórico e narrativo e outra de caráter poético, parenético e simbólico. Em uma e outra refulge a misericórdia do Senhor por seus filhos ingratos, os quais, todavia, parecem menos ruins no segundo aspecto que no primeiro.

Deus manifesta o seu poder e o seu amor em um contínuo clima de milagres e em contato permanente com o seu povo. É ele quem obriga o faraó a deixar que Israel se encaminhe para o deserto; é ele que estabelece o itinerário, que precede o povo na viagem, indicando o caminho com uma coluna de fogo, que envia o seu anjo para precedê-lo na viagem; e assim sucessivamente, durante 40 anos, assiste-se a uma contínua sequência de fatos prodigiosos. A bondade de Deus aparece também na figura de → MOISÉS, prodigiosamente chamado do deserto para libertar o povo do cativeiro e para reconduzi-lo na terra prometida aos patriarcas, através daquele deserto no qual havia errado por 40 anos.

Israel não se mostrou à altura de sua vocação. Certamente não se pode negar que a vida no deserto foi bastante penosa e atribulada, mesmo no simples plano natural. Imagine-se aquele indefinido sentimento de incerteza, de precariedade, de perigo, característico da vida nômade, na solidão inóspita e desoladora. Diante dessas provações, mal se calou o eco do canto triunfal pela libertação (Ex 15,1-18), os israelitas começaram a lamentar-se e a murmurar contra Deus e seu fiel enviado (Ex 14,11; 16,2 ss.). Este pecado acompanhou o povo durante os 40 anos de permanência no deserto. Não faltou também uma grosseira forma idólatra e a autêntica apostasia no vale da santa montanha do Sinai (cf. Ex 32). Diante de tal infidelidade e dureza de coração, mais de uma vez Deus quase dispersou o povo ingrato e teimoso, mas no final sempre se deixou aplacar, cumprindo os seus planos de misericórdia. Todavia, somente os que foram fiéis e acreditaram incondicionalmente nele chegaram à terra prometida. Os outros todos pereceram durante os 40 anos de peregrinação no deserto (cf. Nm 14,20-30). Os exilados eram literalmente um povo novo. Com efeito, só alcançaram a terra prometida os filhos daqueles que saíram do Egito e que tinham nascido no deserto, excetuando Caleb e Josué. Estes foram os herdeiros das promessas feitas aos seus pais.

Alcançada a meta de Canaan, a lembrança polarizou-se em torno da bondade divina, enquanto a memória das culpas e dos castigos enfraquecia-se ou tornava-se motivo para convidar à conversão e à confiança em Deus. As festas litúrgicas, distribuídas ao longo do ano, lembrariam aos pósteros das gerações futuras as maravilhas operadas por YHWH ao seu povo, na libertação e no deserto, e os compromissos sagrados assumidos com ele para o futuro. A visão do povo, ao qual YHWH prodigiosamente partiu os cepos, e que guiou, não menos maravilhosamente, através das ondas abertas do mar e da solidão inóspita do deserto, rumo à terra prometida aos pais, jamais se apagará da mente e do coração dos filhos de Israel. Para os tardios netos, o tempo da morada no deserto se erguerá como um tipo de ideal de relação com Deus: a reaproximação com ele será sempre um sinal claro de regeneração, de progresso e de graça.

No Deuteronômio destaca-se essa adequação à vida precária do deserto para mostrar o paternal cuidado de Deus com o seu povo (cf. 15–18; 29,4-5; 32,11-12). Os profetas evocam o significado religioso do deserto. Isto exerceu um influxo poderoso já antes dos grandes profetas escritores, como Elias, e nos filhos dos profetas que, se geralmente não habitavam no deserto, por sua vida afastada também realizavam o seu objetivo ascético.

Os profetas escritores, embora ligando o deserto a vários temas, destacam de modo especial aquele período da história sagrada como sendo a idade áurea das relações com o Senhor, o tempo da juventude e do noivado. A entrada em Canaan marca, todavia, o princípio do esfriamento das relações com Deus. Reportar-se, portanto, ao tipo de vida do deserto é sinônimo de retorno à fidelidade com Deus (cf. Os 2,15 e 19; *Vulgata*). No Livro da consolação (Is 40-45) há um êxodo e um deserto sublimados sob o sopro de uma nova e profunda religiosidade.

Nos → SALMOS, além da lembrança histórica das maravilhas divinas e do pecado humano, sublinha-se, como na piedade deuteronomística e na dos poemas proféticos, a perene atualidade dos acontecimentos do deserto. O povo de Deus não somente tentou a Deus no deserto e rebelou-se contra ele, mas continuou a tentá-lo e a traí-lo em todas as épocas da sua longa história. Todos os dias, pois, precisa da divina misericórdia, cada dia deve ficar alerta para não tentar a Deus (cf. Sl 95,6-11).

Os prodígios da libertação, do êxodo e do deserto se renovam continuamente e de uma maneira manifesta na "redenção" dos exilados de Babilônia, e em seu retorno glorioso através do deserto para a Terra Santa. A libertação sinaítica tornou-se o modelo de toda libertação, além de uma simbólica antecipação da grande libertação messiânica (cf. Sl 106). Em algumas visões proféticas, o deserto se transforma em um jardim florido (cf. Is 32,15 s.; 35,1 s.; Ez 47,1-12). Nesse quadro deve ser considerada a libertação individual da culpa, que vai encontrar a sua confluência normal na grande libertação futura.

No último livro do Antigo Testamento, na Sabedoria de Salomão, com o amor de Deus pela estirpe santa de → ABRAÃO se sublinha o caráter cultual dos acontecimentos do êxodo e do deserto. A fuga da escravidão, a passagem do Mar Vermelho e os 40 anos de vida no deserto são como uma procissão triunfal de Deus e de seu povo para a Terra Santa. Para os seus filhos, Deus extravasa uma ternura paterna que só será superada pela mensagem de Jesus, que logo ressoaria no mundo.

Essa teologia do deserto não permaneceu como um simples motivo ideal ou lírico, nem somente uma exaltação singular de "grandes espíritos" e nem um simples estímulo para inculcar o retorno à pureza virginal das origens: ao longo da história do povo de Deus, ela aparece como encarnada em muitas almas eleitas. Nos tempos próximos ao Novo Testamento há uma explosão maravilhosa nos essênios, nos terapeutas e nos qumrânicos. Estes últimos, em particular, retiraram-se para o deserto para fugir à contaminação de um Israel considerado por eles degradado, tentando repetir com mais sucesso a experiência dos antigos pais, à espera na solidão, em uma dura, porém inebriante → ASCESE, a salvação futura. Nessa encarnação dos ideais do deserto, não se concebe mais o deserto como lugar de passagem e de provação, mas como um ideal autônomo, ainda que não definitivo. Poder-se-ia dizer que a visão profética do deserto transformado em jardim combina-se, então, com a espera do Messias, que aparecerá no deserto e dali iniciará a revolução escatológica.

Sintetizando a teologia espiritual do deserto no Antigo Testamento, somos obrigados a decompor em ciclos interdependentes os vários temas bíblicos.

Convém lembrar que a Sagrada Escritura no-los apresenta, mais que em uma determinada formulação dogmática, em sua essencialidade histórica, na parênese profética ou na lírica inspirada pelos hagiógrafos.

Quatro nos parecem ser os aspectos principais ou ciclos, sob os quais podemos dispor os vários temas relativos à espiritualidade do deserto.

a) *Ciclo do amor de Deus*, que não abandona no deserto o condenado como Caim, e que derrama no deserto as riquezas de seu coração para o povo predileto. Eis o tema do noivado e o das núpcias místicas do deserto. Um tema associado é o do pacto da aliança, que pressupõe os temas da divina presença e da revelação.

b) *Ciclo do poder de Deus*, manifestado nos prodígios da libertação da escravidão e naqueles que se multiplicam na viagem através do deserto para a Terra Santa. Em particular, observe-se o tema do monte Sinai, do qual Deus vem com fragor em favor de seu povo. Coordenado com os temas anteriores é o da segurança e da salvação, realizadas por Deus através dos mais estrepitosos prodígios.

c) *Ciclo da transição*. O deserto é somente um período intermediário entre um doloroso passado e uma feliz miragem final. Tema, pois, de passagem: o deserto não é a meta final. Ligado ao anterior, mas formalmente diferente, é o tema do nomadismo: o deserto não é lugar de estabilidade ou de parada. Também incluso nos temas anteriores o do exilado, peregrino rumo à pátria feliz.

d) *Ciclo da insuficiência e de preparação para um futuro melhor*. É semelhante ao ciclo anterior, mas diferencia-se dele porque sublinha o aspecto de incompletude e abre-se para novos horizontes. Tema de precariedade, de penúria, de sofrimento no deserto. É o tema da tentação e da provação, consequentemente, da fé e da esperança inabalável de serem salvos. Os heróis são forjados no deserto, os devassos nele perecem com os incrédulos. O tema da precariedade evolui para os tempos escatológicos com o tema do deserto florido e irrigado por águas abundantes, com o tema de um novo pacto eterno e, em geral, da grande salvação messiânica; ainda mais porque a tradição bíblica viu nos milagres do êxodo e do deserto o tipo e a antecipação de toda salvação de Israel.

2. **NOVO TESTAMENTO**. A expressão *erêmos* ocorre mais de sessenta vezes (com os derivados) no Novo Testamento. A distribuição não é uniforme nos vários livros. Em alguns, não aparece, como nas cartas pastorais, nas do cativeiro e nas católicas. A palavra "deserto" é escassamente representada nas grandes cartas dogmáticas do *corpus* Paulino e em São João, quer no Evangelho, quer no Apocalipse. Nos Atos (excetuando o discurso de santo Estêvão), é quase desconhecida. A maioria das citações encontra-se nos → SINÓTICOS. São numerosos os autores relacionados com *erêmos* no Novo Testamento. → JOÃO BATISTA e os judeus, que dele se aproximam para serem batizados (Mt 3,1; 3,3; Mc 1,3.4; Mt 11,7; Lc 1,80; 3,2.4; 7,24; Jo 1,23); Jesus e os seus discípulos, o povo que se aproxima dele (Mt 4,1; 14,13.15; 15,33; 24,26; Mc 1,12.13.35.45; 6,31.32.35; Lc 4,1.42; 5,10; 9,10.12; 15,4; Jo 11,54). A expressão *erêmos* também é lembrada em relação a Moisés e ao seu povo (Lc 6,31.49; 7,30.36.38.42.44; 13,18; 1Cor 10,5; Hb 11,38) e em relação à serpente erguida e aos cadáveres dos que tombaram (Jo 3,14; Hb 3,8.17). É posta em relação com o apóstolo Paulo e com o vidente do Apocalipse (2Cor 11,26; Ap 17,3); com a mulher e seu filho (Ap 12,6.14). Finalmente, também o Espírito, os anjos, Satanás, os demônios e as feras são postos em relação com o deserto (Mc 1,12.13; Lc 8,29). É possível, a partir dessa variedade, que dificilmente deixa o lugar, por assim dizer, a outros seres, colher uma ordem que permita posteriores conclusões? (cf. W. SCHMAUCH, In der Wüste, in *In memoriam E. Lohmeyer*, Stuttgart, 1951, 202-223).

Cremos seja necessário, aqui, analisar brevemente o texto sagrado, começando pelos Sinóticos e terminando com o Apocalipse.

Nos Sinóticos, o deserto é posto habitualmente em relação com João Batista e com Jesus. João Batista é a encarnação do antigo profetismo bíblico, ainda que pareça ter tido relação com os ambientes monásticos de → QUMRÂN. Ele é o elo que une o Antigo Testamento com o novo pacto. Do deserto anuncia sua mensagem de penitência, em preparação para a vinda do Messias, mas só mantém no deserto alguns poucos discípulos. A sua espiritualidade não é semelhante à dos qumrânicos, restrita aos próprios seguidores, mas é aberta a todos, como seria a de Jesus, de quem é o precursor (cf. Lc 3,10-14).

Os quarenta dias de jejum e de tentações, no início da vida pública de Jesus, são fatos de capital importância para a correta compreensão de toda a obra sucessiva do Salvador (Mc 1,12-13; Mt 4,1-11; Lc 1,1-13). Jesus, logo que proclamado Filho dileto pelo Pai, no batismo, foi impelido pelo Espírito de Deus ao deserto para ser tentado. Como não ver nisto um claro plano de Deus? O seu Primogênito repete com sucesso aquela provação que o seu povo não foi capaz de cumprir. A narração da tríplice tentação sublinha, portanto, o aspecto essencial do messianismo de

Jesus, do verdadeiro messianismo desejado por Deus: a glória do Messias está indissoluvelmente ligada à glória de Deus e à ignomínia da cruz.

Em Marcos (1,12 s.) há, talvez, uma alusão ao tema do paraíso reencontrado. É certo, todavia, que os fiéis, por meio de Jesus, superaram a provação e tiveram o caminho aberto para a terra prometida. Nesse episódio, são evidentes as reminiscências do Antigo Testamento, que, todavia, se alçam a significados característicos dos novos tempos. Uma confirmação disto tem-se na comparação entre a narração da dúplice multiplicação dos pães, feita por Jesus no deserto, e o milagroso sustento do povo nos 40 anos de seu nomadismo na península sinaítica. Jesus é o pão descido do céu; ele é a serpente erguida para a salvação dos pecadores; ele é o caminho; ele é a luz. O deserto, como lugar privilegiado e como tempo de salvação, está finalmente presente em Jesus. As graças do deserto, o crente as tem em → JESUS CRISTO, a quem está unido. A encarnação do Verbo, no prólogo de João, não é, talvez, apresentada com as cores extraídas da vida conduzida pelo antigo Israel no deserto? Depois de dizer que o Verbo se fez carne, acrescenta: "e fixou a sua tenda entre nós". Essa expressão, enquanto sublinha a íntima comunhão de vida do Verbo encarnado com a humanidade que vinha redimir, tornando-se peregrino com ela, no caminho rumo à terra prometida, ao mesmo tempo reevoca o tabernáculo do testemunho, no qual Deus habitava no meio dos filhos de Israel, como em sua morada, cuja glória era manifestada a todos pela nuvem luminosa. Se a *shekinah* era sinal e penhor da divina presença e da divina providência para o povo do Antigo Testamento, muito mais agora, que o Verbo tomou a nossa carne, o novo povo tem de exultar pela presença e pela graça de Jesus, sem confrontos superiores com Moisés, guia do povo antigo (Jo 1,14-18).

No discurso escatológico, Mateus alude ao aparecimento de falsos messias no deserto, reevocando a crença comum segundo a qual, no Antigo Testamento, o deserto era como o lugar normal das teofanias (Mt 24,26). No Evangelho, reencontramos a antiga crença de que o deserto é a morada própria dos demônios (cf. Lc 8,29), além de ser um lugar de refúgio e segurança (Lc 15,4), de tranquilidade (Mc 6,21-32), sobretudo o ambiente mais adequado para o colóquio íntimo com Deus na oração (cf. Lc 5,16). Pode-se observar de passagem que no Evangelho a palavra "monte" é quase sinônimo de deserto, como lugar de refúgio, de tranquilidade e de oração. Os textos são bastante numerosos e conhecidos, é o caso de juntá-los. Basta lembrar o monte das Oliveiras e o da Transfiguração. Neste último, Jesus aparece no meio dos dois heróis mais famosos do deserto, Moisés e Elias. Sabe-se que → MOISÉS e → ELIAS são a prefiguração de → JOÃO BATISTA e de Jesus Cristo. Não queremos ir além sem observar o aparecimento da "nuvem", que "os encobriu com a sua sombra"; da nuvem ouviu-se a voz do Pai: "Este é meu Filho muito amado: escutai-o" (Lc 9,34 ss.). Deus manifestava a sua divina presença no Tabor, como outras vezes aos filhos de Israel no deserto (cf. Ex 40,34-35; 16,12-13; Nm 7,8 ss.; Lv 16,2.12-13).

Em muitos outros textos a lembrança do deserto bíblico serve de pano de fundo para a parênese característica do Novo Testamento: os acontecimentos passados são uma lição para os novos tempos. São Paulo faz-nos assistir a um simbolismo ainda maior e mais profundo: aqueles fatos possuem um valor típico para nós, filhos do Novo Testamento: "Esses fatos lhes aconteciam para servir de exemplo e foram postos por escrito para instruir a nós, a quem coube o fim dos tempos" (1Cor 10,11).

No Apocalipse, a teologia do deserto coloca em relevo a real condição da Igreja militante em relação às potências hostis ao reino de Deus (12,6; 14,17; 17,3). A luta entre o dragão (Satanás) e a mulher (Igreja) perpetua-se durante 1260 dias, isto é, por todo o tempo escatológico, até à vitória final de Cristo. Um dos motivos que determinam a fuga da mulher para o deserto é a segurança, porque ali será cercada por uma especial providência. Todavia, o conjunto da visão apocalíptica tira a ilusão sobre a imunidade das tentações e dos sofrimentos; com efeito, no deserto a mulher é combatida com ataques contínuos; Deus, porém, sempre estará presente com o auxílio. Multiplicará os prodígios para salvar a sua Igreja, em viagem rumo à pátria. Para ele preparou um alimento milagroso, representado pela → PALAVRA DE DEUS e pela → EUCARISTIA. A luta da cidade celeste com a cidade terrena supõe um antagonismo radical entre elas, uma clara separação. Essa segregação da Igreja em relação ao mundo é sublinhada por este outro texto do Apocalipse: "Saí desta cidade, ó meu povo, para que não tomeis parte em seus pecados e não participeis dos flagelos que lhe estão destinados" (18,4). Este aviso urgente de Cristo faz eco ao de Jeremias aos exilados na Babilônia, para exortá-los a saírem de lá, a fim de que não fossem envolvidos nos pecados e nos castigos daquela gente (51,45 TM). Deus tinha dirigido uma palavra semelhante a Abraão (Gn 12,1); algo de semelhante dizem Jesus, no discurso escatológico, e São Paulo, nas cartas. O cristão, antes, a comunidade dos fiéis, embora estando no mundo e servindo-se do mundo, não são do mundo. Disse Santo → AGOSTINHO que o cristão aproxima-se de Deus na proporção de sua saída deste século, com a fé e com o progresso em Deus (*De civ. Dei*, XVIII, 18; *PL* 41, 574).

Todo cristão, consciente de sua vocação, em certo sentido vive no deserto. É claro que a teologia da Igreja, para ser completa, não deve ser vista somente nessa perspectiva de Igreja do deserto, mas, de outro lado, esse seu aspecto essencial jamais deverá ser perdido de vista, na tentativa de valorizar as realidades terrestres. Encarnação e escatologia não devem opor-se nem fechar-se em outras repartições estagnadas, mas harmonizar-se e completar-se mutuamente.

Se quisermos reagrupar os vários aspectos da teologia espiritual do deserto, segundo as indicações do Novo Testamento, poderemos afirmar que ela de um lado sublinha as manifestações da bondade de Deus e de outro a necessidade da criatura de permanecer-lhe fiel. Essa teologia também acentua o sobrenatural isolacionismo da Igreja em relação ao mundo pecador, completamente à mercê do maligno. Em cada um desses três aspectos fundamentais, ou ciclos doutrinários, observam-se os vários temas de teologia espiritual.

a) A divina bondade refulge: em primeiro lugar, no fato de que o Verbo de Deus armou a sua tenda entre os filhos dos homens, consagrando o templo simbólico do período messiânico: o cristão poderá tornar-se templo de Deus, como é a Igreja, em virtude dessa divina presença, que acompanhará cada um e a comunidade no exílio e na peregrinação rumo ao Pai.

Daí colocar a sua Igreja no deserto, onde está a salvo das perseguições do dragão e dos seus seguidores durante todo o período escatológico dos 1260 dias. Do mesmo modo que da outra vez Deus ajudou o povo eleito no deserto, após tê-lo libertado do faraó, e como também na solidão do Sinai havia cuidado de Elias, perseguido pela ímpia Jezabel, assim no tempo messiânico ajudará a Igreja, perseguida por satanás e exilada do mundo, corrupto e corruptor.

No nutrimento, além disso, preparado por sua Igreja. Esse alimento divino é representado pela palavra de Deus, sobretudo pela Eucaristia, o pão dos fortes do tempo escatológico.

Finalmente, no envio dos seus anjos ao deserto, onde lutam com satanás, seja o Filho de Deus, sejam os filhos de Deus.

b) O deserto também acentua a necessidade da criatura de permanecer fiel na provação.

Em primeiro lugar, se a Igreja no deserto está sob o signo de uma providência especial, é igualmente verdade que ali ela é provada e combatida pelo dragão em choques contínuos durante todo o período escatológico. Se a Igreja está convicta da vitória final, e também de sua infalibilidade, o mesmo não se aplica ao fiel, que na humildade e no temor tem de realizar a sua salvação.

Em segundo lugar, o deserto é considerado morada especial de satanás, segundo a concepção expressa no Antigo Testamento, explicitamente continuada no Novo. O demônio poderá ser vencido também "em seu reino", com os meios clássicos ensinados por Jesus, em vez de palavras, pelo seu exemplo: jejum e oração.

Consequentemente, por outro lado, o deserto sublinha o aspecto penitencial, inerente a toda vida cristã, mais especialmente à vida cristã inclinada à perfeição. O exemplo de Jesus e de João Batista e as suas palavras são explícitos a esse respeito.

Finalmente, o deserto descreve bem o aspecto escatológico da Igreja: tempo e lugar de transição, de vigilância, de espera e de esperança. Assim, de fé inabalável. O exemplo do antigo Israel está sempre presente: não ser incrédulo como os filhos de Jacó, não tentar a Deus para não perecer no caminho rumo à terra prometida.

c) O deserto sublinha o isolacionismo cristão: antes de tudo, a fuga da Igreja no deserto, como é descrito explicitamente no Apocalipse, nos lembra o seu caráter sobrenaturalmente "isolacionista" em relação à "cidade terrena". É um fato ligado à vocação para ser "povo de Deus". De Abraão ao Apocalipse ressoa a palavra fatídica: *Egredere!* A Igreja é toda para Deus e para as almas serem salvas, não há nada para ser repartido com o mundo, adversário da cruz de Cristo; com o mundo que, por definição, contrasta com os planos divinos; com o mundo, pelo qual Jesus não rezou, que está inteiro nas mãos do maligno.

Por outro lado, nesse contexto, o deserto exprime o aspecto interior da vida da Igreja; o aspecto essencial e predominante, porque toca diretamente a glorificação de Deus. Sob esse ponto de vista, o capítulo 12 do Apocalipse deve ser relacionado com o capítulo 11,1-4: visão do templo e dos adoradores diante do altar, enquanto os inimigos atacam fora do santuário.

Finalmente, em consequência, acentua-se a necessidade do culto divino e da oração contínua da Igreja. E isto não apenas para vencer as tentações do demônio (como vimos acima), mas para exercitar uma função essencial da Igreja e de cada fiel: adorar a Deus. Jesus antecedeu com o seu exemplo e o seu ensinamento; no sacrifício eucarístico continua a render ao Pai, em nosso nome, aquela glória que nós jamais seremos capazes de tributar-lhe.

3. IGREJA ANTIGA (MONASTICISMO).

Os temas assinalados a título de conclusão de nosso discurso sobre o deserto na tradição bíblica impregnaram a espiritualidade cristã de todos os tempos, e é inútil aqui sublinhar esse fato. Mas como não aludir, ainda que brevemente, à encarnação do ideal do deserto no seio da Igreja no ascetismo monástico?

Vimos de que modo um fenômeno semelhante já havia acontecido em Israel, e de maneira bastante visível nos tempos próximos do Novo Testamento e contemporâneos à era apostólica. Em que relação estão, entre si, os dois movimentos monásticos do judaísmo e da Igreja? Não se quer referir, aqui, sobre uma possível dependência direta, mas de uma eventual continuação ideal. Esta última deve ser excluída, ao menos no que se refere à substância do ideal monástico cristão. Algumas convergências no plano teológico derivam dos mesmos pressupostos bíblicos; o monasticismo cristão, porém, é marcado substancialmente pela mensagem evangélica e pelos ideais do Novo Testamento, especialmente daqueles do deserto há pouco lembrados, os quais interessam, em variada medida, a todos os batizados. É verdade, todavia, que o monasticismo procura viver o ideal da Igreja do deserto não somente no plano espiritual — como todos os outros batizados também devem fazer — mas também no plano da realidade "física", por meio de uma ruptura heroica com o mundo, que no eremita e no recluso alcança a sua forma mais total e perfeita. Não é por obra do acaso que o monge é considerado o sucessor do → MÁRTIR na antiga concepção da ascese eclesiástica. E isto não somente, e nem principalmente, de um ponto de vista cronológico, mas sobretudo no teológico da renúncia total ao mundo e do dom total e irrevogável de si a Deus. Nisto Jesus foi o exemplo perfeito: e sabe-se de que modo a → IMITAÇÃO DE CRISTO foi o ideal do mártir e do monge de todos os tempos. Na imitação de Cristo está incluído tudo aquilo que o asceta cristão tem de realizar em sua corrida para a perfeição. A relação com Cristo e sua mensagem separa substancialmente o monasticismo cristão e a sua espiritualidade de toda outra forma de → ASCESE e de → MÍSTICA.

Terminamos com as belas palavras de Santo Agostinho: "Este mundo, para todos os fiéis que aspiram à pátria, é como o deserto para o povo de Israel. Também vagavam daqui e dali, em busca da pátria; mas com a guia de Deus não podiam errar. O seu caminho era o comando de Deus. Com efeito, enquanto vaguearam durante 40 anos, o percurso teria sido feito em poucas etapas, todos sabemos. Demoraram porque foram submetidos à provação, não porque tivessem sido abandonados a si próprios. Aquilo que Deus nos promete é doçura, é bem inefável. [...] Mas somos provados pelas lutas temporais, somos adestrados pelas tentações da vida presente. Se, porém, não quiserem morrer de sede neste deserto, bebam a caridade. É a fonte que Deus quis colocar aqui embaixo, para que não percamos o caminho: podemos beber à vontade quando chegarmos à pátria" (*In Jo. ep. tr.* VII, 1: *PL* 35, 2029).

BIBLIOGRAFIA. ANSON, P. F. *The Call of the Desert*. London, 1964; Deserto. In: DE FIORES, S. – GOFFI, T. (orgs.). *Nuovo Dizionario di Spiritualità*. Roma, 1985, 377-392; FEUILLET, A. L'explication "typologique" des événements du désert en 1Cor 10,14. *Studia Monástica Req.* 8 (1965) 125-136; GUILLAUMONT, A. La conception du désert chez les moines d'Égypte. *Revue d'Histoire des Religions* 188 (1975) 3-21; HAUSHERR, I. Solitude et vie contemplative d'après l'hésychasme. *Orientalia Christiana Periodica* 22 (1956) 5-40.247-285; LE ROY LADURIE, M. *La donna e il deserto. Testimonianze di vita eremitica oggi*. Torino, 1972; MARANGON, A. Vários artigos in *Rivista del Clero Italiano* 69 (1988) 355-361.518-525.819-828; MERTON, L. For a renewal of eremitism in the monastic state. *Collectanea Cisterciensia* 27 (1965) 121-148; ROUSTANG, F. Je t'épouserai au désert. *Christus* 7 (1960) 190-203; *La séparation du monde*. Paris, 1961; STOLZ, A. *L'ascesi cristiana*. Brescia, 1943 (espec. c. I); TURBESSI, G. *Ascetismo e Monachesimo prebenedettino*. Roma, 1961, 48-87 (com bibliografia: 198-203); ID. La solitudine dell'asceta come espressione ideale della vocazione cristiana. *Benedictina* 8 (1954) 43-55; ID. Il "deserto" nella Bibbia. *Vita Cristiana* 15 (1955) 339-375; UN MONACO. *L'eremo. Spiritualità del deserto.* Brescia, 1976; VANDENBROUCKE, F. *Le moine dans l'Église du Christ.* Louvain, 1947, 18-32; WINANDY, J. L'idée de fuite du monde dans la tradition monastique. In: Le message des moines à notre temps. Paris, 1958, 95-104.

G. TURBESSI

DESESPERO. Não se trata daquele estado de espírito que beira o patológico, no qual se cai sem culpa em consequência da adversidade das coisas, mas daquela decisão que considera já definitivamente perdido o empenho com o sobrenatural. A alma desesperada acredita já absolutamente terminado o caminho que, em vez, ainda continua, e que pode desembocar, querendo, na felicidade e na salvação; vive como se fosse excluída da vitória de Cristo sobre o pecado, e como se a redenção não lhe pertencesse. Sob o ponto de vista psicológico, quem está desesperado vive uma condenação antecipada, considerando já perdido todo meio de salvação. Esse estado de espírito pode ser encontrado nas pessoas que, após uma vida de pecado, sentem iminente o juízo de Deus. Em geral, é o instinto da vida que fornece uma esperança certa, mantendo elevados os ideais da própria vida; mas pode ocorrer que esses ideais venham a perder concretamente a sua força de atração, determinando aquela paralisia que depois degenera em desespero.

Com frequência, o desespero é determinado por uma ideia muito "humana" de Deus. Imagina-se o Senhor e a sua providência como alguma coisa sempre a serviço do ser humano; então, quando se vê desiludido em seus pedidos e exigências, quase como uma inadvertida reação, começa um processo de gradual afastamento de Deus, que provoca a queda dos ideais sobrenaturais.

BIBLIOGRAFIA. BALTHASAR, H. U. Von. *Il Cristiano e l'angoscia.* Roma, Paoline, 1966; CARRÉ, A. M. *Esperance et désespoir.* Paris, 1954; *Gaudium et Spes*, n. 21; LACROIX, J. *L'insucesso.* Roma, Paoline, 1967; *Lumen Gentium*, n. 16; PIEPER, J. *Sulla speranza.* Brescia, 1953.

C. GENNARO

DESPOJAMENTO. Na linguagem espiritual, "despojamento" é uma das palavras clássicas da ascese cristã, usada muitas vezes junto com muitas outras, mais ou menos sinônimas, como: abandono, abnegação, indiferença, renúncia, mortificação, privação, nudez ou pobreza espiritual etc.

1. IDEIA GERAL. O despojamento traz à mente alguma coisa nossa, da qual, todavia, temos de nos desfazer, de nos livrar, porque é um dano para o bem da alma. Isso em relação ao presente estado da natureza humana, contaminada pelo pecado, privada da feliz harmonia na qual Deus tinha criado o primeiro homem. A ideia de despojamento é tirada de São Paulo: "Visto que ressuscitastes com Cristo, procurai o que está no alto, lá onde se encontra Cristo, assentado à direita de Deus; é no alto que está a vossa meta, não na terra. [...] Fazei, pois, morrer o que em vós pertence à terra: devassidão, impureza, paixão. [...] Não haja mais mentiras entre vós, pois vos despojastes do homem velho, com suas práticas, e revelastes o homem novo, aquele que, para ter acesso ao conhecimento, não cessa de ser renovado à imagem de seu Criador" (Cl 3,1-2.5.9-10). O batizado está, em Cristo, morto ao pecado e está ressuscitado com Cristo a uma vida nova, à vida da graça e intimidade divina; por isso, não pode se contaminar, voltando de novo a pecar. Despojou-se, como de uma veste imunda, do homem velho que vive à mercê das paixões, à mercê do pecado; e se revestiu do homem novo, imagem viva de Deus, de quem o cristão é filho e ao qual deve se esforçar por se assemelhar de modo cada vez mais perfeito. Vê-se, portanto, que o despojamento não tem apenas um sentido negativo; não é apenas o pecado e tudo o que leva ao pecado ou que deriva do pecado que temos de excluir radicalmente: há também o aspecto positivo, o do dever de nos revestirmos de Cristo, ou seja, da sua vida, deixando-nos dominar totalmente por ele e por seu amor.

2. O DESPOJAMENTO NA ÉPOCA DOS PADRES. A doutrina paulina do despojamento e do correlativo revestimento do cristão é a base e o ponto de partida dos amplos desenvolvimentos havidos a respeito na espiritualidade católica. Santo Ireneu e depois → CLEMENTE DE ALEXANDRIA e → ORÍGENES são os primeiros que, de forma explícita, fizeram ecoar e aprofundaram o ensinamento de São Paulo, mas sobretudo nos ambientes monásticos é que este foi meditado em profundidade e divulgado e praticado com fidelidade. Se o despojamento mais completo é, com efeito, o do martírio, os ascetas antigos encontraram seu equivalente na continência e na virgindade, no abandono dos bens terrenos, na fuga do mundo (→ FUGA MUNDI), na obediência a um superior, na morte do amor próprio. Desse modo, o despojamento acaba implicando o mais perfeito desapego de si e o abandono confiante em Deus e em quem o representa, a humildade mais profunda e a abnegação total, o vazio ou nudez interior que abre a alma à invasão divina e lhe dá novamente a verdadeira liberdade dos filhos de Deus. A renúncia ao mundo e a suas falsas alegrias, a negação de si mesmo, o desprezo do sensível etc. não são um aniquilamento absurdo da criatura humana, mas condição providencial para atingir a liberdade plena e o mais alto desenvolvimento da personalidade: despojamo-nos de tudo e de nós mesmos para ficarmos cheios de Deus e dominados inteiramente pela caridade. "Quem quiser se tornar discípulo de Cristo e dele se tornar digno mantenha-se distante de todo afeto carnal, despoje-se de toda prática sensível. [...] Sem esse afastamento e sem esse despojamento ninguém pode amar de verdade a Deus e ao próximo" (MÁXIMO, O CONFESSOR, *Liber asceticus*).

3. A DOUTRINA DO DESPOJAMENTO NA IDADE MÉDIA. Na antiga Idade Média, a doutrina do despojamento é tratada por São Bernardo como aspecto necessário da conversão perfeita, sob a imagem da tríplice renovação do corpo, da boca e do coração (*De triplici renovatione triplicis vetustatis*); pelos → VITORINOS sob a imagem da saída de si da alma e da pureza do coração; pelos → FRANCISCANOS sob o perfil da imitação de Jesus, especialmente por meio da nudez interior e da pobreza espiritual. Mas é sobretudo no século XIV e com a escola renana e dos Países Baixos (→ ECKHART, → TAULERO, → SUSO, → RUUSBROEC) que o → DESPOJAMENTO é posto em relação, do modo mais explícito, com a contemplação, à qual dispõe e pela qual é levado à última perfeição. Somente pelo despojamento, com efeito, de toda imagem criada é que se chega a contemplar a divina essência.

No princípio da Idade Média tem-se um primeiro veio espiritual que é o puro prolongamento da antiga espiritualidade monástica e que encontra um sólido apoio na corrente franciscana: continua-se a viver o despojamento e se empregam suas exigências, desenvolvendo temas equivalentes ou ideias que contêm implicitamente a necessidade do despojamento. Um segundo veio espiritual aparece no final do século XIII nos países do Reno com orientação nitidamente contemplativa, caracterizada por uma exigência de nudez e de rigorosa exclusão de toda forma criada, de modo a chegar à deificação mediante a contemplação. Esse segundo veio reaparece no início do século XVI na Espanha e especialmente por meio de Francisco de → OSUNA e Bernardino de → LAREDO, chega ao Carmelo e encontra em São → JOÃO DA CRUZ aquele que dará ao tema do despojamento seu pleno desenvolvimento. A volta a São Paulo, notável entre a maior parte dos escritores religiosos do princípio do século XVI, parece ter favorecido muito essa renovação.

4. A DOUTRINA DO DESPOJAMENTO NA ÉPOCA MODERNA. É Santa Teresa de Ávila a primeira a fazer do despojamento, do modo mais explícito, a condição absoluta do pleno florescimento da vida de oração em contemplação perfeita. Trata-se de um despojamento que não admite nenhuma espécie de exceção: "desnudez y dejamiento de todo — despojamento e expropriação de tudo" (*Castelo*, 3,1,8). A alma deve "esquecer tudo e todos para não se ocupar senão de si mesma e contentar o Senhor" (*Vida*, 13,10). Especialmente no *Caminho*, a santa ensina às filhas como se despojar de tudo e de si mesmas para dar lugar a Deus somente: prática da pobreza perfeita, levada até o mais confiante abandono em Deus; desapego do coração de toda busca da própria satisfação; esquecimento de si na mais profunda humildade, "virtude de capital importância, absolutamente indispensável para as almas de oração" (*Caminho*, 17, 1); dom total de si a Deus: do palácio da alma é preciso fazer a ele "dom absoluto, desembaraçando-o de todas as coisas", porque "se não força ninguém e aceita o que se lhe dá, não se dá totalmente senão aos que se dão totalmente a ele" (*Caminho*, 28,12).

São João da Cruz, doutor do "nada", poderia também ser chamado de doutor do despojamento absoluto. Fundamenta expressamente sua doutrina do despojamento em São Paulo, que cita várias vezes (cf. *Chama B*, 2, 29; *Noite*, 2, 3, 3 e 2, 13,11) ou a ele faz muitas vezes referência implícita. Trata-se também aqui de um despojamento radical e total, que abraça todo o homem, o sentido e o espírito, os dons da natureza e, em certo sentido, os da graça. Com efeito, se o despojamento não pode ser sempre e em tudo efetivo, o afetivo é necessário que seja absoluto e universal, porque somente ao nada de toda a criação é que segue a união e a posse do tudo que é Deus:

"Para chegar à posse do todo, não querer possuir nada" (*Subida*, 1, 13, 11). Não é que a alma possa se despojar em profundidade apenas com seus esforços, embora perseverantes e generosos; para que o despojamento seja total e atinja as profundezas da alma e de todo o ser, há absoluta necessidade da mão de Deus, sempre disposto a intervir de modo misericordioso e amoroso, desde que a alma o deixe agir, uma vez que "se a alma procura Deus, muito mais o seu Amado a procura" (*Chama B*, 3, 28). Mas o santo Doutor observou muitas vezes, com grande pesar, que são poucas as almas que se deixam purificar e despojar até o fim pelo Senhor e por isso poucos são os santos (cf. *Chama B*, 2, 27, e 3, 27).

Às vezes se fala de intransigência da doutrina do despojamento de São João da Cruz, como se fosse um tanto exagerado. Com certeza o santo do Carmelo gosta de falar claro (mas também Jesus falou claro!) e não quis iludir ninguém. Todavia, apesar da diversidade do estilo e do tom, não é menos exigente e radical também o santo da doçura, São → FRANCISCO DE SALES. Sua doutrina, como a do Doutor Místico, tem como base a necessidade do despojamento absoluto para a santidade, ou seja, simplesmente para cumprir o estrito dever cristão, porque Deus nos quer a todos santos. Em seus tratados, fala de "expropriação e despojamento de todas as coisas"; no *Tratado do amor de Deus* dá como título ao capítulo 16 do IX livro: "Do d. perfeito da alma unida a Deus"; nos *Avisos* às suas filhas, assim se expressa: "Deus a quer toda e sem reserva alguma, e toda delicada, nua e despojada" (Aviso 27); "Conhecereis no céu quão feliz é a alma que viveu neste mundo despojada de todas as coisas e rendeu homenagem ao grande despojamento e nudez de seu esposo, pregado na cruz" (Aviso 46). Da santa de Chantal basta citar esta meditação, escrita para suas filhas em retiro, cujo título é: "Do despojamento e conclusão do retiro": Todas as luzes recebidas de Deus "devem levar a este único ponto do despojamento total de vós mesmas. [...] Considerai o estado feliz em que este verdadeiro despojamento de todas as coisas põe a alma, ou seja, que ela não quer senão o seu Jesus e tão somente ele" (*Meditações*, 33).

Mas não é necessário insistir mais sobre essa doutrina do despojamento, porque todos os autores espirituais, tanto do passado como os recentes, estão perfeitamente de acordo em proclamar a necessidade absoluta do despojamento total para atingir a santidade, mesmo que se usem outros termos, como abnegação, abandono, indiferença, esquecimento de si etc.

→ ASCESE, → PURIFICAÇÃO, → DESAPEGO.

BIBLIOGRAFIA. Dépouillement. In *Dictionnaire de Spiritualité* III, 455-502; OEPKE, A. ἐκδύω, πεκδύω. In *Grande Lessico del Nuovo Testamento*. Brescia, 1967, 305 ss., vl. III.

B. Marchetti-Salvatori

DEUS. Esse assunto de enorme amplitude apresenta-se limitado, no tanto que as objetivas ligações dos aspectos o permitem, às perspectivas espirituais, dispensando todas as outras, também aquelas especificamente teológicas. O aspecto espiritual deve ser pesquisado principalmente nas ricas fontes bíblicas, mas pode ser considerado, ao menos sumariamente, na tradição, por intermédio de algumas personalidades representativas da espiritualidade. Nas fontes bíblicas é útil um duplo critério: a graduação da revelação do Antigo Testamento ao Novo Testamento e a preferência pelas manifestações de vida vivida nas relações com Deus. O fato geral da progressividade da revelação não pode deixar de ser sentido também quanto ao mistério de Deus; ao contrário, exatamente aqui é percebido de forma decisiva, em todo o conhecimento da história da → SALVAÇÃO, sendo esta centralizada na pessoa e na missão do Verbo encarnado: "O conteúdo profundo da verdade, [...] seja a respeito de Deus, seja da salvação do homem, se nos manifesta por meio dessa revelação em Cristo, que é ao mesmo tempo mediador e plenitude de toda a revelação" (*DV*, 2). Revelação de Deus, em si mesmo e em relação com o ser humano, é a Bíblia inteira, portanto isto permanece como tarefa principal do Verbo feito carne, vida e luz dos homens (cf. Jo 1,4), visto que, como afirma João: "Ninguém jamais viu a Deus; o Deus unigênito, que vive no seio do Pai, ele o revelou" (Jo 1,18). Todavia, o aperfeiçoamento praticado por Cristo deve ser considerado sobretudo na linha trinitária, e o seu ensinamento sobre Deus habitualmente é feito com referência ao Pai. Assim, uma vez que aqui se restringe diretamente ao ensinamento sobre Deus, remetendo a outras expressões sobre a Trindade e sobre cada uma das Pessoas, o ensinamento evangélico não resultará amplamente explorado. O outro critério no uso das fontes bíblicas é a preferência pelas manifestações vitais e as experiências. É próprio da → TEOLOGIA ESPIRITUAL interessar-se pelo conhecimento teológico não na linha puramente teórica, mas sobretudo prática. Também em sua nascente o divino desse conhecimento é amor, fato experimental, vida vivida, portanto, o "lugar teológico" nessa ciência se enriquece sobretudo em experiência de vida. Isto vale sobretudo para os dados bíblicos, especialmente do Antigo Testamento, visto que os semitas fogem de uma linguagem abstrata e as categorias "luz", "verdade", "conhecimento" e similares visam ao fato, ao concreto, com certa tendência para o global. O segundo critério ora lembrado também aplica-se à tradição espiritual, visto que é sempre no aspecto vivido o aperfeiçoamento desse típico conhecimento. Assim como na Bíblia o conhecimento espiritual de Deus é procurado preferencialmente nas formas que são expressões de vida — teofanias, inspiração profética, oração etc. —, assim também na tradição cristã deve-se preferir o testemunho proveniente da experiência, logo, da vertente da santidade. Obviamente a documentação nesse setor será muito parcial e simplificativa, em confirmação e resposta do fato bíblico. Esse duplo critério acha uma válida justificação no modo objetivo com o qual ocorre na Bíblia — e analogamente também na vida da Igreja — a revelação e o conhecimento espiritual de Deus: através das suas intervenções na história da salvação e no desenvolvimento das relações do ser humano com ele. A especulação teológica justificadamente usará a investigação e a reflexão racional; a espiritualidade interessa-se principalmente em colher os aspectos que mais se destacam na comunicação personalista que Deus faz de si mesmo ao ser humano. Esses critérios nos permitem reagrupar o ensinamento espiritual sobre Deus ao redor de dois aspectos fundamentais: a transcendência de Deus, que geralmente permite caracterizar o seu modo de ser, e que mais atinge o ser humano espiritual; e a imanência de Deus, que abraça um conjunto de perfeições que iluminam a sua comunhão com o ser humano.

1. TRANSCENDÊNCIA DE DEUS. A transcendência de Deus significa a sua única e incomparável superioridade, e, consequentemente, a sua radical distinção de todo outro ser fora dele. Portanto, ela diz unicidade do modo de ser por suas perfeições, donde deriva a sua inacessibilidade e um título exclusivo e incomunicável para o reconhecimento alheio por meio do culto e da dependência de sua soberania. Os aspectos nos quais se manifesta a transcendência são especialmente: a santidade, a eternidade, a plenitude de vida, a onipotência e a imensidade.

a) *A transcendência em geral*. É inculcada na afirmação de que Deus é único, na superioridade sobre toda grandeza pensável, na singularidade do nome que ele próprio se atribui. Já → ELIAS incitava o povo ao grito monoteísta: "YHWH é Deus" YHWH é Deus" (1Rs 18,39). Este é o tema contínuo da pregação profética, que no Dêutero-Isaías assume completamente andamento de hino: "Eu sou YHWH; fora de mim não há salvação" (Is 43,11). É como o credo de Israel: "Escuta, Israel: o Senhor é nosso Deus; o Senhor é só um" (Dt 6,4); "O Senhor é Deus, e não há outros fora dele" (Dt 4,35). A transcendência de Deus encontra a sua expressão plástica e realista em sua grandeza diante da qual todas as coisas, até a maior, perde o valor: "Eis que as nações são como uma gota caindo de um balde, elas são como pó caindo de uma balança" (Is 40,15). Outra manifestação da transcendência de Deus é o nome com o qual revelou-se a → MOISÉS, com que estendeu o seu poder a Israel, com que celebrou e fundamentou a → ALIANÇA, com que determinou de modo essencial a experiência que o povo eleito devia fazer de seu Deus. As próprias circunstâncias da revelação sublinham a transcendência de Deus. Visto que para o semita o nome importa para a pessoa, aquilo que Deus revela deve ser aceito como o mais expressivo de sua natureza, e aqui também de sua ação no momento decisivo da história da salvação, quando eram lançadas as bases do povo de Israel. A Moisés, abalado por encontrar-se diante de Deus e receber uma missão humanamente impossível, que pede para saber o seu nome, Deus responde: "Eu sou aquele que sou". E acrescenta: "Falarás assim aos filhos de Israel: 'Eu sou' me enviou a vós. [...] É este o meu nome para sempre. É assim que me invocarão em todos os tempos" (Ex 3,14 s.). Com essa revelação não só é dado a Israel experimentar a presença de Deus em sua história, mas também ser introduzido em um conhecimento mais profundo da natureza de Deus, ainda que isto ocorra acentuando a sua existência dinâmica.

b) *A santidade*. A santidade está em Deus como na própria fonte e caracteriza a essência da divindade: Deus jura por si mesmo (Am 6,8), Deus "jura por sua santidade" (Am 4,2; Sl 89,36); ele é "o Santo" (Is 40,25; Ab 3,3; Jó 6,10), "o

Santo de Israel" (Is 1,4; 10,17); o único santo (1Sm 2,2). O seu nome, expressão de sua essência revelada a Israel, é "santo" (Am 2,7; Ez 20,39; Lv 20,30 etc.). Por causa dessa santidade, ele é "segregado" de toda coisa concreta, elevado sobre o mundo (Is 9,1) e acima de tudo que é moralmente mau. Não só é livre de pecado, mas simplesmente impecável, incomparavelmente superior a qualquer ser criado: "seu agir é irrepreensível, todos os seus caminhos são de justiça, um Deus de fidelidade sem defeito: justo e sincero é YHWH" (Dt 32,4). A visão de Isaías é de particular importância (6,1 ss.). O profeta vê o Senhor sentado em um trono elevado; a orla de seu manto enche o Templo; os dois serafins, com o rosto coberto em sinal de reverência à infinita majestade de Deus, proclamam enfaticamente a sua santidade ("santo, santo, santo é YHWH dos exércitos"); a terra inteira está cheia de sua glória, quase a expressão visível da santidade. Esta é força, majestade e poder: "Vibravam os umbrais das portas por causa da voz que gritava, enquanto o Templo enchia-se de fumaça": a sua manifestação gera no profeta a viva consciência de sua indignidade e, assim, a sensação de distância. Todavia, a santidade de Deus é também força que cria a santidade no ser humano, e Deus, para Isaías, torna-se o Santo de Israel, poderoso e fiel (cf. Is 5,19); a santidade caracterizará o "resto" do povo de Deus (4,3). É Deus que enuncia o ideal da santidade como requisito de um povo amado por ele e escolhido para o seu culto: "Sede santos porque eu sou Santo; eu, vosso Deus" (Lv 11,44); ele tinha feito de Israel um "reino de sacerdotes e uma nação santa" (Ex 19,6). Sobretudo no ensinamento profético, a era messiânica aparece transfigurada na santidade não mais principalmente cultual, mas interior ao ser humano pela efusão do Espírito de Deus, e pela lei interior do Espírito, esculpida em seu coração (cf. Jl 3,1; Jr 31,31-33; Ez 36,22-27). Esse ensinamento, que também descende da experiência religiosa dos profetas, manifesta ao mesmo tempo a santidade como nota que caracteriza a transcendência de Deus, e como realidade que determina a atitude do ser humano com ele.

c) *Vida e eternidade.* Dois aspectos, intimamente ligados, que para a revelação e a experiência religiosa servem para sublinhar a transcendência de Deus, nas relações e no confronto com qualquer outra coisa. Plenitude de vida, referente à plenitude da operação de Deus e à sua imutabilidade: elementos presentes na eternidade. A atribuição da vida a Deus é das mais antigas no Antigo Testamento (Gn 16,14) e sempre constante. Mas ela não significa simplesmente existência e sim uma existência poderosamente presente (Js 3,10). A importância é frequentemente considerável, sobretudo no juramento feito sobre a vida de Deus, isto é, sobre o Deus vivo (p. ex. Jz 8,19; 1Sm 14,45; 2Sm 12,5): assim Elias (1Rs 18,15), assim o próprio Deus em fórmulas particularmente condizentes com a sua honra: "Contudo, certo como eu vivo, e a glória do Senhor enche toda a terra" (Nm 14,21). Em Isaías (49,18), Deus sela a promessa da futura glória de Jerusalém: "Tão certo como eu vivo, oráculo do Senhor, hás de vesti-los todos como adorno, qual noiva prometida, farás deles um cinto para ti". Também nas orações exalta-se o Deus vivo: "O Senhor vive! Bendito seja o meu Rochedo! Que ele triunfe o Deus da minha vitória" (Sl 18,47). O desejo de Deus o mostra como nascente de vida: "Como uma corça anela pelas torrentes de água, minh'alma anela por ti, meu Deus. Tenho sede de Deus, do Deus vivo; quando entrarei e verei a face de Deus?" (Sl 42,2-3). "Sinto minh'alma desfalecer ansiando pelos átrios do Senhor. Meu coração e minha carne gritam pelo Deus vivo" (Sl 83,3).

O uso tão acentuado do "Deus vivo" afirma tanto o poder quanto o caráter pessoal de Deus. Visto que a vida é especificada pelo poder da ação, a vitalidade de Deus deve ser tomada em sentido ilimitado e absoluto, como somente a ele cabe. O "Deus vivo" é, assim, idêntico ao "Deus verdadeiro" e opõe-se aos "deuses vazios, nos quais não inspira nenhum sopro" (Jr 10,14): nada mais são senão "mentira" (*Ibid.*). "Mas o Senhor Deus é verdade, ele é o Deus vivo, rei para sempre. Quando ele se indigna, a terra treme e as nações não podem suportar a sua indignação" (Jr 10,14). Deus é tal plenitude de vida, que não conhece a mínima sombra de transitoriedade. O existir pertence tão profundamente à natureza de YHWH que em Gn 1,1 nem existe o versículo introdutório do Evangelho de João ("No início era o Verbo"). O salmo 90 exprime assim o modo de existir de Deus: "Antes que as montanhas nascessem e que gerasses terra e mundo, desde sempre, para sempre, tu és Deus" (Sl 90,2). Portanto, "mil anos, aos teus olhos, são como o dia de ontem que passou, como um turno de vigília na noite" (*Ibid.*, 4); enquanto os seres humanos são como a erva de um dia, os seus anos passam como um suspiro, retornam por ordem de Deus ao pó (cf. *Ibid.*, 3 ss.). Desse modo acentua-se, na vida e na eternidade, a transcendência de Deus e a sua radical alteridade em relação a todo outro ser.

d) *A onipotência*. Pertence à noção fundamental de Deus e caracteriza a sua transcendência fundamentando também o domínio absoluto de Deus sobre cada criatura, sobre o ser humano, sobre a história que ele guia segundo os seus caminhos, ocultos a todo juízo humano, infalivelmente, além de toda possível resistência humana. Ele é o criador do mundo e produz tudo por meio de sua palavra (cf. Gn 1; Sl 33,6-9). O ritmo estável da natureza (Gn 8,20-22) e o curso ordenado dos eventos cósmicos (Jó 37–38) são obra sua; no entanto, são apenas um sinal de seu poder: Jó os chama "as franjas das suas obras" (26,14). A magnificência dessas obras de Deus, efeito e sinal de sua onipotência, sabedoria e beleza, é um dos temas fundamentais da oração e da "sabedoria" de Israel. Basta lembrar o Salmo 104 e a admirável exaltação do Sirácida (42,15-25; 43 por inteiro). Aí está reunido todo o assombro da alma religiosa diante das obras que revelam a grandeza única de Deus, que transcende infinitamente todas essas maravilhas na inacessibilidade de seu ser: "Eis o resumo das nossas palavras: ele é o tudo! [...] Exaltai-o tanto quanto puderdes, e ele estará sempre acima" (Sr 43,27.30).

e) *A imensidão*. Também ela é muito sentida, especialmente na oração, como perfeição própria de Deus e na confissão da dependência total do ser humano dele. Leia-se, como exemplo, o salmo 139, que com profundidade e agudeza insuperável explorou essa divina imanência nas mais profundas raízes da personalidade física, psíquica e espiritual do ser humano, o qual antes mesmo que nasça ou pense qualquer coisa é todo aberto à onisciência de Deus, que o teceu misteriosamente no seio materno, o segue em toda parte, antes, o contém, superando-o, em toda possível dimensão de lugar, de tempo e de ação. Ele é aquele que "os céus dos céus não conseguem conter" (1Rs 8,27). Mas, é especialmente salientado que a sua ação alcança o ser humano em toda parte (cf. Is 31,3; Jr 23,24; Ez 28,2.9; Sr 39,16-20).

2. A PRESENÇA DE DEUS PARA O SER HUMANO. As perfeições de Deus supracitadas já bastam para revelar Deus presente ao ser humano, especialmente com sua ação; mas essa imanência destaca ainda mais, em alguns outros aspectos amplamente acentuados no Antigo Testamento, especialmente o amor, a providência e a misericórdia. Estes nos permitem não só penetrar mais profundamente no mistério de Deus, mas também entender a comunhão que ele realiza com o ser humano e o caráter personalista dessas relações.

a) *O amor*. Da parte de Deus o amor, mais que pura complacência, revela-se como fonte de bem, então realiza-se naquelas formas que contêm a comunicação de benefícios. O amor nos desvela a Deus como pai, guia, educador e protetor de seu povo. Visto que a sua benevolência não é determinada pelo mérito do ser humano, o amor de Deus manifesta-se absolutamente livre e misericordioso. O amor já transparece na criação: Deus compraz-se na bondade das suas obras (Gn 1,4.10.31); cria o ser humano à sua "semelhança", coloca-o no jardim das delícias (2,7), submete-lhe todas as coisas (1,28), abençoa o seu amor (2,24); inicia o diálogo de amor pela via indireta do mandamento. Quando → ADÃO rejeita com o seu pecado o mistério da bondade, aprofunda-se em misericórdia com as promessas de salvação (3,14 ss.). No mais completo desmoronamento moral, Noé "encontrou graça diante de Deus" (6,8) e foi agraciado por um pacto de bênção juntamente com a sua posteridade (9,11-17). O amor gratuito é demonstrado sobretudo na eleição de → ABRAÃO, que se torna o amigo de Deus e confidente dos seus segredos (15,16; 17,18); com ele sela a → ALIANÇA, em sua descendência todos os povos serão abençoados (22,18). Esse comportamento de extrema benevolência e condescendência continua com Isaac e Jacó (26,2.5.23 s.; 28,13-15). A prática das promessas germinadas no amor é a aliança com todo Israel: fato fundamental na história da salvação, também em seus reflexos espirituais. Preparada com as intervenções admiráveis que acompanharam a libertação e com as teofanias, a aliança não é somente o selo da grandeza de Deus e de seu domínio sobre Israel, mas testemunho de seu amor "ciumento" e fiel, como gradualmente aprofundarão os profetas. Brota toda uma experiência religiosa que demonstra quão profunda é a presença dinâmica de Deus na história de seu povo. A interpretação da aliança no amor de YHWH é evidente especialmente em Oseias, Isaías, Jeremias e Ezequiel. Oseias representa Deus como um homem que, contra toda racionalidade e sentido de dignidade continua a ocupar-se com uma mulher indigna (Os 3,1). Esse homem não pode deixar de amar a adúltera, do mesmo modo que YHWH ama os filhos de Israel. Isto significa que somente por um amor inexplicável, que ao ser humano de mente sã parece grotesco, Deus ainda sustenta a existência de seu povo. Um casamento aparentemente desonroso, os nomes simbólicos "Não-Amada", "Não-Meu-Povo" despertam a fidelidade, a misericórdia e sobretudo a compaixão do amor de Deus que reconduz Israel a reconhecê-lo com o amor de uma esposa (cf. Os 2,21 s.). Com igual firmeza e profundidade Oseias exprime o conceito do amor de Deus com a imagem de um pai que é um educador decepcionado, mas sempre apaixonadamente enamorado: "Fui eu que ensinei Efraim a andar, tomando-o pelos braços, mas eles não reconheceram que eu cuidava deles. Eu os atraía com vínculos humanos, com laços de amor; era para eles como quem levanta uma criancinha à altura do rosto; eu lhe alcançava o que comer" (11,3-4). A despudorada infidelidade deveria induzir Deus a uma punição total e definitiva, mas a tal pensamento eis a sua reação: "Meu coração se contorce dentro de mim, e ao mesmo tempo a minha compaixão se acende" (11,8). Igual doutrina em Jeremias, que fala de um "amor eterno" de Deus para com Israel (Jr 31,3) celebrado com acentos nupciais e fina delicadeza (3,1-5.12). Isaías celebra o amor de Deus com a imagem terna do amor de uma mãe que acarinha o filho (Is 49,16; 63,13); Ezequiel, por sua vez, representa o amor de YHWH por Israel com cores vivas e realistas, como um amor matrimonial: Israel é uma órfã que YHWH encontrou na rua, acolheu com compaixão, cuidou e educou, enriqueceu de dons e, finalmente, desposou, mas pela qual foi vergonhosamente traído (Ez 16,1-58). Também o Deuteronômio ilumina a aliança com a luz do amor: Deus uniu-se a Israel não por sua importância e grandeza, mas por amor a ele e pela fidelidade ao juramento feito aos pais. Ele, com efeito, é fiel, mantém a aliança e a benevolência com aqueles que o amam e observam os seus preceitos (Dt 7,6 ss.); assim, pede que Israel o ame "de todo o coração, com toda a alma e com todas as forças" (Dt 6,5), e o empenha fortemente na observância dos seus mandamentos (Dt 10,12-15). Não devemos esquecer o → CÂNTICO DOS CÂNTICOS, no qual a celebração do amor a Deus encontra os acentos mais expressivos: um amor tenaz e fiel, delicado e terno, mas também poderoso como a morte; as suas chamas não podem ser domadas por uma enxurrada, por mais forte e arrasadora (Ct 8,7). Se a religiosidade romântica buscou no Cântico emoções místicas, a espiritualidade hebraica fez dele um hino ao amor tenaz e fiel entre Deus e o seu povo perseguido.

b) *A misericórdia.* A história do amor a Deus pelo ser humano é também a história de misericórdia, como a de Israel foi sempre ingratidão e infidelidade. A experiência do ser humano é frequentemente tecida de esquecimentos, erros e culpas. Essa condição desperta a misericórdia de Deus, cujos louvores enchem as páginas da Bíblia. A atitude da alma pode ser sintetizada nessa invocação: "O Senhor é benevolente e misericordioso, lento na cólera e de grande fidelidade. O Senhor é bom para com todos, cheio de ternura para todas as suas obras" (Sl 144,8-9). No abandono que entristece, a alma abandona-se à misericórdia de Deus (13,6), a sua invocação é que ele glorifique as suas misericórdias (17,7); nelas confia "porque desde sempre elas existem" (25,6); a alma exulta em Deus como fortificação, fortaleza e refúgio, porque em sua misericórdia ele volve o olhar para a sua miséria e as suas angústias (31,8 ss.). É sobretudo na triste experiência do pecado que se experimenta a doçura da misericórdia de Deus (32,1-5); esse sentimento inspirou a Davi a sublime invocação do *Miserere*: "Tem piedade de mim, ó Deus, segundo a tua misericórdia; em tua grande bondade apaga a minha culpa" (51,3 ss.). A infinita paciência de Deus em perdoar, em "esquecer" as ofensas recebidas e as infidelidades de seu povo, emerge especialmente no ensinamento dos profetas, cuja mensagem é sobretudo ensinamento da misericórdia de Deus e exortação ao arrependimento e à conversão: "Voltai a mim de todo o vosso coração, com jejuns, prantos e lamentações. Rasgai vossos corações, não vossas vestes, e voltai ao Senhor, vosso Deus, ele é benévolo e misericordioso" (Jl 2,12-13). O Senhor conhece a nossa fraqueza, "sabe de que massa fomos feitos, relembra que somos de barro", portanto, não quer a morte do pecador mas a conversão e a vida (cf. Ez 18,23.32), é magnânimo e expande a sua misericórdia sobre os seres humanos, excede em perdão (cf. Sr 18,7-11). No ensinamento profético com frequência colocam-se expressões amargas nos lábios de Deus: de desilusão, de indignação, de ameaça, de fortes recriminações. Tudo isto exprime a reação de um profundo amor traído. A própria justiça de Deus, decretada e terrivelmente praticada na destruição de Jerusalém e da nação, na escravidão de Israel, é uma defesa desse amor; mas tudo é realizado na perspectiva da misericórdia, que se pode chamar de mais profundo sentimento do coração de Deus, e que diz a última palavra na história da salvação. Deus "é amante da misericórdia" (Mq 7,18), então, diz: "Eu me manifestarei em seu favor" (Jr 32,41); não só perdoa, mas "lançará nas profundezas do mar todas as nossas culpas" (Mq 7,9). Da luz do amor misericordioso ilumina-se toda a história da salvação, cuja trama profunda pode ser sentida nestas palavras de Isaías: "Não tenhas medo, pois não provarás mais vergonha; não te sintas mais ultrajada, pois não precisarás mais enrubescer, esquecerás a vergonha da tua adolescência, a chacota sobre a tua viuvez, não te lembrarás mais dela, pois aquele que te fez é teu esposo: o Senhor de todo o poder é seu nome; o Santo de Israel, é ele que te resgata, ele se chama o Deus de toda a terra. Pois, como uma mulher abandonada e cujo espírito está acabrunhado, o Senhor te chamou de volta: 'a mulher dos jovens anos, verdadeiramente seria ela rejeitada?', disse o teu Deus. Por um breve instante eu te havia abandonado, mas sem trégua de ternura, vou te congregar. Num transbordar de irritação, eu havia escondido meu rosto, por um instante, longe de ti, mas com uma amizade sem fim eu te manifesto a minha ternura, diz aquele que te resgata, YHWH" (Is 54,4-8). Tudo isto nos faz entender por que no ensinamento do Antigo Testamento Deus está tão intimamente presente, não só nas grandes lutas de seu povo, mas também nas mais íntimas lutas da vida cotidiana de cada ser humano, tanto que cada um pode chamá-lo, como se lê em cada página da Bíblia, de esperança, refúgio, salvação, rocha, comandante, guia, pai, fonte de vida e de alegria. A chamada "teologia da secularização", que parece visar reduzir o espaço da presença de Deus na existência e na história humana, nos parece totalmente a antípoda da visão bíblica.

3. A IMAGEM DE DEUS NO NOVO TESTAMENTO. A nota fundamental do Novo Testamento é a revelação trinitária. Além do mistério da vida íntima de Deus, a → ENCARNAÇÃO, a → REDENÇÃO e a santificação da Igreja no Espírito, a → INABITAÇÃO da alma em graça, a evolução da vida espiritual: tudo é apresentado na riqueza, toda nova, da luz trinitária. Isto levou a atribuir de preferência ao Pai tudo aquilo que se diz de Deus no Antigo Testamento. Posto isso e dispensando tudo que se refira explicitamente à Trindade, constata-se que a imagem de Deus no Novo Testamento é plenamente conforme à do Antigo Testamento, com o acento de sua paternidade, bondade e misericórdia. Também para o Novo Testamento é fácil ver a insistência simultânea sobre a transcendência de Deus e de sua íntima presença no ser humano, especialmente em sua ação salvífica, como ficou claro no "→ PAI-NOSSO" que está "nos céus" (Mt 6,9). Deus é o criador (Mc 13,19), o Senhor do céu e da terra (Mt 11,25), senhor do universo, que não precisa de ninguém, nem habita em templos feitos pelo ser humano (At 17,24 s.); rei dos séculos imortal e invisível, único verdadeiro Deus, no qual tudo tem origem e para o qual somos dirigidos (2Cor 4-6; 1Tm 6.16); habita em uma luz inacessível, que ninguém pode ver (1Tm 6,16); que só o Filho Unigênito que está no seio do Pai revelou (Jo 1,18). Ele é o dominador dos tempos e dos eventos, dos quais é o único que conhece o segredo (At 1,7); ele tudo opera segundo o livre plano de sua vontade (Ef 1,11), também o nosso querer e operar (Fl 2,13). Supremo árbitro da vida do ser humano, que pode tirar quando quiser (Lc 12,20), é também supremo juiz que pode condenar o corpo e a alma ao inferno, então deve ser salutarmente temido (Mt 10,28).

Deus é santidade porque é só luz, sem sombra alguma (1Jo 1,5), e no eterno é exaltado como santo (Ap 4,8;16,5): santo é o seu nome, isto é, ele é essencialmente santo (Lc 1,49), é modelo de toda perfeição (Mt 5,48) e fonte da santidade de seu povo (1Pd 1,15 s.). A grandeza transcendente de Deus, que tem a sua apoteose no Apocalipse, é expressa pelas palavras de Paulo: "Ó profundeza da riqueza, da sabedoria e da ciência de Deus! Quão insondáveis são os seus julgamentos e impenetráveis os seus caminhos! Quem, com efeito, conheceu o pensamento do Senhor? Ou quem foi o seu conselheiro? Ou, ainda, quem lhe deu primeiro, para dever ser pago em troca? Pois tudo é dele, por ele e para ele. A ele a glória eternamente! Amém." (Rm 11,33-36).

O vivo sentimento da transcendência de Deus no Novo Testamento harmoniza-se com a fé de sua presença, seja nas lutas da humanidade e de cada ser humano, seja na consciência por meio da doação interior. Também esse aspecto das relações com Deus encontra a sua expressão completa em Cristo, porque nele está a presença pessoal de Deus no meio dos seres humanos e em sua história; temos Deus que fala (Hb 1,2), que nos introduz em sua comunhão (1Jo 1,2 s.), que redime e salva demonstrando-nos o máximo de seu amor misericordioso (Rm 5,8; Ef 2,4; Jo 3,16; 1Jo 4,9 s.). Trata-se de uma presença salvífica porque Deus quer que todos se salvem e cheguem ao conhecimento da verdade (1Tm 2,4); não só perdoa e acolhe o filho pródigo com imenso afeto (Lc 15,20-24), mas vai em busca da ovelha perdida e a reconduz com alegria ao rebanho (Lc 15,4-7), opera a salvação com superabundante magnificência de graça (Ef 1,7 s.). E não só, sendo a caridade essencial, comunica-se com o ser humano e fá-lo viver em sua amizade (1Jo 4,16), e com amor paterno e eficaz providência interessa-se sobretudo pela eficaz esperança escatológica da posse eterna de um reino que é a sua própria bem-aventurança (Mt 25,34.21; Jo 17,24) e visão perfeita dele (1Cor 13,12; 1Jo 3,2).

4. TRANSCENDÊNCIA E PRESENÇA NA TRADIÇÃO ESPIRITUAL. Reduzimos a essa perspectiva sintética a consideração sobre Deus na tradição espiritual visto que, uma vez que o espaço não nos permite uma investigação analítica das múltiplas perfeições divinas, a transcendência e a presença nos oferecem o ponto de encontro de tais perfeições na percepção espiritual. Conforme já antecipamos, a documentação espiritual é bastante exemplificativa e indicativa, restringindo-se a alguns mestres particularmente escutados no campo da espiritualidade. Habitualmente, as suas fontes são bíblicas, e mesmo quando eles parecem acentuadamente teóricos, o calor das afirmações trai tacitamente o influxo de uma vida espiritual. O nó em que transcendência e presença se encontram situa-se no movimento da respectiva alma em busca de Deus, e na reflexão sobre a comunhão com ele. As duas afirmações fundamentais referem-se simultaneamente à inacessibilidade de Deus e à primordial realidade de seu descobrir-se à consciência, de sua onipresença interior.

Procuramos reunir personalidade e principais linhas de pensamento. Um desses componentes é a necessidade das disposições morais: retidão, pureza de coração, liberdade espiritual. Eles tornam as faculdades interiores, às vezes descritas como outros sentidos, capazes de acolher a comunicação do conhecimento de Deus, com frequência também daquela que provém da mediação de nosso mundo sensível. No 1º Livro a Autólico (*PG* 6, 1.024-1.036), Teófilo de Antioquia, após ter sublinhado a eficácia das disposições morais (c. 2), faz um quadro magnífico das perfeições de Deus, que reluzem nas leis com as quais a providência governa a natureza (cc. 5-6); mas ao mesmo tempo exalta a inefabilidade de Deus: "A sua glória, ninguém a pode medir. A sua grandeza, ninguém a pode abraçar. A sua altura, ninguém a pode conceber. Nada é comparável à sua força, nada iguala a sua sabedoria" (c. 3). Um a um, todos os nomes e todas as atribuições que usamos dizer de Deus demonstram-se insuficientes e distantes. "Nada pode dar-nos uma ideia ou uma noção de Deus" (*Ibid.*). Temos a formulação daquela simultânea presença e transcendência, plurinominalidade e inefabilidade, intimidade e inacessibilidade que corre como um motivo contínuo em toda a tradição posterior.

Em Clemente Alexandrino, encontramos o ser humano tão sedento do conhecimento de Deus, de depositar aí o segredo da perfeição. Esse caminho, todavia, é todo um despojar-se do sensível e do multíplice para chegar à ideia pura da divindade e da absoluta simplicidade de Deus. A visão divina transforma o ser humano na imagem daquilo que ele vê, assim a gnose se reveste de um caráter místico e possui um poder "deificador". Como tal, é dom de Deus e efeito de uma graça especial. Observa-se, porém, nesse escritor, a acentuação da inefabilidade de Deus. Tem-se um exemplo eloquente nos cc. 10-12 do Livro V dos *Stromata* (*PG* 9,93-124). Vale este texto: "Se sobrepujando todas as coisas corpóreas e incorpóreas entrarmos na grandeza de Cristo, e dali, por meio da santidade, entrarmos no abismo de sua infinitude, chegaremos a entrever o Onipotente, não no sentido de entender aquilo que é, mas aquilo que não é" (c. 11: *PG* 9, 110A).

Em → ORÍGENES, juntamente com as ideias já citadas, encontraremos um elemento que em seguida será retomado constantemente: a alma é como imagem de Deus, na qual o Senhor cria fontes do conhecimento divino, antes, ela própria é o espelho, quando é límpida e pura, no qual se reflete a face de Deus e torna-se a sua glória (cf. *In Genesim, hom.* 13: *PG* 12,229-236; *In Isaiam, hom.* 4: *PG* 13, 232). Outro elemento, rico de evoluções, em seguida é o papel do Verbo, de Cristo, em conduzir ao conhecimento mais elevado (cf. *In Canticum Cant.* 1.4: *PG* 13, 184). Temos, assim, a acentuação da interioridade das manifestações de Deus, além do caráter de relação pessoal: Deus será possuído como pessoa por meio de sentidos interiores que permitem captar o inalcançável, porque nascem de uma transformação radical da criatura: ela é dotada de "uma vista nova para contemplar as coisas incorpóreas…" (*Contra Celsum*: *PG* 11, 749).

Transcendência e presença são cantadas nesse hino de Gregório Nazianzeno: "Ó tu, que estás além de tudo, com que outro nome posso chamar-te? Com que hino cantar-te? Nenhuma palavra te exprime. Que mente te pode captar? Nenhum intelecto te pode conceber. És o único inefável. Tudo aquilo que pode ser dito, nasceu de ti. Somente tu és o incognoscível; tudo aquilo que pode ser pensado, saiu de ti. […] És o fim de todos os seres, tu és o único. Tu és todos e nenhum" (*PG* 37, 507-508).

Esse aspecto da teologia espiritual encontra em Gregório de Nissa um dos maiores representantes, cujo influxo fez-se sentir em outros escritores como Evágrio e o Pseudo-Dionísio. Em primeiro lugar, ele nos convida a buscar Deus na resplandecente beleza da criação. A natureza divina essencialmente sobrepuja toda representação, mas as perfeições esparsas nas criaturas imprimem em nós a imagem da transcendência divina. O reflexo de Deus está no coração do ser humano, por isso a busca de Deus se interioriza e é acompanhada de uma purificação moral e intelectual crescente. Libertada de toda mancha de pecado, gera-se na alma a visão de Deus toda pureza, santidade e simplicidade: raios luminosos emitidos pela natureza divina. São conceitos que Gregório desenvolve na sexta homilia sobre as Bem-aventuranças (*PG* 44, 1264-1277). A comunicação interior do conhecimento é descrita nas homilias sobre o Cântico dos Cânticos, enquanto que a crescente experiência contemplativa da inefabilidade de Deus é magistralmente descrita no *De vita Moysis* (*PG* 44, 297-430). Eis um trecho: "A mente humana, ascendendo sempre a coisas maiores e perfeitas, quanto mais penetra na contemplação de Deus, tanto mais percebe que a natureza divina é invisível e incompreensível. Quando, com efeito, consegue transcender não só tudo aquilo que é perceptível pelos sentidos, mas também tudo o que se pode captar com o intelecto, e adentra em maiores profundezas, então, envolvida completamente por trevas invisíveis e incompreensíveis, vê a Deus. Nisto, de fato, consiste o verdadeiro conhecimento de Deus, nisto a visão dele: ver que ele não pode ser visto, que o seu conhecimento supera todo conhecimento, totalmente envolvido de incompreensibilidade como por um denso nevoeiro" (*PG* 44, 376). Esta elevada teologia do conhecimento racional e sobrerracional, da reflexão e da contemplação, da obscuridade e da luz, do inexprimível e de um desejo sempre renascente e mais original, da purificação e do amor como via e fonte de conhecimento, passou em toda a tradição do Oriente e do Ocidente, embora com acentos diferentes devidos ou às categorias da cultura ou à experiência pessoal. No Oriente, podem ser lembrados o Pseudo-Macário nas *Homiliae* (*PG* 34, 449-822), o Pseudo-Dionísio, especialmente no *De divinis nominibus* (*PG* 33, 585-996), *De mystica theologia* (*PG* 3, 997-1.048), nas *Lettere* 1 e 5 (*PG* 3, 1.065-1.066; 1.073-1.074); → DIÁDOCO DE FOTICEIA nos *Centum capitã de perfectiuone spirituali* (*PG* 65, 1.167-1.212). Nos → PADRES DA IGREJA ocidental convém lembrar Hilário de Poitiers no *De Trinitate* 1,1-13 (*PL* 10, 25-35; 12,52-57), no qual em poucas linhas é oferecida uma exposição cristalina desse assunto. Como é sabido, Agostinho não ignora nenhum aspecto da busca, do conhecimento e da comunhão com Deus, mas sobretudo enfocou o seu revelar-se na alma humana na profundidade da experiência espiritual. Transbordam disto as *Confissões*, os *Solilóquios*, as *Enarrationes in Psalmos* (cf. as *Confissões*, 10,12 s., ou o comentário do salmo 41 *Sicut cervus*: *PL* 36, 464-476). A riqueza dos Padres passou para a teologia e o equilíbrio entre transcendência e presença encontra formulações definitivas em Santo Tomás, através da teologia: do ser infinito essencialmente diferente de todo outro ser (*STh*. I, q. 3, a. 8); das divinas perfeições, as quais são participadas às criaturas (*Ibid.*, q. 4, a. 3); da ação divina, que sendo a da causa universal e do próprio ser, torna Deus presente até às últimas raízes das coisas (*Ibid.*, q. 8, aa. 13); do amor divino, de quem é próprio criar e infundir o bem (*Ibid.*, q. 20, a. 2). A busca humana, estendida ao máximo esforço das suas capacidades, mal balbucia alguma coisa de Deus, não presumindo conhecer o que é, mas sim o que não é, em uma purificação conceitual contínua, como podemos constatar no Aquinate, na teologia dos nomes divinos (*Ibid.*, q. 13, aa. 1-6). Além da sabedoria conquistada com a busca, há a sabedoria infusa e contemplativa; ela nasce e cresce na caridade, confere ao ser humano uma "afinidade" ou "conaturalidade" com Deus e produz uma tal transformação nele que, por causa desta experiência, "isto é, do seu íntimo, possa julgar e direcionar conhecimento, ação e paixões" (*In III Sent.* d. 34, q. 1, a. 2). A reflexão teológica nos reconduz, assim, às experiências dos santos. Elas são expressas na *sapientia cordis* do *Itinerarium mentis* boaventuriano, ou no *Dialogo*, de Santa → CATARINA DE SENA, com a sua contemplação da Primeira Verdade, ou nas revelações sobre a simplicidade do ser divino, in → ANGELA DA FOLIGNO, ou ainda na transformação em Deus luz e vida da alma, como no *Castelo Interior*, de Santa Teresa.

Essa riqueza de conhecimento e de experiência parece ter confluído em São → JOÃO DA CRUZ: na fé nua (*Subida*, 2, 1 ss.), na contemplação que purifica, une e transforma (*Noite*, 2,10), no amor que imerge no centro de Deus (*Chama*, 1,10-14), na comunicação do Espírito Santo, que inunda as "cavernas da alma" de luz e calor que irradiam do ser e das perfeições divinas (*Ibid.*, 3,1-22). É o mais alto grau da subida espiritual, quando o Espírito que tudo perscruta, revela à alma as profundezas de Deus (cf. 1Cor 2,10).

Essa apresentação do mistério de Deus em perspectiva e linguagem bíblicas, preferida no Vaticano II, foi ainda mais acentuada no magistério de João Paulo II, como se constata particularmente nas encíclicas *Redemptor hominis*, de 4 de março de 1979 (*AAS* 71 [1971] 257-324); *Dives in misericórdia*, de 30 de novembro de 1980 (*AAS* 72 [1980] 1.177-1.232); *Dominum et vivificantem*, de 18 de maio de 1986 (*AAS* 78 [1986] 809-900). Essa apresentação corresponde muito mais à mentalidade, também teológica, do ser humano de hoje.

BIBLIOGRAFIA. BALTHASAR, H. U. von. *Dieu et l'homme d'aujourd'hui*. Paris, 1958; ID. von. *L'acesso alla realtà di Dio*. In: *Mysterium Salutis*. Brescia, 1969, 19-62, vl. III; BARSOTTI, D. *Il Dio di Abramo. L'esperienza di Dio nella Genesi*. Firenze, 1952; BONSIRVEN, G. *Teologia del N. Testamento*. Roma, 1952; Dio. In: *Dizionico Teologico*. Brescia, 1972, 440-478; Dio. In: *Sacramentum Mundi*. Brescia, 1975, 73-142, vl. III; GARRIGOU-LAGRANGE, R. *Dieu, son existence, sa nature*. Paris, 1950; HEINISCH, P. *La teologia del Vecchio Testamento*. Roma, 1950, 51-709; HELEWA, G. *L'esperienza di Dio nell'Antico Testamento*. In: *La mistica*. Città Nuova, 1984, 117-180, vl. I; HERIS, Ch. V. *Il mistero di Dio*. Roma, 1968; IMSCHOOT, P. *Théologie de l'Ancien Testament*. I- *Dieu*. Tournai, 1954; KLEINKNECT, H. – QUEL, G. – STAUFFER, E. Theos. In: *Grande Lessico del Nuovo Testamento*. Brescia, 1968, 317-464, vl. IV; LÖHER – DEISSLER – PFAMMATTER. *Gli attributi e l'azione di Dio*. In: *Mysterium Salutis*. Brescia, 1969, 279-400, vl. III; MAGGIONI, B. Esperienza spirituale nella Bibbia. In: *Nuovo Dizionario di Spiritualità*. Roma, Paoline, 1985, 542-601; ID. *La mistica di Giovanni Evangelista*. In: *La mistica*. Città Nuova, 1984, 223-250, vl. I; NIGRO, C. Dio. In: *Dizionario di Spiritualità dei Laici*. Milano, 1981, 217-227, vl. I; PENNA, R. *Problemi e natura della mistica paolina*. In: *La mistica*. Città Nuova, 1984, 181-221, vl. I; PRESTIGE, G. *Dio nel pensiero dei Padri*. Bologna, 1969; RAHNER, K. Theos nel Nuovo Testamento. In: *Saggi teologici*. Roma, 1965, 467-585; ROMEO, A. Dio nella Bibbia (Vecchio Testamento). In: *Dio nella ricerca umana*. Roma, 1950, 257-415; SCHMAUS, M. *Dogmatica Catholica*. Roma, 1959, 138-462, vl. I; SCHNEIDER, J. Dio. In: *Dizionario dei Concetti Biblici del Nuovo Testamento*. Bologna, 1976, 487-499.

R. MORETTI

DEUS (busca de). O tema vastíssimo da busca de Deus (*quaerere Deum*), presente em toda tentativa ascética, é aqui exposto somente em suas linhas essenciais, como aparecem na Bíblia e no judaísmo, na especulação greco-helenística e na antiga literatura cristã.

1. A BUSCA DE DEUS NA BÍBLIA E NO ANTIGO JUDAÍSMO. A ideia de "procurar" ocorre com muita frequência na Bíblia hebraica. Vários verbos exprimem tal noção, quer no significado material do termo, quer no espiritual das relações entre Deus e o ser humano. Este último é o aspecto que diretamente nos interessa. Pois bem, a busca de Deus é expressa quase exclusivamente pelos dois verbos *biqqesh* e *darash*; todavia, também devemos levar em conta o verbo *sha'al*, que em uma acepção particular prende-se a um significado técnico dos dois anteriores, como veremos dentro em pouco.

O verbo *biqqesh* exprime toda a riquíssima gama da ideia fundamental do procurar, mas, na maioria das vezes, na frase "procurar a Deus" não significa tanto investigar em um sentido determinado e preciso, mas indica a ação genérica de apoiar-se em Deus ou de abandonar-se a ele. É o gesto religioso dos devotos, dos piedosos, dos pobres de YHWH. Para todos estes, a busca de Deus exprime a orientação habitual do espírito, mais que um ato temporário da existência. O Senhor é o único ser que polariza o seu afeto; rezar a ele é sinônimo de buscá-lo.

O verbo *sha'al* ocorre com frequência na Bíblia e possui inúmeros significados: interrogar, pedir, desejar etc. Aqui interessa o significado de "consultar a Deus", que as Bíblias grega e latina traduzem pela ideia de procurar a Deus. Não se trata propriamente de uma busca de Deus, mas sim de uma decisão, que é estabelecida diretamente por Deus. As decisões e respostas dessa busca eram institucionalmente dados pelos homens de Deus: os profetas e os sacerdotes.

A busca de Deus nos milhares de casos da vida cotidiana geralmente é manifestada pelo uso do verbo *darash*. A Bíblia o utiliza mais de 160 vezes, com numerosas variações de significado. Em nosso assunto, tenha-se presente que Deus é complemento objeto desse verbo em mais de cem casos. Percebe-se a carga de religiosidade de *darash*. É uma religiosidade de caráter sobretudo profético e possui uma relação íntima com a piedade de determinados salmos e com aquela que hoje é costume chamar deuteronomística. Formular uma determinação exata é quase impossível, mas eis alguns aspectos da busca de Deus expressa por esse verbo: pode significar consultar o Senhor, como os dois verbos anteriores, porém mais em geral exprime a preocupação de cumprir a vontade e os desejos de Deus, o zelo em aplacá-lo pelas culpas cometidas, de ocupar-se com os interesses de Deus, de ser dedicado a Deus, de estar pronto para aproximar-se dele para suplicá-lo, para praticar o seu culto, para observar a sua lei, para honrá-lo, para segui-lo e para interessar-se por sua glória. No Deuteronômio e no Saltério, às vezes se acrescenta que Deus deve ser buscado "de todo o coração". Quem não "busca a Deus" volta-se para os ídolos; "não buscar a Deus" equivale a desprezar a sua lei.

As Crônicas constituem o Livro no qual o uso de *darash* é mais frequente — cerca de quarenta vezes —, e nele a "busca de Deus" equivale à conservação da aliança sinaítica. Se a nação não busca mais o seu Deus, mas os deuses estrangeiros, também YHWH não busca mais o seu povo, e este sofrerá os merecidos castigos. Mas se o povo, dócil à graça divina, volta novamente a buscar o seu Senhor, então este se deixará encontrar, e o antigo amor será reativado.

Lembramos também o verbo *shahar*, embora tenha um uso bastante limitado na Bíblia. Sendo, muito provavelmente, um verbo "denominativo" (de *alba, aurora*), exprime a prontidão e a solicitude da busca e do desejo, isto é, "buscar com ardor". Tem seu uso sobretudo na "busca de Deus" e da sabedoria. Eis um texto: "Ó Deus, o meu Deus és tu! Desde a aurora eu te desejo; minh'alma tem sede de ti; minha carne desfalece por ti, em uma terra ressequida, esgotada, sem água" (Sl 62,2).

Na versão dos Setenta, a "carga" de significado religioso da expressão "buscar a Deus" conflui substancialmente para o verbo *zêtein* e alguns de seus componentes. Observe-se todavia que, dos quatro verbos supra, somente *biqqesh* é traduzido regularmente por *zêtein*, enquanto o verbo *darash* é traduzido em dezenas de verbos, entre os quais sobretudo *zêtein* (cerca de quarenta vezes) e o composto *ekzêtein* (cerca de setenta vezes). *Sha'al* reaparece com numerosos verbos, e somente duas vezes com *zêtein*. Os poucos textos do verbo *shahar*, na forma *piel* (a forma que nos interessa), são traduzidos duas vezes por *zêtein*. Para exprimir os vários significados de *darash*, de *sha'al* e de *shahar*, a língua grega helenística tinha diferentes verbos especializados e precisos. As múltiplas traduções desses três verbos enquanto por um lado sublinham as várias capacidades e as flutuações de significado inserido na forma hebraica, por outro lado manifestam a riqueza de tonalidades da língua da Koiné.

Com isto estamos bem longe de afirmar que o verbo *zêtein* nos Setenta tenha um significado único, claro e preciso. Na época dessa versão (séculos III-II a.C.), ele era um verbo já "antigo" e polissêmico. Os filósofos o haviam usado abundantemente na pesquisa filosófica. O significado abrangente de *zêtein* na versão dos Setenta emerge também pelo fato de que com ele são traduzidas em grego mais de quinze palavras hebraicas e aramaicas, que gravitam em torno do conceito judaico do "procurar". Assim, a expressão "buscar a Deus" continua a ter a polissemia característica do Antigo Testamento, embora o refinamento da piedade individual e coletiva de Israel confira à expressão uma auréola de espiritualidade mais intensa, individual e interior.

Nos últimos livros do cânone (sapienciais), aflora um elemento novo: o da pesquisa intelectual. É um aspecto helenístico que foi gradativamente canonizado pela ortodoxia hebraica: a "sabedoria" tornou-se objeto da pesquisa humana. O uso teológico e espiritual de *zêtein* é polarizado pela sabedoria; todavia, no Livro da Sabedoria de Salomão ocorre duas vezes a expressão "buscar a Deus" (Sb 1,1 e 13,7).

No primeiro caso, após ter dito que é preciso buscar o Senhor na simplicidade do seu coração, o hagiógrafo afirma que Deus se deixa encontrar por todos os que o temem, e que se revela àqueles que não rejeitam a sua fé. Entende-se que o movimento de pensamento evolui, substancialmente, segundo as categorias veterotestamentárias: a busca, mais que um ato da inteligência, é uma disposição moral da vontade. O pecado — especialmente o "nacional" da idolatria — obscurece e desvia a inteligência. O conhecimento de Deus é o meio para reconduzir Israel a retornar ao Senhor. No texto 13,6-9 da Sabedoria estamos diante de um pensamento claramente influenciado por concepções gregas. Nessa passagem é concedido ao intelecto humano a possibilidade de conhecer a Deus através da grandeza e da harmônica beleza do universo. É a ideia que será retomada por São Paulo na Epístola aos Romanos (1,19-20), e que pertencia quase certamente à propaganda missionária do monoteísmo judaico, além do protocristão no ambiente helenístico. Todavia, a expressão "buscar a Deus" tem nesse contexto um valor intelectual, mas também conserva o tradicional significado ético-religioso do Antigo Testamento: o ser humano tem de conhecer a Deus para aderir a ele e para adorá-lo (cf. Sb 6,13.16 — Vg. 17).

O verbo *zêtein* é usado 117 vezes no Novo Testamento (14 em Mt; 10 em Mc; 25 em Lc; 34 em Jo; 10 em At; 21 no epistolário Paulino; 2 em 1Pd e 1 em Ap). No entanto, a frase "procurar a Deus" ocorre pouquíssimas vezes (At 17,27; Rm 3,11; cf. *Ibid.* 10,20 e Is 65,1).

Com frequência o Novo Testamento relaciona o verbo "procurar" com a ação de Deus voltada para a salvação do ser humano (cf. 1Cor 4,2; Lc 13,6-7; 15,1 ss.; Jo 4,23; cf. também Lc 14,24).

À ação de Deus, que procura o ser humano, deve seguir-se a resposta do ser humano que busca a Deus. Dos vários aspectos teológicos do Antigo Testamento relativos à busca, o Novo Testamento acentua sobretudo o da oração (cf. Mt 7,7-8 ss.).

Para "encontrar", isto é, para ser escutado pelo → PAI CELESTE, deve-se "procurar", ou seja, rezar em união com Jesus, em seu nome (cf. Jo 14,13; 15,16; 16,24; cf. também Hb 11,6). Nesse contexto percebe-se como o verbo *zêtein* exprime no Novo Testamento a atitude geral da vida cristã, toda orientada pelo Evangelho de Cristo e voltada para a esperança escatológica do Reino: "venha a nós o vosso reino" (Mt 6,10; cf. Cl 3,1). Assim, o fiel não busca a si mesmo nem a sua glória, mas, à imitação do Verbo encarnado, sempre buscará a glória do Pai e o cumprimento de sua vontade (Jo 5,30; 8,50).

Na realidade, a expressão "procurar a Deus" ocorre apenas duas vezes no Novo Testamento, sendo posta na boca do Apóstolo Paulo precisamente na sua qualidade de pregador no ambiente helenístico de Atenas e Roma. No discurso em Atenas o apóstolo quer anunciar a divindade, única e verdadeira, e a opõe aos desvios idólatras do paganismo com um raciocínio fundamentado sobretudo na noção bíblica das origens do mundo e do ser humano. Todavia, alude claramente a certas premissas da filosofia helenística, seja para tornar mais atentos os seus ouvintes, seja porque neles podia encontrar vestígios da verdade. Ao criar e ordenar o universo, a providência perseguiu o objetivo de impelir os seres humanos a "procurar a Deus (*zêtein ton theon*); talvez o pudessem descobrir às apalpadelas, a ele que, na realidade, não está longe de cada um de nós" (At 17,27).

Não se tem, aqui, a intenção de fazer a exegese do sermão do Areópago; interessa apenas compreender o significado atribuído pelo Apóstolo à frase "procurar a Deus". Ela deve ser interpelada exclusivamente no sentido "voluntarista" dos antigos textos bíblicos, ou em um significado claramente intelectualista, à maneira da contemporânea filosofia helenística? Consideramos que seja mais voltada para o pensamento do Apóstolo a interpretação que leva em conta ambas as correntes de pensamento.

Faz tempo que os eruditos tinham observado que a propaganda religiosa judaica, há séculos, procurava revestir os conceitos religiosos de termos gregos tipicamente judaicos, com o objetivo de conseguir engatar um diálogo com o mundo helenístico e idólatra. Agindo assim, os termos literários e filosóficos do ambiente grego eram obrigados a exprimir novas realidades, geralmente de ordem superior e transcendente. Com tal ginástica literária, algumas vezes o termo, ou a expressão grega, eram completamente esvaziados de seu significado original; com frequência acontecia que o sentido nativo continuava a subsistir parcialmente no novo contexto teológico. Cremos que esta última possibilidade tenha sido realizada no caso que ora analisamos.

A alusão ao Deus criador e ordenador do universo, como também o inegável parentesco com conceitos semelhantes do Livro da Sabedoria de Salomão (no qual se fala de Deus como de um sapientíssimo artista do universo, que os seres humanos podem conhecer pela harmoniosa beleza da criação) e o contexto temporal e ideal da Carta aos Romanos (em cujo primeiro capítulo tem-se um enfoque semelhante ao do citado Livro da Sabedoria), tudo nos leva a pensar que *zêtein*, no discurso de Atenas, tenha algo do aspecto intelectual grego do "procurar", isto é, conhecer o Criador por meio de suas obras. Todavia, em conformidade com a índole mais profunda de todo o discurso, claramente bíblico, achamos que o termo "procurar a Deus" acentue de modo mais claro o significado tradicional do Antigo Testamento, que é conhecer a Deus não tanto por meio de uma contemplação intelectual, mas de uma agnição prática dos seus direitos soberanos de único e verdadeiro Deus, do qual nasce a → ADORAÇÃO e o culto, a obediência e o amor.

São numerosos os significados da "busca de Deus" na Sagrada Escritura do Antigo e do Novo Testamento, mas, para que seja válida, deve brotar substancialmente do amor a Deus. Antes, quanto mais o amor é puro e intenso, tanto mais autêntica e ardente torna-se tal busca, a qual, em seus graus mais elevados, termina por empenhar o ser humano inteiro, e para sempre. Então, cada qual experimentará "quão bondoso é o Senhor para aqueles que o procuram!". Uma busca totalitária do Senhor, além disso, representa a resposta mais adequada da criatura ao amor do Pai, que com um "amor eterno" a amou e por isso foi o primeiro a misericordiosamente buscá-la, errante pelos caminhos do mundo, e para salvá-la enviou, "na plenitude dos tempos", o seu Filho unigênito.

A busca de Deus no *antigo judaísmo extrabíblico* exprime sobretudo a atitude da vontade, inclinada para o senhor, mais que o esforço intelectual por um deus escondido e distante. Estamos alinhados com a mais genuína tradição bíblica. Isso é particularmente visível nas correntes monásticas dos terapeutas, dos essênios e dos qumrânicos. A *Regra* destes últimos é explícita desde as suas primeiras palavras: "para buscar a Deus, para fazer o que é bom e reto diante dele, conforme ele prescreveu por meio de Moisés e dos seus servos, os profetas" (1,1). Essa busca consistirá sobretudo na interpretação da Bíblia, que é feita sob a direção e a diretriz dos sacerdotes "que guardavam a aliança e que buscam a sua vontade [de Deus]" (5,9). Foi para realizar esse dever compromissado que os essênios de → QUMRÂN retiraram-se na solidão do deserto, onde, separados do Israel devasso e impuro esperavam a "revolução escatológica" que deveria pôr fim à impiedade e daria início à justiça.

À espera desse grandioso evento, os qumrânicos repetem no deserto a experiência da aliança sinaítica, com uma aderência cordial e integral à lei de Deus. Não podia faltar entre eles quem "buscasse a lei dia e noite". "Velem para ler o Livro e para procurar o direito, para bendizer em comum" (*S.* 6,6 e 6,7).

No *Escrito de Damasco* (= *Documento Damasceno*) encontramos os mesmos conceitos: "Deus considerou as suas obras, porque com um coração perfeito eles o procuraram" (1,10), Se, com efeito, o bom essênio é aquele que procura a Deus, o mau é aquele que não o procura, ou o procura seguindo os falsos profetas ou com um coração duplo (*S.* 5,11; *H* 2,15; 2,32; 2,34; 4,14).

Mas é sobretudo nos *Hinos de ação de graças* compostos pelo Mestre de justiça que transparece a ardente aspiração da busca e a mística alegria do conhecimento religioso, produzidos na alma pela graça divina. "Eu te procurei, e como uma verdadeira aurora ao nascer do dia tu me apareceste" (*H.* 4,6).

A busca de Deus, para os qumrânicos, ainda que movendo-se segundo as categorias do Antigo Testamento, possui uma destacada ramificação sapiencial, dado que esses ascetas "procuram", isto é, estudam e meditam a lei divina. Aflora, então, uma tendência intelectual que se poderia definir como uma espécie de pré-gnose judaica. Tudo isto, porém, está unido a uma aguda sensibilidade ética e cultual. Tal religiosidade, que continua sendo a dos profetas e dos salmos, mancomuna a piedade essênia com a de Filão Alexandrino. Quer em Filão, quer nos qumrânicos, emerge a necessidade da graça divina. Estamos diante de uma atitude autenticamente religiosa, à qual a espera escatológica e messiânica confere uma inconfundível fisionomia de profunda piedade.

O estudo da lei de Deus tende a ser o principal eixo da piedade talmúdica. Segundo um estudo recente, o verbo *darash* no Talmude termina por significar a investigação de uma passagem bíblica e, em geral, qualquer estudo (cf. L. MARGULIES, The term Darash in Talmud and Midrash, *Les.* [em neo-hebraico] 20, fasc. 1-2 [1956] 50-61). Mas não devemos imaginar que o estudo meticuloso da Bíblia tenha apagado o impulso religioso desses filhos de Israel. Para persuadir-se do contrário, basta ler aquele diálogo que Rabbi Aqîba imaginava estivesse evoluindo entre os judeus e os gentios. Estes perguntam aos israelitas porque amam tanto o seu Dileto [Deus], a ponto de deixar-se matar para observar os mandamentos. Quando Israel lhes fez o elogio do verdadeiro Deus, os gentios, conquistados, exclamaram: "Onde está, pois, esse Dileto? Nós queremos procurá-lo juntamente convosco". Mas, receberam essa resposta: "Vós não tendes nele parte alguma, porque o meu Dileto é para mim e eu para ele" (*Mekilta EX*; XV, 2. Cf. P. BENOÎT, Rabbi Aqîba ben Joseph, sage et héros hu Judaïsme, in *Exegese et Théologie*, Paris, 1961, 366, vl. II).

O aspecto pejorativo dessa busca consiste nesse exclusivismo, que é o oposto não só da doutrina cristã, mas também dos ideais missionários de Fílon e de tantos mestres da época neotestamentária (cf. Mt 23,15). É compreensível, porém, essa reação da alma hebraica no clima de impiedosa perseguição contra Israel.

Em todo caso, é preciso sempre cuidar para não generalizar demais. Basta, com efeito, ler com certa atenção as várias tradições targúmicas, para ver que a busca de Deus, como aparece nos textos bíblicos do Antigo Testamento, é interpretada com uma aguda sensibilidade espiritual, ainda que, em geral sentidamente, dirigida para uma acentuada tendência cultual (cf. Os 3,5; Bíblia: "*Et post haec convertentur filii Israel et quaerent Dominum Deum suum et David…*"; *Targum Jonat*: "*Postea poenitentia lugentur filii Israel et quaerent cultum Domini Dei sui et obedient Christo filio David*").

No judaísmo helenístico de Fílon de Alexandria, para a nossa questão ressoam os motivos tradicionais, desposados porém explicitamente com o intelectualismo grego, sobretudo com o estoico e platônico. Fílon nega que o ser humano possa chegar a conhecer a essência divina, mas admite a possibilidade de demonstrar a existência de Deus e das divinas atribuições através da criação. Ele reflete tacitamente uma atitude estoica quando afirma que é uma coisa fácil demonstrar a existência do Pai e do Regente do universo; afirma, todavia, que é difícil, e está acima das forças humanas, conhecer a sua natureza (*De spec. Leg.* 1,4).

Deus pode ser procurado e conhecido de duas maneiras diferentes. A primeira é subir até o Criador por meio da contemplação filosófica da harmonia do mundo (em três lugares Fílon ensina difusamente essa doutrina: cf. J. MARTIN, *Philon*, Paris, 1907, 143 ss.). Um tal conhecimento é muito imperfeito e é como a sombra da realidade.

Uma segunda maneira, mais perfeita, de conhecer a Deus é aquela que o próprio Senhor concede gratuitamente ao sábio na visão. É esta uma intuição e um êxtase, isto é, uma contemplação espiritual de ordem superior às faculdades humanas, e é uma verdadeira graça de Deus. Fílon afirma que quando "a luz divina brilha, desaparece a luz humana" (*Quis rerum div. haeres*, III, 60, 11 s.).

Resumindo o pensamento de Fílon sobre a busca de Deus, pode-se dizer que, em geral, ele se move no terreno semelhante ao do Livro da Sabedoria. Para ele, procurar a Deus certamente também exprime uma atividade da mente, mas ainda mais uma disposição da vontade e do coração. Todavia — e nisto Fílon é inovador —, a mais perfeita busca de Deus não é tanto o fruto de um esforço humano (embora a tentativa ascética seja uma magnífica preparação, talvez uma condição necessária), mas puro dom de Deus, que arrebata a alma "para as coisas divinas" na embriaguez do êxtase beatificador. Como essa "visão extática" de Deus está em relação com o aperfeiçoamento moral, operado no ser humano pela graça divina, assim se pode afirmar que em Fílon encontra-se a primeira documentação da "gnose" religiosa em seu significado técnico (J. DUPONT, *Gnosis*, Louvain, 1949, 364). Essa gnose religiosa do judaísmo alexandrino existiu em Alexandria um século antes de Plutarco e dois séculos antes da data provável da redação dos *Scritti ermetici*.

Nas relações entre fé e razão, Bíblia e filosofia, Fílon sempre dá a primazia à fé, e nas questões mais complicadas e discutidas a palavra final é dada à revelação bíblica (G. N. POZZO, in *Enciclopédia Filosófica*, 1957, 396, vl. II).

2. A BUSCA DE DEUS NO HELENISMO. Sabe-se que o pensamento filosófico predominante no tempo do Império Romano foi primeiro o estoicismo e, em seguida (a partir da metade do século III), o neoplatonismo. Em um e outro sistema doutrinário a busca de Deus possui um destaque bastante acentuado, embora parta de pressupostos diferentes, sendo o primeiro de caráter monista, e o segundo de fundo dualista.

a) Na teodiceia estoica, Deus é imanente ao mundo e ao ser humano: juntos, formam o grande todo. Fazem parte, então, do universo da divindade (ou mais exatamente, a *Vis divina*), os seres humanos e todos os seres. Teologia e cosmologia tendem a identificar-se. O cosmos é concebido como um imenso corpo vivo, animado pela força divina, a qual existe em estado puro nos outros e permeia de si o mundo inteiro, do qual é a alma que dá a vida. Uma simpatia universal liga os seres entre si por causa da fundamental "consubstancialidade". O vínculo é mais estreito entre Deus e o ser humano: Deus é Logos no estado puro; o ser humano, pela natureza do Logos pelo qual é penetrado, é o ser mais semelhante a Deus. Esse parentesco e propinquidade (*syngheneia*) com o mundo divino é o fundamento para a busca de Deus (cf. EPICTETO, *Diss. I*, 1-2-8-9). Basta que o ser humano penetre em seu íntimo e a consciência e o instinto lhe revelarão a existência divina. Por outro lado, em certos momentos esta aflora à consciência como um dos postulados, primeiros e essenciais, característicos da natureza humana. Um outro modo de encontrar a Deus é observar a harmônica teologia do universo. É celebre a frase de Cícero: "*Deum agnoscis ex operibus eius*" (*Tusc.*, I, 70: cf. *Ibid.*, 66; *De Leg.* I, 24 e todo o livro *De natura deorum*).

Sêneca não fala diferente de Cícero. Únicos dentre todos os seres, os seres humanos podem conhecer os deuses e procurá-los ("*aut noverint aut quaerunt*": *Benef.* VI, 23,6). Juntamente com outros estoicos, insiste não só no conhecimento da divindade, mas também na imitação dela: "*Nec nosse tantum, sed sequi deos*" (*Ep.* 90,34). É por meio da reta razão que o sábio imita o seu deus e se assemelha a ele, e em certo sentido o supera (*De Const. sap.* XVIII, 2; *De Pass.* 6,6).

Essa busca de Deus no estoicismo é permeada de grande otimismo, ao passo que uma forte tonalidade pessimista invade o neoplatonismo e todos os sistemas filosóficos de fundo dualista. falamos aqui somente do neoplatonismo de → PLOTINO, dada a sua importância no mundo pagão dos últimos séculos do Império e pela influência nos grandes pensadores cristãos como → AGOSTINHO e → GREGÓRIO DE NISSA.

b) É sabido que o neoplatonismo procura juntar à sabedoria grega também a sabedoria oriental. Os neoplatônicos conheceram os escritos do judaísmo e muitos deles também os do cristianismo ortodoxo e herético. O problema central do neoplatonismo é fundamentalmente religioso, e todo o esforço do pensamento é dirigido para a união do espírito humano com a divindade no êxtase. A filosofia de Plotino pode ser compendiada com dois movimentos: o da emanação de todas as coisas de Deus e o do retorno a Deus ou em Deus.

Antes de todas as coisas existe o Ente supremo, de cuja plenitude promanam todas as coisas que existem. Deus é concebido como sumo bem, mais frequentemente como Uno. A emanação de Deus ocorre através de uma degradante hierarquia, que parte do ser perfeitíssimo até chegar à matéria. Esta é a última emanação, provada de toda perfeição; antes, princípio de tudo aquilo que é mau e imperfeito no mundo dos seres. O retorno a Deus não é tão fácil e simples: a alma deverá ser purificada por toda uma série de virtudes sempre mais nobres. Isto é possível porque na alma humana há algo divino e uma tendência ascensional para Deus. O ascetismo consiste em libertar a alma do materialismo de seu corpo, contradizendo as suas paixões e superando com força viril todos os sofrimentos e vicissitudes da existência.

As primeiras virtudes a entrar em ação são as virtudes civis, correspondentes às morais dos aristotélicos, das quais a alma é libertada das coisas sensíveis. Então avançam as virtudes purgatórias, o amor e a arte, quando os sentidos, já purificados e retificados, serão, por sua vez, instrumento de posterior purificação. As virtudes intelectuais aparecem para transportar a alma para o mundo do puro inteligível. Contudo, a última perfeição e bem-aventurança só acontecerá no êxtase ou visão intuitiva de Deus. No êxtase a alma une-se a Deus, torna-se Deus, é Deus. (*Enéada*, VI, 9, 8-10). Alguém interpretou essas expressões em sentido panteísta, mas parece mais certa a posição daqueles que as interpretam como uma perfeita semelhança com Deus.

Consideramos que não seja o caso de insistir detalhadamente na crítica dos aspectos negativos da mística neoplatônica, nem nas contribuições positivas para a formação da teologia cristã. Observemos, em vez disto, de que modo a culminância da experiência mística e da intuição filosófica de Plotino ocorre mediante uma transformação íntima da alma. Esta simplifica-se a ponto de tornar-se idêntica ao sujeito e divina como ele. Esse será o estado normal para a alma, uma vez completamente separada da matéria corporal (que aqui embaixo pré-saboreia em raros momentos). Nessa união absoluta com o Ser, que se denomina impropriamente "visão" (porque a visão supõe ainda uma distinção entre aquele que vê e o objeto contemplado: *Enéada*, VI, 8,10), a busca de Deus alcança o seu último objetivo.

Plotino preocupa-se em sublinhar que Deus não está distante da alma e que se pode facilmente chegar até ele: "Considera, pois, que essa alma divina é a parte mais divina, aquela que está próxima do Ser superior, pelo qual e do qual provém a alma. [...] A sua existência provém da Mente, e a sua razão atua quando ela contempla a Mente" (*Enéada*, V, 1,3,15-16).

3. A BUSCA DE DEUS NA ANTIGA TRADIÇÃO CRISTÃ. A inclinação para o mundo divino, no período helenístico, não foi privilégio exclusivo dos estoicos e dos neoplatônicos. Todos os sistemas filosóficos (com raras exceções), todas as correntes da religiosidade mistérica, todos os sistemas gnósticos e os seguidores do hermetismo perseguem, embora por caminhos diferentes, a busca de Deus ou do divino, na qual esperam encontrar a satisfação do desejo de felicidade, inato em cada ser humano. Mas só o cristianismo dará uma resposta convincente a esse postulado inextinguível do coração humano. Limitamo-nos aqui a alguns esporádicos testemunhos dos primeiros séculos da Igreja.

Nos primeiros escritores, os → PADRES APOSTÓLICOS, a busca de Deus não possui expressão excessivamente nova em relação às mais recentes manifestações literárias sobre o assunto. Novo, porém, é o clima de místico entusiasmo e de manifesta abundância dos → DONS DO ESPÍRITO SANTO, que enchem de gáudio os corações dos primeiros fiéis. As dificuldades da existência e as perseguições abertas só intensificarão ainda mais essa insone busca de Deus. De resto, os fiéis sabem muito bem que o Senhor não abandonou a sua Igreja a si própria: prometeu permanecer com ela até ao final dos séculos e enviou-lhe o divino Paráclito. Animados por viva fé, os fiéis reconhecem a Cristo em cada companheiro de fé: "*Fratrem vidisti, Christum vidisti*" (A. RESCH, Agrapha, *Texte und Untersuchungen*... XXX/3-4 [1906] 132), A *Didaqué* exorta os fiéis a buscar "cada dia a face dos santos para encontrar a paz em seus discursos" (IV, 2). Nesse ambiente de caridade insere-se a incessante oração unânime a Deus: "Reuni-vos em rica fileira para procurar (isto é, para pedir com a oração) aquilo que é útil para as vossas almas" (XVI, 2).

Esses textos antiquíssimos nos mostram a ligação entre oração e instrução, unidas na liturgia primitiva. A Epístola de Barnabé exorta os fiéis a deixar-se adestrar por Deus: "buscando aquilo que o Senhor quer de vós, de modo que possam ser encontrados no dia do juízo" (XXI, 6).

Antes dos grandes pesquisadores teóricos de Deus: apologistas, escritores eclesiásticos, além dos grandes Padres da época áurea da literatura cristã, emergiram desde a primeira geração cristã outros pesquisadores do Senhor: os mártires. Assim exprime-se Santo → INÁCIO DE ANTIOQUIA, quando, inebriado do Espírito Santo, estava em viagem para Roma, lugar destinado ao seu martírio: "Aquilo que eu quero é o pão de Deus, a carne de Jesus Cristo da estirpe de David, e quero como bebida o seu sangue, o amor imutável" (*Ad Rom.* VII, 2-3). "De nada me adiantarão as delícias do mundo ou os reinos desta terra: é bom para mim morrer por Jesus Cristo mais que reinar sobre toda a terra. Procuro aquele que morreu por nós, desejo aquele que ressuscitou por nós" (*Ad Rom.* VI, 1).

Os mártires demonstraram com o seu sacrifício qual é o caminho mais curto para procurar e encontrar a Deus. A sua herança foi colhida, no final das perseguições do Império romano, pela imensa multidão de monges.

Nos catequistas alexandrinos essa busca de Deus é como o ponto de partida de uma aprofundada investigação teológica.

Clemente Alexandrino sublinha um ponto basilar da Sagrada Escritura, segundo a qual é o próprio Deus que primeiro se move em busca do ser humano decaído. Este, por meio do Logos, chega a encontrar o Pai (*Protrep.* XI: *PG* 8, 204.232). Se bem que pela fé e o batismo o fiel já tenha alcançado a Deus, objeto de sua busca, todavia essa busca é concebida de forma progressiva e dinâmica na existência cristã. É necessário, com efeito, progredir da fé para a gnose por duas vias abertas aos cristãos: a de tipo moral e a de tipo intelectual. O final da busca de Deus é a divina → APATHEIA e o estado de contínua oração. Essas são as características do cristão perfeito (gnóstico).

Convém lembrar, além de Clemente, também → ORÍGENES, tão diferente psicológica, filosófica e teologicamente de seu predecessor na escola Alexandrina.

Todo ser humano, segundo Orígenes, pode e deve procurar a Deus; todavia, o cristão deve procurá-lo de um modo mais perfeito e por uma vocação mais específica. O amor e a fé comandam a vida inteira do fiel, inclinada para essa busca. Quem não crê não pode verdadeiramente procurar e encontrar a Deus: "Alguns que buscaram sem ter antes acreditado, não conseguiram encontrá-lo. Eu, porém, porque acreditei antes de procurar, encontrei o que procurava" (*Comm. in Rom.*, liv. II: *PG* 14, 919).

No mais alto, ou se quiser, no mais profundo da alma, deve ser buscado o impulso de subida para Deus. O logos humano, com efeito, é participação do Logos divino, e está sob a moção do divino Pneuma. Ninguém, antes de Orígenes, tinha descrito com tanto calor e *pathos* o movimento da alma em busca de Deus, que não deve dar trégua ao verdadeiro cristão durante todo o durar de sua vida. Jamais se poderá estabelecer um contato permanente com Deus, até que a pessoa se empenhe e se ponha a caminho para a verdadeira pátria. Semelhante busca não se aplaca somente com o crescimento na virtude e na contemplação; o breve instante de contato com Deus servirá apenas para intensificar o desejo e a ânsia de uma mais contínua e ininterrupta união: "Com frequência, Deus é testemunha, senti que o Espírito aproximava-se de mim, e que estava, enquanto possível, comigo; depois, ia-se repentinamente, e não conseguia encontrar aquele que procurava. Novamente tenho vontade de desejar a sua vinda, e talvez ele venha. Mas quando vem a mim, quando o seguro com as minhas mãos, eis que novamente ele me foge, e uma vez desaparecido, ponho-me a procurá-lo. Isto ocorre com frequência, até que eu o tenha verdadeiramente e suba, apoiado em meu Dileto" (*In Cant. Cant.* 1,7).

A herança espiritual de Orígenes passou para os monges; a intelectual, para os santos Padres mais representativos (também eles eram quase todos monges): uma e outra centralizam-se na contínua e apaixonada busca de Deus: São → GREGÓRIO DE NISSA no Oriente, e Santo → AGOSTINHO no Ocidente, repetiriam, com novas ressonâncias, o motivo fundamental. Os legisladores monásticos veriam na busca de Deus o ponto culminante e essencial do ascetismo religioso. São Bento, na Regra, somente exige do postulante que se apresenta à porta de seu mosteiro que "busque verdadeiramente a Deus" (*Regra*, c. 58,7).

BIBLIOGRAFIA. ARNOU, R. *Le désir de Dieu dans la philosophie de Plotin*. Paris, 1921; GARCIA DE LA FUENTE, O. *La búsqueda de Dios en el Antiguo Testamento*. Madrid, 1971; ID. Notas sobre la búsqueda de Dios en N.T. *La Ciudad de Dios* 184 (1971) 409-418; ID. La búsqueda de Dios en los escritos de Qumrân. *Estudios Bíblicos* (1973) 25-42; LALEMENT, L. *La voie de l'esprit*. Paris, 1982; MESLIN, M. *L'expérience humaine du divin*. Paris, 1988; TURBESSI, G. Quaerere Deum. Il tema della "ricerca di Dio" nella Sacra Scrittura. *Rivista Biblica* 10 (1962) 282-296; ID. Quaerere Deum. Il tema della "ricerca di Dio" nell'ambiente ellenistico e giudaico, contemporaneo al Nuovo Testamento. In: *Studiorum Paulinorum Congressus Intern. Catholicus 1961*. Roma, 1963, 383-398, vl. II; ID. Quaerere Deum. La "ricerca di Dio" in antichi testi cristiani. *Rivista di Ascetica e Mistica* 9 (1964) 241-255; ID. Quaerere Deum. Variazioni patristiche su un tema centrale della "Regula S. Benedicti". *Benedictina* 14 (1967) 14-22 (= Gregório de Nissa, 16-22); ID. Quaerere Deum... La "ricerca di Dio" in S. Agostino. *Benedictina* 15 (1968) 181-205; ID. Quaerere Deum. Il tema della "ricerca di Dio" nella gnosi e nello gnosticismno. *Benedictina* 18 (1971) 1-16; WESTERMANN, C. Die Begriffe für Fragen und Suchen im Alten Testament. *Kerygma und Dogma* 6 (1960) 2-30 (estudo limitado aos três verbos: *biqqesh, sha'al* e *darash*).

G. TURBESSI

DEUS (glória de). É um tema que abrange todo o pensamento cristão, donde os seus múltiplos aspectos: metafísico, que estuda a natureza da glória na vida íntima de Deus; épico, que canta o poder infinito do Criador; místico, que contempla os seus variados reflexos nas criaturas; crístico, pelo qual a glória de Deus refulge na pessoa do Verbo encarnado; redentor, no qual a humanidade do Verbo resgata e diviniza o ser humano; cósmico, que celebra o retorno ideal de toda a criação a Deus.

É conhecida a definição da glória que Santo Tomás (*STh*. II-II, q. 103, a. 1 ad 3; q. 132, a. 1) retoma de Santo → AGOSTINHO (*PL* 35, 1905; 40, 22; 42, 770) e de Cícero (*Rhet.* 2, c. 55): "*Clara cum laude notitia de bono alicuius*". Resulta da excelência de um ser, e, conhecida, gera amor, veneração e louvor. A glória é variadamente distinta: é interna, nasce do conhecimento e da estima que o ser inteligente tem de si mesmo, pelo seu valor; externa, enquanto manifestação feita aos outros das próprias perfeições. A glória objetiva é constituída pela excelência do ser glorificado e é o fundamento daquela formal. Esta procede da inteligência, isto é, aos motivos objetivos da glória acrescenta o conhecimento que comporta louvores, honras e amor. "*Clara cum laude notitia*" indica exatamente a glória formal; "*de bono alicuius*" o seu fundamento objetivo.

Na Sagrada Escritura, nos Padres e nos escritores medievais a glória de Deus refere-se à bondade divina que se expande nas processões trinitárias, comunica às criaturas as suas perfeições e é imagem da vida divina que resplandece principalmente no Verbo encarnado e no ser humano. Na literatura teológica pós-tridentina a glória de Deus coincide com a ideia de justificação e de renovação interior. A glória, em Deus, é a ciência de amor que ele tem de si, sumo bem e absoluto, pela sua infinita excelência. O elemento objetivo é a essência divina com as suas perfeições infinitas; o formal é o adequado e perfeito conhecimento daqueles valores infinitos dos quais brota a bem-aventurança. Os teólogos distinguem em Deus a glória externa da interna: esta, considerada em seu aspecto objetivo, nada mais é que a essência divina enquanto perfeição absoluta, objeto de conhecimento e de amor infinito; considerada formalmente, é o conhecimento perfeito e infinito que Deus tem de si mesmo e das suas perfeições. A glória externa é a manifestação das perfeições de Deus, refletidas no universo. O Concílio Vaticano I (Denz. 3002) afirma que "a criação em Deus não representa um meio para alcançar para si a glória ou para aumentá-la, mas é simplesmente um ato livre de sua bondade para manifestar a sua perfeição". O aspecto objetivo da glória externa de Deus é constituído de todos os seres criados; o formal, do fato de que eles, de modo consciente ou não, afirmam a sua dependência de Deus.

1. Uma expressão adequada de Deus é unicamente Deus: assim, a teologia cristã oferece uma, e somente uma, que é o Verbo. São Paulo atribui ao Verbo, por sua geração intelectual do Pai, uma parte eminente da glória formal no augusto mistério da Santíssima Trindade: "irradiação de sua glória e marca de sua substância" (Hb 1,3). Assim, a glória de Deus refere-se sobretudo ao Filho. A glória interna apresenta-se como necessária, porque a essência divina com as suas infinitas perfeições não poderia deixar de ser objeto de seu conhecimento e de seu amor; visto que é infinita, não é passível de aumento ou de diminuição, mas somente de manifestação. Essa manifestação externa, todavia, não é necessária ou condicionada como em um contexto emanatista ou variadamente panteísta, mas contingente e livre como a criação que difunde nas criaturas a glória interna de Deus.

2. Também é glória de Deus a dependência total do mundo de seu Criador. Postula uma causa pessoal que decide livremente, pela qual o mundo em seu ser e em seu agir depende do amor gratuito de Deus. Esse amor gratuito tem por fruto um mundo não perpétuo, mas temporário, o qual teve um início e que, após uma determinada evolução, atingirá a sua total perfeição. A glória de Deus não se refere somente ao céu e à terra mas a toda a criação, que tem como centro o ser humano, ao qual Deus revelou-se fazendo-o à sua "imagem e semelhança", e tornando-o capaz de ler, na criação, as pegadas e os vestígios do Criador. As criaturas racionais, portanto, além de manifestar-se, também são destinadas a conhecer e a cantar a glória de Deus através das belezas e das perfeições do universo e, assim, render homenagem de adoração e de reconhecimento ao próprio Criador (Sl 18,1; Sb 15,1-9; Rm 1,18-21). Deus é a causa final de todo o universo criado; enquanto os seres inferiores narram sua glória por sua conformidade às leis físicas, os seres inteligentes seguem livremente as leis divinas e as reconhecem. No primeiro modo, o ser participa da glória objetiva de Deus; no outro, participa da glória formal.

3. O universo traz em si não só a marca do Criador, mas também o sinal de sua fecundidade. Visto que o ser criado é vestígio do Ser divino, assim também a causa criada é semelhante à causa incriada: a pegada reflete o arquétipo e a causa parcial participa da causa infinita. O mundo, que depende integralmente de Deus em sua existência, resulta fundamentado embora limitado: não é autônomo, depende de Deus, e o reflete e imita em cada operação. As criaturas só poderiam alcançar a sua perfeição exercendo as operações que lhes são próprias. Vivem para adquirir a plenitude do ser, para conduzir a sua natureza à máxima perfeição, que coincide com a máxima semelhança com Deus que lhes for possível. Desse modo, toda criatura exalta misticamente a glória de Deus.

4. O Cristo, Verbo encarnado, "é a imagem do Deus invisível, Primogênito de toda criatura, pois nele tudo foi criado, nos céus e na terra, tanto os seres visíveis como os invisíveis, Tronos

e Soberanias, Autoridades e Poderes. Tudo foi criado por ele e para ele, e ele existe antes de tudo; tudo nele se mantém" (Cl 1,15-17). Cristo é a glória do Pai, antes de toda criatura, e centro da criação. Ele opera a unidade do universo, é o seu centro e a causa final de todas as coisas e de toda a história. A criação inteira recebe do Cristo a sua unidade e o seu esplendor. Por meio da → ENCARNAÇÃO, todas as coisas recebem certa dignidade e nobreza e, depois do dia do juízo, serão renovadas pelo Cristo e receberão certo esplendor e certa incorruptibilidade. Antes, a encarnação é a assunção do universo inteiro em uma Pessoa divina; é uma comunicação de Deus não só aos seres humanos, mas indiretamente a todas as criaturas. A criação toda é concebida por Deus no ato com o qual decreta a encarnação: quando o Verbo se faz homem, então o plano da glória eterna de Deus se desenvolve efetivamente no espaço e no tempo e terá a sua conclusão no dia final, quando tudo estará em Cristo e Cristo dará tudo ao Pai.

5. A glória de Deus certamente é a justificação do pecador, ou seja, a passagem, sob a ação da graça divina, do estado de aversão a Deus ao estado de justiça. A regeneração espiritual, a renovação interior, na ordem da redenção e da graça, tende a renovar e a prolongar a maravilhosa beleza de sua misericórdia. No ser humano há vazios que só Deus pode preencher, e a presença deles em nós atesta a necessidade que temos dele. Quanto mais o ser humano experimenta a sua insuficiência, mais Deus se revela necessário. Vê-se isto claramente através da ordem moral e do exercício das virtudes que se reportam a Deus, o qual cerca o ser humano por todos os lados, penetrando-o em todas as partes, porque está mais dentro dele que de si próprio. A insuficiência e a miséria do ser humano dão testemunho da glória de Deus: em tais sentimentos profundos, duráveis e coeternos, fundamenta-se toda a ordem da graça. A função redentora da glória de Deus está em relação íntima com o problema do mal, enquanto a miséria e o pecado do ser humano são apenas um aspecto do mais profundo limite ontológico de cada criatura. Como é sabido, esse é talvez o capítulo mais dramático e mais assombroso da concepção cristã da realidade. A problemática sobre o mal, na qual não pode ficar de fora o discurso propositalmente contrastante da glória de Deus, divide-se em seus vários aspectos (físico, moral, metafísico) para dar lugar a outras considerações.

6. Do mesmo modo que a última perfeição de cada ser humano não foi alcançada com a destruição total do organismo e sim com uma renovação, assim também a palingênese do universo não se realiza pela anulação mas por uma assombrosa e real renovação. O fim das coisas materiais consiste em ser instrumento e ajuda para o ser humano. Serão renovadas e aperfeiçoadas para estar em função dos corpos glorificados. Tudo está em função dos eleitos, como os eleitos estão em função de Cristo, no qual se resume toda realidade, quer terrestre, quer celeste: a síntese cristológica alcança a sua realização no mundo renovado. Tudo está em relação a Cristo e Cristo está em função de Deus. Tal transformação cristiforme do mundo redundará na maior glória do Deus Uno e Trino.

BIBLIOGRAFIA. ALSZEGHY, Z. – FLICK, M. Gloria Dei. *Gregorianum* 36 (1955) 361-390; BOUYER, L. *Cosmos. Le monde et la gloire de Dieu*. Paris, 1982; GILSON, É. *Lo spirito della filosofia medievale*. Brescia, 1964, 169-193; LIPPI, A. *Teologia della gloria e teologia della croce*. Torino-Leumann, 1982; SCHMAUS, M. *Dogmática cattolica*. Torino, 1959, 531-548; TOUSSANT, C. Gloire de Dieu. In: *Dictionnaire de Théologie Catholique* VI, 1.386-1.393.

P. SCIADINI

DEVER. 1. NOÇÃO. Direito e dever são correlatos, no sentido de que não existe direito em uma pessoa sem que exista o dever correspondente na outra pessoa. Mas se assumirmos o direito em sentido restrito, então pode existir um dever ao qual não corresponde o direito no outro. O dever não é antes de tudo uma obrigação com o possuidor de um direito, mas simplesmente o débito com o bem e o compromisso de evitar o mal. Em um segundo momento, a obrigação também pode referir-se ao possuidor de um direito.

O direito ao bem, em última instância, culmina na sujeição ao Bem subsistente em si mesmo, que é Deus. É através da religião que o direito vai assumindo um sentido sagrado. O direito, nas condições existenciais terrestres, é reforçado ou pela coação social jurídica, ou pela fé religiosa em Deus.

2. O DEVER NO ÂMBITO ÉTICO. Segundo uma opinião tradicional, o bem moral se identificaria com o bem medido pela regra do dever: o domínio moral seria o da obrigação.

Em sentido próprio, o quadro do dever é incapaz de conter toda a vida cristã. Não tanto porque aquele indique um campo restrito, mas porque não exprime o motivo explicativo radical, nem constitui o fundamento primeiro e essencial da moralidade. Parece ser mais exato afirmar que o compromisso moral cristão origina-se do chamado de Deus, ao qual o ser humano responde. Deus obriga doando. A → MORAL é uma correspondência de amor ao amor de Deus. Os próprios sacramentos, mais que um complexo de deveres, são concebidos como constituintes do fundamento da moral: fazem participar do ser sobrenatural, do qual brota a necessidade moral de agir em correspondência. O ser fundamenta o dever ser. A obrigação surge como um amor do ser humano que responde ao amor benéfico de Deus.

Por outro lado, a moral tradicional, reunida em torno do dever, se foi delineando em uma ordem de relações. O ser humano sente-se sujeito à ordem moral justamente porque jaz dentro de uma faixa de relações, nas quais tarefas e responsabilidades são propostas às suas livres decisões. Todo o imperativo moral reduz-se a respeitar essa ordem constituída, a conservar o lugar que alguém tem em relação aos outros, a caminhar segundo as exigências de sua situação, a desempenhar escrupulosamente o seu ofício, a proteger o estado de direito existente.

Em vez disto, a ética autenticamente cristã convida a ser criador de uma nova ordem, a praticar a libertação total em Cristo, a inovar tudo segundo o Espírito do Senhor, a criar relações caritativas com os outros. A moral cristã deveria ser estudada e apresentada de forma mais dinâmica e ser menos institucionalizada em regras e normas. Ela tem por tarefa primária não já delimitar de forma exata os detalhes do dever, mas aprofundar os valores humanos e cristãos, para cuja compreensão e amor as pessoas devem ser educadas, a fim de que saibam praticá-los com sentido artístico e criativo. A moral é chamada não tanto a formular leis rigidamente delineadas, mas a indicar os valores que os indivíduos devem praticar segundo uma prudência pessoal.

3. LUGAR DO DEVER NA VIDA CRISTÃ. A vida cristã constitui-se e aperfeiçoa-se através de uma dupla essencial contribuição: a) desenvolvimento da graça, sobretudo sacramental, na alma; b) empenho generoso na imitação das virtudes de Jesus Cristo, a fim de captar, assumindo pessoalmente, o seu espírito virtuoso. Os dois elementos tendem a gerar uma idêntica realidade: participar de modo sempre mais perfeito da vida do Senhor; instaurar com ele uma comunhão vital. Desse modo, o cristão parece uma "nova criatura", revestido da graça e das virtudes de Cristo. "Assim, se alguém está em Cristo, é uma nova criatura" (2Cor 5,17).

A santificação é confiada fundamentalmente às responsabilidades de cada alma, sob a direção do Espírito, como uma livre resposta ao dom da graça recebido nos sacramentos. Sendo comunicada à alma a participação na vida de Cristo, é preciso viver como Cristo vive e segundo os dons de seu Espírito. Todo o problema do encontro de amor com Deus reduz-se ao problema do encontro pessoal com o Cristo, exatamente porque Deus nos "predestinou a ser conformes à imagem de seu Filho" (Rm 8,29). As mesmas virtudes que a alma vai praticar não serão exercidas unicamente através das próprias forças, mas em virtude do Espírito do Senhor; não para um fim de perfeição pessoal, mas em vista de uma união mais íntima com Deus em Cristo ("Não sou mais eu que vivo, mas Cristo vive em mim", Gl 2,20); não segundo visões humanas, mas segundo aquelas que o Espírito dita interiormente.

Compreende-se, então, que na vida cristã a contribuição principal não é fornecida por normas éticas e espirituais; não é constituída pelo cumprimento do dever pessoal, mas sobretudo pela obra santificadora que o Cristo desenvolve através de seu Espírito. É uma vida espiritual que procede não sob a direção exclusiva de regulamentos exteriores, mas principalmente sob a inspiração do espírito Santo; não dentro de esquemas de deveres preestabelecidos, mas na generosidade de um espírito que estuda, ama e imita a vida do Senhor, usufruindo os dons que o Espírito derrama interiormente.

Todavia, uma semelhante conduta espiritual cristã — que principalmente inspira-se nos valores percebidos no Senhor e coloca-se sob a direção do Espírito Santo — pressupõe que a alma seja dócil ao Cristo. Na prática, com frequência se exigirá que o cristão leia a vontade do Senhor fundamentalmente nos preceitos e nos regulamentos que determinam os deveres de seu estado, para poder atingir a plena liberdade em Cristo.

4. O HOMEM DO DEVER. O homem do dever defende, transmite e respeita escrupulosamente o depósito das tradições, dos costumes, das leis, das normas e preceitos: tudo isto permanece, para ele, a condição indispensável para construir e consolidar a boa ordem espiritual. Dentro desse rígido contexto deve inserir-se a chama da → VIDA INTERIOR e os silenciosos colóquios da contemplação. A personalidade, com todas as suas exigências humanas e espirituais, é chamada a adequar-se às indicações objetivas do dever normativo. Por esse motivo, de bom grado confiam-se responsabilidades, até de direção, a quem parece pessoa de agudo senso do dever: ela as assume e as realiza com pontualidade e exatidão.

Todavia, o assim chamado homem do dever corre o risco de deixar-se absorver por excessivas preocupações de fidelidade exterior minuciosa às normas; não conhece nem aprecia a liberdade de espírito ou o gosto de uma autônoma vida interior. É o funcionamento exato, que encontra apoio na observância respeitosa de todos os ensinamentos existentes. A multidão de preocupações e o esforço dos compromissos geram nele uma anemia espiritual; sente-se sem estímulo e vazio de criatividade inventiva.

O espiritualista, em vez, embora respeitando as normas e procurando cumpri-las, tendencialmente prefere a meditação e o amor aos valores: é chamado a introduzir um sentido de criatividade, de invenção e de potencialidade dos bens. Gosta de sentir-se um homem livre, guiado pelo Espírito, adulto ao avaliar as situações, não tímido diante do risco de inovar, capaz de iniciar um caminho inédito ao encontrar-se em uma situação nova, tão adulto de poder intuir sozinho a regra de conduta, sem ter que mendigá-la diante dos outros. Mesmo sabendo que a vida espiritual exige a inserção do seu ideal em um corpo de ações precisas, bem determinadas e de valor prático.

A ascética não despreza nem minimiza de nenhum modo o sentido do dever, mas não pensa que a vida interior possa reduzir-se a uma moral do dever. A noção de dever não sabe revelar a profundidade e a extensão das maravilhosas riquezas inclusas na vida cristã.

5. O DEVER COMO AJUDA PARA A SANTIFICAÇÃO. Todavia, o dever não só é prerrequisito para toda ascese cristã, mas a sua presença é de grande ajuda à alma que se orienta para a perfeição cristã. O sentido do dever ajuda a superar as restrições mesquinhas das próprias visões e as ilusões pessoais sobre a sua tarefa espiritual.

O hábito de considerar o dever também sob o aspecto de um dado objetivo corrige um certo possível fantasiar irreal sobre a vida espiritual. O dever é o antídoto específico do capricho: é uma realidade que se impõe à alma, fora de todo humor do momento. Exprime-se e traduz-se em dados exteriores e objetivos, que na vida espiritual é necessário acolher.

A adesão ao dever exterior também facilita a purificação das próprias intenções, desmascara os motivos enganosos que o amor próprio pode introduzir. É sabido que ilusões penetram nas melhores intenções, e as ambiguidades fogem da clarividência, se o coração não se submete à escola do dever. Acredita-se amar a Deus, estar a serviço do próximo, entregar-se a uma ascese progressiva, mas secretamente busca-se a própria alegria, a própria recompensa e a posse pessoal. Mas o sentido do dever garante a adesão ao verdadeiro bem, introduz totalmente nas próprias intenções, purifica da secreta complacência de estar voltado para si mesmo.

A vida espiritual é favorecida pela alma, não somente quando ela se entrega à observância dos deveres morais, mas igualmente quando programa as suas práticas de piedade e as suas obras caritativas como se fossem deveres a serem cumpridos em dados momentos da jornada. A alma adquire proveito e estabilidade interior ao sentir-se ligada e obrigada por essas decisões pessoais. Podem ocorrer estados de aridez e de cansaço, mas apesar disso, o sentido do dever permite a perseverança e o progresso na → ASCESE.

6. DEVER E OBRAS DE CONSELHO — Pelo lado espiritual, não é bom opor dever a obra de conselho, no intuito de exaltar esta e minimizar aquela. A perfeição cristã está sobretudo nos preceitos, particularmente nos mandamentos da caridade. Além disso, mesmo que a prática dos → CONSELHOS evangélicos não seja universalmente obrigatória, deve-se sempre cultivar o seu espírito.

Todo cristão tem o dever de tender à perfeição caritativa; deve cultivar um certo desprendimento interior de apreço pelos bens criados, para saber orientá-los caritativamente para Deus; diante deles deve adquirir certa liberdade interior, que lhe permita viver na caridade teologal. A intenção caritativa é caracterizada por uma união imediata a Deus, além das coisas ou valores intermediários. Segundo uma expressão hoje corrente, a vida terrena deve ser concebida no espírito pascal, é necessário apagar a fragrância excessiva que as coisas suscitam no espírito, para que este saiba acolhê-las em uma ótica sobrenatural e escatológica.

Consequentemente, os conselhos evangélicos, em certa medida e maneira, parecem necessários também para uma autêntica espiritualidade dos → LEIGOS. São exatamente os conselhos evangélicos, enquanto intimamente expressão da nova graça, que convidam e elevam o leigo para uma contenção habitual de "sobriedade" no uso e na fruição do mundo.

Os sacramentos da nova lei prefiguram um novo céu e uma nova terra (Ap 21,1): por intermédio deles os cristãos tornam-se eficazes arautos da fé das coisas esperadas (cf. Hb 11,1). A vida dos cristãos deve colocar-se necessariamente em uma visão escatológica: ela parece uma inteligente → IMITAÇÃO DE CRISTO pobre, humilde, carregando a cruz, para merecer ser participante de sua glória. Para tanto, o Apóstolo exorta: aqueles que se servem deste mundo, sejam como se não usufruíssem: porque o cenário deste mundo passa (cf. *LG* 41-42).

BIBLIOGRAFIA. BAHJÀ, P. Ibn. *Doveri dei cuori*. Roma, 1983; DESJARDINS, C. *Dieu et l'obligation morale*. Bruges, 1963; GOFFI, T. *Morale pasquale*. Brescia, 1968; GRÜNDEL, J. *Peut-on changer la morale?* Paris, 1973; MERSCH, E. *L'obligation morale, principe de liberté*. Louvain, 1927; ROSS, W. *The right and the good*. Oxford, 1930; SENNE, R. le. *Le devoir*. Paris, 1950; TONNEAU, J. Devoir et morale. *Revue de Sciences Philosophiques et Théologiques* 38 (1934) 233-252.

T. GOFFI

DEVOÇÃO. Vocábulo de significações notavelmente variadas no decorrer dos séculos e em diferentes autores. Essa variedade não é sem nenhuma relação com a acepção de devoção na linguagem clássica. *Devotio, de-vovere, devotus*, com efeito, assumem junto aos escritores latinos significados bastante diversos: a) oblação, consagração, sacrifício de uma pessoa, da vida, de coisas, em homenagem ou em expiação às divindades, especialmente infernais, para propiciação. Dirigida a si mesmo, a devoção às vezes queria significar invocar ou atrair para a pessoa as calamidades ou punições destinadas ao povo, à cidade, ao exército etc. Com esse sentido é lembrada a devoção de Décio e do filho (Cícero, Tácito, Santo Tomás) que se imolaram pela salvação de Roma; b) imprecação, execração etc., com o objetivo de destinar alguém à punição da divindade; c) sortilégio, magia, encantamento, com determinadas fórmulas; d) dedicação fiel e absoluta a uma pessoa, a uma causa ou também a uma ocupação. Nessa acepção, a devoção ultrapassa a esfera religiosa e também moral, e já indica disposições de espírito (sobre as várias acepções junto aos clássicos cf. FORCELLINI, *Lexicon totius latinitatis*, vozes relativas; sobre a latinidade posterior, cf. DU CANGE, *Glossarium ad scriptores mediae et infimae latinitatis*).

1. SIGNIFICADOS VARIADOS NA TRADIÇÃO CRISTÃ. Na literatura cristã, devoção conserva quase exclusivamente o sentido de dedicação às coisas referentes a Deus; todavia, mesmo assim definida ela encerra significados notavelmente distintos, embora bastante ligados. Mencionados alguns de interesse marginal, exporemos aqueles de maior importância na espiritualidade.

a) Uso litúrgico. Muito rapidamente alguns vocábulos relativos à devoção tiveram que entrar na linguagem litúrgica. Nesta, não raro significa uma parte ou um ato do culto. Já → TERTULIANO (*De ieiuniis*, 14: *PL* 2, 973) chama assim o ciclo das festas litúrgicas, especialmente o ciclo pascal. Em outra parte, é assim denominada a salmodia dos monges; para Niceta de Remesiana (*De vigiliis*), é a celebração das vigílias; para → LEÃO MAGNO, a celebração eucarística. Os testemunhos multiplicam-se a partir do século V. Ao mesmo tempo, a devoção aplica-se às várias disposições interiores que acompanham o ato cultual; os dois significados frequentemente se encontram e se integram. No *Sacramentarium Leonianum* encontramos *devotio quieta, pia devotio, gratia devotionis, praetiosa devotio, affectus devotionis*: expressões análogas no *Sacramentarium Gelasianum* ou nas orações do Missal romano.

b) A acepção clássica de *devotus* = "consagrado" é encontrada particularmente para designar as virgens, como mulheres consagradas a Deus. No Concílio de Valência sob Dâmaso: "*quae se Deo voverunt*"; Santo → AMBRÓSIO no *Tractatus ad virginem devotam*: "*Ipsius (Dei) te devovisti esse sponsam, devota Deo diceris*". Também hoje, em uma antífona à Virgem se pede sua intercessão "*pro devoto femineo sexu*", isto é, para as mulheres consagradas na virgindade. Logicamente também permanece a acepção de "afeiçoado", "dedicado" e "pio". c) A acepção de fiel afeição e dedicação ao imperador está entre as mais utilizadas na literatura cristã, transformada no fiel e incondicional serviço a Deus e a Cristo. Pode significar o ato de doar-se, ou as disposições permanentes que sustentam a vontade nesse serviço.

Entre os escritores cristãos, especialmente → LACTÂNCIO desenvolve amplamente esse aspecto: o ser humano foi criado e posto no paraíso terrestre "para que servisse a Deus Pai com suma devoção" (*Divinae institutiones*, II, 12, 15); esse serviço é obediência total e incondicional a Deus e à sua lei (VII, 27,6); produz admiráveis efeitos e assemelha a Deus (*De opificio Dei*, 19); sem a devoção e a fidelidade, o ser humano torna-se um ser inútil para Deus (*Divinae institutiones*, V, 19, 13). A devoção é também serviço a Cristo, e faz do cristão um soldado que as perseguições provam e solidificam (*Ibid.*, V, 22, 17), mas não podem separar de um tal chefe (*De mortibus persecutorum*, 16, 8). Com acento menos militarista, esse significado da devoção também pode ser encontrado em santo Ambrósio, que a exalta especialmente em → ABRAÃO (*De Abraham*, 1, 2: *PL* 14, 421), como disposição geral para a vida virtuosa e como submissão fervorosa e total à lei de Deus (*In Ps. 118*, VII, 29: *PL* 15, 129). O sentido de fiel e incondicional serviço encontra-se também no *Liber quaestionum*, obra do século IV já atribuída a Santo → AGOSTINHO (*CSEL* 50, 83, 5; 110,11). Esse sentido mantém-se na teologia de Santo Tomás.

d) A Idade Média, embora conservando os significados anteriores, acentuou alguns aspectos que tiveram grande importância na literatura cristã sucessiva, até os nossos dias. Estes, no conjunto, reunidos na esfera das disposições interiores, possuem como centro de interesse sobretudo a oração, e abraçam especialmente o fervor da caridade e a riqueza de efeitos que esta produz no espírito, ou também, em redundância, em nossa vida de → UNIÃO COM DEUS, que nos escritores medievais, partindo do lugar ocupado pela oração e pela vida litúrgica, enriquecia-se de novos valores na oração pessoal e na complexa fenomenologia que a acompanha. Dos vários aspectos, o que mais atraiu a atenção foi o fervor da caridade, fonte de todas as disposições interiores, da oração, da união com Deus e do serviço divino.

Um exemplo dessa novidade e amplitude na acepção da devoção é Guigo, o Cartuxo, que nas *Mediationes* assim classifica os atos de devoção: *Opera autem divinae devotionis haec sunt: contemplatio, oratio, meditatio, lectio, psalmodia, sacrorum mysteriorum actio, quorum omnium finis nosse et amare Deum*" (n. 390). No ambiente cisterciense, a devoção é sobretudo apontada no fervor interior da caridade. A devoção está na afetividade ou vontade; é um dom gratuito de Deus, mas pode ser incrementada pela alma na meditação (*Liber sententiarum*, 7: *PL* 184, 1137); produz efeitos maravilhosos: acalma todas as penas (*In Cantica*, 10,4: *PL* 183,821), torna casto o temor (*Ep.* 11, 7; *PL* 182, 113); inunda a alma de alegria, de doçura e de suavidade (*In circuncisione sermo*, 3, 10: *PL* 183, 140 s.). Tal, em substância, é também a doutrina dos → VITORINOS, centralizada na oração. Hugo escreve: "A meditação assídua gera o conhecimento, o conhecimento [...] gera a compunção, [...] a compunção gera a devoção, a devoção conduz ao vértice a oração. [...] A devoção é um elevar-se a Deus com afeto humilde e pio" (*De modo orandi*, 1). Como ele, também Ricardo considera a devoção particularmente como fervor de caridade, do qual, entre os efeitos, nasce a contemplação e o arrebatamento extático (*Benjamin maior*, V, 174 ss.). Doutrina que encontramos em São Boaventura, com acento em Cristo e seus mistérios como objeto da devoção (*De perfectione vitae*, VI, 1 ss.; *Vitis mystica*, 24,1). Do mesmo modo, David d'Augsbourg (*De septem processibus religiosis*, 1, 3 do *De exterioris et interioris hominis compositione*, Quaracchi, 1899) considera a devoção como movimento interior de fervor, que enche a alma de alegria (c. 68), faz aderir e repousar em Deus (c. 36), está ligada à contemplação e é fonte de transporte interior (*iubilus, ebrietas spiritus, spiritualis iucunditas, liquefactio*), sinais da oração contemplativa extática (c. 64). Semelhante é a doutrina da *Imitação de Cristo*, a obra mais importante da → DEVOTIO MODERNA. Essa herança foi reunida por São → FRANCISCO DE SALES (*Introduzione alla vita devota*, parte IV, Milano, 1856, cc. 13-15) e por → SCARAMELLI (*Direttorio ascetico*, 2, tr. 3, a. 6. ce. 1-5).

Desse rápido *excursus* histórico, podemos reduzir a três os aspectos doutrinários que interessaram e interessam até hoje à espiritualidade da devoção: dedicação ao culto e ao serviço divino; o fervor da caridade, fonte de disposições interiores e de consolações espirituais, ressonância na esfera do sensível da atitude religiosa.

2. DEDICAÇÃO DA VONTADE AO CULTO E AO SERVIÇO DE DEUS. Esta acepção da devoção, presente em grau variado na literatura cristã, torna-se o conceito que define essencialmente a devoção na teologia de Santo Tomás. Pelo conteúdo reconhecido como próprio e pela relação que lhe é designada pela virtude da religião, pode-se chamar

devoção essencial ou substancial, isto é, no sentido de que a prontidão da vontade em dar-se ao culto e ao serviço de Deus define a perene e imutável natureza da devoção e lhe ilumina as várias características, dependências e influxos na vida espiritual. Para entender o seu valor é preciso enquadrá-la na virtude da religião, da qual, segundo Santo Tomás (*STh*. II-II, q. 82, a.2), a devoção é um ato, antes, o primeiro ato. Cabe à religião render culto a Deus, isto é, a prestação de honra e de reverência que lhe são devidas segundo a sua exclusiva grandeza e dignidade, como indefectível primeiro princípio e fim último de toda a criação (*Ibid.*, q. 81, a.1), ao qual se segue o domínio universal e perene, igualmente exclusivo a ele (*Ibid.*, ad 3). Essa virtude reside na vontade, que assim é dobrada a uma submissão certamente não adequada à grandeza de Deus, mas total de sua parte, por causa de sua dependência radical. Sendo ela a potência motora universal das atividades do ser humano, cabem-lhe os vários atos com os quais o ser humano exerce o culto e exprime a dependência a Deus. É óbvio que o ser humano empenha-se primeiro no interior e depois exteriormente, visto que o seu valor e a sua atuação estão essencialmente no espírito: razão da supremacia dos atos internos no culto. Mas o primeiro e fundamental empenho não pode ser de outros ou de outra coisa, mas sim da vontade inteira em seu fundo; assim, do mesmo modo que da tendência fundamental da vontade pelo bem universal nascem os inúmeros atos e tendências para cada bem, assim também diante do único infinitamente grande explode a doação e a consagração da vontade para a honra e o serviço de Deus, que constitui o empenho primordial da vontade ao seu culto. Essa atitude é chamada, por Santo Tomás, de devoção: "vontade de dar-se prontamente àquilo que concerne ao serviço de Deus" (II-II, q. 82, a. 1).

Esse conceito de devoção manifesta a sua necessidade, a excelência e a eficácia. Sendo um ato oblativo da vontade para o culto e o serviço de Deus, fim último, a devoção torna-se a norma ("*modum imponat*", II-II, p. 82, a. 1 ad 1) e a mola de todos os outros atos cultuais, seja explícitos, seja ordenados pela vontade e direcionados ao fim (*Ibid.*); pela mesma razão dá-lhes consistência e valor, reconduzindo-os perenemente à fonte da religião e do culto interior, sem cuja animação os atos cultuais se reduzem a manifestações exteriores e superficiais. Resulta também, juntamente com a possibilidade, a necessidade de que a devoção acompanhe a vida espiritual, tão contribuidora para a virtude da religião, em todas as suas manifestações, estados, graus de evolução: por isso se diz que a devoção substancial é sempre possível e necessária.

Santo Tomás fundiu em sua síntese, centralizada no conceito de dedicação pronta da vontade, outros conceitos caros a teólogos e espirituais: a devoção como fervor de caridade, como profundidade e espontaneidade de oração, como fonte de elevadas consolações. A caridade tem por tarefa específica fazer "que o ser humano se doe a Deus, estreitando-se a ele pela união espiritual, enquanto compete formalmente à religião que o ser humano se doe a Deus praticando as obras de seu culto" (II-II, q. 82, a. 2 ad 1). Afirma o santo: "A caridade provoca a devoção, enquanto pela força do amor a pessoa entrega-se prontamente ao serviço do amigo; ao mesmo tempo, a caridade é alimentada pela devoção, do mesmo modo que qualquer amizade se conserva e aumenta pela meditação e pelo exercício de serviços de amor" (*Ibid.*, a 2). Realmente, então, no pensamento de Santo Tomás "a imediata fonte (causa) da devoção é a caridade" (II-II, q. 82, a.3); portanto, o pensamento, a reflexão, a lembrança de tudo aquilo que naturalmente excita o amor geram a devoção (*Ibid.*, ad 1). Daí compreende-se a tarefa subsidiária, mas preciosa, do conhecimento de Deus, seja ela meditação, contemplação (II-II, q. 82, a. 3), seja a profunda investigação sobre Deus, se feita com a devida pura intenção (*Ibid.*, ad 3). O Aquinate, no campo do conhecimento gerador da devoção, aponta a primazia, em linha objetiva e absoluta, do conhecimento do mistério íntimo da divindade, porque esta é infinitamente amável; todavia, dada a psicologia do ser humano e o plano de salvação praticado por Deus, "tudo aquilo que se refere à humanidade de Cristo excita admiravelmente a devoção na mediação para os mistérios, objetivamente preeminentes, da divindade" (*Ibid.*, ad 2). O conhecimento que a alma tem de si mesma também pode ser fonte de devoção, no sentido de que a limitação e o pecado, revelados interiormente como instintivo e voluntário obstáculo para o amor de amizade divina, de submissão da vontade, são projetados na perspectiva do amor misericordioso, da redenção, do filial temor: daqui nasce a devoção da humildade salutar e da súplica filial (II-II, q. 82, aa. 3-4). Nascida da contemplação da infinita amabilidade de Deus, do amor que Cristo tem por nós e pela nossa condição de pobreza que brada à misericórdia infinita, a devoção é fonte de consolação espiritual: porque dilata a alma ainda que em nossa condição existencial não possa existir sem uma ramificação perene de tristeza (II-II, q. 82, a. 4).

A síntese ofertada por Santo Tomás torna possível a composição dos vários aspectos que teologia e espiritualidade foram descobrindo e acentuando de modo diferente na devoção: as íntimas relações com a caridade fervorosa e com a oração, a fecundidade e a eficácia na vida espiritual, as suas lutas alternadas de consolação e aridez, a variedade e a hierarquia em seu objeto ou fim, a amplitude de seu crescimento especialmente como densidade de conteúdo teologal na alma contemplativa.

3. A DEVOÇÃO SENSÍVEL. Visto que, quer o fervor da caridade quer o afetuoso conhecimento que gera a devoção podem ser fonte de consolações, às vezes contrapõe-se à devoção substancial, que é prontidão da vontade, a devoção "acidental", isto é, praticamente o conjunto de consolações e de agradáveis sentimentos que geralmente acompanham o serviço de Deus, especialmente a oração e outros atos do culto divino, sejam estes relativos ao espírito ou à sensibilidade. Nessa acepção, o fator "consolação" parece, então, dominante. Costuma-se chamar simplesmente devoção "sensível", enquanto se "sente" o gosto das coisas religiosas. Talvez mais exatamente se devesse distinguir o aspecto de consolação, que pode ser interior e espiritual, do aspecto sensível em seu complexo. Consideramos aqui exclusivamente a devoção sensível enquanto comporta atividade, agradabilidade e atração experimentadas nas faculdades sensitivas. Analogamente à definição geral de Santo Tomás, poder-se-ia dizer "uma prontidão da alma em dedicar-se ao serviço e ao culto de Deus, causada pela atração do sensível sobre as nossas faculdades". Ela refere-se tanto à esfera dos sentidos externos quanto à dos sentidos internos: imaginação, fantasia e o campo indeterminado dos vários sentimentos que estão entre o espírito e o sentido. Os seus aspectos e as suas manifestações possuem múltiplas formas, graus etc. e referem-se tanto à atividade cognoscitiva quanto à afetiva e ao campo das emoções. A característica fundamental é a sensação de alegria e de prazer, donde nascem a atração, o desejo e a facilidade da aplicação.

Facilidade e riqueza de imagens, logo, flexível atividade discursiva e meditativa; emoções ternas e intensas no contato e no uso de todos os elementos externos ao culto: imagens, música, cerimônias, ornamentos e similares; as manifestações de alegria e de ternura, ou também de angústia, enquanto determinam reações sensíveis acentuadas de recolhimento, gestos, orações etc. É uma complexa fenomenologia que os grandes mestres como Clímaco, → CASSIANO, Hexíquio, → INÁCIO DE LOYOLA, Luís de ↯ GRANADA, ↯ JOÃO DA CRUZ, ↯ FRANCISCO DE SALES, ↯ SCARAMELLI etc. analisaram com atenção e que é hoje estudada também sob o ponto de vista da psicologia aplicada à vida espiritual. Os aspectos mais importantes são a justificação da devoção sensível, o seu valor na vida espiritual, a atitude da alma. A justificação da presença, e também da intensidade, brota quer da natureza do composto humano, quer do modo com que a "religião" se oferece ao ser humano. A sensibilidade faz parte essencial de nossa natureza. A unidade profunda de nossa pessoa age de tal modo que o espírito e a sensibilidade ajam com interdependência, mesmo pertencendo a esferas diferentes e irredutíveis. Isto vale tanto no campo cognoscitivo quanto no afetivo. Habitualmente conhecemos e amamos juntamente com os sentidos e com o espírito. Anulando a atividade sensível, o ser humano não pode, conaturalmente, exercer as operações imateriais. A atividade sensível às vezes excita a espiritual, outras vezes deriva dela, daí o duplo processo: do sensível para o espiritual, do espiritual para o sensível. Esta lei vale também para o dileto, porque é adequado à operação humana unir-se à satisfação, servindo esta de isca e, de certo modo, como fim extrínseco para a própria operação, para a união no final e para o objeto para o qual tende.

A realidade religiosa não foge dessa lei, visto que ela deve abraçar o ser humano inteiro e conduzi-lo ao completo amadurecimento. Seja pelo conteúdo, seja, sobretudo, pelo modo com o qual é oferecida, dirige-se não só ao espírito mas também às várias faculdades sensitivas. Basta pensar nos mistérios cristológicos, nos sacramentos, nas imagens e fórmulas das quais se reveste a revelação, nas celebrações, litúrgicas ou não, do culto. Também a oração pessoal apoia-se em medida relevante na atividade sensível. É preciso, por outro lado, acrescentar que a Igreja apela às várias formas do belo sensível para exprimir as realidades divinas e os sentimentos religiosos da criatura. Normalmente, a tarefa do sensível é prévia, por isso a presença e a intensidade da devoção sensível serão abundantes no início da vida espiritual, como demonstram a experiência e o ensinamento dos → SANTOS. Mas é óbvio que o valor da devoção sensível é secundário e provisório, sobretudo é mediador para a devoção substancial e a religiosidade interior e teologal. O ser humano, como valor, é sobretudo inteligência, vontade e liberdade. Objetivamente, tanto no ser como no agir, o sensível está para o espiritual, o corpo para a alma, o temporal para o eterno, o natural para o sobrenatural. Como no amadurecimento humano e psicológico, assim na esfera religiosa a razão de ser e a perfeição da sensibilidade só são alcançadas na dependência e docilidade do espírito. Tudo isto também vale para o "prazer", ou consolação, que faz parte da devoção sensível. Útil, lícita, digna de apreciação e de moderada exigência, em sentido absoluto não se pode dizer necessária, como é, em vez disso, a devoção essencial; é fator secundário, acidental, acessório da devoção. Essas verdades, que nos são ensinadas abundantemente pela literatura espiritual e pelas experiências dos santos, iluminam a tática de Deus, a atitude da alma e a pedagogia dos diretores em julgar, educar, guiar eficazmente no caminho do espírito. Deus não é avarento da devoção sensível para atrair a si as almas, desprendendo-as de fruições profanas, ou para enamorá-las dos bens sobrenaturais; contudo, desde a Antiguidade os mestres espirituais observaram e justificaram a tática de Deus de alternar consolações com aridez, luz e trevas. → CASSIANO (*Collationes*, 4, 3; *PL* 49, 586) aponta como motivo o enraizamento da humildade e a acuidade de consciência da gratuidade do dom; → DIÁDOCO DE FOTICEIA destaca na abundância concedida aos principiantes a eficácia do desprendimento do mundo e a introdução aos bens espirituais; e, sucessivamente, o enraizamento da humildade, a submissão filial, além de uma educação para a fortaleza na vida espiritual (cf. *Capita centum de perfectione spirituali*, 69: *PG* 65, 1191; 87: *PG* 65, 1201; 90: *PG* 65, 1204). Essas várias motivações são encontradas em São → FRANCISCO DE SALES (cf. *Introduzione alla vita devota*, parte IV, cc. 13, 15, 22) e em → SCARAMELLI (cf. *Direttorio ascetico*, 2, tr. 3, a. 6, cc. 1-5). Substancialmente idêntica é a doutrina de São → JOÃO DA CRUZ, mas nela a relatividade da devoção sensível é mais acentuada, juntamente com o valor provisório e imperfeito de todo o sensível, dependentemente de uma apresentação mais alta da união contemplativa e da experiência de Deus. Esse enfoque leva o santo a valorizar de modo determinante a dupla purificação mística do sentido e do espírito, tanto por causa da ação divina quanto pelo empenho da alma.

BIBLIOGRAFIA. JOÃO DA CRUZ, *Subida*, 1, 3-7; *Noite*, 1, 1-7; SUÁREZ, F. *De oratione*, I.II, cc. 6-8, in *Opera*, t. 14, Paris, 1876; JOANNES A SANCTO THOMA. *Cursus Theologicus*, I, VII, d. 20; PHILIPPUS A SANCTISSIMA TRINITATE. *Summa Theologiae Mysticae*, pars II, tr. 3, d. 4; SCARAMELLI, G.B. *Direttorio ascetico*, 2, tr. 3, a. 6, cc. 1-5; MENNESSIER, J. *Somme Théologique*. Paris, 1932, aI, 247-255; a2, 289-370, vl. 21; MORETTI, R. Religione e devozione. *Rivista di Vita Spirituale* 9 (1955) 151-173; ID. La devozione sensibile. *Rivista di Vita Spirituale* 13 (1959) 42-62; CURRAN, J. W. Devotion. In: *Dictionnaire de Spiritualité* III, 716-727; MORA, A. de la. *La devoción en el espíritu de san Ignácio*. México, 1960; RUFFINI, E. Celebrazione liturgica. In: *Nuovo Dizionario di Spiritualità*. Roma, Paoline, 1985, 154-176.

R. MORETTI

DEVOÇÕES. Um lugar de destaque na vida dos primeiros cristãos era ocupado pela oração, que santificava os momentos mais importantes de sua jornada. Entre as orações era particularmente recomendada a récita do *Pater noster*. Rezavam de joelhos, em sinal de dor e de penitência; geralmente, porém, especialmente no tempo pascal, ficavam de pé, com os braços abertos. O sinal da cruz selava os gestos, até os mínimos, do fiel, segundo o célebre testemunho de → TERTULIANO. As imagens, pinturas ou esculpidas, das quais temos significativos exemplos nas catacumbas, serviam como meios para aumentar o fervor da devoção.

O culto aos mártires, que remonta aos primeiros tempos dos cristãos, ainda existia no século IV, embora restrito aos lugares do respectivo martírio ou da sepultura. Tendo cessado as perseguições, honras especiais foram tributadas aos que se distinguiram pelas virtudes e piedade, sobretudo eremitas e monges, que passaram a fazer parte, segundo consideração dos fiéis, dos mártires. Entre os anjos, o mais venerado era São Miguel. O culto à Virgem, do qual há manifestações desde a primeira Antiguidade cristã, manifestou-se especialmente quando Nestório ousou recusar-lhe a divina maternidade.

O culto das relíquias desenvolveu-se juntamente com o culto dos mártires. No século IV teve grande incremento a veneração das imagens, que consistia nas genuflexões, o beijo, acender velas e lâmpadas, queimar incenso, e outros ainda. Também as peregrinações começaram a ficar muito em voga nesse tempo. Cada cidade possuía os seus lugares particulares, aos quais acorria-se devotamente: por exemplo, a França tinha o sepulcro de São Martinho, em Tours; a Itália, o de são Felice de Nola; a África, o de São Cipriano etc. Meta de peregrinação de cada cidade foram as catacumbas e sobretudo a Terra Santa, especialmente após a invenção da Santa Cruz (329).

Na Primeira Idade Média, também em oposição à luta iconoclasta, o culto das imagens teve um novo desenvolvimento, sobretudo no Ocidente. Juntamente com as imagens, continuou a estender-se a veneração pelas relíquias. Após os séculos VII e VIII, isto é, quando os corpos dos mártires foram transportados das catacumbas para as basílicas, surgiu uma verdadeira paixão pelos corpos dos santos, e pelos objetos que tinham estado em contato com eles durante a vida ou após a morte. Não surpreende o fato de logo começar a surgir abusos. O Sínodo de Paris (822) lamentou que não se rezava mais sem estar diante de uma relíquia. A cobiça pôs em circulação relíquias falsas, e os furtos se multiplicaram rapidamente.

Enorme difusão teve nesse primeiro período medieval o culto aos santos, especialmente o da Virgem, a quem foi dedicado o sábado. Os sepulcros dos principais santos (Pedro e Paulo, em Roma, São Tiago, em Compostela, São Martinho, em Tours etc.) tornaram-se ou continuaram a ser meta de peregrinação, como a Terra Santa. Contudo, se de um lado esse impulso era favorecido pela Igreja, de outro era necessário estabelecer uma justa medida para preservar os fiéis (especialmente os germânicos) das práticas supersticiosas dos pagãos. Para o culto das pessoas mortas em odor de santidade, e para a introdução de novos santos em uma diocese, decidia, desde o tempo de Carlos Magno, a *vox populi* ou a aprovação do bispo, práxis até hoje vigente na Igreja grega. Já o Sínodo de Leptine (743 ou 745) proibia considerar como santos os fiéis defuntos; segundo o Sínodo de Frankfurt (794), não deviam ser venerados os santos desconhecidos, bem como era proibido erigir capelas em sua honra ao longo das estradas. Um "Capitular" de Carlos Magno prescreveu que tudo isso fosse da competência do bispo. Finalmente, Gregório IX (1234) restringiu a canonização à Sé Apostólica.

Sob a pressão dos fermentos religiosos do século XIII, especialmente sob a influência das Ordens mendicantes, a piedade popular adquiriu um caráter muito mais individual e sensível. A devoção à paixão de Jesus, que aparece já claramente em São → PEDRO DAMIÃO, o primeiro a falar das cinco chagas, atingiu, nessa época, um nível notável, assim como a devoção ao Santíssimo Sacramento, do qual foi instituída a festa (1264), universalmente solenizada com procissões a partir do século XIV. A veneração dos santos e das relíquias continua a difundir-se; sobretudo após o impulso dado pelas Cruzadas e depois da conquista de Constantinopla (1204), o Ocidente foi completamente coberto de relíquias, das quais muitas bastante duvidosas. Em oposição à fraude e à excessiva credulidade, bispos e papas tiveram que intervir; o próprio Concílio Lateranense IV (1215) decretou que para a veneração de novas relíquias era necessária a aprovação do Sumo Pontífice. Importância particular dentre as relíquias medievais teve o Santo Sudário, do qual eram venerados mais de quarenta exemplares, nenhum dos quais pode ser considerado realmente autêntico.

Um particular desenvolvimento quer entre as novas Ordens religiosas (especialmente carmelitas e servos de Maria), quer no povo assumiu o culto da Virgem (séculos XII e XIII). Às orações ordinárias do cristão, *Pater noster* e o *Credo*, desde o final do século XII, juntou-se a *Ave-Maria*, que inicialmente era constituída unicamente pelas palavras do anjo e de santa Isabel. Na segunda metade do século XIII, provavelmente sob Urbano IV, foram acrescentadas as palavras: "*Jesus Christus. Amen*", e, no século XV, também o pedido de uma boa morte. A segunda parte, como a recitamos hoje, surgiu no século XVI, e somente no século seguinte tornou-se geral. Da récita da *Ave-Maria* nasceu, com gradual evolução entre os séculos XII e XVI, o → ROSÁRIO, que, com o → ESCAPULÁRIO, tornou-se um dos meios mais populares de devoção mariana.

Outra devoção à Virgem, até hoje largamente praticada, o *Angelus*, tem sua origem em plena Idade Média, ligada ao uso, já vigente no século XIII, do toque do sino ao anoitecer. Com uma indulgência concedida por João XXII àqueles que, ao escutar esse sinal, recitavam uma ou mais *Ave-Marias*, a prática difundiu-se rapidamente. O uso de tocar o sino pela manhã já é mencionado no início do século XIV. As condições então exigidas para lucrar a indulgência eram uma ou mais *Ave-Marias*, um ou cinco *Pai-nossos* em honra das chagas do Senhor, sete *Ave-Marias* em honra das sete alegrias da Virgem etc. Por volta do final desse mesmo século XIV surgiu o uso de tocar o sino também ao meio-dia; a este sinal, era costume recitar um *Pai-nosso* e uma *Ave-Maria* e, algumas vezes, um salmo, para ganhar a indulgência. Em sua forma atual, o *Angelus* remonta ao século XVI, e somente no século seguinte tornou-se uma prática universal, enriquecida por Bento XIII (1724) com uma particular indulgência.

Em ligação com a devoção à Paixão, particularmente difundida após as Cruzadas e a atividade dos mendicantes, surgiu a piedosa prática da via-crúcis (→ CRUZ), que alcançou uma difusão verdadeiramente universal nos séculos XVII e XVIII.

Com o Humanismo e o Renascimento, assiste-se a um acentuar-se da devoção em uma linha mais individual e subjetiva. Demonstração disto são as numerosas confrarias, as quais, além dos objetivos sociais e caritativos, foram instituídas também com escopos estritamente religiosos, como a veneração de determinados mistérios da fé (Santíssimo Sacramento, Sangue de Jesus, Santa Cruz etc.), de cada santo (sant'Ana, santa Úrsula, são Sebastião, a Virgem sob diferentes títulos), ou ainda para sufrágio das santas almas do purgatório.

No âmbito das confrarias surgiu a prática das Quarenta Horas de adoração ao Santíssimo Sacramento. Em 1527 foi instituída em Milão uma confraria empenhada em repetir a adoração eucarística quatro vezes por ano. Por iniciativa de São Filipe Néri e dos jesuítas, as Quarenta Horas foram fixadas nos dias que antecediam a quarta-feira de Cinzas. Clemente VIII as introduziu oficialmente em Roma (1598), e aos poucos difundiram-se em toda a Igreja.

Nas manifestações de piedade da época da Contrarreforma e do Barroco, geralmente observa-se uma predominância do exterior e do sensível. Voltaram a popularizar-se, nesse tempo, as peregrinações e as procissões; as tradicionais devoções à Santíssima Trindade, aos mistérios da vida de Jesus, à Virgem e a outros santos foram enriquecidas com novas formas. Nessa época (século XVI) foram divulgadas as ladainhas lauretanas, aprovadas por Sisto V, enquanto as ladainhas dos santos já tinham tido esse privilégio com a inserção no Breviário Romano. Em 1602, Clemente VIII estabeleceu que nenhuma outra ladainha podia ser utilizada nos exercícios de culto público. Todavia, com o grande desenvolvimento obtido nesses últimos séculos pela devoção ao Sagrado Coração, foram introduzidas as ladainhas em sua honra (1898), enquanto já tinham sido aprovadas as do Nome de Jesus. As ladainhas de são José (compostas pelo cardeal Lépiceri) remontam a 1909.

A devoção dos fiéis de nosso tempo é talvez mais intensa e profunda que no passado, e o equilíbrio entre piedade litúrgica e privada, em geral, está muito mais conservado. Os congressos eucarísticos internacionais e nacionais (desde 1881) conseguem autênticas manifestações corais de fé no mistério central do cristianismo. Com a devoção ao sagrado Coração e à Eucaristia (comunhão frequente), foi cultivada em toda parte a devoção à Virgem: Rosário, mês de maio, peregrinações aos santuários marianos, especialmente Lourdes (desde 1858) e Fátima (1917). Aos santos de tempos passados (santo Antônio, santa Rita etc.) somaram-se novos: → TERESINHA DO MENINO JESUS e outros. Em geral, a piedade moderna tende a ser menos exuberante e mais essencial, assumindo um claro caráter trinitário, cristocêntrico-mariano e eclesial.

BIBLIOGRAFIA. Esercizi di pietà. In: *Nuovo Dizionario di Spiritualità*. Roma, 1985, 509-521; GOUGAUD, L. *Dévotions et pratiques ascétiques du moyen-âge*. Maredous, 1925; GRABAR, A. *Martyrium. Recherches sur le culte des reliques*. Paris, 1946; KOTTING, B. *Peregrinatio religiosa*, Münster, 1950; KREDEL, E. M. – AUER, A. Frömmigkeit. *Lexikon für Theologie und Kirche* 4 (1960) 398-405; LANZONI, F. *Genesi, svolgimento e tramonto delle leggende storiche*. Roma, 1925; LECLERCQ, J. Dévotion privée, pieté populaire et liturgie au moyen-âge latin. In: *Études de pastorale liturgique*. Paris, 1944; Pieté. In: *Dictionnaire de Spiritualité*. Paris, 1986, 1.694-1.743, vl. XII/2.

E. ANCILLI

DEVOTIO MODERNA. 1. NOÇÃO. A expressão *devotio moderna* é uma daquelas fórmulas cujo conteúdo não é fácil determinar. Uma primeira determinação tem-se da análise do binômio decomposto em dois elementos integrantes. *Devotio* é um vocábulo que, analisado pelo prisma teológico, significa o ato interior da virtude da religião, por meio do qual o ser humano se doa, pronta e alegremente, ao serviço de Deus. É este, com efeito, o sentido técnico que assume na *Summa theologiae* (II-II, q. 82, aa. 1-2; J. W. Curran, *The thomistic concept of devotion*, River Forest, 1941). "Moderna" é um adjetivo diferencial que, em seu óbvio sentido etimológico, equivale a "novo", "atual". No presente caso, o resultado imediato seria, misturando os elementos, uma *devotio* atualizada.

Mas semelhante delimitação não possibilita uma determinação real, e menos ainda favorece a compreensão do fenômeno histórico intrínseco. Um segundo passo analítico introduz no contexto ou ambiente espiritual. Na história da espiritualidade existe uma zona cronológica determinada, na qual os vocábulos *devotio* e *moderna* aparecem unidos; pela exatidão, foram usados pela primeira vez pelo movimento reformista, iniciado por Gerardo Groote († 1384), sobre o qual J. Busch, segundo refere J. Vos, prior de Windesheim, escreveu: "*primus fuit nostrae reformationis pater et totius modernae devotionis origo*" (K. Grube [ed.], *Chronicon Windeshemense*, Halle, 1856, 46). A escola de G. Groote, inspirada ao que parece no *Horologium* do beato E. → suso, consagrou a fórmula que gozaria de grande prestígio na história da espiritualidade.

Finalmente, damo-nos conta de que a *Devotio moderna* flamenga absorve todas as espiritualidades semelhantes, impondo uma influência decisiva, monopolizando a expressão e subordinando, como eixo central, todos os outros movimentos "devotos". A literatura sobre a *Devotio moderna*, que teve grande impulso no século XX, não cedeu o monopólio, antes o fortaleceu. Um exemplo válido é dado por R. G. Villoslada, que escreve: "Por *Devotio moderna* entendemos aquela corrente espiritual que, na segunda metade do século XIV, floresceu nos Países Baixos, por obra principalmente de Gerardo Groote e de seu discípulo, Florêncio Radewijns; essa corrente foi canalizada para a associação dos irmãos da vida comum […] e para a congregação agostiniana dos cônicos regulares de Windesheim, e, no século XV e início do XVI, renovou-se com os seus escritos ascético-místicos — especialmente com a *Imitação de Cristo* —, com o seu magistério, com a direção espiritual dos ambientes claustrais entre o povo cristão" (*Historia de la Iglesia Católica*. III-Edad Nueva. Madrid, 1960, 539). Como se vê, a definição descritiva restringe o nome a uma área espiritual muito limitada.

Não se poderia objetar nada se a limitação se detivesse aqui; mas a visão panorâmica do movimento devocional se obscurece, se empobrece e até corre o perigo de corromper-se, se tomarmos a *Devotio moderna* em um sentido limitado, e além de tudo, como único ponto de vista para considerar as outras correntes espirituais análogas. Os estudos de H. Watrigant — por exemplo, *Quelques promoteurs de méditation méthodique au XVe siècle*, Enghien, 1919 — partiam, como tantos outros, de um esquema pré-fabricado, talvez fossilizado: que não resistiu à crítica de I. Tassi (*Ludovico Barbo, 1381-1443*, Roma, 1952) e de M. Petrocchi (*Una Devotio moderna nel Quattrocento italiano ed altri studi*, Firenze, 1961), os quais demonstraram a existência de uma *pietas* italiana semelhante à *Devotio moderna* sob numerosos aspectos distinta e, por outro lado, independente dos influxos flamengos. Sem sair da órbita devocional, a discussão sobre a pátria da obra mestra da *Devotio moderna* — *A Imitação de Cristo* — quer indicar que as águas não escorrem claras e límpidas.

É oportuno ampliar a sua área e o seu sentido para não mudar por outro um nome feliz e fértil. É preciso remontar ao clima histórico-religioso no qual nasce a *Devotio moderna* como fenômeno espiritual novo. A sua novidade não a desvincula daquilo que existe de antigo: nesse sentido, é devedora da *devotio* medieval, quer na noção teológica, quer nas práticas concretas; a noção de *devotio* expressa na *Summa theologiae* sobrevive na *Devotio moderna*; as práticas, ou exercícios "devotos", forjados com tão dramática densidade teocêntrica na Idade Média, purificam-se e aperfeiçoam-se: criam método de um modo mais completo. Isto quer dizer, então, que há continuidade. Basta comparar os exercícios piedosos dos "devotos modernos" com os exercícios de piedade dos medievais. L. Gougand (*Dévotions et pratiques ascétiques du moyen age*, Paris, 1925), A. Wilmart (*Auteurs spirituels et textes dévots du moyen âge latin*, Paris, 1932), M. Martins, A. Walz e H. Thurston oferecem abundante material para uma curiosa comparação. A *Devotio moderna* casa com a *devotio* medieval, atualizando-a, modernizando-a e renovando-a. Mas toda atualização pressupõe uma reação ou uma reforma: qual seria a específica da *Devotio moderna*? Em primeiro lugar, contra o torpor que invadiu o cristianismo no início da peste negra (1348-1350) e dos outros males pertinentes ao grande cisma do Ocidente; em segundo lugar, contra o idealismo nebuloso e complicado da mística renana. A "reforma" eclesiástica estava na boca de todos; o *homo interior* de → ECKHART e de seus discípulos parecia excessivamente complicado. Como meio de reforma impôs-se em muitos espíritos o retorno para uma vida ascética de tipo medieval; a vida ascética envolvia métodos e exercícios espirituais eficazes: o *homo devotus* será menos especulativo e mais realista que o *homo mysticus* dos mestres renanos. As duas reações são características de todo o movimento devocional, cujos limites cronológicos vão, aproximadamente, de 1350 até 1500. Cerca de um século e meio.

Certamente interessa mais a gênese, a extensão e a profundidade da *Devotio moderna* que a origem do nome. Todavia, não se compreende bem a fórmula se se prescinde do contexto de renovação filosófico-teológico contemporâneo. G. Ockham era chamado pelos seguidores de *Venerabilis Inceptor* da via moderna em filosofia e teologia (cf. C. GIACON, *Guglielmo di Occam. Saggio storico-critico sulla formazione e sulla decadenza della Scolastica*, Milano, 1941, 2 vls.). Via moderna opunha-se a via *antiqua*: *Devotio moderna*, apropriando-se do adjetivo da moda, continua a *devotio antiqua*, mas purificando-a dos abismos metafísicos místicos de Eckhart, → TAULERO, → RUUSBROEC... Consequentemente, junta a *devotio* medieval a alguns métodos mais ágeis, mais funcionais e mais ascéticos. Concluindo: a *Devotio moderna* equivale a uma realidade histórica mais que a uma fórmula ou a um nome. Essa realidade histórica abraça todo o movimento de renovação devota da vida cristã na segunda metade do século XIV e, pode-se dizer, durante todo o século XV. O nome é um tronco comum que se ramifica em numerosas devoções modernas. Obras, influências, peculiaridades e estilos, todos merecem uma atenção particular.

2. OS MESTRES. Desse tronco devocional comum, como fenômeno típico na história da espiritualidade europeia, têm origem diferentes ramificações. Pode-se falar de uma *Devotio moderna* flamenga, francesa, italiana, espanhola, alemã, inglesa... A consideração de cada uma, explicando a sua origem e o seu processo vital, nos levaria muito longe. É preferível seguir uma via mais curta, isto é: a indicação sucinta dos mestres das várias devoções modernas", à qual será acrescentada uma síntese das doutrinas espirituais mais características.

a) *A Devotio moderna flamenga*, que é sem dúvida a de maior relevo, possui um patrimônio espiritual riquíssimo. A vida dos irmãos da vida comum e dos canônicos de Windesheim era voltada, dentro das paredes domésticas, aos → EXERCÍCIOS ESPIRITUAIS e ao trabalho manual: a cópia dos manuscritos da Bíblia e a reunião dos textos mais importantes dos mestres "devotos" da Antiguidade. Os *scriptoria* dos mosteiros medievais encontram uma réplica feliz nos conventos flamengos. Groote amava os livros. Os "devotos" de Daventer, de Windesheim e de outras centenas de casas, amavam os livros com igual fervor, *pro pane lucrando* e para alimentar a alma. O ambiente, o estudo e a iniciativa privada ampliam o trabalho coletivo: juntamente com os copistas e os compiladores florescem os que são capazes de escrever livros do próprio punho. Há, então, quatro tipos de literatura espiritual na *devotio moderna* flamenga: 1) as simples cópias; os *rapiaria*, ou seja, florilégios extraídos da devoção tradicional; 3) os *rapiaria* das práticas dos mestres da casa; 4) os livros de coleção pessoal. Da plêiade de autores merecem menção G. Groote (1340-1381), F. Radewijns (1350-1400) e J. Vos de Huesden († 1424): o seu magistério, oral nos primeiros tempos, passa para os *rapiaria*. Atrás deles nasce uma legião de escritores espirituais: Gerlac Peters (1378-1411), G. de Shoonhoven († 1432), E. Mande (1360-1431) e as três insignes figuras de Gerardo Zerbolt de Zutphen (1367-1398), T. Hemerken de Kempis (1380-1471) e G. Mombaer (1460-1501). Zerbolt possuía um fino temperamento de escritor; as suas obras — *De spiritualibus ascensionibus* e *De reformatione virium animae* (cf. J. VAN ROEY, *G. Z. van Z. Leven e. Geschriften*. Nijmgen, 1963) — são a quintessência do ensinamento espiritual de Groote, Radewijns e Peters, o enriquecem com ardente afeto e dão-lhe uma organização dentro do possível. Kempis é mais fecundo que profundo, mas possui um estilo agradavelmente discursivo e — discorrendo sobre a questão da autenticidade ou não kempiana do *De imitationis Christi* — traça, com felicidade de pena, o aspecto dos primitivos modernos flamengos (cf. *Opera omnia*, 7 vls., Freiburg i. B., 1910-1922). Mombaer, mais conhecido como *Mauburnus*, tornou-se imortal com o seu *Rosetum exertitiorum spiritualim et sacrarum meditationum* (Zwole, 1494), "le livre de spiritualité le plus curieux quis soit jamais été écrit" (P. PHILIPPE, L'oraison dans l'histoire, *Cahiers de La Vie Spirituelle: L'oraison*, Paris, 1947, 36); o *Rosetum* é uma enciclopédia que reúne, ordena metódica e mnemonicamente, quase todo o saber espiritual da *Devotio moderna* flamenga, tornando-a árida com impossíveis artifícios: o prazer da metodização dos exercícios espirituais também aparece na *Scala meditationis*, de W. Gansfort († 1489), incluída inteiramente no *Rosetum*. Mombaer fecha o patrimônio literário dos "devotos modernos" flamengos.

b) *Os cartuxos e a "Theologia deutsch"* constituem, em ambientes mais próximos à metafísica mística da escola eckhartiana, o núcleo de um movimento devocional que, de um lado, extrai alimento da Idade Média e, de outro, abre-se para uma piedade de transparência celestial. → HUGO DE BALMA, autor provável da *Theologia mystica* atribuída a São Boaventura, pertence à antiga *devotio*, mas Rodolfo da Saxônia, com a sua *Vita Christi*, preludia as *meditationes* dos "devotos modernos", nos quais influirá decisivamente (cf. M. I. BONDESTEDT, *The "Vita Christi" of L. the Carthusian*, Washington, 1944). Dionísio de Rijckel († 1471) é o Alberto Magno da espiritualidade no século XV: a *Opera omnia* consta de 44 vls. (Tournai, 1896 s.); nesse complexo há de tudo: páginas místicas, devotas, escolásticas, eruditas. Além disso, também dentro do estilo da *Devotio moderna* há Nicola di Kempf, cujo *Alfabeto espiritual* redundará no *Exercitatorio* de Garcia de → CISNEROS (Montserrat, 1500), suma e compêndio de toda a espiritualidade devota. Entre os cartuxos que trabalham na *devotio* também encontramos Lorenzo Surio († 1538), bom tradutor e cultor apaixonado da hagiografia. No ambiente devoto da Baixa Idade Média aparece a *Theologia deutsch*, reeditada por Lutero, que a adaptou ao seu pessimismo dogmático em 1516-1518. Ligada diretamente à mística da escola renana, respira um clima devocional novo: a → UNIÃO COM DEUS é meta que impele para a via e para o exemplo da pobreza espiritual, da → MEDITAÇÃO, da → IMITAÇÃO DE CRISTO.

c) *Outros grupos religiosos*, que não permitem nenhuma absorção da *Devotio moderna* de G. Groote, porque já contavam com uma tradição e com um "patrimônio" próprios, trabalham resolutamente na atualização dos próprios métodos de piedade e de apostolado. Os → CARTUXOS e os → BENEDITINOS, os monges em geral, transmitiram aos "devotos modernos" florilégios, alfabetos, manuais de orações, artes, opúsculos que prenunciam os *rapiaria*; → FRANCISCANOS e → DOMINICANOS, com o respectivo evangelismo de sempre, entram plenamente no novo clima espiritual sem solução de continuidade com a tradição. G. Brugman († 1473) e, acima de todos, H. → HERP — *Harpius* († 1477) dão às suas especulações místicas um agudo tom afetivo, muito conforme ao franciscanismo de São Boaventura.

d) *A piedade inglesa* oferece também, nos séculos XIV-XV, uma teoria compacta e numerosa de escritores espirituais devotos; pouco inclinados à abstração mística, são, por seu perene praticismo, mestres de uma espiritualidade paralela àquela que florescia nos países continentais. R. Rolle († 1349), W. Hilton († 1396), respectivamente com os seus *Incendium amoris* e *Scala perfectionis*, alimentam a piedade insular; → JULIANA DE NORWICH († 1442) e Margherita Kempe († 1440) descrevem com profundidade a psicologia espiritual.

e) *A Devotio moderna na França* teve insignes representantes: Pierre d'Aylly (1350-1420), Jean Charlier de → GERSON (1363-1429) e Roberto Ciboule (1403-1458). Dos três citados, Gerson representa o vértice místico mais alto e mais radioso de todo o século XV. A polêmica mordacidade e o temperamento místico de Gerson, a sua vigilante preocupação pela ortodoxia nas doutrinas espirituais e as suas sólidas estruturas especulativas não impedem que seja considerado escritor "devoto".

f) *A piedade italiana* como *Devotio moderna* tem o seu cetro e o centro em São Giorgio in Alga di Venezia e em Santa Giustina de Pádua; São → LOURENÇO JUSTINIANO († 1455) e Ludovico → BARBO teriam sido os seus representantes. Já aludimos aos estudos de I. Tassi e de M. Petrocchi; este, mediante pesquisas em manuscritos e em incunábulos, descobre a vastidão do fenômeno devocional do século XV italiano, sem que seja necessário recorrer a problemáticas influências estrangeiras. "A *devotio*", afirma Petrocchi, "é posição comum na espiritualidade italiana do século XV" (op. cit., 17). Estamos, em suma, diante de uma *Devotio* moderna italiana espontânea, fresca, fértil, na qual, contrariamente ao que acontece na *Devotio moderna* flamenga, o espírito não é sufocado pela rígida fidelidade ao método padronizado dos exercícios de piedade.

g) *Falar de uma "Devotio moderna" da península ibérica* pode ser surpreendente. Todavia, nessa terra que um descrente contemporâneo chamava, pateticamente, de "proa da alma continental" (J. Ortega y Gasset, Meditaciones Del Quijote, Id., *Obras* I, Madrid, 1957, 360), são sempre possíveis as gerações espirituais mais impensadas. É curioso observar que nem os irmãos da vida comum nem os canônicos de Windesheim aí penetram, apesar da sua difusão em toda a Europa. O movimento devocional atinge as antigas Ordens que no século XV rejuvenescem. A perspectiva oferece dados positivos. O bem-aventurado Álvaro de Córdoba († 1430), reformador e viajante, coloca as bases de uma "Congregação da observância" dominicana, talhada no molde italiano, e põe junto a primeira via-crúcis (→ cruz) da Europa in *Escalaceli*; São Vicente Ferrer († 1419), com a sua cruzada da penitência e do amor, repercorre as estradas da Europa e escreve o *Tratado da vida espiritual*. Na metade do século XV, o cardeal Giovanni di Torquemada, amigo de L. Barbo e dos beneditinos de Valadolid, publica em Roma tratados devotos, de sabor medieval e, ao mesmo tempo, reassumindo o "novo estilo", com ilustrações xilográficas, as primeiras realizadas em toda a Itália. Por volta do final do século XV, Garcia Jiménez de → cisneros fecha com beleza a *Devotio moderna*; o seu *Exercitatorio de la vida espiritual* (Montserrat, 1500) é um "manual completo de oração mental" (P. Philippe, op. cit., 39), que reúne, com sagaz ecletismo, a flor e o melhor da literatura devota (cf. A. M. Albareda, *Intorno alla scuola di orazione metodica stabilita a Monserrato dall'abate García Jiménez de Cisneros*, 23). Do *Exercitatorio* extraem o melhor néctar da *Devotio* moderna as monjas e os espirituais do século XVI. Santo Inácio alimentou a sua "conversão" em Monserrat com a leitura do *Exercitatorio*.

3. A PATERNIDADE DA "IMITAÇÃO DE CRISTO".

O anônimo mais famoso da *Devotio moderna* é o da *Imitação de Cristo*. Duas questões ligadas são determinadas em torno dele: qual foi a sua pátria, quem foi seu pai. A crítica interna não fornece dados; a estrutura frágil, que permite alterações e supressões de capítulos, é compensada pela simplicidade, pelo acento, pelo perfume espiritual contido em todas as páginas. Nem a crítica externa forneceu a solução para algum dos dois problemas, visto que falta uma documentação satisfatória. As hipóteses, mais ou menos válidas, surgem, acontecem, ressurgem. Descartado Gerson, bem como G. Groote, atualmente os investigadores flamengos encontram-se em oposição com os investigadores italianos, uns em favor de Tommaso de Kempis, os outros em favor do beneditino Giovanni Gersen. Com as obras de J. Huijben — P. Debongnie (*L'auteur ou les auteurs de l'Imitation*, Louvain, 1957) "a controvérsia, que durou mais de três séculos, entre os estudiosos sobre o autor da *Imitação de Cristo*, dirige-se resolutamente para o monge de Agnetemberg"), isto é, Kempis (R. G. Villoslada, 551). Da parte italiana, replica-se com dois potentes volumes de P. Bonardi — T. Lupo (*L'Imitazione di Cristo e il suo autore*, Torino, 1964), que reivindicam a paternidade gerseniana. *Sub judice lis est*. E talvez continue durante séculos. Com uma ironia que desarma as pretensões dos críticos, escreve o anônimo: "Não deves considerar um obstáculo a respeitabilidade do escritor, se deve ou não ser inserido entre os grandes ou pequenos literatos: mas ser atraído a ler apenas por amor à pura verdade. Não te perguntes quem é aquele que disse tal coisa, mas considera atentamente o que ele diz" (I, c. 5).

4. A MEDITAÇÃO METÓDICA.

O complexo movimento devocional dos séculos XIV-XV não se reduz facilmente a determinadas categorias doutrinárias. M. Petrocchi (op. cit., 15) supõe "que até hoje são bem conhecidos os traços típicos da *Devotio moderna* dos Países Baixos, toda centralizada na prática da oração, nas formas devocionais, na oração mental, no controle rigoroso de si mesmo, no cristocentrismo". Contudo, pode-se objetar a esse juízo visto que os traços típicos, de um lado, são comuns a uma geografia espiritual de visão mais ampla, e, de outro, procedem da mesma essência da piedade medieval. O assunto das fontes abre horizontes e não permite isolar a *Devotio moderna* como se fosse um fenômeno histórico de germinação espontânea. I. Tassi insiste em sustentar que em L. → barbo "tudo está em função da *devotio*" (op. cit., 99), todavia a reencontra também em São Bernardo, nos cartuxos e em São Boaventura (*Ibid.*, 105 s.). A "biblioteca" dos devotos flamengos contém os livros sagrados, as obras devotas da Antiguidade — *Meditationes* de Bernardo, Anselmo, *Soliloquia* de Santo → agostinho — e *Legenda* e *Flores sanctorum*; a sua orientação praticista evita cuidadosamente os autores místicos, embora faça exceção para o *Horologium* de → SUSO, exatamente por seu caráter moralizador (cf. TH. DE KEMPIS, op. cit., VII, 97-98). O *Rosetum* de Mombaer (ed. Mediolani, 1603, 109) alarga a visão "*librorum praecipue legendorum*", reagrupando-os em três seções: para o "*morale studium*", para o "*devotionale studium*", para o "*intellectuale studium*". O rigorismo da primitiva "biblioteca" rompeu-se, e deixa livre o caminho para os autores místicos e humanistas.

A característica doutrinária mais evidente da *Devotio moderna* consiste em colocar um método nos → EXERCÍCIOS ESPIRITUAIS, particularmente no → EXAME DE CONSCIÊNCIA e na → MEDITAÇÃO. Um e outra eram praticados e tinham sido sistematizados nos mosteiros, quando foram introduzidos nas Ordens mendicantes (cf. D. ABBRESCIA, La preghiera nella prima generazione domenicana, *Rivista di Ascetica e Mistica* 6 [1961] 407-437); todavia, não "de um modo suficientemente geral a ponto de iluminar uma nova corrente histórica", que termina por introduzi-los "nos regulamentos obrigatórios" das comunidades (P. LETURIA, *Estúdios ignacianos*, II, Roma, 1957, 74). Assim o mérito da *Devotio moderna* foi o "regulamento" dos exercícios de piedade. Grande parte de sua "*modernité*" e de sua "*originalité*" consiste nisto (cf. P. DEBONGNIE, Dévotion moderne, in *Dictionnaire de Spiritualité* III, 743). A meditação se transforma no eixo do ascetismo. Os Rosários e os setenários obedecem à lei metodológica como vestígios do próprio exercício. De G. Groote a J. Mombaer, a metodização da meditação "c'est une préoccupation majeure". Os sistemas "se perfectionnent et se développent" (*Ibid.*, 743). Seria mais exato dizer que se complicam. A *Scala* de Wessel († 1489) é um documento digno de fé, e o é ainda mais *Rosetum* de Mombaer. Nos infólios de Mauburnus, a complicação progressiva de escalas, escalões, graus e subdivisões, ligada a uma avalanche de versos mnemotécnicos, atinge uma tediosa persistência. Assim, se é inegável o sucesso da meditação "metódica", o método a torna estéril. São → LOURENÇO JUSTINIANO é um enamorado da oração, mas por sorte não é um grande operador de sistemas: os seus numerosos e fervorosos opúsculos são mais fiéis a mestres medievais que às inquietações metódicas (cf. N. BARBATO, *Ascetica dell'orazione in San Lorenzo Giustiniani*, Venezia, 1960). L. Barbo, em sua *Forma orationis et meditationis* (texto in I. TASSI, op. cit., 143-152), simplifica e esclarece o método, tornando-o flexível e intuitivo, e praticável o exercício da meditação também para pessoas modestamente espirituais. O valor dessa pequena obra não é somente histórico, mas também doutrinário: os *modi orandi* são reduzidos à oração verbal, à meditação e à contemplação, e os esquemas de meditação são modelos de simplicidade; sobre o terceiro grau — a → CONTEMPLAÇÃO —, ele afirma que "aí não há doutrina", todavia, apoiando-se em Ubertino di Casale, adverte que é um dom que Deus dá àqueles que antes se exercitaram devotamente na meditação ascética (*Ibid.*, 152). Este ponto é de capital importância: dar liberdade às asas do espírito, não cansá-lo nem enredá-lo no labirinto metodológico. García de Cisneros, no *Exercitatorio*, também metodiza e pede a "fortaleza da perseverança" na meditação ascética (ed. Curiel, Barcelona, 1912, 245), mas assegura que todo religioso é "obrigado a entender quando atinge o repouso da contemplação" (*Ibid.*, 270). Os espirituais do século XVI, que tanto souberam saborear as delícias da oração mental — com os dramas concomitantes —, aproveitam os métodos, mas o olhar introspectivo lhes permite enxergar que a utilidade do método pode converter-se em vínculo. O verdadeiro mestre no modo de fazer oração, adverte Luís de → GRANADA, é o Espírito Santo (cf. *Obras*, Madrid, 1906, 18, t. II): o metodista não deve fazer "lei, mas só uma introdução" para os principiantes (*Ibid.*, 228). Santa Teresa lamenta aqueles que só avançam com livros ou com métodos, "que es cosa extraña cuán diferentemente se entiende de lo que después de experimentado se vê" (*Vida*, 13, 12).

5. **JULGAMENTO CONCLUSIVO**. O arco simbólico que vai de 1350 até 1500 nos oferece um panorama espiritual de luz vívida. A *Devotio moderna*, no amplo significado que lhe conferimos aqui, avança paralelamente ao humanismo e à piedade popular; torna fecundo o terreno para as reformas monásticas; produz obras que servem de orientação e de guia para as almas; afasta-se voluntariamente das especulações místicas de → ECKHART e dos seus discípulos; progride de acordo com as práticas ascéticas; "metodiza" os exercícios espirituais, particularmente a oração mental e o exame de consciência; difunde os livros.

Entre as várias *devotio modernas*, a mais estudada e conhecida é a flamenga. Talvez porque foi aquela que contou com uma melhor organização jurídica. Em G. Groote (1340-1384) e em

F. Radewijns (1350-1400) teve as suas origens; termina com G. Mombaer ou *Mauburnus* (cf. P. Debongnie, *J. M. de Bruxelles, abbé de Livry. sés écrits et sés reformes*. Louvain-Toulouse, 1928). Nos albores, ainda se notavam réstias da luz mística medieval, encontrada nas *apologie* de → Ruusbroec (1293-1381); progressivamente, impõe-se o praticismo ascético; o metodismo, não desprovido de afetividade, especialmente na meditação, da *Vita Christi*, corta as asas, e não refulgem nem os místicos nem os santos. A metodização dos → exercícios espirituais, controlados nos mínimos detalhes, os tornava impossíveis. Debongnie louva o ritmo de moderação nas austeridades, "n'excluant pas um certe confort" (*Dictionnaire de Spiritualité*, III, 743). R. G. Villoslada alude à carência de sentido eclesiológico e ao "seu escasso espírito apostólico", ao "seu anti-humanismo" e, ainda, à "sua inadequação aos novos tempos" (op. cit., 553). Muito fechada, a *Devotio moderna* flamenga extinguiu-se lentamente. As suas melhores obras, todavia, continuaram a iluminar os rumos espirituais do século XVI.

A *Devotio moderna*, no sentido explicado, é conatural aos escritores ingleses; na França, Gerson sabe combinar mística e devoção; na Itália, existe uma variação mais humana da *Devotio moderna* e mais propícia aos voos místicos: no século XV há como uma incubação dos germes espirituais que florescem no século das Companhias do Amor Divino.

No que se refere à *Devotio moderna* espanhola, as linhas são bastante tênues no século XV, mas a confluência dos místicos nórdicos, das obras dos "devotos" flamengos e dos programas reformistas dos escritores italianos contribuiu para que no século XVI se manifestasse uma primavera espiritual inigualável.

bibliografia. Axters, G. St. *Geschiedenis van de Vroomheid in de Nederlanden*. III- *De Moderne Devotie*. Amberes, 1956; Id. St. *La spiritualité des Pays-Bas*. Louvain, 1948; Bibliografia anual na revista "Ons Geestelijk Erf", Antwerpen desde 1927; Dols, J. M. E. *Bibliographie der Moderne Devotie*. Nijmegen, 1936-1941, 3 vls; Egger, C. Devozione moderna. In: *Dizionario degli Istituti di Perfezione*. Roma, 1976, 456-463, vl. III; Goossens, L. M. A. *De meditatie in de eerste tijd Devotie*. Haarlem, 1952; Huijben, J. Spiritualité des Pays-Bas. *La Vie Spirituelle* 31 (1932) 168-190; Post, P. *De Moderne Devotie*. Amsterdam, 1950; Tousaert, J. *Le sentiment religieux en Flandre à la fin du moyen-âge*. Paris, 1963;

Villoslada, R. Garcia. Rasgos característicos de la "Devotio moderna". *Manresa* 28 (1956) 315-358.

A. Huerga

DIABO. 1. conceito. Deus criou os → anjos, ou seja, seres puramente espirituais. Muitos deles o escolheram como objetivo pleno e definitivo de sua existência; numerosos outros fizeram uma escolha diametralmente oposta e irreversível, talvez inspirada em uma falsa avaliação dos seus altos dotes e imensas possibilidades (cf. *Insegnamenti di Giovanni Paolo II*, IX/2, 1986, 284).

Os anjos dividiram-se então em duas categorias: bons e maus; os primeiros conservaram o nome de anjos, enquanto os segundos foram chamados diabos, demônios, satanás. O diabo, portanto, é um anjo que, livremente, tornou-se mau. O seu poder, muito superior ao do ser humano, ele o usa, ao contrário do anjo, para fins maléficos e perversos, cheio que é de ódio de Deus e das criaturas humanas.

O nome satanás (do hebraico *sātān*, adversário) é veterotestamentário; no Novo Testamento, além de satanás (em 36 casos) encontram-se outros 36 lugares nos quais se usa a palavra "diabo" (διάβολος, tradução literal grega de *sātān*, de διαβάλλω, separar, dividir, enquanto procura separar-nos de Deus), e ainda 63 casos nos quais, quase sempre no plural, é usado o termo "demônio", do grego δαιμόνιον, de etimologia incerta (cf. A.C. Tassinario, *Il diavolo secondo l'insegnamento recente della Chiesa*, Roma, 1984, 103-125).

Sobre a natureza do diabo, no século III houve a tese maniqueísta (de Mani, o fundador), que professava a existência de dois princípios coeternos e opostos, tese em oposição com o Concílio de Niceia (325) — que em sua profissão de fé afirma a criação divina para todos os seres visíveis e invisíveis — e expressamente condenada pelo Concílio de Braga (551-561), que afirmou: "Se alguém pretende que o diabo não foi antes um anjo criado por Deus […] mas que ele é o princípio e a substância do mal, como dizem Mani e Prisciliano, seja isto um anátema" (Denz. 457).

O erro da divindade do diabo foi retomado no século XII pelos cátaros, sendo condenado pelo Concílio Lateranense IV (1215), que reforçou a natureza angélica e boa do demônio, que livremente se tornou mau (cf. Decreto *Firmiter* [11.11.1215], in Denz. p. 800).

2. EXISTÊNCIA.

No Antigo Testamento existem poucas alusões ao diabo, enquanto no Novo são numerosas as frases que sublinham a sua existência e a atividade maléfica.

Pelos vários episódios que se leem no Antigo Testamento pode-se racionalmente pensar — como observa Santo Tomás (cf. *STh*. I, q. 51, a. 1, a 1) — que, se Moisés se tivesse detido no tema demoníaco, o seu povo dificilmente teria compreendido bem o que concerne à natureza espiritual, e certamente teria aproveitado uma nova ocasião para a idolatria. A demonologia, além disso, era um assunto principalmente do tempo messiânico: o demônio, com efeito, é o adversário da redenção, aquele que vê derrotado, com ela, o seu reino, aquele que terá a cabeça calcada pela Mãe do Salvador.

Sem colocá-lo no centro de seu Evangelho, Jesus fala dele com frequência, seja em momentos cruciais, seja em declarações importantes. Assim, para citar exemplos, Jesus aceita ser tentado por ele no início de sua missão pública (cf. Mt 4,1-11; Mc,13; Lc 4,1-13); alerta contra esse adversário no sermão da montanha (cf. Mt 5,37), na oração do "→ PAI-NOSSO" (cf. Mt 6,13); na promessa do primado (cf. Mt 16,19); ao deixar o Cenáculo (cf. Jo 16,11); no horto de Getsêmani (cf. Lc 22,53). Jesus afirma repetidamente, por outro lado, que faz parte de sua missão derrotar o reino de satanás (cf. Jo 12,31; 1Jo 3,8).

Aos três nomes de diabo, demônio e satanás, usados com mais frequência, somam-se outros: maligno, o inimigo, o tentador, o príncipe deste mundo, o deus deste século. Fala-se pelo menos trezentas vezes do diabo e de sua atividade maléfica.

Que dizer dos → PADRES DA IGREJA? Já no século II aparece o primeiro livro sobre o diabo, obra de Melitone di Sardi (cf. J. QUASTEN, *Initiation aux Peres de l'Église*, I, Paris, 1955, 279). Pode-se afirmar que não há um Padre que não tenha falado do demônio. Nessa linha continuaram os papas, os concílios, toda vez que surgia a oportunidade. O próprio Concílio Vaticano II retorna ao assunto por dezoito vezes (cf. A. C. TASSINARIO, op. cit., 28-29).

É verdade que a existência do diabo nunca foi proposta como dogma de fé, mas isto se deve ao fato de que jamais foi contestada por correntes teológicas, tornando-se bastante clara e evidente; não admiti-la significa colocar-se contra a fé constante e universal da Igreja, que possui a sua fonte maior no ensinamento de Cristo; uma tal verdade pode-se dizer um "dado dogmático" (cf. estudo "Fede cristiana e demonologia" [de 26 de junho de 1975], organizado por um especialista, encarregado pela Congregação da Doutrina da Fé, in *Enchiridion Vaticanum*, Bologna, 1979, 1.388, vl. V).

3. NÃO EXISTÊNCIA.

Pela primeira vez na história bimilenar da Igreja, a existência do diabo foi negada por uma corrente teológica, amadurecida especialmente após o Concílio Vaticano II, que tem entre os seus principais sustentadores Herbert Haag, ex-professor de teologia veterotestamentária na Universidade Católica de Tubingen, e o teólogo leigo americano Henry Ansgar Kelly.

Em 1969 foi publicado o primeiro livro de Haag, *Abschied vom Teufel*, traduzido para o italiano em 1973 pela Queriniana de Brescia (*La liquidazione del diavolo*). Em 1974 apareceu — sempre de Haag — um segundo livro, *Teufelsglaube*, traduzido pela Mondadori de Milão em 1976 (*La credenza nel diavolo*). Um terceiro livro de Haag, igualmente na linha dos anteriores, intitula-se *Vor dem Bösen ratlos* (München-Zürich, 1978).

Do teólogo Kelly foi publicado em 1968 o livro *The Devil, demonology and witchraft* (New York), traduzido em 1969 pela Bompiani de Milão sob o título, não correspondente ao original, *La morte di satana*.

Em 1975, para citar outra publicação, a revista *Concilium* dedicava ao diabo seu fascículo 3 sob o título *Satana — i demoni sono dei "niente"* (Queriniana, Brescia). O último livro publicado na linha dos anteriores é *Il diavolo, mio fratello*, de G. Franzoni (Cosenza, 1986).

Esses teólogos, em substância, afirmam: o mal existe, chamamos o mal de diabo; ele é, portanto, a personificação do mal. Trata-se de um conceito abstrato; praticamente, então, o demônio não existe.

A teoria do diabo como personificação do mal infelizmente encontrou fácil acolhida em vários eclesiásticos, e até hoje se difunde, até porque o sacerdote, enquanto tal, possui um conhecimento demonológico um pouco superior ao dos leigos.

A afirmação dessa corrente foi a razão principal das intervenções de Paulo VI sobre o tema demoníaco. Começou a partir de 1966-1967, por causa do Novo Catecismo holandês, no qual se dizia que acreditar ou não no diabo não ataca a fé (cf. A. C. Tassinario, op. cit., 190). No dia 30 de junho de 1968, no encerramento do "Ano da Fé", foi publicada a "Solene Profissão de Fé" de Paulo VI (cf. *AAS* 60 [1968] 436). Em 29 de junho de 1972, na homilia *Resistite fortes in fide*, prounciada pelo papa por ocasião do IX aniversário de sua coroação, existem alusões ao diabo: fala-se do fumo de satanás que entrou no templo de Deus (cf. *Insegnamenti di Paolo VI*, X [1972] 703-709). No dia 15 de novembro do mesmo ano, o santo Padre dedicava ao tema demoníaco a alocução inteira (*Liberaci del male*), pronunciada aos fiéis durante a audiência geral da quarta-feira (cf. *Ibid.*, 1.168-1.173). Nesse último discurso, o pontífice declarava a respeito da realidade demoníaca: "Deixa o quadro do ensinamento bíblico e eclesiástico quem se recusa a reconhecê-la como existente [...] ou quem a explica como uma pseudorrealidade, uma personificação conceitual e fantasiosa das causas desconhecidas dos nossos problemas" (*Ibid.*, 1.169-1.170). Uma última intervenção de Paulo VI sobre o diabo aconteceu em 23 de fevereiro de 1977, durante o discurso da audiência geral (cf. *Ibid.*, XV [1977] 192-194).

Entrementes, o *Osservatore Romano* de 26 de junho de 1975 publicava o já citado estudo, feito por um especialista por conta da Congregação da Doutrina da Fé, a qual o recomendava vivamente como base segura para reafirmar a doutrina do magistério eclesiástico sobre o assunto "Fé cristã e demonologia" (cf. *Enchiridion Vaticanum*, V, 1.347-1.393). Alguns anos antes, a mesma Congregação, após ter examinado o livro de Haag, *La liquidazione del diavolo*, no "Rescritto" de 9 de junho de 1971 declarava o seu conteúdo inconciliável com o ensinamento do Concílio Lateranense IV (cf. H. Haag, *La credenza nel diavolo*, Milano, 1976, 16).

A Paulo VI deu ampla sequência João Paulo II, que, além dos dois discursos de 13 e 20 de agosto de 1986, pronunciados nas audiências gerais e dedicados inteiramente ao assunto, também aludiu a ele — ao longo de 1988 — ao menos em 11 outras ocasiões (cf. C. Balducci, *Il diavolo*, 65-77).

Certamente esta não é a ocasião para entrar em discussão teológica sobre a tese do diabo como personificação do mal, e, ainda menos, em polêmica contra os seus sustentadores, os quais, para livrar-se de uma verdade tão evidente, clara, e exatamente por isto jamais negada, querem professar a livre interpretação da Sagrada Escritura e construir novas teorias de hermenêutica bíblica que não se sabe aonde conduzirão, nem o que conseguirão, com elas, salvar do texto sagrado. Gostaria, entretanto, de fazer uma colocação: lendo os livros desses teólogos é fácil notar um duplo equívoco no qual sistematicamente caem, e sem ter consciência disso — quero acrescentar com muita compreensão!

Antes de tudo, confundem-se dois conceitos bem diferentes: existência do diabo e presença do diabo; sendo fácil o perigo de afirmações muito frequentes acerca de supostas presenças demoníacas, reage-se negando a existência do diabo. Em certos teólogos, sem dúvida, até hoje exerce a sua influência (de modo incorreto) aquele fanatismo que, sobretudo nos séculos XV-XVII, via satanás com grande facilidade, e que conduziu a situações e repressões lamentáveis. Em segundo lugar, confunde-se o demônio com o mal: o diabo é maléfico, porém não é o mal; somos nós os autores do mal, especialmente moral, embora às vezes tentados e impelidos pelo demônio. Esta segunda confusão manifesta, mais ainda que a primeira, um conhecimento inexato do diabo.

A existência desse duplo equívoco parece até pouco acreditável! Pois leiam-se os livros citados, sobretudo o mais recente (*Il diavolo, mio fratello*, de G. Franzoni).

Convém não esquecer uma antiga verdade, a nós mais conhecida na frase de Charles Pierre Baudelaire: "A astúcia mais sutil do demônio é fazer acreditar que ele não existe" (de "Le joueur généreux", in *Le spleen de Paris*, XXIX); com efeito não podemos nos defender de um inimigo que não existe; assim, ele pode operar sem ser perturbado.

As afirmações desses teólogos foram pela primeira vez submetidas a amplo exame no citado livro *Il diavolo* (cf. 88-165); com serenidade, não sem pontos polêmicos, procuro mostrar a dúbia consistência, a capciosidade e as maneiras enganosas, usadas para levar a termo um intento de difícil atuação.

4. ATIVIDADE. a) *Considerações gerais*. A atividade do diabo é maléfica. Ele odeia terrivelmente a Deus e tudo o que é amado por Deus, particularmente o ser humano, do qual é grandemente invejoso e ciumento, seja porque, ao contrário dele, o homem foi redimido (e com que redenção: o próprio Deus encarnando-se e morrendo pela humanidade); seja porque o ser humano, muito inferior como natureza, tornou-se herdeiro daquela eterna e suma bem-aventurança que o diabo, mísera e livremente, perdeu; seja, ainda, porque o homem foi criado à imagem e semelhança de Deus, e, por causa da redenção, pelo estado de graça tornou-se templo e morada de Deus.

Qualquer atividade demoníaca, todavia, é externada sempre dentro dos limites dos planos divinos. Ai se o Senhor não pudesse refrear essa atividade maléfica! Santo → AGOSTINHO afirma: "Se por sua iniciativa o diabo pudesse alguma coisa, não restaria um ser vivo sobre a terra" (*Enarrationes in Psalmos*, 96, 12 [vers. 7]: *PL* 37, 1.246); e São Boaventura: "É tamanha a crueldade do demônio, que nos engoliria a cada momento se a divina proteção não nos guardasse" (*Diaeta salutis*, tit. 7, c. 1, 183). Duas frases entre tantas, bastante paradoxais, mas muito expressivas, com as quais os Padres da Igreja e teólogos quiseram sublinhar esse desmedido ódio demoníaco, refreado pela mão de Deus.

Certamente o Senhor poderia ter impedido que os anjos infiéis fizessem qualquer tentativa de mal. Não o fez, porém, porque em sua infinita sabedoria e bondade sabe orientar para um bom fim essa atividade maléfica dos diabos, servindo-se deles no maravilhoso governo do mundo (cf. SANTO AGOSTINHO, *Enchiridion*, 11: *PL* 40, 236). Aparece, assim, quão mísera é a sua condição, visto que "podendo causar grande mal e desejando ardentemente fazê-lo, não lhes é permitido; dependem, com efeito, totalmente da vontade e da permissão daquele que odiaram em sumo grau" (P. THYRAEUS, *Daemoniaci...*, Coloniae Agrippinae 1604, 15, n. 10); e mais, o pouco que lhes é concedido, é sempre orientado por Deus, tornando-se, assim, para seu grande despeito e confusão, estímulo e meio de aperfeiçoamento moral. Nesse sentido, o diabo termina por ser instrumento de santidade, eterno coeficiente de santidade (cf. SÃO JOÃO CRISÓGONO, in *Acta Apostolorum*, hom. 41, 3: *PG* 60, 292-293).

Pode-se distinguir e, ao mesmo tempo, englobar a atividade de satanás em duas expressões: *induzir ao mal* e *fazer o mal*. Dois tipos, esses de atividade maléfica, que chamarei, respectivamente, *ordinária*, enquanto não ostensiva e até comum, e *extraordinária*, porque é ostensiva e bastante excepcional.

b) *Atividade ordinária*. Entra na chamada → TENTAÇÃO, que em seu significado mais corrente e mais próprio consiste em um estímulo, um incitamento a pecar. É óbvio que o diabo se esforça para nos afastar do bem e conduzir-nos ao mal. Eis por que São Paulo nos adverte: "Pois não é o homem que afrontamos, mas as Autoridades, os Poderes, os Dominadores deste mundo de trevas, os espíritos do mal que estão nos céus" (Ef 6,12); e São Pedro: "Sede sóbrios e vigiai! Vosso adversário, o diabo, como um leão que ruge, ronda, procurando a quem devorar" (1Pd 5,8).

Tranquilizam-nos, porém, na linha do que foi dito sobre os limites divinos na atividade maléfica de satanás, as palavras de São Paulo: "As tentações a que estivestes expostos não ultrapassaram a medida do homem. Deus é fiel; ele não permitirá que sejais tentados além de vossas forças" (1Cor 10,13).

Obviamente, nem todas as tentações são demoníacas; muitas provêm de nossa natureza, da educação, formação, do ambiente em que vivemos, de situações ocasionais etc. Por isso São Tiago escrevia: "Cada qual é tentado por sua própria concupiscência, que o arrasta e seduz" (Tg 1,14).

Saber quais tentações são demoníacas ou não, não é possível, visto que nessa perturbação não existem elementos evidentes sobre os quais pode-se aplicar um critério diagnóstico. Por outro lado, isto nem interessa; basta-nos saber que a tentação, qualquer que seja a sua origem, deve ser superada e que, para tanto, não nos faltará o auxílio de Deus; nessa superação, ela se torna razão de aperfeiçoamento espiritual e ocasião de mérito.

Em um sentido mais genérico e mais amplo, a tentação demoníaca quer significar todo um esforço voltado para afastar o ser humano de Deus e mantê-lo distante dele, até chegar a ofuscar e a apagar aqueles sentimentos e valores fundamentais de amor e de justiça que o Criador colocou em seu coração; de tal modo que ele, nascido para ser a morada de Deus, termina por tornar-se habitação do demônio, moradia mais ou menos operante e ativa, que tende e pode chegar a transformar o ser humano em um portador do mal, um demônio encarnado.

Esse tipo de atividade demoníaca parece conquistar, nessas últimas décadas, um tom particular; parece orientada, com efeito, para o indivíduo como membro de uma comunidade, de uma coletividade. É bastante significativa a afirmação de Paulo VI no citado discurso de 15 de novembro de 1972: "Este capítulo, sobre o demônio e sobre a influência que ele pode exercer sobre cada pessoa, bem como sobre as comunidades e sociedades inteiras, ou sobre acontecimentos, seria um capítulo muito importante da doutrina católica a ser reestudado, mas que hoje não o é" (1.171).

c) *Atividade extraordinária*. Podemos listar três formas de perturbações diabólicas: *infestação local, infestação pessoal, possessão diabólica*.

A *primeira* é um molestamento que o diabo exerce sobre a natureza inanimada e animada inferior (reino vegetal e reino animal), para chegar indiretamente ao ser humano, ao qual, em suma, é dirigido o dano.

Entram na infestação local: sejam os lugares e as casas infestadas; sejam aquelas estranhas, visíveis e surpreendentes manipulações de substâncias materiais (entre as quais as conhecidas "coroas", sinais às vezes ligados a indiagnosticáveis inconvenientes de ordem física, psíquica ou social, que atingem uma pessoa); seja, ainda certas perturbações visíveis, estranhas e repentinas que podem ser encontradas na vegetação ou no mundo animal.

A *infestação pessoal* é um molestamento que o diabo exerce sobre o ser humano, comprometendo a sua vida física e psíquica, ou a sua vivência no ambiente social, podendo também influenciar o seu sentido de direção, sem colocar-se em seu lugar, isto é, sem sufocar o uso da inteligência e da livre vontade.

Se for orientada para certas influências sobre alguns sentidos externos ou internos, ou sobre as paixões, poderá ser uma tentação particularmente forte enquanto agravada por elementos sensíveis.

A *possessão diabólica* é uma perturbação exercida sobre um corpo humano, de tal proporção que sufoca a própria orientação do indivíduo, tornando-o, assim, um instrumento cego e fatalmente dócil ao seu poder perverso e despótico (→ POSSESSÃO).

No que se refere às três formas da atividade diabólica extraordinária, não há, entre os teólogos, uniformidade de nomes e de significado. O exposto, todavia, parece mais simples e muito mais adequado para indicar os vários influxos maléficos e esgotar o que existe.

d) *Sobre a diagnose da atividade extraordinária*. Convém observar, todavia, que as situações citadas, enquanto tais, não devem ser consideradas demoníacas. Existindo ciências, como a psiquiatria, e a parapsicologia, que estudam como respectivo objeto fenômenos e manifestações do gênero, as presenças demoníacas, para serem afirmadas, devem ser demonstradas em cada caso.

Um princípio comum e evidente, com efeito, é que não se deve recorrer a forças ultraterrenas quando existe uma probabilidade, ainda que mínima, de explicação natural. Explicando melhor, não se deve admitir a intervenção de forças superiores se não é demonstrada a impossibilidade de uma explicação natural; assim, a solução preternatural, no caso demoníaco, não pode de nenhum modo ser considerada hipótese ou, ainda pior, teoria do oculto, mas poderá ser afirmada só se demonstrada caso a caso.

Considerada, pois, a semelhança entre as fenomenologias estudadas pela ciência e as demoníacas, uma demonstração destas últimas só poderá ocorrer — no máximo — analisando não o fenômeno em si, mas as suas modalidades de exteriorização, isto é, as regras que condicionam a manifestação e a repetição, modalidade e regras que somente a evolução científica pode descobrir e formular.

É exatamente a presença de modalidades diferentes ou até contrárias às científicas que revelam, com certeza, a origem preternatural dos fenômenos. Se, com efeito, elas nos são propostas como condição suficiente e indispensável para a ocorrência natural dos fenômenos, caso não sejam comprovadas, será óbvio e lógico concluir pela origem preternatural daqueles. Esses fenômenos, então, seriam causados por seres superiores ao ser humano e seu mundo e, por isso mesmo não pertinentes às suas leis e modalidades. Para um critério diagnóstico da atividade demoníaca extraordinária, ver → POSSESSÃO.

BIBLIOGRAFIA. BALDUCCI, C. *Gli indemoniati*. Roma, 1959; ID. *La possessione diabolica*. Roma, 1988; ID. *Il diavolo*. Casale Monferrato, 1988, [5]1989; BORTONE, E. *Satana*. Roma, 1978; CAVALCOLI, G. *La buona battaglia*. Bologna, 1986; FRANZONI, G. *Il diavolo, mio fratello*. Cosenza, 1986; HAAG, H. *La liquidazione del diavolo*. Brescia, 1973; ID. *La credenza nel diavolo*. Milano, 1976; KELLY, H. A. *La morte di satana*. Milano, 1969; LANGTON, E. *Essentials of Demonology. A study of Jewish and Christian Doctrine. Its Origin and Development*. London, 1948; LIBERO, G. de. *Satana*. Torino, 1935; MANGENOT, E. Démon. In: *Dictionnaire de Théologie Catholique*. Paris, 1924, 321-400.407-409, vl. IV; NOLA, A. M.

di. *Il diavolo*. Roma, 1987; PETERSDORFF, E. V. *Daemonen – Hexen – Spiristen*. Wiesbaden, 1960; SACRA CONGREGAZIONE PER LA DOTTRINA DELLA FEDE. Documento *Fede cristiana e demonologia* (26 jun. 1975). In *Enchiridion Vaticanum*. Bologna, 1979, 1.347-1.393, vl. V; *Satan*. Paris, 1948; SCHIERSE, F. I. – MICHL, J. *Satana*. In: *Dizionario Teologico* III (1969) 250-206; SCHLIER, F. I. *Mächte und Gewaltenim Neuen Testament*. Coll. Quaestiones Disputatae 3. Freiburg i.B., 1963; SEEMAN, M. – ZÄHRINGER, D. Il mondo degli angeli e dei demoni... In: *Mysterium Salutis*. Brescia, 1970, 721-816, vl. IV; SUENENS, L. J. *Rinnovamento e Potenze delle tenebre*. Roma, 1982; TASSINARIO, A. C. *Il diavolo secondo l'insegnamento recente della Chiesa*. Roma, 1984; WINKLHOFER, A. *Traktat über den Teufel*. Frankfurt a.M., 1961.

C. BALDUCCI

DIÁDOCO DE FOTICEIA (Santo). 1. NOTA BIOGRÁFICA. Os dados são poucos e fragmentários. De sua juventude e formação espiritual nada se sabe de certo. Dos escritos que chegaram até nós, Diádoco revela-se conhecedor da vida monástica do Oriente e de → EVÁGRIO PÔNTICO, do qual se reconhece discípulo. Tudo isto faz supor que tenha transcorrido parte de sua vida entre os monges do Egito e do Oriente Médio — antes de ser elevado à cátedra episcopal de Foticeia, em Epiro, atual Adonat, em Trespotia. Sabe-se que na Grécia do século V ainda havia cenobitas, eremitas e solitários. De seu episcopado existem três testemunhos de certo valor: Fócio menciona Diádoco entre os adversários dos monofisistas no Concílio da Calcedônia (451); Diádoco também aparece como signatário da carta endereçada em 457 ao imperador Leão I, por ocasião do assassinato de Protério de Alexandria (cf. MANSI, VII, 619); Vitório de Vita, no prólogo de sua *Historia persecutionis Africanae Provinciae*, escrita em 468, fala de Diádoco exaltando a sua obra em defesa do Credo católico. Esta referência a Diádoco leva a pensar que o bispo de Foticeia tenha sido arrancado de sua sede episcopal e transferido para a África, após uma incursão dos vândalos. A morte ocorreu por volta de 484.

2. ESCRITOS. De Diádoco conservaram-se alguns escritos de grande importância para a vida espiritual: a) *Cem capítulos sobre a perfeição espiritual* ou *Cem capítulos gnósticos*, nos quais, com rara prudência e sentido de medida, trata os temas que levam a alma a alcançar a → UNIÃO COM DEUS na perfeição da caridade: Deus e a graça, o → DISCERNIMENTO DOS ESPÍRITOS, a vida espiritual entendida como esforço de santidade. Polemiza com vigor com os messalianos, que faziam a perfeição consistir exclusivamente na oração, excluindo as boas obras. Diádoco trata dos admiráveis efeitos do verdadeiro amor cristão, de sua força transformadora e unificadora. b) *A Visão*, isto é, uma coleção de "aporias" na qual expõe, sob a forma de diálogo com → JOÃO BATISTA, as teofanias divinas, a questão dos anjos, a visão beatífica, as prerrogativas da vida solitária no deserto. c) *O discurso sobre a ascensão de N. S. Jesus Cristo*, no qual rebate o erro monofisista. Atribui-se a Diádoco uma *Catequese*, porém numerosos códigos não aprovam essa paternidade.

3. DOUTRINA. Diádoco é um mestre do espírito. A experiência de → VIDA INTERIOR unida a princípios sólidos concedem ao seu ensinamento um caráter de segurança e de profundidade particulares. O equilíbrio que emerge de sua doutrina explica e justifica o influxo exercido no âmbito dos mosteiros da Grécia e do Oriente Médio. O princípio que justifica a ascese cristã e a inclinação da alma para Deus é a caridade em sua realidade mais viva e operante. "É próprio da alma sensível e amante de Deus buscar a sua glória na observância dos mandamentos e gozar pela própria dependência". A busca da glória de → DEUS em todas as coisas e a dependência dele em tudo "nos tornam íntimos de Deus" (*Cem capítulos*, 12). Diádoco segue o desenvolvimento gradual da vida de perfeição, a qual consiste na transformação da alma em imagem perfeita de Deus. O → BATISMO tira a culpa e dá os primeiros traços daquela imagem divina, que será realizada em todo o esplendor no final do caminho, pressupondo-se a colaboração pessoal. "Quando a mente começa a saborear, com grande dileção, a suavidade do Espírito Santo, deve-se entender que começa a obra da graça que vai delineando os traços da imagem" (*Ibid.*, 89). Sob a ação divina, a alma fica livre de tudo, inclinada apenas no desejo vivíssimo da beleza da imagem: Deus acrescentará luz à luz, porque na iluminação a alma percebe o aperfeiçoamento que Deus vai realizando em seu íntimo. Aperfeiçoamento por meio das virtudes que são exercitadas sob o impulso do Espírito Santo, mas "ninguém pode obter a caridade espiritual se não for iluminado pelo Espírito Santo" (*Ibid.*). É a → CARIDADE, com efeito, que torna o ser humano, na medida do possível, semelhante a Deus, e é na vida de caridade que se realiza

em plenitude a imagem de Deus na alma, porque "do mesmo modo que se renova, dia após dia, o nosso homem interior ao saborear a caridade, do mesmo modo estará cheio dela quando a caridade for perfeita" (*Ibid.*). A ação divina no progressivo desenvolvimento da vida interior é muito sábia: procede, tendo sempre presente o estado atual da alma, dosando consolações e provações segundo a sua capacidade, para que umas e outras sejam meios de aperfeiçoamento. "No início do progresso espiritual, se sinceramente amamos a virtude de Deus, o Espírito Santo adere à alma para que ela saboreie a doçura divina com toda a sensibilidade e plenitude, para assim conhecer com noção exata, o prêmio do esforço dos santos" (*Ibid.*, 90). Em seguida, Deus se oculta ao espírito, para que se tenha a certeza de que, apesar do exercício das virtudes, ainda nos falta a perfeita caridade "confirmada", como modo e regra própria de vida. Podem surgir situações de obscuridade e desolação, nas quais o ataque demoníaco se faça sentir mais forte e agudo, sobretudo nas tentações contra a caridade. A alma, mesmo nas provações, não deve cessar de exercitar-se no duplo amor: Deus e o próximo, com o máximo esforço, até aquela perfeita doação de vida a Deus e aos irmãos, própria dos → SANTOS. Não devemos ficar perturbados sabendo "que na terra podemos saborear a doçura da caridade saltuariamente, e que somente no céu, quando o que é mortal for absorvido pelo imortal, haverá o gozo perfeito" (*Ibid.*). É um erro buscar consolações e comprazer-se nelas, do mesmo modo que é um mal ficar perturbado diante das provações e esfriar no fervor; é sabedoria conservar sempre, seja em uma, seja na outra, serenidade e controle de si para não obstacular a ação do Espírito Santo, e não precipitar-se "no desespero e na desconfiança", ou, o oposto, para não exaltar-se "por excessiva alegria" (*Ibid.*, 69). Os sofrimentos produzidos pelo silêncio de Deus causam à alma fiel "muita dor e submissão, e moderado desespero, para que a parte da alma que está tomada pelo desejo de glória e de admiração (de si), se submeta; ao mesmo tempo, comunicam ao coração o temor de Deus, suscitam lágrimas de arrependimento e acendem o vivo desejo de benéfico silêncio" (*Ibid.*, 87).

Deus é um Pai que nos ensina exatamente pelas provações a diferença entre o → VÍCIO e a → VIRTUDE, e quer conduzir-nos ao bem e à aversão do pecado (*Ibid.*). Nas provações espirituais, Deus está sempre presente, ainda que oculto à alma, "com a sua divina luz", e a impele a "buscar, com grande temor e submissão o seu auxílio" (*Ibid.*, 86).

Totalmente diferente é a situação do pecador. "Mas (nós), os legítimos filhos da graça de Deus, somos alimentados pelos raros abandonos e pelas frequentes consolações, para chegar, por sua bondade, ao homem perfeito, na medida da plenitude da idade de Cristo" (*Ibid.*).

A resposta positiva à ação de Deus deve ser sincera na busca de → DEUS. Em particular, duas virtudes condicionam o progresso espiritual: a obediência e a humildade. A primeira reproduz na alma o exemplo de Cristo obediente até à morte: "para aqueles que a abraçam de coração, é a porta e a via para a caridade" (*Ibid.*, 41). Daí a necessidade "de viver todas as exigências dessa virtude, da parte daqueles que se empenharam em combater a soberba do demônio". Quanto mais se vive a obediência, tanto mais ela "nos mostrará, sem nenhum temor, os caminhos das virtudes" (*Ibid.*). A humildade "difícil de ser alcançada" (*Ibid.*, 95) é fecunda em consequências benéficas. Pode ser obtida de duas maneiras "por aqueles que participam do santo conhecimento" (*Ibid.*). Quem se entrega ao estudo da verdadeira piedade, "tem de si um conceito modesto e baixo, por causa ou da fraqueza física ou da oposição daqueles que são contrários a quem é inclinado à vida virtuosa, ou, finalmente, pelos pensamentos molestos" (*Ibid.*). Progredindo na virtude, sob a ação da graça e da iluminação divina, "a alma adquire a humildade como se fosse coisa natural", porque "tornada maior e mais robustecida pela graça divina, não pode ser tocada pelo temor de anseios de glória, embora cumpra continuamente os mandamentos de Deus, mas antes, considera-se inferior a todos pela união de sua submissão e da divina mansidão" (*Ibid.*). Uma humildade serena, sem perturbações ou tristezas, porque a alma "tornada espiritual ignora totalmente glória e honras, que competem ao corpo" (*Ibid.*).

Diádoco trata também da oração, de sua necessidade e efeitos, mas sublinha que a verdadeira oração não pode ser separada das obras (*Ibid.*, 70 ss.); do → JEJUM, afirmando que não é fim em si mesmo, mas somente meio de desprendimento de si e de elevação a Deus (*Ibid.*, 47); da luta contra as paixões (*Ibid.*, 24-25), contra o demônio (*Ibid.*, 31 ss.): da necessidade de viver a continência e a → TEMPERANÇA (*Ibid.*, 42), de conservar a paz (*Ibid.*, 61), o silêncio e o → RECOLHIMENTO (*Ibid.*, 69). Todo o trabalho ascético conduz à posse da perfeita caridade, que torna quem a possui "muito maior que a sua fé: ele é, então, inteiro em seu desejo", estabelecendo-o em Deus e comunicando-lhe o conhecimento mais perfeito de Deus, que, por sua vez, "inflama e impele o nosso coração ao amor de sua bondade [...] une a Deus-Verbo com vínculo indissolúvel' (*Ibid.*, 67).

BIBLIOGRAFIA. HAUSHERR, I. Les grandes courants de la spiritualité orientale. *Orientalia Christiana Periódica* 1 (1935) 114-138; HORN, G. Sens de l'Esprit d'après Diadoque de Photicé. *Revue d'Ascetique et de Mystique* 3 (1927) 402-407; MESSANA, V. *Diadoco. Cento considerazioni sulla fede.* Roma, 1978; PLACES, E. des. Diadoque de Photicé. In: *Dictionnaire de Spiritualité* III, 817-834; ID. des. *Diadoque de Photicé: Oeuvres spirituelles.* Paris, 1955; SAUDREAU, A. Saint Diadoque. *La Vie Spirituelle* 3 (1920-1921) 116-126; STIERNON, D. Diadoque de Photicé. In: *Dictionnaire d'Histoire et de Géographie Ecclésiastiques.* XIV, 374-378 (com ampla bibliografia).

C. SORSOLI – L. DATTRINO

DIÁLOGO. 1. ESSÊNCIA DO DIÁLOGO. Antes de estabelecer uma definição positiva, convém excluir as falsas imagens do diálogo. Ele não é simples conversação, porque esta não empenha os interlocutores com a profundidade do respectivo ser; não é ensinamento magisterial, no qual os alunos geralmente se mantêm passivos; também não é discussão, porque a discussão gira em torno da defesa das próprias opiniões, em busca de uma verdade objetiva, em detrimento da atenção devida à pessoa do interlocutor e da relação de amor entre os indivíduos em questão. Isto faz com que a discussão geralmente fique tão distante do verdadeiro diálogo quanto a guerra da paz.

Considerando que, como ponto de partida, cada ser individual tende a colocar-se diante de todo seu semelhante em posição de desconfiança e defesa — por uma instintiva proteção de seu instável equilíbrio interior, que a irrupção do outro ameaça romper, precisamente de "alterar" (outro = alter) —, e, em consequência, todo ser humano é uma espécie de ilha que conserva ciosamente protegido o seu mistério pessoal, o segredo de sua interioridade, de sua consciência, vemos que na prática cada um assume em confronto com o outro quatro atitudes fundamentais: a) *indiferença*: o outro não suscita em mim nenhuma reação; praticamente, para mim, é como se ele não existisse: "o outro não é ninguém" (Quevedo); b) *interesse*: o outro me interessa, então eu lhe dedico muita atenção; obviamente, essa atitude insere o risco da instrumentalização egoísta, pela qual o outro não é suficientemente respeitado em sua alteridade pessoal, é reduzido a coisa, a objeto; c) *projeção* de si no outro: é a cilada mais sutil e mais dificilmente desmascarável: o que eu amo não é o outro, mas a minha imagem (os meus sentimentos, as minhas ideias, os meus gostos) refletida nele; d) *abertura*: posição que, sinal de uma pessoa adulta, amadurecida, consiste em abrir-se para o outro, em sentido ativo e passivo: dizendo de si mesmo, revelando-se, confiando em alguma medida o segredo do seu mistério pessoal e, por outro lado, acolhendo o outro, acreditando nele, em suas comunicações relativas a si mesmo, ao seu mundo interior: acolhendo gratuitamente e sem reservas. Nessa dialética de revelação e de fé (Mounier) fundamenta-se, no plano psicológico, toda possibilidade de encontro entre as pessoas enquanto tais. As "ilhas", que todos nós nativamente somos, saem de sua separação, compõem-se gradual e progressivamente em unidade dinâmica, seja até em níveis de profundidade e com modulações variáveis de acordo com o tipo de encontro: entre amigos, irmãos, noivos, cônjuges, educadores e educandos etc.

Quando a relação de abertura é recíproca, tem-se o diálogo, que, consequentemente, podemos definir como a autêntica relação intersubjetiva (interpessoal). Neste sentido, o diálogo é ao mesmo tempo o florescer, em nós e em torno de nós, de numerosos "tu", colhidos como tu (em sua identidade pessoal) e acolhidos como tais, e o surgimento de um "nós" tão rico e compreensivo quanto ampla e profunda é a extensão dos nossos efetivos interlocutores.

No aprofundamento do conceito de abertura recíproca, observamos que a comunicação se revela, em primeiro lugar, em termos de oposição, de confronto: mas que isto não nos coloca, necessariamente, diante de um "muro", já que na primeira fase, normalmente individualista, pode ocorrer o desembocar positivo no diálogo, a passagem do eu para o tu, como etapa rumo ao "nós" da comunidade. Observamos que os componentes do diálogo são: sair de si mesmo, despossuir-se, descentralizar-se para tornar-se disponível; compreender: situar-se no ponto de vista do outro; assumir: tomar sobre si o destino do outro; alegrar-se e sofrer com ele e por ele; doar: a força viva do impulso pessoal não é nem a reivindicação nem a luta pelo último sangue, mas a generosidade, a gratuidade (abrir-se, revelar-se, acreditar, dar confiança): ser fiel; continuidade, em função da continuidade da aventura humana; amar: tratar o outro como uma pessoa, como um ser presente, é reconhecer que também ele é inesgotável, é dar-lhe crédito. Desesperar de alguém equivale a torná-lo desesperado. O crédito da generosidade, ao contrário, é infinitamente fecundo. O amor se endereça à pessoa além de sua aparência, quer a sua realização como pessoa, como liberdade, quaisquer que sejam os seus dons e as suas desgraças, que não contam mais em relação a ela: o amor é cego, mas é um cega ultravidente.

Por outro lado, a própria estrutura da pessoa é dialogal. Ela não é um *ad se*, mas é essencialmente tendência para o outro, para outro centro subjetivo que viva de sua realidade. O diálogo realiza essa exigência por meio da intercomunicação das consciências, pela qual o outro vive de algum modo em mim e vice-versa, em um dom recíproco do núcleo do próprio ser.

Finalmente, o diálogo é uma atitude, um espírito, um estilo de vida, isto é, uma forma de estar-para e de estar-com o outro, em que no limite já não se distinguem o dar e o receber, porque veio afirmando-se a participação cada vez mais plena, a comunhão.

Conforme afirma um escritor contemporâneo: "A verdadeira vida é ato dialógico e comunhão; isto significa estar e exprimir-se juntos, para sempre" (Pasqualino).

Como fim, é claro que se alcança o diálogo, na existência terrena, somente parcialmente e em etapas sucessivas, mediante um árduo processo de "conscientização" e de amadurecimento das relações personalizantes.

Impedimento basilar para esse processo de crescimento no amor são os danos em todas as suas inúmeras versões: assumir as diversidades (homem-mulher, jovem-idoso, conterrâneo-estrangeiro, rico-pobre, instruído-culto etc.) como um obstáculo insuperável equivale a bloquear o diálogo na raiz. Ao contrário, as diferenças existem para que possamos ajudar-nos a completarnos mutuamente. Devemos somente aprender a assumi-las corretamente nessa luz positiva. A isto nos conduzirão algumas atitudes fundamentais: a transparência, a empatia e a aceitação incondicional do outro.

a) *Transparência*: pode ser definida, ao contrário do dano, como abertura real para o outro, e pressupõe que aprendemos a desembaraçarnos das nossas máscaras e a jogar com as cartas na mesa. Aquilo que é dito ao outro é percebido, então, em perfeita consonância com o que é sentido e pensado. Assim, o outro se sente à vontade, é estimulado a demonstrar igual abandono, e a mostrar-se, por sua vez, autêntico.

b) *Empatia*: a simpatia nos permite compartilhar com os outros alegrias e dores que já tenhamos experimentado. A empatia, em vez, insere uma evolução ainda mais profunda que o nosso altruísmo. Ela exige que nos tornemos capazes de colocar-nos inteiramente no lugar do outro; que, além daquilo que nos foi dito, sejamos capazes de pensar aquilo que ele pensa, de sentir aquilo que ele sente, adequada e integralmente. Isto produzirá dois efeitos importantes: de um lado, ajuda-nos a perceber como os outros nos veem (autoempatia), dando-nos a chance de corrigir a imagem que apresentamos aos outros, se houver necessidade, para poder transmitir a eles uma imagem de nós mesmos completamente fiel e que nos exprime plenamente; de outro lado, quando estamos em grupo, a empatia (paraempatia) nos capacitará a captar a realidade psicológica do grupo: atrações, repulsas, interações, e a comportar-nos de modo a facilitar a coesão do grupo, a sua integração, o seu crescimento e a sua criatividade. Ela permite, em suma, uma comunicação mais autêntica, uma expressão mais livre, um clima de grupo mais permissivo, estruturas mais flexíveis e o emergir de uma dinâmica mais funcional do próprio grupo.

c) *Aceitação incondicional do outro*: para ser transparente ao outro, para ser capaz de colocarse efetivamente na pele do outro é necessário, como ponto de partida, ser capaz de aceitar-se sem reservas, sem lamentações e sem ressentimentos, positivamente; como também ter-se tornado capaz de aceitar o outro com tudo aquilo que o faz ser o outro: idade, sexo, cultura, incondicionalmente. Evidentemente, a aceitação incondicional de si mesmo ou do outro não significa aprovação incondicional. Mas, além das deficiências, das lacunas, das fraquezas que alguém constata em si mesmo e nos outros, deve prevalecer um otimismo indomável que nos faz pensar que o ser humano é sempre perfectível.

Para aceitar incondicionalmente os outros, é preciso aprender a libertar-se dos condicionamentos de nosso ambiente que, desde a infância, nos faz enxergar no outro um rival, um competidor. Entretanto, há em cada um de nós um ser único, que deve crescer respeitando os ritmos e os processos que lhe são próprios, não como objeto condicionado pelo mundo exterior e por seus estímulos, mas como um indivíduo criador.

Daí derivará também uma capacidade que podemos chamar de "presença total do outro" (Mailhiot).

2. DINAMISMO DO DIÁLOGO. O dinamismo do diálogo é o amor. Realiza-se em um processo dialético de plenitude e indigência, identidade e diferença, consenso e luta.

a) *Plenitude e indigência*. A reciprocidade das consciências revela, de forma unitária, certa plenitude e indigência próprias. As consciências apelam umas às outras porque são indigentes. Porque cada um de nós precisa da visão que o outro tem de si mesmo e da realidade. Deus, o mundo, os outros são "vividos" por milhões de seres humanos; então, quando eu não vivo sozinho, mas por intermédio da experiência deles, a minha experiência se universaliza; em certo sentido, a experiência da humanidade se condensa em mim e a minha indigência é superada. Por outro lado, o fato de ter certa plenitude impele a oferecer-se ao outro. Assim, o diálogo não subsiste sem interioridade (solidão, recolhimento), porque não poderei doar-me se eu não me possuo, se não me salvo da dispersão que anula o meu conteúdo ou pelo menos o torna confuso e contraditório.

Essa plenitude-indigência, que nos coloca em situação de complementaridade e se manifesta na dialética do dar-se e do acolher (revelação-fé), nem sempre é gaudiosa. Entregar a própria intimidade custa. É só na maturidade que se sabe dar e receber em plenitude, que a perfeita reciprocidade das consciências é possível, e que se pode implantar, então, um verdadeiro diálogo.

b) *Identidade-diferenças*. Ora, se o diálogo se fundamenta na complementaridade das consciências (eu tenho alguma coisa que o outro não tem e vice-versa), baseia-se essencialmente nas diferenças. Se eu não sou mim mesmo, se o outro não é si mesmo, então não somos nada, não podemos dialogar. As diferenças são de caráter muito variado (idade, sexo, cultura, mentalidade, fé etc.). Por exemplo, apesar da profunda identidade na fé de dois cristãos, subsiste em cada um deles a originalidade do respectivo modo de vivê-la. Exatamente por causa de sua diversidade, podem enriquecer-se mutuamente. A variedade dos dons, que São Paulo acentuava no Corpo místico (→ IGREJA, COMUNHÃO DOS SANTOS), é essencial para um diálogo no qual cada um contribua com a sua originalidade. O diálogo, todavia, ao mesmo tempo exige identidade. Se só existem diferenças, o encontro não tem lugar. Por isto, a tarefa maior do diálogo é procurar a base de identidade, lá onde cada um pode identificar-se com o outro. É o momento do *consenso* (sentir-com) fruto de abertura para o outro na escuta, em dar-lhe lugar, em revelar-lhe a própria imagem, em colocar-se em empatia com ele, utilizando juntos a mediação libertadora de cada um.

c) *Consenso e luta*. A amizade supõe formas profundas de inclinação de consenso e luta. Passado o primeiro momento, sumariamente gaudioso, de descoberta da identidade e de consenso, sobrevém a descoberta das diferenças. Nesse ponto, ou eu aceito totalmente a diferença e sou absorvido (anulo-me, "suicido-me") ou não aceito o outro de nenhum modo e procuro absorvê-lo, anulá-lo ("matá-lo"). Eis instaurada uma relação de luta na amizade. Cada diálogo, cada amor é, em certa medida, luta com o outro. Devemos lutar para encontrar a identidade do outro, devemos colocá-lo a nu, e, de algum modo, vencê-lo. Mas, se eu procuro impor a minha diferença, ele tem de lutar para permanecer ele mesmo, do mesmo modo que, se ele luta para impor-me a dele, tenho de lutar para manter-me livre. O diálogo tende a uma invasão total do eu e do tu. Cada qual, todavia, tem de conservar a liberdade, condição *sine qua non* para conservar a autonomia da pessoa e a capacidade de dom. Enquanto exponho minha diferença e enquanto o outro manifesta a sua, o conflito é inevitável no diálogo. Mas, dado que não há diálogo sem amizade, em que conflitos e crises não podem assustar, porque não tendem a matar a relação e sim a purificá-la, assim também o diálogo só progredirá mediante a superação dos conflitos entre os dialogantes. Também aqui a fé no outro tem um papel determinante: se acredito nele, não direi que é impossível superar o conflito, mas pensarei sempre, sem cansar-me, mesmo nos momentos de maior dificuldade, que uma possibilidade de encontro e de acordo permanece aberta.

3. FUNDAMENTOS TEOLÓGICOS DO DIÁLOGO. São encontrados claramente expressos nos documentos do Concílio Vaticano II.

a) *A Trindade.* O próprio Deus é, por essência, infinita troca de amor. "Deus Pai, sendo o Princípio sem princípio, do qual o Filho é gerado e o Espírito Santo, através do Filho, procede" (*AG* 2b) é "não solidão de uma única pessoa, mas trindade de uma única substância" (*Prefatio da missa da Santíssima Trindade*). Deus é Espírito e vive a vida típica do Espírito. Assim, Deus pensa tudo e o impensável porque pensa si próprio, infinito em ato. O seu pensamento é o Verbo, a segunda Pessoa. Deus Pai se reencontra todo em seu Verbo, que o exprime perfeitamente, e o Filho (o Verbo) se reencontra totalmente no Pai: portanto, o Pai e o Filho amam-se infinitamente e o seu amor é ele próprio pessoa, a terceira Pessoa, o → ESPÍRITO SANTO. Nessa circulação de pensamento e de amor foi-nos revelada a íntima natureza de Deus. Essa natureza é, conforme visto, essencialmente dialogal. É pluralidade de pessoas em relação de unidade substancial. É comunhão interpessoal perfeitíssima em plenitude de unidade, diálogo infinitamente perfeito *ad intra*.

b) *O plano de salvação.* Deus livremente, por amor, com sabedoria e poder infinitos, cria e chama o ser humano para participar de sua vida e de sua glória. Assim como o mistério de sua vida íntima, também o plano da salvação dos seres humanos jorra da "fonte de amor", ou seja, da caridade de Deus Pai (cf. *AG* 2b). É a revelação-doação de Deus *ad extra*, na qual se realiza o *mystêrion*, o eterno misterioso propósito de Deus de revelar-se, de dar-se aos seres humanos em comunhão de vida (cf. Ef 1,4-14; *LG* 2-4; *DV* 2-4; *AG* 2). À revelação-doação de Deus corresponde, da parte do ser humano, a aceitação do dom de Deus e o dom de si mesmo, ou seja, a fé (cf. *DV* 5). Em ambos os termos (revelação-doação da parte de Deus e aceitação-doação da parte do ser humano) está inserida a intimidade das pessoas e do ser, seja de Deus, seja do ser humano (*DV* 2-4.5). O resultado desse duplo movimento convergente é a comunhão de vida entre Deus e o ser humano, que salva a pessoa conduzindo-a a uma plenitude na qual transcende ela própria (cf. 1Jo 1,2-3; *DV* 1; *GS* 19a.a.22). A natureza desse encontro, então, é verdadeiramente dialogal (*DV* 2,21; *GS* 19). O ponto focal e, por assim dizer, o coração desse encontro maravilhoso entre Deus e o ser humano é o Verbo encarnado. A pessoa de Cristo, a sua encarnação e todo o mistério é, em sua íntima profundidade, um diálogo infinitamente perfeito. Porque Cristo é plenitude da revelação-doação de Deus, o seu "sim" perfeito aos seres humanos (2Cor 1,19-20) e, ao mesmo tempo, resposta completa da humanidade. O *Amem* dos seres humanos a Deus (Ap 3,14; Hb 10,5 ss.; Fl 2,6 ss.; cf. *LG* 3, *DV* 4; *GS* 22). Esse diálogo de salvação, no qual Deus tomou a iniciativa, e que é diálogo em seu conteúdo mais íntimo e em suas formas de expressão (*DV* 2.13), é tão perfeito que se torna o exemplo e a origem transcendente de todo outro diálogo (*Ecclesiam suam*, n. 64).

c) *A Igreja.* O encontro entre Deus e o ser humano em Cristo é, já em si mesmo, um elemento constitutivo da Igreja (cf. 1Pd 2,4-10; *LG* 7,10). Esse encontro, ainda que pessoal e intransferível, opera-se sempre em um povo e com referência intrínseca a um povo (*LG* 9; *AG* 2). A fé, portanto, coloca o ser humano não só em comunhão com Deus, mas com todos os crentes (1Jo 1,2-3). Esta é a relação que se estabelece entre os crentes: a fé coloca os crentes em condição de comunicar a sua experiência vivida de Deus: aquilo que os crentes se intercomunicam é, em certa medida, o próprio Deus, de maneira que se enriquece, através do diálogo na fé, em cada um deles, a posse de Deus (cf. Cl 2,19; Ef 4,11-16; *LG* 7). O mistério pascal, para o qual conflui todo o mistério pessoal de Cristo e no qual os crentes se comunicam por meio da fé, exige a vitória sobre tudo aquilo que é antidiálogo: a morte de todo egoísmo individual ou coletivo, a superação de todo imobilismo; é, e urge abertura para o amor, para a vida, para a liberdade, para o diálogo em todas as suas dimensões naturais e sobrenaturais. Só a partir da morte e ressurreição podemos dialogar com Cristo e, nele, com Deus e com os seres humanos. O Espírito Santo, que recebemos como fruto da morte e da ressurreição de Cristo, difuso no coração dos crentes, é aquele que responde em nós ao Pai, tornando possível e pleno o diálogo divino-humano (Rm 8,15-27; Gl 4,6); é aquele que, de nosso íntimo ama os irmãos no diálogo inter-humano (Rm 5,5; cf. *LG* 4; *UR* 2ab). Nessa intercomunhão (comunhão de fé, de vida e de caridade; comunhão divino-humana do Pai por Cristo no Espírito e comunhão inter-humana no Espírito por Cristo para o Pai) consiste a natureza íntima da → IGREJA. Todas as outras realidades eclesiais devem ser expressão e permanecer a serviço dessa realidade misteriosa da comunhão (cf. *LG* 1). Assim, o diálogo pertence à própria essência da Igreja, que não será autêntica se não houver diálogo (cf. *LG* 2). Por outro lado, visto que está situada na história e é composta de seres humanos, logo, de seres limitados e pecadores, a Igreja é, ao mesmo tempo, santa e pecadora, isto é, necessitada de permanente conversão e renovação; possui a salvação de Cristo, mas tem de encarná-la segundo as necessidades e exigências dos seres humanos, isto é, precisa de permanente adaptação e → ATUALIZAÇÃO (*AGGIORNAMENTO*); em suma, está em constante peregrinação rumo à plenitude de Cristo (cf. *LG* 8; *UR* 6; *GS* 43). O conceito de catolicidade, entendido como a capacidade e o dever de encarnar-se em todos os lugares, em todos os tempos, em todas as realidades, que insere a capacidade e o dever de aceitar em seu seio o que há de bom e de verdadeiro nas diferenças históricas dos seres humanos, também é urgência de diálogo constante (cf. *LG* 13).

Em consequência, na medida em que é sinal dessa unidade divino-humana, a Igreja é instrumento de salvação na unidade. Na medida em que é comunhão de fé, de vida, de caridade (isto é, de Deus possuído), é sacramento universal de salvação (cf. *LG* 1.9.48). A Igreja, com efeito, está no mundo e para o mundo em atitude de serviço: "A Igreja neste mundo não é fim em si mesma; está a serviço de todos os seres humanos" (Paulo VI, Inauguração da 4ª sessão do Concílio, 14 de setembro de 1965: cf. n. 1.3 e 40-45). A sua função de serviço é precisamente ser "sacramento" (sinal e instrumento) e germe de unidade salvífica (*LG* 1.9.49). Ela prolonga o mistério dialogal de Cristo e os seus gestos redentores: encarnação no mundo para desvelar aos seres humanos o respectivo mistério à luz da revelação do Pai (*GS* 22.92), e para servir à libertação deles de todo egoísmo e divisão. Assim a história é transcendida na esperança de Cristo que retorna (*GS* 38-39).

Segundo essa função fundamental de serviço salvífico dos seres humanos, é para a Igreja um dever sagrado acolher o que há de bom no mundo e nos seres humanos, reconhecer com alegria que pode receber deles elementos de verdade e de bem (*GS* 44), enfocar tudo que há de comum entre eles e servir de vínculo entre pessoas diferentes e divididas (*GS* 42). Essa relação de receptividade é, também ela, constitutiva da Igreja como diálogo (*Ecclesiam suam*, n. 60). Finalmente, a sua fé na redenção do mundo "irrevogavelmente decretada" (*LG* 48) e em Cristo redentor, a porta para o serviço alegre de cada autêntico diálogo: porque a Igreja acredita que Cristo está no fundo de cada diálogo autêntico entre os seres humanos, e que o diálogo é, em si mesmo, um valor crístico (*GS* 22.92).

4. A NOVA ESPIRITUALIDADE DO DIÁLOGO. Um dos principais sinais de nosso tempo é certamente a mudança permanente e universal, em processo de crescente interdependência e unificação. Deus dirige à sua Igreja, através do Concílio Vaticano II, um convite para a autenticidade evangélica.

O Concílio nos dá um "novo espírito", ou seja, aquele dado aspecto do Evangelho que, exprimindo a sua essência, é, ao mesmo tempo, resposta às angústias e às esperanças do ser humano de hoje. "A religião de nosso Concílio foi, principalmente, a religião da caridade. A religião do Deus que se fez homem encontrou-se com a religião — porque é tal — do homem que se faz Deus. A antiga história do Samaritano foi o modelo da espiritualidade do Concílio. Não seria, em suma, este Concílio um simples, novo e solene ensinamento de amar o ser humano para amar a Deus? Então, este Concílio resume-se todo em seu conclusivo significado religioso, nada mais sendo senão um poderoso e amigável convite à humanidade de hoje para reencontrar, através de fraternal amor, aquele Deus do qual afastar-se é cair, ao qual dirigir-se é ressurgir, no qual permanecer é ser firme, ao qual retornar é renascer e no qual habitar é viver" (Paulo VI, Discurso de encerramento do Concílio, 7 de dezembro de 1965). Trata-se de viver o mandamento do amor até às suas últimas consequências, até à unidade consumada, desejo supremo expresso pelo Senhor na oração sacerdotal (Jo 17,20-23). É a comunhão de todos os que, em Cristo, tornam-se uma só coisa, a ponto de ser "sinal e instrumento da íntima união com Deus e da unidade de todo o gênero humano" (*LG* 1). Em outros termos, trata-se de realizar o diálogo da salvação. Consideremos as suas características e exigências.

a) *Características e exigências do diálogo da salvação*. Tomar a iniciativa. Isto significa amar independentemente da resposta, correr o risco de ser ou não escutado e aceito, jamais fazer acepção de pessoa. Supõe fortaleza de espírito, profunda liberdade interior, superação das considerações excessivamente humanas e naturalistas, vitória sobre a timidez e reserva instintivas, para viver com a obsessão do bem alheio, inspirando-se em Deus "que nos amou primeiro" (1Jo 4,19).

O diálogo deve começar nas profundezas da própria interiorização, onde se descobre o mistério do amor do Pai que, amando-nos sem nenhum mérito de nossa parte, convida-nos a essa nova vida na caridade. Porque, se amamos aqueles que nos amam, somos como os pagãos. Mas o Senhor nos pede que amemos também os nossos inimigos: "Mas vós sede perfeitos como o vosso Pai, que faz o sol nascer sobre os bons e os maus" (Mt 5,44-48). Isto exige uma atitude de contínua conversão. Amar quer dizer começar sempre de novo o movimento rumo ao outro, peregrinar na fé rumo a cada ser humano, que se tornou irmão no sangue de Cristo. Somente quando crescemos no amor, crescemos na plenitude do ser pessoal. E somente assim deixamos passar o Espírito que nos foi dado, não por um simples proveito pessoal, mas para comunicá-lo e contribuir para construir o Reino de Deus.

Para fazer isso, é preciso olhar o outro como um objeto do amor de Deus, que traz impressa a sua imagem e, por meio do Filho, foi reconciliado com o Pai. É necessário esforçar-se para olhar o outro com o olhar de Deus, para penetrar em sua realidade íntima e aí descobrir os sinais da manifestação de Deus. É preciso purificar sempre de novo os nossos olhos, tirar a trave para olhar o outro com bondade, com a indulgência do Pai. É necessário ter fé no outro, ter esperança nele. Acreditar e esperar em sua capacidade de superação, de resposta, nas potencialidades que Deus colocou em cada pessoa para realizar o melhor, o bem, a verdade, o belo. Criar um clima de confiança e de amizade. Isto equivale, em última análise, a crer em Deus encontrado em cada sua imagem. Quando nos falta essa fé, somos como que oprimidos, esmagados pelo temor, pela desconfiança, pela incapacidade de dialogar.

Convém lembrar que o diálogo surge independentemente dos méritos ou da capacidade de resposta daqueles aos quais é dirigido. Porque amar é dar e comunicar bondade às pessoas, e, assim, promovê-las naqueles aspectos que, de algum modo, são carentes ou ausentes nelas. Em certo sentido, o diálogo é condicionado pela tomada de consciência das limitações que ele pretende superar. Por esse motivo, o diálogo de salvação foi dirigido aos doentes e não aos sãos,

aos pobres de espírito e não aos que pensavam não precisar de salvação. Ora, quando o diálogo se estabelece entre as pessoas, pressupõe sempre o reconhecimento de que somos pobres e temos necessidade de ser enriquecidos por aqueles com os quais dialogamos.

Estabelecendo-se entre os pobres de espírito, o diálogo não pretende impor nem obrigar à aceitação; não procura triunfar ou impor uma vitória que seria a morte de toda possibilidade para todo posterior encontro. Procura, em vez disso, iluminar, e sobretudo colocar-se junto ao outro, para que ele descubra melhor o seu caminho. Assim, o diálogo não é orgulhoso, não fere nem ofende, evita a violência, é paciente e generoso. A sua força reside na mesma verdade que expõe, na caridade que difunde, no exemplo que dá. O diálogo respeita profundamente a liberdade, sem jamais forçá-la, mas dando-lhe a chance de afirmar-se melhor. Procura esclarecer as questões com a luz do outro, busca abrir novos caminhos para a reflexão, que permitam uma decisão mais consciente e, então, mais livre. Isto exige um grande respeito pela pessoa, um esforço de aproximação do modo de ver e de pensar do outro, um esforço para adequar a linguagem, um esforço para criar possibilidades para que o interlocutor não se sinta oprimido ou submetido, determinado pelo exterior. É a prudência não da inação, mas de uma ação que leve em conta as condições psicológicas e morais de quem escuta, que saiba adaptar-se ao grau de cultura e de sensibilidade do outro. É a delicadeza e a fineza do amor, mas também a força exercida em favor da liberdade alheia. É a força do Espírito, que se manifesta em quem se sabe servo e não senhor dos outros, porque somente Deus é senhor, e no entanto quis respeitar a liberdade do ser humano a ponto de aceitar ser rejeitado.

O diálogo de salvação deve ser endereçado a todos, sem discriminação. Não temos direito algum de excluir alguém, prejudicando-o logo de início. Somente a rejeição ou a falta de sinceridade do outro podem justificar de alguma forma a interrupção do diálogo. Mas nem isto justifica excluir toda possibilidade de retomada do diálogo. Isso pressupõe a superação de todos os danos culturais, sociais, raciais etc. Supõe que eu me abra para os outros até que constate, com absoluta certeza, a falta de sinceridade ou a rejeição do outro. Essa é, talvez, uma das mais graves deficiências frequentemente encontradas nas comunidades eclesiais. Somos levados a inventar mil pretextos para não dialogar, para fugir do mandamento do amor. O único remédio para essa tremenda ilusão é a humildade autêntica, pela qual ninguém ouse sentir-se senhor absoluto da verdade, nem como pessoa, nem como instituição, mas todos nos dispomos, sabendo que somos pobres e sabendo que a comunhão é obra de Deus, a receber a graça que nos introduzirá, mediante o diálogo, à mais profunda comunicação e unidade interpessoal.

O exposto nos conduz a uma última consideração: o diálogo prevê um determinado tempo de amadurecimento. É um caminho, uma peregrinação na fé e na esperança, até o momento de chegada à comunhão perfeita na pátria definitiva. Como todo itinerário, também o diálogo começa simplesmente, evolui através de dificuldades e atinge objetivos parciais. Supõe que se saiba esperar o outro, que se saiba recomeçar também quando o sucesso parece impossível, que se saiba encontrar novos pontos de partida, discernir os momentos, criar novas oportunidades, conservar a confiança, apesar de tudo, e a coragem de acreditar, de esperar, de prosseguir a marcha em senderos às vezes íngremes e desolados.

A comunhão supõe a humildade e a pobreza para aceitar a própria limitação e a alheia, para recorrer sempre, com espírito de pobre, ao Senhor do diálogo, para assumir a cruz que purifica na paciência, para manter a paz na esperança que sabe que pode chegar ao reino definitivo se caminhar junto com os outros. Assim, o diálogo é fruto do Espírito, da caridade com a qual Deus nos amou primeiro e com a qual devemos amar-nos mutuamente. Isto supõe que nos reconheçamos e nos tornemos, incessantemente, irmãos, amigos na busca comum da verdade e do bem. Nessa perspectiva, o diálogo se situa como essência da vida cristã, porque é o encontro daqueles que, no pleno silêncio de seu eu, permitem que o amor circule tornando-se vida e comunhão no Espírito. Isto supõe, finalmente, uma profunda interiorização, nutrida de silêncio e fruto da morte para toda forma de egoísmo ou de busca de si.

b) *Diálogo e unidade.* Na medida em que nós, cristãos, vivermos o diálogo da salvação com as características e as exigências supracitadas, teremos uma verdadeira comunhão interpessoal no Espírito; aquilo que, em última análise, é o elemento constitutivo essencial da Igreja. Assim, a nova espiritualidade do diálogo, exigindo de nós a renúncia a qualquer egoísmo, nos impele ao encontro com Deus, a uma intercomunicação entre nós e Deus, que tende à realização de tudo o que o Senhor Jesus pediu ao Pai na última ceia: "que todos sejam um, como nós somos um" (Jo 17,21-22). Analisemos um pouco essa dimensão.

O diálogo como meio para a unidade perfeita. A unidade perfeita no amor se realiza à imagem da Trindade e por intermédio de uma ligação íntima e profunda com Cristo.

No seio da → TRINDADE, existem estas duas realidades: uma essencial, comum às três Pessoas divinas: a natureza, essência ou substância de Deus; a outra, que faz a distinção das pessoas, é a relação com a qual cada uma dessas pessoas vive a sua natureza, a sua substância e a sua vida. Há, pois, algo de comum que as une e as identifica: a natureza divina; além de algo que as distingue: a pessoa. A circulação da vida trinitária é muito simples; é um dar e um receber. Aquilo que distingue as Pessoas divinas no seio da única vida é exatamente a forma com a qual dão e recebem. O Pai é aquele que dá: dá tudo ao Filho, que vem a ser uma só coisa com o Pai. O Pai e o Filho dão tudo ao Espírito Santo; e essa doação total é tal que o Espírito vem a ser uma terceira Pessoa igual a eles. O Pai dá e não recebe. O Filho recebe e, ao mesmo tempo, dá. O Espírito Santo só recebe (no seio da Santíssima Trindade). Estabelece-se, assim, a circulação de vida que é praticamente circulação de amor. Como é possível entre nós semelhante unidade? Evidentemente há uma distância infinita, porque somos criaturas. Mas o processo de circulação é o mesmo: dar e receber em relação a uma mesma realidade. E essa realidade, tão próxima de nós, é → JESUS CRISTO. Trata-se de dar e receber Jesus; de dar ao próximo e de receber do próximo Jesus. Jesus é a encarnação da verdade, do bem e da beleza. Assim, dar e receber para formar uma autêntica comunidade humana e cristã, à imagem da comunidade trinitária, será dar e receber a verdade, o bem e a beleza. Vejamos de que modo.

Na linha da verdade: Jesus é a Verdade por antonomásia. É sumamente veraz porque é Deus: não pode ignorar nada nem mentir. É a própria Verdade substancial, ontológica e encarnada porque é Deus, o Verbo do Pai, a Inteligência do Pai. Quando se estabelece uma comunicação íntima do cristão com Cristo Jesus, estabelece-se uma comunicação com a verdade, que se encontra plenamente realizada em Cristo. E, ao mesmo tempo, sente-se cada vez mais a ansiedade de abrir-se para toda outra verdade na qual também se realiza Cristo, seja ela de ordem natural, científica, filosófica ou teológica. Vale a pena dizer que não podemos inserir-nos plenamente em Cristo, que é Verdade absoluta, sem que desperte em nós a fome da posse integral da verdade em todos os campos. Inversamente, não pode ocorrer um autêntico desejo de penetrar as verdades naturais sem que nos insiramos mais profundamente em Cristo Jesus, que é a Verdade por antonomásia. Construir uma comunidade na verdade, em conformidade ao esquema da vida trinitária, supõe um dar e um receber. Antes de tudo, será uma comunidade na ansiedade da busca da verdade em qualquer campo. Essa ansiedade, essa inquietação da busca, já será um primeiro elemento unificador. Além disso, saber receber com humildade aquela parte de verdade que se encontra no próximo, será outro aspecto. Cada um possui uma parte de verdade. Devemos esforçar-nos para descobrir quanto há de verdade em nosso próximo. Isto exige saber calar e saber escutar. Depois, poderemos dar com modéstia e serenidade aquela parte de verdade que existe em nós. Mas devemos dá-la generosamente, não como quem quer vencer, e sim como quem está pronto para compartilhar uma riqueza que, exatamente a partir da doação, tornar-se-á mais profunda e mais sua.

Na linha do bem: Jesus é o Bem por antonomásia. Porque é a santidade, a própria bondade encarnada. Unir-nos a Cristo é abrir-nos para toda a bondade e para todo o bem existente em nossos irmãos e nas coisas. Inversamente: procurar o bem e a bondade dos nossos irmãos, unir-nos com eles em um mesmo querer e um mesmo operar é penetrar cada vez mais profundamente na bondade e na santidade do único Bem. Diante dessa realidade de Jesus-Bem impõem-se a nós as mesmas atitudes que mencionamos quando falamos de Jesus-Verdade. Amar todo o bem e tudo de bom que é Jesus é sentir-nos de certa maneira movidos coletivamente a amar o que há de bom na natureza e nos seres humanos. Saber descobrir e saber receber o bem do próximo, e tudo o que há de bom no próximo, porque é um descobrir o bem que é Jesus, que se realiza no próximo. Apesar da parte de limitação que somos obrigados a constatar em nós e, às vezes, também em nossos irmãos, sempre existe, em todos, algo de bom. Saber descobri-lo é enriquecer-se. A santidade é sempre alguma coisa de comunitário: toda vez que nos santificamos, santificamos os outros e, ao mesmo tempo, recebemos deles alguma coisa. Finalmente, comunicar o nosso bem aos outros. Uma vida não se realiza plenamente até que se abra ou se dê. A plenitude da personalidade supõe sempre uma doação. A pessoa exige aquele enriquecimento que vem da solidão e do dom. Comunicar aos outros tudo o que há de bom em nós. Comunicá-lo com humildade, com modéstia, não como quem dá o supérfluo, mas como quem cresce em uma doação fecunda.

Na linha da beleza: Jesus é a Beleza por antonomásia. É o esplendor do Pai. Toda inserção de uma alma em Cristo Jesus é uma inserção na beleza e em tudo o que existe de beleza no mundo. Por isso, os → SANTOS, que melhor que todos realizaram essa inserção vital em Cristo, também souberam apreciar a beleza dos seres humanos e das coisas. Assim, ao contrário, na medida em que nós procuramos sinceramente a beleza existente no mundo e nas pessoas, terminaremos por sentir o desejo de imergir na Beleza absoluta que é Jesus. Mais uma vez, diante de Jesus-Beleza, impõem-se a nós determinadas atitudes, análogas às indicadas em se tratando de Jesus-Verdade e de Jesus-Bem. Busca comum da beleza que se encontra em nós. Ansiedade comunitária pelo belo. Saber receber a beleza descoberta pelo próximo e saber comunicar a beleza que descobrimos em nós. Forma-se, assim, uma comunidade em Cristo através de um dom e de uma acolhida. A analogia da comunidade trinitária retorna através de Jesus doado e recebido concretamente em cada fragmento de verdade, de bem, de beleza. Realiza-se na medida em que efetivamente nos tornamos capazes de dar e de receber.

c) *Preço dessa unidade*. É certo que, na prática, tudo isto custa e muito. Esse saber calar e saber dar segundo as exigências do momento e dos interlocutores; esse saber adotar uma atitude de humildade para receber e uma atitude de generosidade para dar exige muita renúncia, mas também produz frutos maravilhosos.

O preço é a cruz. Para amar bem o próximo é necessário morrer para o eu. Ao eu individual, para poder entrar bem no tu do próximo. Ao eu, ou ao "nós" do grupo, para poder entrar bem no tu, ou no nós, da comunidade geral. Ou seja, supõe a renúncia, o desprendimento de nós mesmos, o esvaziamento daquilo que em nós é menos autêntico, para poder enriquecer-nos com o que de mais autêntico possui o próximo. Em suma, saber esvaziar-nos de nosso eu para que em nosso íntimo se estabeleça o tu do Cristo em nós. Isto, porém, não através de uma experiência puramente pessoal, e sim através de uma experiência do Cristo vivo na comunidade inteira. Supõe, todavia, muita renúncia. Essa atitude de diálogo de quem está plenamente convicto de não possuir toda a verdade, de quem sabe escutar com humildade, impõe muitos sacrifícios. Normalmente, diante da atitude do próximo, ou adotamos uma atitude de defesa ou uma atitude passiva, de indiferença. É preciso muito silêncio interior para interessar-nos sinceramente pelos outros; para saber descobrir, mesmo a partir de seus erros, uma mensagem de verdade, de bondade e de beleza. Amar bem implica em saber morrer para si mesmo. Amar, afirma Santo Tomás, é querer o bem dos nossos amigos. E, na medida do possível, realizá-lo. Isto supõe muita renúncia, uma verdadeira morte. Ser promotor da unidade na comunidade — isto é, não só amar em nós mesmos o amor, mas fazer com que as partes divididas se unam — supõe não só morte, mas crucifixão. Como Cristo, que para unir dois mundos divididos teve de subir na cruz e, por meio de sua crucifixão, realizar a unidade do novo povo. Aqueles que querem fazer uma obra de união como Cristo deverão também sofrer o abandono e a crucifixão com Cristo. O preço da unidade será justamente a nossa cruz. Nela, todavia, encontraremos a sublime alegria da qual falava São Paulo: "quanto a mim, quero apenas gloriar-me na cruz de nosso Senhor Jesus Cristo, porque o mundo está crucificado para mim e eu para o mundo" (Gl 6,14). Se quisermos estabelecer a paz entre os seres humanos, o único caminho é o de Cristo, que "reconciliou mediante o sangue da cruz" (Cl 1,20). O peço pago, porém, não deixará amargura quando tivermos compreendido que foi necessário para obter os frutos prometidos pelo Senhor.

d) *Frutos da unidade consumada.* Jesus diz: "Onde dois ou três estiverem reunidos em meu nome, eu estarei no meio deles" (Mt 18,20). Há uma presença de Jesus na história através da Eucaristia, e uma presença no Corpo místico pela particular assistência à hierarquia. O Senhor, porém, também garantiu outra presença no seio de cada comunidade que se reúne em seu nome. O texto citado refere-se a uma comunidade de oração. Contudo, considere-se que essa presença não permanece limitada a esse tipo de comunidade, que podemos chamar de litúrgica. Cada comunidade, se é vivida em plenitude, se não é uma simples justaposição de indivíduos, garante uma particular presença de Jesus. Essa presença manifesta-se com graças especiais na inteligência para descobrir mais prontamente a verdade, e em graças especiais na vontade para realizar com ardor e tenacidade os empreendimentos. Possui uma expressão bastante característica em nossas comunidades: a paz e a alegria, fruto do amor. Pode-se dizer que a presença de Jesus está quase ao alcance da mão, que, ininterruptamente, comunica a sua paz e a plenitude de seu gáudio. Mas não basta. Jesus promete a conversão do mundo, "se forem um, o mundo se converterá" (Jo 17,21). Se não assegura essa eficácia à palavra, ele a assegura ao testemunho da unidade. Essa afirmação assume um enorme destaque neste momento em que o mundo, e às vezes também alguns homens da Igreja, parecem ajoelhar-se diante do "deus da eficácia". Jesus nos propõe o grande método, a grande técnica: a unidade com ele. O Jesus histórico encontrou-se um dia com o demônio; este, levando-o até o pináculo do Templo, mostrou-lhe todos os bens da Terra e disse-lhe: "tudo isso te darei se, prostrado, me adorares". Jesus respondeu: "Afasta-te de mim, satanás, porque só Deus é digno de adoração" (Mt 4,8-10).

Para o ser humano moderno, essa tentação se repete. Imerso em uma sociedade materialista, é tentado a adorá-la para, assim, conseguir os reinos terrestres. No entanto, somente Cristo na história, e sua Igreja, comunidade viva ao redor de Jesus, estão capacitados a iluminar e a desmascarar o engano, repetindo: "Afasta-te de mim, satanás, porque só Deus é digno de adoração".

Esse é o fato novo na história da espiritualidade: a comunidade santa — não mais simplesmente os indivíduos santos — com Jesus no meio. A comunidade unida no Espírito, na escuta da Palavra que a faz compreender o mistério do plano de amor do Pai, atenta para os sinais dos tempos, a fim de ler neles, à luz da fé, a vontade do Pai. É disto que o mundo precisa. É isto exatamente que a Igreja, no Concílio Vaticano II, propôs a si mesma para melhor cumprir o mandado de seu fundador e esposo: ser com ele a luz das gentes.

5. FORMAS DE DIÁLOGO NO ESPÍRITO. Para alcançar a comunhão interpessoal no plano sobrenatural é necessário percorrer certo itinerário. As formas que propomos, fruto de experiências concretas, são uma via possível. São autênticas formas de oração, exigindo portanto um clima de silêncio exterior e interior, para poder escutar o Espírito de Deus que fala a cada um pessoalmente e por intermédio dos irmãos. Relacionamos essas formas resumidamente, em ordem progressiva.

a) *Oração comunitária*. Toda vez que a → PALAVRA DE DEUS é proclamada na assembleia dos fiéis, torna-se Palavra viva, presença de Cristo (cf. *SC* 7). A oração comunitária consiste simplesmente em dizer aos irmãos, em voz alta, aquilo que a Palavra de Deus, que nos interpela para a nossa salvação, provoca em nós como resposta de fé (cf. Cl 3,16). Pode-se praticar em um pequeno grupo (de 4 a 14 membros). Realiza-se com um grande silêncio exterior, que concorre com o silêncio interior para criar a atitude de escuta e de oração. Proclama-se o texto bíblico. À medida que cada um percebe a sua relação pessoal com a mensagem, exprime livremente em voz alta a ressonância que a Palavra de Deus provoca nele. Não se trata de uma homilia, ou de uma catequese, nem de um estudo dialogado do texto, mas de oração, de comunicação espiritual. Por isso ninguém responde a ninguém. Trata-se essencialmente de colocar em comum as próprias reações interiores: assim, cada um, mesmo no caso de nada ter para dizer, terá sempre muito que escutar, com profundo respeito pelo dom que o outro lhe faz de um fragmento de sua interioridade.

b) *Comunicação de vida*. Distingue-se da oração comunitária porque nesse caso a palavra que nos reúne é a proclamação da experiência vital cristã de cada um assim como se manifestou à consciência pessoal. Não é uma simples narração episódica de experiências individuais: é a manifestação do dinamismo do crescimento pessoal de cada um, de modo que todos possam compartilhar o fundo comum de experiências vitais, quanto possuem de verdade e de bem. "Todos os dons vos foram dados para a construção comum do corpo de Cristo" (Ef 4,7-16). A diversidade dos dons é obra "do único e mesmo Espírito, que os distribui a cada um em particular como ele quer" (1Cor 12,11). Assim, colocando em comum o nosso dom, somos todos participantes do mesmo Espírito; estando reunidos em seu amor e em sua verdade, participamos da própria presença de Jesus. Quando o diálogo é assim conduzido, "realiza-se a união da verdade com a caridade, da inteligência com o amor, [...] descobre-se como são diferentes os caminhos que conduzem à luz da fé e como é possível fazê-los convergir para o mesmo fim" (*Ecclesiam suam*, 76-77). Convém escolher antecipadamente o tema da comunicação — por exemplo: o que significa para você a oração? E a alegria? Que experiência tive, em minha vida, do amor do Pai? Como eu me sinto, atualmente, na comunidade e no grupo? — para que cada qual possa refletir sobre a própria experiência e formulá-la sinteticamente. Inicia-se pela leitura de uma passagem bíblica adequada; em seguida, cada um, por sua vez, expõe sua experiência de vida com autenticidade e simplicidade evangélica. Terminado o círculo, se quiserem continuar, pode-se escolher uma dessas duas opções: ou uma conversação livre para aprofundar uma ou outra experiência, ou uma nova pergunta que conduza a uma posterior e mais aprofundada comunicação. No final se resumem as constantes surgidas e conclui-se com uma oração pessoal.

c) *Revisão de vida*. Enquanto formos peregrinos no tempo, caminharemos na penumbra e sempre teremos necessidade de conversão e de renovação; então, é preciso às vezes verificar o nosso serviço mútuo para a salvação, de modo que, vivendo a verdade na caridade, crescemos em plenitude em Cristo, nossa cabeça (Ef 4,13). A → REVISÃO DE VIDA, nascida na Bélgica e na França dos movimentos leigos da → AÇÃO CATÓLICA, é muito conhecida. Baseia-se no método do ver-julgar-agir. Aconselhamos articulá-la com: *revisão de comunidade* (para rever alguns aspectos da vida interna da comunidade ou do grupo) e *revisão apostólica* (para verificar, a partir de uma planificação anterior, as tarefas comuns de serviço apostólico). Essas revisões podem assumir uma amplitude e uma profundidade muito grandes e também durar muitos dias.

d) *Promoção fraterna*. Mateus, no capítulo 18 de seu Evangelho, reúne uma série de elementos originalmente esparsos, que descrevem o estilo de vida da comunidade cristã. Aqui nos interessam particularmente os versículos 15-17. Esse texto supõe uma *koinônia*, a comunhão vivida por um grupo de cristãos. Pressuposta a exigência evangélica, pode-se propor uma forma de encontro que permita o crescimento das comunidades e das pessoas através de um auxílio mútuo no desenvolvimento das qualidades e na superação dos defeitos. O esforço será centralizado na interpretação positiva do comportamento alheio, para descobrir os valores encarnados. Assim, cada membro do grupo poderá receber a luz que lhe permite desvelar o seu mistério pessoal, e descobrir melhor o amor de Deus, presente nele e em seus irmãos. Também as limitações pessoais e os defeitos devem ser interpretados nessa luz, para que, em pobreza de espírito, sejam superados na medida do possível e se manifeste mais luminoso o dom de Deus. O estilo desse encontro é de grande simplicidade evangélica, no clima do sermão da montanha. As condições ambientais devem favorecer essa atmosfera de paz, de reflexão e de silêncio. Exige-se grande sinceridade, lealdade e prudência sobrenatural, para que seja o Senhor a edificar e plantar. Nada deve ferir, nem o tom; nada deve desencorajar nem constranger. Unicamente deve resplandecer a caridade benigna, paciente, que tudo sabe interpretar bem e tudo sabe desculpar. Pode-se começar com a oração comunitária, com um pensamento espiritual ou com uma comunicação de vida. Assim, parte-se de uma pergunta — por exemplo: "Como você escuta o seu irmão?"; "O que mais aprecia nele?" etc. Em seguida, se quiserem, todos os presentes, alternadamente, na sua vez ouvem o parecer de cada um a seu respeito. O interessado pode anotar o que lhe for indicado e, no final, pedir eventuais esclarecimentos e até assumir, diante da comunidade, um compromisso concreto. Esse exercício em geral poderá concentrar-se unicamente nos aspectos positivos — qualidade, virtude, possibilidades de cada um — e, nesse caso, sobretudo, consistirá essencialmente em uma "promoção" fraterna. Essa forma de diálogo só pode ser praticada por um grupo já muito unido, e empenhado em buscar juntos a perfeição evangélica. Logicamente, não deve ser utilizada com frequência excessiva.

As diferentes formas de diálogo são complementares. A oração comunitária mantém viva a flexibilidade dos membros da comunidade e a sua atitude de disponibilidade à vontade de Deus. Ela nos reúne na fé, que nos torna dóceis à pedagogia de Deus (cf. 2Tm 3,16-17). A constante adequabilidade mútua é alimentada pela comunicação de vida: isto nos faz pobres de nós mesmos e ricos do dom de todos os outros. A organização dos membros, fruto da constante disponibilidade para "perder a nossa vida" para conseguir uma crescente presença de Jesus no meio de nós, encontra a sua máxima expressão na revisão de comunidade. A solidariedade da ação unitária e, ao mesmo tempo, variada e pessoal, cresce na revisão apostólica.

Esta nos torna instrumentos conscientes da economia da salvação do Pai, que opera sempre para salvar os seres humanos e transformar o universo. Finalmente, a correção e a promoção fraternas mantêm vivo o espírito de conversão e de esperança, e aumenta a humildade, a mansidão, a paciência e a magnanimidade em carregar os pesos uns dos outros, solícitos em conservar a unidade no vínculo da paz.

BIBLIOGRAFIA. BUBER, M. *Je et Tu*. Aubier, 1969; Dialogo. *Quaderni di Spiritualità*. Rocca di papa, 1971; ID. *The Life of dialogue*. University of Chicago Press, 1976; CRUCHON, G. *Il sacerdote consigliere e psicologo*. Torino, 1972; GIORDANI, B. *Il colloquio psicológico nell'azione pastorale*. Roma, 1973; GODIN, A. *La relazione umana nel dialogo pastorale*. Torino, 1964; HOWE, REUEL L. *The miracle of dialogue*. Bangalore, MBW, 1963; LAPLACE, J. *La direzione di coscienza o il dialogo spirituale*. Milano, 1968; MAILHIOT, B. *L'acceptation inconditionelle d'autrui*. Montreal, 1968; MOUNIER. E. *Il personalismo*. Roma, AVE, 1964; PERRAULT, A. *Formazione e dialogo alla luce Del Concilio*. Roma, 1967.

M. TAGGI

DIÁRIO ESPIRITUAL. No diário espiritual é anotada a vida do espírito e as reações pessoais diárias: incertezas, dúvidas e propósitos. Escreve-se dia após dia, à diferença da autobiografia, que, em vez disso, é uma reflexão posterior e ordenada sobre a própria vida.

A história da espiritualidade possui numerosos diários espirituais. A leitura dos diários espirituais dos santos pode ser útil: enquanto expressões de vida espiritual autêntica, introduzem no sagrado mistério do contato com Deus; são lições de diligência espiritual e exemplo vivo do modo de viver com Cristo. A leitura deve ser feita com prudência, e convém observar as características pessoais de quem escreve e de quem lê.

Escrever o diário pode ser útil no início da vida espiritual, e constitui uma ajuda para obrigar-se à reflexão ou a um controle da atividade espiritual interior do tipo de um → EXAME DE CONSCIÊNCIA feito por escrito, que pode ser usado para a prestação de contas de consciência na confissão ou na → DIREÇÃO ESPIRITUAL. O diário faz com que a alma se coloque diante de si mesma em seu progresso para a caridade, conserve uma lembrança humilde e reconhecida dos benefícios do Senhor e a compunção habitual das suas infidelidades, valorize as luzes recebidas na vida espiritual e de vez em quando as reavive a fim de estimular-se para uma maior generosidade. Contudo, considerar-se como um reflexo do diário pode causar alguns inconvenientes acidentais, como uma natural vaidade e uma possível modificação, até involuntária e instintiva, das realidades, deixando-se arrastar por fantasias, exageros e dissimulações que alteram a visão objetiva das coisas e perturbam a verdade e um sadio equilíbrio. Mas tais defeitos, que o progresso espiritual irá eliminar em seguida, não anulam a utilidade do diário se não forem muito acentuados.

Escrever o diário espiritual para uso do diretor espiritual possui maiores inconvenientes. Não é preciso fazê-lo sistematicamente, nem por curiosidade, geralmente prejudicial para quem escreve, o qual, sem dúvida, se dá conta da importância atribuída ao seu escrito; nem, também, para conservá-lo, visando à utilização de futuros leitores. Deve existir, todavia, uma verdadeira necessidade, uma conveniência: esclarecer um estado interior, a superação de um particular período crítico, a obrigação de um esforço mediante um controle estabelecido.

BIBLIOGRAFIA. VERNET, F. Autobiographies spirituelles. In: *Dictionnaire de Spiritualité* I, 1.141-1.159; ID. Journal spirituel, *Dictionnaire de Spiritualité* VIII (1974) 1.434-1.443.

P. SCIADINI

DÍDIMO, O CEGO. 1. NOTA BIOGRÁFICA. Dídimo nasceu em Alexandria, por volta de 313 (em 310, segundo Jerônimo, e 313 segundo Paládio), e morreu em torno de 395-399. Escritor fecundo, é um dos últimos mestres do célebre *Didaskaleion*, do qual renova, em parte, as gloriosas tradições. Dídimo não deve ser posto no mesmo plano de Clemente, de → ORÍGENES, de Atanásio e de Cirilo, mas a sua atividade científica não é ofuscada pela glória dos seus grandes e ilustres concidadãos. Segundo Rufino, Dídimo é "o mestre da escola de Alexandria aprovado por Atanásio" (*Historia ecclesiastica*, II, 7). Tendo ficado cego aos quatro anos, Dídimo, com excepcional esforço da vontade, empenha-se no estudo de tal forma que chega a ser escolhido por santo Atanásio para dirigir a escola catequética, lugar que se tornaria a cátedra de um ensinamento de verdade e de virtude durante um longo curso de anos. Rufino de Aquileia e São → JERÔNIMO foram seus discípulos. Dídimo não entra no mérito da luta antimariana em defesa do Credo niceno, mas está sempre ao lado de seu grande bispo, com a pena e a fidelidade absoluta. Exemplo típico de colaboração ativa em defesa da verdade, na posição de leigo, com uma vida de intensa piedade e rigoroso ascetismo.

No campo doutrinário, foi discípulo de Orígenes e aceitou alguns erros — a preexistência das almas, a apocatástase —, sendo envolvido nas repetidas condenações do mestre e do origenismo; os seus escritos em grande parte perderam-se, em detrimento de seu prestígio pessoal.

2. ESCRITOS. São Jerônimo afirma que a obra literária de Dídimo era imensa (*De viris illustribus*, 109). Podem ser classificados em exegéticos e dogmáticos.

a) Exegéticos: *Comentários: dos Salmos, de Jó, de Isaías, de Oseias, de Zacarias, dos Provérbios, dos Evangelhos de João e de Mateus, dos Atos dos Apóstolos, das Cartas paulinas*: as duas aos *Coríntios, aos Gálatas e aos Efésios*. Desses comentários permanecem apenas fragmentos nas *Catene bibliche*. Recentemente, em 1941, foi descoberto o *Comentário de Zacarias*, em um manuscrito de Tourn, traduzido para o francês em 1962 por Doutreleau em três volumes (*Sources Chrétiennes*, 83-85). Em linhas gerais, os vários comentários seguem a característica da escola alexandrina, em particular o exemplo de Orígenes, com forte tendência para o alegorismo.

b) Dogmáticos: *Do Espírito Santo*, imitado por Santo → AMBRÓSIO e traduzido para o latim por São Jerônimo, é anterior a 381; *Da Trindade*, composto entre 382 e 392, chegou-nos mutilado. Outros escritos foram difundidos sob outro nome. Provavelmente os livros 4º e 5º *Contra Eunômio*, falsamente atribuídos a São Basílio, são de Dídimo, e correspondem ao *De Dogmatibus* e *Contra Arianos*, atestados por São Jerônimo.

3. DOUTRINA. O ensinamento espiritual de Dídimo centraliza-se na ação de Cristo e do Espírito Santo. Cristo torna o ser humano imagem de Deus (*Contra Eunômio*, 5, 4; *Da Trindade*, 1, 16), o ilumina nas profundezas da alma para "contemplar a beleza e o mistério da verdade e da sabedoria de Deus" (*Comentário de Zacarias*, 2, 2-3), desenvolve a ação de mediador no setor vida, graça e santificação (*Da Trindade*, 3,3,13).

A vida cristã, como ato responsável de quem se tornou "Cristo" enquanto participante do Cristo, deve evoluir e aperfeiçoar-se reproduzindo vitalmente a vida do Verbo encarnado, na fidelidade aos seus ensinamentos (*Contra Eunômio*, 4, 5; *Comentário de Zacarias*, 1, 217), na docilidade à sua ação interior, na acolhida das efusões dos seus perfumes da graça, no penetrar em sua intimidade de vida (*Comentário de Zacarias*, 3, 62-63.203-204 e 236).

A união com Cristo e com o Pai realiza-se pela ação santificadora e divinizadora do Espírito Santo: dele, "divino e magnífico autor, guia e formador da Igreja", brota "toda coisa boa e digna de glória entre os cristãos, todo esforço virtuoso digno de louvor, todo progresso mais decisivo para a verdade" (*Comentário a 2Pd*). "O Espírito de Deus santificou, e santificando aperfeiçoou, iluminou e vivificou. [...] Ilumina cada coisa divinamente e se derrama em toda parte com abundante santidade, caridade, paz, sabedoria, alegria e segurança [...] santifica, vivifica, torna participantes da luz celeste, mantém a perseverança na concórdia de todos [...] é o nosso caminho para o nosso Pai celeste [...] é a graça divina que supre o que é deficiente em nós, cura o que está enfermo, é inefável e sempiterna bondade; fonte de carismas celestes, autor de todo bom pensamento, verdadeira manifestação das realidades futuras e desconhecidas, selo salutar e divino crisma [...] garantia dos bens externos [...] [vem] dele a nossa regeneração divina, a intimidade e o parentesco com Deus" (*Comentário a 2Pd*). Como se vê, no seguimento de Atanásio Dídimo apoia a sua reflexão no versículo 30 do Salmo 103: "Envias o teu Espírito e são criados, renovas a face da terra". Ora, a ação do Espírito é sempre mais profunda, penetrante e transformadora na medida em que a atitude da alma é vigilante em captar as suas vozes, irradiações, ele próprio. É verdadeiramente espiritual quem se deixa conduzir, guiar e compenetrar por ele para "estar unido intimamente a Nosso Senhor Jesus Cristo", para "permanecer em plena juventude, [...] semelhante àquele que é imortal e habita na luz inacessível" (*Dello Spirito Santo*, 39; *Comentário de 2Pd*, 2, 1). O encontro divinizante com Deus inclui, da parte da alma, um esforço para chegar à verdadeira sabedoria, que "é mãe" que a gera de Deus, "esposa" que a ela se une para a fecundidade do bem, "irmã" porque nasce de Deus como ela. Obtém-se a sabedoria pelo exercício da → ASCESE, isto é, da fuga do mal, da vida, estabelecida sobre a retidão, a qual em sua plenitude totalitária atinge e conduz a alma, com tranquilidade e paz, na observância integral da lei de Deus.

BIBLIOGRAFIA. GAUCHE, W. J. *Didym the Blind*. Washington, 1934; HESTON, E. L. *The Spiritual Life as described in the Works of Didymus of Alexandria*. Roma, 1938; MARTINI, C. M. Is there a late alexandrian text of the Gospels?. *New Testament Studies* 24 (1978) 285-296; MELCHIORRE DI SANTA MARIA. Mistero trinitario e vita trinitaria nel pensiero di Didimo d'Alessandria. In: *Il Mistero del Dio Vivente*. Roma, 1968, 167-173; NAUTIN, P. – DOUTRELEAU, L. Sur la Genèse. Texte inédit d'après un papyrus de Toura. *Sources Chrétiennes* 233/244. Paris, 1976/1978; ROEY, A. van. Didyme. In: *Dictionnaire d'Histoire et de Géographie Ecclésiastiques* XIV, 416-427 (com boa bibliografia); TIGCHELER, J. *Didyme l'Aveugle et l'exégèse allégorique*. Nijmegen, 1977.

C. SORSOLI – L. DATTRINO

DILIGÊNCIA. A diligência (do latim *diligere* = amar) indica um cuidado assíduo de operar em geral, e uma atenção particular em fazer determinada coisa. É sinônimo de acuidade, zelo, solicitude, escrupulosidade, assiduidade, pressa, astúcia, exatidão. Opõe-se à negligência, ou seja, ao menosprezo habitual no cumprimento dos deveres, enquanto não são apreciados. Com efeito, a diligência é fruto ou consequência do amor.

A diligência só pode ser um dote natural, que sempre suscita admiração e respeito; adquire um valor moral e sobrenatural se o impulso é a graça e a glória de → DEUS. Desse modo, torna-se uma virtude cristã que mantém fundamentalmente o mesmo significado na vida espiritual e na ascética: com efeito, diz-se que é diligente, nesse sentido, quem considera e pondera os seus deveres e se esforça para cumpri-los da melhor maneira para um fim sobrenatural. Justificadamente, Santo Tomás define a diligência como "uma reta escolha daqueles meios que conduzem ao fim" (*STh*. II-II, q. 54, a. 2); ou seja, faz parte da virtude da → PRUDÊNCIA, que é justamente a virtude que dirige o intelecto em cada ação para discernir o que é válido ou prejudica para alcançar o fim.

A diligência distingue-se da prudência enquanto age mais sobre a vontade que no intelecto. A vontade, iluminada pela prudência na escolha dos meios, por meio da virtude da diligência esforça-se para traduzi-los na prática e alcançar o fim. A diligência liberta a alma da irreflexão e da → TIBIEZA: exige, portanto, um esforço cotidiano, sobretudo para não negligenciar as pequenas coisas, que contribuem muito para a perfeição espiritual e são um dos meios mais recomendados pelos mestres espirituais. Em sentido jurídico, cabem às pessoas diligentes aqueles direitos que a Igreja e o Estado concedem como prêmio por sua diligência e escrupulosidade em cumprir o seu dever. A diligência, então, é premiada, ao passo que a negligência é considerada culpa jurídica. Assim, a diligência é grandemente recomendada, antes, imposta nas administrações, no cumprimento dos próprios deveres profissionais, nos estudos, no governo etc.

BIBLIOGRAFIA. Diligenza. In: *Enciclopédia italiana di Pedagogia e della Scuola*. Bergamo, 1968, 26-27, vl. II; HANSEN, W. Applicazione. In: *Dizionario Enciclopédico di Pedagogia*. Torino, 1958, 122-124, vl. I (com índice bibliográfico).

P. SCIADINI

DIONÍSIO AREOPAGITA (pseudo). 1. NOTA BIOGRÁFICA. Em 827, os embaixadores de Miguel, o Gago, oferecem a Ludovico o Pio alguns escritos de caráter teológico-espiritual: o *Corpus Dionisyacum*, atribuídos ao pseudo-Dionísio. Com efeito, o autor do *Corpus* se denomina Dionysios; proclama-se discípulo de certo Hierotheus e do apóstolo Paulo (3, 2; 7, 1); afirma ter visto o eclipse do sol em Heliópolis na Sexta-feira Santa com Apophanes, e de ter estado presente, com Pedro e Tiago, na *dormitio* da Virgem. Entre os seus destinatários encontram-se o bispo Policarpo, Tito, João evangelista e Timóteo.

Essas afirmações são reais ou fictícias? Artifício literário ou documentos históricos? Seria o mesmo personagem mencionado em At 17,34? O patriarca monofisista Severo de Antioquia (412-418) foi o primeiro a atribuir aos escritos o caráter histórico, portanto a paternidade dionisiana. A mesma posição é assumida pelos monofisistas no Sínodo de Constantinopla (533), sob Justiniano I, apesar da posição contrária de Hipatios, bispo de Éfeso, que afirmava a impossibilidade de aquelas obras serem verdadeiramente de Dionísio, visto que são ignoradas por mestres como Atanásio e → CIRILO DE ALEXANDRIA. Destaque que ainda conserva toda a sua validade.

São → MÁXIMO, O CONFESSOR, no Oriente, e São → GREGÓRIO MAGNO, no Ocidente, são os principais fautores da paternidade dionisiana dos escritos em questão. Na Idade Média, essa paternidade foi plenamente aceita. Deve-se chegar ao humanista Lorenzo Valla e a Erasmo para encontrar as primeiras vozes discordantes. Somente em 1895, por obra de dois estudiosos, J. Stiglmayr e H. Koch, é determinado historicamente o período da atividade do Pseudo-Dionísio. O estudo exegético dos escritos dionisianos e o estudo comparado com composições análogas, tanto dogmáticas quanto litúrgicas, levam à conclusão que as obras do pseudo-Dionísio remontam à segunda metade do século V e ao início do século VI. O autor do *Corpus*, com base nos últimos estudos, teria sido um cristão de origem síria, que passou um longo período em Atenas, discípulo de Proclo e de Damásio, dos quais refletia o fascínio.

2. OS ESCRITOS. a) Tratados. *Dos nomes divinos* (*ND*): é a obra principal, redigida em treze capítulos, dos quais os três primeiros são introdutórios: os nomes divinos, dados pela Sagrada Escritura a Deus, exprimem os seus atributos de modo muito claro (c. 1); alguns desses convêm à natureza divina, outros às três Pessoas divinas ou somente a uma (c. 2); Deus manifesta-se àquele que, com sinceridade, o procura: daí a necessidade da oração (c. 3). os outros dez capítulos enumeram os nomes divinos e enfocam o significado, as propriedades e as características na realidade divina transcendente.

A mística teologia (*MT*), em cinco breves capítulos. O título talvez não corresponda à primeira redação do *Corpus Dionysiacum*. Inicia com a oração à santíssima Trindade (1,1), seguem-se: a exortação a Timóteo de viver as condições para entrar em contato com Deus (1,1) e evitar comunicar aos indignos o ensinamento em questão (1,2); o dever de conhecer a Deus, de modo quer afirmativo ou *catafático*, quer negativo ou *apofático* (1,2), o testemunho sobre a complexidade da Sagrada Escritura (1,3) e a disposição espiritual para o ingresso na bruma (1,3); o verdadeiro sentido da visão do conhecimento de Deus por via negativa (c. 2); os motivos fundamentados para justificar o método "negativo" citado no escrito (c. 3); a absoluta transcendência divina é exposta nos capítulos 4-5.

Da celeste hierarquia e *Da eclesiástica hierarquia*. São dois tratados distintos, porém afins, seja como enfoque, seja por alguns conceitos de base. O ponto central é a santificação, isto é, a deificação, que se realiza na alma através de uma via ascensional: purificação, iluminação, perfeição. Deus realiza essa divinização não diretamente, mas por meio de intermediários, dispostos em ordem hierárquica descendente. O escopo da dupla Hierarquia é criar a → UNIÃO COM DEUS na contemplação, e comunicar aos outros o conhecimento divino. O tratado *Da celeste hierarquia* (*CH*) foi redigido em quinze capítulos. A ordem descendente que a caracteriza é justificada pela maior ou menor participação dos espíritos celestes na perfeição de Deus, e pela dependência — em relação a essa participação — da segunda classe de espíritos da primeira, e da terceira da segunda. A Hierarquia celeste compõe-se de novos coros angélicos, subdivididos em três grupos. A primeira ordem extrai diretamente de Deus pureza, luz e perfeição, e as transmite à segunda, e esta à terceira ordem. À segunda ordem também é confiada a criação inteira, e à terceira é entregue em custódia a humanidade, seja como coletividade, seja como indivíduos, de sorte que cada ser humano possa participar da luz, pureza e perfeição de Deus (10). Dez capítulos desenvolvem o tema da *Hierarquia ecclesiástica* (*EH*). Tendo determinado as tarefas que lhe competem — análogas às da anterior —, o pseudo-Dionísio analisa a tríplice ordem que a constitui: ritual ou sacramental (batismo, Eucaristia, confirmação ou consagração do óleo sagrado), clerical (bispos, sacerdotes e diáconos), leiga (catecúmenos, fiéis, monges). De cada ordem dá noções exatas, enquanto o último capítulo expõe com uma interpretação místico-simbólica os rituais fúnebres.

b) *Cartas*. São dez ao todo. Particular importância cabe à primeira, que exprime o verdadeiro conceito de "nesciência" e a quinta, que explica a realidade da "bruma divina". Essas duas cartas são bastante úteis para compreender o pensamento com referência à teologia mística.

3. A DOUTRINA. O pseudo-Dionísio não é original no enfoque doutrinário teológico-místico. É clara a dependência da tradição platônica e da patrística grega, particularmente das escolas de Alexandria e Antioquia: Clemente, → ORÍGENES, ↓ EVÁGRIO PÔNTICO, Basílio, ↓ GREGÓRIO NAZIANZENO e Gregório de Nissa. Basta conhecer seus escritos para captar com exatidão o pensamento do pseudo-Dionísio. O seu mérito é ter levado a investigação teológica para um campo da espiritualidade, antes não tratado com ordem, força de penetração e amplitude de considerações, como em sua síntese doutrinária.

A teologia mística do pseudo-Dionísio nada tem em comum com teologias análogas (caldaica, egípcia, pitagórica, filoniana), nem corresponde ao conceito contido no termo "místico" entre os escritores espirituais, quer medievais, quer modernos. Os símbolos e as verdades que exprime e desenvolve em seus escritos não nascem de uma experiência do divino, isto é, não são experiências pessoais místicas, mas simplesmente querem sublinhar, conforme observado pelos seus mestres, o grau supremo da "fé" e do "conhecimento" quando este entra nos limites do "amor", então entre cognoscente e conhecedor se estabelece uma relação viva e experimental de amigo para Amigo (cf. C. PERA, La teologia del silenzio di Dionísio il mistico, *Vita Cristiana* 15 [1943] 269).

Para captar o pensamento exato do pseudo-Dionísio sobre o conhecimento que se pode ter de Deus, e para a qual é orientada a alma como termo último de perfeição, deve-se observar o seu conceito de conhecimento "negativo". "O mais alto conhecimento de Deus é aquele que se tem por meio da ignorância, segundo a união supermental, quando a mente, separando-se de todos os seres, e deixando-se também a si mesma, une-se aos raios super-resplandecentes; a partir desse momento, na imperscrutável profundidade da sabedoria, é iluminada" (*ND*, 7, 3). Não se tem uma ignorância "privativa", mas a "nesciência", enquanto se sabe que não se conhece "aquilo que Deus é", o qual "sendo invisível, por causa de sua eminente claridade, é inacessível, pelo excesso da suprassubstancial efusão luminosa; nela (bruma) encontra-se cada um que se tenha tornado digno de conhecer e ver a Deus, exatamente pelo não-ver e pelo não-conhecer: situando-se verdadeiramente no plano que é supervisão e conhecimento" (*Cartas*, 5: *PG* 3, 1.073A). A transcendência absoluta de Deus não pode ser inserida na classificação das realidades e das perfeições criadas, nem pode ser definida com a terminologia, seja positiva ou negativa, da linguagem humana. O pseudo-Dionísio opõe-se à mística da "sóbria embriaguês" de Fílon e do "contato" de → PLOTINO, com a sua mística "da união de amizade", que se opõe à mística do "conhecimento" de Eunômio e de Aécio com a sua mística "do silêncio", seja em seu valor objetivo, enquanto há uma verdade escondida da qual só Deus pode falar, seja no valor subjetivo enquanto reconhecendo que "aquilo que é Deus" foge à investigação da inteligência criada, mas permite à caridade realizar a união com ele (cf. C. PERA, op. cit., 361-362 e 367-368; cf. também *Cartas*, 1: *PG* 3, 1.065).

As condições pessoais para chegar gradualmente ao altíssimo estado de contemplação "no qual a total ignorância, no melhor sentido, é conhecimento daquele que está acima de tudo que se conhece" (*Ibid.*), são apontadas no capítulo 1 da *MT*: "Abandona os sentidos e as operações intelectuais, todo o sensível e o inteligível, tudo aquilo que não é e o que é, e, no que puderes, através da nesciência, incline-se à união com ele, que está acima de toda substância e de toda cognição. Com a absoluta e desprendida saída de ti mesmo e de todas as coisas, tendo deixado tudo e de tudo ter se desprendido, serás elevado ao suprassubstancial raio da treva divina" (cf. GREGÓRIO DE NISSA. *In Cant. Cant. hom.* 6).

É purificação intelectual e chamado a aderir com fé à revelação. A primazia da fé, como força de conhecimento, inclui um real desprendimento de si para si, "êxtase", um sair de si para abrir-se à luz de Deus. Fé que dispõe para "penetrar na bruma, aquela verdadeiramente mística da nesciência, segundo a qual [...] em seu completamento é impalpável e invisível, tudo pertencendo àquele que está além de tudo [...] ao absolutamente incognoscível" (*Cartas*, 1, 3).

Também é necessária a purificação dos afetos e das paixões para entrar no círculo da caridade, que é força unitiva muito eficiente: "não só se deve deixar toda malícia, mas sempre e virilmente, sem desvios, deve-se resistir a todo mau cedimento, sem jamais cessar do sacro amor da verdade" (*EH* 2, 3, 5). Ascese, então, moral e intelectual que predispõe a alma a receber luz de conhecimento e consagração na caridade (cf. *Ibid.*, 5, 1, 3). A perfeição, com efeito, seja no campo intelectivo, seja no afetivo, isto é, a deificação, não é o resultado do puro esforço da alma, é dom da graça comunicado por Deus, seja através dos sacramentos da regeneração, da Eucaristia e da confirmação, seja pela intervenção providencial dos → ANJOS (cf. *CH*, 1, 3), mas sobretudo pelo influxo de Cristo. Daí a necessidade de viver em Cristo, de contemplá-lo e de refleti-lo em nós: "Jesus operou com amor a nossa união com ele, unindo às suas diviníssimas grandezas aquilo que em nós existe de humilde" (nossa nulidade) na realidade misteriosa do Corpo místico. "Devemos, então, se ansiamos pela comunhão com ele, contemplar a sua diviníssima vida na carne e ascender ao seu estado deiforme e imaculado, imitando a sua impecabilidade" (*Ibid.*, 1,1; 3,3, 12). Milagre de vida que se realiza por exclusiva bondade salvífica de Deus (*CH* 3, 1), o qual, através do divino poder "comunica a sua deificação, oferecendo àqueles que são deificados a força exigida para esse escopo" (*ND* 8,5) e a sua santidade, "a qual se presta benignamente para formar a divindade naqueles que se convertem" (*Ibid.*, 12,3). É plenamente justificada a oração à Trindade, com a qual inicia-se a *Mística teologia*: "Ó Trindade supersubstancial, superdivina, superbondosa inspetora da teosofia cristã, envia-nos místicos oráculos dos píncaros desconhecidos, super-resplandecente, altíssima, onde os simples absolutos e imutáveis segredos da teologia (Sagrada Escritura) permanecem envoltos na superluminosa bruma do silêncio, iniciador do que está oculto, a qual, naquilo que é mais tenebroso, faz superirradiar o que é superbrilhantíssimo, e no completamento impalpável e invisível faz supertransbordar de supermagníficos esplendores as mentes dos que não veem" (*MT*, 1, 1).

Entende-se nesse quadro doutrinário a sua influência no pensamento dos místicos que o seguiram, de Máximo, o Confessor a Santo → ALBERTO MAGNO, de Santo Tomás a São → JOÃO DA CRUZ.

BIBLIOGRAFIA. BERNARD, Ch. A. Les formes de la théologie d'après le pseudo – Denys l'Aréopagite. *Gregorianum* 58 (1978) 39-69; BRONTESI, A. *L'incontro misterioso con Dio*. Brescia, 1970 (com bibliografia); HORN, G. Amour et Êxtase d'après Denys l'Aréopagite. *Revue d'Ascétique et de Mystique* 6 (1925) 278-289; LILLA, S. *Il texto tachigrafico del De divinis nominibus (Vat. gr. 1809)*. Città del Vaticano, 1970; ID. Terminologia trinitaria nello Pseudo-Dionigi l'Areopagita. Suoi antecedenti e sua influenza sugli autori successivi. *Augustinianum* 13 (1973) 609-623; ID. Introduzione allo studio dello Os Dionigi Areopagita. *Augustinianum* 22 (1982), 533-577 (com bibliografia); PERA, C. Denys le Mystique et la theomachia. *Revue de Sciences Philosophiques et Théologiques* 25 (1936) 5-75; ID. La teologia del silenzio in Dionigi il Mistico. *Vita Cristiana* 15 (1943) 267-276.361-370.472-480.555-565; ID. Il método di Dionigi il Mistico nella ricerca della verità. *Humanitas* 2 (1947) 355-363; ID. Il mistero della Chiesa nello Pseudo-Dionigi. *Ephemerides Carmeliticae* 17 (1966) 134-157; PUECH, H. C. La ténèbre mystique chez le pseudo Denys et dans la tradition patristique. *Études Carmélitaines* 23 (1938) 23-53; THERY, G. Denys au moyen-âge: l'aube de la "Nuit oscure". *Études Carmélitaines* 23/II (1938) 68-74.

C. SORSOLI – L. DATTRINO

DIONÍSIO, O CARTUXO. 1. NOTA BIOGRÁFICA E OBRAS. Nasceu em Rijkel, nordeste da Bélgica, entre 1402 e 1403, e sofreu a influência da → *DEVOTIO MODERNA*. Sendo ainda jovem para entrar na cartuxa, inscreveu-se na universidade de Colônia, onde foi promovido a professor de arte em 1424. Após superar uma grave crise moral, entrou no ano seguinte na cartuxa de Ruremonde, onde morreu no dia 12 de março de 1471.

Deixou sua cartuxa somente três vezes, e por breve tempo, passando o resto da vida na intimidade da → CELA, em plena observância da rígida Regra. Para demonstrar que as austeridades não lhe custavam um grande sacrifício, escreveu de si mesmo: "A minha cabeça é como o ferro e o meu estômago é semelhante ao bronze".

Dionísio tornou-se célebre sobretudo por sua atividade literária, que iniciou em torno de 1430 e terminou pouco antes da morte, em 1469. Os seus biógrafos falam sobre a imensidade de sua produção como de um *ingens miraculum*. A sua produção, que compreende bem duzentas obras, foi reunida em 42 volumes, *in quarto*, sem contar dois volumes de índices. Escreve, como ele próprio afirma, por dever. Os seus trabalhos referem-se à exegese, à teologia, à ascética e à mística.

Deixou-nos um comentário da Escritura inteira, da qual dá o sentido literal e a seguir os diferentes sentidos espirituais. Em teologia, deixou um *Comentarium* das *Sentenças* de Pedro Lombardo, no qual mostra-se independente de Santo Tomás, de quem conhecia bem a doutrina e chamava de *Doctor sanctus*.

Em ascética e mística é fiel discípulo do pseudo-Dionísio, que chama de *Doctor meus dilectissimus*. Comentou igualmente a Cassiano, que apresenta nestes termos: *illustrissimus ille Joannes Cassianus, summus noster philosophus*. Comentou também o *De consolatione*, de Boécio, e escreveu um resumo da *Summa theologica* de Santo Tomás intitulado *Summa fidei ortodoxae*. Esses são apenas alguns títulos de suas numerosas obras.

2. DOUTRINA. O tratado *De contemplatione* merece uma menção especial: é aqui que se devem buscar suas ideias sobre a teologia mística, pela qual foi chamado pela tradição *doctor extaticus*. Os biógrafos falam muito dos seus êxtases, que geralmente duravam muitas horas, tendo ele próprio descrito um determinado número deles. O êxtase era um longo diálogo entre a sua alma e Deus, durante todo o tempo da missa conventual. Deus lhe manifesta toda a sua cólera contra a corrupção da Igreja, e, quando volta a si, Dionísio sente-se tão cansado e deprimido que não consegue repousar.

Dionísio escreve que os êxtases são graças *gratis datae*, doadas a ele para os outros, não necessariamente ligadas à graça santificante. Considera que os êxtases são um sinal da fraqueza da natureza decaída. Sem o pecado original, a alma poderia experimentar todas as mais altas experiências da vida mística além do êxtase, que é a perda da consciência sensível. A Santíssima Virgem, segundo Dionísio, jamais teve um êxtase, ainda que a sua vida unitiva fosse contínua e usufruísse frequentemente a visão da Santíssima Trindade.

Dionísio está impregnado da doutrina do Areopagita, sobretudo a respeito de Deus. Como ele, ensina que Deus está acima das nossas categorias. Quando dizemos: Deus é poderoso, Deus é sábio, Deus é amor, afirmamos verdades banais pertinentes apenas à via iluminativa. Na unitiva, porém, dizemos com mais verdade: Deus não é poderoso, Deus não é sábio, Deus não é amor, porque ele está infinitamente acima de tudo isto.

Por essa razão, a simples meditação convém à via purgativa, a teologia mística positiva (no sentido do Areopagita) à via iluminativa, e a teologia mística negativa cabe à via unitiva. Embora escasseando em originalidade, Dionísio é sem dúvida uma das grandes figuras de seu século, e, de certo modo, sintetiza e fecha toda a época medieval.

BIBLIOGRAFIA. Coleção completa das obras: *Doctoris ecstatici D. Dionysii Cartusiani Opera omnia in unum corpus digesta ad fidem editionum coloniensium cura et labore monachorum Sacri Ordinis Cartusiensis...* Monstrolii, Typis Cartusiae S.M. de Pratis, 1896-1935, 44 vls.
MARTIN, D. D. Dionisius der Kartäuser. In: *Lexikon des Mittelalters* III, 1.092-1.094; MERY Jr., K. Dionisii cartusiensis bibliotheca et manuscripta: prologue and queries (Kartäusermystik und Mystiker 4). *Analecta Cartusiana* 55. Salzburg (Universität), 1982, 119-155; ID. Denys of Ryckel and traditions of meditation: Contra detestabilem cordis inordinationem. *Analecta Cartusiana* 35 (*Spiritualität Heute und Gestern* 4). Salzburg (Universität), 1983, 69-89; STOELEN, A. Denys le Chartreux. In: *Dictionnaire de Spiritualité* III, 430-449 (com bibliografia até 1953); WEISMAYER, J. Dionysius der Kartäuser als Lehrer der Unterscheidung der Geister. *Analecta*

Cartusiana 116/2 (*Kartäuserliturgie und Kartäuserschrifttum* 2). Salzburg (Universität), 1988, 5-27.

E. ANCILLI – D. DE PABLO MAROTO

DIREÇÃO ESPIRITUAL.

"A direção espiritual supõe a vontade de mover-se; não há nada pior que uma direção gratificante, na qual só se recebem as consolações que se deseja receber. A direção espiritual tem de apontar um caminho que vá além daquilo que a pessoa é, ou pensa ser. Não basta encorajar e confortar. É preciso fazer caminhar rumo à descoberta do mistério de Deus na pessoa: o Espírito tende a mover, a configurar com Cristo" (C. M. MARTINI, *La direzione spirituale nella vita e nel ministero del prete...*, 1984).

Vista sob o aspecto do significado próprio, a direção espiritual exprime o interesse, o desejo e o empenho para a santidade. Vista sob o aspecto dos protagonistas, ela é o caminho e a comunicação dos quais tomam parte a pessoa que se empenha para a santidade (a pessoa dirigida), a pessoa que a ajuda a progredir no caminho rumo à santidade (chamada impropriamente de diretor espiritual) e o Espírito Santo, que efetivamente dirige, diretor e animador por excelência. Vista à luz da missão da Igreja, a direção espiritual é a expressão do cuidado espiritual com as pessoas que Deus confiou a ela. O exercício da direção espiritual, portanto, é regulamentado pela Igreja. Vista, finalmente, sob o aspecto de sua colocação entre as disciplinas teológicas a direção espiritual, embora se interessando pela aplicação prática das conclusões da → TEOLOGIA ESPIRITUAL, faz parte da teologia pastoral. O motivo da inserção da direção espiritual no âmbito da teologia pastoral é que ela, sendo "ciência e arte" de guiar as pessoas à perfeição da vida cristã, serve-se da ajuda de diferentes disciplinas humanas e teológicas. Os estudos que se ocupam da direção espiritual provavelmente consideram óbvia a sua colocação, do contrário não se entenderia o porquê do silêncio sobre este assunto.

1. HISTÓRIA DA DIREÇÃO ESPIRITUAL. Ocupando-nos da direção espiritual, encontramo-nos diante de uma realidade complexa na qual o humano se entrelaça continuamente com o divino. A problemática referente à direção espiritual distingue-se por seu acento: teológico, psicológico e histórico. As ações humano-divinas interagem, exprimindo-se de modo concreto de acordo com o tempo e lugar. O mistério da vida de Deus nos seres humanos, mediado pela direção espiritual, tornou impossível a realização de uma verdadeira e bem documentada história da própria direção espiritual. Quem pode dizer o que acontece de mais profundo no coração do ser humano?

Essa falta é suprida, em parte, pelos santos e místicos, que transmitiram as suas experiências. Cada caso de direção espiritual é uma história: algumas vezes levada a termo, outras vezes enfrentada com muitas dificuldades ou, ainda, interrompida ao longo do caminho. A história da direção espiritual, isto é, aquela que abraça completamente o passado desde os tempos mais remotos, e o presente sempre novo, seria o somatório de muitas "pequenas" e "grandes" histórias da direção espiritual. Embora sem possuir todos os dados necessários para uma história completa da direção espiritual, é possível tecer sólidas observações sobre os seus diferentes aspectos. Consequentemente, pode-se dizer alguma coisa sobre a origem e o desenvolvimento que, ao longo dos séculos, teve a direção espiritual, além de sobre as causas das suas crises. Estão muito bem documentadas as figuras do diretor espiritual e da pessoa dirigida.

Partindo da constatação de que uma direção humana, religiosa e espiritual é um fenômeno universal, é preciso reconhecer a vastidão da eventual pesquisa. Começando pela Antiguidade greco-romana, mais próxima de nós sob o ponto de vista filosófico e cultural, sem esquecer a cultura egípcia, e prosseguindo através das religiões não cristãs, é possível recolher as provas de que em todo tempo e lugar existiram os protótipos da direção espiritual. Parece evidente a necessidade humana de ser ajudado, a confiança de poder obter uma ajuda adequada para as necessidades pessoais e a disponibilidade manifestada pelos mestres, coadjuvada pela respectiva sensibilidade e compreensão (cf. E. DES PLACES, *Direction spirituelle dans l'antiquité classique...*, 1957). O fato de que, primeiro entre os gregos e depois entre os romanos, encontram-se nomes de filósofos famosos como Sócrates, Platão, Epicteto, Marco Aurélio e Sêneca, que davam conselhos de orientação para a vida das pessoas que os pediam, demonstra que a função de diretor nem sempre foi ligada àquela de sacerdote, como ocorria no Egito. Restringindo, assim, o campo da pesquisa ao âmbito cristão, constataremos que, nesse setor, há uma diversificação entre o Oriente e o Ocidente, com uma multiforme riqueza de modalidades. É importante não perder de vista a extensão cronológica e geográfica na qual a direção espiritual foi cultivada (cf. J.-D. BENOÎT, *Direction spirituelle et Protestantisme*...,1940; I. HAUSHERR, *Direction spirituelle en Orient*..., 1955).

O tema da direção espiritual, como dissemos há pouco, embora não sendo restrito unicamente ao âmbito cristão, está abundantemente presente na literatura cristã. Começando pelo Novo Testamento, encontramos exemplos de direção espiritual e comunitária: são particularmente numerosos os escritos que se referem à vida e à atividade de Paulo, mas foram os ambientes de vida ascética e monástica que recorreram sistematicamente à direção espiritual como ajuda no caminho da santidade.

Quanto aos primeiríssimos tempos do cristianismo, parece terem sido dois os fatos que determinaram a orientação para a direção espiritual. Antes de tudo, a fidelidade ao ideal de vida cristã pelo convertido: toda a atenção era concentrada na adequação da sua vida à santidade recebida pelo batismo. Em segundo lugar, a impossibilidade — sempre limitada àquela época — de poder chegar mais de uma vez na vida ao sacramento da penitência: faltava aquilo que mais tarde tornou-se uma prática de devoção: o recurso ao confessor em todos os casos de necessidade (cf. J. STRUS, *La direzione spirituale e il sacramento della riconciliazione*..., 1983). Estes dois fatos naturalmente estavam ligados entre si. O → BATISMO, sacramento de penitência por excelência, iniciação da vida com Cristo, polarizou o interesse dos cristãos sobre a santidade a ser vivida. O martírio, frequente nos primeiros tempos do cristianismo, efetivamente tornou-se a coroação do testemunho cotidiano que os cristãos davam como comunidade e como pessoa.

Com o desenvolvimento da vida monástica, que sucedeu à dos ascetas, e das várias formas de vida religiosa, a direção espiritual começou a afirmar-se de modo regular. A necessidade e a modalidade da direção espiritual correspondiam às várias formas de vida: anacorética/eremítica e cenobítica. Instauraram-se relações entre jovem e ancião, mestre e discípulo, pai e filho, diretor e dirigido, superior e religioso. O motivo do encontro era a santidade e a experiência espiritual às quais desejavam chegar os principiantes com a ajuda dos iniciados. Aos espirituais dirigiam-se também os leigos que viviam no mundo (cf. E. ANCILLI, *Direzione spirituale*..., 1976).

O discurso sobre a direção espiritual, se olharmos alguns dos melhores estudos, centraliza-se sobretudo na figura do "diretor espiritual" ou "guia". Com efeito, desde o início a figura do diretor/pai espiritual foi a expressão da direção espiritual. Provavelmente terá sido essa a justificação que a instituição de formação fez da direção espiritual (cf. E. ANCILLI, *Dalla mistagogia alla psicoterapia*..., 1985; *La figura della guida spirituale*..., 1986).

2. **TERMINOLOGIA.** Nos últimos tempos assistiu-se a algumas tentativas de substituir os termos tradicionais de "direção espiritual" e de "diretor e pai espiritual" por outros que correspondessem melhor à sensibilidade hodierna. De um lado, a palavra "direção" aparecia como algo de externo em relação à pessoa e, por sua vez, a palavra "espiritual" como que restrita aos problemas da alma; de outro lado, não era mais possível compartilhar o enfoque verticista que a direção espiritual teve no passado: pai-filho, diretor-dirigido. Essa substituição era postulada pelo sucesso que as ciências humanas conquistaram em nossos tempos. A contemporânea cultura pluralista muito contribuiu para a valorização do conceito de "ser humano" e para a importância da comunicação interpessoal. Posta no centro de tudo a pessoa humana, também aumentou o sentido de unidade que o ser humano de hoje tem de si mesmo: ele não se sente mais dividido entre corpo e alma, que pareciam em uma tensão inconciliável.

Pensou-se que os novos termos de "conselheiro, consultor, psicólogo, acompanhador, animador", ao lado de "diálogo, consulta" seriam mais adequados à realidade à qual se referia antes a direção espiritual. Infelizmente, porém, esse modo de considerar as coisas não estava livre da parcialidade. Criticando a expressão "direção espiritual" com o papel correspondente de "diretor e pai espiritual", não se percebia a realidade à qual ela se referia, limitando todo o discurso à figura do diretor espiritual humano. Ao propor os novos termos, desejava-se ir ao encontro da pessoa dirigida que, em suma, poderia ser vítima de um "diretor espiritual" autoritário. O único "benefício" obtido com a nova terminologia seria passar da centralidade da figura de "diretor espiritual" de antigamente para a de "pessoa dirigida". Desse modo, o papel do Espírito Santo, ao qual se referem as palavras "direção espiritual", nem seria percebido. Uma vez que na aceitação da mudança proposta arriscava-se mais o conteúdo que as palavras, não foi possível, então, acolher as sugestões propostas pelos críticos. A renovação da qual a direção espiritual precisava referia-se ao respeito e ao espaço devidos ao Espírito Santo. Não é o papel, e sim as suas qualidades específicas que distinguem a pessoa do acompanhante. De toda a tradição cristã resulta que a condição, da qual uma pessoa devia ser dotada para exercer bem a tarefa de "diretor ou pai espiritual", era ser "*pneumatikos*". Hoje, em sintonia com essa mesma tradição, e para destacar o valor e o caráter pedagógico da direção espiritual, preferiremos chamá-lo de "mistagogo".

Atualmente, para quem sabe bem o que significam as palavras "direção" e "espiritual", o termo "direção espiritual" já não cria dificuldades. Ao contrário, entende-se que os termos transplantados do campo psicológico não são adequados para exprimir a natureza da direção espiritual: ela, com efeito, é ao mesmo tempo psicológica e teológica. A verdade é que alguns teólogos também hoje preferem — no que se refere ao acompanhador — o termo "guia espiritual" em vez de "diretor espiritual". Parece-nos, todavia, que evidencia mais o papel do "diretor humano" que o do Espírito Santo.

A revalorização do termo tradicional de "direção espiritual", que do ponto de vista teológico permanece válido, não quer dizer que seja descartada, *a priori*, toda a contribuição que a psicologia pode oferecer no campo da direção espiritual.

3. IDENTIDADE DA DIREÇÃO ESPIRITUAL. Embora a atualização terminológica não tenha obtido o sucesso desejado, ainda assim pode ser vista como uma valiosa tentativa para salvar a direção espiritual, ainda que, juntamente com a atitude que reconhecia o seu valor, podiam ser percebidas densas vozes de dúvidas com relação a ela. Houve quem se perguntasse se o lugar anteriormente ocupado pela direção espiritual não devia ser agora confiado às novas possibilidades, aptas a ajudar e sustentar espiritualmente as pessoas. O desenvolvimento das ciências humanas fazia, inevitavelmente, supor tal substituição.

Outro golpe contra a direção espiritual parecia vir de uma maior sensibilidade comunitária, nascida após o Concílio Vaticano II. O ensinamento conciliar salientou que o ser humano foi colocado no contexto cósmico com a capacidade de instaurar o diálogo com o Criador por meio da criação. Consequentemente, a direção espiritual, atenta a cada pessoa, deveria ter sido substituída por aquelas formas de animação espiritual que, efetivamente, demonstrassem ser capazes de tornar espiritualmente vigorosos e apostolicamente dinâmicos os grupos e as comunidades.

Com o emergir do sentido comunitário da vida cristã, foi redimensionado o modelo, antes indiscutível, de direção espiritual de cunho individualista. Assim, a tarefa da direção espiritual também se tornou mais articulada, de acordo com os contextos em que se encontrava a pessoa dirigida.

As contribuições positivas que a direção espiritual recebeu para uma construtiva autorrevisão resultaram em sintonia com o discurso que a teologia sempre fez do Espírito Santo e de seu papel na Igreja e na vida de cada um. Por outro lado, a aquisição mental segundo a qual a pessoa que se encontra em fase de educação, de formação espiritual, de direção espiritual, jamais é objeto, mas sujeito, tirou posteriormente a possibilidade de instrumentalizar as pessoas.

Em suma, no conjunto, convém observar que as críticas feitas contra a direção espiritual em vez de anulá-la contribuíram para um aprofundamento de sua identidade. Antes de tudo, ficou claro que diante da natureza específica da vida espiritual a psicologia não dispõe de meios adequados para substituir a direção espiritual. Ao contrário, uma boa direção espiritual muitas vezes também ajuda onde caberia à psicologia intervir. Isto não quer dizer que a psicologia não deva dar uma sua contribuição no campo da direção espiritual. O conhecimento de como age a direção espiritual pode esclarecer melhor o problema. No ponto de partida da direção espiritual, situa-se o empenho para chegar ao conhecimento mais exato possível da pessoa dirigida. O diretor espiritual, então, agirá segundo esse conhecimento. O primeiro resultado da colaboração entre a direção espiritual e a psicologia refere-se à "diagnose", a fim de que o diretor consiga perceber em que consiste a unicidade do caso que ele vai acompanhar. Teme-se que ocorra uma generalização desrespeitosa com a pessoa dirigida, ou uma possível projeção, enquanto cada pessoa é um mundo irrepetível. A colaboração entre psicologia e direção espiritual deveria estender-se, para ajudar o diretor na escolha dos meios mais adequados tendo em vista os fins a serem atingidos. Em se tratando de uma relação entre direção espiritual e psicologia, é sempre possível que das duas partes surja uma posição de prejuízo: a direção espiritual pode temer ter o campo invadido pela psicologia, e a psicologia pode considerar pouca coisa ser de ajuda à direção espiritual se esta não souber servir-se dessa ajuda. Mas no centro do problema não está tanto a posição de superioridade ou de inferioridade de uma ou de outra, e sim a pessoa dirigida, que deve ser considerada, pela psicologia e pela direção espiritual, em sua condição psicossomático-espiritual.

No passado, a ação sacerdotal (evangelização, catequese, sacramentos, direção espiritual autêntica) foi talvez a única ajuda para as pessoas que se encontravam necessitadas, sem excluir as de natureza psíquica. Outra pessoa considerada capaz de ajudar, juntamente com o diretor espiritual, era o médico. Também hoje se reconhece a influência que esses dois papéis possuem na esfera psíquica e espiritual do ser humano. Entretanto, é preciso considerar a positividade da passagem realizada entre a situação de antes e a atual, para deixar-se ajudar pela psicologia. A direção espiritual interessada na vida espiritual não pode prescindir de outras competências.

Do ser humano que empreende o caminho da santidade deve-se respeitar, antes de tudo, a vida psíquica, conhecendo bem a sua situação. É aqui talvez que, no passado, muitos diretores, sobretudo quando autoritários, faltaram com a sensibilidade. Pelo conceito de vida psíquica, com referência à pessoa humana, aludimos ao fato de que o ser humano, partindo da experiência que faz, toma consciência de si mesmo. Isto é, examinando-se em relação à família e ao ambiente cultural, político e social em que vive, sente-se chamado a dar uma resposta a cada uma dessas realidades.

A vida espiritual no ser humano refere-se ao encontro com Deus. Trata-se da consciência de ser amado por Deus Criador, salvo pelo Cristo Redentor e santificado pelo Espírito Santo. Esse encontro acontece através da → PALAVRA DE DEUS, dos sacramentos e da comunidade eclesial.

A distinção entre a vida psíquica e a espiritual exige que sejam respeitados os diferentes níveis de vida aos quais nos referimos. A realidade psíquica e a espiritual no ser humano não estão em tensão, antes, um bom funcionamento da vida psíquica facilitará um equilibrado progresso espiritual, porque o ser humano, inteiro, volta-se para Deus e Deus ama e salva o ser humano assim como ele é.

Em um trecho bastante longo, extraído de uma carta que em 1909 Freud endereçava a um pastor protestante e psicanalista, pode-se perceber, além dos acentos característicos do autor, quão específica seja a realidade humana, da qual a direção espiritual também deve ocupar-se: "Por hoje quero limitar-me a enfocar a diferença entre a sua atividade e a do médico. O sucesso duradouro de cada psicanálise depende, sem dúvida, da concomitância de duas condições: a descarga da satisfação e o domínio e a sublimação da pulsão rebelde. [...] No seu caso, trata-se de pessoas jovens com conflitos recentes, bem dispostas em relação à sua pessoa, prontas para a sublimação, precisamente em sua forma mais cômoda, a sublimação religiosa. Creio que o senhor não tem dúvidas sobre o fato de que o sucesso, no seu caso, se obtém em primeiro lugar pela mesma via pela qual nós o obtemos, isto é, a translação erótica para a sua pessoa. Mas o senhor encontra-se na feliz situação de poder conduzir essa translação até Deus, e de buscar aquela afortunada condição de tempos passados — afortunada unicamente sob esse aspecto — em que a crença religiosa sufocava as neuroses. Para nós, essa possibilidade de liquidação não existe, o nosso público — seja lá qual for a sua origem racial — é irreligioso, assim como nós, e de uma forma absolutamente radical; mas, visto que as outras vias para a sublimação, com as quais nós substituímos a religião, são muito difíceis para a quase totalidade dos pacientes, os nossos cuidados quase sempre confluem na busca da satisfação. Acrescente-se também que não podemos enxergar nada de proibido ou de pecaminoso na satisfação sexual em si, antes a consideramos um precioso componente de nossa atividade vital. O senhor sabe que o nosso erotismo inclui aquilo que o senhor, em seu trato com as almas, chama de "amor", que não pretende absolutamente reduzir-se ao grosseiro prazer sensual. Os nossos pacientes devem procurar nas pessoas aquilo que nós não podemos prometer-lhes em uma esfera superior, e que, pessoalmente, devemos recusar-lhes. Assim, a nossa tarefa é naturalmente muito mais difícil, e a diluição da translação compromete inúmeros bons resultados.

A psicanálise em si mesma não é nem religiosa nem irreligiosa, e sim um instrumento imparcial do qual pode servir-se tanto o religioso quanto o leigo, desde que seja usado unicamente para libertar o ser humano dos sofrimentos. Fiquei muito surpreso ao dar-me conta de que não tinha pensado na extraordinária ajuda que o método psicanalítico pode oferecer no trato das almas, mas isso certamente aconteceu porque um herege malvado como eu está muito longe dessa esfera de ideias" (*Carta ao Pastor Oscar Pfister*…, 1970). O texto citado confirma que também nesse caso o discurso de Freud sobre o ser humano não está livre do Eros e da remoção. Mas o que nos interessa é que, além do ser humano necessitado de ajuda, ele, que mais uma vez definiu a ação sacerdotal como precursora da psicanálise, situa-se desta vez exatamente diante da competência, diremos profissional, da psicanálise. O conteúdo da citada carta faz pensar que uma atitude de fácil simplificação muitas vezes, sobretudo na direção espiritual, não leva em conta os vários níveis de profundidade da personalidade humana. Desse modo, pode ficar comprometido o bom êxito da direção espiritual. Respeitando a liberdade do "eu" da pessoa dirigida, a direção espiritual conseguirá realmente favorecer o crescimento na liberdade se reconhecer que em torno do "eu", que é o centro de toda pessoa, encontra-se um mundo composto de vários estratos.

Visto que, com o nascimento das novas competências de ajuda à pessoa humana, as tarefas estão distribuídas de acordo com os seus papéis, seria trágico se a ação sacerdotal permanecesse à sombra da atenção humana. Sem querer fazer a apologia da direção espiritual, convém afirmar que a sua competência é muito precisa, e a sua função se estende em um raio muito amplo de necessidades e de possibilidades do ser humano. Da maneira como hoje a direção espiritual é entendida pelos estudiosos, é uma novidade que afunda as raízes no passado.

Considerando a direção espiritual como "uma forma de ajuda", corre-se o risco de fazer entender que ela se destina somente a quem está em dificuldades; a sua finalidade específica, porém, é ajudar qualquer pessoa que empreenda o caminho da santidade. Também nesse caso é possível que um fim tão nobre, como é a santidade, seja subentendido. A direção espiritual deverá ajudar no esclarecimento dos motivos pelos quais a pessoa deseja trilhar o caminho da santidade. É possível que esses motivos venham de um fundo narcisista, de aspirações pessoais ou até do desejo de ser útil aos outros. O caminho da santidade, todavia, significa a descoberta do plano de Deus em relação a si mesmo, com o correspondente empenho. Não está excluído que ao analisar os motivos pelos quais alguém deseja tornar-se santo, o diretor deva recorrer à ajuda do psicólogo. Normalmente, porém, toda direção espiritual é, ao mesmo tempo, um processo durante o qual as motivações a favor da santidade pessoal amadurecem, justamente porque são submetidas a uma purificação.

4. NATUREZA DA DIREÇÃO ESPIRITUAL. Além da direção espiritual no plano individual, existem outros tipos de ajuda, semelhantes a ela, voltados para a santidade cristã: diálogo pastoral para os leigos que esporadicamente se dirigem ao seu pastor para serem ajudados espiritualmente, prestação de contas ou diálogo com o superior para os consagrados, confissão. Se não se analisar a relação na qual se situa a direção espiritual com referência a esses outros tipos de ajuda espiritual, será fácil confundir-se.

O critério de distinção é a respectiva correspondência ou não ao foro externo e ao foro interno. Essa distinção, além de definir claramente o âmbito dentro do qual a pessoa se move, mostra quem pode ser o diretor espiritual: sacerdote ou leigo.

a) *Foro externo*: prestação de contas ou colóquio com o superior (para os consagrados); diálogo pastoral (para os leigos ou para qualquer cristão, que esporadicamente se dirigem ao seu pastor para receber ajuda espiritual).

b) *Foro interno*: sacramental (= confissão com ou sem uma autêntica direção espiritual); extrassacramental (= direção espiritual fora da confissão, ou seja, direção de consciência [cf. cân. 630, § 1]), que, se o diretor espiritual é um sacerdote, poderá ser finalizada com a absolvição sacramental).

No plano do grupo apostólico e comunidade paroquial, ou de consagrados, há diferentes tipos de animação espiritual/pastoral. O aspecto comunitário da direção espiritual, infelizmente, é pouco considerado nas respectivas tratações. Sobre a animação espiritual/pastoral devem ser avaliadas as seguintes condições: a especificidade do grupo (paróquia, comunidade de base, comunidade religiosa noviciado, seminário), o caráter permanente ou ocasional em que o grupo se reúne (→ EXERCÍCIOS ESPIRITUAIS anuais, → REVISÃO DE VIDA, retiro, evento eclesial), a frequência e a duração dos encontros nos casos em que o grupo não vive junto.

O motivo pelo qual se deve valorizar antes de tudo a animação é que, fazendo com que a comunidade de fé viva a experiência da Igreja, ela opera em correspondência com o ser e com o agir da comunidade, e geralmente faz sentir a necessidade da direção espiritual individual. Por animação entende-se uma dinâmica que envolve todos os membros do grupo/da comunidade, valorizando os papéis e os dons pessoais de cada um, para promover a vitalidade da vocação específica que o grupo representa na Igreja. Para que a animação não se dilua em uma organização perfeita que busque somente a eficiência, ela deve apoiar-se na atitude de docilidade ao Espírito Santo, primeiro animador de todo o povo de Deus. Essa docilidade exprime-se na constante referência do grupo (comunidade) ao plano apostólico pelo qual nasceu para corresponder à obra do próprio Espírito Santo.

5. NECESSIDADE DA DIREÇÃO ESPIRITUAL. As razões em favor da necessidade da direção espiritual devem ser colhidas no significado que as mediações da Igreja possuem para a vida espiritual de uma pessoa ou de uma comunidade. Neste ponto convém destacar a base sobre a qual se apoia a direção espiritual. Antes de tudo, constata-se a fundamentação antropológica da direção espiritual (*locus anthropologicus*), ou seja, que, no encontro com o outro, o ser humano encontra a si mesmo. À dimensão antropológica corresponde a teológica, que deriva da natureza da Igreja. A realidade relacional muito profunda do Corpo místico de Cristo (*locus theologicus* da direção espiritual) faz parecer natural a sua necessidade.

Dentro da problemática que trata da necessidade da direção espiritual se coloca a pergunta: É necessário ter um diretor espiritual? A história da direção espiritual conheceu períodos nos quais certas pessoas, para seguir a "moda", preocupavam-se em ter um diretor espiritual pessoal sem que, por isso, houvesse uma autêntica direção espiritual. A pergunta principal, todavia, refere-se à necessidade da direção espiritual. Só há sentido em ter um diretor espiritual se existe a vontade sincera de empreender, sob a sua direção, um sério empenho para a santidade. Do contrário, será apenas uma vã ilusão.

A necessidade da direção espiritual é óbvia somente se ela é vista como uma pedagogia da fé. É por isto que, neste discurso que fazemos, deve-se tirar o tom de absolutismo: "a direção espiritual nasceu para acabar". O resultado é uma necessidade relativa. Considerada sob o ponto de vista pedagógico, a direção espiritual deveria conduzir as pessoas àquela maturidade que lhes permitisse caminhar de modo autônomo, sob a direção do Espírito Santo, segundo a ordinária economia da graça.

A necessidade da direção espiritual situa-se em um amplo espaço de carência, que vai da simples exigência dela a uma forte exigência de ser ajudado no caminho da santidade e do discernimento. Ao mesmo tempo, porém, vemos que muitas pessoas, valendo-se do que a Igreja oferece através do serviço da palavra de Deus e da celebração dos sacramentos já recebem uma suficiente orientação espiritual. A esse respeito convém lembrar o que Th. → MERTON escreve sobre a origem da direção espiritual: "É um conceito monástico. Uma prática que não se revelou necessária até que os seres humanos começassem a retirar-se da comunidade cristã para viver em solidão no deserto. Para o membro ordinário da comunidade cristã primitiva, uma direção espiritual no sentido profissional não era particularmente indispensável. O bispo [...] falava em nome de Cristo e dos apóstolos e, ajudado pelos presbíteros, ocupava-se de todas as exigências espirituais de seu rebanho. Cada membro da comunidade era "formado" e "guiado" pela sua própria participação na vida da comunidade, e a instrução necessária era-lhe ministrada, em primeiro lugar, pelo bispo e pelos presbíteros, e, em segundo lugar, pelos pais, pelo cônjuge, pelos amigos e companheiros de fé por meio de simples exortações" (*Direção espiritual e meditação...*, 1965). A relatividade da direção espiritual está ligada ao seu caráter auxiliar, qual acompanhamento do qual as pessoas se servem em diferente grau.

Tratando mais de perto a questão da necessidade da direção espiritual, é preciso distinguir o caso de uma pessoa que está iniciando o caminho da santidade de outra que já fez um bom progresso. Visto que o crescimento na vida espiritual é constituído de um caminho direcionado, progressivo e irreversível, é difícil pensar que as pessoas, especialmente quando principiantes, possam empreender sozinhas esse caminho, sem retroceder. Quanto aos progressistas e perfeitos, não significa que possam sempre dispensar a direção espiritual e que a necessidade de direção cesse automaticamente. Entram em questão, de um lado, a vontade do interessado e, de outro lado, a competência do diretor, que pode não corresponder ao grau de progresso espiritual da pessoa solicitante.

É um risco simplificar o discurso sobre a necessidade da direção espiritual. Além do já exposto, não devem ser minimizadas situações pessoais particulares que exijam uma direção espiritual verdadeiramente competente. Trata-se daqueles que receberam de Deus uma vocação ou uma missão específica.

Os documentos do Concílio Vaticano II exigem o serviço da direção espiritual para os seminários menores (cf. *OT* 3) e para os seminários maiores (*Ibid.* 8; cf. B. TESTACCI, *La figura del direttore spirituale nel seminario maggiore...* 1985). Aos candidatos ao sacerdócio deve ser ensinada "a arte de dirigir as almas" (*OT* 19), porque o ministério pastoral do sacerdote exige esse serviço (*PO* 6.9.11); mas antes de tudo, entre os meios da própria santificação, os presbíteros devem ter "em grande estima" a direção espiritual (*Ibid.*, 18). Com referência aos religiosos, recomenda-se que, no que concerne à direção espiritual, "os superiores [...] lhes concedam a devida liberdade" (*PC* 14). A norma do Código de Direito Canônico estabelece que haja ao menos um diretor espiritual no seminário maior. Aos seminaristas é dada a liberdade de escolher para si um diretor espiritual entre os outros sacerdotes, indicados pelo bispo (*deputati sint*) para esse ministério (cf. cân. 239, § 2). Aos alunos, embora possam escolher com liberdade um diretor espiritual, recomenda-se (*commendatur*) que tenham um moderador de vida espiritual (cf. cân. 246, § 4). O texto do cân. 630, §§ 1-5, por outro lado, refere-se à direção espiritual dos consagrados. Enquanto o Código enfoca as condições indispensáveis para que os consagrados possam viver o compromisso inerente ao sacramento da → PENITÊNCIA, de modo pessoal e com plena liberdade, também lembra aos superiores quais são os seus deveres a respeito, respeitando ao mesmo tempo a liberdade relativa à direção espiritual, "resguardando-se, naturalmente, a disciplina do instituto".

6. PROGRESSO DA DIREÇÃO ESPIRITUAL.
O progresso é a nota dominante da direção espiritual. No centro do discurso sobre a função da direção espiritual e, ao mesmo tempo, sobre o progresso ao qual serve situa-se o tema do *discernimento espiritual*.

O que é o discernimento espiritual? É um juízo da consciência iluminada pela fé, mas também uma pedagogia: a pedagogia da fé, que forma a consciência e a educa para agir conforme o ser humano espiritual. No ponto de partida do caminho educativo para o discernimento deve estar a fé, enquanto permite superar o fechamento diante de Deus. É significativa a afirmação de São João evangelista: "não amemos com palavras nem com a língua, mas com obras e em verdade; nisto reconheceremos que somos da verdade e diante dele tranquilizaremos nosso coração, porque, se nosso coração nos acusar, Deus é maior que nosso coração e percebe todas as coisas" (1Jo 3,18-20). O discernimento espiritual não deve ser exercido com base no que sugere o espírito do ser humano ou o do mundo, mas naquilo que propõe o Espírito de Deus, que está no ser humano.

"Quem dentre os homens conhece o que há no homem, senão o espírito do homem que está nele? Igualmente, o que há em Deus, ninguém o conhece, a não ser o Espírito de Deus. Quanto a nós, não recebemos o espírito do mundo, mas o Espírito que vem de Deus, a fim de conhecermos os dons da graça de Deus" (1Cor 2,11-12).

O discernimento é dado para servir a vida espiritual e para crescer nela. A vida espiritual é uma vida com Deus. Se ela não afundar as suas raízes na fé, na palavra de Deus, na Igreja, nos sacramentos, então não poderá fugir à sorte do ramo seco (cf. Jo 15,1-6).

O Espírito Santo, que está no mundo e o mantém vivo, conduz os seres humanos através do discernimento, para que descubram o significado espiritual de tudo quanto existe no mundo e pelo qual o próprio mundo existe. A → PALAVRA DE DEUS, com efeito, nos faz ver que a vida dos seres humanos se situa entre o dobramento sobre si mesmo e a ação do Espírito Santo, ou, se quisermos dizer com as palavras de São Paulo: entre a vida segundo a carne e a vida segundo o Espírito. É realmente verdade que a concentração sobre si mesmo resulta em fechamento total para a verdade de Deus. Em consequência, também será um fechamento diante dos seres humanos.

Considerando a vida espiritual dos seres humanos enquanto espaço dentro do qual acontece o discernimento espiritual para viver segundo o Espírito, nem sempre as situações serão muito legíveis. Isto não significa que o mal possa ser objeto de discernimento. E nem que aquilo que já foi revelado como vontade definida de Deus e da Igreja ainda possa ser submetido ao discernimento. O discernimento se refere sempre ao bem a ser feito, como expressão da vontade de Deus em uma situação concreta e por uma pessoa concreta ou por um grupo de pessoas (comunidade). A dificuldade e, às vezes, a obscuridade que acompanham o discernimento provêm do "embaraço" da escolha, porque somos solicitados por várias instâncias para fazer o bem.

A condição fundamental graças à qual os cristãos tornaram-se capazes de operar o discernimento espiritual é o batismo. Antes, se vivido com coerência, ele é o discernimento espiritual permanente na prática.

Consequentemente, é indispensável para o discernimento estar livre de qualquer pecado e de qualquer afeto desordenado. Na forma positiva, porém, as condições necessárias para o discernimento são a oração e a disponibilidade, como instrumentos dos quais o Senhor se serve.

A *progressividade* implica um movimento gradual. A direção espiritual reconhece, então, que o crescimento gradual se realiza em graus, exigindo ordem e tempo. O ser humano entra lentamente na escuta de Deus e, aos poucos, põe em prática a vontade de Deus. A direção espiritual não pode acelerar o ritmo porque o critério de velocidade normalmente privilegia as coisas a serem feitas, em vez de respeitar a capacidade de assimilação da pessoa dirigida. Enquanto de um lado a direção espiritual não pode tolerar uma situação de estagnação, de outro lado é seu dever agir com sentido de concretude.

Quanto à ordem, pode-se indicar o seguinte: favorecer o desejo de crescimento humano-espiritual e ajudar a aceitar um firme propósito de empenhar-se nele; propor os meios: oração, palavra de Deus, sacramentos, prática das virtudes vividas no contexto de fidelidade aos deveres do seu estado; ensinar como unir a ação e a contemplação na concretude do próprio ser e do agir.

A direção espiritual não é só uma questão de método, mas está também interessada no conteúdo que deve resguardar. A condição prévia é *a escolha do diretor espiritual*. É famoso, a esse respeito, o conselho que São → FRANCISCO DE SALES dá a Filoteia: "Escolha um dentre mil", diz (Giovanni) d'Ávila, e eu te digo: um dentre dez mil, porque os verdadeiramente aptos a desempenhar esse ofício são mais raros do que se pensa. Ele deve ser cheio de caridade, de ciência e de prudência: se lhe faltar uma dessas qualidades, surgirão perigos" (parte I, c. 4). Pouco tempo antes que o bispo de Genebra escrevesse essas palavras, Santa Teresa d'Ávila tinha experimentado pessoalmente o que significava achar um bom confessor. É uma experiência que confirma a constatação de Salésio e, ao mesmo tempo, ensina muito: "Até então não tinha encontrado um confessor que me entendesse, e continuei a procurar sem encontrá-lo por mais vinte anos" (*Vida*, 4, 7). Encarregado desse ministério, o diretor espiritual pode ser um sacerdote ou um leigo, homem ou mulher, a menos que em determinadas circunstâncias tenham sido estabelecidas condições particulares pela lei da Igreja.

Excelentes e bem-sucedidas experiências de direção espiritual, bem como o insucesso de numerosas outras, demonstra que um bom diretor espiritual deve-se distinguir pela caridade, ciência e experiência. Nessas qualidades estão contidas muitas outras, até pequenas, mas sempre importantes. Se levarmos em conta que os meios dos quais a direção espiritual se serve são diferentes e adequados aos fins a serem alcançados, as supracitadas qualidades do diretor espiritual, óbvias em si mesmas, tornam-se realmente indispensáveis.

Caridade. É a qualidade primeira e fundamental do diretor espiritual. A ciência e a experiência são subordinadas à caridade e dependem dela bem como da sua força motriz. A → CARIDADE é um dom difuso nos corações do diretor espiritual e da pessoa dirigida pelo Espírito Santo, que é o protagonista principal da direção espiritual. Conduzindo à santidade por sua natureza, a caridade tende a dar bons frutos. O resultado é que a direção espiritual, como caminho de santidade, representa o campo privilegiado da caridade. Assim, a direção espiritual inteira aparece como o ministério da própria caridade.

Enquanto qualidade do diretor, a caridade implica esforço, sacrifício, paciência, mas antes de tudo um enfoque da relação entre diretor e dirigido que favoreça o bom êxito do objetivo da direção espiritual. O critério fundamental que deve guiar todo o caminho da direção espiritual é o bem espiritual da pessoa dirigida. É importante acentuar que, em relação à pessoa dirigida, o diretor exerce uma caridade entendida não como sentimento mas como virtude teologal. Assim, ele a intensifica na intimidade com Deus através da oração pessoal, da meditação da palavra de Deus e dos sacramentos. O enfoque do ministério inteiro da direção espiritual, que está a serviço da caridade, vai depender da imagem de Deus e do ser humano que o diretor construiu para si. É verdade que toda direção espiritual se inspira em uma concepção otimista ou pessimista de Deus, do ser humano e do mundo; a importância, porém, não é tanto o equilíbrio mas a verdade, para a qual a caridade conduz.

O diretor é o intermediário por meio do qual Deus, tocando o coração da pessoa dirigida, transforma toda a sua vida. É de extrema importância que a orientação pessoal do diretor, para Deus e para o dirigido, seja correta, do contrário pode impedir que ele experimente aquela amizade e aquele amor que Deus, desse modo, lhe demonstra. O progresso espiritual da pessoa dirigida, favorecido pela direção espiritual, também incide no diretor, ajudando-o a purificar as intenções, as motivações, os fins. Ele se sentirá sustentado pela caridade ao reconhecer na vida do dirigido a presença e a ação do Espírito Santo, que é o primeiro e o principal agente da direção espiritual. Sem atribuir a si mesmo o mérito do progresso da pessoa que acompanha no caminho da santidade, o diretor exprime a sua caridade no zelo pastoral.

Desse modo, sempre no âmbito da caridade, considerando os protagonistas humanos da direção espiritual, chega-se a três conclusões práticas. Com relação ao compromisso a ser assumido na direção espiritual, sobretudo pela pessoa dirigida, a caridade deve corresponder ao grau mínimo, ou seja, não cometer o pecado, e em seu grau de crescimento incessante, tanto quanto é possível durante a vida. A caridade do diretor, embora se apoiando em Deus, seu autor e aperfeiçoador, também exige atenção à situação afetiva de ambos, pessoa dirigida e diretor. Finalmente, os encontros entre a pessoa dirigida e o diretor não devem ser puramente formais, mas animados pelo espírito de família e de fraternidade; é óbvio, então, que um bom diretor não pode exercer a direção de um grande número de pessoas.

O *diálogo*, que pertence ao âmbito da caridade e é um instrumento indispensável em vista do progresso da direção espiritual, realiza-se no encontro entre diretor e pessoa dirigida. A exemplo de Santo → AGOSTINHO, São Francisco de Sales e outros, a direção espiritual inclui, literalmente, ou pelo menos em parte, aquele encontro direto do diálogo tu-a-tu, que não pode ser substituído. Por essa razão, a forma epistolar é literalmente desaconselhada. Sendo um dos instrumentos privilegiados da direção espiritual, o diálogo deve ser orientado pelo diretor com particular maturidade. Mais que às técnicas para conduzir o diálogo, devem-se observar certas atitudes a ser evitadas ou induzidas nas pessoas interessadas em servir-se dele. Nos últimos tempos, a atenção nesse sentido concentrou-se no colóquio não dirigido de C. Rogers. Um diretor espiritual, no mínimo, deve saber que o colóquio não dirigido foi submetido a várias revisões por Rogers, e integrado com posteriores adequações por R. Carkhuff (cf. A. MERCATALI — B. GIORDANI. *La direzione spirituale come incontro di aiuto*..., 1987).

À caridade teologal, que regula a relação da direção espiritual, correspondem algumas duplas de atitudes formuladas pelos estudiosos na matéria, inspiradas na psicologia humanista. Trata-se das atitudes de: defesa e confiança, avaliação e aceitação, superioridade e paridade, indiferença e empatia, manipuladora e espontânea, inflexibilidade e flexibilidade (cf. G. COLOMBERO, *Dalle parole al dialogo*..., 1987). Na base de todas essas atitudes deve situar-se a capacidade do diretor de silenciar. É fato que certos silêncios podem causar embaraço no interlocutor, mas aqui não se trata de um silêncio não comunicativo, de ausência ou de desaprovação. O silêncio, entendido como capacidade de escuta, significa o pleno espaço de atenção e respeito que o diretor oferece ao dirigido.

Tudo que dissemos até aqui não esgota o discurso sobre o diálogo. Todavia, devemos sublinhar a função do diálogo na direção espiritual: a diagnose e a comunicação.

Ciência. O que Santa Teresa d'Ávila escreve no livro *Vida* a respeito dos confessores, cremos que também possa estender-se aos diretores espirituais: "Apreciava ter confessores instruídos, porque dos semidoutos, aos quais tive que recorrer na falta daqueles, sempre tive prejuízo. Sei por experiência que, quando se trata de homens virtuosos e de vida santa, é melhor que sejam completamente ignorantes em vez de doutos pela metade, porque então nem eles são seguros de si e recorrem aos competentes e nem eu confio neles. Os verdadeiros doutos jamais me enganaram. Os outros também não me queriam enganar, mas [...] não sabiam mais que aquilo. Considerando-os suficientemente instruídos, eu considerava que tinha apenas de segui-los, ainda mais porque tudo que me diziam incluía uma grande liberdade que, se me tivessem refreado mais, talvez, em minha grande miséria eu teria procurado outros" (c. 5,3).

Os manuais de teologia moral, em uso há algumas décadas, insistiam na constante atualização dos confessores. "É indispensável que o confessor ao menos tenha a ciência necessária para solucionar com precisão os casos que ordinariamente ocorrem no lugar onde exerce o seu ministério; deve saber ser atento e prudentemente suspeitar nos casos mais raros e difíceis, para não julgar, se não tiver certeza, sem que primeiro tenha consultado algum autor ou se aconselhado com competentes. Saber suspeitar é sinal de ciência; o ignorante jamais suspeita, mas [...] erra com plena certeza" (G. ROSSINO, *Il sacramento del perdono...*, 1966).

Por mais certo e preciso que seja esse último raciocínio, não será suficiente no caso de um diretor espiritual, e quando o confessor também for diretor espiritual. Por sua natureza, a direção espiritual visa construir uma personalidade amadurecida. Esta tarefa não pode simplesmente reduzir-se a eliminar o sentimento de culpa do penitente.

A ciência do diretor espiritual deve corresponder à tarefa que o espera, isto é, introduzir no conhecimento e na experiência do mistério da vida cristã (= mistagogia). Lendo apenas os títulos dos livros publicados nos últimos anos sobre a direção espiritual, constata-se que são genéricos, só se preocupam com o método e com a história. É raro que, desde o título, o livro explicite o conteúdo e o papel que o diretor deve assumir, como faz o *Mistagogia e direzione spirituale*. O que significa "mistagogia"? Referindo-se às palavras "mistério" e "mística" esse termo indica, de um lado, a ação salvífica de Deus, iniciada no Antigo Testamento e revelada em Cristo Jesus e na Igreja, da qual o cristão participa deixando-se envolver pela ação do Espírito Santo; de outro lado, o próprio termo sugere a função de ajuda e de orientação para a experiência do mistério que o místico exerce. Trata-se de uma pedagogia voltada para a iniciação da experiência da vida cristã entendida como mistério. Se à direção espiritual é dado um enfoque mistagógico — o que nem sempre acontece —, o diretor espiritual deve ser mistagogo. Nesse caso, a ciência exigida do diretor espiritual deve continuamente evoluir no sentido qualitativo.

O ensinamento de São → JOÃO DA CRUZ pode ser uma advertência aos que agem sem competência: "numerosos mestres espirituais causam muitos danos a tantas almas, visto que, sem conhecer as vias e as propriedades do espírito, com frequência fazem com que elas percam a unção dos divinos unguentos, por meio dos quais o Espírito Santo as dispõe para si. Ensinando-lhes outros modos vulgares, que leram aqui e ali, adequados somente aos principiantes, e sabendo apenas o que acontece neles (praza a Deus que ao menos seja assim), não querem permitir, ainda que o Senhor queira conduzi-las, ir além daqueles princípios e daquelas maneiras discursivas e imaginativas, de sorte que não transcendem nem extrapolam as capacidades naturais, com as quais operam bem pouco" (*Chama*, 3, 31).

Experiência. Essa característica está em lógica correspondência com as anteriores. A dificuldade surge quando o diretor é um principiante. O problema pode tornar-se sério quando um diretor desse tipo vê-se diante do pedido de ajuda de uma pessoa que já progrediu.

Nesse caso, é preciso distinguir dois aspectos. Um refere-se à vida espiritual pessoal do diretor, e o outro à vida espiritual dos outros, com a qual aos poucos ele entra em contato. *Conditio sine qua non* para adquirir uma boa experiência é a abertura de mente e de coração que lhe permita enriquecer-se nesse sentido, e, ao mesmo tempo, a consciência de que as pessoas não são feitas em série. Quanto ao resultado, especialmente nas primeiras experiências de direção, depende de como o diretor utiliza a direção espiritual. Para ser um bom diretor espiritual é necessário ser primeiro um bom dirigido, do mesmo modo que não se pode ser bom confessor sem antes ter sido um bom penitente.

É possível que o discurso acerca das qualidades do diretor faça a pergunta sobre quem pode ser *diretor espiritual*. Parece, no entanto, que mais importante seja a questão de uma *sua específica formação*. É fato que alguns pensam conhecer as técnicas a serem aplicadas na direção espiritual e que outros andam à procura de textos para ler. Aos primeiros é preciso dizer que é ilusão pensar nas técnicas, porque mesmo que existissem estariam em contradição com a natureza da direção espiritual; aos segundos deve-se acentuar que não é apenas o estudo, ainda que longo e aprofundado, que garante uma boa direção espiritual. Os textos, particularmente sobre a direção espiritual, servirão ao diretor como subsídios de atualização, e talvez para despertar nele interrogações sobre a sua identidade enquanto diretor. Em sintonia com essas finalidades permanece a troca de experiências entre os diretores, especialmente se feita em grupo de estudos. Mas é a comunidade cristã o lugar no qual se formam os bons diretores espirituais e o meio através do qual se aperfeiçoam as suas qualidades.

7. DOIS PROBLEMAS PARTICULARES. I. *Transfert*. A relação entre diretor e dirigido, como a do confessor e penitente, é uma relação entre duas pessoas que possuem uma vida e uma história próprias, que interagem continuamente. Essa relação pode muito bem favorecer o desenvolvimento da direção espiritual, mas pode também, por causa das condições neuróticas do diretor ou do dirigido, ou de ambos, criar problemas particulares. Aqui, em particular, trata-se de uma situação que, no ministério da confissão e da direção espiritual, iluminado pela psicologia e pela psicanálise, é definida pelo nome de *transfert*. O seu termo correlato é o *contratransfert*. O → TRANSFERT é uma relação que envolve três pessoas: o cliente, tratando-se de um encontro psicoterapêutico (= penitente, dirigido), uma pessoa importante de seu passado (genitor, educador, pastor), e uma pessoa do presente (= psicoterapeuta, confessor, diretor). Durante muito tempo o *transfert* foi considerado de natureza sexual. Segundo outros autores, muitas vezes ele é assexual.

Especialmente na psicologia experimental contemporânea, o *transfert* significa a facilitação ou a inibição que uma aprendizagem já adquirida exerce sobre uma aprendizagem sucessiva. Fala-se, então, de *transfert* positivo quando a segunda aprendizagem é facilitada pela primeira, e de *transfert* negativo quando é inibida. A psicanálise, por sua vez, indica com esse termo as atitudes e os comportamentos do paciente que tenta, inconscientemente, restabelecer e reviver, no psicanalista, uma situação infantil rica em carga emotiva, ou porque um dia provocou nele um grande prazer ou porque foi ocasião de frustração. Não se trata apenas de trazer para a nova pessoa qualidades de uma pessoa anterior (= projeção), mas de uma particular ligação emotiva que, durante a terapia, se estabelece gradativamente entre paciente e analista. Pelo termo *transfert* quer-se indicar, então, o reviver de situações infantis na nova pessoa; trata-se da repetição de protótipos infantis, vividos com um marcado sentimento de atualidade. O fenômeno do *transfert* não é de mão única, paciente-terapeuta, mas pode também ocorrer na situação inversa de terapeuta-paciente; tem-se, assim, o *contratransfert*, entendido como conjunto das reações inconscientes do analista em relação ao paciente, mais particularmente para o *transfert* deste.

Também na direção espiritual, bem como na confissão, pode surgir o *transfert* em sua forma positiva e negativa. Esta última torna pouco agradável o encontro e tende a terminar com a cessação dos encontros. No caso do *transfert* negativo, uma das pessoas sente-se considerada objeto e não indivíduo.

a) *O transfert na pessoa dirigida*. É a situação que ocorre quando o diretor espiritual não é mais visto pela pessoa dirigida como o intermediário entre ela e Deus. Esse caso pode acontecer tanto quando o diretor é homem ou quando é mulher, mas especialmente se a pessoa dirigida é mulher. Uma vez que o diretor tornou-se a reencarnação de pessoas que, de algum modo, tiveram influência sobre a pessoa dirigida, consequentemente esta última tende, inconscientemente, a ter pelo diretor os mesmos sentimentos que tinha, ou deveria ter, por elas. Dado que a relação se estabelece em um clima de confiança e de compreensão, as pessoas que são reencarnadas no diretor normalmente são pessoas que tiveram, ou deveriam ter tido, um papel de compreensão e apoio na vida do penitente. Tem-se, então, um *transfert* surgido da relação pastoral, como aquele que surge na relação entre doente e psicoterapeuta. Com referência ao diretor, a pessoa dirigida "vai sempre procurar ser agradável a fim de atrair a sua estima e afeto, como no passado fazia perante o pai. A jovem busca nele o homem cujo encontro satisfaça parcialmente a sua sexualidade, sem que ela seja obrigada a reconhecê-la e a assumir a sua responsabilidade: com efeito, esse homem "proibido" a condena no mesmo instante em que a desperta. Uma mulher acha na submissão passiva a satisfação para o seu masoquismo, e não cessa de propor ao diretor o voto de obediência. Alguns esperam inconscientemente uma direção que lhes diga em detalhes o que devem fazer, e os dispense de assumir responsabilidades" (cf. L. BEIRNAERT, *Expérience chrétienne et psychologie...*, 1964).

O diretor espiritual, por outro lado, deve ser alertado sobre a tentativa, inconscientemente praticada por pessoas dirigidas, de fazer com que ele assuma papéis do interesse delas para satisfazer as suas exigências psíquicas; por exemplo: o escrupuloso ansioso quer que o sacerdote, aceitando o papel do genitor tranquilo e protetor, lhe permita continuar sendo uma criança irresponsável; o escrupuloso obsessivo, por sua vez, tenta assegurar, na pessoa do sacerdote, uma testemunha favorável que lhe garanta a inocência. Semelhante situação termina em contraste com a finalidade pedagógica da direção espiritual. Ou seja, a relação afetiva desfavorável, na direção espiritual, pode levar a pessoa dirigida a uma excessiva docilidade e submissão ao diretor. Nesse caso, a liberdade e a responsabilidade, que caracterizam uma personalidade amadurecida, são bloqueadas pela passividade ou até pela preguiça, que delega toda iniciativa e responsabilidade ao diretor espiritual. O que importa acentuar muito particularmente é a extraordinária e embaraçosa confusão que, inevitavelmente, ocasionaria uma ingênua complacência do diretor em um jogo tão perigoso.

b) *O transfert no diretor espiritual*. Devem ser distinguidas duas situações possíveis: a do contratransfert e a do *transfert* autêntico. O *contratransfert* é como uma resposta ao *transfert* da pessoa dirigida. O diretor pode não compreender que o afeto (ou o ódio) que lhe são manifestados não são de fato para ele, e sim contra a pessoa do genitor, do cônjuge, do professor que ele encarna. No caso do *transfert* autêntico da parte do diretor para com a pessoa dirigida, aflora nele um estado de imaturidade psicológica pela qual ele pode vir a encontrar-se em uma situação inadvertidamente errada e arriscada. Convém observar que também o *transfert* do diretor pode suscitar um *contratransfert* na pessoa dirigida. É compreensível que se torne fonte de responsabilidade para o diretor espiritual o fato de que ele venha a ser envolvido, ainda que involuntariamente, em uma situação do gênero. Com efeito, enquanto deve estar espiritual e culturalmente preparado para compreender e orientar o *transfert* que surge para ele na pessoa dirigida, quando esse fato acontece com ele, se não agir imediatamente com muita prudência e decisão, será menos capaz de entender a situação e dominá-la, porque se vê pessoalmente envolvido nela; também não se pode pretender que a pessoa dirigida seja sempre capaz de ajudá-lo. Em suma, o *transfert* positivo pode ajudar na direção espiritual, especialmente se é a ocasião para compreender melhor o passado da pessoa dirigida, a gênese e a evolução dos seus conflitos.

II. *A mudança de diretor*. Não se trata de mudança por grave e permanente doença do diretor, de sua transferência ou morte. O discurso aqui está ligado principalmente ao que foi dito sobre as qualidades do diretor espiritual. A falta de qualidades no diretor não é motivo suficiente para procurar outra direção espiritual, a menos que não haja nenhuma esperança de que o diretor já escolhido possa amadurecer. É recomendável que as pessoas não mudem de diretor apressada e levianamente, porque facilmente pode acontecer que assumam uma atitude de desconfiança e de prejuízo diante de cada diretor. Essa situação só é superada com dificuldade.

Não mudar de diretor não significa que não se possa consultar outros. Também será necessário submeter ao diretor os vários pareceres, de modo a ter uma única orientação na vida espiritual. Se não se trata de uma consciência escrupulosa ou superficial, não deve ser negado à pessoa dirigida o uso dessa liberdade.

Haverá casos em que a mudança de diretor será inevitável, por exemplo, quando a escolha feita resulta claramente errada e sem uma fundamentada esperança de que as dificuldades possam ser superadas. Outro caso é o do *transfert* negativo ou *contratransfert*.

8. CONCLUSÃO. Procuramos, nestas páginas, dar uma resposta às seguintes perguntas: existe uma realidade pastoral chamada direção espiritual? Se a resposta é positiva, em que consiste a direção espiritual? Qual é a sua identidade, natureza e função? É necessária a direção epiritual?

Outro aspecto levado em consideração refere-se ao diretor espiritual: assegurar sem equívocos e mal-entendidos o papel fundamental e insubstituível que deve ser reservado, na direção espiritual, ao Espírito Santo, e determinar a tarefa atribuída à pessoa humana que exerce o papel de diretor espiritual, e as qualidades que deve possuir.

Faltam neste texto, todavia, referências detalhadas para a pessoa dirigida. Uma vez que "ser a pessoa dirigida" não exige uma específica competência "profissional", ela deve aceitar a direção espiritual da forma que é para crescer segundo aquilo que Deus deseja dela. Em situações particulares, a direção espiritual deverá valer-se de tudo o que for necessário, e buscar ajuda nas diferentes competências, especialmente no campo humano.

BIBLIOGRAFIA. Para uma informação geral sobre a direção espiritual, ver as seguintes publicações: ANCILLI, E. (org.). *Mistagogia e direzione spirituale*.

Roma-Milano, 1985; BERNARD, Ch. A. *L'aiuto spirituale personale*. Roma, 1978; Direction spirituelle. In: *Dictionnaire de Spiritualité. Ascétique et Mystique. Doctrine et Histoire*. Paris, 1957, 1.008-1.142, vl. III; *Le maître spirituel*. Paris, 1980; MENDIZABAL, L. M. *Dirección espiritual. Teoria y practica*. Madrid, 1978; MERCATALI, A. – GIORDANI, B. *La direzione spirituale come incontro di aiuto*. Brescia-Roma, 1987; RAGUIN, Y. *Maître et disciple. La direction spirituelle*. Desclée de Brouwer, Paris, 1985; SERENTHÀ, L. – MOIOLI, G. – CORTI, R. *La direzione spirituale oggi*. Milano, 1982; SUDBRACK, J. *Direzione spirituale. La questione del maestro, dell'accompagnatore spirituale e dello Spirito di Dio*. Roma, Paoline, 1985.

Para um aprofundamento de cada um dos aspectos, em geral apenas lembrados no texto, citamos: ANCILLI, E. Dalla mistagogia alla psicoterapia. La direzione spirituale ieri e oggi. In: *Mistagogia e direzione spirituale*. Roma-Milano, 1985, 9-51; ID. Direzione spirituale. In: *Dizionario degli Istituti di Perfezione*. Roma, Paoline, 1976, 530-548, vl. III; ID. La figura della guida spirituale dall'antichità ad oggi. In: *La guida spirituale nella vita religiosa. XI Convegno "Claretianum"*. Roma, 1986, 7-27; BEIRNAERT, L. *Expérience chrétienne et psychologie*. Paris, 1964, 82-83; BENOÎT, J.-D. *Direction spirituelle et protestantisme. Étude sur la légitimité d'une direction protestante*. Paris, 1940: COLOMBERO, G. *Dalle parole al dialogo. Aspetti psicologici della comunicazione interpersonale*. Roma, Paoline, 1987, 68-97; FREUD, S. *Psicanalisi e fede. Carteggio col Pastore Pfister 1909-1939*. Torino, 1970, 16-17; HAUSHERR, I. *Direction spirituelle en Orient autrefois*. Roma, 1955; MARTINI, C. M. La direzione spirituale nella vita e nel ministero del prete. Relazione al clero della diocesi di Mantova. 31 marzo 1982. In: *Sia pace sulle tue mura*. Bologna, 1984, 28; MERCATALI, A. – GIORDANI, B. *La direzione spirituale come incontro di aiuto*. Brescia/Roma, 1987, 176-302; MERTON, Th. *Direzione spirituale e meditazione*. Milano, 1965, 43; PLACES, E. des. Direction spirituelle dans l'antiquité classique. In: *Dictionnaire de Spiritualité. Ascétique et Mystique. Doctrine et Histoire*. Paris, 1957, 1.002-1.008, vl. III; ROSSINO, G. *Il sacramento del perdono*. Torino, 1966, 273-274; STRUS, J. La direzione spirituale e il sacramento della riconciliazione. In: *La direzione spirituale nella Famiglia Salesiana*. Roma, 1983, 207-239; TESTACCI, B. La figura del direttore spirituale nel seminario maggiore. *Commentarium pro Religiosis et Missionariis* 66 (1985) 59-82.

J. STRUS

DISCERNIMENTO DOS ESPÍRITOS.

O discernimento dos espíritos, como exercício a ser feito diariamente no caminho espiritual, e como tarefa preciosa do diretor de consciência, conserva toda a sua importância e atualidade, donde a necessidade de se ter dele uma noção clara.

1. NOÇÕES E DIVISÕES. Não se pode ter um conceito claro do discernimento dos espíritos sem primeiro definir o que se entende por "espírito". O termo possui inúmeras acepções, também no âmbito filosófico e teológico. No sentido que interessa mais diretamente à → TEOLOGIA ESPIRITUAL, "espírito" significa inclinação do espírito humano para um comportamento moral correspondente a princípios, esquemas e exemplos diversos que a ascética cristã designa com termos como: humano, mundano, evangélico, divino, diabólico etc. Tomado nesse sentido, → SCARAMELLI define o espírito como "um impulso, uma moção ou inclinação interna de nosso espírito para qualquer coisa que, quanto ao intelecto, seja verdadeira ou falsa, e quanto à vontade seja boa ou má" (*Il discernimento degli spiriti*, c. 1, n. 7). O estímulo para agir pode estar dentro do próprio ser humano, que se sente impelido por inclinações congênitas operantes no subconsciente ou por decisões perfeitamente conscientes, mas pode vir também do exterior, do ambiente, das pessoas, do demônio, dos → ANJOS, de Deus. A preocupação de dar uma noção o mais exata possível de espírito obriga a colocar uma advertência: "Embora o nome do espírito seja atribuído às moções voluntárias atuais, consideradas em relação à sua origem, ele convém de modo particular às disposições ordinárias, às inclinações, aos hábitos que se revelam na maioria das vezes nessas moções" (A. CHOLLET, Discernement des esprits, in *Dictionnaire de Théologie Catholique*, IV, 1400).

O próprio nome de discernimento dos espíritos supõe claramente multiplicidade. os autores não concordam no número: São Bernardo cita cinco (divino, angélico, diabólico, carnal e mundano), enquanto a *Imitação de Cristo* limita-se a opor os movimentos da natureza e da graça (livro III, c. 54). Todos os espíritos, porém, podem ser fundamentalmente reduzidos a três: divino, diabólico, humano.

"*O espírito divino* é uma moção interna que sempre nos inclina para o verdadeiro e nos afasta do falso, nos impele para o bem e nos isola do mal, portanto é sempre santo" (SCARAMELLI, op. cit., c. 1, n. 10). Deus impele à ação estimulando a → VONTADE e iluminando o intelecto. Faz isto quer diretamente, quer por meio das causas segundas, permanecendo dentro do âmbito da economia ordinária da graça, ou intervindo de modo extraordinário com graças particulares.

"*O espírito diabólico* é um impulso ou movimento interior que sempre nos conduz ou para o falso ou para o mal, afastando-nos do bem; logo, é sempre mau" (*Ibid.*). O demônio não possui o poder de agir de imediato sobre as faculdades espirituais do ser humano, mas exerce igualmente a sua influência no intelecto e na vontade. O demônio também nem sempre intervém pessoalmente, podendo servir-se de pessoas, livros e interesses para induzir ao mal. Tem como aliados os espíritos da carne e do mundo, que inclinam, respectivamente, para os prazeres dos sentidos e para a ambição. O espírito diabólico sempre inclina para o mal, mas especialmente no início e com os perfeitos o demônio comporta-se muito astutamente, fingindo induzir ao bem; em seguida, substitui o bem por alguma coisa menos boa; ao bem imperfeito segue-se unicamente a aparência de bem, no meio do qual insinua-se o pecado, e finalmente o → VÍCIO reina soberano.

"*O espírito humano* é uma inclinação da natureza humana corrompida pelo pecado original, para aquelas coisas destinadas ao prazer do corpo" (*Ibid.*). Pode-se também definir, em uma visão menos pessimista da natureza humana, como sendo o impulso para agir proveniente da própria pessoa. Se ele se origina da luz natural da reta razão, é bom; mas se deriva da natureza viciada pelo pecado original é mau.

Pode-se, então, definir o que seja o discernimento dos espíritos. O termo possui dois significados. Em um primeiro sentido, significa a perscrutação dos pensamentos do coração humano (cf. *STh.* I-II, q. 11, a. 4). Assim entendido, o discernimento é posto em relação com a fé, da qual é, juntamente com a profecia, uma confirmação milagrosa. Todas as graças *gratis datae* estão em função da fé, dando a quem é dotado ou o pleno conhecimento, ou a capacidade de confirmá-lo, ou a de comunicá-lo eficazmente. A confirmação, nas coisas reveladas, não ocorre por meio de argumentos da razão, mas por meio de coisas que são próprias de Deus, porque somente Deus pode fazê-las ou conhecê-las. Seriam, então, as determinações futuras, objeto da profecia e os segredos do coração, objeto do carisma denominado *discretio spiritum* (1Cor 12,10). O autêntico discernimento vai além desse conhecimento das profundezas do coração humano e busca a fonte dos movimentos interiores para estabelecer se provêm do espírito bom ou do mau. É um juízo com o qual o ser humano, diante de vários incentivos de ação, dos quais a origem não é clara, vislumbra com certeza ao menos prudencial a presença de um ou de outro espírito.

De acordo com o modo com o qual se chega a esse juízo tem-se um duplo discernimento: o infuso e o adquirido. O primeiro "consiste em um instinto ou luz particular que o Espírito Santo dá para discernir, com juízo reto, em si ou nos outros, de que princípio procedem os movimentos internos do espírito, se do bem ou do mal" (SCARAMELLI, op. cit., c. 3, n. 21). O segundo consiste "em um juízo reto que formamos dos espíritos dependentemente das regras, dos preceitos que nos são ministrados pela Sagrada Escritura, a Igreja, os Padres e Doutores, a experiência dos santos e, dependentemente, da luz da própria prudência" (*Ibid.*, c. 4, n. 30). À diversidade da luz que guia no juízo dos espíritos corresponde a diversidade da certeza: absoluta no caso do discernimento infuso; moral e prudencial no caso do adquirido.

Visto que nem todos os autores concordam em determinar o objeto preciso do discernimento, será útil tentar determiná-lo. O padre Martin (Discernement des esprits et direction spirituelle, in *Dictionnaire de Spiritualité* III, 1.281) fala de um tríplice objeto: os motivos da ação, os dons espirituais excepcionais e os favores dos elevados estados de oração. É certamente legítima e obrigatória a questão da origem dos → FENÔMENOS EXTRAORDINÁRIOS e dos estados de oração mística. Não se trata, porém, de um autêntico discernimento dos espíritos, o qual é operado em função do comportamento prático de docilidade ou de repulsa, enquanto os carismas e as graças de oração mística são recebidas passivamente pela alma. O objeto próprio do discernimento também não é a ação humana considerada como um todo, mas um elemento bastante preciso dela. Não é a qualidade moral que deve ser estudada pela respectiva ciência levando em conta o objeto, o fim, as circunstâncias, o conhecimento, a vontade e a liberdade de um ato humano qualquer. O objeto próprio é constituído pelos motivos da ação humana. A análise desta ajudará a enfocá-lo.

Na ação humana distinguem-se três momentos. "As decisões da vontade, pelas quais escolhemos um caminho em vez de outro, são precedidas por fenômenos produzidos ou sofridos, nos quais os motivos são pressionados para dobrar a vontade em seu favor, sendo seguidas de movimentos correlatos às escolhas realizadas: paz ou perturbação, alegria ou tristeza, consolação ou desolação, virtude ou vício. Em outras palavras, existem movimentos antecedentes, constitutivos e consequentes à escolha" (A. CHOLLET, *loc. cit.*). Destes, só os antecedentes são objeto próprio do discernimento, sendo claro que é o ser humano quem faz a sua escolha, e que a ele deve ser atribuída a responsabilidade das consequências normais de sua ação. Assim, resulta que o objeto próprio, "a matéria do discernimento, são os movimentos anteriores, as solicitações, as inclinações, os atrativos, os mil chamados que se produzem antes que a vontade se decida e que procuram assegurá-la e determiná-la" (*Ibid.*, 1.401).

O ser humano sempre ouviu esses chamados e sempre precisou fazer o discernimento. A realidade indicada com esse nome extraído da revelação do Novo Testamento (cf. 1Cor 12,10) é tão antiga quanto o homem. Já os primeiros pais viram-se diante da alternativa de seguir a voz de Deus ou a do demônio oculto na serpente; após o pecado, sentiram o apelo da → CONCUPISCÊNCIA. Por outro lado, não tardam a entrar no cenário da história do povo eleito anjos e demônios, que exercem uma influência oposta sobre o ser humano. No tempo da peregrinação no deserto, acrescente-se a tudo aquilo o chamado tentador do Egito, enquanto durante a conquista e a posse da terra prometida, torna-se viva a tentação da religião popular que comprometia a fidelidade absoluta a YHWH e à → ALIANÇA. Todavia, o discernimento torna-se mais urgente com o advento dos → PROFETAS. O problema surge com a presença dos falsos profetas. A verdade ou a falsidade são acentuadas pela avaliação do objeto, pelos sinais que apoiam a profecia, pela concordância ou não com a religião fundamental, pela conduta, pela intenção e pela experiência do autodeclarado profeta. Um discernimento de proporções cósmicas também invade os apocalipses proféticos de Ezequiel e Daniel. Os Livros Sapienciais também visam a um discernimento entre a via da sabedoria e a da estultícia, entre a via dos justos e a dos ímpios. No ambiente do Antigo Testamento o tema do discernimento é enfrentado doutrinariamente pelo *Manual de disciplina* dos monges de → QUMRÂN, no qual se impõe ao instrutor o iluminar os filhos da luz sobre as várias espécies de espíritos e o modo de distingui-los.

O tema do discernimento é muito importante também no Novo Testamento. Embora o nome raramente apareça, a realidade está presente em toda parte. Nos Evangelhos sinóticos possui um movimento progressivo e está centralizado na pessoa e na obra de Jesus. Desde a sua infância ele se coloca como objeto de discernimento, apresentando-se como aquele que via em si mesmo as profecias das Escrituras, e como sinal de contradição. A vida pública e a sua palavra só fazem manifestar a urgência desse discernimento e determinar as suas condições. Todos os que encontra são obrigados a perguntar-se para saber de onde vem, qual é o espírito que o anima e de que tipo é o poder do qual dispõe. As ocasiões para que possam responder a essas perguntas são fornecidas quando se mostra movido pelo Espírito Santo, vitorioso sobre o demônio, conhecedor do Pai; quando pronuncia as bem-aventuranças, quando opera os milagres para provar que o Reino de Deus chegou e que ele é o Messias prometido, quando discute com os adversários ou propõe as suas parábolas e, sobretudo, quando preanuncia a sua paixão, o grande escândalo até para as almas fiéis.

As Epístolas de São Paulo contêm, de forma não sistemática, uma abundante doutrina sobre o discernimento, e apresentam o autor no ato de realizá-lo. Para o Apóstolo, o discernimento não pode ser praticado por todos, mas somente pelos perfeitos ou espirituais que gozam de uma autêntica e meticulosa experiência espiritual: é, então, fruto de um → CARISMA, que se obtém pela avaliação dos frutos, da contribuição para a edificação da Igreja, da segurança no anúncio e no testemunho evangélico, da luz e da paz interior, e sobretudo pela atitude assumida diante de Cristo.

Também em São João o tema do discernimento é fundamental. Ele descreve mais o termo definitivo que o esforço da escolha: a fé de quem adere a Cristo ou a incredulidade de quem o rejeita. A estrutura suprema da análise é sempre a paixão. No discurso após a última ceia, Jesus traça os critérios fundamentais do discernimento: fidelidade ao personagem histórico do Verbo feito carne, ao reino por ele instaurado e à caridade fraterna. Essa obra de discernimento continua, então, em relação a Jesus, à Igreja, e procede na dupla linha da experiência interior e exterior. A primeira refere-se ao Espírito Santo, de cujo dom o cristão deduz que Deus habita nele e ele em Deus; a segunda é relativa aos fatos evangélicos, aos rituais sacramentais, ao ensinamento oficial e tradicional, com o qual a primeira não pode deixar de coincidir, a prática dos mandamentos e da caridade fraterna que os sintetiza (cf. J. GUILLET, Discernement des esprits [dans l'Écriture], in *Dictionnaire de Spiritualité*, III, 1.222-1.247).

Os primeiros Padres se referem aos dados da Escritura, sem preocupar-se com a sua sistematização, por ocasião de conselhos morais aos fiéis desejosos de maior perfeição, e comentando as passagens relativas aos → DONS DO ESPÍRITO SANTO e às tentações de Jesus. Com o advento do → MONASTICISMO, a doutrina evolui e torna-se mais orgânica. Na Idade Média é sentida a necessidade de um posterior aprofundamento do tema em razão da existência de falsos místicos, que deviam ser distinguidos dos autênticos. Floresce uma abundante literatura sobre o discernimento dos espíritos, que irá preparar a sistematização definitiva do período moderno, como se reflete particularmente no *Discernimento degli spiriti* (1753) de → SCARAMELLI.

2. AQUISIÇÃO E EXERCÍCIO DO DISCERNIMENTO. O discernimento dos espíritos é uma arte bastante difícil. A razão dessa dificuldade está no caráter interior e espiritual dos movimentos a serem perscrutados, em sua origem preternatural e sobrenatural, na astúcia do demônio que procura insinuar-se veladamente, transformando-se em anjo de luz. Essa dificuldade explica por que os juízos são falhos em infalibilidade. Embora as regras extraídas da Sagrada Escritura e da tradição sejam infalíveis, nunca é absolutamente certo que tenham sido aplicadas retamente. Apesar disso, é uma arte necessária, especialmente para o diretor espiritual que tem de analisar e reconhecer as diferentes categorias de espíritos, ou seja, as tendências e os impulsos da alma, sob pena de correr o risco de desviar do caminho o discípulo. Daí deriva o problema prático de como adquiri-lo. O padre A. Chollet (in op. cit., 1.402) faz a seguinte relação dos principais meios a serem usados para obter o discernimento: oração, estudo da Escritura, experiência, prática das virtudes, fuga dos obstáculos da mente e do coração e prudência. Isto fornecerá os critérios suficientemente certos para julgar com prudência donde provêm os diferentes movimentos do espírito.

As listas desses critérios são bastante variáveis nos diversos autores. Alguns oferecem variados critérios em relação ao diferente grau alcançado no caminho espiritual, que comporta uma manifestação diferente dos espíritos. Daremos, de cada um, as regras principais. "O discernimento possui uma dupla função a ser realizada: primeiro, distinguir os movimentos que vêm do ser humano dos que provêm do exterior; [...] segundo, depois de descobrir os movimentos vindos do exterior, caracterizar a sua fonte e pronunciar-se sobre o caráter divino ou diabólico" (*Ibid.*, 1401). A primeira tarefa é realizável desde que se tenha da natureza humana um conhecimento bastante profundo sobre as suas operações, as suas possibilidades ordinárias e extraordinárias; acrescente-se a isto o conhecimento do temperamento especial do indivíduo, das suas condições físicas e psíquicas; uma boa orientação pode ser o testemunho da consciência psicológica que, às vezes, nos faz sentir como protagonistas, e outras vezes como passivos. Ao que está inclinado a adquirir o discernimento dos espíritos interessa se os movimentos que têm a respectiva origem dentro de nós são provenientes da reta razão ou da natureza viciada pelo pecado original. Os movimentos desta última, em oposição aos da graça, são magnificamente analisados na *Imitação de Cristo*, 1. 3, c. 54: o egoísmo, a fuga daquilo que mortifica, a insubordinação, a busca do próprio interesse, de honras, o desejo de um viver tranquilo, a propensão para as coisas temporais e às vaidades das criaturas, a cobiça de aparecer e a curiosidade são outras tantas manifestações da natureza humana corrompida.

Mas, se a alma, em vez disto, descobriu a raiz dos seus movimentos interiores fora de si, resta-lhe ver se se trata de Deus ou do demônio. Chega a isto por intermédio da avaliação de vários critérios, os quais não gozam todos de igual grau de certeza, antes, convém observar que nenhum critério singularmente tomado é apodíctico, donde a necessidade de considerá-los em seu complexo. Alguns deles referem-se ao intelecto; outros, à vontade.

a) Os carateres intelectuais da ação divina são: a verdade, a gravidade, a luz, a docilidade intelectual, a discrição e a humildade. O Espírito divino ensina sempre a verdade, e não pode, de nenhum modo, sugerir o falso: um pensamento ou uma revelação extraordinária devem ser confrontados com as verdades de ordem natural e sobrenatural contidas na Escritura, no ensinamento dos Padres e na doutrina da Igreja. O

Espírito divino jamais sugere às nossas mentes coisas inúteis, infrutíferas, vãs e não pertinentes, mas intervém sempre para interesses sérios e importantes. Ele sempre traz a luz, ainda que, às vezes, a nossa mente esteja obscurecida pela imperfeição do intelecto.

À luz acrescente-se a docilidade, pela qual o ser humano é flexível aos pareceres alheios, especialmente quando esses vêm dos superiores, além da discrição que se manifesta na retidão dos juízos e das deliberações. Finalmente, ainda que o Espírito divino eleve o intelecto humano com cognições até fora do ordinário, ainda assim o fundamenta em uma grande humildade, fazendo-o ver que nelas nada há de seu.

Diametralmente opostas a estas são as propriedades da ação diabólica no intelecto: falsidade, futilidade, trevas ou falsa luz, indiscrição, soberba e vaidade.

b) Na vontade, a ação divina é marcada pelos seguintes critérios: paz, humildade sincera, firme confiança em Deus e temor de si, docilidade da vontade, retidão de intenção, paciência nas adversidades físicas, morais e espirituais, mortificação voluntária do próprio interior, simplicidade, sinceridade, liberdade de espírito, desejo de imitar a Cristo, caridade mansa e desinteressada. Ao contrário, o demônio tenta a vontade para a inquietação, a soberba ou a falsa humildade, para o desespero ou a vã certeza, para a indocilidade em obedecer aos superiores, para as segundas intenções no operar, para a impaciência nas lutas, para o desenfreamento das paixões, para o fingimento ou duplicidade, para o apego ao mundo ou ao menos às coisas espirituais, para a aversão a Cristo, para a falsa caridade e o falso zelo.

Referenciamos, finalmente, alguns movimentos interiores que, certamente, não são atribuíveis nem a um nem a outro espírito, e exigem, portanto, maior prudência e conselho: propensão a mudar o próprio estado, depois que este foi escolhido em sucessão a amadurecida análise; moção para coisas insólitas e fora da própria regra e dos deveres de estado; desejo de coisas extraordinárias no exercício das virtudes; espírito de grandes penitências exteriores; anseio de consolações espirituais sensíveis; espírito de revelações, êxtases e arrebatamentos frequentes.

O discernimento dos espíritos possui uma finalidade prática: a de sinalizar à fidelidade da alma os convites de Deus, e à sua resistência os apelos do demônio e da natureza corrupta. A ela compete realizar, em absoluta liberdade, as suas decisões (cf. A. CHOLLET, *loc. cit.*).

No âmbito espiritual contemporâneo, o discernimento dos espíritos tem tarefas que ultrapassam as da simples → DIREÇÃO ESPIRITUAL. Fala-se, com efeito, do discernimento espiritual comunitário enquanto exercício de busca e de análise da vontade de Deus em relação a uma comunidade. Tanto o antigo *Collatio* quanto a → REVISÃO DE VIDA, hoje, podem e devem ser direcionadas para um autêntico exercício do discernimento por meio do diálogo que, à luz do Espírito, procura a verdade acima das razões humanas imediatas. Este exercício, precedido e acompanhado pela oração, encontra a sua verdadeira expressão no *diálogo* espiritual comunitário.

Outro campo em que o discernimento hoje é exercitado, abrindo quase uma nova via espiritual, é o das experiências eclesiais contemporâneas. Diante do florescimento de novas comunidades, grupos e movimentos, procurou-se reunir alguns critérios de discernimento das experiências espirituais e apostólicas, até estabelecer alguns critérios de eclesialidade para orientar o crescimento e o endereço apostólico das pessoas e de cada um dos grupos.

Por isso, mais que nunca, o discernimento espiritual está na ribalta no âmbito da espiritualidade contemporânea. Ajuda a formar as pessoas e as comunidades, e, justificadamente, é considerado o "carisma dos carismas", segundo uma conhecida expressão de Paulo VI.

BIBLIOGRAFIA. BARRUFFO, A. Discernimento. In: *Nuovo Dizionario di Spiritualità*. Roma, 1983, 419-430; BECK, T. – DELLA CROCE, G. *Il discernimento dono dello Spirito*. Bologna, 1986; *Discernement des sprits*. In: *Dictionnaire de Spiritualité* III, 1.223-1.291; *Formazione al discernimento nella vita religiosa*. Roma, 1988; SCARAMELLI, G.B. *Il discernimento degli spiriti*. Venezia, 1753; ID. *Dottrina di san Giovanni della Croce e discernimento degli spiriti*. Roma, 1946; THERRIEN, G. *Le discernement dans les écrits pauliniens*. Paris, 1973.

Sobre o discernimento comunitário: *Discernimiento comunitário*. Madrid, 1976; GENTILI, A. Il discernimento spirituale comunitario. In: *Mistagogia e direzione spirituale*. Milano, 1985, 329-343; RONDET, M. *Formazione al discernimento spirituale personale e comunitario*. Milano, 1975.

Sobre o discernimento eclesial contemporâneo: CASTELLANO, J. Movimenti spirituali moderni. Criteri di discernimento. *Rivista di Vita Spirituale* 30 (1976) 162-181; Il discernimento dello Spirito e degli spiriti. *Concilium* 9 (1978) [número monográfico]; Paulo VI. Exortação apostólica *Evangelii nuntiandi*, n. 58; Schiavone, P. *Il discernimento dei gruppi*. Roma, 1981; Urbina, F. Movimenti di risveglio religioso e discernimento Cristiano degli spiriti. *Concilium* 9 (1973) 73 ss.

A. Cappelletti

DISCIPLINA. 1. DISCIPLINA NA ESCRITURA. Na concepção clássica helênica usava-se o termo "disciplina" para indicar certa constrição exercida durante a educação-ensinamento, sendo considerada como um seu componente. Entre o povo judeu usava-se uma só palavra (*mûsar*) para indicar a educação inteira em seus momentos disciplinares. Exatamente porque a educação é sempre também disciplinar, acreditava-se que uma pessoa atingia a perfeição de sua formação sapiencial espiritual no sofrimento corretor. Um educador, fosse Deus para os seres humanos, ou um homem para os seus semelhantes, não podia nem devia desprezar o aspecto disciplinar de sua tarefa, até traduzido para o castigo corporal. "Quem poupa a vara não ama seu filho; quem o ama, porém, disciplina-o prontamente" (Pr 13,24).

A disciplina, incluída na missão educativa, possui um caráter teonômico no povo eleito: fundamenta-se na ação salvífica de Deus: "Vê: feliz o homem que Deus repreende! Não desprezes a repreensão do Poderoso. Ele machuca, mas cuida das feridas; suas mãos ferem, mas curam" (Jó 5,17-18; Pr 3,11).

Os profetas descrevem o povo em suas situações sob a disciplina de Deus (Os 10,10; Jr 10,24); enquanto o salmista rende graças a Deus que ao castigar não conduz à morte, como o punido merecia (Sl 118,18; 94,12). Com a literatura sapiencial a disciplina adquire um caráter mais antropocêntrico: acolhe o ideal pedagógico do mundo helenístico. Também a visão helenística antropocêntrica é integrada na experiência do castigo divino. O Deus misericordioso torna-se o educador da pessoa piedosa.

No Novo Testamento Jesus assume sobre si a punição disciplinar em expiação das faltas do povo. Os fiéis são submetidos por Deus à disciplina punitiva em duas situações: para garantir o seu perdão e a graça da filiação em Cristo, ou para participar em Cristo da expiação redentora pelos irmãos. Em qualquer eventualidade, a expiação da correção dolorosa sofrida por obra de Deus Pai coloca o cristão ao lado de Cristo, e manifesta que, através dela, Deus educa, ama e adota o punido como filho (Hb 12,7 s.). A educação disciplinar, operada por Deus, orienta o cristão para a perfeição como dom escatológico.

Deus exerce a sua disciplina de forma condizente conosco, de sorte que nos é tornada possível a participação em sua santidade em vista da vida eterna (Hb 12,9-10; Mt 5,48). Deus atesta: "repreendo e castigo aqueles que amo" (Ap 3,19). A sua Palavra pedagogicamente exorta, adverte, repreende e ensina (Tt 2,12), a fim de rejeitar a impiedade na espera alegre e confiante da aparição da glória de → Deus e de Jesus Salvador. O juízo de Deus tem para os cristãos o significado de correção e não de condenação, como o tem para o → mundo (1Cor 11,32). Mesmo quando a disciplina é praticada na família cristã, é sempre uma disciplina realizada pelo Senhor por intermédio do pai de família: "Vós, pais, [...] criai [os vossos filhos] na disciplina ministrando-lhes conselhos inspirados no Senhor" (Ef 6,4). Por isso, ela é participação na missão salvífica de Deus.

2. A DISCIPLINA JUNTO AOS PADRES DA IGREJA. Junto aos Padres observam-se múltiplas nuances conceituais em relação à disciplina. Aqui, relembramos alguns significados da disciplina entre os Padres a título de exemplificação.

Santo → Ambrósio fala da "regra da disciplina" que consolida o ser humano interior no domínio de si mesmo (*PL* 14, 345C-346BC). Santo → Agostinho fala da Igreja, "casa da disciplina", onde nenhum "indisciplinado pode ser admitido" (*PL* 40, 669). Em geral, de modo bastante difuso os Padres falam da disciplina da moralidade e das virtudes que nomeiam especificamente. Não admitem a possibilidade de santificação para os que resistem contra a disciplina ("*Abjiciens disciplinam cito sentiet ruinam*"). Assim, se no Antigo Testamento havia uma disciplina da lei, junto à comunidade cristã existe a disciplina eclesiástica com a tarefa de guardar na fé (Dâmaso, *Ep.* 5: *PL* 13, 365A). → Cassiano (*Coll.*, XVIII, 2) e São → Columbano (*Instr.*, IV, c. 1) exaltam a disciplina monástica, enquanto Pietro d'Alfonso escreve sobre a disciplina clerical (*PL* 157, 671-7-6). É inculcada no sacerdote e no monge, juntamente com a sabedoria da doutrina, a rigorosidade da disciplina, a qual constitui a parte austera da educação cristã. "O germe amargo da disciplina" traz, amadurecendo, "os frutos das alegrias espirituais" (Potone di Prüm, *De statu domus Dei*, 1.111).

Entre os monges foi introduzido o uso da *disciplina corporalis*. Era uma prática da justiça que se opunha à misericórdia, ainda que se convidasse a praticá-la de forma medicinal: "*Cum mansuetudine disciplina*" (São Gregório Magno, *In I Reg.*: PL 79, 458C). A práxis disciplinar dos monges considerava que devia estar sempre ligada à educação dos discípulos do Senhor.

3. DISCIPLINA NA ÉPOCA MEDIEVAL E MODERNA. Na legislação eclesiástica medieval, permanece a antiga punição do direito romano pela flagelação (com verga ou chicote). Alude-se a ela em vários documentos (decisões conciliares, estatutos capitulares, capitulares régios, regras monásticas etc.). Em alguns rituais de mosteiros descrevem-se as particularidades (*Usus Ordinis cisterciensis*, 70: PL 166, 1.444-1.445). Também era praticada até ao sangue (cf. *De miraculis*, 2,9: PL 189, 9.198).

Na vida monástica a disciplina sofreu uma profunda evolução. Se no início era aplicada como castigo e correção, em seguida foi praticada por iniciativa própria como penitência. Procurava-se, com ela, expiar espontaneamente os próprios pecados, adquirir méritos e uniformizar-se ao martírio da cruz. Lê-se na *Vida de Maria d'Oignies*: "*Virga disciplinali se percutiendo, Deo et Beate Virgini, prolixo martyrio seipsam immolabat*" (*Acta Sanctorum*, 23 junho, t. IV, Anversa 1.707, livro I, c. 3, 643). Na vida de santo Stefano d'Obazine lê-se que pela flagelação "*stimata passionum Christi in suo corpore circumferebat*".

Santo Inácio relembra outros dois motivos que favorecem a flagelação: "para vencer a si mesmo, ou seja, para que a sensualidade obedeça à razão e todas as partes inferiores sejam mais sujeitas às superiores; além disso, para procurar e encontrar alguma graça ou dom, que a pessoa deseja e quer, como seja: uma contrição interior pelos pecados, chorar muito sobre eles ou sobre as penas e os sofrimentos que Cristo nosso Senhor suportou em sua paixão, e para obter a solução de alguma dúvida, na qual se encontre" (*Exercícios Espirituais*, X — Adição à Iª semana).

Os primeiros exemplos de disciplina de devoção são citados no século XV. De uma disciplina vulgar e espontânea passa-se, mais tarde, para uma prática regrada por estatutos monásticos ou de costume religioso. No século XV o uso da disciplina difunde-se também entre os seculares, em substituição às longas penitências expiatórias. Sobretudo na Idade Média foi propagada e largamente difundida nos mosteiros: um promotor exemplar foi → PEDRO DAMIÃO.

As modalidades de disciplina eram bastante variadas: usavam-se vergas reunidas em feixes elásticos (*virgarum scopae*), flagelos de couro ou de cordas com nós, correntes de ferro ou ramos de espinhos. Era aplicada pela pessoa em si mesma ou pelos outros, de joelhos ou sentada no chão, particularmente no tempo da → QUARESMA. Degenerou-se com uma espécie de furor cruento no tempo dos flagelantes (1348 em diante): institutos de penitência depois proibidos por Clemente VI.

4. A PRÁTICA ATUAL DA DISCIPLINA. A disciplina permanece entre as observâncias dos religiosos. Geralmente, é somente aconselhada; praticada preferencialmente às sextas-feiras (para unir-se aos sofrimentos do Senhor) na própria cela ou no coro, recitando o *Miserere* ou outras orações. Aplicada nas costas, uma vez que no peito pode trazer danos à saúde e, assim, impedir o desempenho dos próprios deveres.

Fora do que prescreve a Regra, a prática deve ser sujeita ao consenso de um diretor prudente: "Tudo aquilo que se faz sem o consentimento do pai espiritual deve ser considerado presunção e vanglória, e não um mérito" (São Bento, *Regra*, 49).

Recomenda-se, sobretudo pelos diretores espirituais, a moderação: "A disciplina possui uma virtude maravilhosa para despertar o desejo da devoção, se for acolhida com moderação" (São Francisco de Sales, *Introduzione alla vita devota*, parte III, c. 23). Não é tanto a materialidade do flagelar-se que tem valor espiritual, mas o espírito de penitência em união a Cristo ("estou crucificado na cruz com Cristo": Gl 2,19).

5. AVALIAÇÃO DA DISCIPLINA DE DEVOÇÃO. A comunidade primitiva cristã e a antiga espiritualidade monástica não conheceram a disciplina voluntária: naquelas épocas, eram indicados como penitências o → JEJUM, a abstinência e as vigílias consagradas à oração. Mas na Idade Média cristã a disciplina assume uma prática venerável: desde o seu aparecimento sempre foi utilizada pelos santos e colocada entre as observâncias da → VIDA RELIGIOSA.

Hoje a disciplina foi recolocada em discussão. Se na concepção antiga era feita oposição entre espírito e corpo, sugerindo-se a maceração deste, hoje se prefere a colaboração entre eles, seja pela fraqueza física de nosso organismo, seja por uma função positiva de bem, que o corpo é chamado a desenvolver. Segundo Santo Tomás, o ser humano é chamado a ser providência para o próprio corpo: deve acolhê-lo como um valor a ser redimido, desenvolver e aperfeiçoar. Alguns escritores modernos, por outro lado, assumem uma atitude fortemente polêmica: "Atormentar um jumento até matá-lo faz passar por cruel, mas submeter ao mesmo tratamento o próprio corpo seria uma obra meritória. Todo esse método de castigos corporais e de macerações é o sistema grosseiro de uma época grosseira", na qual "os seres humanos tinham uma força nervosa confinante para a insensibilidade" (Fr. Thompson, *Health and Holiness*).

Na verdade, a vida espiritual é um bem superior que se deve atingir em uma ordem sobrenatural e, se for preciso, também com o sacrifício do próprio corpo (Mt 18,8). Certamente deve-se estar pronto para sofrer a tortura em vez de faltar com o próprio compromisso cristão: ainda que, para a mentalidade de hoje, a santificação seja mais bem concebida, ordinariamente, pela cooperação do corpo, e só excepcionalmente pela sua maceração.

Em segundo lugar, o corpo não é somente um valor biopsíquico, mas possui um significado altamente comunitário; é um mediador insubstituível na vida em comunhão entre irmãos. O corpo permite à pessoa entrar em contato com os outros, permite-lhe revelar-se. O próprio Filho de Deus, querendo encontrar-se conosco e salvar-nos, usou o seu corpo. "Ele é a carne que vivifica", dirá → Cirilo de Alexandria. A lei da encarnação é fundamental em cada aspecto da vida cristã. Na → encarnação do Senhor está a justificação da valorização do corpo como mediador.

Finalmente, é oportuno que as razões ascéticas penitenciais sejam autenticamente de verdadeiro espírito cristão. As mortificações aflitivas não devem ser um testemunho de busca de sofrimento considerado em si mesmo como um bem; nem os inocentes devem ser estraçalhados pelo sofrimento a fim de poupar os pecadores culpados, como se Deus exigisse para o pecado uma rigorosa recompensa de dor e sangue, sem preocupar-se se é paga pelo inocente ou pelo pecador.

É mais apropriado considerar que se deve abraçar a cruz de Cristo para dividir com ele a glória ("Se sofremos com ele, também reinaremos com ele": 2Tm 2,12); que permaneça essencial a → imitação de cristo (ele sofreu "para nos dar o exemplo, a fim de que caminhemos em suas pegadas": 1Pd 2,21); que convenha acolher o sofrimento em Cristo e nos irmãos para a salvação do mundo ("Eu completo na minha carne aquilo que falta nos sofrimentos de Cristo, em favor de seu corpo que é a Igreja"; Cl 1,24).

Esses motivos, altamente cristãos, não devem ser sobrecarregados com uma imaginação sentimental de dolorismo, que se compraz no acre sofrimento da tortura. A própria → cruz deve ser considerada dentro da revelação do amor de Deus, como um momento da espiritualidade pascal, como um meio para preparar o corpo para a ressurreição. Convém jamais esquecer que o nosso corpo, com todos os seus dinamismos turvos e complexos, foi eleito pela graça de Deus como templo do Espírito Santo; ele está prometido à ressurreição. Na prática, é bom liberar uma moderada disciplina também para os religiosos, sugerida como um oferecer-se ao Espírito a fim de que os encontre disponíveis para uma união mística com o Senhor na cruz.

6. DISCIPLINA COMO REGULAMENTO DE VIDA. Disciplina pode indicar tanto o conjunto das leis eclesiásticas quanto as Regras ou constituições de um dado mosteiro ou instituto religioso. O termo também pode indicar não tanto o texto e os regulamentos, mas a maneira pela qual aqueles são observados. Neste sentido, afirma-se que a disciplina é florescente em determinada comunidade, quando os membros obedecem aos seus superiores e regulam a vida comum pelas constituições do seu instituto. Em caso contrário, costuma-se lamentar o estado de indisciplina.

A vida religiosa, enquanto regulada por minuciosa disciplina, torna-se apta a exprimir valores espirituais: é um ato de culto-sacrifício ao Senhor, no qual são continuamente mortificados o seu juízo e a sua vontade; atinge uma uniformidade à vontade de Deus mediante a adesão à vontade dos superiores: introduz no amor das virtudes pela prática das regras; cria um concerto harmônico do operado por todos para realizar o bem da comunidade religiosa.

A disciplina, todavia, deve sempre permanecer como meio orientado para a finalidade de gerar a união da alma com o Senhor: também o religioso tem de atingir e desenvolver uma adulta responsabilidade pessoal em Cristo, de modo a viver primordialmente segundo as inspirações do Espírito Santo (cf. Concílio Vaticano II, *Optatam totius*, n. 3; *Perfectae caritatis*, n. 14).

BIBLIOGRAFIA. BERTRAM, G. Paideia. In: *Grande Lessico del Nuovo Testamento*. Brescia, 1974, 105-190, IX; CHENU, M. D. Disciplina. *Revue de Sciences Philosophiques et Théologiques* 25 (1936) 689-692; DÜRIG, W. Disciplina. Eine Studie zum Bedeutungsumfaug des Wortes in der Sprache der Liturgie und der Wäter. *Sacris Eruditi* 4 (1952) 245-279; GOFFI, T. *Di fronte all'autorità: Vangelo ed sperienza cristiana*. Brescia, 1974; ID. *Obbedienza e autonomia personale*. Milano, 1965; GOUGAUD, L. *Dévotions et pratiques ascétiques du moyen-âge*. Paris-Maredsous 1925; *Historia de la Espiritualidad*. Barcelona, 1969, I-II; MANCH, O. *Der lateinische Begriff Disciplina*. Bâle, 1941; MARROU, H. I. "Doctrina" et "disciplina" dans la langue des Peres de l'Église. *Archivum Latinitatis Medii Aevi* 19 (1934) 3-23; ID. "Doctrina" et "disciplina" dans la langue des Peres de l'Église. *Bulletin du Cange* X (1934) 5-25; STOLZ, A. *L'ascesi cristiana*. Brescia, 1943; *Storia della spiritualità cristiana*. Bologna, 1967-1973, I-VI.

T. GOFFI

DISCRIÇÃO. É, em geral, a faculdade de discernir; mas também: critério, tato, reserva. Como *critério*, a discrição é norma, meio, fundamento para julgar; identifica-se com o bom-senso, isto é, a maneira ordinária e simples de entender as coisas.

Como *tato*, é uma prudência prática, ou seja, uma medida e certo cuidado no trato com os outros.

É também *reserva* quando aquele cuidado é sobre a maneira de falar.

A faculdade de discernir é a habilidade especial de analisar a origem e os efeitos dos vários movimentos da alma, sob uma orientação ou norma na qual aquela habilidade se inspira. Neste sentido, tem-se o → DISCERNIMENTO DOS ESPÍRITOS, no qual a norma é sobrenatural e a habilidade especial é toda inspirada naquela orientação.

São meios para adquirir a arte divina da discrição dos espíritos: a oração, o estudo, a experiência e a humildade.

BIBLIOGRAFIA. MARIN, A. R. *Teologia della perfezione cristiana*. Roma, 1960; MARTINEZ, M. *El discernimiento*. Madrid, 1984; RONDET, M. *La formazione al discernimento personale e comunitário*. Roma, 1975; TANQUEREY, A. *Compendio di teologia ascetica e mística*. Roma, 1960.

D. MILELLA

DISTRAÇÃO. 1. NATUREZA. Em sentido genérico, denota falta de atenção. Referente à oração, é a perda do recolhimento inicial devida àqueles pensamentos e àquelas imagens estranhas ao objeto da oração, que, inserindo-se em seu curso, a perturbam e impedem sua regular evolução.

Às vezes, a perturbação é superficial: são aquelas imagens mais ou menos desfocadas que surgem na mente, para desaparecer um minuto depois, sem deixar vestígios. Mas em geral são pensamentos um pouco mais consistentes, referentes a pessoas e acontecimentos cuja lembrança talvez seja provocada pelo próprio objeto da meditação. Pode também ser uma volta ao passado imediato, ou antecipações sobre o futuro próximo: o que se fez ontem, o que irá fazer hoje; preocupações mais ou menos fundamentadas sobre a sua saúde, ou sobre o sucesso de um empreendimento, ou, ainda, sobre a solução de problemas espirituais, que nada têm a ver com o objeto da oração iniciada. Outras vezes, porém, a perturbação é profunda. As causas são distrações devidas ao surgimento de impulsos passionais, o desencadear-se da sensualidade, a consciência da miséria pessoal, a falta de confiança no valor da oração, nos seus fins, de sua eficácia; também o bater do orgulho à porta da alma, o amor-próprio ofendido, a amargura de uma humilhação sofrida, um sacrifício vislumbrado, e por aí afora. Essas distrações não só bloqueiam o desenvolvimento regular da oração, mas na maioria das vezes impedem que a pessoa que reza retome facilmente o fio dos pensamentos interrompido: bloqueiam a oração.

2. CAUSAS. São múltiplas. Algumas de natureza física e psíquica, outras de ordem moral.

a) Causas de natureza física: uma saúde instável que impeça a mente de concentrar-se na oração mental; o cansaço proveniente do trabalho excessivo, particularmente do intelectual; a gravidade das tarefas a cumprir.

b) Causas de natureza psíquica: a incapacidade de fixar a atenção no objeto da oração, particularmente se for discursiva; uma imaginação muito viva e instável; um temperamento inclinado à atividade exterior, extrovertido.

c) Causas de ordem moral: efusão pelas coisas exteriores; a falta habitual de → RECOLHIMENTO; as culpas veniais deliberadas; a → TIBIEZA; pouca fidelidade no cumprimento dos deveres; instintos não governados pela razão; paixões não mortificadas. No que se refere mais diretamente à atitude de oração: uma → DIREÇÃO ESPIRITUAL errada; a falta de uma séria e acurada preparação próxima à meditação. Também são causas de distração atitudes irreverentes, mudar continuamente de posição, rezar em lugares inadequados.

d) Uma causa de distração também é o demônio, quer direta, quer indiretamente. "O tentador procura sobretudo causar em nós aquelas disposições próprias nas quais as distrações são combatidas com menor energia, menor prudência, menor esperança de vitória" (H. PINARD DE LA BOULLAYE, *Exercices spirituels* 4, 161).

e) Última causa das distrações é o próprio Deus; não que ele positivamente as provoque, mas no sentido de que as permite, como às vezes permite as tentações, com o objetivo de provar a nossa fidelidade e o nosso amor.

3. REMÉDIOS. Regra geral é não procurar as suas causas durante a oração. Isto deverá ser feito em outra hora, preferivelmente nos exames de consciência.

a) É melhor não se preocupar com as vagas oscilações do pensamento e, com mais razão, com a sucessão inconsistente de fantasias estranhas à oração, praticamente inevitáveis. Quando se trata de distrações superficiais, não perturbadoras, logo que forem percebidas deve-se conduzir, com calma mas com firmeza, o pensamento para o objeto da oração. Para as distrações provenientes de saúde instável, cansaço físico ou mental, será necessário recorrer a formas mais simples de oração mental. Nas doenças prolongadas, particularmente nas que afligem o paciente, uma resignada aceitação da enfermidade, como proveniente de Deus, já é de per se uma ótima oração (cf. TERESA D'ÁVILA, *Vida*, c. 7). Em casos de incapacidade de prolongada atenção mental, será também necessário recorrer a formas mais simples de oração. O mesmo se aplica às distrações oriundas de ocupações pesadas, difíceis, impostas pelas circunstâncias ou ordenadas pela obediência, excetuando verificar sempre se a incapacidade de atenção depende de causas naturais ou de falta de uma séria e constante aplicação, além de redimensionar, o mais possível, a atividade exterior, de modo que não possa prejudicar o espírito.

Quando as distrações forem causadas por dificuldades práticas, surgidas de improviso, cuja solução não admite adiamentos, um bom meio para superá-las será servir-se delas como ponto de partida para um mais atual colóquio com Deus. Igualmente diga-se das distrações de provações morais: uma humilhação sofrida, um sacrifício imposto pela obediência etc. Aproveitar o tempo de oração para pedir a Deus a graça de suportar a provação com a mesma disposição de Jesus durante a oração no Getsêmani.

b) Nas distrações perturbadoras, deprimentes, perigosas (geralmente provocadas, indiretamente, pelo demônio), resistir pacientemente, humilhar-se pela própria miséria e falta de virtude. Não ceder à tentação de deixar a oração, mas insistir nela com repetidos atos de confiança em Deus, e esforçar-se para recuperar o recolhimento inicial. Quando as distrações forem particularmente molestas e tenazes, será bom interromper qualquer trabalho de reflexão, então impossível, e aplicar a alma em pensamentos de profunda adesão à vontade de Deus. No momento oportuno, aconselhar-se com o diretor espiritual.

c) Todavia, as distrações de qualquer espécie e entidade se combatem, sobretudo e eficazmente, em suas causas. Para quem não presta seriamente atenção na fonte das distrações, o tempo dedicado à oração será necessariamente infestado delas. Nunca nos livraremos das distrações, nem jamais conseguiremos um domínio sobre elas combatendo-as diretamente; só obteremos sucesso se as combatermos na fonte (cf. F. W. FABER, *Progressi dell'anima*, 403). Combater as distrações na fonte significa combater o egoísmo, as paixões, refrear os instintos, desenvolver a abnegação, viver habitualmente recolhido, resistir à instintiva necessidade da ação descontrolada; usar bem o tempo; livrar-se de toda inquietação; em uma palavra, recuperar o campo espiritual inteiro.

d) Sem uma graça divina especial, dada a fraqueza da natureza humana, é impossível evitar completamente a distração. Por outro lado, uma oração, ainda que descontínua pela incessante sucessão de imagens e pensamentos estranhos a ela, embora gravemente perturbada pelos violentos ataques das paixões e tentações, para a alma sinceramente desejosa do colóquio íntimo com Deus não perde nada de seu valor essencial. Talvez o aumente, pela boa vontade e os esforços da pessoa que reza em resistir às dificuldades. O objetivo último pelo qual Deus permite as distrações é a purificação e o aperfeiçoamento da alma.

BIBLIOGRAFIA. ANCILLI, E. *L'orazione e le sue difficoltà*. In: *La preghiera*. Roma, 1988, 65-78, vl. II; BOYLAN, E. *Difficoltà nell'orazione mentale*. Roma, 1960; BROUCKER, W. de. *Quando pregate*. Roma, 1963; FILIPPO DELLA TRINITÀ. *Difficoltà e rimedi dell'orazione mentale*. In: *L'orazione mentale*. Roma, 1965, 124-128; GIULIANI, M. Trouver

Dieu en toutes choses. *Christus* 2 (1955) 172-194; GRANDMAISON, L. DE. *Écrits spirituels*. Paris, 1933, 182 ss., vl. I (versão it., Alba, 1960); GUIBERT, J. de. *Théologie spirituelle*. Roma, 1952, 231-234; PINARD DE LA BOULLAYE, H. *Exercises spirituels*. Paris, 1953, 145-152.156-170, t. IV.

E. BORTONE

DOCILIDADE. Virtude que inclina o ser humano a aceitar os ensinamentos alheios. A docilidade possui uma prática conexão com a → HUMILDADE, que nos torna conscientes das nossas limitações em saber as coisas, sobretudo da dificuldade de passar concretamente da teoria à prática.

A docilidade é uma disposição de espírito, que torna fácil ao nosso orgulho aceitar a superioridade dos outros, seja no plano intelectual, seja no prático. A verdadeira docilidade não é somente algo de passivo, isto é, não se contenta em receber um ensinamento quando este é dado, mas nos faz interessados em procurar a experiência feita por outros em nossas mesmas condições e circunstâncias. A docilidade implica respeito com quem ensina, a quem se supõe sempre revestido de certa autoridade que, de algum modo, emana de sua competência.

Na vida espiritual, a alma deve ser dócil ao Espírito Santo, à Igreja, ao seu diretor espiritual. Deus sabe que é difícil viver no tempo com o coração voltado para o eterno; então, para vencermos todas as várias dificuldades, envia o seu Espírito sob a forma da presença interior da graça. A ação latente, mas profunda, do Espírito de Deus, à qual devemos ser santamente dóceis, nos faz compreender a verdade. Ou seja, produz em nosso espírito um sobrenatural amadurecimento pelo qual lentamente assimilamos um estilo de vida autenticamente evangélico. Jesus disse que não entra no reino dos céus quem não renasce "da água e do Espírito" (Jo 3,5); esse renascimento, isto é, o ver e o avaliar as coisas sob o ponto de vista de Deus, é uma reviravolta que só o Senhor pode provocar.

Uma segunda atitude de docilidade deve-se assumir em relação à Igreja. Considerando a nossa natureza, Deus fundou a Igreja para que por intermédio dela a nossa alma chegasse seguramente a ele. Para evitar ilusões e possíveis erros, por causa de nosso orgulho e de nossa ignorância, Jesus quis que existisse um organismo hierárquico que garantisse a transmissão da verdade. Justamente porque não se trata de uma verdade natural qualquer, mas da Verdade, é necessária uma especial docilidade, uma força capaz de nos deixar atrair e plasmar por ideias e fórmulas que vêm de Deus, submetendo, como diz São Paulo (2Cor 10,5), os nossos pensamentos e as nossas inteligências não aos caprichos dos seres humanos, mas à obediência de Cristo.

Uma terceira forma de docilidade deve ser vivenciada com referência ao diretor espiritual. Guiado por uma prudência e por uma sabedoria sobrenatural, o diretor espiritual tem a tarefa de ajudar a concretizar a vontade de Deus. Mais que verdadeira obediência, o diretor deve exigir uma docilidade que implica um sentido de submissão fácil e espontânea, diante das decisões tomadas para o bem particular da alma. A obediência sempre tem alguma coisa de jurídico, que se refere ao bem comum, enquanto a docilidade é uma atitude de filial e amorosa dependência.

BIBLIOGRAFIA. LEFEBVRE, G. *Amare Dio*. Sorrento, 1962; *Nuovo Dizionario di Spiritualità*. Roma, Paoline, 1979, 283.429.935; *Rivista di Vita Spirituale* 4 (1950) 255-283.313-450; TOMÁS DE AQUINO. *STh*. II-II, q. 49, a. 3.

C. GENNARO

DOÇURA. Atitude de mansidão caritativa em relação ao próximo. Aparentemente, pode parecer uma virtude fácil, mas exige um profundo e completo domínio do próprio caráter. A doçura faz abrir o coração e o espírito às necessidades alheias, na consciência de uma solidariedade plena, diante da fraqueza e da fragilidade. Somente a graça pode tornar doce uma alma, porque só a → IMITAÇÃO DE CRISTO pode dar a coragem para vencer o próprio egoísmo e aproximar-se dos outros. O Evangelho nos fala da docilidade do senhor: "Não se envolverá em disputas, não soltará gritos, sua voz não será ouvida nas praças. Ele não quebrará o caniço rachado, não apagará a mecha que ainda fumega" (Mt 12,19-20). "Vinde a mim todos vós que estais cansados sob o peso do fardo, e eu vos darei descanso. Tomai sobre vós o meu jugo e sede discípulos meus, porque eu sou manso e humilde de coração, e encontrareis descanso para as vossas almas" (Mt 11,28-30).

A doçura é a expressão externa da estima e do amor pelo bem encerrado no coração de nosso próximo. Não há coisa melhor que a doçura para transmitir a luz da graça da qual é invadida a alma, exatamente porque é o reflexo da bondade e da misericórdia divina.

BIBLIOGRAFIA. Gabriele di santa Maria Maddalena. *Intimità divina*. Roma, 1972; Perrin, J. M. *L'Évangile de la joie*. Paris, 1954.

C. Gennaro

DOENÇA. A doença, na maior parte dos casos, é independente da própria vontade; espalha-se de maneira irresistível, atingindo até crianças inocentes. Fonte de inúmeros sofrimentos e problemas sociais, apresentou-se de maneira angustiante aos homens de todos os tempos.

1. A DOENÇA NA VISÃO BÍBLICA. A revelação bíblica negligenciou o aspecto científico da doença para ressaltar seu aspecto religioso no plano da salvação.

a) *Antigo Testamento*. No universo, tudo depende da causalidade divina. A doença é um sinal da presença de Deus punidor (Ex 4,6; Sl 39,11 ss.). Às vezes ela evidencia a intervenção de outros espíritos superiores, como o anjo exterminador (2Rs 19,35), e sobretudo dos demônios (Jó 2,7). A presença operativa demoníaca se explica pelo vínculo entre doença e pecado. Deus criou o homem na bondade da saúde (Gn 2); a doença penetrou nele como consequência do pecado (Gn 3,16-19). Por isso, quando a pessoa pede o dom da saúde, deve se mostrar arrependida do próprio estado pecaminoso (Sl 38,2-6).

A doença é sempre infligida por culpas pessoais? Se ela atinge o justo (Jó ou Tobias) é para mostrar sua fidelidade a Deus no momento da provação (Tb 12,13). No Messias, o sofrimento assumirá a expiação pelos pecados dos homens (Is 53,4 ss.). Contudo, a doença continua a ser um mal (Sr 30,14-21): a busca da saúde e a luta contra a doença são um dever (Sr 38,9-15).

Embora o Antigo Testamento não proíba o recurso aos medicamentos (por exemplo: 2Rs 20,7), enfatiza que é preciso recorrer a Deus, já que ele é o dono da vida (Sr 38,9 ss.). Os doentes buscam sacerdotes e profetas, para ser ajudados a confessar os próprios pecados e a suplicar a cura como uma graça. E Deus se inclina sobre a humanidade sofredora e, entre suas promessas escatológicas, promete a libertação dos infortúnios (Is 35,5).

b) *Novo Testamento*. Diante das doenças, Jesus, mesmo não proclamando que elas incluam uma retribuição estrita (Jo 9,2 ss.), vê nelas um sinal da presença demoníaca por causa dos pecados (Lc 13,16). Ele não se preocupa em distinguir o que se deve a doença natural ou a → POSSESSÃO demoníaca: deixa-se levar pela compaixão ao curar enfermos (Mt 20,34) e ao mesmo tempo expulsa os espíritos maus (Mt 8,16). O milagre da cura antecipa e inaugura o estado do reino escatológico (Mt 11,5); mas, ao mesmo tempo, quer ser símbolo da cura espiritual, para a qual tende sua missão (Mc 2,12). Por isso, quando realiza curas, o Senhor pede a fé no reino dos céus (Mt 9,22) e se proclama médico dos pecadores (Mc 2,17). Na sua paixão, participará da condição da humanidade sofredora, para derrotar os males espirituais e instaurar o Reino.

2. SIGNIFICADO ESPIRITUAL. A doença é um estado ambíguo: não necessariamente fortalece a vida interior em Cristo. Em si mesma, em geral, não leva a ser melhores, mas exerce uma influência negativa sobre os espíritos, tornando-os egoístas. Quem tem a saúde frágil se mostra excessivamente preocupado com sua comodidade e seu bem-estar. Na doença, a pessoa encontra uma desculpa extraordinária para suas conveniências: torna-se insatisfeita, indolente, entediada e egoísta.

O Evangelho fez conhecer o novo significado do sofrimento físico, revelando sobretudo os seguintes aspectos espirituais que ela possui. A doença pode ser aceita também como instrumento de salvação em Cristo, como profunda purificação que Deus realiza na alma. Suportada com paciência e resignação, permite participar dos sofrimentos redentores do Senhor, em expiação pelos pecados para uma salvação de si mesmo e dos outros. Levamos "por toda a parte e sempre em nosso corpo o morrer de Jesus, para que também a vida de Jesus se manifeste em nosso corpo... Por isso, não desanimamos. Mesmo se o nosso físico vai se arruinando, o nosso interior, pelo contrário, vai-se renovando dia a dia. Com efeito, a insignificância de uma tribulação momentânea acarreta para nós um volume incomensurável e eterno de glória" (2Cor 4,10.16-17). Graças à doença, a alma se dá conta de que a vida não é tanto um pacto com a terra, mas uma aliança com Deus. Ela compreende que a enfermidade, surgida no início pelo pecado, pode servir agora para a saúde espiritual: tudo é graça.

A doença leva a conhecer o limite e a dolorosa impotência pessoal. A alma experimenta o amargor de uma vida precária, de possuir forças inadequadas, de ser indigente da ajuda alheia, de estar às margens da sociedade ativamente operante. Segundo São Paulo, a doença é graça que pretende convencer a alma a pôr a confiança não em si mesma, mas no Senhor. Pela enfermidade, a pessoa é convidada a se libertar do senso de autonomia orgulhosa, a se considerar pobre para se confiar totalmente em Cristo, que reconhece como único Senhor, como Salvador absoluto: "Mas o Senhor disse-me: 'Basta-te a minha graça; pois é na fraqueza que a força se realiza plenamente'. Por isso, de bom grado me gloriarei das minhas fraquezas, para que a força de Cristo habite em mim" (2Cor 12,9). "Quando estou fraco, então é que sou forte" (2Cor 12,10).

Do lado cristão, a doença deve ser considerada não apenas na perspectiva da paixão do Senhor, mas também na ressurreição. O cristão que compartilhou as dores do sofrimento do Senhor deve também compartilhar a alegria da ressurreição. A doença não é um estado, mas uma passagem; é uma questão de tempo. E tudo o que pertence ao tempo é passageiro e transitório. É uma passagem para a saúde, que pertence à eternidade. Somos feitos para a ressurreição. A doença, do mesmo modo que a saúde, pertence ao mesmo ritmo pascal (morte para a vida): afastando-nos deste mundo provisório, ela nos introduz espiritualmente na vida eterna.

Assim, para quem vive em Cristo, doença e saúde, morte e vida adquirem um novo significado: oferecem uma espécie de vislumbre da vida futura. O cristão, "associado ao mistério pascal, configurado à morte de Cristo e fortificado pela esperança, chegará à ressurreição... Devemos admitir que o Espírito Santo oferece a todos a possibilidade de se associarem, de modo conhecido por Deus, a este mistério pascal" (*GS* 22).

3. A DOENÇA COMO SOFRIMENTO EM CRISTO E NA IGREJA. É útil insistir mais difusamente em como deve ser vivido o aspecto de sofrimento, inerente ao estado de doença. Na perspectiva bíblica, o problema do sofrimento só tem solução à luz do sofrimento de Jesus. Na vida do Senhor, o sofrimento pertence essencialmente à sua obra de salvação. Jesus sofreu "pelos nossos pecados, segundo as Escrituras" (1Cor 15,3). Os sofrimentos de Jesus foram oferecidos em expiação vicária (1Pd 2,22-25): um resgate pago por todos os pecados dos homens.

Como acontece com Jesus, assim os sofrimentos pertencem à vida de seus discípulos. Quem deseja segui-lo deve carregar sua cruz (Mt 10,38 ss.) e beber do cálice do sofrimento (Mc 10,38 ss.). Os sofrimentos são como um sinal de escolha (Jo 15,18), são um dom divino (Tg 1,2), são um sinal de um especial amor de Deus (2Ts 1,4 ss.), são o meio de salvação (Mc 8,35). Sendo enxertado em Cristo pelo batismo, o discípulo se torna conforme a ele na morte (Fl 3,10); suas feridas são os "estigmas de Jesus" (Gl 6,17); por isso pode alegrar-se com os próprios sofrimentos (Rm 5,3 ss.).

Sofrendo em Cristo, o cristão acolhe a doença dolorosa "por causa dos eleitos, para que eles também alcancem a salvação" (2Tm 2,10). "Alegro-me nos sofrimentos que tenho suportado por vós e completo, na minha carne, o que falta às tribulações de Cristo em favor do seu Corpo que é a Igreja" (Cl 1,24). Na comunidade eclesial, o doente leva os outros a apreciar o mistério redentor de Cristo; testemunha a força do sofrimento tolerado em Jesus. A Igreja salva não apenas por meio da pregação e dos sacramentos: ela é também aquela que sofre, nos seus membros sofridos, as consequências dolorosas do pecado; aquela que oferece o seu sofrimento unido continuamente com a paixão de Cristo; aquela que cumpre em si mesma o mistério pascal; aquela que morre com Cristo para salvar com ele.

Na comunidade eclesial, o doente lembra como a força, que redime e salva, não é dada primordialmente pela engenhosidade de nossos cálculos, pelo emprego laborioso de nossas energias, pela tenacidade em seguir os nossos planos, mas sobretudo pela consciência de que temos necessidade de nos abandonar confiantes ao Senhor. Por essa mensagem que anuncia, o doente está no centro do mistério da Igreja; ele encarna o destino do homem, cuja miséria apela à misericórdia de Deus; representa a humanidade nova, a do pecador aberto à graça; expressa a vocação sobrenatural que nos faz participar, por nossa própria impotência, do mistério de Cristo e de sua glória.

E, nessa missão, o doente tem o seu exemplo na Virgem, que foi associada com coração materno ao sacrifício de Cristo, "consentindo com amor na imolação da vítima por ela mesma gerada" (*LG* 58). A Virgem, oferecendo-se em sacrifício com Jesus, expressou a aceitação do plano redentor e o dom materno de sofrer para libertar a humanidade do pecado.

A doença deve ser vivida como manifestação da pátria celeste e das criaturas humanas esquecidas com muita facilidade (cf. Hb 13,14). O próprio cuidado para com o irmão enfermo é um anúncio profético da caridade celeste futura (cf. 2Cor 6,6).

Do lado espiritual, é conveniente pedir ao Senhor uma doença que nos faça sofrer? Algumas almas o fizeram. Santa → VERÔNICA GIULIANI (1660-1727) assim suplicava ao Senhor: "Meu Senhor, bendito sede. Não peço outra coisa a não ser sofrer por vosso amor. Sim, sim, meu Bem. Não estarei feliz enquanto não for crucificada convosco". Normalmente, é preferível abandonar-se ao desígnio de Deus em que está estabelecida a nossa vocação espiritual em Cristo integral. Não somos chamados a nos santificar por uma perfeição pessoal, mas para construir o corpo de Cristo (Ef 4,12).

4. A CURA. Os homens sempre desejaram a cura: no fundo, anseiam pela felicidade. Encontrando-se doentes e percebendo-se como pecadores, espontaneamente se dirigiram a Deus com gritos suplicantes e repletos de esperança (cf. Sl 37,5.8.9.16; 18,12 ss.). Também para o cristão, a primeira atitude diante do mal físico é lutar e não se resignar com ele. É um dever combatê-lo. E nessa luta ele sente que participa da obra que Deus realiza no mundo.

Como se justifica tal atitude do lado espiritual? A espiritualidade cristã orienta-se para a saúde em sentido total; tende à restauração do homem em Cristo. A cura é uma pálida imagem da cura definitiva e eterna, que desfrutaremos na ressurreição gloriosa. A renovação de nossa vida mortal já é um sinal e prelibação da alegria eterna da ressurreição. O médico é imagem de Cristo, única e incomparável fonte de vida; por isso, a tarefa de quem assiste o doente não é tanto prepará-lo para a morte, mas para a vida; ainda que, para o cristão, se chegue à vida através da morte, à ressurreição através da cruz. Convém favorecer, junto ao enfermo, a aspiração a uma vida renovada e perpétua. A doença é uma etapa para introduzir à verdade suprema da vida eterna. Eis por que é um dever pedir a cura como um dom de Deus: a saúde recuperada faz parte do mundo da graça. Readquirindo a saúde, a pessoa recupera suas forças corporais, muitas vezes bem precárias; compreende que se encaminhou para a ressurreição eterna; abre-se para a perspectiva escatológica da plena vitalidade futura do próprio corpo glorificado.

5. CARIDADE PARA COM OS DOENTES. O doente é um pobre: sente-se privado do grande bem da saúde (Sr 30,14 ss.). Jaz em um estado de dolorosa dependência; perde a própria autonomia; é confiado ao cuidado dos outros. O enfermo adquire um agudo sentido dos limites de suas forças e de suas possibilidades de vida. Voltado para seu sofrimento, tende a uma atormentada solidão. Essa ruptura se torna ainda mais brutal quando a doença é suportada no hospital. No hospital, o doente sofre como que um estado de servidão, tornado dependente entre estranhos, em condições de vida comunitária. Diante da disciplina uniforme e rígida do hospital, o doente tem a impressão de se sentir subjugado; compreende como a organização sanitária segue um ritmo cadenciado de regularidade, ao passo que ele se sente em situação de exigências excepcionais. Sofre não tanto a frustração dos contatos familiares quanto a frustração das necessidades da sua personalidade, que é absorvida na engrenagem de uma grande vida comunitária. O doente se tornou um número, um caso. Estuda-se o caso e se faz o possível para resolvê-lo.

Em virtude da indigente pobreza do doente, a comunidade eclesial sempre se doou generosamente em sua ajuda, oferecendo-lhe cuidados materiais e espirituais. Imitando o Senhor e em decorrência de um carisma dele recebido (Mc 16,17), a Igreja primitiva realizava curas milagrosas (At 3,1; 8,7 etc.). Os presbíteros ungiam os doentes em nome do Senhor, "orando sobre eles: perdoavam seus pecados", permitindo que eles esperassem a cura no Senhor (Tg 5,14 ss.). Aliás, o doente era chamado a desenvolver uma missão eclesial de expiação e de redenção (2Cor 4,9). Eis por que servir os doentes é servir o próprio Jesus em seus membros sofredores: "Estava doente e me visitastes", dirá no dia do juízo final (Mt 25,36). O doente, na perspectiva cristã, não é mais o amaldiçoado, mas imagem e sinal de Cristo salvador.

Se na Igreja primitiva a caridade para com os enfermos se expressava em gestos de curas milagrosas, a dedicação amorosa e heroica aos doentes sempre esteve presente na comunidade cristã. Se por um único instante se suprimisse a imensa rede de obras de caridade que as comunidades religiosas e de enfermagem cristãs têm desenvolvido, se tiraria da Igreja o testemunho mais impressionante do amor de Cristo pelos homens. De qualquer modo, perpetua-se na Igreja a caridade misericordiosa do Senhor (*LG* 56).

Do lado sobrenatural, a que visa imediatamente a caridade, que cuida dos enfermos e os assiste misericordiosamente? A caridade considera que a doença tem uma solução espiritual na medida em que assume o sentido do Cristo redentor. Isso porque a redenção do Senhor não se apresentou de uma forma definitivamente completa: ela exige ser assumida e continuada na Igreja; requer que se chegue a todo sofrimento humano que surgirá distanciado no tempo e no espaço. Os doentes são como os membros privilegiados do corpo integral de Cristo.

Do lado caritativo, como ajudar os enfermos a viver o próprio sacrifício no espírito de Cristo? Não se trata tanto de levar materialmente os sacramentos ou a palavra de Cristo até eles. É mais oportuno transmitir Cristo ao sofredor mediante a própria vida. É preciso levar até a ele a caridade do Senhor através de uma presença pessoal amigável; é preciso compartilhar o drama do enfermo e a sua solidão; é preciso entrar com todo o seu ser no centro da miséria; é preciso lutar com o doente por sua saúde e seu bem-estar; é preciso amá-lo até o dom total de si mesmo. Só então se saberá transmitir e fazer com que se prove a caridade de Cristo.

É preciso entrar em contato com o doente como se faz com um amigo; é obrigatório instituir com ele um diálogo, um encontro, uma comunhão. Essa presença de um ao outro se evidencia em uma espécie de interioridade, de intimidade. O vínculo entre ele e a outra pessoa ocorrerá por meio do dom de si e da acolhida do outro. Essa compreensão, a acolhida do outro, exige uma atitude humilde diante do mistério da pessoa sofredora; um saber compartilhar sofrendo com ela. Então, o doente percebe que não é um estranho, mas um irmão querido. E essa é a verdadeira e autêntica caridade que sabe revelar e transmitir o Senhor ao doente.

6. APOSTOLADO DOS ENFERMOS. O doente é chamado a ser sujeito preciso do apostolado para com os outros. Antes de tudo, ele pode oferecer seus sofrimentos em expiação dos pecados dos homens (Rm 8,18). Especialmente o tempo da doença é um tempo privilegiado de oração. Jesus "entrando em agonia, orava com mais insistência" (Lc 22,44). Rezar é a melhor maneira para se abandonar cada vez mais profundamente no Senhor; é alimentar a fé de que no fim Deus "enxugará toda lágrima de nossos rostos humanos"; é uma forma eficaz de socorrer espiritualmente os irmãos.

Não raro o estado de doença não impede que o enfermo possa exercer um dado apostolado sobretudo em favor dos outros enfermos. Há diversas maneiras de fazê-lo: da oração ao testemunho de serenidade confiante em Deus, da palavra à ajuda gentilmente oferecida, da organização de práticas de devoção aos momentos de alívio proporcionados pela recreação.

Existe, além disso, um apostolado especializado e muito precioso em favor dos enfermos. Esse apostolado é repleto de iniciativas. Seus meios preferenciais são: exercícios, retiros espirituais, conversas por rádio, visitas, auxílios materiais, bibliotecas circulantes, revistas. Observou-se a grande utilidade de introduzir a devoção à Virgem Maria entre os doentes. Maria, presente no momento da crucifixão, foi confiada por Jesus a São João. Ela continua a ser enviada pelo Senhor a todos os que aceitam participar dos sofrimentos redentores. A Virgem ajuda todo doente a acolher e a reviver os sentimentos que inspiraram o sacrifício de seu Filho.

7. RELAÇÃO ENTRE EQUILÍBRIO PSÍQUICO E VIDA ESPIRITUAL. Qual é a relação entre equilíbrio psíquico e perfeição espiritual? Os neuróticos são incapazes de viver uma vida espiritual distinta? Não existe proporção nem tampouco nenhuma relação necessária entre os dons da graça e as capacidades naturais (cf. Lc 1,51-53). Ainda que um ou outro sacramento pressuponha um ato humano no sujeito, uma vida de graça sempre é possível mesmo em quem nunca gozou do uso da razão. "A grandeza da caridade não depende da condição da natureza ou da capacidade da força natural, mas apenas da vontade do Espírito Santo, que distribui os seus dons segundo sua vontade" (*STh*. II-II, q. 24, a. 3). A graça pode agir no psicopata e levá-lo a uma elevada caridade. Somente o pecado voluntário e formal é obstáculo para a graça, mas não as perturbações psíquicas pelas quais nem a vontade nem a consciência podem ser responsabilizadas. No entanto, o psicopata não pode ser apresentado como exemplo de santidade; ele pode sofrer de algumas dificuldades congênitas, que impedem o desenvolvimento comum de uma perfeita vida de caridade.

Como a caridade se expressa psicologicamente e quais formas assume quando se desenvolve em um sujeito neurótico? Antes de tudo, o equilíbrio psicológico não pressupõe a supressão total de conflitos conscientes. O homem é um ser complexo, que está em busca de sua própria unidade; mas essa unidade não se realiza de repente. O → SOFRIMENTO, a doença, o fracasso, o desespero, a morte fazem parte da condição humana do mesmo modo que a vida, a saúde, a alegria. O equilíbrio espiritual exige tomar consciência responsável dessa face combatente e obscura da vida em uma luz "dialética", ou seja, como uma transição, uma passagem, uma Páscoa momentânea rumo à vida, à luz e ao amor. É uma atitude simplista imaginar a vida espiritual como um conforto moral ou uma festiva alegria perpétua. A neurose manifesta uma piora da inquieta e instável tensão psíquica, por si só normal no homem comum. Se o homem considerado normal é um ser atormentado, o neurótico o é ainda mais. A neurose pode constituir uma ocasião de mérito não em si mesma, mas de uma forma totalmente indireta, ou seja, pelo esforço pessoal e pela confiança que o doente demonstra para com a graça. A neurose geralmente constitui um obstáculo não tanto à verdadeira santidade, mas à conciliação das exigências cristãs com a vida psicológica; e talvez eventualmente possa dificultar a percepção de alguns valores e inibir certas atitudes de desapego e de objetividade (por exemplo, quem sofre de sentimento de culpa patológico não chega a ter uma verdadeira consciência do pecado). Não se pode, portanto, considerar que exista correlação perfeita entre santidade e saúde psíquica: é preciso admitir a presença de uma relação misteriosa entre Deus e alma.

BIBLIOGRAFIA. BOEGNER, M. *Le chrétien el la soufrance*. Paris, 1955; BOLECH, P. *Krankenseelsorge im Umbruch*. Wien, 1967; BOROS, L. *Esistenza redenta*. Brescia, 1966; CONGAR, Y. *Sul buon uso della malattia*. Brescia, 1968; D'ARGENLIEU, P. THIERRY. *La fraternité catholique des malades*. Paris, 1954; DENÉCHEAU, H. *Notre vie de malade*. Nueil-sur-Layon, 1956; *Diritti del malato e assistenza ospedaliera*. Pordenone, 1986; DOULEURS, M. DES. *Clartés sur la souffrance*. Toulouse, 1956; ELIAS, N. *La solitudine del morente*. Bologna, 1985; FOUCHE, S. *Le malade, mon frère*, Paris, 1955; GALOT, J. *Perché la sofferenza?* Milano, 1986; HERBIN, P. *Maladie et mort du chrétien*. Paris, 1955; *La sofferenza*. Varese, 1968; LEWIS, C. S. *Il problema della sofferenza*. Brescia, 1957; MARCHESI, P. L. *Per un ospedale piú umano*. Roma, 1986; PAILLERETS, P. DE. *Spiritualité du malade*. Paris, 1941; PASCAL, P. *Il buon uso delle mallattie*. Brescia, 1950; SALVADORI, M. *Fede e malattia*. Vogordazere, 1986; *Santé et vie spirituelle*. Strasbourg, 1953; SCHALLER, J.-P. *Secours de la grâce et de la médecine*. Paris, 1955; SNOECKL, P. *L'hygiéne mentale et les principes chrétiens*. Bruxelles, 1954; SPINSANTI, S. *L'etica cristiana della malattia*. Roma, 1971; STEINMANN, J. *Le livre de Job*. Paris, 1955; TOURNIER, P. *Bible et médecine*. Neuchâtel-Paris, 1951; *Vita spiritualie e sanità*. VIII Congresso Nazionale AMCI. Brescia, 1966;

T. GOFFI

DOM DE SI. O termo "dom" tem aqui uma acepção mais extensa que de costume. Segundo o significado tradicional da literatura eclesiástica, doar significa dar um objeto, em propriedade, a alguém, com sentimento de liberalidade, isto é, gratuita e benevolamente. Entram no ato o doador, o beneficiário e a coisa doada: assim, não se pode falar nem de "dom de si", porque o fim de toda doação é outra pessoa e porque o doador é a causa ativa do dom, que deve ser algum objeto distinto dela, nem de "dom de si a Deus", porque não se pode admitir um comportamento liberal para com aquele ao qual tudo pertence.

Dom pode significar tanto o ato de ceder a outra pessoa um objeto quanto o próprio objeto ofertado gratuitamente; para este segundo conceito, mais propriamente fala-se de presente, brinde, donativo, voto etc.

No dom, não é incomum a motivação da índole narcisista do doador. Toda forma de dom, enquanto ato, supõe a capacidade de dispor de um valor, a disponibilidade dele e a qualidade moral do valor oferecido. Entre os povos, eram e são ofertados às divindades dons e votos de diferentes realidades: bens da terra, animais, templos, espetáculos públicos, ou prestações cultuais e religiosas (nazireato entre os judeus; monasticismo no bramanismo e no budismo etc.).

A expressão "dom de si", na espiritualidade católica contemporânea, quer indicar o máximo valor que o indivíduo oferece à divindade, e somente a ela. Nesse ato entram todos os componentes psicológicos e teologais pelo qual é supérfluo analisar a natureza estritamente psicológica do ato e o seu valor teológico de mérito. O citado "dom de si" foi empregado como tema de doutrina espiritual, quase a ideia central sobre a qual foi centralizada e direcionada brevemente a temática da ascética cristã. O redentorista belga Giuseppe Schryvers (Schrijvers, 1876-1945) publicou em 1918 um pequeno livro, *Le don de soi*, traduzido em muitas línguas. Utilizando-se de um estilo plano, devoto e parenético, e seguindo fielmente os ensinamentos tradicionais, o autor reordena ao redor do conceito a doutrina ascética católica.

A dicção pode indicar um ato de autodoação, um estado ou modo de ser doado, ou a própria pessoa que se doa. Enquanto ato ou estado habitual, o dom de si quer significar a vontade perpétua e amorosa de oferecer simples e filialmente a Deus (ao Cristo) a própria realidade pessoal, com todos os seus componentes e funções, e o seu tornar-se humano; de entregar totalmente a Deus (ao Cristo) a satisfação de desejos e interesses pessoais para, assim, empenhar-se unicamente em pensar em Deus, em operar para ele segundo o seu divino programa e aceitar plenamente as expressões da vontade divina. De tudo isto parece que o dom de si não é propriamente conversão ou simples propósito de santificação, mas denuncia um estilo, uma nova atitude global e um programa particular de ascese cristã. Aparece antes como resposta ou intercâmbio do ser humano com Deus, que se doou de inúmeros modos.

Os pressupostos que justificam o enfoque dessa doutrina são: a) Deus, de certo modo, fez um dom de si ao ser humano ao criá-lo, conservando-o no ser, colaborando em cada sua expressão de vida, estando intimamente presente para o ser humano e no ser humano; b) Deus fez um dom de si ao ser humano, constituindo-se seu fim último, para o qual o homem pode tender livremente; c) Deus fez um dom de si ao ser humano enquanto apresentou-se como causa exemplar ou modelo ao qual pode conformar-se durante a sua vida: o modelo divino foi concretizado em Cristo. A essa doação de Deus responde, obviamente, a do ser humano: também ele faz um dom de si ao seu Criador e Senhor.

A *conveniência* desse dom-resposta pelo ser humano é ilustrada por algumas razões. Em primeiro lugar, convém lembrar que a ação de Deus pode tornar-se tanto mais eficaz quanto o ser humano a acompanhar: com o dom de si a colaboração humana deveria ser fundamentalmente garantida. Em segundo lugar, dado que Deus opera nas almas com misteriosa sabedoria e poder, é sábio para o ser humano colocar-se totalmente à sua mercê por meio do dom de si. Em terceiro lugar, visto que o Verbo encarnado, modelo de santidade, reproduz eficazmente na alma a sua imagem, quando a alma dispõe-se de bom grado é bom que ela atinja essa disponibilidade pelo ato de uma sua completa doação, tornando-se, desse modo, também dócil à ação do Espírito Santo.

A *realizabilidade* desse especial dom de si é comprovada por várias constatações. A primeira é que as dificuldades da perfeição cristã não são aumentadas, antes, são mais facilmente superadas por causa da simplicidade de atitude que o dom de si faz a alma assumir. A segunda consiste no fato de que o empenho na perfeição é limitado ao dever que urge no momento presente, excluindo-se, portanto, o acúmulo de preocupações pelo futuro e os lamentos pelo passado; é norma de quem faz esse dom de si a Deus evitar as inquietações, para poder discernir com clareza a atual vontade do Senhor. A terceira constatação refere-se a uma mais fácil manutenção do equilíbrio interior no cumprimento do dever, por causa daquela confiante certeza que não permite a outros interesses distrair o ser humano da atividade na qual está empenhado. Convém observar que doar-se a Deus significa, finalmente, amá-lo, desejá-lo e à sua vontade, e, por isso mesmo, praticar todas as virtudes, especialmente as teologais.

A *prática* do dom de si pode ser sintetizada em normas simples, que exigem fragmentariamente aquela parte da doutrina espiritual que trata da via purgativa e iluminativa.

a) Para que se realize um verdadeiro ato de dom de si, este deve ser posto com plena e livre vontade; os atos da inteligência, da razão, da imaginação e do sentimento não correspondem àquela plenitude própria do ato da vontade; b) o ato deve ser feito com a maior perfeição possível, isto é, com a máxima intensidade, com pureza de intenção e simplicidade de espírito; c) a renovação frequente do ato serve para criar na pessoa uma espécie de habitual atenção ao seu modo de ser consagrado a Deus; o exercício do dom de si leva a repetir, prontamente e com prazer, o próprio ato; d) quem faz o dom de si, deixa-se conduzir no exercício das virtudes por Deus, pelas boas inspirações, pelos conselhos de pessoas sábias, sem temer em demasia pelas venialidades involuntárias e pelas imperfeições; e) o doador de si, em relação a Deus, não deve presumir, por mínimo que seja, dar um passo adiante na perfeição sem o auxílio da graça; f) a oração, para aquele que faz o dom de si, nada mais significa senão renovar amorosamente o próprio ato; g) é necessário, todavia, diminuir a cobiça afanosa dos prazeres espirituais, do conforto sacramental, das leituras e conversas espirituais. Finalmente, o doador de si a Deus nada deve desejar, nada pedir, nada recusar; a sua única preocupação deve ser a do *Pater noster*: "santificado seja o vosso nome, venha a nós o vosso reino".

Normas ainda mais práticas definem as modalidades do comportamento externo: as relações com os outros devem ser controladas e ajuizadas; portanto, devem ser interrompidas as relações supérfluas, reduzidas as inúteis, reguladas as necessárias. Com referência às ocupações diárias, é preciso contê-las no justo limite, a fim de que a tranquilidade de espírito não desvaneça. Nas provações interiores e exteriores é necessário ter paciência, repetir com confiança o ato de doação com simplicidade de coração, e dispor-se generosamente também às perseguições que possam provir tanto dos bons quanto dos maus.

O hábito do dom de si conduz a uma feliz situação de vida cristã, precisamente a uma vida de intercâmbio de amor entre Deus e o ser humano, de frequente intimidade eucarística, de alegre serviço a Deus, de amizade secreta, de íntima filiação; o espírito se esquece de si abraçando a renúncia aos prazeres, aceitando o amor de Deus, a mortificação, a humildade, a morte do próprio eu e a morte física. Além do mais, a vida torna-se uma ininterrupta dedicação à causa do Evangelho, para estender o Reino de Deus, através da oração, do exemplo, da fidelidade ao dever de cada dia. Como exemplo, próximo e vivo, é lembrada a Virgem, Mãe de Jesus.

BIBLIOGRAFIA. SCHRYVERS, G. *il dono di sé*. Torino, 1963.

G. C. PESENTI

DOMINGO. A celebração do dia do Senhor constitui na vida dos cristãos um ponto de referência para uma autêntica vida espiritual pessoal e eclesial, aberta para o respeito do antigo preceito do repouso, entendido como dom de Deus para o seu povo no Antigo Testamento, para o encontro com o Senhor ressuscitado na Palavra e na Eucaristia, com a comunidade dos irmãos na celebração da fração do pão e na oração comum, com as necessidades através das obras de caridade, que são as obras da novidade da vida.

1. ORIGEM E EVOLUÇÃO. O povo judeu, seguindo o preceito do Senhor, considerava o sábado dia memorial do repouso de YHWH após a criação (Ex 20,11), e da libertação pascal após as agruras do exílio (Dt 5,13-15). O repouso sabático era caracterizado por uma mais intensa dedicação à oração comum na sinagoga e à proclamação da Palavra.

Na vida dos cristãos, a ressurreição do Senhor teve tanta importância que se passou a considerar o dia da semana no qual Cristo ressuscitou como um acontecimento que devia ser celebrado periodicamente, para substituir, dando-lhe um novo significado, o repouso e a festa do sábado.

Os evangelistas testemunham que a ressurreição de Cristo aconteceu "no primeiro dia da semana" (cf. Mt 28,1; Mc 16,9; Lc 24,1; Jo 20,1). Esta foi a primeira denominação do grande dia. Rapidamente, porém, foi designado com o nome de "dia do Senhor", pelas primeiras gerações cristãs (cf. Ap 1,10).

"Dia do Senhor" é uma referência explícita ao momento no qual Jesus de Nazaré tornou-se *Kyrios*, Senhor glorioso, por meio da → RESSURREIÇÃO. A isto se acrescenta o fato de que a efusão do Espírito Santo ocorreu no mesmo dia da semana, como para selar a nova economia de Cristo e da Igreja, em substituição das antigas alianças de Deus, que Israel celebrava em dia de sábado. → INÁCIO DE ANTIOQUIA já fazia notar aos seus fiéis da Igreja de Magnésia o profundo significado dessa mudança: "Aqueles que viviam segundo a antiga ordem das coisas tiveram uma nova esperança não observando mais o sábado mas o domingo, dia no qual a nossa vida ressuscitou por meio dele e de sua morte" (*Ad Magn.*, 9).

Logo o domingo tornou-se o dia de reunião dos cristãos para celebrarem juntos a Eucaristia, conforme atestam os textos da literatura pagã (cf. a Carta de Plínio). A celebração da Ceia lembrava o mistério pascal de Cristo e era ao mesmo tempo a espera de sua vinda. Os primeiros testemunhos da celebração eucarística dominical são encontrados nos Atos dos Apóstolos, na fração do pão em Trôade (cf. At 20,7.11), na *Didaqué* (c. 14) e, de um modo mais particularizado, em Justino (*Apol.* I,65), que também justifica esse nome "por ser o *primeiro dia* no qual Deus criou o mundo, e o dia no qual Cristo ressuscitou dos mortos". Na *Didascalia dos apóstolos* o domingo aparece como o dia da assembleia, em torno da Palavra e da Eucaristia. Recebe o nome de *dominicum*; os mártires de Abitene (século IV), antes do seu martírio, sintetizam a fé das primeiras gerações nessas palavras: "*Sine dominico non possumus*" (não podemos viver sem celebrar o dia [a Eucaristia] do Senhor). Somente mais tarde, no século IV, após o advento de Constantino, o domingo tornou-se dia de repouso.

Na Idade Média, o domingo perdeu um pouco o caráter de dia da ressurreição para tornar-se um dia dedicado à → TRINDADE, embora não faltassem na liturgia da Igreja evocações ao mistério pascal, e nos mosteiros fosse celebrada a vigília dominical com a proclamação da ressurreição do Senhor. O Oriente cristão, especialmente o bizantino, manteve com mais clareza a referência à ressurreição do Senhor a partir da própria nomenclatura: *dia da ressurreição*.

O Concílio Vaticano II, em *SC* 106, acolhendo as súplicas da renovação litúrgica, proclama a plena recuperação do sentido teológico e pastoral do domingo com estas palavras: "Por tradição apostólica, que nasceu do próprio dia da Ressurreição de Cristo, a Igreja celebra o mistério pascal durante os oito dias, no dia que bem se denomina dia do Senhor ou domingo". Indica, em seguida, como deve ser celebrado esse dia no sentido claramente eclesial: "Neste dia devem os fiéis reunir-se para participarem na Eucaristia e ouvirem a palavra de Deus, e assim recordarem a Paixão, Ressurreição e glória do Senhor Jesus, e darem graças a Deus que os "regenerou para uma esperança viva pela Ressurreição de Jesus Cristo de entre os mortos (1Pd 1,3)".

Na reforma litúrgica pós-conciliar, foi dada a justa importância ao domingo como dia do Senhor e da comunidade eclesial, e a esse propósito foram propostas as ordenações das leituras na liturgia da Palavra, para poder oferecer, no decurso de três anos, uma abundante messe de textos da Escritura; a própria liturgia eucarística foi convenientemente enriquecida para colocar em destaque a centralidade da celebração do mistério pascal; a liturgia das horas (→ OFÍCIO DIVINO) reservou textos e salmos ligados à lembrança da ressurreição de Cristo, incluindo-se a vigília do domingo com a solene proclamação do Evangelho da ressurreição.

Em seu enfoque pastoral, a Igreja, embora em um momento difícil sob o ponto de vista sociológico, pelo aspecto de lazer que hoje possui o fim de semana, insiste exatamente na plena recuperação dos valores cristãos do domingo, na dedicação ao Senhor e no justo repouso do cansaço semanal, na abstenção dos trabalhos e dos negócios "que impedem render culto a Deus e perturbam a alegria própria do dia do Senhor ou o devido repouso da mente e do corpo" (CIC, cân. 1.247).

Numerosos grupos e comunidades cristãs recuperam, hoje, a espiritualidade do domingo na esteira da grande tradição dos primeiros séculos da Igreja, salvaguardando o sentido teológico e antropológico desse dia, dom do Senhor aos seus filhos.

2. TEOLOGIA DO DOMINGO. O domingo, considerado desde a Antiguidade como Páscoa semanal, possui uma sua teologia que nasce facilmente dos nomes dados a esse dia pela tradição cristã e pelos conteúdos celebrados.

É com efeito o *primeiro dia da semana* que lembra as primícias da criação da luz e da nova criação ocorrida pela ressurreição de Cristo, como já lembrava Justino em sua primeira *Apologia*, c. 67. É também o *oitavo dia*, dia do repouso escatológico final, rumo ao qual se encaminha a Igreja seguindo as pegadas de seu Senhor, que já entrou no repouso definitivo (Hb 3). É o *dia do Senhor*, ou *dia senhorial* (para distingui-lo do outro dia do Senhor: a parúsia), marcado pela presença constante do Ressuscitado em sua Igreja, o qual continua a partir a Palavra e a Eucaristia como fez com os discípulos de Emaús (Lc 24). É *dia da ressurreição*, segundo a terminologia cara à tradição oriental, porque escande no ritmo semanal o memorial do evento culminante da salvação, o evento escatológico que inaugura os novos tempos e antecipa a esperança da ressurreição definitiva. Lá onde ainda prevaleceu, para denominar o domingo, o termo ligado à tradição romana (*dies solis*), pode-se falar do dia do Sol ou da luz, como era entendido na tradição cristã, dia do Sol, Cristo, sol de justiça que surge do alto. Assim, foi chamado, por um autor do século V, "Senhor dos dias", visto que o domingo é o ponto de chegada e de partida do ciclo semanal da comunidade cristã.

Os nomes, em um belo somatório de significados, procuram oferecer o sentido justo da realidade de um dia cheio da presença do Senhor, na Palavra e na Eucaristia, mas também de uma jornada que vê a Igreja inteira recuperar o pleno sentido de ser assembleia, reunida ao redor do Senhor para a oração, a escuta da Palavra, a celebração da fração do pão e de alguns sacramentos. Em torno do Senhor o domingo torna-se o dia da fraternidade cristã, na alegria e no compromisso do reencontro juntos, a partir da própria vocação batismal, na lógica consequência de realizar gestos de autêntica partilha de bens na caridade, e como ponto de partida para uma missão no mundo, na lembrança perene do envio de Cristo ressuscitado a todos os seres humanos e da graça do Pentecostes do espírito que faz, constantemente, a Igreja partir do cenáculo eucarístico para uma renovada presença no mundo.

3. ESPIRITUALIDADE DO DOMINGO. Ressurreição do Senhor, Eucaristia, assembleia, obras de caridade e repouso são os aspectos de uma espiritualidade do domingo.

O domingo é *dia de festa*, Páscoa semanal. Ele nos lembra a vitória de Cristo sobre tudo o que na vida possa ser razão de sofrimento, visto que a ressurreição de Cristo é fonte inesgotável de alegria cristã, a ponto de a *Didascalia* síria afirmar que quem fica triste no domingo comete pecado (*Didascalia*, V, 20,11). Paz e glória são os dons de Cristo ressuscitado aos seus discípulos. O cristão sabe que se Cristo ressuscitou, tudo possui um sentido de esperança na própria existência, incluído o trabalho e o cansaço dos dias comuns. O centro da festa é a celebração eucarística, na consciência de que, segundo a expressão de João → CRISÓSTOMO, "toda assembleia é uma festa", pela presença de Cristo na Igreja (*Serm. de Anna*, 1: *PG* 54, 669). O Ressuscitado faz-se presente na plenitude de seu ministério pascal na assembleia litúrgica, na Palavra e na fração do pão eucarístico. Os cristãos compartilham a experiência de ser o corpo do Senhor na alegria e na esperança. Assim, o preceito dominical, longe de ser uma imposição externa, torna-se a lógica expressão da Igreja que estimula os fiéis a serem solícitos na participação da Eucaristia, centro da vida cristã. A oração em comum reúne os fiéis ao redor do altar, para elevar orações e súplicas pelo mundo inteiro, como já antigamente relembrava Justino em sua *Apologia* I, 65 e 67, falando da celebração eucarística dominical.

O domingo é *dia da fraternidade*, renovada na participação comum na Eucaristia. Antigamente, a *Didascalia*, II, 59, 1-3 exortava a não desertar da assembleia para não dispersar o corpo do Senhor, e a entrar em comunhão com ele, presente no meio dos irmãos. Do mesmo modo, Hipólito, na *Tradição apostólica*, n. 35, exorta a frequentar a assembleia "onde floresce o Espírito", e → JERÔNIMO lembra aos cristãos: "Ver-se uns aos outros é uma alegria" (*PL* 26, 378B). Uma renovada consciência da comunidade cristã os leva a reencontrar-se juntos ao redor do altar, sem esquecer aqueles que, por doença ou qualquer outro impedimento, não podem participar. A Igreja, idealmente, relembra todos os irmãos da família de Deus e por meio dos ministros leva a Eucaristia aos doentes, segundo a antiga práxis testemunhada por Justino.

O dia do Senhor é também um momento para *as obras de misericórdia*, as obras do oitavo dia: "Juntamente com a oração deve ser posta a caridade, sinal verdadeiro e eficaz da presença de Cristo ressuscitado entre os seus. Já de modo completamente natural, o domingo é, para muitos cristãos, o dia em que é possível dedicar um pouco de tempo aos amigos, parentes, doentes e a quem está longe. Trata-se de gestos ao mesmo tempo profundamente humanos e cristãos; muitas pessoas se darão conta de que é domingo também para elas por causa de uma visita e de um sorriso recebido. É necessário reconhecer o valor desses atos para que o egoísmo "do feriado não apague essa luz de caridade e de fé" (CEI, *Il giorno del Signore*, n. 27). O novo dia inaugurado por Cristo pela sua Páscoa também exige a novidade das obras. Hoje, como antigamente, deve-se desenvolver pela vida litúrgica uma apropriada socialização eucarística, que nasce da partilha dos bens e de uma atenção concreta aos mais necessitados, a fim de que, segundo a antiga fórmula patrística, não se separe o sacramento da Eucaristia do "sacramento" do irmão e do pobre.

O domingo é *dia de repouso*. Lembra-nos o repouso de Deus após a criação do mundo e do ser humano, o presente dado ao povo de Israel de um dia que recorda a liberdade da escravidão. Para o cristão, pode transformar-se no dia que favorece a contemplação das obras que saíram das mãos de Deus na criação, um merecido repouso após o cansaço do trabalho semanal. Trata-se de um repouso que deve regenerar interiormente o cristão, que oferece espaço para a contemplação, que o insere na harmonia do cosmos e na natureza, que permanece sujeita a ele, mas que finalmente lembra o destino de todas as coisas para o bem da humanidade. No domingo, o ser humano não deve sentir-se mais dominado pela natureza, pela técnica, oprimido pela lei do trabalho, mas senhor do universo, visto que em Cristo tudo lhe pertence (cf. 1Cor 3,21-22).

Na oração e no espaço da contemplação que o homem de fé pode e deve reservar no dia do Senhor, experimenta o domingo como *dia da esperança*, pregustação do último e definitivo dia do Senhor na parúsia, da ressurreição dos mortos e da renovação total dos novos céus e da nova terra, na paz e na alegria sem fim. Um penhor e uma expressão dessa esperança são ofertados pela Igreja na Eucaristia que celebra e na oração de vésperas do domingo, quando, em união com as Igrejas do Oriente, canta a Cristo, "luz jubilosa da santa glória".

BIBLIOGRAFIA. BRANDOLINI, L. Domenica. In: *Nuovo Dizionario di Liturgia*. Roma, 1984, 377-395; *Domenica. Il Signore dei giorni*. Roma, 1980; *Il giorno del Signore*. Nota pastoral da CEI. Roma, 1984; *La domenica. Aspetti storici, liturgici e pastorali*. Milano, 1962; MASSI, P. *La Domenica nella storia della salvezza*. Napoli, 1967; MOSNA. C. S. *Storia della Domenica dalle origini fino agli inizi del V secolo*. Roma, 1969; RORDORF, W. *El domingo*. Madrid, 1971; VISENTIN, P. *Dies dominicus*. Padova, 1962.

J. CASTELLANO

DOMINGOS DE GUSMÃO. 1. NOTA BIOGRÁFICA. Nasceu em Caleruega, Espanha, por volta de 1170, de nobre família, e entrou muito jovem, como canônico, no Capítulo de Osma, onde absorveu o espírito de reforma que animava os canônicos da época. O bispo de Osma, Diego de Acebes, o escolhe como companheiro de viagem em uma missão delicada, que lhe fora confiada pela Corte da Dinamarca (1204). Durante a missão, detiveram-se temporariamente no sul da França: a situação religiosa criada pelos albigenses os impressiona profundamente; depois de ir ao Concílio Lateranense (1205), dedicam-se ao apostolado entre os albigenses com uma nova forma de pregação evangélica, fundamentada na pobreza absoluta. Domingos reúne um grupo de mulheres convertidas em uma comunidade, primeiro núcleo das irmãs contemplativas dominicanas, em Prouille (1206), e com uma equipe restrita de sacerdotes, atraídos por seu ideal evangélico, lança as bases de uma nova Ordem religiosa (1206-1215), consagrada exclusivamente à "pregação de Jesus Cristo".

O bispo de Toulouse, Folco, seu amigo, o leva consigo para Roma (outubro, 1215), onde é encorajado por Inocêncio III em seu novo programa pastoral; em seguida, após outra viagem de Domingos a Roma (1216), aprova definitivamente a nova Ordem dos pregadores (22 de dezembro de 1216).

Retornando a Prouille, realiza a primeira dispersão dos seus pregadores, enviando-os à França e à Espanha, sobretudo nos centros universitários. Novamente em Roma, funda a comunidade de São Sixto (1217-1218), indo em seguida a Bolonha para organizar o respectivo convento (1218). Assistido por Reginaldo d'Orléans, Domingos está novamente em Roma, onde, junto a São Sixto, funda uma comunidade feminina (1220). Dedica-se então à legislação de sua Ordem com a celebração de um primeiro (1220) e de um segundo Capítulo geral (1221) e, entre um e outro (1221), está em Roma pela última vez. Mas um apostolado tão dinâmico termina por enfraquecer-lhe as forças: após uma viagem a Veneza (junho, 1221) adoece em Bolonha e morre no dia 6 de agosto de 1221.

Rapidamente em fama de santidade, é canonizado por Gregório IX (1234).

2. O FUNDADOR. A contribuição pessoal de Domingos como fundador é ter levado a consequências extremas o exercício da fé e da caridade na vida contemplativa, resolvendo a primeira síntese histórico-espiritual do dualismo oração-ação, criando na Igreja a "vida mista", restabelecendo a inseparabilidade psicológica e teológica do amor a Deus e ao próximo, e reconduzindo o sacerdócio à sua plenitude evangélica e apostólica. O modelo ideal de sua obra é constituído pelos apóstolos no Cenáculo.

Os fatores principais que impelem Domingos à fundação de sua Ordem são: a sua experiência da necessidade da sociedade e da utilidade, para a Igreja, de ter um manípulo de pregadores efetivos e organizados, munidos de profunda e segura doutrina; as exigências culturais e intelectuais das pessoas do século XIII e a necessidade do clero de ter bons centros de formação teológica; a vontade de Inocêncio III, que logo compreende a validade e o valor do programa, não só em si mesmo mas em relação à Igreja inteira.

Com a sua fundação, Domingos apresenta novos problemas à Igreja e os soluciona magistralmente. A ele, com efeito, cabe ter sido o primeiro a intuir e a praticar a universalidade da pregação, então reservada exclusivamente aos bispos, restituindo-a, assim, como direito, aos sacerdotes. Tornando obrigatório o estudo para todos os membros de uma Ordem religiosa, contribuiu para elevar o nível cultural do clero. Por outro lado, inaugurou na Igreja a primeira Ordem religiosa a serviço da própria Igreja, da hierarquia e do papado, e isso explica a grande estima e a alta consideração pela Ordem de Domingos demonstradas ao longo dos séculos pelos papas.

Finalmente, o mérito mais notável foi ter traçado com extrema clareza o fim e os meios, que no decorrer dos séculos regeram a todas as exigências de revisionismo, graças à sábia ductibilidade do programa de sua Ordem.

3. DOUTRINA. Domingos formou-se no clima canonical, mesmo sofrendo a influência monástica (*Collationes*, de Cassiano). Isto explica o evangelismo e a imitação dos apóstolos do Cenáculo, ideal que anima a espiritualidade canonical do século XIII: Domingos nada mais faz senão levar até às últimas consequências essa premissa espiritual, criando um verdadeiro movimento espiritual e uma escola de espiritualidade, a dominicana, com uma fisionomia própria, uma face própria e uma linguagem própria.

A vida espiritual de Domingos é moldada nos apóstolos no Cenáculo. Dos apóstolos, com efeito, lê-se que vivem uma vida comunitária (At 4,32), são assíduos na oração no Templo em horas preestabelecidas (2,46; 6,4), recebem de Cristo o mandato da pregação (Mt 28,18-20) e, à imitação de Cristo, pregam em pobreza evangélica (Lc 9,1-4). À imitação dos apóstolos, então, articula-se a vida de Domingos nos dois momentos da contemplação e da ação, e insere-se na Igreja a primeira → VIDA "mista".

Os contemporâneos apresentam Domingos como homem excepcional de oração e de ação, com uma expressão que se tornou clássica: "Ele só falava com Deus e de Deus".

À imitação dos apóstolos, portanto, a sua oração e pregação são articuladas em forma de "colóquio" ou de "diálogo": dois diálogos, "com Deus" e "sobre Deus", que, embora distintos e diferentes, estão estreitamente ligados em um processo unitário, psicológico e espiritual.

a) *O diálogo com Deus*. Domingos é sobretudo o santo da adoração: a sua vida é um contínuo colóquio com Deus, um ato de adoração perpétua, de dia e de noite.

Canônico regular e fundador de uma Ordem canonical cujos sacerdotes são consagrados ao serviço de Deus, Domingos estrutura a sua oração no ritmo da liturgia nas duas formas oficiais (ofício e missa), cultivando naturalmente também a oração privada pessoal.

No → OFÍCIO DIVINO, Domingos quis o esplendor no canto e a solenidade das cerimônias, porque o louvor a Deus dá o ritmo à sua jornada e à sua ação apostólica.

A jornada de Domingos se desenrola no louvor e na glória a Deus por intermédio da oração oficial da Igreja, distribuída ao longo das horas do dia, ao alvorecer, pela manhã e assim até o sol se pôr. Ele é o santo da adoração e do louvor. Em união com a Igreja e em seu nome, no espírito da oração apostólica, o seu coração se eleva até à união mística com Deus.

Extremamente assíduo às celebrações corais litúrgicas, mesmo quando o apostolado o mantém longe da sua comunidade dominicana, ele quer que o convento da sua Ordem seja o centro do louvor à glória de Deus sempre.

O "diálogo com Deus" na forma coral litúrgica prepara Domingos para o "diálogo" com Cristo sacerdote em sua função sacerdotal, a santa missa. A sua celebração do ministério eucarístico é caracterizada por uma dramaticidade que é a sua nota pessoal: "quando canta a missa, derrama muitas lágrimas", em "tal quantidade que uma gota não espera pela outra"; sobretudo "durante o Cânon, quando os seus olhos e faces irrigam-se de lágrimas", tanto que "ao escutar a sua récita do Pai-Nosso, os presentes têm a exata percepção de sua imensa devoção". Assim escrevem os seus primeiros biógrafos e testemunhas.

Essa emotividade e dramaticidade flui do assombro e da tristeza pela incompreensão que os seres humanos têm pelo Amor infinito; assombro e tristeza que nele confluem para a preocupação de sua sorte espiritual: "Senhor, que será dos pecadores?".

Domingos considera o seu sacerdócio como um prolongamento do sacerdócio de Cristo. Assim, a sua união com o Cristo sofredor não implica somente na visão do contemplativo, mas cria nele uma tensão e uma efetiva colaboração com Cristo.

Na *oratio secreta* Domingos abre o seu coração a Cristo sofredor em toda a sua efetiva e imediata intensidade, em súplicas, implorações e lágrimas; no silêncio do templo e na obscuridade protetora, ele desafoga o seu coração sofredor porque os pecadores resistem ao amor misericordioso do Cristo que sofre. Como para intensificar a sua oração, emprega também o corpo com flexões, genuflexões, prostrações, com a disciplina e a flagelação, terminando com uma visita processional aos vários altares do templo.

A oração cristocêntrica de Domingos integra-se com a oração mariana, porque a misericórdia de Cristo implica a misericórdia de Maria. Essa ligação sobrenatural da misericórdia da Mãe e do Filho é o *leitmotiv* da oração de Domingos. Ele deve à mediação de Maria junto a Cristo a sua vocação religiosa e a da sua Ordem. Por isso confia "à Rainha da misericórdia o cuidado total da Ordem como a uma especial padroeira" e quer que os religiosos, na profissão, prestem obediência, além de a Deus, também a Maria.

b) *O diálogo sobre Deus com as almas: a pregação de Jesus Cristo*. Em sua oração, litúrgica e pessoal, Domingos abraça, em um olhar unitário, a Cristo sacerdote-sofredor, a Igreja (a sua vida decorre sempre com a Igreja, na Igreja e pela Igreja) e a misteriosa economia da redenção.

O "diálogo sobre Deus" com os distanciados, sobretudo, impõe-se nele como um imprescindível prosseguimento do "diálogo" com o Cristo sacerdote-sofredor: Cristo apóstolo prossegue nele o ministério da palavra, e ele prossegue a sua missão redentora assumindo o "ofício do Verbo" (Santa Catarina de Sena) à imitação dos apóstolos "que se ocupam da ação e do ministério da palavra".

Assim, a piedade orante de Domingos se transforma em piedade ativa: o contemplativo torna-se apóstolo, a sua contemplação se transforma em ação, o seu sacerdócio se completa na "pregação de Jesus Cristo".

Mas como estabelecer o "diálogo sobre Deus" com os distanciados de Cristo e da Igreja? Em seus contatos humanos, Domingos compreendeu que toda crise religiosa esconde um erro de visão, sabe que toda infidelidade nasce de um erro, e que um erro não pode gerar um amor autêntico pelo Cristo; o erro está sobretudo na inteligência, portanto somente uma "pregação de Jesus Cristo", luminosa e doutrinária, poderá iluminar as inteligências e inflamar os corações endurecidos: daí a pregação apologética, serena e persuasiva, que inclui a busca da verdade com quem está distante de Cristo.

Domingos fala em nome de Cristo mestre, que está nele e com ele, transfigura-se em "anunciador da Palavra". Mas as ideias abstratas não convertem as almas se não se transfiguram em amor no coração do pregador, tornando-se visíveis em sua vida: a palavra deve ser posta como princípio de vida e como método de vida, no processo completo de pensamento e ação. A → IMITAÇÃO DE CRISTO e dos apóstolos exige a prática da própria vida de Cristo e dos apóstolos, a pobreza evangélica.

BIBLIOGRAFIA. BEDOUELLE, G. *Dominique ou la grace de la parole*. Paris, 1982 (trad. it. 1984); BESNARD, A.-M. La compassion de saint Dominique. *La Vie Spirituelle* 132 (1978) 523-539; BOUCHET, J.-R. *Saint Dominique. Histoire*. Paris, 1988, vl. I; CARRO, V. D. *Domingo de Guzmán. Historia documentada*. Guadalajara, 1973; Domenico di Guzmán. In: *Dizionario degli Istituti di Perfezione*. 1976, 948-961, vl. III; LIPPINI, P. *S. Domenico visto dai suoi contemporanei*. Bologna, 1983; ID. *Sulle orme del Padre*. Bologna, 1985; MANDONNET, P. – VICAIRE, H. *S. Dominique. L'idée, l'homme et l'oeuvre*. Paris, 1938; Monumenta Historica S.P.N. Dominici. In: *Monumenta Fratrum Praedicatorum Historica*. Roma, 1935; RUFFINI, N. *Vita di Domenico di Guzmán*. Milano, 1974; TEGWELL, S. The nine ways of prayer of St. Dominic: a textual study and critical edition. *Medieval Studies* 47 (1985) 1-124; VICAIRE, H. *Storia di S. Domenico*. Alba, 1959; ID. *Histoire de saint Dominique*. I.- *Um homme évangelique*; II.- *Au coeur de l'Église*. Paris, 1982 (trad. it. 1983); WALZ, A. *Compendiumm Historiae Ordinis Praedicatorum*. Roma, 1948.

D. ABBRESCIA

DOMINICANOS. 1. São → DOMINGOS funda a Ordem dos frades pregadores em Toulouse. O bispo Folco, aprovando a pequena comunidade, confia a Domingos e aos seus companheiros (junho, 1215) o encargo de pregar em sua diocese. Esses pregadores — lê-se no decreto do bispo — possuem "a tarefa de extirpar a heresia, combater os vícios, ensinar a regra da fé e educar as pessoas nos bons costumes". Por isso eles "se propõem viver religiosamente e pregar a verdade do Evangelho, andando a pé e pregando a pobreza evangélica".

Nesse documento já encontramos breve e claramente descritos o estilo de vida e a atividade apostólica de Domingos e dos seus companheiros: vida religiosa e prática da pobreza apostólica; pregação do Evangelho que abraça dogma — "ensinar a verdade da fé" — e moral — "combater os vícios e educar as pessoas nos bons costumes".

Pela bula *Religiosam vitam* (22 de dezembro de 1216), o pontífice Honório III reconheceu como religião autêntica a fundação de Toulouse. A essa bula seguiram-se outras, nas quais explicita o caráter peculiar da fundação de Domingos e estende a atividade, sua e dos seus frades, à Igreja universal.

2. O DOMINICANO: APÓSTOLO CONTEMPLATIVO. A ideia que ilumina a vida inteira de Domingos e o conduz à fundação da Ordem é a *caritas veritatis*. A "caridade da verdade" é a nota específica

da espiritualidade de Domingos e dos seus filhos; é o modo dominicano de amar a Deus e aos irmãos. A vida do frade pregador é toda consagrada ao culto da verdade: a verdade amada, e por isso buscada, estudada, contemplada, vivida, pregada e defendida.

São duas as ações principais que nascem da caridade da verdade: a conquista da verdade e o dom da mesma. Por isso são dois os momentos essenciais da vida do frade pregador: a contemplação (conquista) e a pregação (dom). São graus da → CONTEMPLAÇÃO: o conhecimento intelectual, fruto do estudo da verdade divina; o conhecimento afetivo, fruto da meditação; o conhecimento intuitivo: um conhecimento amoroso e quase experimental de Deus, a contemplação infusa, dom do Espírito Santo.

Domingos, totalmente consagrado ao anúncio da mensagem evangélica, é um grande contemplativo. "Traz sempre consigo o Evangelho de Mateus e as Epístolas de São Paulo". Segundo Giordano di Sassonia, ele chegou "a muita luz de contemplação e a um alto grau de perfeição". Sua norma de vida é "falar com Deus ou de Deus". Domingos — dizem os contemporâneos — "falava sempre com Deus ou de Deus, em casa ou fora de casa, durante as viagens, e quis que isto fosse posto nas Constituições". Observe-se o caráter totalitário da expressão: falava "sempre" com Deus ou de Deus. Toda a sua vida transcorre no colóquio com Deus ou sobre Deus. O seu programa de vida é o mesmo que se propuseram os apóstolos: "Nós nos dedicaremos à oração e ao ministério da Palavra" (At 6,4).

A ideia que informa a vida de Domingos e anima a sua Ordem é sintetizada na conhecida fórmula de Santo Tomás: "*Contemplari et contemplata aliis tradere*" (*STh*. II-II, q. 188, a. 6). Contemplar: extrair a verdade no estudo da verdade divina, na escuta de Deus e na comunhão com ele, e doar aos irmãos o fruto da própria contemplação. O dominicano é sobretudo um contemplativo. Antes de ser mestre, é discípulo da verdade; antes de ser pai e gerador de vida no espírito dos irmãos, ele próprio é gerado pela verdade. Ele "vive a verdade no amor com o objetivo de crescer rumo ao Cristo" (Ef 4,15). Viver a verdade evangélica em si mesmo é o pressuposto para fazer com que cresçam rumo ao Cristo aqueles aos quais se doa a verdade. Escreve o bem-aventurado Humberto de Romans, "o frade pregador alcança na contemplação aquilo que, depois, oferece na pregação" (*De vita regulari*, I, 48).

Institucionalmente, Domingos funda uma Ordem de contemplativos. A Ordem dos frades pregadores, porém, é uma Ordem contemplativa "aberta". Domingos abre as estruturas do convento monástico e contemplativo de modo que seja, ao mesmo tempo, um centro de pregação. Cria uma forma de vida religiosa que, embora permanecendo essencialmente contemplativa, é consagrada ao ministério da Palavra. É uma novidade absoluta para sua época. Então, vida contemplativa e vida ativa eram consideradas formas de vida incompatíveis.

A operação de "enxerto" da vida apostólica na vida contemplativa é possível para Domingos porque, de um lado, reduz a forma institucional monástica e contemplativa aos seus elementos essenciais e, de outro, limita a atividade apostólica dos seus filhos àquelas formas de apostolado que melhor se deixam harmonizar com a vida contemplativa: a pregação da → PALAVRA DE DEUS e o ensinamento da sagrada doutrina. Essas formas de apostolado, com efeito, têm por objeto a verdade divina, isto é, o mesmo objeto da contemplação.

O fruto da contemplação é a pregação da verdade divina, finalidade específica da Ordem. A Ordem tomou o nome do seu fim específico. Foi Honório III que chamou pela primeira vez a fundação de Domingos de "Ordem dos frades pregadores" (11 de fevereiro de 1218). "Homem evangélico", como o define Giordano di Sassonia, Domingos foi o primeiro, na história da Igreja, à imitação da comunidade apostólica, a fazer da pregação o ideal de uma comunidade religiosa. Funda uma comunidade de apóstolos: apóstolos para a missão e para o sistema de vida. Gregório IX, que o conhecia bem, falando de Domingos, observa expressamente: "Nele, conheci um homem que seguia em tudo a regra dos apóstolos e não duvido que ele esteja associado à sua glória".

A pregação de Domingos e dos seus companheiros é de caráter dogmático e moral, e é dirigida a suscitar a fé nos não crentes. Segundo Honório III, os frades pregadores "têm a tarefa de anunciar aos pagãos o nome do Senhor Jesus e de partir o pão da Palavra para os fiéis".

Os frades pregadores são colaboradores dos bispos no ofício do ensinamento e da pregação. Em seguida, também lhes serão confiados os ofícios de pastores e de juízes da fé; isto é, serão eles próprios bispos e inquisidores; mas esses ofícios são e permanecerão sempre estranhos à finalidade própria da Ordem.

O zelo apostólico é uma consequência necessária da contemplação; emana da consciência vital de Deus, feito homem para a salvação de todos os seres humanos. O conhecimento amoroso de Cristo na contemplação gera o desejo da imitação. Domingos — escreve Giordano di Sassonia —, desejando conformar-se em tudo a Cristo, "pensava que somente seria um verdadeiro membro de Cristo depois que se dedicasse, com todas as suas forças, a salvar almas, à imitação do Salvador de todos, o Senhor Jesus, que ofereceu a si mesmo para a nossa salvação" (*Libellus de principiis Ord. Praed.*, 13).

As primeiras constituições falam da contemplação, não quando tratam da oração litúrgica, e sim quando falam dos pregadores. Os frades — lê-se —, "quando forem pregar, comportem-se em toda parte como homens evangélicos, que seguem as pegadas do Salvador, falando com Deus ou de Deus, consigo mesmos ou com o próximo". Domingos fala de contemplação a propósito da pregação porque é a condição de um discurso qualquer sobre Deus que queira alcançar a conversão do coração. Antes de falar aos homens de Deus é necessário falar com Deus. A verdade que o dominicano ensina não é uma verdade abstrata, é a "verdade que salva". A palavra do pregador é dirigida a conquistar o coração e a vontade, não só a instruir. As palavras, então, ainda que sábias, não bastam. É a graça que atinge o coração, ilumina a inteligência e move a vontade. A língua é só um instrumento; é o Espírito Santo que realiza a conversão do coração. Assim, o empenho principal do pregador é estar disponível à ação do Espírito Santo, de modo que ele seja realmente "a boca do Senhor", segundo escreve Humberto de Romans.

A conquista da verdade na contemplação e o seu dom na pregação são dois momentos indissociáveis na vida do frade pregador: um tem razão de ser para o outro. A contemplação conflui no anúncio da palavra de Deus, e o anúncio procede da plenitude da contemplação. "A vida peculiar da Ordem é a autêntica vida apostólica: uma vida na qual a pregação e o ensinamento brotam da abundância da contemplação" (*Liber Constitutionum O.P.*, 1).

Na vida do frade pregador a ação apostólica não se contrapõe à contemplação. O dominicano passa da contemplação à ação sem abandonar a contemplação. O colóquio sobre Deus não o desvia do colóquio com Deus; o encontro com os seres humanos não interrompe, antes prolonga, a comunhão com Deus. A contemplação, para o dominicano, não é um ato, é um sistema de vida; não é só uma preparação, é linfa que alimenta constantemente a ação apostólica.

Na vida apostólica do frade pregador, a contemplação está para a ação como a alma para o corpo. O objeto da pregação é sempre o "contemplado". A palavra é simples instrumento que permite manifestar a verdade contemplada. A pregação, então, permanece essencialmente contemplação, é a contemplação que se derrama. A passagem da vida contemplativa para a atividade apostólica — afirma Santo Tomás — acontece não "*per modum subtractionis*", mas "*per modum addicionis*" (*STh.* II-II, q. 182, a. 1, a 1).

3. AS OBSERVÂNCIAS REGULARES. Elementos constitutivos da identidade dominicana, enquanto indispensáveis à vida de contemplação e à eficácia da pregação, são as "observâncias regulares". Entre estas são de particular importância, além da prática dos conselhos evangélicos comum a todas as Ordens: a vida comunitária, a celebração da liturgia, o estudo assíduo da verdade e as austeridades monásticas.

O espírito comunitário cria o ambiente no qual melhor se realizam os outros valores fundamentais da vocação dominicana. Favorece, com efeito, a → VIDA contemplativa, a oração litúrgica, a prática dos → CONSELHOS evangélicos, o estudo assíduo e a atividade apostólica. Na ideia de Domingos, o espírito de comunhão fraterna da comunidade dos frades pregadores tem de reproduzir a unanimidade que reinava nas primeiras comunidades cristãs. É esta uma condição indispensável para a eficácia de sua ação apostólica.

O espírito comunitário é alimento de caridade fraterna, da qual deriva a eficácia da ação apostólica. Este espírito é um vivo testemunho da vida evangélica. A comunidade, animada pelo amor fraterno, apresenta-se como o modelo daquela comunidade universal que compreende todos os seres humanos e para cuja formação está voltada a atividade do apóstolo.

O espírito comunitário também facilita a atividade apostólica porque reúne as energias de cada um para o bem comum. Nos encontros comunitários, previstos pelas constituições, os frades confrontam fraternalmente as suas experiências e discutem os problemas relativos à vida apostólica. Assim, cada qual usufrui as experiências dos outros e amplia as próprias capacidades apostólicas. Essa colaboração não é somente útil, mas necessária àqueles que devem enfrentar os numerosos e vastos problemas que a evangelização insere. "Cada batalha combatida com espírito concorde", escreve Humberto de Romans, "conduz à vitória certa; e o bem que foi discutido e aprovado pela comunidade realiza-se mais rápida e facilmente".

A celebração litúrgica é o centro e o coração da jornada do frade pregador; dispõe o espírito à contemplação e dá vida e calor à palavra. Na celebração litúrgica, o dominicano contempla o mistério da salvação que nela se realiza e que deve anunciar aos irmãos com a pregação, e suplica ao Pai das misericórdias pelas necessidades da Igreja e a salvação de todos os seres humanos.

A obra do apóstolo começa aos pés do altar com a participação no sacrifício de Cristo e a contemplação do grande mistério do amor divino. A comunhão eucarística dá ao contemplativo e ao apóstolo aquela abundância de graça que ilumina a inteligência e inflama o coração. A celebração coral das Horas também é fonte de contemplação e de preparação para o anúncio da mensagem evangélica. O ofício coral, escreve Humberto de Romans, "eleva a mente, deixa efeitos salutares, ensina o modo digno de louvar a Deus"; por outro lado, "dissolve a dureza de coração, eleva a mente a Deus, afasta a tristeza e prepara a vida do coração para o Senhor, para acolher as suas múltiplas graças" (*De Vita regulari*, I, 83-84.99-100).

Após a oração litúrgica, o frade pregador recolhe-se na oração pessoal, que é meditação e → EXAME DE CONSCIÊNCIA. A meditação é uma contemplação afetiva que prepara para a contemplação infusa. O contato com Deus, na meditação, é considerado muito fecundo com relação ao progresso espiritual. A → MEDITAÇÃO, escreve Humberto de Romans, gera "o temor de Deus, a esperança, a gratidão, o desejo de boas obras"; por outro lado, "exercita o espírito, purifica a alma, inflama o coração, submete as paixões e confere inúmeros bens à vida humana".

A oração pessoal dos primeiros frades pregadores é dirigida sobretudo a Cristo Salvador e a Maria, Mãe da graça e da misericórdia. O Salvador é o modelo supremo do frade pregador. O culto a Cristo Salvador é expresso por uma particular devoção a Cristo Eucaristia. Na Eucaristia, o dominicano venera o Redentor que renova a sua imolação para a salvação dos seres humanos. Por isso, a devoção eucarística é elemento essencial da espiritualidade dominicana.

Também a devoção do dominicano à Virgem Maria está ligada à sua missão. O pregador do Verbo divino vê em Maria a Mãe do Verbo encarnado e a Sede da Sabedoria; vê a Rainha dos apóstolos e a Mãe da misericórdia; vê a primeira pregadora: aquela que primeiro, na história da → SALVAÇÃO, deu o Salvador à humanidade e a primeira contempladora, aquela que primeiro meditou em seu coração os mistérios do Verbo feito homem (Lc 2,19).

Domingos "foi canônico por profissão, monge pela austeridade de vida e apostólico pelo ofício da pregação. Foi monge pela austeridade nos jejuns, nas abstinências, no vestuário, no enxergão, na disciplina do silêncio e nas outras observâncias contidas na Regra de São Bento; a estas acrescentou outras que observava e queria que os seus frades observassem" (in *Monumenta Ord. Praed. Historica*, XXII, Roma, 1949, 8-9).

Às austeridades próprias da vida monástica, Domingos juntou o estudo assíduo da sagrada doutrina e a pobreza evangélica. Domingos é o primeiro entre os fundadores de ordens religiosas a considerar o estudo um elemento essencial da → VIDA RELIGIOSA. "Se para as outras Ordens o estudo é conveniente", escreve o bem-aventurado Humberto, "para o frade pregador é um dever". O estudo na vida dominicana é considerado um instrumento necessário à formação do contemplativo e do apóstolo. "O estudo das verdades divinas ajuda a vida contemplativa diretamente, enquanto oferece o objeto próprio da contemplação: as verdades divinas; e indiretamente, porque lhe oferece o controle da fé, para evitar perigosos desvios" (SANTO TOMÁS, *STh.* II-II, q. 188, a. 5).

O estudo da verdade divina é indispensável ao dominicano também como apóstolo. O apóstolo da verdade "tem de aderir tenazmente à sagrada doutrina, tem de possuir com segurança a verdade revelada para poder ensinar com clareza a sã doutrina e refutar os errantes" (*Ibid.*).

As primeiras constituições designam expressamente ao mestre de noviços a tarefa de ensinar aos jovens "como devem empenhar-se no estudo, de modo que, de dia, de noite, em casa ou em viagem, sempre estejam ocupados em estudar ou meditar, esforçando-se por memorizar o mais possível". Além do mestre de noviços, as primeiras constituições preveem um "mestre de estudos". É um ofício novo na vida religiosa da época; é uma invenção de Domingos. O mestre de estudos possui a tarefa de guiar e assistir aos jovens noviços em seus estudos, durante todo o tempo de sua carreira escolástica.

Para o dominicano, o estudo jamais é obstáculo para a oração. Estudo e oração em sua vida integram-se mutuamente. Ele estuda para melhor pregar, e prega para obter mais luz no estudo. O estudo para ele é oração, enquanto é busca da verdade divina. "Quando a ciência é voltada para Deus", afirma Santo Tomás, "aumenta a devoção" (*STh*. II-II, q. 82, a. 3, a 3). Santo Tomás é o produto típico de uma Ordem que possui a paixão pela verdade; é o modelo para todos os dominicanos. A sua vida é um exemplo maravilhoso daquela fusão contemplação-ação que constitui o caráter peculiar da espiritualidade dominicana.

Entre as austeridades da vida do frade pregador, Domingos também introduz a pobreza evangélica. Ele adota a regra apostólica da pobreza mendicante. Essa pobreza, para Domingos, possui enorme valor apostólico, porque dá à ação do apóstolo a eficácia do testemunho de uma vida evangélica. Aquele que abraça a pobreza voluntária, escreve Humberto de Romans, "é mais idôneo para pregar o Evangelho, porque prega o Cristo pobre e a pobreza evangélica".

A pobreza evangélica também favorece o espírito contemplativo do frade pregador. Permite-lhe, com efeito, aderir com dedicação absoluta a Deus.

Domingos vê a pobreza também como uma condição de maior liberdade de movimento. O frade pregador deve ser livre de toda ligação que possa, de algum modo, impedir de anunciar "livremente" a verdade, e deve estar livre de toda preocupação material para consagrar-se, como os apóstolos, "à oração e à pregação". Honório III reconhece expressamente essa qualidade dos frades pregadores; eles, afirma, deixaram tudo "para poder correr mais expeditamente" ("*expeditius*") (bula de 8 de dezembro de 1219). Esses frades são "os soldados leves" das fileiras da Igreja na luta pela evangelização. O frade pregador deve ser "*expeditus*", isto é, livre de tudo aquilo que possa pesar em seus movimentos e impedi-lo de proceder expeditamente.

Também as austeridades monásticas, na vida do dominicano, são voltadas para favorecer a vida contemplativa e a atividade apostólica. A vida contemplativa exige o domínio sobre si mesmo, sobre a inteligência, sobre a vontade, sobre os sentimentos e sobre os sentidos. Não se chega à contemplação sem uma rigorosa disciplina interior, condição exclusiva que permite a "visão" de Deus. Por sua vez, o exercício do ministério da pregação exige espírito de mortificação, porque merece a graça e é testemunho de vida evangélica.

O ascetismo dominicano, todavia, não exige necessariamente grandes mortificações externas, mas exige uma mortificação interior e universal, que consiste na prática contínua das virtudes morais e da observância regular. As virtudes morais predispõem à contemplação, porque "refreiam a veemência das paixões, que atraem a alma por intermédio das coisas sensíveis, desviando das coisas espirituais" (Santo Tomás, *STh*. II-II, q. 180, a. 2).

As austeridades próprias da vida dominicana são meios eficazes relacionados à mortificação interior e à prática das virtudes. A vida religiosa, afirma Humberto de Romans, é "uma penitência diária" (*De Vita regulari*, I, 36). A fiel observância das constituições é sempre um ato de obediência, e é uma penitência geral, que acompanha o dominicano em cada momento da jornada.

Entre as austeridades monásticas, Domingos dá particular importância à regra do silêncio pelo valor que possui na formação do contemplativo. O → SILÊNCIO favorece a comunhão com Deus; o → RECOLHIMENTO é indispensável ao estudo. Para tutelar o clima contemplativo que deve reinar nos conventos, as primeiras constituições impõem uma regra do silêncio bastante rígida. Com efeito, os frades devem observar o silêncio sempre: no claustro, nas celas, no refeitório... Se for necessário dizer alguma palavra, devem falar em voz baixa, "*silenter*", de modo a não perturbar o clima da casa de contemplação.

Os elementos essenciais da vida dominicana, aos quais fizemos referência, estão firmemente ligados entre si e se completam mutuamente. A vida comunitária cria o ambiente mais adequado para a oração, o estudo e a observância dos → CONSELHOS evangélicos. A oração alimenta o estudo, e o estudo ilumina a oração. A prática fiel das observâncias regulares predispõe à contemplação e dá vigor e força sobrenatural à pregação.

Depois de São Domingos, outras Ordens religiosas sentiram a necessidade de dar uma alma contemplativa a quem se dedica ao apostolado. A síntese dominicana, todavia, conserva sua originalidade pelo sistema peculiar de vida, desejado por São Domingos: um sistema que faz do dominicano um apóstolo contemplativo e um contemplativo apóstolo.

É o seu próprio sistema de vida que faz do frade pregador um contemplativo. Todos os elementos essenciais de sua vida favorecem o espírito de contemplação. A vida comunitária, as celebrações litúrgicas, a observância dos conselhos evangélicos, o estudo, o espírito de penitência, o silêncio, a clausura... preparam para a contemplação e acompanham o seu desenvolvimento. A pregação é fruto de um sistema de vida no qual tudo orienta para a escuta de Deus e a comunhão com ele. Na vida do frade pregador não existe um dualismo ação-contemplação. É a própria estrutura dessa vida que faz superar o dualismo. A síntese feliz de todos os elementos essenciais cancela todo contraste entre ação e contemplação.

Pregação e vida religiosa integram-se mutuamente. A vida religiosa estimula à pregação como ao seu natural cumprimento; a pregação, por sua vez, dá novo impulso e fervor à vida religiosa, enquanto o contato com os seres humanos aguça o desejo de estar em comunhão com Deus para extrair daí novas energias espirituais. No exercício do ministério da pregação, o dominicano tem clara consciência das suas limitações e percebe as dificuldades objetivas que a → PALAVRA DE DEUS encontra para penetrar no espírito dos seres humanos. Por isso, cresce nele o desejo de uma mais fiel vida religiosa, a fim de obter do Senhor a graça necessária para predispor os espíritos a acolher a palavra de Deus.

Em suma: a vida peculiar do frade pregador é uma vida apostólica em seu significado integral, na qual a pregação procede da abundância da contemplação, e é constituída pelo conjunto dos seus valores essenciais, firmemente ligados entre si, harmonicamente equilibrados e mutuamente fecundados.

4. ATUALIDADES. Atualmente, a Ordem de São Domingos está presente em cada parte do mundo, com mais de setecentos conventos e cerca de 8 mil religiosos. Os frades pregadores estão presentes na hierarquia, no ensino universitário e sobretudo na pregação itinerante; dirigem sete universidades, treze institutos superiores especializados, dezessete colégios universitários, doze redes de rádio etc. A sua presença no mundo da cultura é particularmente sentida no campo da teologia, da filosofia e das ciências sociais.

Após mais de sete séculos e meio, a ideia de Domingos é de uma extraordinária atualidade, na Igreja e na sociedade. A orientação estritamente religiosa da Igreja do Concílio Vaticano II, a redescoberta da tarefa primária da palavra de Deus na economia da salvação, o reconhecimento do valor apostólico da pobreza, a vocação missionária da Igreja... encontram na Ordem de São Domingos uma plena correspondência: fundamentada na própria natureza da espiritualidade dominicana. A orientação espiritual da vida, com efeito, a pregação da palavra de Deus, o espírito de pobreza, o zelo missionário, são elementos essenciais da vida do frade pregador.

A atualidade, então, com referência à sociedade de nosso tempo, parece evidente pelo fato de que alguns valores fundamentais da vida do dominicano — o equilíbrio entre ação e vida de pensamento, disponibilidade para o diálogo, o amor apaixonado à verdade — também são valores dos quais a sociedade de hoje sente particular necessidade.

O frade pregador, que divide a sua jornada entre o estudo, a oração e a evangelização, exprime em sua vida aquele equilíbrio entre as exigências da ação e as exigências do pensamento, que dá um sentido plenamente "humano" à vida do ser humano. Vítima de um dinamismo que não consegue mais dominar, o homem moderno encontra no sistema de vida do dominicano a via para recuperar a sua interioridade, logo, para reconquistar a própria humanidade.

O frade pregador, além disso, tem uma particular atitude para o diálogo. É o próprio dever da evangelização que lhe impõe uma grande disponibilidade para o diálogo. Sua atividade apostólica é voltada particularmente para os que não creem, cuja fé, todavia, é caracterizada por uma necessidade de busca e de maior clareza, ou seja, é dirigida àqueles que querem descobrir a coerência inteligível da verdade da fé com a própria experiência das realidades naturais. Esse interesse por aqueles que buscam obriga o frade pregador a seguir de perto a evolução da sensibilidade religiosa dos seres humanos, e a formular as verdades da fé do modo mais idôneo no momento, sem nada sacrificar da própria verdade.

Por causa da sua missão, o dominicano está sempre em contato com os homens do seu tempo. Interroga-os e os escuta para compreender a mentalidade e para adaptar à sua capacidade de escuta da palavra de Deus os modos e as formas do anúncio da verdade evangélica. Fiel à própria vocação de apóstolo da verdade, o dominicano é homem entre os homens, embora sempre permanecendo "homem de Deus"; é homem de seu tempo e, todavia, anunciador de verdades eternas; é compreensivo em relação às expectativas da sociedade em que vive, mas sabe também que jamais pode ceder à tentação da popularidade ou da moda do momento.

Consagrado totalmente ao serviço da verdade, o frade pregador, exatamente por isto, é consagrado particularmente ao serviço dos seres humanos, que têm extrema necessidade da verdade. O ser humano tem necessidade de muitas coisas, mas especialmente daquilo que lhe é indispensável para viver plenamente a sua humanidade e a sua fé cristã: precisamente da verdade. A verdade faz o ser humano verdadeiramente livre, portanto fá-lo plenamente "homem". A verdade subtrai o ser humano à prepotência do instinto e à sujeição da opinião alheia, livrando-o do erro e das ilusões, indica-lhe a real medida das coisas e o seu valor; assim, o liberta de toda espécie de escravidão e dá-lhe, por isso, o gosto da vida e o faz realmente homem.

Não há nada de mais nobre para os seres humanos de todos os tempos que doar "a verdade que liberta" (Jo 8,32); nada de mais útil que ajudar às pessoas a crescerem em sua humanidade e na fé de Cristo, "caminho, verdade e vida".

Naturalmente, o problema de vida do frade pregador, expresso na palavra "*veritas*", que se traduz na "caridade da verdade", exige uma completa dedicação à verdade: verdade de possuir pelo estudo e pela contemplação, de viver em santificação pessoal, de transmitir aos irmãos em serviço de caridade, por meio da pregação e do testemunho de uma vida evangélica. É a fidelidade a esse carisma que torna atual, em todas as épocas, a Ordem dominicana. Porque a plena adesão a ela é um vivo estímulo de crescimento humano e cristão para todos aqueles que creem nos valores humanos e no Evangelho.

BIBLIOGRAFIA. Acta canonizationis S. Dominici. In: *Monumenta Ord. Praed. Historica* XVI. Roma, 1935; COLOSIO, I. (org.). *Saggi sulla Spiritualità domenicana*. Firenze, 1961; D'AMATO, A. *Una religione tutta larga. La Costituzione fondamentale dell'Ordine domenicano*. Torino, 1981; ID. *L'Ordine dei frati predicatori. Carisma, storia, attualità*. Roma, Istituto Storico Domenicano, 1983; ID. *Il Progetto di S. Domenico*. Bologna, 1983; HUMBERTO DE ROMANIS, *De Vita regulari*. Romae, 1888, 2 vls.; JORDANUS DE SAXONIA. Libellus de Principiis Ordinis Praedicatorum. In: *Monumenta Ord. Praed. Historica* XVI. Roma, 1935; JORET, F. D. *Notre Vie Dominicaine*. Montréal-Paris, 1954; LIPPINI, P. *La Spiritualità domenicana*. Bologna, 1958; MANDONNET, P. *S. Dominique. L'idée, l'homme et l'oeuvre*. Paris, 1937, 2 vls.; RICAUD, M. A. *Frère Prêcheur*. Toulouse, 1951; SPIAZZI, R. *La Vocazione domenicana*. Roma, 1966; ID. *Cristo nella spiritualità domenicana*. Roma, 1967; THOMAS, A. H. (ed.). *Constitutiones antiquae Ordinis Praedicatorumi*. Leuven, 1965; TURCOTTE, D. A. *L'ideale dominicano*. Bologna, 1961.

A. D'AMATO

DOMÍNIO DE SI. 1. DOMÍNIO DE SI NA ÉTICA. O domínio de si foi apresentado como um dever ético-social desde a gnômica mais antiga e pela filosofia pré-socrática. Segundo a filosofia socrática, dominar-se significa adquirir liberdade espiritual contra a escravidão da intemperança (XENOFONTE, *Mem.* IV, 5, 5): não é tanto um abster-se do prazer, mas sim usá-lo com moderação, a fim de gozar de serenidade de espírito. Em Platão, o domínio de si é considerado tanto purificação da alma e libertação do corpo quanto dever social (*Leis*, 689b), enquanto Aristóteles o considera sobretudo um esforço para alcançar o *habitus* da virtude: "A virtude é uma grande empresa, árdua na prática" (*Ética a Nicômaco*, 1.109b). Os sistemas éticos pós-aristotélicos, embora não negando os aspectos esclarecidos por Sócrates e Platão, sublinham particularmente a íntima ligação entre as virtudes e o domínio de si.

Segundo a concepção ética cristã, o domínio de si situa-se na base da dignidade ou liberdade humana e cristã. Com efeito, a liberdade efetiva pressupõe, além da faculdade volitiva autônoma, a própria personalidade amadurecida em um fácil autodomínio. Para praticar essa liberdade interior, a pessoa não pode abandonar-se ao arbítrio, mas deve sujeitar-se à lei moral, que provém de sua própria natureza e possui seu fundamento supremo em Deus. "Vós, irmãos, é para a liberdade que fostes chamados. Portanto, que essa liberdade não dê nenhuma oportunidade à carne! Mas pelo amor estejais a serviço uns dos outros" (Gl 5,13). Assim, cada pessoa deve resguardar a sua liberdade moral, insidiada pelo mundo das forças inferiores, as quais frequentemente são desordenadas e desenfreadas por causa do pecado original; sem o domínio de si sobre essas prepotências instintivas, o ser humano seria obrigado a praticar o mal, que sente ter de detestar (Rm 7,15). Para gozar a liberdade é necessário o domínio dos atos no amor à verdade espiritual.

Em suma, o domínio de si reduz-se a adquirir hábitos virtuosos, mediante os quais, possuindo a si mesmo, podem ser usadas as próprias faculdades e paixões a serviço de Deus. Exatamente porque dominar-se não é somente sufocar um movimento de cólera em uma dada ocasião, mas sim, na vida inteira, regular sua ação tanto contra a inércia indolente quanto contra a audácia precipitadamente desordenada. A virtude que, de modo eminente, realiza o domínio de si é comumente denominada virtude da → FORTALEZA; por meio dela a pessoa sabe equilibrar o constante fluxo passional, pode guardar-se da envolvente emoção do momento e é capaz de recolher ordenadamente os seus movimentos e as atitudes, orientando-os para um valor elevado.

É mérito da medicina e da psicologia modernas ter demonstrado a fragilidade da vontade humana, tirando dos seres humanos a ilusão de possuir um pleno e perfeito autodomínio. Excetuando o alienado, o qual é privado de todo possível contato com a realidade terrestre, nas outras pessoas a capacidade de autodomínio varia segundo o momento. Assim, um neurótico pode ter fases de lucidez nas quais parece plenamente responsável, enquanto o indivíduo normal pode, por imprudência ou ignorância, encontrar-se em situações (de cólera, de sensualismo etc.) nas quais não sabe mais autocontrolar-se. Pode ocorrer que alguém conserve a decisão autônoma interior, mas é deficiente na execução exterior do ato por impulsos fisiológicos e por reações instintivas. Em particular nas neuroses observa-se um egocentrismo inquieto, um espasmódico desejo de segurança, uma contínua e exasperada introspecção.

2. O DOMÍNIO DE SI NA EDUCAÇÃO. O domínio de si constitui uma meta, para a qual se dirige a educação espiritual, e, ao mesmo tempo, uma premissa. Como resultado indica uma etapa alcançada, enquanto como premissa abre posteriores asceses do espírito. O empenho pelo autodomínio é realizado naquele que o propõe a si mesmo com serena confiança na constância, e dimensiona o esforço nas inclinações do caráter da idade, integrando-se na graça do Espírito.

A educação tende a iniciar o adolescente em um domínio de si em três setores distintos: no corpo, nos instintos e no espírito. É um empenho de autodomínio que se desenrola em períodos sucessivos. Desde o nascimento a criança empenha-se no exercício do domínio de si sobre o seu corpo. Pode-se considerar que o controle dos movimentos físicos seja fundamentalmente um fenômeno psicológico que vai amadurecendo espontaneamente: os pais não prestam uma obra propriamente educativa, mas uma assistência previdente e estimuladora.

Desde o uso da razão, particularmente da puberdade, a criança é chamada a realizar o domínio dos instintos. Semelhante domínio, já iniciado antes indiretamente pela instauração de automatismos, torna-se nessa idade fruto do empenho pessoal e consciente, sustentado e orientado pela obra educativa. O educador limita-se a iluminar e a ajudar com discrição, a fim de que o educando conquiste o equilíbrio psíquico-moral, de dentro, em plena liberdade de convicção e de autodecisão.

Do apogeu adolescencial em diante, impõe-se o domínio de si em relação aos valores espirituais: o eu enverdera pela via da verdadeira liberdade interior na fidelidade ao dever, motivando-se não somente para sentimentos de honra e de ideal, mas na mesma perspectiva dos valores autenticamente cristãos. O domínio do espírito exige que o adolescente comece a praticar alguma coisa da generosidade spiritual dos → CONSELHOS, acima dos mesquinhos limites do lícito e do ilícito.

O domínio de si, para um jovem, apresenta-se como um problema de totalidade, não mais de determinados setores. É um domínio que se traduz em fortaleza, segurança, calma, prudência: é o resultado de múltiplos componentes constitucionais, neurológicos e educativos, e representa um dos maiores bens para a pessoa e para a sociedade. A formação lenta e sistemática da capacidade de autodomínio, ao longo do vasto arco da idade evolutiva, indica que o domínio de si permanece como meta do empenho educativo e dele depende a formação da personalidade do jovem. Para favorecer no adolescente o domínio de si mesmo é necessário oferecer-lhe não tanto primordialmente uma educação reunida na vontade motora, mas uma arte de pensar e de refletir corretamente; é importante pensar com amor no bem, a fim de sentir-se chamado a praticá-lo.

3. **DOMINAR-SE NA CÓLERA**. O domínio de si, seja na concepção ética, seja no empenho educativo, parece claramente voltado para a pessoa inteira. Todavia, a → ASCESE chama para o dever e a necessidade de dominar um elemento instintivo particular do eu, ou seja, a própria cólera.

Há quem exalte o estoicismo espiritual, com base no qual considera totalmente excluído da espiritualidade cristã o momento da passionalidade (sempre condicionado ao corpo), uma vez que é julgado estranho e inconciliável com a vida virtuosa. Na realidade, o verdadeiro forte é não aquele que descarta a ira, mas o que a assume na própria atitude, sobretudo no ímpeto, "visto que é próprio da ira enfrentar o mal, de sorte que fortaleza e ira agem diretamente uma na outra" (*STh.* II-II, q.123, a. 10 a 3). Ao encolerizar-se, o ser humano realiza a extrinsecação mais clara de sua energia, sente que sabe superar a contrariedade de modo a alcançar um bem árduo. Mas, para que essa ira sensitiva seja virtuosa, deve ser permeada de razão e colocada a serviço dos verdadeiros fins superiores. "Por isso exige-se da virtude que a vontade de uma legítima vingança esteja presente não só na esfera racional da alma, mas também na do sentido e no próprio corpo" (*De malo*, q. 12, a. 1).

O verdadeiro autocontrole encontra-se no ser humano forte, envolvido pela mansidão. "A mansidão leva o ser humano ao grau máximo do domínio de si" (*STh.* II-II, q. 157, a. 4). Segundo são Lucas, o manso possui a sua alma. A mansidão, porém, não consiste em enfraquecer ou em reprimir o apetite sensível, mas em disciplinar e moderar. Não se deve confundir a mansidão com a fraca falta de emotividade ou de irascibilidade. A incapacidade de irar-se é um defeito (*STh.* II-II, q. 158, a. 8).

4. **DOMÍNIO DE SI NA ASCESE**. Os ascetas costumavam distinguir um domínio de si necessário e um facultativo. Diante de desejos que inclinam para o ilícito, é sempre obrigatório contrariá-los. Para as outras inclinações ou ambições, em si mesmas honestas, os antigos ascetas convidavam a não segui-las: na renegação de si mesmos vislumbravam um meio precioso para fortalecer a vontade virtuosa. De modo particular, para alcançar o domínio de si a ascese antiga sugeria, como necessária, a maceração do corpo. Hoje, todavia, vem se difundindo uma ascese que prefere imaginar uma santificação na aceitação dos valores terrestres e na colaboração do corpo com o espírito, seja pelas fraquezas físicas do organismo humano, seja para um novo enfoque ascético.

Em suma, o domínio de si não parece exequível sem uma prática de mortificação; o objetivo não é a busca do sofrimento em si mesmo, mas restaurar e aperfeiçoar a natureza humana, que é falha em equilíbrio coordenado em virtude do pecado original: um completar a redenção no próprio ser. A santidade, por outro lado, enquanto sobrenatural, exige a superação, pela mortificação, de determinados aspectos de bens naturais: exige a reeducação da pessoa inteira, simultaneamente em corpo e espírito. Embora a abnegação não traga um aumento na força da vontade, favorece a abertura de espírito para numerosos valores espirituais (→ RECOLHIMENTO, espírito de penitência, criação de hábitos virtuosos), ajuda a superar variadas ocasiões inúteis de angústia e de tentação.

Essa abnegação não deve ser impelida de modo a prejudicar os bens obrigatórios para uma vida social correta. Antes, convém procurar favorecer a aceitação da mentalidade moderna segundo a qual se deve tender a assumir na vida espiritual os valores terrestres. Mas convém não iludir-se achando que o sacrifício não é mais necessário (cf. 1Cor 9,27). O espírito dos conselhos evangélicos, logo, a renúncia a algumas comodidades, em si até honestas, dentro de certos limites parece necessário para toda vida cristã, não porque a renúncia seja em si mesma um bem amável, mas como condição para a conquista de valores superiores cristãos. "Se alguém quiser vir após mim, renuncie a si mesmo, tome a sua cruz e siga-me" (Mt 16,24). A vida cristã está intimamente estruturada no dinamismo do mistério pascal.

BIBLIOGRAFIA. ABELY, P. *L'anxieté, sés limites, sés bases*. Paris, 1947; BERGER, G. *Caractere et personnalitè*. Paris, 1956; BERLINGUER, G. *Dominio dell'uomo*. Milano, 1978; CHAUCHARD, P. *La maîtrise de soi*. Bruxelles, 1963; CHAUTARD, P. *Dominio di se stesso. Psicologia della volontà*. Roma, 1983; CIRNER, T. *Emotività femminile e crescita spirituale*. Milano, 1985; EYMIEU, A. *Il governo di se stesso*. I. – *Le grandi leggi*. Roma, 1958; HESSE, E. *Die Rausch – und Genussgifte*, Stuttgart, 1953; LINDWORSKY, I. *L'educazione della volontà*. Brescia, 1940; MAILLANT, C. *Cultivez votre volonté*. Paris, 1960; RIMAUD, J.

L'educazione guida dello sviluppo giovanile. Torino, 1956; SARANO, J. *L'equilibrio umano.* Assisi, 1970; TITONE, R. *Ascesi e psicologia.* Torino, 1956; VITTOZ, R. *Traitement des psychonévroses par la rééducation du controle cerebral.* Paris, 1960.

T. GOFFI

DOMÍNIO DE SI (aspecto psicológico).

O conceito de domínio inclui uma ideia de relação entre alguém que exerce poder e outra ou mais pessoas sobre as quais é exercido esse poder (SANTO TOMÁS, *De potentia*, q. 7, a. 10 a 40). Se alguém é capaz de dominar sobre os outros, deve isto radicalmente ao fato de que já é capaz de domínio sobre si mesmo, porque o poder exercido sobre os outros nada mais é senão extensão, externa, de uma realidade interna: o domínio de si é a raiz do poder exercido sobre os outros como do direito de propriedade sobre as coisas materiais. Assim, somente a pessoa é capaz de domínio sobre os outros seres, porque só a pessoa goza do privilégio do domínio de si. Graças a esse domínio de si, o ser humano distingue-se de todos os seres inferiores e se assemelha a Deus, o domínio de tudo o que existe (*STh.* I-II, Pról. e q. 1, a. 1).

1. LOCALIZAÇÃO DO DOMÍNIO DE SI.
O domínio de si é a propriedade mais profunda da liberdade, fruto da vontade deliberada do ser humano, que realiza a união dinâmica do intelecto e da vontade. Como a própria liberdade, o domínio de si não é aplicado com o fim pelo qual o ser humano age, mas somente sobre os atos por meio dos quais o ser humano se serve das coisas e das suas funções vitais para alcançar o seu objetivo. Entre os atos assim polarizados pelos meios de ação, é principalmente na escolha (*electio*) que se verifica ao máximo o domínio de si, porque é na livre decisão que a vontade deliberada atinge o seu ponto culminante. Tendo o domínio sobre os seus atos, o ser humano possui, então, o domínio sobre si mesmo, porque não pode servir-se nem de uma coisa exterior, nem das suas energias interiores, senão pelos seus atos (*STh.* I-II, q. 16, a. 1).

2. O DINAMISMO DO DOMÍNIO DE SI.
Se o ser humano possui a capacidade de escolher, e tem então o domínio de si, é exatamente porque tende para o seu fim supremo, com referência ao qual todas as outras coisas parecem relativas e, sob alguns aspectos, imperfeitas. A dependência natural e necessária do ser humano em relação ao seu fim supremo, ao bem infinito que é Deus, é a raiz da qual deriva o domínio sobre si mesmo e sobre todas as outras coisas. Quanto mais estreita e íntima é a dependência do fim, isto é, de Deus, tanto mais poderoso é o domínio de si que o ser humano possui. Essa dependência em relação a Deus está inserida na própria natureza da mente do ser humano (o objeto natural do intelecto é a verdade absoluta, e o objeto natural da vontade é o bem perfeito) e é confirmada e intensificada pela graça. Vale dizer, que o dinamismo do qual brota o domínio de si é teoricamente ilimitado, ainda que praticamente, por razões diversas, existam muitas limitações em seu exercício.

3. A AQUISIÇÃO DO SOMÍNIO DE SI.
Uma vez que o ser humano é um ser que jamais termina de explicitar as suas virtualidades, e visto que o fim para o qual se dirige situa-se no infinito e o caminho no qual vai se aventurando não possui término fixo, deve continuamente explorar novas zonas de sua personalidade e de sua existência para progressivamente tomar posse delas. Antes de tudo, é o amadurecimento espontâneo do corpo e das diversas funções psíquicas que permite essa tomada de posse, mas a isso bem depressa deve-se acrescentar a aprendizagem, que ensina o uso dessas mesmas funções psíquicas. Aprendizagem essa que sempre pode ser aperfeiçoada e que permite ao ser humano servir-se de si de modo cada vez mais seguro e firme. Assim, o domínio de si cresce e se estende, aprofundando-se, durante a vida inteira, com fases de progresso mais rápido, estagnação ou até regressões, seja por causa de fraqueza da vontade, seja pela ação de fatores neuróticos. O ponto central de qualquer educação deve exatamente ser ensinar à pessoa como chegar a um domínio de si cada vez mais perfeito, porque é esse domínio a alavanca que permite o uso de todas as outras energias pessoais.

4. AS CONDIÇÕES PSICOLÓGICAS DO DOMÍNIO DE SI.
Essas condições podem ser externas e internas. Externas são as condições ambientais, das condições geográficas às familiares e sociais em todos os níveis. As condições internas se distribuem segundo uma quantidade praticamente ilimitada. Aqui, faremos referência somente a duas propriedades centrais, que resultam da integração de inúmeros fatores elementares: o conhecimento e a aceitação de si. O conhecimento de si proposto como ideal tanto pela sabedoria délfica quanto pela mística cristã (por exemplo, o "conhecimento de si" de Santa → CATARINA DE

SENA) deve verter sobre todos os aspectos que confluem para o agir humano, já que não é útil conhecer-se senão para servir-se de si, do contrário surge o perigo de uma introspecção exagerada, que esteriliza a atividade. A atitude fundamental necessária para essa compreensão de si é o objetivar-se, enxergar-se como visto pelos outros: aqui se apresenta a necessidade da vida social como meio de conhecimento de si, e a necessidade de certa docilidade a algum educador ou diretor espiritual, a fim de evitar ser tomado por uma visão muito egocêntrica de tudo. Um realismo crescente constitui o clima mais favorável do desenvolvimento de um verdadeiro conhecimento de si. A consequência mais saliente de um sadio conhecimento de si é a descoberta da diferença que existe entre o eu real e aquele que está contido nas representações que alguém faz de si mesmo; chega-se, assim, a retificar sempre mais erros da percepção de si, a focalizar uma verdadeira cartografia da personalidade, a alcançar uma identidade sempre maior entre o eu real e o eu percebido. Esse conhecimento de si, todavia, não é possível se não estamos dispostos a aceitar qualquer descoberta sobre nós mesmos. A aceitação de si constitui outra dimensão fundamental pré-exigida e sempre concomitante com o exercício e o progresso do domínio de si. Essa aceitação, naturalmente, deve incluir todas as realidades descobertas pelo conhecimento de si, e traduz-se em uma atitude de abertura, de disponibilidade a qualquer outra descoberta sobre si mesmo e sobre os outros. É óbvio que essa aceitação de si não será possível sem um esforço perseverante. Os perigos, com efeito, são numerosos nesse caminho: impaciência de quem se revolta contra as próprias limitações, por não aceitar a sua existência e lutar para aperfeiçoar-se; perfeccionismo de quem gostaria de já ter alcançado a perfeição, ou estabelece meios inadequados, ou aspira a uma forma de perfeição que não lhe convém; inveja com relação aos outros que parecem sair-se melhor; fatalismo de quem renuncia à luta dizendo a si mesmo que nunca poderá vencer; dolorismo, ou satisfação masoquista de quem se abisma nos próprios sofrimentos com amargura, porque os outros não vêm socorrê-lo como ele gostaria que viessem; renúncia de quem, após algum esforço, se deixa arrastar pelas próprias fraquezas sem mais resistir etc. Quem em vez disto consegue manter um esforço constante de aceitação de si chega a captar cada vez melhor as próprias energias, a disciplinar de modo mais sutil e eficaz todas as suas funções e, então, a conhecer-se melhor, porque não teme registrar os próprios fracassos, a fim de aprender a evitar no futuro modos de agir contraproducentes. A aceitação de si coloca a pessoa na posse de si, que, por sua vez, torna capaz de um conhecimento e de uma aceitação de si cada vez mais profundos. Se quiséssemos resumir em uma palavra o critério prático mais significativo dessas condições psicológicas, poderíamos, talvez, buscá-lo no humorismo, entendido como capacidade de nunca dramatizar uma situação, mas de saber sorrir quando acontece; capacidade também de tomar as coisas com seriedade, para realizá-las com empenho; capacidade, finalmente, de reconhecer ao mesmo tempo as próprias limitações e os seus recursos.

5. APERFEIÇOAMENTO DO DOMÍNIO DE SI. O aprofundamento do domínio de si produz-se adquirindo o hábito de controlar-se, de possuir-se: em suma, pela aquisição das virtudes. Com efeito, a → VIRTUDE nada mais é senão o hábito de escolher bem: hábito que, contrariamente aos automatismos, que se aprofundam no inconsciente, conduz a consciência a um estado de prontidão e de concentração dinâmico, pelo qual a livre escolha é feita assim que surgem as circunstâncias que solicitam o agir do ser humano. Visto que o domínio de si se realiza na livre escolha, o resultado é que cada escolha contribui para aprofundar o domínio de si; e assim se cria o hábito do domínio relativo aos diversos valores que suscitam a atividade do ser humano; esse hábito, especializado em função de tais valores, é constitutivo de outras tantas virtudes. A integração das virtudes faz-se em torno de dois polos: o primeiro é o mais próximo ao próprio ato e às suas circunstâncias concretas, e é constituído pela prudência que deve aplicar ao ato concreto os princípios gerais da moral; o segundo polo é representado pela caridade, que orienta todos os desejos do ser humano para o fim supremo pelo qual ele age. O entrelaçamento das virtudes, sob a ação polarizante da prudência e da caridade, gera uma estrutura dinâmica de energias marcadas pela mesma propriedade, ou seja, o domínio de si. É verdade, todavia, que só se adquire a posse de si quando o ser humano é orientado para o seu verdadeiro fim, e quando emprega todas as suas energias para alcançar esse fim. O domínio perfeito de si tem de coincidir com a santidade,

que é exatamente a condição de quem sabe regular-se com uma referência constante e exclusiva ao fim supremo de sua vida: Deus.

6. O FRUTO DO DOMÍNIO DE SI. O domínio de si é útil para a pessoa inteira, que só por meio dele pode atingir a sua integração, a sua maturidade, o seu equilíbrio etc. Com relação a si mesmo, o ser humano, senhor de si, aprende cada vez mais a liberdade com todas as suas consequências e os seus frutos, especialmente o sentido da responsabilidade pessoal, a capacidade de iniciativa, o sentido moral etc. Com relação às outras pessoas, o domínio de si permite estender aos outros o sentido de responsabilidade pessoal, torna digno de confiança e capaz de → DOM DE SI, visto que a pessoa não pode dar-se senão na medida em que ela se possui.

BIBLIOGRAFIA. CHAUCHARD, P. *L'uomo normale*. Torino, 1974; CIAN, L. *Cammino verso la maturità e l'armonia*. Torino, 1984; LACHANCE, L. *Humanisme politique*. Otawa-Paris, 1939, 245-282; LUTTE, G. *Lo sviluppo della personalità*. Zürich, 1963; MERCATALI, A. *La persona umana*. Roma, 1980; NUTTIN, J. *Psicanalisi e personalità*. Alba, 1960; SPICQ, C. Dominium, possessio, proprietas, chez saint Thomas et chez les juristes romains. *Revue de Sciences Philosophiques et Théologiques* 18 (1929) 269-281; ID. La notion analogique de dominium et le droit de propriété. *Revue de Sciences Philosophiques et Théologiques* 20 (1931) 52-76; STORR, A. *The integrity of personality*. New York, 1963.

A. M. PERRAULT

DONS DO ESPÍRITO SANTO. Na vida espiritual, tudo é dom do → ESPÍRITO SANTO: a graça, as virtudes, os atos, os desejos e os bons afetos, as orações (cf. Rm 5,26). Em um sentido mais amplo, pode-se dizer que tudo é dom dele, também na ordem da natureza. Mas reserva-se o nome de *dons do Espírito Santo* às energias tipicamente divinas, que ele infunde na alma no batismo, e sempre aumenta, se a alma lhe é fiel, até à morte, para eternizar a sua riqueza substancial no céu (cf. SANTO TOMÁS, *STh*. I-II, q. 68, a. 6). A tradição litúrgica e catequética fixou sete, referindo-se à tradução grega e latina de Isaías que, profetizando a plenitude do Espírito que desceria no futuro Messias, fala de sete manifestações principais desse Espírito: "Um ramo sairá da cepa de Jessé, um rebento brotará de suas raízes. Sobre ele repousará o Espírito do Senhor: espírito de sabedoria e de discernimento, espírito de conselho e de valentia, espírito de conhecimento e de temor do Senhor — ele lhe inspirará o temor do Senhor" (Is 11,1-3; cf. 1Cor 12,1-11.28-31).

1. OS DONS DO ESPÍRITO SANTO NO MESSIAS. São os dons carismáticos que portará o "ramo de Davi", contraposto por Isaías — no assim chamado "Livro de Emanuel" (Is 6-12) — à mísera condição espiritual, ainda mais que política, dos descendentes de Davi, particularmente do rei Acaz, ímpio e idólatra, que, enquanto o reino de Judá é ameaçado pelos reis de Damasco e de Samaria (735-733 a.C.), em vez de recorrer a Deus faz aliança com o rei da Assíria. É um momento dramático para a dinastia de Davi e para o povo. A intervenção do rei assírio determina a queda da Samaria, o reino do Norte (721), e uma pesada opressão, uma espécie de cativeiro para Jerusalém. Isaías, porém, está cheio de confiança em Deus, não desespera, proclama que Deus não faltará às promessas feitas a Davi (cf. 2Sm 7,12-16): em seu trono jamais diminuirá a sua descendência. Em seguida, descreve o futuro rei: pode-se dizer, um *rei ideal*, tão ideal que ultrapassa a figura *histórica* de qualquer sucessor de Acaz para entrar no amplo e misterioso espaço da *profecia* (cf. Is 7,10-17; 9,1-6; 11,1-9). Com efeito, a dinastia davídica cessou pouco depois do retorno à pátria dos deportados no exílio de Babilônia (538): mas para o profeta que olha para o futuro o que conta é que um dia, daquela estirpe ora seca brotará um novo rebento, sadio e vigoroso, no qual se cumprirão as promessas divinas a Davi. Será o dia de Jesus, que na sinagoga de Nazaré, se referirá a um outro texto messiânico de Isaías (61,1), para aplicá-lo a si: "O Espírito do Senhor está sobre mim, porque me conferiu a unção para anunciar a Boa Nova aos pobres. [...] Hoje esta escritura se realizou para vós que a ouvis" (Lc 4,18.21).

Também Maria, Mãe de Jesus, já tinha ouvido do anjo um anúncio que se inseria nesse contexto de espera e de profecia messiânica: "Conceberás um filho, darás à luz e o chamarás pelo nome de Jesus. Ele será grande e será chamado Filho do Altíssimo: *o Senhor Deus lhe dará o trono de Davi, seu pai, e reinará para sempre na casa de Jacó, e o seu reino não terá fim*" (Lc 1,31-33). Após a descrição do sonho de José, tranquilizado pelo anjo sobre a origem divina da maternidade de Maria, o Evangelho segundo Mateus observava: "Tudo isto aconteceu para que se cumprisse o que foi dito pelo Senhor por meio do profeta

(Is 7,14): Eis que uma virgem conceberá e dará à luz a um filho, ele será chamado Emanuel, que significa *Deus conosco*" (Mt 1,22-23; cf. 18 ss.).

No terceiro oráculo dedicado a esse futuro Rei-Emanuel (Is 11,1-9), Isaías diz que "sobre ele pousará o *Espírito do Senhor*", isto é, o sopro (*ruah*) vigoroso de YHWH, que pairava sobre o caos na hora da criação (cf. Gn 2,4), e que dá a vida a todos os seres. Espírito presente como princípio inspirador e operativo nos personagens do Antigo Testamento, chamados por Deus para encargos importantes na história da → SALVAÇÃO: juízes, reis, profetas. Espírito pelo qual, um dia, Maria conceberá Jesus (cf. Lc 1,30; Mt 1,20). Espírito que será derramado sobre o Rei-Emanuel.

Segundo Isaías, o Espírito do Senhor se manifestará no futuro Messias com dons intelectuais e operativos que lhe permitirão reinar com sabedoria e com justiça, em perfeita união de amizade (= conhecimento) com Deus. No texto original, os dons são seis, reunidos em dupla: "Espírito de sabedoria e de inteligência, Espírito de conselho e de fortaleza, Espírito de conhecimento e de temor do Senhor" (Is 11,2). O versículo seguinte insiste sobre o dom do "temor": "Ele lhe inspirará o temor do Senhor" (ou: "Ele se comprazerá no temor do Senhor": Is 11,3).

Dada essa réplica sobre o "temor", na versão grega dos Setenta e na latina de São Jerônimo isso foi substituído pela "piedade" (*eusebeia*) no versículo anterior. Criou-se, assim, a lista dos *sete dons* que o Espírito Santo derrama sobre o Messias e que, por sua comunicação, estendem-se aos crentes: exatamente os *dons do Espírito Santo*.

No texto original é bastante transparente a intenção do profeta de atribuir ao Messias "as virtudes eminentes de seus grandes antepassados; sabedoria, e inteligência de Salomão, prudência e bravura de Davi, conhecimento e temor de YHWH dos patriarcas e dos profetas, Moisés, Jacó e Abraão (cf. 9,5)" (*Bíblia de Jerusalém*, São Paulo, Paulus, 1974, 1.272). Mas o desdobramento do "temor" e da "piedade", decididamente distante da tradição bíblica sobre as virtudes dos grandes personagens do Antigo Testamento, na tradição cristã torna-se uma leitura mais inteligente da profecia, aplicada ao Messias, e um enriquecimento de seu sentido literal.

2. A VIDA DO ESPÍRITO EM CRISTO. Os dons do Espírito Santo são portanto, antes de tudo e sobretudo, uma riqueza da alma de Cristo. O Espírito Santo não pode doar-se a ninguém como à alma de Cristo, pela união íntima da alma de Cristo com o Verbo, do qual ele procede; por isso diz-se: *Spiritus Christi* (Gl 4,6). É como a alma da alma de Cristo. Se, como costumam dizer os teólogos, o Espírito Santo é a alma incriada da Igreja, é certo sobretudo a alma incriada da *anima Christi*. Se cada alma, quando está em graça, é o *templum Dei* (1Cor 3,16-17), o é sobretudo a alma de Cristo: *templum Dei Sanctum*, como cantam as ladainhas do Sagrado Coração.

Sendo unida ao Verbo, o Espírito foi-lhe dado verdadeiramente sem medida. Ela vive nele e é inspirada por ele, conduzida e governada, de modo que pensa e julga segundo o Espírito, move-se segundo as suas luzes santas. Essa ação do Espírito na alma de Cristo, como a ação geral de Deus na criação, é em si *uma*, da própria unidade do ser divino: mas nas criaturas se desdobra e se distingue em formas diversas, segundo o modo das criaturas. Como afirma Santo Tomás, a bondade de Deus, que em Deus é *simpliciter et uniformiter*, na criação é *multipliciter et divisim* (*STh*. q. 47, a. 1). Assim, a ação do Espírito Santo nas almas e em Cristo assume vários aspectos e formas, de acordo com as necessidades do ser humano, em correspondência com as faculdades ou partes da alma a ser aperfeiçoada. Por isso diz-se: "Espírito de sabedoria, de inteligência, de ciência, de conselho, de fortaleza, de piedade, de temor de Deus". Na linha de Isaías e do Novo Testamento, diz-se que a alma de Cristo é cheia do Espírito Santo e movida pelo Espírito Santo; fala-se também de diferentes formas e aspectos dessa moção, segundo dotes e qualidades diversas atribuídas a Cristo. Em suma, eis uma dedução teológica: se todas as almas dos filhos adotivos de Deus, segundo São Paulo (Rm 8,14), são movidas pelo Espírito de Deus, mais ainda o é a alma de Cristo, que pertence ao Filho "natural" de Deus.

3. OS DONS SEGUNDO A TEOLOGIA. A teologia procura explicar a presença e a ação do Espírito de Deus na alma de Cristo, e, por derivação dele, nas outras almas em graça, com base aos princípios específicos de ação, que ajustam a alma a um modo superior de agir, com um estilo mais divino que humano; esses princípios são precisamente os dons do Espírito Santo: sabedoria, inteligência, ciência, conselho, piedade, fortaleza, temor de Deus.

O ser humano, na virtude, move-se com estilo humano, procedendo por raciocínio, reflexão, confronto de oportunidades, de conveniência, de liceidade, segundo certa medida humana, que consiste, quando se trata de justiça, em um *medium rei*, isto é, uma medida objetiva, em torno da qual, porém, a alma sempre tem de pronunciar um seu juízo e criar em si uma convicção interior; quando se trata das outras virtudes morais, em um *medium rationis*, ou seja, uma medida estabelecida pela razão, segundo certa proporção de meios e fins, de coisa a coisa, de atos e leis, mas sempre na via da busca e avaliação, com certa lentidão e cautela, não sem muitas dificuldades, seja no conhecer, seja no agir, seja no rezar.

Quando, porém, o ser humano é movido pelo Espírito Santo, sua ação é caracterizada por uma repentinidade e resposta imediatas a razões superiores, quase agarradas e intuídas sem raciocínio, de modo que se pode falar de uma genialidade misteriosa do conhecimento, que se revela na facilidade da intuição; de um heroísmo de ação, que se revela na decisão e fortaleza do agir; de uma sublimidade da piedade, que se revela na doçura, na suavidade, no transporte da oração. Mas, para que isto aconteça, a ação divina deve encontrar na alma certa conaturalidade, de modo que o Espírito Santo possa aí agir não só de modo transitório, mas exatamente com conaturalidade, encontrando correspondência no íntimo, docilidade, entrega, disponibilidade consciente e desejada pela alma humana.

Essa conaturalidade não depende do ser humano; na natureza humana pode haver uma disponibilidade remota, como em certas almas há genialidade, agilidade, abertura, capacidade de intuição ou de heroísmo, de fortaleza ou de piedade, às vezes até se diria uma vibratilidade para Deus, que, enquanto favorecem um melhor desenvolvimento das virtudes naturais, também são as melhores capacidades abertas à graça, às virtudes infusas, aos dons do Espírito Santo. Mas são capacidades remotas, passivas, antes, puramente "obedienciais": ou seja, capacidade de aperfeiçoamento e de elevação por obra de Deus. Trata-se, também aqui, e de forma concreta, da elevação da natureza, de sua capacidade passiva e obediencial na vida sobrenatural, logo, à visão beatífica no céu, e, na terra, à graça, às virtudes, aos dons, aos atos sobrenaturais e meritórios. Nesse sentido, Santo Tomás fala da alma "capaz da graça por natureza" e "capaz de Deus por graça" (*STh*. I-II, q. 113, a. 10; cf. III, q. 9, a. 2; q. 11, a. 1; *De malo*, q. 2, a.12; *C. Gent*. III, c. 54). A capacidade próxima, a disposição imediata à ação do Espírito Santo, antes, a esse seu especial modo de agir, não pode deixar de ser já obra do Espírito Santo na alma, porque já é adequação ao sobrenatural. (A alma humana encontra-se, pela relação com o sobrenatural, como potência passiva com referência a um ato excedente, ao qual não é proporcionada e sim proporcionável. A razão é evidente, dada a infinita distância entre o criado e o incriado, o humano e o divino. Cf. *STh*. I, q. 12, a. 1, a 4; *C. Gent*. III, c. 54; *De veritate*, q. 8, a. 1, a 6; a. 4, a 13; a. 12, a 4; q. 12, a. 3, a 18).

Desse modo, o Espírito Santo coloca na alma disposições, habilitações para mover-se conaturalmente, segundo a sua ação, que se denominam seus dons por antonomásia, porque há nelas a máxima expressão da gratuidade. Tudo é dom do Espírito Santo, também a graça, as virtudes teologais e morais infusas: mas, nos dons, também o *modo de agir*, o estilo, a disposição para esse modo de agir, são doados gratuita e sobrenaturalmente por Deus, visto que estão em nós *ab inspiratione divina* (cf. *STh*. I-II, q. 68, a. 1).

Os dons são como disposições ou "hábitos" (no sentido latino e escolástico), que aperfeiçoam a alma tornando-a conaturalmente capaz da moção e inspiração divina. "É necessário que no ser humano se encontrem as mais altas perfeições, que o predisponham à superior moção divina. Essas perfeições são chamadas dons: não só porque são infusas por Deus, mas porque por meio delas o ser humano é disposto a seguir com prontidão as inspirações, segundo a expressão de Isaías (50,5): "*O senhor Deus abriu-me o ouvido. E eu não me revoltei, não me virei para trás*", em correspondência às formas de ação do Espírito. Santo Tomás observa que os dons "são nomes nascidos da Escritura como foram em Cristo, segundo o texto de Isaías 11,2-3", embora não admitindo a dedução de alguns, como Filippo il Cancelliere († 1236), isto é, que o seu caráter específico fosse direcionar a alma à conformidade com Cristo, especialmente em sua paixão: visto que as virtudes também conduzem a isto (*STh*. I-II, q. 68, a. 1).

Os dons do Espírito Santo não são privilégio de alguma alma bem dotada, nem são dados a um número restrito de gênios e de heróis, mas abrem a possibilidade de uma genialidade e de um heroísmo universais, porque são doados, independentemente das qualidades e dos dotes naturais, a todos aqueles que no → BATISMO e na → GRAÇA recebem a visita do Espírito de Deus, de forma que há neles uma nova genialidade divina participada ao ser humano; há um novo heroísmo, do qual todos são capazes, na medida em que deixam agir em si o Espírito de Deus; antes, segundo Santo Tomás, os dons são necessários a todos para a salvação, exatamente por sua função de completamento da participação divina no ser humano, visando o fim sobrenatural.

BIBLIOGRAFIA. BLIC, J. de. Pour l'histoire de la théologie des dons. *Revue d'Ascétique et de Mystique* 22 (1946) 117-179; CEUPPENS, F. De donis Spiritus Sancti apud Isaiam 11,2-3. *Angelicum* 5 (1928) 525-538; GARRIGOU-LAGRANGE, R. *Perfection chrétienne et contemplation selon S. Thomas d'Aquin et s. Jean de la Croix*. Toulouse, 1923 (trad. it.: Torino, 1933); GAZZANA, A. Sulla necessita dei doni dello Spirito Santo per tutti gli atti sopranaturali del giusto. *Gregorianum* 22 (1941) 215-230; LLAMERA, M. Unidad de la teología de los dones según Santo Tomás. *Revista Española de Teología* 15 (1955) 3-36.217-270; LOTTIN, O. Psychologie et morale aux XII et XIII siècles. Louvain, 1949, 329-433, t. III; ²1955, 557-736, t. IV; PHILIPPON, M. M. *I doni dello Spirito Santo*. Milano, 1965; ROY, L. Lumière et sagesse. La grâce mystique dans la théologie de S. Thomas d'Aquin. Montréal, 1948; SPIAZZI, R. *Lo Spirito Santo nella vita cristiana*. Roma, ²1964; VIGNON, H. *De virtutibus et donis vitae supernaturalis*. Roma, 1953, vl. I.

R. SPIAZZI

DOR → SOFRIMENTO.

DUREZA. É o contrário da → DOÇURA, pela qual se reage diante do próximo de modo cru, fechando-se no próprio egoísmo intransigente. A dureza começa sempre com a perda culpada da delicadeza de consciência, que faz estimar em seu justo valor também as pequenas coisas.

As causas mais diretas da dureza devem ser procuradas antes de tudo no → ORGULHO que não quer reconhecer nenhuma dependência, e que, especialmente, faz crer que se é capaz de medir e julgar tudo pela própria inteligência, sem precisar interessar-se por aqueles que possuem ou podem ter uma experiência melhor que a sua. Uma segunda causa da dureza pode ser encontrada na excessiva preocupação com as coisas materiais, que causam um interesse desmedido pelas realidades terrenas, afastando o espírito do apelo sobrenatural. A força de vontade, que pode ser elemento de ascese e de perfeição, é utilizada pelo espírito duro para superar qualquer obstáculo que impeça a realização dos seus ideais. Outra causa, é o → EGOÍSMO: em vez de ser aberto para a necessidade alheia, a dureza fecha a pessoa em si mesma, quase ignorando as necessidades do próximo. Mais que tratar a dureza é preciso preveni-la. Pelo inato egoísmo que se hospeda em nosso espírito manchado pelo pecado original, somos todos, de certo modo, inclinados à dureza em nossas relações com os outros. É preciso, todavia, saber moderar o instinto de autoconservação mediante um equilibrado espírito de mortificação e de penitência, que mantenha a alma na humildade e na necessária consideração dos outros. Pela oração, sobretudo, pode-se evitar a dureza: a constatação das misericórdias de Deus, e a prodigalidade de seu amor arrastam à imitação, por isso, o frequente contato com ele produz na alma aquele sentimento de doçura e de caridade que leva a aproximar-se do próximo com um sentido de veneração e de respeito.

BIBLIOGRAFIA. PERRIN, J. M. *Il mistero della carità*. Roma, 1965; *Dizionario dei Concetti Biblici*. Bologna, EDB, 1976, 848-851.

C. GENNARO

ÍNDICE DE VERBETES DESTE VOLUME (I)

ABADE (*G. Penco*)
ABANDONO (*G. Gennaro*)
ABBÁ (*V. Pasquetto*)
ABRAÃO (*D. Barsotti*)
AÇÃO (*A. Gentili*)
AÇÃO CATÓLICA (*P. Scabini*)
ACÉDIA (*A. Lipari*)
ACEMETAS (*Melchiorre di Santa Maria; L. Dattrino*)
ADÃO (*D. Barsotti*)
ADAPTAÇÃO (*G. G. Presenti*)
ADIVINHAÇÃO (*I. Rodríguez*)
ADOÇÃO DIVINA (*A. De Sutter; M. Caprioli*)
ADOLESCÊNCIA/ADOLESCENTE (*T. Goffi*)
ADORAÇÃO (*R. Moretti*)
ADVENTO (*J. Castellano*)
ADVERSIDADE (*C. Sorsoli; M. Caprioli*)
AFABILIDADE (*E. Bortone*)
AFETIVIDADE (*G. G. Pesenti*)
AFLIÇÃO (*E. Bortone*)
AFONSO MARIA DE LIGÓRIO (Santo) (*V. Ricci*)
AFRAATE (Santo) (*Melchiorre di Santa Maria; L. Dattrino*)
AGILIDADE (*I. Rodríguez*)
AGOSTINHO (Santo) (*A. Trapè; C. Sorsoli; L. Dattrino*)
AGOSTINIANOS (*A. Trapè*)
ALBERTO MAGNO (Santo) (*D. Abbrescia*)
ALEGRIA (*A. Dagnino*)
ALIANÇA (*G. Helewa*)
ALMA (*G. G. Pesenti*)
ALONSO DE MADRID (*E. Pacho*)
ALUCINAÇÃO (*I. Rodríguez*)
ALUMBRADOS (*E. Pacho*)
ALVAREZ DE PAZ, DIEGO (*I. Iparraguirre*)
AMADURECIMENTO ESPIRITUAL (*F. Ruiz*)
AMBIÇÃO (*E. Bortone*)
AMBIENTE (*P. Sciadini*)
AMBRÓSIO (Santo) (*C. Sorsoli; L. Dattrino*)
AMERICANISMO (*E. Pacho*)
AMIZADE (*T. Alvarez*)
AMOR (*C. Gennaro*)
AMOR (feridas de) (*I. Rodríguez*)
AMOR (incêndio de) (*I. Rodríguez*)
ANDREASI, OSANNA (Beata) (*I. Pio Grossi*)
ÂNGELA DE FOLIGNO (Beata) (*A. Blasucci*)
ANGLICANISMO (*Giovanna della Croce*)

ANGÚSTIA (*G. G. Pesenti; S. Gatto*)
ANIMAÇÃO CRISTÃ DO MUNDO (*M. Belda Plans*)
ANJOS (*A. De Sutter; M. Caprioli*)
ANO LITÚRGICO (*J. Castellano*)
ANO SANTO (*P. Sciadini*)
ANOMALIAS PSÍQUICAS (*G. G. Pesenti*)
ANSELMO D'AOSTA (Santo) (*P. Sciadini*)
ANTÍOCO (*Melchiorre di Santa Maria*)
ANTIPATIA (*C. Gennaro*)
ANTONIO ABADE (Santo) (*Melchiorre di Santa Maria*)
ANTÔNIO DE PÁDUA (Santo) (*A. Blasucci*)
ANTONIO DO ESPÍRITO SANTO (*Simeone della Sacra Famiglia*)
APATIA/APATHEIA (*S. Siedl*)
APEGO HUMANO (*B. Marchetti-Salvatori*)
APETITE (*G. G. Pesenti*)
APLICAÇÃO DOS SENTIDOS (*A. Liujma*)
APOCALIPSE (*A. Barbagli*)
APOSTOLADO (*S. Gatto*)
APOTEGMAS (*Melchiorre di Santa Maria; L. Dattrino*)
ARIDEZ (*E. Bortone*)
ARINTERO, JOÃO G. (*Huerga*)
ARREBATAMENTO ESPIRITUAL (*C. Gennaro*)
ARTE E VIDA ESPIRITUAL (*E. Francia*)
ASCESE (*E. Ancilli; C. Laudazi*)
ASCÉTICA
ASCETISMO (*B. Marchetti-Salvatori*)
ASSIMILAÇÃO DIVINA (*R. Moretti*)
ASTÚCIA (*D. Milella*)
ATANÁSIO DE ALEXANDRIA (Santo) (*C. Sorsoli; L. Dattrino*)
ATENÇÃO (*A. Gentili; M. Regazzoni*)
ATITUDE (*G. G. Pesenti*)
ATIVIDADE NATURAL (*A. Dagnino*)
ATIVISMO (*S. Gatto; M. Caprioli*)
ATUALIZAÇÃO (Aggiornamento) (*T. Goffi*)
AUDÁCIA/AUDACIOSO (*T. Goffi*)
AUTORIDADE (*V. Pasquetto*)
AVAREZA/AVARENTO (*T. Goffi*)
BAKER, DAVID AGOSTINHO (*D. Cumer*)
BARBO, LUDOVICO (*G. Picasso*)
BARNABITAS (*M. Regazzoni*)
BASÍLIO MAGNO (Santo) (*C. Sorsoli; L. Dattrino*)
BATISMO (*J. Castellano*)
BATISTA CARIONI DE CREMA (*D. Abrescia*)

ÍNDICE DE VERBETES DESTE VOLUME (I)

BATISTA DE VARANO (bem-aventurada) (*A. Matanic*)
BEATRIZ DE THENIS (Beatrijs van Tienen ou de Nazaré) (*Giovanna della Croce*)
BEDA, O VENERÁVEL (Santo) (*B. Edwards*)
BELARMINO, ROBERTO (Santo) (*I. Iparraguirre*)
BEM-AVENTURANÇA (*J. Castellano*)
BEM-AVENTURANÇAS EVANGÉLICAS (*G. Helewa*)
BÊNÇÃO (*J. Castellano*)
BENEDITINOS (*G. Penco*)
BENTO DE ANIANE (Santo) (*G. Penco*)
BENTO DE CANFIELD (*Metodio da Nembro*)
BENTO DE NÚRSIA (Santo) (*G. Penco*)
BERNARDINO DE SENA (Santo) (*A. Matanic*)
BERNARDO DE CLARAVAL (Santo) (*E. Baccetti*)
BÉRULLE (*F. Antolín Rodríguez*)
BILOCAÇÃO (*I. Rodríguez*)
BOAVENTURA DE BAGNOREGIO (Santo) (*A. Blasucci*)
BOGOMILAS
BÖHME, JACOB (*C. Fabro*)
BOLANDISTAS
BONA, GIOVANNI (venerável) (*E. Baccetti*)
BOSSUET, JACQUES BENIGNE (*P. Zovatto*)
BREMOND, HENRI (*G. Velocci*)
BRÍGIDA DA SUÉCIA (Santa) (*Giovanna della Croce*)
BUDISMO (*C. B. Papali*)
CABASILAS, NICOLAU (*M. Garzaniti*)
CANÔNICOS REGULARES (*E. Ancilli*)
CANONIZAÇÃO (*M. T. Machejec*)
CÂNTICO DOS CÂNTICOS (*S. Siedl*)
CAPÍTULO DE CULPAS (*P. Sciadini*)
CAPUCHINHOS (*Metodio da Nembro*)
CARÁTER (*G. G. Pesenti*)
CARIDADE (*A. Pigna*)
CARISMA (*A. Romano*)
CARISMÁTICO (movimento) (*J. Castellano*)
CARLOS DE SEZZE (Santo) (*S. Gori*)
CARMELITAS (*A. Marchetti; Giovanna della Croce*)
CARNE (*M. Belda Plans*)
CARTAS CATÓLICAS (*P. Barbagli; V. Pasquetto*)
CARTUXOS (*E. Ancilli; D. de Pablo Maroto*)
CASEL, GIOVANNI ODO (*B. Neunheuser*)
CASSIANO, JOÃO (*C. Sorsoli; L. Dattrino*)
CASTIDADE (*A. Marchetti; M. Caprioli*)
CATARINA DE BOLONHA (Santa) (*A. Matanic*)
CATARINA DE GÊNOVA (Santa) (*A. Roggero*)
CATARINA DE RICCI (Santa) (*G. Di Agresti*)
CATARINA DE SENA (Santa) (*E. Ancilli; D. de Pablo Maroto*)
CATECUMENATO (caminho neocatecumenal) (*J. Castellano*)
CAUSSADE, JEAN PIERRE (*P. Zovatto*)
CAVALCA, DOMENICO (*L. Grossi*)

CEGUEIRA ESPIRITUAL (*C. Sorsoli; M. Caprioli*)
CELA (*S. Siedl*)
CELIBATO (*A. Marchetti; M. Caprioli*)
CENOBITISMO (*G. Penco*)
CESÁRIO DE ARLES (Santo) (*C. Sorsoli; L. Dattrino*)
CÉU (desejo do) (*T. Alvarez*)
CIÊNCIA (*R. Moretti*)
CILÍCIO (*S. Siedl*)
CIPRIANO DE CARTAGO (Santo) (*Melchiorre di Santa Maria; L. Dattrino*)
CIRILO DE ALEXANDRIA (Santo) (*C. Sorsoli; L. Dattrino*)
CIRILO DE JERUSALÉM (Santo) (*C. Sorsoli; L. Dattrino*)
CISNEROS, GARCÍA JIMÉNEZ DE (*G. Picasso; D. de Pablo Maroto*)
CISTERCIENSES (*E. Baccetti*)
CIÚME (*G. G. Pesenti*)
CLARIVIDÊNCIA (*I. Rodrígues*)
CLAUSURA (*C. Newell*)
CLEMENTE DE ALEXANDRIA (*B. Sorsoli; L. Dattrino*)
CLEMENTE DE ROMA (Santo) (*Melchiorre di Santa Maria; L. Dattrino*)
CLÉRIGOS REGULARES (*F. Andreu*)
COBIÇA (*T. Goffi*)
COERÊNCIA (*T. Goffi*)
CÓLERA (*W. Baldassarre*)
COLOMBIÈRE, CLÁUDIO DE LA (Beato) (*A. Liujma*)
COLOMBINI, GIOVANNI (Beato) (*I. P. Grossi*)
COLUMBANO (Santo) (*F. Rudasso*)
COMBATE ESPIRITUAL (*B. Marchetti-Salvatori*)
COMPLEXO (de inferioridade) (*G. G. Presenti*)
COMPORTAMENTO (*G. G. Pesenti*)
COMPOSIÇÃO DE LUGAR (*A. Liujma*)
COMPROMISSO (*T. Goffi*)
COMPUNÇÃO (*B. Marchetti; Salvatori*)
COMUNHÃO DOS SANTOS (*E. Lamas; C. Laudazi*)
COMUNHÃO E LIBERTAÇÃO (*A. Sicari*)
COMUNICAÇÕES MÍSTICAS (*V. Macca; M. Caprioli*)
CONCUPISCÊNCIA (*M. Belda Plans*)
CONDREN, CARLOS (*F. Antolín Rodríguez*)
CONFIANÇA (*C. Gennaro*)
CONFIRMAÇÃO (*J. Castellano*)
CONFLITO PSÍQUICO (*R. Carli*)
CONFORMIDADE À VONTADE DE DEUS (*Dagnino*)
CONFORTOS NATURAIS (*E. Ancilli*)
CONSAGRAÇÃO (*J. Castellano*)
CONSCIÊNCIA (*E. Quarello*)
CONSECRATIO MUNDI
CONSELHO (dom do) (*A. Dagnino*)
CONSELHOS (*A. Pigna*)
CONSOLAÇÃO ESPIRITUAL (*C. Gennaro*)
CONTEMPLAÇÃO (*T. Alvarez; E. Ancilli*)

ÍNDICE DE VERBETES DESTE VOLUME (I)

CONTENSON, GUGLIELMO VINCENZO DE (*A. Ferrua*)
CONVERSÃO (*B. Marchetti; Salvatori*)
CONVERSOS (*P. Zubieta; M. Caprioli*)
CORAÇÃO (*B. Marchetti; Salvatori*)
CORAÇÃO (guarda do) (*B. Marchetti; Salvatori*)
CORAÇÃO (troca do) (*I. Rodríguez*)
CORAÇÃO DE JESUS (devoção ao) (*A. Tessarolo*)
CORAÇÕES (penetração dos) (*I. Rodríguez*)
CORAGEM/CORAJOSO (*T. Goffi*)
CORPO (*C. Rocchetta*)
CORPO MÍSTICO
CORPOS (passagem através dos) (*I. Rodríguez*)
CORREÇÃO FRATERNA (*C. Gennaro*)
CRESCIMENTO PSICOLÓGICO E CRESCIMENTO ESPIRITUAL (*C. Becattini*)
CRISÓSTOMO, JOÃO (Santo) (*C. Sorsoli; L. Dattrino*)
CRISTOCENTRISMO (*A. Blasucci*)
CRUZ (*F. Ruiz*)
CULPA (sentido de) (*C. Becatini*)
CULPA (sentimento de) (*G. G. Pesenti*)
CULTURA (*E. Cambón*)
CURA (*A. Gentili; M. Regazzoni*)
CURSILHOS DA CRISTANDADE (*J. Castellano*)
DAMASCENO, JOÃO (Santo) (*C. Sorsoli; L. Dattrino*)
DE FOUCAULD, CHARLES (*J. Castellano*)
DECÁLOGO (*S. Virgulin*)
DECISÃO (*T. Goffi*)
DEFEITOS (*P. Zubieta*)
DEPRESSÃO (*R. Carli*)
DESÂNIMO (*T. Goffi*)
DESAPEGO (*B. Marchetti-Salvatori*)
DESCONFIANÇA DE SI (*C. Gennaro*)
DESEJO DE PERFEIÇÃO (*D. Cumer*)
DESERTO (*G. Turbessi*)
DESESPERO (*C. Gennaro*)

DESPOJAMENTO (*B. Marchetti-Salvatori*)
DEUS (*R. Moretti*)
DEUS (busca de) (*G. Turbessi*)
DEUS (glória de) (*P. Sciadini*)
DEVER (*T. Goffi*)
DEVOÇÃO (*R. Moretti*)
DEVOÇÕES (*E. Ancilli*)
DEVOTIO MODERNA (*A. Huerga*)
DIABO (*C. Balducci*)
DIÁDOCO DE FOTICEIA (Santo) (*C. Sorsoli; L. Dattrino*)
DIÁLOGO (*M. Taggi*)
DIÁRIO ESPIRITUAL (*P. Sciadini*)
DÍDIMO, O CEGO (*C. Sorsoli; L. Dattrino*)
DILIGÊNCIA (*P. Sciadini*)
DIONÍSIO AREOPAGITA (pseudo) (*C. Sorsoli; L. Dattrino*)
DIONÍSIO, O CARTUXO (*E. Ancilli; D. de Pablo Maroto*)
DIREÇÃO ESPIRITUAL (*J. Strus*)
DISCERNIMENTO DOS ESPÍRITOS (*A. Cappelletti*)
DISCIPLINA (*T. Goffi*)
DISCRIÇÃO (*D. Milella*)
DISTRAÇÃO (*E. Bortone*)
DOCILIDADE (*C. Gennaro*)
DOÇURA (*C. Gennaro*)
DOENÇA (*T. Goffi*)
DOM DE SI (*G. C. Pesenti*)
DOMINGO (*J. Castellano*)
DOMINGOS DE GUSMÃO (*D. Abbrescia*)
DOMINICANOS (*A. D`Amato*)
DOMÍNIO DE SI (*T. Goffi*)
DOMÍNIO DE SI (aspecto psicológico) (*A. M. Perrault*)
DONS DO ESPÍRITO SANTO (*R. Spiazzi*)
DOR
DUREZA (*C. Gennaro*)

Este livro foi composto nas famílias tipográficas
Helvetica Neue, Minion e Bwgrkl*
e impresso em papel *Offset 63g/m²*

*Postscript® Type 1 and True Type fonts Copyright © 1994-2006 BibleWorks, LLC
All rights reserved. These Biblical Greek and Hebrew fonts are used with permission
and are from BibleWorks, software for Biblical exegesis and research.

Edições Loyola

editoração impressão acabamento

rua 1822 nº 341
04216-000 são paulo sp
T 55 11 3385 8500
F 55 11 2063 4275
www.loyola.com.br